सम्पूर्ण सूरसागर

खण्ड : 5

सूरसागर

(द्वादश स्कंधात्मक)

तीसरा भाग

सम्पूर्ण सूरसागर

सूरसागर

(द्वादश स्कंधात्मक)

तीसरा भाग

महाकवि सूरदास ब्रह्मभट्ट

(चंदवरदाई के वंशज और अकबरी दरबार के गायक)

सम्पादक एवं टीकाकार

साहित्य वाचस्पति, डॉ. किशोरी लाल गुप्त

एम.ए., पी-एच.डी., डी. लिट्.

लोकभारती प्रकाशन

लोकभारती प्रकाशन
पहली मंजिल, दरबारी बिल्डिंग, महात्मा गांधी मार्ग
प्रयागराज-211 001
वेबसाइट : www.lokbhartiprakashan.com
ईमेल : info@lokbhartiprakashan.com

शाखाएँ : 1-बी, नेताजी सुभाष मार्ग, दरियागंज
नई दिल्ली-110 002
अशोक राजपथ, साइंस कॉलेज के सामने
पटना-800 006
1, अनमोल सोराबजी संतुक लेन, धोबी तलाव,
मरीन लाइंस, मुम्बई-400 002

पहला संस्करण : 2005
चौथा संस्करण : 2024

मूल्य : ₹6000
पाँच खण्डों का सम्पूर्ण सेट

बी.के. ऑफसेट
नवीन शाहदरा, दिल्ली-110 032
द्वारा मुद्रित

SAMPURNA SOORSAGAR
KHAND–5
(Dwadash Skandhatmak) Vol. III
Edited and Annotation by Dr. Kishori Lal Gupt

ISBN : 978-93-86863-82-9

समर्पण

अपने शोध प्रबन्ध सूरदास (१९४३ ई०) में 'साहित्य लहरी' एवं 'सूर सारावली' को
२७ पुष्ट तर्कों से महाकवि सूर की रचना न स्वीकार करने वाले,
'महाकवि सूर एक पुनश्चिन्तन' (१९८३ ई०) में
साहित्य लहरी का रचना काल सं० १६७७
होने की संभावना करने वाले
स्व० डॉ० ब्रजेश्वर वर्मा

एवं

सूर निर्णय (द्वितीय संस्करण १९४५ ई०) अष्टछाप परिचय (१९५० ई०)
सूर सर्वस्व (बसंत पंचमी १९८३ ई०) जैसे सूर सम्बन्धी प्रामाणिक
ग्रन्थों के रचयिता एवं सूर सागर के दो संस्करणों—
श्रीकृष्ण लीलात्मक एवं द्वादश स्कंधात्मक की
चर्चा करने वाले
स्व० बन्धुवर प्रभुदयाल जी मीत्तल

तथा

'सूर सारावली' एक प्रामाणिक रचना के
लेखक
डा० प्रेम नारायण टंडन
की पुण्य स्मृतियों को
सादर समर्पित

प्राक्कथन

चंदवरदाई के वंशज ब्रह्मभट्ट सूरदास के द्वादश स्कंधात्मक सूरसागर का तृतीय भाग प्रस्तुत है। इसमें दशम स्कंध पूर्वार्द्ध की मथुरा लीला, गोपी विरह एवं भ्रमरगीत तथा दशम स्कंध उत्तरार्द्ध, एकादश एवं द्वादश स्कंध हैं।

नागरी प्रचारिणी सभा के सूरसागर में लीलाएँ मुक्तक पदों में संकलित हैं। कुछ लीलाएँ प्रबंध रूप में दुहरा दी गई हैं। इन्हें 'दूसरी लीला' कहा गया है। इन दूसरी प्रबंधात्मक लीलाओं को मैंने सूर नवीन की कृति समझा है और इन्हें तृतीय खंड में अलग से अंत में दे दिया है। साथ ही हर रचना का संकलन-सूत्र भी दे दिया है।

इन सूर के विनय संबंधी ५३ पद मैंने स्वीकार किए हैं। लघु रचनावली की अंतिम रचना के रूप में इन्हें मैंने अंत में संकलित कर दिया है। विनय के ये पद मुक्तक हैं।

ग्रंथ के अंत में दशम, एकादश एवं द्वादश स्कंधों के पदों की अनुक्रमणिका दे दी गई है। लघु रचनावली के अंतर्गत संकलित विनय-पदावली की भी अनुक्रमणिका दी गई है।

इस खंड के प्रकाशन के साथ द्वादश स्कंधात्मक सूरसागर का सटीक संस्करण संपूर्ण हो रहा है। सरल से सरल और गूढ़ से गूढ़ कूट पदों की टीका यहाँ कर दी गई है। सरल पदों को सरल है, कहकर छोड़ा नहीं गया है।

इस अवसर पर आभार प्रदर्शन परम पुनीत कर्तव्य है। अभिनव भरत पंडित सीताराम चतुर्वेदी ने 'सूर ग्रंथावली' के संपादक-मंडल में यदि मुझे सन्निविष्ट न किया होता, ता सूर के स्वाध्याय में शायद मेरी अभिरुचि न हुई होती। इसी माध्यम से मुझे दो सूरदासों एवं दो सूरसागरों की बात सूझी और मैं दोनों सूरसागरों के विश्लेषण में दत्त-चित्त हुआ। चतुर्वेदी जी मेरे गुरु भी हैं। उन्होंने मुझे बी.टी. में १९४३-४४ में काशी हिंदू विश्वविद्यालय में पढ़ाया है। सबसे पहले मैं उनके प्रति अपना आभार व्यक्त करता हूँ।

सूरसागर के विश्लिष्ट पाँचों भागों के प्रकाशन की योजना स्वर्गीय कृष्णचन्द्र बेरी, हिन्दी प्रचारक संस्थान, पिशाच मोचन, वाराणसी ने स्वीकार की थी। उन्होंने ही इनकी टीका लिखने की प्रेरणा दी और एतदर्थ दस हजार रुपये अग्रिम भी प्रदान किए। अपनी रुग्णता के कारण वे इसे प्रकाशित न कर सके और १० अप्रैल २००२ को उन्होंने सारी पांडुलिपियाँ मुझे लौटा दीं। वे १ जुलाई २००२ को सुरलोक सिधारे। अब मैं उनका आभार क्या प्रकट करूँ, उन्हें अपनी श्रद्धांजलि अर्पित कर रहा हूँ।

६ अगस्त २००२ को लोकभारती, प्रयाग के प्रख्यात प्रकाशक स्वयं मेरे घर पधारे। उन्हें मेरे यहाँ लाने का श्रेय डा० बदरीनाथ कपूर, वाराणसी को है। श्री ग्रोवर जी ने सूरसागर की डूबती नाव को उबार लिया। एतदर्थ मैं ग्रोवर साहब एवं डा० कपूर का आभार स्वीकार करता हूँ और प्रसन्न हूँ।

इन सूरसागरों के पाठकों की रचनात्मक प्रतिक्रिया के लिए अनुगृहीत होऊँगा।

सुधवै, भदोही
३० जून, २००३

किशोरी लाल गुप्त
एम.ए., पी-एच.डी., डी.लिट्.
साहित्य वाचस्पति

विषयानुक्रमणिका

दशम स्कंध पूर्वार्द्ध (शेषांश)

मथुरा लीला

(पद २३८० - २५०४ : पृष्ठ १ - ७७)

गोपी विरह

(पद २५०५ - २५७६ : पृष्ठ ७७ - ११३)

भ्रमर गीत

(पद २५७७ - २७८६ : पृष्ठ ११४ - २३५)

क्र.सं.	विषय	पद संख्या

दशम स्कंध उत्तरार्द्ध

(पद २७८७ - २९३६ : पृष्ठ २२६ - ३५१)

एकादश स्कंध

(पद २९३७ - २९४२ : पृष्ठ ३५२ - ३५८)

द्वादश स्कंध

(पद २९४३ - २९४७ : पृष्ठ ३५९ - ३६६)

लघु रचनावली

(पृष्ठ ३६७ - ५६४)

दशम-स्कंध पूर्वार्द्ध का शेषांश

अक्रूर-व्रज-आगमन

२३८०/३५४० राग बिलावल

फागु रंग करि हरि रस राख्यौ । रह्यौ न मन जुवतिन के काख्यौ ॥
सखा संग सबकौ सुख दीनौ । नर-नारी-मन हरि हरि लीनौ ॥
जो जिहिँ भाव, ताहि हरि तैसैं । हित कौं हित, नैसनि कौं नैसैं ॥
महरि नंद पितु मातु कहाए । तिनही के हित तनु धरि आए ॥ १ ॥
जुग-जुग यह अवतार धरत हरि । हरता-करता विस्व रहे भरि ॥
धरनी पाप-भार भइ भारी । सुरनि लिए सँग जाइ पुकारी ॥
त्राहि-त्राहि श्रीपति दैत्यारी । राखि लेहु मोहि सरन उबारी ॥
राजस रीति सुरनि कहि भाषी । भए चंद सूरज तहँ साखी ॥ २ ॥
छीर-सिंधु अहि-सयन मुरारी । प्रभु स्त्रवननि तहँ परी पुकारी ॥
तब जान्यो कमला के कंता । दनुज भार पुहुमी मैमंता ॥
सिंधु मध्य बानी परगासी । भुव अवतार कह्यौ अबिनासी ॥
मथुरा जनमि गोकुलहिँ आए । मातु पिता सुत हेत कहाए ॥ ३ ॥
नारद कहि यह कथा सुनाई । व्रज लोगनि सुख दियौ कन्हाई ॥
नंद जसोदा बालक जान्यौ । गोपी काम रूप करि मान्यौ ॥
प्रथम पियत पय बकी बिनासी । तुरत सुनत नृप भयौ उदासी ॥
इहिँ अंतर बहु दैत्य सँहारे । इहिँ अंतर लीला बहु धारे ॥ ४ ॥
को माया कहि सकै तुम्हारी । बाल तरुन सब न्यारी-न्यारी ॥
धन्य-धन्य ये व्रज के वासी । बस कीन्हे जिन ब्रह्म उदासी ॥
अकल-कला, निगमहू तैं न्यारे । तिन जुवती बन बननि बिहारे ॥
अग्या इहै मोहिँ प्रभु दीन्हौ । यह अवतार जबहिँ प्रभु लीन्हौ ॥ ५ ॥
दैत्य-दहन सुर के सुखकारी । अब मारौ प्रभु कंस प्रचारी ॥
यह सुनि हँसे सुरनि के नाथा । जब नारद गाई यह गाथा ॥
श्री मुख कह्यौ जाइ समुझावहु । नृप आयसु करि मोहिँ बुलावहु ॥
अंजलि जोरि राज-मुनि हर्षे । कृपा बचन तिनसौं हरि बर्षे ॥ ६ ॥
तुरत चले नारद नृप पासा । यहै बुद्धि मन करत प्रकासा ॥
संकरषन हिरदै प्रगटाई । जो बानी रिसि गए सुनाई ॥
आदि पुरुष उद्यौत बिचारी । सेष रूप हरि के सुखकारी ॥
अंतरजामी हैं जगताता । अनुज हेत जग मानत नाता ॥ ७ ॥

इहै बचन हलधर कहि भाख्यौ । सुनि-सुनि स्त्रवन हृदय हरि राख्यौ ॥
तुम जनमे भू-भार उतारन । तुम हौ अखिल लोक के तारन ॥
तुम संसार सार के सारा । जल-थल जहाँ तहाँ बिस्तारा ॥
तब हँसि कही भ्रात सौं बानी । जो तुम कहत बात मैं जानी ॥ ८ ॥
कंस-निकंदन नाम कहाऊँ । केस गहौं, भुव मैं घिसटाऊँ ॥
इहि अंतर मुनि गए नृप पासा । मन मारे मुख करे उदासा ॥
हरषि कंस मुनि निकट बुलायौ । आदर करि आसन बैठायौ ॥
कैसौ मुख, क्यौं रिषि मन मारे । कह चिंता जिय बढ़ी तुम्हारैं ॥ ९ ॥
नारद कह्यौ सुनौ हो राव । कह बैठे, कछु करहु उपाव ॥
त्रिभुवन मैं उन हरि को ऐसौ । देख्यौ नंद-सुवन व्रज जैसौ ॥
करत कहा रजधानी ऐसी । यह तुमकौं उपजी कहौ कैसी ॥
दिन-दिन भयौ प्रबल वह भारी । हम सब हित कौ कहैं तुम्हारी ॥ १० ॥
तब गर्वित नृप बोले बानी । कहा बात नारद तुम जानी ॥
कोटि दनुज मो-सरि मो पासा । जिनकौ देखि तरनि-तनु त्रासा ॥
कोटि-कोटि तिनके सँग जोधा । को जीवै तिनके तनु क्रोधा ॥
मल्लनि कौ बल कहा बखानौं । जिनके देखत काल डरानौं ॥ ११ ॥
कोटि धनुर्धर संतत द्वारैं । बचै कौन तिनके जु हँकारै ॥
एक कुबलया त्रिभुवन-गामी । ऐसे और कितक हैं नामी ॥
ग्वाल-सुतनि की कहा चलावहु । यह बानी कहि कहा सुनावहु ॥
प्रजा लोग व्रज के सब मेरे । सेवा करत सदा रहैं नेरे ॥ १२ ॥
तातें सकुचत हौं उहिं काजा । बालक सुनत होइ जिय लाजा ॥
भली करी यह बात सुनाई । सहज बुलाइ लेउँ दोउ भाई ॥
और सुनौ नारद मुनि मोसौं । स्त्रवननि लागि कहौं कछु गोसौं ॥
कितिक बात बलराम कन्हाई । मो देखत अति काल डराई ॥ १३ ॥
आजु काल्हि अब उनहिं बुलाऊँ । कहि पठवौं व्रज सहित मँगाऊँ ॥
और प्रजा व्रज आनि बसाऊँ । अपने जिय की खुटक मिटाऊँ ॥
तिन पर क्रोध कहा मैं पाऊँ । रंगभूमि गज चरन रुँदाऊँ ॥
मेरे सम-सरि कौ वै नाहीं । यह सुनि के नारद मुसकाहीं ॥ १४ ॥
सत्य वचन नृप कहत पुकारे । अब जाने उन तौ तुम मारे ॥
यह कहि मुनि वैकुंठ सिधारे । त्रिभुवन मैं को बलहि तुम्हारे ॥
कंस पर्यौ मन इहै बिचारा । राम कृष्न वध इहै खँभारा ॥
दनुज हृदै हरि इहै उपायौ । नारद कही सुनत मन आयौ ॥ १५ ॥
अब मारौं नहिं गहरु लगाऊँ । मथुरा जहाँ तहाँ बल छाऊँ ॥
धकधकात जिय बहुरि सँभारै । क्यौं मारौं सो बुद्धि बिचारै ॥
'सूरज' प्रभु अबिगत अबिनासी । कंस काल यह बुद्धि प्रकासी ॥ १६ ॥

होली का खेल मनाकर हरि ने आनन्द की वर्षा कर दी और ब्रज युवतियों की कोई भी आकांक्षा अधूरी नहीं रह गई। उन्होंने सभी सखाओं को भारी सुख दिया। और हर नर-नारी का मन हर लिया। जिसने हरि को जिस भाव से देखा, हरि ने भी उसे उसी भाव से देखा। जिसने उन्हें प्रेमभाव से देखा, हरि ने भी उसे उसी प्रेमभाव से देखा। जिसने उन्हें अनिष्ट भाव से, शत्रुभाव से देखा, हरि ने भी उसे उसी अनिष्ट भाव से देखा। महरि यशोदा उनकी माँ और महर नंद उनके पिता कहे गए। हरि ने उन्हीं के लिए मानव रूप धारण किया॥ १॥

हरि हर युग में अवतार लेते रहते हैं। वे ही विश्व के कर्ता (रचनेवाले) हैं। वे ही उसके भरण पोषण करने वाले हैं। और वे ही उसके हर्ता, संहार करने वाले भी हैं।

जब धरती पाप के बोझ से भर उठी, तब वह देवताओं को साथ लिए हुए, दैत्यों के दुश्मन लक्ष्मीकांत के यहाँ जाकर पुकार कर उठी—हे श्रीपति, मेरी रक्षा करो, मेरी रक्षा करो। मैं तुम्हारी शरण में आ गई हूँ। तुम मुझे उबार लो, मेरी रक्षा कर लो। तब देवताओं ने भी राजस ढंग से पृथ्वी के कथन की गवाही दी कि धरती पर पाप का बहुत बोझ बढ़ गया है। चंद्रमा और सूर्य ने भी इनकी साक्षी दी॥ २॥

इस समय मुर को मारने वाले विष्णु भगवान क्षीर-सागर में शेषनाग की शैया पर लेटे हुए थे। धरती की पुकार और देवताओं की गवाही उनके कानों में पड़ी। तब कमला के कांत हरि ने जाना कि पृथ्वी पर मदमत्त दैत्यों का बोझ बहुत बढ़ गया है। तब अविनाशी ने कहा मैं पृथ्वी पर अवतार लूँगा। यह वाणी क्षीरसागर से फूटती हुई प्रकट हुई। तदनुसार हरि ने मथुरा में जन्म लिया और वे वहाँ से गोकुल आ गए। सुत भाव से मानने के कारण ही यशोदा उनकी माता और नंद उनके पिता कहे गए॥ ३॥

नारद जी ने यह कथा कृष्ण जी से कह सुनाई और कहा, हे कन्हैया, तुमने आकर ब्रज के लोगों को भारी सुख दिया। नंद और यशोदा ने तुम्हें अपना पुत्र माना। गोपियों ने तुम्हें कामदेव के रूप में समझा। तुमने सबसे पहले बकी का दूध पीते हए, उसका विनाश कर दिया। बकी (पूतना) का मरण सुनकर राजा कंस के मन में घोर उदासी छा गई। इस बीच हे प्रभु, तुमने बहुत से दैत्यों का संहार कर दिया और अन्य अनेक लीलाएँ कर डालीं॥ ४॥

तुम्हारी माया का वर्णन कौन कर सकता है? तुम्हारी बाल-लीलाएँ, तरुण-लीलाएँ सभी अद्भुत हैं। ब्रज के लोग धन्य हैं, जिन्होंने सबसे उदासीन, निर्लिप्त ब्रह्म को अपने प्रेम के वश में कर लिया है। जो प्रभु अखंड कला वाला है, जिसका भेद वेद भी नहीं पाते, उन्हीं ब्रह्म के साथ ब्रज-युवतियों ने वन-वन में विहार किया। हे प्रभु, जब तुमने यह अवतार लिया, तब तुमने मुझे यह आज्ञा दी थी॥ ५॥

हे दैत्यों को दग्ध कर देने वाले, हे देवताओं को सुख देनेवाले प्रभु, अब ललकार कर कंस को मार डालिए।

जब नारद ने यह कथा कह सुनाई, तब देवताओं के स्वामी हँस पड़े। वे नारद से स्वयं बोले—नारद जी, जाकर कंस को समझाइए। वह मुझे आदेश देकर मथुरा बुलाए। कृष्ण ने नारद से कृपापूर्ण यह बात कही। यह सुनकर ऋषिराज नारद ने हाथ जोड़ लिया और

परम प्रसन्न हो उठे॥ ६॥

नारद जी मन में यही बात सोचते-बिचारते तत्काल राजा कंस से मिलने के लिए मथुरा को प्रस्थित हो गए।

इधर नारद ने श्रीकृष्ण से कंस को मारने की जो बात कही थी, कृष्ण ने वही बात संकर्षण (बलराम) के हृदय में प्रगट कर दी, उनसे कह दी। बलराम शेषनाग के रूप में हरि की शय्या बनकर उन्हें सुख देनेवाले हैं। उन्होंने मन में सोचा—आदि पुरुष का उदय हो गया है। वे जग के तात (पिता, स्रष्टा) हैं। वे घट-घट की बात जानने वाले हैं। वे अपने को मेरा छोटा भाई होने का नाता निभा रहे हैं, इसीलिए वे मुझसे नारद की यह बात कह रहे हैं॥ ७॥

तब वे हरि से बोले—तुम विश्व का भार उतारने के लिए जनमे हो। तुम्हीं संपूर्ण संसार का उद्धार करने वाले हो। तुम्हीं संसार के सार के भी सार हो—मूल तत्व हो। तुम यत्र तत्र सर्वत्र, जल में, स्थल में व्याप्त हो। बलराम की बातें सुनकर हरि ने अपने हृदय में रख लीं और हँसकर अपने अग्रज से कहा—जो तुम कह रहे हो, मैं वह जानता हूँ॥ ८॥

मैं कंस का केश पकड़कर उसे धरती पर घसीटूँगा और मेरा एक नाम कंस-निकंदन भी होगा।

इस बीच नारद जी मन मारे हुए, मुख पर उदासी बनाए हुए, राजा कंस के पास गए। राजा कंस ने प्रसन्न होकर देवमुनि नारद को अपने पास बुलाया और आदरपूर्वक आसन देकर उन्हें बैठाया। उसने पूछा—देवर्षि, आज आपका मुख इतना मलीन क्यों है? आज क्यों मन मारे हुए हैं? तुम्हारे मन में कौन सी चिन्ता पैदा हो गई है?॥ ९॥

नारद ने कहा—हे राजा सुनो। तुम चुप क्यों बैठे हो? कुछ उपाय क्यों नहीं करते? मैंने व्रज मंडल में नंद के पुत्र को जैसा पराक्रमी देखा है, वैसा पराक्रमी तो मुझे त्रिलोक में कोई दूसरा नहीं दिखाई दे रहा है। तुम यह कैसी राजधानी चला रहे हो? कैसा शासन चला रहे हो? तुम्हारी यह कैसी बुद्धि हो गई है। यह नंद-कुमार दिन-दिन प्रबल होता जा रहा है। (उसे किसी तरह मार डालो)। हम तो तुम्हारे हित की ही बातें करते हैं॥ १०॥

तब राजा कंस अभिमान भरी वाणी बोला—नारद, तुम मेरी बात क्या जानते हो? मेरे पास मेरे ही समान शक्तिशाली करोड़ों दैत्य हैं, जिनको देखकर सूर्य का पुत्र यमराज भी भयभीत हो उठता है। उन एक-एक सुभटों के साथ करोड़ों-करोड़ों योद्धा हैं। उनके क्रोध कर लेने पर, ऐसा कोई नहीं जो जीवित बच निकले। मैं अपने पहलवानों की शक्ति का क्या वर्णन करूँ, उनको देखकर तो मृत्यु भी डर जाती है॥ ११॥

मेरे द्वार पर करोड़ों धनुर्धर सदा बने रहते हैं। उनकी हुंकार सुनकर कौन जीता बचा रह सकता है। मेरे पास एक कुबलया नामक हाथी है, जिसकी गति तीनों लोकों में है। ऐसे-ऐसे न जाने कितने हाथी और भी मेरे पास हैं। तुम अहीरों के छोकरों की क्या चर्चा चला रहे हो? तुम मुझसे उनकी यह बात क्यों सुनाए जा रहे हो? सारे व्रजवासी मेरी प्रजा हैं, और वे सभी मेरे निकट आकर मेरी सेवा करते रहते हैं॥ १२॥

बलराम और कृष्ण तो अभी बच्चे हैं। उनको मरवा देने में मुझे स्वयं लाज लग रही

है। इसीलिए उन्हें मारने में भारी संकोच हो रहा है। जो हो, तुमने यह बात कहकर मुझे सचेत कर दिया है। तुमने यह अच्छा काम किया है। मैं दोनों भाइयों को सीधे ढंग से ही बुलवा लूँगा। हे नारदमुनि, तुम मुझसे इतना और सुन लो। मैं तुमसे यह बात एकांत में, कोने में, तुम्हारे कानों में धीरे से कह रहा हूँ। बलराम और कन्हाई की क्या बात, मुझे देखकर तो काल भी डरता रहता है। ये बच्चे मुझे देखते ही डर जायेंगे॥ १३॥

मैं आज या कल ही में उन्हें बुलवा भेजता हूँ। वे ही दोनों भाई नहीं, सारे व्रज के लोगों को बुलाने के लिए मैं अपना चर भेजे दे रहा हूँ। मैं व्रज में अब दूसरी प्रजा बसा दूँगा और अपने मन का खटका सदा के लिए मिटा दूँगा। बलराम और कृष्ण पर क्रोध करके मुझे क्या मिल जायगा। मैं रंगभूमि में उन्हें हाथी के पैरों के नीचे कुचलवा दूँगा। वे बच्चे मेरी बराबरी के नहीं है।

यह सुनकर नारद जी मुसकुरा पड़े॥ १४॥ वे बोले—हे राजा तुम ठीक ही कहते हो, अब मैंने समझ लिया कि तुम उनको मार डालोगे। त्रिभुवन में तुम्हारे जैसा बली है ही कौन? यह कहकर नारद जी बैकुंठ चले गए।

कंस के मन में यही विचार आ गया। राम कृष्ण को मार डालने की मानसिक उथल-पुथल उसके मन में समा गई। भगवान ने दनुज कंस के हृदय में ऐसी ही बुद्धि उत्पन्न कर दी। नारद ने जो कुछ उससे कहा, सुनकर वह सब उसे बहुत अच्छा लगा॥ १५॥

अब मैं बलराम और कृष्ण को मार डालने में विलम्ब नहीं करूँगा। मथुरा में उनको मारने के लिए जहाँ तहाँ सभी जगह अपने सैनिक लगा दूँगा।

कंस का हृदय धड़कने लगा, पर उसने अपने को सँभाला। वह सोचने लगा किस प्रकार से बलराम और कृष्ण को मारा जाय? प्रभु तो अविगत हैं, अविनाशी हैं। उन्होंने कंस के नाश के लिए ही उसके मन में ऐसी बुद्धि भर दी॥ १६॥

२३८१/३५४१ राग कान्हरौ

अहौ नृप द्वै अरि प्रगट भए।
बसे नंद-गृह गोकुल-थानक, दियौ सुदिन, न गए।
तुमहूँ कौं दुख बहुत जनम कौ, रथ मारग आरोपे।
ता दिन तैं सुत सप्त, देवकी तैरैं ही कर सौंपे।
जो पै राज-काज सुख चाहै, बेगि बुलाइ न लीजै।
हारि जीति दोउनि की विधि यह, जैसैं होइ सो कीजै।
ऐसी कहि बैकुंठ सिधारे, कष्ट निसा बिकराइ।
'सूरस्याम' कृत कीबैं इच्छा, मुनि मन इहै उपाइ॥

नारद जी ने कंस से कहा—हे राजा, तुम्हारे दो दुश्मन पैदा हो गए हैं। वे हैं—बलराम और कृष्ण। इस समय वे गोकुल में नंद के घर में रह रहे हैं। तुमने उन्हें अच्छे दिन दे दिए हैं, इसीसे वे बचे हुए है, नहीं तो तुमने चाहा होता तो वे कभी के इस संसार से चले गए होते। तुमको भी उनके जन्म से ही बहुत दुख उठाना पड़ रहा है। जब तुमने देवकी की विदाई का रथ रोका, उसी दिन से देवकी ने अपने सात बेटे तुम्हारे हाथों में सौंप दिया। पर वह आठवाँ बेटा कहाँ है? यदि तुम राजकाज का सुख भोगना चाहते हो, तो उन दोनों

छोकरों को जल्द बुलवा लो। हार हो या जीत, दोनों की विधि एक ही है—वह है उन दोनों का गोकुल से बुलाना। जय हो या पराजय, उन्हें अवश्य बुलाओ।

दुख की रात को और भी विकल और विकराल बनाते हुए नारद जी बैकुंठ लौट गए। श्याम की इच्छा को पूर्ण करने के लिए नारद मुनि ने यह उपाय किया।

२३८२/३५४२ राग सोरठ

नृपति मन इहै बिचार पर्‌यौ।
क्यौं मारौं दोउ नंद ढुटौना, ऐसी अरनि अर्‌यौ।
कबहुँक कहत आपु उठि धावौं, यहै बिचार कर्‌यौ।
सात दिवस मैं बधी पूतना, यह सुनि मनहिं डर्‌यौ।
पुनि साहस जिय-जिय करि गरब्यौ, ताकौ काल सर्‌यौ।
'सूरस्याम' बलराम हृदय तें, नैंकु नहीं बिसर्‌यौ॥

राजा कंस के मन में यही विचार आ घुसा। वह इसी प्रकार अड़ पर अडिग हो गया कि किसी न किसी प्रकार नंद के छोरे को मार ही डालना चाहिए। उसे मारूँ तो कैसे मारूँ? कभी वह यह विचार करता था कि मैं स्वयं उसपर टूट पड़ूँ। पर यह सोचकर मन ही मन डर जाता था कि इसी ने सात ही दिन का होते हुए भी बकी पूतना का दूध पीते हुए प्राण हरण कर लिया था। अतः आमने सामने संघर्ष ठीक न होगा। फिर उसने किसी प्रकार साहस किया और कहा—अब इसकी मौत इसके सिर पर आ ही गई है—यह अब बच नहीं सकता।

कंस श्याम और बलराम को अपने हृदय से किसी भी प्रकार भुला नहीं पा रहा था।

२३८३/३५४३ राग सारंग

मथुरा निकट चरति हैं गाइ।
दुष्ट कंस भय करत मनहिं मन, सुनैं कृष्न प्रभुताइ।
सीस धुनै नृप रिसनि, मनहि मन, बहुत उपाइ करै।
घर बैठें ही दसन अधर धरि चंपै, स्वास भरै।
समुझै, बचन कहे जे देवी, पहिलै अकास परै।
नारद गिरा सँभारी पुनि-पुनि, सिर धुनि आपु सरै।
काल रूप देवकि कौ नंदन, प्रगट्यौ वसुधा माहिं।
कासौं कहौं 'सूर' अंतर की, सुफलक-सुत कौं चाहि॥

मथुरा के निकट ही नंद की गायें चरती हैं और नंद का बेटा उन्हें चराता है। उसकी प्रभुता दिन-दिन बढ़ती जा रही है। कृष्ण की इस बढ़ती प्रभुता को देखकर दुष्ट कंस मन ही मन अत्यन्त डरा जा रहा था। वह कृष्ण को मारने के अनेक उपाय मन ही मन किया करता था और क्रोध के मारे अपना सिर अपने ही हाथों से पीट लिया करता था। वह घर बैठे ही बैठे अपने होठों को अपने ही दाँतों से काटे ले रहा था—चभुरी बाँधे ले रहा था। उसके हाथ से छूटकर आकाश में जा उड़ी देवी ने जो वचन कहे थे—कंस, तेरा बैरी पैदा हो गया है—वह उन बातों को समझ लेता था। फिर नारद की बात का स्मरण कर करके वह अपना

सिर पीट लेता था—देवकी का आठवाँ बेटा पृथ्वीमंडल पर मेरा काल होकर पैदा हो गया है। अब मैं अपने हृदय की बात कहूँ तो किससे कहूँ? सिवा सुफलक के पुत्र अक्रूर को छोड़ मुझे कोई दूसरा ऐसा व्यक्ति नहीं दिखाई पड़ रहा है, जिससे मैं अपना मर्म कहूँ।

२३८४/३५४४ राग सोरठ

महर ढुटौना सालि रहे।
जन्महिं तैं अपडाउ करत हैं, गुनि-गुनि हृदय कहे।
दनुज-सुता पहिलें संघारी, पय पीवत दिन सात।
गयौ प्रतिज्ञा करि कागासुर, आइ गिस्यौ मुरछात।
त्रिना सकट छिन सैं संघास्यौ, केसी हत्यौ प्रचारि।
जे जे गए बहुरि नहिं देखे, सबही डारे मारि।
ज्यौ त्यौं करि इन दुहुनि सँघारौं, बात नहीं कछु और।
'सूर' नृपति अति सोच पस्यौ जिय, यहै करत मन दौर॥

कंस विचार कर करके अपने मन में कहे जा रहा है—नंद महर का बेटा कृष्ण मेरे हृदय में कांटे के समान चुभ रहा है। इसने अपने जन्मने के साथ ही बखेड़ा, उपद्रव, शुरू कर दिया है। जब यह अभी सात ही दिन का था, तभी इसने दनुज-सुता पूतना का दूध पीते हुए प्राणांत कर दिया था। कागासुर इसको मारने की प्रतिज्ञा करके गया था, पर वह भी मूर्च्छित होकर मेरे सामने आ गिरा। इसने क्षण भर में तृणावर्त और मकटासुर को मार डाला। केसी को भी इसने ललकार कर मार डाला। जो जो इसे मारने के लिए गए, कोई भी जीवित नहीं लौटा, सभी मारे गए। जैसे भी हो इन दोनों भाइयों को मारना ही है—आर कोई बात नहीं है। इसी बात को मन में दौड़ाता हुआ राजा कंस अत्यंत उधेड़-बुन में पड़ा हुआ सोच में घुलता रहा।

२३८५/३५४५ राग रामकली

नंद-सुत सहज बुलाइ पठाऊँ।
स्याम राम अति सुंदर कहियत, देखन काज मँगाऊँ।
जैहै कौन प्रेम करि ल्यावै, भेद न जानै कोइ।
महर महरि सौं हित करि ल्यावै, महा चतुर जौ होइ।
इहि अंतर अक्रूर बुलायौ, अति आतुर महराज।
'सूर' चल्यौ मन सोच बढ़ाए, कौन है ऐसौ काज॥

कंस मन में सोच रहा है—नंद के पुत्र को अब स्वाभाविक ढंग से बुलवा भेजूँ। श्याम और बलराम दोनों सुना है अत्यन्त सुन्दर हैं। मैं उनको देखने के लिए यहाँ बुलवाऊँ। ऐसा कौन है जो जाकर उन्हें प्रेमपूर्वक ले आये और उनके यहाँ आने का रहस्य किसी पर प्रकट न हो। जो जाय वह महरि यशोदा और महर नंद का अत्यन्त हितू बनकर जाये। ऐसे व्यक्ति को महा चतुर होना चाहिए।

इसी बीच महाराज कंस ने बड़ी जल्दी में अक्रूर को बुला भेजा। अक्रूर राजा के दरबार के लिए चल तो पड़े पर उनका मन दुश्चिन्ता से भर गया था कि न जाने कौन सा

ऐसा काम आ पड़ा है, जिसके लिए महाराज ने मुझे याद किया है।

२३८६/३५४६ राग धनाश्री

अति आतुर नृप मोहिँ बुलायौ।
कौन काज ऐसौ अटक्यौ है, मन-मन सोच बढ़ायौ।
आतुर जाइ पौरि भए ठाढ़े, कह्यौ पौरिया जाइ।
सुनत बुलाइ महल ही लीन्हौ, सुफलक-सुत गए धाइ।
कछु डर, कछु धीरज, मन कीन्हौ, गयौ नृपति के पास।
'सूर' सोच-मुख देखि डरानौ, ऊरध लेत उसास॥

अक्रूर मन ही मन सोचते जा रहे हैं—राजा ने मुझे अत्यंत जल्दी में बुलाया है। मेरे बिना ऐसा कौन सा काम अटक गया है। वे जल्दी-जल्दी जाकर सिंहद्वार पर खड़े हो गए। द्वारपाल ने जाकर राजा कंस को इनके आने की सूचना दी। कंस ने सुनते ही इन्हें राज भवन में बुला लिया। सुफलक के पुत्र अक्रूर दौड़े चले आए। वे कुछ कुछ डरे हुए, कुछ कुछ धैर्य भी धारण करते हुए, राजा के पास पहुँच गए। उन्होंने देखा कि राजा का मुँह सोच से सूख गया है और वे लंबी-लंबी सांसें ले रहे हैं। यह देखकर अक्रूर डर गए।

२३८७/३५४७ राग मारू

सोच मुख देखि अक्रूर भरमे।
माथ तर नाइ, कर जोरि दोऊ रहे, बोलि लीन्हौं निकट बचन नरमे।
आपुही कंस तहँ, दूसरो कोउ नहिं, त्रास अक्रूर जिय, कहा कैहै।
नृपति जिय सोच जान्यौ हृदय आपनैं, कहत कछु नाहिँ धौं प्रान लैहै।
निकट बैठारि सब बात तेई कही, जे गए भासि नारद सबारैं।
'सूर' सुत-नंद के, हियै सालत सदा, मंत्र यह उनहिँ अब बनै मारैं॥

कंस का मुँह सोच से सूखा हुआ देखकर अक्रूर के मन में भारी भ्रम पैदा हो गया। वे सिर नीचे झुकाए हुए, दोनों हाथ जोड़कर खड़े रह गए। पर राजा ने उन्हें अत्यंत कोमल वाणी में अपने निकट बुला लिया। वहाँ कंस अकेला था। उसे छोड़कर वहाँ कोई दूसरा नहीं था। इसलिए अक्रूर के मन में डर समा गया था कि राजा कंस न जाने क्या कहेगा? अक्रूर ने राजा के मन की बात कुछ-कुछ तो भाँप ली—वह अभी कुछ कह नहीं रहा है। यह मेरे प्राण तो नहीं ले लेगा। परन्तु कंस ने अक्रूर को बुलाकर निकट बैठा लिया और नारद ने उससे आज सबेरे जो बातें कही थीं, वही बातें उसने अक्रूर से कह दीं। नंद के पुत्र मेरे हृदय में काँटे के समान चुभते रहते हैं। अब इसका एक ही यत्न है कि उन्हें मार डाला जाय और अपना सब काम बन जाय।

२३८८/३५४८ राग मारू

सुनौ अक्रूर यह बात साँची कहौं, आजु मोहिँ भोर तैं चेत नाहीं।
स्याम बलराम यह नाम सुनि ताम मोहिँ, काहि पठवहुँ, जाइ तिनहिँ पाहीं।
प्रीति करि नंद सौं सहज बातैं कहै, तुरत ल्यावै दुहूँ, नृपति बोले।
देखिबे की साध, सुनि गुन विपुल, अतिहिँ सुंदर सुने दोउ अमोले।

कमल जब तैं उरग-पीठि ल्याए सुने, वहै बकसीस अब उनहिं दैहैं ।
'सूर' प्रभु स्याम बलराम कौ डर नहीं, बचन उनके सुनत हर्ष पैहैं ॥

कंस अक्रूर से बोला—अक्रूर सुनो, मैं तुमसे यह सब सच ही सच कह रहा हूँ। आज सबेरे से ही मुझे चेत नहीं है। मैं अपना होश हवाश खो बैठा हूँ। श्याम और बलराम का नाम सुनकर मुझे बुखार सा चढ़ रहा है। मैं तुमको भेज रहा हूँ। तुम उनके पास जाओ। तुम नंद से प्रेमपूर्वक चिकनी-चुपड़ी बातें कहो और कहो कि महाराज कंस ने श्याम और बलराम दोनों भाइयों को बुलाया है। उनके मन में इन्हें देखने की बड़ी उत्कट अभिलाषा है, क्योंकि महाराज ने सुन रखा है कि इनमें अनेक अद्‌भुत गुण हैं। ये दोनों अनमोल हैं और अत्यंत सुन्दर हैं। जबसे उन्होंने सुना है कि कृष्ण ही काली नाग को नाथकर उस पर कमल के फूल लाद लाए थे, तभी से राजा उन्हें अपने हाथ से पुरस्कार देना चाहते हैं। श्याम और बलराम को किसी डर की बात नहीं है। महाराज उनकी बातें सुनकर परम प्रसन्न होंगे।

२३८९/३५४९ राग सोरठ

यह बानी कहि कंस सुनाई ।
तब अक्रूर हियैं भयौ धीरज, उर डार्‌यौ बिसराई ।
मन-मन कहत कहा चित बैठी, सुनि-सुनि वैसी बानी ।
अपनो काल आपुहीं बोल्यौ, इनकी मीच तुलानी ।
हरषि वचन अक्रूर कहे तब, तुरत काज यह कीजै ।
'सूर' जाहि आयसु करि पाऊँ, भोर पठै तिहिं दीजै ॥

कंस ने अक्रूर से ये बातें कह सुनाई। तब अक्रूर के मन में कुछ धीरज आया और उन्होंने डर को भुला दिया। कंस की ऐसी बात सुनकर अक्रूर मन ही मन कहने लगे कि राजा कंस को यह क्या सूझी कि उन्होंने अपना काल स्वयं बुला लिया। अब इनकी मृत्यु आ गई है। तब प्रसन्न होकर अक्रूर ने कहा—कृष्ण को पुरस्कृत करने का यह काम तुरन्त कर देना चाहिए। जिसको कहिए उसे सबेरा होते ही श्याम और राम को बुलाने के लिए गोकुल भेज दिया जाय।

२३९०/३५५० राग बिलावल

तब अक्रूर कहा नृप आगैं, धन्य-धन्य नारद मुनि ज्ञानी ।
बड़े सत्रु व्रज मैं दोउ हमकौं, सुनहु देव नीकी चित आनी ।
महाराज तुम सरि को ऐसौ, जाकी जग यह चलति कहानी ।
अब नहिं बचैं क्रोध नृप कीन्हौ, जैहै छनकि तवा ज्यौं पानी ।
यह सुनि हर्ष भयौ, गरबानौ, जबहिं कही अक्रूर सयानी ।
काल्हि बुलाइ 'सूर' दोउ मारौं, बार-बार भाषत यह बानी ॥

तब अक्रूर ने ठकुरसुहाती कहनेवाली कपट भरी वाणी से कंस से कहा—नारद मुनि ज्ञानी हैं। वे धन्य हैं। हे महाराज, ये श्याम और राम दोनों व्रज में हमारे भारी शत्रु हो गए हैं। आपने इन्हें ठिकाने लगा देने की बहुत अच्छी बात सोच ली है। महाराज आपके

समान यह दूसरा कौन पैदा हो गया है, जिसकी चर्चा सारे संसार में होने लगी है। अब जब आपने उसपर क्रोध कर लिया है, तब वह कैसे बच सकता है। वह जलते हुए तवे पर पानी की बूँद के समान क्षण भर में छनछनाकर उड़ जायेगा—समाप्त हो जायेगा, बिला जायेगा। जब अक्रूर ने चतुराई भरी यह कपटवाणी कही, तब कंस गर्व से फूल उठा और बार-बार यह कहने लगा, कल ही मैं दोनों को बुलाकर साफ किए देता हूँ।

२३९१/३५५१ राग बिलावल

यहै मंत्र अक्रूर सौं, नृप रैनि बिचारि।
प्रात नंद-सुत मारिहौं, यह कह्यौ प्रचारि।
करि बिचार जुग जाम लौं, मंदिरहि पधारे।
कह्यौ जाहु अक्रूर सौं, भए आलस भारे।
तुरत जाइ पलिका पर्‍यौ, पलकनि झपकानौ।
स्याम राम सुपने खरे, तहँ देखि डरानौ।
अति कठोर दोउ काल से, भरम्यौ अति झझक्यौ।
जागि पर्‍यौ तहँ कोउ नहीं, जियहीं जिय ससक्यौ।
चौंकि पर्‍यौ सँग नारि के, रानी सब जागीं।
उठीं सबै अकुलाइ कै, तब बूझन लागीं।
महाराज झझके कहा, सपने कह ससके।
'सूर' अतिहिं व्याकुल भए, धर-धर उर धरके॥

राजा कंस ने रात में अक्रूर के साथ इसी मंत्रणा पर विचार किया और ललकार कर कहा कि सबेरे नंद के पुत्र को बुलाकर मार डालूँगा। रात के दो प्रहर तक कंस ने अक्रूर के साथ यह विचार-विमर्श किया, फिर वह अपने अंत:पुर में चला गया। उसने अक्रूर से यही कहा—अब नींद और आलस्य से पलकें भारी पड़ रही हैं, अत: अक्रूर जी अब जाओ और आराम करो।

कंस तुरन्त जाकर पलँग पर पड़ रहा और पलकें मूँद लीं। उसे श्याम और राम सपने में अपने सामने खड़े दीख पड़े। उन्हें देखकर वह अत्यंत डर गया। वे दोनों कंस को काल के समान अत्यंत कठोर दीख पड़े। वह भारी भ्रम में पड़ गया और झिझक उठा। वह जग गया, तब उसे वहाँ कोई नहीं दीख पड़ा। वह मन ही मन सशंक होकर सिसक उठा और चीख पड़ा। उसकी चीख सुनकर साथ सोई हुई रानियाँ जग उठीं। वे भी विकल हो उठीं और पूछने लगीं, हे महाराज आप सपने में क्यों चौंक उठे थे, क्यों चीख उठे थे? आप क्यों अत्यंत व्याकुल हो उठे थे और आपके हृदय की धड़कन क्यों बढ़ गई थी?

२३९२/३५५२ राग बिलावल

महाराज क्यौं आजहीं सपने झझकाने।
पौढ़े जबहीं आनिकै, देखे बिलखाने।
कहा सोच ऐसौ पर्‍यौ, ऐसौ पुहुमी कौ।
काकी सुधि मन मैं रही, कहियै अप जी कौ।

रानी सब व्याकुल भईं, कछु भेद न पावैं।
तब आपुन सहजहिँ कह्यौ, वह नहीं जनावै।
सावधान करि पौरिया, प्रतिहार जगायौ।
'सूर' त्रास बल-स्याम कैं, नहिँ पलक लगायौ॥

रानियाँ बोलीं—महाराज, आज आप सपने में चौक क्यों पड़े थे? जब आप रात को सोने आए थे, तभी आप बिलखते से जान पड़े थे। सच-सच बताइए, पृथ्वी पर ऐसा कौन है जिसने आपको ऐसे सोच में डाल दिया है। अब अपने जी की बात कह सुनाइए—किसकी सुधि आपके मन में बनी हुई थी? रानियाँ अत्यंत व्याकुल हो उठी थीं, पर उन्होंने कंस के मन का तनिक भी भेद नहीं पाया। कंस ने उन्हें कुछ बताया ही नहीं। उसने बस इतना ही कहा—मैं यों ही सहज रूप से चौंक पड़ा था, कोई चिन्ता की बात नहीं है। यह कह कर वह टाल गया। उसने द्वारपाल को सावधान कर दिया कि कोई भीतर न आने पावे। उसने पहरेदार को भी जगा दिया। ठीक से पहरा देते रहो। उस रात श्याम और बलराम के भय से उसकी पलकें नहीं लगीं। उसे नींद आई ही नहीं।

२३१३/३५५३ राग बिलावल

उत नंदहिँ सपनौ भयौ, हरि कहूँ हिराने।
बल-मोहन कोउ लै गयौ, सुनि के बिलखाने।
ग्वाल सखा रोवत कहैं, हरि तौ कहुँ नाहीं।
संगहि सँग खेलत रहे, यह कहि पछिताहीं।
दूत एक सँग लै गयौ, बलराम कन्हाई।
कहा ठगौरी सी करी, मोहिनी लगाई।
वाही के दोउ ह्वै गए, हम देखत ठाढ़े।
'सूरज' प्रभु वै निठुर ह्वै, अतिही गए गाढ़े॥

उधर नंद महर ने भी सपना देखा—हरि कहीं खो गए हैं, कोई आया और श्याम तथा बलराम को लेकर चला गया। यह सपना सुनकर नंद रो उठे। ग्वाल-बाल भी सपने में यह कहते हुए, रोते हुए उन्हें दीख पड़े—हरि तो कहीं नहीं हैं। अभी तो वह हमारे साथ खेल रहे थे। यह कहकर वे पछताने लगे। कोई राजदूत आया और बलराम तथा कन्हाई को अपने साथ ले गया। उस दूत ने उन दोनों भाइयों पर न जाने कौन सा जादू डाल दिया, उनपर न जाने कौन सी मोहिनी डाल दी कि वे दोनों उसी दूत के हो गए और हम अपना सा मुँह लिए हुए खड़े रह गए। प्रभु अत्यंत निठुर होकर उसके साथ चले गए और हमको अत्यंत कठिनाई में छोड़ गए।

२३१४/३५५४ राग सोरठ

व्याकुल नंद सुनत यह बानी।
धरनी मुरछि परी अति व्याकुल, बिबस जसोदा रानी।
व्याकुल गोप ग्वाल सब व्याकुल, व्याकुल ब्रज की नारि।
व्याकुल सखा स्याम बल के जे, व्याकुल तन न सँभारि।

धरनी परत, उठत, पुनि धावत, इहिं अंतर नँद जागे।
धकधकात उर, नैन स्त्रवत जल, सुत अँग परसन लागे।
सिसकत सुनि जसुमति अतुराई, कहा महर भ्रम पायौ।
'सूर' नंद घरनी के आगैं, यह भ्रम नहीं सुनायौ॥

स्वप्न में नंद महर ने ग्वालबालों की यह बात सुनी और अत्यंत विकल हो उठे। यशोदा रानी भी विवश होकर, विकल होकर, धरती पर मूर्च्छित होकर गिर पड़ीं। सभी गोप ग्वाल विकल हो उठे। सभी ब्रज-वधूटियाँ भी विकल हो उठीं। श्याम के सभी सखागण भी व्याकुल हो उठे और उन्हें अपने तन-बदन की सुधि नहीं रह गई। वे सभी धरती पर गिरे पड़ रहे हैं, उठे जा रहे हैं और फिर दौड़े पड़ रहे हैं। इतने में नंद का सपना टूट गया और वे जग पड़े। उनकी छाती धड़की जा रही थी, और उनकी आँखों से आँसू बहा जा रहा था। वे बगल में सोए पुत्र श्याम का शरीर टटोलने लगे। नंद की चीख सुनकर महरि यशोदा जग गईं और विकल होकर पूछ बैठीं—महर, तुम्हें कैसा भ्रम हो उठा जो यों चीख पड़े। नंद ने घरनी यशोदा से स्वप्न की बात नहीं बताई।

२३९५/३५५५ *राग कल्यान*

एक जाम नृप कौं निसि, जुग तैं भइ भारी।
आपुनहूँ जाग्यौ, सँग जागीं सब नारी।
कबहुँ उठत, बैठत पुनि, कबहुँ सेज सोवै।
कबहुँ अजिर ठाढ़ो ह्वै, ऐसैं निसि खोवै।
बार-बार जोतिक सौं, निसि घरी बुझावै।
एक जाइ पहुँचै नहीं, अरु एक पठावै।
जोतिक जिय त्रास परयौ, कहा प्रात करिहै।
'सूर' क्रोध भरयौ नृपति, काकैं सिर परिहै॥

रात का एक ही पहर शेष रह गया था, जब राजा कंस का स्वप्न टूटा। रात का यह अंतिम प्रहर राजा के लिए एक युग से भी भारी पड़ रहा था। वह स्वयं तो जगता ही रहा उसके साथ उसकी सब रानियाँ भी जगती रहीं। राजा कभी उठता था, कभी बैठ जाता था कभी सेज पर जाकर पड़ जाता था, कभी आंगन में जाकर खड़ा हो जाता था। इसी प्रकार वह अपनी वह रात बिता रहा था। वह बार-बार ज्योतिषी से पूछता जा रहा था, रात की यह घड़ी कैसी है, शुभ है या अशुभ? वह एक सेवक को ज्योतिषी के पास भेजता था वह लौट भी नहीं पाता था, तब तक दूसरा सेवक ज्योतिषी के पास भेज देता था। ज्योतिषी भी भयभीत हो गया कि राजा सबेरे न जाने क्या कर देगा? क्रोध से भरा हुआ राजा न जाने किसके सिर पर अपना क्रोध उतारेगा?

२३९६/३५५६ *राग कल्या*

ब्याकुल है टैरै निकट, बूझै घरी बाकी।
इक-इक छिन, जाम-जाम, ऐसी गति ताकी।

को जैहै व्रज कौं, मन करै किहि पठाऊँ।
जासौं कहि, नंद-सुवन, आजुहीं मँगाऊँ।
अब नहिँ राखौं उठाइ, बैरी नहिँ नान्हौं।
मारौं गज पै रुँदाइ, मन महँ अनुमानौं।
पठवौं अक्रूर, और वैसौ नहिँ कोऊ।
'सूर' जाइ गोकुल तैं, ल्यावै सँग दोऊ॥

राजा कंस व्याकुल होकर बार-बार पूछ बैठता है—अभी रात कितनी घड़ी शेष है। उसकी मन:स्थिति एक-एक क्षण पर, एक-एक पल पर, ऐसी होती जा रही थी। वह सोचता जा रहा था, व्रज कौन जायगा। उसका मन कहता था कि किसे व्रज में भेजूँ, जिससे कह कर नंद के कुँवर को आज ही बुला लूँ। अब मैं कोई कोर-कसर नहीं उठा रखूँगा। बैरी नन्हा नहीं है, बड़ा हो गया है। वह मन ही मन अटकल लगाता जा रहा था—अच्छा होगा कि इसको हाथी के पैरों तले कुचलवा कर मरवा डालूँ। मैं अक्रूर को भेज दूँ। अक्रूर जैसा चतुर चालाक समझदार और कोई दूसरा नहीं है। अक्रूर व्रज में जायँ और अपने साथ श्याम और बलराम दोनों को लेते आवें।

२३१७/३५५७ राग बिलावल

अरुन उदय उठि प्रातहीं, अक्रूर बुलाए।
आपु कह्यौ प्रतिहार सौं, इक सुनि सत धाए।
सोवत जाइ जगाइयौ, चलिए नृप पासा।
उहै मंत्र मन जानिकै, उठि चले उदासा।
नृपति द्वार ही पै खरौ, देखत सिर नायौ।
कहि खवास कौं सैन दै, सिरोपाव मँगायौ।
अपनैं कर लै करि दियौ, सुफलक-सुत लीन्हौ।
लै आवहु सुत नंद के, यह आयसु दीन्हौ।
मुख अक्रूर हरषित भयौ, हिरदय बिलखानौ।
असुर-त्रास अति जिय पर्यौ, यह कहै सयानौ।
तुरतहिं रथ पलनाइ के, अक्रूरहि दीन्हौ।
आयसु सिर पै मानिकै, आतुर होइ लीन्हौ।
बिलम करौ जनि नैकहूँ, अबहीं व्रज जाहू।
'सूर' काज करि आवहू, जनि रैनि बसाहू॥

सूर्योदय होते ही कंस उठा और उसने सेवक भेजकर अक्रूर को बुलवाया। कंस ने कहा तो पहरेदार से, पर राजा की बात सुनकर सैकड़ों सेवक दौड़ पड़े। वे दौड़े-दौड़े अक्रूर के घर गए, उन्हें सोते से जगाया और कहा—चलिए, महाराज ने आपको याद किया है। अक्रूर को राजा की उस मंत्रणा का मन ही मन खयाल हो आया। वे उठकर उदास मन से राजा के पास चल पड़े। राजा कंस द्वार पर ही खड़ा प्रतीक्षा करता मिला। उसे देखते ही अक्रूर ने सिर झुकाया। कंस ने खास सेवक को आँख के इशारे से बुलाया और उससे

घर के भीतर जाकर अक्रूर के लिए शिरोपाव (सिर से पैर तक पहनने की सारी पोशाक) मँगवाया। कंस ने वह आपाद-मस्तक परिधान अपने हाथ में लेकर अक्रूर को दिया और सुफलक-सुत ने उसे सादर स्वीकार किया। कंस ने आदेश दिया—व्रज जाकर नंद-पुत्र को ले आओ। ऊपर से तो अक्रूर परम प्रसन्न हो उठे, पर मन ही मन वह रो उठे। उन चतुर अक्रूर ने मन ही मन कहा—इस असुर कंस के मन में उन दोनों बालकों का भारी भय समा गया है। कंस ने तुरन्त रथ सजाकर अक्रूर को दिया। अक्रूर ने राजाज्ञा को शिरोधार्य किया और तुरन्त रथारूढ़ हो गए। कंस ने चलते-चलते कहा—थोड़ी भी देर मत करना, अभी व्रज जाओ और साथ लेकर तुरन्त लौट आना। वहाँ रात में रुकना मत।

२३९८/३५५९ राग कल्यान

तुम बिनु मेरैं हितू न कोऊ।

सुनि अक्रूर, तुरत नृप भाषत, नंद महर-सुत ल्यावहु दोऊ।
सुनि रुचि बचन, रोम हरषित तनु, प्रेम पुलकि, मुख कछू न बोल्यौ।
यह आयसु पूरब सुक्रित बस, सो काहू पै जाहि न तोल्यौ।
मौन देखि परिहस नृप भीन्यौ, मनहुँ सिंह गो आइ तुलानौ।
बहिक्रम बिनु द्वै सुत अहीर के, रे कातर, कत मन संकानौ।
आयसु पाइ सुष्ठु रथ कर गहि, अनुपम तुरँग साज धृत जोह्यौ।
'सूरस्याम' की मिलनि सुरति करि, मनु निरधन बिधि पाइ बिमोह्यौ॥

कंस ने अक्रूर से कहा—तुम्हें छोड़कर मेरी हित-कामना करनेवाला कोई दूसरा नहीं है। हे अक्रूर, मेरी बात सुनो और नंद महर के दोनों पुत्रों को तुरन्त ले आओ। अपने मन को अच्छी लगनेवाली बात को सुनकर अक्रूर को हर्ष से रोमांच हो आया। वे प्रेम से पुलकित हो उठे और उनके मुँह से कोई बात नहीं निकली। वे सोचने लगे—राजा कंस ने मुझे जो यह आज्ञा दी है, वह मेरे पूर्व जन्म के इस पुण्य का फल है, जिसे कोई तोल नहीं सकता। अक्रूर को मौन देखकर राजा कंस उनकी हँसी उड़ाने के भाव में आ गया। लगा जैसे कोई सिंह गाय पर आक्रमण करने के लिए तुल गया हो। राजा ने कहा—अभी अहीर के वे दोनों बालक वय:सन्धि भी नहीं पार कर सके हैं। अभी वे किशोरावस्था के निकट ही पहुँच रहे हैं। तुम कातर क्यों हो रहे हो। उनसे मन ही मन क्यों डरे जा रहे हो?

राजा की आज्ञा पाकर अक्रूर ने सुंदर रथ ले लिया, उसे भली भाँति सजा दिया और उसमें बढ़िया घोड़े जोत दिए। श्याम से मिलने की बात सोचकर उन्हें वैसी ही प्रसन्नता हुई जैसे कोई निर्धन बहुत बड़ा धन पाकर अत्यन्त मुग्ध हो उठा हो।

२३९९/३५६० राग बिलावल

सुनहु देव, इक बात जनाऊँ।

आयसु भयौ तुरत लै आवहु, तातैं फेरि सुनाऊँ।
बल मोहन बन जात प्रातहीं, जौ उनकौं नहिँ पाऊँ।
रहिहौं आजु नंद गृह बसि कै, काल्हि प्रात लै आऊँ।
यह कहि चल्यौ, नृपतिहूँ मान्यौ, सुफलक-सुत रथ हाँक्यौ।
'सूरदास' प्रभु ध्यान हृदय धरि, गोकुल-तन कौं ताक्यौ॥

अक्रूर ने कंस से कहा—हे महाराज, मेरी एक बात सुनें और जान लें। आपकी आज्ञा हुई है कि तुरन्त ले आओ। इसीलिए मैं यह निवेदन कर रहा हूँ। बलराम और श्याम दोनों भाई सबेरे गाय चराने के लिए वन में चले जाते हैं। इसलिए बहुत संभावना है कि पूर्वाह्न में मेरी उनसे भेंट हो ही न सके। इसलिए आज मैं नंद के घर रहूँगा और कल सबेरे उनको लेकर यहाँ आ जाऊँगा। कंस ने अक्रूर की यह बात मान ली। अक्रूर यह कहकर रथ हाँककर गोकुल के लिए चल पड़े। उन्होंने प्रभु का ध्यान हृदय में धारण किया और गोकुल की ओर रथ देखने लगे।

२४००/३५६१ राग टोड़ी

सुफलक-सुत मन पर्‌यौ बिचार। कंस निबंस होइ हत्यार ॥
नगर माँझ रथ कीन्हौ ठाढ़ौ। सोच पर्‌यौ मन मैं अति गाढ़ौ ॥
मंत्र कियौ निसि मेरैं साथ। मोहि लेन पठयौ व्रजनाथ ॥
गज मुष्टिक-चानूर निहार्‌यौ। व्याकुल नैन नीर दोउ ढार्‌यौ ॥
अति बालक बलराम कन्हाई। कैसे आनि देउँ मैं जाई ॥
कहा करौं नहिं कछू बसाई। मो देखत मारै दोउ भाई ॥
मारै मोहिं बंदि लै मेलै। आगे कौं रथ नैंकु न ठेलै ॥
'सूरदास' प्रभु अंतरजामी। सुफलक-सुत-मन पूरन कामी ॥

सुफलक के पुत्र अक्रूर के मन में यह विचार उत्पन्न हुआ—अच्छा हो, इस हत्यारे कंस का निर्वंश हो जाय। ऐसा सोचकर उन्होंने रथ को मथुरा नगर के मध्य में ही खड़ा कर दिया और उनके मन में भारी चिंता पैदा हो गई। वह सोचने लगे—अभी कल रात में कंस ने मेरे ही साथ विचार-विमर्श किया है और आज ही मुझी को व्रजनाथ कृष्ण को ले आने के लिए भेज दिया है। अक्रूर ने कुवलयापीड़ जैसे दुर्दम हाथी और मुष्टिक तथा चाणूर जैसे प्रबल पहलवानों की ओर देखा और उनके दोनों विकल नयनों से आँसू बहने लगा। बलराम और श्याम अभी अत्यन्त छोटे बालक हैं। मैं जाकर उन्हें कैसे ले आऊँ। क्या करूँ, मेरा कोई बस नहीं चल पा रहा है। मेरे देखते-देखते वह दोनों भाइयों को मार डालेगा। फिर उन्होंने सोचा, राजा चाहे मुझे मार डालें, चाहे बंदीगृह में डाल दे, मैं आगे की ओर रथ जरा भी नहीं बढ़ाऊँगा। गोकुल जाऊँगा ही नहीं। प्रभु तो अन्तर्यामी हैं। उन्होंने अक्रूर के मन की पूरी बात जान ली और उसे पूरी करने की ठान ली।

२४०१/३५६२ राग टोड़ी

दच्छिन दरस देखि मृगमाला। अति आनंद भयौ तिहिं काला ॥
अबहीं बन मिलिहौं गोपाला। स्याम जलद तनु अंग रसाला ॥
ता दरसन तैं होउँ निहाला। बहु दिन के मेटौं जंजाला ॥
मुख-ससि नैन-चकोर बिहाला। तन त्रिभंग सुंदर नँदलाला ॥
विविध सुमन हिरदै सुभ माला। सारसहू तैं नैन बिसाला ॥
निसचय भयौ कंस कौ काला। 'सूरज' प्रभु त्रिभुवन प्रतिपाला ॥

अक्रूर ने अपनी दाहिनी ओर हिरनों का एक झुंड देखा। यह शुभ शकुन हुआ। यह देखकर उन्हें उस समय अत्यन्त आनन्द हुआ। उन्होंने सोचा—बन में अभी-अभी ही नील जलद से शरीर वाले और अत्यंत मधुर अंगों वाले श्याम से भेंट हो जायगी, मैं उनका दर्शन करके निहाल हो उठूँगा और मेरे बहुत दिनों के सारे जंजाल मिट जायेंगे। उनके मुखचंद्र के लिए मेरे नयन-चकोर उतावले हो रहे हैं। वे उनका दर्शन पाकर परम प्रसन्न हो उठेंगे। नंदलाल का बाँसुरी बजाते समय का त्रिभंगी रूप अत्यंत सुन्दर है। उनके वक्षस्थल पर रंग-बिरंगे फूलों की माला सुशोभित हो रही है। उनके नेत्र कमल के फूल से भी बड़े हैं। प्रभु तीनों लोकों का पालन करनेवाले हैं। निश्चित रूप से यह कंस के लिए काल होकर अवतीर्ण हुए हैं।

२४०२/३५६४ राग आसावरी

दाहिनैं देखियत मृगमाल।

मानौ इहिं सकुन अबहिं, इहिं बन आजु, इनहिं भुजनि भरि भेंटौं गोपाल।
निरखि तनु त्रिभंग, पुलक सकल अंग, अंकुर धरनि जिमि पावसहिं काल।
परिहौं पाइनि जाइ, भेंटिहौं अंकम लाइ, मूल तैं जमी ज्यौं बेलि चढ़ति तमाल।
परसि परमानंद, सींचिकै कामना कंद, करिहैं प्रगट प्रीति प्रेम के प्रवाल।
बचन रचन हास, सुमन मुख निवास, करहिं, फलिहैं फल अभय रसाल।
स्फुरित सुध सुबाहु, लोचन मन उछाहु, फूलि कै सुकृत फल फलै तिहिं काल।
निगम कहत नेति, सिव सकल चेति, हृदय लगाइ 'सूर' लैहों ता दयाल॥

अक्रूर जी ने गोकुल जाते समय दाहिनी ओर हिरनों का एक झुंड देखा। उन्हें प्रतीत हुआ कि मानो यह शकुन बता रहा है कि मैं अभी ही अभी, इसी वन में, अपनी इन्हीं भुजाओं में भरकर गोपाल को भलीभाँति भेंटूँगा। उनके बाँसुरी बजाने की मुद्रा वाले त्रिभंगी रूप को देखकर मेरा सारा शरीर हर्ष से उसी प्रकार कंटकित हो उठेगा, जिस प्रकार वर्षा ऋतु में पृथ्वी से घास के अंकुर फूट निकलते हैं। मैं उनके पैरों पर गिर पड़ूँगा। उन्हें छाती से लगा लूँगा, उसी प्रकार जिस प्रकार धरती से लता उठकर तमाल के वृक्ष पर चढ़ जाती है। मेरा स्पर्श करके वे परमानंद, मेरी समस्त कामनाओं की जड़ को सींच देंगे और प्रीति तथा प्रेम के नूतन अरुण किसलय उत्पन्न कर देंगे। उनकी मधुर और हास-मय बातों से मेरे कामना-कंद में सुख रूपी फूल खिल उठेंगे और उसमें ऐसे मधुर फल लग जायेंगे, जिनके टूट कर गिर जाने का भय नहीं रहेगा। मेरी शुभ भुजा, दाईं भुजा फड़क रही है—मेरी बाईं आँख भी फड़क रही है, मेरे मन में अत्यन्त उत्साह है। लगता है मेरे पुण्य का फूल तत्काल फल में बदल जाना चाहता है। जिनको वेद 'नेति' कहते हैं, जिन्हें शिव भी ध्यान लगाकर के भी नहीं पाते, उन्हीं दयाल को मैं अब अपने हृदय से लगाकर भेटूँगा।

२४०३/३५६५ राग कान्हरौ

आजु वे चरन देखिहौं जाइ।
जे पद-कमल प्रिया श्री उर तैं, नैकु न सकै भुलाइ।

जे पद कमल मुनि दुरलभ, मैं देखौं सति भाइ।
जे पद कमल पितामह ध्यावत, गावत नारद चाइ।
जे पद कमल सुरसरी परसे, तिहूँ भुवन जस छाइ।
'सूरस्याम' पद-कमल परसिहौं, मन अति बढ़्यौ उछाह॥

अक्रूर जी मन ही मन सोचते जा रहे हैं—मैं आज प्रभु के उन चरणों को देख सकूँगा, वे चरण-कमल, जिन्हें लक्ष्मीजी अपने हृदय से जरा भी नहीं भुला पातीं; वे चरण-कमल जो मुनियों के लिए दुर्लभ हैं, उन्हें मैं आज सचमुच देखूँगा। जिन चरण-कमलों का ध्यान पितामह ब्रह्मा बराबर किया करते हैं; जिनका गुणानुवाद देवर्षि नारद बराबर किया करते हैं, जिन चरण कमलों का स्पर्श कर लेने के कारण गंगा मैया तीनों लोकों में यशस्विनी हो रही हैं, आज मैं प्रभु के उन्हीं चरण-कमलों का दर्शन-स्पर्शन करूँगा। ऐसा सोचकर अक्रूर जी के मन में भारी उत्साह छाया जा रहा था।

२४०४/३५६६ राग कान्हरौ

आजु जाइ देखौं वै चरन।
सीतल सुभग सकल सुखदाता, दुसह दोष-दुख-हरन।
अंकुस कुलिस कमल धुन चिह्नित, अरुन कंज के रंग।
गो चारत बन जाइ पाइहौं, गोप सखनि के संग।
जाकौ ध्यान धरत मुनि नारद, सुर विरंचि अरु ईस।
तेई चरन प्रगट करि परसौं, इन कर अपने सीस।
लखि सरूप, रथ रहि नहिं सकिहौं, तिनि धरिहौं धरि धाइ।
'सूरदास' प्रभु उभय भुजा धरि, हँसि भेंटिहैं उठाइ॥

अक्रूर मन ही मन सोचते जा रहे हैं—आज मैं जाकर भगवान के उन चरणों का दर्शन करूँगा, जो शीतल हैं, सुंदर हैं और सभी सुखों को देनेवाले तथा सभी दुःसह दोषों और दुखों को हर लेने वाले हैं, जिनके तलवों में अंकुश, वज्र, कमल और ध्वजा के चिह्न बने हुए हैं, और जो लाल कमल के रंग वाले हैं। कन्हैया अपने गोप सखाओं के साथ वन में गायें चरा रहे होंगे, तभी मैं उन चरणों को पा लूँगा। जिनका ध्यान नारद मुनि, देवता लोग, ब्रह्मा और शिव जैसे लोग धरा करते हैं, मैं उन्हीं चरणों का प्रत्यक्ष रूप से अपने हाथों और अपने सिर से स्पर्श करूँगा। प्रभु को देखकर मैं अपने इस रथ पर बैठा नहीं रह सकूँगा। मैं दौड़कर उन चरणों को पकड़ लूँगा। जब मैं उनके चरणों पर गिर पड़ूँगा, तब वे अपनी दोनों भुजाओं से पकड़कर, हँसकर मुझे उठा लेंगे, फिर गले से लगा लेंगे।

२४०५/३५६७ राग नट

जब सिर चरन धरिहौं जाइ।
कृपा करि मोहिं टेकि लैहै, करनि हृदय लगाइ।
अंग पुलकित, बचन गदगद, मनहिं मन सुख पाइ।
प्रेम-घट उच्छलित ह्वैहै, नैन अश्रु बहाइ।

कुसल बूझत कहि न सकिहौं, बार-बार सुनाइ।
'सूर' प्रभु के ध्यान अटक्यौ, गयौ पंथ भुलाइ॥

अक्रूर जी सोचते जा रहे हैं—जबमैं जाकर आगे बढ़कर प्रभु के चरणों पर अपना सिर रख दूँगा, तब वे कृपा करके अपने हाथों का सहारा देकर मुझे उठा लेंगे और हृदय से लगा लेंगे। तब मेरे अंग-अंग रोमांचित हो उठेंगे, मेरी वाणी गद्‌गद् हो जायगी और मेरे मुँह से कुछ भी शब्द नहीं निकल पायेंगे। मैं मन ही मन सुख का अनुभव करूँगा। मेरे हृदय में स्थित प्रेम का घड़ा उछल पड़ेगा और मेरी आँखों से प्रेम के आँसू बहने लगेंगे। हरि मुझसे, बार-बार सुनाकर मेरी कुशल क्षेम पूछेंगे, पर मैं कुछ भी नहीं कह सकूँगा।

अक्रूर हरि के ध्यान में कुछ ऐसे डूब गए कि वे रास्ता ही भूल बैठे।

२४०६/३५६८ राग बिलावल

मथुरा तैं गोकुल नहिं पहुँचे, सुफलक-सुत कौ साँझ भई।
हरि-अनुराग देह-सुधि बिसरी, रथ-वाहन की सुरति गई।
कहाँ जात, किन मोहिं पठायौ, को हौं मैं, इहिं सोच पर्‌यौ।
दसहूँ दिसा स्याम परिपूरन, हृदय हरष आनंद भर्‌यौ।
हरि अंतरजामी यह जानी, भक्तवछल बानौ जिनिकौ।
'सूर' मिले जो भाव भक्त के, गहरु नहीं कीन्हौ तनिकौ॥

सुफलक के पुत्र अक्रूर मथुरा से अभी गोकुल पहुँचे भी नहीं थे कि मार्ग में ही उन्हें शाम हो गई। वे हरि के प्रेम में ऐसे डूब गए कि उन्हें अपने शरीर तक की सुधि भूल गई। उन्हें न तो अपने रथ का खयाल रह गया, न रथ में जुते घोड़ों का ही। मैं कहाँ जा रहा हूँ, किसने मुझे भेजा है, मैं कौन हूँ, वे यह सोचते विचारते रह गए। उन्हें दशों दिशायें श्याम से भरी हुई दीख पड़ीं और उनका हृदय आनंद से भर उठा। हरि तो घट-घट की जाननेवाले हैं। उनका विरुद ही भक्त-वत्सल है। वे अक्रूर के हृदय की भक्ति जान गए। जो भी उनसे भक्ति-भाव से मिलता है, वे उससे मिलने में तनिक भी देर नहीं करते।

२४०७/३५६९ राग कल्यान

वृंदावन ग्वालनि सँग, गइया हरि चारैं।
अपने जन हेत काज, व्रज कौं पगु धारैं।
जमुना करि पार गाइ, स्याम देत हेरी।
हलधर सँग सखा लिए, सुरभी गन घेरी।
धेनु दुहन सखनि कह्यौ, आपु दुहन लागे।
वृंदावन गोकुल बिच, जमुना के आगे।
भक्त हेत श्री गोपाल, यह सुख उपजायौ।
'सूरदास' प्रभु कौ दरस, सुफलक-सुत पायौ॥

हरि ग्वाल बालों के साथ वृंदावन में गायें चरा रहे थे। अपने आप अक्रूर के प्रेमभाव के कारण वे स्वयं ही व्रज की ओर चले आ रहे थे। यमुना पार कर लेने के उपरान्त हरि

गायों को हुर्र हुर्र करके बुलाने लगे। बलराम और सखाओं को साथ लिए हुए वे गायों को घेरे ले रहे थे। तब ग्वाल सखाओं ने कहा कि अब गायों को दुह लिया जाय। तब हरि स्वयं गो-दोहन करने लगे। वृंदावन और गोकुल के बीच, यमुना के पार श्रीगोपाल ने अपने साथ अक्रूर के लिए यह सुख उत्पन्न कर दिया और सुफलक-सुत अक्रूर ने हरि का दर्शन पा लिया।

२४०८/३५७० राग कल्यान

सुफलक-सुत हरि-दरसन पायौ।
रहि न सक्यौ रथ पर सुख-व्याकुल, भयौ वहै मन भायौ।
भू पर दौरि निकट हरि आयौ, चरननि चित्त लगायो।
पुलक अंग, लोचन जल-धारा, श्रीपद सिर परसायौ।
कृपासिंधु करि कृपा मिले हँसि, लियौ भक्त उर लाइ।
'सूरदास' यह सुख सोइ जानैं, कहौं कहा मैं गाइ॥

सुफलक के पुत्र अक्रूर ने हरि का दर्शन पा लिया। वह इस दर्शन के सुख से इतने विह्वल हो उठे कि रथ पर बैठे नहीं रह सके। वे जो चाहते थे, वही हो गया था—मार्ग में ही उन्हें प्रभु का दर्शन मिल गया। वे रथ से उतर गए और पृथ्वी पर पैरों के बल दौड़कर हरि के निकट गए तथा प्रभु के चरणों में अपना मन लगा दिया। उनके शरीर के अंग-अंग रोमांचित हो उठे। उनकी आँखों में प्रेमाश्रु भर गया। उन्होंने प्रभु के चरणों पर अपना सिर झुका दिया। यथाशीघ्र प्रभु कृपा करके मुसकुराते हुए अक्रूर से मिले और अपने हृदय से लगा लिया। इस सुख को तो स्वयं जिन अक्रूर ने पाया है, वही कह सकते हैं। मैं सूर इसका वर्णन गाकर क्या कर सकता हूँ? यह सुख तो मेरे लिए अवर्णनीय है।

२४०९/३५७१ राग गुंडमलार

हरषि अक्रूर हरि हृदय लायौ।
मिले तिहिं भाव, जो भाव चेत्यौ चित्त, भक्तवच्छल नाम तब कहायौ।
कुसल बूझत प्रस्न, वचन अंमृत रसन, स्त्रवन सुनि पुलक अंग-अंग कीन्हौ।
चितै आनन चारु, बुद्धि उर बिस्तार, दनुज अब दलौ यह ज्वाब दीन्हौ।
भेद ही भेद सब दैत बानी कही, तुरत बोले हेत इहै वाकैं।
'सूर' भुज फरकि, मन नैन उत्साह लै, धरनि उद्धार हित बसी ताकैं॥

अक्रूर को देखकर कृष्ण परम प्रसन्न हो उठे और उन्होंने उनको छाती से लगा लिया। प्रभु उनसे उसी भाव से मिले जिस भाव की कल्पना अक्रूर रास्ते भर मन ही मन करते आ रहे थे। तभी तो भगवान का नाम भक्त-वत्सल है। ये सभी भक्तों को अपना पुत्र सा मानते हैं। हरि ने अक्रूर से पूछा—अक्रूर जी सकुशल हो न? हरि की यह वाणी अक्रूर के कानों में अमृत वाणी सी भर गई। इसे सुनकर उनके हर अंग के रोयें गर्व से खड़े हो गए। अक्रूर ने हरि के सुन्दर मुख-मण्डल की ओर देखा, अपनी बुद्धि का विस्तार करते हुए यह जवाब दिया—प्रभु, अब दनुज कंस का दलन कर दीजिए। अक्रूर ने इशारे ही इशारे में दैत्य कंस का संदेशा उन्हें कह सुनाया। इसपर हरि तुरत बोले—यह तो कंस का मुझपर बड़ा

प्रेम है, जो उसने मुझे बुलवा भेजा है। यह कहते ही कृष्ण की बाहें फड़क उठीं; उनके मन और नयन में उत्साह छा गया, जो इस बात का सूचक था कि हरि के मन में धरणी के उद्धार की बात आकर बस गई है।

२४१०/३५७२ राग बिलावल

स्याम इहै कहि कै उठे, नृप हमहिँ बुलाए।
अतिहि कृपा हम पर करी, जो काल्हि मँगाए।
संग सखा यह सुनत ही, चक्रित मन कीन्हौ।
कहा कहत हरि, सुनत हौ, लोचन भरि लीन्हौ।
स्याम सखनि मुख हेरि कै, तब करी सयानी।
काल्हि चलौ नृप देखियै, संका जनि आनी।
हरष भये हरि यह कहैं, मन-मन दुख भारे।
'सूर' संग अक्रूर के, हरि ब्रज पग धारे॥

'अच्छा, राजा कंस ने हमें बुलाया है। यह उनकी मुझपर अत्यंत कृपा है, जो उन्होंने कल ही मुझे मिलने के लिए बुलाया है'—यह कहकर श्याम उठ खड़े हुए। जब कृष्ण के सखाओं ने श्याम के मुख से यह बात सुनी, तब वे चकपका गए। उनकी आँखें भर आईं। वे आपस में कहने लगे—'श्याम क्या कह रहे हैं, सुन रहे हो न।' सखाओं की यह चिन्ता देखकर कन्हैया ने उनके मुखों की ओर देखा, तब चतुराई भरी वाणी बोले—'चलो, कल राजा कंस को देख लिया जाय। मन में बिलकुल न डरो!' कन्हैया के यह सब कहने पर वे ऊपर से तो प्रसन्नचित्त हो उठे; पर मन ही मन उन्हें भारी दुःख हो रहा था।

इसके पश्चात् हरि अक्रूर के साथ व्रज में आ गए।

२४११/३५७३ राग रामकली

अति कोमल बलराम कन्हाई।
दुहुनि गोद अक्रूर लिए हँसि, सुमनहु तैं हरुवाई।
ग्वाल संग रथ लीन्हे आए, पहुँचे ब्रज की खोर।
देखत गोकुल लोग जहाँ तहँ, नंद उठे सुनि रोर।
निसि सुपने कौं त्रस्त भए अति, सुन्यौ कंस कौ दूत।
'सूर' नारि-नर देखन धाए, घर-घर सोर अकूत॥

बलराम और कन्हैया दोनों अत्यंत कोमल थे और फूल के भार से भी हलके थे। अक्रूर जी ने दोनों को अपनी गोद में उठा लिया और पैदल ही व्रज की ओर चल पड़े। ग्वाल-बाल अक्रूर के रथ को लेते आए और व्रज की वीथी में पहुँच गए। गोकुल के लोग जहाँ-तहाँ, अक्रूर की गोद में आते श्याम बलराम और ग्वाल बालों को रथ के साथ देखते खड़े रह गए। शोर सुनकर नंद भी उठ दौड़े। उन्होंने सुना कि कंस का कोई दूत आया हुआ है। रात में उन्होंने जो सपना देखा था, उसका स्मरण कर वे डर गए। गोकुल में सभी नर-नारी कंस के उस दूत को देखने के लिए दौड़ पड़े। घर-घर में कंस के दूत के आने का समाचार बड़ी तेजी से फैल गया और भारी कोलाहल मच गया।

कंस नृप अक्रूर व्रज पठाए।

ए आगैं लैन नंद उपनंद मिलि, स्याम बलराम उन हृदय लाए।
तरि स्यंदन मिल्यो, देखि हरष्यौ हियौ, सोच मन यह भयौ, कहा आयौ।
ज के काज कौं नाम अक्रूर यह, किधौं कर लैन कौं नृप पठायौ।
ुसल तिहिं बूझि लै गए व्रज निज धाम, स्याम बलराम मिलि गए वाकौं।
रन पखराइ कै सुभग आसन दियौ, बिबिध भोजन दियौ तुरत ताकौं।
कयौ अक्रूर भोजन दुहुँनि संग लै, नर-नारि व्रज लोग सबै देखैं।
नौ आए संग, देखि ऐसे रंग, मनहिं मन परस्पर करत मेषैं।
ारि ज्यौनार कै, आचमन सुद्ध भए, दियौ तंबोर नंद हरष आगे।
ज बैठारि, अक्रूर सौं जोरि कर, कृपा कह करी, तब कहन लागे।
याम बलराम कौं कंस बोले हेत, नंद लै सुतनि हम पास आवैं।
सूर' प्रभु दरस की साध अतिही करत, आजु ही कहौ, जनि गहरु लावैं॥

राजा कंस ने अक्रूर को व्रज में भेजा। नंद और उपनंद राजा के दूत का स्वागत करने ह लिए आगे बढ़ चले। उन्होंने देखा कि राजा का दूत श्याम और बलराम दोनों बालकों ो अपनी छाती से लगाए हुए था। वह दूत अपने रथ से उतरकर नंद उपनंद से मिला। नंद से देखकर परम प्रसन्न हो उठे। पर उनके मन में यह चिन्ता भी समा गई कि आखिर यह जदूत किसलिए आया है। यह अक्रूर नामक राजदूत राजा के किसी काम से आया है थवा राजा ने इसे कर वसूल कर लाने के लिए भेजा है। नंद ने अक्रूर के पैर धुलवाए और ठने के लिए सुंदर आसन दिया और उनको तरह-तरह के भोज्य पदार्थ भी ला परोसा। क्रूर ने श्याम और बलराम दोनों को साथ लेकर भोजन किया। व्रज के सभी नारी-नर नके भोजन का यह दृश्य देखते खड़े रहे। श्याम और बलराम को अक्रूर के साथ ऐसा लामिला देखकर वे सोचने लगें, मानों वे उस दूत के साथ ही मथुरा से चले आ रहे हों। सभी मन ही मन इस रंग-ढंग को देखकर मीन-मेख करने लगे। तर्क-वितर्क करने लगे। जन कर लेने के उपरान्त अक्रूर ने हाथ मुँह धोया और शुद्ध हुए। तब नंद प्रसन्न होकर गे बढ़े और उन्हें पान का बीड़ा दिया। उन्हें सेज पर बैठा दिया और हाथ जोड़कर पूछने गे—कहिये, आपने यहाँ आने का कष्ट कैसे किया है। तब अक्रूर जी कहने लगे—राजा स ने श्याम और बलराम को प्रेमपूर्वक बुलाया है और कहा है कि नंद स्वयं इन बच्चों को थ लेकर मेरे पास मथुरापुरी आयें। राजा के मन में इन बालकों को देखने की बड़ी भारी लसा है और उन्होंने आज ही बुलाया है और कहा है कि जरा भी देर न करें।

२४१३/३५७५ राग कान्हरौ

सुन्यौ व्रज-लोग कहत यह बात।
चक्रित भए नारि-नर ठाढ़े, पाँच न आवै सात।
चक्रित नंद, जसुमति भइ चक्रित, मन ही मन अकुलात।
दै दै सैन स्याम बलरामहिं, सबै बुलावत जात।

पारब्रह्म अबिगत अबिनासी, माया रहित अतीत।
मनौ नहीं पहिचानि कहूँ की, करत सबै मन भीत।
बोलत नहीं, नैकु चितवत नहिं, सुफलक-सुत सौं पागे।
'सूर' हमै हित करि नृप बोले, यहै कहत ता आगैं॥

व्रज के नर नारियों ने अक्रूर के मुँह से श्याम बलराम के राजा कंस द्वारा मथुरा ज की यह बात अपने ही कानों सुनी। वे सभी चकित होकर, हक्का-बक्का होकर, खड़े गए। उन्हें न अपनी पंच ज्ञानेन्द्रियों का ज्ञान रह गया, न सप्त सुखों का ही ध्यान रह ग नंद भी चकित हो गए, यशोदा मैया भी चकपका उठीं। वे मन ही मन अकुला उठे, घ गए। वे सब लोग इशारे से श्याम और बलराम को बुलाने लगे। पर वे क्यों बोलने ल श्याम तो परम ब्रह्म हैं, अविगत हैं, अविनाशी हैं, मायारहित हैं, त्रिगुणातीत हैं। ऐसा रहा था जैसे उनकी व्रज और व्रजवासियों से पहले की कोई पहचान ही न रही हो। ऐ देखकर सभी व्रजवासी मन ही मन बहुत डर गए। श्याम बलराम व्रजवासियों से न कुछ बोल रहे थे, न उनकी ओर देख ही रहे थे। वे अनुरक्त थे तो बस सुफलक के अक्रूर में ही। वे अक्रूर से यही कहे जा रहे थे कि राजा ने हमपर बड़ी कृपा करके अ पास बुलाया है।

२४१४/३५७६ राग विहा

व्याकुल भए व्रज के लोग।
स्याम मन नहिं नैंकु आनत, ब्रह्म पूरन जोग।
कौन माता, पिता को है, कौन पति, को नारि।
हँसत दोउ अक्रूर कैं सँग, नवल नेह बिसारि।
कोउ कहत यह कहा आयौ, क्रूर याकौ नाम।
'सूर' प्रभु लै प्रात जैहै, और सँग बलराम॥

अक्रूर का संदेशा सुनकर और श्याम तथा बलराम का यह मायातीत व्यवहार देख व्रज के लोग अत्यंत विकल हो उठे। श्याम तो पूर्ण ब्रह्म हैं। पहले उस ब्रह्मरूप के अनु वे किसी भी बात में मन नहीं लगा रहे थे। कौन माता है, कौन पिता है, कौन पति कौन पत्नी है। इस पर वे ध्यान ही नहीं दे रहे थे। वे दोनों अक्रूर के साथ हँसते जा थे। और व्रज में स्थापित अपने प्रेम को एकदम भुला बैठे थे। कोई कहता था यह किस यहाँ आया है। इसे व्यर्थ के लिए अक्रूर कहा जाता है। वस्तुतः इसका नाम तो क्रूर ह चाहिए। यह कल सबेरे श्याम को लेकर मथुरा चला जायगा और साथ में बलराम को लेता जायेगा।

गोपिकाओं की उद्विग्नता

२४१५/३५७७ राग विह

चलन-चलन स्याम कहत, लैन कोउ आयौ।
नंद-भवन भनक सुनी, कंस कहि पठायौ।

व्रज की नारि, गृह बिसारि, व्याकुल उठि धाई।
समाचार बूझन कौं, आतुर ह्वै आईं।
प्रीति जानि, हेत मानि, बिलखि बदन ठाढ़ीं।
मानहु वै अति बिचित्र, चित्र लिखी काढ़ीं।
ऐसी गति ठौर-ठौर, कहत न बनि आवै।
'सूरस्याम' बिछुरैं, दुख-बिरह काहि भावै॥

व्रज की नारियों ने सुना कि कंस का भेजा हुआ कोई मथुरा से कृष्ण बलराम को लेने के लिए आया है और श्याम भी मथुरा चले जाने को उतावले हो रहे हैं। उन्होंने इस समाचार की भनक मात्र नंद के घर में सुनी। वह कानाफूसी सुनते ही वे अपना घर-द्वार बिसरा कर विकल होकर नंद भवन के लिए शीघ्रता से चल पड़ीं। वे इस समाचार की सत्यता जानने के लिए बड़ी हड़बड़ी में वहाँ आ पहुचीं। कृष्ण के प्रति अपनी और अपने प्रति कृष्ण की प्रीति समझकर, राग रंजित हो, वे रुआँसे मुँह से आकर वहाँ खड़ी हो गईं। वे उस समय ऐसी स्तब्ध प्रतीत हो रही थीं, मानो वे किसी कुशल चित्रकार द्वारा अंकित चित्र मात्र हों। वे न हिल रही थीं, न डुल रही थी। व्रजमंडल में व्रजवधूटियों की यही दशा यत्र-तत्र सर्वत्र दीख रही थी। इनकी इस दशा का वर्णन करते नहीं बनता। श्याम के बिछुड़ने का विरह-दुख किसे अच्छा लग सकता था।

२४१६/३५८४ राग मारू

बहुत दुख पैयत है इहिं बात।
तुम जु सुनत हौ माधौ मधुवन सुफलक-सुत सँग जात।
मनसिज-बिथा दहति दावानल, उपजी है या गात।
सु धौं कहौ तब कैसैं जीहैं, निजु चलिहैं उठि प्रात।
जो पै यहै कियौ चाहत हे, मीचु विरह-सर-घात।
'सूरस्याम' तौ तब कत राखी, गिरि कर लै दिन सात॥

एक गोपी दूसरी से कह रही है—तुम जो कह रही हो कि माधव कृष्ण सुफलक-सुत अक्रूर के साथ मधुपुरी जा रहे हैं, यह बात सुनकर मुझे बहुत दुख हो रहा है। मेरे शरीर में तो काम-व्यथा की अग्नि भी जल उठी है। कन्हैया के मथुरा चले जाने पर, तुम्हीं बताओ, हम कैसे जीती रह सकेंगी। कल सबेरे उठकर निश्चित रूप से वे अक्रूर के साथ मथुरा चले जायँगे। यदि विरह के बाण से घायल करके उन्हें हमें मार ही डालना था, तो उन्होंने सात-सात दिन तक गोवर्द्धन को अपनी उँगली पर उठा रखकर हमें बचाया ही क्यों था?

यशोदा गोपी से *२४१७/ग्र ५३१४ (धंवई), राग सारंग*

मनहु प्रीति अति भई पातरी।
जात अनुज सँग राम हमारे, कमलनैन हू मिलि न जात री।
अरस-परस कछु समुझत नाहिंन, यह व्रज पोच भलौं कि बात री।
कंचन कांच, कपूर खरी सम, पोत जु हीरा सम बिकात री।

वै दोउ हंस मान सरवर के, मलिन छीलरै कहा न्हात री ।
'सूरस्याम' मुकताफल भोगी, को गति सो कन ज्वार खात री ॥

एक गोपी दूसरी से कह रही है—माधव की यह प्रीति तो मानो बहुत पतली, क्षीण हो गई है। अब तो बलराम अपने अनुज श्याम के साथ, हमें छोड़कर मथुरा चले जा रहे हैं। जाने के पहले वे कमलनयन कान्ह हमसे मिलकर भी नहीं जा रहे हैं। उन्होंने हमें जो स्पर्श-सुख दिया है, वे उस पर कुछ भी ध्यान नहीं दे रहे हैं। यह बात व्रज के लिए बुरी है या नहीं, इस पर भी विचार नहीं कर रहे हैं। अब तो सोना कांच के समान, कपूर खरिया मिट्टी के समान और हीरा कांच की गुरिया के समान बिक रहे हैं। श्याम और बलराम वे दोनों तो मानसरोवर के राजहंस हैं। अब वे गंदे गड़हे में कैसे नहायेंगे। ये तो मोती चुगनेवाले हैं, ज्वार के दाने खाते समय इनकी कौन गति नहीं हो जायगी।

२४१८/३५८९ राग रामकली

मेरौ माई, निधनी कौ धन माधौ ।
बारंबार निरखि सुख मानति, तजति नहीं पल आधौ ।
छिनु-छिनु परसति अंकम लावति, प्रेम प्रकृत ह्वै बाँधौ ।
निसि-दिन चंद-चकोरी अँखियनि, मिटै न दरसन साधौ ।
करिहै कहा अक्रूर हमारौ, देहैं प्रान अबाधौ ।
'सूरस्याम घन' हौं नहिँ पठवौं, अबहिँ कंस किन बाँधौ ॥

यशोदा जी कह रही हैं—अरी सखी, माधव ही तो मुझ गरीबिनी का धन है। इसीका मुँह बारम्बार देखकर ही तो मैं सुख पाती रहती हूँ। मैं इसे आधे पल के लिए भी छोड़ती नहीं। मैं इसे क्षण-क्षण पर अपनी गोदी में लिए रहती हूँ और इसके स्पर्श का सुख मानती रहती हूँ। प्रेम ने प्रकृत रूप से, सहज रूप से, मुझे इससे बाँध दिया है। इसका मुख चंद्रमा सदृश है और मेरी आँखें चकोरी हैं, जो रात दिन इसे देखती रहती हैं और इनकी कन्हैया को देखते रहने की साध सदैव अतृप्त बनी रहती है। मैं अपने श्याम घन को मथुरा नहीं जाने दूँगी, यह अक्रूर हमारा क्या कर लेगा। मैं तत्काल, बिना किसी बचाव के अपने प्राण देने के लिए तैयार हूँ। कंस हमें चाहे तो अभी बँधवा ले, पर मैं अपने कन्हैया को जाने नहीं दूँगी।

नंद-वचन यशोदा प्रति *२४१९/३५९५ राग मलार*

भरोसौ कान्ह को है मोहिँ ।
सुनहि जसोदा, कंस-नृपति-भय, तू जनि व्याकुल होहि ।
पहिलैं पूतना कपट रूप करि, आई स्तननि विष दोहि ।
जैसी प्रबल, सु द्वै दिन बालक, मारि दिखायौ तोहिँ ।
अघ बक धेनु तृनाव्रत केसी, कौ बल देख्यौ जोहि ।
सात दिवस गोबरधन राख्यौ, इंद्र गयौ रण छोहि ।
सुनि-सुनि कथा नंद-नंदन की, मन आयौ अवरोहि ।
जोइ-जोइ करन चहैं 'सूरज' प्रभु, सो आवै सब सोहि ॥

नंद ने यशोदा से कहा—मुझे कन्हैया का भारी भरोसा यशोदा सुनो, राजा कंस के भय से तू तनिक भी विकल मत हो। वह हमारे कन्हैया का कुछ भी नहीं बिगाड़ सकेगा। पहले पूतना कपट रूप धारण करके, अपने स्तन में विष पोत कर आई थी। वह बड़ी प्रबल थी, पर मेरे दो दिन के बच्चे ने उसे मारकर मुझे अपनी शक्ति दिखा दी थी। अघासुर, बकासुर, धेनुकासुर, तृणावर्त, केसी का बल तो तू देख ही चुकी है। इसने सात-सात दिन तक गोवर्द्धन पर्वत को अपनी कनगुरिया पर उठाकर थाम रखा था और इंद्र का दर्प (अभिमान) चूर-चूर हो गया था।

नंदनंदन की ये कथाएँ सुन-सुनकर यशोदा के मन को कुछ शांति मिली और उनका मन धीरे-धीरे उतार पर आ गया। प्रभु जो भी करना चाहें, कर सकते हैं। सब उनको शोभा देता है। सब सामने आ जाता है।

२४२०/३५९८ राग सोरठ

यह सुनि गिरी धरनि झुकि माता।
कहा अक्रूर ठगौरी लाई, लिए जात दोउ भ्राता।
बिरधा समय की हरत लकुटिया, पाप पुन्य डर नाहीं।
कछू नफा है तुमकौ यामैं, सोचौ धौं मन माही।
नाम सुनत अक्रूर तुम्हारौ, क्रूर भए हौ आइ।
'सूर' नंद-घरनी अति व्याकुल, ऐसैंहि रैनि बिहाइ॥

अक्रूर ने श्याम और बलराम पर कुछ जादू डाल दिया है और दोनों भाइयों को अपने साथ मथुरा लिए जा रहा है। यह सुनकर यशोदा मैया लड़खड़ाकर धरती पर गिर पड़ीं। वे कहने लगीं—यह देखो तो, अक्रूर तुमको पाप और पुण्य का कुछ भय नहीं रह गया है, जो मेरी बुढ़ापे की लकड़ी ही छीने लिए जा रहे हो। तुम जरा अपने मन में सोच-विचार कर देख लो कि मेरी बुढ़ापे की लकड़ी को छीनकर मथुरा ले जाने से तुम्हें कौन सा लाभ है? मैंने सुना था कि तुम्हारा नाम अक्रूर है, पर तुम व्रज में आकर क्रूर हो गए हो, अक्रूर नहीं रह गए हो।

नंद घरनी यशोदा अत्यन्त विकल हो उठीं और इसी विकलता में उनकी सारी रातें बीतने लगीं।

गोपिका वचन परस्पर *२४२१/३५९९ राग रामकली*

सुने हैं स्याम मधुपुरी जात।
सकुचनि कहि न सकति काहू सौं, गुप्त हृदय की बात।
संकित बचन अनागत कोऊ, कहि जु गयौ अध रात।
नींद न परै, घटै नहिं रजनी, कब उठि देखौं प्रात।
नंदनँदन तो ऐसे लागे, ज्यौं जल पुरइनि पात।
'सूरस्याम' सँग तैं बिछुरत हैं, कब ऐहैं कुसलात॥

एक गोपी कह रही है—सुना है, श्याम मथुरा चले जा रहे हैं। मैं अपने हृदय की, प्रेम की गुप्त बात, मारे संकोच के, मारे लाज के, किसी से नहीं कह पा रही हूँ। आज

आधी रात में, कोई अनजान आदमी, भय से भरी हुई यह बात, मुझसे कह गया है। तभी से न तो मुझे नींद आ पा रही है, न रात ही घट रही है। देखें रात कब बीतती है। और कब सबेरा होता है। नंदनंदन तो ऐसे निर्लिप्त लग रहे हैं, जैसे कमल पत्र जल की बूँद से बराबर निर्लिप्त बना रहता है। अब तो श्याम का साथ छूट ही रहा है, देखें, उनका कुशल समाचार कब आता है।

२४२२/३६०३ राग कल्यान

स्याम चलन चहत, कह्यौ सखी एक आई।
बल मोहन बैठे रथ, सुफलक-सुत चढ़न चहत, यह सुनिकै भई चकित, विरह-दव लगाई।
धुकि-धुकि सब धरनि परीं, ज्वाला झर लता गिरीं, मनौ तुरत जलद बरसि सुरति-नीर परसीं।
आईं सब नंद-द्वार, बैठे रथ दोउ कुमार, जसुमति लोटति भुव पर, निठुर रूप दरसीं।
कौन पिता, कौन मात, आपु ब्रह्म जगत धात, राख्यौ नहिं कछू नात, नैंकु चित्त पाहीं।
आतुर अक्रूर चढ़े, रसना हरि नाम रढ़े, 'सूरज' प्रभु कोमल तनु देखि चैन नाहीं॥

एक सखी ने आकर दूसरी सखियों से कहा—'श्याम अब जाने के लिए तैयार हैं। बलराम और श्याम दोनों रथपर बैठ गए हैं। सुफलक-सुत अक्रूर अभी रथ पर चढ़े नहीं हैं, पर वे भी अब उसपर चढ़ना ही चाहते हैं।'

सखी से यह बात सुनकर गोपियाँ हक्का-बक्का हो गईं और उनके हृदय में विरह की आग लग गई। वे तब लड़खड़ाकर धरती पर धम्म से उसी प्रकार गिर गईं, जैसे लताएँ आग की लपट से झुलसकर गिर गई हों। उन्हें कृष्ण का स्मरण हो गया। यह स्मरण क्या था, मानो तत्काल बादल बरस गया हो और उस स्मरण-जल ने उनकी सारी ज्वाला हर ली हो। वे सब नंद के दरवाजे पर आ पहुँची। उन्होंने यह निष्ठुर दृश्य देखा—दोनों भाई श्याम और बलराम रथ पर बैठे हुए हैं और यशोदा मैया बैठी धरती पर लोटी जा रही हैं। श्याम तो स्वयं संसार के स्रष्टा ब्रह्म हैं, उनका कौन पिता, कौन माता। उन्होंने पिता नंद और माता यशोदा से सारा सांसारिक सम्बन्ध तोड़ डाला और मन में उस सम्बन्ध को जरा भी नहीं बने रहने दिया।

अक्रूर भी जल्दी से रथारूढ़ हो गए। वे बीच में हरि नाम रटते जा रहे थे। श्याम के कोमल शरीर को देखकर उन्हें भी चैन नहीं पड़ रहा था।

२४२३/३६२४ राग नट

हरि बिछुरत प्रान निलज्ज रहे री।
पिय समीप-सुख की सुधि आवैं, सूल सरीर न जात सहे री।
निसि-बासर ठाढ़ी मग जोवति, ये दुख हम न सुने, न चहे री।
गवन करत देखन नहिं पाए, नैन नीर भरि बहसि बहे री।
वै बातैं सखि रहीं हिये मैं, उलटि अवधि के बचन कहे री।
'सूरस्याम' बिनु परब बिरह बस, मानहुँ रवि ससि राहु गहे री॥

विरहणी गोपांगना कह रही है—हरि से बिछुड़ जाने पर भी मेरे ये निर्लज्ज प्राण बचे रह गए। हरि के जाते ही इन्हें मर जाना चाहिए था, पर ये इतने बेहया हैं कि मरे नहीं,

वित बचे रह गए। जब भी प्रिय श्याम के सामीप्य सुख की, स्पर्श-सुख की सुधि आती तब मन में इतनी चुभन होती है कि उसे यह शरीर सह नहीं पाता। मैं रात दिन खड़ी-ड़ी उनके लौटने का रास्ता देख रही हूँ। ऐसा दुख मैंने न तो कानों से कभी सुना था, न ंखों से कभी देखा ही था। जब कन्हैया मथुरा जा रहे थे तब मैं उन्हें भर आँख देख भी ीं पाई थी। क्योंकि उस रात ये आँखें तो स्वयं अश्रु-जल से भर उठी थीं। वे ही अवधि बातें हृदय में समाई हुई हैं, जो उन्होंने जाते समय हमारी ओर मुँह करके कही थीं। टने की अवधि ने ही हमारे प्राणों को बचा रखा है। विरह के कारण ऐसा लग रहा है नो बिना अमावस्या के ही सूर्यग्रहण और बिना पूर्णिमा के ही चन्द्रग्रहण लग गया हो।

क्रूर-शोच *२४२४/३६३० राग गुंडमलार*

मनहिँ मन अक्रूर सोच भारी ।

ननि कौं दुखित करि, इनहिँ मैं लै चल्यौ, भई व्याकुल सबै घोष-नारी ।

तिहिँ ये बाल हैं, भोजी नवनीत के, जानि लीन्हे जात दनुज-पासा ।

बलया, मल्ल मुष्टिक रु चानूर से, कियो मैं कर्म यह अति उदासा ।

रि लै जाउँ व्रज स्याम बलराम कौं, कंस लै मोहिँ तब जीव मारै ।

ूर' पूरन ब्रह्म, निगम नाहीं गम्य, तिनहिँ अक्रूर मन यह बिचारै ॥

गोकुल से चलते समय अक्रूर के मन में भारी मनस्ताप उत्पन्न हो गया। वे सोचने गे, मैं श्याम और बलराम को मथुरा लिए जा रहा हूँ। इससे इनकी माँ यशोदा को भारी ख हुआ है और व्रज की सभी नवेलियाँ अत्यंत विकल हो उठी हैं। ये दोनो भाई अभी क्खन खाने वाले निरे बच्चे हैं। यह सब जानते हुए भी मैं इन्हें असुर कंस के पास लिए रहा हूँ। वहाँ कुबलयापीड़ जैसा मतवाला हाथी और मुष्टिक और चाणूर जैसे महामल्लों इनका सामना होगा। मैं इन्हें मथुरा ले जाने का अत्यन्त घोर दुष्कर्म कर रहा हूँ। यदि श्याम और बलराम दोनों भाइयों को वापस व्रज में पहुँचा दूँ, तो कंस मुझे जान से मार लेगा।

जो पूर्ण ब्रह्म हैं, निगम (वेद) भी जिनको नहीं जान पाते, उनके सम्बन्ध में अक्रूर न ही मन ऐसा विचार करते जा रहे हैं।

२४२५/३६३१ राग गुंडमलार

इहै सोच अक्रूर पर्‍यौ ।

लिए जात इनकौ मैं मथुरा, कंसहिँ महा डर्‍यौ ।

धिक मोकौं, धिक मेरी करनी, तबहीं क्यौं न मर्‍यौ ।

मैं देखौं इनकौं वह हतिहै, अति व्याकुल हहर्‍यौ ।

इहिँ अंतर जमुना तट आए, स्यंदन कियौ खर्‍यौ ।

'सूरदास' प्रभु अंतरजामी, भक्त-सँदेह हर्‍यौ ॥

अक्रूर के मन में यही खलबली मची हुई थी। मैं श्याम और बलराम को मथुरा लिए रहा हूँ। मैं कंस से बहुत डर रहा हूँ। इन्हें ले जाने पर यह इन्हें मरवा सकता है और ले जाने पर मुझे मार सकता है। मुझे धिक्कार है। मेरी इस काली करतूत को धिक्कार

है। मैं जब माँ के गर्भ से बाहर आया, तभी क्यों नहीं मर गया? मैं देखता रहूँगा अ कंस इन बच्चों को मार डालेगा। ऐसा सोचकर अक्रूर अत्यन्त व्याकुल हो उठे, उनका हृद हहर उठा, काँप गया।

इसी बीच वे जमुना तट पर पहुँच गए और उन्होंने रथ को वहाँ खड़ा कर दिया। प्र तो अन्तर्यामी हैं। वे अक्रूर की दुश्चिंता को जान गए और उनके संदेह को उन्होंने ह लिया।

२४२६/३६३२ राग धना

सुफलक-सुत दुख दूरि कर्‌यौ।

जमुना-तीर कियौ रथ ठाढ़ौ, आपुहिं प्रगट हर्‌यौ।
तिनहिं कह्यौ तुम स्नान करौ ह्यां, हमहिं कलेऊ देहु।
भूख लगी भोजन हम करिहैं, नेम सारि, तुम लेहु।
तब लौं नंद गोप सब आवैं, संग मिले सब जैहैं।
'सूरदास' प्रभु कहत हैं पुनि, तब अतिहीं सुख पैहैं॥

श्याम ने सुफलक के पुत्र अक्रूर का दुख दूर कर दिया। अक्रूर ने यमुना किनारे र खड़ा कर दिया। तब प्रभु ने स्वयं प्रकट होकर उनकी सारी दुश्चिंता मिटा डाली। श्या ने कहा—अक्रूर जी, अब हमें कलेवा दे दें, हमें बड़ी भूख लग आई है। इधर हम कले कर रहे हैं, उधर आप तबतक अपने सारे नियमों का पालन करते हुए यमुना में स्नान क लीजिए और सन्ध्या-वंदन भी। तब तक नंद और अन्य सभी गोप भी आए जाते हैं। ह सब मिलकर एक साथ मथुरा चलेंगे। ऐसा करने से सबको अत्यन्त सुख मिलेगा। मैं भ सुखी होऊँगा और नंद तथा अन्य गोप भी।

२४२७/३६३३ राग गुंडमल

सुनत अक्रूर यह बात हरषे।

स्याम बलराम कौं तुरत भोजन दियौ, आपु असनान कौं नीर परसे
गए कटि नीर लौं, नित्य संकल्प करि, करत अस्नान इक भाव देख्यौ
जैसेइ स्याम बलराम स्यंदन चढ़े, वहै छवि कुंभ-रस माझ पेख्यौ
चक्रित भए कबहुँ तीर, पुनि जल निरखि घोष, अक्रूर जिय भयौ भारी
'सूर' प्रभु चरित मैं थकित अतिही भयौ, तहाँ दरसि नित-थल-बिहारी

अक्रूर श्याम की यह बात सुनकर परम प्रसन्न हो उठे। उन्होंने श्याम और बलरा को तुरन्त भोजन की सामग्री दे दी और आप स्नान करने के निमित्त जल का स्पर्श किय वे कमर तक पानी में घुस गए। उन्होंने नित्य का संकल्प किया—प्रात: स्नानमहं करिष्ये स्नान करते समय उन्होंने एक दृश्य देखा। जिस रूप में श्याम और बलराम रथ पर बैठे हु थे, उन्होंने उनका वह रूप जल-कुंड में साफ-साफ देखा। वे चकपका गए। वे कभी त स्थित रथ पर बैठे श्याम बलराम को देखने लगे और कभी जल के भीतर उनका रू निहारने लगे। दोनों स्थानों पर—रथ पर और जल में—कृष्ण का एक सा ग्वाल रू देखकर अक्रूर का जी भारी हो उठा। वे चकरा गए। नित्य स्थल पर विहार करने वा

कृष्ण को जल में भी स्थित देखकर अक्रूर का चलायमान चित्त भी अचंचल होकर स्थिर हो गया।

२४२८/३६३४ राग कान्हरौ

कमल पर वज्र धरति उर लाइ।
राजति रमा कुंभ-रस अंतर, पति निज-थल-जल-साइ।
वैनतेय संपुट सनकादिक, जय अरु विजय सखाइ।
औसर-वाग-बिसारद नारद, हाहा जित गुन गाइ।
कनक-दंड सारंग विविध रव, निगम सिद्ध सुर ध्याइ।
तिनके चरन सरोज 'सूर', दरसन गुरु कृपा सहाइ॥

अक्रूर ने यमुना के जल में देखा कि लक्ष्मी जी जल और स्थल में समान रूप से व्यापक विष्णु भगवान के हीरा के समान उज्ज्वल नखों वाले चरण कमलों को अपनी छाती से लगाए हुए बैठी हैं। वैनतेय (विनता के पुत्र गरुड़), सनक, सनंदन, सनातन और सनत्कुमार चारों ऋषि, जय और विजय दोनों द्वारपाल पार्षद खड़े हैं। अवसर के अनुकूल बोलने में चतुर वाग्विशारद नारद और हाहा तथा हूहू (संगीत विशारद गंधर्व गण) प्रभु का गुणानुवाद कर रहे हैं। विष्णु के नाभि-कमल से निकले मृणाल पर स्थित ब्रह्मा के मुख से वेद की विविध वाणी उद्‌भूत हो रही है और सिद्ध और सुर प्रभु के ध्यान में मग्न हैं। उन्हीं प्रभु के चरण कमलों का दर्शन गुरुकृपा से, गुरु की सहायता से, अक्रूर जी को मिल गया।

२४२९/३६६५ राग धनाश्री

हरष अक्रूर हिरदै न माइ।
नेम भूल्यौ, ध्यान स्याम बलराम कौ, हृदै आनंद मुख कहि न जाइ।
ब्रह्म पूरन अकल, कला तैं रहित ये, हरन करन समर्थ और नाहीं।
कहा बपुरा कंस, मिट्यौ तब मन संस, करत है गंस, निरबंस जाहीं।
हाँकि रथ चलौ चढ़ि, बिलम अब कहा प्रभु, गयौ संदेह अक्रूर जी कौ।
नंद उपनंद सँग ग्वाल बहु भार लै, आइ स्यंदन मिले 'सूर' पी कौ॥

यमुना जल में प्रभु का यह दर्शन पाकर अक्रूर को जो हर्ष हुआ, वह उनके हृदय में नहीं समा पा रहा था। स्नानोपरान्त संध्या-वन्दन आदि करने का उनका नियम उन्हें भूल गया। उनके हृदय में श्याम और बलराम का ध्यान ही जम गया। उनके हृदय को इसमें जो आनन्द हुआ, उसे मुँह से कहा नहीं जा सकता। ये पूर्णब्रह्म हैं, अकल हैं, कलारहित हैं, अखंड हैं। ये सृष्टि के कर्ता हैं, ये ही उसके हर्ता भी हैं। इनके समान समर्थ और कोई नहीं है। इनके सामने बेचारा कंस क्या है? न पिद्दी, न पिद्दी का शोरबा। ऐसा सोचकर अक्रूर के मन का सारा संदेह दूर हो गया। यह कंस कृष्ण से बैर रखता है, दुर्भाव रखता है। वह इनके हाथों परलोक चला जायगा और इसका विध्वंस हो जायगा। अक्रूर के जी का सारा संदेह मिट गया। वे रथ पर चढ़ गए और कहा—'प्रभु, अब क्या विलंब है?' तब तक नंद, उपनंद बहुत से ग्वालों के साथ उपहार का भार लिए हुए, रथ के पास आ गए और पी (प्रभु) से आ मिले। कृष्ण का संकेत पाकर अक्रूर ने रथ हाँक दिया।

२४३०/३६३६ *राग कल्यान*

बार बार स्याम राम अक्रूरहिँ गानैं ।
अबहीं तुम हरष भए, तबहीं मन मारि रहे, चलो जात रथहिँ बात बूझत है वानैं ।
कहौ नहीं साची सो हमसौं जनि गोप करौ, सुनि कै अक्रूर विगल अस्तुति मुख भानै ।
'सूरज' प्रभु गुन अथाह, धनि धनि श्री प्रिया-नाह, निगम कौ अगाह, सहस-आनन नहिँ जानैं ॥

रथ पर चढ़े हुए श्याम और बलराम बार-बार अक्रूर जी से कहने लगे—अक्रूर अभी-अभी तुम परम प्रसन्न हो, अभी-अभी तुम अत्यन्त मन मलिन हो गए थे। हम तुमसे पूछते हैं कि इसमें क्या बात है ? मुझसे यह सब सच-सच क्यों नहीं कहते। कुछ भी छिपाओ मत।

श्याम बलराम की बातें सुनकर अक्रूर जी मुख खोलकर प्रभु की विनय स्तुति करने लगे—हे प्रभु तुम अथाह गुण वाले हे, प्रिया लक्ष्मी जी के स्वामी तुम धन्य हो। तुम वेदों के लिए भी अगाध हो। जिस शेष की शय्या पर तुम निरन्तर शयन करते हो, वे सहस्त्र मुख वाले शेष भी तुम्हें नहीं जानते।

२४३१/३६३७ *राग बिलावल*

बार-बार मोसौं कह बूझत, तुम परब्रह्म गुसाई ।
तुम हरता करता एकै हौ, अखिल भुवन के साईं ।
कहा मल्ल चानूर कुबलया, त्रास नहीं तिन नैकौं ।
'सूरदास' प्रभु कंस निपातहु, गहरु न करौ वैसें कौं ॥

अक्रूर कहने लगे—हे प्रभु, तुम परम ब्रह्म हो, तुम्ही स्वामी हो। फिर मुझसे बारंबार क्या पूछ रहे हो। तुम्हीं संसार के कर्ता हो, तुम्हीं उसके हर्ता हो, तुम्हीं संपूर्ण संसार के स्वामी हो, तुम्हारे सामने महामल्ल मुष्टिक और चाणूर क्या हैं ? कुबलयापीड़ हाथी भी क्या है ? उनका तनिक भी भय नहीं है। हे प्रभु, अब कंस का संहार कर दीजिए। वैसे दुष्ट का संहार करने में देर न कीजिए। अब विलम्ब केहि कारण कीजे।

मथुरा गमन

२४३२/३६३८ *राग धनाश्री*

बूझत हैं अक्रूरहिँ स्याम ।
तरनि-किरनि महलनि पर आईं, इहै मधुपुरी नाम ।
स्त्रवननि सुनत रहत है जाकौं, सो दरसन भए नैन ।
कंचन कोट कँगूरनि की छवि, मानौ बैठे मैन ।
उपवन बन्यौ चहूँघा पुर के, अतिहीं मोकौं भावत ।
'सूरस्याम' बलरामहिँ पुनि पुनि, कर-पल्लवनि दिखावत ॥

मथुरा के निकट पहुँच जाने पर श्याम अक्रूर से पूछने लगे—'क्या यही मधुपुरी है, जिसके महलों पर सूरज की किरणें झलमलाई पड़ रही हैं ? आज तक मैंने मधुपुरी का नाम ही सुना था। आज उसे प्रत्यक्ष देख लिया। इसके महलों पर कंचन के कँगूरे बने हुए हैं। उनकी छवि तो कामदेव सी प्रतीत हो रही है। कँगूरे क्या हैं, मानो कामदेष ही यहाँ आकर

ठ रहा हो। नगरी के चारों ओर उपवन हैं। ये उपवन तो मुझे अत्यन्त भले लग रहे हैं।' याम अपने हाथों की उँगलियाँ उठा उठाकर बलराम जी को मधुपुरी दिखाते जा रहे थे।

२४३३/३६३९ राग कल्यान

बार बार बलराम कौ, मधुपुरी बतावत।
छज्जनि महलनि देखि कै, मन हरष बढ़ावत।
जन्म-थान जिय जानि कै, तातैं सुख पावत।
वन उपवन छाए सघन, रथ चढ़े जनावत।
नगर सोर अकनत स्त्रवन, अति रुचि उपजावत।
सुनत सबद घरियार कौ, नृप द्वार बजावत।
बरन-बरन मंदिर बने, लोचन ठहरावत।
'सूरज' प्रभु अक्रूर सौं, कहि देखि सुनावत॥

श्याम बार बार बलराम को मधुपुरी की ओर इंगित करके बताते जा रहे थे कि दाऊ, यही मधुपुरी है। नगरी के महलों और छज्जों को देख देखकर उनके मन का हर्ष बढ़ता जा रहा था। वे बोले जा रहे थे कि इसी मधुपुरी में मैं पैदा हुआ था। यह सोचकर उन्हें भारी सुख मिला जा रहा था। रथ पर चढ़े-चढ़े ही उन्हें दीख पड़ रहा था कि यहाँ तो सघन वनों और उपवनों की पूरी छाया है। वे कान लगाकर शहर के शोरगुल को सुनते जा रहे थे। इस कोलाहल को सुनने में उनकी अत्यंत रुचि हो रही थी। राजमहल के द्वार पर बजते घंटे की ध्वनि उन्हें अच्छी सुन पड़ रही थी। वहाँ रंग-रंग के भवन बने हुए थे, जहाँ उनकी आँख ठहर ठहर जाती थीं। प्रभु जो कुछ देख रहे थे, उसकी चर्चा अक्रूर जी से-करते जा रहे थे।

२४३४/३६४० राग कल्यान

श्री मथुरा ऐसी आजु बनी।
जैसैं पति कौ आगम सुनिकै, सजति सिंगार धनी।
कोट मनो कटि कसी किंकिनी, उपवन बसन सुरंग।
भूषन भवन विचित्र देखियत, सोभित सुंदर अंग।
सुनत स्त्रवन घरियार घोर धुनि, पाइनि नूपुर बाजत।
अति संभ्रम अंचल चंचल गति, धामनि धुजा बिराजत।
ऊँच अटनि पर छत्रनि की छवि, सीसफूल मनौ फूली।
कनक-कलस कुच प्रगट देखियत, आनँद कंचुकि भूली।
विद्रुम फटिक रचित परदनि पर, जालरंध्र की रेख।
मनहु तुम्हारे दरसन कारन, भूलो नैन-निमेष।
चित दै अवलोकहु नँदनंदन, पुरी परम रुचि रूप।
'सूरदास' प्रभु कंस मारिकै, होहु इहाँ के भूप॥

अक्रूर बोले—मथुरा तो आज नई नवेली दुलहिन की भाँति सजी बजी है, जैसे पति

का परदेश से आगमन सुनकर उसकी धन्या ने सोलह शृंगार कर लिया हो। यह जो नगरी का परकोठा (प्राचीर) है, यही इस सुंदरी की किंकिणी (करधनी) है, जो इसकी कमर के चारों ओर कसी हुई है। चारों ओर जो उपवन हैं, वे ही इसकी लाल चूनर हैं। इसके भाँति भाँति के जो रंग बिरंगे भवन हैं, वे ही इस सुंदरी के आभूषण हैं, जो इसके अंगों को सुन्दर बनाए हुए है। नगर में घड़ी-घंटों की जो घनघोर ध्वनि सुनाई पड़ रही है, वही इस पुर-श्री के पाँवों के पायल की झनकार है। घरों के ऊपर जो ध्वजा पताकाएँ फहरा रही हैं, वही इसके स्तनों पर स्थित आंचर की हावभाव-मयी चंचल गति है। ऊँची अटारियों पर जो छत्र लगे हुए हैं, वे ही इस सुंदरी के शीशफूल हैं। नगर के भवनों के ऊपर जो स्वर्ण-कलश लगे हुए हैं, वे ही इस सुंदरी के उरोज हैं, जो आनंद रूपी चोली कसे हुए बिसुध हो रहे हैं। विद्रुम (प्रवाल, मूँगा) और स्फटिक की दीवारों पर जो जाल- रंध्र, (झँझरियाँ) हैं, वे ही इसके नेत्र हैं, जो तुम्हारे दर्शन के लिए निर्निमेष, अपलक हो रहे हैं। हे नंदनंदन ध्यानपूर्वक देखो, यह पुरी परम सुन्दरी है। हे प्रभु, कंस को मारकर यहाँ के राजा हो जाओ।

२४३५/३६४१ राग कल्यान

मथुरा हरषित आजु भई।
ज्यौं जुवती पति आवत सुनिकै, पुलकित अंग भई।
नव-सत साजि सिँगार सुंदरी, आतुर पंथ निहारति।
उड़ति धुजा तनु सुरति बिसारे, अंचल नहीं सँभारति।
उरज प्रगट महलनि पर कलसा, लसति पास बन सारी।
ऊँचे अटनि छाज की सोभा, सीस उचाइ निहारी।
जालरंध्र इकटक मग जोवति, किंकिनि कंचन दुर्ग।
बेनी लसति कहाँ छबि ऐसी, महलनि चित्रे उर्ग।
बाजत नगर बाजने जहँ तहँ, और बजत घरियार।
'सूरस्याम' बनिता ज्यौं चंचल, पग नूपुर झनकार॥

अक्रूर जी कृष्ण से कह रहे हैं—आज मथुरा वैसे ही परम प्रसन्ना हो गई है, जैसे कोई युवती परदेश से प्रियतम पति के आने का समाचार सुनकर पुलिकत अंगों वाली हो जाती है, और नवसत अर्थात् सोलहों शृंगार से सजबजकर अपने परदेशी प्रियतम का पथ आतुरतापूर्वक देखने लगती है। नगर की जो ध्वजा पताकाएँ उड़ी जा रही हैं, वे ही मानों उसका आंचल है, जिन्हें वह उड़-उड़कर खुल जाने से रोक नहीं पा रही है। महलों के ऊपर जो स्वर्ण-कलश बने हुए हैं, वे ही इस नगर-सुंदरी के उरोज हैं। पास के जो उपवन हैं, वे ही इसकी साड़ी हैं। ऊँची अटारियों पर छज्जों की शोभा ऐसी लग रही है, मानो सिर ऊँचा करके यह नगर-सुंदरी अपने परदेशी प्रियतम को देख रही हो। इसकी झरोखों की जालियाँ क्या हैं, मानो वह सुंदरी टकटकी लगाकर पति की राह निहार रही हो। इसके दुर्ग का परकोठा ही इसकी सोने की तगड़ी (करधनी) है। महलों में जो उरग (नाग) चित्रित हुए हैं, वे ही इस नागरी की वेणी हैं। सामान्य वेणी भी इन उरगों की शोभा को कहाँ पा

सक़ती हैं। नगर में जो जहाँ तहाँ बाजे बज रहे हैं और घंटे घहरा रहे हैं, वे ही इस चंचल वधूटी के चलने से उत्पन्न पायल की झमाझम झनकार हैं।

२४३६/३६४२ राग गुंडमलार

नगर के पास जब स्याम आए।
देखि रथ चढ़े बलराम अरु स्याम कौं, गए अक्रूर तिन लए आए।
कंस के दूत जहँ तहाँ तैं देखिकै, गए नृप पास, आतुर सुनाए।
नंद के बाल गोपाल बलराम दोउ, सुनत यह सुभट निकटहिं बुलाए।
उठ्यौ दलकारि कर ढाल खड्गहि लिए, रंग रन-भूमि कै महल बैठौ।
कुबलय मल्ल मुष्टिक चानूर सौं, होहु तुम सजग कहि सबनि ऐंठौ।
एक पठवत, एक कहत हैं अति, एक सौं कहत धौं कहाँ आए।
'सूर' प्रभु सहर पैठार पहुँचे आइ, धनुष के पास जोधा रखाए॥

जब श्याम मधुपुरी के पास पहुँच गए, तब कंस के चरों ने श्याम और बलराम को रथ पर चढ़ा हुआ देखा और समझ गए कि अक्रूर जिनको लेने गए थे, उन्हें लेते चले आ रहे हैं। कंस के दूतों ने जहाँ तहाँ से श्याम बलराम को देखा और जल्दी-जल्दी में यह समाचार राजा कंस को जा दिया। नंद के दोनों बाल गोपाल श्याम और बलराम आ गए, यह सुनते ही कंस ने अपने योद्धाओं को अपने निकट बुला लिया और उन्हें डपटकर बोला—अपनी-अपनी ढाल-तलवार लेकर रंगभूमि के पास बने रण-भूमि के महल में जा कर छिप बैठो। फिर कुबलयापीड़ हाथी के पीलवान तथा मुष्टिक चाणूर पहलवानों को बुलाकर उनसे ऐंठकर कहा—तुम सब लोग सजग, सचेत, सावधान हो जाओ। कंस इतना घबरा गया कि उसने एक चर को यह जानने के लिए भेजा। वह गया ही था कि दूसरे चर ने आकर सूचना दी कि नंद के वे बालक यहाँ तक आ गए हैं। पर उसे चैन नहीं हुआ, उसने तुरंत तीसरे दूत को यह जानने के लिए भेज दिया कि देखो वे अब कहाँ तक आ गए हैं। जब प्रभु नगर के प्रवेश द्वार तक पहुँच गए, तब कंस ने अपने योद्धाओं को यज्ञ के धनुष के पास भेज दिया।

२४३७/३६४३ राग धनाश्री

मथुरा पुर मैं सोर पर्यौ।
गरजत कंस बंस सब साजे, मुख कौ नीर हर्यौ।
पीरौ भयो, फेफरी अधरनि, हिरदै अतिहि डर्यौ।
नंद महर के सुत दोउ सुनि कै, नारिनि हर्ष भर्यौ।
कोउ महलनि पर, कोउ छज्जनि पर, कुल लज्जा न कर्यौ।
कोउ धाईं पुर गलिन-गलिन ह्वै, काम-धाम बिसर्यौ।
इंदु वदन नव जलद सुभग तनु, दोउ खग नयन कर्यौ।
'सूरस्याम' देखत पुर-नारी, उर-उर प्रेम भर्यौ॥

कृष्ण के मथुरा पहुँच जाने पर सारे नगर में हलचल मच गई—'कृष्ण आ गए, कृष्ण आ गए' का कोलाहल-सा छा गया। कंस घबराकर जोर-जोर से चिल्लाने लगा और

अपने दल के सभी लोगों को सन्नद्ध होने के लिए कह दिया। उसका मुँह सूख गय वह भय से पीला पड़ गया। उसके होठों पर पपड़ी पड़ गई। वह मन ही मन बहुत ड गया। पर नगर-नारियों के मन, यह सुनकर कि नंद महर के दोनों लड़के आ गए हैं, प्रफु हो उठे। उन्हें देखने के लिए कोई कोठे पर चढ़ गई, कोई छज्जों पर जा बिराजी। उन्हों कृष्ण को देखने के लिए अपनी कुल-लाज का विचार नहीं किया। कोई कोई तो उ देखने के लिए नगर की गली-गली में दौड़ती फिरीं और घर के सारे काम भुला दि कृष्ण के चंद्रमा के समान मुख और बादल के सदृश साँवले शरीर को देखने के लि उन्होंने अपने दोनों नयनों के चकोर पक्षी बना लिया। मथुरा-पुरिकाओं ने श्याम को दे और उनमें से हर एक के हृदय में कृष्ण के प्रति प्रेम भर गया।

२४३८/३६४४ राग गौ

ढोटा कौन कौ यह री।

स्रुति मंडल मकराकृत कुंडल, कंठ कनक-दुलरी।
घन तन स्याम, कमल दल लोचन, चारु चपल तुल री।
इंदु-वदन, मुसुकानि-माधुरी, अलकैं अलि-कुल री।
उर मुक्ता की माल, पीत पट, मुरली सुर गवरी।
पग नूपुर, मनि जटित रुचिर अति, कटि किंकिनि-रव री।
बालक वृंद मध्य राजत हैं, छबि निरखत भुल री।
सोइ तजीवनि 'सूरदास' की, महरि रहे उर री॥

कृष्ण को दिखाकर एक मथुरापुरिका दूसरी से पूछने लगी—अरी, बता तो, य किसके बेटा हैं? यह कानों में मछली की आकृति वाला स्वर्ण-कुंडल पहने हुए हैं। इन गले में सोने की दो लड़ वाली सिकड़ी है। इनका शरीर बादल जैसा पानिप युक्त है। इन नयन कमल जैसे हैं। ये नयन तो चपल मीन से चारु और तुलनीय है। इनका मुखमंड चंद्रमा जैसा है। इनकी मुसक्रान बड़ी मधुर है। इनके केश-कलाप भ्रमर समूह जैसे है इनके वक्ष-स्थल पर मोतियों की माला लटक रही है। यह पीतांबर धारण किए हुए हैं अ मुरली में गौरी राग बजाए जा रहे हैं। इनके पैरों में मणि जड़ित अत्यन्त सुंदर नूपुर हैं अ इनकी कमर में कसी हुई किंकिणी झनझनाती जा रही है। वे बालकों के समूह विराजमान हैं। उनकी छवि देखते ही तन की सारी सुधि-बुधि भूल जाती हैं?

यह सुनकर दूसरी मधुपुरिका बोली—ये तो महरि यशोदा के हृदय हैं, उनकी संजीव हैं। उनके जीवन प्राण हैं।

२४३९/३६४५ राग गौ

ढोटा नंद कौ यह री।

नाहिँ जानति बसत व्रज मैं, प्रगट गोकुल री।
धर्‌यौ गिरिवर बाम कर जिहिँ, सोइ है यह री।
दैत्य सब इनहीं सँहारे, आपु-भुज-बल री।
व्रज-घरनि जो करत चोरी, खात माखन री।

नंद-घरनी जाहि बाँध्यौ, अजिर ऊखल री।
सुरभि-गन लिए वन तैं आवत, सबहि गुन इन री।
'सूर' प्रभु ये सबहि लायक, कंस डरै जिन री॥

दूसरी मधुपुरिका ने कहा—यह तो नंद के पुत्र हैं। तू नहीं जानती क्या कि ये व्रज में रहते हैं और गोकुल में प्रकट हुए हैं। यह वही तो हैं, जिन्होंने अपने हाथ पर गोवर्द्धन गिरि को सात दिन तक थाम रखा था। इन्हींने अपनी भुजाओं के बल से सभी दैत्यों को मार डाला था। यही तो हैं जो व्रज के घर-घर में घुस-घुसकर चुरा-चुराकर माखन खाया करते थे। यह वही दामोदर तो हैं, जिन्हें नंद की घरनी यशोदा ने अपने घर के आँगन में ऊखल में बाँध रखा था। यह वही हैं, जो वृंदावन में गायें चराया करते थे। इनमें सभी गुण हैं। यह सब कुछ करने की शक्ति रखते हैं। इसीसे कंस भी इनसे बराबर डरा करता रहता है।

२४४०/३६४८ राग गौरी

वह देखो आवत बनमाली।
घन तन श्याम, पीत पट सुंदर, सोभित नयन बिसाली।
जिन पहिले ही पलना पौढ़त, पय पिवत पूतना घाली।
अघ बक वच्छ अरिष्ट केसि मथि, जल ते काढ़ेउ काली।
जिहि अति सकट, प्रलंब, तृणाव्रत, इंद्र-प्रतिज्ञा टाली।
इतने पर अंधो मानत नहिं, कपटी कंस कुचाली।
अब विधु वदन विलोकि सुलोचनि, श्रवणनि सुनहि जू आली।
धन्य तीय गोकुल की नारी, 'सूरज' प्रगट प्रीति प्रतिपाली॥

मथुरा की कोई नारी दूसरी से कह रही है—देखो देखो, यह वनमाली कृष्ण चले आ रहे हैं। इनका तन घन-सदृश स्याम है। यह सुंदर पीतांबर पहने हुए हैं। इनके बड़े-बड़े नेत्र अनंत शोभा को प्राप्त हो रहे हैं। इन्हींने पलना में पौढ़े पौढ़े ही पूतना को, उसका दूध पीते-पीते, मार डाला था। इन्हींने अघासुर, बकासुर, अरिष्ट, केशी को मथ डाला था, इन्हींने तो कालीनाग को यमुना के जल के भीतर से पकड़कर निकाल बाहर किया था। इन्हींने अत्यंत प्रबल शकटासुर और तृणावर्त को विनष्ट किया था। इन्हींने गोवर्द्धन धारण करके इन्द्र की प्रतिज्ञा भंग कर दी थी। इतने पर भी कपटी कुचाली कंस अंधा बना हुआ है और इनकी शक्ति को नहीं पहचान पा रहा है। हे सुन्दर लोचनों वाली, अब तक जिनकी चर्चा कानों से सुनती आ रही थी, अब उनके चन्द्र मुख को भी भलीभाँति देख लो। गोकुल की गोपियाँ धन्य हैं, जिन्होंने प्रगट रूप से इनके साथ प्रेम-प्रीति का पालन किया है।

२४४१/३६४६ राग गौरी

जसुमति कौ सुत यहै कन्हाई। इनहिं गुबर्धन लियौ उठाई॥
इंद्र परयौ इनहीं कै पाईं। इनही की व्रज चलति बड़ाई॥
बकी पियावन इनहीं आई। जोजन एक परी मुरझाई॥
इनहिं तृना लै गयौ उड़ाई। पटक्यौ द्वार सिला पर आई॥

केसी असुर इनहिँ संहारयो। अघा-बकासुर इनहीं मारयौ ॥
स्याम बरन तन, पीत पिछौरी। मुरली राग बजावत गौरी ॥
देखि रूप चक्रित भई बाला। तन की सुधि न रही तिहिँ काला ॥
'सूरस्याम' कौं जानति नीकैं। मगन भईं, पूछति सुख जी कै ॥

यही यशोदा के बेटे किशन कन्हैया हैं, जिन्होंने गोवर्द्धन गिरि को नख-कोर पर उठा लिया था। इन्द्र इनके पैरों पर क्षमा माँगने के लिए आ गिरा था। व्रज में इन्हीं की महिमा का गान प्रचलित है। बकी पूतना अपने स्तन में विष पोतकर इन्हीं को दूध पिलाने गई थी। और अन्ततः वह एक योजन दूर मूर्च्छित होकर जा गिरी थी। इन्हीं को तृणावर्त उड़ा ले गया था, जिसको इन्होंने दूर शिला पर ला पटका था। इन्हींने केशी नामक असुर को मारा था। अघासुर और बकासुर को भी इन्हींने मारा था। यह श्याम शरीर वाले हैं और सदैव पीतांबर की पिछौरी ओढ़े रहते हैं। यह मुरली में गौरी राग बजाते रहते हैं।

श्याम का रूप देखकर बालाएँ चकित हो गईं और वे तत्काल अपने तन मन की सुधि-बुधि भूल गईं। वे श्याम को भलीभाँति जानती तो थीं, पर वे अब श्याम के रूप सागर में पूर्णतया निमग्न हो गईं और अपने जी के सुख के लिए वे परस्पर श्याम-चर्चा किए जा रही थीं। इस चर्चा से उनके मन को सुख मिला जा रहा था।

२४४२/३६५२ राग भैरव

भोर भयो जागे नँदलाल।
नंदराइ निरखत मुख हरषे, पुनि आए सब ग्वाल।
देखि पुरी अति परम मनोहर, कंचन कोटि बिसाल।
कहन लगे सब 'सूरज' प्रभु सौं, होहु इहाँ भूपाल ॥

सवेरा हो गया। नंदलाल जग गए। नंद उनका मुँह देखकर प्रसन्न हो गए। फिर सब ग्वाल वहाँ आ इकट्ठे हो गए। उन्होंने अत्यंत मनोरम और कंचन के विशाल परकोटे वाली मथुरा पुरी को जब घूम घूमकर भलीभाँति देख लिया, तब वे कृष्ण कन्हैया से कहने लगे—कन्हैया, अब तुम यहाँ के राजा बन जाओ, तो मजा आ जाय।

रजक-वध

२४४३/३६५५ राग रामकली

नृपति-रजक अंबर-नृप धोवत।
देखे स्याम राम दोउ आवत, गर्व सहित तिन जोवत।
आपुस ही मैं कहत हँसत हैं, प्रभु हिरदै यह सालत।
तनक तनक से ग्वाल छोहरनि, कंस अबहिं वधि घालत।
तृनावर्त प्रभु आहि हमारो, इनही मारयौ ताहि।
बहुत अजगरी इहिँ करि राखी, प्रथम मारिहैं याहि।
जाकौ नाम स्याम, सोइ खोटो, तैसेइ हैं दोउ वीर।
'सूर' नंद बिन पुत्र कहाए, ऐसे जाए हीर ॥

राजा कंस के धोबी राजा के वस्त्र धो रहे थे। उन्होंने श्याम और बलराम दोनों को आते देखा और गर्व सहित उनकी ओर निहारने लगे। वे उन दोनों भाइयों को देखते ही हँसते हुए आपस में कहने लगे—ये दोनों छोकरे हमारे प्रभु कंस के हृदय में बराबर शल्य के समान चुभते रहते हैं। इन छोटे-छोटे अहीर बालकों को कंस अभी मार डालेगा। तृणावर्त हमारे स्वामी थे। इन्हींने उनको मार डाला। इन्होंने बहुत नटखटी कर रखी है। महाराज कंस पहले इन्हींको मारेंगे। जो छोटा है और जिसका नाम श्याम है, वही बहुत खोटा है। असलियत तो यह है कि दोनों भाई एक जैसे हैं। नंद ने ऐसे वज्र हीरे, बेटे पैदा किए हैं कि उनको पैदा करने से तो अच्छा था कि वह निपूते ही रह जाते।

२४४४/३६५६ राग बिलावल

अंतरजामी जानिकै, सब ग्वाल बुलाए।
परखि लिए पाछैन कौ, तेऊ सब आए।
सखा वृंद लै तहँ गए, बूझन तिहिं लागे।
नृपति पास हम जाहिंगे, अंबर कछु माँगे।
हँसे स्याम-मुख हेरिकै, धोवत गरवानौ।
मारत मारत सात के, दोइ हाथ पिरानौ।
अबहीं दैहैं आइकै, कछु हम लै रैहैं।
पहिरावनि जो पाइहैं, सो तुमहूँ दैहैं।
की पहिलैं ही लेहुगे, हम इहौ बिचारैं।
देहु बहुत गुन मानिहैं, आधीन तुम्हारैं।
मारु मारु कहि गारि दै, धिक गाइ-चरैया।
कंस पास ह्वै आइयै, कामरी ओढ़ैया।
बहुरि अरस तैं आइकै, तब अंबर लीजौ।
धोइ घरी करि राखिहैं, भावै सो कीजौ।
अरस नाम है महल कौ, जहँ राजा बैठे।
गारी दै दै सब उठे, भुज निज कर ऐंठे।
पहिरावनि कौं जुरि चले, पैहौ मल्लनि सौं।
'सूर' अजा के भोग ये, सुनि लेहु न मोसौं॥

अन्तर्यामी कृष्ण ने कंस के धोबियों के मन की बात जान ली। उन्होंने सभी ग्वालों को बुला लिया। जो पीछे रह गए थे, उनकी भी प्रतीक्षा कर ली और वे सब भी आ गए। वे अपने सभी ग्वाल सखाओं को साथ लिए हुए धोबियों के पास गए और उनसे पूछने लगे—हम राजा कंस के पास जायेंगे। हमें कुछ कपड़े (उधार) दे दो। धोबी लोग कन्हैया का मुँह देखकर हँस पड़े। राजा का धोबी होने का उन्हें गर्व था ही। वे बोले—महाराज कंस के, वसुदेव के सात लड़कों को पत्थर पर पटक-पटक पर मारते हुए, दोनों हाथ दुखने लगे हैं। हम ये कपड़े राजा के पास पहुँचाकर अभी-अभी लौटे आ रहे हैं। हमें वहाँ से जो कुछ पहिरावन (परिधान) मिलेगा, उसमें से हम कुछ अपने पास रख लेंगे, कुछ तुम्हें

भी दे देंगे। तुम हमसे पहले ही पहिरावन ले लेना चाहते हो। हमको तो ऐसा ही जान पड़ रहा है। इस पर कृष्ण बोले—दे दो, हम तुम्हारा बहुत ही उपकार मानेंगे। इस समय हम तुम्हारे अधीन हैं।

तब धोबियों ने गाली देते हुए कहा—अहीरों के इन छोरों को मारो, मारो, इन्हें छोड़ो मत। ये गाय चराने वाले राजा का वस्त्र माँग रहे हैं इन्हें धिक्कार है। हे कमली के ओढ़नेवालो, पहले कंस के पास जाकर जीते जी लौट तो आओ, तब हमसे कपड़े माँगना। तब तक हम भी कपड़े धोकर, सुखाकर तहिया कर रखे रहेंगे। उस समय तुम्हें जो अच्छा लगे करना, राजा के महल का नाम है 'अर्श' (आकाश)। राजा वहीं बैठते हैं। यह कहकर वे धोबी गाली देते हुए उठ खड़े हुए और अपनी बाँहें ऐंठते हुए कहने लगे—तुमलोग हमसे राजा का परिधान माँग रहे हो। जाओ तुम्हें ये परिधान राजा के मल्ल मुष्टिक और चाणूर भलीभाँति देंगे। तुम लोग उन मल्लों के सामने बकरियों के भोजन घासपात के सदृश हो। यह बात तुम लोग हमसे सुन लो। तुम्हें मारने में उन्हें जरा भी देर न लगेगी।

२४४५/३६५७ राग बिलावल

हम माँगत हैं सहज सौं, तुम अति रिस कीन्हौ।
कहा करैं तौ जाहिंगे, तुम हमहिं न दीन्हौ।
रिस करियत क्यौं सहजहीं, भुज देखत ऐसे।
करि आए नट स्वाँग से, मोकौं तुम वैसे।
हमहिं नृपति सौं नात है, तातैं हम माँगै।
वसन देहु हमकौं सबै, कहिहैं नृप आगैं।
नृप आगे लौं जाहुगे, बीचहिं मरि जैहौ।
नैंकु जियन की आस है, ताहू बिनु ह्वैहौ।
नृप काहे कौं मारिहै, तुमही अब मारत।
गहरु करत हमकौं कहा, मुख कहा निहारत।
'सूर' दुहुनि मैं मारिहौं, अति करत अचगरी।
बसत तहाँ, बुधि तैसिये, वह गोकुल नगरी॥

तब कृष्ण उन धोबियों से बोले—हम तुमसे सहज रूप में परिधान माँग रहे हैं और तुम हमपर व्यर्थ ही अत्यन्त क्रुद्ध हुए जा रहे हो। तुम हमें वस्त्र नहीं दे रहे हो, तो हम क्या कर सकते हैं? हम बिना वस्त्र लिए ऐसे ही चले जायेंगे। तुम हमपर क्यों यों ही क्रोध किए जा रहे हो? और हमें देखकर तुम अपनी भुजाओं को इस तरह ऐंठते हुए क्यों देखे जा रहे हो? हमको तो ऐसा लग रहा है कि तुम नाहक में नट, अभिनेता जैसा रूप बदल रहे हो। हमारा तुम्हारे राजा से नाता है, वे हमारे मामा हैं, मैं उनका भांजा हूँ। इसीलिए मैं तुमसे कपड़े माँग रहा हूँ। तुम हमको वस्त्र दे दो, नहीं तो हम राजा के पास तुम्हारी शिकायत कर देंगे।

इस पर धोबी बोले—राजा के सामने तुम क्या जा पाओगे। बीच ही में तुम मर

जाओगे। थोड़ी बहुत जीवित बने रहने की आशा है, वह भी चली जायगी।

इस पर कृष्ण बोले—राजा हमें क्यों मारेगा। उसके मारने के पहले तो तुम्हीं हमें मारे डाल रहे हो। तुम कपड़े देने में देर क्यों कर रहे हो और मेरा मुँह क्या देखे जा रहे हो?

इसपर धोबी बोला—तुम ऐसी दुष्टता पर उतर आए हो। मैं तुम दोनों को अभी मार डालूँगा। तुम गोकुल गाँव में बसते हो, तुम्हारी बुद्धि भी गँवारों जैसी ही है।

२४४६/३६५८ राग बिलावल

स्याम गह्यौ भुज सहजहीं, क्यौं मारत हमकौं।
कंस नृपति की सौंह है, पुनि-पुनि कहि तुमकौं।
पहुँचा कर सौं गहि रहे, जिय संकट मेल्यौ।
डारि दियौ तिहिं सिला पर, बालक ज्यौं खेल्यौ।
तुरत गयौ उड़ि स्वर्ग कौं, ऐसे गोपाला।
जनम मरन तैं रहि गयौ, वह कियौ निहाला।
रजक भजे सब देखिकै, नृप जाइ पुकार्‌यौ।
'सूर' छोहरनि नंद के, नृप-सेठिहिं मार्‌यौ॥

श्याम ने सहज रूप से उस धोबी की बाँह पकड़ ली। तब वह धोबी गिड़गिड़ाते हुए बोला—'हमको क्यों मारे डाल रहे हो? मैं तुमको राजा कंस की बार-बार शपथ दिलाकर कह रहा हूँ, मुझे मारो मत।'

पर श्याम ने उस धोबी का पहुँचा पकड़ लिया और उसके प्राण संकट में डाल दिये। फिर उसे कपड़ा धोने वाली शिला पर, धोबियों की ही तरह, धोबीपाट दाँव पर ला पटका, जैसे कोई बालक खेल रहा हो। वह धोबी मर गया और उसके प्राण-पखेरू उड़कर स्वर्ग चले गए। गोपाल ऐसे कृपालु हैं कि उन्होंने उसे प्रसन्न कर दिया और जन्म-मरण के बंधन से मुक्त कर दिया।

इस पर राजा के दूसरे सभी धोबी भाग चले और उन्होंने राजा कंस के पास जाकर पुकार लगाई कि नंद के छोहरों ने राजा के धोबियों के सरदार को मार डाला है।

२४४७/३६५९ राग गौरी

यह सुनि कै नृप त्रास भर्‌यौ।
सबनि सुनाइ कही यह बानी, यह नँद-नंद कर्‌यौ।
मारौं स्याम राम दोउ भाई, गोकुल देउँ बहाइ।
आगैं दै कै रजक मरायौ, स्वर्गहिं देउँ पठाइ।
दिन दिन इनकी करौं बड़ाई, अहिर गए इतराइ।
तौ मैं जौ वाही सौं कहिकै, उनकी खाल कढ़ाइ।
'सूर' कंस यह करत प्रतिज्ञा, त्रिभुवन नाथ कहाइ॥

यह सुनकर कि नंद के छोहरों ने मेरे धोबी को मार डाला है, कंस बहुत डर गया और बौखलाकर सभी को सुनाता हुआ यह बोला—यह उत्पात नंद के छोकरे ने किया है। अब

मैं श्याम और बलराम दोनों भाइयों को मार ही डालूँगा और गोकुल गाँव को ही ऐसा बहा दूँगा कि इस धरती पर उसका अस्तित्व ही न रह जाय। उन्होंने मेरे धोबी को मारकर संघर्ष की अग्रगामिकता की है, मैं अब इन्हें सीधे स्वर्ग भेजे दे रहा हूँ। मैं दिन-दिन इनकी बड़ाई करता रहा, इसीसे ये इतराकर सिर पर चढ़ गए हैं। मेरा नाम कंस नहीं है, यदि मैं उन्हीं धोबियों से कहकर इनकी खाल न खिंचवा लूँ। मैं त्रिभुवननाथ हूँ और मैं सबके सामने यह प्रतिज्ञा कर रहा हूँ।

२४४८/३६६० राग बिलावल

रजक मारि हरि प्रथमहीं, नृप वसन लुटाए।
रंगरंग बहु भाँति के, गोपनि पहिराए।
आए नगर लगार कौं, सब बने बनाए।
इक टक रही निहार कै, तरुनिनि मन भाए।
जैसी जाकैं कल्पना, तैसोइ दोउ आए।
'सूर' नगर-नर-नारि के, मन चित्त चुराए॥

सबसे पहले हरि ने कंस के धोबी को मारकर राजा के सभी परिधान लुटवा लिए। उन्होंने रंग रंग के, अनेक प्रकार के, कपड़ों को ग्वाल सखाओं को पहनवा दिया। तब सभी ग्वाल सज-बजकर नगर से संलग्न, मथुरा के उपनगर में पहुँचे। वहाँ की तरुणियाँ टकटकी लगाकर उन्हें देखने लगीं। वे उनके मन को भा गए थे। उनकी कृष्ण बलराम के सम्बन्ध में जैसी पूर्व कल्पना थी, वे दोनों वहाँ उसी रूप में प्रत्यक्ष उपस्थित हुए। उन्होंने नगर के नर-नारियों के मन को, चित्त को, चुरा लिया। 'जिन सब नगर मोहिनी डारी, देखि रूप मोहे नर नारी।'

२४४९/३६६१ राग बिलावल

एइ दोउ वसुदेव के ढोटा।
गौर स्याम नट, नील पीत पट, कल-हंसनि के जोटा।
कुंडल एक बाम स्रुति जाकैं, सो रोहिनि कौ अंस।
उर वनमाल देवकी कौ सुत, जाहि डरत है कंस।
लै राखे व्रज सखा नंद गृह, बालक भेष दुराइ।
सम बल ये सिरात दृग देखत, अब प्रगटे हैं आइ।
केसी अघ पूतना निपाती, लीला गुननि अगाध।
'सूरदास' प्रभु प्रगट हरन खल, अभय करन सुर साध॥

मधुपुरिकाएँ श्याम बलराम को देखकर परस्पर कह रही हैं—ये दोनों वसुदेव के पुत्र हैं, वासुदेव हैं। एक गोरा है, नीलांबर पहने हुए है, वह कान में स्वर्णकुंडल पहने हुए हैं, वह रोहिणी के गर्भ से उत्पन्न हुआ है। उसका नाम बलराम है। दूसरा जो साँवले शरीर वाला है, पीतांबर धारण किए हुए है, जिसके वक्षस्थल पर वनफूलों की माला लटक रही है, वह देवकी गर्भ संजात कृष्ण हैं, जिनसे कंस डरता रहता है। इन्हींको वसुदेव ने अपने सखा नंद के घर में, व्रज मंडल में, बालक वेष में छिपा रखा था। ये दोनों भाई कलहंस

के जोड़े के सदृश हैं। ये दोनों समान बल वाले हैं। इन्हें देखकर अब हमारी आँखें ठंडी हुई जा रही हैं। गोकुल में बहुत दिनों तक छिपे रहने के उपरान्त अब ये मधुपुरी में आ प्रकट हुए हैं। इन्हीं श्याम ने केशी, अघासुर, बकी पूतना का संहार किया है। इनकी लीला अगाध है। ये दुष्टों का संहार करने के लिए और देवताओं तथा साधुओं को अभय प्रदान करने के लिए उत्पन्न हुए हैं—

परित्राणाय साधूनां, विनाशाय च दुष्कृताम्।

२४५०/३६६२ राग रामकली

एइ कहियत वसुदेव-कुमार।
कंस त्रास मन मानि पठाए, कीन्हे नंद दुलार।
प्रथम पूतना इनहिं निपाती, काग मरत उठि भाज्यौ।
सकटा, तृना इनहिं संहार्‌यौ, काली इनहिं निवाज्यौ।
अघा, बका संहारन एई, असुर सँहारन आए।
'सूरज' प्रभु हित हेत भाव के, जसुमति बाल कहाए॥

मधुपुरिकाएँ परस्पर कह रही हैं—नंद ने तो इनको बस लाड़-प्यार भर किया है। ये नंद-नंदन नहीं हैं। वस्तुतः ये वसुदेव के पुत्र हैं, वासुदेव हैं। इन्हीं का डर मानकर कंस ने इन्हें गोकुल से बुलवाया है। सबसे पहले इन्होंने पूतना का विनाश किया। फिर कागासुर तो किसी तरह मरते-मरते वहाँ से उठकर भाग आया। इन्होंने शकटासुर और तृणावर्त का संहार किया। काली नाग पर इन्हींने कृपा की। ये ही अघासुर और बकासुर के मारनेवाले हैं। ये असुरों का संहार करने के लिए ही इस पृथ्वी पर आए हैं। ये देवकी के पुत्र हैं, पर यशोदा के प्रेम के कारण यशोदानंदन कहे जाते हैं।

२४५१/३६६३ राग नट

वे हैं रोहिनी-सुत राम।
गौर अंग, सुरंग लोचन, प्रलय जिनके ताम।
एक कुंडल स्रवन-धारी, द्यौत दरसी ग्राम।
नील अंबर अंग-धारी, स्याम पूरन काम।
ताल वन इन बच्छ मार्‌यौ, ब्रह्म पूरन काम।
'सूर' प्रभु आकरषि तातैं, सँकरषन है नाम॥

मथुरानियाँ परस्पर कह रही हैं—देखो, यह जो गोरे-गोरे शरीर वाले हैं, जिनकी आँखें लाल-लाल हैं, जिनके क्रोध कर लेने पर प्रलय उपस्थित हो जाता है, जो एक ही कान में कुंडल पहने हुए हैं, जिसकी चमक सारी मथुरापुरी में जगमगाई जा रही है, जो नीलांबर धारण किए हुए हैं, जो श्याम (कृष्ण) का काम पूरा करते रहते हैं। इन्हींने ताल वन में बकासुर को मारा था। ये सभी की कामनाओं को पूर्ण करनेवाले ब्रह्म ही हैं। यह रोहिणी के पुत्र बलराम हैं, जो राम नाम से भी जाने जाते हैं। वस्तुतः ये भी देवकी के ही पुत्र हैं। देवकी के गर्भ से आकर्षण करके माया द्वारा ये रोहिणी के गर्भ में लाए गए थे।

इसलिए ये हैं तो रोहिणी-गर्भ-संजात, पर देवकी के गर्भ से खींच लिए जाने के कारण इनका एक नाम संकर्षण भी है।

२४५२/३६६४ राग रामकली

ये हैं देवकी-सुत स्याम।
मुकुट सिर सुभ स्रवन कुंडल, करत पूरन काम।
महा जे खल तिनहुँ तैं अति, तरत हैं इक नाम।
ब्रह्म पूरन सकल स्वामी, रहे व्रज निज धाम।
नंद पितु माता जसोदा, बाँधि ऊखल दाम।
लकुट लै-लै त्रास कीन्हौ, कर्‌यौ इन पर ताम।
ताहि मान्यौ हेत करि, इन हँसति व्रज की बाम।
'सूर' धनि नँद धन्य जसुमति, धन्य गोकुल ग्राम॥

मथुरानियाँ परस्पर कह रही हैं—जिनके सिर पर मोरपंख का मुकुट है, जिनके कानों में सुंदर कुंडल लटक रहे हैं, जो सब कामनाओं को पूर्ण करने वाले हैं, यह देवकी के पुत्र श्याम हैं। जो महा खल हैं, वे भी इनका नाम लेने मात्र से कठिन भवसागर से पार हो जाते हैं। ये पूर्ण ब्रह्म हैं, सारे संसार के स्वामी हैं और आजकल इन्होंने व्रज को ही अपना निवास-स्थान बना रखा है। नंद इनके पिता हैं और यशोदा इनकी माता हैं। यशोदा ने ही इनको माखनचोरी के उलाहनों से ऊबकर ऊखल में बाँध दिया था और इनपर क्रोध करके इन्हें सुटुकनी से मारा था—सुट् सुट्। पर इन्होंने उन यशोदा को प्रेम के कारण अपनी माँ ही माना, भले ही इनपर व्रज-वनिताएँ हँसती ही क्यों न रहीं। श्याम के कारण ही नंद धन्य हैं, यशोदा धन्य हैं और गोकुल गाँव भी धन्य है।

धनुष-भंग लीला

२४५३/३६६५ राग मारू

धनुष-साला चले नंदलाला।
सखा लिए संग, प्रभु रंग नाना करत, देव नर कोउ न लखि सकत ख्याला।
नृपति के रजक सौं भेंट मग मैं भई, कह्यौ दै बसन, हम पहिरि जाहीं।
बसन ये नृपति के, जासु की प्रजा तुम, ये वचन कहत मन डरत नाहीं।
एक ही मुष्टिका प्रान ताके गए, लए सब बसन, कछु सखनि दीन्हे।
आइ दरजी गयौ, बोलि ताकौं लयो, सुभग अँग साजि, उन विनय कीन्हे।
पुनि सुदामा कह्यौ, गेह मम अति निकट, कृपा करि तहाँ हरि चरन धारे।
धोइ पद कमल पुनि हार आगैं धरे, भक्ति दै, तासु सब काज सारे।
लिए चंदन बहुरि आनि कुबिजा मिली, स्याम अँग लेप कीन्ही बनाई।
रीझि तिहिं रूप दियौ, अंग सूधौ कियौ, बचन सुभ भाषि निज गृह पठाई।
पुनि गए तहाँ जहँ धनुष, बोले सुभट, हौंस जनि मन करौ बन-बिहारी।
'सूर' प्रभु छुवत धनु टूटि धरनी पर्‌यौ, सोर सुनि कंस भयौ भ्रमित भारी॥

जहाँ पर कंस के धनुष यज्ञ का धनुष रखा हुआ था, देवता और नर कोई भी जिनका ध्यान नहीं कर पाते वे ही नंदलाल कृष्ण अपने सखाओं को संग लिए हुए, मार्ग में अनेक प्रकार के चुहल करते हुए, वहाँ के लिए चल पड़े।

रास्ते में राजा के धोबी से उनकी भेंट हुई। उससे उन्होंने कहा, हमें कपड़े दो, हम पहनकर जायेंगे। धोबी ने कहा—ये कपड़े राजा के हैं, जिसकी तुम प्रजा हो। तुम राजा के वस्त्र माँग रहे हो, तुम्हें जरा भी डर नहीं लग रहा है। श्याम ने एक ही मुक्के में उस धोबी के प्राण ले लिए, सभी वस्त्र ले लिए और अपने सखाओं में भी बाँट दिए।

कुछ दूर आगे बढ़ने पर कंस का दर्जी मिल गया। श्याम ने उसे भी बुलाया। उस दर्जी ने इनके सुन्दर अंगों को कपड़ों से ठीक ठीक सजा दिया और विनती भी की।

फिर सुदामा नामक राजा का माली मिला। उसने विनती की प्रभु मेरा घर अत्यन्त निकट ही है (उसे अपने चरण-रज से पवित्र कर दें)। हरि कृपा करके उसके घर गए। सुदामा ने पहले उनके चरण धोए, फिर तरह-तरह के फूलों के हार आगे ला धरे। श्याम ने उसे अपनी भक्ति दी और उसके सभी मनोरथ पूर्ण कर दिए।

फिर राजा के निमित्त चंदन लिए हुए कंस की कुबड़ी दासी मिली। उसने सारा चंदन श्याम के शरीर में चर्चित कर दिया। उसके सेवा-भाव को देखकर श्याम ने उसका कूबड़ दूर कर दिया, उसके अंग सीधे कर दिए और प्रसन्न होकर उसे रूपसी भी बना दिया। उससे मधुर वाणी में बातें कीं और उसे उसके घर वापस भेज दिया।

फिर वे वहाँ गए, जहाँ धनुष रखा हुआ था। रक्षक योद्धाओं ने कहा—अरे वन-वन घूमने वाले छोरो, धनुष को छूने की भी इच्छा मत करना।

परन्तु प्रभु ने तो धनुष छू ही लिया। छूते ही वह धनुष टूट कर धरणी पर गिर गया। धनुष टूटने की ध्वनि सुनकर कंस भारी भ्रम में पड़ गया।

२४५४/३६६६ राग गुंडमलार

स्याम बलराम गए धनुष-साला।
लियो रथ तैं उतरि, रजक मार्यौ जहाँ, कंदरा तैं निकसि सिंघ बाला।
नंद उपनंद सँग सखा इक थल राखि, कोउ बने आवैं बीर जोटा।
असुर सैना खरे, देखिकै वै डरे, धनुष चहुँ पास रिपु घटा घोटा।
घेरि लीन्हे स्याम बलराम कौं तहाँ, बोलि सब उठे हरि धनुष तोरौ।
'सूर' तुमकौं सुने, भुजनि बल चंड अति, हँसत हरि कह्यौ, यह बैर जोरौ॥

श्याम और बलराम धनुष-यज्ञ स्थल पर गए। जहाँ उन्होंने धोबी को मारा था, वहीं वे रथ से उतर गए थे। ऐसा लगता था, जैसे दो सिंह शावक अपनी गुफा से बाहर निकल आए हों। उन्होंने नंद, उपनंद और सखाओं को एक स्थान पर रोक दिया और दोनों भाइयों की वीर जोड़ी आगे बढ़ी। धनुष के चारो ओर असुर सेना की घटा खड़ी देखकर उन्होंने डरने का नाटक किया। असुर सैनिकों ने श्याम बलराम को चारों ओर से घेर लिया और कहा—हरि, इस धनुष को तोड़ो। हमने सुना है कि तुम्हारी भुजाओं में अत्यधिक बल है। हम भी तुम्हारा बल देखना चाहते हैं। उनकी बात सुनकर हरि ने हँसकर कहा—इस धनुष ने तो हमसे वैर जोड़ रखा है। यह हमसे उठेगा भी या नहीं।

२४५५/३६६७ राग विहागरौ

हमकौं नृप इहिं हेत बुलाए ।
कहाँ धनुष, कहँ हम अति बालक, कहि आचरज सुभाए ।
ठाढ़े सूर-वीर अवलोकत, तिनिसौं कहौ न, तौरें ।
हमसौं कहौ खेल कछु खेलैं, यह कहि-कहि मुख मौरें ।
कंस एक तहँ असुर पठायौ, यहै कहत वह आयौ ।
बनै धनुष तौरें अब तुमकौ, पाछैं निकट बुलायौ ।
बालक देखि गहन भुज लाग्यौ, ताहि तुरत ही मारयौ ।
तोरि कोदंड मारि सब जोधा, तब बल भुजा निहारयौ ।
जाकैं अस्त्र तिनहिं तेहि मारयौ, चले सामुही खोरी ।
'सूर' कूबरी चंदन लीन्हे, मिली स्याम कौं दौरी ॥

कृष्ण ने कहा—क्या राजा ने हमें इसी धनुष को तोड़ने के लिए बुलाया है। कहाँ यह भारी धनुष, कहाँ हम छोटे-छोटे बालक। इसे तोड़ने की बात कहना, यह तो अत्यन्त आश्चर्यजनक है। यहाँ पर बड़े-बड़े शूरवीर खड़े दीख पड़ रहे हैं। वे भी तो धनुष को देख रहे हैं, परख रहे हैं, उनसे क्यों नहीं कहते कि वे इसे तोड़ डालें। धनुष तोड़ना हमारे बस की बात नहीं। हाँ, कहो तो, हम कुछ खेल अवश्य खेल लें। यह कहकर श्याम ने अपनी असमर्थता का नाटक करते हुए अपना मुँह धनुष की ओर से दूसरी ओर मोड़ लिया।

इसी बीच कंस ने एक असुर भेजा। वह यह कहता हुआ आया 'तुमको यह धनुष तोड़ना ही पड़ेगा। धनुष तोड़ लेने के उपरान्त, राजा ने मिलने के लिए तुम्हें अपने निकट बुलाया है।'

वह असुर श्याम को बालक समझकर उनकी बाँह पकड़ने के लिए झपटा। श्याम ने उसे तुरन्त मार गिराया। फिर श्याम ने धनुष तोड़ डाला और सारे रक्षक योद्धाओं को मारकर गिरा दिया। फिर उन्होंने बलराम की बलवान भुजा की ओर देखा। बलराम ने उन शेष योद्धाओं के अस्त्र खींचकर उन्हींसे उनका संहार कर दिया। तदनंतर श्याम और बलराम सामने की गली की ओर बढ़ चले। उसी समय कूबरी चंदन लिए हुए दौड़कर श्याम से आ मिली।

कूबरी-चंदन

२४५६/३६६८ राग धनाश्री

प्रभु तुमकौं मैं चंदन ल्याई ।
गह्यौ स्याम कर अपने कर सौं, लिए सदन कौं आई ।
धूप दीप नैवेद साजिकै, मंगल करे बिचारि ।
चरन पखारि लियौ चरनोदक, धनि-धनि कहि दै तारि ।
मेरी जनम कल्पना ऐसी, चंदन परसौं अंग ।
'सूरस्याम' जन के सुखदायक, बँधे भाव-रजु-रंग ॥

कुबरी ने कहा—प्रभु मैं तुम्हारे लिए चंदन ले आई हूँ। यह कहकर वह श्याम का हाथ अपने हाथ में लिए हुए अपने घर में ले गई। उसने धूप, दीप, नैवेद्य (मिष्ठान्न) से प्रभु की पूजा की और सोच-विचार कर सारे मंगलोपचार किए। उसने श्याम के चरण धोए और चरणोदक लिया। और कहा—'हे दैत्यारि, तुम धन्य हो, तुम धन्य हो। मेरी इच्छा थी कि मैं प्रभु के अंग-अंग में चंदन का लेप करूँ। मेरी यह इच्छा आज पूरी हो गई।' श्याम तो अपने भक्तों को सुख देते ही रहते हैं। वे कूबरी के प्रेमभाव की डोर में बँध गए।

२४५७/३६६९ राग गुंडमलार

कूबरी नारि सुंदरी कीन्ही।

भाव मैं बास, बिनु भाव नहिँ पाइयै, जानि हिरदै, हेत मानि लीन्ही।
ग्रीव कर परसि, पग पीठि तापर दियौ, उरबसी रूप पटतरहिँ दीन्ही।
चित्त वाकैं इहै, स्याम पति मिलैं मोहिँ, तुरत सोई भई, नहिँ जाति चीन्ही।
ताहि अपनी करी, चले आगैं हरी, गए जहँ कुबलया मल्ल द्वारैं।
बीच माली मिल्यौ, दौरि चरननि पर्‌यौ, पुहुप-माला स्याम कंठ धारे।
कुसल प्रस्नहि कहे, तुरत मन-काम लहि, भक्तवत्सल नाम भक्त गावैं।
ताहि सुख दै चले, पौरिहीं ह्वै खरे, 'सूर' गजपाल सौं कहि सुनावैं॥

श्याम में उस कुबड़ी को सुंदरी बना लिया। भगवान भक्त के प्रेम-भाव में ही बसते हैं। बिना भाव के उन्हें कोई नहीं पा सकता। श्याम ने समझ लिया कि कुबड़ी में उनके प्रति सच्चा प्रेमभाव है और उन्होंने उसके प्रेम को अंगीकार कर लिया। उन्होंने पीछे से उसकी गर्दन एक हाथ से पकड़ कर, उसे अपनी ओर खींचा और उसकी पीठ पर, कूबड़ पर, अपना एक लात धरकर दबाया। और उसे उर्वशी के समान रूपसी बना दिया। कुबड़ी के मन में यह चाह थी कि श्याम उसे पति रूप में मिलें। श्याम ने उसे तुरन्त पत्नी रूप में स्वीकार किया और यह भी नहीं देखा कि यह तो दासी है और हमारे योग्य नहीं है।

कुबरी को अपनी पत्नी बनाकर श्याम आगे बढ़े। ये वहाँ जा पहुँचे, जहाँ राजद्वार पर कुबलयापीड़ हाथी और मुष्टिक तथा चाणूर आदि मल्ल थे। वहाँ पहुँचने के पहले उन्हें सुदामा नामक कंस का माली मिला। वह दौड़कर श्याम के चरणों पर गिर पड़ा और उसने श्याम की ग्रीवा में फूलों की माला पहना दी। श्याम ने उसका खेम-कुशल पूछा और तुरन्त उसकी सारी मनोकामना पूरी कर दी। इसीलिए तो भक्त लोग प्रभु का गुणानुवाद 'भक्त-वत्सल' नाम ले-लेकर करते हैं।

सुदामा माली को सुख देकर प्रभु और आगे चले। वे राजद्वार पर खड़े हो गए और कुबलयापीड़ हाथी के महावत को बुलाकर कहा।

कुबलया-वध

२४५८/३६७० राग कान्हरौ

सुनिहि महावत बात हमारी।

बार-बार संकर्षन भाषत, लेत नाहिँ ह्याँ तैं गज टारी।

मेरौ कह्यौ मानि रे मूरख, गज समेत तोहिँ डारौँ मारी।
द्वारैं खरे रहे हैं कबके, जनि रे गर्व करहि जिय भारी।
न्यारौ करि गयंद तू अजहूँ, जान देहि, कै आपु सँभारी।
'सूरदास' प्रभु दुष्ट-निकंदन, धरनी-भार उतारन-कारी॥

बलराम ने कहा—हे महावत, मेरी बात सुनो। मैं तुझसे बार बार कह रहा हूँ कि हाथी को रास्ते से हटा ले। पर तू मेरी बात नहीं सुन रहा है और हाथी नहीं हटा रहा है। अरे मूर्ख, मेरी बात मान ले। अगर तू मेरी बात नहीं मानता, तो मैं हाथी को तो मार ही डालूँगा, तुझे भी नहीं छोड़ूँगा। तुझे भी यमलोक पहुँचा दूँगा। हम राज-द्वार पर कब से खड़े हैं, तू मन में राजा का गजपाल होने का भारी घमंड किए हुए है। यह घमंड मत कर, अब भी तू हाथी को मार्ग से हटा ले और हमें आगे जाने दे। यदि ऐसा नहीं करता, तो तू अपने को अब सँभाल, बच।

प्रभु तो दुष्टों का नाश करनेवाले हैं ही, वे दुष्टों को मारकर पृथ्वी का भार उतारने वाले हैं।

२४५९/३६७१ राग गुंडमलार

बार-बार संकरषन भाषत, बार न बनि, बारन करि न्यारौ।
बार न छाँड़ि देत किन हमकौं, तू जानत मतंग मतवारौ।
बाहिर खरे बात सुनि मेरी, त्रिभुवनपति जनि जानहि बारौ।
बादिहि मरि जैहे पल भीतर, कहे देत, नहिँ दोष हमारौ।
बात सुनत रिस भर्‍यौ महावत, तुमहि कहा इतनौ रे गारौ।
बादत बड़े 'सूर' की नाईं, अबहिँ लेत हौं प्रान तिहारौ॥

संकर्षण बलराम बार बार महावत से कहे जा रहे हैं—तू बार (बाल, बालक) न बन, बारन (हाथी) को यहाँ से दूर, अलग, कर दे। तू हमारे लिए बार (द्वार) क्यों नहीं छोड़ देता? तू जानता है कि हाथी मतवाला है, फिर भी सिंह-द्वार पर तू इसे डटाए हुए है, और हटाए नहीं ले रहा है। मेरी बात सुन। बाहर त्रिभुवनपति खड़े हैं। तू उनको बार (बालक) न समझ। व्यर्थ ही तू पल भर में मर जायगा। हम कहे देते हैं फिर हम तेरी मौत के दोषी नहीं होंगे।

बलराम की बात सुनकर महावत आग-बबूला हो गया और बोला—तुम्हें इतना गर्व किस बात का है? तुम भारी योद्धा की तरह बतिया रहे हो। मैं अभी तुम्हारे प्राण लिए लेता हूँ।

२४६०/३६७२ राग गुंडमलार

बार नहिँ करौं, बारन सहित पटकिहौं, बावरे बात कहि मुख सँभारौ।
बादि मरि जाइगौ, बार नहिँ छाड़ि दै, बदत बलराम तोहिँ बार-बारौ।
बात मेरी मानि, गर्व बोलै कहा, काल किन देखि, इतरात का रे।
बाम कर गहि सुंड, डारिहौं अमरपुर, हाँक दै तुरत गज कौ हँकारे।
बाज सौं टूटि गजराज हाँकत पर्‍यौ, मनौ गिरि चरन धरि लपकि लीन्हौ।
बार बाँधे बीर चहूँधा देखहीं, वज्र सम थाप बल कुंभ दीन्हौ।

कूक पार्यौ लपकि, घींच गज डार्यौ मद, गंड मधि रंध्र झरिबौ सुखान्यौ ।
क्रोध गजपाल कै, ठठकि हाथी रह्यौ, देत अंकुस मसकि, कह सकान्यौ ।
बहुरि तातौ कियौ, डारि तिन पै दियौ, आइ लपटे सुतहु नंद केरे ।
'सूर' प्रभु स्याम बलराम दोउ दुहूँघा, बीच करि नाग इत उतहिँ टेरे ॥

बलराम बोले—'अरे हथियारे, मैं बार (विलंब) नहीं करूँगा। मैं बारन (हाथी) सहित तुझे उठाकर पटक दूँगा। अरे पगले, मुँह सँभालकर बात कर। यदि तू बार (द्वार) नहीं छोड़ देता, तो तू व्यर्थ ही, बिना बात का मारा जायगा। मैं बलराम तुझे बार-बार चेताए दे रहा हूँ। मेरी बात मान। घमंड में आकर क्या अनाप-शनाप बोले जा रहा है। तू इतराया क्या जा रहा है? अपना काल (मृत्यु) क्यों नहीं देखता? मैं इसकी सूँड़ अपने बाएँ हाथ से पकड़कर अभी-अभी इसे यमपुरी भेजे दे रहा हूँ।'

बलराम की यह बात सुनकर हाथी वाले ने हाथी को ललकार कर आगे बढ़ा दिया। हाँकते हो वह हाथी बाज के समान, कृष्ण बलराम को बच्चा समझकर, उनपर जोरों से झपट पड़ा। लगता था मानों कोई चलता-फिरता पहाड़ ही लपक कर उन्हें अपने पैरों के तले कुचल देना चाहता है। असुर योद्धा अपने वाण बाँधे हुए वहाँ खड़े-खड़े यह दृश्य देखे जा रहे थे। तब तक बलराम ने हाथी के मस्तक पर वज्र के समान एक भारी घूँसा मार दिया। घूँसा लगते ही हाथी चिंघाड़ उठा और उसने अपना सारा मद भीतर से खींचकर बाहर उगल दिया। उसकी कनपटी में घूँसा लगने के स्थान पर छेद हो गया। उस रंध्र से उसका सारा मद झर गया। उसका सारा मद सूख गया। हाथी की मस्ती झड़ जाने से वह ठिठककर खड़ा हो गया और आगे बढ़ने का नाम ही नहीं लेने लगा। इसपर पीलवान क्रुद्ध होकर हाथी को अंकुश मारने लगा और बोला—क्या तू डर गया है, जो आगे नहीं बढ़ रहा है। महावत ने किसी प्रकार हाथी को गरम किया और उसको कृष्ण बलराम पर छोड़ दिया। इस पर नंद के बेटे कृष्ण बलराम दोनों आकर हाथी से लिपट गए। हाथी के एक ओर कृष्ण खड़े हो गए, दूसरी ओर बलराम। बीच में कुबलयापीड़ हाथी हो गया। श्याम और बलराम उस नाग (हाथी) को बारी बारी से अपनी अपनी ओर ललकार कर पुचकारने लगे और हाथी को छकाने लगे।

२४६१/३६७३ राग गुंडमलार

क्रोध गजराज गजपाल कीन्हौ ।
गरजि घुमरात मद-भार गंडनि स्रवत, पवन तैं वेग तिहि समय कीन्हौ ।
चक्र सौं भ्रमत चक्रित भए देखि सब, चहूँघा देखियै नंद-ढोटा ।
चमकि गए बीर सब चकाचौंधी लगी, चितै डरपे असुर घटा घोटा ।
नील अंबर धौल बरन बलराम बनि, पीत अंबर स्याम अंग सोभा ।
'सूर' प्रभु चरित पुर-नारि देखत, महल-महल पर आसिसा देतिँ लोभा ॥

गजराज कुबलयापीड़ और उसके महावत दोनों ने भारी क्रोध किया। मद के भार से छका हुआ कुबलयापीड़ अपनी कनपटी से मद चुवाता जा रहा था और गरजता हुआ चक्कर लगाता घूमता जा रहा था। उस समय लोगों ने चीन्हा जैसे पवन के वेग से भी

अधिक वेग से चक्र के समान श्याम और बलराम हाथी के चारों ओर घूमे जा रहे थे। उन्हें चारों ओर नंद के पुत्र कृष्ण और बलराम ही दिखाई पड़ने लगे। यह अद्भुत दृश्य देखकर वे लोग चकित हो उठे। वे सभी वीर चमक उठे, उनके पैर अपने स्थान से हट गए और वे भड़क गए। उनकी आँखें चौंधिया गईं। इस दृश्य को देखकर असुरों की घन-घटा डर गईं। नीलांबर धारण किए हुए गौर वर्ण बलराम और पीतांबर धारण किए हुए श्याम वर्ण श्याम अत्यन्त सुन्दर लग रहे थे। मथुरापुरी की सारी नारियाँ अपने-अपने महलों पर चढ़ी हुई प्रभु का यह चरित देखे जा रही थीं और उनकी छवि पर मोहित होकर उनको विजयी होने का आशीर्वाद दिए जा रही थीं।

२४६२/३६७४ राग गुंडमलार

कहत हलधर कह्यौ मानि मेरौ।
अखिल ब्रह्मंड के नाथ ह्याँ हैं खरे, गज मारि, जीव अब लेउँ तेरौ।
यह सुनत रिस भर्‌यौ, दौरिबै कौं पर्‌यौ, सूँड़ि झटकत पटकि कूक मार्‌यौ।
घात मन करतु लै डारिहौं दुहुनि पर, दियौ गज पेलि, आपुन हँकार्‌यौ।
लपकि लीन्हौ धाइ, दबकि उर रहे दोउ, भ्रम भयौ गजहिँ, कहँ गए वे धौं।
अर्‌यौ दै दसन, धरनि कढ़े बीर दोउ, कहत अबहीं याहि मारैं कैधौं।
खेलिहौं संग, दै हाँक ठाढ़े भए, स्याम पाछे, राम भए आगे।
उतहिँ वे पूँछ गहि, जात ये सुंड छ्वै, फिरत गज पास चहुँ हँसन लागे।
नारि महलन खरीं, सबै अतिहीं डरीं, नंद के नंद दोउ गज खिलावैं।
'सूर' प्रभु स्याम बलराम देखतिँ त्रसित, बचैं ये कुँवर बिधि सौं मनावैं॥

हलधर बलराम महावत से कह रहे हैं—मेरा कहना मान जाओ। यहाँ पीछे अखिल ब्रह्मांड के नायक खड़े हैं। अगर तुम उनको रास्ता देने के लिए अपना हाथी नहीं हटा लेते, तो मैं हाथी को तो मार ही डालूँगा, तुम्हें भी जीता नहीं छोड़ूँगा। तुम्हारे भी प्राण ले लूँगा। यह सुनते ही महावत क्रोध में भर गया और मारने के लिए दौड़ पड़ा। हाथी ने भी अपनी सूँड़ फटकारा और पृथ्वी पर पटका तथा जोर से चिग्घाड़ मारा। महावत मन ही मन घात लगाए था कि मैं हाथी को इन दोनों के ऊपर छोड़ दूँगा और वह इन्हें मार डालेगा। अपनी इस योजना के अनुसार उसने ललकार कर, इन दोनों के ऊपर हाथी घुसा दिया, हूल दिया। हाथी दौड़कर, लपककर, उनके पास पहुँचा ही था कि वे तेजी से हाथी के पेट के नीचे जा छिपे। हाथी को भ्रम हो गया—वे दोनों आखिर गए तो कहाँ गए। हाथी ने अपने दोनों दाँत धरती में धँसा दिए और अड़ गया, जम गया। तब दोनों वीर भाई उसके पेट के नीचे से निकले और सोचने लगे—हम इसे अभी मार डालें या कुछ देर तक इसके साथ और खेलते रहें। वे हाथी को ललकारते हुए खड़े हो गए—बलराम हाथी के आगे सूँड़ की तरफ और श्याम, पीछे, पूँछ की तरफ। उधर श्याम हाथी की पूँछ पकड़कर और बलराम हाथी की सूँड़ पकड़कर हाथी के चारों ओर हँसते हुए घूमने लगे। मथुरानियाँ अपने-अपने महलों में खड़ी होकर देखे जा रही थीं कि नंद के दोनों लड़के हाथी को खेलाते जा रहे हैं और स्वयं उसके साथ खेलते जा रहे हैं। वे नारियाँ यह खेल देखकर अत्यंत डरी जा

रही थीं। वे श्याम और बलराम को देखती हुई अत्यन्त त्रस्त हो गई थीं। और ब्रह्मा जी से मनाए जा रही थीं कि ये दोनों कुँवर किसी तरह बच जायें। हाथी इन्हें मार न सके।

२४६३/३६७५ राग कल्यान

खेलत गज संग कुँवर स्याम राम दोऊ ।
क्रोध दुरद व्याकुल अति, इनकौं रिस नैंकु नहीं, चक्रित भए जोधा तहँ देखत सब कोऊ ।
स्याम झटकि पूँछ लेत, हलधर कर सूँड़ि दंत, महल-महल नारि चरित देखहिँ यह भारी ।
ऐसे आतुर गुपाल, चपल नैन मुख रसाल, लिए करनि लकुट लाल, मनौ नृत्यकारी ।
सुरगन व्याकुल विमान, मन-मन सब करत ज्ञान, बोलत यह बचन, अजहुँ मार्‍यौ नहिँ हाथी ।
'सूरज' प्रभु स्याम राम, अखिल लोक के बिस्राम, सुरनि करन पूर्न काम, नाम लेत साथी ॥

दोनों कुँवर श्याम और बलराम कुबलयापीड़ हाथी के साथ खेले जा रहे थे। हाथी तो क्रोध से अत्यन्त व्याकुल हो गया था, पर इन दोनों कुँवरों को जरा भी क्रोध नहीं आया था। सारे असुर योद्धा उनहें चकपकाकर, दाँतों के तले उँगली दबाए हुए, देखे जा रहे थे। श्याम हाथी की पूछ पकड़कर झटके जा रहे थे और बलराम हाथी की सूँड़ पकड़कर हिलाए दे रहे थे। अटारियों पर चढ़ी मधुपुरिकाएँ यह सारा चरित देखती जा रही थीं। उस समय गोपाल कृष्ण बड़ी फुर्ती दिखा रहे थे। उनकी आँखें अत्यन्त चपल हो रही थीं। और उनका मुख तो अत्यन्त मधुर था। वे अपने हाथों में लठिया लिए हुए नर्तक जैसे जान पड़ रहे थे। देवता भी आकाश में अपने-अपने विमानों पर स्थित थे। वे अपने-अपने मन में विचार करते जा रहे थे और कहते जा रहे थे—प्रभु ने अभी तक हाथी को नहीं मारा। क्यों ? श्याम और बलराम तो सबके प्रभु हैं, सारे संसार को आराम देने वाले हैं, देवताओं का काम पूरा करनेवाले हैं और जो भी उनका नाम ले लेते हैं, उसके साथी हैं।

२४६४/३६७६ राग सोरठ

तब रिस कियौ महावत भारी ।
जौ नहिँ आज मारिहौं इनकौं, कंस डारिहै मारी ।
आँकुस राखि कुंभ पै करष्यौ, हलधर उठे हँकारी ।
धायौ पवनहुँ तैं अति आतुर, धरनी देत खँभारी ।
तब हरि पूँछ गह्यौ दच्छिन कर, कंदुक फेरि सिर वारी ।
पटक्यौ भूमि, फेरि नहिँ मटक्यौ, लीन्हौ दंत उपारी ।
दुहुँ कर दुरद-दसन इक इक, छबि सो निरखतिँ पुर-नारी ।
'सूरदास' प्रभु सुर-सुखदायक, मार्‍यो नाग पछारी ॥

तब महावत ने भारी क्रोध किया और कहा—यदि मैं आज इन दोनों कुँवरों को नहीं मार डालता, तो कंस मुझे ही मार डालेगा। ऐसा सोचकर उसने हाथी के मस्तक पर अंकुश चलाकर अपनी ओर खींचा। उधर हलधर भी हुंकार कर उठे। हाथी पवन की गति से भी तीव्र गति से दौड़ चला और धरतीपर खलबली मचा दी। तब हरि ने अपने हाथ से हाथी की पूँछ पकड़ ली और गेंद के समान अपने सिर के चारों ओर घुमाकर उसे पृथ्वीपर पटक दिया। पटक देने के उपरान्त वह हाथी फिर हिला डुला तक नहीं। उन्होंने हाथीके दाँत

उखाड़ लिए। श्याम ने एक दाँत और बलराम ने दूसरा दाँत अपने एक एक हाथों में ले लिया और अत्यन्त छवि को प्राप्त हुए। पुरनारियाँ इस छवि को देखती रहीं। प्रभु देवताओं को समस्त सुख देनेवाले हैं। उन्होंने कुबलयापीड़ हाथी को पछाड़ मारा।

२४६५/३६७७ राग बिलावल

देखौ री आवत वे दोऊ।
मनि कंचन की रासि ललित अति, यह उपमा नहिँ कोऊ।
कीधौं प्रात मानसरवर तैं, उड़ि आए दोउ हंस।
इनकौं कपट करै मथुरापति, तौ ह्वैहै निरबंस।
जिनके सुने करत पुरुषारथ, तेई हैं की और।
'सूर' निरखि यह रूप माधुरी, नारि करतिँ मन डौर॥

एक मधुपुरिका दूसरी से कह रही है—देखो देखो, दोनों कुँवर चले आ रहे हैं। एक तो नील मणि का ढेर सा है, दूसरा सोने की अपार राशि सा है। पर यह उपमा तो कुछ नहीं जान पड़ती। अथवा ऐसा लगता है मानो सबेरे ही सबेरे मान सरोवर से दो हंस एक साथ उड़ते चले आ रहे हैं। यदि मथुरा नरेश कंस ने उनके साथ कोई कपटाचरण किया तो वह निर्वंश हो जायगा। हमलोगों ने जिनकी वीरता की ढेरों कहानियाँ सुन रखी हैं, वे ये ही हैं या कोई दूसरे। दोनों कुँवरों की रूप माधुरी देख-देखकर नागरिकाएँ मन ही मन ऐसा विचार कर रही हैं। उनके मन इस प्रकार उधेड़बुन में दौड़े जा रहे हैं।

२४६६/३६८० राग कान्हरौ

येई हैं गोपाल गुसाईं।
नंद महर के ढोटा, जिनकी सुनियत बहुत बड़ाई।
यह सुरूप नैननि भरि देखौ, बड़े भाग्य निधि पाई।
चंद चकोर मेघ चातक लौं, अवलोकौ मन लाई।
सुंदर स्याम, सुदेस पीत पट, चंदन चर्चित कीन्हे।
नटवर वेष धरे, मनमोहन, कंध दसन गज लीन्हे।
नूपुर चारु चरन, कटि किंकिनि, बनमाला उर सोहै।
कर कंकन, मणि कंठ मनोहर, जुवती जन मन मोहै।
कुंडल स्त्रवन, सरोज बिलोकनि, कुटिल अलक अलि माल।
चंद-वदन अँचवतिँ जु अमीरस, धन्य-धन्य व्रज-बाल।
चंद चकोर, स्वाति चातक ज्यौं, अवलोकतिँ सत भाए।
'सूरदास' प्रभु दुष्ट-बिनासन, माधव मथुरा आए॥

मथुरानियाँ कह रही हैं—ये ही प्रभु गोपाल हैं, नंद महर के छोहरा हैं, जिनकी बहुत-बहुत बड़ाई सुनी जाती है। इस निधि को बड़े भाग्य से हमने पाया है। अतः इनको आँख भरकर देख लेने का सुख उठा ही लेना चाहिए। जैसे चकोर चंद्रमा को देखता है, जैसे पपीहा बादल को देखता है, वैसे ही हमें इन्हें मन लगाकर देख लेना चाहिए। यह सुंदर

साँवले रंग के हैं, इनके शरीर पर सुंदर पीतांबर सुशोभित हो रहा है। इन्होंने अपने शरीर पर चंदन का लेप कर रखा है। ये मनमोहन नर्तक का रूप धारण किए हुए हैं और अपने कंधे पर कुबलयापीड़ हाथी का एक दाँत रखे हुए हैं। इनके चरणों में नूपुर की मधुर झंकार हो रही है। कमर में करधनी रुनझुन-रुनझुन कर बजी जा रही है। इनके वक्षस्थल पर वनमाला विराजमान हैं। हाथ में कंकण है। गले में मणियों का मनोहर कंठा है। ये युवतियों का मन मोहे ले रहे हैं। इनके कानों में कुंडल हैं। इनकी आँखें कमल जैसी हैं। इनकी घुँघराली अलकें भौरों के झुंड सी हैं। व्रजबालाएँ धन्य हैं, जो इनके मुख-चंद्र का अमृत पीती रहती हैं। इनके मुख-चंद्र की चकोरी होकर, इन स्वाति-घन की चातकी होकर मधुपुरिकाएँ इन्हें सच्चे प्रेम से देखती जा रही हैं और सोचती जा रही हैं—दुष्टों का नाश करने के लिए ही प्रभु मथुरापुरी पधारे हैं।

२४६७/३६८१ राग बिलावल

एई सुत नंद अहीर के।

मार्यौ रजक, वसन सब लूटे, संग सखा बलबीर के।
काँधे धरि दोऊ जन आए, दंत कुबलयापीर के।
पसुपति मंडल मध्य मनौ मनि छीरधि नीरधि नीर के।
उड़ि आए तजि हंस मातु, मनु मानसरोवर तीर के।
'सूरदास' प्रभु ताप-निवारन, हरन संत दुख पीर के॥

मथुरानियाँ कह रही हैं—ये ही नंद महर के लड़के हैं। इन्होंने बलराम और संगी साथियों को लेकर कंस के धोबी को मारकर उसके सारे वस्त्र लूट लिए। दोनों भाई कुबलयापीड़ हाथी के दाँत अपने-अपने कंधों पर रखे हुए हैं। ये पशुमति ग्वालों के मंडल के मध्य में ऐसे लगते हैं जैसे नीरधि के मणि-मोतियों के बीच क्षीरधि का कौस्तुभ मणि सुशोभित हो उठा हो। ये ऐसे लगते हैं जैसे मानसरोवर से दो हंस अपनी अपनी माताओं को वहीं छोड़कर यहाँ उड़ आए हों। प्रभु संतों के दुख दर्द को हर लेनेवाले और उनके सभी संतापों का निवारण कर देने वाले हैं।

मल्ल-अखारौ

२४६८/३६८२ राग कल्यान

हँसत-हँसत स्याम प्रबल कुबलया सँहार्यौ।

तुरत दंत लिए उपारि, कंधनि पर चले धारि, निरखत नर नारि मुदित, चक्रित गज मार्यौ।
अतिहीं कोमल अजान, सुनत नृपति जिय सकान, तनु, बिनु जनु भयौ प्रान, मल्लनि पै आए।
देखत हीं संकि गए, काल गुनि बिहाल भए, कंस डरनि घेरि लए, दोउ मन मुसुकाए।
असुर बीर चहूँ पास, जिनकैं बस भू अकास, मल्ल करत गाँस नास, ब्रह्म को बिचारैं।
सबै कहत भिरहु स्याम, सुनत रहत सदा नाम, हारि जीति घरही की, कौन काहि मारैं।
हँसि बोले स्याम राम, कहा सुनत रहे नाम, खेलन कौं हमहिं काम, बालक सँग डोलैं।
'सूर' नंद के कुमार, यह है राजस बिचार, कहा कहत बार-बार, प्रभु ऐसे बोलैं॥

हँसते हँसते ही श्याम ने प्रबल कुबलयापीड़ हाथी को मार डाला। उन्होंने उसके दाँत तुरंत उखाड़ लिए और उन दाँतों को अपने कंधे पर रख कर चल पड़े। मथुरा के नर-

नारी प्रसन्न होकर उनके इस रूप को देख रहे हैं और आश्चर्यचकित भी हैं कि इन्होंने कोमल-तनु होते हुए भी इस बज्र-तनु विशाल हाथी को कैसे मार डाला।

जब राजा कंस ने सुना कि अत्यंत कोमल और अजान नंद के बालकों ने कुबलयापीड़ जैसे दुर्दान्त हाथी को मार डाला, तब वह अपने मन में अत्यन्त सशंक हो उठा। उसे लगा जैसे उसका शरीर प्राणहीन हो गया। निर्जीव सा होकर कंस अपने मल्लों के पास आया। कंस को अपने पास आया देख मल्ल भी सशंक हो उठे ओर यह सोचकर कि अब हमारा भी काल आ गया जान पड़ता है, वे बेताब हो उठे। पर कंस के डर से उन्होंने दोनों बालकों को घेर लिया। वे दोनों श्याम और बलराम मल्लों को देखकर मुस्कुरा पड़े। जिन प्रभु के अधीन सारी पृथ्वी और सारा आकाश है, उनको असुर योद्धा चारों ओर से घेर कर बैर के कारण विनष्ट कर देना चाहते हैं। उन्हें क्या पता कि श्याम स्वयं ब्रह्म हैं। तभी असुर योद्धा कहे जा रहे हैं—श्याम, आओ भिड़ जाओ। हम तुम्हारा नाम बहुत सुनते रहे हैं। यहाँ हार जीत तो घर की ही है, कौन किसको मारता है।

तब नंद के कुमार श्याम और बलराम ने हँसकर ऐसा कहा—तुम हमारा नाम क्या सुनते रहे हो। हम बालक हैं और बालकों के साथ ही खेलते-डोलते रहते हैं। हमारा तो खेलना ही काम है। कुश्ती लड़ना हमारा काम नहीं है। यह तो राज दरबार के मल्लों का काम है। तुम हमसे लड़ने भिड़ने की यह बात बार-बार क्या किए जा रहे हो।

२४६९/३६८३ राग कल्यान

रंगभूमि आए अति नंद-सुवन बारे।
निरखतिं व्रज-नारि, नेह उर तैं न बिसारे।
देखौ री मुष्टिक चानूर इन हँकारे।
कैसे ये बचैं नाथ, साँस उरध डारे।
रजक धनुष जोधा हति, दंत-गज उपारे।
निरदय यह कंस, इनहिं चाहत है मारे।
कहाँ मल्ल, कहाँ अतिहिं कोमल ये भारे।
कैसी जननी कठोर, कीन्हे जिन न्यारे।
बार-बार इहै कहहिं, भरि-भरि दोउ तारे।
'सूरज' प्रभु बल मोहन, उर तैं नहिं टारे॥

अत्यन्त बालक, नन्हें-मुन्ने, नंद के कुमार रंगभूमि में आए हैं। मधुपुरी की नारियाँ उन्हें स्नेहपूर्वक देखे जा रही हैं और उन्हें अपने हृदय से भुला नहीं पा रही हैं। वे परस्पर कह रही हैं—देखो तो मुष्टिक और चाणूर जैसे महामल्लों ने इनको ललकारा है। हे भगवाने, ये बचें तो कैसे बचें। ऐसा कहकर वे ऊँची-ऊँची ठंडी-ठंडी आहें भरने लगीं और कहने लगीं—जिन्होंने धोबी को मार डाला, धनुष तोड़ डाला, योद्धाओं को मारा, हाथी के दाँत उखाड़ लिए, यह निर्दयी तो इन्हीं को मार डालना चाहता है। कहाँ राजा के महामल्ल और कहाँ ये अत्यन्त कोमल बालक। इनकी माता कैसी कठोर हृदया है, जिसने इन्हें अपने से अलग होने दिया। वे अपनी दोनों आँखों में जल भर-भरकर बार-बार यही

कहती जा रही थीं और बलराम मनमोहन को अपने हृदय से नहीं निकाल पा रही थीं।

मुष्टिक चाणूर वध

२४७०/३६८४ राग गुंडमलार

बोलि लीन्ही कंस मल्ल चानूर कौं, कहा रे करत, क्यौं विलँब कीन्हौ।
बंस निरबंस करि डारिहौं छिनक मैं, गारि दै-दै ताहि त्रास दीन्हौ।
सत्रु नान्हौ जानि, रहे अब लौं बैठि, जनक आपने कौं, मारि डारौ।
दुरद कौ दंत उपटाइ तुम लेत हे, वहै बल आजु काहै न सँभारौ।
भली नहिँ करी तुम राखि राख्यौ उनहिँ, यहै कहि तुरत वाकौं पठायौ।
क्रोध कछु, त्रास कछु, सोच कछु, सोक कछु, साहस करत रंग-भूमि आयौ।
परस्पर कही सबनि, नृपति त्रास्यो मोहिँ, सुनहु हे वीर, अब लौं न मान्यौ।
की मरौ, की मारि डारौ दुहूनि कौं, होइ सो होइ, यह कहत रान्यौ।
निरखि दोउ वीर तन, डरे दोउ मनहिँ मन, यहै बुधि कर्‌यौ ज्यौं नास कीजे।
लखतिँ पुर नारि, प्रभु 'सूर' दोउ मारिहैं, कहति हैं नृपति पै सुजस लीजे॥

राजा कंस ने चाणूर नामक मल्ल को अपने पास बुलवा लिया और कहा—तू अभी तक क्या करता रहा? तूने नंद के छोरों को मारने में क्यों विलम्ब किया? मैं क्षण भर में तेरे वंश को ही नष्ट कर दूँगा। फिर गाली दे देकर उसे त्रस्त कर दिया और कहा—तुम शत्रु को नन्हा बच्चा समझकर अभी तक बैठे रहे। जाओ और अपने इस बापको मार आओ। यह बच्चा नहीं है, तुम्हारा बाप है बाप। तुम तो हाथी के दाँत उखाड़ लिया करते थे। आज अपने उस पुराने बल को क्यों नहीं स्मरण करते? तुमने उसे अभी तक जीवित रहने दिया, यह अच्छा काम नहीं हुआ। यह कहकर कंस ने चाणूर को कृष्ण से जा भिड़ने के लिए भेज दिया।

चाणूर कुछ क्रोध करता हुआ कि आज मैं इन बालकों को मार ही डालूँगा, कुछ डरता हुआ कि ऐसा न हो कि कुबलयापीड़ जैसी दशा मेरी भी न हो जाय, कुछ सोच-विचार करता हुआ कि इन्हें मारूँ तो कैसे मारूँ, कुछ शोक करता हुआ कि यदि मैं न मार पाया तो कंस मुझे और मेरे वंश को भी नष्ट कर देगा—जो हो किसी प्रकार साहस करके वह रंगभूमि में आ ही गया।

मुष्टिक और चाणूर आदि मल्लों ने कुश्ती के अखाड़े में परस्पर ये बातें कीं—आज राजा ने मुझे बहुत भय दिखलाया है और कहा है कि हे वीर, तुमने आज तक मेरी आज्ञा का पालन नहीं किया। अब या तो तुम दोनों मेरी आज्ञा का पालन करते हुए श्याम और बलराम को मार डालो, नहीं तो मैं स्वयं तुम दोनों को मार डालूँगा। फिर जो होना है, हो—ऐसा राजा आज धमका रहे थे।

मुष्टिक और चाणूर दोनों मल्लों ने दोनों वीरों श्याम और बलराम की ओर देखा और दोनों ही मन ही मन डर गए। वे वह उपाय सोचने लगे कि जिससे कृष्ण बलराम को मार सकें।

इधर पुर नारियाँ इन्हें देखे जा रही थीं कि निश्चित रूप से श्याम और बलराम मुष्टिक और चाणूर को मारेंगे। मुष्टिक तथा चाणूर तब राजा के द्वारा कैसे प्रशंसित हो सकेंगे।

कहतिँ पुर नारि यह मन हमारैं।
रजक मारे, धनुष तोरि द्वै खंड करे, हत्यौ गजराज, त्यौं इनहुँ मारैं।
त्रसतिँ अति नारि, सब मल्ल ज्यौं ज्यौं कहैं, लरत नाहिँ स्याम हम संग काहैं।
परस्पर मत करत, मारि डारौ इनहिँ, लखत ये चरित मुख दुहुनि चाहैं।
कहा ह्वैहै दई, होन चाहत कहा, अबहिँ मारत दुहुनि हमहिँ आगैं।
'सूर' कर जोरि, अंचल छोरि बीनवैं, बचैं ये आज, बिधि यहै माँगैं।

पुरनारियाँ कह रही हैं—हमारे मन में तो यही है कि जिस प्रकार इन बच्चों ने धोबी को मारा, धनुष को तोड़ कर दो टुकड़े कर दिए, कुबलयापीड़ हाथी को मार डाला, उसी प्रकार मुष्टिक और चाणूर को भी ये मार डालेंगे।

जब मल्ल लोग श्याम बलराम से कहने लगे—श्याम, हमारे साथ क्यों नहीं लड़ रहे हो, तब पुरनारियाँ श्याम का मृदु रूप देखकर अत्यन्त डरी जा रही थीं कि कहीं ये मल्ल इन्हें मार न डालें।

मल्ल लोग आपस में विचार कर एक मत होते जा रहे थे कि इन दोनों श्याम और बलराम को किसी न किसी प्रकार मार ही डालना चाहिए। श्याम और बलराम इन मल्लों का मुँह देखकर भाँप लेना चाहते थे कि इनके मन में है क्या?

पुरनारियाँ कहने लगीं—हे भगवान, अब क्या होनेवाला है। क्या हम लोगों के देखते-देखते ये दोनों महा मल्ल इन दोनों बच्चों को मार ही डालेंगे। वे दोनों हाथ जोड़कर आंचल छोड़कर, हाथ में लपेटकर, विनती करने लगीं—हे ब्रह्मा, आज हम आपसे यह आशीष चाहती हैं कि ये दोनों बच्चे बच जायँ। इन्हें किसी प्रकार की आँच न आवे।

२४७२/३६८६ राग कल्या

देखौ री मल्ल इन्हैं मारन को लौरैं।
अतिहीं सुंदर कुमार, जसुमति रोहिनी बार, बिलखतिँ यह कहतिँ सबै, लोचन जल ढौरैं
कैसेहुँ ये बचैं आजु, पठए धौं कौन काज, निठुर हियौ बाम, ताकौ लोभही पठाए
ए तौ बालक अजान, देखौ उनको समान, कहा कियो ज्ञान, इहाँ काहे कौं आए
कहाँ मल्ल मुष्टिक से चानूर सिला-भंजन, कहत भुजा गहि पटकन, नंद-सुवन हरषैं
नगर नारि व्याकुल जिय जानतिँ प्रभु 'सूर' स्याम, गरब हरन नाम, ध्यान करि-करि वै परखैं

पुरनारियाँ कह रही हैं—देखो तो इन महामल्लों को, ये यशोदा और रोहिणी के दोन अति ही सुन्दर सुकुमार बच्चों को मारने के लिए घात लगाए हैं। यह कहते हुए पुर-नारिय आँखों से आँसू बहाते हुए रो पड़ीं। भगवान इन्हें आज किसी प्रकार बचा लें। जिसने इन्हें यहाँ भेजा है, वह निष्ठुर हृदय है, भारी लोभ में आकर उसने इन्हें यहाँ भेजा है उसने इन्हें किसलिए भेजा है? ये तो अभी अज्ञान बच्चे हैं। इनको यहाँ भेजनेवाले सज्ञान हैं। उन्होंने यह कौन सा सयानप दिखाया, जो इन्हें यहाँ भेज दिया। ये बेचारे यह क्यों आए? कहाँ ये महामल्ल मुष्टिक और चाणूर, जो पर्वत की शिलाओं को तोड़ दे वाले हैं। ये भुजा चढ़ाकर इन बच्चों को शिला पर पटकना, सटकना चाहते हैं। इधर

नंद के दोनों बच्चे हैं, जिन्हें इनका जरा भी गम नहीं और जो प्रसन्न हुए जा रहे हैं।

नगर नारियाँ व्याकुल हैं, पर वे अपने मन में यह भी जानती हैं कि प्रभु का नाम गर्व-प्रहारी है और वे प्रभु के इसी नाम की परीक्षा हेतु बैठी हुई उन्हीं का ध्यान लगाए हुए हैं।

श्रीकृष्ण वचन मल्लों के प्रति *२४७३/३६८७ राग गुंडमलार*

सुनौ हो वीर मुष्टिक चानूर सबै, हमहिँ नृप पास नहिँ जान दैहौ।
घेरि राखे हमैं, नहीं बूझै तुम्हैं, जगत में कहा उपहास लैहौ।
सबै यहै कैहैं, भली मति तुम पै है, नंद के कुँवर दोउ मल्ल मारे।
यहै जस लेहुगे, जान नहिँ देहुगे, खोजहीं परे अब तुम हमारे।
हम नहीं कहैं, तुम मनहिँ जौ यह बसी, कहत हौ कहा, तौ करौ तैसी।
'सूर' हम-तन निरखि, देखियै आपुकौं, बात तुम मनहिँ यह बसी नैसी॥

कृष्ण ने मल्लों से कहा—हे परम वीर मुष्टिक और चाणूर, मेरी बात सुनो। क्या तुम सब हमें राजा के पास नहीं ही जाने दोगे? तुमने हमें चारों ओर से घेर रखा है। तुम्हें भला-बुरा कुछ नहीं सूझ पड़ रहा है। तुम संसार में अपनी हँसी क्यों उड़वाने पर तुले हुए हो? सभी यही कहेंगे, तुम्हारे पास बहुत अच्छी बुद्धि है (मूर्खता है)। तुम यही यश लेना चाहते हो क्या कि नंद के दो-दो छोटे-छोटे बच्चों ने तुम जैसे महामल्लों को मार डाला? तुम हमें राजा के पास नहीं ही जाने दोगे? तुम अब हमारे एकदम पीछे पड़ गए हो। हम तुमसे कुछ नहीं कहते। तुम्हारे मन में जो बात बस गई है, उसे कहते क्या हो, वैसा ही कर डालो। तुम हमारा शरीर देखो, हमारी ओर देखो, फिर अपना शरीर देखो, अपनी ओर देखो। तब जैसा तुम्हें सूझ पड़े, वैसा करो। जो बात तुम्हारे मन में बस गई है, अच्छी नहीं है, अनिष्टकारक है। इसे खूब समझ लो।

२४७४/३६८८ राग टोड़ी

जबहीं स्याम कही यह बानी। सो सुनि कै जुवती बिलखानी॥
मल्लनि कह्यौ, हमहिँ तुम देखौ। अपनौ बल, अपनौ तनु पेखौ॥
चितए मल्ल नंद-सुत कोधा। काल रूप बज्रांगी जोधा॥
भुजा ऐंठि रज अंग चढ़ायौ। गाँस धरे हरि ऊपर आयौ॥
स्याम सहज पीतांबर बाँधे। हलधर निरखत लोचन आधे॥
तब चानूर कृष्न पर धायौ। भुज-भुज जोरि अंग बल पायौ॥
प्रथम भए कोमल तन ताकौं। सिथिल रूप मन मेलत वाकौं॥
तब चानूर गर्व मन लीन्हौ। दुर्ग प्रहार कृष्न पर कीन्हौ॥
फूलहु तैं अति सम करि मान्यौ। तेहिँ अपनैं जिय मार्यौ जान्यौ॥
हरख्यौ मल्ल मारि भयौ न्यारौ। कहन लग्यौ मुख अहौ बिचारौ॥
हँसत स्याम जब देख्यौ ठाढ़ौ। सोच पर्यौ तब प्राननि गाढ़ौ॥
फिरि-फिरि कहि हरि मल्ल हँकार्यौ। मनहुँ गुफा तैं सिंह पुकार्यौ॥
हाँक सुनत सब कौंड़ भुलानौ। थरथराइ चानूर सकानौ॥
'सूरस्याम' महिमा तब जान्यौ। निहचै मृत्यु आपनी मान्यौ॥

जब श्याम ने ललकार दिया कि तुम कहते क्या हो? जो कह रहे हो, उसे कर ही डालो। तब श्याम की यह बात सुनकर मथुरा की नवेलियाँ विलख पड़ीं। मल्लों ने कृष्ण से कहा—तुम हमें देख लो और अपने बल को, अपने शरीर कें भीतर अंदाज लो। तुमने भी बहुत से वीरों को मारा है। फिर हमारे तुम्हारे युद्ध में असमानता कैसी? चाणूर काल रूप था, वज्रांग था। उसने नंद-पुत्र श्याम की ओर क्रोध से देखा। उसने अपनी भुजाएँ ऐंठी और अखाड़े की मिट्टी अपने शरीर में मली तथा पूर्वाग्रह और वैर भाव से हरि की ओर झपटा। श्याम ने सहज रूप से अपना पीतांबर कसकर लपेट लिया। हलधर आधी आँखें बंद किए यह दृश्य देखने लगे। तब चाणूर कृष्ण पर झपटा। उसने कृष्ण की भुजा से अपनी भुजा मिलाई और कृष्ण के बल को तौला, थहाया। कृष्ण ने पहले तो अपने शरीर को कोमल बना रखा था। चाणूर ने गलत अंदाजा लगाया। इस छोकरे का शरीर अत्यन्त शिथिल है। यह अनुमान करके चाणूर को अपने बल का भारी घमंड हो गया। तब उसने कृष्ण पर भारी दुर्बाध प्रहार किया। कृष्ण ने उसे फूल से भी कोमल समझा, पर चाणूर ने समझा कि मैंने कृष्ण को मार ही डाला। चाणूर कृष्ण को मारकर उन्हें मरा जानकर अलग जा खड़ा हुआ और कहा—जाकर अपना मुँह तो देखो। उसने समझा था मेरे थप्पड़ की मार से श्याम का मुँह सूज आया होगा, पर उसने देखा कि कृष्ण तो मुस्कराते हुए खड़े हैं, जैसे कुछ हुआ ही नहीं है। तब उसने अपने प्राणों का गहरा सोच पड़ गया और उसे अपने प्राणों की सुधि नहीं रह गई। हरि ने बार बार कहकर चाणूर को ललकारा जैसे अपनी गुफा से सिंह गरज रहा हो। कृष्ण की हाँक सुनकर चाणूर की सारी हेंकड़ी, सारी ऐंठ, भूल गई। वह सशंक होकर थरथर काँप उठा। तब उसने कृष्ण की महिमा जान ली और यह भी मान लिया कि अब मेरी मौत आ गई।

२४७५/३६८९ राग धनाश्री

भिर्‌यौ चानूर सौं, नंदसुत बाँधि कटि, पीत-पट फेंट, रनरंग राजैं।
द्विप-दंत कर कलित, भेष नटवर ललित, मल्ल उर सल्ल तल ताल बाजैं।
पीन भुज लीन जय लच्छि रंजित हृदय, नील घन सीत तनु, तुंग छाती।
देखि रहिँ भेष अति प्रेम पुर नारि सब, बदतिँ तजि भीर रति-रीति-राती।
मत्त मातंग बल अंग दंभोलि दल, काछनी लाल, गल-माल सोहै।
कमल-दल नैन, मृदु बैन, बंदित बदन, देखि सुरलोक नरलोक मोहै।
बाहु सौं बाहु अरु जानु सौं जानुनी, चरन सौं चरन धरि प्रगट पेलैं।
परस्पर भिरत जब स्याम अरु मल्ल दोउ, देखि पुर नर-नारि मष्ट झेलैं।
घूम दै घूँघरनि, वै लखत बंधु तन, सुभट पद पानि धरि, धरनि मेले।
चित्त सौं चित्त, मनिबंध मनिबंध सौं, दृष्टि तौं दृष्टि, नहिँ 'सूर' डोले॥

नंद-सुत कृष्ण कमर में पीतांबर का फेंटा कसे हुए, युद्ध की तरंग में आकर मल्ल चाणूर से जा भिड़े। उनके हाथ में कुबलयापीड़ का दाँत सुशोभित हो रहा था और वे नर्तक का सुंदर वेश धारण किए हुए थे। जब वे ताड़ी ठोककर अखाड़े में उतरे, तब उस मल्ल चाणूर के हृदय में जैसे शल्य (कांटा) चुभ गया। उनकी भुजाएँ पुष्ट थीं। उनके हृदय में

विजय-लक्ष्मी समाई हुई थीं। उनका शरीर नील जलद जैसा साँवला था। उनका वक्ष स्फीत तथा उभरा हुआ और चौड़ा था। कन्हैया के इस रूप को सभी पुर-नारियाँ अत्यंत प्रेम से देख रही थीं। वे उनके रति-रीति (प्रेमभाव) में अनुरक्त हो कहती जा रही थीं कि भीड़ मत लगाओ, हमें भी देखने दो। कृष्ण के शरीर में मतवाले हाथी का-सा बल था। उनके अंग-अंग दंभोलि (इंद्र का वज्र) के समान कठोर थे। वे लाल कछनी काछे हुए थे और गले में माला सुशोभित हो रही थी। उनके नेत्र कमल की पंखुड़ियों के सदृश थे। उनका मुख मधुर वाणी से युक्त था। उनके इस रूप को देखकर सुर लोक और नर लोक सभी के प्राणी मोहित हो गए। बाँह से बाँह मिलाकर, जंघा से जंघा भिड़ाकर, पैर से पैर लपेटकर जब श्याम और चाणूर मल्ल दोनों परस्पर भिड़ गए, तब नगर के सारे नर नारी मौन बने इस दृश्य को देखे जा रहे थे।

कृष्ण ने चाणूर के घुँघराले बालों को झटका दिया और भाई बलराम की ओर देखा। फिर उन्होंने उस सुभट चाणूर के पैर को अपने हाथों से पकड़कर धरती पर फेंक दिया। चाणूर का चित्त श्याम के चित्त से, उसका मणिबंध (कलाई) कृष्ण के मणिबंध से और उसकी दृष्टि कृष्ण की दृष्टि से बराबर मिली रही, जरा भी विलग नहीं हुई। उसका उद्धार हो गया।

२४७६/३६९१ राग गुंडमलार

गह्यौ कर स्याम-भुज मल्ल अपने धाइ, झटकि लीन्हौ तुरत, पटकि धरनी ।
भटकि अति सब्द भयौ, खटक नृप के हियैं, अटक प्राननि पर्‌यौ, चटक करनी ।
लटकि निरखन लग्यौ, मटक सब भूलि गइ, हटक करि देउँ इहै लागी ।
झटकि कुंडल निरखि, अटक ह्वैकै गयौ, गटकि सौं रह्यौ, मीच जागी ।
मुष्टिकै मरदि, चानूर चिरकुट कियो, कंस को कंप, रँगभूमि राँगी ।*
मल्ल जे जे रहे, सबै मारे तुरत, असुर जोधा सबै, तेउ सँहारे ।
धाइ दूतनि कह्यौ, मल्ल कोउ न रह्यौ, 'सूर' बलराम हरि सब पछारे ॥

दौड़कर चाणूर मल्ल ने श्याम की भुजा अपने हाथ से पकड़ ली। श्याम ने झटका देकर अपनी भुजा छुड़ा ली और उस मल्ल को तुरन्त धरती पर पटक दिया। चाणूर के गिरने की ध्वनि हवा में भटकती हुई, घूमती हुई, कंस के कान तक पहुँच गई। इस ध्वनि को सुनकर कंस के हृदय में खटक (संदेह) पैदा हो गया कि संभवत: चाणूर मारा गया। यह खटका पैदा होते ही चटचटा कर उसके प्राण उसके गले में आ अटके। उसका सिर लटक गया। वह नतमस्तक होकर पृथ्वी की ओर देखने लगा। उसकी सारी मटक (शेखी, शान) चली गई। वह सोचने लगा, उसके मम में यही आ लगा कि अच्छा होता मैं अपने मल्लों को हरक दूँ, रोक दूँ। फिर कंस ने झटका देकर अपने कुंडल की ओर देखा और हटक में अटक हो गई। वह अपने मल्लों को रुकने का आदेश न दे सका। वह अपनी निषेधाज्ञा को गटक-सा रहा, निगल गया। उसकी मृत्यु जग गई थी, उसके सिर पर नाचने लगी थी।

तब तक बलराम ने मुष्टिक मल्ल को मर्दित कर दिया—दल, मल, कुचल कर मार डाला। कृष्ण ने भी चाणूर मल्ल को मारकर उसका कचूमर निकाल दिया, उसे चुरकुट

* सूर ग्रंथावली में पांचवाँ चरण है, चौथा नहीं।
इसी प्रकार सभा सूरसागर में चौथा चरण है, पांचवाँ नहीं।

कर दिया, चूर्ण-विचूर्ण कर दिया। यह सुनकर कंस काँप उठा। सारी रंगभूमि रक्त से रंग उठी। जो भी मल्ल वहाँ आए थे, सबको कृष्ण बलराम ने तुरत मार डाला। मल्लों के अतिरिक्त वहाँ जितने भी असुर योद्धा थे, उन सबका भी उन्होंने संहार कर डाला।

जाकर दूतों ने कंस से कहा, एक भी मल्ल नहीं बचा, सभी मारे गए। बलराम और श्याम ने सभी को पछाड़ दिया, सभी को उसी प्रकार पछार दिया, जिस प्रकार धोबी शिलापर पटक पटक कर कपड़े पछारता है।

कंस-वध

२४७७/३६९३ राग गुंडमलार

नंद के नंद, सब मल्ल मारे निदरि, पौरिया जाइ नृप पै पुकारे।
सुनत ठाढ़ो भयौ, हाँक तिनकौ दयौ, दनुज-कुल-दहन ता तन निहारे।
सुभट बोले सबै, आइहौ पुनि कबै, मारि डारे सबै मल्ल मेरे।
अचगरी करि रहै, बचन एई कहै, डर नहीं करत सुत अहिर केरे।
रंग महलनि खरे, कहा रे तुम करौ, ढाल कर खड्ग तहँ तैं चलावै।
जियत अब जाहुगे, बहुरि करिहौ राज, नहीं जानत, 'सूर' कहि सुनावै॥

द्वारपालों ने जाकर राजा कंस से पुकार की—नंद के नंद ने सभी मल्लों को निंदित करके, पूरी तरह से पछाड़ कर, मार डाला है। यह पुकार सुनकर कंस उठकर खड़ा हो गया और पहरेदारों को ललकारा। उसी समय दनुज-वंश को जला देनेवाले कृष्ण ने भी कंस की ओर देखा। इस पर कंस ने अपने योद्धाओं को बुलाया और यह वचन कहे—तुम सब अब किस दिन काम आओगे। इन छोरों ने तो मेरे सभी मल्लों को मार डाला है। ये शरारत करने पर तुल गए हैं, अहीर के इन लड़कों को अब किसी का डर नहीं रह गया है। तुम लोग रंगमहल में खड़े-खड़े क्या कर रहे हो? क्या यहीं खड़े-खड़े तुम लोग ढाल तलवार चलाए जा रहे हो। क्या तुम लोग सोच रहे हो कि अब आगे राज्य करने के लिए जीवित बचे रहोगे? कंस अपने सुभटों को इसी प्रकार लताड़ सुनाए जा रहा था।

२४७८/३६९४ राग धनाश्री

भले रे नंदके छोहरा, डर नहीं, कहा जौ मल्ल मारे बिचारे।
बार ही बार दै हाँक, गए कहाँ अब, आपुनै सम असुर ते हँकारे।
पौरि गाढ़ी करौ, द्वार बीरनि कहै, आपु दलकारि मुख गारि दै कै।
बहुरि घर जाहुगे, धेनु दुहि खाहुगे, जान दैहौं तुमहिं प्रान लै कै।
कोउ नहीं टरे, उहाँ लौं आवत कहा, द्वैक पग धारि हरि सँमुख आयौ।
चकित ह्वैकै गयौ, मीचु दरसन भयो, कहा री मीचु, यह कहि सुनायौ।
स्याम बलराम कौ नाम लै लै कहत, मीचु आई लैन तुमहिं बाजैं।
'सूर' प्रभु देखि नृप क्रोध, पूरी करी, कस्यौ कटि पीत पट देवराजैं॥

कंस बोला—अरे नंद के छोहरो, तुम्हें किसी का डर नहीं है। तुमने बेचारे मल्लों को मार ही डाला, तो इससे क्या हुआ? फिर उसने बार बार गरजते हुए अपने समान

बलवान असुरों को बुलाते हुए कहा—तुम सब अब कहाँ चले गए हो? उसने द्वार-रक्षक वीरों पर बौखलाते हुए उन्हें गाली देते हुए कहा—दरवाजे पर पहरा कड़ा कर दो। फिर कृष्ण को, सामने न रहते हुए भी, कहने लगा—मैं तुम्हें प्राण लेकर लौटकर वापस जाने दूँगा, तब न तुम अपने घर गोकुल जाओगे और गायें दुह-दुहकर पिओगे। मैं यह अवसर ही नहीं आने दूँगा। कंस की बातें सुनकर कोई भी अपने स्थान से हिलने तक की हिम्मत नहीं कर सका, फिर उसके सामने कहाँ से आते। पर श्याम कृष्ण दो कदम आगे बढ़कर उसके सामने आ गए। कंस चौंक पड़ा, जैसे उसने अपनी मौत ही देख लिया हो। घबराहट में वह कह उठा—'अरी मृत्यु, तू यहाँ कहाँ?' तब वह श्याम और बलराम का नाम ले लेकर कहने लगा—देखो, तुम्हारी मौत ही तुम्हें बाजे गाजे के साथ लेने आ गई है। इस पर कृष्ण ने कंस को इस प्रकार क्रोध से देखा मानो उसके जीवन की घड़ी पूरी हो गई हो। फिर उन देव-राज कृष्ण ने अपने पीतांबर से अपना फेंटा कस लिया और कंस से भिड़ने के लिए उद्यत हो गए।

२४७९/३६९७ राग मारू

देखि नृप तमकि हरि, चमकि तहँई गए, दमकि लीन्हौ गिरहबाज जैसैं।
धमकि मार्‌यौ घाव, गुमकि हिरदै रह्यौ, झमकि गहि केस लै चले ऐसैं।
ठेलि हलधर दियौ, झेलि तब हरि लियो, महल के तरैं धरनी गिरायौ।
समर जय धुनि भई, धाक त्रिभुवन गई, कंस मार्‌यौ निदरि देवरायौ।
धन्य बानी गगन, धरनि पाताल धनि, धन्य हो धन्य वसुदेव ताता।
धन्य अवतार सुर धरनि उपकार कौं, 'सूर' प्रभु धन्य बलराम भ्राता॥

राजा कंस को देखकर, हरि (कृष्ण) भी तमक (क्रोध कर) उठे। वे चमक कर (फलांग मारकर) वहाँ जा पहुँचे, जहाँ कंस था। जिस प्रकार गिरहबाज कबूतर को बाज जा दबोचता है—उसी तरह कृष्ण ने कंस को जा दबोचा। उन्होंने कंस की छाती पर ऐसे जोर के धमाके से घूँसा मारा कि उसका हृदय झनझना उठा। फिर उन्होंने झपटकर कंस को पकड़ा और उसे घसीटकर ले चले। हलधर बलराम ने पहले कंस को धकेल दिया और वह गिर पड़ा। तब हरि ने उसे उठा लिया और उसे महल के नीचे धरती पर गिरा दिया। कंस को देवराज कृष्ण ने मार डाला। यह धमाके का समाचार तीनों लोकों में फैल गया और देवताओं ने जय-जय की ध्वनि की। धन्य धन्य की वाणी गगन, धरणी और पताल में गूँज उठी। लोग कह उठे—वसुदेव के पुत्र कृष्ण धन्य हैं, धन्य हैं। देवताओं और धरणी के उपकार करने के लिए प्रभु का यह अवतार धन्य है। बलराम के भाई श्याम धन्य हैं।

२४८०/३६९८ राग बिलावल

जै-जै धुनि तिहुँ लोक भई।
मार्‌यौ कंस धरनि उद्धार्‌यौ, ओक-ओक आनंदमई।
रजक मारि, कोदंड बिभंज्यौ, खेल करत गज प्रान लियौ।
मल्ल पछारि, असुर संहारे, तुरत सबनि सुरलोक दियौ।
पुर-नर-नारिनि को सुख दीन्हौं, जो जैसौ फल सोइ लह्यौ।
'सूर' धन्य जदुबंस उजागर, धन्य-धन्य धुनि घुमरि रह्यौ॥

तीनों लोकों—गगन, धरणी और पाताल—में जय जय की ध्वनि छा गई। प्रभु ने कंस को मारा, धरणी का उद्धार किया, घर-घर में आनन्द छा गया। प्रभु ने धोबी को मारा, धनुष तोड़ डाला, खेलते-खेलते कुबलयापीड़ हाथी के प्राण ले लिए, मल्लों को पछाड़ दिया, असुर भटों को मार डाला और तत्काल सबको सुरलोक भेज दिया, मथुरा पुरी के नर-नारियों को सुख दिया। जो जैसा था, उसे वैसा फल मिला। यदुवंश को कीर्ति प्रदान करने वाले कृष्ण धन्य हैं। चारों ओर धन्य-धन्य की यह ध्वनि गूँज उठी।

कंस रानी-प्रबोध

२४८१/३७०१ राग रामकली

तुरत मार्यौ कंस देवनाथा।
निदरि मारे कंस पूतना आदि दै, धरनि पावन करी, भइ सनाथा।
लोक लोकनि बिदित कथा तुरतहि गई, करन अस्तुति जहाँ-तहाँ आए।
देव दुंदुभि, पुहुप वृष्टि, जय धुनि करैं, दुष्ट इन मारि सुर-पुर पठाए।
केस गहि करसि जमुना धार डारि दए, सुन्यौ नृप-नारि पति गयौ मार्यौ।
भईं व्याकुल सबै, हंत रोवन लगीं, मरन कौ तुरत जौहर बिचार्यौ।
गए तहँ स्याम बलराम, बोधी सबै, कहत तब नारि तुम करी नैसी।
सुनहु नृप-बाम यह काम ऐसोइ रह्यौ, जानि यह बात क्यौं कहति ऐसी।
मरतिँ काहें, कहा तुमहिँ कौं यह भई, जानि अज्ञान तुम होतिँ काहैं।
'सूर' नृप-नारि हरि-वचन मान्यौ सबै, हरष ह्वै स्याम-मुख सबनि चाहे॥

देवों के नाथ कृष्ण ने कंस को तत्काल मौत के घाट उतार दिया। श्याम ने कंस और पूतना आदि को अपमानित करके मार डाला और धरती को पवित्र तथा सनाथ कर दिया। लोक-लोक में कंस के मारे जाने की कथा प्रचारित हो गई। जहाँ-तहाँ से लोग कृष्ण का दर्शन करने के लिए आ गए। देवता लोग दुंदुभि बजा-बजाकर पुष्प-वर्षा करने लगे तथा जय-जयकार करने लगे और कहने लगे—कृष्ण ने दुष्टों को मार कर कृपाकर उन्हें सुरपुर भेज दिया।

कंस की केश पकड़कर, उसे घसीटकर, कृष्ण ने यमुना की धारा में डाल दिया। कंस की रानियाँ—जरासंध की बेटियाँ—अस्ति और प्राप्ति ने सुना कि उनके पति मारे गए। वे विकल होकर उसके लिए रोने लगीं और उन्होंने स्वयं सती होकर मर जाने का निर्णय ले लिया। तब श्याम और बलराम वहाँ आ गए और उन दोनों रानियों—अपनी मामियों को समझाने लगे। तब उन रानियों ने कहा—तुमने अच्छा काम नहीं किया। तब कृष्ण बोले—हे राजरानियों सुनो। यह काम ही ऐसा था। इसे जानकर भी तुम ऐसा क्यों कह रही हो? तुम जलकर क्यों मर जाना चाहती हो? क्या ऐसी विपत्ति तुम्हीं पर आ पड़ी है। विधवाएँ तो बराबर होती रही हैं। तुम जान बूझकर भी अनजान क्यों हुई जा रही हो?

राजरानियों ने हरि के वचन को मान लिया और संतुष्ट होकर श्याम का मुख देखने लगीं।

उग्रसेन को राज्य-प्रदान

२४८२/३७०२ राग कल्यान

रानिनि परबोधि स्याम महल द्वार आए।
कालनेमि बंस उग्रसेन सुनत धाए।
चरननि धुकि पर्‍यौ आइ, त्राहि-त्राहि नाथा।
बहुतै अपराध परे, छमहु, मैं सनाथा।
'महाराज' श्रीमुख कहि, लियौ उर लगाई।
हमकौं अपराध छमौ, करी हम ढिठाई।
तबहीं सिंघासन पै, उग्रसेन धारे।
छत्र सिर धराइ, चँवर अपने कर ढारे।
ठाढ़े आधीन भए, देव-देव भाखे।
अपने जन कौ प्रसाद, सादर सिर राखे।
मोकौं प्रभु इती कहा, विस्व-भरन स्वामी।
घट-घट की जानत हौ, तुम अंतरजामी।
तौ फिरि नृप कहत कहा, तुमकौं यह केती।
सेवा तुम जेती करी, दैहौं पुनि तेती।
रजक धनुष गज मल्लनि, कंस मारि काजा।
'सूरज' प्रभु कीन्हौ तब, उग्रसेन राजा॥

कंस की रानियों को संतोष देकर, समझा-बुझाकर, हरि राजमहल के द्वार पर आ गए। उनका आना सुनकर कालनेमि के वंशज, कंस के बूढ़े पिता उग्रसेन दौड़े आए। वे कृष्ण के चरणों पर गिर पड़े और बोले—हे नाथ, रक्षा करो, रक्षा करो। हमसे बुहत अपराध हुए हैं, इन्हें क्षमा करें। मैं अनाथ था, अब आपके इन चरणों को पाकर सनाथ हो गया हूँ।

श्याम ने तो अपने नाना उग्रसेन को अपने श्रीमुख से 'महाराज' कहा और उन्हें उठाकर अपने हृदय से लगा लिया और कहा—'महाराज' हमसे धृष्टता हुई है, हमें क्षमा करें।' यह कहकर कृष्ण ने उग्रसेन को राज सिंहासन पर बैठा दिया। उनके सिर पर राज-छत्र तनवा दिया और स्वयं चँवर लेकर उनपर डोलाने लगे। वे उग्रसेन के अधीन सेवक बन गए और उन्हें 'देव-देव' कहने लगे। प्रभु ने अपने भक्त का प्रसाद सादर शिरोधार्य किया।

तब उग्रसेन बोले—प्रभु, मुझे इतना सब क्या कहे जा रहे हैं। मैं 'देव-देव' नहीं हूँ। देव-देव तो आप हैं। आप विश्व का भरण-पोषण करनेवाले हैं, स्वामी हैं, घट घट को जानने वाले हैं, अन्तर्यामी हैं।

तब कृष्ण बोले—हे राजन्, तुम्हारे लिए यह क्या है, तुम यह क्या कह रहे हो। तुमने जितनी सेवा की है, उतना तो मैं तुम्हें दूँगा ही।

इस प्रकार धोबी को मार कर, यज्ञ का धनुष तोड़कर, कुबलयापीड़ हाथी तथा

मुष्टिक, चाणूर मल्लों एवं कंस को मारकर प्रभु ने अपने नाना, कंस के पिता, उग्रसेन को मथुरा का राजा बना दिया।

२४८३/३७१३ राग बिलावल

जब जदु-कुल-पति कंसहि मार्‍यौ। तिहूँ भुवन भयो सोर पसार्‍यौ ॥
तुरत मंच तैं धरनि गिरायौ। ऐसैंहि मारत बिलँब न लायौ ॥
केस गहे पुहुमी घिसटायौ। डारि जमुन के बीच बहायो ॥
जा कंसहिँ तिहुँ भुवन डराई। ताकौं मार्‍यौं हलधर-भाई ॥
जाकैं धनुष टँकोरत हाथा। आसन डारि भजे सुरनाथा ॥
मारत ताहि बिलंब न कीन्हौ। उग्रसेन कौं राजस दीन्हौ ॥
जै हो जै वसुदेव-कुमारा। जै हो जै, तुम नंद-दुलारा ॥
सुरदेवी देवै धनि मैया। धनि जसुमति त्रिभुवन-पति धैया ॥
धन्य अक्रूर मधुपुरी ल्याए। सुर अंबर जै जै धुनि गाए ॥
दनुज बंस निरबंस कराए। धरनी सिर तैं भार गँवाए ॥
मातु पिता बंदि तैं छुड़ाए। यह बानी सुर लोकनि गाए ॥
जो जैसै तैसै तिहिँ भाए। 'सूरज' प्रभु सबकौं सुखदाए ॥

जब यदुनाथ कृष्ण ने कंस को मार डाला, तब तीनों लोकों में इसका शोर मच गया। सभी लोग जान गए कि कंस मारा गया। कृष्ण ने कंस को सिंहासन से ढकेलकर धरती पर गिरा दिया और इस प्रकार उसे मार डालने में तनिक भी विलम्ब नहीं किया। कंस का केश पकड़कर उन्होंने धरती पर घसीटा, फिर उसके शव को जमुना में फेंककर उसे बहा दिया। जिस कंस से सारा त्रिलोक डरता था, उसे हलधर के भाई श्याम ने मार डाला। जब कंस हाथ में धनुष लेकर उस पर प्रत्यंचा चढ़ाकर खींचता था, तब उसकी ध्वनि मात्र सुनकर सुरनाथ इंद्र अपना सिंहासन छोड़कर भाग जाते थे। उसी कंस को मार डालने में कृष्ण को जरा भी देर न लगी। उन्होंने कंस को मारकर, बंदीगृह में उसके द्वारा डाल दिए गए उसके पिता और अपने नाना उग्रसेन को राज-सिंहासन पर बैठा दिया। वसुदेव कुमार कृष्ण तुम्हारी जय हो, नंद दुलारे कृष्ण तुम्हारी जय हो। देवी-सरीखी माता देवकी धन्य हैं। त्रिभुवन-पति का धात्री के समान पालन-पोषण करने वाली यशोदा मैया धन्य हैं। अक्रूर जी धन्य हैं, जो श्याम को गोकुल से मथुरा लाए। आकाश में देवता लोग इसी प्रकार जय जयकार करने लगे। तुमने दैत्यवंश को निर्मूल कर दिया। तुमने पृथ्वी के सिर पर से उसका भारी बोझ उतार दिया। तुमने अपनी माता देवकी और पिता को बंदीगृह से मुक्त कर दिया। सुरलोक में देवता इसी प्रकार के वाणी कहते जा रहे थे। जिसने कृष्ण को जिस भाव से देखा, उसने उन्हें उसी भाव में पाया। प्रभु सभी को सुख देने वाले हैं।

वसुदेव-दर्शन

२४८४/३७०८ राग जैतश्री

यहै कहत वसुदेव, त्रिया जनि रोवहु हो।
भाग्य बिबस सुख दुःख, सकल जग जोवहु हो।

जल दीन्हे कर आनि, कहत मुख धोवहु नारी।
कहियत हैं, गोपाल हरन दुख, गर्व-प्रहारी।
कबहुँ प्रगट वै होइँगे, कृष्न तुम्हारे तात।
आजु काल्हि हरि आइहैं, यह सपने की बात ॥ १ ॥
अब जनि होहि अधीर, कंस की आयु तुलानी।
देखत जाइ बिलाइ, झार तिनका करि जानी।
ऐसौ सुपनौ मोहिं भयौ, त्रिया सत्य करि मानि।
त्रिभुवन-पति तेरौ सुवन है, तोहि मिलैगो आनि ॥ २ ॥
इहिं अंतर हरि कह्यौ, मातु पितु कहाँ हमारे।
तहँ लै गए अक्रूर, स्याम बलराम पधारे।
वज्र सिला द्वारैं दियौ, दरसन तैं गइ छूटि।
सहज कपाट उघरि गए, ताला कुंजी टूटि ॥ ३ ॥
जौ देखे वसुदेव, कुँवर दोउ काके आए।
दरस दियो तिहिं प्रेम, प्रथम जो दरस दिखाए।
धाइ मिले पितु मातु कौं, यह कहि मैं निजु तात।
मधुरै दोउ रोवन लगे, जिन सुनि कंस डरात ॥ ४ ॥
तुरत बंदि तैं छोरि, कह्यौ मैं कंसहि मार्‌यौ।
जोधा सुभट सँहारि, मल्ल कुबलया पछार्‌यौ।
जिय अपनैं जनि डर करौ, मैं सुत, तुम पितु मात।
दुख बिसरौ, अब सुख करौ, तुम काहैं पछतात ॥ ५ ॥
निहचै जननी जानि, कंठ धरि रोवन लागी।
तब बोले बलराम, मातु तुम तैं को भागी।
बार-बार देवै कहे, गोद खिलाए नाहिं।
द्वादस बरस कहाँ रहे, मातु पिता बलि जाहिं ॥ ६ ॥
पुनि-पुनि बोधत कृष्न, लिखौ मेटै नहिं कोई।
जोइ-जोइ मन की साध, कहौ करिहौं मैं सोई।
जे दिन गए, सु तौ गए, अब सुख लूटहु मातु।
तात नृपति, रानी जननि, जाके मोसौं तात ॥ ७ ॥
जो मन इच्छा होइ, तुरत देखौ मैं करिहौं।
गगन धरनि पाताल जात, कतहूँ नहिं डरिहौं।
मातु हृदय की कही तब, मन बाढ्यौ आनंद।
महर सुवन मैं तो नहीं, मैं वसुदेव कौ नंद ॥ ८ ॥
राज करौ दिन बहुत, जानि कै है, अब तुमकौ।
अष्टसिद्धि नव निद्धि देउँ, मथुरा घर-घर कौ।

रमा सेवकिनि देउँ करि, कर जोरे दिन जाम।
अब जननी जनि दुख करौ, करौ न पूरन काम ॥ ९ ॥
धनि जदुबंसी स्याम, चहूँ जुग चलति बड़ाई।
शेष रूपमय राम, कहत नहिँ बात बनाई।
'सूरज' प्रभु दनु-कुल-दहन, हरन करन संसार।
ते पाए सुत तुमहिँ करि, करौ न सुख-विस्तार ॥ १०

वसुदेव देवकी से कह रहे हैं—'हे तेवई, अब मत रोओ। सारे दुख सुख भाग्य के अधीन हैं। इस बात को सारे संसार में देख लो।' फिर वे पानी लेकर आए और कहा—तुम अपना मुँह धो लो। गोपाल दुख-हरन और गर्व प्रहारी कहे जाते हैं। वे हमारा दुख दू करेंगे और कंस का मद चूर करेंगे। तुम्हारे पुत्र कृष्ण कभी न कभी मथुरा में आ प्रक होंगे। आज या कल ही हरि यहाँ आए जाते हैं। मैंने ऐसा सपना देखा है ॥ १ ॥

अब अधीर मत होओ, कंस की आयु पूरी हो गई है। इसे घासफूस की ज्वाल समझो, जो लगते ही देखते-देखते बुझ जाती है। मैंने ऐसा सपना देखा है। हे त्रिया, इ सत्य समझो। कृष्ण तेरा बेटा है, वह तीनों लोकों का स्वामी है। यह तुझसे आकर जरू मिलेगा ॥ २ ॥

इसी बीच हरि कारागार के द्वार पर आए और कहा—'हमारे माता-पिता कहाँ हैं? अक्रूर उन्हें वहाँ ले गए, जहाँ वसुदेव देवकी कारा में बंद थे। श्याम बलराम ने वह पदार्पण किया। कारा कोठरी के द्वार पर वज्र की चट्टान लगा दी गई थी, यह कृष्ण क दर्शन पाकर स्वयं अपने स्थान से छूटकर खिसक गई। बंद किवाड़ सहज ही खुल ग और ताला कुंजी टूट गई ॥ ३ ॥

वसुदेव ने देखा दो कुँवर चले आ रहे हैं। पर वे जान न सके ये किसके कुमार हैं श्याम ने प्रेमपूर्वक उन्हें वही चतुर्भुज दर्शन दिया, जो उन्होंने जन्म लेते ही दिया था। व दौड़कर अपने माता और पिता से मिले और कहा मैं आप ही का पुत्र तो हूँ। वसुदेव देवकी धीरे-धीरे सिसकने लगे, वे डरने लगे कि कंस कृष्ण का यहाँ आना और हमारा रोना सु न ले ॥ ४ ॥

कृष्ण ने उन्हें तुरंत बंधन-मुक्त किया और कहा—डरें नहीं, मैं कंस को मारकर यह आया हूँ। मैंने सभी मल्लों और योद्धाओं को मार डाला है, कुबलयापीड़ हाथी को भ समाप्त कर दिया है। आप अब कत्तई न डरें, मैं आपका बेटा हूँ और आपलोग मे माता-पिता हैं। अब पुराने दुख को भुला दीजिए और सुख कीजिए। आप पछता क्यों रहे हैं ॥ ५ ॥

माँ देवकी ने जब इस बात को सुनिश्चित और पक्की जान लिया, तब वे कृष्ण क गला पकड़कर रोने लगीं। तब बलराम बोले—'माँ, तुझसे अधिक भाग्यशालिनी कौ है?' देवकी बार-बार कहने लगी—मैंने अपने बच्चे को एक दिन भी गोद में लेकर नहीं खेलाया, तुम लोग बारह-बारह वर्ष तक कहाँ रहे। हम माता पिता तुम्हारी बलैया लेते हैं—तुम्हारी सारी बला अपने सिर पर लेते हैं ॥ ६ ॥

कृष्ण उन्हें बार-बार प्रवोध देने लेगे—ब्रह्मा का लिखा, मेटा नहीं जा सकता। अब म्हारे मन की जो-जो भी अभिलाषा हो, कहो, मैं सभी पूरी करूँगा। जो दिन बीत गए, तो बीत ही गए। मैया, अब तुम सब सुख लूटो। अब तो तुम्हारे पिता उग्रसेन राजा तुम्हारी माँ रानी हैं और मुझसा तुम्हारा बेटा हूँ॥ ७॥

जो भी तुम्हारी इच्छा हो, कहो, मैं उसे पूरा करूँगा। उसे पूरा करने में मुझे आकाश, ताल और पृथ्वीपर जहाँ भी जाना पड़े, मैं कहीं भी जाने में डरूँगा नहीं।

तब माता के हृदय को निहाल कर देने वाले सुत श्याम ने कहा—जिसे सुनकर माँ मन का आनन्द बढ़ गया। उन्होंने कहा—मैया, मैं नंद महर का बेटा नहीं हूँ, मैं तो सुदेव जी का पुत्र हूँ॥ ८॥

यह समझकर कि अभी हमें बहुत दिनों तक राज्य करना है, आप राज्य करते रहिए। मथुरा के घर-घर में आठों सिद्धियाँ और नवो निधियाँ भरे दे रहा हूँ। मैं लक्ष्मी को म्हारी दासी बनाए देता हूँ, जो तुम्हारी आज्ञा का पालन करने के लिए दिन रात हाथ जोड़े ड़ी रहेंगी। मैया, अब दुख मत करो और अपनी सारी मनोकामनाएँ पूरी कर लो॥ ९॥

यदुवंशी श्याम धन्य हैं, जिनकी महिमा चारों युगों में चलती आई है। जहाँ तक राम बलराम) की बात है वे भी शेषनाग के अवतार हैं। मैं यह कोई बात बनाकर नहीं कह रहा । श्याम तो दनुज-कुल को जला देनेवाले हैं, संसार को करने वाले हैं, संसार को हरने वाले । 'सूरदास' कहते हैं, मैया देवकी, ऐसे ऐसे बेटों को पाकर अब तुम खूब सुख करो॥ १०॥

२४८५/३७०९ राग रामकली

तब वसुदेव हरषित गात।
स्याम रामहिं कंठ लाए, हरषि देवै मात।
अमर दिवि दुंदुभी दीन्ही, भयौ जैजैकार।
दुष्ट दलि सुख दियौ संतनि, ये वसुदेव-कुमार।
दुख गयौ बहि, हर्ष पूरन, नगर के नर-नारि।
भयौ पूरब फल सँपूरन, लह्यौ सुत दैत्यारि।
तुरत विप्रनि बोलि पठए, धेनु कोटि मँगाइ।
'सूर' के प्रभु ब्रह्म पूरन, पाइ हरषे राइ॥

तब वसुदेव परम प्रसन्न हो गए। माता देवकी ने श्याम और बलराम को गले से लगा या। उन्हें भारी हर्ष हुआ। देवताओं ने गगन में आनन्द की दुंदुभी बजा दी और नभ य जय की ध्वनि से भर उठा। वसुदेव-कुमार इन कृष्ण ने दुष्टों का दलन करके सभी तों को सुख दे दिया। नगर के नर नारियों का दुख बह गया और उन्हें परिपूर्ण हर्ष प्राप्त गया। वसुदेव देवकी के पूर्व पुण्य का फल पूर्ण हो गया, जो उन्होंने दैत्यों के अरि ष्ण को पुत्र रूप में पाया। उन्होंने दान देने के लिए एक करोड़ गायें मँगा लीं और ब्राह्मणों तुरंत बुला भेजा। पूर्ण ब्रह्म को परिपूर्ण रूप में पाकर वसुदेव भी हर्ष से भर उठे।

की जेवनार *२४८६/प १/१५३*

ई हैं जग जीवन माधौ। देवनि मन-मन आनँद लाधौ॥
स मारि पितु बंदि छुड़ाए। उग्रसेन सिर छत्र धराए॥

जननी दरस करन हरि आए। माइ अनँद पकवान मँगाए
ग्वाल सकल सँग बल बनवारी। नंद सहित पंगत बैठारी
उज्ज्वल थार झारि बहु धारी। परसन आप उठी महतारी
पापर पूरी पेरा फेनी। माठ मुरकुनी दही दहेनी
लौंग कपूर खाँड़ घृत धारे। अंदर से खटमिठे सिँघारे
निबुआ लोन तेल तर सूजी। राइ करौंदा अंब कलौंजी
सूरठि मीठी मठ जिरवानी। दूध भात बहु परुसन आनी
अगनित स्वाद परत नहिँ चीन्ही। चूक परत हरि गारि न दीन्ही
क्रीड़ावंत सखिनि कछु राग्यौ। पान दमाल दूसरौ माँग्यौ
मेवा आनि भरे धरि थारी। दाख चिरौंजी गरी छुहारी
ताजे पान धरे तिहिँ तीरा। दिव्य सुगंध सहित बहु बीरा
परम मान बिनती अनुसारी। हौं बलि चरन कमल पर वारी
भोजन अंत आचमन कीन्हौ। 'सूरजदास' दीन जन चीन्हौ
दै प्रसाद यौं कह्यो मुरारी। गऊ भक्त हरि सरन तुम्हारी

ये ही जगत्प्राण माधव हैं। यही देवकी के मन के आनन्दवर्द्धक हैं। इन्होंने ही क को मारकर माता देवकी और पिता वसुदेव को कंस के कारागार से मुक्त किया है। इन्‍ अपने नाना उग्रसेन के सिर पर राज-छत्र धरवा कर पुनः राजा बनाया है। यह माँ देव का दर्शन करने आए हैं। मैया ने प्रसन्न होकर इनके लिए पकवान मँगाया है। बलराम अ वनवारी के साथ सभी ग्वाल हैं। नंद के सहित सबको जेवनार की पंक्ति में बैठा वि गया। उज्ज्वल थार में पकवान भरकर, बहुत सी झारियों में पानी लेकर मैया देवकी स भोजन परोसने के लिए उठीं।

पापड़, पूरी, पेड़ा, फेनी, माठ, भुरकुनी, दही, दहेनी, लौंग, कपूर, खांड, घी से हुए अनरसे, खट्टे-मीठे सिंघाड़े, नींबू, नमक, तेल से तर सूजी, राय करौंदा, अ कलौजी, सूरठी, मीठी मठरी, जीराजल, दूध, भात आदि बहुत सी चीजें परोसने के f वे लाईं। अगणित स्वाद वाली चीजें परोसी गईं, जिन्हें पहचान पाना कठिन है कि क्या हैं?

एक चूक यह हुई कि इस जेवनार के अवसर पर कन्हैया जी को गारी नहीं गाई ग कुछ परिहास रसिका सखियों ने कुछ राग कढ़ाया भी। तब तक सुरती और पान मँ गया। थाल भर भरकर मेवा ला रखे गए, जिसमें दाख, चिरौंजी, गरी, छुहारा आदि ट लगे पान पास ही में रखे थे। ये पान के बीड़े सुगंध से तर थे।

भोजनोपरांत मैया देवकी ने आदरपूर्वक विनती की—'मैं प्रभु के चरणकमलों निछावर हूँ।' भोजनोपरांत उन्होंने जल लिया और हाथ मुँह धोया। प्रभु ने अपने भक्तों पहचान लिया। मुरारी ने उन्हें प्रसाद दिया।

हे हरि गाय और भक्त सभी तुम्हारी शरण में हैं।

यज्ञोपवीत उत्सव

२४८७/३७११ राग बिलावल

वसुद्यौ कुल-ब्यौहार बिचारि ।
हरि हलधर कौं दियौ ज़नेऊ, करि षटरस ज्यौनारि ।
जाके स्वास उसाँस लेत मैं, प्रगट भए श्रुति चार ।
तिन गायत्री सुनी गर्ग सौं, प्रभु गति अगम अपार ।
विधि सौं धेनु दई बहु विप्रनि, सहित सर्व लंकार ।
जदुकुल भयौ परम कौतूहल, जहँ तहँ गावतिँ नार ।
मातु देवकी परम मुदित ह्वै, देति निछावरि वारि ।
'सूरदास' की यहै आसिसा, चिर जियौ नंद-कुमार ॥

वसुदेव ने अपने कुल की रीति के अनुसार हरि और हलधर का यज्ञोपवीत संस्कार करा दिया और षट-रसयुक्त जेवनार दिया। जिसके श्वासोच्छ्वास से चारों वेद प्रकट हुए हैं, उन्हीं हरि ने महर्षि गर्ग से गायत्री मंत्र लिया—यह प्रभु की कैसी अगम और अपार लीला है।

वसुदेव जी ने संकल्पपूर्वक ब्राह्मणों को बहुत सी गायें दीं, जो सभी प्रकार के आभूषणों से सुसज्जित थीं। यदुवंश में भारी उल्लास छा गया। नारियाँ जहाँ-तहाँ मंगल गीत गा उठीं। माता देवती परम प्रमुदित होकर हरि और बलराम के सिर के चारों ओर विविध पदार्थ घुमाकर निछावर करके नेगियों को देने लगीं। सूरदास का भी यही आशीर्वाद है कि नंदकुमार चिर काल तक जीवित रहें।

२४८८/३७१२ राग धनाश्री

आजु परम दिन मंगलकारी ।
लोक लोक कौ टीकौ आयौ, मुदित सकल नर-नारी ।
सिव सुरेस सेष औरो बहु, चतुरानन कर थारी ।
हर कर पाटबंध, न्यौछावरि करत रतन पट सारी ।
बाजत ढोल निसान, संख रव होत कुलाहल भारी ।
अपने-अपने लोक चले सब, 'सूरदास' बलिहारी ॥

हरि और बलराम के यज्ञोपवीत का आज का यह दिन परम कल्याणकारक है। सभी नर-नारी परम प्रसन्न हैं और चारों ओर से लोक-लोक से यज्ञोपवीत का उपहार चला आ रहा है। शिव, इंद्र, शेष, ब्रह्मा और और भी बहुत से देवता लोग थालियों में उपहार भर भर कर लिए हुए हैं। शिव जी के तो हाथ में रेशम के वस्त्र में बँधा हुआ भारी गट्ठर है, जिसे खोलकर ये रत्न, रेशमी वस्त्र और साड़ियाँ हरि के सिर पर निछावर करके दिए जा रहे हैं। ढोल और नगाड़े बज रहे हैं। शंख-ध्वनि हो रही है। भारी कोलाहल छाया हुआ है। हरि के यज्ञोपवीत में सम्मिलित होकर सभी देवगण अपने-अपने लोक चले गए। सूरदास भी इस अवसर पर निछावर हुआ जा रहा है।

नंद विदाई

२४८९/३७२७ राग बिलावल

कृष्न कृपा सबही तैं न्यारी। कोटि करै तप, नहीं मुरारी ॥
भाव भजन कुबिजा भइ प्यारी। दनुज भाव-बिनु डारे मारी ॥
प्रथमहिं रजक मारि पुर आए। धनुष-जज्ञ कौं कंस बुलाए ॥
तोरि कोदंड बीर सब मारे। हित कुबिजा कैं धाम सिधारे ॥
रूप-रासि-निधि ताकौं दीन्हौ। आवन कह्यौ, गवन तब कीन्हौ ॥
माली मिल्यौ माल पुहुपनि लै। लीन्हौ कंठ स्याम अति रुचि कै ॥
मन-कामना तुरत फल पायौ। कोटि-कोटि मुख अस्तुति गायौ ॥
तहाँ कुबलया राख्यौ द्वारैं। जात स्याम बलराम बिचारैं ॥
आतुर गए कुबलया पासा। सूरज चंद धरनि परगासा ॥
बालक देखि महावत हरष्यौ। कर धरि पुच्छ, तुच्छ करि करष्यौ ॥
कौतुक करि मतंग मतवारौ। गहि पटक्यौ, तन नैंकु न टारौ ॥
दुहुँनि एक एक दंत उपारयौ। जहाँ मल्ल तहँ कौं पग धारयौ ॥
देखत रूप त्रास जिय आन्यौ। मन मन काल आपनौ जान्यौ ॥
तब कोमल दरसे जदुराई। तुरत गए आगैं सब धाई ॥
मारे मल्ल एक नहिँ उबरे। पटकत धरनि, स्त्रवन नृप घुमरे ॥
क्रोध सहित तब कंस प्रचारयौ। ताहि प्रगटि तुरतहिँ तेहि मारयौ ॥
अमर नाग नर कहि-कहि भाखैं। सदा आपने जन कौ राखैं ॥
राजा उग्रसेन कहवाए। मातु-पिता बंदि तै छुड़ाए ॥
इतनौ काज किए हरि नीकैं। कुबिजा-प्रेम बँधे हरि ही कैं ॥
आतुर हरि ताकैं घर आए। रानिनि बोधि महल नहिँ भाए ॥
चितवत मंदिर भए अवासा। महल-महल लागे मनि पासा ॥
जबहिँ सुने कुबिजा हरि आए। पाटंबर पाँवड़े डलाए ॥
कुबिजा तैं भइ राजकुमारी। रूप कहा कहौं कृष्न-पियारी ॥
टेढ़ी तैं हरि, सूधी कीन्ही। लच्छन अंग-अंग प्रति दीन्ही ॥
राजा हरि कुबिजा पटरानी। मथुरा घर-घर सबहीं जानी ॥
गोप सखा यह सुनत न माने। त्रासहिं मैं सब रहत सकाने ॥
मारयौ कंस, सुनत सब संके। बल मोहन आए नहिँ दंके ॥
व्रज तैं चले भए षट जामा। व्याकुल महरि होति लै नामा ॥
प्रजा जानि मन मन डरपाहीं। कैसैं बलमोहन व्रज जाहीं ॥
इहि अंतर हरि आए तहईं। नंद गोप सब राखे जहँईं ॥
नृप ऊधव अक्रूरहिँ लीन्हौ। तहाँ गवन 'सूरज' प्रभु कीन्हौ ॥

कृष्ण की कृपा सबसे अलग है। कोटि तप करने से भी मुरारी नहीं मिलते। उन्हें तो ्रेमभाव चाहिए। भाव-भजन से कुब्जा उनकी प्यारी बन गई और प्रेम-भाव से रहित होने के कारण उन्होंने दनुज कंस को मार डाला। पहले कृष्ण ने धोबी को मारा, फिर मथुरापुरी में प्रवेश किया। कंस ने उन्हें धनुष यज्ञ के बहाने बुलाया था। इसीलिए उन्होंने उस धनुष को तोड़ डाला और सभी विपक्षी योद्धाओं को मार डाला।

प्रेम के कारण ये कुबड़ी दासी के घर गए, उन्होंने उसे परम रूप-राशि प्रदान कर से महा सुंदरी बना दिया। उससे वादा किया कि मैं फिर आऊँगा, तब उसके घर से चले।

मार्ग में सुदामा माली फूलों की माला लिए हुए मिला। श्याम ने अत्यन्त रुचि से सका पुष्प-हार अपने गले में धारण किया। माली को अपनी कामना के अनुकूल फल रन्त मिल गया। उसने अपने मुँह से प्रभु की कोटि-कोटि स्तुतियाँ कीं।

कुबलयापीड़ हाथी इन्हें मारने के लिए राजद्वार पर रख छोड़ा गया था। जाते ही श्याम लराम ने ताड़ लिया कि यह उनके मारने का ही कुचक्र है। ऐसा सोचकर ये तत्काल बलयोपीड़ के पास जा पहुँचे। उस समय ऐसा जान पड़ा जैसे सूर्य और चंद्र धरती को काशित करने के लिए एक साथ आ गए हैं। महावत इन्हें बालक समझकर परम प्रसन्न उठा कि इन्हें मार डालना कुछ दुष्कर नहीं है। पर कृष्ण ने उसकी पूँछ पकड़कर, उसे त्यन्त नगण्य मानकर, खींच लिया। खेल-खेल में उस मतवाले हाथी को पकड़कर न्होंने पटक दिया। हाथी तिलमिलाकर रह गया और अपना शरीर जरा भी हिला डुला हीं सका, मर गया। दोनों भाइयों ने हाथी के एक एक दाँत उखाड़कर अपने-अपने कंधों रख लिया और जहाँ कंस के मल्ल मुष्टिक और चाणूर थे, वहीं का रास्ता पकड़ा।

दोनों मल्लों ने कृष्ण बलराम का सशक्त रूप देखा और मन ही मन अत्यन्त डर गए र उन्हें अपना काल समझ लिया। तब कन्हैया अत्यन्त कोमल दीख पड़े और मल्ल ग इन्हें मारने के लिए तुरत दौड़कर आगे आ गए। श्याम बलराम ने सभी मल्लों को मार ला, एक भी जीवित नहीं बचा। जब श्याम ने चाणूर को धरती पर पटका, तब धरती पर सके गिरने की धमक की ध्वनि कंस के कानों में घुमड़ती हुई पहुँची और गूँज उठी। तब त्यन्त क्रुद्ध होकर कंस ने श्याम बलराम को ललकारा। उन्होंने सामने प्रकट होकर, उसे न्त मार गिराया।

देवता, नाग, नर सभी प्रभु का गुणानुवाद कर उठे—प्रभु सदा ही अपने भक्तों की रक्षा ते आए हैं। हरि ने कंस के बाप, बंदी उग्रसेन को राजा बना दिया और अपने माता-ता को कारागार से मुक्त कर दिया।

जब हरि ने इतने अच्छा काम कर लिए, तब हृदय से कुब्जा के प्रेम में बँधे हुए वे दी-जल्दी उसके घर आए। उन्होंने इसके पहले कंस की दोनों रानियों को महल में कर प्रबोध दिया। उन्हें राजमहल अच्छा नहीं लगा। हरि ने कुब्जा के आवास पर दृष्टि ली। उनकी चितवन पड़ते ही वह सामान्य घर सुंदर राजमहल में परिणत हो गया। हर ल में मणियों के टुकड़े जड़े हुए थे। जब कुब्जा ने सुना कि हरि आए हुए हैं, तब उसने के स्वागत के लिए रेशम के पाँवड़े बिछा दिए। कहाँ वह कुब्जा थी, अब वह सुंदर कुमारी हो गई। वह अब कृष्ण की प्रिया रानी हो गई। उसके रूप का अब क्या कहना।

वह अभी तक त्रिवक्रा थी, हरि ने उसे सीधी कर दिया और वह हर अंग में सुलक्षण हो गई। मथुरा के घर-घर में यह बात सब पर अवगत हो गई कि हरि राजा हैं और कुब्ज उनकी पटरानी है।

गोप सखाओं ने जब कुब्जा-कृष्ण की यह पावन कथा सुनी, तब वे उसपर विश्वार नहीं ५१ सके, क्योंकि वे सब कंस का मारा जाना सुनकर डर गए थे और उनके मन त्रास और शंका समाई हुई थी। वे सोचे जा रहे थे, इतनी देर हो गई, बलराम और श्या अभी तक क्यों नहीं वापस आए। व्रज से चले हुए छह याम, डेढ़ दिन, हो गया। मह यशोदा कृष्ण बलराम का नाम ले लेकर विकल हुई जा रही होंगी। वे यह भी सोचकर ड जा रहे थे कि अब तो कृष्ण राजा हो गए हैं और हम उनकी प्रजा। वे हमारे साथ अब व्र कैसे जा सकेंगे।

इसी बीच हरि वहाँ आ गए, जहाँ वे नंद और सभी गोपों को छोड़ गए थे। अपने सा वे महाराज उग्रसेन, ऊधव और अक्रूर को लिए दिए वहाँ आए।

२४९०/३७२९ राग बिलाव

अरस परस सब ग्वाल कहैं।
जब मार्‌यौ हरि रजक आवतहिं, मन जान्यौ हम नहिं निबहैं।
वैसौ धनुष तोरि सब जोधा, तिन मारत नहिं बिलँब कर्‌यौ।
मल्ल मतंग तिहूँ पुर गामी, छिनकहि मैं सो धरनि दर्‌यौ।
वैसे मल्लनि दाँव बिसार्‌यौ, मारि कंस निरबंस कियौ।
सुनहु 'सूर' ये हैं अवतारी, इनतैं प्रभु नहिं और बियौ॥

ग्वालों ने कृष्ण को आया देखकर प्रसन्न होकर उनके अंगों का स्पर्श किया और उन लिपट गए तथा बोले—'हे हरि, जब तुमने मथुरा में पहुँचते ही राजा के धोबी को म डाला, तब हमने समझ लिया था कि अब हम सभी बचेंगे नहीं, कंस हमें मरवा डालेग तुमने इतने कठोर धनुष को तोड़ डाला और रक्षक योद्धाओं को मारने में जरा भी देर न की। मुष्टिक और चाणूर जैसे सुख्यात महामल्लों और तीनों पुरों में प्रवेश कर पाने वा कुबलयापीड़ हाथी को तुमने क्षण भर में धूल चटा दिया। तुम्हें तो देखते ही उन महामल की आई-बाई भूल गई और वे अपने सारे दाँव-पेंच विस्मृत कर उठे। तुमने तो महाब कंस को भी मार डाला और उसका वंश ही नष्ट कर दिया। तुम धन्य हो।'

इसके पश्चात् वे आपस में अलग कहने लगे—हरि अवतारी पुरुष हैं, यही जगत हैं। इनके अतिरिक्त संसार का कोई दूसरा स्वामी नहीं है।

२४९१/३७३० राग बिला

नंद गोप सब सखा निहारत, जसुमति-सुत कौ भाव नहीं।
उग्रसेन वसुदेव उपँग-सुत, सुफलक-सुत वैसै सँग ही।
जबहीं मन न्यारौ हरि कीन्हौ, गोपनि मन यह ब्यापि गई।
बोलि उठे इहिं अंतर मधुरे, निठुर रूप जो ब्रह्ममई।
अति प्रतिपाल कियौ तुम हमरौ, सुनत नंद जिय झझकि रहे।
'सूरदास' प्रभु की वसुदयौ सौं, की मौसौं ये वचन कहे॥

नंद, गोपगण और कृष्ण के सभी सखा यह अनुभव करने लगे कि अब कृष्ण में यशोदा-पुत्र होने का भाव नहीं रह गया है। अब वे हमारे साथ नहीं बैठ रहे हैं। अब तो वे उग्रसेन, वसुदेव, उपंग-सुत उद्धव और सुफलक-सुत अक्रूर के साथ ही बैठना पसन्द कर रहे हैं। कृष्ण ने जैसे ही व्रजवासियों की ओर से अपना मन फेरा, वैसे ही गोपों के मन में यह बात आ समाई कि अब कृष्ण हमारे नहीं रह गए, अब वे हमारे हाथ से गए।

इसी बीच हरि निस्संग ब्रह्म की निष्ठुर, पर मधुर, वाणी में बोल उठे—'तुमने हमारा अत्यन्त पालन-पोषण किया है।' हरि की यह वाणी सुनकर नंद झिझक उठे कि श्याम ने यह बात किससे कही है, मुझसे या वसुदेव से।

२४९२/३७३१ राग बिलावल

काहि कहत प्रतिपाल कियौ।
मोसौं कहत होइ जनि ऐसी, नैन ढरत, नहिँ भरत हियौ।
संकित नंद त्रास बानी सुनि, बिलँब करत, यह क्यौं न चलैं।
कंस मारि रजधानी दीन्ही, व्रज तैं बहुरौ आनि मिलैं।
मन ही मन ऐसी उपजावत, वै उत ब्रह्म ब्रह्मदरसी।
'सूर' पिता को, मातु कौन ही, रहत सबनि मैं वै परसी॥

नंद मन ही मन सोचने लगे—'कृष्ण ने अपने प्रतिपालन की बात किससे कही है। ऐसा न हो कि उन्होंने मुझसे ही यह बात कही हो। ऐसा सोचकर, उनके नेत्रों से अश्रुपात होने लगा, पर उनका मन पूरा विश्वास नहीं कर पा रहा था। उनका मन हरि की यह वाणी सुनकर सशंक हो उठा था। वे सोचने लगे—हरि अब क्यों विलम्ब कर रहे हैं? यह व्रज में अब क्यों नहीं चले चल रहे हैं? इन्होंने कंस को तो अब मार ही डाला है और उग्रसेन को राजा बना दिया है। यह व्रज से, जब चाहें आकर, इनसे मिल सकते हैं। इनके यहाँ रुके रहने की अब कौन सी जरूरत है।'

पर कृष्ण तो ब्रह्म हैं, साक्षात् ब्रह्म। कौन उनका पिता है? कौन उनकी माता है? वे तो सभी के घट को स्पर्श किए हुए, सभी में समाए हुए हैं।

२४९३/३७३२ राग बिलावल

तब बोले हरि नंद सौं, मधुरैं करि बानी।
गर्ग बचन तुमसौं कही, नहिँ निहचै जानी।
मैं आयौ संसार मैं, भुव-भार उतारन।
तिनकौ तुम धनि-धन्य हौ, कीन्हौ प्रतिपारन।
मातु पिता मेरैं नहीं, तुमतैं अरु कोऊ।
एक बेर व्रज लोग कौं, मिलिहौं सुनौ सोऊ।
मिलन हिलन दिन चारि कौ, तुमतौ सब जानौ।
मोकौं तुम अति सुख दियौ, सो कहा बखानौं।
मथुरा नर-नारी सुनैं, व्याकुल व्रज-वासी।
'सूर' मधुपुरी आइकै, ये भए अबिनासी॥

तब हरि नंद से मधुर वाणी में बोले—महर्षि गर्ग ने तुमसे जो बातें कही थीं, क्या तुमने उन्हें सत्य और सुनिश्चित नहीं समझा था? मैं संसार में पृथ्वी का बोझ उतारने के लिए अवतरित हुआ हूँ। ऐसे पृथ्वी का भार उतारने वाले का भी तुमने प्रतिपालन किया है, तुम धन्य हो, तुम्हें छोड़कर मेरा कोई दूसरा माता-पिता नहीं है। सुन लो, मैं एक बार तुम ब्रजवासी लोगों से पुनः मिलूँगा। तुम तो यह जानते ही हो, यह हिलना-मिलना चार ही दिन का है। तुमने मुझे जो भारी सुख दिया है, मैं उसका क्या बखान करूँ।

मथुरा के नर-नारियों ने सुना कि हरि अब मथुरा से ब्रज नहीं जायेंगे, यहीं रहेंगे। यह सुनकर वे प्रसन्न हो उठे। श्याम के साथ आए हुए ब्रजवासियों ने भी यही बात सुनी और वे व्याकुल हो उठे। मथुरा में आकर कृष्ण नर नहीं रह गए, नारायण हो गए, अविनाशी ब्रह्म हो गए। व्रजवासियों का तो लगाव उनके नरत्व से था, नारायणत्व से नहीं।

२४९४/३७३३ राग टोनी

निठुर बचन जनि कहौ कन्हाई। अतिहीं दुसह, सह्यौ नहिँ जाई ॥
तुम हँसि कै बोलत ये बानी। मेरे नैन भरत है पानी ॥
अब वे बोल कबहुँ जनि बोलौ। तुरत चलहु व्रज आँगन डोलौ ॥
पंथ निहारति जसुमति ह्वैहै। धाइ आइ मारग मैं लैहै ॥
तब नंदहिँ हलधर समुझावत। कछु करि काज, तुरत व्रज आवत ॥
जननि अकेली व्याकुल ह्वैहै। तुमहिँ गऐं कछु धीरज लैहै ॥
बहुत कियौ प्रतिपाल हमारौ। जाइ कहाँ उर ध्यान तुम्हारौ ॥
व्याकुल होन जननि नहिँ पावै। बार-बार कहि-कहि समुझावैं ॥
व्याकुल नंद सुनत यह बानी। डसी मनौ नागिनी पुरानी ॥
व्याकुल सखा, गोप भए व्याकुल। अंतक-दसा भए भय-व्याकुल ॥
'सूरस्याम'-मुख निरखत ठाढ़े। मनौ चितेरे लिखि सब काढ़े ॥

कृष्ण की यह बात सुनकर नन्द बोले—'हे कन्हैया, ऐसी निष्ठुर बात मत कहो। यह अत्यन्त दुस्सह है, यह सही नहीं जा पा रही है। तुम तो हँसकर यह बात कह रहे हो, पर इसे सुनकर मेरी आँखें डबडबाई जा रही हैं, भरभराई जा रही हैं। अब ऐसी बात फिर मत कहो और तुरन्त ब्रज चलकर मेरे आँगन में घूमो फिरो। तुम्हारी यशोदा मैया तुम्हारा रास्ता देख रही होंगी। तुम्हें आता सुनकर वह दौड़कर आएँगी और मार्ग में ही आकर तुमसे मिलेंगी।'

नंद की इस विह्वलता को देखकर, हलधर उन्हें समझाने लगे—हम यहाँ मथुरा में कुछ कार्य सम्पन्न करके तुरत व्रज आए जा रहे हैं। माता वहाँ अकेली विकल हो रही होंगी, तुम्हारे वहाँ चले जाने से उन्हें धीरज बँधेगा। इसलिए भला इसी में है कि तुम इस समय ग्वालों के साथ व्रज वापस चले जाओ। तुमने हम दोनों भाइयों का बहुत बहुत प्रतिपालन किया है। हमारे हृदयों से तुम्हारा ध्यान निकल ही कैसे सकता है? देखना, माताएँ विकल न होने पावें। ऐसा बार-बार कह-कहकर बलराम ने नंद को समझाया।

बलराम की यह बात सुनकर नंद अत्यन्त विकल हो गए। ऐसा लगा जैसे किसी

पुरायठ नागिनी ने उन्हें डस लिया हो। सभी गोप, सभी सखा व्याकुल हो गए। वे ऐसे आकुल हो गए, जैसे उनकी अन्तिम दशा, मृत्यु, आ गई हो। वे खड़े-खड़े श्याम का मुँह देखते-देखते स्वयं चित्र-लिखित से हो उठे। वे ऐसे लगने लगे जैसे वे हाड़-माँस के मनुष्य न हों, वे किसी चतुर चितेरे के बनाए हुए अविकल अटल निर्जीव चित्र मात्र हैं।

२४९५/३७३५ राग बिलावल

वेगि व्रजकौ फिरिए नँदराइ।
हमहिँ तुमहिँ सुत तात कौ नातौ, ओर पर्‌यौ ही आइ।
बहुत कियौ प्रतिपाल हमारौ, सो नहिँ जी तैं जाइ।
जहाँ रहैं, तहँ तहाँ तुम्हारे, डारयौ जनि बिसराइ।
जननि जसोदा भेंटि, सखा सब मिलियौ कंठ लगाइ।
साधु समाज निगम जिनके गुन, मेरैं गनि न सिराइँ।
माया मोह मिलन अरु बिछुरन, ऐसैंही जग जाइ।
'सूरस्याम' के निठुर बचन सुनि, रहे नैन जल छाइ॥

कृष्ण नंद से बोले—'हे नंदराय, अब जल्दी से जल्दी, आप व्रज को लौट जाइए। हममें और आपमें जो बेटा और बाप का सम्बन्ध बना था, अब उसका अन्त आ गया। आपने हमारा बहुत दिनों तक प्रतिपालन किया, वह हमारे जी से कभी दूर नहीं जा सकता। हम उसे सदा स्मरण करते रहेंगे। हम जहाँ भी रहेंगे, वहाँ आपके ही कहे जावँगे। आप हमें भुला न जाइएगा। हमारी ओर से मैया यशोदा को भेंटिएगा और सब सखाओं को कंठ लगाइएगा। मेरे गुणों को तो साधु-समाज और वेद गिनकर भी गिन नहीं पाते। गाकर भी गा नहीं पाते। जहाँ तक हो सके मेरे गुणों का स्मरण करते रहिएगा, भूलिएगा नहीं। नश्वर संसार में तो माया, मोह, मिलन, बिछुड़न का व्यापार बराबर चलता ही रहता है।'

श्याम की ये निष्ठुर बातें सुनकर नंद की आँखें छलछला आईं, अँसुआ गईं।

२४९६/३७३६ राग नट

यह सुनि भए ब्याकुल नंद।
निठुर बानी कही हरि जब, परि गए दुख फंद।
निरखि हरि मुख रहे चक्रित, सखा अरु सब गोप।
चरित ए अक्रूर कीन्हे, करत मन मन कोप।
धाइ चरननि परे हरि कैं, चलहु व्रज कौं स्याभ।
कंस असुर समेत मारे, सुरनि के करि काम।
मोचि बंधन, राज दीन्हो, हरष भए वसुदेव।
'सूर' जसुमति बिनु तुम्हारैं, कौन जानै देव॥

यह सुनकर नंद विकल हो उठे। जब हरि ने यह निष्ठुर बात कही, तब नंद दुःख के फंदे में पड़ गए। सखा और अन्य सभी गोप तो कन्हैया का मुख देखकर चकपका उठे और सोचने लगे—यह सब चरित्र अक्रूर का किया हुआ है। यह सोच-सोचकर वे मन ही मन उनपर कुपित हो उठे। वे दौड़कर श्याम के चरणों पर गिर पड़े और कहने लगे—

कन्हैया, ब्रज को चले चलो, तुमने असुरों सहित कंस को मार ही डाला है, देवताओं का सब काम कर ही दिया है। नाना उग्रसेन को कारागार से बाहर करके उन्हें राज-सिंहासन पर बैठा ही चुके हो। मैया देवकी और पिता वसुदेव को भी कारा-मुक्त करके हर्षित कर चुके हो। मैया यशोदा तो केवल तुम्हें अपना देव मानती हूँ। तुम्हें छोड़ उनका कोई और देवी-देवता नहीं। चलकर उन्हें सुख दो।

नंद व्रजागमन

२४९७/३७४४ राग धनाश्री

चले नंद ब्रजकौं समुहाइ।
गोप सखा हरि बोधि पठाए, सबै चले अकुलाइ।
काहूँ सुधि न रही तन की कछु, लटपटात परे पाँइ।
गोकुल जात फिरत पुनि मधुवन, मन तिन उतहिं चलाइ।
विरह-सिंधु मैं परे चेत बिनु, ऐसैंहि चले बहाइ।
'सूरस्याम' बलराम छाँड़िकै, व्रज आए नियराइ॥

अंततः नंद व्रज की ओर मुँह करके चल ही पड़े। समझा बुझाकर हरि ने तब गोप सखाओं को भी व्रज भेज दिया—वे सब भी दुखी होकर नंद के साथ चल पड़े। किसी को अपने शरीर तक की सुधि नहीं रह गई थी। चलने में उनके पाँव लड़खड़ाए पड़ रहे थे। गोकुल जाते समय, वे मुड़ मुड़कर मधुबन की ओर देखने लगे थे। उनके पैर तो गोकुल की ओर जा रहे थे, पर उनके मन उधर ही लौट पड़ रहे थे, जहाँ श्याम थे। वे अचेत होकर विरह के समुद्र में योंही बहे जा रहे थे—अनायास। वे श्याम और बलराम को मधुबन में छोड़ आए और व्रज के निकट आ गए।

२४९८/३७४५ राग भैरव

बार-बार मग जोवति माता। व्याकुल बिनु मोहन बल-भ्राता॥
आवत देखि गोप नँद साथा। बिबि बालक बिनु माई अनाथा॥
धाई धेनु बच्छ ज्यौं ऐसैं। माखन बिना रहे धौं कैसैं॥
व्रज-नारी हरषित सब धाईं। महरि जहाँ तहँ आतुर आईं॥
हरषित मातु रोहिनी आई। उर भरि हलधर लेउँ कन्हाई॥
देखे नंद, गोप सब देखे। बल मोहन कौं तहाँ न पेखे॥
आतुर मिलन-काज व्रज-नारी। 'सूर' मधुपुरी रहे मुरारी॥

इधर गोकुल में यशोदा बार-बार मथुरा का रास्ता देखती जा रही थीं कि कन्हैया और दाऊ आ रहे हैं कि नहीं। वे बलदाऊ और मनमोहन के लिए अत्यन्त विकल हुई जा रही थीं। उन्होंने नंद के साथ केवल गोपों को आते देखा, श्याम और बलराम इन दोनों बालकों को साथ में नहीं देखा। वे दोनों बालकों के अभाव में अपने को अनाथ समझने लगीं। वे ऐसे दौड़ पड़ीं, जैसे अपने बछड़े के लिए गाय दौड़ पड़ती है। वे सोचने लगीं—मेरा लाल बिना माखन के कैसे रह रहा होगा।

नंद का आना सुनकर व्रज-वधूटियाँ भी दौड़ती हुई आतुरता के साथ वहाँ आ गईं,

जहाँ महरि यशोदा थीं। रोहिणी भी प्रसन्न होकर आ गई कि चलकर कन्हैया और बलराम को छाती से लगा लूँ। उन सबने नंद को देखा, सब गोपों को देखा। उन्हें साथ में न तो बलराम दिखाई पड़े, न मनमोहन ही। व्रजनारियाँ इधर श्याम से मिलने के लिए अतुरा रही थीं; उधर श्याम मधुपुरी ही में रह गए थे।

२४९९/३७४७ राग कल्यान

स्याम राम मथुरा तजि, नंद व्रजहिं आए।
बार-बार महरि कहति, जनक धिक कहाए।
कहूँ कहति, सुनी नहीं, दसरथ की करनी।
यह सुनि नँद व्याकुल ह्वै, परे मुरछि धरनी।
टेरि-टेरि पुहुमि परतिँ, व्याकुल व्रज-नारी।
'सूरज' प्रभु कौन दोष, हमकौं जु बिसारी॥

बलराम और श्याम को मथुरा ही में छोड़कर, नंद व्रज आ गए। महरि यशोदा उनसे बार बार कहने लगीं—'तुम्हारे जीवन को धिक्कार है, जो श्याम राम को वहीं छोड़ते आए। क्या तुमने कहीं किसी को दशरथ की करनी कहते हुए नहीं सुना, जो राम के विछोह में सुरधाम सिधार गए थे। यह सुनकर नंद व्याकुल होकर मूर्च्छित हो गए और धरती पर गिर गए। व्रज-नारियाँ भी श्याम-श्याम पुकारती हुई विकल होकर पृथ्वी पर लोटने लगीं और कहने लगीं—प्रभु, हमसे ऐसा क्या अपराध हो गया, जो आपने हमें बिसरा दिया?'

२५००/३७४९ राग मलार

दोउ ढोटा गोकुल नायक मेरे।
काहैं नंद छाँड़ि तुम आए, प्रान जिवन सब केरे।
तिनकैं जात बहुत दुख पायौ, रोइ परी इहिं खेरे।
गो-सुत गाइ फिरत हैं दहुँ दिसि, वै न चरैं तृन घेरे।
प्रीति न करी राम दसरथ की, प्रान तजे बिनु हेरैं।
'सूर' नंद सौं कहति जसोदा, प्रबल पाप सब मेरैं॥

यशोदा नंद से कह रही हैं—मेरे दोनों बेटे श्याम और बलराम तो सारे गोकुल के नायक थे। उन्हींके जोते बोए सभी व्रजवासी चल रहे थे, वे हम सब के प्राण थे, जीवन-धन थे। तुम उन्हें मधुपुरी में क्यों छोड़ते आए? उनके यहाँ से जाते समय सबने बहुत दुख पाया था और सारे गोकुल गाँव में भारी खलबली मच गई थी। गायें और उनके बछड़े उदास होकर दसों दिशाओं में घूम रहे हैं और वे बहुत घेरने पर भी घास नहीं चर रहे हैं। तुमने दशरथ की राम के प्रति जैसी प्रीति नहीं की, जिन्होंने राम को न देख पाने पर अपने प्राण ही त्याग दिए थे। यह सब मेरे ही प्रबल पाप का परिणाम है, इससे अधिक मैं और क्या कहूँ।

२५०१/३७५१ राग विहागरौ

यह मति नंद तोहिं क्यौं छाजी?
हरि-रस बिकल भयौ नहिँ तिहि छन, कपट कठोर कछू नहिँ लाजी।

राम कृष्न तजि गोकुल आए, छतिया छोभ रही क्यौं साजी
कहा अकाज भयौ दसरथ कौ, लै जु गयौ अपनी जग बाजी
बातैंई पै रहतिँ कहन कौं, सब जग जात काल की खाजी
'सूर' जसोदा कहति सो धिक मति, जो गिरिधरन-विमुख ह्वै भाजी

यशोदा नंद से कह रही हैं—हे नंद, तुम्हें यह विचार कैसे भला लगा, जो तुम श्या बलराम को मधुपुरी छोड़कर गोकुल लौट आए। तुम उसी क्षण हरि के रस (प्रेम) विकल क्यों नहीं हो गए? तुम्हें ऐसी छलपूर्ण कठोरता करते समय तनिक भी लाज न लगी? तुम राम कृष्ण को छोड़कर गोकुल चले आए। तुम्हारी छाती को तो क्षोभ से फ जाना चाहिए था। वह ज्यों की त्यों कैसे बनी रह गई? राम के वियोग में महाराज दशर मर गए, तो उनका क्या बिगड़ गया? वे तो इस संसार में अपने यश की बाजी जीतकर ह गए। कहने के लिए बस यश अपयश की बातें ही रह जाती हैं। सारा संसार तो काल क कलेवा हो ही जाता है। वह मति जो गिरिधर गोपाल से विमुख हो, उसे धिक्कार है।

२५०२/३७५२ राग सोर

जसुदा कान्ह कान्ह कै बूझै।
फूटि न गईं तुम्हारी चारौ, कैसैं मारग सूझै।
इक तौ जरी जात बिनु देखैं, अब तुम दीन्ही फूँकि।
यह छतिया मेरे कान्ह कुँवर बिनु, फटि न भई द्वै टूक।
धिक तुम, धिक ये चरन अहौ चलि, अब बोलत उठि धाए।
'सूरस्याम' बिछुरन की हम पै, दैन बधाई आए॥

यशोदा नंद से बार बार पूछे जा रही हैं—मेरा कन्हैया कहाँ है, मेरा श्याम कहाँ है कन्हैया से बिछुड़ते समय तुम्हारी दोनों कर्म को और दोनों ज्ञान की चारों आँखें फूट क्य नहीं गईं? तुम्हें गोकुल का मार्ग कैसे सूझता रहा, दिखाई देता रहा? एक तो मैं कन्हैय के वियोग में यों ही जली जा रही थी, अब तुमने अकेले आकर उस ज्वाला में फूँ मारकर उसे और भी प्रखर बना दिया है। मेरी यह छाती कुँवर कन्हैया बिना फटकर टुकड़े क्यों नहीं हो जाती? तुम्हें धिक्कार है और तुम्हारे इन चरणों को धिक्कार है, ज श्याम के जरा सा कहने पर ही, तुम उठकर दौड़ते हुए गोकुल आ धमके हो। मुझे श्या के बिछुड़ने की बधाई देने के लिए आ गए हो क्या?

२५०३/३७५३ राग सोर

नंद हरि तुमसौं कहा कह्यौ।
सुनि-सुनि निठुर बचन मोहन के, कैसैं हृदय रह्यौ।
छाँड़ि सनेह चले मंदिर कत, दौरि न चरन गह्यौ।
दरकि न गई वज्र की छाती, कत यह सूल सह्यौ।
सुरति करत मोहन की बातैं, नैननि नीर बह्यौ।
सुधि न रही अति गलित गात भयौ, मनु डसि गयौ अह्यौ।

उन्हैं छाँड़ि गोकुल कत आए, चाखन दूध दह्यौ।
तजे न प्रान 'सूर' दसरथ लौं, हुतौ जन्म निबह्यौ ॥

यशोदा नंद से पूछे जा रही हैं—नंद, हरि ने तुमसे क्या कहा? मोहन की वे निठुर बातें सुनकर तुम्हारे हृदय से कैसे रहा गया। तुम गोपाल के प्रति अपने स्नेह-भाव को छोड़कर गोकुल कैसे लौट आए? तुमने दौड़कर कन्हैया का पैर क्यों नहीं पकड़ लिया? तुम्हारी भी छाती वज्र की सी कठोर है। इसीलिए वह फटी नहीं और उसने यह शूल-चुभन सह ली। श्याम की बातों का स्मरण करते हुए यशोदा की आँखों से आँसू बह चले। उन्हें अपने तन-बदन की सुधि नहीं रह गई। उनका शरीर शिथिल हो गया, मानो उसे सर्प ने डस लिया हो। वे फिर बोलीं—तुम बलराम और कन्हैया को मधुपुरी में छोड़कर क्या यहाँ दूध दही चखने चले आए हो? तुमने दशरथ के समान अपने प्राण का परित्याग नहीं कर दिया, नहीं तो तुम्हारा भी जीवन निबह जाता, सार्थक हो जाता।

२५०४/३७५७ राग अड़ानौ

कह ल्यायौ तजि प्रान-जिवन-धन।
राम कृष्न कहि मुरछि परी धर, जसुदा, देखत ही पुर लोगन।
विद्यमान हरि बचन स्त्रवन सुनि, कैसैं गए न प्रान छूटि तन।
सुनौ न कथा राम दसरथ की, अहौ न लाज भई तैरैं मन।
मंद-हीन-मति भयौ नंद अति, होत कहा पछिताने छन-छन।
'सूर' नंद फिर जाहु मधुपुरी, ल्यावहु सुत करि कोटि जतन घन ॥

यशोदा नंद से बोलीं—मेरे प्राण, मेरे जीवन-धन श्याम बलराम को तो तुम मथुरा में ही छोड़ आए? उनके बदले में तुम लाए हो तो, क्या लाए हो? यह कहते-कहते यशोदा गोकुल वासियों के देखते-देखते, 'हाय बलराम, हाय कृष्ण' कहती हुई, मूर्च्छित होकर धरती पर गिर पड़ीं। किंचित सचेत होकर वह पुनः बोलीं—हरि की बातें सुनकर तुम्हारे तन को छोड़कर प्राण क्यों नहीं निकल भागे? क्या तुमने दशरथ और राम की कथा सुनी ही नहीं? अहा, तुम्हारे मन में जरा भी लाज नहीं आई। नंद, तुम अत्यन्त मंदमति, हीन-बुद्धि हो गए हो। अब क्षण-क्षण पर पछताने से क्या होता है? तुम मधुपुरी आज चले जाओ और हर उपाय करके, जैसे भी हो, वैसे, मेरे बच्चों को मेरे पास ला दो।

गोपी-विरह

गोपी परस्पर कथन कुब्जा-प्रसंग

२५०५/३७६१ राग कल्यान

कुबिजा कौ नाम सुनत, बिरह अनल जूड़ी।
रिसनि नारि झहरि उठीं, क्रोध मध्य बूड़ी।
आवन की आस मिटी, ऊरध सब स्वासा।
कुबिजा नृप-दासी, हम कियो री निरासा।
लोचन जल-धार अगम, बिरह नदी बाढ़ी।
'सूरस्याम' गुन सुमिरत, बैठी, कोउ ठाढ़ी ॥

कुब्जा का नाम सुनते ही गोपियों को विरह की जूड़ी देकर शरीर कँपाता हुआ बुखार सा आ गया। क्रोध में वे झल्ला उठीं, क्रोध में वे डूब गईं। श्याम के आने की आशा जाती रही। वे ऊँची-ऊँची साँसें लेने लगीं। राजा की दासी कुब्जा ने हमको निराश, हताश कर दिया। इनकी आँखों से अपार जलधारा बह निकली। विरह की नदी में बाढ़ आ गई। कोई गोपी बैठी हुई, कोई खड़े-खड़े ही श्याम के गुणों का स्मरण करती रही।

२५०६/३७६२ राग धनाश्री

कुबिजा स्याम सुहागिनि कीन्ही। रूप अपार जात नहिँ चीन्ही॥
आपु भए पति, वह अरधंगी। गोपिनि नाउँ धर्यौ नवरंगी॥
वै बहु-रवन, नगर की सोऊ। तैसोइ संग बन्यौ अब दोऊ॥
एक एक तैं गुननि उजागर। वह नागरि, वै तौ अति नागर॥
वह जो कहति, स्याम सोइ मानत। निसि-दिन वाकैं गुननि बखावत॥
जानि अनोखी मनहिँ चुरावै। 'सूरज' प्रभु अब नहिँ व्रज आवैं॥

श्याम ने कुब्जा को अपनी पत्नी बनाकर उसे सुहागिन बना दिया। श्याम ने उसे इतना अपार रूप दे दिया कि वह अब पहचान में भी नहीं आती कि यह तो वही त्रिवक्रा है। कन्हैया उसके पति हो गए हैं और वह उनकी अर्द्धांगिनी, पत्नी, हो गई है। गोपियों ने कुब्जा का नाम ही नवरंगी, नए रंग धारण करनेवाली, रख दिया! श्याम बहु-रमण हैं, अनेक रमणियों के साथ रमण करनेवाले हैं। वह भी नगर की है और ऐसा समझ लेना चाहिए कि यह भी बहुतों के साथ रमण करती होगी। इन दोनों का साथ खूब बन गया है—दई मिलाई जोड़ी; एक आँधर, एक कोढ़ी। दोनों एक दूसरे से बढ़ चढ़कर गुणवाले हैं। वह नागरी है छैलछबीली है, यह भी नागर छैला हैं। कुबड़ी जो कहती है, त्रिभंगीलाल वही करते हैं। वे रात-दिन उसी त्रिवक्रा का गुण बखानते रहते हैं। वह तो ऐसी अनोखी है कि उसने श्याम का मन ही चुरा लिया है। अब प्रभु श्याम के व्रज वापस लौट आने की कोई आशा नहीं है।

२५०७/३७६५ राग धनाश्री

कुबिजा कहिँ तुम देखी है।
दधि बेचन जब जाति मधुपुरी, मैं नीकैं करि पेखी है।
महल निकट माली की बेटी, देखत जिहिँ नर-नारि हँसैं।
कोटि बार पीतर जौ दाहौ, कोटि बार जो कहा कसैं।
सुनियत ताहि सुंदरी कीन्ही, आपु भए ताकौं राजी।
'सूर' मिलै मन जाहि जाहि सौं, ताकौ कहा करै काजी॥

कोई गोपी दूसरी गोपी से पूछ रही है—क्या तुमने कभी मथुरा में इस कुबड़ी को देखा है?

दूसरी बोली—हाँ, जब मैं मथुरा में दही बेचने जाया करती थी, तब इसको भली-भाँति देखा था। वह राजमहल के ही पास रहती थी, माली की बेटी है। इसे देखने वाले सभी नारी नर इसके कूबड़ को देखकर हँस दिया करते थे। पीतल को करोड़ों बार तपाओ,

करोड़ों बार उसे कसौटी पर कसो, वह सोना होने से रहा, वह पीतल का पीतल ही बना रहेगा। सुना है श्याम ने उसे सुंदरी बना दिया है और आप स्वयं उसपर मोहित हो गए हैं—पर कुबड़ी तो कुबड़ी ही रहेगी। असलियत तो यह है कि जिसका जिससे मन मिल जाय। फिर दूसरों का कुछ कहना सुनना ही व्यर्थ है—मियाँ बीबी राजी, तो क्या करेगा काजी?

२५०८/३७६६ राग नट

कोटि करो तनु प्रकृति न जाइ।
ए अहीर, वह दासी पुर की, बिधिना जोरी भली मिलाइ।
ऐसेन कौ मुख नाउँ न लीजे, कहा करौं, कहि आवत मोहि।
स्यामहिं दोष किधौं कुबिजा कौ, यहै कहौ, मैं बूझति तोहिं।
स्यामहिं दोष कहा, कुबिजा कौ, चेरी चपल, नगर उपहास।
टेढ़ी टेकि चलति पग धरनी, यह जानै दुख 'सूरदास'॥

एक गोपी कह रही है—कोटि उपाय करो, शरीर की प्रकृति, प्रवृत्ति, स्वभाव बदला नहीं जा सकता। ये गोकुल के अहीर हैं, वह मथुरापुरी की छँटी दासी है। विधाता ने दोनों की अच्छी जोड़ी मिला दी है। कुब्जा जैसीयों का तो मुँह से नाम तक न लेना चाहिए। पर क्या करूँ, अवसर आने पर नाम लेना ही पड़ता है। सखी, मैं तुमसे पूछ रही हूँ, यह बताओ, इसमें दोष श्याम का है या कुब्जा का?

दूसरी गोपी बोली—इसमें क्या तो दोष श्याम को दिया जाय, और क्या दोष कुब्जा को दिया जाय। कुब्जा तो चंचल स्वभाव की दासी रही ही है। उसका उपहास सारे नगर में फैला हुआ है। वह एक कुबड़ी टेकते हुए टेढ़े-टेढ़े पैदल पृथ्वी पर पैर रखती हुई चलती रही है। उसके उस दुख को अंधा सूरजदास भी जानता है।

२५०९/३७७१ राग गौरी

भामिनि, कुबिजा सौं रँगराते।
राजकुमारि नारि जो पवते, तौ कब अंग समाते।
रीझे जाइ तनक चंदन लै, मधुबन मारग जाते।
ताकी कहा बड़ाई कीजै, ऐसैं रूप लुभाते।
ए अहीर, वह कंस की दासी, जोरी करी बिधातैं।
व्रज बनिता त्यागी 'सूरज' प्रभु, बूझी उनकी बातैं॥

एक गोपी दूसरी से कह रही है—मथुरा में श्याम को एक कुबड़ी मिल गई और वे उसी के राग में रँग उठे। यदि उन्हें वहाँ कोई राजकुमारी मिल गई होती, तो वह फूले अंग न समाते। वह मधुबन में राह चलते उन्हें मिली। उसने इन्हें थोड़ा सा चन्दन लगा दिया और यह उसपर रीझ गए। जो ऐसे रूप पर लुभा गए, उन कृष्ण की मैं कहाँ तक बड़ाई करूँ? ये अहीर हैं, वह कंस की दासी है। विधाता ने ही यह जोड़ी मिला दी है, फिर इसे कौन अलग कर सकता है? इसीलिए उन्होंने हम व्रज-वासियों को छोड़ दिया है। हमने उनकी बात भलीभाँति जान ली।

२५१०/३७७२ राग असावरी

वै कह जानैं पीर पराई।
सुंदर स्याम कमल-दल-लोचन, हरि हलधर के भाई।
मुख मुरली, सिर मोर पखौआ, बन-बन धेनु चराई।
जे जमुना जल रंग रँगे हैं, अजहुँ न तजत कराई।
वहई देखि कूबरी भूले, हम सब गईं बिसराई।
'सूरज' चातक बूँद भई है, हेरत रहे हिराई॥

एक गोपी दूसरी से कह रही है—वे काले कलूटे कृष्ण हम दूसरों की पीड़ा क्या समझेंगे? हलधर के भाई हरि साँवले सलोने हैं, कमल की पंखुड़ी के से नेत्र वाले हैं। होठों पर मुरली रखे रहते हैं, सिरपर मोरपंख धारण किए रहते हैं, बन-बन में गायें चराते रहे हैं। यह सब तो बहुत अच्छा है। दोष एक ही है ये यमुना के काले जल के रंग में रँग उठे हैं और अब भी उस कालिमा को तर्ज नहीं पा रहे हैं। यह उनकी कराई ही है जो वह कूबरी के कूबर को देखकर रीझ गए और हम सबको भुला दिया। अब तो कृष्ण चातक हो उठे हैं और वह कूबरी स्वाति नक्षत्र के मेघ की बूँद। उस बूँद को खोजने में हमारे श्याम स्वयं खो गए हैं।

२५११/३७७३ राग धनाश्री

तुम भली निबाही प्रीति, कमलनयन मनमोहन।
तब कैसें अति प्रेम सौं, हमैं खिलाई फाग।
अब चेरी के कारनै, कियौ निमिष मैं त्याग॥१॥
हम तौ सब गुन आगरी, कुबिजा कूबर बाढ़ि।
कहौ तौ हमहूँ लै चलैं, पाछैं कूबर काढ़ि॥२॥
जो पै तुम्हरी रीझि है, चेरिनि सों अति नेहु।
दृग द्युति दरस दिखाइकै, हम चेरी करि लेहु॥३॥
बड़ी बड़ाई रावरी, बाढ़ी गोकुल गावँ।
सब व्रज बनितनि ढूँढ़िकै, धर्‌यौ चिरियानौ नावँ॥४॥
अबहूँ चेरी परिहरी, राजन, स्वामी, मीत।
या चेरी के कारनै, 'सूर' चलै व्रज गीत॥५॥

गोपी कह रही है—हे कमलनयन, हे मनमोहन, तुमने हमारे साथ प्रेम का अच्छा निर्वाह किया। तब तुमने कितने प्रेम से हमारे साथ फाग खेला था। अब एक दासी के लिए क्षण भर में तुमने हमारा परित्याग कर दिया।

यों हम सब गुणों में आगरी हैं। हममें एक कमी है, कूबड़ की। यही कूबर तो कुब्जा में अधिक है। यदि तुम्हें कूबर ही पसंद है, तो कहो तो हम भी अपनी पीठ पर कूबर काढ़ कर चला करें?

यदि तुम्हारी रीझ चेरियों पर ही है, तो अपना चमक दमक वाला दर्शन देकर तुम हमको भी अपनी चेरी बना लो।

चेरी से प्रेम कर लेने के कारण सारे गोकुल गाँव में तुम्हारी बड़ी बड़ाई हो रही हैं। सब व्रज-वधूटियों ने बहुत ढूँढ़कर तुम्हारा एक नया नाम रख दिया है—चिरान्यौ (चेरी से प्रेम करने वाले)।

हे राजन, हे स्वामी, हे मित्र, तुम अब भी दासी को छोड़ दो। इस चेरी के कारण तुम्हारा बहुत गीत गाया जा रहा है।

प्रभु इस बदनामी से बचो, और चेरी के चेरे मत बने रहो।

परस्पर नंद जसोदा वचन

२५१२/३७८१ राग सोरठ

हरि की एकौ बात न जानी।
कहौ कंत कहँ तज्यौ स्याम कौं, कहति बिकल नँदरानी।
अब व्रज सून भयौ गिरिधर बिनु, गोकुल मनि बिलगानी।
दसरथ प्रान तज्यौ छिन भीतर, बिछुरत सारँगपानी।
ठाढ़ी रहै ठगौरी डारी, बोलनि गदगद बानी।
'सूरदास' प्रभु गोकुल तजि गए, मथुरा ही मन मानी॥

यशोदा जी विकल होकर कह रही हैं—इधर हरि का कोई समाचार नहीं मिला। हे कांत, कहिए, हमारे श्याम को कहाँ छोड़ आए। अब तो गिरिधर गोपाल के बिना सारा व्रज एक दम सूना हो गया है, गोकुल की मणि ही उससे अलग कर दी गई है। शार्ङ्गधारी, धनुर्धर राम के बिछुड़ते ही महाराज दशरथ ने अपने प्राण छोड़ दिए थे। ऐसा कहते हुए यशोदा का कंठावरोध हो गया और वे खड़ी की खड़ी रह गईं, जैसे किसी ने उन पर जादू डाल दिया हो। प्रभु गोकुल को छोड़ गए और अब उनके मन को मथुरा ही अच्छी लगने लगी है।

२५१३/३७८६ राग कान्हरौ

नंद व्रज लीजै ठोंकि बजाइ।
देहु बिदा मिलि जाहिँ मधुपुरी, जहँ गोकुल के राइ।
नैननि पंथ कहौ क्यौं सूझ्यौ, उलटि दियौ जब पाइ।
रघुपति दसरथ कथा सुनी ही, बरु मरते गुन गाइ।
भूमि मसान बिदित यह गोकुल, भलुहु धाइ कै खाइ।
'सूरदास' प्रभु पास जाहिँ हम, देखहिँ रूप अघाइ॥

यशोदा बोलीं—नंद अब अपना व्रज ठोंक बजाकर देख लीजिए कि यह नगरी रूपी गगरी कहीं से फूटी तो नहीं है। इसे सँभालिए और हमें विदा दीजिए। हम भी मधुपुरी चली जायँ, जहाँ गोकुल के राजा श्रीकृष्ण हैं। जब तुमने मथुरा से वापस आने के लिए गोकुल की ओर पैर बढ़ाए, तब तुम्हारी आँखों को यह रास्ता कैसे सूझता रहा? तुमने दशरथ और श्रीराम की कथा तो सुनी ही है। अच्छा होता, तुम भी अपने श्याम का गुणानुवाद करते हुए मर गए होते। गोकुल तो अब श्मशान हो ही गया है और खाने को दौड़ता है। अब हम प्रभु के पास चली जायँगी और अघाकर उनका दर्शन करती रहेंगी।

२५१४/३७९१ राग बिलावल

जद्यपि मन समुझावत लोग।

सूल होत नवनीत देखि, मेरे मोहन के मुख जोग।
प्रात काल उठि माखन रोटी, को बिनु माँगे दैहै।
को मेरे या कान्ह कुँवर कौं, छिनु-छिनु अंकम लैहै।
कहियौ पथिक जाइ, घर आवहु, राम कृष्न दोउ भैया।
'सूरस्याम' कत होत दुखारी, जिनके मो सी मैया॥

यशोदा जी कह रही हैं—यद्यपि लोग मेरे मन को बहुत समझाते हैं, पर माखन देखकर मेरा मन कचोट उठता है कि माखन मेरे माखनचोर को बहुत अच्छा लगता था। सबेरे उठते ही मथुरा में अब कौन उसे बिना माँगे माखन रोटी देता होगा? कौन मेरे कुँवर कन्हैया को क्षण-क्षण पर अपनी गोद में बैठा लेता होगा?

हे पथिक, मथुरा जा रहे हो न, वहाँ जाकर राम कृष्ण दोनों भाइयों से कहना कि अब तुम लोग व्रज चले जाओ। जिसके मेरी जैसी माँ है, वह श्याम माखन रोटी के लिए क्यो दुखी हो।

नंद वाक्य — *२५१५/ग्र ५४६५ कल्प, कालिगड़ा : हिहाल*

हम न करी हरि की सेवकाई।

कोमल चरन, महा कंटक मग, तापै बन हम धेनु चराई।
अपने सुख-संपति के कारन, आगे करि दीने दोउ भाई।
'सूरस्याम' मानत है नातौ, पुत्र सहित, बोलत नँदराई॥

नंद कह रहे हैं—मुझसे हरि की कुछ सेवा न हो सकी। कन्हैया के चरण अत्यन्त कोमल हैं। राह में बहुत ही कुश और कंटक हैं। इस पर भी मैंने श्याम से गायें चरवाई हैं मैंने अपने सुख और संपत्ति के लिए दोनों भाइयों को इस कष्ट के आगे कर दिया। प कन्हैया हैं जो इस बात की चिंता न करके मुझसे प्रेम के सहित पिता पुत्र का नाता मान ही रहे हैं।

गोपी विरह-वर्णन

२५१६/३७९१ राग सारं

चलत गुपाल के सब चले।

यह प्रीतम सौं प्रीति निरंतर, रहे न अर्ध पले।
धीरज पहिल करी चलिबै की, जैसी करत भले।
धीर उठत मेरे नैननि देखे, तिहिं छन आँसु हले।
आँसु चलत मेरी बलयनि देखे, भए अंग सिथिले।
मन चलि रह्यौ हुतौ पहिलैंही, चले सबै बिमले।
एक न चले प्रान 'सूरज' प्रभु, असलेहु साल सले॥

विरहिणी गोपी कह रही है—मेरा धैर्य, मेरा मन सभी गोपाल के मथुरा जाते ही उन

साथ चले गए। उनकी गोपाल से इतनी अधिक प्रीति थी कि वे आधे पल के लिए भी यहाँ न रुक सके। यहाँ से चलने की शुरुआत सबसे पहले मेरे धीरज ने की। भले लोग ऐसा ही व्यवहार किया करते हैं। सो मेरे धैर्य ने प्रस्थित होकर उचित ही किया। धैर्य को जाते हुए मेरे नयनों ने देखा। वे भी अधीर होकर तत्काल आँसू बहाने लगे। आँसुओं की धारा बहती देखकर मेरी चूड़ियाँ भी शिथिल होगईं। मेरा शरीर विरह से ढीला पड़ गया था, अतः मेरी चूड़ियाँ भी ढीली हो गईं। मेरा मन तो गोपाल के साथ पहले ही चला गया था। इस प्रकार मेरे जितने भी विमल विचार वाले साथी थे, सभी चले गए। अगर कोई रह गया, तो मेरे पापी प्राण ही रह गए, गोपाल के साथ नहीं गए। मेरे प्राग यद्यपि शरविद्ध नहीं हैं, फिर भी इन्हें बाण-विद्ध होने जैसी पीड़ा हो रही है।

२५१७/३८०४ राग मलार

देखौ माधौ की मित्राइ।
आई उघरि कनक कलई सी, दै निजु गए दगाइ।
हम जानैं हरि हितू हमारे, उनकैं चित्त ठगाइ।
छाँड़ी सुरति सबै व्रज कुल की, निठुर लोग भए माइ।
प्रेम निबाहि कहा वे जानैं, साँचेई अहिराइ।
'सूरदास' बिरहिनी बिकल मति, कर मीजैं पछिताइ॥

विरहिणी गोपी अपनी सखी से कह रही है—सखी, माधव की मित्रता तो देखो। यह उस पीतल के समान थी, जिसपर सोने का पानी चढ़ा हुआ था। वह पानी उतर गया और सारी कलई खुल गई। कन्हैया हमसे प्रीति क्या कर गए, बस हमें धोखा दे गए। हम तो समझ बैठी थीं कि हरि हमारे हितू हैं, पर उनके मन में तो हमें ठग लेने का भाव था। मथुरा जाकर उन्होंने हम सभी व्रजवासियों की सुधि ही बिसरा दी। हे सखी, वे एकदम निष्ठुर हो गए। वे प्रेम का निर्वाह करना क्या जानें? सचमुच वे अहीर ही हैं। अहीर और प्रेम?

वे विरहिणियाँ विकल-बुद्धि होकर, पगला कर, हाथ मीज-मीजकर, पछताने लगीं।

२५१८/३८१० राग सारंग

परेखौ कौन बोल कौ कीजै।
ना हरि जाति न पाँति हमारी, कहा मानि दुख लीजै।
नाहिंन मोर चंद्रिका माथैं, नाहिंन उर बनमाल।
नहिं सोभित पुहुपनि के भूषन, सुंदर स्याम तमाल।
नंद-नँदन गोपी-जन वल्लभ, अब नहिं कान्ह कहावत।
वासुदेव जादव कुल-दीपक, वंदीजन बरनावत।
बिसर्यौ सुख नातौ गोकुल को, और हमारे अंग।
'सूरस्याम' वह गई सगाई, वा मुरली कै संग॥

विरहिणी गोपी कह रही है—अब किस बात का विश्वास किया जाय। हमने समझ रखा था कि हरि हमारी ही जाति-पाँति के हैं, गोप हैं, ग्वाल हैं। पर वे अहीर नहीं हैं, अब वे यदुवंशी हो गए हैं। इसलिए अब दुख किया भी जाय, तो किस बात का। अब न तो

उनके सिर पर मोर-पंख का मुकुट रह गया है, न उनके वक्षस्थल पर वन-फूलों की माला ही रह गई है, न तो उनके सुंदर श्याम तमाल से शरीर पर वन-फूलों के आभूषण ही रह गए हैं। अब वे नंदनंदन नहीं कहे जाते। अब वे वसुदेव के पुत्र हो गए हैं और वासुदेव कहलाते हैं। अब वे गोपी-जन-वल्लभ भी नहीं कहे जाते, वे अब कूबरी-कांत हो गए हैं। अब तो भाँट लोग 'वासुदेव', जादव-कुलदीपक कहकर उनकी विरदावली बखानते हैं। अब वे गोकुल का नाता और यहाँ का सारा सुख भूल गए हैं। उनका हमसे कभी कोई सम्बन्ध था, अब यह सब उन्हें विस्मृत हो गया है। अब वह मुरली उनके हाथ से छूट गई है और उसके साथ-साथ हमारा श्याम के साथ सारा स्नेह-सम्बन्ध भी समाप्त हो गया है।

२५१९/३८२१ राग सारंग

नहिं बिसरति वह रति व्रजनाथ।

हौं जु रही हठि रूठि मौन धरि, सुख ही मैं खेलत इक साथ।
पचि हारे मैं तऊ न मान्यौ, आपुन चरन छुए हँसि हाथ।
तब रिस धरि सोई उत मुख करि, झुकि ढाप्यौ उपरैना माथ।
रह्यौ न परे प्रेम आतुर अति, जानी रजनी जात अकाथ।
'सूरस्याम' हौं ठगीं महा निसि, कहति सुनाइ प्रीति की गाथ॥

विरहिणी गोपी कह रही है—सखी, व्रजनाथ का वह प्रेम मैं किसी भी तरह से नहीं भुला पा रही हूँ। एक रात मैं श्याम के साथ सुख से खेल रही थी, पर यकायक मैं हठपूर्वक रूठ करके, मानिनी बनकर, मौन हो रही। श्याम मुझे मनाते-मनाते हार गए, पर मैं न मानी। तब उन्होंने हँसकर अपने हाथों से मेरे पाँव पकड़ लिए। फिर भी मैं नहीं मानी और कुपित होकर दूसरी ओर मुँह करके लेट रही। तब कन्हैया ने अपने पीतांबर के उत्तरीय से मेरा सिर ढक दिया। यद्यपि मैं प्रेम से अत्यन्त आतुर हो उठी थी और जान लिया था कि आज की यह रात तो व्यर्थ ही बीत जाना चाहती है, फिर भी मैं रूठी ही रही। हे सखी, मेरी वह महा-सुख-रजनी मुझे ठग ही गई। मैं तुझसे अपनी यह प्रेम-कथा कहकर सुनाए दे रही हूँ, दुराव नहीं कर रही हूँ।

२५२०/३८२६ राग बिलावल

यह कुमया जौ तबहीं करते।

तौ इनपे कत जियत आजु लौं, गोकुल लोग उबरते।
केसी, तृनावर्त, वृषभासुर, कहौ कौन बिधि मरते।
व्यौम, प्रलंब, व्याल, दावानल, हरि बिनु कौन निबरते।
संखचूड़, बक, बकी, अघासुर, बरुन, इंद्र क्यौं टरते।
'सूरस्याम' तौ घोष कहा, जौ इती निठुरई धरते॥

गोपी कहे जा रही है—जो निष्ठुरता श्याम आज कर रहे हैं, यदि यही निर्ममता उन्होंने पहले की होती तो केसी, तृणावर्त, वृषभासुर आदि किस प्रकार मारे जाते और हम सभी व्रजवासी किस प्रकार आज तक, इनके जीवित रह जाने पर, जीते बचे रह पाते और गोकुल कैसे बचा रह पाता। हरि के बिना हम व्योमासुर, प्रलंब, व्याल (काली नाग),

दावानल से कैसे छूट पाते। संखचूड़, बकासुर, बकी (पूतना), अघासुर, वरुण, इंद्र की विपत्ति किस प्रकार टल पाती। यदि उस समय श्याम ने आज की सी निष्ठुरता दिखाई होती, तो क्या यह घोष (व्रज) बचा रह जाता?

२५२१/३८४४ राग मलार

गोपालहिं पावौं धौं किहिं देस।
सिंगी मुद्रा कर खप्पर लै, करिहौं जोगिनि भेस।
कंथा पहिरि बिभूति लगाऊँ, जटा बँधाऊँ केस।
हरि कारन गोरखहिं जगाऊँ, जैसे स्वाँग महेस।
तन मन जारौं भस्म चढ़ाऊँ, बिरहा के उपदेस।
'सूरस्याम' बिनु हम हैं ऐसी, जैसैं मनि बिनु सेस॥

गोपी कह रही है—हे सखी, मैं योगिनी बनकर गोपाल को ढूँढ़ने जा रही हूँ। देखना है वे मुझे किस देश में मिल पाते हैं। मैं अपने हाथ में सींगी, मुद्रा और खप्पर लेकर योगिनी का वेश बनाए लेती हूँ। मैं कंथा (गुदड़ी) पहने लेती हूँ, सारे शरीर में भस्म मले लेती हूँ और अपनी केशों को बाँधकर जटा बनाए लेती हूँ। मैं अपने हरि के लिए शिव का रूप धारण करके, गोरख बनकर अलख-अलख कहती फिरूँगी। विरह रूपी गुरु के उपदेश से मैं अपना तन मन जला डालूँगी और भस्म रमा लूँगी। श्याम के बिना तो मेरी यह दशा हो गई है, जो दशा शेषनाग की अपनी मणि छिन जाने पर हो जाती है। वह सिर पटक-पटक कर मर जाता है, मैं भी अपने श्याम के लिए इसी प्रकार मर जाऊँगी—जीकर करूँगी ही क्या?

विरही नैना

२५२२/३८६३ राग सारंग

लोचन चातक ज्यौं हैं चाहत।
अवधि गएँ पावस की आसा, क्रम-क्रम करि निरबाहत।
सरिता सिंधु अनेक और सखि, सुत पति सजन सनेह।
ये सब जल जदुनाथ जलद बिनु, अधिक दहत हैं देह।
जब लगि नहिं बरषत व्रज ऊपर, नव घन स्याम सरीर।
तौ लगि तृषा जाइ किन 'सूरज', आन ओस कैं नीर॥

गोपी कह रही है—सखी, मेरे ये नेत्र पपीहे के समान बराबर उस स्वाति-नक्षत्र के बादल के समान श्यामसुन्दर की ओर टकटकी लगाकर प्रतीक्षा किए जा रहे हैं, जो इस वर्षा के बीत जाने पर अगली वर्षा के आने तक पुनः नहीं दिखाई देने वाला है। एक वर्षा बीत गई, दूसरी वर्षा की आशा लगी हुई है, और इसी आशा में वे अपने प्रेम का निर्वाह किए जा रहे हैं—पी पी रटे जा रहे हैं। पुत्र, पति और सगे सम्बन्धियों का प्रेम तो अन्य नदियों एवं समुद्र के जल के सदृश है। इनसे स्वाति-नक्षत्र के बादल के जल की आपूर्ति सम्भव कहाँ। बिना श्याम रूपी मेघ के इन सब का स्नेह जलते शरीर को और भी जलाए रहा है। जब तक स्वाति नक्षत्र के बादल के सदृश श्याम सुन्दर व्रज-मंडल पर आकर

पुनः नहीं बरस जाते, तब तक ओस के अन्य पानी से इन चातक-नयनों की प्यास कै बुझ सकती है?

२५२३/३८७४ राग मल

आली देखत रहे नैन मेरे, वा मधुवन की राह।
कै हरि कौं हम आनि मिलावै, कै हमहीं लै जाहि।
मिलिकै बिछुरैं पलक न लागै, रही दिखाइ दिखाइ।
'सूरस्याम' हम अतिहिँ दुखित हैं, सपने हूँ मिलि जाइँ॥

गोपी कह रही है—हे सखी, मेरे नयन मथुरा की राह ही देखते रह गए और श्या उस राह पर लौटते नहीं दीख पड़े। तू या तो हरि को यहाँ लाकर मुझसे मिला दे या मु ही उनके पास लेती चल। जबसे वे मुझसे मिलकर बिछुड़ गए हैं, तबसे मेरी ये पलकें ल ही नहीं रही हैं, मुझे नींद ही नहीं आ रही है। वे ताकती ही रह जाती हैं, निर्मिमेष ब रह जाती हैं। हम श्याम के विरह में अत्यन्त व्यथित हैं—श्याम का दर्शन तो स्वप्न भी नहीं मिल पा रहा है। प्रत्यक्ष दर्शन सम्भव नहीं, तो स्वप्न-दर्शन तो सम्भव है। हमारे लिए ये स्वप्न-दर्शन भी अलभ्य हो गए हैं।

२५२४/३८७५ राग मल

जब तैं बिछुरे कुंज-बिहारी।
नींद न परै, घटै नहिँ रजनी, बिथा बिरह-जुर भारी।
सरद रैनि, नलिनी दल सीतल, जगमग रही उजियारी।
रबि किरननि तैं लागति ताती, इहिँ सीतल ससि जारी।
स्त्रवननि सब्द सुहाइ न सखि री, पिक चातक द्रुम-डारी।
उर तैं सखी दूरि करि हारहिँ, कंकन धरहि उतारी।
'सूरस्याम' बिनु दुख लागत है, कुसुम-सेज करि न्यारी।
बिलखि वदन वृषभानु-नंदिनी, करि बहु जतन जु हारी॥

राधा अपनी सखी से कह रही है—पहले मैं वृन्दावन की कुंजों में श्यामसुन्दर के स विहार करते हुए परम सुख का अनुभव करती रही थी। पर जब से वे कुंजबिहारी यहाँ मधुपुरी चले गए हैं, तबसे मुझे नींद आती ही नहीं। रातें भी लंबी होती जा रही हैं, बीत ही नहीं चाहती। विषम विरह ज्वर की ज्वाला तो जलाए ही दे रही है। कहने को शरद की शीतल शर्वरी है, पुरइन के शीतल पत्ते हैं, शीतल चाँदनी जगमगा रही है। ये तीनों सूर्य-किरणों के समान जलाने वाले हैं, इनमें शीतलता नहीं है, उष्णता है। शीतल चंद्रमा तो और भी जलाए जा रहा है। पेड़ों की डालों पर कोयल और पपीहे ब जा रहे हैं, पर इनकी बोली कानों को सुहा नहीं रही है। हे सखी, मेरे वक्ष पर लट हार को उतार कर रख दे। हाथों के कंगन को भी निकाल ले। फूलों की सेज भी दे। श्याम के बिना ये सभी मुझे भारी दुख दिए जा रहे हैं।

जब वृषभानु-नंदिनी राधा सारे प्रयत्न करके हार गई और उसकी विरह-व्यथा नहीं हुई, तब वह विकल वियोगिनी अपनी सखी से इस प्रकार बोली।

२५२५/३८९० राग सोरठ

पिय बिनु नागिनि कारी रात।
जौ कहुँ जामिनि उवति जुन्हैया, डसि उलटी ह्वै जात।
जंत्र न फुरत, मंत्र नहिँ लागत, प्रीति सिरानी जात।
'सूरस्याम' बिनु बिकल बिरहिनी, मुरि मुरि लहरैं खात॥

प्रिय श्यामसुन्दर के विरह में गोपियों को काली रात काली नागिन सी जान पड़ती है। चन्द्रोदय हो जाने पर जब चाँदनी छिटक जाती है, तब ऐसा लगता है कि यह रात रूपी सर्पिणी विरहिणी गोपी को डस लेने के उपरान्त स्वयं उलट गई है—और उसकी काली पीठ अब नीचे हो गई है और उजला पेट ऊपर हो गया है। यह चाँदनी उस काली नागिन का उजला पेट है। इसके काटे की कोई दवा नहीं। न इसपर कोई यंत्र काम देता है और न इस पर किसी गारुड़ी का मंत्र ही चल पाता है। प्रीति ठंडी पड़ने लगती है, जैसे उसकी मौत ही हो जाना चाहती है। श्याम के बिना विरहिणी विकल होकर अपना शरीर तोड़े जा रही है, मरोड़े जा रही है, मानों उसके शरीर में साँप के जहर का जोरों से नशा चढ़ता जा रहा हो और उसे लहर आने लगी हो।

२५२६/३८९४ राग मलार

वै नहिँ आए प्रान पियारे। मुरलि बजाइ मन हरे हमारे॥
तब तैं गोकुल गाँव बिसारे। जब लै क्रूर अक्रूर सिधारे॥
तब तैं ये तन परे जु कारे। जब तें लागे हृदय दवा रे॥
'सूरदास' प्रभु जग उजियारे। निसि दिन पपिहा रटत पुकारे॥

राधा कह रही है जिन मुरली मनोहर ने मुरली बजा-बजाकर मेरा मन हर लिया था, वह प्राण प्यारे कृष्ण मथुरा गए, तो गए, लौटकर फिर नहीं आए। जब से क्रूर अक्रूर उन्हें यहाँ से लेकर मधुपुरी चले गए, तबसे श्यामसुन्दर ने इस गोकुल गाँव को भुला दिया है। तभी से हमारे हृदय में विरह की दावाग्नि जल उठी है और हमारा यह सोने का शरीर काला पड़ गया है। प्रभु जगत्प्रकाश हैं, सारे संसार में उजाला फैलानेवाले हैं। उन प्रभु के लिए पपीहरी-सी मैं रात-दिन 'पी कहाँ' 'पी कहाँ' की पुकार लगाए जा रही हूँ।

२५२७/३८९८ राग सारंग

मन की मन ही माँझ रही।
जब हरि रथ चढ़ि चले मधुपुरी, सब अज्ञान भरी।
मति बुधि हरी, परी धरनी पर, अति बेहाल खरी।
अंकुस अलक कुटिल, भइ आसा, तातैं अवधि बरी।
ज्यौं बिनु मनि अहि मूक फिरत है, बिधि बिपरीत करी।
मन तौ रह्यौ पेखि 'सूरज' प्रभु, माटी रही धरी॥

गोपी कह रही है—हमारे मन की सारी साध मन ही में रह गई। पूरी नहीं हुई। जब हरि अक्रूर के रथ पर चढ़कर मधुपुरी जाने लगे, तब हम सब की मति मारी गई थी। हमारा मन अज्ञान से भर उठा था, हम सब की मति, हमारी बुद्धि सब हर उठी थी और हम

धरती पर गिर पड़ी थीं। हम अत्यन्त विकल हो उठी थीं। हम पर कन्हैया की टेढ़ी अलकों का अंकुश लगा हुआ था और हमें आशा थी कि कन्हैया शीघ्र ही मथुरा से लौट आएँगे। इसीलिए हमने उनकी दी हुई अवधि को सच मानकर स्वीकार कर लिया था। पर अब ब्रह्मा ने सबकुछ उलट पलट दिया है और हम मणि खोए हुए साँप के सदृश विह्वल होकर चुपचाप इधर-उधर भटक रही हैं। हमारा मन रूपी पंछी तो श्याम सुन्दर के पास चला गया है और हमारी मिट्टी ही यहाँ पड़ी रह गई है। प्राण-पखेरू हरि के पास उड़ गया है और यहाँ धरा पर हमारा शव ही पड़ा रह गया है।

पावस प्रसंग

२५२८/३९२२ राग मलार

ब्रज पर सजि पावस दल आयौ।
धुरवा धुंध उठी दसहूँ दिसि, गरज निसान बजायौ।
चातक मोर इतर पैदर गन, करत अवाजैं कोयल।
स्याम-घटा गज, असनि बाजि, रथ बिच बग-पाँति सँजोयल।
दामिनि कर करवाल, बूँद सर, इहिं बिधि साजे सैन।
निधरक भयौ चल्यौ ब्रज आवत, अग्र फौजपति मैन।
हम अबला जानिये तुमहिं बल, कहौ कौन बिधि कीजै।
'सूरस्याम' अबकैं इहिं अवसर, आनि राखि ब्रज लीजै॥

वर्षा ऋतु अपनी सेना सजाकर ब्रजमंडल पर आक्रमण करने आ गई है। सेना के चलने पर गर्द-गुबार का जो अंधकार नभ में छा जाता है, दशों दिशाओं में बादलों की उमड़-घुमड़ ही वह धुंध है। बादलों की गर्जना ही पावस की सेना के नगाड़ों की धमक है। चातक मोर और कोयल इसकी सेना के पैदल सैनिक हैं, जो कोलाहल करते हुए आगे बढ़े आ रहे हैं। काले बादलों का समूह ही हस्ति-सेना है। वज्रपात ही घुड़सवार सेना है। बादलों के बीच में जो बकुलों की पंक्ति सजी हुई है, वही रथ वाली सेना है। बिजली की चमक ही तलवार है, जल की बूँदें ही बाण हैं। इस प्रकार अपनी सेना सजाए हुए पावस बेखटक होकर ब्रज पर चढ़ता बढ़ता चला आ रहा है। इस सेना का सेनापति कामदेव आगे-आगे चल रहा है। हे गोवर्द्धन गिरिधारी, हम अबलाएँ हैं, तुम्हीं हमारे बल हो। तुम्हें छोड़ हमारे पास और कोई दाँव, कोई उपाय नहीं है। जैसे तुमने एक बार पहले इन बादलों से ब्रज की रक्षा की थी, उसी प्रकार इस अवसर पर भी आकर ब्रज की रक्षा कर लो न।

२५२९/३९२३ राग मलार

सखी री पावस सैन पलान्यौ।
पायौ बीच इंद्र अभिमानी, सूनौ गोकुल जान्यौ।
दसहूँ दिसा सधूम देखियत, कंपति है अति देह।
मनौ चलत चतुरंग चमू, नभ बाढ़ी है खुर-खेह।
बोलत मोर सैल-द्रुम चढ़ि-चढ़ि, बग जु उड़त तरु डारै।
मनु सहिया फरहरा फिरावत, भाजन कहत पुकारै।

गरजत गगन गयंद गुंजरत, दल दादुर दलकार।
'सूरस्याम' अपने या व्रज की, लागत क्यौं न गुहार॥

हे सखी, पावस ने अपनी सेना के घोड़ों की पीठ पर जीन कस दी है। अभिमानी इंद्र ने कृष्ण के अभाव में गोकुल को सूना समझ लिया है और उसे आक्रमण का अवसर मिल गया है। दशों दिशाओं में धुआँ सा छा गया है। हमारा सारा शरीर कांपा जा रहा है, आकाश में पावस की सेना के घोड़ों के खुरों से उठी हुई धूल छा गई है। लगता है हाथी, घोड़ा, रथ, पैदल की चारों अंगों वाली सेना धूल उड़ाती बढ़ती चली आ रही है। पर्वत-शिखरों और पेड़ों की शाखाओं पर चढ़-चढ़कर मोर जोर-जोर से शोर करते हुए पिहकते जा रहे हैं। पेड़ों की डालों पर बकुले उड़े जा रहे हैं, मानों ये शाही झंडा फहराए जा रहे हैं, और पुकार-पुकार कर कहे जा रहे हैं, भागो, भागो, पावस महाराज की सेना चली आ रही है। आसमान में बादल गरज रहे हैं, मानों हाथी चिंघाड़ रहे हैं। मेढकों के समूह टर्र-टर्र करके शोर करते जा रहे हैं। हे श्याम, इतने पर भी, अपने इस व्रज की सहायता के लिए क्यों नहीं आ रहे हो? हम अबलाओं की गुहार लगो और हमारी रक्षा करो।

२५३०/३९२७ राग मलार

बहुरि हरि आवहिंगे किहिं काम।
रितु बसंत अरु ग्रीषम बीते, बादर आए स्याम।
छिन मंदिर, छिन द्वारैं ठाढ़ी, यौं सूखति हैं धाम।
तारे गनत गगन के सजनी, बीतैं चारौ जाम।
औरौ कथा सबै बिसराई, लेत तुम्हारौ नाम।
'सूरस्याम' ता दिन तैं बिछुरे, अस्थि रहै कै चाम॥

हे हरि, अब फिर किस दिन हमारे काम आओगे? वसंत बीत गया, गर्मी भी खत्म हो गई। अब तो काले काले बादल छा गए हैं। दिन की धूप में कभी घर के भीतर और कभी घर के दरवाजे पर खड़ी हम सूखती जा रही है। रात के चारों पहर आकाश के तारे गिनने में बीत जाते हैं—रात में नींद पलकों के पास तक नहीं फटकती। केवल तुम्हारा नाम लेते हुए, हे हरि, हम अपनी सारी व्यथा-कथा भुला देती हैं। श्याम, जब से तुम हमसे विलग हुए हो, तब से हम या तो हड्डी-हड्डी रह गई है या चाम-चाम। वियोग ने हमें अत्यन्त क्षीणकाय बना दिया है।

२५३१/३९३२ राग मलार

एसौं जो पावस रितु, प्रथम सुरति करि माधौ जू आवहिं।
बरन-बरन अनेक जलधर, अति मनोहर वेष।
तिहिं समय सखि गगन-सोभा, सबहिं तैं सुविशेष।
उड़त खग, बग वृंद राजत, रटत चातक मोर।
बहुत बिधि चित रुचि बढ़ावत, दामिनी घन घोर।
धरनि तन तृन रोम पुलकित, पिय समागम जानि।
द्रुमनि बर बल्ली बियोगिनि, मिलतिं पति पहिचानि।

हंस सुक पिक सारिका, अलि-गुंज नाना नाद।
मुदित मंडल-मेघ बरसत, गत विहंग विषाद।
कुटज कुंद कदंब कोविद, करनिकार सु कंज।
केतकी करबीर बेला, बिमल बहु बिधि मंजु।
सघन दल, कलिका अलंकृत, सुमन सुकृत सुवास।
विकट नैन निहारि माधौ, मन मिलन की आस।
मनुज मृग पशु पंछि परिचित, और अमित जु नाम।
सुमिरि देस, बिदेस परिहरि, सकल आवहिँ धाम।
यहै चित्त उपाय सोचतिँ, कछु न परत बिचार।
कौन हित व्रज-वास बिसर्‌यौ, निकट नंद-कुमार।
परम सुहृद सुजान सुंदर, ललित गति मृदु-हास।
चारु लोल कपोल कुंडल, डोल ललित प्रकास।
बेनु कर बहु बिधि बजावत, गोप सिसु चहुँ पास।
सुदिन कब जब आँखि देखैं, बहुरि बाल-बिलास।
बार-बार सु बिरहिनी अति, बिरह व्याकुल होतिँ।
बात बेग बिलोल जैसैं, दीन दीपक जोति।
सुनि बिलाप कृपालु 'सूरजदास' करि परतीति।
दरस दै दुख दूरि कीजै, प्रेम की यह रीति॥

इस वर्ष वर्षा ऋतु में, हमारे पूर्व प्रेम की याद करके, यदि माधव आ जाते, तो कितना अच्छा होता। आकाश में अत्यन्त मनोहर वेश धारण किए हुए रंग-रंग के अनेक बादल छा गए हैं। पक्षी उड़े जा रहे हैं। सफेद बगुले शोभा दे रहे हैं। पपीहा 'पी कहाँ', 'पी कहाँ' की रट लगाए हुए है। मोर पिहके जा रहे हैं। बादल गरजे जा रहे हैं और बिजली चमकी जा रही है। ये सब अनेक प्रकार से हमारे चित्त को अपनी ओर खींचे ले रहे हैं, लुभाए ले रहे हैं। धरती पर अनेक प्रकार के तृण अंकुरित हो उठे हैं, मानो प्रिय के मिलन की बात जानकर धरती को रोमांच हो आया है। वियोगिनी लतिकाएँ अपने-अपने पति वृक्षों को पहचान कर उनसे लिपटी जा रही हैं। हंस, शुक, शुकी, कोयल नाना प्रकार के कल नाद कर रहे हैं और भौंरे गूंजे जा रहे हैं। प्रसन्न होकर बादलों के दल जल बरसाए जा रहे हैं, जिससे सारे पक्षी विषाद-हीन होकर प्रसन्न हो उठे हैं। कुटज (इंद्रजवा), कुंद, कदंब, कोविदार (कचनार), कर्णिकार (पीला कनइल), कमल, केतकी, करवीर, (लाल कनइल), बेला आदि अनेक प्रकार के निर्मल और मंजु फूल घने पत्तों और कलियों को सुशोभित कर रहे हैं। ये फूल पूर्णरूप से गंधयुक्त हैं, निर्गंध किंसुक से नहीं हैं। इन सुगंधित फूलों को देखकर माधव से मिलने की आशा मन में हो उठती है। मनुष्य, पशु, हिरन, पक्षी आदि जितने भी नामों के जीव हैं, वे सभी प्राणी अपने देश का स्मरण कर करके, परदेश छोड़ छोड़कर, अपने-अपने घरों को लौटे आ रहे हैं। गोपियाँ अपने मन में सोचती जा रही हैं, विचार करती जा रही हैं कि श्याम मथुरा ही तो गए हैं, जो बहुत दूर नहीं

; फिर भी वे व्रज में अपने बसने की बात, अपने व्रज के घर को, कैसे भूल गए। वह ुभ दिन कब आएगा, जब हम पुनः उन परम सुहृद, सुजान, सुंदर, ललित गतिवाले मृदु ास वाले, सुंदर कपोलों पर चमचमाते, झलमलाते चंचल ललित प्रकाश वाले कर्ण ुडलों वाले, हाथ में लेकर अनेक प्रकार से मधुर मुरली बजाने वाले, गोप बालकों से ारों ओर से घिरे हुए, बाल क्रीड़ा करते हुए, श्याम को अपनी आँखों से देखेंगी। वे वरहिणी व्रजांगनाएँ बार-बार विरह से इस प्रकार विकल होती जा रही थीं, जैसे हवा क चंचल वेग से दीपक की ज्योति हीन हो जाती है।

हे कृपालु श्याम, गोपियों के इस विलाप को सुनकर, उस पर विश्वास करके, उन्हें र्शन देकर उनका दुख दूर कर दीजिए, क्योंकि प्रेम की यही रीति है। प्रेमी प्रेमिका इसी कार एक दूसरे का दुख दूर किया ही करते हैं।

२५३२/३९४१ राग मलार

मानौ माई सबनि यहैं है भावत।
अब उहिं देस स्यामसुंदर कहँ, कोउ न समौ सुनावत।
धरत न बन नव पत्र फूल फल, पिक बसंत नहिं गावत।
मुदित न सर सरोज, अलि गुंजत, पवन पराग उड़ावत।
पावस बिबिध बरन बर बादर, उमड़ि न अंबर छावत।
दादुर मोर कोकिला चातक, बोलत बचन दुरावत।
ह्याँ ही प्रगट निरंतर निसि दिन, हठ करि बिरह बढ़ावत।
'सूरस्याम' पर-पीर न जानत, कत सरवज्ञ कहावत॥

अरी सखी, लगता है सबको इसी व्रज में बसे रहना पसंद आता है। जिसे देखो वही सी व्रज में बने रहना चाहता है, कोई भी मधुवन में नहीं जाना चाहता। कोई भी मथुरा ाकर श्यामसुन्दर को ऋतु परिवर्तन की सूचना नहीं देता। लगता है मथुरा में वनों में नए-ए पत्ते नहीं लगते, नए-नए फूल नहीं खिलते, नए-नए फल नहीं फलते। लगता है धुवन में न वसंत आता है, न वसंत में कोयल गाती है। वहाँ तालाबों में कमल नहीं खलते, उन कमलों पर भौंरे नहीं गूँजते, और पवन उन कमलों के पराग को उड़ाकर नहीं बखराता। लगता है वर्षा ऋतु में वहाँ रंग-बिरंगे बादल आकाश में उमड़-घुमड़कर नहीं श जाते। ऐसा प्रतीत होता है वहाँ वर्षा में मेढक, मोर, कोयल, पपीहा भी नहीं बोलते और पनी वाणी को छिपाए रहते हैं। लगता है ये सब यहाँ व्रज में ही नित रात दिन बने रहते और हठपूर्वक हम विरहनियों के विरह को बढ़ाते रहते हैं। श्याम कहने के लिए सर्वज्ञ कहे जाते हैं, पर ऐसा लगता है कि ये सर्वज्ञ हैं नहीं। यदि वे सर्वज्ञ होते, तो हमारी पीड़ा को जान न लेते। और जान लेने पर भी क्या इस व्यथा को दूर करने के लिए हमारे पास ज में न लौट आते?

२५३३/३९४६ राग मलार

सिखिनि सिखर चढ़ि टेर सुनायौ।
बिरहिनि सावधान ह्वै रहियौ, सजि पावस दल आयौ।

नव बादर बानैत, पवन-ताजी चढ़ि, चुटक दिखायौ।
चमकत बीजु सेल्ह कर मंडित, गरज निसान बजायौ।
चातक पिक झिल्ली गन दादुर, सब मिलि मारू गायौ।
मदन सुभद्द कर बान पंच लै, व्रज सन्मुख ह्वै धायौ।
जानि बिदेस नंदनंदन कौं, अबलनि त्रास दिखायौ।
'सूरस्याम' पहिले गुन सुमिरे, प्रान जात बिरमायौ॥

मोर पर्वत की चोटी पर चढ़कर शोर मचाए जा रहे हैं। वे कह रहे हैं—अरी वियोगिनियों, सजग हो जाओ। पावस महाराज अपनी सेना सजाए हुए चले आ रहे हैं। नए-नए बादल उनके धनुर्धर हैं, पवन उनका घोड़ा है, बादल रूपी धनुर्धर, पवन रूपी घोड़े पर चढ़ा हुआ चाबुक फटकारता चला आ रहा है। बिजली चमक रही है, यही मानों उसकी बर्छी है, जो उसके हाथ में सुशोभित हो रही है। बादल की गरज ही उसके नगाड़ों की ध्वनि है। पपीहा, कोयल, झींगुर और मेढक सब मिलकर मारू राग में युद्ध का गान गा रहे हैं। योद्धा कामदेव अपने हाथों में अपने पाँचों बाण लिए हुए व्रज के सामने बढ़ता चला आ रहा है। उसने समझ लिया है कि नंद कुमार व्रज से मथुरा परदेश में चले गए हैं, इसीलिए वह हम अबलाओं को अरक्षित समझकर हमें डरवा रहा है। हे श्याम, तुम्हारे पहले के रक्षक के, संरक्षक के गुणों को समझकर, हमारे प्राण जाने से किसी तरह किंचित विलम गए हैं, रुक गए हैं, नहीं तो न जाने कब के निकल गए होते।

२५३४/३९५६ *राग मलार*

हौं तो मोहन के बिरह जरी, रे कत तू जारत।
रे पापी तू पंखि पपीहा, पिय-पिय करि अधराति पुकारत।
करी न कछु करतूति सुभट की, मूठि मृतक अबलनि सर मारत।
रे सठ तू जु सतावत औरनि, जानत नहिं अपने जिय आरत।
सब जग सुखी, दुखी तू जल बिनु, तऊ न उर की व्यथा बिचारत।
'सूरस्याम' बिनु व्रज पर बोलत, काहै अगिलौ जनम बिगारत॥

अरे पपीहे, मैं मोहन के विरह में यों ही जली जा रही हूँ। तू मुझ अधजली को क्यों एकदम जलाए जा रहा है। अरे पापी पपीहे, तू आधी रात में 'पी कहाँ', 'पी कहाँ' की रट क्यों लगाए जा रहा है। तूने यह कोई अच्छे वीरों का सा काम नहीं किया है, जो तूने हम मरी अबलाओं पर अपना जादू चला दिया है, जादू की मूठ मार दी है। अरे दुष्ट, तू मरे को सताए जा रहा है, तू अपने दुख सा ही दूसरों के दुख को भी क्यों नहीं समझता? इस वर्षा से सारा संसार सुखी हो गया है, एक तू ही जल के अभाव में दुखी है। इतने पर भी तू दूसरे के दुख-दर्द को नहीं समझ पा रहा है। श्याम यहाँ नहीं हैं, यह जानते हुए भी तू सारे व्रजमंडल में 'पी कहाँ', 'पी कहाँ' कहकर चिल्लाए जा रहा है। तू अपना भूत तो बिगाड़ ही चुका है, जिसका फल इस समय भोग रहा है। अब तू अपना भविष्य भी बिगाड़ने पर क्यों तुला है?

शरद

२५३५/३९६२ राग मलार

गोविँद बिनु कौन हरै नैननि की जरनि।
सरद निसा अनल भई, चंद भयौ तरनि।
तन मैं संताप भयौ, दुरयौ अनँद धरनि।
प्रेम पुलक बार-बार, अँसुअन की ढरनि।
वै दिन जौ सुरति करौं, पाइनि की परनि।
'सूरस्याम' क्यौं बिसारी, लीला बन करनि॥

राधा कह रही है गोविन्द के बिना मेरे नयनों की जलन कौन मिटा सकता है। शरद की यह रात तो आग हो गई है, आग बरसा रही है। शरद का यह तथाकथित शीतल चंद्रमा सूर्य के समान तपानेवाला हो गया है। मेरे सारे शरीर में ताप ही ताप, संताप ही संताप हो गया है। मेरा सारा आनन्द धरती में समा गया है, छिप गया है। मुझे श्याम के प्रेम के कारण बार-बार रोमांच हुआ जा रहा है और आँसू ढुलके पड़ रहे हैं। एक दिन वे थे, जब श्याम मेरा मान भंग करने के लिए मुझे मनाते-मनाते मेरे पैरों पर अपना सिर रख देते थे। मुझे वृंदावन की उस लीला का स्मरण हुआ जा रहा है। उस लीला को श्याम ने कैसे भुला दिया? जब मैं नहीं भूली, तब उन्हें भी न भूलना चाहिए था।

२५३६/३९६६ राग मलार

मुरली कौन बजावै आज।
वै अक्रूर क्रूर करनी करि, लै जु गए व्रजराज।
कंस केसि मुष्टिक संहारयौ, कियौ सुरनि कौ काज।
उग्रसेन राजा करि थापे, सबहिन के सिरताज।
कृष्नहिँ छाँड़ि नंद-गृह आए, क्यौं 'ब जियैं उन बाज।
'सूरज' प्रभु बिष मूरि खाइहैं, यहै हमारौ साज॥

वे नाम के तो अक्रूर थे, पर उनकी करनी क्रूर थी, जो वे व्रजराज कृष्ण को अपने साथ मथुरा लेते गए। अब मुरलीधर के बिना यहाँ वैसी मुरली कौन बजा सकता है? वहाँ जाकर कृष्ण ने कंस को केश पकड़कर मार डाला और मुष्टिक, चाणूर आदि का संहार कर डाला और देवताओं का काम पूरा कर दिया। उन्होंने कंस को मार कर सबके सिरताज उग्रसेन को मथुरा का राजा बना दिया। अब कृष्ण का मथुरा में कौन काम बाकी ही रह गया। नंद को चाहिए था कि वे कृष्ण को साथ लेकर व्रज वापस लौट आते, पर वे अकेले आए और कृष्ण को वहीं छोड़ आए। अब उनके विरह में हम व्रजांगनाएँ जिएँ तो कैसे जिएँ। अब तो हमें विष की जड़ी खाकर मर जाना ही शेष रह गया है। अब इसी में हमारी लज्जा है और इस मर जाने में ही हमारी शोभा है।

२५३७/३९६७ राग सारंग

हरि बिनु मुरली कौन बजावै।
सुंदर स्याम कमल लोचन बिनु, को मधुरे सुर गावै।

ये दोउ स्रवन सुधा-रस पोषै, को व्रज फेरि बसावै।
ऐसौ निठुर कियौ हरि जू मन, पंथी पंथ न आवै।
छाँड़ी सुरति नंद-जसुमति की, हमरी कौन चलावै।
'सूरस्याम' कौं प्रीति पाछिली, को अब सुरति करावै॥

हरि के बिना मुरली में हमारा नाम ले लेकर कौन बजा सकता है। उन श्याम सुंदर, कमलनयन, कृष्ण के बिना कौन मुरली में इतने मधुर स्वर में गा सकता है। ये दोनों कान तो मुरली के स्वर के अमृत-रस में पाले पोषे गए हैं। अब इन कानों को कौन तृप्त कर सकता है। अब कौन इस व्रज को बसाए रख सकता है। हरि ने अपना मन अत्यन्त कठोर बना लिया है। वे अपना संदेशा भी किसी आते-जाते से नहीं भेजते, स्वयं आना तो दूर की बात है। जब उन्होंने नंद और यशोदा तक की सुधि भुला दी है, तब हम किस खेत की मूली हैं। हमें वे भुला बैठे, तो इसमें कौन सा आश्चर्य है। अब कन्हैया को हमारी पिछली प्रीति रीति की याद कौन दिलाए?

२५३८/३९८० राग मलार

अब या तनहिँ राखि कह कीजै।
सुनि री सखी स्यामसुंदर बिनु, बाँटि बिषम बिष पीजै।
कै गिरि-गिरि चढ़ि सुनि सजनी, सीस संकरहि दीजै।
कै दहिए दारुन दावानल, जाइ जमुन धँसि लीजै।
दुसह बियोग बिरह माधौ के, को दिन ही दिन छीजै।
'सूरस्याम' प्रीतम बिनु राधे, सोचि-सोचि कर गीजै॥

राधा कह रही हैं—अब इस शरीर को जीवित बचाए रखने से क्या लाभ? हे सखी सुन, अब तो श्याम सुन्दर के बिना विषम विष की जड़ी पीसकर पी लेना ही श्रेयस्कर है। अथवा गोवर्द्धन पहाड़पर चढ़कर नीचे कूद कर प्राण दे दिया जाय। या काशी करवट में जाकर अपना सिर आरे से कटवाकर शिव को समर्पित कर देना चाहिए। अथवा भयंकर आग जलाकर उसमें जल जाया जाय या फिर जमुना जी में धँसकर प्राण दे दिए जायँ। माधव के असह्य वियोग के दुख में कौन अपना शरीर दिन-दिन क्षीण करता जाय—एक बारगी मर जाना अच्छा है। रोज-रोज का यह मरना अच्छा नहीं। प्रियतम श्याम के विरह में बेचारी राधा सोच-सोच कर करुण-क्रंदन करती जा रही है।

२५३९/३९८८ राग मलार

हौं कछु बोलति नाहीं लाजन।
एक दाउँ मरिबो पै मरिबौ, नंदनँदन के काजन।
तजि व्रज-बाल आपनौ गोकुल, अब भाए सुख राजन।
कागद लिखि पतियौ नहिँ पठवत, पायौ जिय कौ माजन।
जे गृह देखि परम सुख होतौ, बिनु गोपाल भय-भाजन।
कासौं कहौं सुनै को यह दुख, दूरि स्याम सौ साजन।

कारी घटा देखि धुरवा जनु, बिरह लयौ कर ताजन।
'सूरस्याम' नागर बिनु अब यह, कौन सहै सिर गाजन॥

राधा कह रही है—मैं लाज के मारे कुछ बोल नहीं पाती। नंद-नंदन के लिए तो मुझे एक बार मरना है ही। अपनी व्रज-बालाओं को छोड़कर वे गोकुल से मथुरा चले गए हैं अब उन्हें राज-सुख अच्छा लगने लगा है। अब तो वे एक चिट्ठी भी लिखकर नहीं भेजते। अब तो मुझे जैसे वर्षा के प्रथम जल का फेन-माजा—मिल गया है। जैसे उस विषैले माजा को खाकर मछलियाँ मूर्च्छित हो जाती हैं, हम भी श्याम के विरह में वैसी हो मूर्च्छित हुई जा रही हैं। जिस घर में हमें पहले बड़ा सुख मिला करता था, अब बिना गोपाल के वही बड़ा डरावना लगने लगा है। अपना दुखड़ा किससे कहूँ, कौन इसे सुने भी। हमारा दुख-सुख सुनने वाले हमारे सजन श्याम तो दूर मथुरा चले गए हैं। काली घन-घटा देखकर तो ऐसा लगता है, जैसे विरह ने हमें मारने के लिए कोड़ा ले लिया हो। श्याम के अभाव में अब यह गर्जना कौन सहे।

२५४०/३९८९ राग गौरी

बहु दिन ऐसोई हो री।
ह्वै जाते मेरे आँगन मोहन, यह बिरियाँ सो री।
बाल-दसा की प्रीति निरंतर, परी रहति ही ढोरी।
राधा-राधा नंद-सुवन मुख, लगी रहति यह लौ री।
बेनु पानि गहि मोहिं सिखावत, मोहन गावत गौरी।
'सूरजदास' स्याम सारँग तजि, यह सुख बहुरि न भौ री॥

राधा कह रही है—वे बहुत से दिन ऐसे ही सुखद थे। यह वह समय था, जब मदनमोहन प्राय: मेरे आँगन में आ जाया करते थे। वह बाल्यावस्था की प्रीति ही ऐसी थी। हमारी ऐसी ही प्रवृत्ति हो गई थी। वे मुरली में मेरा नाम ले-लेकर 'राधा-राधा' बुलाया करते थे। उनकी यह आदत सी बन गई थी। वे अपने हाथ में मुरली लेकर, मेरे होठ पर रखकर, मुझे बजाना सिखाया करते थे। वे गौरी राग में प्राय: गाया करते थे। जब से श्याम गोकुल छोड़ गए हैं, तब से वह सुख फिर कभी नहीं मिला।

२५४१/४००० राग मलार

हरि परदेस बहुत दिन लाए।
कारी घटा देखि बादर की, नैन नीर भरि आए।
वीर बटाऊ पंथी, हौ तुम कौन देस तैं आए।
यह पाती हमरी लै दीजौ, जहाँ साँवरे छाए।
दादुर मोर पपीहा बोलत, सोवत मदन जगाए।
'सूरस्याम' गोकुल तैं बिछुरे, आपुन भए पराए॥

हरि ने परदेश में बहुत दिन लगा दिया। यहाँ बादलों की इन काली घटाओं को देखकर हमारी आँखों में रह रहकर पानी भर आता है। हे भाई पथिक, तुम किस देश से आ रहे हो। हमारी यह चिट्ठी ले जाकर हमारे श्याम सुंदर को, जहाँ भी वे हों, दे देना। मेढक, मोर, पपीहा बोल-बोलकर सोए हुए कामदेव को जगाए दे रहे हैं। श्याम गोकुल

से चले गए और जो अपने थे, वह अब पराए हो गए हैं।

२५४२/४००१ राग मलार

हमारे हिरदै कुलिसहु जीत्यौ ।
फटत न सखी अजहुँ उहिं आसा, बरस दिवस परि बीत्यौ ।
हमहूँ समुझि परी नीकैं करि, यह असितन की रीत्यौ ।
बहुरि न जीवन मरन सौं साझौ, करी मधुप की प्रीत्यौ ।
अब तौ बात घरी पहरन की, ज्यौं उदवस की भीत्यौ ।
'सूरस्याम' दासी सुख सोवहु, भयौ उभौ मन चीत्यौ ॥

हे सखी, हमारे हृदय ने तो व्रज को भी जीत लिया है। हमारी छाती व्रज से भी अधिक कठोर है। कन्हैया जी को यहाँ से गए साल भर का दिन बीत गया, पर उनके लौट आने की आशा में यह अब भी ज्यों की त्यों बनी हुई है, फटी नहीं, यद्यपि इसे अब तक फट ही जाना चाहिए था। हमने भी यह भली भाँति समझ लिया है कि काले लोगों की यही रीति है, यही रंग-ढंग है। उनकी प्रीति काले भौंरे की प्रीति जैसी होती है। वे अपना काम निकाल लेते हैं। काम निकाल लेने के बाद उन्हें किसी के जीवन-मरण से कोई मतलब नहीं रह जाता। उनकी प्रीति क्षणिक होती है। भौंरा एक फूल का रस लेकर उड़ जाता है, फिर वह उसपर दुबारा लौटकर नहीं आता। अब तो हमारा जीवन घड़ी पहर का ही है, थोड़ी देर का ही है। श्याम के विरह में मैं किसी भी समय मर सकती हूँ। अब हमारा यह जीवन खँडहर की दीवाल जैसा है, जो किसी भी समय गिर सकती है। अब दासी कुब्जा और श्यामसुन्दर दोनों निश्चिंत होकर सुख की नींद सोवें, क्योंकि अब दोनों की मनचाही बात हो गई है। बीच में हम थीं, सो जा ही रही हैं, सारा खटका दूर।

२५४३/४००५ राग सारंग

ऐसे समय जो हरि जू आवहिं ।
निरखि-निरखि वह रूप मनोहर, नैन बहुत सुख पावहिं ।
तैसिय स्याम घटा घन घोरनि, बिच बग पाँति दिखावहिं ।
तैसेइ मोर कुलाहल सुनि-सुनि, हरषि हिंडोरनि गावहिं ।
तैसीयै दमकति दामिनि अरु, मुरलि मलार बजावहिं ।
कबहुँक संग जु हिलि-मिलि खेलहिं, कबहुँक कुंज बुलावहिं ।
बिछुरे प्रान रहत नहिं घट मैं, सो पुनि आनि जिंयावहिं ।
अब कैं चलत जानि 'सूरज' प्रभु, सब पहिलैं उठि धावहिं ॥

पावस की इस सुहावनी ऋतु में यदि हरि आ जायँ, तो कितनी अच्छी बात हो। कन्हैया के मन को हर लेने वाले रूप को देख-देखकर हमारी दुखी आँखें सुखी हो जायँ। वैसी ही काली काली घटाएँ छा जायँ; श्याम बादलों के बीच श्वेत बकुलों की पाँति दिखाई देने लगे। वैसे ही मोर की पिहक सुनाई देने लगे। वैसे ही प्रसन्न होकर हम सभी हिंडोले पर बैठकर गाने लगें। वैसे ही बादलों में बिजली चमकने लगे। श्याम मुरली में वैसी ही मलार रागिनी बजाने लगें। कभी हम सब एक साथ हिलमिल कर खेलने लगें। कभी

कन्हैया हमें विहार के लिए कुंज-भवन में बुलाने लगें। यदि एक बार ऐसा पुनः हो जाय, तो हमारे बिछुड़े प्राण पुनः हमारे शरीर में आ जायँ और हरि हमको पुनः जीवनदान दे दें। और इस बार जब श्याम फिर यहाँ से चल देना चाहें, तो हम सब उनके चलने के पहली ही चल पड़ें और उनका साथ कदापि न छोड़ें।

२५४४/४००९ राग मारू

किते दिन हरि-दरसन बिनु बीते।
एक न फुरत स्याम सुंदर बिनु, बिरह सबै सुख जीते।
मदन गुपाल बैठि कंचन-रथ, चितै किए तन रीते।
सुफलक-सुत लै गए दगा दै, प्राननिहूँ तैं प्रीते।
कहि धौं घोष कबहिँ आवहिँगे, हरि बलभद्र सहीते।
'सूरदास' प्रभु बहुरि कृपा करि, मिलहु सुदामा-मीतै॥

हरि को देखे हुए बहुत दिन बीत गए। न जाने कितने दिनों से उन्हें हमने नहीं देखा है। विरह ने हमारे सारे सुखों को जीतकर अपने अधीन कर लिया है। श्याम के अभाव में एक भी सुख तो प्रस्फुटित नहीं हो पा रहा है। सोने के रथ पर बैठकर जब मदनगोपाल मथुरा जाने लगे थे, तब उन्होंने एक बार हमारी ओर देख लिया था। उस चितवन से ही वह हमारे शरीर को छूकर गए और हमारे प्राण निकालते गए। सुफलक के सपूत अक्रूर धोखा देकर हमारे प्राणों से भी प्रिय श्यामसुन्दर को फुसला ले गए। कहो तो ये अपने बड़े भैया दाऊ के सहित कब फिर व्रज में लौट आवेंगे। हे सुदामा के मित्र, कृपा करके हमसे एक बार फिर मिल लो।

२५४५/४०१० राग नट

ग्वालिनि छाँड़ि दै बिरह खरयौ।
तैं बिरह बिरहिनी व्याकुल, भुवन काज बिसरयौ।
कर-पल्लव उडुपति रथ खैंच्यौ, मृग पति बैर करयौ।
पंखी-पति सबही सकुचाने, चातक अनँग भरयौ।
सारँग सुर सुनि भयौ बियोगी, हियकर गरब टरयौ।
'सूरदास' सायर-सुत-हित-पति, देखत मदन हरयौ॥

अरी ग्वालिनी, तू विरहानल में इतना अधिक जलना बंद कर दे। हे बिरहिनी, तेरी विरहाग्नि से विकल होकर सारे संसार ने काम काज करना भुला दिया है। बेचारे तारों के पति चंद्रमा को अपने कर-पल्लवों से रथ में जुड़े घोड़ों की रास पकड़कर खींचनी पड़ रही है, क्योंकि रथ में बँधे मृगों ने अपने पति चंद्रमा से बैर कर लिया है। तेरे विरह-ताप से जल रहे उन हिरनों ने रथ का खींचना ही बंद कर दिया है। पक्षियों का पति संपाती नामक गृद्ध भी सकुचा गया है कि मैंने सूर्य का ताप तो सह लिया था, पर गोपियों का विरह-ताप मुझसे सहा नहीं जाता है। चातक तो वैसे ही प्यासा रहता है, पर तेरे विरह ताप के कारण उसकी प्यास और बढ़ गई है और वह 'पी कहाँ', 'पी कहाँ' की ध्वनि और भी वेग से करके सबके हृदयों में काम-भाव भरता जा रहा है। तेरे सारंग राग के

विरह-स्वर को सुनकर तो सभी वियोगी हो गए हैं और हिमकर चंद्रमा भी अपनी शीतलत का गर्व भूल गया है। सागर के सुत अमृत के प्रेमी देवताओं के पति श्रीकृष्ण को देख ही तुम्हारी मदन-पीड़ा दूर हो जायगी।

२५४६/४०१४ राग गौर

सुरति करि ह्वाँ की रोइ दियौ ।
पंथी एक देखि मारग मैं, राधा बोलि लियौ ।
कहि धौं बीर, कहाँ तैं आयौ, हम जु प्रनाम कियौ ।
पा लागौं, मंदिर पग धारौ, सुनि दुखियान त्रियौ ।
गदगद कंठ, हियौ भरि आयौ, बचन कह्यौ न दियौ ।
'सूरस्याम' अभिराम ध्यान मन, भरि-भरि लेत हियौ ॥

एक दिन राधा ने मार्ग में मथुरा की ओर से आता हुआ कोई पथिक देखा। उन्हों उसे अपने पास बुला लिया और बोलीं—कहो तो भैया, कहाँ से आ रहे हो? मैं तुम प्रणाम कर रही हूँ। मेरा प्रणाम स्वीकार करो। मैं तुम्हारे पैर छू रही हूँ। मेरे घर पधारो औ हम दुखिया अबलाओं की व्यथा-कथा सुनो।

यह कहते ही राधा को वहाँ की, मथुरा की, कृष्ण की सुधि हो आई। उनका हृद भर आया, गला बैठ गया, वाणी मुँह से नहीं फूटी, वे न कुछ कह सकीं, न सुन सकीं वे रो पड़ी। श्याम सुन्दर का ध्यान उनके मन में भर गया और वे उसासें लेने लगीं।

२५४७/४०१९ राग बिलाव

तुम्हरी प्रीति हरि पूरब जनम की, अब जु भए मेरे जियहु के गरजी
बहुत दिननि तैं बिरमि रहे हौ, संग बिछोहि, हमहिं गए बरजी
जा दिन तैं तुम प्रीति करी ही, घटति न, बढ़ति तौलि लेहु नरजी
'सूरदास' प्रभु तुम्हरे मिलन बिनु, तन भयौ ब्यौंत, बिरह भयौ दरजी

राधा कह रही हैं—हे हरि, हमारी तुम्हारी प्रीति तो पूर्वजन्म की है और अब तु उसका ख्याल न करके मेरे प्राणों के गरजमंद हो गए हो—मेरे प्राण ले लेना चाहते हो। तु बहुत दिनों से मथुरा गए हो और वहाँ जाकर रुक गए हो। हममें तुममें बिछोह हो गया पर तुम मुझे मथुरा जाने से वर्जित भी कर गए हो—मैं स्वयं मथुरा आऊँ तो कैसे आऊँ तुम्हारी वर्जना का कैसे उल्लंघन करूँ। जिस दिन से मैंने तुमसे प्रीति की है, वह दिन-दि बढ़ती ही गई है, कभी भी जरा भी नहीं घटी है। तुम तो स्वयं तोलनेवाले हो, चाहो मेरी प्रीति को तराजू पर तोल ही लो। इसमें जरा भी घटाव नहीं हुआ है। प्रभु, तुम्ह मिलन के अभाव में यह विरह दरजी होकर मेरे तन रूपी कपड़े की कतर-ब्यौंत, का छाँट करता जा रहा है।

२५४८/३८१५ राग मल

अब कछु औरहि चाल चली ।
मदन गुपाल बिना या व्रज की, सबै बात बदली ।
गृह कंदरा समान, सेज भइ सिंहहु चाहि थली ।
सीतल चंद सुतौ सखि कहियत, तातैं अधिक जली ।

मृगमद, मलय, कपूर, कुमकुमा, सींचति आनि अली ।
एक न फुरत विरह-जुर तैं, कछु लागत नाहिं भली ।
अमृत-बेलि सूर के प्रभु बिनु, अब विष फलनि फली ।
हरि-बिधु-बिमुख नाहिनै बिगसत, मनसा-कुमुद कली ॥

विरहिणी गोपी अपनी सखी से कह रही है—अब तो कुछ और ही प्रथा निकल गई है, रंग-ढंग दूसरा ही हो गया है। बिना मदनगोपाल के व्रज की सब स्थिति बदल गई है। अब घर पर्वत की गुफा के समान लगने लगे हैं। सेज सिंह के निवास-स्थान से भी अधिक भयानक लगने लगी है। हे सखी, चंद्रमा तो शीतल कहा जाता है। पर मैं तो उससे भी अत्यन्त जली जा रही हूँ। सखियाँ आकर कस्तूरी, चंदन, खस और केसर से मुझे सींच देती हैं, लेप कर देती हैं, पर विरह-ज्वर के कारण इनमें से एक भी क्रिया मुझे अच्छी नहीं लगती। अब तो लहराती हुई अमृत की लता में विष के फल लगने लगे हैं। हरि के मुख रूपी चंद्रमा के अभाव में हमारे मन की कुमुद-कली नहीं खिल पा रही है।

२५४९/ल ८८५/१०४ राग मलार

कोउ सखी नई चाह सुनि आई ।
यह व्रजभूमि सकल सुरपति पै, मदन मिलिक करि पाई ।
घन धावत, बग पाँति पटो सिर, बैरख तड़ित सुहाई ।
बोलत पिक चातक ऊँचे सुर, मनो मिलि देत दुहाई ।
दादुर मोर चकोर बदत सुक, सुमन समीर सुहाई ।
चाहत कियो वास वृंदावन, विधि सौं कहा बसाई ।
सींव न चापि सक्यौ तब कोऊ, हुते बल कुँवर कन्हाई ।
अब सुनि 'सूरस्याम' केहरि बिनु, ये करिहैं ठकुराई ॥

कोई सखी यह नया समाचार सुन आई है। इस सारी व्रजभूमि को इन्द्र से कामदेव ने अपनी मिल्कियत के रूप में पा लिया है। इंद्र ने कामदेव को व्रज की जागोर दे दी है। अब मदन यहाँ राज्य करने के लिए चढ़ दौड़ा है। बादल ही उसकी दौड़ती हुई सेना हैं। बगुलों की पंक्ति ही उनके सिर पर बँधा हुआ पट्टा है। बिजली ही उसकी पताका है। कोयल पपीहा ऊँचे स्वर से बोले जा रहे हैं, मानों काम राजा की दुहाई दे रहे हैं। मेढक, मोर, चकोर, शुक बोल रहे हैं। सुमनों की सुगंध से लदी हुई सुहावनी हवा बह रही है। कामदेव अब वृंदावन को अपनी राजधानी बना कर यहीं बस जाना चाहता है। ब्रह्मा पर किसी का क्या बस? जब यहाँ कुँवर कन्हैया और बलदाऊ भैया थे, तब व्रज की सीमा को कोई दबा नहीं सका था। अब श्याम रूपी सिंह के बिना यह बिना अंग वाला अनंग यहाँ ठकुराई करेगा—शासन करेगा।

२५५०/३९२६ राग मलार

देखियत चहुँ दिसि तें घन घोरे ।
मानहु मत्त मदन के हथियनि, बल करि वंधन तोरे ।
स्याम सुभग तन चुवत गंड-मद, बरसत थोरे-थोरे ।
रुकत न पवन महावत हू पै, मुरत न अंकुस मोरे ।

मनहु निकसि बग-पंक्ति दंत, उर अवधि-सरोवर फोरे।
बिन बेला बल निकसि नयन जल, कुच कंचुकि बँद बोरे।
तब उहि समय आनि ऐरावत, व्रजपति सों कर जोरे।
अब सुनि 'सूरस्याम'- केहरि बिनु, गरत गात जैसे ओरे॥

चारों ओर घनघोर बादल दिखाई पड़ रहे हैं। ऐसा लगता है जैसे कामदेव के मतवाले हाथी बल-पूर्वक अपने बंधन तोड़कर बाहर निकल आए हैं। ये बादल जो थोड़ा-थोड़ा बरसते जा रहे हैं, लगता है जैसे वह इन काले हाथियों के सुंदर शरीर की कनपटी से मद चुआ जा रहा है। पवनरूपी महावत इन्हें अंकुश मार-मार कर मोड़ना चाहता है, पर घन रूपी ये हाथी रोकने पर भी रुक नहीं पा रहे हैं और मोड़ने पर भी मुड़ नहीं रहे हैं। ये बगुलों की श्वेत पंक्तियाँ ऐसी लग रही हैं, जैसे हाथी के दाँत बाहर निकल आए हों और हमारे हृदय रूपी तालाब के भीटे को उनसे ओंड़े डाल रहे हों। इस बेला, सरोवर-तट, के टूट जाने से अश्रु-जल उमड़कर बाहर निकला आ रहा है और इसने चोली के बंद को डुबो दिया है। तब तो उस भीषण वर्षा में ऐरावत हाथी का स्वामी इंद्र यहाँ आया था और उसने हाथ जोड़कर हमारे व्रजपति श्रीकृष्ण से क्षमा-याचना की थी, अब तो श्याम रूपी सिंह के बिना हमारा शरीर ही ओले के समान गलता जा रहा है।

२५५१/ल ८८७/१८७ राग मलार

स्याम-घन देखि गगन-घन डरते।
औसर पाय उद्यान, गहन वन, अपनी सेवा करते।
अंग छटा नव घटा निरखि, मन ब्रीड़त अल्प उचरते।
वे भौ मानि, मानि सौभगता, व्रज-पथ पैंड़ न भरते।
गो तृण हित हरि जात, तबै सँग छत्र छाँह अनुसरते।
यही पुण्य ते जगत जलद ह्वै, दसहू दिसा बिचरते।
अब बिस्वास प्रवास प्राणपति, अति मद सर्वसु हरते।
'सूरस्याम' आगम आसा करि, हम न विरम वा डरते॥

तब हमारे श्याम घन (घनश्याम) को देखकर गगन के श्याम घन डर जाया करते थे और अवसर पाकर उद्यानों तथा गहन वनों को अपनी सेवा समर्पित कर देते थे। बरस कर बाग-बगीचों और वनों को सींच दिया करते थे। हमारे घनश्याम के अंगों की शोभा देखकर आकाश के ये श्याम घन मन ही मन लजा जाते थे और बहुत कम बोलते थे। वे बादल तब श्याम का भय मानकर, अपना सौभाग्य समझकर, व्रज के मार्ग में अपना कदम भी नहीं रखते थे। जब श्यामसुन्दर गायों को हरी घास चराने के लिए वृंदावन जाया करते थे, तब यही बादल उनके शरीर पर छत्र बने हुए धूप का निवारण किया करते थे। इन्होंने श्याम के सिर पर जो छत्र बनने का पुण्य कमाया है, उसी पुण्य से दसों दिशाओं में विचरण किया करते हैं। अब इन बादलों को पूर्ण विश्वास हो गया है कि हमारे प्राणपति कृष्ण मथुरा में प्रवासी हो गए हैं और व्रज में नहीं हैं, इसीलिए ये अत्यन्त घमंड में आकर हमारा सब कुछ हरण करने पर तुल गए हैं। पर हमको श्याम के लौट आने की आशा है, इसीलिए हम इन बादलों से न विचलित हो रही हैं, न डर रही हैं।

२५५२/२६८३ राग मलार

नैनन को मत सुनहु सयानी।
निसि दिन तपत, सिरात न क्षण भर, यद्यपि उमगि चलत पल पानी।
हौं उपचार अमित उर आनति, खल भइ लोक-लाज कुल-कानी।
कछु न सुहाय, दहत दर्सन-दव, बारिज-बदन मंद मुसकानी।
रूप-लकुट अभिमान, निडर ह्वै, जग उपहास सहत न लजानी।
बुधि बिबेक बल बचन चातुरी, मनहु उलटि उन माँझ समानी।
आरज-पथ गुरु ज्ञान गुपुत करि, बिकल भई, तन दसा भुलानी।
याचत 'सूर' स्याम-अंजन को, वह किसोर छवि जीव हितानी॥

अरी सयानी सखी, जरा मेरे नयनों का मत तो सुनो। ये रात दिन जलते रहते हैं, एक क्षण के लिए भी शीतल नहीं हो पाते, यद्यपि इनकी पलकों पर अश्रु-जल बराबर उमड़ता रहता है। भीगीं पलकें भी जुड़ा नहीं पाती। मैं इन्हें शीतल करने के अनेक उपचार अपने मन में सोचती रहती हूँ, पर लोक लज्जा और कुल-कानि इस उपचार में बाधक बन जाते हैं, दुष्टता करते हैं। इन्हें कुछ भी अच्छा नहीं लगता, श्याम को न देख पाने की आग में ये बराबर जलते रहते हैं। ये तो श्यामसुंदर के मुख रूपी कमल और उस पर छाई मंद मुसकान के दर्शनाभिलाषी हैं। श्याम के रूप की लाठी का इन्हें भारी भरोसा है, इसका इन्हें गर्व भी है। इसीसे ये निडर हो गए हैं और लोक-निंदा सह लेते हैं और तनिक भी नहीं लजाते। इनकी बुद्धि, इनका विवेक, बल और वचन-चातुर्य सब कुछ जाकर कृष्ण में ही समा गया है। इसीलिए इन्होंने आर्य-पथ (शास्त्र की मर्यादा) और गुरुजनों के आदेश उपदेश सभी को छिपा दिया है और विकल होकर देह-दशा भुला बैठे हैं। कृष्ण की यह किशोर छवि इन नयनों को परम प्रिय है और ये लगाने के लिए श्याम रूपी आजन की बराबर याचना करते रहते हैं।

२५५३/ल ८८९/१९६ राग जैतश्री

कत दिन बीते री, हरि बिन देखे।
गनत गनत मिटि गईं सखी री, कर-अँगुरी की रेखैं।
जिहि यहि विरह अमर कीन्ही, सो बिसरी नयन-निमेषे।
हौं डरपति अवधिहि 'सूरज' प्रभु, जिनि पारो सुर-लेखे॥

अरी सखी, हरि को देखे बिना कितने दिन हो गए। उन दिनों को गिनते-गिनते तो हाथ की उँगलियों की रेखा तक घिस गई। जिसने इस विरह को अमर बना दिया है, उसने हमें पलक मारते भुला दिया है। मैं दी हुई अवधि को डर रही हूँ, कहीं ऐसा न हो जाय कि अवधि के ये दिन मानव के दिन न होकर, देवताओं के दिन हो जायँ।

२५५४/३९६१ राग केदारौ

सरद समैं हू स्याम न आए।
को जानै, काहे तैं सजनी, किहिं बैरिनि बिरमाए।
अमल अकास, कास कुसुमित छिति, लच्छन स्वच्छ जनाए।

सर सरिता, सागर जल उज्ज्वल, अलि-कुल कमल सुहाए।
अहि मयंक, मकरंद-कंज अलि, दाहक गरल जिवाए।
प्रीतम रंग संग, मिलि सुंदरि, रचि सचि सींचि सिराए।
सूनी सेज, तुषार जमत, चिर बिरह-सिंधु उपजाए।
अब गइ आस 'सूर' मिलिबे की, भए व्रजनाथ पराए॥

सखी, शरद ऋतु आ गई, पर श्याम अब भी नहीं आए। कौन जाने वे क्यों नहीं आए न जाने किस बैरिन ने हमारे बालम को बिरमा लिया है। आकाश अमल हो गया है, धरती पर कास फूल उठी है, निर्मलता के सारे लक्षण दिखाई देने लगे हैं। नदी, तालाब, समुद्र सभी का जल निर्मल हो गया है। कमल खिल उठे हैं। उन पर गूँजते हुए भौंरे बड़े भले लग रहे हैं। चंद्रमा ने अपनी ओस की बूँदें चटाकर सर्प को उसके दाहक गरल से जीवित बचा लिया। कंज ने अपने मकरंद से अलि (भ्रमर) को जीवन दान दिया है। जो सुंदरियाँ अपने प्रियतमों के साथ हैं, वे भी इस शरद ऋतु में प्रिय से मिलकर रंगरली करती हुई सज-बजकर अपने को प्रेम-रस से सींचती हुई, शीतल होती हैं; पर एक हम हैं कि इस शरद ऋतु में हमारी सेज सूनी है, प्रिय विहीन है, इसपर पाला जम गया है और विरह का समुद्र उत्पन्न हो गया है। अब तो प्रियतम से मिलने की आशा भी दूर हो गई है व्रजनाथ अब दूसरे के, कुब्जा के, हो गए हैं। हमारे नहीं रह गए हैं।

२५५५/३८८० राग केदा

मैं जान्यो री आए हैं हरि, चौंकि परे तैं पुनि पछितानी
इते मान तलफत तनु बहुतै, जैसैं मीन तपति बिनु पानी
सखि सुदेह तौ जरति बिरह जुर, जतननि नहिँ प्रकृती ह्वै आनी
कहा करौं अब अपथ भए, मिलि बाढ़ी बिथा, दुःख दुहरानी
पठवौं पथिक सब समाचार लिखि, बिपति बिरह बपु अति अकुलानी
'सूरदास' प्रभु तुम्हरे दरस बिनु, कैसैं घटत, कठिन यह कानी

सखी, आज मैंने सपने में हरि को अपने पास आया देखा। उन्हें देखते ही मैं चौं पड़ी। चौंकने से सपना टूट गया और दृश्य हरि अदृश्य हो गए। हरि को अपने पास पाकर मैं बार बार पछताने लगी। इससे मेरा शरीर वैसे ही अत्यन्त तड़पने लगा, जैसे प से बाहर आकर मछली तड़पने लगती है। हे सखी, मेरी देह तो विरह-ज्वर से जली रही है। अब मैं यत्न करने पर भी प्रकृतिस्थ, स्वस्थ-चित्त, नहीं हो पा रही हूँ। मैं क करूँ? मैं जिस पथ पर चली जा रही थी, वह पथ भी मुझसे छूट गया। गाड़ी पटरी उतर गई। इस स्वप्न मिलन से तो मेरी व्यथा बहुत बढ़ गई है और दुःख दूना हो है। अब मैं किसी राह चलते के हाथ, सब समाचार लिखकर, कृष्ण के पास यह भेज दूँ—विरह की विपत्ति बहुत बढ़ गई है। शरीर अत्यन्त अकुला उठा है। प्रभु, तुम दर्शन बिना वह कठिन दुख कैसे घट सकता है। अब तो लोक-मर्यादा का बचा कठिन हुआ जा रहा है।

देखि सखी, उत है वह गाउँ।
जहाँ बसत नँदलाल हमारे, मोहन, मथुरा नाउँ।
कालिंदी के कूल रहत हैं, परम मनोहर ठाउँ।
जौ तन पंख होहिं सुनि सजनी, अबै उहाँ उड़ि जाउँ।
होनी होइ, होइ सो अबहीं, इहिं व्रज अन्न न खाउँ।
'सूर' नंदनंदन सौं हित करि, लोगन कहा डराउँ॥

देखो सखी, उधर वही वह गाँव हैं, जहाँ हमारे नंदनंदन, मदनमोहन आजकल रह रहे हैं। इस गाँव का नाम मथुरा है। यह यमुना नदी के किनारे स्थित है और अत्यन्त रमणीक स्थान है। यदि मेरे शरीर में पंख होते, तो मैं अभी यहाँ से उड़कर मथुरा जा पहुँचती। जो कुछ होना है, अभी हो जाय। अब मैं इस व्रज का अन्न नहीं ग्रहण करना चाहती। मैंने नंदनंदन से जब प्रेम कर ही लिया है, तब लोगों से क्या डरूँ। 'जब प्रेम किया, तब डरना क्या?'

२५५७/ल २१९/२५१ राग गौरी

जारन आयो री गुणन कै, पापी चंद बिसासी।
काहे कहत सुधाकर सीतल, है यह अगिनि, अमर को बासी।
देखो जाय दवा सो लागे, बूझत नयन-बारि बरसा सी।
इक हम सूल जरी माधव के, अरु लोगन की हाँसी।
ये क्यों भस्म भई मन्मथ सँग, याहि जानि झुक्यो पतिग्रासी।
'सूरजदास' कितिक हम दासी, इन जारे अविनासी॥

यह पापी विश्वासघाती चन्द्रमा हम विरहिणियों को अत्यन्त कई गुना जलाने आ गया है। न जाने क्यों लोग इसे शीतल कहते हैं? यह तो न बुझनेवाली अमर अग्नि का निवासी है। इसमें भारी जलन है। देखने पर यह दावानल (वन की आग) सा लगता है और नयनों के पानी की वर्षा से यह बुझता है। इधर हम माधव के विरह शूल में जल रही है, उधर लोग हमारी हँसी उड़ा रहे हैं। लोग कहते हैं—ये गोपियाँ मन्मथ के साथ क्यों भस्म हो गईं, यह जानते हुए भी कि यह तो पति (प्रतिष्ठा) को भी ग्रास कर जाने वाला है। इस चंद्रमा ने तो अविनाशी ब्रह्म को भी जला दिया है, फिर हम दासियाँ इसके लिए क्या हैं? हम तो इसके लिए नगण्य हैं ही।

२५५८/३९३४ राग मलार

कैसैं कैं भरिहैं री दिन सावन के।
हरित भूमि, भरे सलिल सरोवर, मिटे मग मोहन आवन के।
दादुर मोर सोर चातक पिक, सूही निसा सिरावन के।
गरज चहूँ घन घुमड़ि दामिनी, मदन धनुष धरि धावन के।
पहिनि कुसुम सारी कंचुकि तन, झुंडनि झुंडनि गावन के।
'सूरदास' प्रभु दुसह, घटत क्यौं सोक्र, त्रिगुन सिर रावन के॥

सखी, साजन के ये दिन कैसे बीतेंगे? तृणाच्छादित होकर भूमि हरी भरी हो गई है। सरोवर भी जल से भर गए हैं, घासों से ढक जाने के कारण मोहन के आने के पथ भी घिर गए हैं। मेढक, मोर, पपीहा, कोयल सभी शोर कर रहे हैं। सावन के ये दिन सुहावनी ठंडी रातों के हैं। ये चारों ओर बादलों के गरजने, बिजली के साथ घूमने, इंद्रधनुष को धारण करके दौड़ने के दिन हैं। लाल रंग की साड़ी पहनकर, लाल ही रंग की चोली कसकर झुंड की झुंड चलकर (झूला झूलने) और कजली गाने के दिन हैं। हरि के वियोग में ये दिन दुस्सह हो गए हैं। ये तो रावण के सिर के तिगुने (१०×३=३०) हैं। ये किसी प्रकार तीस से कम नहीं हो सकते।

२५५९/२५०७ *राग सारंग*

मैं मन बहुत भाँति समुझायौ।
कहा करौं, दरसन-रस अँटक्यौ, बहुरि नाहिँ घट आयौ।
इन नैननि कै भेद, रूप-रस उर मैं आनि दुरायौ।
बरजत ही बेकाज सुपन ज्यौं, पलट्यौ नहिँ, जु सिधायौ।
लोक बेद कुल निदरि, निडर ह्वै, करत आपनौ भायौ।
मुख-छवि निरखि, चौंधि निसि खग ज्यौं, हठि अपुनपौ बँधायौ।
हरि कौं दोष कहा कहि दीजै, यह अपनैं बल धायौ।
अति बिपरीत भई सुनि 'सूरज', मुरझ्यौ मदन जगायौ॥

राधा कह रही है—मैंने अपने मन को हर प्रकार से समझाया कि तू श्यामसुंदर के जाल में मत फँस। पर मैं करूँ तो क्या करूँ? यह तो दर्शन के आनंद के लिए वहाँ जो एक बार गया, तो वहीं अँटक गया, लौटकर फिर मेरे शरीर में वापस नहीं आया। मेरे इन नयनों को भेदिया बनाकर यह रूप का रस (आनंद) ले आया और इसे मेरे हृदय में छिपा दिया। फिर भी मैं इसे श्याम के पास जाने से रोकती रही, पर सब व्यर्थ। यह तो स्वप्न के सदृश जो गया, सो गया, फिर लौटकर नहीं आया। इस मेरे मन ने लोक-वेद और कुल सबकी मर्यादा को अपमानित कर दिया, खंडित कर दिया। यह निडर हो गया है और इसके मन में जो आता है, वही करता रहता है। यह श्याम के मुख की छवि देखकर रात के पक्षी उल्लू के समान चौंधिया गया और हठपूर्वक अपने को बँधवा दिया। इसमें हरि को क्या दोष दिया जाय, वे निर्दोष हैं। यह मन ही बलपूर्वक उनके पास दौड़ा चला गया। सबसे उलटी बात तो यह हुई कि इसने मूर्च्छित मदन को जगा दिया। इसमें उलटी क्या बात है। मदन तो मनोज है ही, मन ने उसे पुनर्जन्म दे ही दिया, तो क्या आश्चर्य।

२५६०/३९९९ *राग सारंग*

बिछुरे री, मेरे बाल-सँघाती।
निकसि न जात प्रान ये पापी, फाटत नाहिँन छाती।
हौं अपराधिनि दही मथति ही, भरि जोबन मद-माती।
जौ हौं जानति हरि कौ चलिबौ, लाज छाँड़ि सँग जाती।

ढरकत नीर नैन भरि सुंदरि, कछु न सोह दिन राती।
'सूरदास' प्रभु-दरसन कारन, सखियन मिलि लिखि पाती॥

गोपी अपनी सखी से कह रही है—'श्याम मेरे लड़कपन के साथी थे। उनसे मेरा वेछोह हो गया। उनके विरह में ये पापी प्राण इस शरीर को छोड़कर निकल भी नहीं जा रहे हैं, न तो मेरी यह छाती ही फट जा रही है। मैं भारी अपराधिनी हूँ। मैं अपने गदराए यौवन के मद में मतवाली होकर दही मथती रह गई। यदि मैं जानती कि हरि मधुपुरी जा रहे हैं, तो मैं सारी लाज हया छोड़कर उनके साथ ही मथुरा चली जाती।'

ऐसा सोचते हुए यह सुंदरी आँखों में आँसू भर भरकर ढुलकाए जाने लगी। उसे न दिन अच्छा लग रहा था, न रात ही। प्रभु के दर्शन के लिए सखियाँ मिल कर चिट्ठी लिखने लगीं।

२५६१/ल ११७/३६१ राग अड़ानो

सुनु सखि स्याम कहाँ गए, मेरे आगे ते।
चौंकि परी, सपने हरि देखे, बिलपि बियोगिनि जागे ते।
वारों ये आँखि, उघरि दो आईं, अधिक प्रीति अनुरागे ते।
मिथुन कोक जैसे मिलि बिछुरत, रजनि बिमुख भ्रम भागे ते।
एक हौं जरि जु रही पहिले ही, बिषम बिरह दव दागे ते।
'सूरस्याम' बिन अब क्यों जीजै, पंचबाण-सर लागे ते॥

राधा अपनी सखी से कह रही है—हे सखी, सुनो। आज मैंने रात में स्वप्न में हरि को देखा। उन्हें अपने सामने पाकर मैं चौंक पड़ी और मेरी नींद टूट गई। श्याम मेरे आगे से न जाने कहाँ चले गए और जगने पर वियोगिनी मैं हरि को न पाकर विलखने लगी। मैं अपनी ये दोनों आँखें श्यामसुंदर पर निछावर कर रही हूँ। अत्यधिक प्रेमानुराग के कारण मेरी दोनों आँखें खुल गईं। मेरी दशा ऐसी हो गई जैसी चकवा-चकवी की जोड़ी की उस समय हो जाती है, जिस समय वे मिलकर बिछुड़ जाते हैं, और उनका रात के सहज विरोधी दिन का भ्रम दूर हो जाता है। वे समझते रहते हैं कि अभी दिन है, पर उनका भ्रम शीघ्र ही दूर हो जाता है और वे दुखी हो उठते हैं। रात में चक्रवाक चक्रवाकी का मिलन संभव नहीं। यही असंभव जब संभव होता नहीं प्रतीत होता, तब वह मिथुन विकल हो उठता है। एक तो मैं पहले से ही विषम विरहानल से जली जा रही हूँ, अब इस स्वप्न-मिलन और बिछुड़न से तो पंचशर वाले काम के बाण मुझे और भी बेधे जा रहे हैं। श्याम के बिना अब मैं कैसे जीती रह सकती हूँ।

२५६२/ल ११८/३६५ राग नट

हरि बिछुरत प्राण निलज्ज रहे री।
पिय-समीप-सुख की सुधि आवै, सूल सरीर न जात सहे री।
निसिवासर ठाढ़ी मग जोवति, ये दुख हम न सुने, न चहे री।
गवन करत, देखन नहिं पाए, नयन नीर भरि बहसि बहे री।

ते बातें बसि रहीं हिये में, उलटि अवधि के बचन कहे री।
'सूरस्याम' बिनु-परब बिरह-बस, मानहु रबि-ससि राहु गहे री॥

विरहिणी गोपी कह रही है—हरि से ब्रिछुड़ते ही मेरे इन प्राणों को इस शरीर से निकल ही जाना चाहिए था; पर ये इतने बेहया हैं कि ये तन से निकले ही नहीं। प्रियतम जब पास थे, उस समय के सुख की सुधि आने पर मुझे इतनी पीड़ा, इतनी बेचैनी, हो जाती है कि वह शूल सहा नहीं जाता। मैं रात दिन खड़ी-खड़ी श्याम सुंदर का रास्त देखती रहती हूँ, पर वे आने से रहे। ऐसा दुख तो न हमने देखा था, न सुना ही था। जिस समय मेरे मनमोहन मधुपुरी जा रहे थे, मैं उन्हें भलीभाँति देख भी नहीं पाई थी, क्योंकि मेरे नयनों से अश्रुधारा, होड़ लगाकर, बह चली थी। श्याम ने जाते समय, हमारी ओ मुँह करके जो अवधि की बात कही थी, वे ही बातें मेरे हृदय में बसी हुई हैं। ऐसा लगत है कि बिना पर्व के ही, बिना अमावस्या के ही राहु ने सूर्य को और बिना पूर्णिमा के ह उसने चंद्र को ग्रस लिया है। विरह ने मेरी ऐसी दशा कर दी है।

२५६३/३७८५ राग गौड़ मल

ब्रज तजि गए माधो कालि।
स्याम सुंदर कमल-लोचन, क्यों बिसारौं आलि।
बैठि निसिवासर बिसूरति, बिकल चहुँ दिसि भारि।
कह करौं कृत कर्म अपनो, काहि दीजै गारि।
तज्यो भोजन भवन भूषण, अति बियोग बिहाल।
हित नहीं कोउ, काहि पाऊँ, करि रही जिय लाल।
धोख ही धोखे दगा दै, क्रूर गयो रथ चालि।
'सूरस्याम', प्रभु कहति यसोदा, कहा पायो पालि॥

यशोदा जी कह रही है—श्यामसुंदर, कमल-लोचन, माधव कल व्रज छोड़कर मथु चले गए। हे सखी, मैं उन्हें कैसे बिसराऊँ? मैं रात दिन बैठी हुई उन्हींका चिंतन कर हूँ। मैं अत्यन्त विकल होकर चारों ओर मारी-मारी फिर रही हूँ। क्या करूँ? यह सब अप कर्मों का फल है। और किसे गाली दूँ? और किसे दोष दूँ? मैं श्याम के वियोग में अत्य वि-हाल हो गई हूँ। मुझे न भोजन अच्छा लग रहा है, न भवन और न आभूषण ह मेरा ऐसा कोई हितैषी भी नहीं है, जिसे मैं मथुरा भेज दूँ, जो श्याम की कुछ खोज-ख लावे। मैं अपने मन में लालसा भर करके रह जाती हूँ। क्रूर अक्रूर मुझे धोखा देकर, साथ दगा करके, कन्हैया को रथपर चढ़ाकर, उसे हाँककर मथुरा चला गया। मैंने श्य का पालन-पोषण करके क्या पाया? वह मेरे बुढ़ापा में मेरे किस काम आया?

२५६४/३९८२ राग स

जियहिं क्यौं कमलिनि काँदौ-हीन।
जिनसौं प्रीति हुती री सजनी, तिनहुँ बिछुरि दुख दीन।
सागर कूल मीन तरफति है, हुलस होत जल जी न।

स्याम, वारि-विधि लई, विरद तजि, हम जु मरतिँ लव-लीन ।
ससि, चंदन अरु अंभ छाँड़ि गुन, बपु जु दहत मिलि तीन ।
'सूरदास' प्रभु मौन सबै व्रज, बिनु तंत्री ज्यों बीन ॥

गोपी कह रही है—कीचड़ के बिना कमलिनी कैसे जी सकती है। कर्दम के सूखते ही वह भी सूख जाती है। अरी सखी जिन श्यामसुंदर से मेरी इतनी प्रीति थी, उन्होंने ही बिछुड़कर मुझे यह भारी दुख दे दिया है। समुद्र के किनारे फेंकी गई मछली तड़फड़ाती रहती है, पर समुद्र के जल में उस मीन से मिलने का कोई हुलास, उल्लास नहीं रहता। उसी प्रकार श्याम ने भी जल की पद्धति अपना ली है और अपना कृपा-सिंधु विरद छोड़ दिया है। हम उनके ध्यान में लगी रहकर उनपर अपने प्राण दिए दे रही हूँ और उनको हमपर ज़रा भी तरस नहीं आ रहा है। चंद्रमा, चंदन और जल इन तीनों का गुण शीतलता है। पर इन तीनों ने अपना शीतलता वाला गुण छोड़ दिया है और दाहकता का गुण ग्रहण कर लिया है। ये तीनों मिलकर हमारे शरीर को जलाए दे रहे हैं। सारे व्रज में सन्नाटा छाया हुआ है। कहीं कोई आवाज नहीं सुन पड़ रही है। व्रज क्या है, मानो बिना तार की वीणा हो।

२५६५/ल १२५/४१० राग धनाश्री

कह कोई जाने पीर पराई ।
ज्यों जल माहँ मीन की मारगु, पगु पहिचान्यो न जाई ।
व्रज के लोग रोगु नहिँ समुझत, वैद्यहिँ देत बताई ।
सो जाने जाके तन लागी, कै जिन दई लगाई ।
हरि के संग रहत निसि-बासर, बिरह न देत दिखाई ।
ना जाने हम कौन यतन करि, जल में आगि लगाई ।
तन अति छीन, चलन गति छाकी, सुधि बुधि सब बिसराई ।
'सूरस्याम' प्रभु आनि मिलावहु, जाते सब दुख जाई ॥

गोपी कह रही है—दूसरे का दुःख-दर्द कोई कैसे जान सकता है? मछली जल में चलती है, उसका कोई मार्ग तो होगा ही, पर उस मार्ग पर चलते समय उसके पैर को किसने पहचान पाया है। व्रज के लोग रोग तो पहचानते नहीं, वे वैद्य का पता बता देते हैं? इस प्रेम रोग को तो वही जान सकता है, जिसके तन में यह रोग लगा हो। अथवा वह जान सकता है, जिसने यह रोग लगाया हो। हम सब हरि के साथ रात दिन लगी रहती थीं, तब यह विरह कहीं जरा सा भी नहीं दिखाई पड़ता था। हम नहीं जानतीं किस प्रकार पानी में आग लग गई। अब हमारा शरीर क्षीण, कृश हो गया है। हमारी मति भी थक गई है, रुक गई है। हम चलने फिरने में भी असमर्थ हो गई हैं। हमारी सारी सुधि-बुधि भी विस्मृत हो गई है। कोई प्रभु श्याम को लाकर हमसे मिला दे, जिससे हमारा सब दुख दूर हो जाय।

सखी री हरि बिनु है दुख भारी।
सिँहिका-सुत हर-भूषन ग्रसि ज्यौं, सोइ गति भई हमारी।
सिखर-बंधु-अरि क्यौं न निवारत, पुहुप-धनुष कैं बिसेष।
चच्छुस्त्रवा उर-हार ग्रसी ज्यौं, छिनु दुतिया बपु रेख।
घट-सुत-असन समय-सुत, आनन अमी गलित जैसैं मेंत।
जलधर व्योम अंबु कन मुंचत, नैन होड़ बदि लेत।
जदुपति प्रभु मिलि आनि मिलावहु, हरि-सुत आरत जानि।
जैसैं हरि करि-बंधु प्रगट भए, तैंसिय आरति मानि।
षट-आनन-वाहन कानन में, घन रजनी तहँ बासी।
'सूरदास'-प्रभु चतुर सिरोमनि, सुनि चातक पिक त्रासी॥

गोपी कह रही है—हे सखी, हरि के बिना हमें भारी दुःख सहना पड़ रहा है। सिंहिका के पुत्र (राहु) के द्वारा ग्रस लिए जाने पर हर के भूषण (चंद्रमा) की जो दशा हो जाती है, वही दशा हमारी हो गई है। शिखर-बंधु अरि (हिमालय के सम्बन्धी शिवशंकर के शत्रु कामदेव) को क्यों नहीं रोकती? यह कामदेव फूलों का धनुष लेकर मुझे मारने के लिए विशेष रूप से आ गया है। मेरे वक्ष पर जो हार लटक रहा है, यह मुझे चक्षुस्त्रवा (आँख से सुनने वाले, सर्प) के समान काटे खा रहा है। और मेरा शरीर द्वितीया के चंद्रमा के समान क्षीण होकर रेखा मात्र रह गया है। घट-सुत (कुंभज) का असन (भोजन, समुद्र) समय के सुत निमिष (पलक) में सदा समाया रहता है। आँखें सदा अँसुवाई रहती हैं। मेरा आनन अमी (सं० रोगी) के समान गल पच कर मेत (फारसी-मैत:—मृतक) जैसा हो गया है। मेरा मुँह मुर्दे के समान एकदम सफेद हो गया है। उधर जलधर (बादल) व्योम में जल की बूँदें बरसाए जा रहे हैं, इधर मेरे नेत्र जल बरसाने में उनकी होड़ किए जा रहे हैं। सखी, जाओ और यदुनाथ कृष्ण को लाकर मुझसे मिला दो, यह समझकर कि मैं हरि (कृष्ण) के बेटे प्रद्युम्न (काम का अवतार) से आर्त (दुखी) हो गई हूँ। गज के ग्राह द्वारा ग्रसित होने पर जैसे उसके बंधु हरि आ प्रगट हुए थे, तू भी मेरे दुख को उसी हाथी के दुख जैसा समझ और मेरी सहायता कर। हे चतुर शिरोमणि प्रभु, षडानन (स्वामी कार्तिकेय) के वाहन (मोर) रात के घने अंधकार के समान सघन वन में आ बसे हैं और ये मोर, पपीहा, और कोयल बोल बोलकर मुझे त्रस्त किए जा रहे हैं, तरसाए जा रहे हैं। आकर मेरे भय का निवारण कर दो।

२५६७/३९०० राग मलार

कहँ लौं राखिय मन बिरमाई।
इक टक सिव-धर, नैन न लागत, स्याम सु, ता सुत-धनि चलि आई।
हरि-वाहन-दिव-वास-सहोदर, तिहि मति उदित मुरछि महि जाई।
गिरिजा-पति-रिपु नख-सिख व्यापत, बसत सुधा-प्रिय-कथा सुनाई।

बिरहिनि बिरह आपु बस कीन्हौ, लेहु कमल जिमि पाइँ छुवाई।
वेगिहिं मिलौ सुर के स्वामी, उदधि-सुता-पति मिलिये आई॥

हे श्याम, राधा अपने मन को कहाँ तक बहलाकर, फुसलाकर, बिलमा कर रोके रखे। उसके नेत्र एकटक देखते रहते हैं, ये शिवधर (शिव की धरा), अचल, बने रहते हैं। उसकी पलकें नहीं गिरतीं। उसके नयन नहीं लगते। सारी रात बीत जाती है और उसे नींद नहीं आती। यहाँ तक कि श्याम (श्रीकृष्ण) के पुत्र (अनिरुद्ध) की धन्या (उषा) आ जाती है। जगते-जगते ही सबेरा हो जाता है। हरि के वाहन (गरुड़) के द्युलोक में वास करने वाले सहोदर भाई (अरुण) की उदय होने की मति के साथ साथ, (सूर्योदय होते ही) वह मुरझा कर धरती पर गिर पड़ती है। गिरिजापति (शिव) का शत्रु (कामदेव) उसके नख से लेकर शिखा तक व्याप्त हो जाता है और सुधा-प्रिय (देवताओं) की कथा (बात) सुनकर वहीं बसा रहता है। देवताओं के कथनानुसार वह अनंग होकर भी सबके अंग में व्याप्त हो जाता है। उस कामदेव ने उस विरहिणी को अपने वश में कर रखा है। हे उदधि-सुता (लक्ष्मी) के पति दौड़कर उससे मिलिए और अपने कमल के समान चरण से उसे छू लीजिए।

२५६८/३९०१ राग धनाश्री

माधव बिलमि बिदेस रहे।
अमरराज-सुत नाम रैन दिन, चितवत नीर बहे।
मारुत-सुत-पति नंद-गेह तजि, हरि-भख बचन कहे।
जल-रितु-नाम जान अब लागी, काके नेह नहे।
कुंती-पति-पितु तासु नारि धर, ता अरि अंग दहे।
घट-सुत-रिपु-तनया-पति सजनी, उर अति कपट गहे।
सैल-सुता-पति ता सुत-वाहन-बोल न जात सहे।
'सूरदास' यह बिपति स्याम सौं, को समुझाइ कहै॥

विरहिणी गोपी अपनी सखी से कह रही है—हे सखी, माधव विदेश में ही रह गए हैं। अमरराज (देवताओं के राजा इंद्र) के पुत्र (जयंत) का रात-दिन का नाम—काग (कौए) को देखते ही नेत्रों से अश्रुधारा बह चलती है। शायद यह उड़कर हरि के आने का शुभ शकुन सूचित कर दे। पर वह उड़ता नहीं, अत: आँखें अँसुवा आती हैं। मारुत के सुत हनुमान के पति राम (अर्थात् कृष्ण) ने नंद का घर छोड़ते समय हरि (सिंह) का भक्ष्य-माँस की बात कही थी। कहा था कि हम एक मास (महीने) में आ जायेंगे। पर अब तो जल-ऋतु (वर्षा) भी समाप्त होने को आ गई। वे वहाँ मथुरा में जाकर न जाने किसके प्रेमजाल में फँस गए। कुंती के पति पांडु, पांडु के पिता शांतनु; शांतनु की नारी गंगा। गंगाधर अर्थात् शिव। शिव का अरि—कामदेव मेरे अंगों को जलाए दे रहा है। घट के सुत—कुंभज, कुंभज का रिपु—समुद्र; समुद्र की तनया—लक्ष्मी; लक्ष्मीपति—विष्णु (श्रीकृष्ण)। हे सखी श्रीकृष्ण ने अपने हृदय में हमारे प्रति कपट गह रखा है। शैल सुता—पार्वती; पार्वती पति—शिव; शिव-सुत—स्वामि कार्तिकेय; कार्तिकेय (षडानन) का

वाहन—मोर। मोर बोल रहे हैं। इनकी बोली मुझसे सही नहीं जाती। श्याम से जाकर मेरी यह विपत्ति कौन समझा कर कहे।

२५६९/३१३७ राग मलार

हरि-सुत पावस प्रगट भयौ री।
मारुत-सुत-वंधू-पितु-प्रोहित, ता प्रतिपालन छाँड़ि गयौ री।
हर-सुत-बाहन-असन-सनेही, सो लागत अँग अनल भयौ री।
मृगमद-स्वाद मोद नहिँ भावत, दधि-सुत भानु समान भयौ री।
वारिज-सुत-पति क्रोध कियौ सखि, मेटि सकार दकार दयौ री।
'सूरदास' बिनु सिंध-सुता-पति, कोपि समर कर चाप लयौ री॥

हरि का सुत प्रद्युम्न, (कामदेव) इस वर्षा में आकर प्रकट हो गया है। मारुत-सुत—पवन-पुत्र=भीम), भीम का बंधु—अर्जुन; अर्जुन का पिता—इंद्र; इंद्र का पुरोहित—वृहस्पति=जीव। हरि तो चले गए, पर मेरे इस जीव का प्रतिपालन करने के भारी भार मुझपर छोड़ गए। हर-सुत—षडानन; षडानन का वाहन—मोर; मोर का असन (भोजन)—सर्प; सर्प का सनेही—चंदन। चंदन का लेप अंगों पर करते ही वह शीतलता प्रदान करने के स्थान पर जलाने लगता है। कस्तूरी आदि सुगंधित पदार्थ, खाने का सुस्वादु वस्तुएँ, आमोद-प्रमोद के सभी पदार्थ—मुझे कत्तई नहीं अच्छे लग रहे हैं। शीतल दधि-सुत चंद्रमा, भानु के समान दाहक हो गया है। वारिज-सुत, कमल के पुत्र—ब्रह्मा। ब्रह्मा के पति—विष्णु (कृष्ण)। कृष्ण मुझपर कुपित हो गए हैं। इसलिए उन्होंने मुझे सकार सुख के बदले में, दकार दुख दे दिया है। बिना सिंधु-सुता लक्ष्मी के पति विष्णु (कृष्ण) के स्मर (कामदेव) ने हमें मारने के लिए कुपित होकर अपने हाथों में धनुष उठा लिया है

२५७०/३१७२ राग सारंग

हर कौ तिलक हरि बिनु दहत।
वै कहियत उडुराज अमृतमय, तजि सुभाव को मोहिँ निबहत।
कत रथ थकित भयौ पच्छिम दिसि, राहु गहनि सौं मोहिँ लगत।
छपौ न छीन होत सुनि सजनी, भूमि-भवन-रिपु कहाँ रहत।
सीतल सिंधु जनम जा केरौ, तरनि तेज होइ कह धौं चहत।
'सूरदास' प्रभु तुम्हरे मिलन बिनु, प्रान तजति, यह नाहिँ सहत॥

हर (शिव) का तिलक-चंद्रमा, शीतल होकर भी हरि (कृष्ण) के बिना मुझे जला दे रहा है, कहने के लिए उडुराज चंद्रमा, सुधाकर, सुधाधर, सुधानिधि कहा जाता है, प यह अपने अमृतत्व वाले स्वभाव को छोड़कर मुझसे निबट लेना चाहता है। जिलाने के बदले यह मुझे मारे डाल रहा है। इसका रथ पश्चिम दिशा में जाकर क्यों रुक गया है यह अस्त क्यों नहीं हो रहा है? जैसे राहु इसे ग्रस लेता है, वैसे ही यह मुझे निगल जा चाहता है। छपा (रात्रि) भी क्षीण नहीं हो रही है। भूमि ही भवन है जिनका उन की मकोड़ों के शत्रु मुर्गे भी न जाने कहाँ चले गए हैं और अपनी बाँग से रात्रि के अंत क सूचना नहीं दे रहे हैं। सिंधु से जिसका जन्म हुआ है और जिसका स्वभाव ही शीतल

है, वह चंद्रमा भी सूर्य के समान तपता हुआ न जाने क्या करने पर तुला हुआ है। प्रभु तुम्हारे मिलन के अभाव में अपने प्राण तक देना चाहती हूँ। अब यह कष्ट मुझसे सहा नहीं जा रहा है।

२५७१/३९९० राग सारंग

गौरि पूत रिपु ता सुत आयुध, प्रीतम ताहि निनारे।
सिव विरंचि जाके दोउ बाहन, तिन हरे प्रान हमारे।
मोहिँ बरजत, उठि गवन कियौ हठि, स्वाद लुब्ध रस आल।
कुंती-नंद-तात मुख जोवति, अरु वारति अति चाल।
उगवै सूर, छुटै पसु बंधन, तौ बिरहिनि रति मानै।
इहिँ विधि मिलैं 'सूर' के स्वामी, चतुर होइ सो जानै॥

गौरी के पुत्र, स्वामि कार्तिकेय का शत्रु तारकासुर। तारका या तारा का पुत्र अंगद। अंगद का आयुध गदा। गदा फारसी का शब्द है, अर्थ है दीन, भिखारी। गदा के प्रीतम= दीनबंधु, कृष्ण। हे सखी, दीनबंधु कृष्ण ने मुझे छोड़ दिया। मुझसे अलग हो गए। शिव और विरंचि दोनों जिस कामदेव के वाहन हैं, उसी कामदेव ने हमारे प्राण हर लिए हैं। मेरे रोकने पर भी वे आल (प्याज के डंठल) के रस के लोभ में हठ करके चले गए। अब मैं कुंती के पुत्र युधिष्ठिर के पिताश्री धर्मराज, यमराज का मुँह निहार रही हूँ—मृत्यु की घड़ी गिन रही हूँ और कृष्ण के अविचार की निंदा कर रही हूँ। सूर्योदय हो और मवेशी चरने के लिए छोड़ दिए जायँ, तभी सबेरा होने पर विरहिणी को सुख मिल सकता है। इसी प्रकार कुब्जा के जाल से मुक्त होकर हमारे स्वामी आ मिलें, तब मुझे भी सुख मिले। इस रहस्य को चतुर लोग ही जान सकते हैं।

२५७२/४००७ राग सारंग

हरि मौकों हरि-भख कहि जु गयौ।
हरि दरसत, हरि मुदित, उदित हरि, हरि ब्रज हरि जु लयौ।
हरि-रिपु ता रिपु ता पति को सुत, हरि बिनु, ब्रजहि दहै।
हरि कौ तात परस उर अंतर, हरि बिनु अधिक बहै।
हरि-तनया सुधि तहाँ बदत हरि, हरि अभिमान न ठायौ।
अब हरि दवन दिवा कुबिजा को, 'सूरदास' मन भायौ॥

हे सखी, हरि मुझसे हरि-भख (मांस=मास) कह कर गए थे। वे कह गए थे कि एक माह में आ जाऊँगा। हरि (बादल) के दर्शन से हरि (मोर) प्रसन्न हो उठे हैं। हरि (इंद्रधनुष) उदित हो गया है। व्रज के हरि (सूर्य, कृष्ण) का अपहरण हो गया है। हरि के रिपु (मोर का शत्रु सर्प), का रिपु (सर्प का शत्रु गरुड़), गरुड़ के पति (विष्णु=कृष्ण) का पुत्र (कामदेव का अवतार प्रद्युम्न)। हरि के बिना कामदेव व्रज को जलाए दे रहा है। हरि के तात (बंदर हनुमान के पिता) पवन, हमारे हृदय को स्पर्श करके, हरि (कृष्ण) के बिना अधिक तेजी से बहे जा रहे हैं। हरि-तनया (सूर्य पुत्री यमुना) की सुधि मुझे हो आ रही है, जहाँ बराबर हरि (कोकिल) बोला करता था हरि वहाँ हाजिर हो

जाया करते थे और कभी भी अभिमान नहीं करते थे। अब तो हरि के मन को यही अच्छा लग रहा है कि वे कुब्जा को मनमाना भोग, कामदेव को दबानेवाला भोग, दिए जा रहे हैं।

२५७३/४०२४ राग कान्हरौ

सोचति राधा लिखति नखनि मैं, बचन न कहति, कंठ जल त्रास।
छिति पर कमल, कमल पर कदली, ता पर पंकज कियौ प्रकास।
ता पर अलि, सारँग पर सारँग, सारँग-रिपु लै कीन्हौ आस।
तहँ अरि पंथ पिता जुग उद्दित, वारिज बिवि रँग भयौ अभास।
सारँग मुख तैं परत अंबु ढरि, मनु सिव पूजतिँ तपहि बिनास।
'सूरदास' प्रभु हरि-विरहा-रिपु, दाहत अंग, दिखावत बास॥

राधा ध्यानावस्थित दशा में बैठी हुई पृथ्वी पर हाथ के नखों से श्रीकृष्ण का चित्र-लिखती जा रही है। उसके मुख से वाणी नहीं फूट रही है और उसका गला सूख गया है।

राधा ने पहले पृथ्वी पर कमल (चरण) बनाए। फिर उस कमल (चरण) पर कदली (जंघा) बना दी। फिर उस कदली (जंघा) पर पंकज (कमल जैसे उदर), फिर उस पंकज (उदर) पर अलि (रोमावली) तथा अलि (रोम राजि) पर सारंग (हृदय कमल, कर कमल) तदनंतर सारंगपति (निशा का पति चंद्रमा जैसा मुख) बनाकर उस मुख के ऊपर सारंग-रिपु (कमल के शत्रु रात्रि जैसे केश) रच दिए। इसके पश्चात् वहीं मुख और केश के पास अरिपंथ (मार्ग की शत्रु, नदी यमुना) के पिता दो सूर्य (दो ताटंक) बना दिए। फिर वहाँ वारिज विवि (दो नेत्र कमल) का रूप प्रदर्शित किया। कृष्ण का पूरा रूप बन जाने पर राधा के सारंग (कमल) मुख से आँसू ढुलककर उसके उरोजों पर पड़ने लगे, मानो वह काम की तपन का विनाश करने के लिए शिव की पूजा कर रही हो, क्योंकि हरि (कृष्ण) के विरह का शत्रु कामदेव राधा के अंग अंग में अपना निवास बना कर उन अंगों को जलाए डाल रहा था।

२५७४/ल पृ. १३६/४१४ राग नट

मिलवहु पार्थ-मित्रहि आनि।
जलज-सुत के सुत की रुचि ते, भई रस की हानि।
उदधि-सुता-सुत अवलि उर पर इंद्र-आयुध जानि।
गिरि-सुता-पति-तिलक करकस सतत सायक तानि।
पिनाकी-सुत-तासु-वाहन, भक्ष को भक्ष बखानि।
साखामृग रिपु बसन, मलयज हुत हुतासन जानि।
धर्म-सुत-अरि के सुभाइहि, तजो सिर धरि पानि।
'सूरदास' बिचित्र बिरहिनि, चूक मन-मन भानि॥

राधा अपनी सखी से कह रही है—हे सखी, पार्थ (अर्जुन) के मित्र (श्याम) को लाकर मुझसे मिला दो। जलज-सुत ब्रह्मा के सुत नारद की रुचि (कलह) से मेरे ही प्रेम

की हानि हुई है। उदधि-सुता सीपी के सुत मोती की माला मेरे उरोजों पर इंद्र के आयुध वज्र सी जान पड़ रही है। गिरि-सुता पार्वती के पति शिव का तिलक चंद्रमा बराबर हमारे ऊपर कठोर वाण तान कर चलाए जा रहा है। पिनाकी शिव के सुत गणेश का वाहन मूषक, मूषक का भक्षक सर्प, सर्प का भोजन वायु। मुझे शीतल वायु भी विष की खानि सी लगती है। वस्त्र शाखा-मृग बंदर के शत्रु लाल चींटा (मटा) के समान मुझे काटे खा रहे हैं। शीतल मलयज चंदन तो मेरे लिए हुताशन अग्नि सा दाहक हो रहा है। अब मैं धर्म के सुत युधिष्ठिर के अरि दुर्योधन के स्वभाव अभिमान को अपने सिर पर हाथ रख कर दूर से ही प्रणाम कर रही हूँ। इस विचित्र विरहिणी ने अपनी चूक मन ही मन स्वीकार कर ली।

२५७५/ल १२६/४१३ राग बिलावल

हरि-सुत पावक प्रकट भयो।
मारुत-सुत-वंधव पितु प्रोहित, ता प्रतिपालिहु छांड़ि गयो।
रति को पति ताको पुनि वाहन, ता वाहन घन-सुत उनयो।
मीन-सुता-सुत-तात कहत है, तापर काढत सकल छयो।
ससि के संग सरोज कली को, नाते मेरे मन माहँ ठयो।
सैल सु ताको रूप न आवत, ता दिन को त्रिय नेमु लयो।
सारंग-सुत वाके सुत को हितु, ता सुत सों सुख नाथ हयो।
'सूरदास' रवि-रथ रवि के बस, अजहुँ न मोहन दरस दयो॥

१. हरि-सुत=हरि (कृष्ण) का सुत (पुत्र), प्रद्युम्न, जो कामदेव का अवतार है। गोपी कह रही हैं कि इस पावस ऋतु में काम का पावक (अग्नि) प्रकट हो गया है। कामाग्नि प्रज्वलित हो रही है।

२. मारुत सुत=भीम। मारुत-सुत-वंधव=भीम के भाई अर्जुन। मारुत-सुत-वंधव-पितु=अर्जुन के पिता इंद्र।

मारुत-सुत-वंधव-पितु प्रोहित=इंद्र के पुरोहित वृहस्पति। वृहस्पति का एक पर्याय है जीव।

हरि पावस की इस विकट ऋतु में हमें इस जीव का प्रतिपालन करने के लिए छोड़ गए हैं। (पर प्राण-रक्षा की यह जिम्मेदारी सँभालनी कठिन हो रही है।)

३. रति को पति=कामदेव। ताको पुनि वाहन=काम का वाहन मीन। ता वाहन=मीन का वाहन, जल (सजल) घन-सुत=जल से भरे हुए बादलों के छोटे छोटे टुकड़े।

रति के पति कामदेव के वाहन मीन, मीन के वाहन सजल घन-सुत आकाश में उमड़ आए हैं।

४. मीन-सुता=मत्स्यगंधा। मीन-सुता-सुत=मत्स्यगंधा के पुत्र व्यास। मीन-सुता-सुत-तात=पराशर। पराशर एक नाग है। ता परकासत=उसके प्रकट होने पर, नाग के सदृश जलदों के आ जानेसे हमारे सारे सुखों का क्षय, नाश, हो गया है।

५. शशि के साथ सरोज की कली का जो नाता है, वह मुकुलित होने का है। चंद्रोदय के साथ खिली कमलिनी का मुँह बंद हो जाता है। वही नाता, वही संबंध, अब हमारे मन में भी आकर स्थापित हो गया है। हमारा भी मुँह बंद हो गया है।

६. शैल=गोवर्द्धन गिरि। शैलसु वाको रूप=गिरिधर, गोवर्द्धन गिरि का रूप धारण करने वाले कृष्ण।

गिरि गोवर्द्धन का रूप धारण करने वाले गिरिधर गोपाल लौटकर नहीं आ रहे हैं। गोपियाँ उनके लौट आने के दिन की प्रतीक्षा कर रही है। मथुरा से व्रज आने वाले मार्ग की ओर टकटकी लगाने का व्रत ले लिया है।

७. साहाँ-सुत=कमल के पुत्र व्रह्मा। सारँग-सुत वाके सुत=व्रह्मा के पुत्र नारद। सारंग-सुत वाके सुत को हितु=कमल के पुत्र व्रह्मा; व्रह्मा के पुत्र नारद; नारद के हितैषी—विष्णु भगवान, विष्णु के अवतार श्रीकृष्ण। ता सुत=कृष्ण के पुत्र काम के अवतार प्रद्युम्न=काम।

मथुरा जाकर नाथ (कृष्ण) ने हमारे उस काम-सुख का हनन कर दिया है।

८. सूर्य का रथ तो सूर्य के बस में है और दिन रात बराबर होते जा रहे हैं, रुकने वाले नहीं है। फिर भी मोहन ने इतने दिन बीत जाने पर भी हमें दर्शन नहीं दिया।

२५७६/ल ८२०/९ राग सारंग

पथिक, सँदेसो कहियो जाय।
आवैंगे हम दोनो भैया, मैया जनि अकुलाय।
याको बिलगु बहुत हम मान्यो, जो कहि पठयो धाय।
कहं लौ कीर्ति मानिए तुम्हरी, बड़ो किए पय प्याय।
कहियो जाय नंद बाबा सों, अरु गहि पकरेउ पाय।
दोऊ दुखी होन नहिं पावहिं, धूमरि धौरी गाय।
यद्यपि मथुरा बिभव बहुत है, तुम बिनु कछु न सुहाय।
'सूरदास' व्रजवासी लोगनि, भेंटत हृदय जुड़ाय॥

श्रीकृष्ण जी किसी व्रज जानेवाले पथिक से कह रहे हैं—हे पथिक, हमारा यह संदेश यशोदा मैया और बाबा नंद से कहना। यशोदा मैया विकल न हों। हम दोनों भैया आयेंगे। मैया ने जो यह कहला भेजा है कि मुझे अपनी धाय समझकर मुझपर मया करते रहना। मैंने इसका बहुत बुरा माना है। मैया, मैं तुम्हारा यश कहाँ तक मानूँ तुम्हींने तो दूध पिलाकर मुझे बड़ा किया है। पथिक, जाकर नंद बाबा के पाँव पकड़कर उनसे कहना—मेरी धौरी और धूसरी दोनों गायें दुखी न होने पावें। बाबा से यह भी कहना कि यद्यपि मथुरा धन-धान्य से पूर्ण है, सम्पन्न है, पर तुम्हारे बिना मुझे यह सब कुछ अच्छा नहीं लगता। ब्रजवासी लोगों को गले लगाते ही मेरा हृदय जुड़ जाता है।

भ्रमर-गीत

कृष्ण का उद्धव को व्रज भेजना

२५७७/४०२९ राग बिलावल

अंतरजामी कुँवर कन्हाई ।
गुरु-गृह पढ़त हुते जहँ विद्या, तहँ व्रजवासिन की सुधि आई ।
गुरु सों कह्यौ जोड़ि कर दोऊ, दछिना कहौ सो देउँ मँगाई ।
गुरु-पतनी कह्यौ पुत्र हमारे, मृतक भए, सो देहु जिवाई ।
आनि दिए गुरु-सुत जमपुर तैं, तब गुरुदेव असीस सुनाई ।
'सूरदास' प्रभु आइ मधुपुरी, ऊधौ कौं व्रज दियौ पठाई ॥

कुँवर कन्हैया तो अंतर्यामी हैं। वे उज्जयिनी में गुरु संदीपनि के यहाँ विद्याध्ययन कर रहे थे। वहाँ उन्हें व्रजवासियों का स्मरण हो जाया करता था। उन्होंने गुरु जी से दोनों हाथ जोड़कर कहा—'गुरुदेव, जो दक्षिणा कहें मँगवा दूँ। अब मेरी शिक्षा समाप्त हो गई है और मैं अपने माता-पिता के पास जाना चाहता हूँ।' इस पर गुरु-माता ने कहा—मेरा पुत्र मर गया है, मैं निपूती हो गई हूँ। मेरे उस मृत पुत्र को जीवित करके मुझे सपूती बना दो। यही तुम्हारी गुरु-दक्षिणा है।

कृष्ण ने यमपुर से लाकर गुरु-माता को उनका पुत्र सौंप दिया। तब गुरु संदीपनि ने उन्हें भूरि-भूरि आशीः दिया। प्रभु मधुपुरी लौट आए और व्रजवासियों की खोज खबर लाने के लिए ऊधव को व्रजमंडल में भेज दिया।

२५७८/४०३० राग मलार

जदुपति सखा ऊधौ जानि ।
लगे मन मन यहै सोचन, भली नहिँ यह बानि ।
अंस भुज धरि होत ठाढ़ौ, निठुर जैसौ काठ ।
संग यह नहिँ बनत नीकौ, होइ कैसैंहु साँठ ।
जौ कहौं तौ करै क्यौं यह, निंदिहै अरु मोहिँ ।
देखिबे कौं परम सुंदर, रहत नैननि जोहि ।
कनक कलस अपान जैसैं, तैसोई यह रूप ।
'सूर' कैसैंहु प्रेम पावै, तबहिँ होइ सुरूप ॥

यदुनाथ मन ही मन सोचने लगे—ऊधव मेरा सखा तो है, पर इसकी यह आदत अच्छी नहीं है। यह तो कंधे पर हाथ रखकर इस तरह खड़ा हो जाता है। जैसे सूखा काठ हो। इसमें निठुरता है, सरसता नहीं। मुझ सरस प्रेमी का इस निष्ठुर से यह संग कुछ अच्छा नहीं जान पड़ता। मेरी इससे साँठ-गाँठ हो तो कैसे हो? मैं जो कुछ कहूँगा, वह उसे

क्यों करेगा। करना तो दूर रहा, उलटे यह मुझे ही खरी खोटी सुनाने लगेगा। देखने-ताकने में यह अत्यंत सुंदर है। इसकी सुंदरता देखते ही बनती है। इसका रूप तो उस सोने के घड़े जैसा है, जो देखने में तो बड़ा मनोहर लगता है, पर जो जल से रीता हो अथवा न पीने योग्य पेय से भरा हो। यदि यह किसी प्रकार नीरस से सरस हो जाय, निष्ठुर से प्रेमपूर्ण हो जाय, तो इसकी सुंदरता को चार चाँद लग जायँ।

२५७९/४०३२ राग बिलावल

यह अद्वैत दरसी रंग।
सदा मिलि इक साथ बैठत, चलत बोलत संग।
बात कहत न बनत यासौं, निठुर जोगी जंग।
प्रेम सुनि बिपरीत भासत, होत है रस भंग।
सदा ब्रज कौ ध्यान मेरैं, रास रंग तरंग।
'सूर' वह रस कहौं कासौं, मिल्यो सखा मुरंग॥

कृष्ण सोच रहे हैं—यह ऊधव तो अद्वैतवादी है, निर्गुनिया है। यह मेरे साथ हमेशा उठता-बैठता है, साथ-साथ चलता है, बातें करता है, पर यह जबरजंग और निष्ठुर जोगी है, ब्रह्मवादी है। इससे रसमय बातें नहीं करते बनतीं। रस-चर्चा करते ही यह उसका खंडन करने लगता है, जिससे रस का परिपाक नहीं होने पाता, रस-भंग हो जाता है। मेरे मन में तो सदा व्रज के रासरंग की तरंगें उठती रहती हैं। मैं व्रज के इस रस-रंग की चर्चा करूँ तो किससे? मुझे यह मित्र मिला तो है, पर यह भोंदू है, भोंदू। राग रंग से इसका कोई मतलब नहीं।

२५८०/४०३३ राग नट

संग मिलि कहौं कासौं बात।
यह तौ कहत जोग की बातैं, जामैं रस जरि जात।
कहत, कहा पितु मातु कौन, को पुरुष नारि कह नात।
कहाँ जसोदा सी है मैया, कहाँ नंद सम तात।
कहँ वृषभानु-सुता-सँग कौ सुख, वह बासर वह प्रात।
सखी-सखा-सुख नहिँ त्रिभुवन मैं, नहिँ बैकुंठ सुहात।
वै बातैं कहिए किहिँ आगैं, यह गुनि हरि पछितात।
'सूरदास' प्रभु ब्रज महिमा कहि, लिखी बदत बलभ्रात॥

कृष्ण सोच रहे हैं—मैं किससे हिल-मिलकर प्रेम की रसमय बातें करूँ? यह ऊधव तो सदा योग की ही बातें करता है, जिससे सारा रस जल जाता है, सारा मजा किरकिरा हो जाता है। यह तो कहता है कि किसका पिता, किसकी माता। पति-पत्नी का नाता क्या है, कुछ नहीं है। इसके लिए माता-पिता, पति-पत्नी के सभी संबंध झूठे हैं। पर कहो तो यशोदा जैसी मैया कहाँ है? नंद के समान बाबा कहाँ हैं? वृषभानु की बेटी राधा के साथ का सुख कहाँ है? व्रज के वे दिन, व्रज की वे रातें कहाँ हैं? व्रज की गोपियाँ व्रज के ग्वाल जैसे सखी सखा का सुख तो तीनों लोकों में कहीं नहीं दीख पड़ता। व्रज के आगे तो मुझे बैकुंठ भी

हीं सुहाता। ये बातें मैं कहूँ, तो किससे कहूँ? यह सोचकर हरि (कृष्ण) पछताने लगे। बलदाऊ के भाई कृष्ण की कथित व्रज की यह महिमा शास्त्रों तक में लिखी हुई है।

२५८१/४०३४ राग धनाश्री

कहाँ सुख व्रज कौ सौ संसार।
कहाँ सुखद बंसीबट जमुना, यह मन सदा बिचार।
कहँ बन धाम, कहाँ राधा सँग, कहाँ संग व्रजधाम।
कहँ रस रास बीच अंतर सुख, कहाँ नारि तन ताम।
कहाँ लता तरु-तरु प्रति बूझनि, कुंज-कुंज नव धाम।
कहाँ बिरह सुख बिन गोपिन सँग, 'सूरस्याम' मन काम॥

श्याम के मन में यह विचारधारा प्रवाहित होती जा रही थी—व्रज का सा सुख संसार में और कहाँ है? कहाँ वह सुखद वंशीवट है, जिसपर बैठ कर मैं बाँसुरी बजाया करता था। वह वृंदावन का निकुंज-भवन कहाँ है, जिसमें मैं राधा के साथ रंगरली किया करता था। वह रसिकिनी राधा कहाँ है, वे व्रजांगनाएँ कहाँ हैं, वह रास का रस कहाँ है। रासलीला के मध्य में ही मेरे अंतर्धान होने का, गोपियों की विरहाकुलता का, उनका लता वृक्षों से मेरा पता पूछने का सुख और कहाँ है? वृंदावन के कुंज-धाम अन्यत्र कहाँ हैं। बिना गोपियों के वह विरह-सुख भी अन्यत्र कुत्र सुलभ है।' श्याम इसी प्रकार की कामनाएँ मन में किए जा रहे थे।

२५८२/४०३५ राग धनाश्री

वह सुख कहौ काकैं साथ।
सखा हमकौं मिले ऊधौ, बचन मारत माथ।
भजन भाव बिना नहीं सुख, कहाँ प्रेम रु जोग।
काग हंसहि संग जैसौ, कहाँ दुख कहँ भोग।
जगत मैं यह संग देखौ, बचन प्रति कहै व्रह्म।
'सूर' व्रज की कथा कासौं कहौं, यह करै दंभ॥

कृष्ण सोच रहे हैं—मैं इस सुख की चर्चा करूँ, तो किससे करूँ? हमको सखा मिला तो ऊधव जैसा, जो मेरी रसमयी बातों पर अपना मत्था पीट लेता है और कह देता क्या निरर्थक बातें कर रहे हो? बिना भजन-भाव के, प्रेम-भाव के सुख कहाँ? प्रेम और योग का साथ कैसा? कहाँ मैं प्रेमी और कहां वह ब्रह्मवादी योगी। मेरा और ऊधव का साथ तो ऐसे ही है जैसे हंस और कौवे का साथ हो। एक ओर भोग का सुख है, दूसरी ओर योग-साधना का दुःख। इस जगत को मैं सब देख रहा हूँ और यह ऊधव कहता है 'व्रह्म सत्यं, जगन्मिथ्या।' फिर मैं व्रज की चर्चा चलाऊँ तो किससे चलाऊँ? यह 'अहं व्रह्मास्मि' के गर्व में चूर है।

२५८३/४०३७ राग धनाश्री

याहि और नहिँ कछू उपाइ।
मेरौ प्रगट कह्यौ नहिँ बदिहै, व्रज ही देउँ पठाइ।

गुप्त प्रीति जुवतिनि की कहि कैं, याकौ करौं महंत ।
गोपिनि के परमोधन कारन, जैहै सुनत तुरंत ।
अति अभिमान करैगौ मन मैं, जोगिनि की यह भाँति ।
'सूरस्याम' यह निहचै करिकै, बैठत हैं मिलि पाँति ॥

कृष्ण ने सोचा—ऊधव को ठीक रास्ते पर लाने का कोई दूसरा उपाय नहीं है। मे कहना तो यह सीधे जाकर कहेगा नहीं, व्यर्थ की बातें करने लगेगा। इससे यही अच्छ है कि मैं इसे व्रज भेज दूँ। इससे मैं गोपियों के गुप्त प्रेम की बातें कहकर, इसे उकसाक भारी ज्ञानोपदेशक महंत बनाए देता हूँ। गोपियों की प्रेम की बात सुनकर यह तुरंत उ प्रवोध देने के लिए चल पड़ेगा। यह योगियों की तरह अपने मन में भारी गर्व करेगा ऐसा सोचकर श्याम उठकर अपने लोगों की पंक्ति में जा बैठे।

२५८४/४०३८ राग बिलाव

तबहिं उपँग-सुत आइ गए।
सखा-सखा कछु अंतर नहीं, भरि-भरि अंक लए।
अति सुंदर तन स्याम सरीखो, देखत हरि पछिताने।
ऐसै कौं वैसी बुधि होती, व्रज पठऊँ मन आने।
या आगे रस-कथा प्रकासौं, जोग-कथा प्रगटाऊँ।
'सूर' ज्ञान याकौं दृढ़ करिकै, जुवतिन्ह पास पठाऊँ ॥

जब कृष्ण इस प्रकार उधेड़-बुन में पड़े हुए थे, तभी उपंग के पुत्र ऊधव वहाँ गए। कृष्ण और ऊधव दोनों परस्पर अभिन्न मित्र थे। दोनों ने एक दूसरे को गले से ल लिया। कृष्ण ने देखा कि ऊधव का शरीर उन्हीं की तरह अत्यंत सुंदर साँवला सलो है, वे यह सोचकर पछताने लगे कि कितना अच्छा होता, जितना सुंदर इसका श है, यदि उतनी ही सुंदर इसकी बुद्धि भी होती। उन्होंने मन में तै कर लिया कि सुबुद्धि प्राप्त करने के लिए व्रज में भेज दूँ। मैं पहले इसके आगे गोपियों की प्रेम क कहूँ, फिर योग-ज्ञान की बातें करूँ। इसका ज्ञान पक्का करके मैं इसे व्रज-वनिताओं पास भेज दूँ।

२५८५/४०४० राग धन

हरि गोकुल की प्रीति चलाई।
सुनहु उपँग-सुत, मोहिं न बिसरत, व्रज-वासी सुखदाई।
यह चित होत जाउँ मैं अबहीं, इहाँ नहीं मन लागत।
गोपी ग्वाल गाइ बन चारन, अति दुख पायौ त्यागत।
कहँ माखन-रोटी, कहँ जसुमति, जेंवहु कहि-कहि प्रेम।
'सूरस्याम' के बचन हँसत सुनि, थापत अपनौ नेम ॥

हरि ने ऊधव से गोकुल के प्रेम की चर्चा प्रारंभ करते हुए कहा—हे उपंग-सुत ऊ सुनो। हार्दिक सुख देनेवाले व्रजवासियों को मैं भुला नहीं पा रहा हूँ। मेरा मन इस म

में जरा भी नहीं लग रहा है। मेरा मन करता है कि मैं तुरंत गोकुल चला जाऊँ। गोपियों, ग्वालों का मधुमय संग छूट गया है—गायों का सुखद चराना भी बंद हो गया है। इन्हें छोड़कर मुझे अत्यंत दुख हुआ है। गोकुल की वह माखन-रोटी यहाँ कहाँ, यशोदा मैया यहाँ कहाँ, जो मुझसे प्रेमपूर्वक कहा करती थीं—कन्हैया यह ताजा माखन और रोटी नामू नामू करके खा लो।

ऊधव कन्हैया की ये बातें सुनते जा रहे थे, और हँसते जा रहे थे, साथ ही वे अपने ब्रह्मवाद का सिद्धांत भी स्थापित करते जाते थे।

२५८६/४०४६ राग धनाश्री

ऊधौ, व्रज कौं गमन करौ।
हमहिं बिना गोपिका बिरहिनी, तिनके दुःख हरौ।
जोग ज्ञान परबोधि सबनिकौं, ज्यौं सुख पावैं नारि।
पूरन ब्रह्म सकल परिचै करि, डारैं मोहिं बिसारि।
सखा प्रवीन हमारे तुम हौ, तुम तैं नहीं महंत।
'सूरस्याम' इहिं कारन पठवत, ह्वै आवैगौ संत॥

कृष्ण बोले—ऊधव, अब तुम व्रज को चले ही जाओ। व्रज की गोपियाँ मेरे विरह में अत्यंत व्याकुल हैं। तुम वहाँ उन्हें समझा-बुझाकर उनका दुख दूर कर दो। तुम उन्हें अपने योग के ज्ञान से संबोध दो, जिससे बेचारी वे अबलाएँ सुखी हो जायँ। उन्हें तुम पूर्ण ब्रह्म का पूरा-पूरा परिचय दो, जिससे वे मुझे एकदम भूल जायँ। वे जब तक मुझे नहीं भुला पाएँगी, उनका दुःख दूर नहीं हो सकेगा। तुम मेरे दक्ष सखा हो। तुमसे बढ़कर कोई ज्ञानी, कोई महान अंतःकरण वाला दूसरा नहीं। मैं तुम्हें वहाँ इसीलिए भेज रहा हूँ कि तुम वहाँ जाकर महान संत, साधु बनकर वापस आओगे।

२५८७/४०४७ राग नट

ऊधौ मन अभिमान बढ़ायौ।
जदुपति जोग जानि जिय साँचौ, नैन अकास चढ़ायौ।
नारिनि पै मोकौं पठवत हैं, कहत सिखावन जोग।
मन ही मन अप करत प्रसंसा, यह मिथ्या सुख-भोग।
आयसु मानि लियौ सिर ऊपर, प्रभु अज्ञा परमान।
'सूरदास' प्रभु गोकुल पठवत, मैं क्यौं कहौं कि आन॥

कृष्ण का व्रज जाने का यह आदेश सुनकर ऊधव के मन में अभिमान की मात्रा बढ़ गई। वे सोचने लगे यदुपति ने भी योग की सच्चाई मान ली। कन्हैया मुझे व्रज की गोपियों के पास भेज रहे हैं और कह रहे हैं कि तुम जाकर उन व्रजांगनाओं को योग की शिक्षा दे आओ। यह सोचकर ऊधव की आँखें आकाश में चढ़ गई और वे मन ही मन अपनी प्रशंसा करने लगे। उन्होंने प्रभु कृष्ण की आज्ञा को पक्का माना और मन ही मन कहने लगे—प्रभु मुझे गोकुल भेज रहे हैं। मैं इसके विरुद्ध कुछ भी कैसे कह सकता हूँ—कि मैं नहीं जाऊँगा, या कि किसी दूसरे को भेज दीजिए।

२५८८/४०४८ राग कान्हरौ

तुम पठवत गोकुल कौं जैहौं।
जौ मानिहैं ब्रह्म की बातैं, तौ उनसौं मैं कैहौं।
गदगद वचन कहत मन प्रमुदित, बार बार समुझैहौं।
आजु नहीं जो करौं काज तुव, कौन काज पुनि लैहौं।
यह मिथ्या संसार सदा ही, यह कहिकै उठि ऐहौं।
'सूर' दिना द्वै व्रज-जन सुख दै, आइ चरन पुनि गैहौं॥

ऊधव जी मन ही मन प्रमुदित होकर गद्‌गद वाणी में बोले—श्याम, तुम मुझे गोकुल भेज रहे हो, तो मैं वहाँ जाऊँगा ही। यदि गोपियाँ मेरी योग और व्रह्म की बातें मान लेंगी, तो मैं उनसे यह सब कहूँगा ही। मैं उन्हें बार-बार समझाऊँगा, क्योंकि यह विषय गूढ़ है और एक बार समझाने से ही समझ में आनेवाला नहीं है। यदि आज मैं तुम्हारा यह काम नहीं करता, तो मैं भविष्य में तुम्हारे किस काम आऊँगा? मैं उन गोपियों से यह कहकर कि यह संसार सर्वथा मिथ्या है—'जगन्मिथ्या' है, मैं गोकुल से उठकर पुनः तुम्हारे पास मथुरा आ जाऊँगा। मैं दो दिनों में व्रजवासियों को सुखी बनाकर, आकर, तुम्हारे चरण छुऊँगा, पकड़ूँगा।

२५८९/४०५२ राग सोरठ

हलधर कहत प्रीति जसुमति की।
कहा रोहिनी इतनी पावै, वह बोलनि अति हित की।
एक दिवस हरि खेलत मो सँग, झगरौ कीन्हौ पेलि।
मोकौं दौरि गोद करि लीन्हौ, इनहिं दियौ कर ठेलि।
नंद बबा तब कान्ह गोद करि, खीझन लागे मोकौं।
'सूरस्याम' नान्हौ तेरौ भैया, छोह न आवत तोकौं॥

इसी बीच हलधर (बलदाऊ) यशोदा मैया के प्रेम की प्रशंसा करते हुए कह उठे—ऊधव जी, यशोदा मैया जितने प्रेम से बोलती थीं, मेरी रोहिणी मैया भी उतना प्रेम कहाँ से ला पातीं? एक बार कन्हैया मेरे साथ खेल रहे थे। इन्होंने जान-बूझकर, जबरदस्ती हठपूर्वक मुझसे झगड़ा कर लिया। तब यशोदा मैया ने दौड़कर मुझे अपनी गोद में उठा लिया था। तब नंद बाबा ने कन्हैया को अपनी गोद में ले लिया था और मुझसे चिढ़कर बोले थे—दाऊ, श्याम तेरा छोटा भाई है, तुझे इसका जरा भी मोह नहीं लगता। अरे यदि यह तुझसे झगड़ ही गया था, तो तुझे इसे अपना छोटा भाई समझकर इस पर रोष न करना चाहिए था। तुझे इसे अनुज का स्नेह देना ही चाहिए था।

२५९०/४०५३ राग रामकली

जसुमति करति मोकौं हेत।
सुनौ ऊधौ कहत बनत न, नैन भरि-भरि लेत।
दुहुँनि कौ कुसलात कहियौ, तुमहिं भूलत नाहिं।
स्याम हलधर सुत तुम्हारे, और के न कहाहिं।

आइ तुमकौं धाइ मिलिहैं, कछुक कारज और ।
'सूर' हमकौं तुम बिना, सुख को नहीं कहुँ ठौर ॥

बलराम जी ऊधव से कहने लगे—ऊधव, यशोदा मैया मुझसे भारी स्नेह करती थीं। वह स्नेह मुझसे कहते नहीं बन पड़ा है। मेरी तो आँखें ही उसका स्मरण करके आँसू से भरी आ रही है। तुम मैया यशोदा से कहना कि हम दोनों भाई सकुशल हैं और तुम्हें भूले नहीं हैं। मैया से कहना कि श्याम और बलराम हम दोनों तुम्हारे ही पुत्र हैं, हम और किसी के बेटे नहीं कहे जा सकते। हम शीघ्र ही तुमसे आकर मिलेंगे। यहाँ मथुरा में हमें कुछ कार्य अभी और करना है। हम दोनों भाइयों को तुम्हारे बिना सुख का कोई और ठिकाना नहीं। सुख तो यशोदा मैया की गोद में ही है।

कुब्जा का संदेश *२५११/४०६१ राग गौरी*

पाती लिख ऊधौ कर दीन्ही ।
नंद जसोदहिं हितकरि दीजौ, हँसि उपंग-सुत लीन्ही ।
मुख बचननि कहि हेत जनायौ, तुम हौ हितू हमारे ।
बालक जानि पठए नृप डर सौं, तुम प्रतिपालन हारे ।
कुबिजा सुन्यौ जात व्रज ऊधो, महलहिं लियौ बुलाइ ।
अपनै कर पाती लिखि राधेहिं, गोपिनि स्रहित बड़ाइ ।
मोकौं तुम अपराध लगावति, कृपा भई अनयास ।
झुकतिँ कहा मो पर व्रज-नारी, सुनहु न 'सूरजदास' ॥

जब देवकी और वसुदेव ने सुना कि ऊधव व्रज जा रहे हैं, तब उन्होंने नंद यशोदा के नाम चिट्ठी लिख दी और उसे ऊधव के हाथ में थमाते हुए कहा—इस चिट्ठी को नंद जसोदा को बड़े प्रेम से देना। उपंग-सुत उद्धव ने हँसकर और इसे वसुदेव का मिथ्या मोह मानकर, वह चिट्ठी ले ली। वसुदेव ने जबानी भी यह कहकर अपना प्रेम व्यक्त किया—नंद, तुम हमारे परम हितैषी हो, मैंने राजा कंस के डर से अपने दोनों बालकों को तुम्हारे पास भेज दिया था। यों वे नंद (पुत्र) हमारे हैं, पर तुम्हीं उनके पालन-पोषण करनेवाले हो। हम तुम्हारे इस उपकार को कैसे भूल सकते हैं।

इसी बीच कुब्जा ने सुना कि ऊधव व्रज जा रहे हैं। उसने उन्हें अपने महल में वुलवा लिया और अपने हाथ से राधा के नाम एक चिट्ठी लिखी। उसमें उसने गोपियों की भी बड़ाई की। राधा जी, तुम मुझे दोषी समझती हो। पर ऐसा है नहीं। मेरा कोई दोष नहीं। प्रभु की तो मेरे ऊपर अनायास कृपा हो गई। हे व्रजनारियो, तुम मुझपर व्यर्थ ही झींख रही हो। असलियत जाननी हो तो सूरजदास से पूछ लो। वह सब जानता है।

२५१२/४०६२ राग मलार

हम पर काहैं झुकतिँ व्रजनारी ।
साझे भाग नहीं काहू कौ, हरि की कृपा निनारी ।
कुबिजा लिख्यौ सँदेस सबनिकौ, अरु कीन्ही मनुहारी ।
हौं तौ दासी कंसराइ की, देखौ मनहिं बिचारी ।

फलनि माँझ ज्यौं करुइ तोमरी, रहत घुरे पर डारी।
अब तौ हाथ परी जंत्री के, बाजत राग दुलारी।
तनु तैं टेढ़ी सब कोउ जानत, परसि गई अधिकारी।
'सूरदास' स्वामी करुनामय, अपने हाथ सँवारी॥

कुब्जा ने चिट्ठी में सभी गोपियों को यह संदेश लिखा और विनती की—हे व्रज-नारियो, तुम मुझपर क्यों बिगड़ती जा रही हो। मैंने तुममें से किसी के सौभाग्य में हिस्सा नहीं बँटाया है। यह तो मेरे ऊपर हरि की अद्भुत कृपा ही हुई है। मैं तो कंसराय की दासी थी। तुम लोग मन में विचार कर भलीभाँति देख लो। मैं तो मधुर फलों के बीच में तितलौकी थी, तितलौकी और वह भी घूरे पर फेंकी हुई। और अब वह तितलौकी सितार बजाने वाले के हाथ लग गई है और बड़ा प्यारा राग निकाल रही है। सब लोग जानते हैं कि मेरा शरीर टेढ़ा था, मैं त्रिवंका थी। दयालु प्रभु ने अपने हाथों से छूकर मुझे सँवार दिया, मैं सुंदरी हो गई और उनके प्रेम की अधिकारिणी भी।

२५१३/४०६३ राग गौरी

ऊधौ, व्रजहिं जाहु पा लागौं।
यह पाती राधा कर दीजौ, यह मैं तुमसौं माँगौ।
गारी देहिं प्रात उठि मोकौं, सुनति रहति यह बानी।
राजा भए जाइ नँदनंदन, मिली कूबरी रानी।
मो पर रिस पावहिं काहेकौं, बरजि स्याम नहिं राख्यौ।
लरिकाई तैं बाँधति जसुमति, कहा जु माखन चाख्यौ।
रजु लै सबै हजूर होतिँ तुम, सहित सुता-वृषभान।
'सूरस्याम' बहुरौ ब्रज जैहैं, ऐसे भए अजान॥

कुब्जा ऊधव से बोली—ऊधव, मैं तुम्हें प्रणाम करती हूँ। तुम अवश्य ही व्रज जाओ। मैं तुमसे यह निवेदन करती हूँ कि मेरी यह चिट्ठी राधा जी के हाथ में दे देना। मैं लोगों से यह बात सुनती आ रही हूँ कि वे रोज सबेरे उठकर मुझे गाली दिया करती हैं। और कहती हैं—नंदनंदन मथुरा में जाकर राजा हो गए हैं, और उनको कूबरी जैसी रानी भी मिल गई है।

राधा, तुम मुझ पर क्यों क्रोध कर रही हो? तुमने श्याम को रोक क्यों नहीं रखा? यशोदा जी ने भी कन्हैया को लड़कपन में ही उलूखल में बाँध दिया था। कन्हैया ने थोड़ा सा माखन खा ही लिया था, तो क्या हो गया। तुम्हीं सब रस्सी लेकर श्याम को बँधवाने के लिए यशोदा मैया के सामने पहुँच जाया करती थीं। उन पहुँचने वालियों में वृषभानु की बेटी राधा जी भी हुआ करती थीं। कन्हैया जी ने व्रज में ऐसी-ऐसी दुर्दशा भोगी है, वे अज्ञान नहीं हैं कि इतना होते हुए भी व्रजमंडल में लौटकर जायँ।

२५१४/४०६४ राग धनाश्री

ऊधौ, यह राधा सौं कहियौ।
जैसी कृपा स्याम मोहिं कीन्ही, आपु करत सोइ रहियौ।

मो पर रिस पावतिँ बिनु कारन, मैं हौं तुम्हरी दासी ।
तुमहीं मन मैं गुनि धौं देखौ, बिनु तप पायौ कासी ।
कहाँ स्याम की तुम अरधांगिनि, मैं तुम सरि की नाहीं ।
'सूरज' प्रभु कौ यह न बूझियै, क्यौं न उहाँ लौं जाहीं ॥

कुब्जा कह रही है—ऊधव जी, राधा जी से मेरी ओर से इतना कह दीजिएगा—श्याम ने मुझपर जैसी कृपा की है, वैसी ही कृपा तुम भी मुझपर करती रहो। तुम मुझपर अकारण रुष्ट हो। मैं तो तुम्हारी दासी हूँ। तुम्हीं अपने मन में विचार करके देख लो। मैंने तो श्याम की कृपा से बिना तप किए ही काशी प्राप्त कर ली है। तुम तो श्याम की अर्द्धांगिनी हो। मैं तुम्हारी बराबरी कैसे कर सकती हूँ। तुम श्याम से ही क्यों नहीं पूछ लेतीं कि वे व्रज में क्यों नहीं वापस जाते।

२५९५/४०६५ राग केदारौ

सुनियत ऊधौ लए सँदेसौ, तुम गोकुल कौं जात ।
पाछैं करि गोपिनि सौं कहियौ, एक हमारी बात ।
मातु पिता कौ नेह समुझि कै, स्याम मधुपुरी आए ।
नाहिँन कान्ह तुम्हारे प्रीतम, ना जसुदा के जाए ।
देखौ बूझि आपने जिय मैं, तुम धौं कौन सुख दीन्हे ।
ये बालक, तुम मत्त ग्वालिनी, सबै मूँड़ करि लीन्हे ।
तनक दही माखन के कारन, जसुदा त्रास दिखावै ।
तुम हँसि सब बाँधन कौं दौरीं, काहू दया न आवै ।
जो वृषभान-सुता उत कीन्ही, सो सब तुम जिय जानौ ।
ताहीं जान तज्यौ व्रज मोहन, अब काहैं दुख मानौ ।
'सूरदास' प्रभु सुनि-सुनि बातैं, रहे भूमि सिर नाए ।
इत कुबिजा, उत प्रेम गोपिकनि, कहत न कछु बनि आए ॥

कुब्जा कह रही है—हे ऊधव, सुना है कि श्याम का संदेश लेकर तुम गोकुल जा रहे हो। श्याम का संदेश सुना लेने के अनंतर तुम गोपियों से मेरी भी एक बात कह देना। श्याम अपनी माता देवकी और पिता वसुदेव का स्नेह समझकर गोकुल से मधुपुरी में आए हैं। कन्हैया जी न तो तुम्हारे प्रियतम हैं और न तो यशोदा मैया ने उन्हें पैदा ही किया है। तुम स्वयं अपने मन में समझ-बूझकर देख लो। तुमने श्याम को कौन-सा सुख दिया है। श्याम तो बालक थे, तुम लोग यौवन के मद में मतवाली ग्वालिनें थीं। सबने कन्हैया जी को मूँड़ लिया था, जट लिया था। रहीं जसोदा, वे भी थोड़ी सी दही और मक्खन के लिए सुटुकुनी लिए श्याम को डरवाती रहती थीं। तुम सब भी रस्सी लेकर उन्हें बँधवाने के लिए दौड़ पड़ती थीं। किसी को भी कन्हैया पर जरा भी दया नहीं आती थी। वृषभानु की सुपुत्री राधा ने वहाँ जो कुछ किया है, तुम सब उसको भलीभाँति जानती ही हो। उसी जाल जंजाल के कारण व्रजमोहन ने व्रजको छोड़ दिया। कन्हैया को इतना दुख दे लेने पर भी अब तुम क्यों दुखी हो रही हो।

श्याम कुब्जा की ये बातें सिर नीचे किए हुए सुने जा रहे थे। इधर कुब्जा का प्रेम है, उधर गोपियों का, उनसे कुछ कहते नहीं बन पड़ रहा है।

२५९६/४०६६ राग बिलावल

तब ऊधौ हरि निकट बुलायौ।
लिखि पाती दोउ हाथ दई तिहिँ, औ मुख बचन सुनायौ।
व्रजवासी जावत नारी-नर, जल-थल-द्रुम बन-पात।
जो जिहिँ बिधि, तासौं तैसैंही, मिलि कहियौ कुसलात।
जो सुख स्याम तुमहिँ तैं पावत, सो त्रिभुवन कहुँ नाहिँ।
'सूरज' प्रभु दई सौंह आपुनी, समुझत हौ मन माहिँ॥

तब हरि ने ऊधव को अपने पास बुलाया। उन्होंने अपने हाथ से चिट्ठी लिखकर, दोनों हाथों से, उसे ऊधव को दे दिया, फिर मुँह जबानी भी कहा—व्रज में रहनेवाले जितने भी नर-नारी हैं, जल-स्थल पर जितने भी पेड़-पौधे और जंगल के पत्ते हैं, जो जैसी दशा में हों, उनसे उसी दशा में मिलकर हमारी खेम-कुशल कहना और कहना कि श्याम ने जो सुख तुम सबसे पाया है, वह सुख तीनों लोकों में कहीं भी प्राप्त नहीं है।

इसके बाद श्याम ने ऊधव को अपनी शपथ दिला कर पूछ लिया—मेरी बातें हृदयंगम कर लीं न? मेरी बात समझ गए न?

२५९७/४०६८ राग रामकली

कही हरि ऊधौ सौं व्रज-प्रीति।
वै लै चले जोग गोपिनि कौं, तहाँ करन बिपरीति।
तुरत अंक भरि रथहिँ चढ़ायौ, बिनै कह्यौ करि ताहि।
विरह जँजाल मेटि गोपिनि कौ, आवहु काज निबाहि।
लै रज-चरन सीस, वंदन करि, व्रज रैहौं दिन द्वैकु।
'सूरज' प्रभु श्रीमुख कहि पठवत, तुम बिनु रहौं न नैकु॥

हरि ने ऊधव से अपने व्रज-प्रेम की बात कही। वे गोपियों के लिए योग का संदेश लेकर प्रेमानंद को एक दम उलट देने के लिए चल पड़े। कृष्ण ने उन्हें गले लगाकर रथ पर बैठा दिया और उनसे विनती करते हुए कहा—गोपियों के विरह की झंझट को मिटाकर, इस कार्य को सुसंपादित करके जल्द लौट आना। उद्धव ने कृष्ण के चरणों की धूल अपने सिर पर लगाकर कहा—मैं व्रज में दो ही एक दिन रहूँगा। तब प्रभु कृष्ण ने अपने श्रीमुख से कहा—'उद्धव, शीघ्र लौटना, मैं तुम्हारे बिना जरा भी नहीं रह पाऊँगा।'

२५९८/ल ८१९/२ राग सोरठ

कहियो, नंद कठोर भए।
हम दोउ बीँरै डारि पर-घरै, मानों थाती सौंपि गए।
तनक तनक ते पालि बड़े किए, बहुतै सुख दिखराए।
गो चारन को चलत, हमारे पाछे कोसक धाए।

यह बसुदेव देवकी हमसों, कहत आपने जाए।
बहुरि बिधाता यसुमति जू के, हमहि न गोद खिलाए।
कौन काज यह राज नगर को, को सुख सो सुख पाए।
'सूरदास' व्रज समाधान करि, आजु काल्हि हम आए॥

कृष्ण ने ऊधव से कहा—ऊधव जाकर नंद बाबा से कहना। नंद बाबा कठोर हो गए हैं। हम दोनों भाइयों को दूसरे के घर में फेंककर अपने गोकुल लौट गए, मानो हम दोनों भाई किसी की धरोहर थे, जिसे वे उसके स्वामी को लौटा गए हों। हम दोनों भाई बहुत छोटे-छोटे थे। उन्होंने हमको पाल पोषकर बड़ा किया और हमें बहुत सुख दिया। जब हम दोनों भाई गाय चराने के लिए, चलने लगते थे, तब वे मारे मोह के हम लोगों के पीछे-पीछे कोसों दौड़ते आते थे। अब यह वसुदेव और देवकी हमसे कहते हैं कि हम उनके जाए जनमाए हैं, हम उनके ही बेटे हैं। कुछ ब्रह्मा ने ऐसी व्यवस्था कर दी है कि मैया यशोदा हमें अपनी गोद में फिर नहीं खेलाएँगी। मथुरापुरी का यह नगर-राज हमारे किस काम का। कौन-सा सुख उस गोकुल गाँव के सुख की बराबरी कर सकता है। हम दोनों भाई यहाँ की समस्याओं का समाधान करके आजकल ही में, दो ही एक दिन में, व्रज लौटे आ रहे हैं।

२५९९/४०६९ राग गौरी

गहरु जनि लावहु गोकुल जाइ।
तुमहिं बिना व्याकुल हम ह्वैहैं, जदुपति करी चतुराइ।
अपनौ ही रथ तुरत मँगायौ, दियौ तुरत पलनाइ।
अपने अंग-अभूषन करि करि, आपुन ही पहिराइ।
अपनौ मुकुट, पितंबर अपनौ, देत सबै सुख पाइ।
'सूरस्याम' तदरूप उपँग-सुत, भृगुपद एक बचाइ॥

कृष्ण चतुराई के साथ बोले—'ऊधव, गोकुल जाकर विलंब मत करना। मैं तुम्हारे बिना यहाँ अत्यंत व्याकुल बना रहूँगा।' कृष्ण ने स्वयं अपना रथ मँगवाया, घोड़ों को तुरत रथ में जुतवा दिया। उन्होंने अपने शरीर के सारे आभूषणों को एक-एक करके ऊधव जी को पहना दिया। उन्होंने ऊधव को अपना मुकुट और अपना पीतांबर भी सुखपूर्वक स्वयं पहना दिया। उन्होंने उपंग-सुत ऊधव को एकदम अपने रूप रंग का बना दिया। अंतर रहा तो एक ही। कृष्ण के वक्ष पर प्रभु के लात का चिह्न था, ऊधव की छाती पर यह चिह्न नहीं था।

ऊधव का व्रजागमन

२६००/४०७५ राग कल्यान

ऊधौ रथ बैठि चले, व्रज-तन समुहाइ।
मथुरा तैं निकसि परे, गैल माँझ आइ।
वहै मुकुट पीतांबर, स्याम रूप काछे।
भृगुपद इक वंचित उर, और अंग आछे।

ज्ञान कौ अभिमान किए, मोकौं हरि पठयौ।
मेरोई भजन थापि, माया सुख झुठयौ।
मधुवन तैं चल्यौ तबहि, गोकुल नियरान्यौ।
देखत व्रज लोग, स्याम आयौ अनुमान्यौ।
राधा सौं कहति नारि, काग सगुन टेरौ।
मिलिहैं तोहिं स्याम आजु, भयौ बचन मेरौ।
वैसोइ रथ देखतिं सब, कहतिं हरष बानी।
'सूरज' प्रभु से लागत, तरुनी मुसुकानी॥

ऊधव रथ पर बैठकर व्रज की ओर मुँह करके चल पड़े। वे मथुरा से निकल कर, व्रज के मार्ग पर आ गए। वे श्याम का ही मुकुट पहने हुए थे और श्याम का ही पीतांबर कसे हुए थे। उनके और सभी अंग सुंदर थे और श्यामसुंदर के सुभग अंगों के ही समान सुंदर थे। एक ही अंतर था, इनकी छाती पर भृगु के पैर का निशान नहीं था। उनको अपने ज्ञान का अभिमान था कि हरि ने मुझे गोपियों को ज्ञानोपदेश देने के लिए भेजा है। मैं अपने ही भजन, निर्गुण ब्रह्म के सिद्धांत की स्थापना करूँगा और संसार के सारे सुखों को माया और झूठ सिद्ध करूँगा।

ऊधव मथुरा से चले और गोकुल के निकट आ पहुँचे। उन्हें व्रजवासियों ने दूर से ही देखा और अनुमान लगाने लगे कि श्याम सुंदर आ गए। व्रज-वधूटियाँ राधा से कहने लगीं—'कौवे को उड़ाकर सगुन लो कि श्याम आ रहे हैं या नहीं। अब श्याम तुझे मिलेंगे। मेरी बात सत्य हो गई है।' गोपियों ने देखा कि रथ तो वैसा ही है और प्रसन्न होकर आपस में चहचहा उठीं। ये तो प्रभु श्याम से ही लग रहे हैं। यह कहकर व्रजतरुणियाँ प्रसन्नता-पूर्वक मुसकुरा उठीं।

२६०१/४०७६ राग बिलावल

राधेहि सखी बतावत री।
वैसोई रथ लागत मोकौं, उतहीं तैं कोउ आवत री।
चढ़ि आयौ अक्रूर जाहि पर, स्यंदन व्रज-तन धावत री।
वैसियै ध्वजा, पताका वैसोइ, घरघर सब्द सुनावत री।
कोउ कहै स्याम, कहति को ए हैं, व्रजतरुनी हरषावत री।
'सूरस्याम' जेहि मग पग धारे, तेहि मारग दरसावत री॥

राधा से कोई सखी कह रही है—'जैसे रथ पर चढ़कर अक्रूर मथुरा से यहाँ आए थे, यह रथ भी मुझे वैसा ही लग रहा है। कोई उधर से, उसी मथुरापुरी से, इधर व्रज की ओर चला आ रहा है। इसकी ध्वजा, इसकी पताका भी वैसी है, जैसी अक्रूर के रथ पर थी। इसके चलने की घर्घर ध्वनि भी वैसी ही है।'

कोई कह रहा था—'यह श्याम आ रहे हैं।' कोई पूछ रहा था—'रथ पर बैठकर यह कौन आ रहा है।' व्रज तरुणियाँ परम प्रसन्न हो उठीं। जिस रास्ते से श्याम यहाँ से गए थे। यह रथ तो उसी मार्ग से आता दिखलाई पड़ रहा है।

२६०२/४०७९ राग नट

देखत हरष भईं व्रज-नारी। वै निहचै आए बनवारी ॥
जो जैसैं सो तैसैं धाई। घर-घर लोगनि सुने कन्हाई ॥
रथ ही तन सब निरखन लागे। सपने कौ सुख लूटत आगे ॥
कृपा करी आए गोपाला। गोपिनि जानी बिरह-बिहाला ॥
ज्यौं ही ज्यौं रथ आतुर आवै। त्यौं ही त्यौं तनु-पट फहरावै ॥
'सूर' भईं सुख व्याकुल नारी। प्रेम-बिबस आनँद उर भारी ॥

रथ को देखते ही व्रज-बालाएँ हर्षमग्न हो गईं और कहने लगीं—यह तो निश्चित रूप से बनवारी ही आ रहे हैं। जो जहाँ भी जैसी भी, हालत में थीं, वे वहाँ से उसी हालत में दौड़ पड़ीं। घर-घर में लोगों ने सुना—कन्हैया आ गए, कन्हैया आ गए। सब लोगों की निगाह रथ की ही ओर लग गई और सभी लोग स्वप्न-सुख-सा लूटने लगे। गोपियों को विरह से विह्वल जानकर बड़ी कृपा करके गोपाल गोकुल में वापस आ गए। जैसे ही जैसे रथ वेगपूर्वक आगे बढ़ता आ रहा था, वैसे ही वैसे ऊधव के शरीर पर का पीतांबर फहराता जा रहा था। व्रज-नारियाँ सुख से विह्वल हो उठीं। वे प्रेम के बस में हो गईं और उनके हृदय में भारी आनंद भर उठा।

२६०३/४०८२ राग धनाश्री

नंद गोप हरषित ह्वै, गए लैन आगैं।
आवत बलराम स्याम, सुनत दौरि चलीं बाम, मुकुट झलक, पीतांबर मन-मन अनुरागैं।
निहचै आए गुपाल, आनंदित भईं बाल, मिट्यौ बिरह कौ जँजाल, जोवत तिहिं काला।
गदगद तन पुलक भयो, मुकुट पीत बसन नयौ, मन मैं कछु सोच भयौ, स्याम किधौं कोऊ।
'सूरज' प्रभु आवत हैं, हलधर कौं नहीं लखतिँ, झखतिँ कहतिँ होते तौ संग बीर दोऊ ॥

नंद और और-और गोप प्रसन्न होकर, कृष्ण को आता जान, अगवानी करने के लिए आगे बढ़े। जब व्रज-बालाओं ने सुना कि श्याम और बलराम आ रहे हैं, तब वे दौड़ चलीं। मुकुट की चमक और पीतांबर की झलक पा उनके मन में अनुराग की ललक छा गई। उन्हें निश्चय हो गया कि गोपाल आ गए। इस सुनिश्चय से सभी व्रज-बालाएँ आनंदमग्न हो गईं। उनके विरह का जंजाल मिट गया और वे रथ, मुकुट, पीतांबर को आँख फाड़-फाड़ कर उस समय देखने लगीं। मुकुट और पीतांबर को नया देखकर यद्यपि उनका हृदय गद्गद हो उठा, उनका शरीर पुलकित हो गया, फिर भी उनके मन में चिंता उत्पन्न हो गई कि यह श्याम ही हैं अथवा कोई और है। वे सोचने लगीं—रथारोही श्याम-सा ही तो लग रहा है, पर संदेह है कि यह श्याम ही हैं या और कोई, क्योंकि इसके साथ हलधर नहीं दीख रहे हैं। वे झींखते हुए कहने लगीं यदि यह श्याम होते तो निश्चय ही इनके साथ-साथ हलधर भी होते।

२६०४/४०८८ राग बिलावल

भली भई हरि सुरति करी।
उठौ महरि कुसलात बूझिऐ, आनँद उमँग भरी।

भुजा गहे गोपी परबोधति, मानहु सुफल घरी।
पाती लिखि कछु स्याम पठायौ, यह सुनि मनहिँ ढरी।
निकट उपँग-सुत आइ तुलाने, मानौ रूप हरी।
'सूरस्याम' कौ सखा यहै री, स्त्रवननि सुनी परी॥

यशोदा जी की बाँह पकड़कर कोई गोपी उन्हें प्रबोध देते हुए कह रही है—यह अच्छा हुआ, हरि ने हमारी सुधि तो ली। महरि उठो और आनंद तथा उमंग में भरकर चलकर श्याम बलराम की कुशल-खेम तो पूछ लो। इस घड़ी को, इस मुहूर्त को सुफल समझो। श्याम ने चिट्ठी लिखकर कुछ संदेश भेजा है। यह सुनकर यशोदा के मन को कुछ ढाढ़स बँधा। उसी समय उपंग के सुत ऊधव यशोदा जी के निकट आ गए, जिनका रूप रंग क्या था, सब हरि का ही तो था। यशोदा के कानों में पड़ा—यह श्याम के सखा (ऊधव) हैं।

२६०५/४०९४ राग बिलावल

भली बात सुनियत है आज।
कोऊ कमल-नैन पठयौ है, तन बनाइ अपनौ सौ साज।
पूछत सखा कहौ कैसे हैं, अब नाहीं करिहैं कछु काज।
कंस मारि वसुद्यौ गृह आए, उग्रसेन कौं दीन्हौ राज।
राजा भए कहाँ है यह सुख, सुरभी सँग वन गोप समाज।
अब सुनि 'सूर' करै को कौतुक, व्रज मैं नाहिँ बसत व्रजराज॥

व्रज के ग्वाल-बाल परस्पर कहने लगे—'आज एक अच्छी वात सुनने में आई है। कमलनयन कृष्ण ने किसी को अपने जैसे शरीर का श्रृंगार करके, सजा-बजा करके भेजा है।'

कृष्ण के सखा ऊधव के पास गए और पूछने लगे—कहो तो, हमारे किसन कन्हैया कैसे हैं? अब तो वे मथुरा में सारे काम कर चुके, अब वहाँ कुछ करने को तो नहीं रह गया है। कंस को उन्होंने मार ही डाला, वसुदेव को वंदीगृह से उनके घर ला चुके, उग्रसेन को भी राजा बना ही दिया। गायों के साथ ग्वालबालों को लेकर बन में घूमने का वह आनंद अब राजा बन जाने पर किसन को कहाँ मिल पाता होगा? अब तो व्रज में हमारे व्रजराज हैं ही नहीं, फिर ये सब खेल यहाँ अब कौन करे?

२६०६/४०९५ राग बिलावल

बातैं सुनियत हैं मनभावन।
नंद-नँदन पतिया लिखि पठई, आजु कालि हरि आवन।
वैसेइ ग्वाल गोप गोपी सब, वैसोइ भेष बनावन।
वैसेइ कुंज गलिन मैं फिरि-फिरि, वैसेइ बेनु बजावन।
वैसेइ बिहँसि-बिहँसि मृदु टेरनि, वैसोइ आनंद बढ़ावन।
'सूरदास' वैसिय विधि बिहरनि, वैसेइ खरिक दुहावन॥

ग्वाल-बाल परस्पर कह रहे हैं—आज तो मन को अच्छी लगनेवाली बड़ी बातें सुनने में आ रही हैं। सुना है कि नंदनंदन ने कोई चिट्ठी लिख भेजी है, और उसनें कहा है, कि हरि आज या कल भर में आ जायेंगे और ग्वाल-बाल, गोप और गोपियों के साथ वैसा ही पहले वाला वेश बना लेंगे। वैसे ही कुंजगलियों में फिर घूमेंगे, वैसे ही वेणु बजावेंगे, वैसे ही हँस-हँसकर कोमल वाणी में सबको प्रेम से पुकारेंगे और वैसे ही हमारे आनंद की वृद्धि करेंगे। वैसे ही विहार करेंगे और वैसे ही गोष्ठ में गायें दुहेंगे। वाह, कैसी आनंददायक बातें हैं।

व्रज-नर-नारी-वचन *२६०७/४०१६ राग सारंग*

वैसोइ रथ वैसोइ सब साज।

मानहु बहुरि बिचारि कछू मन, सुफलक-सुत आयौ व्रज आज।
पहिलैंइ गमन गयौ लै हरिकौ, परम सुमति राखो रति राज।
अजहूँ कहा कियौ चाहत है, यातैं अधिक कंस कौ काज।
व्याध जु मृगनि बधत सुनि सजनी, सो सर काढ़ि संग नहिं लेत।
यह अक्रूर कठिन की नाईं, हियैं विषम इतनौ दुख हेत।
ऐसे बचन बहुत विधि कहि-कहि, लोचन भरि सींचति उर गात।
'सूरदास' प्रभु अवधि जानि कै, चलीं सबै पूछन कुसलात॥

व्रज गोपियाँ परस्पर बात कर रही हैं—आज फिर वैसा ही रथ दीख पड़ा है। इसकी साज-सज्जा भी वैसी ही है। ऐसा लगता है कि सुफलक का पुत्र अक्रूर अब पुनः कोई नई अनर्थकारी योजना मन में खोजकर व्रज में आया है। पहली बार आने पर यह हरि को हर ले गया था, और बड़ी बुद्धि लगाकर रति-राज के-से हमारे श्याम को इसने वहीं रोक लिया। अब इससे भी बढ़कर कंस का कौन सा दूसरा काम यह करना चाहता है, जो आज दूसरी बार फिर आया है। बहेलिया भी जिस मृग को बाण से मार डालता है, उसके शरीर से तत्काल वह बाण नहीं निकाल लेता, क्योंकि तत्काल बाण निकाल लेने से मृग की पीड़ा और छटपटाहट बहुत बढ़ जाती है। यह अक्रूर तो महाक्रूर है। यह हमारे हृदय को अत्यंत भयंकर दुःख दिए जा रहा है।'

गोपियाँ इसी प्रकार की अनेक बातें कह-कहकर अपनी आँखों के अश्रुजल से अपने वक्ष और शरीर को भिंगोए जा रही थीं। प्रभु कृष्ण के लौट आने की अवधि आ गई समझकर वे उनका कुशल-खेम पूछने के लिए चल पड़ीं।

२६०८/४०१७ राग रामकली

व्रज घर-घर सब होति बधाइ।

कंचन कलस दूब दधि रोचन, लै वृंदावन आइ।
मिलि व्रजनारि तिलक सिर कीनौ, करि प्रदच्छिना तासु।
पूछत कुसल नारि-नर हरषत, आए सब व्रजवास।
सकसकात तन, धकधकात उर, अकबकात सब ठाढ़े।
'सूर' उपँग-सुत बोलत नाहीं, अति हिरदै है गाढ़े॥

व्रज में घर-घर बधाई होने लगी। मंगल वाद्य बजने लगे और मंगलगीत गाए जाने लगे। सोने का घड़ा, दूध, दही, हल्दी ले-लेकर गोपियाँ नंदालय में आ गईं। व्रजनारियों ने मिलकर ऊधव के माथे पर तिलक लगाया और उनकी प्रदक्षिणा की, उनके चारों ओर घूमीं। उनको संग लेकर हरि का कुशल मंगल पूछते हुए वे सभी व्रज से वृंदावन आ गईं। सभी के शरीर सशंक थे, हृदय धड़के जा रहे थे और सब हक्का-बक्का होकर खड़े हुए थे। पर उपंग के सुत उद्धव कुछ बोल नहीं रहे थे, चुप्पी साधे हुए थे। उन्होंने अपने हृदय को अत्यंत कठोर बना लिया था।

२६०९/४०९८ राग धनाश्री

आजु व्रज कोऊ आयौ है।

किधौं बहुरि अक्रूर क्रूर ह्वै, जियत जानि उठि धायौ है।
मैं देख्यौ ताकौ रथ ठाढ़ौ, तुमकौं सोध बतायौ है।
कै करि कृपा दुखित दीननि पै, हरि संदेस पठायौ है।
चलि मिलि सिमिटि सखी पूछन कौं, ऊधौ दरस दिखायौ है।
तब पहिचानि जानि प्रभु कौ भृत, करनि जोरि सिर नायौ है।
हरि हैं कुसल, कुसल हौ तुमहूँ, कुसल लोग सब भायौ है।
है वह नगर कुसल 'सूरज' प्रभु, करि सुदृष्टि जहँ छायौ है॥

कोई गोपी कह रही है—'सुना है आज मथुरा से कोई व्रज में आया है। कहीं यह अक्रूर ही तो नहीं है जो, हम सबको जीती जागती जानकर, हमें मार डालने के लिए यह फिर आ गया है।'

तब दूसरी गोपी ने कहा—मैंने रथ खड़ा देखा है। पूरी-पूरी सच्ची खबर तुम्हें बता रही हूँ। हम दुखी दीनों पर कृपा करके हरि ने अपना संदेश हमारे पास अपने एक विशेष जन से भेजा है।

तब सब गोपियाँ मिलकर, गोल बनाकर, हरि का कुशल-मंगल पूछने के लिए चलीं और आकर उद्धव को देखा। जब उन्हें मालूम हो गया कि यह प्रभु के विशेष सेवक ऊधव हैं, तब उन्होंने उन्हें सिर झुकाया और पूछा—हरि कुशल से हैं न? तुम भी सकुशल हो न? कृष्ण के सभी प्रियजन भले चंगे हैं न? वह मथुरा पुरी तो मजे में हैं न, जहाँ हरि कृपा कर छाए हुए हैं, जा बसे हैं?

२६१०/४०९९ राग धनाश्री

देखौ नंद-द्वार रथ ठाढ़ौ।

बहुरि सखी सुफलक-सुत आयौ, पर्‌यौ सँदेह जिय गाढ़ौ।
प्रान हमारे तबहिं लै गयौ, अब किहिं कारन आयौ।
मैं जानी यह बात सुनत प्रभु, कृपा करन उठि धायौ।
इतने अंतर आइ उपँग-सुत, तेहिं छन दरसन दीन्हौ।
तब पहिचानि सखा हरि जू कौ, परम सुचित मन कीन्हौ।
तिहिं परनाम कियौ अति रुचि सौं, अरु सबहिनि कर जोरे।
सुनियत हुते तैसेई देखे, परम सुहृद जिय भोरे।

तुम्हरौ दरसन पाइ, आपनौ जनम सुफल करि मान्यौ ।
'सूर' सु ऊधौ मिलत भयौ सुख, ज्यौं झख पायौ पान्यौ ।।

गोप-गोपियों ने नंदालय के द्वार पर रथ खड़ा हुआ देखा, और उनका मन यह सोचकर बड़े संदेह में पड़ गया—यह सुफलक-सुत अक्रूर कहीं फिर तो व्रज में नहीं आ गया। यह हमारे प्राण कृष्ण को तो पहले ही यहाँ से लेता चला गया था, अब यह किसलिए यहाँ आया है?

तब किसी दूसरी गोपी ने कहा—नहीं, ऐसी कोई संकट की बात नहीं है। मैं तो समझती हूँ कि हमारा कष्ट सुनकर स्वयं हरि हमारा कष्ट हरण करने के लिए कृपा कर उठकर चले आए हैं।

इसी बीच उपंग-सुत ऊधव ने आकर सबको दर्शन दिया। सब ने जान लिया कि यह हरि के अनन्य सखा ऊधव हैं। तब उनका मन सु-चित्त हो गया। उनकी घबराहट दूर हो गई। फिर सबने ऊधव को परम प्रेमपूर्वक प्रणाम किया और हाथ जोड़ा। गोपियाँ कहने लगीं—जैसा हमने सुना था, वैसा ही पाया। यह ऊधव हरि के भारी मित्र हैं और अत्यंत भोले हैं। फिर वे ऊधव से बोलीं—ऊधव जी, तुम्हारा दर्शन पाकर हमारा जीवन सार्थक हो गया। तुमसे मिलकर हमें वैसा ही सुख मिला है, जैसा सुख मछली को पानी से मिलकर होता है।

२६११/४१०० राग धनाश्री

बोलक इनहूँ कौ सुनि लीजै ।
जैसी उठनि उठै धौं ऊधौ, तैसोइ उत्तर कीजै ।
यामैं कछू खरचियत नाहीं, अपनौ मतौ न दीजै ।
कहि री सखी भागिऐ किहिं डर, चलैं जाइ सुख छीजै ।
दोउ कर जोरि भईं सब सन्मुख, बचन कहौ ज्यौं जीजै ।
'सूर' सुमति सोई दीजै, हरि वदन-सुधा-रस पीजै ।।

एक गोपी अन्यों से बोली—ऊधव जी की एक बात पहले सुन ली जाय। जिस ढंग से यह अपनी बात उठाएँ, प्रारंभ करें, हमें उसीके अनुकूल उत्तर देना चाहिए। इसमें अपना क्या खर्च लगता है। हमें अपनी बात पहले नहीं कहनी चाहिए। सखी, तू ही बता, हम ऊधव से दूर क्यों भागें? इनके चले जाने पर तो हमारा सारा सुख ही नष्ट हो जायगा। इसलिए जब तक यह यहाँ हैं, हमें इनके साथ बने ही रहना चाहिए।

तब सब गोपियाँ दोनों हाथ जोड़कर ऊधव के सामने उपस्थित हो गईं और बोलीं—ऊधव जी, आज ऐसी बातें हमें कह सुनाइए, जिससे हम जीवित रह सकें और यही बुद्धि दीजिए, जिससे हम हरि के चंद्र मुख की सुधा का रस पी सकें। हरि का दर्शन पा सकें।

२६१२/ल १२७/१ राग आसावरी

हरि रथ रतन जरेउ कि अनूप दिखावै ।
जिहि मग कृष्ण गए, उतही तैं आवै ।

चाल

उतही ते आवै, सखिन बुलायौ, देखौ मनहिँ बिचारी।
मणि मुकुट किरन, तन पीत बसन, कोउ गोविँद की अनुहारी।
सोइ अभूषण, लागे देखन जब लग नेरे आए।
ऊधो जिय जाने मुख कुम्हिलाने, कृष्ण सँदेस पठाए॥१॥

चलो-चलो धोरी, सुनिए कछु बातें।
कहहु-कहहु ऊधो, हरि की कुसलातें।

चाल

कहिए कुसलातैं, सांची बातैं, आवन कहेउ कि नाहीं।
कै गरबाने, राजस माने, अब हम चित न सुहाहीं।
ठाढ़ी तन कंपहिँ, सुंदरि जंपहिँ, बार-बार अकुलाई।
अब जिय कपट कछू जिनि राखहु, बूझौं सौंह दिवाई॥२॥

कहहु कहहु तो ऊधो, तुम क्यों व्रज आए।
तब हँसि बचन कहे, हम कृष्ण पठाए।

चाल

कृष्ण पठाए, तो व्रज आए, कहंत मनोहर बानी।
तुम सुनहु सँदेसो, तजहु अँदेसो, तुम हौ सकल सयानी।
गोप-सखा चित्त जिनि राखो, अविगत हैं अविनासी।
मोह न माया, पीर न दाया, सब घट सदा निवासी॥३॥

ऊधो जिनि कहो, हरि की प्रभुताई।
पुनि जिय अनख, बढ़े रिसए रहेउ न जाई।

चाल

रिस रहेउ न जाई, अनख जिय बाढ़ै, यह हरि लो प्रभुताई।
दासी कुबिजा कुटिल की संगति, को न बढ़ै मन पाई।
तुम पुनि भले कहन आवत हौ, हमको सबै सयाने।
जो कछु बातैं, देखियत आँखैं, सो उनके मनमाने॥४॥

ऊधो, हरि के कृत हम कहा बखाने।
गोविँद की बातैं, सब कोउ जाने।

चाल

सब कोउ जाने, क्यों मन माने, अब न कछू बनि आवै।
पर बस भए, कहत हैं सोई, कछु कुब्जा जो कहावै।
वाको न्याव, दोस सब हमरो, करम रेख को जाने।
हम गोरस दुहिकै जो राखे, गाहक विधि गति आने॥५॥

ऊधो, तुम कमलनयन से कहियो जाई।
एक बार कैसेहूँ, ब्रज देहु दिखाई।

चाल

कहियो जाय स्यामसुंदर सों, तब ऊधो समुझावैं।
शंकर व्रह्म शेष अरु सुरपति, कोऊ अंत न पावैं।
जो पै प्रीति प्रकट मिलिबे की, हृदय ध्यान अति धरिए।
'सूरदास' मिलि देत बहुत सुख, बिरह शोक कत तरिए॥ ६॥

हरि का रत्न-जटित अनुपम रथ दिखाई पड़ रहा है। कृष्ण जिस मार्ग से गए हैं, यह उसी मार्ग से आ रहा है। सखी, देखो, मन में सोचो विचारो। कृष्ण के ही रूप रंग वाला कोई इस पर बैठा हुआ है। इसके मुकुट की मणियों से किरणें फूटी पड़ रही हैं। यह भी पीतांबर पहने हुए हैं। इसके शरीर पर वही आभूषण भी हैं। गोपियाँ ध्यानपूर्वक उन्हें देखने लगीं। तब तक रथ निकट आ गया। तब उन्हें पता चला कि यह तो कृष्ण नहीं हैं। कृष्ण-सखा ऊधव हैं, जिन्हें कृष्ण ने अपना संदेश देकर भेजा है। यह जानकर कि यह कृष्ण नहीं हैं, गोपियों का मुँह कुम्हला गया॥ १॥

तब वे परस्पर कहने लगीं—'चलो चलो, चलकर ऊधव से कृष्ण की कुछ बातें ही सुनें।' ऐसा कहकर वे ऊधव के पास गईं और बोलीं—ऊधव जी, हरि का कुशल-मंगल कहें, हमसे सब सच-सच कहें, हरि ने आने के लिए कहा है कि नहीं? अथवा वे राजसी स्वभाव में आकर घमंड में आ गए हैं और अब हम उनके चित्त को नहीं सुहा रही हैं।' वे सुंदरियाँ खड़ी हैं, उनके शरीर थर-थर काँपे जा रहे हैं। वे बार-बार विकल होकर पूछे जा रही हैं—ऊधव जी, अब मन में कपट न रखें। हम आपसे शपथ दिलाकर पूछ रही हैं॥ २॥

गोपियों ने पूछा—ऊधव जी बताइए न, आप यहाँ किसलिए आए हैं? तब ऊधव ने हँसकर मनोहर वाणी में उत्तर दिया—हमें कृष्ण ने भेजा है। हम उन्हींके भेजे हुए व्रज में आए हैं। तुम लोग तो परम चतुरा हो, अब हरि का संदेश सुनो और अपने मन में किसी प्रकार का अंदेशा न करो। कृष्ण को तुम लोग गोप-सखा मत समझो। यह भाव मन से निकाल दो। वे अविगत हैं, अविनाशी हैं। उन्हें न मोह है, न वे माया-लिप्त होते हैं। न उन्हें पीड़ा है, न दया। वे घट-घट वासी हैं॥ ३॥

तब गोपियाँ बोलीं—ऊधव जी, हरि की प्रभुता का वर्णन मत करो। तुम्हारी ये बातें सुनकर हमारे हृदय में रोष बढ़ता जा रहा है। रिस रोकी नहीं जा पा रही है। तुम्हारे हरि की यही प्रभुता है न, कि उन्होंने कुटिल कुब्जा की सत्संगति कर ली है। अपने प्रिया का मन पाकर कौन है जिसका मन न बढ़ जाता हो। इस पर तुम हमको 'परम सयानी' कहने के लिए आ गए हो। जो कुछ बातें हैं, सब आँखों के आगे अयाँ हैं। सो वही कुबड़ी उनके मन को अच्छी लग रही है॥ ४॥

ऊधो हम कृष्ण की सब करनी क्या कहें? गोविंद की बातें तो सभी जानते हैं। जो कुछ बन-बिगड़ गया, बिगड़ गया, अब वह बिगड़ा, बन नहीं सकता। कन्हैया अब दूसरे

के अधीन हो गए हैं। अब वे यही कहते हैं, जो कुब्जा उनसे कहलाती है। वह जो कुछ कहती है, करती है, न्यायोचित है; हम जो कहती करती हैं, सब अनुचित है। सब दोष हमारा ही है। कर्म की रेखा को कौन जानता है। हमने तो दूध दुह के रखा है, पर ग्राहक की गति विधि कुछ दूसरी ही है। यह लेना चाहे, ले; न लेना चाहे, न ले॥ ५॥

ऊधव, तुम कमलनयन कृष्ण से जाकर कहना कि वे एक बार कैसे भी हो, व्रज में आकर हमें दर्शन दे जायँ। हमारी यह विनती श्यामसुंदर से कह देना।

इस पर ऊधव ने समझाया—उन ब्रह्म का अंत शंकर, ब्रह्मा, शेष, इंद्र कोई भी नहीं पाते। यदि तुम्हारी उनसे मिलने की ही प्रीति है, तो उनका ध्यान अपने हृदय में प्रतिदिन किया करो।

इस पर गोपियाँ बोलीं—प्रभु मिलकर बहुत सुख देते हैं और बिछुड़ कर उतना ही दुख भी देते हैं। यह विरह-शोक किस प्रकार दूर हो॥ ६॥

२६१३/४१०१ राग केदारो

गोपी, सुनहु हरि संदेस।
गए सँग अक्रूर मधुवन, हत्यौ कंस नरेस।
रजक मार्‍यौ, बसन पहिरे, धनुष तोर्‍यौ जाइ।
कुबलया चानूर मुष्टिक, दिए धरनि गिराइ।
मातु पितु के बंदि छोरे, वासुदेव कुमार।
राज दीन्हो उग्रसेनहिँ, चौंर निजकर ढार।
कह्यौ तुमकौं ब्रह्म ध्यावन, छाँड़ि विषय विकार।
'सूर' पाती दई लिखि मोहिँ, पढ़ौ गोप-कुमारि॥

ऊधव बोले—हे गोपियों, हरि का संदेश सुनो। श्याम अक्रूर जी के साथ मधुपुरी गए वहाँ जाकर उन्होंने राजा कंस को मारा। धोबी को मारकर सारे राजसी वस्त्र पहन लिए वहाँ जाकर उन्होंने धनुष यज्ञ के धनुष को तोड़ा। कुबलयापीड़ हाथी और चाणूर तथ मुष्टिक जैसे परम मल्लों को धराशायी कर दिया। माता देवकी और पिता वसुदेव क कारागार से मुक्त किया और वासुदेव कहलाए। उन्होंने उग्रसेन को राजा बनाया और उनवे सिर पर अपने हाथ से चँवर झलने लगे। तुमको ब्रह्म का ध्यान करने के लिए कहा है औ कहा है कि तुम सब विषय-विकार छोड़ दो। उन्होंने अपने हाथ से लिखकर तुम्हारे लि चिट्ठी दी है। हे गोप-कुमारियों तुम स्वयं उसे पढ़ लो।

भ्रमर-गीत

२६१४/४११५ राग सार

इहिँ अंतर मधुकर इक आयौ।
निज स्वभाव अनुसार निकट ह्वै, सुंदर सब्द सुनायौ।
पूछन लागीं ताहि गोपिका, कुबिजा तोहिँ पठायौ।
कीधौं 'सूरस्याम' सुंदर कौं, हमैं सँदेसौं लायौ॥

इसी बीच एक भौंरा आ गया। अपने स्वभाव के अनुसार वह निकट आकर मधुर-मधुर गुंजार करने लगा। गोपियाँ उस भौंरे से पूछने लगीं—हे भौंरे, क्या तुझे कुब्जा ने मथुरा से भेजा है। अथवा तू श्याम सुंदर का हमारे लिए कोई संदेश ले आया है।

२६१५/४१११ राग मलार

काहेकौं लिखि पठवत कागर।
मदन गुपाल प्रगट दरसन बिनु, क्यौं राखैं मन नागर।
ऊधौ जोग कहा लै कीजै, बिनु जल सूखौ सागर।
कहि धौं मधुप काँच के बदले, को दैहै बैरागर।
कहियौ मधुप सँदेस सु चित दै, मधुवन स्याम उजागर।
'सूरस्याम' बिनु क्यौं मन राखैं, तन जीवन के आगर॥

गोपियाँ कह उठीं—श्याम यह कागद क्यों लिखकर भेज रहे हैं? बिना नटनागर मदनगोपाल के प्रत्यक्ष दर्शन के हम अपने नागर मन को कैसे रोक पा सकती हैं? ऊधो, तुम्हारा यह योग लेकर हम क्या करें—ओढ़ें कि दसाएँ? यह तो जलविहीन सूखे समुद्र सदृश है। मधुप, तुम्हीं बताओ, तुच्छ कांच के बदले कौन अपना बहुमूल्य बैरागर हीरा दे देगा? हे मधुप, तुम स्वस्थ-चित्त से मधुवन को उजागर करनेवाले श्याम सुंदर से हमारा यह संदेश कहना—जो श्याम हमारे तन और यौवन के आगे है, अब उनके बिना हम इस मन को कैसे अपने पास रोक रखें?

२६१६/४११६ राग मलार

मधुप, कहा ह्याँ निरगुन गावहि।
यह प्रिय कथा नगर-नारिनि सौं कहहि, जहाँ कछु पावहि।
जानतिँ मरम नंदनंदन कौ, और प्रसंग चलावहि।
हम नाहीं कमला सी भोरी, करि चातुरी मनावहि।
अति विचित्र लरिका की नाईं, गुर दिखाइ बौरावहि।
जौ तू कितव सुमन-रस लै, तजि, जाइ बहुरि नहिँ आवहि।
सुंदर मधु आनन अनुरागी, नैननि आनि पियावहि।
नागर रति-पति 'सूरदास' प्रभु, किहिँ बिधि आनि मिलावहु॥

अरे भौंरे, तू यहाँ निर्गुण का क्या गुणगान किए जा रहा है? निर्गुण की यह प्रेमकथा मथुरा नगर की नागरिकाओं को सुनाओ, तुम्हें वहाँ कुछ मिल भी जाएगा। यहाँ तो तुम्हें कुछ मिलने से रहा। हम नंदनंदन के मर्म की बात भली भाँति जानती हैं। वे ऐसा कह ही नहीं सकते। अब तू कोई और प्रसंग चला, निर्गुण की बात छोड़। हम कमला (लक्ष्मी) के समान भोली नहीं हैं, चंचल नहीं हैं कि आज कुछ, कल कुछ। तुम चतुराई करके मुझसे अपनी बात नहीं मनवा सकते। जैसे लड़कों को गुड़ दिखाकर फुसला लिया जाता है, वैसे ही तू निर्गुण का गुड़ दिखाकर हमें बावला बना देना चाहता है। अरे कितव (छलिया), तू हमारे सुमन के रस को लेकर, हमारा मत जानकर, हमें छोड़कर चला जा, और फिर यहाँ लौटने का नाम न ले। यदि आना ही है तो हमारे अनुरागी नयनों को श्याम

सुंदर के आनन का मधुर मधु लाकर पिला दे और रतिपति के समान सुंदर नटनागर कृष्ण को किसी भी प्रकार लाकर हमसे मिला दे।

२६१७/४११७ राग धनाश्री

जाके गुन गावत दिन रात।
ताकौं निरगुन कहत मधुप तुम, नई सुनी यह बात।
जौ बादर जल बरसै निसिदिन, उमड़ि भरैं नद खात।
स्वाति बिना नहिं कल मधुकर सुनि, खग चातक ते गात।
बंसी मधुर सुनाइ हर्‌यौ मन, दधि खायौ लै पात।
'सूरस्याम' नृप राज भए, अब गोपिनि देखि लजात॥

अरे भौंरे, जिसका गुणानुवाद तू दिन रात करता रहता है, तू उन्हीं को निर्गुण कह रहा है—यह तो नई बात सुनने में आ रही है। भले ही बादल रात दिन बराबर लगातार उमड़ घुमड़कर पानी बरसाता जाय और नदी नालों तथा अन्य गड्ढों को पूर्णतया भर दे, पर बेचारे चातक पक्षी के शरीर के लिए स्वाति नक्षत्र के घन-जल के बिना चैन कहाँ? कन्हैया ने मधुर मुरली बजाकर हमारा मन हर लिया था, पत्तों पर हमसे ले-लेकर दही खाया था, अब वे राजा हो गए हैं और हम गोपियों का देखकर लजा रहे हैं।

२६१८/४११८ राग बिलावल

(मधुप, तुम) कहौ कहाँ तैं आए हौ।
जानति हैं अनुमान आपनै, तुम जदुनाथ पठाए हौ।
वैसेइ बसन, बरन तन सुंदर, वेइ भूषन सजि ल्याए हौ।
लै सरबसु सँग स्याम सिधारे, अब का पर पहिराए हौ।
अहौ मधुप एकै मन सबकौ, सुतौ उहाँ लै छाए हौ।
अब यह कौन सयान बहुरि ब्रज, ता कारन उठि धाए हौ।
मधुवन की मानिनी मनोहर, तहीं जात जहँ भाए हौ।
'सूर' जहाँ लौं स्याम गात हैं, जानि भले करि पाए हौ॥

हे भौंरे, कहो तो, तुम कहाँ से आए हो। हम अपने अनुमान से तो यह समझ रही हैं, कि तुम यदुपति द्वारा भेजे गए हो। तुमने श्याम के समान ही पीतांबर पहन रखा है, तुम्हारे शरीर का रंग भी श्याम सुंदर के शरीर जैसा ही है, उन्हीं के से आभूषणों से तुमने भी अपना शरीर सजा रखा है। हमारा सर्वस्व लेकर तो श्याम मथुरा चले गए। अब हमारा क्या हर ले जाने के लिए इतना सज-बजकर यहाँ पधारे हो? मधुप यह बात भली भाँति जान लो कि सबके पास एक ही मन होता है, सो तो तुमने उसे मथुरा ले जा पहुँचाया है। अब यह तुम्हारी कौन-सी बुद्धिमानी है जो तुम उसी मन के पीछे यहाँ ब्रज में दौड़े चले आए हो? तुम मधुवन की मनोहर मानिनियों के पास चले जाओ, वे ही तुम्हारी कद्र कीमत करेंगी। उन्हीं को तुम अच्छे लगोगे। जितने भी काले काले शरीर वाले हैं, हमने उनको भली-भाँति पहचान लिया है। वे तन के ही काले नहीं, मन के भी काले होते हैं।

२६१९/४११३ राग मलार

मधुकर, कौन देस तैं आए।

जब तैं क्रूर गए लै मोहन, तब तैं भेंट न पाए।
जाने सखा स्यामसुंदर के, अवधि-वंध उठि धाए।
अंग विभाग नंद-नंदन के, इहिं सुरूप दरसाए।
आसन ध्यान वायु-आराधन, अलि, मन चित तुम ताए।
अतिहिं विचित्र सुबुद्धि सुलच्छन, गुनी जोग मत गाए।
मुद्रा भस्म बिसान त्वचा-मृग, व्रज जुवतिनि नहिं भाए।
अतिसी कुसुम बरन, मुख मुरली, 'सूरज' प्रभु किन ल्याए॥

अरे भौंरे जरा बता तो सही, तू किस देश से यहाँ चला आ रहा है? जब से वह क्रूर अक्रूर हमारे मनमोहन को यहाँ से लेकर गया, तब से हमारी उनकी भेंट नहीं हुई, न तो हमें उनका समाचार ही मिल पाया है। हम जानती हैं कि तुम श्यामसुंदर के सखा हो और उन्होंने यहाँ लौट आने की जो अवधि हमें दी थी, उसे जानकर मित्र के नाते ही तुन यहाँ उठकर दौड़े चले आए हो और उन्हींके जैसा अपने अंगों को सजा-बजाकर तुमने हमें अपना दर्शन दिया है। हे अलि, तुमने आसन, ध्यान और प्राणायाम की बातें कहकर हमारे 'मन' और 'चित्त' को अत्यंत तपा डाला है, जला दिया है। (पर अभी हमारी बुद्धि और अहंकार शेष है और हमने तुम्हें इनके द्वारा खूब पहचान लिया है और तुम्हारे चकमे में नहीं आनेवाली हैं।) तुम अत्यंत विचित्र बुद्धि वाले हो, सुलक्षण हो, गुणी हो। इसीलिए तुम योग के मत का प्रतिपादन कर रहे हो। पर कान फड़वाकर मुद्रा धारण करने, शरीर में भस्म लगाने, सींग का बाजा बजाने और मृग-चर्म धारण करने की, तुम्हारी ये बातें हम व्रज-युवतियों को अच्छी नहीं लग रही हैं। तुम अपने साथ तीसी के फूल के समान नीले शरीर वाले, मुख पर रखकर मुरली बजानेवाले, श्याम सुंदर को क्यों नहीं लेते आए? यदि तुम हमारे मनमोहन को साथ लेते आए होते, तो शायद हम तुम्हारे योग-प्रस्ताव पर कुछ विचार कर भी लेतीं।

२६२०/४१२७ राग सारंग

मधुकर, कहाँ पढ़ी यह नीति।

लोक वेद सब ग्रंथ रहित यह, कथा कहत बिपरीति।
जनम भूमि व्रज, सखी राधिका, केहिं अपराध तजी।
अति कुलीन गुन रूप अमित सुख, दासी जाइ भजी।
जोग समाधि वेद-गुनि मारग, क्यौं समुझै जु गँवारि।
जो पै गुन अतीत व्यापक है, तौ हम काहैं न्यारि।
रहि अलि ढीठ, कपट स्वारथ हित, तजि बहु बचन बिलोखि।
मन क्रम बचन बचतिँ इहिं नातैं, 'सूरस्याम' तन देखि॥

हे भौंरे, तुमने यह नीति, यह रंग-ढंग, कहाँ से सीखा है, जो तुम लोक-विरुद्ध, वेद विरुद्ध, ग्रंथ विरुद्ध ये उलटी-सीधी बातें हमसे कहे जा रहे हो। श्याग ने अपनी जन्म-

भूमि इस व्रज को, अपनी प्यारी सखियों और राधिका को किस अपराध से छोड़ दिया? और अत्यंत कुलीन, अपरिचित गुण वाली, असीम रूप-संपन्न, अपार सुख देनेवाली दासी कुब्जा को कैसे अपना लिया? श्याम से जाकर यह प्रश्न पूछो न? हम तो गाँव की रहनेवाली हैं, गँवारिनें हैं, हम तुम्हारे इस योग, समाधि, वेद-सम्मत मार्ग को कैसे समझ सकती हैं। तुम्हारा ब्रह्म यदि सत, रज, तम इन तीनों गुणों से परे हैं, एक दम निर्गुण हैं, और सर्वव्यापक है, तो हम कैसे उससे अलग रह गई हैं। अरे भौंरे, तू अत्यंत धृष्ट है, कपटी है, स्वारथी है। अब अपनी यह बकवास बंद कर, बहुवाद न कर। हम तो तन, मन, वचन से इसीलिए बची हुई हैं कि हमारे मन में साँवले शरीर वाले मदनमोहन को देखने की अभिलाषा बनी हुई है। और हम तुम्हें इसलिए छोड़े दे रही हैं कि एक तो तुम श्याम के सखा हो, दूसरे उन्हीं के से श्याम-स्वरूप वाले हो।

२६२१/४१२८ राग मलार

मधुकर, काहे कौं गोकुल आए।
हम वैसी ही सचु अपने मैं, दूने बिरह जगाए।
जानति हैं तुम जिनहिं पठाए, स्याम सँदेसौ लाए।
जन्म जन्म के दूत तिरोवन, कौनहि लार लगाए।
कहा करहिं, कहँ जाहिं सखी री, हरि बिनु कछु न सुहाए।
जनम सुफल 'सूरज' तिनकौ, जे काज पराए आए॥

हे भौंरे, तुम सच सच बताओ, तुम किसलिए गोकुल आए हो (हमें सुख देने के लिए, कि दुख देने के लिए)? यदि तुम सुख देने आए हो, तो यह व्यर्थ है, क्योंकि हम तो वैसे हीअपने में सुखी थीं। हाँ, यदि तुम हमें दुख देने आए हो, तो तुम सफल मनोरथ हो, क्योंकि तुमने हमारे विरह के दुख का दूना तो अवश्य ही कर दिया है। हम जानती हैं कि तुम्हें किसने भेजा है और किसके द्वारा भेजा गया श्याम का संदेशा लाए हो। (न तो तुम्हें श्याम ने भेजा है और न यह उनका संदेशा ही है। तुम्हें कुब्जा ने भेजा है और यह संदेशा भी कुब्जा का ही है।) तुम हमारे जन्म-जन्म के धूर्त शत्रु हो और हमें योग के इस फंदे में फँसाने के लिए आए हुए हो।

'हे सखी, अब हम क्या करें, कहाँ जायँ। हरि के बिना तो हमें कुछ भी अच्छा नहीं लग रहा है।' फिर वे व्यंग्यपूर्वक बोलीं—जन्म तो उन्हींका सफल है, जो दूसरों के काम के लिए दौड़े फिरते हैं। (कुब्जा के काम से ऊधव जी दौड़े चले आए हैं, इनका जीवन सफल है)।

२६२२/४१३९ राग गौरी

ऊधौ, जाहु तुमहिं हम जाने।
स्याम तुमहिं ह्याँ कौं नहिं पठयौ, तुम हौ बीच भुलाने।
व्रज-नारिनि सौं जोग कहत हौ, बात कहत न लजाने।
बड़े लोग न बिबेक तुम्हारैं, ऐसे भए अयाने।
हमसौं कही लई हम सहिकै, जिय गुनि लेहु सयाने।
कहँ अबला, कहँ दसा दिगंबर, मष्ट करौ पहिचाने।

साँच कहौं तुमकौं अपनी सौं, बूझहिं बात निदाने।
'सूरस्याम' जब तुमहिं पठायौ, तब नैंकहुँ मुसकाने॥

अच्छा ऊधव जी, अब यहाँ से चलते बनो। हमने तुम्हें भली भाँति पहचान लिया। श्याम ने तुमको यहाँ के लिए नहीं भेजा था, कहीं और के लिए भेजा रहा होगा। तुम बीच में रास्ता भूलकर यहाँ आ गए हो। तुम हम व्रज-नारियों से योग साधने की बात कर रहे हो? ऐसा कहते हुए तुम्हें जरा भी लाज-शरम नहीं लग रही है? तुम हो तो बड़े लोग, पर तुममें जरा भी विवेक नहीं है। तुम ऐसे अज्ञान, नासमझ बन गए। तुमने हमसे जो कुछ कहा, हमने सह लिया, बर्दाश्त कर लिया। दूसरी कोई होती, तो तुम्हारा मुँह झौंस देती। तुम स्वयं अपने मन में जरा सोच-विचार कर लो। हम अबला नारियाँ है, तुम हमें दिगंबर (नंगी) होने के लिए कहे जा रहे हो। अब भी अपनी भूल को पहचान कर चुप हो रहो। तुम्हें तुम्हारी ही शपथ है, सच-सच बताना। हम तुमसे अंत में एक बात पूछ रही हैं। जब श्याम सुंदर ने तुम्हें यह संदेश देकर हमारे पास भेजा, तब क्या वे किंचित मुसकुरा भी उठे थे? (उन्होंने तुम्हें मूर्ख बनाने के लिए तो कहीं हमारे पास नहीं भेजा था? यदि उन्होंने मुसकुरा कर तुम्हें हमारे पास भेजा है, तो उनका उद्देश्य निश्चित रूप से तुम्हें मूर्ख बनाना रहा है।)

२६२३/४१४० राग काफी

जोग उलटि लै जाहु (ऊधौ), भजिहैं नंदकिसोर।
हमहिं तहाँ लै जाहु (ऊधौ), जहाँ बसैं चितचोर।
मोहन मूरति साँवरी, चित मैं रही समाइ।
देखौ ऊधौ न्याउ कै, जोग कियौ क्यौं जाइ।
पूरन पूरन तुम कहौ, ह्वाँ पूरन, ह्याँ कौन।
ऊधौ जौ जिय जानि कै, देत जरे पर लौन।
जोगहिं जोग मिलाइयै, हम या जोग अजोग।
ऊधौ करनी सार है, आपु जोग यह जोग।
मधुर बचन जे तुम कहौ, ते हम चित न समाहिं।
ऊधौ जोगहिं ना छुऐं, छुऐं तौ प्रेम लजाहिं।
हमैं जु आसा कृष्न की, देखैं जीवन प्रान।
'सूरदास' प्रभु साँवरो, नागर चतुर सुजान॥

हे ऊधव, तुम अपना यह योग वापस ले जाओ। यहाँ इसकी आवश्यकता नहीं है। हम तो केवल नंद किशोर को भजेंगी। तुम्हारे ब्रह्म को नहीं। हमको तो मथुरा लिए चलो, जहाँ हमारे चित्त को चुरा लेनेवाले श्याम सुंदर आजकल रह रहे हैं।

श्याम की वही मनमोहिनी साँवली सलोनी सूरत हमारे मन में समाई हुई है। वहाँ दूसरे के लिए स्थान कहाँ? ऊधव, तुम्हीं न्याय करके देख लो, हमसे योग-साधना कैसे की जा सकती है?

ऊधव, तुम 'पूर्ण' 'पूर्ण' की बात करते हो। यदि तुम वहाँ किसी पूर्ण ब्रह्म की बात

करते हो, तो यहाँ हमारे हृदयों में स्थित श्याम क्या अपूर्ण हैं? वे भी तो पूर्ण ही हैं। ऊधव जी, तुम सब जान-बूझकर भी हमारे जले घाव पर नमक छिड़के जा रहे हो।

ऊधव जी, योग्य को योग्य से मिलना उचित है। हम तुम्हारे इस योग के सर्वथा अयोग्य हैं। अतः इसे हमसे न मिलाओ। मूल तत्त्व तो करनी है, कथनी नहीं। सच पूछो तो यह योग तुम्हारे ही योग्य है।

ऊधव जी, जो मीठी-मीठी बातें तुम किए जा रहे हो, वे हमारे चित्त में समा नहीं रही हैं। हम योग को छू भी नहीं सकती, ग्रहण करना तो दूर की बात है। यदि हम तुम्हारे योग का स्पर्श भी कर लें, तो यह अपने प्रेम को लज्जित कर देना होगा। यह हमारे प्रेम का निरादर करना होगा और हम अपने प्रेम का आदर करती है, निरादर नहीं।

हमें तो एक ही आशा है कि हम अपने जीवन, अपने प्राण, अपने साँवले सलोने स्वामी श्याम, नागर, चतुर, सुजान कृष्ण को देख लें। आमरण हमारी यह आशा बनी रहेगी, मरेगी नहीं।

२६२४/४१४६ राग कल्यान

जाहु जाहु आगे तैं ऊधौ, हौं तौ पति राखति हौं तेरी।
काहे कौं अब रोष दिवावत, देखत आँखि बरत है मेरी।
तुम जु कहत संतत हैं गोविंद, सुनियत हैं कुबिजा उन घेरी।
दोउ मिले तैसेई तैसे, वे अहीर, वह कंस की चेरी।
तुम सारिखैं बसीठ पठाए, कहिए कहा बुद्धि उन केरी।
'सूरस्याम' बहु सुधि बिसराई, देत फिरत ग्वालनि सँग हेरी॥

ऊधव, हमारी आँखों के आगे से अब हट ही जाओ। हम चाहती है कि तुम्हारी प्रतिष्ठा बनी रहे। यदि तुम हमारे आगे बने रहोगे, तो हो सकता है कि कोई अपशब्द हमारे मुँह से निकल जाय और तुम्हारी अप्रतिष्ठा हो जाय। तुम हमको क्रुद्ध क्यों किए दे रहे हो? तुम्हें देखकर तो हमारी आँखें जली जा रही है। तुम कह रहे हो कि गोविंद संतत हैं, अत्यंत विस्तृत हैं, अपरिसीम हैं। मुझे तुम्हारी यह बात ठीक नहीं जान पड़ती, क्योंकि हमने सुना है कि कुब्जा ने उन्हें अपनी बाँहों में घेर रखा है। अतः वे सीमित हैं और विस्तृत नहीं हैं, संतत नहीं हैं। दोनों जैसे को तैसे मिले हैं—एक अहीर हैं, एक कंस की दासी है। उन्होंने तुम्हारे जैसे जन को अपना संदेश वाहक दूत बनाकर भेजा है। उनकी बुद्धि को क्या कहा जाय? कन्हैया वे दिन भूल गए क्या, जब वे ग्वालों के साथ हुर्र हुर्र करते हुए गायें चराया करते थे?

२६२५/४१५१ राग सारंग

बिलग जनि मानौ हमरी बात।
डरपतिँ बचन कठोर कहत अलि, मति बिनु पति उठि जात।
जो कोउ कहै जरै कुछ अपनैं, फिरि पाछैं पछितात।
जो प्रसाद पावत तुम ऊधौ, कृष्न नाम लै खात।
मन जु तिहारौ हरि चरननि तर, अचल रहत दिन-प्रात।
'सूरस्याम' तैं जोग अधिक है, कत कहि आवै बात॥

हे अलि, हमारी बात का बुरा मत मानो। हम तुमसे यह कठोर बात कहते हुए स्वयं डरती जा रही हैं। यदि कोई बात बिना सोचे विचारे कही जाती है या कोई काम बिना सोचे विचारे किया जाता है, तो उससे कहने वाले या करने वाले की ही अप्रतिष्ठा होती है। जो कोई बिना समझे बूझे कुछ कह देता है और उससे स्वयं जल उठता है, दुखी हो जाता है, तो वह बाद में अपने कहे और किए पर पछताता है। ऊधव, तुम जो कुछ भोजन करते हो, पहले उसे कृष्ण को भोग लगा देते हो, फिर उसे प्रसाद रूप में खाते हो। तुम्हारा मन भी हर दिन, हर प्रात हरि के चरणों में ही लगा रहता है। फिर तुम्हारे मुँह से यह बात कैसे निकलती है कि तुम्हारा योग हमारे श्याम से भी बढ़कर है। कथनी और करनी में यह भेद क्यों? अंतरं महदन्तरम्।

२६२६/४१५४ राग सारंग

सो को, जिहिं नाहीं सचु पायौ, बलि गुपाल कैं राज।
ऊधौ, इहै संपदा हरि की, आवै सबकैं काज।
धनुष तोरि, गज मारि, मल्ल मथि, किए निडर जदुबंस।
इन औरौ अमरनि सुख दीन्हौं, करषि केस सिर कंस।
कुबिजहिं रूप दियौ नँदनंदन, माली कौं हित काम।
उग्रसेन वसुदेव देवकी, अपने अपने धाम।
दीनदयाल दयानिधि मोहन, हैं हमरे इक आस।
'सूरस्याम' हरिहैं जु कृपा करि, इन नैननि की प्यास॥

ऐसा कौन है, जिसने गोपाल के राज्य में सुख नहीं पाया? ऊधव जी, हरि का तो सबसे बड़ा गुण यही है कि वे सबके काम आते हैं। उन्होंने कंस के धनुष यज्ञ के धनुष को तोड़कर, कुबलयापीड़ हाथी को मारकर, मुष्टिक और चाणूर जैसे मल्लों को समाप्त कर, यदुवंश को निर्भय कर दिया। साथ ही कंस के सिर के केश पकड़कर, घसीटकर इन्होंने देवताओं को सुख दिया। नंदनंदन ने त्रिवक्रा कुब्जा को सुंदरी बना दिया। कंस के माली की मनोकामनाएँ पूर कर दीं। उग्रसेन, वसुदेव, देवकी को कारागार से मुक्त करके उन्होंने उनको उनके-उनके महलों में भेज दिया। हमारी आशा तो एक मात्र दीनदयाल, दयानिधि मोहन हैं। वे ही कृपा करके हमारे नयनों की प्यास बुझाएँगे, दर्शन देंगे।

२६२७/४१५५ राग धनाश्री

मधुकर, कहिए काहि सुनाइ।
हरि बिछुरत हम जिते सहे दुख, जिते बिरह के घाइ।
बरु माधौ मधुवन ही रहते, कत जसुदा कैं आए।
कत प्रभु गोप-वेष ब्रज धरि कै, कत ये सुख उपजाए।
कत गिरि धरयौ, इंद्र मद मेटयौ, कत बन रास बनाए।
अब कहा निठुर भए अबलनि कौं, लिखि-लिखि जोग पठाए।
तुम परबीन, सबै जानत हौ, तातैं यह कहि आई।
अपनी को चालै सुनि 'सूरज', पिता जननि बिसराई॥

हे मधुकर, हरि के बिछुड़ने से, मथुरा चले जाने से, हमने जितने कष्ट झेले हैं, विरह के जितने घाव सहे हैं, हम उन्हें किससे कह सुनाएँ? अच्छा हुआ होता, माधव मधुबन में ही बने रहते और वह व्रज में आए ही नहीं होते। वे यशोदा मैया के यहाँ क्यों आए? उन्होंने व्रज में आकर यह गोप का वेश क्यों धारण किया? उन्होंने हमें ये सारे सुख क्यों दिए? क्यों गोवर्द्धन गिरि को उँगली पर धारण किया? क्यों इंद्र का गर्व दूर किया? क्यों वृंदावन में रासलीला की? अब हम अबलाओं पर वे क्यों इतने निष्ठुर हो गए हैं, जो चिट्ठी लिख-लिखकर हमें योग-साधने के लिए कह रहे हैं।

ऊधव जी, तुम तो चतुर हो, इसीलिए तुमसे हमने इतना कह दिया। श्याम ने जब अपनी माता यशोदा और पिता नंद को भुला दिया, तब अपनी कौन चलावे। हम गोपियाँ किस खेत की मूली हैं। यदि वह हमें भुला बैठे, तो इसमें आश्चर्य ही क्या है?

२६२८/४१५९ राग धनाश्री

तुम तौ कहत सँदेसौ आनि।
कहा कहैं वा नंदनँदन सौं, होत नहीं हित हानि।
जुगुति मुकुति किहिं काज हमारैं, जदपि महा सुख खानि।
सनी सनेह स्याम सुंदर सौं, हिलि मिलि कै मन मानि।
सोहत लोह परसि पारस कौं, ज्यौं सुबरन बर बानि।
पुनि वह कहा चारु चुंबक सौं, लटपटाइ लपटानि?
रूप-रहित निरगुन नीरस नित, निगमहु परत न जानि।
'सूरजदास' कौन विधि तासौं, अब कीजै पहिचानि॥

ऊधव, तुम तो हरि का योग-संदेश हमसे कहे दे रहे हो, पर हम क्या कहें। इस संदेश को सुन लेने पर भी हमारा नंदनंदन से प्रेम किसी भी प्रकार कम नहीं हो पा रहा है। योग और मुक्ति हमारे किस काम की, भले ही ये सुख की महा खानि ही क्यों न हो। हम तो श्याम सुंदर के स्नेह में सनकर एक हो गई हैं, मन में हरि को पूर्णतया स्वीकार करके हम उनसे एकदम घुल-मिल गई हैं। लोहा पारस पत्थर को छूकर एक दम श्रेष्ठ वर्ण वाला बारह-बानी सोना बन जाता है, पर क्या वह पुनः चुंबक से लटपटा कर लिपटकर मिल सकता है? तुम्हारा निर्गुण रूप-रहित है, नीरस है, इसे वेद भी नहीं जान पाते, 'नेति नेति' कहकर रह जाते हैं, फिर इस निर्गुण से किस प्रकार जान-पहचान की जा सकती है?

२६२९/४१६७ राग मलार

क्यौं मन मानत है इन बातनि।
पाए जानि सकल गुन मधुकर, वेइ साँवरे गातनि।
प्रथम प्रेम निसिहू न तजत, अब सकुचत हौ जलजातनि।
नीरस जानि निकट नहिं आवत, देखि पुराने पातनि।
सुनियत कथा काग कोकिल की, कपट रंग की रातनि।
निसि-दिन स्त्रम-सेवा कराइ, उड़ि अंत मिले पितु-मातनि।

बेनु बजाइ सुधाकर हरि मुख, बन बोली अधरातनि।
अति रति लोभ तजत नहिं इक छिन, पठै सकत नहिं प्रातनि।
बालि जीति, जिन बलि बंधन किए, लुब्धक की सी घातनि।
को पतियाइ सु धौं 'सूरज' कहि, संकरषन के भ्रातनि॥

मधुकर, जितने भी काले शरीर वाले लोग हैं, उनके सभी गुणों से हम परिचित हो गई हैं। ऐसी स्थिति में हमारा मन यदि तुम्हारी बातें न माने, तो आश्चर्य क्या? काले भौंरे, तुमने जब पहले कमल से प्रेम किया था, तब तो रात में भी उसे नहीं छोड़ते थे और उसके क्रोड़ में बंदी बन जाते थे, अब उन्हीं कमलों से मिलने में तुम्हें संकोच लग रहा है। तुम उनके पुराने पत्तों को देखकर, उन्हें नीरस समझकर अब उनके पास फटकते भी नहीं। यह है तुम काले की काली करतूत।

अब काली कलूटी कोयल की बात भी सुन लो। कोयल अपने अंडे को छलपूर्वक कौवे के घोंसले में रख आती है। बेचारी कौवी रात दिन परिश्रम करके उस अंडे को गर्मी पहुँचाकर सेती है। जब अंडा फूटकर बच्चा निकल आता है, तब वह उड़कर अपने माता-पिता कोयल के पास पहुँच जाता है, बेचारी कौवी को छोड़ जाता है। यह है दूसरे काले की कालिमामयी काली करतूत।

अब तीसरे काले की करतूत सुनो। अधर पर रखकर, मुरली बजाकर, शशि-मुख हरि हमको अर्द्ध रात्रि में वृंदावन में बुला लिया करते थे। अत्यंत रुचि (प्रेम एवं सुरति) के रस के लोभ से वे हमें एक क्षण के लिए भी छोड़ते नहीं थे। यहाँ तक कि सबेरा हो जाने पर भी हमें नहीं आने देना चाहते थे। अब वही काले कृष्ण मथुरा में बैठकर हमारे लिए योग का संदेश भेज रहे हैं।

जिन्होंने राम रूप में छिपकर बहेलिये की भाँति बालि को मारा, जिन्होंने वामन का कपट रूप धारण करके त्रिविक्रम बनकर बलि को बाँधकर पाताल भेज दिया, अब उन्हीं संकर्षण (बलराम) के भाई काले कृष्ण का कौन विश्वास करे?

२६३०/४१६९ राग सारंग

सैंति धरौ यह जोग आपनौ, ऊधौ पाइँ परौं।
कहँ रस-रीति, कहाँ तन-सोधन, सुनि-सुनि लाज मरौं।
चंदन छाँड़ि बिभूति बतावत, यह दुख कौन जरौं।
सगुन रूप जु रहत उर अंतर, निरगुन कहा करौं।
निसि दिन रसना रटत स्याम गुन, का करि जोग भरौं।
नासा कर गहि ध्यान सिखावत, बेसरि कहाँ धरौं।
मुद्रा न्यास अंग आभूषन, पतिव्रत तैं न टरौं।
'सूरजदास' यहै व्रत मेरैं, हरि पल नहिं बिसरौं॥

ऊधव जी, हम तुम्हारे पाँव पड़ती हैं, कृपा करके अपने योग की यह गठरी समेट कर बाँध लीजिए। कहाँ वह रस-रीति, कन्हैया के साथ प्रेम-विहार, 'आलिंगन, चुंबन, परिरंभण, मधुमय रंगरली' और कहाँ यह तन-शोधन प्राणायाम आदि हठयोग की कठिन क्रियाएँ?

योग की तो बातें ही सुन-सुनकर हम लाज से मरी जा रही हैं। तुम चंदन का लेप छोड़ने को कह रहे हो, और शरीर में राख लपेटने को कह रहे हो। इस दुख में तो हम मन ही मन चुपचाप जली जा रही हैं। श्याम का सगुण रूप तो हमारे हृदय में सदा समाया रहता है, टाले से नहीं टलता। फिर इस निर्गुण का हम क्या करें? रात दिन हमारी जीभ श्याम का गुण रटती रहती है, फिर हम जोग के चक्कर में क्यों पड़ें? तुम नाक पकड़कर ध्यान लगाने की सीख दे रहे हो, फिर हम बेसरि कहाँ पहनेंगी? जो आभूषण हमने पहन रखे हैं, वही हमारी मुद्रा और अंग-न्यास हैं। (कान फाड़कर पहना जानेवाला स्फटिक या कांच का कुंडल ही मुद्रा है और पूजा की तांत्रिक पद्धति के अनुसार देवता के भिन्न-भिन्न अंगों का ध्यान करते हुए मंत्र पढ़कर उनपर विशेष वर्णों का स्थापन ही अंग-न्यास है।) हम अपने पातिव्रत से टल नहीं सकतीं। हमारा व्रत यही है कि हम एक पल के लिए भी हरि को न भुलाएँ?

२६३१/४१७१ राग सारंग

मधुकर, हम अजान मति भोरी।

यह मत तहाँ जाइ उपदेसौ, नागरि नवल किसोरी।
कंचन कौ मृग कौनै देख्यौ, किन बाँध्यौ गहि डोरी।
कहि धौं मधुप वारि तैं माखन, कौनै भरी कमोरी।
बिनुहीं भीत चित्र किन कीन्हौ, किन नभ घाल्यौ झोरी।
कहौ कौन पै कढ़त कनूका, जिन हठि भुसी पछोरी।
निरगुन ज्ञान तुम्हारौ ऊधौ, हम अबला मति भोरी।
चाहतिँ 'सूरस्याम' मुख-चंदहिं, अँखियाँ तृषित चकोरी॥

हे मधुकर, हम तो नासमझ भोली गँवारिनें हैं। योग का अपना यह मत लेकर मथुरा में प्रचारित करो, जहाँ नागरियाँ हैं, चतुरा हैं, जहाँ नवल किशोरियाँ हैं। वे तुम्हारे उपदेश को समझ सकेंगी और ग्रहण भी कर सकेंगी। सोने का हिरन किसने देखा है। उस स्वर्ण-मृग को किसने डोर में बाँधकर रखा है। भौंरे, बताओ तो पानी मथकर किसने माखन निकाला है? और पानी के माखन से किसने कितने कमोरे भर रखे हैं? किसने बिना दीवार के चित्र बनाया है? किसने झोली में डालकर आकाश को बंद कर रखा है? किसने हठपूर्वक भूसा पछोरकर अन्न-कण काढ़ रखा है? ऊधव, तुम्हारा ज्ञान तो निरगुन है—और हम भोरी मति वाली नारियाँ हैं, हमारी आँखें तो प्यासी चकोरी हैं। श्याम के मुख-चंद्र को ही देखते रहना चाहती हैं।

२६३२/४१७३ राग मारू

ऊधौ, काल-चाल औरासी।

मन हरि मदनगुपाल हमारौ, बोलत बोल उदासी।
गुप्त गोपाल करी रस लीला, हम लूटी सुख-रासी।
अब हम कहा करैं एते पर, जोग कहत अविनासी।
नैन उमंगि चले हरि के हित, बरसत हैं बरषा सी।
रसना 'सूरस्याम' के रस-बस, चातकहू तैं प्यासी॥

हे ऊधव, काल की चाल अपराशी हैं, बड़ी अटपटी, बेढंगी और विचित्र है। पहले तो मदन गोपाल ने हमारा मन हर लिया, अब उदासीन वचन बोल रहे हैं। अब ऐसी बातें कर रहे हैं, जैसे हमसे कभी कोई मतलब ही न रहा हो। गोपाल ने हमसे गुप्त रस-लीलाएँ की थीं और हमने भी खूब सुख लूटा था। इतना हो चुकने पर भी, अब हमसे वे अविनाशी योग-साधना के लिए कह रहे हैं। अब हम करें, तो क्या करें। हमारे नयन हरि के प्रेम में उमड़ चले हैं और वर्षा की झड़ी से लगाए दे रहे हैं। हमारी जीभ भी श्याम के रस के बस में हो गई है और इसकी प्यास चातक की प्यास से भी बढ़ गई है।

२६३३/४१८० राग गूजरी

ऊधौ, इन नैननि नेम लियौ।
नंदनँदन सौं पतिव्रत राख्यौ, नाहिन दरस बियौ।
चंद चकोर, स्वाति सौं चातक, जैसैं बँध्यौ हियौ।
ऐसैंही इन नैननि इकटक, हरि सौं प्रेम दियौ।
आए पुहुप-ज्ञान लै, इन दृग-मधुपनि रुचि न कियौ।
हरि-मुख-कमल-अमी-रस 'सूरज', चाहत वहै पियौ॥

हे ऊधव, हमारी इन आँखों ने व्रत साध लिया है, अपने लिए एक नियम निर्धारित कर लिया है। ये नंदनंदन के साथ पातिव्रत-धर्म का निर्वाह कर रही हैं। ये किसी भी दूसरे को देखना नहीं चाहतीं। ये केवल अपने हरि का दर्शन चाहती हैं। जिस प्रकार चकोर का हृदय चंद्रमा से बँधा हुआ है, चातक का हृदय स्वाति नक्षत्र के बादल से बँधा हुआ है, उसी प्रकार इन नयनों ने हरि को एक टक देखकर उन्हीं को अपना समस्त प्रेम दे दिया है। ऊधव जी, तुम जो ज्ञान रूपी सुमन यहाँ ले आए हो; इन नयन रूपी मधुपों ने उनकी ओर जरा भी रुचि नहीं दिखाई है। हरि के मुखरूपी कमल के अमृत-रस को ये नेत्ररूपी भौंरे पीना चाहते हैं। अन्य सभी पुष्प-रस इनके लिए व्यर्थ हैं।

२६३४/४१९६ राग विहागरी

मधुकर, सुनौ लोचन बात।
रोकि राखे अंग-अंगनि, तऊ उड़ि-उड़ि जात।
ज्यौं कपोत बियोग व्याकुल, जात है तजि धाम।
जात यौं दृग, फिरि न आवत, बिना दरसन स्याम।
मूँदि नैन, कपाट-पल दै, किए घूँघट ओट।
स्वाति-सुत ज्यौं जात कतहूँ, निकसि मनि नग फोट।
स्रवन सुनि जस रहत हरि कौ, मन रहत धरि ध्यान।
रहति रसना नाम रटि-रटि, कंठ करि गुन-गान।
कछुक दियौ सुहाग इनकौं, तौ सबै ये लेत।
'सूरस्याम' बिना बिलोकैं, नैन चैन न देत॥

हे मधुकर, मेरे नयनों की कथा तो सुन लो। मैं अपने एक एक अंग से इन्हें रोके रहती हूँ, फिर भी ये उड़-उड़ जाते हैं। जैसे कबूतर अपनी कबूतरी के वियोग में अपना आवास

छोड़कर निकल जाता है, उसी प्रकार हमारे भी नेत्र चले जाते हैं और बिना श्याम का दर्शन किए लौटते नहीं। मैं अपने नयनों को पलकों के किवाड़ से मूँद रखती हूँ और घूँघट की ओट छिपाए रखती हूँ, पर ये स्वाति-सुत मोती के समान मणि-नग को छोड़कर कहीं भी निकल जाते हैं। ये मेरे कान हरि का सुयश सुनते रहते हैं। मन हरि का ध्यान धरता रहता है। जीभ हरि का नाम रटती रहती है, कंठ हरि का गुण-गान करता रहता है। इन अंगों को जो कुछ भी थोड़ा-सा सौभाग्य दिया गया है, ये नेत्र उन सभी को एक साथ समेट लेना चाहते हैं। बिना श्याम को देखे, नेत्र चैन नहीं लेने देते।

२६३५/४२०२ राग नट

सुंदर स्याम के सँग आँखि।
प्रथम ऊधौ आनि दै, हम सगुन डारैं नाखि।
द्वै तीन सप्त अनंत जे स्त्रुति, कहैं सुप्रिति भाषि।
हृदय विद्या ज्ञान धर्म सुलोचननि अभिलाषि।
जहाँ जहँ किए केलि हरि पिय, सर सु चकई पाँखि।
हारि हेरि अहेरिया हरि, रहीं झुकि झुकि झाँखि।
राति ज्यौं अक्रूर दिन अलि, मदन की मधु-माखि।
कमल कुमुदिनि इंदु उडगन, मिलन 'सूरज' साखि॥

हे ऊधव, हमारी आँखें तो श्याम सुंदर के पास चली गई हैं। पहले तुम हमारी उन आँखों को वहाँ से यहाँ हमारे पास ला दो, फिर हम सगुण का उल्लंघन करके निर्गुण को स्वीकार कर लेंगी। दो (श्रुति और स्मृति), तीन (श्रुति, स्मृति, पुराण), सप्त (श्रुति और उनके छह अंग—शिक्षा, कल्प, निरुक्त, ज्योतिष, छंद, व्याकरण) तथा अनंत (श्रुति स्मृति, उपवेद, वेदांग, ब्राह्मण, आरण्यक, उपनिषद, श्रौतसूत्र, धर्मसूत्र, प्रातिशाख्य आदि) जो श्रुतियाँ हैं, ये सब यही चिल्ला-चिल्लाकर कहती हैं कि जब कभी किसी वस्तु की आकांक्षा करो, तब हृदय, विद्या, ज्ञान और धर्म की शुद्ध आँखों से देख लिया करो। जहाँ-जहाँ हमारे प्रियतम हरि ने हमारे साथ प्रेम-क्रीड़ा की थी, वहाँ-वहाँ उन सरोवरों और चकवा-चकवी आदि पक्षियों तक में हमने अहेरी हरि को ढूँढ़ देखा, पर हार कर, उन्हें न पाकर, झींख कर हम बैठ रहीं। रात में हरि को मथुरा ले जाने वाले अक्रूर की और दिन में, हे भौंरे, तेरी योग की बातें मदन की मधुमक्खी के समान इन आँखों से चिपटी रहती हैं, कचोटती रहती है। इसके गवाह हैं—कमल, कुमुदिनी, चंद्रमा, तारे, और सूरज रात के गवाह हैं कुमुदिनी (जो चंद्र को देखकर खिलती हैं) और तारे (जिन्हें गिन-गिनकर रातें कटती है)। दिन के गवाह हैं कमल जो सूर्य को देखकर खिलते हैं।

२६३६/४२०४ राग सारंग

या जुवती के गोरस कौं हरि, इक दिन बहुत अरे।
ऊधौ वे बातैं क्यौं बिसरति, छाँड़ि न, हठहिं परे।
ता दिन कौं देखौ यह अंचल, ऐंचत ओप भरे।
आपु सिखाइ ग्वाल सबहिनि कौं, न्यारे रहे खरे।

सो मूरति नैननि मैं लगि रही, अँग-अँग चपल परे ।
'सूरस्याम' देखैं सचु पइयै, राखि सँदेस घरे ॥

हे ऊधव, इस युवती को देख रहे हो न। एक दिन इसके गोरस के लिए हरि बहुत अड़ गए। वे हठ में पड़ गए औ इसे छोड़ नहीं रहे थे। इसके उस दिन के आंचल को देख लो, हरि ने इसके आँचल को आवेश में आकर खींच लिया और अन्य सभी ग्वाल बालों को सिखा दिया कि खूब दूध-दही खा लो। स्वयं अलग खड़े रह गए। ऊधो, वे बातें कैसे भुला दी जा सकती है। उनकी उस दिन की अंग-अंग में चुलबुलाहट भरी हुई मूर्ति हमारी आँखों में आकर बस गई है। अब हमें श्याम को देखकर ही सुख मिल सकता है। अपना यह योग-संदेश अपने पास ही रखे रहिए। हमें नहीं चाहिए।

२६३७/४२११ राग नट

माई मधुपनि की यह रीति ।
नीरस जानि तजत छिन भीतर, नवल कुसुम रस-प्रीति ।
तिनहीं के संगिन कौं कैसैं, चित आवत परतीति ।
हमहिं छाँड़ि बिरमहिं कुबिजा सँग, आए रिपु रन जीति ।
जनि पतियाहु मधुर सुनि बातैं, लागे करन समीति ।
ऐसी संगति 'सूरस्याम' की, ज्यौं भुस पर की भीति ॥

अरी सखी, भौंरो की यही रीति है। ये एक फूल का जब रस ले लेते हैं और उसे नीरस समझ लेते हैं, तब उस फूल को क्षण भर के अंदर छोड़ देते हैं, और और किसी अन्य नए फूल के रस की प्रीति में पड़ जाते हैं। ऐसे भौंरो के साथियों का भी विश्वास कैसे किया जाय। कृष्ण रूपी भौंरे ने तो हमको छोड़कर कुब्जा से ऐसी प्रीति जोड़ ली है, मानो कोई बहुत भारी समर जीत आए हों। इन ऊधव की भी मीठी-मीठी बातों का विश्वास न करो। यह बहुत समीत (समिति), मेल-मिलाप (समाधान) की बातें कर रहे हैं। हमारा कष्ट-शमन करने आए हैं न। पर सभी अविश्वसनीय हैं। श्याम की संगति तो ऐसी है, जैसे भूसा पर बनाई हुई दीवार, जिसके भरभराकर गिर जाने में किंचित भी देर न लगे।

२६३८/४२१४ राग आसावरी

ऊधौ, ऐसे काम न कीजै ।
एकहि रंग रँगे तुम दोऊ, धोइ स्वेत करि लीजै ।
फिरि फिरि दुख अवगाहि हमारे, हम सब करी अचेत ।
कित पटपर गोता मारत हौ, आप भूड़ के खेत ।
आपुन कपट, कपट कुल जनम्यौ, कहा भलाई जानै ।
फोरत बाँस काटि दाँतनि सौं, बार-बार ललचानैं ।
छाँड़ि हेत कमलिनि सौं अपनौ, तू कित अनतहिं जाइ ।
लंपट ढीठ बहुत अपराधी, कैसैं मन पतियाइ ।
यहै जु बात कहति हैं तुमसौं, इहिं व्रज फिरि मति आवै ।
एक बार समुझावहु 'सूरज', अपनौ ज्ञान सिखावैं ॥

ऊधव, ऐसा काम न करना चाहिए, जैसा काम तुम करते जा रहे हो। तुम दोनों (कृष्ण और ऊधव) मित्र, एक ही काले रंग में रँगे हुए हो। तुम लोग अपने को धो-पोंछकर पहले उजला तो कर लो। मन की कपट-कालिमा पहले धो लो। तुमने बार-बार हमारे दुख को मथकर हमें अचेत कर दिया है। तुम बालू के खेत में किनारे ही उथले में क्या डुबकी लगा रहे हो--बालू के खेत में पानी वैसे ही नहीं टिकता, फिर उथले में तो और भी क्या टिकेगा। नारी को योग की शिक्षा देना ऐसा ही दुष्प्रयास है। एक तो तुम स्वयं कपटी हो, दूसरे भौंरों के कपटी कुल में पैदा हुए हो, तुम भलाई करना क्या जानो। तुम अपने दाँव से लोभवश होकर कठिन बाँस को काट कर, उसमें छेद कर देते हो। तुम उस सरस कोमल कमलिनी को छोड़कर अन्यत्र क्यों जाते हो। तुम लंपट हो, धृष्ट हो, बहुत बड़े अपराधी हो। मन तेरा विश्वास करे तो कैसे करे? मैं तुमसे यही एक बात बहुत सीधे शब्दों में, बिना किसी घुमाव-फिराव के, कहे दे रही हूँ कि इस व्रज में योग का उपदेश देने फिर कभी मत आना। ज्ञान का उपदेश देना ही है, तो अपने श्याम से कह देना कि स्वयं आकर वह सदुपदेश दें। संदेशों से खेती नहीं होती।

२६३९/४२२५ राग सोरठ

ऊधौ, कही, सु फेरि न कहिऐ।
जौ तुम हमैं जिवायौ चाहत, अनबोले ह्वै रहिऐ।
प्रान हमारे घात होत हैं, तुम्हरे भाऐं हाँसी।
या जीवन तैं मरन भलौ है, करवट लैहैं कासी।
पूरब प्रीति सँभारि हमारी, तुमकौं कहन पठायौ।
हम तौ जरि बरि भस्म भईं, तुम आनि मसान जगायौ।
कै हरि हमकौं आनि मिलावहु, कै लै चलियै साथै।
'सूरस्याम' बिनु प्रान तजति हैं, दोष तुम्हारे माथैं॥

ऊधो, योग की जो बात तुमने अभी-अभी कही है, उसे फिर मत कहना। यदि तुम हमें जीवित बने रहने देना चाहते हो, तो चुपचाप बैठे ही रहो। तुम्हारे लिए योग की चर्चा करना तो हँसी खेल की बात है, पर तुम्हारी इस योग-चर्चा से तो हमारे प्राणों पर आ बन पड़ रही है। इस जीते रहने से तो मर जाना कहीं अच्छा है। काशी में जाकर अपने ऊपर आरा चलवा लेना अधिक सुगम है। इस योग का आघात तो असह्य है। हमारे पूर्व-प्रेम को समझ कर श्याम ने तुमको हमें संबोध देने के लिए भेजा। पर तुम्हारी बातें सुनकर तो हम जल-बर कर भस्म हो गईं, तुम हम परम सनेहिनी को मरा जानकर श्मशान जगा रहे हो। अब या तो श्याम को लाकर तुम हमसे उनको मिला दो या फिर सभी को अपने साथ लेते चलकर उनसे मिला दो। श्याम के बिना अब हम अपने प्राण तजे दे रही हैं। इसका सारा दोष-पाप तुम्हारे ही सिर पर है।

२६४०/४२२७ राग धनाश्री

मधुकर, कहा कियौ अब चाहत।
हम तौ भईं चित्र की पुतरी, सुन्न सरीरहिं दाहत।

हमसौं तुमसौं बैर कहा अलि, स्याम अजान झुराहत ।
झारि झूरि मन-कन तौ लै गए, बहुरि पयारहिँ गाहत ।
अब तो है मारुत कौ गहिबौ, बहु स्त्रम करि का लैहौ ।
'सूरज' जो तुम हमहि हते, तौ अपनौ कीन्हौ पैहौ ॥

मधुकर, तुम अब क्या करना चाहते हो? हम तो वैसे ही चित्र-लिखित पुत्तलिका त्र रह गई हैं? अब तुम इस निर्जीव शरीर को भी जला देने पर तुल गए हो? हे भौंरे, मसे तुमसे क्या किसी पूर्व जन्म का बैर है, जो तुम श्याम के संबंध में अनजान भुलावे डाले जा रहे हो, सगुण को निरगुण बताए दे रहे हो। श्याम झार झूर कर मन रूपी त्रकण तो पहले ही लेकर चले गए। अब तुम पुअरा झारकर अन्न निकालने आए हो? त्र तो हमें योग सिखाना हवा को मुट्ठी में बाँध रखने के समान है। यह कठिन श्रम करके हें क्या मिलेगा? अब तुम हमको मारोगे, तो खुद भी इसका फल भोगोगे।

२६४१/४२३० राग नट

कह्यौ तुम्हारौ लागत काहैं ।
कोटिन जतन कहौ जो ऊधौ, हम न बहकिहैं वाहैं ।
काहे कौं अपनैं जिय भूलत, करि-करि मन की लाहैं ।
यह भ्रम तौ अबहीं भजि जैहै, ज्यौं पयार के गाहैं ।
कासी के लोगनि लै सिखवहु, जे समुझैं या माहैं ।
'सूरस्याम' बिहरत व्रज भीतर, जीजत हैं मुख चाहैं ॥

ऊधव जी, यहाँ तुम्हारा कहा हुआ योग का उपदेश किसे लगता है, कौन इसे मानता तुम कितना भी प्रयत्न करो, तुम्हारे बहकावे से यहाँ कोई बहकने वाला नहीं है। तुम के काल्पनिक लाभ का लड्डू खाते हुए, क्यों अपने जी को भ्रम में डाले हुए हो। तुम्हारा भ्रम अभी-अभी दूर हो जायगा। जैसे पुआल को पकड़कर पटकने से अन्नकण नहीं कलता, वैसे ही तुम्हारा यह वाद-विवाद, निर्गुण आचार, यहाँ निष्प्रभावी है। ऊधव जी, शी चले जाओ, वहाँ लोगों को समझाओ, वे समझ जायँगे। उनकी इस विषय में रुचि है। यहाँ तो व्रज में श्याम निरंतर विहार कर रहे हैं और हम उन्हीं का मुँह देखकर वेत हैं।

२६४२/४२३४ राग सारंग

घर ही के बाढ़े रावरे ।
नाहिन मीत-वियोग बस परे, अनब्यौंगे अलि बावरे ।
बरु मरि जाहिँ, चरैं नहिँ तिनुका, सिंह कौ यहै स्वभाव रे ।
स्त्रवन सुधा-मुरली के पोषे, जोग-जहर न खवाव रे ।
ऊधौ हमहिँ सीख कह दैहौ, हरि बिनु अनत न ठाँव रे ।
'सूरजदास' कहा लै कीजै, थाही नदिया नाव रे ॥

अरे पगले भौंरे, अभी तक तू काँट-छाँटकर गढ़ा नहीं गया है, अभी तक तूने किसी म नहीं किया है और न किसी प्रेमी से तेरा वियोग हुआ है। इसलिए तू घर का शेर

बना हुआ है और अपने को बहुत बड़ा समझ बैठा है। तू नहीं जानता, शेर का यह स्वभ है कि वह अन्य पशुओं को मारकर अपना आहार प्राप्त करता है। वह भले मर जाय, अ पशु की तरह घास नहीं चरता। उसी प्रकार हमारे कान मुरली के स्वर की सुधा से प पोषे गए हैं, इनको तू जोग का जहर मत पिला। ऊधो, तू हमें क्या उपदेश देगा? हम ठाँव तो केवल हरि हैं। हरि को छोड़ हमारा कोई दूसरा ठौर-ठिकाना नहीं। जो न थाही हुई है, जिसमें केवल घुटने भर पानी है, उसे पार करने के लिए नौका की क आवश्यकता? हमें तेरी योग-नौका अनावश्यक जान पड़ती है। हम भगवान के प्रेम सहारे यों ही भव-सागर के पार उतर जायेंगी। प्रेम के सरल मार्ग को छोड़ हम व्यर्थ लिए योग का विकट मार्ग क्यों पकड़ने जायँ?

२६४३/४२४० राग आसा

ऊधौ कहँ की प्रीति हमारैं। अजहुँ रहत तन, हरि के सिधारै
छिदि-छिदि जात बिरह सर मारैं। पुरि-पुरि आवत अवधि बिचारैं
फटत न हृदय सँदेस तुम्हारैं। कुलिस तैं कठिन, धुकत दोउ तारे
बरसत नैन महा जल धारैं। उर पखान, बिदरत न बिदारैं
जीवन-मरन भए दोउ भारे। कहियत 'सूर' लाज-पति हारे

ऊधव, हमारी कृष्ण के प्रति प्रीति भी कोई प्रीति है। यदि हमारी प्रीति सच्ची हो तो हरि के मथुरा चले जाने के तुरत बाद हमारा शरीर जीवित न रह गया होता। पर देख ही रहे हो, हम अभी तक जीवित बनी हुई है। विरह के बाणों से हमारा शरीर वि होता जा रहा है, पर हरि ने अपने लौटने की जो अवधि दे दी है, उस अवधि के वि से ये घाव भर-भर जाते हैं। तुम्हारे योग के संदेश को सुनकर भी हमारा हृदय फट न जा रहा है, यह वज्र से भी कठोर है। आँखों के दोनों तारे त्रस्त हो उठते हैं। दोनों अ भारी जलधारा बरसाती जा रही हैं। यह उर पत्थर का हो गया है और फाड़ने से भी नहीं पा रहा है। जीना भी मुश्किल हो गया है, और मरना भी। कृष्ण-वियोग में ज कठिन है; उनसे पुनः मिलने की आशा से मरना भी कठिन है। इस प्रकार हमने अ सारी लज्जा और प्रतिष्ठा खो दी है।

२६४४/४२४१ राग

ऊधौ, इतने मोहिं सतावत।
कारी घटा देखि बादर की, दामिनि चमकि डरावत।
हेम-सुता-पति कौ रिपु व्यापै, दधि-सुत रथ न चलावत।
अंबू-खंडन सब्द सुनत ही, चित चकृत उठि धावत।
कंचनपुर-पति कौ जो भ्राता, ता प्रिय बलहिँ न आवत।
संभू-सुत को जो बाहन है, कुहुकै अ-सल सलावत।
जद्यपि भूषन अंग बनावतिँ, सो भुजंग ह्वै धावत।
'सूरदास' बिरहिनि अति व्याकुल, खगपति चढ़ि किन आवत॥

हे ऊधव, श्याम के विरह में इतने लोग मुझे सताए जा रहे हैं। देखो, बादल की क

घटा में चमकती हुई बिजली डरवाए जा रही है। हिमालय की पुत्री पार्वती के पति शिवजी का शत्रु कामदेव हमारे शरीर में व्याप्त होता जा रहा है। उदधि (समुद्र) का पुत्र चंद्रमा अपना रथ रोके खड़ा रह जाता है, उसे आगे नहीं बढ़ाता। फलतः रातें बड़ी लंबी हो जाती हैं और काटे नहीं कटतीं। अंब (आम) को कुतरकर खानेवाली कोयल का शब्द सुनते ही चित्त चकित होकर उठ दौड़ता है, चारों ओर धानें लगता है। स्वर्णपुरी लंका के पति रावण के भाई कुंभकर्ण की प्रिया निद्रा बलपूर्वक हठ करके मेरे पास तक नहीं फटकती; नींद आती ही नहीं। शंभु के पुत्र स्वामि कार्तिकेय के वाहन मोरें की पिहक तो बिना शल्य के ही शूल चुभाती जाती है। हम जो भी आभूषण अपने अंगों पर धारण करती हैं, वे साँप बनकर दौड़ने लगते हैं। हम विरहिनियाँ अत्यंत आकुल हैं, फिर भी खगपति गरुड़ पर चढ़कर विष्णु के अवतार कृष्ण, इन सर्पों को उनसे भक्षवाने के लिए क्यों नहीं आ रहे हैं?

२६४५/४२४२ राग धनाश्री

हमकौं तुम बिनु सबै सतावत।
कहियौ मधुप चतुर माधौ सौं, तुमहूँ सखा कहावत।
जाकौं तन हर हरयौ, दीन सुनि, कुल सरनागत दीन्हीं।
सोइ मारत करवार धारि कर हमकौं, कानि न कीन्हीं।
काढ़ि सिंधु तैं सिव कर सौंप्यौ, गुनहगार की नाईं।
सो ससि प्रगट प्रधान काम कौ, चहुँ दिसि देत दुहाई।
अमरनाथ अपराध छमा करि, पीठि ठोकि मुकरायौ।
सो अब इंद्र कोप जलधर लै, व्रजमंडल पर छायौ।
पच्छ पुच्छ सिर धारि सिखिनि के, इहिं विधि दई बड़ाई।
तिन अब बोलि, छोलि तन डारयौ, उपल खौर की नाईं।
बच्छ चोरि अलि स्वच्छ पच्छ करि, तिनहूँ कोप जनायौ।
परी जो रेख ललाट अधिक सुख मेटि, दुकार बनायौ।
कौन-कौन सौं बिनती कीजै, कही जितक कहि आई।
'सूरस्याम' अपने या व्रज की, इहिं बिधि कानि घटाई॥

हे मधुप, तुम भी श्याम के सखा कहे जाते हो। तुम हमारी ओर से उन चतुर माधव से जाकर कहना कि श्याम के बिना हमको ये सभी सताए जा रहे हैं। जिस कामदेव का शरीर शिव ने जलाकर भस्म कर दिया था, जिसे उन्होंने तनहीन कर दिया था, जिसे दीन समझकर दयालु होकर हरि ने अपने कुल में पौत्र बनाकर प्रद्युम्न के रूप में शरण दे दी है, वही अनंग हाथ में तलवार लेकर हमको मारे डाल रहा है। हम अबला हैं और अबला अवध्य होती हैं—वह अनंग इस मर्यादा का भी उल्लंघन किए डाल रहा है।

दूसरा भारी शत्रु है यह चंद्रमा। समुद्र से निकालकर इसको भारी अपराधी के समान शिव के हाथों सौंप दिया गया था, अब वही कामदेव का प्रधान मंत्री बन गया है और चारों दिशाओं में कामदेव की दुहाई फेरे दे रहा है।

तीसरा शत्रु है अमरों (देवताओं) का पति इंद्र। इसी इंद्र का अपराध क्षमा करके प्रभु ने पीठ ठोंक दी थी और मुक्त कर दिया था। वही इंद्र अब पुनः कुपित होकर अपने बादलों को लेकर व्रजमंडल पर चढ़ दौड़ा है।

चौथे शत्रु हैं ये मोर, जिनकी पूँछ के पच्छ को अपने सिर पर मुकुट के समान धारण करके प्रभु ने गौरवान्वित कर दिया था, वही अब बोल-बोलकर, कुहककर, हमारे तन को पत्थर के खरहरे के समान छीले डाल रहे हैं।

पाँचवें शत्रु हैं ब्रह्मा। हे अलि, इन ब्रह्मा ने हरि के बछड़े चुरा लिए थे, पर क्षमा माँगकर अपना पक्ष स्वच्छ बना गए थे, उन्होंने भी अपना कोप हमपर प्रकट कर दिया है। हमारे माथे पर जो अधिक सुख की रेखा पड़ी हुई थी, इस ब्रह्मा ने उस 'सुख' के 'सु' को बिठाकर 'दु' कर दिया है, हमारे सुख को दुख में बदल दिया है।

हम तुमसे किस किस की बातें करें, जितना हमसे कहते बना, उतना हमने कह सुनाया। श्याम ने, उनके लोगों ने, इस प्रकार अपने व्रज की मर्यादा ही घटा दी है।

२६४६/४२४६ राग सारंग

कहा जौ राजा जाइ भयौ।

हमकौं कहत और की औरै, पायौ भेव नयौ।
अब लौं तौ छोटे अँग, भोजन घर-घर माँगि लयौ।
कैसैं सह्यौ जात हमपै, यह जोग जु पठै दयौ।
बन-बन धेनु चराइ ग्वाल सँग, मथि-मथि पियौ घयौ।
'सूरज' प्रभु अब व्रज बिसरायौ, उन यह मतौ दयौ॥

सुना है कन्हैया व्रज से मथुरा जाकर राजा हो गए हैं। वे राजा हो गए हैं, तो क्या हुआ। हमको और का और संदेश भेज रहे हैं। योग करने को, दिगंबर होने को, कह रहे हैं। हमें तो उनका एक नया भेद ही मालूम हुआ है—वे कुबड़ी के प्रेमी हो गए हैं। जब छोटे थे, तब हम सब के घर-घर में दूध, दही, माखन माँग-माँग कर, चुरा चुरा कर, खाते थे। अब हमारे पास योग का यह संदेश भेज दिया है। हम इसको सहन नहीं कर पा रही हैं। यहाँ रहते समय वे ग्वालों के साथ एक वन से दूसरे वन में गायें चराते फिरते थे और दूध मथ-मथकर घैया पिया करते थे। अब मथुरा जाकर वे व्रज को भूल गए हैं और योग का यह मत हमारे पास भेज रहे हैं।

२६४७/४२५४ राग गौरी

मधुकर, उनकी बात हम जानी।

कोऊ हुती कंस की दासी, कृपा करी, भई रानी।
कुबिजा नाउँ, मधुपुरी बैठी, लै सुबास मनमानी।
कुटिल कुचील जन्म की टेढ़ी, सुंदरि करि घर आनी।
अब वह नवल वधू ह्वै बैठी, व्रज की कहति कहानी।
'सूरस्याम' अब कैसैं पैयै, जिनसौं मिली सयानी॥

हे मधुकर, हमने कन्हैया की बात जान ली है। कंस की कोई दासी थी, उस पर उन्होंने

कृपा कर दी है और अब वह पुरानी धुरानी दासी उनकी रानी बन गई है। उसका नाम कुब्जा है। वह सुगंध चंदन लेकर बैठी हुई थी और कृष्ण के मन को भा गइ। वह कुटिल है, कुचील है, मलिन वस्त्रों वाली है, जन्म से ही वह टेढ़ी है, त्रिबक्रा है। उन्होंने उसे सुंदरी बना लिया है और अपने घर ले आए हैं। अब वह नई बहू बनकर उनके राजमहल में आ बैठी है और व्रज की उलटी सीधी कथा कहकर कान्ह के कान भरती रहती है। जिन श्याम को ऐसी सयानी रानी मिल गई है, अब उन्हें पाया जाय, तो कैसे पाया जाय।

२६४८/४२६३ राग जैतश्री

कुबरी कौ न्याउ री, जासौं गोविँद बोलैं।
वै त्रैलोकनाथ चाहत हैं, काहैं न ऐंड़ी डोलै।
जिनसौं कृपा करी नँद-नंदन, क्यौं नहिँ करति कलोलैं।
कारौ कुटिल कपट अति कान्हर, अंतर ग्रंथि न खोलै।
हम बौरी बकबाद करति हैं, वृथा आरति यह जोलै।
दीपक देखि पतंग जलत ज्यौं, मीन सुजल बिनु भोलै।
प्रीति पुरातन पारि जियहिँ सौं, नेह कसौटी तोलै।
'सूरस्याम' उपहास चल्यौ व्रज, आप आपने टोलै॥

जिस कुबरी से गोविंद मुँह भर बोलते हैं, जिसको वे त्रिलोकी नाथ चाहते हैं, यदि वह ऐंड़ाती हुई चलती है, तो उसका यह ऐंड़ा कर चलना उचित ही है। इसमें किसी भी प्रकार का अनौचित्य देखना ठीक नहीं। नंदनंदन ने जिसपर कृपा कर दी ह, वह क्यों न उछलती कूदती फिरे? कन्हैया काले हैं, कुटिल हैं, अत्यंत कपटी हैं। वे अपने मन की गाँठ नहीं खोलते। वे अपना भेद, रहस्य छिपाए ही रहते हैं। हम पगली हैं जो यह व्यर्थ का बकवाद करती जा रही हैं और व्यर्थ इस आर्ति (दुख) में, जली जा रही हैं। हमारी और कुबड़ी की कैसी बराबरी। इस समय उसका पलड़ा भारी है और हमारा हलका। हम व्यर्थ ही उससे ईर्ष्या करके उसी तरह जली जा रही हैं, जिस प्रकार दीपक पर पतिंगा जल मरता है या जैसे बिना जल के भोली मछली तड़फड़ा उठती है। स्याम ने उससे किसी पूर्व जन्म की प्रीति का पालन किया है और स्नेह की कसौटी पर उसे भली-भाँति कस लिया है।

कुब्जा और कृष्ण के प्रेम को लेकर व्रज के टोले-टोले में, महल्ले-महल्ले में, इसी प्रकार हँसी-दिल्लगी होती रहती है।

२६४९/४२८० राग सारंग

तुम्हारी प्रीति, किधौं तरवारि।
दृष्टि-धार धरि हती जु पहिलैं, घायल सब व्रजनारि।
गिरीं सुमार खेत वृंदावन, रन मानी नहिँ हारि।
बिह्वल बिकल सँभारति छिनु-छिनु, बदन सुधानिधि बारि।
अब यह कृपा जोग लिखि पठयौ, मनसिज करी गुहारि।
कछु इक सेष बच्यौ 'सूरज' प्रभु, सोउ जनि डारहु मारि॥

हे श्याम, यह तुम्हारी प्रीति है या तलवार हैं। तुमने इस प्रीति रूपी तलवार पर जो पहली दृष्टि-रूपी धार धर दी थी, उसने तो हम सभी व्रजांगनाओं को पहले ही वार में घायल कर दिया था। हम सब कलपती-बिलपती पड़ी हुई थीं; पर तुम्हारे मुखरूपी सुधाकर की सुधा के जल से हम बार-बार सँभलती आई थीं, बचती आई थीं। हमने वृंदावन के रतिरण में तुमसे खूब लड़ाई लड़ी और जरा भी हार नहीं मानी। अब तुम्हारी यह विशेष कृपा है, जो तुमने ऊधव के हाथ यह निर्गुण का उपदेश इस व्रजमंडल में भेज दिया है। लगता है कामदेव की गुहार (रक्षा के लिए पुकार) पर तुमने उसकी यह सहायता की है। हमारा तो सभी कुछ विरहानल में जल चुका है, जो कुछ बचा-खुचा है, उसे भी मत जला डालो, बचा रहने दो।

२६५०/४२८४ राग सारंग

ऊधौ, कहत न कछू बनै।

अधरामृत आस्वादिनि रसना, कैसैं जोग सनै।
जिहिं लोचन अवलोके नखसिख, सुंदर नंद-तनै।
ते लोचन क्यौं जाहिं और पथ, लै पठए अपनै।
रागिनि राग तरंग जानि चित, जे स्रुति मुरलि सुने।
ते स्रुति जोग सँदेस सुनत कित, काँकर मेलि हने।
'सूरजदास' स्याम मोहन के, गुन-गन भेद गुने।
कनकलता तैं उपज न मुकता, षटपद रंग चुने॥

हे ऊधव, कुछ कहते नहीं बन पा रहा है। जिस जीभ से हरि के अधरों के अमृत का स्वाद चखा है, वह जोग में कैसे सन सकती है? जिन नेत्रों ने नंद-पुत्र हरि के सौंदर्य को पैरों के नख से लेकर उनकी शिखा तक, पूर्ण रूप से देखा है, वे नेत्र किसी और मार्ग पर कैसे जा सकते हैं, भले ही उस योग-पथ को स्वयं श्याम ने भेजा है और आप उसे ले आए हैं। हमारे जिन कानों ने राग रागिनी की तरंग से परिपूर्ण मुरली की मधुर स्वर-लहरी सुनी है, वे कान जोग का संदेश कैसे सुनें। उनमें यह योग-संदेश का कंकड़ क्यों ठूँस मारा जाय। हमने श्याम के, मदन मोहन के गुणों को भली भाँति जान-सुन-गुन रखा है। तुम भी उन्हीं के रंग के हो, पर हे षटपद, एक ही रंग के होने से क्या हुआ? कनक (स्वर्ण, पीला धतूर) लता में मोती नहीं उपजते, वे तो सीपी में ही उत्पन्न हो सकते हैं। कहाँ श्याम की रस से भींगी बातें, कहाँ तुम्हारे रसहीन योग की चर्चा?

२६५१/४२८५ राग सारंग

ऊधौ, भूलि भलैं भटके।

कहत कही कछु बात लड़ैतैं, तुम ताही अटके।
देख्यौ सकल सयान तिहारौ, लीन्हे छरि फटके।
तुमहिं दियौ बहराइ इतहिं कौं, वै कुबिजा अटके।
लीजौ जोग सँभारि आपनौ, जाहु तहीं टटके।
'सूरस्याम' तजि कोउ न लैहै, या जोगहिं कटुकै॥

ऊधव, तुम तो भुलावे में पड़कर अच्छे भटक गए। हमारे लड़ैते लाल कृष्ण ने तुमसे छ बात कह दी, तुम उसी बात में अटक गए, फँस गए। हमने तुम्हारी सारी बुद्धिमानी, तुराई, पछोरकर, फटककर समझ ली, देख ली। तुम निरे बुद्धू हो। श्याम ने तुम्हें यहाँ हला दिया, मथुरा से तुम्हें अलग बाहर भेज दिया और आप कुब्जा के साथ रागरंग में लग ए। अपना जोग सँभाल कर उठा लो और तत्काल वहीं मथुरा चले जाओ। इस कटु योग ो कोई और न लेगा, इसके खरीदार बस एक श्याम हैं, वहीं तुम्हारा योग मोल ले सकेंगे। हाँ तो सब बस श्याम के गाहक हैं, उन्हें छोड़कर कोई भी योग का चाहक नहीं है।

२६५२/४२८८ राग मलार

मधुप, बिराने लोग बटाऊ।
दिन दस रहे आपने स्वारथ, तजि फिरि मिले न काऊ।
प्रथम सिद्धि हमकौं हरि पठई, आयौ जोग अगाऊ।
हमकौं जोग, भोग कुबिजा कौ, उहिं कुल यहै सुभाऊ।
जान्यौ प्रेम नंद-नंदन कौ, कीजै कौन उपाऊ।
'सूरस्याम' कौं सरबस दीन्हौं, प्रान रहौ कै जाऊ॥

हे मधुप, पराये लोग, राह के कुछ दिनों के साथी, बटोही भर हैं, वे अपने कथमपि हीं हैं। पराये तो पराये, अपने मतलब के लिए वे दस दिन तक साथ बने रहते हैं और ब स्वार्थ सिद्ध हो जाता है, तब परा जाते हैं, छोड़कर दूर चले जाते हैं और फिर कभी हीं मिलते। यही बात हमारे हरि की है। उन्होंने मथुरा से हमारे लिए जो पहली सिद्धि सुख समृद्धि) भेजी है, वह तुम्हारे द्वारा अग्रिम लाया गया यह योग है। उन्होंने इधर मारे लिए योग भेज दिया और उधर कुब्जा को सारे भोग दे दिया। यह उस कुल का वभाव ही है। हमने नंदनंदन के प्रेम को पूरा-पूरा परख लिया। अब करने के लिए हमारे ास उपाय ही कौन बचा है। हमने तो अपना सर्वस्व ही श्याम को समर्पित कर दिया । अब इस समर्पण में प्राण रहें, चाहे जायँ।

२६५३/४२८९ राग सारंग

बटाऊ होहिं न काहुके मीत।
संग रहत सिर मेलि ठगौरी, हरत अचानक चीत।
मोहे नैन रूप दरसन के, स्त्रवन मुरलिका जीत।
देखत ही हरि लै जु सिधारे, बाँधि पिछौरी पीत।
याहि तैं झुकति, यहै मग चितवति, सुख जु भए बिपरीत।
'सूरदास' बरु भली पिंगला, आसा तजि परतीत॥

बटोही किसी के मित्र नहीं होते। वे साथ में रहते समय अपना जादू सिर पर चढ़ा ते हैं और अचानक चित्त हर ले जाते हैं। वे मनोहर होते हैं। श्याम भी ऐसे ही राही टोही थे। उन्होंने अपने रूप का दर्शन देकर हमारे नयनों को मोहित कर लिया, अपनी रली का मधुर संगीत सुनाकर हमारे कानों को जीत लिया। देखते-देखते वे अपने पीतांबर ी पिछौरी में हमारे मंन को बाँधकर लेते गए। फलतः हमारे सुख उलटकर दुख बन गए

हैं। इसी से हमारी ये आँखें झल्लाई पड़ रही हैं और श्याम जिस पथ से गए थे, उसी प को देखती रहती है। आशा लगाए हुए हैं कि एक न एक दिन श्याम इसी पथ से लौटव अवश्य ही आएँगे। हमसे तो भली वह मिथिला वाले पिंगला नामी वेश्या थी, जिस यहाँ एक दिन आधी रात तक कोई ग्राहक नहीं आया और वह निराश होकर विरक्त गई और अंततः मुक्त हो गई। आशा से भली निराशा—

आशा हि परं दुःखं, नैराश्यं परमं सुखम्।

२६५४/४३१३ राग मल

ब्रज मैं जोग करत जुग बीते।
बिना स्याम सुंदर के सजनी, मदन दूत तन जीते।
ज्यौं ज्यौं निठुर बचन सुनियत हैं, जरत हमारे पीते।
अब कित सुरति करैं गोकुल की, क्यौं त्यागी इन जी तैं।
सरबस दयौ स्याम कैं कारन, हम अपनौ तब ही तैं।
'सूरजदास' हमारे लोचन, भए कान्ह बिनु रीते॥

व्रज में योग करते-करते एक युग बीत गया। हे सखी, बिना श्याम सुंदर के मद के दूत विरह ने हमारे तन पर पूर्ण विजय प्राप्त कर ली है। जैसे-जैसे इस योग की निष्करु बातें सुनती हैं, हमारा पित्त जल उठता है, हमें क्रोध आ जाता है। अब श्याम गोकुल व सुधि क्यों नहीं करते? उन्होंने हमें अपने चित्त से क्यों उतार दिया है? हमने तो तभी अपना सर्वस्व श्याम को दे दिया था। हमारी आँखें तो कन्हैया के बिना, आँसू बरसाते बरसाते, रीती हो गई हैं, सूख गई हैं।

२६५५/४३१८ राग गौ

ऊधौ, जोग जोग कहत, कहा जोग कीऐं।
स्याम सुँदर कमल-नैन, बसौ मेरे जीऐं।
जोग जुगुति साधन तप जोगि, जुग सिरायौ।
ताकौ फल सगुन मूर्ति, प्रगट दरस पायौ।
मकराकृत कुंडल छबि, राजति सु कपोलै।
मोर मुकुट, पीत बसन, बाँसुरि कर बोलै।
ऐसे प्रभु गुन-निधान, दरस देखि जीजै।
राम स्याम निधि पियूष, नैननि भरि पीजै।
जाकौ अयन जल मैं, तिहि अनल कैसैं भावै।
'सूरज' प्रभु गुन-निधान, निरगुन क्यौं गावै।

ऊधव जी, तुम बार-बार योग-योग कहते जारहे हो। बताओ तो योग करने से कौन सा लाभ सिद्ध होता है? मेरे हृदय में तो वैसे ही कमल के समान नेत्रवाले श्याम सुंद आ बसे हैं। हमने तो योग की युक्ति, साधना, तप में संलग्न होकर एक युग बिता दिया उसका फल भी हमें मिल गया—हमें तो प्रभु ने सगुण रूप में प्रकट होकर दर्शन दे दिया उनके कपोलों पर मछली के आकार के कुंडलों की छवि झलमला रही है। उनके सि

पर मोर-पंख का मुकुट है, वे पीतांबर ओढ़े हुए हैं, उनके हाथ में बाँसुरी है, जो मुख पर लगकर बोलती रहती है। प्रभु तो ऐसे गुण के कोष हैं, उनका दर्शन करके हम जीवित हैं। बलराम और श्याम तो अमृत के समुद्र हैं। इस अमृत को नयनों से भर-भर कर पिया जाय।जिसका घरजल में हो, उसे अग्नि कैसे रुच सकती है। प्रभु तो गुण-निधान हैं, फिर निर्गुण को क्यों गाया जाय?

२६५६/४३२३ राग सारंग

जोग जुगुति जद्यपि हम लीनी, लीला काकौं दैहौ।
उलटि जाहु मथुरा मधुकर तुम, बूझि बेगि व्रज ऐहौ।
रास समय कालिंदी के तट, तब तुव बचन न माने।
यह को सुनै कुपथ की बतियाँ, प्रभुहिं पराए जाने।
नगर बसत गुन ज्ञान बढ़त,पै मूलहु बिसर्यौ ज्ञान।
चारि बाहु पद भए मधुपुरी, खरे सुहाए कान।
आपुन फेरि कियौ दिखियत है, तुम भूलौ, हम भूलतिं।
'सूरस्याम' वल्लभ-वेली, बिनु दरस-सलिल उन्मूलतिं॥

हे मधुकर, तुम सीधे मथुरा वापस जाओ और कृष्ण से यह पूछकर जल्द लौट आओ—योग की युक्ति तो तुमने हमें सौंप दी और मान लो कि हमने उसे स्वीकार भी कर लिया। पर तुम अपनी लीलाएँ किसको सौंप जाओगे? रासलीला के समय तुमने यमुना के किनारे हमसे अपने अपने घर लौट जाने को कहा था और यह भी कहा था कि यह पतिव्रता का धर्म नहीं है, तब तो हमने तुम्हारी बातें नहीं मानी और लौटकर अपने अपने घर नहीं गईं। अब यह प्रभु को पराया मान लेने के कुपंथ की बात कौन सुने? कहते हैं नगर में बसने से मनुष्य नागर हो जाता है, उसका ज्ञान और गुण बढ़ जाता है; पर हमें तो दीख पड़ रहा है कि तुम्हारा और कृष्ण दोनों का मूल ज्ञान भी भूल गया है। हमने सुना है कि कृष्ण मथुरा में जाकर चार पैर वाले और चार हाथ वाले हो गए हैं (वे दो पैर कृष्ण के, दो पैर कुब्जा के, दो हाथ कृष्ण के, दो हाथ कुब्जा के)। उनके इस चतुष्पाद एवं चतुर्भुज होने की बात तो हमारे कानों को सुनने में बहुत अच्छी लगी। तुमने तो उलट-फेर कर लिया है, तुमने उलट-पलट करने में भले भूल कर ली है; पर हम ऐसी भूल क्यों करें? हमें अपने सगुण को उलट पर तुम्हारे निर्गुण से नहीं बदलना है। हम अपने प्रियतम की बेलियाँ हैं, नवेलियाँ हैं, जो उनके दर्शन रूपी जल के बिना सूखकर उखड़ती जा रही हैं।

२६५७/४३२६ राग मलार

ऊधो, जो हरि जोग सिखावत।
जोग जुगुति बुधि ज्ञान प्रगट करि, कहि-कहि कहा बतावत।
विद्या दान दुराइ स्रवन मैं, गुप्त मंत्र गुरु देत।
हम गोकुल, वै मधुवन माधौ, होत सँदेसनि खेत?
जौ हरिकृपा करी दीननि पै, तौ ह्याँ लगि पग धारैं।
करि उपदेस क्यौं न दृढ़ हमकौं, फिरि व्रजनाथ सिधारैं।

दरसन पाइ परसि पद पावन, प्रथम पवित्र करैं।
तौ फल सिद्धि होइ 'सूरज', गुरु माथैं हाथ धरैं॥

ऊधव, यदि हरि हमको योग सिखाना ही चाहते हैं, तो योग युक्ति बुद्धि ज्ञान प्रगट रूप से कह-कहकर क्या बता रहे हैं? गुरु तो विद्या-दान, गुरु मंत्र, गुप्त रूप से शिष्य के कान के पास मुँह लगाकर, धीरे से, चिल्लाकर नहीं, छिपाकर देता है। पर यहाँ तो सब उलटा पलटा है। हम शिष्याएँ गोकुल में हैं, गुरु माधव मधुवन में हैं। क्या संदेशों से खेती संभव है? नहीं। यदि हरि हम दीनों पर कृपा करना ही चाहते हैं, तो वे यहाँ तक पदार्पण करें। हमें अपने गुरु-मंत्र का उपदेश देकर पक्का और दृढ़ कर जायँ। तब चाहें तो फिर मथुरा फिर जायँ। अपना दर्शन देकर, अपने पैरों का स्पर्श देकर, पहले हमें पवित्र कर दें, फिर गुरुमंत्र दें और हमारे माथों पर अपने हाथ फेरकर आशी: दें, तभी तो अभीष्ट फल की सिद्धि प्राप्त हो सकेगी।

२६५८/४३२१ राग धनाश्री

जोग सँदेसौ ब्रज मैं लावत।
थाके चरन तुम्हारे ऊधौ, बार-बार के धावत।
सुनिहै कथा कौन निरगुन की, रचि-पचि बात बनावत।
सगुर सुमेर प्रगट देखियत, तुम तृन की ओट दुरावत।
हम जानतिँ परपंच स्याम के, बातनि ही बौरावत।
देखी सुनी न अब लगि कबहूँ, जल मथि माखन आवत।
जोगी जोग अपार सिंधु मैं, ढूँढ़ेहू नहिँ पावत।
ह्याँ हरि प्रगट प्रेम जसुमति कैं, ऊखल आपु बँधावत।
चुप करि रह्यौ, ज्ञान ढकि राखौ, कत हौ बिरह बढ़ावत।
नंदकुमार कमल-दल लोचन, कहि को, जाहि न भावत।
काहे कौं बिपरीत बात कहि, सबके प्रान गँवावत।
सोहत कित 'सूरज' अबलनि कौं, निगम नेति जिहि गावत॥

मथुरा से योग का संदेश व्रज में लाते-लाते, बार-बार दौड़-धूप करते हुए, ऊधव जी तुम्हारे पैर थक गए होंगे। तुम यहाँ रच-पचकर, बहुत बढ़ा-चढ़ाकर, सजा-सँवार कर निर्गुण की बातें बता रहे हो। पर तुम्हारे निर्गुण ब्रह्म की बातें सुनने के लिए यहाँ कोई भी तयार नहीं है। यहाँ तो भारी भरकम स्वर्ण सुमेरु के समान हमारे सगुण श्याम साफ आँखों से दिखाई देते हैं। तुम तिनके की ओट पहाड़ छिपा लेना चाहते हो। हम श्याम के सारे प्रपंच, सारी लीलाएँ भली भाँति जानती हैं। तुम अपनी बातों से हमें पगलवा देना चाहते हो। आज तक कभी भी न सुना, न देखा कि पानी के मथने से माखन निकल आया हो। तुम्हारा निर्गुण ब्रह्म पानी है, पानी। उसके मथने से तत्त्व रूपी कोई माखन निकलने से रहा। बड़े-बड़े साधक योगी भी अपार सागर में ढूँढ़ने पर भी तुम्हारे उस निर्गुण ब्रह्म को नहीं पाते। और यहाँ तो हमारे हरि एकदम प्रगट हैं। वे यशोदा मैया के प्रेम के कारण अपने को ओखरी में बँधवा तक लेते हैं। अब चुप रहो और अपना यह ब्रह्म-ज्ञान ढका-

ृपा रहने दो। इसकी चर्चा करके हमारे विरह को बढ़ाओ मत। हमारे कमल की पंखड़ी ः समान आँखोंवाले नंद के कुमार को, ऐसा कौन है, जो न चाहता हो? उलटी-सीधी ातें कहकर सबके प्राण क्यों ले लेना चाहते हो? जिसको वेद भी हार कर 'नेति' कह ता है, क्या वह हम अबलाओं की समझ में आने वाला है?

२६५९/४३३० राग सारंग

सुनियत ज्ञान-कथा अलि गावत।
जिहि मुख-सुधा बेनु रस पूरत, यह व्रत तिनहिं सुनावत।
जहँ लीला-रस सखी समाजहिं, कहत-कहत दिन जात।
बिधना फेर कियौ अब दिखियत, तहँ षटपद समुझात।
विद्यमान रस-रास लड़ैते, कत मन इत अरुझात।
रूप-रहित कछु बदत बदन तैं, मति कोउ ठग भरकात।
साधुवाद स्त्रुति सार जानि कोउ, तन-मन कित बिसरात।
नंदनँदन कर-कमल सुमिरि छबि, मुख ऊपर परसात।
एक-एक तैं सबै सयानी, व्रजसुंदरि न सँख्यात।
'सूरस्याम' रस-सिंधु-कामिनी, नहिं वह दसा हिरात॥

सुना है यह भौंरा कुछ ब्रह्म-ज्ञान की बातें गुनगुना रहा है। अपने अधरामृत को मुरली में भरकर जिस रस से श्यामसुंदर हमारे कानों को तृप्त कर दिया करते थे, हमारे उन्हीं कानों को यह ब्रह्म और योग की शुष्क-चर्चा से भर देना चाहता है। जहाँ पर हम गोपियाँ श्याम की लीलाओं की रसमय चर्चा में दिन बिताया करती रही हैं, ब्रह्मा ने अब वहाँ कुछ ऐसा उलट-फेर कर दिया है कि अब भौंरा हमको ब्रह्म-ज्ञान समझा रहा है। रास-रस के लाड़िले मुरली मनोहर के रहते, इस शुष्क ज्ञान-जाल में हमारा मन कैसे उलझ सकता है? यह भौंरा रूप-रहित ब्रह्म की बातें अपने मुँह से बके जा रहा है। कोई भी इसकी बातों से ठगा जाकर भ्रम में न पड़े। भौंरे, तुझे धन्य है। भला वेदों के सार-तत्व, ब्रह्म ज्ञान, को जानकर, कोई अपने तन-मन को क्या भुला पाया है? हम तो नंद के नंद, श्रीकृष्ण चंद के कर-कमलों की सुंदरता का स्मरण करके, कल्पना में ही उस कर-कमल का अपने मुख पर स्पर्श करा लेती हैं। यहाँ तो एक से एक बढ़कर असंख्य चतुरा व्रजांगनाएँ हैं। वे सभी श्याम के रस-सागर में डुबकी लगाने की कामना रखती हैं और वे इस रस-दशा को कथमपि भूल नहीं पातीं। इस मनस्थिति को वे कभी-नहीं खोतीं, इसे वे बराबर सँजोए रहती हैं।

२६६०/४३३३ राग मलार

मधुकर, कहि कैसैं मन मानै।
जिनकौं इक अनन्य व्रत सूझै, क्यौं दूजौ उर आनै।
यह तौ जोग स्वाद अलि ऐसौ, पाइ सुधा खरि सानै।
कैसैं धौं यह बात पतिव्रता, सुनै सठ पुरुष बिरानै।
जैसैं मृगिनी ताकि, बधिक दृग, कर कोदंड गहि तानै।
हिंसा करि पोषत तन मन सुख, उर अपराध न आनै।

बड़े बिचित्र कुबिजा रँग रंगे, हम निर्गुन लिखि ठानै ।
'सूरज' स्याम सगुन रति मानी, मधुप प्रान जनि छानै ॥

हे भौंरे, जिसका मन किसी एक से लग गया है, जिसे कोई अन्य अन्य ही है, जो परम पतिव्रत व्रत को धारण करनेवाली हैं, वे किसी दूसरे पर अपने मन को कैसे चल जाने देंगी। ऐसी स्थिति में हम तुम्हारी योग की बातें मानें, तो कैसे मानें? तुम्हारे इस योग का आस्वादन करना दूसरों के लिए वैसा ही है, जैसे अमृत चख लेने के अनंतर खली-भूसा की सानी खाना। पतिव्रता नारी किसी शठ पर-पुरुष की बात कैसे सुन सकती है जैसे हिरनी को देखकर बहेलिया अपने हाथ में धनुष-बाण लेकर उस पर संधान कर देता है और उसे मारकर अपने तन का पोषण करता है और मन को तोष का सुख देता है तथा इस हिंसा को, इस दशा को, अपराध, दोष, पाप नहीं मानता, ठीक वही दशा श्याम की है। वे स्वयं तो कुब्जा के राग-रंग में रँगे हुए हैं और हमें लिखकर निर्गुण का ज्ञान भेज रहे हैं। भौंरे हमारा प्रेम तो सगुन श्याम से है। निर्गुण ब्रह्म की चर्चा करके हमारे प्राण को बाँधो मत।

२६६१/४३४१ *राग सारंग*

मधुकर, ह्याँ नाहीं मन मेरौ ।
गयौ जु संग नंदनंदन के, बहुरि न कीन्हौ फेरौ ।
उन नैननि मुसकानि मोल लै, कियौ परायौ चेरौ ।
जाकैं हाथ पर्‍यौ ताही कौ, बिसर्‍यौ बास बसेरौ ।
को सीखे ता बिनु सुनि 'सूरज', जोग जु काहू केरौ ।
मंदौ पर्‍यौ, सिधाहु अनत लै, यह निरगुन मत तेरौ ॥

हे भौंरे, हमारा मन ही यहाँ नहीं है। यह तो नंदनंदन के साथ ही मथुरा चला गया और लौटकर हमारे पास नहीं आया। श्याम ने अपने नयनों की मुसकान से हमारे मन को मोल ले लिया और अपना क्रीत-दास बना लिया। अब तो वह जिस श्याम के हाथ में जा पड़ा है, उन्हीं का हो गया है और अपने मूल आवास-निवास को एकद्रम भूल गया है। अब उस मन के अभाव में, तुम्हारे द्वारा लाया हुआ यह योग सीखे तो कौन सीखे? अब यहाँ मंदी आ गई है, तुम्हारे निर्गुण की बिक्री की संभावना यहाँ नहीं है। अतः इसे किसी दूसरी हाट में विक्रयार्थ ले जाओ, जहाँ तेजी हो।

२६६२/४३४५ *राग सारंग*

ऊधौ, जो मन होत बियौ ।
तौ तुम्हरे निरगुन कौ दीजै, सो बिधना न दियौ ।
एक जो हुतौ, मदन मोहन की सो छबि छीन लियौ ।
अब वा रूप रासि बिनु मधुकर, कैसैं परत जियौ ।
जो तुम कहयौ, सोइ सिर ऊपर, 'सूरस्याम' पठयौ ।
नाहिन मीन जियत जल बाहर, जौ घृत मैं सजियौ ॥

हे ऊधव, हमारे पास कोई दूसरा मन नहीं है, जिसे हम तुम्हारे निर्गुण ब्रह्म को दे

कें। ब्रह्मा ने एक ही मन दिया, दूसरा मन दिया ही नहीं। जो एक मन हमारे पास था, से मदन मोहन की छवि हमारे पास से छीन ले गई। अब श्याम की उस रूप-राशि के भाव में हमसे किसी भी प्रकार जिया नहीं जा पा रहा है। तुमको हमारे परम प्रिय श्याम भेजा है, अतः तुम जो कह रहे हो, हम सिर आँखों पर ले रही हैं, पर एक बात जान ो, मछली पानी में ही जीती रहती है। उसे घी में भी छोड़ दिया जाय, तो वह जीवित हीं बचेगी, मर ही जायगी।

२६६३/४३४६ राग सारंग

ऊधौ, यह मन और न होइ।
पहिलैं ही चढ़ि रह्यौ स्याम रँग, छुटत न देख्यौ धोइ।
कैतव बचन छाँड़ि अलि हमसौं, सोइ कहौ जो मूल।
जोग हमहिं ऐसौ लागत, ज्यौं तुहिं चंपे कौ फूल।
अब क्यौं मिटतिँ हाथ की रेखैं, कहौ कौन बिधि कीजै।
'सूरस्याम' मुख आनि दिखावहु, जिहिं देखैं दिन जीजै॥

हे ऊधो, यह मन जैसा भी है, वैसा है। इसे अब दूसरा नहीं बनाया जा सकता। यह पहले ही से श्याम के रंग में रँग चुका है। इस पर श्याम का जो रंग चढ़ा है, वह धोने धुल नहीं सकता। हमने इस बात को भली-भाँति देख लिया है। हे भौंरे, कपट की तें छोड़ो, जो मूल है, असल बात है, वही कहो। योग तो हमको ऐसा ही नागवार गता है, जैसा नागवार तुम्हें चंपे का फूल लगता है। ब्रह्मा ने हमारे हाथों में जो रेखाएँ ंच दी हैं, वे अब किसी भी उपाय से मिट नहीं सकतीं। ब्रह्मा ने लिख दिया है, हम ाम से प्रेम करें; सो हम श्याम से प्रेम कर रही हैं। इस ब्रह्म-लीला को कोई कैसे मिटा कता है। अच्छा तो यह होगा कि अब तुम हमें एक बार श्याम का सुंदर सलोना मुखड़ा दिखलाओ, जिससे हम कुछ दिन और जी सकें।

२६६४/४३५६ राग मलार

हमकौं इती कहा गोपाल।
नंदकुमार, कमल-दल-लोचन, सुंदर बाहु बिसाल।
इक ऐसैंही बिरह रही लटि, बिनु घनस्याम-तमाल।
तापर अलि पठए हैं सिखवन, अबलनि उलटी चाल।
लोचन मूँदि, ध्यान चित चितवत, धरि आसन मृगछाल।
क्यौं सहि जाइ जरे पर चूनौ, दूनौ दुख तिहिं काल।
डारि न दिए कमल-कर तैं गिरि, दबि मरतीं तिहिं काल।
'सूरस्याम' अब यह न बूझियै, बिछुरि करी बेहाल॥

हे नंदकुमार, हे कमल-दल-लोचन, हे श्याम सुंदर, हे विशाल-बाहु, तुम हमारे लिए ा क्यों परेशान हो? एक तो हम वैसे ही घनश्याम रूपी तमाल-तरु के अभाव में, उनके ह में पड़कर, लट गई है, सूखकर दुबली हो गई हैं, तिसपर तुमने यह भौंरा हमें टी-चाल सिखाने के लिए भेज दिया है। यह कहता है—आँखें मूँदो, चित्त में ध्यान

धरो, मृगचर्म के आसन पर बैठो। यह सब तो जले घाव पर चूना रखने के समाम कष्टदायक है। यह कैसे सहा जाय, इससे तो अच्छा हुआ होता कि जब तुमने इंद्र-कोप से ह सबको बचाने के लिए गोवर्द्धन-धारण किया था, उसी समय उस गोवर्द्धन क तुम अपने कमल-करों पर से गिरा देते और हम सब उसी के नीचे दबकर मर जाती श्याम, तुमने तो बिछुड़ कर हमें एकदम बेहाल कर दिया है। तुम्हें ऐसा नहीं ही कर चाहिए था।

२६६५/४३६० राग सार

मधुकर जौ तू हितू हमारौ।

तौ प्यावहि हरि-वदन-सुधा-रस, छाँड़ि जोग-जल खारौ।
सुनि सठ नीति, सुरभि पय-दायक, क्यौं जु लेति हल भारौ।
जे भय भीत होहिं स्त्रक देखैं, क्यौं 'ब छुवहिं अहि कारौ।
निज कृत समुझि बेनु दसनन हति, धाम सजत, नहिं हारौ।
ता बल अछत निसा पंकज भ्रमि, दल-कपाट नहिं टारौ।
रे अलि चपल, मोद-रस लंपट, कतहिं बकत बेकाज।
'सूरस्याम' छबि क्यौं बिसरति है, नखसिख अंग बिराज॥

हे भौंरे, यदि तू सचमुच हमारा हितैषी है, तो योग के इस खारे जल को हमसे रख और श्याम के मुख का अमृत-रस लाकर हमें पिला दे। हे शठ, नीति की बात सु गायों का काम दूध देना है, हल जूआ कंधे पर रख कर खेत जोतना नहीं। जो फूलों माला देखकर डर जाती हों, वे काला नाग कैसे छू सकती हैं। तू अपनी ही बात दे बाँस जैसे कठोर को तो तू अपने दाँतों से काट देता है और वहाँ अपना आवास बना में तू हारता नहीं, थकता नहीं; पर रात में तो कमल कोश के भीतर तू गुनगुनाता च काटता रह जाता है, कमल पंखड़ियों के किवाड़ को काट नहीं पाता, यद्यपि तेरे पास बल मौजूद है, जिससे तूने बाँस को काटा है? अरे चपल भौंरे, तू आमोद (सुगंध) अ मधु-रस का लंपट है। तू व्यर्थ की बातें क्यों बके जा रहा है? श्याम के पद-नख से ले उनकी शिखा तक जो छवि विराज रही है, वह कैसे भुलाई जा सकती है?

२६६६/४३६५ राग म

ऊधौ अब नहिं स्याम हमारे।

मथुरा गए, पलटि से लीन्हे, माधौ मधुप तुम्हारे।
अब मोहिं आवत यह पछितावौ, क्यौं गुन जात बिसारे।
कपटी कुटिल काक अरु कोकिल, अंत भए उड़ि न्यारे।
करि-करि मोह मगन व्रजवासी, प्रेम प्रान धन वारे।
'सूरस्याम' कौं कौन पत्यैहै, कुटिल गात तन कारे॥

हे ऊधव, जब तक श्याम गोकुल में थे, तब तक तो वे हमारे थे। जब से वे म गए, वे पलट गए और वे अब हमारे नहीं हैं। हे भौंरे, माधव अब तुम्हारे हो गए हैं। तो अब यही पछतावा रह गया है कि हम श्याम के गुणों को भुलावें, तो कैसे भुल

कपटी, कुटिल कोकिला अपने अंडे को कौवी से पलवाती पोसवाती हैं, पर जब अंडा फूटकर बच्चा बाहर निकल आता है, तब वह कौवी को छोड़कर अंत में उड़कर पुनः अपने माँ-बाप के पास जा पहुँचता है। ठीक यही दशा श्याम सुंदर की है। वे पैदा हुए मथुरा में; पलवाने पोसवाने के लिए यहाँ गोकुल आए; जब पाल-पुसकर पुष्ट हो गए, तब फिर मथुरा उड़ गए। हम व्रजवासियों ने उनसे प्रेम किया, उनके राग में रंजित हो गए, और अपना प्रेम, अपना प्राण, अपना धन, सब कुछ उन्हें समर्पित कर दिया। अब श्याम का कौन विश्वास करेगा। वे गात के तो कुटिल हैं ही, त्रिभंगीलाल हैं ही; मन के भी काले हैं।

२६६७/४३६६ राग धनाश्री

जाहु, कहा बूझै कुसलात।
जाकैं ज्ञान न होहु, सो मानै, कही तिहारी बात॥
कारे नाम, रूप हूँ कारे, संग सखा सब गात।
जो पै भले होहिं कहुँ कारे, बदलि सुता लै जात।
हमकौं जोग, भोग कुबिजा कौं, काके हियैं समात।
'सूरजदास' प्रीति करि पाले, तेऊ अब पछितात॥

ऊधव, अब तो हमारा सब कुशल-मंगल पूछ चुके न? अब मथुरा लौट जाओ। जो मूर्ख होगा, वही तुम्हारे योग की बात मानेगा। कृष्ण का नाम काला है—कृष्ण, घनश्याम, श्याम। उनका रूप भी काला है। उनके तुम जैसे सभी संगी साथी भी काले हैं। यदि काले भले समझे गये होते, तो वसुदेव काले कन्हैया को गोकुल में छोड़कर उनके बदले में यशोदा की बेटी को न उठा ले गए होते। हम गोपांगनाओं को योग और कुब्जा को रस भोग? यह बात किसके मन में उचित प्रतीत होगी? नंद यशोदा ने परम प्रीतिपूर्वक श्याम को पाला था, वे भी अब पछताए जा रहे हैं।

२६६८/४३७१ राग केदारौ

मधुकर, ये सुनि तन मन कारे।
कहूँ न सेत सिद्धताई तन, परखे अंग तिहारे।
कीन्हौ कपट कुंभ बिच पूरन, पय मुख प्रगट उघारे।
बाहर देखि मनोहर दरसत, अंतरगत जु ठगारे।
तब तुम चले ज्ञान-बिष व्रज दै, हरन जु प्रान हमारे।
ते क्यौं होहिं भले 'सूरज' प्रभु, रूप बंचन कृत कारे॥

ऐ तन और मन दोनों से काले भौंरे, सुन। मैंने तेरे अंग-अंग को जाँच-परख लिया। तेरे तन में सिद्ध होने की रंच भी श्वेतता नहीं है। तू तो उस कपट कुंभ के समान है, जो ऊपर से तो दूध से भरा हुआ है, पर नीचे सब विष ही विष है। बाहर से देखने पर जो अत्यंत मनोहर, मनोरम, रमणीय दिखाई देता है, पर तेरा भीतर (मन) एकदम ठग लेने वाला है। अब तू व्रज को ज्ञानरूपी विष देकर जा रहा है, यह ज्ञानरूपी विष तो हमारे प्राणों का हरण कर डालने वाला है, हमें मार डालने वाला है। जो तन और मन दोनों से काले हैं वे भले हो ही कैसे सकते हैं।

२६६९/४३८० राग मलार

बिलग जनि मानौ ऊधौ प्यारे।
वह मथुरा काजर की कोठरी, जे आवैं ते कारे।
तुम कारे, सुफलक-सुत कारे, कारे कुटिल सँवारे।
कमलनैन की कौन चलावै, सबहिनि मैं मनियारे।
मानौ नील माट तैं काढ़े, जमुना आइ पखारे।
तातैं स्याम भई कालिंदी, 'सूरस्याम'-गुन न्यारे॥

हे प्यारे ऊधो, हम तुम्हें काला कह रही हैं, इसका बुरा न मानना। मथुरा तो ऐसी काजल की कोठरी है कि इसमें से जो भी निकलते हैं, सभी काले हैं। तुम वहाँ से आए हो, तुम भी काले हो। सुफलक के पुत्र उसी मथुरा से आए थे, वे भी भारी काले थे, काली सँवारी अलकों से काले। कमल के समान नयन वाले कृष्ण की क्या बात है, वे तो तुम सभी कालों (सर्पों) में मणिधर (मणि को धारण करने वाला साँप) हैं। वे मानो नील के मटके में डुबोकर निकाले गए हों, फिर उन्हें यमुना में नहला दिया गया हो, इसी से कालिंदी यमुना भी काली हो गई है। श्याम के गुण तो विचित्र हैं, सबसे एकदम अलग।

२६७०/४३८२ राग मलार

(ऊधौ), कह बूझत तन की दुबराई।
यह थोरी जौ जियत रही हैं, बिछुरत कुँवर कन्हाई।
जब ही कृपा नंदनंदन की, मिलि रस-रास खेलाई।
अब अदया देखति, जादौपति पाती लिखि जु पठाई।
कौन जोग लै आए ऊधौ, कैसैं जीजै माई।
'सूरज' स्याम विरह की वेदन, मो पै सही न जाई॥

हे ऊधव, हमारे दुबले पतले हो जाने की बात क्या पूछ रहे हो? कुँवर कन्हैया के बिछुड़ जाने पर हम जीवित बच गई हैं, यही क्या कम है। हम तो उनके वियोग में सूखकर काँटा हो गईं, मरी नहीं, यही बहुत है। तब गोपाल की हमारे ऊपर भारी कृपा थी, उन्होंने हमसे हिलमिल कर रास-क्रीड़ा की थी। अब उन यादवपति की हमारे ऊपर अ-कृपा है, जो उन्होंने योग-साधना करने के लिए हमें चिट्ठी लिखकर भेज दी है। ऊधव जी न जाने यह कौन-सा योग ले आए हैं? हे सखी, अब प्राण कैसे बचेंगे, कैसे जीवित रहा जा सकेगा? मुझसे तो श्याम के विरह की वेदना सही नहीं जा पा रही है।

२६७१/४३९३ राग मलार

गोपालहिँ लै आवहू मनाइ।
अबकी बार कैसैंहू ऊधौ, करि छल-बल चतुराइ।
दीजौ उनहिँ उरहनौ मधुकर, सबै सबै समुझाइ।
जिनहिँ छाँड़ि मथुरा तुम आए, ते कहा करैं जदुराइ।
बार-बार हौं बहुत कहा कहौं, बिनती बहुत बनाइ।
पाँइ पकरि 'सूरज' प्रभु ल्यावहु, नंद की सौंहँ दिवाइ॥

हे ऊधव, गोपाल को इस बार किसी प्रकार कल, बल, छल से चतुराई करके मना ी लाओ। उन्हें शनैः शनैः धीरे-धीरे समझाकर यह उलाहना देना, जिन गोपियों को तुम थुरा में छोड़ आए हो, हे यदुराय, वे अब क्या करें? तुम तो स्वयं परम चतुर हो, मैं तुमसे हुत बार-बार विनती क्या करूँ? हमारी ओर से प्रभु को, उनके पाँव पड़कर, नंद बाबा की शपथ दिलाकर, लिवा लाओ।

२६७२/४४०५ राग सारंग

हरि आवहिं तौ प्रान रहैं।
आवत जात उलटि फिरि बैठत, जीवत अवधि गहैं।
जब ते दाम उखल सौं बाँधे, बदन नवाइ रहे।
चुभि जु रही नवनीत-चोर-छवि, भुलति न ज्ञान कहे।
तिनसौं ऐसी क्यौं कहि आवति, जिन कुल त्रास सहे।
'सूरस्याम' गुन-रस-निधि तजिकै, क्यौं यह घट निबहे॥

हरि मथुरा से गोकुल आ जायँ, तो हमारे प्राण जीवित रह जायँ। उन्होंने हमें जो अपने ाने की अवधि दे दी है, उसी को पकड़कर आते-जाते, लौटते, उठते, बैठते हम किसी रह सप्राण बनी हुई हैं। जब माखन-चोर को यशोदा मैया ने रस्सी से उलूखल में बाँध दिया था, तब वे मुँह लटकाए खड़े थे। उनकी उस समय की मुद्रा हमारे चित्त में गड़ी ई है। वह ऊधव के इस योगाख्यान से भी भुलाई नहीं जा पा रही है। हमारे ही कारण कन्हैया ने ये सभी कष्ट सहे थे, तब उनसे हम ऐसा कुछ कैसे कह सकती हैं। हम कौन-ा मुँह लेकर उनसे गोकुल वापस आ जाने की बात कहें। पर उन गुण और रस के समुद्र को छोड़कर हमारे इस घट (शरीर) का निर्वाह कैसे हो सकता है, हम कैसे जी कती हैं।

२६७३/४४०७ राग सारंग

तुम जु कहत हरि हृदय रहत हैं।
कैसैं होइ प्रतीति मधुप सुनि, ये इतनी जु सहत हैं।
बासर रैनि कठिन बिरहागिनि, अंतर प्रान दहत हैं।
प्रजरि-प्रजरि मनु निकसि धूम अति, नैननि नीर बहत हैं।
कठिन अवज्ञा होति देह दुख, मरजादा न गहत है।
कहि अब क्यौं मानै मन 'सूरज', ये बातैं जु कहत है॥

हे मधुकर, तुम जो यह कहतो हो कि हरि हमारे हृदयों में बसते हैं, हमें इस पर श्वास नहीं हो पा रहा है, क्योंकि यदि हमारे हृदयों में होते, तो उनके यहाँ रहने पर में इतना कष्ट न सहना पड़ता, जितना उनके वियोग में हमें सहना पड़ रहा है। रात दिन योग की यह कठिन आग हमारे मन और प्राण को जलाए जा रही है। इस विरहानल प्रज्वलित होने से जो धुआँ उठ रहा है, वह हमारे आँखों से आँसू के जल के समान हा जा रहा है। वे हमारी घोर उपेक्षा कर रहे हैं। इससे हमारे शरीर को भारी कष्ट हो हा है। वे यदि यहाँ हमारे हृदयों में स्थित रहते, तो अपनी मर्यादा का तो ध्यान रखते,

पर वे अपनी मर्यादा पर भी ध्यान नहीं दे रहे हैं। ऐसी स्थिति में तुम जो कह रहे हो, हमारा मन उसे कैसे सहज ही स्वीकार कर ले।

२६७४/४४०८ राग सारंग

जो पै हिरदै माँझ हरी।
तौ कहि इती अवज्ञा उनपै, कैसैं सही परी।
तब दावानल दहन न पायौ, अब इहिं बिरह जरी।
उर तैं निकसि नंद-नंदन, हम सीतल क्यौं न करी।
दिन प्रति नैन इंद्र जल बरषत, घटत न एक घरी।
अति ही सीत भीत तन भीजत, गिरि-आँचल न धरी।
कर कंकन दरपन लै देखौ, इहिं अति अनख मरी।
क्यौं अब जियहिं जोग सुनि 'सूरज', बिरहिनि बिरह भरी॥

यदि हरि हमारे हृदय में ही हैं, तो उनसे हमारी यह इतनी अवज्ञा, हमारा इतना कष्ट कैसे सहा जा पा रहा है। तब तो वह दावानल हमें जला नहीं पाया, कृष्ण ने उसे पी लिया था। अब यह विरह हमें जलाए दे रहा है। यदि वे यहाँ हमारे हृदय में होते, तो क्या वे उस विरह की आग को न बुझा देते? हमारे हृदयों से निकल कर, बाहर आकर, हमें शीतल क्यों नहीं कर देते? हमारे नयनों के द्वारा इंद्र नित्य ही जल बरसाये जा रहा है, एक घड़ी के लिए भी यह अश्रुवर्षा घट नहीं पा रही है। हम ठंड से काँपी जा रही हैं, हमारा शरीर भींगा जा रहा है। कन्हैया ने तब गोवर्धन उठाकर हमें बचाया था, क्या वे अब हमारे आँचल के भीतर छिपे उरोज-गिरि को पकड़कर, उठाकर, हमारी रक्षा न कर लेते। यदि कन्हैया हमारे हृदयों में होते, तो वे यह आँसुओं की बरसात अवश्य बंद कर देते। ऊधव, तुम हाथ के कंकन को दर्पण में देखने की बात कर रहे हो। कन्हैया तो हमारे हाथ के कंगन हैं, हम उन्हें यों ही प्रत्यक्ष देख सकती हैं। इन्हें देखने के लिए आरसी की क्या जरूरत? हाँ, तुम्हारे योग को देखने के लिए आरसी चाहिए, पर आरसी में भी तुम्हारा ब्रह्म देखा जा सकेगा, इसपर हमें संदेह है। हम तुम्हारे इस उपदेश से कि कर के कंगन को आरसी में देख लो, अत्यंत रोष में भरकर मरी जा रही हैं। हम व्रज की गोपिकाएँ विरहिनी हैं, विरह से भरी हुई हैं। तुम्हारी योग-चर्चा को सुनकर अब हम जियें, तो कैसे जियें।

२६७५/४४१२ राग केदार

ऐसौ जोग न हमपै होइ।
आँखि मूदि कह पावैं ढूँढ़े, अँधरे ज्यौं टकटोइ।
भसम लगावन कहत जु हमकौं, अंग कुंकुमा धोइ।
सुनि कै बचन तुम्हारे ऊधौ, नैना आवत रोइ।
कुंतल कुटिल मुकुट कुंडल छबि, रही जु चित मैं पोइ।
'सूरज' प्रभु बिनु प्रान रहैं नहिं, कोटि करौ किन कोइ॥

हे ऊधव, तुम जैसा योग करने के लिए हमें कह रहे हो, वैसा योग हमसे नहीं स

सकता। तुम आँख मूँदकर ध्यानावस्थित होने की बात करते हो। आँखें मूँदकर ढूँढ़ने से हमें क्या मिल पावेगा। अंधे के समान टटोलना ही हाथ लगेगा। तुम शरीर पर लगे चंदन, कुंकुम, केसर को धोकर हमें भस्म पोत लेने के लिए कह रहे हो। ऊधव, तुम्हारी ये बातें ही सुनकर हमें तो रोना आ जाता है, रुलाई छूटने लगती है। कन्हैया जी की घुँघराली अलकों, उनके मोरपंख, उनके मुकुट एवं कानों में लटकते मकराकृत स्वर्ण कुंडल की छवि तो हमारे चित्त में गुह उठी है, एकदम हिल-मिल गई है। कोई कितना भी कहे, बिना कन्हैया के हमारे प्राण नहीं जीवित रह पाएँगे।

२६७६/४४१३ राग सारंग

ऊधौ, तौ हम जोग करैं।
जौ हरि बेगि मिलैं अब हमकौं, वैसे वेष धरैं।
कर मुरली, उर गुंजनि माला, बाल वच्छ लिए संग।
वैसेहिं दान जु माँगैं हमपै, बाढ़ै अति रस-रंग।
वैसेई हम मान करैंगी, वै गहि चरन मनावैं।
यातैं भली कहा 'सूरज', जौ स्याम जोग धरि पावैं॥

ऊधो, हम एक शर्त पर योग करने के लिए तैयार हैं। यदि हरि हमको तत्काल इस वेश में आकर मिल जायँ, दर्शन दे दें। उनके हाथ में मुरली हो, वक्षस्थल पर घुँघची की माला हो, ग्वाल बालों और गायों के बछड़ों को संग में लिए हों, हमसे वैसे ही दूध दही माखन बेचने का दान (कर) माँगें, हममें वैसा ही रस-रंग बढ़े, हम वैसा ही मान करें, वे हमारे पैर पकड़कर हमें मनावें। इससे भला क्या होगा, जो योग करके हम अपने मनमोहन को पा लें।

२६७७/४४१५ राग सारंग

मधुकर, कह्यौ सँदेस, सिधारौ।
बिनु उपदेस सहजहीं जोगी, सु धरि रह्यौ व्रज सारौ।
जाकौ ध्यान धरत गौरीपति, जोग जुक्ति करि हारौ।
सो हरि बसत सदा उर अंतर, नैकु टरत नहिं टारौ।
यह उपदेस आपनौ ऊधौ, राखौ ढाँपि सँवारौ।
'सूरस्याम' जानत हैं जी कीं, जो निज हितू हमारौ॥

मधुकर, तुम अपने योग का संदेश कह चुके न। तुम्हारा काम हो गया और अब यहाँ से चलते-फिरते नजर आओ। रुको मत। यहाँ तो बिना तुम्हारे उपदेश के ही सारे व्रज ने सहज ही योग धारण कर लिया है। जिसका ध्यान करके सदाशिव हार गए, उनकी सारी योग-युक्तियाँ असफल हो गईं और वे हरि को ध्यान में न पा सके, वे हरि तो हम व्रज-वासियों के हृदयों में वैसे ही बिना किसी प्रयास के, अनायास, निवास करते हैं और टालने का प्रयत्न करने पर भी वहाँ से टलते नहीं। ऊधव, अपना यह उपदेश तोप-ढाँककर भलीभाँति सँवारकर छिपा रखो। श्याम हमारे जी की बात जानते हैं, वे हमारे सच्चे हितैषी हैं और जानते हैं कि हम उनका दर्शन चाहती हैं। वे कभी न कभी हमें अपना दर्शन देंगे ही।

नहीं हम निरगुन सौं पहिचानि।
मन मनसा रस रूप सिंधु में, रही अपुनपौ सानि।
जदपि आनि उपदेसत ऊधौ, पूरन ज्ञान बखानि।
चित चुभि रही मदनमोहन की, चितवनि मृदु मुसकानि।
जुर्‌यौ सनेह नंद-नंदन सौं, तजि परिचिति कुल-कानि।
छूटत नहीं सहज 'सूरज' प्रभु, दुख-सुख लाभ कि हानि॥

हे ऊधव, हमारी निरगुन ब्रह्म से जरा भी जान-पहचान नहीं है, हमने तो अपने मन से, अपनी मनसा से, कृष्ण के रस-रूप-सिंधु में अपने को पूर्ण रूप से सान रखा है। हमारी पहचान तो उन्हीं कृष्ण से है। ऊधव जी, तुम योग की, ब्रह्म की सारी बातें पूर्णरूप से कहकर सिखाए जा रहे हो, पर हमारे चित्त में तो मदनमोहन की मृदु मुसकान चुभ गई है। हमारा स्नेह नंदनंदन से जुड़ गया है। हमने कुल-कानि और सभी मर्यादाएँ छोड़ दी है। अब हमें सुख हो या दुख, लाभ हो या हानि, श्याम से हमारा यह सहज सनेह छूट नहीं सकता।

२६७९/४४३१ राग नट

(ऊधौ) ना हम बिरहिनि, ना तुम दास।
कहत सुनत घट प्रान रहत हैं, हरि तजि भजहु अकास।
बिरही मीन मरै जल बिछुरैं, छाँड़ि जियन की आस।
दरस भाव नहिं तजत पपीहा, बरषत मरत पियास।
पंकज परम कमल मैं बिहरत, विधि कियौ नीर निरास।
राजिव रबि कौ दोष न मानत, ससि सौं सहज उदास।
प्रगट प्रीति दसरथ प्रतिपाली, प्रीतम कै बनबास।
'सूरस्याम' सौं दृढ़ व्रत राख्यौ, मेटि जगत उपहास॥

ऊधव, न तो हम सच्ची विरहिणी हैं, न तुम सच्चे सेवक हो। यदि तुम श्याम के सच्चे सखा, दास, होते तो 'हरि तजि, भजहु अकास' कहते ही मर गए होते और यदि हम सच्ची विरहिणी होतीं तो तुम्हारा यह कहना सुनते ही कि 'हरि तजि, भजहु अकास' हम मर गईं होतीं।

बिरहिनी मछली जल से बिछुड़ते ही, जीने की आशा छोड़कर, मर जाती है। इसी प्रकार पपीहा दास-भाव नहीं छोड़ता। बादल बरसता रहता है, पर वह प्यास से मरता रहता है, स्वाति नक्षत्र के बादल की बूँद की आशा लगाए रहता है। पंकज (कीचड़ से उत्पन्न हुआ कमल), कमल (पानी) में बिहरता रहता है, पर जब वह पानी सूख जाता है और वह नीर से निराश हो जाता है, तब भी वह सूर्य को दोषी नहीं कहता कि सूर्य ने सारा जल सुखा दिया। वह सूर्य से अपना अनुराग-भाव बराबर बनाए रहता है और शशि से बराबर उदासीन बना रहता है। महाराज दशरथ ने प्रीति का अत्यंत उज्ज्वल प्रतिमान स्थापित किया। वे अपने प्रिय पुत्र राम के वन चले जाने के पश्चात उनका वियोग नहीं सह सके और

सुरलोक सिधार गए। हमने सांसारिक उपहास, लोक निंदा, की परवाह न करते हुए अपने श्याम के प्रति अपने प्रेम को सुदृढ़ बना रखा है, उसे शिथिल नहीं होने दिया है।

२६८०/४४३४ राग सारंग

हम तौ दुहूँ भाँति फल पायौ।
जौ गोपाल मिलैं तौ नीकौ, नतरु जगत जस छायौ।
कहँ हम या गोकुल की गोपी, बरन हीन, घटि जाति।
कहँ वै श्री कमला के वल्लभ, मिलि बैठीं इक पाँति।
निगम ज्ञान मुनि ध्यान अगोचर, ते भए घोष निवासी।
ता ऊपर अब कहौ देखि, धौं मुक्ति कौन की दासी।
जोग कथा ऊधौ पा लागौं, मति कहौ बारंबार।
'सूरस्याम' तजि आन भजै जो, ताकी जननी छार॥

ऊधव, यहाँ तो 'दुहूँ हाथ मुद मोदक मेरे।' हमें दोनों प्रकार से अच्छा फल मिल गया है। यदि गोपाल हमें मिल जायँ, तो इससे बढ़कर क्या बात होगी। यदि वे नहीं भी मिल पाते, तो भी हमारे कृष्ण के प्रेम का डंका तो सारे संसार में बज ही जायगा, हमारा प्रेम तो प्रख्यात हो ही जायगा। कहाँ हम गोकुल की गोपियाँ, वर्णहीन औ छोटी जाति की। कहाँ वे कमलाकांत। हमारा तो यह गौरव है कि हम कमला-वल्लभ के साथ एक पाँति में बैठ चुकी हैं। जो प्रभु निगम के ज्ञान के परे हैं, जिनको मुनि लोग भी ध्याम में नहीं ला पाते, वे ही श्याम हमारे लिए अहीर-टोली में आकर बस गए। अब तुम्हीं जान लो कि मुक्ति किसकी दासी है। प्रेमा-भक्ति की या योग की? ऊधव, हम तुम्हारे पाँव पड़ती हैं, अब योग की यह कथा बार-बार दुहराओ, तिहराओ नहीं। जो श्याम को छोड़कर किसी दूसरे को भजती है, उसकी मैया राख है राख। वह मृतक तुल्या है, जैसे उसने किसी पुत्र या पुत्री को जना ही नहीं।

२६८१/४४३७ राग नट

लै चलि ऊधौ अपनैं देस।
मदनगुपाल मिलन मन उमह्यौ, कौन बसै ह्याँ, जदपि सुदेस।
वह मूरति मो हृदै बसति है, मुरलि अधर पुट, कुंतल केस।
कुंडल लोल, तिलक मृगमद रुचि, गावत नृत्यत नटवर बेस।
कहा करौं मोपै रह्यौ न जाइ छिन, सब सुखदायक बसत बिदेस।
'सूरज' स्याम मिलन कब ह्वैहै, दूरि गमन व्रजनाथ नरेस॥

हे ऊधव, हमें अपने देश मथुरा ले चलो। हमारा मन मदनगोपाल से मिलने की उमंग में है। यद्यपि यह व्रज अत्यंत सुंदर है, सुदेश है, पर यहाँ अब कौन बसे? हमारे हृदय में तो श्याम सुंदर की वह मूर्ति बसी हुई है, जो अपने होठों पर मधुर मुरली धरे हुए हैं, जिसकी अलकें घुँघराली हैं, जिसके कानों में स्वर्ण के मकराकृत चंचल कुंडल लटक रहे हैं, जिसने कस्तूरी का सुंदर तिलक लगा रखा है, जो नटनागर का रूप बनाए हुए नाच रही है, गा रही है। हमको सब प्रकार से सुख देनेवाले श्याम व्रज छोड़कर विदेश चले

गए हैं, इसीलिए हम क्या करें? हमसे यहाँ रहा नहीं जा पा रहा है। हमारे व्रजपति, हमारे राजा, श्यामसुंदर दूर चले गए हैं। देखना है हमारा उनका मिलन फिर कब ही पाता है।

२६८२/४४३८ राग गौरी

सब तै वहै देस अति नीकौ।
जहँ वै मदनगुपाल हमारे, तहैं जाइ दुख जी कौ।
सुंदर कमल वदन मुरली धुनि, कित सुख सब्द सुनायौ।
तब तैं थक्यौ मधुप मन उहँई, बहुरि न उर मैं आयौ।
जैसैं देह स्वास बिनु औरै, त्यौं व्रज लागत फीकौ।
कहि किहिं जतन प्रान राखैं, बिनु 'सूरस्याम' प्रिय जी कौ॥

सबसे अच्छा, सुहावना, तो वही देश मथुरा है, जहाँ हमारे वे मदनगोपाल जा बसे हैं। वहीं जाने पर हमारे जी का दुख दूर हो सकता है। उनका कमल के समान सुंदर मुख, और उसपर मुरली कितना सुखद शब्द सुनाती है। तभी से मेरा मन रूपी भौंरा वहीं जाकर ठहर गया है, व्रहाँ से लौटकर नहीं आया। जैसे साँस रहित शरीर मृत हो जाता है, वैसे ही श्याम बिना सारा व्रज फीका लग रहा है। श्याम तो हमारे प्राणों के परम प्रिय हैं। उनके बिना हम किस उपाय से अपने प्राणों को अपने शरीर में अवस्थित्र बनाए रखें?

२६८३/४४४९ राग मलार

सब जल तजे प्रेम के नातैं।
चातक स्वाति-बूँद नहिं छाँड़त, प्रगट पुकारत तातैं।
समुझत मीन नीर की बातैं, तऊ प्रान हठि हारत।
सुनत कुरंग, प्रेम नहिं त्यागत, जदपि व्याध सर मारत।
निमिष चकोर नैन नहिं लावत, ससि जोवत जुग बीते।
ज्योति पतंग देखि बपु जारत, भए न प्रेम घट रीते।
कहि अलि क्यौं बिसरति ये बातैं, संग जु करि व्रजराज।
कैसैं 'सूरस्याम' हम छाँड़ैं, एक देह के काज॥

पपीहा प्रेम के नाते सभी जल छोड़ देता है, स्वाति की बूँद को नहीं छोड़ पाता और जोर-जोर से 'पी-कहाँ', 'पी-कहाँ' चिल्लाता रहता है। मछली जल की बात को खूब समझती है कि जल मेरे मर जाने पर भी मेरे लिए कुछ नहीं कर पाएगा, फिर भी वह जल से बिछुड़कर अपने प्राण दृढ़तापूर्वक त्याग ही देती है। हिरन बहेलिए द्वारा बजाई जाती वीणा की मधुरता सुनता रह जाता है, यद्यपि बहेलिया उसे शर-संधान करके मार डालता है, फिर भी मृग वीणा के अपने प्रेम का परित्याग नहीं कर पाता। चकोर निर्निमेष भाव से, अपलक होकर, टकटकी लगाकर चंद्रमा को देखता रह जाता है और ऐसा करने में युग युग बिता देता है। और पतिंगा जलती ज्योति पर कूदकर अपना शरीर जला डालता है, पर उसके प्रेम का घड़ा कभी खाली नहीं होता। हे भौंरे, हमने व्रजराज के साथ जो भी रस-लीलाएँ की हैं, हम उन्हें कैसे भूल सकती हैं? इस एक देह की मुक्ति के लिए हम उन श्यामसुंदर को कैसे छोड़ दें?

अब हरि कौन के रस गिधे।
सकत नहिं निरवारि ऊधौ, बदरी ज्यौं ससि बिंधे।
बार तिहिं बन-बन डुलाईं, तजि सकल कुल-कानि।
अंध करि अब छाँड़ि गए हम, बिनु लकुट बिनु पानि।
जतन गुन निरगुन भए सब, मरन की अभिलाष।
बिना चरन-सरोज देखै, जरै देह जु राख।
परीं फंद बियोग सूनैं, तजतिं कुमुद निवास।
बिना पुष्कर, मीन कैसैं जियैं, 'सूरजदास'॥

अब हरि न जाने किसके रस में लुभा गए हैं। जैसे बादलों में छिपा चंद्रमा अपने को उनसे अलग नहीं कर पाता, हे ऊधो, उसी प्रकार श्याम जिस जाल में फँस गए हैं, उससे निकल नहीं पा रहे हैं। यहाँ रहते समय उन्होंने हमारी सारी कुल-कानि छुड़वा दी और हमें वन-वन घुमवा दिया। अब हमें अंधा बनाकर, बिना लठिया का, बिना हाथ का बनाकर यहाँ छोड़ गए हैं। जितने गुण थे, अब सब निरगुण हो गए हैं। अब तो यही जी करता है कि मर जायँ और सभी जंजाल से छुट्टी मिल जाय। श्याम के पद-कमल देखे बिना हमारा शरीर कंडे के समान धधकता हुआ राख होता जा रहा है। कुमुद-निवास चरण-सरोवर को तज कर हम वियोग के सूने फंदे में पड़ी छटपटा रही हैं। बिना तालाब के बेचारी हम मछलियाँ जियें, तो कैसे जियें।

२६८५/४४६० राग सारंग

हरि-सुत-सुत हरि के बन आहि।
ह्याँ को कहै, कौन की बातैं, ज्ञान ध्यान कौ काहि।
को मुख भ्रमर, तासु जुवती को, को जिन कंस हते।
हमरे तौ गोपति-सुत अधिपति, बनति न औरनि तैं।
गोरज मंडि रूप रुचिकारी, चितै-चितै हरि होत।
कबहूँ कर बरनी समेति लै, नैकु मान के सोत।
ता रिपु समै संग सिसु लीन्हे, आवत हैं तन घोष।
'सूरदास' स्वामी मनमोहन, कत उपजावत दोष॥

हरि अर्थात् विष्णु। हरि-सुत अर्थात् ब्रह्मा। हरि-सुत-सुत अर्थात् विष्णु के पुत्र ब्रह्मा, पुनः ब्रह्मा के पुत्र—मोह। पद्म पुराण के अनुसार ब्रह्मा ने सर्वप्रथम पांच तमोगुणी सृष्टि की—तम, मोह, महामोह, तामिस्त्र, अंधतामिस्त्र।

गोपियाँ कह रही हैं—हे ऊधव, हमारा मोह हरि की ओर है। फिर यहाँ हरि को छोड़ और किसी दूसरे की बात करने की फुरसत किसको है। यहाँ कौन कहे और किसकी बात करे। यहाँ किसी को भी ध्यान का ज्ञान नहीं है। कौन उस नवयुवती कुब्जा के मुख-कमल का भौंरा हो गया है, वह कौन है, जिसने कंस को मारा है। हमें न कुब्जा-कांत से मतलब है, न कंसारि से। हमारे अधिपति (राजा) तो गो-पति नंद के पुत्र नंदनंदन हैं।

हमारी पटरी नंदलाल से ही है, किसी दूसरे से हमारी पटरी नहीं बैठती। गायों के खु से उठी हुई धूल उनके मुखमंडल पर छाई रहती है। उनका यही गो-रज-मंडित मुख मंडल हमें पसंद है। हम उस मुख मंडल को चितै-चितै करके, देखदेख करके, हरी ह जाती रही हैं। कभी जब सूर्य अपनी किरणों को समेट कर अपने मान के स्रोत, पश्चि क्षितिज, पर पहुँच जाता है, तब उस सूर्य के शत्रु के समय सांध्यकाल में, हरि ग्वाल बालों को साथ लिए हुए, अहिर-टोली की ओर लौटते थे। वे ही मन-मोहन हमारे स्वाम हैं। तुम उन्हें निर्गुण, निराकार कहके, उनमें अवगुणों की स्थापना क्यों किए दे रहे हो

२६८६/४४७३ राग सारं

ऊधौ यह न होइ रस-रीति।

सोऊ सठ जो कमल-नयन की, कहत बात बिपरीति।
सत जुग सुनत प्रगट गुन गावत, कहि कुबिजा के मीत।
सोधि न परत भरे भाजन मैं, जो टोहै इक सीत।
तुम उपदेस नीति लै आए, हुती या व्रजहिँ अनीत।
देह नेह पहिलैं मन बाँध्यौ, 'सूरस्याम' के मीत॥

ऊधो, जो तुम योग, ध्यान, धारणा, समाधि आदि की बातें किए जा रहे हो, यह र की रीति नहीं है। प्रेम में ये सब बातें अनावश्यक हैं। इसी प्रकार वह भी शठ ही है, ज कमलनयन कृष्ण की कही हुई बातों के तोड़-मरोड़कर, उलट-पुलटकर, प्रस्तुत करत है। अथवा उनके संबंध में उलटी-पलटी बातें करता है। हमने तो सुना था कि 'तपः प कृतयुगे'—सतयुग में तप से प्रभु की प्राप्ति होती है। अब कुब्जा के दोस्त किशन उ तप का गुण द्वापर के लिए बताए जा रहे हैं। ऊधव, यहाँ तो एक चावल को ही टो करके पता चल जाता है कि बटलोही के सारे चावल चुरकर भात हो गए हैं या नहीं, पर तु कैसे गुनी ज्ञानी हो, जो एक सीत (सीथ, चावल) को टोकर, एक गोपी को परख क सारी गोपियों की मन:स्थिति का अनुमान नहीं कर पा रहे हो। यहाँ जैसी एक गोपी है वैसी ही सारी गोपियाँ हैं। सारा व्रज कृष्ण के विरह में व्यथित है। तुम हमें नीति औ नैतिकता का उपदेश देने आए हो, जैसे तुम्हारे यहाँ आने से पहले यहाँ व्रज में यत्र-त सर्वत्र अनीति और अनैतिकता ही व्याप्त थी। तुम इसे नीति कहो, अनीति कहो; हमारे म ने तो श्याम के गुणों के गीतों से अपने देह, अपने स्नेह को पहले से ही बाँध रखा है अब इस बंधन को कौन छोड़ सकता है?

२६८७/४४७९ राग धना

अपने सगुन गोपालहिँ माई, इहिँ बिधि काहैं देति।
ऊधौ की इन मीठी बातनि, निर्गुन कैसैं लेति।
धर्म अर्थ कामना सुनावत, सब सुख मुक्ति समेति।
काकी भूख गई मन लाड़ू, सो देखहु चित चेति।
जाकौ मोक्ष बिचारत बरनत, निगम कहत हैं नेति।
'सूरस्याम' तजि को भुस फटकै, मधुप तुम्हारे हेति॥

अरी सखी, ऊधो की इन चिकनी-चुपड़ी, मीठी लगने वाली, बातों के फेर में पड़कर, तू अपने सगुण गोपाल को इस प्रकार इन्हें क्यों दिए दे रही है और इनके निर्गुण को क्यों लिए ले रही है? यह कह रहे हैं कि निर्गुण की उपासना करने से धर्म, अर्थ, काम, मोक्ष सभी सुखों की संप्राप्ति हो जाती है। अपने चित्त में सचेत होकर देख ले—मन का लड्डू खाने से किसकी भूख मिटी है—काल्पनिक लड्डुओं से पेट नहीं भरता, वास्तविक लड्डुओं के खाने से भूख दूर होती है। यह ऊधव जिसको मोक्ष कहकर विचार कर रहे हैं, वर्णन कर रहे हैं, हमारे वेद-शास्त्र तो उसे 'नेति' कहकर अपनी हार मन चुके हैं। हे मधुप, तुम्हारे लिए, तुम्हारे कहने से, हम श्याम रूपी अन्न को छोड़कर भूसी को सूप में लेकर क्यों फटकें, क्यों पछोरें? इससे अन्न का एक कण भी नहीं मिलने वाला है।

२६८८/४४८३ राग नट

मधुप आए जोग-गथ लै, हाँसि औ दुख को सहै।
दंड मुद्रा भस्म कंथा, मृग त्वचा, आसन दहै।
स्याम तैं कोउ निठुर नाहीं, सखा जिनके रावरे।
जरे ऊपर लौन लावहिं, कौन तिन तैं बावरे ॥ १ ॥
स्याम के गुन कह बखानौं, जल बँधे जिन थल किए।
संग खेल खिलाइ हमकौं, सोच तौ इतने दिए।
एक दिन बैकुंठवासी, रास वृंदावन रच्यौ।
सोइ सुरूप बिलोकि माधौ, आइ इहिं बिधि तन सँच्यौ ॥ २ ॥
सरद जामिनि इंदु सोभा, लाज तजि कुंजन गईं।
बाँसुरी के सब्द सुनि-सुनि, बधिक की मृगिनी भईं।
साँवरी सी मदन मूरति, हृदय माहीं रमि रही।
और तौ कछु चित न आवत, कठिन व्रत दृढ़ करि गही ॥ ३ ॥
मंदभागिनि करमहीनी, दोष काहि लगाइयै।
प्रानपति सौं नेह कीन्हौ, भाग लिखौ सु पाइयै।
हम न जान्यौ जनम ऐसौ, रैनि कौ सुपनौ भयौ।
अंजुली जल घटत जैसैं, तैसैंही यह तन गयौ ॥ ४ ॥
वैद आगैं भेद कैसौ, छेद तौ छाती किए।
प्रान दिए हम जगत जानत, सुख सबै कुबिजा लिए।
जोग जप तप ध्यान पूजा, यह हृदै नहिं आवई।
सुधा-रस जिन स्वाद चाख्यौ, तिन्हैं और न भावई ॥ ५ ॥
ज्ञान दृढ़ तप ध्यान पूजा, हरि चरन जिनके हिऐं।
बिमुख हैं जे 'सूर' स्वामी, फल कहा तिनके जिऐं ॥ ६ ॥

हे मधुप, तुम योग की जो यह भारी भरकम गठरी लेकर आए हो, उससे हमें हँसी

आ रही है कि यह योग और हम अबलाओं के लिए। इससे हमें भारी दु:ख भी हो रहा है कि हमारे प्रेम का यही प्रतिदान हमें मिल रहा है। इस हँसी और दुख को कौन बर्दाश्त करे। हाथ टेकने के दंड की, कान फाड़कर पहनने के स्फटिक कुंडल या मुद्रा की, शरीर में पोतने के भस्म की, ओढ़ने की कथरी की, बिछाने के मृगछाला की, बात ही हमारे जी को जलाए दे रही हैं।

श्याम से बढ़कर निष्ठुर कोई दूसरा नहीं, जिनके तुम्हारे जैसे मित्र हैं, जो जले घाव के ऊपर नमक छिड़कने में परम प्रवीण हैं। तुम्हारे जैसा बावला और कौन होगा; कहीं जले पर नमक छिड़का जाता है, जो तुम्हीं छिड़के जा रहे हो?॥ १॥

हम श्याम के किन-किन गुणों की चर्चा करें। उन्होंने इन्द्र के जल को बाँधकर, हमारे लिए गोवर्धन के नीचे सूखा स्थल बना दिया था। जहाँ अपने साथ हमें रंग-रंग के रस-रंग भरे खेल खिलाए थे, वहीं बिछुड़कर हमें इतना शोच, इतनी चिंता भी दे गए। एक दिन उन बैकुंठवासी श्याम ने हमारे साथ वृंदावन में रास रचाया था। माधव का वही सु-रूप तो आकर हमारे इस शरीर में, मन में, सदा के लिए संचित हो गया है॥ २॥

शरद ऋतु की कुछ-कुछ ठंडी रात थी, पूर्णिमा का चाँद चमचमा रहा था। श्याम ने मधुर मुरली बजाकर, उसमें हमारे नाम ले-लेकर हमें बुलाया और हम बहेलिये की हिरनी बन गई। उस बाँसुरी की धुनि से मतवाली होकर, कुल-कानि तजकर, हम वृंदावन की कुंज में दौड़ी चली गईं। तभी से हरि की साँवली सलोनी सूरत हमारे हृदयों में आकर बस गई है। उस मूर्ति के अतिरिक्त हमारे चित्त में और कुछ भी नहीं धँसता। हमने इस कठिन व्रत को दृढ़तापूर्वक ग्रहण कर रखा है॥ ३॥

श्याम, हम मंदभागिनी हैं, कर्म-हीना हैं। फिर किसी दूसरे को क्या दोष दें? हमने अपने प्राणपति से प्रेम किया है। जो हमारे भाग्य में लिखा है, उसे तो भोगना ही है। हमारा जीवन तो रात के सपने जैसा असत्य हो गया है। हमने कभी भी यह नहीं सोचा था कि हमारा जीवन ऐसा झूठा और निर्जीव होगा। जैसे अँजुरी में लिया हुआ जल उँगलियों के बीच से स्वयं धीरे-धीरे गिरकर समाप्त हो जाता है, वैसा ही हमारा यह तन धीरे-धीरे क्षीण हो गया है॥ ४॥

वैद्य के सामने रोग का गुप्त भेद कैसे छिपाया जा सकता है? हमारी छाती में तो छेद हो ही गया है, सारा संसार जानता है कि हमने श्याम के लिए अपने प्राण दे दिए हैं, पर मजे उड़ा रही है, वह कुब्जा। योग, जप, तप, ध्यान, पूजा की एक भी बात हमारे मन को अच्छी नहीं लगती। जिसने अमृत का आस्वाद पा लिया है, उसे कोई दूसरा रस कैसे अच्छा लग सकता है?॥ ५॥

जिसके हृदयों में हरि के चरण हैं, वे ही सच्चे ज्ञानी, सच्चे तपस्वी, सच्चे ध्यानी और पुजारी हैं। जो हरि-चरणों से विमुख हैं, उनका जीवन व्यर्थ है। उनके जीवित बने रहने से लाभ ही क्या?॥ ६॥

उद्धव वचन *२६८९/४४८४ राग मलार*

वे हरि सकल ठौर के बासी।
पूरन ब्रह्म, अखंडित, मंडित, पंडित मुनिनि बिलासी।

सप्त पताल ऊरध अध पृथ्वी, तल नभ बरुन बयारी।
अभ्यंतर दृष्टी देखन कौं, कारन रूप मुरारी।
मन बुधि चित अहँकार रसेंद्रिय, प्रेरक थंभनकारी।
ताकैं काज बियोग बिचारत, ये अबला ब्रजनारी।
जाकौं जैसौ रूप मन रुचै, सो अपबस करि लीजै।
आसन बैसन ध्यान धारना, मन आरोहन कीजै।
षट रस अठ द्वादस दल निरमल, अजपा जाप जपाली।
त्रिकुटी संगम ब्रह्म द्वार भिदि, यौं मिलिहैं बनमाली।
एकादस गीता स्त्रुति साखी, जिहिँ बिधि मुनि समुझाए।
ते सँदेस श्रीमुख गोपिनि कौ, 'सूर' सु मधुप सुनाए॥

उद्धव बोले—हे गोपियों, हरि तो सर्वव्यापी हैं, वे हर स्थान पर रहते हैं। वे पूर्ण ब्रह्म हैं, अखंड हैं, अपने जानने वाले पंडितों की शोभा बढ़ानेवाले हैं, मुनियों के हृदयों में विलास करनेवाले हैं। वे पृथ्वी के नीचे के सातों पातालों[1], पृथ्वी तल के ऊपर के सातों लोकों[2], पृथ्वी, आकाश, वरुण (जल), हवा—इनको भीतरी दृष्टि से देखा जाय, तो सबके कर्ता मुरारि ही हैं। मन, बुद्धि, चित्त, अहंकार तथा पांचों ज्ञानेन्द्रियों एवं पाँचों कर्मेन्द्रियों को प्रेरणा देकर कार्य-रत करानेवाले और इन्हें रोक रखनेवाले हैं, तुम अबला व्रजनारियाँ ऐसे हरि से भी वियोग की बात सोचती हो। हरि का जो रूप तुम्हें अच्छा लगे, तुम उनके उसी रूप का ध्यान किए जाओ। उसी रूप को अपने बस में कर लो। उसी रूप के लिए आसन मारकर बैठो, उसी रूप का ध्यान करो, उसी रूप के पास तक धारणा द्वारा मन को चढ़ा ले जाओ; छह कमल-दल वाले स्वाधिष्ठान चक्र, दस दलवाले मणिपूर चक्र, द्वादश दलवाले अनाहत चक्र का भेदन करते हुए अजपा जाप करती जाओ। इसी प्रकार त्रिकुटी में ध्यान जमाकर, ब्रह्म द्वार या सहस्रार चक्र को भेद कर तुम वनमाली तक पहुँच जाओगी।

ग्यारहों गीताओं[3], चारों वेदों की साक्षी देकर जिस प्रकार ऋषि मुनियों ने समझाया है, उसी संदेश को श्याम के श्रीमुख से सुनकर आए हुए मधुप (ऊधव) ने गोपियों को कह सुनाया।

२६९०/४४८५ राग कर्नाटी

देखि रे प्रगट द्वादस मीन।
ऊधौ, एक बार नँदलाल राधिका, आवत सखी सहित रस भीन।

---

१. अतल, सुतल, वितल, तलातल, महातल, रसातल, पाताल।

२. भूः, भुवः, स्वः, जपः, तपः, सत्यं।

३. शिव गीता, राम गीता, सावित्री गीता, पाण्डव गीता, भगवद्गीता, अनुगीता, भगवती गीता, उत्तर गीता, जीवन्मुक्ति गीता, ब्राह्मण गीता और गोपी गीता।

गए नव कुंज, कुसुमनि के पुंज, करैं अली गुंज, सुख हम लवलीन।
षट उडुगन, षट मनिधर हू राजत हैं, चौबिस धातु चित्र केहि कीन।
षट इंदु, द्वादस पतंग, मनु मधुप सुनि, खग चौवन माधुरि रस पीन।
द्वादस बिंब, सौ ब्रानबे वज्रकन, षट दामिनि, जलजनि हँसि दीन।
द्वादस धनुष, द्वादसै विषका, मोहन मन षट चिबुक चिन्ह चित वीन।
द्वादस व्याल अधोमुख झूलत, मानौ कंज दल सौ बीस बसीन।
द्वादसै मृनाल, द्वादस कदली खंभ, द्वादस दारिम सुमन प्रवीन।
चौबिस चतुस्पद, ससि सौ बीस, मधुकर, अंग अंग रस कंज नवीन।
नील निलै मिली घटा दामिनि मनौ, सब सिंगार सोभित हरि हीन।
फिरि फिरि चक्र गगन मैं अमी बतावत, जुवती जोग, मौन कहु कीन।
वचन रचन रस रास नंदनंदन तैं, जोग पौन हिरदै लवलीन।
नंद जसुदा दुखित गोपी ग्वाल गोसुत, मलिन दिन ही दिन दुखीन।
बकी बका सकटा तृना केसी वृषभ, बिन गोपाल बैर इन कीन।
ऊधौ परैं पाइँ, 'सूरज' प्रभु मिलाइ, आरति हरैं, भईं तन छीन॥

हे मधुप, एक बार नंदलाल, राधिका, एक सखी के साथ अत्यंत रस-मग्न होकर चले जा रहे थे। वे नवीन कुंज-भवन में पहुँचे। वहाँ पर ढेर के ढेर फूल खिले हुए थे और उन फूलों पर सुख में लीन भौंरे गूँजे जा रहे थे। वहाँ हमने निम्नांकित अद्‌भुत दृश्य देखे—

१. द्वादश मछलियाँ—(राधा, कृष्ण, सखी के २×३=६ नेत्र, तथा इनके ६ प्रतिबिंब = १२)
२. षट उडुगन—(तीनों की ३ मोती की लड़ियाँ और ३ प्रतिबिंब)
३. षट मणिधर सर्प—(तीनों की ३ चोटियाँ, ३ प्रतिबिंब)
४. चौबीस धातु (गेरू) से रँगे उनके अंग— (तीनों के दो-दो हाथ, पैर कुल १२, १२ प्रतिबिंब)
५. षट विधु—(तीनों के ३ मुख, ३ प्रतिबिंब)
६. द्वादश पतंग (सूर्य)—(तीनों के दो-दो कुंडल ६, ६ प्रतिबिंब)
७. चौवन मधुर रस पुष्ट खग—(तीनों की भ्रमर सी दो-दो भौंहें ६, ६ प्रतिबिंब) = १२

खंजन के समान तीनों की दो-दो आँखें और उनके प्रतिबिंब	= १२
कबूतर के समान तीनों की ३ ग्रीवाएँ और उनके प्रतिबिंब	= १२
सुग्गों के समान तीनों की ३ नाकें और उनके प्रतिबिंब	= ६
कोयल के समान तीनों की वाणी और प्रतिबिंब	= ६
चकवे के समान राधा और सहेली के दो-दो स्तन और उनके प्रतिबिंब	= ६
हंस के समान राधा और सखी की चरण-गति	= ४
	कुल = ५४

८.	द्वादश बिंब (पके लाल कुनुरू)—तीनों के दो-दो अरुण अधर	= ६
	और उनके ६ प्रतिबिंब	= १२
९.	१९२ वज्रकण (हीरा-दांत)—तीनों के ३२-३२ दांत और	
	उनके प्रतिबिंब ३२×३×२	=१९२
१०.	मुख-कमल में हँसती हुई ६ बिजलियां—तीनों के तीन मुसकान	
	और तीन ही प्रतिबिंब कुल	= ६
११.	द्वादश धनुष—तीनों की दो-दो भौंहें और उनके ६ प्रतिबिंब	= १२
१२.	द्वादश इषुका (वाण) तीनों के चितवन के ६ वाण, ६ प्रतिबिंब	= १२
१३.	चित्त पर अपना चिह्न बना देने वाले छह चिह्न—	
	तीनों की ठुड्ढी के ३ तिल और ३ प्रतिबिंब	= ६
१४.	नीचे झूलते हुए द्वादश व्याल (सर्प)—	
	तीनों की दो दो चोटियाँ ६, ६ उनके प्रतिबिंब	= १२
१५.	कमल की बैठी हुई १२० पंखुड़ियां—तीनों के बीस-बीस नख	
	और उनके प्रतिबिंब ३×२०×२	= १२०
१६.	द्वादश कदली—तीनों की ६ जांघें, ६ प्रतिबिंब	= १२
१७.	द्वादश मृणाल—तीनों की ६ बाहें, ६ प्रतिबिंब	= १२
१८.	द्वादश दाड़िम सुमन—(अनार के फूल सी हथेलियाँ)	
	तीनों की ६ हथेलियाँ, ६ प्रतिबिंब	= १२
१९.	चौबीस चौपद—(मृग के समान ६ नेत्र, ६ प्रतिबिंब)	= १२
	सिंह के समान राधा और सखी की कंटि और प्रतिबिंब	= ४
	हाथी की सूँड़ के समान राधा और सखी की जांघें और प्रतिबिंब	= ८
		कुल = २४
२०.	१२० शशि—तीनों के हाथ पैरों के २०-२० नख और उनके प्रतिबिंब	= १२०
२१.	अंग-अंग में नवीन कंज का रस— 'नव कंज लोचन, कंज मुख, कर कंज, पद कंजारुणम्'।	

हे ऊधव, नीलांबर में लिपटी राधा श्याम घटा में दमकती बिजली सी हैं। वह सब शृंगारों से शोभित तो हैं, पर इस समय हरि-हीन है। ऐसी हरि-विरहिता राधा और हम गोपियों को, हे मधुकर तुम भूल में षट चक्रों की बात बताए जा रहे हो। हम युवतियों को योग सिखाए जा रहे हो। पर क्या युवतियों को कोई कभी मौन रख सका है। हमने तो श्याम की वाक्चातुरी, और उनके रास के रस का पवन ही अपने हृदय में समा रखा है। यही हमारा प्राणायाम और योगसाधना है।

नंद-यशोदा, गोपी-ग्वाल, गो गोसुत सभी श्याम के वियोग में मलिन हो गए हैं और दिन-दिन दुखी होते जा रहे हैं। बकी (पूतना), बक, शकट, तृणावर्त, केर्सा, वृषभासुर आदि आदि गोपाल की अनुपस्थिति में अपना बैर हमसे साधे जा रहे हैं। हे ऊधव, हम तुम्हारे पाँव पड़ती हैं, हमें श्याम से मिला दो। हम क्षीणकाय हो गई हैं। प्रभु आकर हमारी आर्ति (दुख) हर लें।

मधुकर, ल्याए जोग सँदेसौ।
भली स्याम कुसलात सुनाई, सुनतहिँ भयौ अँदेसौ।
आस रही जिय कबहुँ मिलन की, तुम आवत ही नासी।
जुवतिनि कहत जटा सिर बाँधौ, तौ मिलिहैं अबिनासी।
तुमकौं जिन गोकुलहिँ पठाए, ते वसुदेव-कुमार।
'सूरस्याम' हमतैं कहुँ न्यारे होत न, करत बिहार॥

हे मधुकर, तुम श्याम के योग का संदेश लाए हो। इससे इतना तो भला हुआ कि हमें श्याम का कुशल-खेम मालूम हो गया। पर इस योग के संदेश से हमारे मन में खटका पैदा हो गया है। हमें श्याम से पुनर्मिलन की आशा थी, तुमने आते ही हमारी उस आशा को नष्ट कर दिया। तुम हम युवतियों से कह रहे हो कि जटा-जूट बाँध लो, तब तुम्हें अविनाशी मिलेंगे। तुमको जिसने यहाँ गोकुल भेजा है, वे वसुदेव कुमार होंगे, वासुदेव होंगे। हमें न तो तुम्हारा अविनाशी चाहिए, न वासुदेव। हमें हमारा नंदनंदन चाहिए, यशोदानंदन चाहिए। जो हमसे कभी भी अलग नहीं होते और हमारे मानस में सदा विहार करते रहते हैं।

२६१२/४४८७ राग मलार

मधुकर, बादि बचन कत बोलै।
आपुन चपल, चपल कौ संगी, चपल चहूँ दिसि डोलै।
इन बातनि कौ कौन पत्यैहै, अंतर कपट न खोलै।
कंचन काँच, कपूर कटु खरी, एकहि सँग क्यों तोलै।
अब अपनी सी हमहिँ सिखावत, मति भूलहु यह जोलै।
'सूरस्याम' बिनु रटत बिरहिनी, बिरह दाग जनि छोलै॥

अरे भौंरे, तू व्यर्थ की बकवास क्यों किए जा रहा है? तू स्वयं चंचल है, तेरे साथी कृष्ण भी चंचल है, तू चपल होकर चतुर्दिक् डोल रहा है। तेरी योग की इन बातों पर कौन विश्वास करेगा? तू कपटी है। तू अपने हृदय के कपट को क्यों नहीं खोलकर साफ-साफ कह देता। तू कृष्ण के कंचन और कपूर को योग के कांच और खरी से एक साथ क्यों तोल देने पर तुल गया है। अब तू हमें अपनी सी सिखाना चाहता है। हमारा हरि से जो मेल-जोल था, उसे तू मत भूल। श्याम के बिना हम विरहिनियाँ श्याम-श्याम रटे जा रही हैं। तू हमारे विरह के घाव को कुरेद मत।

२६१३/४४९४ राग रामकली

ऊधौ कहा कहत बिपरीत।
जुवतिनि जोग सिखावन आए, यह तौ उलटी रीति।
जोतत धेनु, दुहत पय वृष कौ, करन लगे जु अनीति।
चक्रवाक ससि कौं क्यौं जानै, रवि चकोर कहँ प्रीति।

पाहन तरै सोलह जौ बूड़ै, तौ हम मानैं नीति।
'सूरस्याम' प्रति अंग माधुरी, रही गोपिका जीति॥

ऊधव, यह क्या उलटी-पुलटी बातें किए जा रहे हो? तुम नवयुवतियों को योग-साधना सिखाने आ गए हो, यह तो एकदम उलटी रीति है। तुम गाय को हल में जोतना चाहते हो और बैल से दूध दूहना चाहते हो। यह कैसी अनीति कर रहे हो? भला चकवा-चकवी चंद्रमा से क्यों प्रेम करेंगे और चकोर सूर्य से क्यों प्रीति करेगा? चकवा-चकवी सदा सूर्योदय चाहेंगे और सूर्य से अनुराग करेंगे। चकोर सदैव चंद्रमा की शीतल चाँदनी चाहेगा और शशि प्रेमी होगा। यदि सोलहो श्रृंगार जलमग्न हो जाएं और पत्थर पानी पर तैरने लगे, तो हम भी तुम्हारी इस अनरीति को रीति मानने लगेंगी। यहाँ तो श्याम के अंग-अंग की माधुरी ने हम गोपिकाओं को जीत रखा हैं।

२६९४/४४९१ राग रामकली

ऊधौ कहत बात है ढीठ।
मोहन क्यौं न होइँ निरमोही, तुमसे संग बसीठ।
मधुवन नाम फँदा करि राख्यौ, रचे सकल ठग ईठ।
स्त्रवन सुनत ऐसी लागत है, गरल कहत ज्यौं मीठ।
अति सुकुमारि कूबरी रीझे, मति कोउ लावै दीठ।
'सूरस्याम' यातैं नहिँ आवत, समुझि दई व्रज पीठ॥

ऊधव, तुम हमसे दिगंबर होने की बात बड़े धृष्ट होकर कहे जा रहे हो? तुम्हारे ऐसे दूत हों, तो मोहन निष्ठुर क्यों न हों? तुम लोगों ने तो मधुवन जैसा प्यारा और मीठा नाम रखकर एक जाल सा फैला रखा है, जहाँ सभी देखने में इष्ट, मिष्ट प्रतीत होते हैं, पर वस्तुतः वहाँ सबी ठग-विद्या ही सीखे सिखाए लोग बसते हैं। सुनने में तो लगता है सब मीठा ही मीठा है। पर मीठे के भीतर विष समाया हुआ है। श्याम वहाँ जाकर अत्यंत सुकुमारी, कुमारी, सुंदरी कूबरी पर रीझ गए हैं। उसे कोई कुदृष्टि न लगा दे, इसीलिए व्रज को पीठ दे बैठे हैं और यहाँ नहीं आ रहे हैं। तुम्हें भय है कि वे यहाँ आएंगे तो कूबरी भी साथ में आवेगी और हम गोपियों की बुरी नजर उस महासुंद्री पर लग जाएगी।

२६९५/४५०५ राग षटपदी

ऐसे मधुप की बलि जाउँ।
मधुवन की बातैं कहीं, लै लै हरि नाउँ।
जाकौ रूप सब्द नीकौ, प्रिय के गुन गावै।
जद्यपि यह प्रेम-हीन, बहुरौ समुझावै।
स्त्रवन कथा हित हमारैं, सुनि-सुनि नित जीजै।
'सूरज' प्रभु आवैंगे, इन जान न दीजै॥

अरी सखी, हमें तो ऐसे भौंरे की बलैया लेनी चाहिए, यह मधुवन की तो बातें करता रहा है, पर बीच-बीच में यह हरि का प्यारा नाम भी तो लेता जा रहा है। इसका रूप

अच्छा है, इसका गुन-गुन शब्द भी सुहावना है, यह हमारे प्रिय कृष्ण का गुण भी गाता रहा है। यद्यपि यह प्रेमहीन है, नीरस है, फिर भी अपने योग की बात हमें बार-बार समझाता है। यह हमारे हित के लिए ही तो यह योग-कथा हमें बार-बार सुनाता है। यह बात दूसरी है कि हम इसकी बात न मानें। पर इसके उद्देश्य की पवित्रता के संबंध में हम संदेह क्यों करें? इसकी कथा हमें भले ही प्रिय न लगती हो, पर यह संजीवन प्रदान करती है। इसमें तो संदेह नहीं। हमारी राय तो यह है कि हम इस भौंरे को यहीं रोके रहें, इसे मथुरा वापस न जाने दें। इसीके बहाने, प्रभु यहाँ आ जायँगे।

२६१६/४५१० राग मलार

ऊधौ बूझति हैं अनुमान।
देखियत नाहिँ जतन जीबे कौ, इतहि बिरह उत ज्ञान।
इतहिँ चंद चंदन समीर मिलि, लागत अनल निधान।
उत निरगुन अवलोकत मन कौ, कठिन निरोधन प्रान।
इत भूषन भय करत अंग कौ, सब निसि जागि बिहान।
उत कहुँ सुन्न समाधि, कछू नहिँ, गूढ़ जोग कौ ज्ञान।
दुसह दुराज नृपति बड़े दोऊ, दुख कौं उभै समान।
को राखे 'सूरज' इहिँ अवसर, कमलनयन बिनु आन॥

हे ऊधव, हमारे एक ओर विरह का शासन है, दूसरी ओर ब्रह्म-ज्ञान का। हम अनुमान लगाकर समझ रही हैं कि इस दो—अमली हुकूमत में हमारे प्राणों के बचने का कोई उपाय नहीं दीख रहा है। इधर वियोग में तो चंद्रमा, चंदन, शीतल मंद सुगंध समीर, सभी अग्नि के भंडार से लग रहे हैं; उधर योग के निर्गुण शासन में प्राण-वायु को रोके रखना, प्राणायाम करना अत्यंत कठिन लग रहा है। इधर वियोग के राज्य में गहने पहनना भी अंगों को भयदायक लगता है और सारी रात जागकर सबेरा करना पड़ता है, उधर योग-राज्य में कहीं शून्य में निराधार समाधि लगानी पड़ती है और योग का ज्ञान तो गूढ़ है ही। यह दो राजाओं का एक साथ शासन दुस्सह है। दोनों भारी राजा हैं, पर दुख देने में दोनों समान हैं। कोई एक दूसरे से छोटा नहीं है। इस अवसर पर कमलनयन कृष्ण के बिना हमारी प्रतिष्ठा कौन बचा सकता है।

२६१७/४५११ राग सारंग

मधुकर राखि जोग की बात।
कहि-कहि कथा स्याम सुंदर की, सीतल करि सब गात।
जे निरगुन गुन-हीन गनैगो, सुनि सुंदरि अकुलात।
दीरघ नदी नाव कागर की, किहिँ देख्यौ चढ़ि जात।
हम तन हेरि, चितै अपनौ पट, देखि पसारहि लात।
'सूरजदास' बास बन बसि कै, कैसैं कल्प बिहात॥

मधुकर, अब ये योग की बातें बंद कर। अब कुछ कथा श्यामसुंदर की कह, जिसे सुनकर हम सबके संतप्त शरीर शीतल हो जायँ। यदि तू निर्गुण ब्रह्म की गुण-हीन बातें

करेगा, तो हम सभी व्रज-सुंदरियाँ अत्यंत आकुल हो उठेंगी। बढ़ी हुई बड़ी नदी को कागद की नाव पर चढ़कर पार करते हुए किसने देखा है। पहले हमारी ओर देखो, फिर अपने योग की चादर देखो, तब हाथ-पैर फैलाओ। 'तेतो पाँव पसारिए, जेती लाँबी सौर'। योग साधना के लिए तो वन में बसना होगा, और इस वनवास में भी रहकर कितने दिनों में सिद्धि प्राप्त होगी, कुछ कहा नहीं जा सकता। हो सकता है—एक कल्प (चार करोड़ बत्तीस लाख मानव वर्ष=ब्रह्म का एक दिन) लग जाय। यह लंबा समय कैसे बिताया जा सकेगा।

२६१८/४५१२ राग मलार

जोग सौं कौनैं हरि पाए।
निज आज्ञा तप कियौ विधाता, कब रस-रास खिलाए।
जोग जुगुति संकर आराधी, परम तत्व लव लाए।
भुज धरि ग्रीव कबहिँ नँदनंदन, हिलि-मिलि कल सुर गाए।
वृकदालव्य महारिसि कबहूँ, तृन छाया न कराए।
बरषत दुखित जानि नँदनंदन, कब गिरिवर कर छाए।
अति तप पुंज बिप्र दुर्वासा, दुर्वा तृन नित खाए।
चक्र सुदर्सन तपत महामुनि, कब मुख अनल समाए।
बहु तप कियौ मारकंडे द्विज, आइ सिंधु भरमाए।
सप्त कल्प बीते कब कहि हरि, बरुन पास मुकराए।
भक्त बिरह कातर करुनामय, वेद निरंतर गाए।
को है जोग सुनत ह्याँ ऊधौ, 'सूरस्याम' मन भाए॥

ऊधव, योग-साधना करके किसने हरि को पाया है? विष्णु की ही आज्ञा से ब्रह्मा ने तप किया था, पर हरि ने उन्हें कब रास-क्रीड़ा का आनंद दिया? शंकर जी ने भी योग साधना की, और परम तत्त्व में ध्यान लगाया था, पर नंदनंदन ने कब उनके गले में हाथ डालकर, हिलमिलकर वंशी का मधुर स्वर सुनाया था? वृक दाल्भ्य (दालव्य ऋषि के पुत्र) नामक महाऋषि ने तप करते समय अपने सिर पर केवल एक वट-पत्र रखकर छाया की, छानी छप्पर तक नहीं छवाया। शीत, धूप और मेह सहते रहे। उनके ऊपर हरि ने, नंदनंदन ने कब गोवर्द्धन उठाकर छाया की थी? दुर्वासा जी जो महान तपस्वी थे, वे केवल दूब नामक घास खाकर काल-यापन करते रहे। अंबरीष को शाप देने पर सुदर्शन चक्र उनके पीछे जला देने के लिए, आग उगलता रहा, हरि ने कब उस अग्नि को दावानल की तरह पी लिया था? मार्कण्डेय ऋषि ने बहुत तप किया। अंत में प्रलय देखने के फेर में सिंधु तट पर आकर वे वट पत्र पर लेटे अँगूठा चाटते बालमुकुंद को देखकर भरम में पड़े रह गए थे, सात कल्प बीत जाने पर भी हरि ने, नंद के समान, उन्हें कब वरुण-पाश से मुक्त कराया था? वेदों ने तो बराबर यही कहा है कि भगवान करुणामय हैं। वे भक्तों के विरह में कातर हो जाया करते हैं। ऊधव, यहाँ कौन है, जो तुम्हारे योग की बातें सुन रहा हो। यहाँ तो श्याम ही सबके मन को भाते हैं, अच्छे लगते हैं।

२६९९/४५१७ राग कान्हरा

ऊधौ निरगुनहिं कहत, तुमहीं सो लेहु।
सगुन मूरति नंदनँदन, हमहिं आनि देहु।
अगम पंथ परम कठिन, गौन तहाँ नाहिं।
सनकादिक भूलि फिरे, अबला कहँ जाहिं।
पंच तत्व प्रकृति परे, अपर कैसैं जानी।
मन बच अरु कर्म रहित, बेदहु की बानी।
कहिऐ जो निबहे की, अकथ न कहुँ सोही।
'सूरस्याम' मुख सु चंद, जुवति नलिनि मोही॥

ऊधव, जिस निर्गुण की तुम इतनी प्रशंसा किए जा रहे हो, उसे अपने ही पास र रहो। हमको तो नंदनंदन की सगुण मूर्ति ही लाकर दे दो। तुम्हारा निर्गुण पंथ तो पर कठिन है, अगम है, वहाँ प्रवेश संभव नहीं। सनक, सनंदन, सनातन और सनत्कुमार चा भाई इस राह पर भटकते फिरे; फिर हम अबलाएँ वहाँ कैसे जा सकती हैं? तुम्हारा व ब्रह्म क्षिति, जल, पावक, गगन, समीर, सृष्टि रचना के इन पंच महाभूतों से परे है। ए ही प्रकृति के तीन गुणों—सत्, रज, तम से भी दूर है। फिर दूसरे लोग उसे कैसे ज सकते हैं। वेद भी कहते हैं कि ब्रह्म मन, वचन और कर्म की पहुँच के बाहर है। ब वही कही जानी चाहिए, जो निबह सके, जो पकड़ में आ सके। जो अकथ है, जिसव कथन तक नहीं किया जा सकता, उसकी बात किसे सुहावनी लग सकती है। यहाँ श्याम रूपी चंद्र पर व्रज की युवतियाँ (कुमुदिनियाँ) मोहित हैं।

२७००/४५१९ राग मल

ऊधौ कोउ नाहिंन अधिकारी।
लै न जाहु यह जोग आपनौ, कत तुम होत दुखारी।
यह तौ वेद उपनिषद मत है, महा पुरुष व्रतधारी।
हम अबला अहीरि व्रजवासिनि, नाहीं परत सँभारी।
को है सुनत, कहत हौ कासौं, कौन कथा बिस्तारी।
'सूरस्याम' के संग गयौ मन, अहि काँचुली उतारी॥

ऊधो, जिस अगम की बात कह रहे हो, उसे ग्रहण करने का कोई भी अधिक यहाँ नहीं है। किसी में इतनी योग्यता नहीं है, जो तुम्हारी गूढ़ बातें समझ सके। तुम अप यह योग यहाँ से उठा ले जाओ, व्यर्थ इसे कहकर अपना मुँह क्यों पीड़ित किए जा हो, दुखी हुए जा रहे हो? तुम जो कह रहे हो यह तो वेद उपनिषद का मत है, इस ग्रहण करने वाले बड़े-बड़े ऋषि और महात्मा ही हो सकते हैं। हम तो अबलाएँ व्रजवासिनी गँवार अहीरिनें हैं, हमसे यह ब्रह्मज्ञान नहीं सँभाला जा सकेगा। तुम्हारी कथा यहाँ कौन सुन रहा है? तुम यह कथा किससे कह रहे हो? तुमने किस कथा इतना विस्तार कर रखा है? हमारा साँपरूपी मन तो श्याम के साथ चला गया है, यहाँ उतारी केंचुर के समान इस देह को छोड़ गया है। बिना मन के चित्त-वृत्तियों का निर

कौन करे?—योग: चित्त-वृत्ति निरोध:। यहाँ चित्त ही नहीं है, फिर किसकी वृत्ति का निरोध किया जाय?

२७०१/४५२९ राग सारंग

हरि बिनु इहिं बिधि है व्रज रहियतु।
पर पीरहि तुम जानत ऊधौ, तातैं तुमसौं कहियतु।
चंदन चंद-किरनि पावक सम, इन मिलिकै तन दहियतु।
रजनी जाति गनत ही तारे, जतन नहीं निरबहियत।
बासरहू या बिरह-सिंधु कौ, क्यौंहू पार न लहियत।
फिरि-फिरि वहै अवधि अवलंबन, बूड़त ज्यौं तृन गहियत।
एक जु हरि दरसन की आसा, ता लगि यह दुख सहियत।
मन क्रम बचन सपथ सुनि 'सूरज', और नहीं कछु चहियत॥

हे ऊधव, हरि के बिना व्रज में हम अत्यंत दुखी जीवन बिता रही हैं। तुम दूसरे के दुख दर्द समझने वाले हो, इसीलिए हम तुमसे अपने दुख-दर्द की यह बात कह पा रही हैं। चंदन और चंद्र-किरण तो स्वभावत: शीतल है। पर हरि के बिना ये दोनों हमारे शरीर को आग के सदृश जलाए दे रहे हैं। रात तारे गिनते बीतती है। रात बिताने का कोई दूसरा उपाय ही नहीं सूझता। दिन में भी इस विरह समुद्र का पार किसी भी प्रकार नहीं पाया जा पाता। हमें कन्हैया की दी हुई अवधि का ही एकमात्र सहारा है। जैसे जल में डूबता हुआ एक तिनके को भी पकड़कर अवलंब पा लेना चाहता है, वैसी ही हमारी स्थिति है। यह अवधि ही विरह-सागर में हम डूबनेवालियों के लिए तिनके का सहारा है। हमें हरि के दर्शन की आशा लगी हुई है, इसीलिए हम विरह का दुख सहे जा रही हैं, अन्यथा हम सब मर गई होतीं। मनसा, वाचा, कर्मणा हम शपथ खाकर कह रही हैं कि हम हरि के दर्शन के अतिरिक्त और कुछ नहीं चाहतीं।

२७०२/४५३० राग सारंग

हरि बिनु ऐसी बिधि व्रज जीजै।
कज्जल बरसि-बरसि उर ऊपर, सारँग-रिपु जल भीजै।
तारापति-अरि के सिर ठाढ़ी, निमिष चैन नहिं कीजै।
वायस-अजा सब्द की मिलवनि, याही दुख तन छीजै।
चौथैं चंद जात गोपिनि कौं, मधुप राखि जस लीजै।
'सूरदास' प्रभु बेगि कृपा करि, प्रगट दरस हम दीजै॥

हे ऊधव, हरि के बिना हम व्रज में इस प्रकार जी रही हैं। हमारी आँखें बराबर अश्रु-जल बरसाती रहती हैं। कज्जल-कलित अश्रु की बूँदें हमारे सारंग (स्तन) को कस रखनेवाले शत्रु (चोली) को भिंगोती रहती हैं। तारापति (चंद्रमा) की दुश्मन अंधेरी रात में हम आदि से अंत तक, सारी रात, खड़ी रह जाती हैं और एक पल के लिए भी चैन नहीं पातीं। कौए की बोली 'काँव-काँव' और बकरे की बोली 'में में' के 'का' और 'म' को मिलाकर जो 'काम' बनता है, उसी काम के दुख से हमारा शरीर क्षीण होता जा रहा है। हम गोपियों की

जन्म-कुंडली में चौथे स्थान पर चंद्रमा पड़ा है, जिससे हमें घोर दुःख एवं इष्ट के वियोग की वेदना सहनी पड़ रही है। हे भौंरे, तुम हम गोपियो की रक्षा करके यश ले लो।

हे प्रभु, अब कृपा करके, प्रगट होकर, शीघ्र ही हमें दर्शन दीजिए।

२७०३/४५३१ राग सारंग

हमारे जीवन-धन कृष्ण मुकुंद।
परम उदार कृपानिधि कोमल, पूरन परमानंद।
निठुर बचन सुनि फटत हियौ यह, रहि रे अलि मति-मंद।
व्रज-जुवतिनि कौं सुगम जनावत, जोग जुगुति दुख-दंद।
यह तौ जाइ उनहिं उपदेसहु, सनकादिक स्वच्छंद।
बारक हमैं दरस दिखरावहु, 'सूरस्याम' नँदनंद॥

अरे भौंरे, कृष्ण, मुकुंद (मोक्ष देनेवाले) तो हमारे प्राण-धन हैं; वे परम उदार हैं, कृपा के सागर हैं, कोमल चित्तवाले हैं, सब प्रकार से पूर्ण हैं और परमानंद-स्वरूप हैं। अरे मंदमति भौंरे चुप रह, अपने योग का प्रवचन बंद कर। तेरी ये निष्ठुर बातें सुनकर तो हमारे हृदय फटे जाते हैं। जो योग-साधना दुःख और द्वंद से भरी है, जटिल है, तू उसी को व्रज-युवतियों के लिए सुगम बता रहा है। अपना यह उपदेश तू जाकर उन ऋषि-मुनियों को समझा, जो सनक आदि के समान स्वच्छंद हैं, घर और परिवार से विहीन हैं, जिनके आगे न नाथ है और न पीछे पगहा। वे ही तेरे योग के योग्य अधिकारी हैं। तू तो हमें एक बार नंद-नँदन का दर्शन दिला दे। तेरी यही कृपा हमें चाहिए।

२७०४/४५३८ राग सारंग

मुख देखे की कौन मिताई।
जैसैं कृपनहिं दान माँगनौ, लालच लीन्हे करत बड़ाई।
प्रीतम सो जो रहै एक रस, निसिबासर बढ़ि प्रेम सवाई।
चितवत और कपट अंतरगति, ज्यौं फल खीर, नीर चिकनाई।
तब वह करी नंदनंदन अलि, वन बोली रस-रास खिलाई।
अब यह केतिक दूरि मधुपुरी, ज्यौं उड़ि मधुप बेलि तजि जाई।
जोग सिखाए क्यौं मन मानै, क्यौं जु ओस-कन प्यास बुझाई।
'सूरंजदास' उदास भईं हम, पाखँड-प्रीति उघरि सब आई॥

आमने-सामने रहने पर ही जो प्रीति रहती है, वह मुँहदेखे की प्रीति है और मुँह देखे की प्रीति का कोई अर्थ नहीं होता। जब तक आमने-सामने हैं, तब तक तो भारी मैत्री है, दाँत काटी रोटी है; पर जब आँख की ओट हो गए, तब पहाड़ की ओट हो गए। सारा प्रेम भूल गया।

मुँह देखे की मित्रता तो ऐसी ही है, जैसे किसी कंजूस से लोभ-वश बड़ी बड़ाई करके दान माँगना। प्रीति तो वही है जो सदा एक रस बनी रहे, जिसमें कभी कमी न आने पावे; जो रात-दिन सवाई बढ़ती जाय। जो सामने देखने पर खीरे के समान अभिन्न हो, और भीतर जिसमें कपट भरा हो और खीरे के समान ही भीतर तीन अलग-अलग फाँकें

हों, जो जल के समान चिकनी हो, पर जिसमें चिकनाई हो ही नहीं, वह प्रीति नहीं है, वह मुँह देखे की प्रीति है।

नंदनंदन की हमसे प्रीति यही मुँह देखे की प्रीति है। तब जब हम आमने-सामने थे, उन्होंने हमें वृंदावन में मुरली बजाकर बुलाया था और रास-क्रीड़ा का आनंद दिया था। अब वह हम नवेलियों को तजकर मधुपुरी चले गए हैं, जैसे भौंरा रस लेकर वेलियों को तजकर उड़ जाता है और फिर लौटकर उनके पास पुनः नहीं आता। अरे मथुरा है ही कितनी दूर। यदि उनमें हमारे प्रति प्रीति होती, तो क्या वह इस तनिक-सी दूरी को तै करके यहाँ नहीं आ सकते थे?

ऊधव, तुम हमें योग सिखा रहे हो। पर हमारा मन इसे स्वीकार करने के लिए तयार नहीं है। कहीं ओस चाटने से प्यास बुझती है? अब श्याम के कपट प्रेम की पोल खुल गई है और हम उदास हो गई हैं।

२७०५/४५४२ राग आसावरी

ऊधौ जोग जोग हम नाहीं।
अबला सार-ज्ञान कह जानैं, कैसैं ध्यान धराहीं।
तेई मूँदन नैन कहत हौ, हरि मूरति जिन माहीं।
ऐसी कथा कपट की मधुकर, हमतैं सुनी न जाहीं।
स्त्रवन चीरि, सिर जटा बँधावहु, ये दुख कौन समाहीं।
चंदन तजि अँग भस्म बतावत, बिरह अनल अति दाहीं।
जोगी भ्रमत जाहि लगि भूले, सो तो है अप माहीं।
'सूरस्याम' तैं न्यारी न पल छिन, ज्यौं घट तैं परछाहीं॥

हे ऊधव, हम अबला गोपियाँ तुम्हारे योग के योग्य नहीं हैं। हम अबलाएँ ज्ञान के तत्त्व को भला कैसे जान सकती हैं? हम कैसे ध्यान धर सकती हैं? तुम उन्हीं आँखों को मूँदने को कह रहे हो, जिनमें हमारे श्यामसुंदर की साँवली-सलोनी सूरत समाई हुई है। हे मधुकर, ऐसी छलभरी कथा हमसे नहीं सुनी जा पा रही है। तुम चाहते हो कि हम अपने कान फाड़कर इनमें स्फटिक का कुंडल पहनें, मुद्रा धारण करें और अपनी अलकावली को बाँधकर अपने सिर पर जटा-जूट बना लें। यह दुख किसके हृदय में समा सकेगा? तुम चंदन को त्याग करके, उसके स्थान पर, शरीर में भस्म रमाने की बात करते हो। हे अलि, विरहानल ने तो हमें वैसे ही जला रखा है। योगी लोग जिस तत्त्व की खोज में भूलते-भटकते भ्रमण करते रहते हैं, वह श्यामसुंदर तो हमारे भीतर बने ही हुए हैं। हम अपने स्याम से एक पल के लिए भी, एक क्षण के लिए भी, विलग नहीं हैं, ठीक उसी प्रकार जिस प्रकार छाया शरीर से कथमपि अलग नहीं होती। जहाँ विंब, वहाँ प्रतिविंब।

२७०६/४५५७ राग सारंग

जानी ऊधौ की चतुराई।
व्रजमंडल की दसा देखिकै, कथा न वै बिसराई।

परम प्रिया पथ देखन पठए, कहि गति जोग बनाई।
इनकौं आन भाव बिछुरन कौं, लै बातनि हम लाई।
कहा कह्यौ हरि, कहा सुन्यौ इन, कह लीला मुख गाई।
जद्यपि बिबुध बड़े जदुकुल के, नैंकु न बड़ी बड़ाई।
गुन महिमंत सदा श्रीपति के, मुक्ति पुरी अवगाई।
महिँ देखी व्रज बन की लीला, 'सूरस्याम' लरिकाई॥

अरी सखी, हमने उद्धव की सारी चालाकी, सारी चाल, समझ ली। व्रजमंडल में आकर इन्होंने श्याम के विरह में हुई हमारी दुर्दशा का जो आकलन किया, उससे यह जो कथा कहने आए थे वह अब भूल गए। असलियत यह है कि कृष्ण की परम-प्रिया कुब्जा ने योग का संदेश गढ़कर इन्हें हमारे पास हमारी दशा देख आने के लिए भेजा था। पर इन्हें यहाँ हरि से बिछुड़ने पर हमारा जो मनोभाव हो गया है, वह देखने को मिला। तब ये हमें अपनी बातों में बहलाने लगे। हरि ने इनसे क्या कहा था, इन्होंने उनसे क्या सुना था, हरि ने अपने श्रीमुख से किन प्रेम लीलाओं की चर्चा इनसे की थी—यह वह सब भूल गए। यद्यपि उद्धव यदुवंशियों में भारी पंडित है; पर यहाँ आकर इनकी कोई बहुत बड़ी बड़ाई नहीं बढ़ी है। इनका पांडित्य प्रकट ही नहीं हो पाया। ऊधव से कह दिया जाय कि वे मुक्तिपुरी काशी में जाकर कृष्ण द्वारा दिए गए निर्गुण मंत्र का प्रचार करें। इन्होंने श्याम के लड़कपन की गोकुल-लीला और वृंदावन की प्रेमलीला देखी ही नहीं है। यदि इन्होंने इन लीलाओं को देखा होता, तो हमारे सामने योग-चर्चा करने का दुस्साहस ही न करते।

२७०७/४५६२ राग बिलावल

वै गोपाल कहाँ गए, मेरे मन के चोर।
जौ कोउ उनसौं सुधि कहै, देऊँ प्रान अकोर॥१॥
छिन आँगन, छिन भवन मैं, छिन मीड़ौं हौं हाथ।
बिरह बिथा तन अधिक है, मोहीं कछु न सुहात॥२॥
वेइ द्रुम बेली, वेइ लता, वेई हैं सब अंग।
एक लाल गिरिधर बिना, फीके भए सब रंग॥३॥
बास गई, सोभा गई, अरु कुम्हिलाने फूल।
'सूरदास' प्रभु तुम बिना, उकठे सब जर मूल॥४॥

मेरे मन को चुरा लेने वाले, वे गोपाल कहाँ चले गए? जो भी कोई उनसे जाकर हमारा समाचार दे आवे, हम उसे घूस में अपने प्राण तक दे देने को तेयार हैं॥१॥

मैं क्षण भर घर के भीतर रहती हूँ, जब नहीं रहा जाता तब क्षण भर के लिए घर के आँगन में आ जाती हूँ। मैं चिंता में अपने हाथ मल-मलकर पछताती रहती हैं, मेरे शरीर में विरह-वेदना अत्यंत समा गई है। अब मुझे कुछ भी अच्छा नहीं लगता—खाना-पीना तक नहीं सुहाता॥२॥

वही वृक्ष हैं, वही उनसे लिपटी हुई लताएँ हैं, वे ही उनकी सब शाखाएँ, डालें,

हनियाँ, पत्ते, फल-फूल हैं। एक गिरिधर गोपाल यहाँ नहीं हैं। उनके बिना हमारा सब आमोद-प्रमोद फीका पड़ गया है और इन द्रुम-लताओं का भी रंग उदास हो गया है ॥ ३ ॥

फूलों में अब वह सुगंध नहीं रह गई, इनकी वह शोभा भी नष्ट हो गई, ये फूल अब कुम्हला गए हैं। हे प्रभु, तुम्हारे बिना सारे द्रुम जड़ मूल से उकठ गए हैं, सूखकर शुष्क काठ हो गए हैं ॥ ४ ॥

२७०८/४५६५ राग सारंग

ऊधौ हरि के औरै ढंग।
जहँ न अनँग-रस रूप नेह कौ, तहँ दइ गति जु अनंग।
जो अनंग बपु, असुर दासिका, सो भइ नूतन अंग।
आपु बिषमता तजि दोऊ सम, बानक ललित त्रिभंग।
मनौ मरीचि देखि तन भूल्यौ, भू-पथ सुरभि कुरंग।
तजि कुसुमाकर कंटक-वन भ्रमि, नहिँ कीन्हौ भ्रूभंग।
कनक बेलि सत दल सिर मंडित, दृढ़ तर लता लवंग।
स्यामा-सदन बिसारि, भजे पुर, चंचल नारि पलंग।
ते सुख बहुत बहुत पावैंगे, जे करिहैं अँग-संग।
काके होहिँ, जो नहिँ गोकुल के, 'सूरज' प्रभु श्रीरंग ॥

हे ऊधव, हरि के तौर-तरीके तो एकदम दूसरे हो गए हैं, उलट गए हैं। यहाँ हम गोपियों में रूप, रस, स्नेह की अंगता में कमी नहीं है, वहाँ तो उन्होंने अनंग (कामदेव) की गति दे दी है, विरह-व्यथा की व्याकुलता दे दी है। जो अंगहीन शरीर वाली, टेढ़ी-मेढ़ी कुबड़ी है, जो असुर कंस की दासी है, उसे श्याम ने नवीन अंग प्रदान करके सुंदरी बना दिया है। कुबड़ी के अंग विषम थे, वह त्रिवक्रा थी; श्याम सुंदर भी मुरली बजाते समय त्रिभंगीलाल हो जाया करते थे। अब दोनों की विषमता दूर हो गई है, न तो कुब्जा त्रिवक्रा रह गई है, न श्याम सुंदर ही त्रिभंगीलाल रह गए हैं। दोनों सम होगए हैं। कुब्जा के प्रति कृष्ण की यह ललक तो ऐसी ही है, मानो हिरन (कृष्ण) मृग-मरीचिका (कुब्जा) को देखकर अपने तन की दशा के साथ ही पृथ्वी के मार्ग और सुगंध सभी को भूल गया हो; मानो भौंरा (कृष्ण), पुष्प-गुच्छों (गोपियों) को छोड़कर, काँटों के जंगल (कुब्जा) में भटक गया हो और इस कंटक-वन को देखकर अपनी भौंहे रंच भी टेढ़ी न कर रहा हो, जरा भी कुपित नहीं हो पा रहा हो। श्यामा (राधा) जी का घर तो सैकड़ों पत्तियों से लदी फँदी कनक-वेलि (स्वर्ण जीवंती लता) और लवंग लता से घिरा हुआ सुशोभित हो रहा है। श्यामा जी के ऐसे सुसज्जित सदन को छोड़कर श्याम ने मथुरा पुरी की चंचला नारी कुब्जा की पलँग पर सोना पसंद कर लिया है। श्याम सुंदर ऐसी कुब्जा-सुंदरी से अंग-संग करके, संभोग करके, भारी सुख पावेंगे ही।

प्रभु श्रीरंग गोकुल के नहीं हुए, तो फिर वे और किसी के कैसे हो सकते हैं—वे कुब्जा के भी नहीं होंगे।

२७०९/४५६७ राग केदारौ

ऊधौ बात सुनौ इक नैसी ।
प्रेम-बान की चोट कठिन है, लागी होइ कहौ कत ऐसी ।
तुमकौं खोरि कहा कहि दीजै, आनि कहत ही बातैं जैसी ।
जानै कहा बाँझ व्यावर दुख, जातक जनै न, पीर है कैसी ।
हम बावरी आनि बौरावत, कहत न तुम्हैं बूझियै ऐसी ।
'सूरजदास' न्याइ कुबिजा की, सरबस लेइ हमारौ बैसी ॥

ऊधव, एक बात सुन लो, यद्यपि तुम्हें वह बात सुनकर बुरी लगेगी। प्रेम के बाण की चोट अत्यंत कठिन होती है, दुःखदायक होती है। क्या तुम्हें कभी प्रेम का ऐसा करारा बाण लगा है? जब तुम प्रेम-बाण से कभी विद्ध हुए ही नहीं, तब तुम यहाँ आकर योग-साधना और ब्रह्म-ज्ञान की जैसी बातें कह रहे हो, उसके लिए तुम्हें दोष ही कैसे दिया जाय? जो वंध्या है, वह बच्चा जनने की पीड़ा कैसे जान सकती है। बिना बच्चा ब्याए हुए वह कैसे जान सकती है कि प्रसव-पीड़ा कैसी होती है। एक तो हम श्याम के विरह में स्वयं बावरी बनी हुई हैं, दूसरे तुम यहाँ आकर योग-संदेश देकर हमें और भी बावली बनाएं दे रहे हो। ऐसा कहते समय तुम्हें समझ-बूझ से काम लेना चाहिए। तुम्हें ऐसा अनुचित कथन करना ही नहीं चाहिए। तुम्हारी समझ से तो कुब्जा जो हमारा सर्वस्व छीनकर बैठी हुई है, वह न्यायोचित है।

ऐसे सयानी से न्याय की आशा ही क्या की जा सकती है?

२७१०/४५६८ राग सोरठ

जाकैं लागी होइ, सु जानै ।
हौं कासौं समुझाइ कहति हौं, मधुकर लोग सयाने ।
बन कुसुमावलि देखि बसत हौ, नित्य सदा रस-भोगी ।
भली बुरी कछु समुझत नाहीं, अनदेखे के जोगी ।
बूझौ जाइ, जिनहिं तुम पठए, को यह पीर सँहारी ।
कीजै कहा, होइ जौ ऐसी, चंद चकोरहिं जारी ।
तुम बड़े लोग, बड़े के संगी, भाग बड़े गृह आए ।
कीजै कृपा दास 'सूरज' कौं, जौ जदुनाथ पठाए ॥

जिसको प्रेम का पैना बाण लग चुका हो, वही उस चोट को जान सकता है। मैं समझाकर यह किससे कह रही हूँ, भौंरे तो स्वयं चतुर होते हैं। तुम तो फूलों की राशि देखकर ही वन में बसते हो और नित्य नए-नए फूलों का रस भोगते फिरते हो; तुम भली-बुरी कुछ समझते नहीं। तुम तो उस निर्गुण के योगी हो, जिसे तुमने स्वयं कभी नहीं देखा है। जिसने तुमको यहाँ भेजा है, उससे जाकर पूछो कि हमारी इस वेदना को दूर करनेवाला कौन है? यदि पृथ्वीवासी चकोर की, आकाशचारी चंद्रमा से यारी हो जाती है, तो क्या कहा जाय और क्या किया जाय? तुम बड़े लोग हो, बड़े के संगी हो, हमारे बड़े भाग्य से तुम हमारे घर आए हो। यदि सचमुच तुमको यदुनाथ ने ही हमारे पास भेजा है, तो हम दासियों पर कृपा करो (और प्रभु को हमसे मिला दो)।

२७११/४५७० राग केदारौ

ऊधौ उदित भए दुख-तरनि।
व्रज-बेली सब सूखन लागीं, बात कही नँद-घरनि।
कुमुद-बदन कुम्हिलात सबनि के, गइयंनि छाँड़ी चरनि।
सुख संपति बिति गई सबनि की, अँखियनि लागी झरनि।
देखैं चारु चंद मुख सीतल बिन, क्यौं मिटिहै जरनि।
सुत-सनेह सूरज-प्रभु जसुमति, परति जु फिरि फिरि धरनि॥

नंद की घरनी यशोदा मैया बोलीं—ऊधो, व्रज पर यह प्रलयकालीन दुख का सूर्य उदित हो आया है। इससे व्रज की सखी वेलियाँ, सभी नवेलियाँ, सूखने लगी हैं। सभी गोपियों की मुख रूपी कुमुदिनियाँ कुम्हला गई हैं। गायों ने श्याम के वियोग में घास चरना छोड़ दिया है। सबके सुख की संपत्ति समाप्त हो गई है। आँखों से झरने के समान अश्रु-जल झरझर झरता जा रहा है। श्याम का सुंदर शीतल मुखरूपी चंद्रमा देखे बिना हमारे हृदय की जलन कैसे मिट सकती है?'

ऐसा कहकर सुत के स्नेह में पड़कर यशोदी जी धरती पर फिर-फिर गिर-गिर पड़ने लगीं।

२७१२/४५७४ राग सारंग

जैसौ कियौ तुम्हारैं प्रभु अलि, तैसौ भयौ ततकाल।
ग्रंथित सूत धरत तिहिँ ग्रीवा, जिहिँ धरते बनमाल।
टेर देत श्रीदामा द्रुम चढ़ि, सरस बचन गोपाल।
ते अब स्त्रवन अक्रूर प्रमुख सब, कहत कंस-कुल-साल।
कोमल नील कुटिल अलकावलि, रेखा राजति भाल।
तहँ अब लगत धूम वेदी कौ, पूजा भस्म कपाल।
जहँ मनि काँकर, सुधा सरस-जल, सत-दल कमल बिसाल।
ऐसे सर त्यागैं सुनि 'सूरज', फंदा न्याइ मराल॥

हे भौंरे, तुम्हारे प्रभु ने हमारे साथ जैसा व्यवहार किया, उसका वैसा ही फल उन्हें तत्काल मिल गया। जिस गले में वे पहले वन-फूलों की सुंदर कोमल सुगंधित माला पहना करते थे, अब उसी गले में वे गांठदार सूत का जनेऊ पहन रहे हैं, जो उनके कोमल शरीर पर गड़ता भी होगा। यहाँ रहते समय पेड़ पर चढ़कर इनका परममित्र श्रीदामा अत्यंत मधुरवाणी से 'गोपाल' कहकर बुलाया करता था। अब इन्हें अक्रूर आदि सभी प्रधान लोग 'कंस-कुल-साल' जैसे कर्कश नाम से, वह भी बहुत धीरे से, एक दूसरे के कान में कहते हैं कि कोई सुन न ले। जहाँ उनके माथे पर कोमल काली घुँघुराली अलकों की रेखा सुशोभित हुआ करती थी, वहीं अब माथे पर यज्ञ-वेदी का धुआँ और पूजा की भस्म का भभूत लग रहा है। जिस सरोवर के कंकड़ भी मणि के तुल्य हों, जिसका सरस जल अमृत तुल्य हो, जिसमें बड़े-बड़े सौ-सौ पंखुड़ियाँ वाले कमल खिलते हों, यदि कोई हंस ऐसे सरोवर को छोड़कर अन्यत्र चला जाय, तो उसके लिए यह सब फंदा उचित ही है।

बिरचि मन बहुरि राँचौ आइ।
टूटी जुरै बहुत जतननि करि, तऊ दोस नहिँ जाइ।
कपट हेत की प्रीति निरंतर, नाथि चुषाई गाइ।
दूध फाटि जैसैं ह्वै काँजी, कौन स्वाद करि खाइ।
केरा पास जु बैरि निरंतर, हालत दुख दै जाइ।
स्वाति बूँद ज्यौं परै फनिक-मुख, परत बिषै ह्वै जाइ।
एती केती तुम जो उनकी, कहत बनाइ-बनाइ।
'सूरजदास' दिगंबर पुर तैं, रजक कहा ब्यौसाइ॥

हमारा मन तो श्याम ने अपने विरह से तोड़ दिया है। ऊधव, तुम आकर इसे फिर योग से जोड़ देना चाहते हो। पहले तो टूटा हुआ फिर जुड़ता नहीं; यदि बहुत उपाय करके वह जुड़ भी जाय, तो भी उसका दोष पूरा-पूरा दूर नहीं होता; जोड़ का निशान बना ही रह जाता है। कपट स्नेह की प्रीति तो उस गाय के दूध जैसी है, जो नाथ करके, नमक चुसवा करके, पेन्हवाई गई हो। वह दूध तो गरम करते ही फटकर मट्ठे के समान हो जाता है, जिसे कोई स्वाद लेकर खा या पी नहीं सकता। केले के पास बेर का पेड़ हो, तो बेर की कँटीली डाल के हिलने से केले का पत्ता फटेगा ही—कष्ट पाएगा ही—

कहु रहीम कैसे निभै, केर बेर को संग।
वे रस डोलत आपने, इनके फाटत अंग॥

स्वाति नक्षत्र के बादल की बूँद यदि साँप के मुँह में पड़ेगी, तो विष ही न बनेगी? नंगों के गाँव में जहाँ कोई कपड़ा पहनता ही नहीं, बेचारा धोबी कपड़ा धोने का अपना व्यवसाय कैसे चला पाएगा—

धोबी बसिके का करै, दीगंबर के गाउँ।

तुम उन श्याम की इतनी कितनी ही बातें गढ़-गढ़कर क्यों सुनाए जा रहे हो? यहाँ उनका योग कौन सुनेगा ?

२७१४/४५७९ राग धनाश्री

हम सब जानतिँ हरि की घातैं।
तुम जु कहत वै राज करत, नहिँ जानत हौ कछु का तैं।
मारे कंस, सुरनि सुख दीन्हौ, असुर जरे सिर-पा तैं।
उग्रसेन बैठारि सिँहासन, लोग कहत कुल नातैं।
तप तैं राज, राज तैं आगे, तुम सब समुझत बातैं।
'सूरस्याम' इहिँ भाँति सयाने, हमसौं मिलवत सातैं॥

हम सब हरि की घातें, दाँव-पेंच भली-भाँति जानती हैं। ऊधव, तुम कह रहे हो कि श्याम सुंदर मथुरा में राज्य नहीं कर रहे हैं, सो ठीक; पर क्या तुम जानते हो वे राज्य क्यों नहीं कर रहे हैं? उन्होंने कंस को मार डाला, देवताओं को सुख दे दिया, असुर लोग सिर से पैर तक पूर्णतया जल गए। यादवों में सबसे बड़े बूढ़े उग्रसेन को गद्दी पर

बैठाकर राजा बना दिया। लोग कहते हैं कि कन्हैया ने उग्रसेन को कुल के नाते राजा बना दिया। पर इन सब में राज (भेद) कुछ और ही है। तप करने से राज्य मिलता है और तुम सभी जानते हो कि राज्य मिलने से भोग मिलता है।

अतः श्याम ने तप करके राज्य नहीं लिया, राज्य के आगे वाला भोग ही ले लिया—वे कुब्जा को राजरानी बनाकर वही भोग तो भोग रहे हैं। राज्य से जो मिलता, वह बिना राज्य के ही उन्हें मिल गया। इस प्रकार श्याम की चतुराई भलीभाँति प्रकट है। अब वे हमसे सातो को मिला रहे हैं—पाँचों ज्ञानेन्द्रियों और मन तथा बुद्धि को मिलाकर हमारे साथ धूर्तता कर रहे हैं।

२७१५/४५८३ राग काफी

आयौ घोष बड़ौ व्यौपारी।
खेप लादि गुरु ज्ञान जोग की, व्रज मैं आनि उतारी।
फाटक दै कै हाटक माँगत, भोरौ निपट सु धारी।
धुरही तैं खोटौ खायौ है, लिए फिरत सिर भारी।
इनकैं कहे कौन डहकावै, ऐसी कौन अनारी।
अपनौ दूध छाँड़ि, को पीवै खारे कूप कौ बारी।
ऊधौ जाहु सबारैं ह्याँ तैं, बेगि, गहरु जनि लावहु।
मुख माँगौ पैहौ 'सूरज' प्रभु, साहुहिं आनि दिखावहु॥

व्रजमंडल में एक बहुत बड़ा व्यापारी आया है। उसने ज्ञान और योग की बहुत बड़ी खेप लादकर व्रज में ला उतारी है। वह बहुत चतुर है। वह अपना फाटक (सूप का फटकन या सारहीन पछोरन) देकर हमारा सोना ले लेना चाहता है। उसने तो हमें एकदम भोला, बावला समझ लिया है। वह तो शुरू से ही खोटी बेईमानी की कमाई खाता आया है। वह अपने सिर पर योग का यह भारी गट्ठर लिए फिर रहा है। इसके कहने से कौन धोखे में आकर घाटा सहे? ऐसा मूर्ख यहाँ कौन है? अपना मीठा दूध छोड़कर कौन खारे कुएँ का पानी पीएगा? ऊधो, शीघ्र ही अपना खोटा माल लेकर यहाँ से चले जाओ। बेकार के लिए देर मत करो। हाँ, जो तुम्हारा भारी पूँजीपति साहूकार (कृष्ण) हो, जिसका खोटा माल बेचने के लिए तुम यहाँ लाए हो, उसे यहाँ लाओ, तो तुम्हें मुँहमाँगा दाम मिल जायगा। तब कोई तुमसे मोल-तोल तक नहीं करेगा।

२७१६/४५८९ राग गौरी

तुमहिं दोष नहिं, हम अति बौरी। रूप निरखि, दृग लागि ठगौरी॥
सुभग कलेवर, कुंकुम खौरी। गुंज-माल अरु पीत पिछौरी॥
चित चुराइ लियो मूरति सो री। हरिहिं दोष नहिं, बातैं ठौरी॥
गहत सोइ जो समात अँकोरी। याही ते बुधि कहियत बौरी॥
'सूरस्याम' सौं कहि यक ठौरी। यह उपदेश सुनैं तें औरी॥

हे ऊधव, जो तुम योग का उपदेश दिए जा रहे हो, इसमें तुम्हारा कोई दोष नहीं है। हमही अत्यंत पगला गई हैं। श्याम का रूप देखकर ही हमारी आँखें ठगा गईं। कन्हैया

की उस मूर्ति ने हमारा चित्त चुरा लिया, जिसकी वेशभूषा, शरीर सुंदर था, जो केशर की खौर—लंबी धारी वाली तिरछी रेखाएँ—धारण किए हुए थी. जिसके गले में घुँघची की लाल माला पड़ी थी, जो पीली पिछौरी ओढ़े हुए थी। हरि का कोई दोष नहीं। बात तो ठौर ठिकाने की है। हम उसी को तो पकड़ते हैं, जो हमारी अँकवार में, दोनों बाहों के लपेट में समा सकता है। तुम्हारा ब्रह्म हमारी पकड़ के बाहर है। तुम श्याम से निचोड़ रूप में हमारी एक ही बात कह देना—योग का यह उपदेश जो सुनेंगी वे कोई और होंगी। यहाँ व्रज की हम गोपियों का तुम्हारे इस योग से कोई सरोकार नहीं।

२७१७/४५९४ राग नट

कहत कत परदेसी की बात।
मंदिर अरध अवधि बांद हमसौं, हरि-अहार चलि जात।
ससि-रिपु बरस, सूर-रिपु जुग वर, हर-रिपु कीन्हौ घात।
मघ-पंचक लै गयौ साँवरो, तातैं अति अकुलात।
नखत वेद ग्रह जोरि अर्ध करि, सोइ बनत अब खात।
'सूरदास' बस भईं बिरह के, कर मींजै पछितात॥

गोपियाँ ऊधव से कह रही हैं—हे ऊधव, तुम परदेश में जा बसे श्यामसुंदर की क्या बात कर रहे हो? अब हमको उनका विश्वास नहीं रह गया है। वे हमसे घर के आधे—पाख, एक पक्ष—की अवधि दे गए थे। कह गए थे कि एक पक्ष में, पंद्रह दिन में, लौट आऊँगा। पर यहाँ हरि-अहार, सिंह का आहार—मांस=मास=महीना—बीता जा रहा है। ससि का रिपु (दिन) वर्ष के समान भारी हो गया है और सूर्य की रिपु रात तो एक युग के बराबर लंबी हो गई है, बीतने का नाम नहीं लेती। हर का रिपु, शिवजी का शत्रु, कामदेव हम पर चोट पर चोट किए जा रहा है। श्याम सुंदर तो मघा नक्षत्र से पाँचवा नक्षत्र चित्रा अर्थात् हमारा चित्त ही चुरा ले गए हैं। इसीलिए हमारी आकुलता बहुत बढ़ गई है। अब तो नक्षत्र २७, वेद ४, ग्रह ९ को जोड़कर २७+४+९=४०, उसका आधा करके ४०÷२=२० जो बीस या विष बनता है, वही विष खाने की नौबत आ गई है। अब तो हम विरह के अधीन हो गईं हैं और हाथ मल-मलकर पछताए जा रही हैं कि हमने श्याम को मथुरा जाने ही क्यों दिया अथवा उन्हीं के साथ हम भी मथुरा क्यों नहीं चली गईं?

२७१८/४५१६ राग मलार

हम अलि कैसे कै पतियाहिँ।
बचन तुम्हारे हृदै न आवत, क्यौं करि धीर धराहिँ।
बपु आकार बेस नहिँ जाकैं, कौन ठौर मन लागै।
क्यौं करि रहै कंठ मैं मनियाँ, बिना पिरोये धागैं।
तुमही कहत आहि वह निरगुन, कहा सरै तिहिँ काज।
'सूरजदास' सगुन मिलि मोहन, रोम-रोम सुख राज॥

हे भौंरे, हम तुम्हारी बातों का कैसे विश्वास करें? तुम्हारी योग की बात तो हृदय में समा ही नहीं रही है, फिर हम कैसे धैर्य धारण करें? जिस निर्गुण ब्रह्म का न तो कोई

शरीर है, न आकार है, न वेश है, उस निर्गुण ब्रह्म में मन लगाएँ भी तो कहाँ लगाएँ। मन के लिए कोई अवलंब तो चाहिए। तुम्हारे निर्गुण में पकड़ने का, चिपकने का, लटकने का कोई सहारा ही नहीं है, फिर उसे कैसे पकड़ा जाय, कैसे उससे चिपका जाय, कैसे उससे लटका जाय। बिना सूत में गूहे हुए मणि-माला गले में कैसे रुकी रह सकती है। तुम्हीं अपने ब्रह्म को निर्गुण, गुण-हीन, कह रहे हो। इस गुण-हीन से हमारा कौन काम निकल सकता है ? अपने सगुण मोहन हमें मिल जायँ, तो हमारे रोम-रोम सुखी हो उठें, सुख का राज्य ही छा जाय।

२७१९/४६०० राग केदारौ

मधुकर, मीत नहीं संसार।
जहँ जाकौ सुख लौस बढ़त है, तहँ ताकौ अनुसार।
तौ लौं लिपटि रहत अंबुज पर, हिमकर जनित तुषार।
नैंसुक प्रभा प्रगट दिनकर की, तच्छन तजत बिहार।
मृदुल मल्लिका ऐसी सुनि अलि, कुसुम करत जिहिं भार।
तिहिं मर्दन करि गंध लेत पुनि, सदन रचत टकसार।
नाना स्वाद करत नित भोजन, एकहिं दिवस अबार।
तच्छन हस्त चरन गति सिथिलित, पंथ न पैंड़ पसार।
विषयी भजत त्रिया अँग जबहीं, तब लागत उर हार।
भोर भएँ निकसत अंतर करि, गिरि सरिता प्राकार।
कहि धौं कौन हेत हरि गोकुल, प्रगट कियौ अवतार।
किनकैं हेत लई कर मुरली, अंग रूप सत-मार।
'सूरस्याम' ऐसी न बूझियै, जहँ नित अटल बिहार।
विरद घटत किहि कौ तुम देख्यौ, यह कछु करौ बिचार॥

हे मधुकर, संसार में कोई किसी का मित्र नहीं है। सभी अपने-अपने मतलब के साथी हैं। जहाँ भी जिस किसी के सुख-साधन बढ़ते हैं, वह वहीं अनुसरण करता है, जाता है। कमल पर चंद्रमा से उत्पन्न ओस-कण तभी तक लिपटे रहते हैं, जब तक रात रहती है; प्रभात होते ही, सूर्य की किरण के थोड़ा से भी प्रगट हो जाने पर, वे ओस-कण तत्काल वहाँ से भाग खड़े होते हैं, उड़ जाते हैं।

अरे भौंरे सुन, चमेली तो अत्यंत सुकुमार होती हैं। इसका फूल भी इसके लिए भार बन जाता है। पर भौंरा इसको भी झकझोर कर दल-मल देता है, इसके सुमन की सुगंध ले लेता है और उसीमें अपना पक्का निवास बना लेता है।

मनुष्य नित्य नाना प्रकार के व्यंजनों का आस्वाद लेता रहता है, एक दिन भी भोजन में नागा पड़ जाय, तो उसके हाथ-पैर की गति सभी ढीली पड़ जाती है और वह रास्ते में एक पग भी नहीं फैला सकता, एक कदम भी नहीं चल सकता।

कामी पुरुष जब कामिनी के साथ सुरति में रत होता है, तब वह अपनी छाती पर से अपना हार भी उतार कर रख देता है, जिससे छाती से छाती मिलने में कोई अवरोधक

न रह जाय। जब सबेरा होने पर वह उस विलास-गृह से बाहर निकलता है, तब उसमे पहाड़, नदी और परकोटा का सा भारी अंतर आ गया रहता है।

कहो तो हरि ने किसके लिए गोकुल में अवतार लिया? किसके लिए उन्होंने कर में मुरली ली? किसके लिए उन्होंने सैकड़ों कामदेवों का रूप अपने अंगों में धारण किया? हम गोपियों के ही लिए न? श्याम ने जिस गोकुल में यह अविचल विहार किया,उसीको उन्होंने छोड़ दिया। क्या तुमने इस पर विचार नहीं किया, क्या तुमने यह नहीं देखा कि इससे श्याम का विरद घटा है। उनकी बदनामी हुई है। भौंरे तुमको इसपर भी सोचना-बिचारना था—तुम हकनाहक योग के वाहन बनकर यहाँ चले आए।

२७२०/४६०७ राग सारंग

बात हमारी मानौ जौ तौ।
आवन कह्यौ हुतौ, हम जीवतिँ, तातैं उनहीं कौ तौ।
एक बोल के लीन्हे अपनी खोई देही देवति।
तातैं खरी मरतिँ इहिँ ठाहर, वाही बचनहिँ सेवति।
इतनी कह्यौ करौ, धरि राखौ जोग आपने घर कौ।
पैज खैंचि, मेटन आए हौ, तनक उजारौ खरकौ।
नंदनँदन लै गए हमारी, सब व्रज-कुल की ऊब।
'सूरस्याम' तजि और न सूझै, ज्यौं खेरे की दूब॥

ऊधव, यदि तुम हमारी बात मानो, हमारा विश्वास करो, तो हम तुमसे साफ-साफ कहे दे रही हैं कि कन्हैया ने हमसे व्रज लौट आने की बात ही नहीं कही थी, लौट आने की अवधि भी दे दी थी, इसीलिए हम उन्हीं की प्रतीक्षा करती हुई यहाँ जीती-मरती पड़ी हुई हैं। उनके अवधि के एक बोल के लिए ही हम देव-प्रदत्त अपना शरीर खोए दे रही हैं। उसी वचन का सेवन करती हुई, भरोसा करती हुई, इसी स्थान पर खड़ी रहकर मरी जा रही हैं।

तुम बस इतना करो, अपने इस योग को अपने घर के लिए ही रख छोड़ो; जबर्दस्ती हमें मत दो। तुम प्रतिज्ञा करके हमें मिटाने आ गए हो और हमारी छोटे से खरिक को गोष्ठ को, उजाड़ने पर उतारू हो गए हो। नंदनंदन तो हमारे समस्त व्रजमंडल की उमंग उत्साह ही लेकर चले गए। हमें श्याम को छोड़ और कुछ सूझता ही नहीं, जैसे खँड़हर पर सिवा दूब के और कुछ नहीं दिखाई देता।

२७२१/४६२१ राग मला

ऊधौ जौ तुम बात कही।
ताकौ कछू न उत्तर आवै, समुझि बिचार रही।
पा लागौं, तुमहीं बूझति हौं, तुम पर बुधि उमही।
कैसैं सीतल होइँ पवन-जल पियैं, वियोग दहीं।
कुबिजा सौं पढ़ि तुमहि पठाए, नागर नवल लही।
अब जोई पद देहिँ कृपा करि, सोइ हम करैं सही।

बिछुरत बिरह अगिनि नाहीं जरि, नैननि जल निबही।
अब सुनि सूल सहतिँ सब 'सूरज', कुल मरजाद ढही॥

हे ऊधव, तुमने जो योग और ब्रह्म की बातें कही हैं, हमने उनपर अच्छा सोच-विचार, चिंतन-मनन किया, पर हमें उनका कुछ ठीक-ठाक उत्तर नहीं मिल पाया। इसलिए हम तुम्हें प्रणाम करती हैं और तुम्हीं से पूछे ले रही हैं। तुम पर तो इस समय बुद्धि उमड़ी पड़ रही है। तुमसे बढ़कर बुद्धिमान इस समय यहाँ कोई नहीं है। हम वियोग-दग्ध गोपियाँ प्राणायाम का पवन और अश्रु का जल पीकर कैसे शीतल हो सकती हैं। नटनागर ने नवला कुब्जा को पा लिया है और उन्हींसे पढ़कर, उन्होंने तुमको यहाँ भेजा है। अब तो जो भी कार्यभार वे कृपा करके हमें उठाने को देंगे, हमें उसे ही ठीक-ठीक करना होगा। बिछुड़ते ही हम विरहानल में नहीं जल मरीं, क्योंकि नयनों के अश्रु-जल ने हमें जलने नहीं दिया, बचा लिया। अब यह योग-कथा सुनकर सब प्रकार शूल सह रही हैं और हमारी सारी कुल-कानि ढह गई है।

२७२२/४६२७ राग सोरठ

हरि तैं भलौ सु पति सीता कौ।
जाकैं बिरह जतन ए कीन्हे, सिंधु कियौ बीता कौ।
लंका जारि सकल रिपु मारे, देख्यौ मुख पुनि ताकौ।
दूत हाथ उन लिखि जु पठायौ, ज्ञान कह्यौ गीता कौ।
तिनकौ कहा पेरखौ कीजै, कुबिजा के मीता कौ।
चढ़े सेज सातौं सुधि बिसरी, ज्यौं पीता चीता कौ।
करि अति कृपा जोग लिखि पठयौ, देखि डराईं ताकौ।
'सूरजदास' प्रीति कह जानैं, लोभी नवनीता कौ॥

हरि (कृष्ण) से तो अच्छे सीता के पति राम थे, जिन्होंने सीता के विरह में इतना यत्न किया कि विशाल सागर को एक बालिश्त भर का, छोटा सा, बनाकर (उस पर पुल बाँध दिया)। लंका को जला दिया, सभी शत्रुओं का संहार कर दिया, और रावण को जीत कर पुनः सीता का मुँह देखा।

इधर ये कृष्ण कन्हैया हैं। इन्होंने दूत के हाथ गीता का ज्ञान लिखकर हमारे पास भेजा है। इनका क्या विश्वास किया जाय; वह तो कुब्जा के मीत हो गए हैं। उसकी सेजपर चढ़ते ही ये पाँचों ज्ञानेन्द्रियों औ मन तथा बुद्धि सभी की सुधि भुला बैठे हैं; जैसे वे सारी चिंताओं को ही पी गए हों। उन्होंने बड़ी कृपा करके योग का संदेश लिख भेजा है। उस चिट्ठी को देखते ही हम सब डर गईं। जो श्याम नवनीत (माखन) के लोभी हैं, वे मन की प्रीति को क्या जान पहचान सकते हैं।

२७२३/४६३० राग सारंग

(पहिलैं) प्रीति करि, कहा पोच लागे करन।
ऊधौ कमलनयन सौं कहियौ, गोबरधन की धरन।
अब दै बिरह अनल लगे बारन, तब न दई दौ जरन।
संकट बिपति परे पर राखे, लई प्रीति करि सरन।

तुम्हरी बाल दसा व्रजनायक, सुमिरि-सुमिरि अति झुरन ।
'सूरज' स्याम प्रान अब तजिहौं, बेगि दिखावहु चरन ॥

पहले तो श्याम ने अत्यंत मनमोहिनी प्रीति निभाई थी, अब वे यह ओछा काम क्यों करने लगे? हे ऊधव, कमल दल के समान नेत्र वाले कृष्ण से गोवर्धन-धारण की ओर संकेत करके कहना, जब उन्होंने इन्द्र-कोप के समय हमारी रक्षा की थी। अब वे अपने ही विरहानल में हमें जलाने लगे हैं, तब उन्होंने दावानल को पी लिया था और हमें उससे जलने नहीं दिया था। जब भी हम पर संकट और विपत्ति के बादल घहराए, तब उन्होंने परम प्रीतिपूर्वक हमें अपनी शरण में ले लिया था और हमारी रक्षा की थी।

हे श्याम सुंदर, हे व्रजनायक, तुम्हारी बाल-क्रीड़ाओं का स्मरण कर करके हमारा शरीर सूखता जा रहा है। अपने चरणों का शीघ्र दर्शन दो, नहीं तो हम तुम्हारे ऊपर अपने प्राण दे देंगी।

२७२४/४६३६ राग नट

बातनि क्यौं, व्रजनाथ मिलन कौं, बिसरत है अलि नेह ।
बंसी-नाद-स्वाद-रस-लंपट, मानत नहिं स्त्रुति एह ।
को मातुल-वध कियौ मधुपुरी, को पति परिजन गेह ।
को ऊधौ, को जोग निरूपन, नव-किसोर बिनु खेह ।
कोटि जतन जुगवौ बन-बेली, बिनु सींचे बिनु मेह ।
हीरा हार चीर सोंधा मिलि, नीर बिना सब हेह ।
कुंभज कुंभ समान ज्ञान पथ, बिनु गुन पानिप बेह ।
'सूरस्याम'-रस सहज माधुरी, रसिकनि कौ अवलेह ॥

हे अलि, तुम्हारी योग की बातों से श्याम के मधुर मिलन की बातें कैसे भुलाई जा सकती है? ये हमारे कान तो वंशी के मधुर स्वर के स्वाद के रस के लालची हैं। ये तुम्हारी बातों को मानने के लिए तयार नहीं। किसने मथुरा में अपने मामा का वध किया, कौन हमारा पति है, कौन परिवार के प्राणी है, कौन हमारा घर है, ऊधव कौन हैं, यह योग-निरूपण क्या है?—हम इन सबको नवलकिशोर के बिना धूल समझती हैं, धूल। करोड़ों उपाय करके वन की लताओं को बचाओ, पर वे बिना बादल के सींचे सिंच नहीं सकतीं। सुगंध में सनी साड़ी पर हीरे का हार सुशोभित हो रहा है, पर यदि यह हार नीरहीन है, कांति-हीन है, तो हेय है, अवहेलनीय है। ज्ञान का पथ उस घड़े के समान है, जिससे कुंभज पैदा हुए थे, जो बिना रस्सी का है, बिना पानी का है, बिना मुख-वेध का है। श्याम के रूप रस की सहज माधुरी तो रसिकों के लिए अवलेह है, चटनी है।

२७२५/४६४१ राग बिलावल

ऊधौ : ऐसी हम गुपाल बिनु। सबही तैं जैसैं हरुवौ तृन ॥
सोचत गनत जाइ इहिं विधि दिनु। जुग प्रमान निसि होत एक छिनु ॥
कहियौ 'सूर' सँदेस स्याम बिनु। जनि राखौ प्रभु पोच बचन रिनु ॥

हे ऊधव, बिना गोपाल के हम ऐसी हलकी, महत्वहीन, हो गई हैं, जैसे सूखा ारहीन तिनका। श्याम के बिना हमारे दिन सोच में, गिनते हुए, एक एककर बीत रहे और रात का एक एक क्षण तो एक एक युग के बराबर हो रहा है। हे ऊधव, श्याम हमारा यह संदेश कह देना कि उनपर वचन का जो ऋण चढ़ा है, उस ऋण को अदा रने में वे जरा भी ओछापन न करें, उसे पूः करें और आएँ।

२७२६/४६४३ राग सूही

ऊधौ, सुनौ बिथा तुम तात।
पारधि मारि भाल नहिं काढ़ै, हैं उरझ्यौ हृद गात।
ऐसैं बधिक मृगनि मारन कौं, माथैं बाँधे पात।
सुंदर स्याम नाद बंसी कै, बँधी काम-सर-घात।
यह तौ पीर बिरहनिी जानै, बहुत जियै दिन सात।
'सूरस्याम' अपने मारे, कत पूछत हैं कुसलात॥

हे तात ऊधव, हमारी व्यथा सुनो। श्याम सुंदर ऐसे बहेलिया हैं, जिसने हम हिरनियों ो शर-विद्ध कर देने के उपरांत बाण की गांस को हमारे ही शरीर में, हमारे ही हृदय , उलझा रह जाने दिया है और उसे बाहर नहीं खींच निकाला है। इससे हमारी पीड़ा राबर बनी हुई है। श्याम जैसे वधिक ने हम मृगियों को मारने के लिए अपने मस्तक र, हमें धोखा देने के लिए, हरे पत्ते बाँध रखे हैं। हम हरिणियाँ श्याम सुंदर के वंशी-ाद में विद्ध होकर काम के बाणों की चोट खाए जा रही हैं। इस पीड़ा को तो विरहिणी ो जान सकती हैं। वह बहुत जियेंगी तो एक सप्ताह। इसके पश्चात् तो इनका मरण ुनिश्चित ही है। जिन्हें श्याम ने स्वयं मार रखा है, वे उनकी कुशलता व्यर्थ पूछ रहे हैं।

२७२७/४६४६ राग मलार

हरि बिनु जान लगे दिन ही दिन।
कैसैं कै राखैं प्रान कान्ह बिन।
करत सु जतन कहा छिन ही छिन।
सिंह जीभ कैसैं धरै हरे तृन।
जौ पै नहिं मानत जु बचन रिन।
तौ का कहियै 'सूरस्याम' सिन॥

हरि के बिना एक-एक करके दिन बीते जा रहे हैं। कन्हैया के बिना हम कैसे अपनी ण-रक्षा करें? ऊधव, योग का उपदेश देकर क्षण-क्षण पर तुम हमें बचाए रखने का उपाय र्थ ही क्यों किए जा रहे हो? सिंह अपनी जीभ पर हरी से हरी भी घास कैसे रख सकता ? वह घास नहीं ही खा सकता। यदि श्याम अपने वचन-ऋण को स्वयं नहीं स्वीकारते, श्याम से कहा ही क्या जाय?

२७२८/४६५० राग मलार

ऐसी सुनियत हिरदै माहँ।
याही में सब बात बूझिबी, चतुर सिरोमनि नाह।

आवन कह्यौ, बहुत दिन लाए, करी पाछिली गाह।
हमहिं छाँड़ि कुबिजहिं मन दीन्हौ, मेटि बेद की राह।
एते पर लिखि जोग पठावत, सिद्धि बतावत थाह।
'सूरस्याम' अब व्रज किन आवहु, दिन दस मानी साह॥

ऊधव जी, तुम्हारे कहने से हम माने लेती हैं कि हरि हमारे हृदय में ही हैं। इसीलिए हम अपने चतुर शिरोमणि नाथ से अपने मन में ही सब बातें पूछे ले रही हैं। तुमने दस दिन में आ जाने की बात कही थी, पर तुमने बहुत दिन लगा दिए और अभी तक नहीं आए। तुमने अपनी पिछली टेक पकड़ ली। वेद का कहना है कि अच्छे कुल की कन्या से विवाह करना चाहिए, पर तुमने तो वेद का प्रतिपादय मार्ग छोड़कर, हमें तजकर, कुब्जा ऐसी कुकन्या को अपना मन दे दिया। इतना ही नहीं, इसके आगे भी, पुनः हमारे लिए तुमने योग-साधना की बात लिखकर भेज दी है कि इसीसे अंततः सिद्धि प्राप्त होगी। श्याम, अब तो हमने तुम्हारे दस दिन की अवधि को शाख (प्रमाण) मान लिया और वे दस दिन बीत भी गए, फिर तुम व्रज को क्यों नहीं लौट आते?

२७२१/४६५३ राग मला

ऊधौ बेद बचन प्रमान।
कमल-मुख पर नैन-खंजन, निरखिहैं क्यौं आन।
श्रीनिकेत समेत सब गुन, सकल रूप-निधान।
अधर-सुधा पियाइ बिछुरे, पठै दीन्हौ ज्ञान।
दूरि नहीं कृपाल केसौ, ये जु हिये समान।
निकरि क्यौं न गोपाल बोलत, दुखिन के दुख जान।
रूप-रेख न देखिए तहँ, स्वाद सब्द भुलान।
इच्छु-दंड अडारि हरि-गुन, गहत पानि बिषान।
बीतराग सुजान जोगिनि, भक्त-जननि निवास।
निगम-बानी मेटि, कहि क्यौं सकैं 'सूरजदास'॥

ऊधो, हम भी वेदों के वचन को प्रमाण मानती हैं और ब्रह्म को स्वीकार किए लेती हैं; पर कृष्ण के मुखरूपी कमल पर नयन रूपी खंजनों को बैठा देखकर, हमें किसी दूसरे को देखने की इच्छा ही नहीं होती। कृष्ण श्री-निकेत हैं—श्री इन्हीं में बसती है, ये सभी गुणों से संयुक्त हैं, ये संपूर्ण सौंदर्य के भांडार हैं। इन्होंने हमें अपने होठों का अमृत पिलाया था, अब हमसे बिछुड़कर इन्होंने ब्रह्मज्ञान का यह संदेश हमारे लिए भेज दिया है। कृपालु केशव हमारे हृदयों में समाए हुए हैं और हमसे दूर नहीं हैं, यदि यह सच है, तो वे हृदय से बाहर निकलकर, हम दुखियों के दुख जानकर, हमसे क्यों नहीं बोलते? निर्गुण ब्रह्म में न तो रूप है, न रेखा है, न स्वाद है, न शब्द है। कृष्णरूपी मधुर रस से भरी ईख को फेंककर हम अपने हाथों में सींग का बाजा क्यों ले लें? प्रभु ऐसे लोगों के हृदयों में निवास करते हैं, जो राग से परे हैं, सुजान हैं, योगी हैं, भक्त हैं। यह कथन स्वयं वेद का है। इसे कैसे मिटाया जा सकता है? हम न तो राग से परे हैं, न सुजानकंत योगी से; फिर निर्गुण को कैसे भजें?

२७३०/४६५४ राग सारंग

ऊधौ, हम कत हरि तैं न्यारी।
तब तौ बेद रिचा बौरानी, अब व्रज-वास दुलारी।
तब हरि निरगुन अगम अगोचर, चले जु चाल हमारी।
अब निज ध्यान हमारौ मोहन, उनहूँ हम न बिसारी।
चाम के दाम चलावत तुम तौ, कुबिजा के अधिकारी।
'सूरस्याम' हम सब दिन एकै, भुरै लेहु दिन चारी॥

हे ऊधव, हम हरि से अलग कहाँ हैं? पूर्वजन्म में हम वेद की ऋचाएँ थीं और हरि के लिए बावली सी रहती थीं। अब हम व्रजवासिनी गोपियाँ हैं और हरि की प्यारी हैं, फिर भी बावली बनी हुई हैं। तब हरि निर्गुण थे, अगम थे, अगोचर थे, फिर भी वे हमारी रुचि के अनुसार ही चलते थे। अब हरि सगुण हैं और हमारा ध्यान उन्हीं मदनमोहन से लगा रहता है तथा उन्होंने भी हमें नहीं भुलाया है।

ऊधव, तुम तो अब कुब्जा के अधिकारी हो, प्रधान हो, मंत्री हो, दीवान हो और चमड़े का सिक्का चलाए जा रहे हो। पर तुम्हारा चमड़े का यह सिक्का सदा नहीं चलेगा। तुम भले हमें चार दिनों के लिए फुसला लो, श्याम और हम गोपियाँ तो एक ही हैं, अभिन्न हैं।

२७३१/४६५५ राग मलार

माधौ, मन मरजाद तजी।
ज्यौं गज मत्त जानि हरि तुमसौं, बात बिचारि सजी।
माथैं नहीं महावत सतगुरु, अंकुस ज्ञानहु टूट्यौ।
धावत अघ अवनी आतुर तजि, साँकर सत्सँग छूट्यौ।
इंद्री जूथ संग लिए बिहरत, तृष्ना कानन माहिँ।
क्रोध सोच जल सौं रति मानी, काम भच्छ हित जाहि।
और अधार नहीं कछु सूझत, भ्रम गहि गुहा रह्यौ।
'सूरस्याम' केहरि करुनामय, कब नहिँ विरद गह्यौ॥

हे हरि, मेरे मन रूपी हाथी ने सारी मर्यादाएँ तोड़ दी हैं। तुमको सिंह समझकर मैंने विचारपूर्वक यह बात कही है। इस मन रूपी हाथी के ऊपर सतगुरु रूपी कोई महावत नहीं है। ज्ञान का अंकुश भी टूट गया है। सतसंग की सीकड़ छूट गई है। इसीलिए यह पाप की धरती पर बड़ी तेजी से दौड़ा जा रहा है। यह इंद्रियों का झुंड लिए हुए तृष्णा के वन में भ्रमण कर रहा है। इसने क्रोध और सोच रूपी जल से स्नेह बढ़ा रखा है। काम ही इसका प्रिय भोजन है। मुझे कोई अन्य आधार नहीं सूझ पड़ रहा है, अतः भ्रम की गुफा में मैंने इसका आवास बना रखा है। हे करुणामय-केशरी, तुमने कब अपना विरद नहीं गहा है? एक बार और गहो।

२७३२/४६६१ राग मलार

स्याम बिनु क्यौं जीवैं व्रजवासी।
इहिँ घट प्रान रहत क्यौं ऊधौ, बिछुरैं कुंज-विलासी।

कुबिजा बर पायौ मोहन सौं, मानौ तप कियौ कासी।
'सूरस्याम' कौ यहै परेखौ, इक दुख, दूजै हाँसी॥

हे ऊधव, श्याम के बिना व्रजवासी लोग जीवित रहें तो कैसे? इस शरीर में प्राण रहते हुए कुंज विहारी श्याम से हम कैसे बिछुड़ सकती हैं। बिछुड़न तो मरणोपरांत ही हो सकती है। कुब्जा ने मोहन जैसा पति पा लिया, जैसे उसने काशी में आकर घोर तप किया हो। श्याम पर यही विश्वास तो हमें एक ओर दुख दे रहा है कि उन्होंने हमें छोड़ दिया, दूसरी ओर हमें इसपर हँसी भी आ रही है कि श्याम को मिली तो कुबरी ही।

२७३३/ल ८२३/१७ राग सारंग

तू अलि कासों कहत बनाय।
बिन समुझे हम, फिरि बूझत हैं, एक बार कहो गाय।
किन वे गवन कीन्हों सकटनि चढ़ि, सुफलक-सुत के संग।
किन ते, रजक लुटाइ नाना पट, पहिरे अपने अंग।
किन हति चाप, निदरि गज मारेउ, किन वे मल्ल मथि जा्ने।
उग्रसेन वसुदेव देवकी, क्रिन ये निगड़ हठि भाने।
तू काकी परतीति प्रसंसा, कौने घोष पठायो।
किन मातुल बधि लयो जगत जस, कौन मधुपुरी छायो।
माथे मोर मुकुट, वन गुंजा, मुख मुरली धुनि बाजे।
'सूरजदास' यशोदानंदन, गोकुल कह न बिराजै॥

हे भौंरे, तू किससे बना-बनाकर यह सब कहे जा रहा है। हम तेरी बातें नहीं समझ पा रही हैं। इसलिए हम तुमसे फिर पूछ रही हैं। एक बार फिर से कह दो। वे कौन हैं, जो रथ पर चढ़कर सुफलक-सुत अक्रूर के साथ मथुरा चले गए? वे कौन हैं, जिन्होंने मथुरा में कंस के धोबी के कपड़े लुटवाकर अपने अंगों पर धारण कर लिए? किसने धनुष-यज्ञ के धनुष को तोड़ डाला? किसने कुबलयापीड़ हाथी को अपमानित करके मार डाला? किसने उग्रसेन, वसुदेव, देवकी की बेड़ी को हठपूर्वक काट डाला? तुम किसकी विश्वासपूर्वक इतनी प्रशंसा किए जा रहे हो? तुम्हें किसने इस घोष में, व्रजमंडल में, भेजा है? किसने अपने मामा (कंस) का वध करके संसार में यश कमाया है? कौन मधुपुरी में जाकर छा गया है? जिसके सिर पर मोर पंख का मुकुट है, जिसके गले में घुँघुची की माला है, जो अपने होठों पर मुरली रखकर बजाते रहते हैं, वे यशोदानंदन गोकुल में आकर क्यों नहीं बिराजते?

२७३४/ल ८४२/१२६ राग धनाश्री

ऊधो, योगु सुन्यो हम दुर्लभ।
आपु कहत, हम सुनत अचंभित, जानत हो जिय सुर्लभ।
रेख न रूप, वरण जाके नहिँ, ताको हमहिँ बतावत।
अपनी कहो, दरस वैसे को, तुम कबहूँ हो पावत।
मुरली अधर धरत हैं, सो पुनि गोधन वन-बन चारत।

नैन बिसाल, भौंह बंकट करि, देख्यो कबहुँ निहारत।
तन त्रिभंग करि, नटवर वपु धरि, पीतांबर तोहिं सोहत।
'सूरस्याम' ज्यों देत हमहिं सुख, त्यों तुमको सोउ मोहत॥

हे ऊधो, हमने सुना है कि योग दुर्लभ है, कठिन है, इसे बड़ी कठिनाई से साध पाया जाता है। तुम योग-साधना की बात बड़ी आसानी से कहे जा रहे हैं। हम उसे अत्यंत आश्चर्य से सुने जा रही हैं। तुम इसे अपने मन में अत्यंत सुलभ, आसानी से सिद्ध हो जानेवाला, समझते हो। तुम्हारे इस ब्रह्म की न कोई रूप-रेखा है, न आकार-प्रकार है, न तो इसका कोई रंग ही है। ऐसे रूप रंग-हीन का कथन तुम हमसे किए जा रहे हो। तुम अपनी बताओ—क्या तुमने अपने ऐसे निर्गुण ब्रह्म को कभी देखा है? क्या तुम्हारा वह ब्रह्म अपने अधरों पर मुरली रखकर बजाता है, जिसको सुन-सुनकर गायें एक वन से दूसरे वन में तृण चरती फिरती हैं? क्या तुमने उसे कभी बड़े-बड़े नयनों से, भौंहें टेढ़ी करके, निहारते हुए देखा है? क्या उसका अपने शरीर को तीन टेढ़ का-बनाकर, नटनागर का रूप धरकर पीतांबर ओढ़ना तुम्हें अच्छा लगता है? श्याम हमें जिस प्रकार सुख देते हैं, क्या उसी प्रकार सुख देकर तुम्हारा ब्रह्म भी तुम्हें मोहित कर लेता है?

२७३५/ल ८६५/६५ राग सारंग

कहि ऊधो, हरि गए तजि मथुरा, कौन बड़ाई पाई।
भुवन चतुर्दस को यह वैभव, नृप की जूठि पराई।
जो यह काज करै सो सेवक, तो श्रुति पढ़ै बताई।
सेवत-सेवत जन्म घटावत, दै यम-सदन पठाई।
तुम तो परम साधु अंतर हित, जनि कछु कहौ बनाई।
'सूरस्याम' मन कहा बिचारेउ, कौन ठगौरी लाई॥

हे ऊधव, बताओ तो, हरि गोकुल छोड़कर मथुरा चले गए। इससे उनकी कौन-सी प्रतिष्ठा बढ़ गई? चौदहों भुवनों का यह जो वैभव उनको मिल गया है, यह तो राजा कंस की जूठन है। यह सब उनका नहीं है, पराया है। जो यह कार्य करता है, वह तो दास होता है, वेदशास्त्र यही कहते हैं। इसी प्रकार सेवा करते करते जीवन बीत जाता है और अंत में यमराज के घर चला जाना पड़ता है। तुम तो मन से परम साधु हो। बनाकर कोई झूठ बात मत कहो। श्याम ने मन में क्या निश्चय कर लिया है? किसने उन्हें ठग-मूरी खिला दी है? क्या कुब्जा ने?

२७३६/ल ८६८/८३ राग सारंग

ऊधौ बलैया लैहौं, बहुरि सिधारो।
हम जारी जगदीस बिरह की, जरियन को कत जारौ।
हमरे प्राण घात ह्वै निबरे, तुम करि जानो हाँसी।
यहि जीवन ते मरण भलो है, करवट लीजै कासी।
कै हरि हमको आनि मिलैहौ, कै लै जैहो साथे।
'सूरस्याम' बिनु प्राण तजति हैं, वह दुख तुम्हरे माथै॥

हे ऊधव, हम तुम्हारी बलैया ले रही हैं। तुम लौटकर पुन: मथुरा चले जाओ। हम तो वैसे ही जगदीश के वियोग की जलाई हुई हैं; तुम हम जली हुई गोपियों को फिर क्यों जलाए जा रहे हो ? हमारे प्राण तो किसी तरह मर कर बचे हैं। तुम इसे हँसी समझ रहे हो। इस जीने से तो मर जाना अच्छा है। अच्छा होगा काशी करवट जाकर अपने सिर पर आरा चलवा लिया जाय। तुम मथुरा वापस जाकर हरि को अपने साथ लेते आओ और हमसे मिला दो। यदि यह न हो सके तो हमें अपने साथ ही मथुरा लेते चलो, हम हरि से स्वयं मिल लेंगी। श्याम बिना हमारे प्राण निकले जा रहे हैं। हमारा यह दुख तुम्हारे ही माथे पर है। तुम्हीं हमारे दुख के जिम्मेदार हो।

२७३७/ल ८६९/८९ राग सारंग

ऊधौ, तुमहुँ सुनौ इक बात।
जो तुम कहत सिखावत, सो हमैं नाहिन नेक सुहात।
ससि दरसन बिन मलिन कुमोदिनि, ज्यों रबि बिन जलजात।
त्यों हम कमलनयन बिन देखे, तलफि-तलफि मुरझात।
घसि चंदन घनसार सजे तन, ते क्यों भस्म भरात।
रहे श्रवण मुरलीधर सों रत, सिंगी सुनत डरात।
अबलनि आनि योग उपदेसत, नाहिन नेक लजात।
जिन पायो हरि-परस-सुधारस, ते कैसे कटु खात।
अवधि आस गनि-गनि जीवति हैं, अब नहिं प्राण खटात।
'सूरस्याम' हम निपट बिसारी, ज्यों तरुणी रेंड़ पात॥

ऊधव, हमने तुम्हारे योग की बातें सुन लीं, यह दूसरी बात है कि हमने उसे माना नहीं। तुम भी हमारी एक बात सुन लो। तुम जिस योग को हमें सिखाना चाहते हो, वह हमें जरा भी अच्छा नहीं लग रहा है। जिस प्रकार बिना चंद्रमा को देखे कुमुदिनी उदास बनी रहती हैं, जिस प्रकार बिना सूर्य को देखे कमलिनी कुम्हलाई रहती है, उसी प्रकार कमलदल के समान नयन वाले श्याम को देखे बिना, हम भी तड़प-तड़पकर मुरझाई जा रही हैं। हमने घिस-घिसकर चंदन और कपूर से अपने तन को सजाया है, अब उसी शरीर पर हमसे भस्म लपेटते नहीं बन रहा है। अभी तक हमारे कान मुरलीधर की मुरली सुनने में रत रहे हैं, अब सींग के बाजे की ध्वनि सुनकर हमारे कान डरे जा रहे हैं। तुम हम अबलाओं को योग का उपदेश दे रहे हो, तुम्हें जरा भी लाज नहीं लग रही है। हमारे जिस मुख ने हरि के होठों का सुधा-रस पिया है, वे अब योग की कड़वी ककड़ी कैसे खा सकते हैं। हरि ने जो अवधि के दिन दिए हैं, उन्हीं को गिन-गिनकर हम किसी प्रकार जीवित हैं। अब हमारे प्राण इस शरीर में टिक नहीं पा रहे हैं। अब श्याम ने हम तरुणियों को वैसे ही एक दम भुला दिया है, जैसे तरुणी तरु (एरंड का वृक्ष, रेंड़) का गिरा हुआ सूखा पत्ता।

२७३८/ल ८७२/१०६ राग सा

मधुकर कहत सँदेसो मूलहु।
हरि-पद छांड़ि चले, ताते तुम प्रीति प्रेम भ्रम भूलहु।

नहिँ या उक्ति मृदुल श्रीमुख की, जे तुम उर ते भूलहु।
बिलज जु बदन होत या उचरत, जे संधान निमूलहु।
उत बड़ ठौर नगर मथुरा को, इहै तरणि-तट कूलहु।
उत महराज चतुर्भुज सुमिरहु, इत किसोर नँद दूलहु।
जे तुम कही बड़ेन की बतियाँ, व्रज जन नहिँ सम तूलहु।
'सूरस्याम' गोपी सँग दिल में, कंठ धरे भुज-मूलहु॥

हे मधुकर, तुम हरि का मूल-संदेश कहना तो चाह रहे हो; पर तुम हरि-पद से विमुख होकर आ रहे हो, इसलिए तुम प्रीति या प्रेम के वास्तविक अर्थ को भूल गए हो और भ्रम में पड़ गए हो। जो बात तुम कह रहे हो, वह हमारे कन्हैया के मुँह से निकली हुई नहीं जन पड़ती। उसे तुमने हृदय से भुला दिया प्रतीत होता है। तुम योग-साधना की जो बातें कह रहे हो, उनका तो उच्चारण करने में भी लाज लगती है। इन बातों को खोज-खोज करके जड़ से उखाड़ दो। उधर मथुरा का बहुत बड़ा स्थान है, नगर है; इधर यमुना का कूल-किनारा है। वहाँ चतुर्भुज विष्णु का स्मरण किया जाता है; यहाँ नंद-नंदन व्रज दूलह का। तुमने जो मथुरा के बड़े बड़ों की बातें कही हैं, वे बड़े बड़े भी हम व्रजवासियों की बराबरी नहीं कर सकते; क्योंकि यहाँ तो हम गोपियों के संग में, हमारे गले में अपनी भुजाएँ डाले हुए स्वयं हरि ने विलास किया है, प्रेम-विहार किया है।

२७३९/ल ८७९/१३९ राग केदारौ

मधुकर, मधु-मद-माते डोलत।
जिय उपजत, सोइ कहत, न लाजत, सूधे बोल न बोलत।
बकत फिरत मदिरा के लीन्हे, बार-बार तन घूमत।
ब्रीड़ा रहित, सबन अवलोकत, लता कली मुख चूमत।
अपनेहूँ तन की सुधि नाहीं, परेउ आनहीं कोठो।
सावधान करि लेहि अपनपौ, तुम हीं सों करि गोठो।
मुख लागी पराग पीक की, डारत नाहिँन धोई।
तासों कहा कहिए सुनि 'सूरज', लाज डारि सब खोई॥

हे मधुकर, तुम मधु के नशे में मतवाले होकर डोल रहे हो। शराब के नशे में तुम्हारे मन में जो आ रहा है, वही बकते जा रहे हो, लजा नहीं रहे हो—सीधी बात भी मुँह से नहीं निकल रही है और तुम्हारा शरीर बार-बार घूमा जा रहा है, लड़खड़ाया जा रहा है। तुम निर्लज्ज हो गए हो। सभी की ओर आँख फाड़-फाड़कर देखे जा रहे हो। हर लता, हर कली का मुँह चूमते जा रहे हो। तुम्हें अपने भी तन की सुधि नहीं रह गई है। दूसरे के कोठे पर पड़े हुए हो। तुम सावधान हो जाओ, अपने होश में आ जाओ।

तुम्हारे मुख पर पीक के कण लगे हुए हैं। इन्हें धो क्यों नहीं डालते? जिसने सब लाज-बीज खो दी है, उससे कहा ही क्या जाय?

२७४०/ल ८८०/१४३ राग सारंग

मधुकर, कासों कहि समुझाऊँ।
अंग-अंग गुण गहे स्याम के, निर्गुण काहि गहाऊँ।

कुटिल कटाक्ष विकट सायक सम, लागत मर्म, न जाने।
मरमि गए उर फोरि पिछाहे, पाछे पै अहटाने।
घूमत रहत, सम्हारत ना हिय, फेरि फेरि समुहाने।
टूक-टूक ह्वै रहे ढोर गहि, पाछे पग न पराने।
उठत कबंध युद्ध योधा ज्यों, बादर सन्मुख हेत।
'सूरस्याम' वा अमृत दृष्टि करि, सींचि प्राण कत देत॥

हे मधुकर, अपने किस अंग को मैं समझाऊँ? मेरे एक एक अंग ने श्याम के गुण ग्रह कर लिए हैं, फिर मैं किस अंग को कहूँ कि तुम निर्गुण को ग्रहण कर लो? श्याम के कुटि कटाक्ष तो विकट बाण के समान मेरे मर्म में, हृदय में, लग गए हैं। मैंने उनका लगना जा भी नहीं। वे बाण हृदय फोड़कर पीछे निकल गए, कहीं तब जाकर उनकी आहट मुझे लगी तब से हम घूम रही हैं, यद्यपि अपने हृदय को सँभाल नहीं पा रही हैं। फिर भी हमारे अं बार-बार सामना करने के लिए उद्यत हैं। वे टुकड़े-टुकड़े हो गए हैं, पर इन्होंने प्रभु का पक्ष पकड़ रखा है और पीछे पैर नहीं हटा रहे हैं। युद्ध में योद्धा के समान ये बादल के साम आ जाते हैं। श्याम इनको अपनी सुधामयी दृष्टि से सींचकर नवजीवन क्यों नहीं दे देते

२७४१/ल १०५/२९५ राग सोर

पथिक, पा लागों, स्याम सों कहियो यह बात।
इतनी दूर बसत क्यों, बिसरे अपने जननी तात।
ता दिन ते ये नयन-पपीहा, दरस-प्यास अकुलात।
जहाँ खेलन की ठौर तुम्हारी, देखि नंद मुरझात।
जब कबहूँ यहि खरिक जात हैं, गाय दुहावत प्रात।
दुहत देखि औरन के बालक, प्राण निकसि नहिं जात।
'सूरस्याम' फिरि कबै देखिहैं, कोमल कर दधि खात॥

हे पथिक, मैं तुम्हारे पाँव पड़ती हूँ। जाकर श्याम से यह बात कह देना। वे इतनी द पर क्यों जा बसे हैं और मैया यशोदा तथा बाबा नंद को भी भूल गए हैं। जिस दिन से मनोह गात वाले श्याम सुंदर गोकुल छोड़कर मधुपुरी चले गए, उसी दिन से ये नयन रूपी पपी दर्शनरूपी प्यास से विकल हो उठे हैं। श्याम, जहाँ-जहाँ तुम खेला करते थे, उन जगहों क देख-देखकर नंद बाबा मुरझा जाया करते हैं। जब कभी वे गोष्ठ में सबेरे-सबेरे गायें दुहवा जाते हैं, तब दूसरों के लड़कों को गायें दुहते देखकर उनके प्राण न जाने कैसे बच जाते निकल नहीं पाते। हम श्याम को अपने कोमल हाथों में दही लेकर खाते हुए फिर कब देखेंगी

२७४२/ल ११४/३४१ राग केदा

सखी री दुसह कहो क्यों सहियै।
यह घन घटा, रैनि, पिक बोलत, बिरह-दहन-दुख दहियै।
सीत कूल, दामिनि बैरिनि भइ, भेकनि भीम सूल सहियै।
नींद जो गई सिराय जलज ज्यों, तिल विश्राम न गहियै।

नाहिन हितू करन कोउ अपनो, जासों ये दुख कहियै ।
मदनातुर गंभीर नीर पर, बिनु सुख नाउ ज्यों बहियै ।
पलक न मिलत, छुटी किहि औसर, सोक सरल तन तइयै ।
कोकिल काक मोर पुनि कुहकत, हरषत कहो न सहियौ ।
जो कबहूँ या छपद निरंतर रहत, परम लागत जो हियै ।
तुव कह सूरति झूठ वदत सब, रथ न होत विनु पहियै ।
विकल समान गँवाय मंद मति, ज्यों ज्यों अवधि बितइयै ।
'सूरस्याम' बियोगिनि बिहवल, एको आवत न हिये ॥

हे सखी, श्याम का यह पावस-विरह तो एक दम दुस्सह है। इसे कैसे सहा जाय? ये काली काली बादलों की सघन घटाएँ। यह अँधेरी रात का आलम! ऐसे समय में कोयल का पिहकना! ऐसे में विरह का दुख हमें जलाए दे रहा है। यमुना का यह शीतल किनारा, इस समय बिजली तो बैरिन बन बैठी है। मेढकों की टर्र टर्र शूल के समान चुभी जा रही है।

नींद भी रात्रि-कमल के समान ठंडी पड़ गई है। एक पल के लिए भी आराम नहीं मिल रहा है। यहाँ अपना कोई हितैषी नहीं है, जिससे अपना दुख कहा जा सके। हम मदन से आतुर हैं और बिना सुख के हैं। हमारी जीवन-नौका गहरे पानी में किसी तरह यों ही बही जा रही है। खेई नहीं जा रही है। एक पल के लिए भी पलकें नहीं गिरती, नहीं मिलतीं—नींद नहीं आतीं, न जाने कब से ये पलकें नहीं बंद हुई हैं। शोक हमारे इस सीधे सादे शरीर को सहज रूप से तपाए जा रहा है। कोयल, कौआ, मोर हर्ष से बोल रहे हैं। पर उनका यह हर्ष मुझसे सहा नहीं जा पा रहा है। इस बीच यह षटपद भौंरा भी रह-रहकर बीच-बीच में अपनी योग-गाथा प्रारंभ कर देता है, जो हमारे ह्रदय को लग जाती है, कठिन पीड़ा से भर देती है। जिस निर्गुण की सूरत सकल तुम कह रहे हो, हे ऊधव, उसे सब झूठ मानते हैं। बिना पहिए के कहीं रथ हुआ है। बिना रूप रंग के कहीं कोई सूरति बनती है। हम विकल हो गई हैं, हमने अपना सयानय खो दिया है, हम मंदमति हो गई हैं और ज्यों-त्यों करके अवधि बिता रही हैं। वियोग के दिन काट रही हैं। श्याम के बिना हम वियोगिनियाँ अत्यंत विह्वल हो गई हैं। इससे बचने का एक भी उपाय हमारे मन को नहीं सूझ पड़ रहा है।

२७४३/ल ११६/३५२ राग सोरठ

सुनि सुनि प्रभु पै कछु न रह्यौ ।
बैठि रहे जैसे ही, तैसे आनँद व्रज उदयो ।
छन अकुलाय पाय बिरहा ज्वर, पुनि रस रास भयो ।
'सूरज' सुभट महा मुनि ज्ञानी, कौने ध्यान लह्यो ॥

अरी सखी सुन, प्रभु के पास तो अब कुछ भी नहीं रह गया—वे सगुण से निर्गुण हो गए हैं। अतः अब न उनके पास रूप है, न रंग; न हाथ है, न पैर। जबसे वे मथुरा में जाकर बैठ रहे हैं, तबसे ही ध्यान का आनंद व्रज में आ उदित हुआ है। एक क्षण के लिए हम विरह-ज्वर से आकुल हो उठती हैं, फिर रास के रस के मानसिक सुख में डूब जाती हैं। ध्यानावस्थित हो जाती हैं। ऐसा कौन योद्धा है, महा मुनि है, ज्ञानी है, जिसने ध्यान का ऐसा सुख उठाया है।

व्रज तौ तुम बिन बहुत बिहाल।
प्रेम अग्नि कैसे सहै पद्मिनि, क्यों सहै सौतिन साल।
कुसल कर्म केशव के सुनि-सुनि, पाणि लगावत भाल।
'सूरज' तपत ठगत मीनावलि, छुटी नीर छुटि जाल ॥

हे श्यामसुंदर, व्रज तुम्हारे वियोग में अत्यंत विकल हो उठा है। हम पद्मिनियाँ प्रेम की अग्नि की आँच कैसे सह सकती हैं। एक तो विरहानल है ही, दूसरी और सौत कुब्जा की चुभन है। दोनों एक समय, एक साथ, कैसे सहा जाय। कन्हैया जी के कुशल प्रेम-कर्म को तो सुन-सुनकर सिर पर हाथ रखकर बैठ रहना पड़ता है। हम मछलियाँ एक तो जल से विलग हुई; फिर जाल में फँसी। जाल से भी छुटीं, तो सूर्य की कठिन धूप हमको संतप्त किए दे रही है। एक तो हम श्याम के संयोग-नीर से अलग हुई; फिर कुब्जा के जाल में पड़ीं; अब योग का सूर्य हमें तपाए जा रहा है।

२७४५/ल १३०/१३ राग बसंत

कोयल बोली, बन-बन फूले, मधुप गुँजारन लागे।
मनो भयो भोर, रोर बंदिनि ते, मदन महीपति जागे।
तिनहूँ ते नव पल्लव प्रकटे, जे द्रुम हुते दवानल दागे।
मनो रतिपति मन रीझि याचकनि, बरण बरण दये बागे।
भयो मास मधु, नई वर निसा, नव-नव रस विधि पागे।
नयो नेह, नई नागरि कुब्जा, कह आवैं 'सूरज' अनुरागे।

वसंत ऋतु आ गई। कोयल कूक उठी, वनों-उपवनों में फूल खिल उठे, इन फूलों पर भौंरे गुंजार करने लगे; मानो सबेरा हो गया और भौंरे रूपी वंदीजन सोये मदन महीपति को जगाने लगे। जो पेड़ दावानल से दग्ध हो गए थे, उनमें भी नये नये अंकुर फूट निकले, नूतन अरुण कोमल किसलय लग गए; मानो कामदेव ने प्रसन्न होकर मंगनों को रंग रंग के परिधान दान में दे दिए। नया मधु (चैत) का महीना है। नई नई रात है, जो नए नए रसों से सिक्त है। कन्हैया जी का नया नया नेह है। उन्हें नई नागरी कुब्जा मिल गई है। वे उसके अनुराग में पड़े हुए हैं। गोकुल आवें तो कैसे?

२७४६/ल १४४/१४ राग आसावरी

इतनी जानि परै जो ऊधौ, मन पछताओ धरै नहीं।
केसरि तत रंगी की गति, उपजति जाति बही।
मालाकार दुलार नंद को, गोपी बेलि जुही।
क्यों सुखवत करुणानिधि जल बिनु, पैयतु बने मही।
अग्नि उपज जब-जब वृंदावन, योग-जुगति निबही।
तैसो समय भयो अब व्रज मैं, जौ न बुझावै अबहीं।
सुनत कथा मुख बचन सखी के, ऊधो ग्रंथ ग्रही।
'सूरस्याम' तिहि क्षण तहँ प्रकटे, याते चलत कही ॥

हे ऊधव, अगर हम इतना जान लें कि—

'कैसें वेष रहत मनमोहन, कौन प्रिया प्राणन की'*

तो हमारे मन में किसी तरह का पछतावा न रह जाय। हमारे शरीर में केसर का पीला रंग उपजता है, फिर बह जाता है। श्याम के विरह में इसमें पीलिमा आ गई हैं, पर पछतावा दूर हो जाने पर यह जर्दी भी जाती रहेगी। हम गोपियाँ जूही की लता हैं, श्याम इस लता के फूल को गूँथकर माला बनाने वाले माली हैं। यह जूही और यह मालाकार तो शरद की पूनो को वृंदावन में ही मिल पाते हैं। ऐसी जूही की लता की करुणासागर कृष्ण कृपा-जल के बिना क्यों सुखाए दे रहे हैं? जब जब वृंदावन में दावानल का प्रकोप हुआ था, कृष्ण ने अपनी योग-युक्ति से उसे पी लिया था। अब पुनः वैसा ही समय आ गया है। यदि कृष्ण इस विरहानल को आकर बुझा नहीं देते, तो व्रज में आग लगी ही जानो।

गोपी के मुख से यह कथा सुनते ही ऊधो ने याद रखने के लिए गाँठ बाँध ली। श्याम उसी क्षण वहाँ प्रकट हो गए और लौट चलने के लिए कहा।

२७४७/ल १४५/१०३ राग मलार

भौंरा काहे को भयो उदासी।
बपु तेरो कारो, बदनऊ पीरो, तू कलि सो कइ आसी।
सब कलिका कौ रस लैकै, पुनि वेऊ करी निरासी।
सांचो 'सूरस्याम' को सेवक, योग युगति सु उपासी॥

अरे भौंरे, तू उदासी (विरक्त साधु) क्यों हो गया है। तेरा शरीर काला है, तेरा मुँह भी पीला है। तू कली से आशा करता है। तू हर कली का रस ले लेता है और फिर उसे निराश भी कर देता है, उन्हें छोड़कर उड़ जाता है। तू श्याम का सच्चा सेवक है, सच्चा अनुगामी है। इसीलिए तू योग-युक्ति का उपासक है। स्याम तो हमें छोड़कर भाग गए, तू कलियों को छोड़ उड़ जाता है। सेवक और स्वामी दोनों एक जैसे हैं।

२७४८/ल १४९/१२२ राग सोरठ

कहु अलि काके मीत अहीर।
काहे को भरि-भरि तुम डारत, इन नयननि तें नीर।
आपु न पीय, पिवावति ग्वालिनि, इन गैयन को छीर।
छन-छन पलु-पलु बिसरत नाहीं, या यमुना को तीर।
हृदये भीतर दव लागो है, दाहत सकल सरीर।
अँग-अँग कैतवता, सुनि 'सूरज' संकर्षण के वीर॥

हे भौंरे, बता तो, अहीर कहीं किसी के मित्र हुए हैं या तेरे ही होंगे? कृष्ण की याद कर करके तू अपनी आँखों में अश्रु भर-भरकर व्यर्थ ही क्यों गिराए जा रहा है?

ग्वालिनें स्वयं गायों का दूध नहीं पी रही हैं, क्योंकि इस दूध के पीनेवाले श्याम गोकुल में नहीं हैं। वे यह दूध स्वयं उन्हीं गायों को पिलाए जा रही हैं, जिनका दूध वह है। गोपियाँ एक पल के लिए भी कालिंदी का वह कूल नहीं भुला पा रही हैं, जहाँ उन्होंने श्याम

---

* सूरसागर, लखनऊ, पृ० १४४, पद १३.

के साथ रँगरेलियाँ की थीं। उनके हृदय में आग लगी हुई है, जो उनका सारा शरीर जलाए दे रही है। संकर्षण (बलराम) के वीर (भाई) कृष्ण के एक एक अंग में छल भरा हुआ है।

२७४९/ल १५४/१५२ राग सोरठ

जु है मिष्टफल, सो कहि कैसे आवै।
जैसे मूक मिठाई को सुख, अंतर-अंतर भावै।
परम स्वाद सबही ते न्यारे, अमित तोष उपजावै।
मन वाणी गुण कर्म अगोचर, सोइ जानै जो पावै।
बिना रूप गुण नाम मुक्ति बिन, निरालंब कत ध्यावै।
भजे न अंत तहीं ते 'सूरज', सगुण लीन मन गावै॥

निर्गुण ब्रह्म का जो मीठा फल है, उसकी मधुरिमा को कोई कैसे कह सकता है? जैसे गूँगा गुड़ का स्वाद तो मन ही मन जानता है, सराहता है, पर कह नहीं पाता, वैसा ही स्वाद निर्गुण ब्रह्म का है। इस परम ब्रह्म का स्वाद सबसे अलग है। यह अमित तोष उपजाने-वाला है; पर यह मन, वाणी, गुण और कर्म के लिए दृश्यमान नहीं है, पकड़ के बाहर है। अतः इसे वही जानता है, जिसने इसे पा लिया है। यह निर्गुण ब्रह्म रूपहीन है, गुणहीन है, नामहीन है, युक्ति की पकड़ से बाहर है। इसे पकड़ पाने के लिए मन को कोई आधार नहीं प्राप्त है। अतः मन बिना किसी अवलंब के कहाँ दौड़ता फिरे। इसलिए गोपियाँ अंततः इसको भज नहीं पाती और सगुण कृष्ण में ही लीन होकर गा उठती हैं।

२७५०/लै १५४/१५७ राग सोरठ

मो पर काहे को झुकति व्रज-नारी।
काहू के भाग सौं साझो नाहिन, हरि की कृपा नियारी।
फलनि मांझ जैसे करुई तूंबरी, रहति जो घूरे डारी।
हाथ परी जब गुणी जनन के, बाजत राग दुलारी।
यह सँदेस कुब्जा कहि पठयो, अरु कीनी मनुहारी।
तन टेढ़ी सब कोऊ जानत, परसे भइ अधिकारी।
हौं तो दासी कंसराय की, देखहु हृदय बिचारी।
'सूरस्याम' करुणाकर स्वामी, अपने हाथ सँवारी॥

कुब्जा कह रही है—गोपियाँ मुझपर क्यों खीझ रही हैं। मैंने किसी के भाग्य में, भाग में, साझेदारी नहीं की है। यह तो मुझपर हरि की अद्‌भुत कृपा हो गई है। फूलों में जैसे तितलौकी होती है, जिसे कोई नहीं पूछता और जो घूर पर फेंक दी जाती है, वैसी ही तितलौकी मैं हूँ। वही तितलौकी जब किसी गुणी संगीतज्ञ के हाथ पड़ जाती है, तब वह उसे वीणा या तंत्री का रूप दे देता और वह एक से एक प्यारा राग निकालने लगती है और सबकी प्रिय हो जाती है।'

कुब्जा ने ऊधव के हाथ यही संदेश भेज दिया और यह विनती भी की। मेरा तन तो तीन स्थानों पर टेढ़ा था, मैं त्रिवक्रा थी। यह तो सभी जानते हैं। श्याम सुंदर ने मुझे छूकर सुंदरी और अपने प्रेम की अधिकारिणी बना दिया। मैं तो कंस राय की दासी थी, तुम सब

स्वयं अपने मन में विचार कर देख लो। श्याम करुणा-वरुणालय हैं। उन स्वामी ने मुझे अपने हाथ से सँवार दिया है। गोपियों को मुझे निर्दोष समझकर मुझसे चिढ़ना नहीं चाहिए।

२७५१/ल १६२/१९७ राग धनाश्री

कैसे धीरज धरूँ ऊधो, तुम योग सिखावन आए।
एक समय हरि अपने करनन करणफूल पहिनाएँ।
ता कारण माटी के मुद्रा, मधुकर हाथ पठाए।
एक बेर वृंदावन कुंजन, सिर पै केस बनाए।
यह अवसर सेली मृगछाला, ब्रह्म-ज्ञान दरसाए।
'सूरस्याम' सौं यों जा कहियो, व्रज न भक्त बिसराएँ।
बिन देखे कल परत न एक पल, साँवर हाथ बिकाए॥

हे ऊधव, तू हम अबलाओं को योग सिखाने आए हो। यह देखकर हम कैसे धैर्य धारण करें? एक समय था, हरि ने अपने हाथों से हमारे कानों में कनफूल पहनाए थे। उन्हीं कानों के लिए, हे मधुकर, श्याम ने तुम्हारे हाथों मिट्टी की मुद्राएँ (कुंडल) भेज दी हैं। एक बार वृंदावन के कुंज-भवन में कन्हैया ने अपने हाथों से हमारी चोटी गूँथ दी थी, अब ऐसा प्रतिकूल अवसर आ गया है कि वे हमें मृगछाला, सेली (सिरपर लपेटने की डोरी), और ब्रह्मज्ञान दिखला रहे हैं। ऊधव जी, श्याम से जाकर कहना कि वे अपने हम व्रजवासी भक्तों को न भुलाएँ। उन्हें बिना देखे हमें एक पल के लिए भी चैन नहीं मिल पा रहा है। हम साँवले सलोने श्याम सुंदर के हाथ बिक गई हैं।

२७५२/ल १६२/१९८ राग धनाश्री

जा जा रे मधुकर दूर दूर।
रंग रूप एक ही मूरत, मेरो मन कियो चूर चूर।
जब लग गरज, तब लग निकट है, काज सरे पै रहै धूर।
'सूरस्याम' अपने गरज के, कलियन रस लै घूर घूर॥

अरे भौंरे, दूर चला जा, दूर, बहुत दूर। हमारे पास न रह। तेरी और श्याम सुंदर की सूरत-सकल, रंग-रूप एक ही हैं। तूने हमारे मन को तो चूर्ण-विचूर्ण कर दिया है। जब तक तेरा मतलब है, तबतक तो तू निकट बना रहता है। जब तेरा मतलब निकल जाता है, जब तू सारा रस ले लेता है, तब तू उन कलियों को धूल समझकर उन्हें भुला देता है, उड़ जाता है। और जब तेरी गरज होती है, तब तू इन कलियों को घूर-घूर कर आँखें फाड़-फाड़कर, टकटकी लगाकर देखता रहता है और उनका रस ले ही लेता है।

२७५३/ल १६६/२२३ राग धनाश्री

बिनती सुनहु हमारी।
जा दिन ते बिछुरे नँदनंदन, काम-अनल अति जारी।
हमको योग सिखावन ऊधो, पठए आप मुरारी।
डाहे ऊपर लोन लगावत, कहत न बात बिचारी।
हमसों प्रीति भई सपने की, कीनी दासी नारी।
इन बातन निश्चय कुब्जा-पति, भए हैं स्याम बिहारी।

अब ऊधो कछु कहत न आवै, प्रेम-घटा अति भारी।
लिख्यो परम पद 'सूरस्याम', सब गोकुल दीन दुखारी॥

हे ऊधव, हमारी विनती सुनो। जिस दिन से नंदनंदन हमसे बिछुड़ गए हैं, उसी दिन से कामदेव हमें विरहानल में अत्यंत जलाए जा रहा है। स्वयं कृष्ण मुरारी ने हमको योग सिखाने के लिए तुम्हें भेजा है और तुम जले पर नमक छिड़क रहे हो और बिना बिचारे जो कुछ मन में आ रहा है, कहते जा रहे हो। हमसे श्याम ने जो प्रीति की थी, वह तो मानो एक सपना थी। अब उन्होंने कंस की दासी को अपनी परम प्रिया पत्नी बना लिया है। इन बातों से वह श्याम बिहारी निश्चय ही अब गोपीनाथ, गोपिका-वल्लभ, राधा-वल्लभ नहीं रह गए हैं। कुब्जा-पति, कुब्जा-कांत हो गए हैं। ऊधव, अब कुछ कहते नहीं बन रहा है। प्रेम की घनघोर घटा व्रज-मंडल पर छा गई है। श्याम ने अब परम ब्रह्म की प्राप्ति करने के लिए हमें पत्र लिख भेजा है। यह जानकर सारा गोकुल दीन और दुखी हो गया है।

२७५४/ल १७८/६ राग विहागरी-ताल मकहारा

कृष्ण कृष्ण करत डोलूँ, कृष्ण कहाँ पाऊँ।
द्वारे ते दौड़ आऊँ, तोऊ न लाज लजाऊँ।
तोहिँ छोंड़ि, और की मैं कौन की कहाऊँ।
ऊधो, तुम बेगि जाओ, प्रेम लिखि पठाऊँ।
ढूँढ़त फिरौं बन-कुंज माहिँ, स्याम स्याम गाऊँ।
विधना नहिँ पंख दिए, उड़िकै तहँ जाऊँ।
ऊधो, तुम बेगि जाओ, स्यामहि लै आओ।
'सूरज' प्रभु दरस देहिँ, सबहि कंठ लाऔं॥

हे ऊधव, हम कृष्ण कृष्ण की रट लगाती हुई व्रज-मंडल में विचरण कर रही हैं। पर कृष्ण को पाएँ तो कहाँ पाएँ। हम उनसे मिलने के लिए अपने-अपने द्वार से दौड़ पड़ती हैं और जरा भी नहीं लजातीं। कृष्ण हम तो तुम्हारी ही हैं। अब तुम्हारी छोड़ किसकी कहलाएँ? ऊधव, शीघ्र मथुरा जाओ। हम श्याम के नाम प्रेम-पत्र लिखे दे रही हैं। हम वृंदावन के कुंजभवनों में अपने श्याम को खोजती फिर रही हैं और 'श्याम-श्याम' गाती फिर रही हैं। ब्रह्मा ने हमें पंख नहीं दिए हैं। यदि दिए होते तो हम उड़कर मथुरा पहुँच जातीं। ऊधव, शीघ्र मथुरा जाओ और श्याम को ले आओ। प्रभु दर्शन दें और हम उन्हें गले से लगा लें।

२७५५/ग्र ३६५३, ल ८८०/१४७ राग सोरठ

यह अलि हमें अँदेसो आवै।
कौन गुनाह, योग लिखि पठयो, सो तू कहि समुझावै।
जौ अँग रचे बसन आभूषण, कैसे भस्म चढ़ावैं।
कबरी केस सुमन गुहि राखे, सो क्यों जटा बनावैं।
सब बिपरीत कहत तू हमसों, सो कैसे चित आवैं।
सुंदर स्याम कमलदल लोचन, 'सूरस्याम' मोहिँ भावैं॥

अरे भौंरे, हमें बड़ा खटका है, भय है। श्याम ने हमारे किस अपराध पर अप्रसन्न होकर योग-साधना का यह संदेश भेज दिया है, तू हमसे वह समझाकर कह। जिन अंगों पर हमने

बढ़िया वस्त्र और गहने पहन रखे हैं, उन्हीं अंगों पर हम किस तरह भस्म मलें। अपने जूड़ा में, अलकों में हमने सुगंधित फूल गूँथ रखे हैं। इन अलकों को हम कैसे जटा-जूट बना दें? तू तो सभी बातें उलटी-पुलटी कह रहा है। ये बातें हमारे मन को कैसे अच्छी लग सकती हैं। हमें तो कमल की पंखड़ी जैसी आँखों वाले श्यामसुंदर ही अच्छे लगते हैं।

२७५६/ग्र ३७१७; ल १०३/२८१ राग सारंग

मन तौ मधुरा हीं जु रह्यौ।
तब कौ गयो, बहुरि नहिं आयौ, गहनि गुपाल गह्यौ।
इन नैनन कौं मरम न जान्यौ, जिन सब भेद कह्यौ।
राख्यौ हुतौ चोरि चित अंतर, हरि सोइ सोधि लह्यौ।
आए ओल मिलावन ऊधौ, मनि दै, लेहु मह्यौ।
निरगुन साँटि गुपालहिं चाहत, क्यों दुख जात सह्यौ।
इहिं आधार आजु लौं यह तन, ऐसैं ही निबह्यौ।
सोई लेत छुड़ाइ 'सूर', अब चाहत हृदय दह्यौ॥

मेरा मन गोकुल में नहीं रह गया है। यह मथुरा चला गया है और जाकर वहीं रह गया है, लौटकर नहीं आया। गोपाल ने इसे कसकर पकड़ लिया है। मैं अपनी इन आँखों का भेद, रहस्य नहीं जान पा रही हूँ। न जाने किस गुप्तचर ने इनसे यह भेद बताया। इन नयनों ने कन्हैया के रूप को चुराकर अपने भीतर सींच रखा था। इस रहस्य को हरि ने खोजबीन कर जान लिया। इसी अभिज्ञता के बल पर ऊधव तुम आए हो और मनरूपी मणि लेकर योग रूपी मट्ठा हमें दे रहे हो। तुम अपने निर्गुण के बदले में हमसे हमारा गोविंद माँग रहे हो। यह दुख कैसे सहा जाय? जिस आधार पर आज तक यह शरीर इसी प्रकार किसी तरह बचता आया, ऊधव अब उसी आधार को हमसे छीनकर, तुम हमको एकदम जला देना चाहते हो?

२७५७/ग्र ३३८४; ल १४६/१०६ राग सारंग

ऐसे समय जु हरि जू आवहिं।
निरखि-निरखि वह रूप मनोहर, नैन बहुत सुख पावहिं।
तैसिय स्याम घटा घन घोरनि, बिच बग-पाँति दिखावहिं।
तैसइ मोर कुलाहल सुनि-सुनि, हरषि हिंडोरनि गावहिं।
तैसीयै दमकति दामिनि अरु, मुरलि मलार बजावहिं।
कबहुँक संग जु हिलि-मिलि खेलहिं, कबहुँक कुंज बुलावहिं।
बिछुरे प्रान रहत नहिं घट मैं, सो पुनि आनि जियावहिं।
अब कैं चलत जानि 'सूरज' प्रभु, सब पहिलैं उठि धावहिं॥

राधा कह रही है—यदि पावस ऋतु की इस सरस बेला में हरि आ जायँ, तो कितना अच्छा हो। हमारी आँखें उनके मनोहर रूप को देखकर बहुत सुख पा जायँ; वैसी ही काली घटा छा जाय, वैसा ही बगुलों का गर्जन-तर्जन होने लगे, वैसे ही काले बादलों के बीच बीच में बकुलों की सफेद पंक्ति दिखाई पड़ने लगे, वैसे ही मोरों का कोलाहल सुन सुनकर

व्रज वधूटियाँ प्रसन्न हो होकर हिंडोले पर चढ़कर गाने लगें, वैसे ही बादलों में बिजली चमकने लगे, श्याम वैसे ही अपनी मुरली में मल्हार राग बजाने लगें, वे कभी हम लोगों के साथ हिल मिलकर खेलने लगें, कभी वृंदावन की कुंजों में हमें बुलाने लगें, श्याम के बिछुड़ जाने से हमारे जो प्राण शरीर में नहीं रह पा रहे हैं, उन्हें वे जिला लें। अब तो हमने तै कर लिया है कि यदि इस बार वे पुनः मथुरा के लिए गमनोद्यत होंगे, तो हम सब उनसे पहले वहाँ चलने के लिए तैयार हो जायँगी।

२७५८/ग्र ३५०१; ल ८७३/१०८ राग मलार

रहु रे मधुकर, मधु-मतवारे।
कौन काज या निरगुन सौं ह्यां, जीवहु कान्ह हमारे।
लोटत पीत पराग-कीच मैं, नीच न अंग सम्हारे।
बारंबार सरक मदिरा की, अपरस रहत उघारे।
तुम जानत हम वैसी ग्वारिनि, जैसे कुसुम तिहारे।
घरी पहर सबहिनि बिरमावत, जेते आवत कारे।
सुंदर बदन, कमल दल लोचन, जसुमति-नंद-दुलारे।
तन मन 'सूरस्याम' को अरप्यो, कापै लेहिं उधारे॥

अच्छा हे मधु (योग रूपी शराब) के मतवाले भौंरे, अब चुप रह। तेरे निर्गुण से यहाँ हमारा कौन काम? हमारे कन्हैया जीवित रहें, हमारे लिए यही बहुत है। तू भारी नीच है, जो फूलों के बीच पराग के कीच में लोटता-फिरता है और अपने अंग भी सँभाल नहीं पाता, उन्हें झाड़-पोंछ नहीं रखता। तू बारंबार इस (निर्गुण) शराब के नशे में अपने अपरस (न छू जाने वाला—अस्पृश्य, न छू जाया सके ऐसा ब्रह्म) को खुल्लमखुल्ला रटे जा रहा है। तू हमको वैसी ही अहीरिनें समझ बैठा है, जैसे तेरे फूल हैं, जो घड़ी पहर हर आने वाले काले भौंरे को बिठला रखते हैं। यशोदा और नंद के दुलारे, सुंदर मुख वाले, कमल की पंखुड़ियों जैसे नयनों वाले, श्याम को हमने अपना तन मन समर्पित कर दिया है। अब तेरे निर्गुण से लगाने के लिए हम दूसरा मन किससे उधार माँगने जायँ। और क्या मन भी उधार मिलता है?

२७५९/ग्र ३८३६; ल ८७३/१११ राग सारंग

को गोपाल, कहाँ के वासी, कासों है पहिचानि।
तुम धौं जोग कौन के सिखए, इहाँ कहत हौ आनि।
अपनी चोप मधुप उड़ि बैठत, भोर भलौ रस जानि।
पुनि वह बेलि बढ़ौ कै सूकौ, वाहि कहा हित हानि।
प्रथम बेनु-धुनि करत, हरत मन, राग रागिनी ठानि।
पुनि वह व्याध बिसास बिबस करि, हनत बिषम सर तानि।
प्यावत पय पूतना सँहारी, छले जु बलि से दानि।
सूपनखा नासिका निपाती, 'सूर', सदा यह बानि॥

हे ऊधव, जिनकी तुम चर्चा कर रहे हो, वे गोपाल कौन हैं, कहाँ के रहनेवाले हैं? यहाँ उनकी किससे जान-पहचान है? तुम किसके सिखाने पढ़ाने से योग का यह संदेश

यहाँ आकर कह रहे हो? अपने मन की उमंग में आकर, सबेरे-सबेरे, भौंरा फूल में अच्छा रस समझकर, उड़कर उस पर आ बैठता है, रस लेकर फिर उड़ जाता है। इसके बाद वह लता बढ़े या सूख जाय, इससे उसे कोई मतलब नहीं रह जाता। बहेलिया पहले आकर वीणा की मधुर ध्वनि करता है, तरह-तरह की राग-रागिनियाँ निकालता है और हरिण के मन को हर लेता है; फिर वही व्याधा उस हिरण को विश्वास में लेकर विवश कर देता है और तानकर उस पर अपना कठोर वाण चला देता है। यही दशा हमारे श्याम की भी है। इन्होंने दूध पिलाते समय पूतना को मार डाला, बलि जैसे दानी को बामन बनकर छल लिया, शूर्पणखा की नाक ही काट डाली। श्याम की यही आदत है। अब उन्होंने हमारे साथ भी वैसा ही विश्वासघात किया है।

२७६०/ग्र ३७३८; ल १०९/१५५ राग मलार

इहिं उर माखन चोर गड़े।
अब कैसैं निकसैं, सुनि ऊधो, तिरछे ह्वै जु अड़े।
जदपि अहीर जसोदानंदन, कैसे जात छँड़े।
ह्वां जादौपति प्रभु कहियत हैं, लगत न हमैं बड़े।
को वसुदेव-देवकी-नंदन, को जानै, को बूझै।
'सूर' नंदनँदन के देखत, और न कोऊ सूझै॥

हे ऊधव सुनो! हमारे इस हृदय में तो माखन-चोर कृष्ण गड़ गए हैं। वे हमारे मन में तिरछे होकर, त्रिभंगीलाल के रूप में, अड़ गए हैं, अटक गए हैं। अब वे निकलें तो कैसे निकलें। यशोदा नंदन यद्यपि अहीर हैं, पर हम उन्हें कैसे छोड़ सकती हैं। वहाँ मथुरा में जाकर यादवपति, यदुनाथ कहे जाते हैं। पर हमें वे इस नए रूप में कुछ बड़े नहीं जान पड़ते। वहाँ वे वसुदेवनंदन, देवकीनंदन कहे जाते हैं। पर हम न तो वसुदेवनंदन को जानती हैं, न देवकीनंदन को ही। इन्हें कौन जानता है, कौन पहचानता है। हमें तो नंदनंदन और यशोदानंदन ही अच्छे लगते हैं। इनके सामने हमें और कोई नहीं सूझता।

२७६१/ग्र ४०६८; ल १३७/५२, ८५८/२२ राग मलार

कहियौ, जैसैं गोकुल आवैं।
दिन दस रहे, भली सो कीन्हीं, अब जनि गहरु लगावैं।
नहिंन सुहात कछू हरि तुम बिनु, कानन भवन न भावैं।
धेनु बिकल अति, चरहिं नाहिं तृन, बच्छ न पीवन धावैं।
देखत तुमहीं आपुनि आँखिन, हम कहि कहा जनावैं।
'सूरदास' प्रभु कठिन होत कत, वै ब्रजनाथ कहावैं॥

हे ऊधव जी, श्याम से कुछ इस तरह कहना, जिससे हरि गोकुल लौट आयें। वे वहाँ दस दिन रह चुके, बहुत अच्छी बात है। अब अधिक विलंब न करें। उनसे कहना कि तुम्हारे बिना हम गोपियों को कुछ भी अच्छा नहीं लग रहा है। न वन अच्छा लगता है, न घर ही। ऊधव, तुम यह सब स्वयं अपनी आँखों देखे जा रहे हो, फिर हम कहकर तुमसे क्या बताएँ? गायें अत्यंत विकल हैं, घास नहीं चर रही हैं। बछड़े दूध पीने के लिए दौड़कर गायों के पास नहीं जा रहे हैं। श्याम के विरह में हम रात दिन 'श्याम-श्याम'

ही रटे जा रही हैं। श्याम से मिलने पर ही हमें सुख मिल सकेगा। प्रभु तो व्रजनाथ क जाते हैं, फिर वे इतने कठिन-करेज क्यों हो गए हैं।

२७६२/४६६७ राग धना

यह संदेस कह्यौ है माधौ। करि बिचार जिय साधन साधौ
इडा पिंगला सुषमन नारी। सुन्य सहज मैं बसत मुरारी
व्रह्म-भाव करि सब मैं देखौ। अलख निरंजन ही कौं लेखौ
पदमासन इक चित मन ल्यावौ। नैन मूँदि अंतरगति ध्यावौ
हृदै-कमल मैं ज्योति प्रकासी। सोइ अच्युत अबिगत अबिनासी
इहिं उपाइ बिरहा तुम तरिहौ। जोग-पंथ क्रम-क्रम अनुसरिहौ
दुसह सँदेस सुनत व्रज-बाल। मुरछि परीं धरनी बेहाल
रे मधुकर, लंपट अन्याई। यह सँदेस कत कहैं कन्हाई
श्री वृंदावन भवन विराजैं। नटवर भेष सदा हरि साजैं
रास विलास करत वृंदावन। बिच गोपी बिच कान्ह स्याम घन
अलि आयौ हो जोग सिखावन। देखि प्रीति, लाग्यौ सिर नावन
भँवर-गीत जो दिन-दिन गावै। परम भक्ति सो हरि की पावै
'सूर' जोग की कथा न भाई। सदा भक्ति गोपीजन गाई

उद्धव ने गोपियों से कहा—माधव ने यह संदेश कहा है, मन में भलीभाँति वि करके तुमलोग योग-साधना करो। इड़ा, पिंगला और सुषुम्ना नामक तीन नाड़ियाँ हैं। इ नाड़ी मेरुदंड रीढ़ की दाईं ओर और पिंगला नाड़ी रीढ़ की बाईं ओर है। सुषुम्ना ना रीढ़ में से ही प्रवाहित होती है। इन तीनों नाड़ियों के मिलन बिंदु को त्रिवेणी या प्र कहते हैं। प्रयाग के ऊपर शून्य चक्र या सहस्र दल कमल वाला सहस्रार चक्र हैं, जिस मुँह नीचे की ओर खुलता है। इसी शून्य चक्र में मुरारी (ब्रह्म) निवास करते हैं। तुम लोग संसार के सभी चर अचर को ब्रह्म समझो और अलख (अदृश्य शक्ति) और निरं (निर्दोष, परम पवित्र ब्रह्म) को अपने हृदय में देखो, तुम पद्मासन लगाकर, बायाँ पैर जाँघ पर और दायाँ पैर बाईं जाँघ पर रखकर, पीठ के पीछे से हाथ घुमाकर दायें हाथ बाएँ पैर का अँगूठा और दाएँ हाथ से बाएँ पैर का अँगूठा पकड़कर बैठ जाओ। फिर को एकाग्र कर लो। फिर आँखें मूँदकर मन में ब्रह्म का ध्यान करो। हृदय कमल में ज्य दीख पड़ेगी। यही ज्योति अच्युत, अविगत, अविनाशी कृष्ण है। इस प्रकार तुम विर सागर को पार कर लोगी। तुम इस योग-पथ पर धीरे-धीरे चलती जाओ।

इस दुस्सह संदेश को सुनकर व्रज बालाएँ मूर्च्छित होकर, बेहाल होकर धरती गिर पड़ीं। और बोलीं—अरे लंपट, अन्यायी भौंरें, हमारे कन्हैया ऐसा संदेश कैसे कह स हैं। वृंदावन के कुंज-भवनों में नटवर वेश धारण किए हुए हमारे हरि तो सदा विराज हैं। वे वृंदावन में रास लीलाएँ करते रहते हैं। दो-दो गोपियों के बीच एक-एक कृष्ण दो-दो कृष्णों के बीच एक-एक गोपी। भौंरे, तुम हमें योग सिखाने आए हो।

गोपियों की यह प्रीति देखकर उद्धव ने उनके सामने अपना सिर झुका लिया

जो लोग भँवर गीत को प्रतिदिन गाते हैं। वे हरि की परम भक्ति को प्राप्त हो जाते हैं। सूर को योग की कथा नहीं रुची, उन्होंने सदा गोपियों की प्रेमाभक्ति का ही गायन किया।

२७६३/४६६८ राग धनाश्री

ह्याँ हरि जू बहु क्रीड़ा करी। सो तौ चित तैं जात न टरी ॥
ह्याँ पय पीवत बकी सँहास्यौ। सकट तृनावर्त ह्याँ हरि मास्यौ ॥
वच्छासुर कौं इहाँ निपात्यौ। बका अघा ह्यां हरि जू घात्यौ ॥
हलधर मास्यौ धेनुक कौं इहाँ। देखौ ऊधौ, हतौ प्रलँब जहाँ ॥
ह्यां तैं व्रह्मा बच्छ गयौ हरि। और किए हरि, लागि न पल घरि ॥
ते सब राखे सैंति नरहरी। तब ह्यां व्रह्मा अस्तुति करी ॥
ह्यां हरि काली उरग निकास्यौ। लग्यौ जरावन अनल सु नास्यौ ॥
वस्त्र हमारे हरि जू ह्याँ हरे। कहँ लगि कहियै जे कौतुक करे ॥
हरि हलधर ह्याँ भोजन किए। विप्र-तियनि कौं अति सुख दिए ॥
इहाँ गोवर्धन कर हरि धास्यौ। मघवा रिस तैं हमैं उबास्यौ ॥
सरद निसा मैं रास रच्यौ इहँ। सो सुख हमपै बरनि जात कहँ ॥
वृषभासुर कौं इहाँ सँघास्यौ। भौम रु केसी इहाँ पछास्यौ ॥
ह्याँ हरि खेलत आँखि मिचाई। कहँ लगि बरनै लीला गाई ॥
सुनि-सुनि ऊधौ प्रेम मगन भयौ। लोटत धर पर ज्ञान-गरब गयौ ॥
निरखत व्रज-भू अति सुख पावै। 'सूरज' प्रभु गुन पुनि-पुनि गावै ॥

गोपियाँ उद्धव को एक-एक स्थान दिखाती हुई बताती जा रही हैं कि यहाँ हरि ने अमुक लीला की थी, यहाँ अमुक। वे बोलीं—इस गोकुल और वृंदावन में हरि ने बहुत सी लीलाएँ की हैं, वे लीलाएँ हमारे हृदयों में धँस गई हैं और वहाँ से टल नहीं पा रही हैं। देखिए, यह वह स्थल है जहाँ बकासुर की बहिन बकी (पूतना) को दूध पिलाते समय हरि ने मार डाला था। यहाँ पर उन्होंने शकटासुर और तृणावर्त को सुरलोक भेज दिया था। यहाँ पर हलधर बलराम ने धेनुकासुर का संहार किया था। देखो यह वह स्थान है जहाँ प्रलंबासुर मारा गया था। इसी स्थान पर से ब्रह्मा गायों के बछड़े चुरा ले गए थे। और यहीं पर हरि ने वैसे ही बछड़े तत्काल बना दिए थे। यहीं कृष्ण ने उन बछड़ो को सँभाल रखा था। तब यहीं ब्रह्मा ने आकर हरि की स्तुति की थी। इसी स्थल पर हरि ने कालीनाग को कालीदह से निकाला था और जब वह आग उगलकर जलाने लगा, तब श्याम ने उसे यहीं नाथ दिया था। यहाँ पर हरि ने हमारा चीर हरण किया था। उन्होंने जो जो कौतुक किए थे, उनका वर्णन मैं कहाँ तक करूँ? यहाँ हरि और हलधर ने भोजन किया था। और यज्ञ पत्नियों को अत्यंत सुख दिया था। यहाँ पर हरि ने अपने हाथ पर गोवर्धन धारण किया था और इंद्र के कोप से हमारी रक्षा की थी। यहाँ शरद पूनों की रात में हरि ने रासलीला की थी। रास के सुख का तो हमसे वर्णन नहीं करते बन पा रहा है। हरि ने यहाँ वृषभासुर को मारा था। उन्होंने व्योमासुर और केसी को यहाँ धराशायी कर दिया था। यहाँ हरि आँख मिचौली खेलते थे। हम उनकी लीलाओं का वर्णन कहाँ तक करें।

ऊधव इन लीला-स्थलों को देखकर और गोपियों से उनका वर्णन सुनकर उस धरती पर लोटने लगे। उनके मन का सारा घमंड चूर-चूर हो गया। व्रजभूमि को देखकर उन्हें अत्यंत सुख मिला। 'सूरज दास' प्रभु का गुण बार-बार गाए जा रहे हैं।

२७६४/४६८५ राग नट

ऊधौ इतनी जाइ कहौ।

सबै बिरहिनी पा लागति हैं, मथुरा कान्ह रहौ।
भूलिहुँ जनि आवहु इहिं गोकुल, तपत तरनि ज्यौं चंद।
सुंदर वदन स्याम कोमल तन, क्यौं सहिहैं नँदनंद।
मधुकर मोर प्रबल पिक चातक, बन उपवन चढ़ि बोलत।
मनहुँ सिंह की गरज सुनत, गो, वच्छ दुखित तन डोलत।
आसन असन अनल बिष अहि-सम, भूषन बिबिध बिहार।
जित-तित फिरत दुसह द्रुम-द्रुम प्रति, धनुष धरे सत मार।
तुम हौ संत सदा उपकारी, जानत हौ सब रीति।
'सूरस्याम' कौं क्यौं बोलैं व्रज, बिनु टारे यह ईति॥

हे ऊधव, श्याम से जाकर हमारी ओर से इतना कह देना कि हम सभी विरहिनियाँ पैर पड़कर कह रही हैं--कन्हैया मथुरा में ही रहें, स्थायी रूप से वहीं हरि रह जायँ, पर हमें भूलें नहीं। एक बार वे गोकुल आकर हमें दर्शन तो दे दें। आजकल शीतल कहा जानेवाला चंद्रमा भी यहाँ सूर्य के समान तप रहा है। भौंरें, मोर, प्रबल कोयलें, पपीहे, वनों में, उपवनों में, पेड़ों पर चढ़कर बोले जा रहे है। उनकी बोली ऐसी लगती है, जैसे सिंह गर्जन कर रहा हो, जिसे सुनकर गायें और उनके बछड़े दुखी होकर डोलते जा रहे हैं। सेज और भोजन आग के समान लग रहे हैं, गहने और विविध विहार तो साँप के विष के समान प्रतीत हो रहे हैं। जहाँ-तहाँ पेड़-पेड़ पर सैकड़ों पुष्पधन्वा कामदेव धनुष धारण किए हुए फिर रहे हैं। ऊधव, तुम संत हो, सदैव परोपकार करनेवाले हो। तुम एक रीति-नीति भलीभाँति जानते हो। जब तक यह विपत्ति नहीं टल जाती, हम श्याम को यहाँ व्रज में क्यों बुलाएँ? हमारी तरह वे भी यहाँ रहकर क्यों दुख सहें?

२७६५/४६९१ राग धनाश्री

दिन कछू औरहू बहुरि इहाँ ऐबौ।

बलि हौं गुपाल मिलि जाहिं संगहि संग, इतनी कहि बात सुख बहुत पैबौ।
महाराज भए सुनि सबनि आनँद भयौ, तौ बचन एक हमहिं दीजै।
देखि वह गाउँ, वन खरिक जमुना पुलिन, नंद-नंदन नाथ कृपा कीजै।
बिरह व्याकुल भईं, इहाँ गोपी सकल, कीरति न छाँड़ै गोपाल न्यारे।
ते क्यौं जिऐं 'सूरस्याम' दरसन बिना, जिनहिं तुम प्रान तैं अधिक प्यारे॥

गोपियाँ उद्धव से बोलीं--ऊधव जी, कुछ दिन बीत जाने पर एक बार फिर व्रजमंडल में आ जाइएगा। अच्छा होगा यदि उस बार गोपाल भी साथ ही आकर एक बार हम लोगों से मिल जायँ। हमारी इतनी बात गोपाल से कह दोगे, तो हमें बहुत सुख मिल जायगा।

श्याम मथुरा में जाकर राजा हो गए हैं, यह समाचार सुनकर हमें भारी आनंद हुआ है। राजा हो जाने की खुशी में श्याम हमें एक वचन दें। नंदनंदन कृपा करें और एक बार यह गोकुल गाँव, वृंदावन, गायों के दूहने के स्थल, खरिक और यमुना का किनारा देख जायँ। यहाँ हम सभी गोपियाँ विरह से विकल हो उठी हैं। वे दीनदयाल हैं। अपनी इस कीर्ति को न भूलें और एक बार हम दीनों पर भी दया कर दें। जिन गोपियों को कृष्ण प्राणों से भी प्यारे हैं, वे गोपियाँ उनके दर्शन बिना कैसे जीती रहें।

भ्रमर-गीत संक्षेप

उद्धव प्रत्यागमन *२७६६/४७११ राग आसावरी*

हरि रथ रतन जर्‍यौ, सु अनूप दिखावै।
जिहिं मग कान्ह गयौ, तिहिं मग तैं आवै।
तिहिं मग आवै, सखिनि बुलावै, देखौ आनि बिचारी।
मुकुट कुँडल, तन पीत बसन, कोउ गोविंद की अनुहारी।
वेई भूषन, निरखन लागीं, तब लगि नैरें आए।
ऊधौ जिन जानी, मन कुम्हिलानी, कृष्न सँदेस पठाए ॥ १ ॥
चलौ चलौ पूछैं कछु बातैं।
कहि कहि ऊधौ हरि कुसलातैं।
कहि कुसलातैं, साँची बातैं, आवन कहयौ कि नाहीं।
कै गरबाने, राजस बाने, अब चित हम न सुहाहीं।
ठाढ़ी तन काँपै, हेरैं छाकैं, बार-बार अकुलाहीं।
अब जिय कपट कछू जनि राखौ, पूछैं सौंहँ दिवाहीं ॥ २ ॥
कहौ ऊधौ, तुम क्यौं व्रज आए।
तब हँसि कहयौ हम कृष्न पठाए।
कृष्न पठाए, हम व्रज आए, कहत मनोहर बानी।
सुनौ सँदेसौ, तजौ अँदेसौ, तुम हौ चतुर सयानी।
गोप-सखा जिय मैं जनि राखौ, अबिगत हैं अबिनासी।
मोह न माया, बैर न दाया, सब घट आपु निवासी ॥ ३ ॥
ऊधौ जनि कहौ प्रभु की प्रभुताई।
सुनि जिय अनख, सही न रिस जाई।
रिस नहिं जाई, अनख बढ़्यौ अति, पुनि ह्यां लौं चतुराई।
दासी कुबिजा, नीच कुसंगति, कौन बेद-मति पाई।
तुमहूँ भली कहन कौं आए, हमकौं भले सयाने।
जो कछु बस्तु न देखियत नैननि, सो किन मन ही माने ॥ ४ ॥
गोविंद की बातैं सब जानैं।
परबस भईं, कहत सोइ मानैं।

सब कोउ जानैं, क्यौं मन मानैं, अब न कछू कहि आवै।
जो कछु कुबिजा के मन भावै, सोई नाच नचावै।
वाकौं न्याउ, दोष सब हमकौं, कर्म-रेख को जानै।
गोरस देखि जु राख्यौ गाहक, बिधना की गति आनै॥५॥
(ऊधौ) कमल-नैन सौं कहियो जाइ।
एक बेर व्रज देखौ आइ।
जिनकैं प्रीति निरंतर मन मैं, सो मन क्यौं समुझावैं।
संकर व्रह्म सेस अरु सुरपति, कोउ हरि-दरस न पावैं।
वैसेइ रास विलास कुलाहल, घर-घर माखन हरियै।
'सूरदास' प्रभु मिलत बहुत सुख, बिरह-स्वास कत जरियै॥६॥

उद्धव का रथ आता हुआ देखकर एक गोपी कहने लगीं—रत्नों से जड़ा हुआ हरि का अनुपम रथ दिखाई दे रहा है। जिस रास्ते से कन्हैया जी गए थे, यह उसी रास्ते से आ रहा है। उस गोपी ने अन्य सखियों को बुलाया और कहा—'आकर और विचार कर देखो। वैसा ही मुकुट, वैसे ही कुंडल, वैसा ही पीतांबर, वैसे ही आभूषण पहने हुए कोई गोविंद के ही सदृश शरीर वाला रथपर बैठा चला आ रहा है।' वे दूसरी गोपियाँ ध्यानपूर्वक देखने लगीं। तब तक रथ निकट आ गया। इन्होंने जान लिया कि यह तो कृष्ण नहीं हैं। यह कृष्ण के द्वारा भेजे हुए, उनका संदेश ले आनेवाले, उनके मित्र ऊधव हैं। यह जानकर वे मन ही मन कुम्हला गईं॥१॥

वे गोपियाँ परस्पर कहने लगीं—'चलो चलो, हम ऊधव से हरि की कुछ बातें पूछें।' यह कहकर वे रथ के निकट आ गईं और बोलीं—'हे ऊधव, हरि का कुशल मंगल कहो। सच-सच बताओ, उन्होंने आने के लिए कहा है कि नहीं? अथवा अब राजा बन गए हैं और उन्हें इसका बड़ा घमंड हो गया है। क्या इसी कारण से अब हम उनके मन को अच्छी नहीं लग पा रही हैं?'

गोपियाँ खड़ी थीं, वे काँपी जा रही थीं, ऊधव को भलीभाँति आँखें गड़ाकर देखती जा रही थीं और बार-बार आकुल होती जा रही थीं। वे आगे बोलीं—ऊधव, हम तुमको शपथ दिलाकर पूछ रही हैं। अब कुछ भी कपट न रखो॥२॥

कहो ऊधव, तुम व्रज में किसलिए आए हो?

तब ऊधव ने हँसकर मनोहर वाणी में कहा—हमको कृष्ण ने भेजा है। हम कृष्ण के भेजे हुए व्रज में आए हैं। उन्होंने हमें तुमसे कहने के लिए कुछ संदेश भेजा है। तुम सब परम चतुरा हो, सयानी हो। बेखटक होकर तुम हरि का संदेश सुनो। तुम उन्हें अपने मन में अपना गोप-सखा मत समझो। वे अविगत (अज्ञेय) हैं। वे अविनाशी (अनश्वर) हैं। उनको न किसी का मोह है, न किसी के प्रति दया है। वे प्रत्येक शरीर में निवास करने वाले हैं, सर्वव्यापक हैं॥३॥

तब गोपियाँ बोलीं—ऊधव, हमसे प्रभु की यह प्रभुता (महिमा) मत कहो। सुनकर हमें बहुत बुरा लग रहा है और इतना गुस्सा चढ़ आ रहा है कि वह सहा नहीं जा पा

हा है। क्रोध दूर नहीं हो रहा है, बढ़ता ही जा रहा है। उन्होंने यहाँ तक चतुराई की कि उन्होंने नीच दासी कुब्जा की कुसंगति कर ली है। इस कुसंगति की मति, उन्हें कस वेद शास्त्र ने दी है? तुम भी हमको बहुत सयाने (सज्ञान, ज्ञानी) जान पड़ते हो, ो हमसे यह भली बात कहने के लिए चले आए हो। जो कोई वस्तु आँखों से दिखाई हीं दे रही है, उसे अपने मन से कैसे स्वीकार कर लें॥ ४॥

हम गोविंद की सब बातें भली भाँति जानती हैं। अब हम पराधीन हैं, जो कुछ तुम कहे जा रहे हो, उसे हम मानती चल रही हैं। जिस बात को सब जानते हैं कि निर्गुण ब्रह्म को देखा सुना नहीं जा सकता, उसे हमारा मन क्यों मान ले? अब हमसे इस संबंध में कुछ कहते नहीं बन पड़ रहा है। कुब्जा के मन को जैसा कुछ अच्छा लग रहा है, वह कृष्ण से वैसा ही नाच नचाए जा रही है। वह जो कुछ कर धर रही है, सब ठीक है, सभी न्यायोचित है। हम सब जो कर रही हैं, वह सब अनुचित है। दोष है तो हमारा ही। भाग्य की रेखा को कोई नहीं जानता। हमने अपने गोरस के लिए जो ग्राहक देख रखा था, उसके लिए विधाता का लेख कुछ और ही निकल आया॥ ५॥

हे ऊधव, कमल-नयन कृष्ण से जाकर कहना कि वे एक बार आकर व्रज को देख जायँ। हम गोपियों के मन में तो सगुण साकार कृष्ण के प्रति अटूट प्रेम है। हम अपने इस मन को निर्गुण ब्रह्म कैसे समझा सकती हैं। शंकर, ब्रह्मा, शेष, इंद्र कोई भी तो हरि का दर्शन नहीं कर पाया। फिर हम तुच्छ अबलाओं को उस ब्रह्म की झलक कहाँ से मिल जायगी। हरि से कहना कि वे व्रज में आकर फिर वैसे ही रास-विलास करें, कोलाहल करें और घर-घर माखन चुराकर खाते रहें। प्रभु के मिलन का सुख तो अत्यधिक है। अब विरह की तप्त श्वास में क्यों जला जाए॥ ६॥

उद्धव-बचन *२७६७/४७१२ राग भैरव*

मैं तुमपै व्रजनाथ पठायौ। आतम ज्ञान सिखावन आयौ॥
आपुहिं पुरुष, आपुहीं नारी। आपुहिं बानप्रस्थ, ब्रह्मचारी॥
आपुहिं पिता, आपुहीं माता। आपुहिं भगिनी, आपुहिं भ्राता॥
आपुहिं पंडित, आपुहिं ज्ञानी। आपुहिं राजा, आपुहिं रानी॥
आपुहिं धरती, आपु अकास। आपुहिं स्वामी, आपुहिं दास॥
आपुहिं ग्वाल, आपुहीं गाइ। आपुहिं आपु चरावन जाइ॥
आपुहिं भ्रमर, आपुहीं फूल। आतम ज्ञान बिना जग भूल॥
राव रंक दूजा नहिं कोइ। आपुहिं आपु निरंजन सोइ॥
इहि प्रकार जाकौ मन लागै। जरा मरन नासै भ्रम भागै॥
जोग समाधि व्रह्म चित लावहु। परमानंद तबहिं सुख पावहु॥ १॥

ऊधव जी बोले—मुझे व्रजनाथ ने तुम्हारे पास भेजा है। मैं तुमलोगों को आत्मज्ञान सिखाने आया हूँ। ब्रह्म ही पुरुष है, ब्रह्म ही नारी है। वही वानप्रस्थ हैं, वही ब्रह्मचारी है। वही पिता है, वही माता है। वही बहिन है, वही भाई है। वही पंडित है, वही ज्ञानी हैं। वही राजा हैं, वही रानी हैं। वही धरती हैं, वही आकाश हैं। वही स्वामी हैं, वही सेवक हैं। वही ग्वाल है, वही गाय हैं। वही उस गाय को चरानेवाला चरवाहा भी हैं।

वही भौंरा है, वही फूल हैं। बिना आत्मज्ञान के लोग संसार में भूले पड़े हैं। राजा रंक कोई भी अन्य नहीं हैं, सब वही निरंकार ब्रह्म हैं। इस प्रकार जिसका मन उस निरंकार में लग जाता है, उसका जरा (वृद्धावस्था) और मरण नष्ट हो जाता है और उसकी सारी भ्रांतियाँ दूर हो जाती हैं। योग में, समाधि में, ब्रह्म में, अपना चित्त लगा दो, तभी तुम्हें परमानन्द का सुख मिल सकेगा॥ १॥

गोपी-बचन

जोगी होइ सो जोग बखानै। नवधा भक्ति दास रति मानै॥
भजनानंद हमैं अलि प्यारौ। ब्रह्मानँद सुख कौन बिचारौ॥
बतियाँ रचि-रचि कहत सयानी। अँखियाँ हरि के रूप लुभानी॥
ब्यावर ब्यथा न बंध्या जानै। बिनु देखैं कैसैं रुचि मानै॥
पुनि-पुनि वहै-वहै सुधि आवै। कृष्ण रूप बिनु और न भावै॥
नव किसोर जिन नैन निहार्‌यौ। कोटि जोग या छबि पर वार्‌यौ॥
सीस मुकुट कुंडल बनमाला। क्यौं बिसरैं वे नैन बिसाला॥
मृगमद मलय अलक घुँघरारे। उन मोहन मन हरे हमारे॥
भृकुटी कुटिल नासिका राजै। अरुन अधर मुरली कल बाजै॥
दाड़िम दसन तड़ित द्युति सोहै। मृदु मुसकानि जुवति मन मोहै॥
चंद्रक झलक कंठ मनि मोती। दूरि करत उडपति की जोती॥
कंकन किंकिनि पदिक बिराजै। गज गति चाल, नूपुरनि बाजै॥
बन की धातु चित्रित तन कीए। श्रीबछ चिह्न बिराजत हीए॥
पीत बसन छबि बरनि न जाई। नखसिख सुंदर कुँवर कन्हाई॥
रूप रासि ग्वारनि कौ संगी। कब देखैं वह ललित त्रिभंगी॥
जौ तुम हित की बात बतावहु। मदन गुपालहिं क्यौं न मिलावहु॥ २॥

गोपियाँ बोलीं—जो योगी होता है, वह योग की ही चर्चा करता है। जो भगवान का भक्त होता है, वह तो भगवान की नवधा भक्ति में ही अनुरक्त रहता है—

श्रवणं कीर्तनं विष्णोः, स्मरणं, पादसेवनम्।
अर्चनं, वन्दनं, दास्यं, सख्य, आत्म निवेदनम्॥

हे सखी, हमें तो भजनानंद ही प्रिय हैं। इसके सामने बेचारा ब्रह्मानंद का सुख क्या है? नगण्य है। ऊधव यों तो तुम रच-रचकर योग और ब्रह्म की बातें बड़ी चतुराई से किए जा रहे हो, पर तुम्हारी भी आँखें हमारे हरि के रूप पर लुभाई हुई हैं। प्रसूता की पीर को वंध्या कैसे जान सकती है? बिना देखे निर्गुण ब्रह्म के प्रति प्रेम कैसे हो सकता है? हमको तो बार-बार कृष्ण के उसी रूप की याद आई जाती है। हमें कृष्ण का ही रूप अच्छा लगता है। हमें किसी और का रूप तो सुहाता ही नहीं। उन एक वर्ष से अट्ठारह वर्ष की वयवाले नवलकिशोर का रूप जिसने अपनी आँखों से देखा है, वह करोड़ों योगों को इस छवि पर निछावर कर देता है। सिर पर मोरपंख का मुकुट, कानों में स्वर्ण के मकाराकृत कुंडल, गले में वन-कुसुमों की माला, बड़े-बड़े नेत्र, ये कैसे भुलाए जा सकते हैं? मृगमद (कस्तूरी)

का टीका, मलय (चंदन) का लेप, घुँघराली लटें—इस रूप वाले मनमोहन ने हमारे मनों को हर लिया है। उनकी टेढ़ी भौहें, शुक सी नासिका सुशोभित हो रही हैं। लाल लाल होठों पर रखी हुई मुरली मधुर स्वर में बजती जा रही है। अनार के समान दाँतों में बिजली की सी चमक लुभा रही है। उनकी मृदु मुस्कान हम युवतियों के मन को मोहित किए ले रही है। उनके गले में मणि मोतियों से जटित चंद्रक (चंद्रमा के आकार का कठुला) झलक रहा है, जो चंद्रमा की ज्योति को भी दूर कर देनेवाला है। उनके हाथ में कंकण है, कटि में किंकिर्णी (करधनी) है, वक्षस्थल पर चौकोर पदिक है। पैरों में नुपूर बजता रहता है। उनकी गति हाथी जैसी है। वे झूमते हुए चलते हैं। उन्होंने वन की धातु गेरु से अपने शरीर को चित्रित कर रखा है, उनके हृदय पर श्रीवत्स (भृगुलता या भृगु के लात) का चिह्न विराजमान है। उनके पीतांबर की शोभा का तो वर्णन किया ही नहीं जा सकता। कुँवर कन्हैया नख से लेकर शिखा तक सर्वांग सुंदर हैं। ग्वालों के साथी वे रूप की राशि हैं। देखें वह बाँसुरी बजाते समय की उनकी त्रिभंगी छवि फिर कब देखने को मिलती है। हे ऊधव, जो तुम हमारे हित की बातें कर रहे हो, तो मदन गोपाल को लाकर हमसे क्यों नहीं मिला देते॥ २॥

उद्धव-बचन

जाकैं रूप बरन बपु नाहीं। नैन मूँदि चितवौ मन माहीं॥
हृदय-कमल तैं जोति बिराजै। अनहद नाद निरंतर बाजै॥
इड़ा पिंगला सुषमन नारी। सहज सुन्न मैं बसहिं मुरारी॥
माता पिता न दारा भाई। जल-थल घट-घट रह्यौ समाई॥
इहिं प्रकार भव दुस्तर तरिहौ। जोग-पंथ क्रम-क्रम अनुसरिहौ॥ ३॥

ऊधव जी बोले—जिसका न कोई रूप है, न रंग है, न शरीर ही है—उस निर्गुण, निराकार, निपट निरंजन को मन में ही आँखें मूँद कर देखो। हृदय कमल में ब्रह्म की ज्योति विराजमान है। वहाँ निरंतर ऐसा नाद (शब्द) होता रहता है, जो अनाहत होता है। मेरुदंड में सुषुम्ना नाड़ी है, दाईं ओर इड़ा और बाईं ओर पिंगला इन तीनों का मिलन सिर के जिस भाग में होता है, वही त्रिवेणी है। इसके ऊपर शून्य चक्र है, एक हजार कमल दल वाला सहस्रार चक्र, जहाँ मुरारी (ब्रह्म) रहते हैं। इनके न कोई माता पिता हैं, न पत्नी है, न भाई है। यह जल में, स्थल में, सर्वत्र घट-घट में समाए हुए हैं। तुम लोग क्रम-क्रम से योग-पंथ पर चलती जाओ। इस प्रकार तुम इस कठिनाई से पार उतरने वाले भवसागर को पार कर जाओगी॥ ३॥

गोपी-बचन

हम व्रजबाल गोपाल उपासी। ब्रह्म-ज्ञान सुनि आवै हाँसी॥
व्रज मैं जोग कहाँ तैं ल्यायौ। कुबिजा कूबर माहिं दुरायौ॥
स्याम सु गाहक पाइ दिखायौ। सो माधव तुम हाथ पठायौ॥
हम अबला ठग बिबस अहेरी। सो ठग ठग्यौ कंस की चेरी॥
राम जनम सीता जु दुराई। बधू भई अब कुबिजा पाई॥
तब सीता-बियोग दुख पायौ। अब कुबिजा पै हियौ सिरायौ॥
नीरस ज्ञान कहा लै कीजै। जोग-मोट दासी सिर दीजै॥ ४॥

इस पर गोपियाँ बोलीं—हम व्रजबालाएँ हैं, हम गोपाल की आराधिका हैं। ब्रह्म-ज्ञान की तुम्हारी बात सुनकर तो हमें हँसी आने लगती है। तुम इस गोपाल-उपासी व्रज-मंडल में यह योग कहाँ से ले आए हो? क्या इसे कुब्जा ने अपने कूबड़ में छिपा रखा था और स्याम जैसा गुण-ग्राहक और गेहकी पाकर उसने इसे उन्हें दिखा दिया और माधव ने उसी को तुम्हारे हाथ हमलोगों के पास भेज दिया। हम अबलाओं को अहेरी कृष्ण ने विवश बनाकर ठग लिया था। उन शिकारी ठग कृष्ण को कंस की दासी कुब्जा ने ठग लिया। रामावतार में राम ने जिस शूर्पणखा के कारण सीता को छुपा दिया था, वही शूर्पणखा अब कृष्ण के रूप में उनकी नव-वधू बन गई है। तब रामावतार में राम ने सीता-वियोग में बहुत दुख सहा था, अब कुब्जा को पाकर इस कृष्णावतार में उनका हृदय शीतल हो गया है। ऊधव इस नीरस ज्ञान को लेकर हम क्या करेंगी? इस जोग की गठरी को ले जाकर उसी दासी के सिर पर पटक दीजिए॥ ४॥

उद्धव-बचन

पारब्रह्म अच्युत अबिनासी। त्रिगुन-रहित प्रभु बरैं न दासी॥
नहिँ दासी ठकुराइन कोई। जहँ देखौ तहँ व्रह्म है सोई॥
उर मैं आनौ ब्रह्महि जानौ। ब्रह्म बिना दूजौ नहिँ मानौ॥ ५॥

इस पर उद्धव पुनः बोले—प्रभु परम ब्रह्म हैं, अच्युत हैं, अविनाशी हैं। प्रकृति के सत रज तम इन तीनों गुणों से रहित हैं। उन प्रभु ने किसी दासी को पत्नी रूप में वरण नहीं किया है। न तो कोई दासी है, न कोई ठकुराइन। जहाँ देखो, वहाँ ब्रह्म ही ब्रह्म है। ब्रह्म को जानकर उसे अपने हृदय में बसा लो। ब्रह्म के अतिरिक्त किसी दूसरी सत्ता को स्वीकार न करो॥ ५॥

गोपी-बचन

खरे करौ अलि, जोग सबारौ। भक्ति बिरोधी ज्ञान तुम्हारौ॥
कहा होत उपदेसनि तेरैं। नैन सुबस नाहीं अलि मेरैं॥
हरि-पथ जोवैं, छिन छिन रोवैं। कृष्न बियोगी निमिष न सोवैं॥
नंदनँदन कौं देखें जीवैं। जोग-पंथ पानी नहिँ पीवैं॥
जब हरि आवैं तब सचु पावैं। मोहन मूरति कंठ लगावैं॥
दुसह बचन अलि हमैं न भावैं। जोग कहा ओढ़ैं कि बिछावैं॥ ६॥

इस पर गोपियाँ बोलीं—हे भौंरे तुम्हारा यह ज्ञान-मार्ग भक्ति का विरोधी है। इसे जल्दी से समेटो और इसे लेकर यहाँ से चलते बनो। तुम्हारे उपदेश से क्या होता है। हमारी आँखें तो हमारे बस में हैं ही नहीं। ये बराबर श्यामसुंदर का मार्ग देखती रहती हैं, क्षण-क्षण पर रोती रहती हैं। कृष्ण की ये विरहिनियाँ एक पल के लिए भी नहीं सोतीं। ये नंदनंदन को ही देखकर जीवित रहती हैं। ये योग-मार्ग में पड़नेवाले कुएँ तक का पानी नहीं पीतीं, भले कृष्ण के रूप की प्यास में मर क्यों न जायँ। जब मोहन-मूर्ति हरि आवेंगे, तभी उनको कंठ लगाकर इनको सुख मिल सकेगा। हे भौंरे, तुम्हारी ये असहनीय बातें हमें अच्छी नहीं लगती। तुम्हारे योग को हम ओढ़े कि बिछावें? इसे लेकर हम क्या करें?॥ ६॥

ऽधौ कह्यौ, धन्य व्रजबाला। जिनके सरबस मदनगुपाला॥
ं कीन्हो हो और उपाई। तुम्हरे दरस भक्ति निजु पाई॥
ुम मम गुरु, मैं दास तुम्हारौ। भक्ति सुनाइ, जगत निस्तारौं॥७॥

इस पर ऊधव पुनः बोले—हे व्रजबालाओं, तुम धन्य हो, क्योंकि तुमने मदनगोपाल ो ही अपना सर्वस्व मान रखा है। मैंने तो प्रभु को पाने का कुछ और ही उपाय, योग, कया था, परन्तु तुम्हारे दर्शन से मैंने प्रभु की अटल भक्ति पा ली। तुम मेरी गुरु हो, मैं म्हारा दास हूँ। अब मैं भी भक्ति का उपदेश देकर जगत का उद्धार करूँगा॥७॥

ग्रमर-गीत जो सुनै सुनावै। प्रेम-भक्ति गोपिनि की पावै॥
सूरदास' गोपी बड़भागी। हरि-दरसन की ढोरी लागी॥८॥

जो भ्रमर गीत को सुनेगा, जो इसे सुनावेगा, उसे गोपियों की प्रेमा-भक्ति प्राप्त हो ाएगी। गोपियाँ बड़भागिनी हैं, जिनको हरि-दर्शन की लौ लगी हुई है॥८॥

उद्धव-प्रत्यागमन

ृष्ण प्रश्न उद्धव से *२७६८/४७१४ राग सारंग*

ऊधौ जब व्रज पहुँचे जाइ।
तबकी कथा कृपा करि कहियै, हम सुनिहैं मन लाइ।
बाबा नंद, जसोदा मैया, मिले कौन हित आइ?
कबहूँ सुरति करत माखन की, किधौं रहे बिसराइ।
गोप सखा दधि-भात खात बन, अरु चाखते चखाइ।
गऊ बच्छ मुरली सुनि उमड़त, अब जु रहत किहिं भाइ।
गोपिन गृह व्यवहार बिसारे, मुख सन्मुख सुख पाइ।
पलक ओट निमि पर अनखातीं, यह दुख कहाँ समाइ।
एक सखी उनमैं जो राधा, लेति मनहिं सु चुराइ।
'सूरस्याम' यह बार बार कहि, मनहीं मन पछिताइ॥

श्रीकृष्ण ऊधव के ब्रज से मथुरा वापस आ जाने पर उनसे बोलें—हे ऊधव, जब तुम व्रज में पहुँच गए, उसके बाद की कथा कृपा कर मुझसे कह सुनाओ। मैं उसे मन लगाकर सुनना चाहता हूँ। नंद बाबा और यशोदा मैया तुमसे कितने प्रेम से मिले? वे मेरे चुरा चुराकर ाखन खाने की कभी याद करते हैं या एकदम भूल गए। मेरे ग्वाल सखा जो वृंदावन में दही भात स्वयं खाते थे और मुझे भी खिलाते रहते थे, अब वे किस किस प्रकार रह रहे हैं? गायें और बछड़े जो मेरे मुरली बजाने पर उमड़ पड़ते थे, अब कैसे हैं? जो गोपियाँ अपने घर के काम-काज भूली रहती थीं और मेरे मुँह के सामने आकर, मेरा ही मुँह देखकर, सुखी हुआ करती थीं, जो एक पल के लिए भी मुझे अपनी आँखों की ओट हो जाने पर दुखी हो जाया करती थीं, कैसी हैं? उन गोपियों में एक सखी राधा नाम की थी, वह तो मेरे मन को ही चुरा लेती थी। मैंने व्रज में इन गोपियों और राधा के साथ जो सुख किया है, जो आनंद उठाया है, वह मेरे हृदय में कहाँ समा सकता है?'

श्याम ऊधव से यह बात बार-बार कहकर मन ही मन पछताने लगे।

उद्धव बचन कृष्ण प्रति — २७६९/४७२३ *राग सोरठ*

तुम्हारी भावती कह्यौ ।

यह कहियौ नँद-नंदन आगैं, अति दुख दुसह सह्यौ ।
लेति उसाँस सोच निसि दिन कै, नैकु न रूप रह्यौ ।
बिगलित केस, बदन छबि ऐसी, जनु सजि राहु गह्यौ ।
माखन काढ़ि कूबरी लीन्हौ, व्रज मैं रह्यौ मह्यौ ।
'सूरस्याम' रति जाम प्रेम-पय, बहुरौ जम्यो दह्यौ ॥

उद्धव ने श्याम से कहा—हे श्यामसुंदर, तुम्हारी परम चहेती प्रिया राधा ने कहा है कि जाके मेरे मनमोहन से कह देना—मैंने तुम्हारे वियोग में अत्यंत असह्य दुख सहा है। रात दिन तुम्हारे सोच में ठण्डी-ठण्डी साँस लेते रहने से मेरा वह रूप तनिक भी नहीं रह गया है। मेरे केश-कलाप बिखर गए हैं, मैं कंघी-चोटी तक नहीं कर पाती। मेरे मुख की शोभा तो ऐसी श्री-हीन हो गई है, जैसे राहु ने चंद्रमा को ग्रस लिया हो। व्रज में जो भी मक्खन (सारतत्त्व) था, उसे तो कुबरी मार ले गई। अब यहाँ मट्ठा-मट्ठा रह गया है। अपने प्रेम के दूध में, श्याम के अनुराग की खटाई डालकर, हमने फिर दही जमा दिया है। (श्याम आकर यह दही, यह माखन खा जायँ।)

२७७०/४७३५ *राग गौरी*

व्रज तैं द्वै रितु पै न गई ।

ग्रीषम अरु पावस, प्रवीन हरि, तुम बिनु अधिक भई ।
ऊर्ध उसास समीर, नैन घन, सब जल-जोग जुरे ।
बरसि प्रगट कीन्हे दुख-दादुर, हुते जो दूरि दुरे ।
बिषम बियोग जु बृष दिनकर सम, हिय अति उदौ करै ।
हरि-पद-बिमुख भए सुनि 'सूरज', को तन ताप हरै ॥

उद्धव कृष्ण से कह रहे हैं—हे श्याम, व्रज में ग्रीष्म और वर्षा दो ऋतुएँ तो स्थायी रूप से बस गई हैं। और ऋतुएँ तो हर साल आती-जाती रहती हैं, पर ये दोनों यहाँ जम सी गई हैं। हे चतुर शिरोमणि श्याम, तुम्हारे वियोग में इन दोनों का वेग और भी अधिक हो गया है। तुम्हारे विरह में गोपियाँ लंबी-लंबी साँसों की आँधी उठाए जा रही हैं। और उनके नयनों के घन सदा सजल बने रहते हैं। समीर और घन के एकत्र हो जाने से सभी जल-योग एकत्र हो गए हैं। और वर्षा ऋतु बराबर बनी रहती है। तुम्हारा विषम वियोग तो वृष राशि पर आए सूर्य के समान सदा उदित रहता है और गोपियों के हृदय को अत्यंत संतप्त करता रहता है। हरि के चरणों से विमुख हो जाने पर जन के तन के ताप को दूर ही कौन कर सकता है।

२७७१/४७३७ *राग गौरी*

कहाँ लौं कहिए व्रज की बात ।

सुनहु स्याम तुम बिनु उन लोगनि, जैसैं दिवस बिहात ।

गोपी ग्वाल गाइ गोकुल सब, मलिन बदन कृस-गात।
परम दीन जनु सिसिर-हेम-हत, अंबुजगन बिनु पात।
जो कोउ आवत देखि दूरि तैं, उठि पूछत कुसलात।
चलन न देत प्रेम आतुर उर, कर चरननि लपटात।
पिक चातक बन बसन न पावत, बायस बलि नहिं खात।
'सूरस्याम' संदेसनि के डर, पथिक न उहिं मग जात॥

उद्धव कह रहे हैं—हे श्याम, व्रज की व्यथा की कथा मैं तुमसे कहाँ तक कहूँ? तुम्हारे बिना उन लोगों के दिन कितने कष्ट में बीतते हैं, सुनो। गोपियाँ, ग्वाल, गायें, बछड़े सभी दुर्बल शरीर हो गए हैं और सभी के मुँहों पर उदासी छाई हुई है। वे अत्यंत दीन और दुखी हो गए हैं, जैसे शिशिर के पाले के मारे हुए पत्र-हीन कमल हों। जो कोई उस रास्ते से निकलता है, उसे दूर से ही देखकर वे तुम्हारी कुशलता पूछने लगती हैं, जैसे वह तुमसे मिलकर ही आ रहा हो। वे प्रेम से विकल होकर उस पथिक के पैरों पड़कर उससे लिपट जाती हैं और उसे आगे नहीं जाने देतीं। उन विरहिनियों के कारण वहाँ के वन में कोयल, पपीहा, रहने ही नहीं पाते। वे उन्हें ढेले मारकर उड़ा देती हैं। उनकी 'कूकू' और 'पी-कहाँ' उनके हृदयों को सालते रहते हैं। कौए वहाँ बलि तक का अन्न नहीं खाने पाते। वे जैसे ही खाने बैठते हैं, विरहिणी यह कहकर उन्हें उड़ा देती है—कौवे यदि श्याम आ रहे हों, तो उड़कर शुभ शकुन बता दे। हे श्याम, पथिकों ने उस पथ पर आना-जाना ही छोड़ दिया है, क्योंकि उन्हें भय बना रहता है कि कोई न कोई विरहिणी उसका रास्ता रोक लेगी और अपने श्याम का संदेश पूछने लगेगी। और वे उसे कुछ भी संदेश न सुना सकेंगे, क्योंकि सभी राही तुमसे न तो मिल के जाते हैं, न तुम्हारी कोई चिट्ठी-पत्री ही उनके हाथ होती है।

२७७२/४७३८ राग मलार

व्रज की कहि न परति हैं बातैं।
गिरि-तनया-पति-भूषन जैसैं, बिरह जरी दिन रातैं।
मलिन बसन, हरि हित अंतरगति, तन पीरौ जनु पातैं।
गदगद बचन, नैन-जल पूरित, बिलख बदन, कृस गातैं।
मुक्ता-तात-भवन तैं बिछुरैं, मीन मकर बिललातैं।
सारँग-रिपु-सुत-सुहृद पति बिना, दुख पावत बहु भाँतैं।
हरि सुर भखन बिना बिरहाने, छीन भई तन तातैं।
'सूरदास' गोपिनि परतिज्ञा, मिलहु पहिलैं के नातैं॥

ऊधव कृष्ण से कह रहे हैं। हे कुँवर कन्हैया, ब्रज की बातें कुछ कहते नहीं बन पा रही हैं। तुम्हारे विरह में गिरि-तनया पार्वती के पति शिव, शिव जी के भूषण विष से जैसे दिन रात जली जा रही हैं। उनके वस्त्र मलिन हो गए हैं। उनके हृदयों में तुम्हारे प्रति प्रेम समाया हुआ है और उनके शरीर पुराने पत्तों के समान पीले पड़ गए हैं। उनके कंठ गदगद हो गए हैं, जिससे वाणी भी ठीक से नहीं फूट पा रही है। उनकी आँखें ढुर ढुर आँसू बहाती रहती हैं। उनके मुख अश्रु-पात होते-होते विवर्ण हो उठे हैं। उनका शरीर

क्षीण पड़ गया है। मोती के तात सीपी के घर, जल से बिछुड़ कर जैसे मछलियाँ ए मगरमच्छ बिलखते, तड़पने लगते हैं, वैसी ही वे बिलखाए जा रही हैं। सारंग (दीपक के शत्रु पवन, पवन के पुत्र भीम, भीम के मित्र, कृष्ण जैसे पति के अभाव में वे अने प्रकार के दुख भोगे जा रही हैं। देवताओं के भक्ष्य अमृत के समान हे हरि, तुम्हारे अधराम के अभाव में वे क्षीण हो गई हैं और विरह से तप्त शरीर हो गई हैं। गोपियों का तो य दृढ़ कथन है कि हे हरि पहिले प्रेम का खयाल करके तुम उनसे मिल ही आओ।

२७७३/४७४३ राग सा

मैं समुझाई अति अपनौ सौ।
तदपि उन्हें परतीति न उपजी, सबै लख्यौ सपनौ सौ।
कही तुम्हारी सबै कही मैं, और कही कछु अपनी।
स्रवननि बचन सुनत भइ उनकैं, ज्यौं घृत नाऐं अगनी।
कोऊ कहौ बनाइ पचासक, उनकी बात जु एक।
धन्य-धन्य व्रज नारि बापुरी, जिनकी और न टेक।
देखत उमग्यौ प्रेम इहाँ कौ, धरे रहे सब ऊलौ।
'सूरस्याम' हौं रह्यौ थक्यौ सौ, ज्यौं मृग चौका भूलौ॥

उद्धव बोले—हे श्याम, मैंने तो अपनी ओर से उन गोपियों को बहुत-बहुत समझा पर उनको विश्वास ही नहीं हुआ। उन्होंने मेरे सारे कथन को सपने के समान झूठ समझ तुमने जो कुछ कहा था, मैंने उनसे यह सब कह सुनाया। और अपनी ओर से भी ब कुछ कहा। पर उनके कानों में मेरी सारी बातें ऐसी जा पड़ीं, जैसे आग में घी पड़ ग हो। कोई पचास तरह से भी क्यों न बना-बनाकर कहे, उनकी तो एक ही बात है, कृष्ण को ही प्रेम करती हैं, हमें योग से कुछ लेना-देना नहीं है। व्रज की बेचारी गोपि धन्य हैं, जिनकी यही एकमात्र टेक है। मुझे देखते ही गोपियों के मन में तुम्हारे प्रति प्रच प्रेम उमड़ उठा और मेरी सारी उछाल, सारी त्वरा धरी रह गई। मैं चुप हो रहा, जैसे चौकड़ी भरना ही भूल गया हो।

२७७४/४७४१ राग सो

माधौ जू जोग कौ बोझ भह्यौ।
स्याम सुमुख-बिधु बचन-सुधारस, सो पुनि कछु न कह्यौ।
नव-नव भाव-तरंग महोदधि, सखि लोचन उमह्यौ।
तुम जो कह्यौ ज्ञान कौ मारग, पानी ह्वै सु बह्यौ।
सकल सिंगार हार रस सरबस, व्रज नवनीत लह्यौ।
छूँछे भाँड़े पर्यौ न पावै, लिखि तुम दियौ मह्यौ।
मोहिं आचरज एक पै लागत, तुम पै जात सह्यौ।
'सूरस्याम' सुनि सखा सयानौ, लै भुज बीच गह्यौ॥

उद्धव बोले—हे माधव, मैं योग के जिस बोझ को मथुरा से लेकर व्रजमंडल में

था, वह तो वहाँ जाते ही भहराकर गिर गया, ढह गया। हे श्याम, तुम्हारे सुंदर मुख रूपी चंद्रमा से जो वचन रूपी अमृत-रस मैं ले गया, उसे मैं वहाँ कुछ भी, जरा भी नहीं कह सका। गोपियों की आँखों से नए नए प्रेमभाव की तरंगों से युक्त जो महासागर उमड़ा, तुमने जो कुछ ज्ञान धर्म की बातें कही थीं, वे उसमें पानी बनकर बह गईं। मैंने संपूर्ण शृंगार का हार और रस का सर्वस्व, प्रेम का मक्खन व्रज में पा लिया। तुमने निःसार योग का जो मट्ठा लिखकर दिया था, वह तो व्रज में किसी छूँछी हड़िया तक में मुझे नहीं मिला। मुझे आश्चर्य एक ही बात का है—गोपियाँ वहाँ इतना दुख भोग रही हैं, उनका दुख तुमसे कैसे सहा जा पा रहा है, कैसे देखा जा रहा है।

चतुर ऊधव सखा की बातें सुनकर श्याम कुछ न बोले। उन्होंने उनको पकड़कर अपनी भुजाओं में कस कर जकड़ भर लिया और इस प्रकार गोपियों के प्रति अपने प्रेम को प्रकट कर दिया।

२७७५/४७५१ राग सारंग

हरि, तुम्हैं बारंबार सम्हारैं।
कहौ तौ सब जुवतिनि के नाम कहौं, जे हित सौं उर धारैं।
कबहुँक आँखि मूँदि कै धाहतिँ, सब सुख अधिक तिहारैं।
तब प्रसिद्ध लीला सँग बिहरतिँ, अब चित डोर बिहारैं।
जाकौं कोउ जिहिँ बिधि सुमिरै, सोऊ तिहिँ हित मानैं।
उलटी रीति सबै तुम्हरी है, हम तौ प्रगट कहि जानैं।
जो पतिया तुम लिखि पठवत हौ, बाँचि समुझि सब पाउ।
'सूरस्याम' हैं पलक धाम मैं, लखि चित कत बिललाउ॥

उद्धव बोले—हे हरि, व्रज की गोपियाँ तुम्हें बार-बार याद करती हैं। कहो तो मैं उन सब युवतियों के एक-एक करके नाम गिना दूँ, जो तुमको प्रेमपूर्वक अपने हृदय में धारण किए हुए हैं। कभी वे आँखें मूँदकर, अपने हृदय से, तुम्हारे द्वारा दिए गए सभी सुखों को देखने लगती हैं और अपने चित्त की डोरी में बँधे हुए तुम्हारे किए गए समस्त विहार और प्रेम-लीलाओं के साथ बिहरने लगती हैं। संसार में जो जिसको जिस प्रेमभाव से स्मरण करता है, स्मरण किया जाता हुआ व्यक्ति भी उसे उसी प्रेमभाव से याद किया करता है। पर श्याम तुम्हारी तो सब रीति ही उलटी है। गोपियाँ तुम्हें इतना प्रेम करती हैं और तुम उनपर रंच भी ध्यान नहीं देते। मैं यह बात बहुत साफ-साफ, बिना किसी लाग-लपेट के, कहे दे रहा हूँ। तुम जो भी योग और ब्रह्म की चिट्ठी लिखकर उनके पास भेजते हो, उनको पढ़कर वे यही समझ पाई हैं कि श्याम तो हमारी आँखों में समाए हुए हैं, उन्हीं को देखती रहें, अब अपने चित्त को अन्यत्र कहाँ बिलगाने के लिए, मारे-मारे फिरने के लिए, छोड़ दें।

२७७६/४७५६ राग मारू

सबै व्रज घर-घर एकै रीति।
ज्यौं कुरुखेत गड़े कौ सोनौ, त्यौं प्रभु तुम्हरी प्रीति।
वै सब परम विचित्र सयानी, अरु सबहीं जग क्रीति।

उनकौ ज्ञान सुनत हौं सठ भयौं, ज्यौं बारू की भीति।
एकै गहन गही उन हठ करि, मेटि वेद-बिधि नीति।
गोप वेष भजि 'सूरस्याम', वै रही बिस्व-बर जीति॥

उद्धव कहते गए—हे श्याम, सारे व्रज मंडल में एक ही रीति-नीति मेरे देखने में आई—सभी तुमसे एक समान प्रेम करते हैं, पर गोपियों के प्रति तुम्हारी प्रीति तो कुरुक्षेत्र में गड़े सोने के समान व्यर्थ है, जिसका न किसी को पता है कि वह वहाँ कहाँ गड़ा है और फलतः जिसका किंचित भी उपयोग नहीं किया जा सकता है। वे सभी गोपियाँ यद्यपि अपढ़ हैं, गँवार हैं, पर वे सब प्रकार से सयानी हैं, परम विचित्र हैं। इसीसे सारे संसार में उनकी कीर्ति फैली हुई है। उनका ज्ञान सुनकर मैं एक दम भकुआ बन गया, बालू की भीत सा भहरा कर गिर गया। उन्होंने एक ही बात, कृष्ण से अटूट प्रेम की बात, हठपूर्वक पकड़ रखी है और वेद की विधि और नीति को छोड़ दिया है। उन्होंने गोप-वेषधारी श्याम का भजन किया है और विश्व भर के वर (पति) को जीत लिया है।

२७७७/४७६७ राग सारंग

मो मन उनहीं कौ जु भयौ।
परि प्रभु उनकैं प्रेम-पास मैं, तुमहूँ बिसरि गयौ।
सपथ करि गयौ तुमसौं मोहन, बेगि कह्यो हो आवन।
तिन्हिँ देखि वैसोइ रह्यौ ह्वै, लग्यो उनहिँ मिलि गावन।
समुझि परी षट मास बितीते, कहाँ हुतौ हो आयौ।
सूर अन-कही दै गोपिन सैं, स्त्रवन मूँदि उठि धायौ॥

ऊधव बोले—श्याम, व्रज में जाकर मेरा मन मेरा नहीं रह गया—यह भी गोपियों का ही हो गया। मैं उनके प्रेम के फंदे में पड़कर तुम तक को भूल गया। हे मोहन, मैं तुमसे सौंह खाकर गया था और शीघ्र ही लौट आने के लिए भी कह गया था। उन गोपियों को देखकर मैं भी उन्हीं जैसा हो गया। और उन्हीं के स्वर में स्वर मिला कर उन्हीं के गीत गाने लगा। छह मास बीत जाने पर मुझे चेत हुआ कि मैं कहाँ से आया था और किसलिए आया था। मैं तो उन गोपियों से बिना कहे हुए ही, न कहने योग्य योग का संदेश देकर, कान मूँदकर, बिना उनकी बात सुनें यहाँ उठकर किसी प्रकार गिरते-पड़ते दौड़ा आया हूँ।

२७७८/४७६९ राग सोरठ

माधौ जू मैं अतिही सचु पायौ।
अपनौ जानि, सँदेस-ब्याज करि, व्रज-जन मिलन पठायौ।
छमा करौ तौ करौं बीनती, उनहिँ देखि जौ आयौ।
श्रीमुख ग्यान पंथ जो उचर्यौ, सो पै कछु न सुहायौ।
सकल-निगम-सिद्धांत-जन्म-क्रम, स्यामा सहज सुनायौ।
नहिँ स्त्रुति सेस महेस प्रजापति, जो रस गोपिनि गायौ।
कटुक कथा लागी मोहिँ मेरी, वह रस सिंधु उम्हायौ।
उत तुम देखे और भाँति मैं, सकल तृषा जु बुझायौ।

तुम्हरी अकथ कथा तुम जानौ, हम जन नाहिं बसायौ ।
'सूरस्याम' सुंदर यह सुनिकै, नैननि नीर बहायौ ॥

उद्धव बोले—हे माधव, मैंने व्रज जाकर अत्यंत सुख पाया। तुमने मुझे अपना जन ानकर, गोपियों को संदेश देने के बहाने, व्रजवासियों से मिलने के लिए मुझे भेजा। यदि मा करें तो मैं जैसा उन्हें देख आया हूँ, उस संबंध में तुमसे कुछ निवेदन करूँ। तुमने पने श्रीमुख से ज्ञान पंथ की जो बातें मुझसे कही थीं, वहाँ जाकर वे मुझे जरा भी अच्छी हीं लगीं। श्यामा राधा ने सहज रूप में मुझे संपूर्ण वेदों का निचोड़ तत्व, उनसे उत्पन्न कर्म ादि समझा दिया। संपूर्ण वेद, शेष, महेश, प्रजापति ब्रह्मा भी जिस रस को नहीं पा सके, सी रस को गोपियों ने अपनी प्रेमा-भक्ति में गा सुनाया। मैं जो योग-कथा लेकर व्रज या था, वही मुझे उस समय कड़वी लगने लगी, जब मैंने गोपियों का वह प्रेम-सागर मड़ा देख लिया। मैंने वहाँ तुम्हें कुछ और ही रूप में देखा और मेरी सारी प्यास बुझ गई। पनी अकथनीय कथा तो तुम जानो, हमारे जैसे तुम्हारे दासों के वश की वह नहीं है।

श्याम सुंदर ने ऊधव के मुँह से यह सुना और उनकी आँखों में आँसू छलछला आए।

२७७९/४७७१ राग सारंग

व्रज मैं एक अचंभौ देख्यौ ।
मोर मुकुट पीतांबर धारे, तुम गाइनि सँग पेख्यौ ।
गोप बाल सँग धावत तुम्हरें, तुम घर-घर प्रति जात ।
दूध दही रु मही लै ढारत, चोरी माखन खात ।
गोपी सब मिलि पकरतिँ तुमकौं, तुम छुड़ाइ कर भागत ।
'सूरस्याम' नित प्रति यह लीला, देखि-देखि मन लागत ॥

ऊधव बोले—हे श्याम सुंदर, मैंने व्रज में एक अजूबा देखा। मैंने देखा, तुम मोर पंख ा मुकुट धारण किए हुए, पीतांबर धारण किए हुए, गायों के पीछे-पीछे चले जा रहे हो। ाल बाल तुम्हारे साथ दौड़ते जा रहे हैं। तुम एक घर से दूसरे घर जा रहे हो। दूध, दही, ट्ठा सब लुढ़काए दे रहे हो, और चुरा-चुराकर माखन खाए जा रहे हो। सभी गोपियाँ कजुट होकर तुम्हें पकड़ रही हैं। तुम उनसे अपना हाथ छुड़ाकर भागे जा रहे हो। तुम्हारी ह लीला मैं नित्य देखता था, और मन इस लीला को देखने में ही लगा रह जाता था।

(ऊधव जी, यह गोपियों द्वारा की जा रही कृष्ण लीला ही थी, जिसे देखकर तुम मय हुए जा रहे थे। यह कोई अजूबा नहीं था।)

२७८०/ल ८५१/१७५ राग केदारौ

कहो तो सुख आपनो सुनाऊँ ।
व्रज युवतिन की कथा योग की, क्यों न यतो दुख पाऊँ ।
हौं यक बात कहत निर्गुण की, ताही में अटकाऊँ ।
वे उमड़ी वारिधि-तरंग ज्यों, तापर थाह न पाऊँ ।
कौन कौन को उत्तर दीजै, ताते भज्यों अगाऊँ ।
वे मेरे सिर पाटी पारहिँ, कंथा काहि उढ़ाऊँ ।

एक आँधरी, हिये की फूटी, दौरे पहिरि खराऊ।
'सूर' सकल व्रज षटदरसी, हौं बारहखड़ी पढ़ाऊँ॥

ऊधव बोले—हरि, सुनना चाहो, तो मैं अपना सुख (? दुख) तुमसे कह सुनाऊँ व्रज युवतियों को योग की कथा सुनाने में मैं इतना दुख क्यों न पाऊँ? मैं निर्गुण की को एक बात कहता था, उसी में व्रज युवतियाँ अपने प्रश्नों से मुझे अटका लेती थीं, उलझ लेती थीं। एक तो समुद्र की लहर की भाँति वे उमड़ती चली आ रही थीं। उस पर उनकी गहराई की थाह ही नहीं पा रहा था। मैं किस-किसको उत्तर देता। इसीलिए आगे ही, पहले ही भाग आया—नहीं तो मैं वहाँ अभी कुछ दिन और रहता। वे मेरे सि पर कंघी चोटी कर देती थीं, मुझे भी नर से नारी बना देती थीं। फिर मैं किसे कंथा पहनाता एक तो अंधी, दूसरे हृदय की आँखों से भी विहीन। वह खड़ाऊ पहन कर दौड़ती थ और हमारे योग का उपहास करती थीं। सच तो यह है कि सारा व्रजमंडल षट-दरस है—छहों शास्त्रों को जाननेवाला है। वह षड् दर्शन निष्णात है। मैं तो योग-कथा के द्वा जैसे ककहरा पढ़ा रहा था, अक्षर-ज्ञान मात्र करा रहा था।

२७८१/ल ८५१/१७९ राग केदा

फिरि-फिरि मो पर कत दुख पावत।
अबकी और चतुर कोइ पठवो, बार न होइहै आवत।
मैं परमारथ सब समुझायो, रोष सहित वे कोपी।
सुफलक-सुत को कह्यो मानिहैं, आरति करति हैं गोपी।
इतनी सुनत कमलदल-लोचन, खैंचि सु कर करि लीन्हो।
'सूरस्याम' मुसकाय जानि जिय, तरक जानि हँसि दीन्हो॥

उद्धव जी कृष्ण से कह रहे हैं—हे श्याम, इस बार किसी अन्य चतुर को भेजि उसे लौटकर आने में देर न लगेगी। बार-बार मुझी को व्रज में भेजकर तुम क्यों दुख प जा रहे हो। मैं गोपियों को समझा नहीं पाता। निष्फल होकर लौट आता हूँ। इसलिए तु क्षोभ होना स्वाभाविक है। मैंने परमार्थ और मोक्ष की सारी बातें गोपियों को समझा पर वे मुझ पर रुष्ट हो गईं, कुपित हो गईं। और कहने लगीं—श्याम सुफलक-सुत अक्र ही की बातें मानेंगे। यह कहकर गोपियाँ आर्ति करने लगीं, रोने लगीं।

उद्धव की इतनी बातें सुनकर, कमल-दल के समान नयनों वाले श्याम ने, उन अपने हाथों से खींचकर, अपने अंक में ले लिया। श्याम गोपियों के तरक (व्यंग) जानकर पहले तो मन में मुसकुरा पड़े, फिर जोर से हँस पड़े।

२७८२/ल ९५९/१८२ राग म

माधव, बिलपति प्रिया प्रतिक्षण, घोष अति दुखारो।
सुंदरि सुकुमारि अंग, अनंग-आधि टारौ।
बिरह-व्याल-गरल-ग्रसित, सुधा सींचि तारौ।
ज्ञान-गुरुत्व मथुरा धरौ, उत कछु न बिचारौ।

राजकाज तजिकै, सजि सुवेष सिधारौ।
बातन-बिरमाय यहै, नेह को तुम्हारौ।
शीत-ज्ञान नलिनी मृदु-वेलि मति प्रजारो।
निगम चारि रासि गमन, तरुण त्रिया तारो।
चंद्रवदनि राहु ग्रसि, सकल आधि मारो।
हमसे नाथ कैतेउ जाउ, पै तुम बिना न उजारो।
मंत्री अरु मित्र मोसौं, जगत यश भारो।
सोई मोहिँ सिखाय योग, वृद्ध वय बिगारो।
अक्रूर के सँग चलत, बचन कहेउ, सम्हारो।
सुनत क्यों न चलत प्रभु, नयन कहा निहारो।
जानि इत भ्रम, लोक के हित, कह्यो निगम चारो।
ऊधो प्रति कछु न कहत, स्यामसुंदर प्यारो।
मीड़त कर-कमल, हाहा, राधा ते हौं न न्यारो।
हृदय रस भराइ चलत, लोचन जल-धारो।
ऐसो कठिन देखि सखा, आयो क्यौं अबारो।
'सूरदास' प्रभु तेहि क्षण, मिल्यो जाय सबारो॥

ऊधव जी श्याम से कह रहे हैं—हे माधव, तुम्हारे वियोग में तुम्हारी प्रिया प्रति क्षण विलखती रहती है और सारा घोष (अहीर टोली, आभीर-पल्ली) तुम्हारे बिना अत्यंत दुखी है। वह सुंदरी है, सुकुमार अंगों वाली है। उस पर अनंग की आधि (विपत्ति) छा गई है। व्रज जाकर उस अनंग-आधि को टाल दो। वह विरह रूपी सर्प के विष से ग्रस्त हो गई है। उसे अपने अधरामृत से सींचकर बचा लो, उसकी नाव को पार लगा दो। अपने ब्रह्म ज्ञान और योग-साधना की बात मथुरा में ही रख छोड़ो। वहाँ व्रज में जाकर इस संबंध में कुछ भी विचार-विमर्श न करो। यह राज-काज छोड़ो, सुंदर वेश बनाकर, व्रज में चले जाओ। तुम योग की बातों में उन गोपियों को बेलम्हा (फुसला) रखना चाहते हो। यही तुम्हारा प्रेम है क्या? अपने ब्रह्मज्ञान के तुषार से कमलिनी की मृदु लता सी कोमल गोपियों को मत जला दो, मत झुलसा दो। वह तरुण त्रिया चार वेद और बारह राशियों को मिलाकर कुल सोलहवें वर्ष की वय में प्रवेश कर रही है, उस तरुणी को तार दो, पार उतार दो। उस चंद्रवदनी को राहु ने ग्रस लिया है। उसकी सारी मानसिक बाधाएँ मार डालो। हे नाथ, मुझ जैसे चाहे जितने लोगों को व्रज में भेज दें, पर तुम्हारे गए बिना उस राहु से मोक्ष नहीं मिल सकेगा और प्रकाश नहीं हो सकेगा। तुम्हारे हमारे-जैसे मंत्री और मित्र हैं जिनका यश संसार में फैला हुआ है। अब हमीं से गोपियों को योग की शिक्षा दिलवाकर हमारी वृद्ध वय को मत बिगाड़ो। हमारी बुढ़ाई मत खराब करो। अक्रूर के साथ जाते समय लौट आने की जो अवधि तुमने गोपियों को दी थी, कुछ उसका तो खयाल करो। मेरी बात इस कान से सुनकर उस कान से क्यों निकाले दे रहे हो? व्रजमंडल को क्यों नहीं चले जाते? मेरा मुँह क्या देखे जा रहे हैं?

प्यारे श्यामसुंदर ने गोपियों के भ्रम को जानकर, लोक कल्याण के निमित्त चारो वेदों का सिद्धांत ऊधो से कहला भेजा था। पर इस समय वे ऊधो के कथन के विरुद्ध कुछ भी नहीं कह पा रहे थे। वे अपने कर-कमल मींजते रह गए और कहा—मैं राधा से कब अलग हूँ। ऐसा कहते हुए उनके हृदय का सारा रस वेग से भरभरा कर उनकी आँखों में भर आया और उनसे अश्रुधार प्रवाहित हो चली। और वे बोले—सखा ऊधव, जब राधा की ऐसी कठिन दशा थी, तब तुमने आने में इतनी देर क्यों की? मैं उसी समय, तत्क्षण, शीघ्र ही राधा से जा मिलता।

२७८३/ल ९५९/१८३ राग मारू

धर्म अभिमान बह्यो जन्मन ते, न लह्यौ भजन प्रकार।
कौन काज यदुकुल में बड़ाई, कीनो भू को भार।
केलि-कथा, कल कोकिल-बयनी, व्रज त्रिया नखसिख चारु।
तहाँ कीनी प्रतिवोध चातुरी, देखि विचित्र बिहार।
स्यानप धरि हरि बचन वेद की, कह्यो योग-असि-धार।
तेहि कुकर्म मर्म अब भेदत, सुमिरि रूप सुकुमार।
पुनि ऐसी मति करौ, प्रीति नौतन बिरचौ नाथ उदार।
फेरो निगम दवानल 'सूरज', अंतहि आस अधार॥

उद्धव जी कृष्ण से बोले—प्रभु, तुमने जीवन भर धर्म का अभिमान ही वहन किया, ढोया। तुमने भक्ति-भजन को नहीं समझा। यदुकुल में तुम बड़े हो भी गए, तो भी यह बड़ाई किस काम की? तुम पृथ्वी के बोझ ही तो बने। कल-कोकिल के समान मधुरभाषिणी, नख से शिखा तक सर्वांग सुंदरी व्रज वनिताओं की केलि और उनको तुमने देखा। वहाँ भी योग-साधना समझाने की चतुराई तुमने की। हे हरि, तुमने वेद का ज्ञान पाकर भी चतुराई करके उन गोपियों से असि की धार के समान तीव्र योग-ज्ञान को कहा। इसी कुकर्म से, उनके सुकुमार सौंदर्य का स्मरण करके, तुम्हारा हृदय फटा जा रहा है। हे नाथ, अब ऐसी कठोर प्रीति मत करना। अब नूतन उदार प्रीति की रीति रचो। निगम नीति के दावानल को लौटा लो। अंततः पुनर्मिलन की आशा ही तो आधार है।

२७८४/ल ९६०/१८६ राग सारंग

अब गति पंगु भयो मन मेरो।
आयो यहाँ निगुण कहिबे को, भयो सगुण को चेरो।
अति अज्ञान कहत कहि आयो, दूत भयो वहि केरो।
निज जन जानि जतन ते तिनसौ, कीन्हों नेह घनेरो।
मैं कछु कहे ज्ञान गाथा, ते नेक न परसति नेरो।
'सूर' मधुप उठि चल्यो मधुपुरी, बोरि योग को बेरो॥

ऊधव जी कृष्ण से कहने लगे—अब मेरे मन की गति पंगु हो गई है, मेरे मन ने सारी चंचलता छोड़ दी है। मैं निर्गुण की कथा कहने के लिए व्रज गया था, पर मैं स्वयं वहाँ जाकर सगुण का सेवक हो गया। मेरी मूर्खता थी, जो मैंने निर्गुण का दूत बनकर योग-साधना की

बात उन गोपियों से चला दी। उन्हें अपना प्रिय जन जानकर मैंने उनसे यत्नपूर्वक घना स्नेह किया। मैंने उनसे कुछ ज्ञान-चर्चा की, पर गोपियों पर उसका जरा भी प्रभाव न पड़ा। वे न तो उस ज्ञान-गाथा के निकट ही आईं, न उसका उन्होंने स्पर्श ही किया। मैं तो व्रज में योग का बेड़ा ही डुबो आया और मैं बावरा भँवरा उठकर यहाँ मधुपुरी में वापस आ गया।

कृष्ण बचन उद्धव प्रति *२७८५/४७७७ राग बिलावल*

जो जन ऊधौ मोहि न बिसारत, तिहिं न बिसारौं एक घरी।
मेटौं जनम जनम के संकट, राखौं सुख आनंद भरी।
जो मोहिं भजै, भजौं मैं ताकौं, यह परमिति मेरे पाइँ परी।
सदा सहाइ करौं वा जन की, गुप्त हुती सो प्रगट करी।
ज्यौं भारत भरुही के अंडा, राखे गज के घंट तरी।
'सूरजदास' ताहि डर काकौ, निसिबासर जो जपत हरी॥

श्रीकृष्ण उद्धव से बोल उठे—हे ऊधव, मेरे जो भक्त मुझे नहीं भुला पाते, मैं भी उन्हें एक घड़ी के लिए भी नहीं भुला पाता। मैं उनके जन्म जन्मांतर के दुख दूर कर देता हूँ। और उनके लिए आनंद भरे सुख की व्यवस्था कर देता हूँ। जो मुझे भजता है, मैं भी उसे भजता हूँ। यह परमिति (मर्यादा) तो मेरे पाँव में (बेड़ी की तरह) पड़ी हुई है। मैं अपने उस जन की सदा सहायता करता रहता हूँ। मेरे इस नेम की बात अभी तक गुप्त थी। मैंने तुम्हारे सामने अब इसे प्रगट कर दिया है।

महाभारत में भरदूल पक्षी के अंडे को प्रभु ने हाथी के घंटे के नीचे ढँककर बचाया था। सूरजदास कहते हैं कि जो रात-दिन ऐसे भगवान का नाम जपता रहता है, उसे किसका डर है?

श्रीकृष्ण का अक्रूर-गृह-गमन

२७८६/४७७८ राग परज

भक्त-वछल वसुदेव-कुमार।
चले एक दिन सुफलक-सुत कैं, पांडव हेत बिचार।
मिल्यौ सु आइ पाइ सुधि मग मैं, बार-बार परि पाइ।
गयौ लिवाइ सुभग मंदिर मैं, प्रेम न बरन्यौ जाइ।
चरन पखारि, धारि जल सिर पर, पुनि पुनि दृगनि लगाइ।
बिबिध सुगंध चीर आभूषन, आगैं धरे बनाइ।
धन्य-धन्य मैं, धन्य गेह मम, धनि-धनि भाग हमारे।
जो प्रभु ज्ञान ध्यान नहिं आवत, तिन मम गृह पग धारे।
प्रभु तुव माया अगम अगोचर, लहि न सकत कोउ पार।
दीजै भक्ति अनन्य कृपा करि, होइ सु मन उद्धार।
अरु जिहि कारन प्रभु पग धारे, कहिऐ सोइ बिचार।
करहुँ ताहि तुम्हरी किरपा तैं, आयसु माथैं धार।

यह अक्रूर दसा जो सुमिरै, सिखै सुनै अरु गावै।
अर्थ धर्म कामना मुक्ति फल, चारि पदारथ पावै।
हरि जू कह्यौ मनोरथ तुम्हरौ, करिहैं श्रीभगवान।
जो जाँचत सोई सो पावत, यह निश्चै जिय जान।
तुम जानत हौ पांडव के सुत, हैं अति हितू हमारे।
कुरुपति अंध मोह बस, तिनकौं देत सदा दुख भारे।
तात जाइ उनकौं तुम भेंटहु, हमरी कुसल सुनावहु।
बहुरौ समाचार सब उनके, लै हमपै चलि आवहु।
यह कहि स्याम राम ऊधौ मिलि, अपने भवन सिधारे।
सुफलक-सुत आयसु माथैं धरि, पांडव गृह पग धारे।
पहिलैं कौरव-पति सौं भेंटे, पुनि पांडव गृह आए।
पकरि चरन कुंती के पुनि-पुनि, सब गहि गरैं लगाए।
कुसल भाषि सब जादौ कुल की, प्रभु के कहे सँदेस।
भयौ परम संतोष मिले सौं, मिटे सकल अंदेस।
कुंती कह्यौ स्याम सौं कहियौ, हम हैं सरन तुम्हारी।
कुरुपति अंध जु मम पुत्रनि कौ, देत सदा दुख भारी।
पुनि कुरुपति सौं मिलि सुफलक-सुत, कह्यौ बहुत समुझाइ।
चारि दिवस के जीवन ऊपर, तुम कत करत अन्याइ।
अन्याई कौ बास नरक मैं, यह जानत सब कोइ।
गर्व प्रहारी हैं त्रिभुवनपति, जो कछु करैं सु होइ।
कुरुपति कह्यौ मैंहुँ जानत हौं, पै मेरो न बसाइ।
नमस्कार मेरौ जदुपति सौं, कहियौ परि के पाइँ।
सुफलक-सुत सब कथा तहाँ की, आइ स्याम सौं भाखी।
'सूरदास' प्रभु सुनि-सुनि तासौं, हृदय आपनैं राखी।

॥ इति श्री सूरसागर दशम स्कंध पूर्वार्ध समाप्त॥

वसुदेव के पुत्र श्रीकृष्ण एक दिन पांडवों के प्रेम का विचार करके सुफलक के पुत्र अक्रूर के घर के लिए चल दिए। इनके साथ बलराम और ऊधव भी गए। कृष्ण के आने का समाचार सुनकर, अक्रूर मार्ग में ही आगे से आकर मिल गए। वे कृष्ण के पैरों पर बारंबार पड़ गए। वे श्रीकृष्ण को जिस प्रेम से अपने सुंदर घर में लिवा ले गए, उसका वर्णन नहीं किया जा सकता। अक्रूर ने कृष्ण के चरण धोए और उस चरणोदक को लेकर अपने माथे पर चढ़ाया और बार-बार उसे अपनी आँखों से लगाया। उन्होंने अनेक प्रकार के सुगंधित पदार्थ, वस्त्र और आभूषण सजाकर कृष्णके सामने ला रखे और बोले—'आज मैं धन्य हो गया, मेरा घर धन्य हो गया, मेरा भाग्य धन्य हो गया। जो प्रभु बड़े-बड़े ज्ञानियों के ध्यान में नहीं आ पाते, आज उन्हीं प्रभु के चरण मेरे घर में आ पड़े हैं। प्रभु,

तुम्हारी माया अगम है, अगोचर है। वहाँ तक न कोई पहुँच सकता है, न उसे कोई देख सकता है। उससे कोई पार नहीं पा सकता। मुझे अपनी अनन्य भक्ति दे दीजिए, जिससे मैं और किसी देवी देवता की ओर उन्मुख न हो सकूँ और मेरा उद्धार हो जाय। हे प्रभु, इस समय आप जिस कारण से मेरे यहाँ पधारे हैं, उसे विचार कर कह डालें। मैं उस आदेश को शिरोधार्य करके तुम्हारी ही कृपा से पूरा कर दूँ।''

अक्रूर की इस भक्ति का जो भी जन स्मरण करेगा, सीखेगा, सुनेगा, औरों को सुनावेगा, वह धर्म, अर्थ, काम, मोक्ष इन चारों पुरुषार्थों को प्राप्त कर लेगा।

हरि (श्रीकृष्ण) ने कहा—तुम्हारी सारी मनोकामनाएँ भगवान पूरी करेंगे। भगवान से जो जो कुछ भी माँगता है, वह उसे अवश्य पाता है। अपने मन में इसे निश्चित और अटल समझ लो। तुम जानते हो पांडु के पुत्र, पंच पांडव मेरे अत्यंत हितैषी और प्रेमी हैं। कुरुपति अंधे धृतराष्ट्र अपने पुत्रों के मोह में पड़कर उन्हें सदा अत्यंत कष्ट देते रहते हैं। हे तात, तुम हस्तिनापुर जाकर पांडवों से मिलो, हमारा कुशल-क्षेम उन्हें बताओ। तदुपरांत उनके सभी समाचार लेकर हमारे पास चले आओ।'

यह कहकर श्याम, बलराम और ऊधव को साथ लिए दिए अपने घर वापस आ गए। सुफलक-सुत अक्रूर ने प्रभु की आज्ञा शिरोधार्य की और वे पांडवों के घर गए। उन्होंने पहले कुरुपति धृतराष्ट्र से भेंट की, फिर वे पांडवों के यहाँ पधारे। उन्होंने बार-बार पांडवों की माँ कुंती के चरण पकड़े। फिर सभी पांडवो के गले मिले। अक्रूर ने उनसे समस्त यदु वंश का कुशल-मंगल कह सुनाया। फिर उन्होंने प्रभु श्रीकृष्ण का संदेश उनसे कहा।

अक्रूर के आ जाने से पांडवो को परम संतोष हुआ और उनकी सभी दुश्चिंताएँ मिट गईं। कुंती ने कहा—श्यामसुंदर से कहना कि हम तुम्हारी ही शरण में हैं। यह अंधा कुरुराज धृतराष्ट्र मेरे पुत्रों को सदा भारी दुख देता रहता है।''

सुफलक-सुत अक्रूर इसके पश्चात महाराज धृतराष्ट्र से पुनः मिले और उन्हें बहुत समझाकर कहा—चार दिनों की इस थोड़ी-सी जिंदगी के लिए तुम क्यों इतना अन्याय किए जा रहे हो? सब लोग जानते हैं कि अन्यायी नरक में ही जाता है। त्रिलोकीनाथ सबका घमंड चूर कर देनेवाले हैं। वे जो कुछ करते हैं, वही होता है।

'नर चेती नहिँ होत है, हरि चेती ततकाल।'

तब कुरुपति ने कहा,—अक्रूर जी, जो कुछ तुम कह रहे हो, मैं भी वह सब जानता हूँ। पर मेरा दुर्योधन के आगे कोई बस नहीं चलता। मेरी ओर से यदुनाथ के पैरों पर पड़कर अपना माथा टेकना और उन्हें मेरा नमस्कार कहना।

सुफलक-सुत अक्रूर वहाँ से लौट आए और उन्होंने श्याम से हस्तिनापुर की सारी कथा कह सुनाई। प्रभु कृष्ण ने भी अक्रूर से सारी बातें सुनकर अपने मन में रख लीं।

दशम स्कंध उत्तरार्ध

जरासिंध पर विजय

२७८७/४७७१ राग मारू

स्याम बलराम जब कंस मार्‌यौ।
सुनि जरासंध वृत्तांत सुता-वदन तैं, जुद्ध हित कटक अपनौ हँकार्‌यौ।
जोरि दल प्रबल सो चल्यौ मथुरापुरी, सुन्यौ भगवान जब निकट आयौ।
तब दोऊ व्वीरहू साजि दल आपनौ, नगर तें निकसि रन-भूमि छायौ।
दुहूँ दिसि सुभट बाँके बिकट अति जुरे, मनौ दुहुँ दिसा घटा उमड़ि आई।
'सूर' प्रभु संख-धुनि करत जोधा सकल, जहाँ तहँ करन लागे लराई॥

जब श्याम और बलराम ने कंस को मार डाला; तब उसके ससुर मगध नरेश जरासंध ने अपनी पुत्रियों अस्ति और प्राप्ति के मुँह से यह सारा समाचार सुना। उसने श्याम बलराम से युद्ध करने के लिए अपनी विशाल सेना को गर्जन करते हुए बुलाया। वह विशाल सेना सजाकर मथुरापुरी पर आक्रमण करने के लिए चल पड़ा। जब वह सेना मथुरा के निकट आ पहुँची, तब इसकी सूचना भगवान कृष्ण को मिली। तब दोनों वीर योद्धा भाइयों ने भी अपनी सेना सजा ली। वे मथुरा नगर से बाहर निकलकर युद्धभूमि में छा गए। दोनों ओर अत्यंत बाँके और विकट योद्धा आकर इकट्ठा हो गए थे। ऐसा लगता था जैसे आसमान में काले बादलों की सघन घटा उमड़कर छा गई हो। मथुरा के सैनिक शंख बजाते हुए यत्र-तत्र मगध के सैनिकों से युद्ध करने लगे।

२७८८/४७८० राग मलार

मानहु मेघ-घटा अति बाढ़ी।
बरषत बान-बूँद सेना पर, महा नदी-रन गाढ़ी।
बरन-बरन बादर बनैत अरु दामिनि कर करवार।
गरज निसान घोर संख-ध्वनि, हय गय हींस चिघार।
उड़त धूरि धुरवा दसहूँ दिसि, सूल शक्ति जलधार।
प्रगटत दुरत देखियत रवि सम, दोउ वसुदेव-कुमार।
कुंजर कूल गिरात रथी रथ, स्त्रोनित सलिल गँभीर।
धनुष तरंग, भँवर स्यंदन-पद, जलचर सुभट सरीर।
उड़त जु धुजा पताक छत्र रथ, तरुवर टूटत तीर।
परम निसंक समर-सरिता-तट, क्रीड़त जादव वीर।

सूने किए भवन भूपति के, सुबस किए सुर लोक ।
छिनक मध्य हरि हरे कृपा करि, रन सबहिनि के सोक ।
आनंदे मधुवन के वासी, गुनी नगर के लोक ।
जरासंध कौं जीति सूर प्रभु, आए अपने ओक ॥

मगध और मथुरा दोनों ओर की सेना ऐसी लग रही थी, मानों बादलों की घनघोर घटा छा गई हो। वहाँ सेना पर जो वाण-वर्षा हो रही थी, वे ही बरसती बूँदें थी। युद्ध-भूमि ही भयानक रूप से बढ़ी हुई महानदी थी। रंग-रंग के बादल ही बानैत, बाण चलानेवाले धनुर्धर थे। सैनिकों के हाथों में चमचमाती हुई तलवारें बिजली की कौंध थी। निशान (नगाड़ों) और शंखों की घोर ध्वनि, घोड़ों की हिनहिनाहट तथा हाथियों की चिग्घाड़ ही उन बादलों की गर्जना थी। सेना हाथी घोड़ों और रथों के चलने से दसों दिशाओं में जो धूल उड़ी जा रही थी, वही हवा के झोंके से उड़ते हुए हलके फुलके बादलों का समूह था। सैनिकों के हाथों में जो शूल (भालें) और शक्ति (बर्छियाँ) चमक रही थीं, वही मानो जल की प्रबल धारा थी। सूर्य जैसे बादलों में कभी छिप जाता था, कभी प्रगट हो जाता था, वैसे ही वसुदेव के दोनों बेटे—कृष्ण और बलराम—सेना के बीच कभी दिखाई पड़ जा रहे थे, कभी अदृश्य हो जा रहे थे। युद्धभूमि में जो हाथी, रथी और रथ गिरे जा रहे थे, वही मानों नदी के कूल, करारे ढहे जा रहे थे। रक्त का प्रवाह ही नदी का गहरा जल था। धनुष ही उस नदी की तरंग थे। रथों के पहिए उस नदी की भँवर थे। धराशायी योद्धाओं के शरीर उस नदी के जलचर—मछली, मगर, कच्छप थे। उड़ती हुई पताकाएँ, उनके दंड, रथ, रथों पर लगे छत्र आदि नदी के किनारे के भरभरा कर गिरते हुए वृक्ष थे। उस युद्ध रूपी नदी के किनारे, यादव वीर निर्भय होकर खेल के समान मार-काट करते जा रहे थे। वे यादव वीर राजा के घर को खाली करके देवलोक में जाकर बसे जा रहे थे। मरे जा रहे थे। क्षण भर में ही कृष्ण ने कृपा करके उन सबके शोक को दूर कर दिया। जरासंध को जीत लिया। इससे मधुपुरी के सभी गुणी और निवासी प्रसन्न हो उठे। जरासंध को जीत करके प्रभु मथुरा के अपने आवास पर आ गए।

अध्याय-५१

कालयवन-दहन

२७८९/४७८१ राग सारंग

बार सत्तरह जरासंध, मथुरा चढ़ि आयौ ।
गयो सो सब दिन हारि, जात घर बहुत लजायौ ।
तब खिस्याइ कै कालजवन, अपनैं सँग ल्यायौ ।
हरि जू कियो बिचार, सिंधु-तट नगर बसायौ ।
उग्रसेन सब लै कुटुंब, ता ठौर सिधायौ ।
अमरपुरी तैं अधिक, तहाँ सुख लोगनि पायौ ।
कालजवन मुचकुंदहि सौं, हरि भसम करायौ ।

बहुरि आइ भरमाइ अचल, रिपु ताहि जरायौ।
जरासिंधु हू ह्वां तैं पुनि, निज देस सिधायौ।
गए द्वारिका स्याम राम, जस 'सूरज' गायौ॥

जरासंध ने मथुरा पर सत्रह बार चढ़ाई की। वह सत्रहों बार हारा और घर (राजगिर) जाते समय हर बार उसने घोर लज्जा का अनुभव किया। तब खिसियाकर, क्रोध करके, वह अपने साथ कालयवन को लाया, जो अजितंजय नगर का अत्यंत दुर्धर्ष यवन राजा था। मथुरा वाले कालयवन को परास्त नहीं कर सकते थे। कृष्ण ने जरासंध की बार-बार की चढ़ाइयों और कालयवन की शक्ति पर विचार करके, इन दोनों से छुटकारा पाने के लिए समुद्र के किनारे द्वारिकापुरी नामक नगर बसा दिया। मथुरा नरेश उग्रसेन अपना सारा परिवार लेकर द्वारिका चले गए। लोगों ने वहाँ वैकुंठ से भी ज्यादा सुख पाया। काल-यवन से बचने और उसे छलने के लिए कृष्ण रण छोड़ बनकर भाग चले और उस गुफा में पहुँचे जहाँ मुचकुंद विश्राम करने के लिए सो रहे थे। उन्होंने मुचकुंद को अपना पीतांबर ओढ़ा दिया और स्वयं छिप गए। कालयवन वहाँ पीछा करता करता आया। पीतांबर ओढ़े मुचकुंद को कृष्ण समझकर उसने पाद-प्रहार करते हुए पीतांबर खींच लिया। मुचकुंद की दृष्टि पड़ते ही कालयवन जलकर भस्म हो गया। कालयवन के भस्म होते ही जरासंध भी वहाँ आ गया और यह समझकर कि श्याम और बलराम इसी पर्वत पर कहीं छिपे हैं, उसने उस पर्वत को ही जला डाला। पर्वत को जलाकर जरासंध अपने देश मगध को लौट गया और श्याम तथा बलराम भी द्वारिका चले गए। सूरजदास ने श्याम राम की इस विजय को, इस यश को, गा सुनाया।

द्वारिका प्रवेश - *२७९०/४७८२ राग कल्यान*

देखो री सखि आजु नैन भरि, हरि के रथ की सोभा।
जोग जज्ञ जप तप तीरथ व्रत, कीजत है जिहि लोभा।
चारु चक्र मनि-खचित मनोहर, चंचल चँवर पताका।
सोभ छत्र ज्यौं ससि प्राची दिसि, उदय कियौ निसि राका।
स्याम सरीर सुदेस पीत-पट, सीस मुकुट, उर माल।
जनु दामिनि घन रवि तारागन, प्रगट एक ही काल।
उपजति छबि अति अधर संख मिलि, सुनियत सब्द प्रसंस।
मानहु अरुन कमल मंडल मैं, कूजत है कलहंस।
मदन गुपालहि देखत ही अब, सब दुख सोक बिसारे।
बैठे हैं सुफलक-सुत, गोकुल लैन जु उहाँ सिधारे।
आनंदित नर नारि नगर के, बदन बिमल जस गायौ।
'सूरदास' द्वारिका निवासी, प्राननाथ प्रभु पायौ॥

जरासंध को हराकर जब रथारूढ़ कृष्ण द्वारिकापुरी पहुँचे, तब पुरी-प्रवेश के समय वहाँ की सुंदरियाँ कहने लगीं—अरी सखी, आज हरि के रथ की शोभा खूब आँखें भर

र देख लो। इसी शोभा को देखने के लिए तो लोग योग, यज्ञ, जप, तप, तीर्थ, व्रत रते हैं। वह शोभा आज हमें सहज ही सुलभ हो गई है। इस रथ के पहिए मणि-जटित , सुंदर हैं और मन को हर लेनेवाले हैं। इस रथ पर चँवर झला जा रहा है। और इसकी ताका फहरती जा रही है। इसपर छत्र (छाता) तना हुआ है। यह छत्र तो ऐसा लग रहा , मानो पूर्णिमा की रात में, पूर्व दिशा में, चंद्रमा उदित हो गया हो। इसपर साँवले सलोने रीर वाले श्याम बैठे हैं। वे सुंदर पीतांबर पहने हुए हैं। उनके सिर पर मुकुट और गले मोतियों की माला सुशोभित हो रही है। लगता है बिजली (पीतांबर), बादल (श्याम का शरीर), सूर्य (स्वर्ण-मुकुट) और तारागण (माला के मोती) एक साथ प्रगट हो गए हों। वह अपने लाल लाल होठों पर शंख रखकर बजाए जा रहे हैं। ऐसा प्रतीत होता है मानो लाल लाल कमलों में कलहंस बोलते जा रहे हों। मदनगोपाल को देखते ही हमारे सब दुख और शोक दूर हो गए। उनकी बगल में सुफलक-सुत वही अक्रूर बैठे हुए हैं, जो गोकुल जाकर श्याम को मथुरा ले आए थे। श्याम को देखकर द्वारिकापुरी के समस्त नर-नारी परम प्रसन्न हो गए और हर्षोल्लसित होकर उनका यशोगान करने लगे, क्योंकि द्वारिका-निवासियों ने अपने प्राणनाथ प्रभु को पा लिया था।

अध्याय-५२

द्वारिका-शोभा *२७९१/४७८३ राग कल्यान*

दिन द्वारावति देखन आवत।
सारदादि सनकादि महामुनि, तेउ अवलोकि प्रीति उपजावत।
विद्रुम फटिक पची कंचन खचि, मनिमय मंदिर बने बनावत।
जितै तितै नर नारि मीन खग, सबहिनि के प्रतिविंब दिखावत।
जल थल रंग बिचित्र बहुत बिधि, अवलोकत आनंद बढ़ावत।
चितै रहे चित चकित चतुर चित,कौन सत्य कछु मरम न पावत।
वन उपवन फल फूल सुभग सर, सुक सारिका हंस पारावत।
चातक मोर चकोर बदत पिक,मनहु मदन चटसार पढ़ावत।
धाम-धाम संगीत सरस गति, बीना बेनु मृदंग बजावत।
अति आनंद प्रेम पुलकित तन, जहाँ तहाँ जदुपति जस गावत।
निसिदिन रहत बिमान रूढ़, रुचि, सुर बनितानि संग सब आवत।
'सूरस्याम' क्रीड़त कौतूहल, अमरनि अपनौ भवन न भावत॥

नारद सनक सनंदन आदि महामुनि प्रायः प्रतिदिन द्वारिकापुरी देखने आते थे। यद्यपि ये सभी विरक्त हैं, फिर भी वे इस पुरी में अनुरक्त हो उठे थे। इस पुरी में स्फटिक पत्थर में मूँगे जड़े हुए थे और सोने में मणियाँ। इन्हीं स्फटिक और स्वर्ण से यहाँ के सुहावने भवन बने हुए थे। और बहुत से नए भवन बनते जा रहे थे। इन महलों में यत्र-तत्र स्त्री-पुरुष, मछली, पक्षी आदि के चित्र उरेहे हुए थे। यहाँ पर जल और स्थल के अनेक ऐसे स्थल बने हुए थे, जिन्हें देखकर दर्शकों का आनंद बढ़ जाता था। इन चित्रों को देखकर बड़े-बड़े चतुर भी चकपका उठते थे और निर्णय नहीं कर पाते थे कि ये चित्र हैं अथवा वास्तविक पशु-पक्षी आदि हैं। यहाँ के वन, उपवन, फूल, फल, सरोवर, अत्यंत सुंदर हैं;

यहाँ हंस, मैना, शुक, कबूतर, पपीहा, मोर, चकोर, बतख, कोयल ऐसे मधुर बोल र हैं, मानों कामदेव रूपी अध्यापक अपनी चटशाला में बटुकों को पढ़ा रहा हो। यहाँ घर-घर में संगीत की सरस गति सुनाई देती रहती है। लोग वीणा, वेणु, मृदंग आदि बाजे बजा रहते हैं। वे आनंद में मग्न होकर, प्रेम से पुलकित होकर, यत्र-तत्र कृष्ण का यश बखान रहते हैं। देवता लोग अपनी-अपनी पत्नियों के साथ विमानों पर चढ़े हुए दिनरात यह दर्शनार्थ आते रहते हैं। श्याम यहाँ कौतूहल उत्पन्न करते हुए भाँति-भाँति की क्रीड़ाएँ कर रहते हैं। इन्हें देखकर देवताओं को अपने घर लौटकर जाना अच्छा नहीं लगता।

२७१२/४७८४ राग सारं

मनमोहन खेलत चौगान।
द्वारावती कोट कंचन मैं, रच्यौ रुचिर मैदान।
जादव वीर बराइ बटाई, हरि बल इक इक ओर।
निकसे सबै कुँवर असवारी, उचैस्त्रवा के दोर।
नीले सुरँग कुमैत स्याम तेहि, परदे सब मन रंग।
बरन अनेक भाँति भाँतिन के, चमकत चपला ढंग।
झीन जराइ जु जगमगाइ रहि, देखत दृष्टि भ्रमाइ।
सुर नर मुनि कौतुक सब लागे, इक टक रहे लुभाइ।
जबहीं हरि लै गोइ कुदावत, कंदुक कर सों लाइ।
तबहीं औचकहीं करि धावत, हलधर हरि के पाँइ।
कुँवर सबै घोड़े घेरे, पै छाँड़त नहिँ गोपाल।
बलै अछत छल बल करि जीते, 'सूरदास' प्रभु हाल॥

द्वारिका के सोने के परकोटे के भीतर बढ़िया खेल का मैदान बना हुआ है। इस मैदान में श्याम गेंद बल्ले का खेल खेल रहे हैं। श्याम और बलराम के अलग-अलग दो गोल बन गए। उन्होंने यादव वीरों को छाँट-छाँटकर, बीछ-बीछकर, अपने-अपने दल में ले लिया। सब यादव कुँवर उच्चैश्रवा जैसे घोड़ों की पीठ पर बैठ-बैठकर आ निकले। वे घोड़े रंग-रंग के हैं—नीले, सुरंग (लाल), कुमैत (स्याही लिए लाल), श्यामे। इन पर सब सवारों की रुचि के अनुसार रंग-रंग की झूलें पड़ी हुई हैं। ये भाँति-भाँति की हैं, रंग-रंग की हैं और बिजली के समान चमचमाए जा रही हैं। इन घोड़ों पर जड़ाऊ जीन कसी हुई है, जो अपनी जगमगाहट से देखने वालों की आँखों को चौंधिया देती हैं, भ्रम में डाल देती हैं। सुर, नर, मुनि, कौतुकपूर्वक टकटकी लगाकर, लुभाकर, इन सजे घोड़ों को देखते ही रह जाते हैं। श्याम अपने घोड़े पर चढ़े हुए, उसे कुदाते हुए गेंद को लेकर, आगे निकल गए। तभी बलराम अचानक अपने घोड़े पर चढ़े हुए हरि के पास पहुँच गए। सभी यादव-कुँवर अपने-अपने घोड़ों पर सवार वहाँ जा पहुँचे, जहाँ गेंद के साथ श्याम थे। श्याम गेंद को छोड़ नहीं रहे थे, कोई उनसे गेंद छुड़ा ही नहीं पा रहा था। बलराम के रहते हुए भी, श्याम ने छल बल करके गेंद जीत ही ली।

रुक्मिणी मंगल

२७९३/४७८५ राग बिलावल

रि हरि, हरि हरि, सुमिरन करौ। हरि चरनारविंद उर धरौ॥
रि सुमरन जब रुकमिनि कर्‌यौ। हरि करि कृपा ताहि तब बर्‌यौ॥
हौं सो कथा सुनौ चित लाइ। कहै सुनै सो रहै सुख चाइ॥
ुंडिनपुर को भीषमराइ। विष्नु-भक्ति को तिहि चित चाइ॥
क्म आदि ताके सुत पाँच। रुक्मिनि पुत्री हरि रँग राँच॥
पति रुक्म सौं कह्यौ बनाइ। कुँवरि जोग वर श्री जदुराइ॥
क्म रिसाइ पिता सो कह्यौ। जदुपति व्रज जो चोरत मह्यौ॥
क्मिनि कौं सिसुपालहिं दीजै। करि बिवाह जग मैं जस लीजै॥
ह सुनि नृप नारी सौं कह्यौ। सुनि ताकौं अंतरगत दह्यौ॥
क्म चँदेरी विप्र पठायौ। व्याह काज सिसुपाल बुलायौ॥
ो बारात जोरि तहँ आयौ। श्री रुकमिनि के मन नहिं भायौ॥
ह्यौ मेरे पति श्री भगवान। उनहिं बरौं कै तजौ परान॥
ह निहचै करि पत्री लिखी। बोल्यौ विप्र सहज इक सखी॥
ती दै कह्यौ बचन सुनाइ। हरि कौ दै कहियौ या भाइ॥
ीषम-सुता रुकमिनी बाम। 'सूर' जपति निसि दिन तुव नाम॥

हरि हरि, हरि हरि जपते रहो और हरि के चरण कमलों को हृदयंगम किए रहो। ब रुक्मिनी ने हरि का स्मरण किया, तब हरि ने कृपा करके अपनी पत्नी के रूप में गीकार कर लिया। मैं अब वही रुक्मिणी विवाह की कथा कह रहा हूँ। जो इस कथा कहेगा, जो इस कथा को सुनेगा, वह अवश्य ही सुख पावेगा।

कुंडिनपुर का राजा भीष्म था। उसके चित्त में विष्णु-भक्ति का चाव था। वह ष्णुभक्त था। उसके रुक्म आदि पाँच पुत्र थे। उसकी पुत्री रुक्मिणी थी, जो हरि (कृष्ण) प्रेम में रँग उठी थी। राजा भीष्म ने अपने बड़े पुत्र रुक्म से कहा—बेटी रुक्मिणी के ग्य वर यदुपति कृष्ण हैं। तब रुक्म ने क्रोध करके अपने पिता भीष्म से कहा—वही दुपति, जो व्रज में मट्ठा की चोरी करता फिरता था?, वह चोर मेरी बहन के योग्य वर थमपि नहीं हो सकता। मेरी राय तो यह है कि रुक्मिणी का विवाह चँदेरी नरेश शिशुपाल कर दिया जाय। यह विवाह करके हम संसार में प्रतिष्ठा भी प्राप्त कर सकते हैं।

रुक्म की वह बात राजा भीष्म ने अपनी पत्नी से कही। रानी का हृदय रुक्म का ताव सुनकर भीतर ही भीतर जल उठा, पर वह कुछ बोल न सकी।

इधर रुक्म ने माता-पिता की अनसुनी करके, बहन की इच्छा के प्रतिकूल चँदेरी में ना एक ब्राह्मण भेज दिया और रुक्मिणी से विवाह करने के लिए शिशुपाल को डिनपुर आमंत्रित किया। वह बरात इकट्ठी करके कुंडिनपुर आया। रुक्मिणी के मन को बात अच्छी नहीं लगी। उसने कहा मेरे पति तो भगवान कृष्ण हैं। मैं या तो उनका रूप में वरण करूँगी अथवा असफल-मनोरथ होने पर अपने प्राण तज दूँगी।

ऐसा निश्चय करके रुक्मिणी ने श्रीकृष्ण के नाम एक पत्र लिखा और अपनी एक सर से एक विश्वस्त ब्राह्मण को बुलवाया। उसे यह चिट्ठी दे दी और मौखिक रूप से यह क दिया—यह चिट्ठी हरि (कृष्ण) को दे देना और उनसे मेरी ओर से इस प्रकार निवे भी कर देना कि कुंडिनपुर नरेश भीष्म की रुक्मिणी नामक बेटी आपका नाम रात दि बराबर जपा करती है।

२७१४/४७८६ *राग कान्ह*

द्विज पाती दै कहियो स्यामहिँ ।
कुंडिनपुर की कुँवरि रुकमिनी, जपति तिहारे नामहिँ ।
पा लागौं तुम जाहु द्वारिका, नंद-नँदन के धामहिँ ।
कंचन चीर-पटंबर दैहौं, कर कंकन जु इनामहिँ ।
यह सिसुपाल असुचि अज्ञानी, हरत पराई बामहिँ ।
'सूरस्याम' प्रभु तुम्हरौ भरोसौ, लाज करौ किन नामहिँ ॥

रुक्मिणी ने ब्राह्मण-देवता के हाथ में चिट्ठी दे दी और कहा—ब्राह्मण मैं तुम्हें प्रण करती हूँ। श्याम के नाम मेरी यह चिट्ठी लेकर तुम श्याम के धाम द्वारिका चले जाओ यह चिट्ठी तुम उन्हें दे देना और उनसे कहना—कुंडिनपुर (विदर्भ) की राजकुम रुक्मिणी तुम्हारे ही नाम की माला जपती रहती है। चंदेरी नरेश शिशुपाल अपवित्र अ महा मूर्ख है। वह तुम्हारी पत्नी मुझ रुक्मिणी का हरण कर लेना चाहता है। हे श्या मुझे एकमात्र भरोसा तुम्हारा ही है। अपने नाम की लाज रखो और मेरा अपहरण होने मुझे बचाओ।

विप्र जब तुम द्वारिका से लौटकर आओगे, तब मैं तुम्हें स्वर्ण, हाथ का कंकण अ रेशमी वस्त्र पुरस्कार में दूँगी।

२७१५/४७८७ *राग का*

पाती दीजौ स्याम सुजानहिँ ।
मुख संदेस सुनाइ दीजियौ, मोहिँ दीन करि जानहिँ ।
श्री हरि जोग रुकमिनी लिखितं, विनय सुनौ प्रभु कानहिँ ।
बाँचत बेगि आइयौ माधौ, धरौ जात मेरे प्रानहिँ ।
समुझत नाहिँ दीन दुख कोऊ, हरि-भख जंबुक-पानिहिँ ।
मनि मरकट कौं देत मूढ़ मति, मृगमद रज मैं सानहिँ ।
सब लौं दुःख सहौं दरसन बिनु, भई मीन बिनु पानिहिँ ।
'सूरदास' प्रभु अधर सुधाधर बरसि, देहु जिय दानहिँ ॥

हे ब्राह्मण-देवता, मेरी यह चिट्ठी ले जाकर चतुर शिरोमणि श्याम को दे देना जबानी यह संदेश भी कह देना कि हे श्याम, मुझे अत्यंत दीन समझें। रुक्मिणी ने यों लिखा—

सिद्धि श्री सर्वोपमा योग्य श्री हरि को रुक्मिणी लिख रही है। हे प्रभु, मेरी बि कान लगाकर, ध्यानपूर्वक, सुनिए। हे माधव, चिट्ठी पढ़ते ही तुरंत चले आओ और

शरीर से निकल जाते हुए मेरे प्राणों को पकड़ लो। कोई भी मुझ दीन दुखी के दुख को नहीं समझ पा रहा है। सिंह के आखेट को अब सियार हथियाना चाहता है। मेरा मूढ़मति भाई रुक्म मुझ मणि को मर्कट शिशुपाल को दे देना चाहता है। वह मुझ कस्तूरी को धूल में सान देना चाहता है। मैं बिना पानी की, पानी से बाहर निकाल फेंकी गई मछली हो गई हूँ और तड़फड़ा रही हूँ। मैं तुम्हारे दर्शन के बिना कबतक यह दुख सहती रहूँ। हे प्रभु, सुधारूपी जल को धारण करने वाले अधर रूपी बादल से वर्षा करके मुझे प्राग-दान दो। मेरे निकलने वाले आतुर प्राणों को बचा लो।

२७९६/४७८८ राग सारंग

द्विज कहियौ हरि कौं समुझाइ।
तकत सृगाल सिंह कौ भोजन, दुरबल देखि छीनिकै खाइ।
काहे कौं नेम धर्म व्रत कीजै, माघ मास जल सीत अन्हाइ।
परमिति गऐं लाज तुमहीं कौं, हंस कौ भाग काग लै जाइ।
वै कहियत हैं चतुर सिरोमनि, सबके ठाकुर जादौराइ।
'सूरदास' प्रभु बेगि न आवहु, प्रान गऐं कह लैहौ आइ॥

हे द्विज, हरि को समझाकर कह देना। सिंह के भोजन की ताक में सियार लगा हुआ है। वह सियार मुझ आखेट को दुर्बल समझकर खा जाना चाहता है। मैंने कड़-कड़ाते शीत में भर माघ महीने में शीत जल में स्नान करके नेम, धर्म, व्रत का पालन किया है; यह कष्ट मैंने तुम्हारे लिए सहा है, शिशुपाल के लिए नहीं। मर्यादा का अति-क्रमण हो जाने पर, शिशुपाल द्वारा मेरा अपहरण हो जाने पर, हे प्रभु तुम्हारी ही लाज जायगी, तुम्हारी ही अप्रतिष्ठा होगी। देखिए हंस का भाग कौआ न ले जाने पावे। हे यादवराय, तुम सबके ठाकुर स्वामी कहलाते हो। और तुम चतुर शिरोमणि भी कहे जाते हो। हे प्रभु, शीघ्रातिशीघ्र आ जाओ। जब मेरे प्राण निकल ही जायेंगे, तब आकर तुम्हें क्या मिलेगा?

२७९७/४७८९ राग सारंग

द्विज कहियौ जदुपति सौं बात।
बेद बिरुद्ध होत कुंडिनपुर, हंस के अंस काग नियरात।
जनि हमरे अपराध बिचारहु, कन्या लिख्यौ मेटि गुरु तात।
तन आतमा समरप्यौ तुमकौं, उपजि परी तातैं यह बात।
कृपा करहु उठि बेगि चढ़हु रथ, लगन समै आवहु परभात।
कृष्न सिंह बलि धरी तुम्हारी, लैबे कौं जंबुक अकुलात।
तातैं मैं द्विज बेगि पठायौ, नेम धरम मरजादा जात।
'सूरदास' सिसुपाल पानि गहै, पावक रचौं, करौं अपघात॥

हे द्विज, यदुपति कृष्ण से मेरी यह बात कहना—अब इस कुंडिनपुर में वेद की मर्यादा के विरुद्ध कार्य हो जाना चाहता है—मुझ पराई नारी का, तुम्हारी पत्नी का विवाह दूसरे पुरुष के साथ कर दिया जाना चाहता है। हंस के अंश मोती के निकट कौवा चोंच बढ़ाए

चला आ रहा है। मैं माता, पिता, बड़े भाइयों की अवज्ञा करके, कुमारी कन्या होते हुए तुम्हें लिख रही हूँ। यह अपराध है। पर तुम मेरे इस अपराध पर ध्यान मत दो, क्योंकि मैंने अपनी आत्मा और अपनी देह तुम्हें समर्पित कर दी है। इसीलिए मुझसे यह अपराध बन पड़ रहा है। प्रभु, अब कृपा करो और अपने रथ पर तुरत सवार हो जाओ और लग्न के दिन सबेरे ही यहाँ आ पहुँचो। हे कृष्ण रूपी केहरि, तुम्हारा आहार रखा हुआ है, इसे झपट लेने के लिए स्यार आकुल हो रहा है। मेरा नेम, धर्म, मर्यादा चली जाना चाहती है, इसीलिए मैंने जल्दी में तुम्हारे पास इन ब्राह्मण देवता को भेजा है। यदि शिशुपाल ने मेरा हाथ पकड़ लिया, तो मैं आग में जलकर आत्महत्या कर लूँगी।

२७९८/४७९० राग धनाश्री

हौं प्रभु जनम-जनम की चेरी।
भीषम भवन रहति हरिनी ज्यौं, लुब्धक असुर सैन मिलि घेरी।
अति संकट द्विज बेगि पठायौ, कहँ लौं कहौं कहौ बहुतेरी।
प्रातकाल सिसुपाल-काल तैं, जदुपति आवहिं नैंकु सबेरी।
कछु बिपरीत बात नहिं आवै, उपजी रीति ग्राह गज केरी।
'सूरदास' प्रभु कृष्न नृपति बिनु, प्रान बिना तन लागत ये री॥

हे प्रभु, मैं तुम्हारी जन्म-जन्मांतर की दासी हूँ। मैं अपने बाप भीष्म के घर में हरिनी के समान रह रही हूँ। असुर शिशुपाल रूपी बहेलिये ने मुझे अपनी सेना के साथ आ घेरा है। अपने ऊपर अत्यंत संकट आया जानकर मैंने यथाशीघ्र ब्राह्मण देवता को भेजा है। कहो, मैं कहाँ तक बहुत-बहुत कहूँ। लग्न के दिन सबेरे ही सबेरे कुछ जल्दी आकर हे यदुनाथ, शिशुपाल रूपी काल से मेरी रक्षा कर लीजिए। मुझसे इस समय इस बात के अतिरिक्त और कुछ नहीं कहते बन पा रहा है। अब तो गजग्राह वाली स्थिति आ गई है। हे प्रभु, अब राजा कृष्ण के बिना मेरा यह तन प्राण-विहीन प्रतीत हो रहा है।

२७९९/४७९१ राग मारू

(द्विज) बेगि धावहु, कहि पठावहु, द्वारिका लौं जाइ।
कुंडिनपुर इक होत अजगुत, स्यार घेरी गाइ।
दीन ह्वै करि करौं बिनती, पाती दीजहु जाइ।
रुक्म बीर बिवाह ठान्यौ, गनै पिता न माइ।
लगन सोधि बिवाह थाप्यौ, उनत मंडप छाइ।
पैज करि सिसुपाल आयौ, जरासंध सहाइ।
हंस कौ मैं अंस राख्यौ, काग कत मँडराइ।
गरुड़-वाहन कृष्न आवहु, 'सूर' बलि-बलि जाइ॥

हे ब्राह्मण देवता, शीघ्र ही दौड़ते हुए द्वारिका जाओ और श्यामसुंदर से संदेश कहकर उन्हें यहाँ शीघ्र भेजो। उनसे कहना—'कुंडिनपुर में एक अद्भुत बात होने जा रही है। स्यार ने गाय को घेर रखा है। मैं दीन होकर बिनती कर रही हूँ। द्विज, यह चिट्ठी जाकर द्वारकाधीश को देना। मेरे भाई रुक्म ने अपने मन से बलपूर्वक मेरा विवाह शिशुपाल से

ान दिया है, तै कर दिया है। वह माता पिता की भी बात नहीं मान रहा है। उसने लग्न ोधकर विवाह की तिथि निश्चित कर दी है, और विवाह का बहुत ऊँचा मंडप छवा दिया । दृढ़ निश्चय करके शिशुपाल भी मुझसे विवाह करने आ गया है। उसकी सहायता के लए मगध-नरेश जरासंध भी आ गया है। मैंने हंस के चुगने के लिए जो मोती रख छोड़ा , उसपर कौवा कैसे मँड़राये जा रहा है। हे अत्यंत वेगगामी गरुड़ पर सवारी करनेवाले ृष्ण, आ जाओ। मैं तुम्हारी बार-बार बलैया ले रही हूँ।'

२८००/४७९२ राग बिलावल

जैसैं जन की पैज न जाइ।
अंगीकार करहु प्रभु मेरे, सुनहु बिहारी राइ।
ताड़-पत्र पर दियौ लगन लिखि, विजय करहु जदुराइ।
नातरु मेरौ मरन होइगौ, असुर छुवैगौ आइ।
राजकुमारि सोचि जिय अपने, कर मीड़ै पछताइ।
'सूरदास' प्रभु कौ रथ आयौ, स्वेत धुजा फहराइ॥

'हे विहारीलाल, सुनो, मुझे पत्नीरूप में स्वीकार कर लो, जिससे तुम्हारी दासी का ंकल्प न जाने पावे और पूरा हो। मैंने ताड़पत्र पर विवाह का मुहूर्त लिख दिया है। इसके हले ही, हे यदुराय, आकर शत्रु पर विजय प्राप्त कर लो। यदि असुर ने आकर मुझे छू ी लिया, तो मेरा मरण निश्चित है।'

राजकुमारी रुक्मिणी मन में ऐसा सोचकर हाथ मींजती हुई पछताए जा रही है और तीक्षा करती जा रही है कि जिसपर सफेद पताका फहरा रही है, देखें—प्रभु का वह रथ ब आ पाता है।

२८०१/४७९३ राग सारंग

सखी पर होइँ, तौ उड़ि जाउँ।
जहँ वै बसत नंद के ढोटा, ढूँढ़ि लेउँ सोइ गाउँ।
कीजै कहा, भई जो ऐसी, कहौ तौ बिष-फल खाउँ।
हिरदै मेरैं दवा जरति है, गहिरे नीर अन्हाउँ।
बंधु-बैर कहिबौ जदुपति से, ठाढ़ो नहिं ठहराउँ।
'सूरदास' प्रभु असुर बिवाही, धरती फाटि समाउँ॥

रुक्मिणी अपनी अंतरंगा सखी से कह रही है—हे सखी, यदि मेरे पंख जम आते, मैं उड़ जाती और जहाँ पर नंद के पुत्र श्याम बसते हैं, रहते हैं, उस द्वारिकापुरी को ढ़ लेती। यदि मेरा विवाह हठपूर्वक शिशुपाल से कर ही दिया गया, तो मैं क्या कर कती हूँ। कहो तो मैं विष का फल धतूरा ही खाकर मर जाऊँ। मेरे हृदय में आग जल ही है, मैं कहीं गहरे पानी में नहाने के बहाने डूब ही मरूँ। तुम यदुनाथ से कह देना भाई के विरोध के मारे मुझे ठहरने के लिए भी, खड़े होने के लिए भी, कोई स्थान हीं रह गया है। यदि मैं असुर से विवाही ही गई, तो मैं धरती फोड़कर उसमें समा ऊँगी।

बाल मृगी-सी आँगन ठाढ़ी। नव बिरहिनि चित चिंता बाढ़ी।
तुम्हरौ पंथ निहारै स्वामी। कबहिँ मिलहुगे अंतरजामी।
मँडप देखि उर थर-थर करै। मनु चहुँ दिसि दौ लागी जरै।
नित बिवाह के दुंदुभि सुनि-सुनि। चक्रित मानौ महा सिंह धुनि।
सखिन की माल जाल जिय जानति। व्याध रूप सिसुपालहिँ मानति।
'सूरदास' जुग धरि बीतत छिनु। हरि नवरंग कुरंग पीय बिनु।

रुक्मिणी, हिरन की बच्ची के समान आँगन में खड़ी है। उस नवीन विरहिणी के म में चिंता बढ़ती जा रही है। वह मन ही मन कहे जा रही है—हे स्वामी, मैं तुम्हारा रास्त जोह रही हूँ। हे अंतर्यामी, तुम कब आकर मिलोगे? इस विवाह-मंडप को देखकर मे हृदय थरथर काँपता जा रहा है। लगता है जैसे चारों ओर आग लगी हुई है, जो मुझे जला दे रही है। विवाह के बाजे, नगाड़े, रोज रोज बजे जा रहे हैं, जिन्हें सुनकर मुझे ऐसा ल रहा है जैसे सिंह जोर जोर से गरजा जा रहा हो और मैं चकपकाई जा रही हूँ।

रुक्मिणी अपनी सखियों को भारी जाल और शिशुपाल को बहेलिया समझने लगी नवरंग कुरंग हरि के बिना उसे एक-एक क्षण युग-युग के समान बीतने लगा।

अध्याय-५३

२८०३/४७९५ राग सार

सुनत हरि रुकमिनि कौ संदेस।
चढ़ि रथ चले, बिप्र कौं सँग लै, कियो न गेह प्रवेस।
बारंबार बिप्र कौं पूछत, कुँवरि बचन सो सुनावत।
दीनबंधु करुना-निधान सुनि, नैन बीर भरि आवत।
कह्यौ हलधर सौं आवहु दल लै, मैं पहुँचत हौं धाइ।
'सूरज' प्रभु कुंडिनपुर आए, बिप्र सो जाइ सुनाइ॥

रुक्मिणी का संदेश सुनते ही हरि अपने रथ पर चढ़कर उस ब्राह्मण के साथ कुंडिन के लिए चल पड़े। वे सूचना देने के लिए घर के भीतर भी नहीं गए। वे बारंबार उस वि से पूछते जा रहे थे, राजकुमारी ने जो संदेश कहा है, उसे फिर से कहो। रुक्मिणी का संदे सुनकर दीनबंधु, करुणानिधान हरि की आँखों में पानी भर आया। उन्होंने बलराम कहा—दाऊ, आप सेना लेकर आइए, मैं तब तक कुंडिनपुर झटपट पहुँचा जा रहा हूँ

प्रभु कुंडिनपुर पहुँच गए। ब्राह्मण ने भी उनके आ जाने की सूचना रुक्मिणी जी जाकर दे दी।

२८०४/४७९६ राग सा

कुँवरि सुनि, पायौ अति आनंद।
मनहीं मन सु बिचार करति है, कब मिलिहैं नँद-नंद।
हार चीर पाटंबर दै करि, बिप्रहि गेह पठायौ।
पै यह भेद रुकमिनी निज मुख, काहू कहि न सुनायौ।

हरि आगमन जानि कै भीषम, आगे लैन सिधाए ।
'सूरदास' प्रभु दरसन कारन, नगर-लोग सब आए ॥

राजकुमारी रुक्मिणी कृष्ण के आ जाने का समाचार सुनकर परम प्रमुदित हो गई। वह मन ही मन विचार करने लगी कि नंदनंदन से कब भेंट होती है। उसने हार, चीर और रेशमी वस्त्र से पुरस्कृत करके ब्राह्मण को उसके घर भेज दिया। रुक्मिणी ने अपने मुँह से कृष्ण के कुंडिनपुर आ पहुँचने का भेद किसीसे भी नहीं कहा। हरि (कृष्ण) के आ पहुँचने की सूचना पाकर राजा भीष्म इनकी अगवानी करने के लिए आगे आए। नगर के अन्य सभी लोग भी कृष्ण का दर्शन करने के लिए आ गए।

२८०५/४७९७ राग आसावरी

देखि रूप सब नगर के लोग ।
बारंबार असीस देत हैं, हरि वर बन्यौ रुकमिनी जोग ।
जौ बिधि करि आनत चतुराई, और समुझ जग की सब रीति ।
तौ अजहूँ ये राज-सुता कौं, लै जैहैं सिसुपालहिं जीति ।
जे राजा कौतुक चलि आए, ते मुख निरखि कहत हैं बात ।
परत न पलक चकोर चंद लौं, अवलोकत लोचन न अघात ।
मनसा के दाता पूरन हैं, सुंदर वर वसुदेव-कुमार ।
'सूरदास' जाकैं जिय जैसी, हरि कीन्हौ तैसो व्यौहार ॥

कुंडिनपुर के सभी नागरिकों ने कृष्ण को देखा और बारंबार उन्हें आशीर्वाद देते हुए कहा—'राजकुमारी रुक्मिणी के लिए तो योग्य वर श्रीकृष्ण ही हैं। यदि ब्रह्मा कुछ ऐसी चतुराई कर जायँ और संसार की यह रीति समझ जायँ कि योग्य के साथ ही वैर व्याह और प्रीति की जाती है, तो अब भी शिशुपाल को जीतकर राजकुमारी रुक्मिणी को ये ले जायँगे।' जो राजा यों ही कुतूहलवश व्याह देखने चले आए थे, वे भी कृष्ण का मुख देखकर यह बात कहने लगे। उनकी पलकें गिर नहीं रही थी। वे टकटकी लगाकर कृष्ण का मुख-चंद्र चकोर के समान देखते जा रहे थे और उनके नेत्र हरि का मुख देखकर अघा नहीं पा रहे थे।

वसुदेव के सुंदर एवं श्रेष्ठ पुत्र श्रीकृष्ण सबकी मनोकामना पूरी करनेवाले हैं। उनके प्रति उस समय जिसकी जैसी भी मनोभावना थी, उन्होंने उनके साथ तदनुकूल ही व्यवहार किया।

२८०६/४७९८ राग बिलावल

सोच पोच निवारि री, उठि देखि, दीनदयाल आयौ ।
निरखि लोचन, बिपति-मोचन, कुँवरि फल बाँछ्यौ सो पायौ ।
सुनत भइ अकुलाइ ठाढ़ी, ज्यौं मृतक मधु दै जिवायौ ।
चढ़ि सदन वा बदन की छबि, निरखि दानव-दव बुझायौ ।
लै बुलाइ जु हिय लगायौ, हरषि मंगलचार गायौ ।
नैन आरती, अरघ आँसू, भेंट तन मन धन चढ़ायौ ।

जानिहौ व्रजनाथ जी की, कियो सो जो तुम बतायौ ।
अघ हरन सुनि परन-बस हरि, जानि हौं किहिं जोग भायौ ।
कृपा-सागर, गुननि आगर, दासि-दुख दिन ही बहायौ ।
भक्त के बस भक्त-वत्सल, बिदुर सातू साग खायौ ।
मुदित ह्वै, गइ गौरि-मंदिर, जोरि कर बहु बिधि मनायौ ।
प्रगटि तिहिं छिन 'सूर' के प्रभु, बाँह गहि, कियौ वाम भायौ ॥

रुक्मिणी की अंतरंगा सखी ने कहा,—'राजकुमारी, अब अपनी दुश्चिंता का निवारण करो। उठ बैठो। देखो तो दीनदयाल आ गए हैं। इन संकटमोचन कृष्ण को आँख भर देख लो। जिस फल की कामना तुम कर रही थीं, वह फल तो तुमको आ मिला है।'

सखी की यह बात सुनते ही, रुक्मिणी हड़बड़ा कर खड़ी हो गईं। लगा जैसे शव को अमृत पिलाकर जिला दिया गया हो। रुक्मिणी अपनी अटारी पर चढ़ गईं और उसने कृष्ण की मुखच्छवि को देखा। उन्हें देखकर उसके मन में दानव के भय की जो अग्नि जल उठी थी, वह बुझ गई। उसने कृष्ण को बुलवाया, उन्हें हृदय से लगा लिया। और प्रसन्न होकर मंगल-गीत गा उठी। उसने अपने नयनों से कृष्ण की आरती की, आँसुओं के जल से उनका पैर धोया, और भेंट में अपना तन, मन, धन सभी चढ़ा दिया। और कहा—'हे व्रजनाथ, तुम तो मेरे जी की सब बातें जानते ही हो।'

इस पर कृष्ण बोले—'तुमने जो बताया था, मैंने वही सब तो किया है। तुम्हारा संदेश सुनकर मैं तुरंत चला आया हूँ।'

इस पर रुक्मिणी पुन: बोली—हे प्रभु, तुम दया-सिंधु हो, पापों को हर लेनेवाले हो, तुम दीनों पर दया करनेवाले हो, यही तुम्हारी प्रतिज्ञा है। तुम्हारे इन्हीं गुणों को जानकर मुझे तुम्हें पत्र लिखकर बुलाना ही योग्य और उचित लगा। हे गुणागार, तुमने आकर, अपनी इस दासी के दुख के समस्त दिनों को बहा दिया, ढहा दिया। भक्तवत्सल भगवान अपने भक्तों के बस में रहते हैं। इसीलिए तुमने दुर्योधन के घर का मेवा त्यागकर विदुर के घर केले का साग और सत्तू खाया है।''

इसके अनंतर रुक्मिणी प्रसन्न होकर गौरी के मंदिर में पूजा करने चली गई। वहाँ उसने दोनों हाथ जोड़कर उनको अनेक प्रकार से मनाया, उनकी प्रार्थना की। उसी समय कृष्ण यहाँ आ प्रकट हुए और उसकी बाँह पकड़कर उसे अपने रथ पर बैठा लिया तथा उसकी कामना पूर्ण कर दी।

२८०७/४७९१ राग आसावरी

रुकमिनि देवी-मंदिर आई ।
धूप दीप पूजा-सामग्री, अली संग सब ल्याई ।
रखवारी कौं बहुत महाभट, दीन्हे रुकम पठाई ।
ते सब सावधान भए चहुँ दिसि, पंछी तहाँ न जाई ।
कुँवरि पूजि गौरी, बिनती करी, वर देउ जादवराई ।
मैं पूजा कीन्ही इहिं कारन, गौरी सुनि मुसकाई ।

पाइ प्रसाद अंबिका-मंदिर, रुकमिनि बाहर आई ।
सुभट देखि सुंदरता मोहे, धरनि गिरे मुरझाई ।
इहिं अंतर जादौपति आए, रुकमिनि रथ बैठाई ।
'सूरज' प्रभु पहुँचे दल अपनैं, तब सुभटनि सुधि पाई ॥

रुक्मिणी पूजा के लिए देवी-मंदिर में आई। धूप, दीप, पुष्प, नैवेद्य आदि सभी पूजा की सामग्रियाँ साथ की सखियाँ लिए हुए आईं। अग्रज रुक्म ने अपनी बहन रुक्मिणी की सुरक्षा के लिए अपनी सेना के महाभटों को लगा दिया था। वे चारों ओर से सावधान थे। वहाँ पंछी भी पर नहीं मार सकता था। राजकुमारी रुक्मिणी ने गौरी की पूजा की और उनसे प्रार्थना की—'हे माँ, मुझे यादवराय श्रीकृष्ण को पतिरूप में दो। मैंने तुम्हारी आज की यह पूजा इसी वर की प्राप्ति के लिए की है।' रुक्मिणी की प्रार्थना सुनकर देवी की मूर्ति मुसकुरा पड़ी। देवी का प्रसाद लेकर रुक्मिणी मंदरि के बाहर आई। उसकी सुंदरता देखकर रखवाले सुभट मोह गए और धरती पर मुरझाकर गिर गए। भटों की इसी मूर्च्छावस्था में यादवपति वहाँ आ गए, उन्होंने रुक्मिणी की बाँह पकड़कर उसे अपने रथ पर बैठा लिया। जब वे अपनी सेना में पहुँच गए, कहीं तब सुरक्षा सुभटों को होश आया और उन्होंने रुक्मिणी-हरण हो जाने की सूचना पाई।

२८०८/४८०० राग आसावरी

याही सूल रही सिसुपालहिं ।
सुमिरि-सुमिरि पछितात सदा वह, मान-भंग के कालहिं ।
दुलहिनि कहति दौरि दीजौ द्विज, पाती नंद के लालहिं ।
बर सु बरात बुलाई, बड़े हित, मनसि मनोहर बालहिं ।
आए हरषि हरन रुकमिनि, रिस लगी दनुज उर सालहिं ।
'सूरजदास' सिंह बलि अपनौ, लीन्हौ दलकि सृगालहिं ॥

शिशुपाल को यह बात सदा चुभती रही कि कृष्ण रुक्मिणी को उसकी मौजूदगी में हर ले गए और उसका मान भंग हो गया। वह इस बात को सोच-सोचकर सदा कुढ़ता रह गया। दुलहिनि रुक्मिणी ने स्वयं चिट्ठी लिखकर ब्राह्मण को दौड़ाया कि यह चिट्ठी नंदलाल को दे देना। उस मनोहर वामा ने बड़े प्रेम से अपने वर और बरात को स्वयं बुलाया। दूल्हा भी प्रसन्न होकर दुलहिनि का हरण करने के लिए आ गया। इससे दनुज शिशुपाल को भारी चुभन आ गई और वह क्रुद्ध हो उठा।

सिंह ने अपना भाग श्रृगाल से डपटकर छीन लिया।

अध्याय-५४

२८०९/४८०१ राग सोरठ

स्याम जब रुकमिनी हरि सिधाए ।
साल्व, दंतवक्र, वारानसी कौ नृप, चढ़े दल साजि मनौ अभ्र छाए ॥
साँग की झलक, चहुँ दिसा चपला चमक, गज गरज सुनत दिग्गज डराए ॥ १ ॥

स्याम बलराम सुधि पाइ सन्मुख भए, बान बरषा लगे करन सारे ।
रुकमिनी भय कियौ, स्याम धीरज दियौ, बान सौं बान तिनके निवारे ।
राम हल मुसल संभारि धार्‌यौ बहुरि, पेलि कै रथ सुभट बहु सँहारे ।
रुंड भकरुंड झुकि परे धर धरनि पर, गिरत ज्यौं बेग करि बज्र मारे ॥ २॥
जरासँध जीव लै भज्यौं रनखेत तैं, साल दँतवक्र या बिधि पराए ।
प्रात के समय ज्यौं भानु के उदय, तम लै होइ जात, उडुगन नसाए ।
गह्यौ भगवान सिसुपाल कौं जीवतैं, ताहि सौं बचन या बिधि उचारे ।
पुरुष क्यौं भाजिबे तैं मरन है भलो, जाइ सुर लोक, द्वारे उघारे ॥ ३॥
बहुरि भगवान सिसुपाल कौं छाड़ि दियौ, गयो निज देस कौं सो खिस्याई ।
सस्त्र धन छाँड़ि कै भाजि नरपति गए, जादवनि लै सु हरि दियौ लुटाई ।
रुकुम यह सुनि चल्यौ, सौंह करि नृपति सौं, स्याम बलराम कौं बाँधि ल्याऊँ ।
आइ ह्यां कह्यौ, सिसुपाल सौं मैं नहीं, आपनौ बल तुम्हैं अब दिखाऊँ ॥ ४॥
बान बरषा लग्यौ करन इहिं भाति कै, कृष्न जू तिन्हैं छिन मैं निवारे ।
आपने बान सौं काटि ध्वज रुक्म को, अस्व अरु सारथी तुरत मारे ।
रुक्म भू पर्‌यौ, उठि जुद्ध हरि सौं कर्‌यौ, हरि सकल सस्त्र ताके निवारे ।
बहुरि खिसियाइ भगवान कै ढिग चल्यौ, चलत ज्यौं पतँग दीपक निहारे ॥ ५॥
खड्ग लै ताहि भगवान मारन चले, रुकमिनी जोरि कर विनय कीन्हौ ।
दोष इन कियौ मोहिं, छमा प्रभु कीजियै, भद्र करि सीस, जिव-दान दीन्हौ ।
राम अरु जादवनि सुभट ताके हने, रुधिर करि नीर सरिता बहाई ।
सुभट मनु मकर अरु केस सेंवार ज्यौं, धनुष मछ, चर्म कूरम बनाई ॥ ६॥
बहुरि भगवान कैं निकट आए सकल, देखिकै रुक्म कौं हँसे सारे ।
कह्यौ भगवान सौं कहा यह कियो तुम, छाड़िबे तैं भलौ हुतौ मारैं ।
मरे तैं अप्सरा आइ ताकौ बरतिँ, भाजिहै देखि अब गेह नारी ।
प्रभु तुम्हरौ मरम रुक्म जान्यौ नहीं, छाँड़ि दीजै याहि अब मुरारी ॥ ७॥
रुक्म सिर नाइ या भाँति बिनती करी, बुद्धि बल मर्म तुम्हरौ न जानौं ।
प्रभु तुम, अनँत तुम, तुमहिँ कारन करन, मैं कौन भाँति तुमकौं पछानौं ।
दीनवंधु, कृपासिंधु, करुना करन, सुनि विनय, दया करि छाँड़ि दीन्हौ ।
बहुरि निज नगर पैठ्यौ न सो लाज करि, तरैं पुनि आपनौ वास कीन्हौ ॥ ८॥
आइ भीषम दियौ दाइज ता ठौर बहु, स्याम आनँद सहित पुर सिधाए ।
सुनत द्वारावती माहिँ उत्सव भयौ, 'सूर' जन मंगलाचार गाए ॥ ९॥

श्याम जब रुक्मिणी का हरण करके द्वारिका के पथ पर चल पड़े, तब शाल्व, दंतवक्र और काशी नरेश अपनी अपनी सेना सजाकर उनका मार्गावरोध करने के लिए चल पड़े। उनकी सेना क्या थी, मानो बादलों ने आसमान को आच्छादित कर लिया हो। उनकी सांगे (त्रिशूल के सदृश लौहास्त्र) चमचमा उठीं, जैसे बादल में बिजली दमक रही हो। उनके

ाथियों की चिग्घाड़ को सुनकर दिशाओं को थामे रहनेवाले दिग-दंती भी डरे जा हे थे॥ १॥

श्याम और बलराम ने जब शत्रु सेना को घेरते आने का समाचार पाया, तब वे सामने आकर डट गए। सब के सब लोग वाण-वर्षा करने लगे। रुक्मिणी डर गई, पर श्याम ने उसे धीरज बँधाया। उन्होंने शत्रु की वाण-वर्षा को अपनी वाण-वर्षा से रोक दिया। बलराम ने अपना हल मूसल सँभाला और खेल ही खेल में शत्रु-पक्ष के बहुत से सुभटों का संहार कर डाला। रथों को तोड़-फोड़ डाला। भटों के बहुत से रुंड (कबंध) और मुंड भरभराकर धरती पर गिर पड़े। वे ऐसे वेग से गिर पड़े, जैसे किसी ने वज्र से मारकर उन्हें गिरा दिया हो॥ २॥

जरासंध रण-क्षेत्र से अपने प्राण बचाकर भाग निकला। इसी प्रकार शाल्व और दंतवक्र भी पलायमान हो गए। जैसे प्रभात काल में सूर्योदय होते ही अंधकार का तो लय (विनाश) हो ही जाता है, तारे भी नष्ट हो जाते हैं। भगवान कृष्ण ने शिशुपाल को जीवित पकड़ लिया और उससे इस प्रकार कहा—पुरुष का मर जाना अच्छा, रण से भागना अच्छा नहीं। उसे सीधे स्वर्ग चले जाना चाहिए। स्वर्ग के द्वार उनके लिए खुले हैं॥ ३॥

फिर भगवान कृष्ण ने शिशुपाल को छोड़ दिया। वह कुढ़ कर अपने देश को लौट गया। साथ में जो राजा आए थे, वे भी अपने हथियार और धन छोड़ छोड़कर भाग गए। हरि कृष्ण ने उन्हें लेकर यादव वीरों में लुटा दिया।

यह सुनकर रुक्म, अपने पिता राजा भीष्म से शपथ खाकर, चला कि मैं श्याम और बलराम को अभी बाँधे लिए आता हूँ। वह आया और ललकार कर बोला—मैं शिशुपाल सा नहीं हूँ। अभी मैं तुम्हें अपना बल दिखाता हूँ और बाँधे लेता हूँ॥ ४॥

रुक्म इस प्रकार कहकर वाण-वर्षा करने लगा। कृष्ण ने क्षण भर में उन वाणों को रोक दिया। उन्होंने अपने वाण से रुक्म के रथ की ध्वजा काट दी और उसके रथ के घोड़ों और सारथी को तत्काल मार गिराया। रुक्म पृथ्वी पर गिर पड़ा, पर वह तुरंत फिर उठ खड़ा हुआ और हरि से युद्ध करने लगा। हरि ने उसके सभी शस्त्रों को भी रोक दिया। फिर वह खिसियाकर कृष्ण के पास गया, जैसे दीपक को देखकर पतंगा उसकी ओर जलने के लिए चल पड़ा हो॥ ५॥

तब भगवान कृष्ण रुक्म को तलवार लेकर मारने के लिए उद्यत हो गए। इस पर रुक्मिणी ने हाथ जोड़कर उनसे बिनती की—प्रभु, इस मेरे भाई ने मेरे साथ भारी अपराध किया है, पर इसे क्षमा कर दीजिए। इसपर हरि ने इसका सिर मुड़वाकर उसे प्राणदान दे दिया। बलराम और यादवों ने रुक्म के वीरों को मार डाला। उनके रक्त की नदी सी बन गई। योद्धा मानों घड़ियाल लग रहे थे। उनके केश शैवाल से जान पड़ रहे थे। उनके धनुष बड़े-बड़े मच्छ और उनकी ढालें कछुओं सी जान पड़ रही थीं॥ ६॥

फिर सभी यादव वीर लौटकर भगवान के पास आए। वे रुक्म का सिर मुड़ा देखकर हँस पड़े और वे कृष्ण से कह उठे—तुमने यह क्या किया? इस प्रकार अपमानित करके छोड़ने से तो अच्छा था कि इसे मार ही डालते। यदि यह युद्ध में मरता तो स्वर्ग में अप्सराएँ इसको पति रूप में वरण करतीं। अब तो इसको देखकर इसकी धर्मपत्नी भी छोड़कर भाग

जाएगी। प्रभु तुम्हारे मर्म को, तुम्हारी महिमा को, रुक्म ने नहीं समझा था। हे मुरारी, अब इसे छोड़ ही दीजिए॥ ७॥

इस पर रुक्म ने सिर झुकाकर इस प्रकार बिनती की—'मैंने तुम्हारी बुद्धि, तुम्हारे यश का भेद नहीं जाना था। तुम प्रभु हो, तुम अनंत हो, तुम्हीं कारण हो—तुम्हीं से सृष्टि बनी है, और तुम्ही करण हो—तुम्ही सृष्टि बनानेवाले हो। मैं तुम्हें किस प्रकार पहचान पा सकता था।'

दीन बंधु, कृपा संधु, करुणाकरन प्रभु ने रुक्म की प्रार्थना सुनकर, दया कर उसे छोड़ दिया। वह लजाकर फिर अपने नगर कुंडिनपुर वापस नहीं गया। वहीं उसने अपना 'भोजकाट नगर' बसा लिया और वहीं रह गया॥ ८॥

उस स्थल पर राजा भीष्म आए। उन्होंने कृष्ण को बहुत सा दहेज दिया। श्याम सानंद द्वारिकापुरी वापस गए। श्याम के विजयी होकर, नई दुल्हन के साथ आता हुआ सुनकर, द्वारिकावासियों ने बड़ा आनंदोत्सव मनाया और मंगलचार गाया॥ ९॥

२८१०/४८०२ राग आसावरी

देखहिं दौरि द्वारिकावासी।

सुनत सकल रिपु जीति, रुकमिनी लै, आए जदुपति अबिनासी।
नगर निकट रथ आनि अगमने, राजत रुचिर रूप दोउ रासी।
प्रभु पाछैं बैठी श्री सोभित, जनु घन मैं चंद्रिका प्रकासी।
लेत बलाइ, करत न्यौछावरि, बलि भुजदंड कितक अरि त्रासी।
नर नारिनि के नैन निरखि भए, चातकि रितु बरषा की प्यासी।
सजि आरती, कलस लै धाईं, चीन्हि परति कुलबधू न दासी।
देस-देस भयो रहस 'सूर' प्रभु, जरासंध सिसुपाल की हाँसी॥

द्वारिकावासियों ने सुना कि सभी शत्रुओं को जीतकर, रुक्मिणी को लेकर, अविनाशी यदुनाथ द्वारिका लौटे आ रहे हैं। वे दौड़कर दर्शनार्थ आगे बढ़ आए। कृष्ण का रथ और लोगों के आने के पहले ही नगर के निकट आकर रुक गया था। उसमें अतुलित रूप की राशि श्याम और रुक्मिणी सुशोभित हो रहे थे। आगे कृष्ण बैठे थे। उनके पीछे रुक्मिणी जी बैठी थीं। वे अत्यंत श्री से संयुक्त थीं। लगता था जैसे बादल में बिजली कौंध रही हो। लोग दंपति की बलैया लेते हुए धन निछावर करके लुटाने लगे और कितने ही शत्रुओं का विनाश कर देनेवाले श्याम के भुजदंडों की अभ्यर्थना करने लगे। इस जोड़ी को देखकर समस्त नर-नारियों के नेत्र स्वाति-नक्षत्र के जल की प्यासी चातकी से हो गए थे। सभी नारियाँ, जिन्हें पहचान पाना कठिन था कि कौन कुल वधू है और कौन दासी, आरती सजाकर, मंगल घट लेकर, स्वागतार्थ आ गईं। देश-देश में आनंद मंगल छा गया। जरासंध और शिशुपाल की हँसी उड़ाई जाने लगी।

२८११/४८०३ राग धनाश्री

आवहु री मिलि मंगल गावहु।

हरि रुकमिनी लिए आवत हैं, यह आनँद जदुकुलहिं सुनावहु।

बाँधहु बंदनवार मनोहर, कनक-कलस भरि नीर धरावहु।
दधि अच्छत फल फूल परम रुचि, आँगन चंदन चौक पुरावहु।
कदली जूथ अनूप किसल दल, सुरँग सुमन लै मंडल छावहु।
हरद दूब केसर मग छिरकहु, भेरी मृदँग निसान बजावहु।
जरासंध सिसुपाल नृपति तैं जीते हैं, उठि अरघ चढ़ावहु।
बल समेत तन कुसल 'सूर' प्रभु, आए हैं, आरती बनावहु॥

द्वारिकी का नागरिकाएँ परस्पर कह रही हैं—आओ आओ, हम लोग मिलजुल कर समवेत स्वर में मंगलगीत गाएँ। हरि रुक्मिणी को लिए हुए आ रहे हैं। यह आनंद समाचार समस्त यदुकुल में पहुँचा दिया जाय। अपने अपने दरवाजों पर बढ़िया बंदनवार बाँध दो। सोने के कलशों में जल भर कर हर द्वार पर रख दो। दही, अच्छत, फल, फूल सभी ले चलो। आंगन में चंदन से चौक पूर दो। केले के खंभों और अरुण नव पल्लवों और रंग बिरंगे फूलों को लेकर पंडाल छा दो। हरदी, दूब, केसर का मार्ग में छिड़काव कर दो। नगाड़ा, मृदंग और डंका आदि वाद्य बजाकर आनंद मनाओ। हमारे कन्हैया शिशुपाल और जरासंध जैसे दुर्धर्ष राजाओं को जीतकर आ रहे हैं। चलो उन्हें अर्घ पाद्य चढ़ाकर उनका स्वागत किया जाय। बलराम के सहित हमारे प्रभु सकुशल शरीर आ गए हैं। चलो उनकी आरती उतारी जाय।

२८१२/४८०४ राग बिलावल

श्री जादौपति व्याहन आयौ।
धनि धनि रुकमिनि हरि बर पायौ।
स्याम घन हरि परम सुंदर, तड़ित बसन बिराजईं।
अंग भूषन सूर ससि, पूरन कला मनु राजईं।
कमल मुख, कर कमल लोचन, कमल मृदु पद सोहईं।
कमल नाभि कपोल सुंदर, निरखि सुर मुनि मोहईं॥ १॥
सुधा सरोवर चिबुक अनूपम।
ग्रीव कपोत, नासिका कीर सम।
कीर नासा, इंद्रधनु भ्रू, भँवर सी अलकावली।
अधर विद्रुम, वज्रकन दाड़िम किधौं दसनावली।
खौरि केसर अति बिराजत, तिलक मृगमद को दियौ।
काम रूप बिलोकि मोह्यौ, वास पद-अंबुज कियौ॥ २॥
वसुद्यौ-नंदन, त्रिंभुवन-वंदन।
मुकुट तरनि, मनि कुंडल स्त्रवनन।
मुकुट कुंडल जरित हीरा, लाल, सोभा अति बनी।
पन्ना पिरोजा लगे बिच-बिच, चहूँ दिसि लटकत मनी।
सेहरा सिर मुकुट लटकत, कंठ माला राजई।
हाथ पहुँची हीर की, नग जरित मुदरी भ्राजई॥ ३॥

उर बैजंती सोभा अति बनि।
चरननि नूपुर, कटि-तट किंकिनि।
किंकिनी कटि, चरन नूपुर, सब्द सुंदर कूजई।
कोकिला कलहंस बोल रसाल तिनहिं न पूजई।
तुरी ताजी बिना ताजन, चपल चपला श्री हरी।
जीन जरित जराय पाखरि, लगी सब मुक्ता लरी ॥ ४ ॥

चढ़े जदुनंदन बनक बनाइ के।
सजि बरात चले जादव चाइ के।
चले साजि बरात जादौ, कोटि छप्पन अति बली।
उग्रसेन वसुदेव हलधर, करत मन मन अति रली।
संख भेरि निसान बाजे, बजैं बिबिध सुहावने।
भाट बोलैं बिरद, बीर बचन कहँ मनभावने ॥ ५ ॥

सुरपति आयौ सँग आपुन सची।
सोधि मुहूरत चौरी बिधि रची।
रची चौरी आपु ब्रह्मा, जटित खंभ लगाइ कै।
इंद्र सुर घरनी सहित बैठे, तहाँ सुख पाइ कै।
चौक मुक्ताहल पुरायौ, आइ हरि बैठे तहाँ।
निरखि सुर नर सकल मोहे, रहि गए जहँ के तहाँ ॥ ६ ॥

कुँवरि रुकमिनी कमला औतरी।
ससि सोडष कला सोभ-तन धरी।
कुँवरि ससि सोडष कला, सृंगार करि ल्याईं अली।
वेद-बिधि कियौ व्याह बिधि, वसुदेव मन उपजी रली।
पुहुप वरषहिं हरषि सुर, गंधर्व किन्नर गावहीं।
सारदा नारद सुजस उच्चार जयति सुनावहीं ॥ ७ ॥

विप्रनि गो दीन्ही बहुत जुगुति करि।
किए अजाची जाचक जन बहुरि।
बहुरि निज मंदिर सिधारे, करी सुभद्रा आरती।
देवकी पियौ वारि पानी, दै असीस निहारती।
जुवा जुवति खिलाइ, कुल-व्यौहार सकल कराइयौ।
'सूर' जन मन भयौ आनँद, हरषि मंगल गाइयौ ॥ ८ ॥

[श्री कृष्ण रुक्मिणी को हर लाए थे। उनके वैवाहिक कृत्य द्वारिका में ही सम्पन्न हुए।]

श्री यादवपति व्याह करने के निमित्त आए। रुक्मिणी को धन्य है, जिसने हरि को

र रूप में पाया। दूलह श्याम घन के समान परमसुंदर हैं। उनके शरीर पर बिजली की आभा वाला पीतांबर शोभा दे रहा है। उनके अंगों पर जो आभूषण हैं, वे ऐसे लग रहे हैं जैसे अपनी सभी कलाओं से युक्त होकर सूर्य और चंद्र ही सुशोभित हो रहे हैं। उनका मुँह कमल जैसा है, कर कमल जैसे हैं, लोचन कमल जैसे हैं और पैर भी कमल ही जैसे लाल और कोमल हैं।

'नव-नील-लोचन, कंजमुख, कर कंज, पद कंजारुणम्'।

उनकी नाभि कमल सी है, कपोल भी कमल जैसे सुंदर हैं। जिन्हें देखकर सभी सुर मुनि मोहित हुए जा रहे हैं॥ १॥

उनकी ठुड्डी सरोवर जैसी अनुपम है। उनकी गरदन कबूतर की गरदन सी और नासिका शुक की चोंच जैसी है। उनकी भौंहें इंद्र-धनुष सी है। उनकी अलकावली काले भँवरे सी है। उनके होठ मूँगा जैसे लाल हैं। उनके दाँत हीर कण से हैं, अनार के दाने जैसे हैं। उनके ललाट पर केसर की तिरछी रेखाओं वाला तिलक है। उसपर कस्तूरी का टीका दे रखा है। कृष्ण के रूप को देखकर कामदेव मोहित हो गया और उनके चरणकमलों में आकर बस गया है॥ २॥

वसुदेव के पुत्र, तीनों लोकों के लोगों के द्वारा वंदनीय श्रीकृष्ण के सिर पर मुकुट सूर्य के समान देदीप्यमान हो रहा है। उनके कानों में मणियों से जटित स्वर्णकुंडल शोभा दे रहे हैं। उनके मुकुट और कुंडल हीरा, लाल आदि मणियों से सुशोभित हैं। उनमें बीच-बीच में पन्ना और पीरोजा भी लगे हुए हैं। इनमें चारों ओर मणियों के गुच्छे लटक रहे हैं। सिर पर स्थित मुकुट में पुष्पमाला लटक रही है। गले में भी माला सुशोभित हो रही है। हाथों में हीरे की पहुँची है। नग से जड़ी अँगूठियाँ उँगलियों में शोभा दे रही हैं॥ ३॥

वक्षस्थल पर वैजयंती की माला सोह रही है। वे चरणों में नुपूर और कमर में किंकिणी (करधन) पहने हुए हैं। नूपुर और किंकिणी से मधुर शब्द निकल रहे हैं, जिनकी बराबरी कोयल और कलहंस के रसमय बोल भी नहीं कर सकते। एक ताजी घोड़े पर श्री हरि सवार हैं। बिना कोड़ा लगाए हुए ही वह बिजली से भी तेज चाल से चलने वाला है। उसका जीन जड़ाऊ है और जीन पर रखे पाखर (झूल) में मोतियों की लड़ी की झालर लगी हुई है॥ ४॥

यदुनंदन श्रीकृष्ण उस घोड़े पर दूलह के वेश में चढ़ गए। सभी यादव बरात सजाकर प्रेमपूर्वक चल पड़े। छप्पन कोटि अत्यंत बलवान यादव बरात सजाकर चल पड़े। राजा उग्रसेन, वसुदेव, हलधर सभी थे और वे मन ही मन प्रफुल्ल होकर रंगरली करते चल रहे थे। शंख, नगाड़ा, निशान तथा अन्य अनेक भाँति भाँति के सुहावने बाजे बजने लगे। बंदीजन, विरदावली बखानने लगे और मन को अच्छी लगने वाली शौर्य की बातें कहने लगे॥ ५॥

देवराज इंद्र प्रिया शची के साथ बरात में शामिल होने आए। शुभ मुहूर्त शोधकर ब्रह्मा ने विवाह की बेदी बना दी। ब्रह्मा ने जड़ाऊ खंभे लगाकर चौरी बनाई। इंद्र और अन्य सभी देवगण वहाँ अपनी-अपनी पत्नियों के साथ आकर बैठे और उन्होंने वहाँ बैठकर

परम सुख पाया। मोतियों से चौक पूर दिया गया। हरि उस चौक में आकर बैठ गए। उन्हे दूलह वेश में देखकर सुर नर सभी मोहित हो गए और जहाँ के तहाँ बैटे रह गए॥ ६॥

राजकुमारी रुक्मिणी लक्ष्मी का अवतार हैं। वे सोलहों कलाओं से संयुक्त शशि के समान शोभा धारण किए हुए हैं। सोलहों कलाओं से युक्त चंद्रमा के समान रुक्मिणी को सोलहों शृंगारों से सजाकर सखियाँ विवाह वेदी पर लाईं। ब्रह्मा ने वेद की विधि से उनका विवाह संपन्न कराया। इस विवाह को देखकर वसुदेव के मन में भारी हर्षोल्लास छा गया देवता लोग प्रफुल्लित होकर फूल बरसाने लगे। गंधर्व और किन्नर विवाह के मंगल-गीत गाने लगे। सरस्वती और नारद सुयश बखान कर जय जयकार करने लगे॥ ७॥

वसुदेव ने ब्राह्मणों को बहुत सजा बजाकर गायें दान में दीं। फिर याचकों को इतना दे दिया कि अब वे अयाचक हो गए, उन्हें अब कहीं और माँगने की आवश्यकता ही नहीं रह गई। विवाहोपरांत कृष्ण और रुक्मिणी दोनों अपने सदन में पधारे। यहाँ बहन सुभद्रा ने उनकी आरती उतारी। मैया देवकी ने उनके सिर के चारों ओर कलश घुमाकर पानी पिया और आशीष देकर नवदंपति का मुँह देखने लगीं। युवतियों ने रुक्मिणी और श्याम को जुआ खिलाया और कुल के अन्य अन्य सभी व्यवहार कराए। उन्हें आनंद हुआ और इस खुशी में उन्होंने मंगल गीत गा सुनाए॥ ८॥

२८१३/४८०५ राग सारंग

तोसों गारि कहा कहि दीजै।
बप जुग, नावँ कौन कौ लीजै।
बप जुगल, काकौ नावँ लीजै, जाति गोत न जानियै।
बिनु रूप, बिनु अनुहार, औरै का बखान बखानियै।
सब सोधि रहे, नहिँ सौधि पाए, बिनु सुधे कह कीजियै।
बलि जाउँ जादौपति तुम्हारी, गारि का कहि दीजियै॥ १॥
तेरी माइ सकल जग खोयौ।
सो को जो इहि मिलि न बिगोयो।
सो को, जु मिलि करि नहिँ बिगोयौ, फिरति निसि-बासर बनी।
सिर सेत पट, कटि नील लहँगा, लाल चोली बिनु तनी।
कछु मंद मुख मुसकाइ, सुर नर नाग भुज भीतर लिए।
बलि जाउँ जादोपति, तुम्हारी माइ कुल बिनु तुम किए॥ २॥
कछु कहि न जाइ गति ताकी।
नित रहति मदन मद छाकी।
नित रहति मन्मथ मदहिँ छाकी, निलज कुच झाँपति नहीं।
ता देखि देखि जु छैल मोहन, बिकल ह्वै धावत तहीं।
इक परत उठत, अनेक अरुझत, मोह अति मनसा गही।
इहि भाँति कथा अनेक ताकी, कहतहूँ न परै कही॥ ३॥

वह तौ नित नूतन रति जोरै।
चित चितवन ही मैं सो चोरै।
अति चतुर चितवन चित चुरावति, चलत ध्रुव धीरज हरै।
फिरि चमक चोप लगाइ चंचल, नेह नित आतुर करै।
वा भौंह की छबि निरखि नैननि, सु को जु न व्रत तैं टरै।
इहिं भाँति चतुर सुजान समधिन, सकति रति सब सौं करै॥४॥
इनहीं भूलि रहे सब भोगी।
बस कीन्हे बाम्हन अरु जोगी।
बस कि बाम्हन बहुत जोगी, छत्रपति केते कहौं।
औरौ जगत के जीव जल थल, गनत सुनत न सुधि लहौं।
ते परम आतुर काम कातर, निरखि कौतुक नित नए।
इहि भाँति समधिन संग, निसि दिन फिरत भ्रम भूले भए॥५॥
अब तुम हौ परम सयाने।
तुम ठाकुर सब जग जाने।
तुम सबनि के ठाकुर कृपानिधि, सुजस सब जग गाइयै।
या लोक के उपहास कारन, बरजि ताहि मिटाइयै।
यह कही भल बूझिबी जु माधौ, और अनत न सूझियै।
सुनि 'सूरस्याम' सुजान इहिं कुल, अब न ऐसी बूझियै॥६॥

विवाह के अवसर पर युवतियाँ गाली गा रही हैं—श्याम, तुम्हें क्या कहकर गाली ाऊँ। तुम्हारे तो दो दो बाप हैं—वसुदेव और नंद। इस समय हम किस बाप का नाम ें। न तो तुम्हारी जाति का पता है, न गोत्र का, तुम बिना रूप के हो, बिना सादृश्य के ो, फिर तुम्हारा और वर्णन क्या किया जाय। सब लोगों ने इस संबंध में शोध किया है, र कोई भी खोज नहीं पाया। जब हमने कुछ जाना सुना ही नहीं है, तब क्या कहें। हे ादवपति हम तुम्हारी बलैया ले रही हैं। तुम्हें क्या कहकर हम गाली दें?॥ १॥

तुम्हारी माइ (माता, माया) ने तो सारे संसार को बिगाड़ दिया है। ऐसा कौन है, जससे मिलकर इसने उसे भ्रष्ट न किया हो। यह रात दिन रानी बनी घूमती फिरती रहती । इसके सिर पर सफेद रंग का श्वेत वस्त्र है। इसने कमर में नीला लहँगा पहन रखा , इसने अपने उरोजों पर बिना तनी (डोरी) की लाल चोली पहन रखी है। (ये तीनों ग त्रिगुणालिका प्रकृति के सत, रज, तम के प्रतीक हैं) इसने कुछ कुछ मंद मंद ुसकुराकर देवता, नर नारी सभी को अपनी भुजाओं में आलिंगित कर रखा है। यादव ाय हम तुम्हारी बलैया लेती हैं। तुम्हारी माई ने तो तुम्हें किसी कुल का नहीं रहने दया॥ २॥

उसकी मति गति कुछ कहते नहीं बनतीं। वह नित्य मदन के मद में मस्त बनी रहती

है। वह निर्लज्ज है और अपने उरोजों को खुला छोड़े रखती है, ढकती भी नहीं। उन खु उरोजों को देख देखकर सारे छैल चिकनिएँ उस पर मोहित हो जाते हैं और विकल होक उससे लिपटने के लिए दौड़ पड़ते हैं। वे इतना मोह-ग्रस्त हो उठते हैं कि उनमें से को लड़खड़ाकर गिर पड़ता है, कोई गिरा हुआ सँभल कर उठ खड़ा होता है, कोई उलझ ही रह जाता है। इस प्रकार तुम्हारी माई (माया) की अनेक कहानियाँ हैं। हम कह चाहती हैं, पर कह नहीं पा रही हैं॥ ३॥

यह तो नित्य नया नया प्रेम करती रहती है। और जिसकी भी ओर जरा सा ताक दे है, उसके चित्त को चुरा लेती है। यह चितवन मात्र में चित्त चुराने में अत्यंत चतुर है चलते-चलते यह ध्रुव से भी अटल लोगों का धैर्य हरण करने वाली है। फिर अप चमक-दमक चटक-मटक से सूर लोगों के मन में चोप (रुचि) पैदा करके उन्हें अत्यं आतुर और चंचल बना देती है। उसकी भौंहों की छबि अपने नयनों से देखकर कौन ऐस है, जो अपने व्रत से न टल जाय। इस प्रकार यह समधिनि सब प्रकार से चतुर सुजा है और सबसें रति-क्रिया कराती फिरती रहती है॥ ४॥

इसी ने सब भोगियों को अपने में भुला रखा है। इसी ने सभी ब्राह्मणों और योगि को भी अपने वश में कर रखा है। इसने न जाने कितने राजाओं को अपने वश में कर र है। संसार के और भी जितने जलचर, थलचर जीव है, जिनकी न गणना की जा सक है, न जिन्हें कान से सुना ही जा सकता है और न जिनका हमको पता ही है, वे इस नित्य नए नए कौतुक देखकर परम आतुर और काम से कातर हो जाते हैं। इस प्रकार स हमारी इस समधिन का संग करते हुए रात दिन घूमते भटकते रहते हैं॥ ५॥

हे हरि, तुम तो परम चतुर हो, सारा संसार जानता है कि तुम जगत भर के स्वा हो। हे कृपानिधि, तुम्हारा सुयश सारा संसार गा रहा है, इस लोक में तुम्हारी हँसी न ह इसलिए कृपा कर अपनी इस माई (माया) को रोक दीजिए, इसकी कुमार्गगामिता मि दीजिए। माधव हमारी इस गाली को भलीभाँति समझ लेना, यह तो हमने तुम्हारी मा को गाली है। इसे तुम अपनी माता के प्रति न समझ लेना। हे सुजान श्याम सुनो। अ इस कुल में ऐसा न होना चाहिए॥ ६॥

अध्याय-५५

प्रद्युम्न जन्म

२८१४/४८०७ राग सा

प्रद्युम्न जन्म सुभ घरी लीन्हौ।

काम अवतार लियौ, बदत यह बात जग, ताहि सम तुल्य नहिँ रूप चीन्हौ
पृथी पर असुर संबर भयौ अति प्रबल, तिन उदधि माहिँ तिहिँ डारि दीन्हौ
मच्छ गयौ भच्छि, सो मच्छ मछुवौ गह्यौ, असुरपति कौ सु लै भेंट कीन्हौ
मच्छ के उदर तैं बाल परगट भयौ, असुर माचावती हाथ दीन्हौ
कह्यौ यह काम परिनाम तेरौ पुरुष, बचन नारद सुमिरि रति सु लीन्हौ

भयौ जब तरुन तब नारि तासौं कह्यौ, रुकमिनी मात, हरि तात तेरौ ।
नाम मम रति विदित, बात जानत जगत, काम तुव नाम, पुनि पुरुष मेरौ ॥
असुर कौं मारि, परिवार कौं देहि सुख, देउँ बिद्या तुम्हैं मैं बताई ।
बिना बिद्या ताहि जीति सकिहै नहीं, भेद की बात सब कहि सुनाई ॥
प्रद्युम्न सकल बिद्या समुझि नारि सौं, असुर सौं जुद्ध माँग्यौ प्रचारी ।
काटि करवार, लियौ मारि ताकौं तुरत, सुरनि आकास जै धुनि उचारी ॥
बहुरि आकास मग जाइ द्वारावती, मातु मन मोद अतिहीं बढ़ायौ ।
भयौ जदुवंस अति रहस, मनु जनम भयौ, 'सूर जन' मंगलाचार गायौ ॥

प्रद्युम्न ने शुभ घड़ी में जन्म लिया। वे इतने सुंदर थे कि सारा संसार कहने लगा कि कामदेव ने अवतार लिया है। उनके समान रूप वाला कोई दूसरा नहीं चीन्हा-पहचाना जा सकता था। उन दिनों पृथ्वी पर शंबर नामक एक अत्यंत प्रबल असुर था। यह जानकर कि रुक्मिणी की कोख से मेरा मारक शत्रु पैदा होगा, प्रद्युम्न जब १० ही दिन के थे, वह उन्हें उठा ले गया और समुद्र में फेंक दिया। उस बच्चे प्रद्युम्न को एक मच्छ ने खा लिया। उस मच्छ को एक मछुवारे ने पकड़ा और उसे उसी असुरपति शंबर को उपहार में दे आया। उस मच्छ के पेट से एक लड़का निकला। तब रसोइए ने उसे ले जाकर मायावती को पालने को दे दिया। मायावती रति का अवतार थी और उस शंबर के घर रसोई बनाया करती थी। उस रसोइए ने कहा—यह बालक काम है, और तेरा पति है। मायावती को नारद की पूर्व-कथित बात का स्मरण हो आया और उसने उस बालक को ले लिया। जब यह बालक तरुण हो गया, तब मायावती ने उससे कहा—रुक्मिणी तुम्हारी माता हैं और श्रीकृष्ण तुम्हारे बाप हैं। मेरा नाम रति है। सारा संसार इस बात को जानता है। तुम कामदेव हो और मेरे पति हो। तुम शंबर असुर को मारकर अपने परिवार को सुख दो। मैं तुम्हें उस असुर को मारने की विद्या बताए देती हूँ। बिना इस विद्या के जाने तुम शंबर को नहीं मार सकोगे, उसे जीत नहीं सकोगे। और मायावती ने अपने पति उस काम से सारा भेद खोलकर बता दिया। अपनी स्त्री से सारा भेद जानकर प्रद्युम्न ने उस असुर को युद्ध के लिए ललकारा। और तलवार से उसका सिर काट दिया। देवताओं ने आकाश से उसकी जय जयकार की। फिर वह प्रद्युम्न आकाश मार्ग से द्वारिकापुरी पहुँचा। उसे पाकर माता रुक्मिणी को अत्यंत आह्लाद हुआ। यदुवंश में अत्यंत आनंद मनाया गया, मानो प्रद्युम्न का जन्म अभी-अभी हुआ है। सूरदास के भी मन में भारी आनंद हुआ और प्रसन्न होकर उन्होंने भी इस अवसर का मंगलाचार गा सुनाया।

अध्याय-५६

जांबवती और सत्यभामा का विवाह

२८१५/४८०८ राग सारंग

हरि दरसन सत्राजित आयौ ।
लोगनि जान्यौ आदित आवत, हरि सौं जाइ सुनायौ ॥

हरि कह्यौ आयौ है सत्राजित, मनि है ताकैं पास।
रवि प्रसन्न ह्वै दीन्ही ताकौं, यह ताकौं परकास ॥ १ ॥
आइ गयौ सोऊ तिहिं अवसर, हरि तिहि कह्यौ सुभाइ।
यह मनि अति अनुपम है, सो सुनि दै न सक्यौ ललचाइ ॥
इक दिन तासु अनुज लै सो मनि, गयौ अखेटक काज।
ताकौं मारि सिंह मनि लै गयौ, सिंह हत्यौ रिछराज ॥ २ ॥
रिच्छराज वह मनि तासौं लै, जांबवती कौं दीन्ही।
जब प्रसेन कौं विलँब भई, तब सत्राजित सुधि लीन्ही ॥
जहाँ तहाँ को लोग पठाए, काहु खोजि नहिं पायौ।
तब लोगनि सौं कहन लग्यौ, जदुराइ ताहि मरवायौ ॥ ३ ॥
हरि यह सुनत गए ता बन मैं, सो प्रसेन मृत देख्यो।
सिंह खोज बहुरो तहँ पायौ, सिंह बहुरि मृत पेख्यौ ॥
बहुरौ जांबमंत पग देख्यौ, तहाँ जाइ जदुराई।
द्वादस दिवस अवधि आवन कहि, बिल मैं पैठे धाई ॥ ४ ॥
जामवंत दिन बीस चारि लौं, जुद्ध कियौ तब जान्यौ।
हाथ जोरि करि अस्तुति कीन्ही, मैं तुमकौं न पिछान्यौ ॥
बिहँसि कह्यौ जादवपति तासों, मनि कारन मैं आयौ।
जांबवती समेत मनि दै पुनि, अपनौ दोष छमायौ ॥ ५ ॥
सँग के लोग अवधि के बीते, कह्यौ नगर मैं जाइ।
मातु पिता व्याकुल ह्वै धाए, मग मैं बैठे आइ ॥
मनि सत्राजित कौं प्रभु दीन्ही, रह्यौ जु सीस नवाइ।
सतभामा समेत लै आयौ, मनि कौ हरि सिर नाइ ॥ ६ ॥
और बहुत दायज दीन्हें उन, करि बिवाह ब्यौहार।
भयौ परम आनंद दुहूँ दिसि, मंगलचार अपार ॥
मनि ताकी ताकौं फिर दीन्ही, सुजस जगत मैं छायौ।
श्री गुरु-चरन-प्रताप चरित यह, 'सूरदास' जन गायौ ॥ ७ ॥

एक बार सत्राजीत हरि के दर्शनार्थ आया। लोगों ने समझा यह तो सूर्य ही चला आ रहा है। उसे सूर्य समझकर लोग दौड़े-दौड़े हरि के पास गए और कहा आपसे मिलने सूर्यदेव चले आ रहे हैं।

हरि ने कहा—यह सूर्य नहीं है। यह सत्राजीत है। इसके पास एक मणि है। सूर्य ने प्रसन्न होकर यह मणि इसे दी है। यह प्रकाश सूर्य का नहीं है, उसी मणि का है ॥ १ ॥

उसी समय सत्राजीत वहाँ आ गया। हरि ने कहा—तुम्हारे पास तो यह अत्यंत अद्‌भुत मणि है—स्यमंतक मणि है। पर लालच में पड़कर सत्राजीत ने उसे हरि को नहीं दिया और बात आई गई हो गई।

एक दिन उस मणि को पहनकर सत्राजीत का छोटा भाई प्रसेनजित शिकार खेलने ा। वन में प्रसेनजित को मार कर एक सिंह वह स्यमंतक मणि ले गया। उस सिंह को क्षराज जामवंत ने मार डाला॥ २॥

ऋक्षराज ने सिंह से वह मणि लेकर अपनी पुत्री जांबवती को दे दिया।

जब प्रसेनजित को लौटने में विलंब होने लगा। तब सत्राजीत ने उसकी खोज खबर । उसने लोगों को यत्र तत्र भेजा। पर प्रसेन का कहीं कोई पता न चला। तब वह लोगों कहने लगा कि यदुराज कृष्ण ने स्यमंतक मणि के लोभ में मेरे भाई को अपने लोगों मरवा डाला है॥ ३॥

हरि अपने ऊपर यह झूठा लांछन लगा जानकर प्रसेनजित की खोज में स्वयं उस वन गए। उन्होंने वहाँ प्रसेनजित का सूखा मृत शव पड़ा पाया। वहाँ उन्हें सिंह के पंजों निशान भी मिला। कुछ दूर पर वह सिंह भी उन्हें मृत मिला। फिर उन्हें भालू के पैर निशान दिखाई पड़े। यदुनाथ वहाँ चले गए और उस भालू की मांद में घुस गए। और ह गए मैं बारह दिन में आ जाऊँगा॥ ४॥

उस भालू, ऋक्षराज जामवंत ने, चौबीस दिनों तक हरि से युद्ध किया। तब उसने जान या कि मैं जिससे मल्लयुद्ध करता रहा हूँ, यह तो स्वयं हरि हैं। तब उसने हाथ जोड़कर ति की—मैं तुम्हें पहचान नहीं सका। तब यादवपति ने हँसकर कहा—मैं स्यमंतक मणि लिए आया हूँ। स्यमंतक मणि तो हरि को दे ही दी ऋक्षराज ने अपनी पुत्री जांबवती उन्हें दे दी और अपना अपराध क्षमा कराया॥ ५॥

साथ में आए हुए लोग बारह दिन की अवधि बीत जाने पर द्वारिकापुरी लौट गए और रा समाचार लोगों से कह सुनाया। माता देवकी, पिता वसुदेव सुनकर व्याकुल हो गए र दौड़े-दौड़े आकर राह में बैठकर प्रतीक्षा करने लगे।

उधर कृष्ण उस मणि को लेकर सत्राजीत के यहाँ गए और उसे उसे दे दिया। ाजीत लज्जित होकर सीस झुकाए खड़ा रह गया। वह अपनी बेटी सत्यभामा सहित ण को लेकर आया और उस मणि को हरि के गले में पहना दिया॥ ६॥

सत्राजीत ने अपनी बेटी सत्यभामा का हरि से विवाह कर दिया और उचित व्यवहार रके उन्हें बहुत सा दहेज भी दिया। दोनों पक्षों में भारी आनंदोत्सव मनाया गया। अपार लाचार हुआ। हरि ने जिसकी मणि थी उसे दे दी और उनकी कीर्ति सारे संसार में फैल ।

श्री गुरुचरण के प्रताप से सूरदास ने यह चरित गा सुनाया॥ ७॥

अध्याय-५७

शतधन्वा-वध : अक्रूर संवाद

२८१६/४८०९ राग सारंग

सुकदेव कहत सुनौ हो राजा।
ज्ञानी लोभ करत नहिँ कबहूँ, लोभ बिगारत काजा॥
करिकै लोभ अमृत जो पीवै, बिष समान सो होई।
बिष अंमृत होइ जाइ लोभ बिनु, यह जानत जन कोई॥ १॥

एक समै जदुपति औ हलधर, पांडव गृह पग धारे।
सतधन्वा अरु सुफलक-सुत मिलि, कीन्हौ मंत्र बिचारे॥
सत्राजित कौं हति मनि लीजै, ज्यौं जाने नहिं कोई।
ऐसौ समय बहुरि फिरि नाहीं, पाछैं होइ सु होई॥२॥
निसि अँधियारी जाइ सुधन्वा, ताहि मारि मनि ल्यायौ।
फैलि गई यह बात नगर मैं, तब मन मैं पछितायौ॥
सतिभामा करि सोक पिता कौं, जदुपति पास सिधाई।
सतधन्वा करतूति करी सो, हरि कौं जाइ सुनाई॥३॥
सुनि जदुपति हलधर उठि धाए, नैंकु बिलंब न लाई।
लैहैं बैर पिता तेरे कौं, जैहै कहाँ पराई॥
तब मनि डारि अक्रूर पास वह, मिथिलापुर कौं धायौ।
सत जोजन मग एक दिवस मैं, तुरग ताहि पहुँचायौ॥४॥
द्वारावति पैठत हरि सौं, सब लोगनि कह्यौ जनाई।
मिथिलापुरी जाइ तिहिं मार्यौ, पै मनि उहाँ न पाई॥
तब हरि कह्यौ हत्यौ बिन दूषन, हलधर भेद बतायो।
ह्वाँ पुनि जाइ खोज तुम कीजौ, द्वारावति हरि धायौ॥५॥
हलधर रहे गदा जुध सीखन, हरि द्वारावति आए।
सतिभामा मन हरष भयौ जब, समाचार वे पाए॥
सुफलक-सुत मन ही मन सकुच्यौ, करौं कहा अब काजा।
देत न बनै, बनै नहिं राखत, डर डरात उठि भाजा॥६॥
सब जादौ मिलि हरि सौं यह कह्यौ, सुफलक-सुत जहँ होई।
अनावृष्टि अतिवृष्टि होति नहिं, यह जानत सब कोई॥
कीजै दोष छमा अब ताकौ, हरि तब ताहि बुलायौ।
कह्यौ कहा कहियै अब तुमसौं, तिन सिर नीचौ नायौ॥७॥
पुनि कह्यौ मनि सतिभामा कौं दै, जातैं भय भयौ तोहिं।
मनि उन दई, बहुरि तिहि दीन्हौ, कह्यौ लोभ नहिं मोहिं॥
लोभ भलौ नहिं दोऊ पुर मैं, लोभ किऐं पति जाई।
'सूर' लोभ कीन्हौ सो बिगोयौ, सुक यह कहि समुझाई॥८॥

शुकदेव जी ने राजा परीक्षित से कहा—ज्ञानी लोग कभी भी लोभ नहीं करते। लोभ सभी काम बिगाड़ देता है। लोभ करके यदि अमृत भी बहुत सा पी लिया जाय, तो वह विष के समान मारक हो जाता है। और लोभ न करने पर विष भी अमृत तुल्य हो जाता है। इस बात को कोई कोई भगवान के भक्त ही जानते हैं॥१॥

एक बार यदुपति कृष्ण और बलराम पांडवों से मिलने इंद्रप्रस्थ चले गए। उनकी अनुपस्थिति में शतधन्वा और सुफलक-सुत अक्रूर ने मिलकर यह मंत्रणा की। सत्राजि

को मारकर स्यमंतक मणि ले ली जाय और किसी को कानो कान खबर न हो। इस समय हरि हलधर दोनों द्वारिका से बाहर हैं, और कार्य को संपादित करने का यह अत्यंत अनुकूल अवसर है। मणि तो ले ही ली जाय, फिर आगे-पीछे जो होना हो, सो हो॥ २॥

एक अँधेरी रात में शतधन्वा गया और सत्राजीत को मारकर स्यमंतक मणि उठा लाया। सत्राजीत की हत्या और स्यमंतक मणि की चोरी की बात नगर में वन की आग की तरह फैल गई। तब वे दोनों मन में अत्यंत पछताने लगे कि हमसे तो यह भारी कुकर्म हो गया। सत्यभामा पिता की हत्या से बहुत दुखी हुई। वह यदुपति के पास गई और शतधन्वा की सारी करतूत हरि से कह कर सुना दी॥ ३॥

यह समाचार सुनकर हरि और हलधर तुरंत इन्द्रप्रस्थ से लौट आए और जरा भी देर नहीं की। उन्होंने कहा—तेरे बाप के बैर का बदला हम लेंगे। देखें वह भागकर कहाँ जाता है।

शतधन्वा स्यमंतक मणि को अक्रूर के पास रखकर मिथिला भाग गया। उसके घोड़े ने एक दिन में उसे सौ योजन तक पहुँचा दिया॥ ४॥

द्वारका में प्रवेश करते समय ही सब लोगों ने हरि से कह सुनाया कि शतधन्वा तो मिथिलापुरी भाग गया है। हरि ने मिथिलापुरी जाकर शतधन्वा को मार तो डाला, पर स्यमंतक मणि उसके पास नहीं निकली। तब हरि ने कहा—मैंने शतधन्वा को तो बिना अपराध के ही मार डाला। तब हलधर ने रहस्य की यह बात कही—द्वारिकापुरी में जाकर तुम इसकी खोज करो। हरि द्वारका के लिए तेजी से चल पड़े॥ ५॥

हरि द्वारिकापुरी वापस आ गए। हलधर वहीं गदायुद्ध सीखने के लिए रुक गए। जब सत्यभामा ने यह समाचार पाया कि हरि शतधन्वा को मार आए, तब वह मन ही मन परम प्रसन्न हो गई।

इधर अक्रूर के मन में भारी संकोच हो रहा था कि अब क्या किया जाय। न तो मणि देते बन रही है, न रखते बन रही है। वे डरते हुए उठकर भाग चले॥ ६॥

सब यादवों ने मिलकर हरि से कहा—सुफलक के पुत्र अक्रूर जहाँ भी होंगे, वहाँ न तो अतिवृष्टि होती है, न अनावृष्टि। यह बात सब लोग जानते हैं। अब अक्रूर के अपराध को क्षमा कर दीजिए।

यादवों की राय पर हरि ने अक्रूर को अपने पास बुलाया और कहा—अब तुमसे क्या कहूँ? हरि की यह बात सुनकर अक्रूर ने लज्जा से सिर नीचे झुका लिया॥ ७॥

फिर हरि ने कहा—तुमको मणि से ही भय है न। तुम जाकर यह मणि सत्यभामा को दे दो।

अक्रूर ने वह मणि लाकर श्रीकृष्ण को दे दी। श्रीकृष्ण ने उसे सत्यभामा को दे दिया। अक्रूर ने कहा—मुझे मणि का तनिक भी मोह नहीं है।

लोभ करने से न इहलीक में भला होता है, न परलोक में। लोभ करने से प्रतिष्ठा जाती रहती है। जिसने भी लोभ किया, उसने अपना सर्वनाश कर लिया। शुकदेव जी ने राजा परीक्षित को यह बात भलीभाँति समझा दी॥ ८॥

अध्याय-५८

पंच पटरानी विवाह

२८१७/४८१० राग बिलावल

हरि हरि हरि सुमिरौ सब कोई। हरि हरि सुमिरत सब सुख होई ॥
हरि हरि सुमिर्‍यौ जब जिहिं जहाँ। हरि तिहिं दरसन दीन्हौ तहाँ ॥१॥
हरि सुमिरन कालिंदी कीन्हौ। हरि तहँ जाइ दरस तिहिं दीन्हौ ॥
पानि ग्रहन पुनि ताकौ कियौ। सबै भाँति ताकौ सुख दियौ ॥२॥
हरिहिं मित्रविंदा जब ध्यायौ। हरि तहँ जात बिलंब न लायौ ॥
करि बिवाह ताकौं लै आए। तासु मनोरथ सकल पुजाए ॥३॥
हरि-चरन सत्या चित दीन्हौ। ताके पिता परन यह कीन्हौ ॥
सात बैल ये नाथै जोई। सत्या व्याह तासु सँग होई ॥४॥
हरि तहँ जाइ तासु प्रन राख्यौ। धन्य धन्य सब काहू भाख्यौ ॥
ताके पिता ब्याह तब कीन्हौ। दाइज बहु प्रकार तिन दीन्हौ ॥५॥
बहुरौ भद्रा सुमिरे हरी। गए तासु हित बिलँब न करी ॥
ऐसो हैं त्रिभुवनपति राइ। ताके मन की आस पुराइ ॥६॥
बहुरि लछमना सुमिरन कीन्हौ। ताहि स्वयंबर मैं हरि लीन्हौ ॥
पांचौ नारि व्याहि घर आए। 'सूरदास' जन मंगल गाए ॥७॥

सभी लोग हरि का सुमिरन करो। हरि का सुमिरन करने से सभी सुख प्राप्त हो जाते हैं। जिसने भी जहाँ भी हरि का सुमिरन किया है, हरि ने वहाँ जाकर उसे दर्शन दिया है॥१॥

कालिंदी सूर्य की पुत्री थी। वह यमुना में बने हुए अपने भवन में प्रभु को पाने के लिए तप करती थी। कालिंदी ने हरि का सुमिरन किया। हरि ने उसके पास जाकर उसे दर्शन दिया। फिर उसका पाणिग्रहण करके उससे विवाह कर लिय और उसे सभी प्रकार के सुख दे दिया॥२॥

मित्रविंदा अवंती के राजा विंद और अनुविंद की बहन थी। उस मित्रविंदा ने हरि का सुमिरन किया। तब हरि ने वहाँ पहुँचने में विलंब नहीं किया। उसको स्वयंबर सभा से उठा लाए और उससे विवाह किया और उसकी सभी अभिलाषाओं को पूरा किया॥३॥

सत्या कोसल नरेश नग्नजित की पुत्री थी, नाग्नजिती थी। सत्या ने हरि को प्राप्त करने के लिए अपना चित्त उनमें लगाया। उसके पिता ने यह प्रण किया था, जो उनके सातों दुर्धर्ष बैलों को पकड़कर नाथ देगा, उनकी नाक में नाथ पहना देगा, उसीके साथ वे अपनी पुत्री सत्या का विवाह कर देंगे॥४॥

हरि कोसल गए और उन्होंने सत्या के पिता का प्रण पूर्ण किया। सातों भड़कने वाले मरकहे बैलों को नाथ डाला। सभी ने उस अवसर पर कृष्ण की प्रशंसा करते हुए कहा—धन्य धन्य। उसके पश्चात् सत्या के पिता ने उसका व्याह हरि के साथ कर दिया और बहुत प्रकार की चीजें दहेज में दीं॥५॥

भद्रा केकय देश की थी। उसने हरि का स्मरण किया, हरि उसके लिए केकय गए जरा भी देर नहीं की। त्रिभुवन पति ऐसे दयालु हैं, उन्होंने भद्रा के मन की आशा पूरी कर दी॥ ६॥

लछमना मद्र देश की थी। इसने प्रभु का स्मरण किया। हरि उसे उसके स्वयंवर से हर लाए।

हरि पांचों रानियों को विवाह कर द्वारिका लौटे।

सूरदास ने सबका मंगल गाया॥ ७॥

अध्याय-५९

श्रीकृष्ण बचन सत्यभामा के प्रति

२८१८/४८११ राग गौरी

इती बात तब तैं न कही री।
कितिक बात सुरतरु प्रसून की, जा कारन तू रूठि रही री॥
पर-मुख स्व-मुख जनाइ न दीन्हौ, बिनु काजैं रिस देह दही री।
तेरी सौं सुनि सतिभामा, मैं मन बच यह सुधिहूँ न लही री॥
सूनौ निपट अकेलौ मंदिर, चंदकला जनु राहु गही री।
तुव वियोग की पीर कठिन अति, सु कहि 'सूर' क्यौं जाति सही री॥

एक बार सत्यभामा के मन में इंद्र के नंदन-कानन से पारिजात का फूल लाकर देने की बात आई। उसने अपनी यह इच्छा कृष्ण से कही नहीं, पर रुठ रही। इसपर कृष्ण बोले—इतनी सी बात पर तुम रूठी हुई हो। यह जरा सी बात तुमने पहले ही क्यों न कह दी? कल्पवृक्ष के फूल की बात ही कितनी है, जिसके कारण तुम इतना रूठी रही हो। तुमने अपने मुँह से यह बात कह दी होती, तुम्हें मुझसे स्वयं यह कहने में संकोच लग रहा था, तो किसी दूसरे के ही मुँह से यह बात कहला देनी थी। बिना मतलब के तुमने अपना यह शरीर क्रोध में जलाया। सत्यभामा सुनो, मैं तुम्हारी शपथ खाकर कहता हूँ कि मुझे तुम्हारी इस आकांक्षा का समाचार मन से, वचन से, किसी भी प्रकार नहीं मिला था। इस निपट सूने राजमहल में तुम उस चंद्रकला के समान पड़ी रह गईं, जिसे राहु ने ग्रस लिया हो। तुम्हारे वियोग की यह पीड़ा तो वड़ी कठिन है। इसे कैसे सहा जा सकता है?

भौमासुर-वध तथा कल्पवृक्ष आनयन *२८१९/४८१२ राग आसावरी*

रटतिँ कृष्न गोविंद हरि हरि मुरारी, भक्त भय-हरन असुरंतकारी।
षष्ट दस सहस कन्या असुर-बंदि मैं, नींद अरु भूख अहनिसि बिसारी॥
प्रीति तिनकी सुमिरि, भए अनुकूल हरि, सत्यभामा हृदय यह उपाई।
कल्पतरु देखिबे की भई साध मोहिँ, कृपा करि नाथ ल्यावहु दिखाई॥ १॥
सत्यभामा सहित बैठि हरि गरुड़ पर, भौमासुर नगर कौं तुरत धाए।
एक ही बान पाषान कौ कोट सब, हुतौ चहुँ ओर, सो दियौ ढाए॥
गरुड़ चहुँ पास के नाग लीन्हे निगलि, जल बरषि अगिनि ज्वाला बुझाई।
स्वास के तेज सौं जल सकल सोखि लियौ, देखि यह लोग सब गए डेराई॥ २॥

करी हरि संख धुनि, जग्यौ तब असुर सुनि, कोप करि भवन सौं निकसि धायौ ।
देखि कै गरुड़ कौं, लगी ता हृदय दव, कठिन तिरसूल सो गहि चलायौ ॥
सचिव सिर टेकि तब कह्यौ निज नृपति सौं, नहीं तिहुँ भुवन कोउ सम तुम्हारे ।
जुद्ध कौं करत, छाजत नहीं है तुम्हैं, सुनि महाराज अच्छत हमारे ॥ ३ ॥
कियौ तब जुद्ध उन क्रुद्ध ह्वै स्याम सौं, हरि कह्यौ, गरुड़ इहिं हति प्रचारी ।
गरुड़ सुनि धाइ, गह्यौ जाइ ताकौं तुरत, तीनहूँ सीस डारे प्रहारी ॥
तासु पुत्रनि बहुरि, जुद्ध हरि सौं कियौ, मार तें सोउ कायर दुराने ।
कोउ कटि कटि परे, कोउ उठि-उठि लरे, कोउ डरि-डरि बिदिसि दिसि पराने ॥ ४ ॥
तब असुर अगिनि जल बान डारन लग्यौ, तासु माया सकल हरि निवारी ।
असुर के भटनि कौ गरुड़ लाग्यौ गिलन, तुरग गज उड़ि चले लगि बयारी ॥
असुर गज रूढ़ ह्वै गदा मारे फटकि, स्याम अंग लागि सो गिरे ऐसैं ।
बाल के हाथ तैं कमल-दल नाल-जुत, लागि गजराज तन गिरत जैसैं ॥ ५ ॥
आपु जगदीस सब सीस ता असुर के, मारि तिरसूल सौं काटि डारे ।
छाँड़ि सो प्रान निरवान पद कौं गयौ, सुर पुहुप बरषि जै जै उचारे ॥
प्रथी गहि पाइ, माल कुंडल छत्र लै, जोरि कर बहुरि अस्तुति सुनाई ।
नाथ मम पुत्र कौं दीजिए स्वगति, हरि कह्यौ पुत्र तुव मुक्ति पाई ॥ ६ ॥
बहुरि गए तहाँ, कन्या हुतीं सब जहाँ, निरखि हरि रूप सो सब लुभाईं ।
चरन रहिं लागि, बड़ भाग लखि आपने, कृपा करि हरि सु निज पुर पठाईं ॥
बहुरि गए इंद्रपुर, इंद्र रह्यौ पाइँ परि, कल्पतरु वृच्छ तासों मँगाए ।
त्रिदसपति मान कौं रतन कुंडल दिए, वृच्छ लै आपु निज पुरी आए ॥ ७ ॥
बहुरि बहु रूप धरि, हरि गए सबनि घर, व्याह करि सबनि की आस पूरी ।
सबनि कैं भवन हरि रहत सब रैनि दिन, सबनि सौं नैंकु नहिं होत दूरी ॥
सबनि कौं पुत्र दस-दस, कुँवरि इक-इक दै, सकल धर्म के गृह सिखाए ।
कोटि ब्रह्मांड नायक सु वसुदेव-सुत, 'सूर' सोइ नंद-नंदन कहाए ॥ ८ ॥

प्राग्ज्योतिषपुर के असुर राजा भौमासुर (बाणासुर) ने सोलह हजार कन्याओं को अपने बंदीगृह में डाल रखा था। वे सभी कुमारियाँ 'हे कृष्ण, गोविंद हरे मुरारे' हे भक्त भय-हरण, हे असुर निकंदन का जाप करती हुई भगवान का सुमिरन कर रही थीं। उन्होंने रात में नींद को और दिन में भूख को एकदम भुला दिया था। उनकी प्रीति का ध्यान करके हरि उनके अनुकूल हुए। उन्होंने सत्यभामा के हृदय में कल्पवृक्ष देखने की साध पैदा कर दी। सत्यभामा ने कहा—प्रभु, कृपा करके मुझे कल्पवृक्ष दिखा लाइए॥ १ ॥

हरि सत्यभामा सहित गरुड़ पर बैठ गए और भौमासुर के नगर प्राग्ज्योतिषपुर की ओर तुरंत दौड़ चले। उन्होंने एक ही वाण से नगर के चारों ओर बने पत्थर के परकोटे को ढहाकर गिरा दिया। गरुड़ ने चारों ओर के नागों को निगल लिया। फिर हरि ने वरुणास्त्र से जल बरसाकर सारी आग बुझा दी। अपने स्वास के तेज से उन्होंने सारा जल सोख लिया। यह सब अलौकिक कृत्य देखकर वहाँ के सभी लोग डर गए॥ २ ॥

हरि ने अपने पांचजन्य शंख की ध्वनि की। तब भौमासुर, जो सोया हुआ था, वह ध्वनि सुनकर जग गया। वह कुपित होकर अपने घर से निकला और दौड़ पड़ा। गरुड़ को देखकर तो उसके हृदय में आग सी लग गई। उसने अपना भयंकर त्रिशूल पकड़कर फेंक ही तो मारा। तब उसके सचिव (मंत्री) ने नतमस्तक होकर अपने राजा से बिनती की—महाराज तीनों लोकों में आपकी बराबरी करनेवाला कोई नहीं है। हमारे रहते हुए किसी से भी युद्ध करना आपको शोभा नहीं देता॥ ३॥

तब उस सचिव ने क्रुद्ध होकर श्याम से युद्ध किया। तब हरि ने गरुड़ से कहा—गरुड़, इसको ललकार कर, दौड़ाकर मार डालो।' गरुड़ यह सुनकर तुरंत दौड़ पड़े। उन्होंने तुरंत उस सचिव को जाकर पकड़ लिया और उसके तीनों सिरों पर आघात करके उन्हें काट गिराया। इसके पश्चात उस सचिव के पुत्रों ने हरि से युद्ध किया। पर मार पड़ने पर वे कायर भी भागकर जा छिपे। कोई कट-कटकर मर गया, किसी किसी का कवंध उठ-उठ कर लड़ने लगा। कोई डर-डरकर दिशाओं-विदिशाओं में भाग गए॥ ४॥

तब असुर अग्नि और जल वाण चलाने लगा। हरि ने उसकी सारी माया रोक दी। असुर के योद्धाओं को गरुड़ निगलने लगा और हाथी घोड़े तो हवा के झोंके लगने से उड़ चले। असुर ने हाथी पर बैठकर गदा फेंककर मारी। श्याम के अंग में लगकर वह गदा ऐसे गिर गई, जैसे किसी बालक ने मृणाल सहित कमल से किसी मतवाले हाथी को मारा हो और वह सनाल कमल उस हाथी का स्पर्श करके धरती पर गिरकर बिखर गया हो॥ ५॥

तब जगदीश कृष्ण ने उस असुर के सारे सिर त्रिशूल मार कर काट गिराये। वह प्राण त्याग कर मोक्ष पद को प्राप्त कर गया। देवताओं ने पुष्प-वर्षा कर करके श्रीकृष्ण की जय जयकार की। तब भौमासुर की माता पृथ्वी हाथ में माला, कुंडल, छत्र लिए आई। उसने कृष्ण के पैर पकड़ लिए और हाथ जोड़कर प्रार्थना करने लगी—हे नाथ! मेरे पुत्र को अपनी गति, मोक्ष, दे दीजिए। हरि ने कहा, तुम्हारे कहने से पहले ही तुम्हारे पुत्र को मुक्ति मिल गई॥ ६॥

फिर कृष्ण उस कारागार में गए, जहाँ सोलह हजार कन्याएँ बन्दिनी थीं। वे हरि के रूप को देखकर उनपर मोहित हो गईं। वे श्याम के चरणों से लिपटे गईं और इसे अपना बड़ा भाग्य माना। हरि ने कृपा करके उन सबको द्वारिकापुरी भेज दिया। फिर वे इंद्रपुरी में अमरावती गए। इंद्र आकर उनके पैरों पड़ा। हरि ने उससे कल्पवृक्ष मँगवाया। त्रिदशपति—देवराज इंद्र के सम्मान को देखते हुए कृष्ण ने भूमि से प्राप्त रत्नकुंडल उन्हें दे दिया और कल्पवृक्ष लेकर अपनी पुरी द्वारिका लौट आए॥ ७॥

फिर हरि बहुत से रूप धारण करके सब कुमारियों के आवास पर गए। उनसे ब्याह किया और उनकी सब अभिलाषाएँ पूरी कर दीं। हरि सबके घरों में रात दिन बसे रहते थे। वे उनमें से किसी से भी जरा भी दूर नहीं होते थे। सभी को दस-दस बेटे और एक-एक बेटी हुईं। उन्होंने सभी को गृहस्थ धर्म की शिक्षा दी और सबका ब्याह किया। वसुदेव-पुत्र कृष्ण कोटि ब्रह्मांड के नायक हैं। वही वसुदेव के पुत्र, नंदनंदन भी कहलाते हैं॥ ८॥

अध्याय-६०
रुक्मिणी परीक्षा

२८२०/४८१३ राग बिलाव

भक्तवछल हरि भक्त-उधारन। भक्त-परीच्छा के हित कारन
रुकमिनि सौं बोले या भाइ। हम जानी तुम्हरी चतुराइ
राउ चँदेरी कौ सिसुपाल। जाकौं सेवत सब भूपाल
तासौं तेरी भई सगाई। तैं पाती क्यौं हमैं पठाई
जाति पाँति उन सम हम नाहीं। हम निरगुन, सब गुन उन पाहीं
उन सम नहिँ हमरी ठकुराई। पुरुष भले तैं, - नारि भलाई
निःकिंचन जन मैं मम बास। नारि संग तैं रहौं उदास
जौ कहे मोहिँ काहे तुम ल्याए। ताके उत्तर दयौं समुझाए
कुंडिनपुर बहु भूपति आए। तिनके हृदय गरब सौं छाए
बरजोरी मैं तोहिँ हरि ल्यायौ। उनके मन कौ गरब नसायौ
यह सुनि रुकमिनि भई बिहाल। जानि परयौ नहिँ हरि कौ ख्याल
लै उसाँस नैननि जल ढारे। मुख तैं बचन न कछू उचारे
ताकी दसा देखि हरि जानी। इन मम भक्ति भलैं पहिचानी
हँसि बोले तब साँरगपानी। प्रानप्रिया तुम क्यौं बिलखानी
मैं हाँसी की बात चलाई। तुम्हरे मन यह साँची आई
आँसू पोंछि निकट बैठारी। हँसी जान बोली तब प्यारी
कहँ तुम त्रिभुवनपति गोपाल। कहाँ बापुरौ नर सिसुपाल
कहाँ चँदेरी, कहँ द्वारावति। जाकैं सरवरि नहिँ अमरावति
तुम अनभव, वह जनमै मरै। मूरख वह तुम सरवरि करै
तुम सम और नहीं जदुराइ। यहै जानि मैं सरनहिँ आइ
यह सुनि हरि रुकमिनि सौं कह्यौ। जौ तुम मोकौं चित करि चह्यौ
त्यौं ही मम चित चाहत तुमकौं। नहिँ अंतर कछु तुमसौं हमकौं
जदुपति कौ यह सहज स्वभाउ। जो कोउ भजै, भजैं तिहिँ भाउ
जो यह लीला हित करि गावै। 'सूर' सो प्रेम भक्ति कौ पावै

भक्तवत्सल और भक्त-उद्धारक प्रभु ने एक दिन भक्त की परीक्षा लेने के लि रुक्मिणी से यों कहा—हम ये जान गए तुम कितनी चतुर हो। (कुछ भी चतुर नहीं हो शिशुपाल चंदेरी का राजा था। वह इतना बड़ा राजा था कि सभी राजा उसकी सेवा कि करते थे। इतने बड़ा राजा से तुम्हारा विवाह संबंध तै हुआ था। तब तुमने मुझे चिट्ठी व भेजी? हम उसके जैसी ऊँची जाति पाँति के भी नहीं है। हम निर्गुण हैं, गुण-हीन वह तो सभी गुणों से सम्पन्न है। हमारा स्वामित्व भी उस जैसा नहीं है। हमारा राज्य उसके राज्य से छोटा है। बड़े आदमी की पत्नी होने से ही स्त्री का बड़प्पन प्रकट हो

है। मैं तो निर्धनों में ही उठता-बैठता रहता हूँ। इन सब बातों से बढ़कर मुझमें एक कमी और है, मैं स्त्रियों के प्रति उदासीन भी रहता हूँ। उनसे दूर ही रहता हूँ। तुम पूछ सकती हो कि यदि मैं नारियों से ऐसा ही विरक्त रहता हूँ, तो मैं तुम्हें क्यों हर लाया। इसका भी उत्तर मैं तुम्हें समझाए देता हूँ। कुंडिनपुर में बहुत से राजा आए हुए थे, उनको अपनी शक्ति का भारी घमंड हो गया था। मैं तुम्हें बलपूर्वक इसीलिए हर लाया था, क्योंकि मैं उन घमंडी राजाओं का घमंड दूर करना चाहता था।

यह सुनकर रुक्मिणी विकल हो उठी, क्योंकि उसे हरि के मन का ठीक-ठीक भाव—हँसी-दिल्लगी—का पता नहीं था। वह ठंडी-ठंडी लंबी-लंबी साँसें लेने लगीं और आँखों से आँसुओं की धारा बहाने लगीं। वह मुँह से कुछ भी नहीं बोली।

रुक्मिणी की यह दशा देखकर हरि जान गए कि इसने मेरी भक्ति भली भाँति जान ली है। तब कमल से कोमल कर वाले कृष्ण ने हँसकर कहा—प्राणप्रिये, तुम क्यों विलख उठी हो? मैंने तो हँसी की थी। तुमने इस हँसी दिल्लगी की झूठी बात को सच समझ लिया। फिर उन्होंने रुक्मिणी के आँसू अपने हाथों से पोंछ दिया और उसे अपने पास बैठा लिया।

रुक्मिणी ने जब समझ लिया कि हरि मुझसे हँसी कर रहे थे, तब वह बोली—हे गोपाल, तुम तो त्रिलोकीनाथ हो। तुम्हारे सामने बेचारा शिशुपाल क्या है? वह नगण्य है, बुद्धू है, हेय है। कहाँ चँदेरी और कहाँ द्वारिकापुरी। द्वारिकापुरी की बराबरी तो देवराज इंद्र की अमरावती नगरी भी नहीं कर सकती। तुम अनभव हो, तुम्हारा जन्म मरण नहीं होता। शिशुपाल तो जन्मता मरता है। वह मूर्ख है, जो तुम्हारी बराबरी करता है। हे यदुराय, तुम्हारे समान कोई दूसरा नहीं है। यही जानकर मैं तुम्हारी शरण में आई थी।

यह सुनकर हरि ने रुक्मिणी से कहा—तुमने मुझे जो चित्त लगाकर चाहा है, त्यों ही मैं भी तुम्हें पूरे मन से चाहता हूँ। मुझमें और तुममें कोई अंतर नहीं है।

यदुपति का तो यह सहज् स्वभाव है, जो कोई भी उन्हें जिस भाव से भजता है, वे हरि भी उसे उसी भाव से भजते हैं। जो इस लीला को प्रेम पूर्वक गावेगा, कहेगा, सुनेगा, वह प्रभु की प्रेमाभक्ति पावेगा।

अध्याय-६१

प्रद्युम्न विवाह

२८२१/४८१४ राग मारू

स्याम बलराम कौं सदा गाऊँ।

यहै मम जप, यहै तप, यहै नेम व्रत, प्रेम मम यहै, फल यहै पाऊँ ॥

स्याम बलराम प्रद्युम्न के व्याह दिन, रुक्म के देस जबहीं सिधाए ।

कलिंग कौ राउ अरु रुक्म, बलभद्र कौं कपट करि सार पासा खिलाए ॥

दाउँ बलराम कौ देखि उन छल कियौ, रुक्म जित्यौ, कहन लगे सारे ।

देव-बानी भई, जीति भई राम की, ताहु पै मूढ़ नाही सम्हारे ॥

कलिंग कौ राउ तब हँसी लाग्यौ करन, बन बसनहार कहा खेल जानो।
सभा के लोगहू लगे हाँसी करन, राम तब हृदै मैं क्रोध आन्यौ॥
रुक्म अरु कलिंग को राउ मार्‍यो प्रथम, बहुरि तिनके बहु सुभट मारे।
'सूर' प्रभु स्याम बलराम रन-जीत भए, प्रद्युम्न व्याहि निज पुर सिधारे॥

सूरदास कहते हैं—मैं श्याम और बलराम ही को सदा गाता रहा हूँ। वही मेरे जप, तप, नेम, व्रत, प्रेम सभी कुछ हैं। वही मेरे इस जप, तप आदि के फल भी हैं। इन्हीं के लिए मैं यह सब जप तप करता रहा हूँ और इन्हें पाता रहा हूँ।

प्रद्युम्न के विवाह के दिन श्याम और बलराम रुक्म के देश भोजकट पधारे। (प्रद्युम्न का विवाह रुक्मिणी के भाई रुक्म के पुत्री रुक्मवती से हुआ था)। तब कलिंग के राजा और रुक्म ने बलभद्र को कपट करके पासा खेलने के लिए बैठा लिया। बलभद्र का दांव आ गया था, पर सब छल करके चिल्लाने लगे कि रुक्म ने जीत लिया, रुक्म ने जीत लिया। उसी समय यह आकाशवाणी भी हो गई कि जीत बलराम की हुई है। इतने पर भी वे मूढ़ नहीं सँभले। कलिंग का राजा तब बलराम की हँसी उड़ाता हुआ कहने लगा—'ये वन में बसने वाले, जंगली, पासा खेलना क्या जाने?' और लोग भी इस हँसी में जब योग देने लगे, तब बलराम के हृदय में भारी क्रोध आ गया। उन्होंने पहले रुक्म और कलिंग के राजा को मार डाला फिर उनके बहुत से योद्धाओं को भी। श्याम और बलराम रण में विजयी हुए और प्रद्युम्न का व्याह कर वे द्वारिकापुरी चले आए।

टि०—चतुर्वेदी जी ने टिप्पणी की है कि यह घटना प्रद्युम्न के विवाह के समय की नहीं है। अनिरुद्ध के विवाह के समय की है—देखें भागवत स्कंध १० अध्याय ६१।

श्याम बलराम प्रद्युम्न के ब्याह दिन के स्थान पर यह पाठ है—'व्याहि प्रद्युम्न, अनिरुद्ध के ब्याह हित।'

अध्याय-६२
अनिरुद्ध-विवाह

२८२२/४८१५ राग मारू

कुंवर तन स्याम, मनु काम है दूसरौ, सुपन मैं देखि ऊषा लुभाई।
चित्रलेखा सकल जगत के नृपति की, छिनक मैं मूर्ति तब लिखि दिखाई॥
निरखि जदुवंस कौ, रहस मन में भयौ, देखि अनिरुद्ध कौं मूरछाई।
जाइ द्वारावती सोवतै कुंवर कौं, चित्रलेखा तहाँ तुरत ल्याई॥
बान दरबान सौं सुनत आयौ तहाँ, धाइ अनिरुद्ध सौं युद्ध माँड्यौ।
'सूर' प्रभु ठटी ज्यौं भयौ चाहै सु त्यौं, फाँसि करि कुंवर अनिरुद्ध बाँध्यौ॥

शोणितपुर (असम) के राजा बाणासुर की पुत्री उषा ने एक दिन रात सपने में एक साँवले सलोने राजकुमार को देखा, जो दूसरे कामदेव सा प्रतीत हो रहा था। वह उस पर लुभा गई। उसकी सखी चित्रलेखा ने एक क्षण में संसार भर के सारे राजाओं के चित्र बना दिए। (और कहा कि इनमें से किस पर तुम्हारा चित्त आ गया है।) उसने उस चित्रावली

में से अनिरुद्ध के चित्र को पहचान लिया और उसे इस बात की प्रसन्नता भी हुई कि यह राजकुमार तो यदुवंश का है फिर उसे तुरंत मूर्च्छा भी आ गई। तब चित्रलेखा द्वारिका गई और कुँवर अनिरुद्ध को प्रसुप्तावस्था में ही उसके महल में उठा लाई। दरबान ने जाकर बाणासुर को सूचना दे दी कि कोई आदमी राजकुमारी के महल में घुस आया है। वाणासुर सुनते ही वहाँ दौड़ा आया और उसने अनिरुद्ध से लड़ाई छेड़ दी। प्रभु ने जो योजना बनाई थी, जैसा वे चाहते थे, वैसा ही घटित हो गया। वाणासुर ने कुँवर अनिरुद्ध को पाश से बाँध लिया।

अध्याय-६३

२८२३/४८१६ राग मारू

स्याम बलराम यह सुनत धाए।
आइ नारद कह्यौ, द्वारिकानाथ सौं, बानासुर कुंवर अनिरुध बँधाए ॥
छोहिनी दोइ दस हुतौ हरि सँग कटक, जात ही नगर ताकौं लुटायौ।
देखि यह असुर सन्मुख भयो स्याम के, रुद्र निज सैन लै तहाँ आयो ॥ १ ॥
रुद्र भगवान अरु बान सात्यकि भिरे, राम कुंभांड माड़ौ लड़ाई।
सैनपति कोपि कै प्रद्युम्न सौं भिरयौ, सांब कुपकरन दोउ भिरे धाई ॥
तेज भगवान कौ पाइ जादव भिरे, असुर दल चल्यौ सबहीं पराई।
रुद्र तब कोप करि अग्नि बरषा करी, स्याम जल बरसि डारयौ बुझाई ॥ २ ॥
पुनि महादेव जो बान संधान कियौ, आपु भगवान ताकौं प्रहारयौ।
देखि यह जुद्ध सुर असुर चक्रित भए, लख्यौ तब बान जो रुद्र धारयौ ॥
बान तब आइ भगवन सन्मुख भयौ, बान बरषा लग्यो करन भारी।
एकहू बान आयौ न हरि कैं निकट, तब गह्यौ धनुष सारंगधारी ॥ ३ ॥
एक ही बान संधानि, रथ के तुरग, ध्वजा अरु धनुष सब काटि डारे।
संख कौ सब्द करि, लियौ असुर तेज हरि, सु धुनि रही फैलि नभ पृथी सारैं ॥
देखि यह असुर की मातु धाई नगन, कृष्न भगवान कैं निकट आई।
नगन तिय देखिबौ, जुगत नाहीं कह्यौ, जानि यह हरि रहे मुख फिराई ॥ ४ ॥
असुर यह बात तकि गयौ रन तें सटकि, तप्त जुर दियौ तब सिव पठाई।
सीत जुर जुद्ध करि कियौ विह्वल ताहि, तिंन तब आइ बिनती सुनाई ॥
प्रानदाता तुम्हीं, स्थूल सूछम तुहीं, सर्व आत्मा तुहीं धर्म पालक।
ज्ञान तुहिं, कर्म तुहिं, बिस्वकर्मा तुहीं, तू अखिल सक्ति प्रभु असुर-घालक ॥ ५ ॥
सीत अरु तप्त कौ बल चलै प्रभु तहाँ, जहाँ नहिं होइ सुमिरन तुम्हारौ।
करत दंडवत मैं तुम्हैं करुना-करन, कृपाकरि ओर मेरैं निहारौ ॥
सुनत ये बचन, हरि कह्यौ अब भै न करि, मैं कृपा करी तोहिं त्रिसिरधारी।
सीत अरु तप्त कौ भय न ह्वैहै ताहि, सुनै यह कथा जो चित्त धारी ॥ ६ ॥

तत जुर गयौ सिर नाइ हरि कौ तुरत, बानासुर बहुरि रणभूमि आयौ।
चक्र परहार हरि कियौ ताकौं निरखि, रुद्र सिर नाइ तब कहि सुनायौ॥
प्रगट तुम, गुपुत तुम, तुमहिँ सरवातमा, चक्र तुव अग्नि रुद्र कितक हारे।
बुद्धि बिधि, चंद्रमा मन, अहंकार मैं, धरि चरन, रोम सब वृच्छ सारे॥ ७॥
सीस आकास अरु स्त्रवन दसहू दिसा, इंद्र कर, लोक मै बपु तिहारो।
बान, जगदीस मोहिँ जानि, मम ईस तुम, राखि तिहि माथ अब हाथ चारौ॥
विहँसि जगदीस कह्यौ रुद्र जो तुहिँ भजै, तहाँ मैं जाउँ यह प्रन हमारैं।
कियौ प्रहलाद कुल अभय मैं प्रथमहीं, बान कियौ अमर भाखैं तिहारे॥ ८॥
करै जो सेव तुम्हरी, सु मम सेव है, विष्नु सिव ब्रह्म मम रूप सारे।
बान अभिमान मन माहिँ धार्‌यौ हुतौ, तव विदित, हाथ तातैं सँहारे॥
रुद्र अरु बान अनिरुद्ध सनमान करि, तुरत भगवान कैं निकट ल्याए।
बहुरि ऊषा दई व्याहि दाइज सहित, हरि हरष करत निज पुरी आए॥ ९॥
यह सकल कथा जो रुद्र अस्तुति सहित, करै सुमिरन, ताहि भय न होई।
कही जो व्यास सुकदेव भागवत मैं, वही अब 'सूर' जन गाइ सोई॥ १०।

महर्षि नारद ने आकर द्वारिकानाथ को सूचना दी कि वाणासुर ने कुँवर अनिरुद्ध को बंदी बना लिया है। यह सुनते ही श्याम और बलराम चल पड़े। हरि के साथ बारह अक्षौहिणी* सेना थी। उन्होंने पहुँचते ही शोणितपुर नगर को लुटवा दिया। यह देखकर वाणासुर श्याम के सन्मुख आ डटा। और रुद्र भी अपने उस सेवक की सहायता के लिए अपनी सेना के साथ वहाँ आ गए॥ १॥

रुद्र भगवान कृष्ण से, वाणासुर सात्यकि से भिड़ गए। कुंभांड ने बलराम से लड़ाई शुरू कर दी। वाणासुर का सेनापति कोप करके प्रद्युम्न से आ भिड़ा। कूपकर्ण (रुद्र का एक गण) जांबवती के पुत्र शांब दोनों दौड़कर एक दूसरे से भिड़ गए। भगवान कृष्ण का तेज पाकर यादव लोग असुर सेना से भिड़ गए। सारी असुर सेना भाग चली। तब रुद्र ने कुपित होकर अग्नि की वर्षा कर दी। श्याम ने जल बरसा कर उसे बुझा दिया॥ २।

फिर महादेव ने जो वाण चलाए, भगवान कृष्ण ने उन्हें काट डाला। इस युद्ध को देखकर देवता और दानव सभी चकित हो गए। तब वाणासुर ने देखा कि रुद्र ने कैसा रुद्र रूप धारण कर रखा है। तब वाणासुर भगवान कृष्ण के सामने आ डटा। वह भारी वाण-वर्षा करने लगा। पर उसका एक भी वाण हरि के पास तक नहीं पहुँच सका। तब कृष्ण ने अपना शार्ङ्ग नामक धनुष उठा लिया॥ ३॥

कृष्ण ने अपने धनुष पर एक ही बाण चढ़ाया। उससे उन्होंने वाणासुर के रथ के घोड़ों, रथ की ध्वजा और उनके धनुष सबको काट डाला। उन्होंने अपना शंख पांचजन्य बजा

---

* अयुतञ्च नागास्त्रिगुणे स्थानां लक्षैक योद्धां—दशलक्ष वाजिनाम्, पदाति संख्या षट्-त्रिंश कोटयः अक्षौहिणी तां, मुनयो वदन्ति॥
१० हजार हाथी, ३० हजार रथ, एक लाख योद्धा, दस लाख घुड़सवार, ६३ कोटि (प्रकार) के पैदल, मिलकर एक अक्षौहिणी।

दिया और वाणासुर का सारा तेज हर लिया, शंख की ध्वनि सारी पृथ्वी और सारे आकाश में छा गई। वाणासुर की यह दुर्दशा देखकर उसकी माँ नंगी होकर कृष्ण भगवान के निकट आ गई। नंगी स्त्री को देखना उचित नहीं कहा गया है। ऐसा समझकर कृष्ण ने अपना मुँह दूसरी ओर घुमा लिया॥ ४॥

वाणासुर ने इस अनुकूल परिस्थिति को देखा और युद्धक्षेत्र से सटक गया, भाग गया। तब शिव जी ने तप्त ज्वर भेज दिया। तब कृष्ण के शीत ज्वर ने उस तप्त ज्वर से युद्ध करके उसे विह्वल बना दिया। तब तप्त ज्वर ने आकर कृष्ण से यह विनती की—'प्रभु तुम्हीं प्राणदाता हो, तुम्हीं स्थूल पंचतत्व हो, तुम्हीं आत्मा आदि हो। तुम्हीं सर्वात्मा हो। तुम्हीं धर्मपालक हो, तुम्हीं ज्ञान हो, तुम्हीं कर्म हो, तुम्हीं विश्वकर्मा (स्रष्टा) हो, तुम्हीं अखिल शक्ति हो, तुम्हीं असुरों का संहार करनेवाले हो'॥ ५॥

हे प्रभु, शीत ज्वर और तप्त ज्वर का बस वहीं चल पाता है, जहाँ तुम्हारा सुमिरन नहीं किया जाता। हे करुणाकर मैं तुम्हें दंडवत प्रणाम करता हूँ। मेरी ओर कृपादृष्टि करो।

तप्त ज्वर की यह बात सुनते ही हरि ने कहा—'अब भय न करो। हे तीन सिर वाले, मैंने अब तुमपर कृपा कर दी है।' जो इस कथा को मन लगाकर सुनेगा, उसे शीत और तप्त ज्वर का भय न होगा॥ ६॥

तप्त ज्वर हरि को सिर झुकाकर वहाँ से तुरंत चला गया। वाणासुर फिर रणभूमि में आया। उसे पुनः आया देखकर हरि ने उसपर सुदर्शन चक्र से प्रहार कर दिया। तब रुद्र ने नतमस्तक होकर हरि से कह सुनाया—प्रभु, तुम्हीं प्रकट हो, तुम्हीं गुप्त हो, तुम्हीं सर्वात्मा हो, तुम्हारे चक्र की अग्नि से न जाने कितने रुद्र हार चुके हैं। ब्रह्मा ही तुम्हारी बुद्धि हैं, चंद्रमा ही तुम्हारा मन है, मैं रुद्र ही अहंकार हूँ। धरती ही तुम्हारे चरण हैं और सारे वृक्ष ही तुम्हारी रोमराजि हैं॥ ७॥

आकाश ही तुम्हार सिर है, दसों दिशाएँ ही तुम्हारे कान है। इंद्र तुम्हारा हाथ है। तीनों लोक ही तुम्हारा शरीर है। हे जगदीश, तुम मेरे ईश हो, तुम वाणासुर को मेरा भक्त जानकर उसके सिर पर अपने चारों हाथ रखकर इसे अभय प्रदान करो।

हँसकर जगदीश कृष्ण ने कहा—हे रुद्र, जो तुम्हें भजता हो, मैं वहीं जा पहुँचता हूँ। मेरा तो यह प्रण ही है। मैंने पहले ही प्रहलाद के संपूर्ण कुल को अभय प्रदान कर दिया है। तुम्हारे कहने से मैं वाणासुर को अमर किए दे रहा हूँ॥ ८॥

हे रुद्र, जो तुम्हारी सेवा करता है, वह मेरा भी सेवक है। विष्णु, शिव, ब्रह्मा ये सब तो मेरे ही विभिन्न रूप हैं। वाणासुर ने अपने मन में बहुत अभिमान कर रखा था। तुम इस बात को जानते ही हो। इसीलिए मैंने इसके (हजार हाथों में से ९९२) हाथ काट डाले।

तदनंतर रुद्र और वाणासुर अनिरुद्ध को ससम्मान भगवान कृष्ण के पास ले आए। फिर उन्होंने उषा का विवाह अनिरुद्ध से कर दिया और बहुत दहेज दिया। और हरि बहुत-बहुत खुशी मनाते हुए अपनी पुरी द्वारिका में लौट आए॥ ९॥

रुद्र की स्तुति सहित इस संपूर्ण कथा को जो स्मरण करता है, उसे भय नहीं होता। यह कथा जो व्यास और शुकदेव ने भागवत में कही है, सूरदास ने उसी को गाकर प्रस्तुत कर दिया है॥ १०॥

अध्याय-६४

नृग राजा उद्धार

२८२४/४८१७ राग सारंग

अविगत गति जानी न परै।
राई तैं परबत करि डारै, राई मेरु करै॥
नृग राजा नित गऊ सहस दै, करत हुतौ जल-पान।
तनक चूक तैं गिरगिट कीन्हौ, को करि सकै बखान॥
कूप माहँ तिहिं देखि बालकनि, हरि सौं कह्यौ सुनाइ।
कृपानिधान जानि अपनौ जन, आए तहँ जदुराइ॥
अंधकूप तैं काढ़ि बहुरि तेहिं, दरसन दै निस्तारा।
'सूरदास' सब तजि हरि भजियै, जब कब करै उधारा॥

अविगत अविनाशी की गति-विधि जानी नहीं जाती। वे चाहें तो राई (सरसों) को पहाड़ बना दें और चाहें तो मेरु को मटियामेट करके राई बना दें। राजा नृग रोज एक हजार गौओं का दान देकर तब जलपान किया करते थे। एक बार उनसे जरा सी चूक हो गई—एक बार दान की गई गाय को भूल से सुबह दूसरे को दान दे दिया—इससे वे गिरगिटान हो गए। प्रभु की इस लीला का वर्णन कौन कर सकता है। उस गिरगिट को कुएँ में पड़ा हुआ ग्वाल बालों ने देखा और हरि को उसकी खबर दी। कृपानिधान उस गिरगिट को भक्त जानकर वहाँ आए। उसे अंधे कुएँ से, जलहीन सूखे कुएँ से, निकाला और उसे दर्शन देकर उसका उद्धार कर दिया।

सूरदास कहते हैं 'सब तज, हरि भज'। यह यदाकदा का भजन भी जब तब उद्धार ही करेगा।

अध्याय-६५

श्री बलभद्र का व्रज आगमन

२८२५/४८१८ राग बिलावल

स्याम राम के गुन नित गाऊँ। स्याम राम ही सौं चित लाऊँ॥
एक बार हरि निज पुर छए। हलधर जी वृंदावन गए॥
रथ देखत लोगनि सुख पाए। जान्यौ स्याम राम दोउ आए॥
नंद जसोमति जब सुधि पाई। देह गेह की सुरति भुलाई॥१
आगे ह्वै लैबे कौं धाए। हलधर दौरि चरन लपटाए॥
बल कौं हित करि गरैं लगाए। दै असीस बोले या भाए॥
तुम तौ भली करी बलराम। कहाँ रहे मनमोहन स्याम॥
देखौ कान्हा की निठुराई। कबहूँ पातीहू न पठाई॥२
आपु जाइ ह्वां राजा भए। हमकौं बिछुरि बहुत दुख दए॥

कहौ कबहुँ हमरी सुधि करत। हम तौ उन बिनु बहु दुख भरत ॥
कहा करैं ह्वां कोउ न जात। उन बिनु पल-पल जुग सम जात ॥
इहिं अंतर आए सब ग्वार। भेंटे सबनि जथा ब्यौहार ॥ ३ ॥
नमस्कार काहूँ कौ कियौ। काहू कौं अंकम भरि लियौ ॥
पुनि गोपी जुरि मिलि सब आईं। तिन हित साथ असीस सुनाईं ॥
हरि-सुधि करि सुधि-बुधि बिसराई। तिनकौ प्रेम कह्यौ नहिं जाई ॥
कोउ कहै हरि ब्याही बहुनार। तिनकौं बढ़्यौ बहुत परिवार ॥ ४ ॥
उनकौं यह हम देतिं असीस। सुख सौं जीवैं कोटि बरीस ॥
कोउ कहै हरि नाहीं हम चीन्हौ। बिनु चीन्हें उनकौं मन दीन्हौ ॥
निसि दिन रोवत हमैं बिहाइ। कहौ करैं अब कहा उपाइ ॥
कोउ कहै इहाँ चरावत गाइ। राजा भए द्वारिका जाइ ॥ ५ ॥
काहे कौ वै आवैं इहाँ। भोग विलास करत नित उहाँ ॥
कोऊ कहै हरि रिपु छै किए। अरु मित्रनि कौ बहु सुख दिए ॥
बिरह हमारौ कहँ रहि गयौ। जिन हमकौं अतिही दुख दयौ ॥
कोउ कहे जे हरि की रानी। कौन भाँति हरि कौं पतियानी ॥ ६ ॥
कोऊ चतुर नारि जो होइ। कहै नहीं पतिआरौ सोइ ॥
कोउ कहे हम तुम कत पतियाईं। उनकैं हित कुल लाज गँवाई ॥
हरि कछु ऐसौ टोना जानत। सबकौ मन अपनै बस आनत ॥
कोउ कहे हरि हम सब बिसराई। कहा कहैं कछु कह्यौ न जाई ॥ ७ ॥
हरि कौं सुमिरि नयन जल ढारैं। नैंकु नहीं मन धीरज धारैं ॥
यह सुनि हलधर धीरज धारि। कह्यौ आइहैं हरि गिरधारि ॥
जब बल यह संदेस सुनायौ। तब कछु इक मन धीरज आयौ ॥
बल तहँ बहुरि रहे द्वै मास। ब्रजवासिनि सौं करत विलास ॥ ८ ॥
सब सौं मिलि पुनि निजपुर आए। 'सूरदास' हरि के गुन गाए ॥

मैं सूरदास श्याम और बलराम का ही गुणानुवाद करता हूँ। मेरा मन उन्हीं श्याम और बलराम में सदा लगा रहता है।

एक बार हरि (कृष्ण) तो द्वारकापुरी ही में रह गए और हलधर बलराम वृंदावन आ गए। दूर से ही बलराम का रथ देखकर सभी ब्रजवासी आनंदमग्न हो गए। उन्होंने समझा कि श्याम और बलराम दोनों आए हैं। जब नंद और यशोदा को यह समाचार मिला, तब वे अपने शरीर और अपने घर तक की सुधि भुला बैठे॥ १ ॥

नंद और यशोदा उनके स्वागत के लिए आगे बढ़कर आ गए। हलधर दौड़कर नंदबाबा और यशोदा मैया के चरणों से लिपट गए। उन्होंने बलदाऊ को अत्यंत स्नेहपूर्वक अपने गले से लगा लिया और आशीर्वाद देकर इस प्रकार बोले—बलराम, तुमने तो बहुत अच्छा किया, जो यहाँ एक बार आ गए। मनमोहन श्याम कहाँ रह गए? क्यों नहीं आए?

कन्हैया की निष्ठुरता तो देखो, कभी एक चिट्ठी तक नहीं भेजी॥ २॥

आप तो वहाँ जाकर राजा बन गए हैं और आनंद मना रहे हैं। हमकों तो, बिछुड़कर उन्होंने बहुत दुख ही दिया है। कहो तो, क्या कन्हैया वहाँ कभी हमारी भी सुधि करते हैं। हम तो उनके बिना बहुत दुख सह रहे हैं। क्या करें, द्वारिका बहुत दूर है। वहाँ कोई आता जाता भी नहीं। जिससे बराबर हाल-चाल तो मिलती रहे। उनके बिना तो हमें एक-एक पल युग के समान बीतता है। इसी बीच सभी ग्वाल सखा आ गए। बलराम उन सबसे मिले और यथा-योग्य व्यवहार किया॥ ३॥

उन्होंने बड़ों और समवयस्कों को नमस्कार किया। जो अपने से छोटे थे उन्हें छाती से लगा लिया।

फिर सब गोपियाँ आ पहुँचीं। उन्होंने प्रेमपूर्वक बलराम को आशीर्वाद दिया। वे हरि की सुधि करके अपने तन-वदन की सारी सुधि-बुधि भुला बैठीं। गोपियों के प्रेम का तो वर्णन ही नहीं किया जा सकता।

कोई गोपी कहने लगी—हरि ने द्वारिका जाकर बहुत-बहुत-सी स्त्रियों से व्याह कर लिया है। उनका परिवार तो बहुत बढ़ गया होगा॥ ४॥ उनको हम यह आशीष दे रही हैं। वे सुख से करोड़ों वर्षों तक जीते रहें।

कोई कहने लगी कि हम हरि की निष्ठुरता को भलीभाँति पहचान नहीं पाई थीं। उनके निष्ठुर स्वभाव को जाने बिना ही हम उन्हें अपना मन दे बैठीं। हमें सारे रात दिन रोते बीतते हैं। कहो, अब कौन-सा उपाय किया जाय।

कोई कहने लगी—कन्हैया यहाँ गायें चराते थे। वहाँ द्वारिका जाकर वे राजा हो गए हैं॥ ५॥ वे वहाँ नित्य ही राजसी भोग-विलास में डूबे रहते होंगे। वे यहाँ क्यों आवें। यहाँ द्वारिका के-से सुख कहाँ?

कोई कहने लगी—हरि ने सारे शत्रुओं का विनाश कर दिया है और अपने मित्रों को बहुत सुख दिया है। जिनके विरह में हम यहाँ इतना दुख भोगती रही हैं, उन कन्हैया के हृदय में तो हमारा विरह कहाँ रह गया होगा?

कोई कहने लगी—हरि की इतनी अधिक रानियाँ हैं। उन्होंने हरि का विश्वास कैसे कर लिया॥ ६॥ कोई भी चतुर नारी उन पर विश्वास कर ही नहीं सकती।

कोई गोपी बोली—हमने तुमने इन कन्हैया का कैसे विश्वास कर लिया था। उनके लिए तो हमने अपनी सारी कुलकानि गँवा दी थी। हरि कुछ ऐसा जादू जानते हैं, जिससे वे सबका मन अपने बस में कर लेते हैं।

कोई कह उठी—हरि ने हम सबको भुला दिया। क्या कहें, कुछ कहते ही नहीं बनता॥ ७॥

हरि की सुधि कर करके सभी गोपियाँ आँखों से आँसू बहाने लगीं। वे अपने मन में जरा भी धैर्य नहीं रख सकीं।

यह सुनकर, देखकर, हलधर ने कहा—धैर्य रखो, निश्चित रूप से श्याम यहाँ आएँगे।

जब बलराम ने यह संदेश सुनाया, तब कहीं गोपियों के मन में कुछ धैर्य आया।

बलराम वहाँ दो महीने रहे और व्रजवासियों के साथ सुख-विलास करते रहे॥ ८॥

फिर वे सबसे मिल-जुलकर अपनी नगरी द्वारिका में आ गए।

सूरदास ने हरि का गुणानुवाद किया।

२८२६/४८१९ राग सारंग

बारुनि तैं घूर्मित लोचन, बन बिहरत मन सचु पाए।
मनौ मत्त गजराज बिराजत, करिनि जूथ सँग लाए॥
मुकुलित केस सुदेस देखियत, नील बसन लपटाए।
भरि अपने कर कनक कटौरा, पीवत प्रियहिँ चखाए॥
हँसत रिसात बुलावत बरजत, तरजत भौंह चढ़ाए।
उदित मुदित उठि चलत डगमगत, अनुज सुरति जिय आए॥
इंदु बदन भुव धरन अमित बल, वर वनितन के भाए।
सरबस रीझि देव अपनैं, रस 'सूरदास' गुन गाए॥

वारुणी (शराब) पीने के कारण चढ़ी हुई आँखों वाले बलराम मन में सुख पाते हुए दावन में गोपियों के साथ विहार करते हुए इस तरह घूम रहे हैं, जैसे कोई मतवाला हाथी थनियों का झुंड साथ लिए हुए विराजमान हो। उनके घुँघुराले बाल अत्यंत सुंदर दीख रहे थे। वे नीलांबर लपेटे हुए थे। वे अपने हाथ में सोने के कटोरे में वारुणी भरकर यं पिये जा रहे थे और अपनी प्रियाओं को पिलाए जा रहे थे। वे शराब के नशे में मत्त कर कभी हँस पड़ते थे, कभी कुपित हो जाते थे, कभी किसी को बुलाते थे, कभी किसी पास आने से रोक देते थे, कभी भौंहें चढ़ाकर ताड़ना करते जाते थे। कभी जब अनुज ष्ण की याद आ जाती थी, तब वे प्रमुदित होकर उठकर डगमगाते हुए चल पड़ते थे। का मुख चंद्रमा-सा था। उनकी भौंहों में अनेक बल पड़े हुए थे। वे सुंदरी वनिताओं मन को बहुत अच्छे लग रहे थे।

सूरदास अपने देवता पर पूर्ण रूप से रीझकर उनका सरस गुण गाए जा रहे हैं।

२८२७/४८२० राग सारंग

बारुनी बलराम पियारी।
गौतम-सुता भगीरथ-धी वर, सबहिनि तैं सुंदर सुकुमारी॥
ग्रीवा बाहु गाल रत गाजत, सुख सजनी, सति भाइ सँवारी।
संकर्षन कैं सदा सुहागिनि, अति अनुराग भाग बहु वारी॥
बसुधातल जु काम-गिरि राजत, भ्राजत सकल लोक-सुख कारी।
प्रथम समागम आनँद आगम, दूलह वर दुलहिनी दुलारी॥
रति-रस रीति प्रीति परगट करि, राम काम पूरन प्रतिपारी।
'सूर' सुभाग उदित गोपिनि के, हरि मूरति भेंटे हलधारी॥

वारुणी बलराम को परम प्रिय थी। वह उनके लिए गौतम-सुता गोदावरी और ीरथ की बेटी श्रेष्ठ गंगा से भी सुंदर और सुकुमारी थी। वह वारुणी उनके गले में, हुओं और गालों पर लगी हुई सदा सुशोभित होती रहती थी। वह उनके सुख की सखी। उसे उन्होंने सच्चे भाव से सँवार भी रखा था। वह संकर्षण बलराम की सदा-सुहागिन

प्यारी थी। वह उनके अत्यंत अनुराग और सौभाग्य की पात्री थी। पृथ्वी पर वह उनके f सकल कामनाओं को पूर्ण कर देनेवाली कामदा पहाड़ी थी और वह संपूर्ण लोक-सुखों देनेवाली थी। प्रथम समागम के समय जैसा आनंद दूलह को अपनी प्यारी दुलहिन से होता है, वारुणी बलराम को वैसा ही आनंद देनेवाली थी। बलराम ने सुरति रस की स रीति नीति से प्रीति प्रगट करके गोपियों की कामना का पूर्ण रूप से प्रतिपालन कर f और गोपियों ने भी हलधर को हरि का प्रतिरूप जानकर अपने सौभाग्य का उदय सम

२८२८/४८२१ राग स

कालिंदी करि कह्यौ हमारौ ।
बोली बेगि चलौ, बन बिहरत, तोहिं अन्हाइ जाइ स्त्रम भारौ ॥
अतिहीं सतर होइ जनि सरिता, छाड़ि गर्व या गुन कौ गारौ ।
आपनि सौंह, कृष्न की कानी, राखत हौं जस मान तुम्हारौ ॥
इतौ महातम मोहिं दिखावति, भँवर तरंग प्रवाह पसारौ ।
इन खुनसनि गोपाल दुहाई, हल करि खैंचि करौं नदि नारौ ॥
सुर नर गन गंधर्व जे कहिए, बोल बचन तिनहूँ नहिं टारौ ।
'सूर' समुद्र स्याम के भैयहिं, निपट नदी जानति मतवारौ ॥

शराब के नशे में धुत्त बलराम ने कालिंदी यमुना को संबोधित करते हुए कहा—अ कालिंदी, मेरा कहना मान, वन-विहार करते-करते मैं थक गया हूँ। तू जल्दी-जल्दी च आ। मैं तुझमें नहा लूँ, तो मेरी सारी थकावट दूर हो जाय। अरी नदी, तू इतनी टेढ़ी बन। अपने गुण का गौरव और गर्व छोड़कर तू मेरे पास चली ही आ। मैं अपनी श खाकर कह रहा हूँ—मैं अपने छोटे भाई कन्हैया की मर्यादा का ध्यान रखते हुए तेरे और लाज की मर्यादा रखे जा रहा हूँ। तू अपनी भँवरों, तरंगों और प्रवाह के बहाने अपना बड़प्पन दिखाए जा रही है। इसपर मुझे भारी क्रोध हुआ जा रहा है। मैं गोप की दुहाई देकर कह रहा हूँ। मैं अपना हल चलाकर तुझे नदी से नाला बना दे सकता मेरी बात को तो देवता, नर, मुनि, गंधर्व कोई भी नहीं टाल सकता। तू श्याम के मुझ बलराम को समुद्र समझ, समुद्र। अरी नदी, तू मुझे कोई मतवाला समझ रही है क जो मेरे बुलाने पर भी मेरे पास नहीं आ रही है।

२८२९/४८२२ राग स

जमुना आइ गई बलदेव ।
जो तुम कहौ सोइ हौं करिहौं, संतत सादर सेव ॥
सुर नर मुनि जन गन गंध्रव ये, सब चरननि के देव ।
'सूर' मनौ यह मान करति हौं, अवलंबनि की टेव ॥

यमुना ने बलदेव के पास आकर कहा—दाऊ, तुम जो कहोगे, मैं वही करूँगी औ सादर तुम्हारी सेवा करती रहूँगी। जितने भी सुर नर मुनि और गंधर्व हैं, वे सभी तुम चरणों को देव मानते हैं। मुझे कृष्ण से और अब तुमसे जो अवलंब मिला है, मान-प्रति प्राप्त हुई है, उसी के कारण तो मैं यह मान किए बैठी हूँ। जहाँ प्रिय के प्रेम का भरोसा

न हो, वहाँ प्रेमिका किस बात का मान करेगी। मैं यह बात तुमसे साफ-साफ कहे देती हूँ।

२८३०/४८२३ राग सारंग

कालिंदी हौं हरि की प्यारी।
जैसी मोपै स्याम करत हैं, तैसी तुम करौ कृपा बिचारी ॥
जमुना जस की रासि चहूँ जुग, जम-जेठी, जग की महतारी।
'सूर' कहे कौ दुख जनि मानौ, कहा करौं, यह प्रकृति हमारी ॥

कालिंदी ने बलदेव से कहा—मैं कालिंदी हरि की परम प्रिया हूँ। श्याम जैसी कृपा मुझपर करते रहे हैं, तुम भी विचार कर मुझ पर वैसी कृपा करते रहो। मैं यमुना चारो युगों में परम यशस्विनी रही हूँ। मैं यम की बड़ी बहन हूँ। संसार की माता हूँ। तुम मेरे कहने का बुरा मत मानना। मैं क्या करूँ, मेरा तो यह स्वभाव ही पड़ गया है।

अध्याय-६६
पौंड्रक-वध

२८३१/४८२४ राग बिलावल

हरि हरि हरि सुमिरौ सब कोइ। हरि कै सत्रु मित्र नहिं दोइ ॥
ज्यौं सुमिरैं त्यौं ही गति होइ। हरि हरि हरि सुमिरौ सब कोइ ॥
प्रौंड्रक अरु कासी के राइ। हरि कौं सुमिर्यौ बैर सुभाइ ॥
अह निसि रहे यहै लव लाइ। क्यौं करि जीतौं जादवराइ ॥
द्वारावति तिनि दूत पठायौ। ताकौं ऐसी कहि समुझायौ ॥
चारि भुजा मम आयुध चारि। वासुदेव मैं ही निरधार ॥
यों ही कहि जदुपति सौं जाइ। कपट तजौ कै करौ लराइ ॥
दूत आइ हरि सौं यह कह्यौ। हरि जू तिहिं यह उत्तर दयौ ॥
जो तैं कही सो सब हम जानी। पौंड्रक की आयुस सियरानी ॥
कहौ जाइ करै जुद्ध बिचार। साँच झूठ ह्वैहै निरवार ॥
दूत आइ निज नृपहिं सुनायौ। तब उन मन में जुध ठहरायौ ॥
जहाँ तहाँ तैं सैन बुलाई। तब लगि जदुपति पहुँचे जाई ॥
पौंड्रक सुनि तब सन्मुख आयौ। पाँच छोहिनी दल सँग ल्यायौ ॥
सेना देखि सस्त्र संभारे। जदुपति के लोगन परहारे ॥
हरि कह्यौ तू अजहूँ संभारि। साँच झूठ जिय देखि बिचारि ॥
ताकी मृत्यु आइ नियरानी। जो हरि कही, सो मन नहिं आनी ॥
तब जदुपति निज चक्र सँभार्यौ। ताकी सेना ऊपर डार्यौ ॥
सैन मारि पुनि ताकौं मार्यौ। तासु तेज निज मुख मैं धार्यौ ॥
ऐसे हैं त्रिभुवनपति राइ। जिनकी महिमा वेदनि गाइ ॥
कोउ भजै काहू परकार। 'सूरदास' सो उतरै पार ॥

हरि का सुमिरन करो। हरि के ये दो नहीं होते। न उनका कोई शत्रु है, न मित्र। हरि को जो जिस प्रकार से भी भजता है—शत्रु भाव से या मित्र भाव से, उसको मोक्ष मिल जाता है। अत: सबको हरि-स्मरण करते रहना चाहिए।

पौंड्रक (कौशिका या कुसी नदी के तटपर स्थित पुंड्र का राजा) और काशी के राजा ने तो हरि का सुमिरन शत्रु भाव से किया था। वे रात दिन इसी धुन में लगे रहते थे कि किस प्रकार यादवराय हरि को जीतें। पौंड्रक ने अपना दूत द्वारिकापुरी भेजा और उससे इस प्रकार समझाकर कहने को कहा—मेरे पास चार भुजाएँ हैं और शंख, चक्र, गदा, पद्म ये चारों हथियार भी हैं। मैं ही असली चतुर्भुज वासुदेव (विष्णु) हूँ। तुम नकली बासुदेव हो। या तो अपना यह कपट-जाल छोड़ो या फिर मुझसे युद्ध करो।

दूत ने आकर पौंड्रक का यह संदेश कहा। हरि ने उसे यह उत्तर दिया—जो तूने कहा, हमने उसे सब जान लिया। अब पौंड्रक की आयु एकदम ठंडी हो गई जान पड़ती है। उसका मरण आसन्न है। जाकर अपने राजा से कह दो, वह युद्ध का निश्चय कर ले। युद्ध में ही निश्चित हो जायगा, कौन असली वासुदेव है, और कौन नकली।

दूत ने वापस आकर अपने राजा पौंड्रक से कहा। तब उसने कृष्ण से युद्ध करना तै कर लिया। उसने जहाँ तहाँ से सेना बुलवाई, तब जदुपति वहाँ पहुँच गए। हरि का वहाँ पहुँचना सुनकर पौंड्रक सामने आया। वह अपने साथ पाँच अक्षौहिणी सेना लेकर आया। पौंड्रक ने कृष्ण की सेना देखी, अस्त्र-शस्त्र सँभाला और यदुनाथ के लोगों पर प्रहार प्रारंभ कर दिया। हरि ने कहा—तू अब भी सँभल जा। और स्वयं अपने मन में सोच-विचार कर देख ले कि असली वासुदेव तू है, या मैं?

पौंड्रक की मृत्यु निकट आ गई थी। उसने हरि ने जो कुछ कहा था, उसपर विचार तक नहीं किया। तब यदुनाथ ने अपना सुदर्शन चक्र उठाया और पौंड्रक की सेना पर छोड़ दिया। उस चक्र ने पहले पौंड्रक की सेना का संहार कर दिया, फिर पौंड्रक को भी मार डाला। यदुपति ने पौंड्रक का सारा तेज अपने मुख में ले लिया (और उसे मुक्ति दे दी)।

त्रिभुवन नाथ प्रभु ऐसे दयालु हैं। उनकी ऐसी महिमा का वर्णन देवताओं ने किया है। कोई भी प्रभु का भजन किसी भी प्रकार करे, भवसागर के पार उतर जाता है।

अध्याय-६७

सुदक्षिण-वध

२८३२/४८२५ राग मारू

नृप सुदच्छिन महादेव ध्यायौ।
नाथ तुव कृपा पितु बैर लीयौ चहौं, पाइँ परि बहुरि यौं कहि सुनायौ॥
अगिनि के कुंड तैं असुर परगट भयौ, द्वारिका देस ताकौ बतायौ।
आइ उन दुंद जब कियौ हरि पुरी मैं, चक्र ताकौ ह्वां तैं भगायौ॥
हति सुदच्छिन दई जारि वारानसी, कह्यौ तैं मोहिँ ह्वां क्यौं पठायौ।
'सूर' के प्रभू सौं बैर जिन मन धर्यौ, आपुनौ कियौ तिन आपु पायौ॥

(पौंड्रक के साथ काशिराज भी मारा गया था।) तब काशिराज के पुत्र सुदक्षिण ने

महादेव का ध्यान किया। सुदक्षिण शिवजी के पैरों पर गिरकर यों बोला—'हे नाथ, मैं आपकी कृपा से अपने पिता का बदला कृष्ण से लेना चाहता हूँ।' उस समय अग्निकुंड से एक असुर निकला। उसे द्वारिकापुरी जाकर उसका विनाश कर देने का निर्देश दे दिया गया। वह असुर हरि-पुरी द्वारिका में आया। यहाँ उसने संघर्ष और उत्पात करना शुरू कर दिया। तब कृष्ण के सुदर्शन चक्र ने उसे वहाँ से मार भगाया। लौटकर उस असुर ने सुदक्षिण से कहा—तुमने मुझे व्यर्थ ही द्वारिकापुरी क्यों भेजा, मेरा अपमान कराने के लिए। यह कहकर उस असुर ने सुदक्षिण को मार डाला और वाराणसी को जला डाला।

प्रभु से जिसने मन में भी वैर किया, उसने अपने किए का फल तुरंत पा लिया।

द्विविद-वध

२८३३/४८२६ राग मारू

द्विविद करि क्रोध हरि पुरी आयौ।
नृप सुदच्छिन जर्‌यौ, जरी वारानसी, धाइ धावन जबै कहि सुनायौ ॥
द्वारिका माहिँ उतपात बहु भाँति करि, बहुरि रैवत अचल गयौ धाई ।
तहाँ हूँ देखि बलराम की सभा कौं, करन लाग्यौ निडर ह्वै ढिठाई ॥
लख्यौ बलराम यह सुभट बलवंत कोउ, हल मुसल सस्त्र अपनौ सँभार्‌यौ ।
द्विविद लै साल कौ वृच्छ सनमुख भयौ, फुरति करि राम तन फटकि मार्‌यौ ॥
राम हल मारि सो वृच्छ चुरकुट कियौ, द्विविद सिर फूटि गयौ लगत ताकैं ।
बहुरि तरु तोरि पाषान फेंकन लग्यो, हल मुसल करत परहार वाकैं ॥
वृच्छ पाषान कौ नास जब ह्वाँ भयौ, मुष्टिका जुद्ध दोऊ प्रचारी ।
राम मुष्टिक लगैं गिर्‌यौ सो धरनि पर, निकसि गए प्रान, सुधि-बुधि बिसारी ॥
सुरनि आकास तें पुहुप बरषा करी, करि नमस्कार जै जै उचारे ।
देवता गए सब आपने लोक कौं, 'सूर' प्रभु राम निज पुर सिधारे ॥

द्विविद भौमासुर के मित्र सुग्रीव का मंत्री था। यह मयंद का भाई था। जब दूत ने दौड़कर द्विविद को सूचना दी कि काशिराज सुदक्षिण जला दिए गए और उनकी वाराणसी भी जला दी गई, तब द्विविद ने क्रोध करके हरि-पुरी द्वारिका पर चढ़ाई कर दी।

द्विविद ने पहले तो द्वारिका में अनेक उपद्रव किए, फिर वह तेजी से रैवत गिरि पर चढ़ दौड़ा। वहाँ उसने बलराम की सभा देखी और निडर होकर धृष्टता करने लगा। बलराम ने समझा कि यह कोई भारी बलवान योद्धा है। ऐसा समझकर उन्होंने अपना हल और मूसल सँभाल लिया। द्विविद ने भी शाल का एक पेड़ उखाड़ लिया और सामने आकर डट गया। और बड़ी फुर्ती से उसने वह पेड़ बलराम पर फेंक मारा। बलराम ने अपने सुनंद नामक मूसल से मार कर उस वृक्ष को चूर-चूर कर दिया। मूसल के लगने से द्विविद का सिर फूट गया। फिर भी द्विविद पेड़ों की टहनियों को तोड़-तोड़कर एवं पत्थर के टुकड़े उठा उठाकर बलराम पर फेंकने लगा। तब बलराम ने उन सबका परिहार अपने मूसल से कर दिया। जब वहाँ कोई वृक्ष नहीं रह गए और प्रस्तर खंड भी चुक गए,

तब दोनों ललकार कर मुट्ठी बाँध-बाँधकर एक दूसरे पर प्रहार करने लगे। बलराम की मुट्ठी की चोट से द्विविद भहराकर धरती पर गिर गया। वह अपनी सारी सुधि-बुधि खो बैठा और उसके प्राण-पखेरू भी उसका तन छोड़कर निकल भागे।

इसपर देवता आकाश से फूल बरसाने लगे और प्रणाम करके 'बलराम की जय, बलराम की जय' कहने लगे। फिर सब देवता अपने-अपने घर चले गए और बलराम भी अपनी पुरी द्वारिका लौट आए।

अध्याय-६८-६९

सांब विवाह

२८३४/४८२७ राग आसावरी

स्याम बलराम गुन सदा गाऊँ ।
स्याम बलराम बिनु दूसरे देव कौं, सपनहूँ मैं नहीं सीस नाऊँ ॥
स्याम-सुत सांब गयौ हस्तिनापुर तुरत, लछमना तहँ स्वयंबर रचायौ ।
देखतैं सबनि कैं ताहि बैठारि रथ, आपने देस कौं पलटि धायौ ॥ १ ॥
करन दुरजोधनादिक लियौ घेरि तिहिं, करन ढिग आइ बहु बान मारे ।
सांब तिहिँ काटि निज बान संधान करि, तुरँग रथ तासु के सब सँघारे ॥
हन्यौ पुनि सारथी एक ही बान करि, पर्‍यो सो धरनि सब सुधि बिसारी ।
एक इक बान भेज्यौ सकल नृपनि पै, मनौ सब साथ कीन्ही जुहारी ॥ २ ॥
देखि यह फुरति धनि-धन्य सबहिनि कियौ, पुनि करन अस्व रथ के सँहारे ।
सांब कौं पकरि वैठारि रथ आपनैं, सुभट सब हस्तिनापुर सिधारे ॥
आइ नारद कहयौ तुरत भगवान सौं, चले भगवान, हलधर निवारे ।
कहयौ मैं जाइ कै ल्याइहौं सांब कौं, कौरवनि सौं सदा हित हमारैं ॥ ३ ॥
प्रीति की रीति समुझाइहौं प्रथम उन, काज दोउ ओर पूरन सँवारौं ।
जौ न मानैं कहयौ राज अभिमान करि, एक ही मुसल सबकौं सँहारौं ॥
जाइ बलराम भेंटे सकल कौरवनि, बहुरि तिन सबनि यह कहि सुनायौ ।
सांब सौं चूक जौ भई बालक हुतौ, तुम्हैं नहिं बूझि, ये जौ बँधायौ ॥ ४ ॥
कहयौ दुरजोधन अति कोप, इहि दोष नहिँ, दोष सब लगै पुरखन हमारैं ।
जौ इन्हैं कियौ सनमान निज सभा मैं, बहुरि इहिं ओर हित करि निहारे ॥
जाँबवंत-सुता-सुत कहाँ, कहँ मम सुता, बुद्धिवंत पुरुष यह सब बिचारै ।
अरु सदा देत जादव सुता कौरवनि, कहत अब बात बल बिनु सँभारै ॥ ५ ॥
कहयौ बलराम यह सांब सुत स्याम कौ, रुद्र बिधि रेनु जाकी न पावैं ।
इंद्र सुर सकल दरबार ठाढ़े रहैं, सिद्ध गंधर्व गुन सदा गावैं ॥
बहुरि करि कोप हल अग्र पर नग्र धरि, गंग मैं डारि चाहत डुबायौ ।
कौरवनि मिलि बहुत भाँति बिनती करी, दोष तिनकौ द्विजनि मिलि छमायौ ॥ ६ ॥

ब कौं लछमना सहित ल्याए बहुरि, दियौ दाइज अगन गनि न जाए ।
र' प्रभु राम बल अतुल, को तुलि सके, करत आनंद निज पुरी आए ॥ ७ ॥

मैं सूरदास श्याम और बलराम का ही सदैव गुणगान करता रहता हूँ। मैं श्याम और राम के अतिरिक्त और किसी अन्य देवता को स्वप्न में भी सिर नहीं झुकाता।

हस्तिनापुर में दुर्योधन की पुत्री लक्ष्मणा ने स्वयंबर रचाया था। जाम्बवती और श्याम पुत्र शांब हस्तिनापुर गया। सबके देखते-देखते वह लक्ष्मणा को अपने रथ पर बैठाकर पने देश द्वारिका के लिए लौट पड़ा॥ १ ॥

कर्ण और दुर्योधन आदि ने उसे घेर लिया। कर्ण ने पास आकर उस पर अनेक बाण नाए। शांब ने कर्ण के उन बाणों को काट डाला और अपने बाण साधकर कर्ण पर चला ए। शांब ने कर्ण के रथ और घोड़ों का तुरंत विनाश कर दिया। फिर एक ही बाण में के सारथी को मार डाला। वह सारथी सब सुधि-बुधि भुलाकर धरती पर आ गिरा। र शांब ने एक-एक बाण अन्य सभी राजाओं पर छोड़ा, मानो उसने एक साथ सबको स्कार किया॥ २ ॥

शांब की यह फुर्ती देख कर सबने उसकी प्रशंसा करते हुए 'धन्य, धन्य' कहा। फिर र्ण ने शांब के रथ के घोड़ों को विनष्ट कर दिया। उसने शांब को पकड़कर अपने रथ बैठा लिया और सारे वीर हस्तिनापुर लौट गए।

नारद ने तत्काल द्वारिकापुरी जाकर भगवान कृष्ण को सब खबर दी। भगवान कृष्ण स्तिनापुर जाने के लिए तैयार हो गए। पर हलधर ने उन्हें जाने से रोक दिया और कहा— जाकर शांब को लिए आता हूँ। कौरवों से हमारा सदा प्रेम-संबंध रहा है॥ ३ ॥

पहले मैं कौरवों को अपने सारे प्रेम-संबंध का स्मरण दिलाऊँगा, और दोनों ओर के र्य पूर्णरूपेण कर लूँगा—न तो युद्ध होने दूँगा, न शांब को बंदी बना रहने दूँगा। यदि राजा होने के अभिमान में मेरा कहना न मानेंगे, तो एक ही मूसल से मैं उन सबका हार कर दूँगा।

बलराम हस्तिनापुर गए और उन्होंने सभी कौरवों से भेंट की। और उन सबसे कहा— ब लड़का है, इसी से उससे चूक हो गई है। तुमने उसे बाँध लिया, यह उचित नहीं या॥ ४ ॥

दुर्योधन ने कुपित होकर कहा—तुम्हारी दृष्टि में शांब का दोष नहीं है, क्योंकि अभी ; लड़का है। पर हमारी दृष्टि में तो हमारे सारे पूर्वजों को कलंक लग गया है कि हम पनी कन्या अपने से हीन यादवों को दे दें। हमने अपनी राजसभा में यादवों का सन्मान ा कर दिया, अब यह हमसे हितैती जोड़ना चाहते हैं, व्याह-संबंध करना चाहते हैं। हाँ जांबवंत की बेटी का बेटा, कहाँ मेरी बेटी। बुद्धिमान पुरुष को इन सब बातों पर तो विचार करना चाहिए। अभी तक तो यादव लोग अपनी कन्या हम कौरवों को देते । अब ये यादव कुरु-कुल की कन्या लेना चाहते हैं और बलराम तुम इस बात का चार बिलकुल नहीं कर रहे हो॥ ५ ॥

तब बलराम बोले—"यह शांब, उन श्याम का बेटा है, जिनके चरणों की धूल रुद्र र ब्रह्मा भी नहीं पाते, जिसके दरबार में देवराज इंद्र और सारे देवता हाथ जोड़े खड़े

रहते हैं, जिसका गुण सिद्ध और गंधर्व सदा गाया करते हैं।''

फिर बलराम ने क्रोध करके हल के फाल के अग्रभाग (नोंक) पर सारे हस्तिना नगर को रखकर, गंगा में डुबो देना चाहा। तब कौरवों ने मिलकर बलराम की बहु बहुत बिनती की और कौरवों के अपराध को ब्राह्मणों ने आकर क्षमा कराया॥ ६॥

फिर बलराम लक्ष्मणा के सहित शांब को ले आए। दुर्योधन ने अगणित दैजा दि जिसे गिना भी नहीं जा सकता। बलराम का बल अतुल है। उसकी तुलना में कौन ट सकता है, कौन तुल सकता है। आनंद करते हुए वे अपनी पुरी द्वारिका आ गए॥ ७

अध्याय-७०
नारद-संशय

२८३५/४८२८ राग धन

हरि की लीला देखि, नारद चकित भए।
मन यह करत बिचार, गोमती तट गए॥
अलख निरंजन निराकार, अच्युत अबिनासी।
सेवत जाहि महेस सेस सुर, माया दासी॥
धर्म-स्थापन हेत पुनि, धार्यौ नर औतार।
ताकौं पुत्र कलत्र सौं, नहिँ संभवत पियार॥ १
हरि कैं षोडस सहस आठ पतिवर्ता नारी।
सबकौं हरि सौं हेत, सबै हरि जू की प्यारी॥
जाकैं गृह द्वै नारि हैं, ताहि कलह नित होइ।
हरि बिहार किहिँ बिधि करत, नैननि देखौं जोइ॥ २
द्वारावति रिषि पैठि भवन, हरि जी के आए।
आगे ह्वै हरि नारि सहित, चरननि सिर नाए॥
सिंहासन बैठारि के, धोए चरन बनाइ।
चरनोदक सिर धरि कह्यौ, कृपा करी रिषिराइ॥ ३
तब नारद हँसि कह्यौ, सुनौ त्रिभुवनपति राई।
तुम देवनि के देव, देत हौ मोहिँ बड़ाई॥
बिधि महेस सेवत तुम्हैं, मैं बपुरा किहिँ माहिँ।
कहैं तुम्हैं प्रभु देवता, यामैं अचरज नाहिँ॥ ४
और गेह रिषि गए, तहाँ देखे जदुराई।
चँवर ढुरावति नारि, करति दासी सेवकाई॥
रिषि कौ आवत देखि हरि, कियौ बहुत सनमान।
ह्वाँ हूँ तै नारद चले, करि ऐसौ अनुमान॥ ५
जा गृह मैं हौं जात, स्याम आगैं ही आवत।
तातें छाँड़ि सुभाव, जाउँ अबकैं मैं धावत॥

जहँ नारद स्रम करि गए, तहँ देखे घनस्याम।
बालनि सौं क्रीड़ा करत, कर जोरे खरी बाम ॥ ६ ॥
जहाँ जहाँ रिषि जाइँ, तहाँ तहँ हरि कौं देखैं।
कहुँ कछु लीला करत, कहूँ कछु लीला पेखैं॥
यौं ही सब गृह मैं गए, लह्यौ न मन बिस्राम।
तब ताकौं व्याकुल निरखि, हँसि बोले घनस्याम ॥ ७ ॥
नारद, मन कौ भरम, तोहिँ एतो भरमायौ।
मैं व्यापक सब जगत, वेद चारौ मोहिँ गायौ॥
मैं करता, मैं भोगता, मो बिनु और न कोइ।
जो मोकौं ऐसौ लखै, ताहि भरम नहिँ होइ ॥ ८ ॥
बूझौ सब गृह जाइ, सबै जानत मोहिँ यौंही।
हरिकौं हमसौं प्रीति, अनत कहुँ जात न क्यौंहीं॥
मैं उदास सब सौं रहौं, यह मम सहज सुधाइ।
ऐसौ जानै मोहिँ जो, मम माया तरि जाइ ॥ ९ ॥
तब नारद कर जोरि कह्यौ, तुम अज अनंत हरि।
तुमसे तुमही ईस, नहीं द्वितीया कोउ तुम सरि॥
तुव माया तुव कृपा बिनु, सकै नहीं तरि कोइ।
अब मोकौं कीजै कृपा, ज्यौं न बहुरि भ्रम होइ ॥ १० ॥
रिषि चरित्र मम देखि, कछू अचरज मति मानौ।
मो तैं द्वितीया और कोउ, मन माहँ न आनौ॥
मैं करता, मैं भोगता, नहिँ यामैं कछु संदेहु।
मेरे गुन गावत फिरौ, लोगनि कौ सुख देहु ॥ ११ ॥
नारद करि परनाम, चले हरि के गुन गावत।
बार-बार हरि रूप-ध्यान, हिरदै मैं ध्यावत॥
यह लीला आचरज की, 'सूरदास' कही गाइ।
ताकौं जो गावै सुनै, सो भव-जल तरि जाइ ॥ १२ ॥

हरि की लीला देखकर नारद चकित हो गए। मन में यह विचार करते हुए वे द्वारिका के पास गोमती नदी के किनारे जा पहुँचे।—'प्रभु अलख हैं, निरंजन हैं, निराकार हैं, अच्युत हैं, अविनाशी हैं। इनकी सेवा में तो शिव, शेषनाग और समस्त देवता लगे रहते हैं। माया इनकी दासी है। इन्होंने धर्म की स्थापना के लिए अवतार लिया है। वे स्त्री पुत्रों से प्रेम करते हैं। यह विचार असंगत है। पर ये उनसे प्रेम करते हैं, यह विचार मेरे मन में बार-बार उठ रहा है ॥ १ ॥'

हरि के पास सोलह हजार पति-परायणा पत्नियाँ हैं। हरि सभी से प्रेम करते हैं और सभी नारियाँ हरि की प्यारी हैं। जिसके घर में दो नारियाँ हैं, उसके घर में बराबर कलह,

खटपट होती रहती है। हरि इन सोलह हजार आठ रानियों से किस प्रकार विहार करते हैं, मैं अपनी आँखों से यह देखना चाहता हूँ॥ २॥

नारद जी द्वारिकापुरी आ गए और हरि के राजमहल में प्रविष्ट हुए। हरि ने अपनी पत्नी के सहित आगे बढ़कर उनकी अगवानी की और उनके चरणों में नतमस्तक हुए। उन्हें सिंहासन पर बैठाया और भलीभाँति उनके पैर धोए। फिर उनके चरण-जल को माथे से लगाया और कहा—आपने बड़ी कृपा की, जो यहाँ पधारे॥ ३॥

तब नारद ने हँसकर कहा—हे त्रिभुवननाथ, सुनिए! तुम तो देवों के भी देव हो। तुम मुझे जो यह बड़ाई दिए जा रहे हो, यह तुम्हारी कृपा ही है। ब्रह्मा शिव तुम्हारी सेवा करते रहते हैं, मैं बेचारा किस खेत की मूली हूँ। देवता भी तुम्हें अपना प्रभु मानते हैं, इसमें क्या आश्चर्य॥ ४॥

नारद जी एक भवन से दूसरे भवन में गए। वहाँ भी उन्होंने यदुनाथ को देखा। वहाँ उनकी पत्नी उन्हें चँवर डुला रही थी और दासी के सदृश सेवा कर रही थी। ऋषि को आता देख हरि ने उनका बहुत सम्मान किया। नारद जी वहाँ से भी यह अनुमान करते हुए चल पड़े॥ ५॥ कि मैं जिस घर में जाता हूँ, श्याम संभवतः मुझसे आगे ही वहाँ पहुँच जाते हैं। अतः मैं धीरे-धीरे चलने का अपना सहज स्वभाव छोड़कर इस बार दौड़कर तेजी से चलूँ। नारद जहाँ-जहाँ भी श्रम करके, दौड़कर, गए, वहाँ-वहाँ उन्होंने घनश्याम कृष्ण को मौजूद पाया—वहाँ वे अपने लड़कों से खेलते रहते होते और उनकी पत्नियाँ हाथ जोड़े खड़ी रहती थीं॥ ६॥

ऋषि जहाँ-जहाँ, जिस-जिस घर में गए, सब जगह उन्होंने हरि को पाया। वे कहीं कुछ लीला करते हुए, कहीं कुछ कौतुक करते हुए, उन्हें मिले। इसी प्रकार ये सभी सोलह हजार आठ घरों में गए और कहीं भी जरा भी आराम नहीं किया। तब नारद को व्याकुल देखकर घनश्याम हँसकर बोले॥ ७॥

नारद, मन के भ्रम ने तुम्हें इतना भटकाया है। मैं संपूर्ण संसार में समाया हुआ हूँ। चारो वेद मेरी ही स्तुति करते हैं। मैं ही कर्ता हूँ। मैं ही भोक्ता हूँ। मेरे बिना और कोई नहीं है। जो मुझे इस रूप में देखता है, उसे कभी भ्रम नहीं होता॥ ८॥

मेरे हर अंतःपुर में जाकर पूछिए—सब यही जानती हैं कि हरि मुझी में हैं, हरि को मुझसे ही प्रेम है, हरि मुझे छोड़कर अन्यत्र कहीं भी किसी भी दशा में नहीं जाते। मैं सबसे उदासीन रहता हूँ। यही मेरा सहज स्वभाव है। मुझे जो सर्वथा निर्लिप्त जानता है, उसे मेरी माया व्याप्त नहीं होती, वह मेरी माया को पार कर जाता है॥ ९॥

तब नारद ने हाथ जोड़कर कहा—प्रभु, तुम अज (अजन्मा) हो, अनंत हो। तुम्हारे समान तुम्हीं हो, कोई दूसरा तुम-सा नहीं है। कोई भी तुम्हारी माया को, तुम्हारी कृपा बिना, पार नहीं कर सकता। अब मुझपर कृपा कीजिए, जिससे मुझे फिर कभी भ्रम न हो॥ १०॥

कृष्ण बोले—हे ऋषि, मेरा चरित्र देखकर आश्चर्य मत करो। मुझे छोड़कर कोई और दूसरा भी कर्ता और भोक्ता है, इस विचार को मन में आने ही मत दो। मैं ही कर्ता हूँ, मैं ही भोक्ता हूँ। इसमें कुछ संदेह नहीं है। मेरा गुणानुवाद करते रहो और लोक-कल्याण करके लोगों को सुख देते रहो॥ ११॥

नारद हरि को प्रणाम करके, उनका गुण गाते हुए, चल पड़े। वे बार-बार हरि के रूप
ा ध्यान अपने हृदय में करते जा रहे थे। इस आश्चर्यमयी लीला को सूरदास ने गा सुनाया।
ो इसको गाएगा, कहेगा, सुनेगा, वह भव-सागर के पार हो जायगा॥ १२॥

अध्याय-७१

जरासंध-वध के लिए प्रस्थान

२८३६/४८२९ राग कान्हरौ

राज-रवनि गावतिँ हरि कौ जस।
दन करत सुत कौं समुझावतिँ, राखतिँ स्रवननि प्याइ सुधारस॥
ुम जनि जिय डरपहु रे बालक, कृपासिंधु कैं सरन सदा बस।
जि जिय सोच तात अपने कौ, करि प्रतीति निरभय ह्वै कैं हँस॥
जन प्रभु जनक-सुता प्रन राख्यौ, अरु रावन के सीस सकल नस।
ोई 'सूर' सहाइ हमारैं, मोचन गोप गयंद महा पस॥

जिन राजाओं को जरासंध ने अपने वंदीगृह में डाल रखा था, उनकी पत्नियाँ, अपने रों में रहते हुए हरि का गुणानुवाद करती रहती थीं। वे अपने रोते बच्चों को समझाती हती थीं। उनके कानों में हरिके गुणानुवाद का अमृत डालती रहती थीं। बच्चे, तुम जरा ी न डरो। सदैव कृपा-सिंधु हरि की शरण में बसे रहे। अपने पिता के बंदी होने का ोच चित्त से निकाल दो। भगवान पर पूरा विश्वास करो। निर्भय होकर हँसो, रोओ मत, जिन प्रभु ने जनक-सुता जानकी जी का प्रण रखा और रावण के सारे, दसों, सिरों को नष्ट र दिया, जिन प्रभु ने विशालकाय हाथी जैसे पशु को ग्राह से छुड़ाया था, वही गोप (गोपाल) प्रभु हमारे भी सहायक हैं।

२८३७/४८३० राग धनाश्री

रे सुत बिनु गोविंद कोउ नाहीं।
तुम्हरे दुःख दूरि करिबे कौं, रिद्धि-सिद्धि निधि फिरि-फिरि जाहीं॥
और देव की सेवा ऐसी, तृन की अग्नि, मेघ की छाहीं।
जगत पिता जगदीस सरन बिनु, अंत अनाथ कहूँ न समाहीं॥
सिव, विरंचि, सुर-ईस, मनुज मुनि, तिनकी भक्ति भजन अवगाहीं।
'सूरदास' भगवंत भजन बिनु, कोटि करौ, तउ दुःख न जाहीं॥

राज रमणियाँ अपने पुत्रों को प्रबोध देती हुई कह रही हैं—हे पुत्र, गोविंद के सिवा और कोई दूसरा तुम्हारे दुःख दूर नहीं कर सकता। ऋद्धियाँ, सिद्धियाँ, निधियाँ सब तुम्हारे दुःख दूर करने में असमर्थ हैं। वे सहायता के लिए आ आकर अपने को शक्तिहीन समझकर, लौट लौट जाती हैं। दूसरे देवताओं की सेवा तो घास की आग और मेघ की छाया के समान है, जो क्षण भर के लिए ही सुख देनेवाली हैं। जगत-पिता, जगदीश की शरण बिना, अंत में हम अनाथ लोग कहीं भो नहीं समा सकते; हमें अन्यत्र कहीं शरण नहीं मिल सकती। शिव, ब्रह्मा, देवताओं के स्वामी इंद्र, मनुष्य, ऋषि-मुनि सभी जिनकी

भक्ति-भावना में डुबकी लगाते रहते हैं, उन भगवंत के भजन के बिना, करोड़ों प्रयत्न क्यों न कर लो, दुःख दूर नहीं हो सकते।

२८३८/४८३१ राग धनाश्री

नाथ और कासों कहौं गरुड़गामी ।
दीनबंधु, दयासिंधु, असरन-सरन, सत्य सुखधाम, सर्वज्ञ स्वामी ।
इहिँ जरासंध मद अंध मम मान मथि, बाँधि बिनु काज बल इहाँ आने ।
किए अवरोध अति क्रोध गहि गिरि गुहा, रहत भृंगि कीट ज्यौं त्रास माने ।
नाहिनैं नाथ जिय सोच धन धरनि कौ, मरन तैं अधिक यह दुख सतावै ।
भृत्य की रीति हम होत मागध सकल, नाथ जिय दमत उद्वेग पावै ।
मधु-कैटभ-मथन, मुर भौम केसी दलन, कंस कुल काल अरु साल-हारी ।
जानि जग जूप, भय भूप तद्रूपता, बहुरि करिहै कलुष भूमि भारी ।
बदत नृप-दूत अनुभूत उर भीरुता, सुनत हरि 'सूर' सारथि बुलायौ ।
भये आरूढ़ तकि ताहि उत्तर दियौ, जाइ सुधि देहु, हौं यहै आयौ ।

जरासंध के यहाँ वंदी राजा लोग भगवान का स्मरण करते हुए उनके पास अपना दूत भेजते हुए कह रहे हैं—हे नाथ, हे गरुड़ पर सवार होकर सर्वत्र जानेवाले प्रभु, हम अपनी व्यथा-कथा और किससे कहें। हे दीनबंधु, हे दयासिंधु, हे अशरण-शरण, हे सत्य सुख के धाम, हे सर्वज्ञ स्वामी, इस मदांध जरासंध ने हमारा मान मर्दन करके, हमें बाँधकर, बंदी बना करके, बिना किसी मतलब के यहाँ कारागार में ला रखा है। उसने अत्यंत क्रोध करके, हमें रोककर, इस पहाड़ की गुफा में ला रखा है। हम यहाँ उससे त्रस्त होकर बिलनी नामक कीड़े के समान मिट्टी के इस घरौंदे में घिरे हुए हैं। हे नाथ, हमें धन और धरणी की चिंता नहीं है, यह कारा-कष्ट तो हमें मृत्यु से भी अधिक दुखदायी है। हम सभी इस मागध (मगध नरेश) के दास से हो गए हैं। हे नाथ, इसी से हमारा मन दमित हो गया है, दब गया है और उद्विग्न होता जा रहा है। हे मधु-कैटभ को मथ देनेवाले, हे मुर, भौम और केसी को दल देनेवाले, हे कंस के कुल के काल, हे साल (पीड़ा, चुभन) को हर लेनेवाले, यह जरासंध के यज्ञ के पशुओं को बांध रखने का यूप है, खूँटा है। यह राजा नहीं है। भय का भयंकर रूप है, साक्षात् भय है। यह पृथ्वी पर भारी पाप करेगा।''

राजाओं के दूत की भय भरी अनुभूत सारी बातें सुनकर, कृष्ण ने अपने सारथी को तुरत बुलाया। वे रथ पर सवार हो गए और उस दूत को उत्तर दिया—तुम जाकर राजाओं को समाचार दे दो कि मैं तत्काल उनकी सहायता के लिए वहाँ आ रहा हूँ।

२८३९/४८३२ राग मारू

चले हरि धर्म-सुवन के देस ।
संतन-हित, भू-भार उतारन, काटन बंदि नरेस ॥
जब प्रभु जाइ संख-धुनि कीन्ही, होत नगर परवेस ।
सुनि नृप बंधु सहित उठि धाए, झारत पद-रज केस ॥

आसन दै, भोजन-बिधि पूछी, सादर सभा सुदेस।
तच्छन भीम धनंजय माधौ, धर्यौ विप्र कौ भेस॥
पहुँचे जाइ राजगिरि द्वारैं, घुरे निसान सुदेस।
माँग्यौ जुद्धहिं जरासिंधु पै, छत्री कुल आदेस॥
जरासंध कौं जुद्ध अर्थ, बल रहत न छत्री लेस।
'सूरज' प्रभु दिन सात बीस मैं, काटे सकल कलेस॥

श्रीकृष्ण धर्म-पुत्र धर्मराज युधिष्ठिर के देश इंद्रप्रस्थ के लिए चल पड़े। यह यात्रा संतों के कल्याण के लिए, पृथ्वी का भार उतारने के लिए और जरासंध के द्वारा बंदी बनाए गए राजाओं को कारा-मुक्ति के लिए की गई। जब कृष्ण इंद्रप्रस्थ पहुँच गए, तब नगर में प्रवेश करने के पहले उन्होंने अपने पांचजन्य शंख को बजा दिया। शंख की ध्वनि से ही पांडवों को पता चल गया कि यह तो कृष्ण आ रहे हैं। सुनते ही महाराज युधिष्ठिर अपने चारो भाइयों के सहित उठ दौड़े और उन्होंने कृष्ण के चरणों की धूलि को अपने सिरों के केश से झाड़ पोंछ दिया। पांचो भाई हरि के चरणों पर गिर गए। उन्होंने कृष्ण को सादर सुंदर सभागार में सुंदर आसन पर बैठाया, और पूछा इस समय आप भोजन में क्या लेना चाहेंगे।

शीघ्र ही भीम, अर्जुन, माधव ने ब्राह्मण का वेश बनाया और जरासंध की राजधानी राजगिरि में राजद्वार पर जा पहुँचे। उन्होंने द्वार पर रखे सुंदर नगाड़े को बजा दिया। क्षत्रियोचित आवेश में आकर उन्होंने जरासंध से 'युद्धं देहि' माँगा। जरासंध से युद्ध का अर्थ था कि क्षत्रिय का बल लेशमात्र भी न रह जाय। पर प्रभु ने सत्ताईस दिनों में सारा क्लेश काट दिया। (सत्ताईस दिनों के युद्ध के बाद जरासंध मारा गया।)

अध्याय-७२

जरासंध-वध

२८४०/४८३३ राग मारू

**कंस खल दलन, रन राम रावन हतन, दीन दुख हरन, गज मुक्तकारी।
नृपति चहुँ देस के बंदि जरासंध के, रैनि दिन रहत जिय दुखित भारी॥
सुनी जदुनाथ यह बात जब पथिक तैं, धर्म-सुत कैं हृदय यह उपाई।
राजसू जज्ञ कौ कियौ आरंभ मैं, जानि कै नाथ तुमकौ सहाई॥
भीम अरजुन सहित विप्र कौ रूप धरि, हरि जरासंध सौं जुद्ध माँग्यौ।
दियौ उन, पै कह्यौ तुम कोऊ राजसी, कपट करि, विप्र कौ स्वांग स्वांग्यौ॥
हरि कह्यो भीम अरजुन दोऊ सुभट ये, कृष्न मैं, देखि लोचन उघारी।
बचन जो कह्यौ प्रतिपाल ताकौ करौ, कै सभा माहिं पत जाहु हारी॥
पार्थ तुम नहीं समरत्थ मम जुद्ध कौं, भीम सौं लरौं, यह कहि सुनाई।
बीस और सप्त दिन यौं गदा जुद्ध कियौ, दोउ बलवंत कोउ लियौ न जाई॥
स्याम तृन चीरि दिखराइ दियौ भीम कौं, भीम तब हरषि ताकौ पछार्‍यौ।
जरा जरासंध की संधि जोर्‍यौ हुतौ, भीम ता संधि कौ चीरि डार्‍यौ॥**

नृपनि कौं छोरि, सहदेव कौं राज दियौ, देव नर सकल जय जय उचार्‌यौ
'सूर' प्रभु भीम अरजुन सहित तहाँ तैं, धर्म-सुत-देस कौं पुनि सिधार्‌यौ

एक पथिक ने आकर श्रीकृष्ण से कहा—'हे दुष्ट कंस को दल डालनेवाले, हे रा के रूप में रण में रावण को मारने वाले, हे दीन-दुखियों का दुख दूर करने वाले, हे ग्रा से गजराज को मुक्त कराने वाले प्रभु, देश-देश के बीस हज़ार राजा मगध नरेश जरासं के वंदीगृह में पड़े हुए दिन-रात भारी कष्ट सह रहे हैं।'

जब यदुनाथ ने उस पथिक से यह बात सुनी, तब उन्होंने धर्म के पुत्र युधिष्ठिर मन में राजसूय यज्ञ करने की प्रेरणा उत्पन्न कर दी।

धर्मराज युधिष्ठिर ने प्रभु प्रेरणा से प्रेरित होकर कृष्ण को सूचित किया—हे नाथ, मैं तुमको अपना सहायक जानकर राजसूय यज्ञ का शुभारंभ कर दिया है।

(फिर हरि इंद्रप्रस्थ आए और) भीम और अर्जुन के साथ ब्राह्मण का रूप धारण कर राजगिरि गए तथा हरि ने जरासंध से युद्ध माँगा—युद्ध करने के लिए कहा। जरासंध युद्धाह्वान स्वीकार किया, पर कहा, तुम लोग राजन्य वर्ग के जान पड़ते हो और कपट कर तुम लोगों ने ब्राह्मण का छद्म-वेश बनाया है।

हरि ने कहा—ये दोनों योद्धा भीम और अर्जुन हैं। मैं कृष्ण हूँ। आँखें खोलकर दे लो। तुमने युद्ध करने का जो वचन दिया है, अब उसका प्रतिपालन करो। यदि युद्ध न करना चाहते, तो भरी सभा में अपनी प्रतिष्ठा खो दो, हार मान लो।

इस पर जरासंध ने कहा—अर्जुन, तुम मुझसे युद्ध करने योग्य नहीं हो। क्योंकि तु विराट के यहाँ बृहन्नला—हिँजड़ा—रह चुके हो। मैं तुमसे क्या लड़ूँ। मैं भीम से लड़ूँग

सत्ताईस दिनों तक भीम और जरासंध का गदा युद्ध होता रहा। दोनों भारी बलव थे। कोई किसी के द्वारा पछाड़ा नहीं जा सकता था। तब कृष्ण ने एक तिनका उठाया अ भीम को दिखाकर उसे बीचो-बीच से चीर दिया। तब भीम ने प्रसन्न होकर जरासंध व पछाड़ दिया। जरा नामक राक्षसी ने दो अलग-अलग खंडों में उत्पन्न बालक को जोड़क एक कर दिया था। जरा ने जिसे जोड़ा था, उस जोड़ को ही तोड़कर, भीम ने जरासं को मार डाला। कृष्ण ने बंदीगृह के बीस हजार राजाओं को कारागार से मुक्त कर दिय जरासंध के पुत्र सहदेव को मगध का राजा बना दिया। सभी देवताओं और मनुष्यों ने कृष की जय-जयकार की। फिर कृष्ण, भीम और अर्जुन के साथ, युधिष्ठिर की राजधा इंद्रप्रस्थ लौट आए।

अध्याय-७३

हस्तिनापुर आना

२८४१/४८३४ राग सा

जीत्यौ जरासंध, बँदि छोरी।
जुगल कपाट बिदारि, बाट करि, जतनहिं तैं सँधि जोरी॥
बिषम जाल-बल बाँधि व्याध लौं, नृप-खग अवलि बटोरी।
जनु सु अहेरी हति जादौपति, गुहा पींजरी तोरी॥

निकसे देत असीस एक मुख, गावत कीरति गोरी ।
जनु उड़ि चले विहंगम के गन, कटे कठिन पग डोरी ॥
मिटि गए कलह कलेस कुलाहल, जनु बरि बीती होरी ।
'सूरदास' प्रभु अगनित महिमा, जो कछु कहौं, सो थोरी ॥

कृष्ण ने जरासंध पर विजय प्राप्त की और जरासंध ने कारागार के जिन किवाड़ों की संधि को बड़े यत्न से जोड़ रखा था, उन दोनों किवाड़ों को फाड़कर, रास्ता बनाकर, बंदी राजाओं का बंधन छोड़ दिया। जरासंध ने बहेलिये के समान अपने बल के कठिन जाल में राजारूपी पक्षियों के समूह को इकट्ठा कर रखा था, मानो उस शिकारी को मारकर यादवपति ने गुफारूपी पिंजड़े को तोड़ डाला। सारे राजा एक स्वर में कृष्ण को आशीर्वाद देते हुए, उनकी उज्ज्वल कीर्ति गाते हुए, गुफा से बाहर आ गए। लगा, पैर में बँधी हुई कठिन डोरी के कट जाने पर सभी चिड़ियाँ फुर्र से उड़ गईं। ऐसा लगा जैसे होली जलकर खतम हो गई और सारे क्लेश, कलह और कोलाहल मिट गए। प्रभु की महिमा तो अगणित है। सूरदास जो भी कहें, वह थोड़ा ही है।

२८४२/४८३५ राग मारू

जीत्यौ जीत्यौ हो जादवपति, रिपु दल मार्‍यौ ।
तऊ न तजत हठ, परम मुगुध सठ, ना जानै कुबुद्धि जड़, को बाहु बिदार्‍यौ ॥
खर वर मूठि उठि, खेलत बालक सुठि, आनत ईंधन दौरि-दौरि दिसि चार्‍यौ ।
ऐसैं यह नृप वर, सकल सकेलि घर, कठिन हृदय करि, सब कुल जार्‍यौ ॥
कह्यौ न काहू कौ करै, बहुरि बहुरि अरै, एकहि पाइँ दै, पग पकरि पछार्‍यौ ।
'सूर' स्वामी अति रिस, भीम की भुजा कैं मिस, ब्यौंतत बसन जिमि, तासु तन फार्‍यौ ॥

यादवपति कृष्ण जीत गए और रिपु जरासंध को दल कर मार डाला। जरासंध भारी मूर्ख था, बड़ा हठी था। वह कुबुद्धि यह समझता था कि मेरी भुजा को कोई भी विदीर्ण नहीं कर सकता है। जैसे दौड़-दौड़कर बालक चारों ओर से एक-एक मुट्ठी तिनका उठा-उठाकर इकट्ठा करके आग लगा देने का खेल खेलता है, वैसे ही जरासंध ने चारों दिशाओं से सभी राजाओं को समेट कर अपना हृदय कठोर करके, उन राजाओं को जलाकर उनके कुलों को नष्ट कर दिया था। वह किसी का कहना नहीं सुनता था और बार-बार हठ पर अड़ जाता था। भीम ने उसी जरासंध का एक पैर अपने पैर से दबाया और दूसरे पैर को अपने हाथ से ऊपर खींचकर चीर डाला। और जरासंध को पछाड़ डाला। प्रभु ने भीम की भुजा के बहाने अत्यंत क्रोध करके जरासंध के शरीर को कपड़े के समान चीर डाला।

राजाओं की प्रार्थना *२८४३/४८३६ राग बिलावल*

जाहिँ कहाँ अपराध भरे ।
तुम माता, तुम पिता, जगत गुरु, तुमहिँ सहोदर वंधु हरे ॥
बसन कुचील, देह अति दुरबल, उमँगि प्रेम जल, सिथिल भरे ।
राजा सबै बंदि तैं छोरे, आइ कृष्न के पाइँ परे ॥

समाधान करि बिदा दई हरि, उभै कमल कर सीस धरे।
'सूरदास' प्रभु तुम्हरी कृपा तैं, भवसागर छन माहिं तरे॥

बंदीगृह से छूटने पर राजा लोग अपने उद्धारक (कृष्ण) के पास आए और बोले— हे हरि, तुम्हीं हमारी माता हो, तुम्हीं पिता हो। हे जगद्गुरु, तुम्हीं हमारे सगे-सहोदर भाई हो। हम अपराध से भरे लोग, अब जायँ, तो कहाँ जायँ।

बंदि से छूटे राजा लोग आकर कृष्ण के पाँव पड़े। उनके कपड़े मैले कुचैले हो रहे थे, उनके शरीर दुर्बल और क्षीण हो गए थे। उनकी आँखों में, अपने उद्धारक के प्रति प्रेम उमड़ आने से, जल भर आया था और वे शिथिल शरीर हो उठे थे।

कृष्ण ने उन्हें समझाया, उनके सिरों पर अपनी रक्षा के सूचक, अपने कर-कमल रख दिए और उन्हें अपने-अपने घर वापस जाने के लिए विदा कर दिया।

हे प्रभु, तुम्हारी कृपा से ये बीस हजार राजा क्षण भर में भव-सागर से पार उतर गए।

अध्याय-७४

पांडव-यज्ञ, शिशुपाल-गति

२८४४/४८३७ राग बिलावल

हरि हरि हरि सुमिरौ सब कोइ। सत्रु मित्र हरि गनत न दोइ॥
जो सुमिरै ताकी गति होइ। हरि हरि हरि सुमिरौ सब कोइ॥
बैर भाव सुमिरयौ सिसुपाल। ताहि राजसू मैं गोपाल॥
चक्र सुदरसन करि संहारयौ। तेज तासु निज मुख मैं धारयौ॥
भक्ति-भाव भक्तनि उद्धारत। बैर-भाव असुरनि निस्तारत॥
कोऊ सुमिरौ काहु प्रकार। सूरदास हरि नाम उधार॥

सभी लोग हरि का सुमिरन करो। जो भी हरि का सुमिरन करता है, वह शत्रु हो या मित्र, प्रभु यह नहीं देखते, उसे मुक्ति दे ही देते हैं। शिशुपाल ने वैर-भाव से हरि का स्मरण किया। हरि ने युधिष्ठिर के राजसूय यज्ञ में, चक्र सुदर्शन से उसका संहार करके, उसका तेज अपने मुँह में धारण करके, उसका उद्धार कर दिया। भक्ति-भाव के कारण जहाँ उन्होंने अपने भक्तों का उद्धार किया, वहीं वैर-भाव के कारण अपने शत्रु असुरों का भी निस्तार किंया। कोई किसी भी प्रकार से स्मरण करे, हरि का नाम सदैव उद्धार करने वाला है—

भाव कुभाव अनख आलसहू। नाम जपत मंगल दिसि दसहू॥

अध्याय-७५

पांडव-सभा, दुर्योधन का क्रोध

२८४५/४८३८ राग बिलावल

भक्त-काज हरि जित कित सारे।
जज्ञ राजसू माहि आपु हरि, सबके पाउँ पखारे॥

अष्ट नायिका द्रुपद-सुता की, करैं तहाँ सेवकाई।
दुर्जोधन यह रीति देखिकै, मन मैं रह्यौ खिस्याई॥
भक्त-संग हरि लागे डोलत, भक्तवछल प्रभु भोरे।
सब बिधि काज करत भक्तनि के, गनत नहीं हम को रे॥
जीतैं जीतत भक्त आपनैं, हारैं हार बिचारत।
'सूरदास' प्रभु रीति सदा यह, प्रन जुग-जुग प्रतिपारत॥

हरि ने जहाँ-तहाँ सब कहीं अपने भक्तों का काम सँवारा है, पूरा किया है। युधिष्ठिर के राजसूय यज्ञ में कृष्ण ने स्वयं सबके पाँव धोए। उनकी आठों पटरानियों ने भी द्रौपदी की वहाँ सब सेवा की। कृष्ण और उनकी रानियों का यह सेवा-भाव और युधिष्ठिर के प्रति उनका यह प्रेमभाव देखकर, दुर्योधन मन ही मन चिढ़ गया। भगवान तो अत्यंत भोले हैं, भक्त वत्सल हैं। वे भक्तों के साथ बराबर डोलते-फिरते हैं। वे सब प्रकार से भक्तों का काम बनाते रहते हैं। वे यह नहीं देखते कि हम कौन हैं। वे अपने भक्त की जीत को अपनी जीत मानते हैं और उसकी हार को अपनी हार स्वीकार करते हैं। प्रभु की यही रीति है। वे अपने इस प्रण का युग-युग तक प्रतिपालन करते रहते हैं।

अध्याय-७६-७७

शाल्व-वध

२८४६/४८३९ राग मारू

सुभट साल्व करि क्रोध हरिपुरी आयौ।
हत्यौ सिसुपाल कौं, राजसूय माहिँ हरि, धाइ धावन जबै यह सुनायौ॥
वृच्छ वन काटि महलान ढाहन लग्यौ, नगर के द्वार दीन्हे गिराई।
सर्प पाषान की वृष्टि करि लोक पर, वायु अति वेग सौं पुनि चलाई॥ १॥
प्रद्युम्न सात्यकि निकसि सन्मुख भए, बंधु सारन सुनत बेगि धाए।
तहाँ चारुदेष्नहूँ साजि दलबल सकल, हाँकि रथ तुरँग ता ठौर आए॥
तिमिर कौ बान तब साल्व मार्‌यौ फटकि, प्रद्युम्न बान दीपति चलायौ।
मिट्यौ अँधकार, तब बान बरषा करी, तुरँग रथ सारथी स्यौं गिरायौ॥ २॥
सैन के लोग पुनि बहुत घायल किए, ध्वजा-धर धर पर्‌यौ मूरछाई।
साल्व यह देखि कै चकित सौ ह्वै रह्यौ, सस्त्र के गहन की सुधि भुलाई॥
असुर विद्या समर बहुरि लाग्यौ करन, कबहुँ लघु, कबहुँ दीरघ सु होई।
गुप्त ह्वै कबहुँ, कबहुँ परगट देखियै, कबहुँ धर कबहुँ नभ बसै सोई॥ ३॥
अगिनि कबहुँ, कबहुँ वारि बरषा करै, प्रद्युम्न सकल माया निवारी।
साल्व परधान द्यौमान मारी गदा, प्रद्युम्न मूरछित सुधि बिसारी॥
धर्म-वित सारथी गयौ एकांत लै, उहाँ जब चेत ह्वै सुधि सँभारी।
खीझि कह्यौ ताहि, क्यौं मोहिँ लायो इहाँ, मम पिता-मातु कौं लगी गारी॥ ४॥

हैं कहि कहा मोहिँ राम भगवान सुनि, नारि मम सुनत अति दुखित होई ।
मरैं रन सुजस, परलोक सुख पाइयै, मंदमति तैं, दोऊ बात खोई ॥
धर्म-वित कह्यौ करि विनय मम चूक नहिँ, सारथी-धर्म मोहिँ गुरु सिखायौ ।
मूरछित सुभट नहिँ राखिये खेत मैं, जानि यह बात मैं इहाँ ल्यायौ ॥ ५ ॥
प्रद्युमन कह्यौ जो भई सो भई, अब, बात जनि काहु सौं यह सुनैयै ।
ताहि दै सपथ, करि आचमन पुनि कह्यौ, चलौ रनभूमि अब (बेगि) जैयै ॥
आइ रनभूमि मैं सबनि धीरज दियौ, साल्व रथ-तुरग चारौ संहारे ।
छत्र धुज तोरि, मार्‌यौ बहुरि सारथी, देखि यह सुभट डरि गए सारे ॥ ६ ॥
हस्तिनापुर गए हुते हरि पांडु गृह, तहाँ तैं चले, यह बात जानी ।
साल्व उत्पात कियौ द्वारिका माहिँ बहु, हाँकि रथ, कह्यौ सारंग पानी ॥
सारथी पाइ रुख दये सटकारि हय, द्वारिकापुरी जब निकट आई ।
साल्व के भटनि लखि कटक भगवान कौ, आपने नृपति सौं कह्यौ जाई ॥ ७ ॥
सुनि सो भगवान कैं आइ सनमुख भयौ, सारथी ओर बरछी चलाई ।
ताहि आवत निरखि, स्याम निज सांग सौं, काटि करि, साल्व की सुधि भुलाई ॥
बहुरि तिहिँ कोपि निज बान संधान करि, धनुष भगवान कौ काटि डार्‌यौ ।
टूटतैं धनुष के सब्द आकास गयो, साल्व निज जय समुझि यौं उचार्‌यौ ॥ ८ ॥
रुकमिनी माँग सिसुपाल की, तुम हरी, बहुरि तिहिँ राजसू मैं सँहारौ ।
जाइहौ अब कहाँ, दाँव लैहौं इहाँ, छाँड़ि सो बिचार, आयौ, सँभारौ ॥
कह्यौ भगवान, सुनि साल्व, जे सूर नर, ते नहीं करत निज मुख बड़ाई ।
जे करैं, सूर तिनकौ नहीं जानियै, भाखि यह, गदा ताकौं चलाई ॥ ९ ॥
गदा कैं लगत ही गयो सो गुप्त ह्वै, धारि धावन रूप यह सुनायौ ।
कह्यौ वसुदेव, जगदीस आस्चर्ज यह, तुम अछत साल्व मोहिँ बाँधि लायो ॥
बहुरि करि कपट वसुदेव तहँ प्रगट कियौ, कह्यौ तिन, नाथ मैं दुखित भारी ।
साल्व करवार लै स्याम के देखतैं, डारि दयो सीस ताकौ उतारी ॥ १० ॥
लख्यौ भगवान करि कपट इन यह कियौ, तासु माया तुरत हरि निवारी ।
भागि निज पुर चल्यौ, स्याम पहिलैं पहुँचि, खैचि कै गदा ता सीस मारी ॥
गदा जुद्ध साल्व कीन्हौ बहुत बेर लौ, बहुरि हरि साँग ताकौ चलाई ।
लगत ताकैं गए प्रान वाके निकसि, सुरनि आकास दुंदुभि बजाई ॥ ११ ॥
सीस ताकौं बहुरि काटि करवार सौं, मगर सम समुद्र मैं डारि दीन्हौ ।
'सूर' प्रभु रहै ता ठौर दियत और कछु, मारि दँतवक्र पुर गवन कीन्हौ ॥ १२ ॥

शाल्व आबू पर्वत के पास मार्तिकावत का राजा और शिशुपाल का भाई या मित्र था। हरि ने शिशुपाल को पांडवों के राजसूय यज्ञ में मार डाला था। जब यह समाचार दूत ने दौड़ जाकर शाल्व को सुनाया, तब वह योद्धा क्रोध करके हरि-पुरी द्वारिका पर चढ़ दौड़ा। उसने पहले पुरी के वृक्षों और बनों को काट डाला, फिर उसने नगर के महलों को उहा

दिया। तदनंतर उसने नगर के सिंहद्वार को गिरा दिया। फिर लोगों पर सर्पों और पत्थरों की वर्षा कर दी और अत्यंत वेग से आँधी चला दी॥ १॥

यह देखकर प्रद्युम्न और सात्यकि निकल कर सामने आ गए और भाई सारन भी सुनते ही तत्काल दौड़े आए। वहाँ कृष्ण और रुक्मिणी का पुत्र चारुदेष्ण भी दल बल सजा कर, रथ घोड़े हाँक कर आ गया। तब शाल्व ने अंधकार का बाण खींचकर मारा और अंधकार ही अंधकार कर दिया। इस पर प्रद्युम्न ने ज्योति-बाण चला कर शाल्व द्वारा उत्पन्न अंधकार को नष्ट कर दिया। अंधकार मिट जाने पर प्रद्युम्न ने वाणवर्षा करके सारथी सहित घोड़े और रथ काट गिराये॥ २॥

फिर प्रद्युम्न ने शाल्व की सेना के बहुत से लोगों को वाण-विद्ध करके घायल कर दिया। ध्वजा ढोने वाले मूर्च्छित होकर छत्र और ध्वजा के साथ धरती पर आ गिरे। प्रद्युम्न का यह कौशल देखकर शाल्व आश्चर्यचकित हो गया और वह शस्त्र पकड़ना, हथियार लेना भी, भूल गया। फिर वह युद्ध स्थल पर असुर विद्या (माया) करने लगा। वह कभी खर्वाकार हो जाने लगा और कभी विशालकाय, वह कभी अदृश्य हो जाने लगा, कभी प्रकट। वह कभी धरती पर दीख पड़ने लगा और कभी आसमान में॥ ३॥

वह कभी अग्निवर्षा करने लगा और कभी जल-वर्षा। प्रद्युम्न ने उसकी सारी माया का निवारण कर दिया। तब शाल्व के प्रधान (मंत्री) द्यौमान ने प्रद्युम्न को अपनी भारी गदा से मारा। वह सुधि बिसार कर बेहोश होकर मूर्च्छित हो गया। अपने सारथी-धर्म को जानने वाला सारथी प्रद्युम्न को उठाकर एकांत में ले गया। वहाँ जब प्रद्युम्न को होश आया और उसकी सुधि जगी, तब वह खीझकर अपने सारथी से बोला, तू मुझे यहाँ क्यों उठा लाया? इससे तो मेरे माता-पिता को कलंक लग गया कि कृष्ण और रुक्मिणी का बेटा इतना कायर निकला कि वह रण छोड़कर भाग गया॥ ४॥

मेरे पिता कृष्ण और ताऊ बलराम भी यह सुनकर कि मेरा बेटा रण छोड़कर भाग गया क्यों। मेरी पत्नी भी मेरा रण छोड़कर भागना सुनकर अत्यंत दुखी होगी कि मेरा पति भगोड़ा निकला। रण में मैं मर जाता तो इस लोक में यश पाता और परलोक में सुख पाता। अरे मूर्ख, तूने मेरी दोनों बातें खो दीं। न तो तूने मुझे इहलोक का यश लेने योग्य रखा न परलोक का सुख भोगने दिया।

तब युद्ध-धर्म को जानने वाले सारथी दारुक ने विनयपूर्वक कहा—यह मेरी चूक नहीं है। मेरे गुरु ने मुझे सारथी-धर्म की अच्छी शिक्षा दी है। उन्होंने सिखाया था कि मूर्च्छित हो गए योद्धा को युद्ध के मैदान में नहीं रहने देना चाहिए। उसे स्थानान्तरित कर देना चाहिए। इस बात को जानकर ही मैं आपको यहाँ एकांत में उठा लाया था॥ ५॥

तब प्रद्युम्न अपने सारथी दारुक से बोले—'जो हो गया, सो हो गया। उसे लौटाया नहीं जा सकता। अब यह बात किसी से मत कहना कि प्रद्युम्न के रण में मूर्च्छित हो जाने पर मैं उन्हें अन्यत्र उठा ले गया था।' उसे शपथ दिलाकर, थोड़ा जल पीकर, प्रद्युम्न ने सारथी से कहा—'अच्छा, अब जल्द रण-भूमि में चलो, देर न करो।' प्रद्युम्न रण-भूमि में आया और उसने सबको धीरज बँधाया। उसने शाल्व के रथ को तोड़ डाला और रथ के चारों घोड़ों को मार डाला। उसका छत्र और पताका भी तोड़ डाली और सारथी को भी मार डाला। यह देखकर सभी विपक्षी योद्धा भयभीत हो गए॥ ६॥

कृष्ण इस समय द्वारिका में नहीं थे। वे राजसूय के संबंध में पांडवों के यहाँ हस्तिनापुर गए हुए थे। वही उन्हें द्वारिका पर शाल्व के आक्रमण की सूचना मिल गई कि उसने द्वारिका में भारी उत्पात मचा रखा है। यह सूचना पाकर वे तुरंत हस्तिनापुर से द्वारिका के लिए चल पड़ने को प्रस्तुत हो गए और इन सारंग-पाणि ने अपने सारथी से कहा—'रथ तुरंत हाँको।' सारथी ने कृष्ण का यह रुख पाकर, घोड़ो को चाबुक सटकाकर चला दिया। वे जब द्वारिकापुरी के निकट आ गए, तब शाल्व के वीरों ने भगवान कृष्ण की सेना को आते हुए देखा। उन्होंने जाकर अपने राजा शाल्व को कृष्ण की सेना के आ जाने की सूचना दी॥ ७॥

यह समाचार पाते ही शाल्व भगवान कृष्ण के सामने आ खड़ा हो गया और कृष्ण के सारथी की ओर लक्ष्य करके उसने अपनी बरछी चला दी। बरछी को सारथी की ओर आती देख कृष्ण ने उसे अपनी साँग से काटकर शाल्व के होश ठिकाने लगा दिए। फिर उसने कुपित होकर अपने धनुष पर वाण चलाकर भगवान कृष्ण का धनुष ही काट डाला। धनुष के टूटते ही आकाश में उसके टूटने की गंभीर ध्वनि छा गई। शाल्व ने अपने मन में समझ लिया कि अब मेरी जीत हो गई। यह समझकर वह बोला— ॥ ८॥

'रुक्मिणी शिशुपाल की मँगेतर थी। तुमने शिशुपाल की मँगेतर का अपहरण कर लिया। यही नहीं, तुमने उस शिशुपाल को पांडवों के राजसूय यज्ञ में मार भी डाला। अब तुम मुझसे बचकर कहाँ जा पाओगे। मैं सबका बदला यहाँ लिए लेता हूँ। अब तुम अपनी पुरानी बात भूल जाओ। मैं आ गया हूँ। अब अपने को बचाओ।'

भगवान कृष्ण बोले—शाल्व, सुनो! जो शूर होते हैं, वे अपने मुँह से अपनी बड़ाई नहीं करते। अपने मुँह मियाँ मिट्ठू नहीं बनते। जो अपने मुँह से अपनी बड़ाई करते हैं, उन्हें शूर वीर नहीं समझना चाहिए।

यह कहकर कृष्ण ने शाल्व के ऊपर अपनी कौमोदकी गदा चला दी॥ ९॥

गदा के लगते ही शाल्व माया के बल से गुप्त हो गया और दूत का रूप धारण करके कृष्ण से कहा 'वसुदेव ने कहलवाया है कि हे जगदीश, यह बड़े आश्चर्य की बात है कि तुम्हारे रहते हुए शाल्व मुझे बाँध लाया है।'

फिर कपट करके उसने वहाँ माया का एक वसुदेव ला खड़ा किया। उस माया के वसुदेव ने कहा—'नाथ, मैं बहुत दुखी हूँ।' तभी शाल्व ने हाथ में तलवार लेकर उस माया के वसुदेव के सिर को श्याम की आँखों के ही सामने काटकर, धरती पर फेंक दिया॥ १०॥

भगवान कृष्ण ने जान लिया कि शाल्व ने यह सब कपट का खेल किया है। उन्होंने उसकी माया का तत्काल निवारण कर दिया। तब शाल्व अपने पुर मार्तिकावत की ओर भाग चला। श्याम वहाँ उससे पहले पहुँच गए और उन्होंने अपनी गदा घुमाकर उसके सिर पर दे मारी। शाल्व ने बहुत देर तक गदा-युद्ध किया। फिर हरि ने उस पर अपनी साँग चला दी। उस सांग के लगते ही शाल्व के प्राण निकल गए। और देवताओं ने प्रसन्न होकर नभ में दुंदुभी बजा दी॥ ११॥

फिर कृष्ण ने शाल्व का सिर तलवार से काटकर मगर के समान उसे समुद्र में फेंक दिया।

श्याम उस पुर (मर्तिकावत) में कुछ दिन रुके और दंतवक्र को मारकर तब द्वारिकापुरी लौटे॥ १२॥

अध्याय-७८

दंतवक्र-वध

२८४७/४८४० राग मारू

हरि निकट सुभट दंतवक्र आयौ ।

कह्यौ सिसुपाल तुम राजसू मैं हत्यौ, धन्य, सोइ हेत मैं दरस पायौ ॥
मरत तुम हाथ, संसै नहीं कछु हमैं, दोउ बिधि आहिँ प्रभु हित हमारैं ।
जिऐं तो राजसुख भोग पावैं जगत, मुएँ निरवान निरखत तुम्हारैं ॥
बहुरि लै गदा परहार कियौ स्याम पर, लग्यौ ज्यौं लगै अंबुज पहारै ।
हरि गदा लगत गए प्रान ताके निकसि, बहुरि हरि निज बदन माहिँ धारे ॥
अनुज ताकौ विदूरथ लग्यौ फिरन पुनि, चक्र सौं सीस ताकौ प्रहार्‌यौ ।
'सूर' प्रभु निरखि, भयौ मुनि जन हरष, सुर पुहुप बरषि, जै जै उचार्‌यौ ॥

दंतवक्र करुषदेश (शाहाबाद-विहार) का राजा था। यह शाल्व, शिशुपाल और जरासंध का मित्र था। शाल्व के मारे जाने के उपरांत यह योद्धा कृष्ण के पास गया और बोला—'तुमने पांडवों के राजसूय यज्ञ में शिशुपाल को मार डाला है। मेरा भाग्य धन्य है कि इसी बहाने मैं तुम्हारा दर्शन पा गया। मेरा मरण तुम्हारे हाथ में है। इसमें मुझे कोई संदेह नहीं है। मेरा तो दोनों प्रकार से कल्याण है। प्रभु, यदि मैं जीवित बच गया, तो मैं संसार में राज्य सुख भोगूँगा। और यदि मर गया, तो तुम्हारा मुँह देखता-देखता मरूँगा और मुझे निर्वाण (मोक्ष) मिल ही जायगा।'

फिर दंतवक्र ने अपनी गदा लेकर कृष्ण पर प्रहार कर दिया। वह कृष्ण को ऐसी लगी, जैसे किसी ने कमल का फूल लेकर पहाड़ को मारा हो। परंतु हरि की गदा लगते ही उसके प्राण निकल गए। फिर हरि ने उसका तेज अपने मुँह में धारण कर लिया।

दंतवक्र के मर जाने के उपरांत उसका भाई विदूरथ वहाँ आकर चक्कर काटने लगा। हरि ने उसका भी सिर चक्र सुदर्शन का प्रहार करके काट डाला।

प्रभु को देखकर मुनि लोग प्रसन्न हो उठे और देवताओं ने भी पुष्प-वर्षा कर, जय जयकार कर, अपना हर्षोल्लास व्यक्त किया।

अध्याय-७९

बल्बल-वध, बलराम का तीर्थ-गमन

२८४८/४८४१ राग मारू

स्याम बलराम कौं सदा ध्याऊँ ।

यहै मम ज्ञान, यह ध्यान, सुमिरन यहै, यहै असनान, फल यहै पाऊँ ॥
स्याम दंतवक्र अरु साल्व कौं जीति करि, करत आनंद निज पुरी आए ।
राम गंगादि जमुनादि असनान करि, नैमिषारण्य पुनि जाइ न्हाए ॥ १ ॥
सूत तहँ कथा भागवत की कहत हे, रिषि अठासी सहस हुते स्त्रोता ।
राम कौं देखि सनमान सबही कियौ, सूत नहिँ उठे, निज जानि वक्ता ॥

राम तिहिँ हत्यौ, तब सब रिषिनि मिलि कह्यौ, विप्र हत्या तुम्हैं लगी भाई ।
सूत-सुत थापि सब तीर्थ अस्नान करि, पाप जो भयौ सो सब नसाई ॥ २ ॥
पुनि कहयौ रिषिन दानव महा प्रबल ह्याँ, हमैं दुख देत सो सदा आई ।
ताहि जौ हतौ, तौ होइ कल्यान तुव, हम करैं जज्ञ सुख सौं सदाई ॥
राम दिन कितक ता ठौर औरौ रहे, आइ बल्बल तहाँ दइ दिखाई ।
रुधिर औ मांस की लग्यौ बरषा करन, रिषि सकल यह देखि गए डराई ॥ ३ ॥
राम हल सौं पकरि, मुसल सौं हत्यौ तेहि, प्रान तजि तेहि सकल सुधि बिसारी ।
सुरनि आकास तैं पुहुप बरषा करी, रिसिन आसीस जय धुनि उचारी ॥
बहुरि बलराम परनाम करि रिषिन कौं, पृथी परदच्छिना कौं सिधाए ।
प्रभु रची ज्यौंहि ज्यौं, होइ सो त्यौंहि त्यौं, 'सूर' जन हरि-चरित कहि सुनाए ॥ ४ ॥

मैं सूरदास श्याम और बलराम का ही नित्य ध्यान किया करता हूँ। यही हरि-स्मरण मेरा ज्ञान है, मेरा ध्यान है, मेरा सुमिरन है, मेरा स्नान है और यही इन सबका फल भी मुझे प्राप्त है।

दंतवक्र और शाल्व को जीतकर श्याम आनंद करते हुए अपनी पुरी द्वारिका में आ गए। आसन्न महाभारत युद्ध में कोई पक्ष न बनना पड़े, इसलिए बलराम तीर्थ यात्रा पर निकल गए। वे गंगा और यमुना आदि नदी-तीर्थों में स्नान करते हुए नैमिषारण्य आए और वहाँ स्नान किया॥ १ ॥

वहाँ पर रोमहर्षण नाम के सूत जाति में उत्पन्न और व्यास जी के शिक्षक कथावाचक सूत जी भागवत की कथा कह रहे थे। अट्ठासी हजार ऋषि वहाँ बैठकर कथा सुन रहे थे। बलराम को देखकर सभी ने अभ्युत्थान देकर उनका सन्मान किया। सूत जी अपने को वक्ता समझकर बैठे ही रह गए, सन्मान करने के लिए नहीं उठे। इसपर बलराम ने कुपित होकर सूतजी की हत्या कर दी। तब सब ऋषियों ने कहा—'भाई, तुम्हें तो अब ब्रह्म-हत्या लग गई है। तुम सूत जी के पुत्र को व्यास-गद्दी पर स्थापित करके सभी तीर्थों में जाकर स्नान करो, तब ब्राह्मण-वध का जो पाप तुम्हें लग गया है, वह नष्ट हो जायगा॥ २॥

ऋषियों ने आगे फिर कहा—यहाँ एक दानव महा प्रबल है। वह यहाँ आकर हम सबको सदा दुख देता रहता है। तुम उसे मार डालो, तो तुम्हारा भारी कल्याण होगा और हम भी सुखपूर्वक यज्ञ करते रह सकेंगे।

बलराम कुछ और दिनों तक नैमिषारण्य में रुके रहे। एक दिन बल्बल नामक वह दानव वहाँ दिखाई पड़ ही गया। वह रक्त और मांस की वर्षा करने लगा। ऋषिगण यह देखकर एक दम डर गए॥ ३ ॥

बलराम ने उसको हल से लंगी लगाकर पकड़ लिया और मूसल से उसका वध कर दिया। वह अपनी सारी सुधि बुधि बिसर गया और उसके प्राण निकल गए। प्रसन्न होकर देवताओं ने आकाश से फूल बरसाए और ऋषियों ने आशीष देकर बलराम की जय जयकार की।

फिर बलराम ने ऋषियों को प्रणाम किया और पृथ्वी प्रदक्षिणा के निमित्त आगे बढ़े।

प्रभु जैसा जैसा संयोग रचते जाते हैं, वैसा ही वैसा होता चलता है। सूरदास ने यही प्रकट करने के लिए यह हरि-चरित कह सुनाया है ॥ ४ ॥

अध्याय-८०-८१

सुदामा-चरित्र

२८४९/४८४२ राग बिलावल

हरि हरि हरि हरि सुमिरन करौ। हरि चरनारविंद उर धरौ ॥
विप्र सुदामा सुमिरे हरी। ताकी सकल आपदा टरी ॥
कहौं सु कथा सुनौ चित धारि। कहै सुनै सु लहै सुख सार ॥
विप्र सुदामा परम कुलीन। विष्णु भक्ति सौं अति लवलीन ॥
भिच्छा-वृत्ति उदर नित भरै। अह-निसि हरि हरि सुमिरन करै ॥
नाम सुसीला ताकी नारी। पतिव्रता पति आज्ञाकारी ॥
पति जो कहै, सो कर चित लाइ। 'सूर' कह्यौ इक दिन या भाइ ॥

हरि-स्मरण करते रहो। हरि के चरणारविंदों को हृदय में धारण किए रहो। ब्राह्मण सुदामा ने हरि का सुमिरन किया था और इस हरि-सुमिरन से उनकी सारी विपत्ति दूर हो गई थी। अब मैं सुदामा की वही कथा कह रहा हूँ। मन लगाकर सुनो। जो इस कथा को कहता है या सुनता है, वक्ता और श्रोता दोनों को सभी सुख-सार प्राप्त हो जाते हैं। सुदामा अच्छे कुल के ब्राह्मण थे। वे विष्णु-भक्ति में अत्यंत लीन रहते थे। वे भीख मांगकर अपना पेट भरते थे। वे रात दिन 'हरि-हरि' कह कर प्रभु का स्मरण किया करते थे। उनकी पत्नी का नाम सुशीला था। वह पतिव्रता थी और पति की आज्ञा का पालन करनेवाली थी। पति जो कहता था, वह उसे मन लगाकर किया करती थी। वह एक दिन इस प्रकार बोली।

२८५०/४८४३ राग बिलावल

कहि न सकति, सकुचति, इक बात।
केतिक दूरि द्वारिका नगरी, क्यौं नाहीं जदुपति लौं जात ॥
जाके सखा स्यामसुंदर से, श्रीपति सकल सुखनि के दात।
तिनहिं अछत तुम अपने आलस, काहैं कत रहत कृस गात ॥
कहियत परम उदार कृपानिधि, अंतरजामी त्रिभुवन-तात।
सर्वस देत रीझि भक्तनि कौं, रुचि मानत तुलसी के पात ॥
छाँड़ौ सकुच, बाँधि पट तंदुल, 'सूरज' समै चलौ उठि प्रात।
लोचन सफल करौ प्रिय अपने, हरि-मुख-कमल देखि बिकसात ॥

सुदामा की पत्नी सुशीला ने एक दिन सुदामा से कहा—मैं तुमसे एक बात कहना चाहती हूँ। पर मारे संकोच के कह नहीं पा रही हूँ। अरे, द्वारिका पुरी कितनी दूर है ही, तुम यदुपति के पास क्यों नहीं चले जाते। श्यामसुंदर तो तुम्हारे सखा हैं। वे श्रीपति हैं और सारे सुखों को देनेवाले हैं। उनके रहते हुए भी, हे कांत तुम अपने आलस्य के कारण द्वारिका पुरी नहीं जा रहे हो और क्षीणकाय क्यों बने हुए हो। कहा जाता है कि कृष्ण

परम उदार हैं, कृपासिंधु हैं, अंतर्यामी हैं और तीनों लोकों के पिता हैं। वे तुलसी का एक पत्ता तक चढ़ा देने पर प्रसन्न हो जाते हैं और प्रसन्न होकर अपने भक्तों को सब कुछ दे देते हैं। संकोच छोड़ो। मैं तुम्हारे दुपट्टा की खूँट में कुछ चावल बाँधे देती हूँ। कल सबेरे-सबेरे उठकर द्वारिका चले जाओ। हे प्रिय हरि का विकसित कमल के समान मुँह देखकर अपने नेत्र सफल कर लो।

२८५१/४८४४ राग नट

कंत सिधारौ मधुसूदन पै, सुनियत हैं वे मीत तुम्हारे।
बाल-सखा अरु विपति-विभंजन, संकट-हरन मुकुंद मुरारे ॥
और जु अतिसय प्रीति देखियै, निज तन मन की प्रीति बिसारे।
सरबस रीझि देत भक्तनि कौं, रंक नृपति काहू न बिचारे ॥
जद्यपि तुम संतोष भजत हौ, दरसन सुख तैं होत जु न्यारे।
'सूरदास' प्रभु मिले सुदामा, सब सुख दै पुनि अटल, न टारे ॥

सुशीला ने सुदामा से कहा—'हे स्वामी, मधुसूदन कृष्ण के पास जाओ। सुनती हूँ वे मुकुंद, वे मुरारी, तुम्हारे मित्र हैं; बाल-सखा हैं, विपत्ति-विनाशक हैं, संकट-हरण हैं। जहाँ वे अतिशय प्रेम-भाव देखते हैं, वहाँ तो वे अपने तन-मन का भी ध्यान भूल जाते हैं। वे रीझकर अपने भक्तों को सब कुछ दे डालते हैं। वे राजा और रंक का कत्तई विचार नहीं करते। मैं जानती हूँ कि तुम परम संतोषी हो—संतोष बहुत अच्छी चीज है, तुम संतुष्ट बने रहो, उससे वंचित होने की तुमसे कौन कह रहा है। पर मित्र के दर्शन से जो सुख मिलता है, तुम तो अपने को उस सुख से भी वंचित किए दे रहे हो। जाओ, प्रभु का दर्शन ही कर आओ।'

पत्नी के उपदेश से सुदामा द्वारिका गए, हरि से मिले। हरि ने उन्हें भी ऐसे सुख दे डाले, जो अटल थे और टालने से भी टलनेवाले नहीं थे।

२८५२/४८४५ राग धनाश्री

सुदामा सोचत पंथ चले।
कैसैं करि मिलिहैं मोहिं श्रीपति, भए तब सगुन भले ॥
पहुँच्यौ जाइ राजद्वारे पर, काहूँ नहिं अटकायौ।
इत-उत चितै धँस्यौ मंदिर मैं, हरि कौ दरसन पायौ ॥
मन मैं अति आनंद कियौ हरि, बाल-मीत पहिचान।
धाए मिलन नगन पग आतुर, 'सूरज' प्रभु भगवान ॥

सुदामा यह सोचते हुए द्वारिकापुरी के रास्ते पर चल पड़े कि देखें श्रीपति कृष्ण मुझसे किस रूप में मिलते हैं—राजा रूप में या मित्र रूप में। कौन जाने मिलें भी या नहीं। उन्हें अच्छे शकुन हुए। वह राजद्वार पर जा पहुँचे। उन्हें किसी द्वारपाल ने रोका-टोका तक नहीं। इधर-उधर देखकर वे धड़धड़ाते हुए राजमहल में घुस गए। वहाँ उन्हें हरि का तत्काल दर्शन मिल गया। अपने बाल-सखा को पहचान कर हरि ने मन में अत्यंत हर्ष माना। भगवान कृष्ण आतुर होकर नंगे पैरों सुदामा से मिलने के लिए दौड़ पड़े।

२८५३/४८४६ राग बिलावल

दूरिहिं ते देख्यौ बलबीर ।
अपने बालसखा जु सुदामा, मलिन बसन अरु छीन सरीर ॥
पौढ़े हे परजंक परम रुचि, रुकमिनि चौंर डुलावति तीर ।
उठि अकुलाइ अगमने लीन्हें, मिलत, नैन भरि आए नीर ॥
निज आसन बैठारि स्याम घन, पूछी कुसल, कह्यौ मति धीर ।
ल्याए हौ सु देहु किन हमकौं, कहा दुरावन लागे चीर ॥
दरस परस हम भए सभागे, रही न मन में एकहु पीर ।
'सूर' सुमति तंदुल चाबत ही, कर पकर्‌यौ कमला भईं धीर ॥

बलबीर कृष्ण ने दूर से ही अपने लड़कपन के मित्र सुदामा को देख लिया कि वे दुबले पतले हैं और उनके वस्त्र भी मैले हैं। वे अपने पलंग पर बड़े प्रेम से लेटे हुए थे। रुक्मिणी पास ही खड़ी उन्हें चमर डुला रही थीं, हवा कर रही थीं। श्याम आतुरतापूर्वक उठे और आगे बढ़कर सुदामा का स्वागत किया। मिलते समय हरि की आँखों में आँसू भर आए। घनश्याम ने उन्हें अपने आसन पर बैठाया और कुशल-मंगल पूछा। फिर उन धीरमति हरि ने कहा—तुम जो कुछ घर से लाए हो, भाभी ने जो कुछ हमारे लिए भेजा है, उसे हमें क्यों नहीं दे रहे हो? इस दुपट्टी में क्यों छिपाए जा रहे हो? सुदामा बोले—मैं तो तुम्हारा दर्शन पाकर ही, तुम्हारा स्पर्श करके ही परम भाग्यशाली हो गया हूँ और अब मेरे मन में कोई भी पीड़ा नहीं रह गई है।

ज्यों ही सुंदर मति वाले कृष्ण, सुदामा के तंदुल (चावल) चबाने लगे, वैसे ही अधीर होकर कमला (रुक्मिणी) ने उनका हाथ पकड़ लिया और मुसकुरा कर कहा—कुल तुम्हीं खा लोगे या कुछ मेरे लिए भी छोड़ोगे?

२८५४/४८४७ राग धनाश्री

जदुपति दीख्र सुदामा आवत ।
बिह्वल बिकल भयो दारिद बस, करि बिलाप रुकमिनी सुनावत ॥
धाइ आइ हँसि कियौ संभाषन, कर गहि भुजा, अंग लै लावत ।
तंदुल देखि अधिक आनंदित, माँगि सुदामा जो मन भावत ॥
मन ही मन में कहत गहत कर, सो दीजै जो चित न डुलावत ।
'सूरदास' नव-निधि के दाता, जाकौं कृपा करत सोइ पावत ॥

यदुनाथ कृष्ण ने देखा—सुदामा चले आ रहे हैं। सुदामा की दरिद्रता देखकर उससे प्रभावित होकर हरि विह्वल हो गए, विकल हो उठे और बिलख कर रुक्मिणी से सुदामा की बात कह दी। फिर वे दौड़कर आगे आए और हँसकर पूछा—'कहो मित्र सकुशल रहे न!' फिर उनकी बाँह पकड़ कर उन्होंने सुदामा को गले से लगा लिया। वे चावल देखकर परम प्रसन्न हो उठे और कहा—'सुदामा जो मन चाहे, माँग लो।' सुदामा ने मन ही मन में कहा—'प्रभु ने अब तो हाथ ही पकड़ लिया है, अब मैं क्या माँगू?' फिर वे बोल उठे—'प्रभु, मुझे वह वस्तु दे दें, जिससे चित्त कभी भी चलायमान न हो।' इस प्रकार सुदामा ने

प्रभु से उनकी भक्ति माँग ली।

प्रभु तो नवो निधियों को दे डालने वाले हैं। पर वे जिस पर कृपा कर देते हैं, वही इन्हें पाता है।

२८५५/४८४८ राग बिलावल

ऐसी प्रीति की बलि जाउँ।
सिंहासन तजि चले मिलन कौं, सुनत सुदामा नाउँ॥
कर जोरे हरि, विप्र जानिकै, हित करि चरन पखारे।
अंकमाल दै मिले सुदामा, अर्धासन बैठारे॥
अर्धंगी पूछति मोहन सौं, कैसे हितू तुम्हारे।
तन अति छीन, मलीन देखियत, पाउँ कहाँ तैं धारे॥
संदीपन कैं हम रु सुदामा, पढ़े एक चटसार।
'सूरस्याम' की कौन चलावै, भक्तनि कृपा अपार॥

मैं सूरदास सुदामा और श्याम की ऐसी प्रीति देखकर उस पर अपने को निछावर किए दे रहा हूँ।

सुदामा का नाम सुनते ही श्याम राज-सिंहासन छोड़कर उनसे मिलने के लिए आगे बढ़ गए। ब्राह्मण जानकर उन्होंने उनको हाथ जोड़कर प्रणाम किया और प्रेमपूर्वक उनके पैर धोए। सुदामा को भुजाओं में लपेट गले से लगा लिया। उन्हें अपने सिंहासन के आधे भाग पर बैठाया। सुदामा की यह आवभगत देखकर अर्द्धांगिनी रुक्मिणी जी पूछ बैठीं—यह तुम्हारे कैसे हितू हैं, यह तो अत्यंत क्षीण शरीर हैं। इनके वस्त्र भी मलिन हैं, कहाँ से पैदल ही चले आ रहे हैं।

इस पर कृष्ण ने कहा—उज्जयिनी में मैंने और सुदामा ने एक ही पाठशाला में एक ही गुरु संदीपनि से पढ़ा है।

श्याम की तो बात ही अनोखी है। वे तो अपने भक्तों पर अपार कृपा करनेवाले हैं।

२८५६/४८४९ राग धनाश्री

गुरु-गृह हम जब बन कौं जात।
तोरत हमरे बदलैं लकरी, सहि सब दुख निज गात॥
एक दिवस बरषा भई वन मैं, रहि गए ताहीं ठौर।
इनकी कृपा भयौ नहिँ मोहि स्त्रम, गुरु आए भऐं भोर॥
सो दिन मोहिँ बिसरत न, सुदामा जो कीन्हौ उपकार।
प्रति उपकार कहा करौं 'सूरज', भाषत आप मुरार॥

कृष्ण जी रुक्मिणी से बोले—जब हम गुरु के घर में रहकर विद्याध्ययन कर रहे थे, तब हम वन में लकड़ी तोड़ने जाया करते थे। सुदामा मेरे लिए भी लकड़ी तोड़ दिया करते थे और सारा कष्ट अपने ही शरीर पर झेल लिया करते थे। मुझे जरा भी तकलीफ नहीं होने देते थे। एक दिन वन में ही भारी बरसा हो गई और हम आश्रम नहीं लौट सके। हमें वन में ही रह जाना पड़ा। सुदामा की कृपा से मुझे कोई श्रम नहीं करना पड़ा। गुरु जी सबेरे

खोजते-खोजते आए और हमें आश्रम ले गए। उस दिन सुदामा ने मेरे साथ जो उपकार किया था, मैं उस दिन के इनके उपकार को भुला नहीं सकता।

मुरारि कृष्ण स्वयं कहने लगे—मैं सुदामा के इस उपकार के बदले इनका कौन सा भला कर सकता हूँ। इसका कोई प्रत्युपकार संभव नहीं।

२८५७/४८५० राग धनाश्री

हरि कौं मिलन सुदामा आयौ।
बिधि सौं अरघ पाँवड़े दीन्हे, अंतर प्रेम बढ़ायौ॥
आदर बहुत कियौ कमलापति, मर्दन करि अन्हवायौ।
चंदन अगर कुमकुमा केसर, परिमल अंग चढ़ायौ॥
मूठिक तंदुल बाँधि कृष्न कौं, बनिता बिनय पठायौ।
पूरब प्रीति जानि कै मोहन, तातैं कछु इक खायौ॥
समदे विप्र सुदामा घर कौं, सरबस दै पहिरायौ।
'सूरदास' बलि-बलि मोहन की, तिहूँ लोक पद पायौ॥

हरि से मिलने के लिए सुदामा द्वारिकापुरी आए। हरि ने विधिपूर्वक पैर धोने के लिए उन्हें अर्घ्य (जल), दिया, पैर पोंछने के लिए पा-पोश दिए और हार्दिक प्रेम बढ़ाया। कमलापति कृष्ण ने उनका बहुत-बहुत आदर-सन्मान किया। उन्हें मल-मलकर खूब स्नान कराया। उनकी देह में चंदन, अगर, कुमकुमा, केसर, परिमल आदि सुगंधित द्रव्य लगाया। सुदामा की पत्नी ने विनयपूर्वक कृष्ण को देने के लिए एक मुट्ठी चावल बाँधकर भेंट में देने के लिए भेजा था। पूर्व प्रीति का स्मरण करके मोहन ने उस तंदुल का थोड़ा-सा भाग खा भी लिया। उन्होंने विप्र सुदामा को घर भेंट में दे दिया और उन्हें सभी अच्छे-अच्छे परिधान दे दिए। सूरदास मदनमोहन की बलैया लिए जा रहे हैं, जिनकी कृपा से सुदामा ने तीनों लोकों का पद (वैभव) पा लिया।

२८५८/४८५१ राग धनाश्री

वह सुधि आवत तोहिं सुदामा।
जब हम तुम बन गए लकरियनि, पठए गुरु की भामा॥
चपल समीर भयौ तिहिं रजनी, भींजे चारौ जामा।
काँपत हृदय्र बचन नहिं आवत, आए सत्वर धामा॥
तबहिं असीस दई परसन ह्वै, सकल होहु तुम कामा।
'सूरदास' प्रभु कौ जु मिलन-जस, गावत सुर नर नामा॥

कृष्ण बोले—सुदामा, तुम्हें याद है कि नहीं, जब हम तुम लकड़ी लाने के लिए वन में गए थे। हमको गुरु-माँ ने भेजा था; उस रात में तेज आँधी आ गई थी। हम रात के चारो पहर भींगते रह गए थे। हमारे हृदय काँपे जा रहे थे। मुँह से वाणी नहीं फूट पा रही थी। हम लोग गिरते-पड़ते धड़धड़ाते आश्रम आ गए थे। तब गुरु-माँ ने प्रसन्न होकर हमें आर्शीर्वाद दिया था—तुम्हारे सभी कार्य पूर्ण हों।

सुदामा कृष्ण के इस मिलन का यश तो सभी सुर नर गा रहे हैं।

२८५९/४८५२ राग बिलावल

सुदामा गृह कौं गमन कियौ।
प्रगट विप्र कौं कछु न जनायौ, मन मैं बहुत दियौ॥
वेई चीर कुचील वहै बिधि, मोकौं कहा भयो।
धरिहौं कहा जाइ तिय आगैं, भरि-भरि लेत हियौ॥
सो संतोष मानि मन हीं मन, आदर बहुत लियौ।
'सूरदास' कीन्हे करनी बिनु, को पतियाइ बियौ॥

सुदामा अपने घर के लिए चल पड़े। मन ही मन हरि ने सुदामा को बहुत कुछ दे दिया। पर उन्होंने प्रगट रूप से ब्राह्मण को कुछ भेद नहीं बताया। सुदामा सोचने लगे— मेरे वैसे ही वही पुराने मैले कुचैले कपड़े हैं, वही रंग ढंग है। यहाँ आने से मुझको क्या मिला? पत्नी के आगे जाकर क्या रखूँगा?' वे ठंडी साँसें लेते जा रहे थे। फिर उन्होंने मन ही मन कहा—श्याम ने मुझे भले ही कुछ नहीं दिया, मेरा सम्मान तो बहुत ही किया, मुझे बड़े आदर से लिया। यह क्या कम संतोष की बात है। मेरे लिए यही बहुत है।

सूरदास कहते हैं—बिना प्रत्यक्ष कुछ किए हुए, कोई दूसरे का विश्वास करे तो कैसे करे? कृष्ण ने प्रत्यक्षतः कुछ भी नहीं दिया,फिर सुदामा को विश्वास हो तो कैसे?

२८६०/४८५३ राग बिलावल

सुदामा मंदिर देखि डर्‌यौ।
इहाँ हुती मेरी तनक मड़ैया, को नृप आनि छल्यौ॥
सीस धुनै, दोऊ कर मींड़ै, अंतर सोच पर्‌यौ।
ठाढ़ी तिया जु मारग जोवै ऊँचे, चरन धर्‌यौ॥
तोहिं आदर्‌यौ त्रिभुवन कौ नायक, अब क्यौं जात फिर्‌यौ।
'सूरदास' प्रभु की यह लीला, दारिद दुःख हर्‌यौ॥

सुदामा अपने घर पहुँच गए। वहाँ अपनी मँड़ैया के स्थान पर एक महल खड़ा देख वे डर गए और बोले—'यहाँ तो मेरी छोटी-सी फूस की मँड़ई थी। किस राजा ने आकर छल कर लिया—मेरी मँड़ैया हटाकर अपना राजमहल खड़ा कर लिया।' सुदामा अपना सिर पीटने लगे और अपने हाथ मलने लगे। उनके मन में भारी चिंता समा गई। उनकी स्त्री अटारी पर खड़ी उनका रास्ता जोह रही थीं। उसने (नीचे उतरकर) उनके चरण पकड़े और कहा—तुम्हें त्रिभुवनपति ने आदर दिया है। यह तुम्हारा ही भवन, किसी दूसरे का नहीं है। तुम लौटे क्यों जा रहे हो। यह प्रभु की लीला है। उन्होंने हमारा सब दुःख दारिद्र्य हर लिया है।

२८६१/४८५४ राग बिलावल

देखत भूलि रह्यौ द्विज दीन।
मन सुधि परै, समुझि नहिं आवै, मेरौ गृह प्राचीन॥
किधौं देवमाया मति मोह्यौ, किधौं अनत ही आयौ।
त्रिनहु की छाँह गई निधि माँगत, बहुत जतन हौं छायौ॥

चितवत चकित चहूँ दिसि बाम्हन, अदभुत लीला रीति।
ऊँचे भवन, मनोहर छाजे, मनि कंचन की भीति॥
चलौ कंत यह सब हरि किरपा, पाउँ धारिए धाम।
तब पहिचानि धँसे मंदिर मैं, 'सूर' सकल अभिराम॥

अपनी फूस की छानि के स्थान पर राजसी महल बना देखकर बेचारा गरीब ब्राह्मण भारी भ्रम में पड़ गया। वह मन में, अगल-बगल, पास-पड़ोस चारों ओर देखकर, इसी निष्कर्ष पर पहुँचते थे कि यहीं मेरा घर था। पर कुछ समझ नहीं आ रहा था कि मेरा पुराना घर क्या हुआ और यह राजमहल कहाँ से आ गया। या तो भगवान की माया से मेरा मति-भ्रम हो गया है या मैं अपने घर न आकर कहीं अन्यत्र आ गया हूँ। बड़ी निधि माँगने के चक्कर में मेरी घास-फूस की छांह भी हाथ से जाती रही। मैंने कितने-कितने यत्न करके उसे छाया था। वह दुर्बल दीन ब्राह्मण चारो ओर चकपका कर देखने लगा। उसे यह भगवान की अद्‌भुत लीला जान पड़ी। ये ऊँचे-ऊँचे घर, ये मन को हर लेनेवाले छज्जे, ये मणि खचित कंचन की दीवालें।'

इसी बीच उनकी पत्नी घर से निकली और बोली—'स्वामी, घर के भीतर चलिए। यह सब भगवान की कृपा हुई है।'

पत्नी को पहचान कर वे उस पूर्णरूपेण सुंदर महल में प्रविष्ट हुए।

२८६२/४८५५ राग बिलावल

भूलौ द्विज देखत अपनौ घर।
औरहिं भाँति रची रचना रुचि, देखत ही उपज्यौ हिरदै डर॥
कै वह ठौर छुड़ाइ लियौ किहुँ, कोऊ आइ बस्यौ समरथ नर।
कै हौं भूलि अनतही आयौ, यह कैलास, जहाँ सुनियत हर॥
वुध-जन कहत द्रुबल घातक बिधि, सो हम आजु लही या पटतर।
ज्यौं नलिनी बन छाँड़ि बसै जल, दाहै हेम जहाँ पानी-सर॥
पाछे तैं तिय उतरि कह्यौ पति, चलिए, द्वार गह्यौ कर सौं कर।
'सूरदास' यह सब हित हरि कौ, द्वारैं आइ भयो जु कलपतर॥

बेचारा ब्राह्मण अपना घर देखकर भारी भ्रम में पड़ गया। यहाँ तो कुछ और ही ढंग की रुचिर रचना दीख पड़ रही है—मड़ई तो है नहीं, यहाँ तो राजमहल खड़ा हो गया है। इसे देखते ही उसके हृदय में अत्यंत डर पैदा हो गया। इस स्थान को किसी दूसरे ने जबरदस्ती छुड़ा लिया है क्या? और यहाँ अब वह शक्तिशाली पुरुष बलपूर्वक मंदिर बनवाकर बस गया है? यह मंदिर तो उस कैलास जैसा ऊँचा और लखदख उज्ज्वल है जहाँ स्वयं देवाधिदेव महादेव रहते सुने जाते हैं। बुद्धिमान लोग कहते हैं—'दैवो दुर्बल घातकः'। मुझे आज इस लोकोक्ति की समतुल्यता देखने में आ गई। मैं दुर्बल था, मेरी मँड़ैया हड़पकर किसी सबल ने यहाँ अपना भव्य भवन बना लिया है। यह तो ऐसा ही हुआ जैसे दावानल के डर से कमलिनी वन छोड़कर जल में जा बसे, और सरोवर में रहते हुए भी उसे पाला जला डाले।

सुदामा ऐसा सोच ही रहे थे कि पीछे से कोठे पर से उतर कर उनकी पत्नी नीचे द्वार पर आ गई और उनका हाथ अपने हाथ में पकड़कर बोलीं—चलिए, भीतर चलिए। यह सब हरि की कृपा है, जो हमारे दरवाजे पर मनोकामना पूर्ण कर देने वाला कल्पवृक्ष ही आकर लग गया है।

२८६३/४८५६ राग बिलावल

हौं फिरि बहुरि द्वारिका आयौ।
समुझि न परी मोहिं मारग की, कोउ बूझौ न बतायौ॥
कहिहैं स्याम सत्त इन छाँड्यौ, उतौ राँक ललचायौ।
तृन की छाँह मिटी निधि माँगत, कौन दुखनि सौं छायौ॥
सागर नहीं समीप सुमति कैं, बिधि कह अंत भ्रमायौ।
चितवत चित्त बिचारत, मेरौ मन सपनैं डर छायौ॥
सुरतरु दासी दास अस्व गज, बिभौ विनोद बनायौ।
'सूरज' प्रभु नँद-सुवन मित्र ह्वै, भक्तनि लाड़ लड़ायौ॥

विशाल भवन देखकर सुदामा सोचने लगे—ऐसा तो नहीं है कि मैं फिर द्वारिका ही आ गया होऊँ। मुझे रास्ते का ठीक पता नहीं चला, न मैंने किसी से मार्ग पूछा, न किसी दूसरे ने ही कृपा करके मुझे पथ-निर्देश किया। मुझे पुनः आया देखकर कृष्ण क्या कहेंगे—वे समझेंगे इस ब्राह्मण ने अपना सत्य छोड़ दिया है। यह रंक लालच में पड़ गया है और कुछ पाने के चक्कर में यहाँ पुनः आ गया है। चौबे जी छब्बे बनने गए थे, दुब्बे बनकर लौट आए। मैं ऐश्वर्य माँगने निकला था, अपनी फूस की मँड़ैया भी गँवा बैठा। मैंने इस छप्पर को कितने कष्ट सहकर छाया था। मेरी दुर्बुद्धि के सामने समुद्र का विस्तार भी तुच्छ है। विधाता ने मुझे वैभव के चक्कर में यह क्या चारो ओर घुमवा दिया। यह सब देखकर तो मेरा मन स्वप्न में डर-सा गया है।

सुरतरु, दासी, दास, घोड़ा, हाथी, वैभव, विलास आदि सभी कुछ नंद-सुवन ने मित्र होकर प्रेमपूर्वक अपने मित्र-भक्त के लिए रच दिया है।

२८६४/४८५७ राग बिलावल

कहा भयौ मेरौ गृह माटी कौ।
हौं तौ गयो गुपालहिं भेंटन, और खरच तंदुल गाँठी कौ॥
बिनु ग्रीवा, कल सुभग न आन्यौ, हुतौ कमंडल दृढ़ काठी कौ।
घुनौ बाँस जुत बुनौ खटौला, काहु कौ पलँग कनक पाटी कौ॥
नूतन छीरोदक जुवती पै, भूषन हुतौ न लोह माटी कौ।
'सूरदास' प्रभु कहा निहोरौ, मानत रंक त्रास टाटी कौ॥

सुदामा कह रहे हैं—मेरा मिट्टी का घर क्या हो गया? मैं तो अपनी गाँठ का तंदुल खर्च करके गोपाल से मिलने द्वारिका गया था। मेरे पास तो पात्र के नाम पर काठ का एक कमंडल मात्र था। वह भी टूट गया था, न उसमें गर्दन रह गई थी, न वह सुंदर ही था। मेरे पास सोने के लिए छोटा-सा खटोला भर था। उसके भी सीरोपाटी घुने बाँस के थे। किसी

के पास सोने की पाटी वाला पलँग है। मेरी पत्नी के शरीर पर कोई क्षीरोदक वस्त्र नहीं था, यही कोई फटी पुरानी हाथ की बुनी गाढ़े की साड़ी मात्र थी। उसके अंगों पर लोहा क्या, मिट्टी तक का कोई गहना न था, लोहे की गुरिया तक न थी, सोना-चाँदी मणि माणिक तो बहुत दूर की बात है। मेरे पास तो टटरी की बनी हुई मँड़ैया भर थी। भगवान मुझ गरीब के इस टट्टर वाले छप्पर से भी डर गए। इसीलिए उन्होंने मुझसे यह भी छीन लिया! भगवान की यही कृपा है।

२८६५/४८५८ राग धनाश्री

कैसैं मिले पिय स्याम सँघाती।
कहियै कंत कौन बिधि परसे, बसन कुचील, छीन अति गाती ॥
उठिकै दौरि अंक भरि लीन्हौ, मिलि पूछी इत उत कुसलाती।
पट तैं छोरि लिए कर तंदुल, हरि समीप रुकमिनी जहाँ ती ॥
देखि सकल तिय स्यामसुँदर गुन, पट दै ओट सबै मुसक्यातीं।
'सूरदास' प्रभु नव निधि दीन्ही, देते और, जो तिय न रिसाती ॥

सुदामा की पत्नी सुशीला ने सुदामा से पूछा—हे स्वामी, तुम्हारे साथी श्याम ने तुम्हारे साथ कैसा व्यवहार किया? किस ढंग से वे तुमसे मिले? प्रेम से या उपेक्षा से या उदासीन भाव से? हे कांत, पहले यह बताइए कि तुम्हारे मैले कुचैले वस्त्रों वाले क्षीण शरीर का स्पर्श उन्होने कैसे किया?

सुदामा ने बताया—मेरा कन्हैया, वैसा ही है, जैसा लड़कपन में था। राजा होने से क्या हुआ? वह उठकर दौड़े-दौड़े आए, और मुझे अपनी बाहों में लपेट कर मुझे गले से लगा लिया। फिर मिलकर मेरी खेम कुशल पूछी और अपनी खेम-कुशल बताई। तुमने मेरी दुपट्टी में जो थोड़े से चावल बाँध दिए थे, कन्हैया ने उसे छीन लिया। और चाव से चावल चबाने लगे। यहाँ हरि के पास उनकी सबसे बड़ी रानी रुक्मिनी जी भी थीं। वे और अन्य रानियाँ हरि का यह कौतुकी-गुण देख कर मुँहपर आँचल देकर मुसकुराने लगीं। प्रभु ने हमें यह नवो निधियाँ दे दीं। यदि रुक्मिणी उनपर रिस करके रोक न लगा देतीं, तो वे और न जाने कितना दे देते।

२८६६/४८५९ राग बिलावल

ऐसैं और कौन पहिचानै।
सुनु सुंदरि वा दीनबंधु बिन, कौन मित्रई मानै ॥
कहँ हम कृपन, कुचील, कुदरसन, कहँ जदुनाथ गुसाईं।
भेंटे हृदय लगाइ अंक भरि, उठि अग्रज की नाईं ॥
निज आसन बैठारि परम रुचि, निज कर चरन पखारे।
पूछी कुसल स्यामघन सुंदर, सब संकोच निवारे ॥
लीन्हैं छोरि चीर तैं चाउर, कर गहि मुख सौं मेले।
पूरब कथा सुनाइ 'सूर' प्रभु, गुरु गृह बसे अकेले ॥

सुदामा अपनी पत्नी सुशीला से बोले—सुंदरी सुनो, जैसा भगवान कृष्ण ने मुझ दीन हीन अपने पुराने मित्र को पहचाना, ऐसा और कौन पहचान सकता है। लोग दूर ही से

नाक भौं सिकोड़ने लगेंगे, पहचानना तो बहुत दूर की बात है। बिना उन दीनबंधु के ऐसी मित्रता कौन निभा सकता है। कहाँ मैं कृपण, मैला-कुचैला, देखने में भी सुदर्शन नहीं?—कहाँ वे स्वामी यदुनाथ? उन्होंने इसकी चिंता न की। उन्होंने मुझे अँकवार में लेकर छाती से लगा लिया, जैसा कोई छोटा भाई अपने बड़े भाई को आदर देता है, वैसे ही वे आसन से उठकर मुझसे मिले। उन्होंने मुझे अपने आसन पर परम प्रेमपूर्वक बैठाया और अपने हाथों से मेरे पैर धोए। उन घनश्याम ने, श्यामसुंदर ने सब क्षेम-कुशल पूछी, किसी तरह का संकोच नहीं किया। मेरे दुपट्टे की खूँट से तुम्हारे दिए चावल उन्होंने छीन लिया और अपने से लेकर चाव से चबाने लगे। जब हम लोग उज्जयिनी में गुरु के आश्रम में, घर से, परिवार से, दूर अकेले रहकर विद्याध्ययन कर रहे थे, उस समय की भी चर्चा चली थी।

२८६७/४८६० राग धनाश्री

हरि बिन कौन दरिद्र हरै।
कहत सुदामा सुनि सुंदरि, हरि मिलन न मन बिसरै॥
और मित्र ऐसी गति देखत, को पहिचान करै।
बिपति परैं कुसलात न बूझैं, बात नहीं बिचरैं॥
उठि भेंटे हरि, तंदुल लीन्हे, मोहिं न बचन फुरै।
'सूरदास' लछि दई कृपा करि, टारी निधि न टरै॥

सुदामा अपनी पत्नी से बोले—हरि के बिना मेरी दरिद्रता कौन दूर कर सकता था? हे सुंदरी सुनो, हरि मुझसे जिस प्रेम से मिले, मैं उसे भूल नहीं पा रहा हूँ। कोई दूसरा मित्र होता तो मुझे इस दीन-हीन दशा में देखकर पहचानता भी नहीं, प्रेम-व्यवहार की तो बात ही बहुत दूर की है। विपत्ति आने पर कोई दूसरा कुशल-मंगल तक नहीं पूछता, और बात भी नहीं करता। हरि ने पकड़कर छाती से लगा लिया, चावल भी छीनकर खाने लगे। उनका यह व्यवहार देखकर मैं तो अवाक रह गया। मेरे मुँह से वाणी तक नहीं फूटी। प्रभु ने तो कृपा करके मुझे भारी लक्ष्मी दे दी है, जो टालने से भी नहीं टाली जा सकती।

२८६८/४८६१ राग धनाश्री

और को जानै रस की रीति।
कहँ हौं दीन, कहाँ त्रिभुवन पति, मिले पुरातन प्रीति॥
चतुरानन-तन निमिष न चितवत, इती राज की नीति।
मोसौं बात कही हिरदय की, गए जाहि जुग बीति॥
बिन गोविंद सकल सुख सुंदरि, ज्यौं भुस पर की भीति।
हौं कह कहौं 'सूर' के प्रभु की, निगम करत हैं क्रीति॥

सुदामा बोले—बिना हरि के प्रेम की रस-रीति को कोई दूसरा कैसे जान सकता है? कहाँ मैं दीन-दुर्बल प्राणी, कहाँ वे तीनों लोकों के स्वामी! पर वे पिछले प्रेम को समझकर उसी प्रेम से मिले। राजकाज की व्यस्तता तो इतनी है कि उन्हें ब्रह्मा की ओर भी देख लेने की एक पल की भी फुरसत नहीं है। पर वे मुझसे अपने हृदय की बातें खोलकर इस प्रकार कहते जा रहे थे कि बात-चीत में भले ही युग बीत जाय, कोई चिंता नहीं। हे सुंदरी, बिना

ंद के ये सारे सुख भूसा पर बनी हुई दीवाल जैसे भरभराकर गिर जानेवाले हैं। मैं प्रभु की क्या कहूँ? स्वयं वेद उनकी यह कीर्ति बखानते रहते हैं।

२८६९/४८६२ राग धनाश्री

बिनु गुपाल और मोहि ऐसो को सँभारे।
आपु हँसत दौरि मिलै, उर तैं नहिं टारे॥
छीन अंग, जीर्ण बसन, दीन मुख निहारे।
मम तन रज पथहिँ लगी, पीत पट सु झारे॥
सुखद सेज आसन दै, स्वहथ पग पखारे।
हरि हित हर गंग धरे, पग जल सिर धारे॥
कहि-कहि गुरु-गेह-कथा, सकल दुख निवारे।
कहत विप्र 'सूरदास', प्रभु ऊपर वारे॥

सुदामा बोले—गोपाल को छोड़कर ऐसा दूसरा कौन है जो मुझे इस प्रकार याद करे। सते हुए दौड़कर मुझसे आ मिले और छाती से ऐसा लगा लिया कि छोड़ते ही नहीं थे। र्बल शरीर वाला, फटे पुराने वस्त्रों वाला, दीन हीन प्राणी था। उन्होंने मेरा उदास मुँह और मेरे शरीर पर पैदल चलकर जाने से जो धूल आ लगी थी, उसे अपनी पीतांबर से डाला। अपने गुलगुले गद्दे वाली सुखद सेज पर ले जाकर बैठाया। अपने हाथों से मेरा धोया। हरि (विष्णु) के पैरों से निकली हुई जानकर हर (महादेव) ने गंगा को परम पूर्वक अपने सिर पर धारण किया था, उसी प्रकार मेरा चरणोदक लेकर हरि ने अपने सिर छिड़का। गुरु आश्रम की कथाएँ कह-कहकर तो उन्होंने मेरे सारे दुख ही मिटा दिए। यह सब कथा कहकर वह ब्राह्मण अपने को प्रभु के ऊपर निछावर किए जा रहा था।

स सुदामा-चरित्र *२८७०/४८६३ राग केदारौ*

दीन द्विज द्वारैं आइ भयौ ठाढ़ौ।
नाम सुदामा कहत नाथ जू, दुखी आहि अति गाढ़ौ॥
सुनतहि बचन कमल-दल-लोचन, कमलापति उठि धाए।
त्रिभुवन-नाथ जानि अपनौ प्रिय, हित सौं कंठ लगाए॥
आदर करि मंदिर मैं ल्याए, कनक पलँग बैठाए।
कथा अनेक पुरातन कहि-कहि, गुरु के धाम बताए॥
खैबे कौं कछु भाभी दीन्हौ, श्रीपति श्रीमुख बोले।
फेंट उदर तैं अंजुल तंदुल, बल करि हरि जू खोले॥
द्वै मूठी तंदुल मुख मेले, बहुरौ हाथ पसार्‌यौ।
त्रिभुवन दै करि कह्यौ रुकमिनी, अपनौ हाथ निवार्‌यौ॥
बिदा कियौ पहुँच्यौ निज नगरी, हेरत भवन न पायौ।
मंदिर रही नारि पहिचानी, प्रीति समेत बुलायौ॥
दीनदयाल देवकीनंदन, वेद पुकारत चार्‌यौ।
'सूर' सुदामा कौं जु भेंटि हरि, दारिद दुःख निवार्‌यौ॥

द्वारपाल ने भीतर जाकर कृष्ण से कहा—एक दीन ब्राह्मण राजद्वार पर आकर ग है। वह अत्यंत दुखी जान पड़ता है। हे नाथ, वह अपना नाम सुदामा बता रहा है।

जैसे ही कमल की पंखुड़ियों के से नयनवाले कमलाकांत (कृष्ण) ने सुदामा का न सुना—वे तुरंत पलँग पर से उठ खड़े हुए और द्वार की ओर दौड़ पड़े। त्रिलोकीनाथ उस ब्राह्मण को अपना प्रिय समझकर उसे प्रेम से गले लगा लिया। वे उसे आदरपू घर के भीतर ले गए और सोने के पलँग पर बैठा दिया। उन्होंने गुरु-आश्रम की अ पुरानी कथाएँ भी कह सुनाईं। श्रीपति अपने श्रीमुख से बोले—भाभी ने मुझे कुछ र के लिए भी दिया है? फेंट में बँधे एक अँजुरी चावल को हरि ने बलपूर्वक खोल लि वे दो मूठी चावल मुख में डालकर खा गए। तीसरी मुट्ठी लेने के लिए उन्होंने फिर ह बढ़ाया ही था कि रुक्मिणी ने यह कह दिया तुमने दो लोक तो दे ही दिया, अब तो अ हाथ रोको। हरि ने सुदामा को विदा कर दिया। वे अपने नगर में पहुँच गए। वहाँ वे अ घर खोजने लगे, पर वह उन्हें नहीं मिला। प्रासाद में उनकी घरनी थी, उसने उ पहचाना। और प्रेमपूर्वक उन्हें भीतर बुलाया। चारो वेद देवकीनंदन प्रभु को दीनद कहते हैं। उन्हीं दीनदयाल ने सुदामा को भेंट कर उनके सारे दुख दर्द मिटा दिए।

पथिक के प्रति व्रजनारी वाक्य

२८७१/४८६४ राग म

तब तैं बहुरि न कोऊ आयौ।
वहै जु एक बेर ऊधौ सौं, कछु संदेसौ पायौ॥
छिन-छिन सुरति करत जदुपति कौ, परत न मन समुझायौ।
गोकुलनाथ हमारैं हित लगि, लिखि हू क्यौं न पठायौ॥
यहै बिचार करौं धौं सजनी, इतौ गहरु क्यौं लायौ।
'सूरस्याम' अब बेगि न मिलहू, मेघनि अंबर छायौ॥

गोपी कह रही है—बहुत दिन हुए, एक बार ऊधव यहाँ आए थे। उन्हीं से हरि जो कुछ संदेश मिला था, मिला था। तब से तो उधर से इधर कोई आया ही नहीं। मन क्षण-क्षण पर यदुनाथ की याद किया करता रहता है। वह समझाने से भी न समझता। गोकुलनाथ ने हमारे प्रेम का स्मरण करके एक चिट्ठी तक नहीं भेजी। हे स मैं इसी सोच में पड़ी हुई हूँ, उन्होंने इतनी देर क्यों कर दी? हे श्याम, अब शीघ्र ही आ मिल लो, देखो वर्षा ऋतु आ गई और बादलों ने आकाश को घेर लिया।

२८७२/४८६५ राग

बहुरौ हो व्रज बात न चाली।
वहै सु एक बेर ऊधौ कर, कमलनयन पाती दै घाली॥
पथिक तिहारे पा लागति हौं, मथुरा जाहु जहाँ बनमाली।
कहियौ प्रगट पुकारि द्वार ह्वै, कालिंदी फिरि आयौ काली॥
तब वह कृपा हुती नँदनंदन, रुचि-रुचि रसिक प्रीति प्रतिपाली।
माँगत कुसुम देखि ऊँचे द्रुम, लेत उछंग गोद करि आली॥

जब वह सुरति होति उर अंतर, लागति काम-बान की भाली ।
'सूरदास' प्रभु प्रीति पुरातन, सुमिरत, दुसह सूल उर साली ॥

गोपी किसी पथिक से कह रही हैं—वही एक बार, बहुत दिन हुए, कमलनयन कृष्ण ने ऊधो के हाथ एक चिट्ठी भेजी थी। तब से कन्हैया जी ने व्रज की बात फिर कभी नहीं चलाई। हे पथिक, मैं तुम्हारे पाँव छूकर कहती हूँ कि मथुरा जाओ, जहाँ वनमाली कृष्ण रहते हैं। उनके द्वार पर जाकर जोर से चिल्लाकर उन्हें सुनाकर कह देना—यमुना में फिर कालिया नाग आ गया है और अपनी विष ज्वाला से सबको जला देना चाहता है। एक समय था, जब नंदनंदन की हमारे ऊपर कृपा थी और उन्होंने रुचि ले-लेकर रसिकों प्रेमियों की पद्धति का पूर्ण परिपालन किया था। पेड़ पर ऊँचाई पर लगे फूल जब हम माँग बैठती थीं, तब कन्हैया हमें अपनी गोद में उठाकर ऊपर ऊँचा देते थे और कहते थे स्वयं तोड़ लो। जब-जब हमें उस बात का स्मरण हो आता है, तब-तब काम के बाण का भाला (नोक) हमारे हृदय में धँस जाता है। प्रभु से अपनी पुरानी प्रीति का स्मरण हो आने पर हृदय को विद्ध कर देने वाला दुस्सह दुख होने लगता है।

२८७३/४८६६ राग धनाश्री

तुम्हरे देस कागद मसि खूटी ।
भूख प्यास अरु नींद गई सब, बिरह लयौ तन लूटी ॥
दादुर मोर पपीहा बोले, अवधि भई सब झूठी ।
पाछैं आइ तुम कहा करौगे, जब तन जैहै छूटी ॥
राधा कहति सँदेस स्याम सौं, भई प्रीति की टूटि ।
'सूरदास' प्रभु तुम्हरे मिलन बिनु, सखी करति हैं कूटि ॥

राधा कह रही है—क्या तुम्हारे देश में, मथुरा में, कागज और स्याही का अभाव हो गया है? यदि नहीं, तो एक चिट्ठी भी क्यों नहीं लिख भेजते? आना न आना, तो दूसरी बात है, चिट्ठी तो लिखी ही जा सकती है, संदेश तो भेजा ही जा सकता है। यहाँ हमारी भूख, प्यास, नींद सभी चली गई है। विरह ने हमारे शरीर को एकदम से लूट लिया है। मेढक, मोर, पपीहा बोल-बोलकर हमारे प्राण लिए ले रहे हैं। तुमने वापस आने की, दस दिन की, जो दिलासा देनेवाली अवधि दी थी, वह झूठी हो गई। न जाने कब की बीत गई। जब हमारा शरीर छूट ही जायगा, हम मर ही जायँगी, तब आकर तुम क्या करोगे? लगता है तुम्हारी हमारे प्रति प्रीति ही टूट गई। हे प्रभु, तुम्हारे बिना मिले, सखियाँ हमसे कूट बोलती हैं, दिल्लगी करती हैं—यही है कृष्ण का तुम्हारे प्रति प्रेम?

अध्याय-८२

कृष्ण के द्वारिका जाकर बस जाने पर गोपियों की कातरोक्ति

२८७४/४८६७ राग धनास्री

पथिक कह्यौ व्रज जाइ, सुने हरि जात सिंधु तट ।
सुनि सब अँग भए सिथिल, गयौ नहिं बज्र हियौ फट ॥

नर-नारी घर-घरनि सबै, यह करतिँ बिचारा।
मिलिहैं कैसी भाँति, हमैं अब नंदकुमारा॥
निकट बसत हुती आस, कियौ अब दूरि पयाना।
बिना कृपा भगवान, उपाइ न 'सूरज' आना॥

किसी पथिक ने व्रज में आकर कहा—'सुना है कि हरि सिंधु के सुदूर तट पर बसने के लिए चले जारहे हैं।' व्रजवासियों ने जब यह समाचार सुना, तब उनके सभी अंग शिथिल हो गए। उनका हृदय वज्र का बना था, शायद इसीलिए वह फटा नहीं। बर-घर में सभी नर-नारी इसी बात पर विचार करने लगे। अब नंदकुमार से हमारी भेंट किस प्रकार हो सकेगी। निकट मथुरा में रहते समय तो आशा भी थी कि कभी न कभी हरि से भेंट हो ही जायगी। पर अब तो वह बहुत दूर चले जा रहे हैं। बिना भगवान की कृपा के मिलने का कोई दूसरा उपाय नहीं है।

२८७५/४८६८ राग गौरी

हमारे हरि चलन कहत हैं दूरि।
मधुवन बसत आस हुती सजनी, अब तौ मरिहैं झूरि॥
कौनैं कह्यौ, कौन सुनि आई, किहिं रुख रथ की धूरि।
संगहिं सबै चलौ माधो के, नातरु मरहु बिसूरि॥
दच्छिन दिसि इक नगर द्वारिका, सिंधु रह्यौ भरि पूरि।
'सूरदास' अबला क्यौं जीवै, जात सजीवन मूरि॥

एक गोपी बोली—हमारे हरि कहीं दूर जाने की कहते हैं। जब तक वे मधुवन में थे, हे सखी, तब तक तो उनसे मिलने की आशा भी थी। अब तो उनके दूर देश में चले जाने पर हमें बिसूर-बिसूर कर, चिंताग्रस्त होकर, मर ही जाना होगा।

इस पर दूसरी गोपी ने पूछा—तुमसे यह बात किसने कही है, तुमने यह समाचार कहाँ सुना, उनके रथ के पहियों से उठी धूल का रुख किस ओर है? वे किधर जा रहे हैं? सब लोग माधव के साथ ही चली चलो, नहीं तो सूख-सूखकर मरना ही होगा।

इस पर पहली गोपी बोली—सुदूर पश्चिम दिशा में एक नगर द्वारिका है, जो जल से परिपूर्ण समुद्र के तट पर अवस्थित है।

इस पर दूसरी गोपी बोली—श्याम के वियोग में हम बालाएँ कैसे जीवेंगी, श्याम तो हमारी संजीवनी-बूटी हैं। जब वे ही चले जा रहे हैं, तब?...

२८७६/४८६९ राग धनाश्री

हमतैं कमलनयन भए दूरि।
चलन कहत मधुवनहु तैं सजनी, इन नयनन की मूरि॥
चलत कान्ह सब देखन लागीं, उड़त न रथ की धूरि।
'सूरदास' प्रभु उतर न आवै, नयन रहे जल पूरि॥

गोपियाँ कह रही हैं—कमलनयन कृष्ण हमसे दूर हो गए। वे हमारे नयनों की

संजीवनी हैं। अब वे मधुवन से भी कहीं और बहुत दूर चले जाना चाहते हैं। वे सोचने लगीं, कन्हैया कहीं इधर ही से जायँगे, तो उनके रथ की धूल उड़ती हुई अवश्य दिखाई देगी। पर उन्हें कहीं धूल भी उड़ती नहीं दिखाई पड़ी और वे निराश हो गईं और उनकी आँखों में जल भर आया।

२८७७/४८७० राग धनाश्री

नैना भए अनाथ हमारे।
मदनगुपाल उहाँ तैं सजनी, सुनियत दूरि सिधारे॥
वै समुद्र, हम मीन बापुरी, कैसैं जीवैं न्यारे।
हम चातक, वै जलद स्याम घन, पियतिं सुधा रस प्यारे॥
मथुरा बसत आस दरसन की, जोइ नैन मम हारे।
'सूरदास' हमकौं उलटी बिधि, मृतकहुँ तैं पुनि मारे॥

हे सखी, हमारे नेत्र तो अनाथ हो गए। सुना है मदनगोपाल मथुरा से भी कहीं अन्यत्र चले गए। वे समुद्र हैं, हम बेचारी मछलियाँ हैं। उस कृपा-सिंधु से बिछुड़कर हम कैसे जीवित रह पाएँगी। वे श्याम घन हैं, हम उनकी प्यारी पपीहरी हैं। उनके सुधा-रस को पीकर ही हम जीवित रह पाती हैं। मथुरा में रहते समय तो मिलने की किंचित आशा भी थी, यद्यपि यहाँ भी उनका रास्ता देखते-देखते हमारी आँखें हार गई थीं। ब्रह्मा की रीति तो हमारे लिए उलटी हो गई है। हम तो पहले ही हरि के मथुरागमन से मर चुकी थीं। अब उनके द्वारिका चले जाने से तो हम दुबारा मर रही हैं। ब्रह्मा हम मरी हुइयों को भी मारे डाल रहा है।

२८७८/४८७१ राग धनाश्री

अब निज नैन अनाथ भए।
मधुवन तैं माधव सखि सुनियत, औरौ दूरि गए॥
मथुरा बसत हुती जिय आसा, औ लगतौ व्यौहार।
अब मनु भयौ भीम के हाथी, सुनियत अगम अपार॥
सिंधु कूल इक नगर बसायौ, ताहि द्वारिका नाउँ।
यह तन सौंपि 'सूर' के प्रभु कौं, और जनम धरि जाउँ॥

अब तो अपनी ये आँखें पूर्णतया अनाथ हो गईं। हे सखी, सुना जा रहा है कि माधव अब मधुबन से भी बहुत दूर कहीं अन्यत्र चले जा रहे हैं। जब तक वे मथुरा में थे, तब तक तो आशा बनी हुई थी कि घूमते-घामते कहीं भेंट हो जायगी। मथुरा में लोग काम से आते-जाते भी रहते थे, व्यवहार बना हुआ था। अब तो वे मानो भीम के फेंके हुए हाथी हो गए जिसका आकाश में कहीं अता-पता तक नहीं। हरि ने समुद्र के किनारे एक नगर बसाया है, जिसका नाम द्वारिका है। सुना जाता है वहाँ पहुँचना अत्यंत कठिन हैं। इस दूरी को पार कर पाना संभव नहीं। अच्छा होगा हम इस शरीर को त्याग दें और दूसरा जन्म लेकर हम भी द्वारिका में जा बसें।

२८७९/४८७२ राग धनास्री

उती दूर तैं को आवै री।
जासौं कहि संदेस पठाऊँ, सो कहि कहन कहा पावै री॥
सिंधु कूल इक देस बसत है, देख्यौ सुन्यौ न, मन धावै री।
तहँ नव-नगर जु रच्यौ नंद-सुत, द्वारावति पुरी कहावै री॥
कंचन के बहु भवन मनोहर, रंक तहाँ नहिं त्रिन छावै री।
ह्वाँ के वासी लोगनि कौं क्यौ, व्रज कौ बसिबौ मन भावै री॥
बहु बिधि करतिं बिलाप बिरहिनी, बहुत उपायनि चित लावैं री।
कहा करौं कहँ जाउँ 'सूर' प्रभु, को हरि पिय पै पहुँचावै री॥

द्वारिका इतनी दूर है कि वहाँ से किसी का यहाँ आना शक्य नहीं है। यदि किसीसे यहाँ से संदेश कहलवा भी भेजा जाय, तो उतनी दूर से उत्तर देने के लिए कोई कैसे आ पावेगा। सिंधु के किनारे एक आनर्त नामक देश बसा हुआ है। न तो उसे देखा है। न सुना है और न मन में उसकी कल्पना ही की जा सकती है। वहाँ नंदसुत कृष्ण ने एक नवीन नगर बसाया है। उसका नाम द्वारावती (द्वारिका) है। वहाँ सोने के बहुत से महल बने हुए हैं, वहाँ कोई भी निर्धन नहीं है, जो घास-फूस का छप्पर डाले हो। वहाँ के धनी निवासियों को व्रज के निर्धन लोगों के बीच बसना क्यों अच्छा लगेगा। विरहिनियाँ बहुत प्रकार से विलाप कर रही हैं। वे अनेक उपाय करके अपने मन को उनमें लगाए रखना चाहती हैं। वे कहती हैं—अब हम क्या करें? कहाँ जायँ। कौन ऐसा है, जो हमें हमारे प्रियतम के पास पहुँचा दे।

२८८०/४८७३ राग सारंग

हौं कैसैं कै दरसन पाऊँ।
सुनहु पथिक उहिं देस द्वारिका, जौ तुम्हरैं सँग जाऊँ॥
बाहर भीर बहुत भूपनि की, बूझत बदन दुराऊँ।
भीतर भीर भोग भामिनि की, तिहि ठाँ काहि पठाऊँ॥
बुधि बल जुक्ति जतन करि उहिं पुर, हरि पिय पै पहुँचाऊँ।
अब बन बसि निसि कुंज रसिक बिनु, कौनैं दसा सुनाऊँ॥
श्रम कै 'सूर' जाउँ प्रभु पासहिं, मन मैं भलैं मनाऊँ।
नव किसोर मुख मुरलि बिना, इन नैननि कहा दिखाऊँ॥

हे पथिक, यदि मैं तुम्हारे साथ द्वारिका चली भी चलूँ, तो भी कृष्ण के दर्शन कैसे पा सकूँगी? राजद्वार पर, महल के बाहर, राजाओं की बड़ी भीड़ लगी रहती होगी। उनसे पूछने में मुझे मुँह छिपा लेना पड़ेगा, लाज लगेगी। ऐसा न हो वे पूछ बैठें, तुम यदुपति से किसलिए मिलना चाहती हो? राज-भवन के भीतर उनसे भोग-विलास में रत रहनेवाली सोलह हजार आठ रानियों की भारी भीड़ होगी। वहाँ मैं किसे भेज पाऊँगी। मैं बुद्धि से, बल से, युक्ति से, यत्न से उस द्वारिकापुरी में अपने हरि के पास पहुँचूँगी ही। अब वृंदावन की कुंजों में रसिक कृष्ण हैं नहीं, फिर रात में इन कुंजों में जाकर मैं किसको अपनी दशा

ाऊँ? मैं मन में यह निश्चय भली-भाँति कर चुकी हूँ कि परिश्रम करके मुझे प्रभु के स द्वारिका जाना ही होगा। मेरे नयनों को अधरों पर मुरली रखकर बजाते हुए नवल शोर को देखना ही अच्छा लगता है। उन मुरली मनोहर के बिना इन नयनों को और से और क्या देखने दूँ?

२८८१/४८७४ राग नट

मानौ बिधि अब उलटि रची री।
जानति नहीं सखी काहे तैं, उहीं न तेज तची री॥
बूड़ि न मुई नीर नैननि के, प्रेम न प्रजरि पची री।
बिरह अगिनि अरु जल प्रवाह तै, क्यौं दुहुँ बीच बची री॥
जो कछु सकल लोक की सोभा, लै द्वारिका सची री।
ह्वाँ के वारिधि बड़वानल मैं, रेतनि आनि खची री॥
कहियै संकर्षन के भ्राता, कीरति कित न मची री।
'सूरस्याम' माया जग मोह्यौ, सोइ मुख निरखि नची री॥

सखी, लगता है ब्रह्मा ने अब अपने सारे विधि-विधान, कायदे-कानून, ही बदल ाले हैं। मैं नहीं जानती कि मैं वहीं, उसी दिन, जिस दिन श्याम से वियुक्त हुई, उनके रहानल की आँच में क्यों नहीं झुलस गई? तब से मेरे नयनों से बराबर अश्रु-प्रवाह जारी । मैं इस अश्रु-जल में क्यों नहीं डूब मरी? श्याम के प्रेम में क्यों न जल मरी? क्यों बची ह गई? विरहाग्नि और अश्रु-जल ये दोनों तो मार डालने के लिए काफी थे। मैं इन दोनों बची कैसे रह गई। लगता है अब आग ने जलाना और पानी ने डुबोना ही बंद कर दिया । संसार में जो कुछ भी छविमान था, श्याम ने वह सब स्थान-स्थान से ले जाकर द्वारिका संचित कर दिया है। वहाँ के समुद्र में, बड़वानल में, रेत (बालू) में ले जाकर जड़ दिया । संकर्षण (बलराम) के भाई कृष्ण की कीर्ति कहाँ नहीं फैल गई है? जिस माया ने सारे ग को मोह रखा है, वह माया भी हमारे श्यामसुंदर के मुँह को देखकर प्रसन्नतापूर्वक ाचने लगती हैं।

२८८२/४८७५ राग मारू

आयौ नहिं माई कोई तौ।
सुनि री सखी सँदेसहु दुर्लभ, नैन थके मग जोई तौ॥
मथुरा छाँड़ि, निवास सिंधु कियौ, प्रान जिवन धन सोई तौ।
द्वारावती कठिन अति मारग, क्यौं करि पहुँचैं लोई तौ॥
मिटी मिलन की आस, अवधि गई, व्रज-वनिता कहि रोई तौ।
'सूरदास' प्रभु तुम्हरे मिलन बिनु, तृप्ति कहूँ नहिं होई तौ॥

कोई गोपी किसी दूसरी गोपी से कह रही है—हे सखी, द्वारिका से कोई भी तो नहीं आया? सुन, अब तो संदेश भेजना और संदेश पाना दोनों कठिन हो गया है। रास्ता देखते-देखते ये नेत्र थक गए। मथुरा छोड़कर श्याम सिंधु-तट पर जा बसे हैं। वही तो हमारे प्राण हैं, वही हमारे जीवन-धन हैं। द्वारिकापुरी का रास्ता अत्यंत बीहड़ और कठिन है। लोग

वहाँ पहुँचें भी, तो कैसे पहुँचें। अब तो मिलने की आशा भी समाप्त हो गई। उन्ह वापस आने की जो अवधि दी थी, वह भी बीत गई'—ऐसा कहकर वह व्रजव रो उठी।

सूरदास कहते हैं—हे प्रभु, बिना तुम्हारे मिले, अन्यत्र कहीं तृप्ति नहीं हो सक

२८८३/४८७६ राग म

तातैं अति मरियत अपसोसनि ।
मथुरा हू तैं गए सखी री, अब हरि कारे कोसनि ॥
यह अचरज सु बड़ौ मेरैं जिय, यह छाँड़नि, वह पोषनि ।
निपट निकाम जानि हम छाँड़ी, ज्यौं कमान बिन गोसनि ॥
इक हरि के दरसन बिन मरियत, अरु कुबिजा के ठोसनि ।
'सूर' सु जरनि कहा उपजी, जो दूरि होत, करि ओसनि ॥

हे सखी, अब हरि मथुरा छोड़कर काले कोस दूर द्वारिका चले गए हैं। इसी अफस में, चिंता में, मैं मरी जा रही हूँ। मेरे मन में यही बड़ा आश्चर्य हुआ जा रहा है—कहाँ य रहते समय उनका हमपर वह पोषण, पुष्टि, अनुग्रह और कृपा-भाव था; कहाँ अब छोड़ना, बिछुड़ना, त्याग, परित्याग। हमको उन्होंने एकदम व्यर्थ की चीज समझकर छो दिया है, जैसे हम वह धनुष हों, जिनका गोसा (प्रत्यंचा बाँधने का कोना या कान) ही गया हो। एक तो हम वैसे ही हरि के दर्शन के अभाव में मरी जा रही थीं, दूसरे कुब्जा ठेस (चोट) आ लगी। अब प्रभु के मन में हमारे प्रति यह कौन-सी डाह-जलन, प हो गई है। यह जलन ओस से नहीं दूर हो सकती।

२८८४/४८७७ राग मा

जौ पै लै जाइ कोउ मोहिं द्वारिका कैं देस ।
संग ताकै चलौं सजनी, जटाहूँ करि केस ॥
बोलि धौं हरवाइ पूछैं, आपनै सनमेष ।
जैसैं ही जो कहै कोऊ, बनैं तैसैं भेष ॥
जदपि हम व्रज-नारि, जुवती-जूथ-नाथ, नरेस ।
तदपि 'सूर' कुमोदिनी ससि, बढ़े प्रीति प्रवेस ॥

हे सखी, यदि कोई मुझसे कहे कि तुम जटा-जूट रख लो और योगिनी बन जाओ त मैं तुम्हें द्वारिकापुरी लेता चलूँ, तो मैं जटा रखकर योगिनी बनकर उसके साथ द्वारिका चल जाने के लिए एकदम तैयार हूँ। वहाँ पहुँच जाने पर यदि हरि मुझे अपने सामने जल्दी बुलवाकर पूछें कि तुमने यह कौन-सा रूप बना रखा है, तो मैं उनसे साफ कह दूँगी— तुमसे मिलने के लिए जो भी जो वेश धारण करने के लिए मुझसे कहे, मैं वही वेश धारण करने के लिए सतत तत्पर हूँ। हे प्रभु तुम जुवती-जूथ-नाथ हो, सोलह हजार आठ रानिय के राजा हो, और हम व्रज की गँवार नारियाँ हैं, पर क्या परमेश्वर ने कुमुदिनी की शशि से प्रीति नहीं रच दी है? प्रभु, तुम शशि हो, हम तुम्हारी कुमुदिनियाँ हैं।

२८८५/४८७८ राग सारंग

उघरि आयौ परदेसी कौ नेहु ।
तब जु सबै मिलि कान्ह-कान्ह करि, फूलति हीं, अब लेहु ॥
काहे कौं सखि अपनौ सरबस, हाथ पराऐं देहु ।
उन जु महा ठग मथुरा छाँड़ी, जाइ समुद कियौ गेहु ॥
कह अब करौं, अगिनि तनु उपजी, बाढ़यौ अति संदेहु ।
'सूरदास' बिहवल भईं गोपी, नैननि बरषत मेहु ॥

सखी, अब तो परदेशी के प्रेम की कलई खुल गई न! तब तो तुम सब 'कन्हैया, कन्हैया' कहकर फूली नहीं समाती थीं। अब लो अपने कन्हैया को। मैं बराबर, बार-बार, रोकती थी, टोंकती थी कि अपना सर्वस्व किसी पराए को मत दे दो, पर तुम सबने मेरा कहना माना कब? अब लो मजा। तुम्हारे कन्हैया भारी ठग हैं। तुम सबको धोखा देकर वे पहले मथुरा गए, अब मथुरा भी छोड़कर समुद्र में घर बना लिया है। लक्ष्मीपति हैं न, जो चाहे कर लें। अब मैं क्या करूँ। सारे शरीर में विरहानल उत्पन्न हो गया है, और अब भारी संदेह पैदा हो गया है कि उस ठग से फिर कभी भेंट होगी भी या नहीं?'

ऐसा कहकर वह गोपी विह्वल हो उठी और उसकी आँखों से आँसुओं की वर्षा होने लगी।

२८८६/४८७९ राग मलार

माई री कैसैं बनै हरि कौ व्रज आवन ।
कहियत है मधुवन तैं सजनी, कियौ स्याम कहुँ अनत गवन ॥
अगम जु पंथ, दूरि दच्छिन दिसि, तहँ सुनियत सखि सिंधु लवन ।
अब हरि ह्वां परिवार सहित गए, मग मैं मार्यौ कालजवन ॥
निकट बसत मतिहीन भईं हम, मिलिहुँ न आईं सु त्यागि भवन ।
'सूरदास' तरसत मन निसि दिन, जदुपति लौं लै जाइ कवन ॥

हे सखी, हरि का व्रज में पुनः आना कैसे हो? कहा जा रहा है कि हरि मधुबन छोड़कर कहीं अन्यत्र चले गए हैं। सुना है कि प्रभु जहाँ गए हैं, वहाँ जाना शक्य नहीं। वहाँ का रास्ता एक तो बहुत दूर है, साथ ही बीहड़ और विकट भी। वह दक्षिण ओर कहीं है। वहाँ नमक का खारा समुद्र है। अब हरि वहाँ सपरिवार चले गए हैं। जाते समय वे मार्ग में काल-यवन का संहार भी करते गए हैं। जब हरि मथुरा में थे, हमसे बहुत दूर नहीं थे, निकट ही थे, तब हमसे यह मूर्खता हो गई थी कि हम अपना घर-बार छोड़कर उनसे मिलने के लिए कभी वहाँ गईं ही नहीं। अब तो हमारा मन रात दिन उनके लिए तरसता ही रह जा रहा है। अब हमें यदुनाथ तक कौन ले जा पहुँचाए?

२८८७/४८८० राग धनाश्री

सुनियत कहुँ द्वारिका बसाई ।
दच्छिन दिसा तीर सागर कैं, कंचन कोट, गोमती खाई ॥

पंथ न चलै, सँदेस न आवै, इती दूर नर कोउ न जाई ।
सत जोजन मथुरा तैं कहियत, यह सुधि एक पथिक पै पाई ॥
सब व्रज दुखी, नंद जसुदाहू, इक टक स्याम राम लव लाई ।
'सूरदास' प्रभु के दरसन बिनु, भई बिदित व्रज काम दुहाई ॥

सुना है हरि ने कहीं पर द्वारिका नामक नगरी ही बसा ली है। वह द्वारिका कहीं दक्षिण में, समुद्र के किनारे हैं। उसका परकोटा सोने का है और गोमती नदी उसकी उस परकोटे के बाहर की खाई है। वहाँ का रास्ता चालू नहीं है। वहाँ से कोई संदेश नहीं आता। वह इतनी दूर है कि वहाँ तक यहाँ का कोई आदमी नहीं जाता। कहा जाता है वह मथुरा से सौ योजन (४०० कोस) दूर है। यह समाचार एक राह-चलते से मिली है। सारा व्रज, नंद और यशोदा भी, दुखी हैं और सभी लोग श्याम और बलराम का ध्यान लगाए हुए अपलक रास्ता देखे जा रहे हैं। प्रभु के दर्शन के बिना, सारे व्रजमंडल में काम की दुहाई फिर गई है, काम-राज हो गया है। श्याम-राज चला गया है।

२८८८/४८८१ राग मारू

उडुपति सौं बिनवति मृगनयनी ।
तुम कहियत उडुराज अमृतमय, तजि स्वभाव कत बरसत बहनी ॥
उमापती-रिपु अधिक दहत है, हरि-रिपु-प्रीतम सूख नितैनी ।
छपा न छीन होति सुनु सजनी, भूमि-धिसन-रिपु कहा दुरैनी ॥
स्याम सँदेस बिचार करति हौं; कहाँ रहे हरि छाइ जु छौनी ।
'सूरस्याम' बिनु भवन भयानक, जोहत रहति गोपाल की औनी ॥

कोई मृगाक्षी गोपी तारा-पति चंद्रमा से विनय करती हुइ कह रही है—'हे तारों के स्वामी सुधाकर, कहा जाता है तुम अमृत से भरे हुए हो। तब तुम अमृत का जिलाने वाला अपना स्वभाव छोड़कर हम पर आग क्यों बरसाए जा रहे हो? हमें उमा के पति शिव जी का शत्रु कामदेव अधिक जलाए दे रहा है। हरि (मेढक) का शत्रु, सर्प; सर्प का प्रीतम चंदन। चंदन का उपचार करने पर भी हम नित्य-नित्य सूखी जा रही हैं।'

हे सखी, रात भी क्षीण नहीं हो पा रही है, लंबी होती जा रही है, काटने से भी कट नहीं रही है, नींद नहीं आ रही है। और पृथ्वी पर घिसक कर चलने वाले कीड़ों के शत्रु मुर्गे भी न जाने कहाँ जा छिपे हैं और बोलकर रात्रि के समाप्त होने की सूचना नहीं दे रहे हैं।

मैं श्याम के संदेश पाने की प्रतीक्षा कर रही हूँ। अब हरि न जाने कहाँ छावनी बनाकर छा रहे हैं, निवास कर रहे हैं। श्याम के बिना तो यह घर बड़ा डरावना लगा जा रहा है। मैं श्याम के आगमन की प्रतीक्षा करती हुई बैठी हूँ।

२८८९/४८८२ राग केदारौ

दधि-सुत जात हौ उहिं देस ।
द्वारिका हैं स्याम सुंदर, सकल भुवन नरेस ॥
परम सीतल अमृतदाता, करहु यह उपदेस ।
कमलनैन वियोगिनी कौ, कह्यौ इक संदेस ॥

नँदनंदन जगत-वंदन, धरे नटवर भेष।
काज अपनौ सारि स्वामी, रहे जाइ बिदेस॥
भक्त-वच्छल विरद तुम्हरौ, मोहिं यह अंदेस।
एक बेर मिलौ कृपा करि, कहै 'सूर' सुदेस॥

हे दधि-सुत (समुद्रके पुत्र चंद्रमा), तुम उस देश को जा रहे हो, जहाँ तीनों लोकों ार चौदहों भुवनों के स्वामी श्यामसुदंर द्वारिका में हैं। तुम परम शीतल हो, सुधाकर हो। म जाकर हरि को उपदेश देना, समझाना। उन कमलनयन कृष्ण से मुझ विरहिणी का एक देश कह देना। 'हे नंदनंदन, हे जगत-वंदन, हे नटवर वेश धारण करनेवाले, तुम अपना तलब निकालकर, अब विदेश में जा छाए हो। तुम्हारा विरद तो भक्त-वत्सल का है, क्तों पर वत्स के समान प्रेम करने का है। पर अब हमें तुम्हारे इस विरद के सत्य होने शंका है। यदि तुम हमारे संदेह को दूर करना चाहते हो और अपने 'भक्त-वत्सल' विरुद ो सत्य सिद्ध करना चाहते हो, तो एक बार अपने इस स्वदेश सुदेश (सुंदर) व्रज में ाकर कृपा कर मिल तो जाओ।'

२८९०/४८८३ राग मलार

वीर बटाऊ पाती लीजौ।
जब तुम जाहु द्वारिका नगरी, हमरे रसाल गुपालहिं दीजौ॥
रंगभूमि रमनीक मधुपुरी, रजधानी व्रज की सुधि कीजौ।
छार समुद्र छाँड़ि किन आवत, निर्मल जल जमुना कौ पीजौ॥
या गोकुल की सकल ग्वालिनी, देतिँ असीस बहुत जुग जीजौ।
'सूरदास' प्रभु हमरे कोतैं, नंदनँदन के पाइँ परीजौ॥

हे भाई पथिक, हमारी यह चिट्ठी लो। जब तुम द्वारिका जा पहुँचो, तब इसे हमारे रसिक गोपाल को दे देना। अपनी रंगभूमि रमणीक राजधानी मधुपुरी की और इस व्रज की खबर यदा-कदा ले लिया करो। उस खारे समुद्र को छोड़कर क्यों नहीं आ जाते और जमुना का निर्मल जल क्यों नहीं पी जाते? हम इस गोकुल की सारी ग्वालिनें आशीर्वाद दे रही हैं—हमारे कन्हैया युग-युग जीते रहें। भैया बटोही, हम लोगों की ओर से नंदनंदन के पाँव पड़ना और हमारा यह संदेश भी उनसे कह सुनाना।

२८९१/४८८४ राग मलार

स्याम बिनु भई सरद निसि भारी।
हमैं छाँड़ि प्रभु गए द्वारिका, व्रज की भूमि बिसारी॥
निरमल जल जमुना कौ छाँड़्यौ, सेव समुद जल खारी।
कहियौ जाइ पथिक जैसैं आवैं, चरननि की बलिहारी॥
अबला कहा जोग की जानैं, व्रजवासिनि जु बिचारी।
'सूरदास' प्रभु तुम्हरे दरस कौं, रटति राधिका प्यारी॥

राधा कह रही है—श्याम के अभाव में रास-रस की यह सरस शरद-यामिनी काट पाना हमारे लिए भारी हो रहा है। हमको छोड़कर प्रभु द्वारिका चले गए और व्रज-भूमि

को भुला बैठे। वे यमुना के निर्मल जल को छोड़ गए और द्वारिका जाकर समुद्र का ख पानी सेवन कर रहे हैं, पी रहे हैं। पथिक, तुम हमारी व्यथा-कथा श्याम से इस प्रक कह सुनाना, जिससे हरि यहाँ आ ही जायँ। हम प्रभु के चरणों की बलैया ले रही हैं हम बेचारी व्रजवासिनी गँवार अबलाएँ योग की बात क्या जानें। हे प्रभु, तुम्हारी प्या राधा तुम्हारे दर्शन की आशा में तुम्हारा ही नाम रटती जा रही हैं।

२८९२/४८८५ राग मल.

व्रज पर मँडर करत है काम।

कहियौ पथिक स्याम सौं, राखैं आइ आपनौ धाम॥
जलद कमान, बारि दारु भरि, तड़ित पलीता देत।
गरजन अरु तड़पन मनु गोला, पहरक मैं गढ़ लेत॥
लेहु-लेहु सब करत वंदिजन, कोकिल चातक मोर।
दादुर निकर करत जो टोवा, पल-पल पै चहुँ ओर॥
ऊधौ मधुप जसूस देखि गयौ, टूट्यौ धीरज पानि।
राखिबैं होइ तौ आनि राखियै, 'सूर' लोक निज जानि॥

हे पथिक, जाकर श्याम से कहना, आकर अपने घर गोकुल की रक्षा कर लें, क्योंकि व्रज के ऊपर आकर कामदेव मँड़राने लगा है। इसने बादल को धनुष, जल को बारुद औ बिजली को पलीता (मसाल) बना लिया है। बादलों का गर्जना और बिजली का तड़पन (लपलपाकर चमकना) ही गोला है। वह एक पहर में ही इस किले को जीत लेना चाहत है। कोकिल, चातक, मोर इस आक्रामक के वंदीजन हैं, जो ललकार कर उत्साह बढ़ाते हुए कहे जा रहे हैं—'जीत लो, जीत लो।' मेढकों के समूह हर पल, चारों ओर, टोह लेते फिर रहे हैं। ऊधो रूपी भौंरा पहले ही जासूसी कर गया है। अब हमारे धैर्य का जल-वंध भी टूट गया है। अगर बचाना है तो हम लोगों को, व्रज को, अपना जानकर, आकर बचा लें। नहीं तो हम तो इस जल-प्रवाह में बही ही हैं।

२८९३/४८८६ राग मलार

व्रज पर बहुरौ लागे गाजन।

ज्यौं क्यौंहूँ पति जात बड़े की, मुख न दिखावत लाजन॥
चहुँ दिसि तै दल बादल उमड़े, सूनें लागे बाजन।
व्रज के लोग कान्ह बल बिनु अब, जित कित लागे भाजन॥
आपुन जाइ द्वारिका छाए, लागे स्याम बिराजन।
'सूरदास' गोपी क्यौं जीवैं, बिछुरे हरि से साजन॥

व्रज पर ये बादल फिर उसी प्रकार गर्जन-तर्जन करने लगे हैं, जैसे गोवर्धन-पूजा के उपरांत इन्होंने किया था। उस समय तो तुमने गोवर्द्धन को उँगली पर रखकर बड़ी कीर्ति कमाई थी। अब तुम्हारी वह कीर्ति जाना चाहती है। हमें तुम्हारी यह अप्रतिष्ठा होती देख बड़ी लाज लग रही है और मुँह दिखाते नहीं बन पा रहा है। चारों ओर से बादलों की सेना उमड़ती चली आ रही है और शून्य गगन में उनकी धौंस का धौंसा बजा जा रहा है। व्रज

सारे लोग अब कन्हैया और बलदाऊ के बिना, निराश्रित होकर यत्र-तत्र भागने लगे श्याम आप तो जाकर द्वारिका में छा रहे हैं और वहाँ जाकर डट गए हैं। हरि के समान यतम के बिछुड़ जाने पर हम गोपियाँ किस प्रकार जीवित रहें।

२८९४/४८८७ राग मारू

अब मोहिं निसि देखत डर लागै।
बार-बार अकुलाइ देह तैं, निकसि-निकसि मन भागै ॥
प्राची दिसा देखि पूरन ससि, ह्वै आयौ तन तातौ।
मानौ मदन बदन बिरहिनि पै करि लीन्हौ रिस रातौ ॥
भृकुटी कुटिल कलंक चाप, मनु अति रिस सौं सर साँध्यौ।
चहुँधा किरनि पसारि फाँसि लै, चाहत बिरहिनि बाँध्यौ ॥
सुनि सठ, सोइ प्रानपति मेरौ, जाकौ जस जग जानै।
'सूर' सिंधु बूड़त तैं राख्यौ, ताहू कृतहिं न मानै ॥

गोपी कह रही हैं—अब मुझे रात देखकर भय लगने लगता है, बार-बार आकुल कर, मेरा मन इस शरीर से निकलकर, भागने लगता है। पूर्व दिशा में पूर्णिमा के लाल द्रमा को देख-देखकर शरीर तप्त हो जाता है, जैसे बुखार चढ़ गया हो। लगता है जैसे मदेव ने हम बिरहिनियों पर क्रोध करके अपना मुँह लाल कर लिया हो। चंद्रमा का जो लंक है, काला धब्बा है; वही मानो टेढ़ी भौंह का धनुष है, जिस पर शशि ने क्रुद्ध होकर पने बाण साध रखे हैं। उसने चारों ओर अपनी किरणों का जाल फैला रखा है और उसमें विरहिनियों को फँसाकर बाँध लेना चाहता है। अरे शठ शशि, सुन, मेरा प्राणपति वही जिसका यश सारा संसार जानता है। तू समुद्र में डूबा पड़ा था, हमारे प्रभु ने ही तुझे वहाँ निकाल कर ला बाहर किया। तू कृतघ्न है, जो उनके उपकार को नहीं मान रहा है, और की प्यारी मुझ राधा को जलाए जा रहा है।

श्रीकृष्ण का व्रज-स्मरण

२८९५/४८८८ राग धनाश्री

रुकमिनि बूझति हैं गोपालहिं।
कहौ बात अपने गोकुल की, कितिक प्रीति व्रजबालहिं ॥
तब तुम गाइ चरावन जाते, उर धरते बनमालहिं।
कहा देखि रीझे राधा सौं, सुंदर नैन बिसालहिं ॥
इतनी सुनत नैन भरि आए, प्रेम बिबस नँदलालहिं।
'सूरदास' प्रभु रहे मौन ह्वै, घोष बात जनि चालहिं ॥

रुक्मिणी गोपाल कृष्ण से पूछ रही है—अपने उस गोकुल की कुछ बात तो बताओ। व्रजबालाओं से तुम्हारी कितनी प्रीति थी? तब तो तुम गायें चराने जाया करते थे और पर वनमाला धारण किया करते थे। उन अपने बड़े-बड़े सुंदर नयनों से राधा में क्या कर तुम उस पर रीझ गए थे।

इतना सुनते ही हरि के नयनों में अश्रु भर आए औ नंदलाल प्रेम से विवश हो उ प्रभु चुप लगा गए और उन्होंने घोष (व्रज) की कोई चर्चा नहीं चलाई।

२८९६/४८८९ राग धना

रुकमिनि मोहिँ निमेष न बिसरत, वे व्रजवासी लोग।
हम उनसौं कछु भली न कीन्ही, निसि दिन मरत बियोग॥
जदपि कनक मनि रची द्वारिका, विषय सकल संभोग।
तदयपि मन जु हरत बंसीबट, ललिता कैं संजोग॥
मैं ऊधौ पठयौ गोपिनि पै, दैन सँदेसौ जोग।
'सूरदास' देखत उनकी गति, किहिँ उपदेसै सोग॥

कृष्ण रुक्मिणी से बोले—रुक्मिणी, मुझसे एक पल भर के लिए भी वे व्रजवासी ल नहीं भुलाए जा पा रहे हैं। हमने उनसे कुछ अच्छा व्यवहार नहीं किया। वे हमारे विर में रात दिन मरे जा रहे हैं। यद्यपि यह द्वारिका सोने और मणियों से निर्मित है और भो विलास की सारी सुख-सुविधाएँ यहाँ आ जुटी है, फिर भी वंशीवट और ललिता के मि मेरे मन को बार-बार अपनी ओर खींचते रहते हैं। मैंने ऊधव को गोपियों के पास योग संदेश देकर भेजा था, पर उनकी शोकाकुलता देख ऊधव बेचारे किसको अपने योग उपदेश देते?

२८९७/४८९० राग म

रुकमिनि मोहिँ व्रज बिसरत नाहीं।
वह क्रीड़ा, वह केलि जमुन-तट, सघन कदम की छाहीं॥
गोप-बधुनि की भुजा कंध धरि, बिहरत कुंजनि माहीं।
और बिनोद कहाँ लगि बरनौं, बरनत बरनि न जाहीं॥
जदयपि सुख बिधान द्वारावति, गोकुल के सम नाहीं।
'सूरदास' घनस्याम मनोहर, सुमिरि-सुमिरि पछताहीं॥

कृष्ण बोले—हे रुक्मिणी, मुझसे व्रज भुलाया नहीं जा पा रहा है। मुझे वह खेलकू यमुना के किनारे की वह क्रीड़ा, घने कदंबों की वह शीतल छाया, गोपांगनाओं की ब अपने कंधे पर रखकर कुंजों में वह विहार करना, तथा और और मनोरंजन बार-बार य आते रहते हैं। इन विनोदों का मैं कहाँ तक वर्णन करूँ। इनका वर्णन तो प्रयत्न करने भी नहीं किया जा सकता।

यद्यपि द्वारिका में सारी सुख-सामग्री का ढेर लगा हुआ है फिर भी वह गोकुल बराबरी नहीं कर सकती। मन को हर लेने वाले घनश्याम गोकुल की, व्रज की इस प्र बार-बार याद करते हुए पछताए जा रहे हैं।

२८९८/४८९१ राग धन

रुकमिनि चलौ जन्मभूमि जाहिँ।
जदयपि तुम्हरौ बिभव, द्वारिका मथुरा कैं सम नाहिँ॥

जमुना कैं तट गाइ चरावत, अमृत-जल अँचवाहिं।
कुंज केलि अरु भुजा कंध धरि, सीतल द्रुम की छाहिं॥
सरस सुगंध मंद मलयानिल, बिहरत कुंजन माहिं।
जो क्रीड़ा श्रीवृंदावन मैं, तिहूँ लोक मैं नाहिं॥
सुरभी ग्वाल नंद अरु जसुमति, मम चित तैं न टराहिं।
'सूरदास' प्रभु चतुर सिरोमनि, तिनकी सेव कराहिं॥

कृष्ण बोले—रुक्मिणी, चलो, एक बार हम अपनी जन्मभूमि हो आवें। यद्यपि तुम्हारी यह द्वारिका धन-धान्य से पूर्णतया परिपूर्ण हैं, फिर भी यह वृंदावन के समान नहीं है। मैं जमुना के तट पर गायें चराया करता था; यमुना का अमृत जल पीता था, निकुंजों में विहार करता था; कंधे पर अपना हाथ रखकर पेड़ों की शीतल छाया में बैठा करता था; वहाँ शीतल मंद सुगंध सरस समीर चला करता था, कुंजों में हम विचरण किया करते थे। मैंने जो क्रीड़ा वृंदावन में की, वह तीनों लोकों में नहीं है। गायें, ग्वाल, नंद और यशोदा मेरे मन से हट नहीं पाते।

चतुर शिरोमणि प्रभु इस प्रकार उनकी स्मरण-सेवा किया करते हैं।

२८९९/४८९२ राग धनाश्री

सुनि सतभामा सौंह तिहारी।
जब-जब मोहिं घोष सुधि आवत, नैननि बहत पनारी॥
वै जमुना, वै सखा हमारे, नित नव केलि बिहारी।
वृंदावन की गुल्म लता हैं, मन-मधुकर की प्यारी॥
बीथी, वृच्छ, गोप के मंदिर, उपमा कहौं कहा री।
मानौ अधर सुधा सर वासे, जसुदा-सी महतारी॥
माखन खान, फेनु दुहि पीवन, ओदन सुपति बिहारी।
'सूरदास' प्रभु उनहिं मिले तें, मैं सुरपुरी बिसारी॥

कृष्ण जी सत्यभामा से बोले—हे सत्यभामा सुनो, मैं तुम्हारी शपथ खाकर कहता हूँ, जब-जब मुझे घोष (व्रज) की सुधि आती है, तब तब मेरे नयनों में जल की धारा बह चलती है। वह जमुना, वे ग्वाल बाल, वे संगी-साथी, वह नित्य-नित्य की नवीन केलि और नवीन विहार, वे वृंदावन के छोटे-छोटे पेड़ों के कुंज, वे लताएँ, वे ही तो मेरे मन रूपी भौंरे को परम प्रिय रहे हैं। वहाँ की गलियाँ, वहाँ के पेड़, वहाँ के ग्वालों के सीधे सादे घर—मैं इनकी उपमा किससे दूँ। वह यशोदा सी मैया, उसके सुधा सने अधर, उनसे फूटती प्यार भरी अमृत वाणी, वह माखन खाना, वह दूध दुहकर फेन सहित पीना, वह सुंदर मनमोहक चावल का भात। इनके वहाँ मिल जाने से तो मैंने देवलोक को भी भुला दिया था।

२९००/ग्र ५९१५ ह

यद्यपि पाई है रजधानी।
बारबार वृंदावन की, हरि कहि कहि उठत कहानी॥

जदयपि कनक जटित मनि-मंदिर, रची रुचिर कमनीया।
तदयपि कुंज-भवन की सोभा, लागत मोहिँ रमनीया॥
द्वारावति परगार पौरि वर, बिद्रुम फटिक रची है।
तदयपि गोकुल गिरि पुर पट्टन, उपमा सबै बची है॥
छत्र मुकुट सिंहासन मनि गन, मागध वंदी सूता।
तदयपि वे रमनीय मुकुट छत, ग्वाल सु थान अभूता॥
जदपि प्रजंक अंक बहु बनिता, सौरभ कुसुम बनी है।
सो सुख पत्र डसाय राधिका, सोवत रुचि अपनी है॥
ए बहु रूप भूप नाना बिधि, चतुरंगिनि बनि आई।
तदयपि ग्वाल समाज गाय सब, मोहिँ परम सुखदाई॥
भेरि निसान पणव गोमुख रव, सबै कहत नृप सोभा।
पुनि वै बेनु बिसान बाँसुरी, मो मन लागत लोभा॥
ए वसुदेव देवकी मइया, बहुत भाँति मोहिँ प्यारे।
नंद-जसोदा बालपनैं सुख, दीने न्यारे-न्यारे॥
जदयपि भूषन बहुत भाँति किय, मरकत लाल मनी जू।
'सूर' पीतपट गुंज पुंज की, सोभा पै न बनी जू॥

यद्यपि हरि ने द्वारिका सी वैभवपूर्ण राजधानी पा ली है, फिर भी वे बार-बार वृंदावन की चर्चा कर उठते हैं। वे कह उठते हैं—यद्यपि द्वारिका में स्वर्ण और मणि जटित भवन हैं, बड़े बढ़िया और सुंदर ढंग से ये बनाए भी गए हैं, फिर भी मुझे वृंदावन के निकुंज-भवनों की शोभा अधिक रमणीय लगती है। यद्यपि द्वारिकापुरी में अच्छे प्राचीर हैं, अच्छे सिंहद्वार हैं, जो मूँगा और स्फटिक से निर्मित हैं, फिर भी गोकुल गाँव, गोवर्द्धन गिरि, वृषभानपुरा, और वहाँ के छोटे-छोटे बाजार तो अनुपम हैं। इनके सामने सभी उपमाएँ बची रह जाती हैं, धरी रह जाती हैं। यद्यपि यहाँ छत्र है, मुकुट है, मणियाँ हैं, सिंहासन हैं, मागध है, वंदीजन है, कथावाचक सूत हैं, फिर भी वह मोरपंख का मुकुट, पत्तों के बने छाते, वे ग्वाल-बाल और वह अद्‌भुत स्थान मुझे बहुत प्रिय हैं। यद्य यहाँ सोने के पलँग हैं, अंक में बहुत-सी रानियाँ हैं, सौरभ और सुमन से सजी सेज है, पर राधा द्वारा पत्ते बिछाकर बनाई गई सेज पर सुखपूर्वक सोना ही तो मेरी रुचि के अनुकूल है। यहाँ अनेक रूपवान राजा हैं और नाना प्रकार की गज, रथ, हय, पैदल की चतुरंगिनी सेना है, फिर भी ग्वाल-बाल और गायें मुझे परम सुख देनेवाले हैं। यहाँ भेरी, निशान, पणव, गोमुख को सब लोग राजा की शोभा कहते हैं, फिर भी मुझे उस बाँस की बाँसुरी, वृषभों के सींग के बाजों के लिए मेरा मन ललचाता रहता है। वसुदेव बाबा और देवकी मैया मुझे बहुत भाँति से प्यारे हैं, पर मेरे लड़कपन में नंद बाबा और यशोदा मैया ने मुझे अलग अलग अपने ढंग के सुख दिए हैं। यद्यपि यहाँ अनेक प्रकार के आभूषण हैं, मरकत, लाल और मणि हैं; पर वह पीतांबर, वह घुँघुचियों की माला मेरी जो शोभा बढ़ा देते थे, इन आभूषणों और मणि माणिक्यों से मेरी वह शोभा नहीं बन पाती।

कुरुक्षेत्र-मिलन

कृष्ण का कुरुक्षेत्र आगमन *२१०१/४८९३ राग सारंग*

ब्रजवासिनि कौ हेत, हृदय मैं राखि मुरारी।
सब जादव सौं कह्यौ, बैठि कै सभा मझारी ॥
बड़ौ परब रवि-ग्रहन, कहा कहौं तासु बड़ाई।
चलौ सकल कुरुखेत, तहाँ मिलि न्हैयै जाई ॥
तात मात निज नारि लिए, हरि जू सब संगा।
चले नगर के लोग, साजि रथ तरल तुरंगा ॥
कुरुच्छेत्र मैं आइ, दियौ इक दूत पठाई।
नंद जसोमति गोपि ग्वाल सब 'सूर' बुलाई ॥

मुरारि ने एक दिन व्रजवासियों के प्रेम को अपने हृदय में रखकर राजसभा में बैठकर ा यादवों से कहा--सूर्य-ग्रहण बहुत बड़ा पर्व है। मैं उसकी जितनी भी प्रशंसा करूँ, न है। इस अवसर पर सभी लोग कुरुक्षेत्र चलें। वहाँ हम सब हिलमिल कर सूर्य-ग्रहण स्नान करें। माता देवकी, पिता वसुदेव और अपनी सभी रानियों को साथ लिए हुए ;, नगर के सभी लोग, रथों में सजे घोड़े नाधकर, कुरुक्षेत्र में आ गए। हरि ने यहाँ से ; विशेष दूत गोकुल भेजा और नंद-यशोदा गोपी-ग्वाल सभी को सूर्य-ग्रहण के स्नान बहाने कुरुक्षेत्र में बुलाया।

में शुभ शकुन *२१०२/४८९४ राग सारंग*

वायस गहगहात सुनि सुंदरि, बानी बिमल पूर्व दिसि बोली।
आजु मिलावा होइ स्याम कौ, तू सुनि सखी राधिका भोली ॥
कुच भुज नैन अधर फरकत हैं, बिनहिं बात अंचल-ध्वज डोली।
सोच निवारि करौ मन आनँद, मानौ भाग दसा बिधि खोली ॥
सुनत बात सजनी के मुख की, पुलकित प्रेम, तरकि गई चोली।
'सूरदास' अभिलाष नंद-सुत, हरषी सुभग नारि अनमोली ॥

राधा की एक सखी राधा के पास आई और बोली—अरी सुंदरी राधे, पूर्व दिशा में कौवे विमल वाणी बहुत स्पष्ट रूप से, जोर-जोर से, सुनाई पड़ रही है। अरी मेरी भोली सखी, । आज निश्चय ही श्याम से मिलना होगा। बायाँ उरोज, बाईं भुजा, बायाँ नयन और अधर क रहे हैं और बिना हवा के ही आँचल का पल्लू हिला जा रहा है। ये सब शुभ शकुन तू चिंता छोड़, और मन में आनंद मना। ब्रह्मा ने आज तेरे भाग्य की दशा खोल दी है। राधा ने सखी की यह सुहावनी बात सुनी और प्रेम से पुलकित हो उठी। इससे उसकी ी की तनी तड़तड़ा कर टूट गई। उसके मन में नंद-नंदन से मिलने की चाह प्रबल हो । और वह सुंदर अनमोल नारी राधा मन ही मन मगन हो उठी।

२१०३/४८९५ राग केदारौ

माधौ आवनहार भए।
अंचल उड़ि, मन होत गहगहौ, फरकत नैन खए ॥

वेईं देखि सोचि जिय अपनैं, परगट सगुन दए।
रितु बसंत फूलीं बन बेली, उलहे पात नए॥
अपनी-अपनी अवधि जानि कै, सबनि सिँगार ठए।
'सूरदास' प्रभु मिलौ कृपा करि, अवधि आस पुजए॥

एक गोपी दूसरी से बोली— लगता है माधव आने ही वाले हैं। आँचर उड़ा जा र है, मन प्रफुल्ल हो गया है और बाईं आँख और बायाँ कंधा फड़का जा रहा है। तू इन शु शकुनों को देख और अपने मन में सोच कि इन शकुनों को उन्हींने भेजा है। वसंत ऋ है। वन की वेलियाँ फूल उठी हैं। उनमें नए-नए पत्ते आ लगे हैं। सबने अपना-अप समय आया जानकर शृंगार कर लिया है। प्रभु, कृपा करके आ मिलें। अब तो अवधि आशा भी पूरी हो चुकी है।

कृष्ण-संदेश *२९०४/४८९६ राग धना*

हौं इहाँ तेरेहि कारन आयौ।
तेरी सौं सुनि जननि जसोदा, मोहिँ गोपाल पठायौ॥
कहा भयौ जो लोग कहत हैं, देवकि माता जायौ।
खानपान परिधान सबै सुख, तैं ही लाड़ लड़ायौ॥
इतौ हमारौ राज द्वारिका, मां जी कछू न भायौ।
जब जब सुरति होति उहिँ हित की, बिछुरि बच्छ ज्यौं धायौ॥
अब हरि कुरुच्छेत्र मैं आए, सो मैं तुम्हैं सुनायौ।
सब कुल सहित नंद 'सूरज' प्रभु, हित करि उहाँ बुलायौ॥

दूत ने आकर यशोदा मैया से कहा—हरि कुरुक्षेत्र में सूर्यग्रहण का स्नान करने लिए आ गए हैं। उन्होंने मुझे तुम्हारे ही लिए यहाँ भेजा है। मैं तुम्हारे ही लिए यहाँ अ हूँ। मैया यशोदा, मैं तुम्हारी शपथ खाकर कहता हूँ, मुझे गोपाल ने तुम्हारे पास ही भे है। उन्होंने कहा है—लोग भले ही कहा करें कि मुझे देवकी मैया ने पैदा किया है। उ कहने दें। मुझको तो तूने ही खिला पिला कर, पीतांबर पहनाकर, सब सुख देकर, स प्रकार से लाड़-दुलार करके, पाला पोषा है। मेरा द्वारिका का इतना बड़ा राज्य है, पर मु मुझे कुछ भी अच्छा नहीं लगता। जब जब तेरे लाड़-प्यार की याद आती है, तब-तब गाय से बिछुड़े उसके बछड़े की तरह दौड़ पड़ता हूँ।

आगे वह दूत बोला—मैया, मैंने कन्हैया के कुरुक्षेत्र आ पहुँचने का समाचार तुझे स दिया। हरि ने नंद बाबा को संपूर्ण कुटुंब और कुल के लोगों के साथ प्रेमपूर्वक य बुलाया है।

राधिका बचन सखी प्रति *२९०५/४८९७ राग स*

राधा नैन नीर भरि आए।
कब धौं मिलैं स्यामसुंदर सखि, जदपि निकट हैं आए॥
कहा करौं, किहि भाँति जाहुँ अब, पंख नहीं तन पाए।
'सूरस्याम' सुंदर घन दरसैं, तन के ताप नसाए॥

यह संदेश सुनकर कि कृष्ण ने हमको कुरुक्षेत्र में बुला भेजा है, राधा की आँखों में आँसू छलछला आए। तब वह अपनी सखी से बोली—यद्यपि श्याम सुंदर हमारे इतने निकट आ गए हैं—केवल सत्ताईस कोस दूर वे हैं। पर मुझे भारी बेकली हो रही है कि देखें उनसे कब भेंट हो पाती है। मैं क्या करूँ, किस भाँति वहाँ जा पहुँचू। चिड़ियों की तरह मेरे शरीर में पंख नहीं है। यदि होते, तो मैं अभी उड़ जाती, फुर्र से, और हरि से मिल लेती। अब तो श्याम सुंदर रूपी जलद के दर्शन मिलने पर ही तन का ताप मिट सकता है।

२९०६/४८९८ राग केदारौ

अब हरि आइहैं, जनि सोचै।
सुनु विधुमुखी बारि नैननि तैं, अब तू काहैं मोचै॥
लै लेखनि मसि, लिखि अपने संदेसहि, छाँड़ि सँकोचै।
'सूर' सु बिरह जनाउ, करत कत, प्रबल मदन रिपु पोचै॥

एक सखी राधा को समझा रही है—अब चिंता मत कर, हरि को आया ही समझ। हे चद्रवदनी सुन, अब तू अपनी आँखों से क्यों आँसू बहाती जा रही है? अब तू सारा संकोच छोड़ दे—कलम दवात उठा ले और अपना संदेश हरि के नाम लिख डाल। प्रबल मदनरूपी शत्रु ने तुझे किस प्रकार पोच, कातर, बना दिया है, यह सब विरह उस संदेश में लिख कर श्याम सुंदर को जना दे।

श्रीकृष्ण के प्रति गोपी-संदेश *२९०७/४८९९ राग सारंग*

पथिक, कहियौ हरि सौं यह बात।
भक्त-वछल है बिरद तुम्हारौ, हम सब किए सनाथ॥
प्रान हमारे संग तिहारैं, हमहूँ हैं अब आवत।
'सूरस्याम' सौं कहत सँदेसौ, नैनन नीर बहावत॥

गोपियाँ एक पथिक से कह रही हैं—हे पंथी, हरि से जाकर हमारी यह बात कह देना। प्रभु, तुम्हारा विरद 'भक्त-वत्सल' है, तुम अपने भक्तों पर अपने बच्चों जैसा प्रेम-भाव रखते हो। इसीलिए तुमने कुरुक्षेत्र में आ मिलने का संदेश भेजकर, हम अनाथों को सनाथ कर लिया है। हमारे प्राण तो तुम्हारे ही साथ हैं ही, हम भी अब आ रही हैं।

इस प्रकार श्याम को पथिक के द्वारा संदेश भेजते हुए, गोपियों की आँखों से आँसू बहने लगे।

मिलन *२९०८/४९०० राग सारंग*

नंद जसोदा सब व्रजवासी।
अपने-अपने सकट साजि कै, मिलन चले अबिनासी॥
कोउ गावत, कोउ बेनु बजावत, कोउ उतावल धावत।
हरि दरसन की आसा कारन, बिबिध मुदित सब आवत॥
दरसन कियौ आइ हरि जू कौ, कहत स्वप्न कै साँची।
प्रेम मगन कछु सुधि न रही अँग, रहे स्याम-रँग राँची॥

जासौं जैसी भाँति चाहियै, ताहि मिले त्यौं धाइ।
देस-देस के नृपति, देखि यह प्रीति, रहे अरगाइ॥
उमग्यौ प्रेम-समुद्र दुहूँ दिसि, परिमिति कही न जाइ।
'सूरदास' यह सुख सो जानै, जाकैं हृदय समाइ॥

नंद यशोदा और और-और सभी व्रजवासी गोप-गोपी अपनी अपनी बैलगाड़ियाँ सजा कर, कुछ उनपर बैठकर, कुछ पैदल अविनाशी हरि से मिलने के लिए कुरुक्षेत्र के लिए चल पड़े। सभी अपने-अपने में मस्त थे। कोई गा रहा था, कोई बाँसुरी बजा रहा था, कोई जल्दी-जल्दी वेगे से दौड़ा चल रहा था। सब को हरि के दर्शन की आशा थी, इसलिए सभी के मन में तरह-तरह के आनंद की भावना भरी हुई थी। जब कुरुक्षेत्र में पहुँचकर उन्होंने हरि का दर्शन किया, उन्हें विश्वास ही नहीं हो पा रहा था कि वे सपना देख रहे हैं या सचमुच हरि को ही देख रहे हैं। वे सभी श्याम के रंग में, प्रेम में, रँग उठे। प्रेम में मग्न हो जाने के कारण उन्हें अपने तन-बदन की सुधि नहीं रह गई। जिसको जिस ढंग से मिलना चाहिए, हरि दौड़-दौड़कर उससे उसी ढंग से मिले। स्नानार्थ वहाँ देश-देश के राजा आए हुए थे। वे हरि और व्रजवासियों की यह प्रीति देखकर चकित हो गए और जाकर उनसे अलग खड़े हो रहे। दोनों ओर से, व्रज की ओर से और द्वारिका की ओर से, प्रेम का जो समुद्र उमड़ चला, उसकी सीमा नहीं कही जा सकती। इस सुख को वही जान सकता है, जिसके हृदय में यह समा सके।

२१०१/४९०१ राग कान्हरौ

तेरी जीवनमूरि, मिलहि किन माई।
महाराज जदुनाथ कहावत, तबहिं हुते सिसु कुँवर कन्हाई॥
पानि परे, भुज धरे, कमल-मुख पेखत, पूरब कथा चलाई।
परम उदार पानि अवलोकत, हीन जानि कछु कहत न जाई॥
फिरि फिरि अब सनमुख ही चितवति, प्रीति सकुच जानी जदुराई।
अब हँसि भेंटहु, कहि मोहिं निज जन, बाल तिहारौ, नंद दुहाई॥
रोम पुलक, गदगद तन, तिहि छन, जलधारा नैननि बरषाई।
मिले सु तात, मात, बांधव सब, कुसल-कुसल करि प्रस्न चलाई॥
आसन देइ, बहुत करी बिनती, सुत धोखैं तब बुद्धि हिराई।
'सूरदास' प्रभु कृपा करी अब, चितहिं धरे, पुनि करी बड़ाई॥

यशोदा संकोच में पड़ी हुई, दूर ही से खड़ी होकर, कृष्ण को देखे जा रही हैं, आगे नहीं बढ़ पा रही है। इस पर उनकी कोई सहेली कह उठी—'अरी मैया, कन्हैया तो तेरी संजीवनी जड़ी हैं, तू उनसे आगे बढ़कर क्यों नहीं मिलती?'

तब यशोदा बोलीं—कन्हैया जब गोकुल में थे, बच्चे थे और कुँवर कन्हैया कहलाते थे। अब तो वह बड़े हो गए हैं और महाराज, यदुनाथ कहलाते हैं। (मुझे भारी संकोच हो रहा है।)

अपने हाथ पर हाथ धरे हुए, यशोदा जी कन्हैया जी का कमल-मुख देखे जा रही थीं

और उनके लड़कपन की पुरानी कथाएँ कहती जा रही थीं। वे उदार-हस्त कृष्ण को देखे तो जा रही थीं, पर अपने को हीन अहीरी जानकर, आगे बढ़कर कुछ कह नहीं पा रही थीं। वे बार-बार कृष्ण की ओर ही सामने ताके जा रही थीं। यदुनाथ ने मैया यशोदा की प्रीति और संकोच को जान लिया। वह स्वयं मैया के पास आकर बोल उठे—अब मुझे अपना बेटा जानकर, हँसकर मुझसे भेंट लो। नंदबाबा की शपथ खाकर मैं कहता हूँ मैं तुम्हारा वही बच्चा हूँ। कन्हैया की बातें सुनकर यशोदा मैया को रोमांच हो आया, उनकी वाणी गदगद हो उठी और उनकी आँखों से तत्क्षण जल-धारा बरस पड़ी। कृष्ण अपने तात नंद, अपनी माता यशोदा, तथा सभी अन्य बंधुओं से मिले और हर एक का कुशल-क्षेम पूछा। कृष्ण ने यशोदा मैया को आसन पर बैठाया और बहुत-बहुत बिनती की। यशोदा मैया बोलीं, 'तुममें मुझको अपने पुत्र का धोखा हुआ, इसी से मेरी बुद्धि खो गई थी।' प्रभु ने अब कृपा की है। सब के सुख का ध्यान रखा है और सबकी प्रशंसा भी की है।

२११०/४९०२ राग मलार

माधव या लगि है जग जीजत।
जातैं हरि सौं प्रेम पुरातन, बहुरि नयौ करि लीजत॥
कहँ ह्वाँ तुम जदुनाथ सिंधु-तट, कहँ हम गोकुलवासी।
वह वियोग, यह मिलन कहाँ अब, काल चाल औरासी॥
कहँ रवि राहु, कहाँ यह अवसर, बिधि संजोग बनायौ।
उहिँ उपकार आजु इन नैननि, हरि-दरसन-सचु पायौ॥
तब अरु अब यह कठिन परम अति, निमिषहुँ पीर न जानी।
'सूरदास' प्रभु जानि आपने, सबहिनि सौं रुचि मानी॥

व्रजवासी लोग कृष्ण से कहने लगे—हे माधव, हम सब तो इसीलिए संसार में जीते रह गए, जिससे हम अपने पुराने प्रेम को फिर से नया कर लें। कहाँ तुम सिंधु के किनारे स्थित द्वारिका के राजा यदुनाथ, और कहाँ हम गोकुल वासी सीधे सादे अहीर। कहाँ वह विषम वियोग, कहाँ यह सुखद मिलन। यह सब काल की अधम राशि में पड़ी हुई चाल ही तो है। कहाँ यह सूर्य, कहाँ वह राहु। दोनों ने मिलकर हमें यह शुभ अवसर दे दिया। ब्रह्मा ने यह संयोग खूब बनाया। उस विधाता के उपकार से ही आज हमारे इन नयनों को तुम्हारे दर्शन का सुख मिल पाया है। चाहे तब व्रजवास का समय रहा हो, चाहे अब यह कुरुक्षेत्र का मिलन-काल हो, हमारी पलकें न तब गिरी थीं, न अब गिर रही हैं। जो पल-पल पर गिरती रहती हैं और पलकों का बोझ—एक पल के लिए भी नहीं सँभाल पातीं, वे अपलक हो गईं और पलकों ने न गिरने की पीड़ा का अनुभव नहीं किया।

प्रभु ने सभी व्रजवासियों को अपना समझा और सभी को अपना प्रेम दिखलाया।

रुक्मिणी प्रश्न

२१११/ग्र ५४२५ कल्प, झिंझौटी तिताला

इनमैं कौन राधिका रानी।
बूझति हैं रुकमिनि सखियन सौं, प्रेम बचन मृदु बानी॥

नीलांबर जाके उर सोहै, मुख पै लट लपटानी।
सोइ वृषभानु-सुता हैं कहियत, दै अंचल मुसुकानी॥
रस के बस कीन्हे मनमोहन, सुनि कै यह मृदु बानी।
ये अँखियाँ दरसन की प्यासी, मीन जथा बिनु पानी॥
सिव ब्रह्माहू पार न पावैं, तैसी ये महरानी।
'सूरदास' प्रभु सौं यह कहियौ, हरि के हाथ बिकानी॥

महारानी रुक्मिणी सखियों से प्रेमभरी कोमल वाणी में पूछ रही हैं—ये इतनी सारी गोपियाँ हैं, इनमें से राधिका रानी कौन हैं?

सखी ने अपने मुँह पर आँचल की ओट करके मुसकुराते हुए कहा—जिसके तन पर वह नीली साड़ी है, जिसके मुँह पर एक अलक लटक कर आ लिपटी है, वही वृषभानु की बेटी राधा हैं। इन्हींने मनमोहन को अपने रस (प्रेम) के बस में कर रखा है।

सखी की यह मधुर वाणी सुनकर रुक्मिणी ने कहा—मेरी ये आँखें इनके दर्शन की वैसी ही प्यासी थीं, जैसे जल के बाहर पड़ी हुई मछली। शिव और ब्रह्मा भी इनका पार नहीं पा सकते, ऐसी ये महारानी हैं।

तब राधा बोली—प्रभु से मेरी ओर से कह दीजिएगा कि मैं तो उनके हाथ बिक गई हूँ।

२११२/४९०३ राग कान्हरौ

हरि सौं बूझति रुकमिनि, इनमैं को वृषभानु किसोरी।
बारक हमैं दिखावहु, अपने बालापन की जोरी॥
जाकौ हेत निरंतर लीन्हे, डोलत व्रज की खोरी।
अति आतुर ह्वै गाइ दुहावन, जाते पर-घर चोरी॥
रचते सेज स्वकर सुमननि की, नव-पल्लव-पुट तोरी।
बिन देखैं ताके मन तरसै, छिन बीतै जुग कोरी॥
'सूर' सोच करि सुख, भरि लोचन, अंतर प्रीति न थोरी।
सिथिल गात्र, मुख बचन फुरत नहिं, ह्वै जु गई मति भोरी॥

हरि से रुक्मिणी जी पूछने लगीं—इन सारी गोपियों में वृषभानु-किशोरी कौन हैं? एक बार मुझे भी अपने लड़कपन की वह जोड़ी दिखा दो, जिसको लिए हुए तुम बड़े प्रेम से व्रज की गलियों में घूमा करते थे; जिसके लिए अत्यंत आतुर होकर चोरी से दूसरे के घर गाय दुहने पहुँच जाया करते थे; जिसके लिए अपने हाथों से नव कोमल किसलय तोड़-तोड़कर बिछाते थे और फूलों की सेज सजाते थे, बिना जिसे देखे तुम्हारा मन तरसा करता था और एक-एक क्षण कोटि-कोटि युग के समान बीतता था।

इस सुख की याद करके हरि की आँखें भर आईं, छलछला आईं, क्योंकि उनके हृदय में राधा के प्रति मामूली प्रीति नहीं थी। उनका शरीर ढीला पड़ गया, उनके मुख से वाणी नहीं फूटी, और उनकी सारी सुधि-बुधि जाती रही।

बूझति हैं रुकमिनि, पिय इनमैं को वृषभानु किसोरी।
नैकु हमैं दिखरावहु, अपनी बालापन की जोरी॥
परम चतुर जिन कीन्हे मोहन, अल्प बैस ही थोरी।
बारे तैं तिहिं यहै पढ़ायौ, बुधि बल कल बिधि चोरी॥
जाके गुन गनि ग्रंथित-माला, कबहुँ न उर तैं छोरी।
मनसा सुमिरन, रूप ध्यान उर, दृष्टि न इत-उत मोरी॥
वह लखि जुवति-वृंद मैं ठाढ़ी, नील बसन तन गोरी।
'सूरदास' मेरौ मन वाकी, चितवनि बंक हर्‌यौ री॥

रुक्मिणी कृष्ण से पूछ रही हैं—इन गोपियों में वृषभानु-किशोरी कौन सी हैं? मुझे [...]ो अपने बालापन की उस जोड़ी को जरा दिखा दो, जिसने मेरे मोहन को अपनी छोटी-[...]ी वय में ही इतना चतुर बना दिया था; जिसने लड़कपन में ही तुम्हें चोरी की सारी बुद्धि, [...]ल, कल, छल, और विधि सिखा पढ़ा दी थी; जिसके गुणों की माला गूँथकर तुमने पहन [...]खी है और कभी भी अपने हृदय से नहीं उतारा है; जिसको तुम मन में निरंतर स्मरण [...]रते रहते हो, जिसके रूप का ध्यान तुम बराबर अपने हृदय में करते रहते हो, और [...]जसकी ओर से तुमने अपनी दृष्टि कभी भी इधर-उधर नहीं मोड़ी है।

तब कृष्ण ने कहा—गोरे-गोरे शरीर वाली, नीलांबर पहने हुए, युवतियों के समूह में [...]ो खड़ी है, वही राधा है, जिसकी बाँकी चितवन ने मेरा मन हर लिया है।

२९१४/४९०५ राग मारू

गोविंद परम कृपा मैं जानी।
निगम जो कहत दयालु सिरोमनि, सत्य सोइ बिधि-बानी॥
अब ए स्रवन बरन करि स्वारथ, तुम जु दरस-सुख दीन्हौ।
या फल जोग सुकृत नहिं समुझत, दीन देखि हित कीन्हौ॥
यह दिन धन्य, धन्य जीवन जस, धन्य भाग प्रभु पाए।
सिव मुनि मन दुर्लभ चरनांबुज, जनहिं प्रगट परसाए॥
हरषित स्वजन सखा प्रिय बालक, कृष्न-मिलन जिय भाए।
'सूरजदास' सकल लोचन जनु, ससि चकोर कुल पाए॥

व्रजवासी लोग हरि-दर्शन से परम तुष्ट होकर कह रहे हैं—हे गोविंद, हमने जान [...]गया कि तुम्हारी हम पर परम कृपा है। वेद तुम्हें 'दयालु-शिरोमणि' कहते हैं। ब्रह्मा की [...]ह वाणी पूर्णतया सत्य है। तुमने हमको अपने दर्शन का जो सुख दे दिया है, उससे हमारे [...]त्रों का स्वार्थ सिद्ध हो गया है। हमारे नयनों ने अपने स्वार्थ का वरण कर लिया है, और [...] सफल मनोरथ हो गए हैं। हम यह नहीं समझते कि हमें तुम्हारा यह दर्शन हमारे पूर्व [...]ण्य से हुआ है। असलियत यह है कि तुमने हमें दीन-हीन देखा और दर्शन देकर हमारा [...]ला कर दिया। हमारा आज का यह दिन धन्य है, हमारा जीवन धन्य है और हमारा भाग्य [...]न्य है कि हमने प्रभु का दर्शन पा लिया। प्रभु के जो चरण-कमल शिव एवं मुनियों के

मन के लिए भी दुर्लभ हैं, प्रभु ने उन चरण-कमलों को प्रत्यक्ष छूने का अवसर हमें प्रद कर दिया।

कृष्ण से मिलकर स्वजनों, प्रियजनों, सखाओं और ग्वाल बालों को बहुत अच लगा। ऐसा लगा मानो सभी लोगों के नयन-चकोरों को शशि का दर्शन मिल गया हो

२९१५/४९०६ राग सा

हरि जू इते दिन कहाँ लगाए।
तबहिं अवधि, मैं कहत न समुझी, गनत, अचानक आए॥
भली करी जु बहुरि इन नैननि, सुंदर दरस दिखाए।
जानी कृपा, राज-काजहु, हम निमिष नहीं बिसराए॥
बिरहिनि बिकल बिलोकि 'सूर' प्रभु, धाइ हृदै करि लाए।
कछु इक सारथि सौं कहि पठयौ, रथ के तुरँग छुड़ाए॥

गोपियाँ बोलीं—हरि, इतने दिन कहाँ लगा दिए? व्रज से चलते समय तुमने अवधि हमें दी थी, उस समय हमने उसका ठीक ठीक अर्थ नहीं समझा था। हम अव के दिन गिनती रह गईं और आज अचानक दर्शन मिल गया। प्रभु, तुमने बहुत अच्छा कि जो इन नयनों को एक बार फिर अपना दर्शन दे दिया। राज-काज में अत्यंत व्यस्त र हुए भी, प्रभु ने हमें एक पल के लिए भी नहीं भुलाया। इसीसे हम जान गईं कि प्रभु हमपर भारी कृपा है।

विरहिणी गोपियों को विकल जानकर, प्रभु ने दौड़कर उन्हें हृदय से लगा लिय उन्होंने अपने सारथी दारुक से कुछ कहकर अन्यत्र भेज दिया और रथ के घोड़ों ढिलवा दिया। (प्रभु ने कहा, दारुक अब जाओ, तुम भी विश्राम करो और घोड़े भी। भी अपना कुछ समय इन गोपियों में बिताऊँगा।)

२९१६/४९०७ राग मल

हरि जू वै सुख बहुरि कहाँ।
जदपि नैन निरखत वह मूरति, फिरि मन जात तहाँ॥
मुख मुरली, सिर मोर पखौवा, गर घुँघचिनि कौ हार।
आगैं धेनु रेनु तन मंडित, तिरछी चितवनि चार॥
राति दिवस सब सखा लिए सँग, हँसि मिलि खेलत खात।
'सूरदास' प्रभु इत उत चितवत, कहि न सकत कछु बात॥

गोपियाँ बोलीं—हरिजू, अब वे पुराने सुख फिर कहाँ? यद्यपि हम वही मूर्ति अ आँखों से इस समय देख रही हैं, पर हमारा मन तो वहीं बाल-गोपाल में जा अटका है अधरों पर मुरली रखकर बजाते हुए, सिर पर मोरपंख का मुकुट धारण किए हुए, गले घुंघुचियों की लाल माला पहने हुए, आगे-आगे चलती हुई गायें, पीछे उनके खुरों से उ हुई धूल से लिपटा तुम्हारा शरीर, तुम्हारी वह तिरछी चारु चितवन, रात दिन ग्वाल बा का वह साथ, हँस मिलकर वह साथ-साथ खेलना खाना- -सभी तो हमारी आँखों के उ नाच-नाच उठते हैं।

गोपियों की यह बात सुनकर श्याम इधर-उधर ताकने लगे और कुछ कह न सके।

२९१७/४९०८ राग सारंग

हौं तौ आई मिलन गुपालहिं।
विष्णु-घरनि यह जुगुति न तेरी, दुख दीन्हौ व्रजबालहिं ॥
कहा करौं तन स्याम पीत पट, दुइ तैं भए भुज चारि।
वह सुख कहाँ जु तब मन होतौ, भेंटत स्याम मुरारि ॥
संतत 'सूर' रहत पति संगम, सब जानति रुचि जी की।
तू क्यौं नहीं धरति या भेषहिं, जु पै मुक्ति अति नीकी ॥

कोई गोपी योगिनी बनकर क्षीर सागर पहुँची और लक्ष्मी को विष्णु की सेवा करते देख बोली—मैं तो अपने गोपाल से मिलने आई थी। हे विष्णु की घरनी लक्ष्मी, तेरी यह युक्ति ठीक नहीं है, जो तूने मेरे गोपाल को विष्णु बना लिया है और उनकी सेवा किए जा रही है। तूने ऐसा करके हम व्रज-बालाओं को दुख ही दुख दिया है। तेरे इस विष्णु के साँवले सलोने शरीर और पीतांबर को लेकर क्या करूँ। यहाँ तो दो भुजाओं के स्थान पर चार-चार भुजाएँ हो गई हैं। अब वह मुँह भी कहाँ है, जिसे देखकर हमारा जब भी मन करता था, हम श्याम को मुरारि को अपनी छाती से चिपका लिया करती थीं। तुम तो सदैव अपने पति के साथ रहती हो, इससे तुम हमारे मन की भी रुचि समझ सकती हो कि हम भी अपने गोपाल के साथ सदा बनी रहना चाहती हैं।''

इस पर लक्ष्मी जी उस योगिनी से बोलीं—यदि तू भी सामीप्य मुक्ति चाहती है, तो तू भी मेरी तरह भक्ति-भाव से प्रभु की सेवा कर और भक्त का वेश धारण कर ले।

२९१८/४९०९ राग धनाश्री

रुकमिनि राधा ऐसैं भेंटी।
जैसैं बहुत दिननि की बिछुरी, एक बाप की बेटी ॥
एक सुभाव, एक वय देऊ, दोऊ हरि कौं प्यारी।
एक प्रान, मन एक दुहुनि कौ, तन करि दीसति न्यारी ॥
निज मंदिर लै गई रुकमिनी, पहुनाई बिधि ठानी।
'सूरदास' प्रभु तहँ पग धारे, जहँ दोऊ ठकुरानी ॥

रुक्मिणी और राधा दोनों ने एक दूसरे को गले लगाकर इस प्रकार भेंटा, जैसे बहुत दिनों की बिछुड़ी एक ही बाप की दो बेटियाँ हों; दो सगी बहनें हों। दोनों का स्वभाव एक-सा है, दोनों की उम्र भी एक-सी है, दोनों हरि को परम प्रिय हैं, वे दोनों एक प्राण हैं, एक मन हैं। दोनों का तन अवश्य अलग-अलग दिखाई देता है। रुक्मिणी राधा को अपने महल में ले गई और आतिथ्य की पूरी व्यवस्था कर ली। प्रभु भी थोड़ी देर में वहाँ आ गए; जहाँ दोनों स्वामिनियाँ थीं।

२९१९/४९१० राग धनास्री

राधा माधव भेंट भई।
राधा माधव, माधव राधा, कीट भृंग गति ह्वै जु गई ॥

माधव राधा के रँग राँचे, राधा माधव रंग रई।
माधव राधा प्रीति निरंतर, रसना करि सो कहि न गई॥
बिहँसि कह्यौ हम तुम नहिं अंतर, यह कहिकै उन ब्रज पठई।
'सूरदास' प्रभु राधा माधव, ब्रज-विहार नित नई नई॥

कुरुक्षेत्र में राधा और माधव की भेंट हो गई। राधा माधव हो गई और माधव राधा हो गए। दोनों की स्थिति कीट और भृंग की-सी हो गई, दोनों दो रूप नहीं रह सके, दोनों का रूप एक हो गया। माधव राधा के रंग में रँग उठे और राधा माधव के रंग में रँग गई। माधव और राधा की प्रीति तो संतत है, अबाध है, अटूट है। उसका वर्णन जीभ से नहीं किया जा सकता। माधव ने हँसकर कहा—'हममें तुममें जरा भी अंतर नहीं है।' यह कहकर उन्होंने राधा को व्रज वापस भेज दिया। व्रज में तो राधा माधव का विहार नित्य ही होता रहता है।

२९२०/४९११ राग धनाश्री

करत कछु नाहीं आजु बनी।
हरि आए, हौं रही ठगी सी, जैसें चित्र धनी॥
आसन हरषि हृदय नहिं दीन्हौ, कमल कुटी अपनी।
न्यौछावर उर, अरघ न नैननि, जलधारा जु बनी॥
कंचुकि तैं कुच कलस प्रगट ह्वै, टूटि न तरकि तनी।
अब उपजी अति लाज मनहिं मन, समुझत निज करनी॥
मुख देखत न्यारी सी रहि गइ, बिनु बुधि मति सजनी।
तदपि 'सूर' मेरी यह जड़ता, मंगल माहिं गनी॥

राधा अपनी सखी से कह रही है—मुझसे आज कुछ करते धरते नहीं बन पाया। मैं हरि का आज कोई स्वागत सत्कार नहीं कर पाई। हरि आए, मैं हक्का-बक्का, अवाक बनी रह गई, ठगी सी खड़ी रह गई, जैसे चित्र में उरेही हुई कोई धन्या सुंदरी। मैंने प्रसन्न होकर न तो उन्हें अपनी कमल कुटी में अपने हृदयासन पर बैठाया, न तो अपने हृदय को उनपर निछावर किया, न नेत्रों के जल से उन्हें पादार्घ दिया, न तो मेरी चोली का वंद ही तड़ाक से टूटा और न मेरे कुच-कलस ही चोली से बाहर आ पाए। अब अपनी करनी समझ कर मेरे मन में बड़ी लाज लग रही है। हे सखी, मैं तो हरि का मुँह देखते ही सुधि-बुधि हीन हो गई, जैसे मेरे बुद्धि-विवेक प्राण सभी मेरे शरीर से अलग हो गए हों और मैं जड़ होकर रह गई। फिर भी कृपालु हरि ने मेरी जड़ता को भी मंगल-सूचक ही माना।

श्रीकृष्ण बचन व्रजवासियों के प्रति *२९२१/४९१२ राग सारंग*

व्रजवासिनि सौं कह्यौ, सबनि तैं ब्रज-हित मेरैं।
तुमसौं नाहीं दूरि रहत हौं, निपटहिं नेरैं॥
भजै मोहिं जो कोइ, भजौं मैं तेहिं ता भाई।
मुकुर माहिँ ज्यौं रूप, आपनैं सम दरसाई॥

यह कहिकै समदे सकल, नैन रहे जल छाइ।
'सूरस्याम' कौ प्रेम कछु, मोपै कह्यौ न जाइ॥

कृष्ण ने व्रजवासियों को विदा करते हुए कहा—मुझे व्रज सर्वाधिक प्रिय है। मैं तुम लोगों से दूर नहीं रहता हूँ। मैं तुम सबके एकदम निकट हूँ। मुझे जो कोई जिस भाव से भजता है, मैं भी उसे उसी भाव से भजता हूँ। जैसे दर्पण में रूप या प्रतिविंब, विंब के समान ही दीख पड़ता है।

यह कहकर, छलछलाई आँखों से सब व्रजवासियों से कृष्ण प्रेमपूर्वक मिले। श्याम के व्रजवासियों के प्रति इस प्रेम का वर्णन मुझसे नहीं किया जा पा रहा है।

२१२२/४११६ राग सारंग

सबहिनि तैं हित है जन मेरौ।
जनम-जनम सुनि सुबल सुदामा, निबहौं यह प्रन बेरौ॥
ब्रह्मादिक इंद्रादिक तेऊ, जानत बल सब केरौ।
एकहि साँस उसास त्रास उड़ि, चलते, तजि निज खेरौ॥
कहा भयौ जो देस द्वारिका, कीन्हौ दूरि बसेरौ।
आपुन ही या व्रज के कारन, करिहौं फिरि फिरि फेरौ॥
इहाँ उहाँ हम फिरत साधु-हित, करत असाधु अहेरौ।
'सूर' हृदय तैं टरत न गोकुल, अंग छुअत हौं तेरौ॥

अपने बाल-बंधु सुबल और श्रीदामा से प्रभु बोले—मेरे भक्त ही मुझे सबसे प्रिय हैं। हे सुबल, हे श्रीदामा सुनो—मैं अपने इस प्रण की बेड़ी (बंधन) का निर्वाह जन्म-जन्मांतर तक करता रहता हूँ। मैं ब्रह्मा और इंद्र आदि सभी का भी बल भलीभाँति जानता हूँ। मेरी एक साँस के प्रवाह में वे अपना खेरा (गाँव-लोक) छोड़कर उड़ जाते हैं। इससे क्या हुआ, जो मैं इस दूर देश द्वारिका में आ बसा हूँ। मुझे व्रज से इतना प्रेम है कि मैं स्वयं इस व्रज के लिए बार-बार यहाँ का चक्कर लगाता रहूँगा। मैं तो साधु लोगों का परित्राण करने के लिए एवं दुष्टों का विनाश करने के लिए यहाँ वहाँ घूमता ही रहता हूँ।

परित्राणाय साधूनां विनाशाय च दुष्कृताम्।

मैं तुम्हारे अंग छू करके, शपथ खा करके कहता हूँ। गोकुल मेरे हृदय पर अंकित हो गया है और वहाँ से टल नहीं सकता।

ब्रजवासी बचन *२१२३/४११७ राग सारंग*

हम तौ इतनैं ही सचु पायौ।
सुंदर स्याम कमल दल लोचन, बहुरौ दरस दिखायौ॥
कहा भयो जो लोग कहत हैं, कान्ह द्वारिका छायौ।
सुनि कै बिरह दसा गोकुल कौ, अति आतुर ह्वै धायौ॥
रजक धेनु गज कंस मारि कै, कीन्हौ जग कौ भायौ।
महाराज ह्वै, मातु पिता मिलि, तऊ न व्रज बिसरायौ॥

गोपी गोप रु नंद चले मिलि, प्रेम-समुद्र बढ़ायौ ।
अपनै बाल गुपाल निरखि मुख, नैननि नीर बहायौ ॥
जदयपि हम सकुचे जिय अपनैं, हरि हित अधिक जनायौ ।
वैसेई 'सूर' बहुरि नँदनंदन, घर-घर माखन खायौ ॥

विदा होते समय सारे व्रजवासी कह उठे—हमने तो इतने ही में सारा सुख पा लिया। हमें श्याम सुंदर, कमल दल-लोचन का, जो पुनः दर्शन मिल गया, हमारे लिए यही बहुत है। क्या हुआ जो लोग कहते हैं कि कन्हैया दूरस्थ द्वारिका में जाकर बस गए हैं? क्या वे गोकुल की बिरह-दशा सुनकर, अत्यंत आतुर होकर दौड़े नहीं आए? उन्होंने कंस के धोबी, धेनुकासुर, कुबलयापीड़ हाथी और स्वयं महाबली कंस को मारकर लोगों के जी को अच्छी लगनेवाली बात कर दी। कृष्ण अब महाराज हो गए हैं, अपनी माता देवकी और पिता वसुदेव से मिल भी चुके हैं, फिर भी इन्होंने व्रज को नहीं भुलाया।

गोपी गोप नंद यशोदा सभी कृष्ण से मिलकर, प्रेम का समुद्र उमड़ा कर, व्रज के लिए चल पड़े। अपने बाल गोपाल का मुँह देखकर सभी की आँखों से आँसू की धारा बह निकली। वे चलते-चलते कह चले—यद्यपि हमको अपने मन में भारी संकोच हो रहा था, पर हरि ने भारी प्रेम दिखाया और पूर्ववत् उन्होंने हमारी कुटियों में आ आकर माखन निकाल कर खाया।

अध्याय-८३

राजाओं का कृष्ण से और रानियों का कृष्ण की रानियों से मिलन

२९२४/४९१५ राग बिलावल

हरि हरि हरि सुमिरौ दिन रात। नातरु जन्म अकारथ जात ॥
सौ बातन की एकै बात। हरि हरि हरि सुमिरौ दिन रात ॥
हरि कुरुखेत अन्हान सिधाए। तब सब भूपति दरसन आए ॥
हरि तिन सबकौ आदर कियौ। भयो संतुष्ट सबनि कौ हियो ॥
तब भूपति हरि कौ सिर नाइ। करन लगे अस्तुति या भाइ ॥
परम हंस तुम सबके ईस। बचन तुम्हारे स्त्रुति जगदीस ॥
तुम अच्युत अबिगत अबिनासी। परमानंद सकल सुखरासी ॥
तुम तन धारि हर्यौ भुव भार। नमो नमो तुम्हे बारंबार ॥
पुनि रानी रानिनि पै आईं। द्रुपद-सुता तब बात चलाईं ॥
ज्यौं ज्यौं भयौ तुम्हारौ व्याह। कहौ, सुनन कौ मोहिँ उत्साह ॥
कह्यौ सबनि हरि अज अबिनासी। भक्त-वछल सब जगत निवासी ॥
नहिँ हम गुन, नहिँ सुंदरताई। भक्ति जानि कै सब अपनाई ॥
व्याह सबनि कौ ज्यौं ज्यौं भयो। बहुरो तिन त्यौं ही त्यौं कह्यौ ॥
द्रुपद-सुता सुनि मन हरषाई। कह्यौ धन्य तुम धनि जदुराई ॥
धन्य सकल पटरानी रानी। जिन वर पायौ सारँगपानी ॥
धन्य जो हरि-गुन अह-निसि गावै। 'सूरदास' तिहि की रज पावै ॥

दिन रात हरि का सुमिरन करते रहो, नहीं तो यह मानव-जन्म व्यर्थ ही बीत जायगा, ष्ट हो जायगा। सौ बात की एक बात—दिन-रात हरि-स्मरण करते रहो।

हरि कुरुक्षेत्र में सूर्यग्रहण का स्नान करने पधारे। तब सारे राजा उनका दर्शन करने आए। हरि ने सबका उचित समादर किया, जिससे सभी राजाओं का हृदय प्रसन्न हो उठा। ब राजाओं ने हरि को नतमस्तक होकर इस प्रकार स्तुति की—हे प्रभु, तुम परमात्मा हो, म सबके स्वामी हो। हे जगदीश, तुम्हारे वचन ही वेद हैं। तुम अच्युत हो, अविगत हो, विनाशी हो, तुम परमानंद हो, तुम संपूर्ण सुखों का भंडार हो। तुम्हींने शरीर धारण करके थ्वी का भार हरण किया है। तुम्हें हमारा बारबार नमस्कार है।

फिर उन राजाओं की रानियाँ कृष्ण की रानियों और महरानियों के पास आईं। तब पद-पुत्री, पांडवों की रानी महारानी द्रौपदी ने बार्त शुरू की। जैसे जैसे तुम सबका हरि विवाह हुआ, हमसे कह सुनाओ। हमको ये मंगल-कथाएँ सुनने की बड़ी चाह है।

तब कृष्ण की रानियों ने कहा—हरि अविनाशी हैं, वे भक्त-वत्सल हैं, वे जगन्निवास , सारा संसार उन्हीं में समाया हुआ है। हममें न तो कोई गुण है, न कोई सुंदरता ही। न्होंने हम सबको अपना भक्त जानकर हमें अपना लिया है।

फिर जिनका जिस जिस तरह हरि से ब्याह हुआ था, उन्होंने अपने अपने विवाह की था ज्यों की त्यों कह सुनाई। ये कथाएँ सुनकर द्रौपदी परम प्रसन्न हो गई और बोली— म धन्य हो जिसने हरि को पति रूप में पाया है। और हरि भी धन्य है जिनको तुम सब सी स्त्रियाँ पत्नी रूप में मिली हैं। आठो पटरानियाँ और सोलहों हजार रानियाँ धन्य हैं, न्होंने शार्ङ्गपाणि को वर रूप में पाया है।

जो लोग हरि का गुणानुवाद रात दिन किया करते हैं, वे भी धन्य है। सूरदास इन क्तों की चरण-रज पाने की प्रबल कामना कर रहा है।

अध्याय-८४

ऋषि-स्तुति

२१२५/४११६ राग बिलावल

रि हरि हरि सुमिरौ सब कोइ। बिनु हरि सुमिरन मुक्ति न होइ ॥
शुक व्यास कह्यौ जा भाइ। सोइ सब कहौं सुनौ चित लाइ ॥
रज ग्रहन पर्व हरि जान। कुरुक्षेत्र में आए न्हान ॥
ऋषि हरि-दरसन-हित गए। हरि आगे ह्वैकै. सब लाए ॥
सन दै पूजा बिधि करी। हाथ जोरि बिनती उच्चरी ॥
स तुम्हारे देवन दुरलभ। हमकौं भयौ सो अतिहीं सुरलभ ॥
कहि पुनि लोगन समुझायौ। जैसैं बेद पुराननि गायौ ॥
रे-जन कौ पूजै हरि जान। ताकौ होइ तुरत कल्यान ॥
-पूजा बहु बिधि सौं कीजै। तीरथ जाइ दान बहु दीजै ॥
सब किऐं होइ फल जोइ। संत-संग सो छिन मैं होइ ॥

यह सुनि कै ऋषि रहे लजाइ। पुनि बोले हरि सौं या भाइ।
तुम सबके गुरु, सबके स्वामी। तुम सबहिनि के अंतरजामी।
तुम्है वेद व्रह्मन्य बखानत। तातैं हम यह अस्तुति ठानत।
हम सेवक तुम जगत अधार। नमो नमो तुम्हैं बारंबार।
तुम परब्रह्म जगत करतार। नर-तनु धस्यौ हरन भुव-भार।
सुर-पूजा अरु तीर्थ बतावत। लोगनि की मति कौं भरमावत।
तुम निज रूप इहिँ भाति छिपायौ। काठ-माँझ ज्यौं अगिनि दुरायौ।
वसुदेव तुमकौं जानत नाहिँ। और लोग बपुरे किहि माहिँ।
कोउ पिता, पति कोऊ जानत। कोऊ सत्रु मित्र करि मानत।
सर्व असँग, तुम सर्व अधार। तुम्हैं भजै सो उतरै पार।
जैसैं नींद माहि कोउ होइ। बहु बिधि सपनौ पावै सोइ।
पै तिहिँ उहाँ न कछू सँभार। किहि देखत, को देखनहार।
यौं जे रहे विषम-रस्र भोइ। तिनकी बुद्धि सुद्ध नहिँ होइ।
जा पर कृपा तुम्हारी होइ। रूप तुम्हारो जानै सोइ।
घट-घट माहिँ तुम्हारौ बास। सर्व ठौर ज्यौं दीप-प्रकास।
इहिँ बिधि तुमकौं जानै जोइ। भक्त रु ज्ञानी कहिऐ सोइ।
नाम कृपा अब हम पर कीजै। भक्ति आपनी हमकौं दीजै।
प्रेम भक्ति बिनु कृपा न होइ। सर्व सास्त्र हम देख्यौ जोइ।
तपसी तुमकौ तप करि पावैं। सुनि भागवत गृही गुन गावैं।
ऋषि इहि बिधि हरि के गुन गाइ। कह्यौ होइ आज्ञा जदुराइ।
हरि तिनकी पुनि पूजा करी। कीरति-सकल जगत बिस्तरी।
बेद पुरान सबनि कौ सार। व्यास कह्यौ भागवत बिचार।
बिनु हरि नाम नहीं उद्धार। 'सूर' जानि यह भजौ मुरार।

सब लोग हरि का सुमिरन करो। बिना हरि-स्मरण के मुक्ति नहीं मिलती। शुकदेव और उनके पिता-श्री वादरायण व्यास ने जिस प्रकार से कहा है, मैं उसी प्रक सब कथा कह रहा हूँ। मन लगाकर सुनो।

सूर्य ग्रहण का पर्व जानकर हरि कुरुक्षेत्र में स्नानार्थ आए। वहाँ ऋषि लोग हरि-द के निमित्त उपस्थित हुए। हरि ने आगे बढ़कर सबका स्वागत किया। उन्होंने ऋषियों आसन देकर बैठाया। और विधिवत उनकी अभ्यर्थना पूजा की। फिर हाथ जोड़कर विन वाणी में कहा—'हे ऋषियों, तुम्हारा दर्शन तो देवताओं को भी नहीं मिल पाता। हमें तुम्हारा वह देव-दुर्लभ दर्शन सहज ही सुलभ हो गया।' यह कहकर उन्होंने लोगों फिर उसी प्रकार समझाया, जिस प्रकार वेद और पुराणों में कहा गया है—'हरि के भ को हरि ही समझकर जो पूजता है, उसका तुरंत कल्याण हो जाता है। अनेक प्रकार देव-पूजा करने से, तीर्थों में जाकर स्नान करने और बहुत सा दान देने से जो फल ह है, साधु की संगति से वही फल क्षण भर में मिल जाता है।'

हरि से संत-संग की यह महिमा सुनकर ऋषि लोग लजा गए। फिर वे हरि से इस प्रकार बोले—हे प्रभु, तुम सबके गुरु हो, तुम सबके स्वामी हो, तुम्हीं सबके घट-घट के जानने वाले हो, अंतर्यामी हो। वेद तुम्हें ब्रह्मण्य (ब्राह्मणों का रक्षक) कहते हैं। इसीलिए हम यह स्तुति कर रहे हैं। हम सेवक हैं, तुम जगदाधार हो। हम तुम्हें बार-बार नमस्कार करते हैं। तुम परब्रह्म हो, तुम जगत् के रचयिता हो। तुमने पृथ्वी का भार दूर करने के लिए नर का अवतार धारण किया है। तुम जो देव-पूजा और तीर्थ-यात्रा की बात कर रहे हो, वह तो लोगों की बुद्धि को भ्रम में डाल रहे हो। तुमने अपना रूप इस प्रकार छिपा रखा है, जिस प्रकार काठ में आग छिपी रहती है। तुम्हें तो तुम्हारे पिता वसुदेव तक नहीं जानते, फिर और दूसरे लोग किस खेत की मूली हैं। वे तुम्हें कैसे जान सकते हैं। तुम्हारे बेटी-बेटे तुम्हें पिता के रूप में जानते हैं, तुम्हारी रानियाँ तुम्हें पति रूप में पहचानती हैं। शिशुपालादि तुम्हें शत्रु रूप में मानते हैं और पांडवादि तुम्हें अपना मित्र समझते हैं। तुम सबसे निर्लेप हो, अनासक्त हो। तुम सबके आधार हो। जो तुम्हारा भजन करता है, वह भवसागर के पार उतर जाता है। जैसे कोई नींद में हो, सो रहा हो और अनेक प्रकार के सपने देख रहा हो। पर सपना तो सपना है। उसमें कुछ भी वास्तविकता नहीं होती। जो कुछ वह देखता है, वह सब मिथ्या है और जो देखता है वह भी मिथ्या है। दर्शक और दृश्य दोनों असत्य हैं। द्रष्टा को उस समय आत्मज्ञान होता नहीं। इसी प्रकार जो विषयानंद में लिप्त रहते हैं, उनकी बुद्धि शुद्ध नहीं होती। जिसपर तुम्हारी कृपा हो जाती है, वही तुम्हारे शुद्ध रूप को जान पाता है। तुम घट-घट वासी हो। तुम सभी जगह हो, सर्वव्यापक हो, उसी तरह, जिस तरह दीपक का प्रकाश घर के भीतर सर्वत्र फैला रहता है। इस प्रकार तुमको जो जान लेता है, वही भक्त है, वही ज्ञानी है। हे नाथ, अब हमपर कृपा करिए और अपनी भक्ति हमें दीजिए। हमने सारे शास्त्रों को देख लिया है, बिना प्रेम और भक्ति के तुम्हारी कृपा नहीं होती। तपस्वी लोग तुमको तप करके पाते हैं। गृहस्थ लोग श्रीमद्भागवत सुन सुनकर तुम्हारा गुणानुवाद करते हैं।

ऋषियों ने इस प्रकार हरि का गुण-गान किया और कहा—हे यदुराय, अब आज्ञा हो, तो हमलोग यहाँ से जायँ।

हरि ने ऋषियों की पूजा पुनः की। उनकी कीर्ति सारे संसार में फैल गई। सभी वेदों और पुराणों के सार तत्व को कृष्ण द्वैपायन वादरायण व्यास ने विचार कर भागवत में कह दिया है—बिना हरि नाम का सुमिरन किए भव-सागर से पार होना संभव नहीं। यह जान कर हरदम मुरारि कृष्ण का सुमिरन करते रहो।

अध्याय-८५

देवकी-पुत्र आनयन

२१२६/४११७ राग बिलावल

श्री गुपाल तुम कहौ सो होइ।
तुमहीं कर्ता, तुमहीं हर्ता, तुम तैं और न कोइ॥
अब लौं मैं तुमकौं नहिं जान्यौ, पुत्र भाव करि मान्यौ।
तुम हौ देव सकल देवनि के, अब तुमकौं पहिचान्यौ॥

गुरु-सुत आनि दिए तुम जैसैं, कृपा करौ जदुराई।
मम सुतहू जे कंस सँहारे, ते प्रभु देहु जिवाई॥
मेरैं जिय यह बड़ी लालसा, देखौं नैननि जोइ।
दूध पिवाइ हृदै सौं ल्यावौं, याछैं होइ सु होइ॥
यह सुनि हरि पाताल सिधारे, जहाँ हुते बलि राइ।
करि प्रनाम बैठारि सिँहासन, हित करि धोए पाँइ॥
तासौं कह्यौ देवकी के सुत, षष्ठ कंस जे मारे।
नैंकु मँगाइ देहु ते हमकौं, हैं वे लोक तिहारे॥
तहँ तैं आनि दिए हरि बालक, माता लाड़ लड़ाए।
'सूरदास' प्रभु दरस-परस करि, ते बैकुंठ सिधाए॥

माता देवकी कृष्ण से बोलीं—'हे गोपाल, तुम जो कहते हो, वही होता है। तुम्हीं सारे संसार के कर्ता हो, तुम्हीं उसके हर्ता भी हो। तुम्हारे अतिरिक्त और कोई कर्ता हर्ता नहीं है। अभी तक मैंने तुम्हें नहीं जाना था और तुम्हें अपना पुत्र ही समझती रही थी। तुम सभी देवों के भी देव हो। अब हमने तुमको भलीभाँति पहचान लिया है। तुमने जिस प्रकार गुरु-पुत्र को लाकर गुरुमाता को दे दिया था, हे यदुराय मुझपर भी वैसी ही कृपा करो। कंस ने मेरे जिन पुत्रों को मार डाला है, तुम उन सबको जिला कर मुझे दे दो। मेरे मन में यह प्रबल अभिलाषा है कि मैं अपने उन पुत्रों को एक बार अपनी आँखों से देख लूँ, उन्हें अपनी छाती का दूध पिला दूँ और उन्हें अपने गले से लगा लूँ। पीछे जो कुछ होना हो, हो।

यह सुनकर हरि पातालपुरी गए, वहाँ राजा बलि थे। राजा बलि ने हरि को प्रणाम किया, प्रेमपूर्वक उनके हाथ पैर धुलाए और अपने सिंहासन पर उन्हें ला बैठाया। बलि से देवकीपुत्र कृष्ण ने कहा—कंस ने मैया देवकी के जिन छह पुत्री को मार डाला था, वे सभी तुम्हारी पातालपुरी में हैं, उन्हें थोड़ी देर के लिए मुझे लाकर दे दो।

पातालपुरी से लाकर हरि ने बालक माता देवकी को दे दिए। माता ने उन्हें प्यार किया, दूध पिलाया, छाती से लगाया, गोद में लेकर खिलाया। वे बालक प्रभु का दर्शन करके उनके अंग-स्पर्श का सुख उठाकर बैकुंठ चले गए।

अध्याय-८६
वेद-स्तुति

२१२७/४११८ राग बिलावल

हरि हरि हरि हरि सुमिरन करौ। हरि चरनारविंद उर धरौ॥
हरि के रूप रेख नहिं राजा। अरु हरि सम दुतिया न बिराजा॥
अलख रूप कछु कह्यौ न जाई। देवनि कछु वेदोक्त बताई॥
हरि जू कैं हिरदै यह आई। देउँ सबनि यह रूप दिखाई॥
तीन लोक हरि करि विस्तार। अपनी जोति कियौ उजियार॥

सैं कोऊ गेह सँवार। दीपक बारि करै उजियार॥
ैं हरि जोति अपनि प्रगटाई। घट-घट मैं सोई दरसाई॥
निहु लोक सगुन तन जानौ। जोति सरूप आतमा मानो॥
ासा तासु भए स्रुति चार। करैं सो अस्तुति या परकार॥
थ तुम्हारी जोति अभास। करति सकल जग मैं परकास॥
ावर जंगम जहँ लगि भए। जोति तुम्हारी चेतन किए॥
ा सब ठौर, सबनि ते न्यारे। को लखि सकै चरित्र तुम्हारे॥
ायं प्रकास, तुम साक्षी सदा। जीव कर्म करि बंधन बँधा॥
र्व व्यापी, तुम सब ठाहर। तुमहिं दूरि जानत नर बाहर॥
ा प्रभु सबके अंतरजामी। बिसरि रह्यौ जिव तुमकौं स्वामी॥
हरी माया जग उपजाया। जैसे कौं तैसे मग लाया॥
ग परमान कियौ व्यौहार। तुम्हरी लीला अगम अपार॥
दभुत सगुन चरित्र तुम्हारे। जे करि कै भू-भार उतारे॥
नकौ समुझि सकत नहिं कोइ। निरगुन रूप लखे क्यौं सोइ॥
-तन भक्ति तुम्हारी होइ। जिहि तन मैं जिय, आश्रय सोइ॥
क्ति करै सो उतरै पार। नमो नमो तुम्हैं बारंबार॥
ऽ जैसी बिधि अस्तुति गाई। तैसैं ही मैं कहि समुझाई॥
यह अस्तुति सुनै सुनावै। 'सूर' सु ज्ञान भक्ति कौं पावै॥

शुकदेव जी बोले—हे राजा परीक्षित, हरि का स्मरण करो। हरि के चरणकमलों को ाने ह्रदय में धारण करो। हरि का न कोई रूप है, न कोई सीमित करने वाली रेखा है। के समान दूसरा कोई नहीं है। हरि तो अलख हैं। उन्हें इन चर्च-चक्षुओं से देखा ही ाँ जा सकता। देवताओं ने वेदों के कथनानुसार कुछ-कुछ हरि का वर्णन किया है।

एक बार हरि जू के ह्रदय में यह बात आई कि मैं एक बार अपना रूप सबको दिखा दूँ। तब हरि ने तीनों लोकों की रचना की और अपनी ज्योति से उन लोकों में प्रकाश दिया। ठीक उसी प्रकार जिस प्रकार कोई सँवार सुधार कर घर बनवाए और दीपक ाकर उस घर में उजाला कर दे। उसी प्रकार हरि ने अपनी ज्योति प्रकट की। यह ति हर एक के शरीर में दीख पड़ती है। तीनों लोकों को प्रभु का प्रकृति के सत-रज- तीनों गुणों से बना शरीर समझो और आत्मा को ही वह ज्योति जानो। उनके साँस लेने ारों वेदों का प्राकट्य हुआ। इन वेदों ने प्रभु की स्तुति इस प्रकार की—

हे नाथ, तुम्हारी ज्योति के प्राकट्य से ही सारे संसार में प्रकाश हो रहा है। जहाँ तक -चेतन हैं, तुम्हारी ही ज्योति ने उन्हें चेतन बनाया है। तुम सभी स्थानों पर हो और सब नों से अलग भी हो। तुम्हारा चरित्र कौन जान या देख सकता है। तुम स्वयं—प्रकाश अपने ही प्रकाश से प्रकाशित हो, किसी दूसरे के प्रकाश से नहीं। तुम सबके साक्षी तुम सबको देखनेवाले हो, द्रष्टा हो। तुम जीव के सारे कार्य करते हो, पर बंधन में बँधते। तुम सर्वव्यापी हो, तुम हर स्थान पर हो, पर बावला मनुष्य तुम्हें कहीं दूर,

कहीं बाहर, समझ बैठा है। हे प्रभु, तुम सबके अंतर्मन को जानने वाले हो। हे स्वाम जीव तुमको भुला बैठा है, तुम्हारी ही माया ने सारा संसार उत्पन्न किया है और जो जै है, उसे वैसे ही मार्ग पर ला दिया है। एक युग के प्रमाण तक तुमने यही व्यवहार किय तुम्हारी लीला अगम है, अपार है। तुम्हारे सगुण-रूप की लीलाएँ अद्भुत हैं। तुमने लीलाओं को करके पृथ्वी का भार हलका किया है। तुम्हारी इन सगुण लीलाओं को क समझ नहीं सकता। फिर वह तुम्हारे निर्गुण रूप को कैसे देख सकता है। तुम्हारी भ मानव शरीर से ही की जा सकती है। जिस शरीर में जीव रहता है, वही तुम्हारी कृ का आधार होता है। जो तुम्हारी भक्ति करता है, वही भव-सागर के पार उतर जाता तुम्हें हमारा बारंबार नमस्कार।

शुकदेव ने जिस प्रकार वेदों की यह स्तुति गा सुनाई थी, मैंने वैसे ही यह समझा कह दी। जो यह स्तुति करता है और जो इस स्तुति को सुनता है, वह ब्रह्म-ज्ञान अ प्रभु की भक्ति पा लेता है।

२१२८/४९११ राग बिलाव

नमो नमस्ते बारंबार। मधुसूदन गोविंद मुरार
माया मोह लोभ अरु मान। ये सब नर कौं फाँस समान
काल सदा सर साँधे फिरै। कैसैं नर तव सुमिरन करै
तुम निरगुन अद्वै निरँकार। सुर अरु असुर रहे पचि हार
तुम्हरौ मरम न जानैं सार। नर बपुरो क्यों करै बिचार
अरुन असित सित पीत 'नुहार। करत जगत मैं तुम अवतार
सो जग क्यौं मिथ्या कहि जाइ। जहाँ तरै तुम्हरे गुन गाइ
प्रेम भक्ति बिनु मुक्ति न होइ। नाथ कृपा करि दीजै सोइ
और सकल हम देख्यौ जोइ। तुम्हरी कृपा होइ, सो होइ
यह तन है प्रभु जैसैं ग्राम। जामैं सब्दादिक बिस्राम
अधिष्ठात्र तुम हौ भगवान। जान्यौ जात न तुम्हरौ स्थान
तुम स्वासा तैं पुहुमी नाथ। स्वास रूप हम लख्यौ न जात
जगत पिता तुमही हौ ईस। यातैं हम बिनवत जगदीस
तुम सरि दुतिया और न आहि। पटतर देहिं नाथ हम काहि
सुक जैसैं वेद-स्तुति गाई। तैसैं ही मैं कहि समुझाई
'सूर' कह्यौ श्रीमुख उच्चार। कहै सुनै, सो तरै भव-पार

वेद हरि की स्तुति कर रहे हैं—हे मधुसूदन, हे मुरारी, हम तुम्हें बारंबार नमस कर रहे हैं। माया, मोह, लोभ, मान ये सभी नर के लिए फंदे के समान है। काल वाण चढ़ाए हुए, मनुष्य को मारने के लिए, घूमता रहता है, तब मनुष्य तुम्हारा सुमि किस प्रकार करे। तुम निर्गुण हो, अ-द्वय (एक) हो, तुम निराकार हो। देवता और द तुम्हें तलाशते रहे, पर वे यत्न कर हार रहे। तुम्हारा भेद, तुम्हारा सारतत्त्व नहीं पा स फिर बेचारा आदमी तुम्हारा बिचार क्या कर सकता है। तुम सतयुग में श्वेत, त्रेता में ल

द्वापर में पीत और कलियुग में साँवले रंग के अवतार लेते हो। उस जग को मिथ्या कैसे कहा जा सकता है, जहाँ तुम्हारे गुण गाकर मनुष्य तर जाता है। बिना प्रेम-भक्ति के मुक्ति नहीं मिलती। हे नाथ, हमें वही प्रेम-भक्ति दीजिए। हमने और सभी को देख परख लिया, किसी के किए कुछ नहीं हो सकता। जो कुछ होता है, तुम्हारी ही कृपा से होता है। हे प्रभु, यह शरीर गाँव के समान है, जिसमें शब्द स्पर्श रूप रस गंध रहते हैं। हे भगवान, तुम भी इसी शरीर रूपी गाँव में रहते हो, पर इस गाँव में तुम किस जगह रहते हो, इसीका पता किसी को नहीं है। तुम श्वास रूप से इस पृथ्वी के नाथ हो, पर तुम्हारा श्वास रूप, अत्यंत सूक्ष्म होने के कारण, हमें नहीं दिखाई देता। हे ईश, तुम्हीं जगत्पिता हो। हे जगदीश, इसीलिए हम तुम्हारी स्तुति कर रहे हैं। तुम्हारे समान इस संसार में कोई नहीं है, तुम अद्वितीय हो, अब हम तुम्हारी उपमा किससे दें।

शुकदेव जी ने जिस प्रकार वेद-स्तुति गाई थी, मैंने उसे वैसे ही कहकर समझा दी। शुकदेव ने अपने श्रीमुख से प्रभु की जो स्तुति की है, उसे जो कहता है, जो सुनता है, वह भव-सागर के पार उतर जाता है।

नारद-स्तुति *२१२१/४१२० राग धनाश्री*

प्रभु तुव मर्म समुझि नहिं परै।
जग सिरजत पालत संहारत, पुनि क्यौं बहुरि करै॥
ज्यौं पानी में होत बुदबदा, पुनि ता माहिँ समाइ।
त्यौंही सब जग प्रगटत तुम तैं, पुनि तुम माहिँ बिलाइ॥
माया जलधि अगाध महाप्रभु, तरि न सकै तिहिँ कोइ।
नाम-जहाज चढ़ै जो कोऊ, तुम पद पहुँचै सोइ॥
पापी नर लोहे जिमि प्रभु जू, नाहीं तासु निबाह।
काठ उतारत पार लोह ज्यौं, नाम तुम्हारौ ताह॥
पारस परसि होत ज्यौ कंचन, लोहपनौ मिटि जाइ।
त्यौं अज्ञानी ज्ञानहिं पावत, नाम तुम्हारौ गाइ॥
अमर होत ज्यौं संसय नासै, रहत सदा सुख पाइ।
यातैं होत अधिक सुख भगतनि, चरन कमल चित लाइ॥
थावर जंगम सब तुम सुमिरत, सनक सनंदन ताहीं।
ब्रह्मा सिव अस्तुति न सकैं करि, मैं बपुरा केहि माहीं॥
जोग ध्यान करि देखत जोगी, भक्त सदा मोहिँ प्यारौ।
व्रज वनिता भजियौ मोहिँ नारद, मैं तिन पार उतारौ॥
नारद ज्यौं हरि अस्तुति कीन्ही, सुक त्यौं कहि समुझाई।
'सूरज' प्रेम भक्ति की महिमा, श्रीपति श्रीमुख गाई॥

नारद जी ने कृष्ण की स्तुति करते हुए कहा—हे प्रभु, तुम्हारा रहस्य कुछ समझ में नहीं आता। तुम संसार को रचते हो, उसका पालन पोषण करते हो, फिर उसका संहार भी कर देते हो। तुम यही प्रक्रिया बार-बार क्यों किए जाते हो? जैसे पानी का बुलबुला पानी

में ही उत्पन्न होता है और फिर उसी पानी में विलीन हो जाता है, उसी प्रकार सारा संसार तुम्हीं से प्रकट होता है और फिर तुम्हीं में विलीन हो जाता है। हे महाप्रभु, यह माया-सागर अगाध है, अथाह है। इसे तैर करके कोई इसके पार नहीं जा सकता। तुम्हारे नाम रूपी नौका पर जो चढ़ता है, वही इसे पार कर तुम्हारे पाद-प्रदेश तक पहुँच पाता है। तुम्हारा नाम-स्मरण करके ही मनुष्य मुक्त हो सकता है। पापी प्राणी तो लोहे जैसा वजनी होता है, वह तो भव-सागर में डूब ही जायगा, उसका गुजारा नहीं है। ऐसे पापी भी तुम्हारा नाम लेकर उसी प्रकार तर जाते हैं जैसे नाव में लगे लोहे के कील-काँटे भी नाव के साथ-साथ दूसरे कूल पर पहुँच जाते हैं। जिस प्रकार लोहा पारस पत्थर को छूकर सोना हो जाता है और उसका लोहत्व मिट जाता है, उसी प्रकार अज्ञानी भी तुम्हारा नाम गाकर ज्ञान पा लेता है। ब्रह्म-ज्ञान प्राप्त होते ही सारे संदेह मिट जाते हैं और प्राणी अमर हो जाता है और सदा सुख पाकर जीवित बना रहता है। इसीलिए भक्तों को प्रभु के चरण-कमलों का ध्यान करके अत्यंत सुख प्राप्त हो जाता है। सभी चर अचर सदैव तुम्हारा स्मरण करते रहते हैं। सनक सनंदन आदि मुनि भी तुम्हारा ही स्मरण करते रहते हैं। प्रभु, तुम्हारी स्तुति तो ब्रह्मा और शिव भी नहीं कर पाते। फिर बेचारा मैं किस गिनती में हूँ।

तब भगवान बोले—नारद, योगी लोग मुझे योग साधना करके, ध्यान लगा करके देख लेते हैं। पर मुझे तो मेरा भक्त ही परम प्रिय हैं, व्रज की गोपियों ने मुझे भजा था, मैंने उन्हें पार उतार दिया।

नारद ने प्रभु की स्तुति जिस प्रकार की थी, और शुक ने उसे राजा परीक्षित से जिस प्रकार कह सुनाया था, उस प्रेमा-भक्ति की महिमा स्वयं श्रीपति ने अपने श्रीमुख से कह दी है। (सूरजदास उसी को दुहरा भर रहे हैं)।

अध्याय-८७
सुभद्रा-विवाह

२९३०/४९२१ राग बिलावल

भक्त-वछल श्री जादवराइ। भक्त-काज हरि करत सदाइ ॥
अर्जुन तीरथ करन सिधाए। फिरत-फिरत द्वारावति आए ॥
सुन्यौ बिचार करत बल येइ। दुर्योधनहिं सुभद्रा देइ ॥
तब अर्जुन के मन यह आइ। याकौं मैं लै जाउँ दुराइ ॥
भेस तापसी कौं तिन गह्यौ। चारि मास द्वारावति रह्यौ ॥
बलदेव ताकौं नेवति बुलायौ। भोजन हेतु जो बल-गृह आयौ ॥
लख्यौ सुभद्रा इहि संन्यासी। राजकुँवर कोउ भेष उदासी ॥
मेरे मन मैं यह उत्साह। मेरौ या सँग होइ बिवाह ॥
इक दिन सो हरि-मंदिर गई। तहाँ भेंट पारथ सों भई ॥
देखि ताहि रथ ठाढ़ौ कियौ। हरि दुहुँ कौ हिरदै लखि लियौ ॥
धनुष-बान अपने तब दए। अर्जुन सावधान ह्वै लए ॥

पारथ लै सो रथहि परायौ। रथ के तुरँगनि बेगि चलायौ ॥
यह सुनिके हलधर उठि धाए। तब हरि अर्जुन नाम सुनाए ॥
बल कह्यौ तुम मन ऐसी आई। तौ तुम क्यौं कीनी न सगाई ॥
हरि कह्यौ अबहुँ बुलावहु ताहि। भली-भाँति सौं करै विवाह ॥
तब बल पारथ तुरत बुलायौ। सोधि महूरत लगन धरायौ ॥
करि विवाह अर्जुन घर आए। 'सूरदास' जन मंगल गाए ॥

श्री भगवान कृष्ण भक्तों पर संतानवत प्रेम करने वाले हैं। वे अपने भक्तों का कार्य सदा ही करते आए हैं। एक बार अर्जुन तीर्थयात्रा पर चले गए। वे घूमते-घामते द्वारिकापुरी आ पहुँचे। वहाँ उन्होंने सुना कि बलदाऊ अपनी बहिन सुभद्रा का विवाह दुर्योधन से करने का विचार कर रहे हैं। तब अर्जुन के मन में यह बात आई कि मैं सुभद्रा को धीरे से चुरा ले जाऊँ। तब उन्होंने तपस्वी का वेश धारण कर लिया और चार महीने तक द्वारिकापुरी में रह गए। एक दिन बलदेव ने इस तपस्वी को निमंत्रण देकर अपने आवास पर बुलवाया। अर्जुन भोजन करने के लिए बलराम के घर गए। इस संन्यासी को सुभद्रा ने देखा और उसने समझ लिया कि वह उदासी के वेश में कोई राजकुमार है। उसके मन में यह उत्कट अभिलाषा पैदा हो गई कि मेरा विवाह इसके साथ हो जाय।

एक दिन सुभद्रा कृष्ण के महल में गई। वहाँ उसकी भेंट अकस्मात पार्थ (अर्जुन) से हो गई। सुभद्रा को देखकर अर्जुन ने अपना रथ रोक दिया। कृष्ण ने सुभद्रा और अर्जुन दोनों के मन की बात जान ली। तब हरि ने अपना धनुष वाण अर्जुन को दे दिया। अर्जुन ने सावधानी से उनको ले लिया। पार्थ सुभद्रा को रथपर बैठाकर भाग चले और रथ के घोड़ों को जोर से हाँक दिया।

सुभद्रा-हरण की यह बात सुनकर हलधर वहाँ दौड़े आए कि हमारी बहन को यह कौन हरे जा रहा है। तब कृष्ण ने बताया—'यह अर्जुन है।' तब बलराम ने कहा—'यदि तुम्हारे मन में ऐसा ही था, तो तुमने अर्जुन के साथ सुभद्रा का विवाह ही क्यों न कर दिया?'

हरि ने कहा—अब भी क्या बिगड़ा है? उन्हें बुला लो और उन दोनों का विधिवत विवाह कर दो।

तब बलदाऊ ने अर्जुन को तुरंत बुलवाया। मुहूर्त शोध कर विवाह की लग्न रखाई गई। अर्जुन सुभद्रा से विवाह कर इंद्रप्रस्थ अपने घर आ गए।

सूरदास ने भी सुभद्रा अर्जुन के विवाह का यह मंगलगीत गाया।

२९३१/४९२२ राग नट

बिनती करत गुविंद गुसाईं।
दै सब सौंज अनंत लोकपति, निपट रंक की नाईं ॥
धरि धन धाम सजन के आगैं, स्याम सकुचि कर जोरे।
टहल जोग यह कुँवरि सुभद्रा, तुम सम नाहीं कौ रे ॥
इतनी सुनत पांडु-नंदन कह्यौ, यहै बचन प्रभु दीजै।
'सूरज' दीन-बंधु अब इहि कुल, कन्या जन्म न लीजै ॥

सुभद्रा अर्जुन के विवाह हो जाने पर कृष्ण ने उन्हें सभी सामान प्रभूत मात्रा में दहेज के रूप में दिया और वह अनंत लोगों के स्वामी गोविंद गोसाईं निपट रंक के समान विनती करने लगे। धन-धाम अपने संबंधी सजन अर्जुन के सामने रखकर, हाथ जोड़कर बहुत सकुचाए हुए श्याम बोले—'तुम्हारे समान वीर कोई नहीं है। मैं अपनी यह बहन सुभद्रा तुम्हें सेवा के लिए दे रहा हूँ।' श्याम की इतनी बात सुनकर पांडु-पुत्र अर्जुन ने कहा—हे प्रभु, अब मुझे एक ही वचन दीजिए। इस सुभद्रा के कुल में कोई कन्या न जन्म ले।

अध्याय-८८

जनक श्रुतदेव और श्रीकृष्ण मिलाप

२१३२/४९२३ राग बिलावल

हरि हरि हरि सुमिरहु सब कोइ। राव-रंक हरि गिनत न कोइ ॥
जो सुमिरै, ताकी गति होइ। हरि हरि हरि सुमिरहु सब कोइ ॥
श्रुतदेव ब्राह्मन सुमिर्‌यौ हरी। ताकी भक्ति हृदै हरि धरी ॥
राजा जनक हरि सुमिरन कीनौ। हरि जू सोउ हृदै धरि लीनौ ॥
तब हरि रिषि बहुतक सँग लए। तिनके देस प्रीति-बस गए ॥
द्वै स्वरूप धरि दुहुँ को मिले। तोषि तिन्हैं पुनि निजपुर चले ॥
हरि जू कौ यह सहज सुभाउ। रंक होइ ध्यावै कोउ राउ ॥
जो हित करै ताहि हित करैं। 'सूरज' प्रभु नहिं अंतर धरै ॥

'हरि-हरि' 'हरि-हरि' कहते रहो। हरि यह नहीं देखते कौन रंक है और कौन राजा है। उनके लिए राजा भक्त और रंक भक्त दोनों समान हैं। जो भी उनका स्मरण करता है, उसे मोक्ष मिल जाता है। अत: सबलोग हरि सुमिरन करते रहें। मिथिला के श्रुतदेव ब्राह्मण ने हरि का सुमिरन किया। हरि ने उसकी भक्ति को अपने हृदय से स्वीकार कर लिया। मिथिला के ही राजा बहुताश्व जनक ने भी हरि का सुमिरन किया। हरि ने उनकी भी भक्ति को अंगीकार कर लिया। तब प्रीति के बस में होकर हरि बहुत से ऋषियों को साथ में लिए हुए श्रुतदेव विप्र और राजा जनक के देश मिथिला गए। वे वहाँ दोनों भक्तों से दो रूप धारण कर अलग-अलग एक साथ मिले। उन्हें अपने दर्शन से संतुष्ट करके वे फिर अपने नगर द्वारिका आ गए।

हरि का यह सहज स्वभाव है—चाहे कोई राजा हो या रंक हो, जो उनसे प्रेम करता है, वे उससे प्रेम करते हैं। प्रभु रंक भक्त और राज भक्त में कोई अंतर नहीं करते।

२१३३/४९२४ राग कान्हरौ

घरहीं बैठे दोऊ दास।
रिधि सिधि मुक्ति अभय पद दायक, आइ मिले प्रभु हरि अनयास ॥
आए सुने स्याम उपवन मैं, भेंट लई भुज परम सुवास।
चर्चित गात चंद्र-मुख चितवत, उर-सरवर भयौ कमल बिगास ॥

भूपति चँवर, बिप्र कर बस्तर, करत बाउ अति अंग हुलास।
आनँद उमँगि चल्यौ नैननि-जल, सुरत देव द्विज, नृप बहुलास॥
जाकौ ध्यान धरत मुनि संकर, सीस जटा, दिग अंबर तास।
काम-दहन गिरि-कंदर आसन, वा मूरति की तऊ पियास॥
भक्त-वछलता प्रगटे करी है, भयौ विप्र घर कर कलि ग्रास।
'सूरदास' स्वामी सुमिरन बस, अछय निरंजन सेवा-पास॥

विप्र श्रुतदेव और राजा बहुलाश्व जनक दोनों भक्त अपने घर ही में बैठे रहे। ऋद्धि, सिद्धि, मुक्ति और अभयपद देनेवाले प्रभु उनसे अनायास ही आकर उनके आवासों पर मिले। श्याम उपवन में गए हुए हैं, यह सुनकर दोनों भक्त आगे बढ़ आए। श्याम ने दोनों को अपनी परम सुगंधित बाहों में लपेट लिया। प्रभु के चंदन चर्चित अंगों और चंद्र-मुख को देखकर उन दोनों भक्तों के हृदय सरोवरों के कमल विकसित हो उठे। राजा तो प्रभु को चँवर डुलाने लगे और ब्राह्मण अत्यंत पुलकित अंगों से अपने अँगोछे से ही प्रभु को हवा करने लगा। श्रुतदेव ब्राह्मण और राजा बहुलाश्व दोनों के नेत्रों से आनंद के आँसू उमड़ चले। काम को जला देनेवाले, गिरि गुहा में रहनेवाले, सिर पर जटा रखनेवाले दिगंबर शिव जिस परम प्रभु का ध्यान करते रहते हैं, फिर भी उस मूर्ति के दर्शन के लिए प्यासे ही बने रह जाते हैं, उन्हीं प्रभु को अपने विप्र भक्त पर वात्सल्य भाव से प्रेरित हो कर उसके घर के कलि को अपना ग्रास बना लिया, उन्होंने घर को कलि के कुप्रभाव से दूर कर दिया। वही अलख निरंजन प्रभु भक्त के सुमिरन के बस होकर उसके पास तत्काल आ जाते हैं और उसकी सेवा के पाश (वंधन) में बँध जाते हैं।

अध्याय-८९
भस्मासुर-वध

२१३४/४९२५ राग धनाश्री

तेऊ चाहत कृपा तुम्हारी।
जिनकैं बस अनमिष अनेक गन, अनुचर आज्ञाकारी॥
महादेव बर दियौ असुर कौं, जब उन निज तनु जार्‌यौ।
सिव कैं सीस धरन लाग्यौ कर, सिव बैकुंठ सिधार्‌यौ॥
बिप्र-रूप हरि कह्यौ असुर सौं, यह वर सत्य न होइ।
सिर अपने पर धरौ असुर कर, भस्म होइ गयौ सोइ॥
सिव कैलास गए अस्तुति करि, आनँद उपज्यौ भारी।
'सूरदास' हरि कौ जस गायौ, श्रीभागवत 'नुसारी॥

जिन शिव के वश में देवता और गण बराबर बने रहते हैं, जिनके अधीन अनेक आज्ञाकारी अनुचर रहते हैं, ऐसे शिव भी, हे प्रभु, तुम्हारी कृपा की कामना करते रहते हैं। जब उस असुर ने अपना तन काट-काटकर शिव के निमित्त जला डाला, तब शिव ने प्रसन्न होकर उस असुर के माँगने पर यह वर दे दिया कि वह जिसके भी सिर पर अपना हाथ रख

देगा, वह भस्म हो जायगा। तब उस भस्मासुर ने पार्वती को पाने के लोभ में, स्वयं शि के सिर पर हाथ रखकर, उन्हें जला डालना चाहा। तब शिव अपनी जान बचाकर विष्णु पास बैकुंठ भाग गए। विप्र रूप धारण कर हरि (विष्णु) ने उस असुर से कहा—मुझे यह वरदान झूठा जान पड़ता है। हे असुर, तुम अपने ही सिर पर हाथ रखकर पहले इस व की सत्यता असत्यता की पूरी परख तो कर लो। असुर ने अपने सिर पर अपना हाथ रखा था, कि वह तत्काल भस्म हो गया। शिव विष्णु की स्तुति करके अपने कैलास धाम च आए। और भारी आनंद छा गया क्योंकि भस्मासुर स्वयं भस्म हो गया था।

सूर ने श्री मद्भागवत (दशम स्कंध उत्तरार्द्ध के अध्याय ८९) के अनुसार हरि व यह यश गाया है।

अध्याय-९०

भृगु परीक्षा

२१३५/४१२६ राग बिलाव

हरि सौं ठाकुर और न जन कौं।
तिहूँ लोक भृगु जाइ आइ कहि, या बिधि सब लोगनि सौं॥
ब्रह्मा राजस गुन अधिकारी, सिव तामस अधिकारी।
विष्णु सत्य केवल अधिकारी, विप्र लात उर धारी॥
मुख प्रसन्न सीतल स्वभाव नित, देखत नैन सिराइ।
यह जिय जानि भजौ सब कोऊ, 'सूरज'-प्रभु जदुराइ॥

भृगु मुनि तीनों लोकों में घूम-घूम कर सब लोगों से इस प्रकार कहते फिरे—ह (विष्णु) के समान यहाँ का स्वामी कोई दूसरा नहीं। ब्रह्मा राजस गुण के अधिकारी है मैंने उन्हें नमस्कार नहीं किया, इससे ये मुझसे अप्रसन्न हो गए। शिव तामस गुण अधिकारी हैं, उन्होंने गले लगाने के लिए हाथ फैलाया, पर मैं उनके गले नहीं मिल इसीसे वे मुझपर रूठ गए। पर मेरे लात मार देने पर भी विष्णु दुखी नहीं हुए, वरन् उल मेरे पैर सहलाने लगे कि कहीं उनकी वज्र छाती से टकराकर इसे चोट तो नहीं लग गइ अतः विष्णु सतोगुण के अधिकारी हैं। विष्णु नित्य प्रसन्न-मुख हैं, नित्य शीतल स्वभा के हैं, उनको देखकर आँखें ठंडी हो जाती हैं। ऐसा समझकर सब कोई यदुनाथ (विष्णु को भजो।

अर्जुन निज रूपदर्शन तथा शंखचूड़-पुत्र आनयन

२१३६/४१२७ राग बिलाव

हरि हरि हरि हरि सुमिरन करौ। हरि चरनारविंद उर धरौ
हरि इक दिन निज सभा मँझार। बैठे हुते सहित परिवार
अर्जुन हू ता ठौर सिधाए। संखचूड़ तब बचन सुनाए
द्वारावती बसत सब सुखी। मैं ही इक हौं अहनिसि दुखी
मेरे पुत्र होत हैं जबहीं। अंतर्धान होत सो तबहीं

अर्जुन कह्यौ द्वारिका माहिँ। ऐसौ कोउ धनुष-धर नाहिँ ॥
जो तुव सुत की रच्छा करै। अब तेरौ यह दुख परिहरै ॥
मैं तुव सुत की रच्छा करौं। अरु तेरौ यह दुख परिहरौं ॥
यह परतिज्ञा जौ न निबाहौं। तौ तन अपनौ पावक दाहौं ॥
बिप्र कह्यौ तुम स्याम कि राम। कै प्रदुम्न अनिरुध अभिराम ॥
अर्जुन कह्यौ मैं इनमैं नाहिँ। पै हौं इनके दासन माहिँ ॥
अर्जुन है मेरौ निज नाम। धनुष गाँडीव मम अभिराम ॥
तू निहचिंत बैठि गृह जाइ। समै होइ, कहु मो हौं आइ ॥
पुत्र प्रसूत समय जब आयौ। विप्रार्जुन सौं आइ सुनायौ ॥
अर्जुन तब सर पिंजर कियौ। पवन सँचार रहन नहिँ दियौ ॥
गृह कौ द्वारौ राख्यौ जहाँ। अर्जुन सावधान भयौ तहाँ ॥
ब्राह्मन कह्यौ समै अब भयौ। अर्जुन धनुष-बान तब लयौ ॥
बालक ह्वै, भयौ अंतर्धान। अर्जुन ह्वै रह्यौ चकित समाम ॥
बिप्र नारि तब गारी दई। कह्यौ, प्रतिज्ञा का ह्वै गई ॥
तैं पुरुषारथ कहँ तैं पायौ। मिथ्या ही कहि वाद बढ़ायौ ॥
हरि सौं दुख अब कहिहौं जाइ। अर्जुन कह्यौ तासौं या भाइ ॥
तेरे सुत कौं मैं अब ल्याऊँ। तेरौ सब संताप नसाऊँ ॥
अर्जुन तिहूँ लोक फिरि आयौ। पै सो बालक कहूँ न पायौ ॥
अर्जुन बिप्र स्याम पै आए। हरि अर्जुन सौं बचन सुनाए ॥
तुम बालक काहे नहिँ राख्यौ। सो वृत्तांत हमैं तुम भाखौ ॥
कह्यौ जु मैं परतिज्ञा करी। सो मोसैं पूरी नहिँ परी ॥
बालक होत कौन लै गयौ। सो मोकौं कछु ज्ञान न भयौ ॥
मैं देख्यौ तिहिँ त्रिभुवन जाई। पै ताकी कहुँ सुधि नहिँ पाई ॥
विप्र काज प्रभु अब तुम करौ। नातरु मोकौं जानौ मरौ ॥
हरि रथ पर अर्जुन बैठाइ। पहुँचे लोकालोकहि जाइ ॥
ह्वाहूँ तैं पुनि आगैं धाए। दारुक हरि सौं बचन सुनाए ॥
अंधकार मग नहिँ दरसाइ। तातैं रथ नहिँ सकत चलाइ ॥
चक्र सुदरसन आगैं कियौ। कोटिक रवि प्रकास तहँ भयौ ॥
तब हरि अर्जुन पहुँचे तहाँ। गति नाहीं काहू की जहाँ ॥
तहाँ जाइ देख्यौ इक रूप। ता-सम और न दुतिय स्वरूप ॥
नैननि निरखि चकृत ह्वै गए। मन बानी दोऊ थकि रए ॥
कहिबैं जोग होइ तौ कहै। तहाँ कछू आकार न लहै ॥
सेष नाग फन मुकुट-स्थान। मनि-प्रभा मनु कोटिक भान ॥
हरि अर्जुन कियौ निरखि प्रनाम। मनौ तहाँ इक सब्द 'भिराम ॥

तुम्हरे हेत चरित यह कियौ। बोझ पृथी कौ हरुऔ भयौ ॥
आवहु तुम अब अपनैं धाम। पूरन भए सुरनि के काम ॥
दसौ पुत्र ब्राह्मन के दिए। हरि अर्जुन प्रनाम तब किए ॥
तहँ तैं पुनि द्वारावति आए। ब्राह्मन के बालक पहुँचाए ॥
अर्जुन देखि चरित्र अनूप। विस्मय बहुत भयौ सुनि भूप ॥
नहिँ जान्यौ मैं कहाँ सिधायौ। अरु ह्वाँ तैं ह्याँ कैसैं आयौ ॥
हरि अर्जुन कौं निज जन जान। लै गए तहँ न जहाँ ससि भान ॥
निज स्वरूप अपनौ दरसायौ। जो काहूँ देखन नहिँ पायौ ॥
ऐसे हैं त्रिभुवनपतिराइ। कहा सकै रसना गुन गाइ ॥
ज्यौं सुक नृप सौं कहि समुझायौ। 'सूरदास' ताही बिधि गायौ ॥

हरि का निरंतर स्मरण करते रहो और हरि के चरणकमलों को बराबर हृदय में धारण किए रहो।

एक दिन श्रीकृष्ण अपने समस्त परिवार सहित अपनी राजसभा में बैठे हुए थे। अर्जुन भी वहाँ आ गए थे। तब शंखचूड़ नामक एक ब्राह्मण ने निवेदन किया—द्वारिका में सभी सुखी हैं। मैं ही एक अकेला व्यक्ति हूँ, जो यहाँ दिन रात दुखी बना रहता हूँ। मेरे जब भी कोई पुत्र होता है, तत्काल अंतर्धान हो जाता है।

तब अर्जुन ने कहा—क्या द्वारिका में ऐसा कोई धनुर्धर नहीं है, जो तुम्हारे पुत्र को अंतर्धान होने से बचा सके। उनकी रक्षा कर ले और तुम्हारे दुख को भी समाप्त कर दे। मैं तुम्हारे पुत्र को बचाऊँगा और तुम्हारा दुख दूर करूँगा। यदि मैं अपनी इस प्रतिज्ञा का निर्वाह न कर सकूँगा, तो मैं आग में अपने को जला डालूँगा।

विप्र ने पूछा—बताओ तो, तुम कौन हो? तुम श्याम कृष्ण हो, या उनके अग्रज बलराम हो या उनके पुत्र प्रद्युम्न हो या उनके पौत्र सुंदर अनिरुद्ध हो?

अर्जुन ने कहा—मैं इन चारों में से कोई भी नहीं हूँ। मैं इनके दासों में से एक हूँ। मेरा नाम अर्जुन है। मेरा धनुष गांडीव परम प्रसिद्ध है। तुम निश्चिंत होकर अपने घर जा बैठो। जब बच्चा होने का समय आ जाय, तब मुझे आकर समाचार देना।

जब बच्चा होने का समय आया, तब ब्राह्मण शंखचूड़ ने आकर अर्जुन को खबर दी। तब अर्जुन ने वाणों से ब्राह्मण के घर के चारों ओर ऐसा पिंजड़ा बना दिया, जिससे पवन तक का प्रवेश न हो सके। घर के दरवाजे पर वह स्वयं सावधान होकर रखवाली के लिए बैठ गए। जब बच्चे के पैदा होने का ठीक समय आ गया, तब ब्राह्मण ने अर्जुन को पुनः संचेत कर दिया और अर्जुन ने अपने हाथ में धनुष वाण ले लिया।

बालक हुआ और अंतर्धान भी हो गया। तब अर्जुन अत्यंत चकपका गए। तब ब्राह्मणी ने अर्जुन को गाली दी और कहा—तुम्हारी प्रतिज्ञा क्या हो गई। तुममें यह शक्ति कहाँ से आई। व्यर्थ ही तुमने यह प्रतिज्ञा का झगड़ा बढ़ा दिया। अब मैं हरि से ही अपना दुखड़ा जा रोऊँगी।

तब अर्जुन ने उससे इस प्रकार कहा—तू चिंता मत कर। मैं तेरे बेटे को अभी लेता

ा रहा हूँ और तेरे सभी दु:खों को समाप्त किए देता हूँ। अर्जुन तीनों लोकों में घूम आए, र उस ब्राह्मणी का बेटा उन्हें कहीं नहीं मिला। तब ब्राह्मण शंखचूड़ और अर्जुन श्याम क पास आए। हरि ने अर्जुन से इस प्रकार कहा—'तुम मुझसे सब ठीक ठीक कह जाओ। ुम सब बालक की रक्षा क्यों नहीं कर सके।'

अर्जुन ने कहा—मैंने इस ब्राह्मण के बच्चे की रक्षा की प्रतिज्ञा की थी। मैं वह प्रतिज्ञा ूरी नहीं कर सका। बालक के उत्पन्न होते ही, कौन उसे उठा ले गया। मुझे इसकी ानकारी नहीं हो सकी। मैंने तीनों लोकों में उस बालक की खोज की, पर उसका कहीं ी कुछ अता-पता नहीं लगा। प्रभु, अब तुम्हीं इस ब्राह्मण का कार्य कर डालो। नहीं तो ुझे अब मरा ही समझो।

हरि ने अर्जुन को अपने रथ पर बैठाया और वे लोकालोक में जा पहुँचे। पुराणों के अनुसार लोकालोक सातों समुद्रों को घेर रखने वाली पर्वतश्रेणी है। वे लोकलोक से भी आगे निकल गए। तब हरि के सारथी दारुक ने कहा—बड़ा अँधेरा है, रास्ता नहीं सूझ रहा है। इससे मैं रथ आगे नहीं चला पा रहा हूँ।

तब हरि ने अपना चक्र सुदर्शन आगे कर दिया और वहाँ 'कोटि सूर्य समप्रभ' हो गया। इस प्रकाश में हरि और अर्जुन वहाँ जा पहुँचे, जहाँ तक किसी की भी पहुँच नहीं हो पाती। वहाँ जाकर उन्होंने एक रूप देखा। उसके समान दूसरा कोई भी रूप नहीं है। आँखों से इस रूप को देखकर ये चकित हो गए। वह रूप वाणी के लिए तो अकथनीय था ही, मन के लिए भी अगम्य था। कहने योग्य हो तो कहा भी जाय, वहाँ तो कोई आकार ही न था। मकुट के स्थान पर शेषनाग का फन था। वहाँ करोड़ों सूर्यों की प्रभा के समान मणियाँ जगमगा रही थीं।

हरि और अर्जुन दोनों ने इस रूप को देखकर प्रणाम किया। वहाँ एक ही सुंदर शब्द सुनाई पड़ा—

'तुम्हारे लिए यह लीला की गई है। अब पृथ्वी का बोझ हलका हो गया है। अब तुम अपने धाम में लौट आओ। देवताओं के सारे काम पूरे हो गये।'

तब उस रूप ने ब्राह्मण के दसों पुत्रों को दे दिया। फिर हरि और अर्जुन ने उस रूप को प्रणाम किया।

वहाँ से वे पुनः द्वारिका आ गए और ब्राह्मण के दसों पुत्रों को उनके घर पहुँचा दिया। अर्जुन इस लीला को देखकर चकित हो गए। शुकदेव जी बोले—हे राजा परीक्षित सुने। अर्जुन यह नहीं जान सके कि मैं कहाँ गया था और वहाँ से कैसे यहाँ आ गया।

हरि अर्जुन को अपना भक्त जानकर वहाँ ले गए थे, जहाँ शशि और सूर्य का भी प्रवेश नहीं है। अर्जुन को उन्होंने अपना असली रूप दिखाया, जिसे कोई भी नहीं देख पाया था।

त्रिभुवनपति ऐसे हैं। उनका गुणानुवाद रसना से नहीं किया जा सकता। शुकदेव जी ने राजा परीक्षित से जैसा कह सुनाया था सूरदास ने भी उसे वैसा ही कह सुनाया।

●

एकादश स्कंध

उद्धव बचन श्रीकृष्ण के प्रति

२९३७/१ राग नट नारायण

तुम्हरो बचन न मेट्यो जाइ।
प्राणनाथ कृपालु परम गुरु, सुजान जादौराइ॥
कहत पठवन बद्रिका मोहिं, गूढ़ ज्ञान सिखाइ।
सकुचि साहस करत मन में, चलत परत न पाइ॥
पताका के दंड सौं, मन लेत संग लगाइ।
कहा करौं चित चरन सन्मुख, बसन सदृस उड़ाइ॥
मेरे ही या हृदय की हरि, कठिन सकल उपाइ।
'सूर' सुनत न गयो तबही, खंड खंड नसाइ॥१॥

हे प्राणनाथ, कृपालु, परम गुरु, सुजान, यादवराय, तुम्हारी आज्ञा का पालन तो करना ही होगा। इसका उल्लंघन नहीं ही किया जा सकता। तुम मुझे गूढ़ ज्ञान सिखाकर बदरिकाश्रम भेज देना चाहते हो, वहाँ जाने की हिम्मत तो तुम्हारे बड़े संकोच के कारण मन में करता हूँ, पर उस ओर पैर नहीं बढ़ते। पताका के दंड के समान मन तो मैं उस आज्ञा में लगा लेता हूँ, पर क्या करूँ, मेरा चित्त तो उस पताका के वस्त्र के समान तुम्हारे चरणों की ओर ही उड़-उड़कर आ जाता है। हे हरि, मेरे इस हृदय की ही यह सभी कठिन स्थिति है, यह वज्र का सा बन गया है, नहीं तो बदरिकाश्रम जाने का तुम्हारा आदेश पाते ही यह खंड-खंड होकर नष्ट न हो गया होता।

२९३८/२ सभा, राग सारंग

हरि जू सौं अब मैं कहा कहौं।
प्रभु अंतरजामी सब जानत, हौं सुनि सोचि रहौं॥
आयसु कियो जाहु बदरी बन, कहैं सो कियो चहौं।
तन मन बुधि जड़ देह दयानिधि, क्यों करि लै निबहौं॥
अपनी करनी बिचारि गुसाईं, काहे न सूल सहौं।
मैं इहिं ज्ञान छली ब्रज-वनिता, दियो, सु क्यौं न लहौं॥
प्रगट पाय-संताप 'सूर' अब, कापर हठै गहौं।
और इहाउ बिबेक-अगिनि के, बिरह-बिपाक दहौं॥२॥

हे हरि, मैं आपसे अब क्या कहूँ? प्रभु, तुम तो अंतर्यामी हो। भीतर बाहर की सब जानते हो। मैं तुम्हारा आदेश सुनकर भारी शोच में पड़ गया हूँ। तुमने मुझे बदरी वन जाने

ी आज्ञा दी है। प्रभु ने जो आज्ञा दी है, उसका पालन तो करना चाहता हूँ, पर इस मन द्धि और जड़ शरीर को लेकर, हे रसनिधि, मैं तुम्हारी आज्ञा का पालन कैसे कर पाऊँगा। अपनी पिछली करनी पर विचार करके यह शूल (पीड़ा) क्यों न सहूँ? मैंने अपने इसी ान से व्रज-वनिताओं को छला था। मैंने जो कुछ गोपियों को दिया, वही तो मेरा प्राप्य । मैं उसे क्यों न भोगूँ? मेरे उस पाप का संताप अब प्रगट हो गया है। मैं इसके लिए ठपूर्वक किस दूसरे को दोषी कहूँ? यहाँ अब मैं या तो विवेक की आग में जलूँ या फिर रह के परिणाम में दहूँ।

द्धव बचन *२१३९/४९२८ राग नट*

कैसैं करि आवत स्याम इती।
मन क्रम बचन और नहिं मेरौं, पद-रज त्यागि हिती॥
अंतरजामी यहौ न जानत, जो मो उरहि बिती।
ज्यौं जुवारि रस-बींधि हारि गथ, सोचत पटकि चिती॥
रहत अवज्ञा होइ गोसाईं, चलत न दुखहि मिती।
क्यौं बिस्वास करहिगौ कौनौ, सुनि प्रभु कठिन कृती॥
इतर नृपति जिहि उचित निकट करि, देत न मूठि रिती।
छुटत न अंसु सु वितहि कृपन कैं, प्रीति न 'सूर' रिती॥३॥

हे श्याम, मुझसे तुम्हारी इस आज्ञा का पालन कैसे किया जा सकेगा? मेरा प्रेम तो, ा से, वचन से, कर्म से तुम्हारी चरण-धूलि को छोड़कर और किसी से नहीं है। दरिकाश्रम चले जाने के तुम्हारे इस आदेश से मेरे हृदय पर जो बीत रही है, तुम अंतर्यामी कर भी उसे नहीं जान पा रहे हो। जैसे जुआरी रस-वेधक स्वर्ण की अपनी पूँजी जुए हारकर, चित्ती कौड़ी फेंककर सोचता रहता है, वैसे ही मैं सोच रहा हूँ, यदि मैं नहीं ता, तो प्रभु की आज्ञा का उल्लंघन होता है, और यदि चला जाता हूँ तो मेरे दुख की कोई मा नहीं रह जाती। मैंने गोपियों को योग का उपदेश देकर जो क्रूर कर्म किया है, उसे कर मेरी आज की बातों पर कौन विश्वास करेगा कि मैं भी अब योगी और ज्ञानी नहीं गया हूँ, प्रेमी और भक्त बन गया हूँ। दूसरे राजा जिसे अपने पास रखकर ऊँचा पद दे हैं, उसे जाते समय लोहे का एक मुट्ठी मुरचा (मंडूर) भी नहीं देते। पर जिस कृपण आँखों से प्रेम के आँसुओं का तार कभी नहीं टूटा, प्रभु तुम्हारी प्रीति तो उस पर और बनी रहती है, रीतती ही नहीं, कम नहीं होती।

२१४०/४९२९ राग केदारौ

क्यौं करि सकौं आज्ञा भंग।
करुन-मय-पद-कमल लालच, नहिंन छूटत संग॥
यह रजायसु होत मोसन, कहत बदरी जान।
कह करौं मम पाप पूरन, सुनि न निकसत प्रान॥
मैं 'पराधी व्रज-वधुनि सौं, कहे बचन विष तूल।
मोहिं तजिकै, अवर को बिय, सहै ऐसै सूल॥

अब न जौ तुम जाहु ऊधौ, मिटै जुग भृत-रीति।
हौं जु तेरौ सकल जानत, महा मोसन प्रीति॥
सकल ज्ञान प्रवोधि उनसौं, कहि कथा समुझाइ।
जादवन कौ प्रलय सुनि वे, मरहिंगी अकुलाइ॥
अति विषाद सु हृदै करि-करि, उठि चल्यौ ह्वै दीन।
'सूर' प्रभु तुम कृपा-सागर, किन भयौं हौं मीन॥४॥

हे प्रभु, मैं तुम्हारी आज्ञा कैसे भंग कर सकता हूँ? पर तुम्हारे कृपालु चरण-कम का लोभ भी मुझे है। उस लोभ के कारण तुम्हारे चरण-कमल भी छोड़ते नहीं बन तुम्हारी यह राजाज्ञा मुझे हो रही है, तुम मुझे बदरी बन जाने के लिए कह रहे हो। व करूँ, पर मैं अब पाप से भर गया हूँ। इस आदेश को सुनकर भी मेरे प्राण नहीं निकल रहे हैं। मैं व्रज की गोपियों का अपराधी हूँ। मैंने उनसे जहर के समान वचन कहे हैं। मु पापी को छोड़ ऐसा दूसरा कौन है, जो यह शूल, यह पीड़ा सह सके।

तब कृष्ण ने उद्धव को समझाया—ऊधव, अगर अब तुम नहीं जाते, तो सेवक मर्यादा नष्ट हो जायगी। मैं तुम्हारी सारी बातें जानता हूँ। तुम्हारी मुझसे प्रीति अत्यधिक

फिर कृष्ण ने ऊधव को सारा आत्मज्ञान पुनः समझा दिया। और आगे की कथा समझाकर कह दी। यादवों का विनाश सुनकर वे गोपियाँ व्याकुल होकर मर जायेंगी

इसके अनंतर अपने हृदय को अत्यंत विषाद-मग्न करके, दीन होकर, उद्धव उठ च और कहते गए—हे प्रभु, तुम्हारे कृपा के सागर की मछली होने से मैं क्यों वंचित हो गय

नारायण-अवतार वर्णन

२९४१/४९३० राग बिला

हरि-हरि हरि-हरि सुमिरन करौ। हरि चरनारविंद उर धरौ
नारायन जब भए अवतार। कहौं सो कथा सुनौ चित धार
धर्म पिता अरु मूरति माइ। भए नारायन सुत तेहि आइ
बदरीकास्त्रम रहे पुनि जाइ। जोग ऽभ्यास समाधि लगाइ
उनके और कामना नाहिं। सुख पावै त्रिभुवन मन माहि
सुरपति देखत गयौ डराइ। काम सैन सँग दियौ पठाइ
रितु बसंत फ़ूली फुलवाइ। मंद सुगंध बयार बहाइ
करत गान गंधर्व सुहाइ। नृत्य भली अप्सरा दिखाइ
काम बान पांचौ संधाने। नारायन ते मनहिं न आ
तब तिन सबनि तहाँ भय पायौ। कह्यौ इंद्र हमैं कहाँ पठाय
तब नारायन आँखि उघारी। उन सब की कीन्ही मनुहार
तुव कछु मन मैं भय मति करौ। अभय हमारैं आस्रम कर
दोष तुम्हारौ हे कछु नाहिं। तुम्हैं पठायौ है सुर-ना
इंद्रहु कौ कछु दूषन नाहिं। राज हेत डरपत मन मा

उन कर जोरि बिनै उच्चारी। नारायन हरि-हरि बनवारी॥
उधरत लोग तुम्हारे नाम। क्यौं करि मोहि सकै तुम्हैं काम॥
जे नर सेवा न तुम्हरौ करैं। अरु संसार मनोरथ धरैं॥
तिनकौ अंतराइ हम करैं। ते सब अहनिसि हमसौं डरैं॥
कबहूँ पुत्र-मोह उपजावैं। कबहूँ तिय के रूप लुभावैं॥
भूख प्यास ह्वै कबहुँ सँतापै। ऐसी बिधि हम उनकौं व्यापैं॥
जो कोउ तुम्हरै सरननि आवै। सुख-संसार सकल बिसरावै॥
तासौं हमरौ कछु न बसाइ। हमैं जीति, सो तुम पै जाइ॥
सहस अपसरा सुंदर रूप। एक एक तैं अधिक अनूप॥
नारायन तहँ परगट करी। इंद्र अपसरा सोभा हरी॥
काम देखि चक्रित ह्वै गयौ। रूप दीख हम इनकौ नयौ॥
गुन जेते सबही इन माहिँ। इन सम इंद्रलोक कोइ नाहिँ॥
तब नारायन आज्ञा करी। इनमैं लेहु एक सुंदरी॥
नाम उर्वसी उन एक लीनी। पुनि प्रनाम हरि कौं तिन कीनी॥
सो सुरपति कौ दीन्ही जाइ। कह्यौ सकल वृतांत सुनाइ॥
यौं भयौ नारायन अवतार। सूर कह्यौ भागवत ऽनुसार॥

शुकदेव जी परीक्षित से बोले—हरि का स्मरण करते रहो। हरि के चरण-कमल गहते रहो। जब नारायण का अवतार हुआ, मैं अब उस कथा को कह रहा हूँ, चित्त लगाकर सुनते रहो। धर्म पिता थे, मूर्ति माता थीं। उनके यहाँ नारायण पुत्र होकर पैदा हुए। नारायण आकर बदरिकाश्रम में रहे। यहाँ रहकर वे योगाभ्यास करने लगे और समाधि लगाते रहे। उनकी अपनी कोई कामना नहीं थी। वे मन में यही चाहते थे कि सारा त्रिभुवन सुखी रहे।

इंद्र नारायण की तपश्चर्या देखकर डर गया। उसने कामदेव को स-सैन्य वहाँ भेज दिया। बसंत ऋतु आ गई। फुलवारी फूलों से लद गई। शीतल मंद सुगंध समीर का संचार होने लगा। गंधर्व गण सुहावने गीत गाने लगे। अप्सराएँ मोहन नाच नाचने लगीं। कामदेव ने अपने पाँचों बाण चला दिए। पर नारायण के मन पर कोई असर नहीं हुआ। तब काम के सैनिक मन में डर गए और कहने लगे इंद्र ने हमें यहाँ कहाँ व्यर्थ ही भेज दिया।

तब नारायण ने आँखें खोलीं और उन सबकी मनुहार की—तुम लोग मन में डरो मत। तुम हमारे आश्रम में निर्भय नाचो गाओ। इसमें तुम्हारा कुछ दोष नहीं है। तुमको तो देवराज इंद्र ने यहाँ भेजा है। इसमें इंद्र का भी कुछ बहुत दोष नहीं है। वह अपने राज्य के लिए मन में डरते रहते हैं कि कहीं कोई अपने तप-बल से उन्हें राज्य-च्युत न कर दे।

तब उन गंधर्वों एवं अप्सराओं ने हाथ जोड़कर विनती की—हे प्रभु, तुम्हारे नारायण नाम का जाप करके लोग भव-सागर के पार हो जाते हैं। तुम्हें बेचारा कामदेव क्या मोहित कर सकता है। जो नर तुम्हारी सेवा नहीं करते, और सांसारिक सुखों के मनोरथ करते रहते हैं, हम उन्हीं की सिद्धि में बाधक होते हैं, विघ्न डालते हैं। वे ही लोग हमसे दिन रात बराबर डरते रहते हैं। हम कभी उनके मन में पुत्र का मोह उत्पन्न कर देते हैं। कभी उनको

नारी रूप धर मोहित करा देते हैं। कभी भूख प्यास के रूप में उन्हें संतप्त कर देते हैं। इस प्रकार हम उनको व्याप्त कर लेते हैं। जो कोई तुम्हारी शरण में आ जाता है, सारे सांसारिक सुखों को जो भुला देता है, उसपर हमारा कोई बस नहीं चलता। जो हमें जीत लेता है, वही तुम्हारे पास पहुँच पाता है।

तब नारायण के एक हजार सुंदरी रूपसी अप्सराएँ उत्पन्न कर दीं। जो एक से एक बढ़कर थीं। इन अप्सराओं ने इंद्र की अप्सराओं की भी शोभा हर ली। कामदेव भी इनको देखकर चकित हो गया। और कहने लगा—हम तो इनका यह नया ही रूप देख रहे हैं। जितने भी गुण हैं, सभी इनमें हैं। इन जैसी एक भी अप्सरा इंद्रलोक में नहीं हैं।

तब नारायण ने कामदेव से कहा—तुम लोग इनमें से कोई एक सुंदरी चुन लो। उन्होंने उर्वशी नाम की एक अप्सरा चुन ली। फिर उन्होंने नारायण को प्रणाम किया और विदा होकर इंद्रपुरी चले गए। वहाँ जाकर उन्होंने इंद्र से सारी बात कह सुनाई और उर्वशी उन्हें भेंट कर दी।

इस प्रकार नारायण का अवतार हुआ। सूर ने भागवत के अनुसार नारायण की यह कथा कह सुनाई।

हंस-अवतार वर्णन

२१४२/४१३१ राग बिलावल

हरि-हरि हरि-हरि सुमिरन करौ। हरि चरनारविंद उर धरौ॥
हरि ज्यौं धर्‌यौ हंस अवतार। कहौं सु कथा सुनौ चित धारि॥
सनकादिक व्रह्मा पै जाइ। करि प्रनाम पूछ्यौ या भाइ॥
किधौं विषय कौ चित गहि रह्यौ। कै विषयनि ही चित कौं गह्यौ॥
नीर-छीर ज्यौं दोउ मिलि गए। न्यारे होत न न्यारे कए॥
हम तौ जतन कियौ बहु भाइ। तुम अब कहौ सु करैं उपाइ॥
ब्रह्मा कौं उत्तर नहिं आयौ। तब सनकादिक गर्व बढ़ायौ॥
ज्ञान हमारौ अतिसय जोइ। व्रह्मा रह्यौ निरुत्तर होइ॥
व्रह्मा हरि-पद ध्यान लगाए। तब हरि हंस रूप धरि आए॥
सबनि सो रूप देखि सुख पायौ। सबहिनि उठि कै माथौ नायौ॥
सनकादिकनि कह्यौ या भाइ। हमकौं दीजै प्रभु समुझाइ॥
को तुम क्यौं करि इहाँ पधारे। परम हंस तब बचन उचारे॥
यह तौ प्रश्न जोग है नाहीं। एकै आतम हम तुम माहीं॥
जौ तुम देह देखि कै पूछौ। तौहू प्रश्न तुम्हारौ छूछौ॥
पंच-भूत ते सब तन भए। कहा देखि कै तुम भ्रमि गए॥
यह कहि उनकौ गर्व निवार्‌यौ। बहुरौ या बिधि बचन उचार्‌यौ॥
बिषय चित्त दोऊ हैं माया। दोऊ जड़ ज्यौं तरुवर छाया॥
तरुवर डोलैं डोलै सोई। ज्यौं जिय लगि चित चेतन होई॥

फरि जब चित्त बिषय तन जोवै। चित्त बिषै सँयोग तब होवै ॥
सी भाँति रहैं दोउ गोइ। तिन्है न्यारे करि सकै न कोइ ॥
यौं सपने मैं सुख दुख जोइ। जानि सत्य राखै चित लोइ ॥
ब जागै, तब मिथ्या जानै। ज्ञानी इनकौं नित यौं मानै ॥
षय चित्त दोऊ भ्रम जानौ। आतम रूप सत्य करि मानौ ॥
वनादिक मैं चित्त लगावहु। प्रेम सहित मम रूपहि ध्यावहु ॥
सैं करत बिषैहू होइ। अरु मन चरन रहै चित गोइ ॥
ो ऐसी बिधि साधन करै। सो सहजहिं मम पद अनुसरै ॥
ौर जु बीचहि तन छुटि जाइ। तौ लै जन्म भक्त गृह आइ ॥
ां हूँ प्रेम-भक्ति को ठान। पावै मेरौ परम-स्थान ॥
नकादिक सौं कहि यह ज्ञान। परम हंस भए अंतर्धान ॥
ो यह लीला सुनै सुनावै। 'सूर' सो प्रेम-भक्ति कौं पावै ॥

शुकदेव जी बोले—हरि का स्मरण करते रहो. हरि के चरण-कमलों को पकड़े रहो। रे ने जिस प्रकार हंस अवतार लिया, अब मैं वह कथा कह रहा हूँ। हे राजा परीक्षित, न लगाकर सुनो।

एक बार सनक, सनंदन, सनातन और सनत्कुमार चारों बाल-ऋषि ब्रह्मा जी के पास ए, उन्हें प्रणाम किया और इस प्रकार पूछा—विषय को चित्त पकड़ लेता है या विषय ही त्त को पकड़ लेता है? चित्त और विषय, दूध और पानी के समान मिल गए हैं। अलग रने पर भी अलग नहीं होते। हमने दोनों को अलग करने के अनेक प्रयत्न किए, पर फल नहीं हो सके। पितामह, अब तुम जो उपाय बताओ, हम वही करें।

ब्रह्मा को कोई उत्तर नहीं सूझा। इसपर सनकादिक को गर्व हो गया कि हमारा ज्ञान तिशय्य पर है, खूब बढ़ चढ़ गया है। हमारे सामने ब्रह्मा भी निरुत्तर हो गए।

ब्रह्माजी ने तब हरि के चरणों में ध्यान लगाया और हरि हंस का रूप धरकर वहाँ आ ए। सब लोगों ने उस रूप को देखकर सुख पाया और सबने उसको माथा नवाया। तब नक आदि सभी इस प्रकार बोले—हे प्रभु हमें समझा दीजिए। तुम कौन हो और यहाँ सलिए पधारे हो?

तब परम हंस ने यह वचन कहा—तुम्हारा यह प्रश्न उचित नहीं है। हममें और तुममें क ही आत्मा है। यदि तुम हमारा पक्षी का शरीर देखकर पूछ रहे हो, तब भी तुम्हारा यह न छूछा ही है। सारा संसार पंचभूतों—क्षिति, जल, पावक, गगन, समीर—से बना है। क्या देखकर भ्रम में पड़ गए हो? यह कहकर उनका गर्व चूर कर दिया। फिर इस कार बोले—विषय और चित्त दोनों माया हैं। दोनों जड़ हैं, जैसे वृक्ष और उसकी छाईं। वृक्ष के डोलने से उसकी छाया भी डोलती है। जीव से युक्त हो जाने पर जड़ चित्त न हो जाता है। फिर जब चित्त विषय की ओर देखता है, तब चित्त और विषय का ोग हो जाता है। इस प्रकार दोनों छिपे रहते हैं और इन्हें कोई अलग नहीं कर पाता। स प्रकार स्वप्न में दुख सुख दोनों की अनुभूति होती है और स्वप्न-काल में लोग उसे

अपने मन में सत्य ही समझते हैं। जब जग जाते हैं, तब उस स्वप्न के सुख-दुख को मिथ्य जान लेते हैं। ज्ञानी लोग इनको सदा मिथ्या ही मानते हैं। विषय और चित्त दोनों को भ्रम समझो। केवल आत्म रूप को सत्य मानो। हरि के गुणानुवाद सुनने में चित्त लगाओ। प्रेम सहित मेरे रूप का ध्यान करो। ऐसा करते समय विषय की ओर भी मन जा सकता है मेरे चरण में अपना चित्त छिपा लो, लगा लो। जो इस प्रकार साधना करता है, वह सहज ही मेरे चरणों का अनुगामी हो जाता है और यदि बीच ही में मृत्यु हो जाय, तो वह अगले जन्म में किसी भक्त के घर पैदा होता है। वहाँ भी वह प्रेमा-भक्ति करता है और मेरे परम स्थान को प्राप्त करता है।

सनकादिक से यह ज्ञान कहकर परमहंस अंतर्धान हो गए। जो यह लीला सुनता है या सुनाता है, वह भी प्रेमा-भक्ति को प्राप्त कर लेता है।

द्वादश स्कंध

२१४३/४९३२ राग बिलावल

हरि-हरि हरि-हरि सुमिरन करौ। हरि चरनारविंद उर धरौ॥
सुकदेव हरि चरननि सिर नाइ। राजा सौं बोल्यौ या भाइ॥
कहौं हरि-कथा सुनौ चित लाइ। 'सूर' तरौ हरि के गुन गाइ॥

शुकदेव जी ने हरि के चरणों में सिर नवाया और राजा से इस प्रकार बोले—हे राजा परीक्षित, हरि का स्मरण करते रहो और उनके चरण-कमलों को पकड़े रहो। मैं हरि-कथा कह रहा हूँ। इसे मन लगाकर सुनते जाओ। हरि का गुण गाते हुए तर जाओ, भव-सागर के पार हो जाओ।

बुद्ध-अवतार वर्णन

२१४४/४९३३ राग बिलावल

हरि-हरि हरि-हरि सुमिरन करौ। हरि चरनारविंद उर धरौ॥
बौद्ध रूप जैसें हरि धार्‌यौ। अदिति-सुतनि कौ कारज सार्‌यौ॥
कहौं सु कथा सुनौ चित धार। कहै सुनै सो तरै भव पार॥
असुर इक समै सुक्र पै जाइ। कह्यौ सुरनि जीतैं किहि भाइ॥
सुक्र कह्यौ तुम जगि बिस्तरौ। करि के जज्ञ सुरनि सौं लरौ॥
याही बिधि तुम्हरी जय होइ। या बिनु और उपाइ न कोइ॥
असुर सुक्र की आज्ञा पाइ। लागे करन जज्ञ बहु भाइ॥
तब सुर सब हरि जू पै जाइ। कहि वृत्तांत सकल सिर नाइ॥
हरि जू तिनकौ दुःखित देखि। कियौ तुरत सेवरो कौ भेष॥
असुरनि पास बहुरि चलि गए। तिनसौं बचन ऐसी बिधि कए॥
जज्ञ माहिँ तुम पसु यौं मारत। दया नहीं आवति संहारत॥
अपनौ सौ जिय सबकौ जानि। कीजै नहिँ जीवन की हानि॥
दया-धर्म पालै जो कोइ। मेरी मति ताकी जय होइ।
यह सुनि असुरनि जज्ञहि त्यागी। दया-धर्म मारग अनुरागी॥
या बिधि भयौ बुद्ध अवतार। 'सूर' कह्यौ भागवत ऽनुसार॥

हरि का स्मरण करो। हरि के चरण-कमलों को हृदय में धारण करो। हरि ने जिस प्रकार बौद्ध रूप धारण किया और अदिति के पुत्रों, आदित्यों (देवताओं), का काम सिद्ध किया, मैं अब वह कथा कहने जा रहा हूँ। हे राजा परीक्षित, इसे मन लगाकर सुनो। जो इस कथा को कहता है या सुनता है, वह भव-सागर के पार हो जाता है।

एक बार असुर लोग अपने गुरु शुक्राचार्य के पास गए और कहा हम देवताओं को किस प्रकार जीतें। शुक्र ने कहा—तुम सब खूब यज्ञ करो और यज्ञ करके देवताओं से लड़ो। इसी प्रकार तुम्हारी जय होगी अन्यथा यज्ञ के बिना तुम्हारी जीत का कोई अन्य उपाय नहीं है।

असुर लोगों ने शुक्राचार्य की आज्ञा पाकर अनेक प्रकार के यज्ञ करने प्रारम्भ किए। तब सभी देवता हरि के पास आए और सिर झुकाकर उनसे असुरों के यज्ञ करने की सारी कथा कह सुनाई।

हरि ने देवताओं को दुखी देखा और तुरत श्रमण (सेवड़ा) का रूप धारण किया। फिर वे असुरों के पास चले गए, उन्होंने उन असुरों से इस प्रकार कहा—तुम लोग यज्ञ में पशुओं को इस प्रकार निर्दय होकर मार डालते हो। उन्हें मारने में तुम्हें जरा भी दया नहीं आती? अपना ही सा जीव सबका समझो और किसी के जीव की हानि न करो, पशु-बलि मत दो। जो कोई दया-धर्म का पालन करता है, मेरी समझ से जय उसी की होती है। यह सुनकर असुरों ने यज्ञ करना बंद कर दिया और दया धर्म के मार्ग से अनुराग करने लगे। उन्होंने 'अहिंसा परमो धर्मः' को स्वीकार कर लिया।

इस प्रकार बुद्ध अवतार हुआ। सूर ने बुद्ध भगवान की यह कथा भागवत के अनुसार कही है।

कल्कि-अवतार वर्णन

२१४५/४१३४ राग बिलावल

हरि-हरि हरि-हरि सुमिरन करौ। हरि चरनारविंद उर धरौ॥
हरि करिहैं कलंकि अवतार। जिहि कारन सों, कहौं बिचार॥
कलि मैं नृप होइहैं अन्याई। कृषी अन्न लेहैं बरिआई॥
झूठे नर सौं लेहिँ अँकोर। लावै साँचै नर कौ खोरि॥
प्रजा धर्म-रत होइ न कोइ। बरन-धर्म न पिछानै सोइ॥
दूरि तीरथनि स्त्रम करि जाहिँ। जहाँ रहैं, तहँ कबहुँ न न्हाहिँ॥
जाकै गृह मैं प्रतिमा होइ। तिन तजि, पूजै अनतै सोइ॥
व्राह्मन पूछे जान्यौ जाइ। संन्यासी फिरैं भेष बनाइ॥
गृही न अपनौ धर्म पिछानै। अतिथि आए को नहिँ सनमानै॥
दया सत्य संतोष नसाइ। दया धर्म की रीति बिलाइ॥
फल सुधर्म कौ जानै सोइ। पै सुधर्म कौं करै न कोइ॥
पापनि कौ फल चाहै नाहीं। अह-निसि पाप करत ही जाहीं॥
बरषा समय न बरषा होइ। बिना अन्न दुख पावैं लोइ॥
दान देहिँ तौ जस के काज। कलि न जाइ पृथ्वीपति राज॥
मन इंद्रिय बस करैं न लोग। ज्यौं त्यौं कीन्हो चाहैं भोग॥
सत संबत आयुः कलि होइ। सोऊ जीवै बिरला कोइ॥

नृप ऐसी आवर्दा पाइ। पृथ्वी हित नित करैं उपाइ॥
पृथी देखि तिन हाँसी करै। ऐसौ को जो मोकों बरै॥
मन्वंतर लगि कियौ जिहि राज। तेऊ नृपति गए मोहिं त्यागि॥
पृथु से पृथ्वीपति जग भए। तेऊ अंत छाँड़ि मोहिं गए॥
तुच्छ आयु पर वे स्त्रम करत। आपु-आपु मैं लरि-लरि मरत॥
इनहिं देखि मोहिं हाँसी आवत। इनिकौं इतनी समुझ न भावत॥
सतजुग सत, त्रेता जग करते। द्वापर पूजा मन में धरते॥
कलिजुग एक बड़ौ उपकार। जो हरि कहै सो उतरै पार॥
कलि मैं पाप करैं नित लोइ। कहँ लगि कहिऐ, अंत न होइ॥
हरि-हरि कहत पाप पुनि जाइ। पवन लागि ज्यौं रुई उड़ाइ॥
अजामील सुत-हित हरि भाख्यौ। जमदूतनि तैं तिहिं हरि राख्यौ॥
कलि मैं राम कहै जो कोइ। निहचै भव-जल तरिहै सोइ॥
जब लगि बढ़ै अधर्म अपार। रहै बिस्नु जस धर्म सँभार॥
ता गृह संभल कलँकी होइ। करै सँहार दुष्ट जन लोइ॥
पृथी अकास तहाँ रहि जाइ। राज देहि सतजुग बैठाइ॥
समदृष्टी होवैं सब लोइ। दुष्ट-भाव मन धरै न कोइ॥
यौं होइहै कलंकि अवतार। कलि मैं राम नाम आधार॥
सुक नृप सौं कह्यौ जा परकार। 'सूर' कह्यौ ताही अनुसार॥

शुकदेव जी राजा परीक्षित से बोले—हरि हरि कहते रहो, हरि के चरण-कमलों को हृदय में धारण किए रहो। जिस कारण से हरि कल्कि अवतार लेंगे, मैं विचार करके वह तुमसे कह रहा हूँ। मन लगाकर सुनो।

कलियुग में राजा अन्यायी होंगे। वे किसानों से बलपूर्वक कृषि का अन्न ले लेंगे। झूठे लोगों से वे घूस लेंगे और सच्चे लोगों को दोषी कहेंगे। प्रजा में से कोई भी धर्म में नहीं रत रह जायगा। कोई भी न वर्ण पहचानेगा, न धर्म। श्रम करके लोग दूर-दूर तीर्थों में स्नान करने जायेंगे। जहाँ रहते हैं, वहाँ कभी भी स्नान नहीं करेंगे। जिसके घर में देव-प्रतिमा होगी, वे उस प्रतिमा की पूजा नहीं करेंगे। घर की प्रतिमा को छोड़कर, वे अन्यत्र पूजा करने जायँगे। ब्राह्मण ब्राह्मणों की सी वेश-भूषा वाले नहीं होंगे। पूछने पर ही पता चलेगा कि वे ब्राह्मण हैं। वेश-भूषा से वे अपने ब्राह्मणत्व की पहचान नहीं दे सकेंगे। संन्यासी वेश बनाकर यत्र-तत्र फिरते रहेंगे। गृहस्थ अपना धर्म नहीं पहचानेंगे। वे आगत अतिथि का सन्मान तक नहीं करेंगे। दया, सत्य, संतोष का नाश हो जायगा। दया और धर्म की रीति समाप्त हो जायगी। वे जानने के लिए तो सुधर्म का फल जानते रहेंगे, पर सु-धर्म करेंगे नहीं। वे पाप का फल नहीं भोगना चाहेंगे, पर दिन रात पाप-कर्म ही करते जायँगे। समय पर वर्षा नहीं होगी, बिना अन्न के लोग दुख पायेंगे। दान देंगे, तो पुण्य कर्म समझ कर नहीं, दान अपना नाम कमाने के लिए देंगे। हे पृथ्वीपति, हे राजा, कलियुग जायगा नहीं, बना रहेगा। लोग अपने मन और इंद्रियों को अपने बस में नहीं करेंगे, जैसे भी हो

वैसे, वे भोग-विलास करना चाहेंगे। वे केवल सिद्धि का उपभोग करना चाहेंगे, साधन की पवित्रता अपवित्रता का कोई विचार नहीं करेंगे।

कलियुग में मनुष्य की आयु सौ वर्ष की होगी। फिर भी कोई कोई ही सौ वर्ष तक जीवित रह सकेंगे। हे राजा परीक्षित, इतनी छोटी आयु होने पर भी, वे पृथ्वी को अपनाने के लिए नित्य ही तरह-तरह के उपाय करते रहेंगे। पृथ्वी ऐसे लोगों को देखकर उनका उपहास ही करेगी और कहेगी कि ऐसा कौन है जो मुझे वरण करके पृथ्वीपति, पृथ्वीनाथ, भूप, भूपति आदि कहा जा सके। जिन राजाओं ने एक-एक मन्वंतर तक राज किया, वे भी मुझे छोड़कर काल के गाल में समा गए। और मुझे यहीं छोड़कर स्वयं मृत्युलोक से चले गए। इस संसार में पृथु के समान पृथ्वीपति (राजा) हो चुके हैं, वे भी अंत में मुझे यहीं छोड़ गए। इतनी छोटी आयु पाकर भी मनुष्य घोर श्रम करता रहता है और 'यह मेरा है, यह मेरी है' कह कहकर आपस में लड़कर मर जाता है। इन्हें देखकर मुझे हँसी आती है। इन्हें इतनी भी समझ नहीं है।

सतयुग में सत पर दृढ़ रहने से मुक्ति मिलती है, त्रेता में यज्ञ करने से और द्वापर में पूजा में मन लगाने से। कलियुग में एक बहुत गुण यह है कि हरि का सुमिरन कर लेने मात्र से आदमी भव-सागर पार कर लेता है। कलियुग में लोग कितना भी पाप नित्य करते रहें, इतना पाप जिसका वर्णन नहीं किया जा सकता, जिसका अंत ही न हो। हरि का नाम ले लेने से वह सारा पाप इस प्रकार उड़ जाता है, जिस प्रकार हवा लगने से रुई उड़ जाती है। अजामिल ने तो मरते समय अपने बेटे नारायण को बुलाया था,—'नारायण नारायण'। पर हरि ने यमदूतों से उसे बचा लिया था। कलियुग में जो कोई भी 'राम राम' कह लेता है, वह निश्चित रूप से भव-सागर के पार चला जाता है, उसका उद्धार हो जाता है।

इस पृथ्वी पर इसी प्रकार अधर्म का अपार प्रसार होता जायगा। फिर भी यहाँ एकाध जन वैष्णव धर्म को सँभाल कर बचाए रहेंगे। ऐसे ही एक घर में, संभल में, कल्कि अवतार होगा। वह कल्कि भगवान सारे दुष्ट लोगों का संहार कर देंगे। यहाँ पर केवल पृथ्वी और आकाश रह जायगा। कल्कि भगवान यहाँ पर सतयुग को स्थापित कर देंगे। सब लोग एक दूसरे को समान दृष्टि से देखने लगेंगे—न कोई छोटा होगा, न बड़ा। किसी के भी मन में दुष्टता का भाव नहीं रह जायगा। इस प्रकार कल्कि अवतार होगा। 'कलियुग केवल राम अधारा'।

शुकदेव जी ने जिस प्रकार राजा परीक्षित से कल्कि अवतार की यह कथा कही, सूरदास ने उसे उसी प्रकार से कह सुनाया।

राजा परीक्षित को हरि-पद-प्राप्ति

२१४६/४१३२ राग बिलावल

हरि-हरि हरि-हरि सुमिरन करौ। हरि चरनारविंद उर धरौ ॥
बिनु हरि-भक्ति मुक्ति नहिँ होइ। कोटि उपाइ करौ किन कोइ ॥
रहट घरी ज्यौं जग व्यौहार। उपजत बिनसत बारंबार ॥
उतपति प्रलय होति जा भाइ। कहौं सुनौ सो नृप चित लाइ ॥

राजा प्रलय चतुर्विधि होइ। आवत जात चहूँ मैं लोइ॥
जुग-परलय तौ तुमसौं कही। तीनि और कहिबे कौं रही॥
चतुर-जुगी बीतै इकहत्तर। करै राज तब लगि मनवंतर॥
चौदह मनु व्रह्मा दिन माहिँ। बीतत तासौं कल्प कहाहिँ।
राति होइ तब परलय होइ। निसि मरजादा दिन सम होइ।
प्रात भऐं जब व्रह्मा जागै। बहुरौ सृष्टि करन कौं लागै॥
दिन सौ तीनि साठि जब जाहिँ। सो व्रह्मा कौ वर्ष कहाहिँ॥
वर्ष पचास परारथ कहिए। प्रलय तीसरी या बिधि रहिए॥
बहुरौ व्रह्मा सृष्टि उपावै। जब लौं परारथ दूजौ आवै॥
सतं संवत भए व्रह्मा मरै। महा प्रलय तब हरि जू करैं॥
माया माहिँ नित्य-लय पावै। माया हरि-पद माहिँ समावै॥
हरि कौ रूप कह्यौ नहिँ जाइ। अलख अखंड सदा इक भाइ॥
फिरि जब हरि की इच्छा होइ। देखैं माया की दिसि जोइ॥
माया सब सबहीं उपजावै। व्रह्मा ह्वै पुनि सृष्टि उपावै॥
उतपति प्रलय सदा यौं होइ। जन्मैं मरैं सदाई लोइ॥
हरि कौं भजै सो हरि-पद पावै। जनम-मरन तिहिँ ठौर न आवै॥
नृप मैं तोहिँ भागवत सुनायौ। अरु तुम सुनि हिय माहिँ बसायौ॥
मुक्ति माहिँ संसय नहिँ कोइ। सुनै भागवत मैं सो होइ॥
सप्तम दिवस आजु है राउ। हरि चरनारविंद चित लाउ॥
यह अच्छेद 'भेद अबिनासी। सर्व गती अरु सर्व उदासी॥
द्रष्टहि द्रष्ट सोइ द्रष्टार। काकौं दीखै को दिखहार॥
हरिस्वरूप सौं रतिहि बिचार। मिथ्या तन कौ मोह बिसार॥
नृप कह्यौ तन कौ मोह न कोइ। याकौ जो भावै सो होइ॥
मोहिँ अब सर्व व्रह्म दरसावै। तच्छक-भय मन मैं नहिँ आवै॥
तुम प्रसाद मैं पायो ग्यान। टुटि गो मिथ्या देह अभिमान॥
अब मैं गहि हरि-पद अनुराग। करिहौं मिथ्या तन कौ त्याग॥
सुक जान्यौ नृप कौं भयौ ज्ञान। आज्ञा लै करि कियौ पयान॥
तच्छक नृप-सरीर कौं डस्यौ। नृप तन तजि हरि-पद मैं बस्यौ॥
सूत सौनकनि कहि समुझायौ। मैं हूँ ता अनुसार सुनायौ॥
अंत समय हरि-पद चित लावै। 'सूरदास' सो हरि-पद पावै॥

शुकदेव जी राजा परीक्षित से बोले—हरि का सुमिरन करते रहो। हरि के चरण-कमलों को हृदय में रखे रहो। बिना हरि की भक्ति के मुक्ति नहीं मिलती, चाहे कोई मुक्ति-प्राप्ति के लिए कितने भी उपाय क्यों न कर ले। जग का व्यवहार रहट की घरिया, बाल्टी,

के समान है। यह बार बार उपजता है, बार बार बिनसता है। जिस प्रकार उत्पत्ति औ प्रलय होता रहता है, मैं उसे कह रहा हूँ। हे राजा परीक्षित उसे मन लगा कर सुनो।

हे राजा, प्रलय चार प्रकार का होता है। लोग चारों में आते जाते रहते हैं। मैंने तुम युग-प्रलय की बात कह दी। अब तीन प्रलयों की बात और कहनी शेष रह गई है इकहत्तर चतुर्युगी बीत जाने तक एक मन्वंतर राज करता है। मन्वंतर ब्रह्मा के एक दिन क चौदहवाँ भाग होता है। ब्रह्मा के एक दिन में चौदह मनु राज्य करते हैं। ये चौदह मनु हैं- १. स्वायम, २. स्वारोचिष, ३. उत्तम, ४. तामस, ५. रवत, ६. चाक्षुष, ७. वैवस्वत ८. सावर्णि, ९. दक्ष सावर्णि, १०. ब्रह्म सावर्णि, ११. धर्म सावर्णि, १२. रुद्र सावर्णि १३. देव सावर्णि, १४. इंद्र सावर्णि। वर्तमान मन्वंतर वैवस्वत मनु का है।

ब्रह्मा का एक दिन कल्प कहलाता है। इसमें चौदह मन्वंतर अर्थात चार अरब बत्ती करोड़ वर्ष होते हैं।

ब्रह्मा की रात्रि होने पर प्रलय हो जाता है। यह रात (प्रलय-काल) ब्रह्मा के एक दि के बराबर होती है।

सबेरा होने पर जब ब्रह्मा जगते हैं, तब वे पुनः सृष्टि रचने लगते हैं।

जब ब्रह्मा के तीन सौ साठ दिन बीत जाते हैं, तब ब्रह्मा का एक वर्ष होता है, ब्रह के पचास वर्षों को परार्थ कहते हैं। एक परार्थ की समाप्ति पर तीसरा प्रलय हो जाता है ब्रह्मा फिर सृष्टि रचने लगते हैं। यह सृष्टि दूसरे परार्थ तक रहती है। ब्रह्मा के जब सौ व या दो परार्थ बीत जाते हैं, तब ब्रह्मा मर जाते हैं और हरि उस समय महा प्रलय कर दे हैं। माया में नित्य लय समा जाता है और माया हरि के पद में समा जाती है।

हरि का रूप कहा नहीं जा सकता। वे अलख हैं (उन्हें देखा नहीं जा सकता)। व अखंड हैं (उनको खंड खंड में विभाजित नहीं किया जा सकता)। वे सदा एक से ब रहते हैं। फिर जब हरि की इच्छा होती है, तब वे माया की ओर देखते हैं। तब माय सबको उत्पन्न कर देती है। वह ब्रह्म होकर फिर नई सृष्टि रचती है।

इसी प्रकार सृष्टि और प्रलय सदा होते रहते हैं। लोग सदैव जन्मते मरते रहते हैं। ज हरि को भजते हैं, वे हरि के चरणों को पा लेतें। उनका जन्म और मरण फिर नहीं होता

हे राजा परीक्षित, मैंने तुम्हें श्रीमद्भागवत सुना दिया और तुमने भी उसे सुनक हृदयंगम कर लिया। ऐसा कर लेने पर मुक्ति-प्राप्ति में कोई संदेह नहीं रह जाता। भागव में जो सुना जाता है, वैसा ही होता है।

हे राजा, भागवत सुनते हुए आज सातवाँ दिन है। तुम हरि के चरण-कमलों में चि लगाओ, यह प्रभु अच्छेद है, अभेद हैं, अविनाशी हैं, सबको मोक्ष देने वाला है, सब उदासीन रहने वाला है, वह दृश्य हैं, वही दर्शन हैं। फिर किसे द्रष्टा कहा जाय, कि दृश्य। अतः अब हरि के सुरूप में प्रेम करो और यह शरीर मिथ्या है, ऐसा समझकर इसक मोह छोड़ो।

राजा परीक्षित शुकदेव जी से बोले--मुझे अपने शरीर का कोई मोह नहीं है। इ शरीर का जो होना हो, हो। अब मुझे सर्वत्र ब्रह्म का दर्शन होने लगा है और मेरे मन अब तक्षक का कोई भय नहीं रह गया है। तुम्हारी कृपा से मुझे अब ज्ञान हो गया है। दे

का मिथ्या अभिमान समाप्त हो गया है। अब मैं हरि के चरणों में अनुरक्त होकर, इस मिथ्या शरीर को छोड़ दूँगा।

शुकदेव जी ने जान लिया कि अब राजा परीक्षित को ज्ञान हो गया है। वे राजा की अनुमति लेकर चले गए। तक्षक ने आकर राजा परीक्षित के शरीर को डस लिया। राजा परीक्षित शरीर छोड़कर हरि के चरण-कमलों में बस गए।

सूत जी ने नैमिषारण्य में शौनक आदि ऋषियों को यह कथा जिस प्रकार कहकर सुनाई थी, मैंने भी उसी के अनुसार यह कथा कह सुनाई है। मृत्यु के समय जो हरि के चरणों में अपना चित्त लगा देता है, वह हरि-पद को प्राप्त हो जाता हैं। उसकी मुक्ति हो जाती है।

२१४७/४१३२ राग बिलावल

हरि-हरि हरि-हरि सुमिरन करौ। हरि चरनारविंद उर धरौ ॥
जनमेजय जब पायौ राज। एक बार निज सभा बिराज ॥
पिता-बैर मन मैं सो बिचारि। विप्रनि सौं यौं कह्यो उचारि ॥
मोकौं तुम अब जज्ञ करावहु। तच्छक कुटुम समेत जरावहु ॥
विप्रनि सेत-कुली जब जार्‌यौ। तब राजा तिनसों उच्चार्‌यौ ॥
तच्छक कुल-समेत तुम जार्‌यौ। कह्यौ इंद्र निज सरन उबार्‌यौ ॥
नृप कह्यौ, इंद्र सहित तिहि जारौं। विप्रनि हूँ यह मतौ बिचारौ॥
आस्तीक तिहिँ अवसर आयौ। राजा सौं यह बचन सुनायौ ॥
कारन करनहार भगवान। तच्छक डसनहार मत जान ॥
बिनु हरि आज्ञा डुलै न पाति। कौन सकै काको संतापि ॥
हरि ज्यौं चाहैं त्यौंही होइ। नृप तामैं संदेह न कोइ ॥
नृप कैं मन यह निस्चै आयौ। जज्ञ छाँड़ि हरि-पद चित लायौ ॥
सूत सौनकनि कहि समुझायौ। 'सूरदास' त्यौंही कहि गायौ ॥

हरि का स्मरण करते रहो। हरि के चरण-कमलों को निरंतर अपने हृदय में बसाए रहो।

जब परीक्षित के पुत्र जनमेजय राजा हुए, तब एक बार वे अपनी राज-सभा में बैठे हुए थे। तक्षक के अपने पिता के प्रति वैर-भाव को बिचारते हुए, उन्होंने ब्राह्मणों से यों कहा—अब तुम लोग मुझसे नाग-यज्ञ कराओ और तक्षक को उसके कुटुंब सहित उसमें जला दो। ब्राह्मणों ने जब सेत कुली (नागों के आठ कुलों में से एक, जो श्वेत वर्ण के होते हैं) नागों को जला डाला, तब राजा जनमेजय ने ब्राह्मणों से कहा—तुम लोग तक्षक को भी कुल समेत जला डालो। इस पर इन्द्र ने कहा—तक्षक मेरी शरण में आ गया है। इसे बचा रह जाने दो। इस पर राजा ने कहा—तुम लोग इंद्र के सहित तक्षक को जला दो। ब्राह्मणों ने भी यही मत स्थिर कर लिया कि इंद्र और तक्षक दोनों को जला दो। इसी समय नाग वंशीय आस्तीक वहाँ आया। उसने राजा से कहा—भगवान ही सबके कारण हैं, सभी उन्हीं से उत्पन्न हुए हैं। वही करनहार भी हैं। वही सब कुछ करते भी हैं। इसलिए तक्षक

को डसनेवाला मत समझो। बिना हरि की आज्ञा के एक पत्ता तक नहीं हिलता। फिर कौन किसको संतप्त कर सकता है। हरि जैसा चाहते हैं, वैसा ही होता है, हे राजा जनमेजय इसमें कोई संदेह नहीं है।

राजा जनमेजय को भी आस्तीक की यह बात जँच गई। उन्होंने नाग-यज्ञ बंद कर दिया और भगवान के चरणों में चित्त लगाया।

जिस प्रकार सूत जी ने शौनक आदि ऋषियों को नैमिषारण्य वन में कहकर समझाया था, सूरदास ने उसे उसी प्रकार गा सुनाया।

इति श्री सूरसागर समाप्तम्॥

लघु रचनावली

१. यमलार्जुन उद्धार की लीला

२१४८/सभा १००९, राग बिलावल

ग्वालि उरहनौ भोरहि ल्याई । जसुमति कहँ तेरौ गयौ कन्हाई ॥
भलौ काम तैं सुतहिं पढ़ायौ । बारे ही तैं मूँड़ चढ़ायौ ॥
माखन मथि भरि धरी कमोरी । अबहीं सो हरि लै गयौ चोरी ॥
यह सुनतहिं जसुमति रिस मानी । कहाँ गयौ कहि सारँगपानी ॥ १ ॥
खेलत तैं औचक हरि आए । जननी बाहँ पकरि बैठाए ॥
मुख देखत जसुमति तब जान्यौ । माखन बदन कहाँ लपटान्यौ ॥
फिरि देखैं तो ग्वारिनि पाछैं । माता मुख चितवत नहिं आछैं ॥
चोरी के सब भाव बताए । माता सँटिया द्वैक लगाए ॥ २ ॥
माखन खान जात पर घर कौ । बाँधत तोहिं, नैंकु नहिं धरकौ ॥
बाहँ गहे ढूँढ़ति फिरे डोरी । बाँधौ तोहिं सकै को छोरी ॥
बाँधि पची डोरी नहिं पूरै । बार-बार खीझै रिस झूरै ॥
घर-घर तैं जेवरि लै आईं । मिस ही मिस देखन कौं धाईं ॥ ३ ॥
चकित भईं देखैं ढिग ठाढ़ी । मनौ चितैरैं लिखि-लिखि काढ़ी ॥
जसुमति जोरि-जोरि रजु बाँधै । अंगुर द्वै-द्वै जेंवरि साधै ॥
जब जानी जननी अकुलानी । आपु बँधायौ सारँगपानी ॥
भक्त-हेत दाँवरी बँधाई । तब जमलार्जुन की सुधि आई ॥ ४ ॥
माता हेत जनहिं सुखकारी । जानि बँधाए श्री बनवारी ॥
मुख जम्हाइ त्रिभुवन दिखरायौ । चकित कियौ तुरतहिं बिसरायौ ॥
बाँधि स्याम बाहिर लै आई । गोरस घर-घर खात चुराई ॥
ऊखल सौं गहि बाँधि कन्हाई । नितहिं उरहनौ सह्यौ न जाई ॥ ५ ॥
इक कहि जाति, एक फिरि आवै । रैनि-दिवस तू मोहि खिझावै ॥
माखन दधि तेरैं घर नाहीं । धाम भरयौ, चोरी करि खाही ॥
नव लख धेनु दुहत घर मेरैं । केते ग्वाल रहत गउ घेरे ॥
मथतिँ नंद-घर सहस मथानी । ताकैं सुत चोरी की बानी ॥ ६ ॥
मोसौं कहति आनि जब नारी । बोलि जात नहिं लाजनि मारी ॥
नंद महर की करत नन्हाई । बिरध बयस सुत भयौ कन्हाई ॥

तुम्हरे गुन सब नीके जाने । नित बरज्यौ, कबहूँ नहिं माने ॥
कोउ छोरै जनि ढीठ कन्हाई । बाँधे दोउ भुज ऊखल लाई ॥ ७ ॥
भवन-काज कौं गइ नँदरानी । आँगन छाँड़े स्याम बिनानी ॥
उरहन देन ग्वालि जे आईं । तिन्हैं दियौ जसुदा बहुराई ॥
चलीं सबै मिलि सोचत मन मैं । स्यामहिं गहि बाँध्यौ इक छिनमैं ॥
हँसत बात इक कही कि नाहीं । ऊखल सौं बाँध्यौ सुत बाहीं ॥ ८ ॥
कहा कहौं वा छबि कौ माई । बाँबी पर अहि करत लराई ॥
कान्ह-बदन अतिहीं कुम्हिलायौ । मानौ कमलहिं हिम तरसायौ ॥
डर तैं दीरघ नैन चपल अति । बदन-सुधा-रस मीन करत गति ॥
यह सुनि और जुवति सब आईं । जसुमति बाँधे कतहिं कन्हाई ॥ ९ ॥
भली बुद्धि तेरैं जिय उपजी । ज्यौं-ज्यौं दिनी भई, त्यौं निपजी ॥
छोरहु स्याम करहु मन लाहौ । अति निरदई भई तुम का हौ !
देखौ स्याम-ओर नँदरानी । सकुचि रह्यौ मुख सारँगपानी ॥
बाहिर बाँधि सुतहिं बैठारौ । मथति दही माखन तोहि प्यारौ ॥ १० ॥
छाँड़ि देहु बहि जाइ मथानी । सौंह दिवावति छोरहु आनी ॥
हाँसी करन सबै तुम आईं । अब छोरौं नहिँ कुँवर कन्हाई ॥
तुमहीं मिलि रसवाद बढ़ायौ । उरहन दै-दै मूँड़ पिरायौ ॥
सबहिनि गोधन सौंह दिवाई । चितै रहे मुख कुँवर कन्हाई ॥ ११ ॥
कब तुमकौं मैं बोलि बुलाई । केहि कारन तुम धाई आईं ॥
यह सुनि बहुरि चलीं बिरुझाई । कहा करौं बलि जाउँ कन्हाई ॥
मूरख कौं कोउ कहा सिखावै । याकी मति कछु कहत न आवै ॥
नारि गईं फिरि भवन आतुरी । नंद-घरनि अब भई चातुरी ॥ १२ ॥
ओछी बुद्धि जसोदा कीन्ही । याकी जाति अबै हम चीन्ही ॥
यहै कहति अपनैं घर आईं । मानै नाहिं कितौ समुझाईं ॥
मथति जसोदा दही मथानी । तबहिं कान्ह ऐसी मति ठानी ॥
भक्त-बछल हरि अंतरजामी । सुत कुबेर के ये दोउ नामी ॥ १३ ॥
इहिं अवतार कह्यौ इन तारन । इनकौ दुख अब करौं निवारन ॥
जो जिहिं ढँग, तिहिं ढँग सब लाए । जमला-अर्जुन पै प्रभु आए ॥
बृच्छ जीव ऊखल लै अटक्यौ । आगैं निकसि नैंकु गहि झटक्यौ ॥
अरररात दोउ बृच्छ गिरे धर । अति आघात भयौ ब्रज-भीतर ॥ १४ ॥
भए चकित सब ब्रज के बासी । इहिं अंतर दोउ कुँवर प्रकासी ॥
संख चक्र कर सारँग धारी । भगत-हेत प्रगटे बनवारी ॥
देखि दरस मन हरष बढ़ायौ । तुमहिं बिना प्रभु कौन सहायौ ॥

ानि ब्रज कृष्न जहाँ बपु धारी । धनि जसुमति ब्रह्महिं अवतारी ॥ १५ ॥
ान्य नंद, धनि-धनि गोपाला । धन्य-धन्य गोकुल की बाला ॥
ान्य गाइ, धनि द्रुम बन चारन । धनि जमुना हरि करत बिहारन ॥
ान्य उरहनौ प्रातहिं ल्याई । धनि माखन चोरत जदुराई ॥
ानि सो जन ऊखल गढ़ि ल्यायौ । धन्य दाम भुज कृष्न बँधायौ ॥ १६ ॥
ादगद कंठ बचन मुख भारी । सरन राखि लै गर्ब-प्रहारी ॥
ार-बार चरननि परे धाई । कृपा करी भक्तनि सुखदाई ॥
ाधु-साधु कहि श्रीमुख बानी । बिदा भए इहिं भाँति बखानी ॥
मलार्जुन कौं तारि पठाए । नंद-द्वार दोउ बृच्छ गिराए ॥ १७ ॥
नेकसि जसोदा आँगन आई । दुहूँ बृच्छ-बिच बचे कन्हाई ॥
ारि परे ब्रज के नर-नारी । नंद-द्वार कछु होत गुहारी ॥
ख आनि बृच्छ दोउ डारे । ये गुन जसुमति आहिं तुम्हारे ॥
रत छोरि ऊखल तैं ल्याए । देखत जननि नैन भरि आए ॥ १८ ॥
ज-देवता कोउ है री माई । जहाँ तहाँ सो होत सहाई ॥
थम पूतना मारन आई । पय पीवत वह तहाँ नसाई ॥
नावर्त्त लै गयौ उड़ाई । आपुहिं गिरयौ सिला पर आई ॥
ागासुर आवत नहिं जान्यौ । सुनी कहत ज्यौ लेइ परान्यौ ॥ १९ ॥
कटासुर पलना ढिग आयौ । को जानै किहिं ताहि गिरायौ ॥
ौन-कौन करबर हैं टारे । जसुमति बाँधि अजिर लै डारे ॥
हुतै उबरयौ आजु कन्हाई । ऊपर बृच्छ गिरे भहराई ॥
हा कहौं न कहत बनि आवै । तुरत आइ हरि कौन बचावै ॥ २० ॥
बहिनि पेलि करत मन भाई । पुन्य नंद कैं बचे कन्हाई ॥
ख चूमति लै-लै उर लाए । जुवतिनि किए आपु मन भाए ॥
जननी सुत कंठ लगावति । चोरी की बातैं समुझावति ॥
रिस ही रिस करति लाल सौं । भुज बाँधे मन हँसत ख्याल सौं ॥ २१ ॥
बरजे तुम करत अचगरी । उरहन कौं ठाढ़ी रहैं सिगरी ॥
ार-बार तन देखति माई । गिरत बृच्छ कहुँ चोट न आई ॥
हत स्याम मैं अतिहिं डरान्यौ । ऊखल तर मैं रह्यौ छपान्यौ ॥
ात सुतहिं पूछति नँदरानी । कान्ह कहै मुख डर की बानी ॥ २२ ॥
रि के चरित कहा कोउ जानै । जसुमति अति बालक करि मानै ॥
खिल ब्रह्मंड जीव के दाता । माखन कौं बाँधति है माता ॥
न अपार अबिगत अबिनासी । सो प्रभु घर-घर घोष-बिलासी ॥
खल बँध्यौ जु हेत भगत के । येइ माता येइ पिता जगत के ॥ २३ ॥

जमलार्जुन कौं मोच्छ कराए। पुत्र हेत जसुदा-गृह आए॥
ऐसे हरि जन के सुखकारी। परगट रूप चतुर्भुज-धारी॥
जो जिहिं भाव भजै, प्रभु तैसे। प्रेम बस्य दुष्टनि कौं नैसे॥
'सूरदास' यह लीला गावै। कहत सुनत सबकैं मन भावै॥ २४॥
जो हरि चरित ध्यान उर राखे। आनँद सदा दुखित-दुख नाखै॥

ग्वालिनी सबेरे-सबेरे ही उलाहना लेकर आईं और बोलीं—यशोदा, तेरा कन्हाई कह है? तूने अपने बेटे को बहुत अच्छा काम करना सिखा दिया है? लड़कपन से ही उसे सि चढ़ा लिया है। मैंने माखन मथकर कमोरी में भरकर रख दिया था। तेरा हरि अभी-अभ उसे चुरा ले गया।

यह सुनते ही यशोदा क्रुद्ध हो उठीं और बोलीं—वह कोमल कमल-करों वाल कन्हैया है कहाँ? ॥ १ ॥

अचानक कन्हैया खेल कूदकर उसी समय आ गए। माँ यशोदा ने हाथ पकड़कर उन्हें बैठा लिया। कन्हैया का मुँह देखते ही यशोदा जी ने जान लिय कि कन्हैया ने कहीं माखन खाया है और पूछ बैठीं—'कन्हैया, तेरे मुँह में यह माखन कहाँ से लगा हुआ है।' कृष्ण ने मुड़कर पीछे देखा तो वह ग्वालिनी खड़ी थी, जिसका माखन उन्होंने चुराकर खा लिया था, तब वह अपनी मैया की ओर आँख मिलाकर न देख सके और अपनी आँखें नीची क लीं। उनके मुख से यह भाव स्वतः प्रकट होता जा रहा था कि उन्होंने माखन-चोरी की है। तब यशोदा मैया ने उन्हें रिस करके दो सुटुकुनी जड़ दी॥ २॥

मैया क्रोध में आ बोलीं—'तू दूसरे के घर में माखन खाने जाता है? तुझे जरा भी ड नहीं लगता। अब तुझे मैं बाँधे देती हूँ।' यशोदा कन्हैया की बाँह पकड़े हुए डोरी खोजने लगीं और कहने लगीं—'अब मैं तुझे बाँधे देती हूँ, देखती हूँ कि तुझे कौन छोड़ाता है' यशोदा कन्हैया को बाँधती जाती थीं, पर डोरी बराबर छोटी पड़ती जाती थी। वे बाँधते-बाँधते थक गईं, पर डोरी पूरी नहीं पड़ पा रही थी। वे बार-बार खिसियाती और क्रोध से भभकती जा रही थीं। गोपियाँ अपने-अपने घरों से जेंवरि ले लेकर दौड़ी आईं। इसी बहाने वे कन्हैया को बँधते हुए देखना चाहती थीं॥ ३॥

पास आकर गोपियाँ चकित हो खड़ी हो रहीं। लगता था जैसे किसी चतुर चित्रकार ने चित्र अंकित कर दिए हों। वे एकदम निश्चल निर्निमेष हो गई थीं। यशोदा एक रस्सी में दूसरी रस्सी जोड़कर उसे बड़ा बनाए दे रही थीं, पर हर बार रस्सी दो अंगुल छोटी ही रह जाती थी। जब कृष्ण ने देखा कि मैया रस्सी के छोटी हो जाने के कारण बाँध पाने में असफल होकर अकुला उठी है, तब उन सारंगपाणि ने अपने को स्वयं बंधवा लिया उन्होंने अपने भक्तों के लिए अपने को जेंवरि से बँधवा लिया और उन्हें अर्जुन के दोनों पेड़ों का ध्यान आ गया॥ ४॥

अपने भक्तों को सुख देने वाले कृष्ण ने अपनी माता को तुष्ट करने के लिए जान-बूझकर अपने को बँधवा लिया। उन्होंने उस समय जमुहाई ली और यशोदा को अपने मुँ के भीतर तीनों लोकों की अवस्थिति दिखा दी। माता यह लीला देखकर चकपका गई। प प्रभु ने तुरत ही विस्मृति का पर्दा डाल दिया। फिर वह श्याम को बाँधकर बाहर ले आ

और बोलीं—'तू रोज घर-घर जाकर चुरा-चुराकर माखन खाता है। मुझसे रोज-रोज का यह उलाहना सहा नहीं जाता।' यह कहकर उन्होंने रस्सी से बँधे कन्हैया को ले जाकर उलूखल से बाँध दिया।

बेटे को ओखरी से बाँधकर मैया बड़बड़ाने लगीं—एक गोपी उलाहना देकर जाती है, तब तक दूसरी उलाहना देने आ पहुँचती है। तू रात-दिन मुझे इसी तरह परेशान किए रहता है। क्या तेरे घर में माखन और दही नहीं है? घर में सब कुछ भरा हुआ है और तू चोरी करके खाता है? मेरे घर में नव लाख गायें दुही जाती हैं। न जाने कितने ग्वाल गौवों को दुहने के लिए घेरे रहते हैं। जिन नंद के घर में एक हजार मथनिया नित्य मथी जाती है, उनके बेटे को चोरी करने की आदत पड़ जाय—वह दूसरों के घर चुरा-चुराकर माखन खाय। यह बड़े शर्म की बात है॥ ६॥

जब मुझसे ये गोपियाँ आकर तेरी शिकायत करती हैं, तब मैं लाज से मर जाती हूँ और उन्हें कोई जवाब नहीं दे पाती। वृद्धावस्था में तो नंद को तू एक पुत्र हुआ। इसीसे वे तुझे बहुत-बहुत प्यार करते हैं और उन्हीं नंद की तू प्रतिष्ठा गिराना चाहता है? मैंने अब तेरे सारे गुण भली-भाँति जान लिए हैं। मैं तुझे रोज-रोज रोकती हूँ, पर तू मेरा रोकना नहीं मानता। कन्हैया बड़ा धीठ हो गया है। इसे कोई छोड़े नहीं।' यह कहकर यशोदा ने श्याम की दोनों बाँहे ऊखल में बाँध दीं॥ ७॥

यशोदा कृष्ण को बाँध देने के उपरांत घर के और-और कामों में जा लगीं और विज्ञानी कृष्ण को आँगन ही में बँधा छोड़ गईं। कृष्ण के बाँध दिए जाने पर भी जो ग्वालिनें उलाहना लेकर आती रहीं, यशोदा ने उन्हें लौटा दिया और कहा, 'अभी तुम्हारे मन का नहीं हुआ? कन्हैया को बाँध तो दिया।' ये सभी अपने मन में यह सोचते हुए अपने-अपने घरों को लौट गईं—यह यशोदा भी कैसी हैं—हमने तो हँसी-हँसी में माखन-चोरी का उलाहना दिया था और इसने आव देखा न ताव, एक क्षण के भीतर श्याम को ऊखल में ले जा बाँधा॥ ८॥

लौटती हुई गोपियाँ परस्पर कहे जा रही हैं—अरी सखी, श्याम के उलूखल में बँधे दोनों हाथों की शोभा का क्या कहना? लगता है जैसे बिल के बाहर दो नाग परस्पर लड़ते हुए गुत्थमगुत्था हुए जा रहे हों। कन्हैया का मुँह ऐसा कुम्हला गया था, जैसे तुषार का मारा त्रस्त कमल। डरे हुए जब उनके विशाल और चपल नयन इधर-उधर होते थे, तब ऐसा लग रहा था, जैसे मुख के अमृत रस में दो मछलियाँ हिलडुल रही हों।

यह सुनते ही कि यशोदा ने श्याम को बाँध रखा है बहुत सी दूसरी युवतियाँ वहाँ आ गईं और बोलीं—यशोदा, तूने कन्हैया को क्यों बाँध दिया है? ॥ ९॥

वे व्रजांगनाएँ यशोदा से कहती गईं—तुझे तो अच्छी बुद्धि सूझी है। जैसे जैसे तू दिनार (बूढ़ी) होती जा रही है, तेरी बुद्धि भी सठियाती जा रही है। कन्हैया का बंधन छोड़ दो और मन में शांति-लाभ करो। तुम इतनी निर्दय कैसे हो गईं। नँदरानी, जरा श्याम के मुँह की ओर तो देखो, सारंगपाणि का मुँह तो अत्यंत सकुच गया है, जरा सा हो गया है। तूने श्याम को प्रांगण में बाँधकर छोड़ दिया है और तू यहाँ घर के भीतर बैठी हुई दही मथे जा रही है। तुझे माखन कन्हैया से भी प्यारा हो गया है? ॥ १०॥

गोपियाँ आगे फिर बोलीं—'यह दही मथना बंद कर दो, मथानी (कमोरी) को विनष्ट हो जाने दे। तुम्हें हम सबकी शपथ, आकर कन्हैया के बंधन छोड़ दो।'

यशोदा तो उलाहना देने वाली गोपियों से खीझी हुई थीं ही। वह उनसे बोलीं—तुम सबने, हँसी करने के लिए, अपना दिल बहलाने के लिए, उलाहना दे-देकर मेरी नाक में दम कर दिया था। अब मैंने कुँवर कन्हैया को बाँध दिया है, तो छोड़ने की नहीं। तुम्हीं सबने मिलकर यह बखेड़ा शुरू किया है और उलाहना दे-देकर मेरा सिर-दर्द बढ़ा दिया है।

इस पर गोपियों ने कहा—'यशोदा, तुम्हें गायों की शपथ है, जो तुम कन्हैया को न छोड़ो।' उधर कन्हैया भी यशोदा मैया के मुँह की तरफ देखे जा रहे थे॥ ११॥

तब यशोदा चिढ़कर गोपियों से बोलीं—'मैंने तुमको कब बुलवा भेजा था? तुम लोग किसलिए दौड़ी चली आई हो। जाओ अपने घर। बड़ी आईं कन्हैया को छुड़ाने—अरे बँधवाया तो है तुम्हीं ने न?'

यशोदा की इस बात को सुनकर सभी गोपियाँ मन मसोस कर अपने-अपने घरों के लिए लौट चलीं और कह उठीं—अब क्या किया जाय? हम तो कन्हैया पर अपने को निछावर किए जा रही है और यह यशोदा—'इसने कैसा हठ ठान लिया है। यह मूर्ख है और मूर्ख को कोई कहाँ तक समझावे। इसकी मति मारी गई है। इसकी बुद्धि के संबंध में कुछ कहते नहीं बन रहा है।' वे गोपियाँ यह कहते हुए जल्दी-जल्दी अपने-अपने घरों को लौट गईं—नंद की घरनी अब बहुत चतुर हो गई है॥ १२॥

यशोदा ने यह अच्छी बुद्धि नहीं की है। हमने अब इसकी जाति (प्रकृति, स्वभाव) भलीभाँति परख ली है। हमने इसे कितना ही समझाया, पर इसने हमारी नेक न मानी। ऐसा कहते हुए सब अपने-अपने घर चली गईं।

इधर यशोदा दही मथ रही थीं, उधर कन्हैया ने कुछ और ही सोचा। हरि तो भक्त-वत्सल हैं, अंतर्यामी हैं। उन्होंने अर्जुन के जुड़वाँ वृक्षों को देखकर मन में कहा—ये तो कुबेर के प्रसिद्ध पुत्र नलकूबर और मणिग्रीव हैं॥ १३॥

मैंने इस अवतार में इन्हें तार देने का आश्वासन दिया था। अब मुझे इनके दुख को दूर कर ही देना चाहिए।

जिसका जिस ढंग से उद्धार हो सकता है, प्रभु उसका उद्धार उसी ढंग से करते हैं। प्रभु ओखरी को घसीटते घसीटते यमलार्जुन के पास पहुँच गए। दोनों वृक्षों के बीच में उनकी ओखरी अँटक गई। कन्हैया ने आगे बढ़कर उसे एक झटका दिया। तब अररा कर दोनों वृक्ष पृथ्वी पर गिर गए और इनके गिरने की प्रबल ध्वनि व्रज में गूँज उठी॥ १४॥

इस धमाके की आवाज को सुनकर व्रजवासी लोग चकपका उठे। इसी बीच कुबेर के दोनों पुत्र प्रकट हो गए। और बनवारी कृष्ण भी शंख, चक्र, गदा, पद्म लिए अपने चतुर्भुज रूप में प्रकट हो गए। कुबेर के दोनों पुत्रों ने प्रभु का दर्शन पाया और परम प्रसन्न हो गए और बोले—हे प्रभु, बिना तुम्हारे हमारी सहायता कौन कर सकता है? यह व्रज धन्य है, जहाँ कृष्ण ने देह धारण किया है। यह यशोदा मैया धन्य है, जिनकी गोद में ब्रह्म ने अवतार लिया है॥ १५॥

नंद धन्य हैं, गो पालने वाले ग्वाल धन्य हैं, गोकुल की बालाएँ धन्य हैं। गायें धन्य, यहाँ के वृक्ष धन्य हैं। वृंदावन में प्रभु का गो-चरण करना धन्य है। यमुना धन्य है, जहाँ रि विहार करते हैं। वह उलाहना धन्य है, जिसे सबेरे-सबेरे गोपियाँ यशोदा मैया को देई। यदुनाथ की यह माखन-चोरी धन्य है। वह शिल्पी धन्य है, जिसने यह ऊखल गढ़ा। वह रस्सी धन्य है, जिससे कृष्ण ने अपनी बाँह बँधवाई॥ १६॥

कुबेर पुत्रों का गला भर आया और उनसे आगे और कुछ नहीं कहा जा सका। वे तना ही कह पाए—'हमारा गर्व हर लेने वाले श्याम, अब हमें अपनी शरण में ले लो।'

भक्तों को सुख देनेवाले श्याम ने उन कुबेर-पुत्रों पर कृपा की, और श्रीमुख से उनकी शंसा करते हुए बोले—साधु, साधु। कुबेर के दोनों पुत्र प्रभु की स्तुति करके, उनसे बिदा कर अपने घर चले गए। इस प्रकार प्रभु ने नंद के द्वार पर खड़े अर्जुन के दोनों पेड़ों को रा कर, कुबेर-पुत्रों का उद्धार कर दिया और उनको उनके लोक भेज दिया॥ १७॥

यशोदा घर के भीतर से प्रांगण में आईं। उसने देखा कि दोनों वृक्ष भहराकर गिरे पड़े और दोनों वृक्षों के बीच कन्हैया बचे पड़े हैं। नंद के द्वार पर कोलाहल मच गया। इस ोलाहल को सुनकर व्रज के सभी नर-नारी दौड़कर वहाँ इकट्ठे हो उठे। उन सबने देखा दोनों वृक्ष गिरे पड़े हैं। वे यशोदा को दोष देने लगे—'यशोदा, यह सब तुम्हारा ही गुन न तुमने कन्हैया को बाँधा होता, न वे ऊखल सहित घसिटते हुए इन वृक्षों के पास ुँचते, न ऊखल का घर्षण इनसे होता, न ये वृक्ष धराशायी होते।'

वे ऊखल से छोड़कर तुरंत कृष्ण को ले आए। यशोदा ने श्याम को देखा और उनकी ाँखें छलछला आईं॥ १८॥

सब गोपियाँ कहने लगीं—अरी सखी, हमारे व्रज का रक्षक कोई न कोई देवता वश्य है, जो यत्र-तत्र हमारी सहायता करता रहता है। पहले पूतना हमारे कन्हैया को दूध लाकर मारने आई थी। उसी देवता ने उस बकी को मारकर श्याम की रक्षा की थी। ावर्त कन्हैया को उड़ा ले गया था, पर वह स्वयं शिला पर आ गिरा। कागासुर के आने बात तक हमने नहीं जानी, सुना है वह अपने प्राण लेकर भागा था॥ १९॥

शकटासुर श्याम के पालने के पास आ गया था। पर न जाने किस शक्ति ने उसे वहीं कर दिया। उस देवता ने हमारी न जाने कौन-कौन सी विपत्तियाँ दूर की हैं। आज ोदा ने कन्हैया को बाँधकर आँगन में डाल दिया था। ये दोनों वृक्ष भहराकर कन्हैया के र गिर गए। आज तो कन्हैया खूब बचे। क्या कहूँ, कुछ कहते नहीं बनता। तुरंत आकर ारे हरि को कौन बचा लेता है॥ २०॥

यह यशोदा तो ऐसी है कि किसी की बात सुनती ही नहीं है और मन में जो आता वही करती जाती है। आज हम लोगों के रोकने पर भी इसने कन्हैया को बाँध ही दिया। हैया तो बच गए हैं, वह नंद के पुण्य-प्रताप से, इसके नहीं।'

यह कहकर गोपियों ने कृष्ण को उठाकर छाती से लगा लिया, उनका मुँह चूम लिया उन्हें जो भी अच्छा लगा, वह किया।

यशोदा मैया ने भी बेटे को लेकर गले से लगाया और कहा—कन्हैया, यह चोरी

अच्छी नहीं। फिर कभी माखन-चोरी मत करना, मैंने तो अपने लाल पर क्रोध करके हँसी-हँसी में इसकी बाँहें बाँध दी थी॥ २१॥

तुम शरारत करते थे। मैंने तुम्हें शरारत करने से बार-बार रोका। इधर ये गोपियाँ वे जैसे उलाहना देने के लिए हमेशा तैयार बैठी रहती हैं।' यह कहकर वे श्याम के शरीर को बार-बार देखने लगीं कि कहीं खरोंच तो नहीं लग गई है, वृक्षों के गिरने से इन्हें कहीं चोट तो नहीं लगी है?

श्याम कहने लगे—'मैं तो बहुत डर गया था, मैं ऊखल के नीचे छिप गया था।'

नँदरानी तो चोट लगने की बात पूछ रही थीं, कान्ह उसका जवाब न देकर अपने डर की बात किए जा रहे थे॥ २२॥

हरि के चरित्र को कोई क्या जान सकता है। यशोदा तो उन्हें अपना नन्हा-मुन्ना ही समझती हैं। जो संपूर्ण संसार के जीवों को भोजन देनेवाले हैं, उन्हीं विश्व-भर्ता को यशोदा ने माखन के लिए बाँध रखा था। वे अपार गुण वाले हैं, अविज्ञेय हैं, अनश्वर हैं। फिर भी वे व्रज के घर-घर में विचरण कर आनंद लिए जा रहे हैं। जो अपने भक्त के लिए ऊखल में बँधे, वे जगत्पिता और जगन्माता हैं॥ २३॥

हरि ने यमलार्जुन को मोक्ष दिया। यशोदा ने उन्हें पुत्र रूप में पाने की कामना की थी इसलिए वे यशोदा के घर में उसके पुत्र बनकर आए। हरि अपने भक्तों को ऐसे सुख देनेवाले हैं। चतुर्भुज विष्णु ही इस प्रकार अपने भक्तों को सुख देने के लिए अवतरित होते रहते हैं। प्रभु को जो जिस भाव से भजता है, प्रभु उससे उसी भाव से मिलते हैं। वे प्रेम के बस में हैं—'भगवान भगत के बस में'। वे दुष्टों का विनाश करते रहते हैं।

सूरदास प्रभु की यह लीला गा रहे हैं। यह लीला कहने वाले और सुनने वाले दोनों के मन को अच्छी लगती है॥ २४॥

जो हरि चरित्र को अपने ध्यान में रखते हैं, वे सदा आनंद पाते हैं और उनका दुख दूर हो जाता है।

२. गो-वत्स-हरन लीला

२१५४/१११० राग धनाश्री

व्रज की लीला देखि, ज्ञान बिधि कौ गयौ।
यह अति अचरज मोहिँ, कहा कारन ठयौ॥ टेक॥
त्रिभुवन-नायक भयौ आनि, गोकुल अवतारी।
खेलत ग्वालनि संग, रंग आनंद मुरारी॥
घर-घर तैं छाकैं चलीं, मानसरोवर-तीर।
नारायन भोजन करैं, बालक संग अहीर॥ १॥
व्यंजन सकल मँगाइ, सखनि के आगैं राखे।
खाटे मीठे स्वाद, सबै रस लै-लै चाखे॥
रुचि सौं जेंवत ग्वाल सब, लै लै आपुन खात।
भोजन कौ सब स्वाद लै, कहत परस्पर बात॥ २॥

देखत गन-गंधर्व, सकल सुरपुर के वासी।
आपुस मैं सब कहत हँसत, येई अबिनासी॥
देखि सबै अचरज भए, कह्यौ ब्रह्मा सौं जाइ।
जाकौं अबिनासी कहत, सो ग्वारनि सँग खाइ॥ ३॥
यह सुनि ब्रह्मा चले, तुरत बृंदावन आए।
देखि सरोवर सजल, कमल तिहिं मध्य सुहाए॥
परम सुभग जमुना बहै, तहँ बहै त्रिविध समीर।
पुहुप लता-द्रुम देखिकै, थकित भए मति-धीर॥ ४॥
अति रमनीक कदंब-छाहँ, रुचि परम सुहाई।
राजत मोहन मध्य अवलि बालक छबि पाई॥
प्रेम-मगन ह्वै परस्पर, भोजन करत गोपाल।
ल्यावहु गो-सुत घेरिकै, प्रभु पठए द्वै ग्वाल॥ ५॥
वन उपवन सब ढूँढ़ि, सखा हरि पै फिरि आए।
बछरा भए अदृष्ट, कहूँ खोजत नहिं पाए॥
सबै सखा बैठे रही, मैं देखौं धौं जाइ।
बच्छ-हरन जिय जानि प्रभु, आपु गए बहराइ॥ ६॥
जब गोविँद गए दूरि, बालकनि हर्‌यौ बिधाता।
लैहैं तुरत मँगाइ आपु, जो हैं जग-त्राता॥
ब्रह्मलोक ब्रह्मा गए, लै बालक वह संग।
प्रभु की लीला गम नहीं, कियौ गर्व अति अंग॥ ७॥
तब चिंतामनि चितै, चित्त इक बुद्धि बिचारी।
बालक वच्छ बनाइ, रचे वेही उनिहारी॥
करत कुलाहल सब गए, व्रज घर अपनैं धाइ।
अति आदर करि-करि लए, अपनी-अपनी माइ॥ ८॥
ब्रह्मा कियौ बिचार, जाइ व्रज गोकुल देखौं।
करिहैं सोक सँताप, धाइ पितु-मातहिं पेखौं॥
अति आतुर ह्वै बिधि चले, घर-घर देख्यौ आइ।
साँझ कुतूहल होत है, जहँ-तहँ दुहियत गाइ॥ ९॥
यह गोकुल किधौं और, किधौं मैं ही चित भूल्यौ।
ये अबिनासी होइँ, ज्ञान मेरौ भ्रम भूल्यौ॥
अंतरजामी जानि धौं, गो-सुत ल्याए जाइ।
जगत पितामह संभ्रम्यौ, गयौ लोक फिरि धाइ॥ १०॥

देख्यौ जाइ जगाइ, बाल गो-सुत जहँ राख्यौ ।
बिधि मन चक्रित भयौ, बहुरि व्रज कौं अभिलाख्यौ ॥
छिन भूतल, छिन लोक निज, छिन आवै, छिन जाइ ।
ऐसे बीते बरष दिन, थकित भए बिधि-पाइ ॥ ११ ॥

तब जान्यौ हरि प्रगट, ज्ञान मन मैं जब आयौ ।
धिग-धिग मेरी बुद्धि, कृष्न सौं बैर बढ़ायौ ॥
लै गो-सुत गोपाल-सिसु, सरन गयौ ह्वै साधु ।
चारौं मुख अस्तुति करत, छमौ मोहिं अपराधु ॥ १२ ॥

अनजाने मैं करी बहुत तुमसौं बरियाई ।
ये मेरे अपराध छमहु, त्रिभुवन के राई ॥
ज्यौं बालक अपराध सत, जननी लेति सम्हारि ।
सरन गऐं राखति सदा, औगुन सकल बिसारि ॥ १३ ॥

जोरे उदित खद्योत, ताहि क्यौं तिमिर नसावै ।
दीपक बहुत प्रकास, तरनि सम क्यौं कहि आवै ॥
मैं व्रह्मा इकलोक कौ, ज्यौं गूलर-फल-जीव ।
प्रभु तुम्हरे इक रोम-प्रति, कोटिक व्रह्मा-सीव ॥ १४ ॥

मिथ्या यह संसार, और मिथ्या यह माया ।
मिथ्या है यह देह, कहौ क्यौं हरि बिसराया ॥
तुम जाने बिन जीव सब, उतपति प्रलय समाहि ।
सरन गए प्रभु राखिऐ, चरन-कमल की छाहिँ ॥ १५ ॥

करहु मोहिं व्रज रेनु, देहु वृंदावन वासा ।
माँगौ यहै प्रसाद, और मेरैं नहिं आसा ॥
जोइ भावै, सोइ करहु तुम, लता सिला द्रुम गेहु ।
ग्वाल गाइ को भृत करौ, मानि सत्य ब्रत एहु ॥ १६ ॥

जो दरसन नर नाग, अमर सुरपतिहुँ न पायौ ।
खोजत जुग गए बीति, अंत मोहूँ न लखायौ ॥
इहिं व्रज यह रस नित्य है, मैं अब समुझ्यौ आइ ।
वृंदावन रज ह्वै रहौं, व्रह्मलोक न सुहाइ ॥ १७ ॥

माँगत बारंबार, वेष ग्वालनि कौ पाऊँ ।
आपु लियौ कछु जानि, भच्छ करि उदर पुराऊँ ॥
अब मेरैं निज ध्यान यह, रहौं जूठ नित खाइ ।
और बिधाता कीजियै, मैं नहिं छाँड़ौ पाइ ॥ १८ ॥

तब बोले प्रभु आपु, बचन मेरौ अब मानौ।
और काहि बिधि करौं, तुमहिं तैं कौन सयानौ॥
तुम ज्ञाता सब धर्म के, तुमतैं सब संसार।
मेरी माया अति अगम, कोउ न पावै पार॥१९॥
श्रीमुख बानी कही, बिलँब अब नैंकु न लावहु।
व्रज परिकर्मा करहु, देह कौ पाप नसावहु॥
बिदा करे निज लोक कौं, इहि बिधि करि मनुहार।
करि अस्तुति व्रह्मा चले, हरि दीन्हौ उर हार॥२०॥
धनि बछरा, धनि बाल, जिनहिं तैं दरसन पायौ।
उर मेरौ भयौ धन्य, कृष्न माला पहिरायौ॥
धनि जसुमति जिन बस किए, अबिनासी अवतारि।
धनि गोपी जिनके सदन, माखन खात मुरारि॥२१॥
धनि गोपी, धनि ग्वाल, धन्य ये ब्रज के बासी।
धन्य जसोदा नंद, भक्ति-बस किए अबिनासी॥
धनि गो-सुत, धनि गाइ ये, कृष्न चरायौ आपु।
धनि कालिंदी मधुपुरी, दरसन नासै पापु॥२२॥
मथुरा आदि अनादि, देह धरि आपुन आए।
धनि देवै वसुदेव, पुत्र तुम माँगे पाए॥
चारि बदन मैं कह कहौं, सहसानन नहिं जान।
गाइ चरावत ग्वाल सँग, करत नंद की आन॥२३॥
जोगी जन अवराधि, फिरत जिहिं ध्यान लगाए।
ते व्रजवासिन संग, फिरत अति प्रेम बढ़ाए॥
वृंदावन व्रज कौ महत, कापै बरन्यौ जाइ।
चतुरानन पग परसिकै, लोक गयौ सुख पाइ॥२४॥
हरि लीला अवतार, पार सारद नहिं पावै।
सतगुरु कृपा-प्रसाद, कछुक तातैं कहि आवै॥
'सूरदास' कैसै कहै, हरि-गुन कौ बिस्तार।
सेष सहस मुख रटत है, तऊ न पावै पार॥२५॥

व्रज की यह लीला देखकर कि कृष्ण ग्वाल बालों के साथ बैठकर जूठ-मीठ का विचार किए बिना भोजन करते जा रहे हैं, ब्रह्मा चकरा गए और उनका ज्ञान चला गया। वे सोचने लगे—मुझे यह अत्यंत आश्चर्यजनक लग रहा है। यह सब कैसे हो रहा है। यदि कृष्ण ब्रह्म हैं, तो वे ग्वालों का जूठा कैसे खा रहे हैं।

त्रिभुवन के नायक ने गोकुल आकर कृष्ण के रूप में अवतार लिया, और मुरारि ग्वाल-बालों के साथ अत्यंत उमंग में आकर खेलने लगे। घर-घर से, गाय चराने वाले ग्वाल-बालों के लिए छाक (भोजन की सामग्री) मान-सरोवर नामक तालाब के तट पर आ गई। अहीर बालकों के साथ नारायण भोजन करने लगे॥ १॥

सारे प्रकार के व्यंजन (खाद्य पदार्थ) मँगाकर कृष्ण ने अपने सखाओं के आगे रख दिया। और खट्टे-मीठे सभी प्रकार के व्यंजनों का स्वाद रस ले ले करके चखने लगे। सभी ग्वाल बाल रुचिपूर्वक भोजन करने लगे। कन्हैया भी उसी में से ले लेकर खाने लगे। सभी प्रकार के भोजन का स्वाद लेकर वे परस्पर बातें करने लगे॥ २॥

सभी गंधर्व और अन्य देवलोक-वासी, कृष्ण और ग्वाल-बालों को एकही में खाते देखकर आपस में हँसते हुए कहने लगे—अहीरों का जूठा खानेवाले यही कृष्ण अविनाशी ब्रह्म हैं? वे सभी चकित हो गए और उन्होंने जाकर ब्रह्मा से कहा—जिसको हम अविनाशी कहते हैं, वह तो ग्वालों के साथ बैठा खा रहा है॥ ३॥

देवताओं से यह सुनकर ब्रह्मा तुरत चल पड़े और वृंदावन आ गए। उन्होंने मान-सरोवर को देखा। वह जल से लबालब भरा हुआ था और उसमें कमल फूले हुए था। वहाँ अत्यंत सुंदर जमुना जी बह रही थीं और शीतल मंद सुगंध समीर का संचार हो रहा था। वहाँ लताएँ और वृक्ष फूले हुए थे। इन्हें देखकर अत्यंत धीर मति वाले ब्रह्माजी भी चक्कर में पड़ गए॥ ४॥

ब्रह्माजी ने देखा एक अत्यंत मनोहर कदंब का पेड़ है। पेड़ के नीचे उसकी अत्यंत सुहावनी छाया थी। उसी छाया में मोहन बीच में बैठे हुए थे। उनके चारों ओर ग्वाल बाल बैठे थे। एक दूसरे से प्रेम में मग्न होकर वे सभी ग्वाल भोजन कर रहे थे। इसी बीच प्रभु कृष्ण ने दो ग्वालबालों को भेजा कि बछड़ों को यहाँ हाँक लाओ॥ ५॥

दोनों ग्वाल बाल वन उपवन सभी जगह खोजकर हरि के पास लौट आए और कहा—बछड़े कहीं दीख नहीं पड़ रहे हैं। खोजने पर वे कहीं नहीं मिले।

तब कृष्ण ने कहा—सभी सखा यहीं बैठे रहो। मैं जाकर बछड़ों की खोज-खबर लाता हूँ।

प्रभु ने जान लिया कि ब्रह्मा ने बछड़ों को चुरा लिया है। पर उन्होंने वत्सहरण की बात सखाओं से नहीं कही। उनको बहलाकर वे धीरे से चल पड़े॥ ६॥

जब गोविंद कुछ दूर चले गए, तब ब्रह्मा ने यह सोचकर उन ग्वाल-बालों का भी हरण कर लिया कि यदि कृष्ण सचमुच सारे संसार के रक्षक हैं, तो स्वयं इन बालकों को अपने पास बुला लेंगे। ब्रह्मा उन बालकों और बछड़ों को लिए दिए अपने ब्रह्मलोक चले गए। उन्हें प्रभु की लीला का ज्ञान नहीं था। इसीलिए उन्होंने अत्यंत गर्व कर लिया। उन्हें अपने ब्रह्मात्व का अभिमान हो गया॥ ७॥

तब उन चिंतामणि (सबकी कामनाएँ पूरी करने वाले) कृष्ण ने अपने मन में सोचकर एक उपाय निकाला। उन्होंने चटपट उन्हीं बछड़ों और बालकों के पूर्ण अनुरूप दूसरे बछड़े और बालक बना दिए। वे नव-रचित बछड़े और ग्वाल बाल कोलाहल करते हुए दौड़कर व्रज में अपने-अपने घर जा पहुँचे। उनकी माताओं ने अपने-अपने बच्चों को

बड़े प्रेम और आदर से अपना लिया, गायों ने अपने बछड़ों को और गोपियों ने अपने बच्चों को॥ ८॥

ब्रह्मा ने विचार किया अब मैं दौड़कर व्रज गोकुल जाऊँ और देखूँ, जिन बालकों को मैं हर लाया हूँ, उनके माता पिता उनके शोक में लला रहे होंगे, बिलला रहे होंगे। ब्रह्मा बड़ी हड़बड़ी में ब्रह्मलोक से चलकर गोकुल आए और उन्होंने घर-घर जाकर देखा। वहाँ सांध्यकालीन खेल-कूद, गप-शप हो रही थी। लोग जहाँ-तहाँ गायें दुह रहे थे। वहाँ शोक-संताप का कोई भी वातावरण उन्हें नहीं मिला॥ ९॥

ब्रह्मा गोकुल का यह आनंद देखकर मन में सोचने लगे—'यह कोई दूसरा गोकुल तो नहीं है, जहाँ मैं भूल-भटककर आ गया हूँ या यह मेरे चित्त का शुद्ध भ्रम तो नहीं है? लगता है कृष्ण सचमुच अविनाशी हैं। मैं ही भ्रम में पड़ गया था। लगता है अंतर्यामी प्रभु ने सब जान लिया और व्रह्मलोक जाकर इन अपहत बछड़ों को उठा लाए।' जगत के स्रष्टा पितामह व्रह्मा भ्रम में पड़ गए और यह देखने के लिए कि वहाँ अपहत बछड़े हैं या नहीं, ब्रह्मलोक को दौड़े चले गए॥ १०॥

व्रह्मा ने व्रह्मलोक पहुँचकर देखा कि बछड़े और ग्वाल-बाल जहाँ उन्होंने रख दिए थे, वहीं ज्यों के त्यों सो रहे थे। उन्होंने उन्हें जगाकर देख परख लिया। यह देखकर व्रह्मा बड़े चक्कर में पड़ गए और वे पुनः व्रज में आ गए। व्रह्मा क्षण भर में भूतल पर आने लगे और क्षणभर ही में व्रह्मलोक। इसी प्रकार वे एक क्षण में आने और एक ही क्षण में जाने लगे। उनका आने-जाने का यह क्रम एक वर्ष तक चलता रहा और व्रह्मा के पैर थक गए॥ ११॥

व्रह्मा की जब बुद्धि खुली, तब उन्होंने जाना कि हरि का अवतार गोकुल में हो गया है। तब वे सोचने लगे—मेरी बुद्धि को धिक्कार है, जो मैंने कृष्ण से बैर बढ़ाया। तब वे गायों के बछड़ों और ग्वाल-बालकों को लेकर, निर्मल बुद्धि होकर, साधु भाव से कृष्ण की शरण में आए और चारो मुँहों से स्तुति करने लगे—हे नाथ मुझसे अपराध हुआ, क्षमा करें॥ १२॥

मैंने अनजान में तुमसे भारी धृष्टता की है। हे त्रिभुवन-नाथ, मेरे ये अपराध क्षमा करें। लड़का भले ही सैकड़ों गलतियाँ करे, माँ अपने बच्चे को झाड़-पोंछकर अपनी गोद में ले ही लेती है, और शरण में आ जाने पर उसके सारे अवगुणों को भुलाकर उसकी रक्षा ही करती हैं॥ १३॥

बहुत से जुगनू इकट्ठा होकर कितना भी प्रकाश क्यों न करे, वे रात्रि के अंधकार को कथमपि दूर नहीं कर सकते। दीपक कितना भी प्रकाश करे, उसे सूर्य के समान कैसे कहा जा सकता है? मैं एक लोक का व्रह्मा हूँ। मेरा अस्तित्व तो ऐसा ही है, जैसे गूलर के फल में रहने वाला मसे का। प्रभु तुम्हारे एक-एक रोम में तो करोड़ों व्रह्मा और शिव समाए हुए हैं॥ १४॥

यह संसार मिथ्या है और यह माया भी मिथ्या है। यह शरीर भी मिथ्या है क्योंकि इसने, हे हरि, तुम्हें भुला दिया है। तुम्हें जाने बिना सारे प्राणी जन्मते और मरते रहते हैं। हे प्रभु, अब मैं तुम्हारी शरण में आ गया हूँ। मुझे अपने चरण-कमलों की छाया में रख लीजिए॥ १५॥

प्रभु मुझे व्रज का रज-कण बना दीजिए। मुझे वृंदावन में बसा लीजिए। मैं तुमसे यह प्रसाद माँगता हूँ। इसको छोड़कर मेरी कोई अन्य अभिलाषा नहीं है। हे प्रभु, तुम्हें ज अच्छा लगे, मुझे वही बना दो—चाहे वृंदावन की लता बना दो, यहाँ की चट्टान बना दो यहाँ का कोई वृक्ष बना दो, यहाँ का कोई घर बना दो, यहाँ के ग्वालों और गायों का सेवक बना दो। मेरे इस संकल्प को सच मानो॥ १६॥

तुम्हारा दर्शन तो नर, नाग, सुर और सुरपति (इंद्र) तक ने नहीं पाया। तुम्हें खोज हुए मुझे भी युग बीत गए और मुझे भी तुम्हारा रहस्य नहीं ज्ञात हो सका। मैंने अब सम लिया है कि इस व्रज में यह रस, यह आनंद, नित्य है, क्षणिक नहीं है। अब मैं वृंदाव की धूल होकर यहीं रह जाना चाहता हूँ। मुझे अब ब्रह्मलोक अच्छा नहीं लगता॥ १७

मैं तुझसे बार-बार यही माँगता हूँ कि मुझे ग्वालों का अवशिष्ट प्राप्त हो जाय। तुम भी उस भोजन में से कुछ खा लिया है, मुझे यह अभिज्ञता हो गई है। अब मैं वही सीथ प्रसाद पाकर अपना पेट भरना चाहता हूँ। अब मेरे मन में यह आ गया है कि मैं यही जूठ नित खाकर जीवित बना रहूँ। अब तुम किसी दूसरे को बिधाता बना दो। जब तक तुम मे यह संकल्प पूरा नहीं कर देते, तब तक मैं तुम्हारे पैर पकड़े रहूँगा, छोड़ूँगा नहीं॥ १८

तब प्रभु कृष्ण बोले—व्रह्मा जी, तुम मेरी बात मानो। तुमसे अधिक अनुभवी औ चतुर कौन है, जिसे मैं तुम्हारे स्थान पर दूसरा व्रह्मा बना दूँ? तुम धर्म के सभी रहस्यों क जानने वाले हो। तुम्हीं ने इस सारे संसार को रचा है। मेरी माया अत्यंत गूढ़ है। उसक रहस्य तक कोई पहुँच नहीं पाता॥ १९॥

फिर कृष्ण ने स्वयं अपने मुख से कहा—'अब जरा भी देर न करो। व्रज की परिक्र करके अपने देह से किए गए पापों को नष्ट कर दो।'

इसके अनंतर कृष्ण ने इस प्रकार कह-सुनकर व्रह्मा को उनके लोक के लिए बि कर दिया। व्रह्मा भी कृष्ण की स्तुति करके चले गए। जाते समय हरि ने व्रह्मा के गले अपने गले की माला उतार कर पहना दी॥ २०॥

व्रह्मा स्तुति करने लगे—गायों के ये बछड़े और ग्वालों के ये बालक धन्य हैं। इन के कारण मैं तुम्हारा दर्शन पा सका हूँ। मेरा वक्ष धन्य है, जिसे हरि ने अपनी माला पह दी। यशोदा धन्य हैं, जिन्होंने अविनाशी के अवतार को अपने बस में कर रखा है। गोपि धन्य हैं, जिनके घरों में घुसकर मुरारि कृष्ण चोरी करके माखन खाते रहे हैं॥ २१॥

गोपियाँ धन्य हैं, ग्वाल धन्य हैं, सभी व्रजवासी धन्य हैं, नंद और यशोदा धन्य जिन्होंने अपनी भक्ति से अविनाशी को अपने बस में कर रखा है। ये गायें और इनके बछ धन्य हैं, जिन्हें स्वयं कृष्ण ने चराया है। यमुना और मधुपुरी मथुरा धन्य है, जिनके द से पाप नष्ट हो जाते हैं॥ २२॥

यह मथुरा धन्य है, जहाँ आदि और अनादि व्रह्म स्वयं देह धारण करके अवत हुए। देवकी और वसुदेव धन्य हैं, जिन्होंने तुमको पुत्र रूप में माँगकर पाया। तुम ग्वा बालों के साथ गायें चराते रहते हो और नंद की शपथ की दुहाई देते रहते हो। तुम्हें सहस्त्र मुँह वाले शेषनाग तक नहीं जान सके। मैं तो चार ही मुखों वाला हूँ, फिर मैं कै तुम्हारा गुणगान कर सकता हूँ॥ २३॥

तुम्हारा ध्यान तो आराधना करते हुए योगी लोग लगाया करते हैं। वही तुम अत्यंत प्रेम बढ़ जाने के कारण व्रजवासियों के साथ लगे फिरते हो। वृंदावन और व्रज के महत्त्व का वर्णन कौन कर सकता है?

व्रह्मा इस प्रकार स्तुति करके, कृष्ण के चरण छू करके, सुख पाकर अपने लोक चले गए॥ २४॥

हरि के अवतार का, हरि की लीला का वर्णन तो सरस्वती भी नहीं कर सकतीं। मुझ सूरदास ने, सतगुरु की कृपा के प्रसाद से इसे कुछ-कुछ कहा है। मैं हरि के गुण का विस्तृत वर्णन कैसे कर सकता हूँ। शेष अपने हजार मुखों से इसका वर्णन करते हैं, तब भी इसका अंत नहीं पाते। मैं तो एक मुँह और एक जीभ वाला असमर्थ प्राणी हूँ॥ २५॥

३. नाग-नथैया

२१५५/१२०७ राग धनाश्री

नारद कहि समुझाइ, कंस नृपराज कौं।
तब पठयौ व्रज दूत, पुहुप के काज कौं॥ ध्रुव॥
तब पठयौ व्रज दूत, सुनी नारद मुख बानी।
बार बार रिषि काज, कंस अस्तुति मुख गानी॥
धन्य धन्य मुनिराज तुम, भलौ मंत्र दियौ मोहिं।
दूत चलायो तुरतहीं, अबहिं जाइ व्रज होहि॥ १॥
यह कहियो तुम जाइ, कमल नृप कोटि मँगाए।
पत्र दियौ लिखि हाथ, कह्यौ, बहु भाँति जनाए॥
काल्हि कमल नहिं आवहीं, तौ तुमकौं नहिं चैन।
सिर नवाइ, कर जोरि कै, चल्यौ दूत सुनि बैन॥ २॥
तुरत पठायौ दूत, नंद घरही मैं पायौ।
"कमल फूल के भार, कंस नृप बेगि मँगायौ॥
काल्हि न पहुँचै आइकै, तब बसिहो व्रज लोग।
गोकुल में जे सुख किए, ते करि दैहौं सोग॥ ३॥
जौ न पठावहु पुहुप, कहौगे तैसी मोकौं।
जानहु यह गोपनि समेत, धरि ल्यावहु तोकौं॥
बल मोहन तेरे दुहुनि कौं, पकरि मँगाऊँ कालि।
पुहुप बेगि पठऐं बनै, जौ रे बसौ व्रज-पालि॥ ४॥
यह सुनि नंद डराइ, अतिहिं मन-मन अकुलान्यौ।
यह कारज क्यौं होइ, काल अपनौ करि जान्यौ॥
और महर सब बोलि कह्यौ, "कैसौ करैं उपाइ।
प्रात साँझ व्रज मारिहै, बाँधि सबनि लै जाइ॥ ५॥

बल मोहन कौ नाम धर्यौ, कह्यौ पकरि मँगावन।
तातैं अति भयौ सोच, लगत सुनि मोहिं डरावन॥"
यह सुनि सिर नाए सबनि, मुखहिं न आवै बात।
बार-बार नँद कहत है, "यह लरिकनि पर घात॥ ६॥

कै बालकनि मँगाइ, जाहिं लै आन भूमि पर।
बरु हमकौं लै जाइ, स्याम बलराम बचैं घर"॥
महरि सबै व्रज नारि सौं, पूछति, "कौन उपाउ।
जनमहिं तैं करबर हरी, अबकैं नाहिं बचाउ"॥ ७॥

कोउ कहै देहैं दाम, नृपति जेतौ धन चाहैं।
कोइ कहै जैहैं सरन, सबै मिलि बुधि अवगाहैं॥
इहीं सोच सब पगि रहे, कहूँ नहीं निरवार।
व्रज भीतर, नँद-भवन मैं, घर-घर यहै बिचार॥ ८॥

अंतरजामी जानि नंद सौं पूछत बाता।
"कहा करत हौ सोच, कहौ कछु मोसौं ताता"॥
"कहा कहौं मेरे लाड़िले, कहत बड़ौ संताप।
मथुरापति कैं जिय कछू, तुम पर उपज्यौ पाप॥ ९॥

कालीदह के पुहुप, माँगि पठए हमसौं उनि।
तब तैं मो जिय सोच, जबहिं तैं बात परी सुनि॥
जौ नहिं पठवउँ काल्हि तौ, गोकुल दवा लगाइ।
मो समेत दोउ बंधु तुम, काल्हिहि लेहि बँधाइ॥ १०॥

यह कहि पठयौ कंस, तबहिं तैं सोच पर्यो मोहिं।
प्रथम पूतना आइ, बहुत दुख दै जु गई तोहिं॥
तृनावर्त के घात तैं, बहुत बच्यौ दुख पाइ।
सकटा केसी तैं बच्यौ, अब को करै सहाइ॥ ११॥

अघा-उदर तैं बच्यौ, बहुत दुख सह्यौ कन्हाई।
बका रह्यौ मुख बाइ, तहाँ भयौ धर्म सहाई॥
एती करबर हैं टरी, देवनि करी सहाइ।
तब तैं अब गाढ़ी परी, मोकौं कछु न सुझाइ"॥ १२॥

"बाबा, तुमहीं कहत, कौन धौं तोहिं उबारै।
सोइ व्रज भीतर प्रगटि, कंस गहि केस पछारै"॥
यह जबहीं हरि सौं सुनी, नंद मनहिं पतियाइ।
गगन गिरत जो सँग रह्यौ, सो करि लेइ सहाइ॥ १३॥

नंदहिँ यह समुझाइ, कान्ह उठि खेलन धाए ।
जहँ व्रज बालक हुते, तुरत तहँ आपुन आए ॥
गोप-सुतनि सौं यह कह्यौ, खेलैं गेंद मँगाइ ।
श्रीदामा यह सुनत ही, घर तैं ल्याए जाइ ॥ १४ ॥

सखा परस्पर मारि करैं, कोउ कानि न मानै ।
कौन बड़ौ, को छोट, भेद, अनुभेद न जानैं ॥
खेलत जमुना-तट गए, आपुहिँ ल्याए टारि ।
लै श्रीदामा हाथ तैं, गेंद दयो दह डारि ॥ १५ ॥

श्रीदामा गहि फेंट कह्यौ, "हम तुम इक जोटा ।
कहा भयौ जो नंद बड़े, तुम तिनकैं ढोटा ॥
खेलत मैं कह छोट बड़, हमहुँ महर के पूत ।
गेंद दियैं ही पै बनै, छाँड़ि देहु मति धूत" ॥ १६ ॥

"तुमसौं धूत्यौ कहा करौं, धूत्यौ नहिँ देख्यौ ।
प्रथम पूतना मारि, काग सकटासुर पेख्यौ ॥
तृनावर्त पटक्यौ सिला, अघा बका संहारि ।
तुम ता दिन सँगही रहे, धूत न कहत सम्हारि" ॥ १७ ॥

"टेढ़े कहा बतात, कंस कौं देहु कमल अब ।
कालिहि पठए माँगि, पुहुप अब ल्याइ देहु जब ॥
बहुत अचगरी जिनि करौ, अजहूँ तजौ झबारि ।
पकरि कंस लै जाइगौ, कालिहिँ परै खभारि" ॥ १८ ॥

"कमल पठाऊँ कोटि, कंस कौ दोष निवारौं ।
तुम देखत ही जाउँ, कंस जीवत धरि मारौं" ॥
फेंट लियौ तब झटकि कै, चढ़े कदम पर जाइ ।
सखा हँसत ठाढ़े सबै, "मोहन गए पराइ" ॥ १९ ॥

श्रीदामा चले रोइ, "जाइ कहिहौं नँद-आगे" ।
"गेंद लेहु तुम आइ, मोहिँ डरपावन लागे" ॥
यह कहि कूदि परे सलिल, कीन्हे नटवर साज ।
कोमल तन धरि कै गए, जहँ सोवत अहिराज ॥ २० ॥

इहिँ अंतर नँद-घरनि कह्यौ, हरि भूखे ह्वैहैं ।
खेलत तैं अब आइ, भूख कहि मोहिँ सुनैहैं ॥
अति आतुर भीतर चली, जेंवन साजन आप ।
छींक सुनत कुसगुन कह्यौ, कहा भयौ यह पाप ॥ २१ ॥

अजिर चली पछितात, छींक कौ दोष निवारन।
मंजारी गइ काटि बाट, निकसत तब बारन॥
जननी जिय व्याकुल भई, "कान्ह अबेर लगाइ।
कुसगुन आजु बहुत भए, कुसल रहैं दोउ भाइ" ॥२२॥
स्याम परे दह कूदि, मातु-जिय गयौ जनाई।
आतुर आए नंद घरहिं, बूझत दोउ भाई॥
नंद घरनि सौं यह कहत, "मोकौं लगत उदास"।
इहि अंतर हरि तहँ गए, जहँ काली कौ वास ॥२३॥
देख्यौ पन्नग जाइ, अतिहिं निर्भय भयौ सोवत।
बैठी तहँ अहि-नारि, डरी बालक कौं जोवत॥
"भागि भागि, सुत कौन कौ, अति कोमल तव गात।
एक फूँक कौ नाहिँ तू, विष-ज्वाला अति तात ॥२४॥
तब हरि कह्यौ प्रचारि "नारि, पति देइ जगाई।
आयौ देखन याहि, कंस मोहिं दियौ पठाई" ॥
"कंस कोटि जरि जाहिंगे, विष की एक फुँकार।
कही मेरी करि, जाहि तू, अति बालक सुकुमार ॥२५॥
इहिं अंतर सब सखा, जाइ ब्रज नंद सुनायौ।
"हम सँग खेलत स्याम, जाइ जल माँझ धँसायौ॥
बूड़ि गयौ, उचक्यौ नहीं, ता बातहिं भइ बेर।
कूदि पर्यौ चढ़ि कदम तैं, खबरि न कर्यौ सबेर" ॥२६॥
त्राहि त्राहि करि नंद, तुरत दौरे जमुना-तट।
जसुमति सुनि यह बात, चली रोवति तोरति लट॥
ब्रजवासी नर-नारि सब, गिरत परत चले धाइ।
बूड़्यौ कान्ह सुनी सबनि, अति ब्याकुल मुरझाइ ॥२७॥
जहँ तहँ परी पुकार, कान्ह बिनु भए उदासी।
कौन काहि सौं कहै, अतिहिं व्याकुल ब्रजबासी॥
नंद जसोदा अति बिकल, परत जमुन मैं धाइ।
और गोप उपनंद मिलि, बाँह पकरि लै आइ ॥२८॥
धेनु फिरति बिललाति, बच्छ थन कोउ न लगावै।
नंद जसोदा कहत, कान्ह बिनु कौन चरावै॥
यह सुनि ब्रजबासी सबै, परे धरनि अकुलाइ।
हाय-हाय करि कहत सब, कान्ह रह्यौ कहँ जाइ ॥२९॥

नंद पुकारत रोइ, बुढ़ाई मैं मोहिं छाँड़्यौ।
कछु दिन मोह लगाइ, जाइ जल-भीतर माँड़्यौ॥
यह कहि कै धरनी गिरत, ज्यौं तरु कटि गिरि जाइ।
नंद-घरनि यह देखि कै, कान्हहि टेरि बुलाइ॥३०॥
"निठुर भए सुत आजु, तात की छोह न आवति"।
यह कहि-कहि अकुलाइ, बहुरि जल-भीतर धावति॥
परति धाइ जमुना-सलिल, गहि आनति व्रज-नारि।
"नैंकु रहौ सब मरहिंगी, को है जीवनहारि॥३१॥
स्याम गए जल बूड़ि, वृथा धिक जीवन जग कौ"।
सिर फोरतिं, गिरि जातिं, अभूषन तोरत अँग कौ॥
मुरछि परी, तन सुधि गई, प्रान रहे कहुँ जाइ।
हलधर आए धाइ कै, जननि गई मुरझाइ॥३२॥
नाक मूँदि, जल सींचि, जबहिं जननी कहि टेर्यौ।
बार-बार झकझोरि, नैंकु हलधर-तन हेर्यौ॥
कहति उठी बलराम सौं, "कितहिं तज्यौ लघु भ्रात।
कान्ह तुमहिं बिनु रहत नहिं, तुमसौं क्यौं रहि जात॥३३॥
अब तुमहूँ जनि जाहु, सखा इक देहु पठाई।
कान्हहि ल्यावै जाइ, आजु अवसेर कराई॥
छाक पठाऊँ जोरि कै," मगन सोक-सर-माँझ।
"प्रात कछू खायौ नहीं, भूखे ह्वै गाइ साँझ"॥३४॥
कबहुँ कहति बन गए, कबहुँ कहि घरहिं बतावति।
कहँ खेलत हौ लाल, टेरि यह कहति बुलावति॥
जागि परी दुख-मोह तैं, रोवत देखे लोग।
तब जान्यौ हरि दह गिर्यौ, उपज्यौ बहुरि बियोग॥३५॥
धिक-धिक नंदहि कह्यौ, और कितने दिन जीहौ।
मरत नहीं मोहिं मारि, बहुरि व्रज बसिबौ कीहौ॥
ऐसे दुख सौं मरन सुख, मन करि देखहु जान।
व्याकुल धरनी गिरि परे, नंद भए बिनु प्रान॥३६॥
हरि के अग्रज बंधु, तुरतही पिता जगायौ।
माता कौं परमोधि, दुहुँनि धीरज धरवायौ॥
"मोहिं दुहाई नंद की, अबहीं आवत स्याम।
नाग नाथि लै आइहैं, तब कहियौ बलराम"॥३७॥

हलधर कह्यौ सुनाइ, "नंद जसुमति ब्रजबासी।
वृथा मरत किहि काज, मरै क्यौं, वह अबिनासी॥
आदि पुरुष, मैं कहत हौं, गयौ कमल कैं काज।
गिरिधर कौ डर जनि करौ, वह देवनि सिरताज॥३८॥

वह अबिनासी आहि, करौ धीरज अपनैं मन।
काली छेदे नाक, लिए आवत, निरतत फन॥
कंसहिं कमल पठाइहै, काली पठवै दीप।
एक घरी धीरज धरौ, बैठौ सब तर नीप"॥३९॥

ह्वाँ नागिन सौं कहत कान्ह, "अहि क्यों न जगावै।
बालक-बालक करति कहा, पति क्यों न उठावै॥
कहा कंस, कह उरग यह, अबहिं दिखाऊँ तोहिं।
दै जगाइ मैं कहत हौं, तू नहिं जानति मोहिं"॥४०॥

"छोटे मुँह बड़ी बात कहत, अबहीं मरि जैहै।
जो चितवे करि क्रोध, अरे इतनेहिं जरि जैहै॥
छोह लगत तोहिं देखि मोहिं, काकौ बालक आहि।
खगपति सौं सरबरि करौ, तू बपुरौ को ताहि"॥४१॥

"बपुरा मोकौं कहति, तोहिं बपुरी करि डारौं।
एक लात सौं चाँपि, नाथ तेरे कौं मारौं॥
सोवत काहु न मारिऐ, चलि आई यह बात।
खगपति कौं मैं ही कियौ, कहति कहा तू जात"॥४२॥

"तुमहिं बिधाता भए, और करता कोउ नाहीं।
अहि मारौगे, आपु तनक से, तनक सी बाहीं॥
कहा कहौं, कहत न बनै, अति कोमल सुकुमार।
देती अबहिं जगाइ कै, जरि बरि होत्यौ छार"॥४३॥

"तू धौं देहि जगाइ, तोहिं कछु दूषन नाहीं।
परी कहा तोहि, जारि, पाप अपनैं जरि जाहीं॥
हमकौं बालक कहति है, आपु बड़े की नारि।
बादति है बिनु काजहीं, वृथा बढ़ावति रारि"॥४४॥

"तुहीं न लेत जगाइ, बहुत जो करत ढिठाई।
पुनि मरिहैं पछिताइ, मातु पितु तेरे भाई॥
अजहुँ कह्यौ करि, जाहि तू, मरि लैहैं सुख कौन।
पाँच बरस कै सात कौ, आगैं तोकौं हौन"॥४५॥

झिरकि नारि, दै गारि, आपु अहि जाइ जगायौ ।
पग सौं चाँपी पूँछ, सबै अवसान भुलायौ ॥
चरन मसकि धरनी दली, उरग गयौ अकुलाइ ।
काली मन मैं तब कही, यह आयौ खगराइ ॥ ४६ ॥
विषधर झटकी पूँछ, फटकि सहसौ फन काढ़ौ ।
देख्यौ नैन उघारि, तहाँ बालक इक ठाढ़ौ ॥
बार-बार फन-घात कै, विष-ज्वाला की झार ।
सहसौ फन फनि फुंकरै, नैंकु न तिन्हैं बिकार ॥ ४७ ॥
तब काली मन कहत, पूँछ चाँपी इहिं पग सौं ।
अतिहिं उठ्यौ अकुलाइ, डर्‌यौ हरि-वाहन खग सौं ॥
यह बालक धौं कौन कौ, कीन्हौ जुद्ध बनाइ ।
दाउँ घात बहुतै कियौ, मरत नहीं जदुराइ ॥ ४८ ॥
पुनि देख्यौ हरि-ओर, पूँछ चाँपी इहिं मेरी ।
मन-मन करत बिचार, लेउँ याकौं मैं घेरी ॥
दाउँ पर्‌यौ अहि जानिकै, लियौ अंग लपटाइ ।
काली तब गरिबित भयौ, प्रभु दियौ दाउँ बताइ ॥ ४९ ॥
कहति उरग की नारि, "गर्व अतिहीं करि आयौ ।
आइ पहूँच्यौ काल-बस्य, पग इतहिं चलायौ" ॥
अहि नारिनि सौं यह कही, "मो समसरि कोउ नाहिं ।
एक फूँक विष-ज्वाल की, जल-डूँगर जरि जाहि" ॥ ५० ॥
गर्व-बचन प्रभु सुनत, तुरतही तन बिस्तार्‌यौ ।
हाय-हाय करि उरग, बारहीं बार पुकार्‌यौ ॥
"सरन सरन, अब मरत हौं, मैं नहिं जान्यौ तोहिं ।
चटचटात अँग फटत हैं, राखु राखु प्रभु मोहिं" ॥ ५१ ॥
स्रवन सरन धुनि सुनत, लियौ प्रभु तनु सकुचाई ।
"छमहु मोहिं अपराध, न जानैं करी ढिठाई ॥
व्रजहिं कृष्न अवतार हौ, मैं जानी प्रभु आज ।
बहुत किए फन-घात मैं, बदन दुरावत लाज ॥ ५२ ॥
रह्यौ आनि इहिं ठौर, गरुड़ कैं त्रास गुसाईं ।
बहुत कृपा मोहिं करी, दरस दीन्हौ जग-साईं ॥
नाक फोरि फन पर चढ़े, कृपा करी जदुराइ ।
फन-फन-प्रति हरि चरन धरि, निरतत हरष बढ़ाइ ॥ ५३ ॥

"धन्य कृष्न, धनि उरग, जानि जन कृपा करी हरि।
धन्य-धन्य दिन आजु, दरस तैं पाप गए जरि॥
धन्य कंस, धनि कमल ये, धन्य कृष्न अवतार।
बड़ी कृपा उरगहि करी, फन-प्रति चरन-बिहार॥५४॥

सेस करत जिय गर्व, अंड कौ भार सीस धरि।
पूरन ब्रह्म अनंत, नाम को सकै पार करि॥
फन-फन-प्रति अति भार भरि, अमित अंडमय गात"।
उरग-नारि कर जोरिकै, कहति कृष्न सौं बात॥५५॥

देखत व्रज नर-नारि, नंद जसुदा समेत सब।
संकर्षन सौं कहत, सुनहु सुत, कान्ह नहीं अब॥
इहिं अंतर जल कमल बिच, उठ्यौ कछुक अकुलाइ।
रोवत तैं बरजे सबै, मोहन-अग्रज भाइ॥५६॥

आवत हैं ये स्याम, पुहुप काली-सिर लीन्हे।
मात पिता व्रज दुखित जानि, हरि दरसन दीन्हे॥
निरतत काली-फननि पर, दिवि दुंदुभी बजाइ।
नटवर बपु कांछे रहे, सब देखे वह भाइ॥५७॥

आवत देखे स्याम, हरष कीन्हौ व्रजवासी।
सोक-सिंधु गयौ उतरि, सिंधु आनंद प्रकासी॥
जल बूड़त नौका मिलैं, ज्यौं तनु होत अनंद।
त्यौं व्रज-जन हुलसे सबै, आवत हैं नँद-नंद॥५८॥

सुत देखत पितु-मातु-रोम, गदगद पुलकित भै।
उर उपज्यौ आनंद, प्रेम-जल लोचन दुहुँ च्वै॥
दिवि दुंदुभी बजावहीं, फन-प्रति निरतत स्याम।
व्रजवासी सब कहत हैं, धन्य धन्य बलराम॥५९॥

उरग-नारि कर जोरि करति, अस्तुति मुख ठाढ़ी।
गोपी जन अवलोकि रूप वह, अति रुचि बाढ़ी॥
सुर अंबर ललना सहित, जै जै धुनि मुख गाइ।
बड़ी कृपा इहिँ उरग कौं, ऐसी काहु न पाइ॥६०॥

कृपा करी प्रहलाद, खंभ तैं प्रगट भए तब।
कृपा करी गज-काज, गरुड़ तजि धाइ गए जब॥
द्रुपद-सुता कौं करि कृपा, वसन-समुद्र बढ़ाइ।
नंद जसोदा जो कृपा, सोइ कृपा इहिँ पाइ॥६१॥

तब काली कर जोरि, कह्यौ, "प्रभु गरुड़-त्रास मोहिं" ।
"अब करिहै दंडवत, नैन भरि जब देखै तोहि ॥
चरन-चिन्ह दरसन करत, गाहि रहिहै तुव पाइ ।
उरग द्वीप कौं करि बिदा, कह्यौ, 'करौ सुख जाइ' ॥ ६२ ॥

"प्रभु यातैं सुख कहा, चरन ते फन-फन परसे ।
रमा-हृदय जे बसत, सुरसरी सिव-सिर बरसें ॥
जन्म जन्म पावन भयौ, फन पद-चिन्ह धराइ" ।
पाइ पर्यौ उरगिनि सहित, चल्यौ द्वीप समुहाइ ॥ ६३ ॥

काली पठयौ द्वीप, सुरनि सुर-लोक पठाए ।
आपुन आपु निकसि, कमल सब तटहिं धराए ॥
जल तैं आए स्याम तब, मिले सखा सब धाइ ।
मातु पिता दोउ धाइकै, लीन्हौ कंठ लगाइ ॥ ६४ ॥

फेरि जन्म भयौ कान्ह, कहत लोचन भरि आए ।
जहाँ तहाँ व्रज-नारि-गोप आतुर ह्वै धाए ॥
अंकम भरि-भरि मिलत हैं, मनु निधनी धन पाइ ।
मिली धाइ रोहिनि जननि, चूमति लेति बलाइ ॥ ६५ ॥

सखा दौरि कै मिले, गए हरि हम पर रिस करि ।
धनि माता, धनि पिता, धन्य सो दिन जिहिं अवतारि ॥
तुम व्रज-जीवन-प्रान हौ, यह सुनि हँसे गुपाल ।
कूदि परे चढ़ि कदम तैं, तुम खेलत ये ख्याल ॥ ६६ ॥

काली ल्याए नाथि, कमल ताही पर ल्याए ।
जैसी कहि गए स्याम, प्रगट सो हमहिं दिखाए ॥
कंस मर्यौ निहचय भई, हम जानी व्रजराज ।
सिंहिनि कौ छौना भलौ, कहा बड़ौ गजराज ॥ ६७ ॥

हरि हलधर तब मिले, हँसे मनहीं मन दोऊ ।
वंधु मिलत सब-कहत, भेद नहिं जानै कोऊ ॥
मातु पिता व्रज लोग सौं, हरषि कह्यौ नँदलाल ।
आजु रहहु सब बसि इहाँ, मेटहु दुख-जंजाल ॥ ६८ ॥

सुनि सबहिनि सुख कियौ, आजु रहियै जमुना-तट ।
सीतल सलिल, सुगंध पवन, सुख-तरु बंसीबट ॥
नँद घर तैं मिष्टान्न बहु, षट रस लिए मँगाइ ।
महर गोप उपनंद जे, सब कौं दिए बँटाइ ॥ ६९ ॥

दुख कीन्हौं सब दूरि, तुरत सुख दियौ कन्हाई।
हरष भए व्रज लोग, कंस कौ डर बिसराई॥
कमल-काज व्रज मारतौ, कितने लेइ गनाइ।
नृप-गज कौ अब डर कहा, प्रगट्यौ सिंह कन्हाइ॥७०॥
नंद कह्यौ करि गर्व, कंस कौं कमल पठावहु।
और कमल जल धरहु, कमल कोटिक दै आवहु॥
यह कहियौ मेरी कही, कमल पठाए कोटि।
कोटि द्वैक जलहीं धरे, यह बिनती इक छोटि॥७१॥
अपनैं सम जे गोप, कमल तिन साथ चलाए।
मन सबकैं आनंद, कान्ह जल तैं बचि आए॥
खेलत खात अन्हात ही, बासर गयौ बिहाइ।
'सूरस्याम' व्रज लोग कौं, जहाँ तहाँ सुखदाइ॥७२॥

नारद ने राजा कंस से समझाकर कहा कि नंद से कालीदह के एक करोड़ कमल मँगवाइए। इसी बहाने तुम्हारा शत्रु कृष्ण मारा जायगा और तुम निश्चिंत हो जाओगे। तब कंस ने फूल भेजने के निमित्त अपना दूत व्रज में भेजा।

नारद के मुँह से यह बात सुनकर कंस ने व्रज में अपना दूत तुरंत भेज दिया और बार-बार उसने ऋषिराज नारद की प्रशंसा की—'हे मुनिराज, तुम धन्य हो, तुमने मुझे बहुत अच्छी सलाह दी है।'

कंस ने तुरत दूत को चलता किया और कहा—'अभी जाकर व्रज हो आओ'॥१॥

तुम नंद के पास जाकर यह कहना, "राजा ने एक करोड़ कमल के फूल मँगा भेजा है।" फिर पत्र लिखकर दूत के हाथ दे दिया और कहा—बहुत प्रकार से उससे जबानी भी कह दिया कि कह देना—"यदि कल कमल नहीं आ जाते, तो तुम्हारी कुशल नहीं।"

कंस की बात सुनकर दूत ने हाथ जोड़कर सिर झुकाया और गोकुल के लिए चल पड़ा॥२॥

कंस का भेजा दूत गोकुल आया। उसने नंद को घर पर ही पाया। वह नंद से बोला—"महाराज कंस ने एक करोड़ कमल के फूलों का बोझ तत्काल मँगा भेजा है। यदि वे फूल कल न पहुँचे, तब तुम व्रज में कैसे बसे रहने पाओगे? तुमने गोकुल में रहकर आज तक जो सुख भोग किया है, वह सब राजा कंस शोक में बदल देंगे॥३॥

राजा ने कहा है—यदि तुम फूल न भेज सको, तो मुझसे साफ-साफ कहला देना। यह जान लो मैं सारे गोपों सहित तुमको पकड़ मँगवाऊँगा। कल मैं तुम्हारे दोनों लड़कों बलराम और मोहन को पकड़ मँगाऊँगा। यदि तुम व्रज की सीमा में बसे रहना चाहते हो, तो कल फूल भेज ही देना होगा"॥४॥

यह सुनकर नंद डर गए और मन ही मन अत्यंत आकुल हो उठे। वे सोचने लगे—कालीदह के एक करोड़ कमल भेज पाना तो संभव नहीं, यह काम नहीं हो सकता। अतः लगता है अब मेरी मौत सर पर आ खड़ी हुई है।

तदनंतर नंद महर ने सभी गोप सरदारों को बुलाया और कहा—अब क्या उपाय किया नाय? कल सबेरे से साँझ के बीच कंस व्रज में मार-धाड़ करेगा और सब लोगों को बाँध ले जायगा॥ ५॥

कंस ने बलराम और मोहन का नाम लेकर पकड़ मँगाने के लिए कहा है। इसलिए मुझे भारी सोच हो गया है। यह संदेश सुनकर तो मुझे डर लगने लगा है।

यह सुनकर सभी गोप सरदारों ने सिर झुका लिया। उनके मुँह से कोई आवाज न निकली। और नंद बार-बार कहने लगे—"वह तो मेरे बच्चों को मार डालने के लिए घात दाँव) लगाए हुए है॥ ६॥

एक उपाय हो सकता है। इन बच्चों को लेकर किसी दूसरे राज्य में भेज दिया जाय, भले ही कंस हमको पकड़ ले जाय, मरवा डाले, पर मेरे श्याम और बलराम तो घर के ही बच्चे बचे रह जायँ।"

उधर महरि यशोदा व्रजनारियों से पूछ रही हैं—"श्याम और बलराम को बचाने का क्या कोई उपाय है? श्याम के जन्म लेते ही अनेक संकट आए हैं, जो टलते गए हैं। इस बार तो रक्षा की कोई सूरत नहीं दीख पड़ रही है"॥ ७॥

कोई गोप सरदार बोला—'राजा जितना धन चाहे, हम देने के लिए तैयार हैं।' कोई कहने लगा—'हमें महाराज कंस की शरण में जाना चाहिए।' इसी प्रकार सभी अपनी-अपनी बुद्धि के अनुसार अपने बिचार प्रकट करने लगे। सब इसी सोच में पड़े हुए थे। छुटकारे का कोई उपाय नहीं सूझ पा रहा था। व्रज के भीतर, नंद के घर में, घर-घर इसी विषय पर विचार-विमर्श हो रहा था॥ ८॥

अंतर्यामी कृष्ण सारे संकट की बात जान गए और नंद से पूछने लगे—"हे तात, किस बात के लिए इतने सोच में पड़ गए हैं, मुझसे भी कह बताइए।"

नंद बोले—"मेरे लाड़िले, मैं तुमसे क्या कहूँ। कहते हुए मुझे भारी कष्ट हो रहा है। मथुरापति कंस के मन में तुम्हारे लिए कुछ पाप पैदा हो गया है॥ ९॥

उसने मुझसे कालीदह के एक करोड़ कमल के फूल मँगाए हैं। जब से मेरे कान में यह बात पड़ी है, तभी से मेरे मन में भारी सोच समा गया है। यदि मैं कल ये फूल राजा के पास नहीं भेजवा देता, तो वह सारे गोकुल में आग लगवा देगा और मुझ सहित तुम दोनों भाइयों को कल ही बँधवा लेगा॥ १०॥

कंस ने यही कहला भेजा है, तभी से मुझे भारी सोच हो गया है। पहले पूतना आई थी और तुमको बहुत दुख दे गई थी। फिर तृणावर्त आया। उसके आघात से बहुत दुख पाकर तुम किसी तरह बचे। फिर शकटासुर और केसी से बचे। अब हमारी सहायता कौन करे॥ ११॥

फिर तुम अघासुर के पेट में जाकर भी बच निकले और बहुत दुख सहा। बकासुर मुँह बाए हुए आया, तब धर्म ने हमारी सहायता की। इतनी आपदाएँ आईं। सभी में देवताओं ने हमारी सहायता की। अब तो पहले संकटों से कठिन संकट आ पड़ा है। मुझे कुछ सूझ नहीं पड़ रहा है कि मैं अब क्या करूँ?" ॥ १२॥

नंद की बातें सुनकर कृष्ण बोले—"बाबा, तुम्हीं तो कह रहे हो कि हर बिपत्ति के समय कोई देवता आकर हमें उबार लेता रहा है। वही देवता व्रज के भीतर प्रकट होकर

कंस के केश पकड़कर उसे पछाड़ देगा।''

जब नंद ने हरि से यह बात सुनी, तब उन्हें मन ही मन विश्वास हो गया। तृणावर्त की आँधी से आकाश से गिरते समय जो हरि के साथ था, वही देवता आकर पुन: सहायता करेगा॥ १३॥

नंद को यह समझाकर कन्हैया उठकर खेलने चले गए। जहाँ व्रज के सब बालक थे आप भी यहाँ तत्काल ही आ गए। उन्होंने ग्वाल-बालों से कहा—'गेंद मँगाओ। आज गेंद खेली जाय।' सुनते ही श्रीदामा अपने घर गए और गेंद लेकर आ गए॥ १४॥

सखागण परस्पर लड़ने झगड़ने लगे। कोई किसी की मर्यादा का ध्यान नहीं दे रहा था। कौन बड़ा है, कौन छोटा है। इस भेद पर वे ध्यान नहीं दे रहे थे। खेलते-खेलते वे यमुना के किनारे जा पहुँचे। स्वयं हरि उन्हें गेंद खेलाते हुए जमुना-तट ले गए। फिर कृष्ण ने श्रीदामा के हाथ से लेकर गेंद जमुना के गहरे दह (ह्रद) में फेंक दी॥ १५॥

श्रीदामा ने कन्हैया का फेंटा पकड़ लिया और कहा—हमारी तुम्हारी तो जोड़ी है इससे क्या हुआ कि नंद बड़े हैं और तुम उनके लड़के हो? खेल में कोई छोटा-बड़ा नहीं होता। मैं भी एक महर का ही पुत्र हूँ। अब यह धुताई छोड़ो। तुमको गेंद देनी ही पड़ेगी॥ १६॥

इस पर कृष्ण बोले—मैं तुमसे धूर्तता क्या करूँगा? मैंने जब धूर्तता की थी, तब तुमने नहीं देखा। पहले पूतना को मारा, फिर कागासुर और शकटासुर को देखा, फिर तृणावर्त को पत्थर की चट्टान पर पटक मारा। अघासुर और बकासुर का संहार किया। तुम तो उस दिन साथ ही थे। क्या मैंने धूर्तता की थी। मुझे सँभल कर धूर्त कहो॥ १७॥

तब श्रीदामा ने व्यंग कसते हुए कहा—'तुम इतनी टेढ़ी बात क्यों कहे जा रहे हो अब कंस को एक करोड़ कमल के फूल जाकर दो। उसने कल ही मँगाया है। अब फूल लाकर उसे दो। बहुत चालाकी, नटखटी, मत करो। अब भी झगड़ा छोड़ो। नहीं तो कंस कल पकड़ ले जायगा और भारी झंझट में परेशानी में पड़ जाओगे'॥ १८॥

कृष्ण बोले—मैं कंस को एक करोड़ कमल के फूल भेज दूँगा और अभी कंस के दोष (रोष, भय) का निवारण किए देता हूँ। तुम्हारे देखते ही मथुरा जाऊँगा और कंस को जीते जी पकड़कर मार डालूँगा।''

श्रीदामा ने कृष्ण का फेंटा जो पकड़ रखा था, कृष्ण ने उसे एक झटके में छुड़ा लिया और दौड़कर कदम के पेड़ पर चढ़ गए। सभी सखा हँसने लगे—'कृष्ण भाग गए, कृष्ण भाग गए'॥ १९॥

श्रीदामा रोते हुए घर की ओर चल पड़े और कहने लगे कि मैं जाकर नंद बाबा से अभी लकठा लगाए देता हूँ कि कन्हैया ने मेरी गेंद मुझसे छीनकर जमुना जी में फेंक दी है।

तब कृष्ण ने कहा—आओ और तुम अपनी गेंद ले लो, मुझे डरवा क्या रहे हो?

यह कहकर नर्तक रूप वाले वे कन्हैया यमुना के जल में कूद पड़े। वे अत्यंत सुकुमार शरीर वाले श्याम वहाँ गए, जहाँ सर्पों का राजा काली सो रहा था॥ २०॥

इस बीच नंद की घरनी यशोदा ने मन में कहा—हरि को भूख लग गई होगी। खेलकर लौटते ही मुझसे कहेंगे—मैया मुझे भूख लग गई है। ऐसा सोचकर वह स्व

अपने हाथ से खाद्य सामग्री तैयार करने के लिए हड़बड़ा कर घर के भीतर घुस गईं। तभी किसी ने छींक दिया—ठायँ। छींक की आवाज सुनते ही यशोदा ने कहा—'यह कैसा अपशकुन हुआ। यह कौन सा पाप हो गया'॥ २१॥

वह पछताते हुए असगुन के दोष को दूर करने के लिए रसोई घरसे आँगन में वापस आ गईं। दरवाजे से निकलते ही दूसरा असगुन हुआ—बिल्ली रास्ता काट गई। कन्हैया को भी आज देर हो रही थी। इन असगुनों को देखकर माँ का हृदय व्याकुल हो उठा। वह बोलीं—'आज बहुत से कुसगुन हुए हैं। दोनों भाई सकुशल हों'॥ २२॥

श्याम कालीदह में कूद गए थे। इसका आभास माँ यशोदा को कुछ-कुछ हो गया। इसी बीच अकुलाए हुए नंद घर आए और पूछने लगे—"श्याम और बलराम दोनों भाई कहाँ हैं?" नंद अपनी घरनी यशोदा से कहने लगे—"आज मुझे बहुत मनहूस सा लग रहा है।"

इस बीच हरि वहाँ पहुँच गए जहाँ काली नाग रहता था॥ २३॥

कृष्ण ने जाकर देखा—काली नाग अत्यंत निश्चिंत होकर निडर होकर, सो रहा था। उसकी पत्नी नागिन वहाँ बैठी हुई थी। वह वहाँ उस बालक को देखकर डर गई और बोली—भाग जा बच्चे, भाग जा, तू किसका बेटा है। तेरा शरीर तो अत्यंत कोमल है। तू तो काली की एक फूँक भी नहीं सह सकता। विष की आग अत्यंत दाहक है॥ २४॥

तब हरि ने ललकार कर कहा—"अरी नागिन, तू अपने पति को जगा दे, मैं इसे देखने आया हूँ। मुझे राजा कंस ने यहाँ भेजा है।"

नागिन बोली—"काली नाग की एक फूँक में करोड़ों कंस जल जायँगे। तू मेरा कहना मान, तू अति सुकुमार बालक है, यहाँ से चला जा"॥ २५॥

इस बीच कृष्ण के सब सखागण व्रज गए और नंद से सब समाचार कह सुनाया।—'हम सब साथ-साथ खेल रहे थे, कृष्ण जमुना के जल में धँस गए। वे डूब गए, डूबने के बाद उतराकर वे ऊपर नहीं आए। इसी से हम सबको आज देर हो गई। वे कदम के पेड़ पर चढ़कर कालीदह में कूद गए थे। इसी हड़बड़ी में हम जल्दी समाचार नहीं दे सके"॥ २६॥

'बचाओ, बचाओ' कहते हुए नंद यमुना तट की ओर दौड़ पड़े। यशोदा जी यह बात सुनकर रोती हुई अपने बाल नोंचती हुई चल पड़ीं। व्रज के सभी नर-नारी भी गिरते-पड़ते दौड़ चले। सबने सुना कि कन्हैया जमुना में डूब गए। अतः वे सभी व्याकुल और उदास हो गए॥ २७॥

जहाँ-तहाँ चिल्ल-पों मच गई। कन्हैया के बिना भारी उदासी छा गई। सभी व्रजवासी अत्यंत व्याकुल हो गए। कौन किससे कहे और क्या कहे? नंद और यशोदा तो अत्यंत विकल हो उठे थे। वे भी मरने के लिए दौड़कर जमुना में कूद पड़े। उपनंद और और-और गोपों ने उन्हें बाँह पकड़कर बाहर निकाला॥ २८॥

गायें बिललाती सी फिरने लगीं। कोई भी गाय अपने बछड़े को अपने थन में मुँह नहीं लगाने दे रही थी। नंद और यशोदा कहे जा रहे थे—'बिना कन्हैया के मेरी गैयों को कौन चराएगा?' यह सुनकर सभी व्रजवासी अकुलाकर धरती पर गिर गए। वे हाय-हाय करने

लगे और कहने लगे—'हाय कन्हैया, तुम कहाँ चले गए' ॥ २९ ॥

नंद रोते हुए चिल्लाकर कहने लगे—'बेटा, तुम इस बुढ़ाई में मुझे छोड़ गए। तुम मो लगाने के लिए यहाँ कुछ ही दिन के लिए आए थे और जल में जाकर डूब गए।' य कहकर वे भूमि पर गिर पड़े जैसे कोई पेड़ कटकर गिर जाय। नंद की घरनी नंद का य गिरना देखकर 'कान्हा-कान्हा' पुकार उठीं ॥ ३० ॥

—'बेटे, आज तुम इतने निष्ठुर हो गए हो। तुम्हें अपने बूढ़े बाप का मोह नहीं लग रह है?' यह कहकर वे आकुल होकर पुनः जल के भीतर दौड़कर हिल गईं। वे दौड़क जमुना के जल में धँसी जा रही थीं। व्रज नारियाँ उन्हें पकड़कर जल के बाहर लाईं। बोलीं—जरा रुको तो, हम सब साथ ही मरेंगी, यहाँ जीनेवाली कौन है ॥ ३१ ॥

यशोदा जी बोलीं—'कन्हैया जमुना में डूब मरा। अब इस संसार में जीवित बने रह को धिक्कार है।' वे अपना सिर पीटने लगीं, गिर-गिर पड़ने लगीं, शरीर के आभूषण नोच-नोचकर फेंकने लगीं। मूर्च्छित हो गईं। उन्हें अपने शरीर की सुधि-बुधि नहीं रह गई उनके प्राण भी शरीर से कहीं बाहर चले गए। तभी हलधर बलराम वहाँ दौड़े-दौड़े आए उन्होंने देखा यशोदा मैया मुरझा गई हैं ॥ ३२ ॥

बलराम ने यशोदा की नाक-मूँद ली, जल के छींटे मारे। बार-बार उन्हें पकड़क झकझोरा; हिलाया और 'माँ' कहकर पुकारा। तब यशोदा के शरीर में थोड़ी हरकत हु और उन्होंने बलराम की ओर किंचित देखा। वह बलराम से यह कहती हुई उठ बैठीं—"दाऊ, तुमने अपने छोटे भैया को आज कहाँ छोड़ा। कन्हैया तो तुम्हारे बिना रह नह पाता, तुम उसके बिना कैसे रह पा रहे हो? ॥ ३३ ॥

अब तुम मत जाओ। किसी सखा को भेज दो, जो जाकर कन्हैया को बुला लावें आज बहुत देर हो गई है। मैं जोड़-बटोर कर छाक भेजे दे रही हूँ। लल्ला ने आज सबे कुछ खाया नहीं था, साँझ तक वह भूखा ही रह गया।" यह कहते कहते शोक-के सरोव में वे निमग्न हो गईं॥ ३४ ॥

यशोदा कभी कहती थीं कि श्याम वृंदावन गया है। कभी कहतीं, नहीं, वह घर ह में है। कभी-कभी यह कहकर बुलाने लगती थीं—मेरे लाल, कहाँ खेल रहे हो।

फिर दुख और मोह से जग गईं और देखा कि लोग रो रहे हैं, तब उन्हें नए सिरे मालूम हुआ कि श्याम कालीदह में गिर गए हैं और उन्हें फिर वियोग का दुख दुबारा अ लगा ॥ ३५ ॥

यशोदा ने नंद से कहा—"नंद तुम्हें धिक्कार है। अभी और कितने दिन जीना चाह हो? मुझे मार कर खुद भी क्यों नहीं मर जाते? क्या अभी फिर व्रज में बसना चाहते हो मन में ज्ञान करके देखो, कृष्ण के इस विछोह के दुख से तो मरना कहीं सुखकर है।'

यशोदा की यह बात सुनकर नंद निष्प्राण से होकर विकल होकर धरती पर गि पड़े ॥ ३६ ॥

श्याम के बड़े भाई बलराम ने पिता नंद को तुरत जगाया और माता यशोदा को संबो दिया। माता-पिता दोनों को धैर्य धराया। और बोले—"मैं बाबा नंद की दुहाई देकर क दे रहा हूँ। श्याम अभी आए ही जाते हैं। वे काली नाग को नाथकर आएँगे। तभी कह

कि मेरा नाम बलराम है, जब वे आ जायँ। न आएँ, तो मेरा नाम बलराम नहीं'' ॥ ३७ ॥

तब हलधर ने कहा—हे नंद, हे यशोदा, हे व्रजवासियों, तुम-लोग व्यर्थ के लिए क्यों मरे जा रहे हो? वह कृष्ण तो अबिनासी हैं। वे कैसे मर सकते हैं? वे आदि पुरुष हैं। मैं कहे दे रहा हूँ, वे कमल लाने के लिए गए हैं। गिरिधर के लिए किसी बात की डर न करो। वे तो देवताओं के भी शिरोमणि हैं ॥ ३८ ॥

वह अबिनासी हैं। अपने मन में धैर्य धारण करें। वह काली नाग की नाक छेदकर, उसके फनों पर नाचते हुए, उसे लिए हुए आ रहे हैं। वे कंस के पास एक करोड़ कमल के फूल भेज देंगे और काली नाग को रमणक द्वीप भेज देंगे। तुम लोग एक घड़ी तक धैर्य धारण कर प्रतीक्षा करो और इस कदंब के तले आ बैठो ॥ ३९ ॥

वहाँ नागिन से कान्ह कह रहे हैं—नाग को क्यों नहीं जगा देती। तुम मुझे बालक बालक क्या कहे जा रही हो? अपने पति को क्यों नहीं उठा देतीं। मेरे सामने वह कंस क्या है और यह नाग क्या है? मैं इसे अभी तुझे दिखाए दे रहा हूँ। मैं कह रहा हूँ, तू इसे जगा दे। तू मुझे नहीं जानती ॥ ४० ॥

नागिन बोली—लड़के, तू छोटे मुँह बड़ी बात कर रहा है। जगने पर नाग ने जहाँ तुझे एक बार भर आँख देखा नहीं कि तू जलकर छार हुआ नहीं। तू अभी मर जायगा। तुझे देखकर मुझे दया लगती है। तू किसका लड़का है? नाग तो खगपति गरुड़ से भी टक्कर ले चुका है। तू बेचारा इसके सामने क्या है ॥ ४१ ॥

कृष्ण बोले—तू मुझे बेचारा कह रही है? मैं अभी तुझे बेचारी बनाए देता हूँ। एक पैर से दबाकर मैं तेरे पति को मारे डालता हूँ। जो सो रहा हो, उसे कभी न मारना चाहिए—यह नीति परंपरा से चली आई है। इसीसे कह रहा हूँ कि तू इसे जगा दे। तू खगपति की बात क्या कहे जा रही है, उसे तो मैंने ही खगपति बनाया है ॥ ४२ ॥

नागिन बोली—तो तुम्हीं ब्रह्मा हो? तुम्हें छोड़कर कोई दूसरा कर्ता नहीं है क्या? तुम काली नाग को मारोगे? तुम जरा से तो हो ही और तुम्हारी बाहें भी जरा सी हैं। मैं क्या कहूँ? कुछ कहते नहीं बन पड़ रहा है। तुम अत्यंत कोमल हो, अत्यंत सुकुमार हो। नहीं तो मैं अभी जगा देती और तुम जलकर छार हो जाते ॥ ४३ ॥

कृष्ण बोले—तू नाग को जगा दे। यदि मैं जल-बर गया, तो इसमें तुझे कोई दोष नहीं लगेगा। मैं मर जाऊँ या जल जाऊँ, तुझे इससे क्या लेना-देना है। जिसे जलना होगा, अपने पाप से स्वयं जल जायगा। तू मुझे बालक बता रही है और अपने को बड़े की नारी समझ रही है? तू, बिना काम के मुझसे वाद-विवाद करके व्यर्थ ही रारि बढ़ाए जा रही है ॥ ४४ ॥

नागिन बोली—तू बहुत ढिठाई कर रहा है। जगाना है तो तू ही नाग को जगा ले। तू जब मर जायगा, तब तेरे माता-पिता, भाई सभी पछता-पछताकर मर जायेंगे। तू मेरा कहना अब भी मान और लौट जा। मर जाने पर तू कौन-सा सुख पाएगा? अभी तेरी उम्र ही क्या है—यही पाँच या सात वर्ष का तो तू होगा। आगे चलकर तुझे अभी बहुत कुछ होना है ॥ ४५ ॥

यह सुनकर कृष्ण ने नागिन को झिड़की दी और गाली भी, और स्वयं नाग को जगा दिया। अपने एक पैर से उन्होंने नाग की पूँछ दबा दी और नाग के सभी होश-हवास

भुलवा दिए। पैर से दबाकर साँप को धरती में मसल दिया। नाग अकुला गया। काली मन में ही सोचने लगा—कहीं यह गरुड़ तो नहीं आ गया॥ ४६॥

उस विषैले नाग ने अपनी पूँछ झटककर, उसे फटकार कर, अपने सहस्रों फन निकालकर फैला दिए और आँखें खोलकर देखा—अरे, यहाँ तो एक बालक खड़ा है। इसने बार-बार फल से प्रहार किया, और फूँक से जहर के झार से भरी ज्वाला उगल दी, सहस्रों फनों से यह फुंकारने लगा। पर कृष्ण के चेहरे पर इससे जरा भी विकृति पैदा करनेवाला परिवर्तन नहीं हुआ है॥ ४७॥

तब काली ने मन में कहा—इन्होंने मेरी पूँछ अपने पैर से दबा लिया था। मैंने समझा कि हरि का वाहन खगराज गरुड़ तो कहीं नहीं आ गया। यह सोचकर मैं बहुत विकल हो उठा हूँ। आखिर यह बालक है कौन, जिसने मुझसे यह घोर युद्ध किया है। मैंने अपने बहुत से दाँव-पेंच चलाए, पर यह मर नहीं रहा है॥ ४८॥

फिर नाग ने हरि की ओर देखा—इसने मेरी पूँछ अपने पैर के नीचे दबा रखी थी। वह मन ही मन विचार करने लगा—अब मैं इसको चारों ओर से लपेट लूँ। अहि ने समझा कि मेरा दाँव अच्छा आ गया है। यह सोचकर उसने कृष्ण को लपेट लिया। तब काली को भारी घमंड हो गया। असलियत तो यह थी कि काली को लपेट लेने का यह दाँव कृष्ण ने ही सुझाया था॥ ४९॥

नागिन बोली—यह छोकरा बड़ा घमंड करके आया था। यह अपने काल के वश में होकर यहाँ आ पहुँचा है। इसकी मृत्यु ने ही इसके पैर इधर मोड़ दिए थे।

तब नाग अपनी नागिनियों से बोला—मेरी बराबरी करने वाला कोई नहीं है। मेरी विषमयी एक फूत्कार से जल और पहाड़ी तक जल जाती है॥ ५०॥

काली नाग की यह गर्वभरी वाणी सुनकर हरि ने अपना तन तुरंत फुलाकर मोटा कर लिया। नाग की हड्डी-पसली चरमरा उठी। वह बार-बार 'हाय-हाय' मैं मरा, कहके पुकार उठा। वह बोला—मैं तुम्हारी शरण में हूँ, मैं अब मर जाना चाहता हूँ। मैंने तुम्हें पहले नहीं जाना। मेरे अंग चटचटाकर फट जाना चाहते हैं। हे प्रभु, मेरी रक्षा कर लो॥ ५१॥

प्रभु ने जब नाग के 'मैं तुम्हारी शरण में हूँ' शब्द सुने, तब उन्होंने अपना शरीर सिकोड़ लिया। नाग बोला—मेरा अपराध क्षमा करें। मुझसे यह धृष्टता अनजान में हो गई। आज मैंने जान लिया कि व्रज में कृष्ण ने आकर अवतार ले लिया है। मैंने तुमपर अपने फन से बहुत आघात किए हैं। अब तो अपना मुँह छिपाने में भी मुझे लाज लग रही है॥ ५२॥

हे स्वामी, मैं गरुड़ के डर के मारे यहाँ आकर छिप रहा था। हे जगत के स्वामी, तुमने आकर मुझे दर्शन दिया, यह तुम्हारी मुझपर अत्यंत कृपा है।

यदुनाथ ने कृपा की। नाग की नाक फोड़कर, वे उसके फन पर चढ़ गए और एक फन से दूसरे फन पर चरण रखकर, अत्यंत प्रसन्न होकर नाचने लगे॥ ५३॥

नागिनें हाथ जोड़कर कहने लगीं—कृष्ण धन्य हैं, काली नाग धन्य है, अपना भक्त जानकर जिस पर हरि ने कृपा की है। काली नाग के हर फन पर अपने चरण रखकर हरि नाचे हैं, यह इसपर उनकी बड़ी कृपा है। कंस धन्य है, ये कमल धन्य हैं, यह कृष्णावतार धन्य है॥ ५४॥

शेषनाग एक ब्रह्मांड का भार अपने सिर पर रखकर बड़े गर्व का अनुभव करते हैं। काली नाग ने तो पूर्ण ब्रह्म को, अनंत ब्रह्म को जिनके रोम रोम में अनेक ब्रह्मांड समाए हुए हैं और जो अगणित नाम वाले हैं अपने हर एक फन पर ओजा है, सहा है। प्रभु ने हमारे काली को तो शेष से भी अधिक गौरव दे दिया है॥ ५५॥

नंद यशोदा के समान ही व्रज के सभी नर-नारी कृष्ण की प्रतीक्षा करते-करते थक गए। और यशोदा बलराम से बोलीं—बेटे दाऊ, सुनो, लगता है अब कन्हैया नहीं रहा।

इसी बीच यमुना जी में जल के कमलों के बीच कुछ हलचल हुई और मोहन के बड़े भाई बलराम ने आकर सभी रोनेवालों को रोने से रोका॥ ५६॥

और कहा—देखिए, काली नाग के सिर पर कमल के फूल लादे हुए श्याम चले आ रहे हैं।

माता, पिता और समस्त व्रज को दुखी देखकर हरि ने आकर सबको दर्शन तिया। वे काली के फन पर नाचे जा रहे थे। देवता लोग आकाश में दुंदुभी बजाए जा रहे थे। श्याम नटवर रूप में थे। सबने उनको इस नर्तक रूप में देखा॥ ५७॥

श्याम को आता देख सभी व्रजवासी परम प्रसन्न हो उठे। शोक-समुद्र में जो ज्वार आया था, वह उतर कर भाटा में बदल गया। आनंद का सिंधु उमड़ पड़ा। जल में डूबते को जैसे नौका मिल जाने से उसके शरीर में आनंद की लहर उठने लगती है, उसी प्रकार नंद-नंद को आते देखे सारे व्रजवासी प्रसन्न हो उठे॥ ५८॥

पुत्र को देखते ही माता-पिता को रोमांच हो आया, उनका कंठावरोध हो गया, वे पुलकित हो उठे, उनके हृदय में आह्लाद उमड़ आया, उनकी आँखों से प्रेमाश्रु बह चले। देवता लोग आकाश में दुंदुभी बजाने लगे। श्याम काली के फन-फन पर नाचे जा रहे थे। सभी व्रजवासी कहने लगे—बलराम धन्य हैं, इनकी बात तो एकदम सच निकली॥ ५९॥

कालीनाग की पत्नी नागिन हाथ जोड़कर खड़ी हो गई और स्तुति करने लगी। गोपियों ने जब कृष्ण को काली के फनों पर नाचते देखा, तब उनकी रुचि कृष्ण के प्रति और भी बढ़ गई। देवता लोग अपनी देवियों के साथ आकाश में जय-जयकार करने लगे, वे कहने लगे—प्रभु ने जितनी कृपा इस काली नाग पर की, उतनी अपने किसी भी भक्त पर नहीं की॥ ६०॥

प्रभु ने प्रहलाद पर कृपा की थी और खंभा फोड़कर बाहर निकल आए थे। प्रभु ने गजराज पर कृपा की थी, गरुड़ छोड़कर स्वयं दौड़ आए थे। प्रभु ने द्रुपद-पुत्री द्रौपदी पर कृपा की थी, और चीर का समुद्र ही बहा दिया था। प्रभु ने नंद जसोदा पर जो कृपा की, यही कृपा इस नाग को भी प्राप्त हुई॥ ६१॥

तब काली नाग ने हाथ जोड़कर कहा—'प्रभु, मुझे गरुड़ का भारी भय बना रहता है।' तब कृष्ण बोले—अब तुम गरुड़ से मत डरो। अब तो गरुड़ जब भी आँख भरकर तुम्हें देखेगा, तुम्हें दंडवत प्रणाम करेगा। तुम्हारे फन पर मेरे चरण-चिह्नों को पड़ा देख वह तुम्हारे पाँव पकड़ लेगा। अब तुम रमणक द्वीप में जाकर सुख करो।' यह कहकर प्रभु ने काली नाग को बिदा कर दिया॥ ६२॥

कालीनाग बोला--हे प्रभु, तुम्हारे चरणों ने मेरे हर फन का स्पर्श किया, इससे बढ़कर

सुख क्या हो सकता है? ये ही चरण तो लक्ष्मी जी के हृदय में बसते हैं। इन्हीं से देवापगा गंगा निकली हैं, जिनको शिवजी ने शिरोधार्य कर रखा है, जो शिव के सिर पर निरंतर बरसती रहती हैं। प्रभु तुमने मेरे हर फन पर अपना जो पदचिह्न बना दिया है, उससे मैं जन्म-जन्म के लिए पवित्र हो गया।

काली नाग अपनी नागिनियों के साथ कृष्ण के पैरों पर गिर पड़ा और रमणक द्वीप के लिए चल पड़ा॥ ६३॥

प्रभु ने काली नाग को रमणक द्वीप में भेज दिया। देवताओं को देवलोक में भेज दिया। सब कमलों को यमुना के किनारे रखवा दिया। तब आप भी बाहर निकल आए। जब श्याम जल से बाहर निकल कर आए, तब सभी सखा दौड़कर उनसे आ मिले। माता यशोदा और पिता नंद ने भी दौड़कर उन्हें गले से लगा लिया॥ ६४॥

वे कहने लगे—'कन्हैया, यह तुम्हारा फिर से जन्म हुआ है।' ऐसा कहते ही उनके नयन साश्रु हो गए।

व्रज के नर-नारी जो भी जहाँ थे, वहाँ से दौड़ पड़े और गले लगा-लगाकर कन्हैया से मिलने लगे, जैसे किसी निर्धन को कोई महाधन मिल गया हो। दौड़कर रोहिणी मैया भी मिलीं और चूमकर उनकी बलैया लेने लगीं॥ ६५॥

सखा लोग दौड़कर आ मिले और कहने लगे—'हरि, तुम हम पर क्रुद्ध होकर यमुना में कूद पड़े थे। तुम्हारी मैया धन्य हैं, तुम्हारे पिता धन्य हैं। वह दिन धन्य है, जिस दिन तुम्हारा अवतार हुआ। तुम व्रज के जीवन हो, प्राण हो। तुम ऐसे-ऐसे खेल खेलते हो—कदम पर चढ़कर तुम यमुना में ही कूद गए।' (हमारे तो प्राण ही सूख गए थे।) यह सुनकर गोपाल हँस पड़े॥ ६६॥

श्याम काली नाग को नाथ लाए, उसी पर कमल भी लादते आए। श्याम, तुम हमसे जैसा कह गए थे, वैसा ही कर दिखाया। अब हमकों निश्चय हो गया कि हे व्रजराज, कंस अब निश्चित रूप से मारा जायगा। शेरनी का छोटा बच्चा भी अच्छा? हाथी के बच्चे के बड़े होने से ही क्या॥ ६७॥

तब हरि और हलधर मिले। दोनों मन ही मन हँस पड़े। सब कहने लगे कि भाई-भाई मिल रहे हैं। उनके भेद को कोई नहीं जान सका।

तब नँदलाल ने प्रसन्न होकर माता-पिता और सभी व्रजवासियों से कहा—आज रात सब लोग यहीं यमुना तट पर रहें॥ ६८॥

कृष्ण के इस प्रस्ताव को सुन सब लोग सुखी हो गए कि आज रात सब लोक जमुना तट पर ही रहेंगे। यहाँ जमुना का ठंडा पानी है, शीतल मंद सुगंध समीर का संचार है। सुखद वंशीवट है। नंद ने बहुत से मिष्ठान्न और षटरस के व्यंजन घर से मँगाए और गोप सरदारों एवं उपनंद आदि सबमें बँटवा दिया॥ ६९॥

कन्हैया ने तुरत सभी दुख दूर कर दिए—कंस का कमल-संकट टाल दिया और सबको सुख दिया। कंस का भय भुलाकर सभी व्रजवासी हर्षित हो उठे। कल कमल न पहुँच पाने पर कंस सारे व्रज को मरवा देता, अब लो जितने भी कमल लेने हो, गिना लो। अब राजा रूपी हाथी का डर नहीं, अब तो हमारे बीच कन्हैया रूपी सिंह पैदा हो

गया है ॥ ७० ॥

नंद ने सगर्व कहा—अब राजा कंस के पास कमल भेज दो। एक करोड़ कमल कंस के पास पहुँचा दो। शेष कमलों को जमुना के जल में ही रख दो। कंस से कहना—नंद ने एक करोड़ कमल भेज दिए हैं। अभी दो करोड़ जल में सुरक्षित रख छोड़े हैं। यह मेरी एक छोटी सी विनती है। आवश्यकता हो तो इन्हें भी मँगा लें ॥ ७१ ॥

नंद के जो समकक्ष गोप सरदार थे, उनके साथ नंद ने कंस के पास कमल भेज दिए। सभी को हार्दिक प्रसन्नता थी कि हरि जमुना जल से सकुशल निकल आए थे। खेलने खाने, नहाने में दिन बीत गया।

श्याम इसी प्रकार जहाँ-तहाँ व्रज के लोगों को सुख देते रहते हैं ॥ ७२ ॥

४. नाग-लीला

२१५६/

सुभ घरी, सुभ दिन मुहूरत, नंद के लाला भयो।
लाइए व्रजराज पंडित, सुर नरन के दुख गयो॥
धनि-धनि जसोदा भाग्य तेरे, गोकुला को सुख भयो।
कंस आज्ञा, फूल कारण, कृष्ण बनमाली भयो॥ १ ॥
मारो गेंद गिरी जमुना में, कूद कालीदह गयो।
जहँ नाग सोवै, नगिन जागै, कृष्ण पहुँचे जाइ के।
कर जोरि बिनती करति नागिनि, जाहु लालन भागि के।
नहिं नाग तुमरो सब्द पैहै, जागि उठिहि रिसाइ के॥ २ ॥
नाग जागै, हमै लागै, अब तो भागे ना बनै।
होनि होइ सो होइ नागिनि, नाग अब नाथे बनै॥
कर जोरि बिनती करति नागिनि, ऐसो लालन मति कहौ।
जाके सहस फन, दो सहस जिह्वा, तासे सरबरि मत लहौ॥ ३ ॥
कंस के संग पंस खेलैं, नाग को संहारि के।
नाग नाथब, फूल लादब, गोकुला को जाब रे।
पीठि ठोंकि जगाइ नागिनि, नाग उठो है रिसाइ के।
अब सहस फन पुफुकार छांड़े, कृष्ण काले हो गए॥ ४ ॥
कृष्ण उठि जब गरुड़ टेरा, गरुड़ पहुँचेउ धाइकै।
गरुड़ आवत नाग देखा, नाग के मूर्च्छा भयो॥
नाग के मूर्च्छा भयो, तब कृष्ण पहुँचे धाइ के।
लाद लीना कमल डंडी, नाग नाथेउ जाइ के॥ ५ ॥
कर जोरि बिनती करति नागिनि, मांगि पीतम पाइहौं।
अहिवात दे यसुदा के नंदन, बंदि छोर कहाइहौ।

तब तो नागिनि से यो बोले, अब तु बिनती क्यों करै।
तेरो नाथ छी नहिँ सकै केऊ, चरण चिह्न लखात रे ॥ २ ॥
कंस मारि, निज जस कीन्ह, संत सब सुख पावहीं।
अब 'सूर' के प्रभु नाग लीला, रहस मंडल गावहीं ॥

—*'सूर्यपुराणादि २२५, रत्न', पृष्ठ १६७-६८.*

शुभ घड़ी, शुभ मुहूर्त, शुभ दिन में नंद को लड़का हुआ है, व्रजराज, अब पंडित बुलाइए। देवताओं और मनुष्यों का सब दुख दूर हो गया। यशोदा तुम्हारा भाग्य धन्य है। अब सारे गोकुल को सुख मिल गया। कंस की आज्ञा से, कमल के फूल लाने के लिए कृष्ण वनमाली बन गए॥ १ ॥

कृष्ण ने गेंद मारी। वह यमुना जी में गिर गई। उस गेंद को लाने के लिए कृष्ण कालीदह में कूद पड़े। जहाँ काली नाग सो रहा था और उसकी नागिन जग रही थी, कृष्ण वहाँ जा पहुँचे। नागिन हाथ जोड़कर बिनती करने लगी—हे लल्ला, भाग जाओ, नहीं तो तुम्हारी आहट पाकर नाग जग जायगा और गुस्सा करके उठ बैठेगा॥ २ ॥

कृष्ण बोले—'भले ही नाग जग जाय और हमसे लिपट जाय, पर अब मुझसे भागा नहीं जायगा। हे नागिनि, अब जो होना हो, हो। अब तो मुझे नाग को नाथना ही पड़ेगा।'

इस पर नागिन हाथ जोड़कर बोली—हे लल्ला, ऐसा मत करो। जिसके एक हजार फन हैं, दो हजार जीभें हैं, उस नाग से तुम झगड़ा मत करो॥ ३ ॥

तब कृष्ण बोले—मैं नाग को पीटूँगा, उसे नाथूँगा, उस पर कमल के फूल लादूँगा, फिर उन फूलों को लेकर गोकुल जाऊँगा। तदनंतर मथुरा जाकर कंस के साथ पासा खेलूँगा।

कृष्ण के नाग को नाथने की बात कहने पर नागिनि ने रिसि करके अपने हाथ से नाग की पीठ ठोंककर जगा दिया। नाग गुस्से में आकर उठ बैठा। फिर उसने अपने बड़े-बड़े फनों से फुफुकार छोड़ी। उस फुँकार की हवा लगने से कृष्ण काले पड़ गए॥ ४ ॥

कृष्ण ने तब गरुड़ को पुकारा। गरुड़ दौड़े हुए आ पहुँचे। काली नाग ने गरुड़ को आते देखा। उन्हें देखकर ही उसे मूर्च्छा आ गई। जब नाग मूर्च्छित हो गया, तब दौड़कर उसके पास पहुँचे। उन्होंने नाग को नाथ लिया और उसपर नाल सहित कमल के फूल लाद लिए॥ ५ ॥

हाथ जोड़कर नागिन ने विनती की और अपने प्रियतम पति को माँगा—हे यशोदा नंदन, मेरा अहिवात मुझे दो, मैं अपना पति पाऊँ, तुम बंदीछोड़ कहलाओगे। तुम्हारा यश बढ़ेगा।

तब कृष्ण नागिन से बोले—अब तू व्यर्थ क्यों विनती किए जा रही है। अब इसके सिर पर मेरे पैरों के निशान बन गए हैं। अब तेरा नाग अभय है। अब इसे कोई भी छू तक न सकेगा॥ ६ ॥

कृष्ण ने कंस को मारकर कीर्ति पाई। सभी संत जन सुखी हो गए। अब सूरदास प्रभु की इस नागलीला को आनंद-मंडली में गा रहे हैं।

५. चीर हरन लीला

२९५७/१४१७ राग सूहौ

नंद-नँदन वर गिरिवर धारी। देखत रीझीं घोष-कुमारी ॥
मोर मुकुट पीतांबर काछे। आवत देखे गाइनि पाछे ॥ १ ॥
कोटि इंदु-छबि बदन बिराजै। निरखि अंग प्रति मन्मथ लाजै ॥
स्त्रुति-कुंडल-छबि रबि नहिं तूलै। दसन-दमक-दुति दामिनि भूलै ॥ २ ॥
नैन-कमल मृग-सावक मोहै। सुक-नासा पटतर कौं को है ॥
अधर-विंब फल पटतर नाहीं। बिद्रुम अरु बंधूक लजाहीं ॥ ३ ॥
देखत रीझि रहीं व्रजनारी। देह गेह की सुरति बिसारी ॥
यह मन मैं अनुमान कियौ तब। जप तप संजम नेम करैं अब ॥ ४ ॥
बार-बार सबिताहिँ मनावैं। नंद-नँदन पति देहु सुनावैं ॥
नेम धर्म तप साधन कीजै। सिव सौं माँगि कृष्न पति लीजै ॥ ५ ॥
वर्ष दिवस कौ नेम लेइ सब। रुद्रहि सेवहु मन बच क्रम अब ॥
दृढ़ बिस्वास बरत कौं कीन्हौं। गौरी-पति-पूजन मन दीन्हौं ॥ ६ ॥
षट-दस सहस जुरीं सुकुमारी। व्रत साधतिँ नीकैं तन गारी ॥
प्रात उठैं, जमुना-जल खोरैं। सीत उष्म कहुँ अंग न मोरैं ॥ ७ ॥
पति कैं हेत नेम तप साधैं। संकर सौं यह कहि अवराधैं ॥
कमल पत्र-मालूर चढ़ावैं। नैन मूँदि यह ध्यान लगावैं ॥ ८ ॥
हमकौं पति दीजै गिरिधारी। बड़े देव तुम हौ त्रिपुरारी ॥
और कछू नहिँ तुमसौं माँगैं। कृष्न हेत यह कहि पा लागैं ॥ ९ ॥
ऐसेहिँ करत बहुत दिन बीते। प्रभु अंतरजामी मन नीते ॥
एक दिवस आपुन आए तहँ। नव तरुनी अस्नान करतिँ जहँ ॥ १० ॥
बसन धरे जल-तीर उतारी। आपुन जल पैठीं सुकुमारी ॥
कृष्ण-हेत अस्नान करैं जहँ। सबके पाछैं आपुन ह्वै तहँ ॥ ११ ॥
मींजत पीठि प्रीति अति बाढ़ी। चकृत भईं जुवतीं सब ठाढ़ी ॥
देखे नँद-नंदन गिरिधारी। ब्रत-फल प्रगट भए बनवारी ॥ १२ ॥
सकुचि अंग जब पैठि लुकावैं। बार-बार हरि अंकम लावैं ॥
लाज नहीं आवति है तुमकौ। देखत बसन-बिना सब हमकौ ॥ १३ ॥
हँसत चले तब नंद-कुमार। लोगनि सुनवतिँ करतिँ पुकार ॥
हार चीर लै चले पराई। हाँक दई करि नंद-दुहाई ॥ १४ ॥
डारि बसन भूषन तब भागे। स्याम करन अब ढीठौ लागे ॥
भागैं कहाँ बचौगे मोहन। पाछैं आइ गईं तुव गोहन ॥ १५ ॥
तन की सुधि-सम्हार कछु नाहीं। बसन अभूषन पहिरति जाहीं ॥
चीर फटे कंचुकि-बँद छूटे। लेत न बनत हार लर टूटे ॥ १६ ॥

प्रेम-सहित मुख खीझति जाहीं। झूठहिं बार-बार पछिताहीं॥
गईं सबै तिय नंद महर-घर। जसुमति पास गईं सब दर-दर॥१७॥
देखौ महरि स्याम के ये गुन। ऐसे हाल करे सबके उन॥
चोली चीर हार बिखराए। आपुन भागि इतहिं कौं आए॥१८॥
जमुना-तट कोउ जान न पावै। संग सखा लिए पाछैं धावै॥
तुम सुत कौं बरजहु नँदरानी। गिरिधर भली करत नहिं बानी॥१९॥
लाज लगति इक बात सुनावत। अंचल छोरि हियौ दिखरावत॥
यह देखत हँसि उठीं जसोदा। कछु रिस, कछु मन मैं करि मोदा॥२०॥
आइ गए तिहिं समय कन्हाई। बाहँ गही लै तुरत दिखाई॥
तनक-तनक कर तनक अँगुरियाँ। तुम जोबन भरीं नवल बहुरियाँ॥२१॥
जाहु घरहिं तुमकौं मैं चीन्ही। तुम्हरी जाति जानि मैं लीन्ही॥
तुम चाहतिँ सो इहाँ न पैहौ। और बहुत व्रज-भीतर लैहौ॥२२॥
बार-बार कहि कहा सुनावति। इन बातनि कछु लाज न आवति॥
देखहु री ये भाव कन्हाई। कहाँ गई तब की तरुनाई॥२३॥
महरि तुमहिं कछु दूसन नाहीं। हमकौं देखि-देखि मुसुकाहीं॥
इनके गुन कैसैं कोउ जानै। औरै करत और धरि बानै॥२४॥
देन उरहनौ तुमकौं आई। नीकी पहिरावनि हम पाई॥
चलीं सबै जुवती घर-घर कौं। मन मैं ध्यान करति हैं हरि कौं॥२५॥
बरस दिवस तप पूरन कीन्हे। नंद-सुवन कौं तन-मन दीन्हे॥
प्रात होत जमुना फिरि आईं। प्रथम रहे चढ़ि कदम कन्हाई॥२६॥
तीर आइ जुवती भईं ठाढ़ी। उर अंतर हरि सौं रति बाढ़ी॥
कह्यौ चलौ जमुना-जल खोरैं। अंग-अंग आभूषन छोरैं॥२७॥
चोली छोरैं, हार उतारैं। कर सौं सिथिल केस निरवारैं॥
इत उत चितवति लोग निहारैं। कह्यौ सबनि अब चीर उतारैं॥२८॥
बसन अभूषन धरे उतारी। जल भीतर सब गईं कुमारी॥
माघ-सीत कौ भीत न मानैं। षट ऋतु के गुन सम करि जानैं॥२९॥
बार-बार बूड़ैं जल माहीं। नैंकहुँ जल कौ डरपति नाही॥
प्रातहिं तैं इक जाम नहाहीं। नेम धर्म ही मैं दिन जाहीं॥३०॥
इतनौ कष्ट करैं सुकुमारी। पति कैं हेत गुवर्धनधारी॥
अति तप करतिँ देखि गोपाला। मन मैं कह्यौ, धन्य व्रजबाला॥३१॥
हरि अंतर्यामी सब जानी। छिन-छिन की यह सेवा मानी॥
व्रत-फल इनहिं प्रगट दिखरावौं। बसन हरौं, लै कदम चढ़ावौं॥३२॥
तन साधन तप कियौ कुमारी। भज्यौ मोहिं कामातुर नारी॥
सोरह सहस गोप सुकुमारी। सबके बसन हरे बनवारी॥३३॥

हरत बसन कछु बार न लागी । जल-भीतर जुवती सब नाँगी ॥
भूषन बसन सबै हरि ल्याए । कदम डार जहँ तहँ लटकाए ॥ ३४ ॥
ऐसौ नीप-वृच्छ बिस्तारा । चीर हार धौं कितक हजारा ॥
सबै समाने तरुवर डारा । यह लीला रची नंद-कुमारा ॥ ३५ ॥
हार चीर मानौ तरु फूल्यौ । निरखि स्याम आपुन अनुकूल्यौ ॥
नेम सहित जुवती सब न्हाई । मन-मन सबिता विनय सुनाई ॥ ३६ ॥
मूँदे नैन, ध्यान उर धारे । नंद-नँदन पति होहिँ हमारे ॥
रवि करि विनय, सिवहिँ मन लीन्हौं । हृदय माँझ अवलोकन कीन्हौं ॥ ३७ ॥
त्रिपुर-सदन, त्रिपुरारि, त्रिलोचन । गौरीपति, पशुमति, अघमोचन ॥
गरल-असन, अहि भूषन-धारी । जटा-धरन सिर गंगा प्यारी ॥ ३८ ॥
करहिँ विनय यह माँगतिँ तुम सौं । करहु कृपा हँसि कै आपुन सौं ॥
हम पावैं सुत-जसुमति कौं पति । यहै देहु करि कृपा, देव रति ॥ ३९ ॥
नित्य नेम करि चलीं कुमारी । एक जाम तन कौं हिम गारी ॥
व्रज-ललना कह्यौ नीर जुड़ाईं । अति आतुर ह्वै तट कौं धाईं ॥ ४० ॥
जल तैं निकसि तरुनि जब आईं । चीर अभूषन तहाँ न पाईं ॥
सकुचि गईं जल भीतर धाईं । देखि हँसत तरु चढ़े कन्हाई ॥ ४१ ॥
बार-बार जुवती पछिताहीं । सबके बसन अभूषन नाहीं ॥
ऐसौ कौन सबनि लै भाग्यौ । लेतहु ताहि बिलंब न लाग्यौ ॥ ४२ ॥
माघ-तुषार जुवति अकुलाहीं । ह्याँ कहुँ नंद-सुवन तौ नाहीं ॥
हम जानी यह बात बनाई । अंबर हरि लै गए कन्हाई ॥ ४३ ॥
हौ कहुँ स्याम, बिनय सुनि लीजै । अंबर देहु कृपा करि, जीजै ॥
थर-थर अंग कँपतिँ सुकुमारी । देखि स्याम नहिँ सके सम्हारी ॥ ४४ ॥
इहिँ अंतर प्रभु बचन सुनायौ । व्रत कौ फल दरसन सब पायौ ॥
कहा कहतिँ मोसौं व्रज-बाला । माघ-सीत कत होहिँ बिहाला ॥ ४५ ॥
अंबर जहाँ बताऊँ तुमकौं । तौ तुम कहा देहुगी हमकौं ॥
तन मन अर्पन तुमकौं कीन्हौ । जौ कछु हुतौ सु तुमकौं दीन्हौ ॥ ४६ ॥
और कहा लैहौ जू हमसौं । मुँह माँगतिँ हैं अंबर तुमसौं ॥
यह सुनि हँसे दयाल मुरारी । मेरौ कह्यौ करौ सुकुमारी ॥ ४७ ॥
जल तैं निकसि सबै तट आवहु । तबहिँ भलैं अंबर तुम पावहु ॥
भुजा पसारि दीन ह्वै भाखहु । दोउ कर जोरि-जोरि तुम राखहु ॥ ४८ ॥
सुनहु स्याम इक बात हमारी । नगन कहूँ देखियै न नारी ॥
यह मति आपु कहाँ धौं पाई । आजु सुनी यह बात नवाई ॥ ४९ ॥
ऐसी साध मनहिँ मैं राखहु । यह बानी मुख तैं जनि भाखहु ॥
हम तरुनी तुम तरुन कन्हाई । बिना बसन क्यौं देहिँ दिखाई ॥ ५० ॥

पुरुष जाति तुम यह कह जानौ । हा-हा यह मुख मैं जनि आनौ ॥
तौ तुम बैठि रहौ जल हीं सब । बसन अभूषन नहिँ चाहतिँ अब ॥ ५१ ॥
तबहिँ देहुँ जल बाहर आवहु । बाँह उठाइ अंग दिखरावहु ॥
कत हौ सीत सहति सुकुमारी । सकुचि देहु जल ही मैं डारी ॥ ५२ ॥
फर्‌यौ कदम व्रत-फरनि तुम्हारैं । अब कह लज्जा करतिँ हमारैं ॥
लेहु न आइ आपुने व्रत कौं । मैं जानत या व्रत के घत कौं ॥ ५३ ॥
नीकैं व्रत कीन्हौं तनु गारी । व्रत ल्यायौ धरि मन गिरिधारी ॥
तुम मन-कामनि पूरन करिहौं । रास रंग रचि-रचि सुख भरिहौं ॥ ५४ ॥
यह सुनिकै मन हर्ष बढ़ायौ । व्रत कौ पूरन फल हम पायौ ॥
छाँड़हु तुम यह टेक कन्हाई । नीर माहिँ हम गईं जड़ाई ॥ ५५ ॥
आभूषन सब आपुहिँ लेहू । चीर कृपा करि हमकौं देहू ॥
हा-हा लागैं पाइ तिहारैं । पाप होत है जाड़नि मारैं ॥ ५६ ॥
आजुहिँ तैं हम दासि तुम्हारी । कैसैं दिखावैं अंग उघारी ॥
अंग दिखाएहिँ अंबर पैहौ । नातरु ऐसेहिँ दिवस गँवैहौ ॥ ५७ ॥
मेरे कहैं निकसि सब आवहु । थोरैंहि, हमकौ भलौ मनावहु ॥
मुहाँचही तरुनी मुसुकानी । यह आपुन थोरी करि जानी ॥ ५८ ॥
जोइ-जोइ कहौ सु तुमकौं सोहै । आज तुम्हारी पटतर को है ॥
हमरी पति सब तुम्हरैं हाथा । तुमहिँ लहौ ऐसी व्रज-नाथा ॥ ५९ ॥
तप तनु गारि कियौ जिहि कारन । सो फल लग्यौ नीप तरु डारन ॥
आवहु निकसि लेहु पट भूषन । यह लागै हमकौं सब दूषन ॥ ६० ॥
अब अंतर कत राखतिँ हमसौं । बारंबार कहत हौं तुमसौं ॥
गोपिनि मिलि यह बात बिचारी । अब तो टेक परे बनवारी ॥ ६१ ॥
चलहु न, जाइ चीर अब लेहीं । लाज छाँड़ि उनकौं सुख देहीं ॥
जल तें निकसि तीर सब आईं । बार-बार हरि हरषि बुलाईं ॥ ६२ ॥
बैठि गईं तरुनी सकुचानी । देहु स्याम हम अतिहिँ लजानी ॥
छाँड़ि देहु यह बात सयानी । वैसेहिँ करौ कही जो बानी ॥ ६३ ॥
कर कुच अंग ढाँकि भईं ठाढ़ी । बदन नवाइ लाज अति बाढ़ी ॥
देहु स्याम अंबर अब डारी । हा-हा दासी सबै तुम्हारी ॥ ६४ ॥
ऐसै नहीं बसन तुम पावहु । बाहँ उठाइ अंग दिखरावहु ॥
कह्यौ मानि, जुवतिनि कर जोरे । पुनि-पुनि जुवती करति निहोरे ॥ ६५ ॥
धन्य-धन्य कहि श्री गोपाला । निहचै व्रत कीन्हौ व्रजबाला ॥
आवहु निकट लेहु सब अंबर । चोली हार सुरँग पाटंबर ॥ ६६ ॥
निकट गईं सुनि कै यह बानी । तरुनी नगन अंग अकुलानी ॥
भूषन बसन सबनि कौं दीन्हौ । तिनकैं हेत कृपा हरि कीन्हौ ॥ ६७ ॥

चीर अभूषन पहिरे नारी। कह्यौ तबहिं ऐसे बनवा।
तब हँसि बोले कृष्ण मुरारी। मैं पति, तुम मेरी सब प्य. ।६८॥
तुमहिं हेत यह बपु व्रज धार्यौ। तुम कारन बैकुंठ बिसारौ॥
अब व्रत करि तुम तनुहि न गारौ। मैं तुमतैं कहुँ होत न न्यारौ॥६९॥
मोहिं कारन तुम अति तन सांध्यौ। तन मन करि मोकौं आराध्यौ॥
जाहु सदन अब सब व्रज-बाला। अंग परसि मेटे जंजाला॥७०॥
जुवतिनि बिदा दई गिरिधारी। गईं घरनि सब घोष-कुमारी॥
वस्त्र-हरन लीला प्रभु कीन्हीं। व्रज-तरुनिनि व्रत कौ फल दीन्हीं॥७१॥
यह लीला स्रवननि सुनि भावै। औरनि सिखवै, आपुन गावै॥
'सूरस्याम' जन कै सुखदाई। दृढ़ताई मैं प्रगट कन्हाई॥७२॥

श्रेष्ठ नंदनँदन गिरिधारी को देखकर गोप कुमारियाँ रीझ गईं। वे मोर पंख का मुकुट धारण किए हुए, पीतांबर की कछनी काछे हुए, वृंदावन से गायें चराकर उनके पीछे-पीछे लौटे आ रहे थे॥१॥

उनके मुख की शोभा करोड़ो चंद्रमाओं के समान थी। उनके अंगों की शोभा देखकर मन को मथ देनेवाला कामदेव भी लजा जाता था। उनके कानों के स्वर्ण-कुंडल की शोभा की बराबरी तो सूर्य भी नहीं कर सकता था। उनके दाँतों की चमक को देखकर लोग बिजली की चमक को भी भूल बैठते थे॥२॥

उनके कमल के समान नेत्र तो हिरणों के बच्चों की आँखों को भी मोह लेते थे। उनकी नासिका से शुक की चोंच की उपमा तो दी ही क्या जा सकती है। उनके लाल लाल होठों की उपमा देने योग्य पके लाल लाल कुनुरू भी नहीं हैं। इन होठों के समक्ष तो मूँगा और दुपहरिया के लाल फूल भी लज्जित हो जा रहे थे॥३॥

ऐसे साँवले सलोने श्याम को देखकर व्रज की कुमारियाँ उनपर रीझ गईं। उन्हें अपने शरीर और घर की सुधि भी भूल गई। तब उन्होंने मन में यह अनुमान किया कि अब कृष्ण को पतिरूप में पाने के लिए हमें जप, तप, संयम, नेम, व्रत करना चाहिए॥४॥

वे बार-बार सूर्य नारायण को मनाने लगीं और उनसे कहने लगीं—हे सूर्यदेव, श्रीकृष्ण हमें पति रूप में प्राप्त हों। उन्होंने निश्चय किया—अब हमें नेम, धर्म, तप, साधना करनी चाहिए और शिव से कृष्ण को पति रूप में माँग लेना चाहिए॥५॥

हमें एक वर्ष का व्रत लेकर शिव की मन से, बचन से और कर्म से सेवा करनी चाहिए। उन्होंने इस व्रत पर दृढ़ विश्वास किया और पार्वती-पति की पूजा में मन लगाया॥६॥

सोलह हजार सुकुमारियाँ इकट्ठी होकर, अपना तन गलाकर भलीभाँति व्रत साधने लगीं। वे सबेरे ही सबेरे उठकर जमुना के शीतल जल में स्नान करती थीं। चाहे सर्दी हो या गर्मी, वे यमुना-स्नान से अपने अंग नहीं मोड़ती थीं॥७॥

कृष्ण को पति रूप में पाने के लिए वे लोग व्रत साधने लगीं और शंकर की अराधना यह कहकर किया करती थीं—हे शिव, हमें कृष्ण को वर रूप में दो। ये शिव जी को कमल के फूल और बेल-पत्र चढ़ाती थीं और आँखें मूँदकर शिव का ध्यान लगाती थीं॥८॥

हे शिव, तुम बहुत बड़े देवता हो। हमें गिरिधारी को पति रूप में दो। हम तुमसे और कुछ नहीं माँगतीं। हम कृष्ण की प्राप्ति के लिए ही तुम्हारे पाँव पड़ रही हैं॥ ९॥

गोप-कुमारियों को इस प्रकार तपश्चर्या करते हुए बहुत दिन बीत गए। अंतर्यामी प्रभु ने उनके मन की सारी बातें जान लीं। एक दिन वे वहाँ आ गए, जहाँ व्रज-तरुणियाँ यमुना में स्नान कर रही थीं॥ १०॥

उन्होंने अपने वस्त्र उतार कर यमुना तट पर रख दिए थे और वे सुकुमारियाँ यमुना जल में प्रविष्ट हो गई थीं। वे कृष्ण की प्राप्ति के लिए जहाँ स्नान कर रही थीं, कृष्ण वहाँ सबके पीछे (अनेक रूप धरकर) चुपके से पहुँच गए॥ ११॥

कृष्ण इन गोपियों की पीठ खुजलाने लगे। इससे गोपियों के मन में प्रेम-भाव बढ़ गया। चकित होकर सब युवतियाँ जल में खड़ी रह गईं। उन्होंने देखा कि वह तो नंदनँदन गिरिधारी ही हमारी पीठ मल रहे हैं। उन्होंने जान लिया कि हमने यह जो नेम व्रत लिया है, उसी के फलस्वरूप बनवारी यहाँ आ प्रकट हुए हैं॥ १२॥

वे सकुचाकर अपने अंग (उरोज) जल में छिपा लेने लगीं, पर हरि बार-बार उनको हृदय से लगा लेने लगे। तब वे बोलीं—तुम्हें लाज नहीं लग रही है, हमको नंगी देखे जा रहे हो॥ १३॥

तब नंदकुमार हँसते हुए वहाँ से चल पड़े। तब गोपियाँ लोगों को सुनाकर पुकार करने लगीं। कन्हैया उनके हार और चीर लेकर भाग चले और गोपियों ने नंद की दुहाई देकर हाँक लगाई॥ १४॥

तब कृष्ण उनके वसन और आभूषण फेंककर भाग गए। फिर गोपियाँ बोलीं—श्याम, तुम अब इस ढिठाई पर उतर आए हो? मोहन, तुम भागकर नहीं बच सकोगे। हम तुम्हारे पीछे-पीछे आ ही रही हैं॥ १५॥

गोपियों को अपने शरीर की जरा भी सुधि नहीं रही। वे अपने को नहीं सँभाल सकीं। वे अपने आभूषण और वस्त्र पहने जा रही थीं। उनके चीर फट गए थे, चोली के बंद टूट गए थे, वे झूठ-मूठ का पछताए जा रही थीं॥ १६॥

उनके मन में तो कृष्ण के प्रति प्रेमासक्ति थी, पर वे मुँह से खीझती जा रही थीं। वे सभी गोप-कुमारियाँ नंद महर के घर पहुँच गईं और विभिन्न दरवाजों से घुसती हुई वे यशोदा के पास चली गईं॥ १७॥

गोपियाँ यशोदा से बोलीं—महरि, अपने श्याम के ये गुन देखो। उन्होंने हम सबका ऐसा ही हाल कर दिया है। दुर्गति बना दी है। उन्होंने हमारी चोलियाँ, चीर और हार बिखरा दिया है और अब स्वयं भागकर इधर को ही आ गए हैं॥ १८॥

कोई गोपी जमुना के किनारे जाने नहीं पा रही है। अपने साथ में अपने संगी-साथी ग्वाल बालों को लिए हुए वे हम सबके पीछे दौड़ पड़ते हैं। हे नंदरानी, अपने बेटे को रोको। गिरिधर यह काम अच्छा नहीं कर रहे हैं॥ १९॥

तुमसे एक बात कहने में हमें लाज लग रही है। यह कहकर उन्होंने अपने आँचल खोल दिए हैं और उरोजों पर बने नख-क्षत को दिखाने लगीं।

यह नख-क्षत देखकर यशोदा हँस पड़ीं, कुछ तो क्रोध और कुछ मनोविनोद से॥ २०॥

इसी समय कन्हैया वहाँ आ गए। जसोदा ने कन्हैया की बाँह पकड़ ली और उन्हें गोपियों के सामने खड़ा करके कहा—देख रही हो कन्हैया के ये छोटे-छोटे हाथ और ये छोटी-छोटी उँगलियाँ। इस पर तुम सब नख-क्षत करने का इलजाम लगाए जा रही हो, तुम तो पूर्ण नवयौवनाएँ हो॥ २१॥

तुम अब अपने-अपने घरों को चली जाओ। हमने तुमको भलीभाँति पहचान लिया है। मैंने तुम्हारी जाति (स्वभाव) जान ली। तुम जो चाहती हो, वह यहाँ नहीं मिलेगा। व्रज बहुत बड़ा है। जाकर ढूँढ़ो। तुम्हें कहीं न कहीं तुम्हारे लायक जवान गोप मिल ही जायँगे॥ २२॥

बार-बार तुम मुझसे यही कह-कहकर सुनाती रहती हो। इन बातों के कहने में तुम्हें लाज नहीं लगती?

तब गोपियाँ आपस में कह उठीं—कन्हैया के ये भाव तो देखो! इनकी वह तरुणाई कहाँ चली गई। इस समय तो यह बालक हो गए हैं॥ २३॥

फिर वे यशोदा से बोलीं—महरि, इसमें तुम्हारा कोई दोष नहीं। देखो, अब भी तुम्हारा यह छोहरा हमें देख-देख कर मुसकुराए जा रहा है। इनके गुन कोई कैसे जान सकता है। यह तो जब जैसा चाहते हैं, वैसा रूप धरकर तदनुरूप कार्य कर बैठते हैं॥ २४॥

हम तुम्हें उलाहना देने आई थीं। हमें अच्छी खिलअत (पुरस्कार में प्राप्त परिधान) मिली।

सभी युवतियाँ मन में हरि का ध्यान करती हुई अपने-अपने घरों को लौट चलीं॥ २५॥

इसी प्रकार नंद-सुवन को तन मन दिए गोपियों की एक वर्ष की तपश्चर्या पूरी हो गई। सबेरा होते ही गोप-कुमारियाँ फिर स्नानार्थ यमुना-तट पहुँचीं। कन्हैया वहाँ पहले से आ गए थे और कदंब के पेड़ पर चढ़कर बैठ गए थे॥ २६॥

यमुना-तट पर आकर युवतियाँ खड़ी हो गईं। उनके हृदय में हरि के प्रति अनुराग बढ़ चला था। वे परस्पर कहने लगीं—चलो अब जमुना जल में स्नान कर लिया जाय। यह कहकर वे अपने अंग-अंग से आभूषण उतार कर रखने लगीं॥ २७॥

उन्होंने अपनी चोलियों के बंद खोलकर उन्हें निकाल दिए और गले के हार उतार दिए। वे अपने हाथों से अपनी ढीले केश सुलझाने लगीं। फिर उन्होंने इधर-उधर ताक कर देखा कि कोई है तो नहीं। तदनंतर उन्होंने कहा—अब हम अपने चीर भी उतार दें॥ २८॥

उन्होंने सभी वस्त्राभूषण उतार कर रख दिये और जल के भीतर घुस गईं। वे माघ महीने की ठंड का भी डर नहीं मान रही थीं। उन्हें छहो ऋतुओं में यमुना का जल एक-सा ही लगता था॥ २९॥

वे बार-बार जल में डुबकी लगाए जा रही थीं। उन्हें जल से जरा भी भय नहीं लग रहा था, वे सबेरे से एक पहर तक नहाती थीं और नेम, धर्म में ही दिन बिता देती थीं॥ ३०॥

गोवर्धनधारी कृष्ण को पति के रूप में पाने के लिए वे सुकुमारियाँ भारी कष्ट उठाए जा रही थीं। गोपाल ने गोपियों के इस घोर तप को देखा और मन ही मन में कहा—ये व्रजबालाएँ धन्य हैं॥ ३१॥

अंतर्यामी हरि ने गोपियों का सारा मनोभाव जान लिया और उन्होंने उनकी क्षण-क्षण की सेवा को स्वीकार किया। और कहा—मैं अब इन गोपियों को इनको व्रत का फल प्रत्यक्ष दिखा दूँ और इनका वस्त्र हरण करके कदम पर जा चढ़ बैठूँ॥ ३२॥

इन कुमारियों ने मुझे कामातुरा-नारी के भाव से भजा है और इनकी तपश्चर्या मुझसे शारीरिक संबंध-स्थापन के लिए है।

ऐसा सोचकर हरि ने उन सोलह हजार गोप कुमारियों के चीर हर लिए॥ ३३॥

इधर हरि को चीर हरण करने में कुछ भी देर न लगी। उधर सब युवतियाँ जल के भीतर निरा नंग थीं। हरि ने गोपियों के सारे वस्त्र और आभूषण हर लिए और जहाँ-तहाँ कदम की डाल पर उन्हें लटका दिया॥ ३४॥

वहाँ कितने ही हजार चीर और हार थे। हरि ने उस कदंब वृक्ष का भारी विस्तार कर दिया और सभी हार और चीर उस कदंब की डाल में समा गए। नंदकुमार ने कुछ ऐसी लीला रच दी॥ ३५॥

उस कदंब की डाल पर लटकते हार और चीर ऐसे लग रहे थे, मानो वे उस तरु के ही फूल हों, मानो वह वृक्ष ही फूल गया हो। श्याम ने देखा और कहा, जैसा मैं चाहता था, वैसा ही हो गया।

सब तरुणियों ने नियमपूर्वक स्नान किया। और उन्होंने मन ही मन सूर्य से विनती की॥ ३६॥

उन्होंने अपनी आँखें बंद करके सूर्य का ध्यान किया और कहा—नंद के पुत्र कृष्ण हमारे पति हों। सूर्य की विनती करके उन्होंने शिव का ध्यान किया और उन्हें अपने हृदय में देखा॥ ३७॥

गोपियों ने शिव की प्रार्थना की—हे तीनों लोकों में समाए हुए, हे त्रिपुर के अरि, हे तीन लोचन वाले, हे गौरीपति, हे पशुपति, हे पापों से छुटकारा देने वाले, हे विषपायी, हे नाग-भूषण, हे जटाजूटधारी, हे प्यारी गंगा को शिर पर रखने वाले॥ ३८॥

हम तुम्हारी विनती कर रही हैं और तुमसे यह माँग रही हैं। तुम प्रसन्न होकर हमपर कृपा करो। हम यशोदनंदन को पति-रूप में पावें। हे देव, हमको यही वर दो। हमारी रति कृष्ण में सदैव बनी रहे॥ ३९॥

नित्य नियम का पालन करके वे कुमारियाँ जल से निकलीं। उन्होंने एक पहर तक अपना शरीर उस ठंडे जल में गलाया था। वे कहने लगीं—हम कैसे पानी में खड़ी-खड़ी जुड़ा गई हैं। हमें ठंड लग रही है। यह कहकर वे हड़बड़ा कर किनारे की ओर तेजी से चल पड़ीं॥ ४०॥

जब वे तरुणियाँ जल से बाहर निकल आईं, तब उन्होंने वहाँ अपने चीर और आभूषण नहीं पाए। तब वे लजाकर पुनः जल में घुस गईं। पेड़ पर चढ़े हुए कन्हैया उन्हें देखकर हँसने लगे॥ ४१॥

युवतियाँ बार-बार पछताए जा रही थीं—हमारे भूषण और वस्त्र तो यहाँ हैं ही नहीं ऐसा कौन हो सकता है, जो इन्हें लेकर भाग जाय और इन्हें ले जाने में उसे जरा भी देर न लगे॥ ४२॥

माघ की शीत में युवतियाँ ठिठुर कर अकुलाई जा रही थीं। वे सोचने लगीं—यहाँ कहीं नंदनंदन तो नहीं आ गए हैं। हमने भलीभाँति यह जान लिया कि हमारे वस्त्र कन्हैया ही उठा ले गए हैं॥ ४३॥

गोपियाँ कह उठीं—श्याम कहीं हो क्या? हमारी विनती सुन लो, हमारे ऊपर कृपा करो और हमारे वस्त्र हमें दे दो। जिससे हम जीती रह सकें।

सुकुमारी गोप-कुमारियाँ थर-थर काँप रही थीं। उन्हें काँपता देखकर श्याम से नहीं रहा गया॥ ४४॥

इसी बीच प्रभु बोल उठे और गोपियों को अपने व्रत का फल—प्रभु का दर्शन—मिल गया।

प्रभु बोले—हे व्रजबालाओं, तुम मुझसे क्या कह रही हो? माघ की इस ठंडक में क्यों ठिठुरी जा रही हो॥ ४८॥

तुम्हारे वस्त्र जहाँ हैं, मैं तुम्हें बताए दे रहा हूँ। इसके बदले में तुम मुझे क्या दोगी?

तब गोपियाँ बोलीं—हमने अपना तन मन तुम्हें दे दिया है। हमारे पास जो कुछ भी था, वह सब हमने तुम्हें समर्पित कर दिया है॥ ४६॥

तुम हमसे और क्या माँग रहे हो। हम तो तुमसे अपने वस्त्र माँग रही हैं।

यह सुनकर दयालु मुरारी हँस पड़े और कहा—हे सुकुमारियो, मेरा कहना करो॥ ४७॥

तुम सब जल से निकल कर किनारे आ जाओ। तभी तुमको तुम्हारे चीर मिल सकेंगे। हाथ फैलाकर दीन होकर कहो। दोनों हाथ जोड़ लो॥ ४८॥

इस पर गोपियाँ बोलीं—हे श्याम, हमारी एक बात सुनो। कहीं भी, कभी भी किसी नंगी स्त्री की ओर न देखना चाहिए। तुम हमें नंगी देखना चाहते हो। यह दुर्बुद्धि तुमने कहाँ से पा ली है। आज हम यह नई बात सुन रही हैं॥ ४९॥

ऐसी अभिलाषा मन में ही छिपा रखो। मुँह खोलकर ऐसी बात मत कहो। हम तरुणियाँ हैं और कन्हैया, तुम भी तरुण हो। हम बिना वस्त्र पहने तुम्हें कैसे अपने को दिखावें॥ ५०॥

तुम पुरुष हो। तुम नारी की लज्जा क्या जानो। हम हा हा खाती हैं, ऐसी बात मुँह से न निकालो।

कृष्ण बोले—यदि ऐसा है, तो तुम जल ही में बैठी रहो। हम मान लेते हैं कि तुम वस्त्र और आभूषण अब नहीं चाहतीं॥ ५१॥

मैं तो तभी तुम्हारे वस्त्राभूषण दूँगा, जब तुम जल से बाहर निकल कर आओगी, बाहें ऊपर उठाकर अपने अंग दिखला दोगी। हे सुकुमारियों, संकोच के मारे जल में अपने अंग छिपाए हुए, यह शीत का कष्ट क्यों सहे जा रही हो॥ ५२॥

इस कदंब में तुम्हारे ही व्रत के फल आ लगे हैं। तुम अब इनसे क्या लजाई जा रही हो? अपने व्रत के फल को आकर ले क्यों नहीं लेतीं? मैं इस व्रत के घत (उद्देश्य) को जानता हूँ॥ ५३॥

तुमने अपने शरीर को गलाकर खूब व्रत-साधना की है। तुमने मुझ गिरिधारी को ही तो मन में धारण करके यह सब नेम व्रत किया है। मैं तुम्हारी हर इच्छा को पूरी करूँगा।

मैं रास रचकर तुम्हें सब सुखों से भर दूँगा॥ ५४॥

गोपियों को यह सुनकर मन में भारी प्रसन्नता हुई और उन्होंने समझ लिया कि हमने व्रत का सारा फल पा लिया। वे बोलीं—कन्हाई, यह हठ छोड़ो। पानी के भीतर हम जुड़ा गई हैं॥ ५५॥

तुम हमारे सभी आभूषण अपने पास रखो? हमें कृपा करके हमारे चीर दे दो। हम हा-हा खाकर तुम्हारे पैरों पड़ रही हैं। जाड़ों में मारने से बड़ा पाप लगता है॥ ५६॥

आज से ही हम तुम्हारी दासी हो गईं। हम अपने नंगे खुले अंग तुम्हें कैसे दिखावें।

कृष्ण बोले—अंग दिखाने पर ही तुम अपने वस्त्र पा सकोगी, नहीं तो ऐसे ही सारा दिन बिता दोगी॥ ५७॥

मेरे कहने से अब जल के बाहर निकल आओ। मेरा भला मनाओ कि मैं इतने कम में ही तुम्हें छोड़े दे रहा हूँ।

गोपियों ने कृष्ण के मुँह की ओर देखा और मुसकुराते हुए कहा—इतनी बड़ी बात को तुम थोड़ा समझ रहे हो॥ ५८॥

तुम तो जो भी कहो, तुम्हें सब शोभा देता है। आज तुम्हारी बराबरी करने वाला है कौन? हमारी सब लाज अब तुम्हारे ही हाथ है। और तुम्हीं ऐसी निर्लज्ज होने की बात कह रहे हो॥ ५९॥

कृष्ण बोले—जिस फल की कामना से तुमने शरीर गलाकर यह तप किया है, यह फल तो कदंब की डालों में लग गया है। निकल के आओ और अपने वस्त्र और अलंकार ले लो। तुम मुझसे जो यह पर्दा कर रही हो, मुझे यह गुण नहीं जान पड़ता, यह दूषण ही जान पड़ता है॥ ६०॥

मैं तुमसे बार-बार कहे जा रहा हूँ। तुम मुझसे यह अंतर क्यों रख रही हो?

गोपियों ने मिलकर यह बात सोची—अब तो बनवारी अपनी टेक पर अड़ गए हैं॥ ६१॥

चलो अब चलकर हम अपने चीर ले लें। हम सब लाज छोड़ दें और श्याम के मन को सुख दें।

वे जल से निकल कर किनारे पर आ गईं। हरि ने हर्षित होकर उन्हें बार-बार बुलाया॥ ६२॥

तरुणियाँ सकुचाकर बैठ गईं और बोली—श्याम, अब हमारे वस्त्र दे दो। हम बहुत लजा गई हैं।

तब श्याम ने कहा—चतुराई की यह बात छोड़ दो। जैसा मैंने कहा है, वैसा ही करो॥ ६३॥

तब गोपियाँ हाथ से अपने उरोज ढँके हुए मुँह झुकाए हुए, अत्यंत लज्जिता सी खड़ी हो गईं और बोलीं—श्याम, हम हा-हा खाती हैं। हम सब तुम्हारी दासी हैं। अब हमारे वस्त्र हमें दे दो॥ ६४॥

श्याम बोले—तुम इस तरह से अपने वस्त्र वापस नहीं पाओगी। पहले अपनी बाँहें ऊपर उठाकर अपने अंग दिखा दो।

श्याम का कहा मानकर युवतियों ने हाथ जोड़ लिए और बार-बार श्याम से विनती

करने लगीं ॥ ६५ ॥

गोपाल ने कहा—हे व्रजवालाओं, तुम धन्य हो। तुमने निश्चय ही अपने व्रत का कठोरता से पालन किया है। पास आ जाओ और अपने वस्त्र ले लो। चोली ले लो, हार ले लो, लाल रेशमी वस्त्र ले लो ॥ ६६ ॥

श्याम की यह बात सुनकर तरुणियाँ नग्नावस्था में अकुलाई हुई श्याम के निकट गईं। श्याम ने सब पर कृपा की और सबके भूषण और वस्त्र दे दिए ॥ ६७ ॥

जब सभी व्रजनारियों ने अपने वस्त्राभूषण पहन लिए, तब बनवारी ने उनसे ऐसा हँसकर कहा—मैं तुम सब का पति हूँ और तुम सब मेरी प्यारी पत्नियाँ हो ॥ ६८ ॥

तुम्हारे लिए ही मैंने व्रज में यह नर अवतार लिया है। तुम्हारे लिए ही मैंने बैकुंठ भुला दिया है। अब और व्रत करके तुम अपना शरीर नष्ट मत करो। मैं तुमसे कभी भी अलग नहीं हूँ ॥ ६९ ॥

मेरे ही लिए तुमने यह घोर तप किया है। तुमने तन से मन से मेरी राधना की है। अब तुम सभी व्रजबालाओ अपने-अपने घर जाओ।

हरि ने उनका अंग स्पर्श करके उनके सब जंजाल मेट दिए ॥ ७० ॥

गिरिधारी ने सब युवतियों को विदा कर दिया और सभी घोष-कुमारियाँ अपने-अपने घर चली गईं। हरि ने चीर-हरण लीला की और व्रज-तरुणियों को उनके व्रत का फल दे दिया ॥ ७१ ॥

चीर-हरण की यह लीला सुनने में अच्छी लगती है। इसे दूसरों को सुनाकर सिखाना चाहिए और स्वयं भी गाना चाहिए। श्याम अपने भक्तों को सुख देने वाले हैं और जो अपने व्रत पर दृढ़ रहता है, उसे प्रकट होकर दर्शन भी देते हैं ॥ ७२ ॥

६. गोवर्द्धन-पूजा

२१५८/ग्र ५७५१ राग बिलावल

अपने-अपने टोल, कहत व्रजवासियाँ।
भोग-भुगति लै चलौ, इंद्र के आसियाँ ॥ ध्रुव ॥
सरद कुहू निसि जानि, दीपमालिका जु आई।
गोपन मन आनंद, फिरत उनमद अधिकाई ॥
घर-घर थापे दीजिए, घर-घर मंगलचार।
सात बरस कौ साँवरौ, खेलत नंद-दुवार ॥ १ ॥
बैठि नंद उपनंद, बोलि वृषभानु पठाए।
सुरपति पूजा होति, जानि तहँ गोविंद आए ॥
बार-बार हा-हा करैं, कहौ बबा मोहिं बात।
घर-घर उच्छव होत है, कौन देव की जात ॥ २ ॥
स्याम तुम्हारी कुसल जानि, इक मंत्र उपइहौं।
षट रस भोजन साजि, भोग सुरपति कौं दइहौं ॥

नंद कह्यौ चुचुकारि कै, जाउ दमोदर सोइ।
बरस दिवस कौ द्यौस है, महामहोच्छव होइ ॥ ३ ॥
हरि बोले सब गोप, मतौ, बहुर्‌यौ फिरि कीन्हौ।
आदि पुरुष निज जानि, रैनि सुपनौ मोहिँ दीन्हौ ॥
सब देवन कौ देवता, गिरि गोबरधन राज।
ताहि भोग किन दीजिए, सुरपति कौ कह काज ॥ ४ ॥
बाढ़ै गोधन वृंद, दूध-दधि कौ कह लेखौ।
इह परचो विदमान, नैन अपनै किन देखौ ॥
तुम देखत बलि खायगो, मुँह माँग्यौ फल देइ।
गोप कुसल जो चाहिए, गिरि गोबरधन सेइ ॥ ५ ॥
गोपन कियो बिचार, सबै मिलि सकटा साजे।
बहु बिधि करि पकवान, चले तहँ बाजत बाजे ॥
एक बनहि बन को चले, एक जमुन के तीर।
एक न पैंड़ा पावहीं, उमड़े फिरत अहीर ॥ ६ ॥
इक पैंड़े, इक उबटि, एक बनहीं बन छाँहीं।
इक गावैं गुन कान्ह, उमगि उमगे न समाहीं ॥
गोपन कौ सागर भयौ, गिरि भौ मंदरचार।
रतन भईं सब गोपिका, कान्ह बिलोवनहार ॥ ७ ॥
व्रज चौरासी कोस, परे गोपन के डेरा।
लंबे चौवन कोस, आज व्रजवास बसेरा ॥
सबहिन कौ मनि साँवरौ, दीसै सबन मँझार।
कौतुक भूले देवता, आए लोक बिसार ॥ ८ ॥
लीने विप्र बुलाइ, जग्य आरंभन कीनों।
सुरपति पूजा मेंटि, राज गोबरधन दीनों ॥
देव दिवारी सामही, सब मिलि पूजन जाय।
तात प्रतीति न मानहीं, तुम देखत बलि खाय ॥ ९ ॥
प्रथम दूध दधि आदि, बहुरि गंगाजल ढार्‌यौ।
बड़ौ देवता जानि, कान्हकौ मतौ बिचार्‌यौ ॥
जैसेई गिरिराज हैं, तैसेइ उनकौ कोट।
मगन भए पूजा करैं, नर नारी बड़ छोट ॥ १० ॥
जहाँ तहाँ दधि धरी, कहौं कह उज्ज्वलताई।
उदधि शिखर ह्वै रही, भात में देह छिपाई ॥
चहूँ ओर चक्रा धरे, चंदहि पटतर गोय।
ठौर-ठौर बेदी रची, बहु बिधि पूजा होय ॥ ११ ॥

जैसी कंचनपुरी, दिव्य रतनन तैं छाई।
बलि दीनी इहिं भाँति, छाँह फिरि पूरब आई॥
बदरौला वृषभानु की, दही बिलोवन-हारि।
ताकी बलि इत देवता, लीनी भुजा पसारि॥१२॥
सहस भुजा उर धरे, करै भोजन अधिकाई।
नख-सिख लौं अनुहार, दूसरौ मनौ कन्हाई॥
ललिता राधा सौं कहै, तेरे हृदै समाय।
गहे अँगुरिया नंद की, सो ढोटा पूजा खाय॥१३॥
पीत दुमाला बन्यौ, कंठ मोतिन की माला।
भूषन बसन अनूप झलमलै, नैन बिसाला॥
स्याम कि सोभा गिरि भयौ, गिरि की सोभा स्याम।
जैसो परबत भात को, ढिग भइया बलराम॥१४॥
सब सामग्री अरपि, गोप गोपिन कर जोरे।
अगनित कीन्हें स्वाद, कहा बरनौं मति थोरे॥
इहि बिधि पूजा पूजिकै, कह्यौ कान्ह सौं जाय।
स्याम कह्यौ हो 'सूर' सौं, लीला सरस बनाय॥१५॥

अपने अपने टोले में सभी व्रजवासी कहने लगे—पूजा करने के लिए भोग की सारी खाद्य सामग्री लेकर इंद्र के आश्रय में चलो।

शरद की अमावस्या थी। दीपमालिका का त्यौहार आ गया था। गोपों के मन में आनंद था। वे अत्यधिक उत्साह से मतवाले होकर घूम फिर रहे थे। हर घर की दीवारों पर हाथों से छापे मार दिए गए। घर-घर में मंगलचार होने लगा। उस समय नंद-लाल सात वर्ष के थे और नंद के द्वार पर खेल रहे थे॥१॥

नंद और उपनंद बैठे हुए थे। वृषभानु भी बुला लिए गए थे। वहाँ सुरपति की पूजा पर चर्चा चल रही थी। उसी समय यह बात जानकर गोविंद वहाँ आ गए। वे बार-बार बिनती करके पूछने लगे—बाबा हमें भी बताओ—क्या बात है? घर-घर में उत्सव हो रहे हैं। यह किस देव के लिए हैं॥२॥

नंद ने कहा—श्याम तुम्हारे कुशल-मंगल के लिए हमने एक मंत्र बिचारा है। षट रस भोजन सजाकर सुरपति इंद्र को भोग लगाया जाय। यह वर्ष-वर्ष का दिन है और महा-महोत्सव होगा। फिर उन्होंने चुचकार कर कहा—दामोदर, अब जाकर सो रहो॥३॥

हरि ने सब गोपों को बुलाया। फिर उनसे मंत्रणा की। आज रात में आदि-पुरुष ने मुझे अपना जानकर स्वप्न दिया है कि सब देवताओं का देवता तो गिरिराज गोवर्द्धन हैं। उसी गोवर्द्धन को क्यों न भोग लगाया जाय। सुरपति को भोग लगाने से क्या लाभ?॥४॥

गोवर्द्धन की पूजा करने से गायों की संख्या में वृद्धि होगी। दूध दही कितना बढ़ जायगा, इसका कौन हिसाब? गोवर्द्धन तो साफ आँख के सामने विद्यमान देवता है। उसे अपनी आँखों से देख लो, तुम्हारे देखते-देखते वह भोग की सारी सामग्री खा लेगा और

तुम्हें मुँहमाँगा फल देगा। यदि तुम लोग अपनी कुशल चाहते हो, तो गिरि गोवर्द्धन की सेवा-पूजा करो॥ ५॥

गोपों ने कृष्ण के स्वप्न पर विचार किया और इंद्र-पूजा छोड़कर गोवर्द्धन-पूजा का निश्चय कर लिया। सबने मिलकर अपनी-अपनी गाड़ियाँ सजा लीं। उन्होंने अनेक प्रकार के पकवान बनवा लिए और बाजा बजाते हुए गोवर्द्धन गिरि के लिए चल पड़े। कुछ लोग बन ही बन चल पड़े। कुछ लोग जमुना के किनारे-किनारे चले। इतने अहीर उमड़ चले कि अनेक लोगों को रास्ता ही नहीं मिल पा रहा था॥ ६॥

एक मार्ग धर कर चले, एक बिना मार्ग के ही ऊबड़-खाबड़ में चल पड़े। एक बन ही बन वृक्षों की छाया तले होते हुए चले। एक कन्हैया के गुण गाए जा रहे थे। वे इतनी संख्या में उमड़ पड़े थे कि समा नहीं रहे थे। गोपों का समुद्र सा उमड़ आया था, गोवर्द्धन गिरि उसमें मंदराचल-सा था। सारी गोपियाँ इस समुद्र-मंथन से निकलनेवाला रत्न थीं। कन्हैया ही इस समुद्र का मंथन करनेवाले थे॥ ७॥

व्रज के चौरासी कोस में गोपों के डेरे पड़ गए। आज चौवन कोस की लंबाई में व्रजवासियों का यहाँ वास हो गया। साँवले घनश्याम इन सबके मणि थे। वे सभी के बीच दीख पड़ रहे थे। इस तमाशा को देखने के लिए देव लोग अपने लोक को बिसरा कर आ गए और यह कौतुक देखते-देखते ही अपने को भूल गए॥ ८॥

गोपों ने अपने पुरोहित ब्राह्मणों को बुला लिया और यज्ञ का आरंभ कर दिया। उन्होंने सुरपति की पूजा समाप्त कर दी और गोवर्द्धन को सबसे बड़ा देवता बना दिया। कृष्ण ने कहा—आज दीवाली है, सब मिलकर गोवर्द्धन-देव की पूजा करो। तुम्हें विश्वास न आ रहा हो, पर तुम्हारे देखते हुए वह सारा भोग खा जायँगे॥ ९॥

पहले दूध दही चढ़ाया गया, फिर गंगा जल। कन्हैया के मत पर विचार कर सबने गोवर्द्धन को सबसे बड़ा देवता माना। जितने बड़े गिरिराज गोवर्द्धन हैं, उतना ही बड़ा अन्न का पहाड़ (अन्नकूट) बना दिया गया। मगन होकर सभी छोटे बड़े नर-नारी गोवर्द्धन की पूजा करने लगे॥ १०॥

जहाँ-तहाँ दही रखा हुआ था—उज्ज्वल उज्ज्वल। इसकी उज्ज्वलता का क्या वर्णन किया जाय। गोवर्द्धन का शिखर उज्ज्वल भात का समुद्र सा दीखने लगा और पहाड़ का शरीर उसमें छिप गया। चारो ओर चक्र रख दिए गए, जो उपमान चंद्रमा को छिपा लेने लगे। ठौर-ठौर पर यज्ञ की बेदी बना दी गई और अनेक प्रकार से बिधि-विधानपूर्वक पूजा होने लगी॥ ११॥

उस समय गोवर्धन ऐसा लग रहा था, जैसे दिव्य रत्नों से जड़ी हुई कोई स्वर्णपुरी हो। इस देवता को सब प्रकार के खाद्य पदार्थ भोग में चढ़ाए गए। यह क्रम चलते-चलते अपराह्न हो गया और अब छाया पूर्व दिशा में आ गई। बदरौला वृषभानु की दही मथने वाली एक वृद्धा ग्वालिन थी। वह इस पूजा में शामिल होने के लिए नहीं आ सकी थी। उसने बरसाना से ही गोवर्द्धन के नाम भोग लगा दिया था। उसकी भक्ति से प्रसन्न होकर गिरिराज ने हाथ बहुत बड़ा करके उसकी बलि स्वीकार कर ली॥ १२॥

गोवर्द्धन ने हजार भुजाएँ बनाकर सारा चढ़ाया हुआ भोजन खा लिया। वह नख से

लेकर शिखा तक एक दम कन्हैया के समान जान पड़ रहा था। ललिता ने राधा से कहा—क्या तेरे हृदय में यह बात समा रही है कि जो ढोटा अभी तक नंद की उँगली पकड़े हुए था, वही यह पूजा खाता जा रहा है॥ १३॥

वक्ष पर पीतांबर का दुहरा फंदा पड़ा हुआ है। गले में मोतियों की माला है, अनुपम आभूषण और वस्त्र झलमला रहे हैं। आँखें बड़ी-बड़ी हैं। गिरि ने श्याम की शोभा धारण कर ली है और श्याम ने गिरि की, और यह भात का जो पहाड़ है, वही मानो बगल में बैठे हुए भाई बलराम हैं॥ १४॥

सब खाद्य सामग्री गोवर्द्धन को अर्पित कर के गोपों और गोपियों ने हाथ जोड़कर प्रणाम किया। उन लोगों ने अगणित स्वाद की वस्तुएँ गिरिराज को चढ़ाई थीं। मैं सूर इनका अपनी थोड़ी बुद्धि से क्या वर्णन करूँ? इस प्रकार गोवर्द्धन की पूजा करके सबने कन्हैया जी से जा कहा। और श्याम ने सूर से कहा—यह सरस लीला तुम बना दो, छंदबद्ध कर दो॥ १५॥

७. गोवर्द्धन-लीला

सूर सागर पद १५०२-६९ राग बिलावल

नंदहिँ कहति जसोदा रानी। सुरपति लीला तुमहिँ भुलानी॥
यह नहिँ भली तुम्हारी बानी। मैं गृह काज रहौं लपटानी॥
लोभहिँ लोभ रहे हौ सानी। देव-काज की सुधि बिसरानी॥
महरि कहति पुनि-पुनि यह बानी। पूजा के दिन पहुँचे आनी॥
'सूरदास' जसुमति की बानी। नंदहि खीझि-खीझि पछितानी॥ १॥

नंद से यशोदा रानी कह रही हैं—तुमने इंद्रपूजा भुला दी है। यह तुम्हारी कोई अच्छी आदत नहीं है। मैं घर के कामकाज में लिपटी रहती थी। मैं लोभ में लिप्त थी और देव-काज भूल गई थी। महरि बार-बार यह कहने लगीं—पूजा के दिन निकट आ गए हैं। यशोदा नंद पर खीझती जा रही हैं और अपने ऊपर भी पछताए जा रही हैं कि मैंने इंद्र-पूजा कैसे भुला दी॥ १॥

१५०३ राग बिलावल

नंद कह्यौ सुधि भली दिवाई। मैं तो राज-काज मन लाई॥
नित प्रति करत यहै अधमाई। कुल-देवता-सुरति बिसराई॥
कंस दई यह लोक बड़ाई। गाँउ दसक सरदार कहाई॥
जलधि-बूँद ज्यौं जलधि समाई। माया जहँ की तहाँ बिलाई॥
'सूरदास' यह कह नँदराई। चरन तुम्हारे सदा सहाई॥ २॥

नंद ने कहा—तुमने अच्छी सुधि दिलाई। मैंने तो राज-काज में मन लगा रखा था। नित्यप्रति यही अधम कार्य करना पड़ता है। मैं तो कुल-देवता की सुधि ही भूल गया था। कंस ने मुझे यह लोक-प्रतिष्ठा दी है, और दस गाँवों का सरदार कहा जाता हूँ। जैसे समुद्र की बूँद समुद्र ही में समा जाती है, वैसे ही माया (वैभव) जहाँ का तहाँ बिला जाती है। नंदराय ने अंत में कहा—हे सुरपति, तुम्हारे ही चरण सदा हमारी सहायता करते रहते हैं॥ २॥

१५०४ राग बिलावल

कहति महरि तब ऐसी बानी। इंद्रहिं की दीन्ही रजधानी॥
कंस करत तुम्हारी अति कानी। यह प्रभु की है आसिष बानी॥
गोपनि बहुत बड़ाई मानी। जहाँ-तहाँ यह चलति कहानी॥
तुम घर मथियै सहस मथानी। ग्वारिनि रहति सदा बितत्तानी॥
तृन उपजत उनही कैं पानी। ऐसे प्रभु की सुरति भुलानी॥
'सूर' नंद मन मैं तब आनी। सत्य कहतिँ तुम देव-कहानी॥ ३॥

तब महरि यशोदा बोलीं—इंद्र का ही दिया हुआ यह सब राजसी वैभव है। कंस तुम्हारी अत्यंत प्रतिष्ठा करता है। यह सब इंद्र का ही आशीर्वाद है। गोप लोग भी तुम्हारा बहुत आदर करते हैं। जहाँ-तहाँ तुम्हारे मान-मर्यादा की यह चर्चा चलती ही रहती है। तुम्हारे घर में एक हजार कमोरियों में दही मथा जाता है और अहीरिनें इसी में विकल बनी रहती हैं। यह सब घास-फूस—हमारी गायों का चारा—उन्हीं इंद्र के कृपा से बरसाए पानी से उत्पन्न होता है। हमने ऐसे दयालु सुरपति की याद भुला दी।

तब नंद ने ये सब जान लिया और यशोदा से बोले—तुम सब इंद्रदेव की यह कहानी सच ही कह रही हो॥ ३॥

१५०५ राग बिलावल

महर दयौ इक ग्वाल चलाइ। पठयौ कहि उपनंद बुलाइ॥
अरु आनौ वृषभानु लिवाइ। तुरत जाहु तुम करहु चँड़ाइ॥
यह सुनि तुरत गयौ तहँ धाइ। नंद महर की कही सुनाइ॥
नेंकु करहु अब जनि बिलमाइ। मोहिं कह्यौ सब देहु पठाइ॥
यह सुनि कै सब चले अतुराइ। मन-मन सोच करत पछिताइ॥
कंस काज जिय माँझ डराइ। राज-अंस-धन दियौ चलाइ॥
'सूर' नंद-गृह पहुँचे आइ। आदर करि बैठे नँदराइ॥ ४॥

नंद महर ने एक अहीर को बुलाया और उससे कहा—जाओ उपनंद को बुला लाओ और वृषभानु को भी लिवाते आओ। तुरंत जाओ, शीघ्रता करो। यह सुनकर वह ग्वाल तुरत दौड़ा गया और नंदमहर का आदेश कह सुनाया। अब जरा भी विलंब मत करो। मुझसे नंद ने कहा है जाकर सबको तुरंत भेज दो।

यह सुनकर सब हड़बड़ाकर चल पड़े। वे मन ही मन चिंता करते जा रहे थे और पछताए जा रहे थे। वे समझ रहे थे कि कंस ने कोई आदेश भेजा होगा। इसीसे वे डरे जा रहे थे। वे कह रहे थे कि राज अंश तो हमने पहले ही भेज दिया है। अब क्या बात है।

यही सोचते-सोचते वे नंद के घर पहुँच गए। नंद ने भी उठकर उन्हें बड़े आदर से बैठाया और फिर स्वयं भी बैठ गए॥ ४॥

१५०६ राग बिलावल

गोप सबै उपनंद बुलाए। कौन काज हमकौं हँकराए॥
सुनतहिं हम सब आतुर आए। सब मिलि कह्यौ बहुत डरपाए॥

कालिहिं राज-अंस दै आए। ग्वाल कहत तुरतहिँ उठि धाए॥
महर कह्यौ हम तुम डरवाए। हँसि-हँसि कहत अनंद बढ़ाए॥
हम तुमकौं सुख-काज मँगाए। बार-बार यह कहि दुख पाए॥
'सूर' इंद्र-पूजा बिसराए। यह सुनतहि सिर सबनि नवाए॥ ५॥

सभी उपनंदों ने कहा—आपका गोप जाकर हम सभी उपनंदों को बुला लाया है। हमें किस काम से बुलवा मँगाया गया है। हम सब सुनते ही हड़बड़ाए चले आ रहे हैं। सभी उपनंदों ने कहा—हम तो बहुत डर गए हैं। अभी कल ही तो धन का राज-अंश देकर हम आए हैं। ग्वाल के कहते ही हम अविलंब चले आए हैं।

नंद महर ने कहा—हमने तुमको डरवा दिया है? वे हँस-हँसकर आनंद बढ़ाते हुए बोले। हमने तुम सबको डरवाने के लिए नहीं बुलाया है। हमने तो तुम्हें सुख देने के लिए बुलाया है। हमें बड़ा दुख है कि तुम लोग अकारण डर गए हो। हम लोगों ने इंद्र-पूजा भुला दी है। समय आ गया है। अब इस इंद्र की पूजा कर लें। यह सुनते ही सबने स्वीकार सूचक सिर हिला दिए॥ ५॥

१५०७ राग बिलावल

पूजा सुनत बहुत सुख कीन्हौ। भली करी हमकौं सुधि दीन्हौ॥
सुनि बानी सबहिनि सुख लीन्हौ। बड़ौ देव सब दिन कौ चीन्हौ॥
इनही तें व्रज बास बसीनौ। हम सब अहिर जाति मति-हीनौ॥
पूजा की बिधि करत सबै मिलि। जैसिहि भाँति सदा आई चलि॥
बिदा माँगि नँद सौं गृह आए। घरनि-घरनि यह बात चलाए॥
'सूरदास' गोपनि की बानी। व्रज नर-नारि सबनि यह जानी॥ ६॥

उपनंदों ने इंद्र-पूजा की बात सुनकर बहुत सुख माना और कहा—आपने अच्छा किया जो हमको सुधि दिला दी। इस बात को सुनकर हम सबको भारी सुख हुआ है। इंद्र तो बड़े देवता हैं, जिनको हम सब दिन से जानते हैं। इन्हीं की कृपा से हम सब व्रज में बसे हुए हैं। हम सब तो मतिहीन जाति के हैं, अहीर हैं। हम सब मिलकर पूजा की वही बिधि किए लेते हैं, जैसी वह सदा से चलती आई है। वे सभी लोग नंद से बिदा लेकर अपने-अपने घर चले गए और घर-घर में इंद्रपूजा की यह चर्चा चल पड़ी। एक मुँह से दूसरे मुँह व्रज के सभी नर-नारी इंद्रपूजा की यह बात जान गए॥ ६॥

१५०८ राग बिलावल

नंद-घरनि व्रज-बधू बुलाईं। यह सुनि कै तुरतहिं सब आईं॥
"कौन काज हम महरि हँकारी"। "तुम नहिं जानति जोबन भारी"॥
बिहँसि कहति "तुम देति हो गारी"। "सुरपति पूजा करौ सँवारी"॥
"देखौ हम सब सुरति बिसारी"। "औरौ हमहिं बूझियै गारी"॥
यह कहि हरषित भइ नँद-नारी। सखियनि बात कही तब प्यारी॥
'सूर' इंद्र पूजा अनुसारी। तुरत करौ सब भोग सँवारी॥ ७॥

नंद की घरनी यशोदा ने सब व्रज-वधुओं को बुलवाया। उनका बुलावा पाकर सब तुरत आ गईं और पूछा—महरि ने हमें किस काम के लिए बुलवाया है। यशोदा ने कहा—अरी भारी जोबन वालियो, क्या तुम नहीं जानतीं? तब गोपियाँ बोलीं—तुम हमें गाली क्यों दिए जा रही हो? तब यशोदा ने कहा—व्रज के घर-घर में यह चर्चा है और तुम्हें नहीं मालूम। जाओ इंद्र-पूजा की तैयारी करो। तब गोपियाँ बोल उठीं—'अरे, हम सब तो भूल ही गई थीं।' यशोदा बोलीं—अभी और पूछोगी कि हम तुम्हें क्यों गाली दे रही थीं? ऐसा कहकर नंदरानी हर्षित हो गईं। तब सखियों ने कहा—यह तो बड़ी प्यारी बात है। तब यशोदा ने कहा—जाओ और इंद्र की पूजा के लिए सभी प्रकार के उपयुक्त भोजन-पदार्थ तैयार कर डालो॥ ७॥

१५०९ राग बिलावल

घरनि चलीं सब कहि जसुमति सौं। देव मनावहिं बचन बिनति सौं॥
तुम बिन और नहीं हम जानैं। मन-मन अस्तुति करत बंखानैं॥
जहाँ-तहाँ व्रज मंगल गानैं। बाजत ढोल मृदंग निसानै॥
बहु-बहु भाँति करतिँ पकवानैं। नेवज करि धरि साँझ बिहानैं॥
छुवत नहीं देव काज सकानै। देव-भोग कौं रहत डरानै॥
'सूरदास' हम सुरपति जानैं। और कौन ऐसौ, जिहिं मानैं॥ ८॥

सभी गोपियाँ यशोदा से कहकर अपने-अपने घरों को चल पड़ीं। वे इंद्रदेव को बचन से और विनती से मनाती भी जा रही थीं। वे मन ही मन स्तुति और प्रशंसा करती जा रही थीं—हे सुरपति, हम तुम्हें छोड़ किसी और देवी-देवता को नहीं जानते। व्रज में जहाँ-तहाँ मंगल गीत गाए जाने लगे और ढोल, मृदंग, दुंदुभी बजने लगे। व्रज-वधूटियाँ भाँति-भाँति के पकवान बनाने लगीं। और सुबह शाम तरह-तरह के नैवेद्य बनाने लगीं। डर के मारे उस पकवान को कोई छूता नहीं था। वे उस देव-भोग को छूने से डर रहे थे और कहे जा रहे थे—हम केवल सुरपति को जानते हैं। और दूसरा है ही कौन, जिसे हम मानें?॥ ८॥

१५१० राग बिलावल

नंद महर घर होति बधाई। करत सबै बिधि देव पुजाई॥
नेवज करति जसोदा आतुर। आठौ सिद्धि घरहिँ अति चातुर॥
मैदा उज्ज्वल करिकै छान्यौ। बेसन दारि-चनक करि बान्यौ॥
घृत मिष्टान्न सबै परिपूरन। मिश्री करत पाग कौं चूरन॥
कदुवा करत मिठाई घृत पक। रोहिनि करति अन्न भोजन तक॥
संग और व्रज नारी लागीं। भोजन करति हैं बड़ी सभागी॥
महरि करति ऊपर तरकारी। जोरत सब मिलि न्यारी-न्यारी॥
'सूरदास' जो माँगत जबहीं। भीतर तैं लै देति हैं तबहीं॥ ९॥

नंद महर के घर बधाई के बाजे बज रहे थे। वे सब कहे जा रहे थे—देवता की बिधिवत पूजा होनी चाहिए। यशोदा जल्दी-जल्दी नैवेद्य तैयार किए जा रही थीं। अत्यंत चतुर आठो सिद्धियाँ तैयार पकवानों को उठा-उठाकर घर में रखे जा रही थीं। उन्होंने एक

दम सफेद मैदा चलनी में चाल कर रख दिया। चने की दाल का बेसन बन गया था। घी और मीठा सभी पूर्णरूप से प्रस्तुत था। चीनी के पाग को चूर-चूरकर मिश्री बनाए ले रहे थे। कद्दू का पाग बनाया जा रहा था। रोहिणी अन्न के ज्योनार बनाए जा रही थीं। इनकी सहायता में और भी अनेक व्रजनारियाँ लगी हुई थीं। वे सौभाग्यवतियाँ भोजन बनाए जा रही थीं। महरि यशोदा ऊपर सब्जी बनाए जा रही थीं। सब अलग-अलग सीझे अन्न को जोड़े जा रहे थे। जो जो कुछ भी माँगता था, यशोदा भीतर से लाकर उसे तुरंत दे देती थीं—अविलंब॥ ९॥

१५११ राग बिलावल

महरि सबै नेवज लैं सैंतति । स्याम छुवै कहुँ ताकौं डरपति ॥
कान्हहिं कहति, इहाँ जनि आवै । लरिकनि कौं यह देव डरावै ॥
स्याम रहे आँगनहिं डराई । मन-मन हँसत मातु-सुखदाई ॥
मैया री मोहिं देव दिखैहे । इतनौ भोजन सब वह खैहे ॥
यह सुनि खीझति है नँदरानी । बार-बार सुत सौं बिरुझानी ॥
ऐसी बात न कहौ कन्हाई । तू कत करत स्याम लँगराई ॥
कर जोरति अपराध छमावति । बालक कौ यह दोष मिटावति ॥
'सूरदास' प्रभु कौं नहिं जाने । हँसत चले, मन मैं न रिसाने ॥ १०॥

महरि यशोदा सभी नैवेद्य समेट कर रखती जा रही थीं। श्याम इन्हें छूने न पावें। इसलिए वे उन्हें रोकती जा रही थीं। वे कन्हैया से कह रही थीं—कन्हैया यहाँ मत आना, इंद्रदेव लड़कों को डरवा देते हैं। श्याम डरकर आँगन ही में खड़े रह गए। श्याम को सुख देने वाली यशोदा मैया मन ही मन हँसने लगीं। श्याम बोले—मैया, वह देवता इतना सब भोजन खा जायगा? मुझे उसको दिखा देना। श्याम की यह बात सुनकर नंदरानी रिस कर उठीं और बार-बार श्याम से उलझ गईं। 'कन्हैया, ऐसी बात नहीं कहनी चाहिए। तू इतनी शरारत क्यों करता रहता है।' वे यह कहकर इंद्र को हाथ जोड़कर श्याम का अपराध क्षमा कराने लगीं और बालक का यह दोष मिटाने लगीं। यशोदा ने प्रभु को नहीं पहचाना। श्याम ने मन में जरा भी बुरा नहीं माना। वे हँसते हुए बाहर चले गए॥ १०॥

१५१२ राग बिलावल

जुवती कहतिँ कान्ह रिस पायौ । जान देहु सुर-काज बतायौ ॥
बालक आइ छुवै कहुँ भोजन । उनकी पूजा जानै को जन ॥
यह कहि-कहि देवता मनावति । भोग समग्री धरति उठावति ॥
''उनकी कृपा गऊ गन घेरे । उनकी कृपा धाम-धन मेरे ॥
उनकी कृपा पुत्र-फल पायौ । देखहु स्यामहिं खीझि पठायौ'' ॥
'सूरदास' प्रभु अन्तरजामी । ब्रह्मा कीट आदि के स्वामी ॥ ११॥

श्याम को घर से बाहर जाता देख युवतियों ने कहा—लगता है कन्हैया रूठकर बाहर चले गए हैं। यशोदा ने कहा—उसे चले जाने दो। यह देवता की पूजा का काम है। वह बालक है, जाकर भोजन छू लेगा तो? उनकी पूजा की पवित्रता को कितने लोग जानते

हैं। यह कहकर यशोदा देवता को मनाने लगीं और भोग की समस्त सामग्री उठाकर कायदे से रखने लगीं। और बोलीं—इंद्र की ही कृपा से मेरे पास इतनी गायें हैं। उनकी ही कृपा से मेरे पास खूब धाम धन हैं। उन्हीं की कृपा से मैंने पुत्र पाया है। इसी से तो मैंने श्याम को खींचकर यहाँ से दूर हटा दिया है।

प्रभु तो अंतर्यामी हैं। वे कीट से लेकर ब्रह्मा तक के स्वामी हैं॥ ११॥

१५१३ राग बिलावल

नंद निकट तब गए कन्हाई। सुनत बात तहँ इंद्र-पुजाई॥
महर नंद उपनंद तहाँ सब। बोलि लिए वृषभानु महर तब॥
दीपमालिका रचि-रचि साजत। पुहुप-माल-मंडली बिराजत॥
बरस सात के कुँवर कन्हाई। खेलत मन आनंद बढ़ाई॥
घर-घर देति जुवति-जन हाथा। पूजा देखि हँसत व्रजनाथा॥
मो आगैं सुरपति की पूजा। मोतै और देव को दूजा॥
सत-सत इंद्र रोम प्रति लोमनि। सत लोमनि मैरैं इक रोमनि॥
'सूर-स्याम' ये मन सौं बातैं। लीन्हौ भोग बहुत दिन जातैं॥ १२॥

इसके उपरांत कन्हैया नंद के पास गए। वहाँ उन्होंने इंद्र-पूजा की चर्चा होते सुनीं। वहाँ नंद थे, सभी उपनंद थे। वृषभानु महर भी बुला लिए गए थे। वे दीपावली की तैयारी पूरी सज-धज के साथ किए जा रहे थे। दीपों के बीच-बीच में वे फूलों का हार गोलाई में रखते जा रहे थे, जो बड़े अच्छे लग रहे थे। उस समय कन्हैया सात वर्ष के थे और आनंद में मग्न होकर वे खेलते जा रहे थे। घर घर में युवतियाँ दरवाजों पर चावल और हर्दी के मिश्रण से बने घोल में अपनी हथेलियाँ डुबोकर छापा मारे जा रही थीं। पूजा देखकर व्रजनाथ हँसे जा रहे थे।—मेरे आगे इंद्र की पूजा? मुझसे बढ़कर दूसरा देवता कौन है? मेरे एक एक रोम में सैकड़ों इंद्र हैं। मेरे एक-एक रोम में सौ-सौ रोम हैं। श्याम मन ही मन ये बातें कहते जा रहे थे—इंद्र ने बहुत दिन तक पूजा का यह भोग ले लिया है॥ १२॥

१५१४ राग बिलावल

सूरपति-पूजा जानि कन्हाई। बार-बार बूझत नँदराई॥
कौन देव को करत पुजाई। सो मोसौं तुम कहौं बुझाई॥
महर कह्यौ तब कान्ह सुनाई। सुरपति सब देवनि के राई॥
तुम्हरैं हित मैं करत पुजाई। जातैं तुम रहौ कुशल कन्हाई॥
'सूर' नंद कहि भेद बताई। भीर बहुत घर जाहु, सिखाई॥ १३॥

कन्हैया जानते थे कि यह सब आयोजन सुरपति पूजा का हो रहा है। फिर भी वे नंद से बार-बार पूछे जा रहे थे। बाबा, यह किस देव की पूजा होने जा रही है। मुझसे तुम समझाकर कहो। तब नंद महर ने कहा—इंद्र सब देवताओं का राजा है। मैं तुम्हारे कल्याण के लिए उनकी पूजा कर रहा हूँ, जिससे तुम कुशलपूर्वक रह सको। नंद ने पूजा की सब बातें बता दीं और कहा—यहाँ बहुत भीड़ हो गई है। अब घर में चले आओ॥ १३॥

जाहु घरहिँ बलिहारी तेरी । सेज जाइ सोवहु तुम मेरी ॥
मैं आवत हौं तुम्हरे पाछे । भवन जाहु तुम, मेरे बाछे ॥
गोपनि लीन्हें कान्ह बुलाई । मंत्र कहौं इक मनहिं समाई ॥
आजु एक सपनैं कोउ आयो । संख चक्र भुज चारि दिखायौ ॥
मोसों वह कहि-कहि समुझायौ । यह पूजा किन तुमहिं सिखायौ ॥
'सूरस्याम' कहि प्रगट सुनायौ । गिरि गोबरधनं देव बतायौ ॥ १४॥

मैं तुम्हारी बलैया लेता हूँ। घर में चले जाओ और जाकर मेरी सेज पर सो जाओ। मैं भी तुम्हारे पीछे-पीछे आ ही जा रहा हूँ। मेरे बच्चे, तुम घर में चले जाओ।

गोपों ने कन्हैया को बुला लिया। कन्हैया ने उन गोपों से कहा—मेरे मन में एक मंत्र (विचार) आया है। मैं तुमसे कह रहा हूँ। आज स्वप्न में कोई मेरे पास आया। उसके चार भुजाएँ थीं। उनमें क्रमशः शंख, चक्र, गदा, पद्म सुशोभित थे। उसने मुझसे कह-कहकर समझाया। तुम्हें इंद्र की यह पूजा करना किसने सिखलाया है। उसने मुझसे बहुत साफ-साफ कह सुनाया कि गिरि गोवर्द्धन ही वास्तविक देवता हैं॥ १४॥

१५१६ राग बिलावल

यह सब कहन लगे दिविराई । इंद्रहिं पूजे कौन भलाई ॥
कोटि इंद्र हम छिन मैं मारैं । छिनही मैं पुनि कोटि सँवारै ॥
जाके पूजैं फल तुम पावहु । ता देवहिं तुम भोग लगावहु ॥
तुम आगैं यह भोजन खैहै । मुह मांगे फल तुमकौ दैहै ॥
ऐसो देव प्रगट गोबरधन । जाके पूजै बाढ़ै गोधन ॥
समुझि परी कैसी यह बानी । ग्वाल कही यह अकथ कहानी ॥
'सूंरस्याम' यह सपनौ पायौ । भोजन कौने देवहिं खायौ ॥ १५॥

उस देवताओं के राजा ने मुझसे कहा—इंद्र की पूजा करने से तुम्हारा कौन-सा भला होने वाला है? हम करोड़ों इंद्रों को एक क्षण में मार सकते हैं और एक ही क्षण में करोड़ों इंद्रों को बना सकते हैं। उस गोवर्द्धन देवता को पूजने से तुम्हें अच्छी फल-प्राप्ति होगी। तुम लोग उसी गोवर्द्धन देवता को भोग लगाओ। तुम्हारे आगे ही, तुम्हारे देखते हुए, वह भोजन करेगा और तुमको मुँहमाँगा फल देगा। गोवर्द्धन ऐसा प्रत्यक्ष प्रगट देवता हैं। इसकी पूजा से गोधन बढ़ेगा। कहो तुम्हें यह बात कैसी समझ में आई?

ग्वालों ने कहा—यह तो अकथनीय कहानी है। आज तक किस देवता ने लगा हुआ भोग खाया है? श्याम तुमने यह अच्छा सपना देखा है॥ १५॥

१५१७ राग बिलावल

मानहु कह्यौ सत्य यह बानी । जौ चाहौ व्रज की रजधानी ॥
जो तुम अगनै करनि जेंवावहु । तौ तुम मुँह माँग्यौ फल पावहु ॥
भोजन सब खैहैं मुँह माँगे । पूजत सुरपति तिनके आगे ॥

मेरी कही सत्य करि मानहु। गोबरधन की पूजा ठानहु॥
'सूरस्याम' कहि-कहि समुझायौ। नंद गोप सबकै मन आयौ॥ १६॥

श्याम बोले—यदि तुम व्रज की यह राजधानी धन धान्य से परिपूर्ण चाहते हो, तो मेरी यह बात सच मानो। जो तुम अपने हाथों से गोवर्द्धन देव को खिलाओगे, तो तुम उनसे मुँहमाँगा पाओगे। वह तुमसे माँग-माँग कर खाएँगे। सुरपति इंद्र उनके आगे क्या ठहर सकता है। मेरा कहना सत्य मानो। और गोवर्द्धन की पूजा करो। श्याम ने इस बात को कह-कहकर खूब समझाया। नंद तथा गोपी सभी के मन को यह बात बहुत अच्छी लगी॥ १६॥

१५१८ राग बिलावल

सुरपति पूजा मेटि धराई। गोवर्धन की करत पुजाई॥
पाँच दिननि लौं करी मिठाई। नंद महर घर की ठकुराई॥
जाकै घरनी महरि जसोदा। अष्ट सिद्धि नव निधि चहुँ कोदा॥
घृतपक बहुत भाँति पकवाना। व्यंजन बहु को करै बखाना॥
भोग अन्न बहु भार सजायौ। अपनै कुल सब अहिर बुलायौ॥
सहस सकट भर भरत मिठाई। गोबरधन की प्रथम पुजाई॥
'सूरस्याम' यह पूजा ठानी। गिरि गोबरधन की रजधानी॥ १७॥

उन सबने सुरपति इंद्र की पूजा समाप्त कर दी और गोवर्द्धन-पूजा की आयोजना में लग गए। नंद महर के घरमें पाँच दिन तक मिठाइयाँ ही मिठाइयाँ बनती रहीं। इसी से नंद के प्रभुत्व को जाना जा सकता है। उनकी घरनी स्वयं महरि यशोदा हैं और वहाँ आठो सिद्धियाँ और नवो निधियाँ चतुर्दिक फैली हुई हैं। घी में पकाकर बहुत से पकवान बनाए गए। वहाँ इतने ढंग के व्यंजन (खाद्य पदार्थ) बने, जिनका कोई वर्णन नहीं कर सकता। खाने वाले भोजन के बहुत से भार सजा लिए गए। नंद ने अपने कुल के सभी अहीरों को बुलवा लिया। एक हजार बैलगाड़ियों में मिठाई के टोकरे भर दिए गए, क्योंकि यह गोवर्द्धन की पहली-पहली पूजा थी। उन्होंने गिरिराज गोवर्द्धन को राजधानी बनाया। श्याम ने उनकी यह पूजा प्रारंभ करने का निश्चय किया॥ १७॥

१५१९ राग बिलावल

व्रज घर-घर सब भोजन साजत। सबकैं द्वार बधाई बाजत॥
सकट जोरि लै चले देव-बलि। गोकुल व्रजवासी सब हिलिमिलि॥
दधि लवनी मधु साजि मिठाई। कहँ लगि कहौं सबै बहुताई॥
घर-घर तैं पकवान चलाए। निकसि गाँउ के ग्वैंड़े आए॥
व्रजवासी तहँ जुरे अपारा। सिंधु समान, न वार, न पारा॥
पैंड़ो चलन नहीं कोउ पावत। सकट भरे सब भोजन आवत॥
सहस सकट चले नंद महर के। और सकट कितने घर-घर के॥
'सूरदास' प्रभु महिमा-सागर। गोकुल प्रगटे हैं हरि नागर॥ १८॥

व्रज में घर-घर लोग भोजन सजाने लगे। सबके दरवाजों पर बधाई के बाजे बजने लगे। देवता को भोग लगाने के लिए सभी गोकुलवासी, व्रजवासी, हिल-मिलकर बैलगाड़ियाँ ले लेकर चल पड़े। उन्होंने दही, लवनी (नवनीत, मक्खन), मधु और मिठाइयाँ सजा लीं। वे सब इतनी प्रभूत मात्रा में थीं कि मैं कहाँ तक बढ़ा-चढ़ा कर कहूँ। घर-घर से पकवानों से भरी गाड़ियाँ चल पड़ीं। वे सब निकल कर गाँव के सीमांत पर आ पहुँचे। वहाँ अपार और अगणित व्रजवासी आ इकट्ठा हुए। ऐसा जन-समुद्र लहरा उठा, जिसका ओर-छोर नहीं था। जिसका न यह किनारा दीखता था, न वह। लोगों को रास्ता चलना कठिन हो गया था। सभी छकड़ों में भोजन लादे लिए चले जा रहे थे। एक हजार शकट तो केवल नंद महर के थे। भिन्न-भिन्न घरों के और भी कितने ही शकट थे।

प्रभु महिमा के समुद्र हैं। नागर हरि गोकुल में आ प्रगट हुए हैं॥ १८॥

१५२० राग बिलावल

इक आवत घर तैं चले धाई। एक जात फिरि घर-समुहाई॥
इक टेरत, इक दौरे आवत। एक गिरत, इक लै जु उठावत॥
एक कहत आवहु रे भाई। बैल देत हैं सकट गिराई॥
कौन काहि कौं कहै, सँभारैं। जहाँ तहाँ सब लोग पुकारैं॥
कोउ गावत, कोउ निर्तत आवैं। स्याम सखनि सँग खेलत भावैं॥
'सूरदास' प्रभु सबके नायक। जो मन करैं सो करिबे लायक॥ १९॥

कुछ लोग घरसे दौड़े चले आ रहे हैं। कुछ लोग घर की ओर लौटे जा रहे हैं। कोई किसी को जोर-जोर से पुकारे जा रहा है। कोई दौड़ा आ रहा है, कोई गिरा जा रहा है। कोई उस गिरे हुए को उठा रहा है। एक कहता है भाई आ जाओ, देखो बैल गाड़ी को गिराए दे रहा है। कौन किससे कहे और कौन किसको सँभाले? लोग जहाँ-तहाँ चिल्लहट मचाए जा रहे हैं। कोई गाता हुआ चल रहा है, कोई नाचता हुआ आगे बढ़ रहा है। श्याम अपने सखाओं के साथ खेलते हुए चल रहे हैं और बहुत अच्छे लग रहे हैं। प्रभु सबके नेता हैं। वे मन में जो कुछ सोचते हैं, वह सब करने ही लायक होता है॥ १९॥

१५२१ राग बिलावल

सजि श्रृंगार चलीं व्रजनारी। जुवतिनि भीर भई अति भारी॥
जगमगात अंगनि-प्रति गहनौ। सबके भाव दरस-हरि लहनौ॥
इहिं मिस देखन कौं सब आईं। देखतिं इकटक रूप-कन्हाई॥
वै नहिं जानतिं देव-पुजाई। केवल स्यामहिं सौं लौ लाई॥
को मग जात, कहाँ को बोलत। नंद सुवन तैं चित नहिं डोलत॥
'सूर' भजै हरि जो जिहि भाऊ। मिलत ताहि, प्रभु तेहि सुभाऊ॥ २०॥

व्रज-नारियाँ सोलहो शृंगार करके चल पड़ीं। युवतियों की भारी भीड़ हो गई। उनके अंगों पर गहने चमचमाए जा रहे थे। सबका मनोभाव हरि का दर्शन करना था। वे इसी बहाने श्याम का दर्शन करने आई थीं और अपलक हरि का रूप-सौंदर्य देखे जा रही थीं।

वे गोवर्द्धन-पूजा को नहीं जान रही थीं। उनका ध्यान तो श्याम में ही था, उन्हें इस बात का पता नहीं था कि कौन राह में चल रहा है; कौन, कहाँ, क्या बोल रहा है। उनका मन तो नंद-सुवन में लगा हुआ था और वहाँ से हिल-डुल नहीं पा रहा था।

हरि को जो जिस भाव से भजता है, हरि उससे उसी भाव से आ मिलते हैं॥ २०॥

१५२२ राग बिलावल

गोप नंद उपनंद गए तहँ। गिरि-गोबरधन बड़े देव जहँ॥
सिखर देखि सब रीझे मन-मन। ग्वाल कहत आजुहिं अचरज बन॥
अति ऊँचौं गिरिराज बिराजत। कोटि मदन निरखत छवि लाजत॥
पहुँचे सकटनि भरि-भरि भोजन। कोउ आए, कोउ नहिं, कहुँ खोजन॥
तिनके काज अहीर पठाए। बिलम करौ जनि, तुरत धवाए॥
आवत मारग पाए तिनकौं। आतुर करि बोले नँद जिनकौं॥
तुरत लिवाइ तिनहिं तहँ आए। महर मनहिं अति हर्ष बढ़ाए॥
'सूरदास' प्रभु तहँ अधिकारी। बूझत हैं पूजा परकारी॥ २१॥

नंद, उपनंद, अन्य अन्य सभी गोप वहाँ गए, जहाँ बड़े देवता गिरिराज गोवर्द्धन थे। गोवर्द्धन की चोटी देखकर सबका मन मुग्ध हो गया। ग्वाल कहने लगे, आज तो गिरिराज का अत्यंत आश्चर्यजनक रूप बन गया है। गिरिराज अत्यंत ऊँचे थे। उनकी छवि देखकर तो करोड़ों कामदेव लज्जित हुए जा रहे थे। लोग गाड़ियों में भोजन भर-भर कर पहुँचने लगे। कुछ लोग आ गए थे। कुछ नहीं आ पाए थे, राह में ही थे। कुछ अहीर इन्हें खोजने के लिए भेज दिए गए। उनसे कहा गया—विलंब मत करो। और उन्हें खोजने के लिए दौड़ा दिया गया। जिनको नंद ने हड़बड़ाकर बुलवाया था, वे उन खोजने वालों को मार्ग में आते हुए मिले। वे उन्हें लिए दिए तुरंत नंद के पास आ गए। नंद महर ने उन्हें देखकर मन ही मन भारी प्रसन्नता पाई। यहाँ सबसे बड़े अधिकारी, पूजा के जानकार, कृष्ण ही थे, लोग उनसे पूछ रहे थे—पूजा किस प्रकार की जायगी॥ २१॥

१५२३ राग बिलावल

आइ जुरे सब व्रज के वासी। डेरा परे कोस चौरासी॥
एक फिरत, कहुँ ठौर न पावै। एते पर आनंद बढ़ावै॥
कोउ काहू सौं बैर न ताकै। बैठत मन जहँ भावत जाकैं॥
खेलत, हँसत, करत कौतूहल। जुरे लोग जहँ तहाँ अकूहल॥
नंद कह्यौ सब भोग मँगावहु। अपनैं कर सब लै लै आवहु॥
भोग बहुत वृषभानुहिं घर कौ। को कहि बरनै अतिहि बहर कौ॥
'सूरस्याम' जब आयसु दीन्हौ। विप्र बुलाइ नंद तब लीन्हो॥ २२॥

सब व्रजवासी आकर इकट्ठे हो गए। उनके शिविर चौरासी कोस तक पड़ गए। कोई घूम रहा था। उसे अपना तंबू तानने के लिए स्थान ही नहीं मिल पा रहा था। इतने पर भी वह आनंदित ही था। कोई किसी को बैर भाव से नहीं देख रहा था। जिसका जहाँ मन कर

रहा था, वह वहीं बैठ रहता था। लोग खेल रहे थे, हँस रहे थे, मनोरंजन में रत थे। वहाँ पर अत्यधिक संख्या में लोग आ जुटे थे। नंद ने कहा भोग लगाने की सारी सामग्री मँगाओ। सब लोग अपनी-अपनी भोग-सामग्री स्वयं अपने हाथों लाएँ। वृषभानु के घर का भोग बहुत था। उसका वर्णन कौन कर सकता है। वह गाड़ी पर बाहर तक लटका था। जब श्याम ने आज्ञा दी, तब नंद ने याज्ञिक ब्राह्मणों को बुला लिया॥ २२॥

१५२४ राग बिलावल

तुरत वहाँ सब विप्र बुलाए। जग्यारंभ तहाँ करवाए॥
सामवेद द्विज गान करत तहँ। देखत सुर बिथके अंबर महँ॥
सुरपति-पूजा तबहिँ मिटाई। गिरि गोवर्द्धन तिलक चढ़ाई॥
कान्ह कह्यौ गिरि दूध अन्हावहु। बड़े देवता इनहिँ मनावहु॥
गोवर्धन दूधहिँ अन्हवाए। देवराज कहि माथ नवाए॥
नयो देवता कान्ह पुजावत। नर-नारी सब देखन आवत॥
'सूरस्याम' गोवर्धन थाप्यौ। इंद्र देखि रिस करि तनु काँप्यौ॥ २३॥

तुरंत वहाँ सब याज्ञिक ब्राह्मण बुलाए गए और यज्ञारंभ करवाया गया। ब्राह्मण समवेद की ऋचाएँ गाने लगे। देखते ही देवगण आकाश में रुक गए। इंद्र की पूजा खतम कर दी गई और गोवर्द्धन गिरि को तिलक लगा दिया गया। कन्हैया ने कहा गिरिराज को दूध से नहलाओ। यह बड़े देवता हैं। इनकी स्तुति करो। गोपों ने गोवर्द्धन को दूध से नहला दिया और उन्हें देवताओं का राजा कहकर नत-मस्तक हुए। कन्हैया नए देवता की पूजा करा रहे हैं। सब नर-नारी यह पूजा देखने के लिए आगे बढ़ते आ रहे हैं। श्याम ने गोवर्द्धन को देव-राज रूप में स्थापित कर दिया, प्रतिष्ठित कर दिया। यह देखकर इंद्र का शरीर क्रोध से काँप उठा॥ २३॥

१५२५ राग बिलावल

देखि इंद्र मन गर्व बढ़ायौ। व्रज लोगनि मोकों बिसरायौ॥
अहिर जाति ओछी मति कीन्ही। अपनी जाति प्रगट करि दीन्ही॥
पूजत गिरिहिं, कहा मन आई। गिरि समेत व्रज देउँ बहाई॥
देखौं धौं कितनौ सुख पैहैं। मैरैं मारत काहि मनैहैं॥
परबत तब इनकौं क्यौं राखत। बारंबार यहै कहि भाखत॥
पूजत गिरि अति प्रेम बढ़ाए। सपनैं कौ सुख लेत मनाए॥
'सूरदास' सुरपति की बानी। व्रज बोरौं परलै के पानी॥ २४॥

गोवर्द्धन की पूजा होती देख इंद्र को रोष-युक्त गर्व हो उठा। वे मन में कह उठे—व्रज के लोगों ने मुझे भुला दिया। इस अहीर जाति ने बड़ी ओछी बुद्धि दिखलाई है, भारी मूर्खता की है। इसने अपनी जाति जाहिर कर दी। इनके मन में यह क्या आ गया, जो मन लगाकर यह गोवर्द्धन की पूजा किए जा रहे हैं। अब मैं इस पर्वत के सहित सारे व्रज को बहा दूँगा। मैं देखता हूँ, ये गोवर्द्धन की पूजा करके कितना सुख पा लेते हैं। जब मैं मारने लगूँगा, तब देखना है कि ये किसकी विनती करते हैं। देखता हूँ यह पहाड़ इनकी रक्षा कैसे

करता है। इंद्र बारंबार यही कहने लगा। इधर व्रजवासी लोग अत्यंत प्रेम सहित सोल्लास गिरिराज की पूजा किए जा रहे थे और श्याम ने जिस स्वप्न की बात कही थी, उसका सुख उठाए जा रहे थे। उधर सुरपति कहे जा रहा था—व्रज को प्रलय के पानी से डुबो दूँगा॥ २४॥

१५२६ *राग बिलावल*

स्याम कह्यौ तब, भोजन लावहु । गिरि आगैं सब आनि धरावहु ॥
सुनत नंद, तहँ ग्वाल बुलाए । भोग समग्री सबै मँगाए ॥
षट्रस की बहु भाँति मिठाई । अन्न भोग अतिहीं बहुताई ॥
व्यंजन बहुत भाँति पहुँचाए । दधि लवनी मधु-माठ धराए ॥
दही बरा बहुतै परुसाए । चंद्रहिं की पटतर ते पाए ॥
अन्नकूट जैसौ गोबर्धन । अरु पकवान धरे चहुँ कोदन ॥
परुसत भोजन प्रातहिं तैं सब । रबि माथे तैं ढरकि गयौ अब ॥
गोपनि कह्यौ स्याम ह्याँ आवहु । भोग धर्‌यौ सब गिरिहिं जेंवावहु ॥
'सूरस्याम' आपुनहीं भोगी । आपुहिं माया, आपुहिं जोगी ॥ २५ ॥

तब श्याम ने कहा—अब भोजन लाओ और गिरिराज के आगे उसे रख दो। यह सुनते ही नंद ने ग्वालों को बुलाया और भोग की सारी सामग्री मँगवा ली। छहो स्वादों वाली अनेक प्रकार की मिठाइयाँ और अन्न के बने हुए विविध प्रकार के व्यंजन प्रचुर परिमाण में भोग के लिए ला रखे गए। अनेक प्रकार के व्यंजन वहाँ ला पहुँचाए गए। दही, नवनीत, मधु के मटके वहाँ ला रखे गए। पर्याप्त मात्रा में दही-बड़ा परोस दिया गया। वह दही-बड़ा चंद्रमा के समान प्रतीत हो रहा था। जैसा गोवर्धन पहाड़ था, वैसा ही अन्नकूट था। उसके चारों ओर पकवान का ढेर लगा दिया गया। सबेरे से ही भोग की सामग्री परोसी जाने लगी थी, दोपहरी ढल जाने तक परोसने का यह क्रम चलता रहा। तब गोपों ने कहा—श्याम, यहाँ आओ, सब भोग लगा दिया गया है। कहो अब गिरिराज इसे खायें।

श्याम तो स्वयं उपभोक्ता हैं, वे ही माया हैं, वे ही योगी हैं॥ २५॥

१५२७ *राग बिलावल*

कान्ह कह्यौ नँद भोग लगावहु । गोप महर उपनंद बुलावहु ॥
नैन मूँदि कर जोरि मनावहु । प्रेम सहित देवहिँ सु चढ़ावहु ॥
मन मैं नैकु खुटक जनि राखहु । दीन बचन मुख तैं जनि भाखहु ॥
ऐसी बिधि गिरि परसन ह्वैहै । सहस भुजा धरि भोजन खैहै ॥
'सूरदास' प्रभु आपु पुजावत । यह महिमा कैसैं कोउ पावत ॥ २६ ॥

कन्हैया ने कहा—नंद बाबा, अब सभी गोप-सरदारों और उपनंदों को बुला लीजिए और गिरिराज को भोग लगाइए। आँखें मूँदकर, हाथ जोड़कर मनाइए और प्रेम सहित यह सारी खाद्य सामग्री गिरिराज को समर्पित कर दीजिए, चढ़ा दीजिए। मन में जरा भी खटका या संदेह न रखें। मुँह से कोई दीन-वाणी न निकालें। इस प्रकार गिरिराज प्रसन्न हो जायँगे और हजार भुजाएँ बनाकर, उठा-उठाकर भोजन करने लगेंगे।

इस प्रकार प्रभु स्वयं अपनी पूजा कराए जा रहे थे। उनकी इस महिमा का अंत कोई कैसे जान पा सकता है ॥ २६ ॥

१५२८ राग बिलावल

स्याम कही सोई सब मानी । पूजा की बिधि हम अब जानी ॥
नैन मूँदि कर जोरि बुलायौ । भाव-भक्ति सौं भोग लगायौ ॥
बड़े देव गिरिवर सबही के । भोजन करहु कृपा करि नीके ॥
सहस भुजा धरि दरसन दीन्हीं । जैजै धुनि नभ देवन्ह कीन्ही ॥
भोजन करत सबनि के आगे । सुर नर मुनि सब देखन लागे ॥
देखि चकित सब व्रज की बाला । देखत नन्द गोप सब ग्वाला ॥
'सूरस्याम' जन के सुखदाई । सहस भुजा धरि भोजन खाई ॥ २७ ॥

श्याम ने जो कहा, सबने उसे माना और कहा—गोवर्द्धन पूजा की बिधि तो हमने अब जानी है। उन्होंने आँखें मूँदकर हाथ जोड़कर गिरि का आवाहन किया और भाव तथा भक्ति के सहित भोग लगाया। और कहा—हे गिरिराज, तुम सबसे बड़े देवता हो। अब कृपा करके अच्छी तरह भोजन करो। गोवर्द्धन ने एक हजार भुजा धारण करके सबको दर्शन दिया। आकाश में देवता लोग जय-जयकार कर उठे। गोवर्द्धन सबके आगे भोजन करने लगा। सुर, नर, मुनि सभी उसे भोजन करते हुए देखने लगे। सभी व्रज-बालाएँ गोवर्द्धन को भोजन करते देख आश्चर्यचकित हो उठीं। नंद भी यह कौतुक देख रहे थे और सब गोप तथा ग्वाल बाल भी।

श्याम अपने भक्तों को सुख देने वाले हैं। उन्हीं ने एक हजार भुजा धारण करके सब भोजन खा लिया ॥ २७ ॥

१५२९ राग बिलावल

जेंवत देव, नंद सुख पायौ । कान्ह देवता प्रगट दिखायौ ॥
व्रजवासी गिरि जेंवत देख्यो । जीवन जन्म सफल करि लेख्यो ॥
ललिता कहत राधिका आगे । जेंवत कान्ह नंद कर लागे ॥
मैं जानी हरि की चतुराई । सुरपति मेटि, आपु बलि खाई ॥
उत जेंवत, इत बातन पागे । कहत स्याम, गिरि जेंवन लागे ॥
मैं जो बात कही, सो आई । सहस भुजा धरि भोजन खाई ॥
और देव इनकी सरि नाहीं । इत बोधत, उत भोजन खाहीं ॥
'सूरदास' प्रभु की यह लीला । सदा करत व्रज में यह क्रीला ॥ २८ ॥

गोवर्द्धन देव भोजन कर रहे थे। यह देखकर नंद ने बहुत सुख पाया और कहने लगे—कन्हैया ने हमें यह प्रगट देवता दिखा दिया। व्रजवासियों ने भी गिरिराज को भोजन करते देखा और अपने जीवन और जन्म को सफल माना।

ललिता सखी राधिका से कहने लगी—देख, कन्हैया नंद बाबा का हाथ पकड़े हुए खाते जा रहे हैं। मैंने हरि की चतुराई जान ली हैं, वे सुरपति की पूजा समाप्त कराके स्वयं

बलि की सामग्री खाए जा रहे हैं। उधर वे भोजन किए जा रहे हैं, इधर बातें करने में भी लगे हुए हैं।

श्याम कहे जा रहे हैं—देखिए, गिरिराज भोजन करते जा रहे हैं। मैंने जो बात कही थी, वह ठीक निकली न। यह हजार भुज होकर भोजन करते जा रहे हैं, और कोई देवता इनकी बराबरी का नहीं है।

कन्हैया इधर लोगों को समझाते जा रहे हैं, उधर भोजन भी करते जा रहे हैं। यह प्रभु की लीला है। प्रभु व्रज में यह क्रीड़ा सदा करते रहते हैं॥ २८॥

१५३० राग बिलावल

यह छबि देखि राधिका भूली। बात कहति सखियनि सौं फूली॥
आपुहि देवा, आपु पुजेरी। आपुहि जेंवत भोजन ढेरी॥
इक वृषभानु-बिलोवन-हारी। नाम ताहि बदरौला नारी॥
ताकी बलि लई भुजा पसारी। अति आतुर है जेंवत भारी॥
उत गिरि संग खात बलिहारी। बदरौला की बलि रुचिकारी॥
'सूरदास' प्रभु जेंवन-हारी। गिरि बपुरै सौ को अधिकारी॥ २९॥

यह छवि देखकर राधिका मोहित हो गईं। वह प्रफुल्लित होकर सखियों से कह उठीं—श्याम आपही देवता हैं, आपही पुजारी हैं और आपही भोजन की राशि खाए भी जा रहे हैं।

वृषभानु महर की एक दही मथने वाली बुढ़िया थी। उसका नाम बदरौला था। वह आ न सकी थी। उसने वहीं से गिरिराज को भोग लगा दिया था। गिरिराज ने बाँह लंबी फैलाकर वहीं से उसकी बलि स्वीकार कर ली। और अत्यंत आतुर होकर उसे खाने लगे। गिरिराज के साथ-साथ श्याम भी बदरौला की रुचिकारी स्वादपूर्ण बलि बलिहार होकर खाए जा रहे थे।

सच तो यह है कि स्वयं प्रभु यह जेवन किए जा रहे थे। बेचारा गोवर्द्धन तो नाम मात्र का अधिकारी था। वह भला कौन-सा अधिकारी था, वह तो बस बेचारा था॥ २९॥

१५३१ राग बिलावल

इतहिं स्याम गोपनि सँग ठाढ़े। भोजन करत अधिक रुचि बाढ़े॥
गिरि तन सोभा स्याम बिराजै। स्यामहिं छबि गिरिवर की छाजैं॥
गिरिवर उर पीतांबर डारे। मोतिन की माला उर भारे॥
अँग भूषन, श्रवननि मनि-कुंडल। मोर मुकुट सिर अलक सु झुंडल॥
छबि निरखत सब घोष-कुमारी। गोवर्धन-छबि स्याम ऽनुहारी॥
'सूरस्याम' लीला-रस नायक। जनम-जनम भक्तनि सुखदायक॥ ३०॥

इधर श्याम गोपों के साथ खड़े थे, उधर अत्यंत रुचिपूर्वक भोजन भी किए जा रहे थे। गोवर्द्धन में श्याम की सारी शोभा आ समाई थी और श्याम में गिरिराज की शोभा आ विराजी थी।

गिरिराज के वक्ष पर पीतांबर की ओढ़नी पड़ी हुई थी। उसके गले में मोतियों की भारी माला थी। वह अंग-अंग में गहने पहने हुए था। उसके कानों में मणि कुंडल थे। उसके सिर पर मोर-पंख का मुकुट था और घुँघराली अलकों का झुंड था। गिरिराज की यह छवि घोष-कुमारियाँ देखे जा रही थीं। गोवर्द्धन की छवि एक दम श्याम की छवि जैसी थी।

श्याम लीला-रस के नायक हैं। वे अपने भक्तों को जन्म-जन्मांतर में सुख देने-वाले हैं॥ ३०॥

१५३२ राग बिलावल

भोजन करत देव भए परसन। माँगहु नंद तुम्हारे जो मन॥
भली करी तुम मेरी पूजा। सेवक तुम सौ और न दूजा॥
जोइ माँगौ सोइ फल मै दैहों। जहाँ भाव ताही पै रैहौं॥
मैं सेवा बस भयो तुम्हारैं। जोइ फल चाहौ लेहु सबारैं॥
यह सुनि चकित भए नर नारी। भोजन कियो प्रथम ही भारी॥
अब देखौ मुख बात कहत है। ऐसो देव कहाँ त्रिजगत है॥
कान्ह कह्यौ कछु माँगहु इनसौं। गिरि-देवता देत परसन सौं॥
'सूरस्याम' देवता आपु हैं। व्रज-जन के ये हरत तापु हैं॥ ३१॥

भोजन करके गिरिराज प्रसन्न हो गए और बोले—नंद, तुम्हारे मन में जो भी हो, माँग लो। तुमने मेरी बहुत अच्छी पूजा की है। तुम्हारे समान मेरा कोई दूसरा सेवक नहीं है। जो भी माँगो, मैं तुम्हें वह फल दूँगा। जहाँ पर मेरे प्रति प्रेमभाव है, मैं वहीं रहूँगा। मैं तुम्हारी सेवा के वश में हो गया हूँ। तुम जो भी फल चाहो, मैं तत्काल दूँगा।

सारे नर-नारी गिरिराज की यह वाणी सुनकर चकित हो गए।

एक तो गिरिराज ने इतना सारा भोजन कर लिया, अब यह मुँहमुँह बोल भी रहा है। तीनों लोकों में ऐसा देवता न देखा गया, न सुना ही गया।

कन्हैया ने नंद बाबा से कहा—बाबा, गिरिराज से कुछ माँग लो। गिरि-देवता तो स्वयं प्रसन्न होकर दे रहे हैं।

श्याम स्वयं देवता हैं और व्रज-जन के सारे ताप हरते रहते हैं॥ ३१॥

१५३३ राग बिलावल

नंद कह्यौ कह माँगौ स्वामी। तुम जानहु सब अन्तरजामी॥
अष्ट सिद्धि नव निधि तुम दीन्हौ। कृपा-सिन्धु तुम्हरोई कीन्हौ॥
कुसल रहैं बलराम कन्हाई। इन्हहीं कारन करत पुजाई॥
देवनि के मनि गिरिवर तुम हो। जहँ तहँ व्यापक पूरन सम हो॥
तुम हरता, तुम करता घर के। देखि थकित नर-नारि नगर के॥
बड़ौ देवता, स्याम बतायौ। प्रगट भयौ सब भोजन खायौ॥
'सूरस्याम' कै जोइ मन आवै। सोइ-सोइ नाना रूप बनावै॥ ३२॥

नंद ने गिरिराज से कहा—हे स्वामी, मैं माँगूँ तो क्या माँगूँ। तुम तो अंतर्यामी हो। तुम सब जानते ही हो। तुमने हमें आठो सिद्धियाँ और नवो निधियाँ स्वयं दे रखी हैं। हे कृपा-सिंधु, यह सब तो तुम्हारा ही दिया हुआ है। हमारे दोनों बच्चे बलराम और श्याम सकुशल रहें। हम इन्हीं के लिए तो तुम्हारी पूजा करते हैं। हे गिरिराज, तुम देवताओं के शिरोमणि हो। तुम सर्वव्यापक हो, पूर्ण हो, सम हो। तुम्हीं सभी चर अचर जगत के कर्ता और हर्ता हो। तुम्हें देखकर नगर के सारे नर-नारी चकित हैं। श्याम ने बताया है कि तुम सबसे बड़े देवता हो, तुमने प्रगट होकर हमें दर्शन दिया, और सब भोग खाया।

श्याम के मन में जो भी आता है, वही-वही नाना रूप वे बना लेते हैं॥ ३२॥

१५३४ राग बिलावल

माँगि लेहु कछु और पदारथ। सेवा सबै भईं अब स्वारथ॥
फल माँग्यौ बलराम कन्हाई। ये दोउ रैहैं कुसल सदाई॥
इनहीं तैं तुम हमको जान्यौ। तब तुम गिरि गोवर्धन मान्यौ॥
करत वृथा तुम इंद्र-पुजाई। मेरी दीन्हीं है ठकुराई॥
कान्ह तुम्हारो मोको जानै। इनकौ रहियौ तुम सब मानै॥
इंद्र आइ चढ़िहै व्रज ऊपर। यह कहिहै नहिँ राखौं भूपर॥
नैंकु नहीं कछु वासौं ह्वैहै। स्याम उठाइ मोहि कर लैहै॥
'सूरस्याम' गिरिवर की बानी। व्रज-जन सुनत सत्य करि मानी॥ ३३॥

गिरिराज बोले—तुम्हारी सारी सेवा अब सुआरथ (सफल, सार्थक) हो गई। तुम मुझसे कुछ और पदार्थ माँग लो। तुमने जो बलराम और कन्हाई के लिए वर माँगा है, वे दोनों सदा सकुशल रहेंगे। इन्हीं के द्वारा तो तुमने हमको जाना है, तब तुमने मुझे गिरि गोवर्द्धन माना है। तुम व्यर्थ के लिए इंद्र की पूजा करते रहे हो। उसकी भी सारी प्रभुता मेरी ही दी हुई है। तुम्हारा कन्हैया मुझको जानता है। तुम श्याम और बलराम दोनों भाइयों को मानते रहना। इंद्र व्रज पर आकर चढ़ दौड़ेगा। वह क्रोध में आकर यही कहेगा—मैं व्रज को पृथ्वी मंडल पर रहने ही नहीं दूँगा, बहा दूँगा। पर उससे व्रज का कुछ भी न बिगड़ सकेगा। श्याम मुझे अपने हाथों पर उठा लेंगे और व्रज बच जायगा।

गिरिराज की यह वाणी सभी व्रजवासियों ने सुनी और उन्होंने इसे सत्य माना॥ ३३॥

१५३५ राग बिलावल

कौतुक देखत सुर नर भूले। रोम-रोम गदगद सब फूले॥
सुरनि बिमान सुमन बरसाये। जय धुनि सब्द देव नभ गाये॥
देव कह्यौ व्रजबासिनि सों तब। पूजा भली करी मेरी सब॥
जाहु सबै मिलि सदन करौ सुख। स्याम कहत गिरि-गोवर्धन-मुख॥
ग्वाल करत अस्तुति सब ठाढे। प्रेम-भाव सब कै चित बाढ़े॥
भवन जाहु कही श्रीमुख बानी। भोजन सेस स्याम कर आनी॥
बाँटि प्रसाद सबनि को दीन्हौं। व्रज-नारी-नर आनँद कीन्हो॥
'सूरस्याम' गोपनि सुखकारी। कह्यौ चलौ व्रज कौं नर नारी॥ ३४॥

यह लीला देखकर सभी सुर नर भूले से, भ्रमे से, खड़े रह गए। उनके रोम-रोम प्रफुल्लित हो उठे और उनका कंठ गदगद हो गया, वाणी नहीं फूट निकली। देवताओं ने अपने विमानों से फूल बरसाए और जय-जयकार करते हुए प्रभु का गुण गाया। तब गिरिराज गोवर्द्धन ने व्रजवासियों से कहा—'तुम सबने मेरी पूजा अच्छी की। अब तुम लोग अपने-अपने घर जाओ और सुख भोगो।' यह सब बातें स्वयं श्रीकृष्ण गोवर्द्धन के मुख से कहते जा रहे थे। सभी ग्वाल खड़े होकर गोवर्द्धन की स्तुति किए जा रहे थे। सबके मन में गोवर्द्धन के प्रति भारी प्रेम और भक्ति पैदा हो गई थी। गोवर्द्धन ने पुनः कहा—अब अपने-अपने घर जाओ। यह कहकर उसने शेष सभी भोजन श्याम के हाथों थमा दिया। श्याम ने उसे गोवर्द्धन के प्रसाद रूप में सबमें बाँट दिया। इस प्रसाद को पाकर व्रज के सभी नर-नारी आह्लादित हो गए। तब गोपों को सुख देनेवाले श्याम ने कहा—चलो, अब हम सब नर-नारी व्रज को लौट चलें॥ ३४॥

१५३६ राग बिलावल

दोउ कर जोरि गए सब ठाढ़े। धन्य-धन्य भक्तनि के चाढ़े॥
तुम भुक्ता तुमहीं पुनि दाता। अखिल ब्रह्मण्ड लोक के ज्ञाता॥
तुमको भोजन कौन करावै। हित के बस तुमकौ कोउ पावै॥
तुम लायक हमरैं कछु नाहीं। सुनत स्याम ठाढ़े मुसुकाहीं॥
ललिता सखी देवता चीन्हौ। चन्द्रावलि राधहिँ कहि दीन्हौ॥
देव बड़ौ यह कुँवर कन्हाई। कृपा जानि हरि ताहि चिन्हाई॥
'सूरस्याम' कहि प्रगट सुनाई। भए तृप्त भोजन दिवराई॥ ३५॥

दोनों हाथ जोड़कर सब व्रजवासी खड़े हो गए और बोले—'हे भक्तों पर कृपा करनेवाले देवता, तुम धन्य हो, धन्य हो। तुम्हीं भोगनेवाले उपभोक्ता हो। तुम्हीं देनेवाले, दाता भी हो। तुम्हीं संपूर्ण ब्रह्मांड की रक्षा करनेवाले हो। तुम्हें कोई क्या भोजन करा सकता है। तुम्हें कोई प्रेम, श्रद्धा, भक्ति से ही पा सकता है। तुम्हें देने लायक हमारे पास कुछ भी तो नहीं है।'

श्याम, गोपों की यह बात सुनते हुए खड़े रहे और मुसकुराते रहे। ललिता सखी ने अपने देवता को पहचान लिया था। उसने चंद्रावली और राधा से कह दिया था। 'यह बड़ा देवता तो हमारे कुँवर कन्हैया ही हैं।' हरि ने कृपा करके ललिता को अपनी पहचान करा दी थी।

श्याम ने स्पष्ट वाणी में कह सुनाया—देवताओं के राजा गोवर्द्धन तुम्हारे भोजन से पूर्णरूपेण तृप्त हो गए हैं॥ ३५॥

१५३७ राग बिलावल

परसत चरन चलत सब घर कौं। जात चले सब घोष नगर कौं॥
सुख समेत मग जात चले सब। दूनी भीर भई तब तें अब॥
कोउ आगे कोउ पाछे आवत। मारग में कहुँ ठौर न पावत॥
प्रथमहिं गए डगर तिन पायो। पाछे के लोगनि पछितायो॥

घर पहुँच्यौ अबहीं नहिं कोई। मारग में अटकैं सब लोई ॥
डेरा परे कोस चौरासी। इतने लोग जुरे व्रज बासी ॥
पैड़ो चलन नहीं कोउ पावत। कितिक दूरि व्रज पूछत आवत ॥
'सूरस्याम' गुन-सागर नागर। नूतन लीला करी उजागर ॥ ३६ ॥

गोवर्द्धन के चरण छूकर सब लोग अपने-अपने घरों के लिए चल पड़े। सभी लोग घोष नगर गोकुल के लिए प्रस्थित हो गए। सभी लोग सुखपूर्वक मार्ग में चले जा रहे थे। वापसी में भीड़ दूनी हो गई-सी लग रही थी। कोई आगे आ रहा था, कोई पीछे। रास्ते में कहीं स्थान नहीं मिल पा रहा था। जो लोग पहले चल पड़े थे, उन्हें तो रास्ता मिल गया था। जो लोग बाद में चले, उन्हें रास्ता ही नहीं मिल पा रहा था और वे पछताए जा रहे थे। अभी तक कोई घर नहीं पहुँचा था। सभी लोग मार्ग में ही अटके पड़े थे। चौरासी कोस तक तो व्रजवासियों के तंबू लगे हुए थे। व्रजवासी इतनी भारी तादाद में आ जुटे थे। कोई रास्ता नहीं चलने पा रहा था। लोग पूछते आ रहे थे—अभी व्रज कितने कोस दूर है।

श्याम गुण सागर हैं, नागर हैं। उन्होंने यह नई लीला प्रगट करके दिखला दी है ॥ ३६ ॥

१५३८ राग बिलावल

कोउ पहुँचे, कोउ मारग माही। बहुत गए घर, बहुतक जाहीं ॥
काहू कैं मन कछु दुख नाहीं। अरसि-परसि हँसि-हँसि लपटाहीं ॥
आनँद करत सबै व्रज आए। निकटहिं आइ लोग नियराए ॥
भीर भई बहु खोरि जहाँ-तहँ। जैसे नदी मिलहिं सागर महँ ॥
नर-नारी सरिता सब आगर। सिंधु मनौ यह घोष उजागर ॥
मथनहार हरि, रतन कुमारी। चन्द्र-बदनि राधा सुकुमारी ॥
'सूरस्याम' आए नँद साला। पहुँचे घरनि आइ नर-बाला ॥ ३७ ॥

कुछ लोग पहुँच गए। कुछ लोग अभी मार्ग में ही फँसे हैं। बहुत से लोग घर आ गए। बहुत से लोग घर आते जा रहे हैं। किसी के मन में किसी भी प्रकार का कोई दुख नहीं है। वे एक दूसरे का अरस-परस करते जा रहे हैं और हँस-हँसकर परस्पर लिपटे जा रहे हैं। इस प्रकार रास्ते भर आनंद करते हुए सभी व्रज में आ गए। व्रज के निकट आकर लोग परस्पर नजदीक आ गए। भीड़ सट गई। जहाँ-तहाँ व्रज को खोरियों में भारी भीड़ हो गई। जैसे नदी दौड़कर सागर में जा मिल रही हो, सभी नर-नारी नदी के समान आगर—आगे बढ़ने वाले थे और वह घोष (व्रज) मार्ग प्रकाशमान समुद्र था। हरि ही इस समुद्र का मंथन करनेवाले थे। इस मंथन से मिलनेवाला रत्न सुकुमारी चंद्रबदनी कुमारी राधा थीं। श्याम, नंदलाल अपने घर आ गए और सभी नर-नारी भी अपने-अपने घर आ पहुँचे ॥ ३७ ॥

२९१६/१५३९ राग बिलावल

बड़ौ देवता कान्ह पुजायौ। ग्वाल गोप हँसि अंकम लायौ ॥
कान्ह धन्य, धनि जसुमति जायौ। व्रज धनि-धनि तुमतैं कहवायौ ॥
धन्य नंद जिनि तुम सुत पायौ। धनि-धनि देव प्रगट दरसायौ ॥

मेटि इंद्र-पूजा, गिरि पूज्यो । परसन हमहिँ सदा प्रभु हूज्यौ ॥
कहा इंद्र बपुरौ किहि लायक । गिरि देवता सबन्हि के नायक ॥
'सूरदास' प्रभु के गुन देखे । भक्तनि-बस, दुष्टनि कौं नैसे ॥ ३८ ॥

गोपों ने हँसकर कन्हैया को गले लगाते हुए कहा—कन्हैया, तुमने बहुत बड़े देवता की पूजा करवा दी। कन्हैया तुम धन्य हो। यशोदा मैया धन्य हैं, जिन्होंने तुम्हें जाया जनमाया है। तुम्हारी ही बदौलत व्रज भी धन्य-धन्य कहा जा रहा है। नंद धन्य हैं, जिन्होंने तुम्हारे जैसा पुत्र पाया है। वह गोवर्द्धन भी धन्य है, जिसे तुमने प्रगट कर दिखाया है। कृष्ण ने इंद्र की पूजा मिटाकर, तुम्हारी पूजा चलाई है। हे गिरिराज, तुम हम पर सदा प्रसन्न रहो।

तब कृष्ण बोले—यह इंद्र बेचारा किस लायक है। गिरिराज देवता सब प्रकार से सबके नायक हैं, सरदार हैं।

प्रभु के गुण ऐसे हैं कि ये सदा भक्तों के अधीन बने रहते हैं और दुष्टों का अनिष्ट करते रहते हैं॥ ३८॥

१५४०क राग बिलावल

हरि सब कैं मन यह उपजाई । सुरपति निंदत, गिरिहिं बड़ाई ॥
बरस-बरस प्रति इंद्र पुजाई । कबहुँ प्रसन्न भयौ नहिं आई ॥
पूजत रहे वृथा ही सुरपति । सब मुख यह बानी घर-घर-प्रति ॥
बड़ौ देव यह गिरि गोबर्धन । यहै कहत व्रज गोकुल पुर-जन ॥
तहाँ दूत सब इन्द्र पठाए । व्रज कौतुक देखन कौं आए ॥
घर-घर कहत बात नर-नारी । दूत सुन्यौ सो स्त्रवन पसारी ॥
मानत गिरि, निंदत सुरपति कौं । हँसत दूत, व्रज-जन-गइ मति कौं ॥
'सूर' सुनत दूतनि रिस पाए । उठि तुरतहि सुर-लोकहिं आए ॥ ३९ ॥

हरि ने सभी व्रजवासियों के मन में यह भाव उत्पन्न कर दिया, जिससे सभी लोग सुरपति इंद्र की निंदा एवं गिरिराज गोवर्द्धन की स्तुति करने लगे। वे कहने लगे—'हमने हर वर्ष इंद्र की पूजा की, पर वह कभी भी प्रसन्न होकर हमारे सामने प्रकट नहीं हुआ। हम लोग व्यर्थ के लिए सुरपति इंद्र की पूजा करते रहे। हर प्राणी के मुँह से घर-घर यही वाणी सुनाई दे रही थी। व्रज और गोकुल के सभी निवासी यही कहने लगे थे—'यह गिरि गोवर्द्धन ही सबसे बड़ा देवता है।'

इंद्र ने अपने दूत भेजे। वे व्रज के सारे कौतुक देखने के लिए आ गए। घर-घर में, व्रज में, सभी नर-नारी यही कहते सुने गए—'बड़ौ देव यह गिरि गोबरधन'। दूतों ने यह सब कान फैलाकर सुना। यहाँ तो लोग गिरि गोवर्द्धन को मान रहे हैं और सुरपति की निंदा कर रहे हैं। दूत हँसने लगे—लगता है व्रजवासियों की मति मारी गई है। यह सुनते ही दूतों को क्रोध आ गया और वे तुरत सुरलोक लौट गए॥ ३९॥

१५४०ख राग बिलावल

व्रह्म दई जाकौं ठकुराई । त्रिदस कोटि देवनि के राई ॥
गिरि पूज्यौ तिनहीं बिसराई । जाति-बुद्धि इनकैं मन आई ॥

सिव विरंचि जाकौं कहैं लायक । जाके हैं मघवा से पायक ॥
यह कहतहिं आए सुर-लोकहिं । पहुँचे जाइ इंद्र के ओकहिं ॥
दूतनि ऐसी जाइ सुनाई । बैठे जहाँ सुरनि के राई ॥
कर जोरे सनमुख भए आई । पूछि उठे व्रज की कुसलाई ॥
दूतनि व्रज की बात सुनाई । तुमहि मेटि, पूज्यौ गिरि-राई ॥
तुमहि निंदि गिरिवरहिं बड़ाई । यह सुनतहिं रिस देह कँपाई ॥
'सूरस्याम' यह बुद्धि उपाई । ज्यौं जानै व्रज मैं जदुराई ॥४०॥

सुरलोक लौटते समय मार्ग में इंद्र के दूत सोचते जा रहे हैं—जिस इंद्र को स्वयं व्रह्म ने राजसत्ता और प्रभुता दी है, जो करोड़ों देवताओं का राजा है, उसी इंद्र को बिसराकर इन अहीरों ने गोवर्द्धन पहाड़ की पूजा की है। इनके मन में अपनी जाति अहीरों की बुद्धि आ उदित हो गई है। शिव, विरंचि भी जिसको लायक मानते हैं, जिसके मेघों (बादलों) जैसे सेवक है, इन अहीरों की दुर्बुद्धि तो देखो, उन्होंने उस सुरपति की पूजा छोड़ दी और इस पहाड़ की पूजा करने लगे।

ऐसा सोचते-बिचारते वे दूत इंद्रपुरी में जाकर इंद्र के घर पहुँच गए। जहाँ देवराज इंद्र बैठे हुए थे, वहाँ जाकर दूत, हाथ जोड़कर उनके सामने खड़े हो गए। इंद्र ने व्रज की कुशल क्षेम पूछी। तब दूतों ने व्रज की बात कह सुनाई—'व्रजवासियों ने तुम्हारी पूजा परित्याग दी है और उन्होंने गोवर्द्धन पहाड़ को पूजना शुरू कर दिया है। वे तुम्हारी निंदा करते हैं और उस पहाड़ की वंदना करते हैं।'

यह सुनते ही इंद्र का शरीर क्रोध से काँप उठा।

श्याम ने यह बुद्धि तो इसलिए निकाली थी जिससे इंद्र भी जान जाय कि व्रज में यदुराय हैं॥४०॥

१५४१ राग बिलावल

ग्वालनि मोसौं करी ढिठाई । मोकौं अपनी जाति दिखाई ॥
तैंतिस कोटि सुरनि कौ राई । तिहूँ भुवन भरि चलति बड़ाई ॥
साहिब सौं जो करै धुताई । ताकौं नहिं कोऊ पतियाई ॥
इन अपनी परतीति घटाई । मेरें बैर बाँचिहैं भाई ?
नई रीति यह अबहिं चलाई । काहू इनहिं दियौ बहकाई ॥
ऐसी मति अबकैं इन पाई । काकी सरन रहैंगे जाई ॥
इन दीन्हो मोकौं बिसराई । नंद आपनी प्रकृति गँवाई ॥
जानी बात बुढ़ाई आई । अहिर जाति कोऊ न पत्याई ॥
मातु पिता नहिँ मानैं भाई । जानि बूझि इन करी धिँगाई ॥
मेरी बलि परबतहिँ चढ़ाई । गिरिवर सह व्रज देहुँ बहाई ॥
'सूरदास' सुरपति रिस पाई । कीरी तनु ज्यौं पंख उपाई ॥४१॥

सुरपति इंद्र कुपित होकर मन में सोचने लगा—व्रज के इन ग्वालों ने मेरे साथ ढिठाई की है। इन्होंने मुझे अपनी जाति, अहीर, का परिचय दे दिया है। मैं तैंतीस कोटि देवताओं

का राजा हूँ। तीनों लोकों में मेरी मान-प्रतिष्ठा है, जो अपने स्वामी से धूर्तता करता है, संसार में उसका कोई विश्वास नहीं करता। इन ग्वालों ने अपना विश्वास घटा दिया। क्या वे मेरे बैर करने से बच जायँगे? इन्होंने मेरी पूजा बंद करके जड़ पहाड़ की पूजा करने की नई रीति चलायी है। लगता है इन्हें किसीने बहका दिया है। अब इनकी ऐसी दुर्बुद्धि हो गई है। अब ये किसकी शरण में जाकर रहेंगे? इन्होंने मुझे भुला दिया। नंद ने भी अपना पुराना स्वभाव छोड़ दिया। मैंने सब समझ लिया। नंद अब बूढ़े हो गए हैं और उनकी बुद्धि सठिया गई है। अब अहीर जाति का कोई विश्वास नहीं करेगा। ये माता, पिता, भाई तक को तो भजते नहीं। जान-बूझकर इन्होंने यह धींगा-मुस्ती की है, धाँधली की है। इन्होंने मेरा भोग पहाड़ को लगा दिया। अब मैं गोवर्द्धन सहित सारे व्रज को बहा दूँगा।

सुरपति को क्रोध आ गया। 'जैसे चींटी को पंख जम आए हों, अब उसका अंत निकट आ गया प्रतीत होता है'॥ ४१॥

१५४२ राग बिलावल

मौकौं निंदि पर्वतहिं वंदत। चारा कपट पंछि ज्यौं फंदत॥
मरन काल ऐसी बुधि होई। कछू करत, कछुवै वह जोई॥
खेलत खात रहे व्रज भीतर। नान्हे लोग, तनक धन ईतर॥
समै-समै बरषौं, प्रतिपालौं। इनकी बुद्धि इनहिं अब घालौं॥
मेरैं मारत कौन राखिहै। अहिरनि कैं मन यहै काखिहै॥
जो मन जाकैं, सोइ फल पावै। नीम लगाइ, आम को खावै॥
बिष कैं वृच्छ बिषहि फल फलिहैं। तामैं दाख कहौ क्यौं मिलिहैं॥
अगिनि बरत देखत कर नावै। कहा करै तिहिँ अगिनि जरावै॥
'सूरदास' यह सब कोउ जानै। जो जाकौ सो ताकौ मानै॥४२॥

इंद्र कुपित हो सोचने लगा—ये अहीर मेरी निंदा करके जड़ पर्वत गोवर्धन की बड़ाई करते जा रहे हैं। ये तो मेरे फंदे में अब ऐसे आ फँसे हैं, जैसे कपट के चारे में पंछी फँस जाता है। मृत्यु-काल आ जाने पर बुद्धि ऐसी ही हो जाती है। करना कुछ चाहते हैं, दिखाई कुछ देता है। अभी तक ये व्रज में बड़े मजे में खेल-खा रहे थे। ये ओछे लोग हैं, थोड़े ही धन पर इतरा उठे हैं।

मैं समय-समय पर पानी बरसाकर इनका प्रतिपालन करता रहा हूँ। जब इनकी ऐसी बुद्धि है, तब अब मैं इनको मटियामेट ही किए दे रहा हूँ। देखें मेरे मारने पर इन्हें कौन बचाता है। अब इन अहीरों की मरने की ही आकांक्षा हो गई है। जिसके मन में जो भाव होता है, वह उसी के अनुकूल फल पाता है। नीम का पेड़ लगाकर आम किसने खाया है? विष के वृक्ष में विष ही का फल लगेगा। उसमें द्राक्षा (अंगूर) के फल कहाँ से आ लगेंगे। जलती अग्नि में जो हाथ डालेगा, उसका क्या होगा? आग उसे जला ही देगी। इस बात को तो सभी जानते हैं। पर जो जिसका इष्ट होता है, वह सबको छोड़कर उसीको मानता है॥ ४२॥

१५४३ राग बिलावल

परबत पहिलेहिं खोदि बहाऊँ। बज्रनि मारि पताल पठाऊँ ॥
फूलि फूलि जिहिं पूजा कीन्हौं। नैंकु न राखौं ताकौं चीन्हौ ॥
नंद गोप नैननि यह देखैं। बड़े देवता को सुख पेखैं ॥
निंदत मोहिं करी गिरि-पूजा। जासौं कहत, और नहिं दूजा ॥
गरब करत गोबरधन गिरि कौ। परबत माहिं आहि सो फिरि कौ ॥
डूँगर कौ बल उनहिं बताऊँ। ता पाछैं, व्रज खोदि बहाऊँ ॥
राखौं नहिं काहूँ, सब मारौं। व्रज गोकुल कौं खोज निवारौं ॥
को जानै, कहँ गिरि, कहँ गोकुल। भुव पर नहिं राखौं उनकौ कुल ॥
'सूरदास' यह इन्द्र-प्रतिज्ञा। व्रज-बासिनि सब करी अवज्ञा ॥ ४३ ॥

इंद्र ने कहा—मैं पहले इस गोवर्द्धन पहाड़ को ही खोदकर बहा दूँ। वज्र से मार-मार कर इसे पातालपुरी भेज दूँ। इन गोपों ने परम प्रफुल्लित होकर जिसकी पूजा की है, मैं उसका इस धरती पर जरा सा भी निशान न रहने दूँगा। नंद और गोप यह दृश्य अपनी आँखों से देखें और अपने तथाकथित बड़े देवता का सुख देखें। इन्होंने मेरी निंदा की और गिरि की पूजा की। और कहते रहे कि गोवर्द्धन से बढ़कर कोई दूसरा देवता नहीं। ये गोवर्द्धन गिरि का बड़ा घमंड करते हैं। यह गोवर्द्धन तो और और पर्वतों के सामने एक छोटा-सा तिनका मात्र है। पहले मैं इस डूँगरी (छोटी पहाड़ी) का बल उन्हें दिखा दूँ। फिर इसके पीछे सारे व्रज को भी बहा दूँ। मैं किसी को बचने न दूँगा। सबको मार डालूँगा। मैं व्रज और गोकुल का नाम और निशान तक मिटा डालूँगा। बाद में इनका कुछ पता भी नहीं लग सकेगा कि वे किस स्थान पर थे। कोई न जान सकेगा कि कहाँ गोवर्द्धन पहाड़ था और कहाँ गोकुल था। मैं पृथ्वी पर इनके वंश के किसी को भी नहीं रहने दूँगा। व्रजवासियों ने मेरी अवहेलना की है। अब मैंने इनके विनाश की प्रतिज्ञा कर ली है ॥ ४३ ॥

१५४४ राग बिलावल

सुरपति क्रोध कियौ अति भारे। फरकत अधर, नैन रतनारे ॥
भृत्य बुलाए दै-दै गारी। मेघनि ल्यावौ तुरत हँकारी ॥
एक कहत, धाए सौ चारी। अति डरपे, तन की सुधि हारी ॥
मेघवर्त जलवर्त बुलावहु। सैन साजि तुरतहि लै आवहु ॥
कापर क्रोध कियो अमरापति। महा प्रलय जिय जानि डरे अति ॥
मेघनि सौं यह बात सुनाई। तुरत चलौ बोले सुरराई ॥
सेना सहित बुलायौ तुमकौं। रिस करि तुरत पठायौ हमकौं ॥
बेगि चलौ, कछु बिलँब न लावहु। हमहिं कह्यौ, अबहीं लै आवहु ॥
मेघवर्त, सब सैन्य बुलाए। महा प्रलय के जे, सब आए ॥
कछु हरषे, कछु मनहिं सकाने। प्रलय आहि, कै हमहिं रिसाने ॥
चूक परी हम तैं कछु नाहीं। यह कहि-कहि सब आतुर जाहीं ॥

मेघवर्त, बलवर्त, वारिव्रत । अनिलवर्त, नलवर्त, वज्रव्रत ॥
बोलत चले आपनी बानी । प्रभु सनमुख सब पहुँचे आनी ॥
गर्जि गर्जि घहरातहिँ आए । देव देव कहि माथ नवाए ॥
'सूरदास' डरपत सब जलधर । हम पर क्रोध, किधौं काहू पर ॥ ४४ ॥

सुरपति इंद्र ने भारी क्रोध कर लिया। उसके होठ फड़कने लगे और आँखें लाल हो उठीं। उसने गाली दे-देकर नौकरों को बुलाया और कहा—मेघों को तुरत बुला लाओ। इंद्र ने एक सेवक से कहा था, पर दौड़े आए चार सौ। वे चर अत्यंत डरे हुए थे और अपने तन की सुधि भूल गए थे। इंद्र ने कहा—मेघवर्त को बुलाओ, जलवर्त को बुलाओ। कहो, ये लोग अपनी मेघ सेना सजाकर तुरत यहाँ आ जायँ। दूत मन में अत्यंत डर गए—देवराज ने किसपर क्रोध करके इन्हें बुलाया है। ऐसा तो नहीं है कि महाप्रलय आ गया है।

दूत मेघवर्त आदि के पास गए और बोले—तुरंत चलो, देवराज ने बुला भेजा है। तुमको सैना के सहित आहूत किया है। क्रुद्ध होकर उन्होंने हमें तुम्हारे पास भेजा है। शीघ्र चलें, देर न करें। हमसे कहा है कि हम तुम्हें तुरंत लेकर उनके पास चलें।

मेघवर्त ने मेघों की सारी सेना बुला ली। जो भी महाप्रलय करने वाले बादल थे, सभी बुला लिए गए। कुछ बादल तो परम प्रसन्न हो उठे। कुछ मन ही मन सशंक हो उठे। प्रलय करना है या इंद्र कहीं हमीं पर तो किसी बात को लेकर कुपित नहीं हो गए हैं। हमसे तो हमारी समझ से कोई गलती नहीं हुई है। मन में ऐसा सोचते हुए हड़बड़ाए हुए वे इंद्रके पास चल पड़े। मेघवर्त, जलवर्त, वारिवर्त, अनिलवर्त, महावर्त, वज्रवर्त अपनी-अपनी वाणी बोलते हुए चल पड़े और इंद्र के सामने सभी आ पहुँचे। वे गर्जन करते हुए घहराते हुए आए। और 'देव, देव' कहकर उन्होंने इंद्र को सिर झुकाया। सब जलधर मन ही मन डरे जा रहे थे—इंद्र ने हम पर क्रोध किया है या किसी दूसरे पर? ॥ ४४ ॥

१५४५ राग बिलावल

चितवतहीं सब गए झुराई । सकुचि कह्यौ कापर रिस पाई ॥
छमा करौ, आयसु हम पावैं । जापर कहौ, ताहि पर धावैं ॥
सैन सहित प्रभु हमहिँ बुलाए । आज्ञा सुनत तुरत उठि धाए ॥
ऐसौ कौन जाहि प्रभु कोपे । जीव नाम सब तुम्हरेहिँ रोपे ॥
'सूर' कही यह मेघनि बानी । यह सुनि-सुनि रिस कछुक बुझानी ॥ ४५ ॥

इंद्र को देखते ही सब बादल डर के मारे सूख गए। फिर डरते-डरते उन्होंने पूछ दिया—प्रभु किसपर कुपित हैं? क्षमा करें, और हमें आज्ञा भर दे दें। जिसपर कहें, हम उस पर चढ़ दौड़ें। प्रभु ने हमें सेना सहित बुलवाया था। आज्ञा पाते ही हम तुरंत दौड़े आए हैं। ऐसा कौन है, जिसपर प्रभु क्रुद्ध हो उठे हैं। जितने भी जीव हैं, सब आपके द्वारा रोपे गए हैं, लगाए गए हैं।

मेघों ने जब यह चापलूसी भरी बात कही, तब उसे सुनकर इंद्र के कोप का पारा कुछ नीचे आया॥ ४५ ॥

१५४६ राग बिलावल

मेघनि सौं बोले सुरराई। अहिरनि मोसौं करी ढिठाई॥
मेरी दीन्हीं करत बड़ाई। जानि बूझि मोहिं दियौ भुलाई॥
सदा करत मेरी सेवकाई। अब सेवत परबत कहँ जाई॥
इहीं काज तुमकौं हँकराए। भली करी सैना लै आए॥
गाइ गोप व्रज सबै बहावहु। पहिले परबत खोदि ढहावहु॥
जब यह सुनी इन्द्र की बानी। मेघनि मन तब धीरज आनी॥
'सूरदास' यह सुनि घन तमके। का पर क्रोध करत प्रभु जम के॥४६॥

मेघों से सुरपति बोले—व्रज के अहीरों ने मुझसे धृष्टता की है। मेरी ही दी हुई बड़ाई का उपभोग अभी तक वे करते आए हैं। अब जान-बूझकर उन्होंने मुझे भुला दिया है वे सदा मेरी सेवा करते आए थे, अब जाकर जड़ गोबरधन पहाड़ की सेवा करने लगे हैं इन्हीं अहीरों के लिए मैंने तुम्हें बुलाया है। बहुत अच्छा किया, जो सेना लेते आए हो गायों और गोपों सहित सब व्रज को बहा दो। पर इनको बहाने के पहले गोवर्धन पहाड़ को खोदकर ढहा दो, उसका नाम-निशान मिटा दो।

जब मेघों ने इंद्र की यह बात सुनी, तब कहीं वे आश्वस्त हुए। यह सुनकर मेघ हड़बड़ा उठे और बोले—प्रभु आपने इतना जमकर किस पर यह क्रोध किया। ये अही क्या हैं, न पिद्दी, न पिद्दी का शोरवा॥ ४६॥

१५४७ राग बिलावल

रिस लायक ता पर रिस कीजै। इहिं रिस तैं प्रभु देही छीजे॥
तुम प्रभु हम से सेवक जाकैं। ऐसौ कौन रहै तुम ताकैं॥
छिनहीं मैं व्रज धोइ बहावैं। डूँगर को नहिं नाउँ बचावैं॥
आपु छमा करियै दिवराई। हम करिहैं उनकी पहुनाई॥
यह सुनि कै हरषित मन कीन्हौ। आदर सहित पान कर दीन्हौ॥
प्रथमहि देहु पहार बहाई। मेरी बलि ओहीं सब खाई॥
'सूर' इंद्र मेघनि समुझावत। हरषि चले घर आदर पावत॥४७॥

हे प्रभु, जो क्रोध करने योग्य हो, उसी पर क्रोध करना चाहिए। इन पिद्दियों पर क्रोध करने से तो अपनी ही देह छीजती है, अपनी शक्ति क्षीण होती है। तुम्हारे जैसा प्रभु हो और हम लोगों जैसे तुम्हारे अनुगामी और शक्ति-संपन्न सेवक हों, फिर ऐसा कौन है जो तुम्हें जरा-सा ताक तो दे। हम क्षण भर में व्रज को धोकर बहा देंगे। उस पहाड़ी का तो हम नाम-निशान तक मिटा देंगे। हे देवराज, आप क्षमा करें। हम उनकी पूरी मेहमानी कर देंगे

यह सुनकर इंद्र परम प्रसन्न हो गए और आदर सहित उन्हें पान का बीड़ा दिया। तुम लोग पहले उस पहरी को बहा दो। उसी ने मेरी सारी बलि, सारा भोग खा लिया है इंद्र ने इस प्रकार बादलों को समझाया। इस प्रकार आदर पाकर, प्रसन्न होकर, बादल व्रज की ओर चल पड़े॥ ४७॥

१५४८ राग बिलावल

आयसु पाइ तुरतही धाये। अपनी सेना सबनि बुलाये॥
कह्यौ सबनि व्रज ऊपर धावहु। घटाघोर करि गगन छपावहु॥
मेघवर्त जलवर्तक आगे। और मेघ सब पाछे लागे॥
गरजि उठे व्रज ऊपर जाई। सब्द कियो आघात सुनाई॥
व्रज के लोग डरे अति भारी। आज घटा देखियत है कारी॥
देखत-देखत अति अधिकायौ। नैंकहु मैं रबि गगन छपायौ॥
ऐसे मेघ कबहुँ नहिँ देखे। अति कारे काजर अवरेखे॥
सुनहु 'सूर' ये मेघ डरावन। व्रजवासी सब कहत भयावन॥४८॥

इंद्र का आदेश पाकर बादल तुरत दौड़ पड़े। उन्होंने अपनी सारा सेना बुला ली। उन्होंने अपनी सेना को आज्ञा दिया—अब व्रज के ऊपर चढ़ दौड़ो। घनघोर घटाओं से घेर कर सारे आकाश को छिपा लो। मेघवर्त और जलवर्त मेघ आगे-आगे चले, शेष मेघ उनके पीछे-पीछे लग गए। वे व्रज के ऊपर पहुँचकर घोर-गर्जना कर उठे। उन्होंने इतने जोर की ध्वनि की कि वज्रपात होने का सा आघात सुनाई पड़ने लगा। व्रज के लोग बादलों की इस भारी गड़गड़ाहट को सुनकर अत्यंत डर गए और कहने लगे—अब तो अत्यंत काली-काली घटाएँ घिरती आ रही हैं। देखते-देखते ही बादलों का यह घेरा अत्यंत विस्तृत और सघन हो गया। जरा ही देर में सूर्य और आकाश सभी छिप गए। ऐसे मेघ तो कभी भी नहीं देखे गए। ये अत्यंत काले-काले हैं, जैसे काजल से गोंठ दिए गए हों। ये मेघ अत्यंत डरावने हैं। व्रजवासी इन्हें अत्यंत भयानक कह उठे॥४८॥

१५४९ राग बिलावल

गरजि-गरजि व्रज घेरत आए। तरपि-तरपि चपला चमकाये॥
नर-नारी सब देखत ठाढ़े। ये बादल परलय के काढ़े॥
दरदरात घहरात प्रबल अति। गोपी, ग्वाल भए और गति॥
कहा होन अबहीं यह चाहत। जहँ-तहँ लोग यहै अवगाहत॥
खन भीतर, खन बाहिर आवत। गगन देखि धीरज बिसरावत॥
'सूरस्याम' यह करी पुजाई। ताते सुरपति चढ़्यौ रिसाई॥४९॥

ये बादल गरज-गरज कर व्रज को घेरने लगे और तड़प-तड़प कर बिजली चमकाने लगे। व्रज के सारे नर-नारी इन्हें देखते खड़े रह गए। लगता है ये पलयंकर बादलों में से छाँट-छाँट कर निकाले गए हैं। ये गड़गड़ाते हुए, अत्यंत घहराते हुए, चढ़े चले आ रहे हैं। इन्हें देखकर डर के मारे गोपियों और ग्वालों की और ही गति हो गई। जहाँ-तहाँ लोग यह गहराई से सोचने लगे—अब यह क्या होना चाहता है? लोग क्षण-क्षण पर घर के भीतर आने-जाने लगे। आकाश देखकर वे अपना सारा धैर्य खो उठे। वे सोचने लगे—श्याम ने इंद्र की पूजा बंद करके गोवर्द्धन की पूजा करा दी, इसीसे सुरपति ने क्रोध करके हमपर यह चढ़ाई कर दी है॥४९॥

१५५० राग बिलावल

फिरत लोग जहँ-तहँ बिततान । को हैं अपने, कौन बिराने ॥
ग्वाल गए जो धेनु चरावन । तिनहिं पर्यौ बन माँझ परावन ॥
गाइ बच्छ कोऊ न सँभारैं । जिय की सबको परी खँभारैं ॥
भागे आवत व्रज ही तन कौं । बिपति परी अति बन ग्वालनि कौं ॥
अंध धुंध, मग कहूँ न सूझैं । व्रज भीतर व्रज ही कौं बूझैं ॥
जैसे-तैसे व्रज पहिचानत । अटकर हीं अटकर करि आनत ॥
खोजत फिरैं आपने घर कौं । कहा भयौ इहि घोष सहर कौं ॥
रोवत डोलैं, घरहि न पावैं । घर द्वारे घर कौं बिसरावैं ॥
'सूरस्याम' सुरपति बिसरायौ । गिरि के पूजैं यह फल पायौ ॥५०॥

व्रजवासी लोग जहाँ-तहाँ विकल होकर घूमने लगे। वे पहचानना भूल गए—कौन अपना है, कौन पराया है। जो ग्वाल गायें चराने वृंदावन गए थे, उन्हें वन से भागना पड़ा। कोई न गायों को सँभाल रहा था, न बछड़ों को। सबको अपने-अपने प्राणों की आ पड़ी थी। सभी व्रज की ओर भागे चले आ रहे थे। वन में ग्वालों पर भारी विपत्ति आ गई थी। इतना सूचीभेद्य अंधकार छा गया था कि रास्ता नहीं सूझ रहा था। व्रज के भीतर पहुँचकर भी वे पूछे जा रहे थे, अभी व्रज कितनी दूर रह गया है। जैसे-तैसे करके उन्होंने व्रज को पहचाना और अटकल लगाते-लगाते ही वे गाय-बछड़ों को हाँकते हुए अग्रसर हो रहे थे। वे अपने घर पहचान नहीं पा रहे थे और खोजे जा रहे थे। वे कहते जा रहे थे कि इस ग्वालों के नगर गोकुल का क्या हो गया? वे रोते हुए डोल रहे थे और अपना घर नहीं पा रहे थे। वे अपने घर के द्वार पर ही खड़े थे, पर अपने घर को भूल गए थे, पहचान नहीं पा रहे थे।

श्याम ने सुरपति को भुलवा दिया और गोवर्द्धन की पूजा करा दी। यह उसी का प्रतिफल है॥५०॥

१५५१ राग बिलावल

जमुना जलहि गईं जे नारी । डारि चलीं सिर गगरि भारी ॥
देखौं मैं बालक कत छाड़्यौ । एक कहत आँगन दधि माँड्यौ ॥
एक कहत मारग नहिँ पावति । एक सामुहैं बोलि बतावति ॥
व्रजवासी सब अति अकुलाने । काल्हिहि पूज्यौं, फल्यौ बिहाने ॥
कहाँ रहे अब कुँवर कन्हाई । गिरि गोवर्धन लेहिँ बोलाई ॥
जेंवन सहस भुजा धरि आवैं । अब द्वै भुज हमको दिखरावैं ॥
वे देवता खात ही लौं के । पाछे पुनि तुम कौन, कहौ के ॥
'सूरस्याम' सपनौ प्रगटायौ । घर के देव सबनि बिसरायौ ॥५१॥

जो गोपियाँ यमुना-जल भरने गई थीं, वे अपनी भरी भराई भारी-भारी गगरियाँ सिर पर से उतार फेंककर घर की ओर चल पड़ीं। एक कह रही थी—चलकर देखूँ, बच्चे को

कहाँ छोड़ आई हूँ। एक कह रही थी—आँगन में ही दही का भाण्ड (बरतन, कमोरी) छोड़ आई हूँ। एक कह रही थी, मुझे तो रास्ता ही नहीं मिल रहा है। एक कहती थी—अरी रास्ता तो सामने ही है। सारे व्रजवासी अत्यंत विकल हो उठे। अभी कल ही गोवर्द्धन की पूजा की है, आज ही उसका फल मिल रहा है, अब कुँवर कन्हैया कहाँ हैं? अपने गिरि गोवर्द्धन, बड़े देवता, को क्यों नहीं बुला लेते। उस गोवर्द्धन ने हजार भुजाओं से गपागप भोजन खा लिया, अब हजार नहीं, अपनी दो ही भुजाएँ आकर हमें दिखाए। देवता खाते समय दिखाई पड़ते हैं, पीछे वे पहचानते भी नहीं और पूछते हैं, तुम कौन हो, कहाँ के हो। श्याम ने सपना क्या देखा, वे घरके देवताओं को ही भुला बैठे॥५१॥

१५५२ राग बिलावल

गर्जत घन अतिही घहरावत। कान्ह सुनत आनन्द बढ़ावत॥
कौतुक देखत व्रज लोगन के। निकट रहत नितही निज जन के॥
इक सैंतत घर के सब बासन। लीन्हे फिरत घरहिं के पासन॥
एक कहत जिय की नहिं आसा। देखत सबै दृष्ट के नासा॥
'सूरस्याम' जानत ये गाँसा। कहँ पानी कहँ करै हुतासा॥५२॥

बादल अत्यंत गरजे जा रहे थे और घहराए जा रहे थे। कन्हैया इनकी गड़गड़ाहट सुनकर अत्यंत आनंदित होते जा रहे थे और मन ही मन कहे जा रहे थे, जितना गड़गड़ाना हो गड़गड़ाओ, मैं अभी तुम्हारी सारी हेंकड़ी दूर किए देता हूँ। वे व्रजवासियों की व्याकुलता का तमाशा देखे जा रहे थे। वे तो अपने भक्तों के सदैव पास ही बने रहते हैं। एक अपने घर के सभी बर्तन समेटकर रखने के लिए घर ही के आसपास भटका जारहा था। एक कह रहा था, अब प्राण बचने की कोई आशा नहीं रह गई है। इंद्र देखते-देखते घोर वर्षा करके हमें नष्ट कर देगा। श्याम इंद्र के इस गांस (व्यंग्य) को जानते थे। आग पानी का क्या बिगाड़ सकती है, उसे बुझ ही जाना होगा। यह इंद्र मेरा क्या बिगाड़ लेगा, इसे अपने कोप की आग शांत करनी ही होगी॥५२॥

१५५३ राग बिलावल

मेघवर्त मेघनि समुझावत। बार-बार गिरि-तनहिं बतावत॥
पर्वत पर बरसहु तुम जाई। यहै कह्यौ हमको सुरराई॥
ऐसैं देहु पहार बहाई। नाउँ रहे जनि ठौर जनाई॥
सुरपति की बलि सब इहिं खाई। ताकौ फल पावै गिरिराई॥
जेंवत काल्हि अधिक रुचि पाई। सलिल देहु तेहि तृषा बुझाई॥
दिना चारि रहते जग ऊपर। अब न रहन पावैं या भू पर॥
'सूर' मेघ सुरपतिहि पठाए। व्रज के लोगनि तुमहि बिहाए॥५३॥

मेघवर्त ने बादलों को समझाया और बार-बार गोवर्द्धन की ओर उँगली उठाकर दिखाया। तुम लोग इसी परबत के ऊपर जाकर बरसो। इन्द्र ने हमें यही आदेश दिया है। इस पहाड़ पर ऐसा बरसो कि यह बह जाय और इसका नाम-निशान तक न रह जाय। पता भी न चले कि यह कहाँ पर अवस्थित था। इसने इंद्र की सारी बलि (भोग) खा

लिया है। अब यह उसका फल भोगे। इसने कल खूब अँड़स अँड़स कर, ठूँस-ठूँस कर खाया। इतना पानी बरसा दो, जिससे इसकी प्यास बुझ जाय। मेघों ने सुरपति के पास यह संदेश भेज दिया—वैसे तो व्रजवासी चार दिनों तक पृथ्वी पर बने रहते; पर अब यह इस धरती पर न रहने पावेंगे। इन्होंने तुम्हें छोड़ दिया है। इसका दंड ये लोग भोगें॥ ५३॥

१५५४ राग बिलावल

बरसत हैं घन गिरि के ऊपर। देखि देखि व्रज लोग करत डर॥
व्रजवासी सब कान्ह बतावत। महा-प्रलय-जल गिरिहिं ढहावत॥
झरहरात झरपत झर लावत। गिरिहिं धोइ व्रज ऊपर आवत॥
बिकल देखि गोकुल के बासी। दरस दियौ सबकौं अबिनासी॥
अबिनासी के दरसन पाए। तब सब मन परतीति बढ़ाए॥
नंद यसोदा सुत-हित जानैं। और सबै मुख अस्तुति गानैं॥
बार-बार यह कहि-कहि भाखैं। अब सब व्रज कौं येई राखैं॥
बरसत गिरि झरपत व्रज ऊपर। सो जल जहँ-तहँ पूरत भू-पर॥
'सूरदास' प्रभु राखि लेहु अब। जैसैं राखे अघा-बदन तब॥ ५४॥

बादल गोवर्द्धन गिरि के ऊपर बरसते जा रहे हैं। उनको भयंकर वर्षा करते देख व्रज के लोग डरे जा रहे हैं। सब व्रजवासी आ-आकर कन्हैया को बताए जा रहे थे—महा प्रलय उपस्थित कर डालने वाली वर्षा तो गिरिराज गोवर्द्धन को ही बहा देना चाहती है। झंझा-झकोर के साथ ये बादल वर्षा की घनघोर झड़ी लगाए जा रहे हैं और गोवर्द्धन गिरि को धो-बहाकर अब व्रज के ऊपर आ ही जाना चाहते हैं। गोकुल-निवासियों को विकल देखकर अविनाशी कृष्ण ने उनको दर्शन दिया। अविनाशी कृष्ण का दर्शन पाकर उन सभी गोकुलियों का मन में विश्वास बढ़ चला कि अब हमारी रक्षा हो जायगी। नंद और यशोदा तो उन्हें बेटा ही समझकर उनसे प्रेम करते थे, पर और सब तो अपने मुँहों से उनकी स्तुति ही किए जा रहे थे। वे बार-बार कहे जा रहे थे कि अब यही सारे व्रज की रक्षा कर सकते हैं। बादल बरस रहे हैं गोवर्द्धन गिरि पर, पर उनकी बौछार व्रज तक आ रही है। बौछार का यह पानी ही जहाँ-तहाँ धरती पर आकर फैल गया है। प्रभु जैसे तुमने अघासुर के मुँह में से हम सबकी रक्षा उस समय कर ली थी, उसी प्रकार अब इस प्रलय-जल से भी हमें बचा लो॥ ५४॥

१५५५ राग बिलावल

राखि लेहु अब नंद कुमार। गोसुत गाइ फिरत बिकरार॥
बरसत बूँद लगै जनु सायक। राखि लेहु व्रज गोकुल-नायक॥
तुम बिन कौन सहाइ हमारैं। नंद-सुवन अब सरन तुम्हारैं॥
सरन-सरन जब व्रज-जन बोले। धीर-बचन दै लै दुख मोले॥
यह बोले हँसि कृष्ण मुरारी। गिरि कर धरि राखौं नर-नारी॥
'सूरस्याम' चितए गिरिवर तन। बिकल देखि गो, गोसुत, व्रजजन॥ ५५॥

व्रजवासी कृष्ण की स्तुति करने लगे—हे नंदनंदन, अब हमें बचा लें। गायें और उनके बछड़े विकल होकर फिर रहे हैं। जल की ये बरसती बूँदें बाण सी लग रही हैं। हे गोकुलनायक, अब हमारी रक्षा कर लीजिए। तुम्हारे अतिरिक्त हमारा दूसरा सहायक है ही कौन। हे नंदलाल, अब हम सब तुम्हारी शरण में हैं। जब व्रजवासी बोले—प्रभु हम तुम्हारी ही शरण में हैं, तुम्हारी ही शरण में हैं, तब कृष्ण ने उन्हें ढाढ़स बँधाया और धीरज बँधाने वाली वाणी में बोलते हुए उनके दुख मिटा डाले। कृष्ण मुरारी हँसकर बोले—'मैं अपने हाथ पर गिरिराज को उठाकर व्रज के सारे नर-नारियों की रक्षा करूँगा।' गायों, बछड़ों, और व्रजवासियों को विकल देखकर श्याम ने गोवर्द्धन की ओर देखा॥ ५५॥

१५५६ राग बिलावल

गोवर्धन लीन्हौं उचकाई। देखि बिकल नर-नारि कन्हाई॥
आपुन सुख, व्रज-जन बितताए। बूँद कयक व्रज पर बरषाए॥
वै डरपत आपुन हरषत मन। राखे रहे जहाँ तहँ व्रज-जन॥
घरिक देखि मनही सुख दीन्है। वाम भुजा धरि गिरिवर लीन्है॥
'सूरस्याम' गिरि करजहिं राख्यौ। धीर धीर सबसों कहि आख्यौ॥५६॥

कन्हैया ने जब देखा कि व्रज के सभी नर-नारी विकल हो उठे हैं, तब उन्होंने नीचे हाथ लगाकर गोवर्द्धन को ऊपर उभार लिया। कृष्ण ने व्रज पर कई एक बूँदें बरसा दीं। इससे व्रज-जन तो विकल हो उठे, पर इस खेल में हरि को आनंद आ रहा था। व्रजवासी डरे जा रहे थे, पर कन्हैया मन ही मन प्रसन्न हुए जा रहे थे। उन्होंने व्रजवासियों को यत्र-तत्र इसी चक्कर में डाले रखा। हरि ने एक घड़ी तक यह खेल खेला और अपने मन को सुख दिया। फिर उन्होंने अपनी बाईं भुजा पर गिरिराज गोवर्द्धन को उठा लिया। उन्होंने अपनी उँगली पर पहाड़ को रख लिया और व्रजवासियों से बोले—घबराओ मत, धैर्य बनाए रखो॥ ५६॥

१५५७ राग बिलावल

स्याम धरयो गिरि गोबरधन कर। राखि लिए व्रज के नारी-नर॥
गोकुल व्रज राख्यौ सब घर-घर। आनँद करत सबैं ताही-तर॥
बरसत मुसलधार मघवा वर। बूँद न आवत नैंकुहुँ भू पर॥
धार अखंडित बरसत झर-झर। कहत मेघ धावहु व्रज गिरिवर॥
सलिल प्रलय कौ टूटत तर-तर। बाजत सबद नीर कौ घर-घर॥
न जानत जल जात है दर-दर। बरषत कहत गयौ गिरि कौ जर॥
'सूरदास' प्रभु कान्ह गर्व हर। बीचहिं जरत जात जल अंबर॥५७॥

श्याम ने गोवर्द्धन गिरि को अपने बाएँ हाथ की उँगली पर उठा लिया और व्रज के समस्त नर-नारियों की रक्षा कर ली। कृष्ण ने गोकुल के, व्रज के, घर-घर की रक्षा कर ली, एक भी ध्वस्त नहीं होने पाया। सभी लोग पहाड़ के नीचे आनंद करने लगे। प्रलयंकर मेघ मूसलाधार पानी बरसाए जा रहे थे, पर एक भी बूँद पृथ्वी पर नहीं पहुँच पा रही थी। जलवृष्टि अखंड रूप में झर-झर होती जा रही थी। मेघ कहते जा रहे थे—'व्रज पर और

गोवर्द्धन गिरि पर, चढ़ दौड़ो।' प्रलय के जैसा पानी तड़तड़ा कर बरसा जा रहा था। और पानी गिरने की धड़धड़ ध्वनि सुनाई पड़ रही थी। बादल तो यह समझे जा रहे थे कि पानी जगह–जगह पर धरती में धँसता जा रहा है। वे जल बरसाते हुए कहते जा रहे थे—पहाड़ की जड़ अब गई, अब गई; और पहाड़ अब ध्वस्त ही हो गया समझो।

कन्हैया तो घमंडी का सिर नीचा करने वाले हैं। बादलों का पानी आकाश में ही जला जा रहा था, भाप बनकर उड़ा जा रहा था, वह धरती तक पहुँच ही नहीं पा रहा था॥ ५७॥

१५५७ राग बिलावल

बोलि लिए सब ग्वाल कन्हाई। टेकहु गिरि गोवर्धन राई॥
आजु सबै मिलि होहु सहाई। हँसत देखि बलराम कन्हाई॥
लकुट लिए कर टेकत जाई। कहत परस्पर लेहु उठाई॥
बरसत इंद्र महा झर लाई। अति जल देखि सखा डरपाई॥
नंद–नँदन बिनु को गिरि धारै। ऐसे बल बिनु कौन सँभारै॥
नख तें गिरे कौन गिरि राखै। बार–बार रहि–रहि यह भाखै॥
'सूरस्याम' गिरिवर कर लीन्हौ। बरसत मेघ चकित मन कीन्हौ॥५८॥

कन्हैया ने सब ग्वालों को बुला लिया और कहा—'तुम लोग भी अपनी–अपनी लाठियों पर गिरिराज को थाम लो। आओ, आज इस काम में तुम भी सहायता कर दो काम कठिन है, हाथ बँटा लो।' ग्वाल बालों को देखकर श्याम और बलराम दोनों हँसे जा रहे थे। ग्वाल–बाल अपनी–अपनी गोजियाँ हाथ में लिए आए और उनसे गोवर्धन के तले टेक लगा दी और परस्पर कहने लगे—'हाँ भाइयो, गोवर्द्धन को उठा ही लो।' इंद्र ने वर्षा की भारी झड़ी लगा दी थी। इस भारी और भयंकर जलको देखकर सभी सखा डर गए। वे कहने लगे—नंदनंदन के बिना दूसरा कौन इस पहाड़ को उठाए रख सकता है। कृष्ण के अद्‌भुत बल के बिना इसे कौन सँभाले रह सकता है। यदि यह डगमगाकर नख से गिर जाय, तो कौन इसे सँभाल सकता है? ग्वाल–बाल रह–रहकर, बार–बार, यह कहते जा रहे थे।

जब श्याम ने गोवर्द्धन पहाड़ को अपने हाथ पर उठा लिया। तब जल वृष्टि करने वाले बादल मन ही मन चकरिया गए॥ ५८॥

१५५८ राग बिलावल

बात कहत आपुस मैं बादर। इंद्र पठाए हम करि आदर॥
अब देखत कछु होत निरादर। बरषि–बरषि घन भए मन कादर॥
खीझत कहत मेघ सबही सौं। बरसि कहा कीन्हौ तबही सौं॥
महा प्रलय कौ जल कह राखत। डारि देहु व्रज पर कह ताकत॥
क्रोध सहित फिरि बरसन लागे। व्रजवासी आनँद अनुरागे॥
ग्वाल कहत तुम धन्य कन्हाई। बाम भुजा गिरि लियो उठाई॥
'सूरस्याम' तुम सरि कोउ नाहीं। बरसत घन गिरि देखि खिस्याहीं॥५९

बादल जब अपनी घोर वृष्टि का कोई दुष्प्रभाव न देख पाए, तब आपस में कहने लगे—'इंद्र ने हमें अत्यंत आदर करके, पान का बीड़ा खिला करके, हमें यहाँ भेजा था कि हम गोवर्द्धन को धो बहाएँ। पर अब हम देखते हैं कि हमारा निरादर होना चाहता है। हम इंद्र के आदेश का पूरा पालन नहीं कर पा रहे हैं—बरस तो रहे हैं, पर पहाड़ को धो बहा नहीं पा रहे हैं।'

इतना जल बरसाकर, उसका कोई प्रभाव न पड़ता देखकर, बादलों का जी छोटा हो गया। तब मेघवर्त ने खीझकर सभी मेघों से कहा—तुमने तभी से बरस कर क्या किया? महा प्रलय कर देने वाले जल को तुमने अपने पेट में ही क्यों रोक रखा है। मेरा मुँह क्या देख रहे हो, सारा जल व्रज पर क्यों नहीं एक साथ लुढ़का देते?

फिर सभी बादल क्रोध करके बरसने लगे। पर व्रजवासी आनंद मनाने लगे। ग्वाल कहे जा रहे थे—कन्हैया, तुम धन्य हो, तुमने अपनी बाईं भुजा पर गोवर्द्धन को उठा लिया। श्याम, तुम्हारे समान दूसरा कोई नहीं है।

उधर बादल प्रबल वर्षा करते जा रहे थे और गिरि को ज्यों का त्यों देखकर मन ही मन कुढ़ते जा रहे थे॥ ५९॥

१५५९ राग बिलावल

प्रलय मेघ ले आए बाने। आपुस ही मैं सबै रिसाने॥
सात दिवस जल बरसि बुढ़ाने। चकृत भए, तन-सुरति भुलाने॥
फिरि देखत जल कहाँ ढराने। महा प्रलय के सब निझराने॥
झुरि झुरि सब बादर बितताने। बूँद नहीं घन नैकु बचाने॥
जलद अपुन कौं धिक करि माने। फिरि सब चले अतिहि बिकलाने॥
'सूरस्याम' गोबरधन राने। मूरख सुरपति अजहुँ न जाने॥ ६०॥

प्रलय के मेघ तो बड़े रोब-दाब से, बड़ी तड़क-भड़क से, रूप बनाकर आए थे, पर अब वे आपस ही में एक दूसरे पर क्रोध किए जा रहे थे। वे सात दिन तक घनघोर वर्षा करते-करते बूढ़े हो गए थे, निर्बल और निर्जल हो गए थे। अतः वे आश्चर्यचकित होकर अपने शरीर की सुधि भुला बैठे। फिर वे विचार करने लगे—हमने महा-प्रलय का इतना जल बरसाया, और सब निझर गए, निथर गए। यह सब पानी गया, तो कहाँ गया। चिंता के मारे सारे बादल सूख गए, विकल हो गए। उनमें एक बूँद भी पानी नहीं बच रह गया। बादलों ने अपने को ही धिक-धिक कहा और अत्यंत विकल होकर अपने-अपने घर वापस चले गए।

श्याम ही गिरि गोवर्द्धन हैं—मूर्ख देवराज ने यह रहस्य अब भी नहीं समझा॥ ६०॥

१५६० राग बिलावल

मेघ चले मुख फेरि अमरपुर। करी पुकार जाइ आगैं सुर॥
स्त्रम तैं टूटि गए सबके उर। जल बिनु भए सबै घन धूँधुर॥
की मारौ, की सरन उबारौ। हममैं कहा रह्यौ अब गारौ॥
जहँ तहँ बादर रोवत बोलैं। स्त्रम अपनौ प्रभु आगे खोलैं॥

सात दिवस नहिं मिटी लगारा। बरष्यो सलिल अखंडित धारा ॥
महा प्रलय-जल नैंकु न उबर्‍यौ। ब्रजबासिनि नीकैं अब निदर्‍यौ ॥
वैसोइ गिरि, वैसेइ ब्रजवासी। नैंकु बूँद नहिं धरनि प्रकासी ॥
'सूर' सुनत सुरपतिहिं उदासी। देख्यौ यौं आए जलरासी ॥६१॥

मेघ अब गोवर्द्धन की ओर से मुँह फेरकर इंद्रपुरी चले गए। और उन्होंने जाकर सुरपति के आगे पुकार लगाई। सात दिनों तक लगातार बरसते बरसते, श्रम के कारण, हमारे हृदय टूट गए हैं। हमारा उत्साह ठंढा पड़ गया है। हममें अब जल की कालिमा नहीं रह गई है। हम पानी-हीन होकर धुँधले पड़ गए हैं, निस्तेज हो गए हैं। अब तुम चाहे हमें मारो, चाहे शरण में आया जानकर उबार लो। अब हममें गौरव की कोई बात रह ही नहीं गई है।

बादल इस प्रकार जहाँ-तहाँ रोते जा रहे हैं और इंद्र के आगे अपने भारी परिश्रम की, उसकी निष्फलता की, बात कहते जा रहे हैं। सात दिनों तक हम अखंड रूप से पानी बरसाते रहे। वर्षा की निरंतरता एक क्षण के लिए भी नहीं टूट पाई थी। महा प्रलय के जल की एक बूँद भी हमारे पास नहीं बची रह गई। ब्रजवासियों ने तो भली-भाँति हमारा निरादर कर दिया। गोवर्द्धन वैसा ही बना हुआ है, ब्रजवासी भी वैसे ही हँस खेल रहे हैं। हमारी एक भी बूँद धरती पर पड़ी नहीं दिखाई दे रही है।

जल-राशि बादल को यों असफल मनोरथ लौटा देखकर, सुरपति इंद्र उदास हो गया॥ ६१॥

१५६१ राग बिलावल

चकित भयो ब्रज चाह सुनाई। पुनि-पुनि बूझत मेघ बुलाई ॥
कहाँ गयो जल प्रलय-काल कौ। कहा कहौं सब तन बेहाल को ॥
कहा करैं, अपनौ बल कीन्हौ। व्याकुल रोइ-रोइ तब दीन्हौ ॥
दंड एक बरषैं मन लाई। पूरन होत गगन लौं आई ॥
परबत मैं कोउ है अवतारा। सुरपति मन मैं करत बिचारा ॥
'सूर' इंद्र सुर-गन हँकराए। आज्ञा सुनत तुरत सब आए ॥६२॥

ब्रज का यह समाचार सुनकर इंद्र चकित हो गया। वह मेघवर्त को बुलाकर बार-बार पूछने लगा। आखिर प्रलय काल का वह गिरा जल कहाँ चला गया?

तब मेघवर्त बोला—मैं अपने शरीर की सारी दुर्दशा कैसे कहूँ। हम क्या करें। हमने तो अपनी सारी शक्ति लगा दी। जब हम गोवर्द्धन का कुछ भी न बिगाड़ सके, तब हम रो-रो उठे। यदि हम एक दंड (६० पल = २४ मिनट) भी मन लगाकर बरस दें तो पृथ्वी से आकाश तक जल ही जल दिखाई देने लगे। पर हम सात दिनों तक अजस्र रूप से बरसते रहकर भी कुछ न कर सकें।

तब सुरपति मन में विचार करने लगे—लगता है पर्वत में कोई अवतार है। ऐसा विचार कर इंद्र ने समस्त देवताओं को बुलवा भेजा। आज्ञा सुनते ही वे सब तुरंत आ गए॥ ६२॥

१५६२ राग बिलावल

ुरपति आगैं भए सब ठाढ़े। सबहिनि कै मन चिंता बाढ़े ॥
कौन काज सुरराज बुलाए। सकुच सहित पूछत सब आए ॥
कहा कहौं कछु कहत न आवै। मेघवनि की गति सुरनि बतावै ॥
व्रजबासिनि मोकौं बिसरायौ। भोजन लै सब गिरिहिं चढ़ायौ ॥
गोको मेटि परबतहिं थाप्यौ। तब मैं थरथराइ रिस काँप्यौ ॥
सूरदास' यह सुरनि सुनाई। ता कारन तुम लिए बुलाई ॥६३॥

सभी देवता आकर सुरपति इंद्र के सामने खड़े हो गए। सबके मन में भारी चिंता आ समाई थी कि देवराज ने हमें किसलिए बुलवा भेजा है। आकर सभी बड़े संकोच के साथ पूछने लगे कि क्या बात है। इंद्र ने कहा—क्या कहूँ। कुछ कहते नहीं बन पा रहा है। उन्होंने बादलों की सारी बात देवताओं से कह सुनाईं और बोले—व्रजवासियों ने मुझे भुला दिया और मेरा प्राप्य सभी भोजन गोवर्द्धन को चढ़ा दिया, खिला दिया। मुझे छोड़कर, उन्होंने पर्वत को देवरूप में स्थापित कर लिया है। तब मैं क्रोध के मारे काँप उठा। इंद्र ने यह कथा देवताओं से कह सुनाई और कहा—मैंने तुम सबको इसीलिए बुला भेजा है ॥ ६३ ॥

१५६३ राग बिलावल

ुरनि कही सुरपति के आगैं। सनमुख कहत सकुच हम लागै ॥
सकुचत कत, सो बात सुनावहु। नीकै करि मोकौं समुझावहु ॥
नीकी भाँति सुनौ सुरराई। व्रज में व्रह्म प्रगट भए आई ॥
तुम जानत जब धरनि पुकारी। पापहि पाप भई अति भारी ॥
पौढ़े सेष संग श्री प्यारी। ते व्रज भीतर हैं बपु धारी ॥
व्रह्म-कथा कहि आदि पसारी। तिनसौं हम कीन्ही अधिकारी ॥
सूरदास' प्रभु गिरि कर धारी। यह सुनि इंद्र डर्‌यौ मन भारी ॥६४॥

देवताओं ने इंद्र से कहा—'आपके सामने कुछ कहने में हमें भारी संकोच हो रहा है।' तब इंद्र ने कहा—'तुम लोग संकोच क्यों कर रहे हो? जो बात हो, साफ साफ मुझसे भलीभाँति कहकर समझा दो।' तब देवता बोले—सुरपति, भलीभाँति सुन लो। व्रज में व्रह्म ने अवतार ले लिया है, तुम जानते ही हो, जब धरती पर पाप का भारी बोझ बढ़ गया, तब उसने आकर पुकार लगाई। उस समय भगवान शेष-शैया कर अपनी परम प्रिया लक्ष्मी जी के साथ शयन कर रहे थे। उन्हीं व्रह्म ने व्रज में जाकर मानव शरीर धारण कर लिया है।

देवताओं ने व्रह्म के अवतार की सारी कथा आदि से अंत तक कह सुनाई। तब इंद्र बड़े सोच में पड़ गए—'उन्हीं ब्रह्म पर हमने अपना जोर दिखाया है।' जब देवताओं ने यह कहा कि उन्हीं प्रभु ने गोवर्द्धन पहाड़ को अपने हाथों पर उठाकर व्रज की रक्षा की है, तब तो इंद्र मन ही मन अत्यंत डर गया॥ ६४॥

१५६४ राग बिलावल

यह मोकों तबहीं न सुनाई। मैं बहुतै कीन्ही अधमाई ॥
पूरन व्रह्म रहे व्रज आई। काहू तो मोहिं सुधि न दिवाई ॥

सुरनि कही नहिँ करी भलाई । आजु कह्यौ जब महत गँवाई ॥
यह सुनि अमर गए सरमाई । सुनहु राज हम जानि न पाई ॥
अब सुनियै आपुन मन लाई । व्रजहिँ चलौ, नहिँ और उपाई ॥
वै हैं कृपासिंधु करुनाकर । छमा करहिँगे श्री सुंदर वर ॥
और कछू मन में जिनि आनहु । हम जो कहैं सत्य करि मानहु ॥
'सूर' सुरनि यह बात सुनाई । सुरपति सरन चल्यो अकुलाई ॥ ६५ ॥

इंद्र बोले—ब्रह्म के व्रज़ में अवतार लेने की बात तुम लोगों ने मुझे पहले ही क्यों न बता दी। मुझसे बहुत छोटहरई हो गई है। पूर्ण ब्रह्म व्रज में आ अवतारे और तुम लोगों में से किसी ने, यह समाचार नहीं दिया। इंद्र ने देवताओं से कहा—तुम लोगों ने अच्छा काम नहीं किया। तुम सबने मुझे आज यह सूचना दी है, जब मैं अपना सारा महत्व गँवा चुका

यह सुनकर देवता लोग लज्जित हो उठे और बोले—हे देवराज, सुनिए। हमने जाना ही नहीं पाया। इसी बीच इतनी बड़ी दुर्घटना घट गई। अब आप हमारी बात ध्यानपूर्वक सुनिए : अब अन्य कोई उपाय नहीं रह गया है।

अब आप सीधे व्रजमंडल चले चलिए। कृष्ण कृपा के सागर हैं, अत्यंत दयालु हैं श्री के ये सुंदर वर आपकी भूल को क्षमा कर देंगे। आप अपने मन में और कोई बात न लाएँ। हम जो कह रहे हैं, उसे सत्य मानें।

देवताओं ने देवराज से यह बात कही और देवराज आकुल होकर श्याम की शरण में चल पड़े॥ ६५ ॥

१५६५ *राग बिलावल*

जब जान्यो व्रजदेव मुरारी । उतरि गई तब गर्व-खुमारी ॥
व्याकुल भयो डर्यौ जिय भारी । अनजानत कीन्ही अधिकारी ॥
बैठि रहे तैं नहिँ बनि आवै । ऐसौ को, जो मोहिँ बचावै ॥
बार-बार यह कहि पछितावै । जाउँ सरन, बल मनहिँ धरावै ॥
जाइ परौं चरननि सिर धारौं । की मारौ, की मोहिँ उबारौ ॥
अमरनि कह्यौ करौ असवारी । ऐरावत को लेहु हँकारी ॥
'सूर' सरन सुरपति चल्यौ धाई । लिए अमर-गन संग लगाई ॥ ६६ ॥

जब इंद्र को इस बात की जानकारी हो गई कि व्रज के देवता तो स्वयं मुरारि कृष्ण हैं, तब उसके गर्व का नशा उतर गया। वह व्याकुल हो उठा और मन में बहुत डर गया मुझसे अनजाने यह ढिठाई हो गई। मैं यहाँ बैठा रह जाऊँगा, तो इससे कुछ काम न सिद्ध होगा। ऐसा कौन है जो मुझे बचा सके। वह बार-बार यह कह-कहकर पछताने लगा उसने मन ही मन साहस बटोरा और तै किया कि मुझे कृष्ण की शरण में चले ही जाना चाहिए। मैं जाकर उनके चरणों पर अपना माथा पटक दूँ और कहूँ—प्रभु, अब चाहे तो मुझे मार डालिए, चाहे तो बचा लीजिए। यह आपकी इच्छा पर निर्भर करता है।

देवताओं ने कहा—ऐरावत को बुला लीजिए और उसी पर सवार होकर चले चलिए

सुरपति देवताओं को साथ में लिए हुए कृष्ण की शरण में चल पड़ा॥ ६६ ॥

१५६६ राग बिलावल

करत बिचार चल्यौ सन्मुख व्रज । लटपटात पग धरत धरनि गज ॥
कोटि इंद्र जाकैं रोमनि रज । व्रज अवतार लियौ माया तज ॥
उतरि गगन, पुहुमी पर आए । व्रजवासी सब देखन धाए ॥
चकित भए सब, मनहि भ्रमाए । व्रज ऊपर आवत वे धाए ॥
कहत सुनी लोगनि मुख बाता । येई हैं सुरपति सुर त्राता ॥
देखि सैन व्रज लोग सकात । यह आयो कीन्हैं कछु घात ॥
'सूरस्याम' कौं जाइ सुनायो । सुरपति सैन साजि व्रज आयो ॥ ६७ ॥

इंद्र मन में विचार करते हुए व्रज की ओर चल पड़ा। उसका हाथी ऐरावत भी धरती पर डगमगाते पैर रखता हुआ आगे बढ़ा। जिसके एक एक रोम में लगे एक एक रजकग में करोड़ों इंद्र उलझे पड़े हैं, वह ब्रह्म अपनी सारी माया छोड़कर व्रज में अवतरित हुआ है। इंद्र का हाथी आकाश से उतर कर धरती पर आ गया है। सब व्रजवासी देखने के लिए दौड़ पड़े। व्रजवासी चकित हो गए और उनके मन में यह भ्रम पैदा हो गया कि ये व्रज पर आक्रमण करने के लिए चले आ रहे हैं। उन्होंने लोगों के मुख से निकलती हुई यह बात सुनी—यही देवताओं के राजा हैं। यही देवताओं के त्राता (रक्षक) हैं। देव-सेना देखकर व्रजवासी डर गए कि यह कुछ घात लगाकर ही यहाँ आया है। उन्होंने श्याम से जाकर इंद्र के आने की बात कह सुनाई कि वे अपनी सेना सजाकर व्रज पर चढ़ आए हैं ॥ ६७ ॥

१५६७ राग बिलावल

निकट जानि त्याग्यौ बाहन कौं । व्रज बाहिर राख्यौ साहनि कौं ॥
सकुचत चल्यौ कृष्न कैं सन्मुख । कछु आनंद, कछुक मन मैं दुख ॥
पर्‌यौ जाइ चरननि सुरराई । कृपा-सिंधु राखौ सरनाई ॥
कियो अपराध बहुत बिन जाने । प्रभु उठाइ लिये हँसि मुसकाने ॥
श्रीमुख कह्यौ उठौ सुरराजा । बदन उठाइ सकत नहिं लाजा ॥
वे दिन वृथा गए बेकाजा । तुमकौं नहिं जान्यौ व्रजराजा ॥
'सूरस्याम' लीन्हौं उर लाई । असरन सरन निगम यह गाई ॥ ६८ ॥

निकट आया जानकर इंद्र ने अपना वाहन त्याग दिया। वह ऐरावत से उतर पड़ा और अपने सभी साहनियों (पार्षदों) को भी व्रज के बाहर ही रोक दिया। वह सकुचता हुआ कृष्ण की ओर चल पड़ा। उसे इस बात का आनंद हो रहा था कि मैं परम प्रभु का दर्शन आज पा जाऊँगा। उसे मन में अपनी धृष्टता का खेद भी हो रहा था। वह दौड़कर कृष्ण के चरणों पर गिर पड़ा। कृपासिंधु कृष्ण ने उसे अपनी शरण में ले लिया। वह बोला—हे प्रभु, अनजाने में मुझसे बड़ा भारी अपराध हो गया है। प्रभु ने हँसकर उसे अपनी बाँहों में पकड़कर उठा लिया और मुसकुरा पड़े। इन्होंने अपने मुँह से कहा—सुरपति, उठो। पर इंद्र लाज के मारे अपना मुँह नहीं दिखा पा रहा था। वह बोला—हे व्रजराज, मैंने यह नहीं जाना कि तुम्हारा अवतार हो गया है। मैंने अपने इतने दिन व्यर्थ ही नष्ट कर दिए।

श्याम ने इंद्र को गले से लगा लिया। वेदों ने उन्हें अशरण-शरण कहा ही है। प्रभु ने अप विरद को चरितार्थ कर दिया॥ ६८॥

१५६८ राग बिलाव

हँसि-हँसि कहत कृष्न मुख बानी । हम नाहिंन तुम पर रिस आनी ॥
तुम कत अति संका जिय जानी । भली करी व्रज बरख्यौ पानी ॥
यह सुनि इंद्र अतिहि सकुचान्यौ । व्रज अवतार नहीं मैं जान्यौ ॥
राखि लेहु, त्रिभुवन के नाथा । नहि मोतैं कोउ और अनाथा ॥
फिरि-फिरि चरन धरत लै माथा । छमा करहु, राखहु मोहिँ साथा ॥
रबि आगैं खद्योत प्रकासा । मनि आगै ज्यों दीपक नासा ॥
कोटि इंद्र रबि कोटि बिनासा । मोहिँ गरीब की केतिक आसा ॥
दीन बचन सुनि भव के बासा । छमा भए जल पर्‍यो हुतासा ॥
अमरापति चरननि तर लोटत । रही नहीं मन में कछु खोटत ॥
उभय भुजा करि लियो उठाई । सुरपति-सीस अभय कर नाई ॥
हँसि दीन्हीं प्रभु लोक बड़ाई । श्रीमुख कह्यौ, करौ सुख जाई ॥
धन्य-धन्य जन के सुखदाई । जै-जै धुनि देवनि मुख गाई ॥
सिव, विरंचि चतुरानन, नारद । गौरी-सुत दोऊ सँग सारद ॥
रबि, ससि, बरुन अनल जमराजा । आजु भए सब पूरन काजा ॥
असरन-सरन सदा तुव बानौ । यह लीला प्रभु तुमही जानौ ॥
माता सों सुत करै ढिठाई । माता फिरि ताकौं सुखदाई ॥
ज्यौ धरनी हल खोदि बिनासै । सनमुख सतगुन फलहि प्रकासै ॥
कर कुठार ले तरुहि गिरावै । यह काटै, वह छाया छावै ॥
जैसे दसन जीभ दबि जाइ । तब कासौं सो करै रिसाइ ॥
धनि व्रज, धनि गोकुल वृंदावन । धनि जमुना, धनि लता-कुंज घन ॥
धन्य नंद, धनि जननि जसोदा । बाल-केलि हरि कै रस मोदा ॥
अस्तुति सुनि मन हरख बढ़ायौ । साधु-साधु कहि सुरनि सुनायौ ॥
तुमहिँ राखि असुरनि संहारौं । तन धरि धरनी भार उतारौं ॥
आवत जात बहुत स्त्रम पायौ । जाहु भवन, करि कृपा पठायौ ॥
कर सिर धरि-धरि चले देव-गन । पहुँचे अमर लोक आनँद मन ॥
यह लीला सुर घरनि सुनाई । गाइ उठीं सुर-नारि बधाई ॥
अमर लोक आनंद भए सब । हर्ष सहित आए सुरपति जब ॥
'सूरदास' सुरपति अति हरख्यौ । जै-जै धुनि सुमननि व्रज बरख्यौ ॥ ६९ ॥

कृष्ण हँस-हँसकर कहने लगे—हम तुमसे तनिक भी रुष्ट नहीं हैं। तुमने अपने म में भय क्यों मान लिया? तुमने तो अच्छा ही किया कि व्रज पर पानी बरसा दिया।

यह सुनकर इंद्र बहुत संकोच में पड़ गया—व्रज में प्रभु का अवतार हो गया, इ

मैं नहीं जान पाया। हे त्रिभुवननाथ, अब मेरी रक्षा कर लीजिए। मुझसे बढ़कर अनाथ कोई दूसरा नहीं है। इंद्र बार-बार कृष्ण के चरणों पर अपना सिर रखने लगा और कहने लगा— प्रभु, मुझे क्षमा कर दें और अपने ही साथ रख लें। सूर्य के सामने जुगुनू का प्रकाश क्या? मणि के सामने जैसे दीपक की ज्योति नष्ट हो जाती है, मंद-प्रभ पड़ जाती है, वैसे ही मैं आपके सामने हूँ। आप तो करोड़ो इंद्रों, करोड़ों सूर्यों को नष्ट कर सकते हैं—मुझ गरीब की क्या बिसात है।

इंद्र की दीन वाणी सुनकर जगन्निवास ने उसे क्षमा कर दिया और जलती आग पर जैसे पानी पड़ गया। अमरावती का स्वामी इंद्र कृष्ण के चरणों पर लोटने लगा। उसके मन में किसी तरह की खोट (बुराई, दुर्भावना) नहीं रह गई।

कृष्ण ने अपनी दोनों भुजाओं से इंद्र को उठा लिया और इंद्र के सिर पर अभय का हाथ रखा। हँसकर प्रभु ने इंद्र को लोक-महिमा, प्रभुता, प्रतिष्ठा दे डाली। और स्वयं अपने मुँह से कह दिया—अब तुम अमरावती लौट जाओ और वहाँ सुख-विलास करो।

देवताओं ने प्रभु की जय-जयकार की और कहा—हे अपने भक्तों को सुख देनेवाले, तुम धन्य हो, धन्य हो। शिव, चतुरानन ब्रह्मा, नारद, गौरी के दोनों पुत्र गणेश और षड़ानन, शारदा, सूर्य, चंद्र, वरुण, अग्नि, यमराज हम सभी आज पूर्ण-काम हो गए। हमारी सारी अभिलाषाएँ प्रभु का दर्शन पाकर पूर्ण हो गईं। तुम्हारा तो सदा का विरद ही, बाना ही, अशरण-शरण होने का है। हे प्रभु, अपनी यह लीला तुम्हीं ही जानते हो। बच्चा माँ से धृष्टता करता ही रहता है, पर माँ अंततः उसको सुख ही देती रहती है। धरती को हल से खोदकर हम विनष्ट कर देते हैं, पर वह धरती हमें इसके लिए सैकड़ों गुना, फल, प्रदान करती है। लोग हाथ में कुल्हाड़ी लेकर पेड़ को काट गिराते हैं। यह तो उसे काट कर ढहा देते हैं, पर वह वृक्ष कट कर भी उसके घर को छा देता है, उनपर छाया कर देता है। जीभ दाँतों के बीच दब जाती है, तब क्या वह किसी दाँत पर गुस्सा कर बैठती है? यह व्रज धन्य है, यह गोकुल धन्य है, यह वृंदावन धन्य है। यह जमुना धन्य है। ये सघन लताओं में आच्छादित कुंजें धन्य हैं। नंद धन्य हैं। मैया यशोदा धन्य हैं। हरि की रस और मोद से परिपूर्ण बाल-केलि धन्य हैं।

देवताओं की यह स्तुति सुनकर कृष्ण को बहुत-बहुत प्रसन्नता हुई। और उन्होंने देवताओं को बहुत बहुत साधुवाद दिया। वे बोले—मैं असुरों का संहार करके तुम्हारी रक्षा करता हूँ और अवतार लेकर धरती का भार उतारता हूँ। यहाँ आने में तुम सबने भारी श्रम उठाया है। इतना ही श्रम तुम्हें वापस जाने में भी करना होगा। अब तुम सब अपने-अपने घरों को चले जाओ।

हरि ने कृपा करके देवताओं को देवलोक भेज दिया। और देवता भी सिर पर हाथ रख-रखकर प्रणाम करते हुए चले गए। देवता लोग सानंद अमरावती पहुँच गए। देवताओं ने यह लीला जाकर अपनी घरनियों से वर्णन करके सुना दी। उनकी गृहिणियाँ भी अनंद-मंगल के गीत गा उठीं। जब इंद्र सानंद वापस आ गए, तब अमरपुरी में सभी सुखी हो गए। सुरपति परम प्रफुल्लित थे। उन्होंने जय-जयकार करते हुए व्रज पर खूब फूल बरसा दिए॥ ६९॥

हरि कर तैं गिरिराज उतार्‌यौ । सात दिवस जल प्रलय सम्हार्‌यौ ॥
ग्वाल कहत कैसे गिरि धार्‌यौ । कैसे सुरपति गर्व निवार्‌यौ ॥
वज्रायुध जल बरषि सिरान्यौ । पर्‌यौ चरन जब प्रभु करि जान्यौ ॥
हम सँग सदा रहत है ऐसैं । यह करतूति करत तुम कैसैं ॥
हम हिलि-मिलि तुम गाइ चरावत । नंद-जसोदा-सुवन कहावत ॥
देखि रहीं सब घोष-कुमारी । कोटि काम-छबि पर बलिहारी ॥
कर जोरति रबि गोद पसारैं । गिरिवर-धर पति होहिँ हमारैं ॥
ऐसौ गिरि गोबर्द्धन भारी । कब लीन्हौ, कब धर्‌यौ उतारी ॥
तनक-तनक भुज, तनक कन्हाई । यह कहि उठी जसोदा माई ॥
कैसैं परबत लियौ उचकाई । भुज चाँपति, चूमति, बलि जाई ॥
बारंबार निरखि पछिताई । हँसत देखि ठाढ़े बल भाई ॥
इनकी महिमा काहु न पाई । गिरिवर धर्‌यौ यहै बहुताई ॥
इक-इक रोम कोटि व्रह्मंडा । रबि, ससि, धरनीधर नव खंडा ॥
इहिँ व्रज जन्म लियो कै बारा । जहाँ-तहाँ जल-थल अवतारा ॥
प्रगट होत भक्तनि के काजा । व्रह्म कीट सम सब के राजा ॥
जहँ-जहँ गाढ़ परै तहँ आवैं । गरुड़ छाँड़ि ता सनमुख धावैं ॥
व्रज ही मैं नित करत बिहारन । जसुमति भाव-भक्ति-हित-कारन ॥
यह लीला इनकौं अति भावै । देह धरत पुनि-पुनि प्रकटावै ॥
नैकु तजत नहिँ व्रज नर-नारी । इनकैं सुख गिरि धरत मुरारी ॥
गर्ववंत सुरपति चढ़ि आयौ । बाम करज गिरि टेकि दिखायौ ॥
ऐसे हैं प्रभु गर्व-प्रहारी । मुख चूमति जसुमति महतारी ॥
यह लीला जो नित प्रति गावैं । आपुन सिखि औरनि सिखरावैं ॥
भक्ति मुक्ति की केतिक आसा । सदा रहत हरि तिनके पासा ॥
चतुरानन जाकौ जस गानै । सेस सहसमुख जाहि बखानै ॥
आदि अंत कोऊ नहिँ पावै । जाकौ निगम नेति नित गावै ॥
'सूरदास' प्रभु सबके स्वामी । सरन राखि मोहिँ अंतरजामी ॥ ७० ॥

कृष्ण ने हाथ से गिरिराज को उतार कर धरती पर रख दिया। उन्होंने सात दिनों तक प्रलयंकर जल को सम्हाले रखा। ग्वाल पूछने लगे—कन्हैया तुमने पहाड़ कैसे उठा लिया, तुमने कैसे देवराज इंद्र का गर्व चूर कर दिया। बज्र के आयुध वाला इंद्र पानी बरसा-बरसा कर ठंढा पड़ गया। जब उसने जान लिया कि तुम प्रभु के अवतार हो, तब वह तुम्हारे चरणों पर आ गिरा। हम सब तो तुम्हारे साथ सदा ही बने रहते हैं। पर तुम न जाने कैसे यह सब लीला कर बैठते हो। हम तुमसे हिल-मिलकर तुम्हारे साथ गायें चराते रहते हैं। तुम नंद और यशोदा के पुत्र कहे जाते हो। तुममें यह अद्‌भुत गुण कहाँ से आ गए।

गोपियाँ कृष्ण को अपलक देखे जा रही थीं और उनकी करोड़ों कामदेवों से भी सुंदर छवि पर निछावर हुई जा रही थीं। वे हाथ जोड़कर और आँचल फैलाकर सूर्य से वर माँगे जा रही थीं कि गिरिगोवर्द्धन को धारण करनेवाले कन्हैया ही हमारे पति हों।

यशोदा मैया कह उठीं—यह गोवर्द्धन इतना भारी पहाड़ है। तुमने कब इसे अपने हाथों पर उठाया और कब इसे उतार कर धरती पर रख दिया। कन्हैया, तुम कितने छोटे से हो। तुम्हारी बाहें तो और भी छोटी हैं। तुमने कैसे पर्वत को उखाड़ कर उठा लिया। मैया जसोदा उनकी बाँह मींजने लगीं, उन्हें चूमने लगीं और उनकी बलैया लेने लगीं। वे बार-बार पछताए जा रही थीं कि मेरे नन्हा-मुन्ना को भारी श्रम करना पड़ा।

यशोदा को कृष्ण की भुजाओं की बलैया लेते देखकर बलराम हँसकर बोले—कृष्ण की महिमा को कोई नहीं जान पाया है? इन्होंने गोवर्द्धन को उठा लिया, इसी को लोग बहुत बड़ी बात समझ बैठे हैं। इनके तो एक एक रोम में कोटि कोटि ब्रह्मांड हैं और एक एक ब्रह्मांड में सूर्य, चंद्रमा, पहाड़ और नव खंड समाए हुए हैं। कृष्ण ने इस व्रज में अनेक बार अवतार लिया है। इन्होंने यत्र-तत्र, जल-स्थल में अवतार लिया है। ये भक्तों के लिए प्रगट होते रहते हैं। यह व्रह्म और कीड़ों-मकोड़ों तक के राजा है। जहाँ-जहाँ भक्तों पर संकट पड़ता है, यह गरुड़ छोड़कर तत्काल वहाँ आ जाते हैं। त्वरा में इन्हें अपने वाहन गरुड़ की भी चिंता नहीं रह जाती। नित्य विहार करने के लेते, यशोदा मैया की भक्ति-भावना के कारण यह व्रज में आते रहते हैं। इनको यह लीला परम प्रिय है। यह बार-बार इसीलिए शरीर धारण करते रहते हैं। यह व्रज के नर-नारियों को रंचमात्र भी नहीं छोड़ते। इन्हीं के सुख के लिए मुरारी ने गोवर्द्धन गिरि को धारण कर लिया है। घमंड में चूर सुरपति व्रज पर मेघदल के साथ चढ़ आया था, श्याम ने बाएँ हाथ की उँगली पर गोवर्द्धन पहाड़ को टिकाए रखा।

प्रभु ऐसे गर्व हर लेनैवाले हैं, यशोदा मैया उनका मुँह बार-बार चूमे जा रही हैं।

जो इस गोवर्द्धन धारण की लीला को नित्यप्रति गाता रहता है, स्वयं सीखकर दूसरों को सिखाता रहता है, जो इस लीला को सुनते और सीखते हैं, पढ़ते हैं, मन में रखते हैं, प्रेम सहित इसे कहते हैं, उनके लिए भक्ति और मुक्ति की आशा कुछ नहीं है, भगवान स्वयं उनके पास सदा बने रहते हैं।

चार मुख वाले ब्रह्मा जिसका यश गाते रहते हैं, शेष अपने हजार मुखों से जिनका गुण-गान करते रहते हैं, जिनका आदि और अंत कोई नहीं जानता, जिसको वेद नेति नेति कहकर गाते रहते हैं, वही प्रभु सबके स्वामी हैं। हे अंतर्यामी मुझ सूर को अपनी शरण में रख लीजिए॥ ७०॥

८. रास-लीला

१७९७ राग बिलावल

(१)

वृंदावन हरि रास उपायौ। देखि सरद निसि रुचि उपजायौ॥
अदभुत मुरली-नाद सुनायौ। जुवति सुनत तनु दसा गँवायौ॥

मिलि धाईं, मन कौ फल पायौ। जंगम चले, चलत ठहरायौ॥
उलटी जमुना धार बहायौ। सुनि धुनि चंचल पवन थकायौ॥
सुर नर मुनि कौ ध्यान भुलायौ। चंद्र गगन मारग बिसरायौ॥
रूप देखि मन काम लजायौ। रस मैं अंतर बिरस जनायौ॥
जुवतिनि के तनु बिरह बढ़ायौ। बहुरि मिले अति हित उपजायौ॥
फेरि रास मंडली बनायौ। हाव-भाव करि सबनि रिझायौ॥
कल्प रैनि रस हेत उपायौ। प्रात समय जमुना तट आयौ॥
नारिनि के निसि-स्रमहिं मिटायौ। जुवतिनि प्रति प्रति रूप बनायौ॥
सिव नारद सारद यह गायौ। ध्यान टरयौ, चित तहाँ चलायौ॥
रमाकंत जा सुख कौं ध्यायौ। सो सुख नंद-सुवन व्रज आयौ॥
राधा वर निज नाम कहायौ। 'सूरदास' कछु कहि-कहि गायौ॥ १॥

हरि ने वृंदावन में रास रचाया। शरद की सुहावनी चाँदनी रात देखकर उनके मन में रास करने की इच्छा उत्पन्न हुई। उन्होंने मुरली की निराली धुन छेड़ दी। सुनते ही व्रज की युवतियाँ अपने शरीर की सुधि-बुधि भूल गईं। उन्हें अपना मनोवांछित फल मिल गया। इसलिए एक साथ मिलकर वे दौड़ पड़ीं। जो स्थिर थे, वे चलायमान हो गए; और जो चल थे, वे अचल हो गए। यमुना की धारा उलट कर बहने लगी। मुरली की धुनि सुनकर प्रवहमान वायु भी रुक गई। देवता, मनुष्य और मुनि सभी का ध्यान टूट गया। चंद्रमा भी आकाश में अपना रास्ता भूल गया। कृष्ण के रूप को देखकर काम भी मन ही मन लज्जित हो गया। उसका रसमय हृदय ईर्ष्या से विरस हो गया। उसका प्रसन्न हृदय भी खिन्न हो गया। युवतियों के हृदय में विरह बढ़ जाने से मिलनोत्सुकता बढ़ गई। और पुनः मिलन पर उसने उनके प्रेम को अत्यधिक कर दिया। फिर कृष्ण ने रास मंडल बनाया। सब गोपियों को मंडलाकार खड़ी कर दिया। और अपने हाव-भाव से सबको रिझा लिया। रसानंद के लिए उन्होंने रास की रजनी के एक कल्प—४ करोड़ ३२ लाख वर्ष—की बना दिया। सबेरा होते-होते वे जल-विहार के लिए यमुना तट पर आ गए। रात में रास में नाचने के कारण गोपियों को जो थकावट आ गई थी, यमुना में जल-विहार से वह थकावट दूर हो गई। जितनी युवतियाँ थीं, हरि ने अपने उतने रूप बना लिए थे। शिव, नारद और शारदा को यह नृत्य ऐसा अच्छा लगा कि उनकी समाधि टूट गई और उनका चित्त उस रास-भूमि पर चला आया। गोपियों ने रमा (लक्ष्मी) के कांत विष्णु से जिस सुख की कल्पना की थी, नंद के नंदन ने उस सुख को व्रज में प्रत्यक्ष ला दिखाया। यहाँ यह 'राधावर' नाम से प्रख्यात हुए। सूरदास ने इसे कुछ-कुछ कहकर गा सुनाया॥ १॥

१७९९ राग विहागरो

(२)

(तो पर वारी हौं नँदलाल) ॥ टेक॥

सरद-चाँदनी रजनी सोहै, वृंदाबन श्री कुंज।
प्रफुलित सुमन बिबिध रँग जहँ-तहँ, कूजत कोकिल-पुंज।

जमुना पुलिन स्याम घन सुंदर, अदभुत रास उपायौ।
सप्त-सुरनि बंधान सहित हरि, मुरली टेरि सुनायौ॥ १॥

हे नंदलाल, मैं तुम पर निछावर हूँ। शरद की सुहावनी चाँदनी रात है। वृंदावन की श्रीकुंज है। वहाँ रंग-बिरंगे फूल खिले हुए हैं और जहाँ-तहाँ कोयलें कूज रहो हैं। घनश्याम ने यमुना के किनारे अद्‌भुत रास रचाया। सा रे गा मा प ध नि के सातो स्वरों में बाँधकर हरि ने अपनी मुरली बजाई और गोपियों को बुलाया॥ १॥

थक्यौ पवन, सुर थकित भए, नभ-मंडल ससि-रथ थाक्यौ।
अचल चले, चल थकित भए, सुनि धरनि उमँगि धर काँप्यौ।
खग मृग मीन, जीव जल थल के, सब तन-सुरति बिसारी।
सूखैं-द्रुम पल्लव फल लागे, नव नव साखा डारी॥ २॥

पवन रुक गया। देवताओं के विमान भी खड़े हो गए। आकाश में चंद्रमा का रथ भी रुक गया। अचर चर हो गए और चर अचर हो गए। पृथ्वी हिल उठी और धरणीधर पर्वत भी प्रकंपित हो उठे। थलचर जीव खग और मृग तथा जलचर जीव मछलियाँ सब सुधि हीन हो गए। सूखे पेड़ों में पत्ते और फल लग गए और उनमें नई-नई शाखाएँ और डालियाँ फूट निकलीं॥ २॥

सुनि व्रज-वधू तज्यौ आरज-पथ, सुत पति नेह न कीन्हौ।
प्रगट्यौ अंग अनंग बिकल भईं, तन मन हरि सब लीन्हौ।
इक जेवनार करत ही छाँड़ी, इक जेंवत पति त्याग्यौ।
इक बालक पय पियत सुवावति, प्रेम बिबस, तनु जाग्यौ॥ ३॥

मुरली की इस धुन को सुनकर व्रज वधूटियों ने वेद-निर्धारित आर्यपथ का परित्याग कर दिया। उन्होंने बेटा-बेटी और पति के प्रेम का ध्यान नहीं किया। उनके अंगों में अनंग उत्पन्न हो गया और वे कामातुर हो उठीं। उनका तन मन सभी हरि ने हर लिया। एक रसोई बना रही थी, उसने भोजन बनाना छोड़ दिया। एक पति को भोजन करा रही थी। उसने भोजन कराना छोड़ दिया। एक बच्चे को दूध पिला रही थी, वह उसे सुलाने लगी। वे प्रेम के वश में हो गईं और उनके अंग में अनंग जग गया॥ ३॥

जो जैसैं तैसैं उठि धाईं, तन-मन-सुरति बिसारी।
मुरलि-नाद करि टेरि लई हरि, व्रज नव जुवति कुमारी।
आँजत नैन, अधर दुहुँ के बिच, सारंग-सुत तहँ लाग्यौ।
मानहु अलि बैठ्यौ बंधुक पर, पियत सुमन-रस पाग्यौ॥ ४॥

जो गोपी जिस भी दशा में थीं, वह उसी दशा में तन मन की सुधि भुलाकर उठकर दौड़ पड़ी। मुरली बजाकर हरि ने व्रज की नवयुवती कुमारियों को बुला लिया, कोई आँखों में आँजन लगा रही थी, पर भूलकर उसने नैनों में न लगाकर, दोनों अधरों के बीच उस सारंग-सुत (दीपक का पुत्र, काजल) को लगा लिया। लाल होठों पर वह कज्जल विंदु ऐसा लग रहा था, मानो दुपहरिया के फूल पर भौंरा बैठकर मधुर मधु पी रहा हो॥ ४॥

कटि कंचुकी, उरज लहँगा कसि, चरननि हार सँवार्‌यौ।
उलटे भूषन अंगनि साजे, फेर न काहु निहार्‌यौ।
चलीं सबै तिय आधी रतियाँ, जहँ नव-कुंज-बिहारी।
आनि हजूर भईं कानन मैं, जहाँ स्याम सुखकारी ॥ ५ ॥

उतावली में गोपियों ने कमर में चोली पहन ली, स्तनों पर लहँगा कस लिया और पैरों में हार पहन लिया। उन्होंने अपने अंगों पर दूसरे अंगों के आभूषण पहन लिए; और फिर किसी को नहीं देखा। उस अर्द्धरात्रि में वे सभी गोपियाँ वहाँ चल पड़ीं, जहाँ कुंज-विहारी कृष्ण थे। वे वृंदावन में आकर उपस्थित हो गईं, जहाँ सुख देनेवाले श्यामसुंदर थे॥ ५॥

देखि सबै व्रजनारि स्याम घन, चितए बुद्धि सँवारी।
क्यौं आईं वृंदावन भीतर, तुम सब पिय की प्यारी।
तुम कुलवधू भवनहीं नीकी, रैनि कहाँ सब आईं।
अपनैं-अपनैं घर पति-जन सौं, कैसैं निकसन पाईं ॥ ६ ॥

उन व्रज नारियों को आया देखकर घनश्याम ने उनकी ओर देखा और कुछ सोच-विचार कर बोले—तुम लोग इस आधी रात में वृंदावन में क्यों आ गई हो? तुम सब तो अपने पतियों की प्यारी पत्नियाँ हो। तुम तो कुलवधू हो। तुम्हारा घर में रहना शोभा देता है। रात में तुम सब यहाँ कहाँ आ गईं? तुम अपने-अपने घरों से अपने-अपने पतियों को छोड़कर कैसे निकल पाईं?॥ ६॥

बेनु, सब्द स्त्रवननि मग ह्वै उर, पैठि हमहिं लै आयौ।
आस तुम्हारी जानि चपल चित, चंचल तुरत चलायौ।
अपनौ पुरुष छाँड़ि जो कामिनि, अन्य पुरुष मन लावै।
अपजस होइ जगत जीवन भरि, बहुरि अधम गति पावै ॥ ७ ॥

गोपियाँ बोलीं—तुम्हारी मुरली का शब्द, कानों के मार्ग से हृदय में प्रविष्ट होकर, हमें यहाँ लाया है। तुम्हारे मिलन की आशा से इस चपल और चंचल चित्त ने हमें चलायमान कर दिया और हम चली आईं।

इस पर कृष्ण बोले—'जो कामिनी अपने पति को छोड़कर पर-पति में अपना मन अनुरक्त करती है, उसे जीवन भर जगत में अपयश सहना पड़ता है और अंत में उसे अधम गति प्राप्त होती है॥ ७॥

अजहुँ जाहु सब घोष-तरुनि फिरि, तुम तौ भली न कीन्ही।
रैनि बिपिन नहिं बास कीजियै, अबलनि कौं नहिं लीन्ही।
घर कैसैं फिरि जाहिं स्याम जू, तन इहईं सब त्यागैं।
तुम तौ कहौ कौन ह्याँ प्रीतम, जा सँग मिलि अनुरागैं ॥ ८ ॥

'व्रजांगनाओं, अब भी कुछ नहीं बिगड़ा है, तुम लोग अपने-अपने घर लौट जाओ। यहाँ आकर तुमने कुछ अच्छा नहीं किया। रात में स्त्रियों को वन में न रहना चाहिए।' यह कहकर कृष्ण ने उन अबलाओं को संकट में डाल दिया।

तब गोपियाँ बोलीं—हे श्याम, हम घर कैसे लौट जायँ। हम सब यहीं अपना शरीर छोड़ देंगी। तुम्हीं बताओ, हमारा यहाँ कौन दूसरा प्रियतम बैठा हुआ है, जिसके साथ मिलकर राग-रंग करें॥ ८॥

हम अनाथ, ब्रजनाथ नाथ तुम, चरन-सरन तकि आईं।
निठुर बचन जनि कहौ पीय तुम, जानत पीर पराई।
दीन बचन सुनि स्त्रवन कृपानिधि, लोचन जल बरसाए।
धन्य-धन्य कहि-कहि नँद-नंदन, हरषित कंठ लगाए॥ ९॥

हे ब्रजनाथ, हम तो अनाथ हैं, तुम्हीं हमारे नाथ हो। हम बहुत सोच-विचार कर तुम्हारे चरणों की शरण में आई हैं। हे प्रिय, तुम यह निष्ठुर बात न कहो। तुम तो पर-पीर को समझने वाले हो।

गोपियाँ की दीन वाणी सुनकर कृपानिधि की आँखों से आँसू ढुलक पड़े। नंदनंदन ने कहा—गोपियों, तुम धन्य हो। यह कहकर उन्होंने प्रसन्न होकर उन्हें गले से लगा लिया॥ ९॥

हम कीन्हौ अपमान तुम्हारौ, तुम नहिं जिय कछु आन्यौ।
सरिता जैसैं सिंधु भजै हरि, तैसैं तुम मोहिं जान्यौ।
द्वादस कोस रास परमित भई, ताकौ कहा बखानौ।
बोलि लई ब्रज-वधू बिहँसि सब, तब मंडल बिधि बानौ॥ १०॥

कृष्ण बोले—मैंने तुम्हारा अपमान किया। तुमने उस मानापमान पर कुछ भी ध्यान नहीं दिया। जैसे नदी लुढ़ककर समुद्र में जा मिलती है, वैसे ही तुम मुझसे आ मिलीं।

बारह कोस की परिधि में रासमंडल रचा गया। उसका वर्णन मैं क्या करूँ। श्याम ने हँसकर सब ब्रज-वधूटियों को बुला लिया और उन्हें एक मंडल में खड़ा कर दिया॥ १०॥

पानि-पानि सौं जोरि, जुवति द्वै-द्वै बिच स्याम बिराजै।
कंचन-खंभ खचित मरकत मनि, यह उपमा कछु छाजै।
अँग-प्रति कोटि-काम-छबि लज्जित, मधि-नायक गिरिधारी।
नृत्य करत रस बस भए दोऊ, मोहन राधा प्यारी॥ ११॥

हर दो युवतियों के बीच में एक श्याम सुशोभित हो उठे। उन्होंने एक दूसरे के हाथ पकड़ लिए। इस दृश्य के लिए तो यही उपमा भली लग रही है—जैसे कंचन-रंग (गोपियाँ) में मरकत मणि (नीलम श्रीकृष्ण) जड़ उठी हो। मध्य में इस रास के नायक गिरिधारी थे। उनके एक-एक अंग की छवि पर करोड़ों कामदेव लज्जित हो रहे थे। नाचते समय मोहन और राधा प्यारी दोनों रस के बस हो गए॥ ११॥

ब्रज-बनिता मंडली बनी यौं, सोभा अधिक बिराजै।
नूपुर कटि किंकिनी चलत गति, अरस-परस पर बाजै।
मोर-चंद्रिका सिर पर सोहै, जब हरि रुनझुन नाचै।
अंग-अंग-प्रति और-और-गति, कोटि मदन-छवि राचै॥ १२॥

व्रज-वनिताओं की यह मंडली बहुत सुंदर थी। यह अत्यधिक शोभा को प्राप्त हो रही थी। उनके पैरों के नूपुर और कटि की किंकिणी, रास में नाचते हुए, एक दूसरे के स्पर्श से, रुनझुन करके बज उठते थे। हरि भी सिर पर मोर-पंख का मुकुट लगाए हुए रुनुक झुनुक झुन ध्वनि करते हुए नाचे जा रहे थे। उनके एक-एक अंग गतिमान थे, जिनमें कोटि-कोटि कामदेवों की छवि प्रतीयमान हो रही थी॥ १२॥

जमुना जल उलटी बही धारा, चंदा रथ न चलावै।
बानक अतिहिं बन्यौ मनमोहन, मन्मथ पकरि नचावै।
नृत्य करत रीझत मनमोहन, राधा कंठ लगाई।
रास-विलास करत सुख उपज्यौ, सब बस किये कन्हाई ॥ १३॥

जिस समय रास हो रहा था उस समय यमुना की धारा उलटी बहने लगी। चंद्रमा ने अपना रथ आकाश में रोक दिया और आगे नहीं बढ़ने दिया। मनमोहन की छवि अद्भुत हो गई थी। लगता था स्वयं कामदेव इन सबको नचाए दे रहा था। नृत्य करते समय मनमोहन रीझकर राधा को गले से लगा उठे। रास-विलास करते समय भारी सुख उत्पन्न हो गया और कन्हैया ने सबको वश में कर लिया॥ १३॥

अंतरध्यान करत सुख बाढ़ै, राधा बर सुखकारी।
'सूरदास' प्रभु भक्त-वछलता, प्रगट करी गिरिधारी॥

सुखकारी राधा-वर का मन ही मन ध्यान करने पर तो अपार सुख बढ़ जाता है। गिरिधारी ने रास के द्वारा अपनी भक्त वत्सलता प्रकट की।

१८०० राग विहागरौ

(३)

सरद निसा आई जोन्ह सुहाई।
वृंदावन घन मैं जदुपति राई।
सप्त सुरनि बिधि सौं मुरलि बजाई।
सुनि धुनि नारि चलीं, व्रज तजि आईं॥

धुनि सुनत व्याकुल भईं जुवती, मदन तन आतुर करी।
बिबस भइ, तन-मन भुलानी, भवन-कारज परिहरी।
उलटि भूषन सब बनाए, अंग की सुधि बीसरी।
नंद-सुत चित बित चुरायौ, आइ भई सब हाजिरी॥ १॥

शरद की रात आ गई। सुहावनी चाँदनी फैल गई। सघन वृंदावन से यदुपति राय ने सातों सुरों को समन्वित करके मुरली बजा दी। मुरली की धुनि सुनकर व्रज-नारियाँ व्रज को छोड़कर वृंदावन में आ गईं।

मुरली की धुनि सुनकर व्रजांगनाएँ विकल हो उठीं। वे कामातुर हो उठीं। विवश हो उठीं, अपना तन मन भूल गईं, उन्होंने अपने गृह कार्य छोड़ दिए। एक अंग के आभूषण दूसरे अंग पर पहन लिए। उन्हें अपने अंगों की सुधि भूल गई। नंद के पुत्र ने उनका मन धन सभी चुरा लिया था। वे सब वृंदावन में आकर हाजिर हो गईं॥ १॥

हाजिर आइ भईं जहँ बनवारी।
निसि कहँ धाइ चलीं घोष-कुमारी।
बचन सुनाए मोहन नागरि कौं।
पति-गृह त्यागे गुरुजन-बागरि क्यौं॥
गेह सुत पति त्यागि आईं, नाहिनैं जु भली करी।
पाप-पुन्य न सोच कीन्हौ, कहा तुम जिय यह धरी।
अजहुँ घर फिरि जाहु कामिनि, करहु सो जो हम कहैं।
''लोक-वेदनि विदित गावत, पर-पुरुष नहिं धनि लहैं॥ २॥

जहाँ बनवारी थे, व्रज वधूटियाँ वहाँ आकर उपस्थित हो गईं। वे घोष-कुमारियाँ रात में दौड़ पड़ीं। तब मोहन ने उनसे कहा—तुमने अपने पति का घर और गुरुजनों की ऊँची मर्यादा क्यों छोड़ दी? तुम घर द्वार, पति-पुत्र को छोड़कर यहाँ आ गई हो। तुमने यह अच्छा नहीं किया। तुमने यह विचार नहीं किया कि तुम पाप कर रही हो या पुण्य। तुमने अपने मन में यह क्या धर लिया? हे कामिनियों, अब भी घर फिर जाओ। हम कह रहे हैं कि हम किसीसे नहीं कहेंगे कि तुम यहाँ आई थीं। लोक और वेद दोनों स्पष्ट रूप से कहते हैं कि सौभाग्यवती धन्याएँ पर-पुरुष से प्रेम नहीं करतीं॥ २॥

निठुर बचन सुनि ग्वालिनि निढार भईं।
मुरझाइ रहीं, सुधि-बुधि सबै गई।
बिनय बचन कहि कै ग्वारि सुनाए।
तुव चरननि मन दै, सब बिसराए॥
तुव दरस की आस पिय, व्रत नेम दृढ़ यह है धर्‍यौ।
कौन सुत, को मातु, को पति, कौन तिय, को किनि कर्‍यौ।
कहाँ पठवत, जाहिं काकैं, कहौ कहँ मन मानिहैं।
यहाँ बरु हम प्रान त्यागैं, आईं जहँ सोइ जानिहैं॥ ३॥

श्याम के ये निष्ठुर बचन सुनकर गोपियाँ निढाल हो गईं। गिर गईं। वे मुरझा गईं और उनकी सारी सुधि-बुधि जाती रही। पर इन ग्वालिनों ने विनीत वाणी में ही कहा—हमने तो तुम्हारे चरणों में ही अपना मन लगा दिया है और सब कुछ भुला बैठी हैं। हे प्रिय, तुम्हारे दर्शन की अभिलाषा में ही हमने यह दृढ़ नेम धारण कर रखा है। कौन किसका बेटा है, कौन किसकी माता है, कौन किसका पति है, कौन किसकी पत्नी है? तुम हमें कहाँ भेजे दे रहे हो, हम किसके पास जायँ। कहो हमारा मन कहाँ लगेगा। यहाँ हम अपने प्राण तज देंगी। जहाँ हम आई हैं, हम उसी को जानती हैं॥ ३॥

हरि तब हँसि बोले, धनि व्रजनारी।
मैं तुम बहुत कसी, दृढ़ व्रतधारी।
मुख बहुत कही, अंतर तुमहिं रहीं।
जब जहँ देह धरौं, तहँ तुम सँगहीं॥

कहा कसि कोउ तुमहिँ देखै, कनक बारह बानि हौ।
मेरे तौ तुम प्रान जानहु, और मन नहिँ जानि हौ।
तबहिँ हिलि-मिलि रास कीन्हौ, जुवति बहु मंडलि जुरी।
कनक मरकत खंभ रचि, बिच कान्ह बिच-बिच नागरी ॥ ४ ॥

तब हरि ने हँसकर कहा—हे व्रजनारियों, तुम धन्य हो। मैंने तुम्हें भलीभाँति कसकर, परख कर, देख लिया। तुम अपने व्रत पर दृढ़ हो। मैंने मुख से तुमको बहुत बुरा भला कहा। पर मेरे अंत:करण में तुम बराबर बनी रही हो। मैं जब-जब भी देह धारण करता हूँ, तुम सब मेरे साथ रहती हो। तुम्हें कसकर, परख कर कोई क्या देखे, तुम बारह-बानी सोना हो। तुम मेरी प्राण हो, मैं मन में और किसी को नहीं जानता।

तब सबने हिल-मिलकर रास किया। सारी युवतियाँ मंडलाकार खड़ी हो गईं। दो दो गोपियों के बीच एक एक कृष्ण, जैसे सोने के दो खंभों के बीच एक नीलम का खंभा ॥ ४ ॥

अदभुत रास रच्यौ गिरिधर लाड़िले।
श्री वृषभानु-सुता सौं हरि चाड़िले।
अति आनंद बढ़्यौ, गोपी हरष भईं।
निर्तत रीझे, भुजभरि स्याम लईं।
जल थल पवन थक्यौ।
खग मृग तरु बिथक्यौ।
देखत मदन जक्यौ।
चरननि सरन तक्यौ ॥

जीव सब तिहुँ भुवन मोहे, अमर नभ बिथकित छए।
चंद्रमा-रथ मध्य थाक्यौ, रास-बस मोहन भए।
और तरु-फल और लागे, और भए पल्लव कली।
स्याम स्यामा रास-नायक, गोपिका गन मंडली ॥ ५ ॥

लाड़िले गिरिधर ने वृषभानु-सुता राधा के साथ अत्यंत प्रेमपूर्वक अद्भुत रास रचा। अत्यंत आनंद बढ़ गया। गोपियाँ सब प्रसन्न हो गईं। नाचते समय श्याम रीझ गए और उन्होंने राधा की बाँह पकड़ ली।

जल, स्थल, पवन सभी स्थिर हो गए। खग, मृग, तरु सभी अचल हो गए। कृष्ण को देखकर मदन चकपका गया। और उनके चरणों की शरण ताकने लगा।

तीनों लोकों के प्राणी मोहित हो गए। देवता लोगों के विमान आकाश में रुक गए। चंद्रमा का भी रथ आकाश के मध्य में रुक गया। मोहन ने रस के वशीभूत होकर रास प्रारंभ कर दिया। तब पेड़ों में विजातीय फल और विजातीय पत्ते और कलियाँ लग गई। पेड़ बबूल का है, उसमें आम के फल-फूल, पत्ते लग गए। गोपिकाओं के उस रास मंडल में श्याम कृष्ण और श्यामा राधा ही नायक थे ॥ ५ ॥

रास रंग रस अति बढ़्यौ, मन गर्वित सुकुमारि।
लेहु कंध प्रभु सौं कह्यौ, अंतर भए दैतारि।
तब अंतर भए दैत्यारी, श्री राधा सँग तैं डारी।
प्रभु संतनि के सुखकारी, दुष्टनि मन गर्व प्रहारी।
येई भक्त वछल वपुधारी, धरनी उद्धारनकारी ॥ ६ ॥

रास का रस कुछ ऐसा बढ़ा कि सुकुमारी राधा को गर्व हो गया कि कृष्ण मेरे ही वश में हैं। तब उन्होंने कहा कि मैं नाचते-नाचते थक गई हूँ। अब मुझे अपने कंधे पर चढ़ा लो। राधा की यह गर्व भरी वाणी सुनकर दैत्यों के अरि कृष्ण अदृश्य हो गए।

कृष्ण ने राधा का साथ छोड़ दिया और अंतर्धान हो गए। प्रभु संतों को सुख देने वाले हैं। दुष्टों के मन में उत्पन्न गर्व को नष्ट करने वाले हैं। ये ही भक्त-वत्सल का रूप धारण करने वाले हैं और यही पृथ्वी का उद्धार करने वाले हैं॥ १॥

चहुँ दिसि चितवत चकित ह्वै, स्याम संग कहुँ नाहिं।
आपु अकेले देखि कै, मुरछि परी धर माहिं॥
धर मुरछि परत नहिं जानी। दुख-सागर-माँझ समानी॥
हा कृष्न-कृष्न रट लागी। हरि-अधर-पान अनुरागी॥
ललिता गहि बाँह जगाई। तब चौंकि उठी अकुलाई॥
यह कहति उठी, हरि आए। जियौ, मनौ रंक निधि पाए॥ ७ ॥

राधा ने चारो ओर देखा। जो श्याम अभी तक उनके साथ थे, अब वे कहीं भी नहीं दीख पड़ रहे थे। अपने को अकेला पाकर राधा मूर्च्छित होकर धरती पर धड़ाम से गिर पड़ीं।

राधा को पता भी नहीं चला कि वह कब और कैसे धरती पर मूर्च्छित होकर गिर पड़ीं। कृष्ण के अधरामृत पान की अनुरागिनी वह राधा दुख के समुद्र में समा गईं और 'हा कृष्ण, हा कृष्ण' रटने लगीं। ललिता सखी ने उसे बाँह पकड़ कर जगाया। तब वह चौंककर, आकुल होकर, उठ बैठी। वह यह पूछती हुई उठ बैठी—क्या हरि आ गए? वह मूर्च्छा से जग गई, मानों किसी निर्धन ने कोई बहुत बड़ी धनराशि पा ली हो॥ २॥

सावधान तिहिं छिनु भई, नैना दिए उघारि।
ललिता कौ मुख देखिकै, भई बिरह तनु-भारि॥
अति बिकल भई बेहाला। कहुँ देखे श्री गोपाला॥
मोहिं त्यागि गए नँदलाला। तन करत मदन जंजाला॥
मुख सुंदर बचन रसाला। बर लोचन कमल बिसाला॥
मिलि करहु न मोहि निहाला। ढूँढ़ति बन बीथिनि बाला॥ ८ ॥

राधा उस समय सचेत हो गईं और उसने अपनी बंद आँखें खोल लीं। उसने अपने सामने हरि को नहीं पाया। हरि के स्थान पर उसने ललिता को देखा और उसके शरीर में भारी विरह भर उठा।

राधा अत्यंत विकल और बेहाल हो गईं और ललिता से बोलीं क्या तुमने गोपाल को कहीं देखा है? नंदलाल मुझे छोड़कर कहीं चले गए। मेरे शरीर को काम बहुत सताए जा रहा है। काम ने बड़ा बखेड़ा कर दिया है। वह पुन: कहने लगीं—हे सुंदर सुख वाले, हे मधुर बचन बोलने वाले, हे विशाल कमल के समान नयन वाले श्याम मुझसे मिलकर मुझे क्यों नहीं निहाल (प्रसन्न) कर देते? यह कहकर वह बाला राधा श्याम को वन-वीथियों में ढूँढ़ने लगी॥ ३॥

जहाँ तहाँ खोजति फिरै, चरन चिन्ह कहुँ पाइ।
बार-बार अवलोकि कै, नैन चले ठहराइ॥
बन बेली बूझति जाई। कहुँ नाहिंन मिले कन्हाई॥
चंपक 'रु बकुल बट बूझे। तनु बिरह बिथा हिय गूझे॥
खोजे बन बारंबारा। कहि-कहि मुख नंद-कुमारा॥
मोहिं नंद-नँदन क्यौं त्यागी। मैं अतिहीं परम अभागी॥ ९॥

राधा जहाँ तहाँ श्याम को खोजती फिरने लगी। उसने वहीं पर श्याम के पैरों के निशान देखे। वह उस चरण चिह्न को बार-बार देखने लगी और उसके नयनों में अश्रु छलछला आए और अश्रु-धारा बह चली।

राधा मार्ग में पड़ने वाली वन की लताओं से पूछती फिरीं, पर उसे कन्हैया कहीं भी नहीं मिले। उसके तन में और मन में विरह-व्यथा गुह्य रूप से आ समाई। वह चंपा, वकुल और बरगद के वृक्षों से बराबर पूछती गईं। वह 'नंदलाल कहाँ हो, नंदनंदन कहाँ हो' कहती हुई वन में बार-बार हरि को खोजने लगी। और कहने लगी—मुझे नंद-कुमार ने क्यों त्याग दिया। सचमुच मैं बड़ी अभागिनी हूँ॥ ४॥

नंद-नँदन बस प्रेम के, प्रगट भए तिहिं काल।
प्यारी कौं मिलि सुख दियो, मेटि बिरह-दुख-जाल॥
मिलि मनमोहन व्रजबाला। फिरि आपुहिं भए कृपाला॥
पुनि रास-मंडल-बिधि ठाट्यौ। सब काम-द्वंद-दुख काट्यौ॥
सुर-असुर नारि-नर मोहे। इहिं रस-बिलास सब मोहे॥
दिवि दुंदुभि देव बजाई। सुर-नारि सुमन बरसाई॥
जै-जै धुनि लोकनि गाए। जस तिहूँ भुवन भरि छाए॥
रस-रास-रसिक गुन भारी। श्री राधा मोहन प्यारी॥
सहसानन कहत न आवै। जिहिं निगम नेति नित गावै॥
सुख-आनँद-पुंज बढ़ायौ। क्यौं जात 'सूर' पै गायौ॥ १०॥

प्रेम के वश में होकर नंदनंदन उसी समय प्रगट हो गए। उन्होंने राधा का सारा विरह दूर कर दिया और मिलकर उसे भारी सुख दिया।

मनमोहन प्रभु स्वयं तो कृपा करके उस व्रजबाला राधा से आ मिले। उन्होंने फिर नए सिरे से रास प्रारंभ किया और काम के द्वंद और दुख को काट डाला। सभी सुर-असुर,

र-नारी इस रास को देखकर मोहित हो गए और इस रस-विलास में ग्रथित हो गए। सी रास-रस में, आनंद में, निमग्न हो गए।

देवता आकाश में जोर से नगाड़े बजाने लगे। देवताओं की पत्नियाँ फूल बरसा उठीं। ोनों लोकों में जय-जयकार होने लगा। तीनों लोकों में कृष्ण का यश छा गया।

रास के रस के रसिक कृष्ण और मोहन की प्यारी राधा में बड़े-बड़े गुण भरे हुए हैं। हस्त्र आनन वाले शेषनाग भी इस गुण का वर्णन नहीं कर सकते। वेद तो लाचार होकर वल 'नेति नेति' कहकर रह जाते हैं। राधा-श्याम ने जिस सुख और आनंद को वहाँ ढ़ा दिया, उसे बेचारा सूर कैसे गा सकता है॥ ५॥

१८०१ राग जैतश्री

(४)

सुनियै सुनियै हो धरि ध्यान, सुधा-रस मुरली बाजै।
स्याम-अधर पर बैठि बिराजति, सप्त सुरनि मिलि साजै।
बिसरी सुधि-बुधि गति सबहिनि सुनि, बेनु मधुर कल गान।
मन-गति पंगु भईं ब्रज-जुवती, गंध्रब मोहे तान॥ १॥

ध्यान देकर सुनो—अमृत-रस की वर्षा करने वाली मोहन की मुरली बज रही है। ह श्याम के अधर बैठी हुई शोभा को प्राप्त हो रही है और सातों स्वरों को मिलाकर ुसज्जित हो रही है—बज रही है। वेणु के मधुर मनोहर गान को सुनकर सभी सुनने वालों ी सुधि-बुधि जाती रही। व्रज-युवतियों के मन की गति पंगु हो गई—उनका चंचल न भी मुरली की धुन में लीन होकर स्थिर हो गया। देवताओं के प्रसिद्ध गायक गंधर्व ण भी उस तान पर मोहित हो गए॥ १॥

खग मृग थके, फलनि तृन तजि कै, बछरा पियत न छीर।
सिद्धि समाधि थके चतुरानन, लोचन मोचत नीर।
महादेव की तारी छूटी, अति ह्वै रहे अचेत।
ध्यान टर्‌यौ, धुनि सौं मन लाग्यौ, सुर-मुनि भए सचेत॥ २॥

पक्षी फल खाना छोड़कर और पशु घास चरना छोड़कर रुक गए, अचर हो गए। बछड़ों ने भी दूध पीना छोड़ दिया। सिद्धों की समाधि टूट गई। चतुरानन ब्रह्मा की भी आँखें अश्रु प्रवाहित करने लगीं। महादेव का ध्यान टूट गया। वे भी अचेत हो गए। उनका मन ध्यान से जो टूटा, तो मुरली की धुनि में आकर जुट गया। देवता और मुनि भी सचेत हो गए, चौंक पड़े॥ २॥

जमुना उलटि बही अति व्याकुल, मीन भए बलहीन।
पशु-पच्छी सब थकित भए हैं, रहे इकटक लौलीन।
इंद्रादिक सनकादिक नारद, सारद सुनि आवेस।
घोष-तरुनि आतुर उठि धाईं, तजि पति-पुत्र-अदेस॥ ३॥

जमुना की धारा उलटी बहने लगी—वह पूरब जा रही थी, तो अब पश्चिम बहने लगी, जिससे वह उस धुनि से दूर न चली जाए, बराबर पास बनी रहे। मछलियाँ भी शक्तिहीन

हो गईं। उन्होंने भी उछलना-कूदना बंद कर दिया। पशु-पक्षी सभी गतिहीन हो गए। वे सभी टकटकी लगाकर उसी धुन में लीन हो गए। इंद्र आदि देवता सनक सनंदन और नारद आदि महामुनि तथा संगीत की आचार्या सरस्वती भी उसी वंशी-ध्वनि में आविष्ट हो गए, मगन हो गए। व्रज की तरुणियाँ भी पति और पुत्र की आज्ञा का उल्लंघन करती हुई कामातुर होकर उठ दौड़ीं॥ ३॥

श्री वृंदावन कुंज-कुंज-प्रति, अति बिलास आनंद।
अनुरागी पिय प्यारी कैं सँग, रस राँचें सानंद।
तिहूँ भुवन भरि नाद प्रकास्यो, गगन धरनि पाताल।
थकित भए तारागन सुनि कै, चंद भए बेहाल॥४॥

वृंदावन की कुंजों में अत्यंत आनंद विलास छा उठा। अनुरागी पिय (कृष्ण) ने प्यारी राधा के साथ आनंदमग्न होकर रास रच डाला। आकाश, पृथ्वी और पाताल इन तीनों लोकों में मुरली का वह स्वर निनादित हो उठा। उस स्वर को सुनकर तारे रुक गए और चंद्रमा भी बेहाल हो उठा॥ ४॥

नटवर वेष धरे नँद-नंदन, निरखि बिबस भयौ काम।
उर बनमाल चरन पंकज लौं, नील जलद तनु स्याम।
जटित जराव मकर-कुंडल छबि, पीत-बसन सोभाइ।
वृंदावन-रस-रास-माधुरी, निरखि 'सूर' बलि जाइ॥५॥

नंदनंदन नटवर का वेश धारण किए हुए थे। उन्हें देखकर काम भी विवश हो गया। उनका शरीर नीले बादल सरिस था और उनके वक्ष पर जो वनमाला लटक रही थी वह उनके चरण कमलों तक पहुँच रही थी। उनके कानों में मछली के आकार के मणि-जटित स्वर्ण कुंडल शोभा दे रहे थे। उनका पीतांबर तो और भी छबीला-फबीला था। वृंदावन के इस रास के रस की माधुरी को देखकर सूरदास अपने को निछावर किए जा रहे हैं॥ ५॥

९. दानलीला

२२३६ राग राग्नी हठीली

सुनि तमचुर को सोर, घोष की बागरी।
नव-सत साजि सिँगार, चलीं नव नागरी॥
नव-सत साजि सिँगार, अंग पाटंबर सोहैं।
इक तैं एक अनूप, रूप त्रिभुवन मन मोहैं॥
इंद्रा, बिंदा, राधिका, स्यामा, कामा नारि।
ललिता अरु चंद्रावली, सखिनि मध्य सुकुमारि॥
सबै व्रज-नागरी॥ १॥

सबेरा होने को आया। व्रज की सीमा में मुर्गे कुकुड़ू कूँ कर उठे। ताम्रचूड़ मुर्गों के कोलाहल को सुनकर व्रज की नव तरुणियाँ सोलहों शृंगारों से सजकर, अपने अंगों पर रेशमी साड़ी पहने हुए चल पड़ीं। वे एक से एक सुंदरी थीं। वे अपने रूप से तीनों लोकों—

ाकाश, पाताल और पृथ्वी—के लोगों के मन को मोह लेने वाली थीं। इन सखियों में दा, बिंदा, राधिका, श्यामा, कामा, ललिता और चंद्रावली आदि सभी सुकुमारियाँ थीं॥ १॥

कोउ दूध, कोउ दह्यो, मह्यो लै चली सयानी ।
कोउ मटुकी, कोउ माट, भरी नवनीत मथानी ॥
गृह-गृह तैं सब सुंदरी, जुरी जमुन तट जाइ ।
सबनि हरष मन मैं कियो, उठीं स्याम-गुन गाइ ॥
चलीं व्रज-नागरी ॥ २ ॥

कोई दूध लिए हुए थीं, कोई दही और कोई मट्ठा। कोई मटुकी (छोटी मेटी), कोई ाट (बड़ा मटका) लिए हुए थीं। कोई कमोरी में मक्खन लिए हुए थीं। घर-घर से लकर सभी व्रज सुंदरियाँ यमुना-तट पर आ इकट्ठी हो गईं। सभी प्रसन्न-चित्त थीं। वे भी श्याम का गुण गा उठीं॥ २॥

यह सुनि नंदकुमार, सैन दै सखा बुलाए ।
मन हरषित भए आपु, जाइ सब ग्वाल जगाए ॥
यह कहिकै तब साँवरे, राखे द्रुमनि चढ़ाइ ।
और सखा कछु संग लै, रोकि रहे मग जाइ ॥
तहाँ नँद-लाडिलो ॥ ३ ॥

यह सुनकर नंद-नंदन ने इशारे से सभी सखाओं को बुलाया। उन्होंने मन में प्रसन्न ोकर सब ग्वाल-बालों को जा जगाया। 'गोपियाँ आई हैं, और वे दही बेचने जा रही हैं', ह कहकह श्याम ने कुछ ग्वाल-बालों को पेड़ों पर चढ़ा दिया और कुछ और सखाओं ो लेकर, आगे बढ़कर, रास्ता रोक लिया॥ ३॥

एक सखी अवलोकि, तबहिं सब सखी बुलाई ।
इहि बन में इक बार, लूटि हम लई कन्हाई ॥
तनक फेर फिरि आइयै, अपनैं सुखहिं विलास ।
यह झगरौ सुनि होइगौ, गोकुल मैं उपहास ॥
कहति व्रज-नागरी ॥ ४ ॥

एक सखी ने श्याम और उनके सखाओं को देख लिया। उसने सभी सखियों को बुला लया और बोली—इसी वन में एक बार कन्हैया ने हमें लूट लिया था। इसलिए अब सीधे स्ते न चलकर जरा चक्करदार रास्ते से चलकर अपने गंतव्य पर पहुँचा जाय। इसीमें हमारी शल है। यदि हममें और कन्हैया में कोई झगड़ा-फसाद हो गया, दो इससे गोकुल में मारी हँसी ही फैल जायगी॥ ४॥

उलटि चलीं सब सखी, तहाँ कोउ जान न पावैं ।
रोकि रहे सब सखा, और बातनि बिरमावैं ॥
सुबल सखा तब यह कह्यौ, तुम नागरि हरि-जोग ।
कैसैं बातैं दुरति हैं, तुम उनकैं संजोग ॥
कहत व्रज-लाडिलो ॥ ५ ॥

उस सखी के निर्देशानुसार वे गोपियाँ उस मार्ग से लौट चलीं, जहाँ उन्हें कोई जा न पावे। पर तब तक सभी ग्वाल बालों ने रास्ता रोक लिया और बातों में उलझा लिया।

तब सुबल सखा ने कहा—हे नागरियो, तुम तो हरि के ही योग्य हो। तुम्हारे औ उनके मिलन की बात कैसे छिप सकती है॥ ५॥

किनहु सृंग, कोउ बेनु, किनहुँ बन-पत्र बजाए।
छाँड़ि-छाँड़ि द्रुम-डारि, कूदि धरनी पर आए॥
सखिनि मध्य इत राधिका, सखनि मध्य बलबीर।
झगरौ ठान्यौ दान कौ, कालिंदी के तीर॥
आइ व्रज-लाडिलो॥ ६

इसी बीच कोई बालक सींग बजाते हुए, कोई मुरली बजाते हुए, कोई वन-पत्र ह बजाते हुए, पेड़ों की डालियों से कूदकर धरती पर आ गए। इधर सखियों के बीच में राध और सखाओं के बीच में, कृष्ण। कालिंदी के किनारे, दान का झगड़ा मच गया॥ ६॥

दै नागरि दधि-दान, कान्ह ठाढ़े वृंदावन।
और सखा सब संग, वच्छ चारत अरु गोधन॥
बड़े गोप की लाड़िली, तुम वृषभानु-कुमारि।
दही मही के कारनै, कतहि बढ़ावत रारि॥
कहत व्रज-लाडिले॥ ७

सखाओं ने कहा—हे नागरी (राधा), कन्हैया वृंदावन में खड़े हैं। दही का दा (चुंगी, कर) दो। कृष्ण के साथ और और सभी सखा हैं, जो गायें और बछड़े चरा रहे है हे वृषभानु-कुमारी तुम बड़े गोप सरदार की दुलारी बेटी हो। दही और मट्ठे के लिए तु व्यर्थ का टंटा क्यों बढ़ा रही हो?॥ ७॥

सूधैं गोरस माँगि, कछू लै हमपैं खाहू।
ऐसे ढीठ गुवाल, कान्ह बरजत नहिं काहू॥
इहि मग गोरस लै सबै, नित प्रति आवहिं जाहिं।
हमहिं छाप दिखरावहू, दान चहत किहिं पाहिं॥
कहत व्रज-लाडिली॥ ८

व्रज लाडिली राधा कह उठीं—तुम हमसे सीधे से माँग लो और कुछ दही लेकर ख लो। तुम ग्वाल-बाल ऐसे धृष्ट हो गए हो कि हमसे दान माँग रहे हो और कन्हैया भ ऐसे भले हैं कि किसी को बखेड़ा खड़ा करने से रोक भी नहीं रहे हैं। हम सभी इस मार्ग से गोरस लेकर नित्य मथुरा आती जाती रही हैं। आज तक किसी ने हमसे दधि दान नहीं माँगा। तुम मुझे राजकीय मुहर लगा अधिकार-पत्र दिखाओ। तुम किसके लि यह चुंगी वसूल कर रहे हो॥ ८॥

इतै मान सतराति ग्वालि, पै जान न पावै।
अनऊतर उठि चली, कुँवर सिर नैन कँपावै॥

इतनी हमसों को करे, या वृंदाबन-बीच ।
पुहुमि माट ढरकाइहौं, मचिहै गोरस-कीच ॥
कहत नँद-लाड़िलो ॥ ९ ॥

नंद-लाड़िले ने कहा—'हे ग्वालिनी, तुम इतना इतराई क्यों जा रही हो? बिना दान दिए तुम जाने नहीं पाओगी'। पर ग्वालिनों ने कोई उत्तर नहीं दिया और वे आगे बढ़ चलीं। तब नंदलाल ने सिर और आँखें घुमाकर कहा—इस वृंदावन में हमसे इतनी ढिठाई कौन कर सकता है। मैं अभी तुम्हारे सारे मटके लुढ़का दूँगा और यहाँ दूध दही की कीच ही कीच हो जायगी॥ ९॥

कान्ह अचगरी करत, देत अगिनित हो गारी ।
कापै पहिरयौ दान, भए कब तैं अधिकारी ॥
मातु पिता जैसे भलें, तैसे चलिए आपु ।
कठिन कंस मथुरा बसै, को कहि लेइ सँतापु ॥
कहहिं व्रज-नागरी ॥ १० ॥

तब व्रज नागरी बोली—कान्ह, तुम शरारत करने पर तुल गए हो और हमें अगणित गालियाँ दिए जा रहे हो। पहले यह तो बताओ कि तुम्हें दान लेने का अधिकार किसने दिया है और तुम कब से दानाधिकारी बन गए हो। तुम्हारे माता पिता तो बहुत भले लोग हैं। जैसे वे चलते हैं, वैसी ही भली चाल तुम्हें भी चलनी चाहिए। मथुरा में बहुत क्रूर राजा कंस रहता है। उससे तुम्हारी शिकायत करके कौन तुम्हें संकट में डालें?॥ १० ॥

कहौ न जाइ उताल, जहाँ भूपाल तिहारौ ।
हौं बृंदावन-चंद, कहा कोउ करै हमारौ ॥
सेस सहस-फन नाथि ज्यौं, सुरपति करे निरंस ।
अग्नि-पान कियो छिनक मैं, कितक बापुरौ कंस ॥
कहत नँद-लाड़िलौ ॥ ११ ॥

तब नंद-लाड़िले कृष्ण ने कहा—जहाँ तुम्हारा राजा कंस है, वहाँ जल्दी जाकर मेरी शिकायत क्यों नहीं कर देतीं? यहाँ तो मैं ही वृंदावन-चंद हूँ, वृंदावन का राजा हूँ। हमारा कोई क्या बिगाड़ लेगा? मैंने सुरपति को पूजा का जो अंश मिलता आया था, उसे उससे वंचित कर दिया। मैंने क्षण भर में दावानल को पी लिया था। तुम्हारा राजा बेचारा कंस मेरे सामने कितना शक्तिशाली है?॥ ११ ॥

जाके तुम सु कुमार, ताहि हम नीकैं जानैं ।
जो पूछौ सति भाव, आदि अरु अंत बखानैं ॥
बातनि बड़े न हूजियै, सुनहु कान्ह उतपाति ।
गर्भ साँटि जसुमति लियौ, तब तुम आए राति ॥
कहति व्रज-नागरी ॥ १२ ॥

फिर व्रज नागरी बोली—तुम जिसके कुमार (पुत्र) हो, हम उन्हें भलीभाँति जानती हैं। यदि तुम सहज भाव से पूछो तो मैं तुम्हारा आदि और अंत सब कह सुनाऊँ। हे उत्पात

करने वाले कन्हैया सुनो। कोई बातों से, कह देने भर से कि मैं बड़ा हूँ, बड़ा नहीं हो जाता। हमें मालूम है कि जब यशोदा ने अपना गर्भ देवकी से बदला, तब तुम आधी रात में छिपकर मथुरा से गोकुल आए थे। दिन-दहाड़े यहाँ आने की तुम्हारी हिम्मत नहीं पड़ी थी॥ १२॥

अरी ग्वारि मयमंत, बचन बोलहि जु अनेरौ।
कब हरि बालक भए, गर्भ कब लिये बसेरौ॥
प्रबल असुर पुहुमी बढ़े, विधि कीन्हैं वे ख्याल।
कमल कोस अलि भुरै त्यौं, तुम भुरयो गोपाल॥
कहत व्रज-लाड़िले॥ १३॥

तब कृष्ण बोले—अरी मदमत्त अहीरिनों, तुम यह अंट-संट क्या बके जा रही हो? हरि कब बालक हुए? वे कब किसी के गर्भ में रहे? जब पृथ्वी पर प्रबल असुरों का भारी बोझ बढ़ गया? तब ब्रह्मा ने यह विचार किया और हरि पृथ्वी का बोझ उतारने के लिए अवतरित हुए। कमल के कोष में जैसे भौंरा भूला पड़ा रहता है, वैसे ही गोपाल ने तुम्हें भुला रखा है॥ १३॥

तुम भुरए हो नंद, कहत हैं तुम सौं ढोटा।
दूध दही के काज, देह धरि आए छोटा॥
गढ़ि-गढ़ि छोलत लाड़िले, भली नहीं यह स्याम।
या धोखे जिनि भूलहू, हम समरथ की बाम॥
कहति व्रज-नागरी॥ १४॥

तब व्रजनागरी बोली—तुमने नंद को भ्रम में डाल रखा है। जो यह समझते हैं कि तुम उनके पुत्र हो। तुम तो दूध दही खाने के लिए ही छोटा बालक बनकर व्रज में आए हो। तुम गढ़-गढ़कर, बना-बनाकर, बातें बोलते हो। यह अच्छा काम नहीं है। तुम किसी धोखे में मत रहो—हम भी किसी समर्थ घर की ही स्त्रियाँ हैं और तुम्हारी धौंस में आनेवाली नहीं हैं॥ १४॥

जौ प्रभु देह न धरै, दीन कौं कौन उधारै।
कंस केस को गहै, बिघ्न व्रज को को टारै॥
कहा निगम कहि गावतौ, कह मुनि धरते ध्यान।
दरस-परस बिनु नाम गुन, को पावै निर्बान॥
कहत नँद-लाड़िले॥ १५॥

तब नंद-लाड़िले कृष्ण ने कहा—यदि भगवान अवतार न लें, तो दीनों का उद्धार कौन करेगा? तब कंस के केश को पकड़कर कौन घसीटेगा और व्रज के विघ्नों को कौन दूर करेगा? वेद किसका गुणानुवाद करते? मुनि लोग किसका ध्यान किया करते? बिना हरि का दर्शन किए, बिना उनका स्पर्श किए, बिना उनके नाम का गुणानुवाद किए, किसी को मोक्ष कैसे मिल सकता?॥ १५॥

जो इतनौ गुन आहि, तिहारैं दरस कन्हाई ।
तुम निर्भय पद देत, वेदहू यहै बताई ॥
जोग जुगति तप ध्यावहीं, तिन गति कौन दयाल ।
जल-तरंग-गत मीन ज्यौं, बँधे कर्म के जाल ॥
कहति व्रज-नागरी ॥ १६ ॥

तब व्रजनागरी बोली—हे कन्हैया, यदि तुम्हारे दर्शन में इतने गुण हैं कि तुम अपने दर्शन करने वाले को निर्भय पद (मोक्ष) दे देते हो, वेद भी यही कहते हैं, तो हे दयालु यह तो बताओ कि जो योग-युक्ति और तप करके हरि का ध्यान करते हैं, उनकी क्या गति होती है। वे तो जल की लहर में फँसी मछली के समान कर्म के जाल में बँधे ही रह जाते हैं ॥ १६ ॥

जटा भस्म तन दहै, वृथा करि कर्म बँधावै ।
पुहुमि दाहिनी देहि, गुफा बसि मोहि न पावै ॥
तजि अभिमान जु गावही, गदगद सुरहिं प्रकास ।
इहिं रस मगन जु ग्वालिनी, ता घट मेरो वास ॥
कहत नँद-लाड़िले ॥ १७ ॥

इस पर कृष्ण बोले—जो जटा-जूट बढ़ाकर, शरीर में भस्म पोत कर, शरीर को जलाते रहते हैं, जो तीर्थ-यात्रा के लिए पृथ्वी प्रदक्षिणा करते रहते हैं, जो गुफा में अपने को बंद रखकर तपश्चर्या में लीन रहते हैं, वे व्यर्थ ही अपने को कर्म के बंधन में बँधवा लेते हैं। वे मुझे नहीं पाते। जो विगलित गर्व होकर मेरा गुणानुवाद करते हैं, गद्गद वाणी से जो मेरा कीर्तन करके आनंद-मग्न होते हैं, हे ग्वालिनी, मैं उन्हीं भक्तों के हृदय में निवास करता हूँ ॥ १७ ॥

जु पै चाहि लैं स्याम, करत उपहास घनेरे ।
हम अहीर-गृह-नारि, लोक-लज्जा कैं जेरे ॥
ता दिन हम भईं बावरी, दियौ कंठ तैं हार ।
तब तैं घर घैरा चल्यौ, स्याम तुम्हारे जार ॥
कहति व्रज-नागरी ॥ १८ ॥

व्रज नागरी बोली—हे श्याम, यदि हम तुमसे प्रेम करने लगें, तो लोग हमारी घोर हँसी उड़ाने लगेंगे। हम तो सामान्य अहीरिनें हैं, घर-गृहस्थी वालियाँ हैं, लोक-लज्जा के नीचे दबी हुई हैं। जिस दिन तुमने अपने गले का हार मुझे पहना दिया, हम उसी दिन से तुम्हारे पीछे पगला गई हैं। तभी से घर-घर यह चबाव (दुष्चर्चा, निंदा) चलने लगा है कि श्याम हमारे जार (यार, प्रियतम) हैं ॥ १८ ॥

सखा सबनि मिलि कह्यो, ग्वारि इक बात सुनावैं ।
तुम तन-ज्योति-सुभाव-रूप-उपमा को पावैं ॥

गुप्त प्रीति विधिना रची, रसिक साँवरे जोग।
यह सँजोग सुनि ग्वारिनी, नायँ हँसैंगो लोग॥
कहत व्रज-लाड़िले॥१९॥

तब सभी सखाओं ने मिलकर कहा—हे ग्वालिन, हम तुम्हें एक बात बता रहे हैं। तुम्हारी तन-ज्योति, तुम्हारे स्वभाव, तुम्हारे रूप की बराबरी करने वाला संसार में कोई नहीं है। ब्रह्मा ने रसिक साँवरे कृष्ण के साथ तुम्हारी गुप्त प्रीति रच दी है। जब लोगों को यह ज्ञात हो जायगा कि यह संयोग स्वयं ब्रह्मा का रचा हुआ है, तब कोई भी तुम पर नहीं हँसेगा॥१९॥

ऐसी बातैं कान्ह, कहत हमसौं काहे तैं।
चोरी खाते छाँछ, नैन भरि लेत, गहे तैं॥
देत उरहनौ रावरैं, बछरा-दाँवरि जोरि।
जननी ऊखल बाँधती, हमहीं देतीं छोरि॥
कहति व्रज-नागरी॥२०॥

तब व्रजनागरी बोली—कन्हैया, तुम हमसे ऐसी बातें क्यों कहे जा रहे हो? तुम हमारे घरों में घुस-घुसकर मट्ठा चुरा-चुराकर पीते रहे हो और जब हम तुम्हें पकड़ लेती थीं, तब तुम रो पड़ा करते थे। जब हम उलाहना लेकर यशोदा मैया के पास गईं, तब बछड़ों के पगहे जोड़-जोड़कर उन्होंने तुम्हें ऊखल में बाँध दिया था। हमीं ने जाकर तुम्हारे बंधन खोल दिए थे। तुम यह सब भूल गए॥२०॥

बालक रूप अजान, कहा काहू पहचानै।
अनऊतर कोउ कहै, भली अनभली न मानै॥
वह दिन सुमिरौ आपनौ, न्हात जमुन कै पानि।
जब सब मिलि हा हा करी, वस्त्र हर्यौ मैं जानि॥
कहत नँद-लाड़िलो॥२१॥

तब कृष्ण बोले—बालक तो अनजान होता ही है। वह किसी को क्या पहचान पाता है। कोई कुछ भी कह दे, वह उसका जवाब नहीं देता। वह न भला मानता है, न बुरा। मैं तब बालक था, मैंने तुम्हारा दही-माखन चुरा कर खाया होगा। मैं इससे इनकार नहीं करता. पर तुम यमुना जल में स्नान कर रही थीं और मैंने तुम्हारे वस्त्र जान-बूझकर हर लिए थे, तब तुम मुझसे कैसा घिघिया रही थी। तुम तो बालक नहीं थी, तुम तो जवान थीं॥२१॥

बहुत भए हो ढीठ, देत मुख ऊपर गारी।
जिहिं छाजै तिहिं कहौ, इहाँ को दासि तुम्हारी॥
तुमसौं अब दधि कारनैं, कौन बढ़ावै रारि।
या वन मैं इतरात हौ, रोकि पराई नारि॥
कहति व्रज-नागरी॥२२॥

व्रजनागरी बोली—तुम बहुत धृष्ट हो गए हो। हमारे मुँह के आगे ही तुम हनें गाली दिए जा रहे हो। जो अच्छी लगे, मुझसे ऐसी बातें करो। यहाँ हम तुम्हारी दासी नहीं हैं, जो तुम्हारी हर बात सुनती जायँ। जरा सी दही के लिए अब तुमसे कौन बखेड़ा बढ़ावे। तुम दूसरों की नारियों को रोककर इस वन में इतराए जा रहे हो॥ २२॥

लियो उपरना छीनि, दूरि डारनि अँटकायौ।
दियो सखनि दधि बाँटि, माँट पुहुमी ढरकायौ॥
फेंट पीत पट साँवरे, कर पलास कैं पात।
हँसत परस्पर ग्वाल सब, बिमल बिमल दधि खात॥
आपु नँद-लाड़िले॥ २३॥

कृष्ण ने गोपियो की ओढ़नी छीन ली और दूर ऊँचाई पर डालों में अँटका दिया। दही सखाओं में बाँट दिया और दधि-भांड को धरती पर लुढ़का दिया। घनश्याम ने अपना पीतांबर अपनी कमर के चारों ओर लपेटकर फेंटा मार लिया और हाथ में पलास के पत्तों की दोनियाँ ले लीं। सब ग्वाल परस्पर हँसने लगे और शुद्ध, उज्ज्वल दही खाने लगे॥ २३॥

कान्ह बहोरि न देहु, दही, काहैं कौ माते।
बसियै एकहि गाउँ, कानि राखति हैं ताते॥
तब न कछू बनि आइहै, जब बिरुझैं सब नारि।
लरिकन कैं बर करत यह, धरिहैं लाड़ उतारि॥
कहति व्रज-नागरी॥ २४॥

व्रजनागरी बोलीं—कान्हा, इतने मदमाते क्यों हो गए हो? हमारा दही लौटा दो। हमें एक ही गाँव में रहना है, इसीलिए, इसी नाते मैं तुम्हारी कानि (मर्यादा) रखे जा रही हूँ। जब हम सब नारियाँ तुमसे एक साथ मिलकर उलझ जायँगी, तब तुमसे कुछ भी करते-धरते नहीं बनेगा। तुम यह सब ऊधम इन लड़कों के बल पर करते जा रहे हो। हम तुम्हारा यह सब लाड़-प्यार झार देंगी॥ २४॥

गहि अंचल झकझोरि, तोरि हारावलि डारी।
मटुकी लई उतारि, मोरि भुज, कंचुकि फारी॥
गुपुत सैन दै साँवरे, कामरि धरी दुराइ।
या कमरी के कारनैं, अभरन लेउँ छिनाइ॥
कहत नँद-लाड़िले॥ २५॥

तब कृष्ण ने उस ग्वालिनी का आंचर पकड़कर झकझोर दिया। उसका हार तोड़ डाला। उसकी मटुकी उतार ली। उसकी बाँह मरोर डाली और चोली फाड़ डाली। अपने सखाओं से गुप्त संकेत करके अपनी काली कमरी उनसे छिपवा दी और कहा—लाओ, हमारी कमरी हमें दे दो। नहीं तो इसके बदले में मैं तुम्हारे सारे गहने छिनवा लूँगा॥ २५॥

झीनी कामरि काज, कान्ह ऐसे नहिं हूजै।
कांच पोत गिरि जाइ, नंद-घर गयौ न पूजै॥

झटकि लई कर-मुद्रिका, नासा-मुक्ता गोल।
इक मुँदरी को होइगो, कान्ह तिहारो मोल॥
कहति व्रज-नागरी॥ २६॥

व्रज नागरी बोलीं—इस जीर्ण शीर्ण झीनी कमरी के लिए कन्हैया ऐसा मत करो। अगर हमारी शीशे की एक गुरिया भी गिर गई, तो नंद के घर का सारा जमा जत्था भी उसकी क्षति-पूर्ति न कर सकेगा। तुमने हमारे हाथ की अँगूठी झटक ली है और नाक का गोल मोती भी। हमारी एक मुँदरी के बदले में कन्हैया तुम बिक जाओगे॥ २६॥

शिव विरंचि सनकादि, आदि तिनहूँ नहिँ जानी।
सेस सहसफन थक्यौ, निगम कीरतिहिँ बखानी॥
तेरी सौं सुनि ग्वालिनी, वह मेरे मन माहँ।
भुवन चतुर्दस देखियै, वा कमरी की छाहँ॥
कहत नँद-लाड़िले॥ २७॥

नँद लाड़िले बोले—अरी ग्वालिन, शिव, ब्रह्मा, सनक-सनंदन आदि मुनि भी इस कमरी की महिमा नहीं जान सके। सहस्र आनन वाले शेषनाग और वेद भी इसकी महिमा बखानते बखानते थक गए। ग्वालिन मैं तेरी शपथ खाकर कहता हूँ, मेरे मन में तो चौदहों भुवन इन कमरी की छाँह में दीख पड़ते हैं॥ ३०॥

जाहि इतौ परताप, गाइ सो काहै चारै।
पर दारन कैं जाइ, आपु कत लज्जा हारै॥
घर के बाढ़े रावरे, बातैं कहत बनाइ।
ग्वारनि पै लै खात हैं, जूठी छाक छिनाइ॥
कहति व्रज-नागरी॥ २८॥

इस पर व्रजनागरी बोलीं—जिसका इतना प्रताप है, वह गायें क्यों चराता है? वह पराई स्त्रियों के पास जाकर अपनी इज्जत क्यों गँवाता है? तुम अपने से ही घर के बड़े बने बैठे हो, सचमुच बड़े नहीं हो। केवल बना-बनाकर बड़ी-बड़ी बातें करने वाले हो? ग्वालों के घर से आई जूठी छाक छीन-छीनकर खाते जाते हो और बड़े बनते हो?॥ २८॥

देव रूप सब ग्वाल, करत कौतूहल न्यारे।
गोकुल गुप्त विलास, सखा सब संग हमारे॥
इहि वृंदावन ग्वारिनी, जित कित अमृत बेलि।
तिहूँ लोक मैं गाइयौ, मेरे रस की केलि॥
कहत नँद-लाड़िलौ॥ २९॥

नंद लाड़िले कृष्ण बोले—ये सभी ग्वाल-बाल देवता है, देवता। ये यहाँ आकर नए-नए खेल किए जा रहे हैं। ये गोकुल के मेरे गुप्त-विलास के संगी साथी है। हे ग्वालिनी, इस वृंदावन में यहीं कहीं अमृत की बेलि राधा है। तीनों लोकों में हमारी रस-क्रीड़ा का गायन किया जाता है॥ २९॥

अबलौं कीन्ही कानि, कान्ह अब तुमसौं लरिहौं ।
अधर नयन रिस कोपि, बिरचि अनऊतर करिहौं ॥
मो आगे को छोहरा, जीत्यो चाहै मोहि ।
काके बल इतरात हो, देहिँ न नख भर तोहि ॥
कहति व्रज-नागरी ॥ ३० ॥

व्रज नागरी बोलीं—कन्हैया, मैंने अब तक तुम्हारा बहुत लिहाज किया है। अब मैं तुमसे लड़ाई करूँगी। अपने होठ सिकोड़ कर, आँखें लाल-लाल करके, तुमसे विरक्त होकर, अब मैं तुम्हें निरुत्तर कर दूँगी। तुम्हारी सब बोलती बंद कर दूँगी। तुम मेरे आगे पैदा हुए छोकरे हों। तुम मुझे जीतना चाहते हो। तुम किसके बल पर इतराए जा रहे हो। मैं दान के नाम पर तुम्हें नख के बराबर भी दही नहीं दूँगी॥ ३० ॥

चितै बदन मुसुकात, हाथ दधि पूरन दोना ।
इत सुंदरी विचित्र, उतैं घनस्याम सलोना ॥
अति तामस तोहिँ ग्वारिनी, मैं जानत सब आदि ।
खोटी करनी जाहि की, सोई करै उपाधि ॥
कहत नँद-लाड़िलौ ॥ ३१ ॥

कन्हैया गोपियों का मुँह देख-देखकर, हाथ में दही का भरा दोना लिए हुए हँसते जा रहे थे। इधर रंग-बिरंगी गोप सुंदरियाँ थीं। उधर साँवरे सलोने घनश्याम थे। नंद-लाड़िले ने कहा—मैं सब जानता हूँ। तुम सभी बड़ी तामसी प्रवृत्ति की हो। झगड़ालू हो। जिसकी करनी खोटी होती है, वही लड़ाई-झगड़ा करता है॥ ३१ ॥

हठ छाँड़ौ नँदलाल, दान तुमकौं नहिँ दैहैं ।
बिना कहैं व्रज-लोग, कहा काहू पतियैहैं ॥
लाज नहीं तुम आवई, बोलत हौ सतराइ ।
कहूँ, कंस सुनि पाइहै, गहत फिरोगे पाइ ॥
कहति व्रज-नागरी ॥ ३२ ॥

व्रजनागरी बोलीं—नंदलाल, यह दान लेने का हठ छोड़ो। हम तुम्हें दान नहीं ही देंगी। जब तक व्रज के लोग आकर यह न कह दें कि कृष्ण को दान दे दो, वह राजनियुक्त दानाधिकारी हैं। हम किसी की बात को यों ही कैसे प्रामाणिक मान लें। तुम्हें लाज नहीं लगती, तुम हमसे इतरा कर बातें करते हो। यदि कहीं किसी प्रकार कंस के कान में इस दान की भनक लग जायगी, तब तुम अपने बचने के लिए हमारे ही पाँव पड़ते फिरोगे॥ ३२ ॥

सुनत हँसे नँदलाल, ग्वारि जिय तामस मान्यौ ।
सींच्यौ अमृत-बैन, कोप करसत नहिँ जान्यौ ॥
कहाँ बसति हौ नागरी, सो पुर मुग्ध गँवार ।
व्रजवासी कह जानहीं, तामस कौं व्यवहार ॥
कहत नँद-लाड़िले ॥ ३३ ॥

यह सुनते ही कृष्ण हँस पड़े और बोले—ग्वालिनी, आखिर तुमने तामस (क्रोध) कर ही लिया न। तुम्हारी वाणी तो अमृत से सींची हुई थी। कोप ने तुम्हारे उस अमृत को कब खींच लिया, तुम्हें इतना भी ज्ञान नहीं हुआ। हे नागरी, तुम कहाँ रहती हो? जहाँ तुम रहती हो वह मूर्खों गँवारों का गाँव जान पड़ता है। तुम व्रजवासी नहीं जान पड़तीं। भोले भाले व्रजवासी तामस व्यवहार करना क्या जानें?॥ ३३ ॥

जनमत जननी तजी, तात-कुल-धर्म नसायौ ।
नंद-गोप-गृह आइ, पुत्र कौ नाम धरायौ ॥
इतनिक सौं एतौ कियौ, खाटी छांछ पियाइ ।
तुमहिं दोष नहिं लाड़िले, ओछो गुन क्यों जाइ ॥
कहति व्रज-नागरी ॥ ३४॥

व्रज-नागरी बोली—जनते ही देवकी मैया ने तुम्हें त्याग दिया, तात ने यदुवंशी होते हुए भी तुम्हें एक ग्वाल के घर में रख दिया और तुम्हारा कुल-धर्म नष्ट हो गया। नंद गोप के घर आकर तुम उनके पुत्र कहलाए। उन्होंने खट्टा मट्ठा पिलाकर तुमको नन्हें से बड़ा किया। हे लाड़िले, इस समय जो दान माँग रहे हो, इसमें तुम्हारा कोई दोष नहीं। तुम में प्रारंभ से ही जो ओछापन भरा हुआ है, तुम्हारा वह गुन, कैसे दूर हो सकता है॥ ३४॥

अबिगत अगम अपार, आदि नाहीं, अबिनासी ।
परम पुरुष अवतार, तिनहिं की माया दासी ॥
तुमहिं मिलें ओछे भए, कहा रही धरि मौन ।
तुम्हरेहिं आगैं न्याव है, द्वै मैं ओछौ कौन ॥
कहत नँद-लाड़िले ॥ ३५॥

नंद-लाड़िले बोले—मैं अविगत हूँ, अगम हूँ, अपार हूँ, मेरा आदि नहीं, मेरा अंत नहीं। मैं अविनासी हूँ, परम पुरुष का अवतार हूँ। माया मेरी ही दासी है। जबसे मैं तुमसे मिला हूँ, तभी से ओछा हो गया हूँ। अब तुम चुप क्यों हो गईं? बताओ, अब तुम्हीं को न्याय करना है—हम दोनों में से ओछा कौन है—मैं या तुम?॥ ३५॥

हमहिं ओछाई यहै, कान्ह तुमकौं प्रतिपाले ।
तुम पूरे सब भाँति, मातु पितु संकट घाले ॥
कहा चलत उपरावटे, अजहूँ नहीं खिसात ।
कंस सौंह दै पूछियै, जिनि पटके हैं सात ॥
कहति व्रज-नागरी ॥ ३६॥

व्रज नागरी बोल उठीं—कन्हैया, हमारा ओछापन तो यही है कि जब तुम्हारा कोई पुछारो नहीं था, तुम्हारी जान के लाले पड़े हुए था, तब हमने तुम्हारा प्रतिपालन करके इतना बड़ा किया। हाँ हाँ, तुम सब प्रकार से पूर्ण हो, हमने जान लिया। तुम्हारे माता पिता कंस के कारागार में पड़े हुए हैं। तुमने उनका संकट खूब दूर किया। अब भी अपना सिर ऊँचा करके क्या चल रहे हो? अब भी तुम्हें रोष नहीं आ रहा है? कंस को शपथ देकर पूछो, उसने तुम्हारे सात-सात भाइयों को पटक कर नहीं मार डाला है॥ ३६॥

कंस-केसनि ग्रहौं, पुहुमि कौ भार उतारौं।
उग्रसेन सिर छत्र, चमर अपने कर ढारौं॥
मथुरा सुरनि बसाइहौं, असुर करौं जम-हाथ।
दनुज-दवन विरुदावली, साँचौ त्रिभुवन नाथ॥
कहत नँद-लाड़िले ॥ ३७॥

तब नंद लाड़िले ने कहा—मैं कंस के केश को पकड़कर मार डालूँगा, पृथ्वी का बोझ उतार दूँगा, उग्रसेन को मथुरा के राज-सिंहासन पर बैठाकर उनके सिर पर छत्र लगा दूँगा। और स्वयं अपने हाथों से उनको चँवर ढालूँगा। मथुरा में देवताओं को बसा दूँगा। असुरों को जमराज के हाथों सौंप दूँगा। दनुज-दमन (दैत्यों को मारनेवाला) यह उपाधि धारण करूँगा और मैं ही त्रिभुवन-नाथ हूँ, यह सत्य करके दिखा दूँगा॥ ३७॥

तब न कंस निग्रह्यौ, पुहुमि कौ भार उतार्यौ।
चोरी जायौ मातु गोद, गोकुल पग धार्यौ॥
अब बहुतें बातैं कहौ, दही दूध कैं घात।
जौ ऐसे बलवंत हौ, क्यौं न मधुपुरी जात॥
कहति व्रज-नागरी ॥ ३८॥

व्रजनागरी बोलीं—जब तुम्हारी मैया देवकी ने चोरी से, छिपकर, कारागार में तुम्हें जन्म दिया; जब तुम्हारे पिता वसुदेव गोद में तुम्हें उठाकर गोकुल पहुँचा गए, तब तो तुमने कंस को मार कर पृथ्वी का भार नहीं उतारा। अब हमारे दूध दही पर आँख लगाए हुए बहुत बढ़-बढ़कर बातें करते जा रहे हो। यदि तुम ऐसे शक्तिशाली हो, तो मधुपुरी क्यों नहीं चले जाते॥ ३८॥

जौ जैहैं मधुपुरी, बहुरि गोकुल नहिं ऐहौं।
यह अपनौ परताप, नंद-जसुदा न दिखैहौं॥
बचन लागि मैं है कियौ, जसुमति कौ पय-पान।
मोहिं ग्वार जिनि जानहू, ग्वारिनि सुनौ निदान॥
कहत नँद-लाड़िले ॥ ३९॥

नंदलाल ने कहा—यदि मैं मधुपुरी चला जाऊँगा, तो लौटकर फिर गोकुल न आ सकूँगा। फिर मैं अपना यह प्रताप नंद और यशोदा को न दिखा सकूँगा। मैंने पूर्व जन्म में यशोदा को वचन दिया था, इसीलिए मैंने यशोदा का स्तन्य-पान किया है। मुझे ग्वाल मत समझो। ग्वालिनी, मेरी यह अंतिम बात समझ लो॥ ३९॥

हम ग्वारिनि, तुम तरुन, रूप छबि रबि ससि मोहैं।
तिहूँ लोक परताप, छत्र सिंहासन सोहै॥
भई गर्व गत ग्वालिनी, चित्र लिखी तिहिं काल।
हमं अहीरि ढीठौ कियो, जै जै मदन गुपाल॥ ४०॥

फिर वह व्रजनागरी बोलीं—हम ग्वालिनी हैं। तुम तरुण हो। तुम्हारे रूप पर तो सूर्य,

चंद्र भी मोहित हैं। तुम्हारा प्रताप तीनों लोकों में फैला हुआ है। तुम्हारा राज-सिंहासन और राज-छत्र तो बहुत सुहावना है। हम साधारण अहीरिनें हैं। हमने तुम्हारे साथ बहुत ढिठाई की है। हे मदन गोपाल तुम्हारी जय हो। ग्वालिनी का गर्व दूर हो गया। वह उस समय चित्रलिखित सी हो गईं॥ ४०॥

बहुत दिननि तैं कान्ह, दह्यौ इहिं मारग ल्याईं।
तुम देखत नँदलाल, बहुत हम दई ढिठाई॥
कान्ह बिलग जिनि मानिए, राखि पछिलौ नेहु।
दूध दही की को गिनै, जो भावै सो लेहु॥ ४१॥

हे कन्हैया, हम बहुत दिनों से इस मार्ग से दही लेकर बेचने जाती रही हैं। नँदलाल, तुम तो देखते ही रहे हो, हमने तुमसे ढिठाई की है। पिछले स्नेह का स्मरण करके हमारी धृष्टता का बुरा मत मानना। दूध दही क्या है, तुम्हें जो भी अच्छा लगे, हमसे ले लो॥ ४१॥

धन्य नंद को गेह, धन्य गोकुल जहँ आए।
धनि गोकुल की नारि, जिन्हैं तुम रोकन धाए॥
धनि धनि झगरौ आजु कौ, इहिं सुख नाहिन पार।
नंद-नँदन पर कीजियै, तन-मन-धन बलिहार॥ ४२॥

नंद का घर धन्य है। गोकुल धन्य है, जहाँ तुम आए। हम गोकुल की गोपियाँ भी धन्य हैं, जिनका मार्ग रोकने के लिए तुम दौड़े आए। आज का यह झगड़ा धन्य है। इस सुख का कोई किनारा नहीं। नंदनंदन पर अपना तन मन धन बलिहार कर देना चाहिए॥ ४२॥

तब दधि आगैं धर्‍यौ, कान्ह लीजै जो भावै।
खाइ जाइ मंजार, काज एकौ नहिं आवै॥
हम अनखीं या बात कौं, लेत दान को नाउँ।
सहज भाव रहौ लाड़िले, बसत एक ही गाउँ॥
कहति व्रज-नागरी॥ ४३॥

तब गोपियों ने अपना सारा दही कन्हैया के सामने रख दिया और कहा—स्याम जितना तुम्हें अच्छा लगे, ले लो। घर पर तो बिल्ली अब दही खा जायगी, और यह सब दही व्यर्थ चला जायगा, किसी भी काम न आएगा। तुम तो दान माँग रहे थे। हमें इसी का बुरा लगा था। लाड़िले, सहज भाव से रहो, आखिर हमें एक ही गाँव में रहना है॥ ४३॥

अभरन दियो मँगाइ, कियो गोपिनि मन भायौ।
हिलि मिलि बढ़्यौ सनेह, आपुं कर माट उठायौ॥
नंद-नँदन छबि देखिकै, गोपिनि वार्‍यौ प्रान।
कुंज-केलि मन मैं बसी, गायौ 'सूर' सुजान॥ ४४॥

—सभा सूरसागर पद २२३६

कृष्ण ने सारे गहने मँगाकर गोपियों के दे दिए। और गोपियों को जो भी अच्छा लगा, वह सब किया। हिल-मिलकर उनका आपसी स्नेह बढ़ गया। कृष्ण ने स्वयं अपने हाथ

से उठाकर मटके गोपियों के सिर पर रख दिए। नंदनंदन की छवि देखकर गोपियों ने अपने प्राण निछावर कर दिए। यह कुंज-केलि उनके मन में बस गई। सुजान सूरदास इस कुंज-केलि को गाए जा रहे हैं॥ ४४॥

१०. मानसागर

३४४४ राग मलार

दूती वचन राधा प्रति—

''मानि, मनायौ राधा प्यारी।
दहियत मदन मदन-नायक हैं, पीर प्रीति की न्यारी॥
तू जू झुकति हौ औरन रूसत, अब कहि कैसे रूसी।
बिनहीं सिसिर तमकि तामस तैं, तू मुख-कमल बिदूषी॥ १॥

दूती मानिनी राधा से कह रही है—हे राधा प्यारी, मैं तुझे मना रही हूँ। तू मान जा। प्रीति की पीड़ा अद्‌भुत होती है। कृष्ण स्वयं मदन के नायक हैं। मदन उन मदन-नायक कृष्ण को भी जलाए दे रहा है। और सखियाँ जब कभी रूठ जाती थीं, तब तू स्वयं उन पर झल्ला पड़ती थी। अब तू ही बता, तू कैसे रूठ गई है। अभी घोर जाड़े की शिशिर ऋतु नहीं आई है, पर तमक कर के क्रोध से तूने अपने मुखरूपी कमल को मुरझा रखा है। तेरा मुख तो ऐसा लग रहा है, जैसे शिशिर के तुषार से मृत कमल हो॥ १॥

सुनियत बिरद रूप-रस-नागरि, लीन्ही पलट कछू सी।
तैरैं हुती प्रेम-संपति, सखि, सो संपति किहिं मूसी॥
उन तन चितै, आपु तन चितवहु, अहो रूप की रासी।
पिय अपनौ नहिं होइ तऊ, जौ ईस सेइयै कासी॥ २॥

तेरा विरद तो ऐसा सुना जाता रहा है कि तू 'रूप-रस-नागरी' है। पर तूने इस विरद को जैसे उलट दिया है। तूने अपने रूप को भी बिगाड़ दिया है और रस (प्रेम) को भी। इस मान के करने से तेरा रूप और तेरा रस दोनों विकृत हो उठे हैं। हे सखी, तेरे पास तो प्रेम की भारी संपदा थी, इस संपदा को किसने लूट लिया। तू अपने प्यारे कृष्ण की ओर देख, और अपनी ओर भी देख। हे रूप की राशि, तूने अपनी दुर्गति कर ली है और कृष्ण की भी दुर्गति कर दी है। अगर पिया अपना न भी रह जाय, किसी दूसरी का हो जाय, तो भी क्या रूठकर योगिनी बनकर काशी विश्वनाथ की सेवा में चला जाया जाता है॥ २॥

तू तौ प्रान, प्रानवल्लभ कैं, वै तुव चरन उपासी।
सुनिहै कोऊ, चतुर नारि, कत करति प्रेम की हाँसी॥
ज्यौं ज्यौं मौन गही तुम, उनकैं बाढ़ी आतुरताई।
कान्ह आन-बनिता-रत सुनिकै, जिय पैठी निठुराई॥ ३॥

तू तो अपने प्राण-वल्लभ कृष्ण की प्राण ही है। वे भी तेरे चरणों के उपासक हैं। हे चतुर नारि, यदि कोई सुन लेगा कि राधा अपने चरणों के उपासक श्याम से रूठ गई है,

तो क्या होगा? तू अपने प्रेम की हँसी क्यों उड़वाना चाहती है। जैसे-जैसे तू चुप्पी साधती जा रही है, वैसे ही वैसे उनकी आतुरता बढ़ती जा रही है। तूने सुन लिया कि कान्हा किसी दूसरी वनिता में अनुरक्त हो गए हैं, इसी पर तूने अपना हृदय इतना कठोर कर लिया है॥ ३॥

हियैं कपाट जोरि जड़ता के, बोलति नहीं बुलाई।
हा राधा, राधा रट लागी, चित-चातकी-कन्हाई॥
जो पै मान, तौ भाँवरि नाहीं, भाँवरि मान न होई।
हिय तैं वादि प्रेम रितवति हौ, अंत भावतौ सोई॥ ४॥

तूने अपने हृदय पर जड़ता का, मूर्खता का, किवाड़ बंद कर लिया है और बुलाने पर भी बोल नहीं रही है। श्याम का मन तो पपीहा बनकर 'हा राधा, हा राधा' की रट लगाए जा रहा है। जहाँ मान होता है, वहाँ स्वकीयात्व नहीं रह जाता। अग्नि को साक्षी देकर पति के साथ सात भाँवरे देने वाली स्त्री अपने पति से कभी मान नहीं करती। मान तो वे परकीयाएँ किया करती हैं, जिन्होंने अपने प्रिय के साथ सात भाँवरे नहीं डाली हैं। तुम अपने हृदय को व्यर्थ ही प्रेम से रिक्त किए दे रही हो। अंत में तो कभी न कभी यह मान टूटेगा ही और तुम फिर वही प्रिया-प्रीतम एक हो जाओगी। जब जुटना ही है, तब यह टूटना क्यों?॥ ४॥

जौ गोरी पिय-नेह-गरब, तौ लाख कहै किन कोई।
काहू लियौ प्रेम को परचौ, चतुर नारि है सोई॥
कत हौ रही नारि नीची करि, देखति लोचन झूले।
मानो कुमुद रूठि उडुपति सो, सकुचि अधोमुख फूले॥ ५॥

यदि किसी नारी को अपने प्रिय के प्रेम का गर्व है, तो उसे इस गर्व को बनाए रखना चाहिए। भले ही लोग इस गर्व को तोड़ने के लिए तरह-तरह की बातें आकर क्यों न जड़ते रहें और कितना ही उस प्रेम की परीक्षा लेते रहें। चतुर नारी वही है, जो अपने प्रिय के प्रेम पर बराबर विश्वास बनाए रखकर उस पर गर्व करती रहे। चाहे जो उसके नेम की परीक्षा ले ले और वह सदा खरी सिद्ध होती रहे।

तुमने मेरी बातें सुनकर यह अपनी गर्दन क्यों नीची कर ली? मैं देख रही हूँ कि तुम्हारी आँखें भी आत्म-विस्मृत हो गई है और शून्य में देख रही हैं। ऐसा लगता है जैसे कुमुदिनी चंद्रमा से रूठ गई हो और सकुचाकर नीचे मुँह किए हुए फूल उठी हो—मुँह फुला बैठी हो॥ ५॥

वै तुव हित वृषभानु-नंदिनी, सेवत जमुना-कूले।
तैरै तनक मान, मोहन कै, सबै सयानप भूले॥
अहौ इंदु-बदनी सुनि सजनी, कत पलकनि पल जोरै।
तुव मुख-दरस-आस के प्यासे, हरि के नैन चकोरै॥ ६॥

हे वृषभानु नंदिनी, श्याम तुम्हारे लिए यमुना-तट पर पड़े हुए हैं। तुम्हारे जरा से मान कर लेने पर वे अपनी सारी चतुराई भुला बैठे हैं। हे चंद्रमुखी सखी, सुन, तूने अपनी पलक

से पलक क्यों जोड़ रखी है ? तूने आँखें क्यों बंद कर ली हैं ? हरि के नयन रूपी चकोर तो तेरे मुखरूपी चंद्रमा के दर्शन की आशा में प्यासे पड़े हैं॥ ६॥

तेरे बल भामिनी, बदत नहिँ, उपजत काम-हिलोरै ।
कहियत हुते चतुर नागर, ते तनक मान भए भोरे ॥

दूती का जाकर कृष्ण को बुला लाना—

तब दूती फिरि गई स्याम पैं, स्याम उहाँ पग धरियै ।
जिहिं, हठ तजै प्रान प्यारी, सो जतन सबारैं करियै ॥ ७ ॥

हे मानिनी, कामदेव तेरे ही बल के भरोसे श्याम के हृदय में काम की हिलोरें पैदा करता जा रहा है और किसी को कुछ नहीं समझ रहा है। कहा जाता है कि श्याम बड़े चतुर हैं, पर तेरे तनिक मान से वे एकदम भोले-भाले हो गए हैं। उनकी सारी चतुराई हेरा गई है।

दूती के इतना मनाने पर भी जब राधा नहीं मानी, तब वह लौटकर श्याम के पास गई और बोली—हे श्याम सुंदर तुम वहीं चले चलो, जहाँ मान किए हुए राधा प्यारी बैठी हुई हैं। जिस प्रकार भी प्राण-प्यारी हठ छोड़ें, वह उपाय शीघ्र ही कर डालिए॥ ७॥

वै वैसैं, तुम ऐसैं बैसे, कहौ काज क्यों सरियै ।
कीजै कहा, चाड़ अपनी, कत इहाँ मसूसनि मरियै ॥
अपनी चोप आप उठि आए, ह्वै रहे आगे ठाढ़े ।
भूलि गयो सब चतुर सयानप, हुते जो बहु गुन गाढ़े ॥ ८ ॥

वे राधा वहाँ रूठी बैठी हैं और तुम यहाँ व्याकुल होकर बैठे हुए हो। इस तरह से तो काम नहीं चलेगा। क्या किया जाय, अपनी गरज है। यहाँ चिंता में क्यों मरे जा रहे हैं।

श्याम को अपनी गरज थी और गरज बावली होती है। श्याम स्वयं उठकर राधा के पास आए और आकर उनके आगे खड़े हो गए। जो भारी गुणों से भरे हुए थे, ये कृष्ण अपनी सारी चतुराई भूल गए॥ ८॥

डोलत नहिँ, बोलत न बुलाएँ, मनहु चित्र लिखि काढ़े ।
पर्‌यो न काम नारि नागरी सौं, हैं घर ही के बाढ़े ॥

दूती वचन राधा के प्रति—

निबह्यौ सदा औरहीं कौ हठ, यह जो प्रकृति तुम्हारी ।
आपुनहीं अधीन ह्वै ठाढ़े, देखि गोबर्धन-धारी ॥ ९ ॥

कृष्ण की दशा ऐसे हो गई थी कि वे न तो हिल डुल रहे थे, न बुलाने से बोल ही रहे थे, वे चित्र-लिखित से हो गए थे। वे अभी तक घर के ही शेर बने हुए थे। अभी तक उनका पाला किसी चतुरा नारी से नहीं पड़ा था।

दूती राधा से बोली—तुम्हारी तो यह प्रकृति (आदत, स्वभाव) रही है कि तुम औरों के भी मान को निपटा दिया करती थीं। उन्हें मान से विरत कर दिया करती थीं। पर आज तुम स्वयं मानिनी बन बैठी हो। देख गोवर्द्धनधारी कृष्ण स्वयं तेरे अधीन होकर आ खड़े हुए हैं॥ ९॥

प्रान-पियहिँ रूसन कहि कैसो, सुनि वृषभानु-दुलारी।
कहूँ न भई, सुनी नहिँ देखी, रहै तरँग जल न्यारी॥
रिस रूसनौ, मिलन पलकनि कौ, अति कुसुंभ रँग जैसौ।
रहै न सदा, छुटत छन भीतर, प्रात ओस-कन तैसौ॥१०॥

हे वृषभानु-दुलारी, सुनो। अपने प्राण-प्रिय से रूठना कैसा? कहीं अपने प्राण-प्रिय से भी रूठा जाता है? लहर जल से अलग रहे, यह न तो कभी हुआ है, न सुना गया है, न देखा गया है। क्रोध करके रूठना, पलकों को बराबर मिलाए रखना (आँखें बंद किए रहना), आँखों को कुसुंभ फूल जैसा लाल किए रहना—यह सब स्थायी नहीं हैं, क्षणिक हैं। जैसे ओस के कण, सबेरा होते ही, सूर्य की किरण के पड़ते ही, सूख जाते हैं, वैसे ही मान भी क्षण भर के भीतर छूट जाता है॥१०॥

वे हैं परम मलीन किए मन, उठि कहि मोहन बैसो।
घर आए आदर न चूकियै, बैठी दूध अँचै सो॥
वे तो भँवर भावते बन के, और बेलि को तैसी।
कीन्हो मान मदनमोहन सौं, कीन्ही बात अमैसी॥११॥

मोहन अत्यंत मलिन मन हो गए हैं। उठकर, खड़ी होकर इनका स्वागत कर, और कह—मोहन, आओ बैठो। जो अपने घर आ जाय, उसका आदर करने में न चूकना चाहिए। तू तों जैसे दूध पीकर निश्चिंत होकर बैठ रही है। प्यारे श्याम तो वन के भौंरे हैं। तुझसी दूसरी लता है ही कौन? जिसपर यह भौंरा बैठे। तुमने मदन-मोहन से जो यह मान कर लिया है, वह तो बहुत ही वैसी बात है, वह अनीप्सित है॥११॥

तुम जानहु कै लाल तुम्हारौ, तुमहिँ उनहिँ है जैसी।
याही तैं अति गर्व भरी हौ, वै ठाढ़े, तुम बैसी॥
जोबन-जल वर्षा की सरि ज्यौं, चारि दिना कौं आवै।
अंत अवधि ही लौं नातौ, जउ कोटिक लहर उठावै॥१२॥

तुम समझती हो कि लाल (कृष्ण) तुम्हारे ही हैं। तुममें और उनमें जो संबंध है, उसे भी तुम जानती हो। तुम उनकी प्राणं-प्रिया हो, वे तुम्हारे प्राण-वल्लभ हैं। इसीलिए तुम्हें इतना गर्व हो गया है कि वे खड़े हैं और तुम बैठी हुई हो। यौवन का पानिप तो उस बरसाती नदी जैसा है, जो चार दिनों के लिए उफान पर आ जाती है। चार दिनों के लिए उसमें भले ही करोड़ों लहरें उठें, पर वर्षा के बीतते ही वे स्वतः समाप्त हो जाती हैं। उनका नाता वर्षा की अवधि तक ही है॥१२॥

वल्लभ कौ वल्लभ कौं मिलिबौ, तुमहिँ कौन समुझावै।
लै चलि भवन भावतेहिँ भुज गहि, को कहि गारि दिवावै॥

राधा-वचन—

झुकि बोली ह्याँ तै ह्वै हाती, कौने सिखै पठाई।
लै किनि जाहि भवन अपनैं, ह्याँ लरन कौन सों आई॥१३॥

प्रिय को प्रिया से और प्रिया को प्रिय से मिलना ही चाहिए। यह मोटी बात कौन तुम्हें समझावे। तुम अपने भावते (प्यारे) श्यामसुंदर की बाँह पकड़कर उन्हें अपने घर में ले जाओ, ऐसा कहकर मैं तेरी गाली क्यों खाऊँ?

इस पर राधा झहरा कर, झल्लाकर उस दूती से यों बोलीं—यहाँ से दूर जा, तुझे किसने यह सब सिखा-पढ़ाकर मेरे पास भेजा है। तू इन्हें लेकर अपने ही घर क्यों नहीं चली जाती? यहाँ तू किससे झगड़ने आई है॥ १३॥

कांपति रिसनि, पीठि दै बैठी, सहचरि और बुलाई।
कछु सीरी, कछु ताती बानी, कान्हहिं देति दुहाई॥
कबहुँक लै धरि दर्पन मोहन, ह्वै रहे आगे ठाढ़ौ।
पट अंतर नहिं बिंब निहारति, इतौ मान मन गाढ़ौ॥ १४॥

रिस से काँपती हुई राधा पीठ देकर, मुँह फेर कर बैठी ही रही।

इस बीच कृष्ण ने कुछ और सखियों को बुलाया। वे कान्ह की दुहाई देती जा रही थीं और कभी नम्रता से समझाए जा रही थीं और कभी गरम भी हो उठती थीं। कभी कृष्ण अपने हाथ में दर्पण लेकर राधा के आगे खड़े होकर उसे दिखाने लगते थे कि देखो तुमने अपने को कितना मुरझाया, कितना दीनहीन मलीन बना रखा है। पर राधा ने इतना प्रगाढ़ मान कर रखा था कि उसने घूँघट के बाहर झाँककर अपना प्रतिविंब देखा तक नहीं॥ १४॥

तलफत फिरै, धरै नहि धीरज, बिरह अनल कौ डाढ़ौ।
इत नागरी, उतहिं वै नागर, इन बातनि को चाढ़ौ॥

दूती वचन—

बड़ौ बड़ाई कौं प्रतिपालै, बड़ौ बड़ाई छीजै।
ताकै बड़ौ बड़ो सरनागत, बैर बड़े सों कीजै॥ १५॥

श्याम तड़प रहे थे, धैर्य नहीं धर रहे थे, विरह की आग में झुलसे जा रहे थे। इधर हठीली नागरी राधा थीं कि मान नहीं छोड़ेंगी। उधर नागर कृष्ण थे कि बिना मान-मोचन कराए वे नहीं छोड़ेंगे। दोनों को अपनी-अपनी बात की जिद लग गई थी।

दूती राधा से बोली—बड़े लोग बड़प्पन बनाए रखते हैं। और अपने बड़प्पन की रक्षा में वे नष्ट भी हो जाते हैं। बड़ा आदमी बड़े ही की शरण में जाता है और वैर भी करता है तो बड़ों ही से॥ १५॥

तू वृषभानु बड़े की बेटी, तेरे ज्याएँ जीजै।
जदयपि बैर हिये में है री, बैरिहिं पीठ न दीजै॥
भामिनि और भुजंगिनि कारी, इनके बिषहिं डरैयै।
राँचेहू बिरचैं सुख नाहीं, भूलि न कबहुँ पत्यैयै॥ १६॥

तू बड़े सरदार वृषभानु की बेटी है और स्वयं भी बड़ी है, तेरे जिलाने से ही श्याम जीवित हैं। सहचरी इस समय तेरे हृदय में उनके प्रति वैर भाव आ समाया है, पर वैरी को पीठ न दिखाना चाहिए। तू उनसे वैर माने रह, पर उनकी ओर पीठ करके तो न बैठ। उनकी ओर अपना मुँह तो कर ले।

फिर वह कृष्ण से बोली—भामिनी (क्रुद्धा नारी) और काली सांपिन के विष से सदा डरते रहना चाहिए। ये चाहे अनुरक्त हो जायँ, चाहे विरक्त, इनसे कभी सुख नहीं मिलता? भूलकर भी इन पर विश्वास नहीं करना चाहिए॥ १६॥

इनके बस मन परै मनोहर, बहुत जतन करि पैयै।
कामी होइ काम आतुर, तिहिँ कैसैं कै समुझैये॥
जे जे प्रेम छके मैं देखे, तिनहिँ न चातुरताई।
तैरें मान सयान सखी, तोहि कैसैं कै समुझाई॥ १७॥

हे मन को हर लेने वाले श्यामसुंदर, यदि किसी पुरुष का मन इन भामिनियों में अनुरक्त हो जाय, तो वह मन बड़ी कठिनाई से उनसे विरक्त हो पाता है। वह मन बहुत यत्न करने पर ही वापस मिल सकता है। कामी कामातुर हो उठता है। उसे किसी भी तरह समझाया नहीं जा सकता। जिन जिनको मैंने प्रेम में प्रसन्न देखा, मैंने पाया कि उनमें जरा भी चतुराई नहीं है, वे मुझे प्रायः मूर्ख ही मिले।

फिर वह दूती राधा से बोली—राधा तू तो नागरी है, परम चतुरा है। तूने जो यह उग्र मान ठान लिया है, इस प्रसंग में मैं तुझे क्या समझा सकती हूँ॥ १७॥

परिहै क्रोध-चिनगि भाँवरि मैं, बुझिहै नहीं बुझाई।
हौं जु कहति, तैं वादि बावरी, तृन तैं आनि उठाई॥

दूती रूप में कृष्ण वचन—

बहुरौ भए सहचरी मोहन, ताकि आपनी घातैं।
लागे कान सखी के धोखें, कहत कुंज की बातैं॥ १८॥

यदि क्रोध रूपी चिनगारी, भाँवरि (प्रेम) में पड़ गई, तो वह बुझाने से नहीं बुझती। मैं तो कहती हूँ कि हे पगली, तूने तिनके से आग सुलगा ली है। तूने जरा सी बात का बतंगड़ बना डाला है।

पर राधा अपने हठ पर डटी रही, उससे हटी नहीं। तब कृष्ण ने अपना दाँव समझकर स्वयं सखी का रूप बनाया और राधा के कान के पास अपना मुँह ले जाकर, धोखे ही धोखे में, बहाने से निकुंज की बातें कह उठे॥ १८॥

सुधि करि देखि रूसनौ उनकौ, जब खाई हा-हा तैं।
आपु पीर, पर-पीर न जानति, भूली जोबन नातैं॥
कबहुँ न भयौ, सुन्यौ नहिँ देख्यौ, तनु तैं प्रान अबोले।
होत कहा है आलसहूँ दिस, छिनु घूँघट-पट खोले॥ १९॥

अरी राधा, उस कुंज की बात याद कर, जब कृष्ण तुझसे रूठ गए थे, तब तूने उनकी कितनी विनती की थी, चिरौरी की थी। तू अपनी पीड़ा जानती है, पराए (कृष्ण) की पीड़ा नहीं समझ पा रही है। जवानी के नशे में तू सब कुछ भूल बैठी है। न तो कभी ऐसा हुआ है, न सुना गया है, न देखा गया है कि प्राण ने शरीर से अनबोला किया हो। प्राण शरीर से बोलेगा ही, जिस दिन प्राण शरीर से बोलना बंद कर देगा, शरीरांत हो जायगा। तू तंद्रा,

जँभाई के बहाने ही क्षण भर के लिए अपना घूँघट खोल दे। इससे तेरा बिगड़ता ही क्या है? ॥ १९ ॥

पावति कहा मान मैं तू री, कहा गँवावति, बोले ।
काल्हिहिँ प्राननाथ, तुम प्यारी, फिरिहौ कुंजनि डोले ॥
कहा रही अति क्रोध हियैं धरि, नैंकु न दया दयानी ।
प्रगटे जानि, मदनमोहन सौं, बात बात अधिकानी ॥ २० ॥

तू मान करके क्या पा ले रही है और बोल देने से तू क्या खो देगी। न तू कुछ पा रही है, न खोएगी। इस बात को जाने दो। अगले दिन ही वे तेरे प्राणनाथ हो जायँगे और तू उनकी प्यारी हो जायगी। और तुम दोनों एक दूसरे का हाथ पकड़े हुए वृंदावन की कुंजों में डोलते फिरोगे। तू अपने मन में इतना क्रोध क्यों किए हुए है। हे दयालु, तुझे कृष्ण पर जरा भी दया नहीं आ रही है? मदनमोहन किसी दूसरी नवेली के यहाँ चले गए थे, इसी बात के प्रगट हो जाने पर, तू उनसे रूठ गई है। बात ही बात में इतनी अधिक बात बढ़ गई ॥ २० ॥

हित की कहै, अनख लागति है, समुझहु भलैं सयानी ।
मन की चोप मान कीजत कह, थोरैं ही गरबानी ॥
रही मूँदि पट सौं रूठि भामिनि, नैकु न बदन उघारै ।
हरि-हित-बचन-रसाल, कठिन पाहन ज्यौं बूँद उतारै ॥ २१ ॥

हित की भी यह बात कहने पर तुझे बुरा लगा जा रहा है। हे सयानी, इस बात को भलीभाँति समझ लो। तुम थोड़े ही में इतना रूठ गई हो। क्या मन की तरंग में आकर ही ऐसा मान किया जाता है?

क्रुद्धा राधा ने आँचल से अपना मुँह मूँद लिया, जरा भी मुँह नहीं खोला। हरि के मधुर और प्रेम भरे वचन, कठोर पत्थर पर गिरती जल-बूँद के समान छटक कर बाहर जा गिरे ॥ २१ ॥

धरे ग्रीव पट, सन्मुख ठाढ़े, नैकु न कोप निवारै ।
जिहिँ आधीन देव सुर नर मुनि, सो दीनता पुकारै ॥
खन गावै, खन बेनु बजावै, कमल भृंग की नाईं ।
खन पाइनि तन हाथ पसारै, छुवन न पावै छाईं ॥ २२ ॥

अपने गले में दुपट्टा डाले दीन भाव से वे तेरे सामने आ खड़े हुए हैं, पर तू अपना क्रोध जरा भी कम नहीं कर रही है। जिसके अधीन देव, असुर, नर, मुनि सभी हैं, वे तेरे सामने दीन वाणी में, अधीन वाणी में बोल रहे हैं। वे कमल में बँधे भौंरे के समान एक क्षण गाते हैं, एक क्षण वेणु बजाते हैं, एक क्षण तेरे पैर छूने के लिए अपने हाथ फैलाते हैं, पर तेरी छाया भी नहीं छू पाते ॥ २२ ॥

खन ही लेहिँ बलाइ बाम की, लालच करि ललचाईं ।
कहै आन की आन सौंह दै, खन-खन हा हा खाईं ॥

कबहुँक निकट बैठि कुसुमावलि, अपनैं कर पहिरावै।
जोइ-जोइ बात भावतिहिं भावै, सोइ सोइ बात चलावै ॥ २३॥

लालच करके, ललचा करके, वे एक क्षण तुझ बिगड़ैल वामा की बलैया लेते हैं, वे क्षण-क्षण पर हा-हा खाते हुए तेरी चिरौरी किए जा रहे हैं। कभी किसी की आन (शपथ) देकर शपथ खाते हैं कि अब ऐसी भूल न होगी, कभी निकट बैठकर पुष्पों की माला अपने हाथ से तेरे गले में पहनाते हैं, तुझे जो-जो भी बातें अच्छी लगती रही है, उन्हीं की चर्चा किए जा रहे हैं॥ २३॥

जितहिं जितहिं रुख करै लड़ैती, तितही आपुन आवै।
नाचत जाकैं डर त्रिभुवन, तिहिं नैकहु मान नचावै॥
जिन नैननि देखत दुख भूले, ते दुख नैन समोवै।
जो मुख-कमल सुखनि कौ दाता, सो मुख नैकु न जोवै॥ २४॥

हे लड़ैती, जिधर-जिधर तू अपना मुँह फेरती जा रही है, उधर-उधर ही वे स्वयं भी होते जा रहे हैं। जिनके डर से तीनों लोक नाच उठता है, तिलमिला जाता है, उसे तेरा थोड़ा-सा मान नचाता जा रहा है। जिन नयनों को देखकर, जिनकी कृपा-कटाक्ष पाकर सारा संसार अपना दुख भूल जाता है, उनके वे नयन दुःख से आपूर्ण हो उठे हैं। उनका जो मुखरूपी कमल सभी सुखों को देनेवाला है, तू उनका वह मुँह जरा भी देख नहीं रही है॥ २४॥

जिहिं ललाट त्रिभुवन को टीकौ, सो पाइनि तन सोवै।
राँचहिं जाहि सनक अरु शंकर, बिरुचे ताहि बिगोवै॥
एते मान भए बस मोहन, बोलत कटुक डराई।
दीपक-प्रेम क्रोध-मारुत छिनु, परसत जनि बुझि जाई॥ २५॥

जिसका ललाट त्रिभुवन का टीका है, वह तेरे पैरों पर लेटा हुआ है। जिनसे सनक सनंदन और शिव तक अनुरक्त हो उठते हैं, तू उनसे विरक्त होकर, उन्हें मलिन बनाए दे रही है।

मोहन राधा के इतने अधिक वश में हो गए हैं कि उन्हें डर हो गया है कि कहीं राधा कोई कड़वी बात न कह दे और प्रेम का प्रदीप राधा के क्रोध की हवा के क्षणिक झोंके का स्पर्श पाते ही कहीं बुझ न जाय॥ २५॥

तातै करि हरि छल दूती कौ, कहत बात सकुचाई।
कपटी कान्ह, पत्याहि न राधे, तोहिं वृषभान-दुहाई॥
पठई मोहिं देइ उर-माला, जहाँ कहूँ रति मानी।
हौं बहराइ इतहिं आई री, आली तोहिं डरानी॥ २६॥

इसीलिए हरि ने यद्यपि दूती का छद्म रूप धारण कर रखा है फिर भी ये अपनी बात कहने में सकुचाए जा रहे हैं। वे बात बदल कर बोले—राधा, तुझे वृषभानु की दुहाई है, कपटी कन्हैया का कभी विश्वास मत करना, उन्होंने जहाँ भी, जिससे भी, रति ठानी है, उसके पास अपने वक्ष पर पहनी यह माला देकर मुझे भेजा था। मैं तुझसे डर गई और उसके पास न जाकर भुलावा देकर इधर तेरे पास ही चली आई हूँ॥ २६॥

काहे कौं रूसनो बद्यो है, मोसौं कहौ कहानी।
नव नागरि पहिचानि राधिका, इहिं छल अधिक रिसानी॥
जानिय कहा कौन अपराधिनि, आनि कान है लागी।
सुनि-सुनि उठी सुंदरी कैं जिय, प्रगट कोप की आगी॥ २७॥

तुमने कन्हैया से रूठने का निश्चय किस बात पर किया। सब कहानी मुझसे साफ-साफ कह सुनाओ।

कृष्ण की यह बातें सुनकर राधिका ने मान लिया कि यह दूती कोई दूसरी नहीं है। स्वयं कृष्ण ने दूती का रूप धारण किए हैं। उनके इस छल से वह और भी कुपित हो उठी।

दूती-कृष्ण कहते गए—"न जाने कौन अपराधिनी थी, जिसने तुम्हारे कान लगकर कृष्ण के विरुद्ध तुम्हारे कान भर दिए।"

यह सब सुन-सुनकर सुंदरी राधा के हृदय में क्रोध की आग और भी धधक उठी॥ २७॥

जद्यपि रसिक रसाल रसीली, प्रेम-पियूषनि पागी।
किती दई सिख मंत्र साँवरैं, तउ हठ-लहरि न भागी॥
कहियै कहा नंद-नंदन सौं, जैसैं लाड़ लड़ाई।
कौन न भई मानिनी उनसौं, एते मान मनाई॥ २८॥

यद्यपि साँवरे घनश्याम ने रस से भरी, मधुर प्रेम से भरी प्रेमामृत में पगी, अनेक शिक्षाएँ एवं मंत्रणाएँ राधा को दीं। फिर भी राधा के हठ की लहर जरा भी हिली-डुली नहीं। राधा का मान भंग नहीं हुआ। नंदनंदन ने जिस प्रकार से राधा से लाड़ लड़ाया, और उन्हें मनाया, उसके संबंध में ज्यादा क्या कहा जाय, कोई दूसरी मानिनी हुई होती, तो अब तक मान गई होती। पर राधा नहीं मानी, नहीं मानी॥ २८॥

नव नागर तबहीं पहिचानी, नागरि-नागरताई।
इन छँद-बंदनि छंदै पैयै, प्रेम न पायो जाई॥
हारे बल अबला सौं मोहन, तजति न पानि कपोलै।
मानहु पाहन की प्रतिमा सी, नैकु न इत उत डोलै॥ २९॥

नागरी राधा ने नागर कृष्ण की सारी चतुराई पहचान ली। और बोली—इस छल कपट से छल कपट ही मिल सकता है। प्रेम नहीं मिल सकता।

उस अबला राधा से मोहन अपना सारा बल हार गए। राधा ने अपने हाथों पर जो अपने कपोल टिका रखे थे, टिकाए ही रखे, हटाया नहीं। लगता था यह पत्थर की कोई मूर्ति हों, जो जरा भी इधर-उधर हिल-डुल नहीं रही थी॥ २९॥

दूती वचन—

इन द्योसनि रूसनो करति है, करिहै कबहिं कलोलै।
कहा दियो पढ़ि सीस स्याम कै, खींचि आपनौ सो लै॥
तोहिं हठ पर्‌यो प्रानवल्लभ सौं, छूटत नहीं छुड़ायौ।
देखहु मुरछि पर्‌यौ मनमोहन, मनहुँ भुअंगिनि खायौ॥ ३०॥

दूती बोली—इन जवानी के दिनों में तू रूठी हुई है, फिर कब रंगरली करेगी। यही तो सुख संभोग के दिन हैं।

तू ने श्याम के सिर पर कौन-सा जादू-टोना चला दिया है। तू अपना वह मंत्र वापस ले ले। तूने अपने प्राणवल्लभ से ऐसा हठ ठान लिया है, जो छुड़ाने पर भी नहीं छूट पा रहा हो। देख मनमोहन मूर्च्छित होकर गिर पड़े हैं, जैसे किसी नागिन ने उन्हें डस लिया हो॥ ३०॥

काहे कौं अपराध लेति है, करति काम कौ भायौ।
नैंकु निरखि उठि कुँवर, राधिका जौ चाहति है ज्यायौ॥
बहुरौ लियो जगाइ मनोहर, जुवतिनि जतन उपायौ।
बिरह-ताप बर दाप हरन कौं, सरस सुगंध चढ़ायौ॥ ३१॥

तू कामदेव का मनभाया क्यों होने दे रही है। काम तो उन्हें मार डालना चाहता है। तू अपने सिर पर यह अपराध (दोष) न ले। यदि तू मोहन को जीता देखना चाहती है, तो उठकर उन्हें जरा-सा देख ले।

मदन-मनोहर कृष्ण को युवतियों ने अनेक उपाय कर करके जगा लिया है। उनकी मूर्च्छा दूर कर दी है। उनके विरहजन्य ताप और दाह को दूर करने के लिए उन्होंने उनके शरीर पर अनेक शीतल सुगंधित द्रव्यों का लेप कर दिया है॥ ३१॥

जिते करे उपचार, मनहु लै जरत मांझ घृत नायौ।
काम-अग्नि तैं बिना कामिनी, कहि कौनैं सचु पायौ॥
जिनकैं हित तू त्रिभुवन गाई, ठकुराइनि करि पूजी।
जिनके अंग-अंग सुख बिलसति, वन नायक है कूजी॥ ३२॥

उन्होंने जितने भी उपचार किए, मानो आग में घी ही डाल दिया हो। कहो तो काम की आग से बिना कामिनी के किसने सुख पाया है। जिनकी बदौलत सारी त्रिलोकी में तेरा यश फैला हुआ है और तू स्वामिनी मान कर पूजी जाती है, जिनके अंग अंग से तूने सुख विलास किया है, जिनके कारण तू वृंदावन की स्वामिनी बनकर कूकती रही है॥ ३२॥

अनुदिन काम-बिलास बिलासिनि, वै अलि तू अंबूजी।
ऐसैं पिय सौं मान करति है, तोसी मुग्ध न दूजी॥
मेरौ कह्यौ मानती नाहिन, ह्याँ अरु कौन कहैगौ।
राखत मान तिहारो मोहन, एतो कौन सहैगो॥ ३३॥

जिनके साथ तूने दिन दिन काम-विलास किया है, जैसे तू उनकी कमलिनी रही है और वे तेरे भौंरे, तेरे क्रोड़ में सो जानेवाले, तू ऐसे पिया से मान कर रही है। तुझसे बढ़कर मूर्खा और कौन होगी? तू मेरा कहना नहीं मान रही है। मुझे छोड़कर तुझे मनाने के लिए और कौन दूसरा बैठा है। मोहन तुम्हारा मान करते हैं। इसीलिए वे तुम्हारा इतना मान (रूठना) सहे जा रहे हैं। किसी मानिनी का इतना मान और किस प्रिय ने सहा है?॥ ३३॥

जानहुगी तब, मानहुगी मन, तब तनु काम दहैगो।
करिहौ मान मदनमोहन सौं, मानै हाथ रहैगो॥

राधा-वचन—

नख लिखि कह्यौ जाहु तहँई उठि, जाके हाथ बिकाने।
राँचे रहत रैनि दिन माधव, हरद-चून ज्यौं साने॥ ३४॥

जब कामदेव तुम्हारे तन को संतप्त कर देगा, तभी तुम जागोगी और मन से मानने भी लगोगी। तुम मदनमोहन से ऐसे ही मान किए रहोगी, तो तुम्हारे हाथ केवल मान लगेगा और तुम हाथ मलती रह जाओगी।

तब राधा ने नख से लिखकर कहा—जिसके हाथ बिक गए हो, अब, उसी के यहाँ उठकर चले जाओ। हे माधव, जैसे हरदी और चूना मिलकर एक हो जाते हैं, वैसे ही तुम उसी में सन गए हो। तुम्हारा मन उसी के रंग में रँग उठा है॥ ३४॥

मुख मेरौ हौ मान मनावत, मन अनतहि रुचि माने।
गावत लोग विरद साँचोई, हरि-हित कौन सिराने॥

कृष्ण-वचन—

तुम मम तिलक, तुमहिं मम भूषन, तुमहिं प्रान-धन मेरैं।
हौं सेवक सरनागत आयौ, जानहु जतन घनेरै॥ ३५॥

तुम मुँह से मेरा मान-मोचन कराने की बात कह रहे हो, पर तुम्हारा मन तो उसी छबीली में अन्यत्र जा लगा हुआ है। लोग सच ही कहते हैं कि हरि से प्रेम करके कौन शीतल (सुखी) हुआ है।

तब कृष्ण बोले—तुम्हीं मेरे माथे की तिलक हो, तुम्हीं मेरे अंगों का आभूषण हो, तुम्हीं मेरी प्राण-धन हो। मैं तुम्हारा सेवक हूँ, तुम्हारी शरण में आया हुआ हूँ और तुम्हारे लिए मैंने अनेक प्रयत्न किए हैं॥ ३५॥

तेरी सौं वृषभानु-नंदिनी, एक गांठि सौ फेरैं।
हित सौं बैर, नेह अनहित सौं, इहै न्याउ है तेरैं॥

राधा-वचन—

पर-धन-रमन, दमन दावागिनि, डोलनि कुंजनि माहीं।
चारन धेनु, फेन मथि पीवन, जीवन भर्‌यौ वृथा ही॥ ३६॥

हे वृषभानु-नंदिनी, तुम्हारी शपथ, तुमने तो सौ सौ घुमाव देकर एक कठिन गाँठ बाँध ली है। अपने प्रिय से वैर करना और अपने वैरी से प्रेम करना, यही तुम्हारा न्याय है?

राधा बोली—जो दूसरों की स्त्रियों के साथ रमण किया करता हो, जो आग पी जाया करता हो, जो एक कुंज से दूसरी कुंज में घूमता फिरता हो, जो गायों का चरवाहा हो, जो दूध मथकर फेन पिया करता हो, जो जिंदगी भर व्यर्थ के कामों में लगा रहता हो॥ ३६॥

डासन काँस, कामरी ओढ़न, बैठन गोप-सभाहीं।
भूषन मोर-पखौवनि, मुरली, तिनकैं प्रेम कहाँ ही॥

मोहन-वचन—

प्रेम पतंग परै पावक मैं, प्रेम कुरंग बँधे से।
चातक रटै, चकोर न सोवै, मीन बिना जल जैसे ॥ ३७॥

जो कुश-कास बिछाकर सोता रहा हो, जो कमरी ओढ़ता रहा हो, जो अहीरों की सभा में बैठा करता हो, जिसका आभूषण ही मोरपंख का हो, जो मुरली बजाने वाला हो—उसमें भला प्रेम कहाँ से आएगा?

तब मोहन बोले—प्रेम के कारण ही पतंगा आग में कूदकर जल मरता है, प्रेम के कारण ही हिरन वीणा की मधुर ध्वनि सुनकर बहेलिये द्वारा बँध उठता है। प्रेम के कारण ही पपीहा 'पी कहाँ' 'पी कहाँ' रटता रहता है। प्रेम के कारण ही चकोर सारी रात चंद्रमा को निर्निमेष ताकता रहता है और सो नहीं पाता। प्रेम के ही कारण मछली जल से बाहर होते ही तड़प कर मर जाती है॥ ३७॥

जहाँ प्रेम, तहँ मान न मानिनि, प्रेम न गनिए ऐसे।
प्रेम माहिँ जो करहिँ रूसनौ, तिनहि प्रेम कहि कैसे॥
कांपति रिसनि, पीठि दै बैठी, मनि-माला तन हेरौ।
निरखि आपु-आभास सयानी, बहुरि नैन रुख फेरौ॥ ३८॥

हे मानिनी, जहाँ प्रेम होता है, वहाँ मान नहीं होता। प्रेम ऐसे नहीं किया जाता। प्रेम में जो मान करते हैं, उनके प्रेम को प्रेम कैसे कहा जाय? तुम क्रोध से काँपी जा रही हो, मेरी ओर पीठ करके बैठी हुई हो, जरा अपनी मणिमाला की ओर देखो। उसमें तुम अपनी छाया देखो, फिर अपनी आँखें मेरी ओर से फेर लो॥ ३८॥

लिए फिरत उर मांझ दुराए, जानत लोग अँधेरो।
एते मान भावती, तौ कत, मान मनावन मेरो॥
तेरी सौं आभास तिहारौ, इहाँ और को जो है।
दै दरपन मनि धर्‍यो पाइ तर, देखि दुहुँनि मैं को है॥ ३९॥

तुम अपने हृदय में इतना मान छिपाए बैठी हो कि लोग समझते हैं वहाँ अँधेरा ही अँधेरा है। हे प्रिये, तुम इतना मान मन में किए हुए हो, फिर मेरा यह मान-मनौवल व्यर्थ ही है। मैं तुम्हारी शपथ खाकर कहता हूँ कि मेरे हृदय में तुम्हारा ही प्रकाश है—किसी दूसरे का नहीं।"

यह कहकर कृष्ण ने राधा के हाथों में दर्पण दे दिया और मणि उनके पैरों के पास रख दी और कहा—देखो इन दोनों में किसका प्रतिविंब है?॥ ३९॥

बिनु अपराध दास कौं त्रासै, ठाकुर कौं सब सोहै।
निरखि-निरखि प्रतिविंब वहै तन, नैन-नैन मिलि सोहै॥
नैंकु भौंह मुसकात जानि, मनमोहन मन सुख आन्यौ।
मानौ दव-द्रुम जरत आस भइ, उनयो अंबर पान्यौ॥ ४०॥

तुम बिना अपराध के ही मुझ अपने दास को त्रस्त किए दे रही है। सच है, स्वामी को सब कुछ शोभा देता है।

राधा ने मणि में और दर्पण में अपना ही प्रतिविंब देखा। अपने प्रतिविंब के नेत्र से उसके नेत्र मिल गए और वह मोहित हो गई। राधा की भौंहों पर जरा सी मुसकुराहट उभर आई। उसे देखकर मनमोहन ने बहुत सुख पाया। मानो आकाश में बादल उमड़ता देखकर जलतें पेड़ में बच जाने की आशा जग गई हो ॥ ४० ॥

जो भाई सो सौह दिवाई, तब सूधैं मन मान्यौ ।
दियो तमोर हाथ अपनैं करि, तब हरि जीवन जान्यौ ॥

राधा-माधव-मिलन—

हँसि करि कह्यौ, चलौ हरि कुंजन, हौं आवति हौं पाछैं ।
जो न पत्याहु, जाहु मुरली धरि, हमहिं तुमहिं है साछैं ॥ ४१ ॥

राधा ने जो भी उसे अच्छी लगी, श्याम को वैसी शपथ खिलाई। तब कहीं जाकर उसका मन शुद्ध हुआ। फिर उसने उठकर अपने हाथ से हरि को पान का बीड़ा दिया। तब हरि के प्राण में प्राण आए। फिर राधा ने हँसकर कहा—हे हरि, कुंज भवन को चलो। मैं भी पीछे-पीछे आ ही जा रही हूँ। यदि मेरा विश्वास न हो, तो अपनी मुरली यहाँ रख जाओ। यह हमारी और तुम्हारी दोनों की साखी है, गवाह हैं ॥ ४१ ॥

लकुटी, मुकुट, पीत उपरैना, लाल काछनी काछैं ।
गो-दोहन की बेर जानि, संग लिए बछरुवा आछैं ॥
सघन कुंज अलि पुंज, तहाँ हरि किसलय-सेज बनाई ।
आतुर जानि मदनमोहन-तन, काम-केलि, चलि आई ॥ ४२ ॥

लाठी लिए हुए, मोर पंख का मुकुट लगाए हुए, पीतांबर की ओढ़नी ओढ़े हुए, घुटनों तक लाल धोती पहने हुए, गायें दुहने की बेला जानकर, संग में बछड़ों को लिए हुए, हरि वृंदावन की सघन कुंज में जा पहुँचे। वहाँ फूल खिले हुए थे और उन फूलों पर भौंरे गूँजे जा रहे थे। हरि ने वहाँ जाकर पत्तों की सेज बिछा दी। मनमोहन को कामातुर समझकर वहाँ काम-केलि स्वरूपा स्वयं राधा चली आई ॥ ४२ ॥

हँसि गोपाल अंक भरि लीन्हौ, मनहुँ रंक निधि पाई ।
अति रस रीति प्रीति पिय प्यारी, छूटत नहीं छुटाई ॥
आलिंगन चुंबन परिरंभन, दियौ सुरति-रस पूरौ ।
छिटकि रहीं स्त्रम-बूँद बदन पर, अरु पाँइनि खुभि-चूरौ ॥ ४३ ॥

गोपाल ने हँसकर राधा को अपनी बाँहों में लपेटकर छाती से लगा लिया, मानो किसी रंक ने कोई बड़ी निधि पा ली हो। अत्यंत रस की रीति से बद्ध होकर प्रीतिपूर्वक पिय कृष्ण और प्यारी राधा इस प्रकार लिपटे रह गए कि छुड़ाने पर भी एक दूसरे से अलग नहीं हो पा रहे थे। उन्होंने एक दूसरे का आलिंगन किया और बाहें पकड़कर एक दूसरे को जकड़ लिया और एक दूसरे को चूमने लगे। इस प्रकार वहिः रति द्वारा ही एक दूसरे को पूरा सुख दे डाला। दोनों के मुँहों पर पसीने की बूँदें छा गईं और उनके पैरों के तले खुभी (कर्णफूल) में लगे चूरे छूटकर आ लगे ॥ ४३ ॥

मुख के पवन परस्पर सुखवत, गहे पानि पिय जूरौ।
बुझत जानि मन्मथ-चिनगी फिरि, मानौ देत मरूरौ॥
आलस मगन, बदन कुम्हिलायौ, बाला निर्बल कीनी।
थकित जानि मनमोहन, भुज भरि, तिया अंक गहि लीनी॥४४॥

कृष्ण ने राधा का जूड़ा पकड़कर उनका मुँह अपने मुँह के पास कर लिया और दोनों अपने-अपने मुँह से फूँक मार-मारकर एक दूसरे के मुख का पसीना सुखाने लगे। काम की चिनगारी बुझती जान मानो वे उपला मींसकर (मलकर, मरोड़कर, भुरभुरा बनाकंर) डाले दे रहे थे। राधा इस सुरति-श्रम से अलसा गई। उसका मुँह कुम्हला गया और वह बाला शक्तिहीन और श्लथ हो गई। राधा को थकी जानकर मनमोहन ने उसे अपनी भुजाओं में भरकर कसकर छाती से चिपका लिया॥ ४४॥

गोरैं गात, मनोहर उरजनि, लसति कंचुकी भीनी।
मनु मधु-कलस स्यामताई की, स्याम छाप-सी दीनी॥
इत नागरी, नवल नागर उत, भिरे सुरति-रन दोऊ।
नैन-कटाच्छ बान, असि वर नख, बरषि सिराने वोऊ॥४५॥

राधा के गौर शरीर पर, मन को हर लेनेवाले उरोजों पर भींगी कंचुकी शोभा दे रही थी मानो मधु के घड़े पर श्याम ने अपनी श्यामता की छाप लगा दी हो। इधर नागरी राधा उधर नागर कृष्ण दोनों रति-रण में भिड़ गए। नेत्रों के कटाक्ष ही बाण थे। नख ही तलवार थे। दोनों बरस कर ठंडे पड़ गए॥ ४५॥

टूटे हार, कंचुकी दरकी, घायल मुरे न कोऊ।
प्रगट्यो तरनि बीच करिबे कौं, लाज लजाने दोऊ॥
इहिँ उर रहत पितंबर ओढ़े, कहा कहौं चतुराई।
अब जनि कहै, हिये में को है, बहुरि परै कठिनाई॥४६॥

इस रण में मोतियों की माला टूट गई। चोली मसक उठी। दोनों घायल हो गए, पर किसी ने भी इस युद्ध से मुँह महीं मोड़ा। इसी बीच बीच-बचाव करने के लिए सूर्य निकल आया और सूर्योदय हुआ देखकर दोनों लजा गए।

श्याम ने अपने वक्ष को पीतांबर से ढँक रखा था। उनकी इस चतुराई को मैं क्या कहूँ? शायद राधा उनके वक्ष में अपना ही प्रतिविंब देखकर उसे कोई अन्य नारी न समझ ले और यह न पूछ बैठे कि यह महा-महीयसी कौन है। क्यों तुम्हारे हृदय में आसन मारे बैठी है। यदि ऐसा हो गया तो भारी मुश्किल पड़ जायगी॥ ४६॥

भुरयो काम, प्रेमहू भुरयो, भुरई बैस भुराई।
पति अरु प्रिया प्रगट प्रतिविंबित, ज्यों दरपन में झाईं॥
कर जोरे बिनती करै मोहन, कहौ पाँइ सिर नाऊँ।
तेरी सौं वृषभानु-नंदिनी, अनुदिन तव गुन गाऊँ॥४७॥

पति कृष्ण की छाया राधा में और प्रिया राधा की छाया प्रिय श्याम के वक्षों पर प्रतिविंबित हो रही थी, जैसे दर्पण में विंब का प्रतिविंब पड़ता है। इसे देखकर काम भ्रम

में पड़ गया। हाथ जोड़कर श्याम ने राधा से विनती की—कहो तो मैं तुम्हारे पैरों पर अपना सिर रख दूँ। हे वृषभानु-नंदिनी, मैं तुम्हारी शपथ खा कर कहता हूँ कि मैं नित्य तुम्हारे ही गुण-गान किया करता हूँ॥ ४७॥

हौं सेवक निज प्रानप्रिया कौ, कहौ तौ पत्र लिखाऊँ।
अब जनि मान करौ तुम मोसौं, यहै मौज करि पाऊँ॥
हँसि करि उठि प्यारी उर लागी, मान मैं न दुख पायौ।
तुम मन दियौ आन बनिता, तौ मैं मन मान लगायौ॥ ४८॥

मैं अपनी प्राणप्रिया राधा का सेवक हूँ। कहो तो मैं यह लिखकर दे दूँ। अब तुम मुझसे कभी भी मान मत करना, जिससे मैं सदा मौज-मस्ती मनाता रहूँ।

श्याम की यह विनती सुनकर राधा प्यारी हँसकर उठीं और श्याम के हृदय से लग गईं। मेरे मान करने में तुम्हें दुःख हुआ, तो क्या उस मान से मैंने दुख नहीं पाया? तुमने अपना तन दूसरी वनिता को दे दिया, तब मैंने भी अपना मन मान को दे दिया॥ ४८॥

लै बलाइ, उर लाइ अंक भरि, पछिलौ दुख बिसरायो।
स्याम मान है प्रेम-कसौटी, प्रेमहिं मान सहायो॥
छूटे बँद, छुटी अलकावलि, मुरगजे तन के बागे।
अंजन अधर, भाल जावक रँग, पीक कपोलनि पागे॥ ४९॥

तब राधा ने कृष्ण की बलैया ली, उन्हें अपने हृदय से लगा लिया और कृष्ण के पिछले दुःख को भुलवा दिया और कहा—हे श्याम, मान प्रेम परखने की कसौटी है और प्रेम ही मान के कष्ट सहने की शक्ति देता है।

फिर चोली के बंद टूट गए। बँधा जूरा खुल गया। शरीर के परिधान दल-मल उठे। उनमें सिकुड़नें पड़ गईं। श्याम के अधरों पर राधा की आँखों को चूमने के कारण आँजन आ लगा। श्याम राधा के पैरों पर पड़े, अतः उनके माथे पर महावर लग गया। दोनों के कपोलों पर चुंबन के कारण पान की पीक लग गई॥ ४९॥

बिनु गुन माल, पीठि गड़े कंकन, उपटि परे, उर लागे।
रसिक राधिका के सुख कौं सुख, बिलसे स्याम सभागे॥
नवल गुपाल, नवेली राधा, नए नेह बस कीने।
प्राननाथ सौं प्रानपियारी, प्रान पलटि से लीने॥ ५०॥

राधा को कसकर छाती से चिपटा लेने के कारण श्याम के वक्ष पर राधा की मोतीमाला का दबाव पड़ गया। और वहाँ बिना सूत की माला सी बन उठी। उनकी पीठ में राधा के कंकण के गड़ जाने से निशान बन गया। रसिकिनी राधा को सुख देने के लिए श्याम यह विलास, विहार, किए जा रहे थे। नवल गोपाल ने नवेली राधा को इस प्रकार नवल नेह के द्वारा वश में कर लिया। प्राण प्यारी राधा ने प्राणनाथ श्याम से मानों प्राणों की अदला-बदली ही कर ली॥ ५०॥

बिबिध बिलास कला रस की बिधि, उभय अंग परवीने।
अति हित मानि, मान तजि मानिनि, मनमोहन सुख छीने॥

राधा-कृष्ण-केलि कौतूहल, स्त्रवन सुनैं जो गावैं।
जिनके सदा समीप स्याम, नितही आनंद बढ़ावैं ॥५१॥

राधा और कृष्ण दोनों विलास की विविध कलाओं में पूर्ण पारंगत थे। इसीलिए अत्यंत प्रेम मानकर मानिनी राधा ने मान तजकर मनमोहन को भारी सुख दिया।

जो इस राधा कृष्ण की केलि के कौतूहल को सुनता है जो इसे गाता है, श्याम उनके समीप सदैव बने रहते हैं और नित्य उनका आनंदवर्द्धन करते रहते हैं ॥५१॥

कबहुँ न जाहिं जठर पातक, जिनकौं यह लीला भावै।
जीवन-मुक्त 'सूर' सो जग मैं, अंत परम पद पावैं ॥५२॥

—सूरसागर सभा संस्करण, पद ३४४४

जिनको यह लीला अच्छी लगती है, वे पुनः कभी भी माँ के गर्भ के पाप को नहीं भोगते। वे जीवन में मुक्त हो जाते हैं, जीवन्मुक्त हो जाते हैं और मरने पर उन्हें परम पद (मुक्ति) की प्राप्ति हो जाती है ॥५२॥

११. राधा-रस-केलि-कुतूहल

३४४६ राग बिलावल

सखिनि संग वृषभानु-किसोरी। चली न्हान प्रातहिं उठि खोरी ॥
जाके घर निसि बसे कन्हाई। ता घर ताहि बुलावन आई ॥
ठाढ़ी भई द्वार पर जाई। कढ़े तहाँ तैं कुँवर कन्हाई ॥
औचक मिले न जाने कोऊ। रहे चकित इत उत हैं दोऊ ॥
फिरी सदन कौं तुरतहिं प्यारी। न्हान जान की सुरति बिसारी ॥
भई विकल तन रिस अति बाढ़ी। रहि गइँ सखी निरखि सब ठाढ़ी ॥
रहि गए ठाढ़े स्याम ठगे से। सकुचाने उर सोच पगे से ॥
जब देखे हरि अति मुरझाए। तब सखियनि गहि भुज समुझाए ॥
उलटि भई सब हरि की घाईं। दैके बाँह तिया जहँ ल्याईं ॥
देखी स्याम आइ जहँ राधा। बैठी मान दृढ़ाइ अगाधा ॥
रिसही के रस मगन किसोरी। भई स्याम मति देखत भोरी ॥
ठाढ़े चकित चित्त अकुलाहीं। मुख तैं बचन कहे नहिं जाहीं ॥

दोहा— व्याकुल लखि नँदलाल कौं, सखियन कियो बिचार।
अब दोऊ जैसे मिलैं, करियै सो उपचार ॥

सोरठा—अति रिस नारि अचेत, को सुनिहै, कासौं कहैं।
इत ये धरतु न चेत, परी रुठावनि-बानि इन ॥१॥

प्रातःकाल ही उठकर वृषभानु किशोरी, राधा गोरी, सखियों के साथ यमुना-स्नान के लिए चल पड़ीं। उस रात जिस गोपी के साथ कृष्ण कन्हैया रहे थे, संयोग से उस गोपी

को ही स्नानार्थ बुलाने के लिए राधा उसके घर पहुँच गईं। वे जाकर उसके दरवाजे पर खड़ी हो गईं। दैवयोग से उसी समय उस घर से कुँवर कन्हैया निकले। राधा-कृष्ण की यह भेंट अचानक हो गई थी। दोनों वहाँ एक दूसरे को देखकर भौंचक्के हो गए। राधा तो यमुना जाकर स्नान करने की सुधि ही भूल गई और तुरंत अपने घर वापस लौट आई। वह अत्यंत व्याकुल हो उठीं। उसके शरीर में अत्यंत क्रोध बढ़ गया। अन्य सखियाँ कृष्ण का उस गोपी के घर से निकलना और राधा का उन्हें देखकर अपने घर लौट जाना देखकर वहीं खड़ी की खड़ी रह गईं। श्याम भी वहाँ हक्काबक्का से खड़े रह गए। वे सकुचा गए थे और उनके हृदय में भारी चिंता आ खड़ी हुई थी। जब सखियों ने हरि को अत्यंत मलिन देखा, तब उन्होंने उनकी बाँह पकड़कर उन्हें समझाया। वे राधा के पक्ष से उलटकर सबकी सब कृष्ण के पक्ष की हो गईं। वे उनको अपनी बाँह का सहारा देकर वहाँ ले गईं, जहाँ राधा थीं। श्याम ने वहाँ आकर देखा, जहाँ राधा दृढ़ और अगाध मान किए हुए बैठी थी। वह किशोरी क्रोध में डूबी हुई थी। उसे इस क्रुद्ध रूप में देखकर श्याम की तो मति ही मार सी उठी। वे वहाँ आकुल चित्त एवं चकित भाव से खड़े रह गए। उनके मुँह से कोई बात नहीं निकल सकी।

नंदलाल को व्याकुल देखकर सखियों ने विचार किया कि अब राधा और कृष्ण दोनों जिस प्रकार मिल सकें, कुछ वैसा उपाय करना चाहिए। राधा क्रोध के मारे अचेत हो गई है। उससे क्या कुछ कहा जाय और जो कुछ कहा भी जाय उसे सुननेवाला ही कौन है। इधर ये कृष्ण भी चेत में नहीं आ रहे हैं। इन्हें तो राधा को रूठा देने की आदत-सी पड़ गई है ॥ १ ॥

प्यारी निकट गईं सब आली। ठाढ़े पौरि रहे बनमाली ॥
कहत मान कीन्हौं तैं प्यारी। न्हान जान तैं फिरी कहा री ॥
तोहि लखत ही री गिरिधारी। अतिहिं डरे तन सुरति बिसारी ॥
मुरछि परे धरनी अकुलाई। तरु तमाल जनु गयो झुराई ॥
तैं ऐसैं चितयौ कछु विनकौं। नैकहुं चैन रह्यौ नहिं तिनकौं ॥
तेरे नैन अरी अनियारे। किधौं बान खरसान सँवारे ॥
भौंह कमान तानि यों मारे। क्यों करि राखैं प्रान पियारे ॥
घायल जिमि मूर्छित गिरिधारी। अमी-बचन अब सींचि पियारी ॥
बहुनायक वै तू नहिं जानै। तिनसौं कहा इतौ दुख मानै ॥
बाहँ गहैं हरि कौं ढिग ल्यावै। अब वै निज अपराध छमावैं ॥
गहति बाँह तुमही किन आई। मो सों बाँह गहावन आई ॥
काल्हिहिं सौंह मोहि उनि दीनी। आजुहिं यह करनी पुनि कीनी ॥

दोहा— देखि चुकी उनके गुननि, निज नैननि दुख पाइ।
तिनहिं मिलावति मोहिं अब, बाँह गहावति आइ ॥
सोरठा—मिलौं न तिनसौं भूल, अब जौ लौं जीवन जियौं।
सहौं बिरह कौ सूल, बरु ताकी ज्वाला जरौं ॥ २ ॥

सब सखियाँ तो राधा के पास चली गईं। वनमाली कृष्ण दरवाजे पर ही खड़े रह गए। वे बोलीं—प्यारी तूने मान कर लिया है और रूठ गई है। तू हम सबके साथ यमुना जी नहाने जा रही थी, फिर लौट क्यों आई? तुझे देखते ही गिरिधारी कृष्ण अत्यंत डर गए और तन की सुधि ही भूल गए। वे आकुल होकर, मूर्च्छित होकर, धरती पर गिर पड़े। जैसे कोई तमाल का वृक्ष सूख गया हो। तूने उन्हें कुछ इस तरह से ताका कि उनको जरा भी चैन नहीं रह गया और वे बेचैन हो गए। तेरे नयन तो वैसे ही अत्यंत नोकीले हैं, तूने इन्हें शान पर चढ़ाकर कहीं और तीव्र और तीक्ष्ण तो नहीं कर लिए हैं? तूने भौं रूपी धनुष कसकर उन पर ऐसा नयन-बाण मारा है कि प्यारे कृष्ण को अपने प्राण बचाना भी कठिन हो गया है। वे तेरे नयन-बाण से घायल होकर मूर्च्छित हो गए हैं। हे प्यारी, तू अपने अमृत-वचन से उन्हें सींच दे। क्या तू यह नहीं जानती कि कुँवर कन्हैया बहुनायक हैं, एक साथ अनेक नायिकाओं से समान प्रेम करने वाले हैं। यह जानकर भी तू उनसे इतना दुख क्यों माने जा रही है? चलो उठो, हरि की बाँह पकड़कर यहाँ अपने पास ले आओ और उनसे क्षमा मँगवाओ।

रूठी राधा बोली—तुम्हीं क्यों नहीं जाकर उनकी बाँह पकड़ लेतीं? मुझसे उनकी बाँह क्यों पकड़वाने चली आई हो। अभी कल ही उन्होंने मुझसे शपथ खाई है कि अब किसी दूसरी के पास नहीं जाऊँगा और आज ही फिर वही करनी दुहरा दी है। दूसरी के पास चले गए हैं। मैं उनके गुन भली-भाँति देख चुकी हूँ और दुखी भी हो चुकी हूँ। अब तुम उन्हीं बतछुट से मिलाने आई हो और बाँह पकड़वाने आई हो। अब जब तक मैं जीवित रहूँगी, तब तक उनसे भूलकर भी नहीं मिलूँगी। भले ही मैं विरह की चुभन सहती रहूँ और उसकी ज्वाला में जल मरूँ॥ २॥

मैं अब अपनै मन यह ठानी। उनके पंथ न पीवौं पानी॥
कबहूँ नैन न अंजन लाऊँ। मृगमद भूलि न अंग चढ़ाऊँ॥
हस्त बलय, पट नील न धारौं। नैननि कारे घन न निहारौं॥
सुनौं न स्त्रवननि अलि पिक बानी। नील जलज परसौं नहिँ पानी॥
सुनत प्रिया की बात सुहाई। हरषत ठाढ़े पौरि कन्हाई॥
सखी कहति, यौं हठ नहिँ लीजै। हरि सौं ऐसौ मान न कीजै॥
तू है नवल, नवल गिरिधारी। यह जोबन है ही दिन चारी॥
छिनु-छिनु ज्यौं कर कौं जल छीजै। सुनि री याकौ गर्व न कीजै॥
नँदनंदन मुख-ससि सुखकारी। तू करि नैन चकोर पियारी॥
हुतौ प्रेम धन तौ यह भारी। सो अब कहि, तैं कियो कहा री॥
कहति हुती रूसौं नहिँ कबहीं। सो अब रुसति तैं जब-तबहीं॥
सुनिहै सुघर नारि जे कोई। करिहै हँसी प्रेम की सोई॥

दोहा— मान कियो जिहि भावतैं, सो न भावती होइ।
उर तौ रितवत प्रेम कत, अंत भावतौ सोइ॥
सोरठा—लाख कहौ किन कोइ, पिय सनेह-जो गोइहै।
चतुर नारि है सोइ, लिये प्रेम परचौ किनहु॥ ३॥

अब तो मैंने अपने मन में यह निश्चय कर लिया है कि जिस रास्ते श्याम आते-जाते हैं, उस रास्ते तक का पानी न पीऊँगी। अब मुझे काली चीजों से नफरत हो गई है। अब मैं अपनी आँखों में काजल न लगाऊँगी; भूलकर भी अपने अंगों पर कस्तूरी का लेप न करूँगी; हाथ में काली चूड़ियाँ न पहनूँगी, नीलांबर न धारण करूँगी; अपनी आँखों से काला बादल तक न देखूँगी; कानों से काले भौंरे की गूँज और काली कोयल की काकली न सुनूँगी; हाथ से नील कमल को न छुऊँगी।

कन्हैया दरवाजे पर खड़े हुए प्रिया की यह सुहावनी वाणी सुने जा रहे थे और मन ही मन प्रसन्न हुए जा रहे थे।

सखी बोली—ऐसा हठ मत करो। हरि से ऐसा मान मत करो। तू नवल है, चढ़ती उमर की है। गिरिधारी कन्हैया भी नवल हैं। रही यह जवानी, यह तो चार दिन की ही है। इसके जाते कितनी देर लगती है। जैसे हाथ में लिया जल प्रत्येक क्षण रिसता जाता है, वैसी ही यह जवानी हर क्षण खिसकती जाती है। सुन, इस जवानी का गर्व न करना चाहिए। नंद-नंदन का मुखरूपी चंद्रमा तो अत्यंत सुख देने वाला है। हे प्यारी, तू अपने नयनों को इस मुख-चंद्र का चकोर बना ले और इसे अपलक देखती रह। कृष्ण का यह प्रेम तो तेरा बहुत बढ़ा धन था। सो अब बता, तूने रूठकर यह क्या कर डाला? तू तो कहा करती थी कि मैं हरि से कभी भी नहीं रूठूँगी, पर देख रही हूँ कि तू उनसे जब तब बराबर रूठती रहती है। कोई सुंदरी नारी तेरे मान की यह बात अगर सुन पाएगी, तो वह तेरे इस प्रेम की खिल्ली ही उड़ाएगी। जो भावती (प्रिया) अपने भावते (प्रिय) से मान करती है, वह भावती (प्रिया) होती ही नहीं। तू अपने प्रेम को हृदय से क्यों निकाले दे रही है। अंततः कृष्ण ही तो तेरे प्यारे प्रियतम होंगे। कोई कितना भी कहे, जो स्त्री अपने प्रेम को छिपाए रहती है, वही चतुरा है। कोई उसके प्रेम की कितनी ही परीक्षा क्यों न ले ले॥ ३॥

तुम वै एक, न दोइ, पियारी। जल तैं तरँग होइ नहिँ न्यारी॥
रिस रूसनौ ओस-कन जैसौ। सदा न रहे चाहियै तैसौ॥
तजि अभिमान, मिलहि पिय प्यारी। मानि राधिका कही हमारी॥
चुप न रहति, कह करति मनावन। तुम आई हौ बात बनावन॥
बहुत सही, घर आई यातैं। सुरति दिवावति पिछली बातैं॥
मोसों बात कहति हौ काकी। जाहु घरनि, अब कछु है बाकी॥
को उनकी ह्यां बात चलावत। हैं वै अब तुमहीं कौं भावत॥
तुम पुनीत अरु वै अति पावन। आई हौ सब मोहिँ मनावन॥
यह कहि रही रोस भरि भारी। गईं सखी तब जहँ बनवारी॥
कह्यौ जाइ हरि सौं हरुवाई। आजु चतुरई कहाँ गँवाई॥
बिनु निज जंघनि चलहिँ लला रे। कैसैं चहत कियो सुख प्यारे॥
हौ मनमोहन तुम बहुनायक। नागर नवल सकल गुन लायक॥
तब बोले हरि दोउ कर जोरी। तेरी सौं वृषभानु किसोरी॥
तू ही हित नित जीवन मोकौं। सदा करत आराधन तोकौं॥

तू मम तिलक, तुही आभूषन। पोषन तेरे वचन पियूषन ॥
तेरेइ गुन मैं निस-दिन गाऊँ। अब तजि मान, हृदय सुख पाऊँ ॥
कर जोरे बिनती करि भाख्यौ। कहत सीस चरननि पर राख्यौ ॥
यह सुनि कछु प्यारी मुसुकानी। तब बोली उठि सखी सयानी ॥
सुनहु स्याम तुम हो रस-सागर। रूप-सील-गुन प्रीति उजागर ॥
तुम तैं प्रिया नैकु नहिं न्यारी। एक प्रान द्वै देह तुम्हारी ॥
प्यारी मैं तुम, तुम मैं प्यारी। जैसे दरपन छाँह विहारी ॥
रस मैं परे बिरस जहँ आई। होइ परति तहँ अति कठिनाई ॥
अब कैं हम सब देति मनाई। परसौ प्यारी चरन कन्हाई ॥
अब रूठाइहौ जौ गिरिधारी। राम राम तौ बहुरि हमारी ॥

दोहा— जब परसे प्यारी चरन, परम प्रीति नँदनंद।
छुट्यो मान, हरषी प्रिया, मिट्यो बिरह दुख द्वंद ॥

सोरठा—उर आनंद बढ़ाइ, प्रेम-कसौटी कसि पियहिं।
अवगुन मन बिसराइ, मिली प्रिया उठि स्याम सौं ॥४॥

हे प्यारी राधा, तुम और वे कृष्ण एक ही हो, दो नहीं हो। जल से लहर अलग नहीं होती। जल और तरंग दोनों एक ही हैं। क्रोध करके रूठ रहना तो ऐसा ही है, जैसे प्रभात काल की ओस। चाहने पर भी यह रोष स्थायी और स्थिर नहीं होता। अब तू यह गर्व छोड़ दे और हे प्यारी अपने प्रिय से उठकर मिल। राधा, हमारा कहना मान लें।

राधा झल्लाकर बोली—तुम चुप क्यों नहीं रहतीं। यह मनाए क्यों जा रही हो? तुम झूठ-मूठ की बातें बनाने चली आई हो। तुम लोग मेरे घर आई हुई हो। अतः मैंने अब तक तुम्हारी बातें बहुत सह लीं। तुम मुझे पिछली बातों की याद दिलाए दे रही हो। तुम सब मुझसे किसकी बात कह रही हो। अभी और कुछ बाकी रह गया है? अब तुम सब अपने-अपने घर चली जाओ। यहाँ अब उनकी बात चलाता ही कौन है?—मैं तो चलाती नहीं। अब वे तुम्हीं को अच्छे लगते हैं, अब वे मुझे नहीं सुहाते। तुम सब पवित्र हो और वे तो अति पवित्र हैं। इसीलिए तुम सब मुझे मनाने आई हो।

यह कहकर राधा भारी रोष में भर गई और सखियाँ वहाँ चली गईं जहाँ द्वार पर बनवारी थे। वे जाकर हरि से बहुत धीरे से बोलीं—तुमने अपनी सारी चतुराई आज कहाँ गँवा दी। हे लला, बिना अपनी जाँघों के बल चले तुम किस प्रकार सुख पाने की आशा करते हो? हे मनमोहन, तुम बहुनायक हो, नवल नागर हो और सभी गुणों से भरे-पूरे हो। अब तुम्हीं जाकर अपनी प्यारी को मनाओ।

तब हरि राधा के पास गए और दोनों हाथ जोड़कर बोले—हे वृषभानु-किशोरी, तुम्हारी शपथ। तू ही मेरी प्रिया है और तू ही मेरा जीवन-प्राण है। मैं सदा तेरी ही आराधना किया करता हूँ। तू ही मेरा तिलक है, माथे का चंदन है। तू ही मेरा आभूषण है। तेरे वचनामृत ही से मेरा पोषण होता है। मैं रात-दिन तेरा ही गुण-गान करता फिरता हूँ। अब तू मान छोड़ और मेरा हृदय सुखी हो।

हरि ने हाथ जोड़ा। विनती करके अपनी बात कही। फिर उन्होंने अपना सिर राधा के पैरों पर रख दिया। यह सुनकर और देखकर प्यारी राधा कुछ मुसकुरा पड़ीं। तब चतुरा सखी उठकर बोली—हे श्याम, सुनो, तुम रस के समुद्र हो। तुम्हारा रूप, शील, गुण, प्रीति सभी प्रकट है। तुमसे प्यारी राधा बिलकुल विलग नहीं हैं। तुम दोनों दो शरीर एक प्राण हो। प्यारी राधा में तुम समाए हो और तुममें प्यारी राधा समाई हुई हैं। ठीक वैसे ही जैसे दर्पण में प्रतिविंब। हे विहारी, क्या विंब से प्रतिविंब भिन्न होता है? जब रस (प्रेम) में कहीं विरसता (बिगाड़) आ जाती है, तब बड़ी कठिनाई उठ खड़ी होती है। इस बार तो हम सबने आकर राधा प्यारी को मना दिया है। हे कन्हैया, अब तुम राधा प्यारी के चरण छूकर क्षमा माँगो। अब भविष्य में तुमने यदि राधा को रुसाया, तो हम तुमसे राम राम करके विदा हो जाएँगी और फिर रूठी राधा को मनाने नहीं आएँगी, तुम्हीं अकेले आना।

जब नंदनंदन ने परम प्रेमपूर्वक प्यारी राधा के चरण छूकर क्षमा माँगी, तब राधा का मान मोचन हो गया। प्रिया राधा प्रसन्न हो उठी और विरह का सारा दुख मिट गया। अपने मन में आनंद बढ़ाया। प्रिय कृष्ण को प्रेम की कसौटी पर भलीभाँति कसकर, उनके सारे दोषों को भुलाकर प्रिया राधा अपने प्रियतम श्याम से उठकर मिली ॥४॥

हरषि मिले दोउ प्रीतम प्यारी। भईं सखी सब निरखि सुखारी ॥
तब दोउ उबटि सखी अन्हवाए। रुचिर सिँगार सिँगारि बनाए ॥
मधुर मिष्ट भोजन मन भाए। दोउनि एकै थार जिमाए ॥
दिए पान, अँचवन करवाए। सुमन-सुगंध-माल पहिराए ॥
लै बीरी अपने कर प्यारी। दीन्ही बिहँसि बदन गिरिधारी ॥
तबहिँ सुफल हरि जीवन जान्यौ। परम हरष उर अंतर आन्यौ ॥
मिलि बैठे दोउ प्रीतम प्यारी। तब सखियन आरती उतारी ॥
अति आनंद भरे दोउ राजैं। अरस-परस निरखत छबि छाजैं ॥
पाए बस करि कुंजबिहारी। बिहँसि कह्यौ तब पिय सों प्यारी ॥
सुनहु स्याम बरषा ऋतु आई। रचहु हिंडोरा सुभ सुखदाई ॥
है मन पिय यह साध हमारै। सब मिलि झूलहिँ संग तुम्हारे ॥
सुनि तिय वचन स्याम सुख पायो। ऐसें करि हरि मान छुड़ायौ ॥

छंद— तिय मान हरि ऐसैं छुड़ायौ, भक्त-हित लीला करी।
कहै निगम नेति अपार गुन, सुख-सिंधु नटनागर हरी ॥
यह मान चरित पवित्र हरि कौ, प्रेम सहित जु गावहीं।
सब करहिँ आदर मान तिनकौ, संत जन सुख पावहीं ॥

दोहा— राधा रसिक गुपाल कौ, कौतूहल रस केलि।
व्रजवासी प्रभु जननि कौं, सुखद काम-तरु-बेलि ॥

सोरठा—सुफल जन्म है तासु, जे अनुदिन गावत सुनत।
तिनकौं सदा हुलासु, 'सूरदास' प्रभु की कृपा ॥५॥

प्रियतम और प्यारी दोनों प्रसन्न होकर मिले। उनका यह मिलन देखकर सखियाँ अत्यंत सुखी हो गईं। तब सखियों ने राधा और कृष्ण दोनों को उबटन लगाकर नहलाया और उनका सुंदर श्रृंगार करके उन्हें सजा दिया। एक ही थाल में मन को अच्छा लगनेवाले मधुर मिष्ठान्न और भोजन लाकर दोनों को खिलाया। उनके मुँह-हाथ धुलाकर उन्हें पान के बीड़े खिलाए और उन्हें सुंदर सुगंधित फूलों की मालाएँ पहना दीं। प्यारी राधा ने अपने हाथ में पान का बीड़ा लेकर हँसकर गिरिधारी के मुँह में डाल दिया। तभी हरि ने अपना जीवन सफल माना और अपने मन में भारी हर्ष का अनुभव किया। प्रियतम और प्यारी दोनों एक साथ मिलकर बैठ गए। तब सखियों ने उनकी आरती की। अत्यंत आनंद में भरे हुए वे दोनों वहाँ सुशोभित हो रहे थे। और एक दूसरे को छूते-छाते, वे एक दूसरे की छवि निरखते हुए अत्यंत शोभा को प्राप्त हो रहे थे। जब राधा प्यारी ने कुंजविहारी श्याम को अपने पूर्ण बस में जान लिया, तब हँसकर उनसे बोलीं—हे श्याम, सुनो। अब वर्षा ऋतु आ गई है, अब बढ़िया सुखद हिंडोला (झूला) डाल दो। हमारे मन में यह साध है कि हम सब तुम्हारे साथ हिल-मिलकर झूला झूलें। राधा की बात सुनकर श्याम ने परम सुख पाया। ऐसा करके हरि ने राधा का मान-मोचन किया।

कृष्ण ने इस प्रकार राधा का मान छुड़ाया और भक्तों के लिए यह लीला कर दी। वेद हरि को 'नेति' कहते हैं, अपार सुखों से भरा कहते हैं और नटनागर को सुख का सिंधु कहते हैं।

हरि की इस पवित्र मान-लीला को जो लोग प्रेम से गाते हैं सभी लोग उनका मान सन्मान करते हैं और संत लोग सुख पाते हैं। राधा और रसिक गोपाल के रस का यह केलि-कौतूहल व्रजवासी हरि-भक्तों के लिए सुखद कल्प-लता है। उनकी मनसा को पूर्ण करने वाला है। उनका जीवन जन्म सफल है, जो इसे नित्य-नित्य गाते और सुनते हैं। प्रभु की कृपा से उनको सदा प्रसन्नता प्राप्त होती रहती है ॥ ५ ॥

१२. व्याहलो

(स्याम सगाई, राधा मंगल, प्राणप्यारी)

३०३६/१ राग बिलावल

(१)

चौ०—बरसाने वृषभान दुलारी।
चंद्रबदनि मृगलोचनि प्यारी ॥
पंकज बपु गुण रूप रसाला।
खेलन गई जहाँ नँदलाला ॥
निरखि रूप नँद जू की रानी।
गोद उठाय भवन में आनी ॥

छंद— गोद उठाय भवन में आनी, आभूषण पहिराइयाँ।
माँग मुक्ता, पीत पट उर, हार सुमन सुहाइयाँ ॥

बिंदु काजल को दई, कुल देव मान मनाइयाँ।
'सूर' के प्रभु साजि नख चख, कुँवरि घराँ पठाइयाँ ॥ १ ॥

बरसाना में वृषभानु की दुलारी बेटी राधा थी। वह चंद्र-वदनी थी, मृगलोचनी थी। उसका शरीर कमल के गुण और रूप के समान रसदार मधुर था—यह पद्मिनी थी। वह एक बार वहाँ खेलने गई, जहाँ नंदलाल थे। नंद और रानी यशोदा ने उसे देखा। वे उसे अपनी गोद में उठाकर अपने घर में ले गईं। उसे आभूषण पहना दिए। उसकी मांग मोतियों से भर दी। उसको पीतांबर की ओढ़नी ओढ़ा दी और फूलों की सुंदर माला उसके गले में पहना दी। उसे काजल का टीका लगा दिया कि उसे किसी की डीठ न लगे। फिर उन्होंने अपने कुल-देवता को मनाया। फिर उसे नख से लेकर चख (आँख) तक सजा कर उसे उसके घर भेज दिया॥ १ ॥

चौ०—आओ मेरी प्राण जु प्यारी।
भोरहिं खेलन कहाँ सिधारी ॥
कुंकुम भाल तिलक किन्ह कीनो।
किन मृगमद को बिंदा दीनो ॥

छंद— बिंदा जो मृगमद दियो मस्तक, निरखि सखि संसय पर्‌यौ।
सरद निसि की कला पूरण मानि, मन दर्पन हर्‌यौं ॥
हँसि हेरि मुख सो कहत जननी, अलक वेणी किन गुही।
'सूर' के प्रभु मोह व्यापै, साँचि कहि मोहि, भइ उही ॥ २ ॥

घर पहुँचने पर राधा की माँ कीर्ति ने कहा—आओ मेरी प्राणप्यारी। तुम आज सवेरे-सबेरे कहाँ खेलने चली गई थीं। तुम्हारे माथे पर यह कुंकुम का टीका किसने लगा दिया है और किसने कस्तूरी का टिप्पा दे दिया है। इस तेरे मुख को देखकर मुझे चंद्रमा का संभ्रम हो रहा है—तेरा मुख चंद्र जैसा है और यह कस्तूरी का टिप्पा उसके कलंक जैसा। तेरे मुँह को शरद पूनों का सोलहो कला का चंद्रमा मान कर, दर्पण का भी मन हर उठा है। राधा का मुँह देखकर हँसते हुए कीर्ति ने पुनः पूछा—तेरी छूटी लटों को गूँथकर किसने यह वेणी बना दी है। मुझे तो तुझे देखकर भारी मोह लगा जा रहा है। जो कुछ तेरे साथ हुआ है, वह सब मुझे सच सच बताओ॥ २ ॥

चौ०—नँद जी के घरनी यक सोहै।
मेरो बदन-तन फिरि-फिरि जोहै ॥
खेलत बोलि निकट बैसारी।
मन में आनँद कियो है भारी ॥

छंद— आनंद मन में कियो भारी, निरखि मुख बलि-बलि गई।
बाबा जू को नाम लै-लै, तोहिं हँसि गारी दईं ॥
पाटी तो पारि सँवारि भूषण, गोद लै मेवा भरी।
'सूर' के प्रभु हर्षि हिय मैं, बिधना सों बिनती करी ॥ ३ ॥

राधा ने कहा—नंद महर की घरनी जसोदा है न। वे मेरा मुँह बार-बार देखे जा रही थीं। मैं नंदलाल के साथ खेल रही थी। उन्होंने मुझे खेलते से बुलाया और अपने निकट बैठा लिया और मन ही मन बहुत आनंद पाया। वे मेरा मुँह देखकर मेरी बलैया लेने लगीं। वे बाबा (वृषभानु) का नाम ले लेकर, हँस हँसकर तुझे गाली देने लगीं। उन्हीं ने मेरी पाटी पार दी, कंघी करके माँग निकाल दी। सँवार कर गहने पहना दिए। उन्होंने मुझे अपनी गोद में बैठा लिया और मेरी गोद में मेवा भर दिया और परम प्रसन्न होकर ब्रह्मा से न जाने क्या बिनती करने लगीं॥ ३॥

चौ०—यह सुनि के कीरति मुसकानी।
मैं नँदरानि के जिय की जानी॥
मेरी सुता है रूप की रासी।
वे तो स्याम बनबासि उदासी॥

छंद— स्याम बनबासी उदासी, रंग ढंग न, क्यों बनै।
नील मनि ढिग रत्न अमोलिक, कांच कंचन क्यों समै॥
ललिता बिसाखा सों कह्यो खिजि, अरी तुम सब कित गईं।
'सूर' के प्रभु भवन बाहिर, जानि मति दीज्यौ कहीं॥ ४॥

यह सुनकर के कीर्ति मुसकुराने लगी। मैंने नंदरानी के मन की बात जान ली। वे तुझे अपने बेटे किसन की बहू बनाना चाहती हैं। मेरी बेटी तो रूप की राशि है और उनका बेटा श्याम काला-कलूटा है, बन में उदासी सा रहता है। उसमें कोई रंग-ढंग भी नहीं है। तेरी उसके साथ जोड़ी कैसे बन सकती है। नीलम और मणि जैसे अमूल्य रत्न के सामने कांच और कंचन की समता क्या? तब उन्होंने चिढ़कर ललिता और विशाखा से कहा—तुम सब राधा के साथ खेलने गई थी। इसे खेलता छोड़कर तुम सब कहाँ निकल गई थीं। अब राधा को घर के बाहर कहीं मत जाने देना॥ ४॥

चौ०—दिन दस पाँच अटक जब कीनी।
कुँवरि को कान्ह दिखाइ न दीनी॥
मुरछि परी, तन सुधि न सँभारै।
प्यारी कुँ डस्यो भुजंगम कारो॥

छंद— कारे भुजंगम डसी प्यारी, गारडू हारे सबै।
नंदनंदन मंत्र बिनु, ये बिष न काहू पै दबै॥
मनुहार करि मोहन बुलाए, सकल विष देखत हरे।
'सूर' के प्रभु जोरि अबिचल, जियो जुग-जुग दोउ बने॥ ५॥

दस पाँच दिन तक राधा पर देख-रेख और रुकावट बढ़ गई, तब उसे कन्हैया नहीं दीख पड़ने लगे। वह मूर्च्छित हो गई और अपने शरीर की सुधि भी उसे नहीं रह गई। लगा जैसे प्यारी को काले नाग ने डस लिया हो। साँप का विष उतारने वाले बड़े-बड़े गारड़ू आए। सभी हार गए। किसी का मंत्र न चला। तब सखियों ने कहा, बिना नंदनंदन के मंत्र के यह विष किसी से शांत नहीं हो सकता। फिर प्रार्थना करके मोहन बुलवाए गए।

उन्होंने देखते-देखते राधा का सारा विष हर लिया, उतार दिया। राधा और श्याम की यह जोड़ी अविचल हो और दोनों युग-युग तक जीवित बने रहें॥ ५॥

चौ०—उठि बैठी जब बदन सँभारे।
मोहन देखत अँचरा संभारे॥
मुरि बैठी, मन कियो है हुलासा।
कीरति गइ, अपने पति पासा॥

छंद— अपने जु पति पै गई कीरति, प्रीति रीति बिचारियौ।
मंत्र बोल्यो ब्याह को तब, सखिन मंगल गाइयौ॥
वृंदा जु वन में रचि स्वयंबर, कुंज मंडप छाइयौ।
'सूर' के प्रभु स्याम सुंदर, राधिका बर पाइयो॥ ६॥

विष झर जाने पर राधा ने अपना शरीर सँभाला और उठ बैठी। मोहन को देखकर उसने अपना आँचल सँभाल लिया और उरोज छिपा लिए। वह मुड़कर बैठ गई और मन ही मन बड़ी प्रसन्न हुई। कीर्ति ने राधा की इस प्रसन्नता को भाँप लिया और वह अपने पति वृषभानु के पास गईं। दोनों ने राधा और कृष्ण के परस्पर प्रेम पर विचार किया। तब उनका विवाह कर दिया। पुरोहितों ने व्याह के मंत्र पढ़े और सखियों ने मंगल गीत गाए। वृंदावन में स्वयंवर रचा गया। कुंज में विवाह-मंडप बना। राधा ने श्यामसुंदर को वर रूप में पा लिया॥ ६॥

चौ०—विधि व्रत भरो, बिबुध हरषायौ।
मंडप बिबुध कुसुम बरखायौ॥
भरे भाँवरे भँवरिन्ह गायो।
व्रज जुवतिन आनँद भरि गायो॥

छंद— आनंद भरि व्रज जुवति गायो, हरषि कंगन छोरहीं।
ये नाहिँ गिरिवर उचै लैबो, स्याम, हँसि मुख मोरहीं॥
छोड़्यो न छूटै डोरना जहँ, रीति प्रीति जु अति बढ़ी।
'सूर' के प्रभु व्रज जुवति मिलि, गारि मन-भावति दई॥ ७॥

—सभा खोज निरपोर्ट १९१७/१८६ एफ.

ब्रह्मा ने व्रत पूर्ण किया। देवताओं ने हर्ष मनाया। विवाह-मंडप पर देवताओं ने पुष्प-वर्षा की। अग्नि की प्रदक्षिणा करते हुए राधा कृष्ण ने सात चक्कर लगाए। व्रज की युवतियों ने प्रसन्न होकर मंगल-गीत गाए। कृष्ण प्रसन्न होकर राधा का कंगन छोड़ने लगे। पर वह छूट नहीं पा रहा था। इसपर सखियों ने हँसकर कहा—यह गोवर्द्धन पर्वत नहीं है, जिसको तुमने उखाड़ कर ऊँचे उठा लिया था। यह तो प्रेम-प्रीति की डोरी है, यह छोड़ने से नहीं छूटेगी। श्याम ने सखियों की बात सुनकर अपना मुँह दूसरी ओर कर लिया जैसे उन्होंने सुना ही न हो। प्रेम का पारावार बढ़ चला। व्रज-युवतियों ने मन को अच्छी लगने वाली गालियाँ गाईं॥ ७॥

विवाह के इस अवसर पर गोपियाँ कन्हैया को गाली गाने लगीं—

(२)

कान्ह तुम्हारी माय महाबल, सब जग अप-बस कीन्हो हो।
नेक चितै मुसकाय उन, सबको मन हरि लीन्हो हो॥
कछु कुल कर्म न जानिए, वाके रूप सबै रँग राचे हो।
बिनु देखे समुझे सुने, जगत न कोऊ बाचे हो॥ १॥

हे कान्ह, तुम्हारी माय (माता, माया) महा प्रबल है। इसने सारे संसार को अपने बस में कर लिया है। इसने जरा सा उनकी ओर ताककर, मुसकुरा कर, उनका मन हर लिया है। यह कुल का कर्म कुछ भी नहीं जानती, उसके रूप के प्रेम में सभी लोग अनुरक्त हो गए हैं। किसी ने उसे न तो देखा है, न समझा है, न सुना है, फिर भी उससे संसार में कोई नहीं बचा है॥ १॥

इन बातनि लाजनि मरिए, कोउ पुरुष न बाचन पावै हो।
जो कोऊ सोवै सुख में, तेहि सोवत जाय जगावै हो॥
पहिरे राती कंचुकी, सिर स्वेत उपरना सोहै हो।
कटि नीलो लहँगा करेउ, सो को, जो निरखि न मोहै हो॥ २॥

यह बड़े लाज की बात है। इससे कोई भी पुरुष नहीं बच पाया है। इस बात से तो लाज के मारे हम सब मरी जा रही हैं। इसने किसी पुरुष को तो छोड़ा होता। जो कोई सुख से सोता रहता है, यह उसके पास जाकर खोद कर जगा देती है। यह लाल चोली (राजस गुण) कसे हैं। सिर पर सफेद ओढ़नी (सत गुण) ओढ़े हैं, कमर में नीला लहँगा (तामस गुण) पहने हुए हैं। ऐसा कौन है, जो इसे देखकर मोहित न हो गया हो॥ २॥

चोली चतुरानन ठगो, सब अमर उपरना राते हो।
अँतरौटा अवलोकि कै, सब असुर महा मद माते हो॥
एकनि दै दरसन ठगै, निसि एकनि लै सँग सोवै हो।
एकनि लै मंदिर चढ़ै रचि, एकनि बिरचि बिगोवै हो॥ ३॥

इसकी लाल चोली पर चतुर चतुरानन ब्रह्मा ठगा गए। सभी देवता इसकी सफेद ओढ़नी पर अनुरक्त हो गए। इसके नीले अंतर-पट को देखकर तो असुर लोग प्रसन्न हो हो गए। एक को इसने दर्शन देकर ठगा। एक को लेकर यह रात में अपने साथ सोती है एक को लेकर यह अपने रंग-मंदिर में एक दम ऊपर एकांत में चढ़ जाती है। एक से यह विरक्त होकर उसे चौपट कर देती है॥ ३॥

अकथ कथा वाकी सबै, कछु कहौं तो कहिय न जाई हो।
छैलनि के सँग यों फिरै, जैसे तन सँग परछाईं हो॥
सुनि ताकी सब अपतई, सुक सनकादिक मुनि भागे हो।
नेक दृष्टि पथ परि गई, शंकर सिर टोना लागे हो॥ ४॥

इसकी सब कथा अकथनीय है। मैं कुछ कहना भी चाहूँ तो कह नहीं सकती। या

अपने छैलों को लिए हुए इस तरह घूमती फिरती है, जैसे शरीर के साथ उसकी छाया। इसके द्वारा ढाई गई आपत्तियों और उत्पातों से ऊब कर शुक, सनक, सनंदन आदि मुनि तो बाल्यावस्था में ही एक दम भाग निकले। यह मोहिनी रूप में जरा सा शंकर जी को दिखाई पड़ गई और उनके सिर पर जादू टोना सी चढ़ गई ॥ ४ ॥

योग जुगति बिसरी सबै, उर काम क्रोध मद जागे हो ।
लोक लाज सब छांड़ि कै, उठि धाय चले सँग लागे हों ॥
और कहाँ लगि बरणिये, भरि जल थल जिव जेते हो ।
चतुर सिरोमनि स्याम सुनो, गनि कहौं कहाँ लगि केते हो ॥ ५ ॥

शंकर की सारी योग-युक्ति भूल गई। और उनके मन में काम, क्रोध, मद जग गया। वे सब लोक-लज्जा छोड़कर, उठ कर, दौड़कर उसके पीछे-पीछे जा लगे। और कहाँ तक कहूँ जितने भी जलचर, थलचर जीव हैं, मैं कहाँ तक उन सबको गिनाऊँ, तुम्हारी माय किसी को नहीं छोड़ती ॥ ५ ॥

यहि लाजनि मरिए सदा, जब तक कोउ कहत तुम्हारी हो ।
'सूरदास' प्रभु बरजिकै, किन मेटहु कुल की गारी हो ॥

—ल ६३४/१५, सभा

हे चतुर शिरोमणि श्याम, मैं तो इसी लज्जा में मरी जा रही हूँ कि सब लोग उसे तुम्हारी माय कहते हैं। उसे बरज दीजिए और अपने कुल की इस गाली (कलंक) को मिटा दीजिए।

३०३८/ राग सारंग

तुमसों गारि कहा कहि दीजै हो, यादवनंदनै ।
युग बाप नाउँ कौन को लीजै हो, यादवनंदनै ॥
युग बाप जाकौ नाम कहिए, जाति गोत न जानिए ।
बिनु रूप, बिनु अनुहारि, कैसे कै बिषाद बखानिए ॥
सब सोधि रहे, न सोधि पायो, बिनु सुने कह कीजिए ।
बलि जाउँ यादवराय तुम को, गारि कह कहि दीजिए ॥ १ ॥

हे यादवनंदन, तुमको क्या कहकर गाली दूँ? तुम्हारे दो बाप हैं। तुम्हारे किस बाप का नाम लूँ।

न तुम्हारे बाप का पता है, न जाति का, न गोत्र का, न तुम्हारा कोई रूप है, न सादृश्य। फिर तुम्हारा वर्णन किया जाय तो किस प्रकार किया जाय। वर्णन न कर पाने से विषाद (ग्लानि) ही तो होता है। सब लोग पता लगा रहे हैं, पर कोई पता नहीं पा रहा है। बिना जाने सुने क्या किया जाय। हे यादवराय, मैं तुम्हारी बलैया ले रही हूँ। तुम्हें क्या कहकर गाली दूँ॥ १ ॥

तुम्हरी माय सब कुल खोए हो, यादवनंदनै ।
सो को जो बल न बिगोए हो, यादवनंदनै ॥

सो को जु बल करि ना बिगोवै, फिरति निसि-बासर बनी ।
सिर स्वेत पट, कटि लाल लहँगा, नील चोली बिनु तनी ॥
चली मंद मुसकाय, सुर नर नाग भुज भीतर लिए ।
बलि जाउँ यादव नाथ तुम्हरी माय, कुल-बिन तुम किए ॥ २ ॥

हे यादवनंदन, तुम्हारी माय (माता, माया) ने सब कुल नष्ट कर दिया। ऐसा कौन है, जिसके बल को इसने निर्बल नहीं किया। यह दिन रात बन ठन कर, सज सँवर कर, घूमती रहती है। कभी श्वेत पट (सतोगुण), कभी लाल लहँगा (रजोगुण), कभी नीली चोली (तमोगुण), वह भी बिना तनी (बाँधने की डोरी) की। वह मंद-मंद मुसकाती चलती है और सुर नर नाग सभी को अपनी भुजाओं में बाँधती चलती है। हे यादवनंदन, मैं तुम्हारी बलैया लेती हूँ। तुम्हारा माय ने तो तुमको कुल-हीन कर दिया है॥ २॥

वै तौ भूलि रहे सब भोगी हो, यादवनंदनै ।
बस किए बोलन योगी हो, यादवनंदनै ॥
बस किए बोलन बहुत योगी, छत्रपति केते कहौं ।
और अग जग जीव जल थल बन के, बुधि नहिं सुधि लहौं ॥
अति खरे आतुर, काम कातर, देखि नित कौतुक नए ।
अकुलाय निसि दिन संग ताके, फिरत भ्रम भूले भए ॥ ३ ॥

हे यादवनंदन, जो भोगी हैं, वे तो तुम्हारी माय द्वारा भुलवा ही लिए गए हैं। जो योगी हैं, वे भी उनके बोल के बस में हो गए हैं। उसने अपनी मधुर वाणी से न जाने कितने योगियों, कितने छत्रपतियों (राजाओं) को बस में कर लिया है। जितने भी अग (अचल, स्थावर), जग (चल, जंगम) हैं, जल स्थल और मन के जीव हैं, जिनकी मुझे न तो जानकारी ही है, न सुधि ही, वे सभी काम से कातर होकर, कामातुर होकर इसके नित्य नए नए कौतुक देखकर खड़े रहते हैं। वे सभी आकुल होकर दिन रात, तुम्हारा माय के साथ लगे हुए भूले भटके फिरते रहते हैं॥ ३॥

कछु कहि न जाय गति ताकी हो, यादवनंदनै ।
वह फिरति मदन-मद-छाकी हो, यादवनंदनै ॥
फिरति है मद-मदन छाकी, निलज, कुच ढाके नहीं ।
नित निरखि निरखि जु छैल-सोभा, बिकल ह्वै धावै तहीं ॥
यक गिरि परत अचेत उरझत, मोह मद मनसा गही ।
मुख बरणि कथा अनेक ताकी, कहतहू न बनै कही ॥ ४ ॥

हे यादवनंदन, तुम्हारी माय की कुछ गति कहते नहीं बनती। वह मदन के मद में चूर आवारा फिरती रहती है। वह निर्लज्ज है। अपनी छाती तक वह नहीं ढँकती, दूसरों को मोहने के लिए उसे खोले रहती है। उसे देख देखकर छैला लोग विकल होकर उसके पास दौड़ पड़ते हैं। कोई गिर पड़ता है, कोई अचेत हो जाता है, कोई उलझ जाता है। उनकी मनसा मोह और मद से ग्रस्त हो उठती हैं। तुम्हारी माय की कथाएँ अनेक हैं। उनको मुँह खोलकर कहते भी नहीं बनता॥ ४॥

वह तौं नित नूतन रति जोरै हो, यादवनंदनै।
चितवनि में चित चोरै हो, यादवनंदनै॥
चारु चितवनि चित चोरावै, चलत धर धीर न धरै।
फिरि नेम की चोप लगाय चंचल, तनहिं तन अंतर करै॥
यक भौंह की छबि निरखि, ऐसो को न जो व्रत ते टरै।
यहि भाँति परम सुजान सुंदरि, नित्य नूतन रति करै॥ ५॥

हे यादवनंदन, तुम्हारी वह माय, नित्य नए नए लोगों से रति-संबंध स्थापित करती चलती है। वह अपनी तिरछी चारु चितवन से ही सबके चित्त चुरा लेती है। वह धरणी पर चलते समय धैर्य नहीं धरती। बड़ी चंचलतापूर्वक चलती जाती है। फिर संयम नियम की चोप (चाह) लगाकर वह एक तन को दूसरे तन से अलग कर देती है। दो वर्ग बना देती है एक भोगी का, दूसरा योगी का। उसके एक भ्रू-विलास पर ऐसा कौन है जो अपने नेम-व्रत से न टल जाय। इस प्रकार वह परम सुजान सुंदरी नित्य नए नए रति संपर्क करती चलती हैं॥ ५॥

अतिहि कहियत परम सयाने हो, यादवनंदनै।
हो ठाकुर सब जग जाने हो, यादवनंदनै॥
सबही के ठाकुर कृपानिधि, सुयश सब जग गाइए।
अवलोकि के उपहास आपुन, बरजि गारि मिटाइए॥
कह कहौं यह कोप माधव, और अंत न सूझई।
'प्रभु सूर' चतुर सुजान यहि कुल अब न ऐसी बूझई॥ ६॥

—ल. ६३६/१७

हे यादवनंदन, तुम अत्यंत चतुर कहे जाते हो और सब जानते हैं कि तुम सबके ठाकुर (स्वामी) हो। हे तीनों लोकों के ठाकुर, तुम्हारा सुयश सारा संसार गाता है, पर तुम्हारा उपहास भी कितना हो रहा है। उसे देखिए, समझिए और अपनी माय को रोक दीजिए और इस गाली (कलंक) को मिटा डालिए। हे माधव, मैं इस चोप (ललक) को क्या कहूँ। मुझे इसका कोई अंत नहीं सूझता। हे प्रभु, तुम चतुर हो, सुजान हो, अब कुछ ऐसा उपाय करो कि इस कुल में यह कलंक और न लगने पावे॥ ६॥

१३. दुलह श्याम, राधिका दुलहिन

राधा कृष्ण विवाह वर्णन

१६८९ राग सारंग

(१)

जाकौं ब्यास बरनत रास।
है गंधर्व बिवाह, चित दै सुनौ बिबिध बिलास।
कियौ प्रथम कुमारिकनि व्रत, धरि हृदय बिस्वास।
नंद-सुत पति देहु, देवी पूजि मन की आस।

दियौ तब परसाद सब कौं, भयौ सबनि हुलास।
मिहिर-तनया-पुलिन-बट-तर बिमल जल उल्लास।
धरी लग्न जु सरद निसि की, सोधि करि गुरु रास।
मोर मुकुट सु मौर मानौ, कटक कंगन-भास।
बेनु धुनि सुनि स्त्रवन धाईं, कमल-बदन-प्रकास।
रूप प्रति-प्रति रूप कीन्हे, भुजा अंसनि बास।
अधर मधु मधुपरक करिकै, करत आनन हास।
फिरत भाँवरि करत भूषन, अग्नि मनौ उजास।
नारि-दिवि कौतुकहिं आईं, छाँड़ि सुत-पति-पास।
जिय परी ग्रँथि कौन छोरै, निकट ननद न सास।
बरसि सुरपति कुसुम-अंजलि, निरखि त्रिदस अकास।
लेत या रस-रास कौ रस, रसिक 'सूरजदास'॥

जिसको व्यास रास के रूप में वर्णन करते हैं। वह वस्तुतः गंधर्व-विवाह है। ध्यान देकर इसके विविध विलासों को सुनो।

पहले व्रजकुमारियों ने हृदय में पूर्ण विश्वास करके कात्यायनी देवी का व्रत किया। उन्होंने विनती की हे देवि, हमें नंद-सुत को पति रूप में दो और हमारी मनोभिलाषा पूर्ण करो। जब देवी ने उन्हें यह प्रसाद (आशीर्वाद) दे दिया, तब उन सबके मन में भारी प्रसन्नता छा उठी। निर्मल जल तरंगों वाली सूर्य पुत्री यमुना के किनारे वंशीवट के नीचे महा रास के लिए शरद पूर्णिमा की लग्न शोध कर श्याम ने रख दी। उनका मोर का मुकुट ही मौर था। उनके हाथ का कड़ा ही विवाह का कंकण था। उनके कमल मुख को प्रकाशित करती हुई कानों से मुरली की धुन सुनकर गोपियाँ दौड़ी आईं। श्याम ने एक-एक गोपी के लिए अपने अलग-अलग रूप धारण कर लिए। जितनी गोपी, उतने कृष्ण। कृष्ण ने हर गोपी के कंधे पर अपना हाथ रख लिया। उन्होंने अपने अधरामृत का मधुपर्क (दही, घी, शहद, जल और शक्कर का मिश्रण) बना डाला। और अपने अधरों की हँसी फैला दी। रास में नाचते हुए जो वे घूमते जा रहे थे, वही मानों विवाह की भाँवरि फिर रही थी। उस समय उनके आभूषणों की जो जगमगाहट थी, वही मानो अग्नि थी, जिसकी प्रदक्षिणा वे कर रहे थे। देवताओं की स्त्रियाँ अपने पति-पुत्रों का साथ छोड़कर विवाह देखने आ गईं। उनके हृदय में कृष्ण के प्रेम की जो गाँठ पड़ गई थी, उसे कौन छोड़ सकता था। उनके पास वर्जना करने के लिए न ननदें थीं, न सास ही। देवराज अंजली में सुमन लेकर बरसा उठे, और त्रिदश (देवता) भी आकाश में आ आकर यह ब्याह (रास) देखने लगे।

रसिक सूरजदास भी इस रास के रस को लिए जा रहा है।

१६९० राग सूही

(२)

यह व्रत हिय धरि देवी पूजी।
है कछु मन अभिलाख न दूजी॥

दीजै नंद-सुवन पति मेरैं।
जौ पै होइ अनुग्रह तेरैं॥
तब करि अनुग्रह वर दियौ, गज बरस जुवतिनि तप कियौ।
त्रैलोक्य भूषन पुरुष सुंदर, रूप गुन नाहिंन बियौ॥
इत उबटि, खोरि, सिँगारि सखियनि, कुँवरि चौरी आनियौ।
जा हित कियौ व्रत नेम संजम, सो घरी बिधि बानियौ॥ १॥

गोपकुमारियों ने अपने मन में यह व्रत धरकर कात्यायनी देवी की पूजा की। उन्होंने कहा—'हे देवी हमारे मन में कोई दूसरी अभिलाषा नहीं है। यदि तुम्हारा अनुग्रह हो, तो हमें नंदनंदन को पति रूप में दो।' देवी ने उन्हें कृपा करके यह बर दे दिया। गोप-कुमारियों ने गज (दिग्गज) वर्ष, आठ वर्ष तक तप किया, उन श्याम सुंदर के लिए जिनके समान सुंदर, पुरुष तीनों लोकों में कोई नहीं था और जो रूप और गुण में अद्वितीय थे। इधर युवतियाँ उबटन लगाकर, स्नान कराकर, शृंगार कराके कुँवरि राधा को विवाह की वेदी पर ले गई। जिसके लिये यह व्रत नेम संयम किया था, ब्रह्मा ने वह घड़ी ला दी॥ १॥

मोर मुकुट रचि मौर बनायौ।
माथे पर धरि हरि वर आयौ॥
तनु स्यामल पट पीत दुकूले।
देखत घन-दामिनि मन भूले॥
बर दामिनी घन कोटि वारौं, जब निहारौं वह छबी।
कुंडल बिराजत गंडमंडल, नहीं सोभा ससि रबी॥
अब और कौन समान त्रिभुवन, सकल गुन जिहिं माहियाँ।
मन मोर नाचत संग डोलत, मुकुट की परछाहिँयाँ॥ २॥

मोर-पंख का मुकुट बनाया गया। हरि उस मौर को सिर पर धरकर आए। उनके साँवले शरीर पर पीतांबर सोह रहा था। मन उन्हें घन और दामिनी समझने की भूल करने लगा। जब मन कृष्ण की मुख-छवि को देखता है, तब वह उस पर करोड़ों बादलों और बिजलियों को निछावर कर देता है। उनके गालों पर कुंडल झलमलाया जाता है, वैसी शोभा न तो चंद्र में है, न सूर्य में। अब तीनों लोकों में ऐसा कौन है, जिसमें सभी गुण हों और जो कृष्ण के समान हो। मन-मयूर तो उनके मुकुट की परछाईं में संग संग नाचा जाता है॥ २॥

गोपी जन सब नेवते आईं।
मुरली धुनि तैं पठइ बुलाई॥
बहु बिधि आनँद-मंगल गाए।
नव फूलनि कै मंडप छाए॥
छाए जु फूलनि कुंज-मंडप, पुलिन मैं बेदी रची।
बैठे जु स्यामा स्याम बर, त्रैलोक की सोभा सची॥

उत कोकिला-गन करै कुलाहल, इत सकल व्रज-नारियाँ ।
आईं जु नेवते दुहूँ दिसि तैं, देतिँ आनँद-गारियाँ ॥ ३ ॥

सभी गोपियाँ नेवता करने आई थीं। उन्हें श्याम ने मुरली-धुनि भेजकर बुलवा पठाया था। गोपियों ने अनेक प्रकार से मंगल-गीत गाए। वहाँ नव विकसित फूलों से विवाह-मंडप छा दिया गया था। यमुना-तट पर विवाह की वेदी बना दी गई। वहाँ श्यामा दुलहिन और श्याम दूलह के रूप में बैठे। उन्होंने तीनों लोकों की शोभा समेट ली थी। उधर कोयलें कूक रही थीं, इधर व्रजनारियाँ। वे वर और कन्या दोनों पक्षों द्वारा निमंत्रित थीं। वे आनंद भरी गालियाँ गाने लगीं॥ ३॥

मिलि मन दै सुख आसन बैसे ।
चितवनि वारि किए सब तैसे ॥
ता परि पानिग्रहन बिधि कीन्ही ।
तब मंडप भ्रमि भाँवरि दीन्ही ॥
तब देत भाँवरि कुंज-मंडप, प्रीति ग्रंथि हियैं परी ।
अति रुचिर परम पवित्र राका, निकट वृंदा सुभ घरी ॥
गाए जु गीत पुनीत बहु बिधि, बेद रुचि सुंदर ध्वनी ।
श्री नंद-सुत वृषभानु-तनया, रास मैं जोरी बनी ॥ ४ ॥

वर वधू परस्पर मन मिलाकर, सबको सुख देकर, विवाह के आसन पर आ बैठे। सबने अपनी अपनी चितवनें उनपर निछावर कर डालीं। इसके पश्चात पाणिग्रहण संस्कार हुआ—वर ने वधू का हाथ पकड़ा। तब मंडप के चारों ओर घूमकर सात भाँवरें भरी गईं। भाँवर भरते समय हृदय में प्रेम की गाँठ बँध उठी। शरद पूर्णिमा की पवित्र रात थी, वृंदावन पास में ही था और मुहूर्त शुभ था। वेद मत के अनुसार सुंदर धुनि और सुंदर ध्वनि में अनेक प्रकार से पवित्र मंगलगीत गाए गए। नंद-नंदन कृष्ण और वृषभानु दुलारी राधा की इस रास में सुंदर जोड़ी बन गई॥ ४॥

मनमथ सैनिक भए बराती ।
द्रुम फूले बन अनुपम भाँती ॥
सुर वंदीजन मिलि जस गाए ।
मधवा बाजन अनँद बजाए ॥
बानहिं सु बाजन सकल सुर नभ, पुहुप-अंजलि बरषहीं ।
थकि रहे ब्योम विमान, मुनि जन जय-सबद करि हरषहीं ॥
सुनि 'सूरदास' हिं भयौ आनंद, पुजी मन की साधिका ।
श्री लाल गिरिधर नवल दूलह, दुलहिनी श्री राधिका ॥ ५ ॥

मन्मथ कामदेव के सैनिक वृंदावन के पुष्प ही बराती बने हुए थे। द्रुम अनेक प्रकार से फूलों से लद गए थे। देवता लोग बंदीजन होकर यशोगान किए जा रहे थे। इंद्र ने आनंद के बाजे बजाए। देवताओं ने फूलों की वर्षा की। उनके विमान आकाश में रुक गए। मुनि

लोग जय-जयकार कर अपना हर्षोल्लास व्यक्त करने लगे। सुनकर सूरदास को भी आनंद हुआ। उनकी भी सारी मनोकामना पूरी हो गई। गिरिधर गोपाल नवल दूलह थे। राधा नवल दुलहिन थीं॥ ५॥

१६९१ राग बिहागरौ

प्रथम व्याह बिधि होइ रह्यौ, हो कंकन-चार बिचारि।
रचि-रचि पचि-पचि गूँथि बनायौ, नवल निपुन व्रज नारि॥
बड़े होहु तौ छोरि लेहु, जौ सकल घोष के राइ।
कै कर जोरि करौ बिनती, कै छुवौ राधिका पाइ॥ १॥

जब विवाह की सारी विधियाँ संपन्न हो गईं, तब कंकणचार (कंगन छोड़ने की प्रक्रिया) प्रारंभ हुआ। व्रज नारियों ने रच-रचकर पच-पचकर राधा का कंकण गूँथकर बनाया था। वृषभानुपुरी की सखियाँ बोलीं—'तुम तो सभी घोष के राजा हो, यदि तुम समर्थ हो, तो राधा का कंगन खोल दो। न छोड़ सको तो हाथ जोड़कर बिनती करो और राधारानी के पैर छुओ'॥ १॥

यह न होइ गिरि कौ धरिबौ हो, सुनहु कुँवर व्रजनाथ।
आपुन कौं तुम बड़े कहावत, काँपन लागे हाथ॥
बहुरि सिमिटि व्रज सुंदरि सब मिलि, दीन्ही गाँठि घुराइ।
छोरहु बेगि कि आनहु अपनी, जसुमति माइ बुलाइ॥ २॥

यह गोवर्द्धन गिरि का हाथों हाथ उठा लेना नहीं है। हे कुँवर व्रजलाल, तुम अपने को बड़ा कहलाते हो, पर तुम्हारे हाथ काँपने लगे।

फिर सब सुंदरियों ने एकजुट होकर कंकन की गाँठ में और भी फेरे देकर उसे और कस दिया और बोलीं—इसे जल्दी छोड़ो, न छोड़ सको तो अपनी मैया यशोदा को बुला लो, वे आकर इस कंकण को छोड़ दें॥ २॥

सहज सिथिल पल्लव तैं हरि जू, लीन्ही छोरि सँवारि।
किलकि उठीं तब सखी स्याम की, तुम छोरौ सुकुमारि॥
पचि हारी कैसैंहु नहिं छूटत, बँधी प्रेम की डोरि।
देखि सखी यह रीति दुहुनि की, मुदित हँसी मुख मोरि॥ ३॥

श्याम ने सहज रूप में कर-पल्लव से कंकण की गाँठ खोल दीं। तब श्याम पक्ष की सखियाँ किलकारी मार कर हँस पड़ीं और कहा—सुकुमारी राधा, अब तुम श्याम का कंकण छोड़ो। राधा प्रयत्न करके थक गईं। पर कंकन नहीं छूटा, क्योंकि वह प्रेम की डोर से बँधी हुई थीं। सखियाँ राधा कृष्ण दोनों की इस रस-रीति को देखकर प्रसन्न होकर मुख मोड़कर हँस पड़ीं॥ ३॥

अब जिनि करहु सहाइ सखी री, छाँड़हु सकल सयान।
दुलहिनि, छोरि दुलह कौ कंकन, बोलि बबा वृषभान॥
कमल कमल करि बरनत हैं हो, पानि प्रिया के लाल।
अब कबि-कुल साँचे से लागत, रोम कँटीले नाल॥ ४॥

कृष्ण पक्ष की सखियाँ बोलीं—राधा की सहेलियों, अब बहुत सहायता न करो। सारी चतुराई छोड़ो। दुलहिनि राधे, अपने बाबा वृषभानु को बुलाकर दूलह का कंकन छोड़वाओ। तुम्हारे लाल लाल हाथों को कवि लोग कमल कहकर वर्णन करते हैं। पहले तो कवियों का उक्त कथन झूठा लगता है, पर अब तुम्हारे हाथ पुलकित रोमांचित कंटकित हो गए हैं और कवियों की उक्ति ठीक जान पड़ती है—तुम्हारे हाथ स-नाल कंटकित कमल जैसे हैं॥ ४॥

लीला रहस गुपाल लाल की, जो रस रसिक बखान।
सदा रहै यह अबिकल जोरी, बलि बलि 'सूर' सुजान॥

गोपाल लाल की इस आनंदमयी लीला का वर्णन सुजान सूर करते जा रहे हैं और कामना करते हैं कि यह जोड़ी सदा अविचल अचल बनी रहे। वे इस जोड़ी पर बलि-बलि हुए जा रहे हैं।

१६१२ राग काफी

(४)

सनकादिक नारद मुनि, सिव बिरंचि जान।
देव दुंदुभी मृदंग, बाजे बर निसान॥
बारन तोरन बँधाइ, हरि कीन्ह उछाह।
व्रज की सब रीति भई, बरसानैं व्याह॥
डोरनि कर छोरन कौं, आईं सकल धाइ।
फूली फिरैं सहचरि उर, आनँद न समाइ॥
गज बर गति आवन मग, धरनि धरत पाउ।
लटकत सिर सेहरो मनु, सिखि सिखंड भाउ॥
सोभित सँग नारि अंग, सबै छबि बिराजि।
गज रथ बाजी बनाइ, चँवर छत्र साजि॥
दुलहिनि वृषभानु-सुता, अंग-अंग भ्राज।
'सूरदास' देखौ श्री दूलह व्रजराज॥

राधा कृष्ण के विवाह की जानकारी सनक सनंदन जैसे ऋषियों और नारद जैसे मुनियों एवं शिव और ब्रह्मा जैसे सभी देवताओं को हो गई। देवताओं ने आकाश में दुंदुभी, मृदंग, और अन्य निशान वाले बाजे बजा दिए। द्वारों पर बंदनवार बँधवाकर हरि ने अपना उत्साह व्यक्त किया। व्रज की सब रीतियों के सहित श्याम का विवाह बरसाना में संपन्न हो गया। हाथ के कंगन छोड़े जाने के लिए सभी सखियाँ दौड़ी आईं। सखियाँ फूली नहीं समा रही थीं। उनके हृदय में आनंद उमड़ा आ रहा था। इधर दूलह कृष्ण मत्तगयंद की चाल से धरती पर पाँव रखते हुए चले आ रहे थे। उनके सिर पर का मुकुट एक ओर झुका हुआ था, वह ऐसा लगता था जैसे मोर के सिर पर उसकी कलँगी हो। उनके साथ उनकी दुलहिनि राधा थीं। उनके हर अंग पर छवि छा रही थी। गज, रथ, घोड़े, चँवर और छत्र

सजाकर ला खड़े किए गए। वृषभानु-दुलारी राधा दुलहिनि के अंग अंग सजे थे। इस समय आकर दूलह व्रजराज को देखो, वह अत्यंत दर्शनीय हो गए हैं।

१६१३ राग सारंग

(५)

उतरे संकेत बटहिं, किहिं मिस लखि पाउँ।
फूल गूँथि, माला लै, मालिनि ह्वै जाउँ॥
नँदनंदन प्यारे कौं, बीरा करि लेउँ।
बोलिनि ह्वै जाउँ, निरखि नैननि सुख देउँ॥
वृंदावन-नंद कौं मैं, भूषन गढ़ि लेउँ।
ह्वै, सुनारि जाउँ, निरखि नैननि सुख देउँ॥
अपने गोपाल के मैं, बागे रचि लेउँ।
दरजिनि ह्वै जाउँ, निरखि नैननि सुख देउँ॥
चंदन अरगजा 'सूर', केसरि धरि लेउँ।
गंधिनि ह्वै जाउँ, निरखि नैननि सुख देउँ॥

कृष्ण की दर्शनाभिलाषिणी एक सखी कह रही है। दूलह श्याम वृंदावन में वंशीवट के संकेत स्थल पर आ गए हैं। मैं उनका दर्शन करूँ, तो किस बहाने से करूँ। क्या मैं फूल माला गुहकर मालिनि बनकर उनका दर्शन कर आऊँ या प्यारे नंदनँदन को पान का बीड़ा खिलाने के बहाने बरइनि बनकर जाऊँ और उन्हें देखकर नयनों को सुख दूँ। या मैं वृंदावन चंद्र के लिए आभूषण गढ़ के ले जाऊँ और सुनारिन बनकर उन्हें देखकर अपने नयनों को सुख दे दूँ। या फिर अपने गोपाल के लिए नव परिधान सीकर ले जाऊँ और दरजिनि बनकर उन्हें देखकर अपने नयनों को सुख दूँ। या फिर चंदन, अरगजा, केसर लेकर गंधिनि बनकर जाऊँ और गोपाल को देखकर अपने नयनों को सुख दे दूँ।

१६१४ राग विहागरौ

(६)

वृषभानु-नंदिनी, अति सुछविमयी बनी।
वृंदावन-चंद, राधा निरमल चाँदनी॥
स्याम अलकनि सु बीच, मोती-दुति संगा।
मानहुँ झलमलति, संभु के सीस गंगा॥
सरवन ताटंक सोह, चिकुरनि की कांति।
उलटि चल्यौ राहु है, चक्र की सु भांति॥
गोरे सु ललाट सोह, सेंदुर कौ बिंदु।
ससिहिं देइ उपमा को, कबि को है निंदु॥
आलस उन्निंद्र नैन, लागत जु सुहाइ।
नासिकाहि अलि चंपक-कलिका सौ भाइ॥

अंजन वदन-मंजन तैं, भयौ अतिहि दूरि।
कलंक रहित पून्यौ ससि, ज्यौं सु कला पूरि॥
गिरि तैं हैं भइँ लता; यह तौ हम सूनि।
पै कंचन लता भए, द्वै गिरिवर पूनि॥
कंचन से तनु सोहै, नीलांबर सारि।
कुहू निसा मध्य, मनौ दामिनि उजियारि॥
नख सिख की सोभा, सो बरनी नहिँ जाइ।
तुम-सी तुमहीं राधा, स्यामहिँ मन भाइ॥
'सूरदास' यह छबि मन, नितहि रहै बानि।
नंद-नँदन राजा हैं, अरु राधा रानि॥

दुलहिनि वृषभानु-नंदिनी राधा की क्या ही सुंदर छवि बनी है। कृष्ण वृंदावन चंद हैं। राधा उनकी निर्मल चाँदनी हैं। उनकी काली अलकों के बीच में मांग में मोती चमचमा रहे हैं, मानों शिव जी के सिर पर गंगा जी झलमला रही हों। उनके कानों में तरकी सोह रही हैं और पास ही घुँघराली अलकें हैं, लगता है जैसे राहु उलटकर पहिए के समान घूमकर उस ताटंक-सूर्य को ग्रसने के लिए बढ़ा चला आ रहा हो।

उनके गोरे मस्तक पर सिंदूर का विंदु सुशोभित हो रहा है। ऐसा कौन निंदनीय कवि है जो इस ललाट की उपमा शशि से दे। उनके अलसाए उनींदे नयन बड़े सुहावने लग रहे हैं। ऐसा लगता है मानो नासिका रूपी चंपाकली की और दोनों ओर से दो भौंरे आ डटे हों। पर दूर ही दूर हों। मुँह धो लेने से आँख का अंजन छूट गया है और मुँह संपूर्ण कलाओं से युक्त पूर्णिमा के निष्कलंक चंद्रमा सा लग रहा है। यह तो हमने सुना है कि गिरि पर भी लताएँ होती हैं। पर यहाँ तो कंचन लता (राधा का स्वर्ण सदृश सरिस शरीर) से दो दो पहाड़ (उरोज) उत्पन्न हो गए हैं। उनके सुनहले शरीर पर नीलांबर की साड़ी सुशोभित हो रही हैं। लगता है अमावस्या की रात में बिजली कौंध रही है। राधा की नख से शिख तक की शोभा का वर्णन मुझसे नहीं किया जा पा रहा है। राधा, तुम्हारे समान तुम्हीं हो। कोई दूसरा तुम्हारी बराबरी करने वाला नहीं है। तुम श्याम के मन को भाने वाली हो।

सूरदास के मन में राधा की यह छवि सदा बनी रहे। नंदनँदन राजा हैं और राधा उनकी रानी हैं।

१४. भ्रमर-गीत

४७१३ राग जैतश्री

ऊधो कौ उपदेस, सुनौ किन कान दै।
हरि निर्गुन संदेस, पठायौ आन दै॥
कोउ आवत उहि ओर, जहाँ नँद-सुवन पधारे।
यहै बेनु-धुनि होइ, मनौ आए व्रज प्यारे॥
आईं सब गलगाजि कै, ऊधौ देखे जाइ।
लै आईं व्रजराज गृह, आनँद उर न समाइ॥ १॥

ऊधव योग का जो उपदेश ले आए हैं, उसे कान देकर ध्यानपूर्वक क्यों नहीं सुनते? हरि ने निर्गुन का संदेश भेजा है और ऊधव इसे लेकर आए हैं।

एक गोपी बोली—कोई उसी ओर से चला आ रहा है, जहाँ नंदकुमार चले गए हैं। वैसी ही मुरली की ध्वनि आ रही है, मानो व्रज के प्यारे श्यामसुंदर ही व्रज में आए जा रहे हैं।

तब सभी गोपियाँ कोलाहल करती हुई, गला फाड़-फाड़कर गर्जन करते हुए दौड़ पड़ीं और उन्होंने आकर ऊधव को देखा, वे ऊधव को देखकर परम प्रसन्न हो उठीं और उनकी खुशी उनके हृदय में समा नहीं सकी। वे ऊधव को लिए दिए व्रजराज नंद के घर आ गईं॥ १॥

अर्घ आरती साजि, तिलक दधि माथैं कीन्यौ।
कंचन कलस भराइ, और परिकरमा दीन्यौ॥
गोप-भीर आँगन भई, मिलि बैठी जब जाति।
जल-झारी आगैं धरी, पूछत हरि कुसलाति॥ २॥

गोपियों ने ऊधव को हाथ-पैर धोने के लिए जल दिया, इनके माथे पर दही का तिलक लगाया, उनकी आरती उतारी, सोने के कलसे में जल भरकर उनकी परिक्रमा की। गोपों की भारी भीड़ नंद के आँगन में लग गई। जाति-पाँति के सभी लोग आकर बैठ गए। उन्होंने जल से भरी हुई झारी ऊधव के आगे रख दी और हरि का कुशल-क्षेम पूछने लगीं॥ २॥

कुसल छेम वसुदेव, कुसल देवै बलदाऊ।
कुसल छेम अक्रूर, कुसल नीकैं कुबिजाऊ॥
पूछि कुसल गोपाल की, रहे सबै गहि पाइ।
प्रेम मगन ऊधौ भए, देखत व्रज के भाइ॥ ३॥

गोपियों ने पूछा—वसुदेव जी तो मजे में हैं? देवकी और बलराम सकुशल हैं न। अक्रूर जी सानंद हैं न? वह कुब्जा भी सकुशल है न? सब से अंत में उन्होंने गोपाल कृष्ण की खेम-कुशल पूछी और ऊधव का पैर पकड़ कर बैठ रहीं। व्रजवासियों के कृष्ण के प्रति इस प्रेमभाव को देखकर ऊधव प्रेम में डूब गए॥ ३॥

मन-मन ऊधौ कही, यौं न बूझियै गोपालहिं।
ब्रज कौ हेत बिसारि, जोग सिखवत व्रज-बालहिं॥
इनकी प्रीति पतंग लौं, जारति है सब देह।
वै हरि दीपक जोति ज्यौं, नैकु न उनकैं नेह॥ ४॥

ऊधव जी मन ही मन कहने लगे—गोपाल को ऐसा न कहना चाहिए। वे व्रजवासियों के प्रेम को भूल गए हैं और व्रज-बालाओं को योग सिखा रहे हैं। इन गोपियों की प्रीति तो शलभ-सदृश है, जो अपना सब देह ही जला दे रही हैं। वे कन्हैया तो दीप-ज्योति समान हैं, जिनके मन में उन अपने पर मिटने वाले पतिंगों के प्रति जरा भी स्नेह नहीं है॥ ४॥

तब ऊधौ कर लई, लिखी हरि जू की पाती ।
पढ़ी परति नहिं नैंकु, रहे निष्ठुर करि छाती ॥
पाती बाँचि न आवई, रहे नैन जल पूरि ।
देखि प्रेम गोपीन कौ, ज्ञान गरब गयौ दूरि ॥ ५ ॥

तब ऊधव ने हरि की लिखी हुई चिट्ठी निकाल कर अपने हाथ में ले ली। वे उसे जरा भी नहीं पढ़ सके और अपनी छाती वज्र-सी कठोर करके चुप बैठ रहे। उनसे चिट्ठी बाँचते नहीं बन पा रही थी। उनकी आँखों में जल भरभरा आया। गोपियों का प्रेम देखकर उनका ज्ञान का गर्व दूर हो गया॥५॥

फिरि इत उत बहराइ, नीर नैननि कौ सोध्यौ ।
ठानी कथा प्रमोधि, बोलि सब घोष समोध्यौ ॥
जो व्रत मुनि जन ध्यावहीं, पावहिं तऊ न पार ।
सो व्रत सिखयौ गोपिका, छाँड़ौ बिषय-विकार ॥ ६ ॥

फिर इधर-उधर देखकर, किसी तरह अपने मन को बहलाकर, ऊधव ने अपनी आँखों के अश्रु-जल को पोंछ लिया। तब व्रज के सभी अहीरों को संबोधित करते हुए उन्हें प्रबोध देते हुए, उन्होंने अपनी योग-कथा प्रारंभ की। मुनि लोग भी जिस योग-व्रत का ध्यान करके पार नहीं पाते, उसी योग के विषम व्रत को ऊधव गोपियों को सिखाने लगे और बोले—सभी विषय विकार छोड़ दो। राग-रंग से विरत हो जाओ॥६॥

सुनि ऊधौ के बैन, रही नीचे करि नारी ।
मानौ माँगत सुधा, आनि बिष-ज्वाला जारी ॥
हम अहीरि कह जानई, जोग जुगुति की रीति ।
नँदनंदन व्रत छाँड़ि कै, को लिखि पूजै भीति ॥ ७ ॥

ऊधव की बातें सुनकर गोपियों ने अपनी गर्दन नीची कर ली। मानो वे सुधा माँग रही थीं पर उन्हें जला देनेवाली विष की ज्वाला दे दी गई हो। वे बोलीं—हम अहीरिनें हैं, हम योग-युक्ति की रीति क्या जानें। हमारा व्रत तो एकमात्र नंदनंदन से है। इस प्रेम-व्रत को छोड़कर कौन दीवार पर चित्र बनाकर पूजने जायगा?॥७॥

उद्धव वचन—

एकै अलख अपार, आदि अबिगत है सोई ।
आदि निरंजन नाम, ताहि रीझै सब कोई ॥
नैन नासिका अग्र हौ, तहाँ व्रह्म कौ बास ।
अबिनासी बिनसै नहीं, सहज जोति परकास ॥ ८ ॥

तब उद्धव बोले—ब्रह्म एक है। वह अलख है, उसे देखा नहीं जा सकता। वह अपार है। उसे पार नहीं किया जा सकता। वही सबका आदि है, सब उसी से उत्पन्न हुए हैं। वह अविगत है, अज्ञेय है। उसका नाम निरंजन है, वह अंजन (कलुष) रहित है। सब उसी पर रीझे हुए हैं। आँखों और नाक के ऊपर जो त्रिकुटी है, वहाँ ब्रह्म का वास है। वह अविनाशी है, नष्ट नहीं होता। उसका प्रकाश वहाँ सदैव सहज रूप से बना रहता है॥८॥

गोपी वचन—

जौ तौ कर पग नहीं, कहौ ऊखल क्यौं बाँधौ ।
नैन नासिका मुख न, चोरि दधि, कौनै खाध्यौ ॥
तबै खिलाए गोद लै, कहे तोतरे बैन ।
ऊधौ ताकौ न्याउ यह, जाहि न सूझै नैन ॥ ९ ॥

इस पर गोपियाँ बोलीं—यदि उस ब्रह्म को हाथ पैर नहीं है, तो यह ऊखल में कैसे बाँधा गया? यदि उसे आँखें नहीं है, नाक नहीं है, मुँह नहीं है, तो सूने घरों में जाकर चुरा-चुराकर दही किसने और कैसे खाया था? तब तो हमने उसे ले लेकर अपनी गोद में खेलाया था और उसने भी हमसे अपनी तोतली वाणी से बातें की थीं। ऊधव जी, यह बातें तो उसी को सुनानी उचित है, जिसको आँखों से न दिखाई देता हो। हम तो स-दीठि हैं, हमें यह योग की बात क्या सुना रहे हो?॥ ९ ॥

उद्धव वचन—

माया नित्यहि अंध, ताहि द्वै लोचन जैसे ।
ज्ञानी नैन अनंत, ताहि सूझत नहिं कैसे ॥
बूझहु निगम बुलाइ कै, कहै भेद समुझाइ ।
आदि अंत जानौ नहीं, कौन पिता को माइ ॥ १० ॥

इस पर उद्धव बोले—माया-ग्रस्त लोग तो सदैव अंधे होते हैं। उन्हें दो आँखें हुईं तो क्या, न हुईं तो क्या? माया की दो शक्तियाँ हैं आवरण और विक्षेप। आवरण वाला बादल सूरज को नहीं ढकता, हमारी आँख को ढकता है। विक्षेप रस्सी को सर्प समझने का भ्रम है। ज्ञानी लोग भले बिना आँख के हों, पर उन्हें शास्त्र के अनंत लोचन प्राप्त हैं। फिर उन्हें कैसे नहीं सूझेगा। तुम लोग वेद-शास्त्र को बुलाकर उनसे पूछ लो। वे सभी भेद तुमसे खोल-कर कह देंगे। जिसके आदि और अंत का पता नहीं, उसका कौन बाप और कौन माँ ॥ १० ॥

गोपी वचन—

घर लागी अरु घूर, कहौ मन कहाँ लगावैं ।
अपनौ घर परिहरैं, कहौ को घूर बुझावैं ॥
मूरख जादव जाति है, हमैं सिखावत जोग ।
हमसौं भूली कहत है, हम भूली किधौं लोग ॥ ११ ॥

फिर गोपियाँ बोलीं—यदि एक साथ घर में और घूर में आग लग जाय, तो मन घर की आग बुझाने में लगाया जाय, या घूर की आग बुझाने में। अपना घर छोड़कर घूर की आग बुझाने कौन जाता है। पहले घर में लगी आग बुझाई जाती है, फिर घूर में लगी। हम तो मूर्ख अहीरिनें हैं। हमें चतुर ऊधव तुम योग सिखा रहे हो। तुम हमें भूली (भ्रमित) कह रहे हो। तुम्हीं बताओ तुम भूले हो कि हम भूली हैं॥ ११ ॥

ऊधौ कहि सति भाइ, न्याइ तुम्हरैं मुख साँचै ।
जोग प्रेम-रस-कथा, कहौ कंचन की काँचै ॥

जाके पहरैं हूजिए, साँचौ ताकौ नेम।
मधुप हमारी सौं कहौ, जोग भलौ कै प्रेम ॥ १२॥

ऊधव सच सच कहो। तुम जो कहोगे हम उसे ही न्याय (सत्य, उचित) मान लेंगी। बताओ प्रेम और योग में कौन सोना है, कौन कांच है? हम जिसकी पहरा देकर रक्षा करते हैं, सच्चा तो उसी का नियम (व्रत) है। हे भौंरे, तुम्हें हमारी शपथ है, सच सच कहो योग अच्छा है या प्रेम अच्छा है॥ १२॥

प्रेम प्रेम तैं होइ, प्रेम तैं पारहिं जइयै।
प्रेम बँध्यौ संसार, प्रेम परमारथ लहियै॥
साँचौ निहचै प्रेम कौ, जीवन मुक्ति रसाल।
एकै निहचै प्रेम कौ, जबै मिलैं गोपाल ॥ १३॥

प्रेम से ही प्रेम होता है—जब हम भगवान से प्रेम करते हैं, तब भगवान भी हमसे प्रेम करता है। प्रेम से ही भवसागर के पार जाया जा सकता है। प्रेम में ही सारा संसार बँधा हुआ है, प्रेम से ही परमार्थ-मोक्ष मिलता है। प्रेम का सच्चा निश्चय ही मधुर जीवन्मुक्ति है। सच्चा और निश्चित प्रेम तो वही है, जो गोपाल को मिला देता है॥ १३॥

सुनि गोपिन कौ प्रेम, नेम ऊधौ कौ भूल्यौ।
गावत गुन गोपाल, फिरत कुंजनि मैं फूल्यौ॥
छिन गोपिन के पग परैं, धन्य तुम्हारौ नेम।
धाइ-धाइ द्रुम भेटईं, ऊधौ छाके प्रेम ॥ १४॥

गोपियों का प्रेम सुनकर, देखकर, ऊधव को अपना नेम (व्रत, सिद्धांत) भूल गया। वे प्रसन्न होकर वृंदावन की कुंजों में गोपाल का गुण गाते हुए घूमने लगे। वे एक क्षण गोपियों के पैरों पर गिरकर कहने लगे—देवियों, तुम्हारे प्रेम का नेम धन्य है। दूसरे ही क्षण वे प्रेम में छककर, मत्त होकर दौड़-दौड़कर वृंदावन के वृक्षों को भेंटने लगे॥ १४॥

धनि गोपी, धनि ग्वाल, धन्य ये सब व्रजवासी।
धनि सब पावन भूमि, जहाँ बिलसे अबिनासी॥
उपदेसन आयौ हुतौ, मोहिं भयो उपदेस।
ऊधौ जदुपति पै चले, किए गोप कौ भेष ॥ १५॥

'गोपियाँ धन्य हैं, ग्वाल धन्य हैं, ये सभी व्रजवासी धन्य हैं। यह पवित्र व्रजभूमि धन्य है, जहाँ स्वयं अविनाशी ने विहार किया है, लीलाएँ की हैं। मैं गोपियों को उपदेश देने आया था। मुझे उन्हीं से उपदेश मिल गया।' ऐसा कहकर ऊधव गोप का वेश बनाए हुए यदुनाथ कृष्ण के पास मथुरा के लिए लौट पड़े॥ १५॥

भूल्यौ जदुपति नाम, कह्यौ गोपाल गुसाईं।
एक बेर व्रज जाइ, देहु गोपिनि दिखराईं॥
वृंदावन सुख छाँड़ि कै, कहाँ बसे हौ आइ।
गोबरधन-प्रभु जानि कै, ऊधौ पकरे पाँइ ॥ १६॥

मथुरा पहुँचकर ऊधव यदुपति कहना भूल गए। उन्होंने कहा, 'हे गोपाल, हे गुसाईं, एक बार व्रज जाकर गोपियों को अपना दर्शन दे आओ। वृंदावन का सुख छोड़कर तुम मथुरा की झंझटों में कहाँ आ फँसे हो, और यहाँ आकर बस गए हो।' कृष्ण को गोवर्द्धन-धर गिरिधारी समझकर ऊधव ने जाकर उनके पाँव पकड़ लिए॥ १६॥

ऊधौ व्रज कौ प्रेम नेम, बरन्यौ सब आई।
उमग्यौ नैननि नीर, बात कछु कही न जाई॥
'सूरस्याम' भूतल परे, नैन रहे जल छाइ।
पोंछि पीत पट सौं कह्यौ, भले आए जोग सिखाइ॥ १७॥

कृष्ण ने ऊधव से कहा—'ऊधव, अब व्रज का सारा प्रेम-नेम मुझसे कह सुनाओ।' पर ऊधव की आँखों में अश्रु भरभरा आए और उनसे कुछ कहते नहीं बना। ऊधव की यह दशा देखकर श्याम भी धरती पर गिर पड़े और उनकी भी आँखें प्रेम से छलछला आईं। वे अपनी आँखें अपने पीतांबर से पोंछकर बोले—ऊधव, तुम गोपियों को यह अच्छा योग सिखा आए? (गए थे योग सिखाने, उलटे स्वयं प्रेमी भक्त बन आए हो। चौबे जी छब्बे बनने गए थे, दूबे बनकर लौट आए।)॥ १७॥

१५. रुक्मिणी विवाह

३०४६/४८०६ राग जैतश्री

दीनबंधु व्रजनाथ, कबै मुख देखिहौं।
कहि रुकमिनि मन माँह, सबै सुख लेखिहौं॥
गावहिं सब सहचरी, कुँवरि तामस करि हेर्यौ।
सब दिन सुख साथिनी, आजु कैसे मुख फेर्यौ॥
मेरैं मन कछु और है, तुम कछु गावहिं और।
प्रान तजौंगी आपनो, देखि असुर सिर मौर॥ १॥

रुक्मिनी अपने मन में कह रही है—'मैं दीनबंधु व्रजनाथ का मुँह कब देख पाऊँगी, और उस मुख को देखकर कब सभी सुख प्राप्त कर सकूँगी।'

रुक्मिणी का विवाह शिशुपाल से होना तै हो गया है और रुक्मिणी की सखियाँ उस अवसर के अनुकूल मंगलगीत गाए जा रही हैं, पर रुक्मिणी को ये मंगलगीत सुहाए नहीं। उसने उनकी तरफ कुपित होकर देखा और कहा—तुम सब मेरे सब दिन के सुख में मेरा साथ देनेवाली हो। आज तुमने हमसे अपना मुँह क्यों फेर लिया है। मेरे मन में तो श्रीकृष्ण से विवाह करने की आकांक्षा है और तुम सब मेरे शिशुपाल से विवाह के गीत गाए जा रही हो। असुर शिशुपाल के सिर पर मौर देखकर, उसे अपने दूलह के रूप में आया देखकर, मैं अपने प्राण त्याग दूँगी॥ १॥

तिहूँ लोक के धनी, मनी तुमहीं कौ सोहै।
सत्य प्रकृति औ पुरुषहिं, समरथ सबहीं मोहै॥

पर पुरुषारथ काग, हंसिनी के घर आवै।
कामधेनु खर लेइ, काल अंमृत उपजावै॥
कुटुँब बैर मेरे परे, बरनि बरै सिसुपाल।
करनि सिंह तुम्हरी धरी, कैसें चपै सृगाल॥ २॥

रुक्मिणी ने कृष्ण को यह चिट्ठी लिखी—हे तीनों लोक के स्वामी, मेरा शरीर रूपी मणि तो तुम्हीं को शोभा देता है। जो सत्य स्वभाव के लोग हैं, उनकी शक्ति तो सभी का मन स्वतः मोह लेती है। दूसरे (जरासंध) की शक्ति के सहारे कौवा (शिशुपाल) मुझ हंसिनी के घर आ रहा है। गधा कामधेनु को ले जाना चाहता है। गरल भी अमृत के पास जाकर उसे पीना चाहता है। मेरा परिवार मेरी बैरी हो गया है। वे मुझे बलपूर्वक शिशुपाल से विवाह देना चाहते हैं। हे सिंह, मैं तो तुम्हारे हिस्से की हथिनी हूँ। मुझे यह गीदड़ कैसे चाँप सकेगा॥ २॥

भुवन चतुर्दस राज, सकल सुर नर मुनि देवा।
कर जोरे ससि सूर, पवन पानी करैं सेवा॥
अबहिं और की और होति, कछु लागै बारा।
तातें पाती लिखी तुमहिं, मैं प्रान-अधारा॥
कै जदुपति लै आवहू, करौं प्रान लगि घाउ।
बाजैं संखहि जानिहौं, आए जादवराउ॥ ३॥

'हे चौदहों भुवनों के स्वामी, असुर, नर, मुनि, सुर, शशि, सूर्य, पवन, पानी सभी हाथ जोड़े हुए तुम्हारी सेवा करते रहते हैं। अभी और से और होने में विलंब नहीं लग सकता। अभीष्ट न होकर अनिष्ट कभी भी हो सकता है। हे प्राणाधार, इसीलिए मैंने तुम्हें यह पत्री लिख दी है।'

(यह चिट्ठी ब्राह्मण के हाथ में देकर रुक्मिणी उससे बोली)—ब्राह्मण देवता, जाओ और यदुपति को ले आओ। यदि यदुपति समय पर न आ सके तो मैं आत्महत्या कर लूँगी। जब यहाँ मुझे यादवराय के शंख की ध्वनि सुनाई पड़ जायगी, तब मैं समझ लूँगी कि यादवपति आ पहुँचे (और मैं स्वस्थ चित्त होकर अपने प्राण बचाए रख सकूँगी)॥ ३॥

मिटी भूख औ नींद, जीव हौं जानति नाहीं।
अनदेखे वै नैन, लगे लोचन पथ माहीं॥
जो माँगौ सो देउँ, लेहु माधौ सँग आए।
कोटि जज्ञ फल होइ, पिता उन दरसन पाए॥
रोइ रुकमिनी यौं कह्यौ, धरौं पानि मैं माथ।
यह पाती लै दीजियौ, प्राननाथ कैं हाथ॥ ४॥

मेरी भूख और नींद मिट गई है। मेरे शरीर में प्राण है भी या नहीं, मैं यह नहीं जानती। मैंने यदुनाथ को कभी अपनी आँखों से नहीं देखा है, फिर भी मेरी आँखें उन्हीं के पथ पर लगी हुई हैं। हे ब्राह्मण देवता, जाओ और माधव को अपने साथ लेकर आओ। तुम मुझसे

जो भी माँगोगे, मैं तुम्हें वही पुरस्कार में दूँगी। तुम मेरे धर्म के पिता हो। उन यदुनाथ का दर्शन करने से करोड़ों यज्ञों का फल प्राप्त होता है।

रुक्मिनी ने रोकर कहा—मैं अपने माथे पर दोनों हाथ रखकर तुम्हें प्रणाम करती हूँ। तुम यह चिट्ठी ले जाकर मेरे प्राणनाथ के हाथ में दे देना॥ ४॥

विप्र भवन रथ चढ़्यौ, चलत तब बार न लाई।
छप्पन कोटिन मध्य, राजहीं जादवराई॥
छाँड़ि सकुच पाती दई, तब पूछी कुसलात।
जानि चीन्ह पहिचानि मन, फूले अंग न मात॥ ५॥

विप्र तत्काल अपने घर गया और रथ पर चढ़कर चल देने में जरा भी देर नहीं की। छप्पन करोड़ यादवों के बीच यदुराज कृष्ण विराजमान थे। संकोच छोड़कर ब्राह्मण ने वह चिट्ठी हरि को दे दी। हरि ने भी ब्राह्मण से सब क्षेम कुशल पूछी। हरि ने भी पहचान लिया, जान लिया कि यह तो मेरी परमप्रिया लक्ष्मी की अवतार रुक्मिणी की चिट्ठी है। यह जानकर वे फूले अंग नहीं समाए, परम प्रसन्न हो गए॥ ५॥

आपुन झारी माँगि, विप्र के चंरन पखारे।
इती दूरि स्त्रम कियौ, भए द्विजराज दुखारे॥
पाती बाँचि न आवई, माँग्यौ तुरत विमान।
लोचन भरि-भरि आवहीं, मानहु कर जलपान॥ ६॥

हरि ने जल की झारी मँगवाई और ब्राह्मण के पैर धोए। और कहा—'ब्राह्मण देवता, तुम इतनी दूर से कष्ट सहकर आए हो और बहुत थक गए हो।'

फिर उन्होंने पूरी पत्री भी नहीं पढ़ी और तुरंत अपना तीव्रगामी रथ मँगवाया। उनके नेत्र भरभरा आए, लगा वे नयन जल-पान कर रहे हों॥ ६॥

लीन्हौ विप्र चढ़ाइ, बोलि बल सौं कहि सारा।
सकल सभा जिय जानि, कसे साजे हथियारा॥
कहहु नाथ कहँ आवई, कियौ कौन पर छोहु।
भीषम कै रुकमिनि हरन, सावधान सब होहु॥ ७॥

रथ आ जाने पर कृष्ण ने ब्राह्मण को उस पर चढ़ा लिया। उन्होंने बलराम को बुलाया और सारा वृत्तांत उनसे कह सुनाया। सारी सभा ने बिना बताए ही समझ लिया कि कोई बात अकस्मात हो गई है और सभी लोगों ने अपने-अपने हथियार कस लिए। सभासद पूछ बैठे—हे नाथ! कहें, हमें कहाँ आ पहुँचना है। आपने किसपर यह क्रोध किय है।

तब कृष्ण ने कहा—हमें कुंडिनपुर राजा भीष्म के यहाँ पहुँचकर रुक्मिणी-हरण करना है। सभी लोग सावधान हो जाओ॥ ७॥

आवत देख्यौ विप्र, जोरि कर रुकमिनि धाई।
कहा कहैगौ आनि, हियें धकधकी लगाई॥
विप्र आनि माला दई, कहे कुसल के बैन।
कुँअरि पत्यारी तब कर्‌यौ, जब रथ देख्यौ नैन॥ ८॥

रुक्मिणी ने विप्र को लौटकर आते हुए देखा। वह दोनों हाथ जोड़कर दौड़ पड़ी। उसके मन में धुकधुकी हो रही थी कि ब्राह्मण न जाने क्या समाचार देगा—'श्याम के आने का या न आ पाने का। तब तक आकर ब्राह्मण ने रुक्मिणी को हरि की माला दी और कहा—सब कुशल है।' पर राजकुमारी ने ब्राह्मण की बात पर तब विश्वास किया जब उसने स्वयं हरि के रथ को अपनी आँखों से देख लिया॥ ८॥

गए कंचुकि बँद टूटि, लूटि हिरदै सौं पाई।
करति मनहि मन सेव, निकट रथ दियौ दिखाई॥
तिहूँ लोक के कंत हौ, हौं दासी प्रभु जानि।
रुकमिनि विनती करति है, लाज आपुहीं मानि॥ ९॥

रुक्मिणी के हृदय को ऐसा लगा मानो उसे लूट में कोई बहुत बड़ा पदार्थ मिल गया हो। इस प्रसन्नता में उसकी चोली के बंद टूट गए, उसे प्रभु का रथ निकट आ गया दिखाई देने लगा और वह मन ही मन उनकी अर्चना और विनती करने लगी।—'प्रभु, तुम तीनों लोकों के स्वामी हो, मुझे अपनी दासी मान लो, मेरी लज्जा आपही सँभालें।'—॥ ९॥

बैठि असुर सब सभा, रुक्म सौं मनौ बिचार्यौ।
आयौ सुन्यौ अहीर, मनौ इहिं काल हँकार्यौ॥
गाइ चरावत ग्वाल है, आयौ मुजरा दैन।
देखौ ढीठौ दूरि तैं, आयौ भातहिं लैन॥ १०॥

उधर सभी असुर लोग सभा में बैठकर रुक्म से विचार-विमर्श करने लगे।—सुना है, काल का भेजा हुआ वह अहीर भी यहाँ आ गया है। अभी तक वह ग्वाल गायें चराता रहा है। अब वह हम सभी लोगों को सलाम करने आ गया है। उसकी धृष्टता तो देखो कि इतनी दूर से वह अपने विवाह का भात खाने आ गया है॥ १०॥

सब दल ह्वै हुसियार, चलौ मठ घेरहिं जाई।
परपंची है कान्ह, कछू मति करै ढिठाई॥
कुँअरि गौरि पाइनि परी, मन वांछित फल जानि।
हौं जदुपति बर पाइहौं, चरन धरौं दोउ पानि॥ ११॥

सब सेना होशियार हो जाय। चलो उसकी मढ़िया घेर ली जाय। कान्ह भारी धूर्त है, प्रपंची है। ऐसा न हो वह कोई धृष्टता कर बैठे और हम देखते रह जायँ।'

उधर रुक्मिणी गौरी पूजा के लिए मंदिर में गई। वह गौरी के पैरों पर पड़ गई और बोली—माँ, तुम मेरे मनचाहे फल को जानती हो। मैं दोनों हाथ जोड़कर तुम्हारे पाँवों पड़ रही हूँ। मैं यदुनाथ को वर रूप में पाऊँ॥ ११॥

गौरि कहै सुनि कुँअरि, पाँइ मेरे जनि लागहिं।
कहा कुटुँब के बैन, नैन श्रीपति अनुरागहिं॥
आधौ श्रीवृषभानु कौं, आधौ दीन्हौ तोहिं।
राज सुहाग बढ़ौ सबै, कहा निहोरौ मोहिं॥ १२॥

गौरी ने कहा—हे राजकुमारी, तुम मेरे पैरों पर मत गिरो, जब तुम्हारे नयन श्रीपति के अनुराग में मग्न हो गए हैं, तब तुम कुटुंब के लोगों की बातों की चिंता मत करो। प्रभु ने आधा सौभाग्य वृषभानु की पुत्री राधा को और आधा तुम्हें पहले से दे रखा है। तुम दोनों लक्ष्मी हो, लक्ष्मी। तुम्हारा राज्य और सौभाग्य तो पहले से ही बसा हुआ है। तुम मेरी विनती क्या किए जा रही हो॥ १२॥

अब गावहु करि सगुन, बोलि मुख अंमृत बानी।
दूलह श्री नँदलाल, दुलहिनी रुकमिनि रानी॥
याकौ जननी दीजियौ, करत सखिनि सौं नेह।
हौं जदुपति घर जाति हौं, जाकी है यह देह॥ १३॥

फिर गौरी ने रुक्मिणी की सखियों से कहा—अब तुम लोग शुभ सकुन विचार कर अपने मुख से अमृतोपम मधुर वाणी में निर्भीक होकर मंगलगीत गाओ—

'दूलह श्री नँदलाल, दुलहिनी रुकमिनि रानी।'

फिर रुक्मिणी जी ने जगज्जननी गौरी से निवेदन किया—हे माँ, मुझे यह वरदान दीजिए कि मैं अपनी सखियों से बराबर स्नेह करती रहूँ। उनके प्रेम को न भूलूँ। क्योंकि अब मैं इनसे बिछुड़ने वाली हूँ। और अब मैं उन यदुनाथ के घर जाने वाली हूँ, मेरी देह जिनकी हो चुकी है॥ १३॥

अंबर-बानी भई, सजल बादर दल छाए।
देव तैंतिसौ कोटि, जु जज्ञ तमासे आए॥
हरन रुकमिनी होत है, दुहूँ ओर भइ भीर।
अति अघात सूझत नहीं, चलहिं वज्र ज्यों तीर॥ १४॥

उसी समय आकाश वाणी हुई और आकाश में जल भरे बादल छा गए। तैंतीसों कोटि देवता इस यज्ञ का तमाशा देखने के लिए आकाश में आ गए। रुक्मिणी का हरण हो गया। दोनों ओर की सेनाओं की भारी भीड़ इकट्ठी हो गई। वज्र के समान वाण-वर्षा होने लगी। इस घोर मारा-मारी में कहीं सूझ नहीं पड़ रहा था॥ १४॥

लागे रुक्म गुहार, संग सिसुपाल न छोड़ै।
छाँड़ै बान बिसाल, जुद्ध ऐसौ को औड़ै॥
चक्र धरे हरि आवहीं, सुनि असुरनि जिय गाज।
टेरि कह्यौ सिसुपाल सौं, कीजै कंकन लाज॥ १५॥

रुक्म ने पुकार लगाई। उसकी पुकार पर शिशुपाल आ गया और उसके साथ लग गया। वह बड़े-बड़े बाण छोड़ने लगा। ऐसा विकराल युद्ध और कौन कर सकता है? असुरों ने सुना कि हरि सुदर्शन चक्र लेकर बढ़े आ रहे हैं। यह सुनकर उनके हृदयों पर वज्रपात हो गया। असुरों ने शिशुपाल से कहा—विवाह का कंकण बाँधकर आए हो, इसकी लज्जा रक्खो॥ १५॥

सकल सैन संहारि, रुक्म कौं हरि गहि लीन्हौ ।
आगैं इहि सौं काम, रुक्मिनी सौं प्रन कीन्हौ ॥
सात सिखा सिर राखिकै, तब बूझी कुसलात ।
कुंडिनपुर कौ काज सँवार्‌यौ, भूपनि कौ अपख्यात ॥ १६ ॥

संपूर्ण विपक्षी सेना को मार कर हरि ने रुक्म को पकड़ लिया। उन्होंने कहा—आगे इस रुक्म की हमें जरूरत पड़ेगी, कौन लावा परछेगा। यह कहकर रुक्मिणी की इच्छा जानकर उन्होंने उसके प्राण छोड़ दिए। उन्होंने उसका सिर मुड़वाकर उस पर सात चोटियाँ छोड़ दीं। और तब पूछा—अब सब ठीक है न।

इस प्रकार हरि ने कुंडिनपुर का सारा काम पूरा कर लिया और विरोधी राजाओं की बड़ी कुख्याति हो गई ॥ १६ ॥

नगर बधाई बजी, नाथ बहुतै सुख मान्यौ ।
पूरन कीन्हौ नेह, रुक्मिनी सत्यहि जान्यौ ॥
कंकन छोर्‌यौ द्वारिका, बाज्यौ अनँद-निसान ।
भुक्ति मुक्ति न्यौछावरी, पाई 'सूर' सुजान ॥ १७ ॥

कृष्ण रुक्मिणी को लेकर द्वारिकापुरी आ गए। नगर में आनंद-बधाई बजने लगी। इससे नाथ (कृष्ण) को अपार सुख मिला। कृष्ण ने रुक्मिणी के प्रेम को पूर्ण किया। रुक्मिणी ने भी इसकी वास्तविकता को जान लिया। द्वारिका आ जाने पर व्याह का कंकण छोड़ दिया गया। आनंद की बधाई बजने लगी।

सुजान सूर ने भी न्योछावर में भुक्ति और मुक्ति दोनों पा ली ॥ १७ ॥

१६. सेवा फल

३०४७ राग जैतश्री

भजौ गोपाल भूल जनि जाहु । मानुष जनम को येही लाहु ॥
गुरु सेवा करि भक्ति बनाई । कृपा भई, तब मन मैं आई ॥
यही देह सौं सुमिरौ देवा । देह धारि करियै यह सेवा ॥
सुनौ संत, सेवा की रीति । करौ कृपा, मन राखौ प्रीति ॥ १ ॥

गेपाल को भजो। उनका स्मरण करना मत भूलो। मनुष्य जन्म पाने का तो यही लाभ है कि भगवान का स्मरण किया जाय। मैंने गुरु की सेवा की, तब मुझमें भगवान के प्रति भक्ति उत्पन्न हुई। उन गुरु की कृपा होने से ही मेरे मन में भगवान के प्रति भक्ति-भावना पैदा हुई है। इसी शरीर से भगवान का स्मरण किया जा सकता है। मनुष्य देह पाकर प्रभु-स्मरण की यह सेवा कर।

हे संतों, सेवा कैसे करनी चाहिए, यह सुनो। गुरु के चरणों में प्रीति लगाए रहो, वे कृपा करेंगे और उस कृपा के फलस्वरूप भगवान की भक्ति प्राप्त होगी ॥ १ ॥

उठि कै प्रात गुरुन सिर नावै । प्रात समै श्रीकृष्ण को ध्यावै ॥
जोइ फल माँगै, सोइ फल पावै । हरि-चरनन में जो चित लावै ॥

जिन ठाकुर को दरसन कियौ । जीवन जन्म सुफल करि लियौ ॥
जो ठाकुर की आरति करै । तीन लोक वाके पाँयन परै ॥ २ ॥

प्रात:काल उठकर गुरु के सामने नत मस्तक हो और प्रात:काल ही श्रीकृष्ण का ध्यान करो, जो हरि के चरणों में मन लगाता है, वह जो माँगता है, वही पाता है। उसका मनोभिलाष पूरा होता है। जिसने ठाकुर का दर्शन कर लिया, उसने अपना जन्म और जीवन सफल कर लिया। जिसने ठाकुर जी की आरती कर ली, तीनों लोक उसके पाँवों पर आकर गिर जाता है, नत-मस्तक हो जाता है॥ २॥

जो ठाकुर कौ करै प्रनाम । बैकुंठ है तिनकै निज धाम ॥
जो कोई हरि कौ सुमिरै नाम । ताके सकल पूर्ण हैं काम ॥
जो ठाकुर को ध्यान लगावै । ध्रुव-प्रहलाद की पदवी पावै ॥
जिन हरि को चरनामृत लियौ । बैकुंठ मैं अपनौ घर कियौ ॥ ३ ॥

जो ठाकुर को प्रणाम करता है, उसके लिए बैकुंठ-निवास सुनिश्चित हो जाता है। जो कोई हरि-नाम का सुमिरन करता है, हरि का नाम जपता है, उसके सभी काम पूरे हो जाते हैं। जो कोई ठाकुर का ध्यान लगाता है, वह ध्रुव और प्रह्लाद की पदवी पा लेता है। जिसने भगवान का चरणामृत लिया, उसने बैकुंठ में अपना घर बना लिया॥ ३॥

जो हरि आगे बाजित्र बजावै । तीन लोक रजधानी पावै ॥
जो जन हरि को ध्यान करावै । गर्भ वास में कबहुँ न आवै ॥
जो हरि कौ नित करै सिँगार । ताकौ पूर्न है अंगीकार ॥
जो ठाकुर को द्रपन दिखावै । चंद सुरुज ताकौ सिर नावै ॥ ४ ॥

जो हरि के आगे बाजा बजाता है, वह तीनों लोकों की राजधानी पा जाता है। जो हरि का ध्यान करता है, वह फिर कभी गर्भ में नहीं आता। वह मुक्त हो जाता है। उसका पुनर्जन्म नहीं होता। जो हरि का श्रृंगार करता है, प्रभु उसे पूर्ण रूप से अपना स्वीकार कर लेते हैं। जो ठाकुर जी को दर्पण दिखलाता है, चंद्रमा और सूर्य भी उसके सामने सिर झुकाते हैं॥ ४॥

जो ठाकुर कौं तुलसी धरावै । ताकी महिमा कहत न आवै ॥
ठाकुर कौ कीर्तन जु सुनावै । ताकौ ठाकुर निकट बुलावैं ॥
हरि मन्दिर मैं दीपक करै । अंधकुप मैं कबहुँ न परै ॥
जो ठाकुर की सेज बिछावै । निज पदवी लहि दास कहावै ॥ ५ ॥

जो ठाकुर जी का तुलसी के पत्ते चढ़ाता है, उसकी महिमा तो कही ही नहीं जा सकती। जो ठाकुर के सामने कीर्तन करता है, उसे ठाकुर अपने निकट बुला लेते हैं—उसे सामीप्य मुक्ति मिल जाती है। जो हरि के मंदिर में दीपक जलाता है, वह कभी भी अंधकूप में नहीं गिरता। जो ठाकुर जी की सेज लगाता है, वह भगवान से सेवक की पदवी पा लेता है, खास खवास हो जाता है और प्रभु का दास कहलाने लगता है॥ ५॥

जो ठाकुर की पलना झुलावै। बैकुंठ-सुख अपने घर ल्यावै॥
जो ठाकुर कौं झुलावै डोल। नित लीला मैं करैं कलौल॥
उत्सव करि मन आरती करै। ताके अधीन रहैं श्री हरै॥
जो ठाकुर को भोग धरावै। वह तो नित परमानँद पावै॥ ६॥

जो भगवान को पालना झुलाते हैं, बैकुंठ का सुख अपने आप उनके घर आ जाता है। जो ठाकुर को डोल (हिंडोल) झुलाते हैं, वे भगवान की नित्य लीला में क्रीड़ा करने लगते हैं। जो उत्सव करके, मन लगा करके, हरि की आरती करते हैं, हरि उसके अधीन हो जाते हैं। जो ठाकुर जी को भोग लगाते हैं, वे नित्य परमानंद पाते हैं॥ ६॥

जो पद दीन्ह जसोदा मात। ता सुख की कछु कही न बात॥
ग्वालन सहित गोपाल जिमावै। सो ठाकुर को सखा कहावै॥
जो ठाकुर कौं स्वाद करावै। सो ताको फल तबही पावै॥
गोकुल गोवर्धन-लीला गावै। चरन कमल कौं तब ही पावै॥ ७॥

ठाकुर जी ने यशोदा को जो माता का पद दे दिया, उस सुख की बात तो कुछ कहते ही नहीं बनती। जो गोपाल के साथ-साथ ग्वाल बालों को भी खिलाता है, वह ठाकुर जी का सखा कहलाता है। जो ठाकुर जी को तरह-तरह की चीजों को चखाता है, वह उसका फल तुरंत पा जाता है। जो प्रभु की गोकुल और गोवर्धन लीला गाता है, वह तत्काल प्रभु के चरण-कमलों को प्राप्त कर लेता है॥ ७॥

श्री जमुना-जल करै जो पान। ठाकुर के सो रहे निधान॥
जहँ वैष्णव की मंडली होवै। ताकी संगति नित-प्रति जोवै॥
श्री भगवत सुनै आनँद करि। ताके हिरदै बसैं नित्य हरि॥
जो ठाकुर कौ देह समरपै। उत्तम सृष्टि जानि कैं अरपै॥ ८॥

जो जमुना-जल का आचमन करता है, वह ठाकुर जी के वास-स्थान में जा रहता है। जहाँ वैष्णवों की मंडली हो, उसकी संगति नित्य करनी चाहिए। जो आनंदपूर्वक श्रीमद्भागवत सुनता है, उसके हृदय में भगवान नित्य बसते हैं। जो ठाकुर को अपना शरीर समर्पित कर देता है, और अपने को उनकी उत्तम सृष्टि मानकर स्वयं को उन्हें अर्पित कर देता है, (उसका क्या कहना?)॥ ८॥

जिन हरि की गागरि भरि आनी। तिन बैकुंठ अपनी थिति ठानी॥
जो ठाकुर कौ मंदिर लेपै। माया ताकौं कबहुँ न लेपै॥
जो ठाकुर कौं सीधो बीनौ। जितने तीरथ, तितने कीनै॥
जो ठाकुर की माला पोवै। सोई परम भक्त नित होवै॥ ९॥

जो हरि के लिए मिट्टी के घड़े में पानी भर लाते हैं, उन्होंने बैकुंठ में अपनी स्थिति सुनिश्चित करा ली। जो ठाकुर के मंदिर को लीपते-पोतते हैं, माया उन्हें कभी भी नहीं लेपती, व्याप्त नहीं होती। जो ठाकुर जी के लिए प्रस्तुत सीधा (भोजन की अन्न की सामग्री आटा, चावल, दाल आदि) बीनते हैं, चावल दाल में से कंकड़, पत्थर, मिट्टी आदि बीन बीनकर निकाल कर बाहर फेंकते हैं, उन्होंने जितने तीर्थ है, उतने सभी तीर्थ कर लिए

जो ठाकुर जी को पहनाने के लिए फूलों की माला गूँथता है, वही उनका सदा परम भक्त बना रहता है ॥ ९ ॥

जो ठाकुर कौं चंदन लावै । त्रिविध ताप संताप मिटावै ॥
जो ठाकुर के पात्रन धोवै । सदा सर्वदा निर्मल होवै ॥
जो हरि कीर्तन मुख सौं करै । मुक्ति चारि ताके पाँयन परै ॥
सेवा में जे आलस करैं । कूकुर ह्वै कै, फिर-फिर मरै ॥ १० ॥

जो ठाकुर जी को चंदन लगाता है, वह अपने दैहिक, भौतिक, दैविक तीनों तापों के संताप को मिटा देता है। जो ठाकुर जी के पाँव धोता है, वह सदा सर्वदा निर्मल मन बना रहता है। जो नित्य हरि-कीर्तन करता रहता है, चारो मुक्ति—सालोक्य, सामीप्य, सारूप्य, सायुज्य उसके पैरों पड़ती हैं। जो ठाकुर-सेवा में आलस्य करता है, वह कुत्ता होकर, घूमता-फिरता है, मर जाता है ॥ १० ॥

मनसा जो सेवा आचरै । तब ही सेवा पूरी परै ॥
सेवा कौ आसरौ करि रहै । दुख-सुख बचन सबहिं को सहै ॥
जो सेवा में आलस लावै । सो जड़ जनम प्रेत कौ पावै ॥
वेद पुरानन में यों भाख्यौ । सेवा-रस ब्रज-बीथिन चाख्यौ ॥ ११ ॥

जब मानसिक सेवा मन लगाकर की जाती है, तभी वह पूरी होती है। प्रभु-सेवा का आसरा करते रहना चाहिए और दुख हो या सुख, हर हालत में सबके वचन सहता रहे। जो प्रभु-सेवा में आलस्य करता है, वह मूर्ख प्रेत-योनि में जन्म पाता है। वेद पुराणों में इस प्रकार कहा गया है। सेवा का रस तो व्रज की गलियों में ही चखने को मिलता है ॥ ११ ॥

सेवा की है अदभुत रीत । श्री विट्ठलनाथ सौं राखै प्रीत ॥
श्री आचार्य प्रभु प्रगट बनाई । कृपा भई तब मन मैं आई ॥
सेवा कौ फल कह्यौ न जाई । मुख सुमिरै श्री बल्लभराई ॥
सेवा को फल सेवा जावै । 'सूरदास' प्रभु ह्दै समावै ॥ १२ ॥

सेवा की रीति अद्‌भुत है ठाकुर के सेवक को पुष्टिमार्ग में सेवा की पद्धति प्रचलित करनेवाले गोसाईं विट्ठलनाथ के प्रति प्रीति बनाए रखनी चाहिए। महाप्रभु वल्लभाचार्य ने 'सेवा फल' की रचना संस्कृत में की है। उनकी कृपा हुई, तभी मेरे मन में आया कि मैं भाषा में अपना 'सेवा फल' प्रस्तुत कर दूँ। सेवा का फल कुछ कहते नहीं बनता। मुख से सदा गोसाईं गोकुलनाथ वल्लभ को स्मरण करते रहना चाहिए। सेवा का फल सेवा ही है। ठाकुर की सेवा करनेवाले के हृदय में ठाकुर जी सदा समाए रहते हैं ॥ १२ ॥

१७. सूर साठी

३०४८ राग बिलावल

कृष्ण सुमिरि तन पावन कीजै । जौ लौं जग, सुपना सौं जीजै ॥
अवधि उसास गिनैं सब तेरे । सो बीतत, भय, आव न नेरे ॥
जो यह सपनो मनहि बिचारे । कबहुँ न जनम विषय-लगि हारे ॥

गहै विवेक-बीज लै बोवै । कबहुँ न जठर-अग्नि में सोवै ॥
बार-बार तोकों समुझावैं । जो छिन जाय, सो बहुरि न आवै ॥ ५ ॥

कृष्ण का सुमिरन करके अपना शरीर पवित्र कर लो। जब तक संसार में हो, स्वप्न में जीने के समान जीते रहो। लोग तेरे जीवन की अंतिम साँस गिन रहे हैं। इस अंतमि साँस के बीत जाने पर, प्राणांत हो जाने पर, वे डर के मारे तेरे शव के पास तक नहीं आते। जो इस संसार को मन में स्वप्न-तुल्य समझ लेता है, वह कभी की अपना जीवन विषयों में नहीं नष्ट करता। जो विवेक रूपी बीज को लेकर बोते हैं, विवेकी हैं, वे माँ के गर्भ की आग कभी नहीं सहते। उनका पुनर्जन्म नहीं होता। मैं तुझे बार-बार समझाए दे रहा हूँ। जो दिन बीतते जा रहे हैं, वे पुनः लौटकर आनेवाले नहीं हैं ॥ ५ ॥

ठगिनी विषय ठगौरी लाई । घटिका घटत छिनहि छिन जाई ॥
गिनतहि गिनत अवधि नियरानी । छांड़ि चल्यो निधि भई बिरानी ॥
होत कहा अबके पछताने । तरुवर पत्र न मिले पुराने ॥
पवन उड़े सो बहुरि न आवे । कर्ता और अनेक बनावे ॥
जल-थल पसु पंछी सु करे कृमि । मानुष तन पायो सब जुग भ्रमि ॥ १० ॥

माया रूपी ठगिनी ने विषय-वासना की ठगौरी लगा दी है। जीवन की घड़ी क्षण-क्षण पर घटती जा रही है। साँस गिनते-गिनते ही अंतमि घड़ी आ गई। जो कुछ निधि—माल, खजाना—जीवन भर में कमाया था, उसे छोड़कर चल बसे और यह सब धन दूसरों का हो गया। अब पछताने से क्या होता है। पेड़ का जो पत्ता पुराना होकर झड़ गया, वह फिर अपनी डाल से नहीं जा मिलता। वायु का जो झोंका निकल गया, वह फिरकर फिर वापस नहीं आता। करतार और अनेक रूप दे देता है। वह भी उसे तद्रूप नहीं प्रस्तुत करता। वह जलचर, थलचर, पशु, पंछी, कीड़ा-मकोड़ा बना देता है। मानव-योनि तो अनेक युगों तक विभिन्न योनियों में भ्रमण करने के उपरांत प्राप्त होती है ॥ १० ॥

सो तन खोवे, रति वित्त मनि । कांच गह्यो, बिसरी चिंतामनि ॥
कबहूँ नीके नाथ न गायो । एकै मन दसहू दिसि धायो ॥
मन ही मन माया अवगाहत । नायक भयो तिंही पुर चाहत ॥
स्वर्ग रसातल भुवि रजधानी । तऊ तृपत न भयो अभिमानी ॥
ऐसहि करत अवधि सब बीती । गह्यौ न ज्ञान, रह्यौ यह रीती ॥ १५ ॥

इतनी कठिनाई से प्राप्त मानव तन को तू मन में धन-दौलत से प्रेम करके खोए दे रहा है। तू चिंतामणि (मनोकामनाओं को पूर्ण करने वाले हरि रूपी मणि) को भुलाकर, कांच पकड़ बैठा है।

तूने कभी भी भगवान का गुणानुवाद नहीं किया। मन तो एक ही है, इसे भगवान में लगाना चाहिए था, पर तेरा यह मन दसों दिशाओं में दौड़ता फिरा है। तू मन ही मन माया में डुबकी लगाता रहा और तीनों लोकों का स्वामी बनना चाहता रहा। आकाश, पाताल, मर्त्यलोक की राजधानी तुझे मिल गई, पर हे अभिमानी, तब भी तुझे तृप्ति नहीं मिली। ऐसे

ही माया-मोह में लिपटे लिपटे सारा जीवन बीत गया। तुझे ज्ञान नहीं हुआ और तू रीता का रीता रह गया। सदा खाली बना रहा, कभी भरा नहीं॥ १५॥

कबहुँ सजन मिलि करत बड़ाई। कबहुँक ललना ललित लजाई॥
कबहुँक हय हाथी रथ आसन। कबहुँक पलका सुखद सुवासन॥
कबहुँक चँवर छत्र सिर ढारे। कबहुँक सुभट पसुन चढ़ि मारे॥
कबहुँक तोरन छत्र बनावे। कबहूँ मद गज जूथ लरावे॥
जोबन द्वार दूति सब ठाढ़ी। त्यों त्यों तृष्णा सतगुन बाढ़ी॥ २०॥

कभी अपने प्रियजनों से मिलकर अपनी बड़ाई करता रहा; कभी किसी लज्जावती ललित ललना में अनुरक्त रहा; कभी हाथी, घोड़ा, रथ, सिंहासन में और कभी पालकी और सुखद वस्त्रों में मन लगाए रहा। कभी सिर पर राजछत्र लगाए हुए चँवर ढलवाता रहा (पंखा चलवाकर हवा लेता रहा); कभी वीरों के साथ घोड़े पर चढ़कर आखेट करके (निरीह पशुओं को) मारता रहा। कभी तोरण (फाटक) और छतरी बनवाता रहा। कभी मतवाले हाथियों को लड़वाता रहा। तेरे यौवन के द्वार पर बहुत-सी दूतियाँ खड़ी रहती हैं और तेरी तृष्णा सौगुनी बढ़ती जाती है॥ २०॥

दिव्य वसन फल फूल सुवासी। नव जोबन अबला सुखरासी॥
द्वार कपाट सहस एक लागे। सुभट पहरुवा चहुँ दिसि जागे॥
रमनी रमत न रजनी जानी। माया मदहि पियो अभिमानी॥
सुत बित बनिता हेत लगायो। तब चेत्यो, जब काल चेतायो॥
झूठो नाटक, संग न साथी। नौबत द्वार रु हय गज हाथी॥ २५॥

बढ़िया बढ़िया कपड़ों, फल, फूलों, सुगंध, सुख की राशि नवयौवना नारियों में तू डूबा रहा। दरवाजों में लगे हुए हजारों किवाड़ों, चारों ओर जगकर पहरा देते हुए योद्धाओं में तू गर्व का अनुभव करता रहा। रमणी के साथ विहार करने में सहज ही रात का बीत जाना, तूने नहीं जाना। अभिमान में आकर माया की मदिरा पीता रहा। बेटा-वेटी, धन और नारी से प्रेम करता रहा। तू अब चेता है, जब मौत ने आकर तुझे सचेत किया है। यह सब झूठा नाटक है। यहाँ न कोई संगी है, न साथी। दरवाजे पर नौबत बज रही है और हाथी घोड़े बँधे हुए हैं। यह सब झूठ ही है॥ २५॥

भूप छिनक में भयो भिखारी। क्यों हृद सूल न सहे बिकारी॥
भयो अनाथ, सनाथ न बाँध्यो। त्रियक सूर सर सन्मुख साध्यो॥
मनुष देह धरि अधम कमायो। ते तिरछे दुख दारुन पायो॥
जिहिँ तन काज जीव-वध कीने। रसना-रस अमि षट-रस लीने॥
सो तन छुटत, प्रेत करि डार्‍यो। प्रेत-प्रेत कहि नगर निकार्‍यौ॥ ३०॥

राजा क्षण भर में भिखारी बन गया है। वह विकार-युक्त दोषी अपने हृदय में शूल क्यों न सहे? वह अनाथ हो गया। उसने अपने को नाथ से नहीं बाँधा। प्रभु से अपने को अलग बनाए रहा। तिर्यक योनि (कीट, पतंग आदि की योनि) रूपी शूर ने सामने से शर-

संधान किया। मनुष्य शरीर पाकर अधर्म ही किया, धर्म नहीं किया। फलतः तिर्यक योनि में पड़कर दारुण दुख उठाता रहा। जिस शरीर के लिए, जीभ के स्वाद के लिए, हिरण आदि जीवों का वध किया, रसना (जीभ) के रस के लिए छहो रसों का आस्वाद लिया। वही शरीर, प्राणांत होते ही, प्रेत कहकर भूमि पर फेंक दिया गया और प्रेत प्रेत कहकर नगर से बाहर कर दिया गया॥ ३०॥

हिंसा करि पालन करि जाकी। विष्टा-करम भस्म भइ ताकी॥
भोग अष्ट अरु बीस भयानक। हरि-पद-बिमुख बिषय-रस पावक॥
जागि जागि रे ह्यां को तेरो। माया सुपन कहत सब मेरो॥
कृष्न बिना तोहि कौन छुड़ावै। सो करुणामय विरद भुलावै॥
आन देव को नहीं भरोसो। बातन षटरस लाख परोसो॥ ३५॥

हिंसा करके जिस शरीर का पालन-पोषण किया गया था, विष्ठा (पेट) भरने के कारण उसी देह की भस्म बन गई। शव जलकर क्षार हो गया। आठ और बीस कुल अट्ठाईस प्रकार के भोग अत्यंत भयानक हैं। हरि के पद से विमुख होजाने पर विषयों का रस अग्नि के समान जला देता है। जाग जा, जाग जा, सचेत हो जा। यहाँ तेरा अपना कौन बैठा है? माया (वैभव) सब स्वप्नवत है। तू इसको अपनी कहता है। कृष्ण के बिना तुझे कौन छुड़ा सकता है? प्रभु का विरद करुणामय है। तूने प्रभु के इस विरद को भुला दिया है। किसी दूसरे देवता का भरोसा नहीं किया जा सकता। वे बात से ही लाख बार षट-रस परोस सकते हैं, एक बार षट-रस दे नहीं सकते॥ ३५॥

जीवन गयो तृषित की नाईं। मृग-तृष्णा कबहूँ न अघाई॥
ऐसे आन देव सुखदायक। हरि बिनु कौन छुड़ावन लायक॥
धर्मराज कहि, सुनि, कृत-हारी। तू विषयन-रत, सुरति बिसारी॥
गर्भ आनि रक्षा जिहिँ कीनी। संकट मेटि अभयता दीनी॥
हस्त चरन लोचन नासा मुख। रुचिर बूंद ते लइ ऐसो सुख॥ ४०॥

सारा जीवन प्यास में ही बीत गया। मृग-तृष्णा के जल से प्यास नहीं बुझ सकती। दूसरे देवता ऊपर ऊपर से ऐसे ही सुख देनेवाले हैं। हरि के बिना बंधन से मुक्त करनेवाला कोई नहीं है। धर्मराज (यमराज) कहते हैं—अरे अपने ही कर्मों से हारे हुए, तू विषयों में रत रहा, और प्रभु की याद तू भुला बैठा। जब तू माता के गर्भ में था, तब जिस प्रभु ने तेरी रक्षा की थी, तेरे संकट को मिटाकर जिसने तुझे निर्भय बनाया, तू तो पिता के वीर्य की एक बूँद मात्र था, उस बूँद को जिसने हाथ, पैर, आँख, नासिका, मुख में बदल कर तुझे ऐसा सुख दिया, जैसा सुख तूने स्वप्न में भी नहीं जाना था॥ ४०॥

जो सुख तू सपने नहिँ जान्यौ। प्राननाथ कहि निकट न आन्यौ॥
कित ये सूल सहे अपराधी। निगम सीख एकौ नहिँ साधी॥
कोटिन बार मनुष तन पायौ। हरि-पथ छोड़ि, अपथ को धायौ॥
समय गए, असमय पछितैये। मानुष-जनम बहुरि नहिँ पैये॥
सूझत स्वामी, पीठ दे आगे। पुनि पुरुषारथ काहे लागे॥ ४५॥

उस प्रभु को प्राणनाथ कहकर तू उनको अपने निकट नहीं लाया। अरे अपराधी, तूने ये शूल (कष्ट, पीड़ा) क्यों सहे? तूने वेद की एक भी सीख नहीं मानी। तूने करोड़ों बार मनुष्य का तन पाया होगा, पर तू हमेशा हरि तक पहुँचाने वाले पथ को छोड़कर कुपंथ पर ही दौड़ता रहा। जब समय बीत जायगा, तब उस कुसमय में तू पछताएगा। तू फिर मानव-तन नहीं पाने वाला है। पहले तो तूने प्रभु की ओर पीठ दे रखी थी, प्रभु से विमुख था। अब तुझे सूझ रहा है। अब पुरुषार्थ करने से क्या होने वाला है?॥ ४५॥

पारस पाइ जलधि में बोरे। पुनि गुन सुनत कपारहि फोरे॥
चिंतामणि कौड़ी लगि दीनी। सुनि परिमित करुना अति कीनी॥
पाइ कल्पतरु मूल खनावै। सो तरु पुनि कैसे सो पावै॥
मधु भाजन पूरन बिधि दीनो। सोहू छाँड़ि हलाहल कीनो॥
कामधेनु तजि अजहि बिसाहे। गज-बल छांड़ि स्याल-बल चाहे॥५०॥

तूने पारस पाया था, पर उसका गुण नहीं जाना और (भव) सागर में उसे फेंक दिया। फिर जब सुना कि पारस तो लोहे को छूकर सोना बना देता है, तब तू पछता कर अपना सिर पीटे ले रहा है। तुझे चिंतामणि मिली थी, पर तूने अज्ञानवश उसे कौड़ी के मोल बेच दिया, पर उसकी परिमिति (मर्यादा, गुण) को सुनकर अब करुणा करके रोए जा रहा है। तुझे कल्पतरु दिया गया था, पर तूने उसकी जड़ ही खोदकर फेंक दी, अब तू उस कल्पवृक्ष को फिर कैसे पा सकता है। तुझे प्रभु ने मधु से भरा पात्र दिया था, पर तूने उस मधु को छोड़कर उसे विष में बदल दिया। तूने कामधेनु छोड़कर बकरी खरीद ली। हाथी का बल (सेना) छोड़कर गीदड़ के बल (सेना) को पसंद किया॥ ५०॥

यह नर-देह स्याम-बिनु खोई। कपि कौतुक लौं बांधि बिगोई॥
काहे न करम कियो तू ऐसो। सुक सन सनक सनंदन जैसो॥
सुर नर मुनि रु असुर पुनि देवक। हरि-पद भजि सब तेरे सेवक॥
परदक्षिणा दे सीस नवावे। मनसिज तोइ न परसन पावे॥
जाको भजत ऐसे सुख पैये। सुनि सठ सो कैसे बिसरैये॥५५॥

तूने यह मानव शरीर, बिना हरि भजन के, व्यर्थ ही नष्ट कर दिया। बंदर ने सँकरे मुँह वाली अन्न से भरी मेटी में हाथ डालकर मुट्ठी में अनाज भर लिया। अब उसके लिए अनाज भरी मुट्ठी निकाल पाना मुश्किल हो गया। उसी तरह तुमने माया से अपनी मुट्ठी बाँधकर अपने को चौपट कर दिया है। तूने वैसा कर्म क्यों नहीं किया, जैसा कर्म शुकदेव, सनक, सनंदन, सनातन और सनत्कुमार ने किया। तू हरि का पद भज, फिर देख। सुर, नर, मुनि, असुर और अन्य सारे देवता तेरे सेवक हो जाते हैं कि नहीं। तू प्रभु की प्रदक्षिणा करके उनको अपना सिर झुका, फिर देख कामदेव तेरी छाया भी न छू सकेगा। जिस प्रभु का भजन करने से ऐसा सुख मिलता है, मूर्ख तूने उस प्रभु को कैसे बिसरा दिया है॥ ५५॥

अगवनि पतित नाम बिस्तारी। जनम करम संताप निवारी॥
निरभय होइ भक्ति-निधि पाई। कबहूँ काल-ब्याल नहिँ खाई॥
सर्वसु जीवन कृष्ण नाम पद। भव-जल व्याधि, उपाधि परम पद॥

श्री भगवान परम हितकारी। द्वारे रटत हरि 'सूर' भिखारी॥
परम पतित सरनाई लीजै। पद-रज-दान अभयता दीजै॥ ६०॥

आगे भूत-काल में प्रभु के नाम ने अनेक पतितों का उद्धार कर दिया है। और उनके जन्म और कर्म के संताप को दूर कर दिया है। भक्ति की निधि पाकर निर्भय हो जा। फिर तुझे मृत्यु रूपी सर्प कभी नहीं डसेगा। कृष्ण का नाम और उनके चरण ही जीवन का सर्वस्व हैं। भव-सागर की व्याधि (रोग) और उपाधि (उपदेश) को शांत करने के लिए हरि नाम ही परम-पद है। भगवान सबका पूर्ण कल्याण करने वाले हैं। हे परम प्रभु, मैं भिखारी, सूर तुम्हारे द्वार पर खड़ा रट रहा हूँ। मैं परम पतित हूँ। मुझे अपनी शरण में ले लीजिए। अपने चरण-कमल की धूल देकर मुझे निर्भय बना दीजिए॥ ६०॥

१८. अष्टपदी वनयात्रा

३०४९ राग बिलावल

यह व्रज, रज मेरे मन भाए जू।
श्री जमुना विश्रांत न्हाय कै, नीके नेम लिवाए जू।
मथुरा देवी दर्सन करिकै, महा प्रभू दरसाए जू।
मधुवन, ताल, कुमुद, बहुला वन, सांतन कुंड में न्हाए जू॥ १॥

[व्रज मंडल में कुल बारह वन हैं—

१. मधुवन, २. ताल वन, ३. कुमुद वन, ४. बहुला वन, ५. काम वन, ६. खदिर वन, ७. वृंदावन, ८. भद्र वन, ९. भांडीर वन, १०. बेल वन, ११. लोह वन, १२. महा वन।

यहाँ कुल २४ उपवन हैं—

१. गोकुल, २. गोवर्धन, ३. बरसाना, ४. नंदगाँव, ५. संकेत, ६. परमार्द्र, ७. अडीग, ८. शेषसाई, ९. माट, १०. ऊँचगाँव, ११. खेल वन, १२. श्रीकुंड, १३. गंधर्व वन, १४. परासौली, १५. बिलछू, १६. वच्छवन, १७. आदि बदरी, १८. करहला, १९. अजनोख, २०. पिसला, २१. कोकिला वन, २२. दधि गाँव, २३. कोट वन, २४. रावल।

इस 'अष्टपदी वनयात्रा' में इन्हीं का उल्लेख यात्रा क्रम से हुआ है।]

यह व्रज की रज मेरे मन को बहुत अच्छी लगती है। पहले मथुरा में विश्रांत घाट पर यमुना में स्नान करके यात्रा का नेम (संकल्प) लें। फिर मथुरा देवी एवं महाप्रभु वल्लभाचार्य का दर्शन करें। फिर मधुवन, ताल वन, कुमुद वन, बहुलावन होते हुए सांतन कुंड में स्नान करें॥ १॥

राधा कुंड औ कृष्ण कुंड की महिमा बरनि न जाए जू।
गोबरधन की दै परिकरमा, मानसि गंगा न्हाए जू।
परमदरा आदि बद्रीवन, सांकरी खोर में न्हाए जू।
कामा काम कामना पूरन, यह वन अति सुखदाई जू॥ २॥

राधा कुंड और कृष्ण कुंड की महिमा का वर्णन नहीं किया जा सकता। फिर गोवर्धन की परिक्रमा करके मानसी गंगा में स्नान करें। फिर परमदरा (परमार्द्र) आदि बद्री वन और साँकरी खोर में स्नान करें। कामना पूर्ण करनेवाला काम वन अत्यंत सुखदायक है॥ २॥

बरसाने बसि नंद ग्राम पै, कोकिला दहिने लाई जू ।
बट संकेत वृंदावन बसि कै, लीने चरन पुजाई जू ।
सेसनाग छाया हरि दर्सन, जहँ पौढ़े जदुराई जू ।
खेलन वन औ चीर घाट पै, नंद घाट दरसाई जू ॥ ३ ॥

बरसाना में बस कर (एक रात रहकर), नंद ग्राम पहुँचे। यहाँ से कोकिला वन दाहिनी ओर पड़ता है। फिर संकेत वन होते हुए वृंदावन में रात बिताएँ और चरण-पादुका का पूजन करें। फिर शेषनाग की छाया में हरि का दर्शन करें, जहाँ यदुनाथ लेटे हुए हैं। फिर खेलन वन होते हुए चीर घाट पहुँचें। यहाँ से नंद घाट दीख पड़ता है॥ ३ ॥

बलभद्र भांडीर सकल तन, मानसरोवर न्हाई जू ।
करि बिसराम लोह बन बसि के, बलदाऊ परसाई जू ।
गोकुल और महावन महिमा, सारद पार न पाई जू ।
यह व्रज धनि मथुरा वृंदावन, धन्य जसोदा माई जू ॥ ४ ॥

फिर बलभद्र, भांडीर वन होते हुए, मानसरोवर में स्नान करें। फिर लोह वन में एक रात बसकर विश्राम करें। तदनंतर बलदाऊ का दर्शन पर्सन करें। फिर उस गोकुल और महावन में पहुँचे जिनकी महिमा का वर्णन शारदा भी नहीं कर सकतीं। यह व्रज धन्य है, मथुरा वृंदावन धन्य है, यशोदा मैया धन्य है॥ ४ ॥

जिनकी महिमा को कहि बरनै, प्रगटे कुँवर कन्हाई जू ।
बारह वन चौबिस उपवन की, लीला गाइ सुनाई जू ।
'सूरदास' भगवंत भरोसे, नित चरनन में लाई जू ॥ ५ ॥

यहीं गोकुल में कुँवर कन्हैया प्रकट हुए थे, जिनकी महिमा का वर्णन कोई नहीं कर सकता। सूरदास ने व्रज के बारह वनों और चौबीस उपवनों की लीला गाकर सुना दी। वे प्रभु के चरणों में नित्य लौ लगाकर भगवंत के भरोसे पड़े हुए हैं॥ ५ ॥

१९. विनय पदावली

१. मंगलाचरण

१ राग बिलावल

चरन-कमल बंदौ हरि राइ ।
जाकी कृपा पंगु गिरि लंघै, अंधे को सब कछु दरसाइ ।
बहिरो सुनै, गूँग पुनि बोलै, रंक चलै सिर छत्र धराइ ।
'सूरदास' स्वामी करुनामय, बार-बार बंदौं तिहिं पाइ ॥

—सूर सारावली का मंगलाचरण

मैं उन हरि राय के चरण कमलों की वंदना करता हूँ, जिनकी कृपा से पंगु भी पहाड़ लाँघ जाता है, अंधे को भी सब कुछ दिखाई देने लगता है, बहरा सुनने लगता है, गूँगा बोलने लगता है, रंक भी अपने सिर पर राज-छत्र धारण करके चलता है। प्रभु परम करुणामय हैं। मैं उनके चरण-कमलों की बारंबार वंदना करता हूँ।

२ राग कान्हरौ

अविगत गति कछु कहत न आवै ।
ज्यों गूँगे मीठे फल को रस, अंतरगत ही भावै ।
परम स्वाद सबही सु निरंतर, अमित तोष उपजावै ।
मन बानी को अगम अगोचर, सो जानै जो पावै ।
रूप रेख, गुन जाति जुगति बिनु, निरालंब कित धावै ।
यहै बिचार हिये 'सूरज' प्रभु, सगुण लीला पद गावै ॥

—ल ७६५/१६६

जो प्रभु अविगत है, जिसे जाना नहीं जा सकता, जो अज्ञेय हैं, जिस तक पहुँचा नहीं जा सकता, उसकी गति, उसका रूप-रंग, उसका गुण-अवगुण कुछ कैसे कहा जा सकता है। गूँगा कोई बहुत मधुर फल खा ले, वह उसकी मधुरता की सराहना मन में भले कर ले, पर वह उसे शब्दों में, जिह्वा के द्वारा, वर्णन नहीं कर सकता। उसी प्रकार का स्वाद परम ब्रह्म का है। निर्गुण, निराकार, निरंकार ब्रह्म का है। भक्त को उस ब्रह्मांड से अत्यंत संतोष हो सकता है। पर मन वहाँ तक पहुँच नहीं सकता, इंद्रियाँ वहाँ तक पहुँच नहीं सकतीं, वाणी उसे कह नहीं सकती। जिसने उस निर्गुण ब्रह्म का आनंद पा लिया है, वही उसे जान सकता है। वह निर्गुण ब्रह्म तो रूप-हीन है, रेखा-हीन है, गुण-हीन है, जाति-हीन है, युक्ति-हीन है। उसको पकड़ पाने का कोई सहारा नहीं है। वह सब प्रकार से पकड़ से बाहर है। ऐसी स्थिति में निराधार होकर मन केवल दौड़ सकता है, कहीं ठहर नहीं सकता। अपने मन में ऐसा विचार कर सूरजदास सगुण कृष्ण के चरणों कमलों और उनकी लीलाओं के गुण गाता हैं। प्रभु के पद पकड़ में आ सकते हैं, उनकी लीलाएँ समझ में आ सकती हैं। इसलिए सगुण लीला को विष्णुपदों में गाकर 'सूर' अपना जीवन सफल कर लेना चाहते हैं।

श्री मद्भागवत महिमा

३/ल ४३ राग धनाश्री

बादिहि जनम गयो सिराय ।
ना हरि भजन, न गुरु की सेवा, मधुबन बस्यो न जाय ।
श्री भागवत श्रवण नहिं कीन्हो, कबहूँ रुचि उपजाय ।
सादर ह्वै हरि के भक्तन के, कबहुँ न धोए पाय ।
रिझए नहिं कबहूँ गिरिवर धर, बिमल-बिमल जस गाय ।
प्रेम सहित पग बांधि घूँघुरू, सक्यो न अंग नचाय ।
अबकी बार मनुष्य देह धरि, कियो न कछू उपाय ।
भव-सागर पद-अंबुज नौका, 'सूरै' लेहु चढ़ाय ॥

मेरा यह जन्म व्यर्थ ही बीत गया। न मैंने हरि का भजन किया, न गुरु की सेवा की; न मधुबन में जाके बसा ही; न तो मन लगाकर कभी श्रीमद्भागवत की कथा ही सुनी; कभी आदरपूर्वक भगवान के भक्तों के पैर भी नहीं धोए; गिरिधर गोपाल को भी उनका

गुणानुवाद करके, उनका कीर्तन करके, कभी नहीं रिझाया; प्रेम के सहित पैरों में घुघुरू बाँधकर प्रभु के आगे अपने अंगों को नचा भी नहीं सका; इस बार मानव तन पाकर भी भव-सागर से पार उतर जाने का कोई उपाय नहीं किया। हे प्रभु, आपके चरण-कमल भव-सागर से पार उतारने की नौका है। कृपा कर इस नौका पर चढ़ाकर मुझे भी पार उतार दीजिए।

४/ल ९९ राग धनाश्री

इत-उत चितवत जनम गयो ।

इन माया तृष्णा के काजे, दुहुँ दृग अंध भयो ।
जन्म कष्ट ले मातु दुखित भइ, अति दुख प्राण सह्यो ।
वा त्रिभुवनपति बिसरि गए, त्यों सुमिरत क्यों न रह्यो ।
श्री भागवत सुन्यौ नहिँ कबहूँ, बीचहि भटकि मुयो ।
'सूरदास' कहै सब जग बूड़ेउ, युग-युग भक्त जियो ॥

इधर-उधर ताकते-झाँकते सारा जीवन व्यर्थ ही बीत गया। इस माया और तृष्णा के चक्कर में पड़कर मेरी दोनों आँखें—बाहरी आँखें और हृदय की भी—चली गईं, मैं दोनों प्रकार की आँखों से अंधा हो गया। मुझे जन्म देकर मेरी माता ने व्यर्थ ही प्रसव-पीड़ा का दुख सहा। और मैं भी लोभ मोह में पड़कर सारा जीवन दुःख ही सहता रह गया। मैं उन तीनों लोकों के स्वामी प्रभु को भूल बैठा। उनका सुमिरन क्यों नहीं करता रहा। मैंने श्रीमद्भागवत की कथा कभी भी नहीं सुनी। मैं जीवन के बीच रास्ते में ही भटक गया, पथ-भ्रष्ट हो गया। सारा संसार माया और तृष्णा के इसी चक्र (भँवर) में डूब गया। केवल भगवान के भक्त ही, इस चक्र से, इस चक्कर से, युग-युग तक जीते रहते हैं।

५/६५ राग धनाश्री

नर तैं जनम पाइ कह कीनो ?

उदर भर्‌यौ कूकर-सूकर लौं, प्रभु कौ नाम न लीनौ ।
श्री भागवत सुनी नहिँ स्त्रवननि, गुरु गोविंद नहिँ कीनौ ।
भाव-भक्ति कछु हृदय न उपजी, मन विषया मैं दीनौ ।
झूठौ सुख अपनौ करि जान्यौ, परस प्रिया कैं भीनौ ।
अघ कौ मेरु बढ़ाइ अधम तू, अंत भयौ बलहीनौ ।
लख चौरासी जोनि भरमि कै फिरि, वाहीं मन दीनौ ।
'सूरदास' भगवंत भजन बिनु, ज्यौं अंजलि-जल छीनौ ॥

अरे नर, तूने मनुष्य का जन्म पाकर भी उससे कौन-सा लाभ उठाया। बस तू कुत्ते और सूअर के समान अपना पेट भरने में लगा रहा। तूने कभी भी प्रभु का नाम नहीं लिया। तूने न तो कभी कानों से मन लगाकर श्रीमद्‌भागवत की कथा सुनीं, और न गुरु और गोविंद को पहचाना ही, तूने अपना मन विषयों में ही लगा रखा। तेरे हृदय में प्रभु के प्रति भक्ति-भाव नहीं उत्पन्न हुआ। तू अपनी प्रिया-पत्नी के कोमल स्पर्श के रस में सिक्त बना रहा और इस झूठे सुख को ही अपना परम सुख मानता रहा। रे अधम, तू ने अपने पाप

का पहाड़ ही खड़ा कर लिया है और अब एकदम शक्तिहीन हो गया है। तू चौरासी लाख योनियों में भटकता रहा है, और अब फिर उन्हीं योनियों में मन लगा रखा है। भगवान के भजन के बिना यह जीवन अँजुरी के जल के समान है, जो धीरे-धीरे कर रिसता जाता है और अंततः एकदम समाप्त हो जाता है।

गोसाईं गोकुलनाथ 'वल्लभ' की स्तुति

६/ग्र ५५८१, पुष्टि २११-२/? राग विहाग

मन रे तू भूल्यौ, जन्म गमावे ।
खबर न परी तोहि, सिर ऊपर काल सदा मँड़रावै ।
खान-पान अटक्यौ निसि-बासर, जिभ्या लाड़ लड़ावै ।
गृह सुख देख फिरत फूल्यो सो, सुपनें मन भटकावै ।
कै तूं छांड़ि जायगो इनको, कै तुहि यही छुड़ावैं ।
ज्यों तोता सेमर पर बैठ्यौ, हाथ कछू नहिँ आवै ।
मेरी तेरी करत बावरे, आयुष वृथा गमावे ।
हरिहि बिसारि बिषय-सुख के हित, विष्टा चित मन भावे ।
गिरिधर लाल सकल सुखदाता, सुन पुराण सब गावे ।
'सूरदास' वल्लभ उर अपने, चरण कमल चित लावे ॥

ऐ मेरे मन, तू भगवान को भूल गया, तू संसार के ही माया मोह में भूला रहा, तूने अपना सारा मानव-जीवन खो दिया। तुझे इस बात की जानकारी तक नहीं हो सकी कि तेरे सिर पर मौत हमेशा मँड़रा रही है. वह किसी भी समय झपट्टा मारकर तेरे प्राण लेकर चील की तरह उड़ जा सकती है। तू रात दिन खाने-पीने, पेट भरने, जीभ के स्वाद से प्यार करने में ही फँसा रहा। तू घर, बेटी-बेटों, पत्नी, धन-धान्य के सुख ही में फूला-फूला फिरता रहा। अरे यह सब तो सपने ही हैं और तू इन्हीं सपनों में भटकता रहा। तू सोता ही रह गया, तेरी आँख नहीं खुली। या तो मरते समय इन सबको तू यहीं छोड़ जायगा, या फिर तेरे जीवनकाल में ही ये तुझे छोड़ जायँगे। जैसे सुग्गा सेमर के लाल-लाल पूलों और फलों की आशा में उसकी डाल पर बैठा रह जाता है, और सेमर के फल के पक कर फट जाने और उसकी सारी रुई उड़ जाने पर निराश हो उड़ जाता है, वैसे ही इस संसार से तेरे हाथ भी कुछ लगनेवाला नहीं है। अरे पगले 'यह मेरी है, यह तेरी है' कहता हुआ ही तू अपनी आयु व्यर्थ गँवाए दे रहा है। 'मैं अरु मोर, तोर तैं माया' इसी में पड़ा हुआ है। तूने विषय-सुख के लिए, इंद्रियों के आनंद के लिए, हरि को भुला दिया है। यह संसार मल है, मल। तेरे चित्त में यह मल ही अच्छा लगता है? गिरिधरलाल (प्रभु) सभी सुखों के देनेवाले हैं, सारे पुराण यही बात कहते हैं। तू अपने गुरु गोसाईं गोकुलनाथ 'वल्लभ' के चरण-कमलों को अपने उर में धारण कर। इन्हीं चरण-कमलों में चित्त लगा।

७/ग्र ५५८७, पुष्टि २८७/२६, राग विहाग

श्री वल्लभ भले बुरे, तो तेरे ।
तुमहिँ हमारी लाज बड़ाई, बिनती सुनो प्रभु मेरे ।

अन्य देव सब रंक भिखारी, देखे बहुत घनेरे ।
हरि प्रताप बल गिनत न काहू, निडर भए सब चेरे ।
सब तजि तुव सरणागति आए, दृढ़ करि चरण गहे रे ।
'सूरदास' प्रभु तुम्हरे मिते तें, पाए सुख जु घनेरे ॥

हे गोसाईं गोकुलनाथ 'वल्लभ', हे गुरुदेव, मैं भला हूँ या बुरा—जो कुछ भी हूँ, तुम्हारा हूँ। हे प्रभु, मेरी विनती सुनो। तुम्हीं मेरी लाज बचानेवाले हो और तुम्हीं मुझे बड़ाई देनेवाले हो। तुम्हीं मेरी लाज और बड़ाई के रक्षक हो। अन्य सभी देवता तो रंक हैं, भिखारी हैं। मैंने सबको भलीभाँति देख-परख लिया है। तुम्हारे सभी सेवक हरि के प्रताप के बल से किसी अन्य देवी देवता को कुछ नहीं समझते। वे एकदम निर्भय हो गए हैं। उन्हें किसी का डर भय नहीं रह गया है। हे गुरुदेव, सबको छोड़कर तुम्हारे चरण की शरण में आ गया हूँ और तुम्हारे पैरों को कसकर पकड़ लिया है। तुम्हारे मिल जाने से मैंने घने सुख पा लिए हैं।

८/ग्र ५८७३, राग विहाग

भरोसो दृढ़ इन चरनन केरौ ।
श्री वल्लभ-नख-चंद्र-छटा-बिन, सब जग मैं जु अँधेरौ ।
साधन और नाहिं या कलि मैं, जासों होय निबेरौ ।
'सूर' कहा कहि द्विविध आँधरो, बिना मोल को चेरौ ॥

हे गुरुदेव, मुझे आपके इन चरण-कमलों का भारी भरोसा है। मेरे लिए गुरु वल्लभ (गोकुलनाथ गोसाईं) के चरणों के नख रूपी चंद्रमा की प्रकाश-छटा के बिना सब संसार में अँधेरा ही अँधेरा है। इस कलियुग में प्रभु के चरण-कमलों को छोड़ अन्य कोई साधन नहीं है, जिससे यह अंधकार दूर किया जा सके, जिससे इस अज्ञान रूपी अंधकार से निबटा जा सके। प्रभु मैं तो दोनों प्रकार से अंधा हूँ, न मेरी बाहरी आँखें खुली हैं, न भीतरी ही। मैं तो आपका बिना मोल का दास हूँ।

९/ल ८३ राग धनाश्री

रे बौरे, छाँड़ि बिषय को रचिबो ।
कत तू सुआ होत सेंबर को, अंत कपास न पचिबो ।
अनँग तरंग कनक कामिनि ज्यों, हाथ रहैगो पचिबो ।
तजि अभिमान कृष्ण कहि बौरे, न नरक ज्वाला तचिबो ।
सद्‌गुरु कहेउ कहो हौं तोसों, कृष्ण रतन धन सचिबो ।
'सूरदास' स्वामी सुमिरण बिनु, योगी कपि ज्यों नचिबो ॥

अरे मेरे बावरे मन, विषयों में अनुरक्त होना छोड़। विषयासक्त मत हो। तू सेमर के लाल फलों की आशा करनेवाला सुग्गा मत हो, अंत में तुझे कुछ मिलनेवाला नहीं है, रुई ही मिलेगी, वह भी फुर्र से उड़ जायगी। यदि वह कपास तूने खा भी लिय, तो वह तुझे पचेगा नहीं। तू चाहे अनंग की तरंग में बहे; चाहे कनक और कामिनी के चक्कर में पड़ा रहे, ए सभी तेरे शरीर को, तेरे सारे परिश्रम को, समान रूप से नष्ट करनेवाले हैं। अरे

बावले, घमंड छोड़, 'कृष्ण, कृष्ण' कह, नहीं तो नरक की आग में जलना होगा। मेरे सद्गुरु ने जैसा कहा है, जैसा मुझे बतलाया है, मैं तुझसे वैसा ही कह रहा हूँ—'कृष्ण रूपी रत्न को, धन को संचित करो।' भगवान के भजन बिना, योगियों और बानरों के समान तुझे नाचना ही पड़ेगा। नाचेगा तो पेट भरेगा, नहीं तो भूखा मरेगा।

(यहाँ भी योग का खंडन है।)

१०/ल ११० राग टोड़ी

अजहूँ सावधान करि होहि ।

माया बिषम भुजंगिनि को बिष, उतरेउ नाहिन तोहि ।
कृष्ण सु.मंत्र सुद्ध बन मूरी, जिनि यम मरत जिवायो ।
बार-बार श्रवणन नीकट होइ, गुरु-गारुड़ी सुनायो ।
जाग्यो मोह मेरु, अंति बूटी, सुयश गीत के गाए ।
'सूर' गई अज्ञान मूरछा, ज्ञान सुभेषज खाए ॥

तुम अब भी सावधान हो जाओ। जो भी थोड़ा समय बच रहा है, भगवान का भजन कर लो और अपनी बिगड़ी सुधार लो। तुम्हें माया रूपी भयानक नागिन ने डस लिया है। उसका विषम विष तुम्हारे शरीर में चढ़ गया है, वह उतरा नहीं है। कृष्ण का नाम ही वह मंत्र है, वह जड़ी है, जो इस विष को उतार सकता है और मरे हुए को भी जिला सकता है। गुरु ने गारुड़ी (सर्प का विष उतारनेवाला व्यक्ति) होकर बार-बार कृष्ण के नाम का यह मंत्र कानों के निकट सुनाया है। प्रभु का यशोगान ही सर्प का विष उतारने की जड़ी-बूटी है। इस बूटी से मोह का जो मेरु (नशा) है, यह जगकर भग जाता है। ज्ञान की औषधि खाने से अज्ञान की मूर्च्छा दूर हो जाती है।

११/ल १५७ राग बिलावल

जेहि तन हरि के भजन कियो ।

यहै लोक परलोक सुफल हो, ताको धन्य जियो ।
संत समागम श्री गुरु-सेवा, अमृत-रस जो पियो ।
'सूरदास' धनि भाग ताहि को, हरि-चरणन चित दियो ॥

जिसने भी मानव तन पाकर हरि का भजन किया, उसका इहलोक और परलोक दोनों सफल हो गया। उसका जीवन धन्य है। जिसने संतों का संग किया, जिसने गुरु की सेवा की, जिसने भक्ति का अमृत-रस पिया, जिसने हरि के चरणों में चित्त लगाया, उसका भाग्य धन्य है, प्रशंसनीय है।

१२/ल ४९ राग केदारौ

रे मन, गोपाल सों करु हेतु ।

नाम की दृढ़ बारि करि ले, उबरै तेरे खेतु ।
मन सुवा, तन पींजर रे, बँध्यो रहत निकेतु ।
काल फिरत बिड़ाल तनु धरि, अब धरे तोहिँ लेतु ।
बिष बिदारण सेय हरि को, उतरे सायरु-सेतु ।
'सूर' भजु गोविंद को, यों गुरु बताए देतु ॥

अरे मेरे मन, गोपाल से प्रेम कर। गोपाल के नाम की मजबूत बाड़ (खेत के चारों ओर बनाया जाने वाला पशु-अवरोधक बाड़ा) ब ा ले, जिससे तेरे जीवन रूपी खेत की रक्षा हो सके। शरीर रूपी पिंजड़े में मन रूपी सुग्गा घर बनाकर बँधा रहता है। मृत्यु बिल्ली का रूप धरकर तेरे चारो ओर चक्कर काट रही है। वह अब तुम्हें पकड़ कर खा ही लेना चाहती है। विषधर कालीनाग को विदीर्ण कर देनेवाले हरि की सेवा करो और भव-सागर के पार उतर जाओ। हरि का नाम ही इस अगम भव-सागर से पार जाने के लिए सुगम पुल है। गोविंद को भजते जाओ। गुरु यही उपदेश देते जा रहे हैं।

१३/ल ११५ राग टोड़ी

रे मन कृष्ण नाम कहि लीजै ।
गुरु के बचन अटल करि मानहु, साधु समागम कीजै ।
पढ़िए गुनिए भक्ति भागवत, और कहा कथि कीजै ।
कृष्ण नाम बिन जन्म वादिही, बृथा जिवन कह जीजै ।
कृष्ण-नाम-रस बह्यो जात है, तृषावंत ह्वै पीजै ।
'सूरदास' हरि-शरण ताकिए, जन्म सुफल करि लीजै ॥

रे मन, कृष्ण के नाम का सुमिरन करते जाओ और साधुओं का सत्संग करते रहो। गुरु के इन वचनों को अटल समझो। श्रीमद्भागवत को पढ़ो; पढ़ो ही नहीं; उस पर मनन भी करो, चिंतन भी करो। और दुनिया भर की बातों को कहकर क्या करोगे? कृष्ण के नाम का स्मरण किए बिना सारा जीवन व्यर्थ है। ऐसे व्यर्थ जीवन को जीने से क्या? कृष्ण के नाम का रस वहा जा रहा है। इससे अपनी प्यास बुझाओ। इस रस का पूर्ण पिपासु होकर पियो। हरि की शरण की ओर टकटकी लगाकर देखते रहो और अपना जीवन, जन्म, सफल कर लो।

जमुना *१४/ग्र ५४८०, राग रामकली*

जमुने, पतित दास के चिह्न प्यारे ।
भगवदी को जु भगवत्संग मिलि रहै, ताके बसत हिय प्रानप्यारे ।
गूढ़ जमुना बात जोई अब जानही, तासु मनमोहन नयन तारे ।
'सूर' सुखसागर निरधार वह पावही, जापै होय 'वल्लभ' कृपा रे ॥

हे यमुना, तुम कृष्ण-भक्तों के लिए भगवान-कृष्ण का परम प्रिय चिह्न हो, कृष्ण की याद दिलाने वाली हो, कृष्ण की स्मारिका, झंडी, पताका हो। जो भगवान के भक्त हैं,, जो परम भागवत साधु संतों का सत्संग करते हैं, प्राण-प्यारे कृष्ण उन भक्तों के हृदय में बराबर निवास करते हैं। जो जन जमुना की इस गूढ़ बात को जानता है, मनमोहन उस भक्त की आँखों की पुतली हो जाते हैं। वह भक्त सुनिश्चित रूप से सुख के सागर उन कृष्ण को पा लेता है, जिसपर गुरु गोसाईं गोकुलनाथ 'वल्लभ' की कृपा हो जाती है।

१५/ग्र ५५१० पुष्टि, राग रामकली

जमुना पुलिन तिहारो भावै ।
सुर ब्रह्मादिक ध्यान धरत हैं, सो सुपने नहिँ पावैं ।
बिच-बिच कुंज-सदन अति सुंदर, स्यामा-स्याम सुहावैं ।
चहुँ दिसि सकल फूल अति फूले, गुहि-गुहि कंठ धरावैं ।

कुसुमन के बिजना जु सँवारे, सखियन बाहँ ढुरावै ।
'सूरदास' प्रभु सब सुखसागर, दिन-दिन सोभा पावै ॥

हे जमुना, मुझे तुम्हारा किनारा बहुत अच्छा लगता है। ब्रह्मा इत्यादि देवता तुम्हारे इस पुलिन का ध्यान करना चाहते हैं, पर उन्हें भी तुम्हारे इस कूल-कछार का दर्शन स्वप्न तक में नहीं मिल पाता। तुम्हारे किनारे पर बीच-बीच में, कुछ अंतर से, अत्यंत सुंदर कुंजों के भवन हैं। ये कुंज भवन श्यामा (राधा) और श्याम (कृष्ण) को बहुत अच्छे लगते हैं, क्योंकि ये कुंज-भवन उनकी विहार-स्थली हैं। इन कुंज-सदनों के चारो ओर भाँति-भाँति के फूल अत्यधिक मात्रा में खिले हुए हैं। इन फूलों को चुन-चुनकर राधाकृष्ण गूँथकर मालाएँ बनाते हैं और एक दूसरे के गले में पहना देते हैं। वे फूलों के ही पंखे बनाते हैं, जिन्हें अपने हाथों में लेकर सखियाँ डुलाती रहती हैं। प्रभु कृष्ण सब सुखों के समुद्र हैं। वे तुम्हारे इसी पुलिन पर दिन-दिन, सदैव, शोभा पाते रहते हैं। बराबर तुम्हारे तट पर बने रहते हैं।

१६/प २/४६ राग सारंग

श्री जमुना निज दरसन दीजै ।
आस करौं गिरिधरन लाल की, इतनी कृपा करीजै ।
हौं चेरी महरानी तेरी, चरन-कमल रखि लीजै ।
बिलँब करौ जिनि, बोलि लेहु मोहिं, दरस-परस नित कीजै ।
करौ निवास उर अंतर मैरैं, स्त्रवन सुजस सुनि लीजै ।
प्रान-प्रिया की खरी पियारी, पानि पकरि अब लीजै ।
हौं न अबूझ मूढ़ मति मेरी, अनत नहीं चित भीजै ।
'सूरदास' मोहिं यह आसा है, निरखि-निरखि मुख जीजै ॥

हे जमुना जी, मुझे नित्य अपना दर्शन देती रहिए। तुम मुझपर इतनी कृपा करो, जिससे मैं गिरिधर गोपाल के चरणों की आशा करता रहूँ, जिससे हरि के चरणों में मेरी प्रीति बराबर बनी रहे। हे यमुना महारानी, मैं तुम्हारी चेरी (सेविका) हूँ। मुझे अपने चरण कमलों में रख लीजिए। मुझे अपने पास बुला लेने में तनिक भी देर न कीजिए और मुझे नित्य दर्शन और (स्नान आदि के द्वारा) स्पर्शन का सुख देती रहिए। मेरे हृदय में बराबर निवास करती रहिए और मैं तुम्हारे सुयश अपने कानों से नित्य सुनता रहूँ। तुम राधा जी की परम प्यारी हो, अब तुम मेरा हाथ पकड़ लो। मैं एकदम अबूझ नहीं हूँ, थोड़ा बहुत जानता समझता हूँ। पर मेरी बुद्धि जड़ है, मैं मूढ़-मति हूँ। मेरा चित्त अन्यत्र कहीं भी रस-सिक्त नहीं हो पाता। मैं तुम्हीं में स्नान करके भींगना चाहता हूँ। मुझे यह पूर्ण आशा है कि मैं जब तक जीता रहूँगा, तब तक तुम्हें बराबर देखता हुआ, सुख पाता हुआ, जीता रहूँगा।

१७/प १/५४ राग रामकली

(जमुना जी) तिहारो दरस मोहिं भावै ।
बंसीवट के निकट बहति हौ, लहरनि की छबि छावै ।
दुख हरनी, सुख देनी जमुना, प्रातहिं जो जस गावै ।
मनमोहन की खरी पियारी, पटरानी जु कहावै ।

वृंदाबन मैं रास विलासै, मुरली मधुर बजावै।
'सूरदास' दंपति छबि निरखत, बिमल-बिमल जस गावै॥

हे यमुना जी, तुम्हारा दर्शन मुझे अच्छा लगता है। तुम वृंदावन में वंशीवट के निकट बहती हो। यहाँ तुम्हारी लहरों की अत्यंत सुंदर छवि प्राप्त होती है। जो जन सबेरे-सबेरे (तुममें स्नान करके) तुम्हारा यश गाता है, तुम उसके दुख दूर कर देती हो और उसे परम सुख दे देती हो। तुम मनमोहन की परम प्रिया हो और उनकी पटरानी कही जाती हो। श्रीकृष्ण वहीं वृंदावन में रास-विलास करते थे और मधुर-मधुर स्वर में मुरली बजाया करते थे। सूरदास वृंदावनस्थ युगल स्वरूप (राधाकृष्ण) की निर्मल छवि देखते रहते हैं और उनका विमल-विमल यश गाते रहते हैं।

वृंदावन-धाग

१८/ग्र ५३९१ कल्प, राग भैरव, एकताल

हरे हरे कृष्न कृष्न राम राम राम।
नारायन वासुदेव गिरिवरधर स्याम।
दीनबंधु दीनबंधु बैकुंठहि धाम।
होत प्रात अति पुनीत, हरि को लै नाम।
दामोदर चक्रपानि, नरकेहरि मुरारि।
मधुसूदन मधुसूदन, साँवर बनवारि।
जमुना के तीर नीर, वृंदाबन धाम।
'सूरस्याम' रटत रहत राधावर नाम।
भोर जागि सुमिरन कर, होवैं सब काम।
[हरे हरे कृष्ण कृष्ण राम राम राम]॥

हरे हरे, कृष्ण कृष्ण, राम राम, नारायण नारायण, वासुदेव वासुदेव, गिरिधर गिरिधर, दीन-वंधु, दीन-वंधु, बैकुण्ठ-वासी हरि का नाम प्रभात काल में सुमिरने से भक्तगण अत्यंत पवित्र हो जाते हैं।

दामोदर, चक्रपाणि, नरसिंह, मुरारि, मधुसूदन, घनश्याम, बनवारी आदि प्रभु के नाम को वृंदावन धाम में जमुना की धारा के निकट रहकर सूरदास राधा राधा, राधावर-राधावर कहकर रटते रहते हैं।

तुम भी सबेरे जगकर प्रभु के नामों का सुमिरन करो और सिद्ध-काम हो जाओ।

१९/८७ राग विहाग-तिताला

अब तौ यहै बात मन मानी।
छाँड़ौ नाहिं स्याम स्यामा की, वृंदावन रजधानी।
भ्रम्यौ बहुत लघु धाम बिलोकत, छनभंगुर दुखदानी।
सर्वोपरि आनंद अखंडित, 'सूर' मरम लपिटानी॥

अब तो मेरे मन ने यह बात मान ली है। अब मैं श्याम (कृष्ण) और श्यामा (राधा) की यह क्रीड़ास्थली, राजधानी वृंदावन नहीं छोड़ूँगा। अभी तक मैं अपने इस लघु-धाम

(शरीर) को ही देखता हुआ बहुत भरमता रहा हूँ। पर यह तन-धाम तो क्षण भर में नष्ट हो जाने वाला है और अत्यंत दुख देनेवाला है। अब मैंने सबसे ऊँचे, अखंड आनंद के मर्म को समझ लिया है और उससे लिपट गया है। अब मैं इसे छोड़नेवाला नहीं।

२०/१४९ राग धनाश्री

हरि, हौं महा पतित, अभमानी ।

परमारथ सौं बिरत, बिषय-रत, भाव-भगति नहिँ नैंकहु जानी ।
निसि-दिन दुखित मनोरथ करि-करि, पावत हूँ तृष्ना न बुझानी ।
सिर पर मीच, नीच नहिँ चितवत, आयु घटति ज्यौं अंजुलि-पानी ।
बिमुखनि सौं रति जोरत दिन-प्रति, साधुनि सौं न कबहुँ पहिचानी ।
तिहिँ बिनु रहत नहीं निसि बासर, जिहिँ सब दिन रस-बिषय बखानी ।
माया-मोह-लोभ के लीन्हैं, जानी न वृंदावन रजधानी ।
नवल किसोर जलद-तनु सुंदर, बिसर्यौ 'सूर' सकल-सुख-दानी ॥

हे हरि, मैं महापापी हूँ। घमंडी हूँ, परमार्थ से दूर रहनेवाला हूँ। विषयों में आसक्त हूँ। मैंने भक्ति-भाव तो रंच-मात्र भी नहीं जाना है। तरह-तरह की कामनाएँ रात-दिन किया करता रहा, और उनकी मूर्ति हो जाने पर भी अतृप्त ही बना रहा। मेरी तृष्णा कभी बुझी ही नहीं। और और की आकांक्षा बढ़ती ही गई। सिर पर मौत खड़ी है। मुझ नीच ने इस बात पर कभी ध्यान ही नहीं दिया। अँजुरी में लिए जल के समान आयु बराबर घटती ही गई। मैंने उन्हीं लोगों से सदा प्रीति जोड़ी, जो तुमसे विमुख थे। मैंने साधुओं से कभी भी जान-पहचान नहीं की। उनसे दूर ही बना रहा। जो लोग सब दिन विषय-वासना में ही डूबे रहते हैं, मैं उन लोगों की संगति के बिना एक दिन भी रह नहीं पाता। मैं माया मोह लोभ में ही लीन रहा और इन्हीं के कारण, हे प्रभु, तुम्हारी राजधानी वृंदावन को जाना तक नहीं। हे नवल किशोर, हे सुंदर घनश्याम, हे सर्व सुखदाता, मैं तुम्हें भूला ही रहा। मैं अपनी इस भूल को क्या कहूँ?

२१/३५० राग कान्हरो

सोइ रसना जो हरि गुन गावै ।

नैननि की छबि यहै चतुरता सोइ, मुकुंद मकरंदहि ध्यावै ।
निर्मल चित तो सोई साँचो, कृष्ण बिना जेहि और न भावै ।
श्रवननि की जु यहै अधिकाई, हरि यश नित प्रति श्रवणन चावै ।
कर तेई जे स्याम जू को सेवैं, चरणनि चलि वृंदाबन जावैं ।
'सूरदास' कहै बलि ताकी हैं, जो संतन सों प्रीति बढ़ावै ॥

जीभ वही है, जो प्रभु का गुण गावे। नयनों की शोभा और चतुरता वही है कि वे मुक्ति देनेवाले विष्णु के चरण-कमल की धूल का ध्यान करते रहें। वही चित्त निर्मल और सच्चा है जिसे कृष्ण को छोड़कर कोई नहीं अच्छा लगता। कानों की अधिकता यही है कि वे नित्य-प्रति हरि यश सुनने में रस लेते रहें। हाथ वही है जो श्याम की सेवा में रत रहें और पैर वही सार्थक हैं जो वृंदावन की ओर दौड़ते चले जावें। सूरदास उन लोगों पर निछावर हैं, जो संतों से प्रेम करते रहते हैं।

हरि-शरण

२२/१४ राग रामकली

सरन गए को को न उबार्‍यौ ।
जब जब भीर परी संतनि कौ, चक्र सुदरसन तहाँ सँभार्‍यौ ।
भयौ प्रसाद जु अंबरीष कौं, दुरवासा कौ क्रोध निवार्‍यौ ।
ग्वालनि हेत धर्‍यौ गोवर्धन, प्रकट इंद्र कौ गर्व प्रहार्‍यौ ।
कृपा करी प्रहलाद भक्त पर, खंभ फारि हिरनाकुस मार्‍यौ ।
नरहरि रूप धर्‍यौ करुनाकर, छिनक माहिँ उर नखनि बिदार्‍यौ ।
ग्राह ग्रसत गज कौं जल बूड़त, नाम लेत वाकौ दुख टार्‍यौ ।
'सूरस्याम' बिनु और करै को, रंगभूमि मैं कंस पछार्‍यौ ॥

अपनी शरण में चले आने पर प्रभु ने किस किसको नहीं बचाया? जब-जब भक्तों पर संकट आया है, तब-तब प्रभु ने अपना चक्र सुदर्शन सँभाल लिया है। दुर्वासा ने जब अंबरीष पर क्रोध करके शाप दे दिया था, तब प्रभु ने दुर्वासा के क्रोध को रोका था और अंबरीष पर कृपा की थी। उन्होंने व्रज के ग्वालों की रक्षा के लिए गोवर्धन पहाड़ को उँगली पर उठा लिया था और ईंद्र का घमंड चूर-चूर कर दिया था। उन्होंने प्रहलाद भक्त पर कृपा की थी और खंभा फाड़कर हिरणकस्यप को मार डाला था। करुणासागर प्रभु ने उसके वक्ष को नख से फाड़ डाला था। ग्राह ने गज को अपने दाँतों की पकड़ में जकड़ लिया था और जल में डूब ही रहा था, उस हाथी ने भगवान का नाम लेकर पुकारा। भगवान ने अपना नाम सुनते ही ग्राह को मार कर गज का सारा दुख टाल दिया। श्याम के बिना ऐसा और कौन कर सकता है? उन्होंने रंगभूमि में पहुँचकर कंस को तुरंत पछाड़ दिया।

२३/२८ राग धनाश्री

तातैं जानि भजे बनवारी । सरनागत की ताप निवारी ॥
जब प्रहलाद प्रतिज्ञा पारी । हिरनकसिपु की देह बिदारी ॥
ध्रुवहिँ अभै पद दियौ मुरारी । अंबरीष की दुर्गति टारी ॥
द्रुपद-सुता जब प्रगट पुकारी । गहत चीर हरि-नाम उबारी ॥
गज गनिका गौतम-तिय तारी । 'सूरदास' सठ, सरन तुम्हारी ॥

यह जानकर कि भगवान अपने शरणागत का संताप सदैव दूर करते आए हैं, बनवारी को भजो। अपने भक्त प्रहलाद की प्रतिज्ञा का उन्होंने पालन किया और हिरण्यकशिपु की देह को विदीर्ण कर दिया। मुरारि ने बालक ध्रुव को अटल और अभय पद दे दिया। उन्होंने राजा अंबरीष की दुर्दशा को दूर किया। जब द्रौपदी ने आर्त होकर प्रकट रूप में पुकार की, तब दु:शासन के द्वारा चीर पकड़कर खींचते ही हरि के नाम ने उसे उबार लिया है। हरि, तुमने गज, गनिका, गौतम-नारी अहल्या को तार दिया। मैं शठ सूरदास भी तुम्हारी शरण में आ पड़ा हूँ। मेरा भी उद्धार कर दो।

२४/३० राग गौरी

मोहन के मुख ऊपर वारी ।
देखत नैन सबै सुख उपजत, बार-बार तातैं बलिहारी ।

ब्रह्मा बाल बछरुवा हरि गयौ, सो ततछन सारिखे सँवारी ।
कीन्हौं कोप इंद्र बरषा रितु, लीला लाल गोवर्धनधारी ।
राखी लाज समाज माहिं, जब नाथ-नाथ द्रौपदी पुकारी ।
तीनि लोक के ताप-निवारन, 'सूरस्याम' सेवक सुखकारी ॥

मैं मोहनलाल के मुखारविंद पर अपने को निछावर किए दे रहा हूँ। इस मुँह को आँखों से देखते ही सारे सुख आकर उत्पन्न हो जाते हैं। इसलिए इस मुँहपर तो सदा निछावर होते रहना चाहिए। ब्रह्मा ने गायों के बछड़ों का हरण कर लिया था, हरि ने तत्सदृश नए बछड़े तत्काल रच दिए थे। इंद्र ने कोप करके भारी वर्षा ऋतु ला दी। मोहनलाल ने खेल-खेल में गोवर्धन गिरि को अपनी उँगलियों पर उठा लिया था। जब द्रौपदी ने आर्त होकर 'नाथ, नाथ' कहकर पुकारा, तब दुर्योधन के भरे दरबार में द्रौपदी को विवसना होने से बचाकर उसकी लाज बचाई थी। श्याम तीनों लोकों के ताप को दूर करनेवाले हैं। वे अपने सेवकों को सदा सुख देनेवाले हैं।

२५/३३ राग सारंग

हरै बलबीर बिना को पीर ।
सारंगपति प्रगटे सारंग तैं, जानि दीन पर भीर ।
सारँग विकल भयौ सारँग मैं, सारँग तुल्य सरीर ।
परयौ काम सारँग-वासी सौं, राखि लियौ बलबीर ।
सारँग इक सारँग ह्वै लोट्यौ, सारँग ही के तीर ।
सारँग-पानि हाथ ता ऊपर, गए परीच्छत कीर ।
गहैं दुष्ट द्रुपदी कौ, सारँग-नैननि बरसत नीर ।
'सूरदास' प्रभु अधिक कृपा तैं, सारँग भयौ गँभीर ॥

बलराम ने भाई कृष्ण के बिना भक्तों के संकट कौन हर सकता है? दीनों पर संकट घहराता देख सारंग (पृथ्वी)-पति भगवान सारंग (आकाश) से तुरंत प्रकट हो जाते हैं।

जब सारंग (गज) का पाला सारंग वासी (जल में निवास करने वाले) ग्राह से पड़ा और वह गज सारंग (जल) में विकल हो उठा था, तब सारंग (सिंह) के से शरीर वाले बलराम के भाई श्रीकृष्ण ने उसकी रक्षा कर ली।

एक सारंग (राजा) नहुष, सारंग (गिरगिट) होकर, सारंग (सरोवर सरस्वती) के तट पर लोट रहा था। सारंग पाणि (कमल के-से कर वाले) कृष्ण ने उसके ऊपर अपना हाथ फेर दिया, और वह मुक्त हो गया।

दुष्ट दुःशासन ने द्रौपदी को पकड़ कर खींचना प्रारंभ किया; तब द्रौपदी के सारंग (कमल) के समान नेत्रों से अश्रुपात होने लगा। उस समय प्रभु की असीम कृपा से द्रौपदी का सारंग (वस्त्र, साड़ी) बड़ा भारी हो गया। उसका अंत नहीं रह गया।

२६/१२१ राग आसावरी

कबहूँ तुम नाहिन गहरु कियौ ।
सदा सुभाव सुलभ सुमिरन बस, भक्तनि अभै दियौ ।

गाइ-गोप-गोपीजन-कारन, गिरि कर-कमल लियौ।
अघ-अरिष्ट केसी काली मथि, दावानलहिँ पियौ।
कंस-बंस बधि, जरासंध हति, गुरु-सुत आनि दियौ।
करसत सभा द्रुपद-तनया कौ, अंबर अछय कियौ।
'सूरस्याम' सरवज्ञ कृपानिधि, करुना-मृदुल-हियौ।
काकी सरन जाउँ नँदनंदन, नाहिन और बियौ॥

हे नाथ, तुमने कभी भी देर नहीं की। जब जब भक्तों ने तुम्हारा स्मरण किया है, तब तब उनके सुमिरन के अधीन होकर तुमने अपने सहज स्वभाव से अपने आपको सुलभ कर दिया है, यद्यपि तुम दुर्लभ क्या अगम्य हो। वहाँ प्रकट होकर तुमने अपने भक्तों को अभय बना दिया है। तुमने गायों, गोपों, गोपियों के लिए अपने कर-कमल पर गोवर्द्धन गिरि को धारण कर लिया था। तुमने अघासुर, अरिष्टासुर, केशी का संहार करके, काली नाग को मर्दित करके, दावानल को पी लिया था। तुमने कंस-वंश का विनाश किया, जरासंध जैसे प्रतापी मगध-नरेश का नाश कराया, गुरु संदीपनि के मृत पुत्र को यमपुरी से लाकर उन्हें दे दिया। भरी राजसभा में दुःशासन द्रौपदी का चीर खींचे जा रहा था, तुमने उस चीर को कभी समाप्त न होनेवाला बना दिया और दुःशासन चीर खींचते-खींचते थक गया। हे श्याम तुम सर्वज्ञ हो, कृपा-सागर हो। तुम्हारा हृदय अत्यंत करुण और कोमल है। तुम्हें छोड़कर मैं और किसकी शरण जाऊँ। हे नंदनंदन, तुम्हें छोड़कर कोई दूसरा मुझे शरण देनेवाला दीखता नहीं। तुम्हीं अशरण-शरण हो।

२७ राग बिलावल

छिनु पल रावरे की आस।
कर न ना, बसु पंच संज्ञा जान कै सब नास।
भूमि-धर-अरि-पिता बैरी, बाँध राखी पास।
सिंधु-सुत-धर सुहित सुत, गुन गहकि कोप्यो गाँस।
भानु अंस गिरीस आखर, आदि अंग प्रकास।
'सूर' फिर फिर सूर-सुत की परम चाहत पास॥

हे प्रभु, मुझे हर क्षण, हर पल, तुम्हारी ही आशा है। तुम्हारा ही भरोसा है। प्रभु मुझे ना न करें।—मेरी प्रार्थना अस्वीकार न करें। वसु पंच संज्ञा=८×५=४०=चालीस सेर=मन। मेरे मन ने जान-बूझकर मेरा सर्वनाश किया है। भूमिधर के अरि स्वामि कार्तिकेय के पिता शिव के वैरी कामदेव ने मुझे अपने फंदे में फँसा रखा है। सिंधु के सुत चंद्रमा, चंद्रमा को धारण करने वाले शिव, शिव के हित कृष्ण, कृष्ण के सुत प्रद्युम्न अर्थात् कामदेव। कामदेव का गुण सर्वाधिक रूप। मुझे (नारी-) रूप ने जकड़कर, मोहित कर ग्रस, लिया है।

'भानु, अंश, गिरीश, आखर' इन चारों शब्दों के प्रारंभिक अक्षर हैं—भा, अ, ग, आ। इनके मिलाने से बना—भ+अ=भा। ग+अ=गा। हे प्रभु दौड़े आइए (भागा आ) और मुझे काम और रूप के पाश से बचाइए। नहीं तो मैं सूर्य के पुत्र यमराज के पाश में बार-बार पड़ जाना चाहता हूँ।

टि०—यह पद सरदार कवि कृत 'सूरदास का दृष्टिकट' के भाग २ में पद संख्या ५४ पर और चुन्नीलाल शेष के 'सूर के सौ कूट' में ८४ संख्या पर हैं। शेष जी ने इसे शृंगार रसांतर्गत सखी द्वारा विरह-निवेदन माना है। पर अंतिम चरण में यम-पाश में पड़ने की आशंका इसे शांत रस की रचना बताती है। इसी से मैंने शांत रस परक यह अर्थ किया है। भूमि-धर-वैरी का अर्थ सरदार और शेष दोनों ने स्वामि कार्तिक किया है।

२८ राग रामकली

प्रभु कब देखिहौ मम ओर।
जान आपुन, आप ते गिरि नाथ गाढ़ी छोर।
श्रवण बचन बिचारि, सेनापति सु आनन भोर।
दिसा-वसु तस कहत, जानत सात साखी जोर।
जाग-जोनी मेल की सुधि कीजिए रुचि जोर।
'सूर' विपद अनाथ भाषत, जुगल वर कर जोर॥

हे प्रभु मेरी ओर कब कृपा-दृष्टि करके देखोगे? प्रभु, मुझे अपना दास समझो। गिरि-नाथ=कैलाश पर्वत के स्वामी=शंकर=भव=संसार। हे प्रभु, तुम मुझे इस संसार के गाढ़, संकट से मुक्त कर दो। मुझे भव-बंधन से, बार-बार जन्मने मरने से बचा लो। श्रवण अर्थात् श्रुति अर्थात वेद तुम्हें पतित पावन कहते हैं। वेद के इन वचनों पर विचार कर लो। सेनापति (षडानन) के छह मुँहों अर्थात छहो शास्त्रों ने भी तो यही कहकर पतितों को बहलाया है, फुसलाया है विभोर किया है। 'दिसा वसु' अर्थात् १० दिशाओं और अष्ट वसुओं=१०+८=अट्ठारह पुराण भी तो तुम्हें 'पतित पावन' ही कहते हैं। इस संबंध में सात ऋषियों की भी जोरदार गवाही है। 'जगा-जानी' का अर्थ सरदार कवि ने 'अजा' किया है। 'अजा' में 'मेल' के मिलाने से हुआ अजामेल या अजामिल। प्रभु स्मरण करो कि तुमने अजामिल जैसे पापी को रुचिपूर्वक तार दिया था। मैं एकदम अनाम हूँ। मेरे आगे पीछे कोई नहीं है। मैं अपने दोनों हाथ जोड़कर तुमसे बिनती कर रहा हूँ।

टि०—यह पद सरदार कवि कृत 'सूरदास का दृष्टिकूट सटीक' के भाग २ में पद संख्या ५५ पर है। इस पर यह टिप्पणी है—

"प्रभु इति। गिरिनाथ भव संसार श्रवण श्रुत सेनापति आनन शास्त्र दिशावस १८ पुरान सात मुनि जगा जोगी नाम अजामेल मिली अजामेल की सुधि करो॥ ५५॥"

इस टिप्पणी में कोई विराम नहीं है। अब इससे अपना सिर टकरा लीजिए।

चुन्नीलाल 'शेष' के 'सूर के सौ कूट' में यह है ही नहीं।

२९/ग्र ५५१४ पुष्टि २९५/२ राग विहाग

हरि-रस तबहीं जानन पइये।
स्वाद विवाद हर्ष आतुरता, इतने दंड जु सहिये।
कोमल बचन, दीनता सब सों, सदा प्रफुल्लित रहिये।
गए नहिँ सोच, आए नहिँ आनँद, ऐसे मारग बहिये।
ऐसी जो आवे जिय माहीं, ताके भाग्य कह कहिये।
अष्ट सिद्धि है 'सूरस्याम' पैं, जो चहिये, सो लहिये॥

हरि-रस, हरि-भक्ति, तो तभी जानी जा सकती है जब स्वाद, विवाद, हर्ष, आतुरता का दंड भोगने के लिए मनुष्य तत्पर हो जाय, भक्त का यही लक्षण है कि वह जिह्वा के स्वाद के चक्कर में नहीं रहता। जो भी मिल जाय, वही खा लेता है। वह किसी से वाद-विवाद नहीं करता। वह नहीं कहता कि मैं ही ठीक हूँ, तुम गलत हो। वह हर्ष और विषाद से परे होता है। उसे कोई जल्दबाजी भी नहीं होती। प्रभु की मरजी से काम अपने समय पर हो ही जायगा, उसका ऐसा विश्वास होता है।

वह सबसे मीठी वाणी बोलता है। वह कटुभाषी नहीं होता। वह सभी से दीन भाव से, विनम्र भाव से मिलता है। वह सदा प्रसन्न रहता है। उसे न तो कोई वस्तु खो जाने का गम होता है और न ही किसी वस्तु की प्राप्ति से आनंद ही। वह ऐसे मार्ग पर चलता है जो शोक और हर्ष से परे है। जिस व्यक्ति का स्वभाव ऐसा हो जाय, उसके भाग्य का क्या कहना? ऐसा ही व्यक्ति भगवान का भक्त होता है। और श्याम के पास तो आठो सिद्धियाँ हैं, वह जो चाहे, प्रभु की कृपा से सभी उसके लिए सुलभ हैं।

माया-वर्णन *३०/४३ राग केदारौ*

हरि तेरी माया को न बिगोयो ।

सौ योजन मर्याद सिंधु की, पल में राम बिलोयो ।
नारद मगन भए माया में, ज्ञान बुद्धि बल खोयो ।
साठि पुत्र अरु द्वादस कन्या, कंठ लगाए जोयो ।
शंकर को चित हर्यो कामिनी, सेज छाँड़ि भुव सोयो ।
चारु मोहनी आइ आँध कियो, तब नख सिख ते रोयो ।
सौ भैया राजा दुर्योधन, पल मे गरद समोयो ।
'सूरजदास' कांच अरु कंचन, एकहिं धगा पिरोयो ॥

—बं. १/२९, सभा १/४३

हे हरि, तुम्हारी माया ने किसको नहीं विनष्ट किया। समुद्र तो सौ योजन (४०० कोस) की मर्यादा वाला था, ४०० कोस की परिधि वाला था। राम ने पल भर में उसे बाँधकर उसे मर्यादाहीन कर दिया। नारद तुम्हारी माया में डूब गए। अपना ज्ञान बुद्धि बल खो बैठे और स्त्री को कंठ लगाकर ऐसा सोए कि साठ पुत्रों और बारह कन्याओं के बाप हो गए। विष्णु की मोहिनी मूर्ति ने आकर शिव तक का मन हर लिया और वे सेज छोड़कर धरती पर आ लेटे। उसने उन्हें इतना कामांध कर दिया कि वे सिर से पैर तक रो उठे। राजा दुर्योधन सौ भाई थे। इस माया (द्रौपदी) ने उन्हें पल भर में धूल चटा दिया।

इस माया ने कंचन स्वरूप नारद और शिव को तथा कांच स्वरूप दुर्योधनादि को एक ही सूत में गूँथ डाला।

३१/४६ राग बिहागरौ

माधौ जू, मन माया बस कीन्हौ ।

लाभ हानि कछु समुझत नाहीं, ज्यौं पतंग तन तीन्हौ ।
गृह दीपक, धन तेल, तूल तिय, सुत ज्वाला अति जोर ।
मैं मतिहीन, मरम नहिं जान्यौ, पर्‌यौ अधिक करि दौर ।

बिबस भयौं नलिनी के सुक ज्यौं, बिन गुन मोहि गह्यौ।
मैं अज्ञान कछू नहिं समुझ्यौ, परि दुख-पंज सह्यौ।
बहुतक दिवस भए या जग मैं, भ्रमत फिर्यौ मति हीन।
'सूरस्याम' सुंदर जौ सेवै, क्यौ होवे गति दीन॥

हे माधव, तुम्हारी माया ने मेरा मन अपने बस में कर लिया है। यह मन अपनी लाभ-हानि कुछ सोचता समझता नहीं, पतिंगे के समान जाकर उस पर जल मरता है, शरीर-त्याग कर देता है। यह घर ही दीपक है, यह धन ही तेल है, यह स्त्री ही तूल (रुई की बत्ती) है, पुत्र अत्यंत प्रचंड ज्वाला है। मैं मूर्ख था, बुद्धिहीन था। मैंने माया के इस रहस्य को नहीं जाना, और अधिक जोर से दौड़कर इसपर कूद पड़ा। अब मैं पोली नलकी द्वारा फँसाए गए सुग्गे की भाँति बेबस हो गया हूँ, मेरा कोई बस नहीं चल पा रहा है। इस माया ने मुझे बिना किसी रस्सी के बंधन के ही जकड़ रखा है। मैं मूर्ख था, मैंने कुछ नहीं समझा, मैं दुख-समूह में पड़कर कष्ट सहता रहा। मुझ निर्बुद्धि को इस संसार में भटकते हुए बहुत दिन हो गए। यदि मैंने श्यामसुंदर की पद-सेवा, नाम सेवा की होती, तो मेरी यह दीन-गति क्यों होती?

३२/४८ राग धनाश्री

दीन जन क्यौं करि आवै सरन ?

भूल्यौ फिरत सकल जल-थल-मग, सुनहु ताप-त्रय-हरन।
परम अनाथ, बिबेक-नैन बिनु, निगम-ऐन क्यौं पावै ?
पग-पग परत कर्म-तम-कूपहिँ, को करि कृपा बचावै ?
नहिँ कर लकुटि सुमति-सतसंगति, किहिँ अधार अनुसरई।
प्रबल अपार मोह-विधि दस-दिसि, सुधौं कहा अब करई।
अखुटित रटत सभीत ससंकित, सुकृत सब्द नहिँ पावै।
'सूरस्याम'-पद-नख-प्रकास बिनु, क्यौं करि तिमिर नसावै॥

हे दैहिक, दैविक, भौतिक तीनों तापों के हरनेवाले भगवान, सुनिये। मैं दीन जन तुम्हारी शरण में कैसे आऊँ। मैं अभी तक जल, स्थल, (आकाश) के मार्गों में भटकता फिरता रहा हूँ। मैं अत्यंत, एकदम, अनाथ हूँ। मेरे पास सदसद विचार करने का विवेक-नेत्र नहीं है। फिर मैं वेद द्वारा निर्धारित अयन (आवास) को क्यों कर पा सकता हूँ। कदम-कदम पर मैं कर्म के अँधेरे कुएँ में गिरता जा रहा हूँ। मुझे कृपाकर के कौन बचा ले सकता है। मेरे हाथ में सुमति और सत्संगति की लठिया भी नहीं है, जिसका सहारा लेकर मैं चल सकूँ। दसो दिशाओं में प्रबल अपार मोह का समुद्र गरज रहा है। अब यह करना क्या चाहता है? क्या मुझे एक दम से डुबो ही देना चाहता है? मैं अटूट रूप से, निरंतर, रटता तो रहता हूँ, पर डरता हुआ, भयभीत होता हुआ। मुझे एक भी पुण्य एवं पवित्र शब्द नहीं मिल पाता। श्याम के पैरों के नख के प्रकाश के बिना मेरे अज्ञान का यह अंधकार कैसे नष्ट हो सकता है?

जो घट-अंतर हरि सुमिरै ।
ताकौ काल रूठि का करिहै, जो चित चरन धरै ।
कोपै तात प्रहलाद भगत कौ, नामहिं लेत जरै ।
खंभ फारि नरसिंह प्रगट ह्वै, असुर के प्रान हरै ।
सहस बरस गज युद्ध करत भए, छिन इक ध्यान धरै ।
चक्र धरे बैकुंठ तैं धाए, वाकी पैज सरै ।
अजामील द्विज सौं अपराधी, अंतकाल विड़रै ।
सुत-सुमिरत नारायन बानी, पार्षद धाइ परैं ।
जहँ-जहँ दुसह कष्ट भक्तनि कौं, तहँ-तहँ सार करै ।
'सूरजदास' स्याम सेए तैं, दुस्तर पार तरै ॥

जो मन ही मन भगवान का सुमिरन करता रहता है, उनके चरण-कमलों को हृदय में धारण किए रहता है, रुष्ट होकर भी मौत उसका क्या बिगाड़ सकती है? प्रहलाद के बाप हिरण्यकश्यप ने तो अपने पुत्र प्रहलाद पर कोप किया था, पर प्रहलाद के द्वारा भगवान का नाम लेते ही वह जल गया। खंभा फाड़कर नरसिंह भगवान प्रकट हुए और उस असुर का प्राण हरण कर लिया। गज ने ग्राह से जल के भीतर एक हजार वर्ष युद्ध किया और थक गया, पर उसने एक ही क्षण तक भगवान का ध्यान किया और भगवान चक्र सुदर्शन लिए दिए बैकुंठ से दौड़ पड़े और ग्राह को मार कर अपने भक्त गज के पन को, विश्वास को, पूरा किया। अजामील ब्राह्मण भारी पापी था। अंतकाल होते समय वह अपने पापों से स्वयं डरा जा रहा था, डर कर उसने अपने बेटे नारायण को बुलाया, पर 'नारायण' शब्द निकलते ही विष्णु के पार्षदों ने दौड़कर उसे अपने रथ पर चढ़ा लिया। जहाँ-जहाँ भक्तों पर दुःसह कष्ट पड़ा है, भगवान ने वहाँ-वहाँ उनकी सुधि ली है। श्याम के पाद-सेवन से अधमाधम लोग भी दुस्तर भवसागर पार कर जाते हैं।

३४/८५ राग धनाश्री

हरि बिनु मीत नहीं कोउ तेरे ।
सुनि मन, कहौ पुकारि तोसौं हौं, भजि गोपालहिं मेरे ।
या संसार बिषम-बिष-सागर, रहत सदा सब घेरे ।
'सूरस्याम' बिनु अंतकाल में, कोउ न आवत नेरे ॥

हे मेरे मन, मैं तुझसे चिल्ला-चिल्लाकर, जोर-जोर से पुकार कर कहे दे रहा हूँ। मेरी बात ध्यानपूर्वक सुन। सिवा भगवान के तेरा कोई दूसरा मित्र नहीं है, अतः गोपाल का भजन कर। यह संसार विषय रूपी विष का समुद्र है और यह तुझे सदा चारों ओर से घेरे हुए है, जब चाहे तब तुझे अपने में डुबो ले। मृत्यु-बेला में कोई भी तेरे पास नहीं फटकेगा? अंततः हरि ही तेरे सहायक होंगे।

३५/८९ राग बिलावल

को को न तरयौ हरि-नाम लियैं ।
सुवा पढ़ावत गनिका तारी, ब्याध तरयौ सर-घात कियैं ।

अंतर-दाह जु मिट्यौ ब्यास कौ, इक चित ह्वै भागवत कियैं ।
प्रभु तै जन, जन तैं प्रभु बरतत, जाकी जैसी प्रीति हियैं ।
जो पैं राम-भक्ति नहिं जानी, कह सुमेरु सम दान दियै ।
'सूरजदास' विमुख जो हरि तैं, कहा भयौ गुन कोटि जियैं ॥

हरि का नाम ले लेने से कौन-कौन इस भवसागर के पार नहीं हो गए। गणिका जीवंती अपने शुक को राम राम पढ़ाती थी और तर गई। जरा नामक बहेलिये ने कृष्ण के चमकते तलवे में बाण मारा था, वह भी तर गया। शुक के गृह-त्याग से वादरायण व्यास को भारी आंतरिक व्यथा हुई थी, एक-चित्त होकर श्रीमद्भागवत की रचना कर देने से उनकी भी अंतर्जलन मिट गई। प्रभु से उनके भक्त जैसी प्रीति करते हैं, भगवान भी उन भक्तों के प्रति वैसी ही प्रीति बरतते हैं। यदि तूने अपने हृदय में राम की भक्ति नहीं की, तो सुमेरु जितना है, उतना स्वर्ण-दान करने से क्या हुआ? जो हरि से विमुख है, उदासीन है, उनकी भक्ति नहीं करता, वह करोड़ों युगों तक जीवित भी रह जाय; तो इससे क्या हुआ?

३६/९९ *राग केदारौ*

अब कैं नाथ, मोहिं उधारि ।
मगन हौं भव-अंबुनिधि मैं, कृपा सिंधु मुरारि ।
नीर अति गंभीर माया, लोभ-लहरि तरंग ।
लिए जात अगाध जल कौं, गहे ग्राह अनंग ।
मीन इंद्री तनहिं काटत, मोट अघ सिर भार ।
पग न इत उत धरन पावत, उरझि मोह सिवार ।
क्रोध-दंभ-गुमान तृष्ना, पवन अति झकझोर ।
नाहिं चितवन देत सुत-तिय नाम-नौका ओर ।
थक्यौ बीच बिहाल बिहवल, सुनौ करुना मूल ।
'स्याम' भुज गहि काढ़ि लीजै, सूर व्रज कैं कूल ॥

हे नाथ, हे करुणासागर, इस बार इस भव-सागर से मुझे बचा लो। मैं इसमें डूबा जा रहा हूँ। इस भव-सागर में माया ही अगाध जल है। इसमें लोभ की बड़ी-बड़ी ऊँची-ऊँची लहरें उठी जा रही हैं। कामदेव रूपी मगर इस अगाध माया-जल में मुझे खींचे लिए जा रहा है। इंद्रिय रूपी मछलियाँ मेरे शरीर को काटे खा रही है। मेरे सिर पर पापों का भारी बोझ लदा हुआ है। मैं मोह रूपी सिवार में उलझा हुआ हूँ और इधर-उधर पैर नहीं रख पा रहा हूँ। क्रोध, दंभ, गुमान और तृष्णा की चौबाई—चारों ओर से आने वाली आँधी—मुझे अत्यंत झकझोरे जा रही है। प्रभु, तुम्हारे नामरूपी नाव से ही इसे पार किया जा सकता है, पर प्रिया पत्नी और प्रिय पुत्र इस नौका की ओर ताकने ही नहीं देते, अपने हीं प्रेम में उलझाए रहते हैं। हे करुणा के मूल उत्स, मैं बीच में थककर विह्वल और विकल हो उठा हूँ। हे श्याम, मुझ दीन की बाँह पकड़कर, मुझे व्रज-भूमि के तट पर, लगा दीजिए। मुझे किनारे लगा दीजिए।

तातैं तुम्हरौ भरोसौ आवै ।
दीनानाथ पतित-पावन, जस वेद-उपनिषद गावै ।
जौ तुम कहौ कौन खल तार्यौ, तौ हौं बोलौं साखी ।
पुत्र-हेत सुर लोक गयौ द्विज, सक्यौ न कोऊ राखी ।
गनिका किए कौन व्रत-संजम, सुक-हित नाम पढ़ावै ।
मनसा करि सुमिर्यौ गज बपुरैं, ग्राह प्रथम गति पावै ।
बकी जु गई घोष मैं छल करि, जसुदा की गति दीनी ।
और कहति स्त्रुति, वृषल ब्याध की जैसी गति, तुम कीनी ।
द्रुपद-सुताहिं दुष्ट दुरजोधन, सभा माहिं पकरावै ।
ऐसौ और कौन करुनामय, बसन-प्रवाह बढ़ावै ?
दुखित जानि कै सुत कुबेर के, तिन्ह लगि आपु बँधावै ।
ऐसौ को ठाकुर, जन-कारन दुख सहि, भलौ मनावै ?
दुरवासा दुरजोधन पठ्यौ, पांडव-अहित बिचारी ।
साक पत्र लै, सबै अघाए, न्हात भजे कुस डारी ।
देवराज मख-भंग जानि कै, बरष्यौ ब्रज पर आई ।
'सूरस्याम' राखे सब, निज कर गिरि लै भए सहाई ॥

हे नाथ, वेद और उपनिषद तुम्हारा गुण-गान तुम्हें 'दीनानाथ' 'पतित पावन' कहकर करते हैं। इसीलिए मुझे तुम्हारी दीन-वंधुता और पतित पावनता का भारी भरोसा है। यदि तुम कहो कि मैंने किस खलको तारा है, तो मैं गवाही दे रहा हूँ। पहली गवाही मैं पापी अजामिल ब्राह्मण की दे रहा हूँ, जिसने मरते समय प्रेम-विह्वल होकर अपने पुत्र 'नारायण' को बुलाया। उसने अपने बेटे नारायण से प्रेम किया, न कि तुमसे। फिर भी वह ब्राह्मण डंके की चोट देकर सुरलोक चला गया और उसे वहां जाने से कोई रोक नहीं सका।

दूसरी गवाही में गणिका जीवंती की दे रहा हूँ। उसने कौन-सा व्रत और संयम किया था। उसने तो अपने पिंजर-बद्ध सुग्गे को केवल अपने मनोरंजन के लिए 'राम-राम' पढ़ाया था।

तीसरी गवाही में बेचारे गज की दे रहा हूँ। गज ने तो तुम्हारा स्मरण मन ही मन किया था, पर उसे ग्राह निगल जाय, उसके पहले ही, तुमने उस गज को गति दे दी।

चौथी गवाही मैं बकी पूतना की दे रहा हूँ। वह छल करके, अपने स्तन में जहर पोतकर, तुम्हें दूध पिलाने के बहाने मारने के लिए घोष (व्रज) में गई थी, पर वाह रे कन्हैया, तुमने उसे अपनी यशोदा मैया की गति दे दी।

पाँचवीं गवाही मैं उस वृषल (शूद्रा-जात) बहेलिये जरा की दे रहा हूँ, जिसका उल्लेख वेद तक करते हैं। जरा ने तो तुम्हारे पैर के तलवों की चमक देखकर वाण मारा था और तुम (कृष्ण) उसी से मर भी गए थे, पर तुमने उसको भी सुगति दे दी थी।

छठीं गवाही में राजा द्रुपद की बेटी द्रौपदी की दे रहा हूँ। दुष्ट दुर्योधन ने राजसभा

में उसे पकड़ मँगवाया था। हे करुनामय, ऐसा और दूसरा कौन है, जो उसके चीर को बढ़ाकर उसे नंगी होने से बचा सकता था।

सातवीं गवाही मैं कुबेर के दो पुत्रों नलकूबर और मणिग्रीव की दे रहा हूँ, जो शापग्रस्त होकर तुम्हारे प्रांगण में जुड़वाँ अर्जुन के पेड़ बन गए थे। उनको दुखी जानकर तुमने स्वयं अपने को उलूखल में बँधवाया और उनका उद्धार किया। ऐसा और कौन दूसरा स्वामी है जो अपने भक्तों के कारण स्वयं दुख सहकर अपने को बँधवा ले और भक्त का भला करे?

आठवीं साक्षी मैं पांडवों की दे रहा हूँ। दुर्योधन ने पांडवों का अकल्याण करने की कामना से दुर्वासा को बनवासी पांडवों का आतिथ्य ग्रहण करने के लिए प्रेरित किया। पर द्रौपदी की बटलोही में लगे रह गए जरा से साग से तुमने स्नान करके आए मूर्ख दुर्वासा की तृप्ति करा दी और वे शाप देने के लिए जो कुश लाए थे, उसे धरती पर फेंककर चले गए।

नवीं साक्षी मैं व्रजवासियों की दे रहा हूँ, जिन्होंने इंद्र की पूजा बंद कर दी थी और इससे कुपित होकर वह व्रज पर प्रलयंकर वर्षा कर उठा था और तुमने अपने हाथ की उँगलियों पर गोवर्धन गिरि को उठाकर सबकी रक्षा और सहायता कर ली थी।

प्रभु, यह सब देख सुनकर मुझे तुम्हारा भारी भरोसा है।

३८/१४२ राग धनाश्री

साँचो सो लिखहार कहावै ।
काया ग्राम मसाहत करिकै, जमा बाँधि ठहरावै ।
मन-महतो करि कैद अपने में, ज्ञान-जहतिया लावै ।
माँड़ि माँड़ि खरिहान क्रोध कौ, पोता-भजन भरावै ।
बट्टा काटि कसूर भरम कौ, फरद तले लै डारे ।
निहचै एक असल पै राखै, टरै न कबहूँ टारे ।
करि अवारजा प्रेम प्रीति कौ, असल तहाँ खतियावै ।
दूजे करज दूरि करि दैयत, नैंकु न तामैं आवै ।
मुजमिल जोरै ध्यान कुल्ल कौ, हरि सौं तहँ लै राखै ।
निर्भय रूपै लोभ छाँड़ि कै, सोई वारिज राखै ।
जमा खरच नीकैं करि राखै, लेखा समुझि बतावै ।
'सूर' आपु गुजरान मुहासिब, लै जवाब पहुँचावै ॥

वही सच्चा 'लिखहार' (लेखपाल, पटवारी) है, जो शरीर रूपी गाँव की 'मसाहत' (नाप, पैमाइश) करके, उसकी 'जमा' (मालगुजारी, लगान भूमि-कर) सुनिश्चित कर दे। वह गड़बड़ करने वाले मन रूपी महतो (ग्राम-प्रधान, मुखिया) को अपने भीतर कैद कर लेता है और ज्ञान को 'जहतिया' (जगात, लगान, वसूल करने वाला, अमीन) पद पर नियुक्त कर देता है। वह क्रोध रूपी खलिहान को बैलों के खुरों के नीचे कुचलवा कर भूसा और अन्न अलग कर देता है, पूरी मँड़ाई कर देता है और भजन रूपी पोत (लगान)

को भर देता है, भरपाई कर देता है, चुकता कर देता है। वह मन रूपी महतो के अपराध और भ्रम के कारण जो नाजायज खर्च हो गया है, उसे बट्टा खाते डाल देता है और भक्ति की जो वास्तविक आय हुई रहती है, उसी को अपने फर्द (रजिस्टर, खाता-बहीं) में लिख देता है, चढ़ा लेता है। उसका निश्चय एकमात्र असल आय पर रहता है, वह उससे जरा भी टस से मस नहीं होता। वह भगवान की प्रेम-प्रीति को 'अवारजा' (रोजनामचा या बही) में दर्ज कर लेता है, लिख लेता है। और जो 'असल' है उसी को वहाँ खाते में डाल लेता है। उसमें दूसरे कर्ज (ऋण) को वह आने नहीं देता, उन्हें दर्ज नहीं करता। वह 'कुल्ल' (भगवान) के ध्यान का 'मुजमिल' (कुल जमा) जोड़कर लिख लेता है। हरि से लेकर उस ध्यान की पूँजी को प्रेम-प्रीति के खाते में दर्ज कर लेता है। वह निर्भय होकर 'रूप' (चाँदी, रुपया-पैसा, सौंदर्य) का लोभ छोड़ देता है। उसी ध्यान को 'वारिज' (प्रकट) रखता है। वह खाते जमा खर्च—आय-व्यय—का लेखा ठीक रखता है और माँगने पर सारा लेखा ठीक ठीक समझा देता है। वही लेखपाल 'गुजरान' (पेशकार) और 'मुहासिब' (हिसाब देखने वाला, आय-व्यय-निरीक्षक) बनकर प्रभु के पास सब 'जवाब' पहुँचाता है।

३९/ग्र ५४७३ कल्प, राग भैरव

चल कर प्रभु के दरबारा। काल बली जहँ चौकीदारा॥
इहिं हजूर मैं याद तिहारी। चलने कौं अब करौ तयारी॥
जानैं हुरमत रहै तुम्हारा। ऐसी करनी कर लो यारा॥
जाको खादिम पकरि बुलावै। जतन करे कछु बनि नहिं पावै॥
बिनु मरजी कोउ रहन न पावै। क्या गरीब क्या साहु कहावै॥
जब यम आवै, कछु न बसावै। छिन मैं बाँधि पकरि लै जावै॥
तब ताकौं कहु कौन छुड़ावै। ढिग बैठत कलपै कलपावै॥
मौजुदात तैयारी कीजै। दरसन तलब बेगि चलि लीजै॥
गो खादिम तोहि देखि पसीजै। कंठ लगाय रंग मैं भीजै॥
करनी का कर कमर कटारा। सील सिपर, तप तेग दुधारा॥
धरे लेपकर ध्यान पियारा। ज्ञान तुरग पै ह्वै असवारा॥
जो तू ऐसा होइ चलेगा। मालिक मन मैं बहुत खिलैगा॥
काम क्रोध मद मोह बहेगा। यह संसार अपार रहेगा॥
निसिबासर हरि नाम कहेगा। परम पदहिं तू सीघ्र लहेगा॥
'सूरदास' जो तू सुख चावै। तौ गोविंद के गुन तू गावै॥
पतित उधारन विरद कहावै। चरन सरन प्रभु की नित ध्यावै॥

तुम्हें प्रभु के दरबार में चलना है। अत्यंत बलवान काल (मृत्यु) वहाँ का पहरेदार है, द्वारपाल है। हजूर (सरकार, प्रभु) ने तुम्हें याद किया है। अब उनके सामने पहुँचने की तैयारी कर लो। यारो अब ऐसी अच्छी करनी कर लो, जिससे तुम्हारी 'हुरमत' (प्रतिष्ठा) बची रहे। जिसको प्रभु के सेवक (भगवान के दूत) पकड़ ले जाते हैं, बाद

में यत्न करने पर भी कोई कार्य सिद्ध नहीं हो पाता, वहाँ घूस नहीं चलती। प्रभु की मरजी (कृपा) के बिना यहाँ कोई रहने नहीं पाता। चाहे वह गरीब (रंक) हो या साहु (महाजन, बड़ा आदमी)। जब यमराज आ जाते है, तब किसी का कोई बस नहीं चलता। वह क्षण भर में बाँधकर पकड़ ले जाते हैं। तब यम की बंदि से उसे कौन छुड़ा सकता है? उस समय तू स्वयं कलपेगा (रोएगा) और जिसके पास बैठेगा, उसे भी कलपाएगा (रुलाएगा)। 'मौजूदात' (वर्तमान काल में) सारी तयारी कर लो, जिससे प्रभु के दर्शन का तलब (मासिक वेतन) तुम्हें शीघ्र समय पर मिल जाय। भले ही खादिम (भगवान के दूत) तुझे देखकर तुझपर द्रवित हो जायँ, तुझे गले से लगाकर तेरे प्रेम में मग्न हो जायँ, फिर भी तू अपनी करनी (सुकृत्य) की कटार अपनी कमर में बाँध रख। अपने शील को सिपर (ढाल) बना ले और अपने तप को दोधारी तलवार बना लें। प्रियतम के ध्यान (की लगाम) को पकड़ कर ज्ञान रूपी घोड़े पर चढ़ जाओ। जो तू इस प्रकार से चलेगा, तब तुझे देखकर मालिक (प्रभु) मन में तुझपर बहुत ही प्रसन्न हो उठेंगे; तेरे सारे काम, क्रोध, मद, मोह बह जायँगे और यह अपार संसार तेरे लिए भस्मीभूत, अस्तित्वहीन, हो उठेगा; तब तू दिन रात हरि नाम का सुमिरन करने लगेगा और शीघ्र ही तू परम पद (मोक्ष) प्राप्त कर लेगा; अगर तू सुख चाहता है, तो गोविंद के गुण गाता जा। उनके चरणों की शरण में जाने का तू बराबर ध्यान बनाए रख। प्रभु का विरद ही—'पतित उधारन', 'पतित पावन' है। वे तुझ जैसे पतित का भी उद्धार कर देंगे, तुझ पतित को भी पवित्र कर देंगे।

४०/६४ राग धनाश्री

जनम साहिबी करत गयौ।

काया-नगर बड़ी गुंजाइस, नाहिन कछु बढ़यौ।
हरि कौ नाम, दाम खोटे लौं, झकि झकि डारि दयौ।
बिषया गाँव अमल कौ टोटौ, हँसि-हँसि कै उमयौ।
नैन-अमीन, अधर्मिनि कैं बस, जहँ कौ तहाँ छयौ।
दगाबाज कुतवाल काम रिपु, सरबस लूटि लयौ।
पाप उजीर कह्यौ सोइ मान्यौ, धर्म सुधन लुटयौ।
चरनोदक कौं छाँड़ि सुधा-रस, सुरा-पान अँचयौ।
कुबुधि-कमान चढ़ाइ कोप करि, बुधि-तरकस रितयौ।
सदा सिकार करत मृग मन कौ, रहत मगन भुरयौ।
घेर्‌यौ आइ कुटुम-लसकर मैं, जम अहदी पठयौ।
सूर नगर चौरासी भ्रमि-भ्रमि, घर-घर कौ जु भयौ॥

रे मन, तूने सारी जिंदगी शरीर पर शासन करने में खो दी। इसे जैसा जहाँ चाहा चलाता रहा। इस मानव-शरीर रूपी नगर में उन्नति करने की, मोक्ष प्राप्त करने की, बड़ी गुंजाइश थी, पर तू ने कुछ भी वृद्धि नहीं की। खोता ही रहा। हरि के नाम को तूमे खोटा दाम सिक्का समझा और चिढ़कर, कुढ़कर, इसे दूर ही फेंकता रहा। इस विषय रूपी

गाँव में शासन का एकांत अभाव है। तू इसी में हँस-हँसकर उमंग से लिप्त बना रहा। तेरे नयन हैं तो अमीन (सत्यनिष्ठ), पर ये अधर्मियों के बस में हो गए हैं। ये रूपसी के जिस अंग पर बैठ गए—वहाँ से टलने का नाम तक नहीं लेते। काम घोर शत्रु है। पर यही कोतवाल है और भारी धोखेबाज हैं। जान-माल की रक्षा करना तो दूर रहा, इसने सर्वस्व ही लूट लिया। यहाँ पाप ही मंत्री है। इसने जैसा कहा, मेरे मन, तुमने वैसा ही सुना, माना, और किया। इस वजीर ने तो धर्म का सारा धन ही लुटा दिया। भगवान के चरणों का धुला जल अमृत तुल्य है। उसे तूने त्याग दिया और शराब पीता रहा। तूने कुबुद्धि के धनुष पर बुद्धि के तरकश में भरे हुए वाणों को चला-चला कर इसे खाली कर दिया। तेरा मन ही मृग का शिकार होता रहा और इस शिकार में ही तू भूला हुआ एकदम डूबा रहा। अंत में यमराज ने अपना अहदी (दूत) भेजा और इस अहदी ने तुझे घेर लिया, यद्यपि तू अपने परिवार की सेना के बीच अपने को सुरक्षित समझे हुए था। तू चौरासी लाख योनियों रूपी विभिन्न नगरों में भटकता रहा और दरवाजे-दरवाजे का भिखारी हो गया।

४१/१४३ राग धनाश्री

हरि, हौं ऐसौ अमल कमायौ।
साबिक जमा हुती जो जोरी, मिनजालिक तल ल्यायौ।
वासिल बाकी, स्याहा मुजमिल, सब अधर्म की बाकी।
चित्रगुप्त सु होत मुस्तौकी, सरन गहँ मैं काकी ?
मोहरिल पाँच साथ करि दीने, तिनकी बड़ी बिपरीति।
जिम्मेें उनके, माँगैं मोतैं, यह तौ बड़ी अनीति।
पाँच-पचीस साथ अगवानी, सब मिलि काज बिगारे।
सुनी तगीरी, बिसरि गई सुधि, मो तजि भए निगारे।
बढ़ौ तुम्हार बरामद हूँ कौ, लिखि कीनौ है साफ।
'सूरदास' की यहै बीनती, दस्तक कीजै माफ॥

हे हरि, मैंने ऐसा अमल (करनी, कर्म) कमाया है। मेरी जो पूर्व जन्म की 'साबिक जमा' (पुरानी पूँजी, कमाई) थी, उसे भी मैंने मिनजालिक (खर्च का मद) में डाल दिया। पूर्व पुण्य कर्म भी खर्च कर दिए। जो कुछ वासिल (वसूल की हुई रकम) और बाकी था, वह सब स्याहा (मालगुजारी की बही) में 'मुजविल' (जमा) हो गया। अब मेरी सारी पूँजी अधर्म ही है। मेरे पास पुण्य के नाम पर अब कुछ नहीं है, पाप ही पाप है। इस समय आपका चित्रगुप्त नामक व्यक्ति मेरा मुस्तौफी है और मेरे आय-व्यय की जाँच कर रहा है। वह सही-सही जाँच करेगा। अब मैं किसकी शरण में जाऊँ? प्रभु, तुमने मेरे साथ पाँच मुहर्रिर मुंशी, लिखकर—(पंच ज्ञानेन्द्रियाँ) कर दिए थे। इन्होंने बहुत उलटा सीधा किया है। सब गड़बड़ी उन्हींकी की हुई है, वे मेरी सारी पूँजी डकार गए हैं और चित्रगुप्त जी महाराज सबका हिसाब मुझसे माँग रहे हैं। यह तो भारी अन्याय है। शरीर का निर्माण करने वाले पंच महाभूत—क्षिति, जल, पावक, गगन, समीर—और इन पाँचों

के पाँच-पाँच प्रकृतियाँ* कुल पच्चीस प्रकृतियों ने अग्रगामिता की और सब काम बिगाड़ दिए। जब इन सबने सुना कि मेरी 'तगीरी' (स्थानांतरण) हो गई है, मृत्यु हो गई है, तब इन सबने मेरा साथ छोड़ दिया है और मुझसे अलग हो गए हैं। और मेरी सारी खोज-ख़बर लेना भुला दिया है। मैंने तो जो कुछ तुम्हारी बढ़ी 'बरामद' (आय) थी, उसे भी खर्च करके साफ कर दिया, उड़ा दिया। अब हमारी यही प्रार्थना है कि मुझपर जो दस्तक (गिरफ्तारी का आदेश) है, उसे क्षमा कर दिया जाय।

४२/१५९ राग केदारौ

बहुरि की कृपाहू कहा कृपाल ?
विद्यमान जन दुखित जगत मैं, तुम प्रभु दीनदयाल।
जीवत जाँचत कन-कन निर्धन, दर-दर रटत बिहाल।
तन छूटे तैं धर्म नहीं कछु, जौ दीजै मनि-माल।
कह दाता जौ सुनै न दीनहिं, देखि दुखित ततकाल।
'सूरस्याम' कौ कहा निहोरौ, चलत बेद की चाल॥

हे कृपालु केशव; यदि इस समय तुमने जरा सी कृपा न की, और बाद में बहुत कृपा कर दी, तो उससे मेरा क्या भला होगा? हे प्रभु तुम तो दीनदयाल हो, और मैं तुम्हारे रहते हुए भी मैं तुम्हारा दास इस संसार में अत्यंत दुखित है। मैं जीवन भर कण-कण दाने भीख में माँगता फिर रहा हूँ; निर्धन हूँ, दरवाजे दरवाजे 'दाता की जय हो' कहता फिर रहा हूँ। मुझे तुम्हारी दयालुता की आवश्यकता तो इस समय है। यदि मेरे शरीर छूट जाने पर तुमने मुझे मणियों की माला ही दे दी, तो उससे मेरा कौन सा भला हो जायगा—उससे तुम्हारा कोई धर्म भी तो नहीं होगा। वह दाता ही क्या जो दीन दुखी की पुकार तत्काल नहीं सुनता। अगर मैं वेद के मार्ग पर चलता हुआ ही मोक्ष का अधिकारी हो गया, तो प्रभु, तुम्हारा इसमें क्या एहसान। एहसान तो तुम्हारा तब है, जब मैं जैसा भी हूँ, भला बुरा, मुझे उसी दशा में तार दो, उबार लो।

४३/१७२ राग कान्हरौ

भक्त-वछल प्रभु, नाम तुम्हारौ।
जल-संकट तैं राखि लियौ गज, ग्वालनि हिय गोवर्धन धारौ।
द्रुपद-सुता कौ मिट्यौ महादुख, जबहीं सो हरि टेरि पुकारौ।
हौं अनाथ, नाहिंन कोउ मेरौ, दुस्सासन तन करत उघारौ।
भूप अनेक बंदि तैं छोरे, राज-रवनि जस अति बिस्तारौ।
कीजै लाज नाम अपने की, जरासंध सौं असुर सँघारौ।
अंबरीष कौ साप निवारौ, दुरवासा कौ चक्र सँभारौ।

---

* पृथ्वी की पाँच प्रकृतियाँ—त्वचा, केश, मांस, नाड़ी, अस्थि।
जल की पाँच प्रकृतियाँ—जोलि, स्वेद, रक्त, लार, मूत्र।
अग्नि की पाँच प्रकृतियाँ—प्यास, भूख, नींद, थकावट, आलस्य।
आकाश की पाँच प्रकृतियाँ—काम, क्रोध, लोभ, मोह, भय।
वायु की पाँच प्रकृतियाँ—दौड़ना, लेटना, काँपना, चलना, संकोच।

बिदुर दास कैं भोजन कीन्हौ, दुरजोधन कौ मेट्यौ गारौ ।
संतत दीन, महा अपराधी, काहे 'सूरज' क्रूर बिसारौ ।
सो कहि नाम रह्यौ प्रभु तेरौ, बनमाली, भगवान, उधारौ ॥

हे प्रभु, तुम्हारा नाम भक्त-वत्सल है। तुम अपने भक्तों पर पुत्रवत स्नेह करते हो। तुमने जल में डूबते गज को ग्राह से बचा लिया था। तुमने व्रज के ग्वालों के लिए गोवर्द्धन पहाड़ को उठा लिया था। जब द्रौपदी ने गुहार लगाई—

दुख हरौ द्वारिकानाथ शरण मैं तेरी—

मैं इस समय अनाथ हूँ, मेरा कोई सहायक नहीं है, दुशासन मुझे नंगी कर देना चाहता है, तब तुमने उसका महा संकट तुरत काट दिया था। तुमने जरासंध के कारागार से अनेक राजाओं को मुक्त किया था और उन मुक्त राजाओं की राज-रमणियाँ ने तुम्हारे यश का विस्तार किया था। हे प्रभु, तुमने जरासंध जैसे महाप्रबल असुर का संहार करवा दिया था। इससे तुम्हारा विरुद बहुत बढ़ गया है। अब अपने नाम की लाज बचा लीजिए। तुमने अंबरीष का संताप शाप दूर किया, और दुर्वासा पर चक्र चला दिया। गर्वी दुर्योधन के घर का मेवा छोड़ा और दासी-पुत्र विदुर के घर शाक पात खाया। मैं सूरज तो क्रूर हूँ परम निंदनीय हूँ, सदा का दीन हूँ और घोर अपराधी हूँ, मैं तुम्हारा नाम रटता जा रहा हूँ। हे वनमाली, हे भगवान, मेरा भी उद्धार कर दो।

४४/१८० राग जैतश्री

तब बिलंब नहिँ कियौ, जबै हिरनाकुस मार्‌यौ ।
तब बिलंब नहिँ कियौ, केस गहि कंस पछार्‌यौ ।
तब बिलंब नहिँ कियौ, सीस दस रावन कट्टे ।
तब बिलंब नहिँ कियौ, सबै दानव दहपट्टे ।
कर जोरि 'सूर' बिनती करै, सुनहु न हो रुकुमिनि-रवन ।
काटौ न फंद मो अंध के, अब बिलंब कारन कवन ॥

हे प्रभु, जब तुमने हिरनाकुश को मारा था, तब विलंब नहीं किया था। हे प्रभु, जब कंस को केश पकड़ कर घसीटा था, तब विलंब नहीं किया था। हे प्रभु, जब तुमने रावण के दस सिर काट डाले थे, तब विलंब नहीं किया था। हे प्रभु, जब तुमने सारे दैत्यों को दपट दिया था, तब भी तुमने विलंब नहीं किया था। हे रुक्मिणी-रमण, मैं हाथ जोड़कर विनती कर रहा हूँ, मेरी विनती सुनो। मुझ अंधे सूरदास के फंदे को क्यों नहीं काट देते? इस फंदे को काटने में विलंब का कारण क्या है?

४५/१८३ राग सोरठ

जौ प्रभु, मेरे दोष बिचारैं ।
करि अपराध अनेक जनम लौं, नख-सिख भरौ बिकारैं ।
पुहुमि-पत्र करि, सिंधु मसानी, गिरि मसि कौं लै डारैं ।
सुर-तरुवर की साख लेखनी, लिखत सारदा हारैं ।
पतित-उधारन बिरद बुलावैं, चारौं बेद पुकारैं ।
'सूरस्याम' हौं पतित-सिरोमनि, तारि सकैं तौ तारैं ॥

हे प्रभु, यदि तुमने मेरे अपराधों पर विचार किया, तो मेरा उद्धार हो चुका। मैं अनेक जन्मों से पाप ही करता आया हूँ और सिर से पैर तक पाप ही में भरा हुआ हूँ। यदि पृथ्वी को कागज बना दिया, समुद्र को मसि-पात्र बना दिया जाय, कज्जलगिरि को घोरकर स्याही बना दी जाय, कल्पवृक्ष की टहनी को कलम बना दिया जाय और स्वयं सरस्वती लिखने लगें, तब भी मेरे पापों का खाता लिखा नहीं जा सकेगा। अपने गुण-दोष के आधर पर तो मैं तरने से रहा। रहा प्रभु के 'पतित-उधारन' विरद का भरोसा। चारों वेद तुम्हें पुकार-पुकार कर 'पतित-उधारन' कहे जा रहे हैं। प्रभु मैं तो पतितों का सिरोमणि हूँ, साधारण पतित नहीं। यदि तुम मुझे तार सको तो मुझे भी तार ही दो।

४६/१९० राग धनाश्री

ऐसे प्रभु अनाथ के स्वामी ।

दीनदयाल, प्रेम परिपूरन, सब घट अंतरजामी ।
करत बिबस्त्र द्रुपद-तनया कौं, सरन सब्द कहि आयौ ।
पूजि अनंत कोटि बसननि हरि, अरि कौ गर्व गँवायौ ।
सुत-हित विप्र, कीर-हित गनिका, नाम लेत प्रभु पायौ ।
छिनक भजन, संगति प्रताप तैं, गज अरु ग्राह छुड़ायौ ।
नर-तन, सिंह-बदन, बपु कीन्हौ, जब लगि भेष बनायौ ।
निज जन दुखी जानि भय तैं अति, रिपु हति, सुख उपजायौ ।
तुम्हरी कृपा गुपाल गुसाईं, किहिं किहिं स्त्रम न गँवायौ ।
'सूरजदास' अंध अपराधी, सो काहैं बिसरायौ ॥

प्रभु अनाथों के अत्यंत कृपालु स्वामी हैं। वे दीनदयाल हैं, प्रेम से परिपूर्ण हैं और सबके घट-घट की जाननेवाले हैं। दुःशासन द्रुपद की पुत्री-द्रौपदी का वस्त्र खींचकर नंगी कर देना चाहता था, द्रौपदी ने प्रभु के शरण की गुहार लगाई। प्रभु ने उसके वस्त्रों को अनंत कर दिया और दावागीर दुश्मन दुश्शासन का गर्व चूर-चूर कर दिया। अजामील ने अपने पुत्र नारायण का नाम लिया, जीवंती गणिका ने सुग्गे को राम राम पढ़ाया। इन दोनों ने नाम लेते ही प्रभु को पा लिया। सत्संग के प्रभाव से, क्षण भर के भजन मात्र से प्रभु ने गज को ग्राह से छुड़ा दिया। प्रभु ने अपने भक्त प्रहलाद के लिए शरीर तो नर का और मुँह सिंह का बनाकर अद्भुत रूप धारण कर लिया था, अपने उस प्रह्लाद भक्त को भय से अत्यंत विकल और दुखी देखकर प्रभु ने शत्रु हिरण्यकशिपु को मारकर, सुख उत्पन्न कर दिया। प्रभु मैं, अपराधी अंधा सूरदास हूँ, मुझे क्यों भुला दिया है ? मुझे भी तार दो न।

४७/२०० राग धनाश्री

अपुने कौं को न आदर देइ ?

ज्यौं बालक अपराध कोटि करै, मातु न मानै तेइ ।
ते बेली कैसैं दहियत हैं, जे अपनैं रस भेइ ।
श्री संकर बहु रतन त्यागि कै, दिसहि कंठ धरि लेइ ।

माता-अछत छीर बिनु सुत मरै, अजा-कंठ-कुच सेइ।
जदयपि 'सूरज' महा पतित है, पतित-पावन तुम तेइ॥

जो अपना है, उसे सभी आदर देते हैं। जैसे बालक कैसे भी, करोड़ों अपराध कर डाले, माता उस अपराध पर ध्यान नहीं देती। जिन लताओं को हम स्वयं सींचकर बड़ा करते हैं, उन्हें हम कैसे जला सकते हैं? शंकर जी ने बहुत से रत्नों को छोड़कर विष ही को अपने कंठ का आभूषण बना लिया है, वे उसका परित्याग नहीं करते। अपना लिया तो अपना लिया। माता के जीवित रहते हुए बच्चा बकरी के गल-स्तन को निचोड़ता हुआ, दुग्ध-पान के लिए मर जाय? मैं मानता हूँ कि मैं सूरजदास महापतित हूँ, पर तुम्हारे जैसा पतित-पावन भी तो है। 'हम पतित, तुम पतित पावन, दोउ सम बानक बने'।

४८/२१६ राग धनाश्री

हरि जू, हौं यातैं दुख-पात्र।
श्री गिरिधरन-चरन-रति ना भई, तजि बिषया-रस मात्र।
हुतौ आढ्य तब कियौ असद् व्यय, करी न व्रज-बन-जात्र।
पोषे नहिँ तुव दास प्रेम सौं, पोस्यौ अपनौ गात्र।
भवन सँवारि, नारि-रस लोभ्यो, सुत वाहन जन भ्रात्र।
महानुभाव निकट नहिँ परसे, जान्यौ न कृत-विधात्र।
छल बल करि जित-तित हरि पर-धन, धायौ सब दिन-रात्र।
सुद्धासुद्ध बोझ बहु बह्यौ सिर, कृषि जु करी लै दात्र।
हृदय कुचील काम-भू-तृष्ना-जल-कलिमल है पात्र।
ऐसे कुमति जाट 'सूरज' कौं, प्रभु बिनु कोउ न धात्र॥

हे हरि, मैं इसी से दुख का पात्र हूँ, इसी से दुखों से भरा हुआ हूँ, क्योंकि मैंने गिरिधर गोपाल के चरण-कमल से प्रेम नहीं किया और मात्र काम-धाम में रत रहा। न तो विषय-वासना छोड़ी, न भगवान की भक्ति ही की। जब मैं धनाढ्य था, धन-संपन्न था, तब मैंने उस धन का सदुपयोग नहीं किया, बुरे कामों में ही खर्च बर्च करता रहा। मैंने व्रज की वनयात्रा कभी नहीं की, मैंने तुम्हारे भक्तों का प्रेम से पोषण भी नहीं किया। केवल अपने शरीर को पालता-पोषता रहा। अच्छा घर बनवाया, नारी के प्रेमरस में लुभाया रहा, पुत्र, घोड़ा-गाड़ी, भाई-वंधु में ही लगा रहा। महान अनुभव वाले भगवद्-भक्तों के पास गया तक नहीं और विधाता की कृति वेद को जाना तक नहीं। छल बल से नित्य ही जहाँ रहा दूसरों का धन हरता रहा। इसी धन की छीना-झपटी में दिन-रात दौड़ता रहा। सिर पर शुद्ध अशुद्ध सभी प्रकार का बोझ ढोता रहा। और हँसिया लेकर (पाप का) खेत काटता रहा। मेरा हृदय भी मैला-कुचैला है यह काम और भूमि की तृष्णा के कलिमल जल से भरा हुआ बरतन है। ऐसे अपार मूर्ख सूरज का रक्षक प्रभु बिना कोई अन्य नहीं।

४९/२२१ राग मुलातानी तिताला

अब मेरी राखो लाज मुरारी।
संकट मैं इक संकट उपज्यौ, कहै मिरग सौं नारी।
और कछू हम जानति नाहीं, आई सरन तिहारी।

उलटि पवन जब बावर जरियौ, स्वान चल्यौ सिर झारी।
नाचन कूदन मृगिनी लागी, चरन कमल पर वारी।
'सूरस्याम' प्रभु अविगत लीला, आपुहि आप सँवारी॥

वन में आग लग गई है। पशु-पक्षी जलने लगे हैं। तब हिरन सहित हिरनी प्रभु से प्रार्थना करने लगी—हे मुरारि अब हमारी लाज बचा लो। हम और कुछ नहीं जानते। अब तुम्हारी शरण में आ गए हैं।

तब प्रभु कृपा से उलटी हवा चलने लगी और पहाड़ की तलहटी का सारा भावर (वन) जल गया। शिकार के लिए आए हुए कुत्ते भी सिर हिलाकर, निराश होकर उस आग को देखकर भाग चले। हिरनी प्रसन्न होकर नाचने-कूदने लगी। यह प्रभु के चरण-कमलों पर निछावर हो गई। श्याम की लीला अविज्ञेय है। उन्होंने अपने आप सब ठीक-ठाक कर दिया और विपत्ति टह गई।

५०/ल १८३ राग गौरी

को को न तरेउ हरि नाम लेत। पतित अधम, गणिका हैं केत॥
सुआ पढ़ावत गणिका तारी। ब्याध तहाँ सर घातहि डारी॥
अंतर दाह को मिटै उपास। कोइ यक, हरिजन मांगै दास॥
तारे खग मृग पसू परवान। तारे इंद्र जु लिए विमान॥
कोउ योग युक्त, कोउ भक्ति भाई। ध्यान ध्यान कोउ गुरु लखाई॥
कोउ पूजा करि यज्ञ अचार। कोउ अस्त्र न धन देत अपार॥
चिंता चित सब मेटहु मान। 'सूरदास' हरि परगट वान॥

हरि का नाम लेते ही कौन-कौन नहीं तर गए। अनेक का उद्धार हरि नाम लेने मात्र से हो गया। ऐसा तर जाने वालों में कितने ही पतित, अधम और गणिकाएँ हैं। सुग्गा को राम राम पढ़ाते हुए जीवंती गणिका तर गई। जरा नामक व्याध कृष्ण के तलवों में शर मारकर तर गया। ब्यास के हृदय की जलन श्रीमद्‌भागवत की रचना करके मिटी। शायद ही कोई हरिजन हो जो भगवान से भक्ति के बदले धन-राशि माँगता हो। प्रभु ने खग (जटायु), मृग (मारीच), पशु, पाषाण (अहल्या) सभी को तार दिया है। रथ पर चढ़कर घूमनेवाले इंद्र को भी प्रभु ने तार दिया है। किसी को योग-साधना भली लगी, किसी को भक्ति-मार्ग पसंद आया। किसी को गुरु में ध्यान योग सिखाई। किसी ने पूजा पाठ किया, किसी ने यज्ञ किए, किसी ने अपने आचार-विचार ही ठीक किए। किसी ने तीर्थों में जा-जाकर स्नान किया। किसी ने अपार धन ही दान किया। यह सब मानकर 'सूर' तुम अपने चित्त से सभी चिंताएँ निकाल दो। हरि तो यत्र-तत्र सर्वत्र प्रगट हैं।

भगवन्नाम महिमा

५१/२१६ राग भैरव

कृष्ण नाम रसना रटत, सोई धन्य कलि में।
ताके पद पंकज की रेणु की बलि मैं।
सोइ सुकृत, सोइ पुनीत, सोई कुलवंता।
जाको निसि बासर रहे कृष्ण-नाम-चिंता।

योग यज्ञ तीरथ व्रत, कृष्ण नाम माहीं।
बिना कृष्ण नाम कलि उधार और नाहीं।
सब मुख को सार कृष्ण कबहूँ ना बिसरिए।
कृष्ण नाम ले ले, भवसागर को तरिए।
श्री गोवर्धन धरण प्रभु, परम मंगलकारी।
उधरे जन 'सूरदास', ताकी बलिहारी॥

—ल., सूरसारावली के अंत में

जो अपनी जीभ से बराबर कृष्ण का नाम रटता रहता है, वह इस कलियुग में धन्य है। मैं उस भक्त के चरण-कमलों की धूल की बलैया लेता हूँ। वही पुण्य कार्य करनेवाला है। वही परम पवित्र है। वही कुलीन है, जिसको रात दिन कृष्ण के नाम की चिंता लगी रहती है। योग, यज्ञ, तीर्थ, व्रत सभी कृष्ण नाम में समाविष्ट हैं। कृष्ण के नाम को छोड़कर कलियुग में उद्धार का और कोई दूसरा मार्ग नहीं है। इस बात को कभी न भूलो कि कृष्ण का नाम ही सभी सुखों का सार है। कृष्ण का नाम ले-लेकर भवसागर के पार उतर जाओ। गोबर्द्धन धारण करनेवाले प्रभु परम मंगलकारी हैं। सूरदास जैसे जन भी उन्हीं के बदौलत पार उतर गए।

५२/६० राग देवगंधार

चौपरि जगत मड़े जुग बीते।

गुन पाँसे, क्रम अंक, चारि गति, सारि न कबहूँ जीते।
चारि पसारि दिसानि, मनोरथ घर, फिरि फिरि गिन आनै।
काम क्रोध मद संग मूढ़ मन, खेलत हार न मानै॥१॥
बाल विनोद, बचन हित-अनहित, बारबार मुख भाखें।
मानो बग बगदाइ प्रथम दिसि, आठ-सात-दस नाखे।
षोडस जुक्ति, जुगत चित षोडस, षोडस बरस निहारै।
षोडस अंगनि, मिलि प्रजंक पै, छ-दस अंक फिरि डारै॥२॥
पंद्रह पित्र काज, चौदह दस चारि पठे, सर साँधे।
तेरह रतन कनक रुचि द्वादस, अटन जरा जग बाँधे।
नहिँ रुचि पंथ पयादि डरनि, छकि पंच एकादश ठानै।
नौ दस आठ प्रकृति तृष्ना सुख सदन साँत संधाने॥३॥
पंजा पंच प्रपंच नारि पर भजत, सारि फिरि मारी।
चोक चबाउ भरे दुविधा छकि, रस रचना रुचि धारी।
बाल किसोर तरुन जर, जुग सो, सुपक सारि ढिग ढारी।
'सूर' एक पौ नाम बिना नर, फिरि-फिरि बाजी हारी॥४॥

संसार रूपी चौपड़ को बिछे हुए एक युग बीत गया। यह शरीर सत, रज और तम नामक प्रकृति के तीन गुणों से बना है, इसमें कर्म के अंक हैं और बाल्यावस्था,

कैशोरावस्था, युवावस्था और वृद्धावस्था नामक चार गतियाँ हैं। इस शरीर से, इसके कर्मों से, चारों अवस्थाओं में कभी इस चौसर की बाजी नहीं जीती जा सकी। सत्कर्म नहीं बन सके, दुष्कर्मों में ही प्रवृत्त रहा, चारो अवस्था रूपी चार रंग की गोटियों को चारों दिशाओं में फैली हुई बिसात पर फैलाता रहा और घूम फिर कर उन गोटों को मनोरथ के खाने में ही लाता रहा। मेरा मूढ़मान काम, क्रोध और मद के साथ जीवन की चौसर खेलता रहा, और खेलने से कभी हार नहीं माना, खेलने में कभी नहीं थका। हमेशा अपनी ही देखता रहा, परोपकार में कभी भी प्रवृत्त नहीं हुआ।

बार-बार बच्चों की तरह, हित अनहित का खयाल न करते हुए, मुँह सो जो निकला, बकता रहा। मानो वाणी को एक ओर भटकाकर आठो पहर, सातो द्वीपों एवं दशो दिशाओं में घूमता रहा। पर सफलता नहीं मिली।

सोलहों युक्तियाँ करके, सोलहो श्रृंगारों से सजी हुई, षोडश-वर्षीया नवयुवती को चित्त में बसाए हुए, अपने सोलहो अंगों को उसके सोलहो अंगों से पटाए हुए पलँग पर लेटे हुए, छ-दस (सोलह) अंकों की चाल चलता रहा।

पाँच कर्मेन्द्रियों, पाँच ज्ञानेन्द्रियों और पाँच (शब्द स्पर्श रूप रस गंध) तन्मात्राओं इन पंद्रहों को पितृ-परंपरा को जारी रखने के लिए संतानोत्पत्ति करने में लगाए रहा। चौदहों भुवनों में दशों दिशाओं में चारो ओर शर-संधान किए हुए भटकता रहा। शर बराबर धनुष पर चढ़ा रहा, जरा भी विश्राम का अवसर नहीं मिला।

यह तेरह रतनों (मोती, हीरा, वैदूर्य, पोखराज, पन्ना, लाल, नीलम गोमेद, मूँगा तथा स्फटिक, चंद्रकांत, सूर्यकांत और शंख) और बारह-वानी सोना के लोभ में यह सारी ज़िंदगी घूमता रहा। तब तक वृद्धावस्था ने आकर इसे चारों ओर से कसकर बाँध लिया।

सु-पंथ पर जाने की रुचि नहीं है, और पैदल चलने में थक जाने का डर है, इसलिए इसमें छक्के पंजे में आकर लोभ का ग्यारहवाँ पंथ (कुपंथ) अपना लिया है। यह ९+१०+८=२७ प्रकार के तृष्णा के सुख एकत्र करने में लग जाता है—ये हैं १. पवन, २. दन, ३. आभूषन, ४. भूमि, ५. पद, ६. सम्मान, ७. पुत्र, ८. स्त्री, ९. मित्र, १०. भूख, ११. पशु, १२. यान, १३. राजाश्रय, १४. अधिकार, १५. वपुस्यशा, १६. यौवन, १७. स्वास्थ्य, १८. सुंदर भोजन, १९. सुंदर शय्या, २०. संगीत, २१. प्रशंसा, २२. सुगंधित पदार्थ, २३. सुरम्य उपवन, २४. माला, २५. शुक-सारिका पालन, २६. क्रीड़न, २७. चित्रकला।

वह इनसे सात प्रकार से एकत्र करता है—१. भोगकर, २. सजाकर, ३. देखकर, ४. सुनकर, ५. सूँघकर, ६. छूकर, ७. बोलकर।

पर नारी के प्रपंच में पड़कर कपट का पंजा मारता है और उसका भोग करता है और फिर तेरी गोद मारी जाती है। तेरे दाँतों के चौके पर-निंदा से भरे हुए हैं। वे द्विविधा में पड़े हैं और कभी भी सच नहीं बोले। जीभ तो सभी प्रकार के रसों में रुचि लेनेवाली है।

बाल्यावस्था, कैशोरावस्था, तरुणावस्था और वृद्धावस्था की चारों गोटियाँ तो पक गई। पर तूने भगवान का नाम भुला दिया और जीवन की बाजी हार गया। तेरे पौ बारह नहीं हो सके।

चौपरि जगत पड़े जुग बीते ।
गुन पाँसा, क्रम अंक, दसा चौ, सारि न कबहूँ जीते ॥
दिस फिरि चारि, मनोरथ घर फिरि, फेरि फेरि गुण आवै ।
काम क्रोध मिलि लोभ के संगम, खेलत हारि न पावै ।
मात गर्भ स्थिति पाइ पिता दस मास उदर से डारै ।
जनम छठी छक और बधाई दुइ छक दुइ पुनि पारै ॥ १ ॥

चौपड़ का खेल एक ऐसी बिसात पर खेला जाता है जो खंडों में विभक्त होता है और हर खंड में चार चार खाने होते हैं। यह खेल चार ही गोटों से खेला जाता है।

संसार के चौपड़ की बिसात एक युग से बिछी हुई है, यहाँ त्रिगुणात्मक शरीर ही पासा है, कर्म ही अंक है और जीवन की चार दशाएँ—बाल्यावस्था, कैशोरावस्था, तरुणावस्था और वृद्धावस्था हैं। मनुष्य इन सबका उपयोग करके भी बाजी नहीं जीत पाता। मनुष्य चारो दिशाओं में घूम फिरकर, अपने मनोरथ के रथ पर चढ़कर फिर अपने स्वार्थ के घर में ही लौट आता है। वह काम, क्रोध और लोभको साथ लेकर जीवन की बाजी खेलता है और केलने में थकता नहीं। पिता के द्वारा माता में कब गर्भाधान हो जाता है, तब माँ दस महीने तक भ्रूण को अपनी कोख में रखती है फिर उसे बाहर निकाल देती है। फिर जन्मोत्सव, छट्ठी-बरही और आनंद-वधाई के दिन छककर उमंग से मनाए जाते हैं ॥ १ ॥

मुंडन करनबेध, व्रतवंध, विवाह, गवन, गृह वासी ।
आलिंगन चुंबन परिरंभन, नखछत, चारु परस्पर हाँसी ।
केतकि, करुणा, बेलि, चँबेली, सुमन सुगंध सिंचाए ।
रचहिं तलप, निसि भोग चतुस्सम, बहुत एकादस पाए ॥ २ ॥

फिर मुंडन, कर्णवेध, व्रतवंध (जनेऊ), विवाह, गवन और गृहस्थाश्रम प्रवेश होता है। इस आश्रम को पति-पत्नी आलिंगन, चुंबन, परिरंभण, नख-दान और परस्पर हँसी दिल्लगी में बिता देते हैं। केतकी, करणा, बेला, चमेली आदि सुमनों की सुगंध से वे सिक्त रहते हैं। वे सुंदर सेज सजाते हैं, रात्रि में सुरति-संभोग में रत हो जाते हैं। वे चतुस्सम नामक सुगंधित द्रव्य का आनंद लेते हैं। चतुस्सम में २ भाग कस्तूरी, ४ भाग चंदन, ३ भाग कुंकुम और ३ भाग कपूर रहता है। इन सबका उपभोग करके दसों इंद्रियाँ और ग्यारहवें इनके राजा मन को पूर्ण तृप्ति मिली ॥ २ ॥

उर परसत, सब अंग बिलोकत, क्रीड़ा सुख सुख जी के ।
चोली चीर अलक भूषण फिरि, सजत पिय भवनी के ।
नख सिख साजि सिँगार सकल, त्रिय सुंदर बदन निहारत ।
बिबिध बिलास, सकल कौतुक रस, छ-दस अंक भरि डारत ॥ ३ ॥

प्रिया के उरोजों का स्पर्श करता है, उसके अंग अंग की छवि देखता है और उसके साथ सुखपूर्वक काम-क्रीड़ा करता है। फिर वह अपनी लक्ष्मी (घरनी) को चोली, चीर,

आभूषण से सजाता है और उसकी अलकों को सहलाता है। अपनी प्रिया को नख से लेकर शिखा तक सँवार कर, सिँगार कर वह, उसके मुँह को देखने लगता है। फिर वह विविध विलास और सकल कौतुक के रस में भरकर अपनी प्रिया के छदस (सोलहों) अंगों को अपनी भुजाओं में भरकर भेटता है॥ ३॥

यौवन मद, जन मद, मादक मद, धन मद, विध मद भारी।
काम बिबस पर नारि भजत, दुइ पंच सरहि फिरि मारी।
पौरि पगार महल मंदिर रचि, राजत अंग अटारी।
भीतर भवन बिचित्र बिराजत, पंच दुवादस द्वारी॥ ४॥

यौवन के मद में, परिवारी जनों के मद में, शराब जुआ मादक पदार्थों के मद में, धन के मद में, अन्य अनेक प्रकार के मद में डूबकर वह काम के बस में होकर पर-नारी में रत हो जाता है। वह पंचशर वाले कामदेव की दुहरी मार सहता है। वह पौरि (सिंहद्वार, गोपुर), पगार (प्राचीर, चहार-दीवारी), महल अ..र मंदिर निर्माण करता है और ऊपर कोठा अटारी पर रहता है। प्राचीर के भीतर अद्भुत भवन बना हुआ है जिसमें पाँच-पाँच बारहदरियाँ (बैठकें) हैं॥ ४॥

कृषी बणिज ब्योहार ग्रामपति, यह बाँधत दर हाथी।
करि अभिमान हरी सों बेमुख, संग नहीं कोउ साथी।
भूषन रजत कंचन मुक्ता मणि, माणिक संचित कसि-कसि।
पंद्रह सुनि गुणत, छहो रस बिलसत, कहत अठारह हँसि-हँसि॥ ५॥

वह कृषि करता है, वाणिज्य करता है, ब्योहार (महाजनी, रुपये का लेन-देन) करता है। स्वयं गाँव का स्वामी है। उसके दरवाजे पर घोड़े हाथी बँधे रहते हैं। अभिमान करके वह हरि से विमुख बना रहता है। प्रभु स्मरण वह नहीं करता और इस दिशा में वह अकेला है। उसका न कोई संगी है, न साथी। वह रत्न, सोना, चाँदी, मणि, माणिक्य सभी ढेर का ढेर संचित करता जाता है। उसकी संपत्ति छह शून्यों में है, वह लखपती है। वह छहो रसों का आस्वाद लेता है। और अठारह पुराणों की हँसी उड़ाता रहता है॥ ५॥

परिवा ते पंचिमी दसनि कहुँ पोत टका नित कीन्हा।
धंजा तीनि परे कीन्ही बिधि, बिप्रनि भोजन कीन्हा।
स्वजन, समधि, परिवार, दास दासी सबको हितकारी।
दाव घाव गति देंखि करति रहि, पंजा पारत न्यारी॥ ६॥

परिवा से पंचमी तक एवं दशमी को नित्य एक टका (कायां) दान देता है। तीन पंजा पड़ने पर वह ब्राह्मणों को भोजन कराता है। वह अपने समधी, सजन, परिवार, दास दासी सबका हित करनेवाला है। वह अवसर के अनुकूल, दाँव-घात की गति देखकर प्रेम करता है औ अलग होकर पंजा मारता है॥ ६॥

संध्या तिमिर इंदु दुबिधा दुइ सोक निगम पथ चालत।
श्रवण पुराण सिला तुलसी दल पूजित दुखित हि पालत।

पंच बरष, दस बरष और छक युग खेलहु खिलवारी।
सिसु गइ बीति, किसोर काल हति, मनु कांची करि डारी ॥ ७॥

वह संध्या के अंधकार में द्वितीया के चंद्र की द्विविधा की स्थिति में वेद द्वारा निर्दिष्ट पथ का पालन करता है। वह पुराण सुनता है, शालिग्राम की बटिया की पूजा करता है, उसपर तुलसी के पत्ते चढ़ाता है और व्रत के कष्ट सहता है, पांच बरष, दस बरष और छह बरष तो लड़कपन के खेल खेलने में बीत गए। शैशवावस्था जीतकर चली गई, कैशोरावस्था भी बीत गई और मन को कच्चा कर गई॥ ७॥

पुनि पौछक औरौ छक पंजा साजि सारि सँख फोरेउ।
तितने दाउँ बहुरि फिरि खेलो, तरुण बिरध युग जोरेउ।
अमावस, पूनो, संक्रांति, ग्रहण, द्विज कर प्रभनो मेलत।
एकादसी द्वादसी संयम कछू देत छक खेलत ॥ ८॥

फिर छक्का और छक्कापंजा का पौ (दाँव) लगा। इन्हें सजा कर गोट डाली गई। उतने ही दाँव तारुण्य और वार्द्धक्य दोनों को मिलाकर फिर खेले गए। अमावस्या, पूर्णिमा, संक्रांति, ग्रहण के दिन द्विजों को दान देते रहे, एकादशी और द्वादशी को संयम-व्रत रखकर दिन बिताए॥ ८॥

मंगल, बुध, गुरु, शुक्र, भान, ससि शांति करत ग्रह नीके।
राहु केतु चंद्रमा सु संयुत, छतन परत हित जी के।
सैन उठान अमर्द बिना जन, उपवासन तन साधे।
दुई चौदसी जनम निसा हित, पोच चारि मन बाँधे ॥ ९॥

मंगल, बुध, बृहस्पति, शुक्र, रवि और सोम को ग्रहों की शांति करते रहे। चंद्रमा के सहित राहु, केतु की पूजा जीवन के कल्याण के लिए करते रहे। सोते समय, प्रभात में, उठते समय उपवास करके शरीर को साधे रखा। दूज, चतुर्दशी, शिव रात्रि पंचमी और चतुर्थी को मन को बाँधते रहे॥ ९॥

द्वारावती गोमती पुष्कर, तीर्थ प्रयाग अन्हाए।
गई न मन की कठिन मलिनता, कहा भयो भ्रमि आए।
बारह बन व्रज के परदक्षिण, पंच द्वादसे पेखत।
जप तप संयम नेम धरम व्रत, करि करि, कष्ट सकेलत ॥ १०॥

द्वारिका, गोमती, पुष्कर, तीर्थराज प्रयाग में स्नान किया, मन की मलिनता दूर नहीं हुई। व्रज के बारह वनों की प्रदक्षिणा की तो क्या हुआ? तीर्थों से भ्रमण कर आने से क्या हुआ। जप, तप, संयम, नेम, धर्म, व्रत कर करके व्यर्थ कष्ट सहते रहे॥ १०॥

लोचन श्रवण त्वचा ए जारैं, सर्बस को नहिँ काँधे।
सुधि बुधि सुमति सु राजि गइ दस निध, जुरा जूग बिधि बाँधे।
धरत चरण, निर लरत लकुट ले, चलन नवल कइ कांपत।
कासस कफ कर, तन गिरिधर धुक, तदा बिछूरत भाखत ॥ ११॥

ये अपनी आँख, कान, चमड़ी को जलाते हैं और जो सर्वस्व है, (परम ब्रह्म) है उसको अपने कंधे पर नहीं धारण करते। सुधि, बुद्धि, सुमति सब जाती रही। जरा (वृद्धावस्था) ने सब प्रकार से बाँध लिया। पृथ्वी पर पैर रखते हैं, तो लड़खड़ा जाते हैं, लाठी लेकर कांपते हुए चलते हैं। खाँसी और कफ से परेशान रहते हैं, शरीर झुक गया है और धरती पर गिरे जा रहे हैं॥ ११॥

सुत बनिता हित, पांचो नेहू नाते, सबही टूटे।
दाव कुदाव परे दुइ पंचत, जोरा मिलि युग फूटे।
बालक तरुण बिरध अधजर जिति सारी ढिग ढारी।
'सूर' एक मो नाम बिना नर, फिरि फिरि बाजी हारी॥ १२॥

पत्नी और पुत्र का प्रेम, पंचों से स्नेह का संबंध सब टूट गए, समाप्त हो गए। पांचो कर्मेन्द्रियाँ एवं ज्ञानेन्द्रियाँ सभी अपने दाँव छोड़कर, कुदाँव में पड़ गईं—निष्क्रिय हो गईं। बाहरी और भीतरी दोनो आँखें फूट गईं। वाल्यावस्था, यौवनावस्था, वृद्धावस्था सभी मृत्यु के उपरांत अर्द्ध-जल में पड़ गए। जीवनकाल में जो कुछ जीता था, सभी धरती पर लुढ़का कर चलते बने। बिना भगवान के एक नाम न भजने के कारण जीवन की सारी बाजी हार गए। जीवन निष्फल हो गया॥ १२॥

—०—

पदानुक्रमणिका

पदानुक्रमणिका

विनय पदावली

सम्पूर्ण सूरसागर

खण्ड : 4

सूरसागर

(द्वादश स्कंधात्मक)

दूसरा भाग

सम्पूर्ण सूरसागर

सूरसागर

(द्वादश स्कंधात्मक)

दूसरा भाग

महाकवि सूरदास ब्रह्मभट्ट
(चंदवरदाई के वंशज और अकबरी दरबार के गायक)

सम्पादक एवं टीकाकार
साहित्य वाचस्पति, डॉ. किशोरी लाल गुप्त
एम.ए., पी-एच.डी., डी. लिट्.

लोकभारती प्रकाशन

लोकभारती प्रकाशन
पहली मंजिल, दरबारी बिल्डिंग, महात्मा गांधी मार्ग
प्रयागराज-211 001
वेबसाइट : www.lokbhartiprakashan.com
ईमेल : info@lokbhartiprakashan.com
शाखाएँ : 1-बी, नेताजी सुभाष मार्ग, दरियागंज
नई दिल्ली-110 002
अशोक राजपथ, साइंस कॉलेज के सामने
पटना-800 006
1, अनमोल सोराबजी संतुक लेन, धोबी तलाव,
मरीन लाइंस, मुम्बई-400 002

पहला संस्करण : 2005
चौथा संस्करण : 2024

बी.के. ऑफसेट
नवीन शाहदरा, दिल्ली-110 032
द्वारा मुद्रित

SAMPURNA SOORSAGAR
KHAND–4
(Dwadash Skandhatmak) Vol. II
Edited and Annotation by Dr. Kishori Lal Gupt

ISBN : 978-93-86863-82-9

मूल्य : ₹6000
पाँच खण्डों का सम्पूर्ण सेट

समर्पण

सूरसागर (द्वादश स्कंधात्मक संस्करण मुम्बई १९५३ वि०, १८९६ ई०) के संकलयिता
संपादक **बाबू राधाकृष्णदास** एवं नागरी प्रचारिणी सभा काशी द्वारा
दो खण्डों में प्रकाशित स्कंधात्मक सूरसागर की सामग्री के
संकलयिता व्रजभाषा के श्रेष्ठ कवि
जगन्नाथ दास रत्नाकर की
पुण्यस्मृति में सादर
समर्पित

विषयानुक्रमणिका

दशम स्कंध पूर्वार्द्ध (शेषांश)

वृंदावन लीला

(पद १०८६ - २३७९ : पृष्ठ १ - ६८३)

पनघट लीला

१०८६/२०१७ राग बिलावल

हरि त्रिलोक-पति पूरनकामी। घट-घट ब्यापक अंतरजामी ॥
ब्रज-जुवतिनि कौ हेत बिचार्‌यौ। यमुना कैं तट खेल पसार्‌यौ ॥
काहू की गगरी ढरकावैं। काहू की इँडुरी फटकावैं ॥
काहू की गागरि धरि फोरैं। काहू के चित चितवत चोरैं ॥
या बिधि सबके मनहिं मनावैं। 'सूरस्याम' गति कोउ न पावैं ॥

हरि तीनों लोकों के स्वामी हैं। वे निष्काम हैं, कामना रहित हैं। वे हर एक के हृदय में समाये हुए हैं और सबके मन की बात जान लेनेवाले हैं। उन्होंने ब्रज की नव-युवतियों का अपने प्रति जो अनुराग देखा, तो उन्होंने जमुना के किनारे एक नया खेल ही प्रारम्भ कर दिया। ब्रज की नवेलियाँ जमुना जी में पानी भरने जाती ही थीं। वहाँ वह किसी की भरी गगरी उलटकर उसका पानी गिरा देने लगे, किसी की बेंडुली (इँडुरी) उठाकर दूर फेंक देने लगे, किसी का मिट्टी का घड़ा उठाकर पटक देने और फोड़ देने लगे, किसी का चित्त ही अपनी चितवन से चुराने लगे। इस प्रकार वे सबकी मनोकामना पूरी करने लगे। श्याम के भेद को कोई नहीं जानता।

१०८७/२०१८ राग अड़ाना

हौं गई जमुन-जल साँवरे सौं मोही ।
केसरि की खौरि, कुसुम की दाम अभिराम, कनक-दुलरि कंठ, पीतांबर खोही ।
नान्ही नान्ही बूँदनि मैं, ठाढ़ौ गावै मीठी तान, मैं तौ लालन की छबि, नैंकहू न जोही ।
'सूरस्याम' मुरि मुसुक्यानि, छबि अँखियानि रही, हौं न जान्यौ री, कहाँ ही और कोही ॥

एक गोपी दूसरी से कह रही है–मैं आज जमुना जी जल लेने गई थी। वहाँ मैंने साँवले सलोने किसन कन्हैया को देखा और मैं उन पर मोहित हो गई, लुभा गई। वे माथे पर केसर का आड़ा टीका लगाए हुए थे। उनके गले में सुमनों की सुंदर माला थी। सोने की दो लर की सिकड़ी भी उनके कंठ में पड़ी हुई थी। उनके सिर पर पीतांबर की घोघी थी। नन्हीं नन्हीं बूँदें पड़ रही थीं। उस हलकी झड़ी में खड़े वह मीठी तान में गाए जा रहे थे। कन्हैया लाल की-सी सुंदरता तो मैंने अन्यत्र कहीं भी नहीं देखी। वह सुंदरता तो दूर रही, उसका एक अंश भी मुझे कहीं और नहीं देखने को मिला। श्याम के मुड़कर मुसकराने की छवि मेरी आँखों में बस गई हैं। उस समय मुझे इतना भी ज्ञान नहीं रह गया था कि मैं कौन थी और कहाँ थी।

१०८८/२०१९ राग अड़ाना

चटकीलौ पट लपटानौ कटि पर, बंसीबट जमुना कै तट, राजत नागर नट ।
मुकुट की लटक, मटक भृकुटी की लोल, कुंडल चटक, आछी सुबरन की लुकट ।
उर सोहै बनमाल, कर टेके द्रुम डाल, टेढ़े ठाढ़े नंदलाल, सोभा भई घट-घट ।
सूरदास-प्रभु की बानक देखैं गोपी ग्वाल, निपट निकट, पट आवै सोंधे की लपट ॥

जमुना के किनारे, वंशी-वट के नीचे, नटनागर कृष्ण विराज़मान थे। उनकी कमर से चटकदार पीतांबर लिपटा हुआ था। उनके सिर पर मोर-पंख का मुकुट थोड़ा झुका हुआ था। वह अपनी भौंहें मटकाए जा रहे थे। उनके कानों के कुंडल हिल-हिल उठ रहे थे। उनके हाथ में बड़ी अच्छी सोने की लठिया थी। उनके वक्ष पर वनमाला सुशोभित हो रही थी। वे पेड़ की एक डाली का सहारा लिए टेढ़े-टेढ़े खड़े थे। हर देखने वाले के हृदय में उनकी वह छवि समाई जा रही थी। उनके वस्त्रों से सुगंध की लपट-सी निकली आ रही थी, लहर-सी उठती आ रही थी। गोपी और ग्वाल सभी प्रभु की इस वेश-भूषा को बहुत निकट से देखे जा रहे थे।

१०८९/२०२० राग सुघरई

मृदु मुरली की तान सुनावै, इहि बिधि कान्ह रिझावै।
नटवर-बेष बनाए ठाढ़ौ, बन-मृग निकट बुलावै।
ऐसौ को जो जाइ जमुन तैं, जल भरि घर लै आवै।
मोर-मुकुट, कुंडल, बनमाला, पीतांबर फहरावै।
एक अंग सोभा अवलोकत, लोचन जल भरि आवै।
'सूरस्याम' के अंग-अंग-प्रति, कोटि काम-छबि छावै॥

कन्हैया मुरली की मधुर तान सुना सुनाकर सभी को रिझाए ले रहे हैं। वे नटनागर का वेष बनाए हुए खड़े हैं और वन के हिरनों को भी अपनी बाँसुरी की तान सुनाकर अपने पास बुलाए ले रहे हैं। ऐसी कौन है, जो जमुना के किनारे जाकर पानी भर कर घर ला सके। या तो वह वहीं ठगी-सी खड़ा रह जायगी या फिर इस डर से कि कन्हैया मेरी गगरी फोड़ देंगे, जल लुढ़का देंगे, वह वहाँ जाने का साहस ही न जुटा पाएगी। वे सिर पर मोर पंख का मुकुट, कानों में स्वर्ण-कुंडल और गले में वनमाला धारण किए हुए हैं और उनका पीतांबर हवा के झोंके से हिलता जा रहा है, फहराता जा रहा है। उनके एक भी अंग की शोभा को देखकर आँखों में प्रेम के, हर्ष के आँसू भर आते हैं। श्याम के तो एक-एक अंग पर करोड़ों कामदेवों की छवि छाई हुई है।

१०९०/२०२१ राग पूर्बी

पनघट रोके रहत कन्हाई।
जमुना-जल कोउ भरन न पावै, देखत हीं फिरि जाई।
तबहिं स्याम इक बुद्धि उपाई, आपुन रहे छपाई।
तट ठाढ़े जे सखा संग के, तिनकौं लियौ बुलाई।
बैठार्‌यौ ग्वालनि कौं द्रुम-तर, आपुन फिरि-फिरि देखत।
बड़ी बार भई कोउ न आई, 'सूरस्याम' मन लेखत॥

कन्हैया पनघट रोके खड़े रहते हैं। कोई भी गोपी जल भरने नहीं पाती। जो जल लाने के लिए जाती भी हैं, वे पनघट पर कन्हैया को खड़ा देखकर घर वापस चली जाती हैं। तब कन्हैया ने एक उपाय सोच निकाला। वे स्वयं तो छिप गए और उनके जो साथी यमुना-तट पर खड़े थे, उन सबको अपने पास बुला लिया। उन्होंने ग्वाल-सखाओं को

एक वृक्ष के नीचे बैठा दिया और स्वयं उझक-उझक कर, सिर उठा-उठाकर, देखने लगे कि कोई गोपी आ रही है कि नहीं। श्याम मन में विचार करते जा रहे हैं कि बहुत देर हो गई, अभी तक कोई गोपी नहीं आई।

१०९१/२०२२ राग देवगंधार

जुवति इक आवति देखी स्याम।
द्रुम कैं ओट रहे हरि आपुन, जमुना-तट गई बाम।
जल हलोरि गागरि भरि नागरि, जबहीं सीस उठायौ।
घर कौं चली, जाइ ता पाछैं, सिर तैं घट ढरकायौ।
चतुर ग्वालि कर गह्यौ स्याम कौ, कनक-लकुटिया पाई।
औरनि सौं करि रहे अचगरी, मोसौं लगत कन्हाई।
गागरि लै हँसि देत ग्वारि-कर, रीतौ घट नहिं लैहौं।
'सूरस्याम' ह्याँ आनि देहु भरि, तबहि लकुट कर दैहौं॥

श्याम ने एक युवती को आते देखा। वे स्वयं तो पेड़ की ओट में छिप गए। वह सुंदरी यमुना के किनारे पनघट पर चली गई। उस नागरी ने घड़े से जल को हिलकोरा, उसमें पानी भर लिया, उसे अपने सिर पर रख लिया और जब वह घर की ओर चल पड़ी, तब पीछे से जाकर कन्हैया ने उसके सिर पर रखे घड़े के पानी को गिरा दिया। उस चतुर ग्वालिनी ने श्याम को अपने हाथों से पकड़ लिया। उसकी पकड़ में श्याम की वह सोने की छड़ी आ गई। वह बोली—'कन्हैया, तुम औरों से नटखटी करते ही थे, अब मुझसे भी शरारत करने लगे हो।' तब हँसकर कन्हैया ने रीती गगरी उठाकर उसे दे देना चाहा, जिससे वह उनकी सोने की लाठी लौटा दे। पर वह ग्वालिनी भी बड़ी चंट थी। उसने कहा—मैं खाली, छूछी गगरी नहीं लूँगी। जाओ, जमुना जी का जल भर कर ला दो, तभी मैं तुम्हारी छड़ी तुम्हें लौटाऊँगी।

१०९२/२०२३ राग कल्यान

घट मेरौ जबहीं भरि दैहौ, लकुटी तबहीं देहौं।
कहा भयौ जौ नंद बड़े, बृषभानु-आन न डरैहौं।
एक गावँ इक ठावँ बास, तुम कैहौ, क्यौं मैं सैहौं?
'सूरस्याम' मैं तुम न डरैहौं, ज्वाब स्वाल कौ दैहौं॥

गोपी बोली—तुम मेरी गगरी में जमुना जल भरकर मुझे ला दो, तभी मैं तुम्हारी लठिया तुम्हें वापस दूँगी। क्या हुआ जो तुम नंद जैसे बड़े बाप के बेटे हो, मैं भी अपने बाप बृषभानु की शपथ खाकर कहे देती हूँ कि मुझे नंद का कोई डर नहीं है। हमारा तुम्हारा एक ही गाँव है। एक ही स्थान पर हमारा रहन-सहन है। तुम शरारत करोगे और मैं सह लूँगी? ऐसा कभी न होगा। श्याम मैं तुमसे डरूँगी नहीं। डरूँगी नहीं। तुम्हारे सवाल का जवाब मैं दूँगी ही दूँगी। पीछे नहीं हटूँगी। तुमने अपने को क्या समझ रखा है। तुम सेर, तो मैं सवा सेर।

१०९३/२०२४ राग कल्यान

घट भरि देहु लकुट तब दैहौं।
हौंहूँ बड़े महर की बेटी, तुम सौं नहीं डरैहौं।

मेरी कनक-लकुटिया दै री, मैं भरि देहौं नीर।
बिसरि गई सुधि ता दिन की तोहिं, हरे सबनि के चीर।
यह बानी सुनि ग्वारि बिबस भई, तनकी सुधि बिसराई।
'सूर' लकुट कर गिरत न जानी, स्याम ठगौरी लाई॥

गोपी बोली— पहले तुम मेरी गगरी भर लाओ, फिर मैं तुम्हारी यह छड़ी दे दूँगी। तुम बड़े नंद महर के बेटे हो, तो मैं भी बड़े वृषभानु महर की बेटी हूँ। मैं तुमसे जरा भी डरूँगी नहीं, हटूँगी नहीं। मुझे किसी छोटे-मोटे ऐसे वैसे अहीर की बेटी समझने की भूल मत करना।

तब कन्हैया ने कहा—मेरी सोने की लकुट लौटा दे, मैं तेरा पानी भर दूँगा। क्या तुम उस दिन की बात भूल गई हो, जब मैंने तुम सबके चीर हर लिए थे। (आज फिर मैं तुम्हारा चीर हर लूँगा)।

कन्हैया की यह बात सुनकर ग्वालिनी लाचार हो गई। उसे अपने तन-बदन की सुधि नहीं रह गई। उसके हाथ से वह स्वर्ण-लकुट स्वतः गिर गई। श्याम ने उस पर अपनी मोहिनी चला दी थी।

१०९४/२०२५ राग हमीर

घट भरि दियौ स्याम उठाइ।
नैंकु तन की सुधि न ताकौं, चली ब्रज-समुहाइ।
स्याम सुंदर नैन-भीतर, रहे आनि समाइ।
जहाँ-जहँ भरि दृष्टि देखै, तहाँ-तहाँ कन्हाइ।
उतहिं तैं इक सखी आई, कहति कहा भुलाइ।
'सूर' अबहीं हँसत आई, चली कहा गँवाइ॥

श्याम ने गगरी ले जाकर जमुना जल भर लिया और लाकर उस गोपी के सर पर उठाकर रख भी दिया। गोपी को अपने देह की जरा भी सुधि नहीं रह गई थी, वह विदेह हो गई थी। फिर भी वह ब्रज की ओर चल पड़ी। श्यामसुंदर तो उसकी आँखों में समा गए थे। वह जहाँ-जहाँ भी आँख उठाकर देखती थी, उसे वहाँ-वहाँ कन्हैया ही दिखाई पड़ते थे। इसी बीच उसकी एक सखी आ निकली। उसने कहा—क्या तू अपनी कोई अनमोल चीज कहीं भुला आई है, कहीं गिरा आई है। अभी-अभी तो तू हँसती खेलती जमुना जल के लिए गई थी, अब तू लौटते समय ऐसी गुम-सुम क्यों हो गई है? तूने अपना क्या खो दिया है? बोल न!

१०९५/२०२६ राग टोड़ी

री हौं स्याम मोहिनी घाली।
अबहिं गई जल भरन अकेली, हरि-चितवनि उर साली।
कहा कहौं कछु कहत न आवै, लगी मरम की भाली।
'सूरदास' प्रभु मन हरि लीन्हौ, बिबस भई हौं आली॥

उस गोपी ने उत्तर दिया—अरी सखी, मैं तो श्याम की मोहिनी से मारी गई हूँ। श्याम

की मोहिनी ने मुझे बरबाद कर दिया है। अभी-अभी मैं अकेले ही जमुना जल भरने गई थी कि हरि की चितवन ने मेरा हृदय विद्ध कर दिया। क्या कहूँ, कुछ कहते नहीं बनता। मुझे मर्मवेधी बरछी लग गई है। हरि ने मेरा मन हर लिया है। हे सखी, मैं लाचार हो गई हूँ और अब अपने बस में नहीं हूँ।

१०९६/२०२७ राग धनाश्री

सुनत बात यह सखि अतुरानी।
ताहि-बाहँ गहि घर पहुँचाई, आपु चली जमुना कैं पानी।
देखे आइ वहाँ हरि नाहीं, चितवति जहाँ-तहाँ बिततानी।
जल भरि ठठुकति चली घरहिं-तन, बार-बार हरि कौं पछितानी।
ग्वालिनि बिकल देखि हरि प्रगटे, हरष भयौ, तन-तपनि बुझानी।
'सूरस्याम' अंकम भरि लीन्ही, गोपी-अंतरगत की जानी॥

यह बात सुनते ही वह सखी भी कृष्ण से मिलने के लिए विकल हो उठी। उसने उसकी बाँह पकड़कर उसे उसके घर पहुँचाया। फिर स्वयं जमुना जल लाने के लिए इस आशा से चल पड़ी कि वहाँ उसकी भी भेंट किसन कन्हैया से हो जायगी। परन्तु वहाँ उसने कन्हैया को नहीं पाया। तब बे-चित्ती होकर उसने इधर-उधर आँखें दौड़ाईं, शायद वे कहीं आस-पास ही हों। जब वे कहीं नहीं दिखाई पड़े, तब वह जल भरकर, धीरे-धीरे, ठिठकती रुकती, घर की ओर चल पड़ी और पछताती गई कि हाय, कन्हैया से मिलने के लिए ही मैं आई, पर वे न मिल पाए। उस ग्वालिन को विकल, बेचैन, परेशान देखकर हरि वहीं प्रकट हो गए। गोपी उन्हें देखकर ही प्रमुदित हो गई और उसके शरीर की दाह मिट गई। कन्हैया ने गोपी का मनोभाव समझ लिया और उसे छाती से चिपका लिया।

१०९७/२०२८ राग आसावरी

मिलि हरि सुख दियौ तिहिं बाल।
तपति मिटि गई, प्रेम छाकी, भई रस बेहाल।
मग नहीं डग धरति नागरि, भवन गई भुलाइ।
जल भरन ब्रजनारि आवति, देखि, ताहि बुलाइ।
जाति कित है डगर छाँड़े, कह्यौ, इत कौं आइ।
'सूर' प्रभु कैं रंग राँची, चितै रही चित लाइ॥

हरि ने उस गोप-बाला से मिलकर, छाती से लगाकर, उसे सब सुख दे दिया। उसके तन की तपन बुझ गई, वह प्रेमोन्मत्त हो गई और रसानंद में डूबकर वह विह्वल हो उठी। उस नागरी के पैर रास्ते पर ठीक से नहीं पड़ने लगे, डगमगाने लगे। वह अपने घर का रास्ता ही भूल गई। कोई दूसरी गोपी जल भरने के लिए आ रही थी। उस विपथगा को उसने देखा और पहचान कर उसे बुलाया—तू रास्ता छोड़कर कहाँ चली जा रही है। इधर आ, रास्ता तो यह है। पर वह कन्हैया के प्रेम के रंग में इतनी रँग उठी थी कि वह उस गोपी की ओर चित्त लगाकर देखती भर रह गई। बोली कुछ नहीं।

१०९८/२०२९ राग धनाश्री

काहू तोहिं ठगौरी लाई ।

बूझति सखी, सुनति नहिं नैंकुहुँ, तुहीं किधौं ठगमूरी खाई ।
चौंकि परी, सपनैं जनु जागी, तब बानी कहि सखिनि सुनाई ।
स्याम बरन इक मिल्यौ ढुटौना, तिहिं मोकौं मोहिनी लगाई ।
मैं जल भरे इतहिं कौं आवति, आनि अचानक अंकम लाई ।
'सूर' ग्वारि सखियनि के आगैं, बात कहति सब लाज गँवाई ॥

वह गोपी पूछने लगी—जान पड़ता है, तुझे किसी ने टोना मार दिया है। सखी मैं तुझसे पूछ रही हूँ, पर तू मेरी बात जरा भी नहीं सुन पा रही है। हो सकता है तुझपर किसी ने जादू न किया हो और तूने खुद ही कोई बेहोश कर देने वाली जड़ी-बूटी, ठगमूरी, खा ली हो।

सखी की इस बात को सुनकर मुग्धा गोपी चौंक पड़ी, जैसे सपना देखते-देखते जाग पड़ी हो। तब वह उस सखी से बोली—मुझे आज जमुना के किनारे एक साँवला सलोना लड़का मिल गया। उसी ने मुझ पर अपनी मोहिनी डाल दी है। मैं जल भर कर इधर ही चली आ रही थी, वह अचानक आया और मुझे अपनी छाती से लगा लिया। वह ग्वालिनी सखियों के सामने सब लाज वीज खोकर यह गोपनीय बात कह उठी।

१०९९/२०३३ राग सूही

अतिहिं करत तुम स्याम अचगरी ।

काहू की छीनत हौ इँडुरी, काहू की फोरत हौ गगरी ।
भरन देहु जमुना-जल हमकौं, दूरि करौ ये बातैं लँगरी ।
पैंड़े चलन न पावै कोऊ, रोकि रहत लरिकनि लै डगरी ।
घाट-बाट सब देखति आवति, जुवती डरनि मरति हैं सगरी ।
'सूरस्याम' तेहिं गारी दीजैं, जो कोउ आवै तुम्हरी बगरी ॥

श्याम तुम बहुत शरारत करने लगे हो। किसी की गेंडुली छीन लेते हो, किसी की गगरी फोड़ देते हो। ये नट-खटपने की बातें छोड़ो और मुझे पानी भर लेने दो। तुम लड़कों को लिए हुए रास्ता रोके लेते हो। तुम्हारे मारे अब कोई रास्ता भी नहीं चलने पा रहा है। मैं सारे घाट और बाट (मार्ग) देखती आ रही हूँ, तुम्हारी छेड़छाड़ के डर के मारे सभी युवतियाँ मरी जा रही हैं। तुम्हारे अगल-बगल, पास-पड़ोस से जो युवतियाँ आती हैं, तुम उन्हें भी नहीं बख्शते और गाली दे देतो हो। यह ठीक नहीं।

११००/२०३४ राग रामकली

नीकैं देहु न मेरी गिंडुरी ।

लै जैहैं धरि जसुमति आगैं, आवहु री सब मिलि इक झुँड री ।
काहूँ नहीं डरात कन्हाई, बाट-घाट तुम करत अचगरी ।
जमुना-दह गिंडुरी फटकारी, फोरी सब मटुकी अरु गगरी ।
भली करी यह कुँवर कन्हाई, आजु मेटिहैं तुम्हरी लँगरी ।
चलीं 'सूर' जसुमति के आगैं, उरहन लै ब्रज-तरुनी सगरी ॥

'कन्हैया, तुम हमारी गेंडुली नहीं दे रहे हो, बहुत अच्छा।' कन्हैया से इतना कह लेने पर, वह अन्य सखियों से बोली—'आओ री हम सब एक झुंड बनाकर कन्हैया को पकड़कर यशोदा के आगे ले चलें।' वह फिर कन्हैया से कहने लगी—'कन्हैया, तुम किसी को नहीं डरते। पनघट पर, हाट में, तुम हम सबसे छेड़-छाड़ करते रहते हो। जमुना के गहरे जल में तुम हमारी गेंडुली फेंक बहाते हो, सबकी मटकियाँ और गगरियाँ फोड़ देते हो। कन्हैया, जो कुछ कर रहे हो, बहुत अच्छा कर रहे हो। आज हम भी तुम्हारी सारी शरारत मिटा के छोड़ेंगी।'

ऐसा कहकर सब ब्रज तरुणियाँ उलाहना लेकर यशोदा मैया के पास चल पड़ीं।

११०१/२०३५ राग टोड़ी

आनि देहु गेंडुरी पराई।
तेरौ कोऊ कहा करैगौ, लरिहैं हम सौं भगिनी माई।
मेरे सँग की और गईं लै जल भरि, धरि, घर तैं फिरि आई।
'सूरस्याम' गेंडुरी दीजियै, न तु जसुमति सौं कैहौं जाई॥

कन्हैया मेरी गेंडुली लाकर मुझे दे दो। मैं दूसरे से माँगकर लाई हूँ। तुम्हारा कोई क्या करेगा। मुझसे तो मेरी बहन और माँ लड़ने लगेंगी। मेरे साथ जो पानी भरने आई थीं, वे जल भरकर अपने-अपने घर चली गईं। घर पर पानी रखकर वे फिर यहाँ आ गईं और मैं अभी यहीं पड़ी हूँ। मुझे बहुत देर हो गई हैं। अतः अब मेरी गेंडुली ला दो, नहीं तो मैं जाकर यशोदा मैया से तुम्हारी शिकायत कर दूँगी।

११०२/२०३६ राग धनाश्री

आपुन चढ़े कदम पर धाई।
बदन सकोरि भौंह मोरत हैं, हाँक देत करि नंद-दुहाई।
जाइ कहौ मैया के आगैं, लेहु सबै मिलि मोहिं बँधाई।
मोकौं जुरि मारन जब आईं, तब दीन्ही गेंडुरी फटकाई।
ऐसैं करि मोकौं तुम पायौ, मनु इनकी मैं करौं चेराई।
'सूरस्याम' वे दिन बिसराए, जब बाँधे तुम ऊखल लाई॥

इस पर कन्हैया दौड़कर कदंब पर जा चढ़ बैठे। वहाँ बैठे-बैठे वह गोपियों को मुँह बिराने लगे और भौंहें मोड़-मोड़कर तिरछी चितवन से उन्हें देखने लगे। वे नंद बाबा की दुहाई भी दिए जा रहे थे और ललकारते भी जा रहे थे—'जाकर मैया से कह दो न और सब मिलकर मुझे बँधवा दो।' उन्होंने बहाना गढ़ते हुए आगे कहा—'जब तुम सब मिलकर मुझे मारने चढ़ आईं, तब मैंने भी तुम्हारी गेंडुली उठाकर फेंक दी। तुमने तो मुझको ऐसा समझ लिया है, जैसे मैं तुम सबका सेवक हूँ, नौकर-चाकर हूँ।'

तब गोपियाँ बोली—'वाह रे कन्हैया, वे दिन भूल गए क्या, जब यशोदा मैया ने तुम्हें ओखरी में बाँध दिया था।'?

११०३/२०३७ राग आसावरी

इहँइ रहौ तौ बदौं कन्हाई।
आपु गईं जसुमतिहिं सुनावन, दै गईं स्यामहिं नंद-दुहाई।

महरि मथति दधि सदन आपनैं, इहिं अंतर जुवती सब आईं।
चितै रही जुवतिनि कौं आवत, कह आवति हैं भीर लगाई।
मैं जानति इनकौं हरि खिझयौ, तातैं सब उरहन लै धाईं।
'सूरदास' रिस भरी ग्वालिनी, ऐसौ ढीठ कियौ सुत माई॥

गोपियों ने कृष्ण से कहा—'कन्हैया तुम यहीं रुके रहो, तो मैं समझूँ। तुम्हें नंद बाबा की शपथ, जो तुम यहाँ से हटे।' यह कहकर वे यशोदा मैया के पास उलाहना देने चली गईं। यशोदा जी अपने घर में दही मथ रही थीं। इसी बीच सभी युवतियाँ वहाँ आ गईं। यशोदा जी युवतियों को आता देख उनकी ओर अपलक ताकने लगीं और सोचने लगीं—'ये इतनी भीड़ बनाकर क्यों चली आ रही हैं? मैं समझती हूँ कि कन्हैया ने इन्हें परेशान किया है, इसीसे ये सब उलाहना देने आई हैं।'

ग्वालिनियाँ तो क्रोध में भरी हुई थीं ही। वे आते ही कह उठीं—'मैया, तुमने अपने बेटे को इतना धृष्ट कर दिया है?'

११०४/२०३८ राग बिलावल

सुनहु महरि तेरौ लाड़िलौ, अति करत अचगरी।
जमुन भरन जल हम गईं, तहँ रोकत डगरी।
सिरतैं नीर ढराइ दै, फोरी सब गगरी।
गेंडुरी दई फटकारि कै, हरि करत जु लँगरी।
नित प्रति ऐसे ढँग करै, हमसौं कहै धगरी।
अब बस-बास बनै नहीं, इहिं तुव ब्रज-नगरी।
आपु गयौ चढ़ि कदम पर, चितवत रहीं सगरी।
'सूरस्याम' ऐसैंहि सदा, हम सौं करै झगरी॥

महरि, सुनो तो। तुम्हारा लाडला किसन अब अत्यंत नट-खटपना करने लगा है। हम जमुना जी जल भरने गई थीं। वह हमारा रास्ता रोक रहा था। वह हमारे सिर पर रखी जल भरी गगरियों का जल गिराए दे रहा था। हमारी सभी गगरियाँ उसने फोड़ दीं। हमारी गेंडुलियाँ जमुना के गहरे जल में फेंक दीं। हरि ने हमसे ऐसी दुष्टता की है। यह आज का नहीं, उसका रोज का ढंग है। वह हमें धगरी (दुष्टा, कुलटा) कहता है। अब तो तुम्हारी इस ब्रज नगरी मैं रहते नहीं बन पा रहा है। वह आज यह सब शरारतें करके कदम पर चढ़ गया और हम सब देखती की देखती रह गईं। श्याम हमसे इसी प्रकार सदैव झगड़ता रहता है, उलझता रहता है।

११०५/२०३९ राग रामकली

सुत कौं बरजि राखहु महरि।
डगर चलन न देत काहुहिं, फोरि डारत डहरि।
स्याम के गुन कछु न जानति, जाति हम सौं गहरि।
इहै लालच गाइ दस लिये, बसति हैं ब्रज-ठहरि।
जमुन-तट हरि देखि ठाढ़े, डरनि आवैं बहरि।
'सूरस्यामहिं' नैंकु बरजौ, करत हैं अति चहरि॥

महरि अपने बेटे को मना कर दो। वह किसी को रास्ता नहीं चलने देता, उसने रास्ता बंद ही कर दिया है। वह हमारे घइले फोड़-फोड़ देता है। तुम श्याम की करतूत तो जानती नहीं। हमीं पर उलटे बिगड़ जाया करती हो। ब्रज में बसे रहने का हमारा लोभ तो एक ही है। हमारे दस गाएँ हैं और यहाँ उनको चरने की अच्छी सुविधा है। अगर हमारे पास ये गायें न होतीं, तो हम ब्रज छोड़कर कहीं अन्यत्र जा बसतीं। कन्हैया के उत्पात का हमें इतना भय हो गया है कि यदि हम जमुना जा रही हों और कन्हैया वहाँ जमुना तट पर दीख पड़ जाय, तो हम अपने-अपने घर लौट आती हैं, आगे नहीं बढ़तीं और हमारा काम-काज ठप्प हो जाता है। मैया, कन्हैया को रोको, अब वह बहुत नटखटी पर उतर आया है।

११०६/२०४० राग रामकली

तुमसौं कहत सकुचतिं महरि।
स्याम के गुन कछु न जानति, जाति हम सौं गहरि।
नैकुहूँ नहिं सुनति स्त्रवननि, करत हैं हरि चहरि।
जल भरन कोउ नाहिं पावति, रोकि राखत डहरि।
अचगरी अति करत मोहन, फटकि गेंडुरि दहरि।
'सूर' प्रभु कौं कहा सिखयौ, रिसनि जुवती झहरि॥

'महरि, तुमसे कहने में बड़ा संकोच लग रहा है। तुम श्याम के गुण नहीं जानती। उलटे हम पर ही खीझ उठती हो। तुम हमारी बात जरा भी नहीं सुन रही हो। कन्हैया के उपद्रव रोज-रोज बढ़ते जा रहे हैं। वह किसी को पानी नहीं भरने देता, रास्ता रोकता है, जमुना के अथाह जल में हमारी गेंडुलियाँ फेंक देता है। वह इसी तरह की शरारतें करता रहता है। तुमने कन्हैया को क्या यही सब सिखा रखा है?' युवतियाँ क्रोध से भरी हुई हैं और यशोदा से इस तरह झल्लाई जा रही हैं।

११०७/२०४१ राग धनाश्री

कहा करौं मोसौं कहौ सबहीं।
जौ पाऊँ तौ तुमहि दिखाऊँ, हा हा करिहै अबहीं।
तुमहूँ गुन जानति हौ हरि के, ऊखल बाँधे जबहीं।
सँटिया लै मारन जब लागी, तब बरज्यौ मोहिं सबहीं।
लरिकाई तैं करत अचगरी, मैं जाने गुन तबहीं।
'सूर' हाल कैसे करि हौं धरि, आवै तौ हरि अबहीं॥

यशोदा मैया गोपियों का उलाहना सुनकर बोलीं—तुम सभी मुझको उलाहना दे रही हो। मैं क्या करूँ। यदि मैं इस समय उसे पकड़ पाऊँ, तो तुम्हें दिखा दूँ कि मैं उसकी क्या दुर्गति करती हूँ। तब तुम्हीं उसे छुड़ाने के लिए गिड़गिड़ाने लगोगी। तुम हरि के गुन जानती ही हो। इसीलिए उसे एक बार ओखरी में बाँध भी दिया था और जब मैं उसे सुटकुनी लेकर सुट-सुट मारने लगी, तब तुम्हीं लोगों ने उसे मारने से मुझे रोका था। वह लड़कपन से ही नटखटीपना करता आया है। मैं तो उसके ये गुन तभी से जानती आ रही हूँ। हरि को आने तो दो, मैं पकड़ कर उसकी ऐसी गति बना दूँगी कि देखते ही बनेगी।

११०८/२०४२ राग सारंग

मैं जानति हौं ढीठ कन्हाई।
आवन तौ घर देहु स्याम कौं, कैसी करौं सजाई।
मोसौं करत ढिठाई मोहन, मैं वाकी हौं माई।
और न काहू कौं वह मानै, कछु सकुचत बल भाई।
अब जौ जाउँ कहा तिहिं पाऊँ, कासौं देइ धराई।
'सूरस्याम' दिन दिन लंगर भयौ, दूरि करौं लँगराई॥

यशोदा बोलीं—मैं जानती हूँ। कन्हैया बहुत ढीठ हो गया है। उसे घर आ जाने दो देखो मैं उसको कैसी सजा देती हूँ। कन्हैया मुझसे भी ढिठाई करने लगा है, यद्यपि मैं उसकी मैया हूँ। वह केवल अपने बड़े भाई बलराम का ही थोड़ा बहुत संकोच करता है और किसी दूसरे को तो वह कुछ मानता ही नहीं। अब मैं यदि पकड़ने जाती हूँ, तो उसे कहाँ पाऊँगी और वह किससे पकड़ में आ सकेगा। वह दिन-दिन उपद्रवी होता जाता है। मैं उसकी सारी नटखटी दूर कर दूँगी, आ तो जाय घर।

११०९/२०४३ राग सूही

जुवति बोधि सब घरहिं पठाई।
यह अपराध मोहिं बकसौ री, यहै कहति हौं मेरी माई।
इत तैं चलीं घरनि सब गोपी, उत तैं आवत कुँवर कन्हाई।
बीचहिं भेट भई जुवतिनि हरि, नैननि जोरत गईं लजाई।
जाहु कान्ह महतारी टेरति, बहुत बड़ाई करि हम आईं।
'सूरस्याम' मुख निरखि कह्यौ हँसि, मैं कैहौं जननी समुझाई॥

इस तरह समझा-बुझाकर यशोदा ने सभी ब्रज-युवतियों को उनके-उनके घर यह कहते हुए वापस भेज दिया—सखियों, मैं इस समय इतना ही कह सकती हूँ कि कन्हैया के इस अपराध के लिए तुम सब मुझे क्षमा कर दो।

इधर से गोपियाँ अपने-अपने घरों को चल पड़ीं, उधर से कुँवर कन्हैया भी घर आ रहे थे। बीच में ही युवतियों की भेंट हरि से हो गई। आँखें मिलते ही वे लजा गईं। फिर भी बोलीं—कन्हैया, घर जाओ, मैया बुला रही है। हम उनसे तुम्हारी बहुत-बहुत प्रशंसा करती चली आ रही हैं। गोपियों का मुँह देखकर कन्हैया ने भी हँस कर कह दिया—मैं मैया को समझा दूँगा, तुमने उलटी-सीधी मेरी शिकायत ही तो की होगी।

१११०/२०४४ राग नट

सकुचत गए घर कौं स्याम।
द्वारेहीं तैं निरखि देख्यौं, जननि लागी काम।
यहै बानी कहति मुख तैं, कहाँ गयौ कन्हाइ।
आपु ठाढ़े जननि-पाछैं, सुनत हैं चित लाइ।
जल भरन जुवती न पावैं, घाट रोकत जाइ।
'सूर' सब की फोरि गागरि, स्याम जाइ पराइ॥

बहुत सकुचते हुए श्याम दबे पाँव घर गए। जब वे घर के दरवाजे पर पहुँचे तब वहींसे उन्होंने पहले झाँककर जान लेना चाहा कि मैया इस समय किस मन:स्थिति में हैं। उन्होंने देखा मैया घर के काम में लगी हुई हैं और कहती जा रही हैं—कन्हैया कहाँ चला गया? 'तब तक श्याम जाकर चुपके से मैया के पीछे खड़े हो गए और सुनने लगे। मैया कहती जा रही थी—'इसके मारे नव-युवतियाँ जमुना जल नहीं भरने पातीं। यह जाकर घाट-वाट रोक लेता है, सबकी गगरियाँ फोड़ देता है। फिर पकड़ा न जा सके, इसलिए भाग जाता है। बड़ा नाकोदम कर दिया है।'

१११११/२०४५ राग नट नारायन

जसुमति यह कहि कै रिस पावति ।
रोहिनि करति रसोई भीतर, कहि-कहि ताहि सुनावति ।
गारी देत बहू बेटिनि कौं, वै धाई ह्याँ आवति ।
हा हा करति सबनि सौं मैं हीं, कैसैंहु खूँट छुड़ावति ।
जाति पाँति सौं कहा अचगरी, यह कहि सुतहिं धिरावति ।
'सूरस्याम' कौं सिखवति हारी, मारेहुँ लाज न आवति ॥

यशोदा मैया यह सब कहती हुई बड़े गुस्से में हैं। रोहिणी जी भोजन बना रही हैं। यशोदा जी उन्हें कन्हैया के ये कारनामे कह-कहकर सुनाए जा रही हैं—कन्हैया बहू-बेटियों को गाली देता रहता है। वे यहाँ उलाहना लेकर दौड़ी आती हैं। मैं स्वयं उन सबसे गिड़गिड़ाकर किसी प्रकार अपना पल्ला छुड़ाती हूँ। यहाँ तो सब अपनी ही जाति-पाँति के हैं। फिर उनसे यह ऊधमबाजी क्यों? यह कहकर वे श्याम को धमकाने लगीं। मैं श्याम को सिखाते-सिखाते हार गई। मारती भी हूँ पर उसे लाज-शरम नहीं आती। अच्छा, आज आए तो उसकी खूब पूजा करूँ।

१११२/२०४६ राग सारंग

तू मोहीं कौं मारन जानति ।
उनके चरित कहा कोउ जानै, उनहिं कही तू मानति ।
कदम-तीर तैं मोहिं बुलायौ, गढ़ि-गढ़ि बातैं बानति ।
मटकत गिरी गागरी सिर तैं, अब ऐसी बुधि ठानति ।
फिरि चितई तू कहाँ रह्यौ कहि, मैं नहिं तोकौं जानति ।
'सूर' सुतहिं देखत ही रिस गई, मुख चूमति उर आनति ॥

मैया रिस में यह सब कहती हुई कन्हैया को धिरए जा रही थीं और कन्हैया मैया के पीछे ही खड़े थे। मैया की बातें सुनकर वे बोल उठे—'मैया, तू तो मुझी को मारना जानती है। उन गोपियों के चरित्तर को भला कोई कैसे जान सकता है। वे आकर जो कुछ झूठ-सच कह देती हैं, तू बड़ी भोली है, उसी को सच मान लेती है। मैं तो कदम के पास था। उन्हींने मुझे बुलाया और अब तुम्हारे सामने आकर ये मनगढ़ंत बातें बनाए जा रही हैं। वे मटक-मटक के चल रही थीं। इसीसे उनकी गगरी उनके सिर से नीचे गिर कर फूट गई और अब ऐसी छल-प्रपंच की झूठी बातें गढ़े जा रही हैं।'

कृष्ण की बोली सुनकर मैया ने पीछे मुड़कर देखा और कहा—'बता तो, तू अभी तक कहाँ रहा, तू कब से आया खड़ा है, मैंने तेरा आना, जाना ही नहीं।' बेटे को देखते ही मैया का सारा क्रोध दूर हो गया और वे उसका मुख चूमकर उसे छाती से लगा उठीं।

१११३/२०४७ राग गौरी

झूठहिं सुतहिं लगावतिं खोरि।
मैं जानति उनके ढँग नीकै, बातैं मिलवतिं जोरि।
वै सब जोबन-मद की माती, मेरौ तनक कन्हाई।
आपुन फोरि गागरी सिर तैं, उरहन लीन्हे आईं।
तू उनकैं ढिग जात कतहिं है, वै पापिनि सब नारि।
'सूरस्याम' अब कह्यौ मानि तू, हैं सब ढीठि गँवारि॥

कन्हैया को गोदी में बिठाए हुए यशोदा मैया कहने लगीं—ये ग्वालिनें झूठ-मूठ का मेरे बेटे को दोष लगाती हैं। मैं इनके रंग-ढंग खूब जानती हूँ। ये आधा झूठ आधा सच मिला-जुला कर बातें बनाती हैं। कहाँ ये सब यौवन के मद में मतवाली हो रही गोपियाँ और कहाँ मेरा नन्हा-मुन्ना कन्हैया। सब्र वाहियात बात है। अपने ही अपने सिर की गगरी गिरा कर फोड़ देती हैं और उलाहना देने के लिए दौड़ी-दौड़ी यशोदा के पास चली आएँगी। कन्हैया, तू उनके पास जाता ही क्यों है। वे सभी बड़ी पापिनी नारियाँ हैं। श्याम, अब तू मेरा कहना मान ले और उनके पास जा ही मत। वे सब धृष्ट हैं, अशिष्ट हैं, गँवार हैं। झूठ-मूठ का लांछन तुझपर थोपती रहती हैं।

१११४/२०४८ राग अड़ानौ

मोहन बालगुबिंदा माई, मेरौ कह जानै खोरि।
उरहन लै जुवती सब आवतिं, झूठी बतियाँ जोरि।
कोऊ कहति गेंडुरी लीन्हीं, कोउ कहैं गागरि फोरी।
कोऊ चोली हार बतावति, कान्हहुँ तैं ये भोरी।
अब आवै जो उरहन लै कै, तौ पठवौं मुख मोरि।
'सूर' कहाँ मेरौ तनक कन्हाई, आपुन जोबन-जोरि॥

यशोदा जी कह रही हैं—मेरा मोहन, मेरा गोविन्द तो अभी बच्चा है। वह यह सब खोटाई क्या जाने? ये युवतियाँ झूठी-सच्ची बातें जोड़-जोड़कर उलाहना लिए चली आया करती हैं। कोई कहती है कन्हैया ने मेरी गेंडुली ले ली, कोई कहती है, श्याम ने मेरा घैला फोड़ दिया, कोई कहती है हरि ने मेरी चोली फाड़ डाली, कोई कहती है मोहन ने मेरा हार तोड़ डाला। वे हमारे किसन से भी भोली-भाली, अनजान बन जाती हैं। अब आगे वे उलाहना लेकर आवेंगी तो मैं उन्हें मुँह तोड़ने वाला जवाब दूँगी और वे कुछ बोल न सकेंगी। मैं उन्हें उलटे पाँवों लौटा दूँगी। कहाँ मेरा छोटा-सा बच्चा और कहाँ वे जवानी के जोर में मतवाली गोपियाँ।

१११५/२०४९ राग कान्हरौ

ब्रज घर-घर यह बात चलावत।
जसुमति कौ सुत करत अचगरी, जमुना-जल कोउ भरन न पावत।

स्याम बरन नटवर बपु काछे, मुरली राग मलार बजावत।
कुंडल-छबि रबि-किरनहुँ तैं दुति, मुकुट इंद्र-धनुहूँ तैं भावत।
मानत काहु न, करत अचगरी, गागरि धरि जल भुइँ ढरकावत।
'सूरस्याम' कौं मात पिता दोउ, ऐसे ढँग आपुनहिं पढ़ावत॥

ब्रज के घर-घर में यह चर्चा होने लगी—यशोदा का बेटा किसन बड़ा उपद्रव करने लगा है। उसके मारे कोई भी गोपी जमुना से जल नहीं ला पा रही है। वह साँवला सलोना है, नाचता फिरता है, कछनी काछे रहता है। मुरली में राग मलार बजाता फिरता है। उसने कानों में सोने के कुंडल पहन रखे हैं। उन कुंडलों में सूर्य की किरणों से भी बढ़कर चमक है। वह सिर पर मोर-पंख का मुकुट पहनता है, उसकी शोभा तो इंद्रधनुष से भी बढ़कर है। वह किसी की बात नहीं मानता। तरह-तरह के उत्पात करता रहता है। जल भरी गगरियों को पकड़कर वह उनका पानी जमीन पर लड़ा देता है। श्याम को उसके माता-पिता ही यह पाठ पढ़ाए दे रहे हैं, नहीं तो उसकी हिम्मत थी कि वह इस तरह की शरारतें करता।

१११६/२०५० राग गौरी

करत अचगरी नंद महर कौ।
सखा लिये जमुना-तट बैठ्यौ, निबह न लोग डगर कौ।
कोउ खीझौ, कोऊ किन बरजौ, जुवतिनि कैं मन ध्यान।
मन-बच-कर्म स्याम सुंदर तजि, और न जानतिं आन।
यह लीला सब स्याम करत हैं, ब्रज-जुवतिनि कैं हेत।
'सूर' भजै जिहिं भाव कृष्न कौं, ताकौं सोइ फल देत॥

ब्रज में दो तरह की चर्चा चलने लगी है। एक तो कृष्ण के संबंध में, दूसरी गोपियों के संबंध में। कृष्ण के संबंध में लोग कहने लगे हैं—नंद महर का बेटा किसन बड़ा शरारती हो गया है। वह अपने संगी-साथियों को लिए हुए जमुना तट पर बैठा रहता है और उस मार्ग से लोगों (गोपियों) को जाने नहीं देता।

गोपियों के संबंध में यह चर्चा होने लगी है—कोई कितना भी रुष्ट हो, कितना भी रोके, इन युवतियों के मन में किसन का ही ध्यान बराबर बना रहता है। ये मनसा-वाचा-कर्मणा श्यामसुंदर को ही अपना सब कुछ समझ बैठी हैं। श्यामसुंदर को छोड़ वे किसी दूसरे को नहीं जानतीं।

सूरदास का तो इस संबंध में यह मत है कि श्याम यह सब लीला ब्रज-युवतियों के लिए ही कर रहे हैं। जो जिस भाव से कृष्ण को भजता है, वे उसे वैसा ही फल देते हैं।

१११७/२०५१ राग गौरी

जमुना-जल कोउ भरन न पावै।
आपुन बैठ्यौ कदम-डार चढ़ि, गारी दै-दै सबनि बुलावै।
काहू की गगरी गहि फोरै, काहूँ सिर तैं नीर ढरावै।

काहू सौं करि प्रीति मिलत है, नैन-सैन दै चितहिं चुरावै ।
बरबस ही अँकवारि भरत धरि, काहू सौं अपनौ मन लावै ।
'सूरस्याम' अति करत अचगरी, कैसैंहुँ काहू हाथ न आवै ॥

गोपियाँ कह रही हैं—किसन के मारे कोई जमुना से पानी नहीं भरने पा रहा है। वह खुद तो कदम पर चढ़कर बैठ जाता है और गाली दे देकर हम सबको बुलाता रहता है। वह किसी की गगरी पकड़कर फोड़ देता है, किसी के सिर की गगरी का जल गिरा देता है, किसी से प्रेमपूर्वक मिलता है। आँखों के इशारे से वह हम लोगों के चित्त को चुराए लेता है। वह बरजोरी हमको अपनी बाहों में बाँध लेता है। किसी-किसी पर तो वह स्वयं रीझ उठता है। श्याम अब अत्यंत उपद्रव करने लगा है और किसी भी तरह हमारी पकड़ में नहीं आ पा रहा है।

१११८/२०५२ राग धनाश्री

ब्रज-ग्वैंड़ैं कोउ चलन न पावत ।
ग्वाल सखा सँग लीन्हे डोलत, दै-दै हाँक, जहाँ-तहँ धावत ।
काहू की इँडुरी फटकारत, काहू की गगरी ढरकावत ।
काहू कौं गारी दै भाजत, काहू कौं अंकम भरि लावत ।
काहूँ नहिं मानत ब्रज-भीतर, नंद महर कौं कुँवर कहावत ।
'सूरस्याम' नटवर-बपु काछे, जमुना कैं तट मुरलि बजावत ॥

ब्रज के पास-पड़ोस में कन्हैया के मारे कोई चलने नहीं पा रहा है। वह ग्वाल-बालों को साथ लिए घूमता-फिरता है। वह ललकारता हुआ जहाँ-तहाँ दौड़ता फिरता है। वह किसी की गेंडुली उठाकर फेंक देता है, किसी की गगरी का पानी लड़ा देता है, किसी को गाली देकर भागता है, किसी को बरबस छाती से लगा लेता है। वह ब्रज में किसी का भी एक कहना नहीं मानता। कहने के लिए वह नंद महर का कुँवर कहा जाता है। पर नंद की मर्यादा के अनुकूल उसके काम नहीं हैं। वह नचनियों की-सी कछनी काछे हुए, जमुना के किनारे मुरली बजाता रहता है।

१११९/२०५३ राग टोड़ी

गोकुल के ग्वैंड़ैं, एक साँवरौ सौ ढोटा माई,
आँखिनि कैं पैंड़ैं पैठि, जीके पैंड़े पर्‌यौ है ।
कल न परत छन, गृह भयौ बन-सम,
तन-मन-धन-प्रान सरबस हर्‌यौ है ॥
भवन न भावै माई, आँगन न रह्यो जाइ,
करैं हाय हाय, देखौ जैसे हाल कर्‌यौ है ।
'सूरदास'-प्रभु नीकैं गावत मधुर सुर,
मानौ मुरली मैं लै पीयूष-रस भर्‌यौ है ॥

कोई गोपी कह रही है—अरी, सखी, गोकुल के पास-पड़ोस में मुझे एक साँवला सलोना छोकरा मिला। वह मेरी आँखों की राह होकर मेरे प्राणों के पीछे पड़ गया है। मुझे

एक क्षण के लिए भी चैन नहीं मिल पा रहा है। मुझे अपना घर भी वन के समान जान पड़ने लगा है। उसने मेरा तन, मन, धन, प्राण सब कुछ हर लिया है। मुझे घर अच्छा नहीं लग रहा है। मुझसे अपने आँगन तक में नहीं रहा जा पा रहा है। देखो तो हमारी कैसी दशा कर दी है कि हम हाय-हाय किए जा रही हैं। वह मधुर-सुर में बहुत अच्छा गाता है। ऐसा लगता है जैसे उसने अपनी बाँसुरी में अमृत रस लाकर भर दिया है।

११२०/२०५४ राग नट

राधा सखिनि लई बुलाइ।
चलौ जमुना-जलहिं जैयै, चलीं सब सुख पाइ।
सबनि इक-इक कलस लीन्हौ, तुरत पहुँची जाइ।
तहाँ देख्यौ स्याम सुंदर, कुँवरि मन हरषाइ।
नंद-नंदन देखि रीझे, चितै रहे चित लाइ।
'सूर' प्रभु की प्रिया राधा, भरति जल मुसुकाइ॥

राधा ने सखियों को बुला लिया और कहा—'चलो, जमुना जी से जल भर लाएँ।' सब सखियाँ सुख पाकर जमुना जल भरने चल पड़ीं। उन्हें सुख इस बात का था कि यहाँ हमें कन्हैया के दर्शन हो जायँगे। सबने एक-एक गगरी ले ली और तत्काल जमुना किनारे जा पहुँची। वहाँ उन्होंने श्यामसुंदर को देखा। राधा कुँवरि का मन कन्हैया को देखकर खिल उठा। नंदनंदन कृष्ण भी राधा को देखकर प्रफुल्लित हो उठे और चित्त लगाकर राधा की ओर देखने लगे। कृष्ण की प्रिया राधा भी मुसकुराती हुई अपनी गगरी में जल भरने लगीं।

११२१/२०५५ राग गूजरी

घरहिं चली जमुना-जल भरि कैं।
सखिनि बीच नागरी बिराजति, भई प्रीति उर हरि कैं।
मंद-मंद गति चलत अधिक छबि, अंचल रह्यौ फहरि कैं।
मोहन कौं मोहिनी लगाई, संगहिं चले डगरि कै।
बेनी की छबि कहत न आवै, रही नितंबनि ढरि कै।
'सूरस्याम' प्यारी कै बस भए, रोम-रोम रस भरि कै॥

राधा जमुना जी का जल अपने घड़े में भरकर सखियों के साथ घर को लौट चलीं। वे सखियों के बीच में होकर चलती हुई ऐसी शोभायमान हो रही थीं कि उन्हें देखकर कन्हैया के हृदय में उनके प्रति प्रीति उमड़ चली। वे धीरे-धीरे चल रही थीं, उन्हें कोई उतावली नहीं थी। क्योंकि उन्हें कन्हैया को देख पाने का कुछ अधिक समय मिला जा रहा था। इस मंद मंथर गति में वे और भी सुंदर दिखाई पड़ने लगी थीं। उनकी ओढ़नी का आँचल हवा में फहराया जा रहा था, जिससे उनके उरोजों का उभार खुल-खुल कर प्रकट होता जाता था। इस मंद गति और उरोजों के उभार की मोहिनी मोहन पर कुछ ऐसी जा लगी कि वे भी साथ-साथ ही उसी मार्ग पर चल पड़े। राधा की चोटी का क्या कहना, वह उस नितंबिनी के नितंबों पर लटकी हुई प्रियदर्शिनी-सी लग रही थी। श्याम के रोम-रोम में राधा के प्रति प्रेम का रस भर गया और वे राधा प्यारी के वश में हो गए।

११२२/२०५६ राग जैतश्री

नागरि गागरि जल भरि ल्यावै।
सखियनि बीच भर्‌यौ घट सिर पर, तापर नैन चलावै।
डुलत ग्रीव, लटकति नक-बेसरि, मंद-मंद गति आवै।
भृकुटी धनुष, कटाच्छ बान, मनु पुनि-पुनि हरिहिं लगावै।
जाकौं निरखि अनंग अनंगित, ताहि अनंग बढ़ावै।
'सूरस्याम' प्यारी-छबि निरखत, आपुहिं धन्य कहावै॥

नागरी राधा गगरी में जमुना जल भर लाई। वे सखियों के बीच होकर अपने सिर पर भरी गगरी रखकर, कन्हैया की ओर तिरछी चितवन से देखती हुई चल पड़ीं। उनकी गर्दन हिली जा रही है, नाक में बेसरि लटक रही है, वे मंथर गति से जान-बूझकर आगे बढ़ रही हैं। उनकी भौंहें धनुष-सी और कटाक्ष वाण जैसे है। मानों वे हरि पर बार-बार शर-संधान किए जा रही हैं। जिन हरि के सौंदर्य को देखकर स्वयं अंगहीन अनंग एक बार फिर अंगहीन हो जाता है, उन्हीं कृष्ण के हृदय में राधा अपने रूप से काम-भाव जगाए जा रही हैं। कन्हैया राधा प्यारी की रूप-राशि देखते जा रहे हैं और अपने को कृतकृत्य मानते जा रहे हैं।

११२३/२०५७ राग जैतश्री

गागरि नागरि लै पनघट तैं, चली घरहिं कौं आवै।
ग्रीवा डोलति, लोचन लोलति, हरि के चितहिं चुरावै।
ठठकति चलै, मटकि मुख मोरै, बंकट भौंह चलावै।
मनहुँ काम-सेना अँग-सोभा, अंचल धुज फहरावै।
गति गयंद, कुच कुंभ, किंकिनी मनहुँ घंट झहनावै।
मोतिनि हार जलाजल मानौ, खुभी दंत झलकावै।
चंदक मनहुँ महाउत मुख पर, अंकुस बेसरि लावै।
रोमावली सूँड तिरनी लौं, नाभि-सरोवर आवै।
पग जेहरि जंजीरनि जकर्‌यौ, यह उपमा कछु भावै।
घट-जल छलकि कपोलनि कनिका, मानौ मदहिं चुवावै।
बेनी डोलति दुहूँ नितंबनि, मानहुँ पुच्छ हलावै।
गज-सरदार 'सूर' कौ स्वामी, देखि-देखि सुख पावै॥

नागरी राधा पनघट से गगरी भरकर अपने घर की ओर चली आ रही हैं। उनकी गरदन हिलती जा रही है। उनकी आँखें चंचल हो इधर-उधर देखती जा रही हैं और हरि के चित्त को चुराए ले रही हैं। वे रुक-रुक कर चल रही हैं, मटक-मटक कर अपना मुख मोड़े ले रही हैं। टेढ़ी भौंहें चलाए जा रही हैं। उनके अंगों की शोभा तो मानो मदन की सेना हो। उनका अंचल क्या है, मानो काम-देव की पताका फहरा रही हो। उनकी गति मानो सेना की हथिनी हो, उनके कुच मानो उस हथिनी के मस्तक हों, उनकी किंकणी मानो उस हथिनी की घंटा है, जो घनघनाता हुआ बजा जा रहा हो। मोतियों का हार उस हथिनी की पीठ पर झलझल झलकता लटकता झूल है। उसके कान की चमकती खुभी

मानो उस हथिनी का झलकता दाँत है। राधा के माथे पर जो मांगटीका है, वही मानो महावत है, नाक की बेसरि ही अंकुश है। लहँगे के नाड़े तक पहुँचनेवाली उसकी रोमावली ही मानो उस हथिनी की सूँड़ है। वह हथिनी नाभि रूपी सरोवर में स्नानार्थ चली आ रही है। राधा के पैरों की जेहरि ही उस हथिनी के पैर जकड़ने की जंजीर है। घड़े के जल की बूँदें छलक-छलक कर राधा के कपोलों पर पड़ रही हैं, वही मानो मद चू रहा है। राधा की चोटी दोनों नितंबों पर हिल-डुल रही है। यही उस हथिनी की पूँछ है। यह उपमा अच्छी लग रही है। कृष्ण गजों के सरदार हैं। वे इस हथिनी को देख-देखकर परम सुख पाए जा रहे हैं।

११२४/२०५८ राग जैतश्री

सखियनि बीच नागरी आवै।
छबि निरखत रीझ्यौ नँद-नंदन, प्यारी मनहिं रिझावै।
कबहुँक आगैं, कबहुँक पाछैं, नाना भाव बतावै।
राधा यह अनुमान करै, हरि, मेरे चितहिं चुरावै।
आगैं जाइ कनक लकुटी लै, पंथ सँवारि बनावै।
निरखत जहाँ छाँह प्यारी की, तहँ लै छाँह छुवावै।
छबि निरखत तन वारत अपनौ, नागरि-जियहिं जनावै।
अपने सिर पीतांबर वारत, ऐसैं रुचि उपजावै।
ओढ़ि उढ़नियाँ चलत दिखावत, इहिं मिस निकटहिं आवै।
'सूरस्याम' ऐसे भावनि सौं, राधा-मनहिं रिझावै॥

यमुना से जल भर कर नागरी राधा अपनी सहेलियों के बीच में होकर चली आ रही हैं। उनकी शोभा देखते ही नंद नंदन उन पर रीझ उठे और उन्होंने सोचा कि जिस प्रकार मैं राधा पर रीझ उठा हूँ उसी प्रकार राधा को मैं भी रिझा लूँ। इसलिए वे कभी राधा के आगे-आगे और कभी राधा के पीछे-पीछे नाना भाव प्रदर्शित करते हुए चल पड़े। राधा ने भी अनुमान किया कि हरि मेरे चित्त को चुराए लिए रहे हैं। कृष्ण आगे-आगे चलकर अपनी सोने की छड़ी से राधा के लिए पथ सँवारने लगे। जहाँ जहाँ राधा की परछाईं पड़ रही थी, वहाँ वहाँ वह राधा की परछाईं से अपनी परछाईं छुवाते चले। वे राधा की छवि देखकर अपना शरीर उस पर इस प्रकार निछावर करते जा रहे थे, जिससे राधा को भी यह ज्ञात हो जाय कि कृष्ण अपने को उसपर बलिहार किए जा रहे हैं। वे अपना पीतांबर ही अपने सिर के चारों ओर घुमाकर राधा पर निछावर होने का भाव व्यक्त करते जा रहे थे। वे इस प्रकार राधा के मन में अपने प्रति रुचि उत्पन्न करते जा रहे थे। अपनी पीतांबर की ओढ़नी ओढ़कर वे आगे बढ़कर राधा को दिखलाते चलते थे और इसी बहाने राधा के निकट आते-जाते थे। इन हाव-भावों से वे राधा के मन को रिझाते जा रहे थे।

११२५/२०५९ राग सारंग

लग लागन नहिं पावत स्याम।
तब इक भाव कियौ कछु ऐसौ, प्यारी-तन उपजायौ काम।

मिस करि निकट आइ मुख हेर्‌यौ, पीतांबर डार्‌यौ सिर वारि ।
यह छल करि मन हर्‌यौ कन्हाई, काम-बिबस कीन्ही सुकुमारि ।
पुलकि अंग, अँगिया दरकानी, उर आनँद, अंचल फहरात ।
गागरि ताकि काँकरी मारै, उचटि-उचटि लागति प्रिय-गात ।
मोहन मन मोहिनी लगाई, सखिनि संग पहुँची घर जाइ ।
'सूरदास' प्रभु सौं मन अँटक्यौ, देह-गेह की सुधि बिसराइ ॥

कन्हैया नागरी राधा के पास नहीं पहुँच पा रहे थे। तब उन्होंने एक ऐसा हाव-भाव किया जिससे प्यारी राधा के मन में काम-भावना उत्पन्न हो गई। बहाना करके वह राधा के समीप आए और राधा का मुँह देखा। उनके सिर पर अपना पीतांबर घुमाकर निछावर कर दिया। यह छल करके कन्हैया ने राधा का मन हर लिया और उस सुकुमरी को काम के बस कर दिया। राधा का अंग-अंग रोमांचित हो उठा। उरोजों के फूल उगने से उसकी चोली मसक उठी। उसके हृदय के हर्षातिरेक से उसका आँचल उड़कर फहराने लगा। कन्हैया राधा की गगरी को निशाना साधकर कंकरी मारने लगे, पर वे कंकरियाँ गगरी में न लगकर प्रिया राधा के शरीर पर ही उछल-उछल कर लगने लगीं। मोहन ने राधा पर कुछ ऐसा जादू डाल दिया कि पहुँचने के लिए तो वह किसी तरह गिरते पड़ते सखियों के साथ घर पहुँच ही गई, पर उसका मन कन्हैया में अटका रह गया और उसे अपने शरीर और घर की सुधि भूल ही गई।

११२६/२०६० राग नट

ग्वारिनि जमुन चलीं बहोरि ।
ताहि सब मिलि कहतिं आवहु, कछुक कहतिं निहोरि ।
ज्वाब देति न हमहिं नागरि, रही आनन मोरि ।
ठगि रही, मन कहा सोचति, काहु लियौ कछु चोरि ।
भुजा धरि कर कह्यौ चलहि न, आवैं अबहीं खोरि ।
'सूर' प्रभु के चरित सखियनि, कहति लोचन ढोरि ॥

ग्वालिनें पुनः जमुना जल भरने के लिए गगरी लेकर चल पड़ीं। वे राधा से मिलीं, उन्होंने उससे अनुनय भी किया-आओ, तुम भी हमारे साथ चली चलो। पर राधा ने कोई उत्तर नहीं दिया। इस पर वे गोपियाँ कहने लगीं-हे नागरी राधा, तुम हमें कोई उत्तर नहीं दे रही हो। उधर मुँह फेरे क्या खड़ी हो। हमारी ओर देखो। मालूम होता है। तुम्हें किसी ने ठग लिया है। तुम मन ही मन क्या सोचे जा रही हो? क्या किसी ने तुम्हारा कुछ चुरा लिया है? फिर उन गोपियों ने राधा की बाँह पकड़ ली और कहा—चल न, हम अभी-अभी नहा कर लौट आएँगी। तब राधा आँखों में आँसू बहाती हुई कन्हैया की लीलाएँ सुनाने लगी।

११२७/२०६१ राग मलार

गैल न छाँड़ै साँवरौ, क्यौं करि पनघट जाउँ ।
इहिं सकुचनि डरपति रहौं, धरै न कोऊ नाउँ ॥ १ ॥

जित देखौं तित देखियै, रसिया नंद-कुमार।
इत उत नैन चुराइ कै, पलकनि करत जुहार ॥ २ ॥
लकुट लियै आगैं चलै, पंथ सँवारत जाइ।
मोहिं निहोरौ लाइकै, फिरि चितवै मुसुकाइ ॥ ३ ॥
जमुना-जल भरि गागरी, जब सिर धरौं उठाइ।
स्यौं कंचुकि अँचरा अड़ै, हियरा तकि ललचाइ ॥ ४ ॥
गागरि मारै काँकरी, लागै मेरैं गात।
गैल माँझ ठाढ़ौ रहै, खूटै आवत जात ॥ ५ ॥
हौं सकुचनि बोलौं नहीं, लोक-लाज की संक।
मोतन छ्वै बैहर चलै, ताहि भरत है अंक ॥ ६ ॥
निकट आइ मुख निरखि कै, सकुचै बहुरि निहारि।
औ ढँग ओढ़ै ओढ़नी, पीतांबर मुहिं वारि ॥ ७ ॥
जब कहुँ लग लागै नहीं, वाकौ जिय अकुलाइ।
तब हठि मेरी छाँह सौं, राखै छाँह छुवाइ ॥ ८ ॥
को जानै कित होत है, घर गुरुजन कौ सोर।।
मेरौ जिय गाँठी बँध्यौ, पीतांबर कौं छोर ॥ ९ ॥
अब लौं सकुच अँटकि रही, प्रगट करौं अनुराग।
हिलि मिलि कै सँग खेलिहौं, मानि आपनौ भाग ॥ १० ॥
घर घर ब्रजबासी सबै, कोउ किन कहै पुकारि।
गुप्त प्रीति परगट करौं, कुल की कानि निवारि ॥ ११ ॥
जब लगि मन मिलयौ नहीं, नची चोप कै नाच।
'सूरस्याम'-सँगही रहौं करौं, मनोरथ साँच ॥ १२ ॥

राधा बोली-वह साँवला सलोना श्यामसुंदर रास्ता रोक लेता है, जाने ही नहीं देता, फिर पनघट पर चलूँ तो कैसे चलूँ? मैं तो इसी सकुच में डरती रहती हूँ कि कहीं कोई मुझे बदनाम न कर दे॥ १ ॥ मैं जिधर भी देखती हूँ, उधर ही रसिक नंदलाल ही दिखाई देते हैं। वह इधर-उधर आँखें चुराकर मुझको अपनी पलकों ही से प्रणाम निवेदित करते रहते हैं कि मैं उनके प्रेम को स्वीकार कर लूँ॥ २ ॥ वे अपने सोने की छड़ी लिए हुए आगे-आगे चलते जाते हैं और उससे रास्ते के कंकड़, काँटे हटाते हुए मार्ग प्रशस्त करते जाते हैं। मुझे कृतज्ञ बनाकर फिर मेरी ओर देखकर मुसकुरा देते हैं॥ ३ ॥ जब मैं जमुना जल से गगरी भर कर अपने सिर पर उठा धरती हूँ, तब मेरा आँचल चोली पर से उड़ जाता है और मेरे उरोजों का उभार देखकर, कन्हैया का जी ललच-ललच जाता है॥ ४ ॥ वह कंकरी तो मेरी गगरी पर मारता है, पर आ लगती है मेरे शरीर पर। वह बीच रास्ते में खड़ा रहता है और आते-जाते छेड़-छाड़ कर बैठता है॥ ५ ॥ मैं संकोच के मारे कुछ बोलती नहीं, मुझे तो लोक-लज्जा का भय है। मेरे शरीर को छूकर जो हवा चलती हो, उसे अंक

में लेने के बहाने वह मुझे अपने अंक में लेना चाहता है ॥ ६ ॥ वह मेरे निकट आकर मेरा मुँह देखता है, सकुचाता है, पर फिर निहारकर, अपना पीतांबर मेरे मुख के चारो ओर घुमाकर मेरी बलैया लेता है और उस पीतांबर की ओढ़नी ढंग से ओढ़ लेता है ॥ ७ ॥ जब वह अपना कोई दाँव नहीं चला पाता, तब उसका जी व्याकुल हो उठता है, तब वह हठपूर्वक मेरी छांह से अपनी छाँह छुआकर ही सुख मानकर संतुष्ट हो लेता है ॥ ८ ॥ मैं नहीं जानती मेरे गुरुजनों में मुझको और कृष्ण को लेकर कितनी चर्चा चलती होगी, कितना शोरगुल होता होगा, पर मेरे मन की गांठ तो पीतांबर के छोर से बँध गई है ॥ ९ ॥ अब तब तो मैं संकोच में अँटकी हुई थी और अपने प्रेम को छिपाए हुए थी, पर मैं अब अपने प्रेम को प्रकट कर दूँगी। मैं कन्हैया के साथ हिल-मिलकर खेलूँगी और इसे अपना सौभाग्य समझूँगी ॥ १० ॥ ब्रजवासी लोग अपने-अपने घरों में बैठे-बैठे मेरी कितनी भी बदनामी क्यों न करें, मैं अब कुल-कानि की चिंता न करते हुए इस गुप्त प्रीति को प्रकट ही कर दूँगी ॥ ११ ॥ जब तक श्याम से मेरा मन पूरा नहीं मिला था, तब तक तो मैं केवल इच्छा का, उत्सुकता का नाच नाचती रही। अब मेरा मन श्याम से मिल गया है और अब मैं उनके ही साथ रहूँगी और अपने मनोरथ को सच्चा करूँगी ॥ १२ ॥

११२८/२०६२ राग कान्हरौ

मोहन बिन मन न रहै, कहा करौं माई ।
कोटि भाँति करि रही, नहिं मानै समुझाई ।
लोक-लाज कौन काज, मन मैं नहिं आई ।
हिरदै तैं टरत नाहिं, ऐसी मोहनि लाई ।
सुंदर वर त्रिभँगी, नवरंगी सुखदाई ।
'सूरदास' प्रभु बिनु, रह्यौ मोपै नहिं जाई ॥

मोहन के बिना मेरा मन नहीं लग रहा है। हे सखी, मैं करूँ, तो क्या करूँ? मैं करोड़ों उपाय कर रही हूँ, पर यह मेरा मन समझाने से भी नहीं समझ पा रहा है। न जाने क्यों मेरे मन में लोक-लाज की बात आती ही नहीं। कन्हैया ने मुझ पर कुछ ऐसा जादू डाल दिया है, जो हृदय से टालने का प्रयत्न करके भी नहीं टल पा रहा है। वह श्यामसुंदर, वह त्रिभंगी लाल, वह नव-नव रंगवाला, वह सुखदाई, इतना सुंदर है कि बिना उसके मुझसे रहा नहीं जा पा रहा है।

११२९/२०६३ राग सूही

नंद कौ नंदन साँवरौ, मेरौ मन चोरे जाइ ।
रूप अनूप दिखाइ कै, सखि वह औचक गयौ आइ ।
मोर मुकुट, कुंडल स्त्रवन, सिर पीतांबर फहराइ ।
अधरनि पर मुरली धरे, मृदु मधुरी तान बजाइ ।
चंदन की खौरी किये तन, कटि काछनी बनाइ ।
'सूरज'-प्रभु बैठे लखे मैं, जमुना-तीर कन्हाइ ॥

नंद के नंदन साँवले सलोने श्याम ने मेरा मन चुरा लिया है। वह अचानक आ गए और उन्होंने मुझे अपना सरस रूप दिखा दिया। उनके सिर पर मोर पंख का मुकुट था, कानों में स्वर्ण कुंडल थे, सिर पर पीतांबर फहरा रहा था। होठों पर मुरली धरे हुए वह मधुर तान बजाए जा रहे थे। उन्होंने शरीर पर आड़ा तिरछा चंदन का लेप कर रखा था। कमर में कछनी कसे हुए थे। मैंने ऐसे कन्हैया को यमुना-तट पर बैठे देखा और मेरा मन चोरी चला गया।

११३०/२०६४ राग गौरी

परी तब तैं ठगमूरि ठगौरी।

देख्यौ मैं जमुना-तट बैठौ, ढोटा जसुमति कौ री।
अति साँवरौ भर्‌यौ सौ साँचैं, कीन्हे चंदन-खौरी।
मनमथ कोटि-कोटि गहि वारौं, ओढ़े पीत पिछौरी।
दुलरी कंठ, नयन रतनारे, मो मन चितै हर्‌यौ री।
बिकट भृकुटि की ओर कोर तैं, मन्मथ-बान धर्‌यौ री।
दमकत दसन कनक-कुंडल-मुख, मुरली गावत गौरी।
स्त्रवननि सुनत देह-गति भूली, भई बिकल मति-बौरी।
नहिं कल परति बिना दरसन तैं, नैननि लगी ठगौरी।
'सूरस्याम' तैं चित न टरत कहुँ, निसि-दिन रहत लगौ री॥

हे सखी, जब से मैंने जमुना जी के किनारे यशोदा के बेटे को बैठे देखा है, तभी से मुझे लगता है कि जैसे किसी ठग ने मुझे ठग लेनेवाली कोई जड़ी-बूटी खिला दी है अथवा किसी ने मेरे ऊपर कोई जादू-टोना कर दिया है। वह खासा साँवला सलोना था। उसका शरीर सुडौल था, जैसे साँचे में ढाल दिया गया हो। वह चंदन का आड़ा तिरछा लेप किए हुए था। उस पर करोड़ों कामदेव पकड़ कर निछावर किए जा सकते हैं, वह इतना सुंदर है। वह पीतांबर का उत्तरीय ओढ़े हुए था। उसके गले में दो लड़ की मोतियों की माला थी। उसकी आँखें ललाई लिए हुए थीं। मेरी ओर देखकर उसने मेरा मन हर लिया है। उसकी कुटिल भौंहों की कोर पर तो जैसे कामदेव ने अपना वाण ही रख छोड़ा था। उसके दाँत अत्यंत चमकीले थे। उसके कानों में सोने के कुंडल लटक रहे थे। वह अपने होठों पर बाँसुरी रखे हुए गौरी राग गाए जा रहा था। जैसे ही उसकी वंशी की धुन मेरे कान में पड़ी, मैं अपने तन-वदन की सुधि भूल गई और मेरी बुद्धि पगला-सी गई। बिना उसे देखे मुझे चैन नहीं पड़ रहा है, जैसे मेरी आँखों पर उसके रूप का जादू चल गया हो। अब श्याम पर ही मेरा चित्त लगा रहता है, सारी रात, सारे दिन। वह वहाँ से टलने का नाम ही नहीं ले रहा है।

११३१/२०६५ राग कल्यान

जुवति इक जमुना-जल कौं आई।

निरखत अंग-अंग-प्रति सोभा, रीझे कुँवर कन्हाई।
गोरे बदन, चूनरी सारी, अलकैं मुख बगराई।

डारनि चरि चरि चुरी बिराजति, कर-कंकन झलकाई।
सहज सिंगार उठत जोवन तन, बिधि निज हाथ बनाई।
'सूरस्याम' आए ढिग आपुन, घट भरि चली झमकाई॥

एक युवती जमुना जी के किनारे जल भरने आई। उसके एक-एक अंग का सौंदर्य देखकर कुँवर कन्हैया उसपर रीझ गए। उसका शरीर गोरा था। वह सफेद बूंदी वाली लाल चुनरी पहने हुई थी। उसके मुख पर लटें बिखरी हुई थीं। उसकी बाहों में चार-चार रुचिर चूड़ियाँ थीं और उन हाथों में कंकन झलका पड़ रहा था। उसका शृंगार तो अत्यंत सहज था, उसमें कृत्रिमता होते हुए भी सहजता थी। वह अभी अंकुरित यौवना ही थी। लगता है ब्रह्मा ने उसे अपने ही हाथों गढ़ा हो। कन्हैया उसके रूप से खिंचे-खिंचे उसके पास आ गए, पर वह अपना आकर्षण और बढ़ाती हुई, पानी भर कर छम-छम पैजनी बजाती हुई, मुसकुराती हुई चल पड़ी।

११३२/२०६६ राग गौरी

ग्वारि घट भरि चली झमकाइ।
स्याम अचानक लट गहि कहिअत, कहा चली अतुराइ।
मोहन कर तिय-मुख की अलकैं, यह उपमा अधिकाइ।
मनौ सुधा ससि राहु चुरावत, धर्‍यो ताहि हरि आइ।
कुच परसे, अंकम भरि लीन्ही, अति मन हरष बढ़ाइ।
'सूरस्याम' मनु अमृत-घटनि कौं, देखत हैं कर लाइ॥

ग्वालिनी घड़ा भरकर झम-झम पायल खनकाती चल पड़ी। तब तक श्याम ने यकायक उसकी एक लट पकड़ ली और कहा—अरी इतनी जल्दी कहाँ चली जा रही है। मोहन के हाथ में उस ग्वालिन के केशों की वह लट ऐसी प्रतीत हो रही थी, मानों राहु चंद्रमा का अमृत चुराए जा रहा था और हरि ने आकर उसे पकड़ लिया हो। फिर कन्हैया ने उसके उरोजों का स्पर्श किया और अत्यंत प्रसन्न होकर उसे गले से लगा लिया। ऐसा लगता था जैसे श्याम अमृत-कुंभ को हाथ लगाकर देखे जा रहे हों।

११३३/२०६७ राग कल्यान

छाँड़ि देहु मेरी लट मोहन।
कुच परसत पुनि-पुनि, सकुचत नहिं, कत आई तजि गोहन।
जुवती आनि देखिहै कोऊ, कहति बंक करि भौंहन।
बार-बार कही बीर-दुहाई, तुम मानत नहिं सौंहन।
इतने हीं कौं सौंह दिवावति, मैं आयौ मुख जोहन।
'सूरस्याम' नागरि बस कीन्ही, बिबस चली घर, कोह न॥

उस गोपी ने कहा—'मोहन मेरी लट छोड़ दो, छोड़ दो न। तुम मेरे कुच बार-बार दबाए जा रहे हो, तुम्हें सकुच नहीं लग रहा है। मैं अपनी संगिनियों का साथ छोड़कर अकेली यहाँ क्यों आ गई?' फिर उसने अपनी भौंहें टेढ़ी करते हुए कहा—कोई दूसरी

ग्वालिन आकर देख लेगी, तो क्या कहेगी? मैंने बार-बार तुम्हें तुम्हारे बड़े भैया बलदाऊ की शपथ दिलाई है, पर तुम शपथ भी नहीं मान रहे हो।

तब कन्हैया बोले—'इस जरा-सी बात के लिए तुम सौंह दिलाए दे रही हो। मैं तो बस तुम्हारा मुँह देखने चला आया था। वह मुझे बहुत अच्छा लगता है।'

कन्हैया ने उस नागरी को बस में कर लिया और वह लाचार होकर अपने घर चली गई। उसने कन्हैया के प्रति तनिक भी क्रोध नहीं किया।

११३४/२०६८ राग धनाश्री

चली भवन मन हरि हरि लीन्हौं।
पग द्वै जाति, ठठकि फिरि हेरति, जिय यह कहति, कहा हरि कीन्हौं।
मारग भूलि गई जिहिं आई, आवत कै नहिं पावति चीन्हौं।
रिस करि खीझि-खीझि लट झटकति, स्याम-भुजनि छुटकायौ ईन्हौं।
प्रेम-सिंधु मैं मगन भई तिय, हरि कैं रंग भयौ उर लीनौ।
'सूरदास' प्रभु सौं चित अँटक्यौ, आवत नहिं इत, उतहिं पतीनौ॥

वह गोपी अपने घर को चल तो पड़ी, पर उसके मन को तो हरि ने हर लिया था। वह दो कदम आगे बढ़ती थी, फिर रुककर पीछे मुड़कर, हरि को देख लेती थी। वह मन ही मन कहती जाती थी—अरे, हरि ने यह क्या कर दिया। जिस रास्ते से वह आई थी, वह रास्ता ही भूल गई। वापस जाते हुए वह उस रास्ते को पहचान ही नहीं पा रही थी। रिस भरी वह खीझ-खीझ कर अपनी उस लट को फटकारती जा रही थी और कहती जा रही थी—इन्हीं अलकों ने तो श्याम की भुजाओं से मुझे विलग किया। वह ग्वालिनी श्याम के प्रेम के समुद्र में डूब गई और उसका हृदय हरि के रंग में रँग उठा, हरि के प्रेम में विलीन हो गया। उसका मन श्याम में अँटक गया, वह वहाँ से फिर कर उस नवेली के पास नहीं लौटा। वह विश्वस्त भाव से वहीं जमा रह गया।

११३५/२०६९ राग धनाश्री

घर गुरुजन की सुधि जब आई।
तब मारग सूझ्यौ नैननि कछु, जिय अपनैं तिय गई लजाई।
पहुँची आइ सदन ज्यौं-त्यौं करि, नैकु न चित तैं टरत कन्हाई।
सखी संग की बूझन लागीं, जमुना-तट अति गहर लगाई।
औरै दसा भई कछु तेरी, कहति नहीं हमसौं समुझाई।
कहा कहौं कछु कहत न आवै, 'सूरस्याम' मोहिनी लगाई॥

धीरे-धीरे उस नवेली को अपने घर की, अपने घर के बड़ों—माता, पिता, बड़े भाई की याद आ गई। तब कहीं उसे अपना भूला रास्ता कुछ-कुछ स्मरण हुआ और वह मन ही मन कुछ लजा भी गई। वह ज्यों त्यों करके किसी प्रकार अपने घर तो आ गई, पर उसके चित्त पर कन्हैया चढ़े ही रहे, उतरे नहीं। तब उसकी अंतरंगा सहेलियाँ पूछने लगीं—'आज तो तुमने जमुना के किनारे बहुत देर लगा दी—क्या बात है? तेरी तो हालत ही कुछ और हो गई है। तू हमसे समझाकर साफ-साफ क्यों नहीं बता देती?'

तब वह नवेली बोली—क्या कहूँ, कुछ कहते नहीं बनता, श्याम ने मुझे मोह लिया है। मुझ पर वशीकरण मंत्र मार दिया है, जादू कर दिया है, टोना लगा दिया है।

११३६/२०७० राग गौरी

सुनहु सखी री वा जमुना-तट ।
हौं जल भरति अकेली पनिघट, गही स्याम मेरी लट ।
लै गगरी सिर, मारग डगरी, उन पहिरे पीरे पट ।
देखत रूप अधिक रुचि उपजी, काछ बनी किंकिनि-तट ।
फूल हियें ग्वालिनि कैं, ज्यौं रन जीते फिरै महाभट ।
'सूर' लह्यौ गोपाल-आलिंगन, सुफल किये कंचन-घट ॥

वह नवेली आगे बोली—हे सखी सुनो, मैं जमुना किनारे अकेली ही जल भर रही थी। श्याम ने वहीं पनघट पर ही मेरी लट पकड़ ली। मैंने गगरी भर कर अपनी राह ली। कन्हैया पीतांबर पहने हुए थे, बहुत अच्छे लग रहे थे। वह कछनी काछे हुए थे। उनकी कमर की करधनी रुनझुन-रुनझुन करके बजी जा रही थी। उनका रूप देखकर मेरे मन में उनके प्रति प्रेम उमड़ आया और अधिक क्या कहूँ?

ऐसा कहते ही उस ग्वालिनी का हृदय प्रसन्नता से प्रफुल्लित हो उठा, फूल उठा, जैसे कोई भारी योद्धा लड़ाई जीत कर चला आ रहा हो। उसने गोपाल का आलिंगन प्राप्त कर लिया था और अपने कंचन कलश के समान तने स्तनों को उनके स्पर्श से सफल कर लिया था।

११३७/२०७५ राग काफी

मोही सजनी साँवरैं, गृह बन कछु न सुहाइ ॥
जमुन भरन जल मैं (गई), स्याम मोहिनी लाइ ॥ १ ॥
ओढ़े पीरी पामरी, पहिरे लाल निचोल ॥
भौंहें काँट कटीलियाँ, मोल लियौ बिनु मोल ॥ २ ॥
मोर-मुकुट सिर राजई, अधर धरे मुख-बैन ॥
हरि की मूरति माधुरी, लागि रहे दोउ नैन ॥ ३ ॥
मदन-मुरति कैं बस भई, भलौ बुरौ कहै कोइ ॥
'सूरदास' प्रभु कौं मिली, मन एकै तन दोइ ॥ ४ ॥

हे सजनी, मैं उस साँवले सजन पर मोहित हो गई हूँ। अब मुझे न तो घर अच्छा लगता है, न वन। मैं जमुना जल भरने गई थी। वहाँ श्याम ने मुझ पर टोना कर दिया। मुझपर मोहन मंत्र चला दिया ॥ १ ॥ वह पीली पिछौरी ओढ़े हुए थे। लाल परिधान पहने हुए थे। उनकी भौंहों के बाल काँटों के समान कटीले थे। उन्होंने सेतमेंत में मुझे खरीद लिया ॥ २ ॥ उनके सिर पर मोर पंख का मुकुट सुशोभित हो रहा था। वह अपने अधर पर मुरली रखे हुए थे। हरि की मधुर मूर्ति मेरे दोनों नयनों में लग गई है ॥ ३ ॥ अब तो मैं मदन की सी मूरत वाले श्याम के बस में हो गई हूँ, अपने बस में नहीं रह गई हूँ। इसे चाहे कोई भला कहे, चाहे बुरा। अब तो मैं श्याम से जा मिली हूँ। हमारे शरीर भले ही दो हों, अब दोनों का मन मिलकर एक हो गया है ॥ ४ ॥

दानलीला : १

११३८/२०७८ राग बिलावल

भक्तनि के सुखदायक स्याम। नारी पुरुष नहीं कछु काम ॥
संकट मैं जिनि जहाँ पुकार्‌यौ। तहाँ प्रगटि तिनकौं उद्धार्‌यौ ॥ १ ॥
सुख भीतर जिनि सुमिरन कीन्हौ। तिनकौं दरस तहाँ हरि दीन्हौ ॥
दुख सुख मैं जो हरि कौं ध्यावैं। तिनकौ नैंकु न हरि बिसरावैं ॥ २ ॥
चित दै भजे कौनहूँ भाउ। ताकौ तैसौ त्रिभुवन राउ ॥
कामातुर गोपी हरि ध्यायौ। मन वच क्रम हरि सौं चित लायौ ॥ ३ ॥
षट ऋतु तप कीन्हौं तनु गारी। होहिं हमारे पति गिरिधारी ॥
अंतरजामी जानी सब की। प्रीति पुरातन पाली तब की ॥ ४ ॥
बसन हरे गोपिनि सुख दीन्हौ। सुख दै सबकौ मन हरि लीन्हौ ॥
जुवतिनि कैं यह ध्यान सदाई। नैंकु न अंतर होहिं कन्हाई ॥ ५ ॥
घाट-बाट जमुना तट रोकैं। मारग चलत जहाँ तहँ टोकैं ॥
काहू की गागरि धरि फौरैं। काहू सौं हसि वदन सकोरैं ॥ ६ ॥
काहू कौं अंकम भरि भेटैं। काम विथा तरुनिनि की मेटैं ॥
ब्रह्मा कीट आदि के स्वामी। प्रभु हैं निर्लोभी निहकामी ॥ ७ ॥
भाव बस्य सँगहीं सँग डोलैं। खेलैं हँसैं तिनहिं सो बोलैं ॥
ब्रज जुवती नहिं नैंकु बिसारैं। भवन-काज, चित हरि सौं धारैं ॥ ८ ॥
गोरस लै निकसैं ब्रज-बाला। तहाँ तिनहिं देखैं गोपाला ॥
अँग-अँग सजि सिंगार वर कामिनि। चलैं मनौ जूथनि जुरि दामिनि ॥ ९ ॥
कटि किंकिनि नूपुर विछिया धुनि। मनहुँ मदन के गज-घंटा सुनि ॥
जाति माट मटुकी सिर धरि कै। मुख-मुख गान करत गुन हरि कै ॥ १० ॥
चंद-वदनि तन अति सुकुमारी। अपनै मन सब कृष्न पियारी ॥
देखि सबनि रीझे बनवारी। तब मन मैं इक बुद्धि बिचारी ॥ ११ ॥
अब दधि-दान रचौं इक लीला। जुवतिनि संग करौ रस लीला ॥
'सूरस्याम' संग सखनि बुलायौ। यह लीला कहि सुख उपजायौ ॥ १२ ॥

श्याम अपने भक्तों को सुख देनेवाले हैं। उन्हें इस बात से कोई मतलब नहीं कि वह भक्त नारी है अथवा नर। नरभक्त हो या नारी भक्तिन हो, वे सबको सुख देनेवाले हैं। संकट में पड़कर जिसने भी, जहाँ भी, भगवान को पुकारा, भगवान ने वहीं प्रगट होकर उसका उद्धार किया है ॥ १ ॥ जिसने सुख में भगवान का सुमिरन किया, भगवान ने उसको उस सुख में दरसन दिया। जो दुख या सुख में हरि का ध्यान करते हैं, हरि उनको जरा भी नहीं भुलाते ॥ २ ॥ मन लगाकर भगवान को जो जिस भाव से भजता है, भगवान भी उसी भाव से उसे भजते हैं। गोपियों ने काम-भाव से हरि का ध्यान किया और मनसा वाचा कर्मणा हरि से मन लगाया ॥ ३ ॥ गोपियों ने अपना शरीर गलाकर छहो ऋतुओं में हरि को पाने के

लिए तप किया। वे चाहती थीं कि हरि हमारे पति हों। अंतर्यामी हरि ने उन सबके मन की बात जान ली, उन्होंने गोपियों के पूर्व प्रेम का पूर्ण पालन किया॥ ४॥ हरि ने गोपियों के चीर हरण कर लिए और गोपियों को सुख दिया। उन्होंने सभी गोपियों को सुख देकर उनके मन हर लिए। युवतियों को सदा यही चिंता लगी रहती थी, कि हरि हमसे जरा भी अलग न हों॥ ५॥ हरि पनघट पर, रास्ते में, यमुना के किनारे गोपियों को रोक लेते थे। मार्ग में चलते समय जहाँ-तहाँ उन्हें टोक देते थे—कहाँ जा रही हो। किसी का घड़ा फोड़ देते थे। किसी की ओर देखकर मुसकरा कर मुँह बना लेते थे, चिढ़ा देते थे॥ ६॥ किसी को गले से लगा लेते थे। इस प्रकार वे ब्रज तरुणियों की काम-पीड़ा को हर लेते थे। प्रभु कीड़े-मकोड़े से लेकर ब्रह्मा तक के स्वामी हैं। वे लोभ-रहित हैं, वे कामना-रहित हैं॥ ७॥ प्रभु तो भक्त के प्रेम-भाव के अधीन हैं। अपने भक्तों के साथ वे बराबर लगे रहते हैं। वे अपने भक्तों से खेलते हैं, हँसते हैं, उन्हीं से बातचीत भी करते हैं। ब्रज की युवतियाँ कन्हैया को जरा भी नहीं भुलाती थीं। वे घर का क़ामकाज करते हुए भी अपना मन हरि से लगाए रहती थीं॥ ८॥ गोपियाँ गोरस लेकर बेचने के लिए निकला करती थीं वहाँ गोपाल उन्हें देखते थे। वे ब्रज गोपियाँ अपने हर अंग को सजा-बजाकर निकलती थीं, मानों बिजलियों का झुंड चला जा रहा हो॥ ९॥ उनकी कमर में किंकिणी और पैरों में नूपुर और विछिया बजती चलती थी। ऐसा लगता था कि कामदेव के हाथियों के घंटे बज रहे हों। वे अपने सिरों पर मटके और मटकियाँ रखकर चलती थीं और मुँह से हरि का गुण गाती जाती थीं॥ १०॥ वे सभी चंद्रमुखी थीं, अत्यंत सुकुमार शरीर वाली थीं। वे सब अपने-अपने को कृष्ण की प्यारी समझती थीं। उन सबको देखकर बनवारी उन पर रीझ गए। तब उन्होंने अपने मन में एक नया उपाय सोच निकाला॥ ११॥ अब मैं दधि-दान की एक नई लीला करूँ और युवतियों के साथ रस-क्रीड़ा करूँ। तब श्याम ने अपने सखाओं को बुलाया और अपनी योजना कह सुनाई। इसे सुनकर ग्वाल-बालों को भारी सुख मिला॥ १२॥

११३९/२०७९ राग धनाश्री

सुनत हँसी सुख होहीं, दान दही को लाग्यौ।
निसि दिन मथुरा बेचैं, स्याम दान अब माँग्यौ॥
प्रात होत उठि कान्ह, टेरि सब सखा बुलाए।
तेइ तेइ लीन्हें साथ, मिले जे प्रकृति बनाए॥
डगरि गए अनजानही, गह्यौ जाइ बन-घाट।
पेड़ पेड़ तर कै लगे, ठाठि ठगनि कौ ठाट॥ १॥
इहाँ ग्वालि बनि बनि जुरीं सब सखी सहेली।
सिरनि लिए दधि दूध, सबै जोबन अलबेली॥
हँसति परस्पर आपु सैं, चली जाहिं जिय भोर।
जबहिं आनि घातहिं परीं, छेंकि लिए चहुँ ओर॥ २॥
देखि अचानक भीर भई, सब चकित किसोरी।
ज्यौं मृग-सावक-जूथ मध्य बागुर चहुँ ओरी॥

संकित है ठाढ़ी भईं, हाथ पाँव नहिं डोल।
मनहुँ चित्र की सी लिखी, मुखहिं न आवे बोल॥ ३॥
तब उठि बोले ग्वाल, डरहु जिनि, कान्ह दुहाई।
ठग तसकर कोउ नाहिं, दानि जदुपति सुखदाई॥
आवत निसि दिनहीं रहौ, स्याम-राज, भय नाहिं।
जो कछु लागै दान कौ, घाटि देहु तिहिं माहिं॥ ४॥
तब हँसि बोली ग्वालि, नाम जब कान्ह सुनायौ।
चोरी भर्‌यो न पेट, आनि अब दान लगायौ॥
तब उलटी पलटी कही, जब सिसु रहे कन्हाइ।
अब कछु उहि धोखैं करी, (तौ) छिनक माहिं पति जाइ॥ ५॥
तब उठि बोले कान्ह, रहीं तुम पोच सदाई।
महर-महरि-मुख पाइ, संक तजि करहु ढिठाई॥
अब वह धोखौ मेटिकै, छाँड़ि देहु अभिमान।
करि लेखौ, अब दान कौ दियैं, पाइहौ जान॥ ६॥
तब हँसि बोली ग्वालि, डरनि तुम तजी ढिठाई।
बहुतै नंद निकाज भयौ, जब तप अधिकाई॥
काल्हिहिँ घर-घर डोलते, खाते दही चुराइ।
राति कछु सपनौ भयौ, प्रात भई ठकुराइ॥ ७॥
भली कही नहिं ग्वारि, बात कौ भेद न पायौ।
पिता-रचित धन-धाम, पुत्र के काजहिं आयौ॥
तुमसे प्रजा बसाइ कै, राखे हैं इहिं ठाइ।
ते तुम हम सरबस भई, (अब) मिलहु छाँड़ि चतुराइ॥ ८॥
तब झुकि बोली ग्वालि, बात किन कहौ सँभारै।
ऐसौ को बहि गयो, प्रजा है बसै तुम्हारै॥
हमहूँ तुम नृप कंस कैं, बसैं वास इक ठाउँ।
देखौं धौं घर जाइकै, (हम) तजैं तुम्हारौ गाउँ॥ ९॥
गाउँ हमारौ छाँड़ि, जाइ बसिहौ किहिं केरैं।
तीनि लोक में कौन जीव, नाहिंन बस मेरैं॥
कंसहिं को गनती गनै, जाकौ हमहिं कहाहु।
दिए दान पै बांचिहौ, नातरु नहीं निबाहु॥ १०॥
छोटे मुँह बड़ी बात, कहौ किन आपु सम्हारैं।
तीनि लोक अरु कंस, कबहिं बस भए तुम्हारैं॥
यह बानो तासौं कहौ, जो कोउ होइ अजान।
जैसे हौ जू रावरे, हम जानति परवान॥ ११॥

लेखौ जैहै भूलि कहूँ की बात चलावत।
झूठी मिलावत आनि, सुनत हमकौं नहिं भावत॥
हमसौं लीजे दान के, दाम सबै परखाइ।
थैली माँगि पठाइयै, पीतांबर फटि जाइ॥१२॥
काहे कौं एतराति, बात मैं सांची भाखत।
झूठहिं तुम सब ग्वारि, बात मेरी गहि नाखत॥
कह्यौ मानि लेखौ करौ, देहु हमारौ दान।
सौंह बबा मोहिं नंद की, ऐसें देहुँ न जान॥१३॥
नंद दुहाई देत कहा तुम, कंस दुहाई।
काहे कौ अँठिलात, कान्ह छाँड़ौ लरिकाई॥
पहिली परिपाटी चलौ, नई चलै क्यौं आजु।
नृपति जानि जो पावही, बहुरौ होइ अकाजु॥१४॥
लरिका मोकौं कहति, नाहिं देखी लरिकाई।
पय पीवत संहारि पूतना, स्वर्ग पठाई॥
अघा बका सकटा हने, केसी-मुख कर नाइ।
गिरि गोवर्धन कर धर्यौ, यह मेरी लरिकाइ॥१५॥
सबै भली तुम करी, हमैं अब कहत कहा हौ।
हमकौं होति अबार, दही लै जाहिं हहा हौ॥
हँसी पलक द्वै चारि की, बीतन लागें जाम।
वन मैं राखी रोकि के, नारि पराई स्याम॥१६॥
हँसी करति हो तुमहिं, भली गइ मति ब्रज नारी।
तुम हमकौं, हम तुमहिं, दई बिनु काजहिं गारी॥
बात कहौ कछु जानि कै, वृथा बढ़ावहिं सोर।
सदा जाहु चोरटि भई, आजु परीं फँग मोर॥१७॥
माँगि लेहु दधि देहुँ, दान कौ नाम मिटावहु।
ऐसें देहिं न नैंकु, कहा हमकौं डरपावहु॥
हमहिं कहत हौ चोरही, आपु भए अब साहु।
चोरी करत बड़े भए, मही, छाँछ लै खाहु॥१८॥
दही लेत हौं छीनि, दान अंगनि कौ लैहौं।
लैहौं रूपहि दान, दान जोबन पै कै हौं॥
तुम सब कंचन-भार लै, मैरैं मारग जाहु।
मही दही दिखरावहू, कैसै होत निबाहु॥१९॥
जाहु भले हो कान्ह, दान अँग-अँग को माँगत।
हमरौ जोबन-रूप, आँखि इनकी गड़ि लागत॥

सबै चलीं झहराइ कै, मटुकी सीस उठाइ।
रिस करि कसि कटि पीतपट, ग्वालि गही हरि धाइ ॥ २० ॥
मटुकी लई छुड़ाइ, हार चोली बँद तोस्यौ।
भुज भरि धरि अँकवारि, बाँह गहि कै झकझोस्यौ ॥
माखन दधि लियौ छीनिकै, कह्यौ ग्वाल सब खाहु।
मुख झिंगरति, आनंद उर, धिरवति हैं घर जाहु ॥ २१ ॥
देखौ हरि को काम, हार चोली-बँद तोस्यौ।
हमकौं भरि अँकवारि, बाँह धरि-धरि झकझोस्यौ ॥
जसुमति सौं कहियै चलौ, अब प्रगटी तरुनाइ।
दधि-माखन सब छीनि लै, ग्वालनि दए खवाइ ॥ २२ ॥
जाइ कहौ जू भली, बात मैया के आगै।
तुम क्यौं जोबन-रूप-दान, देती नहिं माँगै ॥
तुम जो कैहौ जाइकै, जननी नहीं पत्याइ।
'सूर' सुनहु री ग्वालिनी, आवहुगी पछिताइ ॥ २३ ॥

गोपियों ने सुना कि अब दही बेचने पर कर लग गया है। हम रात दिन मथुरा में दही बेचने जाती रही हैं, कभी चुंगी नहीं लगी। अब श्याम हमसे चुंगी माँग रहे हैं। यह सुनकर उन्हें हँसी आ गई और उन्हें अच्छा भी लगा। सबेरा होते ही कन्हैया ने उठकर अपने सभी संगी साथियों को आवाज देकर बुलाया। उन्होंने अपने संग उन्हीं को लिया जो उनके गोइयाँ थे, जिनसे उनके मन का मेल मिलता था, जो उन्हीं के स्वभाव वाले थे। किसी के बिना जाने हुए, वे उस मार्ग पर चले गए जो मथुरा जाता था और जाकर उस घाट को रोक लिया जहाँ से यमुना पार करके गोपियाँ मथुरा जाती थीं। वहाँ रुक एक पेड़ के तले वे ठगों का सा ठाट बनाकर जा डटे ॥ १ ॥

यहाँ ग्वालिनें बन-ठनकर, सज-धजकर, सिंगार-पटार कर, इकट्ठी हो गईं। सभी सखी सहेलियाँ, सब अलबेलियाँ, जोबन की मतवालियाँ, सिर पर दूध दही की मटकियाँ लिए हुए, आपस में हँसती, बतियाती, बिना किसी आशंका के, निश्चिंत भाव से, चली जा रही थीं, जब वे घात में, दाँव में आ गईं, तब ग्वाल-बालों ने उन्हें चारों ओर से घेर लिया ॥ २ ॥

अकस्मात आ जुटी इस भीड़ को देखकर वे सभी नवल किशोरियाँ चकपका उठीं, जैसे चारो ओर से घेर लेने वाले जाल के बीच में हरिनों की सुकुमार बच्चियों का समूह घिर गया हो, वे डरकर खड़ी हो गईं। उनके हाथ पैर हिल तक न सके, अचल हो गए। वे चित्र-लिखित सी हो गईं और उनके मुख से बोल तक नहीं फूटा, वे अवाक रह गईं ॥ ३ ॥

तब उठकर, आगे आकर ग्वाल बाल बोले—डरो मत, यहाँ कृष्ण की दुहाई है, यहाँ कोई ठग या लुटेरा नहीं है। यहाँ तो सबको सुख देने वाले दानाधिकारी स्वयं कृष्ण आ बैठे हैं। यहाँ श्याम का राज्य है, यहाँ डर की कोई बात नहीं है। तुम लोग रात दिन यहाँ निधड़क आती जाती रहो। इस घाट पर जो कुछ चुंगी लगती है, उसमें से जो कुछ तुमसे देते बन सके, देकर चलती बनो ॥ ४ ॥

जब ग्वाल ने कान्ह का नाम लिया, तब ग्वालिनि हँसकर बोली—अभी तक तुम्हारे कन्हैया माखन-चोरी करते रहे, उससे उनका पेट नहीं भरा, तब आकर चुंगी लगा दी है। उस समय कन्हैया छोटे बालक थे, उस समय उन्होंने जो कुछ उलटा-सीधा कहा, क्षम्य था। अब उसी बालकपन के धोखे में यदि वे कुछ कर बैठते हैं, तो क्षण भर में सारी मर्यादा—उनकी भी और हमारी भी—चली जायगी॥ ५॥

तब आगे बढ़कर कन्हैया बोले—तुम सब सदा की ओछी रही हो। नंद महर और यशोदा महरि का रुख पाकर तुम शंका छोड़कर धृष्टता कर रही हो। अब तुम मन से यह भ्रम निकाल दो और गर्व छोड़ दो। अब चुंगी का सारा हिसाब चुकता करके ही तुम बढ़ जाने पाओगी॥ ६॥

तब हँसकर ग्वालिन बोली—यशोदा की सुटुकिनी की मार के भय से ही तुमने अब माखन-चोरी की धृष्टता छोड़ दी है। तुम्हारे तप, ताप, धृष्टता की अधिकता के कारण नंद की बहुत हानि हुई है। कल तक तुम घर-घर में घुसकर चुराकर हमारा दही खाते रहे हो। लगता है रात में तुमने कोई सपना देखा हो, जिसके अनुसार आज सबेरे दानाधिकारी बन बैठे हो॥ ७॥

तब कृष्ण बोले—ग्वालिन, तुमने यह अच्छी बात नहीं कही। तुमने बात का मर्म नहीं समझा। बाप का कमाया सारा धन-धान बेटे के ही काम आता है। हमारे पिता नंद ने तुम सब लोगों का इस स्थान पर अपनी प्रजा बनाकर बसा रखा है। इसी आधार पर अब तुम सब मेरी सर्वस्व हो। तुम पिता की प्रजा मेरे लिए सर्वस्व हो। अत: अब सारी चतुराई छोड़कर मुझसे आ मिलो॥ ८॥

तब ग्वालिन झल्लाकर बोली—जबान सँभाल कर बोलो। यहाँ ऐसा कौन गया-गुजरा है, जो तुम्हारी प्रजा बनकर रहे। हम और तुम दोनों राजा कंस की प्रजा हैं और एक ही गाँव में बसे हुए हैं। तुम देखते रहना, हम घर वापस जाकर, अभी तुम्हारा यह गाँव छोड़े देती हैं॥ ९॥

तब कृष्ण बोले—तुम हमारा गाँव छोड़कर, किस दूसरे के गाँव में जा बसोगी। तीनों लोकों में ऐसा कौन प्राणी है, जो मेरे बस में न हो और जो मेरे में न बसा हो। कंस बेचारा किस गिनती में है, जिसकी प्रजा तुम मुझे बताए जा रही हो। दान दे देने पर तुम सब बच पाओगी, नहीं तो तुम्हारा निर्वाह न हो सकेगा, तुम्हें छुट्टी नहीं मिल सकेगी॥ १०॥

तब ग्वालिन बोली—कन्हैया, छोटे मुँह बड़ी बात न कहो। सँभाल कर क्यों नहीं बोलते? तीनों लोक और राजा कंस कब तुम्हारे बस में हुए? जो न जानता हो, उससे यह कहो। तुम जैसे हो, हम उसे प्रामाणिक रूप से राई-रत्ती जानती हैं॥ ११॥

तुम यह दान लेने की कहाँ की और कैसी बात चला रहे हो। तुम दान का सारा लेखा-जोखा भूल जाओगे। तुम जो यह सांच-झूठ मिलाकर कह रहे हो, यह सब सुनना हमें अच्छा नहीं लग रहा है। हमसे दान के सभी दाम परख-परख कर, ठोंक-बजाकर ले लो। तुम्हारा यह पीतांबर इसे सँभाल नहीं पाएगा, फट जाएगा। इसे सहेजने के लिए भारी थैली घर से मँगा लो॥ १२॥

कृष्ण बोले—गोपियों, तुम इतना क्रुद्ध क्यों हुई जा रही हो। मैं सच्ची बात कह रहा

हूँ। तुम सब झूट-मूठ के लिए मेरी बात को झूठ मानकर हठपूर्वक अनसुनी किए जा रही हो। मेरा कहना मानकर हिसाब कर लो और हमारा दान दे दो। मैं नंद बाबा की शपथ खाकर के कहता हूँ कि बिना दान लिए मैं तुम सबको जाने नहीं दूँगा॥ १३॥

गोपियाँ बोलीं—तुम नंद की दुहाई क्या दे रहे हो? हम तुम्हें राजा कंस की दुहाई दिए दे रही हैं। कन्हैया इतना इठलाए क्यों जा रहे हो। यह लड़कपन छोड़ो। तुम अपनी परिपाटी पर चलते जाओ, चुरा चुराकर माखन खाते जाओ, यह दान की नई चाल आज क्यों चलाना चाह रहे हो? यदि राजा कंस ने सुन पाया कि तुमने चुंगी लेना शुरू कर दिया है, तो फिर बहुत हानिं उठानी पड़ेगी॥ १४॥

कृष्ण बोले—तुम मुझे लड़का समझती हो? तुमने मेरा लड़कपन नहीं देखा—जब मैं दूध पीता बच्चा ही था, तभी मैंने पूतना को मार कर स्वर्ग भेज दिया था। मैंने अघासुर, बकासुर, शकटासुर को मार डाला था। मैंने केसी को, उसके मुँह में हाथ डालकर, उसकी जीभ खींचकर, मार डाला था। मैंने गोवर्धन पहाड़ को उँगली पर उठा लिया था। मेरा लड़कपन था, तो यह था। मेरा लड़कपन तुम्हारे लड़कपन जैसा नहीं था॥ १५॥

गोपियाँ बोलीं—श्याम, तुमने इन सबको मारकर बहुत अच्छा किया। बोलो अब हमको क्या कहते हो? हमें देर हो रही है। हम हाहा खाती है, विनती करती हैं, हमें दही लेकर जाने दो। हँसी दिल्लगी दो-चार पल की ही अच्छी होती है, यहाँ तो—पहर बीतने लगे। तुमने हम पराई स्त्रियों को वन में रोक रखा है॥ १६॥

कृष्ण बोले—मैं हँसी नहीं कर रहा हूँ, हँसी तो तुम कर रही हो, ब्रज-नारियों, बुद्धि तो तुम्हारी मारी गई है। व्यर्थ के लिए तुमने मुझे गाली दी और मैंने भी तुम्हें गाली दी। जान बूझकर कुछ बात करो। व्यर्थ के लिए शोर क्यों मचा रही हो? रोज ही चोरों की तरह छिपकर तुम दही बेचने चली जाती थीं, आज मेरे फंदे में फँस गई हो॥ १७॥

गोपियाँ बोलीं—कन्हैया, हमसे माँग लो, हम तुम्हें खाने के लिए दही दे देंगी। दान का नाम मत लो। दान के नाम पर हम जरा-सा भी दही नहीं दे सकतीं। तुम हमें डर क्या दिखा रहे हो? हमें चोर कह रहे हो और अब स्वयं साहु बन गए हो। माखन-चोरी करते-करते तो इतने बड़े हो गए हो। लो दही-मट्ठा लेकर खाओ, पियो॥ १८॥

कृष्ण बोले—दही तो मैं छीन लेता हूँ। आज मैं तुम्हारे अंगों का दान लूँगा। मैं रूप का दान लूँगा। तुम्हारे यौवन पर दान लगाऊँगा। तुम सब सोने का बोझ ले लेकर मेरे मार्ग से जाती हो, और मुझे मट्ठा और दही दिखा रही हो। भला इससे किस प्रकार निपटारा हो सकेगा॥ १९॥

गोपियाँ बोलीं—'हटो हटो, कन्हैया हटो। हम जान गईं तुम बहुत भले हो। अब हमसे अंग-अंग का दान माँगने लगे हो।' फिर आपस में कह उठीं—अब इनकी आँखों में हमारा यौवन और रूप किरकिरी-सा गड़ने लगा है। यह कहकर वे अपनी मटकियाँ सिर पर उठाकर झल्लाकर चल पड़ीं। इसपर क्रोध करके, कमर में पीतांबर कसकर, दौड़कर हरि ने ग्वालिनि को पकड़ लिया॥ २०॥

कृष्ण ने सिर पर से मटुकी उतार लीं। हार और चोली की डोर तोड़ डाली। भुजा में कसकर छाती से लगा लिया और बाँहें पकड़कर झकझोर दिया। माखन और दही सब

छीन लिया और ग्वालों से कह दिया—लो सब खा-पी डालो। गोपियाँ मुख से तो झल्लाती रह गईं, पर उनके मन में भारी आनंद छा गया। उन्होंने कृष्ण को धमकाया भी अच्छा अब घर जाओ, (वहाँ हम अपनी सब दुर्गति यशोदा मैया से कहकर तुम्हें पिटवाएँगी)॥ २१॥

गोपियाँ आपस में कहने लगीं—हरि का यह काम तो देखो, इन्होंने हमारे हार तोड़ डाले, चोली की तनी भी तोड़ डाली। हमको अपनी बाँहों में भरकर छाती से चिपका लिया, हमारी बाँहें पकड़कर झकझोर डाला। चलो, अब यशोदा से चलकर कहें कि कन्हैया पर अब जवानी चढ़ आई है। हमारा सब दही माखन छीनकर इन्होंने ग्वाल-बालों को खिला दिया है॥ २२॥

कृष्ण बोले—अच्छी बात है, जाकर मैया के आगे सब बात कह दो, लकठा लगा दो। तुम यौवन और रूप का दान माँगने पर क्यों नहीं देती। तुम जो कुछ जाकर मैया से कहोगी, मैया उस पर विश्वास ही नहीं करेगी। और तुम हाथ मलती, पछताती हुई, वापस लौट आओगी। हे गोपियों, मेरी यह बात भली भाँति सुन लो॥ २३॥

११४०/२०८० राग करषी

ऐसौ दान माँगियै नहिं, जो हम पैं दियो न जाइ।
बन मैं पाइ अकेली जुवतिनि, मारग रोकत धाइ।
घाट-बाट औघट जमुना-तट, बातैं कहत बनाइ।
कोऊ ऐसौ दान लेत है, कौनैं पठए सिखाइ।
हम जानति तुम यौं नहि रैहौ, रहिहौ गारी खाइ।
जो रस चाहौ, सो रस नाहीं, गोरस पियौ अघाइ।
औरनि सौं लै लीजै मोहन, तब हम देहिं बुलाइ।
'सूरस्याम' कत करत अचगरी, हम सौं कुँवर कन्हाइ॥

गोपियाँ बोलीं—श्याम ऐसा दान न माँगो, जो हमसे न दिया जा सके। वन में हम युवतियों को अकेली पाकर तुम दौड़कर रास्ता रोकते हो। पनघट पर, मार्ग में, ऊबड़-खाबड़ और ऊँची-नीची जगहों पर, यमुना के किनारे, हमसे बातें बना-बनाकर कहते हो। कोई ऐसी भी चुंगी लेता है? किसने तुम्हें इस दान की बात सिखा-पढ़ाकर भेजा है? हम जानती हैं तुम अब जो रस चाहते हो, वह रस यहाँ नहीं है। हाँ गोरस-दूध, दही, मट्ठा पीना चाहो, तो पेट भर कर पी लो। पहले और और स्त्रियों से यह दान ले लो, फिर तो हम बुलाकर तुम्हें देंगी। हे कुँवर कन्हैया, तुम हमसे यह नटखटी क्यों करते हो?

११४१/२०८१ राग नट

दान लेहु, घर जान देहु, काहे कौं कान्ह देत हौ गारी।
जो कछु कहौ, करैं हम सोई, इहिं मारग आवैं व्रजनारी॥
भली करी दधि माखन खायौ, चोली हार तोरि सब डारी।
जोबन-दान कहूँ कोइ माँगत, यह सुनि-सुनि अति लाजनि मारी॥
होत अबार, दूरि घर जैबौ, पैयाँ लगैं, डरति हैं भारी।
'सूरस्याम' काहे कौं झगरौ, तुम सुजान हम ग्वारि गँवारी॥

गोपियाँ बोलती गईं—कन्हैया, तुम्हें चुंगी लेनी ही है, तो ले लो। हमें घर जाने दो। हमें गाली क्यों दिए जा रहे हो? तुम जो कुछ कह रहे हो, हम सब तो वही इसलिए किए जा रही हैं, जिससे ब्रज की सारी गोपियाँ तो इस मार्ग से आती-जाती रहें। उनका रास्ता तो बंद न हो जाय। तुमने बहुत अच्छा किया, जो हमारा सब दही और माखन खा गए, चोली का बंधन तोड़ दिया और हार भी तोड़ दिया। पर यह तो बताओ कि क्या किसी ने आज तक जोबन का भी दान माँगा है? यह सुन-सुनकर तो हम लाज के मारे मरी जा रही हैं। हमें देर हो रही है। हमारा घर दूर है। हम तुम्हारे पाँव पड़ती हैं। हमें बड़ा डर लग रहा है। श्याम तुम तो चतुर हो। हम गँवार ग्वालिनी हैं। हमसे क्यों झगड़ा कर रहे हो?

११४२/२०८८ राग कान्हरौ

कहा कहत तू नंद-छुटौना।
सखी सुनहु री बातैं, जैसी करत अतिहिं अँचभौना॥
बदन सकोरत, भौंह मरोरत, नैननि मैं कछु टौना।
जोबन-दान कहा धौं माँगत, भई कहूँ नहिं होना॥
हम कहैं बात सुनहुं मनमोहन, काल्हि रहे तुम छौना।
'सूरस्याम' गारी कह दीजै, यह बुधि है घरखोना॥

गोपियाँ कह रही हैं—'अरे नंद के छोहरे, तू क्या अट्ट-पट्ट कहे जा रहा है?' फिर वे आपस में कहने लगीं—'सुन रही हो सखी, यह जैसी बातें कर रहा है, वे तो अत्यंत अचंभे की हैं। देखो यह कैसा अपना मुँह सिकोरे ले रहा है, भौंहें कैसी मरोरे ले रहा है। इसकी आँखों में तो जैसे कोई जादू है। यह कैसा जोबन-दान माँगे जा रहा है। ऐसा तो न कभी कहीं हुआ है और न होनेवाला है।' फिर वे कृष्ण से कहने लगीं—मनमोहन, हम जो कह रही हैं, उसे सुन लो। कल तक तो तुम निरे बच्चे थे। आज यह गाली कैसे देने लगे। यह तो घर को नष्ट करने वाली बुद्धि है। इसे छोड़ो।

११४३/२०८९ राग पूरबी

ऐसैं जनि बोलहु नँद-लाला।
छाँड़ि देह अँचरा मेरौ नीकैं, जानत और सी बाला॥
बार-बार मैं तुमहिं कहति हौं, परिहौ बहुरि जँजाला।
जोबन रूप देखि ललचाने, अबहीं तैं ये ख्याला॥
तरुनाई तनु आवन दीजै, कत जिय होत बिहाला।
'सूर स्याम' उर तैं कर टारहु, टूटै मोतिनि-माला॥

गोपी कह रही हैं—नंदलाला, ऐसा न कहो। मेरा आँचल छोड़ दो। इसी में तुम्हारा भला है। मुझे तुमने क्या और किसी नवयुवती जैसा समझ लिया है? मैं तुमसे बार-बार कहे दे रही हूँ। न छोड़ोगे, तो बहुत बड़े फसाद में फँस जाओगे। तुम हमारा रूप और जोबन देखकर ललचा गए हो। अभी से तुम्हारे ये खेल हैं। जवानी तो आ जाने दो, उतावले क्यों हो रहे हो। श्याम, मेरे वक्षों पर से हाथ हटा लो, नहीं तो मेरी मोतियों की माला टूट जायगी।

११४४/२०९२ राग पुरिय

कान्ह अब लँगराई हौं जानी ।
माँगत दान दही कौ अब लौं, अब कछु औरै ठानी ।।
औरन सौं तुम कहा लियौ है, हमहिं दिखावहु आनी ।
माँगत हे दधि, सो हम दीन्हौ, कहा कहत यह बानी ।।
छाँड़ि देह अँचरा फटि जैहै, तुमकौं हम पहिचानी ।
'सूरस्याम' तुम रति-पति-नागर, नागरि अतिहिं सयानी ॥

गोपी कह रही है—'कन्हैया अब तुम्हारा नटखटपन मैं जान गई हूँ। अभी तक समझ रही थी कि चुंगी माँग रहे थे। अब तुम्हारे मन में कुछ और ही बात आ गई है। तुमने और लोगों से चुंगी में क्या पाया है, लाकर हमें दिखाओ। तुम दही माँगते थे, वह मैं तुमको दिया। अब यह कौन-सी बात कह रहे हो। मेरा आँचल छोड़ दो, नहीं तो यह फट जायगा। अब हमने तुमको भली-भाँति पहचान लिया है।'

सूरदास कह रहे हैं—हे श्याम, यदि तुम रति के पति कामदेव के समान छैल-छबीले हो, तो यह नागरी भी तुमसे कम चंट नहीं है, यह भी अति चतुरा है।

११४५/२०९४ राग टोडी

ढीठ कन्हाई, बोलि न जानै, बरबस झगरौ ठानै ।
जोइ भावत, सोई कहि डारत, अति निधरक अनुमानै ।।
अंग अंग के दान लेत, नहिं घर के कौं पहिचानै ।
हम दधि बेचन जाति हैं, मारग रोकि रहत, नाहिं मानै ।।
ऐसी बात सम्हारि कहौ, हरि, हम तुमकौं पहिचानैं ।
'सूरस्याम' जो हमसे माँगत, और तियनि सो बानै ॥

कोई गोपी किसी दूसरी गोपी से कह रही है—कन्हैया बड़ा ढीट हो गया है। यह ठीक से बोलना भी नहीं जानता। यह बरबस हम लोगों से झगड़ा करता जा रहा है। हमने अनुमान कर लिया है, यह अत्यंत निधड़क हो गया है। यह हमसे अंग-अंग का दान माँग रहा है। यह अपने घर-गाँव वालों को भी नहीं पहचान पा रहा है। हम दही बेचने जा रही हैं और हमारा रास्ता रोके जा रहा है, मान नहीं रहा है।

फिर वही गोपी कन्हैया से बोली—हरि अंग-दान की जो बात तुम कहे जा रहे हो, जरा सँभाल कर कहो। हमने तुमको खूब पहचान लिया है। श्याम, तुम हमसे जो माँग रहे हो, वह देने की बान (आदत) किन्हीं दूसरी औरतों को होगी, उन्हीं से जा माँगो।

११४६/२०९५ राग मलार

तोहिं कारी कामरि लकुटि अब भूलि गई, नव पीतांबर, दुहूँ करनि विलासी ।
गोकुल की गायनि चराइबौ है छाँड़ि दियो, नवलनि संग डोलै, परम बिसासी ।।
गोरस चुराइ खाइ, वदन दुराइ राखै, मन न धरत वृंदाबन कौ मवासी ।
'सूरस्याम' तोहि घर-घर सब जानत, इहाँ बलि को है सो, तिहारी जो है दासी ॥

गोपी बोली—अब तुम काली कमली और बाँस की लठिया भूल गए हो। अब तो तुम दोनों हाथों पीतांबर फहराये जा रहे हो। अब तुमने गोकुल की गायें चराना छोड़ दिया है और अब नव अबलाओं के पीछे-पीछे डोलते-फिरते हो और अब तो तुम एक दम विश्वासघाती हो गए हो, तुम पर विश्वास नहीं किया जा सकता। पहले तुम गोरस चुरा-चुराकर खाते थे और अपना मुँह छिपाए बैठे रहते थे। तुम वृंदावन के डाकू हो। तुम्हें अब हर घर के लोग जान गए हैं। यहाँ कोई तुम्हारी दासी नहीं बैठी है, जो वह सब करती जाय, जो-जो तुम कहते जाओ।

११४७/२०९६ राग मलार

नंद महर को सुत करत अचगरी ।
बन बन फिरत गो चारत बजाइ बेनु, बातैं वे भुलाईं, दानी भए गहि डगरी ।।
बन मैं पराई नारि, रोकि राखी बनवारि, जान नहिं देत हौ जू, कौन ऐसी लँगरी ।
माँगत जोबन-दान, भलै हौ जू भले कान्ह, मानत न कंस-आन, बसि ब्रज-नगरी ।।
कबहुँ गहत दधि-मटुकी अचानक ही, कबहुँ गहत हौ अचानक ही गगरी ।
'सूरस्याम' व्रज बाम जहँ तहँ खिझावत, ज्यौं मन भावत दूरि करी लग सग री ॥

गोपी कह रही है—हे नंद महर के पुत्र, अब तुम नटखटी करने लगे हो। पहले तुम एक वन से दूसरे वन में गायें चराते और बाँसुरी बजाते डोला करते थे। अब तुमने वे बातें भुला दी हैं। अब नवेलियों का रास्ता रोककर दान वसूलने लगे हो। वनवारी, तुमने वन में पराई स्त्रियों को रोक रखा है, जाने नहीं दे रहे हो, यह कौन-सा नट-खटापन है? कन्हैया, तुम बहुत भले हो, वाह, तुम जोबन का दान माँग रहे हो। ब्रज में बसकर भी तुम कंस की आन नहीं मान रहे हो। कभी तुम अचानक दही की मटुकी पकड़ लेते हो और कभी यमुना जल से भरी गगरी पकड़ लेते हो। तुम ब्रजवासियों को यत्र-तत्र खिझाते रहते हो। जैसा मन में आता है, वही करते हो। तुमने तो लग (नैकट्यता, पड़ोस) और सग (सगंधता) दोनों को बहुत दूर कर दिया है।

११४८/२०९७ राग पूरबी

तुम कब के जु भए हौ दानी ।
मटुकी फोरि, हार गहि तोर्‌यौ, इन बातनि पहिचानी ।।
नंद महर की कानि करति हौं, न तु करती मेहमानी ।
भूलि गए सुधि ता दिन की, जब बाँधे जसुदा रानी ।।
अब लौं सह्यौ तुम्हारौ ढीठौ, तुम यह कहत डरानी ।
'सूरस्याम' कछु करत न बनिहै, नृप पावै कहुँ जानी ॥

गोपी कहे जा रही है—तुम कब से चुंगी वसूल करने वाले हुए हो। तुमने हमारी दही की मटुकी फोड़ डाली और मेरा हार पकड़कर तोड़ डाला, इन बातों से ही हमने पहचान लिया तुम क्या हो, कैसे हो। हम नंद महर की मर्यादा का ध्यान रखती हैं, नहीं तो तुम्हारी अच्छी मेहमानी कर देतीं—खूब कुटम्मस कर देतीं। उस दिन की बात भूल गए क्या, जब यशोदा मैया ने तुम्हें ऊखल में बाँध दिया था। अब तक हम सब तुम्हारी ढिठाई सहती गईं।

पर अब तुमसे यह कहते हमें डर लग रहा है कि यदि महाराजा कंस के कान में यह बात किसी तरह पड़ गई, तब तुमसे कुछ करते धरते नहीं बनेगा।

११४९/२१०० राग गौरी

हमकौं लाज, न तुमहिं कन्हाई।
जौ हम इहिं मारग सब आईं, तौ तुम हम सौं करत ढिठाई ।।
हा हा करतिं, पाइ तुम लागतिं, रीती मटुकी देहु मँगाई।
काकौं बदन प्रातहीं देख्यौं, घर तैं हम छींकतहु न आई ।।
उतहिं जाति हीं सखी सहेली, मैं ही सबकौं इतहिं फिराई।
'सूरस्याम' अधमई हमहिं सब, लागै तुमकौं सकल भलाई ॥

गोपी कहे जा रही है—कन्हैया तुमको तो लाज-बीज है नहीं, पर हमको तो है। हम इस रास्ते से जो आ निकलीं, तो तुम हमसे ढिठाई करने लगे हो। हम दीन होकर गिड़गिड़ाकर विनती कर रही हैं, तुम्हारे पाँव पड़ रही हैं—हमारी खाली मटुकियाँ तो मँगा दो। आज सबेरे न जाने किसका मुँह देखा था। घर से जब चली, तो छींक कर किसी ने कुसगुन भी नहीं किया था, फिर यह दुर्गति क्यों हो रही है। सखियाँ-सहेलियाँ तो उस मार्ग से जा रही थीं, मैं ही सबको लौटाकर इस रास्ते लाई थी। श्याम, मान लिया तुम्हीं सद्‌गुणों के भण्डार हो और हम ही सब दुर्गुणों की आश्रय। तुम भले, हम बुरी, बस यही न। अब तो छोड़ो।

११५०/२१०३ राग नट

मोहिं तोहिं जानबि नँद-नंदन, जब बन तैं गोकुल जैबौ।
सखियन सहित छीनि लै मेरी, दधि मटुकी, गारी दैबौ ।।
मुख मोरिबौ जु आउ-बाउ कहि, दान अधिकई सौ लैबौ।
एक गाउँ, एकहि सँग बसियै, कैसैं अब इहिं मग ऐबौ ।।
जुवतिनि के मुख देखि रहत हो ललचाने, कैसैं पैबो।
कैसैं हार तोरि मेरौ डार्‌यौ, बिसरति नहिं रिस करि धैबौ ॥
सुनि री सखी ढीठ नँद-नंदन, चलि सब जसुमति सौं लैबौ।
'सूरस्याम' दधि माखन लीन्हौ, हारहु, बैर समुझि कैबौ ॥

नंद-नंदन, इस समय वन में हो, जो चाहो कह लो। पर तुम भी सुन लो, यहाँ इस वन से जब तुम गोकुल चलोगे, तब तुम भी हमें अच्छी तरह से जान लोगे। यहाँ तुम मेरी और सभी सखियों की दधि की मटुकियाँ छीन बैठे हो और गाली दिए जा रहे हो, मुँह सिकोड़ कर अट्ट-पट्ट जो भी मन में आ रहा है कहे जा रहे हो, जबरदस्ती दान वसूले जा रहे हो। एक ही गाँव का रहना सहना है, एक ही साथ का बसना है। अब इस रास्ते कैसे आया जाया जा सकेगा। युवतियों का मुख देख कर ललचाए रहने लगे हो। उन्हें तुम कदापि नहीं पा सकते। तुमने कैसे मेरी मोती की माला तोड़ दी। क्या मैं इसे भूल सकती हूँ? सखी सुनो, यह नंद-नंदन बहुत ढीठ हो गया है। चलो, यशोदा से सब वसूल लिया जाय। श्याम, तुमने दही, माखन लिया था, सो लिया था, कोई बात नहीं। पर तुमने हमारा हार भी ले लिया। हमसे बहुत समझ-बूझकर बैर करना।

तैं कत तोर्‌यौ हार नौ सरि कौ ।
मोती बगरि रहे सब बन मैं, गयौ कान कौ तरिकौ ।।
ये अवगुन जु करत गोकुल मैं, तिलक दिए केसरि कौ ।
ढीठ गुवाल दही कौ मातौ, ओढ़नहार कमरि कौ ।।
जाइ पुकारैं जसुमति आगैं, कहति जु मोहन लरिकौ ।
'सूरस्याम' जानी चतुराई, जिहिं अभ्यास महुअरि कौ ॥

कन्हैया, तूने मेरा नौ लड़ का हार क्यों तोड़ डाला? इसके सारे मोती वन में बिखर गए। कान की तरकी भी गिर गई। तुम यह सब अवगुण इस गोकुल में करते जा रहे हो। दिखाने के लिए साधुओं जैसा केसर का तिलक माथे पर दे रखा है। तुम काली कमली के ओढ़ने वाले, दही के मतवाले ढीठ अहीर हो। हम यशोदा से जाकर कहती हैं तो यशोदा कहने लगती हैं अभी तो हमारा कन्हैया लड़का है। श्याम, अब हम तुम्हारी सारी चतुराई जान गई हैं। तुम्हें मधुकर के जैसा फूल-फूल का रस लेने का अभ्यास बनता जा रहा है।

११५२/२१०९ राग जैतश्री

जब दधि बेंचन जाहिं मारग रोकि रहै ।
ग्वारिनि देखत धाइ, अंचल आइ गहै ॥ टेक ॥
अहो नंद की नारि, डारि ऐसी क्यौं दीजै ।
एक ठौर बस बास, सुनहु ऐसी नहिं कीजै ॥
सुत वैसौ, तुम तौ खिझतिँ, को रैहै इहि गाउँ ।
जैहैं व्रज तजि अनत हीं, बहुरि सुनौ नहिं नाउँ ॥ १॥
कहा कहति डरपाइ, कछू मेरौ घटि जैहै ।
तुम बाँधति आकास, बात झूठी को सैहै ॥
जोबन दिन द्वै सबहिं कौ, तुम ऐसी इतरातिँ ।
झूठैं कान्हहिं दोष दै, तुमहीं व्रज तजि जातिँ ॥ २॥
हम यह झूठी कही, और सौं बूझि न देखौ ।
हमसौं माँगत दान, करत गौवनि को लेखौ ॥
मटुकी डारै सीस तैं, मर्कट लेइ बुलाइ ।
महा ढीठ मानै नहीं, सखन सहित दधि खाइ ॥ ३॥
ग्वारिनि ढीठि गँवारि, कान्ह मेरौ अति भोरौ ।
तेरैं गोरस बहुत भयौ, री मेरैं थोरौ ॥
बोलत लाज नहीं तुमहिं, सबहीं भईं गँवारि ।
ऐसी कैसैं हरि करै, कतहिं बढ़ावति रारि ॥ ४॥
अहो जसोदा महरि, पूत की मामी पीवै ।
हमहिं कहा है होत, बहुत दिन मोहन जीवै ॥

सुत के कर्म न जानई, करै आपुनी टेक।
दस गैयनि करि को बड़ौ, अहिर जाति सब एक ॥ ५॥
कह गैयनि की चली, कहा अब चली जाति की।
चकृत भई मैं तुम जु कहत, अनमिलत बात की ॥
जैसी मोसौं कहति हौ, को सुनि कै पतियाइ।
कौन प्रकृति तुमकौं परी, मोहिं कहौ समुझाइ ॥ ६॥
अहो जसोदा, बात काल्हि की सुनी कि नाहीं।
बंसीवट की छाँह गही हरि मेरी बाहीं ॥
हौं सकुचनि बोली नहीं, बहु सखियन की भीर।
गहि बहियाँ मोहिं लै चले, हंस-सुता कैं तीर ॥ ७॥
ए री मदमत ग्वालि, फिरति जोबन मद-माती।
गोरस बेंचनहारि, गूजरी अति इतराती ॥
अनमिलती बातैं कहहि, तातैं सुनियत नाहिँ।
कहँ मोहन कहँ तू रहै, कबहिँ गही तेरी बाहिँ ॥ ८॥
साँची सब मैं कहति, झूठ नहिं कहिहौं तुमसौं।
सुत की राखति कानि, विलग मानति हौ हमसौं ॥
कुंजनि मैं क्रीड़ा करै, मनु वाही कौ राज।
संक सकुच नहिं मानई, रहत भयौ सिरताज ॥ ९॥
ऐसी बातें कहति, मनहुँ हरि वरस बीस कौ।
दुसह सही नहिं जाइ, नैंकु डर करहु ईस कौ ॥
धनि धनि तुम यह कहति हौ, मोकौं आवै लाज।
माखन माँगत रोइ, तिहिं, दोस देतिं बिनु काज ॥ १०॥
हरि जानत हैं मंत्र जंत्र, सीख्यौ कहुँ टोना।
बन मैं तरुन कन्हाइ, घरहिं आवत ह्वै छौना ॥
एक दिवस किय देखहू, अंतर रहो छपाइ।
दस को है धौं बीस कौ, नैननि देखौ जाइ ॥ ११॥
जाहु चली घर आपु, नैन भरि हम देख्यौ है।
तीस, बीस, दस बरस, एक एक दिन लेख्यौ है ॥
ढीठि लगावत कान्ह कौं, जरैं बरैं वे आँखि।
धींगरि धिग चाँचरि करैं, मोहिं बुलावत साखि ॥ १२॥
धींग तुम्हारौ पूत, धींगरी हमकौं कीन्ही।
सुत कौं हटकति नाहिं, कोटि इक गारी दीन्ही ॥
महतारी सुत दोउ बने, वे मग रोकत जाइ।
इनहिं कहन दुख आइयै, ये सबकौं उठति रिसाइ ॥ १३॥

कहा करौं, तुम बात कहूँ की कहूँ लगावति।
तरुनिनि यहै सुहाति, मोहिं कैसैं यह भावति॥
बहुत उरहनौ मोहिं दियौ, अब ऐसौ जिनि देहु।
तुम तरुनी, हरि तरुन नहिं, मन अपनै गुनि लेहु॥१४॥
निरउत्तर भइ ग्वालि, बहुरि कछु कहत न आयौ।
मन उपजी कछु लाज, गुप्त हरि सौं चित लायौ॥
लीला ललित गुपाल की, कहत सुनत सुखदाइ।
दान चरित सुख देखिकै, सूरदास बलि जाइ॥१५॥

गोपियाँ यशोदा के पास उलाहना लेकर गईं और बोलीं—हम सब जब दही-बेचने के लिए जाती हैं, तब तुम्हारा किसन हमारा रास्ता रोक लेता है। हम ग्वालिनों को देखकर वह दौड़ पड़ता है, और आकर हमारा आँचर (उरोज) पकड़ लेता है। हे नंदरानी, तुमने उसे ऐसा क्यों छोड़ रखा है। हम सबको एक ही स्थान पर रहना है। सुनो, ऐसा नहीं करना चाहिए। तुम्हारा बेटा ऐसा है। तुम उसकी करतूत सुनती नहीं और झल्ला उठती हो। अब इस गाँव में कोई कैसे रह सकता है? अब हम सब व्रज को छोड़कर किसी ऐसे दूर गाँव में जा बसेंगी, जिससे तुम हमारा नाम तक न सुन सको॥१॥

यशोदा बोलीं—तुम सब मुझे क्या डरवा रही हो। तुम्हारे व्रज छोड़ जाने से हमारा क्या बिगड़ेगा? तुम मुट्ठी में आकाश को बाँध लेना चाहती हो। ऐसी झूठी बातों को कौन बर्दाश्त करेगा? तुम पर जवानी चढ़ी हुई है। यह जवानी तो दो दिन की होती है। इसी जवानी के नशे में तुम सब ऐसा इतरा रही हो। तुम झूठ-मूठ का मेरे नन्हें कन्हैया पर दोष मढ़े जा रही हो और व्रज छोड़कर कहीं अन्य चले जाने की धमकी दे रही हो॥२॥

ग्वालिनि बोलीं—मान लिया मुझ एकने तुमसे झूठ कहा है, और ग्वालिनियों को बुलाकर क्यों नहीं पूछ लेतीं? एक झूठ बोलती है, तो क्या सभी झूठ बोल देंगी? तुम्हारा कान्हा हमसे दान माँगता है। हमसे गायों का लेखा जोखा माँगता है कि तुम्हारे कुल कितनी गायें हैं? वह हमारे सिरों पर से मटुकियाँ उतार लेता है, अपने बंदरों को बुला लेता है और अपने उन मर्कट-सखाओं के साथ सारा दही खा जाता है। वह अत्यंत धृष्ट हो गया है। टोकने पर मानता नहीं है॥३॥

यशोदा बोलीं—ग्वालिन, तुम्हीं ढीठ हो, गँवार हो, मेरा कन्हैया तो अभी भोला-भाला बच्चा है, तेरे पास गोरस बहुत है और मेरे पास तुझसे क्या कम गोरस है? तुम्हें ऐसा कहते हुए लाज नहीं लग रही है? सबकी सब गँवार (निर्लज्ज) हो गई हो। मेरा हरि ऐसा कैसे कर सकता है? तुम व्यर्थ के लिए यह टंटा क्यों बढ़ा रही हो? ॥४॥

गोपी बोलीं—हे महरि यशोदा, तुम तो अपने पुत्र की मामी पिये जा रही हो, उसके दोष को बराबर पिए जा रही हो, साफ इनकार किए जा रही हो। तेरा पूत जैसी चाहे, नटखटी करता फिरे, हमारा क्या बनता बिगड़ता है। तेरा मोहन चिरंजीव हो। तू अपने बेटे का गुन नहीं जानती, अपनी जिद पर अड़ी हुई है। किसी के पास दस गाएँ अधिक हों तो क्या—सभी अहीर एक ही जाति के हैं॥५॥

तब यशोदा बिगड़कर बोलीं—तुम सब जो यह परस्पर असंबद्ध बातें कर रही हो, उसे सुनकर मैं तो चकरा गई हूँ। कहाँ कन्हैया के दोष की बात, कहाँ गायों की बात, कहाँ जाति की बात। एक बात जमीन की और एक आसमान की, तुम कन्हैया के संबंध में जैसी बातें मुझसे कह रही हो, वैसी किसी और से न कहना। इस पर कौन विश्वास करेगा? यह तुम सबकी कैसी आदत पड़ गई है, जो झूठा उलाहना देने के लिए दौड़ी चली आती हो। मुझसे सब समझाकर कहो॥ ६॥

गोपी बोली—यशोदा रानी, कल की बात तुमने सुनी कि नहीं? वंशीवट के नीचे हरि ने आकर मेरी बाँह पकड़ ली। मैं सकुचा गई, कुछ बोली नहीं। वहाँ सखियों की भारी भीड़ थी। वे मेरी बाँह पकड़कर मुझे खींचते हुए सूर्य की पुत्री यमुना के किनारे ले चले॥ ७॥

यशोदा बोली—ए री मदोन्मत्त ग्वालिनी, तू अपने जोवन के मद में मतवाली होकर घूमती फिरती रहती है। दूध दही बेचने वाली गूजरी, तू बहुत इतरा रही है। तू असंबद्ध उलटी-पुलटी बातें कहे जा रही है। इसीसे मैं तेरी बातें नहीं सुन रही हूँ। कहाँ मेरा मोहन यहाँ रहता है नंदगाँव में, कहाँ तू रहती है बरसाना में, और कहाँ वह वंशीवट। बता उसने तेरी बाँह कब पकड़ी॥८॥

गोपी बोली—मैं सब सच ही सच कह रही हूँ। मैं तुमसे झूठ नहीं कहूँगी। तुम अपने बेटे की प्रतिष्ठा का ध्यान रखकर उसका पक्ष ले रही हो और हमसे बुरा मान रही हो। वह तुम्हारा लाड़ला कुंजों में क्रीड़ा करता रहता है। मानों वहाँ उसी का राज्य हो गया हो। वह न तो किसी का डर मानता है, न संकोच ही। वह सबका शिरोमणि बना फिरता है॥ ९॥

यशोदा बोली—तू तो ऐसी बातें कर रही हैं, जैसा मेरा कन्हैया बीस वर्ष का हो गया है। न सही जाने वाली बात नहीं सही जातीं। कुछ तो भगवान को डर। तुम धन्य हो जो यह सब बेधड़क कहती जा रही हो, मुझे तो सुनकर भी लाज लगी जा रही है। वह तो अभी रो-रोकर मुझसे माखन माँगता रहता है, और उसपर तुम बिना मतलब के ऐसा अशोभनीय दोषारोपण करती जा रही हो॥ १०॥

गोपी बोली—यशोदा मैया, हरि कुछ जंत्र मंत्र जानते हैं, कहीं कुछ जादू-टोना सीख रखा है। वह वन में तो तरुण कन्हैया बन जाते हैं, और घर पर यहाँ बालक बने रहते हैं। एक दिन स्वयं वृंदावन में आकर छिपकर अपने कन्हाई को अपनी आँखों से देख क्यों नहीं लेतीं कि वह दस बरस का है कि बीस बरस का। तब तुम्हें विश्वास हो जायगा॥ ११॥

यशोदा बोलीं—बस बहुत सुन चुकी, अब तुम अपने अपने घर चली जाओ। मैंने अपने कन्हैया को इन आँखों से खूब देख लिया है। उसे देखने के लिए अब मुझे वन में जाने की आवश्यकता नहीं है। वह चाहे तीस बरस का हो, चाहे बीस बरस का या दस ही का हो—मैंने तो एक एक दिन उसे अवलोकन किया है। खूब समझ लिया है। हमारे कन्हैया को जो नजर लगा रही हैं, वे आँखें जल जायँ। तुम सब धींगरी हो, संड-मुस्टंड हो, यहाँ वहाँ नाचती फिरती हो और मुझे गवाही के लिए बुला रही हो॥ १२॥

गोपियाँ बोलीं—धींगरा (सयाना) तो तुम्हारा बेटा है और तुम हमें धींगरी (सयानी) बना रही हो। तुम अपने पूत को रोकती नहीं, उलटे हमें करोड़ों गालियाँ दे रही हो। माँ

और बेटा दोनों एक से हैं—बेटा तो वन में हमारा रास्ता रोकता है और मैया है कि इनसे उलाहना दो, तो इन्हें भारी दुख होता है और ये हमपर कुपित हो उठती हैं॥ १३॥

यशोदा बोलीं—मैं क्या करूँ? तुम कहीं की बात कहीं लगाती हो? तरुणियों को ही यहाँ की बात वहाँ लगाने से सुख मिलता है। मुझे यह बात अच्छी नहीं लगती। तुम लोग मुझे बहुत उलाहना दे चुकीं। अब ऐसा उलाहना मुझे और मत दो। तुम तरुणी हो। मेरा हरि अभी बालक है, इस बात पर तुम भली-भाँति विचार कर लो॥ १४॥

ग्वालिनों से कुछ कहते न बना। वे निरुत्तर हो गईं। उनके मन में कुछ लाज पैदा हो गई। पर गुप्त रूप से उन्होंने अपना मन हरि में लगा लिया।

गोपाल की लीलाएँ ललित हैं। इनके कहने से सुख मिलता है और सुनने से भी, दान लीला के सुख को देखकर तो सूरदास अपने को हरि पर निछावर किए दे रहे हैं॥ १५॥

दानलीला : २

११५३/२११० राग रामकली

नंद-नँदन इक बुद्धि उपाई।
जे-जे सखा प्रकृति के जाने, ते सब लए बुलाई॥
सुबल, सुदामा, श्रीदामा मिलि, और महर-सुत आए।
जो कुछ मंत्र हृदय हरि कीन्हौ, ग्वालनि प्रगट सुनाए॥
ब्रज-जुवती नित प्रति दधि-बेचन, बनि-बनि मथुरा जातिं।
राधा, चंद्रावलि, ललितादिक, बहु तरुनी इक भाँति॥
कालिंदी-तट काल्हि प्रातहीं, द्रुम चढ़ि रहौ लुकाइ।
गोरस लै जबहीं सब आवैं, मारग रोको जाइ॥
भली बुद्धि यह रची कन्हाई, सखनि कह्यौ सुख पाइ।
'सूरदास' प्रभु-प्रीति हृदय की, सब मन गई जनाइ॥

नंदनंदन ने एक बात सोची। उनके जो-जो सखा उनकी प्रकृति के थे, उनके स्वभाव से मेल खाने वाले थे, उन सबको उन्होंने बुला लिया। सुबल, सुदामा, श्रीदामा और और गोप सरदारों के बेटे आ गए। हरि ने जो भी बात अपने मन में सोची थी, वह सब अपने ग्वाल-साथियों से कह सुनाई। उन्होंने कहा—राधा, चंद्रावली, ललिता आदि अनेक ब्रज तरुणियाँ नित्य ही दही बेचने के लिए बन-ठन कर, सज-सँवर कर, मथुरा जाती हैं। कल सबेरे ही तुम सब लोग जमुना के किनारे पेड़ पर चढ़कर छिप बैठो। जब वे सभी नवेलियाँ दही लेकर उस मार्ग से निकलें, तब तुम सभी उनका रास्ता रोक लो।

सखाओं ने प्रसन्न होकर कहा—कन्हैया, तुमने यह बहुत अच्छी बात सोची। सबके मन पर कन्हैया के हृदय का प्रीतिभाव प्रकट हो गया।

११५४/२१११ राग रामकली

प्रातहिं उठीं गोप-कुमारि।
परसपर बोलीं जहाँ-तहँ, यह सुनी बनवारि।

प्रथमहीं उठि सखा आए, नंद कैं दरबार।
आइयै उठि कै कन्हाई, कह्यौ बारंबार।
ग्वाल-टेरत सुनि जसोदा, कुँवर दियौ जगाइ।
रहे आपुन मौन साधे, उठे तब अकुलाइ।
मुकुट सिर, कटि पीत अंबर, मुरलि लीन्ही हाथ।
'सूर' प्रभु कालिंदि तट गए, सखा लीन्हें साथ॥

बहुत तड़के गोप-बालाएँ सो कर उठीं और वे आपस में यहाँ-वहाँ बातें करने लगीं। लेटे ही लेटे वनवारी कन्हैया ने उनको बातें करते सुना। इसके पहले ही कृष्ण के सखा गण नंद के द्वार पर आ गए थे। वे बार-बार पुकार लगाए जा रहे थे—कन्हैया उठो और आ जाओ। ग्वालों की कन्हैया को पुकारने की आवाज सुनकर यशोदा मैया ने कान्हा को जगा दिया, यद्यपि वे जग पहले से ही रहे थे, और मुड़िया घलाए चुप पड़े हुए थे। माता के जगाने पर वे घबराकर जल्दी-जल्दी उठे। उन्होंने सिर पर मुकुट, कमर में पीताम्बर धारण किया और हाथ में मुरली ले ली। वे संखाओं को लिए दिए यमुना के किनारे चले गए।

११५५/२११२ राग रामकली

भली करी उठि प्रातहिं आए।
मैं जानत सब ग्वालि उठीं जब, तब तुम मोहिं बुलाए॥
अब आवति ह्वैहैं दधि लीन्हे, घर-घर तैं ब्रज-नारी।
हँसे सबै कर तारी दै-दै आनँद कौतुक भारी॥
प्रकृति-प्रकृति अपनैं ढिग राखे, संगी पाँच हजार।
और पठाइ दिये 'सूरज-प्रभु', जे-जे अतिहिं कुमार॥

कृष्ण ने सखाओं से कहा—अच्छा किया, तुम लोग सबेरे ही आ गए। जब वे ग्वालिनें सबेरे बड़े तड़के उठ गईं, तब मैं जानता था। तुम लोगों ने मुझे इसके बाद बुलाया। अब अपने-अपने घरों से निकल कर, दही लेकर, ब्रज की नवेलियाँ आ ही रही होंगी। आज बड़ा आनंद आएगा। यह कहकर ग्वाल-बाल ताली बजा-बजाकर हँसने लगे। कन्हैया ने अपने मेल के पाँच हजार साथियों को अपने पास रखा और शेष को, जो अभी अति सुकुमार बुद्धि के थे, उन्हें घर वापस भेज दिया।

११५६/२११३ राग रामकली

हँसत सखनि यह कहत कन्हाई।
जाइ चढ़ौ तुम सघन द्रुमनि पर, जहँ-तहँ रहौ छपाई॥
तब लौं बैठि रहौ मुख मूँदे, जब जानहु सब आई।
कूदि परौ तब द्रुमनि-द्रुमनि तैं, दै दै नंद-दुहाई॥
चकित होहिं जैसें जुवती-गन, डरनि जाहिं अकुलाई।
बेनु-बिषान-मुरलि-धुनि कीजौ, संख-सब्द घहनाई॥
नित प्रति जाति हमारै मारग, यह कहियो समुझाई।
'सूरस्याम' माखन-दधि-दानी, यह सुधि नाहिंन पाई ?

हँसते हुए कन्हैया ने अपने मित्रों से कहा—तुम सब घने-घने वृक्षों पर चढ़कर जहाँ तहाँ छिप रहो। तुम सब अपने-अपने मुँह बंद किए चुप-चाप तब तक पेड़ों पर बैठे रहो, जब तक कि तुम गोपियों के आने की आहट न पा जाओ। उनके आने की भनक पाते ही, तुम सब नंद बाबा की दुहाई देते हुए पेड़ों पर से धम्म से कूद पड़ना और वेणु, शृंग, मुरली, शंख जोर-जोर से बजाने लगना, जिससे ब्रज तरुणियाँ चकपका उठें और डर कर घबरा उठें। तब तुम उनसे यह समझाकर कहना—तुम सब लोग हमारे इसी मार्ग से रोज दही बेचने जाती हो। क्या तुमने यह समाचार नहीं सुना है कि कन्हैया यहाँ माखन और दही का कर लेने आ बैठे हैं।

११५७/२११४ राग रामकली

स्याम सखनि ऐसैं समुझावत ।
ब्रज-बनिता राधा, ललितादिक, देखि बहुत सुख पावत ।।
काल्हि जात इहिं मारग देखीं, तब यह बुद्धि उपाई ।
अब आवतिं ह्वै हैं बनि-बनि सब, मोहीं सौं चित लाई ।।
तुमसौं कछू दुरावत नाहीं, कहत प्रगट करि बात ।
सुनहु 'सूर' लोचन मेरे, बिनु राधा-मुख अकुलात ॥

श्याम अपने सखाओं को इस प्रकार समझा रहे हैं—मैं ब्रज-वधूटियों को देखकर, विशेष रूप से राधा और ललिता को देखकर बहुत सुख पाता हूँ। मैंने कल इन सबको इसी रास्ते से जाते देखा, तब मैंने चुंगी वसूलने की यह बात सोच निकाली। अब वे बन-ठन कर मुझी में मन लगाए हुए आ ही रही होंगी। मैं तुम लोगों से कोई बात छिपा नहीं रख रहा हूँ। सब बातें साफ-साफ कहे देता हूँ। मेरी आँखें राधा का मुँह देखे बिना आकुल, विकल, बनी रहती हैं।

११५८/२११५ राग बिलावल

ब्रज-ज़ुवती मिलि करतिं बिचार ।
चलौ आजु प्रातहि दधि बेंचन, नित तुम करतिँ अबार ।।
तुरत चलो अबहीं फिरि आवैं, गोरस बेंचि सबारैं ।
माखन, दधि, घृत साजति मटुकी, मथुरा जान बिचारैं ।।
षट-दस-सहित सिँगार करति हैं, अँग अँग निरखि सँवारतिँ ।
'सूरदास'-प्रभु-प्रीति सबनि कैं, नैकु न हृदय बिसारतिँ ॥

उधर ब्रज-तरुणियाँ भी आपस में विचार कर रही हैं। चलो, आज सबेरे ही दही बेचने के लिए चली चलें। तुम लोग रोज देर कर देती हो। तुरंत चलो, जिससे हम जल्दी गोरस बेचकर अभी-अभी लौट आवें। वे मक्खन, दही, घी की मटुकियाँ सजाकर मथुरा जाने का विचार करने लगीं। उन्होंने सोलह सिंगार किए और अपने अंग-अंग को सजा लिया। उन सबके हृदय में किसन-कन्हैया के प्रति भारी प्रेम है। वे उन्हें जरा भी नहीं भुला पाती हैं।

११५९/२११६ राग धनाश्री

जुवती अंग सिँगार सँवारति ।
बेनी गूँथि, माँग मोतिनि की, सीसफूल सिर धारति ।।
गोरैं भाल बिंदु सेंदुर पर, टीका धर्‍यौ जराउ ।
बदन चंद पर रबि तारा-गन, मानौ उदित सुभाउ ।।
सुभग स्त्रवन तरिवन मनि-भूषित इहिँ उपमा नहिं पार ।
मनहु काम बिबि फंद बनाए, कारन नंद-कुमार ।।
नासा नथ-मुकुता के भारहिं, रह्यौ अधर-तट जाइ ।
दाड़िम-कन सुक लेत बन्यौ नहिं, कनक-फंद रह्यौ आइ ।।
दमकत दसन अरुन अधरनि तर, चिबुक डिठौना भ्राजत ।
दुलरी अरु तिलरी-बँद ता तर, सुभग हुमेल बिराजत ।।
कुच कंचुकी, हार मोतिनि के, भुज बाजूबँद सोहत ।
डारनि चुरी करनि फुँदना बने, कंज पास अलि जोहत ।।
छुद्रघंटिका कटि लँहगा रँग, तन तनसुख की सारी ।
'सूर' ग्वालि दधि बेंचन निकरीं, पग-नूपुर-धुनि भारी ।।

ब्रज-युवतियाँ अपने अंग-अंग को सजाए ले रही थीं। चोटी गूँथ कर, मोतियों से माँग भर-भरकर, वे अपने-अपने सिरों पर शीश-फूल पहने ले रही थी। उन्होंने अपने गोरे माथे पर सिंदूर की बिंदी लगा ली और उस सिंदूर-बिंदु के ऊपर सोने का जड़ाऊ टीका पहन लिया। ऐसा लगा मानो मुखरूपी चंद्रमा पर सूर्य और तारे सहज रूप से उदित हो उठे हैं। दोनों कानों में मणि जटित सुंदर ताटंकों की इस उपमा से बढ़कर कोई दूसरी उपमा नहीं दी जा सकती। ऐसा लगता था मानो नंद के कुमार किसन को फँसाने के लिए कामदेव ने दो फंदे लाकर लगा दिए हैं। उनकी नासिका नथ के मोतियों के भार से होठों पर लटकी-सी जान पड़ती थी। लगता था जैसे सुग्गे से अनार के दाने लेते नहीं बन रहे थे और वह सोने के फंदे में आ फँसा हो। लाल-लाल होठों के नीचे उनके दाँत चमके पड़ रहे थे। उन्होंने ठुड्ढी पर काला-बिंदु लगा रखा था, जिससे किसी की कुदृष्टि उन्हें न लगने पाए। उनके गले में दो लड़ों वाली और तीन लड़ों वाली मालाएँ थीं। उन दुलरियों और तिलरियों के नीचे सुंदर हुमेल सुशोभित हो रही थी। उरोजों पर चोली थी, उस पर मोतियों का हार था। भुजाओं में बाजूबंद सोह रहा था। उनके हाथों में चूड़ियाँ थीं और कलाइयों में काले फुलरे बँधे थे। लगता था कमल के ऊपर काले भौंरे मँड़रा रहे हों। कमर में रंगीन लहँगा था और घुँघुरूदार करधनी थी। शरीर पर 'तन-सुख' नामक कपड़े की साड़ी थी। ग्वालिनें पैरों की पायल से रुनझुन करती हुई दही बेचने के लिए निकल पड़ीं।

११६०/२११७ राग नटनारायणी

बेंचन चलीं दधि ब्रजनारि ।
सीस धरि-धरि माट मटुकी, बढ़ी सोभा भारि ।।

निकसि ब्रज के गई ग्वैंड़ै, हरष भईं सुकुमारि ।
चलीं गावति कृष्ण के गुन, हृदय ध्यान बिचारि ।।
सबनि कैं मन जौ मिलैं हरि, कोउ न कहति उघारि ।
'सूर'-प्रभु घट घटहिं ब्यापी, जानि लइ बनवारि ।।

ब्रज-कामिनियाँ दही बेचने के लिए चल पड़ीं। वे अपने सिरों पर मटके पर मटुकियाँ रखे हुई भारी शोभा को प्राप्त हो रही हैं। वे अपने-अपने घरों से निकल कर ब्रज के सीमांत पर जा पहुँचीं। वे सुकुमारियाँ बहुत प्रसन्नचित्त हैं। वे हृदय में हरि का ध्यान करती हुई और मुँह से किसन-कन्हैया के गुण गाती हुई आगे बढ़ती जा रही थीं। सबके मन में यह इच्छा थी कि राह में कहीं कन्हैया की झलक मिल जाती, तो अच्छा होता। पर मुँह खोलकर वे कुछ नहीं कह पा रही थीं। प्रभु तो घट-घट व्यापी हैं। सबके मन की बात वे जानने वाले हैं। वनवारी ने गोपियों के मन की बात जान ली।

११६१/२११८ राग जैतश्री

हरि देखी जुवती आवत जब ।
सखनि कह्यौ तुम जाइ चढ़ौ द्रुम, बैठि रहौ दुरि-दुरि सब ।।
चढ़े सबै द्रुम-डार ग्वाल-गन, सुनत स्याम-मुख-बानी ।
धोखैं-धोखैं रहे सबै हम, स्याम भली यह जानी ।।
नव-सत साजि सिँगार जुवति सब, दधि-मटुकी लिये आवत ।
'सूरस्याम' छबि देखत रीझे, मन-मन हरष बढ़ावत ।।

हरि ने जब गोपांगनाओं को आते देखा, तब सखाओं से कहा—अब तुम लोग पेड़ों पर चढ़कर जा छिप बैठो। कन्हैया के मुँह से बात निकली नहीं कि सभी ग्वाल-सखा पेड़ों पर जा चढ़ बैठे। वे कहने लगे—'यह अच्छा हुआ कि श्याम ने गोपियों का आना जान लिया, नहीं तो हम सब अभी तक तो धोखे ही में पड़े हुए थे।' सभी ब्रज-ललनाएँ सोलह श्रृंगार किए हुए, सिर पर दही की मटकी लिए दिए चली आ रही थीं। श्याम उनकी छवि देखते ही उन पर रीझ उठे और उन्हें मन ही मन भारी प्रसन्नता हो उठी।

११६२/२११९ राग धनाश्री

और सखा सँग लिये कन्हाई ।
आपुहिं निकसि गए आगे कौ, मारग रोक्यौ जाई ।।
इहिं अंतर जुवती सब आईं, बन लाग्यौ कछु भारी ।
पाछैं जुवति रहीं तिन टेरति, अबहिं गईं तुम हारी ।।
तरुनी जुरि इक संग भईं सब, इत उत चलीं निहारत ।
सूरदास-प्रभु सखा लिये सँग, ठाढ़े यहै बिचारत ।।

कन्हैया अपने कुछ सखाओं को लिए हुए, स्वयं आगे बढ़ गए। वे स्वयं अपनी आतुरता नहीं रोक सके। उन्हें गोपियों की तलाबेली लगी हुई थी। आगे बढ़कर उन्होंने रास्ता रोक लिया। इस बीच सभी ब्रज-युवतियाँ वहाँ आ गईं। उन्हें बन में कुछ भारी संकट, संदेह जान पड़ा। अतः वे रुक गईं और पीछे पड़ी हुई युवतियों को बुलाने लगीं

और कहने लगीं—तुम सभी अभी से थक गईं, जो पीछे रह गई हो। जब पिछड़ी युवतियाँ भी आ गईं, तब सभी इधर-उधर ताकती हुई, सावधान होकर, आगे बढ़ीं। कृष्ण अपने सखाओं को साथ लिए हुए रास्ता रोके खड़े थे और सोचे जा रहे थे कि गोपियाँ अब आ ही जाती हैं।

११६३/२१२० राग गौरी

ग्वारिनि जब देखे नँद-नंदन।
मोर-मुकुट, पीतांबर काछे, खौरि किये तन चंदन।।
तब यह कह्यौ कहाँ अब जैहौ, आगैं कुँवर कन्हाई।
यह सुनि मन आनंद बढ़ायो, मुख कहैं, बात डराई।।
कोउ-कोउ कहति चलौ री जैये, कोउ कहै घर फिरि जैये।
कोउ-कोउ कहति कहा करिहैं हरि, इनसौं कहा परैये।।
कोउ-कोउ कहति कालिहीं हमकौं, लूटि लई नँद-लाल।
'सूरस्याम' के ऐसे गुन हैं, घरहिं फिरीं ब्रज-बाल।।

जब गोपांगनाओं ने मोर पंख का मुकुट लगाए पीतांबर की कछनी काछे, शरीर पर चंदन की खौर लगाए नंद के नंदन को देखा, तब कहने लगीं—'अब कहाँ जायँगी, सामने कुँवर कन्हैया खड़े हुए हैं।' यह सुनकर सभी मन ही मन अत्यंत आनंदित हो उठीं। पर वे अपने मुँह से डरी हुई-सी बातें करने लगीं। कोई कहने लगी—चलो चलो, आगे बढ़ा जाय, घबराने की क्या बात है। सामने मनमोहन ही हैं न। कोई कहने लगीं—आगे जाना ठीक नहीं, अच्छा होगा, हम लोग घर वापस लौट जायँ। कोई-कोई कहने लगीं—हरि क्या करेंगे, हम इनसे भागकर जा ही कहाँ सकती हैं? कोई-कोई कहने लगी—अभी कल की ही तो बात है, कन्हैया ने मुझको लूट लिया था। कन्हैया के गुन ऐसे ही हैं। ऐसा कहती हुई ब्रज-बालाएँ घर की ओर लौट पड़ीं।

११६४/२१२१ राग सोरठ

ग्वालनि सैन दई तब स्याम।
कूदि-कूदि सब परहु द्रुमनि तैं, जाति चलीं घर बाम।।
सैन जानि तब ग्वाल जहाँ-तहँ, द्रुम-द्रुम डार हलायौ।
बेनु-बिषान-संख-मुरली धुनि, सब इक सब्द बजायौ।।
चकित भईं तरु-तरु-प्रति देखत, डारनि-डारनि ग्वाल।
कूदि-कूदि सब परे धरनि मैं, घेरि लईं ब्रज-बाल।।
नित प्रति जाति दूध-दधि बेंचन, आजु पकरि हम पाई।
'सूरस्याम' कौ दान देहु, तब जैहौ, नंद-दुहाई।।

तब श्याम ने ग्वाल-सखाओं को इशारा किया—तुम सभी पेड़ों पर से कूद पड़ो। ये ब्रज-बालाएँ तो अपने-अपने घरों को वापस चली जा रही हैं। कन्हैया का संकेत पाते ही ग्वाल-बाल जहाँ तहाँ पेड़ों की डालों को जोर से झकझोर उठे और सब वेणु, विषाण (सींग), शंख, मुरली आदि बाजे एक साथ बजा उठे। तरुणियों ने देखा तरु की एक-एक

डाल पर ग्वाल-बाल बैठे हुए हैं। वे आश्चर्य से चकपका उठीं। ग्वाल-बाल डालों से कूद-कूदकर धरती पर आ गए और उन्होंने ब्रज-बालाओं को चारों ओर से घेर लिया और बोले—तुम लोग रोज दूध दही बेचने आती हो। आज ही हमने तुम सबको पकड़ पाया है। नंद महर की दुहाई है, पहले श्याम को दान (चुंगी) दे दो, फिर आगे जाओ।

११६५/२१२२ राग नट

ग्वालिनि यह भली नहिं करति।
दूध दधि घृत नितहिं बेंचति, दान देतैं डरति।।
प्रातहीं लै जाति गोरस, बेंचि आवति राति।
कहै कैसैं जानियै, तुम दान मारे जाति।।
कालिंदी-तट स्याम बैठे, हमहिँ दियौ पठाइ।
यह कह्यौ हरि, दान माँगहु, जाति नितहिँ चुराइ।।
तुम सुता बृषभानु की, वै बड़े नंद-कुमार।
'सूर'-प्रभु कौं नाहिं जानतिँ, दान हाट बाजार!।।

ग्वालिनों, तुम यह अच्छा काम नहीं करती हो। तुम रोज ही दूध, दही, घी बेंचती हो और दान (चुंगी) देते डरती हो। तुम बड़े सबेरे ही दही बेचने चली जाती हो, रात हो जाने पर बेंच करके लौटती हो। हमें तुम्हारा आना-जाना जान ही नहीं पड़ता। इस तरह तुम दान हड़पे जा रही हो। कन्हैया जमुना के किनारे बैठे हुए हैं। उन्होंने हमें दान वसूलने के लिए भेजा है। उन्होंने कहा है—गोपियाँ यों ही रोज छिपकर चली जाती हैं, आज जाकर उनसे कहो कि हरि ने दान माँगा है। तुम बड़े बृषभानु की बेटी हो, वे भी बड़े नंद महर के बेटे हैं। क्या तुम कृष्ण को नहीं जानती कि वे हाट-बाजार के दान वसूल करने के अधिकारी हैं?

११६६/२१२३ राग कान्हरौ

यह सुनि हँसीं सकल ब्रजनारि।
आइ सुनौ री बात नई इक, सिखए हैं महतारि।।
दधि माखन खैबे कौं चाहत, माँगि लेहु हम-पास।
सूधैं बात कहौ सुख पावैं, बाँधन कहत अकास।।
अब समुझीं हम बात तुम्हारी, पढ़े एक चटसार।
सुनहु 'सूर', यह बात कहौ जनि, जानति नंद-कुमार।।

दान की यह बात सुनकर सभी ब्रज-नारियाँ हँस पड़ी। 'अरी सखियों, आओ आओ, एक नई बात सुनो, जो इनकी माँ ने इन्हें सिखाई है।' फिर वे ग्वाल-बालों से बोलीं—यदि तुम्हें दही-मक्खन खाना ही हो, तो हम से माँग लो। सूधी बात कहो, जो तुम्हें भी शोभा दे और हमें भी अच्छी लगे। दान की बात कहकर तो तुम आकाश को मुट्ठी में बाँधना चाहते हो। अब हमने तुम्हारी बात समझ ली। तुम सब एक ही पाठशाला के विद्यार्थी हो, एक ही गुरु के चेले हो। तुम यह ऊटपटांग बात मत कहो, रही नंदकुमार की बात, सो तो हम उनको भली-भाँति जानती हैं कि वे कैसे हैं।

११६७/२१२४ राग धनाश्री

बात कहति ग्वालिनि इतराति।
हम जानी अब बात तुम्हारी, सूधैं नहिँ बतराति ।।
यहै बड़ौ दुख गाउँ-बास कौ, चीन्हैं, कोउ न सकात ।
हरि माँगत हैं दान आपनौ, कहति माँगि किन खात ।।
हाट-बाट सब हमहिं उगाहत, अपनौ दान जगात ।
'सूर' दान कौ लेखौ दीजै, कोउ न कहै पुनि बात ।।

ग्वाल सखा बोले—अरी ग्वालिनियों, इतना इतरा क्यों रही हो? हम भी अब समझ गए कि तुम सीधे से बात करने वाली नहीं हो। हम सब एक ही गाँव के रहने वाले हैं। इसीलिए हम एक दूसरे को जानते हैं और जानने पहचानने के नाते कोई किसी से डरता नहीं। सबसे बड़ी कठिनाई यही है। तुम कृष्ण को पहले से जानती पहचानती हो, इसीसे तुम कृष्ण के दान माँगने पर, माँग कर खाने की बात किए जा रही हो। हाट-बाट सब जगह तो हमीं दान और जमात वसूलते हैं। दान का हिसाब करके चुंगी दे दो। फिर तुमसे कोई किसी तरह की बात नहीं करेगा।

११६८/२१२५ राग कान्हरौ

कौन कान्ह, को तुम, कह माँगत ?
नीकैं करि सबकौं हम जानतिँ, बातैं कहत अनागत ।।
छाँड़ि देहु, हमकौ जनि रोकहु, बृथा बढ़ावत रारि ।
जैहै बात दूरि लौं ऐसी, परिहै बहुरि खँभारि ।।
आजुहिँ दान पहिरि ह्याँ आए, कहा दिखावहु छाप ।
'सूरस्याम' वैसैंहिं चलौ, ज्यौं चलत तुम्हारौ बाप ।।

गोपियों ने कहा—कौन कन्हैया है, कौन तुम हो, तुम माँग क्या रहे हो, तुम क्या अनहोनी बातें कर रहे हो, हम यह सब भलीभाँति जानती हैं। हमें छोड़ दो और आगे जाने दो। व्यर्थ के लिए झगड़ा बढ़ाने से कोई लाभ नहीं। यह ऐसी बात है जो यहीं तक नहीं रह जायगी, इसकी चर्चा दूर-दूर तक, यहाँ तक कि महाराज कंस के यहाँ तक जायगी और तब लेने के देने पड़ जायँगे और परेशानी बहुत बढ़ जायगी। तुम लोग आज ही दानाधिकारी का परिधान पहनकर आए हो—हमें दिखलाओ, तुम्हारे पास राज्य-मुद्रांकित अधिकार पत्र कहाँ है। वैसे ही चलो, जैसे तुम्हारे बाप-दादा चलते आए हैं।

११६९/२१२६ राग कान्हरौ

कान्ह कहत, दधि-दान न दैहौ।
लैहौं छीनि दूध दधि माखन, देखति ही तुम रैहौ ।।
सब दिन कौ भरि लेउँ आजु हीं, तब छाड़ौं मैं तुमकौ ।
उघटति हौ तुम मातु-पिता लौं, नहिं जानति हौ हमकौ ।।
हम जानति हैं तुमकौं मोहन, लै-लै गोद खिलाए ।
'सूरस्याम' अब भए जगाती, वै दिन सब बिसराए ।।

कृष्ण बोले—'तुम लोग दही बेचने का कर नहीं दोगी? यदि तुम सीधे दान नहीं दोगी, तो हम सारा दूध, दही, मक्खन छीन लेंगे और तुम देखती रह जाओगी, कुछ कर न सकोगी। हम सब दिन का पिछला बकाया पाई-पाई वसूल कर लेंगे, तब तुमको छोड़ेंगे। तुम बाप-दादा पर चढ़ी जा रही हो, उनका नाम ले लेकर ताना मार रही हो। जो कुछ कहना हो हमको कहो, हमारे बाप-दादा ने तुम्हारा क्या बिगाड़ा है? तुम हमें अभी नहीं जानती।'

तब गोपियाँ बोलीं—मोहन हम तुमको खूब जानती हैं, तब से, जब से तुम पैदा हुए हो। हमने तुमको गोद में ले लेकर खेलाया है और हमी तुमको नहीं जानेंगी। श्याम, अब तुम दानाधिकारी बन गए हो, वे दिन भूल गए जब चुरा-चुराकर माखन खाते थे?

११७०/२१२७ राग कान्हरौ

अजहूँ माँगि लेहु दधि दैहैं।
दूध दही माखन जौ चाहौ, सहज खाहु सुख पैहैं॥
तुम दानी ह्वै आए हम पर, यह हमकौं नहिं भावैं।
करौ तहीं लौं, निबहै जोई, जातें सब सुख पावैं॥
हमकौं जान देहु दधि बेंचन, पुनि कोऊ नहिं लैहै।
गोरस लेत प्रातहीं सब कोउ, 'सूर' धर्‍यौ पुनि रैहै।

गोपियाँ बोलीं—कन्हैया, आज भी तुम माँग लो, हम दुम्हें दही दे देंगी। दूध, दही, माखन जो चाहो, मनमाना खाओ। तुम्हें खिलाकर हमें सुख ही मिलेगा। पर तुम दान वसूल करने वाला अधिकारी बनकर आए हो, यह हमको अच्छा नहीं लगता। वही करो, जो अंत तक निभ जाय और जिसमें सबको सुख मिले। हमें दही बेचने जाने दो, देर हो जायगी, तो कोई दही नहीं लेगा। सब लोग सबेरे ही दूध दही खरीदते हैं। देर हो जाने पर हमारा सब दूध, दही योंही धरा रह जायगा, नहीं बिकेगा।

११७१/२१२८ राग कान्हरौ

दान दिये बिनु जान न पैहौ।
जब दैहौं ढराइ सब गोरस, तबहिं दान तुम दैहौ॥
तुम सौं बहुत लेन है मोकौं, पहिलैं ताहि सुनाऊँ।
चोरी आवति बेंचि जाति हौ, पुनि गोरस कहँ पाऊँ॥
माँगति छाप कहा दिखराऊँ, को नहिं हमकौं जानत।
'सूरस्याम' तब कह्यौ ग्वालि सौं, तुम मोकौं नहिं मानत॥

कृष्ण बोले—तुम लोग बिना दान चुकाए हुए जाने नहीं पाओगी। जब मैं तुम्हारा सारा गोरस लुढ़का दूँगा, तब तुम स्वयं दान दे दोगी। तुम पर बहुत बकाया पड़ा हुआ है। तुमसे हमें बहुत लेना है। यह बात मैं तुमको पहले ही सुना देना चाहता है। तुम लोग चोरी-चोरी, छिप-छिपकर, सारा दूध, दही बेचने चली जाती हो और चोरी ही चोरी बेचकर वापस चली आती हो। फिर हमें गोरस मिले, तो कहाँ से मिले। जो तुम मुहर लगा अधिकार-पत्र माँग रही हो, तो मैं उसे तुम्हें क्या दिखलाऊँ। सभी लोग मुझको जानते हैं। एक तुम्हीं हो, जो मुझको नहीं मानती।

११७२/२१२९ राग रामकली

कहा हमहिं रिस करत कन्हाई ।
यह रिस जाइ करौ मथुरा पर, जहँ है कंस कसाई ।।
अब हम कहाँ जाइ गुहरावै, बसति तिहारैं गाउँ ।
ऐसे हाल करत लोगनि के, कौन रहै इहिँ ठाउँ ।।
अपने घर के तुम राजा हो, सब कौ राजा कंस ।
'सूरस्याम' हम देखत बाढ़े, अब सीखे ये गंस ।।

तब ग्वालिनी बोलीं—कन्हैया हम पर क्या क्रोध करते हो? क्रोध करना ही है तो जाकर मथुरा कसाई कंस पर क्रोध करो। अब हम कहाँ जाकर न्याय के लिए पुकार करें। हम तुम्हारे गाँव में बसी हैं। यहाँ रहनेवालों की जब तुम ऐसी दशा कर दोगे, तब तुम्हारे इस गाँव में कौन रहना चाहेगा। तुम अपने घर के राजा हो, कंस तो सबका राजा है, तुम्हारा भी राजा है। हमारे देखते-देखते तुम इतने बड़े हुए हो; हमारे आगे हुए कल के छोकरे हो और अब ये गाँठ भरी, द्वेष भरी, बातें बोलने लगे हो।

११७३/२१३० राग देवगंधार

कापर दान पहिरि तुम आए ।
चलहु जु मिलि उनहीं पैं जैये, जिनि तुम रोकन पंथ पठाए ।।
सखा संग लीन्हे सेंतिक के, फिरत रैनि-दिन बन मैं धाए ।
नाहिंन राज कंस कौ जानत, मारग रोकत फिरत पराए ।।
लिये उपरना छीनि सबनि के, जहाँ-तहाँ कुंजनि अरुझाए ।
'सूरदास'-प्रभु रसिक-सिरोमनि, दधि के माट भूमि ढरकाए ।।

गोपियाँ बोलीं—तुम किससे अधिकार-पत्र पाकर यह दान वसूल कर रहे हो? चलो, हम सब उसी अधिकार देनेवाले के पास चली चलती हैं, जिसने तुम्हें हमारा रास्ता रोकने के लिए भेजा है। सेंत मेत के निठल्ले सखाओं को इकट्ठा करके, तुम रात-दिन बन-बन में घूमा करते हो। तुम महाराज कंस का राज्य, उनका शासन ही जैसे नहीं मानते हो। दूसरों का रास्ता रोकते-फिरते हो।

गोपियों के इतना कहने पर रसिक शिरोमणि कृष्ण ने उनके दुपट्टे छीन कर जहाँ-तहाँ कुंजों में उलझा दिए और उनके दही के मटके भी जमीन पर लुढ़का दिए।

११७४/२१३१ राग सूहौ

जाइ सबै कंसहि गुहरावहु ।
दधि माखन घृत लेत छुड़ाए, आजु हजूर बुलावहु ।।
ऐसे कौं कहि मोहिं बतावति, पल भीतर गहि मारौं ।
मथुरापतिहिं सुनौगी तुमहीं, जब धरि केस पछारौं ।।
बार-बार दिन हमहिं बनावति, अपनौ दिन न बिचार्‌यौ ।
'सूर' इंद्र ब्रज जबहिं बहावत, तब गिरि राखि उबार्‌यौ ।।

कृष्ण बोले—बहुत कंस-कंस किए जा रही हो। जाओ अपने उसी कंस से फरियाद

करो और कहो कन्हैया हमारा सब दही, दूध, माखन और घी छीने ले रहा है, उसे अपने सामने पकड़वा मँगवाओ। तुम मेरे सामने ऐसे कंस का नाम लिए जा रही हो, जिसे मैं पल भर में मार सकता हूँ। तुम स्वयं कुछ ही दिनों में सुन लोगी जब मैं कंस के केश पकड़कर उसे घर्षित कर दूँगा, पछाड़ दूँगा। तुम बार-बार मेरे लड़कपन के दिनों की याद दिलाए दे रही है, जब मैं माखन चुरा-चुराकर खाया करता था। तुम अपने वे दिन भूल गईं जब इंद्र सारे ब्रज को बहा देना चाहता था, तब मैंने ही तो गोबर्द्धन पहाड़ को उठाकर तुम सभी को बचाया था?

११७५/२१३२ राग गूजरी

गिरिवर धर्‌यौ आपने घर कौं।
ताही कैं बल दान लेत हो, रोकि रहत तिय पर कौं।।
अपनेही घर बड़े कहावत, मन धरि नंद महर कौं।
यह जानति तुम गाइ चरावन, जात सदा बन बर कौं।।
मुरली कर, काछनि, आभूषन मोर पखौवा सिर कौं।
'सूरदास' काँधैं कामरिया, और लकुटिया कर कौं।।

गोपियाँ बोलीं—तुमने गोबर्द्धन उठाया था, अपने घर की रक्षा के लिए, हमारे लिए नहीं। अब उसी बल पर तुम हमपर धौंस जमाकर चुंगी वसूल करना चाहते हो और पराई स्त्रियों का रास्ता रोक रहे हो। नंद महर के नाम पर, मन में उन्हीं का भारी भरोसा करके, तुम बड़े बन रहे हो। होगे बड़े अपने घर के। पर हम जानती हैं तुम कितने बड़े हो। अपने घर की गायें लिए हुए तुम वृंदावन में चराते-फिरते थे, हाथ में मुरली, कमर में कछनी, गहने के नाम पर सर पर मोर पंख का मुकुट, कंधे पर काली कमरी, दूसरे हाथ में बाँस की एक लठिया। यही है न तुम्हारा बड़प्पन!

११७६/२१३३ राग बिलावल

यह कमरी कमरी करि जानति।
जाके जितनी बुद्धि हृदय मैं, सो तितनौ अनुमानति।।
या कमरी के एक रोम पर, वारौं चीर पटंबर।
सो कमरी तुम निंदति गोपी, जो तिहुँ लोक अडंबर।।
कमरी कैं बल असुर सँहारे, कमरिहिं तैं सब भोग।
जाति-पाँति कमरी सब मेरी, 'सूर' सबै यह जोग।।

कृष्ण गोपियों से बोले—तुम इस कमरी को बस कोरी कमरी समझ बैठी हो। जिसके पास जितनी बुद्धि है, वह उसीके हिसाब से तो समझ पावेगा। तुम बुद्धिहीन हो, तुम इस कमरी का गुण क्या समझोगी। मैं इस कमरी के एक एक रोएँ पर सारे वस्त्र, सारे रेशमी वस्त्र निछावर करता हूँ। गोपी, तुम मेरी उसी कमरी की निंदा किए जा रही है, जो तीनों लोकों की ठाट-बाट है, श्रृंगार है। मैंने इस कमरी के ही बल पर असुरों का संहार किया है। इस कमरी से ही सारे संसार के भोग मुझको मिले जा रहे हैं। मेरी तो जाति-पांति सब यह कमरी ही है। यह कमरी सर्व समर्थ है।

११७७/२१३४ राग बिलावल

धनि धनि यह कामरी मोहन स्याम की ।
यहै ओढ़ि जात बन, यहै सेज कौ बसन, यहै निवारिनि मेह-बूँद, छाँह-घाम की ।।
याही ओट सहत सीसिर-सीत, याहीं गहने हरत, लै धरत, ओट कोटि बाम की ।
यहै जाति-पाँति, परिपाटी यह सिखवति, 'सूरज' प्रभू के यह सब बिसराम की ।।

मोहन की यह काली कमरी धन्य है। वंदनीय है। इसी को ओढ़कर श्याम वृंदावन जाते हैं। इसी को अपनी शैया पर बिछाते हैं। यही धूप में छाया करती है और बरसात में बूँदों से बचाती है। इसी के सहारे जाड़ा-पाला सहते हैं। इसमें गोपांगनाओं के गहने छीन-छीनकर धरते हैं और इसी की ओट में अनेक सुंदरियों को शरण देते हैं। यही इनकी जाति-पांति है। यही इनको कुल-परम्परा की पद्धति सिखाती है और यही इन्हें सब प्रकार के विश्राम देती रहती है।

११७८/२१३५ राग बिलावल

अब तुम साँची बात कही ।
इतने पर जुवतिनि कौं रोकत, माँगत दान दही ।।
जो हम तुम्हें कह्यौ चाहति हीं, सो श्रीमुख प्रगटायौ ।
नीकैं जाति उघारि आपनी, जुवतिनि भलैं हँसायौ ।।
तुम कमरी के ओढ़नहारे, पाटंबर नहिं छाजत ।
'सूरस्याम' कारे तन ऊपर, कारी कामरि भ्राजत ।।

गोपियाँ कृष्ण से कह रही हैं—मोहन, अब तुमने सच्ची बात कही है कि तुम्हारे पास जो कुछ है, बस यह कमरी ही है। इसी कमरी के बल-बूते तुम हम युवतियों को रोक रहे हो और दही का दान माँगे जा रहे हो? जो हम तुम्हारे संबंध में तुमसे कहना चाहती थीं, हमें नहीं कहना पड़ा, तुमने स्वयं उसे अपने ही मुँह से कह दिया। तुमने अपनी जाति स्वयं जाहिर करके हम युवतियों को हँसने का अच्छा अवसर दे दिया है। तुम कमरी के ओढ़ने वाले हो, तुम्हे रेशमी वस्त्र अच्छे भी नहीं लगेंगे। तुम्हारे इस काले शरीर पर यह काली कमरी ही अच्छी लगती है।

११७९/२१३६ राग बिलावल

मोसौं बात सुनहु ब्रज-नारी ।
इक उपखान चलत त्रिभुवन मैं, तुमसौं कहौं उघारी ।।
कबहूँ बालक मुँह न दीजिये, मुँह न दीजियै नारी ।
जोइ मन करैं सोइ करि डारैं, मूँड़ चढ़त हैं भारी ।।
बात कहत अँठिलाति जाति सब, हँसति देति कर तारी ।
'सूर' कहा ये हमकौं जानैं, छाँछहिं बेंचनहारी ।।

अरी ब्रज-नारियों, मुझसे एक बात सुन लो। संसार में एक कहावत प्रचलित है—उसे मैं तुमसे खोल कर, साफ-साफ, बिना किसी लाई-चुपड़ी के कहे दे रहा हूँ। कभी भी बच्चों और स्त्रियों को मुँहलगा मत बनाओ। उन्हें कभी भी अनुचित बात कहने मत दो।

यदि उनके मुँह से अनुचित बात कभी निकल जाय, तो तुरंत डाट दो। सिर पर चढ़ जाने पर ये भारी पड़ जाते हैं, बहुत दुख देते हैं। जो इनके मन में आ जाता है, वे वही कर डालते हैं। तुम लोग भी इठला-इठला कर बातें करती जा रही हो और ताली बजा-बजाकर हँसती भी जा रही हो। तुम हमको क्या जान सकती हो, आखिर मट्ठा बेचने वाली ही हो न।

११८०/२१३७ राग बिलावल

यह जानति तुम नंद महर-सुत ।
धेनु दुहत तुमकौं हम देखतिँ, जबहिँ जाति खरिकहिँ उत ।।
चोरी करत यहौ पुनि जानतिँ, घर-घर ढूँढ़त भाँड़े ।
मारग रोकि भए अब दानी, वै ढंग कब तैं छाँड़े ।।
और सुनौ जसुमति जब बाँधे, तब हम कियौ सहाइ ।
'सूरदास'-प्रभु यह जानति हम, तुम ब्रज रहत कन्हाइ ।।

गोपियाँ बोलीं—तुम कह रहे हो कि हम तुम्हें क्या जान सकती हैं। इस भ्रम में मत रहना, हम तुम्हें खूब जानती हैं, तुम्हारी नस-नस पहचानती हैं। हम जानती हैं कि तुम नंद महर के बेटे हो। हमने खरिक की ओर जाते हुए तुमको प्राय: गाय दुहते हुए देखा है। हम यह भी जानती हैं कि तुम दूसरों के घरों में जाकर उनकी हाँड़ी, मटकी में रखा माखन ढूँढ़ते फिरते रहे हो, चोरी करते रहे हो। वह चोरी का ढंग कब से छोड़ दिया? अब रास्ता रोकते हो, बड़जोरी करते हो, दधि दानी बने हो। और भी सुन लो, जब यशोदा मैया ने तुम्हें ऊखल में बाँध दिया था, तब हमीं ने जाकर तुम्हारी सहायता की थी और हम यह भी जानती हैं कि तुम भी इसी ब्रज में रहते हो, जिसमें हम रहती हैं।

११८१/२१३८ राग आसावरी

को माता को पिता हमारै ।
कब जनमत हमकौ तुम देख्यौ, हँसियत बचन तुम्हारैं ।।
कब माखन चोरी करि खायौ, कब बाँधे महतारी ।
दुहत कौन, कौ गैया चारत, बात कही यह भारी।।
तुम जानत मोहिं नंद-ढुटौना, नंद कहाँ तैं आए ।
मैं पूरन अबिगत, अबिनासी, माया सबनि भुलाए ।।
यह सुनि ग्वालि सबै मुसुक्यानी, ऐसे गुन हौ जानत ।
'सूरस्याम' जो निदर्‌यौ सबहीं, मात-पिता नहिं मानत ।।

कृष्ण जी बोले—'मेरी माता कौन है? मेरा पिता कौन है? तुमने मुझे जन्म लेते कब देखा? बात सँभल कर बोला करो, तब हँसो। मैंने कब माखन चुरा-चुरा कर खाया? कब महतारी ने मुझे बाँधा? कौन गायें दुहता है? कौन गायें चराता है? तुमने यह बहुत बड़ी गलत बात कह दी है। तुम मुझे नंद का बेटा समझ बैठी हो, बताओ तो नंद कहाँ से आए? मैं पूर्ण हूँ, मैं अविगत (अज्ञेय) हूँ, मैं अविनाशी (अनश्वर) हूँ। मेरी माया ने तुम सबको भुला रखा है।'

यह सुनकर ग्वालिनें मुसकुरा पड़ी और बोलीं—अच्छा तुम ऐसे भी गुण जानते हो

कि सबका निरादर किए जा रहे हो और माता-पिता तक को नहीं मान रहे हो?

११८२/२१३९ राग सोरठ

तुमकौं नंद महर भरुहाए।
माता-गर्भ नहिं तुम उपजे, तौ कहौ कहाँ तैं आए।।
घर-घर माखन नहीं चुरायौ? ऊखल नहीं बँधाए?।
हा-हा करि जसुमति के आगैं, तुमकौं हमहिं छुड़ाए?।।
ग्वालनि संग-संग बृंदाबन, तुम नहिं गाइ चराए?।
'सूरस्याम' दस मास गर्भ धरि, जननि नहीं तुम जाए?।।

गोपियाँ बोलीं—तुम्हारी समझ से नंद महर भी माया के चक्कर में पड़े हुए हैं? क्या तुम माता के गर्भ से नहीं उत्पन्न हुए हो? यदि नहीं, तो बताओ तुम आए कहाँ से हो? क्या तुमने घर-घर माखन नहीं चुराया? क्या तुम ऊखल में नहीं बाँधे गये थे? क्या हम्हीं ने यशोदा के सामने गिड़गिड़ाकर तुमको बंधन से नहीं छुड़ाया? क्या ग्वाल-बालों के साथ-साथ तुमने वृंदावन में गायें नहीं चराई है? क्या दस महीने तक पेट में रखकर मैया ने तुम्हें नहीं उत्पन्न किया है?

११८३/२१४० राग टोढ़ी

भक्त-हेत अवतार धरौं।
कर्म-धर्म कैं बस मैं नाहीं, जोग जज्ञ मन मैं न करौं।।
दीन-गुहारि सुनौं स्त्रवननि भरि, गर्व-वचन सुनि हृदय जरौं।
भाव-अधीन रहौं सबही कैं, और न काहू नैंकु डरौं।।
ब्रह्मा कीट आदि लौं ब्यापक, सबकौं सुख दै, दुखहिं हरौं।
'सूरस्याम' तब कहीं प्रगटही, जहाँ भाव तहँ तैं न टरौं।।

तब कृष्ण स्पष्ट रूप से बोले—'मैं अपने भक्तों के लिए अवतार लिया करता हूँ। मैं कर्म और धर्म के बस में नहीं हूँ और न मैं योग और यज्ञ को ही महत्व देता हूँ। मैं तो दीन भक्तों की आर्त पुकार ही भलीभाँति सुन पाता हूँ। किसी की अभिमान भरी वाणी सुनकर मेरा हृदय जल उठता है, मुझे क्रोध आ जाता है। मैं तो बस प्रेम-भाव के अधीन हूँ और किसी से मैं जरा भी नहीं डरता। मैं तो ब्रह्मा से लेकर कीड़े-मकोड़े तक में समाया हुआ हूँ। मैं सभी के दुख हर कर उन्हें सुख देता रहता हूँ। जहाँ मेरे प्रति भक्ति-भाव है, मैं वहाँ से जरा भी नहीं टलता।'

११८४/२१४१ राग धनाश्री

कान्ह कहाँ की बात चलावत।
स्वर्ग पताल एक करि राखौ, जुवतिनि कहा बतावत।।
जौ लायक तौ अपने घर कौ, बन-भीतर डरपावत।
कहा दान गोरस कौ ह्वैहै, सबै न लेहु दिखावत।।
रीती जान देहु घर हमकौं, इतनैंहीं सुख पावत।
'सूरस्याम' माखन दधि लीजै, जुवतिनि कत अरुझावत।।

गोपियाँ बोलीं—कन्हैया, तुम कहाँ की बे-सिर पैर की बातें किए जा रहे हो, स्वर्ग और पाताल सब एक किए दे रहे हो, यह सब व्यर्थ की बातें हम युवतियों से क्या बताए जा रहे हो। तुम बड़े लायक हो, तो अपने घर के होगे। हमसे तुम्हारी इस लियाकत का क्या काम? तुम तो हमको इस वन में डरवाए ही जा रहे हो। यह गोरस का दान क्या होगा? सब हिसाब-किताब दिखाकर हमसे तुरंत ले लो। हमें अपनी खाली मटकियाँ देकर घर वापस चले जाने दो। हमें इतने में ही सारा सुख मिल जायगा। लेना है तो दही माखन ले लो, हमें क्यों उलझा रखा है।

११८५/२१४२ राग धनाश्री

माखन दधि कह करौं तुम्हारौ।
या बन मैं तुम बनिज करति हौ, नहि जानति मोकौं घटवारौ॥
मैं मन मैं अनुमान करौं नित, मोसौं कैहै बनिज-पसारौ।
काहे कौं तुम मोहिं कहति हो, जोबन-धन ताकौ करि गारौ॥
अब कैसैं घर जान पाइहौ, मोकौं यह समझाइ सिधारौ।
'सूर' बनिज तुम करति सदाई, लेखौ करिहौं आजु तिहारौ॥

कृष्ण बोले—तुम्हारा माखन और दही लेकर मैं क्या करूँगा? तुम इस वन में बराबर व्यापार करती रही हो और यहाँ के घाट की वसूली करने वाले मुझको तुम नहीं जानती? मैं तो अपने मन में यही सोचा करता था कि तुम किसी न किसी दिन मेरे पास स्वयं आकर अपने सारे पूँजी-पसार की बात कर लोगी। पर तुम अपने यौवन के धन पर गर्व करती हुई मुझे ही यह उलटा-पुलटा क्या कहे जा रही हो? अब तुम घर कैसे चली जाओगी, मुझे अभी समझा दो और चली जाओ। तुम इस वन में सदा से ही व्यापार करती आ रहीहो, आज मैं तुम्हारा सब हिसाब करके ही दम लूँगा और तभी तुमको जाने दूँगा।

११८६/२१४३ राग सूहौ

ऐसी कहौ बनिज कौं अटकीं।
मुख-मुख हेरि तरुनि मुसुक्यानी, नैन-सैन दै-दै सब मटकीं॥
हमहूँ कह्यौ दान दधि कौ, कह माँगत कुँवर कन्हाई।
अब लौं कहा मौन धरि बैठे, तबहीं नहीं सुनाई॥
हँसि बृषभानु-सुता तब बोली, कहा बनिज हम पास।
'सूरस्याम' लेखौ करि लीजै, जाहिं सबै ब्रजबास॥

गोपियाँ बोलीं—'अच्छा, यह बात है। तुमने हमें व्यापारी समझकर अटका रखा है, रोक रखा है। यह कहकर तरुणियाँ एक दूसरे का मुँह देख-देखकर मुसकुराने लगीं और एक दूसरे की ओर आँखों से इशारा कर करके मटकने लगीं—'हमने पहले समझा था कि कन्हैया हमसे दही का यह ऊट-पटांग कर कैसा माँग रहे हैं। अब समझा कि यह दही का कर नहीं माँग रहे हैं, व्यापार का कर माँग रहे हैं। कुँवर कन्हैया, अभी तक चुप क्यों बैठे रहे, पहले ही क्यों न इस व्यापार के कर की बात सुना दी?' तब वृषभानु की पुत्री राधा मुसकुरा कर बोली—हमारे पास व्यापार की कौन-सी वस्तु है ही? कन्हैया, जल्दी से लेखा कर लो और हम सब ब्रज लौट जायँ।

११८७/२१४४ राग बिलावल

कहौ तुमहिं, हमकौं कह बूझति ।
लै-लै नाम सुनावहु तुमहीं, मोसौं कहा अरूझति ।।
तुम जानति, मैं हूँ कछु जानत, जो-जो माल तुम्हारैं ।
डारि देहु जापर जो लागै, मारग चलो हमारैं ।।
इतने ही कौं सोर लगायौ, अब समुझीं यह बात ।
'सूरस्याम' कौ बचन सुनौ री, कछु समुझति हौ घात ।।

कृष्ण बोले—तुम्हीं बताओ, तुम्हारे पास क्या माल है? तुम इसे मुझसे ज्यादा जानती हो। फिर हमसे क्या पूछती हो? तुम्हीं एक-एक माल का नाम लेकर बताती जाओ। मुझसे क्या उलझी जा रही हो। तुम तो जानती ही हो कि तुम्हारे पास क्या क्या माल है। मैं भी कुछ-कुछ जानता हूँ। जिसपर जो कर लगता हो, वह सब तुम्हीं यहाँ रखती जाओ और हमारे मार्ग पर चलती जाओ।

तब गोपियाँ कह उठीं—'इतने के लिए ही यह शोर-शराबा मचा रखा था। अब हमारी समझ में यह बात आ गई। सखियो, कन्हैया की बात सुनो और समझो। इनकी कुछ घात, कुछ दाँव-पेंच समझ रही हो?'

११८८/२१४५ राग विलावल

इनहीं धौं बूझौ यह लेखौ ।
कहा कहैंगे स्त्रवननि सुनियै, चरित नैंकु तुम देखौ ।।
मन-मन हरष भईं सब जुवती, मुख ये बात चलावतिँ ।
ज्यौं ज्यौं स्याम कहत मृदु बानी, त्यौं-त्यौं अति सुख पावतिँ ।।
कोउ काहू कौ भेद न जानति, लोक-सकुच उर मानत ।
'सूरदास' प्रभु अंतरजामी, अंतर की गति जानत ।।

एक गोपी दूसरी से कह रही है—'सखी, यह लेखा-जोखा इन्हीं से पूछ लो। यह क्या कहते हैं, इसे तुम सब अपने कानों से सुन लो और इनकी करतूत भी जरा देखती चलो।'

मन ही मन ये युवतियाँ प्रसन्न हुई जा रही थीं और मुँह से यह सब बातें कहती जा रही थीं। 'मन मन भावे, मुड़िया हिलावे' की स्थिति थी। कन्हैया जैसे-जैसे उनसे मधुर और मृदुल वाणी में बातें करते जा रहे थे, वैसे-वैसे ही उन गोपियों को अत्यंत सुख मिलता जा रहा था। कोई गोपी किसी अन्य गोपी के मन का भाव नहीं जानती थी, पर लोक का संकोच सबके मन में था। प्रभु तो अंतर्यामी हैं, वे सभी गोपियों के हृदय की बात जान गए।

११८९/२१४६ राग विलावल

कहौ कान्ह कह गथ है हम सौं ।
जा कारन जुवती सब अटकीं, सो बूझति हैं तुमसौं ।।
लौंग, नारियर, दाख, सुपारी, कह लादे हम आवैं ।
हींग, मिरिच, पीपरि, अजवाइनि, ये सब बनिज कहावैं ।।

कूट, जायफर, सोंठि, चिरइता, करजीरा कहुँ देखत ।
आल, मजीठ, लाख, सेंदुर कहुँ, ऐसिहि बिधि अवरेखत ।।
बाइबिडंग, बहेरा, हर्रै, बेल, गोन ब्यापारी ।
'सूरस्याम' लरिकाई भूली, जोबन भऐं मुरारी ।।

गोपियाँ बोलीं—हम तुम्हीं से पूछ रही हैं—कहो कन्हैया, हमारे पास कौन-सा ऐसा माल धरा है, जिसके कारण तुमने हम सब युवतियों को रोक रखा है? क्या हम लवंग, नारियल, दाख, सुपारी लादे लिए आ रही हैं? हींग, मिर्च, पीपल, अजवाइन ये सब वनिज की सामग्रियाँ हैं। ये सब हमारे पास कहाँ है? क्या तुम हमारे पास कूट, जायफर, सोंठ, चिरायता, काला जीरा आदि कुछ देख रहे हो? आल (हरताल), मजीठ, लाख, सेंदूर जैसी चीजें हमारे पास होने का अनुमान कर रहे हो? बाइबिडंग, बहेरा, हर्रा आदि को तो व्यापारी लोग बोरों में भर-भरकर बैल पर लादकर ले चलते हैं। क्या यह सब कुछ तुम्हें हमारे पास दीख रहा है? लगता है, कन्हैया, तुम अपना लड़कपन भूल गए हो और मुरारी, अब तुम पर जवानी की मस्ती आ बैठी है।

११९०/२१४७ राग सूहौ

कौन बनिज कहि मोहिं सुनावति ।
तुम्हरौ गथ लाद्यौ गयंद पर, हींग मिरिच कह गावति ।।
अपनौ बनिज दुरावति हौ कत, नाउँ लिये ते नाहीं ।
कहा दुरावति हौ मो आगैं, सब जानत तुम पाहीं ।।
बहुत मोल के बान तुम्हारे, कैसैं दुरत दुराए ।
सुनहु 'सूर' कुछ मोल लेहिंगे, कुछ इक दान भराए ।।

कृष्ण बोले—तुम यह किन चीजों का नाम हमें सुनाए जा रही हो। तुम हींग और मिर्च की चर्चा क्या किए जा रही हो। तुम्हारा असली माल तो हाथी (पैरों पर, जाँघों पर) लदा हुआ है। अपना माल तुम क्यों छिपाए जा रही हो? उसका नाम क्यों नहीं ले रही हो? मुझसे तुम क्या छिपा रही हो, तुम्हारे पास जो कुछ है, मैं सब जानता हूँ। तुम्हारा बान (वर्ण, रंग) माल तो बहुत कीमती है, यह कैसे छिपाए छिप सकता है? सुनो, तुम्हारा कुछ माल हम मोल ले लेंगे और कुछ चुंगी में, दान में लेंगे।

११९१/२१४८ राग टोड़ी

दधि कौ दान मेटि यह ठान्यौ ।
सुनहु स्याम अति चतुर भए हौ, आजु तुम्हैं हम जान्यौ ।।
जो कछु दूध दह्यौ हम देतीं, लै खाते मिलि ग्वाल ।
सोऊ खोइ हाथ तैं बैठे, हँसति कहतिं ब्रज-बाल ।।
यह सुनि स्याम सबनि कर तैं, दधि-मटुकी लई छँड़ाइ ।
आपुन खाइ, सखनि कौं दीन्हौ, अति मन हरष बढ़ाइ ।।
कछु खायौ, कछु भुइँ ढरकायौ, चितै रहीं ब्रज-नारि ।
'सूरस्याम' बन-भीतर जुवतिनि, ये ढँग करत मुरारि ।।

गोपियाँ हँसते हुए बोलीं—'श्याम, अभी तक दही का दान माँग रहे थे। अब उसे मिटाकर उसके स्थान पर इस बात पर उतर आए हो। तुम अब बहुत चतुर हो गए हो, हमने तुम्हें आज जाना है। जो कुछ दूध-दही हम देतीं, तुम अपने सखाओं के साथ मिल-जुलकर खा लेते, उसे भी तुम हाथ से खो बैठे।'

यह सुनते ही श्याम ने सभी गोपियों के हाथों से उनकी मटुकियाँ छीन ली। अत्यंत प्रसन्न होकर श्याम ने स्वयं खाया और सखाओं को दिया। कुछ खाया, कुछ जमीन पर लुढ़का दिया। ब्रज-नारियाँ देखती रह गईं। वन में मुरारी ब्रज-युवतियों के साथ इसी प्रकार छीना-झपटी करते रहते थे।

११९२/२१४९ राग रामकली

प्यारी पीतांबर उर झटक्यौ ।
हरि तोरी मोतिनि की माला, कछु गर, कछु कर लटक्यौ ।।
ढीठौ करन स्याम तुम लागे, जाइ गही कटि-फेंट ।
आपु स्याम रिस करि अंकम भरी, भई प्रेम की भेंट ।।
जुवतिनि घेरि लियौ हरि कौं तब, भरि भरि धरि अँकवारि ।
सखा परस्पर देखत ठाढे, हँसत देत किलकारि ।।
हाँक दियौ करि नंद-दुहाई, आइ गए सब ग्वाल ।
'सूरस्याम' कौं जानति नाहीं,ढीटि भई हैं बाल ।।

राधा ने कन्हैया की छाती पर पड़े हुए पीतांबर को झटक लिया। हरि ने राधा के गले की मोतियों की माला तोड़ दी—वह कुछ तो गले में लटकी रह गई और कुछ हरिके हाथों में झूल गई। तब राधा ने कहा—'कन्हैया अब तुम ढिठाई भी करने लगे।' ऐसा कहकर राधा ने कृष्ण की कमर का फेंटा पकड़ लिया। तब कन्हैया ने रिस करके राधा को पकड़कर छाती से चिपटा लिया। इस प्रकार उनकी प्रेम की भेंट हो ही गई। दोनों की अभिलाषाएँ पूरी हो गईं। युवतियों ने इस पर हरि को घेर लिया और राधा को छुड़ाने के बहाने वे भी कन्हैया को पकड़-पकड़कर उन्हें अपने अंक में भर लेने लगीं। सखा लोग दूर खड़े यह दृश्य देखते रहे और किलकारी मार-मार कर हँसते रहे। कृष्ण ने नंद की दुहाई दे-देकर ग्वाल-बालों को रिसकर बुलाया और सब ग्वाल-बाल आ गए और कहने लगे—ये ब्रजंगनाएँ बड़ी ढीठ हो गई हैं। ये अभी श्याम को जानती नहीं।

११९३/२१५० राग भैरव

हम भईं ढीठि, भले तुम ग्वाल ।
दीन्हौ ज्वाब दई कौ चैहौ, देखौ री यह कहा जँजाल ।।
बन-भीतर जुवतिनि कौं रोकत, हम खोटी, तुम्हरे ये ख्याल ।
बात कहन कौं येऊ आवत, बड़े सुधर्मा धर्महिं पाल ।।
साखि सखा की ऐसी भरिहौ, तब आवहुगे जीति भुवाल ।
आए हैं चढ़ि रिस करि हम पर, 'सूर' हमहिं जानत बेहाल ।।

गोपियाँ झल्लाकर बोलीं—हम तो ढीठ हो गई और ग्वालो तुम सब बहुत भले हो, बहुत सीधे हो, एक दम बैल हो। देखो तो, इस भगवान के प्यारे ने हमें कैसा जवाब दिया है। हमें ढीठ कहे दे रहा है। यह कैसे बखेड़े की बात है। वन के भीतर तुम हम युवतियों को रोकते हो—हम खोटी हो गईं और तुम्हारे लिए यह हँसी खेल है। तुम लोग बड़े धर्मिष्ठ हो, बड़े ही धर्मपालक हो। ऐसे-ऐसे अधर्मी भी हमसे बात करने के लिए, हमें ढीठ कहने के लिए, आगे बढ़े आ रहे हैं। अपने सखा कृष्ण की यदि ऐसी ही गवाही देते रहोगे तो राजा कंस को तुम खूब जीत लोगे। हमको बेहाल, असहाय, अबला समझकर रिस करके हमारे ऊपर चढ़े चले आ रहे हैं। यही है इनकी वीरता।

११९४/२१५१ राग विलावल

जानी बात तुम्हारी सब की ।
लरिकाई के ख्याल तजौ अब, गई बात वह तब की ।।
मारग रोकत रहे जमुन कौ, तिहिं धोखैं हौ आए ।
पावहुगे पुनि कियौ आपनौ, जुवतिनि हाथ लगाए ।।
जो सुनिहैं यह बात मात-पितु, तौ हमसौं कह कैहैं ।
'सूरस्याम' मोतिनि लर तोरी, कौन ज्वाब हम दैहैं ।।

गोपियाँ ग्वालों पर फटकार बरसाती हुई बोलीं—हम तुम सबको पहचान गईं। अब तुम लड़कपन के ख्याल में मत रहना, उसे छोड़ो। वह बात जब थी, तब थी। पहले तुम कन्हैया के साथ जमुना के पनघट का रास्ता रोक लेते थे। उसी धोखे में यहाँ की राह रोकने आ गए हो। युवतियों को जहाँ हाथ लगाया, अपने किए का फल तुरंत पा जाओगे। यदि हमारे माता-पिता को इस बात का पता चल गया, तो वह हमें क्या कहेंगे? कन्हैया तुमने हमारी मोतियों की माला तोड़ दी, इसका हम क्या जवाब अपने माँ-बाप को देंगे?

११९५/२१५२ राग विलावल

आपुन भईं सबै अब भोरी ।
तुम हरि कौ पीतांबर झटक्यौ, उन तुम्हरी मोतिनि लर तोरी ।।
माँगत दान ज्वाब नहिं देतीं, ऐसी तुम जोबन की जोरी ।
डर नहिं मानतिं नंद-नँदन कौ, करतिं आनि झकझोरा झोरी ।।
इक तुम नारि गँवारि भली हो, त्रिभुवन मैं इनकी सरि को री ।
'सूर' सुनहु लैहैं छँड़ाइ सब, अबहिं फिरौगी दौरी दौरी ।।

ग्वाल-बाल भी तिलमिला उठे और उन्होंने जवाब दिया—तुम सब बड़ी भोली हो न! पहले तुमने कन्हैया का पीतंबर झपटकर छीन लिया, तब उन्होंने तुम्हारी भी मोतियों की माता तोड़ दी। तुम जवानी के जोर में ऐसी हो गई हो कि दान माँगने पर जवाब तक नहीं देतीं। तुम नंद-नँदन का जरा भी डर नहीं मानतीं और आकर धींगा-मुस्ती करती हो। तुम गँवार नारी तो बहुत भली हो, बहुत भोली हो। बताओ तो हमारे कन्हैया जैसा इस त्रिलोक में कोई है? सुनो, हम अभी तुम्हारा सब छीन लेंगे, तब तुम दौड़ी-दौड़ी फिरोगी।

११९६/२१५३ राग विलावल

कहा बड़ाई इनकी सरि मैं ।
नंद-जसोदा के प्रतिपाले, जानति नीके करि मैं ।।
तुम्हरे कहैं सबनि डर मान्यौ, हरिहिं गई अति डरि मैं ।
बसुद्यौ डारि राति हीं भागे, आए हैं सुभ घरि मैं ।।
अंग-अंग कौ दान कहत हैं, सुनत उठी रिस जरि मैं ।
तब पीतांबर झटकि लियौ मैं, 'सूरस्याम' कौ झरि मैं ।।

गोपी बोली—ये कन्हैया, इनके समकक्ष होने में किसी की क्या बड़ाई हो सकती है? नंद और यशोदा ने इनको पाला-पोसा है। तुम्हारे कहने से तो हम सभी गोपियाँ डर गई हैं। मैं भी हरि से अत्यंत भयभीत हो उठी हूँ। इनके बाप वसुदेव तक इनसे डर कर यहाँ रात ही में फेंककर भाग गए। फिर हम क्यों न डरें? यह बड़ी शुभ घड़ी में ब्रज में आए हैं। दधि दान छोड़कर यह अंग-दान माँगने लगे हैं। यह सुनते ही मेरा शरीर क्रोध से जल उठा और श्याम को झिड़कती हुई मैंने इनका पीतांबर खींच लिया।

११९७/२१५४ राग गौरी

यातैं तुमकौं ढीठि कही ।
स्यामहिं तुम भईं झिरकनहारी, एते पर पुनि हार नहीं ।
तब तैं हमहिं देति हौ गारी, हमकौं दाहति आपु दही ।
बनिज करति हमसौं झगरति हौ, कहा कहैं हम बहुत सही ।
समुझि परी अब कछु जिय जान्यौ, तातैं ह्वै सब मौन रहीं ।
'सूरस्याम' ब्रज-ऊपर दानी, इहिं मारग अब तुम निबहीं ।।

ग्वाल बोले—इसीलिए तो हमने तुमको ढीठ कहा। तुम हमारे कन्हैया को झिड़कने वाली बनी हो? और तुम हार भी नहीं मान रही हो। तब से तुम हमें बराबर गाली दिए जा रही हो, तुम स्वयं क्रोध से जली जा रही हो और हम लोगों को भी क्रोध से जलाए जा रही है। करती हो व्यापार और हम चुंगी वालों से झगड़ा करती हो। हम अधिक क्या कहें। हमने बहुत बर्दाश्त किया है अब और अधिक नहीं सह सकते। लगता है अब तुम सब बातें ठीक-ठाक समझ गई हो, इसीलिए अब चुप हो गई हो। इस सारे ब्रज-मंडल में दान के एकमात्र सबसे बड़े अधिकारी श्याम हैं। यह मान लेने पर ही अब तुम सब इस मार्ग से आ जा सकोगी।

११९८/२१५५ राग कल्यान

तुम देखत रैहौ, हम जैहैं ।
गोरस बेंचि मधुपुरी तैं पुनि, याही मारग ऐहैं ।।
ऐसैं ही सब बैठे रैहौ, बोलैं, ज्वाब न दैहैं ।
धरि लै जैहैं जसुमति पै, हरि तब धौं कैसी कैहैं ।।
काहे कौं मोतिनि लर तोरी, हम पीतांबर लैहैं ।
'सूरस्याम' सतरात इते पर, घर बैठे तब रैहैं ।।

गोपियाँ बोलीं—तुम देखते रह जाओगे और हम चली जायँगी। मथुरा में गोरस बेचकर फिर इसी रास्ते लौटेंगी। तुम लोग ऐसे ही बैठे रह जाओगे. तुम्हारे कुछ कहने पर हम जवाब नहीं देंगी। हम हरि को यशोदा मैया के पास पकड़ ले जायँगी। तब उनके सामने यह कौन-सा जवाब देंगे। इन्होंने हमारी मोती-माला क्यों तोड़ी। हम इनका पीतांबर लेके रहेंगी। इतने पर भी श्याम आँखें लाल-पीली करते जा रहे हैं। जब यशोदा मैया के सामने इन्हें पेश कर दिया जायगा, तब इनसे घर ही बैठे रहते बनेगा।

११९९/२१५६ राग कल्यान

मैरें हठ क्यौं निबहन पैहौ ?
अब तौ रोकि सबनि कौं राख्यौ, कैसे करि तुम जैहौ ? ।।
दान लेहुँगौ भरि दिन-दिन कौ, लेख्यौ करि सब दैहौ ।
सौंह करत हौं नंद बबा की, मैं कैहौं, तब जैहौ ।।
आवति-जाति रहति याही पथ, मोसौं बैर बढ़ैहौ ।
सुनहु 'सूर' हम सौं हठ माँडतिं, कौन नफा कर लैहौ ।।

तब कृष्ण ने कहा—जब मैं किसी बात पर अड़ ही जाऊँगा, तब तुम्हारा निबाह कैसे होगा। तुम कैसे कहीं आ-जा सकोगी? अब मैंने तुम सबको रोक रखा है, देखना है तुम सब कैसे जाती हो। मैं तुमसे पिछले सभी दिनों की चुंगी भरवा लूँगा। तुम्हें लेखा करके सब देना ही होगा। मैं नंद बाबा की शपथ खा कर कहता हूँ—जब मैं कहूँगा, अनुमति दे दूँगा, तभी तुम यहाँ से जा सकोगी। तुम इसी राह से आती जाती हो, फिर तुम मुझसे बैर क्यों मोल ले लिए रही हो। हमसे हठपूर्वक बैर कर लेने पर तुम्हें कौन-सा लाभ हो जायगा?

१२००/२१५७ राग कान्हरौ

कौन बात यह कहत कन्हाई ।
समुझत नहीं कहा डरपावत, तुम करि नंद-दुहाई ।।
डरपावहु तिनकौं जे डरपहिं, तुम तैं घटि हम नाहीं ।
मारग छाँड़ि देहु मनमोहन, दधि बेंचन हम जाहीं।।
भली करी मोतिनि लर तोरी, जसुमति सौं हम लेहैं ।
'सूरदास' प्रभु यहौ बनत नहिं, इतनौ धन कहँ पैहैं ।।

गोपी बोलीं—कन्हैया, तुम यह क्या कहे जा रहे हो? तुम कुछ समझ नहीं रहे हो। नंद की दुहाई दे-देकर तुम हमें डरवाए क्या जा रहे हो? जो तुमसे डरें, उन्हें डरवाओ। हम तुमसे किसी माने में कम नहीं हैं। मनमोहन रास्ता छोड़ दो, हम दही बेचने चली जायँ। तुमने अच्छा किया जो तुमने हमारी मोती की माता तोड़ डाली, हम इसे यशोदा से वसूल कर लेंगी। इन किसन से तो इतना भी धन देते नहीं बन पा रहा है, औरों को देने के लिए यह कहाँ से धन लाएँगे।

१२०१/२१५८ राग कान्हरौ

एक हार मोहिं कहा दिखावति ।
नख सिख लौं अंग-अंग निहारहु, ये सब कतहिं दुरावति ।।

मोतिनि माल, जराइ कौ टीकौ, करन फूल, नकबेसरि ।
कंठसिरी, दुलरी तिलरी तर, और हार इक नौसरि ।।
सुभग हुमेल, कटाव की अँगिया, नगनि जरित की चौकी ।
बहुँटा, कर-कंकन, बाजूबंद, एते पर है तौकी ।।
छुद्रघंटिका, पग नूपुर, जेहरि, बिछिया सब लेखौ ।
सहज अंग-सोभा सब न्यारी, कहत 'सूर' ये देखौ ।।

कृष्ण कहने लगे—मुझे तुम एक हार क्या दिखा रही हो? अपने पैर के नख से लेकर अपनी चोटी तक देखो, सभी अंग गहनों से तो लदे हुए हैं। इन सबको क्यों छिपाए जा रही हो? मोतियों की माला, जड़ाऊ माँग टीका, कनफूल, नकबेसरि, कंठश्री, दुलरी, तिलरी, तिलरी के नीचे लटकती जुगनू, नव लड़ वाला हार, सुंदर हुमेल, बेल-बूटेदार चोली, नगों से जड़ी गले की चौकी, बाँह का बहुँटा, कर का कंगन, बाजूबंद, तौकी (हँसुली), कमर की क्षुद्रघंटिका, पैर का नूपुर और जेहरि (पाजेब) और पैर की उँगलियों के बिछुए सभी तो हैं। तुम्हारे अंगों की तो शोभा स्वाभाविक है और सबसे अलग है। ये सभी पुकार-पुकार कर कहे जा रहे हैं—मुझे भी देखो।

१२०२/२१५९ राग कान्हरौ

याहू मैं कछु बाँट तिहारौ ।
अचिरज आइ सुनौ री, भूषन देखि न सकत हमारौ ।।
कहौ गढ़ाइ दिये ते आपुन, कै जसुमति, कै नंद ।
घाट धर्‌यौ तुम यहै जानि कै, करत ठगनि के छंद ।।
जितनौ पहिरि आजु हम आईं, घर है यातैं दूनौ ।
'सूरस्याम' हौ बहुत लुभाने, बन देख्यौ धौं सूनौ ।।

गोपी बोली—क्या हमारे इन गहनों में भी तुम्हारा कुछ हिस्सा है? सखियो, यह आश्चर्य की बात तो सुनो, कन्हैया हमारे गहनों को भी नहीं देख पा रहे हैं। क्या इन्हें तुमने गढ़ा दिया है या यशोदा मैया ने बनवा दिया है या नंद बाबा ने ठोंकवा दिया है। हमारे गहनों को ही देखकर तुमने यह रहजनी करने की बात तो नहीं सोची है? तुम तो ठगों के से छल-छंद पर उतर आए जान पड़ते हो। जितने गहने हम आज पहनकर आई हैं। इनसे दूने गहने तो हमारे घर पर अभी रखे हुए हैं। लगता है वन को सुनसान देखकर श्याम तुम मेरे इन गहनों पर लुभा गए हो और इन्हें छीन लेना चाहते हो।

१२०३/२१६० राग कान्हरौ

बाँट कहा अब सबै हमारौ ।
जब लौं दान नहीं हम पायौ, तब लौं कैसैं होत तिहारौ ।।
आभूषन की कौन चलावत, कंचन-घट काहैं न उघारौ ।
मदन-दूत मोहि बात सुनाई, इनमें भर्‌यौ महा रस भारौ ।।
एक ओर अँग-आभूषन सब, एक ओर यह दान बिचारौ ।
सुनहु 'सूर' कह बाँट करैं हम, दान देहु पुनि जहाँ सिधारौ ।।

श्याम ने उत्तर दिया—बाँट की क्या बात है, अब तो सब हमारा ही है। जब तक दान नहीं पा जाते, तब तक ये तुम्हारे कैसे हो सकते हैं। आभूषणों की क्या बात है। तुम्हारे पास तो स्वर्ण घट (उरोज) है, इन्हें क्यों नहीं खोल देतीं? मुझे मेरे मदन नाम के दूत ने खबर दी है कि इनमें महा रस भरा हुआ है और भारी मात्रा में भरा हुआ है। एक ओर तुम्हारे सब आभूषण हैं और एक ओर यह स्वर्ण-घट दान। हम इसमें क्या बाँट बखरा करें, दान दो और जहाँ जाना चाहो चली जाओ—चाहे मथुरा दही बेचने जाओ, चाहे वापस ब्रज में जाओ।

१२०४/२१६१ राग गौरी

स्याम भए ऐसे रस-नागर ।
दिन द्वै घाट रोकि जमुना कौ, अब तुम भएँ उजागर ।।
काँधैं कामरि, हाथ लकुटिया, गाइ चरावन जाते ।
दही भात की छाक मँगावत, ग्वालनि सँग मिलि खाते ।।
अब तुम कर नवला सी लीन्हे, पीतांबर कटि सोहत ।
'सूर' स्याम अब नवल भए तुम, नवल नारि-मन मोहत ।।

गोपी बोली—श्याम अब तो तुम पूरे छैला बन गए हो। दो दिन यमुना के पनघट की राह रोक कर तुमने अब बड़ा नाम कमा लिया है। पहले कंधे पर काली-कमली लादे, हाथ में बाँस की लाठी लिए, गायें चराने जाया करते थे। दही-भात की छाक मँगा लिया करते थे और ग्वाल-बालों के साथ मिल-जुलकर खा लिया करते थे। अब तो तुम्हारे हाथ में सोने की छड़ी है, कमर में पीतांबर है, अब तुम एकदम नवलकिशोर बन गए हो और नवलकिशोरियों का मन मोह ले रहे हो।

१२०५/२१६२ राग गौरी

दान देति की झगरौ करिहौ ।
प्रथमहिं यह जंजाल मिटावहु, तब तुम हमहिं निदरिहौ ।।
कहत कहा, निदरे से हौ तुम, सहज कहति हम बात ।
आदि बुन्यादि सबे हम जानतिं, काहे कौं सतरात ।।
रिस करि-करि मटुकी सिर धरि-धरि, डगरि चलीं सब ग्वारिनि ।
'सूरस्याम' अंचल गहि झिरकी, जैहौ कहा बज़ारिनि ।।

कन्हैया ने कहा—तुम सब दान दे रही हो या झगड़ा करने पर उतारू हो? पहले यह झगड़ा खतम कर लो, फिर मेरी निन्दा कर लेना।

इस पर गोपियों ने कहा—तुम क्या कह रहे हो? हम निन्दा क्यों करेंगी? हम तो सीधी-सादी साफ बात कह रही हैं। निन्दित तो तुम पहले से ही हो। हम तुम्हारी आदि-बुनियाद सभी जानती हैं। फिर क्यों ऐंठे जा रहे हो?

यह कहकर गुस्सा कर करके, अपने सिरों पर मटुकियाँ रख-रखकर सब ग्वालिनें डगर पर चल पड़ी। तब श्याम ने उनका आँचर पकड़कर फटकारा—अरी ब्रज नारियों, तुम सब यहाँ से कैसे बाजार जाने पाओगी?

१२०६/२१६३ राग कल्यान

अब तुमकौं मैं जान न दैहौं ।
दान लेउँ कौड़ी कौड़ी करि, बैर आपनौ लैहों ।।
गोरस खाइ, बच्यौ सो डार्‌यौ, मटुकी डारीं फोरि ।
दै दै गारि नारि झकझोरीं, चोली के बँद तोरि ।।
हँसत सखा करतारी दै दै, बन मैं रोकीं नारि ।
तुरत लोग घर तैं आवैंगे, सकिहौ नहीं सम्हारि ।।
घर के लोगनि कहा डरावति, कंसहिं आनि बुलाइ ।
'सूर' सबै जुवतिनि कैं देखत, पूजा करौं बनाइ ।।

कन्हैया बोले—'अब मैं तुम सबको जाने नहीं दूँगा। मैं तुमसे कौड़ी-कौड़ी करके कर वसूल लूँगा और इस बैर का बदला ले लूँगा।' इसके बाद कन्हैया ने गोरस खाया, जो बचा उसे धरती पर लुढ़काया और मटुकियाँ फोड़ डाली। गाली दे-देकर गोपियों के कंधे पकड़-पकड़कर उन्हें झकझोर दिया। उनके चोली के बंद तोड़ डाले। सखा लोग, ताली बजा-बजाकर हँसने लगे। इसपर ग्वालिनें बोल उठीं—'तुमने हम ब्रजनारियों को वन में रोक रखा है। यह सुनते ही हमारे घरों के लोग यहाँ आ जायँगे। तब तुम सँभाल नहीं पाओगे।'

इस पर कृष्ण बोले—'मुझे घर के लोगों का भय क्या दिखा रही हो ? अपने राजा कंस को बुला लो। तुम सब युवतियों के सामने ही मैं उसकी भली-भाँति पूजा कर दूँगा, पूरी मरम्मत कर डालूँगा, घसीट मारूँगा।'

१२०७/२१६४ राग गौरी

जो तुमहीं हौ सबके राजा ।
तौ बैठौ सिंहासन चढ़ि कै, चँवर, छत्र सिर भ्राजा ।।
मोर-मुकुट, मुरली पीतांबर, छाड़ौ नटवर-साजा ।
बेनु, बिषान, संख क्यौं पूरत, बाजै नौबत बाजा ।।
यह जु सुनैं हमहूँ सुख पावैं, संग करैं कछु काजा ।
'सूरस्याम' ऐसी बातैं सुनि, हमकौं आवति लाजा ।।

गोपियाँ बोलीं—यदि तुम्हीं सबके राजा हो, तो राजसिंहासन पर चढ़कर बैठ जाओ। तुम्हारे सिर पर छत्र और चँवर सुशोभित होने लगे। मोर पंख का मुकुट, मुरली, पीतांबर के साथ-साथ नचनियों की सारी साज-सज्जा छोड़ दो। वेणु और विषाण (सींग) तथा शंख क्या फूँक-फूँक कर बजाते हो। तुम्हारा तो नौबतखाना बजना चाहिए। उसे सुनकर हम भी सुखी हो उठें और तुम्हारे राजकाज में भी हम तुम्हारा कुछ हाथ बँटावें। जैसी बातें तुम कर रहे हो, उसे सुनकर हमें तो लज्जा आ रही है, भले यह सब कहकर तुम्हें लाज न आती हो।

१२०८/२१६५ राग कल्यान

तुम्हरैं चित रजधानी नीकी ।
मेरे दास-दास के चेरे, तिनकौं लागति फीकी ।।

ऐसी कहि मोहिं कहा सुनावतिँ, तुमकौं यहै अगाध ।
कंस मारि सिर छत्र धरावौं, कहा तुच्छ यह साध ।।
तबही लगि यह संग तिहारौ, जब लगि जीवत कंस ।
'सूरस्याम' कैं मुख यह सुनि तब, मन-मन कीन्हौ संस ।।

कन्हैया ने कहा—तुम्हारी समझ से राजधानी बहुत बढ़िया चीज है। पर मैं तुमसे कहे दे रहा हूँ—मेरे दास के दास के दास भी इस राजधानी को फीका समझते हैं। तुम्हारे लिए यह अगाध, कठिन हो, पर मेरे लिए यह कठिन नहीं है। तुम मुझे राजधानी की बात कह-कहकर क्या सुनाए जा रही हो? मैं कंस को मारकर अपने सिर पर छत्र धारण करूँ, यह इच्छा तो मेरे लिए अत्यंत तुच्छ है। मैं कहे देता हूँ—'हमारा तुम्हारा साथ तभी तक है, जब तक यह कंस जीवित है।' कन्हैया के मुँह से यह सुनकर गोपियों के मन में यह संशय उठ खड़ा हुआ कि क्या सचमुच हमारा और कन्हैया का साथ छूट जायगा?

१२०९/२१६६ राग जैतश्री

भली करी हरि माखन खायौ ।
यहौ मानि लीन्ही अपनैं सिर, उबर्‌यौ सो ढरकायौ ।।
राखी रही दुराइ कमोरी, सो लै प्रगट दिखायौ ।
यह लीजै, कछु और मँगावैं, दान सुनत रिस पायौ ।।
दान दियैं बिनु जान न पैहौ, कब मैं दान छुटायौ ।
'सूरस्याम' हठ परे हमारे, कहौ न कहा लदायौ ।।

गोपियाँ बोलीं—'कृष्ण, यह तुमने अच्छा ही किया कि सब माखन खा लिया। हम इसे भी ठीक ही माने ले रही हैं कि जो कुछ बचा उसे लुढ़का कर भी तुमने अच्छा ही किया।' गोपियों ने कुछ कमोरियाँ छिपा दी थी, वे उन्हें भी लाईं और कहा—यह लो, कहो तो और भी घर से मँगा लें। यह तो दान की बात सुनकर हमें क्रोध आ गया था।

तब कन्हैया ने कहा—'तुम बिना दान दिए जाने नहीं पाओगी? कब मैंने दान छोड़ देने की बात कही?'

गोपियाँ बोलीं—'कन्हैया तुम हमारे पीछे हठपूर्वक पड़ गए हो। बताओ हमने कौन-सी वाणिज्य सामग्री लाद रखी है?'

१२१०/२१६७ राग धनाश्री

लैहौं दान इननि कौ तुम सौं ।
मत्त गयंद, हंस हम सौहैं, कहा दुरावति हम सौं ।।
केहरि, कनक-कलस अमृत के, कैसैं दुरैं दुरावति ।
बिद्रुम, हेम, बज्र के कनुका, नाहिंन हमहिं सुनावति ।।
खग कपोत, कोकिला, कीर, खंजन, चंचल मृग जानति ।
मनि कंचन के चक्र जरे हैं, एते पर नहिं मानति ।।
सायक, चाप, तुरय, बनिजति हौ, लिये सबै तुम जाहु ।
चंदन, चँवर, सुगंध, जहाँ तहँ, कैसें होत निबाहु ।।

यह बनिजति बृषभानु-सुता तुम, हमसौं बैर बढ़ावति ।
सुनहु 'सूर' एते पर कहियत, हम धौं कहा लदावति ।।

कृष्ण राधा से बोले—'मैं तुमसे इन सभी पदार्थों का दान (चुंगी) लूँगा। तुम्हारे मत्त गयंद और हंस (हाथी और हंस की-सी गति) तो मेरे सामने प्रत्यक्ष है। ये कैसे छिपाए जा सकते हैं। केहरि (की-सी कमर) और अमृत भरे हुए युगल स्वर्ण-घट (के से उरोज) तो छिपाने से भी नहीं छिप सकते। मूँगा (के से अधराधर), स्वर्ण (सा शरीर), हीरा के कण (जैसे दाँत), की तो तुम मुझसे चर्चा ही नहीं कर रही है। क्या तुम नहीं जानती कि तुम्हारे पास कबूतर (ग्रीवा), कोयल (वाणी), शुक (नासिका), और चंचल खंजन (नेत्र) जैसे पक्षी और हिरन (आँख) जैसे पशु हैं। तुम्हारे पास मणि जटित स्वर्ण चक्र (कर्ण फूल) हैं, फिर भी तुम नहीं मान रही हो। तुम वाण (कटाक्ष), धनुष (भौंह), घोड़ा (घूँघट) का व्यापार करती हो और इन सबको साथ लिए जा रही हो। तुम्हारे पास चंदन (शरीर की गंध), चँवर (केश) और सुगंध (वस्त्र-गंध) है, फिर यहाँ बिना चुंगी दिए कैसे काम चलेगा। हे बृषभानु की बेटी, तुम इन सबका व्यापार करती हो और हमसे बैर बढ़ा रही हो। इतने पर भी कहे जा रही हो कि हमने क्या लाद रखा है, जिसकी चुंगी दें।'

१२११/२१६८ राग सोरठ

यह सुनि चकित भई ब्रज-बाला ।
तरुनी सब आपुस मैं बूझति, कहा कहत गोपाला ।।
कहाँ तुरंग, कहाँ गज केहरि, हंस सरोवर सुनियै ।
कंचन-कलस गढ़ाए कब हम, देखौ धौं यह गुनियै ।।
कोकिल, कीर, कपोत बननि मैं, मृग, खंजन इक संग ।
तिनकौ दान लेत हैं हमसौं, देखहु इनकौ रंग ।।
चंदन, चँवर, सुगंध बतावत, कहाँ हमारैं पास ।
'सूरस्याम' जो ऐसे दानी, देखि लेहु चहुँ पास ।।

कृष्ण की ये बातें सुनकर ब्रज-बालाएँ चकरिया गईं। वे आपस में बतियाने लगीं कि गोपाल कृष्ण क्या कह रहे हैं। हमारे पास न घोड़ा है, न हाथी है, न सिंह ही। हंस तो मान-सरोवर में रहता है, यहाँ कहाँ। हमने कभी भी सोने का घड़ा नहीं गढ़ाया। देखो तो कन्हैया क्या कह रहे हैं। कोयल, सुग्गा, कबूतर और खंजन तो वन में रहते हैं। उन्हीं के साथ हिरन भी वन में ही रहता है। इन वन-वासियों की चुंगी हमसे माँग रहे हैं। इनका रंग-ढंग तो देखो। वे चंदन, चँवर, सुगंध की जो बात कर रहे हैं, वहं भी हमारे पास कहाँ है। अगर श्याम ऐसे ही चुंगी लेने वाले हों, तो हमारे चतुर्दिक देख लें। जहाँ हो, जो हो, चुंगी ले लें।

१२१२/२१६९ राग गुनकली

भूलि रहे तुम कहाँ कन्हाई ।
तिनकौ नाम लेत हम आगैं, सपनेहुँ दृष्टि न आईं ।।

हय बर, गय बर, सिंह, हंस बर, खग, मृग कहँ हम लीन्हे ।
सायक, धनुष, चक्र सुनि चक्रित, चमर न देखे चीन्हे ।।
चंदन और सुगंध कहत हौ, कंचन-कलस बतावहु ।
'सूरस्याम' ये सब जो ह्वै हैं, तबहिं दान तुम पावहु ।।

गोपियाँ बोलीं—कन्हैया, तुम कहाँ भूले हुए हो। तुम उन चीजों का नाम लिए जा रहे हो, जिनको हमने सपने में भी नहीं देखा। घोड़ा, हाथी, सिंह, हंस, खग, मृग हमने कहाँ ले रखा है। धनुष, बाण, चक्र की बात सुनकर तो हम चकित हो उठी हैं। चमर को न हमने देखा है, न पहचाना है। तुम हमारे पास चंदन सुगंध, कंचन-कलस होने की बात कह रहे हो। यदि सब हमारे पास होंगे, तभी तुम्हें चुंगी मिल पाएगी।

१२१३/२१७० राग गूजरी

इतने सब तुम्हारैं पास ।
निरखि देखहु अंग-अँग अब, चतुरई कैं गाँस ।।
तुरतहीं निरवारि डारहु, करति कतहिं अबेर ।
तुम कहौ, कछु, हमहुँ बोलैं, घरहि जाहु सबेर ।।
कनक-तनु परतच्छ देखहु, सजे नव सत अंग ।
'सूर' तुम सब रूप जोबन, धरयौ एकहिं संग ।।

कृष्ण बोले—ये सब तुम्हारे पास हैं। थोड़ा समझदारी से अपने अंगों-प्रत्यंगों की बनावट तो देखो। दे पाकर झटपट झगड़ा दूर कर दो। देर क्यों करती हो। तुम कुछ कहोगी, मैं भी उसके उत्तर में कुछ कहता रहूँगा। ऐसे में बात खतम ही न होगी और तुम्हें खामखाह देर होगी। ले देकर सबेरे ही सबेरे घर चली जाओ, नहीं तो रात हो जायगी। तुम प्रत्यक्ष देख ही रही हो तुम्हारा शरीर सोने-सा दमक रहा है, जिसपर सोलह शृंगार सजा हुआ है। तुममें रूप और यौवन दोनों एक साथ आ मिले हैं।

१२१४/२१७१ राग बिलावल

प्रगट करौं, अब तुमहिं बताऊँ ।
चिकुर चमर, घूँघट हय-बर, बर भ्रुव-सारँग दिखराऊँ ।।
बान कटाच्छ, नैन खंजन, मृग, नासा सुक उपमाऊँ ।
तरिवन चक्र, अधर बिद्रुम-छबि, दसन बज्र-कन ठाऊँ ।।
ग्रीव कपोत, कोकिला बानी, कुच घट-कनक सुभाऊँ ।
जोबन-मद रस-अमृत भरे हैं, रूप रंग झलकाऊँ ।।
अंग सुगंध, बास पाटंबर, गनि-गनि तुमहिं सुनाऊँ ।
कटि केहरि, गयंद-गति-सोभा, हंस सहित इकनाऊँ ।।
फेर कियै कैसैं निबहति हौ, घरहिं गए कहँ पाऊँ ।
सुनहु 'सूर' यह बनिज तुम्हारैं, फिरि-फिरि तुमहिं सुनाऊँ ।।

कृष्ण कहते गए—'अब भी तुम्हारी समझ में नहीं आया हो, तो मैं खोलकर साफ-साफ बतलाए देता हूँ। तुम्हारे केश ही चँवर हैं, घूँघट ही घोड़ा है, भौंहें ही धनुष हैं, कटाक्ष ही वाण हैं, नेत्र ही खंजन और मृग हैं, ग्रीवा ही कबूतर हैं, वाणी ही कोयल है, उरोज ही स्वर्ण-कलश है, यौवन की मस्ती ही अमृत रस है, जो तुम्हारे रूप और रंग को और भी झलकाए दे रहा है। तुम्हारे अंग की महक ही चंदन है, रेशमी वस्त्रों से ही सुवास आ रही है। मैं एक-एक कर सब तुम्हें गिन-गिनकर सुनाए दे रहा हूँ। तुम्हारी कटि ही सिंह है। तुम्हारी चाल ही मतवाले हाथी और हंस की एक साथ सम्मिलित शोभा है। तुम 'आगे फिर कभी' कहो, तो उससे कैसे काम चलेगा। तुम अपने-अपने घर चली गई, तो मैं तुम्हें फिर कहाँ पाऊँगा। मैं बार-बार यह कहे जा रहा हूँ कि यह सब वणिज-सामग्री तुम्हारे पास है।

१२१५/२१७२ राग नट

माँगत ऐसौ दान कन्हाई ।
अब समुझीं हम बात तुम्हारी, प्रगट भई कछु धौं तरुनाई ।।
इहिं लालच अँकवारि भरत हौ, हार तोरि, चोली झटकाई ।
अपनी ओर देखि धौं लीजै, ता पाछैं करियै बरियाई ।।
सखा लिये तुम घेरत पुनि-पुनि, बन-भीतर सब नारि पराई ।
'सूरस्याम' ऐसी न बूझियै, इन बातनि मरजाद नसाई ।।

गोपियाँ कह रही हैं—अब हमारी समझ में बात आ गई, तुम कैसा दान माँग रहे हो। अब लगता है कि तुममें कुछ-कुछ जवानी आ गई है। इसी लालच से तुम हम लोगों को छाती से चिपटाए ले रहे हो, हार तोड़े डाल रहे हो और चोली भी झटके ले रहे हो। पहले तुम अपनी ओर देख लो, फिर हमसे बरजोरी करो। तुम सखाओं को लिए हुए वन के भीतर हम पराई नारियों को घेरे ले रहे हो। श्याम, तुम्हें ऐसा न करना चाहिए। इन बातों से तुम्हारी मर्यादा नष्ट होती है और तुम बदनाम होते हो।

१२१६/२१७३ राग नट

हम पर रिस करति ब्रजनारि ।
बात सूधैं हम बतावत, आपु उठतिं पुकारि ।।
कबहुँ मरजादा घटावति, कबहुँ देति हैं गारि ।
प्रात तैं झगरौ पसारयौ, दान देहु निवारि ।।
बड़े घर की बहू बेटी, करतिं बृथा झँवारि ।
'सूर' अपनौ अंस पावैं, जाहिं घर झख मारि ।।

कृष्ण बोले—ब्रजनारियों, तुम मुझपर व्यर्थ क्रोध किए जा रही हो। हम तो सीधी बात कह रहे हैं कि दान दो और अपने घर का रास्ता नापो। पर तुम लोग व्यर्थ के लिए चिल्लाए जा रही हो। कभी तुम मेरी मर्यादा घटाती हो और कभी गाली देती हो। सबेरे से ही झंझट मचा रखी है। दान दो, झगड़ा साफ। तुम सभी बड़े घरों की बहू-बेटियाँ हो। हकनाहक काँव-काँव, झाँव-झाँव किए जा रही हो। हम अपना अंश पा जायें, तुम अपने-

अपने घर जाओ और हम भी अपने घर जायँ। तुम लोगों के चले जाने के बाद क्या हम यहाँ झख मारते बैठे रहेंगे।'

१२१७/२१७४ राग सारंग

तुमहिं उलटि हम पर सतराने ।
जो कछु हमकौं कहि न बूझियै, सो तुम कहि आगैं अतुराने ।।
यह चतुराई कहाँ पढ़ी हरि, थौरै दिन, अति भए सयाने ।
तुम कौ लाज होति कै हमकौं, बात परै जौ कहुँ महराने ।।
ऐसौ दान और पैं माँगहु, जो हम सौं कहौ छाने छाने ।
'सूरदास' प्रभु जान देहु अब, बहुरि कहोगे काल्हि बिहाने ।।

गोपियाँ बोलीं—व्यर्थ के लिए तुम हमें दोष दिए जा रहे हो। हमने कुछ भी नहीं किया, उलटे तुम्हीं हम पर रिस किए जा रहे हो। जो कुछ तुमको हमसे न कहना चाहिए, वह सब तुमने हमसे आतुर होकर कह दिया। हरि, तुमने यह चालाकी कहाँ से सीख ली। अभी तुम थोड़े ही दिनों के हो, इतने चतुर हो गए हो। यदि आज की यह बात अहीर-टोली में कहीं फैल गई तो यह तुम्हारे लिए लज्जा की बात होगी कि हमारे लिए—इसे सोच लो। जो अंग-दान तुम हमसे यहाँ प्रच्छन्न रूप से माँग रहे हो, वही दान औरों से माँग कर देखो, तो हम जानें। इस समय हमें जाने दो, कल-परसों फिर किसी दिन इस प्रकरण को उघारना।

१२१८/२१७५ राग सारंग

स्यामहिं बोलि लियौ ढिग प्यारी ।
ऐसी बात प्रगट कहुँ कहियत, सखिनि माँझ कत लाजनि मारी ।।
इक ऐसेहिं उपहास करत सब, ता पर तुम यह बात पसारी ।
जाति-पाँति के लोग हँसहिगे, प्रगट जानिहैं स्याम-मतारी ।।
लाजनि मारत हौ कत हमकौं, हा हा करति जानि बलिहारी ।
'सूरस्याम' सर्वज्ञ कहावत, मात-पिता सौं द्यावत गारी ।।

श्याम को राधा ने अपने पास बुला लिया और कहा—क्या कोई ऐसी बात खुल्लम-खुल्ला कहा करता है। तुमने आज मुझे सखियों के सामने लज्जा से क्यों मार डाला? एक तो ऐसे ही लोग हम पर हँसते रहते हैं, उस पर तुमने आज यह बात फैला दी। हमारी जाति-पाँति के लोग हमारे ऊपर हँसेंगे। तुम्हारी मैया भी यह बात जान जायँगी। मुझको तुम लाज से क्यों मारे डालते हो? मैं तुमसे गिड़गिड़ा कर विनती किए जा रही हूँ और तुम्हारी बलैया लिए जा रही हूँ। तुम तो सर्वज्ञ कहे जाते हो। मुझे माता-पिता से गाली दिलाने पर क्यों तुले हुए हो? बहुत देर से घर जाने पर वे पूछ-ताछ करेंगे ही और गाली भी देंगे ही।

१२१९/२१७६ राग सारंग

जब प्यारी यह बात सुनाई ।
सखा सबनि तबहीं लखि लीन्ही, स्याम के प्रकृति सुभाई ।।

सुनहु ग्वारि इक बात सुनावैं, जौ तुम्हरैं मन आवै ।
तुव प्रति अंग-अंग की सोभा, देखत हरि सुख पावैं ।।
तुम नागरी, नवल नागर वै, दोउ मिलि करौ बिहार ।
'सूरस्याम' स्यामा तुम एकै, कह हँसिहै संसार ।।

जब राधा ने कृष्ण से यह बात कह सुनाई, तब श्याम की प्रकृति और स्वभाव के उनके जो अंतरंग सखा थे, उन्होंने सब बातें ताड़ लीं और बोले—हे ग्वालिन, सुनो, यदि तुम्हारे मन को अच्छी लगे, तो हम तुमसे एक बात कहें। तुम्हारे एक-एक अंग की छवि देखकर कन्हैया को भारी सुख होता है। तुम नागरी हो और ये नवल नागर हैं। श्याम और श्यामा तुम दोनों एक ही हो। संसार हँस के क्या कर लेगा। जाओ तुम दोनों निलकर खूब मनभाया विहार करो।

१२२०/२१७७ राग नट

नंद-सुवन यह बात कहावत ।
आपुन जोबन-दान लेत हैं, जोइ-सोइ सखनि सिखावत ।।
वै दिन भूलि गए हरि तुमकौं, चोरी माखन खाते ।
खीझत हीं भरि नैन लेत हे, डरडरात भजि जाते ।।
जसुमति जब ऊखल सौं बाँध्यौ, हमहीं छोर्‌यौ जाइ ।
'सूरस्याम' अब बड़े भए हौ, जोबन-दान सुहाइ ।।

गोपी बोली—नंदकुमार, तुम तो कहते ही थे, अब तुम अपने इन सखाओं से भी वही कहलाते जा रहे हो। तुम तो जोबन दान माँग ही रहे थे, वही बात अब तुम इन सखाओं को भी सिखाते जा रहे हो। हरि, वे दिन तुम भूल गए, जब तुम चोरी कर करके माखन खाया करते थे? जब हममें से कोई तुम्हारे ऊपर खीझ जाती थी, तब तुम आँखों में आँसू भर लेते थे और डर कर भाग जाया करते थे? जब यशोदा मैया ने तुम्हें ऊखल नें जकड़ कर बाँध दिया था, जब हमींने तुम्हारे बंधन को जा छोड़ा था? अब तुम बड़े हो गए हो और तुम्हें जोबन का दान सुहाने लगा है? वाह!

१२२१/२१७८ राग नट

लरिकाई की बात चलावति ।
कैसी भई, कहा हम जानैं, नैकहुँ सुधि नहिं आवति ।।
कब माखन चोरी करि खायौ, कब बाँधे धौं मैया? ।
भले बुरे कौ मानऽपमान न, हरषत ही दिन जैया ।।
अपनी बात खबरि करि देखहु, न्हात जमुन कैं तीर ।
'सूरस्याम' तब कहत, सबनि के कदम चढ़ाए चीर ।।

कृष्ण बोले—अच्छा, अब तुम मेरे लड़क्कपन की बातें करने लगी हो। लड़कपन में क्या हुआ, मैं क्या जानूँ। मैंने कब माखन चुराकर खाया, कब मैया ने मुझे बाँधा—मुझे कुछ भी स्मरण नहीं। चाहे तुम मुझे भला कहो, चाहे बुरा। तुम्हारे भला कह देने से न तो

मेरा मान हो जायगा और तुम्हारे बुरा कह देने से मेरा अपमान भी न होगा। मेरे दिन तो हँसते-खेलते ही बीत रहे हैं। तुम अपनी बात का भी तो कुछ ख्याल करके देखो—तुम जमुना में नंगी नहा रही ती और मैंने तुम्हारे चीर लेकर कदम की डालों पर ले जा टाँगे थे। कुछ याद है ?

१२२२/२१७९ राग गूजरी

सबै रहीं जल-माँझ उघारी ।
बार-बार हा-हा करि थाकीं, मैं तट लई हँकारी ।।
आई निकसि बसन बिनु तरुनी, बहुत करी मनुहारी ।
कैसे हाल भए तब सबके, सो तुम सुरति बिसारी ।।
हमहिं कहत दधि-दूध चुरायौ, अरु बाँधे-महतारी ।
'सूरस्याम' के भेद-बचन सुनि, हँसि सकुचीं ब्रजनारी ।।

कृष्ण कहते गए—तुम सब जमुना जी के जल में एक दम नंग धिड़ंग थी। तुम सब बार-बार गिड़गिड़ा कर थक गई, पर मैंने तुम्हें उसी नग्नावस्था में जल से बाहर, खुले मैदान में, जमुना के किनारे बुलाकर ही छोड़ा। तुम लोग विवसना बनी जल के बाहर आईं और मेरी बहुत-बहुत चिरौरी-विनती की। उस समय तुम सबकी कैसी दशा हो गई थी, यह सब लगता है तुम्हें भूल गया है और मुझको तुम ताना मारे जा रही हो कि मैंने दूध-दही चुराया था और मैया ने मुझे बाँध दिया था।

कन्हैया की भेद भरी यह बात सुनकर गोपियाँ पहले तो मुसकुरा दीं, फिर वे लाज के मारे सिकुड़ गईं।

१२२३/२१८० राग सारंग

कहा भए अति ढीठ कन्हाई ।
ऐसी बात कहत सकुचत नहिं, कहँ धौं अपनी लाज गँवाई ।।
जाहु चले, लोगनि के आगैं, झूठी बानी कहत सुनाई ।
तुम हँसि कहत, ग्वाल सुनि-सुनि कै, घर-घर मैं कैहैं सब जाई ।।
बहुत होहुगे दसहिं बरस के, बात कहत हौ बनै बनाई ।
'सूरस्याम' जसुमति के आगैं, यहै बात सब कैहैं जाई ।।

गोपियाँ बोलीं—कन्हैया, तुम इतने धृष्ट क्यों हुए जा रहे हो ? ऐसी बात कहने में तुम्हें न संकोच हो रहा है, न सकुच। तुम अपनी सब लाज-बीज खो बैठे हो। ये बातें बंद करो, लोगों के सामने ये सब झूठी बातें गढ़ कर सुनाते जा रहे हो। तुम तो हँसी कर रहे हो, पर ये ग्वाल इसे सच मान कर घर-घर में इस बात को फैला देंगे। बहुत होगा, अभी तुम दस वर्ष के हुए होगे और ऐसी-ऐसी बात गढ़ छोलकर कहे जा रहे हो। हम सब यशोदा मैया के सामने ये सभी बातें जाकर कहेंगी।

१२२४/२१८१ राग सारंग

झूठी बात कहा मैं जानौं ।
जो मोकौं जैसैं हि भजै री, ताकौं तैसैंहि मानौं ।।

तुम तप कियौ मोहिं कौं मन दै, मै हौ अंतरजामी।
जोगी कौं जोगी ह्वै दरसौं, कामी कौं ह्वै कामी॥
हमकौं तुम झूठे करि जानति, तौ काहैं तप कीन्हौ।
सुनहु 'सूर' कत भई निठुर अब, दान जात नहि दीन्हौ॥

कृष्ण बोले—मैं झूठी बात क्या जानूँ? मुझको जो जिस भाव से भजता है, मैं उसको उसी भाव में स्वीकारता हूँ। तुमने अपना मन देकर, मेरे लिए तप किया। मैं अंतर्यामी हूँ, सबके मन की बात जान लेने वाला। मैं तुम्हारे मन की बात जान गया कि तुम मुझे पति रूप में चाहती हो। मैं योगी को योगी रूप में दिखाई देता हूँ और भोगी को भोगी रूप में मिलता हूँ। यदि तुम मुझको झूठा समझती हो, तो मेरे लिए तुमने तप क्यों किया था? अब जब मैं तुमसे तुम्हारे मनोभाव के अनुकूल मिल जाना चाहता हूँ, तब तुम निष्ठुर क्यों हुई जा रही हो और माँगने पर तुमसे दान नहीं दिया जा पा रहा है।

१२२५/२१८२ राग गौरी

दान सुनत रिस होति कन्हाई।
और कहौ सो सब सहि लैहैं, जो कछु भली-बुराई॥
महतारी तुम्हरी के वे गुन, उरहन देत रिसाई।
तुम नीके ढँग सीखे, बन में रोकत नारि पराई॥
आवन जान न पावत कोऊ, तुम मग मैं घटवाई।
'सूरस्याम' हमकौं बिलमावत, खीझति भगिनी माई॥

गोपी बोलीं—तुम जब दान की बात करते हो, तब हमारा तन-मन क्रोध से जलने लगता है। जो कुछ भला बुरा कहो, हम सब सह लेने को तैयार हैं, पर यह जोबन-दान? यह असह्य है। इधर तुम्हारा तो यह गुण है; उधर तुम्हारी मैया का यह गुण है कि वह उलाहना सुनते ही झल्ला उठती हैं। तुमने बहुत बढ़िया ढंग सीख लिया है और वन में पराई स्त्रियों का रास्ता रोक लेते हो। तुम रास्ते में चुंगी वसूलने लगते हो। फलतः इस रास्ते से कोई आ जा नहीं पा रहा है। तुम हमको यहाँ रोके हुए हो, देरी करा रहे हो, उधर हमारी मैया, हमारी बहनें हमें खीझती रहती हैं, देर का कारण पूछती रहती है। उनसे क्या कह दिया जाय?

१२२६/२१८३ राग गौरी

मोहन तुम कैसे हौ दानी।
सूधे रहौ, गहौ पति अपनी, तुम्हरे जिय की जानी॥
हम तौ अहिर गँवारि ग्वारि हैं, तुम हौ सारंगपानी।
मटुकी लई उतारि सीस तैं, सुंदरि अधिक लजानी॥
कर गहि चीर कहा ऐंचत हौ, बोलत मधुरी बानी।
'सूरदास' प्रभु माखन के मिस, प्रीति-रीति चित आनी॥

गोपी बोलीं—'मोहन, तुम दान वसूल करने वाले हो गए हो, तो कैसे हो गए हो? सीधे रहो, सूधे रहो, नंद महर के बेटे हो, अपनी यह प्रतिष्ठा बचाए रहो। हमने तुम्हारे मन

की बात भली-भाँति जान ली है। हम तो भोली-भाली गँवार अहीरिने हैं, पर तुम तो कमलपाणि हो, शार्ङ्गधर (विष्णु) हो।' इतने ही में कन्हैया ने गोपी के सिर पर से दही की मटुकी उतार ली और वह गोप-सुंदरी लजा गई। श्याम ने उसका आँचल पकड़ कर खींचा, तब वह बोल उठी—तुम बोलते तो हो बहुत मीठा-मीठा, पर मेरा यह चीर पकड़ कर क्यों खींचे ले रहे हो?

सूर का कहना है कि कन्हैया ने माखन के बहाने गोपियों के प्रति अपने मन की प्रीति प्रकट करने का यह अनोखा रूप अपने मन में सोच निकाला।

१२२७/२१८४ राग गौरी

काहे कौं तुम देर लगावत।
दान देहु, घर जाहु बेंचि दधि, तुमहीं कौं यह भावत।।
प्रीति करौ मोसौं तुम काहे न, बनिज करतिं ब्रज-गाउँ।
आवहु जाहु सबै इहिं मारग, लेत हमारौ नाउँ।।
लेखा करौ तुमहिं अपनैं मन, जोइ दैहौ सोइ लैहौं।
'सूर' सुभाइ चलौगी जब तुम, पुनि धौं मैं कह कैहौं।।

कृष्ण बोले—देर तो तुम्हीं कर रही हो? देर मत करो, झट-पट दान दो, दही बेंचो, और अपने घर जाओ। यह देर तुम अपने मन से कर रही हो। तुम्हीं को यह वाद-विवाद अच्छा लग रहा है। तुम इस ब्रज में व्यापार कर रही हो, फिर तुम्हें मुझसे सौमनस्य रखना ही चाहिए। तुम मुझसे प्रेम-भाव क्यों नहीं बनाए रहतीं? हमारा नाम लेकर बेधड़क, बेखटक इस मार्ग से आती जाती रहो। अब तुम स्वयं अपने मन से हिसाब कर लो। तुम जो भी दोगी, मैं ले लूँगा। जब तुम सीधे और सहज ढंग से चलती जाओगी, तब मुझे कुछ कहने सुनने का अवकाश ही कहाँ रह जायगा?

१२२८/२१८५ राग कान्हरौ

सुनहु आइ हरि के गुन माई।
हम भईं बनिजारिनि, आपुन भए दानी कुँवर कन्हाई।।
कहा बनिज धौं लै आईं हम, जाकौ माँगत दान।
काल्हिहि कै ढँग पुनि आई हैं, नहिं जानतिं कछु आन।।
तुम गँवारि याही मग आवति, जानि-बूझि गुन इनके।
'सूरस्याम' सुंदर बहु-नायक, सुखदायक सबहिनि के।।

गोपियाँ बोलीं—अरी सखी, आके हरि के गुन सुन तो लो। अब हम बनजारिनें बन गई हैं और यह दान (चुंगी) वसूल करने वाले। व्यापार की हम कौन-सी ऐसी चीज लिए आ रही हैं, जिसका यह हमसे दान (कर) माँगे जा रहे हैं। हम तो जैसे कल आई थीं, वैसे ही आज आई हैं। हम तो इसके अलावा और कोई बात नहीं जानतीं। कल दान नहीं लगा था, आज कैसे लग गया, किसने लगा दिया, कितना लगा दिया—हमको इसका कोई पता नहीं।

सूरदास का कहना है—गोपियों तुम गँवार हो, श्यामसुंदर के गुन को तुम खूब

जानती हो और जान-बूझकर इसी रास्ते आती जाती हो। श्याम तो बहुनायक हैं, अनेक नायिकाओं से एक साथ प्रेम करने वाले हैं, पर इनका प्रेम सबके साथ समान होता है, न किसी से कम, न किसी से अधिक। यह तो सभी नायिकाओं को समान रूप से सुख देनेवाले हैं।

१२२९/२१८६ राग टोड़ी

काहे कौं हमसौं हरि लागत।
बातहिं कछु लेखा सर नाहीं, को जानै कह माँगत।।
कहा सुभाउ पर्यौ अबहीं तैं, इन बातनि कछु पावत।
निपट हमारे ख्याल परे हरि, बन मैं नितहिं खिझावत।।
पूरौ देहु बहुत अब कीन्हौ, सुनत हँसैंगे लोग।
'सूरस्याम' मारग जिनि रोकहु, घर तैं लीजौ ओग।।

गोपी बोली—कन्हैया, हमसे क्यों उलझ रहे हो? तुम्हारी बातों का न सर है न पैर—कुछ पता नहीं चलता कि तुम माँग क्या रहे हो? अभी, इस कम उम्र में ही तुम्हारा यह रंग ढंग हो गया है। तुम्हें इससे क्या मिला जा रहा है। तुम हमारे पीछे एकदम पड़ गए हो, हमें वन में व्यर्थ ही नित्य खिझाते रहते हो। अब रास्ता छोड़ो, तुमने हमें बहुत दुख दे लिया। जो इस बात को सुनेगा, वह हम पर और तुम पर भी, बहुत हँसेगा। श्याम, अब मार्ग मत रोको। जो भी चुंगी लेनी हो, घर से आकर ले लेना, उगहनी कर लेना।

१२३०/२१८७ राग सूही

अब लौं यहै कियौ तुम लेखौ।
ऐसी बुद्धि बतावति, कंकन कर, दर्पन लै देखौ।।
आपुहिं चतुर, आपुहीं सब कछु, हमकौ करति गँवार।
ओगहिं लेत फिरौ इनकैं घर, ठाढ़े ह्वै ह्वै द्वार।।
घाट छाँड़ि जैहौं तब लैहौं, ज्वाब नृपहिं कह दैहौं।
जा दिन तैं इहिं मारग आवति, ता दिन तैं भरि लैहौं।।
इनकी बुद्धि दान हम पहिर्यौ, काहैं न घर-घर जैहैं।
'सूरस्याम' हँसि कहत सखनि सौं, जान कौन बिधि पैहैं।।

कृष्ण बोले—'तो तुम लोगों ने अभी तक यही हिसाब लगाया है कि मैं तुम लोगों के घर-घर जाकर चुंगी उगाँहूँ। अब तुम लोग मुझे यह बुद्धि दे रही हो कि हाथ में जिस कंगन को योंही प्रत्यक्ष देखा जा सकता है, उसे अब प्रत्यक्ष न देखकर आईने में देखा जाय। ऐसी बुद्धि की बलिहारी। अब तुम्हीं लोग चतुर हो, तुम्हीं लोग सब कुछ हो? और तुम हमको गँवार बनाए दे रही हो। अब मैं इनके घर-घर जाकर, दरवाजे-दरवाजे पर खड़ा होकर कर वसूली करता फिरूँ। मैं घाट छोड़कर जाऊँ, तब न घर-घर वसूली करूँ। राजा मुझसे पूछेगा, तुमने घाट क्यों छोड़ा? तब मैं उसे क्या जवाब दूँगा? जिस दिन से तुम इस राह से आ जा रही हो, उसी दिन से आज तक का सारा कर मैं तुम लोगों से भरवा लूँगा। हमने इनकी ही बुद्धि से तो कर वसूलने का यह कार्य पाया है, फिर इनके घर-घर

वसूली के लिए क्यों न जाऊँगा।' फिर वे अपने सखाओं से हँसकर बोले—देखना है, ये किस तरह से जा पाती हैं।

१२३१/२१८८ राग टोढी

भली भई नृप मान्यौ तुमहूँ ।
लेखौ करैं जाइ कंसहिं पै, चलैं संग तुम हमहूँ ।।
अब लौं हम जानी घरही मैं, पहिरयौ है तुम दान ।
काल्हि कह्यौ हो दान लेन कौं, नंद-महर की आन ।।
तौ तुम कंस पठाए हौ ह्याँ, अब जानी यह बात ।
'सूरस्याम' सुनि-सुनि यह बानी, भौंह मोरि मुसुकात ।।

गोपियाँ बोलीं—यह अच्छा हुआ कि तुमने भी राज-सत्ता स्वीकार कर ली। कंस को राजा मान लिया। अब हम तुम दोनों कंस के दरबार में एक साथ चलकर सारा लेखा करा लें। अभी तक तो हमने समझ रखा था कि तुम अपने आप चुंगी-अधिकारी बन बैठे हो, क्योंकि कल तुमने नंद महर की दुहाई देकर ही दान लेने की बात कही थी। अब हमने जान लिया कि तुम कंस के द्वारा दान वसूलने के लिए नियुक्त किए गए हो।

कन्हैया गोपियों की यह बात सुन-सुनकर भौंहें मोड़-मोड़कर मुसकुरा उठे।

१२३२/२१८९ राग आसावरी

कहा हँसत मोरत हो भौंह ।
सोई कहौ मनहिं जो आई, तुमहिं नंद की सौंह ।।
और सौंह तुमकौं गोधन की, सौंह माइ जसुमति की ।
सौंह तुमहिं बलदाऊ की है, कहौ बात वा मति की ।।
बार-बार तुम भौंह सकोरयौ, कहा आपु हँसि रीझे ।
'सूरस्याम' हम पर सुख पायौ, की मनहीं मन खीझे ।।

गोपियाँ बोलीं—तुम अपनी भोंहे मोड़ते हुए क्या हँसते जा रहे हो। तुम्हें नंद महर की शपथ है, तुम हमें वह बात बता दो, जिसके मन में आ जाने से तुम इस तरह हँस पड़े हो। तुम्हें गायों की सौगंध, तुम्हें यशोदा मैया की सौगंध, तुम्हें बलदाऊ भैया की सौगंध, तुम अपने मन की बात कह ही डालो। तुमने बार-बार अपनी भौंहें सिकोड़ी हैं, ऐसी क्या बात है जिस पर रीझकर हँस पड़े हो। बताओ, हमें देखकर तुम्हें सुख मिला है या मन ही मन किसी बात पर खीझकर हँसे हो?

१२३३/२१९० राग रामकली

हँसत सखनि सौं कहत कन्हाई ।
मैया की, बाबा की, दाऊ जू की, सौंह दिवाई ।।
कहति कहा काहैं हँसि हेरयो, काहैं भौंह सकोरयौ ।
यह अचरज देखौ तुम इनकौ, कब हम बदन मरोरयौ ।।
ऐसी बातनि सौंह दिवावति, अधिक हँसी मोहिं आवत ।
'सूरस्याम' कहैं श्रीदामा सौं, तुम काहैं न समुझावत ।।

हँसते हुए कन्हैया ने अपने सखाओं से कहा—देख रहे हो न, इन्होंने मैया की, बाबा की और बलदाऊ भैया की सौगंध मुझ दे दी है और पूछ रही हैं कि मैंने इनकी ओर देखकर क्यों हँस दिया और क्यों भौंहें मरोड़ीं। तुम सब इनकी यह अचरज की बात तो देखो। हमने कब इनकी ओर देखकर मुँह बिचकाया? ये ऐसी-ऐसी बातों पर शपथ धराए दे रही हैं। इस पर तो मुझे और भी हँसी आई जा रही है। अंत में श्याम ने श्रीदामा से कहा—मेरे समझाने से ये समझने वाली नहीं। जरा तुम तो समझाकर देखो। शायद तुम्हारे समझाने से ये समझ जायँ।

१२३४/२१९१ राग धनाश्री

श्रीदामा गोपिनि समुझावत।
हँसत स्याम के तुम कह जान्यौ, काहैं सौंह दिवावत।।
तुमहूँ हँसौ आपनैं सँग मिलि, हम नहिं सौंह दिवावैं।
तरुनिनि की यह प्रकृति अनैसी, थोरिहिं बात खिसावैं।।
नान्हे लोगनि सौंह दिवावहु, ये दानी प्रभु सबके।
'सूरस्याम' कौं दान देहु, री, माँगत ठाढ़े कब के।।

श्रीदामा गोपियों को समझाने लगे—कन्हैया हँस रहे थे, तुमने इसका क्या अर्थ लगाया? तुमने उन्हें क्यों सौगंध खिलाई? तुम भी आपस में मिलकर खूब हँसो। हम तुम्हें शपथ नहीं देंगे। तरुणियों की यह बड़ी बुरी आदत है। वे थोड़ी ही बात पर चिढ़ जाती है। छोटे लोगों को शपथ दिलाई जाती है। यह तो सबके प्रभु हैं और सभी से दान लेने वाले हैं। ये कबसे खड़े तुमसे दान माँगें जा रहे हैं और तुम टाल-मटोल किए जा रहो हो। प्रभु को दान दो और अपने-अपने घरों का रास्ता नापो।

१२३५/२१९२ राग जैतश्री

हम जानति वेइ कुँवर कन्हाई।
प्रभु तुम्हरैं मुख आजु सुनी हम, तुम जानत प्रभुताई।।
प्रभुता नहीं होति इन बातनि, मही दही कैं दान।
वै ठाकुर, तुम सेवक उनके, जान्यौ सबकौ ज्ञान।।
दधि खायौ, मोतिनि लर तोरी, घृत माखन सोउ लीजै।
'सूरदास' प्रभु अपनैं सदका, घरहिं जान हम दीजै।।

गोपियाँ बोलीं—हम तो यही जानती मानती रही है कि यह हमारे वही कुँवर कन्हैया हैं। पर आज मैंने तुम्हारे मुँह से पहली बार सुना है कि कृष्ण तुम्हारे प्रभु हैं और तुम इनकी प्रभुता मानते हो और इनके सेवक हो। जो बातें तुम लोग कह और कर रहे हो, इन बातों से प्रभुता नहीं होती—दही और मट्ठा की चुंगी वसूलने से प्रभुता नहीं आएगी। कन्हैया तुम्हारे ठाकुर हैं, तुम उनके सेवक हो—हमने ठाकुर और उनके सेवकों का—सभी का ज्ञान देख लिया। तुमने हमारी दही खा लिया, मोतियों की लड़ी तोड़ डाली। अब घी-माखन बचा है। यह भी ले लो। मैं तुम्हारी बलैया लेती हूँ, अब हमें घर जाने दो।

१२३६/२१९३ राग सोरठ

तुम घर जाहु, दान को दैहै।
जिहिं बीरा दै मोहिं पठायौ, सो मोसौं कह लैहै ।।
तुम घर जाइ बैठि सुख करिहौ, नृप-गारी को खैहै ।
अबहीं बोलि पठावैगो री, ता सनमुख को जैहै ।।
जान कहैं तुमकौं, तुम जैहौ, बिधना कैसैं सैहैं ।
'सूर' मोहि अँटक्यौ है नृप बर, तुम बिनु कौन छुड़ैहै ।।

कृष्ण बोले—तुम तो घर चली जाओगी और दान कौन देगा? जिसने मुझे चुंगी वसूलने की जिम्मेदारी देकर यहाँ भेजा है, वह मुझसे क्या लेगा? तुम तो घर जाकर सुख से बैठ रहोगी, राजा की गाली कौन खाएगा। राजा अभी बुलवा भेजेगा, उसके सामने कौन जाएगा? हम तुमसे बिना चुंगी दिए जाने को कह भी दें और तुम चली भी जाओ, भगवान इस बेईमानी को कैसे बरदास्त करेंगे। राजा ने मुझे जिस काम में यहाँ लगा रखा है, तुम्हारे बिना राजा से हमें कौन छुड़ा सकता है—तुम दान देती जाओ और मैं राजा से बचा रहूँगा। तुम दान न दोगी, तो मुझे राजा छोड़ेगा नहीं।

१२३७/२१९४ राग जैतश्री

नृप कौ नाउँ लेत ताही मुख, जिहिं मुख निंदा काल्हि करी ।
आपुन तौ राजनि के राजा, आजु कहा सुधि मनहिं परी ।।
भले स्याम ऐसी तुम कीन्ही, कहा कंस कौ नाउँ लियौ ।
जब हम सौंह दिवावन लागीं, तबहिं कंस पर रोष कियौ ।।
जाकौं निंदि बंदियै सो पुनि, वह ताकौं बहुरौ निदरे ।
'सूर' सुनी वह बात काल्हि की, तब जानी इन कंस डरै ।।

गोपियाँ बोलीं—अरे कन्हैया वाह, जिस मुँह से कल राजा की निन्दा कर रहे थे, उसी मुँह से आज राजा-राजा कहे जा रहे हो। कल तो अपने को राजाओं का भी राजा कहे जा रहे थे, आज कौन-सी नई बात ख्याल में आ गई, जो राजा राजा कहे जा रहे हो। श्याम तुमने अच्छा ही किया, जो कंस का नाम ले लिया। कल जब हम राजा कंस की दुहाई देने लगी थीं, तब तुमने कंस पर अत्यंत क्रोध किया था। जिसकी एक बार निंदा की हो और फिर उसी की स्तुति कर दी हो, वह उसकी पुनः निंदा कर सकता है। ऐसी स्थिति में तुम कंस की पुनः निंदा कर सकते हो। जब हमने कल कंस के प्रति तुम्हारी बातें सुनी थीं, तब तो यही समझ बैठी थीं कि कंस तुमसे डरता है। आज यह कैसी उलटी बात है। तुम कंस से डरे जा रहे हो।

१२३८/२१९५ राग आसावरी

कहा कहति कछु जान न पायौ ।
कब कंसहिं धौं हम कर जोरे, कब हम माथ नवायौ ।।
कबहूँ सौंह करत देख्यौ मोहि, लेत कबहुँ मुख नाउँ ।
निपटहिं ग्वारि गँवारि भईं तुम, बसत हमारैं गाउँ ।।

कहा कंस, कितने लायक कौ, जाकौं मोहिं दिखावति ।
सुनहु 'सूर' इहिं नृप के हम हैं, यह तुम्हैं मन आवति? ।।

कृष्ण बोले—अरी गोपियों, तुम क्या कहे जा रही हो, मेरी समझ में कुछ नहीं आया। हमने तुम्हारे कंस को कब हाथ जोड़ा है? कब हमने उसके सामने सिर झुकाया है। कब तुमने हमें उस कंस की शपथ खाते देखा है या कब तुमने मेरे मुख से उसका नाम ही सुना है। तुम मेरे गाँव में बसती हो और अब तक निपट गँवार ग्वालिनी बनी हुई हो। कंस क्या है, उसमें कितना सामर्थ्य है, जिसका डर तुम मुझे दिखाए जा रही हो। तुम्हारे मन में तो यह है कि हम तुम्हारे राजा कंस के नौकर-चाकर हैं। है न यही बात!

१२३९/२१९६ राग टोड़ी

कौन नृपति पुनि, जाके तुम हौ ।
ताकौ नाउँ सुनावहु हमकौं, यह सुनिकै अति पावति भौ ।।
इहिं संसार भुवन चौदह भरि, कंसहिं तैं नहिं दूजौ औ ।
सो नृप कहाँ रहत सुनि पावैं, तब ताही कौं मानैं जौ ।।
कहा नाउ, किहिं गाउँ बसत है, ताही के ह्वै रहियै तौ ।
'सूरदास' प्रभु कहे बनैगी, झूठहिं हमहिं कहत धौं हौ ।।

गोपियाँ बोलीं—यदि कंस राजा नहीं हैं, तो यह दूसरा राजा है कौन, जिसके तुम सेवक हो। उस राजा का नाम हमको भी बता दो, यह सुनकर तो हमको और भी भय लगने लगा है। इस संसार में, चौदहों भुवनों में, कंस को छोड़कर और कोई दूसरा राजा है नहीं। तुम्हारा राजा कहाँ रहता है। बता दो तो हम भी जी से उसी को राजा मानने लगें। उसका नाम क्या है, वह किस गाँव में रहता है, बता दो, हम भी उसी की प्रजा हो रहें। अब तो तुम्हें बताना ही पड़ेगा, नहीं तो हम समझेंगी कि तुम हमसे यह सब झूठ ही कहे जा रहे हो।

१२४०/२१९७ राग धनाश्री

मोसौं सुनहु नृपति कौ नाउँ ।
तिहूँ भुवन भरि गम है जाको, नर-नारी सब गाउँ ।।
गन गंधर्व बस्य वाही कैं, और नहीं सरि ताहि ।
उनकी अस्तुति करौं कहा लगि, मैं सकुचत हौं जाहि ।।
तिनहीं कौ पठयौ मैं आयौ, दियौ दान कौ बीरा ।
'सूर' रूप-जोबन-धन सुनि कै, देखत भयौ अधीरा ।।

कृष्ण बोले—तुम लोग मुझसे उस राजा का नाम सुनना चाहती हो, तो सुन लो। उस राजा का प्रवेश तीनों लोकों—आकाश, पाताल और मर्त्य लोक में है। सभी नर-नारी और गंधर्व गण उसीके बस में हैं। सारे गाँव उसी के हैं। उसकी बराबरी करनेवाला कोई नहीं है। मैं उसका प्रशंसा कहाँ तक करूँ। मैं तो स्वयं उनसे सकुचता रहता हूँ। मैं उन्हींका भेजा हुआ आया हूँ। उन्हींने मुझे दान लेने का बीड़ा दिया है। मैं तो तुम्हारे रूप और यौवन के अपार धन को देखकर अधीर हुआ जा रहा हूँ। ऐसी ऐश्वर्य-शालिनी होकर भी तुम लोग बिना चुंगी दिए कैसे चली जाती रही हो।

१२४१/२१९८ राग गौरी

पाई जाति तुम्हारे नृप की, जैसे तुम तैसे वोऊ हैं ।
कहाँ रहे दुरि जाइ आजु लौं, येई गुन ढँग के सोऊ हैं ।।
यह अनुमान कियौ मन मैं हम, एकहिं दिन जनमे दोऊ हैं ।
चोरी, अपमारग, बटपार्‌यौ, इन पटतर के नहिं कोऊ हैं ।।
स्याम बनी अब जोरी नीकी, सुनहु सखी मानत तोऊ हैं ।
'सूरस्याम' जितने रँग काछत, जुवती जन-मन के गोऊ हैं ।।

गोपियाँ बोलीं—अब हमने तुम्हारे राजा की जाति-पाँति समझ ली। जैसे तुम हो, वैसे ही तुम्हारे राजा भी हैं। अभी तक वे कहाँ जाकर छिपे रहे हैं। तुम्हारे ही जैसे गुन-ढंग वाले वह भी हैं। हमने यह अंदाज लगा लिया है कि तुम दोनों का जन्म एक ही दिन हुआ। चोरी करने में, कुमार्गी होने में, रहजनी करने में उनकी बराबरी कोई नहीं कर सकता। कन्हैया अब तुम्हारी जोड़ी अच्छी मिल गई है। ऐसा होने पर भी हम भी उनको अपना राजा माने लेती हैं। अरी सखियों, श्याम जितने भी रंग-ढंग बनाए जा रहे हैं, सभी हम युवतियों के मन को चुरा लेनेवाले हैं।

१२४२/२१९९ राग गौरी

ठगति फिरति ठगिनी तुम नारि ।
जोइ आवत सोइ सोइ कहि डारति, जाति जनावति दै-दै गारि ।।
फँसिहारिनि, बटपारिनि हम भईं, आपुन भए सुधर्मा भारि ।
फंदा फाँस कमान बान सौं, काहूँ देख्यौ डारत मारि ।।
जाकैं मन जैसीयै बातैं, मुख-बानी कहि देति उघारि ।
सुनहु 'सूर' नीकैं करि जान्यौ, ब्रज-तरुनी तुम सब बटपारि ।।

कृष्ण बोले—तुम सभी ब्रज की नवेलियाँ भारी ठगिनी हो। सबको ठगती फिरती हो। तुम्हारे मुँह में जो आता है, बकती फिरती हो और हमें गाली दे-देकर अपनी जाति जनाती रही हो कि हम अहीरी हैं, गँवार हैं।

इस पर गोपियाँ बोल उठीं—हम तो दूसरों के गले में फाँसी का फंदा डाल देने वाली हैं और रास्ते में सबको लूट लेने वाली हैं और आप तो भारी धर्मात्मा हैं न। क्या कभी किसी ने फंदा डालकर, जाल बिछाकर, धनुष-बाण से किसी को मार डालते हुए हमें देखा है? जिसके मन में जैसा होता है, उसके मुँह से वैसी बात स्वत: निकल आती है।

इस पर कृष्ण बोले—हे व्रज तरुणियों, सुनो, मैंने भली-भाँति जान लिया है, तुम सभी रहजन हो।

१२४३/२२०० राग सूहौ

अपने नृप कौं यहै सुनायौ ।
ब्रज-नारी बटपारिनि हैं सब, चुगली आपुहिं जाइ लगायौ ।।
राजा बड़े बात यह समुझी, तुमकौं हम पर धौंस पठायौ ।
फँसिहारिनि कैसैं तुम जानी, हम कहँ नाहिन प्रगट दिखायौ ।।

ब्रज-बनिता फँसिहारिनि जौ सब, महतारी काहैं न गनायौ ।
फंदा-फाँसि, धनुष, बिष-लाडू 'सूरस्याम' हमहीं न बतायौ ।।

गोपियाँ बोलीं—कन्हैया, तुमने अपने राजा को हमारे बारे में यही सब जाकर सुनाया है क्या? क्या तुम्हीं ने जाकर हमारी यह चुगली अपने राजा से की है कि हम सब ब्रज-नारियाँ बटपारिनी हैं। तुम्हारे राजा सचमुच बहुत बड़े हैं। अब हम भी यह जान गई हैं। इसीलिए उन्होंने तुमको हमारे ऊपर धौंस जमाने के लिए भेज दिया है। हम दूसरों को फाँसी लगा देती हैं, तुमने यह कैसे जान लिया? तुमने हमसे यह कभी स्पष्ट नहीं कह बताया। यदि सारी ब्रजवनिताएँ दूसरों के गलों में फाँसी का फंदा डालने वाली हैं, तो उनमें अपनी मैया को क्यों न गिनाया। हमारे पास फंदा कहाँ है, पाश कहाँ है। धनुष-बाण कहाँ हैं, विष के लड्डू कहाँ हैं, तुमने कभी भी इनके हमारे पास होने की चर्चा हमसे नहीं की।

१२४४/२२०१ राग भैरव

फंदा-फाँसि बतावौं जौ ।
अंगनि धरे छपाइ जहाँ जो, प्रगट करौं सब बदिहौ तौ ।।
प्रथमहिं सीस मोहिनी डारति, ऐसे ताहि करति बस हौ ।
बिष-लाडू दरसावति लै पुनि, देह-दसा सुधि बिसरत ज्यौ ।।
ता पाछैं फंदा गर डारति, इनि भाँतिनि करि मारति हौ ।
सुनहु 'सूर' ऐसे गुन तुम्हरे, मोसौं कहा उचारति हौ ।।

कृष्ण बोले—तुम्हारे पास जो फंदा और फाँस है, मैं बताने के लिए तैयार हूँ। तुमने इन्हें अपने अंगों में छिपा रखा है। यदि बाजी लगाओ और इन्हें खोलकर दिखाने के लिए तैयार हो जाओ, तो मैं अभी बता दूँ। पहले तो जो तुम्हारा शीश है, मुँह है, वही मोहिनी डालता है। अपने मुँह की मोहिनी डालकर तुम सबको अपने बस में कर लेती हो। फिर अपने विष भरे लड्डू (गोल-गोल उरोज) दिखलाती हो, जिससे तुम्हारा शिकार अपने तन-बदन की सुधि भूल जाता है। इसके बाद अपनी बाँहों का फंदा उसके गले में डाल देती हो। इस तरह उस बेचारे गरीब को मार डालती हो। तुममें तो ऐसे-ऐसे गुण भरे हैं। फिर मुझसे क्या बातें करती हो।

१२४५/२२०२ राग सूहौ

प्रगट करौ यह बात कन्हाई ।
बान, कमान, कहाँ किहिं मार्‍यौ, काकैं गर हम फाँस लगाई ।।
काकैं सिर पढ़ि मंत्र दियौ हम, कहाँ हमारै पास दिनाई ।
मिलवत कहाँ कहाँ की बातैं, हँसत कहत अति, गइ सकुचाई ।।
तब मानैं, सब हमहिं बतावहु, कहौ, नहीं तौ नंद-दुहाई ।
'सूरस्याम' तब कह्यौ, सुनहुगी, एक-एक करि देउँ बताई ।।

गोपियों ने कहा—कन्हैया हमें साफ-साफ बतला दो। हमने किसको और कहाँ धनुष-बाण से मारा है, किसके गले में हमने फाँसी का फंदा डाला है, किसके सिर पर

मोहन मंत्र पढ़कर मारा है, हमारे पास दिनाई (विष मिश्रित पदार्थ) कहाँ है। तुम कहाँ-कहाँ की बातें मिलाकर कहते जा रहे हो, हँसते जा रहे हो? क्या तुमसे सारी हया दूर चली गई है? हम तो तब मानेंगी, जब तुम सब कहकर हमें बता दो। तुम्हें नंद बाबा की सौगंध है।

तब श्याम ने कहा—तुम यदि सुनने के लिए तैयार ही हो, तो मैं एक-एक कर तुम्हें सब बताए दे रहा हूँ।

१२४६/२२०३ राग सूहौ

मोसौं कहा दुरावति नारि।
नैन सेन दै चितहिं चुरावति, यहै मंत्र टोना सिर डारि।।
भौंह धनुष, अंजन गुन ऐंचति, बान कटाच्छनि डारति मारि।
तरिवन-स्त्रवन फाँसि गर डारति, कैसेहुँ नाहिं सकत निरवारि।।
पीन उरज मुख-नैन चखावति, यह बिष-मोदक जात न झारि।
घालति छुरी प्रेम की बानी, 'सूरदास' को सकै सम्हारि।।

कृष्ण बोले—(अच्छा लो, साफ-साफ सुन ही लो) तुम मुझसे छिपा भी कैसे सकती हो। तुम अपने नयनों की पैनी चितवन से सबके चित्त को चुराए लेती हो। यह चितवन का जादू-टोना सबके सिरों पर डाल देती हो। अपनी भौंह के धनुष पर काजल की डोर खींचकर, कटाक्ष के वाणों से सबको मार डालती हो। कान की तरकी की पाश सबके गले में डाल देती हो, जिससे कोई भी अपने को बचा नहीं पाता। अपने मोटे-मोटे पुष्ट उरोजों के विषधर लड्डू देखनेवाले के नेत्रों के मुख में चखा देती हो, जिसके विष की लहर, झाड़-फूँक से उतारी नहीं जा सकती। तुम्हारे प्रेम की मीठी-मीठी वाणी ही वह छुरी है, जो सबको विद्ध करती चलती है। इसे भला कौन सँभाल सकता है।

१२४७/२२०४ राग टोड़ी

अपनौ गुन औरनि सिर डारत।
मोहन, जोहन, मंत्र-जंत्र, टोना, सब तुम पर वारत।।
तनु त्रिभंग, अँग-अंग मरोरनि, भौंह बंक करि हेरत।
मुरली अधर बजाइ मधुर सुर, तरुनी-मन-मृग घेरत।।
नटवर वेष पितांबर काछे, छैल भए तुम डोलत।
'सूरस्याम' रावरे ढंग ये, औरनि कौं ठग बोलत।।

गोपियाँ बोलीं—कन्हैया, तुम अपने गुण (दोष) दूसरों के सिर पर डाले दे रहे हो। ठग हो तुम और ठग बताए जा रहे हो हमें। मोहिनी चितवन, मंत्र, तंत्र, टोना, टोटका सब तुम पर निछावर है। तुममें ये सब पूर्ण मात्रा में हैं। तुम अपने शरीर को घुटना, कटि, ग्रीवा तीन स्थानों पर टेढ़ा कर लेते हो, अंग अंग मोड़ लेते हो, टेढ़ी चितवन करके देखते हो, होठों पर बाँसुरी रखकर मधुर स्वर में बजाते हो और हम नवेलियों के मन रूपी हिरन को घेर लेते हो। तुम पीतांबर की कछनी काछे हुए, नर्तकों का वेश बनाए हुए, छैला बने

घूमते-फिरते रहते हो। हम तरुणियों को ठगने के ये ढंग हैं तो तुम्हारे, और तुम हमें ठग कहते जा रहे हो।

१२४८/२२०५ राग टोड़ी

जानी बात, मौन धरि रहियै।
यहै जानि हम पर चढ़ि आए, जो भावै सो कहियै।।
हम नहिं बिलग तुम्हारौ मान्यौ, तुम जिनि कछु मन आनौ।
देखहु एक, दोइ जिनि भाषहु, चारि देखि दुइ गानौ।।
दोबल देतिं सबै मोहीं कौं, उन पठयौ मैं आयो।
'सूर' रूप-जोबन की चुगुली, नैननि जाइ सुनायौ।।

गोपियाँ बोलीं—'कन्हैया, हम तुम्हरी बात जान गई है। अब चुप रहो, बहुत मत बोलो। तुम हमको दुर्बल जानकर, अबला समझकर ही तो हम पर चढ़ आए हो और जो तुम्हारे मन में आ रहा है, हमें वही कहे जा रहे हो। हम तुम्हारे इस कहने का कोई बुरा नहीं मान रही हैं, तुम भी हमारी बात का बुरा न मानो। एक दोष देखकर उसे दो मत कहा करो। चार देखो तो दो ही कहो। इसी में अच्छा है।'

इस पर कृष्ण बोले—'तुम सब तो मुझी को दोष दिए जा रही हो। मुझे तो मेरे राजा ने भेजा और मैं तुमसे दान लेने आ गया। तुम्हारे रूप और यौवन की चुगली मैंने नहीं की है, मेरे नयनों ने जाकर की है, देखा तो उन्हींने है न।'

१२४९/२२०६ राग बिलावल

तब रिस करिकै मोहिं बुलायौ।
लोचन-दूत तुमहिं इहि मारग, देखत जाइ सुनायौ।।
सैसव-महलनि तैं सुनि बानी, जोबन-महलनि आयौ।
अपनैं कर बीरा मोहिं दीन्हौ, तुरत दान पहिरायौ।।
बैठौ है सिंहासन चढ़ि कै, चतुराई उपजायौ।
मन-तरंग आज्ञाकारी भृत, तिनकौं तुमहिं लगायौ।।
तिनकौ नाम अनंग नृपति नर, सुनहु बात सुख पायौ।
'सूरस्याम' मुख बात सुनत यह, जुवतिनि तन बिसरायौ।।

कृष्ण बोले—'मेरे नेत्र रूपी दूतों ने तुम्हें इस रास्ते आते-जाते देखा और यह सूचना जाकर मेरे नृपति के पास दे दी। तब उस नृपति ने क्रोध करके मुझे बुलवा भेजा। मैंने शिशुता के महल में राजा का आदेश पाया और झट यौवन के महल में प्रविष्ट हो गया। राजा ने अपने हाथ से पान का बीड़ा मुझे दिया और यह जिम्मेदारी का काम मुझे सुपुर्द करते हुए दान वसूल करने का परिधान पहना दिया और आदेश-पत्र भी दे दिया। वह राजा सिंहासन पर बैठा हुआ बड़ी चतुराई से शासन किए जा रहा है। उसने मन रूपी महमौजी और आज्ञाकारी सेवक को तुम सबके पीछे लगा दिया है। उस महान राजा का नाम है अनंग राज (कामदेव)। उसका नाम सुनकर तो तुम्हें सुख ही मिला होगा।'

श्याम के मुँह से यह बात सुनकर युवतियाँ अपने तन-मन की सुधि भूल गईं

१२५०/२२०७ राग सूहौ

ब्रज-जुवती सुनि मगन भईं।
यह बानी सुनि नंद-सुवन-मुख, मन ब्याकुल, तन सुधिहु गई।।
को हम, कहाँ रहतिँ, कहँ आईं, जुवतिनि कैं यह सोच पर्‌यौ।
लागी काम-नृपति की साँटी, जोबन-रूपहिं आनि अर्‌यौ।।
त्रसित भईं तरुनी अनंग-डर, सकुचि रूप-जोबनहिं दियौ।
'सूरस्याम' अब सरन तुम्हारी, हृदय सबनि यह ध्यान कियौ।।

श्याम के मुँह से काम राजा की यह बात सुनकर ब्रज की युवतियाँ प्रसन्न हो उठीं, खिल गईं। उनका मन व्याकुल हो उठा और उन्हें अपने शरीर की भी सुधि नहीं रह गई। वे इस सोच में पड़ गईं कि हम कौन हैं, हम कहाँ रहती हैं, हम कहाँ आ गई हैं। उन्हें यह सब भूल-सा गया। काम राजा का सोटा उन्हें लग गया और वह उनके यौवन और रूप में आकर अड़ गया। अनंगराज के डर से तरुणियाँ डर गईं और उन्होंने सकुचाकर अपना रूप और यौवन कामदेव को सौंप दिया और उन्होंने अपने मन में यह ध्यान कर लिया—'हे श्याम, अब हम तुम्हारी ही शरण में हैं। तुम्हीं काम से हमारी रक्षा कर सकते हो।'

१२५१/२२०८ राग जैतश्री

मन यह कहतिँ देह बिसरायैं।
यह धन तुमहीं कौं सँचि राख्यौ, इहिँ लीजै, सुख पायैं।।
जोबन-रूप नहीं तुम लायक, तुमकौं देति लजातिं।
ज्यौं बारिधि आगैं जल-किनुका, बिनय करति इहिँ भाँति।।
अमृत-सर आगैं मधु रंचक, मनहिं करतिं अनुमान।
'सूर स्याम' सोभा की सींवाँ, तिन पटतर को आन।।

मन में ऐसा कहती हुई गोपियाँ अपने देह की सुधि-बुधि भुला बैठीं—'रूप और यौवन का यह धन तो हमने तुम्हारे लिए ही संचित कर रखा है। श्याम, तुम इन्हें स्वीकार कर लो। तुम्हारे अंगीकार कर लेने से हमें सुख मिलेगा। हमारा यह रूप और यौवन तुम्हारे योग्य तो है ही नहीं। हम इन्हें तुम्हें देते हुए लज्जित हो रही हैं। तुम स्वयं सौंदर्य के समुद्र हो। तुम्हारे रूप-सागर के सामने हमारा रूप तो जल बिंदु के समान तुच्छ है। श्याम का सौंदर्य तो अमृत का सरोवर है, उसके आगे तो हम जरा-सी मधु की बूँद मात्र हैं।' गोपियाँ मन ही मन ऐसा अनुमान करती जा रही थीं और इस प्रकार विनय भी करती जा रही थीं।

सूरदास का कथन है कि श्याम तो शोभा की सीमा है। उनकी बराबरी का और दूसरा है ही कौन?

१२५२/२२०९ राग जैतश्री

अंतरजामी जानि लई।
मन मैं मिले, सबनि सुख दीन्हौं, तब तनु की कछु सुरति भई।।

तब जान्यौ बन मैं हम ठाढ़ीं, तन निरख्यौ, मन सकुचि गईं ।
कहति परस्पर आपुस मैं सब, कहाँ रहीं, हम काहि रईं ।।
स्याम बिना ये चरित करै को, यह कहि कै तनु सौंपि दयौ ।
'सूरदास' प्रभु अंतरजामी, गुप्तहिं जोबन-दान लयौ ।।

अंतर्यामी कृष्ण ने गोपियों के मन की बात जान ली। वे सबके मन में प्रविष्ट होकर उनसे मिले और उन्हें रति-सुख दे डाला। तब कहीं गोपियों को अपने शरीर की किंचित सुधि आई। तब उन्हें ज्ञान हुआ कि अरे हम तो वन में हैं। उन्होंने अपने को रति-श्रांता पाया और मन में उन्हें भारी संकोच हुआ। वे आपस में कहने लगीं—'हम अभीतक कहाँ थीं, हमने किसके साथ रमण किया है। श्याम के बिना यह लीला कर ही कौन सकता है।' यह कहकर उन्होंने अपना शरीर श्याम को सौंप दिया। प्रभु अंतर्यामी हैं। उन्होने गुप्त रूप से जोवन-दान ले लिया।

१२५३/२२१० राग रामकली

यह कहि उठे नंद-कुमार ।
कहा ठगि सी रहीं बाला, पर्‍यौ कौन बिचार ।।
दान कौ कछु कियौ लेखौ, रहीं जहँ-तहँ सोचि ।
प्रगट करि हमकौं सुनावहु, मेटि डारौ दोचि ।।
बहुरि इहि मग जाहु-आवहु, राति साँझ सकार ।
'सूर' ऐसौ कौन, जो पुनि तुमहिं रोकनहार ।।

तब नंदकुमार यह कह उठे—हे नवेलियों, तुम ठगी-सी क्या खड़ी हो। तुम क्या सोचे जा रही हो? तुमने दान का हिसाब-किताब किया? तुम तो जहाँ की तहाँ खड़ी की खड़ी कुछ सोचती-सी जान पड़ती हो। मुझसे साफ-साफ कह सुनाओ। मन की यह द्विचित्तता (दुबिधा) मिटा डालो। फिर तुम इस मार्ग से बराबर, जब चाहे तब, रात, संध्या समय, प्रात:काल निधड़क आती जाती रहो। ऐसा दूसरा कौन है, जो तुम्हें आने-जाने से रोक दे।

१२५४/२२११ राग गूजरी

हमहिं और सो रोकै कौन ।
रोकनहारौ नंदमहर-सुत, कान्ह नाम जाकौ है तौन ।।
जाकैं बल है काम-नृपति कौ, ठगत फिरत जुवतिनि कौं जौन ।
टोना डारि देत सिर ऊपर, आपु रहत ठाढ़ौ ह्वै मौन ।।
सुनहु स्याम ऐसी न बूझियै, बानि परी तुमकौं यह कौन ।
'सूरदास' प्रभु कृपा करहु अब, कैसैंहु जाहिं आपनै भौन ।।

गोपियाँ बोलीं—और दूसरा कौन है, जो हमारा रास्ता बंद कर दे। हमें तो रोकने वाला एक ही है नंदकुमार, जिसका नाम कान्ह है, जिसको काम राजा का बल प्राप्त है, जो ब्रज की युवतियों को ठगता-फिरता है, जो उन सबके सिर पर अपना टोना डालता रहता है और स्वयं चुपचाप खड़ा रह जाया करता है। हे श्याम, सुनो, तुमको ऐसा नहीं करना

चाहिए। तुम्हारी यह कौन सी बुरी आदत पड़ गई है। अब हम पर कृपा करो और हम किसी प्रकार अपने-अपने घर चली जायँ।

१२५५/२२१२ राग सूहौ

दान मानि, घर कौं सब जाहु ।
लेखौ मैं कछु-कछु जानत हौं, तुम समुझै, सब होत निबाहु ।।
पछिलौ देहु निबाहि आजु सब, पुनि दीजौ जब जानौ कालि ।
अब मैं कहत भली हौं तुमसौं, जौ तुम मौकौं मानौ, ग्वालि ।।
वृंदावन तुम आवत डरपति, मैं दैहौं तुमकौं पहुँचाइ ।
सुनहु 'सूर' त्रिभुवन बस जाकैं, सो प्रभु भए जुवतिनि बस आई ।।

कृष्ण बोले—'तुम दान देना स्वीकार कर लो और अपने-अपने घर चली जाओ। हिसाब तो मैं कुछ-कुछ जानता हूँ। तुम भी समझ लो, तो निबटारा हो जाय। आज तक का सब निपटारा करके चली जाओ, कल सब समझ-बूझकर चुका देना। हे ग्वालिनों, यदि तुम मुझको मानती हो, तो मैं अब तुम्हारे ही भले की बात कह रहा हूँ। तुम वृंदावन आते-जाते डरती रहती हो, मैं स्वयं तुमको पहुँचा दिया करूँगा।'

सूरदास कहते हैं तीन लोक जिनके बस में है, देखो तो, वही त्रिलोकी नाथ अब ब्रज की नवयुवतियों के बस में हो गए हैं।

१२५६/२२१३ राग टोड़ी

को जानै हरि चरित तुम्हारे ।
अजहूँ दान नहीं तुम पायौ, मन हरि लिये हमारे ।।
लेखौ करि लीजौ मन मोहन, दूध दही कुछ खाहु ।
सद माखन तुम्हरेहिं मुख-लायक, लीजै दान उगाहु ।।
तुम खैहौ माखन-दधि, हम सब देखि-देखि सुख पावैं ।
'सूरस्याम' तुम अब दधि-दानी, कहि-कहि प्रगट सुनावैं ।।

गोपियाँ बोलीं—हे हरि, तुम्हारी लीला को कौन जान सकता है। तुमने हमारा मन हर लिया और अभी तक तुम्हें दान नहीं मिला? मन से बढ़कर और चुंगी हो ही क्या सकती है? उसे तो तुमने वसूल ही कर लिया। मनमोहन, लेखा तो आगे-पीछे फिर कभी कर लेना। इस समय कुछ दूध-दही खा लो। यह टटका माखन तो तुम्हारे ही खाने योग्य है। इसी को दान के रूप में उगाह लो। तुम दही और माखन खूब खाओ। तुम्हें खाते देख हमें भारी सुख मिलेगा। हम अब यह कहकर स्वीकार किए ले रही है कि तुम सचमुच दधि-दानी हो, दूध-दही की चुंगी वसूल करने वाले हो।

१२५७/२२१४ राग गौड़

कान्ह, माखन खाहु, हम सु देखैं ।
सद्य दधि, दूध ल्याईं अवटि अबहिं हम, खाहु तुम, सफल करि जनम लेखैं ।।
सखा सब बोलि, बैठारि हरि मंडली, बनहिं के पात दोना लगाए ।
देतिँ दधि परुसि ब्रज-नारि, जेंवत कान्ह, ग्वाल-सँग बैठि अति रुचि बढ़ाए ।।

धन्य दधि, धन्य माखन, धन्य गोपिका, धन्य राधा-बस्य हैं मुरारी ।
'सूर' प्रभु के चरित देखि सुर-गन चकित, कृष्न-सँग सुख करति घोष-नारी ।।

गोपियाँ बोलीं—'कन्हैया तुम माखन खाओ और हम तुम्हें माखन खाते देखकर सुखी हों। हम ताजा-ताजा दही और ताजा दूध गर्म करके, औटा करके, ले आई हैं। तुम खाओ और हम अपना जीवन, अपना जन्म, सफल समझें।' तब कन्हैया ने सब ग्वाल सखाओं को बुलाया और सारी मंडली को बैठा दिया, जंगल के पत्तों की दोनियाँ बना ली गईं। ब्रज-नारियाँ परोसने लगीं और कन्हैया जीमने लगे। उनके साथ सभी ग्वाल-बाल भी बैठकर अत्यंत रुचि से जीमने लगे। यह दही धन्य है, यह माखन धन्य है, ये गोपियाँ धन्य हैं और राधा के वश में पड़े हुए मुरारि कन्हैया भी धन्य हैं। प्रभु का यह चरित देखकर देवता लोग भी खड़े के खड़े रह गए कि कृष्ण के साथ ये ग्वाल-बालाएँ कैसा सुख लूटे जा रही हैं।

१२५८/२२१५ राग जैतश्री

माखन दधि हरि खात ग्वाल-सँग ।
पातनि के दोना सब लै-लै, पतुखिनि मुख मेलत रँग ।।
मटुकिनि तैं लै-लै परुसति हैं, हरष भरीं ब्रज-नारी ।
यह सुख तिहूँ भुवन कहुँ नाहीं, दधि जेंवत बनवारी ।।
गोपी धन्य कहतिं आपुन कौं, धन्य दूध-दधि-माखन ।
जाकौं कान्ह लेत मुख मेलत, सबनि कियौ संभाषन ।
जो हम साध करतिँ अपनैं मन, सो सुख पायौ नीकैं ।
'सूरस्याम' पर तन-मन वारतिँ, आनँद जी सबही कैं ।।

हरि ग्वाल-सखाओं के साथ माखन और दही जीम रहे हैं। सबके हाथों में पत्तों के दोने हैं। वे उन्हीं दोनों में दही और माखन ले-लेकर प्रेमपूर्वक अपने-अपने मुँह में डाले जा रहे हैं। ब्रज-गोपिकाएँ प्रसन्न हो-होकर अपनी-अपनी मटुकियों से निकाल-निकाल कर दही और माखन परोसे जा रही हैं। यह सुख तीनों लोकों में कहीं नहीं है। बनवारी कन्हैया दधि खाए जा रहे हैं। गोपियाँ अपना अहोभाग्य माने जा रही हैं। वे परस्पर कहती जा रही हैं—'यह दूध, दही, माखन धन्य है, जिसको कन्हैया अपने मुख में लेकर खाए जा रहे हैं। हम लोग अपने-अपने मन में जो अभिलाषा करती रही थीं, उस सुख को हमने भलीभाँति पा लिया।' सभी के मन में भारी आनंद था और वे कन्हैया पर अपने तन-मन निछावर करती जा रही थीं।

१२५९/२२१६ राग देवगंधार

गोपिका अति आनंद भरी ।
माखन-दधि हरि खात प्रेम सौं, निरखति नारि खरी ।।
कर लै लै मुख परस करावत, उपमा बढ़ी सुभाइ ।
मानहुँ कंज मिलत ससि कौं लिये, सुधा-कौर कर आइ ।।

जा कारन सिव ध्यान लगावत, सेस सहस मुख गावत ।
सोई 'सूर' प्रगटि ब्रज-भीतर, राधा-मनहिं चुरावत ।।

कन्हैया प्रेम से माखन और दही खाए जा रहे हैं और आनंद से भरी गोपिकाएँ खड़ी हो-होकर उन्हें खाते हुए देखे जा रही हैं। गोपियाँ अपने हाथों में दही और माखन ले-लेकर कन्हैया के मुख में डाले दे रही हैं। इसकी एक सहज उपमा कवि को सूझ रही है। लगता है जैसे कमल (गोपियों के हाथ) अपने हाथ में अमृत का कौर (दही और माखन) लेकर चंद्रमा (कृष्ण का मुख) से मिल रहा हो। जिसके लिए शिव ध्यान लगाते हैं और जिसका गुणानुवाद शेष अपने हजार मुखों से किया करते हैं, वही प्रभु ब्रज के भीतर प्रगट हो गए हैं और राधा के मन को चुराए ले रहे हैं।

१२६०/२२१७ राग कान्हरौ

राधा सौं माखन हरि माँगत ।
औरनि की मटुकी कौ खायौ, तुम्हरौ कैसौ लागत ।।
लै आई बृषभानु-सुता हँसि, सद लवनी है मेरौ ।
लै दीन्हौं अपनैं कर हरि-मुख, खात अल्प हँसि हेरौ ।।
सबहिनि तैं मीठौ दधि है यह, मधुरैं कह्यौ सुनाइ ।
'सूरदास' प्रभु सुख उपजायौ, ब्रज ललना मन भाइ ।।

कन्हैया राधा से माखन माँगते हुए कह रहे हैं—'मैंने अन्यान्य गोपियों का माखन तो चख लिया। देखूँ तो, तुम्हारे माखन का स्वाद कैसा है?' तब वृषभानु की बेटी राधा हँसकर माखन ले आई और बोली—मेरा माखन एकदम टटका है। फिर राधा ने अपने हाथ से माखन का लोना, हरि के मुख में डाल दिया और उन्हें खाते देखकर जरा-सा मुसकुरा दिया। कन्हैया ने सुनाते हुए कहा—'राधा का यह दही और माखन तो सभी के दही-माखन से मीठा है।' ऐसा कहकर प्रभु ने ब्रजांगना राधा के मन को अच्छी लगने वाली बात कहकर, उन्हें अत्यधिक सुख दे दिया।

१२६१/२२१८ राग रामकली

मेरे दधि कौ हरि स्वाद न पायौ ।
जानत इन गुजरिनि कौ सौ है, लयौ छिड़ाइ मिलि ग्वालनि खायौ ।।
धौरी धेनु दुहाइ, छानि पय, मधुर आँचि मैं औटि सिरायौ ।
नई दोहनी पौंछि पखारी, धरि निरधूम खिरनि पै तायौ ।।
तामैं मिलि मिस्रित मिसिरी करि, दै कपूर-पुट जावन नायौ ।
सुभग ढकनियाँ ढाँकि बाँधि पट, जतन राखि छीकैं समुदायौ ।।
हौं तुम कारन लै आई गृह, मारग मैं न कहूँ दरसायौ ।
'सूरदास' प्रभु रसिक-सिरोमनि, कियौ कान्ह ग्वालिनि मन भायौ ।।

राधा कहने लगीं—हरि ने अभी मेरे दही का स्वाद ही नहीं लिया। तुम समझते हो कि मेरा दही इन्हीं अन्य गोपियों के दही-सा होगा, जिसे छीनकर ग्वालबालों ने मिलकर खा लिया है। मेरा दही इनके दही जैसा नहीं है। मैंने अपनी धवली (श्वेत) गाय का दूध

दुहाया, फिर उसे कपड़ा से ढक दिया। तदनंतर उसे धीमी-धीमी आँच में औटाकर, ढँक दिया। मैंने फिर नई मटकी धो-पोंछकर इसे बिना धुएँ की कंडी की आग में गर्म किया है। फिर इसमें मिसिरी मिलाकर कपूर का छींटा दिया है। तब इसमें जोरन डाला है। फिर इसे बढ़िया ढकनी से बंद करके कपड़े से बाँध कर ऊँचे छींके पर यत्नपूर्वक रख दिया। मैं इसे तुम्हारे ही लिए घर से लाई हूँ। रास्ते में मैंने इसे किसी को नहीं देखने दिया है।

प्रभु तो रसिक-शिरोमणि हैं। उन्होंने ग्वालिनी राधा के मन की बात कर दी और दही सानंद खा लिया और प्रशंसा भी कर दी।

१२६२/२२१९ राग नट

गोपिनि हेत माखन खात।
प्रेम कैं बस नंद-नंदन, नैंकु नाहिं अघात।।
सबै मटुकी भरीं वैसैंहि, प्रेम नाहिं सिरात।
भाव हिरदय जानि मोहन, खात माखन जात।।
इकनि कर दधि दूध लीन्हे, इकनि कर दधि-जात।
'सूर' प्रभु कौं निरखि गोपी, मनहिं-मनहिं सिहात।।

कृष्ण गोपियों के प्रेम के कारण माखन खाए जा रहे हैं। वे नंद-नंदन प्रेम के बस में हैं, वे खाए जा रहे हैं, पर अघा नहीं रहे हैं। सबकी मटुकियाँ ज्यों की त्यों भरी की भरी रह गई हैं। पर गोपियों का प्रेम कम नहीं हो रहा है। गोपियों के हृदय का भाव जानकर मनमोहन माखन खाते चले जा रहे हैं। वे गोपियाँ एक हाथ में दूध-दही लिए हुए हैं, दूसरे हाथ में दधि से उत्पन्न माखन लिए हुए हैं। गोपियाँ प्रभु कृष्ण को देख-देखकर मन ही मन उनकी प्रशंसा किए जा रही हैं और उनपर रीझी जा रही हैं।

१२६३/२२२० राग बिहागरौ

गोपी कहतिँ धन्य हम नारी।
धन्य दूध, धनि दधि, धनि माखन, हम परुसति जेंवत गिरिधारी।।
धन्य घोष, धनि दिन, धनि निसि वह, धनि गोकुल प्रगटे बनवारी।
धन्य सुकृत पाछिलो, धन्य धनि नंद, धन्य जसुमति महतारी।।
धनि धनि ग्वाल, धन्य बृंदाबन, धन्य भूमि यह अति सुखकारी।
धन्य दान, धनि कान्ह मँगैया, धन्य 'सूर' त्रिन-द्रुम-बन-डारी।।

गोपियाँ कहे जा रही हैं—कृष्ण को पाकर हम ब्रजनारियाँ धन्य हैं, यह दूध, दही, माखन सभी धन्य हैं, जिन्हें हम परोस रही हैं और गिरिधारी जीम रहे हैं। जहाँ यह बनवारी प्रगट हुए और जहाँ यह जनमे, वह घोष, वह दिन, वह रात, वह गोकुल सभी धन्य हैं। नंद बाबा और यशोदा मैया धन्य हैं, जिन्होंने कन्हैया को जन्म दिया। ग्वाल, वृंदावन, सबको सुख देने वाली यह ब्रजभूमि धन्य है। यह दान धन्य है, दानी कन्हैया धन्य है। वे घास, वृक्ष, वन और डालियाँ धन्य हैं, जहाँ यह दान-लीला हो रही है।

१२६४/२२२१ राग नट

गन गंधर्ब देखि सिहात।
धन्य ब्रज-ललनानि कर तैं, ब्रह्म माखन खात।।

नहीं रेख, न रूप, नहिं तनु बरन, नहिं अनुहारि।
मातु-पितु नहिं दोउ जाकैं, हरत मरत न जारि।।
आपु कर्ता, आपु हर्ता, आपु त्रिभुवन-नाथ।
आपुहीं सब घट कौ ब्यापी, निगम गावत गाथ।।
अंग प्रति-प्रति रोम जाकैं, कोटि-कोटि ब्रह्मंड।
कीट ब्रह्म प्रजंत जल-थल, इनहिं तैं यह मंड।।
येइ विस्वंभरन नायक, ग्वाल-संग-बिलास।
सोई प्रभु दधि-दान माँगत, धन्य 'सूरजदास'।।

गंधर्व लोग यह दान-लीला देखकर भूरि-भूरि प्रशंसा किए जा रहे हैं और कहे जा रहे हैं—ब्रजांगनाओं के हाथ से माखन खाने वाले वे ब्रह्म धन्य हैं, जिनकी न कोई रूप-रेखा है, न शरीर है, न रंग है, न सादृश्य है; जिसके न माता है न पिता; जो न हरा जा सकता और जो न मरता है, न जलता है; जो स्वयं कर्ता है, स्वयं हर्ता है और तीनों लोकों का स्वामी है; जो सर्व-घट में व्याप्त है; जिसकी गाथा स्वयं वेद गाते रहते हैं; जिसके अंगों के एक-एक रोम में कोटि-कोटि ब्रह्मांड है; जिनसे लघुत्तम कीट से महत्तम ब्रह्मांड तक सारा जल-थल व्याप्त है, मंडित है। ये ही विश्व का भरण-पोषण करने वाले हैं। ये प्रभु धन्य हैं जो ग्वाल बालों के साथ क्रीड़ा किए जा रहे हैं और ब्रज-वनिताओं से दूध-दही माखन का दान (कर, चुंगी) माँगे जा रहे हैं।

१२६५/२२२२ राग रामकली

कंस-हेतु हरि जन्म लियौ।
पापहिं पाप धरा भइ भारी, तब सुरनि पुकार कियौ।।
सेस-सैन जहँ रमा संग मिलि, तहँ अकास भइ बानी।
असुर मारि भुव-भार उतारौं, गोकुल प्रगटौं आनी।।
गर्भ देवकी कैं तनु धरिहौं, जसुमति कौ पय पीहैं।
पूरब तप बहु कियौ कष्ट करि, इनकौ बहुत रिनी हौं।।
यह बानी कहि 'सूर' सुरनि कौं, अब कृष्ना अवतार।
कह्यौ सबनि ब्रज जन्म लेहु, सँग मेरैं करहु बिहार।।

कंस को मारने के लिए ही कृष्ण ने जन्म लिया है। जब पाप से धरती का बोझ बढ़ गया, तब देवताओं ने जाकर विष्णु भगवान के पास पुकार की। विष्णु भगवान शेष की शैय्या पर लक्ष्मी के साथ शयन कर रहे थे। तभी यह आकाशवाणी हुई—'मैं असुर को मारकर पृथ्वी का भार उतारने के लिए गोकुल में आकर प्रकट हूँगा। मैं देवकी के गर्भ में शरीर धारण करूँगा, पर दूध पिऊँगा यशोदा का। इन लोगों ने पूर्वकाल में बहुत तप किया है, बहुत कष्ट सहा है। मैं इनका बहुत ऋणी हूँ।' इस आकाशवाणी के पश्चात प्रभु ने देवताओं से कहा—अब मैं कृष्ण के रूप में अवतार लूँगा, तुम सब भी ब्रज में जाकर जन्म लो और मेरे साथ-साथ विहार करो।

१२६६/२२२३ राग गौरी

ब्रह्म जिनहिं यह आयसु दीन्हौ ।
तिन तिन संग जन्म लियौ, परगट सखी सखा करि कीन्हौ ।।
गोपी-ग्वाल कान्ह द्वै नाहीं, ये कहुँ नैंकु न न्यारे ।
जहाँ-जहाँ अवतार धरत हरि, ये नहिं नेकु बिसारे ।।
एकै देह बहुत करि राखे, गोपी ग्वाल मुरारी ।
यह सुख देखि 'सूर' के प्रभु कौं, चकित अमर-सँग-नारी ।।

ब्रह्म ने जिन-जिन देवी-देवताओं को ब्रज में जाकर जन्म लेने का आदेश दिया, वे ही वे कृष्ण-जन्म के साथ ब्रज में जन्म लेकर प्रकट हुए। उन्हीं को कन्हैया ने सखी और सखा के रूप में स्वीकार किया। गोपी-ग्वाल और कन्हैया ये दो नहीं हैं, एक हैं। ये कभी अलग नहीं हो पाते। जहाँ-जहाँ हरि अवतार लेते हैं, वहाँ-वहाँ वे इनको कभी भूलते नहीं। अपनी एक ही देह से कृष्ण ने अनेक गोपी ग्वाल बना रखे हैं। प्रभु के इस सुख को देखकर देवता और उनकी देवियाँ स्तब्ध हो गए हैं।

१२६७/२२२४ राग गौरी

अमर-नारि अस्तुति करैं भारी ।
एक निमिष ब्रजवासिनि कौ सुख, नहिं तिहुँ लोक बिचारी ।।
धन्य कान्ह नटवर बपु काछे, धन्य गोपिका नारी ।
इक-इक तैं गुन-रूप उजागरि, स्याम-भावती प्यारी ।।
परुसति ग्वारि, ग्वाल सब जेंवत, मध्य कृष्न सुखकारी ।
'सूरस्याम' दधि-दानी कहि-कहि, आनँद घोष-कुमारी ।।

देवताओं की स्त्रियाँ ब्रजवासियों की प्रशंसा करती हुई कह रही हैं—ब्रजवासियों को एक पल में जो सुख मिला जा रहा है, वैसा सुख तो तीनों लोकों में कोई कर पा सकता है, इसका तो कोई विचार भी नहीं किया जा सकता। नट-नागर का शरीर धारण किए कन्हैया धन्य हैं और वे गोपिकाएँ भी धन्य हैं। ये रूप और गुण में एक से एक बढ़कर हैं और सभी श्याम की परम प्रियाएँ हैं। ग्वाल-मंडली बैठी हुई है। सबके मध्य में सबको सुख देनेवाले कन्हैया हैं। गोपियाँ उन्हें दधि-माखन परोसे जा रही हैं और सभी लोग जीमते जा रहे हैं। घोष-कुमारियाँ कृष्ण को 'दधि-दानी' कह-कहकर आनंदित हुई जा रही हैं।

१२६८/२२२५ राग बिलावल

धन्य कृष्न अवतार ब्रह्म लियौ । रेख न रूप प्रगट दरसन दियौ ॥
जल थल मैं कोउ और नहीं बियौ । दुष्टनि बधि संतनि कौं सुख दियौ ॥
जौ प्रभु नर देही नहिं धरते । देवै-गर्भ नहीं अवतरते ॥
कंस-सोक कैसैं उर टरते । मातु पिता दुरितहिं क्यौं हरते॥
जौ प्रभु ब्रज भीतर नहिं आवैं । नंद जसोदा क्यौं सुख पावैं ॥
पूरब तप कैसैं प्रगटावैं । बेद-बचन कैसैं ठहरावैं ॥

जौ प्रभु भेष धरैं नहिं बालक । कैसैं होहिं पूतना-घालक ।।
अँगुठा पियत सकट-संहारक । तृना अकास सिला पर डारक ।।
जौ प्रभु ब्रज माखन न चोरावैं । क्यौं गोपिनि कौं आपु जनावैं ।।
भुजा उलूखल नाहिं बँधावैं । जमला मोच्छ कौन बिधि पावैं ।।
सो प्रभु दधि-दानी कहवावैं । गोपिनि कौं मारग अँटकावैं ।।
करि करि लेखौ दान सुनावैं । आपुन खीझैं उनहिं खिझावैं ।।
ब्रजबासी यौं धन्य कहावैं । जहाँ स्याम दधि-दान लगावैं ।।
माँगि खात आनंद बढ़ावैं । जुवतिनि सौं कहि-कहि परुसावैं ।।
तेई हरि नटवर-बपु काछैं । मोर-मुकुट पीतांबर आछैं ।।
ग्वाल सखा ठाढ़े सब पाछैं । 'सूरस्याम' गोपिनि सुख साछैं ।।

ब्रह्म ने कृष्ण का वंदनीय अवतार लिया। जो रूप और रेखा हीन हैं, उन्होंने स्थूल साकार रूप में दर्शन दिया। इनके अतिरिक्त इस जलमय एवं स्थलमय संसार में कोई नहीं है। इन्होंने दुष्टों को मारकर संतों को सुख दिया है। यदि प्रभु नर देह न धारण करते, देवकी के गर्भ में न आते, तो लोगों के हृदय से कंस का भय कैसे दूर होता और वे माता देवकी तथा पिता वसुदेव के पाप (दु:ख) को कैसे दूर कर पाते? यदि प्रभु ब्रज में न आते, तो नंद और यशोदा को सुख कैसे मिल पाता। नंद-यशोदा के पूर्व तप का किसी को कैसे पता चल पाता? वेद के ये वचन कैसे प्रमाणित हो पाते कि जब-जब धर्म का ह्रास होता है, तब-तब मैं मानव शरीर धारण कर दुष्टों का संहार करता रहता हूँ और साधुजनों की रक्षा करता रहता हूँ। यदि प्रभु ने बालक का शरीर न धारण किया होता तो वे पूतना का वध कैसे कर पाते? वे अँगूठा पीते हुए शकटासुर का कैसे संहार कर पाते? वे तृणावर्त को कैसे शिला पर पटक कर मार पाते? यदि प्रभु ने माखन चुराकर न खाया होता, तो वे गोपियों को अपने प्रति अनुरागिनी कैसे बना पाते? यदि उन्होंने अपने को ऊखल से न बँधवा लिया होता तो दोनों अर्जुन वृक्षों का उद्धार कैसे हो पाता? वही प्रभु अब चुंगी वसूल करने वाले दधि-दानी बन गए हैं और गोपियों का रास्ता रोक रहे हैं। वे दान का हिसाब गोपियों को सुनाए जा रहे हैं। स्वयं खीझते जा रहे हैं और गोपियों को खिझाते भी जा रहे हैं। ब्रजवासी धन्य हैं, जहाँ हरि ने दधि पर दान (चुंगी) लगा दिया है, जहाँ वे गोपियों से माँग-माँगकर दही और माखन खाए जा रहे हैं, गोपियों का हर्षोल्लास बढ़ाए जा रहे हैं और उन्हींसे परोसवाए जा रहे हैं। वे ही हरि नटवर का रूप बनाए, मोर के पंख का मुकुट सिर पर धारण किए हुए, पीतांबर ओढ़े हुए ग्वाल-बालों को अपने पीछे लिए हुए, गोपियों के सुख के साक्षी हैं।

•

१२६९/२२२६ राग सूहौ

यह महिमा येई पै जानैं ।

जोग-जज्ञ-तप ध्यान न आवत, सो दधि-दान लेत सुख मानैं ।।
खात परस्पर ग्वालनि मिलि कै, मीठौ कहि-कहि आपु बखानैं ।
बिस्वंभर जगदीस कहावत, ते दधि दोना माँझ अघाने ।।

आपुहिं करता, आपुहिं हरता, आपु बनावत, आपुहिं भानैं ।
ऐसे 'सूरदास' के स्वामी, ते गोपिनि कैं हाथ बिकाने ।।

प्रभु की महिमा तो प्रभु ही जानते हैं। जो प्रभु योग, यज्ञ, जप, तप से नहीं मिल पाते, ध्यान में नहीं आते, वही दधि की चुंगी वसूल करने में परम सुख माने जा रहे हैं। वे ग्वाल-बालों के साथ मिलकर दही माखन खाए जा रहे हैं और 'बहुत मीठा है, बहुत मीठा है' कह-कहकर प्रशंसा करते जा रहे हैं। जो सम्पूर्ण विश्व का भरण-पोषण करते हैं, जो संपूर्ण जगत के स्वामी हैं, वे दही के दोने से ही अघाए जा रहे हैं। आप ही संपूर्ण सृष्टि के कर्ता हैं, आप ही इसके हर्ता हैं, आप ही इस सृष्टि के रचने वाले हैं, यही इसको विनष्ट करने वाले भी हैं। ऐसे सर्व समर्थ स्वामी गोपियों के हाथ बिक गए हैं। (धन्य है गोपियों का यह प्रेम, जिसने प्रभु को खरीद लिया है।)

१२७०/२२२७ राग रामकली

धनि बड़भागिनी ब्रजनारि ।
खात लै दधि-दूध-माखन, प्रगट जहाँ मुरारि ।।
नाहिं जानत भेद जाकौ, ब्रह्म अरु त्रिपुरारि ।
सुक सनक मुनि येउ न जानत, निगम गावत चारि ।।
देखि सुख ब्रजनारि हरि-सँग, अमर रहे भुलाइ ।
'सूर' प्रभु के चरित अगनित, बरनि कापै जाइ ।।

ब्रजांगनाएँ परम सौभाग्यशाली हैं, धन्य हैं, जिनसे ले-लेकर प्रगट रूप से मुरारि हरि दूध, दही, माखन खाए जा रहे हैं। इनके रहस्य को ब्रह्मा और शिव भी नहीं जानते। शुकदेव और सनक, सनंदन, सनातन और सनत्कुमार भी इसके भेद को नहीं जानते। चारों वेद भी इनका भेद नहीं जानते, केवल 'नेति-नेति' कहकर चुप जो जाते हैं। हरि के साथ ब्रज-नारियों का यह सुख देखकर देवगण भी भ्रम में पड़ गए हैं। प्रभु की लीला अगणित और अपार है। उसका वर्णन किससे किया जा सकता है। कोई इसका वर्णन करने में समर्थ नहीं है।

१२७१/२२२८ राग बिलावल

ब्रज-बनिता यह कहतिँ स्याम सौं, "दूध दह्यौ अरु ल्यावैं ।
मटुकिनि तैं हम देहिँ, खाहु तुम, देखि देखि सुख पावैं ।।
गोरस बहुत हमारैं घर-घर, दान पाछिलौ लेहु ।"
"खायौ जौन दान आजुहिं कौ", माँगत हैं, "सब देहु ।।"
"सबै लेहु, राखहु जिनि बाकी, पुनि न पाइहौ माँगैं ।
आजुहिं लेहु सबै भरि दैहैं, कहतिँ तुम्हारे आगैं ।।"
कहत स्याम, "अब भईं हमारी, मनहिँ भई परतीति।
जब चैहैं तब माँगि लेहिंगे, हमहिँ तुमहिँ भइ प्रीति ।।
बेंचहु जाइ दूध दधि निधरक, घाट-बाट डर नाहीं ।"
'सूरस्याम' बस भईं ग्वारिनी, जात बनत घर नाहीं ।।

ब्रज-वधूटियाँ कहे जा रही हैं—कन्हैया और दूध-दही लावें क्या? हम मटुकियों से निकाल-निकालकर देती जायँ और तुम खाते जाओ। हम भी तुम्हें खाता देखकर सुखी हों। हमारे घरों पर बहुत गोरस (दूध, दही, माखन) है। तुम अपना पिछला सारा दान चुकता कर लो।

तब कृष्ण ने कहा—'हमने अभी तक जो कुछ खाया पिया है, वह तो आज का दान है। तुम सब दान चुकता करना चाहती हो, तो हम माँगते हैं, लाओ सब चुकता कर दो'।

तब गोपियाँ बोलीं—सब दान चुकता करा लो, बाकी मत रहने दो, नहीं तो बाद में माँगने पर नहीं ही पाओगे। आज ही सब ले लो। हम सब चुकता कर देंगी। यह तुम्हारे मुँह के सामने कहे दे रही हैं।

तब श्याम ने कहा—'अब तुम सब मेरी हो गई हो। मुझे इसका पूर्ण विश्वास हो गया है। जब चाहूँगा, तब तुमसे माँग लूँगा। अब हममें तुममें प्रीति हो गई है, संधि हो गई है। अब तुम लोग निधड़क होकर दूध-दही जाकर बेचो। तुम्हें न तो घाट पर कोई डर है, न बाट में ही।'

गोपियाँ श्याम के बस में हो गईं और उनसे अब उन्हें छोड़कर घर भी जाते नहीं बन पा रहा है।

१२७२/२२२१ राग टोड़ी

सुनहु सखी मोहन कह कीन्हौ।
इक इक सौं यह बात कहति, लियौ दान कि मन हरि लीन्हौ ।।
यह तौ नाहिं बदी हम उनसौं, बूझहु धौं यह बात।
चक्रित भईं बिचार करत यह, बिसरि गईं सुधि गात ।।
उमचि जातिँ, तबहीं सब सकुचतिँ, बहुरि मगन ह्वै जातिँ।
'सूरस्याम' सौं कहौ, कहा यह, कहत न बनत, लजातिँ ।।

गोपियाँ एक दूसरे से कह रही हैं—'अरी सखी, सुनो तो, मोहन ने यह क्या कर दिया? उन्होंने हमसे दान लिया है कि हमारा मन ही हर लिया है। हमने तो केवल चुंगी लेने की बात स्वीकार की थी, फिर उन्होंने चुंगी के साथ-साथ हमारा मन कैसे ले लिया—यह उनसे जाकर पूछो। यह विचार करते हुए वे सभी चकित हो उठीं और अपने शरीर की सुधि-बुधि बिसर गईं। वे हौसला करके हरि से पूछने के लिए आगे बढ़ती है, पर सकुचाकर बीच ही में रुक जाती हैं, फिर आनंद में मगन हो जाती है।' 'श्याम, तुमने यह क्या कर दिया।' पूछना तो वह यह चाहती हैं, पर पूछ नहीं पातीं, लजा जाती हैं।

१२७३/२२३० राग धनाश्री

स्याम सुनहु इक बात हमारी।
ढीठौ बहुत दई हम तुमसौं, बकसौ चूक हमारी ।।
मुख जो कहीं कटुक सब बानी, हृदय हमारैं नाहीं।
हँसि-हँसि कहतिँ, खिझावतिँ तुमकौं, अति आनँद मन माहीं ।।
दधि माखन कौ दान, और जो जानौ सबै तुम्हारौ।
'सूरस्याम', तुमकौं सब दीन्हौं, जीवन प्रान हमारौ ।।

गोपियाँ कह रही हैं—श्याम, हमारी एक बात सुनो। हमने तुमको बहुत खरी-खोटी सुनाई है। हमसे बड़ी धृष्टता हो गई है। तुम हमारी गलती माफ कर दो। हमने अपने मुँह से जो कड़ी बातें तुम्हारे प्रति कही हैं, वे मुँह से ही कही है, हृदय से नहीं। हम तो हँस-हँस कर तुम्हें खिझाने के लिए तुमसे सब कुछ कहे जा रही थीं, पर हमारे मन में तो अत्यंत रसानंद भरा हुआ था। दही और माखन तो तुम्हारा है ही। इसके अतिरिक्त और जो कुछ चाहो, वह सभी तुम्हारा है। हमने तुमको अपना जीवन और प्राण सभी कुछ दे दिया।

१२७४/२२३१ राग धनाश्री

नंद-कुमार कहा यह कीन्हौ।
बूझति तुमहिं दान यह लीन्हौं, कैधौं मन हरि लीन्हौं ।।
कछू दुराव नहीं हम राख्यौ, निकट तुम्हारैं आईं।
एते पर तुमहीं अब जानौ, करनी भली बुराई ।।
जो जासौं अंतर नहिं राखै, सो क्यौं अंतर राखै।
'सूरस्याम' तुम अंतरजामी, बेद उपनिषद भाषै ।।

गोपियाँ बोलीं—नंदकुमार तुमने यह क्या कर डाला? हम तुमसे पूछ रही हैं कि तुमने यह दान लिया है या हमारा मन भी ले लिया है? हमने तुमसे कुछ भी नहीं छिपाया और बिना किसी छल-कपट के तुम्हारे पास चली आईं। इतने पर अब तुम्हीं जानो कि तुमने हमारा मन लेकर अच्छा किया या बुरा किया। हमने तुमसे अंतर नहीं रखा, तुम हमसे अंतर क्यों रखते हो? तुम तो स्वयं अंतर्यामी हो, सबके घट-घट की जाननेवाले हो। वेद उपनिषद सभी यही कहते हैं। अतः तुम हमारे हृदय की भी बात जानते ही होगे कि हम तुमसे सच्चा प्रेम करती हैं या नहीं?

१२७५/२२३२ राग टोड़ी

सुनहु बात जुवती इक मेरी।
तुमतैं दूरि होत नहिं कबहूँ, तुम राख्यौ मोहिं घेरी ।।
तुम कारन बैकुंठ तजत हौं, जनम लेत ब्रज आइ।
बृंदावन, राधा-गोपी सँग, यह नहिं बिसर्यौ जाइ ।।
तुम अंतर-अंतर कह भाषति, एक प्रान द्वै देह।
क्यौं राधा ब्रज बसें बिसारौं, सुमिरि पुरातन नेह ।।
अब घर जाहु दान मैं पायौ, लेखौ कियौ न जाइ।
'सूरस्याम' हँसि-हँसि जुवतिनि सौं, ऐसी कहत बनाइ ।।

कृष्ण बोले—'युवतियो, मेरी एक बात सुनो। तुमने मुझे सब तरह से और सब तरफ से ऐसा घेर रखा है कि मैं तुमसे कभी भी दूर नहीं हो सकता। तुम्हारे ही लिए तो मैंने बैकुंठ छोड़ा है और ब्रज में आकर जन्म लिया है। मैं इस वृंदावन को और राधा तथा गोपियों के इस साथ को कभी नहीं भुला सकता। वे भुलाए ही नहीं जा सकते। तुम अंतर-अंतर क्या कहे जा रही हो। हममें तुममें कोई अंतर है ही नहीं। हम एक प्राण हैं, भले देह अलग-अलग हों, दो हों। ब्रज में बसकर, पुराने प्रेम को स्मरण कर, क्या मैं राधा को भुला

सकता हूँ? अब तुम लोग घर जाओ। मैंने सारा दान भर पाया। अब किसी लेखा-जोखा की कोई आवश्यकता नहीं रह गई है।' श्याम हँस-हँसकर ब्रज की युवतियों से इस प्रकार बातें करने लगे।

१२७६/२२३३ राग नट

घर तनु मन बिना नहिं जात।
आपु हँसि-हँसि कहत हौ जू, चतुरई की बात।।
तनहिं पर है मनहि राजा, जोइ करै सोइ होइ।
कहौ घर हम जाहि कैसैं, मन धर्यौ तुम गोइ।।
नैन-स्त्रवन बिचार सुधि-बुधि, रहे मनहिं लुभाइ।
जाहिं अबहीं तनुहिं लै घर, परत नाहिंन पाइ।।
प्रीति करि, दुबिधा करी कत, तुमहिं जानौ नाथ।
'सूर' के प्रभु दीजियै मन, जाहिं घर लै साथ।।

गोपियाँ बोलीं—बिना मन के यह शरीर घर कैसे जा सकता है। आप तो हँस-हँसकर चतुराई भरी बात कहे जा रहे हैं। तन का राजा तो मन है। मन जो कहता है, तन वही करता है। हमारा मन तो तुमने छिपा कर रख लिया है, चुरा लिया है। फिर हम घर जायँ, तो कैसे जायँ। हमारे नेत्र, कान, विचार, सुधि, बुधि सभी तो मन में लुभाये हुए हैं। हम अभी घर चली जायँ, पर क्या किया जाय, आगे जाने के लिए हमारे पैर ही नहीं उठ पा रहे हैं। प्रेम करके भी तुमने यह दुविधा क्यों खड़ी कर दी है, यह तो तुम्हीं जान सकते हो। हे प्रभु, हमारा मन लौटा दीजिए और हम उसे लेकर अपने-अपने घरों को लौट जायँ।

१२७७/२२३४ राग कान्हरौ

मन-भीतर है बास हमारौ।
हमकौं लै तहँ तुमहिं छपायौ, यह तौ दोष तुम्हारौ।।
अजहूँ कहौ रहैं हम अनतहिं, तुम अपनौ मन लेहु।
अब पछितानी लोक-लाज-डर, हमहिं छाड़ि तौ देहु।।
घटती होइ जाहि तै अपनी, ताहि कीजियै त्याग।
धोखैं कियौ बास मन-भीतर, अब समुझे भइँ जाग।।
मन दीन्हौ, मोकौं तब लीन्हौ, मन लैहौ, मैं जाउँ।
'सूरस्याम', ऐसी जनि कहियै, हम यह कही सुभाउ।।

कृष्ण ने कहा—'हे गोपियों, तुम्हारे मन के भीतर ही मेरे रहने का स्थान है। तुम्हारा मन ही मेरा आवास है। मुझको लेकर तुमने अपने मन में ही तो छिपा रखा है। यह तो तुम्हारा ही दोष है, मेरा नहीं। अब भी चाहो, तो मैं तुम्हारे मन को छोड़कर अन्यत्र जा बसूँ और तुम अपना मन ले लो। अब अगर लोक-लाज के डर से तुम्हें मुझे अपने मन में बसा लेने का पछतावा हो रहा हो, तो तुम मुझे छोड़ दो। जिससे अपनी हानि होती हो, उसे त्याग ही देना चाहिए। तुमने धोखे से मुझे अपने मन में बसा लिया था, अब ज्ञान हो जाने पर तुम समझदार हो गई हो। तुमने मुझे अपना मन दिया था, तभी तो तुमने मुझको ले

लिया था, पा लिया था। अब अपना मन तुम मेरे पास से वापस चाहती हो, तो वापस ले लो। मैं भी उसमें से निकल कर अन्यत्र चला जाऊँ।'

इस पर गोपियाँ बोलीं—'श्याम, ऐसा मत कहो। हमने तो यह सब ऐसे ही सहज भाव से कह दिया था।'

१२७८/२२३५ राग कान्हरौ

तुमहिं बिना मन धिक, अरु धिक घर।
तुमहिं बिना धिक-धिक माता पितु, धिक कुल-कानि, लाज, डर ।।
धिक सुत पति, धिक जीवन जग कौ, धिक तुम बिनु संसार।
धिक सो दिवस, पहर, घटिका, पल, जो बिनु नंद-कुमार ।।
धिक धिक स्रवन कथा बिनु हरि के, धिक लोचन बिनु रूप।
'सूरदास' प्रभु तुम बिनु घर ज्यौं, बन-भीतर के कूप ।।

गोपियाँ बोलीं—हे श्याम, तुम्हारे बिना मन को धिक्कार है और घर को भी। तुम्हारे बिना माता-पिता, कुल-कानि, लाज, डर सभी को धिक्कार है। पति-पुत्र, संसार का जीवन और यह सारा संसार ही तुम्हारे बिना धिक्कार के योग्य है। जो दिन, जो पहर, जो घड़ी बिना नंदकुमार के बीते, यह सब धिक्कारने लायक है। जो कान हरि-कथा नहीं सुनते, उनको धिक्कार है, जो नयन हरि का रूप नहीं देखते, उनको धिक्कार है। प्रभु, तुम्हारे बिना घर वैसे ही है, जैसे किसी जंगल के भीतर का कुँवा, जिसका कोई उपयोग नहीं हो पाता।

१२७९/२२३७ राग बिलावल

जबहिं कान्ह यह बात सुनाई। ब्रज-जुवती सब गईं मुरझाई ।।
कंस सँहारन मथुरा जैहौं। बहुरौ फिरि ब्रज कौं नहिं ऐहौं ।। १ ।।
देवै-गर्भ बास हौं लीन्हौ। तुमकौ गोकुल दरसन दीन्हौ ।।
नंद जसोदा अति तप कीन्हौ। मो-सौ पुत्र माँगि तब लीन्हौ ।। २ ।।
मो-सौ दूजौ और न कोई। हरता करता मैं ही सोई ।।
तुम-सौ सुत पय-पान कराऊँ। यह तुमसौं मैं माँगैं पाऊँ ।। ३ ।।
मो-सौं सुत तुमकौं मैं दैहौं। मथुरा जनमि गोकुलहिं ऐहौं ।।
नंद जसोदा बचन बँधायौ। ता कारन देही धरि आयौ ।। ४ ।।
यह बानी सुनि ग्वारि झुरानी। मीन भईं मानौ बिनु पानी ।।
यहै कथा तब गर्ग सुनाई। सोई आपु कहत री माई ।। ५ ।।
नर देही करि मोहिं न जानौ। ब्रह्म-रूप करि मोकौं मानौ ।।
षोडष बरष मिले सुख करिहौं। मथुरा जाइ देव उद्धरिहौं ।। ६ ।।
केस गहौं अरि कंस पछारौं। असुर कठोर जमुन लै डारौं ।।
रंगभूमि करि मल्लनि मारौं। प्रबल कुबलया-दंत उपारौं ।। ७ ।।
सुनहु न री हरि-मुख की बानी। यह सुनि-सुनि तरुनी बिकलानी ।।
तन मन धन इन पर सब वारहु। जोबन-दान देइ रिस टारहु ।। ८ ।।

षोडष बरष गए धौं जैहैं । ब्रज तैं जाइ मधुपुरी रैहैं ॥
राजा उग्रसेन कौं करिहैं । कनक-दंड आपुन कर धरिहैं ॥ ९ ॥
मातु पिता बसुदेव देंवकी । जसुमति धाइ कहत हैं इनकी ॥
अब तिनके बंधन मोचहिंगे । दरस बिना पुनि हम लोचहिंगे ॥ १० ॥
मथुरा नारिनि कौं सुख देहैं । तब घट प्रान कहौ क्यौं रैहैं ॥
कहत सखी यह बात अयानी । जानति हौ तुम कछुक सयानी ॥ ११ ॥
जोबन दान लेहिगे तुमसौं । चतुरायौ मेलत हैं हमसौं ॥
इनके गाँस कहा री जानौ । इनकी कही एक जनि मानौ ॥ १२ ॥
जो चाहैं सो दीजै इनकौं । ज्यौ बिनु देखैं रहत न जिनकौं ॥
आपु-आपु यह बात बिचारैं । नारि-नारि मन धीरज धारैं ॥ १३ ॥
आगैं धर्‍यौ दूध दधि माखन । प्रथमहिं यह कीन्हौ संभाषन ॥
बड़े चतुर तुम अहो कन्हाई । तरुनि सबनि कहि यहै सुनाई ॥ १४ ॥
जानी बात तुम्हारैं मन की । दूरि न कीजै यह रिस तन की ॥
सबनि धर्‍यौ दधि माखन आगैं । लेहु सबै अब बिनुहीं माँगैं ॥ १५ ॥
तुम रिस करत देखि सुख पावैं । यातैं बारहिं बार खिझावैं ॥
तन जोबन धन अर्पन कीन्हौ । मन दै मन हरि कैं सुख दीन्हौ ॥ १६ ॥
सुभग पात दोना लिए हाथहिं । बैठे सखा स्याम एक साथहिं ॥
मोहन खात खवावति नारी । माँगि लेत दधि गिरिवर-धारी ॥ १७ ॥
आपुहिं धन्य कहतिं ब्रज-नारी । रुचि करि माँगि खात बनवारी ॥
और खाहु मोहन दधि-दानी । यह कहि-कहि तरुनी मुसुकानी ॥ १८ ॥
सुख दीन्हौ हरि अंतरजामी । ब्रज जुवतिनि के पूरनकामी ॥
देखत रूप चकित ब्रज-नारी । देह-गेह की सुरति बिसारी ॥ १९ ॥
'सूरस्याम' सबकैं सुखकारी । कह्यौ जाहु घर घोष-कुमारी ॥

जब कन्हैया ने यह कहा कि मैं कंस का संहार करने के लिए मथुरा जाऊँगा और फिर ब्रज में लौटकर वापस नहीं आऊँगा, तब इस बात को सुनकर ब्रज की सब युवतियाँ मुरझा गईं। उनके चेहरे उदास हो गए॥ १ ॥ कृष्ण कहते गए—मैंने देवकी के गर्भ में नौ मास वास किया और गोकुल में आकर तुम लोगों को दर्शन दिया। पूर्व जन्म में द्रोण नामक वसु और धरा नामक उसकी पत्नी ने बहुत तप किया था और मुझसे मेरे समान पुत्र माँगा था॥२ ॥ मेरे समान दूसरा कोई है नहीं। मैं सृष्टि रचने वाला हूँ, मैं ही उसका हरण एवं संहार करने वाला हूँ। इसलिए जब धरा ने मुझसे यह वर माँगा कि मैं तुम्हारे जैसे पुत्र को दूध पिलाऊँ॥ ३ ॥ तब मैंने कहा—मैं तुमको अपने जैसा ही पुत्र दूँगा। मैं मथुरा में जन्म लेकर गोकुल में आऊँगा। (वही द्रोण नंद हुए और धरा यशोदा हुईं)। मैं वचनबद्ध था। इसीलिए मानव शरीर धारण कर अवतरित हुआ॥ ४॥

यह बात सुनकर गोपियाँ मलिन हो गईं। वे बिना पानी की मछली हो गईं और कहने

लगीं—'यही कथा तो महर्षि गर्ग ने भी कही थी। अरी सखी, वही कथा तो कन्हैया स्वयं अपने मुख से कहे जा रहे हैं'॥ ५॥

फिर कृष्ण बोले—मुझे साधारण मनुष्य मत समझो। मुझे ब्रह्म ही समझो। मैं सोलह वर्ष तक तुम सबके साथ रहकर सुख-भोग करूँगा फिर मथुरा जाकर देवताओं का उद्धार करूँगा॥ ६॥ मैं शत्रु कंस का केश पकड़कर उसे धर पछाड़ूँगा और उस क्रूर असुर को यमुना में फेंक दूँगा। रंगभूमि में, उत्सव-स्थल पर ही मैं मुष्टिक और चाणूर नामक प्रख्यात पहलवानों को मारूँगा और प्रबल मतवाले कुबलया हाथी के दाँत उखाड़ लूँगा॥ ७॥

तब गोपियाँ परस्पर कहने लगीं—'सखियों, हरि के मुख से निकली बात सुन रही हो न। ये हमको छोड़कर अब मथुरा चले जायँगे।' यह सुनकर तरुणियाँ अत्यंत विकल हो उठीं और बोलीं—इनपर अपना तन-मन-धन सब निछावर कर दो और जोबन-दान देकर इनका क्रोध दूर करो॥ ८॥ सोलह वर्ष की वय प्राप्त होने पर यह ब्रज छोड़कर मथुरा चले जायँगे और वहीं रहने लगेंगे। वहाँ यह उग्रसेन को राजा बनाएँगे और उनकी सेवा में सोने का दंड लेकर खड़े रहेंगे॥ ९॥ इनकी माता देवकी हैं और पिता वसुदेव हैं। यशोदा तो इनको दूध पिलानेवाली धाय हैं। अब यह वसुदेव और देवकी को बंधन-मुक्त करेंगे और हम इनके दर्शन बिना कलपती रह जायँगी, आँसू बहाती रह जायँगी॥ १०॥ यह तब मथुरा की नागरिकाओं को सुख देंगे। बोलो, तब हमारे शरीर में ये प्राण कैसे बने रहेंगे।'

तब दूसरी सखी बोली—'यह सब मूर्खता की बात है। हो तो तुम चतुर, पर क्या तुम इनकी इस बात का रहस्य समझती हो॥ ११॥ ये तुमसे जोबन-दान लेना चाहते हैं। इसीलिए हमसे यह सब चतुराई की बातें किए जा रहे हैं। इनकी गाँठ क्या है? इनका व्यंग्यार्थ क्या है? इसे पहले समझो। इनकी कही एक बात भी सच न समझो॥ १२॥ जिनका जी इन्हें देखे बिना नहीं रह पाता हो, वे इन्हें वह सब कुछ दे दें, जो जो यह माँगे।'

गोपियाँ आपस में इसी प्रकार विचार किए जा रही हैं, एक दूसरे को धीरज बँधाए जा रही हैं॥ १३॥ तब उन्होंने कृष्ण के आगे सब दूध, दही और माखन ला रख और बोलीं—'कन्हैया, तुम बड़े चतुर हो।' सभी तरुणियों ने एक साथ कहा॥ १४॥—'हमने तुम्हारे मन की सब बातें जान ली हैं। अपने शरीर का, मन का, यह क्रोध अब दूर कर दो न।' सबने दही-मक्खन लाकर कन्हैया के आगे रख दिया और कहा—'यह सब अब बिना माँगे ही ले लो॥ १५॥ तुम्हारा क्रोध करना भी हमें अच्छा लगता है। इसीलिए हम तुम्हें बार-बार चिढ़ाती जाती हैं।'

गोपियों ने अपना तन, मन, धन और यौवन सभी कृष्ण को अर्पित कर दिया और अपना मन देकर उन्होंने हरि के मन को अपार सुख दिया॥ १६॥

सुंदर पत्तों के दोने हाथ में लिए हुए श्याम और उनके सभी साथी जीमने के लिए एक साथ बैठ गए। मोहन खाने लगे और गोपियाँ खिलाने लगीं। गिरिधारी कृष्ण दही माँगे जा रहे हैं और गोपियाँ परोसती जा रही हैं॥ १७॥ गोपियाँ अपने को धन्य समझ रही हैं कि वनवारी हमसे माँग-माँग कर रुचिपूर्वक खाए जा रहे हैं।—'हे दधि-दानी मोहन और खा लो' यह कहकर तरुणियाँ मुसकुरा उठीं॥ १८॥

अंतर्यामी हरि ने ब्रज-युवतियों की कामना पूर्ण की और उन्हें परम सुख दिया। कन्हैया का रूप देखकर ब्रज-नारियाँ जड़वत हो उठीं। वे अपने शरीर और घर की सुधि

ही भूल गईं॥ १९ ॥ श्याम सबको सुख देने वाले हैं। उन्होंने अन्ततः कहा—'हे घोष-कुमारियों! अब अपने-अपने घर जाओ।'

१२८०/२२३८ राग रामकली

जुवती ब्रज घर जान बिचारतिं।
कब्रहुँक मटुकी लेति सीस पर, कबहुँ धरनि फिरि धारतिं॥
देखत स्याम, सखा सब देखत, चितै रहीं ब्रज-नारि।
रीती मटुकिनि मैं कछु नाहीं, सकुचीं मनहिं बिचारि॥
तब हँसि बोले स्याम, जाहु घर, तुमकौं भई अबार।
सकुचति दान पाछिले कौं तुम, मैं करिहौं निरवार॥
यह कहिकै हरि ब्रजहिं सिधारे, जुवतिनि दान मनाइ।
'सूरस्याम' नागर नारिनि के, चित लै गए चुराइ॥

ब्रज-युवतियाँ अपने-अपने घर लौट जाने की बात सोचे जा रही थीं। वे कभी अपनी मटुकी उठाकर सिर पर रख लेती थीं, कभी कुछ सोचकर उसे अपने सिर से उतार कर धरती पर रख देती थीं। श्याम और उनके सखा मटकी सिर पर रखने और फिर उतार कर धरती पर रख देने की गोपियों की यह लीला देखते जा रहे थे। ब्रज वधूटियाँ एक दूसरी की ओर देखे जा रही थीं और इशारे से कहती जा रही थीं—हमारी मटुकियाँ खाली हो गई हैं, अब इनमें कुछ भी नहीं बचा रह गया है। (अब कन्हैया को क्या दें)। यह विचार कर वे मन ही मन सकुचाई जा रही थीं। तब कन्हैया ने हँसकर कहा—'अब अपने-अपने घर जाओ, बहुत देर हो गई है। तुम पिछले बकाया दान के लिए सकुचाई जा रही हो। जाओ मैं तो सब भरपाई कर लूँगा।'

यह कहकर हरि युवतियों के साथ दान-लीला करके ब्रज चले गए। श्याम उन नागर-नारियों का चित्त भी चुराते लिए गए।

दानानंतर गोपियों की प्रेमोन्मत्तता

१२८१/२२३९ राग बिलावल अलहिया

रीती मटुकी सीस लै, चलीं घोष-कुमारी।
एक एक की सुधि नहीं, को कैसी नारी॥
बनहीं मैं बेंचति फिरैं, घर की सुधि डारी।
लोक-लाज, कुल-कानि की, मरजादा हारी॥
लेहु-लेहु दधि कहति हैं, बन सोर पसारी।
द्रुम सब घर करि जानहीं, तिनकौं दै गारी॥
दूध दह्यौ नहिं लेहु री, कहि-कहि पचि हारी।
कहत 'सूर' घर कोउ नहीं, कहँ गईं दइ मारी॥

सिर पर खाली मटुकियाँ ले-लेकर गोप-बालाएँ चल पड़ीं। किसी भी गोपी को पता नहीं है कि साथ की दूसरी गोपी कौन है और कैसी है। वे कृष्ण प्रेम में इतनी उन्मत्त हो

गई हैं कि वन को ही गाँव समझकर दही बेचती फिर रही थीं। वे अपने-अपने घरों की सारी सुधि भुला बैठी थीं। वे सारी लोक-लज्जा, कुल की कानि और मर्यादा खो बैठी थीं। वे वन में ही 'दही लो, लो दही' कहती हुई चिल्लाए जा रही थीं। वे पेड़ों को घर समझे जा रही थीं और उन वृक्षों की ओर से उत्तर मिल ही कैसे सकता था? उत्तर न मिलने पर वे उनको गाली दिए जा रही थीं कि ये दईमारी घर छोड़कर कहाँ चली गईं।

१२८२/२२४० राग टोड़ी

या घर मैं कोउ है कै नाहीं।
बार-बार बूझति बृच्छनि कौं, गोरस लेहु कि जाहीं॥
आपुहिं कहति लेति नाहीं दधि, और द्रुमनि तर जाति।
मिलतिँ परसपर बिबस देखि तिहिँ, कहतिँ कहा इतराति॥
ताकौं कहति, आपु सुधि नाहीं, सो पुनि जानति नाहीं।
'सूरस्याम' रस भरी गोपिका, बन मैं यौं बितताहीं॥

गोपियाँ बार-बार वन के वृक्षों से प्रमत्तावस्था में पूछे जा रही हैं—'इस घर में कोई है कि नहीं? गोरस लेना है कि नहीं?' फिर स्वयं कहती हैं—'जान पड़ता है इस घर में दही लेने वाला कोई है ही नहीं।' यह कहते हुए वे दूसरे वृक्ष के तले चली जाती थीं। ये आपस में जब मिलती थीं और एक दूसरे को विवश और बावली देखती थीं, तब कह उठती थीं—अरी इतराई क्या जा रही हो? दूसरी को तो वे इस तरह कहे जाती थीं, पर स्वयं अपनी सुधि उन्हें नहीं थी, इस बात को वे नहीं जानती थीं। श्याम के रसानंद में भरी हुई गोपियाँ इस प्रकार वन में विकल भटकी जा रही थीं।

१२८३/२२४१ राग बिलावल

रीती मटुकी सीस धरैं।
बन की, घर की, सुरति न काहूँ, लेहु दही यह कहति फिरैं॥
कबहुँक जाति कुंज भीतर कौं, तहाँ स्याम की सुरति करैं।
चौंकि परतिँ, कछु तन-सुधि आवति, जहाँ तहाँ सखि-सुनति ररैं॥
तब यह कहतिँ कहौं मैं इनसौं, भ्रमि-भ्रमि बन मैं बृथा मरैं।
'सूरस्याम' कैं रस पुनि छाकतिं, वेसैंही ढँग बहुरि ढरैं॥

सिर पर खाली, छूछी, मटुकी लिए हुए, गोपियाँ 'लो दही, दही लो' कहती हुई वन में भटकती फिर रही हैं। किसी को इस बात का ज्ञान नहीं रह गया था कि वे वन में दही बेच रही थीं या गाँव-घर में। कभी कोई गोपी किसी निकुंज में घुस जाती थी और वहाँ श्याम की सुधि में विह्वल हो बैठ रहती थी। जब उसे अपने शरीर की कुछ सुधि हो आती थी, तब वह चौंक पड़ती थी और उसे दूसरी गोपियों की जहाँ-तहाँ यह ध्वनि सुनाई पड़ने लगती थी—'मैं इससे कह दूँ कि तुम लोग व्यर्थ ही वन में 'दही लो, लो दही' कहते हुए क्यों भटकती हुई मरी जा रही हो।' थोड़ी ही देर में वह गोपी फिर श्याम के रस में छक उठती थी, उन्मत्त हो जाती थी और वैसे ही, पूर्ववत, 'लो दही, दही लो' कह उठती थी। फिर पगली की पगली।

१२८४/२२४२ राग नट

तरुनी स्याम-रस मतवारि।
प्रथम जोबन-रस चढ़ायौ, अतिहि भई खुमारि।।
दूध नहिं, दधि नहीं, माखन नहीं, रीतौ माट।
महा रस अँग-अंग पूरन, कहाँ घर, कहँ बाट।।
मातु-पितु गुरुजन कहाँ के, कौन पति, को नारि।
'सूर' प्रभु कैं प्रेम-पूरन, छकि रहीं ब्रजनारि।।

ब्रज की तरुणियाँ श्याम के प्रेम-रस में मतवाली हो गई थीं। पहले तो उनपर जवानी के रस का नशा था, दूसरे वे श्याम के प्रेम-रस में छक चुकी थीं। अतः उनपर भारी नशा चढ़ गया था। उनके सिरों पर खाली छूछी मटकियाँ थीं, न उनमें दूध था, न दही, न माखन ही। उनके अंग-अंग श्याम के प्रेम के महा नशीले रस से भर उठे थे। उन्हें सूझ ही नहीं रहा था कि उनका घर कहाँ है, उनके घर का रास्ता कौन-सा है। उन्हें माता, पिता, गुरुजनों की भी चिंता नहीं रह गई थी। वे यह भी भूल गई थीं कि उनका पति कौन है और वे किसकी नारी हैं। प्रभु के प्रेम से पूर्णतया भरी हुई सभी ब्रज-वधूटियाँ प्रमत्त हो उठी थीं।

१२८५/२२४६ राग धनाश्री

स्याम बिना यह कौन करै।
चितवत ही मोहिनी लगावै, नैंकु हँसनि पर मनहिं हरै।।
रोकि रह्यौ प्रातहिं गहि मारग, लेखौ करि दधि-दान लियौ।
तनु की सुधि तबही तैं भूली, कछु पढ़ि कै सिर नाइ दियौ।।
मन के करत मनोरथ पूरन, चतुर नारि इहिं भाँति कहैं।
'सूरस्याम' मन हर्यौ हमारौ, तिहिं बिनु कहि कैसैं निबहैं।।

गोपियाँ कहे जा रही हैं—'श्याम में ही यह मोहिनी है। श्याम को छोड़ कोई दूसरा नहीं है, जो ऐसी मोहिनी डाल सके। श्याम जरा-सा हमारी ओर ताक कर ही हम पर जादू डाल देते हैं और जरा-सा मुस्कुराकर ही हमारा चित्त चुरा लेते हैं। आज सबेरे ही उन्होंने हमारा रास्ता रोक लिया था और हिसाब करके हमसे दही की चुंगी वसूल कर ली थी। तभी से हम अपने तन-बदन की सुधि भुला बैठी हैं। न जाने कौन-सा मंत्र पढ़कर उन्होंने अपना जादू हमारे सिरों पर चढ़ा दिया।'

कोई चतुर नारी इस प्रकार बोल उठी—'कन्हैया तो हमारी मनोकामनाओं को ही पूरा करते रहते हैं। श्याम ने तो हमारा मन सब तरह से हर लिया है। बिना श्याम के हमारा निर्वाह कैसे हो सकता है?'

१२८६/२२४७ राग धनाश्री

मन हरि सौं, तनु घरहिं चलावति।
ज्यौं गज मत्त लाज-अंकुस करि, घर गुरुजन-सुधि आवति।।
हरि-रस-रूप यहै मद आवत, डर डार्यौ जु महावत।
गेह-नेह-बंधन-पग तोर्यौ, प्रेम-सरोवर धावत।।

रोमावली सुंड, बिबि कुच, मनु कुंभस्थल-छबि पावत ।
'सूरस्याम' केहरि सुनि कै ज्यौं बन-गज-दर्प नवावत ।।

गोपियों का मन तो हरि में लगा हुआ है, पर घर और गुरुजनों का ख्याल करके वे अपना शरीर घर की ओर चलाए जा रहीं हैं। इस समय वे मतवाली हथिनियों सी लग रही हैं। उनके ऊपर लज्जा का अंकुश उठा हुआ है। वे हरि के रूप-रस के मद से छकी हुई हैं। उन्होंने उन्मत्त होकर (समाज के) महावत का डर ही अपने ऊपर से उतार फेंका है। उनके पैरों में घर के स्नेह के बंधन की सीकड़ ही पड़ी हुई थी, जिसे उन्होंने झटककर तोड़ दिया है। वे प्रेम रूपी सरोवर में स्नानार्थ दौड़ी चली जा रही हैं। उनकी रोमावली ही हथिनी की सूँड़ है और उनके दोनों उभरे उरोज ही हथिनी के कुंभ की शोभा को प्राप्त हो रहे हैं। श्याम रूपी सिंह का शब्द सुनकर ही इन हथिनियों का सारा नशा चूर हो जाता हैं, दूर हो जाता है।

१२८७/२२४८ राग धनाश्री

जुवति गईं, घर नैंकु न भावत ।
मातु-पिता गुरुजन पूछत कछु, औरै और बतावत ।।
गारी देत सुनति नहिं नैंकहु, स्त्रवन सब्द हरि पूरे ।
नैन नहीं देखत काहू कौं, ज्यौं कहुँ होहिं अधूरे ।।
बचन कहतिँ हरि ही के गुन कौ, उतहीं चरन चलावैं ।
'सूरस्याम' बिनु और न भावै, कोउ कितनहु समुझावै ।।

जाने के लिए ब्रज-वधूटियाँ अपने अपने घर पहुँच गईं। पर उन्हें अपना घर जरा भी अच्छा नहीं लग पा रहा था। माता,पिता, घर के और और बृद्धजन उनसे कुछ और ही पूछ रहे हैं, पर ये उनके प्रश्नों का उत्तर सीधा न देकर, कुछ और ही बताए जा रही हैं—सवाल दीगर, जवाब दीगर। वे इस पर गालियाँ दे देते हैं, पर वे इन गालियों को जरा भी नहीं सुन पातीं, क्योंकि उनके कान तो हरि के प्रेममय मधुर शब्दों से भरे हुए हैं। उनके नेत्र हैं तो खुले, पर वे किसी को देख नहीं पा रही हैं। उनकी आँखें जैसे आधी-अधूरी ही रह गई हों। वे मुँह से जो कुछ भी कहती हैं, वह हरि का गुणानुवाद ही होता है। अन्य सांसारिक बातें उनके मुँह से निकल ही नहीं पा रही थीं। उनके पैर उसी दिशा में अग्रसर हो रहे थे, जिधर हरि थे। किसी दूसरी ओर उनके पैर मुड़ ही नहीं पा रहे थे। उन्हें कोई कितना भी समझावे, उन्हें हरि ही अच्छे लगे जा रहे थे। हरि को छोड़ उन्हें कुछ भी अच्छा नहीं लग रहा था। वे कोई अन्य बात सुनना ही नहीं चाह रही थी।

१२८८/२२४९ राग सोरठ

लोक-सकुच कुल-कानि तजी ।
जैसैं नदी सिंधु कौं धावै, वैसैंहि स्याम भजी ।।
मातु पिता बहु त्रास दिखायौ, नैंकु न डरी, लजी ।
हारि मानि बैठे, नहिँ लागति, बहुतै बुद्धि सजी ।।
मानति नहीं लोक-मरजादा, हरि कैं रंग मजी ।
'सूरस्याम' कौं मिलि, चूनौ-हरदी ज्यौं रंग रँजी ।।

गोपियों ने सारी लोक-लज्जा और कुल की मर्यादा त्याग दी। जैसे नदी बहते-बहते सिंधु की ओर ही दौड़ी चली जाती है, वैसे ही गोपियाँ कृष्ण के पीछे-पीछे दौड़ी जा रही थीं। माता-पिता ने बहुत डरवाया-धमकाया, पर वे न तो जरा भी डरीं, न लजाईं ही। झख मार कर वे चुप हो गए। उन्होंने बहुत बुद्धि लगाई, पर उनका गोपियों से कुछ नहीं लगा। गोपियों पर कोई भी प्रभाव नहीं पड़ा। वे लोक और समाज की मर्यादा मानने के लिए तैयार ही नहीं हुईं, क्योंकि वे हरि के रंग में पूर्णतया विमज्जित हो गई थीं, डूब गई थीं। वे श्याम से इस प्रकार मिल गई थीं, जिस प्रकार पीली हरदी सफेद चूने से मिलकर लाल रंग की हो जाती है। उसी प्रकार साँवले श्याम से गोरी गोपियाँ मिलकर अनुरागमयी (लाल के रंग में लाल) हो गई थीं।

१२८९/२२५० राग सोरठ

बार-बार जननी समुझावति ।
काहे कौं जहँ-तहँ डोलति, हमकौं अतिहिं लजावति ।।
अपने कुल की खबरि करौ धौं, सकुच नहीं जिय आवति ।
दधि बेंचहु, घर सूधैं आवहु, काहैं झेर लगावति ।।
यह सुनि कै मन हर्ष बढ़ायौ, तब इक बुद्धि बनावति ।
सुनि मैया दधि-माट ढरायौ, तिहिं डर बात न आवति ।।
जान्न देहि कितनौ दधि डार्‌यौ, ऐसैं तब न सुनावति ।
सुनहु 'सूर' इहिं बात डरानी, माता उर लै लावति ।।

राधा को उनकी मैया कीर्ति बार-बार समझाए जा रही हैं—'तू जहाँ-तहाँ क्यों घूमती-फिरती रहती है? अपने इस व्यवहार से तू मुझे अत्यंत लजवाए जा रही है। अपने कुल की मर्यादा का ध्यान तुझे रखना चाहिए। तेरे मन में जरा भी लाज नहीं लगती। दही बेचने जाती है, तो बेंचकर सीधे घर चली आया कर। मार्ग में तू इतनी देर कहाँ लगा दिया करती है?'

मैया की यह बात सुनकर राधा के मन में प्रसन्नता ही हुई कि मैया ने कोई और बात नहीं सोची? तब उसने मन ही मन एक बात सोच निकाली और बौली—'मैया सुन, आज मेरे दही की मटकी लुढ़क गई और सारा दही गिर गया। इसी डर से मेरे मुँह से बात नहीं निकल पा रही थी।'

इसपर मैया ने कहा—'जाने दे, दही गिर गया, तो गिर गया। मुझसे भी कई बार दही की मटकी लुढ़क गई है। तूने पहले ही यह बात क्यों न बता दी? तू इस जरा-सी बात पर इतना डर गई थी!' यह कहकर कीर्ति मैया ने राधा को खींचकर अपनी छाती से लगा लिया।

१२९०/२२५१ राग सारंग

नैंकु नहीं घर सौं मन लागत ।
पिता-मातु, गुरुजन परबोधत, नीके बचन बान-सम लागत ।।
तिनकौं धिक-धिक कहति मनहिं मन, इनकौं बने भलै हों त्यागत ।
स्याम-बिमुख नर-नारि बृथा सब, कैसैं मन इनसौं अनुरागत ।।

इनकौ बदन प्रात दरसै जिनि, बार-बार बिधि सौं यह माँगत ।
यह तनु 'सूरस्याम' कौं अरप्यौ, नैंकु टरत नहिं सोवत जागत ।।

राधा का मन घर में जरा भी नहीं लग पा रहा है। माता, पिता और गुरुजनों को धिक्कारती जाती है और सोचती जाती है—इनको त्याग देने पर ही मेरा भला है। श्याम से जो भी नर-नारी विमुख हैं, वे सभी व्यर्थ हैं। इनसे भला मन कैसे मिल ही सकता है ? वह बार-बार ब्रह्मा से प्रार्थना किए जा रही है कि इनका मुख सबेरे-सबेरे मुझे न दिखाई पड़े, नहीं तो असगुन हो जायगा। उसने अपना तन-मन सब श्याम को समर्पित कर दिया और श्याम की सूरत सोते जागते उसके चित्त से कभी जरा भी टलती नहीं थी।

१२९१/२२५४ राग कान्हरौ

दधि बेंचति ब्रज-गलिनि फिरै ।
गोरस लेन बुलावत कोऊ, ताकी सुधि नैंकहु न करै ।।
उनकी बात सुनति नहिं स्त्रवननि, कहति कहा ये घरनि जरे ।
दूध-दह्यौ ह्याँ लेत न कोऊ, प्रातहिं तै सिर लिये ररै ।।
बोलि उठति पुनि लेहु गुपालहिं, घर-घर लोक-लाज निदरै ।
'सूरस्याम' कौ रूप महारस, जाकैं बल काहू न डरै ।।

गोपी (राधा) ब्रज की गलियों में दही बेचती फिर रही है। उसे कोई गोरस लेने के लिए बुलाता भी है, तो उसकी आवाज उसके कान में पड़ती ही नहीं। वह उसका ख्याल ही नहीं कर पाती, क्योंकि उसके कानों में हरि की मधुर वाणी समाई हुई है। उलटे वह कह उठती है—क्या ये सभी घर जल गए हैं। इनमें कोई नहीं है। मैं सबेरे से ही सिर पर मटुकी रखे चिल्लाती फिर रही हूँ—'दही लो, लो दही'। पर यहाँ कोई भी दूध-दही खरीदने वाला नहीं दिखाई दे रहा है। फिर यह लोक-लाज की अवहेलना करती हुई भी दरवाजे-दरवाजे घूमते हुए कह उठती हैं—'गोपाल लो, लो गोपाल।' वह दही का नाम ही भूल जाती हैं। दही के बदले वह गोपाल को बेचने लगती हैं। श्याम के रूप के महा रस में छली हुई वह ग्वालिन, उसके बल पर किसी से भी नहीं डर रही है।

१२९२/२२५५ राग कान्हरौ

गोरस कौ निज नाम भुलायौ ।
लेहु लेहु कोऊ गोपालहिं, गलिनि गलिनि यह सोर लगायौ ।।
कोउ कहै, स्याम, कृष्ण कहै कोऊ, आजु दरस नाहीं हम पायौ ।
जाकैं सुधि तन की कछु आवति, लेहु दही कहि तिनहिं सुनायौ ।।
इक कहि उठति दान माँगत हरि, कहूँ भई कै तुमहिं चलायौ ।
सुनहु 'सूर' तरुनी जोबन-मद, तापर स्याम-महारस पायौ ।।

ग्वालिनि निकली तो दही बेचने, पर वह दही का नाम ही भूल गई और गली-गली शोर मचाती हुई चिल्ला-चिल्लाकर कहने लगी—'गोपाल ले लो भाई, गोपाल।' कोई-कोई 'श्याम ले लो' कहती जा रही थी, कोई 'कृष्ण ले लो' कहती जा रही थी। वे कहे जा रही थीं—'आज तो हमको हरि का दर्शन ही नहीं मिला।' जो थोड़ा-सा अपने चेत में

आ जाती थी, वह लोगों को सुनाकर यह भी कह देती थी—'लो दही, दही लो'। एक गोपी कह उठी—हरि, तुम हमसे दान माँग रहे हो, यह दान कभी और किसी ने लिया था, कि तुम्हीं ने यह नई पद्धति निकाल डाली है।

ब्रज तरुणियाँ एक तो स्वयं यौवनमद से मतवाली हो उठी थीं, दूसरे उनपर श्याम के अनुराग का अत्यंत नशीला रस छा गया था।

१२९३/२२५६ राग कान्हरौ

ग्वालिनि फिरति बिहालहिँ सौँ ।
दधि-मटुकी सिर लीन्हे डोलति, रसना रटति गोपालहिँ सौँ ।।
गेह-नेह, सुधि-देह बिसारे, जीव पर्‍यौ हरि ख्यालहिँ सौँ ।
स्याम धाम निज बास रच्यौ, रचि, रहित भई जंजालहिँ सौँ ।।
छलकत तक्र उफनि अग-आवत, नहिं जानति तिहिं कालहिँ सौँ ।
'सूरदास' चित ठौर नहीं कहुँ, मन लाग्यौ नँदलालहिँ सौँ ।।

कोई गोपी सिर पर दही की मटुकी लिए हुए, जीभ से गोपाल-गोपाल रटती हुई, विह्वल होकर, तन बदन की सुधि भूलकर ब्रज की गलियों में फेरी लगाए जा रही है। वह अपने घर की, अपने शरीर की, सुधि भूल बैठी है। उसका चित्त तो हरि की लीलाओं में लगा हुआ था। उसने श्याम के नित्य धाम में ही अपना आवास बना लिया था और सभी सांसारिक प्रपंचों से वह दूर हो गई थी। मेटी का मट्ठा चलते समय छलक-छलक कर आगे गिरा जा रहा था। उस समय उस गोपी को इसका भी ज्ञान नहीं हो पा रहा था। उसका चित्त तो कहीं ठौर ठिकाने पर था नहीं, वह तो नंदलाल से जा लगा था। फिर उसे मट्ठा छलकने का भान भी कैसे हो पाता।

१२९४/२२५७ राग मलार

कोइ माई लैहै री गोपालहिँ ।
दधि कौ नाम स्यामसुंदर-रस, बिसरि गयौ ब्रज-बालहिँ ।।
मटुकी सीस, फिरति ब्रज-बीथिनि, बोलति बचन रसालहिँ ।
उफनत तक्र चहूँ दिसि चितवत, चित लाग्यौ नँद-लालहिँ ।।
हँसति, रिसाति, बुलावति, बरजति, देखहु इनकी चालहिँ ।
'सूरस्याम' बिनु और न भावै, या बिरहिनि बेहालहिँ ।।

ब्रजबाला को, श्याम-सुंदर के रस में डूबे रहने के कारण, दही का नाम भूल गया और वह पुकारने लगी 'अरी मैया, कोई गोपाल लेगी।' उसके सिर पर दही की मेटी है। वह ब्रज की गलियों में, अत्यंत मधुर वाणी से बोलती हुई—'गोपाल ले लो, गोपाल!—घूम रही है। उसका मट्ठा छलक-छलक कर गिरा जा रहा है, पर वह इस पर ध्यान नहीं दे पा रही है। उसका चित्त तो नंदलाल पर लगा हुआ है और उसकी निगाहें चारों ओर उन्हीं को ढूँढ़ती हुई घूमती जा रही हैं। वह कभी हँस पड़ती है, कभी क्रुद्ध हो उठती है, कभी किसी ग्राहक को बुलाती है, कभी उसे रोक देती है, मैं तुम्हारे हाथ अपने गोपाल को नहीं बेचूँगी और कभी कह उठती है—इनकी चालाकी तो देखो, मुझसे ये मेरा गोपाल

खरीदने चले हैं। उस गोपी को श्याम के बिना कुछ भी अच्छा नहीं लग प रहा है और श्याम की वह विरहिणी विह्वल और बेहाल हो उठी।

१२९५/२२५८ राग गौड़ मलार

ग्वालिनी प्रगट्यौ पूरन नेहु।
दधि-भाजन सिर पर धरे, कहति गोपालहिं लेहु ।। १ ।।
बन-बीथिनि अरु पुर-गलिनि, जहाँ-तहाँ हरि-नाउँ।
समुझाई समुझति नहीं, सिख दै बिथक्यौ गाउँ ।। २ ।।
कौन सुनै, काकैं स्त्रवन, काकैं सुरति सँकोच।
कौन डरे पथ-अपथ तैं, को उत्तम, को पोच ।। ३ ।।
पिये प्रेम बर बारुनी, बलकति मुख न सम्हार।
पग डगमग जित-तित धरति, बिथुरी अलक लिलार ।। ४ ।।
मंदिर मैं दीपक दिवै, बाहिर लखै न कोइ।
तृन परसत परगट भयौ, गुप्त कौन पै होइ ।। ५ ।।
लज्जा तरल तरंगिनी, गुरुजन गहिरी धार।
दुहूँ कूल-परमिति नहीं, तरत न लागी बार ।। ६ ।।
सरिता निकट तड़ाग कैं, निकसी कूल बिदारि।
नाम मिट्यौ सरिता भई, कौन निवारै वारि ।। ७ ।।
बिधि भाजन ओछौ रच्यौ, सोभा-सिंधु अपार।
उलटि मगन तामैं भई, कौन निकासनहार ।। ८ ।।
चित आकार्ष्यौ नंद-सुत, मुरली मधुर बजाइ।
जिहिं लज्जा जग लज्जियै, (सो) लज्जा गई लजाइ ।। ९ ।।
प्रेम-मगन ग्वालिनि भई, 'सूरज' प्रभु कै संग।
स्त्रवंन नैन मुख-नासिका, (ज्यौं) केंचुल तजै भुजंग ।।१०।।

जब सिर पर दधि-पात्र रखे हुए, ग्वालिनी दही न बेचकर गोपाल को बेचने लगी, तब उसने गोपाल के प्रति अपना पूर्ण स्नेह प्रगट कर दिया॥ १ ॥ वन में, गाँव की गलियों में, जहाँ-तहाँ सभी जगह वह हरि का नाम ले-लेकर पुकारती चली जा रही थी। वह किसी के भी समझाने पर समझ नहीं पा रही थी। सारा गाँव उसे सिखा-सिखाकर हार गया कि हरि का नाम इस तरह से मत बेचो, तुम बदनाम हो जाओगी। पर वह मानी नहीं॥ २ ॥ उस गोपी का मन तो श्याम में लगा हुआ था, अंततः उसकी सारी ज्ञानेन्द्रियाँ निष्क्रिय हो उठी थीं। ऐसी स्थिति में गाँव वालों की बात कौन सुनता? सुनने के लिए उसके कान तो निष्क्रिय हो चुके थे। किसको तन-बदन की सुधि रह गई थी और किसको लाज-शरम रह गई थी। फिर कौन निश्चित करता कि किस पथ पर चलना चाहिए और किस पर नहीं। कौन पथ श्रेयस्कर है और कौन सा त्याज्य है। उसे भले-बुरे का ज्ञान ही नहीं रह गया था॥ ३ ॥ वह श्याम के प्रेम की सुरा पिये हुए थी, इसलिए अपने मुँह को सँभाल नहीं पा रही थी और बलबलाई जा रही थी, जो मुँह से निकल रहा था, निधड़क कहती जा रही

थी। उसके पैर इधर-उधर डगमगाए जा रहे थे और उसकी लटें उसके माथे पर फैल रही थीं ॥ ४ ॥ मंदिर में, घर में, दीया जल रहा हो, तो उसे बाहर से कोई नहीं देख पाता। पर उसी दीप से यदि फूस में आग लग जाय, तो वह किसी के छिपाने से भी नहीं छिप सकती। इसी प्रकार जब तक गोपी का कृष्ण के प्रति प्रेम उसके हृदय में ही था, किसी ने नहीं जााना, पर अब वह हृदय से बाहर आ गया था और सबने जान लिया। वह अब छिपाने से भी नहीं छिप सकता ॥ ५ ॥ लज्जा की चंचल नदी और गुरुजनों के भय की गहरी धारा, दोनों के किनारों की कोई सीमा नहीं, पर गोपियों को उसमें तैर कर पार चले जाने में कोई भी देर नहीं लगी। गोपियाँ ने न लाज किया, न गुरुजनों का भय ही माना। वे कृष्ण के प्रेम में मग्न हो गईं ॥ ६ ॥ नदी किसी तालाब के पास से, उसका भीटा तोड़ती हुई आगे बढ़ती गई। ऐसी स्थिति में तालाब का नाम मिट गया। उसका पानी नदी में मिलकर बहने से कौन रोक सकता है, तालाब भी नदी ही हो गया। कृष्ण के प्रेम की नदी ने गोपियों के प्रेम रूपी तालाब की मेंढ़ को तोड़कर अपने में मिला लिया। अब गोपियाँ गोपियाँ नहीं रह गईं, वे कृष्ण हो गईं ॥ ७ ॥ ब्रह्मा ने इधर गोपियों का हृदय रूपी पात्र तो बहुत छोटा बनाया, उधर कृष्ण का रूप-समुद्र वृहद, बड़ा बना दिया। यह पात्र ही जब उस शोभा-सागर में उलट कर जा मिला, तब उसे उसमें से कौन बाहर निकाल ला सकता है ॥ ८ ॥ नंदकुमार ने मधुर-मुरली बजाकर गोपियों का मन अपनी ओर ऐसा खींच लिया कि जिस लज्जा से सारा संसार लज्जित हो जाता है, वह लज्जा भी यहाँ आकर लजा गई ॥ ९ ॥ प्रभु कृष्ण के प्रेम में ग्वालिनी ऐसी डूब गई कि उसके कान, नयन, मुख और नासिका ने अपना धर्म उसी प्रकार छोड़ दिया, जिस प्रकार साँप केंचुल छोड़ देता है। वह अब हरि को छोड़ न कुछ सुनती है, न देखती है, न बोलती है, न सूँघती है। वह सर्वत्र हरि की बोली सुनती है, वह हरि को ही सर्वत्र देखती है, वह सदा हरि की ही बात करती है, वह सदैव हरि के शरीर की गंध का ही आघ्राण पाती रहती है ॥ १० ॥

१२१६/२२६२ राग बिलावल

नर-नारी सब बूझत धाइ ।
दही मही मटुकी सिर लीन्हे, बोलति हौ गोपाल सुनाइ ।।
हमहिं कहौ तुम करति कहा यह, फिरति प्रातहीं तैं हौ आइ ।
गृह द्वारा कहुँ है कै नाहीं, पिता, मातु, पति, बंधु न भाइ ।।
इततैं उत, उततैं इत आवति, बिधि-मर्जादा सबै मिटाइ ।
'सूरस्याम' मन हर्‌यौ तुम्हारौ, हम जानी यह बात बनाइ ।।

ब्रज के सारे नर-नारी उस ग्वालिनी के पास दौड़े आए और पूछने लगे—तुम अपने सिर पर तो दही की मेटी रखे हुए हो और सुना-सुनाकर कहे जा रही हो—'गोपाल ले लो, ले लो गोपाल'। हमसे बताओ, तुम यह क्या कर रही हो। हम देख रहे हैं कि तुम सबेरे से ही आकर ऐसा कहते हुए घूम-फिर रही हो। तुम्हारा कोई घर-दुआर है कि नहीं? तुम्हारे कोई माता-पिता, भाई-बंधु हैं या नहीं? तुम उधर से इधर और इधर से उधर आ जा रही हो और सारी सामाजिक व्यवस्था और मर्यादा को तुमने मिटा दिया है। हमने यह बात भलीभाँति जान ली है कि श्याम ने तुम्हारा मन हर लिया है।

१२९७/२२६३ राग धनाश्री

कहति नंद-घर मोहिं बतावहु ।
द्वारहिं माँझ बात यह बूझति, बार-बार कहि कहाँ दिखावहु ।।
याही गाउँ किधौं और कहुँ, जहाँ महर कौ गेहु ।
बहुत दूरि तैं मैं आई हौं, कहि काहे न जस लेहु ।।
अतिहीं संभ्रम भई ग्वालिनी, द्वारे ही पर ठाढ़ी ।
'सूरदास' स्वामी सौं अटकी, प्रीति प्रगट अति बाढ़ी ।।

कृष्ण के प्रेम में मतवाली ग्वालिन नंद के ही द्वार पर खड़ी है और पूछे जा रही है—'नंद का घर मुझे बता दो। वह बार-बार पूछे जा रही है—मुझे दिखा दो, नंद का घर कौन है? इसी गाँव में उनका घर है या किसी दूसरे गाँव में। मैं बहुत दूर से आ रही हूँ। मुझे नंद का घर बतलाकर यश क्यों नहीं ले लेते'? ग्वालिनी नंद के दरवाजे पर ही खड़ी है, पर वह भारी भ्रम में पड़ी हुई है। उसका प्रेम कृष्ण से है, वह उनके प्रेम में अटकी हुई है। उसकी प्रीति अब पूर्णतया प्रकट हो गई है।

१२९८/२२६४ राग गौड़ मलार

नंद के द्वार नँद-गेह बूझै ।
इतहिं तैं जाति उत, उतहिं तैं फिरै इत, निकट ह्वै जाति, नहिं नैंकु सूझै ।।
भई बेहाल, ब्रज-बाल, नँद-लाल-हित, अरपि तन मन सबै तिन्है दीन्हौ ।
लोक-लज्जा तजी, लाज देखत लजी, स्याम कौं भजी, कछु डर न कीन्हौ ।।
भूलि गयौ दधि-नाम, कहति लैहो स्याम, नहीं सुधि धाम, कहुँ है कि नाहीं ।
'सूर' प्रभु कौं मिली, मेंटि भली अनभली, चून-हरदी-रंग देह छाहीं ।।

ग्वालिनी नंद के द्वार पर ही खड़ी हुई है और प्रेमोन्मत्तता के कारण पहचान नहीं पा रही है तथा पूछती जा रही है—नंद का घर कौन-सा है? वह इधर से उधर जा रही है, फिर-फिर कर उधर से इधर आ रही है। वह नंद के घर के निकट से ही बार-बार गुजर रही है, पर उसे कुछ भी नहीं सूझ रहा है। वह ब्रज-बाला नंदलाल के लिए विह्वल और बेहाल हो गई है। उसने अपना तन, मन, सब कुछ श्रीकृष्ण को अर्पित कर दिया है। उसने लोक की सारी लाज छोड़ दी है। उसे देखकर तो लाज भी लजा जाती है। वह तो श्याम के प्रेम में पगी हुई है और उसे श्याम का ही निरंतर ध्यान बना हुआ है। उसे किसी का कोई डर नहीं है। वह दही बेचने निकली है; पर 'दही ले लो' न कहकर वह 'श्याम ले लो' कहती जा रही है। उसे इस बात का भी ध्यान नहीं है कि उसका अपना भी कोई घर है कि नहीं, जहाँ उसे लौटकर जाना है। वह लौटने का नाम ही नहीं ले रही है। वह कृष्ण से जा मिली है, उसने इस मिलन में न अच्छाई की ओर ध्यान दिया, न बुराई की ओर। उसकी देह का रंग कृष्ण के रंग में ऐसा मिल गया है, जैसे चूना अपनी सफेदी और हरदी अपना पीलापन छोड़कर एकदम तीसरा रंग लाल बन गया हो।

१२९९/२२६७ राग नट

सुनु री ग्वारि मुग्ध गँवारि ।
स्याम सौं हित भलैं कीन्हौ, दियौ ताहि उघारि ।।

कृष्न-धन कह प्रगट कीजै, राखि सकै उबारि ?
अजहुँ काहे न समुझि देखति, कह्यौ सुनि री नारि ।।
ओछि बुधि तैं करी सजनी, लाज दीन्ही डारि ।
लाज आवति मोहिं सुनि री, तोहि कहत गँवारि ।।
ज्वाब नाहिंन आवई मुख, कहति हौं जु पुकारि ।
'सूर' प्रभु कौं पाइ कै यह, ज्ञान हृदय बिचारि ।।

कोई दूसरी गोपी उस गोपी से कह रही है—अरी मूर्ख गँवार गोपी सुन। तूने श्याम से प्रेम किया, अच्छा ही किया। पर तूने इस प्रेम को सबके सामने खोल दिया, तूने यही बुरा किया। क्या कृष्ण रूपी धन को इस प्रकार प्रगट किया जाता है? क्या तू इस प्रकार प्रकट करके उस प्रेम को बचाए रख सकेगी? तू अब भी क्यों नहीं समझ पा रही है? अरी नारी, मेरा कहना सुन। सखी, अपने कृष्ण-प्रेम को तूने प्रकट करके अपनी बुद्धि का ओछापन ही दिखाया है। तूने सारी लाज-बीज धो बहाई है। तुझे लोग गँवार कहे जा रहे हैं। यह सुनकर लज्जा मुझे लगी जा रही है, तुझे लगे चाहे न लगे। तुझे गँवार कहने वालों के लिए मेरे मुख से कोई जवाब नहीं निकल पाता। मैं स्पष्ट शब्दों में तुझे पुकार कर कहे दे रही हैं—कृष्ण को पाकर तुम्हें यह बात अपने हृदय में ही सँभाल कर छिपा रखनी चाहिए, किसी से कहनी नहीं चाहिए। संयम आवश्यक है।

१३००/२२६८ राग कान्हरौ

कछु कैहै, कै मौनहिं रैहै ।
कहा कहति हौं तोसौं तब तैं, ताकौ ज्वाब कछू मोहिं दैहै ।।
सुनिहैं मातु-पिता लोगनि-मुख, यह लीला उनि सबै जनैहै ।
प्रातहिं तैं आई दधि बेंचन, घरहिँ आजु जैहै कि न जैहै ।।
मेरौ कह्यौ मानिहै नाहीं, ऐसहिं भ्रमि-भ्रमि द्यौस बितैहै ।
मुख तौ खोलि, सुनौं तेरी बानी, भली बुरी कैसी धौं कैहै ।।
गुप्त प्रीति काहे न करि हरि सौं, प्रगट कियैं कछु नफा बढ़ैहै ।
'सूरस्याम' सौं प्रीति निरंतर, लाज कियैं, अंतर कछु ह्वै है ।।

वह गोपी जब चुप ही रही और उसने कुछ जवाब नहीं दिया, तब पहली गोपी पुनः बोली—'अरी तू कुछ कहेगी भी या चुप्पी ही साधे रहेगी? इतनी देर से मैं तुझसे कुछ कहे जा रही हूँ। तू उसका कोई जवाब मुझे देगी या नहीं! लोगों के मुँह से तेरी कृष्ण से प्रेम की बात तेरे माता-पिता सुनेंगे और तेरी यह सारी लीला उन सबको ज्ञात हो जायगी। तू सबेरे से ही दही बेचने आई है। इतनी देर हो गई। तू आज अपने घर लौटकर जायगी भी कि नहीं? अब मैं देख रही हूँ कि तू मेरा कहना नहीं मानेगी और इसी प्रकार चक्कर लगाती हुई सारा दिन बिता देगी। अरी, अपना मुँह तो खोल, मैं तेरी भी बात तो सुन लूँ कि तू भला बुरा क्या कहती है। तू कन्हैया से गुप्त प्रीति ही क्यों नहीं किए रहती? उद्घोषित कर देने से तुझे कोई बड़ा लाभ हो जायगा क्या? श्याम से निरंतर प्रीति किए जा. लज्जापूर्वक इसे गुप्त ही बनाए रख! क्या इस प्रीति को छिपाए रखने से तेरे प्रेम में कुछ अंतर पड़ जायगा?'

१३०१/२२६९ राग कान्हरौ

कहा कहति तू मोहिं री माई।
नंद-नँदन मन हरि लियौ मेरौ, तब तैं मोकौं कछु न सुहाई।।
अब लौं नहिं जानति मैं, को ही, कब तैं तू मेरैं ढिग आई।
कहाँ गेह, कहँ मातु पिता हैं, कहाँ सजन, गुरुजन कहँ भाई।।
कैसी लाज, कानि है कैसी, कहा कहति ह्वै ह्वै रिसहाई ?
अब तौ 'सूर' भजी नँद-लालहिं, की लघुता, की होइ बड़ाई।।

वह प्रेमोन्मत्ता गोपी बोली—अरी सखी तू मुझसे क्या कहे जा रही है? नंद के पुत्र ने तो मेरा मन हर लिया है। तब से मुझे कुछ भी अच्छा नहीं लग रहा है। अभी तक तो मैं यह भी नहीं जान पाई हूँ कि मैं कौन हूँ, तू कब से मेरे पास आई खड़ी है, मेरा घर कहाँ है, मेरे माता-पिता कहाँ हैं, कहाँ मेरे पति हैं, कहाँ मेरे गुरुजन हैं और कहाँ भाई है; लज्जा कैसी होती है, कुल की मर्यादा क्या है, तू रिस करके क्या कहती जा रही है कि मैं रुस्वा (बदनाम) हो जाऊँगी? अब तो मैंने नंदलाल को ही भजना शुरू कर दिया है, उन्हीं से प्रगाढ़ प्रेम करने लगी हूँ। इसमें मेरी नेकनामी हो या बदनामी, मुझे इसकी बिलकुल चिंता नहीं है।

१३०२/२२७० राग धनाश्री

बार-बार मोहिं कहा सुनावति।
नैकहुँ नहीं टरत हिरदय तैं, बहुत भाँति समुझावति।।
दोबल कहा देति मोहिं सजनी, तू तौ बड़ी सुजान।
अपनी सी मैं बहुतै कीन्ही, रहति न, तेरी आन।।
लोचन और न देखत काहूँ, और सुनत नहिं कान।
'सूरस्याम' कौं बेगि मिलावहु, कहत रहत घट प्रान।।

वह प्रेमोन्मत्ता गोपी समझाने वाली सखी से आगे कह रही है—तुम बार-बार मुझसे क्या कह सुनाना चाहती हो? मैंने स्वयं अपने मन को बहुत समझाया, पर कृष्ण मेरे हृदय में आ ऐसे बस गए हैं कि वहाँ से हिलने का नाम नहीं ले पा रहे हैं। सखी तू मुझे क्या दोष दिए जा रही है, तू तो बड़ी चतुर है। मैंने अपनी ओर से बहुत किया। मैं तेरी शपथ खाकर कह रही हूँ कि मैं अपने को किसी भी प्रकार रोक नहीं पा रही हूँ। मेरे नेत्र कन्हैया को छोड़ और किसी को देखते ही नहीं, मेरे कान कान्ह की बात सुनकर किसी अन्य की बात नहीं सुनना चाहते। मेरे शरीर में स्थित मेरे प्राण बार-बार मुझसे कहते रहते हैं—श्याम से मुझे शीघ्र मिला दो।

१३०३/२२७१ राग धनाश्री

सबै हिरानी, हरि-मुख हेरैं।
घुँघट-ओट पट-ओट करैं सखि, हाथ न हाथनि मेरैं।।
काकी लाज, कौन कौ डर है, कहा कहे भयौ तेरैं।
को अब सुनै, स्त्रवन हैं काकैं, निपट निगम के टेरैं।।

मेरे नैन न हौं नैननि की, जो पै जानति फेरैं।
'सूरदास' हरि चेरी कीन्ही, मन मनसिज के चेरैं।।

हे सखी, मैं तो हरि का मुख देखकर अपना सब कुछ गँवा चुकी हूँ। अब तो मेरे हाथ भी मेरे हाथ में नहीं है, मेरे कहे में नहीं हैं कि मेरे कहने से घूँघट खींचकर या ओढ़नी ही खींचकर आड़ कर लें। अब न किसी की लज्जा रह गई है, न किसी का डर ही रह गया है। अब तेरे कहने से क्या होता है? अब वेद की मर्यादा की बात कौन सुने? कान भी अब अपने बस में नहीं रह गए हैं। अब न तो अपने नेत्र अपने रह गए हैं और न मैं ही अपने नयनों की रह गई हूँ। अब इन्हें कृष्ण की ओर से फेर पाना कठिन क्या असंभव है। हरि ने मुझे अपनी दासी बना लिया है और मेरा मन भी कामदेव का सेवक बन बैठा है।

१३०४/२२७२ राग नट

मेरे कहे मैं कोउ नाहिं।
कह कहौं, कछु कहि न आवै, नैकुहूँ न डराहिं।।
नैन ये हरि-दरस-लोभी, स्त्रवन सब्द-रसाल।
प्रथमहीं मन गयौ तन तजि, तब भई बेहाल।।
इंद्रियनि पर भूप मन है, सबनि लियौ बुलाइ।
'सूर' प्रभु कौं मिले सब ये, मोहिं करि गए बाइ।।

सखी मेरे कहे में कोई नहीं है। क्या कहूँ, कुछ कहते नहीं बन पा रहा है। कोई भी मुझसे जरा भी नहीं डर रहा है। मेरे ये नयन हरि के दर्शन के लालची बन बैठे हैं। कान हरि की मधुर वाणी सुनने के लोभी हो गए हैं। सबसे पहले तो मन ही मेरा शरीर त्याग कर हरि से जा मिला। तभी से मैं बेहाल हो गई हूँ। मन तो इंद्रियों का राजा है। उसने मेरी सभी इंद्रियों को अपने पास बुला लिया है। ये सभी जाकर कृष्ण से मिल गए हैं और मुझे अलग अकेला छोड़ गए हैं। मुझे बाहरी बना गए हैं।

१३०५/२२७३ राग गौरी

कहा करौं, मन हाथ नहीं।
तू मो सौं यह कहति भली री, अपनौ चित मोहिं देति नहीं।।
नैन रूप अटके, नहिं आवत, स्त्रवन रहे सुनि बात तहीं।
इंद्री धाइ मिलीं सब उनकौं, तन मय जीव रह्यौ सँगहीं।।
मेरैं हाथ नहीं ये कोऊ, घट लीन्है इक रही महीं।
'सूरस्याम' संग तैं कहुँ टरत न, आनि देहि, जौ मोहिं तुहीं।।

सखी, मैं क्या करूँ? मेरा मन ही मेरे हाथ में नहीं रह गया है। तू जो यह शिकायत कर रही है कि मैं तुझे अपना चित्त नहीं दे पा रही हूँ, तेरी बातें ध्यान से नहीं सुन पा रही हूँ, तेरी यह शिकायत जायज है। मेरे नेत्र कन्हैया के रूप में जा उलझे हैं, वापस आने का नाम ही नहीं ले रहे हैं। मेरे कान भी कन्हैया की मीठी बातें सुनने में वहाँ लीन हो गए हैं। मेरी सब इंद्रियाँ दौड़कर हरि से जा मिली हैं। मेरे तन का साथी अब यह जीव मात्र रह

गया है। अब मेरे हाथ में मेरी कोई भी इंद्रिय नहीं रह गई है। बस अकेला शरीर लिए मैं यहाँ पड़ी रह गई हूँ। श्याम का संग छोड़कर मेरी इंद्रियाँ कहीं अन्यत्र टलने का नाम नहीं ले पा रही है। अगर तू ही इन्हें मेरे पास वापस ला सके, तो ला दे। मैं तेरा भारी उपकार मानूँगी।

१३०६/२२७९ राग आसावरी

मैं अपनौ मन हरि सौं जोर्‌यौ। हरि सौं जोरि, सबनि सौं तोर्‌यौ॥
नाच कछ्यौ, तब घूँघट छोर्‌यौ। लोक-लाज सब फटकि पछोर्‌यौ॥
आगैं पाछैं नीकैं हेर्‌यौ। माँझ बाट मटुकी सिर फोर्‌यौ॥
कहि कहि कासौं करति निहोर्‌यौ। कहा भयौ कोऊ मुख मोर्‌यौ॥
'सूरदास' प्रभु सौं चित जोर्‌यौ। लोक-बेद तिनुका सौं तोर्‌यौ॥

सखी मैंने अपना मन हरि से जोड़ लिया है। हरि से अपना मन जोड़कर और सबसे नाता तोड़ लिया है। जब नाच के लिए निकल पड़ी, तब घूँघट कैसा? मैंने घूँघट करना छोड़ दिया। सूप में रखकर अनाज पछोरते हैं, फटकते हैं। तुच्छ चीजें उड़ जाती हैं। काम की चीज ही सूप में रह जाती है। उसी प्रकार मैंने लोक-लाज को तुच्छ समझकर, नगण्य समझकर, फजूल समझकर, पछोरकर फेंक दिया है। मैंने अपना आगा-पीछा भली-भाँति देख लिया है और लज्जा की मेटी को मध्य रास्ते में ही फोड़ डाला है। मैं किस किसकी मनुहार करती फिरती। अगर किसी ने मेरी ओर से अपना मुँह मोड़ ही लिया, कोई मुझे बदनाम समझकर मेरी ओर देखना नहीं चाहती, मुझसे बोलना नहीं चाहती, तो उससे मेरा क्या बनता बिगड़ता है। मैंने अपना मन कन्हैया से जोड़ लिया है और लोक मर्यादा और वेद की मर्यादा को तिनके के समान तोड़ डाला है।

१३०७/२२८२ राग सारंग

करन दै लोगनि कौं उपहास।
मन क्रम बचन नंद-नंदन कौ, नैंकु न छाड़ौं पास॥
सब या ब्रज के लोग चिकनियाँ, मेरे भाऐं घास।
अब तौ यहै बसी री माई, नहिं मानौं गुरु त्रास॥
कैसें रह्यौ परै री सजनी, एक गाँव कै बास।
स्याम मिलन की प्रीति सखी री, जानत 'सूरजदास'॥

सखी, यदि लोग मेरी हँसी उड़ाते हैं, बदनामी करते हैं, तो करने दे। मुझे उनकी जरा भी चिंता नहीं है। मैं अब मनसा, वाचा, कर्मणा नंद के नंदन का जरा भी साथ छोड़नेवाली नहीं। इस ब्रज के जितने भी छैल चिकानियाँ हैं, वे सब मेरे लिए घास हैं, घास। अब तो मेरे मन में श्याम की प्रीति की यह बात बस गई है और मैं गुरुजनों का भी डर नहीं मानती। मैं और कन्हैया एक ही गाँव में रहते हैं। आमना-सामना हो जाता है। फिर श्याम मिलन की प्रीति कैसे छोड़ी जा सकती है। हाँ, हम लोग दूर-दूर के गाँवों के रहनेवाले होते, तो शायद इस प्रीति में कुछ कमी आ जाती। इस बात को तो सूरजदास भी भली-भाँति जानते हैं।

१३०८/२२८३ राग रामकली

एक गाउँ कै बास सखी, हौं कैसैं धीर धरौं ।
लोचन-मधुप अटक नहिं मानत, जद्यपि जतन करौं ।।
वै इहिं मग नित प्रति आवत हैं, हौं दधि लै निकरौं ।
पुलकित रोम-रोम, गदगद सुर, आनँद उमंग भरौं ।।
पल अंतर चलि जात कलप बर, बिरहा-अनल जरौं ।
'सूर' सकुच कुल-कानि, कहाँ लगि आरज-पथहिं डरौं ।।

सखी, मैं और कन्हैया एक ही गाँव में तो रहते हैं। फिर मैं धैर्य धारण करूँ, तो कैसे करूँ। मेरे नयन रूपी भौंरे कोई रोक-रोक नहीं माननेवाले हैं, यद्यपि मैं उन्हें रोक रखने का प्रयास करती हूँ। कृष्ण रोज ही इस रास्ते से आते-जाते रहते हैं। मैं भी इसी रास्ते से दही बेचने निकलती हूँ। उन्हें देखकर मुझे रोमांच हो आता है, गला भर्रा उठता है और आनंद की लहर से मेरा शरीर भर उठता है। एक पल का वियोग मुझे कल्प के समान लगने लगता है और मैं विरह की अग्नि में जलने लगती हूँ। फिर मैं कहाँ तक लज्जा करूँ और कहाँ तक कुल की मर्यादा का निर्वाह करूँ और कहाँ तक आर्य पथ शास्त्रानु-मोदित मार्ग से डरूँ। मुझे विवश होकर सकुच, कुल-कानि और आर्यपथ को त्यागना ही पड़ता है।

१३०९/२२८८ राग धनाश्री

सुनि री सखी बात इक मेरी ।
तोसौं धरौं दुराइ, कहौं किहिं, तू जानहि सब चित की मेरी ।।
मैं गोरस लै जाति अकेली, काल्हि कान्ह बहियाँ गही मेरी ।
हार सहित अँचरा गहि गाढ़ैं, इक कर गही मटुकिया मेरी ।।
तब मैं कह्यौ खीझि, हरि छाँड़हु, टूटहिगी मोतिनि लर मेरी ।
'सूरस्याम' ऐसैं मोहि रिझयौ, कहा कहति तू मोसौं मेरी ।।

अरी सखी मेरी एक बात सुन। यदि मैं अपने मन की तुझसे छिपाऊँगी तो फिर कहूँगी किससे? तू तो मेरे मन की सारी बातें जानती है। कल मैं गोरस लिए हुए अकेले ही चली जा रही थी। कान्ह ने अचानक आकर मेरी बाँह पकड़ ली। उसने मेरी मोती माला के सहित मेरा आँचर (उरोज) भी कसकर पकड़ लिया और एक हाथ से मेरी मटुकी पकड़ ली। तब मैंने रिसिया कर कहा—कान्हा, छोड़ दो, मेरी मोती की माला की लड़ी टूट जायगी। कन्हैया ने इस प्रकार मुझे रिझा लिया। ऐ मेरी सखी, बता, अब तू मुझसे क्या कहती है। मैं करूँ तो क्या करूँ?

१३१०/२२८९ राग धनाश्री

तऊ न गोरस छाँड़ि दयौ ।
चहुँ-फल-भवन, गह्यौ सारंग-रिपु-बाजि धरा अथयौ ।।
अमी-बचन-रुचि रचत कपट हठ, झगरौ फेरि ठयौ ।
कुमुदिनि प्रफुलित, हौं जिय सकुची, लै मृग-चंद नयौ ।।

जानि निसा सिसु-रूप बिलोकत, नवल किसोर भयौ ।
तब तैं 'सूर' नैंकु नहिं छूटत, मन अपनाइ लयौ ।।

मेरे कहने पर भी कन्हैया ने मेरे गोरस की मटुकी नहीं छोड़ी। यद्यपि वे धर्म, अर्थ, काम, मोक्ष इन चारों फलों के स्वयं भांडार हैं। फिर भी उन्हें मेरी मटुकी में न जाने कौन रस मिला कि उन्होंने उसे जो पकड़ा, तो पकड़े ही रह गए। बड़ी देर हो गई। यहाँ तक की सारंग (रात्रि) के शत्रु (सूर्य) के घोड़े भी पृथ्वी पर अस्त हो गए। सूर्यास्त हो चला। पहले तो कन्हैया ने अमृत के समान मीठी अपनी कपट भरी बातों में उलझा रखा। फिर वे मुझसे दान के लिए झगड़ने लगे। इसी बीच चंद्रमा अपने वाहन मृग को लेकर जय करता आ धमका। रात हो गई। उसे देखकर कुमुदिनी तो विकसित हो गई, पर मैं अपने जी में अत्यंत सकुचा गई। रात को आया जान कृष्ण जो अभीतक छोटे बालक थे, अब नवलकिशोर बन गए। तभी से उन्होंने मेरे मन को अपना बना लिया और वह अब उनसे अलग नहीं हो पा रहा है। उनकी पकड़ की जकड़ से छूट नहीं पा रहा है।

१३११/२२१८ राग रामकली

यह कहि मौन साध्यौ ग्वारि ।
स्याम-रस घट पूरि उछलत, बहुरि धर्‍यौ सम्हारि ।।
वैसैंही ढँग बहुरि आई, देह-दसा बिसारि ।
लेहु री कोउ नंद-नंदन, कहै पुकारि पुकारि ।।
सखी सौं तब कहति, तू री को, कहाँ की नारि ।
नंद कैं गृह जाउँ कित है, जहाँ हैं बनवारि ।।
देखि वाकौं चकित भइ सखि, बिकल भ्रम गइ मारि ।
'सूरस्याम' हिं कहि सुनाऊँ, गए सिर कह डारि ।।

यह कहकर वह ग्वालिन फिर चुप हो गई। श्याम के प्रेम रस से भरा हुआ उसके शरीर का जो घड़ा अभी तक उछला पड़ रहा था, उसे उसने किसी तरह सँभाल कर अपने काबू में किया। वह अपने देह की दशा भूल गई और पहले के से रंग ढंग वाली हो गई। वह पुकार-पुकार कर कहने लगी—'लो, नंदनंदन ले लो'। अभी तक जिस सखी से बातें कर रही थी, उसी से अनचीन्ही सी होकर पूछने लगी—'तू कौन है और कहाँ की रहनेवाली है ? मैं नंद के घर जाना चाहती हूँ, जहाँ बनवारी कृष्ण रहते हैं। मुझे नंद के घर का रास्ता बता दे, किधर होकर जाऊँ ?' वह सखी अपनी सखी की यह दशा देखकर चकित हो गई और सोचने लगी—'यह बेचारी तो भारी भ्रम में पड़कर परेशान हुई जा रही है। अब मैं चलूँ और स्वयं श्याम से पूछूँ। उन्होंने इसके सिर पर कौन-सा मोहन मंत्र डाल दिया है।'

१३१२/२२११ राग नट

सखी वह गई हरि पैं धाइ ।
तुरतहीं हरि मिले ताकौं, प्रगट कही सुनाइ ।।
नारि इक अति परम सुंदरि, बरनि कापैं जाइ ।
प्रात तैं सिर धरे मटुकी, नंद-गृह भरमाइ ।।

लेहु लेहु गुपाल कोऊ, दह्यौ गई भुलाइ ।
'सूर' प्रभु कहुँ मिलैं ताकौं, कहति करि चतुराइ ।।

वह सखी दौड़ी-दौड़ी कन्हैया के पास गई। हरि उससे तुरंत मिले। सखी ने अपनी सखी की सारी व्यथा-कथा उनसे कह सुनाई—अभी-अभी मुझे एक अजीब सुंदरी नारी मिली है। उसका रूप तो किसी से भी कहते नहीं बन पाएगा। सबेरे से ही वह सिर पर दही की मटकी धरे हुए नंद का घर पूछती हुई भटक रही है। वह 'लो दही, दही लो' कहना भूल गई है और कहती फिर रही है—'कोई गोपाल ले लो, ले लो गोपाल।' वह गोपी चतुराई से श्याम से बातें कर रही है, जिससे वे उसकी सखी से कहीं मिल लेने का अवसर ढूँढ़ कर निकाल लें।'

१३१३/२२९२ राग कान्हरौ

नंद-ग्राम कौ मारग बूझै है, हो कोउ दधि बेंचनहारी ।
सुनहु न स्याम, कठिन तन गारै, बिधु-बदनी अरु हाटक-ढारी ।।
अब याको सुर ताहि बिरंचे, जाहि बिरंचि सीस पर धारी ।
कमल कुरंग चलत बरुनी चख, राख्यौ निकट निषंग सँवारी ।।
गति मराल-सावक ता पाछैं, जावक मुकुता चुनत बिसारी ।
'सूरदास' प्रभु कहत बनै नहिं, सुख-संपति बृषभानु दुलारी ।।

वह सखी कृष्ण से कहे जा रही है—कोई दही बेंचनेवाली है, जो नंद गाँव का रास्ता पूछ रही है। हे श्याम, जरा सुनो तो, उसने अपना सारा शरीर गला डाला है। वह चंद्रमुखी है और उसका शरीर तो ऐसा है मानों सोना गलाकर साँचे में ढाल दिया गया हो। अब इसके मन का सुर उन कृष्ण से मिल गया है, जिनके पैरों पर ब्रह्मा तक ने अपना सिर रख दिया था। उसके चक्षु कमल और मृग के सदृश हैं। उसकी आँखों की बरौनियाँ तूणीर के समान हैं। लगता है कमल और कुरंगी सी आँखों ने अपने निकट ही बरौनियों रूपी तरकश रख छोड़े हैं। उसकी गति हंस के बच्चे सी है। पैरों के नख मानो मोती हैं। लगता है हंस के बच्चे महावर से रँग उठे नख के मोती को चुगने में आत्म विस्मृत हो उठे हों। मुझसे कुछ कहते नहीं बन पा रहा है, बस इतना ही कह सकती हूँ, वह बृषभानु की दुलारी राधा है जो सुख और सम्पत्ति का भांडार है।

१३१४/२२९३ राग बिलावल

सिर मटुकी, मुख मौन गही ।
भ्रमि भ्रमि बिवस भई नव ग्वारिनि, नवल कान्ह कैं रस उमहीं ।।
तन की सुधि आवति जब मनही, तबहिं कहति कोउ लेहु दही ।
द्वारैं आइ नंद कैं बोलति, कान्ह लेहु किन सरस मही ।।
इत उत फिरि आवति याही मग, महरि तहाँ लगि द्वार रही ।
और बुलावति ताहि न हेरति, बोलति आनि नंद-दरही ।।
अंग-अंग जसुमति तिहिं चरची, कहा करति यह ग्वारि बही ।
सुनहु 'सूर' यह ग्वारि दिवानी, कब की याही ढंग रही ।।

वह गोपी सिर पर दही की मटुकी लिए हुए थी। वह चुपचाप मौन धारण किए हुए आगे बढ़ती चली आ रही थी। वह नवल कन्हैया के प्रेम में डूबती-उतराती, भूलती-भटकती बेबस हो गई थी। जब उसको अपने तन की जरा-सी भी सुधि आ जाती थी, तब वह कह उठती थी—'दही ले लो, ले लो दही'। वह नंद के द्वार पर आकर बोल उठती थी—'कन्हैया आकर बढ़िया मट्ठा क्यों नहीं ले लेते?' इधर-उधर से घूमकर वह इसी मार्ग पर बार-बार आ जाती थी। महरि यशोदा अपने दरवाजे से लगी हुई खड़ी यह तमाशा देखे जा रही थीं। और कोई दूसरा मट्ठा मोल लेने के लिए बुलाता था, तब वह उस ग्राहक की ओर दृष्टिपात भी नहीं कर रही थी। वह आकर नंद के दरवाजे पर ही रुकती थी और कहती थी, 'ले लो दही'। उसके अंग-अंग की दशा देखकर यशोदा सोचने लगीं—यह ग्वालिन बहती हुई, भटकती हुई, क्या कर रही है?'

सूर का कहना है—यशोदा जी, सुनिए, यह ग्वालिनी प्रेम की दीवानी है। इसका यह ढंग न जाने कब का है।

१३१५/२२९४ राग रामकली

कब की मह्यौ लिये सिर डोलै ।
झूठै हीं इत उत फिरि आवै, इहाँ आनि पै बोलै ।।
मुँह लौं भरी मथनियाँ तेरी, तोहिं रटत भई साँझ ।
जानति हौं गोरस कौ लेवा, याही बाखरि-माँझ ।।
इत धौं आइ बात सुनि मेरी, कहैं बिलग जनि मानै ।
तेरे घर मैं तुहीं सयानी, और बेंचि नहिं जानै ।।
भ्रमत-भ्रमत भ्रमि गई ग्वारिनी, बिकल भई बेहाल ।
'सूरदास' प्रभु अंतरजामी, आइ मिले गोपाल ।।

एक गोपी कह रही है—'यह ग्वालिन सिर पर मट्ठा की मटुकी रखे हुए न जाने कब से घूम रही है। यह झूठ-मूठ का इधर-उधर का चक्कर लगा आती है और यहीं आकर 'लो दही' बोलती है।' जब उस गोपी से न रहा गया, तब वह कह बैठी—तेरी मटुकी तो मुँह तक ज्यों की त्यों लबालब भरी हुई है और तुझे 'लो दही' कहते-कहते साँझ हो आई। मैं समझती हूँ कि तेरे गोरस का लेनेवाला इसी बखरी में है। इधर तो आ, नेक मेरी बात तो सुन, मेरी बात का बुरा मत मानना। क्या अपने घर में तू ही वयस्का है, जो दही बेचना जानती है। तेरे घर में कोई दूसरा दही बेचना नहीं जानता क्या?'

पर उस दही बेचने वाली ने एक न सुना। इधर-उधर भटकते हुए वह ग्वालिनी भ्रम में पड़ गई, विकल हो गई और अंत में बेहाल हो गई। तब अंतर्यामी प्रभु गोपाल तुरंत आकर उसे मिल गए।

१३१६/२२९५ राग रामकली

भई मन माधव की अवसेर ।
मौन धरे मुख चितवति ठाढ़ी, ज्वाब न आवै फेर ।।
तब अकुलाइ चली उठि बन कौं, बोलैं सुनति न टेर ।
बिरह बिबस चहुँधा भरमति है, स्याम कहा कियौ झेर ।।

आवहु बेगि मिलौ नंद-नंदन, दान न करौ निबेर।
'सूरस्याम' अंकम भरि लीन्हीं, दूरि कियौ दुख-ढेर ।।

ग्वालिनी के मन में माधव कृष्ण की चिंता लगी हुई थी। वह चुप बनी रही, मुँह देखती खड़ी रही, उसके मुँह से कोई जवाब नहीं निकला। तब वह व्याकुल होकर वन की ओर चल पड़ी और बुलाने पर भी उसने किसी की पुकार नहीं सुनी। वह विरह में व्याकुल होकर चारों ओर भटकती फिरी और कहती रही—श्याम, तुमने कहाँ देर कर दी। नंदनंदन आकर शीघ्र मिलो, आकर दान का निपटारा क्यों नहीं कर लेते?' तभी श्याम ने आकर उसे छाती से लगा लिया और उसके दुखों के ढेर को दूर कर दिया।

कुंज-विहार

१३१७/२२९६ राग बिलावल

साँची प्रीति जानि हरि आए। पूरन नेह प्रगट दरसाए ॥
लई उठाइ अंक भरि प्यारी। भ्रमि-भ्रमि स्त्रम कीन्हौ तनु गारी ॥
मुख मुख जोरि अलिंगन दीन्हौ। बार-बार भुज भरि उर लीन्हौ ॥
बृंदाबन-घन-कुंज लता-तर। स्यामा-स्याम नवल-नवला बर ॥
मनमोहन-मोहिनि सुखकारी। कोक-कला-गुन प्रगटे भारी ॥
छूटे-बंद अलक सिर छूटे। मोतिनि-हार टुटे, सुख लूटे ॥
'सूरस्याम' बिपरीत बढ़ाई। नागरि सकुचि रही लपटाई ॥

नागरी राधा का अपने प्रति सच्चा प्रेम जानकर कृष्ण उसके पास चले आए और उसके प्रति अपना पूर्ण प्रेम प्रकट कर दिखाया। उन्होंने अपनी प्रिया राधा को अपनी बाहों में उठाकर अपनी छाती से लगा लिया और कहा—तुमने तो मेरे लिए चारों ओर भूल भटककर भारी श्रम उठाया और अपना शरीर गला डाला। फिर उन्होंने राधा के मुँह से अपना मुँह मिलाकर चुंबन लिया और बार-बार अपनी भुजाओं में भरकर अपनी छाती से लगाकर उसका आलिंगन किया। फिर वृंदावन की सघन कुंज में, लता के नीचे, नवल श्याम (कृष्ण) और नवला श्यामा (राधा) मनमोहन और मनमोहिनी ने कोक कला के सारे सुखदायक कौशल प्रगट कर दिखाये। राधा की चोली के बंद छूट गए, सिर की अलकावली भी विखर गई, मोत्रियों की माला टूट गई। इस प्रकार दोनों ने खूब सुख लूटा।. फिर श्याम ने विपरीत रति के लिए राधा को जब अपने वक्ष पर लिटा लिया, तब वह नागरी सकुचा कर उनसे एकदम लिपट गई।

१३१८/२२९७ राग नट

स्यामा स्याम करत बिहार।
कुंज-गृह रचि कुसुम-सज्जा, छबि बरनि को पार ।।
सुरत-सुख करि अंग आलस, सकुचि बसन सम्हारि।
परसपर भुज कंठ दीन्हें, बैठे हैं बर नारि ।।
पीत कंचन-बरन भामिनि, स्याम घन-अनुहारि।
'सूर' घन अरु दामिनी मिलि, प्रगट सुख बिस्तारि ।।

श्यामा और श्याम कुंजगृह में फूलों की सेज बनाकर विहार में रत हो गए। उस समय की उनकी छवि का वर्णन करके कौन पार पा सकता है। उन्होंने रति का आनंद उठाया। सुरति के अंत में उनके सारे अंग शिथिल पड़ गए और लजाकर दोनों ने अपने अपने परिधान सँभाल लिए। फिर एक दूसरे के गले में अपनी-अपनी बाहें डाले, वे वर (कृष्ण) और नारि दुलहिन (राधा), बैठ रहे। भामिनी राधा का शरीर पीले सोने के रंग का है और श्याम का शरीर जल भरे बादल के समान श्याम-वर्ण का है। ऐसा लगता था जैसे बिजली और बादल सुख का विस्तार करके, रति का आनंद लेकर, आपस में युगनद्ध होकर मिल बैठे हों।

१३१९/२२९८ राग कान्हरौ

राधा बसन स्याम तनु चीन्ही ।
सारंग-बदन, बिलास बिलोचन, हरि सारंग जानि रति कीन्हीं ।।
सारंग-बचन, कहत सारंग सौं, सारंग-रिपु दै राखति झीनी ।
सारंग-पानि गहत रिपु-सारंग, सारंग कहा कहति लियौ छीनी ।।
सुधा पान करिकै नीकी बिधि, रह्यौ सेस फिरि मुद्रा दीन्ही ।
'सूर' सुदेस आहि रति-नागर, भुज आकर्षि बाम कर लीन्ही ।।

राधा ने देखा कि कृष्ण ने उसकी साड़ी पहन रखी है। तब उस सारंग (चंद्र) मुखी और विशाल विलास-लोचना ने हरि को सारंग (कामदेव, सुंदर) जानकर उनसे जमकर सुरति की। सारंग (कोकिल) के समान मधुर बोलनेवाली राधा ने सारंग (कृष्ण) से कहा—तुमने तो सारंग का रिपु (दीपक के शत्रु, दीप को बुझाने वाले अंचल, पट) पीतांबर दे डाला है, जो बहुत झीना (हलका, पतला) है। तब सारंगपाणि (कमल के समान हाथ वाले) कृष्ण ने राधा का सारंग-रिपु (दीपक का शत्रु) आँचल खींचकर कहा—हे सारंग (सुंदरी), क्या कहती हो, मैंने तुम्हारा क्या छीन लिया है? यह कहकर कृष्ण ने राधा का अधरामृत भलीभाँति पी लिया। जो कुछ शेष बच रहा, उस पर उन्होंने अपने चुंबन की मुहर लगा दी। फिर रति-क्रिया में चतुर सुंदर कृष्ण ने अपनी बाहों में उस सुंदरी बामा राधा को खींच लिया।

१३२०/२२९९ राग रामकली

तुमसौं कहा कहौं सुंदर घन ।
या ब्रज मैं उपहास चलत है, सुनि-सुनि स्त्रवन रहति मनहीं मन ।।
जा दिन सबनि पछारि, नोइ करि, मोहि दुहि दई धेनु बंसीबन ।
तुम गही बाहँ सुभाइ आपनैं, हौं चितई हँसि नैंकु बदन-तन ।।
ता दिन तैं घर मारग जित तित, करत चबाव सकल गोपीजन ।
'सूरस्याम' अब साँच पारिहौं, यह पतिब्रत तुमसौं नंद-नंदन ।।

राधा बोली—हे श्याम घन के समान सुंदर कृष्ण, मैं तुमसे क्या कहूँ? अब इस ब्रज में मेरी भारी बदनामी होने लगी है। मैं कानों से सुनती हूँ और मन मसोस कर रह जाती हूँ। जिस दिन तुमने वंशी-वन में अन्य सभी गोपियों की गायें न दुहकर, उन्हें पीछे

छोड़कर, मेरी गैया के पैर में रस्सी बाँधकर, मेरी गाय दुह दी थी और सहज रूप से तुमने मेरी बाँह पकड़ ली थी और मैंने तुम्हारी ओर देखकर जरा-सा मुसकुरा दिया था, उसी दिन से घर में, मार्ग में, यत्र-तत्र सर्वत्र ये सभी गोपियाँ मेरी निन्दा करती रहती हैं। हे नंदनंदन, हे श्याम, अब मैंने निश्चय कर लिया है कि मैं तुम्हीं से अपना सच्चा पातिव्रत पालन कर दिखाऊँगी।

१३२१/२३०० राग भैरव

कहा कहौं सुंदर घन तोसौं।
घेरा यहै चलावत घर-घर, स्त्रवन सुनत जिय सोसौं।।
भगिनी, मातु-पिता, बांधव अरु गुरुजन यह कहैं मोसौं।
राधा कान्ह एकसंग बिलसत, मनहीं मन अपसोसौं।।
कबहुँक कहौं सबनि परित्यागौं, बूझति हौं अब गौं सो।
'सूरस्याम' दरसन बिनु पाऐं, नैन देत मोहिं दोषौ।।

राधा कृष्ण से कह रही हैं—हे घनश्याम, मैं तुमसे क्या कहूँ? घर-घर में मेरी निन्दा चल रही है, जिसे कानों से सुन-सुनकर मेरे प्राण सूखते जा रहे हैं। बहन, माता-पिता, भाई और सभी अन्य बड़े लोग यही कहते रहते हैं कि राधा और कन्हैया एक साथ विलास-रत रहते हैं। सुनकर मैं मन ही मन अफसोस करके चुप रह जाती हूँ। मैं कभी यह सोचती हूँ कि इन सबको छोड़ ही दूँ। हे श्याम, तुम्हारे दर्शन न मिलने पर मेरे नेत्र भी मुझी को दोष देते रहते हैं।

१३२२/२३०१ राग रामकली

बात यह तुमसौं कहत लजाउँ।
सुनि न जात घर-घर कौ घेरा, काहूँ मुख न समाउँ।।
नर नारी सब यहै चलावत, राधा मोहन एक।
मातु-पिता सुनि-सुनि अति त्रासत, मैं इक, वै जु अनेक।।
आपु जबै द्वारैं ह्वै निकसत, देखत सबै सुगात।
निंदत तुमहिं, सुनावत मोकौं, सुनत न नैंकु सुहात।
धिक नर, धिक नारी, धिक जीवन, तुमहिं बिमुख धिक देह।
'सूरस्याम' यह कोउ न जानत, तन ह्वैहै जरि खेह।।

राधा कह रही है—हे कन्हैया, मैं यह बात तुमसे कहते हुए लजाई जा रही हूँ। घर-घर में मेरी जो निन्दा हो रही है, वह मुझसे सुनी नहीं जाती। मैं किसी के मुँह में समा नहीं पा रही हूँ। किसी को अच्छी नहीं लग रही हूँ, सभी का मुँह मेरी निन्दा के लिए खुला हुआ है। मैं किसी का मुँह कैसे बंद कर सकती हूँ। ब्रज के सभी नर-नारी यही चर्चा चलाते रहते हैं कि राधा और मोहन दो शरीर एक प्राण हो गए हैं। यह सब सुन-सुनकर मेरे माता-पिता मुझे अत्यंत सताने लगे हैं। मैं अकेली हूँ, निन्दक बहुत हैं। तुम जब भी मेरे द्वार पर होकर निकलते हो, तब सभी देखते ही संदेह करने लगते हैं कि यह छैला राधा को देखने के लिए ही इस मार्ग से आ निकला है। नहीं तो क्या दूसरा मार्ग आने-जाने को

नहीं है। वे निन्दा तो तुम्हारी करते हैं और सुनाते मुझको हैं। मैं मन मारे सब सुन लेती हूँ, पर मुझे उनका यह सब कहना जरा भी अच्छा नहीं लगता। जो तुम्हारे विमुख है—उन युंवाओं को, उन नारियों को, उस जीवन को और उस शरीर को धिक्कार है। हे श्याम, लोग यह नहीं जानते कि अंततः इस शरीर को जलकर राख ही हो जाना है। फिर श्याम-कृष्ण से प्रेम क्यों न कर लिया जाय, उनसे विमुख न हुआ जाय।

१३२३/२३०२ राग गूजरी

स्याम यह तुमसौं क्यौं न कहौं।
जहाँ-तहाँ घर घर कौ घैरा, कौनी भाँति सहौं॥
पिता कोपि करवाल गहत कर, बंधु बधन कौं धावै।
मातु कहै कन्या कुल कौ दुख, जनि कोऊ जग जावै॥
बिनती एक करौं कर जोरे, इनि बीथिनि जनि आवहु।
जौ आवहु तौ मुरलि-मधुर-धुनि, मो जनि कान सुनावहु॥
मन क्रम बचन कहति हौं साँची, मैं मन तुमहिं लगायौ।
'सूरदास' प्रभु अंतरजामी, क्यौं न करौ मन भायौ॥

राधा कह रही है—हे श्याम, मैं तुमसे यह बात क्यों न कह दूँ? घर-घर में जहाँ-तहाँ मेरी निन्दा हो रही है। मैं यह निन्दा किस प्रकार कहूँ? पिता क्रुद्ध होकर मुझे मारने के लिए तलवार लेकर दौड़ पड़ते हैं। भाई जान से मार डालने के लिए दौड़ पड़ते हैं। माता तो कहती हैं कि बेटी कुल के लिए भारी संकट है, भारी विपत्ति है। संसार में कोई भी कन्या को जन्म न दे। मैं तुमसे एक यही विनती हाथ जोड़कर कर रही हूँ—इन गलियों से कभी मत आया जाया करो और यदि आ भी जाओ तो अपनी मुरली की मधुर ध्वनि मेरे कानों में मत पड़ने दो। मैं मनसा, वाचा, कर्मणा तुमसे सच-सच कह रही हूँ—मैंने तुम्हीं से अपना मन लगा रखा है। तुम तो अंतर्यामी हो। मेरा मनचाहा क्यों नहीं कर डालते।

१३२४/२३०३ राग रामकली

हँसि बोले गिरिधर रस-बानी।
गुरुजन खिझैं कतहिं रिस पावति, काहे कौं पछितानी॥
देह धरे कौ धर्म यहै है, स्वजन कुटुंब गृह-प्रानी।
कहन देहु, कहि कहा करैंगे, अपनी सुरत हिरानी?
लोक लाज काहे कौं छाँड़ति, ब्रजहीं बसैं, भुलानी।
'सूरदास' घट द्वै हैं, मन इक, भेद नहीं कछु जानी॥

राधा की बात सुनकर कृष्ण हँसकर मधुरवाणी में बोले—घर के बड़े-बूढ़े तो खिझेंगे ही। उनके चिढ़ने पर न तो क्रोध करना चाहिए और न पछताना ही चाहिए। स्वजन, कुटुंब और घर के अन्य प्राणी सभी इसी देह के कारण हैं। सबका संबंध इसी शरीर के नाते है। उन्हें कहने दो। वे जो कुछ कहना चाहें, कहें। वे कहकर कर ही क्या लेंगे? कुछ दिनों में वे स्वयं ही भूल जायँगें। लोक की लज्जा क्यों छोड़ती हो? हम इसी ब्रज में बसे रहेंगे और कुछ दिनों में ही हम भी सब कुछ भूल जायेंगे। हमारे दो शरीर भले ही हों, पर हमारे

मन एक ही हैं। अतः अपने में और मुझमें कुछ भेद नहीं समझो।

१३२५/२३०४ राग जैतश्री

ब्रज बसि काके बोल सहौं।
तुम बिन स्याम और नहिं जानौं, सकुचि न तुमहिं कहौं ॥
कुल की कानि कहा लै करिहौं, तुमकौं कहाँ लहौं।
धिक माता, धिक पिता बिमुख तुव, भावै तहाँ बहौं ॥
कोउ कछु करे, कहै कछु कोऊ, हरष न सोक गहौं।
'सूरस्याम' तुमकौं बिनु देखैं, तनु मन जीव दहौं ॥

राधा बोली—मैं ब्रज में बसकर किसके-किसके ताने मारने वाली बातें सुनती और सहती रहूँ? हे श्याम, तुम्हें छोड़कर मैं और किसी को नहीं जानती। मारे संकोच के आजतक मैंने तुमसे भी यह बात नहीं कही। मैं कुल की मार्यादा लेकर क्या करूँगी। यदि मैं कुल की मर्यादा का ही ध्यान रखूँगी, तो तुमको कहाँ पाऊँगी? तुम्हारे विरोधी माता-पिता को धिक्कार है। मुझे जहाँ अच्छा लगेगा, मैं बह जाऊँगी, बरबाद हो जाऊँगी। कोई मेरे विरुद्ध चाहे जो कुछ करे, चाहे जो कुछ कहे, मुझे कोई चिन्ता नहीं। मेरी प्रशंसा करने से मुझे न तो हर्ष होगा और मेरी निन्दा करने से भी मुझे कोई दुःख नहीं होगा। श्याम, बिना तुम्हें देखे, मेरा तन, मन, प्राण सभी जलते रहते हैं।

१३२६/२३०५ राग जैतश्री

ब्रजहिं बसैं, आपुहिं बिसरायौ।
प्रकृति पुरुष एकहि करि जानहु, बातनि भेद करायौ ॥
जल थल जहाँ रहौं तुम बिनु नहिं, बेद उपनिषद गायौ।
द्वै-तन जीव-एक हम दोऊ, सुख-कारन उपजायौ ॥
ब्रह्म-रूप द्वितिया नहिं कोऊ, तब मन तिया जनायौ।
'सूरस्याम' मुख देखि अलप हँसि, आनँद-पुंज बढ़ायौ ॥

कृष्ण राधा से बोले—'ब्रज में आकर तो मैं अपने को भी भुला बैठा हूँ। प्रकृति और पुरुष कहने के लिए दो हैं और भिन्न हैं, पर वास्तविकता यह है कि दोनों एक ही हैं। केवल कहने के लिए दो हैं और परस्पर भिन्न-भिन्न हैं। मैं जल में, स्थल में चाहे जहाँ भी रहूँ, कभी तम्हारे बिना नहीं रहता। सदा तुम्हारे साथ रहता हूँ। यही बात वेदों और उपनिषदों ने भी कही है। हमारे प्राण एक हैं, शरीर दो हैं। मैंने दो शरीर तो इसलिए कर रखे हैं, जिससे हम परस्पर सुख ले सकें। हम दोनों ही ब्रह्म हैं, एक हैं, दो नहीं हैं।' तब राधा के मन में भी इस ज्ञान का उदय हो गया। राधा ने कन्हैया का मुँह देखा और वह ईषत मुसकुरा उठी और उसने अपने आनंद को प्रवर्द्धित कर लिया।

१३२७/२३०६ राग रामकली

तब नागरि मन हरष भई।
नेह पुरातन जानि स्याम कौ, अति आनंद भई ॥
प्रकृति पुरुष, नारी मैं वै पति, काहैं भूलि गई।
को माता, को पिता, बंधु को, यह तौ भेंट नई ॥

जन्म-जन्म, जुग-जुग यह लीला, प्यारी जानि लई ।
'सूरदास' प्रभु की यह महिमा, यातैं बिबस भई ॥

कृष्ण की यह बात सुनकर नागरी राधा हर्ष से विह्वल हो गई। यह जानकर कि मेरा और श्याम का प्रेम तो अत्यंत पुराना है, वह अत्यंत आनंदित हो उठी। वह सोचने लगी—मैं यह क्यों भूल गई थी कि मैं प्रकृति हूँ और कृष्ण पुरुष हैं, मैं पत्नी हूँ और कृष्ण मेरे पति हैं। कौन माता है, कौन पिता है, कौन भाई है। यह सब तो इस जन्म की नई भेंट भर है। ये संबंध तो केवल इसी जनम के हैं, जन्म-जन्म के नहीं हैं। प्यारी राधा ने जान लिया कि कृष्ण के साथ मेरी यह लीला तो जन्म-जन्म की है, युग-युग की है—कोई नई नहीं है। यह तो प्रभु की महिमा ही है, जिससे वह अपने को विवश समझने लगी थी। दूसरे के बस में समझने लगी थी।

१३२८/२३०७ राग सूही

सुनहु स्याम मेरी बिनती ।
तुम हरता, तुम करता, प्रभु जू, मातु पिता कौनैं गिनती ॥
गय बर मेटि चढ़ावत रासभ, प्रभुता मेटि करत हिनती ।
अब लौं करी लोक-मरजादा, मानौ थोरैं हौं दिन ती ॥
बहुरि-बहुरि ब्रज जन्म लेत हौ, यह लीला जानी किन ती ।
'सूरस्याम' चरननि तैं मोकौं, राखत रहे कहा भिन ती ॥

राधा कृष्ण से बोली—हे श्याम, मेरा निवेदन सुनो। तुम्हीं सृष्टि के कर्ता हो, तुम्हीं उसके हर्ता हो। फिर माता-पिता किस गिनती में हैं। तुम्हीं हाथी पर से उतार कर गधे पर चढ़ा सकते हो और प्रभुता समाप्त करके हीनता ला सकते हो। अब तक तुमने लोक की मर्यादा का पालन किया है, नर-लीला की है। यह लीला तो थोड़े ही दिन की है। तुम बार-बार ब्रज में जन्म लेते रहे हो, यह लीला-भेद किस अन्य स्त्री ने जान पाया है। हे श्याम, तुमने मुझे भिन्न स्त्री समझकर अपने चरणों से कब अलग रखा है। सदा मुझे अपने से अविलग ही बनाए रखा है।

१३२९/२३०८ राग धनाश्री

देह धरै कौ यह फल प्यारी ।
लोक-लाज कुल-कानि मानिये, डरियै, बंधु पिता महतारी ॥
श्रीमुख कह्यौ, जाहु घर सुंदरि, बड़े महर बृषभानु दुलारी ।
तुव अवसेर करत सब ह्वैहैं, जाहु बेगि, दैहैं पुनि गारी ॥
हमहुँ जाहिं ब्रज, तुमहुँ जाहु अब, गेह-नेह क्यौं दीजै डारी ।
'सूरदास' प्रभु कहत प्रिया सौं, नैंकु नहीं मोतैं तुम न्यारी ॥

कृष्ण ने स्वयं श्रीमुख से राधा से कहा—'हे प्रिये, तुम मानव शरीर में अवतरित हुई हो, मानव शरीर धारण करने का तो धर्म निभाना ही होगा। माता, पिता, भाई से तो डरना ही होगा। हे सुंदरी, तुम बड़े महर बृषभानु की लाड़िली बेटी हो। अब घर जाओ। तुम्हारे माता-पिता-भाई सभी तुम्हारी चिंता में पड़े होंगे। जल्दी जाओ, नहीं तो वे सभी तुम्हें

गाली देने लगेंगे। मैं भी अब ब्रज में जा रहा हूँ, तुम भी अब चली जाओ। घर का प्रेम कहीं छोड़ा जाता है? जाओ, तुम मुझसे जरा भी अलग नहीं हो।'

१३३०/२३०९ राग धनाश्री

देह धरे कौ कारन सोई।
लोक-लाज कुल-कानि न तजियै, जातैं भलौ कहै सब कोई॥
मातु-पिता के डर कौं मानै, मानै सजन कुटुँब सब लोई।
तात मातु मोहूँ कौं भावत, तन धरि कै माया-बस होई॥
सुनि बृषभानु-सुता मेरी बानी, प्रीति पुरातन राखहु गोई।
'सूरस्याम' नागरिहिं सुनावत, मैं तुम एक, नाहिं हैं दोई॥

कृष्ण राधा से बोले—मानव-शरीर धारण करने के कारण हमें लोक-लाज और कुल-कानि को न छोड़ना चाहिए। हम मानव हैं, तो हमें लोक की लाज और कुल की मर्यादा का ध्यान रखना ही होगा। तभी सब लोग हमें भला कहेंगे। इनको न मानने पर लोग हमें बुरा कहेंगे। हमें माता-पिता का डर मानना ही चाहिए। पति और कुटुंब के अन्य सभी लोगों को भी मानना ही चाहिए। शरीर धारण करने के कारण मैं भी माया के वश में हूँ और मुझे भी माता-पिता अच्छे लगते हैं। हे बृषभानु की बेटी, मेरी एक बात सुनो। हमारी तुम्हारी जो पुरातन प्रीति है, इसे तुम छिपा ही रखना, किसी पर प्रकट मत करना।

श्याम नागरी राधा को सुनाए जा रहे हैं—मैं और तुम एक हैं, दो नहीं।

१३३१/२३१० राग सारंग

अब कैसैं दूजैं हाथ बिकाउँ।
मन-मधुकर कीन्हौ वा दिन तैं, चरन-कमल निज ठाउँ॥
जो जानौ औरै कोउ करता, तऊ न मन पछिताउँ।
जो जाकौ, सोई सो जानै, नर-अघ-तारन नाउँ॥
जो परतीति होइ या जग की, परमिति छुटत डराउँ।
'सूरदास' प्रभु-सिंधु-सरन तजि, नदी-सरन कत जाउँ॥

राधा कृष्ण से बोली—मैं बिकी हूँ तो तुम्हारे हाथ बिकी हूँ, अब मैं तुम्हें छोड़कर किसी दूसरे के हाथ कैसे बिक सकती हूँ। जिस दिन से मेरे मन रूपी भौंरे ने तुम्हारे चरण-कमलों में अपना आवास बना लिया, मैं उसी दिन से तुम्हारी हो गई। अब यदि यह जान जाऊँ कि तुम कर्त्ता नहीं हो, कोई दूसरा ही स्रष्टा है, तब भी मैं तुम्हारी चरण-शरण नहीं छोड़ूँगी और न मन में पछताऊँगी ही। जो जिसका है, वह उसी को जान पाता है। मैंने अब जान लिया है कि मेरा अपना कौन है—वह वही है, जिसका नाम, मनुष्यों को उसके पापों से तार देता है। यदि इस संसार (माता-पिता, भाई-बन्धु, गुरुजन, लोक-लाज, कुल-कानि) पर मेरा भारी भरोसा हो भी जाय, तो भी मैं परमब्रह्म का परित्याग करने में डरती हूँ। प्रभु रूपी महासागर की शरण छोड़कर, किसी नदी की शरण में मैं क्यों जाऊँ?

१३३२/२३११ राग बिलावल

घर पठई प्यारी अंकम भरि।
कर अपनैं मुख परसि तिया कौ, प्रेम सहित दोऊ भुज धरि-धरि॥

सँग सुख लूटि हरष भरि हिरदै, चली भवन भामिनि गज-गति ढरि ।
अँग मरगजी पटोरी राजति, छबि निरखत रीझत ठाढ़े हरि ॥
बेनी डुलति नितंबनि पर दोउ, छीन लंक पर वारौं केहरि ।
फिरि चितयौ तब प्यारी पिय-तनु, दुहुँ मन-मन आनंद हरष करि ॥
राधा हरि आधा आधा तनु एकै, ह्वै द्वै ब्रज मैं अवतरि ।
'सूरस्याम' रस भरी उमँगि अँग, वह छबि देखि रह्यौ रति-पति डरि ॥

श्याम ने अपनी प्रिया राधा को छाती से लगाया, अपने हाथ से उनका मुँह सहलाया, प्रेमपूर्वक उनको अपनी दोनों बाहों में भर लिया और उन्हें उनके घर भेज दिया। अपने प्रियतम कृष्ण के संग का सुख लूटकर, हृदय में हर्षित होकर, भामिनी राधा हथिनी की मस्तानी चाल से चलती हुई अपने घर की ओर चल पड़ी। उसके शरीर पर मसकी हुई रेशम की साड़ी भारी शोभा दे रही थी। उसे देखते हुए, मुग्ध हुए से कृष्ण, खड़े के खड़े रह गए। राधा के दोनों नितंबों पर उनकी चोटी हिलती-डुलती जा रही थी। उनकी पतली कमर पर सिंह की भी कटि निछावर की जा सकती थी। जाते-जाते प्यारी राधा ने मुड़कर अपने प्रियतम कृष्ण की ओर देखा। इससे दोनों के चित्तों में अत्यंत आह्लाद पर उठा। राधा और कृष्ण परस्पर आधा आधा ही तन हैं। दोनों मिलकर एक पूर्ण तन बनाते हैं। उन्होंने दो शरीर धारण कर ब्रज में अवतार लिया है। श्याम के प्रेम रस से राधा के अंग उमड़े पड़ रहे थे। राधा की उस छवि को देखकर रति-पति कामदेव भी डर गया।

१३३३/२३१२ राग भैरव

रैनि जागि प्रीतम कैं संग रंग भीनी ।
प्रफुलित मुख-कंज, नैन-खंजरीट-मीन-मैन,
बिथुरि रहे चूरनि कच बदन ओप दीनी ॥
आतुर आलस जँभाति, पुलकित अति पान खाति,
मद माती तन-सुधि नहिँ, सिथिलित भई बेनी ।
माँग तैं मुकुतावलि टरि, अलक संग अरुझि रही,
उरगिनि सत-फन मानौ कंचुलि तजि दीनी ॥
बिकसत ज्यौं चंप-कली, भोर भऐं भवन चली,
लटपटात प्रेम-घटा, गज-गति गति लीन्ही ।
आरति कौ करत नास, गिरिधर सुठि सुख की रासि,
'सूरदास' स्वामिनि-गुन-गन न जात चीन्ही ॥

राधा अपने प्रियतम के साथ सारी रात राग-रंग में डूबी हुई जागती रही है। उसके मुख रूपी कमल खिले हुए हैं। उसके नेत्र ऐसे हैं मानो वे कामदेव के खंजन और मीन हों। उसकी अलकें छितराकर उसके मुख की शोभा को बढ़ाए दे रही थीं। वह घर पहुँचने की जल्दी में घबराई भी है और आलस से जँभाई भी लेती जा रही है। वह रात के आनंद से प्रफुल्ल चित्त है और पान चबाती जा रही है। वह अनंग-रस से प्रमत्त हो रही है। उसे अपने तन की भी सुधि नहीं रह गई है। उसकी चोटी शिथिल हो गई है। उसकी माँग के

मोती की लड़ी खिसक कर अलकों में उलझ गई हैं। ऐसा लगता है मानों सौ मुखों वाली सर्पिणी ने केंचुल छोड़ दी है। लटपटाती हुई प्रेम की घटा-सी मतवाली हथिनी की चाल से चलती हुई, सबेरा होते-होते जब वह अपने घर की ओर चल पड़ी, तब उसका मुँह चम्पा की कली-सा खिला पड़ रहा था। कृष्ण की कामपीड़ा का विनाश करनेवाली, उनके सुख की राशि, राधा के गुणों की पहचान करना संभव नहीं।

१३३४/२३१३ राग बिलावल

घरहिं जाति मन हरष बढ़ायौ।
दुख डार्यौ, सुख अंग भार भरि, चली लूट सौं पायौ॥
भौंह सकोरति, चलति मंद गति, नैंकु बदन मुसुकायौ।
तहँ इक सखी मिली राधा कौं, कहति भयौ मन भायौ॥
कुंज-भवन हरि-संग बिलसि रस, मन कौ सुफल करायौ।
'सूर' सुगंध चुरावनहारौ, कैसैं दुरत दुरायौ॥

राधा रात्रि पर कृष्ण के साथ राग-रंग करके सबेरे जब घर की ओर चल पड़ी, तब उसका मन अपार हर्ष से भरा हुआ था। उसने अपनी सारा कामार्ति दूर फेंक दी थी और अब उसके अंग सुख के बोझ से भरे हुए थे। वह ऐसी चली आ रही थी जैसे कहीं से उसे लूट में भारी वैभव की प्राप्ति हो गई हो। वह भौंहे सिकोड़ती हुई, मंद-मंद गति से चलती हुई, कुछ-कुछ मुसकुराती हुई चली आ रही थी। रास्ते में राधा की एक अंतरंगा सखी मिल गई। उसने कहा—राधा तुमने मनभाया फल पा लिया न! तुमने रात पर कुंज-भवन में हरि के साथ आनंद विलास करके अपने तन-मन को सफल बना लिया न! सुगंध को चुराने वाला भला कभी सुगंध को छिपा सका है? न बता, न बता, मैं जान गई कि तू रात भर हरि के साथ रमण करती रही है। इसीलिए तू इतनी प्रफुल्ल है।

१३३५/२३१४ राग जैतश्री

कह फूली आवति री राधा।
मानहुँ मिली अंक भरि माधौ, प्रगटत प्रेम अगाधा॥
भृकुटी-धनुष नैन-सर साधे, बदन बिकास अबाधा।
चंचल चपल चारु अवलोकनि, काम नचावति ताधा॥
जिहिं रस सिव सनकादि मगन भए, सेस रहति दिन साधा।
सो रस दियौ 'सूर' प्रभु तोकौं, सिवा न लहति अराधा॥

भोर में घर लौटती राधा से उसकी सखी कहे जा रही है—अरी राधा, तू इतनी प्रफुल्ल चित्त कैसे चली आ रही है? मुझे तो ऐसा लग रहा है जैसे तू माधव की छाती से छाती मिला-कर चली आ रही है। तेरा अगाध प्रेम इस समय तेरे सारे तन से उमड़ा पड़ रहा है। तेरी भौंहों के धनुष नयनों के वाण साधे हुए हैं। तेरे मुँह का विकास बाधाहीन है। वह खूब खिला हुआ है। तेरी चंचल चपल और चारु चितवन का क्या कहना। वह तो कामदेव को भी 'ताता थैया' करके नचाए डाल रही है। जिस रस में शिव-सनकादि चारों ओर डूबे रहते हैं और शेष भी जिस रस को जीवन भर साधते रहते हैं। ऐसा लगता है कन्हैया ने तुझे वही रस, वही आनंद दे दिया है, जिसकी प्राप्ति आराधना करने पर भी शिवा (उमा) को भी नहीं हो पाती।

१३३६/ल., पृ. ५१६, पद ७२ राग सोरठ

राधे, सो रस बरनि न जाय।
जो रस को सुरभानु सीस दियो, सु तैं पियो अकुलाय॥
पचि हारे सब ग्वाल कमल मुख, चंद-बदन ठहराय।
अजहुँ कबंध फिरत तेहि लालच, सुंदरि सैन बुझाय॥
मोहन ते रस, रूप आगरी, कटि छिन, जानु, निकाय।
'सूरजदास' पपीहा के मुख, कैसे सिंधु समाय॥

गोपी कह रही है—राधे, तूने जिस रस का पान किया है, उस रस का वर्णन नहीं किया जा सकता। इसी रस के लिए सुरभानु (राहु) ने अपना सिर कटवा दिया, पर पा न सका। उसी रस को तूने अत्यंत आतुरता के साथ, घबराहट के साथ, चोरी-छिपे पी लिया है। कन्हैया के साथी सारे ग्वाल-बाल भी अपने मुख कमल को कृष्ण के मुख-चंद्र पर इसी रस की आशा से टिकाए रह गए, पर पा न सके। आज भी राहु का कबंध केतु उसी रस की लालच में आकाश का चक्कर लगा रहा है, पर पा नहीं रहा है। हे सुंदरी, तू मुँह खोलकर यदि कुछ नहीं कहना चाहती, तो आँखों के इशारे से ही समझा दे कि तूने वह रस अघा कर मी लिया है। हे रूप की आगरी, तेरी क्षीण कटि से, तेरी पीन जानु (जंघा) से, तेरे सम्पूर्ण निकाय (शरीर) से वह मोहन रस तो छलका-सा पड़ रहा है। पपीहे के जरा से मुख में सारा का सारा समुद्र कैसे समा सकता है?

१३३७/२३१५ राग जैतश्री

मोसौं कहा दुरावति राधा।
कहाँ मिली नँद-नंदन कौं, जिनि पुरई मन की साधा॥
ब्याकुल भई फिरति ही अबहीं, काम-बिथा तनु बाधा।
पुलकित रोम-रोम गदगद, अब अँग अँग रूप अगाधा॥
नहिं पावत जो रस जोगी जन, जप-तप करत समाधा।
सुनहु 'सूर' तिहिं रस परिपूरन, दूरि कियौ तनु-दाधा॥

सखी राधा के पीछे पड़ गई है और पूछे जा रही है—अरी राधा, तू मुझसे क्या छिपाएं जा रही है? बता न, तेरी नंदनंदन से भेंट कहाँ हो गई, जिन्होंने तेरे मन की साध पूरी कर दी। अभी-अभी तो उनके लिए विकल होकर भटकती फिर रही थी और तेरा शरीर काम की व्यथा से व्यथित था और उसमें कुछ बाधा-सी भी आ गई थी। अब मैं देख रही हूँ कि तेरा रोम-रोम हर्ष से उठा हुआ है, तू कंटकित शरीर वाली हो गई है। तेरी वागी भर्राई हुई है और अब तेरे अंग-अंग में अगाध रूप का सागर लहराया जा रहा है। योगी लोग भी जप, तप करके, समाधि लगा करके भी जो रस नहीं प्राप्त कर पाते, तू इस समय उसी रस से पूर्ण रूप से भर उठी है और तेरे शरीर की सारी जलन मिट गई है।

१३३८/२३१६ राग आसावरी

कहा कहति तू भई बावरी।
तू हँसि कहति सुनौ कोउ औरै, कह कीन्हौ चाहति उपाव री॥

सो तौ साँच मानि यह लैहै, हमहिं तुमहिं बातें सुभाव री।
मेरी प्रकृति भलैं करि जानति, मैं तोसौं करिहौं दुराव री?
ऐसी कैसें होइ सखी री, घर पुनि मेरौ है बचाव री?
'सूर' कहति राधा सखि आगें, चकित भई सुनि कथा रावरी॥

राधा अपनी सखी से बोली—अरी सखी, तू क्या पगला गई है? तू क्या कहे जा रही है? तू तो हँस-हँसकर दिल्लगी करती जा रही है। यदि कोई दूसरा तेरी यह बात सुन लेगा, तो वह तो इसे सच ही मान लेगा। हमारे तुम्हारे लिए तो यह सहज स्वाभाविक परिहास की बातें हैं। यह कहकर क्या तू कोई अनर्थ कर डालना चाहती है? तू तो मेरा स्वभाव भली-भाँति जानती है, भला क्या मैं तुझसे कोई बात छिपा सकती हूँ? ऐसा कैसे हो सकता है कि मैं श्याम से मिलकर आ रही हूँ। यदि तेरी बात ही सही हो तो घर पर मेरा बचाव कैसे हो सकेगा? मैं तो तेरी बातें सुनकर ही चकित हो गई हूँ।

१३३९/२३१७ राग सारंग

स्याम कौन कारे कै गोरे।

कहाँ रहत, काके वै ढोटा, बृद्ध, तरुन कीधौं हैं भोरे॥
इहँई रहत कि और गाउँ कहुँ, मैं देखे नाहिंन कहुँ उनकौं।
कहै नहीं समुझाइ बात यह, मोहिं लगावति हौ तुम जिनकौं॥
कहाँ रहौं मैं, वै धौं कहँके, तुम मिलवति हौ काहैं ऐसी।
सुनहु 'सूर' मोसी भोरी कौं, जोरि-जोरि लावति हौ कैसी॥

राधा अपनी सखी से कहने लगी—श्याम कौन हैं, वे कैसे हैं—काले हैं या गोरे हैं? वे कहाँ रहते हैं? वे किसके पुत्र हैं? वे वृद्ध हैं या तरुण हैं? वे चतुर हैं या भोले-भाले? वे इसी गाँव में रहते हैं कि किसी दूसरे गाँव में? मैंने इनको तो कहीं और कभी नहीं देखा। जिसके साथ तू मेरा नाम जोड़े जा रही हैं, मुझसे सारी बात समझाकर क्यों नहीं कह देती। मैं कहाँ रहती हूँ। वह कहाँ रहते हैं। तुम यह उलटी-सीधी क्यों सिखाती जा रही हो? तुम मुझ भोली-भाली लड़की का नाम उसके नाम से जोड़-जाड़कर क्यों गड़बड़ किए दे रही हो?

१३४०/२३१८ राग सारंग

जाहि चली मैं जानति तोकौं।

आजुहि पढ़ि लीन्हीं चतुराई, कहा दुरावति मोकौं॥
इहिं ब्रज हम तुम नंद-नँदनहू, दूरि कहूँ नहिं जैहैं।
मैरैं फंद कबहुँ तौ परिहौ, मुजरा तबहीं दैहै॥
उनहिं मिलैं बितपन्न भई अब, वे दिन गए भुलाइ।
'सूर' स्याम सँग तैं उठि आई, मोसौं कहति दुराइ॥

वह सखी राधा से बोली—तू जा, जा। मैं तुझे भलीभाँति जानती हूँ। तूने आज ही चतुराई पढ़ ली है और बड़ी चतुर हो गई है। तू मुझसे क्या छिपा रही है। इसी ब्रज में मैं रहती हूँ, तू रहती है और नंदनंदन भी ई ब्रज में रहते हैं। कहीं दूर नहीं जाना पड़ेगा। तू

मेरे फंदे में कभी तो फँसेगी, तब सारा हिसाब मोजर हो जायगा। कृष्ण से मिलकर तू बहुत चतुर हो गई है। क्या तू वे दिन भूल गई? तू श्याम के पास से उठी चली आ रही है और अब मुझसे छिपा रही है।

१३४१/२३१९ राग सोरठ

हँसत कहति, कीधौं सत भाउ।
तेरी सौं मैं कछू न समुझति, कहा कह्यौ मोहिं बहुरि सुनाउ॥
मेरी सपथ तोहिं री सजनी, कबहूँ कछु पायौ यह भाउ।
देख्यौ नैन, सुन्यौ कहुँ स्त्रवननि, झूठैं कहति फिरति हौ दाउ॥
यह कहती औरै जौ कोऊ, तासौं मैं करती अपडाउ।
'सूरदास' यह मोहिं लगावति, सपनेहुँ नहिं जासौं दरसाउ॥

राधा उस सखी से कहने लगी—सखी, तू हँसी कर रही है या सच्चे मन से कह रही है? तेरी सौगंध, मैं तेरी बात कुछ समझ नहीं पाई। तूने क्या कहा, एक बार फिर तो कह। सखी तुम्हें मेरी सौगंध, बताओ, क्या तुमने कृष्ण से मेरे मिलने का कोई भाव पहले कभी देखा था? कभी मुझे कृष्ण के साथ अपनी आँखों देखा है? कभी अपने कानों से इस संबंध में कोई बात सुनी? या यों ही झूठ-मूठ ये दाँव-पेंच की बातें किए जा रही हैं। यदि ऐसी बात और कोई कहती, तो मैं उससे लड़ पड़ती। तुम तो मेरा संबंध ऐसे व्यक्ति से जोड़े जा रही है, जिसको मैंने स्वप्न में भी नहीं देखा।

१३४२/२३२० राग धनाश्री

राधे तेरौ बदन बिराजत नीकौ।
जब तू इत-उत बंक बिलोकति, होत निसा-पति फीकौ॥
भृकुटी धनुष, नैन सर साँधे, सिर केसरि कौ टीकौ।
मनु घूँघट-पट में दुरि बैठ्यौ, पारधि रति-पतिही कौ॥
गति मैमंत नाग ज्यौं नागरि, करे कहति हौं लीकौ।
'सूरदास' प्रभु बिबिध भाँति करि, मन रिझयौ हरि पी कौ॥

वह गोपी राधा से कहती जा रही है—अरी राधे, आज तो तेरा मुखमंडल बड़ा भला मालूम पड़ रहा है। जब तू अपनी बाँकी चितवन से इधर-उधर ताकती है, तब चंद्रमा भी तेरे मुखमंडल के सामने फीका पड़ जाता है, क्योंकि उसमें चितवन की कला है ही नहीं। तेरी भौंहें धनुष हैं, जिनपर तूने अपने नयनों के वाण साध रखे हैं। तेरे सिर पर केसर का टीका है। ऐसा लगता है मानो रति का पति कामदेव बहेलिया बनकर तेरे घूँघट के पट में छिपकर बैठ गया है। तेरी गति तो मतवाले हाथी जैसी है। मैं लकीर खींचकर कहे दे रही हूँ कि तू हरि को अनेक प्रकार से रिझाकर चली आ रही है।

१३४३/२३२१ राग बिहागरौ

राजति राधे अलक भली री।
मुकता माँग, तिलक, पन्नगि सिर, सुत समेत भष लेन चली री॥
कुमकुम-आड़ स्त्रवत स्त्रम-जल मिलि, मधु पीवत छबि-छीट चली री।

चारु उरज ऊपर यौं राजति, अरुझे अलि-कुल कमल-कली री ॥
रोमावलि त्रिबली उर परसति, बाँस चढ़े नट काम बली री।
प्रीति सुहाग भुजा सिर मंडन, जघन सघन विपरित कदली री ॥
जावक चरन, पंच-सर-सायक, समर जीति लै सरन चली री।
'सूरदास' प्रभु कौं सुख दीन्हौ, नख-सिख राधे सुखनि फली री ॥

वही गोपी कहे जा रही है—अरी राधे, माथे पर लटकते तेरे ये केश बहुत भले लग रहे हैं। तेरी माँग मोतियों से भरी हुई है। तेरे माथे पर तिलक लगा हुआ है। ऐसा प्रतीत होता है मानो अलक रूपी सर्पिणी, मोतियों रूपी अपने अंडों को सिर पर लिए हुए, तिलक रूपी अपने भक्ष्य कीड़े को खाने के लिए बढ़ी आ रही हो। तूने रोरी का आड़ा-तिरछा टीका लगा रक्खा है। यह पसीने से पसीजता जा रहा है। उस पर लटकती लट ऐसी जान पड़ रही है, मानो भौंरे मधु पी रहे हों और मधु पीते समय छवि का एक छींटा छलक कर आ गिरा हो। सुंदर उरोजों पर लटकती लट ऐसी लग रही है मानो भ्रमरों का झुंड कमल की कली पर आ बैठा हो। तुम्हारी रोमावली उरोजों के बीच से चलकर तुम्हारे पेट पर पड़ती तीन सिकुड़नों की रेखाओं को स्पर्श करती हुई ऐसी जान पड़ती है, जैसे बलवान कामदेव रूपी नट बाँस पर चलता हुआ अपनी कला दिखाए जा रहा हो। तेरी भुजाएँ आलिंगन द्वारा प्रीति को मंडित करनेवाली हैं और तेरा सिर तेरे सुहाग को सुशोभित करने वाला है। तेरी जंघाएँ तो ऐसी हैं जैसे केले के खंभे उलट कर रख दिए गए हों। तेरे पैरों और पैर की उँगलियों में महावर लगा हुआ है। लगता है जैसे तू पाँच वाणों वाले महाबली कामदेव के पाँचों वाणों को जीत कर उन्हें अपने शरण में लिए हुए चली आ रही है। राधे, तुमने हरि को तो रति-सुख दे ही दिया है और तुममें भी नख से शिख तक जैसे सुख के फल लग आए हैं।

१३४४/२३२२ राग रामकली

सजनी कत यह बात दुरैहौं।
ऐसी मोहिं कहै जनि कबहूँ, झूठे पर दुख पैहौं ॥
तो तैं प्रियतम और कौन है, जाके आगैं कैहौं।
मोकौं उचटाए कछु पैहै, बहुरि नाम नहिं लैहौं ॥
यह परतीति नहीं जिय तेरैं, सो कह तोहिं चुरैहौं।
'सूरस्याम' धौं कहा रहत हैं, काहे कौं तहँ जैहौं !

राधा बोली—अरी सखी, भला तुझसे मैं यह बात क्यों छिपाऊँगी? तू ऐसी झूठी बात मुझसे कभी मत कहना। झूठ बात सुनने पर मुझे भारी दुख होगा। तुझसे बढ़कर मेरा प्यारा और कौन है, जिससे जाकर मैं अपनी सब बातें कहूँगी और तुझसे छिपाऊँगी। तू मेरे मन में उच्चाटन पैदा करके कुछ पा लेगी क्या? मुझे खिझाएगी तो मैं फिर तेरा नाम तक कभी नहीं लूँगी। तू मेरी बात का विश्वास नहीं कर रही है। भला मैं तुझसे कोई बात क्यों चुराऊँगी, क्यों छिपाऊँगी? श्याम कहाँ रहते हैं, मुझे यह भी नहीं मालूम। फिर मैं वहाँ कैसे जाऊँगी और क्यों जाऊँगी?

१३४५/२३२३ राग धनाश्री

चतुर सखी मन जानि लई ।
मोसौं तौ दुराव इहिं कीन्हौ, याकैं जिय कछु त्रास मई ॥
तब यह कह्यौ हँसति री तोसौं, जनि मन मैं कछु आनै ।
मानी बात कहाँ वै, कहँ तू, हमहूँ उनहिं न जानै ॥
अबै तनक तू भई सयानी, हम आगे की बारी ।
'सूरस्याम' ब्रज मैं नहिं देखे, हँसत कह्यौ, घर जा री ॥

वह चतुर सखी मन ही मन जान गई कि राधा ने मुझसे छिपाया है। वह मन में कुछ डर भी गई है कि मैं औरों से भी राधा की यह बात कहीं कह न दूँ। तब वह राधा से बोली—'अरी राधा, मैं तो तुझसे हँसी कर रही थी। मन में मेरी इस बात का कुछ बुरा मत मानना। मैंने तेरी बात मान ली। कहाँ श्याम और कहाँ तू? अरी मैं भी श्याम को नहीं जानती। तू तो हमारे सामने की पैदा हुई छोकरी है। अभी तक तो तू जरा सी थी। अब कुछ सयानी हो चली है। फिर तू श्याम को कैसे जान पा सकती है। हमने भी श्याम को ब्रज में कभी नहीं देखा।' ऐसा कहकर उसने हँसते हुए कहा—अच्छा राधा, अब घर चली जाओ। विलम्ब न करो।

१३४६/२३२४ राग बिलावल

सकुच-सहित घर कौं गई, बृषभानु-दुलारी ।
महरि देखि तासौं कह्यौ, कहँ रही री प्यारी ?
घर तोहिं नैंकु न देखऊँ, मेरी महतारी ।
डोलत लाज न आवई, अजहूँ है बारी ॥
पिता आजु रिस करत हे, दै-दै कै गारी ।
सुता बड़े बृषभानु की, कुल खोवनहारी ॥
बंधू मारन कहत हैं, तेरे ढँग का री ।
'सूरस्याम'-सँग फिरति है, जोबन-मतवारी ॥

बृषभानु की लाड़िली बेटी राधा बड़े संकोच के साथ अपने घर पहुँच गई। कीर्ति महरि ने उसे आते हुए देख लिया और पूछ दिया—प्यारी बेटी, तू अभी तक कहाँ थी? तुझे घर में मैं कभी नहीं देख पाती। तू ही मेरी मैया हो गई है? घूमने-फिरने में तुझे लाज नहीं आती? क्या तू अब भी बच्ची ही है? तेरे बाप आज तेरे ऊपर बहुत क्रोध कर रहे थे और तुझे गालियाँ दे रहे थे। वे कह रहे थे—तू है तो बड़े बाप बृषभानु की बेटी। पर तू कुल को नष्ट कर देने वाली है। तेरे भाई भी तुझे मार डालने की बात कह रहे थे। ये तेरे रंग-ढंग कैसे हैं। तू जवानी के नशे में चूर होकर श्याम के साथ घूमती-फिरती रहती है।

१३४७/२३२५ राग भैरव

कहा री कहति तू मातु मोसौं ।
ऐसी बहि गई को, स्याम-सँग फिरै जो, बृथा रिस करति, कह कहौं तोसौं !
कही कौनैं बात, बोलि धौं तिहिं मात, मेरे आगैं कहै, ताहि देखौं ।
तात रिस करत, भ्राता कहै मारिहौं, भीति बिनु चित्र तुम करति रेखौ ॥

तुमहुँ रिस करति, कछु कहा मोहिं मारिहौ, धन्य पितु भ्रात अरु-मातु तुमहीं ।
ऐसौ लायक नंद महर कौ सुत भयौ, तिनहिं मोहिं कहति प्रभु 'सूर' सुनहीं ॥

राधा कहने लगी—मैया, तुम मुझसे क्या कहे जा रही हो? क्या मैं ऐसी गई गुजरी हो गई हूँ, जो श्याम के साथ-साथ घूमती-फिरती रहूँ? तुम व्यर्थ के लिए मुझपर गुस्सा किए जा रही हो। मैं तुमसे क्या कहूँ? यह उलटी-सीधी बात तुमसे किसने कही? जिसने भी कही हो, मैया, उसे मेरे सामने बुलाओ तो। वह मेरे सामने कह दे, तो देखूँ। उससे समझूँ कि वह ऐसा किस आधार पर कह रही है। पिताश्री क्रोध कर रहे हैं, भाई जान से मार डालने की धमकी दे रहे हैं, तुम भी बिना भीत के चित्र बनाए जा रही हो। निराधार बातें करती जा रही हो। तुम भी मुझपर रिस किए जा रही हो। कहो तो क्या तुम मुझे मार ही डालोगी? मेरे पिता और भाई धन्य हैं। मैया तुम भी धन्य हो। नंद महर का बेटा तो अभी नादान बच्चा है। क्या वह इतना बड़ा हो गया है कि उसके साथ किसी की गाली उठाई जा सके? तुम उसी के साथ मेरा छिनारा लगाए दे रही हो। भगवान सब देख-सुन रहे हैं।

१३४८/२३२६ राग गूजरी

काहें कौं पर-घर छिनु-छिनु जाति ।
घर मैं डाँटि, देति सिख जननी, नाहिंन नैंकु डराति ॥
राधा-कान्ह, कान्ह-राधा, ब्रज ह्वै रह्यौ, अतिहि लजाति ।
अब गोकुल कौ जैबौ छाँड़ौ, अपजस हू न अघाति ॥
तू बृषभानु बड़े की बेटी, उनकैं जाति न पाँति ।
'सूर' सुता समुझावति जननी, सकुचति नहिं, मुसुकाति ॥

राधा की माँ कीर्ति महरि घर में राधा को डाँट पिलाते हुए सीख देती हुई कह रही है—'तू क्षण-क्षण पर दूसरे के घर क्यों जाती रहती है? तू जरा भी नहीं डरती? सारे ब्रजमंडल में बात फैल गई है। सब 'राधा कान्ह' 'कान्ह राधा' कहते रहते हैं। सुन-सुनकर मैं अत्यंत लज्जित हुई जाती हूँ। अब से तू गोकुल का आना जाना छोड़। इतनी बदनामी हो चुकी, अभी तेरा पेट नहीं भरा? तू बड़े गोप सरदार बृषभानु की बेटी है। रहा कान्हा, उसकी तो जाति-पाँति का भी कोई पता नहीं।' माँ कीर्ति बेटी राधा को समझाए जा रही हैं। पर बेटी राधा, लजाना तो दूर, वह मंद-मंद मुसकुराए जा रही है।

१३४९/२३२७ राग कान्हरौ

खेलन कौं मैं जाउँ नहीं ।
और लरिकिनी घर घर खेलति, मोहीं कौं पै कहति तुहीं ॥
उनकैं मातु पिता नहिं कोई, खेलत डोलतिं जहीं-तहीं ।
तोसी महतारी बहि जाइ न, मैं रैहौं तुमहीं बिनुहीं ॥
कबहूँ मोकौं कछू लगावति, कबहुँ कहति जनि जाहु कहीं ।
'सूरदास' बातैं अनखौहीं, नाहिंन मो पै जातिँ सही ॥

राधा अनखा कर बोल उठी—तो मैं अब खेलने भी न जाऊँ? और दूसरी लड़कियाँ

तो घर-घर खेलती फिरती हैं। तू ही मुझे खेलने जाने से रोक रही है। क्या उन सब लड़कियों के माता-पिता कोई नहीं है? वे तो यत्र-तत्र सर्वत्र खेलती फिरती हैं। तेरी जैसी माता तो बह नहीं जाती। जा बह जा, मैं तेरे बिना भी अकेली रह लूँगी। कर्भा तू मेरे माथे पर कोई दोष मढ़ देती है और कभी कहती है कि मैं कहीं न जाऊँ। तेरी ये सभी बातें गुस्सा दिलाने वाली हैं। ये मुझसे बर्दास्त नहीं पो पातीं।

१३५०/२३२८ राग सारंग

मनहीं मन रीझति महतारी।
कहा भई जौ बाढ़ि तनक गई, अबहीं तौ मेरी है बारी॥
झूठैं हीं यह बात उड़ी है, राधा-कान्ह कहत नर-नारी।
रिस की बात सुता के मुख की, सुनत हँसति मनहीं मन भारी॥
अब लौं नहीं कछू इहिं जान्यौ, खेलत देखि लगावैं गारी।
'सूरदास' जननी उर लावति, मुख-चूमति पोंछति रिस टारी॥

राधा के मुँह से गुस्से भरी यह बात सुनकर, माँ कीर्ति मन ही मन में हँस पड़ीं और उस पर रीझ भी उठीं। वह सोचने लगीं—'अभी मेरी बेटी बच्ची ही तो है। क्या हुआ, जो वह थोड़ा बढ़ गई है। ब्रज में सारे नर-नारी जो 'राधा कान्ह' 'कान्ह राधा' कहे जा रहे हैं, यह बात झूठ-मूठ की उड़ी है। इसमें कोई सच्चाई नहीं। अभी तक यह प्रेम की बात कुछ भी नहीं जानती। इसे श्याम के साथ खेलते देख लोग गाली लगाने लगे हैं।' यह सोचकर माँ ने बेटी को छाती से लगा लिया, उसका मुँह चूमा और पोंछ दिया। इस प्रकार उन्होंने राधा की रिस दूर कर दी।

१३५१/२३२९ राग सूहौ

सुता लए जननी समुझावति।
संग बिटिनिअनि कैं मिलि खेलौ, स्याम-साथ सुनि-सुनि रिस पावति॥
जातैं निंदा होइ आपनी, जातैं कुल कौं गारी आवति।
सुनि लाड़िली कहति यह तोसौं, तोकौं यातैं रिस करि धावति॥
अब समुझी मैं बात सबनि की, झूठैं ही यह बात उड़ावतिँ।
'सूरदास' सुनि-सुनि ये बातैं, राधा मन अति हरष बढ़ावति॥

बेटी राधा को अपनी गोदी में लिए हुए कीर्ति महरि उसे समझाए जा रही हैं—तुम लड़कियों के साथ मिलकर खेला करो। तुम श्याम के साथ खेलती हो, यह सुनकर मुझे क्रोध आ जाता है। जिस काम से अपनी बदनामी होती हो, जिस काम से अपने कुल को कलंक लगता हो, वह काम कभी न करना चाहिए। तेरे स्याम के साथ खेलने से ये दोनों बातें होती हैं—तेरी बदनामी भी, और मेरे कुल की निन्दा भी। इसीलिए हे मेरी लाडो, मैं तुझसे यह कहे देती हूँ। मेरी बात गाँठ बाँध ले। इसीलिए मैं गुस्से में आकर तुझे मारने दौड़ती हूँ। अब मैंने ब्रजवासियों की सारी बात समझ ली है। उन्होंने यह बात झूठ-मूठ की फैला दी है।

मैया की ये बातें सुन-सुनकर राधा मन ही मन बहुत प्रसन्न हो उठी।

१३५२/२३३० राग नट

राधा बिनय करति मनहीं मन, सुनहु स्याम अंतर के जामी ।
मातु-पिता कुल-कानिहिं मानत, तुमहिं न जानत हैं जग-स्वामी ॥
तुम्हरौ नाउँ लेत सकुचत हैं, ऐसैं ठौर रही हौं आनी ।
गुरु परिजन की कानि मानियौ, बारंबार कही मुख बानी ॥
कैसैं संग रहौं बिमुखनि कैं, यह कहि-कहि नागरि पछितानी ।
'सूरदास' प्रभु कौं हिरदै धरि, गृह-जन देखि-देखि मुसुकानी ॥

राधा मन ही मन कृष्ण से विनती करती जा रही हैं—हे घट-घट के जाननेवाले श्याम, सुनो। मेरे माता-पिता तो कुल की मर्यादा को मानने वाले हैं। हे जग के स्वामी, वे तुम्हें नहीं जानते। वे तुम्हारा नाम लेने में भी सकुच मानते हैं। मैं ऐसे लोगों के बीच आकर पड़ गई हूँ। तुमने भी मुझसे अपने श्री मुख से कहा है कि गुरुजनों और परिजनों की मर्यादा मानती रहना। मैं तुमसे विमुख लोगों के साथ कैसे रहूँ। यह कह-कहकर नागरी राधा पछताने लगी। फिर वह प्रभु को हृदय में धर कर परिजनों को देख-देखकर मुसकुरा उठी।

१३५३/२३३१ राग धनाश्री

जब प्यारी मन ध्यान धर्‍यौ है ।
पुलकित उर, रोमांच प्रगट भए, अंचल टरि मुख उघरि पर्‍यौ है ॥
जननी निरखि रही ता छबि कौं, कहन चहै कछु कहि नहिं आवै ।
चकित भई अँग-अंग बिलोकति, दुख-सुख दोऊ मन उपजावै ॥
पुनि मन कहति सुता काहू की, कैधौं यह मेरी ही जाई ।
राधा हरि कैं रंगहिं राँची, जननि रही जिय मैं भरमाई ॥
तब जानी मेरी यह बेटी, जिय अपनैं जब ज्ञान कियौ है ।
'सूरदास' प्रभु-प्यारी की छबि देखि, चहति कछु सीख दियौ है ॥

जब राधा प्यारी ने हरि का अपने मन में ध्यान किया, तब उसका हृदय प्रसन्न हो उठा, उसके रोंगटे खड़े हो गए, उसका आँचल मुख पर से हट गया और मुँह खुल गया। माँ कीर्ति राधा की इस छवि को देखने लगीं। वे कुछ कहना चाहती थीं, पर कुछ कह नहीं पा रही थी। राधा के अंग-अंग का सौंदर्य देखकर वे आश्चर्यचकित हो उठीं। उनके मन में दुख और सुख एक साथ उत्पन्न हो गए। दु:ख इस बात का हुआ कि अब बेटी जवान हो चली। अब इसके विवाह की चिंता करनी चाहिए। सुख इसलिए कि मेरी बेटी का सौंदर्य अप्रतिम है। फिर उनके मन में संदेह उत्पन्न हो गया—यह किसी दूसरे की बेटी है या यह मेरी ही पुत्री है। राधा तो कृष्ण के रंग में रँग उठी थी। माता भ्रम में ही पड़ी हुई थी—मेरी बेटी या किसी दूसरें की बेटी। जब उसके हृदय से यह भ्रम दूर हुआ और उसे कुछ ज्ञान हुआ, तब उसने जाना कि अरे यह तो अपनी ही बेटी है। प्रभु की प्रिया राधा की छवि देखकर माता कीर्ति उसे कुछ सिखावन देना चाहती है।

१३५४/२३३२ राग सोरठ

राधे दधि-सुत क्यौं न दुरावति ।
हौं जु कहति बृषभानु-नंदिनी, काहैं जीव सतावति ॥

जल-सुत दुखी, दुखी हैं मधुकर, द्वै पंछी दुख पावत।
सारँग दुखी होत बिनु सारंग, तोहिं दया नहिं आवत॥
सारँग-रिपु की नैंकु ओट करि, ज्यौं सारँग सुख पावत।
'सूरदास' सारँग किहिं कारन, सारँग-कुलहिं लजावत॥

राधा की माँ कीर्ति उसे सीख देने लगीं—अरी राधा, तू अपना दधि-सुत (समुद्र का पुत्र चंद्रमा-सा मुख) क्यों नहीं ढक लेती। मैं कहती हूँ हे बृषभानु-लली अपना मुँह खुला छोड़कर इतने जीवों को क्यों सताए डाल रही है? तेरे नयनों को देखकर भौंरे, जल-सुत (मछली), खंजन तथा चकोर दो पक्षी दुखी हो उठे हैं, क्योंकि वे तेरे नयनों की समकक्षता प्राप्त करने में अपने को असमर्थ पा रहे हैं। तेरे नयनों को देखकर सारंग (हिरन) बिना सारंग (वाण) के लगे ही दुखी हो रहे हैं, क्योंकि वे भी तेरे नयनों के समक्ष अपने नयनों की असमर्थता, हीनता समझ रहे हैं। तुझे इतने दुखी जीवों—मीन, मधुकर, खंजन, चकोर, मृग—पर ज़रा भी दया नहीं आ रही है। तू अपने नयन सारंग-रिपु (दीपक को बुझा देने वाला उसका शत्रु, घूँघट-पट) की ओट क्यों नहीं कर लेती। ऐसा कर लेने से सारंग (चंद्रमा) को भी सुख मिलेगा, क्योंकि वह भी तेरे मुख से अपने को पराजित मान बैठा है। हे सारंग (सुंदरी), तू सारे सारंग-कुल-मीन, मधुकर, खंजन, मृग, चंद्रमा को क्यों लज्जित किए दे रही है?

१३५५/२३३३ राग बिहागरौ

मेरी सिख स्त्रवन काहैं न करति।
अजहुँ भोरी भई रैहै, कहति तोसौं डरति॥
ससि निरखि मुख चलत नाहिन, नैन निरखि कुरंग।
कमल, खंजन, मीन, मधुकर, होत हैं चित-भंग॥
देखि नासा कीर लज्जित, अधर दसन निहारि।
बिंब अरु बंधूक, बिद्रुम, दामिनी डर भारि॥
उर निरखि चकवाक बिथके, कटि निरखि बन राज।
चाल देखि मराल भूले, चलत तब गजराज॥
अंग-अँग अवलोकि सोभा, मनहिं देखि बिचारि।
'सूर' मुख पट देति काहैं न, बरष द्वादस भारि॥

राधा की माता राधा से कहने लगीं—राधा, तू मेरी सीख क्यों नहीं सुनती? मैं तुझसे कहती हुई डरती हूँ—क्या तू अब भी भोली बनी रहोगी? तेरे मुख को देखकर चंद्रमा ने अपना चलना रोक दिया। तेरे नयनों को देखकर हिरनों ने चरना छोड़ दिया है और कमल, खंजन, मीन, मधुकर सभी के दिल टूट गए हैं। तेरी नासिका देखकर शुक लजा गया है। तेरे अधरों को देखकर पका बिंब (लाल कुनुरु), बंधूक (दुपहरिया का लाल फूल), और विद्रुम (लाल मूँगा) डर गए हैं। तेरे दाँतों को देखकर बिजली त्रस्त हो उठी हैं। तेरे उरोजों को देखकर चकवा-चकवी स्तब्ध हो उठे हैं। तेरी कमर देखकर मृगराज सिंह लजा उठा है। तेरी गति देखकर हंस और हाथी दोनों चलना भूल गए हैं। तू अपने एक-एक अंग की विकसित शोभा देख और स्वयं अपने मन में सोच विचारकर अपने मुख पर घँघट डाल

ले। तू अपनी इस बारह वर्ष की वय में ही दूसरों के लिए भारी बन गई है।

१३५६/२३३४ राग बिलावल

अब राधा तू भई सयानी।
मेरी सीख मानि हिरदय धरि, जहँ-तहँ डोलति बुद्धि-अयानी॥
भई लाज की सामा तनु मैं, सुनि यह बात कुँवरि मुसुकानी।
हँसति कहा, मैं कहति भली तोहिं, सुनति नहीं लोगनि की बानी॥
आजुहिं तैं कहुँ जान न दैहौं, माँ, तेरी कछु अकथ कहानी।
'सूरस्याम' कैं संग न जैहौं, जा कारन तू मोहिं रिसानी॥

कीर्ति बोली—'राधा, तू अब सयानी हो गई है। हे बुद्धि-हीना, तू अब भी जहाँ-तहाँ घूमती फिरती है। मेरी सीख मानकर, हृदय में धारण कर ले और यह घूमना-फिरना बंद कर। तेरे शरीर में अब लाज की सारी सामग्री आ गई है—तू अब अंगना (उरोजवती), चंचल-नयना, नितंबिनी बन गई है।' माँ की यह बात सुनकर राधा मुसकुरा दी। इस पर कीर्ति पुनः बोली—'हँस क्या रही है। मैं तेरे भले के लिए ही कह रही हूँ। लोगों की ताने-मेहने निन्दा की बात नहीं सुनती? आज से ही मैं तुझे कहीं आने-जाने नहीं दूँगी।'

राधा बोली—माँ, तेरी भी क्या अजीब-गरीब बात है। तू मेरा खेलना बंद करना चाहती है। तू इसीलिए न मुझसे खीझी हुई है कि मैं श्याम के साथ खेलती हूँ। खुस रह, अब मैं श्याम के साथ खेलने नहीं ही जाऊँगी।

१३५७/२३३५ राग टोड़ी

भली बात, बाबा आवन दै।
कान्ह लगाइ देति मोहिं गारी, ऐसे बड़े भए कब तैं वै॥
काल्हि मोहिं मारग मैं रोक्यौ, जाति रही सखियनि सँग दधि लै।
कहन लगे मेरौ देहु खिलौना, ता दिन लै भागी चुराइ कै॥
छठ आठैं मोहिं कान्ह कुँवर सौं, तिनकौं कहति प्रीति तोसौं है।
'सूर' जननि सुनि-सुनि यह बानी, पुनि-पुनि निरखि-निरखि मुख बिहँसै॥

राधा बोली—अच्छी बात है। बाबा (बृषभानु) को आने तो दे। तू मेरी माँ होकर कान्ह को लगाकर मुझे गाली दिए जा रही है। वे कन्हैया अभी तो लड़के हैं। वे इतने बड़े अभी कहाँ हुए हैं कि उनको लगाकर किसी को गाली दी जा सके। कन्हैया ने अभी कल ही तो मुझे राह में रोका था। मैं दही लेकर सखियों के साथ जा रही थी। वे कहने लगे—मेरा खिलौना मुझे वापस कर दे। उस दिन तू मेरे घर से उसे चुरा ले गई थी। मेरा उनका छह और आठ का संबंध है। जैसे ६ और ८ के अंक सम्मुख न होकर विमुख हैं। ६ का मुँह तो ८ की ओर है, पर ८ की पीठ ६ की ओर है। उसी प्रकार कृष्ण मुझसे विमुख हैं। ऐसे कन्हैया को तू कह रही है कि उनकी प्रीति मुझसे है।

कीर्ति राधा की ये बातें सुन-सुनकर राधा का मुँह बार-बार देखती जाती हैं और हँसती जाती है।

१३५८/२३३६ राग गौरी

बड़ी भई, नहिं गइ लरिकाई।

बारेही के ढंग आजु लौं, सदा आपनी टेक चलाई॥
अबहीं मचलि जाइगी तब पुनि, कैसैं मोसौं जाति बुझाई।
मानी हारि महरि मन अपनैं, बोलि लई हँसि कै दुलराई॥
कंठ लगाइ लई अति हित सौं, पुनि-पुनि कहि मेरी रिसहाई।
'सूरदास' अति चतुर राधिका, राखि लई नीकैं चतुराई॥

इस पर कीर्ति मन में सोचने लगीं—यह बड़ी हो गई, पर इसका लड़कपन अभी नहीं छूटा। लड़कपन का ही तौर-तरीका इसका अब भी है। यह सदा अपनी ही जिद पर अड़ी रहती है। जब किसी बात पर मचल जाय, हठ पकड़ लें, तो मुझसे किसी भी प्रकार समझाए नहीं समझती। महरि कीर्ति ने अपने मन में हार मान ली और राधा को बुला लिया और हँस कर उसे दुलराने लगीं। उसे बड़े प्रेम से गले से लगा लिया और बार-बार कहने लगीं—'वाह रे मेरी रिस करने वाली बेटी।' राधिका बड़ी चतुर है। उसने भली-भाँति अपनी रक्षा चतुराई से कर ली।

१३५९/२३३७ राग मलार

स्याम नग जानि हिरदै चुरायौ।

चतुर बर नागरी, महा मनि लखि लियौ, प्रिय सखी संग, तिहिं नहिं जनायौ॥
कृपन ज्यौं धरत धन, ऐसैं दृढ़ कियौ मन, जननि सुनि बात हँसि कंठ लायौ।
गाँस दियौ डारि, कह्यौ कुँवरि मेरी वारि, सूर-प्रभु-नाम झूठैं उड़ायौ॥

राधा ने श्याम को बहुमूल्य मणि समझकर अपने हृदय में छिपा लिया था। राधा परम चतुरा है। उसने महा मणि कृष्ण को परख लिया और हृदय में ऐसा छिपा धरा कि अपनी संग की प्रिय सखी तक को नहीं जानने दिया। जैसे कोई कंजूस अपने धन को बहुत बचा करके रखता है, उसी प्रकार राधा ने भी किया और किसी को तनक भी भनक नहीं लगने दी। इसीलिए कीर्ति जी ने राधा की बात सुनकर, उस पर विश्वास करके, हँसकर उसे गले से लगा लिया। उनके मन में संदेह की जो गाँठ पड़ गई थी, उन्होंने उसे निकाल फेंका और कहा—अभी मेरी कुँवरि निरी बच्ची है। लोगों ने झूठ-मूठ का इसका नाम कन्हैया से जोड़ दिया है।

राधा की अनुराग लीला

१३६०/२३३८ राग कल्यान

सखियनि यहै बिचार पर्‌यौ।

राधा कान्ह एक भए दोऊ, हमसौं गोप कर्‌यौ॥
बृंदाबन तैं अबहीं आई, अति जिय हरष बढ़ाए।
औरै भाव, अंग-छबि औरै, स्याम मिले मन भाए॥
तब वह सखी कहति मैं बूझी, मोतन फिरि हँसि हेर्‌यौ।
जबहिं कही सखि मिले तोहिं हरि, तब रिस करि मुख फेर्‌यौ॥

औरै बात चलावन लागी, मैं वाकौं पहिचानी।
'सूरस्याम' कैं मिलत आजुही, ऐसी भई सयानी ॥

राधा की सखियों को यह पूरा विश्वास हो गया कि राधा और कृष्ण दोनों मिलकर एक हो चुके हैं और राधा ने हमसे इस रहस्य को छिपा रखा है। अभी-अभी वह वृंदावन से आ रही थी। वह अपने मन में बहुत ही प्रसन्न दिख रही थी। उसका भाव और ही था। उसके अंगों की छवि भी कुछ और ही हो रही थी। निश्चय ही वह अपने मन को अच्छे लगने वाले श्याम से मिलकर आ रही थी। मैंने उसी समय यह बात समझ ली थी। राधा मेरी ओर देख-कर विजय की हँसी हँस पड़ी थी। जब मैंने उससे पूछा—सखी क्या तुझे हरि मिले थे? तब गुस्सा करके उसने मेरी ओर से मुँह मोड़ लिया था और दूसरी-दूसरी बातें करने लगी, पर मैंने उसे अच्छी तरह से पहचान लिया। मैं तो उड़ती चिड़िया पहचान लूँ, फिर उसे कैसे न पहचान लेती। वह आज ही श्याम से मिली है और उनसे मिलते ही वह इतनी चतुरा हो गई है।

१३६१/२३३९ राग सोरठ

सुनहु सखी राधा की बातैं।
मोसौं कहति स्याम हैं कैसे, ऐसी मिलई घातैं ॥
की गोरे, की कारे-रँग हरि, की जोबन, की भोरे।
की इहिं गाउँ बसत, की अनतहिं, दिननि बहुत, की थोरे ॥
की तू कहति बात हँसि मोसौं, की बूझति सति-भाउ।
सपनैं हूँ उनकौं नहिं देखे, वाके सुनहु उपाउ ॥
मोसौं कही कौन तोसी प्रिय, तोसौं बात दुरैहौं।
'सूर' कही राधा मो आगैं, कैसैं मुख दरसैहौं ॥

वही सखी कहती जा रही है—सखी, राधा की चालाकी भरी बातें तो सुनो। वह मुझसे कह रही थी—(मैं श्याम को नहीं जानती) बता तो श्याम कैसे हैं; वे गोरे हैं कि काले हैं; वह जवान है कि भोले भाले बच्चे हैं। वे इसी गाँव में रहते हैं कि किसी दूसरे गाँव में; वे बहुत दिनों से रहने लगे हैं कि अभी कुछ ही दिनों से; तू कृष्ण को लेकर मुझसे हँसी कर रही है या सच्चे भाव से पूछ रही है; मैंने तो उनको स्वप्न में भी नहीं देखा। राधा की चालाकी तो देखो। वह मुझसे कहने लगी—सखी तुझसे बढ़कर मेरा प्यारा कौन होगा। भला मैं तुझसे कोई बात छिपाऊँगी। उसने यह भी कहा था यदि ऐसी कोई बात हो भी गई तो मैं तेरे आगे अपना मुँह कैसे दिखा सकूँगी।

१३६२/२३४० राग गौरी

वह निधरक मैं सकुचि गई।
तब यह कह्यौ जाहि घर राधा, मैं झूठी, तू साँच भई ॥
त्यौरी भौंहनि मो तन चितवै, नैंकु रहौं, तौ करै खई।
काम-भँडार लूटि नीकैं करि, निदरि गई, मैं चकृत भई ॥
घर धौं जाइ कहा अब कैहै, अब कछु और बुद्धि नई।
'सूरस्याम'-सँग अँग रँग राची, मन-मानौ सुख लूटि लई ॥

वही सखी आगे कहती जा रही है—राधा मुझसे निधड़क होकर यह सब कहती गई। मैं ही उसकी बातें सुनकर संकोच में पड़ गई। तब मैंने कहा—अच्छा राधा, अब अपने घर जा। मैं ही झूठी हूँ, तू तो सच्ची है। इस पर उसने भौहों की तेवर चढ़ाकर मेरी ओर ताका। मैं वहाँ थोड़ा और रुकती तो वह मुझसे झगड़ पड़ती। वह भली-भाँति काम-भांडार लूटकर आई थी। वह मुझे निरादृत करके अपने घर चली गई। मैं चकपकाई सी खड़ी रह गई। घर जाकर वह अब क्या कहेगी, अब वह कोई नई बात गढ़ेगी। श्याम के साथ अंग में अंग मिलाकर वह रंगरली करती रही है और उसने मनभाया सुख लूट लिया है।

१३६३/२३४१ राग बिलावल

सुनि-सुनि बात सखी मुसुकानी।
अब हीं जाइ प्रगट करि दैहैं, कहा रहै यह बात छपानी ?
औरनि सौं दुराव जौ करती, तौ हम कहतीं भई सयानी।
दाई आगैं पेट दुरावति, वाकी बुद्धि आजु मैं जानी ॥
हम जातहिं वह उघरि परैगी, दूध दूध, पानी सो पानी।
'सूरदास' अब करति चतुरई, हमहिं दुरावति बातनि ठानी ॥

उस सखी की राधा संबंधी ये बातें सुनकर दूसरी सखी मुस्कुरा उठी और बोली—मैं अभी जाकर सब भेद खोले देती हूँ। क्या यह बात कभी छिपी रह सकती है ? यदि उस राधा ने किसी और से यह गोपनीयता बरती होती, तो मैं यही कहती कि राधा अब बहुत चतुर हो गई है। पर वह हमीं से सारा भेद छिपा रखना चाहती है। अरे कहीं दाई के आगे पेट छिपता है—दाई तो जान ही जाती है कि पेट में बच्चा है या नहीं। मैंने राधा की बुद्धि आज जान ली। हमारे जाते ही वह सारी बातें उगल देगी—दूध अलग हो जायगा और पानी अलग। अब वह बातें बना-बनाकर हमीं से चतुराई दिखाने चली है।

१३६४/२३४२ राग रामकली

अपनौ भेद तुम्हैं नहिं कैहै।
देखहु जाइ चरित तुम वाके, जैसैं गाल बजैहै ॥
बड़े गुरू की बुद्धि पढ़ी वह, काहू कौं न पत्यैहै।
एकौ बात मानिहै नाहीं, सबकी सौहैं खैहै ॥
मैं नीकै करि बूझि रही हौं, अब बूझैं रिस पैहै।
सुनहु 'सूर' रस-छकी राधिका, बातनि बैर बढ़ैहै ॥

इस पर पहली सखी दूसरी से बोल उठी—राधा बहुत चालाक हो गई है। वह अपना भेद तुमसे कभी भी नहीं बताएगी। जाओ और उसके चरित्तर देखो, वह कैसे गाल बजाती है, कैसे नई-नई बाते गढ़कर तुम्हें कह सुनाती है। उसने बड़े गुरु कन्हैया से अब पढ़ लिया है। वह किसी का भी विश्वास नहीं करेगी। वह एक भी बात नहीं मानेगी। सबकी सौगंध खाएगी, पर बोलेगी गढ़ी हुई झूठ। मैं तो उससे सब तरह से पूछ चुकी हूँ। अब और पूछ-ताछ करूँगी, तो वह अलग ही कुपित हो जाएगी। सुनो, राधिका श्याम के प्रेम में मत्त हो चुकी है। अब इस संबंध में उससे और बातें करना, दुश्मनी ही मोल लेना है।

१३६५/२३४३ राग बिलावल

कहा बैर हमसौं वह करिहै।
वाकी जाति भलैं करि पाई, हमकौं कहा निदरिहै॥
कैहै 'कहा चोरटी हमसौं, बातहिं बात उघरिहै।
दूरि करौं लँगराई वाकी, मेरैं फँग जौ परिहै॥
हमसौं बैर कियैं कह पैहै, काज कहा पुनि सरिहै।
'सूरदास' मटुकी सिर लीन्है, बहुरि वैसैंही ररिहै॥

दूसरी सखी बोली—राधा की हिम्मत है कि वह हमसे बैर करे? वह हमसे क्या बैर करेगी? मैंने उसके रंग-ढंग भली-भाँति जान लिए हैं। यह हमारा अपमान क्या कर पायेगी? वह चोर है चोर, वह हमसे क्या कह पावेगी, क्या बातें बनावेगी, वह बात की बात में सब भेद कह देगी। मैं उसकी सारी नटखटी दूर कर दूँगी, यदि वह मेरे फंदे में कभी पड़ी। वह हमसे बैर करके क्या पाएगी? हमसे दुश्मनी कर लेने पर क्या उसका काम कभी पूरा हो सकेगा? वह फिर सिर पर दही की मटुकी लिए हुए 'दही-दही' करती फिरेगी।

१३६६/२३४४ राग गौरी

चलहु सखी जैयै राधा-घर।
बूझैं बात कहा धौं कैहै, निधरक है, कै मन डर॥
कीधौं हमहिं देखि भजि जैहै, की उठि हमकौं मिलिहै।
कीधौं बात उघारि कहैगी, की मनहीं मन गिलिहै॥
कीधौं हँसि बोलै, की रिस करि, कीधौं सहज सुभाइ।
कीधौं 'सूरस्याम'-रस-माती, जोबन-गर्ब बढ़ाइ॥

पहली सखी ने दूसरी से कहा—चलो सखी, राधा के घर चला जाय। देखो, पूछने पर वह क्या कहती है? वह निधड़क होकर जवाब देती है या उसके मन में अब कुछ भय हो गया है। वह हमें देखकर घर के भीतर भगकर छिप जाती है या उठकर प्रेमपूर्वक हम सबसे आ मिलती है। वह साफ-साफ सब बातें उगल देती है अथवा मन ही मन छिपाकर सब बातें निगल जाती है। वह हमसे हँसकर बोलती है या रिस करके अथवा सहज स्वाभाविक ढंग से अथवा वह श्याम के प्रेम-रस में मतवाली बनी अपने यौवन के नशे में चूर है।

१३६७/२३४५ राग गौरी

जुवती जुरि राधा-ढिग आईं।
लखि लीन्ही तब चतुर नागरी, ये मोपर सब हैं रिसहाई॥
आदर नहीं कियौ काहू कौ, मन में 'एक बुद्धि उपजाई।
मौन गह्यौ नहिं बोलति तिनसौं, बैठि रही करिकै निठुराई॥
आपुहिं बैठि गई ढिग सिगरी, जब जानी यह तौ चतुराई।
'सूरदास' वै सखी सयानी, और कहूँ की बात चलाई॥

सभी युवतियाँ मिलकर, इकट्ठी होकर राधा के घर आ गईं। नागरी राधा ने सखियों के आने का अभिप्राय समझ लिया और जान लिया कि ये सब मुझसे क्रुद्ध हैं। राधा ने

किसी का आदर नहीं किया, हँसकर उनका स्वागत नहीं किया। उसने अपने मन में सोचकर एक उपाय ढूँढ़ निकाला। वह चुप्पी साथ करके निष्ठुर बनकर बैठ रही, किसी से भी कुछ बोली नहीं। आगत सभी सखियों ने राधा की इस चतुराई को समझ लिया और वे सभी, बिना किसी के बैठाए, स्वतः बैठ गईं। वे सखियाँ भी बड़ी चतुर थीं। उन्होंने राधा के कृष्ण से मिलने की चर्चा छोड़कर कुछ और ही चर्चा छेड़ दी।

१३६८/२३१४६ राग जैतश्री

चतुर चतुर की भेंट भई ।
वह तौ निठुर मौन ह्वै बैठी, इनि सबहिनि लखि ताहि लई ॥
मुँहाचुही जुवतिनि तब कीन्ही, देखौ उलटो रीति ठई ।
कहा हमारौ मन यह राखै, हमहीं पर सतराइ गई ॥
बूझौ याहि खूँट गहिकै, तू कहा आजु यह मौन लई ।
सुनहु 'सूर' हमसौं कह परदा, हम करि दीन्ही साँट सई ॥

एक ओर चतुर राधा, दूसरी ओर चतुर सखियाँ। आज दो चतुरों में भेंट हो गई। दो चतुरों का मुकाबला हो गया है। चतुरा राधा तो निष्ठुर बनकर चुप्पी साधकर बैठ रही। इधर सखियों ने उसकी यह चतुराई ताड़ ली। वे सभी आपस में ही कहने लगीं—राधा की यह उलटी रीति तो देखो। इसे हमारी आवभगत करनी चाहिए थी—हमारा सम्मान करना तो दूर रहा, यह उलटे हम पर रिस कर बैठी है। इसके आँचल के खूँट का एक कोना पकड़कर इससे पूछो तो—आज तुमने यह चुप्पी क्यों साध ली है? अरे हमसे क्या परदा? हम तो तेरी अंतरंगा हैं। पर तू हमसे परदे के ऊपर परदा, परदे के ऊपर सैकड़ों परदे साटती जा रही है। आखिर बात क्या है।

१३६९/२३४७ राग गुंड

राधिका मौन-व्रत किनि सधायौ ।
धन्य ऐसौ गुरु, कान के लगतहीं, मंत्र दै आजुहीं यह लखायौ ॥
काल्हि कछु और, प्रातहिं कछू औरही, अबहिं कछु और ह्वै गई प्यारी ।
सुनत इहिं बात कौं, दौरि आईं सबै, तोहिं देखत भईं चकृत भारी ॥
अब कहौ बात या मौन कौ फल कहा, सुनि जु लीजै कछू हमहुँ जानैं ।
एकहीं सँग भईं सबै जोबन नई, होहु अब गुरू, हम तुमहिं मानैं ॥
देहु उपदेस हमहूँ धरैं मौन सब, मंत्र जब लियौ तब हम न बोली ।
'सूर' प्रभु की नारि राधिका नागरी, चरचि लीन्हौ मोहिं करति ठोली ॥

सखी पूछने लगी—राधा, तुझे मौन-व्रत की यह साधना किसने सिखाई है? वह गुरु धन्य है, जिसने कान में मंत्र फूँकते ही एक ही दिन में तुझे सिद्ध बना दिया। कल तेरा रूप कुछ और था। तू कितनी विकल थी। आज प्रभात में तेरा कुछ और ही रूप हो गया था, तू कितनी प्रफुल्ल थी। इस समय तेरा रूप कुछ और ही है, तू एक दम चुप है। इसी बात को सुनकर तो हम सब तुझे देखने के लिए दौड़ी आई हैं और तुझे देखकर तो भारी चक्कर में पड़ गई हैं। अब बता इस मौन व्रत का फल क्या है? हम भी सुन लें और कुछ जान

लें। हम सब प्रायः एक ही समय पैदा हुई थीं और अब हम सभी नव यौवनाएँ हैं। अब तुम हम सबकी गुरु बन जाओ। हम सब तुम्हें अपना गुरु स्वीकार कर रही हैं। हमें उपदेश दो और हम भी मौन-व्रत धारण करें। जब तुम गुरु-मंत्र लेने लगी थीं, तब तुमने हम सबको क्यों नहीं बुलाया?

प्रभु कृष्ण की प्रिया राधिका परम नागरी (चतुरा) थीं। वे झट तड़ गईं कि ये मेरी सहेलियाँ मुझसे ठिठोली कर रही हैं।

१३७०/२३४८ राग मारू

की गुरू कहौ, की मौन छाँड़ौ।
हमहिं मूरख बदति, आप ये ढँग सधति, पाइ अब मदति, हठ कतहिं माँडौ ॥
एकही संग हम तुम सदा रहति हैं, आजुहीं चटकि तू भई न्यारी।
भेद हमसौं कियौ, मौन व्रत कह लियौ, और कोऊ बियौ कह देहि गारी ॥
कहा तोहिं भयौ, तुव प्रकृति कौनैं हरी, रीति यह नई तैंहीं चलाई।
'सूर' सुनि नागरी, गुननि की आगरी, निठुरई सौं बात कहि सुनाई ॥

सखी कहती गई—या तो बताओ तुम्हारा यह गुरु कौन है या फिर अपना यह मौन व्रत छोड़ो। तुम हम सबको मूर्ख बनाए दे रही हो और अपने ये सब नए रंग-ढंग साधती जा रही हो। अब गुरु की मदद पाकर तुम यह हठ क्यों करती जा रही हो? हम तुम सदा एक साथ रहती आई हैं। आज ही तू चटक कर, फूट कर, हमसे एकदम अलग हो गई है। तूने हमसे यह भेदभाव क्यों किया? यह मौन-व्रत क्यों लिया? तेरे स्थान पर कोई दूसरी होती तो हम उससे गाली से बात करते। तुझे हो क्या गया है? तेरी बुद्धि किसने हर ली है? तूने यह नई रीति क्यों निकाल चलाई है?

सखी की यह बात सुनकर उस गुणागरी, नागरी राधा ने बड़ी निष्ठुरता से उन्हें कह सुनाया, कठोर उत्तर दिया।

१३७१/२३४९ राग गौरी

तुम प्रियतम के बैरिनि मेरी।
वासौं कहति मिली जो मारग, यह मोसौं अति कही अनेरी ॥
कहति कहा स्यामहिं मिलि आई, मैं जकि रही सौंह मोहिं तेरी।
मैरें अँग छबि और कहति कछु, जुवती सुनत रहीं मुख हेरी ॥
मैं जिनकौं सपनेहुँ नहिं देख्यौ, तिनकी बात कहति फिरि फेरी।
'सूरदास' गुन-भरी राधिका, महिमा को जानै इहिं केरी ॥

राधा कठोर वाणी में बोली—'तुम सब मेरा भला चाहने वाली प्यारी सखियाँ हो या मेरी शत्रु हो?' फिर जो सखी सबेरे मिली थी, उस सखी की ओर संकेत करती हुई वह कहने लगी—यह मुझे आज सबेरे मार्ग में मिली थी। उस समय इसने मुझसे अत्यंत उलटी-सीधी अन्यायपूर्ण बातें की थी। यह कह रही थी—'क्या तुम श्याम से मिलकर चली आ रही हो?' सखी, मुझे तेरी सौगंध, मैं तो इसकी यह बात सुनकर भौंचक्की हो गई। यह कह रही थी कि मेरे अंगों की छवि आज कुछ और ही है। राधा की यह बात

सभी युवतियाँ सुनती जा रही थीं और अलग होकर उसका मुँह ताकती जा रही थीं। राधा आगे बोली—'मैंने जिनको सपने में भी नहीं देखा, उनकी बात यह घुमा-फिराकर बार-बार मुझसे कहती रही।'

राधिका गुणों से भरी हुई हैं। इनकी महिमा कोई क्या जान सकता है?

१३७२/२३५० राग कल्यान

तुम सौं कछु दुराव है मेरौ।
कहाँ कान्ह, कहँ मैं, सुनि सजनी, ब्रज-घर-घर है घैरौ॥
और कहत सब मोहिं न ब्यापै, तुमहुँ कहौ यह बानी।
आदर नहीं कियौ याही तैं, तुम पर अतिहिं रिसानी॥
हम तौ नहीं कह्यौ कछु तोसौं, ताही पर रिस करती।
'सूर' तबहिं हमसौं जौ कहती, तेरी घाँ ह्वै लरती॥

राधा कहती गई—'अरी सखियो, तुमसे मेरा क्या कुछ छिपा है? हे सखी, कहाँ कन्हैया, कहाँ मैं। आज ब्रज के घर-घर में राधा और कान्ह की ही चर्चा चल रही है—मेरी बदनामी हो रही है। और दूसरे लोग, जो मुझे नहीं जानते, कहते, तो मुझे बुरा न लगता। तुम सब मेरी अंतरंग सखियाँ हो। सब जानते हुए भी तुम इस प्रकार की ऊटपटांग बात करोगी, तो मुझे बुरा लगेगा ही। मैं तुम सब पर बड़ी रिस किए हुए थी, इसीलिए मैंने उठकर तुम सबका आदर नहीं किया।'

इस पर अन्य सखियाँ बोलीं—हमने तो तुझसे कुछ नहीं कहा था। जिसने तुझसे कहा था, तुझे उसी के ऊपर गुस्सा करना चाहिए था। यदि तूने पहले ही हमसे यह बात कह दी होती, तो हम सब तेरी ओर से इससे लड़तीं, झगड़तीं।

१३७३/२३५१ राग रामकली

सखी तू राधेहिं दोष लगावति।
तेरौ स्याम कहाँ इन देखे, बातनि बैर बढ़ावति॥
हम आगैं झूठी नहिं कैहै, सखियनि सैन बतावति।
ऐसी बात अरी मुख तैरैं, कैसैं धौं कहि आवति॥
भेदहिं भेद कहति है बातैं, ऐसैं मनहिं जनावति।
'सूरस्याम' तैं देखे नाहीं, कीधौं हमहिं दुरावति॥

मार्ग में राधा से मिली सखी से एक अन्य सखी कह रही है—'सखी, तू व्यर्थ के लिए राधा पर क्यों दोष लगाए जा रही है? इस राधा ने तेरे श्याम को कहाँ देखा? तू व्यर्थ की बात का बतंगड़ बनाकर बैर बढ़ाने पर क्यों तुल गई है? राधा हमारे सामने कभी झूठ नहीं बोल सकती।'

ऐसा कहकर उस सखी ने अन्य सखियों को आँख मारी कि तुम सब चुपचाप सुनती जाओ, बीच में मत बोलो। आँख का इशारा कर लेने के बाद वह सखी आगे कहती गई—'तूने राधा से जो बातें कही हैं, वैसी बातें तेरे मुख से, वह भी राधा के प्रति, कैसे निकलीं। हमारे मन को तो ऐसा जान पड़ रहा है, जैसे तू सारे ही भेद की बातें जानती है।'

फिर वह राधा से पूछ बैठी—'राधा, तुमने श्याम को कभी देखा ही नहीं था तुम हमसे छिपा रही हो?'

१३७४/२३५२ राग नट नारायन

काकौ काकौ मुख माई, बातनि कौं गहियै ।
पाँच की सात लगायौ, झूठी झूठी कै बनायौ, साँची जो तनक होइ, तौलौं सब सहियै ॥
बातनि गह्यौ अकास, सुनत न आवै साँस, बोलि तौ कछू न आवै, तातैं मौन गहियै ।
घर घर यहै घैर, बृथा मोसौं करैं बैर, यह सुनि सुनि स्त्रौन, हिरदय दहिए ॥
'सूरदास' बरु उपहास होइ सिर मेरैं, नंद कौ सुवन मिलै तौ पै कहा चहियै ।

राधा बोली—अरी सखी, इन बातों के लिए किस किसका मुँह पकड़ा जा सकता है। ये लोग तो झूठी-मूठी बातें गढ़-गढ़कर कहते हैं, पाँच की जगह सात लगाते हैं। इनमें यदि तनिक भी सचाई हो, तो सब सह भी लिया जाय। ये बातों ही से आकाश पकड़ लेना चाहती हैं। इनकी बातें सुनकर स्तब्ध हो जाना पड़ता है और साँस भी नहीं निकल पाती, रुक जाती है। इनसे कुछ कहते नहीं बनता। इसलिए चुप रह जाना पड़ता है। यहाँ के नर-नारी तो ऐसी बे सिर-पैर की बातें करते हैं, जैसे वे बिना भीत के, बिना किसी आधार के, चित्राकन किए जा रहे हों। मुझे क्या पड़ी है कि मैं कन्हैया को देखती फिरूँ। कहो, इस संबंध में मैं कहूँ ही तो क्या कहूँ? घर-घर में राधा और कृष्ण को लेकर निन्दा हो रही है। लोग मुझसे अकारण ही दुश्मनी कर बैठे हैं। ऐसी बातें सुन-सुनकर तो हृदय जला जाता है। मैं यह उपहास सादर अपने सिर पर लेने को तैयार हूँ। यदि नंद के पुत्र मुझे पति रूप में मिल जायँ, तो फिर और क्या चाहिए।

१३७५/२३५३ राग गुंड मलार

दुरत नहिं नेह अरु सुगंध-चोरी ।
कहा कोउ कहै, तू सुनति काहैं न रहै, तनहिं कत दहै, सुन सीख मोरी ॥
लोग तोहिं कहत हैं, पाप कौं गहत हैं, कहा धौं लहत हैं, सुनहु भोरी ।
खरिकहूँ नहिं मिले, कहैं कह अनभले, करन दै गिले, तू दिननि थोरी ॥
नंद कौ सुवन अरु सुता बृषभानु की, हँसत सब कहैं चिरजीव जोरी ।
'सूर-प्रभु' कहाँ, तू कहाँ अपनैं भवन, मैं लखी तोहिं, तोसी न औरी ॥

सखी राधा से बोली—राधा, न तो प्रेम छिपाए-छिपता है और न सुगंधित द्रव्य की चोरी छिपती है। दोनों स्वत: व्यक्त हो जाते हैं। तुझे कितना भी क्यों न कहे। तू सुनती क्यों नहीं रह जाती? व्यर्थ के लिए अपना तन मन क्यों जलाती है? मेरी सीख मान। इन बातों पर ध्यान ही न दे। जो लोग तुझे कहते हैं, वे पाप करते हैं। अरी मुग्धे, अरी भोली, उन्हें पाप के अतिरिक्त और मिलता ही क्या है। तू तो गोशाला में कभी कृष्ण से नहीं मिली, दुष्ट लोग जो कहना चाहें कहें। उन्हें निंदा करने दे। तू तो अभी थोड़े ही दिनों की बच्ची है। लोग यदि हँसते हुए कहते हैं कि 'नंद-नंदन' और वृषभानु-नंदिनी की जोड़ी चिरंजीव है। तो उन्हें कहने दे। कृष्ण कहाँ हैं, गोकुल में नंद के घर और तू कहाँ है, वृषभानु के घर में, फिर दोनों की भेंट ही कैसे हो सकती है? मैंने तुझे भली-भाँति परख लिया है—तू

बड़ी भोली है। तेरी-सी भोली और कोई दूसरी है ही नहीं।

१३७६/२३५४ राग बिलावल

कैसे हैं नँद-सुवन कन्हाई ।
देखे नहीं नैन-भरि कबहूँ, ब्रज मैं रहत सदाई ॥
सकुचति हौं इक बात कहति तोहिं, सो नहिं जाति सुनाई ।
कैसैहुँ मोहिं दिखावहु उनकौं, यह मेरैं मन आई ॥
अतिहीं सुंदर कहियत हैं वै, मोकौं देहु बताई ।
'सूरदास' राधा की बानी, सुनत सखी भरमाई ॥

राधा उस सखी से बोली—'नंद के पुत्र कन्हैया कैसे हैं? मैंने उन्हें कभी आँख भर नहीं देखा, यद्यपि वे इस ब्रज में रहते हैं। मैं तुझसे एक बात करने में बड़ी सकुची जा रही हूँ और वह बात तुझसे कहते भी नहीं बन पा रही है। मेरे मन में यह बात आ गई है कि मैं उनको एक बार देख तो लूँ। तुम किसी तरह मुझे उनको एक बार दिखला तो दो, वे अति सुंदर कहे जाते हैं। मुझको भी एक बार जब वे इधर आवें बता दो।'

राधा की यह बात सुनकर सभी भारी भ्रम में पड़ गई—अरे राधा ने अभी तक कृष्ण को कभी देखा ही नहीं?

१३७७/२३५५ राग धनाश्री

सुनहु सखी राधा की बानी ।
ब्रज बसि हरि देखे नहिं कबहूँ, लोग कहत कछु अकथ कहानी ॥
यह अब कहति दिखावहु हरि कौं, देखहु री यह अचिरज मानी ।
जो हम सुनति रहीं सो नाहीं, ऐसैंही यह बायु बहानी ॥
ज्वाब न देत बने काहू सौं, मन मैं यह काहू नहिं मानी ।
'सूर' सबै तरुनी मुख चाहतिं, चतुर चतुर सौं चतुरई ठानी ॥

वह सखी अन्य सखियों से कहने लगी—राधा की बात तुम लोग भी सुन लो। इसने ब्रज में रहते हुए भी कभी हरि को नहीं देखा। लोग इसके बारे में हकनाहक कहनी अनकहनी कहते जा रहे हैं। अब यह कह रही है कि एक बार मुझे भी हरि को दिखला दो। देखो तो, यह कितने आश्चर्य की बात है। इसकी बात को आश्चर्य ही मानकर देखो। इसके संबंध में हम अभी तक जो सुनते रहे हैं, वह सब प्रवाद ही है। वह ऐसी ही झूठी-हवा बह गई है।

इसका जवाब किसी अन्य सखी से देते नहीं बना, यद्यपि मन से इस पर किसी ने विश्वास नहीं किया कि राधा ने कृष्ण को कभी देखा ही नहीं। सभी तरुणियाँ हक्का-बक्का होकर, अवाक होकर, राधा का मुँह देखती रह गईं। दो चतुरों से भेंट हो गई थी। चतुर चतुर से चतुराई करने में लग गए थे।

१३७८/२३५६ राग बिलावल

सुनि राधे तोहिं स्याम दिखैहैं ।
जहाँ तहाँ ब्रज-गलिनि फिरत हैं, जब इहिं मारग ऐहैं ॥

जबहीं हम उनकौं देखैंगी, तबहीं तोहिं बुलैहैं।
उनहूँ कैं लालसा बहुत यह, तोहिं देखि सुख पैहैं॥
दरसन तैं धीरज जब रैहै, तब हम तोहिं पत्यैहैं।
तुमकौं देखि स्याम सुंदर घन, मुरली मधुर बजैहैं॥
तनु त्रिभंग करि अंग अंग सौं, नाना भाव जनैहैं।
'सूरदास-प्रभु' नवल कान्ह बर, पीतांबर फहरैहैं॥

सखी बोली—राधा, सुन, मैं तुझे श्याम को दिखा दूँगी। वे तो ब्रज की गलियों में जहाँ-तहाँ घूमते-फिरते रहते ही हैं। जब कभी वे इस मार्ग से आ निकलेंगे और हम उनको देख पाएँगी, तब तुझे बुला लेंगी। उनको भी तुझे देखने की बहुत साध है। वे तुझे देखकर बहुत आनंद पाएँगे। उनको देखकर तू भी अधीर हो जायगी। यदि उनको देखकर तू अधीर न हो उठेगी, तो हम मान लेंगी कि हाँ तू भी कुछ है। तुझे देखकर श्यामसुंदर मधुर मुरली बजा उठेंगे। अपने शरीर को घुटनों, कमर और ग्रीवा इन तीन अंगों पर वे टेढ़ा कर लेंगे और नाना प्रकार के हाव-भाव करने लगेंगे। वे नवलकिशोर तुझे देखकर अपना पीतांबर फहराने लगेंगे।

१३७९/२३५७ राग गौड़ मलार

नंद-नंदन-दरस जबहिं पैहौ।
एक द्वै तीनि तजि, चारि बानी मेटि, पाँच छह निदरि, सातै भुलैहौ॥
आठहू गाँठि परिहै, नवहु दिसा भूलिहौ, ग्यारहौ रुद्र जैसैं।
बारहौ कला तैं तपनि तन तैं मिटति, तेरहौ रतन-मुख छवि न तैसैं॥
निपुन चौदह, बरन पंद्रहौ सुभग अति, बरष षोडस सतरहौ न रैहै।
जपत अट्ठारहौं भेद उनइस नहीं, बीसहू बिसै तैं सुखहि पैहै॥
नैन भरि देखि, जीवन सफल करि लेखि, ब्रजहिं मैं रहत तैं नहीं जाने।
'सूर-प्रभु' चतुर, तुमहूँ महा चतुर हौ, जैसी तुम तैसे वोऊ सयाने॥

सखी राधा से बोली—राधा जब तू नंदनंदन श्याम का दर्शन पा लेगी, तब तू एक (अपना मन) को तज देगी। तेरा मन तेरे हाथ से निकल जायगा, दो को तज देगी। तेरी दोनों आँखें तेरा साथ नहीं देंगी, वे केवल कृष्ण को टकटकी बाँधकर देखती रह जायँगी, वहाँ से हटने का नाम नहीं लेंगी, तू तीन को भी तज देगी। सत-रज-तम प्रकृति के इन तीन गुणों से युक्त शरीर पर भी तेरा अधिकार नहीं रह जायगा—तू विवश विदेह हो जायगी। तू चार वाणियों—परा, पश्यंती, मध्यमा, बैखरी—को मिटा देगी, अवाक हो जायगी, हक्का-बक्का हो जायगी, तेरी वाणी नहीं फूटेगी। तू पाँच (तन्मात्राओं—शब्द, स्पर्श, रूप, रस, गंध और छह उर्मियों—शोक, मोह, जरा, मृत्यु, भूख-प्यास) को निरादृत कर देगी। तू सातों सुखों (तन, तिय-पति, तनय, धाम, धन, धरणी, मित्र) को भुला बैठेगी। तेरी आठो-गाँठ (सारी चतुराई) तुझसे अलग होकर धराशायी हो जायगी, तेरी सारी चण्टई, चालाकी समाप्त हो जायगी, तेरी धूर्तता नहीं चलेगी। तू पृथ्वी के नवों खण्डों (भारत, इलावृत, किंपुरुष, भद्र, केतु, पाताल, हरि, हिरण्य, रम्य, कुश) को भूल जाएगी

और भूल जाएगी दशों दिशाओं (चार दिशाओं—पूर्व, पश्चिम, उत्तर, दक्षिण, चार विदिशाओं—आग्नेय, नैॠत्य, वायव्य और ईशान तथा आकाश और पाताल) को भी। तुझे न तो इस बात का ज्ञान रह जायगा कि तू कहाँ खड़ी है और न तुझे दिशा-ज्ञान ही रह जायगा। ग्यारहों रुद्र—अजैकपाद, अहिब्राघ्न, त्वष्टा, विश्वरूप हर, बहुरूप, त्र्यंबक, अपराजित, वृषाकपि, शंभु, कपर्दी, रैवत—के समान तू दिगंबर हो जाएगी, अपने कपड़ों तक की, अपने शरीर ढकने तक की सुधि तूझे नहीं रह जायगी। तेरे तन की सूर्य की बारहों कलाओं—विवश्वान, अर्यमा, उषा, त्वष्टा, सविता, धाता, मित्र, रुद्र, वरुण, सूर्य, भग, विष्णु—वाली तपन मिट जायगी। तेरे शरीर का सारा ताप-संताप मिट जायेगा। तेरे मुख की कांति ऐसी निखर जायगी कि तेरहों रत्नों—हीरा, पन्ना, मोती, माणिक, नीलम, वैदूर्य, (लहसुनिया) मूँगा, गोमेद, सोना, चाँदी, चंद्रकांत, सूर्यकांत, स्फटिक के मुख की छवि भी वैसी न होगी। तेरी मुख-छवि के आगे सारे रत्नों की कांति फीकी पड़ जायगी। तू चौदहों विद्याओं (चारों वेद—ऋग्, यजुः, साम, अथर्व; छहो वेदांग-शिक्षा, कल्प, निरुक्त, ज्योतिष, व्याकरण, छंद और धर्म, मीमांसा, तर्क (न्याय), पुराण) में व्युत्पन्न हो जायगी। तू पूर्णिमा के चंद्रमा के पंद्रहों वर्णों से युक्त परम सुंदरी बन जायगी। तू सोलह वर्ष की षोडशी वाला बन जायगी और सदा षोडशी ही बनी रहेगी, तू सत्रहवें वर्ष में कभी प्रविष्ट ही न होगी। तू अट्ठारहों (उँगली, पर्व, पुत्रजीव (जीवयुत), शंख, रुद्राक्ष, पद्माक्ष, बक (अगस्त्य), मुक्ता, स्फटिक, मणि, विद्रुम (मूँगा), सोना, चाँदी, कुशमूला, तुलसीकाष्ठ, मन, बुद्धि, हृदय) प्रकार से कृष्ण का नाम जपने लगेगी। तब तू किसी से उन्नीस नहीं रहेगी, किसी से घट कर नहीं होगी और तू बीसों बिस्वा (पूर्ण) सुख प्राप्त करेगी। इस प्रकार जब तू कृष्ण को भर आँख देख लेगी, तब तेरा जीवन सफल हो जायगा। बड़े आश्चर्य की बात है कि ब्रज में ही रहते हुए तूने कृष्ण के बारे में कभी कुछ नहीं जाना सुना। कृष्ण चतुर हैं; पर तू महा चतुर है। जैसी चंट तू है, वैसे ही चंट वे भी हैं। दोनों का जोड़ा खूब मिल जायगा।

१३८०/२३५८ राग देवगंधार

मन मन हँसति राधिका गोरी ।
ऐसौ स्याम रहत ब्रज-भीतर, पूछति है ह्वै भोरी ॥
तुम उनकौं कहुँ देख्यौ है, कै सुनी कहति हौ बात ।
चतुराई नीकैं गहि राखी, कहति सखी मुसुकात ॥
कबहूँ तौ काहूँ फँग परिहौ, तबहीं लीजौ चीन्हि ।
'सूरस्याम' कौ पीतांबर, मेरी बेसरि लीजौ छीन्हि ॥

सखियों की बात सुनकर गोरी राधा मन ही मन मुसकुराने लगी और भोली-भाली बनकर पूछने लगी—तुमने जिन श्याम का वर्णन किया है, क्या ऐसे श्याम इसी ब्रज के भीतर रहते हैं ? तुमने स्वयं उनको देखा है ? या केवल सुनी सुनाई बातें कहे जा रही हो ?

इसपर सखी हँसते हुए बोली—तुमने खूब चतुराई पकड़ रखी है। बड़ी चतुर हो तुम। कभी तो तुम किसी (श्याम) के फंदे में पड़ोगी, तब उन्हें स्वयं चीन्ह लेना।

इसपर राधा बोली—जब कभी मुझे श्याम के फंदे में फँसी पाना, तब श्याम का

पीतांबर और मेरी नकबेसरि छीन लेना। यह रही मेरी ओर से बाजी।

१३८१/२३५९ राग नट

यह सुनि हँसि चलीं ब्रज-नारि।
अतिहिं आई गरब कीन्हे, गईं घर झख मारि॥
कबहुँ तौ हम देखिहैं, इक संग राधा-कान्ह।
भेद हमसौं कियौ राधा, निठुर भई निदान॥
बीस बिरियाँ चोर की, तौ कबहुँ मिलिहै साहु।
'सूर' सब दिन चोर कौ, कहुँ होत है निरबाहु॥

राधा की यह बात सुनकर वे सभी ब्रज-गोपियाँ हँसकर उठीं और अपने-अपने घरों की ओर चल पड़ी। वे बड़े घमंड से राधा का भेद लेने के लिए आई थीं, पर झख मारकर, निराश होकर लौट गईं और यह कहती गईं—कभी न कभी तो हम राधा और श्याम को एक साथ पकड़ ही लेंगी। राधा ने हमसे भेद-भाव तो किया ही है, उसका व्यवहार भी अत्यंत निष्ठुर रहा है। बीस बार चोर चोरी करके बच जाता है, पर एकाध बार तो साहु उसको पकड़ ही लेता है। सब दिन चोरी करने से कभी निबाह नहीं होता। कभी न कभी चोर पकड़ा ही जाता है। हम भी कभी न कभी राधा को श्याम के साथ पकड़ ही लेंगी। राधा चोरी भी करती है और सीनाजोरी भी। हमसे उसकी यह सीनाजोरी नहीं चलेगी, नहीं चलेगी।

१३८२/२३६० राग कान्हरौ

भेद लियौ चाहति राधा सौं।
बैठि रहौ अपनैं घर चुपकैं, काम कहा बाधा सौं॥
यह मन दूरि धरौ अपनौ, बड़ बोलि गईं, कह कीन्हौ।
कैसैं निर्भय रही सबनि सौं, भेद न काहुहिं दीन्हौ॥
वह कैसैं फँग परै तुम्हारैं, वाकै घात न जानौ।
'सूर' सबै तुम बड़ी सयानी, मोहिं नहीं तुम मानौ॥

इसपर एक सखी बोल उठी—तुम सब राधा का भेद लेना चाहती हो? चुपचाप अपने-अपने घर बैठी रहो। हमको इस काम में बाधा डालने से क्या लाभ होगा। बाधा डालने की बात अपने मन से दूर कर दो। वहाँ से तो बहुत बड़ी-बड़ी बातें करके आई थीं, यहाँ आकर तुमने उसका क्या कर लिया? वह कैसे सबसे निडर बनी रही और अपना जरा सा भी भेद किसी को नहीं बताया। वह तुम्हारे फंदे में कैसे पड़ सकती है, तुम सब उसके दाँव-पेंच नहीं जानतीं। तुम लोग बहुत चतुर बनती हो और मेरी बात नहीं मानतीं। (मत मानो और जाओ राधा-कृष्ण को एक साथ पकड़ो)।

१३८३/२३६१ राग बिलावल

फेर पारि देखौ मैं धरिहौं।
सुनि री सखी प्रतिज्ञा मेरी, तिहि दिन तोसौं लरिहौं॥
हमकौं निदरि रही है राधा, रिसनि रही मैं जरि हौं।
तब मेरैं मन धीरज ऐहै, चोरी करत पकरिहौं॥

राति दिवस मोहिं चैन नहीं अब, उनकौं देखत फिरिहौं।
'सूरदास' स्वामी के आगैं, नीकैं ताहि निदरिहौं॥

तब दूसरी सखी बोली—तुम देख लेना, मैं किसी फेर में, किसी चक्कर में डालकर उसको एक न एक दिन पकड़ूँगी जरूर। हे सखी, तुम भी मेरी यह प्रतिज्ञा सुन लो। जिस दिन मैं राधा और श्याम को एक साथ देख पाऊँगी, उस दिन मैं उससे वाक्‌युद्ध करूँगी। राधा ने हमारा अपमान किया है। मैं गुस्से से जली जा रही हूँ। जब मैं उसे चोरी से श्याम से मिलते पकड़ पाऊँगी, तभी मेरे मन को धीरज आ पाएगा। अब मुझे न रात में चैन है, न दिन में। मैं उनकी ताक-झाँक में बराबर लगी रहूँगी। मैं कृष्ण के सामने ही उसका अपमान करुँगी। (और अपने इस निरादर का बदला लूँगी)।

१३८४/२३६२ राग नट नारायन

गोपी यहै करतिँ चबाउ।
देखौ धौं चतुराइ वाकी, हमहिँ कियौ दुराउ॥
लरिकई तैं करति ये ढँग, तब रहे सति भाउ।
अब करति चतुरई जानैं, स्याम पढ़ए दाउ॥
कहाँ लौं करिहै अचगरी, सबै ये उपजाउ।
आजु बाँची मौन धरि जौ, सदा होत बचाउ॥
दिवस चारिक भोर पारहु, रहौ एक सुभाउ।
'सूर' काल्हिहिं प्रगट ह्वैहै, करन दै अपडाउ॥

सभी गोपियाँ आपस में राधा की निन्दात्मक चर्चा करती हुई अपने-अपने घर लौटी जा रही थी—राधा की चतुराई तो देखो, उसने हमसे गोपनीयता बरती है, हमसे छिपाव किया है। वे ढंग तो उसके लड़कपन से ही हैं। तब ये दुराव सच्चे भाव से निश्छल रूप में करती थी। अब इस दुराव में तो चतुराई है, छल है। लगता है श्याम ने इसे यह पाठ पढ़ा दिया है। देखना है यह हमसे गढ़-गढ़कर ये नई-नई नटखटी कहाँ तक कर पाती है। आज तो यह चुप्पी साधकर बच निकली। पर क्या यह इसी तरह हमेशा हमसे बचती निकल जायगी? चार-छह दिन तुम सब एक-सी भोली-भाली बनी पड़ी रहो। इसे बखेड़ा करने दो। कल ही सब भेद खुल जायगा। बहुत दिनों तक प्रतीक्षा नहीं करनी पड़ेगी।

१३८५/२३६३ राग सूहा बिलावल

कहा कहति तू बात अयानी।
तुम यह कहति सबै वह जानति, हम सबतैं वह बड़ी सयानी॥
सात बरष तैं ये ढँग सीखे, तुम तौ यह आजुहिं है जानी।
वाके छंद-भेद को जानै, मीन कबहिं धौं पीवत पानी॥
हरि के चरित सबै उहिँ सीखे, दोऊ हैं वे बारहबानी।
काल्हि गईं वाकें घर सब मिलि, कैसी बुद्धि मौन की ठानी॥
केती कही नैंकु नहिं बोली, फिरि आईं तब हमहिं खिसानी।
'सूरस्याम' संगति की महिमा, काहू कौं नैंकहु न पत्यानी॥

तब दूसरी गोपी बोली—तुम क्या मूर्खतापूर्ण बातें किए जा रही हो? जो तुम कहे जा रही हो, वह वह सब बातें जानती है। वह हमसे अधिक चालाक है। उसने सात वर्ष की वय से ये ढंग सीख रखे हैं। तुमने तो आज से यह ढंग सीखना शुरू किया है। उसके छल और भेदभाव को कौन जान सकता है? क्या कोई जान सका है कि जल में रहनेवाली मछली कब पानी पीती है। निश्चय ही मछली भी पानी पीती है, पर कोई यह नहीं जान पाता कि वह कब पीती है। यही बात राधा के साथ है। वह भी श्याम से मिला करती है, पर कब और कहाँ मिलती है, यह कोई नहीं जानता। राधा भी वही मछली है, छली है। उसने हरि के सभी चरित्तर सीख लिए हैं। राधा और श्याम छल करने में दोनों बारह बानी सोना के समान खरे हैं। उनके छल की कला निर्दोष है। वह छल-कला का अपूर्व निदर्शन है। कल हम लोग तो गोल बनाकर उसके घर गई थीं। पर चुप्पी साध लेने की कैसी अद्भुत युक्ति उसने निकाल ली। हम लोगों ने कितना ही कहा, पर वह जरा भी नहीं बोली। लाचार होकर, खिसिया कर हम लौट आईं। हमारा रहस्य-प्राप्ति का अभियान असफल रहा। यह सब श्याम की संगति का फल है, जो उसने हमारा जरा भी विश्वास नहीं किया।

१३८६/२३६४ राग मारू

तब राधा सखियनि पैं आई।
आवत देखि सबनि मुख मूँद्यौ, जहँ-तहँ रहीं अरगाई॥
मुख देखत सब सकुचि गईं, यह, कहा अचानक आई।
करति रहीं चुगली हम याकी, तरुनी गईं लजाई॥
अति आदर करि बैठक दीन्ही, कह्यौ कहाँ तुम आईं।
कहा आजु सुधि करी हमारी, 'सूरस्याम' सुखदाई॥

कुछ दिनों बाद राधा स्वयं अपनी इन सखियों से मिलने आ गई। राधा को आते देख सबों ने मुँह मूँद लिए और राधा की जिस निन्दा में वे रत हो रही थीं, उससे विरत हो मूक हो उठीं और वे जहाँ-तहाँ अलग-अलग हो रहीं। राधा का मुँह देखते ही वे सकुचा गईं और मन ही मन कहने लगीं—'यह अचानक यहाँ कैसे आ गई। हम सब तो बैठी-बैठी इसकी ही शिकायत कर रही थीं। वे तरुणियाँ लजा गईं और उन्होंने आदरपूर्वक राधा को बैठने के लिए आसन दिया और बोलीं—आज तुम यहाँ कैसे आ निकलीं? हे श्याम को सुख देने वाली, तुमने आज हमारी सुधि कैसे ली?'

'श्याम सुखदाई' कहकर वे राधा को डंक मारने से भी नहीं चूकी, भले उन्होंने उसकी आवभगत भी की।

१३८७/२३६५ राग धनाश्री

मैं कह आजु नवै री आई।
बहुतै आदर करति सबै मिलि, पहुने की पहुनाई॥
कैसी बात कहति तू राधा, बैठन कौं नहिं कहियै।
तुम आईं अपनै घर तैं ह्याँ, हमहुँ मौन धरि रहियै॥
जानि लई बृषभानु-सुता हँसि, तरक कह्यौ तुम कीन्हौ।
'सूरदास' ता दिन कौ बदलौ, दाउँ आपनौ लीन्हौ॥

राधा ने उत्तर में कहा—'आज क्या मैं नई-नई आई हूँ, जो तुम सब मिलकर मेरी इतनी आवभगत किए जा रही हो? तुम मुझे पाहुन समझकर मेरी पहुनाई किए जा रही हो। मैं तो यहाँ अनेक बार आ चुकी हूँ, पहली बार नहीं आई हूँ।'

इस पर गृह-स्वामिनी गोपी बोली—'राधा, तू कैसी बात कहे जा रही है? क्या हम तुझसे बैठने के लिए भी न कहें, तुझे बैठने के लिए आसन भी न दें? तू अपने घर से इतनी दूर पैदल चलकर आई है और हम भी मौन धारण कर लें और तुझसे कुछ भी न बोलें?'

वृषभानु-पुत्री राधा ने 'हमहुँ मौन धरि रहियै', का व्यंग भली-भाँति समझ लिया और हँसकर कहा—तुमने अच्छा तर्क (न्याय) किया। उस दिन का बदला लेने का यह अच्छा दाँव (उपाय) निकाल लिया।'

१३८८/२३६६ राग धनाश्री

दाउँ घाउ तुमहीं सब जानति।
सदा मानि तुमकौं हम आईं, अबहूँ तैसैंहि मानति॥
तुम वह बात गाँस करि राखी, हमकौं गई भुलाइ।
ता दिन कह्यौ नहीं मैं जानौं, मानि लई सति भाइ॥
चोर सबनि चौरै करि जानै, ज्ञानी मन सब ज्ञानी।
'सूरदास' गोपिनि की बानी, सुनि राधा मुसुकानी॥

इस पर अन्य गोपियाँ बोल उठीं—राधा, यह दाँव और घात की सब बातें बस तुम्हीं जानती हो। हम तो सदा से तुमको मानती आई हैं और अब भी वैसा ही पूर्ववत मानती हैं। तुमने वह बात गाँठ बाँध ली थी, हम तो भूल ही गई थीं। उस दिन तुमने कहा था कि मैं कृष्ण को नहीं जानती। हमने तेरी बात को एक दम सच मान लिया था। चोर सभी को चोर समझता है और ज्ञानी सबको ज्ञानी। तेरे मन में चोर था, इसीलिए तू समझती है कि हमारे मन में भी चोर है।

गोपियों की चोर वाली बात सुनकर राधा मुसकुरा पड़ी।

१३८९/२३६७ राग मारू

सखी यह बात तुम कही साँची।
जाकैं हिरदय जौन, कहै मुख तैं तौन, कैसैं हरि कौन, कही लीक खाँची॥
हरखि ब्रज-नारि, भरि लेति अँकवारि, सब कहति तू कहा यह बात जानै।
हम हँसत कहति, तू रिस कहा गहति री, नागरी राधिका बिलग मानै॥
तुमहिं उलटी कहौ, तुमहिं पलटी कहौ, तुमहिं रिस करतिं, मैं कछु न जानौं।
'सूर' प्रभु कौ नाम मोहिं तुमहीं कह्यौ, स्त्रवन यह सुन्यौ तुम कछू मानौं॥

फिर राधा बोली—सखी तुमने यह बात बिलकुल सच कही—बावन तोले पाव रत्ती यह बात ठीक है। जिसके हृदय में जो बात रहती है, वही तो वह अपने मुँह से कहता है। मैं तो जानती भी नहीं थी कि हरि कौन हैं, और कैसे हैं। मैंने तो यह बात लकीर खींचकर दृढ़तापूर्वक कही थी। जो बात मेरे हृदय में थी, वही बात मुँह से भी निकली थी।

तब सभी गोपांगनाएँ परम प्रसन्न हो उठीं और उन्होंने राधा को अंक में भर लिया और

सब कहने लगीं—तू यह बात क्या समझे। हम तो तुझसे हँसी कर रही थीं, तू हम पर रिस करती जा रही थी, तू नागरी है, परम चतुरा है, फिर भी हमारी दिल्लगी की बात का तूने बुरा मान लिया।

इस पर राधा पुनः बोल उठी—तुम्हीं सब पहले उलटी बात कहती हो, फिर अपनी बात से पलट भी जाती हो और तुम्हीं रिस भी करती हो। मैं तो कुछ भी नहीं जानती। तुम्हीं ने मुझसे पहले पहल कृष्ण का नाम लिया। तुम्हारे ही मुँह से मैंने पहली बार कृष्ण का नाम सुना था। तुम अपने मन में चाहे जो समझती रहो।

सखियों के साथ राधा का यमुना-विहार

यमुना-जल-विहार *१३१०/२३६८ राग टोड़ी*

सुन कहियौ अब न्हान चलौगी।
तब अपनौ मन भायौ कीजौ, जब मोकौं हरि-संग मिलौगी॥
वहै बात मन मैं गहि राखी, मैं जानति कबहूँ बिसरौगी।
बड़ी बार मोकौं भई आएँ, न्हान चलति की बहुरि लरौगी॥
गहि-गहि बाहँ सबनि करि ठाढ़ी, कैसैंहू घर तैं निसरौगी।
'सूर' राधिका कहति सखिनि सौं, बहुरि आइ घर-काज करौगी॥

राधा अपनी सखियों से कह रही है—'अरी सुनो, और कहो, अब यमुना नहाने चलोगी भी कि नहीं? जब तुम सब मुझे हरि के संग देखना, तब तुम्हारे मन में जो भावे, वह करना। जब तुम सब मेरे घर गई थीं, तब मैंने चुप्पी साध ली थी, तुमने वही बात अपने मन में गाँठ देकर बाँध रखी है, जिससे भूले नहीं। मैं तो समझती थी, तुम उसे कब की भूल गई होगी। पर तुम भूली नहीं हो। मुझे यहाँ आए हुए बहुत देर हो गई। अब बताओ नहानें चल भी रही हो कि मुझसे यहाँ लड़ने की तयारी में हो?' फिर राधा ने एक-एक की बाँह पकड़कर खड़ी किया और कहा—'किसी प्रकार घर से निकलोगी भी या नहीं। नहा कर लौट आने पर फिर घर के शेष काम कर लेना।'

१३११/२३६९ राग मारू

राधिका-संग मिलि गोप-नारी।
चलीं हिलि-मिलि सबै, रहसि बिहँसति तरुनि, परसपर कौतुहल करत भारी॥
मध्य ब्रज-नागरी, रूप-रस-आगरी, घोष-उज्जागरी, स्याम-प्यारी।
बदन-दुति इंदु री, दसन-छबि-कुंद री, काम-तनु दुंद री करनहारी॥
अंग अँग सुभग अति, चलति गजराज-गति, कृष्न सौं एक मति, जमुन जाहीं।
कोउ निकसि जाति, कोउ ठठकि ठाढ़ी रहति, कोउ कहति संग मिलि चलहु नाहीं॥
जुवति आनँद भरी, भईं जुरिकै खरी, नई छरहरी सुठि बैस थोरी।
'सूर' प्रभु सुनि स्त्रवन, तहाँ कीन्हौ गवन, तरुनि मन रवन सब ब्रज-किसोरी॥

राधा के साथ हिल-मिलकर सभी गोपांगनाएँ, खेलती-कूदती, आनन्दपूर्वक हँसती-विहँसती, परस्पर भारी कौतूहल करती हुईं, यमुना स्नान के लिए चल पड़ीं। सब गोपियों

के बीच में रूप और रस की अग्रगण्या, ब्रजनागरी, घोष को उजागर करनेवाली, श्याम की प्यारी राधा थीं। उनके मुख-मंडल का प्रकाश चंद्रमा के समान था, उनके दाँत कुंद की कली के समान श्वेत और कांतिमान थे और वे अपने रूप-सौन्दर्य से कामदेव के भी तन-मन में हलचल मचाए दे रही थीं। उनके एक-एक अंग अत्यंत सुंदर थे। वे मतवाली हथिनी के समान छलकती चल रही थीं। उन सभी गोपियों के मन में एक कृष्ण समाए हुए थे और वे सभी यमुना की ओर बढ़ी जा रही थीं। कोई अभी अपने घर से ही निकल रही थी; कोई किसी पिछड़ी सहेली की प्रतीक्षा में ठिठक कर खड़ी हो गई थी। कोई कह रही थी—सब लोग एक साथ मिलकर क्यों नहीं चल रही हो। युवतियाँ आनंद से भरी हुई थी, वे सब खड़ी होकर इकट्ठी हो गईं। वे सभी दुबले-पतले और लंबे शरीर की सुंदरियाँ थीं। उनकी वय भी अभी थोड़ी ही थी। वे सभी मुग्धाएँ थीं। उन तरुणियों के मन में रमने वाले कृष्ण ने जब सुना कि सब गोपियाँ एक साथ यमुना-स्नान के लिए जा रही हैं, तब वे भी वहाँ के लिए चल पड़े, जहाँ सभी ब्रज-किशोरियाँ जा रही थीं

१३९२/२३७० राग नट नारायन

गईं ब्रज-नारि जमुना-तीर।
संग राजति कुँवरि राधा, भई सोभा-भीर॥
देखि लहरि तरंग हरषीं, रहत नहिं मन धीर।
स्नान कौं वै भईं आतुर, सुभग जल गंभीर॥
कोउ गई जल पैठि तरुनी, और ठाढ़ीं तीर।
तिनहिं लई बुलाइ राधा, करति सुख-तनु-क्रीर॥
एक एकहिं धरति भुज भरि, एक छिरकति नीर।
'सूर' राधा हँसति ठाढ़ी, भींजि छबि तनु-चीर॥

वे ब्रजांगनाएँ स्नानार्थ यमुना तट पर पहुँच गईं। उनके साथ ये कुँवरि राधा भी थीं। यमुना तट पर सुंदरियों की भीड़ लग गई। वे यमुना की उठती लहरों को देखकर हर्षित हो उठीं। वे स्नान करने के लिए मन ही मन अधीर हो उठीं। यमुना के सुंदर और गहरे जल को देखकर वे नहाने के लिए उतावली हो उठीं। कुछ नव-यौवनाएँ यमुना के जल में उतर गईं। कुछ किनारे ही खड़ी रह गईं। उन्हें राधा ने बुला लिया और यमुना जल में सुखद क्रीड़ा करने लगीं। कोई गोपी किसी दूसरी गोपी की बाँह पकड़कर जल में खींचे ले जा रही थी। कोई किसी दूसरी गोपी पर जल फेंकती जा रही थी। राधा का चीर उसके शरीर से लिपटा हुआ उसकी छवि को बढ़ाए जा रहा था और वह पानी में हँसती हुई खड़ी थीं।

१३९३/२३७१ राग जैतश्री

राधा जल बिहरति सखियनि सँग।
ग्रीव-प्रजंत नीर मैं ठाढ़ी, छिरकति जल अपनैं अपनैं रँग॥
मुख भरि नीर परसपर डारतिँ, सोभा अतिहिं अनूप बढ़ी तब।
मनहु चंद-गन सुधा गँडूषनि, डारति हैं आनंद भरे सब॥

आई निकसि जानु कटि लौं सब, अँजुरिनी तैं लै लै जल डारतिँ ।
मानहु सूर कनक-बल्ली जुरिं, अंमृत-बूँद पवन मिस झारतिँ ॥

राधा सखियों के साथ जल-विहार कर रही थीं। गरदन तक जल में खड़ी वे नवेलियाँ अपने-अपने राग-रंग में डूबी हुई एक दूसरे के ऊपर जल छिड़कती जा रही थीं। जब वे अपने-अपने मुँहों में जल भर-भर कर एक दूसरे के ऊपर कुल्ला मारने लगीं, तब तो शोभा बहुत ही बढ़ गई। ऐसा लगा जैसे बहुत से चंद्रमा अपने-अपने मुँहों में अमृत के कुल्ले भरे हुए एक दूसरे के ऊपर पिचकारी ही मारे जा रहे हों। कुछ देर बाद वे सुंदरियाँ तट की ओर घुटने तक जल में आ गईं और अपनी-अपनी अंजलियों में जल भर-भर कर एक दूसरे के ऊपर फेंकने लगीं। ऐसा लगता था मानों सोने की लताएँ अमृत की बूंदों से परिपूर्ण हों, जो हवा के झोंके से उन अमृत बूंदों को झरझराए दे रही हों।

१३१४/२३७२ राग नट

जमुना-जल बिहरति ब्रज-नारी ।
तट ठाढ़े देखत नँद-नंदन, मधुर-मुरलि कर धारी ॥
मोर-मुकुट, स्त्रवननि मनि-कुंडल, जलज-माल उर भ्राजत ।
सुंदर सुभग स्याम तन नव घन, बिच बग-पाँति बिराजत ॥
उर बनमाल सुमन बहु भाँतिनि, सेत, लाल, सित, पीत ।
मनहु सुरसरी-तट बैठे सुक, बरन-बरन तजि भीत ॥
पीतांबर कटि-तट छुद्रावलि, बाजति परम रसाल ।
'सूरदास' मनु कनकभूमि ढिग, बोलत रुचिर मराल ॥

ब्रजांगनाएँ यमुना के जल में विहार कर रही थीं। मधुर मुरली हाथ में लिए हुए नंदनंदन यमुना के किनारे खड़े-खड़े उनका जल-विहार देखते जा रहे थे। वे मोर-पंख का मुकुट धारण किए हुए थे। उनके कानों में मणि-जटित कुंडल लटक रहे थे। उनके वक्षस्थल पर मोतियों की माला सुशोभित हो रही थी। ऐसा लगता था कि घनश्याम का साँवला सलोना शरीर बादल हो और वह मोती की माला उस सघन-घन के बीच बकुलों की श्वेत पंक्ति हो। उनकी छाती पर रंग-बिरंगे फूलों की वनमाला थी। उस वनमाला में सफेद, लाल, पीले रंग के फूल थे। ऐसा लगता था कि मोतियों की माला की श्वेत गंगा के किनारे रंग-रंग के शुक, सभी प्रकार का भय छोड़कर आ बैठे हों। वे पीतांबर पहने हुए थे और उनकी कमर में घुँघरूदार करधनी रुनझुन करके परम मधुर स्वर में बजी जा रही थी। ऐसा लगता था जैसे सुनहली धरा पर सुंदर हंस कलरव कर रहे हों।

१३१५/२३७४ राग पूरबी

उपमा धीरज तज्यौ निरखि छबि ।
कोटि मदन अपनौ बल हारयौ, कुंडल किरनि छप्यौ रबि ॥
खंजन, कंज, मधुप, बिधु, तड़ि, घन, दीन रहत कहुँवै दबि ।
हरि-पटतर दै हमहिं लजावत, सकुच नाहिं खोटैं कबि ॥
अरुन अधर, दसननि दुति निरखत, बिद्रुम सिखर लजाने ।
'सूरस्याम' आछौ बपु काछे, पटतर मेटि बिराने ॥

कन्हैया की छबि को देखकर सभी उपमाएँ अधीर हो उठीं। सारे उपमानों ने अपना धैर्य छोड़ दिया। कृष्ण की छवि देखकर करोड़ों कामदेवों ने अपने सौंदर्य का बल खो दिया। उनके कुंडलों की किरणों की छवि देखकर सूर्य छिप गया। उनके नेत्रों को देखकर खंजन कंज और मधुप मलिन होकर कहीं दुबक रहे। उनके मुख को देखकर चंद्रमा, शरीर की श्याम कांति देखकर बादल, पीतांबर की आभा देखकर बिजली भी दुबक गई। वे उपमान कहने लगे ये खोटे कवि हरि के अंगों से हमारी उपमा देकर हमें लज्जित किए दे रहे हैं। अरुण अधरों को देखकर मूँगा और दाँतों को देखकर अनार के दाने लज्जित हो उठे। स्याम ने अपने शरीर को भली-भाँति सजा-सँवार रखा था। सारी उपमाएँ उन्हें देखकर मिट गईं और विलीन हो गईं।

१३९६/२३७५ राग गौरी

उपमा हरि-तनु देखि लजानी।
कोउ जल मैं, कोउ बननि रहीं दुरि, कोउ-कोउ गगन समानी ॥
मुख निरखत ससि गयौ अंबर कौं, तड़ित दसन-छबि हेरि।
मीन, कमल, कर, चरन, नयन डर, जल मैं कियौ बसेरि ॥
भुजा देखि अहिराज लजाने, बिबरनि पैठे धाइ।
कटि निरखत केहरि डर मान्यौ, बन-बन रहे दुराइ ॥
गारी देहिं कबिनि कैं बरनत, श्री-अँग पटतर देत।
'सूरदास' हमकौं सरमावत, नाउँ हमारै लेत ॥

सारे उपमान हरि के अंग-प्रत्यंग देखकर लज्जित हो गए। कुछ उपमान जल में जा छिपे जैसे आँखों के उपमान मीन और हाथ पैर के उपमान कमल। कुछ उपमान वन में जा छिपे जैसे कटि के उपमान केहरि। कुछ उपमान आकाश में जा समा गए जैसे मुख का उपमान चंद्रमा, दाँतों का उपमान बिजली। उनकी भुजाओं को देखकर तो अहिराज भी बिल में घुस गए। ये उपमान कवियों को गाली देने लगे कि ये सभी व्यर्थ के लिए श्याम के अंगों के सादृश्य में हमें उपस्थित कर देते हैं। ये कवि लोग हमारा नाम ले-लेकर हमें शरमिन्दा कर देते हैं।

१३९७/२३७७ राग नट नारायन

राधा निरखि भूली अंग।
नंद-नंदन-रूप पर, गति मति भई तनु पंग ॥
इत सकुच अति सखिनि कौ, उत होति अपनी हानि।
ज्ञान करि अनुमान कीन्हौ, अबहिं लैहैं जानि ॥
चतुर सखियनि परखि लीन्हीं, समुझि भईं गँवारि।
सबै मिलि इत न्हान लागीं, ताहि दियौ बिसारि ॥
नागरी मुख-स्याम निरखति, कबहुँ सखियनि हेरि।
'सूर' राधा लखति नाहीं, इन दई अवढेरि ॥

राधा श्याम के अंग-अंग देखकर आत्म-विस्मृत हो गई। नंद के नंदन के रूप को

देखकर उसकी गति-मति सभी पंगु तनवाली हो गई। वह अपनी सब सुधि-बुधि भूल बैठी। इधर उसे अपनी सखियों का भारी संकोच हो रहा था, मेरी यह दशा देख करके सब क्या कहेंगी। उधर अपने प्रेम की हानि हुई जा रही थी। उसने सोचकर अनुमान कर लिया कि ये सखियाँ अभी सब कुछ जान लेंगी। पर सखियाँ चतुर थीं। वे सब कुछ तो पहले से जानती थीं। अब उन्होंने प्रत्यक्ष प्रमाण पा लिया। पर वे थीं चतुरा, नागरी, समझदार। वे जान-बूझकर अनजान गँवार बन गईं और जमुना में और दूर जाकर नहाने लगीं और राधा को जैसे भूल बैठीं। नागरी राधा अपने प्रेम के निमित्त कभी श्याम के मुँह की ओर देख लेती और कभी सखियों का रुख भाँपने के लिए उनकी ओर। राधा यद्यपि परम चतुरा थी, पर वह यह नहीं भाँप पाई कि सखियों ने जान-बूझकर उसे यह अवसर दे दिया है।

१३९८/२३७८ राग कान्हरौ

जब जान्यौ ये न्हातिँ सबै।
हरि-प्रति-अंग-अंग की सोभा, अँखियनि मग ह्वै लेउँ अबै॥
कमल-कोस मैं आनि दुराऊँ, बहुरि दरस धौं होइ कबै।
यह मन करि जुवतिनि तन हेरति, इनसौं करियै गोप तबै॥
कबहुँक कहै तजौं मरजादा, सकुचति है पुनि नहीं फबै।
'सूरदास' तबहीं मन मानै, संगहिं रैहौं जाइ जबै॥

जब राधा ने जान लिया कि सखियाँ नहाने में लगी हुई हैं, तब उसने सोचा कि मैं हरि के एक-एक अंग की शोभा, आँखों की राह से अभी ले लूँ और हृदयरूपी कमल के कोश में छिपा लूँ। न जाने फिर कब हरि का दर्शन होगा। ऐसा सोचकर वह गोपांगनाओं की ओर देखने लगी और सोचने लगी कि इनसे यह प्रेम गुप्त ही रखना ठीक होगा। कभी वह सोचती है कि मैं सारी लोकमर्यादा तोड़ दूँ। फिर सोचती है कि नहीं, यह शोभा न देगा। मुझे तो संतोष तभी होगा, जब मैं जाकर कन्हैया के साथ रहने लगूँगी।

१३९९/२३७९ राग गौरी

चितै राधा रति-नागर-ओर।
नैन-वदन-छबि यौं उपजति, मनु ससि अनुराग चकोर॥
सारस-रस अँचवन कौं मानौ, फिरत मधुप जुग जोर।
पान करत कहुँ तृप्ति न मानत, पलकनि देत अकोर॥
लियौ मनोरथ मानि सफल ज्यौं, रजनि गाएँ पुनि भोर।
'सूर' परस्पर प्रीति निरंतर, दंपति हैं चित-चोर॥

राधा रति के नागर कामदेव के सदृश अपने नागर कृष्ण की ओर टकटकी लगाकर देखे जा रही है। उस समय राधा के नयनों और कृष्ण के मुख की छवि यों बन रही थी, मानो कृष्ण के मुखरूपी चंद्रमा की ओर राधा के नयनरूपी चकोर प्रेममय होकर टकटकी लगाए हुए हैं। मानों कृष्ण के मुख रूपी कमल का रस पीने के लिए राधा के नयनरूपी दो भौंरे उड़ रहे हों। वे उस रस को पीकर तृप्त नहीं हो रहे हैं और अपनी पलकों को निर्निमेष बने रहने के लिए घूस दिए जा रहे हों। राधा ने अपने को सफल मनोरथ मान

लिया। वियोग की अँधेरी रात बीत जाने पर जैसे मिलन का प्रभात हो गया हो। राधाकृष्ण दंपत्ति हैं, एक दूसरे के चित्त को चुरानेवाले हैं। उनकी पारस्परिक प्रीति तो निरंतर बनी रहती है।

१४००/२३८० राग कल्यान

यह कछु भोरैंहि भाइ भई।
निरखत बदन नंद-नंदन कौ, और हुती सु गई॥
हिरदै जामि प्रेम अंकुर, जड़ सप्त पताल गई।
सो द्रुम पसरि सिखर अंबर लौं, सब जग छाइ लई॥
बचन सुपत्र, मुकुल अवलोकनि, गुन-निधि पहुप मई।
परसि परम अनुराग सींचि सुख, लगी प्रमोद जई॥
मन के सकल मनोरथ पूरन, सौंभरि भार नई।
'सूरदास' फल गिरिधर नागर, मिलि रस-रीति ठई॥

नंद-नंदन का मुँह देखते ही राधा कुछ और ही भोले भाव की हो गई। उसका जो पूर्व भाव था, वह चला गया और एक नया भाव उसके मुखमंडल पर छा गया। वह कुछ की कुछ हो गई। उसके हृदय में प्रेम का अंकुर जम गया, जिसकी जड़ सातवें पाताल तक चली गई। उस प्रेम के वृक्ष की चोटी आसमान में जा पहुँची और उसकी छाया ने समस्त संसार को आच्छादित कर लिया। परस्पर की बातचीत ही उस वृक्ष के पत्ते हैं, चितवन ही कली है, गुणों का भांडार ही फूल है। एक दूसरे को छूना ही सुखपूर्वक उस प्रेम-वृक्ष को सींचना है। उसमें आनंद की जई (बतिया) लग गई है। वह वृक्ष मन के संपूर्ण मनोभावों के संभार से झुक गया है। उसमें गिरिधर नागर ही फल हैं। उनसे मिलकर राधा ने संपूर्ण रस-रीति स्थापित कर ली।

१४०१/२३८२ राग जैतश्री

देखौ री राधा उत अँटकी।
चितै रही इक टक हरि ही तन, ना जानियै कौन अँग लटकी॥
काल्हि हमैं कैसैं निदरित ही, मेरैं चित वह टरति न खटकी।
न्हात रही कैसैं सँग मिलिकै, चित चंचल बिरहा की चटकी॥
बात कहत तुलसी मुख मेलै, नैन-सैन दे-दै मुँह मटकी।
'सूरस्याम' कैं रूप भुलानी, राधा कैं सुधि रही न घट की॥

एक गोपी दूसरी से कह रही है—देख, देख, राधा उधर कृष्ण के रूप-जाल में फँस गई है। वह टकटकी लगाकर हरि की ओर ही देखे जा रही है। उसकी दृष्टि न जाने, हरि के किस अंग पर जाकर टँग गई है। कल वह हमारा कैसा निरादर किए जा रही थी। उस अपमान की कसक मेरे मन में अब भी बनी हुई है, दूर नहीं हो पा रही है, खटकती ही जा रही है। वह अभी-अभी हमारे संग मिलकर नहा रही थी, पर उसके हृदय में विरह की व्याकुलता थी। उसका चित्त चंचल हुआ जा रहा था। वह हमसे ऐसे बात कर रही थी, जैसे मुँह में तुलसी दल रखकर सच ही बोलने की शपथ ले रखी हो। वह आँखों से इशारा

कर करके मुँह मटकाए जा रही थी। अब देखो, वह श्याम के रूप में भुला गई है और उसे अपने तन-बदन की भी सुधि नहीं रह गई है।

१४०२/२३८३ राग बिलावल

चितै रही राधा हरि कौ मुख ।
भृकुटी विकट, बिसाल नैन लखि, मनहिं भयौ रति-पति दुख ॥
उतहिं स्याम इकटक प्यारी-छबि, अंग-अंग अवलोकत ।
रीझि रहे इत हरि, उत राधा, अरस-परस दोउ नोकत ॥
सखिनि कह्यौ बृषभान-सुता सौं, देखे कुँवर कन्हाई ।
'सूरस्याम' येई हैं, ब्रज मैं जिनकी होति बड़ाई ॥

राधा हरि का मुँह देखे जा रही थी। हरि की वक्र भौंहों और विशाल विलोचनों को देखकर रति-पति कामदेव मन ही मन अत्यंत दुखी हुआ जा रहा था कि अब लोग कृष्ण के रूप के आगे मुझे क्यों पूछने लगे? उधर श्याम भी राधा प्यारी के एक-एक अंग की शोभा निरखते-परखते जा रहे थे। इधर कृष्ण राधा पर रीझे जा रहे थे, उधर राधा कृष्ण पर रीझी जा रही थी। दोनों एक-दूसरे के अंग-स्पर्श की कामना करते जा रहे थे। तब सखियों ने वृषभानु की बेटी राधा से कहा—राधा, कन्हैया को देख लिया न! यही श्याम हैं, जिनकी सारे ब्रजमंडल में (तुझे लेकर) बड़ी लड़ाई हुई जा रही है।

१४०३/२३८४ राग रामकली

हमहिं कह्यौ हो स्याम दिखावहु ।
देखहु दरस नैन भरि नीकैं, पुनि-पुनि दरस न पावहु ॥
बहुत लालसा करति रहीं तुम, वै तुम कारन आए ।
पूरी साध मिली तुम उनकौं, यातैं हमहिं भुलाए ॥
नीकैं सगुन आजु ह्याँ आईं, भयौ तुम्हारौ काज ।
सुनहु 'सूर' हमकौं कछु दैहौ, तुमहिं मिले ब्रजराज ॥

सखियाँ राधा से कहने लगीं—राधा, तुमने हमसे कहा था कि हम तुम्हें कभी श्याम का दर्शन करा दें। अब तुम भली-भाँति आँख भर इनका दर्शन कर लो। फिर-फिर दर्शन कर पाने का ऐसा अच्छा अवसर नहीं मिलने का। तुम श्याम के दर्शन के लिए बहुत लालायित थीं। श्याम भी तुम्हारे दर्शन के लिए ललच रहे थे। वे यहाँ तुम्हारे ही लिए तो आए हैं। तुम्हारी साध पूरी हो गई। तुम उनसे मिल गईं। इसीलिए तुमने हम सबको भुला दिया। तुम आज बहुत ही अच्छे शकुन से यहाँ आई थीं कि तुम्हारा सब काम पूरा हो गया। अब तो तुम्हें ब्रजराज मिल गए। इस खुशी में तुम हमको भी कुछ दोगी? मिठाई खिलाओगी न!

१४०४/२३८५ राग रामकली

राधा कह्यौ, आजु इन जानीं ।
बार-बार मैं हरि-तन चितई, तबहीं ये मुसुकानीं ॥
काल्हि कही मैं इनसौं वैसैं, अब तौ बात न ठानी ।
यह चतुरई परी मोहीं पर, मन मन अतिहिं लजानी ॥

मेरी बात गई इन आगैं, अबहिं करतिँ बिनु पानी ।
'सूरदास' प्रभु कहा कहौं मैं, अब तुम हाथ बिकानी ॥

राधा मन ही मन कहने लगी—'आज तो सब भंडाफोड़ हो गया। इन सब सखियों ने आज जान लिया। मैं बार-बार हरि की ओर जब देखे जा रही थी, तभी ये ताड़ गई थीं और इनके होठों के कोनों पर हँसी छा उठी थी। कल मैंने इन सबसे कहा था कि मैं हरि को जानती भी नहीं, अब तो यह बात बनी नहीं रह सकती। मेरी यह चतुराई अब उलटकर मुझी पर आ पड़ी है। मेरी बात इन सबके आगे झूठी सिद्ध हो गई। अब ये मुझे बे-पानी किए बिना, बेइज्जत किए बिना नहीं मानेंगी।' ऐसा सोचकर राधा मन ही मन अत्यंत लज्जित हो उठी और कह उठी—प्रभु अब इन सखियों से मैं क्या कहूँ? अब तो मैं तुम्हारे हाथ बिक ही गई हूँ।

१४०५/२३८६ राग बिलावल

मैं अतिही यह पोच करी ।
ये मेरी मरजादा लैहैं, ता दिन बहुत लरी ॥
सुंदर स्याम कमल-दल-लोचन, तुम अब होहु सहाइ ।
ऐसी बात कहौं इन आगैं, मेरी पति जनि जाइ ॥
तब इक बुद्धि रची मनहीं मन, अति आनंद हुलास ।
'सूरस्याम' राधा-आधा-तन, कीन्हौ बुद्धि-प्रकास ॥

राधा सोचने लगी—मुझसे बहुत बुरा काम हो गया, जो मैं श्याम को अपलक देखती रह गई। इन सखियों ने यह सब देख लिया है। अब ये मेरी सारी प्रतिष्ठा धूल में मिला देंगी। पिछले दिन मैं इनसे लड़ पड़ी थी कि मैंने तो श्याम को स्वप्न में भी नहीं देखा और तुम सब उन असंबद्ध के साथ झूठ-मूठ का मुझे क्यों सुसंबद्ध किए जा रही हो? हे कमल की पंखुड़ियों के समान आँखों वाले श्यामसुंदर, अब तुम्हीं मेरी सहायता कर सकते हो। अब मुझे इन सबके सामने कुछ ऐसी बात करनी चाहिए। जिससे मेरी प्रतिष्ठा नष्ट न होने पाये और बनी रह जाय। तब राधा ने मन ही मन एक बात सोच डाली और उस बात को सोचकर उसे बहुत आनंद मिला। राधा तो श्याम का आधा तन है ही, उन्होंने उसे बुद्धि दे दी।

१४०६/२३८७ राग गुजरी

राधा चलहु भवनहिं जाहिं ।
कबहिं की हम जमुन आईं, कहहिं अरु पछिताहिं ॥
कियौ दरसन स्याम कौ तुम, चलौगी की नाहिं ।
बहुरि मिलिहौ चीन्हि राखहु, कहत, सब मुसुकाहिं ॥
हम चलीं घर तुमहुँ आवहु, सोच भयौ मन माहिं ।
'सूर' राधा सहित गोपी, चलीं ब्रज-समुहाहिं ॥

राधा की सखियों ने कहा—'राधा चलो, अब हम लोग घर लौट चलें। हम कब की यमुना आई हुई हैं। बहुत देर हो गई।' सखियाँ यह कहती जाती थीं और पछताए भी जा

रही थीं। तुमने श्याम का दर्शन कर लिया न। अब चलोगी भी कि नहीं? तुम श्याम से फिर मिलोगी। इन्हें भली-भाँति पहचान लो, जिससे फिर मिलने पर पहचानने में भूल-भटक न हो। यह कहकर वे सब मुसकुरा पड़ीं। 'अब हम सब घर चल रही हैं, तुम भी चली आना।' सखियों की यह बात सुनकर राधा के मन में भारी चिंता भर उठी। तब राधा सभी गोपियों के साथ ब्रज की ओर चल पड़ीं।

१४०७/२३८८ राग बिलावल

कहि राधा हरि कैसे हैं।
तैरैं मन भाए की नाहीं, की सुंदर, की नैसे हैं॥
की पुनि हमहिं दुराव करौगी, की कैहौ वै जैसे हैं।
की हम तुमसौं कहति रहीं ज्यौं, साँच कहौ की तैसे हैं॥
नटवर-वेष काछनी काछे, अंगनि रति-पति-सै से हैं।
'सूरस्याम' तुम नीकैं देखे, हम जानत हरि ऐसे हैं॥

सहेलियाँ राधा को छेड़ती हुई पूछ रही हैं—राधा बता, हरि कैसे हैं? तेरे मन को अच्छे लगे कि नहीं? वे सुंदर हैं कि असुंदर हैं? क्या तू हमसे पुनः छिपाएगी? या वे जैसे तुझे लगते हैं, वैसा सच-सच बतायेगी? जैसा हम तुझसे कह रही थीं, क्या वे वैसे ही हैं, सच-सच बताना। हमने तो हरि को इसी रूप में देखा है कि वे नटवर हैं, पीतांबर की कछनी काछे हुए हैं। वे अंगों की दृष्टि से तो सैकड़ों कामदेवों के सदृश हैं। अब तुम बताओ हरि कैसे हैं, तुमने तो अब उन्हें भली-भाँति देख लिया है।

१४०८/२३८९ राग बिलावल

राधा मन मैं यहै बिचारति।
ये सब मेरैं ख्याल परी हैं, अबहीं बातनि लै निरुवारति॥
मोहूँ तें ये चतुर कहावति, ये मनहीं मन मोकौं नारति।
ऐसे बचन कहौंगी इन सौं, चतुराई इनकी मैं झारति॥
जाकै नंद-नँदन सिर समरथ, बार-बार तन-मन-धन वारति।
'सूर' स्याम कैं गर्ब राधिका, सूधैं काहूँ तन न निहारति॥

राधा मन ही मन सोचती जा रही थी—ये सब सखियाँ अब मेरे पीछे पड़ गई हैं और मेरी हँसी उड़ा रही हैं। मैं भी अब इन्हें बातों ही बातों में उखाड़े देती हूँ। ये मुझसे भी अपने को चतुर समझती हैं और ये मन ही मन मुझको अनादृत करना चाहती हैं। मैं भी अब गढ़कर इनसे ऐसी बातें करूँगी कि इनकी सब चालाकी झड़ जायगी। जिसके सिर पर नंद-नंदन जैसे समर्थ पुरुष का हाथ हो और जिस पर राधिका ने अपना सारा तन-मन-धन निछावर कर दिया हो, उन्हीं श्याम के बल पर वह राधा किसी भी सखी की ओर गर्व से सीधे नहीं देख पा रही है और ऐंठी-ऐंठी चल रही है।

१४०९/२३९० राग सूही

राधा हरि कैं गर्ब गहीली।
मंद-मंद गति मत मतंग ज्यौं, अंग-अंग सुख-पुंज-भरीली॥

पग द्वै चलति, ठठकि रहै ठाढ़ी, मौन धरै, हरि कैं रस गीली।
धरनी नख चरननि कुरवारति, सौतिनि भाग-सुहाग-डहीली॥
नैंकु नहीं पिय तैं कहुँ बिछरति, तातैं नाहिंन काम-दहीली।
'सूर' सखी बूझैं यह कैहौं, आजु भई यह भेंट पहीली॥

राधा हरि के अभिमान से भरी हुई थी। वह मतवाली हथिनी के समान धीमी चाल से चली जा रही थी। उसके अंग-अंग में सुख ही सुख भरा हुआ था। वह दो कदम चलती थी, फिर कुछ सोचते ही रुक जाती थी। वह चुपचाप चली जा रही थी। वह हरि के प्रेमरस में सिक्त हो रही थी। वह धरती को अपने पैर के नख से कुरेदती जा रही थी। वह अपनी सौतों (अन्य गोपियों) के भाग्य और सुहाग को दग्ध करती जा रही थी, उनके मन में डाह उत्पन्न किए जा रही थी। राधा तो अपने प्रिय कृष्ण से थोड़ी देर के लिए भी अलग नहीं होती, अत: वह कभी भी कामाग्नि से नहीं जलती। वह सोच रही है—यदि सखियाँ पूछेंगी तो मैं यही कहूँगी कि श्याम से आज यह मेरी पहली ही मुलाकात है।

१४१०/२३९१ राग आसावरी

क्यौं राधा फिरि मौन धर्यौ री।
जैसैं नउआ अंध-झँवावर, तैसैंहि तैं यह मौन कर्यौ री॥
बात नहीं मुख तैं कहि आवति, की तेरौ मन स्याम हर्यौ री।
जानि नहीं, पहिचानि न कबहूँ, देखत ही चित तिनहिं ढर्यौ री॥
साँची बात कहौ तुम हमसौं, कहा सोच सो जियहिं पर्यौ री।
'सूरस्याम' तन देखि रही कह, लोचन इकटक तैं न टर्यौ री॥

सखियाँ राधा को छेड़ती हुई कह रही हैं—क्यों राधा, तुमने फिर मौन धारण कर लिया? कोई अंधा नाई ग्राहक की तलाश में बैठा हो और यकायक उसके साम्ने बड़े-बड़े बालों वाला कोई झबरीला गधा आ खड़ा हो जाय। नाई उसे मूँड़ने के लिए उसके बाल टटोलता हो और गधा कुछ बोलता न हो, वैसे ही तुम उस गधे के समान चुप लगाए हुए हो। तुमसे कोई बात बनाकर कहते नहीं बन रही है या तुम्हारे मन को श्याम ने एकदम से हर लिया है। तुम्हारी तो श्याम से कभी की जान पहचान ही नहीं थी। देखते ही तुम्हारा चित्त उनकी ओर ढल गया। तुम हमसे सब सच-सच बताओ। तुम किस सोच में पड़ गई हो? तुम कन्हैया की ओर क्या देखे जा रही हो। तुम्हारी तो टकटकी ही लग गई है। यह टकटकी एक क्षण के लिए भी टूट नहीं पा रही है।

१४११/२३९२ राग धनाश्री

कहा कहति तुम बात अलेखे।
मोसौं कहति स्याम तुम देखे, तुम नीकैं करि देखे॥
कैसौ बरन, बेष है कैसौ, कैसौ अंग त्रिभंग।
मो आगैं वह भेद कहौ धौं, कैसौ है तनु-रंग॥
मैं देखे की नाहीं देखे, तुम तौ बार हजार।
'सूरस्याम' द्वै अँखियनि देखति, जाकौ वार न पार॥

राधा बोली—तुम सब कैसी बे-सिर पैर की, बे-हिसाब की बातें किए जा रही हो। तुम मुझसे कह रही हो कि तुमने श्याम को देख लिया? मैंने देखा कि नहीं देखा, यह बात अलग है। उनका मुँह कैसा है, रूप कैसा है, कैसी उनकी त्रिभंगिमा है, उनके शरीर का रंग कैसा है, मुझसे यह सब कह सुनाओ। मैंने उन्हें देखा कि नहीं, इसे छोड़ो। तुमने तो उन्हें हजार बार देखा है, मैं तो, उन्हें केवल एक बार दो आँखों से देख पाई हूँ और इतना ही कह सकती हूँ कि उनके रूप सागर का वार पार नहीं।

१४१२/२३९३ राग कान्हरौ

हम देखे इहि भाँति कन्हाई।
सीस सिखंड, अलक बिथुरे मुख, कुंडल स्रवन सुहाई॥
कुटिल भृकुटि, लोचन अनियारे, सुभग नासिका राजत।
अरुन अधर, दसनावलि की दुति, दाड़िम कन तनु लाजत॥
ग्रीव हार मुकुता, बनमाला, बाहु-दंड गज-सुंड।
रोमावली सुभग बग-पंगति, जाति नाभि-ह्रद झुंड॥
कटि पट पीत, मेखला कंचन, सुभग जंघ, जुग जानु।
चरन-कमल नख चंद नहीं सम, ऐसे 'सूर' सुजानु॥

इसपर सखियाँ बोलीं—'हमने कन्हैया को इस रूप में देखा है। उनके सिर पर मोर पंख का मुकुट है। उनके मुख पर लटें फैली हुई हैं। उनके कानों में स्वर्ण-कुंडल सुशोभित हो रहे हैं। उनकी भौंहें टेढ़ी हैं, उनके नेत्र नोकीले हैं, उनकी नाक अत्यंत सुंदर हैं, उनके होठ लाल-लाल हैं। उनके दाँतों की चमक अनार के दानों को लज्जित कर देती है। उनके गले में मोतियों की माला और वनफूलों का गजरा है। उनकी बाहें हाथी की सूँड़ जैसी हैं। उनकी रोमावली भी बड़ी सुंदर हैं। मोतियों की माला तो ऐसी लगती है मानो बगुलों की पंक्ति झुंड बनाकर नाभि रूपी सरोवर की ओर बढ़ी जा रही हो। उनकी कमर में पीतांबर की कछनी है, उसपर सोने की करधनी है। उनकी दोनों जाँघें और घुटने बहुत सुंदर हैं। उनके पैरों के नखों की समता तो चंद्रमा भी नहीं कर पाता। सुजान कृष्ण तो हमें ऐसे लगे।'

१४१३/२३९६ राग धनाश्री

हम देखे इहि भाँति गुपाल।
छंद-कपट कछु जानति नाहिन, सूधी हैं ब्रज की सब बाल॥
झूठी की साँची नहिं भाषैं, साँची झूठी कबहुँ न होइ।
साँची की झूठी करि डारैं, यह सोई जानैं धनि जोइ॥
इतननि मैं दुराव कछु नाहीं, नाहीं भेदाभेद बिचार।
'सूरदास' जे झूठी मिलवैं, तिनकी गति जानै करतार॥

गोपियाँ राधा से कहती गई—हमने तो गोपाल को इसी रूप में देखा। हम सीधी-सादी ब्रज-बालाएँ हैं, हम छल-कपट कुछ भी नहीं जानतीं। हम झूठ को झूठ ही कहती हैं, झूठ को सच बनाकर नहीं कहतीं और हम सच को सच ही कहती हैं, सच को झूठा बनाकर

नहीं कहती। जो सत्य को भी झूठा बना देती है, यह तो वे ही जानें। वे धन्य हैं। हमने श्याम का जो इतना वर्णन किया है, इसमें कुछ दुराव-छिपाव नहीं है। इसमें भेद और अभेद का कोई विचार नहीं है। हमने यह सोचा ही नहीं कि इसमें कितना कथनीय है कितना अकथनीय। जो सच को झूठ मिलाकर कहती हैं, उनकी बात तो भगवान ही जानते हैं और कोई जान ही नहीं सकता।

गोपियाँ राधा को झूठ बोलने का ताना मारे जा रही हैं, भले ही वे उसका नाम न ले रही हो।

१४१४/२३९७ राग आसावरी

झूठी बात न होति भलाई।
चोर जुवार संग बरु करियै, झूठे कौं नहिं कोउ पतियाई॥
साँची की झूठी करि डारैं, पंचनि मैं मरजादा जाई।
बोलि उठी इक सखी बीचहीं, तैं कह जानै लाज-बड़ाई॥
यामैं कछू नफा है उनकौं, जातैं मन ऐसीयै भाई।
'सूर' सुभाउ पर्‍यौ ऐसोई, को जानै री बुद्धि पराई॥

गोपी अप्रत्यक्ष रूप से, बिना राधा का नाम लिए, उसपर झूठ बोलने का दोषारोपण करती हुई कहे जा रही हैं—झूठ बोलने से भला नहीं होता। भले ही चोर और जुआरी का संग कर लिया जाय, झूठे का साथ कभी न किया जाय। झूठे का कोई विश्वास नहीं करता। जो सच को झूठ बना देते हैं, पंचों में उनकी कोई मर्यादा नहीं रह जाती।

इसपर एक दूसरी सखी नहले पर दहला मारती हुई बीच ही में कह उठी—तू लाज और बड़ाई की बात व्यर्थ ही क्यों किए जा रही है। झूठ बोलनेवाले को झूठ बोलने में ही कुछ लाभ होता होगा। वे अपना लाभ देखें या तेरी लाज-बड़ाई। अपने लाभ के लिए ही वे झूठ बोलना पसंद करते हैं। उनको तो झूठ बोलने की आदत ही पड़ गई है। इसलिए दूसरे की, झूठ बोलने वाले की, बुद्धि को कौन जान सकता है। वे कब क्या कर बैठेंगे, कोई ठीक नहीं।

१४१५/२३९९ राग देवगंधार

तुमकौं कैसे स्याम लगे।
न्हात रहीं जल मैं सब तरुनी, तब तुव नैना कहाँ खगे॥
अंग-अंग अवलोकन कीन्हौ, कौन अंग पर रहे पगे।
भूल्यौ न्हान, ज्ञान तनु भूल्यौ, नंद सुवन उत तैं न डगे॥
जानति नहीं, कहूँ इहिं देखे, मिलि गई ऐसैं, मनहु सगे।
'सूरस्याम' ऐसैं तुम देखे, मैं जानति दुख दूरि भगे॥

गोपी बोली—राधा, तुमको श्याम कैसे लगे? जब हम सब तरुणियाँ नहा रही थीं, तब तुम्हारे दो नेत्र कहाँ जा अटके थे, कहाँ फँस गए थे। तुमने तो कन्हैया का हर अंग देख लिया, उनके किस अंग पर तेरे नयन जाकर पग गए, टिके रहे। इधर तू नहाना भूल गई और तुझे अपने शरीर की भी सुधि नहीं रह गई। उधर नंद-नंदन भी अपनी जगह पर ज्यों

के त्यों जमे रहे, हिले-डुले नहीं। तूने कन्हैया को जाना भी नहीं था, उन्हें कहीं देखा भी नहीं था, पर तू उनसे ऐसे जा मिली, जैसे वे तेरे कोई सगे-संबंधी हों। तुम उन्हें ऐसे देखे जा रही थीं जैसे तुम्हारा दुख दूर हो गया हो। तुम्हारी मनोकामना पूरी हो गई हो।

१४१६/२४०० राग टोड़ी

तुम देखे, मैं नहीं पत्यानी।
मैं जानति मेरी गति सबही, यहै साँच अपनैं मन आनी ॥
जो तुम अंग-अंग अवलोक्यौ, धन्य-धन्य मुख अस्तुति गानी।
मैं तौ एक अंग अवलोकति, दोऊ नैन गए भरि पानी ॥
कुंडल-झलक कपोलनि आभा, मैं तौ इतनेहि माँझ बिकानी।
इकटक रही, नैन दोउ रूँधे, 'सूरस्याम' कौं नहिं पहिचानी ॥

राधा बोली—तुम सबने कृष्ण को देखा है, मैं इसपर विश्वास नहीं कर पा रही हूँ। कृष्ण को देखकर मेरी जो गति हुई है, मैं तो समझती हूँ कि तुम सबकी भी वही गति हुई होगी। मैं तो इसी सत्य को अपने मन में बैठाए हुए हूँ। अगर तुम सबने कन्हैया के एक-एक अंग को देख लिया है, तो मुझे, 'तुम धन्य हो, तुम धन्य हो' कहकर तुम्हारी स्तुति करनी चाहिए। मैंने तो कन्हैया का एक ही अंग देखा और मेरी आँखों में पानी भर आया। उनके कुंडलों की झलक उनके कपोलों पर पड़ रही थी, मैं तो आभायुक्त उनके कपोलों पर ही बिक गई। मैं तो उसी को देखती रह गई। मेरे दोनों नयन जल से अवरुद्ध हो गए थे। मैं श्याम को भली-भाँति देख ही नहीं पाई, फिर मैं उन्हें पहचान ही कैसे पाती?

१४१७/२४०१ राग नट

अँखियाँ जानि अजान भईं।
एक अंग अवलोकत हरि कौ, और न कहूँ गईं ॥
यौं भूली ज्यौं चोर भरैं घर, निधि नहिं जाइ लईं।
फेरत पलटत भोर भयौ, कछु लई न, छांड़ि दई ॥
पहिलौं रति करिकै आरति करि, ताही रँग रँगई।
'सूर' सु कत हठि दोष लगावति पल-पल पीर नई ॥

राधा कहती गई—मेरी आँखें जानकर भी अनजान बनी रह गईं। वे हरि के एक अंग कपोल को ही देखती रह गई, किसी अन्य अंग तक वे पहुँच ही नहीं पाईं। वे हरि के कपोलों पर वैसे ही सधी रह गईं, जैसे कोई चोर किसी धन से भरे-पूरे घर में घुसे और उससे कोई भी वस्तु उठाते न बने। चोर एक-एक चीज को उलटता-पलटता ही रह जाय और निर्णय न कर सके क्या ले चलूँ, क्या छोड़ दूँ। ऐसा सोचते-सोचते ही सबेरा हो जाय और वह अपने साथ कुछ भी न ले जा सके, सब जैसे का तैसा छोड़ दे। मैं पहले-पहल प्रेम के चक्कर में पड़ी और विकल हो उठी, उसी गाल के रंग में रंग उठी। तू मुझपर हठपूर्वक व्यर्थ का झूठ बोलने का दोषारोपण किए जा रही है। मुझमें तो एक गाल के दर्शन से ही पल-पल पर नई-नई पीड़ा उमड़ती जा रही है। सर्वांग देख लेने पर क्या गति होती, कोई क्या कह सकता है।

१४१८/२४०२ राग सारंग

बिधना चूक परी मैं जानी ।
आजु गुबिंदहिं देखि-देखि हौं, यहै समुझि पछितानी ॥
रचि-पचि, सोचि, सँवारि सकल अंग, चतुर चतुरई ठानी ।
दृष्टि न दई रोम-रोमनि-प्रति, इतनिहिं कला नसानी ॥
कहा करौं, अति सुख, द्वै नैना, उमँगि चलत पल पानी ।
'सूर' सुमेरु समाइ कहाँ लौ, बुधि-बासनी पुरानी ॥

राधा कहती गई—मैं समझ गई कि ब्रह्मा से चूक हो गई है। आज मैंने गोविन्द को पहली बार देखा और यही समझकर पछताए जा रही हूँ कि चतुर ब्रह्मा ने बड़ा परिश्रम करके, सोच-विचार करके, सभी अंगों को सँवार-सजा करके अपनी चतुरता का अच्छा परिचय दिया। पर उससे एक ही छोटी-सी चूक हो गई है। उसे हर रोम-रोम में दृष्टि भी दे डालनी चाहिए थी। उसने इस अपूर्व रूप को देखने के लिए दो ही आँखें दी हैं, उसे हजार आँखें दे देनी चाहिए थीं। इन दो नयनों का सुख भी बाधित हो जाता है, इनमें आँसू झलझला आते हैं। क्या करूँ इस भारी सुख को कैसे प्राप्त करूँ। सोने के सुमेरु पर्वत को उठा धरने के लिए बहुत बड़ा पात्र चाहिए। पर वहाँ बुद्धि की छोटी-सी थैली ही है। सुमेरु कहीं फटी-पुरानी बसनी में समा सकता है। श्याम का रूप दो आँखों में कैसे समा सकता है?

१४१९/२४०३ राग धनाश्री

द्वै लोचन तुम्हरैं, द्वै मैरें ।
तुम प्रति अंग बिलोकन कीन्हौ, मैं भई मगन एक अँग हेरैं ॥
अपनौ-अपनौ भाग्य सखी री, तुम तनमय, मैं कहूँ न नेरैं ।
जो बुनियै सोई पुनि लुनियै, और नहीं त्रिभुवन-भटभेरैं ॥
स्याम-रूप अवगाह-सिंधु तैं, पार होत चढ़ि डोंगनि के रे ।
'सूरदास' तैसैं ये लोचन, कृपा-जहाज बिना क्यौं पैरैं ॥

राधा कहती जा रही है—सखियों, तुम्हारे दो आँखें हैं और मेरे भी दो ही आँखें हैं। तुमने अपनी दो आँखों से श्याम के सभी अंग-प्रत्यंग देख डाले और मैं एक ही अंग-कपोल देखने में डूबी पड़ी रह गई। सखी, अपना-अपना भाग्य है, तुम लोग तो कृष्ण के शरीर को समग्रतः देखकर उनमें तन्मय हो गई। रही मैं, मैं तो उनके पास तक नहीं फटक पाई। जो बोया जाता है, वही काटा जाता है। तुमने जो बोया था, तुमने उसे काटा। मैंने जो बोया था, वही मैंने काटा। श्याम का रूप तो अगाध समुद्र है, उसे बहुत बड़े बेड़े से ही पार किया जा सकता है, छोटी-छोटी डोंगियों पर चढ़कर कौन इस समुद्र को पार जा सका है? हमारे ये नेत्र तो वही छोटी-सी डोंगी है। तीनों लोकों में इस रूप-सागर को पार करने के लिए कोई बड़ा बेड़ा नहीं है। बिना प्रभु की कृपा के जहाज के इसके पार कौन जा सका है?

१४२०/२४०४ राग आसावरी

पावै कौन लिखैं बिनु भाल ।
काहू कौं षट रस नहिं भावत, कोउ भोजन कहँ फिरत बिहाल ॥

तुम देख्यौ हरि-अंग-माधुरी, मैं नहिं देख्यौ कौन गुपाल ।
जैसैं रंक तनक धन पावै, ताही मैं वह होत निहाल ॥
तुमहिं मोहिं इतनौ अंतर है, धन्य-धन्य ब्रज की तुम बाल ।
'सूरदास' प्रभु की तुम संगिनि, तुमहिं मिले यह दरस गुपाल ॥

राधा कहती गई—विधाता ने जो कुछ मस्तक में लिख दिया है, वही मिल पाता है। भाग्य में यदि नहीं लिखा है, तो उसे कौन पा सकता है? किसी को षटरस भोजन नहीं अच्छा लगता और किसी को भोजन के लिए ललाना पड़ता है। तुमने तो हरि के अंग-अंग की माधुरी देख ली, एक मैं हूँ, जो गोपाल को न भर आँख देख पाई और न जान ही पाई कि गोपाल कौन हैं। जैसे किसी रंक को थोड़ा-सा धन मिल जाय, तो वह उसी में प्रसन्न हो उठता है। उसी प्रकार श्याम के रूप का जो भी अल्पांश मैंने देख पाया है, मैं उसी पर प्रसन्न हूँ। तुममें और मुझमें यही अंतर है। तुमको बहुत मिला है, मुझको बहुत थोड़ा। हे ब्रजबालाओं, तुम धन्य हो, तुम धन्य हो, तुम्हीं प्रभु की सच्ची संगिनी हो, तुम्हीं को गोपाल का पूरा-पूरा दर्शन मिला है।

१४२१/२४०५ राग कल्यान

सुनहु सखी राधा की बानी ।
हमकौं धन्य कहति, आपुन धिक, यह निर्मल अति जानी ॥
आपुन रंक भई हरि-धन कौं, हमहिं कहति धनवंत ।
यह पूरी, हम निपट अधूरी, हम असंत, यह संत ॥
धिक धिक हम, धिक बुद्धि हमारी, धन्य राधिका नारि ।
'सूरस्याम' कौं इहिं पहिचान्यौं, हम भईं अंत गँवारि ॥

राधा की इस चतुरता भरी बात को सुनकर अन्य गोपियाँ कहने लगीं—सखी, राधा की यह बात सुन रही हो न! यह हमको धन्य-धन्य कहे जा रही है और अपने को धिक्कारे जा रही है। हमने जान लिया कि यह बड़ी निर्मल है, दूध की धोई है। अपने तो यह गरीबिनी बन गई है और हमें हरि रूपी धन की धनवंती कहे जा रही है। यह पूरी है, निर्दोष है और हम एकदम अधूरी हैं—दोषी हैं। हम असंत हैं, यह संत है। हमको धिक्कार है, हमारी बुद्धि को धिक्कार है। यह राधिका ही धन्य है। इसीने श्याम को ठीक-ठीक पहचाना है। अंततः हम गँवार की गँवार ही रह गईं।

१४२२/२४०६ राग गौड़ मलार

धन्य राधा, धन्य बुद्धि तेरी ।
धन्य माता, धन्य पिता, धनि भगति तुव, धिग हमहिं, नहीं सम दासि तेरी ॥
धन्य तुव ज्ञान, धनि ध्यान, परमान, नहीं जानति आन ब्रह्म-रूपी ।
धन्य अनुराग, धनि भाग, धनि सौभाग्य, धन्य जोबन रूप अति अनूपी ॥
हम बिमुख, तुम सुमुखि कृष्न प्यारी, सदा निगम मुख सहस अस्तुति बखानैं ।
'सूरस्याम'-स्यामा नवल जोरी अटल, तुमहिं बिनु कान्ह धीरज न आनैं ॥

सहेलियाँ कहने लगीं—राधा तू धन्य है, तेरी बुद्धि धन्य है। तेरे माता-पिता धन्य हैं।

तेरी भक्ति को धन्य है। हमें धिक्कार है। हम तेरी दासी के समान भी नहीं हैं। तेरा ज्ञान धन्य है, तेरा ध्यान धन्य है, तेरा प्रमाण धन्य है। तू कृष्ण को छोड़कर किसी को भी ब्रह्म नहीं मानती। कृष्ण के प्रति तेरा अनुराग धन्य है, तेरा भाग्य धन्य है, तेरा सुहाग धन्य है, तेरा अनूप यौवन और रूप भी धन्य है। हम तो कृष्ण से विमुख हैं, तू उनके सम्मुख है और तू सदा से कृष्ण की प्यारी है। वेद तेरी स्तुति अपने सहस्त्र मुखों से करते रहते हैं। श्यामा और श्याम की यह जोड़ी अटल है। तुम्हारे बिना कन्हैया को धीरज ही नहीं होता।

१४२३/२४०७ राग बिहागरौ

जैसे कहे स्याम हैं तैसे।
कृष्न-रूप अवलोकन कौं सखि, नैन होहिं जौ ऐसे॥
तैं जु कहति लोचन भरि आए, स्याम कियौ तहँ ठौर।
पुन्य थली तिहिं जानि बिराजे, बात नहीं कछु और॥
तैरें नेन बास हरि कीन्हौ, राधा आधा जानि।
'सूरस्याम' नटवर-बपु काछे, निकसे इहिं मग आनि॥

गोपियाँ बोलीं—राधा, तूने श्याम को जैसा कहा है, वे सचमुच वैसे ही हैं। कृष्ण का रूप देखने के लिए तो तेरे ही जैसे नेत्र होने चाहिए। तू जो कहती है कि तेरे मयन अश्रुपूर्ण हो उठे, यह ठीक ही है। श्याम ने तेरी आँखों में अपना घर बना लिया है, तेरी आँखों को पवित्र स्थल समझकर वे वहाँ आ विराजे हैं। इसके अतिरिक्त और कोई दूसरी बात नहीं है। राधा, तुझे अपना आधा अंग समझकर ही हरि ने तेरे नयनों को अपना आवास बनाया है। इसीलिए इन नयनों के मार्ग से आँसू के रूप में नटवर वेश बनाए हुए वे निकल आए हैं।

हरि-रूप-माधुरी

१४२४/२४०८ राग कान्हरौ

अचानक आइ गए तहँ स्याम।
कृष्न-कथा सब कहतिँ परस्पर, राधा-संग मिलीं ब्रज-बाम॥
मुरली अधर धरे नटवर-बपु, कटि कछनी पर वारौं काम।
सुभग मोर चंद्रिका सीस पर, आइ गए पूरन सुख धाम॥
तरु-तमाल-तर तरुन कन्हाई, दूरि-करन जुवतिनि तनु-ताम।
'सूरस्याम' बंसी-धुनि पूरत, राधा-राधा लै लै नाम॥

राधा के साथ हिल-मिलकर जहाँ सब ब्रज-सुंदरियाँ परस्पर कृष्ण की यह कथा कह रही थीं, श्याम वहाँ अचानक आ गए, यद्यपि गोपांगनाओं को उनके वहाँ आ जाने की जरा भी संभावना नहीं थी। वह अपने होठों पर बाँसुरी रखे हुए थे, नर्तकों का बढ़िया वेश बनाए हुए थे, कमर में ऊपर चढ़ाकर पीतांबर की कछनी काछे हुए थे, जो घुटनों तक ही थी, नीचे लटक कर पाँवों को नहीं छू रही थी। उनके इस रूप पर करोड़ों कामदेवों को निछावर किया जा सकता है। उनके सिर पर मोर-पंख की सुंदर चंद्रिका वाला मुकुट

सुशोभित हो रहा था। सम्पूर्ण सुखों के घर, नवयुवक कन्हैया, ब्रज की युवतियों के तन की तपन को मिटाने के लिए, तमाल तरु के नीचे, यकायक आ धमके। वे वंशी में अपनी साँस भरकर, उसे फूँक-फूँक कर, बजाए जा रहे थे और वंशी की धुन में नाम ले-लेकर 'राधा राधा' गुनगुनाए जा रहे थे।

१४२५/२४०९ राग बिलावल

थकित भईं राधा ब्रज-नारि।

जो मन ध्यान करति, तेइ अंतरजामी ये बनवारि॥
रतन-जटित पग सुभग पाँवरी, नूपुर परम रसाल।
मानहुँ चरन-कमल-दल-लोभी, बैठे बाल मराल॥
जुगल जंघ मरकत-मनि-रंभा, विपरीत भाँति सँवारे।
कटि काछनी कनक छुद्रावलि, पहिरे नंद-दुलारे॥
हृदय बिसाल माल मोतिनि बिच, कौस्तुभ मनि अति भ्राजत।
मानहु नभ निर्मल तारागन, ता मधि चंद्र बिराजत॥
दुहुँ कर मुरली अधरनि धारे, मोहन राग बजावत।
चमकत दसन, मटकि नासा-पुट, लटकि नैन, मुख गावत॥
कुंडल झलक कपोलनि मानहुँ, मीन सुधा-सर क्रीड़त।
भ्रकुटी धनुष, नैन-खंजन मनु, उड़त नहीं मन ब्रीड़त॥
देखि रूप ब्रजनारि थकित भईं, क्रीट मुकुट सिर सोहत।
ऐसे 'सूरस्याम' सोभा-निधि, गोपीजन-मन मोहत॥

कृष्ण को वहाँ अचानक आया देख, राधा और ब्रज की और और सभी वधूटियाँ, आश्चर्यचकित हो गईं। वे अचंभे में आकर सोचने लगीं—हम मन ही मन जिनका ध्यान कर ही रही थीं, यह तो वही बनवारी हैं। जैसे यह हमारे मन की बात जान गए हों और हमारी ही कल्पना पूर्ण करने के लिए यहाँ अचानक आ पहुँचे हैं। यह अपने पैरों में रत्न जड़ी हुई सुंदर खड़ाऊँ पहने हुए हैं और इनमें मधुर स्वर से बजनेवाली पायल छम-छम कर बज रही है। ऐसा लगता है मानो कन्हैया जी के चरण रूपी कमल की पंखुड़ियों के लालची हंसों के छोटे-छोटे बच्चे आकर बैठ गए हैं और कलरव किए जा रहे हैं। उनकी दोनों जाँघें हरे मरकत मणि से बने केले के खंभे के समान हैं, जो उलटकर सँवार कर रख दिए गए हैं। जड़ का मोटा हिस्सा ऊपर कर दिया गया है और ऊपर का पतला हिस्सा नीचे कर दिया गया है। नंद के दुलारे कान्ह कमर में घुटनों तक पीतांबर की कछनी काछे हुए हैं और कछनी के ऊपर कमर में सोने की क्षुद्र घंटिका, बजनी करधनी लटक रही है। उनकी विशाल छाती पर मोतियों की माला झूल रही है। इस माला के बीच में कौस्तुभ मणि अत्यंत सुशोभित हो रही है। लगता है जैसे स्वच्छ आकाश में बिखरे हुए तारों के बीच में भव्य चंद्रमा विराजमान हो रहा हो। वे अपने दोनों हाथों से पकड़े हुए वंशी अपने होठों पर रखे हुए मन को मोह लेने वाली धुन में बजाए जा रहे हैं। उनके दाँत चमके जा रहे हैं—चमाचम, चमाचम। उनकी नाक के पुरवे (छिद्र) मटकते जा रहे हैं। उनके नेत्र

नीचे झुके जा रहे हैं और वे मुँह से गाए जा रहे हैं। उनके कानों के स्वर्ण-कुंडल उनके गालों पर प्रतिबिम्बित होकर झलमलाए जा रहे हैं। ऐसा लगता है मछलियाँ अमृत के सरोवर में किलोल कर रही हैं। उनकी भौंहें धनुष के समान हैं और नेत्र मानो खंजन हैं, जो लाज के मारे उड़ नहीं पा रहे हैं और सुस्थिर होकर वहीं बैठ रहे हैं। उनके सिर पर स्वर्ण किरीट और मोर मुकुट साथ-साथ सुशोभित हो रहे हैं। कन्हैया का यह रूप देखकर ब्रजांगनाएँ जड़वत हो गईं। श्याम शोभा के सागर हैं। वे गोपियों के मन को मोह लेनेवाले हैं। ऐसे हैं यह गोपी-मन-मोहन।

१४२६/२४१० राग कल्यान

जब तैं निरखे चारु कपोल।
तब तैं लोक-लाज-सुधि बिसरी, दै राखे मन ओल ॥
निकसे आइ अचानक तिरछे, पहिरे पीत निचोल।
रतन-जटित सिर मुकुट बिराजत, मनिमय कुंडल लोल ॥
कहा करौं बारिज मुख ऊपर, बिथके षटपद जोल।
'सूरस्याम' करि ये उतकरषा, बस कीन्ही बिनु मोल ॥

राधा कहने लगीं—जबसे मैंने कन्हैया के सुंदर कपोल देखे हैं, तबसे मैं सारी लोक-लज्जा और तन-वदन की सुधि भूल गई हूँ और मेरा मन तो जैसे उनके पास बंधक बनकर रह गया है, गहने रख दिया गया है। वे अचानक त्रिभंगी मुद्रा में आ निकले। ये सुंदर पीत-परिधान पहने हुए थे। उनके सिर पर रत्नों जड़ा मुकुट और कानों में मणि-जटित चंचल कुंडल विराजमान थे। मैं क्या कहूँ उनके कमल के समान मुख के ऊपर भौरों के झुंड मँड़राए जा रहे थे। श्याम ने अपने रूप का यह उत्कर्ष दिखाकर मेरे मन को बिना मोल के ही अपने बस में कर लिया है।

१४२७/२४११ राग पूरबी

चारु चितौनि सु चंचल डोल।
कहि न जाति, मन मैं अति भावति, कछु जु एक उपजति गति गोल ॥
मुरली मधुर बजावत गावत, चलत करज अरु कुंडल लोल।
सब छबि मिलि प्रतिबिंब बिराजत, इंद्रनील-मनि-मुकुर कपोल ॥
कुंचित केस सुगंध-सुबसि मनु, उड़ि आए मधुपनि के टोल।
'सूर' सुभ्रुव, नासिका मनोहर, अनुमानत अनुराग अमोल ॥

जब कान्हा अपने अधर पर मुरली रख कर बजा रहे थे, तब उनकी सुंदर और चंचल चितवन वृत्ताकार घूमती जा रही थी। वह चितवन मन को बहुत अच्छी लग रही थी। पर उसका वर्णन नहीं करते बन पा रहा है। उनकी उँगलियाँ बाँसुरी के रंध्रों पर बड़ी चपलता के साथ घूमी जा रही थीं और उनके कानों के कुंडल तेजी से हिलते जा रहे थे। उनके कपोलों के नीलम के दर्पण में उनकी इस चंचल छवि पर पड़ती हुई छाया बड़ी भली मालूम हो रही थी। सुंगध में बसी हुई उनकी घुँघराली अलकें ऐसी लग रही थीं जैसे भौंरों के झुंड के झुंड वहाँ उड़कर आ गए हों। उनकी भौंहें, उनके नयन मन को हरे

ले रहे थे। उनकी सुंदरता का अनुमान करने मात्र से कन्हैया के प्रति अनमोल प्रेम उमड़ा पड़ रहा था।

१४२८/२४१२ राग बिभास

गोकुल गाँउ रसीले पिय कौ। मोहन देखि मिटत दुख जियकौ ॥
मोर-मुकुट कुंडल बनमाला। या छबि सौं ढाढ़े नँद-लाँला ॥
कर मुरली, पीतांबर सोहै। चितवत हीं सबकौ मन मोहै ॥
मन मोहियौ इन साँवरैं हो, चकित सी डोलत फिरौं।
और कछु न सुहाइ तन-मन, बैठि-उठि गिरि-गिरि परौं ॥
मदन-बान सुमार लागे, जाइ परि न कछू कही।
और कछू उपाइ नाहीं, स्याम बैद बुलावही ॥ १ ॥
मैं तो तजी लाज गुरुजन की। अब मोहिं सुधि न परै या तन की ॥
लोग कहैं यह भई है बौरी। सुत पति छाँड़ि फिरति बन दौरी ॥
छाँड़ि सुरति सम्हार जिय की, कृष्न-छबि हिरदै बसी।
मदन मोहन देखि धाई, वैसियै कुंजनि धँसी ॥
कुंज-धाम किसोर ठाढ़े, केसरि खौरि बनाइ कै।
चंद्रिका पर प्रान वारौं, बलि गई या भाइ कै ॥ २ ॥
इन नैननि बाँध्यौ प्रन भारी। निरखत रहैं सदा गिरिधारी ॥
काहू कौ कह्यौ मन नहिं आन्यौ। कमलनैन नैननि पहिचान्यौ ॥
निरखि नंद-किसोर सखि री, कोटि किरनि-प्रकासु री।
कालिँदी कैं तीर ठाढ़े, स्रवन सुनियत बाँसुरी ॥
बाँसुरी बस किये सुर-नर, सुनत पातक नासु री।
'सूर' के प्रभु यहै बिनती, सदा चरननि बासु री ॥ ३ ॥

कोई गोपी कह रही है—मेरे रसिया पिया गोकुल गाँव में रहते हैं। उस मनमोहन को देखकर सारे दुख दूर हो जाते हैं। उनके सिर पर मोर-पंख का मुकुट है, उनके कानों में स्वर्ण-कुंडल है, उनके गले में फूलों की वनमाला लटकती रहती है। इस मोहक एवं मादक छवि से नंद के कुँवर खड़े रहते हैं। उनके हाथों में मुरली और शरीर पर पीतांबर सुशोभित होता रहता है। वह तिरछी नजर से देखते ही सबका मन मोह लेते हैं।

इन साँवले सलोने श्याम ने मेरा मन मोह लिया है और मैं चकपकाती हुई, बावली बनी हुई, इधर-उधर घूम रही हूँ। मेरे तन को, मेरे मन को श्याम के बिना कुछ भी अच्छा नहीं लग रहा है। मैं रह-रहकर बैठ जाती हूँ, उठ खड़ी होती हूँ और लटपटा कर गिर-गिर पड़ती हूँ। मुझे कामदेव के वाणों की बड़ी भारी चोट लगी है, परंतु मुझसे कुछ कहते नहीं बन पड़ रहा है। मेरी पीड़ा को दूर करने का कोई उपाय नहीं है। मेरी एक मात्र दवा मेरे साँवले वैद्य के पास है, कोई उन्हें मेरे पास बुला दे। मैं उनको देखते ही चंगी हो जाऊँगी ॥ १ ॥

मैंने गुरुजनों की लाज-बीज छोड़ दी है। अब मुझे अपने इस शरीर की भी सुधि-बुधि नहीं रह गई है। लोग कहते हैं मैं पगला गई हूँ और बेटी-बेटा, पति सभी को छोड़कर वन में दौड़ती फिर रही हूँ। मैंने अपने प्राणों की सुधि और देखभाल सभी छोड़ दी है। कृष्ण की सूरत मेरे मन में आकर घर कर गई है। मैं मदन को भी मोहित कर लेनेवाले श्यामसुंदर को देखकर दौड़ पड़ी और जिस रूप में थी उसी रूप में वन-कुंज में जा घुसी। कंज वाले आवास में नंदकिशोर खड़े थे। उनके माथे पर केसर का आड़ा-तिरछा तिलक खिचा हुआ था। सिर पर मोर-चंद्र की चंद्रिका विराज रही थी। उस चंद्रिका को देखकर मैंने अपने प्राण निछावर कर दिए और इस प्रकार मैं उनपर बलि-बलि गई॥ २॥

मेरे इन नेत्रों ने भारी हठ पकड़ रखा है। ये सदैव गोवर्धनधारी कृष्ण को देखते ही रहना चाहते हैं। ये किसी का कहना नहीं मानते, मानना तो दूर रहा, किसी का कहना मन में लाते ही नहीं, उसपर ध्यान ही नहीं देते। सुनकर भी अनसुना कर देते हैं। मेरे इन नयनों ने कृष्ण के कमल-नयनों से जान पहचान कर ली है।

सखी ये नंदकिशोर तो 'कोटि-सूर्य-सम-प्रभ' हैं। उन्हें देखो। वे यमुन किनारे पर खड़े हैं, बाँसुरी बजा रहे हैं, उनकी बाँसुरी की धुन कानों में पड़ रही है। उनकी बाँसुरी ने तो सभी सुरों और नरों को अपने बस में कर लिया है। वंशी की ध्वनि सुनते ही मेरे पाप दूर हो जाते हैं। हे प्रभु, मेरी तुमसे एक यही विनती है कि मुझे अपने चरणों में सदा बसाए रहो॥ ३॥

१४२९/२४१५ राग कान्हरौ

देखि री हरि के चंचल तारे।
कमल मीन कौं कहँ एती छबि, खंजन हू न जात अनुहारे॥
वह लखि निमिष नवत मुरली पर, कर मुख नैन भए इक-चारे।
मनु जलरुह तजि बैर मिलत बिधु, करत नाद बाहन चुचुकारे॥
उपमा एक अनूपम उपजति, कुंचित अलक मनोहर भारे।
बिडरत बिझुकि जानि रथ तैं मृग, जनु ससंकि ससि लंगर सारे॥
हरि-प्रति-अंग बिलोकि मानि रुचि, ब्रज-बनितानि प्रान-धन वारे।
'सूरस्याम' मुख निरखि मगन भईं, यह बिचारि चित अनत न टारे॥

एक गोपी दूसरी से कह रही है—अरी सखी, जरा कृष्ण की आँखों की इन चंचल पुतलियों को तो देख। चंचलता के कारण इन आँखों को जो छवि प्राप्त हो रही है, वह इतनी छवि कमलों और मछलियों को कहाँ से सुलभ हो सकती है। चंचल खंजन भी इनकी बराबरी नहीं कर सकते। वह देख, उनके नेत्र क्षणमात्र के लिए भी जब वंशी पर झुक जाते हैं, तब उनके हाथ, उनका मुँह और उनके लोचन मिलकर एक में संचरित से हो उठते हैं। लगता है जैसे हाथ रूपी कमल मुख रूपी चंद्र से, अपना सहज बैर छोड़कर, मिल रहे हों और मुरली-नाद तो ऐसा लगता है जैसे चंद्रमा के वाहन हिरन को वे पुचकार रहे हों, वाणी से दुलरा रहे हों। उनकी घुँघराली, भारी और मन को मोह लेनेवाली अलकों को देखकर तो एक अद्भुत उपमा सूझ पड़ रही है। लगता है मानों (मुख रूपी) चंद्रमा ने

अपने रथ के खींचने वाले हिरनों को विदका हुआ देखकर, उन्हें भयभीत समझकर, अलकों की लंबी रास खींच ली है, जिससे वे आश्वस्त होकर रुक जायँ। हरि के एक-एक अंग की शोभा देखकर, उनमें अनुरक्त हो-होकर, ब्रज-वधूटियों ने अपने प्राण रूपी धन निछावर कर दिए। वे श्याम का मुख देखकर उसी में उभचुभ होने लगीं, डूबने उतराने लगीं और अपने चित्त को कहीं अन्यत्र टलने नहीं देने लगीं। इस निमग्नता से उन्हें जो अपार सुख मिल रहा था, वे उसका परित्याग नहीं कर पा रही थीं।

१४३०/२४१६ राग सोरठ

हरि-मुख निरखत नैन भुलाने।
ये मधुकर रुचि-पंकज-लोभी, ताही तैं न उड़ाने॥
कुंडल मकर कपोलनि कैं ढिग, जनु रबि रैनि बिहाने।
भ्रुव सुंदर, नैननि गति निरखत, खंजन मीन लजाने॥
अरुन अधर, दुज कोटि बज्र-दुति, ससि घन रूप समाने।
कुंचित अलक, सिलीमुख मिलि, मनु लै मकरंद उड़ाने॥
तिलक ललाट, कंठ मुकुतावलि, भूषन मनिमय साने।
'सूरस्याम' रस-निधि नागर के, क्यौं गुन जात बखाने॥

हरि का मुँह देखते ही गोपियों के नेत्र आत्म-विस्मृत हो गए, अपना सब-कुछ भूल बैठे। ये नेत्र क्या हैं, भौंरे हैं। और कन्हैया का मुख कमल है। गोपियों के नेत्र रूपी भौंरे कन्हैया के मुख रूपी कमल की शोभा देखकर लुभाकर वही डट गए और अपनी रुचि का पदार्थ पाकर वहाँ से उड़कर कहीं अन्यत्र नहीं गए। कपोलों के पास लटकते हुए कान के मछली के आकार के कुंडल ऐसे लग रहे थे, जैसे रात बीत जाने और प्रभात हो जाने पर, बाल रवि ही उदित हो गए हों। उनकी भौंहें सुंदर हैं। उनके नयनों की चपल गति देखकर खंजन और मीन लज्जित हो गए। उनके होठ लाल-लाल हैं। उनके दाँत करोड़ों हीरों के समान जगमगा रहे थे। लगता था जैसे दाँतों की आभा का चंद्रमा श्याम मुखरूपी बादल में समा गया हो। उनके मुख पर लटकती घुँघराली लटें ऐसी लग रही थीं, जैसे भौंरे कमल का मकरंद लेकर उड़े जा रहे हों। उनके मस्तक पर तिलक लगा हुआ है, गले में मोतियों की माला लटक रही है। उनके सभी आभूषण मणि-जटित हैं। वे रस की निधि हैं, नटनागर हैं। उनके गुणों का बखान कैसे किया जा सकता है?

१४३१/२४१८ राग कान्हरौ

ब्रज-बनिता देखति नँद-नंदन।
नव-घन-नील-बरन, ता ऊपर खौरि कियौ तनु चंदन॥
कनक-बरन तन पीत पिछौरी, उर भ्राजति बनमाल।
निर्मल-गगन-स्वेत-बादर पर, मनौ दामिनी-जाल॥
मुक्ता-माल बिपुल बग-पंगति, उड़त एक भई जोति।
'सूरस्याम', छबि निरखत जुवती, हरष परस्पर होति॥

ब्रजांगनाएँ नंद के कुँवर कृष्ण को देखे जा रही हैं। उनका शरीर नवीन जलद-सा

श्यामल वर्ण का है। उस पर उन्होंने चंदन की खौर लगा रखी है, चंदन की तिरछी रेखायें खींच रखी हैं। उनके साँवले शरीर पर सुनहरी पीली पिछौरी पड़ी हुई है। उनके वक्षस्थल पर वनमाला लटक रही है। लगता है मानों साँवले तन रूपी निर्मल गगन में पीतांबर रूपी श्वेत बादल पर वनमाला रूपी बिजली सटकर सुशोभित हो रही हो। मोतियों की माला उड़ते हुए बगुलों की बड़ी पंक्ति है, जो मिलकर एक नई उज्ज्वल ज्योति रेखा-सी भाषमान है। श्याम की रूप-छटा देखती हुई सभी गोपियाँ हर्ष-विभोर हुई जा रही हैं।

१४३२/२४२१ राग गुंड मलार

स्याम सुख-रासि, रस-रासि भारी ।
रूप की रासि, गुन-रासि, जोबन-रासि, थकित भईं निरखि नव तरुन नारी ॥
सील की रासि, जस-रासि, आनँद-रासि, नील-नव-जलद-छबि-बरन-कारी ।
दया की रासि, विद्या-रासि, बल-रासि, निर्दयाराति-दनु-कुल-प्रहारी ॥
चतुरई-रासि, छल-रासि, कल-रासि, हरि भजै जिहिं हेत, तिहिं देन हारी ।
'सूर प्रभु स्याम', सुख-धाम, पूरन काम, बसन-कटि-पीत, मुख मुरलि-धारी ॥

श्याम समस्त सुखों की राशि है, सभी रसों (आनंदों) की राशि है। वे रूप की राशि हैं, गुण की राशि हैं, यौवन की राशि हैं। उनको देखकर ब्रज की नवयौवनाएँ टकटकी लगा बैठीं, निर्निमेष हो गईं। श्याम शील की राशि हैं, यश की राशि हैं। आनंद की राशि हैं। वे नए बादल के समान नील वर्णी छवि वाले हैं। वे दया की राशि हैं, विद्या की राशि हैं, बल की राशि हैं। वे निर्दयी शत्रुओं और दनुजों के कुल पर प्रहार करने वाले हैं। वे चतुराई की राशि हैं, छल की राशि हैं, वे कला (कौशल प्रयत्न) की राशि हैं। जो उन्हें जिस भाव से भजता है, वे उस भाव की पूर्ति करने वाले हैं। शत्रु भाव से मिलो तो शत्रु, मित्र भाव से स्मरण करो तो मित्र। श्याम सुख-धाम हैं, मनोकामनाओं को पूर्ण करने वाले हैं। वे कमर में पीतांबर की कछनी काछे हुए हैं और अधरों पर मुरली धारण किए हुए हैं। प्रभु, संसार में जो कुछ हैं, सबके भांडार हैं। सभी बातें उनमें राशीभूत हो उठी हैं।

१४३३/२[illegible] राग कान्हरौ

स्याम-कमल-पद-नख की सोभा ।
जे नख-चंद्र इंद्र-सिर परसे, सिव बिरंचि मन लोभा ॥
जे नख-चंद्र सनक मुनि ध्यावत, नहिं पावत, भरमाहीं ।
ते नख-चंद्र प्रगट ब्रज-जुवती, निरखि-निरखि हरषाहीं ॥
जे नख-चंद्र फनिंद-हृदय तैं, एकौ निमिष न टारत ।
जे नख-चंद्र महा मुनि नारद, पलक न कहूँ बिसारत ॥
जे नख-चंद्र-भजन खल नासत, रमा हृदय जे परसति ।
'सूरस्याम' नख-चंद्र-बिमल-छबि, गोपी-जन मिलि दरसति ॥

श्याम के चरण कमलों के नख की शोभा का क्या कहना? जिस नख-चंद्र को गोवर्धन धारणोपरांत स्वयं इंद्र ने अपने शिर से स्पर्श किया था, जिस नख-चंद्र के लिए शिव और ब्रह्मा मन ही मन लालायित रहते हैं, जिस नख-चंद्र का ध्यान सनक-सनंदन

आदि चारों भाई किया करते हैं, पर पाते नहीं, भरमते ही रह जाते हैं, श्याम के उसी नख को ब्रज की युवतियाँ देख-देखकर परम प्रसन्न होती रहती हैं।

श्याम के जिस नख-चंद्र को शेषनाग अपने हृदय से एक पल के लिए भी टलने नहीं देते, जिस नख-चंद्र को महामुनि नारद एक क्षण के लिए भी नहीं बिसारते, जिस नख-चंद्र के भजन करने से दुष्टों का विनाश हो जाता है, जिस नख-चंद्र को लक्ष्मी जी सदा अपने हृदय से लगाए रहती हैं, श्याम के उसी नख-चंद्र की विमल छवि को ब्रज की गोपियाँ एकत्र होकर देखती रहती हैं।

ऐसी ब्रजांगनाएँ धन्य हैं।

१४३४/२४२७ राग टोड़ी

गोपी जन हरि-बदन निहारतिँ।
कुंचित अलक बिथुरि रहे भ्रुव पर, ता पर तन मन वारतिँ ॥
बदन-सुधा सरसीरुह-लोचन, भृकुटी दोउ रखवारी।
मनौ मधुप मधु-पानहिँ आवत, देखि डरत जिय भारी ॥
इक-इक अलक लटकि लोचन पर, यह उपमा इक आवति।
मनहुँ पन्नगिनि उतरि गगन तैं, दल पर फन परसावति ॥
मुरली अधर धरे, कल-पूरत, मंद मंद सुर गावत।
'सूरस्याम' नागरि नारिनि के, चंचल चितहिँ चुरावत ॥

गोपियाँ कन्हैया जी का मुँह टकटकी लगाकर देखती जा रही हैं। उनकी भौंहों पर घुँघराली लटें फैल रही हैं। वे उन लटों पर लट्टू होकर अपने तन-मन निछावर करती जा रही हैं। ये लटूरी लटें भौंरों के समान हैं। कन्हैया का मुख सुधा का आकर सुधाकर है। उनके लोचन कमल हैं। भौंहें इनकी रखवाली करनेवाली हैं। लटों रूपी नाग नेत्ररूपी कमल का मधुपान करने के लिए लटके आ रहे हैं, पर भौंह रूपी रक्षकों को देखकर उनके मन में भारी भय भी समाया हुआ है।

उनकी आँखों के ऊपर जो लटें लटक रही हैं, उन्हें देखकर कवि को यह उपमा सूझती है, मानो नागिन आकाश से उतर कर कमल की पंखुड़ी पर अपना फन घुमाए जा रही है। कृष्ण अपने होठ पर मुरली रखे हुए उसमें अपनी फूँक भरते जा रहे हैं और मंद-मंद स्वर में गाते जा रहे हैं। वे ब्रज की नागरी नारियों के चंचल चित्त को इस प्रकार सहज ही मैं चुराए ले रहे हैं।

१४३५/२४२८ राग बिलावल

देखि सखी यह सुंदरताई।
चपल-नैन-बिच चारु नासिका, इकटक दृष्टि रही तहँ लाई ॥
करतिँ बिचार परस्पर जुवती, उपमा आनतिँ बुद्धि बनाई।
मानहुँ खंजन-बिच सुक बैठ्यौ, यह कहि कै मन जातिँ लजाई ॥
कछु इक तिल-प्रसून की आभा, मन-मधुकर तहँ रह्यौ लुभाई।
'सूरस्याम' नासिका मनोहर, यह सुंदरता उन कहँ पाई ॥

एक गोपी दूसरी से कह रही है—अरी सखी श्याम की यह सुंदरता तो देख। दो चंचल आँखों के बीच इस सुंदर नाक की शोभा पर एक टक दृष्टि लगाकर देख। ब्रज-युवतियाँ परस्पर मिलकर विचार कर रही हैं और बुद्धि लगाकर इसकी उपमा ढूँढ़ रही हैं। एक गोपी ने कहा, यह तो ऐसा लगता है जैसे दो खंजनों के बीच एक सुग्गा आ बैठा है। ऐसा कहकर अपनी उपमा की अनुपयुक्तता पर वह स्वयं लजा गई। वह फिर बोली—इस नाक की शोभा कुछ-कुछ तिल के फूल जैसी है, जिस पर लुभाकर हमारा मन रूपी भौंरा जा बैठा है। श्याम की नाक तो मन को हर लेने वाली है। इस नाक की शोभा उस शुक या तिल-प्रसून को कहाँ से मिल सकती है।

१४३६/२४३१ राग गूजरी

देखि री हरि के चंचल नैन।
खंजन-मीन-मृगज-चपलाई, नहिँ पटतर इक सैन॥
राजिव-दल इंदीवर सतदल, कमल कुसेसय जाति।
निसि मुद्रित प्रातहिं वै बिकसित, ये बिकसित दिनराति॥
अरुन, स्वेत, सित झलक पलक प्रति, को बरनै उपमाइ।
मनु सरसुति, गंगा, जमुना मिलि, आस्रम कीन्हौ आइ॥
अवलोकनि जलधार तेज अति, तहाँ न मन ठहराइ।
'सूरस्याम' लोचन-अपार-छबि, उपमा सुनि सरमाइ॥

गोपी कह रही है—सखी हरि के चंचल नयनों को तो देखो। इनकी एक चितवन तक की बराबरी तो खंजन, मीन और मृग-शावक की चंचलता नहीं कर सकती। कमल की विभिन्न जातियाँ—राजीव, इंदीवर (नील कमल), शतदल (श्वेत कमल), कमल, कुसेसय भी इनकी बराबरी नहीं कर सकती, क्योंकि ये सभी रात में मुँद जाते हैं और सबेरा होने पर ही प्रफुल्लित हो पाते हैं। पर ये आँखें तो दिन-रात बराबर प्रफुल्लित रहती हैं। ये आँखें लाल, सफेद, काले झलक वाली हैं। इनकी उपमा कौन दे सकता है। ऐसा लगता है लाल सरस्वती, श्वेत गंगा और श्याम यमुना ने इन आँखों में आकर अपना आश्रम बना लिया है। इनकी चितवन ही त्रिवेणी की तीव्र धारा है, जहाँ मन जरा भी ठहर नहीं पाता। श्याम के नयनों की तो शोभा ही अपार है। ये सारे उपमान श्याम की आँखों के उपमेय के सामने शरमा जाते हैं, लज्जा से विनत हो जाते हैं, भला हम इनकी बराबरी क्या कर सकते हैं?

१४३७/२४३४ राग धनाश्री

हरि-मुख निरखति नागरि नारि।
कमल-नैन के कमल-बदन पर, बारिज वारि जु वारि॥
सुमति-सुंदरी सरस-पिया-रस-लंपट माँड़ी रारि।
हरि जुहारि जु करत बसीठी, प्रथमहिं प्रथम चिन्हारि॥
राखति ओट कोटि जतननि करि, झाँपति अंचल झारि।
खंजन मनहुँ उड़न कौं आतुर, सकत न पंख पसारि॥

देखि सरूप स्याम सुंदर कौ, रही न पलक सम्हारि।
देखहु 'सूरज' अधिक सूरतन, अजहुँ न मानी हारि ॥

ब्रज की चतुर गोपिकाएँ हरि के मुँह की ओर देखे जा रही हैं। वे कमल के समान मुख वाले हरि के कमल के समान नेत्रों पर रुक-रुक कर सारे कमल निछावर किए जा रही हैं। उनकी बुद्धि रूपी सुंदरी अपने प्रिय कृष्ण के इस रस का आनंद लेने के लिए हठ कर उठी। तब उन्होंने प्रथम चिन्हारी ही में अपने अभिवादन रूपी दूत को भेजकर हरि पर अपना प्रेम प्रकट कर दिया। गोपियाँ अनेकानेक प्रयत्न करके अपने नयन रूपी खंजनों को अपने आँचल फटकार कर छिपाए रखना चाहती हैं, ये नयन-खंजन उड़ने के लिए अत्यंत विकल हो उठे हैं, पर लाचारी उनकी यह है कि वे अपने पंख फैला नहीं पा रहे हैं। गोपियाँ श्यामसुंदर का सुंदर रूप देखकर अपनी पलकें न सँभाल सकीं और निर्निमेष होकर उन्हें देखने लगीं। 'सूरजदास' कह रहे हैं कि सूर्य से भी अधिक तीव्र आभा वाले कृष्ण की ओर वे अत्यंत शूरता से अपलक देखे जा रही हैं और हार नहीं मान रही हैं।

१४३८/२४३५ राग धनाश्री

हरि-मुख किधौं मोहिनी माई।
बोलत बचन मंत्र सौ लागत, गति-मति जाति भुलाई ॥
कुटिल अलक राजति भ्रुव ऊपर, जहाँ-तहाँ बगराई।
स्याम फाँसि मन करष्यौ हमरौ, अब समुझी चतुराई ॥
कुंडल ललित कपोलनि झलकत, इनकी गति मैं पाई।
'सूरस्याम' जुवती-मन-मोहन, ये सँग करत सहाई ॥

गोपी कह रही है—अरी सखी, वह कन्हैया का मुँह है कि कोई मोहिनी है—मोहित कर लेने वाला जादू टोना है? जब वे बोलते हैं तब लगता है कि मोहन मंत्र पढ़ रहे हैं। उस मंत्र के पढ़ते ही हमारी हिलने-डुलने, कार्यरत होने की सारी गति और सोचने-विचारने की सारी मति हमें भूल जाती है। हम गति-हीन और मति-हीन हो जाती हैं। उनकी टेढ़ी अलकें उनकी भौंहों के ऊपर जहाँ-तहाँ फैली हुई सुशोभित हो रही हैं। इन्हीं अलक़ों की अँकुसी में फँसाकर श्याम ने हमारे मन खींच लिए हैं। हमने अब उनकी चाल को समझा। उनके स्वर्ण-कुंडलों की आभा उनके कपोलों पर पड़कर झलमलाती है। हमने उनका यह रहस्य भी जान लिया। वे भी हम युवितयों का मन मोहने में श्याम की सहायता करते रहते हैं। धन्य हैं ये फंदे।

१४३९/२४४८ राग कान्हरौ

कह काहू कौं दोष लगावैं।
निमि सौं कहा कहति, कह बिधि सौं, कह नैननि पछितावैं ॥
स्याम हितू कैसैं कहि जानति, औरौ निठुर कहावैं।
छिन मैं और-और अँग सोभा, जोवैं देखि न पावैं ॥
जबहीं इकटक करि अवलोकति, तबहीं वै झलकावैं।
'सूरस्याम' के चरित लखै को, येई बैर बढ़ावैं ॥

सखी हम किसी को क्यों दोष दें। हम निमि महाराज को क्यों दोष दें कि वे हमारी पलकें पल-पल पर क्यों गिराते रहते हैं, हमें क्यों नहीं निर्निमेष बने रहने देते। पलकों के गिरने से हमें श्याम का अपरूप रूप देखने में बाधा पड़ती है। हम ब्रह्मा को ही क्यों दोष दें कि उन्होंने हमें कोमल नारी क्यों बना दिया, जो हम कन्हैया को देखते ही पिघल जाती हैं। उन्होंने हमें दो ही नेत्र क्यों दिए, हजार नेत्र क्यों नहीं दिए? हम अपने नयनों को ही क्यों न झींखे, उन्होंने श्याम को क्यों देखा। वे न देखते, न हमारी यह दुर्गति होती। हम श्याम को ही अपना परम हितैषी क्यों मान लें? वे तो और भी निष्ठुर हैं। उनके अंगों की शोभा क्षण-क्षण पर बदलती रहती है। हम एक छवि देखने नहीं पाती कि दूसरी छवि आ जाती है। हम उन्हें अपलक टकटकी लगाकर देखने लगती हैं, तब तक उनके तन की सौंदर्य-छटा छिटक कर फट से अपनी नई शोभा धर लेती है। एक झलक दूसरी झलक में बदल जाती है। श्याम के चरित को कौन देखे। यही हमसे असली बैर बढ़ाए हुए हैं।

१४४०/२४५१ राग धनाश्री

स्याम रूप देखन की साध भरी माई।
कितनौ पचि हारि रही, देत नहिँ दिखाई॥
मन तौ निरखत सु अंग, मैं रही भुलाई।
मोसौं यह भेद कहौ, कैसें उहिँ पाई॥
आपुन अँग अंग बिध्यौ, मोकौं बिसराई।
बार-बार कहत यहै, तू क्यौं नहिँ आई॥
कबहूँ लै जात साथ, बाँह गहि बुलाई।
'सूरस्याम' छबि अगाध, निरखत भरमाई॥

राधा कह रही है—अरी सखी, मेरे मन में श्याम का रूप देखने की भारी लालसा भरी हुई हैं। मैं तो कितने ही प्रयत्न कर करके हार गई, मैं श्याम का सुरूप देख ही नहीं पाई। मेरा मन तो श्याम के सुंदर अंग देखने में लीन हो जाता है, पर मैं आत्म-विस्मृत हो जाती हूँ। मुझसे वह दाँव-पेंच बताओ, जिससे मैं भी श्याम का सौंदर्य भली-भाँति देख सकूँ। मेरा मन तो श्याम के अंग-अंग में विद्ध हो गया है। उस मेरे मन ने मुझे भुल दिया है। वह मुझसे बार-बार यही कहता है—मैं तो श्याम के पास आ गया, तू क्यों नहीं आई? कभी-कभी वह मेरी बाँह पकड़ करके अपने साथ ले जाता है। पर श्याम की छवि अथाह सागर है। मैं उसे देखते ही भ्रमित हो जाती हूँ।

१४४१/२४५२ राग बिलावल

सुनहु सखी मैं बूझति तुमकौं, काहूँ हरि कौं देखे हैं।
कैसौ तन, कैसौ रँग देखियत, कैसी बिधि करि भेषे हैं॥
कैसौ मुकुट, कुटिल कच कैसे, सुभग भाल भ्रुव नीके हैं।
कैसे नैन, नासिका कैसी, स्त्रवननि कुंडल पी के हैं॥
कैसे अधर, दसन-दुति कैसी, चिबुक चारु चित चोरत हैं।
कैसैं निरखि हँसत काहूँ तन, कैसैं बदन सकोरत हैं॥

कैसो उर, माला है कैसी, कैसैं भुजा बिराजति हैं।
कैसे कर, पहुँची हैं कैसी, कैसी अँगुरियाँ राजति हैं॥
कैसी रोमावली स्याम की, नाभि चारु कटि सुनियत है।
कैसी कनक-मेखला, कैसी कछनी, यह मन गुनियत है॥
कैसे जंघ, जानु कैसे दोउ, कैसे पद-नख जानति है।
'सूरस्याम' अँग-अँग की सोभा देखी, कै अनुमानति है॥

राधा कह रही हैं—हे सखियो सुनो, मैं तुम सबसे पूछ रही हूँ कि क्या किसी ने श्याम को भरपूर देखा है? उनका शरीर कैसा है, उनका रंग कैसा है, उनकी वेश-भूषा किस प्रकार की है? उनका मुकुट कैसा है, उनके घुँघराले बाल कैसे हैं? उनके सुंदर ललाट और उनकी भौंहे तो अच्छी हैं। उनके नेत्र कैसे हैं, नाक कैसी है, उन प्रिय श्याम के कानों के कुंडल कैसे हैं? कैसे होठ हैं, दाँतों की चमक कैसी है, उनका चित्त को चुरा लेने वाला चारु चिबुक (ठुड्डी) कैसा है? वे किसी की ओर देखकर कैसा हँसते हैं? कैसे मुँह सिकोड़ते हैं? उनका वक्षस्थल कैसा है, उस पर लटकती माला कैसी है? उनकी भुजाएँ किस प्रकार सुशोभित हो रही हैं? उनके हाथ कैसे हैं? उनमें कैसी पहुँची वे पहने हुए हैं। उनके हाथों की उँगलियाँ कैसी हैं? श्याम को रोमावली कैसी है? सुना है कि उनकी नाभि और कटि सुंदर है। बताओ तो वे कैसी हैं? उनकी सोने की करधनी कैसी है। उनकी कछनी कैसी है? क्या इसपर तुमने कुछ सोचा-विचारा है? उनकी जंघा कैसी है? उनके दोनों घुटने कैसे हैं? उनके पद-नखों को तुम जानती पहचानती हो? तुमने श्याम के अंग-अंग की शोभा देखी परखी है या योंही अनुमान कर कहती रही हो? यदि तुमने भली-भाँति देखा परखा है, तो मुझसे भी कह सुनाओ। मैं तुम सबका भारी उपकार मानूँगी।

१४४२/२४५३ राग रामकली

ऐसे सुने नंद-कुमार।
नख निरखि ससि कोटि वारत, चरन कमल अपार॥
जानु जंघ निहारि करभा-करनि डारत वारि।
काछनी पर प्रान वारत, देखि सोभा भारि॥
कटि निरखि तनु सिंह वारत, किंकिनी जु मराल।
नाभि पर ह्रद आपु वारत, रोम-अलि अलि-माल॥
हृदय मुक्ता-माल निरखत, वारि अवलि-बलाक।
करज कर पर कमल वारत, चलति जहँ तहँ साक॥
भुजनि पर बर नाग वारत, गए भागि पताल।
ग्रीव की उपमा नहीं कहुँ, लसति परम रसाल॥
चिबुक पर चित वारि डारत, अधर अंबुज लाल।
बँधुक, बिद्रुम, बिंब वारत, ते भए बेहाल॥
बचन सुनि कोकिला वारति, दसन दामिनि काँति।
नासिका पर कीर वारत, चारु लोचन-भाँति॥

कंज, खंजन, मीन, मृग सावकहु डारत वारि।
भृकुटि पर सुर-चाप वारत, तरनि कुंडल हारि॥
अलक पर वारति अँध्यारी, तिलक भाल सुदेस।
'सूर' प्रभु सिर मुकुट धारे, धरे नटवर-भेष॥

राधा कह रही हैं—सखियों, हमने श्याम का ऐसा रूप सुना है। उनके नख को देखकर करोड़ों चंद्रमा उनपर निछावर और उनके चरणों को देखकर अगणित और अपार कमल निछावर हुए जा रहे हैं। उनकी पिंडलियों और जाँघ को देखकर करभ (हाथी का बच्चा) अपने कर (सूँड़) को निछावर किए डाल रहा है। उनकी पीतांबर की कछनी को शोभा देखकर मार (कामदेवों) अपने प्राण निछावर किए दे रहा है। उनकी तनु (पतली) कमर को देखकर सिंह और उनकी किंकिणी की धुनि पर हंस निछावर हुए जा रहे हैं। उनकी नाभि पर सरोवर और उनकी रोमावली पर भौंरों के समूह निछावर हुए जा रहे हैं। उनके वक्षस्थल पर लटकती मोतियों की माला देखकर बकुलों की पंक्ति अपने को बलि किए दे रही है। जहाँ-तहाँ यह कोलाहल मचा हुआ है कि उनके हाथों और उँगलियों पर कमल निछावर हुए जा रहे हैं। उनकी भुजाओं को देखकर बड़े-बड़े नाग निछावर हो गए और भागकर पाताल चले गए। उनकी गरदन तो अत्यंत रसाल (सुंदर) है और उसकी तो कहीं उपमा ही नहीं है। उनकी ठुड्डी पर चित्त और उनके होठों पर बेहाल होकर लाल कमल, बंधूक (दुपहरिया का लाल फूल) मूँगा और पके लाल कुँदरू निछावर हुए जा रहे हैं। उनकी वाणी पर कोयल और दाँतों पर बिजली की चमक निछावर हुई जा रही है। उनकी नाक पर शुक और उनके नयनों की छवि पर कमल, हिरन के बच्चे, खंजन और मीन निछावर हैं। उनकी भौंहों पर इंद्रधनुष निछावर हैं और कान के कुंडलों को देखकर सूर्य ने हार मान ली है। उनकी अलकावली की कालिमा पर अंधकार और उनके (सुंदर) तिलक पर भाला निछावर है। ऐसे प्रभु कृष्ण सिर पर मोर-पंख का मुकुट धारण किए हुए, नटवर का रूप सजाए खड़े हैं।

१४४३/२४५४ राग सारंग

ऐसी विधि नँदलाल, कहत सुने माई।
देखै जो नैन, रोम-रोम-प्रति सुहाई।
विधना द्वै नैन रचे, अंग ठानि ठान्यौ।
लोचन नहिँ बहुत दियौ, जानिकै भुलान्यौ।
चतुरता प्रवीनता, विधाता का जानौ।
अब ऐसे लगत हमहिँ, बातैं न अयानौ।
त्रिभुवनपति तरुन कान्ह, नटवर बहु काछे।
हमकौं द्वै नैन दिए, तेऊ नहिँ आछे।
ऐसौ विधि कौ विवेक, कहौं कहा वाकौं।
'सूर' कबहुँ पाऊँ जौ, अपनैं कर ताकौं॥

राधा कह रही है—अरी सखी, मैंने लोगों को ऐसा कहते सुना है कि रोम-रोम में नेत्र

हों तो स्याम का रूप देखा जा सकता है। केवल दो नयनों से उनका रूप नहीं देखा जा सकता। ब्रह्मा ने और सभी अंग अपनी-अपनी जगह पर ठीक ही ठीक बनाए हैं, पर एक ही गड़बड़ यह किया कि देखने के लिए दो ही आँखें दीं। उसने बहुत से नेत्र नहीं दिए। यह जान बूझकर ऐसा किया या अनजाने में वह ऐसी भूल कर बैठें। हम ब्रह्मा की चतुरता और प्रवीणता को क्या जानें, भले ही लोग उसे महाचतुर और परम प्रवीण कहा करें। कुछ तो मुझे ऐसा लगने लगा है कि ब्रह्मा जैसा अज्ञानी और कोई दूसरा नहीं है। उधर तीनों लोकों के स्वामी नवतरुण कन्हैया नर्तकों का वेश बनाए हुए खड़े हैं, इधर ब्रह्मा ने उन्हें देखने के लिए हमें केवल दो आँखें दे रखी हैं। ये भी अच्छी नहीं हैं। एक तो इनकी पलकें पलपल पर गिरती रहती हैं, दूसरे वे प्राय: अँसुवाई भी हो जाया करती हैं। ब्रह्मा का ऐसा ही विवेक है। उसे क्या कहा जाय? मैं उसे यदि कभी अपने हाथों से पकड़ पाती, तो उसकी अच्छी गति बनाती।

१४४४/२४५८ राग मारू

स्याम सखि नीकैं देखे नाहिं।

चितवतु ही लोचन भरि आए, बार बार पछिताहिं।
कैसैंहुं करि इकटक मैं राखति, नैंकहिं मैं अकुलाहिं।
निमिष मनौ छवि पर रखवारे, तातैं अतिहि डराहिं।
कहा करैं, इनकौ कहा दूषन, इन अपनी सी कीन्ही।
'सूरस्याम' छवि पर मन अटक्यौ, उन सब सोभा लीन्ही॥

राधा कह रही हैं—हे सखी, मैंने कभी भी श्याम को भलीभाँति पूर्णरूप से नहीं देख पाया। उनकी ओर देखते ही ये आँखें तुरत अश्रुपूर्ण हो जाया करती हैं और बार-बार पछताने लगती हैं। मैं बरिआईं किसी प्रकार एकटक अपलक निर्निमेष बनी भी रही तो ये थोड़ी ही देर में व्याकुल हो जाती है। ये पलकें क्या है मानों श्याम की छवि की रखवारिनें है। इसी से ये बहुत डरती रहती हैं और रोकने पर भी गीलीं ही बनी रहती हैं। क्या करूँ? इन पलकों का भी क्या दोष है? इन्होंने अपनी सी भरसक की है। दोष तो मेरे मन का है जो श्याम की छवि पर जाकर अटक गया है। इसने ही कन्हैया की सारी शोभा अपनी बना ली है, उसपर अपना अधिकार बना लिया है और आँखों को हिस्सेदार नहीं बनने दे रहा है।

१४४५/२४५९ राग गौरी

मन लुबध्यौ हरि-रूप निहारि।

जा दिन स्याम अचानक आए, तब तैं मोहिं बिसारि।
इंद्रिनि संग लगाइ गयौ, ह्याँ डेरा निकस्यो झारि।
ऐसे हाल करत री कोऊ, रही अकेली नारि।
फेरि न मेरी उहिं सुधि लीन्ही, आपु करत सुख भारि।
'सूरस्याम' कौं उरहन दैहौं, पठवत काहे न मारि॥

राधा कह रही हैं—मेरा मन हरि का रूप देखकर उसी दिन से लुभाकर वहीं अटक गया है। उसने मुझे उसी दिन से भुला दिया है, जिस दिन श्याम अचानक मेरे दृष्टि-पथ पर आ गये थे। वह अपने तो गया ही, मेरी सब इंद्रियों को भी साथ साथ लिए दिए गया। हरि यहाँ से जाते समय सारा डेरा झाड़ता-पोंछता गया, यहाँ कुछ भी नहीं रहने दिया। अब ऐसा भी कोई करता है, जैसा मेरे मन ने मेरे साथ किया है। मैं यहाँ अकेली अबला नारी भर रह गई हूँ—मेरी कोई सहायता करनेवाला भी नहीं रह गया है। मेरा यह मन जबसे मुझे बिसराकर गया है, उसने लौटकर मेरी खोज खबर नहीं ली है। वह वहाँ अपने तो भारी सुख भोग रहा है। मैं यहाँ अपने करम को रो रही हूँ। श्याम मिलें तो उन्हें उलाहना दूँ, वे मेरे उस मन को मार पीटकर मेरे पास वापस क्यों नहीं भेज देते।

सखियों द्वारा राधा की प्रशंसा *१४४६/२४६० राग रामकली*

पुनि-पुनि कहति हैं ब्रज-नारि।
धन्य बड़भागिनी राधा, तैरैं बस गिरिधारि।
धन्य नंद-कुमार, धनि तुम, धन्य तेरी प्रीति।
धन्य तुम दोउ नवल जोरी, कोक कलानि जीति।
हम विमुख, तुम कृष्न-संगिनि, प्रान इक, द्वै देह।
एक मन, इक बुद्धि, इक चित, दुहुँनि एक सनेह।
एक छिनु बिनु तुमहिँ देखे, स्याम धरत न धीर।
मुरलि मैं तुव नाम पुनि-पुनि, कहत हैं बलवीर।
स्याम मनि तैं परखि लीन्हौ, महा चतुर सुजान।
'सूर' के प्रभु प्रेम हीं बस, कौन तो सरि आन॥

ब्रजांगनाएँ राधा की बातें सुन सुनकर उससे बार बार यही कहने लगीं—राधा, तू परम सौभाग्यशालिनी है। गिरिधारी कृष्ण तेरे बस में हैं। नंदकुमार कृष्ण धन्य हैं, तू धन्य है और तेरी यह प्रीति धन्य है। तुम दोनों की यह नवीन जोड़ी धन्य है, जिसने सभी कोक-कलाओं को जीत लिया है। तुम दोनों कामशास्त्र के भारी पंडित हो। कहने को तो हम कृष्ण की प्रेमिकाएँ हैं, पर वस्तुतः हम उनसे बहुत दूर हैं। केवल तुम कृष्ण की संगिनी हो। तुम दोनों के शरीर यों तो दो हैं, पर तुम दोनों के प्राण एक ही हैं—अभेद, अभिन्न। दोनों के रूप एक हैं, दोनों की बुद्धि एक है, दोनों के चित्त एक हैं। दोनों में एक ही प्रेम है। तुमको देखे बिना श्याम एक क्षण भी धैर्य नहीं धारण कर पाते, मुरली में तो कान्हा एक तेरा ही नाम लेकर बार बार बुलाते हैं। तू महा चतुर है, परम सुजान है केवल तूने श्याम रूपी मणि को परख पाया है—तू भारी जौहरी है। कन्हैया तो केवल प्रेम के बस में हैं और तूने उन्हें अपने प्रेम के बस में कर रखा है। तेरी बराबरी करनेवाला दूसरा और कौन है।

१४४७/२४६१ राग विहागरौ

राधा परम निर्मल नारि।
कहति हौं मन कर्मना वच, हृदय-दुविधा टारि।

स्याम कौं इक तुहीं जान्यौ, दुराचारिनि और।
जैसें घट पूरन न डोलै, अध भरौ डगडौर।
धनी धन कबहूँ न प्रगटै, धरै ताहि छपाइ।
है महा नग स्याम पायौ, प्रगटि कैसें जाइ।
कहति हौं यह बात तोसौं, प्रगट करिहौ नाहिँ।
'सूर' सखी सुजान राधा, परसपर मुसुकाहिँ॥

एक सखी राधा से कह उठी—राधा तू अत्यंत शुद्ध हृदय वाली रमणी है। मैं यह बात अपने हृदय की सारी दुविधाओं को दूर करके, मन, बचन और कर्म से, निष्कपट भाव से कह रही हूँ। मैं कोई चापलूसी नहीं कर रही हूँ। श्याम को केवल एक तुमने जाना है और सारी गोपियाँ तेरे समान निर्मल नहीं हैं। सभी दुराचारी हैं, झूठी हैं, कामिनियाँ हैं। तू जल से पूरी भरी गगरी है और छलकती नहीं। दूसरी गोपियाँ अध-जल गगरी हैं और छलकती रहती हैं। कहा भी है—'अध-जल गगरी छलकत जाय।' धनी अपना धन छिपाए रहता है। वह अपने मुँह से कभी अपना धन खोलकर व्यक्त नहीं करता। तूने तो श्याम रूपी महा नग पा लिया है, अतः महाधनी है। फिर तू कैसे इस महा नग के पाने की बात सबसे कहती फिरती? मैं यह बात केवल तुझसे कह रही हूँ। मैं यह बात किसी दूसरे से नहीं कहूँगी। तुम भी किसी से मत कहना।

यह कहकर वह सखी, और यह सुनकर चतुर राधा, दोनों ने एक दूसरे की ओर देखकर मुसकुरा दिया।

१४४८/२४६२ राग गौरी

तैं ही स्याम भले पहिचाने।
साँची प्रीति जानि मनमोहन, तेरेहिँ हाथ बिकाने।
हम अपराध कियौ कहि तुमसौं, हमहीं कुलटा नारि।
तुमसौं उनसौं बीच नहीं कछु, तुम दोऊ वर नारि।
धन्य सुहाग भाग है तेरौ, धनि बड़भागी स्याम।
'सूरदास' प्रभु से पति जाकैं, तोसी जाकैं बाम॥

वही सखी आगे कह रही है—राधे, तूने ही श्याम को भलीभाँति पहचाना है। तेरी प्रीति को सच्ची समझकर, मनमोहन तेरे ही हाथ बिक गए हैं, तेरे पूर्ण वश में हो गए हैं। हमने उलटी-सीधी बातें कहकर तेरे प्रति भारी अपराध किया है। तू ही परम पवित्रा है। हम तो कुलटा है, कुलटा। तुममें और कन्हैया में कोई अंतर नहीं है। तुम दोनों सच्चे पति-पत्नी हो, तेरा सुहाग, तेरा भाग्य धन्य है, जिसके कन्हैया जैसे प्रियतम पति हैं, और श्याम भी अत्यंत भाग्यशाली हैं, जिसकी तुम जैसी प्रिय पत्नी हो।

१४४९/२४६३ राग सोरठ

राधा स्याम की प्यारी।
कृष्न पति सर्वदा तेरे, तू सदा नारी।

सुनत बानी सखी मुख की, जिय भयौ अनुराग।
प्रेम गदगद, रोम पुलकित, समुझि अपनौ भाग।
प्रीति परगट कियौ चाहै, बचन बोलि न जाइ।
नंद-नंदन काम-नायक, रहे नैननि छाइ।
हृदय तै कहुँ टरत नाहीं, कियौ बिहवल बास।
'सूर' प्रभु-रस भरी राधा, दुरत नहीं प्रकास॥

सखी ने राधा से कहा—'राधा तू ही श्याम की परम प्रिया है। कृष्ण तेरे सदा से पति रहे हैं और तू सदा से उनकी प्रिया पत्नी रही है।' सखी की यह बात सुनते ही, राधा के मन में कृष्ण के प्रति प्रेम उमड़ आया। अपना सौभाग्य समझकर वह प्रेम से गदगद हो गई और उसे रोमांच हो आया। वह अपना प्रेम प्रकट रूप से कहना चाहने लगी, पर उसकी वाणी नहीं फूटी। उसके नेत्रों में काम के भी स्वामी, नंद के नंदन, श्रीकृष्ण चंद्र छा गए। वे राधा के हृदय से हटकर कहीं अन्यत्र नहीं जाते। उन्होंने वहीं अपना स्थायी अधिवास बना लिया है। राधा प्रभु के प्रेमरस से भर उठी। और उसका प्रेम छिपाने से भी छिप नहीं पा रहा था, प्रकट हुआ जा रहा था।

राधा-उत्तर *१४५०/२४६४ राग जैतश्री*

सुनि सजनी मेरी इक बात।
तुम तौ अतिहीं करति बड़ाई, मन मेरौ सरमात।
मोसौं कहति स्याम तुम एकै, यह सुनिकै परमात।
एक अंग कौ पार न पावत, चकित होइ भरमात।
वह मूरति, द्वै नैन हमारैं, लिखी नहीं करमात।
'सूर' रोम प्रति लोचन देख्यौ, बिधना पर तरमात॥

राधा प्रत्युत्तर में बोली—सखी, मेरी एक बात सुनो। तुम तो मेरी बड़ी बड़ाई किए जा रही हो, पर मैं लजाई जा रही हूँ। तुम मुझसे जो यह कह रही हो कि मैं और श्याम एक ही हैं, दो नहीं, तो यह सुनकर मैं प्रमत्त हुई जा रही हूँ, फूली नहीं समा रही हूँ। मैं तो उनके एक भी अंग की शोभा को पार नहीं पाती और चकित होकर भारी चक्कर में पड़ जाती हूँ। कहाँ रूप की अपार राशि कृष्ण की वह मूर्ति और कहाँ मेरी दो ही आँखें। मेरे करम में, भाग्य में ही इस रूपराशि को समग्रतः देख पाना लिखा नहीं है, मुझे तो ब्रह्मा पर यही झल्लाहट है कि उसने मेरे रोम-रोम में आँखें क्यों नहीं दे दीं। उसे हर रोम में एक एक आँख दे देनी चाहिए थी।

१४५१/२४६५ राग कल्यान

जौ विधनै अपबस करि पाऊँ।
तौ सखि कह्यौ होइ कछु तेरौ, अपनी साध पुराऊँ।
लोचन रोम-रोम प्रति माँगौं, पुनि-पुनि त्रास दिखाऊँ।
इक टक रहैं, पलक नहिं लागैं, पद्धति नई चलाऊँ।

कहा करौं छवि-रासि स्याम घन, लोचन द्वै नहिं ठाऊँ।
एते पर ये निमिष 'सूर' सुनि, यह दुख काहि सुनाऊँ॥

राधा ने आगे कहा—सखी, यदि मैं ब्रह्मा को किसी प्रकार अपने बस में कर पाती, तो तेरी कही बात कुछ कुछ सच हो जाती और मैं अपने मन की साध भी पूरी कर लेती। मैं उस ब्रह्मा को बार-बार डरवाती धमकाती और रोम-रोम में आँखें लगवा लेती। फिर मैं टकटकी लगाकर कृष्ण की रूप-राशि देखती रह जाती और पलकों को गिरने ही नहीं देती। इस प्रकार मैं देखने की एक नयी प्रणाली ही चला देती। घनश्याम तो छवि की राशि हैं। वह छवि मेरे इन दो नयनों में समा नहीं पा रही है। उसको भर रखने के लिए आँखों में पर्याप्त स्थान ही नहीं है। एक तो दो ही आँखें—फिर उसपर तुर्रा यह कि दो पलकें बार बार गिरती रहती हैं—बाधा में भी बाधा। मैं अपना यह दुखड़ा किससे कह सुनाऊँ।

१४५२/२४६६ राग बिलावल

कहा कहौं विधि हाथ नहीं।
वह सुख, यह तनु दसा हमारी, नैननि की रिस मरत महीं।
अंग-अंग कौनी विधि बनए, है नैना देखति जबहीं।
ऐसौं कौन ताहि धरि आनै, कहा करौ खीझति मनहीं।
बड़ौ सुजान चतुरई नीकी, जगत-पिता कहियत सबहीं।
'सूर' स्याम अवतार जानि ब्रज, लोचन बहु न दिए हमहीं॥

राधा कह रही हैं—सखी, मैं तुझसे क्या कहूँ? यह ब्रह्मा मेरे हाथ में नहीं है, मेरे बस में नहीं है। वह मेरी मुट्ठी में होता, तो मैं उसे बताती। कहाँ कन्हैया के सौंदर्य देखने का सुख और कहाँ हमारे शरीर की यह दशा? मैं तो अपने नेत्रों पर ही झल्लाते हुए मरी जा रही हूँ। ब्रह्मा ने कन्हैया के एक एक अंग को किस प्रकार इतना सुंदर बना दिया है। उस सौंदर्य को जब मैं अपनी इन दो ही आँखों से देख पाती हूँ, तब मैं उस विधाता पर भी झल्ला उठती हूँ, जिसने इस रूप सागर को देखने के लिए केवल दो आँखें दीं। मैं मन ही मन उस विधाता पर खीझकर रह जाती हूँ। ऐसा कोई नहीं है, जो उस विधि को मेरे सामने पकड़े लिए आये कि मैं उससे उसकी मूर्खता पर कुछ कह सुन तो सकूँ। कहा जाता है कि चतुरानन बड़ा सुजान है, बड़ा चतुर है, और यह जगत-पिता कहा जाता है। पर वह खाक चतुर है, झूठ मूठ का सुजान और जगत-पिता है। यह जानकर भी कि ब्रज में श्याम का अवतार होनेवाला है, उसने हमें देखने के लिए केवल दो आँखें दीं। इसीसे उसकी चतुराई मैंने जान ली। यदि यही चतुराई है, तो मूर्खता क्या है?

१४५३/२४६७ राग बिलावल

अब समुझी यह, निठुर बिधाता।
ऐसेहि जगत-पिता कहवावत, ऐसे घात करै सो धाता।
कैसौ ज्ञान, चतुरई कैसी, कौन विवेक, कहाँ कौ ज्ञाता।
जैसौ दुख हमकौं इहिं दीन्हौ, तैसौ याकौ होइ निपाता।

द्वै लोचन तनु मैं करि दीन्हे, याही तैं जान्यौ पितु माता।
'सूर' स्याम-छवि तैं अघात नहिं, बार-बार आवति अकुलाता ॥

राधा कह रही है—अब मैंने यह समझ लिया कि विधाता महा निर्दय है। वह झूठ-मूठ का अपने को जगत-पिता कहलाता फिरता है। जो ऐसा घात, धोखा, विश्वासघात करता रहता है, वह विधाता बना बैठा है। वह कैसा ज्ञानी है, कैसा चतुर है, कैसा विवेकी है, कैसा बहुत बड़ा ज्ञाता कहा जाता है? सच तो यह है कि न वह ज्ञानी है, न चतुर है, न विवेकी है न ज्ञाता ही। इसने हमको दो ही आँखें देकर जैसा दुख दिया है, वैसे ही इसका निपात पतन हो, नाश हो। लानत है, इसने हमारे शरीर में दो ही आँखें दी हैं, इसी से हमने समझ लिया कि यह कैसा जगत-पिता है। ये मेरे दो नयन श्याम की छवि देखने से तृप्त नहीं हो पा रहे हैं और बार बार आकुल हुए जा रहे हैं।

१४५४/२४५६८ राग सूही बिलावल

द्वै लोचन साबित नहिं तेऊ।
बिनु देखैं कल परहि नहीं छिनु, एते पर कीन्ही यह टेऊ।
बार-बार छवि देख्योइ चाहत, साथी निमिष मिले हैं येऊ।
ते तौ ओट करत छिनहीं छिनु, देखत ही भरि आवत द्वेऊ।
कैसैं मैं उनकौं पहिचानौं, नैन बिना लखियै क्यौं भेऊ।
ये तौ निमिष परत भरि आवत, निठुर विधाता दीन्हे जेऊ।
कहा भई जौ मिली स्याम सों, तू जानै, जानै एक केऊ।
'सूरस्याम' कौ नाम स्त्रवन सुनि, दरसन नीकैं देत न वेऊ ॥

राधा कह रही है—ब्रह्मा ने ले देकर तो दो आँखें दीं। ये भी सर्वथा दोषरहित नहीं हैं, आधी अधूरी हैं। श्याम को देखे बिना ये क्षणभर नहीं रह पातीं। इन्हें श्याम को देखने का अजीब चस्का लग गया है, देखने की आदत पड़ गई है। ये बार बार श्याम की छवि देख रही हैं, और इनको साथ मिल गया है। इन पलकों का, जो पल-पल पर गिर-गिरकर कन्हैया की छवि को आँखों से ओझल कर दिया करती हैं। यही नहीं, कन्हैया के लावण्य को देखकर ये आँखें भरभरा आती हैं, इनमें कन्हैया का पानिप भर आता है। ऐसी दशा में मैं कन्हैया को कैसे पहचान सकती हूँ? पहले देखूँ, तब तो पहचानूँ। बिना नेत्र के उनका भेद, रहस्य कैसे समझा जाय। निठुर विधाता ने जो आँखें दी भी हैं, पल-पल पर उनकी पलकें गिरती रहती हैं और वे देखते ही अश्रुमय हो जाया करती हैं। ऐसी स्थिति में यदि मैं श्याम से मिली भी, तो क्या हुआ। यह मिलना न मिलने के बराबर है। इसे तू भी जानती है और सभी गोपियाँ भी जानती हैं। मैंने श्याम को नाममात्र कानों से सुना है। उन्होंने तो कभी भी आँख भर कर दर्शन नहीं दिया। मैं आँखें भरकर उन्हें कभी भी देख नहीं पाई।

१४५५/२४६९ राग सूही

स्यामहिं मैं कैसैं पहिचानौं।
क्रम-क्रम करि इक अंग निहारति, पलक ओट ताकौं नहिं जानौं।

पुनि लोचन ठहराइ निहारति, निमिष मेटि, वह छवि अनुमानौं।
औरै भाव, और कछु सोभा, कहौ सखी, कैसैं उर आनौं।
छिनु-छिनु अंग-अंग-छवि अगिनित, पुनि देखौं, फिर कै हठ ठानौं।
'सूरदास' स्वामी की महिमा, कैसैं रसन एक बखानौं॥

राधा कह रही है—'सखी, मैं श्याम को पहचानूँ भी तो कैसे पहचानूँ? मैं जब एक एक करके उनके अंगों को देखने लगती हूँ, तब पलकें गिरकर आड़ कर लेती हैं और मैं उस अंग को भलीभाँति जान-पहचान नहीं पाती। फिर किसी प्रकार पलकों का गिरना रोककर, एक टक होकर, कन्हैया की छवि का अंदाज लगाने लगती हूँ। तब मुझे उनके अंगों की शोभा, उनका भाव, प्रति पल बदलता दिखाई देता है। तुम्हीं बताओ मैं किस भाव को, किस शोभा को, और किस प्रकार, अपने मन में स्थान दूँ। क्षण-क्षण पर इन अंगों की अगणित छवियाँ बदलती रहती हैं, अभी एक छवि देखी, अभी बदल कर वह छवि दूसरी बन गई। हठपूर्वक बार-बार उस बदलती छवि को देखती रहती हूँ और किसी छवि का अक्स हृदय पर रुक नहीं पाता। एक छवि बनी भी, तो उसपर दूसरी छवि आ बैठी, इसी प्रकार दूसरी पर तीसरी। इसी प्रकार और आगे भी। श्याम का आखिरकार क्या कहना? एक जीभ से उसका वर्णन कैसे किया ही जा सकता है।

१४५६/२४७० राग सारंग

स्याम सौं काहे की पहिचानि।
निमिष-निमिष वह रूप न वह छवि, रति कीजै जिय जानि।
इक टक रहति निरंतर निसि दिन, मन बुधि सौं चित सानि।
एकौ पल सोभा की सीवाँ, सकति न उर महँ आनि।
समुझि न परै प्रगटहीं निरखत, आनँद की निधि खानि।
सखि यह बिरह, सँजोग कि समरस, सुख दुख, लाभ कि हानि।
मिटति न घृत तैं होम-अग्नि-रुचि, 'सूर' सुलोचन बानि।
इत लोभी, उत रूप परमनिधि, कोउ न रहत मिति मानि॥

राधा कह रही है—सखी, श्याम के किस रूप को पहचाना जाय? क्षण-क्षण पर तो उनका रूप, उनकी सूरत बराबर बदलती रहती है, फिर उनके किस रूप को, किस छवि को जाना पहचाना जाय और किससे प्रीति की जाय? मैं तो रात दिन बराबर टकटकी लगाए रहती हूँ और उस रूप को मन, बुद्धि और चित्त में बराबर सानती रहती हूँ, पर उनके एक पल की भी शोभा की लीला अपने हृदय में स्थापित नहीं कर पाती। वह शोभा क्या है, समझ में नहीं आती। हाँ, आँखों के सामने जब तक वह रहती है, वह आनंद की निधि, आनंद की खानि जान पड़ती है। वह शोभा विरह है, या संयोग है, या समरस है, संयोग और वियोग दोनों का सम्मिलित रूप, सुखद है या दुखद, वह लाभप्रद है या हानिप्रद—कुछ पता नहीं चलता। जैसे होम की आग में घी डालने से वह बुझती नहीं, वरन बराबर प्रज्वलित होती जाती है। कन्हैया के रूप को देखकर यही दशा आँखों की हो जाती है। वे उसे बराबर देखती ही रह जाना चाहती हैं। इधर हमारी लोभी आँखें हैं, उधर श्याम

का अपार रूप-सागर है। दोनों में से किसी की भी सीमा नहीं है। इधर दर्शन का असीम लोभ है, उधर रूप का असीम सागर है।

१४५७/२४७१ राग बिलावल

कहा करौं नीकैं करि हरि कौ, रूप-रेख नहिं पावति।
संगहि संग फिरति निसि-वासर, नैन निमेष न लावति।
बँधी दृष्टि ज्यौं गुडी डोर बस, पाछैं लागी धावति।
निकट भएं मेरियै छाया, मोकौं दुख उपजावति।
नख-सिख निरखि निहारयौ चाहति, मन मूरति अति भावति।
जानति नहीं, कहाँ तैं निज छवि, अंग-अंग मैं आवति।
अपनी देह आपुकौं बैरिनि, दुरति न दुरी दुरावति।
'सूरस्याम' सौं प्रीति निरंतर, अंतर मोहिं करावति॥

राधा कह रही हैं—अरी सखी, मैं कन्हैया के साथ ही साथ रात-दिन फिरती रहती हूँ अपलक बनी रहती हूँ, टकटकी लगाए रहती हूँ, फिर भी मैं उनके रूप-रंग को देख नहीं पाती। मैं करूँ, तो क्या करूँ। जैसे डोर से बँधी पतंग डोर के अधीन बनी रहती है और डोर के पीछे पीछे ही उड़ती फिरती है, उसी प्रकार मेरी दृष्टि भी बँधी सी कन्हैया के पीछे-पीछे लगी फिरती है, निकट पहुँचकर मुझे कृष्ण में अपनी ही छाया प्रतिभासित होने लगती है, लगता है जैसे मेरे सामने कृष्ण नहीं है, स्वयं मैं हूँ, स्वयं राधा हूँ। कृष्ण का यह राधामय रूप ही मुझको भारी दुख देने लगता है। मैं उनको नख से लेकर शिखा तक देखना चाहती हूँ, क्योंकि उनकी मूर्ति मेरे मन को बहुत अच्छी लगती है। पर न जाने कहाँ से उनके अंग-अंग में मुझे मेरी ही सूरत समाई दिखाई देने लगती है। स्वयं मेरी देह मेरी शत्रु हो जाती है। कृष्ण के अंग-अंग में वह छिपाने से भी नहीं छिपती। मेरी प्रीति श्याम से बराबर बनी हुई है, उसमें निरंतरता है, पर मेरी ही देह मुझमें और कृष्ण में अतंर बनाए देती है (मेरा प्रेमाधिक्य ही कृष्ण को राधामय बना देता है)।

१४५८/२४७२ राग धनाश्री

जो देखौं तो प्रीति करौं री।
संगहिं रहौं, फिरौं निसि-वासर, चित तैं नैंकु नहीं बिसरों री।
कैसैं दुरत, दुराए मेरैं, उन बिन धीरज नहीं धरौं री।
जाउँ तहीं, जहँ रहैं स्याम घन, निरखत इकटक तैं न टरौं री।
सुनि री सखी, दसा यह मेरी, सो कहि धौं अब कहा करौं री।
'सूरस्याम' लोचन भरि देखौं, कैसै इतनी साध भरौं री॥

राधा कह रही है—सखी, मैं श्याम को देखूँ, तब तो उनसे प्रीति करूँ। मैं उनके संग संग रहती हूँ, रात-दिन उनके साथ घूमती फिरती रहती हूँ। चित्त से उन्हें कभी भी, जरा भी नहीं भुला पाती। मैं अगर प्रेम छिपाना भी चाहूँ, तो वह छिपाया नहीं जा पाता। उनके बिना तो मुझसे एक क्षण के लिए भी धैर्य धारण नहीं किया जाता। मैं विकल हो उठती हूँ और उठकर वहीं चली जाती हूँ, जहाँ घनश्याम रहते हैं। मैं उन्हें एकटक देखती रह

जाती हूँ और एक क्षण के लिए भी मेरी अपलकता दूर नहीं होती। सखी सुन, मेरी यह दशा हो गई है। तू ही बता, अब मैं क्या करूँ। मैं एक बार उन्हें आँख भर देखना चाहती हूँ। मेरी यह साध किस तरह से पूरी हो।

१४५९/२४७३ राग बिलावल

हरि-दरसन की साध मुई।
उड़ियै उड़ी फिरति नैननि सँग, फर फूटैं ज्यौं आक-रुई।
जानौं नहीं, कहाँ तैं आवति, वह मूरति मन माहिँ उई।
बिनु देखे की बिथा बिरहिनी, अति जुर जरति, न जाति छुई।
कछुवै कहति, कछू कहि आवत, प्रेम-पुलक स्त्रम-स्वेद चुई।
सूखति 'सूर' धान-अंकुर सी, बिनु बरसा ज्यौं मूल तुई॥

राधा कह रही है—हे सखी, मैं तो हरि के दर्शन की तीव्र लालसा से ही मर गई। जैसे मदार के गोझा के पककर फूट जाने पर, उसकी रूई शून्य आकाश में उड़ती फिरती है, वैसे ही मैं अपनी आँखों के साथ साथ श्याम के साथ उड़ती फिरी हूँ। पर उनको भलीभाँति नहीं देख पाई, उनके देखने की लालसा बराबर बनी ही रही। न जाने कहाँ से उनकी मनमोहनी सूरत मेरे मन में आकर उदित होती रहती है। मैं श्याम को देख नहीं पाती और इस विरह की व्यथा से मैं इतनी जलने लगती हूँ कि मुझे कोई छू नहीं सकता। मैं कहना कुछ चाहती हूँ, मुँह से कुछ निकलता है। प्रेम के कारण मुझे सात्विक रोमांच एवं सात्विक स्वेद हो आता है। रोंगटे स्वतः खड़े हो जाते है और अनायास पसीना चूने लगता है। बिना बारिस जैसे धान का अंकुर जड़ से सूख जाता है, उसी प्रकार मैं कृष्ण के दर्शन के अभाव में एकदम सूखी जा रही हूँ।

१४६०/२४७४ राग धनाश्री

सुनि री सखी दसा यह मेरी।
जब तें मिले स्याम घन सुंदर, संगहि फिरति भई जनु चेरी।
नीकैं दरस देत नहिँ मोकौं, अंगनि प्रति अनंग की ढेरी।
चपला तैं अतिही चंचलता, दसन चमक चकचौंधि घनेरी।
चमकत अंग, पीत पट चमकत, चमकति माला मोतिनि केरी।
'सूर' समुझि बिधना की करनी, अति रिस करति, सौंह मोहि तेरी॥

राधा कह रही है—हे सखी, सुन! जब से सुंदर घनश्याम से मेरी भेंट हुई है, तब से मेरी यह दशा हो गई है कि मैं उनके साथ-साथ लगी दासी के समान घूम रही हूँ। वे मुझे अपना दर्शन ठीक-ठीक नहीं दे रहे हैं। उनके एक-एक अंग में अनेक अनंगों की ढेरी सी लगी हुई है, ये काम से भी सुंदर हैं। उनके दाँतों की चमक में बिजली की सी चंचलता है। उन्हें देखकर आँखें अत्यंत चौंधिया जाती हैं। उनके अंग चमकते हैं, उनका पीतांबर चमकता है, उनके गले में पड़ी हुई मोतियों की माला चमकती है। सभी चकाचौंध करने वाले ही तो हैं। मैं विधाता की करनी समझकर उस पर अत्यंत क्रोध किए जा रही हूँ कि उसने दो ही आँखें क्यों दी? मैं यह सब तेरी शपथ खाकर कह रही हूँ।

आज के द्यौस कौ सखी अति नहीं, जौ लख लोचन अंग-अंग होते।
पूरती साध मेरे हृदय माँझ की, देखती सबै छवि स्याम को ते।
चित्त लोभी, नैन द्वार अतिहीं सुछम, कहाँ वह सिंधु-छवि है अगाधा।
रोम जितने अंग, नैंन होते संग, रूप लेती निदरि, कहति राधा।
स्त्रवन सुनि-सुनि दहै, रूप कैसैं लहै, नैन कछु गहै, रसना न ताकै।
देखि कोउ रहै, कोउ सुनि रहै, जीभ बिनु सो कहै कहा, नहिँ नैन जाकैं।
अंग बिनु हैं सबै, नहीं एकौ फबै, सुनत देखत जबै, कहन लौरै।
कहै रसना, सुनत स्त्रवन, देखत नयन, 'सूर' सब भेद गुनि मनहि तौरै॥

राधा कह रही है—हे सखी, आज यदि मेरे अंग-अंग में एक लाख भी आँखें होतीं, तो अधिक नहीं थीं। मैं उन लाख लाख आँखों से श्याम की सारी सुंदरता देख लेती और श्याम को देखने की मेरे हृदय की सारी साध पूरी हो जाती। एक ओर श्याम के सौंदर्य का अथाह समुद्र है, दूसरी ओर उस सौंदर्य का लोभी मेरा चित्त है। मेरा यह लोभी चित्त नयनों के द्वार से ही इस सौंदर्य का पान कर सकता हूँ। पर नयनों का यह द्वार अत्यंत सूक्ष्म है, पतला है, सँकरा है। अत: इस सौंदर्य का मनमाना रस नहीं पिया जा सकता। मेरे शरीर में जितने रोम हैं, यदि उतने ही नेत्र विधाता ने मुझे दे दिए होते, तो मैं श्याम के इस रूप-रस का निडर होकर, देखने वालों की अवहेलना करके, पान कर लेती। कान श्याम की सुंदरता सुनते-सुनते जले जा रहे हैं, क्योंकि वे सुंदरता की चर्चा तो सुन रहे हैं, पर उस सुंदरता को देख नहीं पा रहे हैं, क्योंकि वे अनयन हैं। वे नयन बिना देखें, तो कैसे? नेत्र श्याम की छवि का कुछ अक्स अपने में पा लेते हैं और इस रूप का वर्णन करने के लिए लालायित हो उठते हैं। पर इन नयनों को वाणी नहीं प्राप्त है अत: ये विकल ही बने रह जाते हैं। कोई (नयन) श्याम का रूप देखता है, कोई (कान) श्याम के रस की चर्चा सुनता है। पर दोनों जिह्वा-हीन हैं, फिर ये उस रूप का वर्णन करें तो कैसे करें? जीभ जो वर्णन कर सकती है, वह नेत्र-हीन है। बिना देखे वह वर्णन करने में असमर्थ है। सभी अंग एकांगी हैं—कान के पास न तो नयन हैं, न जिह्वा है। आँख के पास न श्रवण है, न जिह्वा है। जीभ के पास न श्रवण हैं, न नयन ही। इसलिए सभी ज्ञानेन्द्रियाँ शोभा नहीं पाती। सार्थक सिद्ध नहीं होतीं। जब कान सुनते हैं, आँखें देखती हैं, तब वे उस रूप का वर्णन करने के लिए ललचती भी है, पर वाणी-विहीन होने के नाते इस रूप का वर्णन नहीं कर पातीं। कहती है रसना, देखते हैं नयन, सुनते हैं श्रवण। इन चीजों के पार्थक्य को देखकर, विचार कर मेरा मन टुकड़े-टुकड़े हुआ जा रहा है—मेरा मन टूटता जा रहा है।

१४६२/२४७६ राग धनाश्री

इनहूँ मैं घटताई कीन्ही।
रसना, स्त्रवन, नैन की होते, की रसनाहीं इनहीं दीन्ही।
बैर कियौ हमसों विधना रचि, याकी जाति अबै हम चीन्ही।
निठुर निर्दई यातैं और न, स्याम बैर हमसौं है लीन्ही।

या रस ही मैं मगन राधिका, चतुर सखी तबहीं लखि लीन्ही ।
'सूरस्याम' कै रंगहिं रांची, टरति नहीं, जल तैं ज्यौं मीन्ही ॥

राधा कह रही हैं—ब्रह्मा ने रसना, श्रवण, नयन दे तो दिए, पर उसने इनमें कमी कर दी। उसे चाहिए था कि या तो उसने नयनों को रसना और श्रवण भी दे दिया होता अथवा रसना को ही श्रवण और नयन दे दिए होते। हमने ब्रह्मा की जाति पहचान ली। वे निर्दय जाति के हैं। ब्रह्मा ने हमको रचकर अपना बैर ही साधा है। उनका बैर श्याम से था, श्याम का तो वे कुछ बिगाड़ नहीं सके। श्याम का बदला हमसे लिया है। धोबी से बस नहीं चला, तो गधे का कान उमेठने लगे। इससे बढ़कर निष्ठुरता और निर्दयता और क्या हो सकती है?

चतुर सखी जान गई कि राधिका श्याम के प्रेमरस में निमग्न हो गई है, वह श्याम के प्रेम रंग में रँग उठी है और जैसे मीन जल से अलग नहीं हो पाती, उसी तरह यह श्याम से अलग नहीं हो पा रही है।

गोपी-वचन *१४६३/२४७७ राग सोरठ*

धन्य-धन्य बड़-भागिनि राधा ।
नीकैं भजी नंद-नंदन कौं, मेटि भवन-जन-बाधा ।
नवल स्याम, नवला तुमहूँ हौ, दोऊ रूप अगाधा ।
मैं जानी यह बात हृदय की, रही नहीं कछु साधा ।
संगहि रहत सदा पिय प्यारी, क्रीड़त करत उपाधा ।
कोक-कला बितपन्न भई हौ, कान्ह-रूप-तनु आधा ।
प्रेम उमगि तैरैं मुख प्रगट्यौ, अरस-परस अवराधा ।
'सूरदास' प्रभु मिलैं कृपा करि, गए दुरित दुख दाधा ॥

राधा की बातें सुनकर सखी बोली—राधा तू धन्य है, परम प्रशंसनीया है। तू बड़ी भाग्यशालिनी है। तूने तो नंदनंदन श्रीकृष्ण चंद्र को, घर और परिवार वालों की बाधा को मिटाकर, भलीभाँति अपना लिया है। एक ओर नबेले छबीले श्याम हैं, दूसरी ओर तू एकदम, नवेली छबीली है। दोनों अपार रूप वाले हैं। मैंने तुम्हारे हृदय की सारी बातें जान ली है, अब तुम्हारी सारी साधें पूरी हो गई हैं। देखो प्रिया और पिया सदा एक ही साथ रहते हैं, दोनों साथ साथ खेलते-कूदते, काम-क्रीड़ा करते रहते हो। तुम तो कोक-कला में अत्यंत चतुर हो गई हो। तुम तो उस कान्हा का आधा अंग ही बन गई हो। तुम उनकी अर्द्धांगिनी हो गई हो। तुम्हारे मुखड़े से श्याम के प्रति तुम्हारा प्रेम उमड़ा पड़ रहा है। तुमने उनसे जो लपटा-लपटी की है, तुमने काम की जो आराधना की है, वह सब प्रेम तुम्हारे चेहरे से तरंगित हो रही है। श्याम तुमसे कृपा कर मिल गए हैं और तुम्हारा सब पाप, दुख और जलन मिट गई है। अब तुम्हारा क्या पूछना। अब तो तुम धन्या है और धन्य हो।

१४६४/२४७८ राग धनाश्री

कहि राधिका बात अब साँची ।
तुम अब प्रगट कही मो आगे, स्याम-प्रेम-रस माँची ।
तुमकौं कहाँ मिले नँदनंदन, जब उनकैं रँग राँची ।
खरिक मिले, की गोरस बेंचत, की जब विषहर बाँची ।

कहैं बनै छाँड़ौ चतुराई, बात नहीं यह काँची।
'सूरदास' राधिका सयानी, रूप-रासि-रस-खाँची॥

सखी बोली—राधा अब सब सच-सच बतला डालो। तुमने अभी-अभी मुझसे, मेरे ही आगे, स्पष्ट स्वीकार किया है कि तुम श्याम के प्रेम के रस में मज्जित हो गई हो। तुमको नंदनंदन कहाँ मिले, जो तुम उनके रंग में रँग उठी। वे गोशाला में मिले, कि दही बेचते समय मिले, अथवा उस समय मिले जब उन्होंने तुझे साँप के काटे से बचाया था। जो मैं कह रही हूँ, वह कोई कच्ची झूठी बात नहीं है, एकदम पक्की और सच्ची बात है। तुम्हें सब सच-सच बतलाना ही पड़ेगा, चालाकी छोड़ो।

राधिका रूप की राशि तो है ही, प्रेम के रस की मूर्ति भी है। साथ ही वह परम चतुरा भी है। वह क्या इस बात को सहज ही बता देगी?

राधा वचन *१४६५/२४७९ राग गौरी*

कब री मिले स्याम नहिं जानौं।
तेरी सौं करि कहति सखी री, अजहूँ नहिँ पहिचानौ।
खरिक मिले, की गोरस बेंचत, की अबहीं, की कालि।
नैननि अंतर होत न कबहूँ, कहत कहा री आलि।
एकौ पल हरि होत न न्यारे, नीकैं देखे नाहिँ।
'सूरदास' प्रभु टरत न टारैं, नैननि सदा बसाहिँ॥

राधा बोली—सखी मैं नहीं जानती कि श्याम मुझसे कब मिले। मैं तेरी शपथ खाकर कह रही हूँ—मैंने श्याम को अब भी नहीं चीन्हा पहचाना है। फिर कैसे बताऊँ कि वे मुझसे कहाँ मिले—गोष्ठ में मिले या कहीं दही बेचते समय। क्या बताऊँ वे मुझसे कब मिले—अभी आज मिले कि कल मिले। हे सखी, तू मुझसे क्या कहे जा रही है। हाँ, एक बात कह सकती हूँ—हरि मेरी आँखों से कभी दूर नहीं होते, वे मुझसे एक पल के लिए भी बिलग नहीं हो पाते, यद्यपि मैंने उन्हें आँख भरकर भलीभाँति कभी नहीं देखा। वे मेरे नेत्रों में सदा बसे रहते हैं, टालने से भी नहीं टल रहे।

१४६६/२४८० राग बिलावल

स्याम मिले मोहिँ ऐसे माई। मैं जल कौ जमुना-तट आई॥
औनक आए तहाँ कन्हाई। देखत ही मोहिनी लगाई॥
तबहीं तैं तन-सुरति गँवाई। सूधैं मारग गई भुलाई॥
बिनु देखैं कल परै न माई। 'सूरस्याम' मोहिनी लगाई॥

राधा कहती है—तू पूछती ही है, तो ले बताए देती हूँ कि श्याम मुझे कैसे मिले। मैं जल भरने के लिए यमुना तट पर गई थी। कन्हैया वहीं अप्रत्याशित रूप से अचानक आ गए। उन्होंने देखते-देखते मुझपर अपनी मोहिनी डाल दी। तभी से मैं अपने तन-बदन की सुधि भूल बैठी हूँ। मैं घर लौटने का सीधा-सीधा मार्ग भी भूल गई थी। हे सखी, अब तो कुछ ऐसा हो गया है कि श्याम को देखे बिना मुझे चैन नहीं मिल पा रहा है। श्याम ने मुझपर अपनी मोहिनी लगा दी है।

१४६७/२४८१ राग आसावरी

तबहीं मैं हरि हाथ बिकानी। देह-गेह-सुधि सबै भुलानी ॥
अंग सिथिल भए जैसैं पानी। ज्यौं-त्यौं करि गृह पहुँची आनी ॥
बोले तहाँ अचानक बानी। द्वारैं देखे स्याम बिनानी ॥
कहा कहौं सुनि सखी सयानी। 'सूरस्याम' ऐसी मति ठानी ॥

राधा कहने लगी—जब मैंने यमुना तट पर कृष्ण को देखा, तभी मैं उनके हाथ बिक सी गई। मैं अपने शरीर की, अपने घर की, सब सुधि भुला बैठी। मेरे सारे अंग पानी की तरह शिथिल पड़ गए, ढीले हो गए। मैं किसी-किसी तरह गिरती-भहराती अपने घर तक आ सकी, यहाँ भी मुझे श्याम की बोली अचानक सुनाई पड़ी। देखती हूँ तो चतुर श्याम मेरे दरवाजे पर खड़े हुए हैं। वे न जाने कब, मुझसे पहले वहाँ आ पहुँचे थे। हे चतुर सखी, सुनो, अब मैं तुमसे और क्या कहूँ ? कुछ पता नहीं, ऐसा करके श्याम ने अपने मन में क्या ठान लिया है।

१४६८/२४८६ राग कान्हरौ

पीतांबर की सोभा सखि री, मोपै कही न जाई।
सागर-सुत-पति-आयुध मानौ, बन-रिपु-रिपु मैं देत दिखाई।
जा रिपु पवन, तासु सुत स्वामी आभा, कुंडल कोटि दिपाई।
छाया-पति-तनु बदन बिराजत, बंधुक अधरनि रहे लजाई।
नाकी-नायक-वाहन की गति, राजत मुरली सुधुनि बजाई।
'सूरदास' प्रभु हर-सुत-वाहन, ता पख लै रहे सीस चढ़ाई ॥

राधा कह रही है—अरी सखी, श्याम के पीतांबर की शोभा मुझसे कहते नहीं बन पा रही है। उनके मीठे शरीर पर पीला पीतांबर ऐसा लग रहा था जैसे सागर के पुत्र कौस्तुभ मणि के स्वामी विष्णु का आयुध चक्र सुदर्शन, बनके शत्रु अग्नि के शत्रु जल में, प्रतिबिंबित हो रहा हो। जैसे सुदर्शन चक्र झलमला रहा हो। उनके कानों के कुंडल ऐसे दीप्तिमान हो रहे थे, जैसे पवन जिसका शत्रु बादल है, उस बादल का वेग पानी, उस पानी का स्वामी वरुण, वरुण अर्थात आदित्य या सूर्य की आभा। उनका मुख छाया (सूर्य की पत्नी) के पति सूर्य से प्रकाशित होनेवाले के तन अर्थात चंद्रमा के समान सुशोभित हो रहा था। लाल लाल बंधूक सुमन (दोपहर में फूलने वाले लाल लाल दुपहरिया के फूल) उनके लाल लाल अधरों को देखकर लजाए जा रहे थे। नाक के नायक (स्वर्ग लोक के स्वामी इंद्र) के वाहन (ऐरावत हाथी) की सी उनकी चाल थी। वे मुरली की सुंदर ध्वनि बजाते हुए सुशोभित हो रहे थे। वे हर (शिव) के पुत्र स्वामि कार्तिकेय के वाहन मोर का पंख लेकर अपने सिर पर मुकुट के समान धारण किए हुए थे।

१४६९/२४८७ राग बिलावल

कहाँ लगि अलकैं दैहौं ओट।
चंचल चपल सुरंग छबीलौ, आनि बन्यौ मग जोट।

खंजन कमल नैन अति राजत, उपमा है जो कोट।
'सूरस्याम' छवि कहँ लौं बरनौं, नहिन रूप की टोट॥

राधा कह रही है—मैं अपनी अलकों से कहाँ तक आड़ करती? वे चंचल, चपल, रंगीले, छबीले कृष्ण तो बीच रास्ते में आकर मेरी जोह में आकर खड़े हुए थे। आँखों के जो श्रेष्ठ कोटि के उपमान खंजन और कमल है कन्हैया की आँखें उन्हें खंजनों और कमलों जैसी विराज रही थीं। मैं श्याम की छवि का वर्णन क्या करूँ, वहाँ तो रूप का टोटा (अभाव, कमी) है ही नहीं।

१४७०/२४९२ राग सारंग

यह सब मैं ही पोच करी।
स्याम-रूप निरखत नैननि भरि, मोहन-फंद परी।
वय किसोर कमनीय, मुगध मैं, लुबधत हूँ न डरी।
अब छबि गई समाइ हिये मैं, टारतहूँ न टरी।
अति सुख, दुख, संभ्रम, व्याकुलता, विधु-मुख सनमुख री।
बुधि विवेक बल वचन बिबस ह्वै, आनँद-उमँग भरी।
जद्यपि सील सहित सुनि 'सूरज', अंग हुते न सरी।
तद्यपि मुख-मुरलिका विलोकत, उलटि अनंग जरी॥

राधा कह रही है—यह सब बुराई तो मुझसे ही हुई है। मैंने श्याम का सौंदर्य आँखें भर कर देखना चाहा, रूप भलीभाँति तो देख नहीं सकी, उलटे श्याम के प्रेम के फंदे में जा फँसी। ये किशोर वय वाले हैं, उनकी नई-नई चढ़ती जवानी है। वे कमनीय हैं, रमणीय हैं। उन्हें देखते ही उनको अपना बना लेने की कामना मन में उत्पन्न हो उठी। मैं मुग्धा थी, अवयस्का थी, मूर्खा थी, मैं उनपर लुभा गई। और उनपर लुभाते समय जरा भी नहीं हिचकी। फल यह हुआ कि उनकी साँवली सलोनी सूरत मेरे हृदय में घुस बैठी और अब हटाने से भी हट नहीं पा रही है। उनका चंद्रमा के समान मुखड़ा सामने था, उसे देखकर मुझे भारी सुख मिला जा रहा था; पास होते हुए भी उसे न पा सकने के कारण दुख भी हो रहा था, उनसे मिलने का संभ्रम (हड़बड़ी) भी थी। न मिल पाने से आकुलता भी थी। मैं उनके प्रेम के आनंद और उमंग में ऐसी भर उठी थी कि मेरी बुद्धि, मेरा विवेक, मेरा बल, मेरा वचन सभी लाचार हो उठे थे। यद्यपि मेरे सारे अंग शील में बँधे हुए थे, मैं अपने को रोके हुए थी और इन अंगों से मैंने कोई काम नहीं लिया, फिर भी उनके अधरों पर मुरली को रखा हुआ देखकर, मैं काम-ज्वर से ग्रस्त हो उठी। आँखों से ठीक से देखा नहीं, कानों से उनकी वाणी ठीक से सुनी नहीं, नासिका से उनकी सुगंध नहीं सूँघी, रसना से न उनके चुंबन का आस्वाद लिया, न त्वचा से स्पर्श सुख लिया, न हाथ पाँव से लिपटा लिपटी की, फिर भी यह उलटी अनंग पीड़ा तो देखो।

१४७१/२४९३ राग आसावरी

ना जानौं तबही तैं मोकौं, स्याम कहा धौं कीन्हौ री।
मेरी दृष्टि परे जा दिन तैं, ज्ञान ध्यान हरि लीन्हौ री।

द्वारैं आइ गए औचक हीं, मैं आँगन ही ठाढ़ी री।
मनमोहन-मुख देखि रही तब, काम-विथा तनु बाढ़ी री।
नैन-सैन दै-दै हरि मो-तन, कछु इक भाव बतायौ री।
पीतांबर उपरैना कर गहि, अपनैं सीस फिरायौ री।
लोक-लाज, गुरुजन की सेवा, कहत न आवै बानी री।
'सूरस्याम' मेरैं आँगन आए, जात बहुत पछितानी री॥

राधा कह रही है—हे सखी, जबसे श्याम मेरी दृष्टि में पड़े हैं, जबसे मैंने श्याम को देखा है, उन्होंने मेरा सारा ज्ञान, सारा ध्यान हर लिया है। न मुझे अच्छा बुरा सूझ रहा है, न मेरा मन ही कहीं स्थिर हो पा रहा है। तभी से श्याम ने मुझपर न जाने कौन सा जादू कर दिया है। एक दिन मैं अपने घर के आँगन में खड़ी हुई थी। इसी बीच श्याम अचानक मेरे द्वार पर आ खड़े हुए। मैंने मन को मोह लेने वाले श्याम का मुँह देखा और काम की व्यथा मेरे शरीर में बढ़ गई। तब कन्हैया ने आँखों के इशारे से मेरी ओर देखकर मुझ पर कुछ भाव व्यक्त किया। उन्होंने अपने हाथ में पीतांबर का उपरना (दुपट्टा) लेकर अपने सिर के चारों ओर घुमाया। इस प्रकार उन्होंने जताया कि कनकवर्णी राधा मैं तुझे शिरोधार्य किए हुए हूँ, तू भी मुझे शिरोधार्य कर। मैं उनकी बात समझ तो गई, पर कुछ तो लोक-लज्जा के भय से और कुछ गुरु-जनों से डर से, मैं कुछ नहीं बोल सकी। श्याम मेरे आँगन में आए और चले भी गए। मैं पछताकर रह गई, कुछ कर धर न सकी।

१४७२/२४९४ राग सोरठ

मन हरि लीन्हौ कुँवर कन्हाई।
जब तैं स्याम द्वार ह्वै निकसे, तब तैं री मोहिं घर न सुहाई।
मेरैं हेत आइ भए ठाढ़े, मोहैं कछु न भई री माई।
तबहीं तैं व्याकुल भई डोलति, बैरी भए मातु पितु भाई।
मो देखत सिर पाग सँवारी, हँसि चितए, छवि कही न जाई।
'सूरस्याम' गिरधर वर नागर, मेरौ मन लै गए चुराई॥

राधा कह रही है—कुँवर कन्हैया ने मेरा मन हर लिया है। जब से हरि मेरे द्वार पर होकर निकले हैं, तबसे मुझे घर और आँगन अच्छे नहीं लग रहे हैं। वे मेरे लिए ही तो मेरे द्वार पर आकर खड़े हुए थे, पर मुझसे कुछ भी करते धरते नहीं बना। तभी से मैं विकल होकर डोलती फिर रही हूँ। तभी से मेरे माता-पिता और भाई ही मेरे शत्रु हो गए हैं। मुझे दिखाकर उन्होंने अपने सिर की पाग सँवारी और संकेतित किया कि मैं तुम्हें अपने सिर पर लेता हूँ। फिर वे हँसकर मेरी ओर देखने लगे। उस समय की उनकी छवि का वर्णन मैं नहीं कर सकती। गिरिधर नटनागर कन्हैया तभी से मेरा मन चुराकर लेते गए, जो फिर लौटकर मेरे पास नहीं आया।

१४७३/२४९५ राग धनाश्री

प्रेम सहित हरि तेरैं आए।
कछु सेवा तैं करी कि नाहीं, कीधौं वैसैंहि उनहिं पठाए।

काहे तैं हरि पाग सँवारी, क्यौं पीतांबर सीस फिराए।
गुप्त भाव तोसौं कछु कीन्हों, घर आए काहैं बिसराए।
अतिहीं चतुर कहावति राधा, बातनि हीं हरि क्यौं न भुराए।
'सूरस्याम' कौं बस करि लेती, काहे कौं रहते पछताए॥

राधा से वह सखी बोली—राधा, श्याम बड़े प्रेम से तेरे पास आए थे। तूने उनकी कुछ सेवा की या नहीं? अथवा तूने उन्हें वैसे ही उलटे पाँवों लौटा दिया? हरि ने अपनी पगड़ी क्यों सँवारी? उन्होंने क्यों अपना पीतांबर अपने सिर के ऊपर चारों ओर घुमाया। उन्होंने इन संकेतों से तुझसे अपने मन की कोई गुप्त बात जताई होगी। घर आए हुए श्याम को तू कैसे भुला सकी? उनकी ओर क्यों नहीं ध्यान दिया? तू तो नागरी कही जाती है, परम चतुरा है। फिर श्याम को तूने अपनी बातों में ही क्यों नहीं बहला रखा? इस प्रकार तू श्याम को अनपे बस में कर लेती। फिर तेरे मन में इतना पछतावा क्यों रह जाता?

१४७४/२४९७ राग धनाश्री

स्याम अचानक आइ गए री।
मैं बैठी गुरुजन बिच सजनी, देखत ही मेरे नैन नए री।
तब इक बुद्धि करी मैं ऐसी, बेंदी सौं कर परस कियौ री।
आपु हँसे उत पाग मसकि हरि, अंतरजामी जानि लियौ री।
लै कर कमल अधर परसायौ, देखि हरषि पुनि हृदय धर्यौ री।
चरन छुए दोउ नैन लगाए, मैं अपनैं भुज अंक भर्यौ री।
ठाढ़े रहे द्वार अति हित करि, तबही तैं मन चोरि गयौ री।
'सूरदास' कछु दोष न मेरौ, उत गुरुजन, इत हेत नयौ री॥

राधा उस सखी से बोली—हे सखी, मैं परिवार के बड़े-बूढ़ों के बीच बैठी हुई थी, इसी बीच श्याम अचानक आ गए। उन्हें देखते ही मेरे नेत्र झुक गए। तब मैंने एक उपाय सोच निकाला। मैंने अपने माथे की बिंदिया को अपने हाथ से छू लिया। इस इशारे से मैंने उन्हें अपना प्रणाम निवेदित किया। उधर कन्हैया ने भी अपनी पगड़ी मसककर टेढ़ी करके हँस दिया। इस प्रकार उन्होंने सूचित किया कि मैं तुम्हारा प्रणाम स्वीकार करता हूँ। हरि अन्तर्यामी हैं, उन्होंने मेरे मन के गुप्त भाव को समझ लिया और तदनुकूल उत्तर भी दिया। फिर उन्होंने अपने हाथ के कमल फूल को अपने होठों से छुआ लिया। इस प्रकार उन्होंने मुझे चूम लेने का भाव व्यक्त किया। फिर उन्होंने मेरी ओर प्रसन्नतापूर्वक देखकर अपना हाथ अपने हृदय पर रख लिया और मुझे संकेतित किया कि मैं तुम्हें अपने हृदय में धारण किए हुए हूँ। मैंने भी अपने चरण छूकर आँखों से लगा लिया। इस प्रकार व्यक्त किया कि श्याम तुम्हारे चरण कमल मेरी आँखों में समाए हुए हैं। फिर मैंने अपनी ही भुजाओं से अपना अंक भर लिया और आलिंगन का भाव व्यक्त किया। कन्हैया बड़ी देर तक प्रेमभाव से मेरे दरवाजे पर खड़े रहे। तभी से मेरा मन चोरी चला गया है—कन्हैया मेरा मन चुरा ले गए हैं। इसमें मेरा कोई दोष नहीं है। एक तो उधर घर के बड़े-बूढ़ों का डर था। दूसरे इधर नया-नया प्रेम था, अतः संकोच भी बहुत हो रहा था।

१४७५/२४९८ राग धनाश्री

करत मोहिँ कछुवै न बनी।
हरि आए चितवत हि रही सखि, जैसैं चित्र धनी।
अति आनंद हरष आसन, उर-कमल-कुटी अपनी।
न्यौछावरि अंचल फहरनि, दृग अर्घ जु धार घनी।
गुरुजन लाज कछू न सकी कहि, सुनि मन-बुधि सजनी।
हृदय उमँगि कुच-कमल प्रगट भए, टूटी तरनि तनी।
अब उपजति अति लाज मनहिं मन, समुझत निज करनी।
तदपि 'सूर' मेरी जड़ता, प्रभु मंगल माँझ गनी॥

राधा बोली—हे सखी, जब हरि मेरे द्वार पर अचानक आ गए, तब मैं उन्हें अपलक देखती ही रह गई और चित्र लिखित सी हो गई, जड़ हो गई, न हिल सकी, न डुल सकी। मैं हरि का कोई सत्कार नहीं कर पाई। मुझसे कुछ करते धरते न बना। उनका स्वागत करने के लिए न मैं उन्हें बैठने का आसन दे सकी, न उन पर कुछ न्यौछावर किया। न हाथ-पैर धोने के लिए जल दे सकी, और न दो मीठी बातें ही कर सकी। मैंने इतना ही किया एक तो अत्यंत प्रमुदित होकर मैंने उन्हें अपने हृदय कमल की कुटिया में बैठने का आसन दिया; अपना आँचल फहराकर अपने कुच-कलशों को उनपर न्योछावर किया, अपनी सजल आँखों की अश्रुधारा से उन्हें अर्घ्य दिया। हाँ मेरी अक्ल ऐसी मारी गई थी कि गुरुजनों के डर के मारे मैं उनसे कुछ बोल नहीं पाई। हाँ, एक बात यह अवश्य हो गई कि प्रेमाधिक्य के कारण मेरी छाती फूल उठी और अँगिया की तनी तड़ाक से टूट गई। और कुच-कमल खुल कर प्रकट दिखाई पड़ गए। अब अपनी करनी समझकर मुझे स्वयं अपने ऊपर मन ही मन बड़ी लाज आई जा रही है कि मैं हरि का उचित स्वागत नहीं कर सकी। फिर भी हरि की उदारता तो देखो, उन्होंने मेरी इस जड़ता को भी मंगलाचार ही समझ लिया।

१४७६/२४९९ राग कल्यान

सेवा मानि लई हरि तेरी।
अब काहैं पछिताति राधिका, स्याम जात करि फेरी।
गुरुजन मैं भावहिं की पूजा, और कहौ कछु टेरी।
मोहन अति सुख पाइ गए री, चाहति हौ कह मेरी।
तेरैं बस भए कुँवर कन्हाई, करति कहा अवसेरी।
'सूरस्याम' तुमकौ अति चाहत, तुम प्यारी हरि केरी॥

वह सखी इस पर राधा से कह उठी—राधा, जब हरि ने तेरी सेवा स्वीकार कर ली है और वे तेरे द्वार का चक्कर लगा जाने लगे हैं, तब तू अब क्यों पछताए जा रही है? गुरुजनों के बीच तो यह मानसी पूजा ही हो सकती है। हाँ, यदि उनसे कुछ कहना सुनना हो, प्रेमालाप करना हो, तो कभी उन्हें बुलाकर वह भी कर लेना, मोहन तुम्हारे यहाँ से अत्यंत सुख पाकर गए हैं। ऐ मेरी सखी, तुम और क्या चाहती हो? कुँवर कन्हैया तो अब

तेरे बस में हो ही गए हैं। फिर अब तू क्या चिंता किए जा रही है? श्याम तुमको बहुत चाहते हैं और अब तुम हरि की परम प्यारी हो गई हो।

१४७७/२५०० राग असावरी

राधा भाव कियौ यह नीकौ, तुम बेंदी उन पाग छुई।
ऐसे भेद कहा कोउ जानै, तुमही जानौ गुप्त दुई।
तुम जुहार उनकौं जब कीन्हौ, तुमकौं उनहुँ जुहार कियौ।
एकै प्रान, देह द्वै कीन्हे, तुम वै एकै, नहीं बियौ।
तुम पग परसि नैन पर राख्यौ, उन कर-कमलनि हृदय धर्‌यौ।
'सूरस्याम' हिरदै तुम राखे, तुम उनकौ लै कंठ भर्‌यौ॥

सखी राधा से कह रही है—राधा, तुमने यह बहुत अच्छा भाव किया—अपने मनोभाव को खूब व्यक्त किया। तुमने अपनी बिंदी छूकर उन्हें प्रणाम किया और उन्होंने अपनी पगड़ी सँवार कर तुम्हारे प्रणाम को स्वीकार किया। ऐसे गुप्त भाव के रहस्य को कौन जान सकता है। इसे तो तुम्हीं दोनों जानते हो। तुमने जब उनको प्रणाम किया, तब उन्होंने तुमको भी प्रणाम किया। तुम दोनों के शरीर भले ही दो हैं, पर इनमें एक ही प्राण है। तुम दोनों एक ही हो, दो नहीं। तुमने अपने पैरों को हाथ से छूकर उन हाथों को अपने नेत्रों पर रख लिया और सूचित किया कि तुम उनके चरण कमलों को अपनी आँखों में बसाए हुए हो; तो उन्होंने भी अपने कर-कमलों को अपने हृदय पर रखकर व्यक्त किया कि वे भी तुम्हें अपने हृदय में रखे हुए हैं। श्याम ने तुमको अपने हृदय में स्थान दिया और तुमने उनके अपने गले से ला लिपटाया।

१४७८/२५०१ राग विहागरौ

एक गाउँ के बसत, बार इक कीन्ही हरि पहिचानि।
निसि-दिन रहै दरस की आसा, मिले अचानक आनि।
भाग-दसा आँगन हीं आए, सुंदर सरब सुजानि।
नीकैं करि देखनहुँ न पाए, बहि न जाइ कुल-कानि।
कल न परति हरि-दरसन बिनु री, मोहिँ परी यह बानि।
'सूरजदास' बिकानी री हौं, नंदसुवन के पानि॥

राधा अपनी सखी से कह रही है—जिस गाँव में श्याम रहते हैं, मैं भी उसी गाँव में रहती हूँ। इस एक ही गाँव में रहने के कारण एक बार यों ही आते-जाते कृष्ण से मेरी जान पहचान हो गई। तबसे मेरे मन में उनके दर्शन की अभिलाषा रात-दिन बराबर लगी रहने लगी। एक दिन अचानक ही उनसे मिलना हो गया। वे सहज सुंदर, सुजान श्याम मेरे भाग्य से मेरे ही आँगन में आ गए। मैं इस भाव से कि मेरे कुल की मर्यादा कहीं बह न जाय, मैं कहीं बदनाम न हो जाऊँ, मैं भलीभाँति उनको देख भी न पाई। मुझे तभी से उनको देखने की ललक बनी रहती है और उनके दर्शन बिना मुझे चैन नहीं मिलता। मैं तो नंदनंदन के हाथ तभी से बिक गई हूँ। फिर क्या कहूँ। मेरा अपना निजी अस्तित्व जैसे रह ही नहीं गया है।

१४७९/२५०२ राग विहागरौ

कहा करौं गुरुजन डर मान्यौ।
आए स्याम कौन हित करिकै, मैं अपराधिनि कछू न जान्यौ।
ठाढ़े स्याम रहे मेरैं आँगन, तब तैं मन उन हाथ बिकान्यौ।
चूक परी मोकौं सबहीं विधि, कहा करौं गई भूलि सयान्यौ।
वै उतहीं कौं गए हरषि मन, मेरी करनी समुझि अयान्यौ।
'सूरस्याम' सँग मन उठि लाग्यौ, मो पर बारंबार रिसान्यौ॥

राधा कह रही है—सखी, मैं घर के, टोले महल्ले के, बड़े-बूढ़ों का डर मान गई, ऐसी हालत में मैं करती भी, तो क्या करती? न जाने कौन सा प्रेम मानकर श्याम मेरे घर आए, मैं बड़ी पापिनी हूँ। मैं उस प्रेम को न जान सकी और उनसे बोली तक नहीं। श्याम मेरे आँगन में बड़ी देर तक खड़े रहे। तभी से मेरा मन उनके हाथ बिक गया है। मुझसे सब प्रकार से गलती हुई है। मैं क्या करूँ, मैं उस समय अपना सारा होश-हवास खो बैठी थी। मेरी इस करनी को मेरी नासमझी, मूर्खता समझकर श्याम प्रसन्न मन से ही उधर ही उधर वापस चले गए। तभी से मेरा मन मुझ पर बार-बार बिगड़ा है और वह श्याम के ही साथ लगा हुआ उठकर मेरे पास से चला गया। सखी, क्या करूँ—अब मन मेरे हाथ नहीं।

१४८०/२५०३ राग सारंग

औचक आए री घर मेरैं, चितै रही तब छवि निहारि हरि।
कुंडल लोल कपोल, रहे कच स्त्रम-जल, सो कर-कंजनि सौ टरि।
गुरुजन-बिच में आँगन ठाढ़ी, अति हित दरसन दियौ मया करि।
'सूरदास' प्रभु अंतरजामी, वे हँसि चितए अतिसय सुख भरि॥

राधा कह रही है—हे सखी, एक दिन श्याम अचानक ही मेरे घर आ गए। तब मैं हरि को निहार कर उनकी छवि को अपलक देखती रह गई। उनके स्वर्ण कुंडलों की झाईं उनके चिकने कपोलों पर झलमलाई जा रही थी। उनकी अलकें पसीने से भींग जाने के कारण उनके कपोलों से चिपक गई थीं। वे उन्हें अपने कमल के समान करों से छुड़ाते जा रहे थे। मैं घर के बड़े-बूढ़ों के बीच अपने आँगन में खड़ी थी। हरि ने अत्यंत प्रेम करके, दयाभाव से, मुझे दर्शन दिए। प्रभु मन की बात जानने वाले हैं। मेरे मन की भावना जान गए। उन्होंने अत्यंत प्रसन्न होकर मेरी ओर देखा और मुसकुरा दिया।

१४८१/२५०४ राग गौरी

मैं अपनैं कुल-कानि डरानी।
कैसैं स्याम अचानक आए, मैं सेवा नहिँ जानी।
वहै चूक जिय जानि, सखी सुनि, मन लै गए चुराइ।
तन तैं जात नहीं मैं जान्यौ, लियौ स्याम अपनाइ।
ऐसैं ठगत फिरत हरि घर-घर, भूलि गयौ अपराध।
'सूरस्याम' मन देहिं न मेरौ, पुनि करिहौं अनुराध॥

राधा कह रही है—सखी, मैं अपने कुल की मर्यादा भंग हो जाने के भय से भयभीत हो उठी। श्याम किस तरह अचानक आ गए। मैं जान नहीं सकी। फलतः मैं उनका कुछ भी आदर सत्कार न कर सकी। हे सखी सुन, मुझसे जो उनकी कुछ भी सेवा न हो सकी। मेरी इस चूक को मन में समझकर मुझे दंड देने के लिए वे मेरा मन ही चुराते लिए गये। इधर मेरा मन मेरे शरीर से निकलकर कब चला गया, मैं नहीं जान सकी। उधर श्याम ने मेरे उस मन को अपना बना लिया। मेरा ही मन मेरा नहीं रह गया। इसी तरह श्याम घर-घर फिरते हुए लोगों को ठगते फिरते रहते हैं। वे मेरा सेवा न कर पाने का अपराध तो भूल गए हैं, पर मेरा मन मुझे वापस नहीं लौटा रहे हैं। मैं उनसे पुनः अनुरोध करूँगी कि मेरा मन मुझे वापस कर दो।

१४८२/ल. पृ. ५५६, पद ४१, राग गौरी

मोहन बिन मन न रहै, कहा करौं माई री।
कोटि भाँति करि-करि, रही समुझाई री।
लोक-लाज, कौन काज, मानत जदुराई री।
हृदय ते वह टरत नहीं, मुख सुंदराई री।
ऐसे हैं त्रिभंगी, नवरंगी सुखदाई री।
'सूरस्याम' बिनु न रहौं, ऐसी बनि आई री॥

राधा कहने लगी—अरी माई (सखी), मोहन के बिना मेरा मन मेरे पास नहीं रह पा रहा है, उन्हीं के साथ लगा फिर रहा है। मैंने करोड़ों प्रकार से उसे समझाया, पर वह तो समझ नहीं पा रहा है या समझना ही नहीं चाहता। लोक-लज्जा उसके किस काम की। वह तो एकमात्र यदुराय कृष्ण को ही अपना सब कुछ मान बैठा है। श्याम के मुख की सुंदरता मेरे हृदय से एक पल के लिए भी नहीं टलती, जैसे उसी में चस्पा हो गई है। त्रिभंगी लाल, नवरंगी लाल, सुखदाई श्याम ऐसे हैं। उनके बिना अब रहा नहीं जा पा रहा है—मेरी कुछ ऐसी दशा हो गई है।

१४८३/२५०६ राग गौरी

मन मेरै हरि साथ गयौ री।
द्वारैं आइ स्याम घन सजनी, हँसि मो-तन, तिहिं संग लयौ री।
ऐसैं मिल्यौ जाइ, मोकौं तजि, मानौ उनहीं पोसि जयौ री।
सेवा चूक परी जो मोतैं, मन उनकौं धौं कहा कियौ री।
मोकौं देखि रिसात कहत यह, तेरैं जिय कछु गर्व भयौ री।
'सूरस्याम' छवि-अंग लुभान्यौ, मन वच क्रम मोहिँ छाँड़ि दयौ री॥

राधा कह रही है—हे सखी, मेरा मन हरि के साथ चला गया है। कन्हैया मेरे द्वार पर आए, मेरी ओर देखकर मुसकुराए और मेरे मन को अपने साथ लगाए चले गए। मेरा मन मुझको छोड़कर उनसे ऐसे जा मिला है, जैसे उन्हींने उसे पाल पोसकर जिलाया है। कन्हैया की सेवा न कर पाने की भूल तो मुझसे हुई थी, उन्हें मुझे दंड देना था। मेरे मन ने उनका कौन सा अपराध किया था, जो वे उसे पकड़े लिए गए। मेरा मन मुझे देख कर,

मुझपर क्रोध करके मुझसे कहता रहता है—तुझे अपने रूप का भारी घमंड हो गया था। उसका दंड भोग। मेरा मन श्याम के अंगों की छवि पर ऐसा लुभा गया कि उसने मनसा वाचा कर्मणा सब प्रकार से मुझे छोड़ दिया है।

१४८४/२५०७ राग रामकली

मैं मन बहुत भाँति समुझायौ।
कहा करौं दरसन-रस अटक्यौ, बहुरि नहीं घट आयौ।
इन नैननि के भेद, रूप-रस उर मैं आनि दुरायौ।
बरजत सो बेकाम, सुपन ज्यौं पलट्यौ नहिं, जो सिधायौ।
लोक-वेद-कुल निदरि, निडर ह्वै, करत आपनौ भायौ।
मुख-छवि निरखि, चौंधि निसि-खग ज्यौं, हठि अपुनपौ बँधायौ।
हरि कौं दोष कहा कहि दीजै, यह अपनैं बल धायौ।
अति बिपरीत भई सुनि 'सूरज', मुरझ्यौ मदन जगायौ॥

राधा सखी से कह रही है—हे सखी, मैंने अपने मन को बहुत तरह से समझाया, पर इसने न समझा। मैं क्या करूँ, यह श्याम के दर्शन के रस में अँटका हुआ है। एक बार यह शरीर से निकलकर कृष्ण के साथ जो गया, तो लौटकर पुनः इस शरीर में आने का नाम भी नहीं लिया। इन नयनों को भेदिया बनाकर मेरे मन ने कृष्ण के सौंदर्य के रस (आनंद) को अपने हृदय में लाकर छिपाया था। मैं बराबर इसे रोकती रही, पर सब व्यर्थ हुआ। इसने मेरी वर्जना मानी ही नहीं। जैसे सपना एक बार चला गया, तो फिर नहीं लौट के आता, वैसे ही मेरा यह मन जो एक बार श्याम के संग गया, तो लौटकर वापस नहीं आया। इसने लोक को, वेद को, कुल को निंदित किया और निडर होकर यह मन मनमानी करता रहा। कन्हैया के मुख की छवि की कांति को देखकर यह मन उल्लू की तरह चौंधिया गया और हठपूर्वक अपने को बँधवा दिया। इसमें हरि को भला क्या दोष दिया जाय? यह मन तो अपनी इच्छा से दौड़ा गया और स्वयं बँध गया। सबसे उलटी बात तो यह हुई कि इस मन ने अपने मरे बेटे मनोज को पुनः जीवित कर दिया। सदा के लिए मुरझाया मदन फिर जग गया।

१४८५/२५०८ राग बिलावल

मनहिं बिना कह करौं सही री।
घर तजिकै कोउ रहत पराऐं, मैं तबहीं तै फिरति बही री।
आइ अचानक हीं लै गए हरि, बार-बार मैं हटकि रही री।
मेरौ कह्यौ सुनत काहे कौं, गैल गयौ हरि कैं उतही री।
ऐसी करत कहूँ री कोऊ, कहा करौं मैं हारि रही री।
'सूरस्याम' कौं यह न बूझियै, ढीठ कियौ मनकौं उनहीं री॥

राधा कह रही है—हे सखी, जबसे मेरा मन अपना घर (मेरा शरीर) छोड़कर दूसरे के घर (कृष्ण के शरीर) में जाकर रह रहा है, तभी से मैं बही-बही फिर रही हूँ, स्थिर नहीं हूँ। ऐसी दशा में मन के बिना मैं कोई सही काम कैसे कर ही सकती हूँ? हरि

अचानक आए और मेरे मन को हर कर अपने साथ-साथ लेते गए। मैं अपने मन को बार-बार रोकती रही, पर मेरी कौन सुनता है? और क्यों सुनता है? वह भी हरि के ही रास्ते पर, उन्हीं के साथ उन्हीं के यहाँ चला गया। भला ऐसा भी कोई करता हैं? अब मैं क्या करूँ? मैं तो हार गई। श्याम को ऐसा न करना चाहिए था। मेरे मन को अपने साथ लिए जाकर उन्होंने कुछ अच्छा काम नहीं किया। मेरे मन को उन्हींने धृष्ट बना दिया है।

१४८६/२५११ राग बिलावल

मैं अपनौ मन हरत न जान्यौ।
कीधौं गयौ संग हरि कै वह, कीधौं पंथ भुलान्यौ।
कीधौं स्याम हटकि है राख्यौ, कीधौं आपु रतान्यौ।
काहे तें सुधि करी न मेरी, मोपै कहा रिसान्यौ।
जबहीं तै हरि ह्यां ह्वै निकसे, बैरु तबहिं तै ठान्यौ।
'सूरस्याम' सँग चलन कह्यौ मोहिँ, कह्यौ नहीं तब मान्यौ॥

राधा कह रही है—हे सखी, मैं जान ही नहीं पाई कि मेरा मन कब मुझसे हर लिया गया। मैं नहीं जानती कि वह हरि के साथ ही चला गया या कहीं रास्ते में भूल भटक गया। मैं नहीं जानती कि श्याम ने ही उसे बलपूर्वक रोक लिया या वह स्यवं उनमें अनुरक्त होकर वहीं रह गया। मैं नहीं जानती मेरे मन ने मेरी सुधि क्यों नहीं की और वह मुझसे क्यों क्रुद्ध हो गया है। जबसे हरि यहाँ होकर निकले हैं, तभी से मेरे मन ने मुझसे शत्रुता ठान ली है। मेरे मन ने मुझसे कहा कि श्याम के संग चली चलो, पर मैंने लोक-लाज और गुरुजन के भय से उसका कहना नहीं माना था, शायद वह मुझसे-इसीलिए नाराज हो गया है।

१४८७/२५१२ राग गूजरी

स्याम करत हैं मन की चोरी।
कैसैं पिलत आनि पहिलै ही, कहि-कहि बतियाँ भोरी।
लोक-लाज की कानि गँवाई, फिरति गुड़ी बस डोरी।
ऐसे ढंग स्याम अब सीख्यौ, चोर भयौ चित कौ री।
माखन की चोरी सहि लीन्ही, बात रही वह थोरी।
'सूरस्याम' भयौ निडर तबहिँ तैं, गोरस लेत अँजोरी॥

राधा कह रही है—अरी सखी, अब तो श्याम मन की भी चोरी करने लगे हैं। पहले वे भोली भाली बातें कह कहकर कैसे सीधे-साधे ढंग से मिला करते थे। पर अब उन्होंने मेरा मन चुरा लिया है और मैं लोक-लज्जा और कुल की मर्यादा मिटाकर उनके पीछे-पीछे ऐसी घूम रही हूँ, जैसे डोर के अधीन पतंग उड़ा करती है। कन्हैया ने अब ऐसा उलटा ढंग सीख लिया है। अब ये माखन चोर से चितचोर हो गए हैं। हमने माखन की चोरी सह ली थी, वह बहुत बड़ी बात नहीं थी, पर जब उन्होंने दिन के उजाले में हमसे जबरदस्ती गोरस लेना शुरू किया, तभी से वह निडर हो गए हैं और अब चित की चोरी भी करने लगे हैं।

१४८८/२५१३ राग टोड़ी

सुनहु सखी हरि करत न नीकी।
प्रभु स्वारथी हैं मनमोहन, पीर नहीं पर ही की।
वै तौ निठुर सदा, मैं जानति, बात कहत मन ही की।
कैसेहुँ उनहिं हाथ करि पाऊँ, रिस मेटौं सब जी की।
चितवत नहीं मोहिं सुपनैहूँ, को जाने उन ही की।
ऐसैं मिली 'सूर' के प्रभु कौं, मनहुँ मोल लैं बीकी॥

राधा कह रही है—हे सखी, सुनो। हरि जो दूसरों के चित की चोरी किए ले रहे हैं यह कोई अच्छी बात नहीं है। मनमोहन अपना ही मतलब देखते हैं। दूसरे के हृदय के कष्ट की उन्हें कुछ भी चिंता नहीं है। मैं जानती हूँ वे सदा से कठोर हृदय हैं। मैं अपने मन की यह बात साफ-साफ कहे दे रही हूँ। यदि मैं उन्हें किसी प्रकार अपने हाथों में पकड़ पाऊँ तो मैं अपने मन का सारा क्रोध उतार लूँ। उन्हें अपनी दोनों बाहों में जकड़कर ऐसे दबा लूँ कि वे ही जानें। उनके मन की बात कौन जाने? ये तो मेरी ओर स्वप्न में भी नहीं ताकते। मैं तो उनको ऐसी मिल गई हूँ कि जैसे बिना मूल्य के ही मैं उनके हाथों बिक गई हूँ, जैसे मेरी कोई कीमत न हो, मैं अत्यंत नगण्य होऊँ।

१४८९/२५१४ राग आसावरी

माई कृष्न-नाम जब तैं स्रवन सुन्यौ है री, तब तैं भूली री भौन, बावरी सी भई री।
भरि-भरि आवैं नैन, चित न रहत चैन, बैन नहिं सूधौ, दसा औरहिं ह्वै गई री।
कौन माता, कौन पिता, कौन भैनी, कौन भ्राता, कौन ज्ञान, कौन ध्यान, मनमथ हई री।
'सूरस्याम' जब तैं परे री मेरी डीठि वाम, काम-धाम, लोक-लाज, कुल-कानि नई री॥

राधा कह रही है—हे सखी, जबसे मैंने अपने श्रवणों से कृष्ण का नाम सुना है तभी से मैं घर-द्वार भूल गई हूँ और पगला गई हूँ। मेरी आँखों में रह-रहकर आँसू भरभरा आते हैं, चित्त को तनिक भी चैन नहीं पड़ रहा है, मुँह से सीधी बात नहीं निकल पा रही है, मेरी दशा ही कुछ दूसरी हो गई है, मैं सहज और स्वस्थ नहीं रह गई हूँ। मुझे मन को मथ देने वाले कामदेव ने इतना मथ दिया है कि मैं यह भी भूल गई हूँ कि कौन मेरी माता है, कौन पिता है, कौन बहन है, कौन भाई है, ज्ञान क्या है, ध्यान क्या है; कामदेव ने मुझे मार डाला है। मेरा चित्त एक ठिकाने पर नहीं रह गया है। हे वामा, हे सखी, जबसे श्याम मुझे दिखाई पड़े हैं, तबसे न तो कोई काम ही मुझे अच्छा लगता है, न धाम (घर) ही और तबसे मुझमें न तो लोक लाज रह गई है, न मुझे कुल की मर्यादा का ही ध्यान रह गया है।

१४९०/२५१५ राग रामकली

राधा तैं हरि कै रँग राँची।
तो तैं चतुर और नहिं कोऊ, बात कहौं मैं साँची।
तैं उनकौ मन नहीं चुरायौ, ऐसी है तू काँची।
हरि तेरौ मन अबहिं चुरायौ, प्रथम तुही है नाँची।
तुम अरु स्याम एक हौ दोऊ, बाकी नाहीं बाँची।
'सूरस्याम' तेरैं बस राधा, कहति लीक मैं खाँची॥

सखी ने राधा से कहा—राधा, तू तो हरि के रंग (प्रेम) में एकदम रँग उठी है। मैं एकदम सच्ची बात कहे दे रही हूँ—तुझसे चतुर और कोई दूसरा नहीं है। तू ऐसी कच्ची नहीं है कि तूने हरि का मन न चुराया हो। हरि ने तो तेरा मन अब चुराया है, पर चोरी का यह नाच तूने तो पहले शुरू किया था। तूने पहले उनका मन चुराया, तब हरि ने तेरा मन चुराया। तुम और श्याम दोनों एक ही हो। एक को एक में से घटाने से बाकी कुछ भी नहीं बचता। तुम दोनों सम-तुल्य हो, न घटकर, न बढ़कर। मैं लीक खींचकर कहे देती हूँ, राधा, श्याम तेरे ही बस में हैं।

१४९१/२५१६ राग जैतश्री

तू काहे कौं करति सयानी।
स्याम भए बस पहिलैं तेरे, तब उन हाथ बिकानी।
बाकी नहीं रही नैंकुहुँ अब, मिली दूध ज्यौं पानी।
नँद-नंदन गिरिधर वहु-नायक, तू तिनकी पटरानी।
तोसी को बड़ भागिनि राधा, यह नीकैं करि जानी।
'सूरस्याम' सँग हिलि-मिलि खेलौ, अजहूँ रहति दिवानी॥

सखी कह रही है—राधा, तू बहुत चतुराई क्यों कर रही है? पहले श्याम तेरे बस में हो गए, तब तू उनके हाथ बिकी। जैसे दूध में पानी मिल जाता है, वैसे ही तू श्याम से मिलकर अभिन्न हो गई है। अब दोनों के मिलने में जरा भी कोर कसर नहीं रह गई है। नंद के नंदन गिरिधर बहुनायक हैं, बहुत सी गोपांगनाओं से समान प्रेम करनेवाले हैं, पर तू उनकी पटरानी है, पट्टमहादेवी है। और ब्रजांगनाएँ रानी हैं, तो तू महारानी है। यह मैंने भलीभाँति जान लिया है कि तुझसे बढ़कर भाग्यशीला दूसरी कोई नहीं, तू श्याम के साथ हिलमिल कर खेलती रहती है, फिर भी बावली बनी हुई है, यह अद्‌भुत है।

१४९२/२५१७ राग सोरठ

मन हरि लीन्हौ कुँवर कन्हाई।
तबहीं तैं मैं भई दिवानी, कहा करौं री माई।
कुटिल अलक भीतर अरझानी, अब निरुवारि न जाई।
नैन कटाच्छ चारु अवलोकनि, मो तन गए बसाई।
निलज भई, कुल-कानि गँवाई, कहा ठगौरी लाई।
बारंबार कहति मैं तोकौं, तेरे हियैं न आई।
अपनी सी बुधि मेरी जानति, मैं उतनी कहँ पाई।
'सूरस्याम' ऐसी गति कीन्ही, देह-दसा बिसराई॥

राधा ने कहा—जबसे कुँवर कन्हैया ने मेरा मन हर लिया है, मैं तभी से बावली हो गई हूँ। हे सखी, मैं अब क्या करूँ? उनकी घुँघराली लटों ने अपने ही में मेरे मन को उलझा लिया है, अब वह सुलझाए नहीं सुलझ पा रहा है। वे अपने नयनों का कटाक्ष और बाँकी चितवन मेरे शरीर में बसा गए हैं। इसीसे मैं अब निर्लज्ज हो गई हूँ, कुल-कानि भी गँवा दी है। कन्हैया ने न जाने कौन सा जादू टोना मेरे ऊपर कर दिया है। मैं तुझसे बारबार

कहे जा रही हूँ, पर तेरे हृदय में मेरी बात समा नहीं पा रही है। तू मेरी बात समझ नहीं पा रही है। तू मुझे भी अपनी सी ही बुद्धिमान समझ रही है। पर मेरे पास उतनी बुद्धि कहाँ है, जितनी तेरे पास है। श्याम ने तो मेरी ऐसी गति बना दी है कि मैं अपने तन-बदन तक की सुधि भूल गई हूँ।

१४९३/२५१८ राग रामकली

राधा हरि-अनुराग भरी।
गदगद मुख बानी परकासति, देह-दसा बिसरी।
कहति यहै, मन हरि हरि लै गए, याही परनि परी।
लोक-सकुच-संका नहिँ मानति, स्यामहिँ रंग ढरी।
सखी सखी सौं कहति, बावरी, इहिँ हमकौं निदरी।
'सूरस्याम' सँग सदा रहति है, बूझैहूँ न करी॥

एक सखी (ललिता) दूसरी से कह रही है—राधा तो श्याम के प्रेम में पूर्णतया डूबी हुई है। उसके मुँह से ठीक-ठीक बोल नहीं फूटता। उसका कंठावरोध हो गया है। वह अपने तन-बदन की सुधि भूल बैठी है। वह यही कहती रहती है कि मेरा मन तो हरि हर ले गए हैं। यही कहने की उसकी टेव पड़ गई है। उसे न तो लोक-लाज रह गई है न किसी का भय रह गया है। वह श्याम के रंग में एकदम ढल गई है।

इस पर दूसरी सखी उससे कहने लगी—इस पगली ने तो हमारा कितना अपमान कर दिया था। यह पूछने पर मुँह फेर कर चुप बैठ रही थी, बोली भी नहीं थी। वह श्याम के साथ लगी रहती है, पर पूछने पर साफ इनकार कर देती है। मैं श्याम के साथ कहाँ रहती हूँ?

१४९४/२५१९ राग सूही बिलावल

तुम जानति, राधा हौ छोटी।
चतुराई अँग-अंग भरी है, पूरन ज्ञान, न बुधि की मोटी।
हमसौं सदा दुराव कियौ इहिँ, बात कहै मुख चोटी-पोटी।
कबहुँ स्याम तैं नैंकु न बिछुरति, किए रहति हमसौं हठ ओटी।
नँद-नंदन वाही के बस हैं, बिबस देखि बेंदी छबि-चोटी।
'सूरदास' प्रभु हैं अति खोटे, यह उनहूँ तैं अतिही खोटी॥

दूसरी सखी पहली सखी ललिता से कह रही है—तुम समझती होगी राधा छोटी है, अबोध है, बच्ची है। ऐसी बात नहीं है। इसके अंग अंग में चतुराई भरी हुई है। इसे सब कुछ की पूरी पूरी समझ है, इसकी बुद्धि भी मोटी नहीं है। औरों की बात यह झट से ताड़ जाती है। इसने हमसे श्याम के अपने प्रेम-संबंध को सदा छिपाया है और सदा चिकनी चुपड़ी बातें कहकर असलियत को टाल जाती रही है। यह श्याम से कभी भी, जरा भी नहीं बिछुड़ती। हाँ, हमसे हठपूर्वक अपने प्रेम-रहस्य को अवश्य ओट में बनाए रखती है, छिपाए रहती है। नंदनंदन इसी के वश में है। वे इसकी वेंदी और चोटी की छवि को देखकर लाचार हो गए हैं। श्याम तो खोटे हैं ही, यह राधा उनसे भी खोटी है, चंट है।

१४९५/२५२० राग बिलावल

सखी कहति तू बात गँवारी ।
याकी सरि कैसें कोउ ह्वैहै, जाके बस हैं श्री बनवारी ।
ब्रज भीतर यह रूप आगरी, व्रत लीन्हौ दृढ़ गिरिवरधारी ।
प्रीति गुप्त ही की है नीकी, यापर मैं रीझी हौं भारी ।
साँची कहौं नेह ऐसौई, पाछैं मोकौ दीजौ गारी ।
'सूरदास' राधा जो खोटी, तउ देखौ यह कृष्न-पियारी ॥

इस पर दूसरी सखी (ललिता) बोली—तुम क्या गँवारिनों जैसी बातें किए जा रही हो। जिसके वश में स्वयं बनवारी हो गए हैं, उसकी बराबरी इस ब्रजमंडल में दूसरी कौन और कैसे कर सकती है। सम्पूर्ण ब्रज में इसकी जैसी सुंदरी दूसरी नहीं। रूप में तो यह सबसे आगे है। इसने गिरिधर को पा लेने का दृढ़ संकल्प कर लिया है। छिपी हुई प्रीति ही भली होती है। इसके गुप्त प्रेम पर तो मैं एकदम रीझ गई हूँ। मैं इसके छिपे प्रेम पर लट्टू हूँ। मैं तो इसी गुप्त प्रेम को सच्चा समझती हूँ—भले तुम मेरे इस सच कहने पर पीठ पीछे मुझे गाली ही क्यों न दे लो। मैं तुम्हारी यह बात मान भी लूँ कि राधा खोटी है, तो भी देख लो यह खोटी ही कृष्ण की प्राण प्यारी है।

१४९६/२५२१ राग गूजरी

सुनहु सखी राधा सरि को है ।
जो हरि हैं रतिपति-मन-मोहन, याकौ मुख सो जोहै ।
जैसौ स्याम, नारि यह वैसी, सुंदर जोरी सोहै ।
यह द्वादस, वहऊ दस द्वै को, ब्रज-जुवतिनि मन मोहै ।
मैं इनकौ घटि बढ़ि नहिं जानति, भेद करै सो को है ।
'सूरस्याम' नागर, यह नागरि, एक प्रान, तन दो है ॥

ललिता सखी बोली—हे सखी सुनो, राधा की बराबरी करने वाली दूसरी कौन है? जो हरि रति के पति कामदेव के भी मन को मोह लेने वाले हैं, वे भी इस राधा का मुँह देखते रहते हैं कि कब यह कोई बात कहे मैं उसे झट से पूरा कर दूँ। जैसे श्याम हैं, वैसी ही यह नारी राधा है। दोनों की जोड़ी बड़ी सुंदर है और खूब सोहती है। यह द्वादश-वर्णी (बारह बानी) सोना है, तो वह भी दस और दो अर्थात बारह वर्षों के हैं और ब्रज की युवतियों को मोह लेते हैं। मैं इनको घट बढ़ कर नहीं मानती। दोनों समान हैं, इनमें न कोई बड़ा है, न छोटा। जो इनमें भेद देखे, ऐसी कौन है? श्याम नागर हैं, यह नागरी है। ये दोनों दो शरीर एक प्राण हैं।

१४९७/२५२२ राग मलार

सुंदर स्याम-पिया की जोरी ।
सखी गाँठि दै, मुदित राधिका, रसिक हँसी मुख मोरी ।
वै मधुकर, ये कंजकली; वै चतुर, एउ नहिँ भोरी ।
प्रीति परस्पर करि दोऊ सुख, बात जतन की जोरी ।

वृंदावन वै सिसु तमाल, ये कनक-लता सी गोरी।
'सूर' किसोर नवल नागर, ये नागरि नवल किसोरी॥

ललिता कहती ही गई, सखी, श्याम सुंदर और प्रिया (राधा) जी की यह जोड़ी बड़ी सुंदर है। मेरी यह बात तू गाँठ बाँध ले, इसे सच मान, इस प्रकार अविश्वास मत कर। सखी की यह बात सुनकर राधिका प्रसन्न हो उठीं और उस रसिकनी ने मुँह मोड़कर मुसकुरा दिया। तब वह सखी फिर आगे बोली—श्याम भ्रमर हैं और राधा कमल की कली है। श्याम चतुर हैं, राधा भी भोली नहीं है, यह भी नागरी है। दोनों एक दूसरे से प्रेम करके खूब सुख लूटे ले रहे हैं। श्याम वृंदावन के तमाल के शिशु वृक्ष हैं, यह राधा उससे लिपटने वाली सोने की लता सी गोरी चिट्टी है। श्याम नवल किशोर हैं, नवल नागर हैं, तो यह नवल किशोरी है, नवल नागरी है। मैंने यह बात बड़े यत्न से जोड़कर कही है।

१४९८/२५२३ राग गूजरी

सुनि सजनी ये ऐसे लागत।
एक प्रान, जुग तन, सुख कारन, एकौ निमिष न त्यागत।
बिछुरत नहीं संग तैं दोऊ, बैठत सोवत जागत।
पूरब नेह, आजु यह नाहीं, मोसौं सुनहु अनागत।
मेरी कही साँच तुम जानौं, कीजौ आगत स्वागत।
'सूरस्याम' राधा-वर ऐसे, प्रीतिहिं तैं अनुरागत॥

वही सखी (ललिता) कहती जा रही है—हे सखी सुनो, राधा और श्याम दोनों ऐसे जान पड़ते हैं, जैसे ये हों तो दो शरीर, पर एक प्राण हों। इन्होंने अपने सुख के लिए दो शरीर धारण कर रखे हैं, क्योंकि बिना दो अलग देहों के प्रेम के सुख का अनुभव नहीं हो सकता। ये एक पल के लिए भी एक दूसरे को नहीं छोड़ते। ये दोनों एक दूसरे का संग कभी भी नहीं छोड़ते और उठते-बैठते, सोते-जागते सदा एक साथ रहते हैं। मुझसे सुन लो—यह इनका आज का प्रेम नहीं है, पूर्व जन्म का है, अनादि काल से है, जन्म-जन्मांतर से है। तुम मेरा यह कहना सच मानो और इनका आदर-सत्कार करो। राधा के वर श्याम ऐसे हैं, जो प्रीति से ही अनुराग करते हैं। जो उनसे प्रेम करते हैं, ये उनसे अवश्य प्रेम करते हैं। इसमें संदेह नहीं।

१४९९/२५२४ राग जैतश्री

सखी सखी सौं धन्य कहैं।
इनकौ हम ऐसे नहिं जाने, ब्रज भीतर ये गुप्त रहैं।
धन्य-धन्य तेरी मति साँची, हम इनकौं कछु और कहैं।
राधा कान्ह एक हैं दोऊ, तौं इतनौ उपहास सहैं।
वै दोउ एक, दूसरी तू है, तोहूँ कौं सखि स्याम चहैं।
'सूरस्याम' धनि, अरु राधा धनि, तुहूँ धन्य, हम वृथा बहैं॥

इसके उत्तर में दूसरी सखी बोल उठी—सखी ललिता, तू धन्य है, जो इस रहस्य को ठीक-ठीक जानती है। हमने राधा कृष्ण को ऐसा नहीं समझा था, जैसा तूने समझा है। ब्रज

में इनका प्रेम तो प्रच्छन्न ही बना रहा। तू धन्य है, तेरा सोचना ही सच्चा है। हम तो इनको कुछ और ही—लंपट और कुलटा ही समझे हुए थीं। राधा और श्याम दोनों एक ही हैं। इसीलिए तो ये इतना उपहास, इतनी निंदा सह लेते हैं। दो होते तो यह बदनामी नहीं सह पाते और एक दूसरे से अलग हो गए होते। राधा और कृष्ण तो दो होते हुए भी एक हैं ही, दूसरी तू है, श्याम तुझे भी तो चाहते हैं। श्याम धन्य है, राधा धन्य है, ललिता तू भी धन्य है। हम तो व्यर्थ ही जीवन प्रवाह में बही जा रही है। हमारे जीवन की कोई सार्थकता नहीं है।

१५००/२५२५ राग धनाश्री

धन्य धन्य यह तेरी बानी ।
तैं नीकैं हरि कौ पहिचाने, अब हम तोकौं जानी ।
राधा आधा देह स्याम की, तू उनकी बिचवानी ।
राधा हूँ तैं अधिक स्याम सौं, तेरी प्रीति पुरानी ।
जौ हरि की संगिनि तू नाहीं, आदि नेह क्यौं गानी ।
'सूरदास' प्रभु रसिक-सिरोमनि, यह रस-कथा बखानी ॥

दूसरी सखी ललिता से कह रही है—ललिते! तेरा यह कहना धन्य है, तू प्रशंसनीय है, तूने हरि को खूब पहचाना है। अब हमने भी तुझको पहचान लिया है। राधा काँधा की आधी देह है, उनकी अर्द्धांगिनी है और तू उन दोनों को मिला देनेवाली मध्यस्था है। तू तो राधा से भी पहले से श्याम से प्रीति करनेवाली है। तेरी प्रीति राधा की प्रीति से भी पुरानी है। यदि तू हरि की संगिनी न होती, तो राधा और श्याम के इस आदिकाल से ही प्रेम की बात कैसे बता पाती?

इस पर ललिता बोली—श्याम रसिक-शिरोमणि हैं। उन्होंने मुझसे यह रसमयी प्रेम-कथा बताई थी।

१५०१/२५२६ राग पूरबी

राधा मोहन सहज सनेही ।
सहज रूप गुन, सहज लाड़िले, एक प्रान द्वै देही ।
सहज माधुरी अंग-अंग-प्रति, सहज सदा बन-गेही ।
'सूरस्याम' स्यामा दोउ सहजहिं, सहज प्रीति करि लेहीं ॥

ललिता सखी बोली—राधा और मोहन तो एक दूसरे के सहज स्नेही हैं। इनके प्रेम में कोई बनावट, कोई कृत्रिमता नहीं है। इनके रूप, इनके गुण और इनका प्यारापन सब अकृत्रिम है, सहज है। ये दो शरीर, एक प्राण हैं। इनके अंग प्रत्यंग का माधुर्य भी सहज है। इनके मिलन का वन-निकुंज भी सहज है। श्याम और श्यामा दोनों सहज हैं और इनकी परस्पर प्रीति भी सहज ही है।

१५०२/२५२७ राग आसावरी

राधा नँद-नंदन अनुरागी ।
भय चिंता हिरदै नहिं एको, स्याम-रंग-रस पागी ।

हरदि-चून रँग, यक पानी ज्यौं, दुविधा दुहुँ की भागी ।
तन मन प्रान समर्पन कीन्हौ, अंग-अंग रति रवागी ।
व्रज-वनिता अवलोकन करि-करि, प्रेम बिबस तनु त्यागी ।
'सूरदास' प्रभु सौं चित लाग्यौ, सोवत तैं मनु जागी ॥

राधा नंद के नंदन से अनुराग करने वाली है। वह श्याम के प्रेम रंग में ऐसी डूब गई है, ऐसी पग गई है कि उसे न किसी प्रकार की चिंता रह गई है, न किसी का भय ही उसे है। वे इस प्रकार मिल गए हैं, जैसे पीली हरदी और सफेद चूना मिलकर एक लाल रंग के हो जाते हैं, जैसे दूध और पानी मिलकर एक रंग के हो जाते हैं और उनका दो-रंगा-पन मिट जाता है, उसी प्रकार श्याम और श्यामा की द्वि-विधता, दुरंगापन मिट गया है। उनकी विभिन्नता अभिन्नता में बदल गई है। राधा ने अपना तन, मन और प्राण सभी कुछ श्याम को समर्पित कर दिया है और श्याम के एक-एक अंग से उसे प्यार हो गया है। ब्रज-वधूटियाँ राधा-कृष्ण के इस प्रेम को देख-देखकर प्रेम के वश में होकर अपने शरीर की सुधि तक भूल गई। उनका भी चित्त श्याम से जा मिला और लगा जैसे वे सोते से जग गई हों।

१५०३/२५२८ राग मारू

गोपी स्याम रँग राँची ।

देह गेह सुधि बिसारि, बढ़ी प्रीति साँची ।
दुविधा उर दूरि भई, गई मति वह काँची ।
राधा तैं आपु बिबस भई, उघरि-नाँची ।
हरि तजि जौं और भजै, पुहुमि लीक खाँची ।
मातु-पिता-लोक-भीति, बाकी नहिं बाँची ।
सकुच जबहिं आनै उर, बार-बार झाँची ।
'सूरस्याम' पद-पराग, ता ही मैं माँची ॥

गोपी श्याम के प्रेम के रंग में रँग उठी। वह अपने घर की सुधि भूल गई, साथ ही अपने तन की भी। उसके हृदय में श्याम के प्रति सच्ची प्रीति बढ़ गई। उसके मन की सारी दुविधा मिट गई और अभी तक उसके मन में थोड़ी बहुत जो कचाई रह भी गई थी, वह भी दूर हो गई। श्याम के प्रेम में राधा जितनी विवश बनी हुई थी, वह राधा से भी अधिक बेबस और लाचार हो गई और खुलकर श्याम से प्रेम करने लगी। उसे किसी की परवाह नहीं रह गई कि कोई क्या कहता है। उसने जमीन पर लकीर खीच कर दृढ़तापूर्वक कह दिया—श्याम को तजकर अब मुझे और किसी से प्रेम नहीं करना है—यदि मैं किसी और से प्रेम करूँ ते मेरे जीवन को धिक्कार है। उसने अपने हृदय से माता का, पिता का, लोक-लज्जा का सारा भय दूर भगा दिया और उसका जरा भी अंश अपने मन में बचा नहीं रहने दिया। जब भी उसके हृदय में थोड़ा-बहुत संकोच आ भी जाता था, तब वह बार-बार अपने ऊपर ही झल्ला उठती थी। वह श्याम की पद-धूलि में ही रच गई, लीन हो गई।

१५०४/२५२१ राग मारू

स्याम-जल सुजल, ब्रज-नारि खोरै।

नदी माला-जलज, तट भुजा अति सबल, धार रोमावली, जु मनहि भोरै।
नैन ठहरात नहिँ, बहत गति तेज सौं, तहाँ गयौ चित, धीर न सम्हारै।
मन गयौ तहाँ, आपुन रहीं निकट जल, एक इक अंग-छवि सुधि बिसारै।
करतिँ अस्नान सब, प्रेम बुड़कीहिँ दै, समुझ जिय होइ, भजि तीर आवैं।
'सूर-प्रभु स्याम' जल-रासि, व्रज-वासिनि, करतिँ अनुमान, नहिँ पार पावैं॥

श्याम के रूप के सुंदर जल में ब्रज-तरुणियाँ स्नान किए जा रही हैं। श्याम के गले में जो कमलों की माला है, वही नदी है; उनकी सबल भुजाएँ उस नदी के दृढ़ किनारे हैं; उनकी जो रोमावली है, वही नदी की तीव्र धारा है; जो मन को फुसलाए लेती है। वह धारा अत्यंत तीव्र गति से बही जा रही है, जहाँ आँखें ठहर नहीं पातीं। उस धारा में पड़ जाने पर चित्त अपने धीरज को सम्हाल नहीं पाता, अधीर हो जाता है—लगता है अब डूबा, तब डूबा। गोपियों का मन तो उस तीव्र धारा में जा फँसा, पर वे उस जल के निकट तट पर रुकी रहीं। श्याम के एक एक अंग की छवि उनको आत्म-विस्मृत बनाए दे रही है। जिस भी अंग पर उनकी दृष्टि पड़ती है, वे उसी में डूब जाती हैं और सारी सुधि भूल जती हैं। सभी गोपियाँ श्याम के रूप-नदी में, प्रेम की डुबकी लगाती हुई नहाए जा रही हैं। जब उन्हें थोड़ी भी समझ आ जाती है, तब वे उस तीव्र धारा से निकल कर तट पर आ खड़ी होती हैं। श्याम के रूप की जलराशि अपार है। ब्रज-तरुणियाँ उसकी कुछ गहराई और विस्तार का अनुमान करना चाहती हैं, पर वे पार नहीं पाती, हार जाती हैं। अनुमान करने में सफल मनोरथ नहीं हो पातीं। उन्हें एक किनारा तो मिलता है, दूसरा किनारा दिखाई हीं नहीं देता।

१५०५/२५३० राग बिलावल

स्याम रंग राँची व्रज नारी। और रंग सब दीन्हें डारी॥
कुसुम रंग गुरुजन पितु माता। हरित रंग भगनी अरु भ्राता॥
दिना चारि मैं सब मिटि जैहै। स्याम रंग अजराइल रैहै॥
उज्ज्वल रंग गोपिका नारी। स्याम रंग गिरिवर के धारी॥
स्यामहिँ मैं सब रंग बसेरौ। प्रगट बताइ देउँ, कह झेरौ॥
अरुन सेत सित सुंदर तारे। पीत-रंग पीतांबर धारे॥
नाना रंग स्याम गुनकारी। 'सूरस्याम' रँग घोष-कुमारी॥

ब्रज की नवेलियाँ श्याम के साँवले रंग में अनुरक्त होकर उभ-चुभ होने लगीं। उन्होंने श्याम रंग को छोड़ शेष अन्य सभी रंगों को परित्याग दिया। घर के बड़े-बूढ़े, माता और पिता तो कुसुम्भ के से लाल रंग वाले हैं। भाई और बहन हरे रंग वाले हैं। ये लाल और हरे रंग तो चार दिन में ही मिट जायेंगे। केवल श्याम रंग ही अजर अमर बना रहेगा। इसकी चटक कभी भी धूमिल नहीं होगी। गोपियाँ श्वेत रंग वाली हैं। गिरि गोवर्धन को धारण करने वाले श्याम का रंग श्याम है। श्याम रंग में ही सब रंग बसते हैं। इसे प्रकट रूप से बता देने में क्या झगड़ा, क्या झंझट। श्वेत, श्याम रतनार ये तीन रंग तो उनकी आँखों में

है। वे पीले रंग का पीतांबर पहने हुए हैं। गुणज्ञ श्याम में तो सभी रंग हैं, पर गोपियाँ उनके श्याम रंग में ही रँगी हुई हैं।

१५०६/२५३२ राग देवसारत

निसि दिन इन नैननि को आली, नंदलाल की रहै लालसाइ।
मुरली तान परी है स्त्रवननि, कैसैहुँ दुरत नहीं जदुराइ।
कहा कहौं तोसौं यह सजनी, मन मेरो लै गयौ चुराइ।
'सूरस्याम' कौ नाम धरौ, पुनि धरि न जाइ, सुधि रहै न माइ॥

एक गोपी दूसरी से कह रही है—हे सखी, रात दिन कृष्ण को देखने की ही लालसा इन आँखों को लगी रहती है। जब से कृष्ण की मुरली की धुन कानों में सुनी है, तब से मेरा मन उनके प्रेम के फंदे में फंस गया है और यदुराय कृष्ण के प्रति मेरा प्रेम प्रकट ही हो जाया करता है, छिपाने से भी नहीं छिपता है। सखी मैं तुमसे क्या कहूँ, कन्हैया मेरा मन ही चुरा ले गए हैं। मैं श्याम का नाम धारण करना चाहती हूँ, उनका नाम लेना चाहती हूँ, पर नाम लेते नहीं बनता। हे माई (सखी) उनका नाम लूँ भी, तो कैसे लूँ। उनके नाम का स्मरण होते ही तो मुझे मेरे तन मन सभी का विस्मरण हो जाता है।

१५०७/२५३३ राग देवसारत

मन न रहै सखि स्याम बिना।
अति ही चतुर सुजान जानमनि, वा छबि पर मैं भई लिना।
मन तौ चोरि लियो पहिलैं ही, झुरि-झुरि कै ह्वै रही छिना।
अपनी दसा कहौं कासौं मैं, बन-बन डोलौं रैन-दिना।
वे मोहन, मन हरत सहजहीं, हरि लै ताकौ करत हिना।
'सूरदास' प्रभु रसिक रसीले, बहुनायक है नाउँ जिना॥

हे सखी, यह मेरा मन श्याम के बिना मेरे पास नहीं रह पाता। यह वहीं चला जाता है, जहाँ श्याम होते हैं। मेरे पास तो टिहिटता ही नहीं, ठहरता ही नहीं। श्याम अत्यंत चतुर हैं, वे सुजान शिरोमणि हैं, उनकी ही छवि में मैं लीन हो गई हूँ, विलीन हो गई हूँ। उन्होंने मेरा मन तो पहले ही चुरा लिया है। मैं उनके विरह में झुराती जा रही हूँ, सूख कर क्षीण (दुबली) होती जा रही हूँ। मैं अपनी दुर्दशा किससे कहूँ। मैं रात दिन उनकी तलाश में एक वन से दूसरे वन में डोलती फिरती हूँ। वे मोहन हैं, मन को मोहनेवाले हैं। इसलिए वे मेरा मन तो सहज ही में मोहित कर लेते हैं। वे उसको हर तो ले ही जाते हैं पर वे उसे हीन कर देते हैं। उसमें अहं रह ही नहीं जाता। वे प्रभु रसिक हैं, रसीले हैं। जिनका नाम ही बहुनायक है। वे बहुत सी रसीलियों के साथ सदा एक रस प्रेम करने वाले हैं।

१५०८/२५३५ राग सुघराई

मोहन मुरलि बजाइ रिझाई, तिनहीं हौं मोही, मोही री।
साँझ समय निकले ह्वै आँगना, हौं तब तैं चितवति ओही री।
काकी देह, गेह सुधि काकैं, को हैं हरि, मोहूँ को ही री।
तेरे कहैं कहति हौं बानी, तब तैं मैं इकटक जोही री।

मिलत नहीं, नहिं सँग तैं त्यागत, कहा करौं बूझौं तोही री ।
'सूरस्याम' तब तैं नहिं आए, मन जब तैं लीन्हौ दोही री ॥

मोहन ने अपनी मोहित कर लेनेवाली मुरली बजाकर मुझको मोहित कर लिया है और मैं उनपर मोहित हो गई हूँ। संध्या समय वे मेरे प्रांगण से होकर निकले, तभी से मैं उनका रास्ता ताक रही हूँ। उनकी प्रतीक्षा किए जा रही हूँ। मुझे न अपने शरीर की सुधि रह गई, न घर की। मुझे यह भी ज्ञान नहीं रह गया है कि हरि कौन हैं और मैं कौन हूँ। यह तो मैं तेरे पूछने पर कह रही हूँ—मैं तभी से अपलक उनका पथ देख रही हूँ। वे न तो मुझसे मिल रहे हैं न मेरा संग ही छोड़ रहे हैं। मैं क्या करूँ। तुझसे यही पूछ रही हूँ। जबसे वह श्याम मेरा द्रोही मन, मेरे तन से दुहकर लेते चले गए हैं, तब से यह लौटकर नहीं ही आया। क्या कहूँ यह मेरा मित्र है या द्रोही शत्रु।

१५०९/२५३६ राग अड़ानो

व्रज कां खोरिहिं ठाढ़ौ साँवरौ, तिनहौं मोही री मोही री ।
जब तैं देखे स्याम सुँदर सखि, चल नहिं सकति काम द्रोही री ।
को ल्याई, किन चरन चलाई, बहियाँ गही सुधौं को ही री ।
'सूरदास' प्रभु देखि न सुध बुधि, भइ विदेह, बूझति तोही री ॥

सखी, ब्रज की खोर में, गली में, वह साँवला श्याम खड़ा था। उसने मुझे मोहित कर लिया और मैं भी मोहित हो गई। जब से मैंने उस श्याम सुंदर को देखा है, तब से मैं चैन नहीं पा रही हूँ। तन की सारी शक्ति ही जैसे मुझसे निकल गई है, तभी से काम मुझसे द्रोह कर बैठा है। कौन मुझे यहाँ ले आई, कौन मुझे मेरे चरणों में शक्ति भर कर यहाँ ले आई, किसने मुझे मेरी बाँह पकड़कर मुझे सहारा देकर यहाँ तक ला पहुँचाया, मैं यह तक नहीं जानती। श्याम को देखकर मुझे सुधि-बुधि कुछ भी नहीं रह गई थी। मैं तो विदेह हो गई थी। इसीलिए तुझसे पूछे जा रही हूँ।

१५१०/२५३७ राग सुघराई

आँखिन मैं बसै, जिय में बसै, हिय में बसत, निसि दिवस प्यारो ।
मन में बसै, तन में बसै, रसना में बसै, अँग-अंग बसत नंद-बारो ।
सुधि मैं बसै, बुधि हू में बसै, उर में बसत प्रिय प्रेम दुलारो ।
'सूरस्याम' बन हू में बसत, घरहू में बसत संग, ज्यों जल तरंग न होत न्यारो ॥

सखी, यह मेरा प्राण-प्रियतम मेरी आँखों में, मेरे प्राणों में और मेरे हृदय में रात दिन बसा रहता है, विलग नहीं होता। वह नंदनंदन मेरे मन में, मेरे तन में, मेरी जिह्वा में, मेरे अंग-अंग में सदा बसा रहता है। वह मेरा परम प्रिय, वह मेरा दुलारा, मेरी सुधि में, मेरी बुधि में, मेरे उर में सदा बसा रहता है। घर में रहूँ, चाहे वन में रहूँ, वह वहाँ भी मेरे साथ सदैव बना रहता है। जैसे जल से उसकी लहर अलग नहीं होती, वैसे ही यह श्याम मुझसे क्षण भर के लिए भी विलग नहीं होता।

१५११/२५४१ राग धनाश्री

तुम कुलवधू, निलज जनि ह्वैहो ।
यह करनी उनहीं कौ छाजै, उनकैं संग न जैहौ ।

राधा कान्ह-कथा व्रज घर-घर, ऐसैं जनि कहवैहौ ।
यह करनी उन नई चलाई, तुम जनि हमहिँ हँसैहौ ।
तुम हौ बड़े महर की बेटी, कुल जनि नाउँ धरैहौ ।
'सूरस्याम' राधा की महिमा, यहै जानि सरमैहौ ॥

गोपियों के घर वाले समझा रहे हैं—तुम कुल-वधू, भले परिवार की बहू हो। तुम निर्लज्ज मत होना। अपनी लाज बचाए रहना, बनाए रखना। यह करनी बस राधा को ही शोभा देती है कि वह कृष्ण के पीछे-पीछे फिरती रहती है। देखो तुम कृष्ण के साथ कहीं भी मत जाना राधा और कृष्ण की बदनामी तो आज ब्रज के घर-घर में चर्चा का विषय है। तुम अपनी ऐसी बदनामी मत करवाना। राधा ने यह नयी रीति फैला दी है। तुम उनकी चाल पर चलकर हमारी हँसी मत कराना। तुम भी बड़े गोप सरदार की बेटी हो। अपने कुल का नाम मत धराना, बदनामी मत कराना। यह बदनामी राधा और श्याम को ही सोहती है। यह जानकर तुम स्वयं इस बदनामी से शरमाती रहना, इससे बचती रहना।

१५१२/२५४४ राग विहागरौ

विधना यह संगति मोहिँ दीन्ही ।
इनकौ नाउँ प्रात नहिं लीजै, कहा निठुरई कीन्ही ।
मनमोहन-मोहन-बिनु अब लौं, मनु बीते जुग चारि ।
विमुखनि तैं मैं कब धौं छूटौं, कब मिलिहौ बनवारि ।
इक-इक दिन बिहात कैसैहूँ, अब तौ रह्यौ न जाइ ।
'सूरस्याम' दरसन बिनु पाएँ, बार-बार अकुलाइ ॥

गोपी दुखी होकर कह रही है। ब्रह्मा ने मुझे किस कुसंगति में डाल दिया है। उसने कैसी निष्ठुरता मेरे साथ की है। जिनका नाम सबेरे-सबेरे न लेना चाहिए, ऐसे लोगों की संगति मुझे दे दी है। मनमोहन के साथ के बिना अब तक मानो मेरे चारों युग बीत गए। देखना है मैं कृष्ण-विमुखों से कब तक अलग हो पाती हूँ और कब बनवारी कृष्ण से मिल पाती हूँ। एक-एक दिन किसी प्रकार बड़ी बड़ी कठिनाई से बीत पा रहा है। अब तो रहा ही नहीं जा पा रहा है। कृष्ण का दर्शन पाए बिना अब मेरा मन बार-बार व्याकुल हुआ जा रहा है।

१५१३/२५४६ राग नट

राधा स्याम-रंग रँगी ।
रोम रोमनि भिदि गयौ सब, अंग-अंग पगी ।
प्रीति दै, मन लै गए हरि, नंद-नंदन आपु ।
कृष्न-रस उन्मत्त नागरि, दुरत नहिं परतापु ।
चली जमुना जाति मारग, हृदै यहै बिचार ।
'सूर' प्रभु कौ दरस पाऊँ, निगम-अगम-अपार ॥

राधा श्याम के प्रेम के रंग में रँग उठी है, सराबोर हो गई है। श्याम के प्रेम का रंग उसके रोम रोम में भिद गया है और उसके हर अंग श्याम के प्रेम के रंग में डूब गए हैं।

अपनी प्रीति देकर स्वयं नंदनंदन श्याम राधा का मन हर ले गए। तभी से नागरी राधा कृष्ण के प्रेम के रस में बावली हो गई है। प्रिय श्याम के द्वारा दिया हुआ विरह का ताप उससे छिपाए नहीं छिप पाता है। वह जमुना के मार्ग पर चली जा रही है। पर उसके हृदय में यही विकार आ जा रहा है कि जो श्याम वेद और शास्त्र सभी के लिए अपार बने हुए हैं, आगम-निगम भी जिनका पार नहीं पाते और नेति नेति कहकर रह जाते हैं, उन प्रभु का मुझे दर्शन मिल जाय, तो भला।

१५१४/२५४७ राग धनाश्री

चित कौ चोर अबहिं जो पाऊँ।
हृदय-कपाट लगाइ जतन करि, अपने मनहिं मनाऊँ।
जबहिं निसंक होति गुरुजन तैं, तिहिं औसर जो आवैं।
भुजनि धरौं भरि सुदृढ़ मनोहर, बहु दिन कौ फल पावैं।
लै राखौं कुच बीच चाँपि करि, तन की ताप बिसारौं।
'सूरदास' नँद-नंदन कौ गृह-गृह-डोलनि-स्त्रम टारौं॥

राधा जमुना की राह पर सोचती हुई चली जा रही है—यदि मैं अपने चित्त के चुराने वाले श्याम को किसी प्रकार इस समय पा जाऊँ, तो हठपूर्वक किवाड़ लगाकर उन्हें अपने हृदय की कोठरी में बंद कर दूँ और अपने मन को मना लूँ, तुष्ट कर लूँ। जब मैं अपने घर के बड़े-बूढ़ों के काम से छुट्टी पा चुकी रही होऊँ, यदि मेरे मन को हर लेने-वाले हरि उस अवसर पर आ जायँ, तो मैं अपनी भुजाओं में कसकर उन्हें प्रगाढ़ आलिंगन में बद्ध कर लूँ और अपनी बहुत दिनों की अभिलाषा पूर्ण कर डालूँ। मैं उनको अपने दोनों उरोजों के बीच दबा लूँ और शरीर की सारी जलन भूल जाऊँ तथा नंदननंदन जो घर-घर घूमा करते हैं, उनके घूमने के श्रम को मिटा दूँ। मैं उन्हें ऐसा जकड़ बाँधूँ कि उन्हें घूमने का अवसर ही न मिले और उनका बहुनायकत्व ही समाप्त हो जाय।

१५१५/२५४८ राग बिलावल

इततैं राधा जाति जमुन-तट, उततैं हरि आवत घर कौं।
कटि काछनी, वेष नटवर कौ, बीच मिली मुरलीधर कौं।
चितै रही मुख इंदु मनोहर, वा छवि पर वारति तन कौं।
दूरिहु तैं देखत ही जाने, प्राननाथ सुंदर घन कौं।
रोम पुलक, गदगद बानी कही, कहाँ जात, चोरे मन कौं।
'सूरदास' प्रभु चोरन सीखे, माखन तैं चित-वित-धन कौं॥

इधर से राधा जमुना के किनारे जा रही थी, उधर से हरि घर की ओर लौटे आ रहे थे। वे कमर में कछनी काछे हुए थे और नर्तकों का वेश बनाए हुए थे। राधा की भेंट बीच राह में ही मुरलीधर से हो गई। वह श्याम का चंद्रमा के समान मन हरने वाला मुख ताकने लगी और उनकी उस छवि पर अपना तन निछावर करने लगी। उसने अपने प्राणनाथ, श्यामसुंदर, घनश्याम को दूर से ही देखकर पहचान लिया। उसे रोमांच हो उठा, वाणी भी

भर्रा उठी। वह बोल उठी—मेरे मन को चुराए हुए कहाँ चले जा रहे हो? प्रभु, अभी तक तो तुमने माखन-चोरी ही सीखी थी, अब तुमने मनरूपी धन भी चुराना सीख लिया है।

१५१६/२५४९ राग बिलावल

यह न होहि, जैसैं माखन-चोरी।
तब वह मुख पहिचानि, मानि सुख, देती जान, हानि हुति थोरी।
तब तिनि दिननि कुमार कान्ह तुम, हमहुँ हुतीं अपनैं जिय भोरी।
तुम व्रजराज बड़े के ढोटा, गोरस-कारन कानि न तोरी।
अब भए कुसल किसोर कान्ह तुम, हौं भई सजग समान किसोरी।
जात कहाँ बलि बाँह छुड़ाए, मूसे मन-संपति सब मोरी।
नख-सिख लौं चित-चोर सकल अँग, चीन्हे पर कत करत मरोरी।
इक सुनि 'सूर' हर्‌यौ मेरौ सरबस, औ उलटी डोलति सँग-डोरी॥

राधा बोली—यह चित-चोरी माखन चोरी जैसी नहीं है। दोनों में बड़ा अंतर है। जब तुम माखन चोरी करने निकलते थे, तब तुम्हारा मुखड़ा पहचान कर, सुख मानकर, बहुत थोड़ी सी हानि समझकर तुम्हें छोड़ देती थी, चले जाने देती थी। उन दिनों हे कान्हा तुम लघुवयस्क के कुँवर ही थे और हम भी उस समय अवयस्का और भोली-भाली थीं। तुम ब्रजराज नंद के, बड़े बाप के, बेटे थे। उनकी मर्यादा का ध्यान करके तुच्छ दही माखन के लिए, उस मर्यादा को हमने तोड़ा नहीं। पर अब तुम छोटे बच्चे नहीं हो, तरुण किशोर हो गए हो और हम भी अपनी युवावस्था के प्रति सजग किशोरी हो गई हूँ। ठीक तुम्हारे ही समान। अब तुम मेरे मनरूपी धन को चुराकर बाँह छुड़ाकर कहाँ चले जा रहे हो। मैं तुम्हारी बलैया लेती हूँ। तुम्हारे नख से लेकर शिखा तक जितने भी अंग हैं, सब मेरे चित को चुराए ले रहे हैं। अब चोरी करते हुए तुम पहचान लिए गए हो। फिर यह धींगामुश्ती क्यों कर रहे हो। सुनो तो, एक तो तुमने मेरा सर्वस्व हर लिया है और उलटे अपने संग की डोरी में मुझे बाँधे फिर रहे हो। मैं तुम्हारा, अपने चित-चोर का साथ नहीं छोड़ पा रही हूँ।

१५१७/२५५० राग गौरी

भुजा पकरि, ठाढ़े हरि कीन्हे।
बाँह मरोरि जाहुगे कैसैं, मैं तुम नीकैं चीन्हे।
माखन-चोरी करत रहे तुम, अब भए मन के चोर।
सुनत रही मन चोरत हैं हरि, प्रगट लियौ मन मोर।
ऐसे ढीठ भए तुम डोलत, निदरे व्रज की नारि।
'सूरस्याम' मोहूँ निदरौगे, देहुँ प्रेम की गारि॥

राधा ने कृष्ण की बाँह पकड़कर उन्हें रोक लिया और कहा—अब तुम मेरी बाँह मरोड़कर भी किसी तरह नहीं जाने पाओगे। मैंने तुम्हें भलीभाँति पहचान लिया है। पहले तुम माखन की चोरी करते फिरते थे, अब मन की भी चोरी करने लगे हो। मैं सुनती आ रही थी कि हरि ब्रज तरुणियों का मन चुराते फिरते हैं। चोरी तो छिपकर होती है, पर तुमने

तो देखते-देखते प्रकट रूप से मेरा मन चुरा लिया है। तुम ऐसे ढीठ होकर डोलते फिरते हो, तुमने ब्रज की नारियों को बदनाम और निरादृत कर दिया है। तुम मुझे भी बदनाम करोगे और निरादृत करोगे, तो मैं तुमको सैकड़ों गालियाँ दे सुनाऊँगी।

१५१८/२५५१ राग सारंग

यह बल केतिक जादौराइ।
तुम जु तमकि कै मो अबला सौं, चले बाँह छुटकाइ।
कहियत हौ अति चतुर सकल अँग, आवत बहुत उपाइ।
तौ जानौं जो अब एकौ छन, सकौ हृदय तैं जाइ।
'सूरदास' स्वामी श्रीपति कौं, भावत अंतर भाइ।
सहि न सके रति-वचन, उलटि हँसि लीन्हीं कंठ लगाइ॥

राधा बोली—"हे यादवराय मैं अबला हूँ, बलहीन हूँ। इसीलिए तुम तमक कर मुझसे अपनी बाँह छुड़ाकर चले जा रहे हो। तुम्हारा यह बल कितना है ही। तुम्हें लोग बहुत चतुर कहते हैं और तुम्हें चतुराई के बहुत से तरीके मालूम भी हैं। मैं तो तभी बीर बहादुर समझूँगी, जब तुम मेरे हृदय से एक क्षण के लिए भी बाहर जा सको।"

बाँह छुड़ाए जात हौ, निबल जानिके मोहिं।
हिरदय से जब जाहुगे, मरद बदौंगी तोहिं॥

प्रभु, श्री के पति को तो हृदय का सच्चा भाव ही अच्छा लगता है। वे राधा की इस प्रेम भरी वाणी को सुनकर उसे निरादृत नहीं कर सके। वे उलटे पाँव वापस आ गए और हँसकर उन्होंने राधा को गले से लगा लिया।

१५१९/२५५२ राग ईमन

मैं तुम्हरे गुन जाने स्याम।
औरनि कौ मन चोरि रहे हौ, मेरौ मन चोरयौ किहिं काम।
वे 'डरपतिं तुमकौं धौं काहैं, मोकौं जानत वैसी बाम।
मैं तुमकौं अबही बाँधौंगी, मोहिं बूझि जैहौ तब धाम।
मन लैहौं, पहुनाई करिहौं, राखौं अटकि द्यौस अरु जाम।
'सूरस्याम' यह कौन भलाई, चोर जहाँ, तहँ तुम्हरौ नाम॥

राधा बोली—श्याम, मैं तुम्हारे सारे गुण (अवगुण) जानती हूँ, तुमने और नवेलियों का मन चुराया, तो चुराया, भला यह तो बताओ तुम मेरा मन किसलिए चुरा बैठे? वे अन्य नवेलियाँ जिनका मन तुमने चुरा लिया है, न जाने क्यों तुमसे डरती रहती हैं। क्या तुमने मुझको भी वैसी ही डरपोक तरुणी समझ लिया है? मैं किसीसे भी डरनेवाली नहीं हूँ। मैं तुमको अभी भलीभाँति जकड़कर बाँध लूँगी। अब तुम मुझसे पूछकर ही, मेरी अनुमति पा लेने पर ही, अपने घर जा सकोगे। मैं तुमसे अपना मन वापस लेकर रहूँगी। तुम्हें मेरा मन लौटाना पड़ेगा। मैं तुम्हारी अच्छी खातिर करूँगी, तुम्हें दिन रात बराबर अपने पास रोके रखूँगी, बाँधे रखूँगी। यह कोई अच्छी बात नहीं है कि यत्र-तत्र सर्वत्र तुम्हें लोग चोर कहते फिरते हैं। मैं तुम्हारी चोरी की यह आदत छुड़ा के रहूँगी।

१५२०/२५५३ *राग कल्यान*

व्रज मैं ढीठ भए तुम डोलत।
अब तौ स्याम परे फँग मेरैं, सूधैं काहैं न बोलत।
मन दीजै, मरजादा जैहै, रहत चतुरई कीन्हे।
दुख करि देहु कि सुख करि दीजै, अब तौ बनिहै दीन्हे।
ऐसे ढँग तुम करत कन्हाई, जीति रहे व्रज गाउँ।
'सूर' आजु बहुतै दुख पाए, मन कारन पछिताउँ॥

राधा कहती जा रही है—श्याम, तुम सारे ब्रजमंडल में धृष्ट होकर निर्भय घूमते-फिरते रहे हो। अब तुम मेरे फंदे में फँस गए हो, अब मुझसे सीधे क्यों नहीं बोलते हो? तुम सीधे से मेरा मन मुझे लौटा दो नही तो तुम्हारी सारी मान मर्यादा चली जायगी। अभी तक बहुत चतुराई करते रहे हो। तुम मेरा मन चाहे राजी से दो, चाहे नाराजी से दो। अब तुमको मेरा मन लौटाना ही पड़ेगा। तुमने अपने इसी बेढंगेपन से ब्रज के सारे गाँवों की तरुणियों को जीत लिया है। पर आज तो तुम्हें मेरा मन चुरा लेने के कारण भारी दुख उठाना पड़ रहा है। मुझे इसका पछतावा है कि तुम्हें इतनी सांसत सहनी पड़ रही है। न तुमने मेरा मन चुराया होता, न तुम्हें इतना कष्ट सहना पड़ता।

१५२१/२५५४ *राग गौड़ मलार*

सुनि री कुल की कानि, ललन सौं मैं झगरौ माँड़ौंगी।
मेरे इनके कोउ बीच परै जिनि, अधर दसन खाड़ौंगी।
चतुर नायक सौं काम पर्‌यौ है, कैसैं कै छाँड़ौंगी।
'सूरदास' प्रभु नँद-नंदन कौ रस लै लै डाँड़ौंगी॥

राधा अपनी कुल कानि से कह रही है—हे मेरे वंश की मर्यादा, कान खोलकर सुन लो। आज मैं प्रिय कृष्ण से झगड़ बैठना चाहती हूँ। तू मेरे और कृष्ण के बीच बीच-बचाव करने मत आना। मैं आज इनके अधरों को अपने दाँतों से अवश्य खंडित करूँगी, काट लेने में जरा भी संकोच न करूँगी। आज अपने को परम चतुर समझने चले कन्हैया से काम पड़ गया है, पर मैं इन्हें छोड़ूँगी नहीं। मैं क्या इनसे कम चतुर हूँ? मैं नंदनंदन को रस ले-लेकर, आनंद सहित, दंडित करूँगी। इन्हें दंड देने में मुझे भारी सुख मिलेगा।

१५२२/२५५५ *राग कान्हरौ*

चोरी के फल तुमहिं दिखाऊँ।
कंचन खंभ, डोर कंचन की, देखौ तुमहिं बँधाऊँ।
खंडौं एक अंग कछु तुम्हरौ, चोरी नाउँ मिटाऊँ।
जो चाहौं सोई सब लैहौं, यह कहि डांड़ मनाऊँ।
बीच करन जो आवै कोऊ, ताकौं सौंह दिवाऊँ।
'सूरस्याम' चोरनि के राजा, बहुरि, कहाँ मैं पाऊँ॥

राधा कहे जा रही है—श्याम तुमने जो मेरा मन चुरा लिया है, मैं इस चोरी का फल आज तुम्हें चखा कर तब छोड़ूँगी। मैं तुम्हें सोने के खंभे में, सोने की डोर से ही, बाँध

दूँगी। (अपने सुनहरे शरीर रूपी स्वर्ण खंभ से, अपनी स्वर्ण की डोरी सी भुजाओं में तुम्हें कसकर बाँध लूँगी)। मैं तुम्हारा एक अंग (अधर) काट लूँगी और तुम्हारी चोरी करने की आदत छुड़ा दूँगी। मैं जो कुछ चाहूँगी वह सब तुमसे ले लूँगी और इस प्रकार तुमसे जुरमाना भरवा लूँगी। यदि इस बीच कोई हमारे तुम्हारे बीच बीच-बचाव करने आता है, तो मैं उसे शपथ दिलाकर बीच-बचाव करने से रोक दूँगी, किरिया धरा दूँगी। यदि इस समय मैं चोरो के राजा श्याम को दंड न दे सकी, तो मैं उन्हें फिर कहाँ पकड़ पाऊँगी?

१५२३/२५५६ राग गंधारी

रहि री लाज, नहिं काज आजु, हरि पाए पकरन चोरी।
मूसि-मूसि लै गए मन-माखन, जो मेरैं धन हो री।
बाँधौ कंचन खंभ कलेवर, उभय भुजा दृढ़ डोरी।
चाँपौं कठिन कुलिस-कुच-अंतर, सके कौन धौं छोरी।
खंडौं अधर, भूलि रस-गोरस, हरै न काहू कौ री।
दंडौं काम-दंड, पर घर कौ नाउँ न लेइँ बहोरी।
तब कुल-कानि आनि भइ तिरछी, छमि अपराध किसोरी।
सिव पर पानि धराइ 'सूर' उर सकुच मोचि, सिर ढोरी॥

राधा कहे जा रही है—अरी लज्जे, रुक जा अब यहाँ तेरा कोई काम नहीं है। आज मैंने हरि को चोरी करते पकड़ पाया है। मेरा धन तो मन और मक्खन ही था। इसे वे बराबर चुराते चले गए हैं। आज मैंने इन्हें पकड़ पा लिया है, तो अपने स्वर्ण के खंभे के समान शरीर से, अपनी दोनों भुजाओं की मजबूत रस्सी से, मैं इन्हें कसकर बाँध ही लूँगी और अपने बज्र के समान दोनों उरोजों के बीच में इन्हें दबा लूँगी। देखूँगी कि इन्हें यहाँ से कौन छुड़ा ले जाता है? मैं इनके अधरों को काट लूँगी, जिससे फिर ये कभी किसी के रस और गोरस को न हर सकें। मैं इनके काम-दंड (लिंग) को रति कर्म से इतना दंडित कर दूँगी कि इन्हें इस रति-क्रिया के लिए फिर किसी दूसरी के घर न जाना पड़े—किसी अन्य के पास जाने का यह नाम न लें। तभी राधा की कुल-कानि आकर आड़े तिरछी खड़ी हो गई और कहा—हे किशोरी जी, श्याम का मन-चोरी का यह अपराध क्षमा कर दे। तब राधा ने श्याम का हाथ अपने कुच रूपी शिव पर रखाकर, हृदय के सारे संकोच को छोड़कर, सिर हिला दिया। शिव की शपथ दिलाकर हुँकार से सिर हिलाकर क्षमा कर देने की स्वीकृति दे दी।

१५२४/२५५७ राग विहागरौ

बीच कियौ कुल लज्जा आइ।
सुनि नागरी बकसि यह मोकौं, सनमुख आए धाइ।
चूक परी हरि तैं मैं जानी, मन लै गए चुराइ।
ठाढ़े रहे सकुचि तो आगैं, राख्यौ वदन दुराइ।
तुम हौ बड़े महर की बेटी, काहैं गई भुलाइ।
'सूरस्याम' हैं चोर तिहारे, छोड़ि देहु डरपाइ॥

जब राधा कृष्ण को इस प्रकार दंडित करने का विचार कर ही रही थी, तब तक उसकी कुल-लाज ने आकर बीच-बचाव करते हुए कहा—अरी नागरी राधा, मेरी बात सुन। मेरे कहने से इस बार श्याम को क्षमा कर दे, इन्हें छोड़ दे। बेचारे मेरे सामने दौड़े चले आए हैं। इसीलिए मैं इनकी यह सिफारिश कर रही हूँ। मैं भी मानती हूँ कि श्याम ने तेरा मन चुराकर भारी भूल की है। परंतु अब तो तेरे आगे संकोच से सिकुड़कर, मुँह छिपाकर, यह खड़े हैं। तुम बड़े गोप-सरदार वृषभानु की बेटी हो—इस बात को तुम क्यों भूल जाती हो? श्याम तुम्हारे चोर हैं, इन्हें डरवाकर, धमकाकर ही छोड़ दो।

१५२५/२५५८ राग गौरी

कुल की लाज अकाज कियौ।
तुम बिन स्याम सुहात नहीं कछु, कहा करौं, अति जरत हियौ।
आपु गुप्त करि राखी मोकौं, मैं आयसु सिर मानि लियौ।
देह-गेह-सुधि रहति बिसारे, तुम तैं हितु नहिं और बियौ।
अब मोकौं चरननि तर राखौ, हँसि नँद-नंदन अंग छियौ।
'सूरस्याम' श्रीमुख की बानी, तुम पैं प्यारी बसत जियौ॥

राधा कृष्ण से कह रही हैं—आज मेरी वंश-मर्यादा ने मेरी बहुत बड़ी हानि कर दी। हे श्याम, तुम्हारे बिना मुझे कुछ भी अच्छा नहीं लग रहा है। मैं क्या करूँ? तुम्हारे बिना मेरा हृदय जला जा रहा है, शीतल नहीं हो पा रहा है। तुमने मुझे इस प्रेम को छिपा रखने की आज्ञा दी थी। मैंने तुम्हारी वह आज्ञा शिरोधार्य की। मैं अपने शरीर और घर की सारी सुधि भुला बैठी हूँ। तुमसे बढ़कर मेरा हितैषी और कोई नहीं है। अब मुझे अपने चरणों की सेवा में रख लो।

राधा की यह बात सुनकर नंदनंदन श्याम ने राधा के उरोजों को छू लिया और अपने श्रीमुख से कहा—हे प्यारी, तुम्हीं में तो मेरे प्राण बसते हैं।

१५२६/२५५९ राग जैतश्री

मातु पिता अति त्रास दिखावत।
भ्राता मोहिं मारन कौं धिरवै, देखै मोहिं न भावत।
जननी कहति बड़े की बेटी, तोकौं लाज न आवत।
पिता कहै कैसी कुल उपजी, मनहीं मन रिस पावत।
भगिनी देखि देति मोहिँ गारी, काहै कुलहिँ लजावति।
'सूरदास' प्रभु सौं यह कहि-कहि, अपनी बिपति जनावति॥

राधा कृष्ण से कहने लगी—माता पिता मुझे अत्यंत त्रस्त करते रहते हैं। भाई तो मुझे मार डालने के लिए धमकाता रहता है और मुझे देखना भी नहीं चाहता। माँ कहती है—तू बहुत बड़े बाप की बेटी है, तुझे लाज नहीं लगती। पिता कहा करते हैं यह न जाने कैसी कुल-बोरनी पैदा हुई है। वे मन ही मन मुझसे कुढ़ते रहते हैं। बहन मुझे देख देखकर गाली देती रहती है और कहती रहती है—क्यों कुल को लज्जित करने पर तुली बैठी है?

राधा इस प्रकार कृष्ण से यह सब कह कहकर अपनी सारी विपत्ति बताए जा रही है।

१५२७/२५६० राग विहागरौ

सुंदर स्याम कमल-दल-लोचन ।
विमुख-जननि की संगति कौ दुख, कब धौं करिहौ मोचन ।
भवन माहिँ भाठी सो लागत, मरति सोचहीं सोचन ।
ऐसी गति मेरी तुम आगैं, करत कहा जिय दोचन ।
धिक दै मातु पिता, धिक भ्राता, देत रहत मोहिं खोंचन ।
'सूरस्याम' मन तुमहिं लगान्यौ, हरद-चून-रंग-रोचन ॥

राधा श्याम से कह रही है—हे स्याम सुंदर, हे कमल की पंखुड़ियों के समान विशाल एवं सुकुमार मनमोहन, मुझे तुमसे विमुख लोगों की संगति में रहना पड़ रहा है। तुम मुझे इन विमुखों की संगति से कब मुक्त करोगे। मुझे मेरा घर जलती भट्ठी के समान लगता है और मैं मारे चिंता के मरी जा रही हूँ। तुम्हारे सामने मेरी ऐसी दुर्गति हो रही है। तुम अपने मन में मुझे लेकर किस असमंजस में पड़े हुए हो ? मेरे माता-पिता और भ्राता सबको धिक्कार है, जो मुझे अपने व्यंग-वाण से खोंचते रहते हैं। मेरे शरीर में अपनी बातों की नोक चुभोते रहते हैं। श्याम, मेरा मन तुमसे जा लगा है। जैसे हरदी और चूना मिलकर एकदम लाल रंग के हो जाते हैं, वैसे ही मैं (मेरा मन) तुममें मिलकर श्याम रंग की हो गई हूँ।

१५२८/२५६१ राग रामकली

कुल की कानि कहाँ लगि करिहौं ।
तुम आगैं मैं कहौं जु साँची, अब काहू नहिं डरिहौं ।
लोग कुटुँब जग के, जे कहियत, पेला सबहिँ निदरिहौं ।
अब यह दुख सहि जात न मोपैं, बिमुख बचन सुनि मरिहौं ।
आपु सुखी, तौ सब नीके हैं, उनके सुख कह सरिहौं ।
'सूरदास' प्रभु चतुर-सिरोमनि, अबकैं हौं कछु लरिहौं ॥

राधा कृष्ण से कहे जा रही है—मैं कुल की मर्यादा का ध्यान कहाँ तक और कब तक करती रहूँगी! मैं तुम्हारे आगे सब सच-सच कहे दे रही हूँ। मैं अब किसी से भी नहीं डरूँगी। परिवार के लोग हों या जगत (समाज) के अन्य लोग हों, वे जो कुछ भी कहते रहें, उनकी बातों को धकियाकर मैं उन्हें नहीं सुनूँगी। उनकी बातों को निरादृत कर दूँगी। अब मुझसे यह दुख नहीं सहा जा पा रहा है। तुमसे विमुख लोगों की बातें सुनकर, उनके व्यंग-वचन और ताने सुनकर मैं अब प्राण ही दे दूँगी। अपने सुख से ही सुख होता है। पराये सुख से अपना काम नहीं चलता। उनके सुख से मुझे क्या करना है। हे प्रभु, तुम तो चतुर शिरोमणि हो। अब मैं इस बात पर सबसे लड़ पड़ूँगी, चुप नहीं बैठी रहूँगी।

१५२९/२५६२ राग कान्हरौ

प्राननाथ हौ, मेरी सुरति किन करौ ।
मैं जु दुख पावति हौं दीनदयाल कृपा करौ, मेरौ कामदंद-दुख औ बिरह हरौ ।
तुम बहु रमनी-रमन, सो तौ जानति हौं, याही के जु धोखैं हौ, मोसौं काहैं लरौ ।
'सूरदास' स्वामी, तुम हो अंतरजामी, सुनौ, मनसा वाचा मैं ध्यान तुम्हरौई धरौं ।।

राधा कह रही है—हे प्राणनाथ, तुम मेरी सुधि क्यों नहीं लेते? हे दीनदयाल, मैं भारी दुःख उठा रही हूँ, अब तो मुझपर दया करो और मेरे कामजन्य दुःख और विरह को हर लो। तुम बहुनायक हो, बहुत सी सखियों के साथ रमण करनेवाले हो, मैं यह भलीभाँति जानती हूँ। मैं इसी धोखे में रह गई और मारी गई। अब मुझसे क्यों लड़ते हो। प्रभु, तुम तो सबके घट की जानने वाले हो। सुन लो, मैं मनसा, वाचा, कर्मणा सब प्रकार से तुम्हारा ही ध्यान किए बैठी हूँ।

१५३०/२५६३ राग कान्हरौ

हौं या माया ही लागी, तुम कत तोरत।
मेरौ तौ जिय तिहारै चरननि ही मैं लाग्यौ, धीरज क्यौं रहे, रावरे मुख मोरत।
कोऊ लै बनाइ बातैं, मिलवति तुम आगैं, सोई किन आइ, मोसौं अब है जोरत।
'सूरदास' पिय, मेरे तौ तुमहिँ हौ जु जिय, तुम बिनु देखैं, मेरौ हिय ककोरत।

राधा श्याम से कह रही है—मैं तुम्हारे माया मोह (प्रेम) में लग गई हूँ। तुमसे आकर नाता जोड़ लिया है, तुम इस नाते को क्यों तोड़े डाल रहे हो? मेरे प्राण तो तुम्हारे चरणों में जा लिपटे हैं। जब तुम्हीं मुझसे मुख मोड़ लोगे, मेरी उपेक्षा करोगे, तब मेरा धैर्य कैसे बना रह जायगा, वह टूट न जायगा? दूसरी गोपियाँ तुम्हारे सामने आकर झूठ सच मिलाकर मेरे संबंध में जो बातें करती हैं, वे अब क्यों नहीं वही बातें मेरे सामने आकर करती। वे कुछ कहें, तो मैं उनका जवाब दूँ। हे प्रिय, मेरे प्राण तो तुम्हीं हो, तुम्हें देखे बिना मेरा हृदय कचोटता रहता है।

१५३१/२५६४ राग कान्हरौ

सुनहु स्याम मेरी इक बात।
हरि प्यारी कैं मुख-तन चितवत, मनहीं मनहिं सिहात।
कहा कहति वृषभानु-नंदिनी, बूझत हैं मुसुकात।
कनक-बरन सुंदरी राधिका, कटि-कृस कोमल-गात।
तुम ही मेरी प्रान-जीवन-धन, अहो चंद तुव भ्रात।
सुनहु 'सूर', जो कहति रहीं तुम, कहौ न, कहा लजात॥

राधा ने कृष्ण से कहा—'हे श्याम, मेरी एक बात सुनो।' इस पर श्याम राधा-प्यारी के मुख की ओर ताकने लगे और उनकी मुख छवि देखकर सिहाने लगे। मन ही मन अत्यंत प्रशंसा करने लगे और मुसकुरा कर पूछ बैठे—हे वृषभानु-नंदिनी, तुम क्या कहना चाहती हो। हे राधिका, तुम स्वर्ण-वर्णी हो, परम सुंदरी हो, पतली कमर वाली हो, कोमल शरीर वाली हो, तुम्हीं मेरी प्राण हो, तुम्हीं मेरे जीवन का धन हो. तुम लक्ष्मी हो, चंद्रमा तुम्हारा भाई है। तुम दोनों ही समुद्र जात हो, तुम जो कहना चाहती थीं, कहो न, लजा क्यों रही हो?

१५३२/२५६५ राग गुंड

नागरी स्याम सौं कहति बानी।
सुनहु गिरिधरन वर, सीस सीखंड धर, जपत सुर नाग नर, सहस बानी।

रुद्रपति छुद्रपति, लोकपति ओकपति, धरनिपति गगनपति अगम-बानी।
अखिल ब्रह्मांडपति, तिहूँ भुवनाधिपति, नीरपति, पवन-पति, वेद-बानी।
सिंह कैं सरन, जंबूक की त्रास कह, कृष्न राधा एक, जगत बानी।
'सूर' प्रभु स्याम, तुव नाम करुनाधाम, करौ मन काम, सुनि दीन बानी॥

नागरी राधा श्याम से कहने लगी—हे गोवर्धन गिरि को धारण करने वाले, हे मोरपंख का मुकुट लगाने वाले, देवता, नर, नाग, तुम्हारा ही नाम हजार-हजार प्रकार से जपते रहते हैं। तुम्हीं एकादश रूद्रों के, समस्त तुच्छातितुच्छ क्षुद्रों के, तीनों लोकों के, चौदहों लोकों (भुवनों) के, अगम्य के, धरती के, आकाश के स्वामी हो। तुम वाणी (सरस्वती) के लिए भी अगम्य हो, वे भी तुम्हारा गुण नहीं गा सकतीं। तुम संपूर्ण ब्रह्मांड के पति हो, तुम्हीं त्रिभुवन पति हो, तुम्हीं जल और पवन के भी पति हो। ऐसा वेदों का कथन है। तुम सिंह हो, मैं तुम्हारी शरण में हूँ, फिर मुझे घर-बाहर के सियारों से क्या डर? सारा संसार तो यही कह रहा है कि राधा और कृष्ण एक हैं, प्रभु तुम अत्यंत करुणामय हो। मेरी दीन वाणी सुनकर, मेरी मनोकामना पूरी कर दो।

१५३३/२५६६ राग गुंड मलार

बिहँसि राधा कृष्न अंक लीन्ही।
अधर सौं अधर जुरि, नैन सौं नैन मिलि, हृदय सौं हृदय लगि, हरष कीन्ही।
कंठ भुज-भुज जोरि, उछँग लीन्ही नारि, भुवन-दुख टारि, सुख दियौ भारी।
हरषि बोले स्याम, कुंज-बन-घन-धाम, तहाँ हम तुम संग मिलैं प्यारी।
जाहु गृह परम धन, हमहुँ जैहैं सदन, आइ कहुँ पास, मोहिं सैन दैहौ।
'सूर' यह भाव दै, तुरतहीं गवन करि, कुंज-गृह-सदन, तुम जाइ रैहौ॥

कृष्ण ने राधा की यह बात सुनकर, राधा को अपने अंक में ले लिया। फिर उनके अधर अधर से, नयन नयन से और हृदय हृदय से सट गए और दोनों ने मिलन का आनंद लिया। दोनों ने एक दूसरे के गले में अपनी-अपनी बाहें डाल दीं। श्याम ने श्यामा राधा को अपनी गोद में उठा लिया। राधा के घर के सारे दुखों को उन्होंने मिटा दिया और भारी सुख दिया। इसके पश्चात प्रसन्न होकर श्याम ने कहा—हे प्यारी, हम तुम अब सघन निकुंज धाम में मिलेंगे, तुम अब अपने घर जाओ, मैं भी अपने घर जा रहा हूँ। मेरे घर के पास आकर तुम मुझे किसी इशारे से जता देना, तुम निकुंज-भवन में जा पहुँचना, यह भाव देकर, यह बात कहकर, कृष्ण तुरंत अपने घर चले गए।

१५३४/२५६७ राग गुंड मलार

यह सुनत नागरी माथ नायौ।
स्याम रस-बस भरे, मदन जिय डर डरे, सुंदरी बात कौ भेद पायौ।
खरे ब्रज जमुन बिच, दुहुँनि मन अति सकुच, और कछु बनै नहिं, बुद्धि ठानी।
तबहिं व्रज-नारि आवत देखि जमुन तैं, इक व्रजहिं तैं, जु राधा लजानी।
स्याम हँसिकै चले, तुरत ग्वालनि मिले, कहाँ सब रहे, कहि, हाँक दीन्ही।
भाव यह करि गए, 'सूर' प्रभु-गुन नए, नागरी रसिक जिय जानि लीन्ही॥

कृष्ण का यह प्रस्ताव सुनकर राधा ने स्वीकृति में अपना माथा झुका दिया। श्याम राधा के प्रेम रस में भर उठे थे। उस समय की उनकी मुद्रा को देखकर कामदेव अपने मन में डर गया कि अब मुझे कौन पूछेगा, कौन पूजेगा। सुंदरी राधा ने भी मन का भेद जान लिया कि श्याम इस समय मेरे ही प्रेम में निमग्न हो रहे हैं। दोनों इस क्षण ब्रज और यमुना के मार्ग में बीच में ही खड़े थे। दोनों के मन में इस समय लज्जा और संकोच का भाव भर उठा था। वे सोचे जा रहे थे कि एक दूसरे से अब और क्या कहें और कैसे कहें। तभी कुछ ब्रज-नारियाँ यमुना से ब्रज की ओर लौटती हुई और कुछ एक ब्रज से यमुना की ओर आती हुई दिखाई पड़ी। राधा उन्हें देखकर बड़ी लजा गई। श्याम तो हँसकर वहाँ से टल गए और तुरंत ही ग्वाल सखाओं से जा मिले। और उन्हें ललकार कहा—तुम सब लोग अभी तक कहाँ रहे? प्रभु तो बड़े गुणी और चतुर हैं। वे अपनी जोर की इस पुकार से इशारा कर गए कि कोई पूछे कि कृष्ण के साथ तुम यहाँ क्या कर रही थी, तो तुम कह देना कि कृष्ण अपने सखाओं के बारे में पूछ रहे थे कि क्या तुमने उन्हें देखा है। राधा नागरी थीं। वे कृष्ण के इस इशारे को भलीभाँति जान गई।

१५३५/२५६८ राग टोड़ी

राधा हरि के भावहिं जान्यौ।
यहै बात कैहौं इन आगैं, मनहीं मन अनुमान्यौ।
उन देखी राधा मग ठाढ़ी, स्याम पठायौ टारि।
बूझतहीं कछु बुद्धि रचैगी, बड़ी चतुर यह नारि।
इत वृषभानु-सुता मन सोचति, मोहिं देखि हरि-संग।
'सूर' अबहिं बातनि करि धरिहैं, जानति इनके रंग॥

राधा ने हरि के भाव को समझ लिया और मन ही मन यह सोच लिया कि यदि गोपियों ने कुछ पूछताछ की तो मैं उनसे यही कहूँगी कि कृष्ण मुझसे यही कह रहे थे कि तुमने ग्वाल बालों को कहीं देखा है?

इन गोपियों ने देखा कि राधा तो राह में खड़ी है। इसने श्याम को वहाँ से टाल दिया है। पूछते ही यह कोई न कोई बात गढ़कर बता देगी। यह बात बनाने में बड़ी चतुरा नारी है। इधर वृषभानु की बेटी राधा मन में सोचे जा रही थी। मुझे हरि के संग में देखकर वे गोपियाँ मुझे बातों ही बातों में फँसा पकड़ेंगी। मैं इनके रंग-ढंग खूब जानती हूँ।

१५३६/२५६९ राग गुंड मलार

चतुर वर नागरी बुद्धि ठानी।
अबहिँ मोहिँ बूझिहैं, इनहिं कहिहौं कह, स्याम सँग आजु मोहिँ प्रगट जानी।
भाव करि गए हरि, ग्वाल बूझत रहे, जानि जिय लई, अति चतुर रासी।
यह रचौं बुद्धि इक, कहा ये कहै मोहिँ, मैरैं मन सबै ये घोष-बासी।
इतहुँ की उतहुँ की, सबै जुरि एकसी, कहतिँ, राधा, कहाँ जाति है री।
'सूर' प्रभु कौं अबहिँ देखे हम तैरँ ढिग, कहाँ गए, तिनहिँ पछितात है री॥

चतुरा नागरी राधा ने एक उपाय सोच निकाला। अभी ये गोपियाँ मुझसे कृष्ण के

संबंध में पूछेंगी, क्योंकि आज इन्होंने उनको मेरे साथ खुले रूप में देख लिया है, तब मैं इनसे क्या कहूँगी? श्याम एक भाव (विचार, उपाय) संकेत से कह गए थे. वे ग्वाल-बालों को पूछ रहे थे। राधा चतुरता की राशि है, परम चतुरा है। उसने उस संकेत को समझ लिया था। राधा ने सोचा अब मैं यही बुद्धि रचूँगी और कहूँगी कि कृष्ण मुझसे पूछ रहे थे कि क्या तुमने इधर ग्वाल बालों को देखा है? देखें ये इस पर क्या कहती हैं? मैं समझती हूँ ये सभी ब्रज वासिनी गोपियाँ ही हैं, जो दोनों ओर से चली आ रही हैं।

इस बीच जमुना से लौटने वाली और जमुना को जानें वाली दोनों ओर की गोपियाँ इकट्ठी हो गईं और पूछने लगीं—राधा, तू कहाँ जा रही है? तू न तो नहाने जा रही है, न नहाकर लौट ही रही है, क्योंकि तेरे हाथ में न कलसी है, न साड़ी ही। अभी अभी हमने श्याम को तेरे पास खड़ा देखा था। वे कहाँ चले गए? क्या तू उनके चले जाने से उनके लिए यहाँ खड़ी-खड़ी पछताए जा रही है?

१५३७/२५७० राग गूजरी

कान्ह कहा बूझत हे तुमसौं।
ह्वाँहीं तै लखि लीन्हे तबहीं, कहा दुरावति हमकौं।
मन लै गए चुराइ तुम्हारौ, सो अपनौ तुम पायौ।
अपनौ काज सारि तुम लीन्हौ, हम देखतहिं पठायौ।
सदा चतुरई फबती नाहीं, अतिहिं निदरि रही हौ।
'सूरस्याम' धौं कहाँ रहत हैं, यह कहि-कहि जु तहीं हौ॥

गोपियाँ राधा से पूछने लगीं—कन्हैया तुझसे क्या पूछ रहे थे? हमने दूर से ही देख लिया था कि तेरी उनसे कुछ छन रही है, अब तू हमसे क्या छिपा रही है? हमने तो खुल्लमखुल्ला सब देख लिया है, वे तुम्हारा मन चुरा ले गए थे। अब तो तुमने अपना मन वापस पा लिया न? अब तो तुम्हारी मनचाही हो गई न? तुमने अपना काम पूरा कर लिया और हम सबके देखते ही देखते तुमने कन्हैया को यहाँ से धीरे से खिसका दिया। चालाकी अच्छी तेरी है, पर हमेशा नहीं। तुम हमेशा हम सबको उल्लू बनाती रही हो और यह कहती रही हो कि श्याम कहाँ रहते हैं, मैं तो जानती भी नहीं। बोलो, ऐसा तुम्हीं ने बारबार कहा था न? पर अब तो साफ जाहिर हो गया कि तुम श्याम को जानती हो। अब बातें बनाने से काम नहीं चल सकेगा। अब सब पर्दा-फ़ाश हो गया है।

१५३८/२५७१ राग अलहिया

कहति रही तब राधिका, जब हरि सँग पेखौ।
बेसरि लीजौ छीनि कै, मुख-तन कह देखौ।
दैहौ बेसरि की नहीं, की लेहि छँड़ाई।
चतुराई प्रगटी अबै, ऐसी हौ माई।
बार-बार नागरि हँसी, तरुनी बैहानीं।
ऐसेहिं बेसरि लेहुगी, सब भईं अयानी।
हम मूरख, तुम चतुर हौ, कछु लाज न आवै।
'सूरस्याम' सँग नहिं रही? अब कहा दुरावै॥

गोपियाँ कहने लगीं—पिछली बार तूने कहा था कि यदि तुम सब मुझे कभी श्याम के साथ देखना, तो मेरी बेसरि छीन लेना। अब हमारे मुख की ओर क्या देखे जा रही है। हमने तुझे श्याम के साथ आज देख लिया। बोल अब तू अपनी बेसरि दे रही है कि नहीं? या हम स्वयं तेरी नाक से तेरी बेसरि छीन लें। तुम्हारी सारी चतुराई अब प्रकट हो गई है। हे सखी, तुम ऐसी चालबाज हो।

सखियों की बात सुनकर राधा नागरी बराबर और बार बार हँसती गई। उसके इस हँसे जाने पर तरुणियाँ अपने को उपेक्षित समझने लगीं। राधा बोली—तुम सब महामूर्खा हो। तुम ऐसे ही मेरी बेसरि ले लेना चाहती हो।

इसपर गोपियाँ बोलीं—हमने मान लिया कि हम मूर्खा हैं, और तुम परम चतुरा हो। तुम्हें लाज तो आती नहीं। क्या तुम श्याम के साथ में नहीं थीं? अब क्या छिपाए जा रही हो? तुम्हारे छिपाने से यह बात छिपने की नहीं।

१५३९/२५७२ राग सोरठ

यहै कहन मोकौं तुम आईं।
इततैं ये, उततैं तुम सब मिलि, काहैं ऐसैं धाईं।
बेसरि एक, लेहुगी को को, पीतांबर न दिखावहु।
बेसरि अरु पीतांबर लै,, तब घर-घर जाइ सुनावहु।
तारी एक बजत कै दोऊ, इतनौइ ज्ञान बिचारौ।
सुनहु 'सूर' ये बेसरि लैहैं, जान्यौ ज्ञान तुम्हारौ॥

राधा बोली—यही कहने के लिए तुम सब मेरे पास आई हो? इधर से जमुना तट से ये और उधर से तुम सब ब्रज से मिलकर कैसी दौड़ी चली आई हो? मेरे पास बेसरि तो एक ही है। कौन कौन इस बेसरि को लेगा? तुम मेरे पास कृष्ण का पीतांबर भी क्यों नहीं दिखातीं? फिर मेरी बेसरि और श्याम का पीतांबर दोनों एक साथ लेकर जाओ और ब्रज में घर-घर जा-जाकर मेरी निंदा सबको सुनाओ। ताली दो हाथों से बजती है, एक हाथ से नहीं। इतना तो तुम सब विचार कर लो। इसी बुद्धि पर ये मेरी बेसरि उतरवाने आई हैं। मैं तुम्हारा सारा ज्ञान जान गई?

१५४०/२५७३ राग जैतश्री

सुनि राधा तो सौं हम हारी।
तेरे चरित नहीं कोउ जानै, बस कीन्हे गिरिधारी।
अबही कान्ह टारि करि पठए, धनि तेरी महतारी।
अंग-अंग रचि कपट चतुरई, बिधना आपु सँवारी।
अबहीं प्रगट दुहुँनि हम देखे, जानतिँ दैहौ गारी।
'सूरस्याम' कैं यह बुधि नाहीं, जितनी है तो घां री॥

गोपियाँ बोलीं—राधा, सुन! हमने तुझसे हार मान ली। तेरा चरित्तर कोई नहीं जानता। तूने गिरिधर गोपाल को अपने बस में कर रखा है। तूने अभी-अभी कन्हैया को यहाँ से अन्यत्र भेज दिया है, उन्हें यहाँ से टाल दिया है। तेरी मैया को धन्य है, जिसने तेरी जैसी

चतुरा को पैदा किया है। तेरे अंग-अंग में कपट और चतुराई भरकर ब्रह्मा ने अपने हाथ से तुझे रचा है, सँवारा है। अभी-अभी हम सबने अपनी आँखों से तुम दोनों को यहाँ देखा है। हम जानती थीं कि तू इसे स्पष्ट अस्वीकार करेगी और हमें गाली देगी। श्याम को भी इतनी बुद्धि नहीं है, जितनी बुद्धि तेरे पास है।

१५४१/२५७४ राग बिलावल

स्याम भले अरु तुमहुँ भली ।
बेसरि छीनति हौ बेकाजहिं, जाहु न घरहिं चली ।
कैसैं दौरि परीं मेरे पर, मानहुँ संग मिली ।
और भईं सब बन की बेली, आपुन कमल-कली ।
तौ कहतीं गहि बाँह दुहुँनि की, जो तुम चतुर अली ।
'सूरदास' राधा गुन आगरि, नागरि नारि छली ॥

राधा बोली—श्याम भले हैं और तुम सब भी भली हो। तुम सब बेकार के लिए मेरी बेसरि छीनने चली आई हो। अब सीधी अपने-अपने घर चली जाओ। तुम सब मुझ पर कैसी झपटी दौड़ती चली आई हो, मानों तुम सबने मुझे कृष्ण के साथ रँगे हाथों पकड़ा हो। तुम सब समझती हो कि तुम सब जल से निर्लिप्त रहनेवाली कमल की कली हो, परम शुद्ध हो, परम पवित्र हो, और हम जैसी दूसरी बस बन (जल) की बेलि—कोंकाबेली, कुमुदिनी हैं। मान लिया मैं कुईंबेरा हूँ और तुम सभी कंज-कालिका हो। तुम हम दोनों को एक साथ पकड़ लेती, तो हमारी बाहें पकड़कर जो कहना चाहतीं, कहतीं। तभी तुम चतुरा मुझे कहतीं, राधा गुनागरी है, नागरी है, भारी छली है।

१५४२/२५७५ राग अलहिया

अब हमसौं साँची कहौ, वृषभानु-दुलारी ।
कछु तौ तोसौं कहत ही, ठाढ़े गिरिधारी ।
हा-हा हमसौं सोइ कहौ, दैहौ जिनि गारी ।
हमकौं देखतहीं गए, उत ग्वाल हँकारी ।
भेद करै जौ लाड़िली, तोहि सौंह हमारी ।
तू ठाढ़ी काहैं रही, मग मैं री प्यारी ।
सहज होइ तू कहि अबै, उर तैं रिस टारी ।
'सूरस्याम' की भावती कहै, कहौं कहा री ॥

गोपियाँ राधा से कहने लगीं—हे वृषभानु-दुलारी, अब हमसे सब सच सच बता दो। गिरधारी तेरे पास खड़े होकर तुझसे कुछ कह तो रहे थे। हम विनती करती हैं, तू हमसे वही कह बता, जो श्याम तुझसे कह रहे थे। नाराज होकर हमें गाली मत देने लगो। हमको आता देखकर, वे यहाँ से चले गए और ग्वाल सखाओं को जोर-जोर से बुलाने लगे। हे लाड़िली, तुम्हें हमारी कसम, जो हमसे दुराव करो। हे प्यारी, तू राह में ही खड़ी क्यों रह गई? तू अपने मन से सारा क्रोध दूर कर दे और सहज होकर, स्वस्थ चित्त से, हमसे सब कह सुना।

इस पर श्याम का भावती (प्यारी) राधा ने कहा—मैं क्या कहूँ? कहने के लिए कोई बात भी तो हो।

१५४३/२५७६ राग सूहौ

मैं जमुना-तन जाति सही री।
ब्रज तैं आवत देखि सखिनि कौं, इन कारन ह्यां परखि रही री।
उत तैं आइ गए हरि तिरछैं, मैं तुमहीं-तन चितै रही री।
बूझन लगे कान्ह ग्वालनि कौं, तुम तौ देखे उनहिं नहीं री।
कछु उनसौं बोली नहिं सन्मुख, नाहीं, हो, कछुवै न कही री।
'सूरस्याम' गए ग्वालनि टेरत, ना जानौं तुम कहा गही री॥

राधा बोली—मैं तो सीधे यमुना जी की ओर चली जा रही थी। मैंने ब्रज की ओर से आती सखियों को देखा और इन्हीं के लिए प्रतीक्षा में यहाँ खड़ी हो गई। इतने में ही उधर तिरछे रास्ते से श्याम आ गए। पर तुम सबकी ही ओर मैं ताकती रह गई। श्याम मुझसे पूछने लगे—तुमने ग्वाल-बालों को तो कहीं नहीं देखा? मैं उनसे अपने सामने कुछ भी नहीं बोली—न 'हाँ' कहा, न 'नहीं'। इस पर श्याम ग्वालों को पुकारते चले गए। पर तुम सबने अपने मन में न जाने क्या उलटा-सीधा समझ लिया।

१५४४/२५७७ राग टोड़ी

तुम मेरी बेसरि कौं धाईं।
सकुचि गईं सुनि-सुनि यह बानी, तरुनी भलैं लजाई।
यह तौ बात लगति कछु साँची, हम घर न्याइ रिसाई।
टेरत कान्ह गए ग्वालनि कौं, स्त्रवन परी धुनि आई।
बेसरि नाउँ लेत सरमानीं, तब राधा झहरानी।
'सूरदास' ब्रज-नारि मनहिं मन, यह गुनि-गुनि पछितानी॥

राधा बोली—'बात तो इतनी ही थी और तुम सब मेरी बेसरि उतरवाने के लिए दौड़ पड़ीं।' गोपियाँ राधा की यह बात सुन-सुनकर सकुचा ही नहीं गई, भलीभाँति लजा भी गईं। और सोचने लगीं—राधा की यह बात सच जान पड़ती है। यह हम पर जो रुष्ट हो गई है, उसका यह नाराज होना न्याय था, उचित ही था। कन्हैया ग्वाल-बालों को पुकारते चले गए थे। उनकी टेर तो हमने भी सुनी थी। तभी तो राधा हम पर इतना झल्ला उठी थी। गोपियाँ बेसरि उतरवा लेने की बात पर शर्मिंदा हो गईं और वे मन ही मन इस बात पर विचार कर पछताने लगीं।

१५४५/२५७८ राग गूजरी

राधा तू अतिहीं है भोरी।
झूठहिं लोग उड़ावत घर-घर, हम जान्यौ अब तौ री।
कंठ लगाइ लई, रिस छाँड़ौ, चूक परी हम-ओरी।
तुम निर्मल गंगा-जलहू तैं, दुरति नहीं यह चोरी।
घर जैहौ कि जमुना जैहौ, हम आवैं सँग गोरी।
'सूरदास' प्रभु-प्यारी राधा, चतुर दिननि की थोरी॥

सखियाँ कहने लगीं—राधा, तुम अत्यंत भोली-भाली हो, निश्छल हो, निर्मल हो, अब हमने जान लिया कि तुमको कृष्ण से लगाकर झूठमूठ का प्रवाद लोगों ने घर-घर फैला रखा है। उस प्रवाद में कोई दम नहीं है। यह कहकर सखियों ने राधा को पकड़कर गले से लगा लिया और कहा—अब क्रोध छोड़ दो, हमारी ओर से चूक हुई है, तुम गंगा सी निर्मल हो। कहीं चोरी छिपाने से छिपती है। तुमने हमसे कुछ भी नहीं छिपाया है, सच-सच कह दिया है। अच्छा, अब यह बताओ कि तुम घर वापस चलोगी कि जमुना जी जाओगी? हे गोरी, चलो हम तुम्हारे संग चली चलती हैं।

प्रभु की प्यारी राधा है तो थोड़े ही दिनों की, पर वह है अत्यंत चतुरा, चंट।

१५४६/२५७९ राग आसावरी

अहो सखी तुम ऐसी हौ।
अब लौं तुम कुलटी करि जानति, मोकौं री, सब जैसी हौ।
अपनैं ही जैसी तैसी सब, मोहूँ जानति तैसी हौ।
जोरी भली बनैगी हरि सौं, छाँह निहारौ कैसी हौ।
अब लागी मोकौं दुलरावन, प्रेम करत हरियै सी हौ।
सुनहु 'सूर' तुम्हरें छिन-छिन मति, बड़ी पेट की गैंसी हौ॥

राधा ने उत्तर दिया—अरी सखी, मै नहीं जानती थी कि तुम इतनी खोटी हो। अभी तक तुम मुझे कुलटा समझती रही थीं, तुम सब बड़ी वैसी हो, बड़ी खराब हो। तुम सब समझती रही हो जैसी तुम हो, वैसी ही सभी हैं और तुमने मुझको भी अपने ही जैसा समझ रखा था। तुम्हारी जोड़ी हरि से कैसी भली बनेगी, जरा अपनी परछाईं तो दर्पण में जाकर देखो। जैसे वे कृष्ण, वैसी ही कृष्णा तुम। जैसे श्याम वे, वैसी ही श्यामा तुम। अब झेंप जाने पर तुम मुझे दुलराने लगी हो, मुझपर अपना ऐसा प्यार जताने लगी हो, जैसे प्रेम की नदी ही मुझपर लुढ़कती चली आ रही है। तुम लोगों की बुद्धि क्षण क्षण पर बदलती रहती है। तुम पेट की बड़ी गैंसी हो। अपने मन में दूसरे के प्रति दुर्भाव छिपाए रहती हो।

१५४७/२५८० राग टोड़ी

हँसति नारि सब घरहिं चलीं।
हम जानी राधा है खोटी, हम खोटी, राधिका भली।
इततैं जुवति जाति जमुना जे, तिनकौं मग मैं परखि रही।
स्याम कहूँ तैं आइ कढ़े ह्वां, चले गए उत हेरत ही।
इतनी तबहिं नहीं हम जानी, झूठैं ही सब आनि गही।
'सूरस्याम' अपनै रँग आए, हम वाकौं नहिं भली कही॥

सब गोपियाँ हँसते हुए अपने अपने घरों को चल पड़ीं। वे आपस में कहती जा रही थीं—हमने राधा को खोटी समझ लिया था। पर वह तो बड़ी भली, बड़ी अच्छी है। खोटी हैं तो हमीं, जो दूसरों को खोटा समझती रहीं। इधर ब्रज से कुछ युवतियाँ जमुन जी जा रही थीं। राधा उन्हीं को रास्ते में जोहने लगी थी, श्याम कहीं से वहाँ आ निकले और उधर देखते ही वह अपने रास्ते चले गए। हमने इस समय यह तथ्य नहीं समझ पाया और

झूठमूठ का राधा के प्रति यह दुर्भाव अपने मन में बना लिया और आकर उसे पकड़ लिया। श्याम वहाँ अपने आप, अपने मन से आ गए थे, राधा ने उन्हें बुलाया नहीं था। हमने उसको जो कुछ खरी-खोटी कही, ठीक नहीं किया।

वर्षा-विहार

१५४८/२६०८ राग मलार

सीतल बूँद पवन पुरवाई ।
जहाँ तहाँ तैं उमड़ि घुमड़ि घन, कारी घटा चहूँ दिसि छाई ।
भींजत देखी राधा माधव, लै कारी कामरी उढ़ाई ।
अति जल भींजि चीर वर टपकत, और सबै टपकत अँबराई ।
काँपत तन तिय कौ, पिय हँसि कै, भुज भरि अपनै कंठ लगाई ।
ह्वै इकठौर 'सूर' प्रभु प्यारी, रहे उपरना बीच समाई ॥

जहाँ तहाँ से उमड़ घुमड़कर बादल आ गए और काली घटा चारों ओर छा गई। ठंडी बूँदें पड़ने लगीं और पुरवा हवा बहने लगी। माधव ने देखा कि राधा भीगी जा रही है, तब उन्होंने अपनी काली कमरी लेकर राधा को उढ़ा दिया। अत्यधिक जल से भींग जाने के कारण राधा की चुनरी से पानी की बूँदें टप-टप टपकने लगीं। साथ ही सारी आम्र-राजि से भी पानी की बूँदें टपटपाने लगीं। फिर राधा का शरीर काँपने लगा, तब पिया कृष्ण ने हँसकर उनकी बाँह पकड़कर अपने गले से लगा लिया। इस प्रकार प्रभु कृष्ण और प्यारी राधा दोनों एक में सिमटकर एक ही ओढ़नी में समा गए।

१५४९/२६०९ राग मलार

दीजै कान्ह काँधे कौ कंबर ।
नान्ही नान्ही बूँदनि बरसन लाग्यौ, भीजत कुसुँभी अंबर ।
बार-बार अकुलाइ राधिका, देखि मेघ-आडंबर ।
हँसि हँसि रीझि बैठि रहे दोऊ, ओढ़ि सुभग पीतंबर ।
सिव-सनकादिक-नारद-सारद, अंत न पावैं तुंवर ।
'सूरस्याम' गति लखि न परति कछु, खात ग्वाल सँग संवर ॥

राधा ने कृष्ण से कहा—हे कान्ह, नन्हीं-नन्हीं बूँदे बरसने लगी हैं और मेरी लाल चुनरी भींगी जा रही है। मुझे अपने कंधे पर रखा हुआ कंबल दे दो, उढ़ा दो। बादलों की यह गड़गड़ाहट और घटा देख-देखकर ही राधा बार-बार अकुला उठने लगी। तब दोनों कृष्ण का सुंदर पीतांबर ओढ़कर बैठ रहे और हँस-हँसकर एक दूसरे पर रीझ उठे।

घनश्याम की गति कुछ समझ में नहीं आ पाती जिनका रहस्य शिव, सनक, सनंदन, सनातन, नारद, शारद और प्रसिद्ध गंधर्व गायत तुंबुरु नहीं पाते, वे ग्वाल बालों के साथ बैठे हुए घर से आया संबल (छाक) खाए जा रहे हैं, जूठमीठ का विचार नहीं कर रहे हैं।

१५५०/२६१० राग मलार

भींजत कुंजनि में दोउ आवत ।
ज्यौं ज्यौं बूँद परति चूनरि पर, त्यौं त्यौं हरि उर लावत ।

तैसैं मोर कोकिला बोलत, पवन बीजु घन धावत।
लै मुरली कर मंद घोर सुर, राग मलार बजावत।
अधिक झकोर जबै मेघनि कौ, द्रुम बिरछनि बिरमावत।
वै हँसि ओट करत पीतांबर, ये चूनरी उढ़ावत।
भीजै राग रागिनी दोऊ, भीजैं जल छवि पावत।
'सूरदास' प्रभु रीझि परस्पर, प्रीति अधिक उपजावत॥

राधा कृष्ण दोनों भींगते हुए निकुंज की ओर चले आ रहे हैं। जैसे-जैसे राधा की चूनर पर पानी की बूँदे पड़ती जा रही हैं, वैसे-वैसे हरि उन्हें अपनी छाती से लिपटाए ले रहे हैं। उसी प्रकार मोर और कोकिल कुहुकते जा रहे हैं और हवा, बादल और बिजली दौड़ते जा रहे हैं। कन्हैया हाथ में मुरली लेकर मंद पर गंभीर स्वर में मल्हार राग बजाए जा रहे हैं। जब बादलों की झकोरें अधिक बढ़ जाती हैं, तब वे द्रुमों और वृक्षों की आड़ में जाकर रूक जाते हैं। कृष्ण हँस कर राधा को अपने पीतांबर की आड़ में छिपा लेते हैं और राधा उन्हें अपनी चुनरी उढ़ा लेती हैं। जब राग और रागिनी, कृष्ण और राधा, दोनों भींग गए, तब जल से भींग जाने के कारण उनकी शोभा और भी बढ़ गई। वे एक दूसरे पर मोहित हो गए और अधिकाधिक प्रेम उपजाने लगे—लिपटने-चिपटने लगे।

मोतिसरी लीला

१५५१/२५८१ राग बिलावल

राधा स्याम-सनेहिली, हरि राधा नेही।
राधा हरि कैं तन बसै, हरि राधा देही।
राधा हरि के नैन मैं, हरि राधा-नैननि।
कुंज-भवन रति जुद्ध कौं, जोरत बल मैननि।
और न काहू कौ रुचै, घर-घर गए दोऊ।
मातु पिता सति भाइ सौं, यह जानै न कोऊ।
कैसैंहुँ करि करि दिन गयौ, निसि कटत न क्यौंहूँ।
दोउ रस विरह मगन भए, निसि भई अगौहूँ।
विरह-सरोवर बूड़ईं, अँधकार-सिवारा।
सुधि-अवलंबन टेकहीं, कहुँ वार न पारा।
तमचुर टेरि पुकारई, बूड़ै जनि कोऊ।
'सूर' प्रात-नौका मिली, आनँद मन दोऊ॥

राधा श्याम से प्रेम करनेवाली है और श्याम राधा से प्रेम करनेवाले हैं। राधा हरि के शरीर में बसती है और हरि राधा के शरीर में बसते हैं। राधा हरि की आँखों में समाई हुई है और हरि राधा की आँखों में समाए हुए हैं। दोनों कुंज भवन में रति-युद्ध के लिए कामदेव का बल जुटाए ले रहे हैं। उन्हें इस समय एक दूसरे के प्रति ही रुचि रह गई है। राधा की रुचि कृष्ण में बढ़ गई है और कृष्ण की राधा में। उन्हें और कोई और कुछ नहीं रुच रहा है। वे दोनों अपने अपने घर चले गए। इनके इस मिलन मनोभाव को माता-पिता

और घर के अन्य प्राणी बिलकुल ही नहीं जान पाए। किसी प्रकार, ऐसे वैसे दिन बीत गया। रात का आगमन हो गया। वे विरह के सरोवर में डूबने उतराने लगे। अंधकार ही उस विरह सरोवर का शैवाल (सिवार) था। उस रात का कहीं आदि अंत नहीं दिखाई पड़ रहा था। केवल पूर्व-स्मरण की लेठिया का ही सहारा था। इसी बीच ताम्रचूड़ (मुरगा) बोल उठा—इस विरह सरोवर में कोई न डूबे। उन्हें प्रभात रूपी नाव मिल गई और दोनों आनंदित हो उठे। रात में नहीं मिल सके तो क्या, दिन में कही न कहीं भेंट हो ही जायगी।

१५५२/२५८२ राग धनाश्री

मन-मृग बेध्यौ मोहन नैन-बान सौं।
गूढ़ भाव की सैन अचानक, तकि ताक्यौ भृकुटी-कमान सौं।
प्रथम नाद कल घेरि निकट लै, मुरली सप्तक सुर बँधान सौं।
पाछैं बंक चितै, मधुरे हँसि, घात कियौ उलटें सुठान सौं।
'सूर' सु मार-विथा या तन की, घटति नहीं औषधी आन सौं।
ह्वैहै सुख तबहीं उर अंतर, आलिंगन गिरिधर सुजान सौं॥

गोपियों को आता देखकर, कृष्ण ने अचानक गूढ़भाव से मेरी ओर ताका और भौंह रूपी धनुष पर चितवन का बाण चढ़ाकर मेरे मन रूपी हिरन को विद्ध कर दिया। पहले तो मुरली के सा रे गा मा प ध नी सातों सुरों को बाँधकर सुंदर ध्वनि से मेरे मनरूपी मृग को चारों ओर से घेर लिया। पीछे तिरछी चितवन से देखकर, मधुर-मधुर हँस कर, उलटे मेरे सु-स्थान (हृदय) पर घात किया। मेरे मन में तबसे उस मार (घात) की जो मार—(काम) व्यथा उत्पन्न हो गई है, वह किसी अन्य औषधि से घट नहीं सकती। मुझे आराम तो गिरिधर-सुजान के आलिंगन से ही मिल सकता है, तभी मेरे हृदय के अंदर की व्यथा दूर होगी और मुझे सुख मिलेगा।

१५५३/२५८३ राग मलार

कान्ह उठे अति प्रातहीं, तलबेली लागी।
प्रिया-प्रेम कैं रसभरे, रति अंतर खागी।
स्याम उठत अवलोकि कै, जननी तब जागी।
सुंदर वदन विलोकि कै, अँग-अँग अनुरागी।
माता पूछति सुअन कौं, बलि गई मेरे बारे।
कहा आजु अचरज कियौ, तुम उठे सबारे।
उत्तम जल लै प्रेम सौं, सुत-बदन पखारयौ।
झारी जल, दँतुवनि दियौ, छवि पर तनु वारयौ।
करी मुखारी अतुरई, नागरि-रस छाके।
'सूरस्याम' ऐसी दसा, त्रिभुवन बस जाकैं॥

कन्हैया को रातभर राधा के बिना छटपटाहट और बेकली बनी रही। इसलिए वे आज बड़े तड़के ही उठ बैठे। वे प्रिया राधा के प्रेम के रस में भरे हुए थे और उनके हृदय में

राधा के प्रति प्रेम धँस गया था। श्याम को उठता देखकर मैया यशोदा भी जग गईं। वे कन्हैया का सुंदर मुँह देखकर उनके एक-एक अंग में अनुरक्त हो गईं। यशोदा मैया अपने पुत्र कन्हैया से कहने लगी—मेरे बच्चे, मैं तुम पर निछावर हुई जा रही हूँ। यह तो बड़े अचरज की बात है कि तुम आज बड़े सबेरे उठ गए हो, रोज तो बहुत देर में उठा करते थे। क्या बात है ? फिर उन्होंने बढ़िया पानी लेकर बेटे का मुँह धो दिया। फिर उन्हें झारी में भरकर जल और दतुवन दे दी। और श्याम सुंदर के सुंदर तन पर अपने को निछावर कर दिया। श्याम तो नागरी राधा के प्रेम रस में मस्त थे। इसलिए उन्होंने जल्दी-जल्दी दतुवन कर ली। जिनके बल पर तीनों लोक टिका हुआ है, उन्हीं श्याम की राधा के प्रेम में ऐसी विकल दशा हो गई है।

१५५४/२५८४ राग बिलावल

उत बृषभानु सुता उठी, वह भाव बिचारे।
रैनि बिहानी कठिन सौं, मनमथ-बल भारे।
ग्रीव मुतिसरी तोरिकै, अँचरा सौं बाँध्यौ।
यहै बहानौ करि लियौ, हरि-मन अनुराध्यौ।
जननि उठी अकुलाइ कै, क्यौं राधा जागी।
कहा चली उठि भोर ही, सोवै न सभागी।
अब जननी सोऊँ नहीं, रबि-किरनि प्रकासी।
तुहूँ उठति काहैं नहीं, जागे ब्रज-बासी।
आपु उठी आँगन गई, फिरि घरहीं आई।
कब धौं मिलिहौं स्याम कौं, पल रह्यौ न जाई।
फिरि-फिरि अजिरहिं भवनहीं, तलबेली लागी।
'सूरस्याम' कैं रस भरी, राधा अनुरागी॥

उधर वृषभानु की बेटी राधा भी उठी। उसके भी मन में, कृष्ण के प्रति वही प्रेम-भाव रात भर बना हुआ था। उसे भी भारी काम-पीड़ा थी। अत: उसकी भी रात बड़ी कठिनाई से बीती थी। उसने अपने गले की मोती-माला तोड़कर अपने आँचल के खूँट में बाँध लिया। उसका मन तो हरि के अनुराग में लगा हुआ था। अत: उसने मोती की माला ढूँढ़ने का बहाना बनाया। राधा को इतनी जल्दी उठी देखकर माँ कीर्ति अकुला गई और बोली—'बेटी, आज इतने सबेरे कैसे जग गई, और बड़े तड़के तू कैसे उठ गई। अरी भागवान, सो क्यों नहीं जाती ?' तब राधा ने कहा—'मैया अब नहीं सोऊँगी, सूर्य की किरनें निकल आई हैं। सारे ब्रजवासी जग गए हैं। तू भी क्यों नहीं उठ बैठती ?' यह कहकर राधा उठी और आँगन में चली गई। फिर वह आँगन से फिर कर घर में ही लौट आई। मैं कब श्याम से मिल पाऊँगी—वह यही सोचती रही और उससे एक पल भी नहीं रहा जा पा रहा था। वह बार बार घर से आँगन का और आँगन से घर का चक्कर काटने लगी। उसे कृष्ण से मिलने की बिकलता सताए जा रही थी। वह अनुरागिनी राधा श्याम के प्रेम-रस में डूबी उतराई जा रही थी।

१५५५/२५८५ *राग गुंड मलार*

सुता सौं कहति वृषभानु-घरनी ।
कहाँ तू राधिका भोर तैं फिरति है, तेरी गति मोपै नहिं जात बरनी ।
तोरि मोतीसरी गुप्त करि धरी कहुँ, याही मिस सकुचि रही, मुख न बोलै ।
मनहु खंजन कमल चंद-फंदा पर्यौ, उड़त नहिं बनत, इत उतहिं डोलै ।
कहा तेरी प्रकृति परी धौं लाड़िली, अबहिं तैं कहाँ तू जाइगी री ।
'सूर' कहै जननि, बोलै नहीं आज तू, परुसि धरि हौं, आई खाइगी री ॥

वृषभानु की गृहिणी कीर्ति अपनी बेटी राधा से कह रही हैं—अरी राधा, तू सबेरे से ही क्या इधर उधर चक्कर काटे जा रही है। मुझसे तेरी यह दशा कुछ कहते नहीं बन पा रही है। राधा ने अपनी मोती-माला तोड़कर कहीं छिपा दिया था। इसी बहाने वह संकोच का नाट्य कर रही थी। और मुँह से कुछ बोल ही नहीं रही थी। ऐसा लग रहा था मानो राधा के नेत्ररूपी चंचल खंजन, मुख रूपी चंद्रमा के फंदे में फँस गए हों और उड़ते नहीं बन पा रहा हो। वे लाचार होकर बस इधर उधर पंख फड़फड़ा कर रह जा रहे हों।

राधा की यह दशा देखकर माँ कीर्ति बोलीं—'यह तेरी कौन सी आदत पड़ गई है? आज तू इतने तड़के कहाँ जायेगी? तू आज बोल क्यों नहीं रही है। मैंने तेरे लिए कलेवा परस दिया है, क्या तू आकर खाएगी भी नहीं?'

१५५६/२५८६ *राग नट*

जननी पुनि-पुनि ग्रीव निहारै ।
देखौं नहीं मुतिसरी माला, सो जनि कतहूँ डारै ।
बोलै नहीं बात यह सुनि रही, मन लागी मुसुकान ।
अबहीं मोकौं खीझि पठैहै, बनिहै ह्वाँ कौ जान ।
भली बुद्धि मेरैं चित आई, कृष्न-प्रीति है साँची ।
'सूरदास' राधिका नागरी, नागर कै रँग राँची ॥

माता कीर्ति की निगाह राधा के गले पर गई, जहाँ मोती-माला नहीं थी। अतः वह राधा के गले की ओर बार बार देखने लगीं और बोलीं—'तेरे गले में मोती की माला नहीं देख रही हूँ। उसे कहीं गिरा मत देना।'

माता की यह बात सुनकर राधा कुछ नहीं बोली, पर वह मन ही मन यह सोचकर मुसकुरा उठी कि मैया अभी-अभी चिढ़कर मुझे मोतिसरी खोजने के लिए भेजेगी और मुझे वहाँ जाना ही पड़ेगा। मेरे मन में बड़ी अच्छी बुद्धि उपजी। कृष्ण के प्रति मेरी प्रीति सच्ची है, तभी तो मेरा यह उपाय सफल होने जा रहा है। नागरी राधा नागर कृष्ण के प्रेम में एकदम रँग उठी है।

१५५७/२५८७ *राग सोरठ*

जननी अतिहिं भई रिसहाई ।
बार-बार कहै, कुँवरि राधिका, मोतिसरि कहाँ गँवाई ।
बूझे तैं तोहिं ज्वाब न आवै, कहा रही अरगाई ।
चौसर हार अमोल गरे कौ, देहु न मेरी माई ।

कालिहिं तैं रीतौ गर तेरौ, डारि कहूँ तू आई।
सुनहु 'सूर' माता रिस देखत, राधा हँसति डराई॥

मोती-माला खोई जानकर कीर्ति मैया राधा से बड़ी क्रुद्ध हो गईं, वे बार-बार राधा से कहने लगीं—राधा, तूने मोती माला कहाँ खो दी? पूछने पर तू कोई उत्तर नहीं दे रही है। तू चुपचाप अलग थलग क्यों खड़ी है? तेरे गले में मोतियों की चार लड़ों की अनमोल माला थी। अरी मैया, लाकर वह हार मुझे देना। मैं कल से ही तेरा गला खाली देख रही हूँ। तू उसे कहीं गिरा आई है।'

माता का क्रोध देखकर राधा मन में तो हँसने लगी, पर ऊपर से वह अपने को डरी हुई सी दिखाने लगी।

१५५८/२५८८ राग बिलावल

सुनि ही मैया काल्हिहीं, मोतिसरी गँवाई।
सखिनि मिलै जमुना गई, धौं उनहिँ चुराई।
कीधौं जलही मैं गई, यह सुधि नहिँ मेरैं।
तब तैं मैं पछिताति हौं, कहति न डर तेरैं।
पलक नहीं निसि कहुँ लगी, मोहिं सपथ तिहारी।
इहिं डर तैं मैं आजुहीं, अति उठी सबारी।
महरि सुनत चक्रित भई, मुख ज्वाब न आवै।
'सूर' राधिका गुन भरी, कोउ पार न पावै॥

राधा ने कहा—मैया, सुन। वह मोती-माला तो कल से ही खो गई है। मैं सखियों को साथ लेकर कल जमुना गई थी। हो सकता है उन्हीं में से किसी ने चुरा लिया हो। यह भी तो हो सकता है कि गले से निकलकर वह जमुना के जल में ही गिर गई हो। मुझे इसका कुछ खयाल नहीं आ रहा है। मैं तभी से पछताई जा रही हूँ। मारे डर के मैं तुझसे कुछ कह नहीं पाई। आज रात भर एक पल के लिए भी मेरी पलकें नहीं लगीं, मुझे नींद नहीं आई। मैं तेरी सौगंध खाकर कह रही हूँ कि मैं आज रात भर सोई नहीं। इसी भय से मैं आज इतने सबेरे उठ गई।

राधा की यह बात सुनकर कीर्ति महरि चकित हो गईं और उनके मुँह से कोई जवाब नहीं निकला। राधा भारी गुनागरी है। भला उससे कोई पार पा सकता है?

१५५९/२५८९ राग गुंड मलार

क्रोध करि सुता सौं कहति माता।
तोहिं बरजति मरी, अचगरी सिर परी, गर्व-गंजन नाम है विधाता।
तोहिँ कछु दोष नहिँ, भ्रमति तू जहाँ तहिँ, नदी डोंगर बनहिं पात-पाता।
मातु-पितु लोक की, कानि मानै नहीं, निलज भई रहति, नहिँ लाज गाता।
भली नहिँ उन करी, सीस तोकौं धरी, जगत मैं सुता तू, महर ताता।
बात सुनिहै स्रवन, भई बिनहीं भवन, 'सूर' डारै मारि आजु भ्राता॥

कीर्ति मैया ने क्रोध करके बेटी राधा से कहा—तू मर जा, तुझे मैं बार-बार बरजती रही कि इतनी कीमती मोतियों की माला पहनकर कहीं बाहर मत जाया कर। पर नटखटपना तो तेरे सिर पर सदा सवार रहता है। अच्छा हुआ हार खो गया और तेरा गर्व भी टूट गया। विधाता का नाम ही गर्व तोड़ने वाला है। उसीने तेरा यह घमंड चूर-चूर कर दिया है। तेरा इसमें कोई देष नहीं। तू जहाँ तहाँ नदी, पहाड़ और वन में के पात-पात में घूमती रहती है। तुझे न माता-पिता की मर्यादा का ध्यान है, न लोक-लज्जा का। तू एकदम बेहया हो गई है। तेरे शरीर में हया-शरम रह ही नहीं गई है। उनने (वृषभान ने), तेरे बाप ने अच्छा नहीं किया, जो तुझे सिर पर चढ़ा रखा। संसार में तू ही एक बेटी है, और (वृषभान) महर ही एक बाप हैं। जब इस मोतिसरी के खो जाने की बात तेरा भैया सुनेगा तो या तो तुझे भवन-विहीन कर देगा, तुझे घर से निकल बाहर करेगा या फिर तुझे जान से ही मार डालेगा।

१५६०/२५९० राग धनाश्री

जाहु तहीं मोतिसरी गँवाई ।
तबहीं तौ घर पैठन पैहौ, अब ऐसैं ढँग आई ।
जो बरजौं आपुन सोई करै, देखौ री गुन माई ।
इक-इक नग सत-सत दामनि कौ, लाख टका दै ल्याई ।
जाकैं हाथ पर्‌यौ सो दैहै, घर बैठे निधि पाई ।
'सूर' सुनति री कुँवरि राधिका, तोकौं नहीं भलाई ॥

राधा की माँ कुपित होकर बोलीं—वहीं जाओ, जहाँ मोतिसरी गँवा आई हो। जब उस मोती के बहुमूल्य हार को खोजकर ले आओगी, तब घर में घुसने पाओगी। अब तूने घर का सत्यानाश करने का यह ढंग सीख लिया है। मैं जो न करने के लिए कहूँगी, यह लड़की बद कर वही करेगी—लोगों, इसका यह गुन तो देखो। इस हार के एक एक नग (एक एक मोती) का दाम तो सौ-सौ द्रम्म (प्राचीन काल का एक सिक्का) था। मैं एक लाख टका (रुपया) देकर इसे खरीद लाई थी। अब जिसके हाथ यह मोती-माला पड़ गई होगी, क्या वह उसे लौटा देगा? कदापि नहीं। वह तो यही सोचेगा कि भगवान की बड़ी कृपा है जो घर बैठे अपने आप यह निधि (बहुमूल्य पदार्थ) मुझे मिल गई है। मुझे इसके लिए किसी प्रकार का श्रम नहीं करना पड़ा है। कुँवरि राधिका, कान खोलकर सुन लो, अब तुम्हारी भलाई इसीमें है कि यह मोतिसरी खोजकर ले आओ। अन्यथा तुम्हारी कुशल नहीं।

१५६१/२५९१ राग टोड़ी

भरि-भरि नैन लेति है माता। मुख तैं कछु आवै नहिँ बाता ॥
रीती ग्रीव निहारति जबहीं। हियौ उमँगि आवत है तबहीं ॥
मुतिसरि तैं मुख परम बिराजै। मानौ ससि पारस बिच भ्राजै ॥
मुतिसरि-माला कहाँ गँवाई। जीव बिना करिहै वह भाई ॥
जा धौं देखि कहूँ जो पावै। 'सूर' जोरि कर बिधिहिं मनावै ॥

मोतिसरी के खो जाने से माता कीर्ति की आँखों में आँसू भरभरा आए। उनके मुख से वाणी नहीं फूट पाई। वे अवाक हो उठीं। जब-जब वे राधा का माला-हीन रिक्त गला देखती थीं, तब-तब उनका हृदय उमड़कर उनके मुँह तक आ जाता था। वे बोलीं—इस मोती-माला के पहने रहने पर तेरा मुँह ऐसा सुंदर सोहता था, मानो पारस मणियों के बीच चंद्रमा सुशोभित हो रहा हो। तूने वह मोतियों का हार कहाँ खो दिया। तुझे तेरा भाई ही जान से मार डालेगा। जा जा, खोज। शायद वह कहीं गिरा पड़ा मिल ही जाय। ऐसा कहकर कीर्ति रानी हाथ जोड़कर मनाने लगीं—हे भगवान, वह मोती-माला मिल जाय।

१५६२/२५९२ राग गुंड मलार

कहा वह मोतिसरि, जो गँवाई री।
बबा सौं और लैहौं मँगाई री।
वै कहा करैगी, सैंति राखे री।
ता दिन तुहीं धौं, कितिक भाखे री।
नैन भरि लेति, कह, और नाहीं री।
छार मोतिसरि कौ, मोहिं रिसाही री।
सँदूखनि भरि धरे, सो न खोलै री।
कहा मोसौं खीझि-खीझि बोलै री।
सुता वृषभानु की, हरष मनहीं री।
'सूर' प्रभु सैन दै, बोले बनही री॥

राधा अपनी माता से बोलीं—मुझसे वह मोती माला जो खो ही गई, तो क्या हो गया? मैं अपने बाबा (वृषभानु) से दूसरी माला मँगवा लूँगी। तुम उन सभी आभूषणों को लेकर क्या करोगी, जिन्हें तुमने समेट करके रख छोड़ा है। उस दिन तो तुम्हीं ने कहा था मेरे पास इतने इतने, कितने ही गहने हैं, तू एक मोतिसरी के लिए इतने आँसू बहाए जा रही है। बता, तेरे पास और गहने नहीं है क्या। यह मोतिसरी तो राख के बराबर है, इसके लिए तू मुझपर इतनी बिगड़ी जा रही है। तूने संदूकों में गहने भर रखे हैं, उन संदूकों को क्यों नहीं खोलती? मुझसे क्यों इतनी झल्ला-झल्लाकर बोले जा रही है?

इसी समय कृष्ण ने इशारा देकर राधा को वन में बुलाया। और वृषभानु की बेटी राधा मन में परम प्रसन्न हो उठी।

१५६३/२५९३ राग गौरी

सुनि राधा अब तोहिं न पत्यैहौं।
और हार चौकी हमेल अब, तेरैं कंठ न नैहौं।
लाख टका की हानि करी तैं, सो जब तोसौं लैहौं।
हार बिना ल्याऐं लड़बौरी, घर नहिँ पैठन दैहौं।
जब देखौंगी वहै मोतिसरि, तबहीं तो सचु पैहौं।
नातरु 'सूर' जन्म भरि तेरौ, नाउँ नहीं मुख लैहौं॥

राधा की माँ राधा से बोली—राधा, सुन! अब मैं तेरा तनिक भी विश्वास नहीं करूँगी।

और अब मैं तेरे गले में कोई दूसरा हार, चौकी (गले का लटकने वाला एक चौकोर आभूषण) या हुमेल (मोहरों या रुपयों का हार) नहीं डालूँगी। तूने मेरी लाख टके की हानि कर दी है, वह जब तुझसे ले लूँगी, तभी तुझे घर में घुसने दूँगी, बिना हार लाए, तुझे घर में प्रवेश नहीं मिल पाएगा। हे लाड़-दुलार में बिगड़ी हुई राधे, इसे भलीभाँति समझ ले। जब मैं वही मोतिसरी देख लूँगी और उसे पहचान लूँगी, तभी मुझे चैन मिलेगा। नहीं तो जन्म भर मैं अपने मुँह से तेरा नाम नहीं लूँगी।

१५६४/२५९४ राग कल्यान

सुनि री राधा, अति लड़बौरी, जमुन गई जब, संग कौन ही ।
बूझति नहीं जाइ अपननि कौं, न्हाति रही तब जौन जौन ही ।
काकौ नाउँ धरौं तो आगैं, ललिता चंद्रावली है नहीं ।
बहुत रहीं सँग सखी सहेली, कहौं काहि मैं सैन-सैन ही ।
देखौं जाइ जमुन-तट ही मैं, जहँ धरिकै मैं न्हाति रही ही ।
'सूर' जाइ बूझौं धौं वाकौ, व्रज-जुवती इक देखि रही ही ॥

राधा की माँ कीर्ति कहने लगीं—'लाड़-प्यार में बिगड़ी राधा, सुन। जब तू जमुना गई थी, तब तेरे साथ कौन कौन थीं। तेरी जो सखियाँ तेरे साथ जमुना में स्नान कर रही थीं, तू उनसे जाकर क्यों नहीं पूछती?'

इस पर राधा ने कहा—मैं, तुम्हारे आगे किस-किस का नाम लूँ? ललिता और चंद्रावली तो थीं ही नहीं। साथ में मेरी बहुत-बहुत सी सखी सहेलियाँ थीं। मैं इशारे इशारे में ही किसको कह दूँ कि इसने मेरा हार ले लिया होगा। मैं जमुना के किनारे ही जाकर वहाँ देखे लेती हूँ, जहाँ हार उतारकर मैंने रख दिया था और नहा रही थी। उस समय ब्रज की एक युवती उसे देख रही थी। मैं अब जाकर उससे पूछताछ किए लेती हूँ।

१५६५/२५९५ राग धनाश्री

जैहै कहाँ मोतिसरि मोरी ।
अब सुधि भई लई वाही नैं, हँसति चली वृषभानु किसोरी ।
अबहीं मैं लीन्हे आवति हौं, मेरैं सँग आवै जनि को री ।
देखौ धौं कह करिहों वाकौं, बड़े लोग सीखत हैं चोरी ।
मोकौं आजु अबेर लागिहै, ढूढ़ौंगी घर-घर व्रज-खोरी ।
'सूर' चली निधरक ह्वै सब सौं, चतुर राधिका बातनि भोरी ॥

राधा बोली—'मेरी मोतिसरी जायगी कहाँ। अब मुझे ख्याल हो गया है, उसी ब्रज युवती ने उसे लिया है।' यह कहकर वृषभानु की बेटी राधा हँसते हुए घर से जमुना-तट की ओर चल पड़ी और कहती गई—मैं अपनी मोतिसरी अभी लिए आती हूँ। मेरे साथ कोई न आवे, देखना, मैं उसकी कौन-कौन गति नहीं करती? अब बहुत लोग और बड़े-बड़े लोग भी चोरी करने लगे हैं। मैं ब्रज में घर-घर और गली-गली खोजूँगी, इसलिए लौटने में मुझे देर लग जायगी।

राधिका बड़ी चतुरा है। उसने बातों में ही अपनी माँ को बहला लिया और निधड़क होकर कन्हैया से मिलने चल पड़ी।

१५६६/२५९६ *राग कल्यान*

नंदनँदन बार-बार रवनि-पंथ जोहै री ।
लोचन हरि करि चकोर, राधा-मुख-चंद ओर,
देखत नहिँ तिमिर भोर, मनही मन मोहै री ।
नैना दोउ भृंग रूप, वदन-कमल सरद ऽनूप,
तरनि कौ प्रकास, मिलन बिना चपल डोलै री ।
लोचन-मृग सुभग जोर, राग रूप भए भोर,
भौंह-धनुष, सर-कटाच्छ, सुरति-व्याध, तोलै री ।
कीधौं ये चच्छु चारु, प्यारी-मुख रूप सारु,
स्याम देखि रीझे, मन यहै साँच मानी री ।
'सूरस्याम' सुखद-धाम, राधा है जाहि नाम,
आतुर पिय जानि, गवन प्यारी अतुरानी री ॥

नंद-नंदन श्यामसुंदर निकुंज-धाम् में बैठ हुए बार-बार अपनी रमणीय रमणी सखी राधा का रास्ता देखे जा रहे थे। कृष्ण के नेत्र चकोर हो गए थे। और वे राधा के मुख रूपी चंद्रमा की ओर मन ही मन मोहित होकर देखते जा रहे थे। वे न तो रात का अंधकार देख रहे थे, न भोर का उजाला ही। उनके दोनों नेत्र भौंरे के समान थे और राधा का मुख शरद के अनुपम कमल के समान था। सूर्य के प्रकाश के मिलन बिना वे नेत्र-भ्रमर चपल होकर इधर-उधर मँडराए जा रहे थे। उनके दोनों नेत्रों का सुंदर जोड़ा मृग के समान था, जो राधा के रूप रूपी राग पर विभोर हो गया था। राधा की स्मृति रूपी व्याध भौंह रूपी धनुष पर, कटाक्ष रूपी बाण चढ़ाकर उस मृग को मार डालने पर तुल गया था। अथवा राधा का मुख रूप का सार है, जिसे देखकर श्याम के सुंदर नेत्र रीझ गए हैं। मेरा मन इसी को सच मान रहा है। श्याम सुखद निकुंज-धाम में विकल बैठे हुए हैं। प्रिय की यह व्याकुलता जान कर प्यारी राधा ने जल्दी-जल्दी वहाँ आगमन किया।

१५६७/२५९७ *राग देव गंधार*

स्याम अति राधा-विरह भरे ।
कबहुँ सदन, कबहूँ अँगनाई, कबहूँ पौरि खरे ।
जननी आतुर करति रसोई, देखि-देखि हरि जात ।
कहा अबेर करति तू अब री, भूख लगी अति मात ।
मैं बलि जाउँ स्याम घन सुंदर, अब बैठौ तुम आइ ।
'सूर' सखा सँग सबै बुलावहु, हलधर तहीं बत्याइ ॥

श्याम राधा के विरह में अत्यंत भरे हुए थे, विकल थे। वे कभी घर में, कभी आँगन में, कभी फाटक पर आकर खड़े हुए जा रहे थे। यशोदा मैया भोजन बना रही थीं, हरि बार-बार रसोई देख जाते थे कि अभी भोजन तैयार होने में कितनी देर है। वे मैया से बोले—'मैया, तू देर क्यों कर रही है। मुझे अत्यंत भूख लग गई है।'

तब यशोदा मैया बोलीं—हे घनश्याम, हे श्यामसुंदर, मैं तेरी बलैया लेती हूँ। अब तुम

भोजन के लिए आ बैठो। अपने सभी संगी साथियों को भी बुला लो। बलराम भी वहीं बातें कर रहे हैं। उन्हें भी लिवाते आओ।

१५६८/२५९८ राग बिलावल

महरि कह्यौ नँद-लाड़िले, सँग सखा बुलावहु।
करै कलेऊ आइकै, हलधरहुँ चलावहु।
हलधर लयौ बुलाइ कै, मोहन करि आदर।
दाऊ जू चलि जेंइयै, यह कहि मन सादर।
कान्ह जाइ तुम जेंवहू, मोकौं रुचि नाहीं।
सखा संग हरि लै गए, बैठे इकठाहीं।
षट रस व्यंजन को गनै, बहु भाँति रसोई।
सरस कनिक बेसन मिलै, रुचि रोटी पोई।
प्रेम सहित परुसन लगी, हलधर की माता।
ग्वाल सखा सब जोरिकै, बैठे नँद-ताता।
सखा सबै जेंवन लगे, हरि आयसु दीन्हौ।
'सूरदास' प्रभु आपहूँ कर कौर जु लीन्हौ॥

महरि यशोदा ने कहा—हे नंद-दुलारे अब अपने संगी साथियों को बुला लो, हलधर को भी लेते आओ। सब लोग आकर कलेवा कर लें। मोहन ने आदर के सहित हलधर को बुलाया। 'दाऊजी चलकर जीमन कर लीजिए' उन्होंने यह सादर कहा।

बलराम ने कहा—'मुझे खाने की अभी इच्छा नहीं है। कन्हैया तुम जाकर भोजन कर लो।'

तब हरि ने अपने साथ सब साथियों को ले लिया और वे भोजन के लिए इकट्ठे बैठ गए। छहों रसों के खाद्य पदार्थ बने थे—रसोई में सब प्रकार की सामग्री तैयार थी। इतने प्रकार की चीजें बनी हुई थीं कि उनकी गिनती नहीं। खट्टा, मीठा, तीखा, कड़ुवा, नमकीन और कसैला सभी प्रकार के भोजन थे। बढ़िया गेहूँ के आटे में चना का बेसन मिलाकर बढ़िया रोटी पोई गई थी। बलराम की माँ रोहिणी प्रेम के साथ परोसने लगी। सभी ग्वाल सखाओं को इकट्ठा करके नंद के तात कृष्ण बैठे हुए थे। हरि ने भोजन करने की आज्ञा दी और सभी सखा खाने लगे। कृष्ण ने भी खाने के लिए अपने हाथ में भोजन का ग्रास उठा लिया।

१५६९/२५९९ राग आसावरी

नंद-महर-घर के पिछवारैं, राधा आइ बतानी।
मनौ अंब-दल-मौर देखिकै, कुहुकी कोकिल बानी।
झूठेहिं नाम लेति ललिता कौ, काहैं जाहु परानी।
वृंदावन-मग जाति अकेली, सिर ले दही मथानी।
मैं बैठी परखति ह्वाँ रैहौं, स्याम तबहिं तिहिं जानी।
कोक-कला-गुन आगरि नागरि, 'सूर' चतुरई ठानी॥

नंद महर के घर के पीछे आकर राधा ने जोर से बात की। ऐसा लगा मानो बसंत ऋतु में आम के बौर को देखकर कोयल कुहुक उठी हो। उसने झूठमूठ का ललिता का नाम लेते हुए कहा—अरी ललिता, क्यों भागी जा रही है, मैं भी अकेले ही सिर पर दही की मथानी लिए वृंदावन की ओर चली जा रही हूँ। मैं वहाँ बैठी हुई तेरी प्रतीक्षा करती रहूँगी। श्याम राधा का संकेत समझ गए कि राधा अकेली ही वृंदावन की ओर जा रही है। वह वहाँ मेरी प्रतीक्षा करती रहेगी। कोक-कला में निपुण गुनागरी नागरी राधा ने इस प्रकार चतुराई करके अपना काम साध लिया।

१५७०/२६०० राग रामकली

स्याम सखा जेंवत ही छाँड़े।
कर कौ कौर डारि पनवारैं, आपु चले अति चाँड़े।
चकित भईं देखत जननी दोउ, चकित भए सब ग्वाल।
अति आतुर तुम चले कहाँ हौ, हमहिं कहौ गोपाल।
अबहीं एक सखा यह कहि गयौ, गाइ रही बन ब्याइ।
सुनहु 'सूर' मैं जेंवन बैठ्यौ, वह सुधि गई भुलाइ॥

राधा की चतुराई भरी बात सुनकर श्याम ने भोजन करना छोड़ दिया। उन्होंने हाथ का उठा ग्रास भी पत्तल पर छोड़ दिया और हड़बड़ा कर चल पड़े। दोनों माताएँ यशोदा और रोहिणी श्याम की यह हड़बड़ी देखकर चकित हो गईं। सब ग्वाल-बाल भी आश्चर्य में पड़ गए। वे बोले—गोपाल, हमें बताओ तो, तुम इतनी तेजी से हड़बड़ाकर कहाँ चले जा रहे हो?

तब श्याम ने कहा—अभी थोड़ी देर पहले एक सखा कह गया था कि वन में एक गाय बिया रही है। मैं जेवन करने बैठ गया और गाय बिआने की सुधि भूल गया था। अभी-अभी यकायक मुझे खयाल आ गया और मैं जल्दी में वृंदावन जा रहा हूँ।

१५७१/२६०१ राग ललित

धौरी मेरी गाइ बियानी।
सखनि कह्यौ तुम जेंवहु बैठे, स्याम चतुरई ठानी।
गाइ नहीं, ह्वाँ बछरा नाहीं, ह्वैहै राधारानी।
सखा हँसत मनहीं मन कहि-कहि, ऐसे गुननि निधानी।
जननी भेद नहीं कछु जानै, बार-बार अकुलानी।
'सूर' स्याम भूखौ उठि धायौ, मरै न गाइ बियानी॥

कन्हैया ने चतुराई की और सखाओं से कहा—'मेरी धौरी गाय ब्या गई है, मैं वहीं जा रहा हूँ, तुम सब बैठ कर भोजन कर लो।' 'वहाँ न तो कोई गाय है, न कोई बछड़ा ही, वहाँ राधा रानी आ गई होगी।' सखा लोग हँस कर मन ही मन ऐसा सोचकर कह उठे कि श्याम ऐसे गुण-निधान है। माताओं ने कुछ भी भेद न जान पाया और वे अकुला उठीं और कहने लगीं—'श्याम आज भूखा ही उठ दौड़ा है, जिससे गैया बिआते समय मर न जाय। सचमुच मेरा गोपाल गो-पाल है।'

१५७२/२६०२ राग कल्यान

सैन दै नागरी गई बन कौं।

तबहिं कर-कौर दियौ डारि, नहिं रहि सके, ग्वाल जेंवत तजे, मोह्यौ उनकौं।
चले अकुलाइ, बन धाइ, ब्याई गाइ देखिहौं जाइ, मन हरष कीन्हौं।
प्रिया निरखति पंथ, मिलैं कब हरि कंत, गए इहिँ अंत, हँसि अंक लीन्हौ।
अतिहिं सुख पाइ, अतुराइ मिले धाइ दोउ, मनौ अति रंक नवनिधिहिँ पाई।
'सूर' प्रभु की प्रिया, राधिका अति नवल, नवल नँदलाल के मनहिँ भाई॥

इशारा देकर नागरी राधा वृंदावन को चली गई। तभी श्याम ने हाथ में उठाया हुआ कवर भी पत्तल पर छोड़ दिया। वे वहाँ अब एक क्षण के लिए नहीं रुक सके। उनका राधा का मोह इतना अधिक हो गया कि वे ग्वाल बालों को कलेवा करते छोड़ गए। वे हड़बड़ा कर वृंदावन की ओर दौड़ चले। उन्होंने मन में अत्यंत आह्लाद करते हुए कहा—वृंदाबन जाकर मैं ब्याई गाय देखूँगा।

उधर प्रिया राधा श्याम का रास्ता निहार रही थी कि कब मेरे कांत हरि आकर मुझसे मिलते हैं। इसी अंत (लक्ष्य) से तो कृष्ण गए ही थे। उन्होंने पहुँचते ही हँसकर राधा को छाती से लगा लिया। दोनों राधा और श्याम अत्यंत आतुरता के साथ दौड़कर एक दूसरे से मिले जैसे किसी निर्धन ने नवों निधियों को पा लिया हो। उस समय प्रभु की प्रिया राधिका अत्यंत नवला थी। वह नवल किशोर कृष्ण के मन को अत्यंत अच्छी लगी।

१५७३/२६०३ राग धनाश्री

पिछवारैं ह्वै बोलि सुनायौ।

कमल-नयन हरि करत कलेऊ, कर नाहिंन आनन लौं आयौ।
गाइ एक बन ब्याइ रही है, याहीं मिस आतुर उठि धायौ।
बेनु न लियौ, लकुट नहिं लीन्ही, हरबराइ कोउ सखा न बुलायौ।
चौंकि परे चक्रित ह्वै जित-तित, सत्य आहि की सुपन भुलायौ।
फूरे फिरत, अंक नहिं मावत, मानहुँ सुधा-किरनि छबि छायौ।
मिलि बैठे संकेत लता तर, कियौ सबै जितनौ मन भायौ।
'सूरदास' सुंदरी सयानी, उलटि अंक गिरिधर पर नायौ॥

नंद के घर के पिछवाड़े से राधा ने बोलकर संकेत दिया कि मैं वृंदावन जा रही हूँ। वहाँ मैं प्रतीक्षा करूँगी। उस समय कमल-दल के समान नेत्र वाले श्याम कलेवा कर रहे थे। उन्होंने अपने हाथ में जो ग्रास उठाया था, उस ग्रास को मुँह में नहीं डाला, उसे नीचे पत्तल पर ही गिरा दिया। वन में एक गाय ब्या रही है, इसी बहाने वे जल्दी से वृंदावन की ओर उठ दौड़े। उन्होंने न तो अपनी बाँसुरी ली, न लाठी ली और हड़बड़ी में किसी सखा को भी नहीं बुलाया। श्याम चौंक पड़े और चकित होकर इधर-उधर देखने लगे कि यह वास्तविकता है अथवा मैंने कोई दिवा-स्वप्न तो नहीं देखा है। वे राधा को देखकर प्रफुल्लित हो उठे और फूलकर इतने मोटे हो गए कि राधा की बाहों में समा नहीं सके। उन्हें ऐसा लगा मानो सुधा की किरनों वाले चंद्रमा की छवि, उनके चारों ओर छा गई है।

वे दोनों राधा और कृष्ण पूर्व-निर्धारित लता के तले जा बैठे और उन्हें जो भी अच्छा लगा उसे मनमाना किया। सुंदरी राधा अत्यंत चतुरा है, उसने अपने को उलटकर गिरिधर के ऊपर लिटा दिया और इस प्रकार विपरीत रति की आकांक्षा प्रकट कर दी।

१५७४/२६०४ राग देवगंधार

दोऊ राजत रति-रन-धीर।
महा सुभट प्रगटे भूतल, वृषभानु-सुता, बल-वीर।
भौहैं धनुष चढ़ाइ परस्पर, सजे कवच तनु-चीर।
गुन-संधान निमेष घटत नहिं, छुटे कटाच्छनि-तीर।
नख नेजा-आकृत उर लागैं, नैंकु न मानत पीर।
मुरली धरनि डारि आयुध लौं, गहे सुभुज भट भीर।
प्रेम-समुद्र छाँड़ि मरजादा, उमँगि मिले तजि तीर।
करत बिहार दुहूँ दिसि तैं, मनु सींचत सुधा सरीर।
अति बल जोबन घाइ रुचिर रचि, बंदन मिलि स्रम-नीर।
'सूरदास' स्वामी अरु प्यारी, बिहरत कुंज-कुटीर॥

वृषभानु की सुता राधा और बलदाऊ के भाई कृष्ण दोनों पृथ्वीमंडल पर अत्यंत बलवान योद्धा के रूप में प्रकट हुए हैं। वे दोनों काम-कला के युद्ध में अत्यंत धैर्यशाली योद्धा के समान परस्पर गुत्थमगुत्था होकर भिड़ कर सुशोभित हुए। दोनों की भौंहे एक दूसरे के प्रति धनुष के समान चढ़ी हुई है। वे दोनों अपने-अपने शरीरों पर वस्त्र रूपी कवच धारण किए हुए हैं। उनकी बांकी चितवन के बाण काम-कला के गुण रूपी गुण (डोर) पर खिँचकर बराबर छूटते जा रहे हैं। उनके बाणों के चलने में किसी भी पल कमी नहीं हो रही है। उनके नखों के भालों की आकृतियाँ उनके वक्षों पर बनती जा रही थीं। वे एक दूसरे की छाती को अपने नखों से खरबोटते जा रहे थे। पर इन नख-क्षतों से वे जरा भी पीड़ा का अनुभव नहीं कर पा रहे थे। कृष्ण ने मुरली रूपी अपने अस्त्र को पृथ्वी पर फेंक दिया और दोनों योद्धाओं ने एक दूसरे को अपनी-अपनी भुजाओं में पकड़कर कस लिया। ऐसा लगता था मानों दो प्रेम-समुद्र अपनी सीमा और तट छोड़ छोड़कर उमड़कर परस्पर मिल कर एक हो गए हों। वे दोनों परस्पर मिलकर इस प्रकार रति-केलि किए जा रहे थे, मानों वे अपने शरीरों को अमृत से सींचे जा रहे हों। यौवन की मस्ती में उन्होंने इतना बल लगा दिया कि दोनों के शरीर पसीने से लथपथ हो गए और उनके माथे की रोरी की बिंदी ने पसीने से मिलकर शरीर पर दौड़कर रुचिर चित्र रच दिया। स्वामी श्याम और प्यारी राधा दोनों मिलकर इस प्रकार कुंज की कुटिया में विहार करने लगे।

१५७५/२६०५ राग कान्हरौ

नवल निकुंज, नवल नवला मिलि, नवल निकेतन, रुचिर बनाए।
बिलसत बिपिन बिलास बिबिध बर, बारिज बदन बिकच सचु पाए।
लागत चंद्र-मयूख सु तिय तनु, लता-भवन-रंध्रनि मग आए।

मनहुँ मदन-बल्ली पर हिमकर, सींचत सुधा धार सत नाए।
सुनि-सुनि सुचित स्रवन जिय सुंदरि, मौन किये मोदति मन लाए।
'सूर' सखी राधा माधव मिलि, क्रीड़त रति रति-पतिहिं लजाए ॥

उस नवीन कुंज में, नवलकिशोर कृष्ण और नवलकिशोरी राधा ने मिलकर एक नवीन और सुंदर कुटिया बना दी थी। वे दोनों उस वन में अनेक प्रकार की रति-केलि किए जा रहे थे। उनके खिले कमलों जैसे मुखों पर सुख झलका पड़ रहा था। लता-भवन के छिद्रों के रास्ते आकर चंद्रमा की किरणें राधा के शरीर पर पड़ी जा रही थीं। लगता था काम-वल्लरी राधा को शीतल किरणों वाला चंद्रमा अपनी सुधा की सैकड़ों धाराएँ डाल कर सींचे जा रहा हो। अपने प्रिय श्याम की प्रेममयी वाणी को स्वस्थ चित्त से सुन सुनकर सुंदरी राधा मौन होकर, मन ही मन आनंद लेने लगी। हे सखी, राधा माधव मिलकर इस प्रकार रति केलि करते हुए रति और रति-पति कामदेव को भी लज्जित किए दे रहे हैं।

१५७६/२६०६ राग कल्यान

हरषि पिय प्रेम तिय अंक लीन्ही।
प्रिया बिनु बसन करि, उलटि धरि भुजनि भरि,
सुरति रति पूरि, अति निबल कीन्ही।
आपनै कर-नखनि अलक कुरवारहीं,
कबहुँ बाँधैं अतिहि लगत लोभा।
कबहुँ मुख मोरि, चुंबन देत हरष ह्वै,
अधर भरि दसन वह उनहिं सोभा।
बहुरि उपज्यौ काम, राधिका पति स्याम,
मगन रस-ताम, नहिं तनु सम्हारैं।
'सूर' प्रभु नवल नवला, नवल कुंज गृह,
अंत नहिं लहत दोउ रति-बिहारैं ॥

परम प्रसन्न होकर प्रिय कृष्ण ने प्रेमपूर्वक प्रिय राधा को अपने अंक में लगा लिया। फिर उन्होंने प्रिया राधा को वसन-विहीन कर दिया, उनके शरीर पर कोई वस्त्र नहीं रहने दिया। फिर उन्होंने उनको अपनी भुजाओं में भरकर उलटकर नीचे लिटा लिया। फिर पूर्ण संभोग करके राधा को अत्यंत अशक्त कर दिया। तदनंतर वे अपने हाथ के नाखूनों से राधा के उलझे बाल सुलझाने लगे और कभी उनका जूड़ा बाँधने लगे। ऐसा करते हुए वे अत्यंत लुभावने लग रहे थे। कभी वह अपना मुँह मोड़कर प्रसन्न होकर चुंबन देते थे और कभी राधा के होठों को अपने दाँतों में भरकर सुशोभित होते थे। फिर राधिका के पति श्याम के शरीर में अत्यधिक काम उत्पन्न हो गया और वे उसी काम-रस में इतने डूब गए कि अपने शरीर को भी नहीं सँभाल सके। प्रभु नवल हैं, प्रभु की प्रिया नवला है, वृंदावन में विरचित वह केलि-कुंज भी नवल है। इस रति-विहार में वे दोनों काम-कला का अंत नहीं पा रहे हैं।

१५७७/२६०७ राग नट

नागर स्याम, नागरि नारि।
सुरत-रति-रन जीति दोऊ, अंग मनमथ धारि।
स्याम-तनु घन नील मानौ, तड़ित तनु सुकुमारि।
मनौ मरकत कनक संजुत, सच्यौ काम सँवारि।
कोक-गुन करि कुसल स्यामा, उत कुसल नँदलाल।
'सूरस्याम' अनंग-नायक, बिबस कीन्ही बाल॥

श्याम काम-कला में नागर हैं। राधा भी कोक-कला में परम प्रवीण हैं। दोनों ने अपने अंगों में काम का आवेग धारण कर रति-रण को जीत लिया। श्याम शरीर वाले घनश्याम, मानों श्याम घन (बादल) हैं, और सुकुमार शरीर वाली कनकवर्णी राधा मानो बिजली हों। मानों कामदेव रूपी सुनार ने नीलमणि को सोने में जड़कर भलीभाँति सँवार दिया हो। इधर श्यामा (षोडशी राधा) कोक-कला में दक्ष हैं, उधर नंदलाल भी इस कला नें परम प्रवीण हैं। अनंग-नायक स्याम ने नवल-अनंगा राधा को अंततः विवश कर ही दिया, थका मारा।

१५७८/२६११ राग विभास

स्यामा स्याम सौं अति रति कीनी।
स्त्रम-जल-बुंद बदन यौं राजति, मनु ससि पर मोतिनि लर दीनी।
मुक्ता-माल टूटि यौं लागति, ज्यौं सुरसरी अधोगति लीनी।
'सूरदास' मन हरन रसिक वर, राधा संग सुरति-रस भीनी॥

श्यामा राधा ने श्याम के साथ खूब रति-क्रीड़ा की। फलस्वरूप उनके मुखमंडल पर पसीने की बूँदें छा गईं। वे ऐसी लगती थीं मानों चंद्रमा पर मोतियों की लड़ी बिछा दी गई हो। उनकी मोतियों की माला इस रति-केलि में टूट गई। लगता था जैसे गंगाजी नीचे, नीचे पाताल में धँसती चली जा रही हो। मन को हर लेनेवाले रसिक शिरोमणि कृष्ण के साथ संभोग करती हुई राधा सुरति-सुख में निमग्न हो गई।

सुरतांत

१५७९/२६१२ राग गौरी

सुरति अंत बैठे बनवारी।
प्यारी-नैन जुरत नहिं सन्मुख, सकुचि हँसत गिरिधारी।
बसन सम्हारन लगे दोऊ तन, आनँद उर न समाइ।
चितवत दुरि-दुरि नैन लजौहैं, सो छबि बरनि न जाइ।
नागरि अंग मरगजी सारी, कान्ह मरगजे अंग।
'सूरज-प्रभु' प्यारी बस कीन्हीं, हाव-भाव रति रंग॥

संभोग समाप्त करके वनमाली कृष्ण उठकर बैठ गए। प्यारी राधा इस समय मारे संकोच के श्याम की ओर आँख भर कर देख नहीं पा रही थीं। और श्याम थे कि वे मुसकुराए जा रहे थे। इसके पश्चात वे दोनों अपने-अपने विवसन तन को स-वसन करने में लग गए। इस समय उनके हृदयों में हर्षातिरेक समा नहीं पा रहा था। वे दनों एक दूसरे को लजाई आँखों से देखे जा रहे थे। उन लजीली चितवनों की शोभा अकथनीय है, वर्णन

के बाहर है। नागरी राधा की तो सारी ही मसल उठी थी, पर कन्हैया के तो सारे अंग अंग ही मसल उठे थे। प्यारी राधा ने प्रभु कृष्ण को अपने हाव-भाव और रति-रंग से अपने बस में कर लिया।

१५८०/२६१३ राग सोरठ

रीझे स्याम नागरी-छबि पर ।
प्यारी एक अंग पर अँटकी, यह गति भई परस्पर ।
देह-दसा की सुधि नहिँ काहूँ, नैन-नैन मिलि अँटके ।
इंदीवर राजीव कमल पर, जुग खंजन जनु लटके ।
चकित भए, तनु की सुधि आई, बनही मैं भई राति ।
'सूरस्याम' स्यामा बिहार कियौ, सो छबि की इक भाँति ॥

उधर श्याम राधा नागरी की छवि पर रीझ उठे। और इधर राधा प्यारी श्याम के एक ही अंग की छवि पर उलझी रह गई। दोनों की परस्पर ऐसी दशा हो गई। दोनों में से किसी को अपने शरीर की सुधि नहीं रह गई। दोनों की आँखें परस्पर उलझ गईं—राधा की आँखें श्याम की आँखों से अटक गईं और श्याम की आँखें राधा की आँखों से टकराकर रुक गईं। कृष्ण का मुख इंदीवर (नीलकमल) सा था और राधा का राजीव (श्वेत कमल) जैसा। दोनों की आँखें खंजन सी थीं। लगता था जैसे इंदीवर और राजीव पर दो दो खंजन आकर लटक गए हो। अंततः दोनों को अपने-अपने तन की सुधि आई और वे यह देखकर चकपका उठे कि आज तो वन में ही रात हो आई है।

श्याम और श्यामा ने जो यह रति-विहार किया, यह भी उनकी छवि का एक रंग ही है।

प्रत्यावर्तन के पथ पर *१५८१/२६१४ राग आसावरी*

कान्ह कह्यौ बन रैनि न कीजै, सुनहु राधिका प्यारी ।
अति हित सौं उर लाइ कह्यौ, अब भवन आपनैं जा री ।
मातु-पिता जिय जानै न कोऊ, गुप्त-प्रीति-रस भारी ।
कर तैं कौर डारि मैं आयौ, देखत दोउ महतारी ।
तुम जैसी मोहिं प्यारी लागति, चंद चकोर कहा री ।
'सूरदास' स्वामी इन बातनि, नागरि रिझई भारी ॥

कन्हैया ने अत्यंत प्रेम से राधा को छाती से लगा लिया और कहा—हे राधिका प्यारी, सुनो वन में रात न करनी चाहिए। अब तुम अपने घर जाओ। गुप्त प्रीति में ही भारी रस होता है। तुम्हारे माता-पिता इस बात को न जानने पावें। मैं तो तुमसे इतना प्रेम करता हूँ कि दोनों माताओं—रोहिणी और यशोदा के देखते-देखते, मैं अपने हाथ का कवर तक छोड़कर भागा चला आया। हमारे प्रेम के आगे चकोर का चंद्रमा के प्रति प्रेम क्या है? श्याम ने अपनी इन बातों से नागरी राधा को पूर्णरूपेण रिझा लिया।

१५८२/२६१५ राग कल्यान

प्यारी उठि पिय कैं उर लागी ।

आलस अंग, लटकि लट छूटी, देखि स्याम बड़भागी।
सुरति-मौन-निसि बीती मानौ, हँसनि-प्रात भयो जागी।
अति सुख कंठ लगाइ लई हरि, अरस-परस अनुरागी।
नूतन मेघ, नवेली दामिनि, सहज मेटि मिलि पागी।
'सूरदास' प्रभु कौ अंकम भरि, काम-द्वंद तनु त्यागी॥

राधा प्यारी उठी और उठकर अपने प्रिय श्याम की छाती से लिपट गई। उसके अंग अंग अलसाए हुए थे। उसकी अलकें छूटकर उसके मुख मंडल पर लटक आई थीं। उस बड़भागिनी ने अपने प्रिय श्याम को देखा। सुरति की शांत मौन रात्रि बीत गई थी और अब प्रभात काल हो गया था और वह हँसते हुए जग पड़ी थी। हरि ने अत्यंत सुखपूर्वक राधा को गले लगा लिया और प्रेमपूर्वक उसका आलिंगन चुंबन परिरंभण किया। नवीन मेघ के समान साँवले कृष्ण और चमचमाती बिजली सी गोरी राधा अपना-अपना सहज रूप त्याग कर, मिलकर एकमेक हो गए थे। राधा ने श्याम को छाती से लगा लिया और शरीर से काम की सारी पीड़ा निकाल भगाई।

१५८३/२६१६ राग गौरी

कहा करौं, पग चलत न घर कौं।
नैन विमुख-जन देखे जात न, लुबधे अरुन अधर कौं।
स्रवन कहत वै बचन सुनैं नहिँ, रिस पावत मोपर कौं।
मन अँटक्यौ रस मधुर हँसनि पर, डरत न काहू डर कौं।
इंद्री अंग-अंग अरुझानी, स्याम रंग नटवर कौं।
सुनहु 'सूर' प्रभु रही अकेली, कह कहौं सुंदर वर कौं॥

राधा मन में कहने लगी—क्या करूँ, घर चलने के लिए पैर उठ ही नहीं पा रहे हैं। मेरे नेत्र विमुख लोगों को देखना ही नहीं चाहते। वे तो श्याम के लाल लाल अधरों पर लुभा गए हैं। विमुख लोग मेरे ऊपर क्रोध करके जो उलटी सीधी बातें करते रहते हैं, मेरे ये कान उन बातों को सुनना नहीं चाहते। मेरा मन तो कन्हैया की मीठी मुसकान में अटक गया है। यह किसी भी प्रकार के किसी के भी डर से डरता नहीं। मेरी सभी ज्ञानेन्द्रियाँ तो नटनागर श्याम के अंग अंग में उलझ गई हैं। मैं अपने प्राण प्रियतम श्याम सुंदर को क्या कहूँ। मैं तो अब अकेली हो गई हूँ।

१५८४/२६१० राग गौरी

स्याम आपनी चितवनि बरजौ, अरु मुख की मुसकानि।
तुम्हैं तनक सहज कैं कारन, सहियत सर्बस हानि।
इजै बिजै दोऊ आपस मैं, निरए बिधना आनि।
विद्यमान सबहीं इनि देखत, बस करिबे की बानि।
आपुनही डहकाइ अपुनपौ, कहियत कहा बखानि।
'सूरज' सुगथ गँवाइ गाँठि कौ, रही बौरई मानि॥

राधा कह रही है—श्याम तुम अपनी बाँकी चितवन और मधुर मुसकान को रोको।

तुम्हारी इन सहज, स्वाभाविक, अकृत्रिम चेष्टाओं के कारण मुझे अपने सर्वस्व की हानि उठानी पड़ जाती है। तुम्हारी चितवन और तुम्हारी मुसकान मेरा सब कुछ लूट लेती है। ब्रह्मा ने तुम्हारी चितवन को 'जय' के रूप में और तुम्हारी मुसकान को 'विजय' के रूप में ऐसा एक दूसरे का परस्पर सहायक बनाकर रचा है। सबकी उपस्थिति में भी, देखते-देखते, इनमें सबको बस में कर लेने की भारी गुणवती बानि है। मैं स्वयं अपना आपा गँवाकर क्या बखान करूँ। मैंने अपनी सारी पूँजी गँवा दी है और अब बावली, पगली बन गई हूँ।

१५८५/२६१८ राग गौरी

नैननि निरखि बसीठी कीन्ही, मन मिल्यौ पय पानि।
गहि रतिनाथ लाज निज पुर तैं, हरि कौं सौंपी आनि।
सुनि सिख करति, नंद-नंदन की दासी सब जग जानि।
जोइ जोइ कहत, करित सोई सोइ, आयसु माथै मानि।
गई जाति अभिमान मोह मद, पति-परिजन पहिचानि।
'सूर' सिंधु सरिता मिलि जैसैं, मनसा-बूँद हिरानि॥

राधा कहती है—मेरे नयनों ने, कृष्ण को देखकर, ऐसा दूतत्व किया कि मेरे मन को ले जाकर उनसे ऐसा मिला दिया जैसे दूध पानी मिलकर एकरूप हो जाते हैं। उधर रति के स्वामी कामदेव ने अपने पुर (मेरे हृदय) से मेरी लज्जा को पकड़कर हरि के हाथों ले जा सौंपा। सारा संसार अब जान गया है कि मैं हरि की दासी हूँ और नंदनंदन जैसी जैसी सिखावन देते हैं, मैं वैसा वैसा ही करती हूँ। वे जो कहते हैं, मैं उसे आज्ञा मानकर शिरोधार्य करती हूँ और वही करती हूँ। मेरी जाति, मेरा गर्व, मेरा मोह, मेरा मद, मेरी पति (प्रतिष्ठा), मेरे परिजन, मेरी पहचान सभी चले गए—समाप्त हो गए। जैसे सरिता जाकर समुद्र में समा जाती है, वैसे ही मेरी मनसा भी बूँद बनकर श्याम-समुद्र में खो गई है।

१५८६/२६१९ राग विहागरौ

अति हित स्याम बोले बैन।
तुव बदन देखे बिना, ये तृप्त होत न नैन।
पलक नहिं चित तैं टरति तुम, प्रान-वल्लभ नारि।
सुनत स्त्रवननि बचन अंमृत, हरष अंतर भारि।
मातु पितु अवसेरि करिहैं, गवन कीजै गेह।
'सूर' प्रभु प्रिय त्रिया आगैं, प्रगट्यौ पूरन नेह॥

श्याम अत्यंत प्रेमपूर्वक राधा से बोले—राधा, तुम्हारा मुखड़ा देखे बिना मेरी आँखें तृप्त नहीं होती, अघाती नहीं। हे नारी राधा, तुम मेरी प्राण-वल्लभा हो, मेरे प्राणों को परम प्रिय हो। तुम मेरे चित्त से एक पल के लिए भी उतरती नहीं। कानों से तुम्हारे अमृत के वचन सुनकर हृदय में भारी आह्लाद हो उठता है। तुम्हारे माता-पिता चिंतित होंगे, अब घर चली जाओ। श्याम प्रभु ने इस प्रकार अपनी प्राण प्रिया तिया राधा के आगे अपना सारा प्रेम प्रकट कर दिया।

१५८७/२६२० राग विहागरौ

स्याम प्रगट कीन्हौ अनुराग ।
अति आनंद मनहिँ मन नागरि, वदति अपने भाग ।
सुंदर घन उत ब्रजहिँ सिधारे, इतहिँ गमन कियौ नारि ।
दंपति नैन रहे दोउ भरि-भरि, गए सुरति-रति सारि ।
जननी मन अवसेर करति ही, हरि पहुँचे तिहिँ काल ।
'सूर' स्याम कौं मातु अंकभरि, कहति जाउँ बलि लाल ॥

जब श्याम ने राधा के ऊपर अपना प्रेम स्पष्ट रूप से प्रकट कर दिया, तब नागरी राधा को मन ही मन भारी हर्ष हुआ। वह इसे अपना सौभाग्य समझ उठी। श्याम सुंदर घनश्याम कृष्ण तो उधर ब्रज की ओर गये, इधर राधा रानी भी अपने घर बरसाना की ओर चल पड़ीं। जब दोनों सुरति और रति समाप्त कर अपने अपने आवासों की ओर चल पड़े, तब दोनों के नेत्र अश्रुपूर्ण हो चले, भरभरा आए। जिस समय मैया यशोदा चिंता में पड़ी हुई थीं, कि मेरा कन्हैया अभी तक नहीं आया, ठीक उसी समय कृष्ण आ गए। माता ने श्याम को गोद में भर लिया और कहने लगी, मैं अपनी लाल की बलैया लेती हूँ।

कृष्ण का घर पहुँचना *१५८८/२६२१ राग ईमन*

मैं बलि जाउँ कन्हैया की ।
कर तैं कौर डारि उठि धायौ, बात सुनी बन गैया की ।
धौरी गाइ आपनी जानी, उपजी प्रीति लवैया की ।
तातैं जल समोइ पग धोवति, स्याम देखि हित मैया की ।
जो अनुराग जसोदा कैं उर, मुख की कहनि नन्हैया की ।
यह सुख 'सूर' और कहुँ नाहीं, सौंह करत बल भैया की ॥

यशोदा मैया बोलीं--मैं अपने कन्हैया की बलैया लेती हूँ। जब उसने वन में अपनी गाय ब्याने की बात सुनी, तब वह अपने हाथ का कवर छोड़कर उठ दौड़ा। उसने अपनी धौरी गाय को बियाई हुई समझा और उसे अपनी उस नई ब्याई गाय के लिए प्रेम उमड़ पड़ा। तब यशोदा मैया ने गर्म जल में ठंडा जल मिलाकर गुनगुना करके थकावट मिटाने के लिए श्याम का पैर धोकर पोंछ दिया। श्याम ने भी देखा कि यशोदा मैया का नेरे प्रति कितना प्रेम है। यशोदा मैया के मन में मेरे प्रति जो प्रेम है, उसका वर्णन मुँह से कहना छोटी बात है। उसका अनुभव तो हृदय से किया जाना चाहिए, मुख से नहीं। मैं बलदाऊ भैया की शपथ खाकर कहता हूँ कि यह सुख और कहीं नहीं है।

१५८९/२६२२ राग ईमम

(कान्ह प्यारे) वारी स्याम सुंदर मूरति पर ।
छबि सौं लट लटकी मुख ऊपर, राजत मुरली सुभग धरे कर ।
सुंदर नैन बिसाल भौंह घन, तिलक बिराजत ललित भाल पर ।
'सूरज' स्याम बन्यौ अति बानक, बनमाला उर, कटि पीतांबर ॥

यशोदा मैया कह रही है—मैं अपने श्यामसुंदर की छवि पर निछावर हुई जा रही हूँ। इसके मुँह पर लट कैसी सुंदरता के साथ लटक रही है। वह अपने हाथों से मुरली लिये कैसा भला लग रहा है। इसके नेत्र बड़े-बड़े हैं और इसकी भौंहें घनी हैं। इसके सुंदर ललाट पर तिलक सुशोभित हो रहा है। इसके वक्ष पर वनमाला और कमर में पीतांबर इसके वेश को अत्यंत मनोरम बनाए दे रहे हैं।

१५१०/२६२३ राग विहागरौ

वह तौ मेरी गाइ न होइ।
सुनि मैया मैं बिरथा भरम्यौ, बन देख्यौ नैननि भरि जोइ।
वृंदावन ढूँढ्यौ जमुना तट, देख्यौ बन डोंगरनि मँझारि।
सखा संग कोउ नहीं, अकेलौ, काँध कमरि, कर लकुटी धारि।
वह तौ धेनु और काहू की, जुवती एक मिली धौं कौन।
'सूर' संग मैरैं वह आई, मोकौं उहिँ पहुँचायौ भौन॥

कृष्णजी माता यशोदा से कह रहे हैं—मैया, सुन! जो गाय ब्याई थी, वह मेरी नहीं थी। मैं व्यर्थ ही उसे तलासते हुए भटकता रहा। मैंने सारा जंगल आँखें खोल खोलकर छान मारा। मैंने वृंदावन में ढूँढ़ा, यमुना के किनारे ढूँढ़ा, बन के ऊँचे टीलों पर देखा। मेरे साथ मेरा कोई सखा भी नहीं था। मैं कंधे पर कमली डाले और हाथ में लठिया लिए हुए अकेला भटकता रहा। वह गाय तो किसी और की थी। मुझे बन में न जाने कौन एक युवती मिल गई थी। वह मेरे साथ साथ आई और मुझे घर पहुँचा गई।

१५११/२६२४ राग रामकली

राधा अतिहिँ चतुर प्रवीन।
कृष्न कौं सुख दै चली हँसि, हंस-गति कटि-छीन।
हार कैं मिस इहाँ आई, स्याम-मनि कैं काज।
भयौ सब पूरन मनोरथ, मिले श्रीव्रजराज।
गाँठि आँचर छोरिकै, मोतिसरी लीन्ही हाथ।
सखी आवति देखि राधा, लई ताकौं साथ।
जुबति बूझति, कहाँ नागरि, निसि गई इक जाम।
'सूर' ब्यौरौ कहि सुनायौ, मैं गई तिहि काम॥

राधा अत्यंत चतुर और चालाक है। वह पतली कमर वाली कृष्ण को रति सुख देकर हँसती हुई हंस की गति से अपने घर वापस चल पड़ी। वह हार के बहाने श्याम रूपी मणि को पाने के लिए वहाँ गई थी। उसकी सभी अभिलाषाएँ पूरी हो गईं। उसे ब्रजराज कृष्ण मिल गए। उसने अपने आँचल की खूँट छोड़कर उसमें बँधी मोतिसरी को अपने हाथ में ले लिया। रास्ते में उसने एक सखी को आते देखा और उसे अपने साथ ले लिया। उस युवती ने पूछा—नागरी राधा, एक पहर रात बीत गई है। तुम इस समय कहाँ से लौटी आ रही हो। तब राधा ने सारा विवरण कह सुनाया और बताया कि मैं अपनी इसी खोई मोतिसरी को ढूँढ़ने के निमित्त गई थी।

१५९२/२६२५ राग कान्हरौ

ऐसो री निधरक तू राधा।
व्रज घर-घर बन-बन डोली तू, नहीं कियौ कहुँ बाधा।
मोकौं संग बोलि तू लेती, करनी करी अगाधा।
प्रातहिं तैं तू अब आवति ही, रैनि जाम लगि आधा।
पायौ हार किधौं पुनि नाहीं, देखौं री मोहि साधा।
आँचर हेरि, ग्रीव दिखरायौ, दामनि मोल उपाधा।
मन-मन कहति, बात यह मिलवति, गई स्याम-अवराधा।
'सूर' सखी लखि लीन्ही ताकौं, यह तौ है कछु बाधा॥

सखी बोली—राधा तू बड़ी निडर है। तू ब्रज के घर-घर में वन-वन में निधड़क घूमती रही और वन में कहीं किसी बाधा के आ पड़ने का भय नहीं किया। तूने तो यह अत्यंत विकट साहस का काम कर डाला। तुझे मुझी को साथ बुला लेना चाहिए था। तू सबेरे से घर से निकली थी और अब लौट रही है, जब रात का आधा पहर बीत चुका है। बता, तेरा हार मिला भी कि नहीं। दिखा तो, मुझे तेरा हार देखने की साध है। तब राधा ने आँचल हटाकर अपनी गरदन खोल दिखाई जहाँ वह अत्यंत मूल्यवान मोतिसरी लटक रही थी। तब वह सखी मन ही मन कहने लगी—राधा मुझसे बातें बना रही है। यह श्याम से मिलने गई होगी, गुलछर्रे उड़ाने गई रही होगी। वह सखी राधा की सारी चाल ताड़ गई और मन ही मन कह उठी—इसमें जरुर कोई गड़बड़ है। राधा सच-सच नहीं बता रही है।

१५९३/२६२६ राग धनाश्री

कहि राधा किन हार चुरायौ।
व्रज-जुवतिनि सबहिन मैं जानति, लै-लै नाम बतायौ।
स्यामा, कामा, चतुरा, नवला, प्रमदा, सुमदा नारि।
सुखमा, सीला, अवधा, नंदा, बृंदा, जमुना सारि।
कमला, तारा, विमला, चंदा, चंद्रावलि सुकुमारि।
अमला, अबला, कंजा, मुकुता, रीरा, नीला प्यारि।
सुमना, बहुला, चंदा, जुहिला, ज्ञाना, भाना भाउ।
प्रेमा, दामा, रूपा, हंसा, रंगा, हरषा जाउ।
दुर्वा, रंभा, कृष्ना, ध्याना, मैना, नैना रूप।
रत्ना, कुसुमा, मोहा, करुना, ललना, सोभा ऽनूप।
इतननि मैं कहि कौनैं लीन्हौ, ताकौ नाउँ बताउ।
'सूरस्याम' हैं चोर तिहारे, मैं जानति सब दाउ॥

सखी राधा से बोली—राधा बता तो, तेरा हार किसने चुराया था, मैं सभी ब्रज-युवतियों को जानती हूँ। श्यामा, कामा, चतुरा, नवला, प्रमदा, शुभदा, सुलभा, शीला, अवधा, नंदा,

वृंदा, जमुना, कमला, तारा, विमला, भेदा, चंद्रावली, सुकुमारी, अमला, अबला, कंजा, मुक्ता, रीरा, नीरा, प्यारी, सुमना, बहुला, चंपा, जुहिला, ज्ञाना, भाना, प्रेमा, रामा, रूपा, हंसा, रंगा, हर्षा, दूर्वा, रंभा, कृष्ना, ध्याना, मैना, रत्ना, कुसुमा, मोहा, करुणा, ललना, शोभा इतनी सखियों में से किसने तेरा हार चुराया था। जिसने भी तेरा हार चुराया हो उसका नाम मुझे बता। मैं तेरे सब दाँव-पेंच जानती हूँ। इनमें से किसी ने तेरा हार नहीं लिया। तेरे चोर तो श्याम हैं। तू उन्हीं के पास से आ रही है।

१५१४/२६२७ राग संकराभरन

सुरति मानि, आई पिय पै तैं, तैं री गज-गति गामिनी।
मरगजे हार, बार बिथुरे हैं, गई जान इक गामिनी।
औरहि सोभा अंग-अंग की, बोलति है अलसायिनी।
'सूरदास' प्रभु छबि निरखति रही, रसबस ह्वै, धनि भामिनी॥

सखी बोली—अरी मस्त हथिनी की सी गति वाली राधे, तू अपने प्रिय श्याम के साथ खुल खेलकर, रंगरली करके चली आ रही है और मुझे चकमा दे रही है। तेरे केश-कलाप बिखरे हुए हैं, तेरा हार मसला हुआ है, और रात का भी एक पहर बीत गया है। तेरे अंग अंग की आज कुछ और ही शोभा हो रही है। तू अलस स्वर में बोल भी रही है। हे भामिनी, तू सौभाग्यशालिनी है, जो तू श्याम के प्रेम के बस में होकर इतनी देर तक उनकी रूप माधुरी देखती रही।

१५१५/२६२८ राग कान्हरौ

लटैं उघरारी रहीं छूटि-छूटि आनन पै,
भींजी हैं फुलेलनि सौं, आली हरि संग केलि।
सौंधैं अरगजा अरु मरगजी सारी अंग,
कहूँ दरकी कुचनि पर अँगिया नवेलि।
नैन अरसात, अरु बैनहू अटपटात,
जाति ऐंड़ाति गात, गोरि बहिँयानि झेलि।
'सूर' प्रभु प्यारी, प्यारे संग करि रंग-रास,
अरस-परस दोऊ, अंकम धर्‍यौ है मेलि॥

सखी कह रही है—हे सखी, तुम हरि के साथ रति-क्रीड़ा करके चली आ रही हो। यह इससे स्पष्ट है कि तुम्हारी अलकें तुम्हारे मुँह पर छूट कर, लटक कर, उधराई जा रही हैं, उड़ी जा रही हैं। तुम्हारे केश बँधे नहीं हैं, खुल गए हैं, और तुम्हारी लटें इत्र और सुगंधित तेल से भींगी हुई है। तुम्हारे शरीर से अरगजा-चंदन केसर आदि की भीनी-भीनी सुगंध निकली पड़ रही है। तुम्हारे अंगों पर साड़ी मसली हुई है। तुम्हारे उरोजों पर चोली भी यत्र-तत्र मसक गई है। तुम्हारे नेत्र अलसाए हुए हैं। तुम्हारी वाणी भी लटपटा रही है। तुम अपनी गोरी-गोरी बाहें ऊपर उठाए हुए अँगड़ाई लेती हुई चली आ रही हो। हे प्यारी राधा, तुम अपने प्यारे कृष्ण के साथ रंगरली करके आलिंगन, परिरंभण, चुंबन करके आ रही है। तुम दोनों ने एक दूसरे को खूब कसकर छाती से लपटाए रखा है।

१५९६/२६२९ राग ललित

डगमगात ऐंड़ात जँभावत, आई रंगमगी रँग भरि कै ।
चंद उदौ, मुख पेखि री दर्पन, पीक लीक नैननि छबि परि कै ।
बिथुरी अलक सुथरे आनन पर, अति आनंद भरी उर हरि कै ।
'सूरज' रसिकराइ रस-बस किए नवला, नवल रीझे मन ढरि कै ॥

सखी कह रही है—राधा, तू श्याम के साथ रति-रंग करके डगमगाते लड़खड़ाते पैरों से चलती हुई, अँगड़ाई लेती हुई, जँभाई लेती हुए, प्रेमरंग में डूबी हुई, चली आ रही है। रात का चंद्रमा आकाश में निकल आया है। अपना मुँह तो आईने में देख। तेरी आँखों पर, पलकों पर, पान के पीक की लकीर बन गई है, जो बड़ी अच्छी लग रही है। तेरे प्रिय श्याम ने पान खाए मुख से तेरी आँखों का चुंबन लिया है। उसी पीक की लीक तेरी पलकों पर अब भी बनी हुई है। तेरे साफ-सुथरे चमकदार गाल पर तेरी लटें बिखरी हुई हैं। तूने हरि के हृदय को अत्यंत हर्षपूर्वक भरा है। बड़ी प्रसन्नता से तू कन्हैया की छाती से चिपटी और लिपटी रही है। तूने रसिक शिरोमणि कृष्ण को पूर्णतया अपने प्रेम के बस में कर लिया है। हे नवला तुझ पर नवल किशोर रस-द्रवित होकर एकदम रीझ गए हैं।

१५९७/२६३० राग बिलावल

सुनि री राधा अबहिं नई ।
बातैं कहा बनावति मोसौं, हमहूँ तैं तू चतुर भई ।
कहाँ ग्वालि, कहँ हार तुम्हारौ, कहाँ कहाँ तू आजु गई ।
मनहीं जानि लेहि, मैं जान्यौ, जाकैं रँग तू सदा रई ।
तेरे गुन परगट करिहौं मैं, ऐसी री कबहूँ न भई ।
'सूरस्याम' सँग जब तैं कीन्ही, तबहीं तैं मैं जानि लई ॥

सखी बोली—राधा सुन, तू अभी कल की छोकरी है। तू मुझसे क्या बातें बना रही है। तूने अपने को मुझसे भी अधिक चालाक समझ लिया है क्या? कहाँ तेरा हार चुरा लेनेवाली ग्वालिन हैं? किसी ग्वालिन ने तेरा हार नहीं चुराया। कहाँ तेरा हार चोरी गया? तेरा हार चोरी ही नहीं गया। तू उस चोरी गए हार को खोजती-खोजती कहाँ कहाँ गई? यह सब झूठ है। तू हार खोजने कहाँ गई थी, तू तो अपने हृदय के हार हरि से मिलने गई थी। तू भलीभाँति अपने मन में जान ले कि मैं भी भलीभाँति जान गई हूँ कि तू किसके प्रेम के रंग में सदा रँगी रहती है। मैं तेरा सारा भेद सबसे खोलकर कह दूँगी। ऐसा तो कभी भी नहीं हुआ था कि एक गोइयाँ दूसरी गोइयाँ से अपना भेद छिपाए रहे। तूने जबसे श्याम का संग किया, मैं तभी से सब ताड़ गई थी।

१५९८/२६३१ राग बिलावल

इन बातनि कछु पावति री ।
बिनु देखैं लोगनि सौं सुनि-सुनि, काहैं बैर बढ़ावति री ।
मोकौं जहाँ अकेली देखति, तबहिं बात उपजावति री ।
व्रज-जुवतिनि की संगति त्यागौं, पुनि-पुनि क्रोध करावति री ।

कैसी बुद्धि तुम्हारी सबकी, ऐसी तुमकौं भावति री।
'सूर' सीस तृन दै बूझति हौं, कहति तुमहु कहनावति री॥

राधा झुँझलाकर उस सखी से बोली—इन उलटी-सीधी बातों से तुझे कुछ मिलता है क्या? बिना देखे, लोगों की सुनी सुनाई बातों पर विश्वास करके, तू हकनाहक मुझसे बैर बढ़ाने पर क्यों तुली हुई है। जब-जब भी तू मुझे कहीं अकेली देखती है, तब-तब तू इसी प्रकार की लछना उरेहने वाली बातें सोच-सोचकर पैदा करती रहती है। तू मुझे बार-बार क्रुद्ध करवा देती रहती है। इससे तो यही अच्छा होगा कि मैं अबसे ब्रज की नवेलियों का साथ ही छोड़ दूँ। न जाने तुम सबकी बुद्धि कैसी हो गई है। तुम सबको यही अच्छा लगता है। मैं तेरे सिर पर तिनका रखकर पूछती हूँ, क्या तू भी दूसरों की कही हुई बातें ही सुनकर मुझसे ऐसा कहे जा रही है?

कीर्ति-चिंता *१५९९/२६३२ राग गुंड मलार*

करति अवसेर वृषभानु-नारी।
प्रात तैं गई, बासर गयौ बीति सब, जाम निसि गई, धौं कहाँ बारी।
हार कैं त्रास मैं कुँवरि त्रासी बहुत, तिहिं डरनि अजहुँ नहिं सदन आई।
कहाँ मैं जाउँ, कह धौं रही रूसिकै, सखिनि सौं कहति, कहुँ मिली माई।
हार बहि जाइ, अति गई अकुलाइ कै, सुता कैं नाउँ, इक वहै मेरैं।
'सूर' यह बात, जौ सुनैं अबहीं महर, कहैंगे मोहिँ, ये ढंग तेरैं॥

वृषभानु की पत्नी कीर्ति राधा के अभीतक न आने से चिंता में पड़ गईं—राधा सबेरे से ही गई है, सारा दिन बीत गया, एक पहर रात भी बीत गई। यह छोकरी गई तो कहाँ गई? मोती के हार के लिए मैंने कुँवरि को आज बहुत डरवाया धमकाया था, उसी डर से वह अभीतक घर नहीं लौटी। मैं उसे खोजने अब कहाँ जाऊँ? वह रूठ करके कहाँ रह गई है। फिर वह राधा की सखियों से पूछने लगी—राधा कहीं मिली? फिर वह यह कहकर अत्यंत विकल हो गई—हार बह जाय, खो जाय, भाड़ में चला जाय। बेटी के नाम पर अकेली राधा ही तो है। कोई दस बीस बेटियाँ तो हैं नहीं। इस बात को यदि महर (वृषभानु) सुन जायेंगे, तो वे मुझपर बिगड़ उठेंगे—तेरे यही ढंग है, एक ही तो बेटी थी, उसको भी तूने डरा धमकाकर घर से भगा दिया।

राधा-गृहागमन *१६००/२६३३ राग सोरठ*

राधा डरडराति घर आई।
देखत हीं कीरति महतारी, हरषि कुँवरि उर लाई।
धीरज भयौ सुता-माता-जिय, दूरि गयौ तनु-सोच।
मेरी कौं मैं काहैं त्रासी, कहा कियौ यह पोच।
ले री मैया हार मोतिसरी, जा कारन मोहिं त्रासी।
'सूर' राधिका के गुन ऐसे, मिलि आई अबिनासी॥

राधा डरते-डरते घर आ गई। माँ कीर्ति ने उसे देखा और प्रसन्न होकर उसे छाती से लगा लिया। बेटी को भी धीरज हो गया और माता को भी। बेटी के हृदय से माँ का डर

दूर हो गया और माँ कीर्ति के हृदय से अपने पति वृषभानु का भय भाग गया। दोनों प्रसन्न हो उठे। कीर्ति सोचने लगी—मैंने अपनी एकमात्र बेटी को क्यों इतना डरवाया, संत्रस्त किया। मैंने यह बुरा काम क्यों किया? राधा ने कहा—ले मैया अपनी यह मोतीमाला। इसीके लिए तो, तूने मुझे त्रस्त किया था।

राधा के गुन ही ऐसे हैं वह तो अविनाशी श्याम से तरह-तरह के ढंग करके मिल ही आई।

१६०१/२६३४ राग बिहागरौ

परम चतुर वृषभानु-दुलारी।
यह मति रची कृष्न मिलिबे की, परम पुनीत महा री।
उत सुख दियौ नंद-नंदन कौं, इतहिँ हरष महतारी।
हार इतौ उपकार करायौ, कबहुँ न उर तैं टारी।
जे सिव-सनक-सनातन दुर्लभ, ते बस किए कुमारी।
'सूरदास' प्रभु-कृपा अगोचर, निगमनि हू तैं न्यारी॥

वृषभानु दुलारी राधा भारी चालाक है, उसने कृष्ण से मिलने का यह परम पुनीत उपाय सोच निकाला। उसने उधर नंदनंदन कृष्ण को रति-सुख दिया, इधर मैया कीर्ति को भी प्रसन्न कर लिया। इस मोतीमाला ने राधा का इतना भला किया। उसने फिर इसे कभी अपने वक्ष से विलग नहीं होने दिया। जो हरि शिव, सनक, सनंदन, सनातन और सनत्कुमार को भी प्राप्त नहीं है, कुमारी राधा ने उन्हें अपने बस में कर लिया। प्रभु की कृपा इंद्रिय-गम्य नहीं है। यह वेद की भी पहुँच से दूर है।

१६०२/२६३५ राग मारू

निगम तैं अगम हरि-कृपा न्यारी।
प्रीति बस स्याम है, राव कै रंक कोउ, पुरुष कै नारि, नहिं भेद कारी।
प्रीति बस देवकी-गर्भ लीन्हौ बास, प्रीति कैं हेत ब्रज वेष कीन्हौ।
प्रीति कैं हेतु जसुमति-पय पान कियौ, प्रीति कैं हेतु अवतार लीन्हौ।
प्रीति कैं हेतु बन धेनु चारत कान्ह, प्रीति कैं हेतु नँद-सुवन नामा।
प्रीति कैं हेतु 'सूरज' प्रभुहिं पाइयै, प्रीति कैं हेतु दोउ स्याम स्यामा॥

हरि की कृपा अद्भुत है। यह वेदों के लिए भी अगम है। वेद भी इस कृपा को नहीं समझ पाते। श्याम प्रीति के बस में हैं। वे यह नहीं देखते कि कोई राजा है या निर्धन, कोई स्त्री है या पुरुष। जो भी उनसे प्रेम करता है, चाहे राजा हो या रंक, स्त्री हो या पुरुष, वे बिना किसी प्रकार का भेद किए उसके प्रेम के बस में हो जाते हैं। प्रीति के कारण वे देवकी के गर्भ में आए। प्रीति ही के कारण वे ब्रज में ग्वाल वेश में रहे। प्रीति ही के कारण उन्होंने यशोदा का स्तन-पान किया। प्रीति ही के क़ारण उन्होंने अवतार लिय। प्रीति ही के कारण कन्हैया वन-वन धेनु चराते फिरे। प्रीति के ही कारण वे नंदनंदन कहलाए, यद्यपि वे वसुदेव-नंदन थे। प्रीति ही से श्याम को पाया जा सकता है। प्रीति ही के लिए श्याम और श्यामा (राधा) की जोड़ी बनी है।

१६०३/२६३६ राग मारू

प्रीति के बस्य ये हैं मुरारी ।

प्रीति कै बस्य नटवर सुभेषहिं धर्यौ, प्रीति बस करज गिरिराज धारी ।
प्रीति के बस्य व्रज भए माखन चोर, प्रीति के बस्य दाँवरि बँधाई ।
प्रीति के बस्य गोपी-रमन नाम प्रिय, प्रीति-बस जमल तरु मोच्छदाई ।
प्रीति-बस नंद-बंधन वरुन-गृह गए, प्रीति के बस बन-धाम कामी ।
प्रीति के बस्य प्रभु 'सूर' त्रिभुवन बिदित, प्रीति बस सदा राधिका-स्वामी ॥

मुरारि प्रीति के ही बस में है। प्रीति के बस में होकर उन्होंने नर्तक का वेश धारण किया। प्रीति के ही बस में होकर इन्होंने अपनी उँगली पर गोवर्धन पहाड़ को उठा लिया। प्रीति ही के लिए यह माखन-चोर हुए। प्रीति ही के बस में होकर इन्होंने अपने को रस्सी से बँधवाया और दामोदर कहलाए। प्रीति ही के कारण इन्होंने गोपी-रमण नाम धारण किया। प्रीति के ही कारण इन्होंने अर्जुन के दोनों शाप-ग्रस्त वृक्षों का उद्धार किया। प्रीति के ही बस होकर यह नंद का बंधन छुड़ाने के लिए वरुण लोक गए। प्रीति के ही बस में होकर यह वृंदावन की कुंजों की कामना करने वाले हुए। यह तीनों लोक में जाहिर है कि प्रभु प्रीति के ही बस में हैं। प्रीति के ही बस में होकर राधिका के स्वामी बने हुए हैं।

१६०४/२६१७ राग भैरव

स्याम भए बस नागरि कैं ।

नैन कटाच्छ, बंक अवलोकनि, रीझे घोष उजागरि कैं ।
चित मधुकर, रस कमलकोस कौ, प्यारी वदन सुधागरि कौं ।
लोक-लाज-संपुट नहिं छूटत, फिरि-फिरि आवत बागरि कौं ।
मिलन प्रकास मनावत मन मन, कहा कहौं अनुरागरि कौं ।
'सूरस्याम' बस-बाम भए हैं, धनि ऐसी बड़भागरि कौं ॥

श्याम नागरी राधा के बस में हो गए हैं। वे घोष को उजागर कर देनेवाली राधा के नयनों के कटाक्ष और उसकी बांकी चितवन पर रीझ गए हैं। उनका चित्त प्यारी राधा के सुधा के आगार, मुख रूपी रसमय कमल कोष का भौंरा है और उसी में बंदी बना रहना चाहता है। पर राधा वह मुख-कमल लोक-लज्जा के कारण संपुटित बना रहता है, खुला नहीं रहता, अतः कृष्ण का मन-मधुकर बार-बार मँड़रा कर रह जाता है और न तो उसकी बंदी बन पाता है, न उसका मधुपान ही कर पाता है। वह मन ही मन मिलन का प्रभात मनाता रहता है। प्रभात होते ही मुख-कमल खिल जाय, खुल जाय। मैं इस अनुराग को क्या करूँ, कैसे कहूँ। श्याम ऐसी बामा सुंदरी राधा के बस में हो गए हैं। ऐसी परम भाग्यशालिनी राधा को धन्य है।

१६०५/२६३८ राग आसावरी

स्याम भए वृषभानु-सुता बस, और नहीं कछु भावै हो ।
जो प्रभु तिहूँ भुवन कौ नायक, सुर-मुनि अंत न पावै हो ।

जाकौं सिव ध्यावत निसिबासर, सहसानन जिहिं गावै हो।
सो हरि राधा-वदन-चंद कौं, नैन-चकोर त्रसावै हो।
जाकौं देखि अनंग अनंगत, नागरि छबि भरमावै हो।
'सूरस्याम' स्यामा-बस ऐसैं, ज्यौं सँग छाँह डुलावै हो॥

श्याम वृषभानु-सुता राधा के बस में ऐसे हो गए हैं कि उन्हें राधा को छोड़कर और कुछ अच्छा ही नहीं लगता। जो प्रभु तीनों लोकों के स्वामी हैं, जिनका अंत न तो नर पा पाता है, न देव ही, जिनका ध्यान रात दिन शिवशंकर किया करते हैं, जिनका गुणानुवाद शेष नाग अपनी हजार-हजार जीभों से किया करते हैं, वही हरि राधा के मुख रूपी चंद्रमा के लिए अपने नयन रूपों चकोरों को तरसाते रहते हैं। जिसको देखकर अनंग कामदेव भी कामोद्दीप्त हो जाता है, उसीको नागरी राधा का सौंदर्य भरमाए हुए है। श्याम श्यामा (राधा) के बस में इस प्रकार हो गए हैं, जिस प्रकार देह के संग संग उसकी परछाईं चलती रहती है, उससे अलग नहीं हो पाती।

१६०६/२६३९ राग जैतश्री

कबहुँ स्याम जमुना-तट जात।
कबहूँ कदम चढ़त, मग देखत, राधा बिनु अतिहीं अकुलात।
कबहुँ जात वन कुंज-धाम कौं, देखि रहत नहिं कछू सुहात।
तब आवत वृषभानु-पुरा कौं, अति अनुराग भरे नँद-तात।
प्यारी हृदय प्रगटहीं जानति, तब वह मनहीं माँझ सिहात।
'सूरदास' नागरि के उर मैं, निबसे नागर स्यामल गात॥

श्याम राधा के बिना अत्यंत विकल बने रहते हैं। वे राधा से मिलने के लिए कभी यमुना के तट की ओर जाते हैं, कभी उनकी एक झलक पाने के लिए कदम के पेड़ पर चढ़कर उनका रास्ता देखने लगते हैं। कभी वृंदावन के निकुंज-भवन में चले जाते हैं। उसे सूना देखकर उन्हें कुछ अच्छा नहीं लगता। तब वे नंद-नंदन वृषभानु-पुरा बरसाने को अत्यंत प्रेम से भरे हृदय से, चले आते हैं। राधा प्यारी श्याम का यह आना जान जाती है और मन ही मन ललच उठती है। नागरी राधा के हृदय में साँवले सलोने नागर श्याम निवास किए हुए हैं।

१६०७/२६४० राग गूजरी

राधा स्याम, स्याम राधा रँग।
पिय प्यारी कौं हिरदै राखत, प्यारी रहति सदा हरि कैं सँग।
नागरि नैन चकोर बदन ससि, पिय मधुकर अंबुज सुंदरि मुख।
चाहत अरस-परस ऐसैं करि, हरि नागरि, नागरि नागर सुख।
सुख दुख सोचि रहत मनहीं मन, तब जानत तन कौ यह कारन।
सुनहु 'सूर' कुल-कानि जानि, दुख सुख दोऊ फल करत बिचारन॥

राधा श्याम के प्रेम के रंग में रँग उठी हैऔर श्याम राधा के प्रेम के रंग में रँग उठे हैं। प्रिय कृष्ण प्यारी राधा को सदा अपने हृदय में रखते हैं और प्यारी राधा भी सदा प्रिय हरि के साथ बनी रहती है। नागरी राधा के नेत्र कृष्ण के मुख रूपी चंद्रमा के चकोर बने रहते हैं और प्रिय कृष्ण सुंदरी राधा के मुख रूपी कमल के मधुकर हुए रहते हैं। हरि नागरी राधा के सुख के लिए और नागरी राधा नागर श्याम के सुख के लिए एक दूसरे का अरस-परस, आलिंगन चुंबन आदि करना चाहते हैं। यह अरस-परस का सुख उन्हें अपने लिए नहीं, अपने प्रिय के सुख के लिए, अभीष्ट था। वे तन के मिलन-सुख और विरह-दुख पर विचार करते थे, तब उन्हें जान पड़ता था कि इनका कारण कुल की कानि ही है। कुल की मर्यादा के विचार से ही लुक-छिपकर मिलने का सुख मिल पाता है, अबाध मिलन-सुख नहीं मिल पाता। कुल-कानि के कारण न मिल पाने से विरह का दुख सहना पड़ता है।

यमुना-गमन युगल-समागम

१६०८/२६४१ राग सूही बिलावल

जमुना चली राधिका गोरी।
जुवति-वृंद-बिच चतुर नागरी, देखे नंद-सुवन तिहिं खोरी।
व्याकुल दसा जानि मोहन की, मनहीं मन डरपी उन ओरी।
चतुर काम-फँग परे कन्हाई, अब धौं इनहिं बुझावै को री।
इत सखियन सौं बात बनावति, अति ह्वै गई तनक सी भोरी।
'सूर' हरिहिं उत भाव बतावति, धीर धरो, मिलिहैं दोउ जोरी॥

राधिका गोरी यमुना के लिए चल पड़ी। ब्रज की नवेलियों के समूह के बीच में चतुरा नागरी राधा थीं। राधा ने उस खोरी (गली) में नंद-नंदन श्रीकृष्ण को देखा। राधा ने जान लिया कि मोहन की दशा अत्यंत विकल है। यह जानकर राधा कृष्ण के प्रति मन ही मन भयभीत हो उठी कि चतुर होते हुए भी कन्हैया काम के फंदे में फँस गए हैं। अब इन्हें कौन समझावे। राधा इधर सखियों से तो बात बना रही है, उधर हरि को भाव से संकेत भी दिए जा रही है—धीर धरो, हम दोनों की जोड़ी शीघ्र ही मिलेगी। राधा हैं तो छोटी सी मोड़ी (लड़की), पर यह कितनी बड़ी हो गई हैं, बातें बनाने में कितनी चतुर हो गई है।

१६०९/२६४२ राग जैतश्री

तब राधा इक भाव बतावति।
मुख मुसुकाइ, सकुचि पुनि सहजहिँ, चली अलक सुरझावति।
एक सखी आवति जल लीन्हे, तासौं कहति सुनावति।
टेरि कह्यौ, मैरैं घर जैहौ, मैं जमुना तैं आवति।
तब सुख पाइ चले हरि घर कौं, हरि प्रियतमहिँ मनावति।
'सूरज' प्रभु वितपन्न कोक गुन, तातें हरि हरि ध्यावति॥

तब राधा ने एक भाव बताया। संकेत सूचित कर दिया। वह पहले मुख से मुसकुराई, फिर सहज ही लजाकर संकुचित हो गई, फिर अपनी अलकें सुलझाने लगी। मुसकराने के

द्वारा उसने यह संसूचित किया, अभी कमल मुसकुरा रहे हैं, अभी दिन है। लजा कर सकुचाने से उसने सूचित किया कि संध्या समय कमल संपुटित हो जायँगे, तब। अलकें सुलझाकर उसने व्यक्ति किया कि जब रात हो जायगी, तब मैं मिलूँगी। उसी समय एक सखी जमुना से जल भर कर लौटी आ रही थी, उसे राधा ने जोर से सुनाते हुए कहा— मेरे घर चली जाना। मैं अभी अभी जमुना से आही जा रही हूँ। इस पुकार से राधा ने यह संकेत दिया कि तुम मेरे ही घर आ जाना, वहीं रात में मैं तुमसे मिल सकूँगी। इस संकेत को समझकर हरि सुख पाकर वहाँ से घर चले गए और राधा ने भी अपने प्रियतम हरि को मना लिया। कृष्ण कोक-कला में निष्णात हैं। इसीलिए राधा हरि हरि कहती हुई उन्हीं के ध्यान में निमग्न बनी रहती है।

१६१०/२६४३ राग धनाश्री

स्याम कौं भाव दै गई राधा।
नारि नागरिनि काहूँ लख्यौ, कोउ नहीं, कान्ह कछु करत हे बहु ऽनुराधा।
चितै हरि-वदन याकौं हँसत मैं लखी, वै उतहिं गए, कछु हरष कीन्हे।
भावते भाव के सींग नाहीं सुने, ये महा चतुर चतुरई लीन्हे।
आजुहीं रैनि दोउ संग ये मिलैंगे, हरैं कहि परस्पर मनहिं जानी।
'सूर' ब्रजनागरी नारि-नागरिनि सँग, फिरी ब्रज तुरत लै जमुन पानी॥

श्याम को संकेत ही संकेत में सब बातें बताकर राधा सखियों के साथ आगे बढ़ गई। किसी किसी चतुर नारी ने इस संकेत को समझ लिया, किसी ने नहीं भी समझा। कन्हैया राधा से कुछ प्रेमानुरोध कर रहे थे। राधा को श्याम के मुँह की ओर देखकर मुसकुराते हुए मैंने देखा। उसकी मुसकान देखकर वे प्रसन्न होकर उधर चले गए। प्रेम संकेत को कोई सींग पूँछ होती नहीं सुनी गई। उस भाव संकेत के कोई विशेष चिह्न नहीं होते। वे दोनों राधा और श्याम महा चतुर हैं। इनकी सारी बातें चतुराई लिए हुए होती हैं। निश्चय ही ये दोनों आज की रात मिलेंगे। इन ब्रज-नारियों ने परस्पर धीरे-धीरे बातें करते हुए अपने मन में यह जान लिया। इसके बाद ब्रज-नागरी राधा, ब्रज की उन चतुर नारियों के साथ, जमुना जल लेकर तुरंत ब्रज को वापस लौट चली।

१६११/२६४४ राग टोड़ी

भाव दियौ, आवैंगे स्याम।
अंग-अंग आभूषन साजति, राजति अपनैं धाम।
रति-रन जानि अनंग नृपति सौं, आपु नृपति-बल जोरति।
अति सुगंध मरदन अँग-अंगनि, बनि-बनि भूषन सौंरति।
बीरा हार चीर चोली छवि, सैना साजि सिँगार।
पान वचन सन्नाह कवच दै, जोरे 'सूर' अपार॥

राधा ने सोचा मैंने श्याम को यहाँ रात में आने का भाव (संकेत) दे दिया है। ऐसी स्थिति में श्याम यहाँ अवश्य ही आयेंगे। इस प्रकार सोचकर राधा अपने अंग-अंग को आभूषणों से सजाती हुई अपने घर में बड़ी सुंदर लगने लगी। यह सोचकर कि आज

कामदेव के भी राजा श्याम से रति-रण होगा, वह राजसी बल एकत्र करने लगी। उसने अपने एक-एक अंग को अत्यंत सुगंधित द्रव्यों से मला। फिर उन्हें आभूषणों से सँवार दिया, सजा दिया और बन-ठन गई। उसने पान खाया, हार पहना, चीर पहना, चोली पहनी और सोलहों शृंगार की सेना सजा दी। उसने पान और मधुर वाणी का कवच पहन कर अपार शूर भी एकत्र कर लिए।

वासकसज्जा राधा *१६१२/२६४५ राग कान्हरौ*

प्यारी अँग-सिँगार कियौ।
बेनी रची सुभग कर अपनैं, टीको भाल दियौ।
मोतिनि माँग सँवारि प्रथमहीं, केसरि आड़ सँवारि।
लोचन आँजि, स्त्रवन तरिवन छबि, को कवि कहै निवारि।
नासा नथ अतिहीं छवि राजति, अधरनि बीरा रंग।
नव-सत साजि चीर चोली बनि, 'सूर' मिलन हरि संग॥

राधा प्यारी के हरि से मिलने के लिए अपने अंग अंग का शृंगार कर लिया। उसने अपने हाथों अपनी केशराशि में कंघी कर ली और वेणी बाँध ली। अपने ललाट पर रोरी का टीका लगा लिया, मोतियों से अपनी माँग सँवार ली। ललाट पर केसर की तिरछी रेखा खींच ली। आँखों में काजल लगाया, कानों में तरकी पहनी। उसकी इस छवि का पूर्ण वर्णन कौन कवि कर सकता है। नाक में नथ बड़ी ही शोभा को प्राप्त हो रहा था। होठों पर पान के बीड़े का लाल रंग था। उसने नव सत अर्थात सोलह शृंगार से अपने को सँवारा, चीर पहना, चोली पहनी, यह सब आयोजन उसने हरि से मिलने के लिए कर डाले।

१६१३/२६४६ राग कल्यान

नागरि नागर-पंथ निहारै।
उदै बाल-ससि, अस्त भयौ रवि, जिय-जिय यहै बिचारै।
कीधौं अबहीं आवत ह्वैहैं, की आवन नहिं पैहैं।
मातु पिता की त्रास उतहिं, इत मेरे घरहिं डरैहैं।
अंग-सिँगार स्याम-हित कीन्हे, वृथा होन ये चाहत।
'सूरस्याम' आवैं की नाहीं, मन-मन यह अवगाहत॥

नागरी राधा, नटनागर का रास्ता देख रही है। प्रतीक्षा-रत है। वह अपने मन में यही विचार किए जा रही है, सूर्यास्त हो गया है, द्वितीया का चंद्रमा निकल आया। देखो श्याम अभी-अभी आ जाते हैं कि वे आने ही नहीं पावेंगे। उन्हें उधर अपने माँ-बाप का डर है, इधर मेरे घर आने में भी भय है। मैंने श्याम से मिलने के लिए जो अंग-अंग का शृंगार कर लिया है, यह व्यर्थ होना चाहता है। वह मन ही मन इसी विचार में गोता लगाए जा रही थी कि देखें श्याम आते हैं कि नहीं।

१६१४/२६४७ राग बिहागरौ

राधा रचि-रचिं सेज सँवारति।
तापर सुमन सुगंध बिछावति, बारंबार निहारति।

भवन गवन करिहैं हरि मेरैं, हरषि दुखहिँ निरुवारति।
आवैं कबहुँ अचानक ही कहि, सुभग पाँवड़े डारति।
इहिँ अभिलाखहिँ मैं हरि प्रगटे, निरखि भवन सकुचानी।
वह मुख श्री राधा माधौ कौ, 'सूर' उनहिं जिय जानी॥

राधा रच रच कर अपनी सेज सँवारने लगी। उसपर उसने सुगन्धित फूल बिखेर दिए और बार-बार उस सेज को निहारने लगी कि कहीं कोई कमी तो नहीं रह गई है। आज हरि मेरे घर आवेंगे, यही सोचकर वह प्रसन्न होकर अपने दुःख का शमन किए जा रही थी। ऐसा न हो कि हरि अचानक ही आ जायँ, यह सोचकर उसने पहले से ही उनके स्वागतार्थ सुंदर पाँवड़े बिछा दिए। वह ऐसा सोच ही रही थी कि हरि आ पहुँचे। राधा हरि को अपने घर में आया देखकर सकुचा गई। राधा और माधव को उस समय जो सुख मिला, उसको वे ही अपने हृदय में अनुभव कर सके।

१६१५/२६४८ राग विहागरौ

कहा कहौं सुख कह्यौ न जाइ।
वह अभिलाख स्याम की आवनि, दोउनि उर आनँद न समाइ।
द्वादस कान्ह, द्वादसी आपुन, वह निसि, वह हरि-राधा-जोग।
वह रस की झझकनि, वह महिमा, वह मुसुकनि, वैसौ संजोग।
वै हित बोल परस्पर दोऊ, ठठकनि कहत प्रेम सकुचानि।
'सूरस्याम' कर वाम भुजा धरि, उछँग लई वह मुख पहिचानि॥

मैं भला उस सुख को क्या कह सकता हूँ। राधा माधव को जो सुख मिला वह अवर्णनीय है। राधा माधव दोनों के हृदयों में परस्पर मिलने की इच्छा उमड़ रही थी। श्याम का आ जाना, दोनों के हृदयों में आनंद का न समा पाना अद्भुत और अकथनीय था। कन्हैया बारह वर्ष के थे। राधा भी बारह वर्ष की थी। वह रात, उस रात में हरि और राधा का मिलना, वह प्रेम की झिझक, वह महिमा (कृष्ण का परम पुरुष और राधा का उनकी शक्ति होना), वह मुसकान, वह सुअवसर, दोनों का परस्पर प्रेममय संलाप, वह ठिठकना, यह सकुचाना—सभी का वर्णन कर पाना अशक्य है। श्याम ने अपनी बाँह से वामा राधा की भुजा पकड़-कर, उसका प्यारा मुखड़ा पहचानकर, देखकर, उसे अपनी छाती से लगा लिया।

१६१६/२६४९ राग कान्हरौ

स्याम सकुच प्यारी उर जानी।
लई उछंग वाम भुज भरि कै, बार-बार कहि बानी।
निरखति सकुचि वदन-हरि प्यारी, प्रेम-सहित जुहरानी।
करत कहा पिय अति उताइली, मैं कहुँ जाति परानी।
कुटिल कटाच्छ, बंक करि भृकुटी, आनन मुरि मुसुकानी।
'सूर' स्याम गिरिधर रति-नागर, नागरि राधा रानी॥

श्याम ने प्यारी राधा रानी के हृदय के संकोच को जान लिया। तब उन्होंने बार-बार प्रेममयी वाणी कहकर उस श्यामा (राधा) को अपनी भुजाओं में भरकर अपनी छाती से

लगा लिया। प्यारी (राधा) हरि के मुँह की ओर सकुचाकर देखने लगी और प्रेम सहित जुहार (विनती) करने लगी—हे प्रिय, इतनी जल्दबाजी क्यों किए जा रहे हो, क्या मैं कहीं भागी जा रही हूँ? फिर वह कनखियों से देखकर, भौंहें टेढ़ी करके, मुँह मोड़ करके, मुसकुरा पड़ी। श्याम, गिरिधर रति-कला में अत्यंत निपुण हैं और राधा रानी भी इस कला में परम प्रवीणा है।

१६१७/२६५० राग विहागरौ

नागरि-नागर करत बिहार।

काम-नृपति-सैना दुहुँ अंगनि, सोभा वार न पार।
अधर अधर, नैननि नैननि, भ्रुव भाल कियौ इक ठौर।
मनु इंदीवर कमल कुसेसय, चारि भँवर रँग और।
वंदन भाल चिह्न सन दोऊ, अरस-परस वर नारि।
मनु बिबि चंद चकोर परस्पर, कमल अरुन रवि धारि।
रति-आगम हित अति उपजायो, पिय प्यारी मन एक।
'सूरदास' स्वामी स्वामिनि मिलि, कोक-कलानि अनेक॥

नागरी राधा और नटनागर कृष्ण दोनों गुत्थमगुत्था होकर रति-बिहार करने लगे। राजा काम ने दोनों के अंगों में अपनी सेना सजा दी थी। उस समय उन दोनों की शोभा का कोई कूल-किनारा न था। वह अपार थी। उनके होठ परस्पर मिल गए। वे एक दूसरे को चूमने लगे। उनके नेत्र परस्पर मिल गए। उनकी भौंहें और ललाट भी इकट्ठे होकर सट गए। मानो इंदीवर (नीलकमल—कृष्ण का मुख) और, कुशेशय (श्वेत कमल—राधा का मुख) पर चार भौंरे (चार आँखें) और ही रंग (काला रंग) लेकर आ बैठे हों। दोनों के मस्तक लाल रोरी के टीके से चिह्नित थे। दोनों वर और नारी (पति पत्नी) परस्पर आलिंगनबद्ध थे। मानों राधा के मुख-चंद के लिए कृष्ण के नेत्र चकोर हो उठे थे और उसी प्रकार कृष्ण के मुख रूपी चंद्र के लिए राधा के नयन चकोर हो रहे थे। दोनों के मस्तकों पर लगी रोली की बिंदिया ऐसी लग रही थी, (मानों अरुण) कमलों ने रवि को धारण कर रखा हो। तदनंतर संभोग-सुख ने उन दोनों में अत्यंत प्रेम उत्पन्न कर दिया और प्रिया तथा प्यारी का तन ही नहीं, मन भी मिलकर एक हो गया। फिर स्वामी (श्याम) और स्वामिनी (राधा) ने मिलकर अनेक प्रकार की रति-कलाएँ कर डालीं। उन्होंने संभोग के लिए अनेक प्रकार के आसनों का प्रयोग कर डाला।

१६१८/२६५१ राग गुंड मलार

स्याम स्यामा परम कुसल जोरी।

मनौ नव जलद पर दामिनी की कला, सहज गति मेटि अति भई भोरी।
अलक आकुल बिथुरि स्याम-मुख पर रहीं, मनौ बल राहु ससि घेरि लीन्हौ।
चितै मुख चारु चुंबन करत सकुच तजि, दसन छत अधर पिय मगन दीन्हौ।
परत स्रम-बूँद टप टपकि आनन, बाल भई बेहाल रति-मोह भारी।
विधु परसि दंत विध्वंत अंमृत चुवत, 'सूर' विपरीत रति पीउ प्यारी॥

श्याम कृष्ण और श्यामा राधा की रति-रण के लिए बहुत ही दक्ष जोड़ी है। कृष्ण लेटे हुए हैं और राधा उनके ऊपर लेटी हुई विपरीत रति में रत हैं। ऐसा लगता है मानो कृष्णरूपी नवीन श्यामल जलद पर राधा रूपी गोरी बिजली की कला अपनी सहज चंचल गति को छोड़कर अत्यंत भोली बनकर ठहर गई हो। राधा के केश-पाश बिखर कर श्याम के मुँह पर छा गए थे, मानो (राधा की अलकों) रूपी राहु ने बलपूर्वक कृष्ण के मुख रूपी चंद्र को घेर लिया हो। कृष्ण के सुंदर मुख को देखकर राधा सारा संकोच छोड़कर उसे चूमने लगी और प्रिय कृष्ण ने भी प्रसन्न होकर राधा के होठ को अपने दाँतों से काटकर उसपर क्षत कर दिया। इस रति-श्रम के कारण राधा के मुँह पर पसीने की बूँदें छा गईं। और वे बूँदें टप-टप करके कृष्ण के मुँह पर पड़ने लगीं। राधा को इस सुरति का भारी मोह था। अत: वह थककर चूर हो गई। ऐसा लगता था मानो विध्वंत (विधुंतुद—राहु) ने चंद्रमा को दाँतों से छूकर काट लिया है और सुधाकर से सुधा-विंदु चू रहे हों। ऐसी थी प्रिया और प्रिय की विपरीत रति।

१६१९/२६५२ राग कुरंग

कुंज के निकट सुरत-निरत, कंज सेज राजै सुख गात ।
टूटि गई तनी, चोली दरकि तरकि गई, चारयौ जाम रजनी बिहानी, भयौ प्रात ।
आरस सौं उठि बैठे, अरस परस दोऊ, दंपति अतिहिं मन मन मुसुकात ।
'सूर' आस पूरी, स्यामा-स्याम बनी जोरी, निसि-रस-सुधि आए, नैन नैननि लजात ॥

वृंदावन के निकुंज-भवन में, शरीर को सुख देनेवाली कमल की पंखड़ियों की सेज पर राधा और श्याम की जोड़ी संभोग-रत हैं। इस रति क्रिया की खींचाखींची में राधा की चोली मसक उठी और उसका कुच-वंध भी टूट गया। इस संभोग-सुख में रात के चारों पहर बीत गए और सबेरा हो गया। दोनों उठ बैठे, पर वे अलसाए हुए थे। फिर भी दोनों ने एक दूसरे को अपनी-अपनी भुजाओं में कसकर एक दूसरे का आलिंगन किया। दोनों प्रिया और प्रिय मन ही मन मुसकुराए जा रहे थे। श्याम और श्यामा की खासी अच्छी जोड़ी थी। दोनों की अभिलाषाएँ पूरी हो गईं। रात के संभोग-सुख का स्मरण आते ही दोनों के नेत्र लजा उठे।

१६२०/२६५३ राग ललित

राजत दोउ रति-रंग भरे ।
सहज प्रीति विपरीत निसा, बस-आलस सेज परे ।
अति रन-वीर परस्पर दोऊ, नैंकुहुँ कोउ न मुरे ।
अंग अंग बल अपने अस्त्रनि, रति-संग्राम लरे ।
मगन मुरछि रहे सेज-खेत पर, इत-उत कोउ न डरे ।
'सूर' स्याम स्यामा रति-रन तैं, इक पग पल न टरे ॥

राधा और श्याम दोनों रति-सुख के रंग में डूबे हुए सुशोभित हो रहे थे। उनकी प्रीति सहज और स्वाभाविक थी। रात भर उन्होंने विपरीत रति का आनंद लूटा था और अब वे घोर श्रम के कारण अलसाए हुए सेज पर पड़े हुए थे, लेटे हुए थे। रति-रण के वे दोनों अत्यंत कुशल योद्धा थे। दो में से एक भी इस रति-रण से जरा भी पीछे नहीं मुड़े। अपने

अंग रूपी अस्त्रों के बल से दोनों रति-रण में लड़ते रहे। अंततः दोनों सेज के रणक्षेत्र में आनंद से मूर्च्छित होकर गिर पड़े। पर कोई भी डरकर इधर उधर टला नहीं। श्याम और श्यामा (राधा) इस रति-रण से एक कदम भी, एक पल के लिए भी, टले नहीं, डटे रहे।

१६२१/२६५४ राग विभास

स्यामा स्याम सेज उठि बैठे, अरस परस दोउ करत बिहार।
उन उनकी पहिरी मोति-माला, उन पहिस्यौ उन नौसरि-हार।
लटपट पेच सँवारति प्यारी, अलक सँवारत नंदकुमार।
'सूरदास' प्रभु नागर नागरि, बिपरित भूषन करत सिँगार॥

रात भर की विपरीत रति के अनंतर सबेरा होते ही श्यामा (राधा) और श्याम (कृष्ण) सेज पर उठ बैठे और वे एक दूसरे को चूमते हुए, आलिंगन-बद्ध करते हुए, विहार करने लगे। राधा ने श्याम की मोतियों की माला पहन ली और श्याम कृष्णने राधा का नौ लड़ोंवाला हार पहन लिया। राधा ने श्याम की पगड़ी अपने सिर पर पहन ली और उसकी लटपटी मुरेरों को सँवारने लगी। नंदकुमार भी स्त्रियों की तरह अपनी केश सँवारने लगे। नागर-कृष्ण और नागरी राधा विपरीत रति के समान ही विपरीत वस्त्राभूषणों से अपना-अपना श्रृंगार कर उठे।

१६२२/२६५५ राग ललित

करि सिँगार दोऊ अरसाने।
प्रथम बोल तमचुर सुनि हरषे, पुनि पौढ़े दोऊ लपटाने।
रति-रन-जुद्ध जाम त्रय नीकैं, सेज परे, पुनि उठि मुरझाने।
मानौ 'सूर' खेत सम लरिकै, गिरत उठे, फिरि गिरत लजाने।

इस प्रकार विपरीत श्रृंगार करके—राधा ने कृष्ण का रूप धारण करके और कृष्ण ने राधा की वेश-भूषा बनाकर—दोनों राधा और कृष्ण फिर अलसा गए। मुर्गे की पहली बोली सुनकर पहले तो वे प्रसन्न हो उठे, परंतु ये दोनों पुनः एक दूसरे से आलिंगन बद्ध होकर, लिपट कर सेज पर लेट गए। उन्होंने रात्रि के प्रथम तीन पहरों तक घोर रति-रण किया था। अतः ये थककर चूर हो गए थे और सेज पर लेटे पड़े थे। वे पुनः उठे, पर दूसरी बार भी वे मुरझाकर शिथिल होकर गिर पड़े। ऐसा लग रहा था मानों दो योद्धाओं ने रण-क्षेत्र में समान कौशल और शौर्य से लड़ा हो और लड़ते-लड़ते गिर पड़े हों। वे गिरे हुए योद्धा उठकर खड़े तो हो गए, पर फिर गिर जाने से वे लज्जित हो उठे।

१६२३/२६५६ राग ललित

बोले तमचुर, चास्यौ जाम कौ गजर मास्यौ, पौन भयौ सीतल, तमी तैं तमता गई।
प्राची अरुनानी भानु-किरनि उज्यारी नभ छाई, उडुगन चंद्रमा मलीनता लई।
मुकुले कमल, वच्छ-बंधन बिछोह्यौ ग्वाल, चरैं चली गाइ, द्विज पैंती कर कौं दई।
'सूरदास' राधिका सरस बानी बोलि कहै, जागौ प्रान-प्यारे जू, सबारे की समै भई॥

राधा श्याम से सरस वाणी में कहने लगीं—मुर्गे बोल उठे, रात के चार पहर बीत जाने का घंटा भी बज गया, सबेरे की ठंडी हवा बहने लगी, रात्रि का अंधकार दूर हो गया, पूर्व

दिशा में ललाई छा गई, सूर्य की किरनों का उजाला आकाश में हो गया, तारों और चंद्रमा की आभा मंद पड़ गई, कमल खिल उठे, ग्वालों ने गायें दुहने के लिए बछड़ों के बंधन छोड़ दिए, गायें चरने के लिए चल पड़ीं, ब्राह्मणों ने तर्पण करने के लिए हाथों में कुश की पवित्री धारण कर ली, हे प्राण-प्यारे अब जग जाओ, सबेरे की बेला हो गई है।

१६२४/२६५७ राग विभास

चिरई चुहचुहानी, चंद की ज्योति परानी, रजनी बिहानी, प्राची पियरी प्रवान की ।
तारिका दुरानी, तम घट्यौ, तमचुर बोले, स्रवन भनक परी ललिता के तान की ।
भृंग मिले भारजा, बिछुरी जोरी कोक मिले, उतरी पनच अब काम के कमान की ।
अथवत आए गृह, बहुरि उवत भानु, उठौ प्राननाथ, महा जान मनि जान की ।
व्रज घर-घर यहै, करत चबाउ लोग, बार-बार कहनि पगनि-पग आन की ।
'सूरदास' प्रभु नंद-सुवन सिधारौ धाम, सुनत उठनि छवि कृपा के निधान की ॥

राधा ने श्याम को जगाते हुए कहा—चिड़ियाँ चहचहाने लगीं, चंद्रमा की आभा उससे दूर हो गई और उसकी ज्योति मलिन पड़ गई, रात बीत गई, पूर्व दिशा में पौ फटने से पीलापन छा गया, तारे छिप गए, अंधकार कम हो गया, मुर्गे बोल उठे, कानों में ललित राग की धुन सुनाई पड़ने लगे—संगीतज्ञ लोग सबेरे-सबेरे ललित राग में गाने लगे; कमलक्रोड़ में बंदी भौंरें उनसे छूटकर अपनी भ्रमरियों से जा मिले; चकवा चकवी जो रात भर एक दूसरे के विलग रहे हैं, अब सबेरा हो जाने पर एक दूसरे से मिले जा रहे हैं, अब कामदेव के धनुष की प्रत्यंचा ढीली पड़ गई है, उसके शर नहीं छूट रहे हैं; सूर्य अस्त होते ही तुम मेरे घर आए थे। अब सूर्य फिर से उदित हो रहे हैं। हे प्राणनाथ, हे ज्ञानियों के भी महा ज्ञानमणि, अब जग जाओ। ब्रज में घर-घर हमारे मिलने की ही निंदात्मक चर्चा फैली हुई है। उनके ऐसा बार-बार कहते रहने से हमारे आन (मान, शान) की पाग (पगड़ी) पैरों के तले कुचली जा रही है। इसलिए हे प्रभु, हे नंदनंदन, अब अपने घर सिधारिए। राधा की यह बात सुनते ही श्याम उठ बैठे। कृपा-निधान श्याम के उठ बैठने की शोभा का क्या कहना? वह अनुपम है।

१६२५/२६५८ राग बिलावल

जागियै प्रानपति रैनि बीती ।
चंद की दुति गई, पहौ पीरी भई, सकुच नाहीं दई, अतिहिँ भीती ।
मातु, पितु, बंधु, गुरुजन अबहिँ जानिहैं, लखैं जनि कहूँ, यह लाज भारी ।
सखिनि आगैं 'नही, नहीं', सब दिन कही, मोहिं घेरे रहतिँ सबै नारी ।
उठे मुसुकाइ, अकुलाइ, अतुराइ कै, निकसि गए स्याम व्रज-नारि जान्यौ ।
'सूर' प्रभु नंद-नंदन दरस दै गए, निरखि इक टक रहीं पल भुलान्यौ ॥

राधा बड़े तड़के श्याम को जगा रही है—प्राणपति श्याम, अब जग जाइए। रात बीत गई, चंद्रमा की द्युति मंद पड़ गई है, पौ भी फट गई और पूर्व दिशा में पीलापन छा गया है। मुझे पहले तो बहुत लाज लगती थी, पर आज लज्जा ही नहीं लग रही है, अत्यंत भय भी लगने लगा है। थोड़ी ही देर में माता-पिता, भाई, बड़े-बूढ़े सभी जान जायेंगे। मुझे

भारी लज्जा तो यह है कि वे सब कहीं तुम्हें मेरे साथ इस समय देख न लें। मैंने सखियों के सामने तो हमेशा 'नहीं, नहीं' कहा है—मैंने श्याम को देखा तक नहीं, यही उनसे कहती रही हूँ। पर वे मेरा विश्वास नहीं करतीं और तुम्हारे साथ पकड़ लेने के लिए वे सभी मुझे सदा घेरे ही रहती हैं।

यह सुनकर श्याम मुसकुराकर, अकुलाकर, आतुर होकर निकल गए। फिर भी ब्रज की नवेलियों ने उन्हें राधा के घर से जाते हुए देख ही लिया। वे नंद के नंदन उन्हें दर्शन दे ही गए। वे उन्हें एकटक देखती रह गईं, उनकी पलकें ही गिरना भूल गईं।

१६२६/२६५९ राग बिलावल

प्रगट दरस दै गए कन्हाई।
राधा गृह तैं निकसत देखे, इन, उनकी मन-साधु पराई।
सीस मुकुट, मोतिनि उर माला, पीतांबर पट सहज फिराई।
स्याम बरन तनु निरखि भुलानी, अंग अंग छबि कही न जाई।
करति सोच राधा मन अपनैं, आलस भरे गए हरि माई।
'सूरस्याम' निसि नैंकु न सोए, यहै कहति पुनि-पुनि पछताई॥

कन्हैया ब्रज-बालाओं को प्रत्यक्ष दर्शन देते चले गए। उन्होंने कान्हा को राधा के घर से निकलते देख लिया और समझ लिया कि श्याम ने राधा की सारी इच्छाएँ पूरी कर दी हैं। उन्होंने देखा कि श्याम के सिर पर मोर-पंख का मुकुट है, उनकी छाती पर मोतियों की माला लटक रही है, और वे अपने पीतांबर के उपरैना के छोर को अपनी उँगली में लपेट कर घुमाए जा रहे हैं। कन्हैया के साँवले सलोने शरीर को देखकर वे अपने तन मन की सुधि ही भुला बैठीं। कन्हैया के एक एक अंग की शोभा कहते नहीं बन पा रही थी।

इधर राधा अपने मन में सोच किए जा रही थी—अरी मैया, कन्हैया तो अलसाए हुए ही अपने घर गए हैं, वे रात भर बिलकुल नहीं सोए, रंगरली ही में रात भर जागते रह गए। यह कहते-कहते वह बार-बार पछताए जा रही थी।

१६२७/२६६० राग बिलावल

स्याम गए देखै जनि कोई।
सखियन सौं निबहन पुनि पैहौं, जिनि आगैं रख गोई।
देखै आइ द्वार ह्वै नागरि, जहाँ तहाँ ब्रजनारी।
सकुचि गई जुवतिनि कैं देखत, दुख कीन्हौ जिय भारी।
मन चिंता अतिहीं उपजाई, बार-बार पछितानी।
'सूरस्याम' सौं प्रीति गुप्त ही, आजु सबनि इनि जानी॥

राधा मन ही मन सोचे जा रही है—श्याम अभी अभी सबेरा होने पर मेरे घर से गए हैं। अच्छा होगा, उन्हें यहाँ से जाते हुए कोई देख न पावे। जिन सखियों से मैंने अपना सारा प्रेम छिपा रखा है, और उनसे कहा है कि मैं तो श्याम को जानती भी नहीं, यदि उनमें से किसी ने भी श्याम को मेरे घर से निकलकर जाते हुए देख लिया, तो मैं इन सखियों से निबह नहीं पाऊँगी, बच नहीं पाऊँगी।

ऐसा सोचती हुई राधा अपने दरवाजे पर आ गई और उसने देखा कि जहाँ-तहाँ ब्रज बालाएँ खड़ी हैं। इन गोप-युवतियों को देखकर राधा भारी लाज में पड़ गई और अपने मन में भारी दुख किया, उसके मन में अत्यधिक चिंता उत्पन्न हो गई, वह बार-बार पछताने लगी। मेरी श्याम से प्रीति अभीतक गुप्त ही थी, आज इन सबों ने जान ही लिया।

१६२८/२६६१ राग बिलावल

बार-बार राधा पछितानी।
निकसे स्याम सदन मेरे तैं, इनि अँटकरि पहिचानी।
नितहीं नित बूझतिँ ये मोसौं, मैं इनपै सतराति।
अब तौ हरि परगट ही देखे, पुनि-पुनि कहति लजाति।
इक ऐसैंहि झकझोरति मोकौं, पायौ नीकौ दाउ।
'सूर' आजु किहिं भाँति दुराऊँ, सोचति करति उपाउ॥

राधा बार-बार पछताए जा रही है, श्याम मेरे घर से निकले थे। इन सबों ने अनुमान से, अटकल से, उन्हें पहचान ही लिया होगा। ये मुझसे रोज-रोज इस संबंध में पूछा करती थीं और मैं इन पर चिढ़कर बिगड़ जाती थी। अब तो इन लोगों ने हरि को प्रत्यक्ष देख लिया है। यह सोचकर राधा बार-बार लज्जित हुई जा रही थी। एक तो वे मुझे ऐसे ही झकझोरती रहती थीं, मुझपर फब्तियाँ कसती रहती थीं, अब तो इनको अच्छा अवसर मिल गया है। आज मैं इस बात को कैसे छिपाऊँ? राधा ऐसा सोचती हुई बचने का उपाय विचारती रही।

१६२९/२६६२ राग बिलावल

सोच पर्‌यौ मन राधिका, कछु कहत न आवै।
कछु हरषै, कछु दुख करै, मन मौज बढ़ावै।
निसि रस-रंगहि मैं पगी, तनु-बुधि बिसरावै।
कबहुँ बिचारति निठुर है, सखि ज्वाब बनावै।
अबहीं मोकौं बूझिहैं, जुवती चतुरा वै।
तिन सन्मुख कहिहौं कहा, प्रभु 'सूर' मनावै॥

राधा के मन में भारी चिंता समा गई। उससे कुछ कहते नहीं बन पड़ रहा था। उस रात की रंगरली का तो सुख था, पर भेद खुल जाने के भय का दुख भी था। फिर भी उसके मन की मौज, तरंग, लहर बढ़ी हुई थी। उसकी सारी रात रस-रंग में रंग-रली में बीती थी। उसका स्मरण करके वह अपने मन को दुखित भी करती जा ही थी। कभी वह सोचती थी कि कठोर बनकर मै अपनी सखियों को जवाब दे दूँ। उन्हें फटकार ही दूँ। वे युवतियाँ चतुर हैं। वे मुझसे अभी-अभी पूछने लगेंगी। उनके सामने मैं क्या कहूँगी? वह प्रभु को मनाने लगी कि वे कोई उपाय सुझा दें या सखियाँ मुझसे पूछें ही नहीं।

१६३०/२६६३ राग नट नारायन

कबहूँ मगन हरि कैं नेह।
स्याम-सँग निसि-सुरति कैं सुख, भूली अपनी देह।

जबहिँ आवति सुधि सखिनि की, रहति अति सरमाइ ।
तब करति हरि-ध्यान, हिरदै, चरन-कमल मनाइ ।
होइ ज्यौं परबोध उनकौं, मेरी पति जनि जाइ ।
निदरि-दरि हौं रही सबकौं, आजु लौं इहि भाइ ।
अबहि सब जुरि आइहैं ह्याँ, तुम बिना न उपाइ ।
'सूर' प्रभु ऐसी करौ कछु, बहुरि जाहिँ लजाइ ॥

राधा कभी हरि के प्रेम में डूब जाती थी। श्याम के साथ रात में उसने संभोग का जो सुख उठाया था, उससे वह अपने शरीर की भी सुधि भूल जाती थी। पर जब उसे अपनी सखियों का ध्यान आता था, तब वह बहुत लज्जित हो जाती थी। तब वह हरि के चरण-कमलों को मनाकर अपने हृदय में उनका ध्यान करने लगती थी। हे हरि, कुछ ऐसा करो, जिससे सखियों को प्रबोध, संतोष हो जाय और मेरी लाज़ भी बची रह जाय, जाने न पावे। आज तक तो मैं इनको इसी प्रकार निरादृत करके दलती रही हूँ। प्रभु इस बार भी कुछ ऐसा करो, जिससे ये सब एक बार फिर लज्जित हो जायँ और मुझे लज्जित न होना पड़े।

१६३१/२६६४ *राग टोरी*

ज्वाब कहा मैं दैहौं उनकौं ।
की आवति अबहीं की छिनकहिं, चोर कहैंगी मोकौं ।
कैसैंहू पति रहै विधाता, अब यह करौ सम्हारि ।
घेरेहिं रहति, दुराऊँ कब लौं, ऐसी नागरि नारि ।
नैना भए चकोर रहत हैं, मुख-ससि-पूरन स्याम ।
सुनहु 'सूर' यह दसा हमारी, ये सब ब्रज की बाम ॥

राधा सोच रही है—मैं अपनी सखियों को कौन सा उत्तर दूँगी? या तो वे आ ही रही होंगी या फिर कुछ क्षणों बाद ही आ जायेंगी। आते ही वे मुझे चोर कहने लगेंगी—चोरी-चोरी प्रेम करने वाली या प्रेम को अपने गोइयों से छिपाने वाली। हे ब्रह्मा मेरी प्रतिष्ठा किसी प्रकार बनी रह जाय, अब कुछ ऐसा संभार, उपाय, कर दो। ये ब्रज की गोपांगनाएँ ऐसी चतुरा है कि मुझे हमेशा घेरे ही रहती हैं। मैं कबतक कृष्ण के प्रति अपना प्रेम छिपाए रख सकती हूँ। श्याम का मुख तो एकदम पूर्णिमा का चंद्रमा-सा है, मेरे नयन इस शशि के चकोर बने रहते हैं। टकटकी लगाकर उसे अपलक देखते रह जाते हैं। इधर तो मेरी यह दशा है। उधर ये ब्रज की परम चतुरा बालाएँ हैं। 'मेरी पति रखो हे गिरिधारी'।

१६३२/२६६५ *राग जैतश्री*

ये सब मैरैं हि खोज परीं ।
मैं तौ स्याम मिली नहिं नीकैं, आजु रही निसि संग हरी ।
जुवती हैं सब दई सँवारी, घर बनहूँ मैं रहतिँ भरी ।
कैहौं धौं यह साध मिटैगी, कहूँ मिले जौ एक घरी ।
प्रगट करौं तौ बनत नहीं कछु, लोक-सकुच-कुल-लाज मरी ।
ते परगट अबहीं इन देखे, 'सूरज' प्रभु ब्रजराज हरी ॥

राधा कहे जा रही है—ये सब सखियाँ मेरे ही पीछे पड़ी हुई हैं। ये सदा मुझे खोजती रहती हैं। मैं तो श्याम से भलीभाँति कभी नहीं मिली। आज की रात तो मैं ठीक से हरि के संग रही हूँ। ये सब ब्रज-नवेलियाँ भगवान के हाथों की गढ़ी हुई है। ये मेरी खोज में घर में भी और वन में भी, यत्र-तत्र सर्वत्र भरी रहती हैं, मँडराती रहती हैं, मुझे अकेले छोड़ना ही नहीं चाहतीं। मैं एक घड़ी के लिए ही सही, श्याम से मिलना चाहती हूँ। मेरी यह साध कैसे पूरी हो। न ये मुझे अकेली छोड़ेंगी, न मेरी साध पूरी होगी। यदि मैं साफ-साफ कह दूँ कि मैं श्याम से प्रेम करती हूँ और वे आज की रात मेरे साथ रहें हैं, तो मैं लोक-लज्जा और कुल की कानि से मर जाऊँगी। पर इन सबने प्रभु, ब्रजराज हरि को अभी-अभी मेरे घर से निकलते हुए प्रत्यक्ष देखा है।

१६३३/२६६६ राग धनाश्री

तब नागरि मन हरष बढ़ायौ।
परम कुसल राधा हरि प्यारी, हृदय बुद्धि उपजायौ।
अब आवैं कैसैंहुँ अँग बूझैं, ज्वाब मनहिं ठहरायौ।
अति आनंद पुलक तन कीन्हौ, सोच मोह बिसरायौ।
प्रगट गए जैसैं नँद-नंदन, वहै ध्यान उपजायौ।
'सूरदास' प्रभुरूप बखानौं, इनकौं जो दरसायौ॥

राधा परम चतुरा है। हरि ने प्यारी राधा के हृदय में एक बुद्धि पैदा कर दी। मन में इस बुद्धि के आते ही वह परम प्रसन्न हो उठी। उसने मन में उत्तर निश्चित कर लिया और मन ही मन कह उठी—अब ब्रज युवतियाँ आवें, अब वे चाहे जिस तरह से मुझसे पूछ लें। मैं उनका उत्तर दे लूँगी। राधा का शरीर हर्षातिरेक से रोमांचित हो उठा। उसने सारा मोह, सारा सोच, भुला दिया। उसके मन में कन्हैया का वही रूप आ बिराजा, जिस रूप में ये उसके घर से गए थे। प्रभु ने इन ब्रज-बालाओं को जो रूप दिखाया था, मैं इनसे प्रभु के उसी रूप का वर्णन करूँगी। और कहूँगी हरि को तुमने जैसा देखा है, मैंने भी उन्हें उसी रूप में देखा है।

१६३४/२६६७ राग ललित

राधा हरि कै गर्व भरी।
सखियनि कौ आगम जब जान्यौ, बैठी रही खरी।
उत ब्रज-नारि संग जुरि कै वै, हँसति करत परिहास।
चलौ न, जाइ देखियै री, वा राधा कौ जु उजास।
कैसौ वदन, सिँगार कौन विधि, अंग-दसा भई कैसी।
'सूरस्याम' सँग निसि रस कीन्है, निधरक ह्वै है बैसी॥

राधा हरि के प्रेम के गर्व में भरी हुई थी। जब उसने सखियों के आने की बात जानी, वह निश्चिंत होकर बैठ रही। उधर ब्रज की नवेलियाँ इकट्ठी होकर हँसती हुई और राधा की हँसी उड़ाती हुई कहने लगीं—चलो न, चलकर देखो, उस राधा की तड़क-भड़क, रंग-ढंग कैसा है। उसका मुँह कैसा है, हँसता हुआ या लटका हुआ उदास। उसने किस प्रकार का श्रृंगार कर रखा है, बनी-ठनी है या योंही मलिन-मन है। उसके अंगों की दशा

कैसी है—वे दले-मले गए हैं या अनछुए हैं। उसने रात भर श्याम के साथ रस-रंग किया है, फिर भी वह निधड़क बैठी होगी।

१६३५/२६६८ राग जैतश्री

सुनौ सखी राधा के मन की, यह करनी नहिं जान्यौ।
जब हम जाति चलीं जमुना कौं, तबहीं मैं पहिचान्यौ।
तबहिं सैन दै स्याम बुलाए, गृह आवन कौ भाव।
उनके गुन धौं को नहिं जानत, चतुर-सिरोमनि राव।
सुनौ सखी अति नहीं कीजियै, मूँड़ परै अपनैंही।
'सूरस्याम' सुख हमहिँ दुरावति, आजु मिले सपनैंही॥

एक सखी दूसरी से कहने लगी—सखी सुनो, क्या तुमने राधा के मन की यह करनी नहीं देखी समझी थी? जब हम जल भरने के लिए जमुना जी जा रही थीं, मैंने तभी इसे भलीभाँति पहचान लिया था। तभी इसने संकेत देकर इशारा करके, श्याम को अपने घर आने का भाव व्यक्त कर दिया था, निमंत्रण दे दिया था। कन्हैया के गुण को कौन नहीं जानता, वे चतुर-शिरोमणियों के भी राजा हैं, महा चतुर हैं। वे राधा का संकेत तत्काल समझ गए थे। सखी सुनो, कभी भी सीमा का अतिक्रमण नहीं करना चाहिए। अधिक चतुराई अपने ही सिर पर आ घहराती है। राधा बहुत चतुराई करती रही है। वह हमसे श्याम के सुख को सदा छिपाती रही है। देखना है कि क्या आज भी कृष्ण उसे सपने ही में मिले हैं? देखें वह इस प्रत्यक्ष को कैसे स्वप्न बना पाती है?

१६३६/२६६९ राग सारंग

तुम जो कहति राधिका भोरी।
आजु रही अब कहा भुराई, कौन दिननि की थोरी।
जो छोटी तेई हैं खोटी, साजति माँजति जो री।
बेंदी भाल, नैन नित आँजति, निरखि रहति तनु गोरी।
चमकति चलै, बदन मटकावै, ऐसी जोबन-जोरी।
'सूर' सखी तिहिँ कहति अयानी, मन मोहनहिँ ठगो री॥

एक दूसरी सखी कहने लगी—तुम तो कहा करती थीं कि राधा अभी बड़ी भोली है। आज उसका भोलापन कहाँ चला गया। क्या अब भी वह अल्पवयस्का है, थोड़े दिनों की हैं? यह जितनी छोटी है, उतनी ही खोटी है। यह अपने को सदा सजाए-बजाए रहती है। यह अपने माथ में बिंदी लगाती है, नेत्रों में काजल आँजती है, और अपने गोरे गरूरी शरीर को देखती रहती है, चमकती, मटकती चलती है। मुँह मटकाती चलती है। यह जोबन-जोर है। ऐसी राधा को तुम भोली और अयानी कहती हो। इसने तो मोहन का भी मन ठग लिया है।

१६३७/२६७० राग रामकली

राधा कौं मैं तबहीं जानी।
अपनैं कर जो माँग सँवारै, रचि-रचि बेनी बानी।

मुख भरि पान, मुकुर लै देखति, तासौं कहति अयानी।
लोचन आँजि सुधारति करजनि, छाँह निरखि मुसुकानी।
बार-बार उरजनि अवलोकति, वा तैं कौन सयानी।
'सूरदास' जैसी है राधा, तैसी मैं पहिचानी॥

राधा को मैंने तभी जान लिया था। वह अपने हाथों माँग सँवारती है और रच-रचकर भाँति-भाँति की वेणी बाँधती है। वह हमेशा मुँह में पान चबाती रहती है, बराबर आईना देखा करती है। ऐसी राधा को तू अयानी और भोलीभाली समझती है। वह अपनी आँखों में काजल लगाकर अपनी उँगलियों से सुधारती रहती है। दर्पण में अपना प्रतिबिंब देखकर मुसकुरा पड़ती है। वह बार-बार अपने उभरते उरोजों को निहारा करती है। उससे बढ़कर चतुरा दूसरा कौन होगा? राधा जैसी है, मैंने उसको वैसा ही खूब पहचान लिया है।

१६३८/२६७१ राग गुंड मलार

राधिका-सदन ब्रज-नारि आईं।
रही मुख मूँदिकै, वचन बोलै नहीं, नैन की सैन दै वै बुलाईं।
इन तबहिँ लखि लई, रचति है चतुरई, बुद्धि रचि कै अबहिँ और कैहै।
चोर चोरी करै आपनैं जंघ-बल, प्रगट कैहै? तुमहिँ नहिँ पत्यैहै।
भौंह देखौ निरखि ज्वाब दैहौ कौन, तुमहूँ राखतिँ गरब, बोलि देखौ।
'सूर' प्रभु संग तैं अतिहि निधरक भई नैन-मुख-ओर तुम नहीं पेखौ॥

ब्रज की सभी नारियाँ राधा के घर आ गईं। राधा मुँह मूँदे हुई बैठी हुई थी। वह मुँह से कुछ भी नहीं बोल रही थी। उसने आँखों के इशारे से उन सब ब्रज-बालाओं को अपने पास बुला लिया। इन ब्रजांगनाओं ने तभी समझ लिया कि राधा कोई चतुराई गढ़ने में लगी हुई है। अभी कोई नई बुद्धि करके कुछ और ही कहेगी। जो चोर अपनी जाँघ के बल चोरी करने निकलता है, क्या वह किसी से स्पष्ट कहके जायगा कि मैं चोरी करने जा रहा हूँ? वह तो किसी का भी विश्वास ही नहीं करेगा। इसकी भौंहों को तो देखो और देखकर बताओ यह कौन सा जवाब देगी। तुम भी तो अपने को चतुर होने का गर्व करती हो। पूछकर देखो तो? श्याम के संग से राधा अत्यंत निधड़क हो गई है। तुम इसकी आँखें और मुँह नहीं देख रही हो? वहाँ भय का कोई चिह्न है ही नहीं।

१६३९/२६७२ राग सूही

आजु कहा मुख मूँदि रही री।
सुनति नहीं है कुँवरि राधिका, कापर रिस करि मौन गही री।
हमकौं यह काहैं न सुनावति, हम हैं तेरी संग सखी री।
यह कहि-कहि मुसकातिँ परस्पर, चतुर नारि यह तबहिं लखी री।
कीधौं ध्यान करति देवनिकौ, कीधौं ऐसी प्रकृति परी री।
'सूर' जबहिं आवतिँ हम तैरैं, तब-तब ऐसी धरनि धरी री॥

एक सखी राधा से पूछ बैठी—आज तूने यह चुप्पी क्यों साध रखी है? क्या तू मेरी

बात नहीं सुन रही है ? तू किस पर क्रोध करके इस तरह मौन साध बैठी है ? तू अपने क्रोध का कारण हमसे क्यों नहीं कह सुनाती ? हम सब तेरी सखी सहेलियाँ हैं। हमसे नहीं कहेगी, तो किससे कहेगी ? यह कहकर वे एक दूसरी की ओर देख मुसकुरा पड़ीं—हमने तो तभी जान लिया था कि राधा बड़ी चतुरा नारी है। वे फिर बोलीं—तू किसी देवता का ध्यान कर रही है या तेरा यह चुप्पी साधने का स्वभाव ही बन गया है ? जब-जब हम तेरे यहाँ आती हैं, तब-तब तू इसी प्रकार मौनावलंबन कर लेती है। बात क्या है ?

१६४०/२६७३ राग बिलावल

बार-बार जुवती सबै, राधा सौं भाषैं।
तुम दुराव कत करति, हम तुमसौं नहिँ राखैं।
इतनौ सोच पर्‌यौ कहा, मुख ज्वाब न आवै।
हम तौ हैं तेरी सखी, सो कहि न सुनावै।
कछु दिन तैं तेरी दसा, तनु रहति भुलाए।
निठुर भई का पर इती, कहि 'सूर' सुनाए॥

वे सब नव युवतियाँ बार-बार राधा से कहने लगीं—तुम हमसे भला क्यों छिपाव कर रही हो ? हम तो तुमसे कोई दुराव नहीं करतीं। तुझे इतनी बड़ी कौन सी चिंता हो गई है, जो तेरे मुख से जवाब तक नहीं निकल पा रहा है। हम तो तेरी सखियाँ हैं। तू अपनी व्यथा हमसे क्यों नहीं कहती ? कुछ दिनों से तेरी यह दशा हो गई है कि तू अपने शरीर की भी सुधि भुला बैठी है। तू किस पर इतनी निष्ठुर हो गई है, किस पर बिगड़ी हुई है—सीधे सीधे बता क्यों नहीं देती ?

१६४१/२६७४ राग मलार

राधिका कहति ये करति हाँसी।
रहतिँ मुख-मुख हेरि, नैन की सेन दै, कहतिँ मोकौं कृष्न की उपासी।
सुनहु री सखी, मैं कहा तुमसौं कहौ, कहा बूझहि मोहिँ, कहति राधा।
आजुहीं प्रात इक चरित देख्यौ नयौ, तबहिँ तैं मोहिँ यह भई बाधा।
कहौं ज्यौ एक करि, देखती नैन भरि, भोर तैं भोर ह्वै रही माई।
'सूर' प्रभु स्याम, की स्यामता मेघ की, यहै जिय सोच, कछु नहिँ सुहाई॥

राधा अपने मन ही मन कहने लगीं—ये सभी सखियाँ मेरी खिल्ली उड़ा रही हैं। ये एक दूसरे का मुँह देख देखकर, आँखों से एक दूसरे को इशारा करती हुई, ये मुझे कृष्ण की उपासिका, प्रेमिका कहे जा रही हैं। यह सोचकर राधा बोली—अरी सखियो, मैं तुमसे क्या कहूँ, कुछ कहने को हो तो कहूँ भी। तुम मुझसे क्या पूछ रही हो ? आज ही सबेरे मैंने एक नया और अद्भुत चरित देखा है, तभी से मुझे यह बाधा हो गई है, मेरी यह चुप्पी की दशा हो गई है। मैं अपने प्राणों को एक कर कुछ कहती अवश्य, यदि मैं उस चरित को भर आँख देख पाई होती तो। हे माई (सखी), मैं भोर (सबेरे) से ही भोर (विभोर, भौंचक) हो गई हूँ। वह श्याम थे या मेघ की श्यामलता थी। मैं कुछ निर्णय नहीं कर पाई। मैं तभी से इस सोच में पड़ी हुई हूँ और मुझे कुछ भी अच्छा नहीं लग रहा है।

१६४२/२६७५ राग रामकली

कंधर की धर-मेरु सखी री।
की बग पंगति, की सृक-सीपज, मोर कि पीड़ पखी री।
की सुर-चाप किधौं वनमाला, तड़ित किधौं पट पीत।
किधौं मंद गरजनि जलधर, की पग नुपूर-रव नीत।
की जलधर की स्याम सुभग तनु, यहै भोर तैं सोचति।
'सूर' स्याम रस भरी राधिका, उमँगि-उमँगि रस मोचति॥

राधा सखियों से कहने लगी—सखियों, कुछ पता नहीं, वह कन्हैया का कंधा था या मेरु पर्वत की शिला थी, वह मोतियों की माला थी या बकुलों की श्वेत पंक्ति, वह मोर पंख का सिर पर मुकुट था अथवा मोर ही नाच रहा था, वह वनमाला थी या इंद्रधनुष था, वह पीतांबर था या बिजली की छटा थी, वह उनके पैरों की पायल का मंजु स्वर था या बादल की मंद गरज थी; वह श्याम का साँवला सलोना शरीर था या काला बादल था। मैं सबेरे से बैठी हुई यही सोचे जा रही हूँ।

श्याम के प्रेम में राधा कुछ निमग्न हो गई थी, उमंग में आकर उमड़ उमड़कर उस रस को, उस आनंद को व्यक्त किए जा रही थी।

१६४३/२६७६ राग रामकली

आजु सखी अरुनोदय, मेरे नैननि कौं धोख भयो।
की हरि आजु पंथ-इहि गवने, स्याम जलद की उनयौ।
की बग-पाँति-भाँति, उर पर की मुकुत-माल बहु मोल।
कीधौं मोर मुदित नाचत, की बरह मुकुट की डोल।
की घनघोर गँभीर प्रात उठि, की ग्वालनि की टेरनि।
की दामिनि कौंधति चहुँ दिसि, की सुभग पीत पट फेरनि।
की वनमाल लाल-उर राजति, की सुरपति धनु चारु।
'सूरदास'-प्रभु-रस भरि उमँगी, राधा कहति बिचारु॥

राधा कह उठी—हे सखी, आज सूर्य निकलने के ही समय से, बड़े भोर से, ही मेरी आँखों को कुछ धोखा सा हो गया है। मुझे कुछ पता नहीं चला कि आज सबेरे-सबेरे इस रास्ते से श्याम सुंदर गए हैं अथवा साँवला बादल उमड़ आया था। वह उनके वक्ष पर बहुमोल वाली मोतियों की माला थी या श्वेत वकुलों को पंक्ति की प्रभा थी। वह उनके सर पर मोर के पंख का मुकुट हिलडुल रहा था या मोर ही मस्त होकर आनंद से नाचे जा रहा था। सबेरे-सबेरे उठकर कन्हैया अपने मित्र ग्वाल बालों को पुकार रहे थे या वह बादलों की गंभीर गर्जना थी। वह उनका सुंदर पीतांबर फहरा रहा था या चारों ओर बिजली ही चमकती जा रही थी। वह उन लाल (कृष्ण) के वक्षस्थल पर वनमाला सुशोभित हो रही थी या वह सुंदर इंद्रधनुष था।

राधा इस प्रकार सोच विचार करके कहते-कहते श्याम के प्रेम में भरकर उमड़ पड़ी।

१६४४/२६७७ राग बिलावल

सुनहु सखी राधा कहनावति।
हम आईं याकैं जिहिं कारन, सो यह प्रगट सुनावति।
हम देख्यौ सोई इन देख्यौ ऐसैंहि दोष लगावतिँ।
यह पुनीत, हमहीं अपराधिनि, तनु अपराध बढ़ावतिँ।
इतनैंहि रहौ और जनि भाषहु, अजहूँ लाज न आवति।
'सूरस्याम' राधा जौ एकै, तऊ नहीं कहि आवति॥

एक सखी दूसरी सखियों से राधा पर व्यंग कसते हुए कह उठी—सखियो, राधा की बातें तो सुन लो। हम जिसको जानने के लिए इसके पास आई थीं, यह स्वयं वही बातें हमको सुनाए जा रही है। हमने जो कुछ अपनी आँखों देखा था, वही सब राधा ने भी देखा। हमलोग व्यर्थ ही इसे दोष दे रही हैं। यह परम पवित्र है, हमी दोषी हैं कि इसके शरीर को अपराधी समझ बैठी हैं। इतना ही बहुत हो चुका, अब आगे और कुछ मत कहो। अब भी हम सबको लाज नहीं लग रही है? अरी राधा और श्याम एक ही हैं, दो नहीं। हम सब यह जानती हैं, पर इस सीधी सी बात को भी हम सब कह नहीं पा रही हैं।

१६४५/२६७८ राग बिलावल

राधा कौ कछु और सुभाउ।
हम देखति हरि कौ औरैं अँग, यह निरखति सति भाउ।
यह है बिनु कलंक की साँची, हम कलंक मैं सानी।
हम हरि की दासी सम नाहीं, यह हरि की पटरानी।
याकी अस्तुति हम कह करिहैं, रसना एक न आवै।
'सूरस्याम' कौं इनहीं जाने, भजन-प्रताप बतावै॥

वह सखी बोलती गई—अरी सखियो, राधा का स्वभाव कुछ दूसरा ही है। हम भी कृष्णा को देखती हैं और यह भी। पर हमारे देखने के भाव और ढंग में अंतर हैं। हम हरि को काम-भाव से, आसक्ति भाव से देखती हैं, राधा इन्हें सत्भाव से, अनासक्त होकर देखती हैं। यह बिना कलंक की है, सच्ची है। हम तो कलंक से सनी हुई हैं। हम हरि की दासी के भी समान नहीं है, वह हरि की पटरानी है। हम भला इसकी स्तुति कैसे कर सकती हैं। हमारे जीभ एक ही है और एक जीभ से इसका गुणानुवाद नहीं किया जा सकता। इसीने श्याम को भलीभाँति पहचाना है। हमने श्याम का खूब मनन किया है। इसके भजन का प्रताप ही पूर्णरूप से बताए दे रहा है कि श्याम को किसी ने जाना है तो इसीने।

१६४६/२६७९ राग गुंड मलार

राधिका हृदय तैं धोख टारौ।
नंद के लाल देखे प्रात काल तैं, मेघ नहिं स्याम-तनु-छबि विचारौ।

इंद्र-धनु नहीं, बन दाम बहु सुमन कैं, नहीं बग-पाँति, बर मोति-माला ।
सिखी वह नहीं, सिर मुकुट सीखंड-पछ, तड़ित नहिं, पीत-पट-छबि-रसाला ।
मंद गरजन नहीं, चरन नूपुर-सबद, भोरहीं आजु हरि गवन कीन्हौ ।
'सूर' प्रभु भामिनी भवन करि गवन, मन-रवन, दुख के दवन, जानि लीन्हौ ॥

वही सखी बोली—राधा अपने मन के भ्रम को दूर कर दो। तुमने आज सबेरे नंद के लाल को ही देखा है। जिसे तुम बादल समझ बैठी हो, वह कन्हैया का साँवला शरीर ही है, बादल नहीं। तुम इसे ठीक ठीक समझ लो। जिसे तुमने इंद्रधनुष समझ लिया है, वह कन्हैया जी के वक्षस्थल पर लटकती हुई रंग बिरंगे फूलों की वनमाला हो है, इंद्र धनुष नहीं। जिसे तुमने बकुलों की पंक्ति समझ रखा है, वह उनके गले में लटकती मोतियों की श्रेष्ठ माला है, वक-पंक्ति नहीं। जिसे तुमने नाचता हुआ मोर समझ लिया है, वह उनके सिर पर सुशोभित मोर-पंख का मुकुट है, स्वयं मोर नहीं। जिसे तुमने बिजली समझ लिया है, वह उनके पीतांबर की सुंदर आभा है, स्वयं बिजली नहीं। जिसे तुमने बादल की मंद-मंद गर्जना समझ लिया है, वह उनके पैरों की पायल की मधुर ध्वनि है, बादल की गरज नहीं। आज सबेरे हरि ही इस राह से गए हैं। वे हरि अपनी प्रिया के मन में रमण करने वाले हैं, वे उसके विरह-दुःख का दमन करने वाले हैं। उन्होंने अपनी भामिनी की वियोग-व्यथा को जान लिया था, इसीलिए के उसका दुःख दूर करने के लिए आज उसके भवन में आए थे और भोर ही में वापस चले गए।

१६४७/२६८० राग गुंड मलार

भोर जे गए, तेइ स्याम वै री ।
धोख मोहिं भयौ, तब लखे नहिं एक करि, नील नव मेघ-छबि चीन्ह लये री ।
सिखी की भाँति सिर पीड़ डोलत सुभग, चाप तैं अधिक बनमाल-सोभा ।
साँवरी घटा पर, वग-पाँति तैं रुचिर, मोति-वर-दाम उर देखि लोभा ।
तड़ित तैं पीतपट की चमक राजई, गरज, नहिँ प्रातहीं ग्वाल बोलैं ।
'सूर' सुनि सखी यह बात साँची कही, पवन बस मेघ ज्यो अंग डोलैं ॥

राधा बोली—अच्छा, जो सबेरे इधर से गए हैं, वे श्याम थे? मुझे बड़ा धोखा हुआ, तब मैं उन्हें एकाग्र चित्त होकर न देख सकी। मैंने तो समझ लिया था कि कोई नवीन नील मेघ-खंड ही इधर आ गया था। उनके सिर पर मोर की ही भाँति उनका मोर-पंख का सुंदर मुकुट ही हिल डुल जा रहा था। उनके वक्ष पर वनमाला की ही शोभा हो रही थी, जो इंद्रधनुष से भी बढ़कर थी। उनके वक्षस्थल पर वह मोतियों का हार ही था, जो जी को लुभाए ले रहा था और काली घटा में बगुलों की पंक्ति से भी अधिक मनोरम था, उनके पीतांबर की चमक बिजली से भी अधिक शोभा को प्राप्त हो रही थी। वह सबेरे-सबेरे ग्वाल-बालों को पुकार रहे थे, वह बादल की मंद गर्जना नहीं थी। जैसे हवा के झोंके से बादल डोलता जाता है, वैसे ही वे हिलते-डुलते मस्त गति से चले जा रहे थे। सखी सुन, तूने यह एकदम सच्ची बात कह दी है।

१६४८/२६८१ राग कल्यान

धन्य हौ धन्य तुम घोष-नारी।
मोहिं धोखैं गयौ, दरस तुमकौं भयौ, तुमहिं मोहिं देखि री बीच भारी।
जा दिन संग मैं गई अस्नान कौ, जमुन कैं तीर देखे कन्हाई।
पीड़ सीखंड सिर, वेष नटवर कछे, अंग इक छटा मैं रही भुलाई।
दिवस इक आइ ठाढ़े भए द्वार पर, आजु हरि गए ह्वै, द्वार मेरैं।
'सूर' प्रभु ता दिन तुमहिं कहि दियौ, मोहिं, आजु मैं लखे सोउ कहे तेरैं॥

राधा सखियों से बोली—हे ब्रज की बालाओ, तुम धन्य हो, तुम परम प्रशंसनीय हो। मुझे तो भारी धोखा हो गया, तुम्हें तो श्यामसुंदर के दर्शन भलीभाँति हो गए। देखो मुझमें और तुममें कितना बड़ा अंतर है। जिस दिन मैं तुम सबके साथ स्नान करने के लिए जा रही थी, उसी दिन मैंने कन्हैया को यमुना तट पर देखा था। उनके सिर पर मोर-पंख का मुकुट था, वे नर्तकों की भाँति कछनी काछे हुए थे। मैं तो उन्हें पूरी तरह देख भी नहीं पाई। उनके एक ही अंग की छवि देखकर उसीमें भूली रह गई, उनके सारे अंगों को देख भी नहीं पाई। एक दिन वे मेरे दरवाजे पर भी आ खड़े हुए थे। उस दिन तुम्हीं सबने मुझे बताया था कि ये ही हरि हैं, जो तेरे द्वार पर आ खड़े हैं। आज भी हरि मेरे द्वार पर से होकर गुजरे हैं, आज जो मैंने देखा, वह भी तुम्हारे कहने पर ही। देखा कहाँ, बस समझा। तुम सबने तो मेरा भ्रम ही निवारण किया।

१६४९/२६८२ राग आसावरी

तुम कैसैं दरसन पावति री।
कैसैं स्याम अंग अवलोकति, क्यौं नैननि ठहरावति री।
कैसैं रूप हृदैं राखति हो, वे तौं अति झलकावत री।
मोकौं जहाँ मिलत हैं माई, तहँ-तहँ अति भरमावत री।
मैं कबहूँ नीकैं नहिं देखे, कह कहौं कहत न आवत री।
'सूरस्याम' कैसैं तुम देखतिँ, मोहिँ दरस नहिँ द्यावत री॥

राधा सखियों से कह रही हैं—तुम कन्हैया का दर्शन कैसे कर लेती हो? तुम श्याम के अंग-अंग कैसे देख लेती हो, तुम्हारी आँखें उनके अंगों पर कैसे ठहर पाती हैं? तुम उनके सौंदर्य को किस प्रकार अपने हृदय में रखे लेती हो? उनका रूप तो बराबर झलकता रहता है, हिलता-डुलता, क्षण-क्षण पर बदलता रहता है। मुझे तो कन्हैया जब-जब भी, जहाँ-जहाँ भी मिले हैं, उन्होंने मुझे अत्यंत भ्रमित ही कर दिया है। मैंने कभी भी उन्हें भलीभाँति नहीं देख पाया। क्या कहूँ, कुछ कहते ही नहीं बन पा रहा है। तुम श्याम को कैसे देख लेती हो, तुम सबने कभी भी मुझे उनका दर्शन नहीं कराया।

१६५०/२६८३ राग आसावरी

धन्य धन्य वृषभानु-कुमारी।
धनि माता, धनि पिता तिहारे, तोसी जाई बारी।

धन्य दिवस, धनि निसा तबहिँ की, धन्य घरी, धनि जाम।
धन्य कान्ह तेरे बस जैहैं, धनि कीन्हे बस स्याम।
धनि मति, धनि रति, धनि तेरौ हित, धन्य भक्ति, धनि भाउ।
'सूरस्याम' पति, धन्य नारि तू, धनि-धनि एक सुभाउ॥

गोपियाँ बोलीं—हे वृषभानु की बेटी राधा, तुम धन्य हो। तुम परम प्रशंसनीय हो। तुम्हारे माता-पिता भी धन्य है, जिन्होंने तेरी जैसी पुत्री को जन्म दिया। वह दिन, वह रात, वह घड़ी, वह पहर भी धन्य है, जब तू पैदा हुई थी। कन्हैया भी धन्य हैं, जो तेरे वश में हैं, और तू भी धन्य है जिसने कन्हैया को अपने वश में कर रखा है। तेरी मति, तेरी रति, तेरा चित, तेरी छवि, तेरा भाव सभी धन्य हैं। तेरे पति श्याम धन्य है, उनकी पत्नी तू, तुझे धन्य है। तुम दोनों के स्वभाव एक हैं। इस स्वभाव की एकता को भी धन्य है।

१६५१/२६८४ राग जैतश्री

तोहिँ स्याम हम कहा दिखावैं।
तुम तैं न्यारे रहत कहुँ न वै, नैंकु नहीं बिसरावैं।
एक जीव देही द्वै रची, यह कहि-कहि जु सुनावै।
उनकी पटतर तुमकौं दीजै, तुम पटतर वै पावैं।
अमृत कहा अमृत-गुन प्रगटै, सो हम कहा बतावैं।
'सूरदास' गूँगे कौ गुर ज्यौं, बूझति कहा बुझावैं॥

गोपियाँ कह रही हैं—तू कह रही है कि हम तुझे श्याम को दिखा दें। तो हम तुझे श्याम का दर्शन कैसे करा सकती हैं। श्याम तो तुझसे कभी अलग होते ही नहीं, वे तुझे जरा भी भुला नहीं पाते। ब्रह्मा ने तुम्हारे दो शरीर भले ही रच दिए हैं, पर उन दोनों में उन्होंने एक ही प्राण दिया है, हम तो यही कह कहकर तुझे सुना सकती हैं। उन कृष्ण का उपमान तुम हो और कृष्ण तुम्हारे उपमान हैं। मामला बस अनन्वय का है। भला अमृत कहीं अपना गुण स्वयं बता सका है? उस गुण को भला हम कैसे कहकर बता सकती हूँ। जैसे गूंगा गुड़ खाकर मिठास का अनुभव तो कर लेता है, पर वह उस मिठास का वर्णन नहीं कर पाता, उसी प्रकार तू हमसे कृष्ण का रूप-रस पूछे जा रही है, हम तुझे कैसे बतलावें। इसका पूरा अनुभव तो तुझे ही है।

१६५२/२६८५ राग टोड़ी

सुनि राधा यह कहा बिचारै।
वे तेरैं रँग, तू उनकैं रँग, अपनौ मुख क्यौं न निहारै।
जो देखै तो छाँह आपनी, स्याम-हृदै ह्याँ छाया।
ऐसी दसा नंद-नंदन की, तुम दोउ निर्मल काया।
नीलांबर स्यामल तनु की छबि, तुम छबि पीत सुबास।
घन भीतर दामिनी प्रकासित, दामिनि घन चहुँ पास।
सुनि री सखी बिलछ कहौं तोसौं, चाहति हरि कौ रूप।
'सूर' सुनहु तुम दोउ सम जोरी, एक स्वरूप अनूप॥

सखियाँ बोलीं—अरी राधा, सुन। तू व्यर्थ के लिए क्यों चिंता किए जा रही है। श्याम तेरे प्रेम के रंग में रँगे हुए हैं, और तू उनके प्रेम के रंग में रँग उठी है। तू अपना मुँह दर्पण में तो देख—तुझे अपना मुख नहीं दिखाई देगा, आरसी में तुझे कृष्ण का ही मुख दीख पड़ेगा। दर्पण में तू देखेगी तो अपनी परछाईं, पर उस छाया में तुझे श्याम ही छाए हुए दिखाई पड़ेंगे। ऐसी ही दशा नंद-नंदन श्याम की भी है। यदि वे दर्पण में अपनी छाया देखेंगे, तो उस छाया में उन्हें भी तेरा ही मुख समाया दीख पड़ेगा। तुम दोनों एकदम निर्मल, निष्कलुष हो। श्याम का साँवला शरीर तो तेरी यह नीली साड़ी ही है और श्याम का पीतांबर तेरा गौर वर्ण ही है। तू नीली साड़ी इसीलिए पहनती है कि यह श्याम के रंग की है और श्याम पीतांबर इसीलिए ओढ़ते हैं कि वह तेरे सुनहले वर्ण का है। तू श्याम घन के भीतर बिजली सी प्रकाशित हो रही है और श्याम घन चारों ओर से बिजली से लिपटा हुआ है। हे सखी सुन, तुझसे एक विलक्षण, अद्भुत, बात कह रही हूँ। तू जो हरि के रूप का दर्शन करना चाहती है, तो यह सब व्यर्थ की बात है। अरे तुम दोनों की जोड़ी एक सी है। और तुम दोनों का रूप भी एक सा अनुपम है।

१६५३/२६८६ राग धनाश्री

सुनि ललिता चंद्रावलि बात ।

मोसौं स्याम नेह मानत है, तुमसौं कहति लजात ।
तुम तौ सदा रहति हरि-संगहिं, भेद कहौ यह मोहिँ ।
हा हा करति, पाइ हौं लागति, सपथ हमारी तोहिँ ।
काहे कौं इतराति सखी री, तोतैं प्यारी कौन ।
'सूरस्याम' तेरैं बस ऐसैं, ज्यौं पंखा-बस पौन ॥

राधा ने पूछा—'ललिता और चंद्रावली, मेरी एक बात सुनो! क्या श्याम मुझसे प्रेम भाव रखते हैं ? मैं तुमसे यह प्रश्न पूछते हुए स्वयं लजाई जा रही हूँ। तुम दोनों सदैव हरि के साथ रहती हो और यह भेद की बात अवश्य जानती होगी। इस रहस्य को मुझसे कह बता। मैं तुम्हारी विनती करती हूँ। तुम्हारे पाँव पड़ती हूँ। तुम्हें मेरी शपथ है।'

ललिता और चंद्रावली बोलीं—राधा, तू हमसे क्या इतराई जा रही है। तुमसे अधिक प्यारा श्याम को और कौन है ? वे तो तेरे वश में ऐसे हुए बैठे हैं, जैसे पंखे के वश में हवा बनी रहती है। पंखा डुलाया, हवा डोली। पंखा डुलाना बंद किया, हवा का चलना बंद।

१६५४/२६८७ राग नट

पिय तेरैं बस यौं री माई ।

ज्यौं संगहिं सँग छाँह देह-बस, प्रेम कह्यौ नहिँ जाई ।
ज्यौं चकोर बस सरद-चंद्र कैं, चक्रवाक बस-भान ।
जैसैं मधुकर कमल-कोस-बस, त्यौं बस स्याम सुजान ।
ज्यौं चातक बस स्वाति बूँद कैं, तन कैं बस ज्यौं जीय ।
'सूरदास' प्रभु अति बस तेरैं, समुझि देखि धौं हीय ॥

ललिता राधा से बोली—अरी सखी, प्रिय श्याम तो तेरे वश में ऐसे हो गए हैं, जैसे परछाईं देह के वश में होकर साथ ही साथ डोलती रहती है। उनका तेरे प्रति प्रेम कुछ

कहते नहीं बनता। जैसे चकोर शरद के चंद्रमा के वश में होकर उसकी ओर अपलक देखता रहता है, जैसे चकवा-चकवी सूर्य के वश में रहते हैं। रात भर विलग रहकर, प्रभात में सूर्योदय के साथ एक दूसरे से आ मिलते हैं। जैसे भौंरा कमल-कोश के वश में पड़कर उसीमें रात भर बंदी बना रहता है, जैसे चातक स्वाति नक्षत्र की जल बूँद के वश में रहता है, जैसे जीव तन के वश में बना रहता है, उसी प्रकार सुजान श्याम सदा तेरे वश में बने रहते हैं। तू अपने हृदय में समझकर देख ले, श्याम तेरे अत्यंत अधीन हैं।

१६५५/२६८८ राग धनाश्री

तू री छाँह किये हरि राखति।
अपनै मन तू जानति नीकैं, मुख मोसौं यह भाखति।
अति बस रहत कान्ह ही तोसौं, मुकुर हाथ लै देखि।
तैसीयै मनमोहन की गति, वहै भाव मन लेखि।
तू है वाम अंग, दच्छिन वै, ऐसैं करि इक-देह।
'सूर' मीन मधुकर चकोर कौ, इतनौ नहीं सनेह॥

ललिता बोली—अरी राधा, तूने तो हरि को अपनी परछाईं बना रखा है। जैसे परछाईं देह का साथ नहीं छोड़ती, वैसे ही हरि तेरा साथ नहीं छोड़ते। इस बात को तू भलीभाँति जानती है। फिर भी तू मुझसे मुँह से, मन से नहीं, यह क्या पूछे जा रही है कि क्या, हरि तुझसे प्रेम मानते हैं? कन्हैया तो तेरे अत्यंत वश में हैं। हाथ में दर्पण लेकर देख क्यों नहीं लेती? तुझे, अपनी दशा से ही स्वयं मालूम हो जायगा। जैसी तेरी दशा है, वही दशा, मनमोहन की भी है। वे तेरे लिए बराबर विकल बने रहते हैं। तू वामांग है और श्याम दक्षिणांग—दोनों अंग एक ही शरीर के हैं। इसी प्रकार तुम दोनों एक देह हो। मीन का जल से, मधुकर का कमल से, चकोर का चंद्रमा से भी इतना स्नेह नहीं है, जितना स्नेह श्याम का तुझसे है।

१६५६/२६८९ राग देवसाख

नंद-नँदन बस तेरैं (री)।
सुनि राधिका परम बड़भागिनि, अनुरागिनि हरि केरैं री।
जा दिन तैं तोहिं खरिक मिले हरि, धेनु दुहावन आई री।
ता दिन तैं बस भए कन्हाई, कहा ठगौरी लाई री।
अब तू कहति कहा मो आगैं, बातनि मोहिं भुलावै री।
'सूरदास' ललिता की बानी, सुनि-सुनि हरष बढ़ावै री॥

ललिता बोली—राधा, नंदनंदन तेरे ही वश में हैं। राधा, सुन! तू बड़ी भाग्यशालिनी हूँ कि तू हरि की अनुरागिनी हो गई है। जिस दिन तू पहली बार खरिक में गाय दुहाने गई थी, उसी दिन श्याम तुझसे पहली पहली बार मिले थे। उसी दिन से कन्हैया तेरे अधीन हो गए हैं। तूने उन पर कौन सा जादू-टोना कर दिया है? अब तू मेरे आगे क्या कहती जा रही है। तू बातों बातों में मुझे भुलाए रखना चाहती है?

ललिता की बातें सुन सुनकर राधा का हर्ष अत्यंत बढ़ गया।

लघु मान लीला

१६५७/२६९० राग टोड़ी

ललिता-मुख सुनि-सुनि वै बानी । मैं ऐसी जिय मैं यह आनी ।।
और नहीं कोउ ब्रज मो सरि की । हौं राधा आधा-अँग हरि की ।।
अपनैं ही बस पिय कौं करिहौं । कहूँ जात देखौं तब लरिहौं ।।
घर-घर सबै गईं ब्रज-नारी । इहि अंतर आए गिरिधारी ।।
हरि अंतरजामी अबिनासी । जानि राधिका गर्ब-उदासी ।।
'सूरस्याम' राधा-तन हेरयौ । नागरि देखत हीं मुख फेरयौ ।।

ललिता के मुख से यह सुन सुनकर कि कृष्ण केवल मुझसे प्रेम करते हैं और मेरे बस में है, राधा ने अपने मन में अपने संबंध में यह धारणा बना ली कि सारे ब्रजमंडल में मेरे समान कोई दूसरी सुंदरी नहीं है और मैं राधा हरि का आधा अंग हूँ—उनकी अर्द्धांगिनी हूँ। मैं प्रिय को अपने ही अधीन बनाए रखूँगी और उन्हें किसी अन्य नारी के पास जाते देखूँगी, तो मैं उनसे लड़ बैठूँगी।

उधर ब्रजांगनाएँ अपने अपने घर गईं। इधर इसी बीच गिरिधर गोपाल वहाँ आ गए। हरि अविनाशी हैं और अंतर्यामी भी। उन्होंने राधा की गर्व-जात उदासी जान ली। उन्होंने राधा की ओर देखा, पर नागरी राधा ने उन्हें देखते ही अपना मुँह फेर लिया और उनकी ओर देखा भी नहीं।

१६५८/२६९१ राग सारंग

बरज्यौ नहिँ मानत तुम नैकहुँ, उझकत फिरत कान्ह घर ही घर ।
मिस ही मिस देखत जु फिरत हौ, जुवतिनि-बदन कहौ काकैं बर ?
कोउ अपनैं घर जैसैं-तैसैं, काम-काज ते आवत दर-दर ।
'सूरदास' प्रभु देत अचगरी, डोलत, नैकु नहीं जिय मैं डर ।।

राधा कृष्ण पर बिगड़ गई—कन्हैया, तुम घर-घर उझकते फिरते हो, ताक-झाँक करते फिरते हो। रोकने पर तुम जरा भी नहीं मानते। तुम बहाने बना-बनाकर नव-युवतियों का मुँह किसके बल पर देखते फिरते हो। कोई नवयुवती अपने घर में न जाने किस हालत में होती है या किसी काम से दूसरों के घर जाती होती है, तब तुम नटखटी करते हुए डोलते फिरते हो और मन में जरा भी नहीं डरते।

१६५९/२६९२ राग बिलावल

यह जान्यौ जिय राधिका, द्वारैं हरि लागे ।
गर्व कियौ जिय प्रेम कौं, ऐसैं अनुरागे ।
बैठि रही अभिमान सौं, यह टौर न पायौ ।
हृदय स्याम-सुख-धाम मैं, अभिमान बसायौ ।
राधा जिय यह जानि कै, आपुन पछिताहीं ।
जहाँ गर्व अभिमान है, तहँ गोबिँद नाहीं ।

तहाँ नैंकुहूँ नहिँ रहे, नहिँ दरसन दीन्हौ ।
'सूरस्याम' अंतर भए, जब गर्वहि चीन्हौ ॥

राधा ने यह तो जान लिया कि कृष्ण आकर दरवाजे से लगकर खड़े हो गए हैं। अपने ऐसे अनुरागी प्रेमी से भी वह अपने प्रेम का गर्व कर बैठी। वह अभिमान से अपनी जगह पर ही बैठी रह गई और कृष्ण का स्वागत करने के लिए नहीं उठी। कृष्ण को अपना स्थान, राधा का हृदय, नहीं मिला। राधा का हृदय श्याम का सुखद आवास था। पर राधा ने उस स्थान से श्याम को हटाकर वहाँ गर्व को स्थान दे दिया ता। राधा के गर्व-भरे हृदय की बात सोचकर हरि स्वयं पछताने लगे कि राधा को यह क्या हो गया है ? जहाँ गर्व का अभिमान होता है, वहाँ हरि नहीं रहते। 'गर्व गोविंदहिं भावत नाहीं।' अतः कृष्ण वहाँ थोड़ी देर के लिए भी नहीं रुके और न उन्होंने राधा को अपना दर्शन ही दिया। श्याम ने जब राधा का गर्व जान लिया, वे अन्तर्धान हो गए। अदृश्य हो गए, वहाँ से चले गए।

१६६०/२६९३ राग धनाश्री

राधा चकृत भई मन माहीं ।
अबहीं स्याम द्वार ह्वै झाँके, ह्याँ आए क्यौं नाहीं ।
आपुन आइ तहाँ जो देखै, मिले न नंदकुमार ।
आवत ही फिरि गए स्याम घन, अतिही भयौ बिचार ।
सूनैं भवन अकेली मैं ही, नीकैं उझकि निहार्यौ ।
मोतैं चूक परी मैं जानी, तातैं मोहिँ बिसार्यौ ।
इक अभिमान हृदय करि बैठी, एते पर झहरानी ।
'सूरदास' प्रभु गए द्वार ह्वै, तब व्याकुल पछितानी ॥

राधा अपने मन में चकपका गई। अभी श्याम ने द्वार पर खड़े होकर भीतर झाँका था। फिर यहाँ मेरे पास क्यों नहीं आए। इस पर वह स्वयं द्वार पर आ गई, पर उसे नंदनंदन वहाँ नहीं मिले। श्याम आते ही चले गए। यह उसके लिए बड़ी चिंता का विषय हो गया। वह सोचने लगी—मैं अपने इस जन-शून्य घर में अकेली ही थी। श्याम ने उझक कर मुझ अकेली को भलीभाँति देख भी लिया था। मैं समझ गई—चूक मुझसे ही हुई है। इसीसे उन्होंने मुझे भुला दिया। एक तो मैं अपने मन में घमंड कर बैठी, दूसरे मैं उन पर झल्लाई भी।

जब प्रभु द्वार पर होकर भी वापस चले गए, तब राधा व्याकुल होकर पछताने लगी।

१६६१/२६९४ राग सारंग

मैं अपनैं जिय गर्व कियौ ।
अंतरजामी सब जानत, देखत ही उन चरचि लियौ ।
कासौ कहौं, मिलावै को अब, नैंकु न धीरज धरत जियौ ।
वै तौ निठुर भए या बुधि सौं, अहंकार फल यहै दियौ ।
तब आपुन कौं निठुर करावति, प्रीति सुमिरि भरि लेति हियौ ।
'सूरस्याम' प्रभु वै बहुनायक, मोसी उनकैं कोटि तियौ ॥

राधा सोचने लगी—मैंने अपने हृदय में गर्व किया। हरि अंतर्यामी हैं। वे मेरे हृदय-स्थित गर्व को जान गए। मुझे देखते ही वे भाँप गए। अब मैं किससे कहूँ? अब हरि से मेरा पुनर्मिलन कौन करावे? अब मुझसे धैर्य नहीं धारण किया जा पा रहा है। मेरी इस बुद्धि के कारण ही वे मेरे प्रति निष्ठुर हो गए हैं। उन्होंने मुझे मेरे अहंकार का यह फल दिया है, दंड दिया है। तब वह स्वयं अपने को निष्ठुर बताने लगी। और पूर्व प्रीति का स्मरण कर-करके ठंडी साँसें भरने लगी। प्रभु तो बहुनायक हैं, बहुत सी नायिकाओं के साथ एक साथ प्रेम निभाने वाले हैं। मेरी जैसी तो उनके करोड़ों स्त्रियाँ हैं।

१६६२/२६९५ *राग विहागरौ*

स्याम-विरह-बन-माँझ हिरानी।
संगी गए संग सब तजिकै, आपुन भई दिवानी।
स्याम-धाम मैं गर्बहिं राखति, दुराचारिनी जानी।
तातैं त्यागि गए आपुहि सब, अंग-अंग रति मानी।
अहंकार लंपट अपकाजी, संग न रह्यौ निदानी।
'सूरस्याम' नागर-बिनु राधा-नागरि चित्त भुलानी॥

राधा श्याम के विरह रूपी वन में खो गई। उसके सभी संगी साथी (ज्ञानेन्द्रियाँ) उसका साथ छोड़कर चले गए और वह बावरी हो गई। उसके जिस हृदय में श्याम रहते थे, अपने उसी हृदय में राधा ने गर्व को लाकर आसन दे दिया। इसलिए उसकी ज्ञानेन्द्रियों ने उसे दुराचारिणी समझ लिया और उसको त्याग कर श्याम के अंग-अंग में अनुरक्त होकर उनके पास चली गईं। काम बिगाड़ने वाले लंपट अहंकार ने भी अंततः साथ छोड़ दिया। नट-नागर श्याम के बिना नागरी राधा अन्यमनस्का हो गई।

१६६३/२६९६ *राग विहागरौ*

महा बिरह-बन माँझ परी।
चकित भई ज्यौं चित्र-पूतरी, हरि-मारग बिसरी।
सँग बटपार-गर्ब जब देख्यौ, साथी छोड़ि पराने।
स्याम-सहर-अँग-अंग-माधुरी, तहँ वै जाइ लुकाने।
यह बन माँझ अकेली ब्याकुल, संपति गर्ब छँड़ायौ।
'सूरस्याम' सुधि टरति न उर तैं, यह मनु जीव बचायौ॥

राधा श्याम के महा विरह रूपी वन में पड़कर फँस गई। वह हरि का मार्ग तो भूल गई और चकपकाकर वह चित्र में बनी पुतली के समान जड़ बन गई। जब ज्ञानेन्द्रियों और मन रूपी साथियों ने देखा कि राधा के साथ तो गर्व रूपी ठग लग गया है, तब वे उसका साथ छोड़कर भाग गए। वे श्याम रूपी नागर की एक एक अंग की माधुरी में जाकर छिप गए। राधा इस विरह-वन में अकेली आकुल-व्याकुल खड़ी रह गई। गर्व रूपी ठग ने उसकी श्याम रूपी संपत्ति छीन ली थी। श्याम की सुधि उसके मन से टल नहीं पा रही थी। मानो इसी सुधि ने उसके प्राण बचा दिए थे; नहीं तो वह मर ही गई होती।

१६६४/२६१७ राग मारू

बिरह-बन मिलन-सुधि त्रास भारी।
नैन-जल नदी, पर्वत उरज येइ, मनु सुभग बेनी भई अहिनि कारी।
नैन-मृग, स्रवन बन-कूप जहँ-तहँ मिले, भ्रुव-गली सघन नहिं पार पावैं।
सिंह कटि, व्याघ्र अँग अंग भूषन मनौ, दुसह भए, भार अतिही डरावैं।
सरन कर अत्र, हरि डर लहत कोउ नहिँ, अंग-सुख स्याम-बिनु भए ऐसे।
'सूर' प्रभु स्याम करुना-धाम जाउँ क्यौं, कृपा-मारग बहुरि मिलै कैसे॥

श्याम के विरह रूपी वन में पूर्व मिलन की सारी सुधि इस समय राधा को भारी भय दिए जा रही है। नैनों से बहता हुआ अश्रु-प्रवाह इस विरह-बन में बहती हुई नदी है। ये स्तन ही वन के पर्वत हैं। यह काली चिकनी सुंदर वेणी ही वन की सर्पिणी है। ये नेत्र ही हिरन हैं, ये श्रवण ही वन में यत्र तत्र मिलने वाले कुएँ हैं। भौंहें ही सघन वन-वीथी हैं, जिनको पार करना महा कठिन है। कमर ही सिंह है, अंग-अंग के आभूषण ही व्याघ्र हैं। ये आभूषण तो भारी और दुस्सह बोझ बन गए हैं और ये अत्यंत डरवाते रहते हैं। हरि के डर से चरणों और करों को शरण का कोई अस्त्र नहीं मिल पा रहा है। श्याम के बिना अंगों के सारे सुख नष्ट हो गए हैं। हे प्रभु, हे श्याम, हे करुणाधाम, मैं इस विरह-वन से कैसे निकलूँ? प्रभु का कृपा-मार्ग मुझे फिर कैसे मिले कि मैं इस बन से सकुशल बाहर निकल आऊँ।

१६६५/२६१८ राग टोड़ी

राधा-भवन सखी मिलि आईं।
अति व्याकुल सुधि-बुधि कछु नाहीं, देह-दसा बिसराई।
बाँह गही, तिहिँ बूझन लागीं, कहा भयौ री माई।
ऐसी बिबस भई तू काहैं, कहौ न हमहिँ सुनाई।
कालिहि और बरन तोहिँ देखी, आजु गई मुरझाई।
'सूरस्याम' देखे की बहुरौ उनहिँ ठगौरी लाई॥

सब सखियाँ एकजुट होकर राधा के घर आईं। उन्होंने देखा कि राधा अत्यंत विकल है। उसे सुधि-बुधि नहीं रह गई है। वह अपने शरीर को भी विस्मृत कर बैठी है। उन्होंने राधा की बाँह पकड़ ली और उससे पूछने लगीं—सखी, तुझे यह क्या हो गया है। तू ऐसी लाचार और बेबस क्यों हो गई है? हमसे कह सुनाओ न! अभी कल हमने तुझे देखा था, तू कितनी भलीचंगी थी, आज तू मुरझा गई है। सूख गई है। तूने श्याम को क्या फिर देखा है? या वे तुझपर फिर कोई जादू चला गए हैं।

१६६६/२६१९ राग हमीर

स्याम नाम चकृत भई, स्त्रवन सुनत जागी।
आए हरि यह कहि-कहि, सखिनि कंठ लागी।
मोतैं यह चूक परी, मैं बड़ी अभागी।
अब कैं अपराध छमहु, गए मोहिँ त्यागी।

चरन-कमल-सरन देहु, बार-बार माँगी ।
'सूरदास' प्रभु कैं बस, राधा अनुरागी ॥

श्याम का नाम सुनते ही राधा चकपका उठी और जग गई। उसने मन में ही कहा कि कृष्ण आ गए और सखियों को ही श्याम समझकर उनके गले से लिपट गई और कहने लगी—'मुझसे बड़ी भूल हो गई, इसीलिए प्रभु तुम मुझे छोड़कर चले गए थे, इस बार मुझे क्षमा करो श्याम। मैं बड़ी अभागिनी हूँ। मैं बार-बार तुमसे प्रार्थना करके माँगती हूँ कि अब मुझे अपने चरण-कमलों की शरण में ले लो।'

इस प्रकार अनुरागिनी राधा प्रभु के पूर्ण अधीन हो गई।

१६६७/२७०० राग विहागरौ

सखी रही राधा-मुख हेरि ।
चकित भई कछु कहत न आवै, करन लगी अवसेरि ।
बार-बार जल परसि बदन सौं, बचन सुनावति टेरि ।
"आजु भई कैसी गति तेरी, ब्रज मैं चतुर निबेरि" ।
तब जान्यौ यह तौ चंद्रावलि, लाज सहित मुख फेरि ।
'सूर' तबहिं सुधि भई आपनी, मिटी मोह अंधेरि ॥

राधा की यह दशा देखकर चंद्रावली सखी उसका मुँह देखने लगी, वह आश्चर्य-चकित हो उठी। उससे कुछ कहते नहीं बन पा रहा था। वह चिंता में पड़ गई। उसने बार-बार जल लेकर राधा का मुँह पोंछा, फिर उससे कहने लगी—'राधे, आज यह तेरी कैसी दशा हो गई है। तू तो समस्त ब्रजमंडल में भारी चतुरा समझी जाती थी।' चंद्रावली के इतना कहने पर राधा ने समझ लिया कि यह कृष्ण नहीं हैं, यह तो मेरी सखी चंद्रावली है और तब उसने लजा कर अपना मुँह मोड़ लिया। तभी उसे अपनी सुधि आई और उसके मोह का अंधकार मिट गया।

१६६८/२७०१ राग जैतश्री

कहा भई तू आजु अयानी ।
अतिहीं चतुर प्रबीन राधिका, सखियनि मैं तू बड़ी सयानी ।
कहि धौं बात हृदय की मोसौं, ऐसी तू काहैं बिततानी ।
मुख मलीन, तनु की गति औरै, बूझति बार-बार सो बानीं ।
कहा दुराव करौं री तोसौं, मैं तौ हरि कैं हाथ बिकानी ।
'सूरस्याम' मोकौं परित्यागी, जा कारन मैं भई दिवानी ॥

चंद्रावली कहती गई—राधे, आज तू इतनी नासमझ क्यों हो उठी है? तू तो अत्यंत चतुर और कुशल थी। हम सखियों में तू सबसे अधिक समझदार रही है। तू अपने हृदय की बात मुझसे कह बता। तू इस तरह विकल क्यों हो उठी है? तेरा मुँह उदास और कुम्हलाया हुआ हो गया है। तेरे शरीर की भी दशा कुछ और ही हो गई है। इसीलिए मैं तुझसे बार-बार पूछे जा रही हूँ।

तब राधा बोली—अरी चंद्रावली, मैं भला तुझसे क्या छिपाऊँ? मैं हरि के हाथ बिक गई हूँ। उनकी बिना मोल की दासी हो गई हूँ। श्याम ने मुझे छोड़ दिया, इसीलिए मैं पगला गई हूँ।

१६६९/२७०२ राग जैतश्री

अब मैं तोसौं कहा दुराऊँ।
अपनी कथा, स्याम की करनी, तो आगैं कहि प्रगट सुनाऊँ।
मैं बैठी ही भवन आपनैं, आपुन द्वार दियौ दरसाऊँ।
जानि लई मेरे जिय की उन, गर्ब-प्रहारन उनकौ नाऊँ।
तबहीं तैं व्याकुल भई डोलति, चित न रहै कितनौ समुझाऊँ।
सुनहुँ 'सूर' गृह, बन भयो मोकौं, अब कैसैं हरि दरसन पाऊँ॥

राधा चंद्रावली से कहने लगी—अब मैं तुझसे क्या छिपाऊँ, मैं अब अपनी बात और श्याम की करनी सब कुछ तुझसे साफ-साफ, बिना किसी लाग-लपेट के, कहे देती हूँ। मैं अपने घर में बैठी हुई थी। श्याम मेरे द्वार पर आज दिखलाई पड़े। उन्होंने मेरे मन की बात जान ली, क्योंकि वे अंतर्यामी हैं। उनका नाम गर्व-प्रहारी है। वे सबका घमंड चूर-चूर कर देते हैं। तभी से मैं विकल होकर घूम रही हूँ। मैं कितना भी समझाती हूँ, मेरा मन नहीं मान रहा है। अब तो घर भी वन-सा हो गया है। अब मैं हरि का दर्शन पाऊँ, तो किस प्रकार पाऊँ? कोई उपाय निकाल।

१६७०/२७०३ राग नट नारायन

सखि मिलि करौ कछुक उपाउ।
मार मारन चढ़्यौ बिरहिनि, निदरि पायौ दाउ।
हुतासन-धुज-जात उन्नत, चल्यौ हरि-दिस बाउ।
कुसुम-सर-रिपु-नंद-वाहन, हरषि हरषित गाउ।
बारि-भव-सुत तासु भाव री, अब न करिहौं काउ।
बारि अबकी प्रान प्रीतम, बिजय-सखा मिलाउ।
रति बिचारि जु मान कीन्हौ, सोउ बहि किन जाउ।
'सूर' सखी सुभाउ रहिहौं, सँग सिरोमनि-राउ॥

राधा चंद्रावली से बोलती गई—हे सखी, अब तुम सब मिलकर कुछ उपाय करो। मार (कामदेव) मुझ विरहिनी को मारने के लिए चढ़ दौड़ा है। उसने मुझे निंदिता बनाकर मुझे मारने का अच्छा अवसर पा लिया है। 'हुतासन-धुज-जात' (अग्नि की ध्वजा अर्थात् धुआँ से उत्पन्न बादल) नभ में उन्नत हुए जा रहे हैं। उमड़ते आ रहे हैं। 'हरि-दिसि-बाउ' (हरि अर्थात् इंद्र की दिशा पूर्व की वायु—पुरवा हवा) चलने लगी है। कुसुम-सर (कामदेव) के रिपु (शिव) के नंद (पुत्र, स्वामि कार्तिकेय) के वाहन (मोर) परम प्रसन्न होकर गाए जा रहे हैं। वारि-भव (चंद्रमा) के सुत (बुध) का ध्यान मैं अब कभी न करूँगी—(बहुत बुद्धिमानी और चतुराई जो मैं करती रही हूँ, अब न करूँगी)। तुम लोग इस बार मेरे प्राण-प्रियतम, विजय (अर्जुन) के सखा कृष्ण से मुझे मिला दो। मैंने अपने रति (प्रेम) की अधिकता का विचार कर जो मान किया था, वह मान, वह गर्व, भले ही विनष्ट हो जाय, अब मैं सबके शिरोमणियों के भी राजा कृष्ण के साथ सहज भाव से रहूँगी। कभी भी मान नहीं करूँगी।

मिलवहु पार्थ-मित्रहिँ आनि ।
जलधि-सुत के सुत की रुचि करि, भई हित की हानि ।
दधि-सुता-सुत-अवलि उर पर, इंद्र-आयुध जानि ।
गिरि-सुता-पति-तिलक करकस, हनत सायक तानि ।
पिनाकी-सुत तासु वाहन, भषक-भष बिष-खानि ।
साख-मृग-रिपु बसन मलयज, हित हुतासन-बानि ।
धर्म-सुत के अरि-सुभावहिँ, तजति धरि सिर पानि ।
'सूरदास' बिचित्र बिरहिनि, चूक मन-मन मानि ॥

राधा चंद्रावली से कहती जा रही है—पार्थ के मित्र (अर्जुन के मित्र कृष्ण) को लाकर मुझसे मिला दो। जलधि-सुत (चंद्रमा) के सुत (चंद्रमा के पुत्र बुध) के प्रति मैंने जो रुचि दिखाई, अपनी बुद्धि का, अपनी चालाकी का, जो भरोसा मैंने कर लिया, उससे मेरे हित की बड़ी हानि हो गई है, मेरी बहुत बड़ा अकल्याण हो गया है। मेरे वक्षस्थल पर वह जो दधि-सुता (समुद्र की पुत्री सीपी) के सुत (सीपी के पुत्र मोती) की अवली (मोतियों की माला) लटक रही है, यह समझ कि जैसे इंद्र का आयुध (वज्र) हो। (मोतियों की माला वज्र सी प्रतीत हो रही है)।

गिरि सुता-पति (पर्वत की पुत्री पार्वती के पति शिव) का तिलक (शिवका तिलक—चंद्रमा) मुझ पर तान तानकर बड़े कठोर वाण मारता जा रहा है।

पिनाक नामक धनुष को धारण करने वाले शिव, शिव के सुत (षडानन) के वाहन मोर, उनके भोजन (मोर का खाद्य सर्प) का भी भख (सर्प का भक्ष्य, पवन) मुझे जहर की खानि सा लग रहा है। (हवा भी मुझे जहर सी लग रही है)। मेरे वसनों में लगा मलयज (चंदन) मुझे शाखामृग (बंदर) के रिपु (मटा) के समान काट रहा है। अब मुझे हित (प्रेम की वाणी) भी आग के समान जलाए जा रही है। अब मैं अपने शिर पर हाथ रख कर, शपथ खाकर, धर्म-सुत (युधिष्ठिर) के अरि (दुर्योधन) के स्वभाव (अभिमान) को छोड़े दे रही हूँ। (अब मैं मान नहीं करूँगी।)

राधा विचित्र विरहिनी है, जो मन ही मन अपनी गलती माने ले रही है।

१६७२/२७०५ राग टोड़ी

सुनि सजनी, यह करनी तेरी ।
हमसौं भेद करै, हित उनसौं, ऐसे गुन उनके री ।
आजुहिँ तैं ऐसे ढँग आए, अबहीं तौ दिन है री ।
ऐसैं टूटि परी उन ऊपर, तुमहीं कीन्हौ बैरी ।
अजहूँ कह्यौ मानिहै मेरौ, कीधौं नहीं करै री ।
'सूरस्याम' सौं मान करै किन, काहैं वृथा मरैं री ॥

चंद्रावली बोली—सखी सुन, यह सब तेरी ही करनी का फल है। जैसा तूने किया है, वैसा भोग। तूने हमसे भेद किया और उन कृष्ण से प्रेम। तुझे हमसे भेद नहीं करना चाहिए

था। और कृष्ण से अपनी लगन की बात हमसे बता देनी चाहिए थी। यदि तूने ऐसा न किया होता, तो बात बिगड़ने न पाती, हम सँभाल लेतीं। अब तो तूने उनका गुन देख लिया न, वे तुझे छोड़कर चले गए। प्रेम के आरंभ में ही जब उन्होंने यह ढंग अपना रखा है, तो आगे क्या होगा। अभी तो जीवन का अधिकांश शेष ही है। तुम्हीं उन पर मुग्ध होकर, लट्टू होकर, उन पर भहरा कर जा गिरीं। तुम्हारी जल्दबाजी ने ही उन्हें तुम्हारा बैरी बना दिया। तुम उन्हें सहज ही, बिना प्रयास के, अनायास ही मिल गईं। इसीलिए उन्होंने तुम्हारा मूल्य नहीं समझा। अब भी मैं तुझसे जो कह रही हूँ, तू उसे करेगी या नहीं, कुछ कहा नहीं जा सकता। फिर भी मैं सखी के नाते तुझे सही राय ही दूँगी—तू श्याम से मान क्यों नहीं किए रहती, तू ही उनसे रूठी रह। व्यर्थ में मरी जा रही है।

१६७३/२७०६ राग सोरठ

तैंहीं उनकौं मूड़ चढ़ायौ।
भवन-बिपिन सँगही सँग डोलै, ऐसैंहि भेद लखायौ।
पुरुष-भँवर दिन चारि आपने, अपनौ चाड़ सरायौ।
नंद-नँदन बहु-रवनि-रवन वै, यहै जानि बिसरायौ।
अपनी बात आपने कर है, हमकौं तब न सुनायौ।
सुनहु 'सूर' बिनु मान कहौ किन, अपनौं पिय अपनायौ॥

चंद्रावली कहे जा रही है—तूने ही श्याम को सिर पर चढ़ा लिया। घर में, वन में, तू उनके साथ-साथ घूमती रही और तूने अपने प्रेम का भेद उनपर प्रकट हो जाने दिया। पुरुष तो भौंरा है। एक फूल से दूसरे फूल का रस लेकर मँडराता रहता है। यह मँडराना चार दिन का ही होता है। वह इसी प्रकार मँडरा कर अपना काम निकाल लेता है। नंदनंदन तो बहुनायक हैं। ये बहुत सी रमणियों के साथ रमण करने वाले हैं। न तू सही, और सही। यही समझकर उन्होंने तुझे भुला दिया। अपनी बात तो अपने हाथ में है। हमको तूने पहले नहीं बताया, सुनो, बिना मान किए, बिना रूठे, किस रमणी ने अपने रमण को सदा अपना बना रखा है।

१६७४/२७०७ राग कान्हरौ

रैनि मोहिँ जागतहि बिहानी, मान कियौ मोहन सौं, तातैं भई अधिक तन तपति।
सेज सुगंधित लखि विष लागत, पावक हू तैं दाह, सखीरी, त्रय विधि पवन, उड़पति।
ऐसी कै व्याप्यौ है मनमथ, मेरौई ज्यौ जानै माई, स्याम स्याम कै जपति।
बेगि मिलाउ 'सूर' के प्रभु कौं, भूलिहूँ मान करौं कबहूँ नहिँ, मदन-बान तैं कँपति॥

इस पर राधा चंद्रावली से बोली—मेरी सारी रात जागते ही बीती। मैंने मोहन से मान किया, इसीसे मेरे शरीर में भारी जलन हो गई। सुगंधित सेज मुझे जहर सी लगती रही और शीतल मंद सुगंध समीर तथा चंद्रमा मुझे आग से भी अधिक जलाते रहे। मेरे शरीर में काम ऐसा आ समाया कि मेरा जी ही जानता है। सखी मैं सारी रात श्याम श्याम जपती रही। तू जल्दी मुझे प्रभु कृष्ण से ला मिला। अब मैं भूलकर भी कभी उनसे मान न करूँगी। मैं कामदेव के बाणों से कँपकँपा जाती हूँ।

१६७५/२७०८ राग धनाश्री

मान बिना नहिँ प्रीति रहै री।
धाइ मिलै की गति तेरी सी, प्रगट देखि, मोहिँ कहा कहै री।
अपनौ चाड़ सारि उन लीन्हौ, तू काहैं अब वृथा बहै री।
बैठि रहै काहैं नहिं दृढ़ ह्वै, फिरि काहैं नहिं मान गहै री।
अपनौ पेट दियौ तैं उनकौं, नाक-बुद्धि तिय सबै कहै री।
'सूरस्याम' ऐसे हैं माई, उनकौं बिनु अभिमान लहै री॥

चंद्रावली राधा को समझाए जा रही है—राधे, बिना मान किए, बिना रूठे, प्रीति स्थायी नहीं हो पाती। दौड़कर प्रिय से जा मिलने पर वही गति होती है, जो आज तेरी हुई है। तू ही प्रत्यक्ष देख ले। मुझसे क्या कह रही है? कृष्ण ने तो अपना काम साध लिया। अब तू व्यर्थ के लिए क्यों मरी जा रही है। अपने को नष्ट किए दे रही है। तू दृढ़ चित्त होकर चुपचाप बैठी रह और फिर से क्यों नहीं मान कर लेती? तूने अपने मन का भेद उनको दे दिया कि तू उनसे परम प्रेम करती है। तुझे अपना यह भेद उन्हें नहीं देना था। लोगों ने ठीक ही कहा है—स्त्रियों की बुद्धि उनकी नाक पर रहती है। वे बहुत जल्द विश्वास करके अपना रहस्य खोल देती हैं। श्याम जैसे हैं, तूने उन्हें वैसा देख ही लिया। क्या तू समझती है कि तू उनको बिना रूठे पा लेगी? ऐसा कभी भी नहीं होगा।

१६७६/२७०९ राग मलार

सजौं मान क्यौं, मन न हाथ, पिय सुमिरत उमँगि भरत।
मोसौं मानत बाम, स्याम-गुन गुनि अभिलाष करत।
जो मो कानि न मानि, आन तिय रत, तिन बिनु न सरत।
अपमानतहू मुदित मूढ़, जस-अपजस हू न डरत।
रस मैं रिस बिष दै बिरचत हठ, लालन प्रान हरत।
भ्रमि मैं तो रिस करति न रस-बस, मोहिँ सौं उलटि लरत।
स्वारथ बस इंद्री-समूह पर, बिरह-अधीर धरत।
'सूरदास' घर की फूटैं री, कैसैं रह्यौ परत॥

राधा चंद्रावली से कह रही है—तुम तो मुझे मान करने की सीख दिए जा रही हो, पर मैं मान करूँ तो कैसे? मान तो मन से किया जाता है, पर मेरा मन मेरे हाथ में है ही नहीं, मेरे हृदय से निकल गया है। प्रिय का स्मरण आते ही वह उमड़ पड़ता है। यह मुझसे विरोधी रुख रखता है और श्याम का गुण गाता हुआ उनसे मिले रहने की ही अभिलाषा बनाए रखता है। जो श्याम मेरी मर्यादा का ध्यान रहीं रखते और अन्य रमणियों में अनुरक्त रहते हैं, उन कृष्ण के बिना मेरे इस मन का काम ही नहीं चलता। अपमान होने पर भी यह मेरा मूढ़ मन प्रसन्न बना रहता है और यश अपयश को भी नहीं डरता। यह मेरा मन मेरे प्रेम में क्रोध रूपी विष डालकर हठपूर्वक हरि के पास घूमता रहता है। इसीकी बदौलत लालन कृष्ण मेरा प्राण हरे ले रहे हैं। यदि यह उनसे न जा मिला होता, तो मैं परम स्वतंत्र हुई रहती। मैं तो रस (प्रेम) के वश में भ्रमित हूँ और कन्हैया पर क्रोध भी नहीं

कर पाती। पर मेरा यह मन उलटे मुझसे लड़ा करता है। यह अपने स्वार्थ के लिए अपने अधीनस्थ सारी इंद्रियों पर भी अधीरता उत्पन्न करने वाला विरह लादता रहता है। जब घर में ही फूट पैदा हो जाय, तब कैसे रहा जा सकता है।

१६७७/२७१० राग कान्हरौ

चारि-चारि दिन सबै सुहागिनि, ह्वै चुकी बैस रूप अपनी।
कोउ अपनैं जिय मान करौ माई, मोहि तो छूटति अति कँपनी।
मेरौ कह्यौ करि, मान हृदै धरि, छाँड़ि देहि री अति तपनी।
'सूरस्याम' तबहीं मानैंगे, तबहिं करैंगे वै जपनी॥

राधा ने चंद्रावली से कहा—ब्रज की जो नवेलियां अपने रूप और यौवनावस्था के कारण चार दिनों के लिए सुहागिनी बनी हुई हैं, वे भले ही मान कर लें, प्रिय से रूठी रहें, पर मुझे तो मान के नाम से कँपकँपी छूटने लगती है।

तब चंद्रावली ने राधा से कहा—राधे, मेरा कहना मान। तू हरि से रूठ जा, मान कर ले। विरह की अपनी सारी तपन तू छोड़ दे। श्याम तभी मानेंगे और तभी वे तेरा नाम जपते तेरे पीछे-पीछे फिरते रहेंगे।

१६७८/२७११ राग टोड़ी

हमरी सुरति बिसारी बनवारी, हम सरबस दै हारी।
पै न भए अपने सनेह बस, सपनेहू गिरधारी।
वै मोहन मधुकर-समान सखि, अनगन-बेली-चारी।
ब्याकुल बिरह ब्यापि दिन-दिन, हम नीर जु नैननि ढारी।
हम तन मन दै हाथ बिकानी, वै अति निठुर मुरारी।
'सूरस्याम' बहु-रमनि-रमन, हम इक ब्रत मदन-प्रजारी॥

राधा चंद्रावली से कह रही है—बनवारी ने हमारी सुधि एकदम भुला दी है। यद्यपि मैं अपना सर्वस्व उन्हें देकर हार गई हूँ, फिर भी वे स्वप्न में भी मेरे प्रेम के बस में नहीं हुए। हे सखी, वे मोहन तो भौंरों के समान अगणित वेलियों-नवेलियों के पास जाने वाले हैं। उन्हें काम की व्यथा कैसे सता सकती है। पर इधर मेरे शरीर में विरह व्याप्त हो गया हैं। इससे मैं व्याकुल हो गई हूँ और दिन रात नयनों से नीर ढरकाती जा रही हूँ। विरह-व्यथा से व्याकुल होकर बराबर रोए जा रही हूँ। इधर हम तो उन्हें अपना तन मन देकर उनके हाथ बिक गई हैं, उधर वे मुरारि अत्यंत निष्ठुर और निर्मोही बन बैठे हैं। श्याम तो बहु-रमणी-रमण हैं, बहुनायक हैं। हम तो एक व्रत वाली हैं—केवल श्याम से प्रेम करने-वाली हैं। अत: हमें मदन जलाए जा रहा है। कृष्ण का वह कुछ नहीं बिगाड़ पा रहा है।

१६७९/२७११ राग गौरी

मैं अपनी सी बहुत करी री।
मोसौं कहा कहति तू माई, मन कैं सँग मैं बहुत लरी री।
राखौं हटकि, उतहिं कौ धावत, वाकी ऐसियै परनि परी री।
मोसौं बैर करै, रति उनसौं, मोकौं राख्यौ द्वार खरी री।

अजहूँ मान करौं, मन पाऊँ, यह कहि इत-उत चितै डरी री।
सुनहु 'सूर' पाँचनि मत एकै, मैं ही मोही, रही परी री॥

राधा चंद्रावली से कह रही है—"मैंने अपनी ओर से तो पूरा प्रयत्न किया, मन को खूब समझाया। सखी, तू मुझसे क्या कहती है? मैंने अपने मन से बहुत लड़ाई की है, मैं इसे रोकती हूँ, पर यह उधर ही कृष्ण की ओर दौड़ पड़ता है। उसकी यही आदत बन गई है। यह मुझसे बैर किए रहता है और श्याम से प्रेम। मुझे दरवाजे पर ही खड़ी छोड़कर स्वयं कृष्ण के पास दौड़ जाता है। यदि मैं अपना मन वापस पा जाऊँ, तो मैं अब भी तेरे कहने से मान करने के लिए तैयार हूँ। यह कहकर राधा ने इधर-उधर देखा और डर गई। वह फिर बोली—सुनो, इन पाँचों पंचों (पंच ज्ञानेन्द्रियों) का एक ही मत है कि मैं मन की ही राय में रहूँ। पर मैं ही मोह में पड़ी रह गई हूँ।"

१६८०/२७१३ राग गौरी

मन जनि सुनै बात यह माई।
कौरैं लग्यौ होइगौ कतहूँ, कहि दैहै ह्वाँ जाई।
ऐसैं डरति रहति हौं वाको, चुगली जाइ करैगौ।
उनसौं कहि फिरि ह्याँ आवैगौ, मोसौं आनि लरैगौ।
पंच संग लीन्हे वह डोलत, कोऊ मोहिँ न मानै।
'सूरस्याम' कौं उनहिं सिखायौ, वे इतनौ कह जानैं॥

राधा चंद्रावली से कहे जा रही है—अरी सखी, मैं जो बातें तुझसे कह रही हूँ, वे बातें कहीं यह मेरा मन सुन न ले। यह यहीं कहीं अगल-बगल दुबका पड़ा होगा, परधी पड़ा होगा। वह यहाँ की बातें सुनकर वहाँ कृष्ण के पास जाकर कह देगा। चुगली कर देगा। मैं तो इससे वैसे ही डरती रहती हूँ। कृष्ण से चुगली करके यह लौटकर यहाँ आवेगा और मुझसे लड़ बैठेगा। यह मेरी पाँचों ज्ञानेन्द्रियाँ को लिए हुए डोलता फिरता है, यह उनका राजा है न! अत: इंद्रियाँ इसी का कहना मानती हैं और इन पाँचों में से कोई भी मुझे नहीं मानती, मेरी बात नहीं सुनती। इस मेरे मन ने ही श्याम को यह सब उलटा सीधा समझा दिया है, नहीं तो वे बेचारे यह सब फरफंद क्या जानें।

१६८१/२७१४ राग हेमन

मेरौ मन कहिबे ही कौं है।
जब ही तैं हरि-दरसन कीन्हौ, नैननि भेद कियौ है।
इंद्रिनि-सहित चित्तहू लै गयौ, रहीं अकेली हमहीं।
एते पर, तुम मान करावतिँ, देहु न तौ मन तुमहीं।
मोकौं दोबल देति कहा हौ, तुमतौ सबै अयानी।
'सूर' स्याम कौं बेगि मिलावहु, हारि आपनी मानी॥

राधा चंद्रावली से कह रही है—सखी, यह मन कहने के लिए ही मेरा है, असल में मेरा नहीं है। यह तो हरि का चेरा है। जबसे हरि ने दर्शन दिया है, तभी से नेत्रों ने भेदिये

का काम किया है। फलतः हरि मन के साथ मेरी पाँचों ज्ञानेन्द्रियों को भी लेते चले गए और अब अकेली मैं बच गई हूँ। इतने पर भी यदि तुम मुझसे मान करवाना चाहती हो, तो तुम्हीं न अपना मन मुझे उधार दे दो, मैं मान कर लूँगी। तुम मुझे क्या दोष दे रही हो। तुम्हीं अज्ञानी हो, नासमझ हो। तुम अब मुझे श्याम से शीघ्र मिला दो। मैंने हार मान ली।

१६८२/२७१५ राग रामकली

सारँग सारँगधरहि मिलावहु ।
सारँग बिनय करति, सारँग सौं, सारँग दुख बिसरावहु ।
सारँग समय दहत अति सारँग, सारँग तिनहिं दिखावहु ।
सारँग गति सारँगधर जे हैं, सारँग जाइ मनावहु ।
सारँग-चरन, सुभग-कर-सारँग, सारँग नाम बुलावहु ।
'सूरदास' सारँग उपकारिनि, सारँग मरत जियावहु ॥

राधा चंद्रावली से कह रही है—अरी सारंग (सखी), मेरी भेंट सारंगधर (मोर पंख धारी श्रीकृष्ण) से करा दे। मैं सारंग (सुंदरी विरहिणी) अपनी सारंग (सखी) से विनती कर रही हूँ कि मेरा सारंग (काम) का दुख भुलवा दो। सारंग (रात) के समय सारंग (चंद्रमा) मुझे अपनी शीतल किरणों से अत्यंत जलाता रहता है। जाकर मेरा सारंग (मेरी शारीरिक शोभा की दशा) कृष्ण को दिखा दो, कहकर सुना दो। सारंग (सर्प) की कुटिल गति से चलनेवाले जो सारंगधर (विष्णु—कृष्ण) हैं, उन सारंग (सुंदर) को जाकर तुम मना लो। सारंग (कमल) से चरण वाले, सारंग (कमल) से हाथ वाले, सारंग (कृष्ण) को तुम जाकर बुला लाओ। हे उपकार करनेवाली सारंग, (सखी), मुझ मरती सारंग (विरहिणी) को जिला लो।

१६८३/२७१६ राग विहागरौ

मोतैं यह अपराध पर्‌यौ ।
आए स्याम, द्वार भए ठाढ़े, मैं जिय गर्ब धर्‌यौ ।
जानि-बूझि मैं यह कृत कीन्हौ, सो मेरे सीस पर्‌यौ ।
मन अपने ढँग ही मैं, मोसौं बारंबार लर्‌यौ ।
मैं अति विमुख रही, यह सनमुख, नीकैं उनहिं ढर्‌यौ ।
'सूरदास' मन आप स्वारथी, अपनौं काज कर्‌यौ ॥

राधा चंद्रावली से बोली—मुझसे यह अपराध हो गया। मुझसे यह चूक हो गई। श्याम आए, मेरे दरवाजे पर खड़े हो गए। मैंने अपने मन से भारी गर्व कर लिया। मैंने जान-बूझकर गर्व का यह कार्य किया। अब वह उलटे मेरे ही सिर पर आ पड़ा। मुझे ही इस कार्य का दंड भोगना पड़ रहा है। उधर मेरा मन अपने ही ढंग में था। कृष्ण से प्रेम करता रहा था। अतः वह मुझसे बार-बार लड़ता रहा। मैं कृष्ण से गर्व के मारे विमुख हो उठी थी, पर मेरा यह मन सदा उनके सम्मुख बना रहा। मैं श्याम से विरक्त बनी रही, पर वह पूर्ववत अनुरक्त बना रहा और भलीभाँति उनसें ढुलक कर, जाकर रम गया। मेरा मन भारी मतलबी है। इसने अपना काम तो कर लिया, मुझे छोड़ दिया।

१६८४/२७१७ राग सोरठ

मन जौ कह्यौ, करै री माई।
तेरी कही बात सब होती, मिल्यौ उनहिँ कौं धाई।
निलज भई तनु-सुधि बिसराई, गुरुजन करत लराई।
इत कुल-कानि, उतहि हरि कौ रस, दुबिधा मैं दिन जाई।
आपु स्वारथी सबै देखियत, हैँ मोकौं दुखदाई।
'सूरदास' प्रभु चित अपनौं करि, तनकहिँ गए रिसाई॥

राधा चंद्रावली से कह रही है—मेरा मन तो जाकर कृष्ण से मिल गया है। यदि यह मेरा कहना मानता होता, तो हे सखी, तू जो जो बातें कह रही है, मैं सब कर देती। मैं निर्लज्ज हो गई हूँ। मुझे मेरे तन-वदन की सुधि भी नहीं रह गई है। इधर बड़े-बूढ़े भी मुझसे लड़ने लगे हैं और खरी-खोटी सुनाने लगे हैं। इधर कुल की मर्यादा है, उधर हरि के प्रेम का रस है। मैं इनमें से किसको बचाऊँ। इसी दुविधा में मेरे दिन बीत रहे हैं। सभी अपने अपने मतलब के दिखाई देते हैं। पर ये सभी मुझे दुख देनेवाले हैं। प्रभु ने मेरे मन को तो अपना बना लिया, पर जरा-सी बात पर इतनी रिस कर बैठे।

१६८५/२७१८ राग टोड़ी

मान करौं, मन थिर न रहै।
कोटि जतन करि-करि पचिहारी, मोहिँ बिसारि गयौ, कौन कहै।
मोकौं निदरि मिल्यौ है उनसौं, एते पर तन मदन दहै।
'सूरस्याम' सँग नैकु न त्यागत, बरु निसि दिन अपमान सहै॥

राधा बोली—सखी चंद्रावली, मेरा मन ही स्थिर नहीं है, बड़ा चंचल है; नहीं तो तेरे कहने से मैं मान अवश्य कर लेती। मैं तो करोड़ों उपाय कर करके थक गई हूँ। यह मन मुझे भुलाकर कृष्ण के पास चला गया। अब इसे कुछ कहे भी, तो कौन कहे। यह मेरा निरादर करके, हरि से जा मिला है। यही नहीं, कि मैं विमना हो उठी हूँ, मदन भी मेरे शरीर को संतप्त करता जा रहा है। यह मेरा मन श्याम का साथ जरा भी नहीं छोड़ता, भले ही यह दिनरात बराबर अपमानित क्यों न होता रहे।

१६८६/२७१९ राग देसाख

मनहिं कहौं करि मान स्याम सौं, पै वह नाहीं कह्यौ करै।
बार-बार हरि-हरि गुहरावत, मोहिं मँगावत आइ लरै।
घटहूँ मैं इंद्री बस वाकैं, लै निकस्यौ, मोहिँ कौन डरै।
सुनि सजनी मैं रही अकेली, बिरह दही गुरुजन झहरैं।
अब बिन मिले बनत नहिं आली, निसि-दिन पल-पल रह्यौ न परै।
'सूरस्याम' बहु-रमनि-रमन वै, पै यह चित नैकुहु न धरै॥

राधा चंद्रावली से कहे जा रही हैं—मैं अपने मन से कहती रहती हूँ कि तू श्याम से मान कर ले, उनसे रूठ जा। पर यह मेरा मन बार-बार 'नहीं, नहीं' कहकर इनकारता

रहता है। वह बार-बार 'हरि हरि' की पुकार लगाता जाता है। जब भी मैं उसे वापस बुलाती हूँ, वह आकर मुझसे लड़ने लगता है कि तुमने मुझे कृष्ण के पास से क्यों बुलाया। मेरे शरीर की सभी इंद्रियाँ भी मेरे उसी मन के कहने में हैं। यह उनको भी लेकर कृष्ण के पास निकल जाता है। मुझे कौन डरता है। सखी, सुन, मैं अकेली रह गई हूँ। एक तो मैं विरह से जला दी गई हूँ। तिसपर मेरे बड़े-बूढ़े मुझपर बराबर झल्लाते रहते हैं। अब तो कन्हैया से मिले बिना मुझसे एक भी दिन या एक भी रात, एक पल या एक क्षण भी नहीं रहा जा पा रहा है। श्याम का एक बहुत बड़ा दोष है कि वे बहु-रमणी-रमण हैं। पर यह मेरा तन उनके इस दोष की ओर जरा भी ध्यान नहीं देता। वह इसे नगण्य समझता है।

१६८७/२७२० राग बिलावल

भूलि नहीं अब मान करौं री।
जातैं होइ अकाज आपनौ, काहै वृथा मरौं री।
ऐसे तन मैं गर्ब न राखौं, चिंतामनि बिसरौं री।
ऐसी बात कहै जो कोऊ, ताकै संग लरौं री।
आरज-पंथ चलैं कह सरिहै, स्यामहिं संग फिरौं री।
'सूरस्याम' जो आपु स्वारथी, दरसन नैन भरौं री॥

राधा चंद्रावली से कह रही है—मैं अब भूलकर भी श्याम से नहीं रूठूँगी। मान करने से मेरी ही हानि होगी, फिर मैं उसके लिए व्यर्थ क्यों अपने प्राण दूँ? अब मैं अपने इस शरीर में गर्व को स्थान भी न दूँगी। यह गर्व तो मुझसे मेरी चिंतामणि (श्याम) को ही भुलवा देने वाला है। अब यदि कोई मुझसे मान करने की बात भी करेगा, तो मैं उससे लड़ ही बैठूँगी। आर्य-पथ पर चलने से अपना कौन-सा लाभ है। यह कुलकानि, यह लोक-लज्जा, यह पातिव्रत धर्म सब व्यर्थ है। अब तो मैं निधड़क होकर श्याम के साथ घूमती फिरूँगी। भले ही श्याम अपने मतलब के यार हों, पर मेरे नेत्र तो उन्हें बराबर देखते रहेंगे। यह लाभ क्या कम है?

१६८८/२७२१ राग आसावरी

चूक परी मोतैं मैं जानी, मिलैं स्याम बकसाऊँ री।
हाहा करि दसननि तृन धरि-धरि, लोचन नीर बहाऊँ री।
चरन-कमल गाढ़ैं गहि कर सौं, पुनि-पुनि सीस छुवाऊँ री।
मुख चितवौं, फिरि चरनि निहारौं, ऐसैं रुचि उपजाऊँ री।
मिलौं धाइ अकुलाइ भुजनि भरि, उर की तपति जनाऊँ री।
'सूरस्याम' अपराध छमहु अब, यह कहि-कहि जु सुनाऊँ री॥

राधा चंद्रावली से कहे जा रही है—मैं जान गई हूँ, चूक मुझसे ही हो गई है। यदि श्याम मिल जायँ तो मैं अपने इस अपराध की माफी माँग लूँ। मैं उनके सामने हा हा करके गिड़गिड़ाऊँगी. दाँतों में तिनका दबाकर घिघियाऊँगी और नयनों से आँसू बहाऊँगी। उनके चरण-कमलों को अपने हाथों से कसकर पकड़ लूँगी और उन चरणों पर अपना सिर

बार-बार पटक दूँगी, एक बार उनके मुँह की ओर देखकर फिर नीचे धरती की ओर देखने लगूँगी और इस प्रकार उनके मन में अपने प्रति रुचि स्नेह पैदा करवाऊँगी। मैं आकुल होकर दौड़ पड़ूँगी, उन्हें अपनी भुजाओं में भरकर कस लूँगी और अपने हृदय की जलन मिटा लूँगी और उनसे यही बिनती करूँगी—हे श्याम, अब बहुत हो चुकी, मेरा अपराध क्षमा कर दो।

१६८९/२७२२ राग गौरी

माई मेरौ मन पिय सौं यौं लाग्यौ, ज्यौं सँग लागी छाँहि ।
मेरौ मन पिय जीव बसत है, पिय जिय मो मैं नाहिँ ।
ज्यौ चकोर चंदा कौं निरखत, इत-उत दृष्टि न जाइ ।
'सूरस्याम' बिनु छिन-छिन जुग-सम, क्यौं करि रैनि बिहाइ ॥

राधा चंद्रावली से कहे जा रही है—अरी सखी, मेरा मन प्रिय कृष्ण से ऐसा जा लगा है, जैसे देह के साथ परछाईं बराबर लगी रहती है। मेरा मन तो जाकर प्रिय के प्राणों में बस गया है। पर मेरे प्रिय के प्राण मुझमें नहीं आ पाए हैं। जैसे चकोर अपलक चंद्रमा की ही ओर देखता रहता है और उसकी दृष्टि जरा भी इधर उधर नहीं जा पाती, उसी प्रकार मेरा मन भी श्याम में जा लगा है, श्याम के बिना मेरे लिए एक-एक क्षण युग-युग के समान बीतते हैं। फिर मेरी यह लंबी रात किस प्रकार बीते?

१६९०/२७२३ राग जैतश्री

उनकौ यह अपराध नहीं ।
वै आवत हैं नीकैं मेरैं, मैं ही गर्व कियौ तनहीं ।
गर्व करे तैं, सर्यौ कछू नहिँ, एक भई तनु-दसा नहीं ।
सुख मिटि गयौ, हियौ दुख पूरन, अब रैहौं इनहीं बिनहीं ।
अब जौं दरस देहिं कैसैंहू, फिरति रहौं सँग ही सँग ही ।
'सूरदास' प्रभु कौं हियरे तैं, अंतर करौं नहीं छिनहीं ॥

राधा चंद्रावली से कहे जा रही है—इसमें श्याम का कोई दोष नहीं है। वे तो पूर्ववत् मेरे घर आ ही रहे थे। मैं ही अपने मन में गर्व कर बैठी। इस गर्व से तो कुछ काम नहीं निकला, हाँ तन की जो एक दशा बनी रहती थी, वही एक दशा, एक-सी नहीं रह गई। मेरे शरीर की सारी दुर्दशा हो गई है। मेरा सारा सुख जाता रहा और हृदय दुःख से परिपूर्ण हो उठा। अब मुझे सभी सुखों को छोड़कर अकेले ही रहना पड़ेगा। अब यदि श्याम किसी प्रकार दर्शन दे दें, तो मैं उनके साथ लगी बराबर घूमती रहूँगी और अपने हृदय से प्रभु को एक क्षण के लिए भी अलग नहीं होने दूँगी।

१६९१/२७२४ राग बिलावल

अबकैं जौ पिय कौं पाऊँ, तौ हिरदै माँझ दुराऊँ ।
जौ हरि कौ दरसन पाऊँ, आभूषन अंग बनाऊँ ।
ऐसौ को जो आनि मिलावै, ताहि निहाल कराऊँ ।
जौ पाऊँ तौ मंगल गाऊँ, मोतियनि चौक पुराऊँ ।

रस करि नाचौं गाऊँ बजाऊँ, चंदन भवन लिपाऊँ ।
मनि मानिक न्यौछावरि करिहौं, सो दिन सुदिन कहाऊँ ।
केतकी करना बेल चमेली, फूलनि सेज बिछाऊँ ।
तापर पिय कौं पौढ़ाऊँ मैं, अँचरा वायु डुलाऊँ ।
चंदन, अगर, कपूर, अरगजा, प्रभु कैं खौरि बनाऊँ ।
जौ बिधना कबहूँ यह करै तौ, काम कौं काम पुराऊँ ।
अब सो करौ उपाउ सखी मिलि, जातैं दरसन पाऊँ ।
'सूरस्याम' देखैं बिनु सजनी, कैसैं मन अपनाऊँ ॥

राधा चंद्रावली से कहे जा रही है—इस बार मैं प्रिय श्याम को पा जाऊँ, तो मैं उनको अपने हृदय में छिपा धरूँ। यदि मुझे हरि का दर्शन मिल जाय, तो मैं उस दर्शन को अपने अंग-अंग का आभूषण बनाकर पहन लूँ। यदि मैं उन्हें पा जाऊँ तो मंगलगीत गाने लगूँ और मोतियों से चौक पूर दूँ। आनंद से मैं नाचने लगूँ, गाने लगूँ, बजाने लगूँ और सारा घर चंदन से लिपवा दूँ, मणि और माणिक्य न्यौछावर करके लुटा दूँ। मैं केतकी, कर्णिकार, बेला और चमेली के फूल सेज पर बिछा दूँ। उस सेज पर प्रिय श्याम को लिटा दूँ और अपने आँचर से उन्हें हवा करने लगूँ। चंदन, अगर, कपूर का अरगजा (घोल) बनाकर उसीसे प्रभु को नहला दूँ। यदि ब्रह्मा कभी मेरी यह मनोभिलाषा पूरी कर दें, तो मैं भी काम की कामना पूरी कर दूँगी। रतिक्रीड़ा से काम को पूर्ण रूप से संतुष्ट कर दूँगी। अब सभी सखियाँ मिलकर कुछ ऐसा उपाय करें कि मुझे श्याम का दर्शन मिल जाय। श्याम को देखे बिना मैं अपने मन कौ कैसे वश में करूँ?

१६९२/२७२५ राग बिलावल

ए री मो ही तौ पिउ भावै, को ऐसी जो आनि मिलावै ।
चौदह-विद्या-प्रवीन अतिही, बहु नायक कौं कौन मनावै ।
नैंकु दृष्टि भरि चितवै बिरहिनि, बिरह-तपनि मो तन तैं बुझावै ।
'सूरदास' प्रभु करै कृपा अब, मोकौं नित प्रति बिरह जरावै ॥

चंद्रावली से राधा कहे जा रही है—अरी सखी, मेरे हृदय को तो अब केवल मेरा प्रिय अच्छा लगता है। तुममें से कौन ऐसी है जो मेरे प्रिय को लाकर मुझसे मिला दे। मेरा प्रिय चौदहों विद्याओं (चारों वेद—ऋग, यजु, साम और अथर्व; चारो उपवेद—आयुर्वेद, धनुर्वेद, गंधर्व वेद, अर्थशास्त्र; छहो वेदांग—शिक्षा, कल्प, निरुक्त, व्याकरण, ज्योतिष, छंद) में निष्णात है, साथ ही वह बहुत-सी सखियों को एक साथ प्यार करनेवाला है। ऐसे प्रिय को मनाकर कौन मेरे पास ला सकता है। वह प्रिय यदि मुझ विरहिणी को जरा सी कृपा दृष्टि से देख ले, तो मेरे देह की सारी विरहाग्नि बुझ जाय। मुझे अब विरह नित्य ही जलाए जा रहा है। अब तो प्रभु मुझपर कृपा कर दें।

१६९३/२७२६ राग बिलावल

धीरज करि री नागरी, अब स्यामहिं ल्याऊँ ।
अति व्याकुल जनि होहि री, सुख अबहिं कराऊँ ।

देखि दसा सहि नहिँ सकी, मनहीं अकुलानी।
मैं राधा की प्रिय सखी, यह कहि पछितानी।
झूरि-झूरि पियरी परी, यह तौ सुकुमारी।
ऐसी चूक परी कहा, कैहौं गिरिधारी।
प्यारी कौं मुख धोइ कै, पट पोंछि सँवार्‌यौ।
तरक बात बहुतै कही, कछु सुधि न सँभार्‌यौ।
सावधान करिकै गई, ल्याऊँ गिरिधर कौं।
'सूर' तहाँ आतुर गई, पाए हरि बर कौं॥

राधा की विकलता देख उसकी परम प्रिय सहेली ललिता बोली—'अरी नागरी राधा, तू धीरज तो धर। मैं श्याम को अभी लिए आती हूँ, तू बहुत विकल मत हो। मैं अभी तेरा दुख दूर कराए देती हूँ और तुझे सुखी बनाए देती हूँ।'

ललिता राधा की यह व्यथा नहीं सह सकी। वह मन में अत्यंत विकल हो उठी और यह कहकर कि मैं राधा की अत्यंत प्रिय सखी होकर भी उसका कुछ भला नहीं कर पा रही हूँ, वह पछताने लगी। वह मन ही मन कहने लगी—यह सुकुमारी तो सूखकर एक दम पीली पड़ गई है। इससे ऐसी कौन सी गलती हो गई, मैं गिरिधारी से पूछूँगी।

ललिता ने प्यारी राधा का मुँह धो दिया और अपने आँचल से उन्हें पोंछकर, सँवार दिया। ललिता ने अनेक तर्कपूर्ण बातें कहकर राधा को समझाया भी, पर राधा होश न सँभाल सकी। तब वह राधा को सावधान रहने के लिए कहकर कह उठी—मैं अभी अभी गिरिधर को लिए आती हूँ, तू अधीर न हो।

ललिता जल्दी जल्दी गई और उसने राधा के वर हरि को पा लिया।

१६९४/२७२७ राग टोड़ी

ललिता मुख चितवत मुसकाने।
आपु हँसी पिय मुख अवलोकत, दुहुनि मनहिँ मन जाने।
अति आतुर धाई कहँ आई, काहैं बदन झुराए।
बूझत हैं पुनि-पुनि नँद-नंदन, चितवत नैन चुराए।
तब बोली वह चतुर नागरी, अचरज कथा सुनाऊँ।
'सूरस्याम' ज्यौ चलहु तुरत हीं, नैननि जाइ दिखाऊँ॥

ललिता को अपने पास आया जान कृष्ण ने सिर उठाकर उसका मुँह देखा और मुसकुरा पड़े। ललिता भी प्रिय कृष्ण का मुँह देखकर हँस पड़ी। दोनों ने मनही मन एक दूसरे का अभीष्ट जान लिया। कृष्ण ने जान लिया कि राधा के लिए ललिता मुझे मनाने आई है और राधा ने भी जान लिया कि जिस तरह राधा कृष्ण से मिलने के लिए विकल है, उसी तरह कृष्ण भी राधा से मिलने के लिए उतने ही आकुल हैं। फिर भी कृष्ण कनखियों से देखकर बार बार ललिता से पूछ ही बैठे—ललिते, तुम्हारा वदन क्यों सूख गया है, तू इतनी बदहवास होकर कहाँ दौड़ी आ रही है?

तब वह चतुरा ललिता बोली—तुम्हें मैं एक अत्यंत आश्चर्य की बात सुना रही हूँ।

श्याम, यदि तुम अभी मेरे साथ चले चलो, तो मैं तुम्हें वह आश्चर्य तुम्हारी ही आँखों को दिखला दूँ। कहके क्या सुनाऊँ?

१६९५/२७२८ राग सारंग

अदभुत एक अनूपम बाग ।
जुगल कमल पर गज बर क्रीड़त, तापर सिंह करत अनुराग ।
हरि पर सरवर, सर पर गिरिवर, गिरि पर फूले कंज-पराग ।
रुचिर कपोत बसत ता ऊपर, ता ऊपर अंमृत-फल लाग ।
फल पर पुहुप, पुहुप पर पल्लव, ता पर सुक, पिक, मृग, मद काग ।
खंजन धनुष चंद्रमा ऊपर, ता ऊपर इक मनिधर नाग ।
अंग-अंग प्रति और-और छबि, उपमा ताकौं करत न त्याग ।
'सूरदास' प्रभु पियौ सुधा-रस, मानौ अधरनि के बड़भाग ॥

ललिता बोली—हे श्याम, एक अद्भुत और अनुपम बाग है। उसमें दो कमलों पर उन्हें खा जाने वाला उनका शत्रु भारी भरकम हाथी क्रीड़ा करता जा रहा है। उस हाथी पर उसका शत्रु सिंह बैठा हुआ उससे अनुराग किए जा रहा है। उस हरि (सिंह) के ऊपर एक सरोवर है, उस सरोवर पर भारी पर्वत है। उस पर्वत पर कंज का पराग खिला हुआ है। उस कंज-पराग पर सुंदर कबूतर विराजमान है, उस कबूतर के भी ऊपर अमृत-फल (अमरूद) लगा हुआ है। उस अमृत-फल पर पुष्प खिला हुआ है। उस पुष्प पर पत्ते लगे हुए हैं। उन पत्तों पर शुक, पिक, मृगमद (कस्तूरी) और कौवे बैठे हुए हैं। वहीं खंजन, धनुष और चंद्रमा भी उनके ऊपर है। इनके भी ऊपर एक मणिधर काला साँप है। उस बाग को चलकर देखो और सुधा-रस पियो।

ललिता ने वस्तुतः रूपकातिशयोक्ति के सहारे राधा का नखशिख वर्णित किया है, जहाँ केवल उपमान ही उपमान हैं। इनमें से अनेक परस्पर विरोधी हैं, जो अद्भुत की सृष्टि करते हैं। इन उपमानों के उपमेय यों है—१. वाग=राधा का शरीर। २. जुगल कमल=कमल के समान दोनों चरण। ३. गजवर=हाथी की सूँड़ के समान दोनों जाँघें। ४. सिंह=सिंह की कटि के समान पतली कमर। ५. सरवर=नाभि। ६. गिरिवर=स्तन द्वय। ७. कंज पराग=स्तनों के चुचुक का काला भाग। ८. कपोत=ग्रीवा। ९. अमृत-फल=ठुड्डी, चिबुक। १०. पुहुप=कमल पुष्प के समान मुख। ११. पल्लव=अधर। १२. शुक=नासिका। १३. पिक=वाणी। १४. काग= काली कस्तूरी का टीका। १५. खंजन=नेत्र। १६. धनुष=भौंह। १७. चंद्रमा=द्वितीया के चंद्रमा जैसा ललाट। १८. मणिधर नाग= गुँथी हुई चोटी। १९. सुधा-रस=अधरों का रस।

इस रूपकातिशयोक्ति के तोड़ देने पर सीधा अर्थ यों होगा और इसकी सारी अद्भुतता समाप्त हो जायगी।—

श्याम, राधा का शरीर अद्भुत वाग के समान हैं। उसके दोनों चरण दो कमलों जैसे हैं, जिनपर हाथी की सूँड़ के समान उसकी दोनों जंघाएँ हैं। इन जंघाओं के ऊपर उसकी सिंह-कटि जैसी पतली कमर है। इस कमर के ऊपर उसका नाभि रूपी सरोवर है। इस नाभि-सरोवर के ऊपर दोनों स्तन हैं, जो दो पहाड़ों सदृश हैं। इन स्तनों पर के काले

चुचुक कंज-पराग से हैं। स्तनों के ऊपर कबूतर-सी गरदन है। गरदन के ऊपर अमरूद जैसा चिबुक है। चिबुक के ऊपर कमल के फूल जैसा उसका खिला आनन है। इस आनन पर नूतन किसलय के समान लाल लाल अधर-सधर हैं। इन अधरों के ऊपर शुक जैसी नासिका है। वहीं कोयल के समान वाणी है। वहीं काली कस्तूरी के सदृश कौआ है, वहीं नेत्र रूपी खंजन, भौंह रूपी धनुष, ललाट रूपी दूज का चाँद और उस आनन के ऊपर मणिधर नाग जैसी उसकी वेणी और कबरी है। उसके एक एक अंग की छवि अद्भुत है। उपमाएँ उसके अंगों को छोड़ती ही नहीं। श्याम चलकर उसके अधरों का रस लो। उसे चूस लो। यह तुम्हारे अधरों का अद्भुत बड़ा भाग्य है, जो वे राधा के अधरों का रस ले सकेंगे।

१६९६/२७३६ राग धनाश्री

प्रिया मुख देखौ स्याम निहारि।
कहि न जाइ आनन की सोभा, रही बिचारि बिचारि।
छीरोदक घूँघट हातौ करि, सन्मुख दियौ उघारि।
मनौ सुधाकर दुग्ध-सिंधु तैं, कढ़्यौ कलंक पखारि।
मुक्ता-माँग सीस पर सोभित, राजति इहिं आकारि।
मानौ उडगन जानि नवल ससि, आए करन जुहारि।
भाल लाल-सिंदूर-बिंदु पर, मृगमद दियौ सुधारि।
मनौ बँधूक-कुसुम ऊपर अलि, बैठ्यौ पंख पसारि।
चंचल नैन चहूँ दिसि चितवत, जुग खंजन अनुहारि।
मनौ परस्पर करत लराई, कीर बचई रारि।
बेसरि के मुक्ता मैं झाईं, बरन बिराजत चारि।
मानौ सुरगुरु सुक्र भौम सनि, चमकत चंद मँझारि।
अधर बिंब बिच, दसन बिराजत, दुति दामिनि चमकारि।
चिबुक-बिंदु-बिच दियौ विधाता, रूप सींव निरुवारि।
तरिवन स्रवन रतन मनि भूषित, सिर सीमंत सँवारि।
जनु जुग भानु दुहूँ दिसि उगए, भयौ द्विधा तम हारि।
लाल माल कुच बीच बिराजति, सखियन गुही सिँगारि।
मनहुँ धुईं निर्धूम अग्नि पर, तप बैठे त्रिपुरारि।
सन्मुख दृष्टि परैं मनमोहन, लज्जित भइ सुकुमारि।
लीन्ही उमँगि उठाइ अंक भरि, 'सूरदास' बलिहारि॥

ललिता श्याम को लेकर राधा के पास पहुँची और बोली—श्याम, अब तुम अपनी प्रिया राधा के मुख को भलीभाँति देख लो। मैं तो बहुत बहुत विचार कर रही हूँ, पर इसके मुख की शोभा मुझसे कुछ कहते नहीं बन पड़ रही है। इसने अपने मुख पर से रेशमी घूँघट हटाकर, उसे उघाड़कर, तुम्हारे सामने कर दिया है। ऐसा लगता है मानों क्षीरसागर में

अपने कलंक की कालिमा धोकर, निष्कलंक होकर, चंद्रमा ही निकल आया है। इसके सिर पर मोती भरी माँग है। वह इस प्रकार सुशोभित हो रही है, मानो उस माँग को दूज का चाँद समझकर मोती रूपी तारे, उसे प्रणाम करने के लिए आ गए हों। मस्तक पर सिंदूर की लाल बिंदी हैं और उसके भी ऊपर उसने कस्तूरी का जो काला टीका सँवार कर लगा लिया है, वह लगता है मानो दुपहरिया के लाल फूल के ऊपर अपने पंखें फैलाकर भौंरा आ बैठा हो। राधा की दोनों आँखें चंचल होकर चारों ओर देखे जा रही हैं, मानो वे दो खंजन हैं। दोनों नेत्रों के बीच नासिका ऐसी लग रही है, जैसे दो खंजनों में लड़ाई हो गई हो और बीच-बचाव करने के लिए सुग्गा आकर बीच में बैठ गया हो और युद्ध टाल दिया हो। नाक में पहनी हुई बेसर के मोती में चार रंगों की छाया पड़ रही है। ये चारों रंग हैं पीत, श्वेत, लाल और नील। ऐसा लगता है जैसे चाँद (मुँह) में सुरगुरु वृहस्पति (पीत वर्ण), असुर-गुरु शुक्राचार्य (श्वेत वर्ण), भूमि का बेटा मंगल (लाल वर्ण) और शनिश्चर (नील) ये चार ग्रह चमचमा रहे हों। बिंबा फल (पका हुआ लाल कुनुरू) के समान अरुण अधरों को बीचोबीच रखकर मानो विधाता ने रूप की शोभा निर्धारित कर दी है। राधा के कानों में तरकी और मणि से जटित ताटंक सुशोभित हो रहे हैं। सिर पर माँग सँवार दी गईं है। ताटंक क्या हैं, मानो दोनों ओर दो दो सूर्य हों, जिन्होंने सिर की माँग के दोनों ओर के केश रूपी अंधकार को हटाकर मानों दो बराबर भागों में विभक्त कर दिया हो। सखियों ने सँवार करके लालों की माला राधा के उरोजों के मध्य में पहना दी है। ऐसा लगता है धुआँ रहित दहकती आग पर तप करने के लिए स्वयं शिव आ बैठे हों।

मनमोहन को अपने सामने देखकर सुकुमारी राधा लजा गई। श्याम ने आगे बढ़कर उसे उठाकर छाती से लगा लिया और उसपर निछावर हो गए।

१६९७/२७३७ राग नट

भुज भरि लई हिरदय लाइ।
बिरह व्याकुल देखि बाला, नैन दोउ भरि आइ।
रैनि बासर बीचही मैं, दोउ गए मुरझाइ।
मनौ बृच्छ तमाल बेली-कनक सुधा सिँचाइ।
हरष डहडह मुसुकि फूले, प्रेम-फलनि लगाइ।
काम मुरझनि बेलि तरु की तुरतही बिसराइ।
देखि ललिता मिलन वह, आनंद उर न समाइ।
'सूर' के प्रभु स्याम स्यामा, त्रिबिध ताप नसाइ॥

श्याम ने राधा को अपनी बाँहों में समेट लिया, फिर अपनी छाती से लिपटा लिया। उन्होंने बाला राधा को विरह से व्याकुल देखा और उनके दोनों नेत्र आँसुओं से भरभरा उठे। दोनों के मिलन में एक ही दिन और एक ही रात का अंतर पड़ा था। इसी में वे दोनों मुरझा गए। इस मिलन से ऐसा लगा मानो तमाल वृक्ष और उससे लिपटी मुरझाई स्वर्ण-लता दोनों अमृत से सींच दिए गए हो। वे दोनों हर्ष से पुनः हरे भरे हो उठे। उनमें मुसकान के फूल लग गए और प्रेम के फल भी। काम से मुरझाए वे दोनों तुरंत ही उस सारी काम-

पीड़ा को भूल गए।

ललिता ने राधा और श्याम का यह मिलन देखा और वह हर्षातिरेक से फूल उठी, उसका आनंद उनके हृदय में नहीं समाया और बाहर फूट पड़ा।

इस प्रकार प्रभु श्याम और श्यामा राधा ने अपने दैहिक, भौतिक और दैविक तीनों प्रकार के तापों को नष्ट कर डाला।

१६९८/२७३८ राग रामकली

ललिता प्रेम बिबस भई भारी।
वह चितवनि, वह मिलनि परस्पर, अति सोभा बर नारी।
इक टक अंग-अंग अवलोकति, उत बस भए बिहारी।
वह आतुर छबि लेत देत वै, इक तैं इक अधिकारी।
ललिता संग सखिनि सौं भाषति, देखौ छबि पिय प्यारी।
सुनहु 'सूर' ज्यौं होम अगिनि घृत, ताहू तैं यह न्यारी॥

राधा और श्याम को इस प्रकार मिलते देखकर ललिता भारी प्रेम में डूब गई। दोनों का एक दूसरे को देखते जाना; परस्पर गले मिलना, उन वर (श्याम) और नारी (राधा) को अत्यंत शोभा-प्रदान कर रहा था। इधर राधा श्याम के एक-एक अंग की शोभा निरखती जा रही थी; उधर श्याम, उसके वश में होते जा रहे थे। दोनों अत्यंत आतुर होकर एक दूसरे की शोभा देखते जा रहे थे। राधा की आतुरता श्याम से अधिक थी और श्याम की आतुरता राधा से अधिक।

ललिता सखी अपनी अन्य सहेलियों से कहने लगी—प्रिय (श्याम) और प्यारी (श्यामा) की शोभा भर आँखें देख लो। होम की आग में घी डाल देने से जैसे उस आग की आभा और भी कांतिमय हो उठती है। श्याम और श्यामा के मिलन की यह कांति उससे भी अलग है, बढ़कर है।

१६९९/२७४५ राग विभास

ललिता संग सखिनि कौं लीन्हे।
दंपति-सुख देखति अति भावत, इकटक लोचन दीन्हे।
प्यारी स्याम-अंग की सोभा, निदरे देख्यौ चाहत।
उत नागर नागरि-नैननि कौ निदरि, रूप अवगाहत।
उत उदार सोभा की सींवाँ, इत लोभहिं नहिं पार।
'सूरस्याम' अंग-अंग की सोभा, निरखति वारंबार॥

ललिता संग में सखियों को लिए हुए, टकटकी लगाए हुए दंपति (राधा-कृष्ण) के रति-विलास को देखती हुई परमानंदित हुई जा रही थी। इधर प्यारी राधा श्याम के अंगों की शोभा को मात कर देना चाहती थीं। उधर नागर नंदकिशोर प्यारी राधा के नयनों को नीचा दिखाकर उसके रूप में नहाए जा रहे थे। राधा के रूप की थाह लिए जा रहे थे। उधर नागर कृष्ण के अंगों की अपार शोभा थी। इधर राधा के नयनों में भी उस रूप को देखने का अपार लोभ था। राधा श्याम के एक-एक अंग की शोभा को बारंबार देखती जा रही थी।

१७००/२७५५ राग आसावरी

निरखि स्याम प्यारी अँग-सोभा, मन अभिलाष बढ़ावत हैं।
प्रिया-अभूषन माँगत पुनि-पुनि, अपनैं अंग बनावत हैं।
कुंडल-तट तरिवन लै साजत, नासा बेसरि धारत हैं।
बेंदी भाल, मांग सिर पारत, बेनी गूँथि सँवारत हैं।
प्यारी-नैननि कौ अंजन लै, अपनैं नैननि अंजत हैं।
पीतांबर ओढ़नी सीस दै, राधा कौ मन रंजत हैं।
कंचुकि भुजनि पहिरि उर धारत, कंठ हमेल सजावत हैं।
'सूरस्याम' लालच तिय तनु पर, करि सिंगार सुख पावत हैं॥

श्याम प्यारी के अंगों की शोभा देखकर वैसा ही अपना रूप बना लेने की कामना करने लगे। वे प्रिया राधा के आभूषणों को माँग-माँग स्वयं अपने अंगों में पहनने लगे। अपने कान के कुंडलों के स्थान पर उन्होंने राधा के कानों की तरकी पहन ली और अपनी नाक में राधा की नकबेसरि लेकर धारण कर ली। उन्होंने अपने माथे पर राधा की बेंदी लगा ली और राधा जैसी ही अपनी माँग फारकर पाटी पार ली, और चोटी भी वैसी ही गूँथ ली। राधा प्यारी की आँख से आँजन लेकर अपनी आँखों में लगा लिया। पीतांबर को ओढ़नी अपने सिर पर रखकर वे राधा के मन को बहलाने लगे। उन्होंने राधा की चोली लेकर अपनी बाहों में डालकर वक्ष पर धारण कर ली और गले में राधा की हुमेल भी पहन ली। श्याम को राधा के शरीर की शोभा की इतनी लालच हो गई है कि उसमें ही वस्त्राभूषणों से अपना सिंगार करके उन्हें अपार सुख मिला जा रहा है।

१७०१/२७५७ राग नट

स्यामा स्याम-छबि की साध।
मुकुट-कुंडल-पीतपट-छबि, देखि रूप अगाध।
प्रिया हा हा करति पुनि-पुनि, देहु प्रीतम मोहिं।
अंग-अंग सँवारि भूषन, रहत वह छबि जोहि।
काछि कछनी पीत पट, कटि किंकिनी अति सोभ।
हृदय बनमाला बनावति, देखि छबि मन लोभ।
स्त्रवन कुंडल धारि सोभा, सीस रचि सीषंड।
'सूरस्याम' सुहागिनी रुचि, कनक कर लै दंड॥

श्यामा (राधा) को भी श्याम की छवि की साध है। कृष्ण के मोरपंख के मुकुट, कानों के स्वर्ण कुंडल, पीतांबर में उन्हें अथाह रूप दिखाई दे रहा है। अत: वह गिड़गिड़ाकर बार-बार ये सब कृष्ण से माँगे जा रही हैं।—प्रियतम मुझे अपना मोर मुकुट दे दो, कुंडल दे दो, पीतांबर दे दो। फिर इन आभूषणों और वस्त्रों से राधा ने अपने अंग-अंग सँवार लिए और इस वेश में अपनी शोभा देखने लगीं। उसने पीतांबर की कछनी काछ ली, और कमर में कृष्ण की किंकिणी पहन ली। छाती पर वनमाला धारण कर ली। वह अपनी इस नई

शोभा पर मन ही मन लुभा गई। उसने कानों में श्याम का स्वर्ण कुंडल और सिर पर मोरपंख का उनका मुकुट पहन लिया। उस श्याम की सुहागिनी राधा ने बड़ी रुचि के साथ श्याम की स्वर्ण लकुटी भी ले ली।

छद्म मान-लीला

१७०२/२७५८ राग कर्नाटी

श्री गोपाल लाल जी बंसी, नैंकु तिहारी पाऊँ।
करनाटी गौरी मैं गाऊँ, मुरलि बजाइ रिझाऊँ।
तुम सँगीत गावत जेइ जेई, तेइ तेइ तान सुनाऊँ।
तहँ लागि गान सुनाऊँ, जहँ लगि सप्त सुरनि मैं पाऊँ।
सुरनि विमान थकित करि राखौं, कालिंदीहिं थिराऊँ।
बेनी सीसफूल पहिरौ तुम, मैं सिर मुकुट बनाऊँ।
तुम वृषभानु-सुता ह्वै बैठौ, मैं नँदलाल कहाऊँ।
तुम मानिनि ह्वै मान करौ, पुनि मैं गहि चरण मनाऊँ।
'सूरदास' प्रभु तुम्हरे दरस कौं, भक्ति-भावना पाऊँ।
कीजै कृपा आपनैं अनुचर, अनुपम लीला गाऊँ॥

राधा कह रही है—हे गोपाल लाल, यदि मैं थोड़ी देर के लिए तुम्हारी मुरली पा जाऊँ, तो मैं उस मुरली से कर्णाटी और गौरी राग गाकर, तुम्हें रिझा लूँ, प्रसन्न कर लूँ। तुम जो जो गीत गाते हो, मैं वे ही वे तानें बजाकर सुना दूँ। सातों स्वरों—सा रे गा म प ध नि—से जहाँ तक राग रागिनियाँ मैं छेड़ पाऊँगी, मैं वहाँ तक तुम्हें गान सुनाती जाऊँगी। मैं अपने स्वर से देवताओं के विमानों को नभ में उड़ने से रोक दूँगी और कालिंदी के प्रवाह को उलटा बहा दूँगी। अब तुम चोटी गूँथ लो और शीशफूल पहन लो। मैं अपने सिर पर मोर पंख का मुकुट धारण कर लूँ। तुम बृषभानु की बेटी राधा बन जाओ और मैं नंदलाल। तुम मानिनी बनकर रूठ जाओ और मैं पैर पकड़कर मनाऊँ।

सूरदास कहते हैं—हे प्रभु, तुम्हारी भक्ति मुझे मिल जाय जिससे मैं तुम्हारा दर्शन नित्य पाता रहूँ। मैं तुम्हारा सेवक हूँ। मुझपर कृपा करो, जिससे मैं तुम्हारी अनुपम लीलाएँ गाता रहूँ।

१७०३/२७५९ राग नट

तिहारी लाल मुरली नैंकु बजाऊँ।
जो जिय होति प्रीति कहिबे की, सो धरि अधर सुनाऊँ।
जैसी तान तुम्हारे मुख की, तैसीयै मधुर उपाऊँ।
जैसैं आपु अधर धरि फूँकत, मैं अधरनि परसाऊँ।
जैसैं फिरित रंध्र मग अँगुरी, तैसैं मैंहु फिराऊँ।
हा हा करति, पाइ हौं लागति, बाँस बसुरिया पाऊँ।

सारंग नट पूरबी मिलै कै, राग अनूपम गाऊँ ।
तुम्हरे आभूषन मैं पहिरौं, अपने तुम्हैं पिन्हाऊँ ।
तुम बैठो दृढ़ मान साजिकै, मैं गहि चरन मनाऊँ ।
तुम राधे, हौं माधौ, माधौ ऐसी प्रीति जनाऊँ ।
यह अभिलाष बहुत मेरैं जिय, नैननि यहै देखाऊँ ।
'सूरस्याम' गिरिधरन छबीले, भुज भरि कंठ लगाऊँ ॥

राधा कह रही है—हे विहारी लाल, अपनी मुरली थोड़ी देर के लिए मुझे दे दो, तो मैं उसे बजाकर सुनाऊँ। मेरे मन में तुमसे कहने के लिए जो भी प्रेम-भाव हो, उसे मैं वंशी को अपने होठ पर रखकर, अपने शब्दों में न कहकर, तुम्हें वंशी के ही स्वरों में कहकर सुना दूँ। तुम्हारे मुख से मुरली की जैसी भी तान निकलती है, मैं भी वैसी ही मधुर तान वंशी बजाकर उत्पन्न कर दूँ। जैसी साँस अपने अधर पर मुरली रखकर तुम फूँकते हो, मैं भी वैसी ही साँस, अपने होठ पर रखी वंशी में भरकर फूँक दूँ। जैसे तुम इस बाँसुरी के छिद्रों पर उँगली रखकर फेरते जाते हो, मैं भी उसी प्रकार इसके छेदों पर अपनी उँगलियाँ फिराऊँ। मैं तुमसे गिड़गिड़ा कर, पाँव पड़कर कहती हूँ कि तुम मुझे अपनी यह बाँस की बाँसुरी दे दो। मैं इस पर सारंग, नट और पूर्वी आदि राग मिलाकर अनुपम आलाप लूँ। मैं तुम्हारे गहने पहन लूँ और अपने गहने तुम्हें पहना दूँ। तुम गुरु मानिनी बनकर बैठ जाओ और मैं तुम्हारे पाँव पकड़कर तुम्हें मनाऊँ। फिर हे माधव, मैं ऐसा प्रेम प्रकट करूँ जैसे तुम राधे हो और मैं माधव हूँ। मेरे मन में यह अभिलाषा है। मैं अपनी इस अभिलाषा को प्रत्यक्ष रूप, स्थूल रूप से तुम्हें दिखा देना चाहती हूँ। फिर राधापति श्याम, गिरिधर और छबीले लाल को मैं अपनी भुजाओं में बांधकर अपने को माधव समझती हुई, अपने कंठ से लगा लेना चाहती हूँ।

१७०४/२७६० राग नट

हरि जू मुरली तुम्हैं सुनाऊँ ।
तुम सुर पुरवौ प्राननाथ प्रभु, हौं अँगुरीनि चलाऊँ ।
मधुरैं सुर गति राग रागिनी, भली तान उपजाऊँ ।
जिहिं जिहिं भाँति रिझहु नँद-नंदन, तिहिं तिहिं भाँति रिझाऊँ ।
अंस बाहु धरि कर पकरौंगी, सर्वस सुख हौं पाऊँ ।
'सूरदास' अटकैं न चलैं पल, मन अभिलाष बढ़ाऊँ ॥

हे हरि, मैं तुम्हें मुरली बजाकर सुनाऊँ। हे प्राननाथ प्रभु, तुम बाँसुरी में स्वर फूँको और मैं उसके छिद्रों पर अपनी उँगलियाँ फिराती रहूँ। मैं मधुर सुर और लय में सभी प्रकार की राग रागिनियों की तान भली भाँति उत्पन्न करती रहूँ। हे नंदनंदन, तुम जिस-जिस भी प्रकार से रीझो, प्रसन्न होओ; मैं उसी-उसी प्रकार से तुम्हें रिझाती चलूँ। मैं तुम्हारे कंधे पर एक हाथ रखकर दूसरे हाथ से तुम्हारा हाथ पकड़कर सभी सुख पा लूँगी। मेरी प्रबल इच्छा यही है कि मैं अपलक तुम्हें देखती रहूँ, मेरी पलकें न तो गिरकर देखने में किसी प्रकार का अटकाव पैदा करें और न इधर उधर चलें। वे सदा तुम पर बनी रहें।

१७०५/२७६१ राग नट

प्यारी कर बाँसुरी लई।

सनमुख ह्वै तुम सुनौ रसिक पिय, ललित त्रिभंग भई।
उठति राग रागिनी तरंगनि, छिनु-छिनु उपज नई।
आलबाल नँदलाल-स्त्रवन बर, जनु मोहिनी बई।
नमित सुधाकर वदन अमित छवि, मनमोहन चितई।
मनहुँ चकोर मत्त मेचक मृग, तनु-सुधि बिसरि गई।
करि पीतांबर छाह नाह कौं, अलबेली रिझई।
'सूरदास' हँसि कमलनैन कहँ, राधा अंक दई॥

प्यारी राधा ने श्याम की बाँसुरी अपने हाथ में ले ली। फिर उसने बाँसुरी बजाने की सुंदर त्रिभंगी मुद्रा अपना ली और कहा—'हे रसिक प्रिय, अब तुम मेरे सामने होकर सुनो।' इसके पश्चात राग-रागिनी को तरंगें उठने लगीं और क्षण-क्षण पर नवीन स्वर बोल उत्पन्न होने लगे। ऐसा लगता था जैसे कन्हैया के कान रूपी थाले में कोई मोहिनी जड़ी बो दी गई हो। राधा के झुके हुए चंद्रमा के समान मुख की शोभा का क्या कहना? राधा ने मनमोहन की ओर पूरी नजर से देखा। ऐसा लगा मानो राधा के नेत्र रूपी मत्त चकोर कृष्ण के मुख रूपी चंद्रमा को देखते हुए अपने तन की सुध भूल गए हों और काला हिरन (कृष्ण) उस बंसी के मधुर नाद पर रीझकर अपने तन की सुधि बिसर गया हो। अलबेली राधा ने पीतांबर से छाँह करके नागर कृष्ण को रिझा लिया और फिर उसने कमल के समान नेत्रवाले कृष्ण को हँसकर अपने वक्ष से लगा लिया।

१७०६/२७६२ राग गूजरी

मुरली लई कर तैं छीनि।

ता समय छबि कही जाति न, चतुर नारि नवीन।
कहति पुनि-पुनि स्याम आगैं, मोहिँ देहु सिखाइ।
मुरलि पर मुख जोरि दोऊ, अरस परस बजाइ।
कृष्न पूरत नाद, उछरत प्यारि रिस करि गात।
बार बारिहिँ अधर धरि-धरि, बजति नहिँ अकुलात।
प्रिया-भूषन स्याम पहिरत, स्याम-भूषन नारि।
'सूर' प्रभु करि मान बैठे, तिय करति मनुहारि॥

उस चतुर नारी राधा ने श्याम के हाथ से मुरली छीन ली। उसकी उस समय की शोभा कुछ कहते नहीं बनती। वह श्याम से बार-बार कहने लगी—हे श्याम, मुझे भी मुरली बजाना सिखा दो। इस पर दोनों ने मुरली से अपने अपने अधर जोड़ दिए और एक दूसरे को अपने अंकों में समेटे हुए बजाने लगे। कृष्ण बंसी पर स्वर फूँकने लगे। इस पर प्यारी राधा रिस करके उछल पड़ी। उसने बार बार अपने होठ पर बाँसुरी रखकर बजाना चाहा, पर वह बजी नहीं। इसपर राधा अकुला उठी। इसके अनंतर श्याम ने प्रिया राधा के सारे

आभूषण पहन लिए और श्याम के आभूषणों को नारी राधा ने। राधा वने श्याम ने मान करने का नाटक रच डाला और त्रिया राधा उनको मनाने लगीं।

१७०७/२७६३ राग बिलावल

कहति नागरी स्याम सौं, तजि मान हठीली।
हम तैं चूक कहा परी, तिय गर्ब गहीली।
हँसतहि मैं तुम रिस कियौ, कह प्रकृति तुम्हारी।
बार-बार कर धरति है, कहि-कहि सुकुमारी।
वृथा मान नहिं कीजियै, सिर चरननि धारति।
आनन आनन जोरिकै, पिय मुखहिँ निहारति।
निठुर भई हौ लाड़िली, कब के हम ठाढ़े।
तुम हम पर रिस करति हौ, हम हैं तुव चाढ़े।
स्याम कियौ हठ जानिकै, इक चरित बनाऊँ।
सुनहु 'सूर' प्यारी-हृदय, रस बिरह उपाऊँ॥

कृष्ण बनी हुई नागरी राधा, राधा बने हुए कृष्ण से कह रही है—अरी हठीली, मान छोड़ो। यह रूठना बंद करो। हे गर्व-गहीली, (गर्विणी, मानिनी) मुझसे कौन सी चूक हो गई है, जिससे तुम इतना रूठ गई हो। यह तुम्हारी कैसी प्रकृति (आदत, स्वभाव) है, जो तुमने हँसी-हँसी में इतनी रिस कर ली है। ऐसा कहकर कृष्ण बनी सुकुमारी राधा बार-बार राधा बने कृष्ण का हाथ पकड़ कर मनाते हुए कहने लगी—मैं तुम्हारे चरणों पर अपना मत्था नवाता हूँ। तुम व्यर्थ के लिए यह मान न करो। वह अपना मुँह कृष्ण के मुँह से सटाकर प्रिय के मुख की ओर निहारने लगी। और कहने लगी—'लाड़िली, तुम इतनी निष्ठुर हो गई हो। मैं तुम्हें मनाता हुआ कब से तुम्हारे सामने खड़ा हूँ। तुम हमपर क्रोध किए जा रही हो। और हम तो तुमपर अपना प्रेम ही प्रकट कर रहे हैं। भला अपने प्रेमी पर इतना रोष किया जाता है।'

राधा बने श्याम ने मानकर यह हठ, एक नई लीला दिखाने के लिए किया, जिससे कृष्ण रूपी प्यारी राधा के हृदय में भी विरह का रस उत्पन्न हो जाय, क्योंकि बिना विरहानुभूति के प्रेम परिपुष्ट नहीं होता।

१७०८/२७६४ राग बिलावल

लाल निठुर ह्वै बैठि रहे।
प्यारी हा-हा करति, मनावति, पुनि-पुनि चरन गहे।
नहिं बोलत, नहिं चितवत मुख तन, धरनी नखनि करोवत।
आपु हँसति, पुनि-पुनि उर लागति, चकित होति मुख जोवत।
कहा करत यह, बोलत नाहीं, पिय यह खेल मिटावहु।
'सूरस्याम' मुख कोटि चंद्र छबि, हँसिकै मोहिं दिखावहु॥

राधा बने हुए कृष्ण निष्ठुर होकर बैठे ही रहे। कृष्ण बनी राधा बार बार छद्म-राधा (कृष्ण) का पाँव पकड़े ले रही थी, 'हा, हा' करके गिड़गिड़ाए जा रही थी और मनाए

जा रही थी। पर छद्म राधा (कृष्ण) न तो बोल रही थी, न राधा के मुँह की ओर देख ही रही थी, उलटे वह अपने पैरों के नख से धरती कुरेदे जा रही थी। (छद्म कृष्ण) वस्तुतः राधा हँसती जा रही थी, बार बार कृष्ण को छाती से चिपटाए ले रही थी, पर राधा बने कृष्ण पर कोई असर न होता हुआ देखकर वह बार-बार उनका मुख देखे जा रही थी। तब वह बोली—प्रिय, यह क्या करते हो, बोल भी नहीं रहे हो। अब यह नाटक समाप्त करो। करोड़ों चंद्रमाओं की छविवाला अपना हँसता हुआ मुँह मुझे दिखलाओ।

१७०९/२७६५ राग धनाश्री

नागरि हँसति, हृदय डर भारी।
कबहुँ अंक भरि लेति उरज बिच, कबहुँ करत मनुहारी।
मान करत नीके नहिँ लागौ, दूरि करौ यह ख्याल।
नैंकु नहीं चितवत राधा-तन, निठुर भए नँदलाल।
सीस धरति चरननि लै-लै पुनि, पिय कौ रूप निहारत।
'सूरदास' प्रभु मान धर्‌यौ दृढ़, धरनी नखनि बिदारत॥

नागरी राधा यों तो हँसे जा रही है। पर उसके मन में भारी भय समा गया था। राधा कृष्ण को कभी हृदय से लगा लेती है, अपने दोनों स्तनों के बीच। कभी उनसे बिनती करने लगती है और कहती है—'मान करते समय, तुम अच्छे नहीं लगते। अब यह छल, मान का खेल, समाप्त करो।' पर कृष्ण निष्ठुर हो गए थे और राधा की ओर जरा भी नहीं देख रहे थे। राधा प्रिय श्याम का रूप निहारती हुई बारंबार अपना सिर उनके चरणों पर रखती जा रही थी। पर प्रभु ने अत्यंत कठोर मान धारण कर रखा था, वे अपने चरण के नाखूनों से धरती ही कुरेदते रह गए। बोले नहीं।

१७१०/२७६६ राग गुंड

निरखि पिय रूप, तिय चकित भारी।
किधौं वै पुरुष मैं नारि, की वै नारि, मैं ही हौं पुरुष, तन सुधि बिसारी।
आपु तन चितै सिर मुकुट, कुंडल स्त्रवन, अधर मुरली, माल बन बिराजै।
उतहिं पिय रूप सिर माँग बेनी-सुभग, भाल बेंदी-बिंदु महा छाजै।
नागरी हठ तजौ, कृपा करि मोहिँ भजौ, परी कह चूक, सो कहौ प्यारी।
'सूर' नागरी प्रभु-बिरह-रस मगन भई, देखि छबि हँसत गिरिराज धारी॥

राधा बने कृष्ण का इतना निष्ठर रूप देखकर कृष्ण बनी राधा अत्यंत आश्चर्य में पड़ गई। वह अपने तन-वदन की सुधि भूल बैठी और यह नहीं समझ पाई कि कृष्ण पुरुष हैं और मैं नारी हूँ, अथवा कृष्ण ही नारी हैं और मैं पुरुष हूँ। तब राधा ने अपनी ओर देखा—सिर पर मोरपंख का मुकुट, कानों में स्वर्ण कुंडल, होठ पर मुरली और गले में वनमाला विराज रही है। उधर प्रिय कृष्ण का अद्भुत रूप—सिर पर सुंदर माँग और वेणी, ललाट पर रोरी का गोल टिप्पा खूब सोह रहा है। अपने को पुरुष समझकर, राधा बने कृष्ण से बोली—अरी नागरी हठ छोड़, कृपा कर मेरा भजन कर। यदि तुमसे कोई चूक हो ही गई हो, तो मुझसे कहो।

राधा प्रभु के विरह-रस में डूब गई। उसकी इस मूर्ति को देखकर गोवर्धनधारी कृष्ण हँस पड़े।

१७११/२७६७ राग धनाश्री

निरखत पिय प्यारी-अँग-अंग बिरह-सोभा ।
कबहूँ पिय-चरन परति, कबहूँ भुज अंक भरति,
कबहूँ जिय डरति, बचन सुनिबे की लोभा ।
कबहुँ कहति पिय सौं पिय, कबहूँ कहति प्यारी हो,
हाहा करि पाइ परति, बिकल भई बाला ।
कबहुँ उठति, कबहुँ बैठि पाछैं ह्वै रहति,
कबहुँ आगैं ह्वै बदन हेरि, परी बिरह-ज्वाला ।
काहैं तुम कियौ मान, बोले बिनु जात प्रान,
दंपति हैं संग, दसा ऐसी उपजाई ।
रीझे प्रिय 'सूरस्याम', अंकम भरि लई बाम,
विरह-द्वंद मेटि, हरष हृदय मैं बसाई ॥

राधा बने हुए कृष्ण, कृष्ण बनी प्यारी राधा के विरही अंग-अंग की चेष्टा को शोभा देख रहे हैं। कभी कृष्ण बनी राधा, कृष्ण बने राधा के चरणों पर अपना सिर रख देती है, कभी उनको अपनी बाँहों में कसकर छाती से लगा लेती है, कभी मन ही मन डर भी जाती है। उसे प्रिय की मधुर वाणी सुनने का लोभ भी है। कभी वह प्रिय कृष्ण को प्रिय कह उठती है और कभी उन्हें प्यारी कहने लगती है, कभी गिड़गिड़ाती हुई उनके पैरों पर गिर पड़ती है। वह बाला अत्यंत विकल हो उठी। वह कभी उठती है, कभी बैठकर राधा बनी कृष्ण के पीछे हो रहती है। कभी आगे होकर उनका मुँह देखकर भारी विरह की अग्नि में जल उठती है और कहती है—'तुमने यह मान क्यों कर रखा है? तुम्हारे बोले बिना मेरे प्राण निकले जा रहे हैं।' प्रिया और प्रिय हैं तो एक साथ ही, पर उनकी दशा ऐसी ही विकल हो उठी है। श्याम प्रिया के विरहिणी रूप पर रीझ गए और उन्होंने वामा प्रिया को छाती से लगा लिया। राधा का विरह का संघर्ष मिट गया और उसके हृदय में हर्ष ही हर्ष समा गया।

१७१२/२७६८ राग धनाश्री

प्रिया प्रिय लीन्ही अंकम लाइ ।
खेलत मैं तुम बिरह बढ़ायौ, गईं कहा बितताइ ।
तुमहीं कह्यौ मान करिबे कौं, आपुहिं बुद्धि उपाइ ।
काहैं बिबस भईं बिनु कारन, ऐसी गईं डराइ ।
सुनु प्यारी यह भाव बतायौ, अंतर गयौ जनाइ ।
बारंबार अलिंगन दीन्हौ, अबहिं रही मुरझाइ ।
अति सुख दै, दुख कौं बिसरायौ, राधा-रमन कन्हाइ ।
सींची कनक-लता 'सूरज'-प्रभु, अमृत-बचन सुनाइ ॥

प्रिय कृष्ण ने प्रिया राधा को छाती से लगा लिया और कहा—खेल-खेल में तुमने विरह बढ़ा लिया। फिर उस नकली विरह से तुम इतनी व्याकुल क्यों हो गईं? तुम्हींने तो मुझसे राधा बनकर रूठने के लिए कहा—इस खेल की बुद्धि तो तुम्हारी ही पैदा की हुई थी। अब अकारण इतनी लाचार कैसे हो गईं। तुम ऐसा डर कैसे गईं। हे प्यारी इस अवास्तविक मान से तो हमने यही भाव स्पष्ट कर दिया है कि हमारा तुम्हारा अंतर, भेद-भाव चला गया है। तुम इस बात को जान लो।' फिर कृष्ण ने राधा को बार बार छाती से लगाया और कहा—तुम अब भी विरह से मुरझाई हुई हो। राधा-रमण कृष्ण ने आलिंगन, चुंबन, परिरंभण कर राधा को अत्यंत सुख दिया और उनके समस्त विरह-दुख को मिटा दिया। उन्होंने अपनी अमृत-वाणी सुनाकर उस मुरझाती स्वर्ण-लता राधा को सींच कर हरा-भरा कर दिया।

१७१३/२७६९ राग गुंड मलार

स्याम-तनु प्रिया-भूषन बिराजै।
कनक-मनि-मुकुट, कुंडल स्त्रवन, माल उर, अधर मुरली धरे, नारि छाजै।
निरखि छबि परसपर, रीझे दोउ नारि-बर, गयौ तजि विरह डर, प्रेम पागे।
'सूर' प्रभु नागरी हँसति, मन-मन रसति, बसति मन स्याम कैं बड़े भागे॥

श्याम के शरीर पर प्रिया राधा के गहने शोभा दे रहे हैं। नारी (राधा) के भी सिर पर स्वर्ण मणि खचित मुकुट, कानों में स्वर्ण कुंडल, वक्षस्थल पर वनमाला, और होठ पर मुरली सुशोभित हो रही है। दोनों एक दूसरे की बदली छवि देखकर परस्पर एक दूसरे पर रीझ उठे। विरह का डर दूर हो गया और दोनों प्रेम में पग उठे। नागरी राधा मुसकुरा उठी, मन ही मन वह रसमग्न हो उठी। वह बड़ी भाग्यशालिनी है, जो श्याम के मन में बसती है।

१७१४/२७७० राग नट

नागरि-भूषन स्याम बनावत।
श्री नागरि नागर-सोभा अँग, कियौ निरखि मन भावत।
स्यामा कनक लकुट कर लीन्है, पीतांबर उर धारै।
उत गिरिधर नीलांबर सारी, घूँघट ओट निहारै।
बचन परस्पर कोकिल बानी, स्याम नारि, पति राधा।
'सूर' सरूप-नारि पति काछे, पति-तनु नारी साधा॥

श्याम ने नागरी राधा के सारे आभूषण अपने शरीर पर सजा लिए। नागरी राधा ने नटनागर कृष्ण की सारी सजावट से अपने अंगों को सजा लिया। दोनों का यह विपरीत श्रृंगार उनके मनों को बहुत अच्छा लगा जा रहा था। श्यामा ने श्याम का स्वर्ण दंड अपने हाथ में ले लिया और उनका पीतांबर भी अपने हृदय पर धारण कर लिया। उधर गिरिधर कृष्ण ने राधा की नीली साड़ी पहन ली और घूँघट की ओट से राधा की कृष्ण-छवि देखने लगे। वे कोकिल की सी मधुर वाणी में परस्पर बतियाने लगे। श्याम नारि रूप में थे और राधा पति रूप में। पति ने तो नारी की रूप बना रखा था और नारी ने पति का रूप साध लिया था।

१७१५/२७७१ राग नट

नीकैं स्याम मान तुम धारौ।
तुम बैठे दृढ़ मान ठानि, मैं मेट्यौ मान तुम्हारौ।
यह मन साध बहुत ही मेरैं, तुम विनु कौन निवारै।
नागरि पिय-तनु अपनी सोभा, बारंबार निहारै।
बेनी माँग, भाल बेंदी छबि, नैननि अंजन रंग।
'सूर' निरखि पिय घूँघट की छबि, पुलकि न मावति अंग॥

राधा श्याम से कह रही है—श्यामसुंदर, तुमने खूब मान किया। तुम बड़ा कठिन मान ठानकर के बैठ गए थे, पर मैंने भी तुम्हारे उस कठिन मान को मिटा ही डाला, मान की यह साध मेरे मन में बहुत थी। तुम्हारे बिना मेरी इस साध को कौन पूरा कर सकता था? नागरी कृष्ण के शरीर पर अपने रूप की शोभा बार बार देखे जा रही थी। वेणी है, माँग है, माथे पर रोरी की विंदी है, आँखों में काला आजन है। सबसे बड़ी बात तो नीली साड़ी का घूँघट था। इन सबको देखकर राधा का पुलक, हर्ष, उसके अंगों में समा नहीं पा रहा था।

साँवरी सखी छद्म-लीला

१७१६/२७७२ राग धनाश्री

कुंज-बन गवन दंपति बिचारैं।
नारि को वेष करि, नारि के मनहिं हरि, मुकुर लै भावती छबि निहारैं।
भागिनी अंग वह वेष नटवर निरखि, हँसत की हँसत सब मेटि डारे।
सहज अपनो रूप धर्यौ मन भावती, और भूषन तुरत अंग धारे।
तिया कौं रूप धरि, संग राधा कुँवरि, जात व्रज-खोरि नहिँ लखत कोऊ।
'सूर' स्वामिनी स्वामी बने एक से, कोउ न पटतर अरस-परस दोऊ॥

इस छद्म मानलीला के उपरांत दंपति (राधा कृष्ण) ने कुंज वन में जाना निश्चित किया। कृष्ण का तो नारी (राधा) का रूप बना ही था। उन्होंने अपने इस नारी-वेश से अपनी नारी (राधा) का तो मन ही हर लिया था। अब वे दर्पण लेकर अपनी लुभावनी सूरत देखने लगे। कृष्ण ने अपनी प्रिया का नटवर रूप देखते ही देखते हँस-हँस कर मिटा डाला। कृष्ण के मन को अच्छा लगनेवाली राधा ने अपना सहज राधा रूप धारण कर लिया और अपने सारे आभूषण तुरंत पहन लिए। तब स्त्री का रूप धारण किए हुए श्याम राधा कुँवरि के साथ व्रज की ओर को चल पड़े। यह कोई नहीं जान सका कि यह साँवली सखी कृष्ण है। स्वामिनी राधा और स्वामी कृष्ण दोनों एक से बन गए थे। उनका उपमान कोई न था। वे राह में एक दूसरे से लिपटते झमकते चले जा रहे थे।

१७१७/२७७३ राग गौरी

नंद-नँदन तिय-छबि तनु काछे।
मनु गोरी साँवरी नारि दोउ, जाति सहज मैं आछे।
स्याम अंग कुसुमी नई सारी, फल गुंजा की भाँति।

इत नागरि नीलांबर पहिरे, जनु दामिनि घन-भाँति।
आतुर चले जात बन-धामहिं, मन अति हरष बढ़ाए।
'सूरस्याम' वा छबि कौं नागरि, निरखति नैन चुराए॥

नंद के नंदन श्याम स्त्री की वेश-भूषा बनाए हुए थे। मानो गोरी और साँवरी दो नारियाँ सहज स्वाभाविक ढंग से बहुत अच्छी लगती हुई चली जा रही थीं। कन्हैया के साँवले सलोने शरीर पर घुँघुची के लाल फल के समान लाल रंग की कुसुंभी साड़ी शोभा दे रही थी। राधा के गोरे शरीर पर नीली साड़ी इस प्रकार भली लग रही थी मानो बिजली घन में चमचमा रही हो। वे दोनों जल्दी जल्दी मन में अत्यंत हर्ष बढ़ाए हुए वन-धाम की ओर चले जा रहे थे। श्याम की उस नारी छवि को गोरी राधा आँखें चुरा-चुराकर देखती जा रही थीं।

१७१८/२७७४ राग कान्हरौ

मन ही मन रीझति है राधा, वह पिय रूप निहारै।
निरखि भाल बेंदी सेंदुर की, छबि पर तन मन वारे।
यह मन कहति सखी जनि देखैं, बूझे से कह कैहौं।
तिहूँ भुवन सोभा सुख की निधि, कैसैं इन्हैं दुरैहौं।
पग जेहरि बिछियनि की झमकनि, चलत परसपर बाजति।
'सूरस्याम' स्यामा सुख जोरी, मनि-कंचन-छबि लाजत॥

प्रिय कृष्ण के इस नारी रूप को देखकर राधा मन ही मन रीझी जा रही थी। श्याम रूपी साँवली सखी के माथे पर सिंदूर की विंदी की शोभा पर वह अपना तन मन निछावर किए जा रही थी। वह मन ही मन कहती जा रही थीं—सखियाँ कहीं इस साँवली सखी को देख न लें। नहीं तो उनके यह पूछने पर कि वह नई साँवली सखी कौन है, मैं उन्हें क्या उत्तर दूँगी। यह कन्हैया तो तीनों लोकों की शोभा हैं, सुख-सुषमा की निधि हैं। भला इन्हें मैं कैसे छिपा सकूँगी? साँवली सखी पैरों में पायल और बिछिया पहने हुए हैं। जब वह आगे चलती है, तब ये परस्पर मिलकर झम-झम बजते जाते हैं। श्याम और श्यामा (राधा) की यह जोड़ी अत्यंत सुखद है। यह तो नीलम और स्वर्ण की छवि को भी लजाए दे रही है।

१७१९/२७७५ राग बिलावल

स्यामा स्याम कुंज बन आवत।
भुज-भुज कंठ परस्पर दीन्हे, यह छबि उनहीं भावत।
इततैं चंद्रावली-जाति ब्रज, उततैं दोउ आए।
दूरिहिं तैं चितवति उनहीं तन, इक टक नैन लगाए।
एक राधिका, दूसरि को है, याकौं नहिं पहिचानौं।
ब्रज बृषभानु पुरा जुवतिनि कौं, इक-इक करि मैं जानौं।
यह आई कहुँ और गाँव तैं, छबि साँवरी सलोनी।
'सूर' आजु यह नई बतानी, एकौ अँग न बिलोनी॥

श्यामा राधा और श्याम कृष्ण दोनों कुंज वन की ओर चले जा रहे थे। वे एक दूसरे के गले में अपनी अपनी भुजाएँ डाले हुए थे। यह छवि तो उन्हीं को शोभा दिए जा रही थी। इधर से चंद्रावली व्रज की ओर चली जा रही थी, उधर से वे दोनों व्रज से चले आ रहे थे। चंद्रावली ने दूर से ही उन्हें देखा और टकटकी लगाकर उन्हें देखने लगी। उसने मन में कहा—एक को तो पहचान रही हूँ, राधा है; दूसरी कौन है, इसे तो मैं नहीं पहचान पा रही हूँ। मैं व्रज और वृषभानुपुरा बरसाना की एक एक युवती को जानती हूँ। लगता है यह किसी और गाँव से मेहमानी आई है। इसकी साँवरी सलोनी छवि तो अत्यंत मनहर है। आज यह कोई नई जान पड़ती है। इसका एक अंग भी लावण्य-विहीन नहीं है।

१७२०/२७७६ राग सोरठ

राधा सकुचि स्याम-मुख हेरति ।
चंद्रावली देखि कै आवत, ब्रज ही कौं पिय फेरति ।
जाहु-जाहु मुख तैं कहि भाषति, कर तैं कर नहिं छूटत ।
उतहि सखी आवत सकुचानी, इतहिं स्याम-सुख लूटत ।
दुख सुख हरष कछू नहिं जानति, स्याम-महारस माती ।
'सूर' उतहिं चंद्रावलि इकटक, उनहीं कैं रँग राती ॥

चंद्रावली को आता देख राधा संकोच में पड़कर श्याम का मुँह देखने लगी। और धीरे से श्याम से कहने लगी—तुम व्रज को लौट जाओ। वह उन्हें मुँह से तो व्रज चले जाओ, व्रज चले जाओ कहे जा रही थी, पर उनका हाथ अपने हाथ से नहीं छोड़ पा रही थी। उधर तो वह चंद्रावली सखी को आते देख सकुचाई जा रही थी, इधर वह श्याम के स्पर्श का सुख लूटे जा रही थी। राधा श्याम के परमानंद में मतवाली हो गई थी, वह उस समय सुख-दुख, हर्ष-विषाद कुछ नहीं समझ पा रही थी। उधर चंद्रावली भी अपलक देखती हुई इन्हीं दोनों के रंग में रँग उठी थी।

१७२१/२७७७ राग गौरी

यह बृषभानु-सुता, वह को है ।
याकी सरि जुवती कोउ नाहीं, यह त्रिभुवन-मन मोहै ।
अति आतुर देखन कौं आवति, निकट जाइ पहिचानौं ।
ब्रज मैं रहति, किधौं कहुँ औरै, बूझे तैं तब जानौं ।
यह मोहिनी कहाँ तैं आई, परम सलोनी नारी ।
'सूरस्याम' देखत मुसुक्यानी, करी चतुरई भारी ॥

राधा और साँवली सखी को देखकर चंद्रावली भौंचक हो गई—एक तो वृषभानु की बेटी राधा है—'पर यह दूसरी कौन है ? इसके समान तो कोई दूसरी युवती है नहीं। यह तो तीनों लोकों के मन को मोहे लेने वाली है।' चंद्रावली अत्यंत उतावली होकर देखने के लिए आगे बढ़ी। वह सोचने लगी निकट पहुँचने पर शायद यह पहचान में आ जाय। यह व्रज में ही रहती है अथवा कहीं किसी दूसरी जगह की रहनेवाली है। पूछने पर ही यह जानकारी हो सकेगी। यह मोहिनी कहाँ से आ गई। यह तो परम सलोनी स्त्री है। पर

श्याम को देखते ही पहचान गई और यह सोचकर कि श्याम ने कैसी बड़ी चालाकी की है, वह मुसकुरा पड़ी।

१७२२/२७७८ राग गौरी

इन तैं निधरक और न कोई।
कैसी बुद्धि रची है नोखी, देखी सुनी न होई।
यह राधा सै हाय विधाता, बुद्धि चतुरई बानी।
कैसैं स्याम चुराइ चली लै, अपने भूषन ठानी।
और कहा इनकौं पहिचानैं, मोपै लखे न जात।
'सूरस्याम' चंद्रावलि जाने, मनहीं मन मुसुकात॥

चंद्रावली सोचने लगी। इन दोनों से अधिक निडर और कोई नहीं हो सकता। इन्होंने ऐसी अनोखी बुद्धि निकाली है, जैसी न देखी गई और न सुनी ही गई। यह राधा तो ब्रह्मा से भी बुद्धि, चतुराई और वाणी से सौ हाथ आगे है। यह श्याम को अपने आभूषण पहना कर कैसा चुराकर अपने साथ लिए जा रही है। जब मैं इनको देखकर न जान सकी, तब कोई दूसरा इनको क्या खाक पहचानेगी।

श्याम ने समझ लिया कि चंद्रावली के मुझे पहचान लिया है। तब ये भी मन ही मन मुसकुरा उठे।

१७२३/२७७९ राग कान्हरौ

सकुच छाँड़ि अब इनहिं जनाऊँ।
ये तौ चले आपने काजहिं, मैं काहैं न समुझाऊँ।
मन ही मन मैं जीति जाहिंगे, जानि-बूझि निदराऊँ।
ये चतुरई काछि कै आए, सो अब प्रगटि दिखाऊँ।
बड़े गुनज्ञ कहावत दोऊ, इनकौं लाज लजाऊँ।
'सूरस्याम' राधा की करनी, महिमा प्रगट सुनाऊँ॥

चंद्रावली सोचने लगी—अब सारा संकोच छोड़कर मैं इनसे कह ही दूँ कि मैं साँवली सखी को पहचान गई हूँ। ये तो अपने काम से वेश बदल कर, नर से नारी बनकर, निकले हैं। मैं इन्हें क्यों न इनका रहस्य इनपर भली भाँति खोल दूँ। नहीं तो ये मन ही मन अपनी जीत मान जायँगे कि चंद्रावली ने मुझे देखा, पर पहचान नहीं सकी। अब मैं इनको जान-बूझकर झिँपा दूँगी। ये जो चतुराई करके, नर से नारी बनकर, आए हैं, मैं सारी पोल खोलकर दिखा दूँ। दोनों बड़े गुणज्ञ कहे जाते हैं। मैं इनकी पोल खोलकर इनको लज्जित तो कर ही दूँ। राधा की करनी, उसकी महिमा, उसके आगे मैं स्पष्ट कह दूँ।

१७२४/२७८० राग सारंग

कहि राधा ये को हैं री।
अति सुंदरि साँवरी सलोनी, त्रिभुवन-जन-मन मोहैं री।
और नारि इनकी सरि नाहीं, कहौ न हम-तन जोहैं री।
काकी सुता, वधू हैं काकी, काकी जुवती धौं हैं री।

जैसी तुम, तैसी हैं येऊ, भली बनी तुमसौं हैं री।
सुनहु 'सूर' अति चतुर राधिका, येइ चतुरनि की गौं हैं री॥

चंद्रावली ने राधा से पूछा—'अरी राधा, तेरे साथ में जो साँवली सखी हैं ये कौन हैं। यह तो अत्यंत सुंदरी है, साँवली है, लावण्यमयी है। तीनों लोकों के लोगों का मन मोह लेनेवाली है। इनकी बराबरी की तो कोई दूसरी नारी अभी तक देखने में नहीं आई। इनसे कहो ये हमारी ओर भी तनिक ताक दें। यह किसकी बेटी है, किसकी पुत्र-वधू हैं, किसकी पुत्री है। जैसी तुम हो, वैसी ही ये भी हैं। तुझसे इनकी अच्छी पटरी खा रही है।'

१७२५/२७८१ राग हेमन

मथुरा तैं ये आई हैं।
कछु संबंध हमारौ इनसौं, तातैं इनहिँ बुलाई हैं।
ललिता संग गई दधि बेंचन, उनहीं इनहिँ चिन्हाई हैं।
उहै सनेह जानि री सजनी, आजु मिलन हम आई हैं।
तब ही की पहिचानि हमारी, ऐसी सहज सुभाई हैं।
'सूरदास' मोहिं आवत देखी, आपु संग उठि धाई हैं॥

राधा परम चतुर तो थी ही, चतुरों के वे ही रंग ढंग लिए बोली—ये साँवली सखी मथुरा से आई हैं। मेरा इनसे कुछ संबंध है। इसीलिए मैंने इन्हें बुलाया है। मैं एक बार ललिता सखी के साथ दही बेचने गई थी। वहाँ ललिता ने मेरी इनसे जान-पहचान करा दी थी। वही स्नेह समझकर आज यह हमसे मिलने आई हुई हैं। मेरी इनसे तभी की पहचान है। यह तो इतनी सरल स्वभाव की हैं कि मुझे इधर आते देख, यह भी मेरे संग चली आई हैं।

१७२६/२७८२ राग सोरठ

इनकौं ब्रज ही क्यौं न बुलावहु।
की वृषभानु-पुरा, की गोकुल, निकटहि आनि बसावहु।
येऊ नवल, नवल तुमहूँ हौ, मोहन कौं दोउ भावहु।
मोकौं देखि कियौ अति घूँघट, काहैं न लाज छुड़ावहु।
यह अचरज देख्यौ नहिं कबहूँ, जुवतिहिं जुवति दुरावहु।
'सूर' सखी राधा सौं पुनि-पुनि, कहति जु हमहिँ मिलावहु॥

चंद्रावली ने कहा—राधा, इनको व्रज में ही क्यों नहीं बुला लेती, इन्हें कहीं निकट ही बसा दो, इनका घर या तो वृषभानपुरा बरसाने में ही बनवा दो या फिर गोकुल ही में। तुम तो नई हो ही, ये भी नई ही हैं। दोनों मोहन को बहुत अच्छी लगोगी। इन्होंने मुझे देखकर घूँघट काढ़ लिया है। इनकी यह अनावश्यक लाज क्यों नहीं छुड़ा देती? मैंने यह आश्चर्य तो कभी और कहीं नहीं देखा कि एक युवती दूसरी युवती से इस प्रकार घूँघट काढ़कर छिपाव कर लेती हो।

चंद्रावली राधा से बार बार कहने लगी—हे सखी, तुम मुझे इनसे मिला दो। मेरी इनसे जान-पहचान करा दो।

१७२७/२७८३ राग हमीर

साँवरैं तनु कुसुँभि सारि, सोहति है नीकी।
मानौ रति-पति सँवारि, बनी रवनि जी की।
राधा तैं अतिहिं सरस, स्याम देखि भावै।
ऐसी यह नारि और, नारि-मन चुरावै।
घूँघट पट बदन ढाँकि, काहैं इन राख्यौ।
चितवहु मो तन कुमारि, चंद्रावलि भाष्यौ।
आपुहि पट दूरि कियौ, तरुनि-बदन देख्यौ।
मनहीं मन सफल जानि, जीवन-जग लेख्यौ।
नैन नैन जोरत नहिँ, भाव सौं लजाने।
'सूरस्याम' नागरि-मुख, चितवत मुसकाने॥

चंद्रावली मन ही मन कहने लगी—इस साँवली सखी के साँवले शरीर पर यह लाल सारी कितनी अच्छी लग रही है। लगता है मानो स्वयं कामदेव ने इसे सँवार कर अपने मन माफिक रमणी बना दिया हो। यह तो राधा से भी सुंदर है। श्याम इसे देखकर बहुत पसंद करेंगे। यह नारी तो अद्‌भुत है। नारी होते हुए भी यह हम जैसी दूसरी नारियों का भी मन मोहे ले रही है।'

फिर चंद्रावली ने राधा से पूछा—'राधा, इन्होंने अपना मुँह घूँघट में क्यों छिपा रखा है?' फिर वह साँवली सखी से बोली—'हे कुँवरि, मेरी ओर तो जरा ताको।' फिर चंद्रावली ने स्वयं अपने हाथों से साँवली सखी का घूँघट हटा दिया और उस नवीना तरुणी का मुँह देखा। उसने मन ही मन कहा—इस संसार में मेरा जीवन सफल हो गया, जो मैंने ऐसी सुंदरी युवती देखी। श्याम ने चंद्रावली के नयनों से अपने नयन नहीं मिलने दिए और प्रेम-भाव से लजा गए। फिर वे नागरी राधा की ओर देख कर मुसकरा दिए—उन्होंने इस प्रकार से सूचित किया, लो, चंद्रावली ने तो मुझे पहचान लिया।

१७२८/२७८४ राग विहागरौ

मथुरा मैं बस-बास तुम्हारौ।

राधा तैं उपकार भयौ यह, दुर्लभ दरसन भयौ तुम्हारौ।
बार-बार कर गहि-गहि निरखति, घूँघट-ओट करौ किन न्यारौ।
कबहुँक कर परसति कपोल छुइ, चुटकि लेति ह्याँ हमहिं निहारौ।
कछु मैं हूँ पहिचानति तुमकौं, तुमहिँ मिलाऊँ नंद-दुलारौ।
काहे कौं तुम सकुचति हौ जू, कहो काह है नाम तुम्हारौ।
ऐसी सखी मिली तोहिँ राधा, तौ हमकौं काहैं न बिसारौ।
'सूरदास' दंपति मन जान्यौ, यातैं कैसैं होत उबारौ॥

चंद्रावली ने साँवरी सखी से कहा—अच्छा, तो तुम मथुरा की रहनेवाली हो? राधा ने यह मेरे साथ बड़ा उपकार किया है जो उसने मुझे तुम्हारा दुर्लभ दर्शन करा दिया। राधा न होती, तो तुम्हारा दर्शन भी मुझे न मिल पाया होता। मैं राधा की भारी कृतज्ञ हूँ। फिर चंद्रावली बार बार साँवली सखी का हाथ पकड़ पकड़कर देखने लगी और कहने लगी—'इस घूँघट की आड़ को तुम अलग क्यों नहीं कर देतीं?' वह कभी सांवरी सखी का हाथ पकड़ती है, कभी उसके गाल छूती है और कभी चुटकी लेती हुई कहती है—जरा मेरी ओर तो देखो। मैं भी तुम्हें कुछ कुछ पहिचानती हूँ। मैं तुम्हारी भेंट नंददुलारे से करा दूँगी। तुम लजाई क्यों जा रही हो। बताओ तो तुम्हारा नाम क्या है। तुमको राधा जैसी सखी मिल गई है, अब तुम मुझको क्यों न भुला दो?

दंपति राधा कृष्ण समझ गए कि चंद्रावली ने पहचान लिया है। अब इससे किस प्रकार छुटकारा मिले।

१७२९/२७८५ राग रामकली

राधा सखी मिली मन-भाई।
जब तैं इनसौं नेह लगायौ, बहुत भई चतुराई।
और भयौ इनतैं तुमकौं सुख, गृह-जन सौं निठुराई।
काहूँ कौं मन मैं नहिं आनति, हमहुँ सबनि बिसराई।
तुम हौ कुसल, कुसल हैं येऊ, आपु स्वारथी माई।
'सूर' परस्पर दंपति आतुर, चतुर सखी लखि पाई॥

चंद्रावली राधा से बोली—राधा, तुझे तेरे मन की सखी मिल गई है। जबसे तूने इनसे प्रेम किया है, तब से तू बहुत चतुर हो गई है। तुमको इनसे बहुत बहुत सुख मिला है। इसीलिए तूने घर वालों से भी मोह छोड़ दिया है और निष्ठुर हो गई है। अब तू किसी को भी अपने मन में नहीं लाती, यहाँ तक कि तूने अपनी सखियों, हम सबको, भी भुला दिया है। तुम चतुर हो, ये भी चतुर है। इसीलिए, सखी, तू बड़ी मतलबी बन गई है।

दंपति राधा-कृष्ण आतुर हो गए कि चतुर सखी चंद्रावली ने लख लिया, जान गई, पहचान गई (अब क्या होगा)?

, १७३०/२७८६ राग रामकली

यह सखि अब लौं कहाँ दुराई।
इते दिवस हम कबहुँ न देखी, अब जु कहाँ तैं आई।
त्रिभुवन की सोभा, सब गुन-निधि, है विधि एक उपाई।
विद्यमान वृषभानु-नंदिनी, सहचरि सब सुखदाई।
अपनैं मन तकि-तकि तनु तोलति, बिय जन सुंदरताई।
द्वितिय रूप की रासि, राधिका, कहौ कौन पुर पाई।
राँचि रहे रस-सुरति 'सूर' दोउ, निरखत नैन निकाई।
चीन्हे हौं चलि जाहु कुंज गृह, छाँड़ि देहु चतुराई॥

चंद्रावली राधा से कहने लगी—राधा, तूने इस सखी को अब तक कहाँ छिपा रखा था? इतने दिनों से तो हमने इसे कभी नहीं देखा था। अब तुमने इसे कहाँ से पा लिया? इसे तो ब्रह्मा ने त्रिभुवन की संपूर्ण शोभा और सब गुणों की निधि के रूप में उत्पन्न किया है और इसको सब प्रकार का सुख देनेवाली स्वयं वृषभानु की बेटी राधा सखी रूप में मिल गई है। मैं अपने मन में बहुत तर्क वितर्क करके , सोच विचार करके, इस निष्कर्ष पर पहुँची हूँ कि इतनी सुंदरता किसी दूसरे में संभवत: नहीं है। हे राधिका, बताओ तो इस रूप की राशि, इस द्वितीय अद्वितीय सुंदरी की तुमने किस नगर में पाया। तुम दोनों के नेत्रों की सुंदरता देखकर तो मुझे लग रहा है कि तुम्हारे नेत्र रति-रस के रंग में रँग उठे हैं। अत: तुम लोग यह चतुराई छोड़कर सीधे निकुंज-धाम चले जाओ और रति-रंग का सुख उठाओ। मैंने तुम दोनों की भलीभाँति पहचान लिया है। पहचानने में कोई कोर कसर नहीं है।

१७३१/२७८७ राग रामकली

ऐसी कुँवरि कहाँ तुम पाई।
राधा हूँ तैं नख-सिख सुंदरि, अब लौं कहाँ दुराई।
काकी नारि, कौन की बेटी, कौन गाउँ तैं आई।
देखी सुनी न ब्रज बृंदाबन, सुधि-बुधि हरति पराई।
धन्य सुहाग भाग याकौ, यह जुवतिनि की मन भाई।
'सूरदास' प्रभु हरषि मिले हँसि, ले उर कंठ लगाई॥

चंद्रावली राधा से कहने लगी—राधे, ऐसी सुंदरी कुँवरि तुम्हें कहाँ से मिल गई? यह तो नख-शिख में तुमसे भी सुंदर है। इसे तुमने अब तक कहाँ छिपा रखा था? यह किसकी स्त्री है, किसकी बेटी है, और किस गाँव से आई है। मैंने इसे कभी भी न तो व्रज में देखा, न वृंदावन में देखा? यह तो देखने वालों की सुधि-बुधि हर लेनेवाली है। इसका सुहाग, इसका भाग्य धन्य है। यह तो युवतियों का भी मन मोह लेनेवाली है।

प्रभु ने प्रसन्न होकर, हँसकर, चंद्रावली सखी को अपने हृदय से लगा लिया।

१७३२/२७८८ राग गुंड मलार

नंदनँदन हँसे, नागरी-मुख चितै, हरषि चंद्रावली कंठ लाई।
वाम भुज रवनि, दच्छिन भुजा सखी पर, चले बन-धाम, सुख कहि न जाई।
मनौं बिबि दामिनी बीच नव घन सुभग, देखि छबि काम रति सहित लाजै।
किधौं कंचन-लता वीच सु तमाल तरु, भामिनिनि बीच गिरिधर बिराजै।
गए गृह कुंज, अलि गुंज, सुमननि पुंज, देखि आनंद भरे 'सूर' स्वामी।
राधिका-रवन, जुवती-रवन, मन-रवन, निरखि छबि, होत मन-काम कामी॥

नागरी राधा के मुँह की ओर देखकर नंदकुमार हँस पड़े और हुलस करके उन्होंने चंद्रावली को गले से लगा लिया। उन्होंने अपनी बाईं बाँह रमणी राधा के कंधे पर और दाहिनी भुजा सखी चंद्रावली के कंधे पर रख दिया और तीनों निकुंज-भवन की ओर चल पड़े। उस समय का सुख कुछ कहते नहीं बन पड़ रहा है। लगता था जैसे दो बिजलियों

के बीच एक नवीन और सुंदर बादल आ गया हो। इस छवि को देखकर काम और काम-प्रिया रति दोनों लज्जित हो गए। दो स्वर्ण-लताओं के बीच तमाल का वृक्ष विराजमान हो गया हो—दोनों भामिनियों के बीच कृष्ण इस प्रकार सुशोभित हो उठे। वे तीनों कुंज धाम पहुँच गए। वहाँ भौंरे गूँज रहे थे, फूल खूब खिले हुए थे। इन्हें देखकर श्याम आनंद में भर उठे। राधिका-रमण, युवती-रमण, मन-रमण कृष्ण का मन भी कुंज-धाम की इस छवि को देखकर रति-कामना से भर उठा।

१७३३/२७८१ राग वैराही

बसे री नैननि मैं षट इंदु।
नंद-नँदन वृषभानु नंदिनी, सखी सहित सोभति जग-वंद।
द्वादस ही पतंग, ससि सौं बिस, षट फनि, चौबिस चतुरंग छंद।
द्वादस विंद, सौ बानबे बज्रकन, षट कमलनि मुसक्यात जु मंद।
द्वादस ही मृनाल, कदली खँभ, लखि द्वादस मराल आनँद।
द्वादस ही सायक, द्वादस धनु, खग व्यालीस माधुरो फंद।
चौबिस चतुष्पदनि सोभा मनु, चलत चुवत करभा मकरंद।
पीत गौर दामिनि विच राजत, अनुपम छबि श्री गोकुलचंद।
साठि जलज अरु द्वादस सरवर, अंगहिँ अंग सरस-रस कंद।
'सूर' स्याम पर तन-मन वारति, ललिता देखि भयौ आनंद॥

ललिता ने राधा, कृष्ण और चंद्रावली का स्वरूप अपने दोनों चक्षुओं में देखा। इसीलिए उसे हर वस्तु छ गुनी दिखाई दे रही है। दोनों नयनों में पड़ते हुए तीनों के कुल छह प्रतिविंब-(२×३=६)। ललिता कह रही है—मेरे दोनों नयनों में जगत में वंदनीय नंद के नंदन, उनकी प्रिया वृषभानु की बेटी राधा, उनकी सखी चंद्रावली के मुखरूपी छह छह चंद्रमा आ बसे हैं।

मेरी आँखों में तीनों के दो दो कुंडल कुल (२×२×३=१२) सूर्य विराजमान हैं। मेरी आँखों में उनके नखों के (२×२०×३) कुल १२० चन्द्रमा विराजमान हैं इनमें इनकी ये चोटियों में छह नाग (२×३) बस रहे हैं। इनमें इनके दोनों हाथों के दो दो कुल २४ (२×२×२×३) छंद (हाथ का एक गहना) समाए हुए हैं। यहाँ बारह (२×२×३=१२) पके लाल कुनरू (अधर) ला धरे गए हैं। यहाँ दाँतों के १९२ हीरे (२×३२×३=१९२), छह मुख रूपी कमल (२×३) हैं, जो मंद मंद मुसकुराए जा रहे हैं। बारह ही मृणाल (भुजाएँ), बारह ही कदली के खंभे (जाँघे), बारह ही हंस (पैर)आनंद दिए जा रहे हैं। बारह ही वाण (नयन) और बारह ही धनुष (भौंह) हैं। यहाँ ४२ पक्षी मधुर फंदे से फँसे हुए हैं—(तीनों की दो दो खंजन सी आँखें—२×३×२=१२, तीनों को एक एक सुग्गे जैसी नासिका २×१×३=२; तीनों की कबूतर के समान एक एक गरदन २×१×३=६; तीनों की पिक के समान एक एक वाणी २×१×३=६; तीनों के दो दो काकपंख जैसे कौवे २×२×३=१२; कुल (१२+६+६+६+१२=४२) बयालीस पक्षी।) वहाँ २४ चौपायों को शोभा हो रही है (तीनों की सिंह के समान तीन कमरें-६, तीनों को हरिण के समान दो दो आँखे-१२; तीनों

को तीन हाथियों जैसी चाल-६=कुल ६+१२+६=२४)। जब वे झूमते हुए चलते हैं तो कलभ (हाथी का बच्चा) के समान मकरंद चूता चलता है। पीली और गोरी बिजलियों के बीच अनुपम छवि वाले गोकुलचंद विराजमान हैं। वहाँ ६० कमल (कमल जैसे तीन मुँह, छह नेत्र, छह हाथ, छह पैर, छह स्तन, तीन नाभि) बारह सरोवर (सरोवर के समान छह छह कर्ण-विवर) हैं। एक एक अंग जैसे रस बरसानेवाला बादल है।

ललिता इस दृश्य को देखकर परमानंदित हुई और वह श्याम पर अपना तन मन निछावर कर उठी।

कुंज-विहार

१७३४/२७९० राग केवारौ

कुंज सुहावनौ भवन, बनि-ठनि बैठे राधा-रवन ।
बरन बहु कुसुम प्रफुलित, ससि की किरनि, जगमग द्युति, तैसोई बहै त्रिविध पवन ।
अलिगन पिक मंगल धुनि गावत, मनभावत सुनि, देखत दंपति अति बिबस मन ।
'सूरदास' प्यारी प्रभु राजत सँग, साजत सुन, लखि सखि वारति रतिपति-सयन ॥

उस सुहावने कुंज-भवन में राधा और उसके रमण (पति) कृष्ण बन ठनकर, सज सँवरकर बैठे हुए थे। रंग रंग के फूल खिले हुए थे। चंद्रमा की चमचमाती किरनें फैल रही थीं। उसी प्रकार यहाँ शीतल, मंद, सुगंध समीर बहा जा रहा था। भौंरें और कोयल वहाँ मंगल धुनि में गाए जा रहे थे, जो सुनने में बहुत अच्छी लग रही थी। इस मधुर दृश्यावली को देखकर दंपति—राधा और कृष्ण—का मन अपने से बाहर हुआ जा रहा था। प्यारी राधा और प्रभु कृष्ण दोनों एक साथ सुशोभित हो रहे हैं। उन्हें देखकर सखी चंद्रावली उन पर रति और रति-पति के शयन को निछावर किए जा रही है।

१७३५/२७९१ राग बिलावल

सँग सोभित वृषभानु-किसोरी ।
सारँग नैन, बैन बर सारँग, सारँग बदन, कहै छबि कोरी ।
सारँग अधर, सुघर कर सारँग, सारँग जति, सारँग मति भोरी ।
सारँग बरन, पीठि पर सारँग, सारँग गति, सारँग कटि थोरी ।
सारँग पुलिन, रजनि रुचि सारँग, सारँग अंग सुभग भुज जोरी ।
बिहरत सघन कुंज सखि निरखति, 'सूरस्याम' घन दामिनि गोरी ॥

सखी चंद्रावली देख रही है कि श्याम के साथ वृषभानु की बेटी राधा बहुत बढ़िया लग रही है। राधा के नयन सारंग (खंजन) जैसे हैं, उसकी मधुर वाणी सारंग (कोयल) जैसी है, उसका मुँह सारंग (कमल) जैसा है। उसकी छवि का वर्णन कौन कर सकता है। उसके अधर सारंग (लाल) हैं; उसके सुंदर हाथ सारंग (कमल) जैसे हैं, वह सारंग जाति की है, पद्मिनी है। वह भोली मति वाली सारंग (सुंदरी) है। वह सारंग (स्वर्ण) वर्ण की है। उसकी पीठ पर सारंग (वेणी) है। उसकी गति सारंग (हंस) जैसी है। उसकी कमर सारंग (सिंह) की कमर जैसी थोड़ी (पतली) है। यमुना का सारंग (सुंदर) किनारा है।

रात भी रुचिकर और सारंग (सुहावनी) है। कृष्ण के सारंग (सुंदर) अंगों को अपनी सुंदर बाहों में लपेटे हुए श्याम घन के समान कृष्ण के साथ बिजली के समान गोरी राधा सघन कुंज में विहार करती जा रही हैं और सखी चंद्रावली इस दृश्य को देखती जा रही है।

१७३६/२७९२ राग बिलावल

कुंज-भवन राधा मनमोहन।
रति-विलास करि मगन भए अति, निरखत नैन लजौहन।
तिय-तन कौ दुख दूरि कियौ पिय, दै-दै अपनी सौंहन।
बार-बार भुज धरि अंकम भरि, मिलि बैठे दोउ गौहन।
पीतांबर पट सौं मुख पोंछत, हरषि परस्पर जोहन।
'सूरस्याम' स्यामा-मन रिझवत, पीन कुचनि टकटोहन॥

कुंज-भवन में राधा और मनमोहन सुरति-रत होकर अत्यंत मगन हो गए और एक दूसरे को लजाई आँखों से देखने लगे। प्रिय श्याम ने प्रिया राधा की सारी काम-पीड़ा अपनी सौंह दे देकर दूर कर दी। वे दोनों बार बार एक दूसरे को अपनी बाहों में कस-कसकर बाँध लेते थे और छाती से चिपटा लेते थे। इसके पश्चात् वे एक साथ सटकर बैठ गए। कृष्ण राधा के मुख पर छा गए पसीने की बूँदों को अपने पीतांबर से पोंछते जा रहे थे और दोनों प्रसन्न होकर एक दूसरे का मुँह देखते जारहे थे। श्याम श्यामा के पीन और पुष्ट उरोजों को टकटोहते हुए, स्पर्श करते हुए, सहलाते हुए श्यामा (राधा) के मन को पूर्णतया रिझाए जा रहे थे।

१७३७/२७९३ राग विहागरौ

बनहिं धाम सुख-रैनि बिहाई।
तैसियै नवल राधिका नागरि, तैसेइ नवल कन्हाई।
तैसोइ पुलिन पवित्र जमुन कौ, तैसोइ मंद सुगंध।
तैसियै कंठ कोकिला कुहुकनि, तैसोइ सुख संबंध।
रति-बिहार करि पिय अरु प्यारी, प्रात चले ब्रज धाम।
'सूरदास' दोउ बाहाँजोरी, राजत स्यामा स्याम॥

वन के निकुंज-भवन में राधा और कृष्ण दोनों ने रंग-रली के साथ सुखमय रात बिता दी। जैसे नवयुवती नागरी राधा हैं, वैसे नवल किशोर कन्हैया हैं। वैसा ही पवित्र यमुना का किनारा है और वैसा ही शीतल मंद सुगंध समीर का संचार हो रहा है। वैसे ही मधुर कंठ से कोयल बोले जा रही थी। वैसा ही राधा कृष्ण का मधुर प्रेममय संबंध था। सारी रात प्रिय और प्यारी रति-विहार करके प्रभात होते ही व्रज की ओर चल पड़े। वे दोनों एक दूसरे की बाहों में बाहें डाले हुए बड़े भले मालूम पड़ रहे थे।

१७३८/२७९४ राग ललित

नवल निकुंज, नवल रस दोऊ, राजत हैं अतिसय रँग भीने।
कुसुमनि सेज भोर उठि आवत, आलस-जुत अंसनि भुज दीने।

अरुन नैन कुच-रेख बिराजति, स्त्रम-जल बसन पलटि तनु लीने ।
'सूरदास' प्रभु-प्यारी-सुख निरखति, सखिन सहित ललिता दृग दीने ॥

उस नवीन निकुंज-धाम में, राधा और कृष्ण दोनों नवीन प्रेम के रस में डूबे हुए, अत्यंत रंग में भींगे हुए, सुशोभित हो रहे हैं। वे फूलों की शैया छोड़कर, प्रभात काल में उठकर, अलसाए अंगों से, एक दूसरे के कंधे पर हाथ रखे हुए चले आ रहे हैं। रात भर जगने के कारण दोनों की आँखें लाल हो गई हैं। राधा के कुचों पर कृष्ण के हाथों के नखों की रेखा बन गई है—नखक्षत हो गया है। उनके चेहरे पर रति-श्रम के कारण पसीने की बूँदें छाई हुई हैं। रात में उन्होंने रति-काल में एक दूसरे के वस्त्र पहन लिए थे। अब सवेरा होने पर उन्होंने अपने-अपने वस्त्र पहन लिए हैं।

सखियों सहित ललिता, प्रभु और प्यारी के सुख को, आँखें टिकाए हुए निरखती जा रही है।

१७३९/२७९५ राग कान्हरौ

बरन-बरन बादर, मन हरन उदै करन मंजु, निकसत बन-धाम तैं ऐसे दोउ लागे ।
राजत दुरि जात कबहुँ, कबहूँ पुनि प्रगट होत, अरुन भए जु नैन सबही निसि जागे ।
मोर मुकुट, पीत बसन, इंद्र धनुष, बीच बीच, मंद-मंद गरजनि बोलनि अनुरागे ।
'सूरदास' प्रभु प्यारी की छबि गावत नित, पावत कवि उपमा जे, ते बड़भागे ॥

निकुंज-धाम से निकलते हुए राधा कृष्ण ऐसे लग रहे थे, जैसे मन को हरनेवाले रंग रंग के बादल—एक श्वेत, एक स्याम—निकलते चले आ रहे हों। सारी रात जगने के कारण उनकी आँखें लाल हो गई थीं। वे आँखें कभी दिखाई दे जाती थीं और कभी छिप छिप जाती थीं और बड़ी अच्छी लग रही थीं। मोर मुकुट और पीतांबर इंद्रधनुष से लग रहे थे और बीच-बीच में प्रेमालाप करते हुए उनका बोलना ऐसा लग रहा था, मानो बादल मंद-मंद गरज रहे हों।

मैं सूरदास प्रभु और प्यारी की प्रिय छवि का नित्य ही गान करता रहता हूँ। जो कवि इस छवि की उपमा पा जायँ, वे भाग्यशाली हैं।

१७४०/२७९६ राग अड़ानौ

बाहाँ-जोरी प्रात कुंज तैं निकसे, रीझि-रीझि कहैं बात ।
कुंडल झलमलात झलकत अति, चकाचौंध नैन न ठहरात ।
राधा मोहन घन चपला ज्यौं, चमक मेरी पुतरी न समात ।
'सूरस्याम' के मधुर वचन सुनि, भूल्यौ मोहिं पाँच औ सात ॥

प्रभातकाल में, कुंज-भवन से, परस्पर बाहें मिलाए हुए, राधा कृष्ण एक दूसरे से मधुर मधुर बातें करते हुए निकले चले आ रहे हैं। कृष्ण के कानों के स्वर्ण कुंडल अत्यंत झलमलाते हुए झलकते जा रहे हैं। उस चमक में आँखें चौंधियाई जा रही है और नेत्र उनपर ठहर नहीं पा रहे हैं। राधा चपला बिजली के समान और मोहन घन के समान लग रहे हैं। उनकी चमक पुतली में नहीं समा पा रही है। श्याम की मधुर वाणी सुनकर मेरी पांचों ज्ञानेन्द्रियाँ और मेरे सातों सुख भूल गए हैं।

१७४१/२७९७ राग रामकली

नवल किसोर किसोरी जोरी, आवत है रति-रँग अनुरागे ।
कबहुँ चरन गति डगति, लगति छबि, अलस नैन आनँद निसि जागे ।
बानक देखत रीझि रही हौं, अंजन पीक पलटि मुख लागे ।
'सूरदास' प्रभु प्यारी राजत, आवत बने मरगजे बागे ॥

नवल किशोर कृष्ण और नवल किशोरी राधा रति-रंग में रँगे हुए कुंज-भवन से चले आ रहे हैं। चलते समय कभी-कभी उनके पैर डगमगाने लगते हैं, उनका डगमगाना भी अच्छा लग रहा है। आनंद में इनकी रात बीती है, इसीलिए उनकी आँखें अलसाई हुई हैं। उनकी वेश-भूषा देखकर मैं रीझ उठी। राधा की आँखों का काजल कृष्ण के ओठों पर और राधा के पान की पीक कृष्ण के कपोलों पर आ लगी है। प्रभु प्यारी के परिधान मसक उठे हैं। इस मसके परिधान को पहने हुए, अच्छे लगते हुए, दोनों प्रभु और प्यारी चले आ रहे हैं।

१७४२/२७९८ राग सारंग

अरुझि रहे मुक्ता निरुवारति, सोहत घूँघरवारे बार ।
रति मानी सँग नंद-नँदन के, टूटे बंद कंचुकी हार ।
निसि के जागे दोऊ नैना, ढरकि रहे जोबन मद-भार ।
'सूरस्याम' यह अति अनुपम सुख, देखत रीझे बारंबार ॥

राधा के घुंघराले बाल बहुत अच्छे लग रहे हैं। उनमें उनके मोती उलझ गए हैं। राधा उन्हें निकाल कर उलझें बातों को सुलझाती जा रही है। उसने नंदनंदन के साथ रात भर रति की है। इसीसे उसकी चोली की तनी टूट गई है और हार भी विशृंखल हो गया है। रात्रि-जागरण के कारण दोनों आँखें एक तो वैसे ही झँपी जा रही है, उसपर उनपर राधा को जवानी का भी नशा है। श्याम राधा के इस रूप को देखकर अत्यंत आनंद में मग्न हो गए और उस पर बार-बार रीझ उठे।

१७४३/२७९९ राग बिलावल

नवल स्याम, नवला श्री स्यामा ।
दोऊ राजत बाहाँ-जोरी, चले जात ब्रज-धामा ।
या छबि की उपमा दीबे कौं, त्रिभुवन नहीं उपामा ।
दामिनि घन पटतर दीजै क्यौं, सकुचत कबि लिए नामा ।
सुधा सरीर परस्पर दोऊ, सुखदायक दिन जामा ।
'सूरदास' नागरि नागर प्रभु, जीते रति अरु कामा ॥

नवल किशोर कृष्ण और नवल किशोरी राधा दोनों बाँह में बाँह डाले हुए व्रज की ओर चले जा रहे हैं। इस छवि की उपमा देने के लिए त्रिभुवन में कोई उपमान नहीं है। इनकी उपमा बादल और बिजली से कैसे दी जाय—वह उपमा देने में तो कविगण अत्यंत सकुचा जाते हैं। दोनों एक दूसरे के लिए अमृत से भरे हुए शरीर वाले हैं। वे दिन रात एक

दूसरे को सुख देने वाले हैं। नागरी ने रति को और नागर ने काम को जीत लिया है। अधिक से अधिक यही कहा जा सकता है।

१७४४/२८०० राग ललित

दोउ बन तैं व्रज-धाम गए।
रति-संग्राम जीति पिय प्यारी, भूषन सजत नए।
वै ब्रज गए आपु अपनैं गृह, चित तैं कोउ न टारत।
मन वाचा कर्मना एक दोउ, एकौ पल न बिसारत।
जैसैं मीन नीर नहिं त्यागत, तनु खंडित वै पूरन।
'सूरस्याम' स्यामा दोउ देखौ, इत उत कोउ न अधूरन॥

राधा और कृष्ण दोनों कुंज-विहार के उपरांत सबेरे-सबेरे अपने-अपने घर व्रज चले गए। रति-रंग में पिया और प्रिया दोनों ने विजय प्राप्त की है और अब वे दोनों नए-नए आभूषणों से अपने शरीरों को विजयोपहार दिए जा रहे हैं। वे व्रज में अपने अपने घर तो चले गए, पर कोई भी दूसरे को अपने चित्त से टाल नहीं पाया। वे मनसा वाचा कर्मणा एक ही हैं। वे एक पल के लिए भी एक दूसरे को नहीं भूल पाते। जैसे मछली पानी को नहीं त्यागती, वैसे ही वे एक दूसरे को नहीं त्याग पाते। दोनों के तन दो खंड हैं, पर मन पूर्ण है, एक है। श्याम को देखो, चाहे श्यामा को देखो—वे कहीं से भी अधूरे नहीं है। श्याम श्यामा को पाकर पूर्ण हैं और श्यामा, श्याम को पाकर समग्र हैं।

राधा-शृंगार

१७४५/२८०१ राग धनाश्री

बहुरि फिरि राधा सजति सिँगार।
मनहुँ देति पहिरावनि अँग, रन जीते सुरत अपार।
कटि तट सुभटहिँ देति रसन पट, भुज भूषन, उर हार।
कर कंकन, काजर, नकबेसरि, दीन्हौ तिलक लिलार।
बीरा बिहँसि देति अधरनि कौं, सन्मुख सहे प्रहार।
'सूरदास' प्रभु के जे बिमुख भए, बाँधति कायर बार॥

निकुंज-भवन से लौटकर राधा अपने सिँगार-पटार में लग गई। ऐसा लगता था मानो वह अपने उन उन अंगों को जो जो रति-रण में विजयी हुए थे, पुरस्कार में राजसी वस्त्राभूषण प्रदान किए दे रही हो। कमर को उसने करधनी और पेटी, भुजाओं को अलंकार (भुजबंद), छाती को हार, हाथों को कंकण, आँखों को काजल, नाक को नकबेसरि, और ललाट को तिलक दिया। उसने हँसकर होठों को पान का बीड़ा दिया क्योंकि इन्होंने चुंबन के साथ दंतक्षत का प्रहार सहा था। इस रति-रण में केवल केश विमुख रहे थे। इसलिए उसने इन कायरों को पीछे की ओर कसकर बाँध दिया।

१७४६/२८०२ राग कान्हरौ

आजु अति राधा नारि बनी।
प्रति प्रति अंग अनंग जीति, रस-बस त्रैलोक्य धनी।

सोभित केस विचित्र भाँति, दुति सिखि-सिखंड-हरनी।
रची माँग सम-भाग राग-निधि, काम-धाम-सरनी।
अलक तिलक राजत अकलंकित, मृग-मद-अंक बनी।
खुभिनि जराव-फूल-दुति यौं, मनु द्वै ध्रुव-गति रजनी।
भौंह कमान-समान, बान मनु हैं जुग-नैन अनी।
नासा तिल-प्रसून, बिंबाधर, अमल-कमल-बदनी।
चिबुक मध्य मेचक-रुचि राजत विंदु, कुंद-रदनी।
कंबु कंठ बिधि लोक बिलोकत, सुंदरि एक गनी।
बाहु मृनाल, लाल कर पल्लव, मद-गज-गति-गवनी।
पति-मन-मनि-कंचन-संपुट-कुच, रोमराजितटनी।
नाभि भँवर, त्रिवली तरंग गति, पुलिन तुलिन ठटनी।
कृस कटि, पृथु नितंब, किंकिनि-जुत, कदलि-खंभ-जघनी।
रचि आभरन सिँगार, अंग सजि, ज्यौं रति-पति-सजनी।
जीते 'सूरस्याम' गुन कारन, मुख न मुर्यौ लजनी॥

आज राधा अत्यंत सुंदर रमणी के रूप में शोभा दे रही है। उसने अपने एक एक अंग से अनंग को जीत लिया है और त्रिलोकीनाथ कृष्ण को अपने प्रेम-रस के बस में कर लिया है। उसने अपने केश-पाश को इस अद्भुत ढंग से सँवार रखा है कि वे मोर के पंख की द्युति को हर लेनेवाले हो गए हैं। उसने अपनी माँग के द्वारा बीचोबीच अलकों को दो सम भागों में बाँट दिया है और उस राग की निधि (प्रेम की सागर राधा) ने मानो इस प्रकार कामदेव के घर जाने की सीढ़ी बना दी है। उसने यद्यपि अपने अलका (ललाट) पर काली कस्तूरी का तिलक बना रखा है, पर इस कालिमा के होते हुए भी वह निष्कलंकित है। उसके कानों में मणि जटित खुभी (तरकी) से कर्ण-फूलों को झूलती द्युति ऐसी लग रही है मानों (अलकों की) रात में दो दो ध्रुव गतिशील हो उठे हैं। उसकी भौंहें धनुष के समान हैं और उसके दोनों नोकीले नयन मानों उस धनुष पर बाण के सदृश हैं। उसकी नासिका तिल्ली के फूल सदृश है, अधराधर पके लाल कुनरू के समान हैं। वह निर्मल कमल के से मुँह वाली हो। उसकी ठोढ़ी पर काली विंदी सुशोभित हो रही है। वह कुंद के सफेद फूलों के समान दाँत वाली है। उसकी शंख के समान गर्दन को देखकर ही ब्रह्मा द्वारा रचित तीनों लोकों के लोगों को उसे विश्व की एक मात्र सुंदरी स्वीकार कर लिया था। उसकी बाहें कमल-दंड सी थी और उसकी हथेलियाँ लाल लाल नूतन किसलय के समान थीं। वह मतवाले हाथी की तरह चल रही थी। उसके कुच क्या थे, मानो स्वर्ण-मंजूषा हों; जिसमें उसने अपने पति कृष्ण की मन रूपी मणि बंद कर रखी हो। उसकी रोमावली तो नदी के सदृश थी। उसकी नाभि ही उस नदी की भँवर थी। पेट पर पड़ी हुई त्रिबली की तीन रेखाएँ ही उस नदी की लहरें थीं और उसका ठाट-बाट ही उस नदी के दो किनारे थे। उसकी कमर पतली थी, नितंब पुष्ट थे। उस पर करधनी सुशोभित हो रही थी। वह कदली के खंभों की सी पुष्ट एवं चिकनी जाँघों वाली थी। उसने अपने

अंगों पर वस्त्र, आभूषण और सभी शृंगारों को सजा लिया और वह रति-पति कामदेव की प्रिया रति सी जान पड़ने लगी। अपने गुणों के कारण राधा ने श्याम को जीत लिया और उसे कभी भी लाज से मुँह नहीं मोड़ना पड़ा। उसे लजा जाने का कभी अवसर ही न मिल सका और वह सदा ही विजयिनी बनी रही।

१७४७/२८०३ राग बिलावल

नंद-नँदन बस कीन्हे राधा, भवन गए चित नैंकु न लागत।
स्यामा स्याम रूप मंदिर सुख, अंतर तै सो नैंकु न त्यागत।
जा कारन बैकुंठ बिसारत, निज अस्थल मन मैं नहिँ भावत।
राधा कान्ह देह धरि पुनि-पुनि, जा सुख कौं बृंदाबन आवत।
बिछुरन मिलन बिरह सँजोग सुख, नूतन दिन-दिन प्रीति प्रकासत।
'सूरस्याम' स्यामा बिलास रस, निगम नेति कहि-कहि नित भाषत॥

नंद के नंदन श्री कृष्ण को राधा ने अपने प्रेम के बस में ऐसा कर लिया था कि घर जाने पर उनका मन वहाँ जरा भी नहीं लग पा रहा था। श्याम श्यामा (राधा) के रूप रूपी मंदिर (शरीर) के सुख को अपने हृदय से जरा भी दूर नहीं कर पा रहे थे। इसी सुख के लिए वह अपना बैकुंठ लोक भुला बैठते हैं और उन्हें अपना स्थान गोलोक और क्षीर सागर भी अच्छा नहीं लगता। इसी शरीर-सुख के लिए वे राधा और स्याम का रूप धारण करके वृंदावन में आ गए हैं। बिछुड़ने-मिलने और विरह तथा संयोग के सुख के द्वारा वे दिन-दिन नई प्रीति प्रकट करते चलते हैं। श्याम और श्यामा के सुरति-सुख का वर्णन वेद भी नेति नेति कहकर ही किया करते हैं।

१७४८/२८०४ राग कान्हरौ

राधा प्रान गोवर्धनधारी।
कनक-लता अरु चंपकली तनु, हरिहिँ प्रान-धन राधा प्यारी।
मरकत मनि नँदलाल, लाड़िलौ, कंचन-तनु बृषभानु दुलारी।
'सूरस्याम' प्रिय प्रीति परस्पर, जोरी जुगल बनी बनवारी॥

राधा तो गोवर्धनधारी कृष्ण का प्राण ही हैं। वह स्वर्ण-लता और चंपा की कली के समान सुनहले वर्ण के शरीर वाली हैं। राधा-प्यारी हरि की प्राण-धन हैं। नंदलाल मरकत मणि (पन्ना) के समान हैं और वृषभानु की दुलारी बेटी राधा स्वर्ण-वर्ण शरीर वाली हैं। श्याम और श्यामा में परस्पर भारी प्रीति है। राधा और वनमाली कृष्ण की अत्यंत सुंदर जोड़ी है। दोनों मिलकर युगल विहारी बन जाते हैं।

१७४९/२८०५ राग टोड़ी

निगम नेति नित गावत जाकौं। राधा बस कीन्हौ है ताकौं॥
निसि बन-धाम संग रहे दोऊ। इक सँग, नैंकु टरे नहिँ कोऊ॥
प्रात गए घर, घर रस पागे। अरस-परस दोऊ अनुरागे॥
अपनी अपनी दसा बिचारैं। भाग बड़े कहि बारंबारैं॥
प्यारी फेरि अभूषन साजति। बैठी रंग-महल मैं राजति॥

ज्यौं चकोर चंदा कौं आतुर। त्यौं नागरि-बस गिरिधर चातुर ॥
आए उझकि झरोखैं झाँक्यौ। करत सिँगार सुंदरिहिं ताक्यौ ॥
जाल-रंध्र-मग नैन लगायौ। 'सूरस्याम' मन कौ फल पायौ ॥

जिसको वेद नित्य ही 'नेति नेति' (ऐसा नहीं, ऐसा नहीं) कहकर गाते रहते हैं, उन्हीं को राधा ने अपने बस में कर लिया है। रात भर दोनों निकुंज-भवन में रति-रत रहे और बराबर एक साथ बने रहे तथा क्षण भर के लिए भी विलग नहीं हुए। सबेरा होने पर दोनों प्रेम के रस में निमग्न अपने-अपने घर गए। चलते समय दोनों ने प्रेम में भरकर एक दूसरे का गाढ़ालिंगन किया और चुंबन लिया। वे अपनी-अपनी दशा पर विचार करके बारबार 'अपने को भाग्यशाली समझे जा रहे थे। राधा कृष्ण को पति रूप में पाकर अपना भाग्य सराहे जा रही थी और कृष्ण राधा को अपनी प्रिया पत्नी के रूप में पाकर अपने को भाग्यवान माने ले रहे थे। प्यारी राधा अपने रंगमहल में जाकर अपने शरीर को पुनः वस्त्र, आभूषण और शृंगार से सजाने लगी। जैसे चकोर चंद्रमा के लिए आतुर बना रहता है, वैसे ही चतुर गिरिधर भी नागरी राधा के बस में हैं। उनका मन अपने घर पर नहीं लगा। वे राधा के रंग-महल के पास आ खड़े हुए कि राधा की एक झलक मिल जाय। उन्होंने उझककर, एँड़ी उठाकर, झरोखे से झाँका और शृंगार करती हुई सुंदरी राधा को देखा। उन्होंने खिड़की की जाली के रास्ते अपनी आँखें लगा ली और श्याम को मन-चाहा फल मिल गया—राधा का दर्शन मिल गया।

१७५०/२८०६ राग टोड़ी

आधौ मुख नीलांबर सौं ढँकि, बिथुरी अलकैं सोहैं।
एक दिसा मनु मकर चाँदनी, घन बिजुरी मन मोहै।
कबहुँ केस पाछे लै डारति, निकसन ससि ज्यौं जोहै।
'सूरस्याम' प्यारी छवि देखत, त्रिभुवन उपमा को है ॥

राधा का आधा मुख नीली साड़ी से ढका हुआ था और आधे मुख पर उनकी लटें लटकी हुई शोभा में वृद्धि कर रही थीं। नीली साड़ी से ढँका आधा मुँह तो ऐसा लग रहा था मानो सबेरा होने का भ्रम पैदा करने वाली चाँदनी के साथ रात हो। अलकों से घिरा मुँह का दूसरा आधा भाग ऐसा लग रहा था जैसे बादल के साथ बिजली मन को मोहे ले रही हो। राधा कभी अपनी अलकें आगे की ओर से खींचकर पीठ की ओर पीछे डाल देती है। उस समय लगता था जैसे बादल के बीच से चंद्रमा निकल आ रहा है। श्याम झरोखे की जाली से श्यामा की यह छवि देखे जा रहे हैं, जिसकी उपमा ही तीनों लोकों में कहीं नहीं है।

१७५१/२८०७ राग टोड़ी

दरपन लै कजराहिं सँवारत।
सीसफूल अति लसत नग जर्‌यौ, ता पर सेस सीस मनि वारत।
करनफूल कर लिऐं सँवारति, बेंदी बुंद ललाट सुधारत।
'सूरस्याम' दुरि देखत, दरपन मुख तैं इकटक पलक न टारत ॥

राधा एक हाथ में आरसी लिए हुए अपनी आँखों का काजल सँवारे जा रही है। उसके ललाट के ऊपर नग-जटित शीशफूल ऐसा लग रहा है जैसे शेषनाग (अलकें) अपनी मणि ही उस शीशफूल पर निछावर किए दे रहा हो। वह हाथों में लेकर कान में कनफूल पहनती जा रही है और माथे पर टिकुली और सिंदूर की बिंदी सुधारती जा रही है। श्याम श्यामा की छवि खिड़की से देखते जा रहे हैं। वे देखते हैं कि श्यामा अपने मुख के सामने से दर्पण एक पल के लिए भी हटा ही नहीं रही है और मोहित होकर अपना ही प्रतिविंब अपलक, टकटकी लगाकर, देखती जा रही है।

तन-प्रतिबिंब को देखकर राधा का भ्रम

१७५२/२८०८ राग गुंडमलार

करति श्रृंगार वृषभानु-बारी।
रहे इकटक जाल-रंध्र-मग हेरिकै, स्याम मन-भावती परम प्यारी।
कबहुँ बेनी रचति फूल सौं मिले कच, कबहुँ रचि माँग मोतिनि सँवारै।
कबहुँ राखति सीसफूल लटकाइ कै, कबहुँ बंदन बिंदु भाल भारे।
कबहुँ केसरि-आड़ रचति दर्पन हेरि, कबहुँ भ्रुव निरखि रिस करि सकारे।
निरखि अपनौ रूप, आपु ही बिबस भई, 'सूर' परछाँहि कौं नैन जौरै॥

वृषभानु की बेटी राधा अपना श्रृंगार कर रही थी और श्याम झरोखे की जाली के छेद के रास्ते उस अपनी मनभावती, परम प्यारी का श्रृंगार करना देखते जा रहे थे। वह कभी अपनी चोटी सँवारे जाती थी और लटों में फूल सजाए जाती थी। कभी मांग काढ़ती जाती थी और उसमें मोती सँवारे जाती थी। कभी ललाट के मध्य में अलकों से शीशफूल लटकाए देती थी और कभी रोरी का टिप्पा अपने मस्तक पर मारे देती थी। कभी मुकुर में देखकर ललाट पर केसर का तिरछा टीका लगाए लेती थी। कभी अपनी भौंहों को देखकर क्रोध करके उन्हें सिकोड़े लेती थी। राधा अपना रूप देखकर स्वयं अपने ऊपर मोहित हो गई और अपने प्रतिविंब से आँखें लड़ा बैठी।

१७५३/२८०९ राग टोड़ी

यह सुंदरी कहाँ तैं आई।
बार-बार प्रतिबिंब निहारति, नागरि मन-मन रही लुभाई।
कर तैं मुकुर दूरि नहिं डारति, हृदय माँझ कछु रिस उपजाई।
देखैं कहूँ नैन भरि याकौं, नागर सुंदर कुँवर कन्हाई।
मेरी कहा चलै या आगैं, यह धौं आजु अरस तैं आई।
'सूरदास' याकौं या ब्रज मैं, ऐसी को बैरिनि जो लाई॥

राधा अपने ही प्रतिविंब को दर्पण में देखकर कह उठी—अरे, यह सुंदरी कहाँ से यहाँ आ गई? राधा बार-बार दर्पण में अपनी छाया देखती जा रही है और वह नागरी मन ही मन उस पर मोहित होती जा रही है। वह अपने हाथ से दर्पण दूर नहीं कर रही है। उसके हृदय में उस छाया-सुंदरी को देखकर किंचित रोष हो आया। वह सोचने लगी, यदि नागर

सुंदर कुँवर कन्हैया इसे कहीं आँख भर देख लें, तो इसके आगे मेरी क्या चलेगी। वे मुझे क्या पूछेंगे। लगता है यह आज सीधे अर्श से (स्वर्ग से, आसमान से उतरी) चली आ रही है। ऐसी मेरी कौन शत्रु है, जो इसको इस व्रज में लेती चली आई है।

१७५४/२८१० राग हमीर

मुकुर छाँह निरखि, देह की दसा गँवाई ।
बोली धौं कौन की, आपुन हीं गवन कियौ, ऐसी को बैरिनि है या व्रज मैं माई ।
बिथकी अँग अंग निरखि, बार बार रहै परखि, ललिता चंद्रावलि कह इतनी छबि पाईं ।
मन मैं कछु कहन चहै, देखत ही ठठुकि रहै, 'सूरस्याम' निरखत दुति, तन सुधि बिसराई ॥

दर्पण में अपनी परछाईं देखकर राधा अपने तन-मन की सुधि भूल गई। वह बोली— यह किसकी बेटी हो सकती है। यह तो अपने आप यहाँ व्रज में मेरी बैरिन बनकर आ गई है। वह अपने प्रतिविंब के एक एक अंग देखकर स्तब्ध हो उठी और बार बार निरख परखकर कह उठी—इतनी छवि तो ललिता और चंद्रावली में भी नहीं है। राधा मन में कुछ कहना चाहती है, पर इस प्रतिविंब-सुंदरी को देखकर वह ठिठक जाती है। कुछ कहती नहीं। उधर श्याम राधा को यह द्युति देखकर अपने शरीर की ही सुधि बिसरा बैठे।

१७५५/२८११ राग बिलावल

कहति छाँह सौं नागरी, को है तू माई ।
मिली नहीं ब्रज गाँव मैं, री कहँ तैं आई ।
नाम कहा है सुंदरी, कहि सौंह दिवाई ।
कहौ न, मैरें साध है, मुख-वचन सुनाई ।
दिनन हमहुँ तुम सरबरी, तुम छवि अधिकाई ।
और संग नहिं कोउ लई, यह कहि डरपाई ।
जानति हौं यह नाहिं सुनी, ह्याँ की अधमाई ।
अभरन लेत छँड़ाइ कै, ब्रज ढीठ कन्हाई ।
सदन जाहु मेरे कहैं, पट अंग छपाई ।
'सूरस्याम' जौ देखिहैं, करिहैं बरियाई ॥

नागरी राधा अपनी परछाईं से कहने लगीं—'अरी सखी, तुम कौन हो, तुम तो मुझे व्रज के किसी भी गाँव में कहीं भी पहले नहीं मिलीं। बताओ तो, तुम कहाँ से आई हो। हे सुंदरी, तुम्हारा नाम क्या है? कहो न। मुझे जानने की बड़ी साध (अभिलाषा) है। अपने ही मुख से कह सुनाओ। वय में तो हम दोनों बराबर लगती हैं; पर सुंदरता में तुम मुझसे अधिक हो। फिर उस छाया-सुंदरी को यह कहकर डरवाने लगी—तुम अकेली चली आई हो। साथ में किसी को नहीं लाईं। मैं समझती हूँ कि तुमने यहाँ की ऊधमबाजी, अधमता संभवतः नहीं सुनी है। इस व्रज में एक कन्हैया है, वह बड़ा ढीठ है। वह लोगों के गहने छिनवा लेता है। मेरे कहने से तुम अपने ये अंग छिपाकर चुपचाप अपने घर लौट जाओ। श्याम ने अगर तुम्हें देख लिया, तो तुमसे जोर जबरदस्ती कर सकता है।

१७५६/२८१२ राग धनाश्री

मैं उनके गुन नीकैं जानति।
सदन जाहु, मरजादा जैहै, कह्यौ न काहैं मानति।
अपनी दसा कहौं तव आगैं, जैसी बिपति बनाई।
मथुरा चली जाति दधि बेंचन, घेरि लई उन आई।
गोरस लियौ, अभूषन छीने, हम अनेक, तुम एक।
'सूर' स्याम जो देखन पैहैं, करिहैं अपनी टेक॥

राधा अपनी छाया से कहने लगी—मैं श्याम के गुण को भलीभाँति जानती हूँ। इसीलिए कहती हूँ—तुम सीधे अपने घर चली जाओ, नहीं तो तुम्हारी इज्जत लुट जायगी। मेरा कहना तुम क्यों नहीं मानतीं? मेरी जैसी दुर्गति इन श्याम ने की है, मैं यह सब अपनी बातें तुम्हारे आगे कहे देती हूँ। हे सखी, मैं मथुरा दही बेचने जा रही थी। श्याम ने बीच डगर में मुझे आ घेरा। गोरस तो ले ही पिया, मेरे गहने भी छीन लिए। मैं अकेली नहीं थी, अनेक के साथ थी, तब मेरी यह दशा हुई। तुम तो अकेली हो, संग न सहेली है। फिर तुम्हें देख लेने पर वह तुम्हारी क्या गति बना देगा, समझ लो। वह अपने मन की कर डालेगा—अपनी टेक जरूर पूरी करेगा।

१७५७/२८१३ राग बिलावल

तेरे हित कौं कहति हौं, मानै जनि मानै।
तू आई है आजु ही, उनकौं का जानै।
ऐसौ ढीठ नहीं कहूँ, त्रिभुवन मैं माई।
नारि पराई देखिकै, हँसि लेत बुलाई।
सो अपने सहजहिं मिलै, उनके गुन ऐसे।
भूषन लेत नगाइ कै, औरौ गुन नैसे।
काहू को नहिं डरपही, मथुरापति धरकै।
मन की भायौ करत है, कबहूँ नहिं हरकै।
तुम सुंदरि काकी वधू, घर जाहु सबारी।
'सूरस्याम' सुनि-सुनि हँसै, मनहीं मन भारी॥

राधा अपनी प्रतिच्छाया से कहे जा रही है—मैं तेरे भले की बात कह रही हूँ। तू माने, चाहे न माने। तू इधर आज ही नई नई पहली बार आई है। इसलिए तू श्याम को नहीं जानती। हे सखी, ऐसा ढीठ तो तीनों लोकों में कहीं नहीं है। वे पराई स्त्री को देखकर हँसकर बुला लेते हैं। बेचारी वह स्त्री तो उनसे सहज ही स्वाभाविक रीति से जा मिलती है। पर उनके गुण ऐसे हैं कि वह उसके भूषण भी उतरवा कर उसे नंगा कर देते हैं—आभूषण-हीन कर देते हैं। उनमें और भी बुरे गुण हैं। वे किसी को भी नहीं डरते। मथुरा का राजा कंस भी उनसे थर्राता रहता है। वे जो उन्हें अच्छा लगता है, कर लेते हैं। रोकने से वे मानते नहीं, बाज नहीं आते। हे सुंदरी, तुम किसकी बहू हो। सबेरे ही सबेरे, सूर्यास्त से पहले ही, तुम अपने घर चली जाओ।

उधर कन्हैया झरोखे से सब सुने जा रहे हैं और मन ही मन खूब हँसे जा रहे हैं।

१७५८/२८१४ राग मारू

नागरी चरित पिय चकित भारी ।
अंग की छबि निरखि, प्रथमहीं बिबस ह्वै, बिंब निरखत देह-सुधि बिसारी ।
एक राधा, दूसरी वहि जानि जिय, नागरी पास आवत लजाहीं ।
नैन ठहराइ-ठहराइ पुनि-पुनि रहैं, कहैं नहिँ कछू, हरषत डराहीं ।
पुनि उठत जागि देखैं मुकुर, नारि-कर, ललचात अंक भरि लैन लोरैं ।
'सूर' प्रभु भावती के सदा रसभरे, नैन भरि-भरि प्रिया रूप चोरैं ॥

नागरी राधा का यह चरित्र देखकर कृष्ण कन्हैया भी भारी चक्कर में पड़ गए, चकपका गए। राधा के अंगों की शोभा देखकर वे पहले ही विवश हो गए थे। और बिंब (राधा का शरीर) देखते ही वे अपने तन की सुधि भुला बैठे थे। एक तो राधा थी ही, दूसरे उसके प्रतिविंब को दूसरी स्त्री समझकर वे नागरी (राधा) के पास आने में झिझके जा रहे थे। वे प्रतिविंब पर अपनी आँखें बार बार गड़ाए जा रहे थे, कुछ कह नहीं रहे थे। वे दूसरी परम सुंदरी को देखकर प्रसन्न भी हुए जा रहे थे, पर राधा से सौतिया डाह के कारण डरे भी जा रहे थे। फिर उन्होंने राधा के हाथ में दर्पण देखा और इस दिवा-स्वप्न से जग गए। और राधा को छाती से लगा लेने के लिए ललच उठे। श्याम तो सदा अपनी प्रिया के प्रेम में मग्न रहनेवाले हैं। वे राधा के रूप की चोरी नयनों में सरासर करने लगे। वे राधा का रूप छिप-छिपकर देखने लगे।

१७५९/२८१५ राग गुंड मलार

धन्य हरि-नैन, धनि रूप राधा ।
धन्य वह मुकुर, धनि धन्य प्रतिबिंब मुख, धन्य दंपति रहत बेष आधा ।
धन्य सिंगार, धनि धन्य निरखनि स्याम, धन्य छबि-लूट लूटत मुरारी ।
'सूर' प्रभु चतुर, चतुरा नवल नागरी, रहे प्रतिविंब पर नैन धारी ॥

हरि के नेत्र धन्य हैं, जो राधा का रूप पी रहे हैं। राधा का रूप भी धन्य है, जिसे चुरा चुरा कर हरि के नेत्र पिये जा रहे हैं। वह दर्पण धन्य है, जिसमें राधा का प्रतिविंब पड़ रहा है। मुख का वह प्रतिविंब भी धन्य है। राधा और कृष्ण की यह जोड़ी भी धन्य है, जिसमें दोनों के अर्धांग रूप में दोनों समाए हुए हैं। राधा का यह श्रृंगार धन्य है, श्याम का यह छिप छिपकर देखना भी धन्य है। मुरारी का यह राधा-रूप का लूटना भी धन्य है। प्रभु श्याम चतुर है, नवल नागरी राधा भी चतुरा हैं, जो दोनों दर्पण में पड़ते राधा के प्रतिवंब पर आँखें गड़ाए रह गए।

१७६०/२८१६ राग केदारौ

(स्यामा जू) अपनौ रूप देखि रीझति हैं, नैंकहु दर्पन दूरि न करति ।
अपनी छबि निहारि तन वारति, बिबस बिंब के पायनि परति ।
कबहूँ स्याम सकुच मानति जिय, वासौं प्रीति करै जनि, डरति ।
'सूरस्याम' न्यारे ह्वै प्रिय छबि, निरखत, दृष्टि न इत उत टरति ॥

राधा दर्पण में पड़ते अपने प्रतिविंब के रूप को देखकर रीझी जा रही हैं और दर्पण को अपने हाथ से जरा भी दूर नहीं कर रही हैं। अपना प्रतिविंब देखकर वे अपना शरीर उसपर निछावर किए जा रही हैं और विवश होकर उस छाया के पावों पड़ी जा रही हैं क्योंकि उन्हें डर हो गया है कि कहीं ऐसा न हो जाय कि कन्हैया उसीकी प्रीति के फंदे में पड़ जायँ। राधा इसी संकोच में पड़ी हुई चिंतित हो उठी। उधर श्याम झरोखे के पास अलग खड़े हुए प्रिया राधा की छवि निरखे जा रहे हैं। उनकी दृष्टि राधा पर ही है, इधर उधर टल नहीं रही है।

१७६१/२८१७ राग आसावरी

नाम कहा सुंदरी तुम्हारौ, क्यौं मोसौं नहिँ बोलति हौ ।
हँसैं हँसति, चितऐं चितवति तुम, तन डोलैं तन डोलति हौ ।
परम चतुर मैं जानति तुमकौं, मो पर भौंह मरोरति हौ ।
लटकति सुभग नासिका बेसरि, पुनि-पुनि बदन सकोरति हौ ।
अरुन अधर चित हरन चिबुक अति, दामिनि दसन लजावति हौ ।
ऐसे मुख की बचन-माधुरी, काहैं न हमहिँ सुनावति हौ ।
कहौ बचन, काकी तुम घरनी, काके मन कौं चोरति हौ ।
सुनहु 'सूर' सहजहिँ, कीधौं रिस, मोसौं लोचन जोरति हौ ॥

राधा उस प्रतिविंब-सुंदरी से कह रही है—हे सुंदरी, तुम्हारा नाम क्या है? तुम मुझसे क्यों नहीं बोल रही हो? मेरे हँसने पर तुम हँस देती हो, मेरे तुम्हें ताकने पर तुम भी मुझे ताकने लगती हो, मेरा शरीर हिलने पर तुम भी अपना शरीर हिला देती हो। मैं समझ रही हूँ कि तुम भारी चालाक हो। मेरे भौंह मरोड़ने पर तुम भी अपनी भौंहें मरोड़ लेती हो। तुम्हारी भी नाक में सुंदर नकबेसरि लटक रही है। तुम भी बार-बार मुँह सिकोड़ती जा रही हो। तुम्हारे भी होठ लाल लाल हैं। तुम्हारी भी ठोढ़ी अत्यंत मन को हरने वाली है। तुम्हारे भी दाँत बिजली को लज्जित करनेवाले हैं। सब कुछ समान है। पर मैं तो बोलती हूँ और तुम मौन साधे हुए हो। तुम अपने मुख से अपनी मधुर वाणी हमें क्यों नहीं सुनातीं? बोलो तो तुम किसकी पत्नी हो। तुम्हारा पति कौन है। जिसका मन तुम चुराती रहती हो। तुम मेरी आँख से आँख तो मिलाए ले रही हो। कहो, तुम ऐसा सहज रूप में कर रही हो अथवा रिस से?

१७६२/२८१८ राग सोरठ

कछु रिस, कछु नागरि जिय धरकी ।
यह तौ जोबन रूप गहीली, संका मानति हरि की ।
यह बिपरीत होन अब चाहत, ब्रज मैं आइ समानी ।
यह तौ गुननि उजागरि नागरि, वे तौ चतुर बिनानी ।
कर दर्पन प्रतिबिंब निहारति, चकित भई सुकुमारी ।
'सूरस्याम' निरखत गवाच्छ-मग, नागरि भोरी भारी ॥

राधा को इस प्रतिविंब वाली सुंदरी के प्रति कुछ तो क्रोध था कि वह मुझसे भी अधिक सुंदरी व्रज में कहाँ से आ धमकी। उनके मन में कुछ भय भी था कि यह तो परम सुंदरी हैं, साथ ही हरी नवयौवना भी है। उन्हें हरि की ओर से शंका हो उठी कि कहीं श्याम इसे देखकर इसपर मोहित न हो जायँ। अब तो यह उलटी बात होना चाहती है। यह व्रज में आकर स्थायी रूप से रह जाना चाहती है, यह अत्यंत गुणवती और चतुरा दीख पड़ती है। श्याम भी अत्यंत चतुर और ज्ञानी हैं। इधर हाथ के दर्पण में अपना प्रतिविंब देखती हुई सुकुमारी राधा अत्यंत चक्कर में पड़ गई थी; उधर श्याम झरोखे के रास्ते से अपनी भोली भाली नागरी राधा को देखकर खुश हुए जा रहे थे।

१७६३/२८१९ राग बिलावल

सुता बिबस वृषभानु की, देखी गिरिधारी।
लोचन इकटक दै रही, प्रतिबिंब निहारी।
अपनी छबि पर आपनौं, तन मन धन बारै।
बार-बार हा-हा करै, तिय नाम न सारै।
बूझति ताकों कौन की, को है री प्यारी।
मैं देखी तोहिँ आजुहीं, सुंदरि गुन-भारी।
त्रिभुवन मैं कोऊ नहीं, तेरी उपमा री।
यह कहि मुख, मन सोचई, भई सौति हमारी।
दृष्टि परै जनि स्याम कैं, तबहीं बस ह्वैहैं।
सोच करै पछितातिहै, सँगही सँग रैहैं।
ऐसी सुंदरि नारि कौं, जबहीं वे पैहैं।
दोउ भुज भरि अँकवारि कै, हँसि कंठ लगैहैं।
यह बैरिनि मोकौं भई, धौं कहँ तैं आई।
मो-तन इक टक हेरई, मैं रही लजाई।
स्यामहिँ बस करि लेहिगी, मैं जानी माई।
देखि दसा प्रतिबिंब की, यह बाम भुलाई।
इक टक नैन टरैं नहीं, छबि की अधिकाई।
पिय हरषे आनँद भरे, सोभा यह पाई।
कबहुँ चलत तिय पास कौं, फिरि रहत लुभाई।
'सूरस्याम' तृन तोरहीं, मन-मन मुसुकाई॥

झरोखे से झाँककर गिरिधारी ने देखा कि वृषभानु की पुत्री राधा अत्यंत लाचार हो उठी है। वह दर्पण में पड़ते अपने प्रतिविंब को टकटकी लगाकर देखे जा रही है। वह अपनी ही छवि पर अपना तन मन निछावर किए जा रही है। वह बार-बार गिड़गिड़ाकर उससे उसका नाम पूछती जा रही है, पर वह प्रतिविंब वाली नारी अपना नाम बता ही नहीं पा रही है। राधा उससे पूछे जा रही हैं—'तू किसकी बेटी है? हे प्यारी, तू है कौन? हे

गुणमती संदरी, मैंने तो तुझे आज पहली ही बार देखा है। तेरी उपमा देने लायक तीनों लोकों में कुछ भी नहीं है।' राधा ने मुँह से तो यह कहा, पर मन में वह सोचने लगी— यह तो वहाँ आकर मेरी सौत हो जाना चाहती है। भगवान करे, यह श्याम की दृष्टि में न पड़े, तो ही भला। जैसे ही वे इसे देखेंगे, इसके वश में हो जायँगे। राधा सोच में पड़ गई। वह पछताने लगी। यह तो श्याम के साथ-साथ बराबर बनी रहेगी। ऐसी सुंदरी नारी को श्याम पा जायँगे, तो वे दोनों भुजाओं में भरकर, अँकवार में लेकर, हँसकर, गले से लगा लेंगे। यह न जाने कहाँ से आ गई है और मेरी दुश्मन बन गई है। यह मेरी ओर अपलक देखे जा रही है। मैं तो लजाई जा रही हूँ। मैया, मैंने जान लिया, यह श्याम को अपने अधीन कर ही लेगी। अपने ही प्रतिविंब को देखकर राधा इस प्रकार भ्रमित हो गई। वह उस प्रतिविंब को अपलक देखने लगी। उसमें तो उसने अपने से अधिक सौंदर्य पाया।

राधा की इस शोभा को देखकर श्याम हर्ष और आनंद से भर उठे। वे कभी राधा के पास जाने के लिए चल पड़ते हैं, फिर उस पर लुभा कर वहीं ठिठक रहते हैं। श्याम राधा के रूप पर, मन ही मन मुसकराते हुए, तृण तोड़ते जा रहे हैं कि कहीं राधा की नजर अपने ही रूप पर न लग जाय।

१७६४/२८२० राग विहागरौ

नागरि रही मुकुर निहारि।
आनि औचक नैन मूँदे, कमल-कर गिरिधारि।
चौंकि चक्रित भई मन मैं, स्याम कौं जिय जानि।
मैं डरति ही अबहिं जाकौं, मिले ताकौं आनि।
तबहिं तन की सुरति आई, लख्यौ तन प्रतिछाँहिं।
सकुच मनहीं मन दुरावति, परस्पर, मुसुकाहिं।
समुझि मन मैं कहति सखियनि, बिपुल लै लै नाम।
'सूर' प्रभु उर सीस परसे, बीच बेनी स्याम॥

राधा दर्पण में अपना प्रतिविंब देख ही रही थी कि कमल के से कोमल कर वाले गिरिधारी ने अचानक आकर उसकी आँखें मूँद लीं। उसने मन में तो जान लिया कि मेरी आँख मूँदने वाले यह श्याम ही हैं, पर वह चकपका अवश्य उठी। और सोचने लगी मैं जिस बात से डर रही थी, वही बात हो गई। श्याम ने उस नवेली से आकर भेंट कर ही ली। तभी उसे अपने शरीर की सुधि-बुधि हो आई और उसने सोचा कि मैंने अपने तन का प्रतिविंब ही दर्पण में देखा है। मेरा यह भ्रम तो देखो, मैं उस प्रतिविंब को दूसरी नवेली समझ बैठी। अपनी इस सकुच को वह मन ही मन छिपा बैठी। श्याम और श्यामा दोनों एक दूसरे को देखकर मुसकुरा उठे। पर राधा अपनी झेंप मिटाने के लिए अपनी सखियों का नाम ले लेकर पुकारने लगी—चंद्रावली, मेरी आँखें खोलो। ललिता, मेरी आँखें खोलो। तब प्रभु ने पीछे से राधा का सिर खींचकर अपनी छाती से लगा लिया। राधा की काली चोटी ऐसा करने से दोनों के बीच में आ गई।

आँख-मिचौली

१७६५/२८२१ राग गौरी

मूँदि रहे पिय प्यारी-लोचन।
अति हित बेनी उर परसाए, वेष्टित भुजा अमोचन।
कंचन-मनि-सुमेर अँग दोऊ, सोभा कही न जाइ।
मनौ पन्नगी निकसि बीच रही, हाटक-गिरि लपटाइ।
चपल नैन दीरघ अति सुंदर, खंजन तैं अधिकाइ।
अति आतुर भष कारन धाई, धरत फनहिँ न समाइ।
मन हरषित, मुख खिझति, सखिनि कहि चतुर-चतुरई भाव।
'सूरस्याम' मन-कामनि के फल, लूटत हैं इहिँ दाव॥

पीछे से आकर श्याम ने प्यारी राधा की आँखें मूँद लीं। उन्होंने अत्यंत प्रेम से अपनी बाँहों में राधा को इस प्रकार कसकर बाँध लिया कि वह छुड़ा न सके और वेणी को अपने हृदय से लगा लिया। राधा का शरीर सोने के और श्याम का शरीर पन्ना मणि के सुमेरु जैसे थे। उनकी सम्मिलित शोभा अकथनीय है। वह आवेष्टन ऐसा लग रहा था जैसे बीच से ही कोई सर्पिणी (श्याम के हाथ) निकलकर सोने के पहाड़ (राधा का शरीर) से लिपट गई हो। राधा के नेत्र बड़े बड़े खंजनों से भी अधिक सुंदर थे। लगता था वह सर्पिणी उन खंजनों को निगल जाने के लिए जल्दी में दौड़ आई हो, पर उनको वह पकड़ लेने पर भी अपने फन के भीतर न ले जा पा रही हो। राधा कृष्ण का स्पर्श पा मन में परम प्रसन्न थी, पर चतुराई दिखाने के लिए उनका नाम न लेकर ललिता और चंद्रावली आदि सखियों का नाम ले लेकर पुकारे जा रही थी। श्याम और श्यामा दोनों इसी दाँव के बहाने अपनी-अपनी मनवांछित अभिलाषाओं के फल लूटे ले रहे थे।

१७६६/२८२२ राग रामकली

करत मन-काम-फल-लूट दोऊ।
रहे दोउ नैन पिय मूँदि कोमल करनि,
बरनि नहिँ सकत वह उपम कोऊ।
हृदय भरि बाम सुख-धाम मोहन काम,
मनौ घन दामिनी कोर लीन्हे।
महा आनंद सुख सिंधु उच्छलत दोउ,
'सूर' प्रभु नागरी तुरत चीन्हे॥

इस आँख-मिचौनी के द्वारा राधा और कृष्ण दोनों अपनी अभिलषित कामनाओं का फल लूटे ले रहे थे। राधा के दोनों नयनों को प्रिय श्याम नेअपने दोनों कोमल हाथों से मूँद लिया था। कोई भी इस छवि की उपमा नहीं दे सकता। सुख के धाम मदन-मोहन ने बामा राधा को छाती से इस प्रकार लगा रखा था, मानो बादल ने बिजली को अपने अंक में भर रखा हो। इस अँख-मुदौवल में राधा और कृष्ण दोनो आनंद के महा सुख रूपी समुद्र में

उछले जा रहे थे। राधा ने यह तुरत पहचान लिया था कि किसने उसकी आँखें मूँद ली हैं, पर वह न पहचानने का बहाना बनाए जा रही थी।

१७६७/२८२३ राग कान्हरौ

बैठी रही कुँवरि राधा, हरि अँखियाँ मूँदी आइ।
अतिहिं बिसाल चपल अनियारी, नहिं पिय-पानि समाइ।
खन खोलत, खन ढाँकत, नागरि, मुख रिस, मन मुसुकाइ।
ज्यौं मनिधर मनि छाँड़ि, बहुरि फिरि, फन तर धरत छपाइ।
स्याम अँगुरियनि अंतर राजति, आतुर दुरि दरसाइ।
मानौ मरकत मनि पिंजरनि मैं, बिबि खंजन अकुलाइ।
कर कपोल बिच सुभग तस्यौना, सोभा बढ़ी सुभाइ।
मनु सरोज द्वै मिलत सुधानिधि, बिबि रबि संग सहाइ।
अपने पानि पकरि, मोहन के कर धरि, लिए छँड़ाइ।
कमल-चकोर चचरि ज्यौं, दै ससि दिनकर जुरति सगाइ।
उपमा काहि देउँ, को लायक, देखी बहुत बनाइ।
'सूरदास' प्रभु दंपति देखत, रति स्यौ काम लजाइ॥

राधा कुँवरि बैठी हुई थी। इसी बीच श्याम ने आकर उसकी आँखें मूँद ली। राधा की आँखें नोकीली थीं, चंचल थीं और बड़ी बड़ी थीं।—वे श्याम की हथेलियों में नहीं समा पा रही थीं। कृष्ण राधा की आँखें क्षण भर के लिए खोल देते, फिर तुरत ही बंद भी कर लेते, इससे नागरी राधा के मुख पर तो खीझ दिखाई पड़ने लगती थी, पर वह मन ही मन प्रसन्न होकर मुसकराए भी जा रही थी। ऐसा लगता था मानों मणिधर सर्प ने अपनी मणि उगल कर बाहर रख दी हो और फिर उस मणि को वह अपने फन के नीचे छिपा लेता हो। श्याम की उँगलियों के भीतर छिपी हुई भी राधा की आँखें आकुल हुई जा रही थीं, लगता था जैसे मरकत मणि से बने पिंजड़े में पड़े हुए दो खंजन अधीर हुए जा रहे हों। कृष्ण के हाथों और राधा के कपोलों के बीच सुंदर ताटंकों की शोभा सहज ही बढ़ गई थी। लगता था जैसे दो कमल (राधा के दोनों हाथ), दो सूर्यों (दो ताटंकों) की सहायता लेकर चंद्रमा (राधा की मुख) से आकर मिल रहे हों। तब राधा ने अपने हाथों से कृष्ण के ह.थ पकड़ कर अपनी आँखें छुड़ा लीं। मानो कमलों (राधा के हाथों) ने, चकोरों (कृष्ण के हाथों) को धकिया कर शशि (राधा का मुँह) और सूर्य (राधा के ताटंक) का स्नेह संबंध जोड़ दिया हो।

सूरदाग ने इस छवि की उपमा देने के लिए बहुत बहुत्र प्रयत्न किया, पर वे यही कहकर रह गए—उपमा किससे दूँ? कौन उपमान होने योग्य है ही? राधा श्याम की जोड़ी देखकर रति के सहित कामदेव भी लजा जाता है? फिर उपमा के योग्य रह ही कौन गया।

१७६८/२८२४ राग गुंड मलार

स्याम भुज बाम गहि सँमुख आने।
भले जू भले, मैं सखी धोखैं रही, मूँदि लोचन रहे अति पिराने।

दौरि पैठे भवन, कबहिं कीन्हौ गवन, नारि-मन-रवन तुम हो कन्हाई ।
'सूर' प्रभु हरषि भरि अंक प्यारी लई, मुकुर की कथा तब कहि सुनाई ॥

श्याम ने अपनी भुजाओं से पकड़कर वामा (राधा) का मुँह अपनी ओर कर लिया। तब राधा बोली—अच्छा, यह तुमने मेरी आँखें मूँद रखी थीं? मैं तो अपनी सखियों के धोखे में रह गई कि उन्हीं में से किसी ने मेरी आँखें मूँद रखी होंगी। तुम मेरी आँखें कसकर मूँदे रहे, अतः वे अत्यंत दुख रही हैं, पिरा रही हैं। तुम दौड़े दौड़े कब आए और मेरे घर में घुस आए। कन्हैया, तुम तो रमणियों के मन में रमण करने वाले हो—उनके मन में बराबर बसे रहने वाले हो।

राधा की ये बातें सुनकर कन्हैया ने प्रसन्न होकर प्रिया राधा को अपने अंक में भर लिया और उन्होंने दर्पण में पड़ते राधा के प्रतिविंब की कथा कह सुनाई कि किस प्रकार राधा अपनी ही छाया को दूसरी युवती समझ बैठी थी और उससे डर गई थी कि कहीं यह मेरी सौत न हो जाय।

१७६९/२८२५ राग गूजरी

नागरि यह सुनि कै मुसुकानी ।
को जाने पिय महिमा तुम्हरी, नैननि चितै लजानी ।
मैं बैठी प्रतिबिंब बिलोकति, अपनैं सहज सुभाइ ।
आपुन कहा अचानक आए, तुव गति लखी न जाइ ।
इक सुंदर, दूजैं अति नागर, तीजैं कोक-प्रबीन ।
'सूरदास' प्रभु अबहीं तौ तुम, जसुमति सुवन नबीन ॥

राधा अपने प्रतिविंब की कथा सुनकर मुसकुरा पड़ी और आँखों से कृष्ण की ओर देखकर लजा गई। वह बोली—हे प्रिय, तुम्हारी महिमा को कौन जान सकता है? मैं तो सहज रूप से दर्पण में अपना मुँह देख रही थी। इतने में तुम न जाने कहाँ से आ गए। तुम्हारी गति समझ से परे है। तुम एक तो अत्यंत सुंदर हो, दूसरे तुम चतुर भी बहुत हो, तीसरे तुम कोक-कला में अतिशय प्रवीण भी हो। अभी तो तुम यशोदा मैया के नन्हा-मुन्ना हो—बड़े होने पर तुम न जाने क्या क्या गुल खिलाओगे?

कृष्ण-गमन चंद्रावली-आगमन

१७७०/२८२६ राग बिलावल

हँसत चले तब कुँवर कन्हाई ।
मन के करे मनोरथ पूरन, राधा के सुखदाई ।
उत हरषत हरि भवन सिधारे, नागरि हरष बढ़ाई ।
इत आवति सुधि मुकुर बिलोकनि, जब-तब रहति लजाई ।
इहिं अंतर सखियनि सँग लीन्हे चंद्रावलि तहँ आई ।
'सूर' तुरत राधिका सबनि कौं, आदर करि बैठाई ॥

तब कन्हैया हँसते हुए अपने घर की ओर चले गए। उन्होंने अपने मन की अभिलाषा

तो पूरी ही की, राधा को भी भारी सुख दिया। उधर हरि प्रसन्न होकर राधा का हर्ष बढ़ाकर अपने घर गए, इधर राधा को आरसी में अपने प्रतिविंब देखने, उसे दूसरी नई नवेली समझने की सुधि आई और तब वह लजा गई। इसी बीच सखियों को साथ लिए हुए चंद्रावली वहाँ आ गई। राधा ने आज सबको बड़े आदर के साथ बैठाया।

१७७१/२८२७ राग रामकली

अति आदर सौं बैठक दीन्हौ।
मैरें गृह चंद्रावलि आई, अति ही आनँद कीन्हौ।
स्याम-संग-सुख प्रगट्यौ चाहति, पुनि धीरज धरि राखति।
जोइ-जोइ कहति बचन गदगद सौं, बार-बार मुख भाषति।
सखी संग की कहति, राधिका, आजु कहा तैं पायौ।
सुनहु 'सूर' इतने आदर सौं, कबहूँ नहीं बुलायौ॥

राधा ने बड़े आदर से चंद्रावली सहित सब सखियों को बुला बैठाया। उसने समझा कि आज चंद्रावली मेरे घर आई है। और उसके आ जाने से वह बहुत ही आनंदित हुई। उसने श्याम के साथ अभी अभी आँखमिचौनी में जो सुख पाया था, उसे उससे प्रगट करना चाहती थी, पर उसने धैर्य धारण करके उस संबंध में इच्छा रहते हुए भी कुछ नहीं कहा। राधा उस समय बार-बार एक ही बात कहे जा रही थी और वाणी भर्राई जा रही थी। इस पर सखियाँ ही कह उठीं—राधा, आज तुझे क्या मिल गया है। सुनो, जितने आदर से तुम हमें आज बुलाकर बैठा रही हो, इतने आदर से तो तुमने हमें कभी भी नहीं बैठाया था। इसीसे हम समझती हैं कि 'जरूर कोई बात है।'

१७७२/२८२८ राग आसावरी

हम तुम्हरैं नितहीं प्रति आवति, सुनहु राधिका गोरी।
ऐसौ आदर कबहुँ न कीन्हौ, मेरी अलकसलोरी।
काहैं आजु हरष जिय उपज्यौ, कहा विभव तुम पायौ।
कीधौं आजु मिले नँदनंदन, पिछलौ दुख बिसरायौ।
उमग्यौ प्रेम रहत नहिँ रोकैं, सखियनि कहति सुनावै।
'सूरस्याम' मो भवन पधारे, यह कहि-कहि मन भावै॥

सखियाँ राधा से बोलीं—हम लोग तो तुम्हारे यहाँ नित्य ही आती रही हैं। हे राधिका गोरी सुनो, हे मेरी लाड़िली, तुमने कभी भी हमारा ऐसा आदर नहीं किया था। तुम्हारे हृदय में आज इतनी प्रसन्नता क्यों उत्पन्न हो गई है? क्या तुम्हें आज नंदनंदन तो नहीं मिल गए थे, जिन्होंने तुम्हारा सारा पिछला दुख भुलवा दिया?

उमड़ा हुआ प्रेम रोकने से नहीं रुकता। राधा सखियों से कहकर सुनाने लगी—'आज श्याम मेरे घर आए थे।' यह कहकर राधा मन ही मन परम प्रसन्न हो उठी।

१७७३/२८२९ राग बिहागरौ

आए स्याम मैरें गेह।
कही जाति न सखी मोपैं, मिले जौन सनेह।

करति अंग सिँगार बैठी, मुकुर लीन्हे हाथ।
आइ पाछैं भए ठाढ़े, चतुर बर ब्रज-नाथ।
भाव इक मैं कियौ भोरैं, कहत ताहि लजाउँ।
निरखि अपनी छाँह कौं तिय और जानि, डराउँ।
जाल-रंध्रनि रहे ठाढ़े, निरखि कौतुक स्याम।
नैन औचक आनि मूँदे, सुनहुँ हरि के काम।
देति हौं उरहनौं तुमकौं, भए डोलत चोर।
'सूर' प्रभु आए अचानक, भवन बैठी भोर॥

राधा कहने लगी—आज श्याम मेरे घर आए। वे मुझसे जिस प्रेम से मिले, सखी मैं उसका वर्णन नहीं कर सकती। मैं हाथ में दर्पण लिए हुए, बैठी हुई अपने अंगों का सिँगार-पटार कर रही थी। वे चतुर व्रजनाथ पीछे से आकर मेरे पीछे खड़े हो गए। उस समय भ्रम से मैं कुछ ऐसा भाव कर बैठी थी कि उसे कहने में मैं स्वयं झेंपी जा रही हूँ। मैंने दर्पण में पड़ते अपने प्रतिविंब को देखा और उसे दूसरी सुंदरी समझ बैठी और डर गई कि कहीं श्याम इसे देख न लें, नहीं तो वे इसी पर मोहित हो जायँगे। कन्हैया उस समय झरोखे से जाली के पास खड़े-खड़े यह तमाशा देखे जा रहे थे। फिर वे अचानक घर में घुस आए और उन्होंने मेरी आँखें मूँद लीं। सखी अब हरि ऐसे-ऐसे काम करने लगे हैं। अब वे चोर बने डोलते फिर रहे हैं। मैं अपने घर में चुपचाप आत्म-विभोर होकर बैठी हुई थी कि वे अचानक आ गए। मैं तुमको यह उलाहना दिए दे रही हूँ क्योंकि तुम हरि की परम प्रिया हो।

१७७४/२८३० राग बिलावल

स्याम-संग-सुख लूटति हौ।
सुनि राधे, रीझे हरि तोकौं, अब उनतैं तुम छूटति हौ।
भली भई, हरि कैं रस पागी, वै तुमसौं रति मानत हैं।
आवत-जात रहत घर तेरैं, अंतर हित पहिचानत हैं।
तुम अति चतुर, चतुर वे तुम तैं, रूप गुननि दोउ नीके हौ।
'सूरदास' स्वामी स्वामिनि दोउ, परम भावते जीके हौ॥

सखी राधा से कहने लगी—राधे, सुनो, हरि तुम पर रीझ गए हैं। अब तुम उनसे छूट नहीं सकतीं। अब तो तुम श्याम के संग का सुख लूटे ले रही हो। अच्छा हुआ तुम हरि के प्रेम-रस में पग गई हो और वे भी तुमसे प्रेम मानते हैं। वे आंते-जाते तेरे घर में रह जाते हैं। वे तेरे हृदय के प्रेम को भली-भाँति पहचान गए हैं। तुम चतुर हो; हरि तुनसे अधिक चतुर हैं। रूप और गुण में तुम दोनों बहुत ही अच्छे हो। स्वामी कृष्ण और स्वामिनी राधिका तुम दोनों एक दूसरे के अत्यंत प्रिय हो।

१७७५/२८३१ राग अड़ानौ

भली भई मेरे लालन आए, फूले अंग न आजु सभाई।
गाइ बजाइ प्रेम भरि नाचौं, तन मन धन मैं देउँ बधाई।

धनि-धनि भाग, सुहाग धन्य, अरु धन्य-धन्य अनुराग कन्हाई ।
धनि-धनि रैन, धन्य दिन ऐसौ, धन्य घरी, फल धनि मैं पाई ।
धन्य देह, धनि गेह सखी री, धनि सिँगार प्रतिबिंब भुलाई ।
धनि-धनि 'सूर' नैन मूँदे कर, धनि अवलोकनि पिय-सुखदाई ॥

राधा सखियों से कहने लगी—सखी, अच्छा हुआ, जो कन्हैया मेरे घर आ गए। आज मैं फूले अंगों नहीं समा रही हूँ। आज मैं बहुत खुश हूँ, आज मैं खूब जी भरकर गाना, बजाना और नाचना चाहती हूँ। मैं स्वयं आज अपने तन को, मन को, धन को बधाई दिए जा रही हूँ। मेरा भाग्य धन्य है, मेरा सुहाग धन्य है, और कन्हैया का मेरे प्रति स्नेह धन्य है। आज की रात धन्य है, आज का दिन धन्य है। आज की घड़ी धन्य है। आज का फल धन्य है, जिसे मैंने पाया है। मेरी देह धन्य है, मेरा यह घर धन्य है। मेरा आज का शृंगार करना धन्य है और अपने प्रतिविंब को देखकर मेरा भ्रमित हो जाना भी धन्य है। कन्हैया का मेरी आँखें मूँदना धन्य है और प्रिय का जाल-रन्ध्र से वह सुखदायक देखना भी धन्य है।

१७७६/२८३२ राग ईमन

बनि बनि आवत हैं मेरे लालन, भाग बड़े री मेरे ।
दरस देखि अतिहीं सुख उपजत, अरु सनमुख जब हेरैं ।
तब मैं हँसति, मंद मुसुकत जब, आनँद आवत नेरैं ।
'सूरदास' प्रभु की सूरति जिय, टरति न साँझ सबेरैं ॥

राधा सखी से कह रही है—कन्हैया बन ठनकर, नए नए रूप रंग बनाते हुए, मेरे घर आ जाते हैं। यह मेरा बड़ा भारी भाग्य ही है। उनको देखकर मैं भारी सुख पा लेती हूँ और जब वे मेरी ओर देखने लगते हैं, तब तो उनका यह देखना मेरे लिए अत्यंत सुखदायक हो जाता है। जब वे मुझे देखकर मंद-मंद मुसकाने लगते हैं, तब तो सारा आनंद ही मेरे पास खिसक आता है और मैं भी धीरे से हँस देती हूँ। प्रभु की सूरत मेरे हृदय में आ बसी है और वह वहाँ से साँझ-सबेरे कभी भी जरा भी नहीं टलती।

१७७७/२८३३ राग ईमन

स्याम अचानक आए री ।
पाछे तैं लोचन दोउ मूँदै, मोकौं हृदय लगाए री ।
लहनौं ताकौ जाकैं आवैं, मैं बड़भागिनि पाए री ।
यह उपकार तुम्हारौ सजनी, रूसे कान्ह मिलाए री ।
ल्याई तुरत जाइ ब्रज नागर, जे अपराध छमाए री ।
'सूरदास' प्रभु नैननि लागे, भावत नहिँ बिसराए री ॥

राधा सखी से कह रही है—अरी सखी, श्याम अचानक ही मेरे घर आ गए। आते ही उन्होंने पीछे से मेरी आँखें बंद कर लीं और मुझको अपने हृदय से लगा लिया। उसी का भाग्य है, जिसके घर श्याम आ जायँ। मैं बड़भागिनी हूँ, मैंने श्याम को पा लिया। हे सखि (ललिता), तुम्हारा मेरे ऊपर यह भारी उपकार है, जो तुमने रूठे हुए कन्हैया को मुझसे ला मिलाया। व्रज में जाकर तुम नटनागर को मेरे पास लाईं और मेरा अपराध भी क्षमा करा

दिया। अब तो मेरे प्रभु मेरे नयनों में लग गए हैं, समा गए हैं। अब उनको भुला पाना अच्छा नहीं लगता। अब वे भुलाए नहीं जा सकते।

नैन समय के पद

१७७८/२८३४ राग टोड़ी

हरि-अनुराग भरीं ब्रजनारी। लोक-सकुच कुलकानि बिसारी ॥
सासु ननद हारीं दै गारी। सुनति नहीं, कोउ कहति कहा री ॥
सुत पति-नेह जगत यह जोर्‍यौ। ब्रज तरुनिनि तिनुका सौं तोर्‍यौ ॥
काँचौ सूत तोरि सो डार्‍यौ। उरग केंचुरी फिरि न निहार्‍यौ ॥
ज्यौं जलधार फिरौ तृन नाहीं। जैसैं नदी समुद्र समाहीं ॥
जैसे सुभट खेत चढ़ि धावै। जैसैं सती बहुरि नहिं आवै ॥
ऐसैं भजीं नंद-नंदन कौं। सकुची नहिं त्यागत गृह-जन कौ ॥
'सूरज' प्रभु-बस घोष-कुमारी। ज्यौं गज पंक न सकै निवारी ॥

ब्रज की नारियाँ हरि के प्रेम में इतनी मग्न हो गई थीं कि उन्होंने लोक-लाज और कुल की मर्यादा सबको भुला डाला था। उनकी सासुएँ और ननदें उन्हें गाली दे देकर डाट फटकार कर हार गईं। कोई कितना भी कहे, वे किसी की सुन ही नहीं रहीं थीं, किसी का कहना नहीं मान रही थीं। संसार के लोगों को पुत्र और पति के प्रति स्नेह ने जोड़ रखा है, पर ब्रज-वधूटियों ने इस स्नेह संबंध को भी तिनके के समान तुच्छ समझकर तोड़ दिया। उन्होंने इस पति-पुत्र संबंध को कच्चे सूत्र के समान तोड़ डाला। उन्होंने उस संबंध को सांप की केंचुल के समान छोड़ दिया और फिर लौटकर उस ओर देखा भी नहीं। जैसे जल की धारा में पड़ा हुआ तिनका धारा के साथ ही बहता जाता है, पीछे नहीं लौट पाता; जैसे नदी समुद्र में जाकर गिर जाती है, वापस नहीं लौटती; जैसे वीर योद्धा लड़ाई मे जूझने के लिए दौड़ पड़ता है, लौटता नहीं; जैसे सती होने के लिए जानेवाली नारी लौटकर वापस नहीं आती; उसी प्रकार ब्रज गोपियाँ नंदनंदन के प्यार में पग गईं और घर तथा परिवार के लोगों को छोड़ देने में जरा भी संकोच नहीं किया। जैसे कीचड़ में फँसा हुआ हाथी उस दलदल से नहीं निकल पाता, उसी प्रकार ब्रज-गोपियाँ प्रभु के वश में हो गईं।

१७७९/२८३५ राग सोरठ

इहिं अंतर तिहिं खोरिहीं, नँद-नंदन आए।
सखिन सहित ब्रज-नागरी, फल बिनु टक लाए।
मोर मुकुट सिर सोहई, स्त्रवननि बर कुंडल।
ललित कपोलनि झलमलै, सुंदर अति निर्मल।
तरुनि गईं चकचौंधि कै, नहिँ नैन थिराहीं।
'सूरस्याम' छबि निरखि कै, जुवती भरमाहीं ॥

इसी बीच उस खोरी से नंद के नंदन आए, जहाँ घर में राधा और उसकी सखियाँ बैठी हुई थीं। राधा और उसकी सखियाँ, बिना पलक गिराए हुए, एकटक होकर उन्हें देखने

लगीं। उन्होंने देखा कि कन्हैया के सिर पर मोर पंख का मुकुट सुशोभित हो रहा है और कानों में सुंदर स्वर्ण-कुंडल हैं, जो उनके सुंदर और निर्मल गालों पर झलमलाए जा रहे हैं। ब्रज-वधूटियों की आँखें कन्हैया जी के इस रूप को देखकर चौंधिया गईं और वे स्थिर नहीं रह सकीं। श्याम की सुंदरता देखकर ब्रज की युवतियाँ चकपका गईं।

१७८०/२८३६ राग सोरठ

देखे स्याम अचानक जात ।

व्रज की खोरि अकेले निकसे, पीतांबर कटि पर फहरात ।
लटकत मुकुट, मटक भौंहनि की, चटकत चलत, मंद मुसुकात ।
पग द्वै जात, बहुरि फिरि हेरत, नैन-सैन दै कै नँद-तात ।
निरखत नारि-निकर बिथकित भईं, दुख-सुख व्याकुल झुरत सिहात ।
'सूरस्याम' अँग-अंग माधुरी, चमकि-चमकि चकचौंधति गात ॥

व्रज-वधूटियों ने अचानक देखा कि ब्रज की खोर में से श्याम चले जा रहे हैं। वे अकेले हैं, उनकी कमर में लिपटा पीतांबर फहराए जा रहा था। उनके सिर का मुकुट एक ओर झुका हुआ था। भौंहें मटकती जा रही थीं। वे मंद-मंद मुसकुराते हुए चटकते-मटकते चले जा रहे थे। नंद के वे पुत्र दो कदम जाते थे, फिर रुककर नेत्रों से इशारा करते हुए पीछे की ओर देखने लगते थे। कृष्ण को देखकर सभी ब्रज-वधूटियाँ विह्वल हो उठीं। उन्हें कृष्ण से न मिलने का दुख और उनके दर्शन का सुख एक साथ मिला जा रहा था। वे दुख से झुराती, सूखती, जाती थीं और सुख से श्याम के रूप की प्रशंसा भी किए जा रही थीं। श्याम के एक एक अंग की शोभा चमक-चमक कर उनकी आँखों में चकाचौंध पैदा किए जा रही थीं।

१७८१/२८४४ राग गौरी

मन बिगरयौ, येउ नैन बिगारे ।

ऐसौ निठुर भयौ देखौ री, तब तैं टरत न टारे ।
इंद्री लई, नैन अब लीन्हे, स्यामहिं गीधे भारे ।
ये सब कहौ कौन हैं मेरे, खानाजाद बिचारे ।
इतने तैं इतने मैं कीन्हे, कैसैं आजु बिसारे ।
सुनहु 'सूर' जे आपुस्वारथी, ते आपुनहीं मारे ॥

एक गोपी दूसरी से कह रही है—हे सखी, यह मेरा मन तो बिगड़ा ही था। इसने मेरे दोनों नेत्रों को भी बिगाड़ दिया। मेरा यह मन अत्यंत निष्ठुर हो गया है। यह जबसे श्याम से जा मिला है, तब से वहाँ से हटने का नाम भी नहीं ले रहा है। टालने से भी नहीं टल रहा है। पहले तो यह मेरी अन्य सभी इंद्रियों को श्याम के पास लेता गया था, अब यह मेरी आँखों को भी वहाँ लेकर चला गया है। वह श्याम पर एकदम लुभा गया है। ये सब मेरे कौन हैं, ये बिचारे तो बस दास हैं। ये पहले इतने छोटे थे, अब पाल-पोसकर जब मैंने इन्हें इतना बड़ा बना दिया, तब देखो तो इन्होंने मुझे बिसरा दिया। जो अपने ही मतलब के यार होते हैं, वे ऐसे ही अपनों को मार डाला करते हैं।

१७८२/२८४५ राग गौरी

आपु स्वारथी की गति नाहीं।
ते बिधना काहें अवतारे, जुवती गुनि पछिताहीं।
जनमे संग, संग प्रतिपाले, संगहि बड़े भए हैं।
जब उनकौ आसरौ कर्यौ जिय, तबहीं छोड़ि गए हैं।
ऐसे हैं ये स्वामि-कारजी, तिनकौं मानत स्याम।
सुनहु 'सूर' अब प्रगटहिं कहियै, ऐसे उनके काम॥

ब्रज की युवतियाँ सोच-समझकर पछताए जा रही हैं—जो अपने ही मतलब को देखते हैं, भगवान उन्हें क्यों जनम देता है ? ये नेत्र, यह मन मेरे साथ साथ जनमे, साथ ही पले-पुसे, एक साथ ही बड़े हुए हैं। जब मैंने इनका कुछ भरोसा किया, तब ये मेरा साथ छोड़कर चले गए। मेरे ये नेत्र और मन अपने स्वामी का (मेरा) ऐसा काम करने वाले हैं। इन्हीं का विश्वास करके श्याम इन्हें बहुत मानते हैं। जब ये मेरे नहीं हुए, तब श्याम के किस काम के होंगे। अब मैं साफ-साफ कहे देती हूँ कि इन विश्वासघाती नयनों और मन के ऐसे ही काम है। इनका विश्वास करना ही नहीं चाहिए।

१७८३/२८४६ राग कान्हरौ

हम तैं गए, उनहुँ तैं खोवैं।
ह्वाँ तैं खेदि देहिं वै हम तन, हम उन-तन, नहिं जोवैं।
जैसी दसा हमारी कीन्ही, तैसैं उनहिं बिगोवैं।
भटके फिरे द्वार-द्वारनि सब, हम देखैं, वै रोवैं।
आवहु यहै मतौ री करियै, निधरक वै सुख सोवैं।
'सूरस्याम' कौं मिले जाइकै, कैसैं उनकौं धोवैं॥

गोपी कह रही है—ये मेरे मन और नयन मुझे छोड़कर श्याम के पास चले गए। भगवान करे ये वहाँ से भी खो उठें। वहाँ से भी भगा दिए जायँ। श्याम इनको अपने पास से हमारे पास खेद दें, तब हम इनकी ओर आँख उठाकर भी नहीं देखेंगी। इन्होंने हमारी जैसी दुर्दशा कर रखी है, हम भी इनका वैसी ही दुर्गति कर दें और ये द्वार-द्वार भटकते फिरें। ये रोवें और हम हँसते हुए इनका रोना देखें। आओ हम सब इस संबंध में एक मत हो जायँ और श्याम से जाकर मिल जायँ और उनसे कह दें कि वे हमारे मन और नयन को अब धोकर (मारपीट कर) भगा दें और निधड़क सुख की नींद सोवें।

१७८४/२८४७ राग धनाश्री

मन कैं भेद, नैन गए माई।
लुब्धे जाइ स्याम सुंदर-रस, करी न कछू भलाई।
जबही स्याम अचानक आए, इकटक रहे लगाई।
लोक-सकुच, मरजादा कुल की, छिनहीं मैं बिसराई।
व्याकुल फिरति भवन बन जहँ-तहँ, तूल आक उधराई।
'सूरस्याम' लोचन बस कीन्हे, रूप-ठगौरी लाई॥

गोपी कहती है—हे सखी, मन के भेदिया हो जाने से मेरी दोनों आँखें भी श्याम के पास चली गईं। ये श्यामसुंदर पर एकदम लुभा गई हैं। इन्होंने यह कोई अच्छा काम नहीं किया है। जैसे ही श्याम सुंदर अचानक मेरे सामने आ गए, ये दोनों नयन अपलक उन्हें देखने लगे, जैसे उन्हीं में लिपट गए। इन्होंने एक ही क्षण में सारी लोक-लज्जा और कुल की कानि भुला दी। तभी से मैं घर के भीतर और घर के बाहर वन में जहाँ-तहाँ मदार के घुए (रुई) की तरह उधराई हुई घूम रही हूँ। यह शरीर अपना नहीं जान पड़ता, लगता है जैसे यह किसी दूसरे का हो। सखी, सुनो; मन के ऐसे रंग-ढंग हैं। इसने कुछ ऐसी बुद्धि लगाई है कि इसने मेरे लोचनों को श्याम के बस में कर दिया है और उनके रूप का जादू इन पर चला दिया है।

१७८५/२८४९ राग विहागरौ

मन तैं ये अति ढीठ भए।
वह तौ आइ मिलत है कबहूँ; ये जु गए, सु गए।
ज्यौं भुजंग काँचुरी बिसारत, फिरि नहिँ ताहि निहारत।
तैसैंहि जाइ मिले इकटक ह्वै, डारत लाज निवारत।
इंद्रिनि सहित मिल्यौ मन तबहीं, नैन रहे मोहिँ सालत।
'सूरस्याम' सँगहीं-सँग डोलत, औरनि के घर घालत॥

सखी, ये मेरे नयन, मेरे मन से भी अधिक धृष्ट हो गए हैं। वह मन तो यदा-कदा मुझसे आके मिल भी लेता है, परंतु ये दोनों नयन जबसे मुझे छोड़कर श्याम के पास गए हैं, तब से गए ही हैं, लौटने का नाम भी इन्होंने नहीं लिया है। जैसे साँप जब केंचुल छोड़ता है, तब उसे एकदम भूल जाता है, उसकी ओर ताकता तक नहीं, वैसे ही मेरे ये नयन मुझे छोड़कर, हरि की ओर अपलक देखते हुए, उनसे जा मिले हैं और मुझे भूल गए हैं तथा सारी लाज को अपने पास फटकने से ही नहीं रोक दिया है, बल्कि उसको दूर भी फेंक दिया है। मन तो श्याम से पहले ही इंद्रियों के साथ जा मिला था, ये मेरे नयन भी मुझे दुख देते रहे हैं। ये मेरे नेत्र औरों का, दूसरों का, मेरा घर बरबाद करके श्याम के साथ-साथ डोलते हुए स्वयं चैन की वंशी बजाए जा रहे हैं।

१७८६/२८५२ राग गौरी

नैना नहिँ आवैं तुव पास।
कैसैंहू करि निकसे ह्याँ तैं, अतिहीं भए उदास।
अपने स्वारथ के सब कोई, मैं जानी यह बात।
यह सोभा सुख लूटि पाइकै, अब वह काहि पत्यात।
षट रस व्यंजन त्यागि, कहौ कौ, रूखी रोटी खात।
'सूरस्याम' रस-रूप-माधुरी, एते पर न अघात॥

दूसरी गोपी बोली—सखी, तुम्हारी आँखें जो स्याम के पास चली गई हैं, वे अब लौटकर तुम्हारे पास आने वाली नहीं हैं। वे तुम्हारे पास रहकर बहुत उदास और हतास थीं, वे किसी प्रकार यहाँ से निकल कर श्याम के पास गई हैं। मैं तो एक ही बात जानती

हूँ, सभी अपने मतलब के यार होते हैं। तुम्हारी आँखों ने वहाँ जाकर श्याम की शोभा का जो भारी सुख लूट पाया है, उससे अब वह किसी दूसरे का विश्वास करने से रहीं। बताओ तो छहो रसों वाले चकाचक भोजन को छोड़कर रूखी-सूखी रोटी खाना कौन पसंद करेगा। स्याम के रूप में रस की मधुरता तो ऐसी है, अपार है, फिर भी तुम्हारे नेत्र अघा नहीं पा रहे हैं, अतृप्त ही बने हुए हैं।

१७८७/२८५३ राग जैतश्री

नैन परे रस-स्याम-सुधा मैं।
सिव सनकादि ब्रह्म नारद मुनि, ये लुब्धे हैं जामैं।
ऐसौ रस बिलसत नाना विधि, खात खवावत डारत।
सुनहु सखी वैसी निधि तजिकै, क्यौं वै तुमहिं निहारत।
जिनि वह सुधा-पान सुख कीन्हौ, ते कैसैं दुख देखत।
त्यौं ए नैन भए गरबीले, अब काहैं हम लेखत।
काहे कौं अपसोस मरति हौ, नैन तुम्हारे नाहीं।
जाइ मिले 'सूरज' के प्रभु कौं, इत-उत कहूँ ना जाहीं॥

दूसरी गोपी कहती जा रही है—सखी, तुम्हारे नेत्र श्याम के अमृत स्वरूप प्रेम के उस रस में जा पड़े हैं, जिसमें शिव, सनक, सनंदन, सनातन, सनत्कुमार, व्रह्मा और नारद मुनि जैसे लोग लुभाए पड़े रहते हैं। तुम्हारे नेत्र ऐसे रस का उपभोग नाना प्रकार से किए जा रहे हैं, वे स्वयं खाते हैं, दूसरों को खिलाते हैं, यही नहीं, कुछ रस जमीन पर भी लुढ़काते रहे हैं। सखी सुनो, वे ऐसा भांडार छोड़कर, तुम्हारे पास अब क्यों आने लगे? तुम्हारी ओर क्यों देखने लगे? जिन्होंने उस अमृत-रस पीने का सुख भोगा है, वे उससे प्यासे रहने का दुख क्यों देखें? ये नयन अब गर्वोन्मत्त हो गए हैं। ये हमें या तुम्हें अब किस गिनती में मानते हैं। अब हम इनके लेखे नगण्य हैं। व्यर्थ के लिए अफसोस करके क्यों मरी जा रही हो। अब ये नयन तुम्हारे नहीं रह गए हैं। ये तो जाकर श्याम से मिल गए हैं और वहाँ से इधर उधर कहीं भी नहीं जायँगे।

१७८८/२८५४ राग भैरव

नैन परे हरि पाछैं री।
मिले अतिहिं अतुराइ स्याम कौं, रीझे नटवर काछैं री।
निमिष नहीं लागत इकटक हीं, निसि-बासर नहिं जानत री।
निरखत अंग-अंग की सोभा, ताही पर रुचि मानत री।
नैन परे परबस री माई, उनकौं इनि बस कीन्हे री।
'सूरज' प्रभु सेवा करि रिझए, उनि अपने कर लीन्हे री॥

गोपी कह रही है—सखी, मेरे नेत्र, पीतांबर की कछनी काछे हुए श्याम के नटवर रूप पर इतना रीझ गए हैं कि ये अत्यंत हड़बड़ी में जाकर श्याम से मिल बैठे और अब उनके पीछे-पीछे लगे रहते हैं। ये एकटक होकर श्याम की ओर देखते रहते हैं और इनकी पलकें भी एक पल के लिए नहीं गिरतीं। इसीसे इन्हें न दिन होने का पता लगता है, न रात होने

का। ये श्याम की एक एक अंग की शोभा देखते रहते हैं और उन्हीं पर इनकी रुचि बनी रहती है। सखी, ये मेरे नयन अब दूसरे के अधीन हो गए हैं। इन नयनों ने प्रभु की सेवा करके, उनको रिझाकर, अपने बस में कर लिया है और उन श्याम ने भी अब इन्हें अपना मान लिया है।

१७८९/२८५५ राग कल्यान

नैना हरि-अंग-रूप लुब्धे री माई।
लोक-लाज, कुल की मरजादा, बिसराई।
जैसैं चंदा चकोर, मृगी नाद जैसैं।
केचुरि ज्यौं त्यागि फनिग, फिरत नहीं तैसैं।
जैसैं सरिता प्रवाह, सागर कौ धावै।
कोऊ स्रम कोटि करै, तहाँ फिरि न आवै।
तनु की गति पंगु किए, सोचति ब्रजनारी।
तैसैं ये मिले जाइ, 'सूरज' प्रभु ढारी॥

गोपी कह रही है—अरी माई (सखी), मेरे ये नयन हरि के अंगों के रूप पर लुभा गए हैं। इन्होंने लोक-लाज, कुल की मरजादा सबको भुला दिया है। जैसे चकोर चंद्रमा की ओर निर्निमेष ताकता रहता है, जैसे हिरनी वीणा के नाद पर मुग्ध रहती है, वैसे ही मेरे ये नयन श्याम पर मुग्ध हैं। जैसे सर्प केंचुली छोड़कर आगे बढ़ जाता है और फिरकर उसकी ओर देखता तक नहीं, वैसे ही ये नयन मुझे छोड़कर श्याम के पास चले गए हैं और लौटकर मेरे पास नहीं आ पा रहे हैं। जैसे नदी की धारा दौड़कर समुद्र की ओर भाग जाती है, कोई कितना भी श्रम करे, उस ओर नहीं लौटती, जिस ओर से वह आई है, ठीक वही मेरी दशा है, मेरे नयन श्रम करने पर भी मेरे पास नहीं लौट पा रहे हैं। उसी प्रकार तन को पंगु बनाकर, ये मेरे नयन लुढ़ककर प्रभु से जा मिले हैं। ऐसा सोचती हुई व्रज-नारी विकल बैठी हुई है।

१७९०/२८५६ राग कल्यान

लोचन भए स्यामहिँ बस, कहा करौं माई।
जितहीं वै चलत, तितहिँ आपु जात धाई।
मुसुकनि दै मोल लिए, किए प्रगट चेरे।
जोइ-जोइ वै कहत, करत, रहत सदा नेरे।
उनकी परतीति स्याम, मानत नहिँ अबहूँ।
अलकनि रजु बांधि धरे, भाजें जिनि कबहूँ।
मन लैं इनि उनहि दियौ, रहत सदा सँगहीं।
'सूरस्याम' रूप-रासि, रीझे वा रँगहीं॥

गोपी कह रही है—अरी माई (सखी), अब मैं करूँ तो क्या करूँ? मेरे नयन श्याम के अधीन हो गए हैं। श्याम जिधर जाते हैं, उधर ही ये मेरे नेत्र उनके साथ-साथ, पीछे-पीछे, दौड़ पड़ते हैं। उन्होंने अपनी मुसकान देकर इन नयनों को खरीद लिया है और इन्हें

सबके देखते-देखते अपना दास बना लिया है। श्याम जो-जो कहते हैं, ये वही सब करते रहते हैं और सदा उनकी आज्ञा की प्रतीक्षा में उनके निकट बने रहते हैं। इतना होने पर भी श्याम मेरे इन नयनों का विश्वास नहीं करते और अपनी अलकों की डोर में इन्हें बाँधे रखते हैं, जिससे ये कहीं भागकर अन्यत्र न चले जायँ। मन ने इन्हें ले जाकर कृष्ण को सौंप दिया है और अब ये उनके ही साथ सदा बने रहते हैं। ये नयन श्याम को रूप-राशि पर रीझकर उसी के रंग (प्रेम) में रँग गए हैं।

१७९१/२८५७ राग विहागरौ

नैना भए बजाइ गुलाम।
मन बेंच्यौ लै बस्तु हमारी, सुनहु सखी ये काम।
प्रथम भेद करि आयौ आपुन, माँगि पठायौ स्याम।
बेंचि दिए निधरक, हरि लीन्हे, मृदु मुसकनि दै दाम।
यह बानी जहँ-तहँ परकासी, मोल लए कौ नाम।
सुनहु 'सूर' यह दोष कौन कौ, यह तुम कहौ न बाम॥

गोपी कह रही है—हे सखी, मेरे नयन तो डंका बजाकर श्याम के सेवक बन गए हैं। मन ने ले जाकर मेरे नयनों को, मेरी वस्तु को, जिस पर उसका कोई अधिकार नहीं था श्याम के हाथों बेंच दिया। सखी, मन महाराज के ऐसे ही ऊटपटांग काम हैं। पहले उसने श्याम से जाकर चुपके-चुपके सौदा पटाया और श्याम ने भी नयनों को बुला भेजा कि पहले माल तो देख लें। मन ने नयनों को बेखौफ हरि के हाथों बेच दिया। इसके बदले में उसे क्या मूल्य चुकाया गया?—मृदु मुसकान। लोग मोल-चाल की यही बात जहाँ-तहाँ कहते हैं। पर सच बात तो यह है कि क्रय-विक्रय और मूल्य का तो नाम ही नाम है। इसमें दोष किसका है? सुंदरी सखी, तुम्हीं कह बताओ।

१७९२/२८६२ राग कान्हरौ

नैन आपने घर के री।
लूटन देहु स्याम-अँग सोभा, जो हम पर वे तरके री।
यह जानी नीकैं करि सजनी, नहीं हमारे डर के री।
वे जानत हम सरि को त्रिभुवन, ऐसे रहत निधरके री।
ऐसी रिस आवति है उन पर, करैं उनहिं घर-घर के री।
'सूरस्याम' के गर्ब भुलाने, वै उन पर हैं ढरके री॥

दूसरी सखी समझाने लगी—ये तेरे नेत्र तो तेरे ही घर के हैं न? फिर तू इनपर इतना क्यों बिगड़ी जा रही है? तू इन्हें श्याम के अंगों की शोभा भलीभाँति क्यों नहीं लूट लेने देती। लूट का माल तो तेरे ही घर आएगा न? ये आँखें भले ही हमपर तड़क रही हों, झल्लाए जा रही हों, चिंता मत कर।

इस पर पहली सखी बोली—मैंने भली भाँति समझ लिया है कि इन नयनों को हमारा कोई डर नहीं है। वे समझते हैं कि हमारें समान तीनों लोकों में कोई नहीं है क्योंकि हम श्याम का रूप-रस पान कर रहे हैं। इसीलिए वे बेखटक हो गए हैं। मुझे तो इन नयनों पर

इतना क्रोध आ रहा है कि मैं इनको घर-घर की भीख मँगा दूँ। ये श्याम के गर्व में भूले हुए हैं कि श्याम भी इनपर द्रवित हैं, दया करते हैं। कृपा-दृष्टि बनाए रखते हैं और अपना रूप-रस पिलाते रहते हैं।

१७९३/२८६८ राग जैतश्री

नैना हाथ न मेरैं आली।
इत ह्वै गए ठगौरी लावत, सुंदर कमल-नैन बनमाली।
वे पाछैं, ये आगैं धाए, मैं बरजति-बरजति पचि हारी।
मेरैं तन वै फेरि न चितए, आतुरता वह कहौं कहा री।
जैसैं बरत भवन तजि भजिये, तैसेहिं गए फेरि नहिं हेरौ।
'सूरस्याम' रस रसे रसीले, पय पानी, को करै निबेरौ॥

एक गोपी दूसरी से कह रही है—हे सखी, मेरे नयन मेरे हाथ में नहीं रह गए हैं। कमल के समान सुंदर नेत्रवाले बनमाली कृष्ण इधर से ही होकर, जादू डालते हुए से, निकले हैं। मेरे नेत्र तो इतने उतावले हैं कि कन्हैया अभी पीछे ही हैं और ये उनसे भी आगे भग निकले। मैं हठपूर्वक रोकती ही रह गई, और हार मानकर बैठ रही। वे रोकने से भी नहीं रुके। उन्होंने उलटकर मेरी ओर देखा भी नहीं। उनकी इस जल्दबाजी को मैं क्या कहूँ? जैसे जलते हुए घर को छोड़कर लोग भाग जाते हैं, वैसे ही ये मेरे नेत्र चले गए और उलटकर मेरी ओर देखा भी नहीं। मेरे ये रसीले नयन श्याम के रस (प्रेम) में रसमय (मगन) हो गए हैं। ये दूध और पानी से मिलकर अभिन्न हो गए हैं। अब इन्हें कौन अलग कर सकता है।

१७९४/२८६९ राग रामकली

स्याम-रँग रँगे रँगीले नैन।
धोएँ छुटत नहीं यह कैसैंहु, मिले पघिलि ह्वै मैन।
औचक ही आँगन ह्वै निकसे, दै गए नैननि सैन।
नख-सिख अंग-अंग की सोभा, निरखि लजत सत मैन।
ये गीधे, नहिं टरत उहाँ तैं, मोसौं लेन न दैन।
'सूरज' प्रभु कैं सँग-सँग डोलत, नैकुहुं करत न चैन॥

गोपी कह रही है—मेरे रंगीन मिजाज नेत्र श्याम के रंग में रँग उठे हैं, श्याम के प्रेम में निमग्न हो गए हैं। मैं इनके श्याम रंग को धोकर छुड़ा देना चाहती हूँ, पर वह रंग इतना पक्का है कि कितना भी धो रही हूँ, यह छूटने का नाम ही नहीं ले रहा है, वरन् और भी चमकीला होता जा रहा है। ये मोम के समान पिघलकर श्याम रंग में जा मिले हैं। कन्हैया अकस्मात् ही मेरे प्रांगण से होकर निकले और आँखों से इशारा करते गए। उनके नख से लेकर शिखा तक एक एक अंग की शोभा ऐसी है, जिसे देखकर सैकड़ों कामदेव भी लजा जा सकते हैं। मेरे ये नयन ललच गए हैं और वहाँ से टलने का नाम तक नहीं ले रहे हैं। जैसे इनका मुझसे कोई लेना-देना है ही नहीं, जैसे इनका मुझसे कोई सम्बन्ध ही न हो, जैसे ये मेरे हों ही नहीं। ये प्रभु के साथ लगे डोलते फिरते हैं और न तो स्वयं चैन लेते हैं, न मुझे चैन लेने देते हैं।

नैना लुब्धे रूप कौं, अपनैं सुख माई।
अपराधी अपस्वारथी, मोकौं बिसराई।
मन इंद्री तहईं गए, कीन्ही अधमाई।
मिले धाइ अकुलाइ कै, मैं करति लराई।
अतिहिं करी उन अपतई, हरि सौं सुपत्याई।
वै इनसौं सुख पाइ कै, अति करी बड़ाई।
अब वै भरुहाने घिरैं, कहुँ डरत न माई।
'सूरज' प्रभु-मुँह पाइ के, भए ढीठ बजाई॥

गोपी कह रही है—ये मेरी आँखें जो कृष्ण के रूप पर ललच उठी हैं, ये अपने सुख के लिए लुभाकर मुझको भुलाकर वहाँ कृष्ण के पास चली गई हैं। सखी, ये आँखें भारी दोषी हैं और बड़ी मतलबी हैं। पहले तो मेरा मन और मेरी सारी ज्ञानेन्द्रियाँ कृष्ण के पास चली गईं। यह उन सब की अधमता है, नीचता है। और क्या कहूँ। ये मेरी आँखें दौड़कर, हड़बड़ाकर, कृष्ण से जा मिलीं। मैं उनसे लड़ती रह गई, ऐसा न करो, मत जाओ, पर इन्होंने न माना, न माना। इन्होंने बड़ी आफत मचा दी और मेरे साथ विश्वासघात कर बैठीं। इन्होंने हरि से जाकर अपनी विश्वसनीयता स्थापित कर ली, हरि को भी मेरे इन नयनों से भारी सुख मिल गया और वे इनकी बड़ी बड़ाई करने लगे। इसीलिए अब मेरी ये आँखें गर्वोन्मत्त हो गई हैं और हे सखी, अब ये किसी से भी नहीं डरतीं। प्रभु का मुँह पाकर, प्रभु को अपने अनुकूल जानकर, अब मेरी आँखें ललकार कर धृष्ट बन गई हैं।

१७९६/२८७४ राग बिलावल

नैन करैं सुख, हम दुख पावैं।
ऐसौ को, पर-वेदन जानै, जासौं कहि जु सुनावैं।
तातैं मौन भलौ सबही तैं, कहिकै मान गँवावैं।
लोचन मन इंद्री हरि कौं भजि, तजि हमकौं सुख पावैं।
वै तौ गए आपने कर तैं, वृथा जीव भरमावैं।
'सूरस्याम' हैं चतुर सिरोमनि, तिनसौं भेद जनावैं॥

गोपी कहे जा रही है—मेरी ये आँखें तो मस्ती में हैं और रंगरलियाँ उड़ा रही हैं, और हम दुख उठाए जा रही हैं। दूसरों के दुख को समझने वाला, दुखीजनों से सहानुभूति रखनेवाला, यहाँ कौन बैठा है, जिससे अपना दुखड़ा रो सुनावें। इससे चुप बैठ रहना ही अच्छा है। किसी असहृदय से अपना दुखड़ा रोकर अपना सम्मान कौन खोवे। मेरे नेत्र, मन और इंद्रियां सभी हरि को भज रहे हैं, उनके अनुगामी हो गए हैं, और हमको छोड़ देने में ही सुख का अनुभव कर रहे हैं। वे तो हमारे हाथ से निकल ही गए हैं, फिर उनके फेर में पड़कर व्यर्थ ही क्यों अपने प्राणों को दुख दिया जाय? श्याम चतुरों के सरदार हैं। चलो उनसे हम सब इन नयनों का रहस्य कह सुनावें।

१७९७/२८७५ राग धनाश्री

इन नैननि की कथा सुनावैं।
इनकौ गुन-औगुन, हरि-आगैं, तिल-तिल भेद जनावैं।
इनसौं तुम परतीति बढ़ावत, ये हैं अपने काजी।
स्वारथ मानि लेत रति करि कै, बोलत हाँ जी, हाँ जी।
ये गुन नहिँ मानत काहू कौ, अपनैं सुख करि लेत।
'सूरज' प्रभु ये पहिलैं हित करि, फिरि पाछैं दुख देत॥

गोपी कह रही है—चलो, हम सब हरि के पास चली चलें और इन नयनों की सारी कथा उनसे कह सुनावें। इनका सारा गुण-अवगुण, इनका राई रत्ती सभी भेद, कन्हैया के आगे प्रकट कर दें। और कह दें—हरि, हमारी इन आँखों से जो तुम इतना विश्वास बढ़ाए जा रहे हो, वह ठीक नहीं। ये आँखें तो बस अपना मतलब देखनेवाली हैं। ये अपने मतलब के ही लिए तुमसे इतना प्रेम-प्रदर्शन किए जा रही हैं और तुम्हारी हाँ में हाँ मिलाए जा रही हैं। ये किसी का उपकार नहीं मानने वाली हैं। ये बस अपना सुख समेट लेने वाली हैं, ये पहले तो बहुत प्रेम दिखाती हैं, पर कालान्तर में, पीछे से, बहुत दुख देती हैं। इसलिए इनका विश्वास न करें।

१७९८/२८७६ राग सोरठी

ये नैना यौं आहिँ हमारे।
इतने तैं इतने हम कीन्हे, बारे तैं प्रतिपारे।
धोवति, पुनि अंचल लै पोंछति, आंजहि इनहिँ बनाइ।
बड़े भए तब लौन मानि यह, जहँ-तहँ चलत भगाइ।
ऐसे सेवक कहाँ पाइहौ, यहै कहैं हरि आगैं।
ये अब ढीठ भए ह्याँ डोलत, इनहिँ बनै परित्यागैं।
'सूरस्याम' तुम त्रिभुवन-नायक, दुखदायक तुम नाहीं।
ज्यौं त्यौं करि ये हमहिँ मिलावहु, यहै कहैं बलि जाहीं॥

गोपी कहे जा रही है—'ये नयन यों कहने को तो हमारे हैं, पर अब ये हमारे नहीं हैं।' दोनों हथेलियों को परस्पर अत्यंत निकट लाकर इशारे से वे कहती हैं—'ये नयन पहले इसने छोटे को।' फिर वे उन हथेलियों में दूरी बनाती हुई इशारा करती हैं कि अब ये नयन इतने बड़े हो गए हैं। हमने इनको इनके लड़कपन से ही पाला पोसा है। सबेरे सोकर उठने पर इन्हें शीतल जल से धोया है, अपने आंचल के छोर से इन्हें पोंछा है और इनमें भलीभाँति काजर लगाया है, पर अब ये बड़े हो गए हैं और नमक न मानकर ये नमकहरामी हो गए हैं। कृतज्ञ न होकर कृतघ्न हो गए हैं और अब ये जहाँ-तहाँ भागने लगे हैं। हम हरि से यही कहेंगी—इतने कृतघ्न सेवक कहाँ मिलेंगे। ये अब धृष्ट होकर तुम्हारे पास जाकर डोलते फिर रहे हैं। इनको छोड़ देने में ही भला है। श्याम, तुम त्रिभुवन के नायक हो, तुम किसी को दुख नहीं देते, जैसे भी हो हमारे इन नयनों को तुम हमसे पुनः मिला दो। हम बस यही कहती हैं और तुम्हारी बलैया लेती हैं। इसीमें हमें भी सुख है और तुम्हें भी।

१७९९/२८७८ राग सूही

सतर होति काहे कौं माई ।

आए नैन धाइ कै लीजै, आवत अब वे ह्याँ बेहाई ।
जिनि अपनौ घर-दर परित्याग्यौ, उनि तौ उहाँ कछू निधि पाई ।
परे जाइ वा रूप-लूटि मैं, जानति हौं उनकी चतुराई ।
बिनु कारन तुम सोर लगावति, वृथा होति का पर रिसहाई ।
'सूरस्याम' मुख मधुर हँसनि पर, बिबस भए वै तन बिसराई ॥

दूसरी गोपी कह रही है—अरी सखी, इतनी बिगड़ी क्यों जा रही है? यदि तेरे नेत्र लौट ही आते हैं, तो दौड़कर उनका स्वागत करो। पर क्या ये निर्लज्ज होकर तेरे पास लौट ही आएँगे? जिन्होंने अपना घर द्वार त्याग दिया, उन्होंने वहाँ अवश्य ही कुछ बहुत बड़ा कोष पा लिया होगा। मैं उनकी चतुराई खूब समझती हूँ, ये वहाँ कृष्ण के रूप की लूट में लगे हुए हैं। तुम तो अकारण ही चिल्लाए जा रही हो। व्यर्थ ही तुम किस पर इतना क्रोध किए जा रही हो? वे तुम्हारे नयन कृष्ण के मुख की मधुर मुसकान पर अपने को भूल भालकर निछावर हो उठे हैं।

१८००/२८८० राग धनाश्री

नैननि तैं यह भई बड़ाई ।

घर-घर यहै चबाइ चलावत, हमसौं भेंट न पाई ।
कहाँ स्याम मिलि बैठी कबहूँ, कहनावति व्रज ऐसी ।
लूटहिं ये, उपहास हमारौ, यह तौ बात अनैसी ।
येई घर-घर कहत फिरत हैं, कहा करैं पचि हारी ।
'सूरस्याम' यह सुनत हँसत हैं, नैन किए अधिकारी ॥

गोपी कह रही है—इन नयनों से मुझे यही बड़ाई मिली है कि अब घर-घर मेरी चर्चा चलने लगी है कि यह गोपी कृष्ण से मिल बैठी है। पर सखी, क्या कहूँ यह बड़ाई है या लोक-निंदा? असलियत तो यह है कि कृष्ण से हमारी कभी भेंट ही नहीं हुई। मैं श्याम के साथ कब और कहाँ मिलकर बैठी हूँ? पर व्रज में लोग यही कह रहे हैं। लूट का मजा तो हमारे ये नेत्र उठा रहे हैं। हमारे यहाँ तो उपहास ही उपहास है। लोगों का यह कहना तो घोर अन्यायपूर्ण है। मेरे ये नयन ही घर-घर यह सब चर्चा करवाते फिर रहे हैं। मैं क्या करूँ? मैं तो कह कहकर थक गई। जहाँ तक श्याम की बात है, वे तो बातें सुनकर हँस भर देते हैं। उन्हींने मेरे नयनों को अपना अधिकारी कर्ता-धर्ता बना रखा है।

१८०१/२८८१ राग सारंग

नैन भए अधिकारी जाइ ।

यह तुम बात सुनी सखि नाहीं, मन आए गए भेद बताइ ।
जब आवैं कबहूँ ढिग मेरैं, तब-तब यहै कहत हैं आइ ।
हमहीं लै मिलयौ, हम देखत, स्याम रूप में गए समाइ ।

अब वोऊ पछितात बात कहि, उनहूँ कौं वै भए बलाइ ।
अपनौ कियो तुरत फल पायौ, ऐसी मन कीन्ही अधमाइ ।
इंद्री मन अब नैननि पाछैं, ऐसे उनि बस किए कन्हाइ ।
'सूरदास' लोचन की महिमा, कहा कहैं, कछु कही न जाइ ॥

वही गोपी कह रही है—सखी, तुमने यह बात सुनी कि नहीं? मेरे नेत्र कृष्ण के पास जाकर सर्वेसर्वा हो गए हैं। मेरा मन ही मेरे पास आकर मुझसे यह भेद बता गया है। मेरा मन अब जब भी कुछ देर के लिए ही सही, मेरे पास लौटकर आता है, तब-तब यही बात दुहराता है। वह कहता है—मैंने ही ले जाकर इन नयनों को श्याम से मिलाया। हमारे देखते-देखते ये श्याम के रूप में जा मिल बैठे। अब मेरा मन भी यह बात कहकर पछता-पछता उठता है, क्योंकि ये मेरे नयन अब मेरे मन के लिए भी भारी बला, बुरी विपत्ति बन गये हैं। मेरे मन ने मेरे साथ जैसी अभद्रता की थी, उसका फल उसे तुरंत मिल गया। मेरे नयनों रूपी अधिकारी ने कन्हैया को कुछ ऐसा बस में कर लिया है कि उसका रोब-दाब मान कर मेरा मन और मेरी इंद्रियाँ अब मेरे नयनों के पीछे-पीछे दौड़ रहे हैं। मेरे नयन जैसा नाच मेरे मन और इंद्रियों को नचा रहे हैं, वैसे ये नाचे भी जा रहे हैं। इन लोचनों की महिमा मैं क्या कहूँ, कुछ कहते नहीं बनता।

१८०२/२८८२ राग रामकली

जब तैं हरि अधिकार दियौ ।
तबहीं तैं चतुराइ प्रकासी, नैननि अतिहि कियौ ।
इंद्रिनि पर मन नृपति कहावत, नैननि यहै डरात ।
काहे कौं मैं इनहिं मिलाए, जानि बूझि, पछितात ।
अब सुधि करन हमारी लाग्यौ, उनकी प्रभुता देखि ।
हियो भरत कहि इनहिं टराऊँ, वै इक टक रहे पेखि ।
अब मानत हैं दोष आपनौ, हमहीं बेंच्यौ आइ ।
'सूरदास' प्रभु के अधिकारी, येई भए बजाइ ॥

गोपी कहती जा रही है—जबसे हरि ने मेरे नयनों को अपना अधिकारी बना दिया है, तभी से इनकी चतुराई प्रकट होने लगी है और इनकी अति, अत्याचार, बढ़ गया है। इंद्रियों का राजा मन है। पर यह राजा मन भी इन नयनों से डरता रहता है, दबा रहता है। अब मेरा मन ही पछताए जा रहा है—मैंने इन नयनों को हरि से जानबूझकर क्यों ले जा मिलाया? मेरे नेत्रों का प्रभुत्व देखकर अब मेरा मन यदाकदा मेरी सुधि लेने लगा है। अब मेरे मन का भी जी भर भर आने लगा है। मन चाहता है कि मेरे नैन किसी प्रकार श्याम के पास से हट जायँ। पर हटने की कौन कहे, ये तो और भी टकटकी लगाए श्याम का रूप-रस पीए जा रहे हैं। अब मेरा मन अपना दोष स्वीकार करने लगा है कि हमींने नेत्रों को कृष्ण के हाथ मुसकान के बदले बेच दिया है। हुए तो थे ही बिना दाम के गुलाम, पर अब ये डंके की चोट पर प्रभु के अधिकारी बन गए हैं और जो चाहते हैं, करने लगे हैं।

१८०३/२८८५ राग कान्हरौ

ऐसे आपु स्वारथी नैन।
अपनोइ पेट भरत हैं निसिदिन, और न लैन न दैन।
बस्तु अपार परी ओछैं कर, ये जानत घटि जैहै।
को इनसौं समुझाइ कहै यह, दीन्हैं ही अधिकैहै।
सदा नहीं रैहैं अधिकारी, नाउँ राखि जौ लेते।
'सूरस्याम' सुख लूटैं आपुन, औरनि हूँ कौं देते॥

गोपी कहे जा रही है—ये मेरे नेत्र बड़े मतलबी हैं। ये कृष्ण के रूप-रस से रात दिन अपना ही पेट भरते हैं। औरों से इन्हें न कुछ लेना है, न देना। इन्हें अपने मतलब से मतलब। दूसरों से इनका जैसे कोई वास्ता ही नहीं। कृष्ण के रूप का भंडार तो अपार है। अक्षय है। पर यह इन ओछे, खोटे, नयनों के हाथ पड़ गया है। ये नेत्र समझते हैं कि औरों को दे देने से इस रूप-राशि में कुछ कमी आ जायगी। इनसे समझाकर कौन कहे कि देने से यह रूप राशि और बढ़ेगी। ये नेत्र सदा इसी प्रकार अधिकार सम्पन्न नहीं बने रहेंगे। जब तक ये अधिकारी हैं, तब तक तो इन्हें अपना नाम, अपना यश, बढ़ा ही लेना चाहिए था। ये स्वयं रूप-रसपान का सुख लूटते और यह सुख औरों को भी देते रहते। पर ये हैं स्वार्थी और ओछे। ये किसी दूसरे को यह अपार सुख नहीं लेने देंगे।

१८०४/२८८६ राग बिलावल

जे लोभी, ते देहिं कहा री।
ऐसे निठुर नहीं मैं जाने, जैसे नैन महा री।
मन अपनौ कबहूँ बरु ह्वैहै, ये नहिं होहिं हमारे।
जब तैं गए नंद-नंदन ढिग, तब तैं फिरि न निहारे।
कोटि करौं वै हमहिं न मानैं, गीधे रूप अगाध।
'सूरस्याम' जौ कबहूँ त्रासैं, रहै हमारी साध॥

गोपी कहे जा रही है—जो लोभी हैं, वे दूसरे को क्या दे सकते हैं। ये तो सब कुछ समेटकर स्वायत्त कर लेना चाहते हैं। जितने घोर निष्ठुर ये मेरे नेत्र हैं, मैंने इन्हें इतना निर्दय कभी भी नहीं समझा था। मन तो किसी दिन अपना हो भी सकता है, पर ये नयन? कभी भी अपने नहीं हो सकते। जब से ये नेत्र नंद-नंदन के पास गए हैं, तब से इन्होंने उलटकर इस ओर नहीं देखा है। ये श्याम के अपार रूप पर ललचाए हुए हैं। कितना भी करोड़ों उपाय करूँ, ये हमारे नहीं हो सकते। हमारी तो यह भारी साध है कि श्याम इन्हें किसी दिन खूब दंडित कर दें।

१८०५/२८८७ राग नट

नैना भरे घर के चोर।
लेत नहिँ कछु बनै इनसौं, देखि छबि भयौ भोर।
नहीं त्यागत, नहीं भागत, रूप जाग प्रकास।
अलक डोरनि बाँधि राखे, तजौ उनकी आस।

मैं बहुत करि बरजि हारी, निदरि निकसे हेरि ।
'सूरस्याम' बँधाइ राखे, अंग-अँग-छबि घेरि ॥

गोपी कह रही हैं—मेरे ये नेत्र खूब धन से भरे घर में घुसे चोर हैं। ये यह निर्णय ही नहीं कर पा रहे हैं कि क्या क्या लें, क्या क्या छोड़ दें। इस अनिर्णय की दशा में छवि देखते देखते ही सबेरा हो गया। न तो छोड़ते बन पा रहा है, न भागते ही बन पा रहा है। रूप के प्रकाश का जागरण हो गया है। और अब ये चोर कृष्ण की अलकों की डोर में बाँध रखे गए हैं। अब इनके छूटने की आशा ही छोड़ देनी चाहिए। मैंने तो इनको बहुत बहुत रोका, पर रोक कर हार गई। ये मेरी अवज्ञा करके, कृष्ण की रूप-राशि देखकर, मुझे छोड़कर भाग निकले और अब श्याम ने अपने अंग-अंग की छवि से घेर कर इन्हें बँधवा लिया है। भोगें अपनी करनी का फल।

१८०६/२८८८ राग बिलावल

भली करी उनि स्याम बँधाए ।
बरज्यौ नहीं कर्‌यौ उन मेरौ, अति आतुर उठि धाए ।
अल्प चोर, बहु माल लुभाने, संगी सबनि धराए ।
निदरि गए, तैसौ फल पायौ, अब वै भए पराए ।
हमसौं इन अति करी ढिठाई, जो करि कोटि बुझाए ।
'सूर' गए हरि-रूप चुरावन, उन अपबस करि पाए ॥

गोपी कहे जा रही है—श्याम ने अच्छा ही किया, जो इन नयनों को उन्होंने बँधवा दिया। इन्होंने मेरे मना करने पर भी नहीं माना और अत्यंत उतावली में जा दौड़े। इन चोरों की संख्या बहुत कम थी—केवल दो थी। और उधर रूप का बहुत भारी अपार माल था। ये उस माल पर ललच गए। और दोनों साथी चोर पकड़े गए। यह मेरी जैसी अवज्ञा करके गए थे; वैसा फल इनको तत्काल मिल गया। अब ये दूसरे के हो गए। इनपर इनका अपना कुछ भी अधिकार नहीं रह गया। मैंने इन्हें करोड़ों तरह से समझाया बुझाया था, पर इन्होंने मुझसे अत्यंत धृष्टता की। ये गए थे हरि के रूप की चोरी करने, पर हरि ने इनको अपने बस में करके बँधवा लिया। अब करें रूप की चोरी।

१८०७/२८८९ राग विहागरौ

लोचन चोर बाँधे स्याम ।
जातही उन तुरत पकरे, कुटिल अलकनि दाम ।
सुभग ललित कपोल-आभा गिधे, दाम अपार ।
और अँग-छवि--लोग जागे, अब नहीं निरबार ।
सँग गए वै सबै अटके, लटकि अंग अनूप ।
एक एकहिं नहीं जानत, परे सोभा-कूप ।
जो जहाँ, सो तहाँ डार्‌यौ, नैंकु तन-सुधि नाहिं ।
'सूर' गुरुजन डरहिं मानत, यहै कहि पछिताहिं ॥

गोपी कह रही है—श्याम ने इन नयन-चोरों को, जाते ही जाते, तुरंत पकड़ लिया और अपनी टेढ़ी अलकों की रस्सी से बाँध दिया। ये नयन श्याम के अपार मूल्य वाले कपोलों की ललित आभा पर लुभाकर चोरी करने गए थे। पर अन्य अन्य अंगों की शोभा रूपी अन्य लोग जग गए। अब तो बचने का कोई उपाय ही नहीं बचा रह गया। इन नयनों के साथ जो अन्य अन्य जन—मन और इंद्रियाँ—चोरी करने गए थे, वे सभी श्याम के एक-एक अंग की शोभा पर अटक कर लटक गए और पकड़े गए। वे शोभा के अंध-कूप में पकड़ कर अलग-अलग छोड़ दिए गए और किसी को पता नहीं चला कि उनके साथी कहाँ है और वे स्वयं कहाँ हैं। जो जहाँ था, वहीं शोभा के कूप के छोड़ दिया गया। किसी को जरा-सी भी अपने शरीर की सुधि नहीं रह गई। वे यही कहकर पछताए जा रहे थे—अच्छा हुआ होता, हम गुरुजनों की डर मानते रहते। यदि हम गुरुजनों का डर मानते जाते, तो इस प्रकार न बाँधे जाते, न अंध-कूप में गिराए ही जाते।

१८०८/२८९३ राग विहागरौ

नैना ऐसे हैं बिसवासी।

आपु काज कीन्हौ, हमकौं तजि, तब तैं भई निरासी।
प्रतिपालन करि बड़े कराए, जानि आपने अंग।
निमिष-निमिष मैं धोवति, आँजति, सिखए भाव-तरंग।
हम जान्यौ हमकौं ये ह्वैहैं, ऐसे गए पराइ।
सुनहु 'सूर' बरजत ही बरजत, चेरे भए बजाइ॥

गोपी कहे जा रही है—ये नेत्र ऐसे विश्वासघाती है कि क्या कहा जाय। इन्होंने मुझे छोड़ दिया और अपना काम निकाल लिया। तभी से मैंने इनसे किसी भी प्रकार की आशा छोड़ दी है। अपना अंग समझकर मैंने पाल पोसकर इन्हें बड़ा बनाया, पल-पल पर इन्हें धोती रही, आंजन (काजल) लगाती रही और तरह तरह के भावों के अनुरूप इन्हें चलना, ताकना, सिखलाया। हमने समझा था ये हमारे होंगे, पर ये तो परा कर (भाग कर) पराए हो गए। मैं इन्हें रोकती ही रही, पर ये डंका बजाकर दूसरे के गुलाम हो गए।

१८०९/२८९४ राग जैतश्री

नैना भए प्रगटही चेरे।

ताकौ कछु उपकार न मानत, हम ये किए बड़े रे।
जौ बरजौं—यह बात भली नहिँ, हँसत, न नैंकु लजात।
फूले फिरत, सुनावत सबकौं, एते पर न डरात।
यहौ कही हमकौं जनि छाँड़ौ, तुम बिनु तनु बेहाल।
तमकि उठे यह बात सुनत हीं, गीधे गुन-गोपाल।
मुकुट-लटक, भौंहनि की मटकनि, कुंडल-झलक कपोल।
'सूरस्याम' मृदु मुसुकनि ऊपर, लोचन लीन्हे मोल॥

मेरे नेत्र खुले आम कृष्ण के दास बन गए हैं। हमने इनको जो पाल पोसकर इतना बड़ा किया, उसका ये जरा भी उपकार नहीं मानते। मैं इनको रोकती हूँ कि कृष्ण की

गुलामी न करो, तो मेरा यह रोकना इनको अच्छा नहीं लगता और ये खी खी कर हँस देते हैं तथा जरा भी नहीं लजाते। उलटे ये परम प्रसन्न होकर घूमते रहते हैं और सबसे कहकर सुनाते रहते हैं कि हम कृष्ण के सेवक हैं और जरा भी नहीं डरते। हमने अपने नयनों से यह भी कहा कि हमको छोड़ो मत, तुम्हारे बिना मेरा शरीर अत्यंत विकल हो जाता है। पर मेरी यह बात सुनते ही ये क्रोध से लाल हो जाते हैं, क्योंकि ये गोपाल के गुणों पर ललचकर रीझे हुए हैं। अपने मुकुट के किंचित झुकाव से, भौंहे के मटकाव से, कुंडलों के गालों पर झलकाव से, अपनी मधुर मुसकान से कृष्ण ने मेरे नयनों को खरीद लिया है।

१८१०/२८९५ राग सोरठ

लोचन मेरे भृंग भए री।
लोक-लाज बन-घन बेली तजि, आतुर ह्वै जु गए री।
स्याम रूप रस बारिज लोचन, तहाँ जाइ लुबधे री।
लपटे लटकि पराग-बिलोकनि, संपुट-लोभ परे री।
हँसनि प्रकास बिभास देखिकै, निकसत पुनि तहँ पैठत।
'सूर' स्याम अंबुज कर चरननि, जहाँ तहाँ भ्रमि बैठत॥

गोपी कह रही है—अरी सखी, मेरे नेत्र तो भौंरे बन गए हैं। ये लोक-लाज रूपी वन की सघन लता को छोड़कर अकुलाकर उड़ गए है। श्याम के रूप और रस से भरे नेत्ररूपी कमलों पर जाकर ये लुभा बैठे हैं। नयनों की चितवन रूपी पराग पर लिपट कर ये वहीं लटक गए है और इस लोभ में पड़े हैं कि कब संध्या हो, फूला कमल कब संपुटित हो, कली के समान बंद हो जाय और हम उस संपुट में रात्रिवास करें। कृष्ण के मुसकान रूपी प्रकाश को भोर समझ कर ये उस संपुट से निकलते तो हैं, पर वे फिर वहीं प्रविष्ट हो जाते हैं और श्याम के कर और पद रूपी कमलों पर मँडराकर जहाँ तहाँ बार बार उड़ बैठते हैं।

१८११/२८९६ राग रामकली

लोचन-भृंग कोस-रस पागे। स्याम-कमल-पद सौं अनुरागे॥
सकुच कानि बन बेली त्यागी। चले उड़ाइ सुरति रति लागी॥
मुकुति-पराग-रसहिँ इनि चाख्यौ। भव-सुख-फूल-रसहिँ इनि नाख्यौ॥
इनि तैं लोभी और न कोई। जो पटतर दीजै कहि सोई॥
गए तबहिँ तैं फेरि न आए। 'सूरस्याम' वै गहि अटकाए॥

गोपी कह रही है—मेरे नेत्र रूपी भौंरे कृष्ण के सौंदर्य रूपी कमल के रस में डूब गए हैं, पग गए हैं। उनका प्रेम श्याम के कमल के समान चरणों से हो गया है। उन्होंने लोक की सकुच (लाज), और कुलकी कानि (मर्यादा) रूपी वन की वेलि को छोड़ दिया है और श्याम के रूप के प्रेम में उड़ चले हैं। इन्होंने मुक्ति रूपी पराग के रस को चख लिया है और सांसारिक सुख रूपी फूलों के रस की अवमानना कर दी है। सांसारिक सुखों को ये लाँघ गए हैं। इनसे बढ़कर लोभी कोई दूसरा नहीं है, जिससे इनकी बराबरी कहकर दी जा सके। जबसे ये नेत्र श्याम के पास गए हैं, तब से ये लौटकर फिर नहीं आए। श्याम ने उन्हें पकड़कर अपने पास अटका रखा है।

१८१२/२८९९ राग रामकली

नैन भए बस मोहन तैं।
ज्यौं कुरंग बस होत नाद के, टरत नहीं ता गोहन तैं।
ज्यौं मधुकर बस कमल-कोस कै, ज्यौं बस चंद चकोर।
तैसैंहि ये बस भए स्याम के, गुड़ी-बस्य ज्यौं डोर।
ज्यौं बस स्वाति-बूँद के चातक, ज्यौं बस जल के मीन।
'सूरज' प्रभु के बस्य भए ये, छिनु-छिनु प्रीति नवीन॥

गोपी कह रही है—मेरे ये नयन मोहन के बस में हो गए हैं और उनके पास से जरा भी नहीं टलते। जैसे हिरन वीणा की ध्वनि पर उसके बस में हो जाता है, जैसे भौंरा कमल के कोश के बस में ही रहता है, जैसे चकोर चंद्रमा के बस में बना रहता है, जैसे पतंग डोर के बस में बनी रहती है, वैसे ही मेरे ये नेत्र श्याम के बस में हो गए हैं। जैसे स्वाति नक्षत्र के बादल की जल—बूँद के बस में पपीहा रहता है, जैसे जल के बस में मछली बनी रहती है, उसी प्रकार मेरे ये नेत्र भी प्रभु कृष्ण के बस में हो गए हैं और उनके प्रति इनकी प्रीति हर क्षण नई-नई होती जा रही है।

१८१३/२९०० राग टोड़ी

ऐसे बस्य न काहुहिं कोऊ।
जैसे बस्य नंदनंदन के, ये नैना मेरे दोऊ।
चंद चकोर नहीं सरि इनकी, एकौ पल न बिसारत।
नाद कुरंग कहा पटतर इन, ब्याध तुरत ही मारत।
ये बस भए सदा सुख लूटत, चतुर चतुरई कीन्हे।
'सूरदास' प्रभु त्रिभुवन के पति, ते इन बस करि लीन्हे॥

गोपी कह रही है—मेरे ये दोनों नेत्र जिस प्रकार नंद के नंदन श्याम के बस में हो गए हैं, ऐसा तो कोई भी किसी के बस में नहीं होता। चकोर भी चंद्रमा के बस में ऐसे नहीं होते, जैसे मेरे ये नेत्र श्याम के बस में हो गए हैं। चकोर तो चंद्रमा को दिन में बिसरा रहता है, पर मेरे ये नेत्र श्याम में दिन-रात बराबर लीन रहते हैं और एक पल के लिए भी उन्हें नहीं बिसराते। हिरन की वीणा-नाद के प्रति वश्यता भी इनके समतुल्य नहीं है, क्योंकि बहेलिया मुग्ध हिरन को तुरत मार डालता है, पर मेरे ये नेत्र श्याम के बस में रहते हुए भी सदा सुख लूटते रहते हैं। इनके अतिरिक्त इन चतुरों ने तो एक और अनोखी चतुराई कर दिखाई है। जो त्रिभुवन के स्वामी है, उन श्याम को भी ये अपने बस में कर बैठे हैं।

१८१४/२९०१ राग जैतश्री

ये नैना अपस्वारथ के।
और इनहिं पटतर क्यौं दीजै, जे हैं बस परमारथ के।
विना दोष हमकौं परित्याग्यौ, सुख कारन भए चेरे।
मिलें धाइ, बरज्यौ, नहिं मान्यौ, तक्यौ न दहिनैं डेरे।

इनकौ भलौ होइगौ कैसैं, नैंकु न सेवा मानी।
'सूरस्याम' इनपर कह रीझे, इनकी गति नहिं जानी॥

गोपी कह रही है—मेरे ये नयन भारी स्वार्थी हैं। ये अपना ही मतलब देखते हैं। और किसी दूसरे से इनकी उपमा भला क्या दी जा सकती है, क्योंकि वे सभी तो परमार्थी हैं, दूसरों का भी भला चाहनेवाले हैं। इन नयनों ने बिना किसी दोष के हमें छोड़ दिया है और अपने सुख के लिए जाकर श्याम के सेवक बन बैठे हैं। ये दौड़कर श्याम से जा मिले हैं, रोकने पर भी इन्होंने नहीं माना है और बिना दाएँ बाएँ देखे सीधे श्याम के पास सरपट भागे हैं। इन्होंने मेरी सेवा पर जरा भी ध्यान न दिया, उसके प्रति कृतज्ञ नहीं हुए, फिर इनका भला होगा तो कैसे होगा। श्याम ने भी इनकी करतूत नहीं समझी बूझी, न जाने कैसे इन पर ये भी रीझ उठे।

१८१५/२९०३ राग सूही

नैना लोन-हरामी ये।
चोर ढुंढ बटपार कहावत, अपमारगी अन्यायी ये।
निलज निर्दयी निसँक पातकी, जैसे आपुस्वारथी वै।
बारे तैं प्रतिपालि बढ़ाए, बड़े भए तब गए तजि कै।
हमकौं निदरि करत सुख हरि-सँग, वै उनकौं लीन्हौ हित कै।
मिले जाइ 'सूरज' के प्रभुकौं, जैसैं मिलत नीर अरु पै॥

गोपी कह रही है—ये मेरे नयन भारी नमकहराम हैं। ये परोपकार मानने वाले नहीं हैं। ये चोर हैं, ढुंढ (ढूँढ़ ढूँढ़कर मूस ले जाने वाले उचक्के) हैं, रहजन हैं, कुमार्गी हैं, अन्यायी हैं, निर्लज्ज हैं, निष्ठुर हैं, निशंक हैं, पापी हैं, मतलबी हैं। मैंने लड़कपन से इनको पाल पोष कर बड़ा बनाया। जब ये बड़े हो गए, तब हमें छोड़कर श्याम के पास चले गए। हमारी अवज्ञा करके ये श्याम के साथ रंगरली कर रहे हैं। श्याम ने भी इनको अपना हितैषी मान लिया है। ये नेत्र श्याम से जाकर ऐसे मिल गए हैं, जैसे दूध और पानी मिल जाते हैं और अलग नहीं किए जा सकते।

१८१६/२९०४ राग जैतश्री

नैन मिले हरि कौं ढरि भारी।
जैसैं नीर नीर मिलि एकै, कौन सकै निरुवारी।
बात-चक्र ज्यौं तृनहिं पड़त लै, देह-संग ज्यौं छाहिँ।
पवन बस्य ज्यौं उड़त पताका, ये तैसे छबि माहिँ।
मन पाछै, ये आगैं धावत, इंद्री इनहिँ लजाने।
'सूरस्याम' जैसे इन जाने, त्यौं काहूँ नहिँ जाने॥

गोपी कह रही है—मेरे ये नेत्र लुढ़ककर हरि ये ऐसे जा मिले हैं, जैसे पानी में पानी जा मिलकर एक हो जाता है। जैसे पानी से पानी को अलग कर पाना संभव नहीं, उसी प्रकार श्याम की छवि से मेरे इन नयनों को अलग कर पाना किसी के लिए शक्य नहीं है। जैसे आँधी तिनकों को ले उड़ती है, जैसे परछाईं बराबर शरीर के साथ लगी रहती है, जैसे हवा

के अधीन होकर पताका उड़ती जाती है, वैसे ही मेरे ये नयन श्याम की शोभा के साथ बराबर लगे रहते हैं। श्याम के पास दौड़े जाने में ये नयन मन को भी हरा कर पीछे छोड़ जाते हैं और स्वयं आगे बढ़ जाते हैं। अन्य इंद्रियाँ भी इनसे लज्जित हो जाती है, श्याम को मेरे इन नयनों ने जैसा कुछ जान पाया है, वैसा कोई भी उन्हें (श्याम को) नहीं जान पाया है।

१८१७/२९१४ राग मलार

तब तैं नैन रहे इकटकहीं।
जब तैं दृष्टि परे नँद-नंदन, नैंकु न अंत मटकहीं।
मुरली धरे अरुन अधरनि पर, कुंडल झलक कपोल।
निरखत इकटक पलक भुलाने, मनौ बिकाने मोल।
हमकौं वै काहैं न बिसारें, अपनी सुधि उन नाहिँ।
'सूरस्याम' छबि-सिंधु समाने, बृथा तरुनि पछिताहिँ॥

गोपी कह रही है—जब से नंदनंदन दिखाई पड़े हैं, तब से मेरे नयन इन्हें एक टक होकर देखे जा रहे हैं और जरा भी हटकर अन्यत्र नहीं जा पा रहे हैं। अपने अरुण अधरों पर मुरली रखे हुए और कपोलों पर स्वर्ण कुंडल की चमचमाती चंचल आभा लिए हुए श्याम को ये नेत्र अपलक होकर, पलकें गिराना भूलकर, देखते जा रहे हैं, जैसे उनके हाथ बिक गए हों। जब इन नयनों को अपनी ही सुधि-बुधि नहीं रह गई है, तब ये यदि हमको भुला बैठे हैं, तो इन्हें बहुत दोष नहीं दिया जा सकता। अब ये नयन श्याम के सौंदर्य-समुद्र में कूद पड़े हैं, गोप-तरुणियाँ व्यर्थ ही पछताए जा रही है।

१८१८/२९१५ राग मलार

नैना नैननि मांझ समाने।
टारैं टरत न इक पल, मधुकर ज्यौं रस मैं अरुझाने।
मन गति पंगु भई, सुधि बिसरी, प्रेम-पराग लुभाने।
मिले परस्पर खंजन मानौ, झगरत निरखि लजाने।
मन बच क्रम पल-ओट न भावत, छिनु-छिनु जुग परमाने।
'सूरस्याम' के बस्य भए ये, जिहिँ बीतै सो जानै॥

गोपी कह रही है—मेरे नयन श्याम के नयनों में समा गए हैं, वहाँ से ये एक पल के लिए भी उसी प्रकार, नहीं टल पा रहे हैं, जैसे कमल के मधु में उलझा हुआ भौंरा उससे अपने को अलग नहीं कर पाता। ये नयन रूपी भौंरे प्रेम रूपी पराग में लुभा गए हैं। इनकी यह गति देखकर मन की भी गति पंगु हो गई है। चंचल मन भी सुधि-बुधि-हीन होकर स्थिर हो गया है। श्याम की आँखों के खंजन से हमारे नयनों के खंजन को लड़ते देखकर मन लजा गया है, क्योंकि यह सोचने लगा है कि मैंने ही तो गोपी के नयनों को श्याम के नयनों से ला लड़ाया है। अब इन नयनों को मनसा, वाचा, कर्मणा हरि से एक पल के लिए भी विलग होना अच्छा नहीं लग पा रहा है और इनके लिए एक-एक क्षण युग के समान बीत रहा है। मेरे ये नयन तो श्याम के बस में होकर मजा उड़ा रहे हैं। पर मुझपर जो बीत रही है, वह मैं ही जान रही हूँ। जाके पैर न फटी बेवाई, सो का जानै पीर पराई।

१८१९/२९१६ राग गौरी

मैरें माई लोभी नैन भए।
कहा करौं ये कह्यौ न मानत, बरजतहीं जु गए।
रहत न घूँघट-ओट-भवन मैं, पलक-कपाट दए।
लए फँदाइ बिहंगम, मानौ मदन-ब्याध बिधए।
नहिँ परमिति मुख-इंदु सुधा निधि, सोभा नितहिँ नए।
'सूरस्याम' तनु-पीत-बसन छबि, अंग अंग जितए॥

गोपी कह रही है—अरी मैया (सखी), मेरे ये नयन बड़े लालची हो गए हैं। मैं क्या करूँ, ये मेरा कहना मानते ही नहीं, मेरे रोकने पर भी ये श्याम के पास चले गए। मैं इन्हें अपने घूँघट रूपी पट-वास (भवन, तंबू) में पलकों का किवाड़ देकर बंद रखती हूँ, फिर भी ये वहाँ बंद नहीं रह पाते। लगता है जैसे कामदेव रूपी बहेलिए ने किसी पक्षी को विद्ध करके फंदे में फँसा रखा हो। कन्हैया का मुखरूपी चंद्रमा मानो अमृत का अपार समुद्र है और उसकी शोभा नित्य नित्य नई होती जा रही है। उनके शरीर पर पीतांबर की छवि का क्या कहना। उसने तो जैसे मेरे अंग-अंग को जीत लिया हो।

१८२०/२९१७ राग विहागरौ

नैना लोभहिँ लोभ भरे।
जैसैं चोर भरे घर पैठत, बैठत उठत खरे।
अंग अंग सोभा अपार निधि, लेत न, सोच परे।
जोइ देखै सोइ सोइ निरमोलै, कर लै, तही धरे।
त्यौं लुब्धे ये टरत न टारे, लोक-लाज न डरे।
'सूर' कछू उन हाथ न आयौ, लोभ-जाग पकरे॥

गोपी कह रही हैं—ये मेरे नयन अपार लोभ से भरे हुए हैं। जैसे कोई चोर वैभव-पूर्ण किसी घर में घुसे, वहाँ की एक एक बहुमूल्य वस्तु पर उसकी निगाह पड़े और क्या ले, क्या छोड़ दे, इस अनिर्णय की स्थिति में पड़कर, वह कभी बैठे और कभी उठकर खड़ा हो जाय। वह जो भी देखता है, सभी तो एक से एक अधिक मूल्य का है। वह उस पदार्थ को उठाता है, फिर उसे वहीं रख देता है। उसका जी तो लोभ में पड़ा हुआ है। लोभ के कारण वह वहाँ से टलता भी नहीं और न लोकलाज को डरता ही है। वह लोभ में पड़ा रह जाता है। अंततः सबेरा हो जाता है और लोग जाग जाते हैं और वह चोर पकड़ा जाता है और उसके हाथ कुछ भी नहीं लगता।

ठीक यही दशा मेरे इन नयन-चोरों की है। ये कन्हैया के एक एक अंग की शोभा निरखते परखते ही रह जाते हैं, कुछ भी नहीं पाते और अंत में पकड़कर बाँध दिए जाते हैं।

१८२१/२९१८ राग सोरठ

नैना ओछे चोर अरी री।
स्याम-रूप-निधि नोखैं पाई, देखत गए भरी री।

अंग-अंग-छबि चित्त चलायौ, सो कछु रहति परी री।
कहा लेहिँ, कह तजैं, बिबस भए, तैसिय करनि करी री।
पुनि-पुनि जाइ एक इक लेते, आतुर धरनि धरी री।
भोरे भए भोर सौ ह्वै गयौ, घरे जगार परी री।
जो कोउ काज करै बिनु बूझैं, पेलनि लहत हरी री।
'सूरस्याम' बस परे जाइ कै, ज्यौं मोहिं तजी खरी री॥

गोपी कह रही है—अरी सखी, मेरे ये नयन बड़े ओछे चोर है। चोरी की कला में पूर्ण पारंगत नहीं हुए हैं। इनको श्याम के रूप का अनोखा कोश मिल गया है। वे उस पूर्ण रूप से भरे कोश को एक ओर से दूसरी ओर देखते भर चले गए।

कन्हैया के एक एक अंग की छवि पर उनका चित्त तो चला गया, पर निर्णय न कर पाने के कारण कि क्या लें, क्या नहीं, वे सभी जहाँ की तहाँ पड़ी रह गई। वे अंततः लाचार हो गए और पूर्ववत् उठा-धरी करते रह गए। एक एक को उठाते, फिर उसे अकुलाकर यहीं छोड़ देते। सबेरा हो जाने पर वे चकराकर रह गए। घर में सभी लोग जाग गए। जो कोई बिना समझे कार्य करता है, वह इसी प्रकार का दंड भोगताहै। मारपीट में उसकी नसें ढीली और नीली पड़ जाती हैं। इन नयनों ने जिस प्रकार अकारण मुझ सच्ची को छोड़ दिया था, वैसा ही दंड इन्हें श्याम के बस में होकर भोगना पड़ा।

१८२२/२९२६ राग नट

नैननि कोउ समुझावैं री।
अपनौ घर तुम छाँड़े डोलत, मेरे ह्यां लै आवै री।
यहौ बूझि देखौ नीकैं करि, जहाँ जात कछु पावै री।
देखत के सब साँचे लागत, ताहि छुवत नहिं आवै री।
वृथा फिरत नट के गुन देखत, नाना रूप बनावै री।
'सूरस्याम' अंग-अंग-माधुरी, सत-सत मदन लजावै री॥

गोपी कह रही है—मेरे इन नयनों को कोई जा समझाता और पूछता—अरे नयनों, तुम अपना घर छोड़कर कहाँ घूमते फिर रहे हो। यह पूछकर, समझा-बुझाकर कोई इन नयनों की मेरे पास ले आता, तो अच्छा होता। कोई इन नयनों से जा पूछे—जहाँ जाते हो, वहाँ तुम्हें कुछ मिलता भी है? देखने में कन्हैया का सब सौंदर्य सच्चा जान पड़ता है। पर यह तो पकड़ में आता ही नहीं। तुम लोग तो व्यर्थ ही नट की कला देखते फिरते हो, जो नाना रूप बनाता फिरता है। श्याम के एक एक अंग की रूप माधुरी तो सौ-सौ कामदेवों को लज्जित कर डालने वाली है। क्योंकि वह पल-पल अपना रूप बदलती रहती है, नित्य नवीन होती रहती है।

१८२३/२९३४ राग बिहागरौ

नैन गए, न फिरे री माई।
ज्यौं मरजादा जाइ सुपत की, बहुरयौ फेरि न आई।

ज्यौं बालापन बहुरि न आवै, फिरै नहीं तरुनाई ।
ज्यौं जल ढरत, फिरत नहिं पाछैं, आगैं आगैं जाई ।
ज्यौं कुलबधू बाहिरी परिकै, कुल मैं फिरि न समाई ।
वैसी दसा भई इनहूँ की, 'सूरस्याम' सरनाई ॥

गोपी कह रही है—मेरे नेत्र जो एक बार श्यामसुंदर के पास गए, तो फिर लौटकर वापस नहीं आ पाए। जैसे एक बार पति या प्रतिष्ठा चले जाने पर फिर वापस नहीं आती, जैसे बाल्यावस्था चले जाने पर फिर नहीं लौटती, जैसे जवानी चले जाने पर लौटकर नहीं वापस आती, जैसे जल लुढ़क जाने पर नीचे की ओर आगे आगे बढ़ता जाता है, ऊँचाई की ओर पीछे नहीं मुड़ता, जैसे कुलवधू एक बार अपने घर से बाहर जाकर फिर अपने कुल में प्रवेश नहीं पाती, वैसी ही दशा मेरे इन नयनों की हुई है। स्याम की शरण में जाकर ये वापस नहीं लौट सके हैं।

१८२४/२९३५ राग सूही

जब तैं नैन गए मोहिं त्यागि ।
इंद्री गई, गयौ तनु तैं मन, उनहिं बिना अवसेरी लागि ।
वे निरदई, मोह मेरैं जिय, कहा करौं मैं भई बिहाल ।
गुरुजन तजे, इहाँ इन त्याग्यौ, मेरे बाँटैं पर्‌यौ जँजाल ।
इत की भई न उत की सजनी, भ्रमत भ्रमत मैं भई अनाथ ।
'सूरस्याम' कौं मिले जाइ सब, दरसन करि वै भए सनाथ ॥

गोपी कह रही है—इंद्रियाँ चली गई थीं और मन भी चला गया था। परंतु जब से मेरे नयन मुझे त्याग गए हैं, तभी से इनके बिना मुझे भारी चिंता हो गई है। ये नेरे नेत्र निर्दय हैं, पर मेरे मन में तो इनके लिए मोह है। मैं क्या करूँ? इनके बिना तो मैं विकल हो उठी हूँ। एक ओर तो मेरे बड़े बूढ़ों ने मुझे त्याग दिया, दूसरे इन नयनों ने मुझे त्याग दिया। अब मेरे हिस्से में केवल विपत्ति है। हे सखी, न मैं इधर की हुई, न उधर की। भटकते-भटकते तो मैं अनाथ हो गई। मेरे सिर पर हाथ रखने वाला कोई नहीं रह गया। मेरा मन, मेरी इंद्रियाँ और मेरे दोनों नयन जाकर श्याम से मिल गए हैं और वे सभी श्याम का दर्शन पाकर सनाथ हो गए हैं। यदि कोई अनाथ रह गया है तो मैं।

१८२५/२९३६ राग बिलावल

नैना मेरे मिलि चले, इंद्री अरु मन संग ।
मोकौं व्याकुल छाँड़ि कै, आपुन करैं जु रंग ॥ १ ॥
अपनौ नहिं कबहूँ करैं, अधमनि के ये काम ।
जनम गँवायौ साथहीं, अब हम भई निकाम ॥ २ ॥
धिक जन ऐसे जगत मैं, यह कहि-कहि पछिताति ।
धर्म हृदय ज़िनकैं नहीं, धिक तिनकी है जाति ॥ ३ ॥
मनसा वाचा कर्मना, गए बिसारि-बिसारि ।
'सूर' सुमिरि गुन नैन के, बिलपति हैं, ब्रज-नारि ॥ ४ ॥

गोपी कह रही है—मेरे नेत्र, मेरी इंद्रियों और मेरे मन के नाथ मिलकर श्याम के पास चले गए। वे मुझे तो विकल छोड़ गए हैं और स्वयं रंगरलियाँ मना रहे हैं॥ १॥ जो अपने हैं, सगे हैं, वे अधमों का यह काम नहीं करते। हमने तो अपना सारा जीवन इनके साथ बिता दिया। अब हम इनके लिए किसी काम की नहीं रह गईं, तभी तो ये हमें छोड़कर चले गए। किसी काम का समझते, तो जाते ही क्यो?॥ २॥ जिनके हृदय में धर्म नहीं है, जिन्हें कर्तव्य और अकर्तव्य का विचार नहीं है, ऐसे लोगों की जाति को धिक्कार है और ऐसे लोगों का जीवन ही इस संसार में धिक्कारने योग्य है॥ ३॥ यह कह-कहकर गोपियाँ पछताने लगीं। ये नेत्र हमको मन से, वचन से, कर्म से, सब तरह से बिसरा गए हैं। व्रज नारियाँ नैनों के इस गुण (?) को स्मरण करके विलख रही हैं॥ ४॥

१८२६/२९३८ राग आसावरी

मोहूँ तैं वै ढीठ कहावत।
जबहीं लौं मैं मौन धरे हौं, तब लौं वे कामना पुरावत।
मैं उनकौ पहिलै करि राख्यौ, वै मोकौं काहें बिसरावत।
आपु काज कौं उनहिं चले मिलि, बाँटौ देत, रोइ अब आवत।
बहुतै कानि करी मैं सजनी, अब देखौ मरजाद घटावत।
जो जैसौ तासौ त्यौ चलियै, हरि आगैं गढ़ि बात बनावत।
मिले रहैं नहिँ उनको चाहति, मेरौ लेखौ क्यों न बुझावत।
'सूरस्याम' सँग गर्ब बढ़ायौ, उनहीं कै बल बैर बढ़ावत॥

गोपी कह रही है—अभी तक मैं चुप थी। पर अब मुझसे चुप नहीं रहा जाता। ये धृष्ट नयन मुझको बाध्य कर रहे हैं कि मैं इनके संबंध में कुछ कहूँ। जब तक मैं मौन धारण किए हुए हैं, तभी तक ये अपनी कामना पूरी कर लें। मैंने जब उनको आगे आगे कर रखा था, पहले वे ही हरि दर्शन करते रहे हैं। तब वे न जाने क्यों हमें भुल बैठे हैं। मेरे नयन अपने काम के लिए तो श्याम से जा मिले, पर अब हिस्सा देने में इन्हें रोना आ रहा है। मैंने इन नयनों की मर्यादा का अब तक बहुत ध्यान रखा था। अब हम भी इनकी मर्यादा घटा देंगी। जो जैसा है, उसके साथ वैसा ही व्यवहार करना चाहिए। वे हरि के सामने मेरे संबंध में झूठी-सच्ची बातें गढ़-गढ़ कर सुनाया करते हैं। वे हरि से मिले रहें, हम अब इनको नहीं चाहती। बस ये हमारा हिसाब-किताब हमें समझा दें। श्याम का साथ मिल जाने का इन्हें बड़ा गर्व हो गया है। ये उन्हीं के बल पर हमसे बैर बढ़ाए जा रहे हैं।

१८२७/२९३९ राग धनाश्री

नैना रहैं न मेरे हटकैं।
कछु पढ़ि दियौ सखी उहिं ढोटा, घूँघर वारि लटकैं।
कज्जल कुलुफ मेलि मंदिर मैं, पल सँदूक पट अटकैं।
निगम नेति कुल लाज टुटै सब, मन गयँद के झटकैं।
मोहनलाल करी बस अपनैं, हौं निमेष के मटकैं।
'सूरदास' पुर नारि फिरावत, संग लगाए नट कैं॥

गोपी कह रही हैं—मेरे नेत्र मेरे रोकने पर भी नहीं मानते। सखी, उस घुँघराली अलकों वाले छोकरे ने कुछ टोना सा पढ़ दिया। मैंने इन नयनों को पलकों के संदूक के पटरों के भीतर घर में काजल का ताला लगा कर रोक दिया था, पर मन रूपी मतवाले हाथी के धक्का मार देने से वेद की नीति, कुल की लज्जा सब टूट गए। पलकों को मटकाकर ही मुझे मोहनलाल ने अपने बस में कर लिया है और व्रज की सारी नारियों को भी वह अपने साथ लिए नचाता फिर रहा है।

१८२८/२९४० राग सारंग

नैना निपट विकट छबि अटके।
टेढ़ी कटि, टेढ़ी कर मुरली, टेढ़ी पाग लर लटके।
देखि रूप रस सोभा रीझे, फेरे फिरत न घटके।
पारत वचन कमल-दल-लोचन लाल के मोदनि अटके।
मंद-मंद मुसकात सखनि मैं, रहत न काहूँ हटके।
'सूरदास' प्रभु-रूप लुभाने, ये गुन नागर नट के॥

गोपी कह रही है—मेरे नेत्र कन्हैया की टेढ़ी छवि पर पूर्ण रूप से अटक गए हैं। ये नेत्र कन्हैया को टेढ़ी कमर पर, उनके हाथ की टेढ़ी मुरली पर, उनके सिर की टेढ़ी पगड़ी पर लटकती मोती की टेढ़ी लड़ी पर लटक गए हैं। कन्हैया के रूप-रस की शोभा देखकर ये रीझ उठे हैं और लौटाने से भी शरीर में पुनः नहीं लौट पा रहे हैं। कमल की पंखड़ियों के समान नेत्रों वाले लाल (श्याम) के मोदपूर्ण वचनों में ये अटक गए हैं। जब श्याम अपने सखाओं के बीच मंद-मंद मुसकाते हैं, तब ये नयन किसी के भी रोकने से रुक नहीं पाते। ये नेत्र नटनागर के रूप और गुण पर लट्टू हो गए हैं।

१८२९/२९४१ राग काछी

नैना अटके रूप मैं, पल रहत बिसारे।
निसि-बासर नहिँ सँग तजैं, भरि-भरि जल ढारे।
अरुन अधर, दुज चमकहीं, चपला चकचौंधनि।
कुटिल अलक छबि घूँघरे, सुमना-सुत सोंधनि।
चंपकली सी नासिका, रँग स्यामहिँ लीन्हे।
नैन बिसाल समुद्रसे, कुंडल स्रुति दीन्हे।
तहँ ये रहे लुभाइ कै, कछु समुझि न जाई।
'सूरस्याम' बेबस किए, मोहिनी लगाई॥

गोपी कह रही है—मेरे नेत्र कृष्ण के रूप में अटक गए हैं, फँस गए हैं। वे पलकें गिराना भूलकर रात दिन श्याम के साथ लगे रहते हैं और जल भर-भरकर अश्रु-धार गिराते रहते हैं। उनके लाल लाल होठ हैं, उनके दाँत चमकते रहते हैं, मानो बिजली आँखों को चौंधियाये दे रही हो। उनकी अलकें घुँघुराली है, जिनमें चमेली का इत्र लगा हुआ है। उनकी नाक चंपा की कली के सदृश है। उनका रंग साँवलापन लिए हुए है। उनके नयन समुद्र जैसे भारी हैं। वे अपने कानों में सोने के कुंडल पहने हुए हैं। वहीं जाकर

मेरे ये नयन लुभा गए हैं। कुछ समझ नहीं पड़ता कि श्याम ने इनपर कौन-सी मोहिनी डाल दी है और इन्हें बिवश बना लिया है।

१८३०/२९४२ राग जैतश्री

लोचन भूलि रहे तहँ जाई।
अंग-अंग-छबि निरखि माधुरी, इकटक पल बिसराई।
अति लोभी अँचवत अघात हैं, तापर पुनि ललचात।
देत नहीं काहू कौं नैंकहुँ, आपुहिं डारत खात।
ओछैं हाथ परी अपार निधि, काहू काम न आवै।
'सूरस्याम' इनहीं कौं सौंपी, यह कहि-कहि पछितावै॥

गोपी कह रही है—मेरे नेत्र श्याम के अंग अंग का माधुर्य देखकर, पलक गिराना भूलकर, टकटकी लगाकर, वहीं अपने को भूल बैठे हैं। ये अत्यंत लोभी हैं। इस रूप-रस को पीकर वे तृप्त हो जाते हैं, फिर भी उस पर ललचाए बने रहते हैं। ये इस रूप-रस का एक भी अंश किसी को नहीं देते। अपने ही खाते हैं, अपने ही उसके कण भूमि पर गिराते हैं। ओछे के हाथ में श्याम के रूप की अपार राशि पड़ गई है। यह किसी के भी काम नहीं आनेवाली है। अफसोस तो यही है कि श्याम ने अपनी यह सारी रूप-राशि इन्हीं नयनों को सौंप दी है। यह कह कहकर गोपी पछताने लगी।

१८३१/२९४३ राग धनाश्री

नैननि यह कुटेव पकरी।
लूटत स्याम-रूप आपुनहीं, निसि-दिन, पहर-घरी।
प्रथमहिं इन यह नोखैं पाई, गए अतिहिं इतराइ।
मिले अचानक बड़भागी है, पूरन दरसन पाइ।
लोभी बड़े, कृपा को इन सरि, कृपा भई यह न्यारी।
'सूरस्याम' उनकौं भए भोरे, हमकौं निठुर मुरारी॥

गोपी कह रही है—मेरी आँखों की यह बड़ी बुरी आदत पड़ गई है। ये दिन रात, हर प्रहर, हर घड़ी, श्याम की रूप राशि अकेले ही अकेले लूटे ले रही हैं। इन आँखों ने अनायास यह अनोखी निधि पा ली है, इसीलिए ये इतरा उठी है। इन्हें हरि का पूर्ण दर्शन मिल गया है। ये बड़भागिनी हैं, जो अचानक हरि से जा मिलीं। ये बड़ी लालची हैं और इनके समान कंजूस भी कोई दूसरा नहीं। इन पर हरि की यह भारी और अद्‌भुत कृपा हो गई है। श्याम इन आँखों के लिए एक दम भोले भाले बन गए हैं। पर हम अभागिनी हैं कि मुरारि हमारे लिए निष्ठुर बन गए हैं। हम पर ये जरा भी दया-दृष्टि नहीं करते।

१८३२/२९४६ राग रामकली

सजनी मोतैं नैंन गए।
अबलों आस रही आवन की, हरि कैं अंग छए।
जब तैं कमल बदन उन दरस्यौ, दिन-दिन और भए।
मिले जाइ हरदी-चूना ज्यौं, एकहि रंग रए।

मोकौं तजि भए आपु स्वारथी, वा रस मत्त भए।
'सूरस्याम' कैं रूप समाने, मानौ बूँद तए॥

गोपी कह रही हैं—हे सखी, मेरे नयन मुझसे, मेरे हाथों से एक दम निकल गए। अभी तक तो मुझे आशा थी कि ये लौटकर मेरे पास आ जायँगे, पर ये तो वहीं हरि के अंगों पर छा गए हैं और लौटने का नाम नहीं ले रहे हैं। जबसे इन्होंने हरि के कमल के समान मुख को देखा है, तब से दिन दिन इनकी कुछ और ही दशा होती जा रही है। जैसे हल्दी (पीली) और चूना (सफेद) मिलकर एक तीसरा रंग लाल बन जाता है, वैसे ही मेरे नयन श्याम से मिलकर एक दम लाल रंग में रँग रहे हैं और दोनों का रंग अब अलग रहीं किया जा सकता। ये मेरे नयन मुझको छोड़कर अब अपना ही मतलब देखने लगे हैं और प्रेम में प्रमत्त हो गए हैं। वे श्याम के रूप में इस प्रकार जा समाए हैं, जैसे जलते तवे पर जल की बूँद भाप बनकर उड़ जाती है और अपना अस्तित्व खो देती है। अब इन नयनों का जैसे अपना अलग अस्तित्व ही नहीं रह गया है।

१८३३/२९४७ राग विहागरौ

नैन गए री अति अकुलात।
ज्यौं धावत जल नीचैं मारग, कहूँ नहीं ठहरात।
कहा कहौं ऐसी आतुरता, पवन बस्य ज्यौं पात।
ज्यौं आएँ रितुराज सखी री, बेलि द्रुमनि झहरात।
आइ बसी ऐसी जिय उनकैं, मैं ब्याकुल पछितात।
'सूरदास' कैसेहुँ नहिँ बहुरे, गीधे स्यामल गात॥

गोपी कह रही हैं—सखी, मेरे नयन बड़ी हड़बड़ी में श्याम की ओर दौड़ते चले गए। जैसे पानी ढलाव की ओर बड़ी तेजी से बह चलता है और कहीं भी जरा भी नहीं रुकता, वैसी ही आतुरता के साथ, बिना कहीं रुके, मेरे ये नयन श्याम तक जा पहुँचे। जैसे तेज हवा के बस में होकर सूखा पत्ता तेजी से उड़ता जाता है, जैसे वसंत के आते ही लताओं और वृक्षों के पत्ते तेजी से झड़ जाते हैं, कुछ वैसी ही त्वरा मेरे नयनों में आ बसी। मैं उनकी इस हड़बड़ी का वर्णन कैसे करूँ? मैं तो स्वयं व्याकुल हूँ और पछताए जा रही हूँ। ये मेरे नयन श्याम के साँवले सलोने रूप पर एक दम लुभा गए हैं और किसी भी तरह आना नहीं चाहते।

१८३४/२९५६ राग बिलावल

मोहन बदन बिलोकि थकित भए, माई री ये लोचन मेरे।
मिले जाइ अकुलाइ अगमने, कहा भयौ जो घूँघट घेरे।
लोकलाज कुलकानि छाँड़ि कै, बरबस चपल चपरि भए चेरे।
काहें बादिहिं बकति बावरी, मानत कौन मते अब तेरे।
ललित त्रिभंगी तनु छबि अब के, नाहिंन फिरत कितौऊ फेरे।
'सूरस्याम' सन्मुख रति मानत, गए मग बिसरि दाहिने डेरे॥

गोपी कह रही हैं—'हे माई (सखी), मेरे ये नेत्र श्याम का मन मोहने वाला मुख देखकर

वहीं स्थिर हो गए हैं। मैंने इन्हें घूँघट के घेरे में घेर रखा था, पर इससे कुछ हुआ गया नहीं। ये तो आकुल होकर आगे बढ़कर श्याम से मिल बैठे। लोक-लाज और कुल की मर्यादा छोड़कर बलपूर्वक बड़ी जल्दीबाजी में निपटकर, आगे बढ़कर, ये श्याम ने सेवक बन गए।'

इस पर दूसरी गोपी बोल उठी—'अरी पगली, क्या व्यर्थ की बकवाद किए जा रही है। अब तेरी बात, तेरा मत, मानता ही कौन है? अब तो तेरे नयन श्यान की त्रिभंगी छवि में फँस गए हैं। अब तू इन्हें कितना भी फेरना चाहे, ये फिर नहीं सकते। अब तो ये श्याम के सुंदर मुख से ही अनुरक्ति मानते हैं और सीधे उसी की ओर देखते हैं और ये दाहिने-बाएँ देखने का रास्ता ही भूल गए हैं।'

१८३५/२९६० राग बिलावत

को इनकी परतीति बखानै ।
नैना धौं काहे तैं अटके, कौन अंग ढरकाने ।
इनके गुन बारेहि तैं सजनी, मैं नीकैं करि जाने ।
चेरे भए जाइ ये तिनके, कैसैं तिनहिं पत्याने ।
छिनु-छिनु मैं औरै गति जिनकी, ऐसे आपु सयाने ।
'सूरस्याम' अपनैं गुन सोभा, को नहिं बस करि जाने ॥

गोपी कह रही हैं—हे सखी, इन नयनों की विश्वसनीयता का बखान कौन कर सकता है? ये नेत्र श्याम की किस छवि में जा फँसे हैं, ये उनके किस अंग पर लुढ़क गए हैं, मोहित हो बैठे हैं—इसे कौन कह सकता है। मैं तो इनके लड़कपन से ही इनका गुण (दोंष) भलीभाँति जानती हूँ, ये जाकर उन श्याम के सेवक कैसे बन बैठे हैं, जिनकी छवि क्षण क्षण पर बदलती रहती है, और से और होती रहती है। इन्होंने पूर्ण चतुर कृष्ण की छवि का विश्वास कैसे कर लिया?

इस पर दूसरी गोपी बोली—श्याम ने अपने गुण और शोभा से किसको नहीं बस में कर लिया। अरी बावली, उनको जो भी देखेगा, उनके बस में हो ही जायगा।'

१८३६/२९६५ राग धनाश्री

नैना मानत नाहिन बरज्यौ ।
इनके लऐं सखी री मेरौ, बाहिर रहै न घर ज्यौ ।
जद्यपि जतन किए राखति ही, तदपि न मानत हरज्यौ ।
परबस भई गुड़ी ज्यौं डोलति, पर्‌यौ पराऐं कर ज्यौ ।
देखे बिना चटपटी लागति, कछू मूँड़, पढ़ि परज्यौ ।
को बकि मरै सखी री मेरैं, 'सूरस्याम' कैं थर ज्यौ ॥

गोपी कह रही हैं—मेरे नेत्र रोकने से भी नहीं रुकते। ये मेरा कहना मानते ही नहीं। इन्हीं नयनों के कारण, हे सखी मेरा जी न घर में लग रहा है, न बाहर ही। मदमाती मैं इनको रोके रखने का बहुत प्रयत्न करती रही हूँ, फिर भी ये मेरा हरकना नहीं मानते। जैसे पतंग दूसरे के हाथ में पड़ी हुई उसी के इशारे पर आकाश में उड़ती रहती है, वैसे ही मेरा

जी दूसरे के (श्याम के) हाथ में पड़ गया है और यत्र तत्र डोलता फिरता है। श्याम ने कुछ जादू टोना पढ़कर मेरे सिर पर डाल दिया है। इसीसे उन्हें देखे बिना मुझे बड़ी बेचैनी होने लगती है। व्यर्थ के लिए कौन बक-झक कर मरे? मेरा जी तो वहीं जा लगा है, जहाँ श्याम का स्थल हैं। जहाँ श्याम, वहाँ मेरा जी।

१८३७/२९६७ राग आसावरी

परी मेरैं नैननि ऐसी बानि।
जब लगि मुख निरखत, तब लगि सुख, सुंदरता की खानि।
ये गीधे, बीधे, न रहत सखि, तजी सबनि की कानि।
सादर श्री मुख चंद बिलोकत, ज्यौं चकोर रति मानि।
अतिहिं अधीर नीर भरि आवत, सहत न दरसन-हानि।
कीजै कहा बाँधि कै सौंपी, 'सूरस्याम' कैं पानि॥

गोपी कह रही हैं—मेरे नयनों की कुछ ऐसी आदत पड़ गई है कि जब तक ये श्याम का वह मुख देखते रहते हैं, जो सुंदरता की खानि है, तभी तक सुखी रहते हैं। ये नेत्र श्याम के रूप के भारी लोभी हैं और उसी रूप में उलझे, फँसे पड़े हैं। ये रोकने से भी उस रूप से विरत नहीं हो पा रहे हैं। हे सखी, इन नयनों ने तो सभी मर्यादाएँ छोड़ दी हैं। ये नेत्र आदरपूर्वक श्याम मुख रूपी चंद्रमा को उसी प्रकार ताकते रहते हैं, जिस प्रकार चकोर चंद्रमा से प्रेम मानकर उसी की ओर टकटकी लगाए रहता है। ये श्याम को देखे बिना अत्यंत अधीर हो उठते हैं, जल से भरभरा आते हैं। ये श्याम के दर्शन की हानि नहीं सह पाते। क्या करूँ, इन नेत्रों ने मुझे बाँधकर श्याम के हाथों सौंप दिया है?

१८३८/२९६८ राग जैतश्री

नैननि ऐसी बानि परी।
लुब्धे स्याम-चरन-पंकज कौं, मोकौं तजी खरी।
घूँघट ओट किए राखति ही, अपनी सी जु करी।
गए पेरि, ताकौं नहिं मान्यौ, देखौ ज्यौं निदरी।
गए सु गए, फेरि नहिं बहुरे, कह धौं जियहिं धरी।
सुनहु 'सूर' मेरे प्रतिपाले, ते बस किये हरी॥

गोपी कह रही हैं—मेरे नयनों की कुछ ऐसी आदत पड़ गई है। ये श्याम के चरण-कमलों पर लुभा गए हैं और इन्होंने मुझको एक दम छोड़ दिया है। मुझसे जो हो सकता था, मैंने इनको रोके रहने का पूरा प्रयास किया—इनको बराबर अपने घूँघट की ओट में छिपाए रखा। ये जबरदस्ती चले गए और घूँघट के उस अवरोध को इन्होंने नहीं माना। अब देखो न, इन नयनों ने मेरी कितनी अवमानना, अवहेलना कर दी है? ये एक बार जो गए, सो सदा के लिए गए। ये मन में न जाने क्या ठान बैठे हैं? इनका पालन-पोषण तो किया मैंने, पर इन्हें अपने बस में कर लिया है श्याम ने। यह खूबी देखो।

१८३९/२९७० राग रामकली

नैना कहैं न मानत मेरे।
हारि मानिकै रही मौन ह्वै, निकट सुनत नहिं टेरे।

ऐसे भए मनौ नहिँ मेरे, जबहिँ स्याम-मुख हेरे।
मैं पछिताति जबहिँ सुधि आवति, ज्यौं दीन्हौ मोहिं डेरे।
एते पर कबहूँ जब आवत, झरपत लरत घनेरे।
मोहूँ बरबस उतहिँ चलावत, दूत भए उन केरे।
लोक-बेद कुलकानि न मानत, अतिहीं रहत अनेरे।
'सूरस्याम' धौं कहा ठगौरी, लाइ कियौ धरि चेरे॥

गोपी कह रही हैं—मेरे नेत्र मेरे होकर भी मेरा कहना नहीं मान रहे हैं। ये पास में भी रहने पर, जोर से पुकारने पर भी, मेरी नहीं सुनते। अत: मैं हार मानकर चुप बैठ रही हूँ। जबसे इन्होंने स्याम का मुँह देखा है, तभी से ये ऐसे हो गए हैं, मानो ये मेरे हैं ही नहीं। इन नयनों ने मेरी जिस प्रकार अवज्ञा की है, मुझे बायें छोड़ दिया है, जब जब मुझे उसकी सुधि आती है, तब तब मैं रोने पछताने लगती हूँ। इतने पर भी भूल-भटककर जब ये कभी मेरे पास आ भी जाते हैं, तब मुझसे खूब लड़ने झगड़ने लगते हैं। ये श्याम के दूत हो गए हैं और मुझको भी श्याम के पास चलने के लिए प्रेरित करने लगते हैं। ये न तो लोक-लज्जा मानते हैं, न वेद-शास्त्र की मर्यादा स्वीकार करते हैं, न कुल की कानि पर ही ध्यान देते हैं। ये हैं तो मेरे बहुत नेरे (निकट), पर बने रहते हैं अनेरे (दूर)। श्याम ने इन पर न जाने कौन सा जादू डाल रखा है और इन्हें पकड़कर अपना दास बना लिया है।

१८४०/२९७१ राग कल्यान

कबहुँ कबहुँ आवत ये, मोहिँ लेन माई।
आवतहीं यहै कहत, स्याम तोहिँ बुलाई।
नैंकुहू न रहत बिरमि, जात तहाँ धाई।
मानौ पहिचानि नहीं, ऐसैं बिसराई।
उनकी सुख देत, मोहिँ दहिबे कौं पाई।
'सूरस्याम' संगहि सँग, बासर-निसि जाई॥

गोपी कह रही हैं—ये नेत्र कभी-कभी मुझे श्याम के पास ले जाने के लिए आ जाते हैं। आते ही वे यही कहते हैं—चलो, श्याम ने तुम्हें बुलाया है। वे मेरे पास थोड़ी देर के लिए भी नहीं रुक पाते और दौड़कर पुन: श्याम के पास लौट जाते हैं। वे मुझे ऐसा भुला बैठे हैं, जैसे मेरी इनसे कभी की जान-पहचान ही नहीं रही हो। ये कन्हैया को तो सुख देते हैं और मुझे जलाने के ही लिए इन्होंने पा रखा है। इनका सारा दिन सारी रात श्याम के ही साथ बीतती है।

१८४१/२९७६ राग गौरी

यह सब नैननिहीं कौं लागै।
अपनैंही घर भेड़ि करी इन, बरजत हीं उठि भागे।
ज्यौं बालक जननी सौं अटकत, भोजन कौं कछु माँगे।
त्यौंहीं ये अतिहीं हठ ठानत, इकटक पलक न त्यागे।
कहत देहु हरि-रूप-माधुरी, रोवत हैं अनुरागे।
'सूरस्याम' धौं कहा चखायौ, रूप-माधुरी पागे॥

गोपी कह रही हैं—यह सब इन नयनों को ही शोभा देता है। इन्हें ही यह सब अच्छा लगता है। इन्होंने ही अपने घर में भिड़ंत मचा रखी है और रोकने पर भी उठकर, अपना घर छोड़कर, भाग गए हैं। जैसे कोई बच्चा अपनी मां से खाने के लिए कुछ माँगता हुआ उससे अड़ जाता है, उसी प्रकार ये अत्यंत जिद कर बैठते हैं और टकटकी लगाकर, अपलक होकर, कृष्ण की ओर देखते रह जाते हैं। ये कहते जाते हैं 'हमें हरि के रूप की मिठाई दो' और उसके लोभ में पड़े हुए रोते जाते हैं। श्याम ने अपने रूप की माधुरी में पाग कर इन नयनों को न जाने क्या चखा दिया है, जो ये इतनी जिद कर बैठे हैं।

१८४२/२९७८ राग जैतश्री

इन नैननि की टेव न जाइ।
कहा करौं बरजत हीं चंचल, लागत हैं उठि धाइ।
बाट-घाट जहँ मिलत मनोहर, तहँ मुख चलति छपाइ।
गीधे हेम-चोर ज्यौं आतुर, वह छबि लेत चुराइ।
मनहु मधुप मधु-कारन लोभी, हरि-मुख-पंकज पाइ।
घूँघट बस, जल-हीन मीन ज्यौं, अधिक उठत अकुलाइ।
निलज भए कुलकानि न मानत, तिनसौं कहा बसाइ।
'सूर' स्याम-सुंदर-मुख देखैं बिनु री, रह्यौ न जाइ॥

गोपी कह रही हैं—मेरे नेत्रों की यह बुरी आदत छूटने की नहीं। मैं क्या करूँ? मेरे रोकते रहने पर भी ये चंचल नेत्र श्याम की ओर दौड़ ही पड़ते हैं। राह में या यमुना के घाट पर जहाँ भी मुरली-मनोहर दिखाई पड़ जाते हैं, मैं घूँघट में अपना मुख छिपाकर चला करती हूँ। परंतु ये नयन सोना चुराने वाले चोर की तरह ललचते रहते हैं और श्याम की छवि को चुरा ही लेते हैं। मानो हरि के मुख रूपी कमल को पाकर कमल के मधु के लोभी ये भौंरे हों। जब ये घूँघट की ओट में छिपे रहते हैं, तब ये जल से बाहर पड़ी मछली की भाँति अत्यंत तड़पने लगते हैं। ये निर्लज्ज हो गए हैं और कुल की कानि को नहीं मानते, उसे तोड़ते रहते हैं। ऐसे लोचनों पर बस ही क्या? अब तो मेरी यह दशा है कि श्यामसुंदर का मुख देखे बिना मुझसे रहा ही नहीं जाता।

१८४३/२९७९ राग सोरठ

जाकी जैसी टेव परी री।
सो तौ टरे जीव के पाछैं, जो-जो धरनि धरी री।
जैसैं चोर तजै नहिँ चोरी, बरजैं, वहै करी री।
बरु ज्यौ जाइ, हानि पुनि पावत, बकतहिं बकत मरी री।
जद्यपि ब्याध बधे मृग प्रगटहिँ, मृगिनी रहौ खरी री।
ताहूँ नाद-बस्य ज्यौ दीन्हौ, संका नहीं करी री।
जद्यपि मैं समुझावति पुनि-पुनि, यह कहि-कहि जु लरी री।
'सूरस्याम' दरसन तैं इकटक, टरत न निमिष घरी री॥

गोपी कह रही हैं—जिसकी जो आदत पड़ जाती है और जो टेक जिसने पकड़ ली है, वह जीते जी नहीं छूटती, जीव के शरीर से निकल जाने के उपरांत ही छूटती है। जैसे चोर को चोरी करने की आदत पड़ जाती है और वह लाख रोकने पर भी चोरी करने से बाज नहीं आता और चोरी करता ही है। भले ही चोरी करते समय उसके प्राणों पर आ बने, प्राण निकल ही जायँ, उसे चोरी करने के कारण हानि भी उठानी पड़े, जेल की सजा भुगतनी पड़े, अर्थ-दंड भी देना पड़े, पर वह चोरी करना बंद नहीं करेगा। ठीक यही हालत, इन रूप-चोर नयनों की है। मैं तो बकते-बकते मर गई, पर मेरी कौन सुनता है।

बहेलिया वीणा बजाकर उसपर मुग्ध हिरन को मार डालता है। हिरनी हिरन को अपनी आँखों मरता देखती है, फिर भी वह वहीं खड़ी रह जाती है। यह भी वीणा-नाद के वश में होकर अपने प्राण दे देती है और जरा भी शंका नहीं करती। यही दशा इन नयनों की है।

मैंने इन नयनों को बार-बार समझाया है और इनसे लड़ भी बैठी हूँ, पर श्याम का दर्शन करने से ये बाज नहीं आते और उनकी ओर टकटकी लगाकर देखते ही रहते हैं तथा एक घड़ी, एक पल के लिए भी उनके मुख पर से अपनी दृष्टि नहीं टालते।

१८४४/२९८० राग सारंग

ये नैना मेरे ढीठ भए री ।
घूँघट-ओट रहत नहिं रोकैं, हरि-मुख देखत लोभि गए री ।
जउ मैं कोटि जतन करि राखे, पलक-कपाटनि मूँदि लए री ।
तउ ते उमँगि चले दोउ हठ करि, करौं कहा मैं, जान दए री ।
अतिहिं चपल, बरज्यौ नहिं मानत, देखि बदन तन फेरि नए री ।
'सूरस्याम' सुंदर-रस अटके, मानहुँ लोभी उहँइ छए री ॥

गोपी कह रही हैं—मेरे ये नेत्र भारी ढीठ हो गए हैं। ये घूँघट की ओट में रोक रखने पर भी रुक नहीं पाते। ये हरि का मुँह देखते ही उसपर लुभा गए हैं। यद्यपि मैंने करोड़ों उपाय करके इन्हें पलक रूपी किवाड़ों को मूँदकर भीतर बंद कर रखा था, तो भी ये दोनों उमंग में आकर हठपूर्वक निकल भागे। फिर मैं क्या करती। इनको मैंने चले ही जाने दिया। ये अत्यंत चंचल हैं, चुलबुले हैं। ये रोकने पर मानते ही नहीं। ये हरि के मुख की ओर देखकर उसी तरफ झुक पड़ते हैं। श्याम-सुंदर के रस में ये पूर्णतया फँस गए हैं। लगता है मानो ये लोभी वहाँ ही बराबर निरंतर टिके रहते हैं।

१८४५/२९८३ राग सूही

नैननि कौ मत सुनहु सयानी ।
निसि दिन तपत, सिरात न कबहूँ, जद्यपि उमँगि चलत पल पानी ।
हौं उपचार अमित उर आनति, खल भई लोक-लाज कुल-कानी ।
कछु न सोहाइ, दहत दरसन-दव, बारिज-बदन-मंद-मुसुकानी ।
रूप-लकुट-अभिमान निडर ह्वै, जग उपहास न सुनत लजानी ।
बुधि बिबेक बल बचन-चातुरी, मनहुँ उलटि उन माँझ समानी ।

आरज-पथ गुरु-ज्ञान गुप्त करि, बिकल भई तनु दसा हिरानी।
जाचत 'सूरस्याम' अंजन कौं, वह किसोर छबि जीव हितानी॥

गोपी कह रही हैं—अरी सयानी सखी, मेरे इन नयनों की बात तो सुन। ये रात दिन जलते रहते हैं। ये कभी भी शीतल नहीं हो पाते, यद्यपि पलकों पर अश्रुजल उमड़कर बहता चलता है। मैं इन नयनों के लिए अपने मन में अनेक उपचार सोचती रहती हूँ और मैं लोक-लाज और कुल की मर्यादा को भुलाकर खल (निंदित) हो गई हूँ। मुझे कुछ भी अच्छा नहीं लगता। मैं कृष्ण के कमल के समान मुख पर उभरती मंद मुसकान के दर्शन पाने की आग में निरंतर जलती रहती हूँ। मेरे हाथ स्याम के रूप की लठिया है। मुझे इसका गर्व है और मैं एकदम निडर हो गई हूँ तथा संसार के उपहास करने पर भी मैं तनिक नहीं लजाती। मेरी सारी बुद्धि, विवेक, बल और वाणी की चतुरता जाती रही है। ये सब मानों उलटकर श्याम में ही समा गए हैं। मेरा आर्य-पथ और शुद्ध ज्ञान सभी गुप्त हो गया है। मैं विकल हो गई हूँ और अपनी देह-दशा भी खो बैठी हूँ। मैं अब श्याम-अंजन, कन्हैया के साँवलेपन की भिखारिणी हो गई हूँ। अब मुझे हरि की यह किशोरावस्था वाली छवि ही अच्छी लगने लगी है।

१८४६/२९८४ राग सारंग

नैननि भलौ मतौ ठहरायौ।
जबहीं मैं बरजति हरि-संगहिं, तबहीं तब बहरायौ।
जरत रहत एते पर निसि-दिन, छिनु-छिनु जनम गँवायौ।
ऐसी बुद्धि करन अब लागे, मोकौं बहुत सतायौ।
कहा करौं मैं हारि धरी जिय, कोटि जतन समुझायौ।
लुब्ध हेम-चोर की नाईं, फिरि-फिरि उतहीं धायौ।
मोसौं कहत भेद कछु नाहीं, अपनोइ उदर भरायौ।
'सूरदास' ऐसे कपटिनि कौ, बिधना साथ छुड़ायौ॥

गोपी कह रही हैं—मेरे नेत्रों ने आपस में अच्छी मंत्रणा कर रखी है। जब-जब भी मैंने इन्हें हरि के साथ जा रहने से रोका है, तभी तब ये मुझे बहलाकर, फुसलाकर, फुर्र से बाहर चले गए हैं। इतने पर भी ये रात दिन जलते रहते हैं और जीवन का एक-एक क्षण नष्ट करते जाते हैं। अब तो इन्होंने ऐसी बुद्धि कर ली है, जिससे ये मुझको बहुत सताने लगे हैं। क्या करूँ, मैंने करोड़ों तरह से इन्हें समझाया, पर जब इनकी समझ में मेरी बात आ ही न सकी, तब मैंने अपने मन में अपनी हार मान ली। ये नयन सोना की चोरी करनेवाले चोर की तरह लालच में आ गए हैं और घूम-फिरकर बार-बार वहीं श्याम के मुखड़े की ओर जा दौड़ते हैं। मुझसे तो कहते हैं कि इनमें और तुममें कोई भी भेद नहीं है, पर घूम-फिरकर ये अपना ही पेट भरते हैं—स्वयं ही हरि-दर्शन करते हैं। हमें भूखा छोड़ देते हैं। हमें हरि-दर्शन नहीं कराते। ये भारी कपटी हैं। अच्छा हुआ, ब्रह्मा ने ऐसे कपटियों का साथ छुड़ा दिया।

१८४७/२९८५ राग विहागरौ

मेरे नैना अटकि परे।

सुंदर स्याम अंग की सोभा निरखत, भटकि परे।
मोर-मुकुट, लट घूँघरवारी, तामैं लटकि परे।
कुंडल-तरनि-किरनि तैं उज्ज्वल चमकनि चटकि परे।
चपल नैन मृग-मीन-कंज-जित, अलि ज्यौं लुब्धि परे।
'सूरस्याम' मृदु-हँसनि लुभाने, हम तैं दूरि परे॥

गोपी कह रही हैं—श्याम सुंदर के अंगों की शोभा देखते ही मेरे नयन रास्ता भूलकर भटक गए और उन्हीं अंगों में फँस गए। वे उनके मोर-पंख के मुकुट में और उनकी घुँघुराली अलकों में लटक गए। वे उनके स्वर्ण-कुंडल रूपी सूर्य की उज्ज्वल किरणों की चमक में चौंधिया गए। हरि के चंचलनेत्र हिरन, मछली और कमल को भी जीतने वाले हैं। मेरे ये नेत्र भौंरों के समान लुभाकर उनपर जा बैठे हैं। वे श्याम की मधुर मुसकान पर लुभा गए हैं और अब हमसे बहुत दूर हो गए हैं, जैसे उनसे हमारा कोई संबंध ही न रहा हो।

१८४८/२९८९ राग विहागरौ

लोचन सपने कैं भ्रम भूले।

जो छबि निरखत, सो पुनि नाहीं, भरम-हिंडोरे झूले।
इक टक रहत, तृप्ति नहिँ कबहूँ, एते पर हैं फूले।
निदरे रहत, मोहिँ नहिँ मानत, कहत कौन हम-तूले।
मोतैं गए कुँभी के जर लौं, ऐसे वै निरमूले।
'सूरस्याम' जल-रासि परे अब, रूप-रंग-अनुकूले॥

गोपी कह रही हैं—श्याम सुंदर की छवि देखते समय मेरे ये नेत्र कुछ पता नहीं सपना देखते रहते हैं या भारी भ्रम में पड़े रहते हैं। वे जो छवि अभी-अभी देखते हैं, वह क्षण भर बाद बदल जाती है और वहीं नहीं रह जाती। इसलिए मेरे ये नेत्र भ्रम के हिँडोले में झूलते रहते हैं, भारी भ्रम में पड़े रहते हैं। ये एकटक होकर श्याम की छवि पीते रहते हैं, पर इनकी तृप्ति नहीं होती। ये बराबर अतृप्त बने रहते हैं, फिर भी, इस अतृप्ति से भी, ये फूले रहते हैं, परम प्रसन्न बने रहते हैं। ये बराबर मेरी अवज्ञा करते रहते हैं, मेरा कहना नहीं मानते, और कहते रहते हैं—हमारी बराबरी करनेवाला दूसरा कौन है ही। ये मुझसे जलकुंभी की जड़ के समान छोड़कर चले गए हैं, निर्मूल हो गए हैं। जलकुंभी की जड़ का लगाव धरती से नहीं रहता, वह जल ही में रहती है। उसी प्रकार इन नयनों का लगाव मुझसे कत्तई नहीं रह गया है। अब वे श्याम के सौंदर्य रूपी जल की राशि में पड़ गए हैं और उनको अपना ही जैसा रूप रंग मिल गया है। श्याम-जल के समान ही रूप रंग मेरी इन काली आँखों की है।

१८४९/२९९० राग गौरी

मेरे नैना ये अति ढीठ।

मैं कुलकानि किए राखतिँ हौं, ये हठि होत बसीठ।

जद्यपि वै उत कुसल समर-बल, ये इत अबल अहीठ ।
तदपि निदरि पट, जात पलक छिदि, जूझत, देत न पीठ ।
अंजन-त्रान तजत, तमकत तकि, तानत दरसन दीठ ।
हारैंहूँ नहिं हटत अमित बल, वदन-पयोधि पईठ ।
आतुर अरत अरुझि अँग-अंगनि, अनुरागनि नमि नीठ ।
'सूर' स्याम-सुंदर-रस अटके, नहिँ जानत कटु-मीठ ॥

गोपी कह रही हैं—मेरे ये नयन अत्यंत धृष्ट हो गए हैं। मैं तो अपनी कुल-मर्यादा बचाए रखना चाहती हूँ, पर ये हठपूर्वक मुझसे कृष्ण का दूतत्व करते रहे हैं। और कहते रहते हैं—चल, तुझे कन्हैया ने बुलाया है। यद्यपि कन्हैया युद्ध कला में अत्यंत शक्तिशाली और दक्ष हैं, और मेरे ये नयन अत्यंत निर्बल तथा अपटु हैं, फिर भी ये घूँघट-पट की अवहेलना करके, पलकों से छिद्र करके, जाकर युद्धरत हो जाते हैं और इस युद्ध में पीठ नहीं दिखलाते। रण-स्थल छोड़कर भागते नहीं। ये कृष्ण के दर्शन के लिए जब अपनी दृष्टि तानते हैं, तमक कर ताकते हैं, तब ये आजन रूपी कवच भी छोड़ देते हैं। ये हार जाने पर भी हटते नहीं, डटे रहते हैं। इनमें उत्साह का अपरिमित बल है और ये श्याम के मुख रूपी समुद्र में प्रविष्ट हो जाते हैं। जल्दीबाजी में ये श्याम के अंग-अंगों से उलझ कर प्रेमपूर्वक झुककर किसी तरह अड़ जाते हैं। ये श्याम सुंदर के रूप-रस में अटक गए हैं और नहीं जानते कि यह रूप-रस कड़वा है या मीठा।

१८५०/२९९१ राग बिलावल

नहीं ढीठ नैननि तैं और ।
कितनौ मैं बरजति समुझावति, उलटि करत हैं झौर ।
मोसौं लरत भिरत, हरि सम्मुख महा सुभट ज्यौं धावत ।
भौंह-धनुष सर-सरस-कटाच्छनि मार करत, नहिँ आवत ।
मानत नहीं हार, जौ हारत, अपनै मन नहिँ टूटत ।
'सूरस्याम' अँग-अँग की सोभा, लोभ-सैन सौं लूटत ॥

गोपी कह रही हैं—नयनों से बढ़कर धृष्ट कोई दूसरा नहीं है। मैं इनको कितना भी समझाती हूँ, रोकती हूँ, ये समझाना और वर्जना तो मानते नहीं, उलटे मुझी से लड़ पड़ते हैं। ये मुझसे तो लड़ते भिड़ते ही हैं, हरि के सामने भी भारी योद्धा के समान दौड़ पड़ते हैं। ये अपने भौंहरूपी धनुष पर सरस चितवन के तीर मारा करते हैं और लौटकर न तो आते हैं, न अपनी हार ही मानते हैं। यदि हार भी गए, तो भी उनका मन नहीं टूटता, वे अधीर नहीं होते। ये श्याम के अंग-अंग की शोभा को अपने लोभ की सेना से लूटे ले रहे हैं।

१८५१/२९९२ राग विहागरौ

लोचन लालची भारी ।
उनके लऐं लाज या तनु की, सबै स्याम सौं हारी ।

बरजत मातु पिता पति वंधू, अरु आवै कुल-गारी।
तदपि न रहत नंदनंदन-बिनु, कठिन प्रकृति हठि धारी।
नख-सिख सुभग स्याम सुंदर के, अंग-अंग सुखकारी।
'सूरस्याम' कौं जो न भजै, सौ कौन कुमति है नारी॥

गोपी कह रही हैं—मेरे ये नयन बड़े लालची हैं। इन नेत्रों के लिए ही मेरे शरीर की सारी लज्जा श्याम से हार गई है। माता, पिता, पति और भाई सभी रोकते हैं और खानदान को गाली लगती है, फिर भी ये नेत्र नंद-नंदन के बिना नहीं रहते। इन्होंने हठपूर्वक अपना यह कठिन स्वभाव बना लिया है। स्याम सुंदर के नख से लेकर शिखा तक सभी अंग सुंदर हैं, साथ ही सुख देनेवाले भी। ऐसे सुंदर एवं सुखद श्यामसुंदर को जो न भज सके, ऐसी कुबुद्धि नारी कौन हो सकती है।

१८५२/२९९३ राग कल्यान

अति रस-लंपट नैन भए।
चाख्यौ रूप-सुधा-रस हरि कौ, लुब्धे उतहिँ गए।
ज्यौं बिट-नारि भवन नहिँ भावत, औरहिँ पुरुष रई।
आवति कबहुँ होति अति व्याकुल, जैसैं गवन नई।
फिरि उतही कौं धावति, जैसैं छुटत धनुष तैं तीर।
चुभे जाइ हरि-रूप-रोम मैं, सुंदर स्याम सरीर।
ऐसैं रहत उतहिँ कौं आतुर, मोसौं रहत उदास।
'सूरस्याम' के मन बच क्रम भए, रीझे रूप-प्रकास॥

गोपी कह रही है—मेरे ये नयन अत्यंत रस-लंपट हो गए हैं। हरि के रूप-रस की चाट इनको बराबर बनी रहती है। इन्होंने हरि के रूप रूपी अमृत का रस चख पाया है, अतएव ललचकर ये उधर हरि की ओर ही चले गए हैं। जैसे पुंश्चली स्त्री को अपना घर नहीं अच्छा लगता, और वह पर-पुरुषों से रमण करने के लिए उनके घरों को चली जाती हैं। जब वह पर-पुरुष के घर से अपने घर लौटती हैं, तब वह अत्यंत व्याकुल हो उठती हैं, ऐसी व्याकुल जैसे पहली बार गवने आई हो। फिर वह उस पर-पुरुष के घर की ओर उसी तरह दौड़ पड़ती हैं, जैसे धनुष की प्रत्यंचा से छूटा हुआ बाण अपने लक्ष्य की ओर सनसनाता हुआ अत्यंत त्वरा से गतिमान होता है। श्यामसुंदर के शरीर में, उनके रूप के रोम-रोम में मेरे ये नयन-बाण जा चुभे हैं और वहाँ जाने के लिए ये अत्यंत उतावले बने रहते हैं और मुझसे उदास, विरक्त बने रहते हैं। मेरे ये नयन श्याम के रूप की आभा पर रीझ उठे हैं। ये मनसा, वाचा, कर्मणा श्याम के हो गए हैं।

१८५३/२९९४ राग सूही

ये नैना अतिहीं चपल चोर।
सरबस मूसि, देत माधव कौं, सुधि-बुधि, सुधन-बिबेकहुँ मोर।
अनजानत कल बेनु स्त्रवन सुनि, चितै रहत हैं उनकी ओर।
मोहन मुख मुसुकाइ चले, मन भेद भयौ, यह लयौ अँकोर।

हरि कौं दोष कहा कहि दीजै, जो कीजै, सो इनकौं थोर।
'सूर' संग सोवत, न परी सुधि, पायौ मरम वियोगिनि भोर॥

गोपी कह रही हैं—ये मेरे नयन अत्यंत चंचल चोर हैं। ये मेरी सुधि, बुद्धि और विवेक रूपी सारा धन चुराते हैं और कन्हैया को दे आते हैं। अनजान में, अचानक कहीं, मुरली की मधुर ध्वनि सुनकर, ये कन्हैया की ओर ताकने लगते हैं। मोहन तो मुसकुरा कर आगे बढ़ गए। मन भेदिया बन बैठा और इन नयनों ने घूस खा लिया। इसमें हरि की क्या दोष दिया जाय। ये नयन जो कुछ कर डालें, इनके लिए वह सब थोड़ा है। इन नयनों के साथ मैं रात में सोई रही, पर उस समय कुछ सुधि नहीं हुई। पर सबेरे जब जगकर उठी, तब मुझ विरहिनी को इस भेद का पता चला कि नयनों ने चुराकर मेरा सब कुछ मोहन को दे दिया है।

१८५४/२९९५ राग गौरी

नैन करत घर ही की चोरी।
चोरन गए स्याम-अँग-सोभा, उत सिर परी ठगोरी।
अपबस करि, इनकौं हरि लीन्हौ, मो-तन फेरि पठायौ।
जो कछु रही संपदा मेरैं, सुधि-बुधि चोरि लिवायौ।
ये धाए आए निधरक सौं, लै गए संग लगाइ।
'सूरस्याम' ऐसे हैं माई, उलटी चाल चलाइ॥

गोपी कह रही हैं—ये नेत्र अपने घर ही में चोरी करते हैं, दूसरों के घर में नहीं। ये चुराने तो गए थे श्याम के अँगों की शोभा को, पर अब इन पर श्याम का काला जादू चल गया। हरि ने इनको अपने बस में कर लिया और इन्हें मेरे पास लौटा दिया। मेरे पास सुधि-बुधि की जो भी संपदा थी, उसको चुरवा लिया। ये मेरे नेत्र धड़धड़ाते हुए, निधड़क बने हुए मेरे पास दौड़ते हुए आ गए और मेरा सब धन साथ लेते गए। अरी सखी, श्याम ऐसे चतुर हैं कि उन्होंने उलटी चाल चल दी। जो उन्हें लूटने गए थे, उन्हीं को भेजकर उन्ही से उन्हीं का घर लुटवा लिया।

१८५५/२९९६ राग सारंग

नैननि प्रान चोरि लै दीने।
समुझत नहीं, बहुरि समुझाए, अति उतकंठ नवीने।
अतिहीं चतुर, चातुरी जानत, सकल कला जु प्रवीने।
लोभ लिए परबस भए माई, मीन ज्यौं बंसी भीने।
कहा कहौं, कहिबे लायक नहिँ, मते रहत, नर हीने।
आपु बँधाइ, पूँजि लै सौंपी, हरि-रस-रति के लीने।
ज्यौं डोरैं बस गुड़ी देखियत, डोलत संग अधीने।
'सूरदास' प्रभु-रूप-सिंधु मैं, मिले सलिल-गुन कीने॥

गोपी कह रही हैं—मेरे नयनों ने मेरे प्राणों को चुराकर श्यामसुंदर को दे दिया। इसे

कितना भी समझाया जाय, ये समझते ही नहीं, ये नए नए ढंग से श्याम को देखने के लिए उत्कंठित बने रहते हैं। मेरे ये नेत्र अत्यंत चालाक हैं। ये सब प्रकार की चतुराई, चालाकी जानते हैं और सभी कलाओं में दक्ष हैं। ये अपने लोभ के कारण पराये के बस में जा पड़े हैं। ठीक उसी तरह, जिस तरह मछली चारे के लोभ में कटिया में फँस जाती है। क्या कहूँ, कुछ कहते नहीं बनता, ये अत्यंत हीन कोटि के प्राणी हैं और सदा मतवाले बने रहते हैं। हरि के प्रेम रस के लोभ के कारण ये अपने को तो बँधवा लेते ही हैं, घर की पूँजी भी ले जाकर श्याम को सौंप देते हैं। जैसे पतंग डोरी के बस में देखी जाती है और पराधीन होकर उड़ाने वाले के साथ सदा बनी रहती है, उसी प्रकार ये भी श्यामसुंदर के साथ, लगे रहते हैं और उनके अधीन बने रहते हैं। ये श्याम के रूप के सागर में पानी की तरह जा मिले हैं, और अभिन्न हो गए हैं।

१८५६/२९९७ राग नट

ये लोचन लालची भए री।
सारँग-रिपु के रहत न रोकें, हरि-स्वरूप गिधए री।
काजर-कुलुफ मेलि मैं राखे, पलक-कपाट दए री।
मिलि मन-दूत पैज करि निकसे, हरि पै दौरि गए री।
ह्वै आधीन पंच तैं न्यारे, कुल-लज्जा न नए री।
'सूर' स्याम-सुंदर-रस अटके, मानौ उहँइ छए री॥

गोपी कह रही हैं—मेरे ये नयन भारी लोभी हो गए हैं। ये सारंग (दीपक) के शत्रु घूँघट के रोकने पर भी नहीं रुकते और हरि के रूप पर ललचाए रहते हैं। मैंने इनको काजल के ताले में बंद कर रखा था, पलकों का किवाड़ भी लगा दिया था। पर मनरूपी दूत से मिलकर ये ललकार कर निकल पड़े और दौड़कर हरि के पास पहुँच गए। ये पंच (ज्ञानेन्द्रियाँ) से अलग होकर हरि के ऐसे अधीन हो गए कि कुल की लज्जा भी इन्हें नहीं झुका सकी। ये श्यामसुंदर के रूप-रस में ऐसे जा अटके हैं, मानों इन्होंने वहीं अपनी छावनी छा रखी है।

१८५७/२९९९ राग रामकली

लोचन मानत नाहिंन बोल।
ऐसे रहत स्याम के आगैं, मनु हैं लीन्हे मोल।
इत आवत, दै जात दिखाई, ज्यौं भौंरा चकडोर।
उततैं सूत्र न टारत कतहूँ, मोसौं मानत कोर।
नीके रहे सदा मेरैं बस, जाइ भए ह्वाँ जोर।
मोहन सिर मोहिनी लगाई, जब चितए उन ओर।
अब्र मिलि गए स्याम मनमाने, निसि-बासर इक ठौर।
'सूरस्याम' के चोर कहावत, राखे हैं करि गौर॥

गोपी कह रही हैं—ये मेरे नयन मेरा कहना नहीं मानते। ये श्याम के आगे ऐसे नतमस्तक बने रहते हैं, मानो ये उनके जर-खरीद गुलाम हो, क्रीत-दास हो। जैसे डोर में

बँधकर भौंरा चकई नाचते समय आती जाती दीख तो जाती हैं पर डोरी नचाने वाले के हांथ में बराबर बनी रहती है, उसी प्रकार ये नयन यदा कदा मेरे पास आ तो जाते हैं, पर अपना अटूट संबंध श्याम से बराबर बनाए रखते हैं। ये नेत्र मुझसे कोर-कसर रखते हैं, दूर ही बने रहते हैं। जब तक ये नयन मेरे बस में रहे, तब तक ये बहुत भले, सीधे-सादे बने रहे, पर श्याम के पास जाकर ये अपरबल, बहुत शक्तिशाली, हो गए हैं। जब इन नयनों ने श्याम की ओर पहली बार ताका, तभी उन्होंने इनके सिर पर अपनी मोहिनी डाल दी और अब ये अपने मन के अनुकूल पाकर श्याम से जाकर मिल गए हैं और मिलकर रात दिन एक ही जगह पर रहने लगे हैं। ये नेत्र श्यामसुदंर की रूप-माधुरी के चोर कहे जाते हैं। इसीलिए श्याम ने बड़ी सावधानी से ध्यान देकर इन्हें बाँध रखा है।

१८५८/३००० राग रामकली

नैना उनही देखैं जीवत।
सुंदर-वदन-तड़ाग-रूप-जल, निरखनि-पुट भरि पीवत।
राखे रहत और नहिँ पावै, उन मानी परतीति।
'सूरस्याम' इनसौं सुख मानत, देखैं इनकी प्रीति॥

गोपी कह रही हैं—मेरे नेत्र श्याम-सुंदर को देखकर हीं जीवित रहते हैं। ये उन्हें न देख पावें, तो मृततुल्य हो जायँ। श्याम का मुख सुंदर सलोना है। श्याम का सुंदर मुख सरोवर है और उसका सौंदर्य ही जल है। मेरे नेत्रों की चितवन दोना है। ये मेरे नेत्र उसी चितवन रूपी दोने में भर-भरकर उस रूप के पानिप को पीते रहते हैं। ये बड़ी सावधानी से उस रूप-जल की रखवाली भी करते रहते हैं, जिससे कोई दूसरा इसे न पी पावे। श्याम का भी मेरे इन नयनों पर विश्वास जम गया है। वे मेरे नयनों की अपने प्रति प्रीति देखकर इनसे भारी सुख मानते हैं।

१८५९/३००४ राग धनाश्री

नैननि सिखवत हारि परी।
कमल-नैन-मुख बिनु अवलोकैं, रहत न एक घरी।
हौं कुलकानि मानि सुनि सजनी, घूँघट-ओट करी।
वै अकुलाइ मिले हरि लै मन, तन की सुधि बिसरी।
तब तैं अंग-अंग छबि निरखत, सो चित तैं न टरी।
'सूरस्याम' मिलि लोक-वेद की, मरजादा निदरी॥

गोपी कह रही हैं—मैं तो इन नयनों को सिखाते-सिखाते हार गई। ये कमल के समान नेत्रवाले श्याम-सुंदर का मुख देखे बिना एक घड़ी भी चैन से नहीं रह पाते। मैंने अपने कुल की मर्यादा का विचार करके इनको अपने घूँघट की ओट में कर लिया था, पर, हे सखी, ये विकल होकर, मन को साथ लेकर, जाकर हरि से मिल बैठे और तन की भी सुधि भुला बैठे। तभी से ये श्याम के एक-एक अंग की शोभा निरखते जा रहे हैं और वह शोभा इनके चित्त से उतर नहीं रही है। इन नयनों ने श्यामसुंदर से मिलकर लोक और वेद की सारी मर्यादाएँ मटियामेट कर दी हैं।

१८६०/३००५ *राग बिलावल*

इन नैननि सौं री सखी, मैं मानी हारि।
साँट-सकुच नहिँ मानहीं, बहु बारनि मारि।
डरत नहीं फिरि-फिरि अरैं, हरि-दरसन-काज।
आपु गए, मोहूँ कहैं, चलि मिलि ब्रजराज।
घूँघट-घर मैं नहिँ रहैं, करि रही बुझाइ।
पलक-कपाट बिदारि कै, उठि चले पराइ।
तब तैं मौन भई रहौं, देखत ये रंग।
'सूरज' प्रभु जहँ-जहँ रहैं, तहँ-तहँ ये संग॥

गोपी कह रही हैं—हे सखी, मैंने तो अब इन नयनों से हार मान ली है। मैंने इन्हें सकुच रूपी सुट्टकुनी से अनेक बार सुट्ट-सुट्ट मारा, पर इस मार को भी इन्होंने नहीं माना। ये हरि को देखने के लिए बार-बार, लौट-लौटकर, वहीं श्याम के पास जाकर ठिठक रहते हैं, जरा भी नहीं डरते। ये अपने तो हरि के पास चले ही गए हैं, मुझसे भी कहते हैं कि तू भी चल और व्रजराज कृष्ण से मिल ले। ये घूँघट के घर में नहीं रुके रहते, यद्यपि मैंने अनेक बार इन्हें समझाया बुझाया। ये पलकों के किवाड़ की अवहेलना करके उठकर श्याम के पास भाग गए। मैं तभी से चुप हो गई हूँ और इन नयनों का रंग-ढंग देखती जा रही हूँ। श्यामसुंदर जहाँ-जहाँ रहते हैं, तहाँ-तहाँ ये उनके संग लगे फिरते हैं।

१८६१/३००६ *राग बिलावल*

इन नैननि सौं मानो हारि।
अनुदिन हीं उपरांत आन रुचि, बाढ़ी सब लोगनि सौं रारि।
तदपि निडर चलि जात चपल दोउ, घूँघट सघन कपाट उघारि।
निगम-ज्ञान-प्रतिहार-महाबल, लाज-लकुट कर करत निवारि।
श्री गोपाल कौतुक मन अरप्यौ, तब तैं चतुरनि भई चिन्हारि।
'सूरदास' लोभिनि के लीने, सिर पर सही जगत की गारि॥

गोपी कह रही हैं—अब मैंने इन नयनों से हार मान ली है। दिन-दिन इनकी रति श्याम से बढ़ती जा रही है और अन्य सभी विषयों से इनकी उपरति, विरक्ति, होती जा रही हैं। श्याम को छोड़ अब इन्हें कुछ भी अच्छा नहीं लग रहा है। इनके इस स्वभाव के कारण अब औरों से रगड़ा-झगड़ा बढ़ता जा रहा है। फिर भी, इस रारि की चिंता न करते हुए भी, घूँघट का जबरदस्त किवाड़ खोलकर निडर होकर, ये दोनों चपल नयन श्याम के पास चले जाते हैं। वेद शास्त्र के ज्ञान का महाबली पहरेदार लज्जा की लाठी से इनको रोकता रहता है, पर ये माननेवाले नहीं हैं। इन्होंने गोपाल लाल की लीला में अपना मन समर्पित कर दिया है। अब दो दो चतुरों—श्याम और मेरे नयन—में जान पहचान हो गई हैं। इन लोभी नयनों के लिए ही मैं सारे संसार की गाली अपने सिर पर लिए जा रही हूँ। लोग मेरी निंदा करते हैं और मुझे चुप रह जाना पड़ता है।

१८६२/३००७ राग गूजरी

नैना बहुत भाँति हटके।

बुधि-बल-छल उपाइ करि थाकी, नैंकु नहीं मटके।
इत चितवत, उतहीं फिरि लागत, रहत नहीं अटके।
देखतहीं उड़ि गए हाथ तैं, भए बटा नट के।
एकहिं परनि परे खग ज्यौं, हरि-रूप-माँझ लटके।
मिले जाइ हरदी चूना ज्यौं, फिरि न 'सूर' फटके॥

गोपी कह रही हैं—मैंने अपने नेत्रों को बहुत रोका। बुद्धि, बल, छल, कल सभी उपाय करके मैं हार गई, पर ये जरा भी टस से मस नहीं हुए। ये मेरी ओर भूले-भटके आ भी गए, तो भी ये लौटकर, वहीं जा पहुँचते हैं और मेरे पास नहीं रुक रहते। ये मेरे देखते-देखते मेरे हाथ से निकलकर श्यामसुंदर के हाथ में जा पड़े। यह तो नट के गेंद की तरह हो गए। ये हारिल पक्षी की तरह एक ही हठ पर अड़ गए हैं। हारिल जिस लकड़ी पर बैठता है, उड़ते समय भी उसे नहीं छोड़ता। ये मेरे हारिल-नेत्र श्याम के रूप रूपी लकड़ी को हठपूर्वक पकड़े हुए हैं। उसी में लटके हुए हैं। ये—मेरे नेत्र और हरि—हर्दी और चूना के समान मिलकर अब एक रंग हो गए हैं। तबसे ये फिर मेरे पास नहीं फटके—लौटकर मेरे पास नहीं आए।

१८६३/३००८ राग जैतश्री

बहुत भाँति नैना समुझाए।

लंपट, तदपि सकोच न मानत, जद्यपि घूँघट-ओट दुराए।
निरखि नवल, इतराहिं जाहिं मिलि, जनु बिबि खंजन अंजन पाए।
स्याम कुँवर के कमल-वदन कौं, महामत्त मधुकर ह्वै धाए।
घूँघट-ओट तजी, सरिता ज्यौं, स्याम-सिंधु कैं सन्मुख आए।
'सूरस्याम' मिलि कढ़ि पलकनि सौं, बिनु मोलहिं हठि भए पराए॥

गोपी कह रही हैं—मैंने अनेक प्रकार से अपने इन नयनों को समझाया। यद्यपि मैंने इन्हें अपने घूँघट की ओट में जा छिपाया, फिर भी ये लंपट, कामुक, जरा भी संकोच नहीं मानते। नवलकिशोर श्याम को देखकर इतराकर ये उनसे जा मिले। मानों दो खंजनों ने आवास के लिए कोई अंजन-गिरि पा लिया हो। श्यामसुंदर के कमल के समान मुख की ओर यह मतवाले मधुप के समान दौड़ पड़ते हैं। इन्होंने घूँघट की आड़ छोड़ दी। नदी के समान तीव्र गति से ये श्याम रूपी समुद्र के सामने आ गए। ये पलकों की ओट से निकलकर स्याम से मिल गए और उनके—पराए के—हठपूर्वक क्रीत दास हो गए।

१८६४/३००९ राग सोरठी

नट के बटा भए ए नैन।

देखति हौं पुनि जात कहाँ धौं, पलक रहत नहिं ऐन।

स्वाँगी से ये भए रहत हैं, छिनहिँ और, छिन और।
ऐसे जात, रहत नहिँ रोकैं, हमहूँ तैं अति दौर।
गए सु गए, गए अब आए, जात लगी नहिँ बार।
'सूरस्याम' सुंदरता चाहत, जाकौ वार न पार॥

गोपी कह रही हैं—मेरे ये नयन अब नट के बटा (गेंद) हो गए हैं, श्याम-आकाश में उछले जा रहे हैं। पलकों के अयन (भवन) में नहीं रुक पा रहे हैं। देखते-देखते ही ये फिर न जाने कहाँ चले जाते हैं। वे बहुरूपिये से बने रहते हैं—क्षण में कुछ, क्षण में कुछ। ये फुर्र से उड़ जाते हैं, रोकने से भी नहीं रुकते। इनका वेग तो मुझसे भी अधिक है, यह गए तो गए, अब इतनी देर पर लौटकर आए हैं। इनके यहाँ से वहाँ उड़ जाने में फिर कितनी देर लगेगी। ये श्याम की उस सुंदरता को देखना चाहते हैं, जिसका कोई तटबंध नहीं, जो अपार है।

१८६५/३०११ राग जैतश्री

लोचन भए पराए जाइ।
सनमुख रहत, टरत नहिँ कबहूँ, सदा करत सेवकाइ।
ह्वां तौ भए गुलाम रहत हैं, मोसौं करत ढिठाइ।
देखति रहति चरित इनके सब, हरिहिँ कहौंगी जाइ।
जिनकौं मैं प्रतिपालि बड़े किए, ये तुम बस करि पाइ।
'सूरस्याम' सौं यह कहि लैहौं, अपनैं बल पकराइ॥

गोपी कह रही हैं—ये नयन थे तो मेरे, पर अब जाकर दूसरे के हो गए हैं। ये सदा श्याम के सामने बने रहना चाहते हैं, वहाँ से जरा भी देर के लिए नहीं हटते। ये वहाँ तो गुलामी करते रहते हैं, पर मुझसे धृष्टता करते रहते हैं। मैं इनके सब चरित्तर देख रही हूँ। मैं जाकर हरि से इनकी शिकायत करूँगी। 'जिनको मैंने पाल पोसकर बड़ा बनाया, उनको, हे हरि, तुमने अपने बस में कर लिया है।' श्याम से यह कहकर मैं इन्हें अपने बल से पकड़कर लेती आऊँगी।

१८६६/३०१३ राग धनाश्री

नैना भए पराए चेरे।
नंदलाल कैं रंग गए रँगि, अब नाहिँन बस मेरैं।
जद्यपि जतन किए जोगवति ही, स्यामल सोभा घेरैं।
त्यौं मिलि गए दूध पानी ज्यौं, निबरत नहीं निबेरैं।
कुल-अंकुस, आरज-पथ तजिकै, लाज-सकुच दिए डेरैं।
'सूरस्याम' कैं रूप लुभाने, कैसैंहुँ फिरत न फेरैं॥

गोपी कह रही हैं—मेरे नयन अब दूसरे के दास हो गए हैं। ये नंदलाल के प्रेम के रंग में रँग उठे हैं और अब मेरे बस में नहीं हैं। ये नेत्र श्याम लाल की साँवली शोभा से घिर गए हैं, फिर भी मैं इनको बड़े यत्न से बचाए चली आ रही थी, पर ये तो दूध में पानी की

तरह मिलकर एकमएक हो गए हैं और इनको अब अलग नहीं किया जा सकता। इन्होंने कुल का अंकुश और आर्य-पथ सभी छोड़ दिया है और लाज तथा सकुच को दूर फेंक दिया है। अब ये श्याम के रूप पर कुछ ऐसे लुभा गए हैं कि लौटाने से भी लौट नहीं पा रहे हैं।

१८६७/३०१९ राग धनाश्री

अँखियाँ निरखि स्याम-मुख भूलीं।
चकित भईं मृदु हँसनि चमक पर, इंदु कुमुद ज्यौं फूलीं।
कुल-लज्जा, कुल-धर्म, नाम कुल, मानतिँ नाहिँन एकौ।
ऐसैं ह्वै ये भजीं स्याम कौं, बरजत सुनतिँ न नैंकौ।
ये लुब्धीं हरि-अंग-माधुरी, तनु की दसा बिसारीं।
'सूरस्याम' मोहिनी लगाई, कछु पढ़ि कै सिर डारी॥

गोपी कह रही हैं—श्याम का मुँह देखकर मेरी आँखें अपने को भूल गई हैं, आत्म-विस्मृत हो गई है। कन्हैया के मुसकुरा उठने पर उनका मुँह जरा सा खुल जाता है और उनके दाँतों की बत्तीसी चमक उठती है। उस चमक को देखकर यही आँखें चकित हो उठती है। जैसे चंद्रमा को देखकर कुमुदिनी खिल उठती है, उसी प्रकार श्याम की मुसकान देखकर मेरी आँखें भी खिल उठती हैं। अब मेरी आँखें न तो कुल की लाज मान रही है, न कुल का धर्म निबाह पा रही है और न इन्हें कुल के नाम की, प्रतिष्ठा की ही कुछ चिंता है। ये श्याममें इस प्रकार अनुरक्त हो गई है कि रोकने पर जरा-सा भी ध्यान नहीं देतीं, रुकती नहीं। ये हरि के एक एक अंग की सुंदरता पर ऐसी लुभा गई हैं कि इन्होंने शरीर की सारी दशा भुला दी है। श्याम ने इन पर कुछ मोहिनी सी डाल दी है, कुछ मंत्र पढ़कर इनके सिर पर जादू टोना कर दिया है।

१८६८/३०२१ राग विहागरौ

अँखियनि ऐसी धरनि धरी।
नंद-नँदन देखैं सुख पावैं, मोसौं रहतिँ डरी।
कबहूँ रहतिँ निरखि मुख-सोभा, कबहुँ देह-सुधि नाहीं।
कबहूँ कहतिँ कौन हरि, को हम, यौं तन्मय ह्वै जाहीं।
अँखियाँ ऐसैं भजीं स्याम कौं, नाहिँ रह्यौ कछु भेद।
'सूरस्याम' कैं परम भावती, पलक न होत बिछेद॥

गोपी कह रही हैं—अब मेरी आँखों ने कुछ ऐसा ढर्रा पकड़ लिया है कि ये नंदनंदन को देखकर तो सुखी हो उठती हैं और मुझसे डरती रहती हैं। ये कभी श्याम के मुँह की शोभा देखती रह ज़ाती हैं और कभी अपने तन-वदन की सुधि बुधि ही भूल जाती हैं और कभी कहने लगती हैं—ये हरि कौन हैं। कभी कहने लगती हैं कि हम कौन हैं। वे इस प्रकार कृष्ण में तन्मय हो जाया करती हैं। आँखें श्याम में कुछ इतनी रम गई हैं कि श्याम और आँखों में कुछ भिन्नता ही नहीं रह गई है। ये श्याम की कुछ इतनी अधिक प्यारी हो

उठी है कि एक पल भर के लिए भी उनसे अलग नहीं होती।

१८६९/३०२४ राग जैतश्री

धन्य-धन्य अँखियाँ बड़भागिनि ।
जिनि बिनु स्याम रहत नहिं नैंकहु, कीन्ही बनै सुहागिनि ।
जिनकौं नहीं अंग तैं टारत, निसि-दिन दरसन पावैं ।
तिनकी सरि कहि कैसैं कोई, जे हरि कैं मन भावैं ।
हमहीं तैं ये भई उजागर, अब हम पर रिस मानैं ।
'सूरस्याम' अति बिबस भए हैं, कैसे रहत लुभानैं ॥

गोपी कह रही हैं—ये आँखें अत्यंत सौभाग्यशालिनी हैं। ये आँखें धन्य हैं क्योंकि श्याम ने इन्हें सुहागिनी बना लिया है और इनके बिना ये एक क्षण भी नहीं रह पाते; इनको वे अपने अंगों से टलने नहीं देते। इसीलिए ये आँखें दिन-रात हरि का दर्शन पाती रहती हैं। ये हरि को अच्छी लगती हैं। फिर इनकी बराबरी कोई दूसरा कैसे कर सकता है। ये आँखें हमारी ही बदौलत तो इतनी प्रख्यात हुईं। अब हमारा एहसान मानना तो दूर रहा, उलटे ये हमीं पर क्रोध करती रहती हैं। श्याम तो इन पर ऐसे लुभा गए हैं, इनपर इतना लट्टू हो गए हैं कि स्वयं इनके बस में हो गए हैं, बेबस हो गए हैं।

१८७०/३०२५ राग बिलावल

ये अँखियँ बड़भागिनी, जिनि रीझे स्याम ।
अँग तैं नैंकु न टारहीं, बासर अरु जाम ।
ये कैसी हैं लोभिनी, छबि धरतिँ चुराइ ।
और न ऐसी करि सकै मरजादा जाइ ।
यह पहिलैं मनहीं करी, अब तौ पछितात ।
उनके गुन गुनि-गुनि झुरै, याहूँ न पत्यात ।
इंद्री सब न्यारी परीं, सुख लूटति आँखि ।
'सूरदास' जे सँग रहैं, तेऊ मरैं झाँखि ॥

गोपी कह रही हैं—ये आँखें बड़ी भाग्यवान हैं, क्योंकि इन पर स्वयं श्याम अनुरक्त हो गए हैं। वे इन्हें अपने अंगों पर से एक दिन क्या एक पहर के लिए भी टलने नहीं देते। पर ये आँखें बड़ी लालची हैं। ये श्याम की शोभा को चुरा-चुराकर अपने घर में समेटती जाती हैं। कोई दूसरा ऐसा काम नहीं कर सकता, क्योंकि चोरी करने से तो अपनी मर्यादा ही नष्ट हो जाता है। पहले मेरे मन ने ही इन्हें श्याम के पास ले पहुँचाया था। अब मेरा मन ही पछता रहा है कि मैंने इन आँखों को श्याम के पास पहुँचाकर बहुत अच्छा काम नहीं किया। अब मेरा मन ही इन आँखों की करतूतों पर विचार कर-करके सूखा जारहा है। ये आँखें अब मेरे मन पर भी विश्वास नहीं करतीं। सभी इंद्रियाँ अलग-थलग हो गई हैं, बस आँखें ही सारा सुख लूटे जा रही हैं। जो मन और इंद्रियाँ सदा साथ रहती थीं, वे भी झींखे जा रही हैं, तरसी जा रही हैं।

मानलीला तथा दंपति-विहार

१८७१/३०२९ राग गूजरी

स्यामा स्याम कैं उर बसी।
रैनि-दिन नृत्यत रिझै पिय-मन, तड़ित तैं छबि लसी।
स्याम ता रस मगन डोलत, सब तियनि मैं जसी।
कोक-कला-प्रवीन सुंदरि, कंत-गुन करि कसी।
करति सदन सिँगार बैठी, अंग-अँग-प्रति रसी।
'सूर' प्रभु आए अचानक, देखि तिनकौं हँसी॥

श्यामा (राधा), श्याम (कृष्ण) के हृदय में बसी हुई है। वह रात दिन अपने पिया (कृष्ण) के मन को रिंझाती हुई उनके हृदय में नाचती रहती है। उसकी शोभा बिजली से भी अधिक है। श्याम उसी के प्रेम में उभ-चुभ होते हुए फिरा करते हैं। वह इसीलिए व्रजांगनाओं में सर्वाधिक यशस्विनी है। वह सुंदरी कोक-कला में परम चतुर है। उसके कांत कृष्ण ने उसे कोक-कला की कसौटी पर खूब कसकर परख लिया है। ऐसी राधा अपने घर में बैठी हुई अपना शृंगार कर रही थी। उस समय उसके अंग प्रति अंग रसमय हो उठे थे। उसी समय अचानक कृष्ण वहाँ आ गए। राधा उनको देखकर मुसकरा पड़ी।

१८७२/३०३० राग रामकली

पियहिँ निरखि प्यारी हँसि दीन्हौ।
रीझे स्याम अंग-अँग निरखत, हँसि नागरि उर लीन्हौ।
आलिंगन दै, अधर दसन खँडि, कर गहि चिबुक उठावत।
नासा सौं नासा लै जोरत, नैन-नैन परसावत।
इहिँ अंतर प्यारी उर निरख्यौ, झझकि भई तब न्यारी।
'सूरस्याम' मोकौं दिखरावत, उर ल्याए धरि प्यारी॥

अपने पिया कृष्ण को देखकर प्यारी राधा मुसकुरा पड़ीं। श्याम राधा के अंग अंग को देखकर उसपर रीझ उठे और उन्होंने हँसकर राधा को छाती से लगा लिया। उन्होंने राधा को अपने आलिंगन-पाश में बाँध लिया और उसके होठों को अपने दाँतों से काट लिया। फिर उन्होंने उसकी ठुड्डी को अपने हाथ से पकड़कर ऊपर उठा लिया। फिर उन्होंने राधा की नाक पर अपनी नाक रखी और उसकी आँखों के ऊपर अपनी आँखें रखकर उनका संस्पर्श किया। इस बीच राधा ने श्याम के हृदय पर लटकती मणि की चौकी में अपना प्रतिविंब देखा और उसे दूसरी नारी समझकर झिझककर श्याम के भुज-पाश से छटक कर अलग हो गई और बोली—श्याम, तुम अपनी छाती से लगाए हुए अपनी परम प्यारी को मुझे दिखलाने चले आए हो?'

१८७३/३०३१ राग टोड़ी

अब जानी पिय बात तुम्हारी।
मोसौं तुम मुख ही की मिलवत, भावति है वह प्यारी।

राखे रहत हृदय पर जाकौं, धन्य भाग हैं ताके ।
ऐसी कहूँ लखी नहिँ अब लौं, बस्य भए हौ जाके ।
भली करी यह बात जनाई, प्रगट दिखाई मोहिँ ।
'सूरस्याम' यह प्रान पियारी, उर मैं राखी पोहिँ ॥

राधा बोली—हे पिया, अब मैंने तुम्हारी बात जान ली। तुम मुझसे मुँह से तो कहते हो कि मैं ही तुम्हें सर्वाधिक प्रिय हूँ। पर तुम्हारे हृदय को तो वह प्यारी परम प्रिय है, जिसे तुम सीने से सदा लगाए रहते हो। उसका भाग्य प्रशंसनीय है। अब तक मैंने कोई भी ऐसी नारी नहीं देखी है, जिसके तुम बस में हुए हो। यह तुमने अच्छा ही किया कि तुमने अपनी उस परम प्रिया को मुझे प्रकट रूप में दिखला दिया। वही तुम्हारी प्राण-प्रिया है, जिसे तुमने गूँथकर अपने हृदय पर बिठा रखा है, लटका रखा है।

१८७४/३०३२ राग धनाश्री

सुनत स्याम चक्रित भए बानी ।
प्यारी पिय-मुख देखि कछुक हँसि, कछुक हृदय रिस मानी ।
नागरि हँसत, हँसी उर-छाया, तापर अति झहरानी ।
अधर कंप रिस भौंह मरोर्‍यौ, मन ही मन गहरानी ।
इक टक चितै रही प्रतिबिंबहिँ, सौति-साल जिय जानी ।
'सूरदास' प्रभु तुम बड़भागी, बड़भागिनि जिहि आनी ॥

राधा की यह बात सुनकर श्याम चकित हो गए। उनकी समझ में कुछ नहीं आया कि राधा यह क्या कह रही है। प्यारी राधा प्रिय कृष्ण के मुख की ओर देखकर किंचित हँस दी और किंचित रिसौंही भी हो गई। नागरी राधा के हँसते ही, कृष्ण के हृदय पर लटकती मणि-चौकी में पड़ता राधा का प्रतिविंब भी हँस पड़ा। उस हँसते प्रतिविंब को देखकर राधा एक दम झल्ला उठी। जिसके मारे उसके होठ काँप उठे, उसकी भौंहें तन गईं, और वह मन ही मन आग-बबूला हो उठी। वह निर्निमेष होकर अपने ही प्रतिविंब को घूरने लगी। उसके मन में सौतिया-डाह का भाव उत्पन्न हो गया। वह बोली—प्रभु तुम बड़े भाग्यवान हो और यह भी बड़ी भाग्यवती है, जिसे तुम अपनी छाती से लगाए हुए यहाँ मुझे दिखाने के लिए लेते आए हो।

१८७५/३०३३ राग धनाश्री

प्यारी साँच कहति की हाँसी ।
काहे कौं इतनौ रिस पावति, कत तुम होहु उदासी ।
पुनि-पुनि कहति कहा तबहीं ते, कहा ठगी सी ठाढ़ी ।
इकटक चितै रही हिरदय-तन, मनौ चित्र लिखि काढ़ी ।
समुझी नहीं कहा मन आई, मदन त्रसै तुव आगे ।
'सूरस्याम' भए काम आतुरे, भुजा गहन पिय लागे ॥

श्याम बोले—प्रिये, तुम यह सच कह रही हो कि हँसी कर रही हो। तुम्हें इतना क्रोध

किस बात पर हो रहा है? तुम इतनी खिन्न क्यों हो गई हो? तभी से तुम बार बार यह क्या कहती जा रही हो? तुम ऐसी क्यों खड़ी हो, जैसे किसी ने तुम्हें ठग लिया हो। तुम मेरी छाती की ओर अपलक टकटकी लगाए क्या देखे जा रही हो? ऐसा लगता है जैसे तुम कोई अंकित चित्र हो, कोई सप्राण शरीर न हो। मैं समझ नहीं पाया तुम्हारे मन में कौन सी बात आ गई है, जिससे तुम कठ्-पुतली सी हो गई हो। तुम्हारे रूप के आगे तो कामदेव भी थरथरा उठता है। ऐसा कहते ही श्याम कामातुर हो गए और वे राधा की बाँह पकड़ने लगे।

१८७६/३०३४ राग टोड़ी

मोहिँ छुवौ जनि, दूर रहौ जू।
जाकौं हृदय लगाइ लयौ है, ताकी बाँह गहौ जू।
तुम सर्वज्ञ और सब मूरख, सो नारी अरु दासी।
मैं देखत हिरदय वह बैठी, हम तुमकौं भईं हाँसी।
बाँह गहत कछु सरम न आवति, सुख पावत मन माहीं।
सुनहु 'सूर' मो तन वह इकटक चितवति, डरपति नाहीं॥

राधा बोली—श्याम, मुझे छुओ मत; मुझे हाथ मत लगाओ, दूर ही रहो। जिसको तुमने हृदय से लगा रखा है, जाकर उसी की बाँह पकड़ो। तुम समझते हो कि एक तुम्हीं सब कुछ जानते हो और दुनियाँ के और सभी लोग मूर्ख हैं। मुझे मूर्ख मत समझना; मैं भी सब समझती हूँ, जिसको तुमने हृदय ले लगा लिया है वही रानी है और और सभी दासियाँ हैं। मैं साफ देख रही हूँ वह तुम्हारे हृदय से सटी बैठी है और तुम्हारे लिए मेरी बात दिल्लगी की लग रही है। तुम्हें मेरी बाँह पकड़ते, शर्म नहीं लगती। तुम मन ही मन सुखी हुए जा रहे हो और वह मेरी ओर टकटकी लगाए देखती जा रही है, जरा भी नहीं डर रही है।

१८७७/३०३५ राग बिलावल

कहा भई धनि बावरी, कहि तुमहिँ सुनाऊँ।
तुम तैं को है भावती, जिहिँ हृदय बसाऊँ।
तुमहिँ स्त्रवन, तुम नैन हौ, तुम प्रान-अधारा।
वृथा क्रोध तिय क्यौं करौ, कहि बारंबारा।
भुज गहि ताहि बतावहू, जेहि हृदय बतावति।
'सूरज' प्रभु कहैं नागरी, तुमतैं को भावति॥

इस पर श्यामसुंदर बोले—अरी मेरी धन्या, तुम पगला गई हो क्या? क्या बात हो गई है, कुछ कहो, तो मैं तुम्हें कहकर समझा दूँ। तुमसे बढ़कर दूसरी मेरी प्यारी कौन है, जिसे मैं अपने हृदय में बसाऊँगा? तुम्हीं मेरा कान है, तुम्हीं मेरी आँख हो, तुम्हीं मेरी प्राणाधार हो, तुम इस प्रकार की ऊल-जलूल बातें करके क्यों व्यर्थ का क्रोध किए जा रही हो? जिसको तुम मेरे हृदय में बसी हुई कहती हो, उसका हाथ पकड़कर मुझे दिखाओ। प्रभु ने कहा, नागरी राधा, तुमसे बढ़कर मेरी प्यारी और कौन है?

१८७८/३०३६ राग नट

माधौ नाहिंनै दुरति, जो हृदै बसति ।
ऐसी ढीठि मैंरैं जान, तुमहीं कीन्ही है कान्ह,
मोसौं सनमुख, नाहिँ देखत त्रसति ।
झुके तैं झुकति भाल, भृकुटी कुटिल किए,
रूखी रूखी ह्वै रहति, हँसे तैं हँसति ।
तबहीं तैं इकटक चितवति, उहिँ जकि,
उर तैं नैकहुँ इत-उत न धँसति ।
जाही सौं लगत नैन, ताही सौं खगत बैन,
नख-सिख लौं हैं सब गातनि ग्रसति ।
जाके हरि राँचे रंग, सोई है अंतर संग,
काँच की करौती के सुजल ज्यौं लसति ।
बिहँसि बोले गुपाल, सुनि हो ब्रज की बाल,
उछँगहि लेत कत धरनि खसति ।
अपनी छाया निहारि, काहे कौं करति आरि,
काम की कसौटी 'सूर' संक तैं कसति ॥

राधा बोली—हे माधव, जो तुम्हारे हृदय में बसी हुई है, वह छिपाने से भी नहीं छिप पा रही है। वह बड़ी धृष्ट है। मेरी समझ से तो कान्ह तुम्हीं ने उसको इतना ढीठ बना दिया है। वह है तो मेरी आँखों के सामने, पर मुझे देखते हुए भी मुझसे जरा भी नहीं डर मान रही है। मेरे झुकने पर यह भी झुकती है, भौंहें टेढ़ी करने पर वह भी अपनी भौंहें टेढ़ी कर लेती है, रूखे रहने पर वह भी रूखी बन जाती है; और हँस पड़ने पर वह भी हँस पड़ती है, जैसे वह मुझे चिढ़ाए जा रही है। तभी से वह हठपूर्वक टकटकी लगाकर मुझे देखती जा रही है और तुम्हारे हृदय से जरा भी इधर या उधर टसक नहीं रही है। सच तो यह है कि जिससे आँख लग जाती हैं, उसी से बात करना भी भला लगता है। उसने तो तुम्हारे सारे शरीर को नख से शिख तक ग्रस लिया है। हे हरि, तुम जिसके रंग में रँग उठे हो, वही तुम्हारे साथ तुम्हारे हृदय में स्थित है। वह काँच के कटोरे में स्थित जल के समान साफ-साफ झलकती हुई सुशोभित हो रही है।'

तब हँसकर गोपाल बोले—हे व्रज-बालिके, सुनो। गोद में लेते हुए तुम धरती पर क्यों फिसली जा रही हो। तुम अपनी ही छाया देखकर व्यर्थ के लिए क्यों हठ किए जा रही हो। काम की कसौटी पर तुम्हें प्रेम को ही कसना चाहिए, पर तुम उस पर कस रही हो शंका को। और शंका की कोई दवा नहीं।

१८७९/३०३७ राग कान्हरौ

काहे कौं हौ बात बनावत ।
अब तुमकौं पिय मैं पत्याति हौं, छाहँ आपनी घरनि बतावत ।

वा देखत हमकौं तुम मिलिहौ, काहे कों ताकों अनखावत।
जैहै कहूँ निकसि हिरदय तैं, जानि बूझि तिहिँ क्यौं उचटावत।
जो वह कहै, करौ तुम सोई, कहा मोहिँ, पुनि पुनि समुझावत।
'सूरस्याम' नागर, वह नागरि, भले-भले जू मोहिँ खिझावत॥

राधा बोली—हे श्याम, तुम मुझसे बातें क्यों बना रहे हो? क्यों मुझे झाँसा दे रहे हो, पट्टी पढ़ा रहे हो। तुम अपनी हो गृहिणी को छाया बताए दे रहे हो, भला इतने पर भी मैं तुम्हारा विश्वास कर लूँगी? अब मुझे तुम पर कत्तई विश्वास नहीं रह गया है। उसके देखते हुए, उसके सामने ही, तुम मुझसे मिलकर उसको क्यों रुठाए डाल रहे हो? तुम्हें मुझसे मिलता देखकर वह तुम्हारे हृदय से निकलकर कहीं अन्यत्र चली जायगी। जान-बूझकर उसे क्यों उचटाए जा रहे हो? अब वह जो जो तुमसे कहे, तुम वही सब करते चलो। इसी में तुम्हारी भलाई है। तुम मुझे बार-बार क्या समझाए जा रहे हो, श्याम, तुम नागर हो और यह तुम्हारी नागरी है। अब मुझे बार-बार क्या चिढ़ाए जा रहे हो?

१८८०/३०३८ राग गुंड मलार

बृथा हठ दूरि किन करौ प्यारी।
कहा रिस करति, ह्याँ छाहँ अपनी देखि, उर कोऊ नहीं, रिस जरति भारी।
तुमहिं धन, रहति मन, नैन मैं तुम बसति, कनक सौं लेहु कसि, कहा बैठी।
चतुरई कहँ गई, बुद्धि कैसी भई, चूक समुझे बिना, भौंह ऐंठी।
यह सुनत रिस भरी, रही नहिँ तहँ खरी, ओट ह्वै झरहरी, मान कीन्हौ।
जाहु मन-मन कह्यौ, मैं बहुत सुख लह्यौ, सौति दिखराइ मोहिँ 'सूर' दीन्हौ॥

इस पर कृष्ण बोले—हे प्रिये, तुमने व्यर्थ के लिए हठकर रखा है। यह हठ दूर क्यों नहीं करती? तुम मेरे वक्ष-स्थित-मणि में अपना ही प्रतिविंब देखकर मुझपर क्यों क्रोध किए जा रही हो? मेरे हृदय में तुम्हें छोड़ कोई और नहीं है। तुम व्यर्थ के लिए भारी क्रोध से जली जा रही हो? हे धन्या, तुम्हीं तो मेरे मन में रहती हो, तुम्हीं तो मेरी आँखों में समाई हुई हो, तुम बैठी क्या हो, आकर अपने सोने से शरीर को मेरी कसौटी सी देह पर कसकर भलीभाँति देख लो। तुम्हारी चतुराई कहाँ चली गई? तुम्हारी बुद्धि को क्या हो गया है? तुम्हारी अक्ल मारी गई है क्या? बिना अपराध पर विचार किए हुए ही तुमने अपनी भौंहें तनेनी कर रखी है।

कृष्ण की यह बात सुनते ही राधा अत्यंत क्रुद्ध हो गई। वह वहाँ खड़ी नहीं रह सकी। झल्लाकर वह एक ओर आड़ में बैठ गई और रूठ गई तथा मन ही मन कह उठी—श्याम जाओ, जाओ। तुमने मुझे मेरी सौत दिखलाकर मुझे बहुत सुख दे दिया।

१८८१/३०३९ राग कल्यान

कियौ अति मान वृषभानु-बारी। देखि प्रतिबिंब पिय हृदय नारी॥
कहा ह्यां करत ले जाहु प्यारी। मनहिँ मन देत अति ताहि गारी॥
सुनत यह वचन पिय बिरह बाढ़ौ। कियौ अति नागरी मान गाढ़ौ॥
काम तनु दहत, नहिँ धीर धारै। कबहुँ बैठत उठत बार-बारै॥
'सूर' अति भए व्युकल मुरारी। नैन भरि लेत, जल देत ढारी॥

प्रिय के हृदय पर स्थित मणि में नारी-प्रतिविंब देखकर वृषभानु-पुत्री राधा ने भारी मान कर लिया और कृष्ण से कहा—'तुम यहाँ खड़े खड़े क्या कर रहे हो? अपनी प्यारी को लेकर जहाँ चाहो, वहाँ चले जाओ।' फिर यह मन ही मन उस प्रतिविंब वाली नारी को खूब गालियाँ देने लगी, राधा की बातें सुनकर पिया कृष्ण का विरह बढ़ गया। और उन्होंने समझ लिया कि नागरी ने गुरु मान कर लिया है। उनका शरीर काम से जलने लगा और यह अत्यंत अधीर हो उठे। वे बार-बार कभी बैठने लगे, कभी उठने लगे। मुरारि अत्यंत विकल हो गए। उनकी आँखों में आँसू भरभरा ही नहीं आया,अश्रुपात भी होने लगा।

१८८२/३०४० राग विहागरौ

मान कर्यौ त्रिय बिनु अपराधहिँ ।
तनु दाहति बिनु काज आपनौ, कह ऽब डरति जिय बादहिँ ।
कहा रही मुख मूँदि भामिनी, मोहिँ चूक कछु नाहीं ।
झझकि रही क्यौं चतुर नागरी, देखि आपनी छाहीं ।
अजहूँ दूरि करौ रिस उर तैं, हिरदय ज्ञान बिचारौ ।
'सूरस्याम' कहि-कहि पचि हारे, हठ कीन्हौ जिय भारौ ॥

कृष्ण बोले—'हे त्रिया, तुमने बिना मेरे किसी अपराध के यह मान ठान लिया है। तुम बिना मतलब के अपना शरीर जलाए ले रही हो। तुम अब व्यर्थ के ही लिए अपने जी में क्यों डरी जा रही हो? हे क्रोध करनेवाली, तुमने अपना मुँह क्यों मूँद रखा है? मेरी तो कोई गलती है नहीं। अपनी ही छाया देखकर तुम जैसी चतुरा क्यों झिझकी जा रही है? अब भी अपने हृदय से क्रोध दूर करो और थोड़ा सोचो विचारो।'

श्याम राधा से कह-कहकर हार गए, पर राधा ने अपने मन में जो भारी हठ ठान लिया था, उसे छोड़ा नहीं।

१८८३/३०४१ राग सोरठ

काम स्याम-तनु चटप कियौ ।
मान धर्यौ नागरि जिय गाढ़ौ, सूख्यौ कमल-हियौ ।
ब्याकुल भए चले बृंदावन, मिली दूतिका आनि ।
बार-बार हरि-बदन निहारति, सकै न दुख पहिचानि ।
कैसी दसा आजु मैं देखति, कहौ न मोहिँ सुनाइ ।
'सूरस्याम' देखे तुम ब्याकुल, आए कहा गँवाइ ॥

काम ने श्याम के शरीर को विकल बना दिया था। नागरी ने गुरु मान ठान लिया था। इससे कृष्ण का हृदय-कमल सूख गया था। वे व्याकुल होकर वृंदावन की ओर चल पड़े। रास्ते में उन्हें दूती मिल गई। वह दूती बार-बार हरि का मुरझाया मुँह देखने लगी। वह कृष्ण के दुख को नहीं जान पाई। वह बोली—श्याम, अब मैं तुम्हारी क्या हालत देख रही हूँ। मुझे समझाकर कह सुनाओ। श्याम तुम बहुत विकल दीख पड़ रहे हो, तुम कौन सा बहुमूल्य पदार्थ खो आए हो?

१८८४/३०४२ राग गौरी

ब्याकुल बचन कहत हैं स्याम ।
बृथा नागरी मान बढ़ायौ, जोर कियौ तनु काम ।
यह कहतहिं लोचन भरि आए, पायौ बिरह सहाइ ।
चाहत कह्यौ भेद ता आगैं, बानी कही न जाइ ।
और सखी तिहिं अंतर आईं, ब्याकुल देखि मुरारि ।
'सूरस्याम' मुख देखि चकित भई, क्यौं तनु रहे बिसारि ॥

तब श्याम अत्यंत विकल होकर उस दूती से कहने लगे—'राधा ने व्यर्थ ही गुरु मान कर लिया है। मुझे घोर काम-पीड़ा सता रही है।' यह कहते ही श्याम की आँखें भरभरा आईं। उन्हें विरह का सहारा जो मिल गया था। कृष्ण उस दूती से सारा रहस्य कह देना चाहते थे, पर उनके मुँह से वाणी नहीं फूट पा रही थी। इसी बीच वहाँ और भी सखियाँ आ जुटीं। उन्होंने मुरारि को अत्यंत विकल देखा। वे श्याम का मुरझाया मुँह देखकर चकित हो उठीं। और सोचने लगीं, कन्हैया ने क्यों इस प्रकार अपने तन-वदन की सुधि बिसरा रखी है।

१८८५/३०४३ राग विहागरौ

कहति दूतिका सखिनि बुझाइ ।
आजु राधिका मान कर्यौ है, स्याम गए कुम्हिलाइ ।
कर सौं कर धरि लाल गई लै, सखिन सहित बन धाम ।
सुख दै कह्यौ, लिए आवति हौं, सँग बिलसाऊँ बाम ।
मो आगे की महरि बिटिनियाँ, कहा करे वह मान ।
सुनहु 'सूर' प्रभु कितिक बात यह, करै न पूरन काम ॥

वह दूती सखियों से समझाकर बताने लगी—'आज राधा मान ठान बैठी है। इसी से श्याम मुरझा गए हैं।' फिर वह श्याम को पकड़कर, सखियों के साथ, वृंदावन के निकुंज-भवन में ले गई और दिलासा देकर उनसे कही—मैं अभी अभी राधा को यहाँ लिए आती हूँ और उस बिगड़ी राधा को तुम्हारे साथ विहार-रत कराए देती हूँ। वृषभान महर की वह बेटी राधा, मेरे आगे तो जनमी है, वह भला क्या मान करेगी? सुनिए, यह कौन सी बड़ी बात है जो वह तुम्हारी मनोकामना न पूरी कर दे।

१८८६/३०४४ राग सोरठ

स्याम कुंज बैठारि गई ।
चतुर दूतिका सखियनि लीन्हे, आतुरताई जाति लई ।
मनहीं मन इक रची चतुराई, कहै कहौंगी बात नई ।
अबहीं लै आवति हौं ताकौं, यहै बहुत कछु भई दई ।
करि आई हरि सौं परतिज्ञा, कहा कहै वृषभानु-जई ।
'सूरस्याम' सौं मान कर्यौ है, आजुहिं ऐसी कहा भई ॥

दूती श्याम को कुंज-धाम में बैठाकर, अपनी सखियों को साथ लिए हुए, जल्दी-जल्दी वहाँ से चली गई। वह मन ही मन कोई चतुराई की बात गढ़ने लगी और कहने लगी कि मैं राधा से जाकर यह नई बात कहूँगी। मैं अभी अभी राधा को साथ लिए आती हूँ। उसने जो इतना मान कर लिया, हे भगवान, वही बहुत है। मैं हरि से, राधा को साथ लिए आने की प्रतिज्ञा, कर आई हूँ। अब देखना है कि वृषभानु की बेटी राधा क्या कहती है? उसने श्याम से मान ठान लिया है, आज ऐसी कौन सी बात हो गई है।

१८८७/३०४५ राग नट

सखियनि संग तहाँ गई।
दूतिका-मुख निरखि राधा, हृदै जानि लई।
अति चतुर वृषभानु-तनया, सहज बोलि लई।
सहज बचन प्रकास कीन्हौ, कहा कृपा भई।
तुरतहीं यह कहि सुनायौ, स्याम बोले तोहिं।
'सूर' प्रभु बन बोलि पठई, तोहिं कारन मोहिं॥

दूती सखियों के साथ वहाँ गई, जहाँ राधा मान किए बैठी थी। दूती का मुँह देखते ही राधा तुरंत जान गई कि यह कृष्ण के द्वारा भेजी गई है और मुझे मनाने आई है। वृषभानु की बेटी राधा परम चतुरा है। वह सहज भाव से सहज वाणी में जब दूती से बोली—'कहो, कैसे कृपा की।' तब दूती तत्काल बोल उठी—'श्याम ने तुम्हें बुलाया है। तुम्हीं को वृंदावन में बुला लाने के लिए प्रभु ने मुझे तुम्हारे पास भेजा है।'

१८८८/३०४६ राग सोरठ

काहे कौं बन स्याम बुलाई। याही तैं तुम आई धाई॥
कहा कहौं तोकौं, री माई। तुमहुँ भली अरु भले कन्हाई॥
अब इक नई मिली है आई। ताही कौं अब लेहिं बुलाई॥
ताकौं सखी हृदय दुराई। तोकौं ह्यां तैं टारि पराई॥
'सूर' स्याम ऐसे गुन-राई। उनकी महिमा कही न जाई॥

इस पर राधा बोली—श्याम ने मुझे वन में क्यों बुला भेजा है? इसीलिए तुम दौड़ी दौड़ी मेरे पास चली आई हो? सखी, मैं तुमसे भला क्या कहूँ? तुम भी भली हो, जो उनके कहने से यहाँ तक दौड़ी आई हो और श्याम जितने भले हैं, सो हैं ही। अब उन्हें एक नई प्रिया आ मिली है। अब वे उसी को बुला लें। उसे उन्होंने अपने हृदय में छिपा रखा है, इसीलिए तुझे उन्होंने वहाँ से दूर हटा दिया है। श्याम ऐसे ही महा-गुणी हैं। उनकी महा-महिमा (धूर्तता) कुछ कहते नहीं बनती।

१८८९/३०४७ राग धनाश्री

आजु कछू घर कलह भयौ री।
तबै आजु अनमनी बत्यानी, यह कछु मान ठयौ री।
मोकौं कछू कह्यौ नहिं मोहन, सहज पठाई लैन।
कहा पुकार परी हरि आगैं, चलौ न देखौ नैन।

तेरौ नाम लेत हरि आगैं, कहत सुनाइ-सुनाइ ।
'सूरस्याम' काकौ-काकौ गथ, तैं धौं लियौ छुड़ाइ ॥

दूती बोली लगता है, अब घर में कुछ कहा सुनी हो गई है। इसीलिए तू आज अन्यमनस्क होकर मुझसे बातें कर रही है और इसीलिए तू यह मान भी ठान बैठी है। मुझसे तो मोहन ने कुछ भी नहीं कहा, बस तुझे बुला लाने को मुझे भेज दिया। हरि के सन्मुख बहुत से फरियादी आ जुटे हैं। चलकर अपनी आँखों से देख लो। वे तेरा नाम ले लेकर जोर-जोर से सुना-सुनाकर तुझपर चोरी का अपराध मढ़ते जा रहे हैं। तूने किस-किस की कौन-सी जमा-पूँजी छीनकर अपने पास रख ली है।

१८९०/३०४८ राग सूही

बृंदाबन हरि बैठे धाम ।
काहे कौं गथ हर्‌यौ सबनि कौं, काहैं अपनौ कियौ कुनाम ।
डारि देहु कह लियौ परायौ, मेरौ कह्यौ मानि री बाम ।
तबही तैं उन सोर लगायौ, तोकों बोली है इहिं काम ।
चलै तुरत, जनि झेर लगावहु, अबहीं आइ करौ विस्राम ।
'सूरस्याम' तेरी घाँ झगरत, तू काहैं तिनसौं करै ताम ॥

दूती कहती गई—राधे, हरि वृंदावन के कुंज-भवन में बैठे तेरी प्रतीक्षा कर रहे हैं। तूने सब का माल क्यों छीन लिया है ? तू अपनी बदनामी क्यों करा रही है ? तूने दूसरे का माल क्यों ले लिया है? इसे निकास कर फेंक दे, ये सभी फरियादी अपना-अपना माल ले लें। हे वामा, मेरा कहना मान ले। जिन-जिन का माल तूने हड़प लिया है, उन सबने तभी से शोर मचा रखा है। हरि ने तुझे इसी काम से बुलाया है। तुरत चली चलो; देर न करो। वहाँ से लौटकर विश्राम कर लेना। इस समय तो चली ही चलो। श्याम तेरी ओर से उन सबसे झगड़ रहे हैं और तू उनसे न जाने क्यों क्रोध करके यहाँ बैठी हुई है।

१८९१/३०४९ राग जैतश्री

यह कछु नोखी बात सुनावति ।
काकौ गथ धौं मैं लीन्हौ है, बार-बार बन मोहिँ बुलावति ।
मेरी घां हरि लरत कौन सौं, इती मया मोहिँ कीन्ही ।
जैसे हैं हरि तेरे माई, मैं नीकैं करि चीन्ही ।
की बैठौ, की जाहु भवन कौं, मैं उनपै नहिँ जाउँ ।
'सूरदास' प्रभु कौ री सजनी, जनम न लेहौं नाउँ ॥

दूती की बात सुनकर राधा बोली—तू तो कुछ अनोखी ही बात कह रही है। मैंने किसका माल हड़प लिया है, जिसके लिए तू मुझे वृंदावन चलने के लिए बार-बार कहे जा रही है। मेरी तरफ से हरि किससे झगड़ रहे हैं। इन्होंने मेरे प्रति इतना प्रेम कर लिया है ? सखी, तेरे हरि जैसे हैं, मैं उन्हें भलीभाँति पहचानती हूँ। अब तुम कष्ट करके यहाँ आई हो, तो बैठ जाओ। न बैठना चाहो, तो अपने घर वापस चली जाओ। मेरी ओर से कोई जोर-जबरदस्ती नहीं है। यह तुम्हारी मरजी पर निर्भर है कि तुम बैठो या न बैठो। जहाँ

तक मेरी बात है मैं हरि के पास नहीं जाऊँगी। री सखी, मैं जब तक जीवित हूँ, अब हरि का तब तक नाम भी नहीं लूँगी।

१८९२/३०५० राग गौरी

"मैं कह तोहि मनावन आई ?
प्रगट लिए सबकौ ब्रज बैठी, कहा करति अधिकाई।
जाइ करौ ह्वाँ बोध सबनिकौ, मो पर कत एतरानी।
स्याम लरत तबहीं तैं उनसौं, तिन पर अतिहिं रिसानी"।
"बार बार तू कहा कहति री, ब्रज काकौ मैं लीन्हौ"।
'सूरदास' राधा सहचरि सौं, ज्वाब निदरि करि दीन्हौ॥

इस पर दूती बोली—'तू क्या समझती है कि मैं तुझे मनाने आई हूँ? तू व्रज में सबका माल लिए हुए यहाँ बैठी हुई है और उस पर तू इतनी ज्यादती क्यों किए जा रही है? वहाँ, हरि के पास चलकर सबको समझा दो। मुझपर क्या झल्लाई जा रही हो? तभी से श्याम उन सबसे तेरी ओर से झगड़े जा रहे हैं और तू उन पर इतना अधिक गुस्साई हुई बैठी है।'

इस पर राधा सखी से अवहेलनापूर्वक बोली—तू बार बार यह क्या कहे जा रही है? मैंने व्रज में किसका कौन सा माल छीन लिया है?

१८९३/३०५१ राग सोरठ

तै कछु नहिं काहू कौ लीन्हौ।
प्रगट कहौं तबहीं मानैगी, ज्वाब निदरि मोहि दीन्हौ।
तब बदिहौं ऐसैंहि ह्वाँ कैहै, जहँ बैठे सब बैरी।
मेरे कहैं बहुत रिस पावति, संपति सब की लै री।
इक-इक करि सब तोहिं दिखाऊँ, कहि आवहु बन जाइ।
की दीजौ, की पुनि सब लीजौ, 'सूर' स्याम पै आइ॥

दूती बोली—क्या तूने किसी का कुछ नहीं लिया है? तुमने मेरी उपेक्षा करते हुए मुझे जवाब तो दे दिया, पर जब मैं खोलकर साफ साफ कह दूँगी, तब तू मान लेगी। मैं तो तब तेरी बात को सच समझूँगी, जब तू इसी प्रकार वहाँ जाकर कह देगी, जहाँ तेरे सब बैरी फरियाद लेकर बैठे हुए हैं। सबकी संपत्ति तूने ले रखी है और मेरे कहने पर तूने मुझसे बहुत बुरा मानकर मुझपर क्रोध कर लिया है। तुम वृंदावन जाकर यही कह आओ कि मैंने किसी का कुछ नहीं लिया है। तब मैं तुमको एक-एक कर दिखला दूँगी कि तुमने किस-किस का क्या-क्या लिया है। श्याम के पास जाकर, यदि उन प्रतिवादियों की बात ठीक है तो तुम सबको उनका माल लौटा दो या फिर यदि तुम्हारी ही बात सच है तो तुम सबका सब स्वयं ले लो।

१८९४/३०५२ राग सूही

जिनि जिनि जाइ स्याम के आगैं, तेरी चुगली बहुत करी।
बार बार तिनकौं हरि खीझे, तेरी घाँ ह्वै महूँ लरी।

स्याम भेद करि मोहिं पठाई, तू मोहीं पर खरी परी ।
जाइ करौ रिस बैरिनि आगैं, जाके-जाके गथहिँ हरी ।
धरनि अकास बनहुँ तैं आए, देखत तिनकौ अतिहिँ डरी ।
'सूरस्याम' बिनु न्याउ चुकै क्यौं, तिनपर तू अतिहीं झहरी ॥

दूती कहती गई—जिन जिन ने श्याम के आगे जाकर तेरी बहुत चुगली की है, हरि उन सब पर बार बार खीझते रहे हैं और मैं भी तेरी ओर से उनसे बहुत झगड़ती रही हूँ। श्याम ने भेद करके, मुझ पर पूरा विश्वास करके मुझे तेरे पास भेजा है और तू मुझपर ही बिगड़ती जा रही है। यह क्रोध तुम जाकर अपने उन बैरियों पर उतारो, जिन-जिनकी संपत्ति का तुमने अपहरण कर लिया है। तुम्हारे ये बैरी पृथ्वी, आकाश, जंगल और जल सभी स्थलों से आए हैं। मैं तो उनको देखते ही अत्यंत भयभीत हो गई थी। बिना श्याम के इस बात का निपटारा संभव नहीं, और तू उन श्याम पर ही इतना अधिक झल्लाई पड़ रही है।

१८९५/३०५३ राग धनाश्री

ते जु पुकारे हरि पै जाइ ।
जिनकी यह सब सौंज राधिका, तुव तनु लई छँड़ाइ ।
इंदु कहै हौं बदन बिगोयौ, अलकनि अलि-समुदाइ ।
नैननि मृग, बचननि पिक लूटे, बिलपत हरिहिँ सुनाइ ।
कमल, कीर, केहरि, कपोत, गज, कनक, कदलि दुख पाइ ।
विद्रुम, कुंद, भुजंग संग मिलि, सरन गए अकुलाइ ।
अति अनीति जिय जानि 'सूर' प्रभु, पठई मोहिँ रिसाइ ।
बोली है ब्रजनाथ बेगि चलि, अब उत्तर दै आइ ॥

दूती बोली—राधे, जिन-जिन की संपत्ति तेरे शरीर ने छीन ली है, उन सबने आकर हरि से फरियाद की है। चंद्रमा का कहना है कि राधा के मुख ने मुझे विद्रूप कर दिया है। भौंरों का कहना है कि राधा की अलकों ने हमें लूट लिया है। हिरनों का कहना है कि राधा के नयनों ने हमारी चोरी कर ली है। कोकिल की शिकायत है कि राधा की वाणी ने हमारी वाणी चुरा ली है, इस प्रकार हरि को सुना-सुनाकर ये सभी रोए जा रहे हैं। यही नहीं तुम्हारी आँख से दुखी होकर कमल, नासिका से दुखी होकर शुक, पतली कमर को देखकर सिंह, ग्रीवा से दुखी होकर कबूतर, तुम्हारी गति से दुखी होकर हाथी, तुम्हारे शरीर की स्वर्ण-कांति से दुखी होकर कंचन, तुम्हारी जंघा से दुखी होकर केला, तुम्हारे होठों से विकल होकर मूँगा, तुम्हारे दाँतों से आकुल होकर कुंद-कली, तुम्हारी चोटी से हार कर सभी सर्प हरि की शरण में आ गए हैं। प्रभु ने इसे भारी अन्याय समझ लिया है और रिस करके मुझे तुम्हें बुलाने के लिए भेजा है। शीघ्र चलो, और जवाब में जो कुछ कहना हो, जाकर कहो।'

१८९६/३०५४ राग कल्यान

चलि राधे, हरि रसिक बुलाई ।
कमल-नयन कछु मरम कह्यौ है, मोहन-बचन करन-पुट लाई ।

अँग-अँग सर्वस हरन लगी री, रचि बिरंचि तुव बनक बनाई।
अब जु पुकार करत तेरैं तन, जिन जिन की सब सोभ चुराई।
माँग उडू नव, तरनि तरयौना, तिलक भाल ससि की ससिताई।
भृकुटी सुर-धनु, सुधा वचन वर, सुरपुर परी है मदन-दुहाई।
दाड़िम बज्र-पंक्ति, पंकज-दल, दामिनि घन, दुति रदन दुराई।
कंबु कपोत कंठ, निसिबासर, बाहु बली करि कंज लताई।
उर भय भेष, सेष अंबर जनु, मनु छबि कटि मृगराज सुहई।
हंस पुकार करत 'सूरज' प्रभु, दीनबंधु हौं लेन पठाई॥

दूती बोली—चल राधे, चल। तुझे रसिक हरि ने बुलाया है। कमल के समान नेत्र वाले हरि ने मेरे कानों के पास अपना मुँह लाकर, धीरे से तेरे लिए कुछ मर्म भरी मोहक बातें, मुझसे कही है। उन्होंने कहा है कि ब्रह्मा ने रच-रचकर तुम्हारा ऐसा रूप बना दिया है कि तुम्हारे एक-एक अंग अन्यों का सर्वस्व हर लेने वाले हैं। तेरे शरीर ने जिन जिनकी शोभा चुरा ली है, सब के सब आकर हरि के पास पुकार लगाए हुए हैं? तेरी मोती भरी माँग के विरुद्ध तारागणों ने, तेरे कानों के ताटंक के विरुद्ध सूर्य ने, तेरे तिलक युक्त भाल के विरुद्ध चंद्रमा ने, तेरी भौंहों के विरुद्ध इंद्रधनुष ने, तेरी मधुर वाणी के विरुद्ध अमृत ने सुरपुर से मदन महाराज के दरबार में फरियाद कर दी है। अनार के दानों और हीरे के कणों को, कमल की पंखुड़ियों को, बादल में चमकती बिजली की द्युति को तेरे दाँतों ने छीन लिया है। शंख और कबूतर को तेरी ग्रीवा ने, और कमल-मृणाल को तेरी बाँहों ने रात-दिन निरंतर चुराए रखा है। तेरे वक्ष पर तेरे उरोजों का वेश ऐसा लगता है मानो अंबर (आकाश, वस्त्र) में शेषनाग कुंडली मार कर बैठ रहा हो और तेरी पतली कमर तो सिंह की कमर सी सुशोभित हो रही है। हंस भी तेरी गति से पराजित होकर पुकार लगाए जा रहे हैं। इन दीनों के बंधु हरि ने इसीलिए मुझे तुम्हे लिवा लाने के लिए भेजा है। चल।

१८९७/३०५५ राग कान्हरौ

मान करौ तुम और सवाई।
कोटि करौ एकै पुनि ह्वैहौ, तुम अरु मोहन, माई।
मोहन सो सुनि नाम स्त्रवनहीं, मगन भई सुकुमारी।
मान गयौ, रिस गई तुरतहीं, लज्जित भइ मन भारी।
धाइ मिली दूतिका कंठ सौं, धन्य-धन्य कहि बानी।
'सूरस्याम' बन धाम जानिकै, दरसन कौं अतुरानी॥

दूती बोली—'राधे, यदि तुझे मान करना ही है, तो जितना मान तू इस समय कर रही है, उसका सवा गुना मान कर ले। पर मेरी एक बात गाँठ बाँध ले। हे सखी, तुम कितना भी मान कर लो, एक दिन तुम और मोहन फिर एक ही हो जाओगे।' कानों से मोहन का नाम सुनते ही सुकुमारी राधा मगन हो गई, प्रसन्न हो उठी, मोहन के प्रेम में डूब गई। उसका मान छूट गया और उसकी सारी रिस तुरत दूर हो गई। साथ ही वह मन ही मन अत्यंत लज्जित भी हो उठी। वह दौड़कर दूती के गले से लग गई और कहा—''सखी तुम

धन्य हो, धन्य हो।'' श्याम को वृंदावन के कुंज-भवन में जानकर वह उनके दर्शन के लिए विकल हो उठी, हड़बड़ा गई।

१८९८/३०५६ राग बिलावल

हँसि कै कह्यौ दूतिका आगैं, स्यामहिं सुख दै जाइ ।
करि असनान, अभूषन अँग भरि, आवति पाछैं धाइ ।
यह सुनि हरष भई अतिहीं सखि, गई तहाँ जहँ स्याम ।
अति व्याकुल, तनु की सुधि नाहीं, बिह्वल कीन्हौ काम ।
की बन मैं, की घरहीं बैठे, की बासर की जाम ।
'सूरस्याम' रसना रट लागी, राधा-राधा नाम ॥

राधा ने हँसकर दूती से कहा—'तुम आगे जाकर श्याम को मेरे आने का सुखद समाचार दो। मैं भी स्नान करके, गहने कपड़े पहनकर, तेरे पीछे पीछे दौड़ी ही आ रही हूँ'। यह सुनकर सखी-दूती परन प्रसन्न हो उठी। वह वहाँ गई जहाँ वृंदावन के कुंज धाम में श्याम उसकी प्रतीक्षा कर रहे थे। वे अत्यंत विकल थे, उन्हें अपने शरीर की सुधि नहीं रह गई थी। काम ने उन्हें विह्वल बना दिया था। वह यह नहीं जान पा रहे थे कि वह वन में है अथवा घर में। यह दिन का समय है या रात का। बस, उनकी जीभ पर एक ही रट थी। वह राधा-राधा कहते जा रहे थे।

स्याम-विकलता *१८९९/३०५७ राग रामकली*

स्याम नारि कैं बिरह भरे ।
कबहुँक बैठत कुंज द्रुमनि तर, कबहुँक रहत खरे ।
कबहुँक तनु की सुरति बिसारत, कबहुँक तनु-सुधि आवत ।
तब नागरि के गुनहिं बिचारत, तेई गुन गनि गावत ।
कहूँ मुकुट, कहुँ मुरलि रही गिरि, कहुँ कटि पीत पिछौरी ।
'सूरस्याम' ऐसी गति भीतर, आइ दूतिका दौरी ॥

श्याम का हृदय सुंदरी राधा के विरह से भर गया था। वे अत्यंत विरहाकुल हो उठे थे। वे कभी कुंज-धाम के पेड़ों के तले जा बैठते थे। कभी उठकर खड़े हो जाते थे और जहाँ खड़े होते थे, वहीं खड़े रह जाते थे। कभी उनको अपने तन-वदन की सुधि नहीं रह जाती थी। कभी-कभी थोड़ी देर के लिए अपने शरीर की सुधि आ भी जाती थी। उन्हें जब अपने शरीर की सुधि आ जाती थी, तब वे नारी राधा के गुणों पर विचार करने लगते थे और उन्हीं गुणों को सोच-सोचकर कहने लगते थे। ऐसी दशा में उनका मोर-मुकुट कहीं गिर जाता था और उनकी मुरली भी कहीं गिर पड़ती थी और उनके कमर की पीली पिछौरी भी कहीं खिसक जाती थी। जिस समय श्याम के हृदय की ऐसी आकुल गति थी, उसी समय दौड़ी हुई दूती उनके पास आई।

१९००/३०५८ राग बिलावल

स्याम भुजा गहि दूतिका, कही आतुर बानी ।
काहे कौं कदरात हौ, मैं राधा आनी ।

बिरह दूरि करि डारियै, सुख करौ कन्हाई ।
त्रिया नाम स्त्रवननि सुन्यौ, चितये अकुलाई ।
मिले दूतिका अंक दै, लोचन भरि आए ।
प्यारी-प्यारी बोलिकै, जुवतिहिं उर लाए ।
तब बोली हँसि दूतिका, पिय आवति नारी ।
'सूरस्याम' सुनि बोल वै, हरषे बनवारी ॥

दूती ने श्याम की बाँह पकड़कर जल्दी जल्दी कहा—'श्याम, कातर क्यों हुए जा रहे हो ? मैं राधा को लिवाती आई हूँ। तुम अब अपनी वियोग-व्यथा दूर कर डालो और सुख विलसो।'

जब श्याम ने राधा का नाम सुना, तब उन्होंने आकुल होकर अपनी आँखें खोल दीं। उन्होंने दूती को ही राधा समझकर गले से लगा लिया। उनकी आँखें साश्रु हो गईं। तब दूती हँसकर बोली, हे प्रिय, अब तुम्हारी प्रिया भी आ ही जाती है। श्याम दूती की यह बात सुनकर प्रसन्न हो उठे।

१९०१/३०५९ राग गूजरी

धीर धरौ प्यारी अब आवति ।
मैं जु गई परतिज्ञा करिकै, सो कहि बात जनावति ।
मन-चिंता अब दूरि करौ जू, कहौ न कह मोहिं दैहौ ।
बनि आवति वृषभानु नंदिनी, भुज भरि अंकम लैहौ ।
यह सुंदरता और नहीं कहुँ, बड़भागी सो पावै ।
'सूरस्याम' दूतिका-वचन सुनि, कर जुग जोरि मिलावै ॥

दूती बोली—धैर्य धारण करो, राधा प्यारी अब आई ही जाती है। मैं प्रतिज्ञा करके गई थी कि मैं राधा को तुरत फुरत मनाए लिए आ रही हूँ। मैंने यह काम कर दिया। यही बात तुमसे कह रही हूँ। अब तुम अपने मन की चिंता दूर कर डालो। बताओ तो, मैंने तुम्हारा यह काम जो कर दिया है, इसके बदले तुम मुझे कौन सा पुरस्कार दोगे। वृषभानु की बेटी राधा बन-ठनकर आ ही रही है। वह आ जाय तो तुम उसे अपनी बाँहों में कसकर उसे छाती से लगा लेना। राधा जैसी सुंदरता और कहीं नहीं है, इस सुंदरता का उपभोग कोई बहुत बड़ा भाग्यवान ही कर सकता है।

दूती की यह बात सुनकर श्याम ने उसका हाथ पकड़ा। अपने हाथ में भींच लिया। और संकेत से संसूचित कर दिया सचमुच तुमने मेरा बहुत बड़ा काम कर दिया।

१९०२/३०६० राग जैतश्री

यह सुनि कै, मन स्याम सिहात ।
पुलकित अंग रहै नहिं धीरज, पुनि-पुनि पंथ निहारत जात ।
कुंज भवन कुसुमनि की सज्या, अपने हाथ निवारत पात ।
जे द्रुम-लता लटकि तनु लागति, ते ऊँचैं धरीं पुलकित गात ।

प्यारी अँग अति कोमल जानत, सेज कली चुनि डारत।
'सूरस्याम' रीझत मनहीं मन, सुधि करि छबिहिँ निहारत ॥

यह सुनकर श्याम मन ही मन ललच उठे। उनके रोंगटे हर्ष से खड़े हो गए। उनका धैर्य छूटने लगा। वह बार-बार राधा का रास्ता जोहने लगे। वह कुंज वाले घर में फूलों की सेज बिछाने लगे और वहाँ जो पत्ते आ गिरे थे, उन्हें अपने हाथ से बीन-बीनकर हटाने लगे। पेड़ की जो डालें और उन पर चढ़ी लताएँ इतनी लटक आई थीं कि शरीर को छूए लेती थीं, प्रसन्न चित्त होकर उन्होंने उन्हें ऊपर बाँध दीं। यह समझकर कि राधा का शरीर अत्यंत कोमल है, वे फूलों की सेज में पड़ी कलियों को कड़ी समझकर कि वे कहीं राधा के कोमल गात में गड़ न जायँ, चुन-चुनकर बाहर फेंकते जा रहे थे। श्याम मन ही मन राधा पर रीझकर, उसकी सुंदर छवि का ध्यान कर, राधा का रास्ता देखते जा रहे थे।

११०३/३०६१ राग कल्यान

दूतिका हँसति हरि-चरित हेरैं।
कबहुँ कर आपने रचत सुमननि सेज, कबहुँ मग निरखि कहैं भया झेरै।
काम-आतुरि भरे, कबहुँ बैठत खरे, कबहुँ आगैं जाइ रहत ठाढ़े।
चतुर सखि देखि पुनि राधिका पै गई, झेर क्यौं करति, धन कंत चाढ़े।
सुनत प्यारी हँसी, पिया कैं मन बसी, रूप गुन करि जसी, प्रेम-रासी।
'सूर' प्रभु नाम सुनि, मदन तनु बल भयौ, अंग अति छबि निरखि रमा दासी ॥

दूती हरि का यह रंग ढंग देखकर हँस पड़ी। हरि कभी अपने हाथ से फूलों की सेज रचे जा रहे थे। कभी राधा की बाट जोहते-जोहते झल्ला कर कह उठते थे कि बड़ी देर लगा दी। काम की आतुरता से भरे हुए वे कभी बैठते थे, कभी उठकर खड़े हो जाते थे और कभी राधा के आने की राह पर आगे बढ़कर खड़े हो जाते थे। श्याम की यह उद्विग्नता देखकर वह चतुर सखी फिर राधा के पास गई और बोली—अरी, राधा, तू देर क्यों किए दे रही है? हे धन्या, तेरे कांत तेरे प्रेम में विह्वल हुए जा रहे हैं। यह सुनते ही, प्रिय के मन में बसी हुई, रूप और गुण में यशस्विनी, प्रेम की राशि, प्यारी राधा हँस पड़ी। कृष्ण का नाम सुनते ही उसके भी शरीर में काम प्रबल हो उठा और उसके अंग-प्रत्यंग की छवि ऐसी बढ़ गई कि उसे देखकर लक्ष्मी भी उसकी दासी सी जान पड़ने लगीं।

राधा-रूप *११०४/३०६२ राग धनाश्री*

धनि वृषभानु-सुता बड़भागिनि।
कहा निहारति अंग-अंग छबि, धन्य स्याम अनुरागिनि।
और त्रिया नख-सिख सिंगार सजि, तेरैं सहज न पूरैं।
रति रंभा उरबसी रमा सी, तोहिँ निरखि मन झूरैं।
ये सब कंत सुहागिनि नाहीं, तू है कंत-पियारी।
'सूर' धन्य तेरी सुंदरता, तोसी और न नारी ॥

दूती राधा के रूप-निखार को देखकर बोली—हे श्याम से प्रेम करने वाली राधा, तुझे धन्य है। तू अपने अंगों की छवि क्या निहारती जा रही है? और दूसरी सुंदरियाँ पैर के नख से लेकर सिर तक सारा सिँगार पटार करके भी तेरे सहज स्वाभाविक सौंदर्य की बराबरी नहीं कर सकतीं। काम की प्रिया रति, रंभा और उर्वशी जैसी अप्सराएँ, स्वयं लक्ष्मी जी भी तुझे देखकर मन ही मन सूख सी जाती हैं, दु:खित हो उठती हैं। ये सभी अपने-अपने कांतों की सुहागिनी नहीं है; तू अपने कांत कृष्ण की परम प्यारी है। तेरी सुंदरता धन्य है, तेरे समान और कोई दूसरी नारी है ही नहीं।

१९०५/३०६३ राग धनाश्री

सहज रूप की रासि राधिका, भूषन अधिक बिराजै।
मुख सौरभ संमिलित सुधानिधि, कनक-लता पर छाजै।
बंदन-बिंदु धारि मिलि सोभित, धम्मिल नीर अगाध।
मनहुँ बाल-रबि-रस्मिनि-संकित, तिमिर-कूट द्वै आध।
मानिक मध्य, पास चहुँ मोती-पंगति, झलक सिँदूर।
रेँग्यो जनु तम-तट तारागन, ऊगत घेर्‍यौ सूर।
की मनमथ-रथ-चक्र, कि तरिवन, रवा रचित सह-साज।
स्त्रवन-कूप की रहट-घंटिका, राजत सुभग समाज।
नासा-नथ-मुक्ता, विंबाधर प्रतिबिंबित असमूच।
बींध्यौ कनक-पास सुक सुंदर, करक-बीज गहि चूँच।
कहँ लगि कहौं भूषननि भूषित, अंग-अंग के रूप।
'सूर' सकल सोभा श्रीपति कैं, राजिव-नैन अनूप॥

राधा तो वैसे ही सहज, अकृत्रिम, रूप की राशि है। पर आभूषणों ने उसके रूप को और भी अधिक चमका दिया है। उसका सुगंध से सना मुखरूपी चंद्रमा ऐसा लगता है मानो वह किसी स्वर्ण-लता पर सुशोभित हो रहा हो। सिंदूर के विंदुओं की धार और नीर (सुगंधबाला नामक बनौषधि जिससे बाल सुगंधित किया जाता रहा है) सुवासित उसका धम्मिल (जूरा) दोनों ऐसे सुशोभित हो रहे हैं, मानो उदित होते हुए सूर्य की किरणों से भयभीत होकर अंधकार का पहाड़ बीचो-बीच आधा-आधा फट गया हो। मध्य में माणिक्य (लाल) है, आसपास मोतियों की पंक्ति है, पास ही सिंदूर की रेखा झलक रही है। लगता है जैसे अंधकार के तट पर रेंगते हुए बहुत से तारों ने उदित होते हुए सूर्य को घेर लिया हो। राधा ने कानों में हीरे के कणों से बना हुआ तरौना बड़े साज-बाज से पहन रखा है। वह तरौना क्या है मानो कामदेव के रथ का पहिया है। उसके श्रवण कूप के समान हैं और वे तरौने उस कूप में लगे हुए रहट के घरिये है जो अपने सुंदर साज-बाज से सुशोभित हो रहे हैं। राधा ने नाक में नथ पहन रखी है। उस नथ में मोती लगे हुए हैं। उसके होठ पके कुनुरू के लाल फल के समान हैं। नथ के मोती लाल अधरों पर अपनी परछाईं डाल रहे हैं। मालूम होता है सोने के फंदे (नथ) में सुंदर शुक (नासिका) फँस गया है और उसने अपनी चोंच में करक-बीज (अनार के दाने) पकड़ रखा हो। मैं

आभरणों से सुशोभित राधा के अंग अंग की शोभा का वर्णन कहाँ तक करूँ। वह शोभा तो श्रीपति (कृष्ण) के कमल के समान नयनों को पूर्ण रूप से अनुपम लगती जा रही है। उस शोभा की कोई उपमा ही नहीं है।

१९०६/३०६४ राग कान्हरौ

बिराजति राधा रूप-निधान।
सुंदरता की पुंज प्रगट ही, को पटतर तिय आन।
सिंदुर सीस, माँग मुक्तावलि, कच कमनीय बिनान।
मनहुँ चंद्र-मुख कोपि हन्यौ, रिपु-राहु बिषम बलवान।
तरल तिलक ताटंक गंड पर, झलकत कत बिबि कान।
मानहुँ ससि सहाय करिबे कौं, रन बिरचे द्वै भान।
दीरघ नैन नासिका बेसरि, अरुन अधर छबिवान।
खंजन सुक न बिंब समता कौं, लज्जित भए अजान।
को कहि सकै उरोजनि की छबि, कंचन मेरु लजान।
श्रीफल सकुचि रहे दुरि कानन, सिखर हियौ बिहरान।
रोमावलि त्रिबली छबि छाजति, जनु कीन्ही बिधि ठान।
कृस कटि सबल दंड बंधन मनु यह दीन्हौ बंधान।
अंग-अंग आभूषन की छबि, कापै होइ बखान।
'सूरदास' प्रभु रसिक-सिरोमनि, बिलसहु स्याम सुजान॥

दूती राधा से बोली—अरी राधा, तू तो रूप की राशि सी सुशोभित हो रही है। तू तो पुंजीभूत, राशीकृत सुंदरता के रूप में प्रकट हुई जान पड़ती है। तेरी बराबरी की कोई दूसरी रमणी नहीं है। तेरे शीश पर सिंदूर है, मांग मोतियों से भरी हुई है। केशों की बिनावट, गुँथावट मनोहर है। ऐसा लगता है जैसे मुख रूपी चंद्रमा ने अपने विषम और बलवान शत्रु राहु (केश) पर कोपकर प्रहार कर दिया हो। (मोती की लड़ तलवार है, केश राहु है, सिंदूर रक्त है)। तेरे माथे पर सुंदर माँग-टीका सुशोभित हो रहा है और दोनों कानों में लटकते हुए तरौना गालों पर झलमलाए जा रहे हैं, मानो चंद्रमा के युद्ध में सहायता करने के लिए दो दो सूर्य रच दिए गए हों। तेरी आँखें बड़ी-बड़ी हैं। तेरी नाक में बेसरि सुशोभित हो रही है। तेरे लाल-लाल होठ अत्यंत सुंदर हैं। इन बड़े-बड़े नेत्रों की समता खंजन नहीं कर सकते और नासिका की बराबरी शुक नहीं कर सकते, साथ ही अधरों के सामने लाल लाल पके कुनुरू नहीं आ सकते, लजा जाते हैं। और मूर्ख बन जाते हैं। तेरे उरोजों की शोभा का वर्णन कौन कर सकता है, सोने का सुमेरू पर्वत भी इन्हें देखकर लजा जाता है। बेल के फल सकुचाकर जंगल में जा छिपते हैं और अनार का तो हृदय ही इनको देखकर फट जाता है। तेरी रोमावली और त्रिबली (पेट पर की तीन सिकुड़नें) की सुंदरता का क्या कहना, मानो ब्रह्मा ने तेरी पतली लचकदार कमर के रोमावली रूपी डंडे से सहारा देकर त्रिबली से बाँध दिया हो। ब्रह्मा ने यह अद्‌भुत विधान बना दिया है। तेरे अंग-अंग पर सुशोभित आभरणों की सुंदरता का वर्णन किससे किया जा सकता है। प्रभु और रसिक शिरोमणि सुजान श्याम के साथ विलास का आनंद लो।

११०७/३०६५ राग सारंग

राजत तैरैं बदन ससी री।
किरनि कटाच्छ बान बर साधे, भौंह कलंक कमान कसी री।
पीत पयोधर सघन उनत अति, ता तर रोमावली लसी री।
चक्रवाक खग चंचुपुटी तैं, मनु सैवल मंजरी खसी री।
ज्यौं नाभी-सर एक नाल नव, कनक कमल बिबि रहे बसी री।
'सूरज' श्रीगोपाल पियारी, मेरुनि अध तम धार धँसी री॥

दूती कह रही है—राधे, तेरे मुख में चंद्रमा सुशोभित हो रहा है। तेरी काली काली भौहें ही उस चंद्रमा का कलंक हैं जो धनुष के समान खिंची हुई हैं। तेरे कटाक्ष ही उस चंद्रमा की किरण के समान हैं जो वाण के समान भौंह रूपी धनुष पर संधानित हो रहे हैं। तेरे पुष्ट स्तन अत्यंत घने हैं। दोनों उरोजों के बीच खाली स्थान न के बराबर है। वे अत्यंत उठे और उभरे हुए भी हैं। उन उरोजों के नीचे रोमावली सुशोभित हो रही है। वे उरोज ऐसे हैं जैसे चकवा-चकवी नामक कभी न विलग होने वाले पक्षी के जोड़े हों। और वह रोमावली ऐसी है मानो उन चकवा-चकवी ने अपनी चोंच में सेवार ले रखी हो और वह शैवाल-मंजरी उस चोंच से छूटकर नीचे खिसक आई हो। वह रोमावली ऐसी लग रही है मानो नाभि रूपी सरोवर से कोई मृणाल ऊपर निकल पड़ा है। वे दोनों स्तन ऐसे लगते हैं मानो उस मृणाल पर एक की जगह दो-दो सोने के कमल आ खिले हों। वह रोमावली और उरोज द्वय ऐसे लगते हैं मानो दो स्वर्ण-पर्वतों के बीच में श्रीकृष्ण को परम प्यारी यमुना की काली धारा नीचे की ओर बह चली हो।

११०८/३०६६ राग गूजरी

सुनि राधे तेरे अंगनि ऊपर, सुंदरता न बची।
लोक चतुर्दस नीरस लागत, तू रस-रासि सँची।
नख-सिख कुसुम-बिसिष की सेना, कौतुक अवधि रची।
सहज माधुरी रोमनि बर्षति, रति-रन कीच मची।
पद-नख की छबि निरखि-निरखि कै, कमला आइ लची।
तोसी नारि, स्याम से नायक, विधि बेकाज पची।
तुव अँग-अँग छबि की पटतर कौं, कबिअनि बुद्धि नची।
'सूर' सुमेरु कूट की सरबरि, क्यौं पूजै घुँघुची॥

दूती कह रही है—अरी राधे सुन, विधाता ने संसार का सारा सौंदर्य तेरे अंगों की रचना में खर्च कर दिया, अब अन्यत्र सुंदरता बची ही नहीं रह गई है। तूने अपने अंगों में संसार की सारी रस (सुंदरता) की राशि समेट ली है, संचित कर ली है, अत: चौदहों भुवन नीरस (सौंदर्य-विहीन) लगने लगा है। तेरे पैर के नख से लेकर शिर तक के सभी अंग फूल के वाण ताने कामदेव की सेना हैं। ब्रह्मा ने आश्चर्य की मर्यादा रच दी है। इनकी सुंदरता को देखकर जितना आश्चर्य होता है, उतना आश्चर्य और किसी सुंदर वस्तु को देखकर नहीं होता। तुम्हारे रोम-रोम से सहज माधुर्य की वर्षा होती रहती है। इस माधुर्य-वर्षा से रति के

रण में कीचड़ सी फैल जाती है। तेरे पैरों के नखों की छवि देख-देखकर तो लक्ष्मी जी भी नत-मस्तक हो जती हैं। जब व्रह्मा ने तेरी सी सुंदरी नायिका और श्याम सा सुंदर नायक रच दिया, तब और भी सुंदर रचना करने के प्रयास में वह व्यर्थ लगा हुआ है, व्यर्थ माथा-पच्ची कर रहा है। तुम दोनों से बढ़कर सुंदर नर-नारी को रच ही नहीं सकता। तेरे एक एक अंग की उपमा देने के लिए कवियों की बुद्धि नाचने लगती है, चकराने लगती है और नहीं दे पाती। सोने के सुमेरु पर्वत की तुलना में घुँघुची कैसे ठहर सकती है?

१९०९/३०६७ राग नट

राधे देखि तेरौ रूप।
पठई हौं हरि संकि, मनु दल सज्यौ मनसिज भूप।
चाल गज, शृंखला नूपुर, नीबि नव-रुचि ढाल।
किंकिनि-घंटा-घोष माधौ भए भय-बेहाल।
कंचुकी-भूषन कवच सजि, कुच कसे रनबीर।
अँचल ध्वज अवलोकि, नाहीं धरत पिय-मन धीर।
भौंह चाप चढ़ाइ कीन्हौं, तिलक-सर संधान।
नैन की तक देखि गिरिधर, तज्यौ है मद मान।
चँवर चिकुर, सुदेस घूँघट छत्र, सोभित छाँह।
ज्यौं कहौ त्यौंहीं मिलाऊँ, दै दयालुहिँ बाँह।
राधिका अति चतुर सुंदरि, सुनि सुबचन बिलास।
'सूर' रुचि मनसा जनाई, प्रगटि मुख मृदु हास॥

दूती कह रही है—राधे तेरा रूप देखकर तो ऐसा लगता है, जैसे राजा कामदेव ने विजय-यात्रा के लिए अपनी सेना सजा दी है। इसीलिए मैं तुझे अत्यंत डरते डरते श्याम के पास भेज रही हूँ कि काम की महारानी कहीं श्याम को पराजित न कर दे। तेरी गति ही सेना का हाथी है, तेरे नूपुर ही उस हाथी के पाँव की सीकड़ हैं। तेरी फुफुती ही बचाव की ढाल है। तेरे कमर की किंकिणी ही हाथी का घंटा है, जो रुनझुन रुनझुन का घोष कर रहा है, जिसको सुनकर माधव कृष्ण भय से बेहाल हो गए हैं। तेरे उरोज द्वय युद्ध-वीर हैं। जो चोली और आभूषणों के कवच से सुसज्जित हैं। तेरा आँचल ही युद्ध की ध्वजा है जिसे देखकर तेरे पिया कृष्ण धैर्य नहीं धारण कर पा रहे हैं। तेरी भौंहें ही धनुष है और माथे का तिलक ही वाण है। तूने भौंह रूपी धनुष पर तिलक रूपी वाण को चढ़ा लिया है। तेरे नयनों की चितवन देखकर गिरिधर गोपाल का सारा गर्व दूर हो गया है। तेरे केश ही चँवर हैं, तेरा सुंदर घूँघट ही छत्र है। इस घूँघट के क्षत्र की छाया में तू सुशोभित हो रही है। अब तू जैसा कहे, वैसे ही मैं तुझे ले चलकर उस दयालु से मिला दूँ। तू उन्हें अपनी बाँह दे।

राधिका परम सुंदरी तो हैं ही, वे परम चतुरा भी हैं। दूती की मधुर वाणी सुनकर उन्होंने मृदु मुसकान द्वारा अपनी सहमति व्यक्त कर दी।

१९१०/३०६८ राग कल्यान

आजु अंजन दियौ राधिका नैन कौं।
मीन गुन हीन, मृग लजित, खंजन चकित, अधिक चंचल सरस स्याम सुख दैन कौं।

लसत दाड़िम दसन, भौंह मन्मथ फंद, सुलप लट लटकि रही, रहत नहिँ चैन कौं ।
कसनि कंचुकि बंद, उर मुकुत माल, मुख निरखि उड़राज, तजि गयौ सुर-ऐन कौं ।
रुनित नूपुर चरन, छुद्र-कटि-घंटिका, कनक-तन-गौर-छबि, उमँगि उपरैन कौं ।
'सूर' सुनि स्त्रवन उठि, नवल गिरिधर सेज, चली गज गति, मनौ मदन-गढ़ लैन कौं ॥

आज राधा ने अपनी आँखों में आँजन लगा लिया है। उसके अंजन-रंजित नयनों को देखकर मछलियाँ अपनी चंचलता का गुण भूल उठीं, हिरन उन्हें देखकर लजा गए कि हम इन आँखों की बराबरी क्या कर सकते हैं; खंजन भी इन कजरारी आँखों को देखकर आश्चर्यचकित हो उठे। इन अंजन-रंजित नयनों में श्याम को सुख देने के लिए अत्यधिक चंचलता और सरसता आ समाई है। उसके दाँत अनार के दानों के सरिस है; उसकी भौंह कामदेव के फंदा सदृश हैं; उसकी कुछ लटें उसके मुख पर लटकी पड़ रही हैं और चैन नहीं ले रही हैं, बराबर धीरे धीरे हिलती जा रही हैं। उसने अपनी चोली की तनी कसकर बाँद ली है। उसके उरोजों के ऊपर मोतियों का माला लटक रही है। उसका मुख देखकर तो तारापति चंद्रमा पृथ्वी-तल को छोड़कर देव-लोक में भाग गया। उसके पैरों में पायल छमछम करके बजी जा रही है। कमर में बँधी छुद्र-घंटिका भी रुनझुन किए जा रही है। सुनहले शरीर से गोरी छवि छलककर ओढ़नी के बाहर जगमगा रही है। दूती की बात सुनकर राधा उठी और मतवाली हथिनी की चाल से, कामदेव का किला जीतने के लिए, गिरिधर गोपाल की सेज के लिए चल पड़ी।

१९११/३०६९ राग टोड़ी

रसिक सिरोमनि ढोरि लगावत, गावत राधा-राधा नाम ।
कुंज-भवन बैठे मनमोहन, बोलत मुख तेरोई गुन-ग्राम ।
स्त्रवन सुनत प्यारी पुलकित भई, रोम-रोम सुख-रासी बाम ।
'सूरदास' प्रभु गिरिवर-धर कौं, चली मिलन गज-गति बन-धाम ॥

दूती बोली—'राधा, रसिक शिरोमणि श्याम तेरे ही नाम की रट लगाए हुए हैं। वे 'राधा राधा' ही कहे जा रहे हैं। वे कुंज-भवन में बैठे हुए हैं। फिर तेरा ही गुणानुवाद किए जा रहे हैं।'

दूती के मुँह से यह सुनते ही प्यारी राधा रोमांचित हो गई और उसके रोम-रोम में सुख की राशि भर उठी। तब वह निकुंज-धाम में गिरिधर प्रिय से मिलने के लिए हाथी की गति से चल पड़ी।

१९१२/३०७० राग देवगंधार

चलौ किन मानिनि कुंज-कुटीर ।
तुम बिनु कुँवर कोटि बनिता तजि, सहत मदन की पीर ।
गदगद स्वर संभ्रम अति आतुर, स्त्रवन सुलोचन नीर ।
क्वासि क्वासि बृषभानु-नंदिनी, बिलपत बिपिन अधीर ।
बंसी बिसिष, माल ब्यालावलि, पंचानन पिक कीर ।
मलयज गरल, हुतासन मारुत, साखामृग-रिपु चीर ।

हिय मैं हरषि प्रेम अति आतुर, चतुर चली पिय तीर।
सुनि भयभीत बज्र के पिंजर, 'सूर' सुरति रनधीर ॥

दूती राधा से कह रही है—हे मानिनी राधे, कुंज वाली कुटी में क्यों नहीं चलतीं? नंदकुमार ने तुम्हारे लिए करोड़ों ब्रज-वनिताओं को छोड़ दिया है और काम-पीड़ा सह रहे हैं। उनका स्वर भर्रा उठा है। उनके मन में तेरे प्रति गहरी चाह है, इसीलिए वे अत्यंत उतावले हो गए हैं। उनके नयनों से बराबर अश्रुपात होता जा रहा है। वे वृंदावन में अधीर होकर 'राधे कहाँ हो, राधे कहाँ हो' कहकर विलाप कर रहे हैं। उन्हें इस समय मुरली वाण के सदृश चुभनेवाली, वनमाला सर्प के सदृश डस लेनेवाली, कोयल और शुक की मधुर वाणी सिंह गर्जना के समान फाड़ खानेवाली, चंद्रमा विष के तुल्य जलानेवाला, हवा अग्निवत झुलसाने वाली, वस्त्र बंदरों के शत्रु मटा-सम काट लेनेवाले प्रतीत हो रहे हैं।

दूती की बात सुनकर राधा मन ही मन परम प्रसन्न हो उठी और अत्यंत विकल होकर वह नागरी अपने परम प्रिय श्याम के पास चल पड़ी। राधा का श्याम के पास जाना सुनकर वज्र का भी शरीर यह सोचकर भयभीत हो उठा कि राधा के स्तन तो काम-कला के रण में बराबर डटे रहनेवाले हैं और परम कठोर हैं। इनके सामने मेरी कठोरता का क्या मूल्य?

१११३/३०७१ राग कल्यान

नवेली सुनि, नवल पिय, नव निकुंज है री।
भावते लाल सौं, भावती केलि करि, भावती भाव तैं रसिक-रस लै री।
त्याग अभिमान, गुन रूप सौभाग-रति, मानिनी मान, हरि मैन-सुख दै री।
एक ब्रज-बास, आवत जात देखियत, आपनी जाति पति, पैंड़ कौ घेरी।
ललित उद्दार हित पीर करि, कीर-मति, धीर, तनु मेटि मनमत्थ कौ भै री।
कला चौसट्ठि संगीत सिंगार रस, कोक-बिधि-बँद प्रगटि भेद सै सै री।
सुरित संगर साजि, स्त्रवत जस-रस लाजि, अंग अनुकूल रति राज रन जै री।
काम-सर कनक-कुच प्रगट भृंगी चिह्न, दागि, मेलै कंत आपनौ कै री।
जासु अलाप सुनि, दारु सोउ पल्लवै, पुहुप मधु धार फल भार भरि नै री।
मुरलिका-गान तुव नाम मधुरा धुनी, सुधा-गुन-सिंधु नहि गनति निज मैं री।
हीन-जल मीन ज्यौं दरस बिनु कलमलै, प्रान, प्रीतम नहीं धीरज धरै री।
प्रीति की रीति गति-प्रान चंचल करति, निरखि नागर नयन चुँबक ऽस्मै री।
अधर-मधु-लोभ पंथान चितवत चकित, कमल-गुल्लाल-दल-तल्प बिरचै री।
अरुन सीतल मृदुल पाद तल सरि-करत, सेज चढ़ि दलमलाहि री बरन बैरी।
तुव काम केलि कमनीय कामिनी वृंद, चंद्र चकोर, चातक स्वाति तैं री।
'सूर' सुनि स्त्रवन, तजि भवन कियौ गवन, मन-रवन तन, तबहिँ कलहंस गति गै री॥

राधा से दूती कह रही है—हे नई नवेली राधा, सुनो। तुम्हारे नए नवेले प्रियतम श्यामसुंदर नवल-निकुंज में तुम्हारी प्रतीक्षा कर रहे हैं। इसलिए हे प्यारी, तुम चलकर प्रिय लाल श्रीकृष्ण के साथ मनमानी रतिक्रीड़ा करो और अपने रसिक का जी भरकर भावपूर्वक रस लूट लो। हे परम गुणवती, परम रूपवती, परम भाग्यशीला, हे रति-स्वरूपा, मान छोड़ो, अभिमान

छोड़ो। हे मानिनी मेरी बात मानो। हरि को काम-सुख दो। चलकर उनसे रति-रत होओ। तुम दोनों एक ही व्रज में बसते हो, इधर उधर आते-जाते तुम दोनों की दृष्टि एक दूसरे पर पड़ती ही है। ऐसी दशा में यदि कृष्ण ने कभी तुमको राह-घाट में घेर हो लिया, तो इससे अपनी प्रतिष्ठा जाती रहेगी और भारी बदनामी होगी। इसलिए उन ललित और उदार कृष्ण के लिए तू इतना कष्ट उठा। कृष्ण तो तेरे लिए शुक की सी बुद्धि वाले होकर धैर्य धरकर तेरा ही नाम बार-बार रटे जा रहे हैं। तू चलकर उनके शरीर से काम का भय भर मिटा दे। तू चली चल और अपनी चौंसठ कलाओं, संगीत, शृंगार-रस और कोक-कला के विविध आसनों के सौ सौ भेद प्रकट कर दे। नया रति-रण सजाकर कामदेव के यश का जो रस चतुर्दिक पसीज रहा है, उसे तो हटाकर लज्जित कर दे; अपने सानुकूल अंगों से रतिराज कामदेव को रति-रण में जीत ले। तेरे स्वर्ण-कुचों पर काले भौंरे का सा चिह्न वाला दाग वाला चुचुक है। उस चुचुक से अपने कांत को छुवाकर तू उनसे मिल और उन्हें अपना बना ले। जिसकी मुरली के आलाप को सुनकर, सूखा काठ भी पल्लवित हो उठता है, फूलों में मधु की धारा बहने लगती है, और वह फलों के बोझ से भरकर झुक जाता है, उसी मुरली की मधुर धुनि से तेरा मधुर गान गुनगुनाते रहते हैं। पर तू अपने मय (मद) में उन सुधा और गुण के सिंधु कृष्ण को कुछ नहीं गिन रही है, उन्हें नगण्य मान रही है। जैसे जल से बाहर पड़ी मछली तड़पती रहती है, वैसे ही तेरे दर्शन के अभाव में श्यामसुंदर तड़प रहे हैं। तेरे प्राण-प्रिय कृष्ण धैर्य नहीं धारण कर पा रहे हैं। प्रीति की तो यह रीति ही है कि वह प्राणों की गति को चंचल कर देती है, प्राणों में हलचल उत्पन्न कर देती है। चलो और अपने नागर कृष्ण को अपने चुंबक पत्थर की सी आँखों से भरपूर देख लो। वे तुम्हारे होठों के मधु के लोभ से चकपकाए से तुम्हारा रास्ता देखे जा रहे हैं और तुम्हारे लिए कमल की पंखड़ियों और लता के फूलों से सेज सजाए दे रहे हैं। वह सेज तेरे लाल, शीतल और कोमल चरणों की समता करना चाहती है। चल उस सेज पर चढ़, और अपने पैरों के रंग से प्रतियोगिता करनेवाली उस सेज रूपी बैरिनि को बलपूर्वक अपने पैरों से ही कुचल दे। कृष्ण के साथ तुम्हारी काम-केलि समस्त व्रज की कामिनियों के लिए काम्य है। तू उन व्रजांगना रूपी चकोरों के लिए चंद्र है और उन चातकियों के लिए तू स्वाति का घन है।

राधा ने दूती के मुँह से जब यह वाणी सुनी, तब वह घर छोड़कर, अपने मन-रमण कृष्ण की ओर, कलहंस की चाल से चल पड़ी।

१११४/३०७२ राग कान्हरौ

मनौ गिरिवर तैं आवति गंगा।
राजति अति रमनीक राधिका, इहि विधि अधिक अनूपम अंगा।
गौर-गात-दुति बिमल बारि-बिधि, कटि-तट त्रिबली तरल तरंगा।
रोमराजि मनु जमुन मिली अध, भँवर परत मानौ भ्रुव-भंगा।
भुज जुग पुलिन पास मिलि बैठे, चारु चक्कवे उरज उतंगा।
मुख लोचन पद पानि पंकरुह, गुरु गति मनहुँ मराल बिहंगा।
मनि-गन भूषन रुचिर तीर बर, मध्य धार मोतिनि-मय मंगा।
'सूरदास' मनु चली सुरसरी, श्री गुपाल-सागर सुख संगा॥

राधा कृष्ण से मिलने के लिए जब चली, तब ऐसा प्रतीत हुआ मानो पहाड़ से गंगा ही उतरती चली आ रही हैं। अत्यधिक अनुपम अंगों वाली अत्यंत रमणीक राधिका उस समय इस प्रकार सुशोभित हुई। उसके गोरे शरीर की चमक जैसे गंगा का निर्मल विमल जल हो; उसकी कमर के पास पेट पर पड़ी हुई त्रिवली की तीनों सिकुड़नें मानों चंचल लहरे हों; उसकी रोमावली ऐसी है मानो नीचे से आकर यमुना ही गंगा में मिल रही हो; उसकी टेढ़ी भौंहें ऐसी लगती थीं, जैसे गंगा में पड़ती भँवरें हों; उसकी दोनों भुजाएँ जैसे गंगाजी के दोनों किनारे हों; उसके सुंदर और उत्तुंग स्तन ऐसे लग रहे थे जैसे सुंदर चकवा चकवी गंगा के तट पर बैठे हुए हो; उसके मुख, नयन, पैर और हाथ ऐसे थे, जैसे गंगा में खिले हुए कमल हों; उसकी मंद-मंद चाल ऐसी लग रही थी, जैसे गंगा-तट स्थित कलहंस पक्षी चल रहे हों; उसके मणि और आभूषण ही मानों गंगा के रुचिर तट हों; उसकी मोती भरी माँग ही जैसे गंगा की मध्य धारा हो। ऐसा लगता था जैसे राधा रूपी गंगा गोपाल रूपी समुद्र से मिलने के लिए, संग सुख पाने के लिए, चली जा रही हो।

दंपति-विहार *१९१५/३०७३ राग सूही*

नाहिन नैन लगे निसि इहिँ डर।
जब तैं जाइ कह्यौ हँसि हरि सौं, समर-सोच उनकैं जिय धर-धर।
भौंह कमान, तिलक भलुका करि, रचि सुदेस सीमंत सुरँग सर।
बलय ताटंक चक्र, नख नेजा, दामिनि से चमकत रद असि बर।
गज उरोज, बर बाजि बिलोचन, बंकट बिसद बिसाल मनोहर।
लाल ढाल अंचल चंचल गति, चँवर चिकुर राजत ता ऊपर।
अंग-अंग सजि सुभट सहायक, बने बिबिध भूषन बाने बर।
कामिनि आजुहिँ आनि रहैगी, काम-कटक लै कुंज झँडा तर।
चरन रुनित नूपुर रन तूरा, सुनत स्रवन काँपहिँगे थर-थर।
तब जानिबी किसोर जोर रुपि, रहौ जीति करि खेत सबै फर।
ऐंचि करौ जो कहौं किसोरी, वै जु भीत ह्वै रहे बैठि घर।
यहै मतो, मुख जोर होतहीं, करहु पार लै पकरि पियहिँ कर।
सहचरि चतुर तुरत लै आई, बाहँ बोल दै करिकै बहु छर।
रोष-सुरत-रन मिली अंक भरि, लै लटकी, दै दंत पिया धर।
जुरत सुरति संग्राम मच्यौ छबि, छूटि-छूटि कच, टूटि हार-लर।
अति सनेह दुहुँ बिसरि देह भिरि, मैन-मल्ल मुरझाइ गिरे धर।
बिबिध-बिलास-कला बस कीन्हे, राधा नारि नंदनंदन बर।
निगमनि नेति कह्यौ निर्गुन, सो कह गुनाधि बरनिहै 'सूर' नर॥

दूती राधा से कह रही है—जबसे मैंने कृष्ण से जाकर कहा है कि वह कामिनी राधा काम की सारी सेना लिए हुए शीघ्र ही आप पर चढ़ाई करने के लिए चली आ रही है, तभी से हे राधे, उनके मन में रति-समर की चिंता के कारण धड़कन बढ़ गई है और इसी डर से उन्हें आज रात भर नींद नहीं आई है। मैंने कहा—राधा की भौंहें धनुष हैं, उसके माथे

पर का तिलक भाला है, उसकी माँग का सुंदर सिंदूर ही वाण है। उसके हाथ की चूड़ियाँ और कान के तरौने चक्र हैं, उसके नाखून बर्छी हैं, उसके बिजली से चमकते दाँत ही श्रेष्ठ तलवार हैं, उसके कुच ही मस्त हाथी हैं, उसके वाँके, विशद, विशाल और मनोहर नयन ही श्रेष्ठ घोड़े हैं, चंचल गति वाला लाल-लाल आँचल ही उसकी ढाल है उसके ऊपर उसके केश-कलाप हैं जो चँवर जैसे हैं; उसके अंग-अंग पर जो अनेक प्रकार की सजावट की चीजें और आभूषण हैं, वे ही उसकी सहायता करने चले वीर योद्धा हैं; वह कामिनी कामदेव की सेना लिए दिए आज ही निकुंज-भवन के झंडे के तले आ रहेगी। तेरे चरणों के रुनझुन करने वाले नूपुर रण-तूर्य हैं, इनकी आवाज सुनते ही कृष्ण थर-थर कांप उठेंगे। मैं तो तुम्हें तब वीर बहादुर समझूँगी, जब तू किशोर कृष्ण से युद्ध छेड़कर, उन्हें सभी फड़ों पर जीत ले और उनकी सारी सेना को युद्ध के रणक्षेत्र में ढहा दे। कन्हैया तो भय-वश घर में घुसे बैठे हैं, उन्हें तुम उनका हाथ पकड़कर घर के बाहर खींच लाओ और रण-खेत पार कर लो, विजय प्राप्त कर लो। मैं तो यही कहती हूँ और यही मत है। तुम उन्हें मुँहजोर होते ही, सामना होते ही, पकड़ के लड़ो।

चतुर सहचरी दूती अनेक प्रकार की छल-छंद की बातों में फँसा कर राधा की बाँह पकड़े हुए, उसे तुरंत यहाँ ले आई। राधा सुरति-रण के रोष में थी। उसने तुरत कृष्ण को अपनी छाती से खूब कसकर दबा लिया, उनके होठों को अपने दातों से काट लिया और उनका गला पकड़कर उनसे लटक गई। दोनों के जुड़ते ही, भिड़ते ही, रति-रण मच गया। इस रण में राधा के केश-कलाप खुल गए और उसकी मोतियों की माला की लड़ें टूट-टूट गईं। दोनों मल्ल भिड़ तो गए, पर अत्यंत स्नेह के कारण वे अपने-अपने शरीर की सुध-बुध खो बैठे। कामदेव के दोनों पहलवान अंततः मुरझाकर धराशायी हो गए। सुंदरी नारी राधा ने काम-कला के विविध विधानों द्वारा अपने वर नंदनंदन को अपने बस में कर लिया। वेद ने जिस ब्रह्म को निर्गुण कहकर छोड़ दिया है, अंधा-सूर मैं, एक सामान्य मानव, उस गुण-सागर का क्या वर्णन कर सकता हूँ।

१११६/३०७४ राग टोड़ी

फूलनि के महल, फूलनि सेज, फूले कुंज बिहारी, फूली राधा प्यारी ।
फूले वै दंपति नवल मगन, फूले फूले करैं केलि न्यारियै न्यारी ।
फूली लता बेलि, बिबिध सुमन फूले, फूले आनन दोऊ हैं सुखकारी ।
'सूरदास' प्रभु प्यारी पर वारत हरषि, फूले फूल चंपक बेल निवारी ॥

कुंज भवन फूलों का महल बन गया है। उसमें फूलों की सेज बना दी गई है। वहाँ कुंज विहारी भी फूले नहीं समा पा रहे हैं और राधा प्यारी भी परम प्रफुल्ल हो उठी हैं। नवल दंपति, वर-वधू, परम प्रफुल्ल हैं, मग्न हैं। वे प्रसन्न हो होकर अद्‌भुत, नवीन नवीन, केलि-क्रीड़ाएँ किए जा रहे हैं। लताएँ और बेलियाँ गहगहाकर फूल उठीं। वृक्षों पर रंग रंग के फूल खिल उठे। दोनों एक दूसरे को सुख देने वाले हैं और दोनों के मुख फूल की तरह खिले हुए हैं। प्रभु कृष्ण प्यारी राधा पर प्रसन्न होकर चंपा, बेला, नेवारी आदि के फूले-फूले फूल बरसाए जा रहे हैं। वे कलियों की वर्षा नहीं कर रहे हैं, इससे राधा के मृदुल गात में चोट लग जाने का उन्हें भय है।

११९७/३०७५ राग धनाश्री

आजु रँग फूले कुँवर कन्हाई ।
कबहुँक अधर दसन भरि खंडत, चाखत सुधा मिठाई ।
कबहुंक कुच कर परसि कठिन अति, तहाँ बदन परसावत ।
मुख निरखति सकुचति सुकुमारी, मनहीं मन अति भावत ।
तब प्यारी कर गहि मुख टारति, नैंकु लाज नहिँ आवत ।
'सूरदास' प्रभु काम-सिरोमनि, कोक-कला दिखरावत ॥

आज कुँवर कन्हैया रंग में हैं, परम प्रसन्न हैं। वे कभी तो राधा के होठों को अपने दाँतों से काट लेते हैं और अधरामृत की मिठास चखते हैं। कभी राधा के कठोर कुचों का स्पर्श करते, उन्हें मल करके, उन पर अपना मुँह लगा लेते हैं। राधा को यद्यपि यह सब मन ही मन बहुत अच्छा लग रहा है, पर कृष्ण का मुँह अपने उरोजों से संलग्न देखकर उन सुकुमारी को भारी संकोच भी हो रहा है। तब राधा ने कृष्ण का मुँह अपने हाथों से पकड़कर उरोजों पर से हटा दिया और कहा तुम्हें मेरे उरोज मुँह में डालकर चुभलाते हुए जरा भी लाज नहीं लगती। (ऐसा तो बच्चे करते हैं), पर श्याम कोक-कला के पंडित हैं, वे कोक-कला का प्रदर्शन कर रहे हैं। कामशास्त्र के अनुसार स्त्री के स्तन का चुंबन करने और चुभलाने से उसे काम की उत्तेजना मिलती है और आनंद मिलता है।

११९८/३०७६ राग विहागरौ

देखे सात कमल इक ठौर ।
तिनकौं अति आदर दैबे कौं, धाइ मिले द्वै और ।
मिलत मिले फिरि चलत न बिछुरत, अवलोकत यह चाल ।
न्यारे भए बिराजत हैं सब, अपने सहज सनाल ।
हरि तिनि स्याम निसा, निसिनायक, प्रगट होत हँसि बोले ।
चिबुक उठाइ कह्यौ अब देखौ, अजहूँ रहत अबोले ।
इतने जतन किए नँदनंदन, तब वह निठुर मनाई ।
भरि कै अंक 'सूर' के स्वामी, पर्यंक पर ह्वां आई ॥

कृष्ण ने मानिनी राधा के शरीर के सातों कमल (दो पैर, दो हाथ, दो आँखें, एक मुँह) एक स्थान पर सिकुड़े हुए देखे। तब उन कमलों को आदर देने के लिए उन्होंने अपने दो कर कमलों को उनपर दौड़ा दिया। कृष्ण के दोनों कर-कमल राधा के जिस भी अंग-कमल पर जा पड़ते थे, उसी से मिले ही रहना चाहते थे, यहाँ से हटने का, चलने का, बिछुड़ने का नाम नहीं लेते थे। वे अपनी इस क्रिया को देखते भी जाते थे। कृष्ण के कर-कमलों से विलग होकर भी राधा के ये अंग-कमल सहज रूप से अपने अपने मृणाल पर सुशोभित हुए जा रहे थे। पद-कमल के मृणाल दोनों टांगें, कर-कमल के मृणाल दोनों बाहें, मुख कमल का मृणाल ग्रीवा, नयन-कमल के मृणाल नासिका। हरि ने उस श्यामा निशा में निशि-नायक चंद्रमा को उदित होता हुआ देखकर राधा की ठुड्डी पकड़कर ऊपर उठाते हुए हँसकर कहा—अब इस चंद्र को देखो, क्या अब भी तुम मौन साधे रहोगी?

नंदनंदन ने इतना सारा प्रयत्न किया तब वह निष्ठुर मानिनी मनाई जा सकी। फिर श्याम ने राधा को गोद में उठाया और लाकर पलंग पर लिटा दिया।

१९१९/३०७७ राग केदारौ

पिय-भावती राधा नारि।
उलटि चुंबन देति रसिकिनि, सकुच दीन्ही डारि।
परस्पर दोउ भरे स्त्रम-जल, फूँकि-फूँकि झुरात।
मनहुँ बुझी अनंग-ज्वाला, प्रगट करत लजात।
बहुरि उठे सम्हारि भट ज्यौं, अँग अनंग सम्हारि।
'सूर' प्रभु बन-धाम बिहरत, बने दोउ बर नारि॥

राधा अपने प्रियकृष्ण की परम चहेती नारी है। उसने सारा संकोच छोड़ दिया और उलटे वह रसिकिनी कृष्णा को स्वयं चुंबन देने लगी, रोयें पसीने से लथपथ हो गए। वे फूँक मार मार कर एक दूसरे का पसीना सुखाने लगे। ऐसा लगता था मानो वे बुझती हुई कामाग्नि को लजाते हुए भी फूँक-फूँककर सुलगाए ले रहे हों। वे अपने-अपने अंगों में अनंग का बल पाकर गिरे हुए भट के समान पुनः युद्धार्थ उठ खड़े हुए। इस प्रकार राधा और श्याम पति पत्नी बने हुए कुंज-भवन में विहार-रत हैं।

१९२०/३०७८ राग रामकली

बिहरत दोउ मन एक करे।
एक भाव इक भए लपटि कै, उर-उर जोरि धरे।
मनहुँ सुभट रन एक संग जुरि, करि बल नहीं डरे।
अधर दसन छत, नख छत उर पर, घायनि फरहिं परे।
इहिं सुख इहिं उपमा पटतर को, रति संग्राम लरे।
'सूर' सखी निरखति अंतर भई, रतिपति काज सरे॥

राधा और श्याम दोनों एक मन हो करके कुंज-भवन में विहार कर रहे हैं। दोनों एक ही भाव से, एक ही ढंग से, लिपटकर छाती से छाती सटाकर एक हो गए, अभिन्न हो गए। मानो दो योद्धा रण-भूमि में एक साथ भिड़कर, निडर होकर जोर आजमाने लगे। दोनों के अधरों पर दूसरे के दाँतों से व्रण हो गए, दोनों की छाती पर दूसरे के नख से क्षत हो गए; मानो अधरों एवं वक्षों पर घावों के फल ही फल लग गए हों। रति-रण में लड़नेवाले राधा कृष्ण के इस सुख की उपमा किससे दी जा सकती है। सखी छिपकर राधा कृष्ण का यह रति-रण देखे जा रही है और कहे जा रही हैं—रतिपति कामदेव का सारा मनोरथ पूर्ण हो गया।

१९२१/३०७९ राग रामकली

आजु अति सोभित हैं घनस्याम।
मानहुँ हैं जीते नँद-नंदन, मनसिज सौं संग्राम।
मुकुलित कच न समात मुकुट मैं, रोष अरुन दोउ नैन।
स्त्रम सूचत गति, भाँति अलस बस, बोलत बनत न बैन।

नख छत स्त्रेनि, प्रस्वेद गात तैं, चंदन गयौ कछु छूटि ।
मदन सुभट के सर सुदेस, मनु लगे कवच-पट फूटि ।
दसन-बसन पर प्रकट पीक, मनु सनमुख सहे प्रहार ।
'सूरदास' प्रभु परम सूरमा, जाने नंदकुमार ॥

रति-रण के उपरांत आज घनश्याम अत्यंत सुंदर लग रहे हैं। ऐसा लगता है कि मानो नंदनंदन ने आज कामदेव से युद्ध करके विजय पाई है। आधे बँधे, आधे खुले केश मुकुट में नहीं समा पा रहे हैं। कामदेव पर रोष करने के कारण दोनों आँखें लाल-लाल हो गई हैं। उनके चलने के ढंग से लगता था जैसे वे थक गए हैं, वे इस तरह अलसा गए थे कि उनके मुँह से वाणी नहीं फूट पा रही थी। राधा ने उनके शरीर पर नहों से घाव कर दिया था। शरीर से पसीना चुआ जा रहा था। इससे शरीर पर लगा हुआ चंदन भी यत्र तत्र छूट गया था। चंदन छूटा अंश ऐसा लगता था मानो कामदेव रूपी योद्धा के सुंदर वाणों के लगने से कवच का वस्त्र फट गया हो। उनके ओठों पर राधा के ओठों की पान की पीक लगी हुई थी, मानो उन्होंने सामने खड़े होकर प्रहार सहा हो। स्पष्ट हो गया कि नंदकुमार रति-रण में भारी शूरवीर हैं।

१९२२/३०८० राग कल्यान

सकुचि मन परस्पर बसन लीन्हे ।
प्यारि पिय निपुन दोउ कोक-गुन-कला मैं, उनि धनहिँ, उनि कंत, अबल कीन्हे ।
स्वेद-कन गंड-मंडलनि नासानि तट, पिय निरखि पीत पट पोंछि डारयौ ।
निरखि प्यारी पोंछि वैसैही, पिय वदन, कछु सकुचि कछु हरषि के निहारयौ ।
नागरी डरनि पिय पीत पट उर धरे, बहुरि जिनि आपनी छाँह देखै ।
'सूर' प्रभु स्वामिनी, अंग-छबि-दामिनी, झलक प्रतिबिंब पर मान भेषै ॥

सुरति के उपरांत बड़े संकोच के साथ राधा और कृष्णा दोनों ने अपने अपने वस्त्र पहन लिए। प्यारी राधा और पिया कृष्ण दोनों कोक-कला में अत्यंत कुशल हैं। कृष्ण ने राधा को और राधा ने कृष्ण को रति-रण में थका मारा, अशक्त कर दिया। कृष्ण ने देखा कि राधा के कपोलों और नासिका पर पसीने की बूँदें छा गई हैं। उन्हें देखकर कृष्ण ने उन श्रम-सीकरों को अपने पीतांबर से पोंछ दिया। कृष्ण के मुख पर भी वैसे ही श्रम-कण छाए देखकर राधा ने भी श्याम का मुख उसी प्रकार पोंछ दिए। राधा ने कुछ सकुच और कुछ हर्ष से श्याम के मुँह की ओर देखा। संकोच इसलिए हुआ कि मेरी तृप्ति के लिए कृष्ण को इतनी थकान सहनी पड़ी और हर्ष इसलिए हुआ कि हरि ने आदरपूर्वक मेरे श्रम-विंदु पोंछे। नागरी राधा के भय से श्याम ने अपने वक्ष पर अपना पीतांबर डालकर ढक लिया कि कहीं राधा अपनी परछाईं फिर न देख ले। दामिनी की सी छवि वाले अंगों वाली, स्वामिनी राधा अपने प्रतिविंब की झलक पाकर कहीं फिर मान न कर बैठे, मानिनी का वेश न धारण कर बैठे।

१९२३/३०८१ राग रामकली

सँग राजति वृषभानु-कुमारी ।
कुंज-सदन कुसुमनि सेज्या पर, दंपति सोभा भारी ।

आलस भरे मगन रस दोऊ, अंग-अंग-प्रति जोहत।
मनहुँ गौर स्यामल ससि नव तन, बैठे सन्मुख सोहत।
कुंज भवन राधा मनमोहन, चहूँ पास ब्रजनारी।
'सूर' रहीं लोचन इकटक करि, डारहिं तन मन वारी॥

यशोदा नंदन के साथ वृषभानु-कुमारी बड़ी भली लग रही हैं। वृंदावन के कुंज-भवन में, फूलों की सेज पर पति-पत्नी की भारी शोभा हो रही है। दोनों अलसाए हुए हैं और दोनों एक दूसरे के प्रेम-रस में डूबे हुए हैं। वे एक दूसरे के एक एक अंग देखते जा रहे हैं। ऐसे लगता है जैसे एक साँवला दूसरा गोरा दो नवीन चंद्रमा आनने-सामने बैठे सुशोभित हो रहे हों। कुंज भवन में राधा और श्याम बैठे हुए हैं और उन्हें चारो ओर से व्रज-वधूटियाँ घेरे हुए हैं। वे टकटकी लगाकर राधा और श्याम की जोड़ी को देखे जा रही हैं और उनपर अपना तन मन सब कुछ निछावर किए जा रही हैं।

१९२४/३०८२ राग नट

इक टक रहीं नारि बिहार।
कुंज-घर श्री स्याम स्यामा, बैठे करत बिहार।
नैन-सेन कटाच्छ सौं मिलि, करत रंग-बिलास।
नहीं सोभा पार पावत, बचन मुख सुख हास।
तरुनि श्री वृषभानु-तनया, तरुन नंदकुमार।
'सूर' सो क्यौं बरनि गावै, रूप-रस-सुख-सार॥

कुंज-भवन में बैठे हुए श्याम और राधा विहार कर रहे हैं और व्रज-वधूटियाँ उनकी यह केलि कुतूहलपूर्वक निर्निमेष रूप से देखे जा रही हैं। वे आँखों से इशारा करते हुए, चितवन से देखते हुए, रंग-रली करते जा रहे थे। उस समय उनके मुख से जो कलरव व्यक्त हो रहा था, मधुर वाणी निकल रही थी तथा उनके मुख पर जो सुखद मुसकान छाई जा रही थी, उस शोभा का पार पा जाना, अंत जान लेना, व्रज-वनिताओं के लिए संभव नहीं हो पा रहा था। एक ओर नवयौवना राधा थीं, दूसरी ओर नवयुवक नंदकुमार कृष्ण थे। इन दोनों के सुख-विलास का सारांश भी सूर के लिए वर्णन कर पाना शक्य नहीं।

१९२५/३०८३ राग बिलावल

देखौ सोभा सिंधु समात।
स्यामा स्याम सकल निसि-रस-बस, जागे होत प्रभात।
लै पाहन-सुत कर, सन्मुख दै, निरखि-निरखि मुसुकात।
अचरज सुभग बेद जल-जातक, कनक नील मनि गात।
उदित जराउ पंच-तिय, रबि-ससि-किरन तहाँ सु दुरात।
चंचल खग बसु, अष्ट कंज दल, सोभा बरनि न जात।
चारि कीर पर पारस-बिद्रुम, आनि अलीगन खात।
सुख की रासि जुगल मुख ऊपर, 'सूरदास' बलि जात॥

सखी की उक्ति सखी से। राधा कृष्ण सारी रात रंगरली में रत रहे हैं, अब प्रभात होने पर जग गए हैं। इस समय संपूर्ण शोभा का समुद्र ही उनके शरीरों में समाया हुआ है। इस शोभा-सिंधु को देखो। वे अपने हाथ में पाहन-सुत (दर्पण) को लेकर, एक दूसरे के मुख के सामने करके, मुख पर अंकित सुरति चिह्नों को परस्पर दिखा दिखाकर मुसकराए जा रहे हैं। यह आश्चर्यजनक है। स्वर्ण और नीलमणि से शरीरों पर चार सुंदर कमल सुशोभित हो रहे हैं। स्वर्ण शरीर राधा का और नीलमणि गात कृष्ण का है। 'वेद जल जातक' चार कमल हैं। ये चारों कमल मुख हैं—एक राधा का, एक कृष्ण का—दो विंब और दो प्रतिविंब।

उनके पंच-तिय (पांच और तीन कुल ८—राधा के दो जड़ाऊ ताटंक, और उनके दो प्रतिविंब; कृष्ण के दो जड़ाऊ कुंडल और उनके दो प्रतिविंब) उन कमलों (मुखों) पर उदित हो रहे हैं, जगमगा रहे हैं, जहाँ सूर्य और चंद्रमा की किरणें भी छिप जाती हैं।

जहाँ आठ खग (खंजन—राधा और कृष्ण की दोनों आँखें और उनके वे दो प्रतिविंब, कुल ८) और कमल की आठ पंखड़ियाँ (राधा कृष्ण के दो दो अधर-सधर और उनके दो दो प्रतिविंब—कुल ८) हैं, जिनकी शोभा का वर्णन नहीं किया जा सकता।

चार शुकों के लिए (राधा और कृष्ण की दो नासिका और उनके दो प्रतिविंब) विद्रुम (अधर) के पारस (भोजन परोसा हुआ पत्तल) परोस कर रखे हुए हैं, पर आश्चर्य है कि कीर तो उन्हें खा नहीं रहे हैं, भौंरे आकर उन्हें खाए जा रहे हैं (राधा कृष्ण ने एक दूसरे के काजल लपटी आँखों का चुंबन किया है, अतः उनके होठों पर काजल लग गया है—जो भौंरों के सदृश है।

राधा कृष्ण की इस जोड़ी के मुख के ऊपर सुख की राशि विराजमान है। इसे देख देखकर सखियाँ निछावर हुई जा रही हैं।

शब्दार्थ—पाहन-सुत=दर्पण। वेद=चार (ऋग्वेद, यजुर्वेद, सामवेद और अथर्ववेद)। जल जातक=कमल, (मुख)। जराउ=मणि जटित। पंच तिय=आठ। खग वसु=आठ खंजन पक्षी। पारस=भोजन परोसी हुई पतरी।

१९२६/३०८४ राग रामकली

देखि सखि, पांच कमल द्वै संभु।
एक कमल ब्रज ऊपर राजत, निरखत नैन अचंभु।
एक कमल प्यारी कर लीन्हे, कमल सुकोमल अंग।
जुगल कमल सुत-कमल बिचारत, प्रीति न कबहूँ भंग।
षट जु कमल मुख सन्मुख चितवत, बहु बिधि रंग-तरंग।
तिन मैं तीनि सोम-वंसी बस, तीन सु कस्यप अंग।
जेइ कमल सनकादिक दुरलभ, जिनहीं निकसी गंग।
तेई कमल 'सूर' तित चितवत, निपट निरंतर संग॥

सखी की उक्ति सखी से। हे सखी देख, यहा दो शिवों (राधा के दो स्तनों) पर पाँच पाँच कमल (कृष्ण का मुख १, नेत्र २, हाथ २) सुशोभित हो रहे हैं। देखकर आश्चर्य होता है कि एक कमल (राधा का एक हाथ) तो व्रज (बादल के समान श्याम) के कंधे

पर शोभित हो रहा है और एक कमल (कृष्ण का हाथ) को कमल के समान कोमल अंग वाली प्यारी राधा अपने कर (कमल) में लिए हुए हैं। इन दोनों (राधा कृष्ण) कमलों को देखकर कमल के पुत्र व्रह्मा जी विचार कर रहे हैं कि इन दोनों की प्रीति कभी टूटे नहीं, सदैव अखंड बनी रहे। छह कमल (दोनों के २ मुख कमल, और ४ नेत्र कमल) अनेक प्रकार के प्रेम-भाव से एक दूसरे के मुख-कमल की ओर देखे जा रहे हैं। इन छह कमलों में से तीन (राधा का एक मुख और दो नेत्र) तो चंद्रवंशी कृष्ण के अधीन हैं और कृष्ण के शेष तीन कमल (१ मुख, २ नेत्र) राधा के कस्यप (कछुवा) के समान अंगों (उरोजों) के बस में हैं।

पर मैं अंधा सूर तो केवल उन कमलों (चरणों) की ओर ही नित ताकता रहता हूँ और निरंतर उन्हीं की सेवा में बना रहता हूँ, जो सनक, सनंदन, सनातन, सनत्कुमार को भी दुर्लभ हैं और जिनसे गंगा जी निकली हैं।

शब्दार्थ—व्रज=बादल (बादल के समान घनश्याम कृष्ण)। सुत-कमल=कमल के सुत, व्रह्मा। सोम-वंसी=चंद्र-वंशी कृष्ण। कस्यप अंग=कच्छप के समान उरोज।

१९२७/३०८५ राग नट

देखि सखि चारि चंद्र इक जोर।
निरखत बैठि नितंबिनि पिय सँग, सार-सुता की ओर।
द्वै सखि स्याम नवल घन सुंदर, द्वै विधु की छवि गोर।
तिनकैं मध्य चारि सुक राजत, द्वै फल, आठ चकोर।
ससि ससि संग प्रबाल, कुंद कलि, अरुझि रह्यौ मन मोर।
'सूरदास' प्रभु अति रति-नागर, बलि बलि जुगल किसोर॥

यमुना तट पर बैठे राधा कृष्ण के यमुना-जल में पड़ते प्रतिविंब को देखकर एक सखी दूसरी से कह रही है। विंब और प्रतिविंब दोनों को ध्यान में रखकर उपमानों को दो गुना करके वर्णन किया गया है।

देखो सखी यहाँ चार चंद्रमा एक जोड़ के हैं (दो राधा के मुख के विंब और प्रतिविंब और दो कृष्ण के)। पुष्ट नितंबों वाली राधा अपने प्रिय कृष्ण के साथ बैठी हुई सूर्य-पुत्री यमुना की ओर देख रही है। दो श्याम चंद्र नवल घनश्याम के मुख के विंब और प्रतिविंब के हैं और दो गौर चंद्र राधा के नभ-चंद्र की छवि वाले हैं। इन चारो चंद्रमाओं के मध्य में चार शुक (राधा कृष्ण की दो नाकें और उनके दो प्रतिविंब) सुशोभित हो रहे हैं, वहाँ दो फल (राधा के नाक का मोती और उनका प्रतिविंब) और आठ चकोर (चार आँखें और चार उनके प्रतिविंब) हैं, प्रत्येक चंद्रमा के साथ प्रवाल (ओठ) और कुंद की कली (दाँत) हैं। इनमें मेरा मन उलझ गया है। प्रभु तो अत्यंत रति-कुशल हैं। मैं राधा और कृष्ण की इस किशोर जोड़ी की बलैया लेती हूँ।

१९२८/३०८६ राग नट

देखि री प्रगट द्वादस मीन।
षट इंदु, द्वादस तरनि सोभित, बिमल उडुगन तीन।

षट अष्ट अंबुज, कीर षट, मुख कोकिला सुर एक।
दस दोइ बिद्रुम, दामिनी षट, तीन ब्याल बिसेष।
षट त्रिबलि, श्रीफल षट, बिराजत परसपर बर नारि।
ब्रज कुँवरि गिरिधर कुँवर पर है, 'सूर' जन बलिहारि॥

राधा कृष्ण यमुना के किनारे बैठकर दर्पण देख रहे हैं। इसलिए एक एक विंब के, एक एक प्रतिविंब जल में और एक एक प्रतिविंब दर्पण में पड़ रहे हैं। फलतः एक एक वस्तु तिगुनी दिखाई दे रही है।

शब्दार्थ—मीन=आँख। इंदु=मुँह। तरनि=ताटंक और कुंडल। उडुगन=राधा की मांग की मोती की लड़। अंबुज=कमल।

सखी सखी से कह रही है—सखी, बारह मछलियाँ (१२ आँखें—२ राधा की, २ कृष्ण की, ४ जल में, ४ दर्पण में), छह चंद्रमा (मुख—२ विंब, ४ प्रतिविंब), बारह सूर्य (राधा के २ ताटंक और उनके ४ प्रतिविंब, कृष्ण के २ कुंडल और उनके ४ प्रतिविंब), तीन निर्मल तारा-मंडल (राधा की माँग के मोती और उनके दो प्रतिविंब), षट अष्ट अर्थात ४८ कमल (१ मुख, २ नेत्र, १ ठुड्ढी, २ हाथ, २ पैर कुल ८; प्रिया प्रीतम को कुल ८+८=१६; प्रत्येक के दो दो प्रतिविंब ३२; कुल ४८), छह शुक (२ नासिका, ४ प्रतिविंब); राधा के मुख से निकलने वाली वाणी का एक स्वर (स्वर का प्रतिविंब नहीं होता, अतः एक ही—तीन नहीं), दस दो अर्थात १२ विद्रुम (अधर-सधर ४, प्रतिविंब ८), छह बिजलियाँ (दाँतों की पंक्ति २, ४ प्रतिविंब), तीन सर्पिणियाँ (राधा की चोटी १, उसके दो प्रतिवंब), छह त्रिवलियाँ (दो विंब, चार प्रतिविंब), राधा के छह श्रीफल (उरोज २, प्रतिविंब ४) देखो। राधा और कृष्ण दंपति रूप में कैसे सुशोभित हो रहे हैं।

व्रजकुँवरि राधा और गिरिधर कुँवर श्रीकृष्ण पर सूरदास अपने को निछावर किए दे रहे हैं।

१९२९/३०८७ राग देव गंधार

देखि सखि तीस भानु इक ठौर।
ता ऊपर चालीस बिराजत, रुचि न रही कछु और।
धर तैं गगन, गगन तैं धरती, ता बिच कियौ बिस्तार।
गुन निर्गुन सागर की सोभा, बिनु रबि भयौ भिनुसार।
कोटिनि कोटि तरंगिनि उपजति, जोग जुगति चित लाउ।
'सूरदास' प्रभु अकथ कथा कौ, पंडित भेद बताउ॥

श्रीकृष्ण त्रिभंगी मुद्रा में खड़े हैं और राधा उनकी बगल में विराजमान है। दोनों रात में यमुना तट पर हैं, उनके रूप का वर्णन एक सखी दूसरी से कर रही है—मैंने आज तीस सूर्य एक साथ उदित देखे हैं (कृष्ण के एक पैर के ५ नख, राधा के १० नख, कुल १५ विंब और इतने ही प्रतिविंब)। मेरा चालीस (चालीस सेर=मन) इन सूर्यों पर मोहित हो गया है और अब मुझे कुछ और देखने की रुचि नहीं रह गई है। इन सूर्यों का विस्तार पृथ्वी

से आकाश तक, विंब पृथ्वी पर, प्रतिविंब आकाश में है। यह शोभा सागर निर्गुण (प्रकृति पुरुष) भी है और सगुण (राधा-कृष्ण) भी। यहाँ बिना सूर्य के ही सबेरा हो जाता है। प्रिया प्रियतम का तेज सूर्य के इस शोभा सागर में 'करोड़ों तरंगें उठती रहती है। इन्हें योग की मुक्ति से ही चित्त में लाया जा सकता है।'

जो पंडित लोग हैं, वे ही इस अकथ कथा का भेद बता सकते हैं।

१९३०/३०८८ राग ललित

सघन कुंज तैं उठे भोरही, स्यामा स्याम खरे।
जलद नवीन मिली मनु दामिनि, बरखि निसा उसरे।
सिथिल-बसन तन नील-पीत-दुति, आलस-जुत पहिरे।
स्त्रम-जल-बुंद कहूँ-कहूँ उड़गन, बदरनि मैं निकरे।
भूषन बिबिध भाँति मेंडवारी, रति-रस उमँगि भरे।
काजर अधर, तमोल नैन रँग, अँग-अँग झील परे।
प्रेम-प्रबाह चली मनु सरिता, टूटी माल गरे।
सोभा-अमित बिलोकि 'सूर' प्रभु, क्यौं सुख जात तरे॥

कुंज-भवन में रात्रि भर बिहार कर लेने के उपरांत श्यामा और श्याम दोनों सबेरे सबेरे उठकर खड़े हो गए। रात भर वर्षा कर लेने के उपरांत जैसे नवीन बादल में बिजली आ मिली हो। श्याम ने अपने नील शरीर पर पीतांबर और श्यामा ने अपने गौर वर्ण पर नीलांबर धारण कर लिया था। उनके वस्त्र ढीले ढाले थे और वे दोनों अलसाए हुए थे। उनके शरीर पर यत्र-तत्र पसीने की बूँदें छाई हुई थी, मानो बादल के बीच में जहाँ-तहाँ निकलकर तारे चमचमा रहे हों। उनके शरीर रूपी खेत में प्रेमरस उमड़ कर भर गया था। उनके आभूषण ऐसे लग रहे थे जैसे खेत को क्यारियों में विभक्त करने वाली मेड़ें हों। कृष्ण ने राधा की आँखों का चुंबन किया था, अत: उनके ओठों पर काजल लगा हुआ था और राधा ने कृष्ण के नयनों का चुंबन लिया था अत: राधा के होठों पर पान के पीक की लीक लगी हुई थी। उनके अंग-अंग आनंद-रस के जलाशय से बन गए थे। राधा के गले की मोतियों की माला टूट गई थी। लगता था जैसे प्रेम की धार वाली नदी बह चली हो। राधेश्याम की इस अद्‌भुत अपूर्व और अपार शोभा को देखकर उस सुख का पार कैसे पाया जा सकता है?

१९३१/३०८९ राग नट

दंपति कुंज-द्वार खरे।
सिथिल अँग, मरगजे अंबर, अतिहिँ रूप भरे।
सुरतहीं सब रैनि बीती, कोक पूरन रंग।
जलद दामिनि संग सोहत, भरे आलस अंग।
चकृत ह्वै ब्रज नारि निरखतिँ, मनौ चंद चकोर।
'सूर' प्रभु बृषभानु-तनया, बिलसि रति-पति-जोर॥

प्रातःकाल होते ही श्यामा-श्याम निकुंज भवन से बाहर निकलकर द्वार पर आ खड़े हुए। उनके शरीर अलसाए हुए थे। उनके वस्त्र मसले हुए थे और उनपर सिकुड़नें पड़ गई थीं। वे दोनों अत्यंत रूपवान दीख पड़ रहे थे। उनकी सारी रात रति-क्रीड़ा और कोक-कला की रंगरलियों में बीती थी। अलसाए अंगों वाले वे दोनों बिजली सहित बादल के समान सुशोभित हो रहे थे। व्रज-वनिताएँ इन जुगलकिशोर को चकित होकर इस प्रकार देखे जा रही थीं, जैसे चकोर चंद्रमा को इकटक देखता रहता है। वे मन ही मन कहे जा रही हैं—आज तो प्रभु कृष्ण और वृषभानु की बेटी राधा ने जोरों से रंगरली की है।

१९३२/३०९० राग बिलावल

राजत दोउ निकुंज खरे।
स्यामा, नव किसोर पिय, नव रँग, अति अनुराग भरे।
अति सुकुमारि सुभग चंपक-तनु, भूषन भृंग अरे।
मरकत-कमल-सरीर सुभग हरि, रति-पिय-वेष करे।
चर्चित चारु कमल-दल मानौ, पिय के दसन समात।
मुख-मयंक-मधु पियत करनि कसि, ललना तउ न अघात।
लाजति बदन दुराइ मधुर मृदु, मुसुकनि मन हरि लेत।
छूटी अलक भुवंगिनि कुच तट, पैठी त्रिबलि-निकेत।
रिस-रुचि रंग बरह के मुख लौं, आने सोम समेत।
प्रेम पियूष पूरि पोंछत पिय, इत-उत जान न देत।
बदन उघारि निहारि निकट करि, पिय के आनि धरे।
बिष संका नख, रहत मुदित मन, मनसिज ताप हरे।
जुगल किसोर चरन रज वंदौं, 'सूरज' सरन समाहिँ।
गावत सुनत स्त्रवन सुखकारी, बिस्व दुरित दुरि जाहिँ॥

रात भर रंगरली करके प्रभात होते ही श्यामा श्याम निकुंज भवन से निकल कर उसके द्वार देश पर आ खड़े हुए। नवल किशोरी श्यामा राधा और नवल किशोर कृष्ण दोनों एक दूसरे के प्रेम में अत्यंत निमग्न थे। राधा अत्यंत सुंदर थी, उनके सुनहले शरीर पर आभूषण ऐसे लग रहे थे, जैसे चंपा के फूल पर भौंरे आकर अड़ गए हों और उड़ने का नाम न ले रहे हों। कन्हैया का शरीर तो मरकत मणि के समान नीला था और कमल के समान कोमल था। वे रति के पति कामदेव का रूप धारण किए हुए थे। राधा के अधर लाल कमल की पंखड़ी से थे। वे चुंबन करते समय कृष्ण के दाँतों के बीच समाए जा रहे थे। कृष्ण राधा के मुख रूपी चंद्रमा का सारा अमृत, उसे बाँहों में कसकर पिए जा रहे थे, फिर भी ललना राधा तृप्ति नहीं पा रही थी। वह लज्जा से अपना मुँह छिपा लेती थी और मधुर-मधुर मृदुल-मृदुल मुसकुरा उठती थी। वह अपनी मधुर मृदु मुसकान से कृष्ण का मन हरे ले रही थी। उसकी एक लट छूटकर उसके उरोजों पर लटक रही थी। वह लट ऐसी लग रही थी जैसे वह नागिन हो और पेट की तीनों सिकुड़नों वाले घर में घुस बैठी हो। कृष्ण के होठ क्रोध के रंग वाले हैं, लाल रंग के हैं। उनका शरीर वर्हि मोर के समान नीला है।

वे राधा के चंद्रमा के समान अमृतमय मुख को पकड़कर अपने मुख तक खींच लेते हैं और उसे चुंबन के अमृत से भर देते हैं। फिर उसे पोंछ देते हैं। ये राधा के मुख की हाथों में कसे हुए हैं और उसे इधर उधर नहीं हटने देते, अपने मुँह से लगाए ही रहते हैं। राधा ने भी अपने मुँह पर से घूँघट हटाकर उसे अनावृत कर दिया, फिर कृष्ण की ओर देखा और अपने मुँह को कृष्ण के मुँह के पास लाकर उससे सटा दिया। उसने विषरूपी शंका को लाँघ लिया, दूर कर दिया और प्रसन्नचित्त होकर कामज्वर को दूर कर दिया।

सूरजदास नवल किशोर और नवल किशोरी के चरणों की धूलि की वंदना करते हैं और उनकी चरण-शरण में समा जाते हैं। प्रभु के इन चरणों का गुणानुवाद करना, उसे सुनना, सब प्रकार से कल्याणप्रद है। इससे संसार के सारे पाप दूर हो जाते हैं।

१९३३/३०९१ राग नट

जो सुख स्याम प्रिया सँग कीन्हौ। सो जुवतिनि अपनौ करि लीन्हौ ॥
दुविधा हृदय कछू नहिं राख्यौ। अति आनंद बचन मुख भाख्यौ ॥
यहै कहतिँ तब की अब नीकैं। सकुचि हँसी नागरि सँग पी कैं ॥
नैन कोर पिय हृदय निहार्यौ। उन पहिलेहि पीतांबर धार्यौ ॥
'सूरदास' यह लीला गावै। हरि-पद-सरन अछै फल पावै ॥

श्याम ने जो रंगरली प्यारी राधा के साथ की, उसे सभी व्रज युवतियों ने अपने ही साथ की गई क्रीड़ा समझा, क्योंकि उन्होंने राधा के साथ तादात्म्य स्थापित कर लिया था। उन्होंने अपने हृदय में किसी प्रकार राधा से अलग होने की बात आने ही नहीं दी। उन्होंने अत्यंत आनंदपूर्वक कहा—'कहो राधा, जब तुम अकेले-अकेले श्याम के साथ गुलछर्रे उड़ाती थीं तब अच्छा लगता था, या अब, जब हम सब इस आनंद में सम्मिलित हैं।' सखियों की बात सुनकर राधा अपने पिया कृष्ण के साथ साथ मुसकरा दी। राधा ने अपने नयनों की कोर से कृष्ण के वक्ष की ओर देखा कि वहाँ कोई अन्य सुंदरी तो नहीं बैठी है। पर उन्होंने पहले ही से अपना वक्ष पीतांबर से ढक लिया था। अतः राधा को यहाँ अपना प्रतिविंब नहीं दीख पड़ा।

सूरदास राधा-श्याम की यह लीला गा रहे हैं और उनके चरणों की शाखा में पहुँचकर अक्षय फल लूटे ले रहे हैं।

१९३४/३०९२ राग नट

धनि व्रज-सुंदरी, धनि स्याम।
धन्य-धनि वृषभानु-तनया, राधिका जिहिँ नाम।
गेह गेहनि गईं तरुनी, स्याम गए नँद-धाम।
भवन गई वृषभानु-तनया, कोक-कला-सुजान।
करत मनकामना पूरन, एक निसि सब बाम।
'सूर' प्रभु जा सदन जात न, सोइ करति तनु ताम ॥

व्रज-वनिताएँ धन्य हैं; श्याम सुंदर धन्य हैं; वृषभानु की वह बेटी धन्य है, जिसका नाम राधिका है। व्रज-तरुणियाँ अपने अपने घर गईं और श्याम भी नंद-धाम को गए।

कोक-कला में चतुर वृषभानु-सुता राधा भी अपने घर गई। श्याम ने एक ही रात में सब व्रज-वधूटियों की मनोकामना एक साथ पूरी कर दी। प्रभु जिस व्रजांगना के घर न जा पाते थे, वही उनसे नाराज हो जाती थी।

खंडिता

१९३५/३०९३ राग बिलावल

नाना रँग उपजावत स्याम। कोउ रीझति, कोउ खीझति बाम ॥
काहू कैं निसि बसत बनाइ। काहू मुख छ्वै आवत जाइ ॥
बहुनायक ह्वै बिलसत आपु। जाकौ सिव पावत नहिँ जापु ॥
ताकौं ब्रजनारी पति जानैं। कोउ आदरैं, कोउ अपमानैं ॥
काहू सौं कहि आवन साँझ। रहत और नागरि घर माँझ ॥
कबहुँ रैनि सब संग बिहात। सुनहु 'सूर' ऐसे नँदलाल ॥

श्याम व्रज-वनिताओं के साथ नित्य नई-नई रंगरलियाँ किया करते थे। उनपर कोई व्रजांगना रीझ उठती थी और कोई खीझ। किसी के यहाँ वे सारी रात बिता देते थे। किसी के यहाँ जाकर वे केवल मुख छूकर या मुख चूमकर ही चले आते थे। वे बहुत सी रमणियों के साथ समान रूप से प्रेम करने वाले थे। जिसको शिव नाम जप करके भी नहीं पाते, उसी परम व्रह्म को व्रज-वधूटियाँ अपना पति करके जानती हैं। कोई उनका आदर करती हैं, कई उनका निरादर कर बैठती हैं। वे उनमें से किसी से कह जाते हैं कि मैं तुम्हारे यहाँ शाम को आऊँगा और रात भर रहूँगा; पर वे टिक रहते हैं किसी अन्य नारी के साथ। कभी कभी वे सभी के साथ भी रात बिता देते हैं। सुनो, नंद के पुत्र ऐसे अद्‌भुत हैं।

१९३६/३०९४ राग बिलावल

अब जुवतिनि सौं प्रगटे स्याम।
अरस-परस सबहिनि यह जानी, हरि लुब्धे सबहिनि कैं धाम।
जा दिन जाकैं भवन न आवत, सो मन मैं यह करति बिचार।
आजु गए औरहिँ काहू कैं, रिस पावति, कहि बड़े लबार।
यह लीला हरि कैं मन भावत, खंडित वचन कहत सुख होत।
साँझ बोल दै जात 'सूर' प्रभु, ताकैं आवत होत उदोत ॥

अब व्रज-युवतियों को हरि की पहचान हो गई। परस्पर हिलने मिलने से वे जान गईं कि हरि सबके घर में परच गए हैं, जिस दिन जिस किसी के घर न पहुँच पाते, वह उस दिन मन में यही विचार करने लगती कि आज हरि किसी और गोपी के घर चले गए हैं। ऐसा सोचकर वह क्रोध कर बैठती और कहने लगती—हरि भारी झूठे हैं। हरि को यह लीला बहुत अच्छी लगती है। विशेषकर तब, जब कोई उन्हें अपनी ही बात का खंडन करने वाला, झूठा कह उठती थी। हरि कह तो जाते हैं शाम को आने के लिए, पर आते हैं अन्यत्र रात बिताकर, दूसरे दिन, सबेरे।

[१. ललिता]

१९३७/३०९५ राग रामकली

ठाढ़े नंद-द्वार गुपाल।
बोलि लीन्हे देखि ललिता, सैन दै ततकाल।
हँसत गए हरि गेह ताकैं, कोउ न जानत और।
मिली हरि कौं लाइ उर भरि, चापि कुचनि कठोर।
कह्यौ, मेरे धाम कबहूँ क्यौं न आवत स्याम।
'सूर' प्रभु कही, आजु नागरि, आइहैं हम जाम॥

गोपाल नंद के द्वार पर खड़े थे। ललिता ने उन्हें वहाँ अकेले खड़े देखा। तब आँखों के इशारे से उन्हें तुरंत बुलाया। हरि उसके घर हँसते हुए गए। इस बात को किसी दूसरे ने नहीं जाना। ललिता हरि को अपनी छाती से लगाकर, अपने कठोर स्तनों के बीच दबाकर, उनसे प्रेमपूर्वक मिली और उलाहना देते हुए कहा—'श्याम, तुम मेरे घर कभी क्यों नहीं आते?' तब हरि ने कहा—सुंदरी, आज की रात हम तुम्हारे ही घर आ जावेंगे।

१९३८/३०९६ राग बिलावल

ललिता कौं सुख दै गए स्याम।
आजु बसैंगे रैनि तिहारैं, प्रान-पियारी हौ तुम बाम।
यह कहिकै अनतहिं पगु धारे, बहुनायक के भेद अपार।
साँझ समय आवन कहि आए, सौंह बहुत करि नंदकुमार।
वह बैठी मारग-हरि जोवति, इक-इक पल बीतत इक जाम।
'सूरस्याम' आवन की आसा, सेज सँवारति ब्याकुल काम॥

इस प्रकार ललिता को सुख देकर, दिलासा देकर, श्याम चले गए। वे कहते गए—'आज की रात मैं तुम्हारे ही यहाँ रहूँगा। तुम मेरी प्राण प्यारी प्रिया हो।' यह कहकर वे अन्यत्र चले गए। बहुनायक कृष्ण के अनेक रहस्य हैं। वे ललिता से संध्या समय आने की बात, अनेक शपथ खाकर, कह गए थे। इसीलिए ललिता उनका रास्ता जोहती हुई बैठी हुई थी और उसका एक-एक पल एक-एक प्रहर के समान बीत रहा था। वह काम से व्याकुल होकर, श्याम के आने की आशा लगाए हुए अपनी सेज सँवारने लगी।

१९३९/३०९७ राग गौरी

साँझहिं तैं हरि-पंथ निहारै।
ललिता रुचि करि धाम आपनैं, सुमन सुगंधनि सेज सँवारै।
कबहुँक होति बारनै ठाढ़ी, कबहुँक गनति गगन के तारे।
कबहुँक आइ गली मग जोवति, अजहुँ न आए स्याम पियारे।
वै बहुनायक अनत लुभाने, और बाम कैं धाम सिधारे।
'सूरस्याम' बिनु बिलपति बाला, तमचुर जहँ-तहँ सब्द पुकारे॥

ललिता साँझ ही से हरि का रास्ता देखती रही। वह अत्यंत प्रेम से अपने घर में

सुगंधित फूलों से सेज़ सँवारने लगी। कभी वह अपने दरवाजे पर खड़ी होकर राह जोहने लगती, कभी समय बिताने के लिए वह आकाश के तारे गिनने लगती, कभी वह आगे बढ़कर गली में चली आती और श्याम की बाट जोहने लगती। वह सोचने लगती—इतनी रात हो गई, साँझ बीत गई, हरि अब भी नहीं आए। आने का समय तो बीत चला। वे बहुत सी रमणियों से समान रूप से प्रेम करनेवाले हैं। लगता है वे लुभाकर किसी अन्य वामा के घर चले गए हैं। वह बाला ललिता श्याम के बिना विलखती जा रही थी, तब तक यत्र-तत्र मुर्गे ने बोलकर सबेरा होने की सूचना दे दी।

१९४०/३०९८ राग गौरी

ललिता तमचुर टेर सुन्यौ।
वै बहुनायक, अनत लुभाने, नहिँ आए, जिय कहा गुन्यौ।
बिनु कारन दै आस गए पिय, बार-बार तिय सीस धुन्यौ।
सेज सँवारि पंथ निसि जोवति, अस्त आनि भयौ चंद पुन्यौ।
तब बैठी मन मारि आपनौ, कछु रिस, कछु मन सोच पर्‌यौ।
'सूरस्याम' यातैं नहिँ आए, मातु पिता कौ त्रास धर्‌यौ॥

ललिता ने मुर्गे की बाँग सुनी। और मन ही मन कहने लगी—स्याम बहुनायक हैं। लगता है वे किसी अन्य व्रजांगना के लोभ में पड़ गए हैं। मन में न जाने क्या सोचकर वे नहीं आए। वे मुझे अकारण आशा दिला गए। ऐसा सोच-सोचकर ललिता बार बार अपना सिर धुनने लगी। उसने अपनी सेज सँवार ली थी और रास्ता देखे जा रही थी। तब तक पूर्णिमा का चंद्रमा अस्त हो गया। तब वह मन मारकर बैठ रही। उसे हरि पर कुछ तो क्रोध आ रहा था और कुछ-कुछ मन में शोक भी आ गया था। वह सोचने लगी, यह भी हो सकता है कि श्याम को अपने माँ-बाप का डर लग गया हो, इसीलिए वे आज यहाँ बात देकर भी नहीं आ सके।

१९४१/३०९९ राग जैतश्री

सोच पर्‌यौ नागरि मन माहीं।
की कहुँ अनत लुभाने, की पितु-मातु-त्रास चित माहीं।
वै निसि बसे महल सीला कैं, सुख सब रैनि गँवाई।
उठे अकुलाइ भोर भयौ जान्यौ, तब नागरि-सुधि आई।
सहज चले गोपी सौं कहिकै, जिय सकुचत अति भारी।
'सूरस्याम' ललिता गृह आए, चितै रही मुख प्यारी॥

ललिता के मन में भारी सोच हो गया। कन्हैया कहीं अन्यत्र लुभा गए अथवा उनके मन को माता-पिता का भय तो नहीं समा गया। पर असलियत तो यह थी कि वे रात भर शीला के महल में रमते रह गए और वहीं सुख में सारी रात बिता दी। जब उन्होंने सबेरा होता हुआ जाना, तब उन्हें ललिता का स्मरण हो आया। तब वे उस गोपी (शीला) से सहज रूप में विदा लेकर चल पड़े। उनके मन में अपनी बात पूरी न कर पाने का भारी संकोच हो रहा था। वे सोचते सोचते ललिता के घर आ ही गए और ललिता उनका मुँह ताकने लगी।

१९४२/३१०० राग केदारौ

प्यारी चितै रही मुख पिय कौ।
अंजन अधर, कपोलनि बंदन, लाग्यौ काहू त्रिय को।
तुरत उठी दर्पन कर लीन्हे, देखौ बदन सुधारौ।
अपनौ मुख उठि प्रात देखिकै, तब तुम कहूँ सिधारौ।
काजर बंदन, अधर कपोलनि, सकुचे देखि कन्हाई।
'सूरस्याम' नागरि मुख जोवत, बचन कह्यौ नहिं जाई॥

प्यारी ललिता अपने प्रिय श्याम का मुँह देखने लगी। उनके होठ पर काजल लगा हुआ था, स्पष्ट था कि उन्होंने किसी की कजरारी आँख का चुंबन किया था। उनके कपोलों पर किसी रमणी का सिंदूर लगा हुआ था। ललिता ने तुरत अपनी आरती ली और उसे हाथ में लिए दिए श्याम के सन्मुख गई और बोली—जरा अपना मुँह तो देखो, होठ पर लगे काजल और गाल पर लगे सेंदुर को पोंछ डालो, सबेरे उठने पर आईने में अपना मुँह देखकर, पोंछकर साफ कर लिया करो, तब कहीं आओ जाओ। अपने अधर पर काजर और कपोलों पर सिंदूर लगा देखकर कन्हैया लजा गए। वे ललिता का मुँह देखते रह गए। उनके मुँह से बात नहीं निकली।

१९४३/३१०१ राग आसावरी

दर्पन लै प्यारी मुख आगैं, कहति पिया छबि हेरौ जू।
मेरी सौं, हा-हा कहि पुनि-पुनि, उत काहैं मुख फेरौ जू।
सकुचत कहा, बोल के साँचे, मेरैं गृह तौ आए जू।
रैनि नहीं तौ अब जु कृपा भई, धनि जिनि स्वाँग कराए जू।
मेरी कही बिलग जनि मानौ, मैं तुव करत बड़ाई जू।
'सूरस्याम' सन्मुख नहिं चितवत, रहे धरनि सिर नाई जू॥

ललिता ने दर्पण लेकर कन्हैया के मुख के आगे कर दिया और कहा—हे प्रिय, इस दर्पण में जरा अपने मुख की शोभा तो देख लो। तुम्हें मेरी सौगंध, मैं बार बार तुमसे विनती कर रही हूँ, जरा दर्पण में अपना मुँह तो देख लो। तुम अपना मुँह दर्पण के सामने से उधर दूर क्यों हटाए लिए जा रहे हो? तुम लजाए क्यों जा रहे हो। तुम झूठे तो हो नहीं। अपनी बात के सच्चे ही हो। तुम मेरे घर तो आ ही गए हो। भले ही तुम रात में नहीं आ पाए, पर भोर होते-होते तो तुमने मुझपर कृपा कर ही दी है। वह धन्या धन्य है, जिसने तुम्हारा यह स्वांग रच दिया है। मेरे कहने का बिलकुल बुरा न मानो। मैं तो तुम्हारी प्रशस्ति ही गा रही हूँ।

ललिता की ये बातें सुनकर श्याम धरती की ओर अपना सिर झुकाए खड़े ही रह गए और ललिता की ओर सिर उठाकर देख तक नहीं सके।

१९४४/३१०२ राग ललित

क्यौं मोहन दर्पन नहिं देखत।
क्यौं धरनी पग-नखनि करोवत, क्यौं हम-तन नहिं पेखत।

क्यौं ठाढ़े, बैठत क्यौं नाहीं, कहा परी हम चूक।
पीतांबर गहि कह्यौ बैठियै, रहे कहा ह्वै मूक।
उघरि गयौ उर तैं उपरैना, नख-छत, बिनु गुन माल।
'सूर' देखि लटपटी पाग पर, जावक की छबि लाल॥

ललिता बोली—'मोहन, आईना क्यों नहीं देख रहे हो? क्यों पैर के नखों से जमीन कुरेदते जा रहे हो? क्यों हमारी ओर नहीं देख रहे हो? क्यों खड़े रह गए हो? बैठ क्यों नहीं जाते? मुझसे कौन सी गलती हो गई है?' फिर उसने श्याम का पीतांबर पकड़कर खींचते हुए कहा बैठ जाइए, मौन क्यों साध रखा है? पीतांबर खींचते ही कन्हैया की छाती पर से ओढ़नी हट गई और उनकी छाती उघर गई। ललिता ने देखा छाती पर किसी नारी के नाखून का क्षत हो गया है और वहाँ किसी नारी की मोहन-माला की गुरियों के निशान बने हुए हैं, वहाँ सूत कटा है, उसे यह भी दिखाई पड़ा कि लटपटी पगिया पर किसी नारी के पाँव के महावर की लाल-लाल छवि उभरी हुई है। ललिता समझ गई कि किसी रूठी रमणी के पैर पर गिरकर श्याम ने उसे मनाया है, उसी के महावर की छाप पगड़ी पर है और उसे मना लेने के उपरांत उसको कसकर छाती से लगाया है उसी से यह बे-गुन की माला बन गई है। नखक्षत भी उसी के खरबोटने से हो गए हैं।

१९४५/३१०३ राग ईमन

ऐसी कहौ रँगीले लाल।
जावक सौं कहँ पाग रँगाई, रँगरेजिनी मिली कोउ बाल।
बंदन रंग कपोलनि दीन्हौ, अरुन अधर भए स्याम रसाल।
जिनि तुम्हरी मन इच्छा पुरई, धनि-धनि पिय, धनि-धनि वह बाल।
माला कहाँ मिली बिन गुन की, उर-छत देखि भई बेहाल।
'सूरस्याम' छबि सबै बिराजी, यहै देखि मोकौं जंजाल॥

ललिता बोली—हे रँगीले लाल, बताओ तो, यह महावर से ऐसी पगड़ी कहाँ रँगा ली? क्यों तुम्हें कोई रँगरेजिनि नवेली कहीं मिल गई? तुम्हारे कपोलों पर सिंदूर लगा हुआ है, तुम्हारे लाल लाल रसदार होठ काले हो गए हैं? जिसने तुम्हारी मनोकामना पूरी की, वह बाला धन्य हैं और तुम तो धन्य हो ही। तुम्हें यह बिना धागे की माला किसने पहना दी? तुम्हारे वक्ष पर क्षत हो गए हैं। यह देखकर तो मैं अत्यंत बिहाल हो उठी हूँ। तुम्हारी और जो छवि है, वह तो जो है, सो है—अच्छी ही है। पर नखक्षत लगी यह छवि तो मेरे जी का जंजाल हो उठी है।

१९४६/३१०४ राग गुंड मलार

काहैं सकुचत, दृष्टि न जोरत, मोहन रूप बिहारी।
निकसे समाचार सब सोवत, घूमति आँखि तिहारी।
नैन जगें पल लगे जात हैं, पौढ़हु तल्प हमारी।
बिबिध कुसुम रचना रचि-पचि कै, अपनैं हाथ सँवारी।
कहत 'सूर' उर तप्यौ भोर भयौ, हम बैठीं रखवारी॥

ललिता बोली—अपने रूप से सबका मन मोह लेने वाले हे श्याम, हे सबके साथ विहार करने वाले विहारी, क्यों सकुचे जा रहे हो, मेरी आँखों से आँखें मिलाकर क्यों नहीं देख रहे हो? लगता है सबके सो जाने पर, तुम लोगों की खोज खबर लेने निकले रहे हो, इसीलिए रात भर जागने के कारण तुम्हारी आँखें घूमी जा रही हैं। तुम्हारी आँखें रात भर जगी हैं, इसी से तुम्हारी पलकें लगती जा रही हैं, नींद से गिरती जा रही हैं। यह मेरी सेज है। इस पर लेट जाओ। मैंने रंग-रंग के फूलों से रच कर इसे अपने हाथ से सजाया है, सँवारा है। सूरज निकल आने पर धूप से जब मेरा हृदय जलने लगा, तब मैं इस सेज की रखवाली के लिए बैठ गई।

१९४७/३१०५ राग बिलावल

ज्वाब नहीं पिय आवई, क्यौं कहाँ ठगाने।
मैं तबहीं की बकति हौं, कछु आजु भुलाने।
हाँ नाहीं, नहिं कहत हौ, मेरी सौं, काहै।
आए क्यौं चक्रित भए, मोकौं रिस दाहै।
कहाँ रहे; कासों बन्यौ, तहँई पगु धारौ।
'सूरस्याम' गुन रावरे, हिरदय न बिसारौं॥

हे प्रिय, तुम कहाँ ठगा गए, जो तुम्हारे मुँह से बोली तक नहीं निकल पा रही है। जबसे तुम यहाँ आए हो, तब से ही मैं बके जा रही हूँ और तुम्हारे मुँह से कोई जवाब नहीं निकल पा रहा है। आज कहीं अपना कोई बहुमूल्य पदार्थ तो नहीं भूल आए हो? न तो तुम 'हाँ' कह रहे हो, न 'नहीं' ही कह पा रहे हो। तुम्हें मेरी शपथ है, बताओ ऐसा क्यों है? तुम चकपकाए हुए यहाँ क्यों आए हो। मैं गुस्सा के मारे जली जा रही हूँ। तुम रात भर कहां रहे? तुम्हारा यह साज-सिँगार किसने बना दिया है? जिसने तुम्हें रंगा-चुंगा है, उसी के पास फिर चले जाओ। श्याम, तुम्हारे ये गुण मैं कभी भी हृदय से न भूलूँगी। मैं तुम्हें कभी भी क्षमा नहीं कर सकती।

१९४८/३१०६ राग बिलावल

काहे कौं कहि गए आइहैं, काहैं झूठी सौंहैं खाए।
ऐसे मैं नहिँ जाने तुमकौं, जे गुन करि तुम प्रगट दिखाए।
भली करी यह दरसन दीन्हे, जनम-जनम के ताप नसाए।
तब चितए हरि नैंकु तिया तन, इतनैंहि सब अपराध छमाए।
'सूरदास' सुंदरी सयानी, हँसि लीन्हे पिय, अंकम लाए॥

ललिता कहती गई—तुम क्यों कह गए थे कि आज शाम को मैं आऊँगा। तुमने झूठी सौगंध क्यों खाई? मैंने तुमको ऐसा झूठा कभी नहीं समझा था। अपना वास्तविक रूप तो तुमने अब प्रकट किया है। अब मुझे तुम्हारी वास्तविकता का पता चल गया है। अच्छा किया, जो सबेरे सबेरे आकर तुमने मुझे अपना सच्चा दर्शन दे दिया। इस दर्शन से मेरे जन्म जन्म के ताप नष्ट हो गए।

ललिता के ऐसा कहने पर श्याम ने उसकी ओर आँख उठाकर जरा सा देखा। और

इस चितवन से ही उन्होंने अपना सारा अपराध क्षमा करा लिया। उस सुंदरी सयानी ललिता ने हँसकर श्याम को अपनी छाती से चिपटा लिया।

१९४९/३१०७ राग बिलावल

नैन-कोर हरि हेरिकै, प्यारी बस कीन्ही ।
भाव कह्यौ आधीन कौ, ललिता लखि लीन्ही ।
तुरत गयौ, रिस दूरि ह्वै, हँसि कंठ लगाए ।
भली करी मनभावते, ऐसैंहु मैं पाए ।
भवन गई गहि बाँह लै, निसि जागे जाने ।
अंग सिथिल निसि स्त्रम भयौ, मनहीं मन भाने ।
अँग सुगंध मर्दन कियौ, तुरतहिं अन्हवाए ।
अपनैं कर अँग पोंछि कै, मन-साध पुराए।
चीर अभूषन अंग दै, बैठे गिरिधारी ।
रुचि भोजन पिय कौं दियौ, 'सूरज' बलिहारी ॥

कृष्ण ने कनखियों से ही देखकर प्यारी ललिता का मन अपने बस में कर लिया, उन्होंने आँखों ही आँखों में कह दिया—ललिता, मैं तुम्हारे अधीन हूँ। चतुर ललिता ने श्याम की इस अधीनता के भाव को जान लिया। उसका क्रोध तत्काल दूर हो गया और उसने हँसकर श्याम को अपने गले से लगा लिया। उसने कहा—हे प्रिय, तुमने बहुत अच्छा किया, मैंने तुम्हें पा लिया, भले इस रूप में ही सही। फिर ललिता हरि की बाँह पकड़कर घर के भीतर ले गई। उसने जान लिया था कि हरि रात भर जगे हैं। इन्होंने भारी श्रम किया है, इसी से इनके अंग ढीले पड़ गए हैं। फिर श्याम के शरीर पर उसने सुगंधित तेल से मालिश की और तुरंत स्नान कराया। अपने हाथों से उसने हरि के अंग प्रत्यंग पोछे और अपने मन की इच्छा पूरी कर ली। फिर उन्हें वस्त्राभूषण पहनाया। तदनंतर गिरिधारी को ललिता ने आसन पर बिठाया और कृष्ण को प्रिय लगनेवाला भोजन उन्हें परोस दिया। सूरजदास हरि की इस लीला पर बलि-बलि जाता है।

१९५०/३१०८ राग कल्यान

कियौ मन-काम, नहिं रही बाकी ।
प्रिया रिस दूरि कै, दियौ रस पूरि कैं, अनँग-बल दूरि कै गोपजा को ।
नंद-सुत लाड़िले, प्रेम के चाँड़िले, सौंह दैं कहत हैं नारि आगैं ।
तुम परम भावती, प्रानहूँ तैं खरी, सुख नहीं लहत मैं तुमहिं त्यागैं ।
तुमहिं धन, तुमहिं तन, तुमहिं मनही बसौ, और तिय नहीं मो मनहि भावै ।
'सूर' प्रभु चतुर बर, चतुर नागरिनि के, चतुरई बचन कहि मन चुरावै ॥

कृष्ण ने प्यारी ललिता की सभी मनोकामनाएँ पूरी कर दीं। उनकी एक भी इच्छा पूरी होने से नहीं बची। उन्होंने ललिता का सारा क्रोध दूर कर दिया, उसे पूरा पूरा आनंद दिया, और उस गोप कन्या ललिता की सारी काम-शक्ति को दूर कर दिया। उसे नि:शक्त कर

दिया। तब नंद के दुलारे, परम प्रेम-मय कृष्ण ने उस नारी ललिता के आगे शपथ खा करके कहा—ललिता, तुम्हीं मेरी परम प्रिया हो, तुम मुझे प्राणों से भी अधिक प्रिय हो, तुमसे अलग होकर मैं जरा भी सुख नहीं पाता। तुम्हीं मेरा धन हो, तुम्हीं मेरा तन हो, तुम्हीं मेरे मन में बसी हो। कोई दूसरी स्त्री मुझे अच्छी नहीं लगती।

कृष्ण बड़े चतुर हैं। वे इसी प्रकार चतुराई से भरी बातें कह-कहकर चतुर नवेलियों का मन चुराते रहते हैं।

१९५१/३१०९ राग भैरव

यहै भाव सब जुवतिनि सौं।
ऐसेइ बचन कहत सब आगैं, भूलि रहति मन मोहन सौं।
बिनु देखैं रिस भाव बढ़ावतिँ, मिलत आइ दै सौंहनि सौं।
मुख देखत दुख रहत नहीं तनु, चितवतिँ मुरि दोउ भौंहनि सौं।
और तिया अँग चिह्न बिराजत, रिस मनहीं मन छोहति सौं।
'सूरस्याम' सब गोप-कुमारी, टरति नहीं कहुँ गोहनि सौं॥

कृष्ण ने ललिता से जो भाव व्यक्त किया, यही भाव उनका व्रज की सभी नवेलियों से था। वे इसी प्रकार चतुराई से भरी बातें सभी के आगे कहते रहते थे और उनकी ये चतुराई से भरी बातें सुनकर सभी व्रज-वनिताएँ मनमोहन में अपने को भुलाए रहती थी। हरि को बिना देखे वे उन पर क्रोध कर बैठती थीं। पर जब श्याम उनसे शपथ खा-खाकर आ मिलते थे, तब कन्हैया का मुँह देखते ही उन गोपांगनाओं के तन से दुःख दूर हो जाता था, और वे हरि को दोनों भौंहें सिकोड़ कर देखने लगती थीं। कृष्ण के शरीर पर किसी दूसरी स्त्री के रति चिह्न देखकर वे रिस के मारे मन ही मन क्षुब्ध हो जाती थीं। पर वे सभी गोप-कुमारियाँ श्याम के पास से दूर नहीं रहती थीं, उन्हीं को घेरे रहती थीं।

[२. चंद्रावली]

१९५२/३११० राग बिलावल

ललिता कौं सुख दै चले, अपनैं निज धाम।
बीच मिली चंद्रावली, उन देखे स्याम।
मोर मुकुट कछनी कछे, नटवर गोपाल।
रही बदन तनु हेरि कै, अति हित ब्रजबाल।
गली साँकरी, कोउ नहीं, आतुर मिली धाइ।
कहाँ कहाँ पिय रहत हौ, हमकौं बिसराइ।
स्याम कह्यौ हँसि बाम सौं, तुम्हरैं निसि-बास।
'सूर' हृदय की कल्पना, सुनि भई हुलास॥

श्याम सुंदर ललिता को मिलन-सुख देकर अपने घर की ओर चल पड़े। बीच रास्ते में चंद्रावली मिलीं। उसने श्याम को देखा। वे गोपाल मोरपंख का मुकुट धारण किए हुए थे और पीतांबर की कछनी काछे हुए नटवर का रूप धारण किए हुए थे। वह व्रजवाला

चंद्रावली अत्यंत प्रेमपूर्वक हरि का वदन देखने लगी। गली सँकरी थी। वहाँ कोई नहीं था। अत: वह आतुर होकर श्याम से दौड़कर जा मिली और बोली प्रियतम, तुमने तो मुझको एक दम भुला दिया है, न जाने कहाँ-कहाँ और किस-किस के पास रहते हो। मेरे पास आते ही नहीं। तब श्याम ने हँसकर उस सुंदरी चंद्रावली से कहा—अच्छा, आज की रात तुम्हारे यहाँ रहूँगा। अपने हृदय की बात सुनकर चंद्रावली हर्ष से विह्वल हो गई।

१९५३/३१११ राग आसावरी

स्याम बाम कौं सुख दै बोले, रैनि तुम्हारैं आऊँगौ।
मातु-पिता जिय त्रास धरत हौं, तऊ आइ सुख पाऊँगौ।
तुम मिलिबे की साध, भुजा भरि, उर सौं कुच परसाऊँगौ।
नैन बिसाल भाल उर पैठे, ते तुव हाथ कढ़ाऊँगौ।
तुव तनु परसि काम-दुःख मेटौं, जीवन सफल कराऊँगौ।
सुनहु 'सूर' अधरनि रस अँचवौं, दुहुँ मन तृषा बुझाऊँगौ॥

श्याम उस सुंदरी चंद्रावली को सुख देते हुए बोले—आज रात में मैं तुम्हारे यहाँ आऊँगा। मैं अपने माता-पिता से मन ही मन डरता रहता हूँ, फिर भी आज तुम्हारे यहाँ आकर मुझे सुख ही मिलेगा। मेरे मन में तुमसे मिलने की बड़ी उत्कट अभिलाषा है। मैं तुम्हें अपनी बाहों में बाँध लूँगा और पीन-स्तनों को अपने हृदय से चिपटा लूँगा। तुम्हारी बड़ी-बड़ी आँखों के भाले मेरे हृदय में धँस गए हैं, मैं उन भालों को तुम्हारे ही हाथ से बाहर खींच निकलवाऊँगा। तुम्हारे मृदुल शरीर का स्पर्श करके मैं अपनी काम-पीड़ा मिटा डालूँगा और अपने जीवन को सफल कर लूँगा। तुम्हारे अधरों का मधुर मधु पीऊँगा और तुम्हें अपने अधराधरों का रस पिलाऊँगा। इस प्रकार मैं अपने मन की, साथ ही तुम्हारे मन की भी, प्यास बुझा दूँगा।

१९५४/३११२ राग गूजरी

सुनि-सुनि बचन नारि मुसुकानी।
गई सदन अति ह्वै उतावली, आनँद सहित लजानी।
फूली फिरति कहति नहिं काहूँ, मीन मिल्यौ जनु पानी।
बारंबार स्याम रति-रस की, कही प्रगट करि बानी।
बासर कल्प समान, न बीतत, कैसैंहु रैनि तुलानी।
'सूर' देखि गति गत पतंग की, अवधि जानि हरषानी॥

श्याम की ये रसभरी बातें सुन-सुनकर चंद्रावली मंद-मंद मुसकुरा पड़ी। वह थोड़ा लजा तो गई, पर उसे हार्दिक हर्ष अधिक हुआ। वह अत्यंत उतावली के साथ अपने घर गई। वह मन ही मन परम प्रफुल्ल होकर अपने ही घर में घूमने लगी। उसने अपने हृदय के हर्ष की बात किसी से भी नहीं कही। लगता था जैसे जल से बाहर पड़ी हुई तड़पती मछली पुन: पानी से जा मिली हो। बार-बार श्याम ने रति-रस की चर्चा की थी। उसके लिए दिन कल्प के समान भारी हो गया और किसी भी तरह बीतता नजर नहीं आ रहा था। खैर, किसी तरह जैसे तैसे करके दिन बीता और रात आई। सूर्य के अस्तंगत होने की दशा

देखकर उसने समझ लिया कि अब शाम हो गई और श्याम से मिलने की वेला निकट आ गई। यह सोचकर वह परम प्रसन्न हो गई।

१९५५/३११३ राग कल्यान

राधिका-गेह हरि-देह-वासी। और तिय घरनि घर तनु-प्रकासी ॥
ब्रह्म पूरन द्वितिय नहीं कोऊ। राधिका सबै, हरि सबै वोऊ ॥
दीप सौं दीप जैसैं उजारी। तैसैं ही ब्रह्म घर-घर बिहारी ॥
खंडिता वचन हित यह उपाई। कबहुँ कहुँ जात, कहुँ नहिँ कन्हाई ॥
जन्म कौ सुफल हरि यहै पावैं। नारि रस-वचन स्त्रवननि सुनावैं ॥
'सूर' प्रभु अनतहीं गमन कीन्हौ। तहा नहिँ गए, जहँ वचन दीन्हो ॥

राधा के घर में तो हरि सर्वदा सदेह निवास करते हैं। अन्य स्त्रियों के घर में तो वे अपने तन की किंचित झलक-मात्र दिखा देते हैं। कृष्ण पूर्ण व्रह्म हैं, अद्वितीय हैं। वे सब प्रकार से राधिकामय हैं। राधा भी सब प्रकार से कृष्णमयी हैं। जिस प्रकार एक दीपक से दूसरा दीपक जलाकर प्रकाश कर लिया जाता है, उसी प्रकार ब्रह्म घर-घर में जाकर विहार करने वाला है। कृष्ण ने खंडिता नायिका के उपालंभ पूर्ण वचन सुनने के लिए ही यह ढंग अपना रखा है। वह कभी कहीं जाते हैं और कभी कहीं नहीं जाते। खंडिताओं की रसभरी कहानियाँ कानों से सुनना ही कृष्ण अपने जन्म की सफलता मानते हैं। इसीलिए श्याम जहाँ जाने के लिए बात दे आए थे, उस चंद्रावली के घर नहीं गए, अन्यत्र चले गए।

१९५६/३११४ राग टोड़ी

स्याम गए सुषमा कैं धाम। देखत हरष भई मन बाम ॥
आतुर मंदिर गए समाइ। प्यारी प्रेम उठी झहराइ ॥
स्याम-भामिनी परम उदार। कोक-कला-रस करति बिचार ॥
बोलत पिय, नहिँ आवति पास। गदगद बानी कहति उदास ॥
धाइ जाइ पति अंकम लाइ। हा-हा कहि-कहि लेत बलाइ ॥
अति आतुर पति कैं गति काम। कहा प्रकृति पाई यह बाम ॥
बाहँ गहत कीन्हौ धनि मान। तब हरि कीन्हौ एक सयान ॥
उन प्यारी चरननि सिर धारी। काम-व्यथा जान्यौ सुकुमारी ॥
अल्प हँसी, मुख हेरि लजानी। 'सूरज' प्रभु तिय-मन की जानी ॥

श्याम चंद्रावली के घर न जाकर सुषमा के घर चले गए। श्याम को अपने घर आया देख सुषमा अपने मन में अत्यंत प्रसन्न हो उठी। श्याम जल्दी जल्दी सुषमा के घर में घुस गए। पर प्यारी सुषमा प्रेम से झल्ला उठी। श्याम की वह भामिनी सुषमा अत्यंत उदार थी, वह कृष्ण के साथ कोक-कला-रस पर विचार भी कर रही थी। कृष्ण ने उसे बुलाया, पर वह पास नहीं आई। और उदास भाव से भर्राए गले से ही बोली। तब कामातुर कृष्ण ने दौड़कर उसे छाती से लगा लिया। वह हा हा करके विनती करने लगी, उनकी बलैया लेने लगी। कृष्ण काम के वश होकर अत्यंत उतावले हो रहे थे। वे बोले—सुषमा, तुमने यह

कैसा उलटा स्वभाव पा लिया है। यह कहकर कृष्ण ने सुषमा की बाँह पकड़ी ली। तब वह मान कर बैठी। तब हरि ने एक चतुराई की। उन्होंने प्यारी के पैरों पर अपना सिर रख दिया। इससे उस सुकुमारी ने समझ लिया कि हरि काम की पीड़ा से अत्यंत विकल हो उठे हैं। इसलिए वह कृष्ण का मुख देखकर, मंद-मंद मुसकरा कर, लजा गई। और हरि ने सुषमा के मन की बात जान ली कि अब यह मेरी मनोकामना पूरी करने के लिए व्याकुल है।

१९५७/३११५ राग गुंड मलार

स्याम कर भामिनी मुख सँवार्‌यौ ।
बसन तनु दूरि करि, सबल भुज अंक भरि, काम-रिस बस बाम निदरि धार्‌यौ ।
अधर दसननि भरे, कठिन कुच उर लरे, परे सुख सेज मनु मुरछि दोऊ ।
मनौ कुम्हिलाइ रहे मैन सौं मल्ल दोउ, कोक-परबीन घटि नहीं कोऊ ।
अंग विह्वल भए, नैन नैननि नए, लजित रति अंत तिय कंत भारी ।
'सूर' धनि-धन्य सुषमा-नारि, बस स्याम, जाम जुग भई पति तैं न न्यारी ॥

श्याम ने अपने हाथ से उस कामिनी सुषमा का मुख सँवारा, हाथ से मुँह पोंछा, सहलाया। फिर उन्होने उसके शरीर पर से उसके वस्त्र हटाकर दूर कर दिए और अपनी सबल बाहों में लपेट कर उसे अपनी छाती से चिपटा लिया। फिर कामावेश में उस नवेली को निर्दयतापूर्वक कसकर दबा लिया। उसके होठ को अपने दाँतों से दबोच लिया। उसके कठोर उरोजों को अपने वक्ष से सटा लिया। फिर दोनों सुखद शैया पर जैसे मूर्च्छित होकर गिर पड़े। मानो कामदेव के वे दोनों पहलवान लड़कर कुम्हला गए हों। दोनों कोक कला में पूर्ण पंडित हैं। कोई भी इस कला में किसी से जरा भी घटकर नहीं है। दोनों काम-क्रीड़ा से विह्वल हो गए, थक गए; दोनों ने एक दूसरे को देखा और अपनी अपनी आँखें झुका लीं। दोनों ने इस ललित रति के अंत में समझ लिया कि इस युद्ध में एक दूसरे पर भारी पड़ गया और उसकी हार हो गई। श्याम के बस में पड़ी हुई वह सुषमा नारी धन्य है, जो दो याम तक श्याम से लिपटी सेज पर पड़ी रही और उनसे विलग नहीं हुई।

१९५८/३११६ राग विहागरौ

चंद्रावली स्याम मग जोवति ।
कबहुँ सेज कर झारि सँवारति, कबहुँ मलय रज भोवति ।
कबहुँ नैन अलसात जानि कै, जल लै पुनि पुनि धोवति ।
कबहुँ भवन, कबहूँ आँगन ह्वै, ऐसैं रैनि बिगोवति ।
कबहुँक बिरह जरति अति ब्याकुल, आकुलता मन मोहति ।
'सूरस्याम' बहु-रवनि-रवन पिय, यह कहि-कहि गुन तोवति ॥

इधर श्याम सुषमा के साथ रंगरली में रत थे, उधर चंद्रावली उनका रास्ता देखे जा रही थी। वह कभी अपनी सुख-सेज अपने हाथों से झाड़े-पोंछे जा रही थी, कभी उस पर चंदन का भूरा छिड़कती जा रही थी। कभी अपनी आँखों में नींद का आलस्य बढ़ता देखकर उन्हें बार बार पानी से धो लेती थी। कभी घर में, कभी आँगन में टहलती हुई ऐसे ही रात बिताए जा रही थी। वह कभी विरह की ज्वाला में जलती हुई अत्यंत व्याकुल हो

उठती थी और उसका मन घबरा उठता था। वह ऊबकर अंत में इस प्रकार श्याम के गुणों का बखान करने लगती थी—श्याम का कौन ठिकाना, वह तो बहुनायक हैं। किसी अन्य रमणी के यहाँ रंगरली कर रहे होंगे।

१९५९/३११७ राग ललित

ऐसैंहि ऐसैं रैनि बिहानी।
चंद्र मलीन, चिरैयाँ बोलीं, सुनी काग की बानी।
वै लुब्धे अनतहिं काहू कैं, मन की आस भुलानी।
कपटी कुटिल क्रूर कह जानै, स्याम-नाम जिय आनी।
कोकिल स्याम, स्याम अलि देखौ, स्याम रंग है पानी।
स्याम जलद, अहि स्याम कहावत, 'सूर' स्याम सोइ बानी॥

ऐसे ही सोच-विचार में चंद्रावली की वह सारी रात बीत गई। चंद्रमा निष्प्रभ हो गए, चिड़ियाँ चुहचुहाने लगीं, और कौवे की काँव-काँव भी सुनाई पड़ने लगी। चंद्रावली ने जान लिया कि कन्हैया कहीं अन्यत्र किसी दूसरी रमणी में रम गए और वह निराश हो गई। वह सोचने लगी, जिसका नाम ही श्याम है, उसका काम कैसे उजला हो सकता है। वह तो कपटी, कुटिल और क्रूर होगा ही। वह पराई पीड़ा क्या जाने। कोयल काली है, वह अपना अंडा कौवे से पोसवाती है; भौंरा काला है, वह एक फूल का रस लेकर दूसरे फूल पर उड़ जाता है; तलवार का पानी (धार) भी श्याम रंग का है, वह किसी का गला काटने में देर नहीं करती; बादल भी काला है, जो पपीहे को चोंच भर भी पानी नहीं दे पाता; सर्प भी काला होता है, जो मौका पाने पर डसने से बाज नहीं आता। यही आदत श्याम की भी है। वे दूसरे को ठगने से क्यों बाज आए।

१९६०/३११८ राग गुंड मलार

बाम-सँग स्याम त्रय जाम जागे।
कोक विद्या निपुन, सकल गुन मैं सँपुन, सुरत संग्राम जुरि, नहीं भागे।
अंग आलस भरे, नैन निद्रा ढरे, नैंकु सज्या परे निसा बीती।
'सूर' प्रभु नंद-सुत चले अकुलाइ कै, गए ता धाम रस-काम जीती॥

सुषमा सुंदरी के साथ श्याम तीन पहर तक काम-केलि करते हुए जगते रहे। श्याम कोक-कला में चतुर है, वे सभी गुणों में संपूर्ण एवं संपन्न हैं। जब एक बार सुषमा के साथ रति-रण में भिड़ गए, तो वे उस रण से पीठ दिखाकर भागे नहीं, बराबर डटे रहे। उनके अंग अलसा गए थे, आँखों में नींद भर आई थी। वे थोड़ी देर के लिए सेज पर लेट गए और रात बीत गई। भोर होते-होते, नंद कुमार कृष्ण अकुलाकर जल्दी-जल्दी उठे और सुषमा के साथ काम का रस जीतकर चंद्रावली के घर गए।

१९६१/३११९ राग विभास

चंद्रावलि-धाम स्याम भोर भऐं आए।
इत रिस करि रही बाम, रैनि जागि चारि जाम,
देख्यौ जो द्वार स्याम, ठाढ़े सुखदाए।

मंदिर तैं रहि निहारि, मनहीं मन देत गारि,
ऐसे कपटी कठोर, आए निसि बीते ।
रिस नहिँ सकी सम्हारि, बैठी चढ़ि द्वार बारि,
ठाढ़े गिरिधारि निरखि, छबि नख सिख ही तैं ।
बिनु गुन बनी हृदय-माल, ता बिच नख-छत रसाल,
लोचन दोउ दरस लाल, जिय सौं रिस बाढ़ी ।
जावक रँग लग्यौ भाल, बंदन भुज पर बिसाल,
पीक पलक अधर झलक, बाम प्रीति गाढ़ी ।
क्यौं आए कौन काज, नाना करि अंग साज,
उलटे भूषन सिँगार, निरखत हौं जाने ।
ताही कौं जाहु स्याम, जाकैं निसि बसे धाम,
मैरैं गृह कहा काम, 'सूरदास' गाने ॥

श्याम चंद्रावली के घर सबेरा होते होते पहुँचे। चंद्रावली रात के चार पहर श्याम की बाट जोहती जग रही थी, इसलिए उसे श्याम पर क्रोध आ रहा था। इसी बीच उसने जो दरवाजे की ओर देखा तो सुख देनेवाले श्याम को वहाँ पर खड़ा पाया। वह अपने घर में ही रहकर श्याम को निहारने लगी और मन ही मन उनको गाली भी देने लगी कि श्याम इतने कपटी है, इतने कठोर है कि सारी रात अन्यत्र बिताकर मेरे यहाँ आए हैं। वह अपने क्रोध को नहीं रोक सकी और द्वार पर ही आकर बारजे पर बैठ रही। उसने गिरिधारी को खड़े देखा और उनकी नख से लेकर शिखा तक की सारी छवि देख गई। कृष्ण के वक्ष पर बिना गुन (धागा) की माला उभरी हुई थी, और उसके बीच में नख का लाल-लाल घाव बना हुआ था। दोनों आँखें रतजागे के कारण लाल लाल हो रही थीं। कृष्ण का यह रूप देखते ही चंद्रावली के मन में कृष्ण के प्रति बड़ा क्रोध बढ़ आया। उनके माथे पर महावर लगा हुआ था, उनकी विशाल भुजाओं पर सिंदूर लिपटा हुआ था, उनकी पलकों पर किसी के पान की पीक लगी हुई थी, उनके अधरों पर किसी प्रिया की आँखों का काला काजल लगा हुआ था, जो उनकी किसी प्रिया के प्रति प्रगाढ़ प्रेम का संसूचक प्रतीक था। वह बिगड़ गई—श्याम तुम किसलिए यहाँ आए हो? तुम्हारा यहाँ कौन सा काम अटका हुआ है? तुमने आज अपने अंगों का यह कैसा अनोखा सिँगार-सजाव कर रखा है। तुम्हारे उलटे पुलटे आभूषणों और शृंगार को देखते ही मैंने जान लिया है कि तुम किसी धन्या को धन्य किए हुए यहाँ भूले-भटके चले आए हो। जिस राधा के घर में रात भर रहे हो, उसी के यहाँ लौट जाओ। तुम्हारा मेरे घर में कोई काम नहीं है।

सूरदास यह रस-कथा गाए जा रहे हैं।

१९६२/३१२० राग बिलावल

तहइँ जाहु जहँ रैनि बसे हौ ।
काहे कौं दाहन हौं आए, अँग-अँग चिह्न लसे हौ ।
अरगज अंग, मरगजी माला, बसन सुगंध भरे हौ ।

काजर अधर, कपोलनि बंदन, लोचन अरुन धरे हौ।
पलकनि पीक, मुकुर लै देखौ, ये कौन हीं करे हौ।
'सूरदास' प्रभु पीठि बलय गड़े, नागरि अंग भरे हौ॥

चंद्रावली बोली—श्याम वहीं जाओ, जहाँ सारी रात रंगरली करते हुए बिता आए हो। मुझे जलाने के लिए यहाँ सबेरा होते-होते क्यों चले आए हो? तुम्हारे अंग-अंग पर किसी रमणी के साथ रमण के चिन्ह उभरे और बने हुए हैं। तुम्हारे अंगों पर किसी कामिनी के अंगों पर लगा हुआ अरगजा लगा हुआ है। तुम्हारे गले की वनमाला मसल उठी है और तुम्हारे वस्त्र भी सुगंध से सने हुए हैं। अधरों पर काजल लगा हुआ है, गालों पर सिंदूर लगा हुआ है और तुम्हारी आँखें लाल हैं। पलकों पर भी पान के पीक का लाल धब्बा बना हुआ है। जरा आईने में अपनी सूरत तो देखो। तुम्हारी यह गत किसने बना दी है। तुम्हारी पीठ में भी किसी की चूड़ी और कंकण के चिह्न पड़ गए हैं। तुमने निश्चय ही किसी चतुरा नवेली को अपनी अंकशायिनी बनाया है।

१९६३/३१२१ राग बिलावल

तहइँ जाहु जहँ निसा बसे हौ।
जानति हौं पिय चतुर सिरोमनि, नागरि जागर-राग रसे हौ।
घूमत हौ मनु प्रिया उरगिनी, नव-बिलास-स्त्रम-सेज डसे हौ।
काजर अधरनि प्रगट देखियत, नागबेलि रँग निपट लसे हौ।
स्याम उरस्थल पर नख-रेखा, मनहुँ गगन ससि उदित दिसे हौ।
लटपटि पाग महावर के रँग, मानिनि पग पर सीस घसे हौ।
बिगलित बसन, मरगजी माला, पीठि बलय के चिह्न लसे हौ।
'सूरदास' प्रभु प्रिया-बचन सुनि, नागर नगधर नैंकु हँसे हौ॥

चंद्रावली कुढ़कर बोली—वहीं जाओ, जहाँ रात बिताकर आए हो। मैं जानती हूँ कि प्रिय तुम चतुरों के सरदार हो। और हे नागर, तुम किसी नागरी के प्रेम में मग्न रहे हो। तुम्हारा शरीर इस प्रकार झूमा जा रहा है जैसे किसी नागिन ने तुमको नवीन विलास की सुख सेज पर तुम्हें डस लिया हो। तुम्हारे होठों पर काजल का भारी धब्बा दिखाई दे रहा है, और नाग-वेलि (तांबूल) के पीक का लाल रंग भी तुम्हें सुशोभित किए दे रहा है। तुम्हारी साँवली छाती पर भी नाखून का क्षत दिखाई दे रहा है। ऐसा लगता है मानो नीले आकाश में दूज का चाँद हो। तुम्हारी टेढ़ी मेढ़ी पगड़ी पर भी महावर का रंग लगा हुआ है, लगता है तुमने अपनी मानिनी को मनाने के लिए उसके महावर लगे पैरों पर अपना सिर रगड़ा है। तुम्हारा पीतांबर सिकुड़ गया है और वनमाला भी मसल उठी है। तुम्हारी पीठ पर भी किसी नारी के कंकण के चिह्न धँस गए हैं।

प्रिया चंद्रावली की बातें सुनकर गिरिधर नागर कृष्ण जरा मंद मुसकुरा भर दिए, कुछ बोले नहीं। कुछ बोलते कैसे, बात तो ठीक ही कही गई थी।

१९६४/३१२२ राग बिलावल

तहइँ जाहु जहँ रैनि हुते।
काह दुराव करत मनमोहन, मिटे चिह्न नहिँ अंग जु ते।

बिनहीं गुन उर हार विराजत, परम चतुर हिय लाइ सुते ।
बिथुरी अलक, अटपटे भूषन, काम कुटिल कुच-बिचे जु गुते ।
दसन-दाग, नख-रेख बनी ही, भामिनि भवन भलैं भुगुते ।
'सूर' सुदेस अधर मधु फीके, लोचन अलस उनींदउ ते ॥

चंद्रावली झल्लाकर बोली—वहीं जाओ, जहाँ रात भर रहे हो। हे मनमोहन, तुम मुझसे छिपा क्या रहे हो, जो चिह्न तुम्हारे अंगों पर पड़े हुए हैं, ज्यों के त्यों बने हुए हैं और मिटे नहीं है। बिना धागा के ही तुम्हारी छाती पर जो माला सुशोभित हो रही है, वह उसी परम चतुरा नवेली की मटरमाला का दाग है, जिसे छाती से लगाकर तुम रातभर सोते रहे हो। तुम्हारी लटें बिखर गई हैं। तुम्हारे आभूषण भी उलट-पुलट गए हैं। कुटिल भाव के बस में होकर तुम किसी नवेली के दोनों पीन और कठोर कुचों के बीच गुँथे पड़े रहे हो। तुम अपनी जिस प्यारी के भवन में रात भर भली-भाँति भोग-विलास में रत रहे हो, उसके दाँतों का दाग तुम्हारे होठों पर और उसके नखों का घाव तुम्हारे वक्ष पर बना हुआ है। तुम्हारे सुंदर अधरों का मधु सूख जाने से फींका हो गया है और तुम्हारी आँखें अलसाई और उनींदी हो गई है।

१९६५/३१२३ राग बिलावल

तहइँ जाहु जहँ रैनि गँवाई ।
काहे को मुँह परसन आए, जानति हौं चतुराई ।
वाके गुन मन तैं नहिँ टारत, बोलत नाहीं बैन ।
या छबि पर मैं तन मन वारौं, पीक बिराजत नैन ।
भली करी यह दरस दिखायौ, तातैं नैन सिराने ।
'सूरस्याम' निसि कौ सुख लूट्यौ, हमको मया बिहाने ॥

चंद्रावली चिढ़कर बोली—श्याम, वहीं जाओ, जहाँ सारी रैन बिताकर यहाँ आए हो। यहाँ मुँह छूने भर के लिए, ऊपर ऊपर से बातें बनाने के लिए, क्यों चले आए हो? मैं तुम्हारी सब चालाकी जानती हूँ। तुम उस मनभावती के गुणों को मन से हटा नहीं पा रहे हो, इसी से बोल नहीं रहे हो और चुप्पी साधे बैठे हो। तुम्हारी आँखों की पलकों पर तुम्हारी चहेती प्रिय के मुख के पान की पीक लगी हुई है, उसने तुम्हारी आँखों को जी भर कर चूमा है। मैं तुम्हारी इस छवि पर अपना तन-मन निछावर किए दे रही हूँ। तुमने अच्छा किया, जो इस रूप में ही सही दर्शन दिया। मेरी आँखें तुम्हारे विरह में संतप्त हो उठी थीं, अब तुम्हारा दर्शन पाकर ये शीतल हो गईं। तुम वहाँ रात भर सुख लूटते रहे हो और अब भोर होने पर मेरे ऊपर दया दिखाने आ गए हो।

१९६६/३१२४ राग सुघराई

आए लाल ललित भेष किए ।
पीक कपोल, अधर पर काजर, जावक भाल दिए ।
चंदन खौरि मेटि अब आए, कुंकुम रंग हिये ।
पीतांबर कहँ डारि, कौन कौ नीलांबरहि लिये ।

लाली दै, पीरी लै आए, देखत पुलक जिये ।
'सूरदास' प्रभु नवल रसीले, वेऊ नवल त्रिये ॥

चंद्रावली व्यंग करती हुई बोली—हे लाल, आज क्या ही सुंदर वेष बनाए हुए आए हो। तुम्हारे गालों पर, तुम्हारी प्रिया के चूमने के कारण, पान की पीक लगी हुई है। तुमने अपनी मनभावती की आँखें चूमी है, अतः तुम्हारे अधर पर काजल का धब्बा लगा हुआ है। तुमने उस मानिनी को मनाने के लिए उसके महावर लगे पैरों पर अपना माथा रगड़ा है, अब तुम्हारे माथे पर महावर लगा हुआ है। तुमने जो चंदन की खौरि माथे पर लगा रखी थी वह तुम्हारी चहेती के अरस परस से, रगड़ से, छूट गई है। तुम्हारे वक्ष पर तुम्हारी भावती की मांग का सिंदूर लगा हुआ है। तुम अपना पीतांबर वहीं छोड़ आए हो और रस-बस होकर उसका नीलांबर पहने चले आए हो। अपने स्वस्थ शरीर की लालिमा उसे दे आए हो, और स्रमजनित अपना पीला शरीर लिए हुए यहाँ आ गए हो। तुम्हें देखते ही मेरा शरीर पुलकित हो उठा। प्रभु जैसे नवल रसिक तुम हो, वह कामिनी भी वैसी ही नवल रसिकिनी रही होगी। तभी तो तुम्हारा और उसका यह मधु-मिलन संभव हो सका।

१९६७/३१२५ राग सूही

जागे हौ जु रावरे, ये नैना क्यौं न खोलौ ।
भए हौ तिया के बस, जागे निसि सरबस, भोर भएँ उठि आए, भूले कहा डोलौ ।
चंदन मिटाए तन, अतिहीं अलस मन, नागरी की पीक लीक लागी है कपोलौ ।
पीतांबर भूलि आए, प्यारी जी को पट ल्याए, भोर भए उठे 'सूर' किए आए दोलौ ॥

चंद्रावली बोली—प्रिय अब तो तुम जग गए हो, फिर आँखें क्यों मूँदे जा रहे हो, इन्हें खोलो तो। तुम उस रँगीली-छबीली के बस में हो गए हो। उसी के साथ सारी रात रस के बस होकर बिताई है, सबेरा होने पर उठकर आए हो, अब भरमाए हुए से क्यों डोल रहे हो? तुम्हारे शरीर का सारा चंदन मिट गया है। तुम्हारा मन अत्यंत अलसा गया है। उस नागरी के पान की पीक की लीक तुम्हारे नयनों पर खूब लगी है, उसने तुम्हें खूब चूमा चाटा है। तुम अपना पीतांबर उसके यहाँ भूल आए हो और उसका नीलांबर पहने चले आए हो। सबेरा हो जाने पर उठे हो और डगमगाते पैरों से हिंडोला झूलते से यहाँ चले आए हो।

१९६८/३१२६ राग बिलावल

पीतांबर पट कहा भयौ ।
नीलांबर ओढ़े हौ आए, अति डहडहौ नयौ ।
तैसोइ अंग, बसन रँग तैसोइ, कहा कहौं यह सोभा ।
तैसियै बनी मरगजी केसर, ता तिय के मन लोभा ।
एते पर क्यौं बोलत नाहीं, कहा खोइ से आए ।
'सूरस्याम' यह अब मैं जानी, नागरि चित्त चुराए ॥

चंद्रावली किंचित मुसकुरा कर बोली—तुम्हारा पीतांबर क्या हुआ? तुम यह किसका चमकीला, भड़कीला, नया नया नीलांबर ओढ़े हुए चले आए हो? जैसा नीला तुम्हारा शरीर है, वैसा ही नील यह वस्त्र है। दोनों का क्या सुंदर मेल बन रहा है? नैं इस शोभा

का क्या वर्णन करूँ? तुम्हारी अलकें भी वैसी ही दली-मली हैं। तुम्हारी इन अलकों ने तुम्हारी उस प्रिया का मन मोह लिया रहा होगा। इतने पर तुम बोल क्यों नहीं रहे हो? तुम अपना क्या खो आए हो? मैं सब जानती हूँ। उस नागरी ने तुम्हारा चित्त चुरा लिया है और तुम अनमने से होकर बे-मन के यहाँ चले आए हो।

१९६९/३१२७ राग भैरव

हा हा हो पिय, बात कहौ।
आपु कछू जिय तरक गहत हौ, तौ तुम मोसौं मौन गहौ।
कहा चूक हमकौं पिय लागै, रूसि रहे हौ काहे जू।
तबहीं तैं वैसेहि हौ ठाढ़े, मो तन कौ नहिँ चाहे जू।
अब हमकौं अपराध छमौगे, कृपा करौ मुख बोलौ जू।
'सूरस्याम' अब तजौ निठुरई, गाँठि हृदय की खोलौ जू॥

चंद्रावली के इतना कहने सुनने पर भी जब श्याम कुछ नहीं बोले, तब उसने कहा— मैं तुमसे विनती करती हूँ। हे प्रिय, कुछ बोलो तो सही। यदि तुमने अपने मन में मेरे विरुद्ध कोई बात पकड़ रखी है, तब तुम मुझसे मौन साधे रहो, तो एक बात भी है। कुछ समझ में भी आवे। मुझसे क्या अपराध बन पड़ा है? मुझसे क्यों रूठ गए हो? जबसे यहाँ आए हो। तभी से एक रूप में खड़े हो। मेरी ओर देख भी नहीं रहे हो। अब मेरा अपराध क्षमा करो और कृपा करके कुछ बोल दो। श्याम अब यह निष्ठुरता छोड़ दो, और अपने हृदय की गाँठ, भेद, खोल कर मुझसे कह दो।

१९७०/३१२८ राग बिलावल

रूसे हौ पिय, रूसे हौ।
उत्तर कौ उत्तर न देत तुम, हित तैं हीन कछू से हौ।
वह चितवनि न होइ नैननि की, बैननि हूँ उत हूँसे हौ।
वह मुख कमल बिकास नहीं, रति-सायक-सिसिर बिदूसे हौ।
की छुटि गई संपदा कर तैं, की ठग ठगे कछू से हौ।
मेरे जान 'सूर' प्रभु साँचैं, मदन-चोर मिलि मूसे हौ॥

चंद्रावली बोली—प्रिय, तुम मुझसे अकारण ही रुष्ट हो गए हो। इसमें कोई संदेह नहीं है। तुम मेरी बातों का कोई उत्तर नहीं दे रहे हो, इसी से यह स्पष्ट है। लगता है मेरे प्रति तुम्हारे मन में जो भी प्रेम रहा है, उस प्रेम से अब तुम हीन से हो गए हो। जिस प्रेम भरी चितवनं से तुम मुझे देखा करते थे, अब तुम्हारे नयनों में मेरे प्रति वह चितवन भी नहीं रह गई है। तुम्हारी वाणी भी कुछ गुमसुम हो गई है। तुम्हारे मुख रूपी कमल का पहले जैसा विकास भी नहीं रह गया है। लगता है कि काम के वाण रूपी तुषार ने तुम्हें मुरझवा दिया है। तुम्हारे हाथ से कोई बहुमूल्य संपत्ति तो कहीं गिर नहीं गई? या किसी ठग न तुम्हें बुरी तरह से कहीं ठग तो नहीं लिया? मेरी समझ में तो कामदेव रूपी चोर ने मिलकर तुम्हारे तन रूपी भवन में भारी चोरी कर ली है। मुझे खतरा तो इसी में जान पड़ता है।

१९७१/३१२९ राग बिलावल

मदन-चोर सौं जानि मुसायौ।
अपनी लाली खोइ, पीक की लाली पलकनि पायौ।
ह्यां तैं गए चतुरई लीन्हे, सो सब उनहिं छपायौ।
आलस-अबल, जम्हात अंग, ऐंड़ात गात दरसायौ।
कंचन खोइ काँच लै आए, बिढ़तौ भलौ फबायौ।
'सूर' कहूँ पर घर मन माहीं, जैसैं हाल करायौ॥

चंद्रावली बोली—मुझे तो लगता है कि तुमने जान-बूझकर कामदेव रूपी चोर से अपनी चोरी करा ली है। अपनी लाली (तेजस्विता) तुमने खो दी है और अपनी पलकों पर दूसरे के पान की पीक की लाली लिए दिए चले आए हो। यहाँ से तो भारी चतुराई लिए हुए तुम कल मेरे पास से गए थे। लगता है उस कामदेव ने तुम्हारी सारी चतुराई तुमसे छीनकर कहीं छिपा दिया। उसी काम-चोर ने तुम्हें अलसाया हुआ बना दिया है, उसी ने तुम्हें निःशक्त कर दिया है। उसी की बदौलत तुम बार बार जम्हाए जा रहे हो। उसीने तुम्हें अँगड़ाते अंगों वाला बनाकर हमें झिझकाया है। तुम सोना खोकर काँच ले आए हों। तुमने खूब धन-संपदा कमाई है। तुमने अपना जैसा हाल करा रखा है, क्या अब भी किसी दूसरे के घर जाने की इच्छा तुम्हारे मन में बनी हुई रह गई है?

१९७२/३१३० राग काछी

लाल उनींदे लोइननि, आलस भरि आए।
अरुझि काम की बेलि सौं, कौने बिरमाए।
सिथिल पाग दस्तार की, जावक रँग भीने।
पाइ परे, अपबस करे, तब सरबस दीने।
लाली मेरे लाल की, सब ही तन ढीले।
लाली लै लालन गए, आए मुख पीले।
बिनु गुन माल हियें लसै, पिय प्रीति-निसानी।
सखि रसाल हमकौं दई, तुम देहु बिरानी।
पग डगमग इत कौं धरौं, उत कौं दृग धाए।
हम अंतर अंतर बसैं, पिय मो मन भाए।
उलटि तहाँ पग धारियै, जासौं मन मान्यौ।
छपद कंज तजि, बेलि सौं लटि प्रेम न जान्यौ।
तब हँसि बोले स्याम जू, तुम तैं को प्यारी।
तुम बिन कल मोको नहीं, अति ही सुखकारी।
बचन चतुरई छाँड़िऐ, कहँ तैं पढ़ि आए।
'सूरस्याम' गुन रासि हौ, नीकैं प्रगटाए॥

चंद्रावली बोली—हे लाल (प्रिय), तुम उनींदे नयनों से, अलसाए हुए मेरे यहाँ आए

हो। किसने काम की लता (अपने शरीर) से उलझाकर तुम्हें रोक रखा था? तुम्हारी पगड़ी की दस्तार (बंदिश) ढीली पड़ गई है और वह पाँव में लगे महावर के लाल रंग से रँग उठी है। जब तुम उस प्रिया को मनाने के लिए उसके पैरों पर पड़ गए और उसने तुम्हें अपने बस में कर लिया, तब उसने अपना सर्वस्व दिया। मेरे लाल की सब लाली चली गई। सारा शरीर शिथिल हो गया है। कल यहाँ से मेरे लालन कितनी लाली के साथ गए थे, आज वह ललाई कहाँ गई? आज तो श्रमाधिक्य से पीला मुँह किए मेरे पास आए हो। तुम्हारे वक्षस्थल पर बिना सूत की माला बनी हुई है। यह तुम्हारी प्रिया के प्रेम की निशानी है। उसने इस बिना सूत की माला को मेरे पास इरसाल (कर) के रूप में भेजा था, पर अब तुम मुझे वह माला नहीं दे रहे हो, कोई दूसरी माला देना चाहते हो। तुम अपने डगमगाते पैर मेरी ओर बढ़ा रहे हो, पर तुम्हारी आँखें उसी ओर लगी हुई हैं। हे प्रिय, तुम तो मुझसे बहुत दूर बसते हो, पर तुम्हीं मेरे मन को अच्छे लगते हो। अब जिससे तुम्हारा मन मिल गया है, जिसको तुम मन से मानते हो, अब वापस उसी के पास लौट जाओ। भौंरे ने कमल से प्रेम करना छोड़ दिया है, वह लता से लिपट गया है, और प्रेम करना नहीं जानता।

तब श्याम हँसकर बोले—तुमसे बढ़कर मुझे और कौन प्यारा है? तुम्हारे बिना तो मुझे चैन ही नहीं पड़ता। तुम तो मुझे सर्वाधिक सुख देनेवाली हो।

तब चंद्रावली बोली—यह सब वाग्चातुरी छोड़ो। यह चतुराई कहाँ से सीख आये हो। तुम भारी गुणवान हो और तुमने अपने गुण खूब प्रकट कर दिए हैं।

१९७३/३१३१ राग सुघराई

आए (लाल) जामिनि जागे भोर।
नील कलेवर, कोमल उर पर, गड़ि गए कुच जु कठोर।
निसि बसि रहे मानिनी कैं गृह, अब आए इहिँ ओर।
'सूरदास' प्रभु बचन बनावत, चोरत हौ मन मोर॥

चंद्रावली बोली—प्रभु तुम सारी रात दूसरी छबीली के साथ जगकर, सबेरा होने पर मेरे घर आए हो। तुम्हारे श्यामल शरीर पर, तुम्हारे कोमल वक्ष पर, उस छबीली के कठोर स्तन गड़ गए हैं। रात भर तो उस मानिनी के घर ही रहे? और अब सबेरा होने पर मेरे यहाँ पधारे हो और अब बातें बना रहे हो। फिर भी तुम मेरे चित्त को चुराए ले रहे हो।

१९७४/३१३२ राग सुघराई

मैं जानी जिय, जहँ रति मानी।
तुम आए हौ लालन मेरैं, जब चिरियाँ चुचुहानी।
मुख की बात कहा कहौं ठानी, बातनि ही पहिचानी।
एते पर अँखियाँ रस-सानी, अरु पगिया लपटानी।
भालहिँ जावक रंग बनानी, अधरहिँ अंजन जानी।
बिनु गुन बनी माल, सब अंगनि उलटी सकल निसानी।
धनि त्रिय तुमकौं जो सुखदानी, जागत रैनि बिहानी।
'सूरदास' प्रभु गुन-निधान हौ, अंतर की सब जानी॥

चंद्रावली बोली—मैंने अपने मन में जान लिया है कि तुमने कहाँ किसके साथ रंगरली की है। हे प्रियतम, तुम मेरे यहाँ तब आए हो, जब सबेरा की सूचना देनेवाली चिड़ियाँ बोलने लगीं। तुम व्यर्थ के लिएं अपने मुँह से बना बनाकर बातें कहे जा रहे हो? मैं तो सारी सचाई तुम्हारी बातों से ही जान गई हूँ। बातों के अतिरिक्त तुम्हारी आँखें अभी तक उस छबीली के प्रेम-रस में सनी हुई है। तुम्हारी पाग भी टेढ़ी-मेढ़ी, लट-पट हो गई है। माथे पर महावर का रंग बना हुआ है। होठों पर काजल लगा हुआ है। छाती पर बिना धागे की माला बनी हुई है। हर अंग पर उलटे-पुलटे चिह्न बने हुए हैं। वह धन्या धन्य है, जो तुमको सुख देने वाली है और जिसके साथ तुमने सारी रात जागते-जागते बिता दी। हे प्रभु, तुम सब गुणों के समुच्चय हो। मैंने तुम्हारे हृदय के भीतर की सब बातें भली-भाँति जान ली हैं। मुझसे कुछ भी छिपा नहीं है।

१९७५/३१३३ राग विभास

मैं जानी पिय बात तुम्हारी।
भोर भए मैरैं गृह आए, ऐसे भोरे भारी।
ह्याँ आए मुख परसन मेरौ, हृदय टरति नहिँ प्यारी।
कपट चतुरई दूरि करौ जू, अपजस लेतऽस गारी।
कहा साँच मैं खोवत कर तैं, झूठैं कहा फबावत।
'सूरस्याम' नागर, नागरि वह, हम तुम्हरैं मन आवत?

चंद्रावली बोली—हे प्रिय, मैंने तुम्हारी सब बातें राई रत्ती जान ली हैं। तुम ऐसे भारी भोले हो कि सबेरा होने पर मेरे घर आए हो। तुम यहाँ मेरा मुँह छूने ही आए हो। यह सब ऊपरी बातें हैं, कोरी दिखावा है। तुम्हारे हृदय से तुम्हारी वह प्यारी अब भी टलने का नाम नहीं ले पा रही है। तुम अपनी यह कपट भरी चतुराई दूर करो, इससे तुम्हें अपयश ही लगेगा और तुम्हें गाली भी खाने को मिलेगी। सच बोलने से तुम अपने हाथ से क्या खो दोगे और झूठ बोलने से तुम्हारी कौन सी शोभा बढ़ जायगी? तुम नागर हो, चतुर हो; वह नागरी है, चतुरा है। फिर मैं तुम्हारे मन को कैसे अच्छी लग सकती हूँ।

१९७६/३१३४ राग काफी

रैनि रीझ की बात कहौ।
काहे कौं सकुचत मनमोहन, ठाढ़े क्यौं न रहौ।
पीतांबर कह गयो तुम्हारो, कीधौं लियो गहौ।
नीलांबर पहिरावनि पाई, सम्मुख क्यौं न चहौ।
तब हँसि चले स्याम मंदिर-तन, कछु जिय लाज गहौ।
'सूरस्याम' ह्वाँईं अब रहिये, अति पुनीत तुम हौ॥

चंद्रावली बोली—श्याम, रात रात की अपनी प्रेम-कहानी कहो, मनमोहन क्यों सकुचाए जा रहे हो? खड़े क्यों नहीं रहते? तुम्हारा पीतांबर क्या हुआ? क्या तुम्हारी उस परम प्रिया ने उसे गहने रख लिया? क्या तुमने यह नीलांबर उसके द्वारा भेंट में पहनने के लिए पाया है? मेरी ओर क्यों नहीं देखते?

चंद्रावली की ये बातें सुनकर श्याम उसके घर में घुसने के लिए आगे बढ़ चले। पर चंद्रावली फिर कह उठी—'कुछ तो लाज लिहाज करो। अब जाकर वहाँ ही रहो, जहाँ रात रहे हो। मैंने जान लिया कि तुम परम पवित्र हो।'

१९७७/३१३५ राग बिलावल

तुम रीझे की उनहिं रिझाए।
हा हा पिय यह प्रगट सुनावौ, कोटिक सौंह दिवाए।
जावक भाल चिह्न, मैं जान्यो, हठ करि पाइ लगाए।
नैननि पीक मया उन कीन्ही, अंजन अधरनि लाए।
बिनु-गुन माल मिली कहँ तुमकौं, कंकन पीठि दिखावहु।
'सूरस्याम' हम तौ यों जानति, तुमहू कहि न सुनावहु॥

चंद्रावली ने करोड़ों सौंहे दिलाकर श्याम से पूछा—हे प्रिय, मैं विनती करती हूँ, तुम मुझसे साफ साफ कह सुनाओ। तुम स्वयं उस रसीली पर रीझ गए थे या उसीने तुम्हें रिझा लिया था? तुम्हारे माथे पर जो महावर का यह लाल चिह्न बना हुआ है, मैंने जान लिया कि उसी ने हठ करके तुम्हें अपने पाँव से लगा लिया—न वह मान करती, न तुम उनके पैरों पर गिर कर उसे मनाते। तुम्हारी आँखों में जो पान की पीक लगी है, यह भी उसी की मया है, उसने प्रेमपूर्वक तुम्हारी आँखें चूमी हैं और पान की पीक तुम्हारी पलकों पर लग गई है। तुम्हारे अधरों पर जो काजल लगा हुआ है, वह किसी की आँखों का आँजन है। पर यह तुम्हें कैसे लग गया, यह तुम जानो। क्या तुमने उसकी आँखों को चूम लिया था? तुमको यह बिना सूत की माला कहाँ मिल गई। तुम्हारी पीठ पर कंकण का निशान कहाँ से आ गया? यों हम कुछ कुछ अनुमान से जानती तो है, पर तुम्हीं क्यों नहीं खोल कर सब साफ-साफ सुना देते।

१९७८/३१३६ राग बिलावल

माधो नीकी विधि सौं आए।
नख-रेखा उर मंडित यौं, मनु द्वितिया-चंद उगाए।
बिगलित बसन, धरत पग डगमग, किहिं यह चाल चलाए।
निसा आन कै बसे साँवरे, भोर इहाँ उठि धाए।
रस-बस अनत रहे 'सूरज' प्रभु, तउ मेरे मन भाए।
पाउँ धारियै बाम-धाम, जहँ चारौं जाम गँवाए॥

चंद्रावली बोली—माधव, आज तो अच्छा रूप बनाकर आए हो। तुम्हारी छाती पर नख-चिह्न ऐसे बने हुए हैं, मानो दूज के चाँद लाकर उगा दिए गए हों? तुम्हारे कपड़ों में सिकुड़न पड़ गई है। तुम डगमगाते पैरों से चले आ रहे हो? बताओ तो सही, तुम्हें इस प्रकार चलना किसने सिखाया है? हे घनश्याम, रात भर तो तुम किसी दूसरी छबीली के घर में छाए रहे और रस बरसाते रहे हो, अब सबेरा होने पर यहाँ उठकर दौड़े आए हो? हे प्रभु, तुम अपने रस (आनंद) के लिए रात में यद्यपि कहीं अन्यत्र बस गए थे, फिर भी तुम मेरे मन को बहुत अच्छे लगते हो? अब उसी बामा के घर चले जाओ, जहाँ रात के चारो प्रहर गँवा आए हो। यहाँ तुम्हारा क्या काम है?

१९७९/३१३७ राग बिलावल

आजु हरि पायौ है मुँह-माँग्यौ ।
जब तैं तुमसौं बिचार्‍यौ मनसिज, दै सिलवार्‍यौ त्याग्यौ ।
कहुँ जावक, कहुँ बने तँबोल रँग, कहुँ अँग सेंदुर दाग्यौ ।
मानौ रन छूटे घायल कौं, जहँ-तहँ स्त्रोनित लाग्यौ ।
नख मनु चंद्र-बान सजि कै, झझकार उठ्यौ उर आग्यौ ।
'सूरदास' मानिनि रन जीत्यौ, समर संकि नहिँ भाग्यौ ॥

चंद्रावली बोली—हे हरि, आज तो तुमने मुँहमाँगा पाया है। जब से कामदेव ने तुम्हें अपना योग्य आज्ञाकारी समझ लिया है, तभी से उसने तुम्हें (सिला) पुरस्कार देकर, (सिला) आयुध से सजाकर, तुम पर निछावर होकर, तुम्हें युद्धार्थ छोड़ दिया है। तुम्हें कहीं महावर लगा हुआ है, कहीं पान की पीक लगी है, कहीं सिंदूर का दाग लगा हुआ है। ऐसा लगता है रण से घायल होकर लौटे हुए वीर को जहाँ-तहाँ रक्त लगा हुआ है। तुम्हारे वक्ष पर जो नख-क्षत है, वह मानो चंद्र-वाण है, जिसे तुमने ललकार कर अपने उर पर सहा है। इस प्रकार तुमने मानिनी को रति-रण में जीत लिया है और उस समर से डरकर, मैदान छोड़कर, नहीं भागे हो।

१९८०/३१३८ राग बिलावल

आजु हरि रैनि उनींदे आए ।
अंजन अधर, ललाट महावर, नैन तमोर खवाए ।
बिनु-गुन माल बिराजति उर पर, बंदन भाल लगाए ।
मगन देह, सिर पाग लटपटी, भृकुटी चंदन लाए ।
हृदय सुभग नख-रेख बिराजति, कंकन पीठि बनाए ।
'सूरदास' प्रभु यहै अचंभौ, तीनि तिलक कहँ पाए ॥

चंद्रावली बोली—हे हरि, आज तो तुम बड़े तड़के नींद में माते ही चले आए हो। तुम्हारे अधरों पर काजल लगा हुआ है, माथे पर महावर लगा हुआ है और तुम्हारी आँखों ने तो पान खा रखा है। तुम्हारी छाती पर बिना डोर की माला सुशोभित हो रही है, माथे पर सिंदूर लगा हुआ है, तुम्हारा शरीर प्रसन्न है, पगड़ी टेढ़ी मेढ़ी है, भौंहों पर चंदन लगा हुआ है। वक्ष पर नख की सुंदर खरोंच सुशोभित हो रही है। तुम्हारी पीठ पर कंकण का निशान बना हुआ है। आश्चर्य की बात तो यह है कि तुमने एक तिलक के स्थान पर तीन तीन तिलक कहाँ से पा लिया?—एक तिलक महावर का है, एक सिंदूर का और एक चंदन का।

१९८१/३१३९ राग बिलावल

आजु हरि आलस अंग भरे ।
कबहुँक बाँह जोरि ऐंड़ावत, कबहुँ जम्हात खरे ।
बैठौगे की पाउ धारियै, देखत नैन सिराने ।
साँझ आइ इक दरसन दीन्हौ, की अब होत बिहाने ।

कब के द्वार भए पिय ठाढ़े, भोरे बड़े कन्हाई।
'सूरस्याम' ह्वाँ सुरति करत वह, ह्याँ तुम झेर लगाई॥

चंद्रावली कह रही है—हरि, अब तो तुम्हारा आलस्य भी बड़ा रंग रँगीला लग रहा है। तुम कभी अपनी दोनों बाहें जोड़कर ऊपर उठाकर ऐंड़ाते हो, कभी खड़े खड़े जमुहाई लेते हो। बैठ जाओ न, कब तक खड़े रहोगे। मैं तुम्हारी पैयाँ पड़ती हूँ। तुम्हें इस रूप में देखकर मेरी आँखें जुड़ा गईं। कल शाम को एक बार आकर दर्शन दे गए थे और आज फिर सबेरे-सबेरे दर्शन दिया है। हे कन्हैया, तुम कब से बड़े तड़के से इस दरवाजे पर खड़े हो? वहाँ वह तुम्हारा चहेती तुम्हारा ध्यान कर रही होगी और तुम यहाँ व्यर्थ देर लगाए जा रहे हो।

१९८२/३१३९ राग बिलावल

सौंह करन कौं भोरहीं, तुम मेरैं आए।
रैनि करत सुख अनतहीं, ताकैं मन भाए।
अंग-अँग भूषन और से, माँगे कहुँ पाए।
देखि थकित इहिं रूप कौं, लोचन अरुनाए।
पाग लटपटी सोहई, जावक-रँग लाए।
मान कियौ उहिं मानिनी, धनि पाइ पराए।
यह चतुराई कहँ पढ़ी, उनहीं समुझाए?
'सूरदास' प्रभु साँचि लै, उपमा कवि गाए॥

चंद्रावली बोली—श्याम, आज बड़े सबेरे-सबेरे मेरे घर आ गए हो और सौंहें खाए जा रहे हो। लगता है कि सौंहें खाने के लिए ही तुम इतने तड़के मेरे घर आ गए। रात में तुम अन्यत्र ही सुख विलास करते रहे हो और उस नवेली के मन पसंद काम करते रहे हो। आज तुमने अपने एक एक अंग पर जो आभूषण पहन रखे हैं, ये मानो मँगनी के हों, उधार हों। तुम्हारी आँख लाल हो गई हैं। तुम्हारे इस रूप को देखकर तो मैं भौंचक्की हो गई हूँ। तुम्हारी उलटी-सीधी-बँधी पगड़ी बहुत अच्छी लग रही है। उसपर महावर का लाल रंग लगा हुआ है। उस मानिनी ने मान किया था और उस धन्या ने तुम्हें अपने पैरों पर सिर रगड़वा दिया। तुमने यह चतुराई कहाँ सीखी? संभवतः यह चतुराई उसी छबीली ने तुम्हें सिखाई हो। प्रभु, कवियों ने तुम्हारे अंगों की जो उपमाएँ दी हैं, वे सच ही हैं।

१९८३/३१४१ राग गौरी

तुमकौं कमलनयन कवि गावत।
बदन कमल उपमा यह साँची, ता गुन कौं प्रगटावत।
सुंदर कर-कमलनि की सोभा, चरन कमल कहवावत।
और अंग कहि कहा बखानैं, इतनैंहि कौ गुन गावत।
स्याम नाम अदभुत यह बानी, स्त्रवन सुनत सुख पावत।
'सूरदास' प्रभु ग्वाल सँघाती, जानी जाति जनावत॥

चंद्रावली कह रही है—कवि लोग तुमको कमल-नयन कहते हैं। तुम्हारे नेत्र कमल जैसे हैं। तुम्हारे मुख की उपमा ये कमल से देते हैं, वह उपमा भी सच्ची है। तुम्हारा मुँह इस गुण को प्रगट करता है। कमल सबेरे खिलता है, तुम भी आज सबेरे-सबेरे आकर मेरे द्वार पर खिले हो। कैसी सटीक उपमा है। तुम्हारे हाथ भी 'कर-कमल' कहे जाते हैं और पैर भी 'चरण-कमल' कहे जाते हैं। मैंने नयन, वक्ष, कर, चरण की चर्चा कर दी। इतना ही पर्याप्त है। अन्य अंगों की चर्चा क्या करूँ? तुम्हारा नाम श्याम है। श्याम नाम सुनते ही कानों को परम सुख मिल जाता है। प्रभु, तुम्हारे सारे साथी ग्वाल हैं। इससे तुम्हारी जाति भी प्रगट हो जाती है।

१९८४/३१४२ राग बिलावल

तुम न्याय कहावत कमल-नैन।
कमल चरन कर, कमल बदन छबि, अरु जु सुनावत मधुर बैन।
प्रात प्रगट रति रविहिं जनावत, हुलसत आवत अंक दैन।
निसि दै द्वार कपाट सदल, बधु-मधुपिनि प्यावत परम चैन।
मिलिबे माँझ उदास, अनत चित, बसत सदा जल एक ऐन।
'सूर' कपट फल तबहिं पाइहौ, अपनी अरप जब दहै मैन॥

चंद्रावली बोली—श्याम, तुम कमल नयन कहे जाते हो। लोगों का यह कहना एक दम ठीक है। तुम कमल चरण और कमल-कर भी कहे जाते हो। तुम कमल-वदन हो और तुम्हारे कमल-मुख से निकलती वाणी भी मकरंद जैसी मधुर होती है। सबेरे कमल खिलकर अपना उत्कट प्रेम सूर्य के अति प्रदर्शित करता है और उल्लासपूर्वक उसे अंक से लगाने के लिए उद्यत दिखाई पड़ता है; पर रात आते ही वह अपनी पंखड़ियों के किवाड़ बंद कर लेता है और भौरों की वधूटियों भ्रमरियों को बड़े सुख से अपना मधु पिलाता है। मिलने में वह उदास बना रहता है और उसका चित्त अन्यत्र लगा रहता है। वह जल-भवन में सदा शयन करता रहता है। ठीक वही दशा तुम्हारी है। तुम्हारा प्रेम कपट का है। तुम अपने इस कपट का फल तब अवश्य ही पाओगे, जब तुम स्वयं अपने को किसी को अर्पित कर दोगे और जब तुम्हें कामदेव संतप्त करने लगेगा।

१९८५/३१४३ राग भैरव

धीर धरहु फल पावहुगे।
अपने ह्रीं सुख के पिय चाँड़े, कबहूँ तौ बस आवहुगे।
हमसौं कहत और की औरै, इन बातनि मन भावहुगे।
कबहुँ राधिका मान करैगी, अंतर बिरह जनावहुगे।
तब चरित्र हमहीं देखैगी, जैसैं नाच नचावहुगे।
'सूरस्याम' अति चतुर कहावत, चतुराई बिसरावहुगे॥

चंद्रावली कहती गई—धैर्य धारण करो, श्याम, अपनी इस करनी का फल तुम्हें भी भोगना ही होगा। अपने सुख के लिए कभी तो तुम किसी अन्य के बस में पड़ोगे। हमसे तो और की और ही बातें कर रहे हो। क्या तुम समझते हो कि अपनी इस लल्लो-चप्पो

से तुम राधा के भी मन को अच्छे लगोगे। कभी राधा तुमसे जब मान कर बैठेगी, तब तुम हृदय की जलन समझोगे। वह राधा तब तुम्हें कैसे-कैसे नाच नचावेगी, हम सब तुम्हारे चरित्र को देखेंगी। श्याम, तुम अपने को बहुत चतुर लगाते हो, जब राधा मान कर लेगी, तब तुम्हारी सारी चालाकी भूल जायगी।

१९८६/३१४४ राग देव गंधार

यह कहि प्यारी भवन गई।
रीझे स्याम देखि वा छबि पर, रिस मुख सुंदरई।
द्वार कपाट दियौ गाढ़ैं करि, कर आपनैं बनाइ।
नैंकु नहीं कहुँ संधि बचाई, पौढ़ि रही तब जाइ।
इहिं अंतर, हरि अंतरजामी, जो कछु करै सु होइ।
जहाँ नारि मुख मूँदि पौढ़ि रही, तहाँ संग रहे सोइ।
जो देखै ह्याँ संग बिराजत, चली तिया झहराइ।
एक स्याम आँगनहीं देखे, इक गृह रहे समाइ।
उतकौं वै अति बिनय करत हैं, इत अंकम भरि लीन्ही।
'सूरस्याम' मन हरनि कला बहु, मन हरि कै बस कीन्ही॥

यह कहकर चंद्रावली झल्लाकर अपने घर के भीतर चली गई। श्याम उसके क्रोध से भरे मुख की सुंदरता पर और भी रीझ उठे—

'तुमको आता है प्यार पै गुस्सा
मुझको गुस्से पै प्यार आता है।'

चंद्रावली ने अपनी कोठरी का किवाड़ अपने हाथों से भलीभाँति कसकर बंद कर लिया। कहीं भी जरा भी रंध्र नहीं रह गया। तब वह अपनी सेज पर जा लेटी। हरि तो अंतर्यामी हैं। वे जो चाहें करें। इस बीच में जहाँ चंद्रावली मुँह मूँदकर सो रही थी, वहीं उसकी बगल में जा स्वयं भी लेट रहे। चंद्रावली ने जब देखा कि श्याम तो यहाँ उसके साथ सो रहे हैं, तब वह झल्लाकर उठ खड़ी हुई। उसने देखा एक श्याम तो आँगन में खड़े हुए हैं और एक घर में आ घुसे हैं। आँगन में खड़े श्याम तो उससे बड़ी विनती किए जा रहे हैं और इधर घर में कृष्ण उसे अपनी झाती से चिपटाए ले रहे हैं। श्याम के पास मन हर लेने वाली बहुत सी कलाएँ हैं। उन्होंने चंद्रावली का मन हर के उसे अपने बस में कर लिया।

१९८७/३१४५ राग कल्यान

तब नागरि रिस भूलि गई।
पुलकि अंग अँगिया उर दरकी, अंग अनंग जई।
अंकम भरि पिय प्यारी लीन्ही, निसि-सुख बासर दीन्ह।
मान छिड़ाय, हुलास बढ़ायौ, सुफल मनोरथ कीन्ह।
तब निज धाम स्याम पगु धारे, तहाँ सहचरी आइ।
'सूरज' प्रभु रस-भरी नागरी, देखि रही मन लाइ॥

तब वह नागरी चतुरा चंद्रावली सारा क्रोध भूल गई। उसके स्तन हर्ष से इतने फूल उठे कि उसकी चोली चरमरा कर फट गई। उसके अंगों में काम के अंकुर उग आए। पिया कृष्ण ने उसे खींचकर अपनी छाती से लिपटा लिया और रात का सारा सुख उसे दिन में ही दे डाला। उसका मान मोचन कर दिया, उसका हर्षोल्लास बढ़ा दिया और उसकी सारी अभिलाषाएँ पूरी कर दीं। इसके पश्चात श्याम अपने घर चले गए। उसी समय चंद्रावली की एक सहेली यहाँ आ गई और वह रस से भरी चंद्रावली को मन लगाकर देखने लगी—कि अब क्या बात है जो मेरी चंद्रा इतनी खुश है।

१९८८/३१४६ राग आसावरी

चंद्रावली हरष सौं बैठी, तहाँ सहचरी आई।
औरै बदन, और अँग-सोभा, देखि रही चख लाई।
कहा आजु अति हरषित बैठी, कहा लूटि सी पाई।
क्यौं अँग सिथिल, मरगजी सारी, यह छबि काही न जाई।
मोसौं कहा दुराव करति है, कहा रही सिर नाई।
मैं जानी तोहि मिले 'सूर' प्रभु, जसुमति-कुँवर कन्हाई॥

चंद्रावली अपनी कोठरी में हर्ष-विभोर होकर बैठी हुई थी। इसी बीच उसकी एक अंतरंगा सखी आ गई। उसने देखा आज तो चंद्रावली का मुँह बहुत उल्लसित है। इसके अंगों की शोभा आज और दिनों से बहुत मधुर हो गई है। तब वह उसे आँखें गड़ाकर देखने लगी और बोली—आज इतनी आनंद-मग्न होकर कैसे बैठी हुई है? क्या तुमको आज लूट में कोई बहुत बड़ा मान मिल गया है? तेरे अंग आज क्यों ढीले-ढाले दीख रहे हैं? तेरी साड़ी क्यों मसक उठी है? तेरी आज की यह शोभा तो अवर्णनीय है। मुझसे क्या छिपा रही है? तूने अपना सिर क्यों झुका लिया है? मैं जान गई—आज तुझसे यशोदानंदन श्याम आ मिले हैं। आज उनकी कृपा तुझपर हो गई है। है न यही बात?

१९८९/३१४७ राग आसावरी

चंद्रावली करति चतुराई, सुनत बचन मुख मूँदि रही।
ज्वाब नहीं कछु देति सखी कौं, हाँ नाहीं कछुवै न कही।
गूँगे-गुर की दसा गई है, पूरन स्याम-सुहाग भरी।
वहै ध्यान हरि कैं अनुरागी, वह लीला चित तैं न टरी।
तब बोली, मोसौं कछु बूझति, कहा कहौं, मुख बनै नहीं।
'सूरस्याम' जुवती-मन-मोहन, तिनके गुन नहिं परत कही॥

चंद्रावली ने चतुराई की। सखी की बात सुनकर उसने मुँह मूँद लिया। उसने सखी को कोई भी जवाब नहीं दिया। उसने कुछ भी नही कहा। न तो 'हाँ' कहा, न 'नहीं'। हाँ, वह श्याम के सुहाग में, प्रेम में, पूर्ण रूप से निमग्न थी। उसकी दशा गूँगे के गुड़ की सी हो गई थी। वह श्याम के प्रेमरूपी गुड़ का मधुर स्वाद तो ले रही थी, पर गुड़ खाने वाले गूँगे के समान उस स्वाद को कह नहीं पा रही थी। वह हरि के प्रेम के रस के ध्यान में

लीन थीं और हरि के दो स्वरूपों का बात—एक हरि के आँगन में विनती करते हुए रूप की, दूसरे उसकी सेज पर काम-कलोल करते हुए रूप की—उसके चित्त से नहीं उतर रही थी। अंततः वह अपनी सखी से बोली—तू मुझसे कुछ पूछ रही है क्या? तुझसे क्या कहूँ? मुँह से कुछ कहते ही नहीं बन पड़ रहा है। श्याम युवतियों के मन को मोह लेने वाले हैं। उनकी लीला कुछ कहते नहीं बनती।

१९९०/३१४८ राग बिलावल

हा-हा कहि चंद्रावलि मोसौं, हरि के गुन मैं हूँ सुनि लेहुँ।
स्रवननि मग सुनि हृदय प्रकासौं, पुनि-पुनि री तोहिं उत्तर देउँ।
की तोहिं मिले तीर जमुना कैं, की तोहि मिले भवनही मांझ।
कहौं तोहिं, मोरे गृह आए, मानौ अस्त होत रवि साँझ।
काहु बाम कैं धाम बसे निसि, भोर सदन गए मैरैं आइ।
'सूरस्याम' जो चरित उपायौ, कहन चहौं, मुख कह्यौ न जाइ॥

सखी बोली—अरी चंद्रावली, मैं तुझसे विनती कर रही हूँ, तू मुझसे हरि के चरित कह ही डाल। मैं भी उनकी लीला सुन लूँ। कानों की राह सुनकर मैं उससे अपने हृदय को प्रभासित करना चाहती हूँ। फिर उसी के अनुसार तुझसे अपनी बात कहूँगी। वे तुझे यमुना के किनारे कहीं मिले या वे तेरे घर ही आके तुझसे मिले?

चंद्रावली ने कहा—तुझे सुनने की इतनी चाह है, तो ले सुन। मैं तुझसे सब कहे दे रही हूँ। वे कल सूर्यास्त होते-होते मेरे घर आए और कह गए कि आज रात तेरे यहाँ रहूँगा। पर वे किसी दूसरी वामा के यहाँ सारी रात रह गए। सबेरा होने पर वे मेरे घर आ गए। उस समय उन्होंने जो लीला की, उसे मैं तुझसे कह तो देना चाहती हूँ, पर मुँह से कही नहीं जा रही है।

१९९१/३१४९ राग गौरी

अब तौ कहै बनैगी माई।
कहा स्याम अचरज सो कीन्हौ, कहत कह्यौ नहिं जाई।
कैसैं लाल अनत तैं आए, कैसैं तेरे गेह।
कैसैं मान कियौ, क्यौं मिटि गयौ, कैसैं बढ़्यौ सनेह।
तब गदगद बानी मुख प्रगटी, सुनि सजनी दै कान।
'सूरज' प्रभु के चरित सुनाऊँ, जैसैं बिसर्‌यौ मान॥

तब सखी बोली—'सखी अब तो तुझे बताना ही पड़ेगा। श्याम ने कौन सी आश्चर्यजनक बात कर दी, जो तुझसे कहते नहीं पड़ रही है? श्याम तेरे घर किसी दूसरी जगह से कैसे आ गए। तूने किस प्रकार उनसे मान किया? तेरा वह रूठना किस प्रकार दूर हुआ? फिर उनसे तेरा स्नेह किस प्रकार बढ़ा? अब कह सुना।'

तब चंद्रावली के मुँह से, भर्राए गले से, यह बात निकली—अच्छा, सखी, कान लगाकर सुन ही लो। मैं तुझको प्रभु की वह सारी लीला सुनाए ही दे रही हूँ, जिससे और जैसे ये मेरा यह मान-विमोचन हुआ।

१९९२/३१५० राग गौरी

मैं हरि सौं हो मान कियौ री।
आवत देखि आन बनिता-रत, द्वार कपाट दियो री।
अपनैं हीं कर साँकर सारी, संधिहिँ संधि सियौ री।
जौ देखौं तौ सेज सुमूरति, काँप्यौ रिसनि हियौ री।
जब झुकि चली भवन तैं बाहिर, तब हठि लौटि लियौ री।
कहा कहौं कछु कहत न आवै, तहँ गोबिंद बियौ री।
विसरि गई सब रोष, हरष मन, पुनि फिरि मदन जियौ री।
'सूरदास' प्रभु अति रति नागर, छलि मुख-अमृत पियौ री ॥

चंद्रावली बोली—सखी, जब मैंने देखा कि श्याम किसी दूसरी व्रजांगन से रंगरली करके आए हैं, तब मैं उनसे रूठ गई। मैंने दौड़कर अपनी कोठरी का किवाड़ भीतर से बंद कर लिया। मैंने अपने ही हाथ से अगरी बंद की और दोनों किवाड़ों के मिलन स्थल की दरार को सी दिया। जब मैंने अपनी सेज की ओर देखा तो पाया कि उसपर श्याम लेटे हुए हैं। मेरा हृदय क्रोध से काँप उठा। तब मैं झल्लाकर घर के बाहर आँगन में आ गई। पर वहाँ से भी मुझे हठ करके लौट आना पड़ा। क्या कहूँ कुछ कहते नहीं बनता। वहाँ आँगन में दूसरे गोविंद खड़े हुए थे। एक ही समान एक गोविंद मेरी सुख-सेज पर, और एक गोविंद मेरे आँगन में। यह अचरज देखकर मेरा सारा क्रोध दूर हो गया। मेरा मन हर्षोल्लास से भर गया और मेरे मन में पुनः मनोज जी उठा, अनंग सांग हो उठा। प्रभु कोक-कला में अत्यंत प्रवीण हैं। उन्होंने छल करके मेरे मुँह का अमृत पी लिया—मुझे चूम लिया।

१९९३/३१५१ राग बिलावल

तबहीं तैं भयौ हरष हिये री।
सदन पैठि मन चोरि लियौ उन, ऐसे चरित किए री।
अंग बाम-छबि-सेष देखिकै, रिस उपजी जिय भारी।
क्रोध गयौ, उर आनँद उमग्यौ, सुख तनु दसा बिसारी।
ऐसे चरित कौन कौं आवैं, जे कीन्हे गिरिधारी।
'सूरस्याम' रति-पति के नायक, सब-लायक बनवारी ॥

चंद्रावली कहती गई—तभी से मेरे हृदय में आनंद की लहरें उठ पड़ी है। मेरी कोठरी में प्रकट होकर हरि ने मेरा मन हर लिया। उन्होंने अद्‌भुत लीला कर दिखाई। मैंने उनके शरीर पर किसी अन्य सुंदरी के रति-चिह्न देखकर भारी क्रोध कर लिया था। मेरा वह सारा क्रोध अपने आप दूर हो गया, हृदय में हर्ष भर उठा, और उस सुख में मैं अपने शरीर की सुधि ही भूल गई। जो चरित गिरिधारी ने कर दिखाए, ऐसे चरित और किससे हो सकते हैं। श्याम रति-पति कामदेव के भी नायक हैं। बनवारी सर्व समर्थ हैं—सब कुछ करने लायक हैं।

[३. राधा]

राधा का मान *१९९४/३१५१ राग भैरव*

नंदनँदन सुखदायक हैं ।

नैन-सैन दै हरत नारि-मन, काम काम-तनु दायक हैं ।
कबहूँ रैनि बसत काहू कैं, कबहुँ भोर उठि आवत हैं ।
काहू कौ मन आपु चुरावत, काहू कैं मन भावत हैं ।
काहू कैं जागत सगरी निसि, काहूँ बिरह जगावत हैं ।
सुनहु 'सूर' जोइ-जोइ मन भावै, सोइ-सोइ रँग उपजावत हैं ॥

नंद के पुत्र श्याम सब नवेलियों को सुख देनेवाले हैं। वे आँखों के इशारे से सभी व्रज-वनिताओं का मन हर लेते हैं। वे काम के शरीर में भी काम उत्पन्न करने वाले हैं। वे कभी किसी गोपांगना के यहाँ रात में रह जाते हैं और कभी किसी के यहाँ से रतजगा करके किसी दूसरी के यहाँ भोर में पहुँचते हैं। वे किसी का मन तो स्वयं चुरा लेते हैं और किसी के मन को वे स्वयं अच्छे लगने लगते हैं—कोई उन्हें ही चाहने लगती है। किसी के यहाँ सारी रात रंगरली में स्वयं जगकर बिता देते हैं और किसी तरुणी को अपने विरह में सारी रात जगा मारते हैं। उनके मन को जो भी अच्छा लगता है, वे वही-वही चरित करते चलते हैं।

१९९५/३१५३ राग बिलावल

अनतहिं रैनि रहे कहुँ स्याम। भोर भए आए निज धाम ॥
नागरि सहज रही मन माहिँ। नंद-सुवन निसि अनत न जाहिँ ॥
महर सदन की मेरैं गेह। हिरदय है तिय यहै सनेह ॥
आए स्याम रही मुख हेरि। मन-मन करन लगी अवसेरि ॥
रति-रस-चिह्न नारि के जानि। 'सूर' हँसी राधा पहिचानि ॥

श्याम ने रात किसी नवेली के यहाँ बिताई। सबेरा होने पर वे अपने धाम (राधा के घर) पहुँचे। नागरी राधा की सहज स्वाभाविक इच्छा यही थी कि रात में नंदकुमार किसी के घर आँगन न जाया करें। या तो वे नंद-महर के घर में नंद गाँव में रहें या फिर मेरे घर बरसाना में। राधा के हृदय में कृष्ण के प्रति यही प्रगाढ़ प्रेम-भाव था। जब श्याम राधा के द्वार पर भोर में पहुँचे, तब वह उनका मुँह देखने लगीं और मन ही मन चिंता करने लगीं। उसने कृष्ण के शरीर पर अन्य नारी के साथ विहार करने के चिह्न देखे। उन रति-चिह्नों को देखकर राधा हँस पड़ी।

१९९६/३१५४ राग रामकली

आजु बने पिय रूप अगाध ।

पर उपकार काज तनु धार्‌यौ, पुरवत सब-मन-साध ।
धर्म-नीति यह कहाँ पढ़ी जू, हमहूँ बात सुनावहु ।
कहौ कहाँ, काकौ सुख दीन्हौ, काहैं न प्रगट बतावहु ।

धनि उपकार करत डोलत हौ, आजु बात यह जानी ।
'सूरस्याम' गिरिधर, गुन-नागर, अंग निरखि पहिचानी ॥

राधा बोली—हे प्रिय, आज तो तुम ऐसा रूप बनाए चले आए हो, जिसका थाह पा लेना असंभव है। तुमने तो दूसरों की भलाई के लिए ही यह शरीर धारण किया है। इसीलिए सब तरुणियों की मनोभिलाषा पूर्ण करते रहते हो। तुमने यह धर्माचरण करना कहाँ से सीखा, हमको भी तो बताओ। इस समय तुम किसको और कहाँ पर सुख दिए चले आ रहे हो, मुझसे साफ-साफ क्यों नहीं कह सुनाते? तुम धन्य हो, जो इस तरह परोपकार करते हुए फिरते हो, आज मैंने यह बात जान ली। गिरिधर तुम सब प्रकार के गुणों से भरे हो। तुम्हारे शरीर के अंगों पर लगे चिह्नों से ही मैंने सब जान लिया।

१९९७/३१५५ राग गूजरी

पिय-छबि निरखि हँसति तिय भारी ।
कहाँ महाउर पाग रँगाई, यह सोभा इक न्यारी ।
अरुन नैन अलसात देखियत, पलक पीक लपटानौ ।
अधर दसन-छत, अंजन राजत, बंधुक पर अलि मानौ ।
हृदय रुचिर मोतिनि की माला, नख-रेखा तिहिं तीर ।
बिनु-गुन-माल 'सूर' के स्वामी, कुंकुम स्याम सरीर ॥

अपने परम प्रिय श्याम के अंगों की शोभा देखकर राधा प्यारी जोरों से खिलखिलाकर हँस पड़ी और बोली—तुमने अपनी यह पगड़ी महावर से कहाँ रँगवा ली? इसकी तो निराली ही शोभा हो रही है। तुम्हारी आँखें लाल-लाल हो रही है, वे अलसाई-सी लग रही हैं। तुम्हारी पलकों पर पान की पीक लगी हुई है। तुम्हारे होठों पर किसी के दाँतों का घाव बना हुआ है और काजल भी लगा हुआ है। लगता है दुपहरिया के लाल फूल पर काला भौंरा आ बैठा हो। तुम्हारी छाती पर मोतियों की माला लटक रही है, जिसके पास ही किसी के नख की खरोंच भी बनी हुई है। वहीं बिन डोरे की माला के निशान भी उभरे हुए हैं और तुम्हारे साँवले शरीर पर यह सिंदूर भी क्या ही मनोहर है।

१९९८/३१५६ राग बिलावल

धन्य आजु यह दरस दियौ ।
धन्य-धन्य जासौं अनुरागे, तब जान्यौ नहिं और बियौ ।
भले स्याम, वह भली भावती, भले भली मिलि, भली करी ।
यह मेरे जिय अतिहिं अचंभो, तौ बिछुरत क्यौं एक घरी ।
जाहु तहीं, सुख दीन्हौ मोकौं, वै सुनिकै रिस पावैंगी ।
'सूरस्याम' अति चतुर कहावत, बहुरौ मन न मिलावैंगी ॥

राधा बोली—श्याम, तुमने आज सबेरे-सबेरे यह अद्‌भुत दर्शन दिया है, मैं धन्य हो गई। तुम तो धन्य हो ही। जिससे तुमने प्रेम-मग्न होकर रंगरली की है, वह धन्य है। पहले मैंने नहीं जाना था कि मेरे सिवा तुम्हारी और कोई दूसरी भी प्राण-प्रिया है। श्याम तुम बड़े भले हो। वह प्यारी भी बड़ी भली है। तुम जैसा भला, उस जैसी भली से मिला, यह बहुत

अच्छा हुआ। मेरे मन में इसी बात का भारी अचरज है कि तुम उससे एक घड़ी के लिए भी कैसे विमुक्त हो सके। वहीं उन्हीं के पास चले जाओ। यदि वे कहीं यह सुन पावेंगी कि तुमने मेरे यहाँ आकर मुझे सुख दिया है, तो वे तुम पर बहुत क्रोध कर बैठेंगी। और फिर तुमसे अपना मन न मिलावेंगी। श्याम, तुम तो बहुत चतुर हो, अपना लाभ-हानि सोचो और तुरत वहीं चले जाओ और उन्हें कुपित न करो।

१९९९/३१५७ राग बिलावल

क्यौं आए उठि भोर इहाँ।

काहे कौं इतनौ सरमाने, रैनि रहे फिरि जाहु तहाँ।
हमकौं कहा इती गरुआई, उनहीं क्यौं न सम्हारौ जू।
उन आए ह्याँ नाहीं जान्यौ, अजहूँ लौं पग धारौ जू।
हमहूँ बोलि उहांई लीजौ, डर उनकौ हमहूँ कौं है।
'सूरस्याम' तिनहीं सुख दीजै, जो बिलसै सँग तुमकौं लै॥

राधा बोली—श्याम, सबेरे सबेरे उसके पास से उठकर तुम मेरे यहाँ क्यों चले आए? तुम इतना लजाए क्यों जा रहे हो? जिसके पास रंगरली में सारी रात बिताई है, लौटकर वहीं चले जाओ। तुम मुझे इतनी गुरुता (महत्ता) क्यों प्रदान करना चाहते हो, जाकर उन्हीं की क्यों नहीं सँभालते? अभी तक उन्होंने यह नहीं जाना है कि तुम मेरे पास आए हो। अभी तक कुछ नहीं बिगड़ा है, उन्हीं के यहाँ चले जाओ। सब बात सँभल जायगी। चाहो ते मुझे भी वहीं बुला लेना। मुझको भी तो उनका भारी भय है। जो तुमको लेकर विलसती रही है, जाकर उन्हीं को सुख दो।

२०००/३१५८ राग रामकली

उनहीं कौ मन राखैं काम।

ह्याँ तुम जौ आए वा नाहीं, बात सुनत हौ नाहीं स्याम।
देखौ अंग-अंग प्रति सोभा, मैं तौ भूली हौं इहिं रूप।
धनि पिय बने, बनी वेऊ हैं, एक-एक तैं रूप अनूप।
सो छबि मोहिं दिखावन आए, माया करी बहुत हरि आजु।
'सूरदास' प्रभु रसिक-सिरोमनि, वेउ रसिकिनी बन्यौ समाजु॥

राधा कहती गई—श्याम, उनके पास अपना मन रखने से, उनकी इच्छा पूरी करने से ही, तुम्हारा काम सिद्ध होगा। तुम मेरे यहाँ आए या नहीं आए, इससे तुम्हारा कोई काम बिगड़ने वाला नहीं। इसीलिए तुम अपना मन वहीं छोड़कर आए हो और तुम मेरी बात नहीं सुन रहे हो। वहीं तुरत वापस चले जाओ और अपना काम मत बिगाड़ो। अपने एक-एक अंग की नई शोभा तो देखो। मैं तो तुम्हारे इस नवीन रूप को देखकर आत्म-विस्मृत हो गई हूँ। हे प्रिय, तुम धन्य हो। वह भी धन्य है। दोनों एक दूसरे से बढ़-चढकर अनूप रूप वाले हैं। यह तुम्हारी मेरे ऊपर बड़ी ही कृपा हुई है, जो अपना यह रूप बड़े सबेरे-सबेरे मुझे दिखाने के लिए यहाँ तक आने का तुमने कष्ट उठाया है। प्रभु, तुम तो रसिक-शिरोमणि हो ही, वे भी बड़ी रसिकिनी हैं। दोनों की यह बहुत अच्छी जोड़ी मिली है।

२००१/३१५९ राग बिलावल

रसिक रसिकई जानि परी।
नैननि तैं अब न्यारे हूजै, तबही तैं अति रिसन भरी।
तुम जोबन अरु सो नवजोबनि, एते पर सब गुननि भरी।
लाज नहीं मेरैं गृह आवत, जाहु-जाहु करि तिय झहरी।
अंजन अधर, कपोलनि वंदन, पीक पलक, छबि देखि डरी।
'सूरस्याम' रति चिह्न दिखावन, मेरें आए भलैं हरी॥

राधा बोली—हे रसिक श्याम, अब मैंने तुम्हारी सारी रसिकता, सारा छैलापन, जान लिया है। और जबसे मैंने यह बात जानी है, तभी से मुझे तुम्हारे ऊपर अत्यंत क्रोध चढ़ आया है। अत: अब मेरी आँखों के सामने से दूर हट जाओ। तुम पर जवानी चढ़ी हुई है और यह भी नवयौवना है, साथ ही वह सभी गुणों से भरी हुई है। छल, कपट, मान, गुमान, कोक-कला-प्रवीणता उसमें सभी कुछ है। मेरे घर आते हुए तुम्हें लाज नहीं लगी। यहाँ से चले जाओ। कह रही हूँ यहाँ से चले ही जाओ। ऐसा कहकर राधा कृष्ण पर झल्ला उटी। 'तुम्हारे होठों पर काजल की कालिख लगी हुई है, गालों पर सिंदूर लगा है, पलकों पर पान की पीक लगी हुई है। मैं तो तुम्हारे इस रूप को देखते ही डर गई थी। श्याम, पर स्त्री के साथ रमण के चिह्न दिखाने के लिए मेरे पास अच्छे आए।'

२००२/३१६० राग धनाश्री

स्याम तिया सम्मुख नहिँ जोवत।
कबहुँ नैन की कोर निहारत, कबहुँ बदन पुनि गोवत।
मन-मन हँसत, त्रसत तनु परगट, सुनत भावती बात।
खंडित बचन सुनत प्यारी के, पुलक होत सब गात।
यह सुख 'सूरदास' कछु जानै, प्रभु अपने कौ भाव।
श्री राधा रिस करति, निरखि मुख तिहिँ छबि पर ललचाव॥

श्याम बहुत लज्जित थे और उन्हें राधा के मुख की ओर देखने की हिम्मत नहीं पड़ती थी। वे राधा की ओर कभी कनखियों से देख लेते थे और कभी अपना मुँह छिपा लेते थे। वे प्यारी राधा की बातें सुनकर प्रत्यक्षत: तो डरे जा रहे थे, पर मन ही मन परम प्रसन्न हुए जा रहे थे। उस खंडिता प्यारी राधा की आक्रोशमयी फटकार सुनकर उनका मन और तन पुलकित होता जा रहा था। अंधा सूरदास ही अपने प्रभु के इस मनोभाव को और उसके सुख को कुछ कुछ जानता है। दूसरों के लिए इसे समझ पाना संभव नहीं। राधा श्याम पर रिसकर रही थीं। उनका क्रोध से भरा मुखड़ा श्याम को बहुत अच्छा लग रहा था और वे उस छवि पर ललचाए जा रहे थे।

२००३/३१६१ राग धनाश्री

पिय कौ सुख प्यारी नहिँ जानैं।
जोइ आवत, सोइ-सोइ कहि डारति, जाहु-जाहु तुम गानै।

काहे कौं मोहिँ डाहन आए, रैनि देत सुख वाकौं।
भली नबेली नोखी पाई, जो जाकौं, सो ताकौं।
चंदन बंदन तिय-अँग-कुंकुम, सेष लिए ह्याँ आए।
'सूरस्याम' यह तुमहिँ बड़ाई, औरनि कौं सरमाए॥

श्याम को राधा के क्रुद्ध मुख को देखने और उसकी फटकार सुनने में सुख मिल रहा था। राधा प्रिय के इस सुख को नहीं समझ पा रही थी, इसी से वह उसके मुँह से जो भी निकल रहा था, बिना संकोच के कहती जा रही थी।—तुम चले जाओ, अभी चले जाओ। यहाँ मत रुको। तुम मुझे जलाने के लिए यहाँ क्यों चले आए हो? रात में तो तुम उस रसिकिनी को सुख देते हो। तुमने बहुत भली, बहुत अनोखी नई नवेली पा ली है। जो जिसके योग्य होती है, वह उसे मिल ही जाती है। तुम उस स्त्री के अंग का चंदन, रोरी और बचाखुचा सिंदूर अपने शरीर पर लगाए हुए यहाँ चले आए हो। श्याम, तुम्हारे लिए यह बड़ाई की बात हो सकती है, पर दूसरों के लिए, खासकर मेरे लिए तो यह बड़े लाज की बात है।

२००४/३१६२ राग बिलावल

औरनिकौं छवि कहा दिखावत।
तुमहीं कौं भावति मनमोहन, हम देखत रिस पावत।
आपुन कौं भई बड़ी प्रतिष्ठा, जावक भाल लगाऐं।
याकौ अरथ नहीं कोउ जानत, मारत सबनि लजाऐं।
पिय निधरक, हम अति सकुचति हैं, दर्पन लै मुख देखौ।
'सूरस्याम' क्यौं बोलत नाहीं, क्यौं हम-तन नहिँ पेखौ॥

राधा बोली—श्याम, तुम दूसरों को अपना यह रूप क्यों दिखाते फिर रहे हो। तुम्हारा यह रूप, हे मनमोहन, तुम्हीं को अच्छा लगता है। मुझे तो इसे देखते ही क्रोध चढ़ा आ रहा है। तुम दूसरे के पैर का महावर अपने माथे पर लगवाए हुए चले आए हो, तुम्हारी समझ से यह तुम्हारे लिए परम प्रतिष्ठा की बात है, तुम समझते हो कि इसका अर्थ कोई नहीं जानता। ऐसा नहीं है। सब समझते हैं, मैं भी समझती हूँ कि तुम अपनी रूठी प्रिया को मनाने के लिए उसके महावर लगे पैर पर अपना माथा रगड़ते रहे हो। तुम अपने इस कृत्य से हम सबों को लजवाए दे रहे हो। तुम तो एक दम निधड़क हो, जैसे कुछ हुआ ही नहीं है। पर हमें अत्यंत संकोच हुआ जा रहा है। जरा आईने में तो अपना मुँह देखो। श्याम, बोलते क्यों नहीं? आँखें मिलाकर हमारी ओर देखते क्यों नहीं?

२००५/३१६३ राग गौरी

स्याम हँसे प्यारी मुख हेरौ।
रिसनि उठी झहराइ, कह्यौ यह, बस कीन्हौ मन मेरौ।
जाइ हँसौ पिय ताही आगैं, मैं रीझी अति भारी।
ऐसैं हँसि-हँसि ताहि रिझावहु, देहु कहा अब गारी।

होत अबार गवन अब कीजै, धरनी कहा निहारत।
'सूरस्याम' मन की मैं जानी, ताके गुनहिं बिचारत॥

श्याम राधा प्यारी का कुपित मुँह देखकर हँस पड़े। इस पर राधा क्रोध के मारे झल्ला उठी और कहा—तुमने तो मेरा मन वैसे ही अपने बस में कर रखा है, अब उसे और भी बस में करने के लिए क्यों हँसे जा रहे हो? हे प्रिय, जाकर उसी प्रिया के आगे खिल-खिलाओ। मैं तो पहले से ही तुमपर रीझी बैठी हूँ। अब जाकर इसी प्रकार खी खी करके उसी को और रिझाओ। तुम मुझे कभी गाली देना चाहते हो। इस गाली से बढ़कर और गाली हो भी क्या सकती है। तुम्हें देर हो रही है, अब जल्दी से वहाँ के लिए प्रस्थान कर दो। नीचे जमीन की ओर क्या देख रहे हो? श्याम, मैंने तुम्हारे मन की सारी बात जान ली है। तुम उसी गुणवंती के गुणों का विचार कर रहे हो न?

२००६/३१६४ राग देवगंधार

मैं जानी पिय-मन की बात।
धरनी पग-नख कहा करोवत, अब सीखे ये घात।
तुम जानत जिय हमहिँ सयाने, अरु सब लोग अयाने।
रैनि बसत कहुँ, भोर हमारैं, आवत नहीं लजाने।
यह चतुराई पढ़ी ताहि पै, सो गुन हम तैं न्यारौ।
धनि-धनि 'सूरदास' के स्वामी, काहैं हम न बिसारौ॥

राधा बोली—हे प्रिय, मैं तुम्हारे मन की सारी बात जान गई हूँ। अब मुझसे तुम्हारा कुछ छिपा नहीं रह गया है। अब खड़े खड़े पैर के नख से धरती क्या कुरेदते जा रहे हो। ये सब नई चालें तुमने अब सीखी हैं। पहले तो तुममें ये गुण नहीं थे। तुम अपने मन में सोचते हो कि संसार में एक मात्र तुम्हीं चतुर हो, सारी दुनिया मूर्ख है, पर ऐसा नहीं है। दुनिया में तुमसे चतुर लोग भरे पड़े हैं। तुम रात में कहीं और गुलछर्रे उड़ाते रहे हो, अब सबेरा होने पर मेरे पास आने में तुम्हें लाज नहीं आई? तुमने यह चतुराई उसी नई नवेली से सीखी है। इस मूर्खता के गुण में सचमुच यह मुझसे विलक्षण है। प्रभु तुम धन्य हो, धन्य हो। ऐसी छबीली को पाकर हमें क्यों न भुला दो?

२००७/३१६५ राग देवगंधार

मैं जाने हौं जू नीकैं तुम्हैं, ए हो प्यारे लालन, तहीं सिधारिए, जहाँ लाग्यौ नयौ नेहरा।
मुख की भलाई तुम मोहूँ सौं करन आए, जानी जी की, तुम बिनु सूनौ वाकौ गेहरा।
निसि सुख कौं कहे देत हैं अधर नैन, उर नख लागे अति छबि भई देहरा।
बेगि ही सवारो, पाउँ धारौ 'सूर' स्वामी, नतु भींजैगौ पियरो पट, आवत है मेहरा॥

राधा कहती गई—हे प्यारे लालन, मैंने तुम्हें भली भाँति जान लिया है। तुम्हारी सारी कलई अब खुल गई है। अब तुम वहीं लौट जाओ, जहाँ तुम्हारा प्रेम किसी से नया नया लग गया है। तुम मुझसे भी मुँहदेखी कहने चले आए हो—झूठा लल्लो चप्पो करने लगे हो। मैंने तुम्हारे जी की बात जान ली है। तुम्हारे बिना तुम्हारी उस नई नवेली का घर सूना पड़ा है। तुम्हारे काजल लगे होठ और पीक लगे नयन बताए दे रहे हैं कि तुमने रातभर

खूब रँगरली की है, खूब सुख चैन किया है। तुम्हारी छाती पर उस नव-प्रिया के नखों की खरोंच लगी हुई है। इससे तुम्हारी देह की छवि खूब बढ़ गई हैं। हे प्रभु, जल्दी ही यहाँ से चले जाओ, नहीं तो मेघ घिरे आ रहे हैं, पानी बरसना ही चाहता है और तुम्हारा पीतांबर भींग जायगा और तुम कहीं के नहीं रह जाओगे, न यहाँ के, न वहाँ के।

२००८/३१६६ राग गौड़ मलार

ठाढ़े रहौ आँगनहीं हो पिय, जौ लौं मेह न नख-सिख भींजौ ।
चीर उतारि, वस्त्र नव पहिरौ, गेह देहरी पग तब दीजौ ।
कहिऐ बात रैनि की साँची, ता पाछैं सौहैं तुम कीजौ ।
'सूरस्याम' तुम हौ बहुनायक, देह सुधारि मोहिँ पुनि छीजौ ॥

राधा बोली—हे प्रिय, तुम आँगन में ही खड़े रहो, तब तक खड़े रहो, जब तक तुम मेह में नख से शिख तक भींगकर, नहाकर, पूर्ण पवित्र न हो जाओ। पहने चीर उतार कर, नए वस्त्र धारण कर लो, पवित्र हो लो, तब मेरे घर की देहरी पर पग रखो। पहले रात की सारी बातें सच-सच बता दो, उसके पीछे अपनी पवित्रता की कसम खाना ही चाहे, तो खा लो। तुम बहुनायक हो। बहुत सी रमणियों से रमण करनेवाले हो। अतः पहले अपना शरीर पवित्र कर लो, फिर मुझे छूओ, पहले नहीं।

२००९/३१६७ राग मलार

मोहू सौं निठुरई ठानी हो मोहन प्यारे, काहे कौं आवन कह्यौ, साँचे हौ जू साँचे ।
प्रीति के बचन बाँचे, बिरह-अनल आँचे, आपनी गरज तुम एक पायँ नाचे ।
भलैं हौ जू जाने लाल, अरगजैं भीनी माल, केसरि तिलक भाल, मैन मंत्र काँचे ।
निसि के चिह्नानि चीन्हे, 'सूर' स्याम रति भीने, ताही कैं सिधारौ पिय, जाकैं रंग राँचे ॥

राधा कहने लगी—हे प्यारे, अब तुम मुझसे भी निष्ठुरता करने लगे हो? तुमने मुझसे आज की रात मेरे यहाँ आने की बात क्यों कही थी? तुम तो खूब सच्चे हो, बात के भी पक्के हो। आने को ही प्रीति की बात कही, पर मुझे विरह की आग में जला दिया। जब तुम्हारी गरज होती है तब एक पाँवपर खड़े होकर नाचने लगते हो और जब दूसरे का मतलब होता है, तब तुम आनाकानी कर जाते हो, हे लालन मैंने जान लिया कि तुम बहुत भलेमानस हो। मैंने यह सत्य इस बात से जाना है कि तुम्हारी माला तुम्हारी नवीना प्रिया के चंदन अगर के लेप से भींगी हुई है, उसके मस्तक के टीके की कोर पुँछकर तुम्हारे माथे पर लग गई है। तुम कोक-कला के मंत्र से अभी कच्चे हो। पक्के होते, तो इन धब्बों को धो पोंछकर आए होते। तुम्हारे शरीर पर रात्रि-रमण के चिह्न बने हुए हैं तुम रति-रंग में भींगे हुए हो। अतः अब तुम उसी के घर जाओ, जिसके रंग में रँगे हुए हो।

२०१०/३१६८ राग मालकोस

तुम जनि सकुचौ प्यारे लालन, रति मानी ताही कैं रहौ अब ।
मैं इतनेहि भलौ मान्यौ प्रीतम, आँगन पग धारे आपुन जब ।
नैन तृप्त भए दरसन देखत, स्त्रवन तृप्त भए, बचन सुने तब ।
'सूरदास' प्रभु चरन छुए कहौं, रोम रोम पुलकित अँग अँग सब ॥

राधा बोली—हे श्याम, तुम बिलकुल लाज संकोच न करो। जिसके साथ तुमने रात्रि-रमण किया है, अब उसी के यहाँ निःसंकोच चले जाओ। तुम्हारा पदार्पण मेरे आँगन में हो गया, मैंने तो इतने में ही अपना भला मान लिया। तुम्हें देखते ही मेरे नेत्र तृप्त हो गए। तुम्हारी वाणी सुनते ही मेरे कान अघा गए। प्रभु, तुम्हारे चरण छूकर कह रही हूँ मेरे रोम-रोम प्रसन्न हो गए हैं और सब अग अंग भी हर्ष से विह्वल हो उठे हैं।

२०११/३१६९ राग कान्हरौ

नैन चपलता कहाँ गँवाई।
मोसौं कहा दुरावत नागर, नागरि रैनि जगाई।
ताही कैं रँग, अरुन भए हैं, धनि यह सुंदरताई।
मनौ अरुन अंबुज पर बैठे, मत्त भृंग रस पाई।
उड़ि न सकत ऐसे मतवारे, लागत पलक जम्हाई।
सुनहु 'सूर' यह अंग माधुरी, आलस भरे कन्हाई॥

राधा बोली—श्याम, तुम्हारी आँखों की चंचलता क्यों खो गई? हे नागर, मुझसे क्या छिपा रहे हो? किसी नागरी ने तुम्हें रात भर जगाया है, इसी से तुम्हारी आँखें लाल हो गई है। तुम्हारी आँखों की यह सुंदरता धन्य है, प्रशंसनीय है। ऐसा लगता है जैसे लाल कमल पर मतवाला भौंरा, रस पाकर, आ बैठा ही और नशे में ऐसा धुत हो गया है कि अब उठ नहीं पा रहा है। पलकें मुँदी जा रही हैं, जम्हाई आती जा रही है। हे कन्हाई, तुम्हारा सारा शरीर आलस्य से भरा हुआ है। इन अलसाए अंगों की मधुरता, सुंदरता का क्या कहना।

२०१२/३१७० राग बिलावल

नैन चंचलता कीन्हे कहा, भीने रँग कौन के हौ स्याम, हमहूँ सौं कत हौ दुरावत।
औरनि के बदन देखिबे कौ है नेम लियौ, ताकौं पलकनि राखे भार नए आवत।
पुष्प-गंध-लोभ भौंर उड़ि न सकत, फिरि फिरि बैठत ता समीप, कीरत रति गावत।
'सूरदास' पिय प्यारी, रस बस कीन्हे भारी, मुख की मिलाइ तुम हमहिँ बतावत॥

राधा कहने लगी—हे श्याम, तुमने अपनी आँखों की चपलता को क्या कर दिया? तुम किसके प्रेम के रंग में भींगे हुए हो? मुझसे क्यों छिपा रहे हो? अब तो तुमने दूसरी छबीलियों का मुँह देखने का व्रत ले लिया है। उन नवेलियों को तुमने अपनी पलकों पर ला बिठाया है और अब उन्हीं के बोझ से तुम्हारी पलकें गिरी पड़ रही है। फूल की गंध का लोभी भौंरा उस फूल पर बैठ गया तो बैठ गया, वह वहाँ से फिर दूर उड़ नहीं पाता। वह बार-बार उसी फूल पर आ बैठता है और रति की कीर्ति गुनगुनाता रहता है। हे प्रिय, उस नई प्यारी ने तुमको पूर्णतया अपने प्रेम-रस के बस में कर लिया है। और अब तुम यहाँ आकर मुझसे मुँह-देखी लल्लो-चप्पो किए जा रहे हो?

२०१३/३१७१ राग कान्हरौ

जाके रस रैनि आजु जागे हौ लाल जाई।
जावक तिलक भाल, दिए हौ जू नंदलाल, बिन गुन बनी माल, कहौ बातैं बनाई।

अधर अंजन दाग, मिट्यौ है पीक पराग, और मेटि आए लाल बदन की ललाई ।
अंग अंग सिथिलित भए प्रेम पैड़े परि, 'सूर' के स्वामी की मिटि गई चंचलताई ॥

राधा बोली—हे लाल, जिसके यहाँ जाकर तुम आज सारी रात प्रेम-रस में जगे हो, उसी को मनाने के लिए उसके पैरों पर सिर रखकर तुम खड़े रहे हो, इसीसे उसके पैर का महावर तुम्हारे माथे पर रगड़ के रूप में लगा हुआ है। उसको तुमने छाती से कसकर लिपटाया है। फलतः उसकी मटरमाला की रगड़ तुम्हारे सीने पर उभर आई है और तुम बिना डोरे की माला पहने हुए हो। अब तुम मुझसे बातें बना रहे हो। तुम्हारे होठों पर उसकी आँख का आँजन लगा हुआ है। साफ है तुमने उसकी कजरारी आँखों को चूमा है। उसने भी तुम्हारी आँखों को चूमा है अतः तुम्हारी पलकों पर पान की पीक का पराग लगा हुआ है, जो कुछ-कुछ मिट सा गया है, पर पूरा नहीं मिटा है। हे लाल तुम भी उसके माथे के सिंदूर की ललाई को मिटाते हुए आए हो। उसके भी चिह्न तुम्हारे मुख पर लिपटे हुए बने हैं। प्रेम के मार्ग पर खूब चले हो, इसीलिए तुम्हारे अंग-अंग भी शिथिल पड़ गए दीख रहे हैं। और तुम्हारी सारी चंचलता भी समाप्त हो गई है।

२०१४/३१७२ राग कान्हरौ

रंग भरि आए लाल, बातैं कहौ अटपटी ।
अति अलसात जम्हात, प्रिय प्रगट त्रिय प्रताप, छूटति नहिं अंतर की गटी ।
यह चतुराई अधिकाई कहाँ पाई स्याम, वाके प्रेम की गढ़ी पढ़े हौ तुम पटी ।
'सूरदास' गिरिधर बहुनायक जानी मैं तुम्हैं, तन मन नैन लखी चटपटी ॥

राधा बोली—हे लाल, तुम अपने होठ पर, पलक पर, कपोल पर रंग लगा के आए हो और अब अटपट, उलटी-सीधी बातें कर रहे हो। हे प्रिय, तुम अत्यंत अलसाए हुए हो और जम्हाई ले रहे हो। इससे उस त्रिया का प्रबल प्रताप प्रकट है। उसने तुम्हें खूब जगाया है और भारी रति-रण किया है। तुम्हारे हृदय में जो कपट की गाँठ पड़ी हुई है, वह छूट नहीं पा रही है। हे श्याम, यह अत्यधिक चतुराई कहूँ या धूर्तता, तुमने कहाँ से पाई है। ऐसा लगता है यह झांसा-पट्टी तुमने उसी के प्रेम की गढ़ी में पढ़ी है। मैं जानती हूँ तुम बहु-रमणी-रमण हो और इसीसे तुम्हारे तन में, मन में, नयन में यह चटपटी (आतुरता, व्याकुलता, उत्सुकता, घबराहट, हड़बड़ी) दिखाई पड़ रही है।

२०१५/३१७३ राग ईमन

डोलत महल-महल इहिं टहलनि, जानतिं तुम बहुनायक पीय ।
आए सुरति किऐं, टाटक रस, लिऐं सकसकी धकधकी हीय ।
बंदन, छुटे पाग के बंधन, लटपट पेंच अटपटे दीय ।
'सूरदास' प्रभु हौ बहुनायक, मैरैं पग धारे, भली कीय ॥

राधा बोली—हे प्रिय, मैं जानती हूँ तुम बहु-रमणी-रमण हो और इसीलिए इसी टोह में तुम घर-घर डोलते, टहलते फिरते हो। तुम अभी-अभी कहीं से रति किए, टटका ताजा रस लेते हुए चले आ रहे हो, इसीलिए तुम्हारे हृदय में यह घबराहट और धड़कन बढ़ी हुई है। तुम्हारे वदन पर वंदन (सिंदूर) लगा हुआ है। तुम्हारी पगड़ी के बंधन खुल गए है।

तुम्हारा सिरपेंच (मुकुट) भी लटपटा गया है और तुमने उसे उलटा सीधा लगा लिया है। तुम बहुनायक हो। तुम्हें रमणियों की कहाँ कमी? फिर भी तुमने मेरे यहाँ पदार्पण किया, यह अच्छा ही किया।

२०१६/३१७४ राग ईमन

महल महल अब डोलत हौ।
इहै कामतैं धाम बिसारयौ, बूझैं काहैं न बोलत हौ।
बहुनायकी आजु मैं जानी, कहा चतुरई तोलत हौ।
निसि रस कियौ, भोर पुनि अँटके, सिथिल अंग सब डोलत हौ।
टटके चिह्न पाछिले न्यारे, धकधकात उर जोलत हौ।
जाहु चले गुन प्रगट 'सूर' प्रभु, कहा चतुरई छोलत हौ॥

राधा बोली—अब तुम पराई नारी की खोज में घर-घर घूमने लगे हो। इसी काम में तुमने अपने घर को भुला दिया है और पूछने पर चुप्पी साध ली है। आज मैंने जान लिया कि तुम बहु-रमणी-रमण हो। अब अधिक चतुराई दिखाने लगे हो। रात भर तुम रति रस में डूबे रहे हो, भोर तक वहीं अटके रहे हो। अब तुम यह शिथिल, थका-माँदा, ढीला ढाला शरीर लिए हुए घूमने फिरने निकले हो। तुम्हारे शरीर पर पिछले दिनों के और आज के ताजे रति चिह्न अलग अलग हैं। तुम्हारे हृदय की धड़कन बढ़ गई है। अब यहाँ से चले जाओ। अब तुम्हारे सारे गुण प्रगट हो गए हैं। बहुत चतुरई छोले जा रहे हो। इसे बंद करो।

२०१७/३१७५ राग ईमन

अँग-अँग रँग भरि आए हौ।
रँग भरी पाग, भाल रँग सोभा, रँग-रँग नैन पगाए हौ।
रँग कपोल, रँग पलकनि सोभा, अधरनि स्याम रँगाए हौ।
नख-छत-रंग, चारु उर रेखा, रति रँग रैनि जगाए हौ।
कंकन बलय पीठि गड़ि लागे, उर उर-छाप बनाए हौ।
'सूरस्याम' बामा-रँग पागे, अनुरागे मन भाए हौ॥

राधा बोली—श्याम आज तो सबेरे-सबेरे बड़े रंगीन बनकर चले आए हो। तुम्हारे एक एक अंग रँगे हुए हैं? तुम्हारी पगड़ी महावर के लाल रंग से रँगी हुई है। तुम्हारा माथा भी प्रिया के चरणों का लाल महावर से रँगा हुआ है। तुम्हारे नेत्र भी रात्रि जागरण से लाल लाल रंग में रँग उठे हैं, तुम्हारे गाल पर सिंदूर का रंग है, तुम्हारी पलकों पर पान की पीक का लाल रंग है। तुम्हारे लाल लाल होठ भी काले काले काजल से रँगे हुए हैं। तुम्हारे वक्षस्थल पर प्रिया के नखों के क्षत और खरोंच की रेखा का रंग है। तुम रात भर रति-रंग में जगते रहे हो। तुम्हारी पीठ पर तुम्हारी चहेती की चूड़ियों और कंकण के गड़ने के निशान हैं। तुम्हारे वक्ष पर भी तुम्हारी भावती की छाती के दबाव की छाप है। हे श्याम, तुम उस सुंदरी के रंग में पूरे पगे हुए हो और उसी के अनुराग में पूरे मन से रँगे हुए हो। तुम्हारे इस प्रेम के रंग में तनिक भी कचाई नहीं है।

२०१८/३१७६ राग बिलावल

बार-बार मैं कहति हौँ, पिय तहाँ सिधारौ।
आए हौ मन हरन कौं, हरि नाम तिहारौ।
भली बनी छबि आजु की, क्यौं लेत जम्हाई।
रैनि आजु सोए नहीं, रति काम जगाई।
वह रति, तुम रतिनाथ हौ, हम कैसैं भावैं।
'सूरस्याम' ते बहुगुनी, जे तुमहिँ रिझावैं॥

राधा बोली—श्याम, मैं तुमसे बार बार कहे जा रही हूँ कि तुम वहीं चले जाओ, जहाँ रात रहे हो। पर तुम्हारे कान पर जैसे जूँ भी नहीं रेंग रही है। तुम्हारा नाम ही हरि (हर लेने वाला) है। क्या तुम मेरा मन रखने चले आए हो? आज का तुम्हारा रूप रंग खूब बना है। बार बार जम्हाई क्यों लिए जा रहे हो? आज रात तुम सो नहीं पाए हो। रति और काम ने तुम्हें जगा रखा है। वह रति है और तुम रतिनाथ हो। फिर मैं तुम्हें कैसे अच्छी लग सकती हूँ? वे सचमुच बहुगुनी है, जो तुमको रिझा लेती है। मुझमें उनके से इतने गुण कहाँ, जो मैं तुम्हे रिझा सकूँ?

२०१९/३१७७ राग सोरठ

सकुचत स्याम कहत मृदु बानी।
किनि देख्यौ, किनि कही बात यह, मो हज़ूर कहै आनी।
यातैं बचन बोलि नहिँ आवत, रिस पावत हौ भारी।
जोरि कहतिँ बातैं तुम आगैं, खोटी ब्रज की नारी।
तुमहूँ तै ऐसी को प्यारी, सौंह करौं जो मानौ।
सुनहु 'सूर' जो बूझति मोकौं, मैं काहुँ न पहिचानौं॥

राधा की ये जली कटी बातें सुनकर बड़े सकुच के साथ कोमल वाणी में श्रीकृष्ण कहने लगे—मुझे किसने किसी दूसरी वामा के साथ रंगरली करते देखा है? किसने तुमसे आकर ऐसी झूठी बात जड़ी है? जिसने यह सब कहा है, आकर मेरे सामने यही बात कहे। यह बातें सुनकर तुझे भारी गुस्सा चढ़ आया था, इसीलिए मैं अब तक बोल नहीं पा रहा था। व्रज की नारियाँ बड़ी खोटी हैं, वे जोड़-जाड़कर तुमसे यह बातें कह जाती है। यदि तुम विश्वास करो, तो मैं शपथ खाकर कह रहा हूँ कि तुमसे बढ़कर मेरी प्यारी और कौन हो सकती है? यदि तुम मुझसे पूछती ही हो तो सुनो, मैं तुम्हें छोड़कर व्रज में किसी को भी प्रिया रूप में पहचानता ही नहीं।

२०२०/३१७८ राग भैरव

बिनु बोले पिय रहियै जू।
नाहीं कही, गहैं कह ताकौं, अब ऐसी जनि दहियै जू।
मौन रहौ तौ कछू गँवावहु, इन बातनि कछु लहियै जू।
सौंह कहा करिहौ सुनि पावैं, सनमुख ह्वै धौं कहियै जू।

एते पर बकवादनि लागे, कैसै रिस मन सहियै जू।
'सूरदास' प्रभु रसिक-सिरोमनि, रसिकहिं सब गुन चहियै जू ॥

इस पर राधा और भी कुपित हो उठी और बोली—क्या बिना बोले तुमसे रहा नहीं जाता? हे प्रिय चुप रहिए। मुझसे किसी व्रज-वधूटी ने तुम्हारी शिकायत की ही नहीं है। फिर मैं गवाही देने के लिए किसे तुम्हारे सामने पकड़कर पेश करूँ? अब ऐसी बात मत कहो। चुप रहोगे तो क्या कुछ खो दोगे? इन ऊटपटांग बातों से तुम्हें कुछ मिल जायगा क्या? तुम मेरे सामने शपथ किस बात की खाओगे? जो कुछ कहना है मेरे सामने, आँखों से आँखें मिलाकर कहो न? सारी बातें तो तुम्हारे अंगों पर बने रमणी-रमण के चिह्न ही बताए दे रहे हैं। इतने पर भी व्यर्थ की बकवास किए जा रहे हो। फिर रिस क्यों न लगे? ऐसे में क्या क्रोध रोका जा सकता है? प्रभु, तुम रसिक-शिरोमणि हो और रसिक में तो ये सब गुण होने ही चाहिए।

२०२१/३१७९ राग बिलावल

आइ गईं ब्रज-नारि तहाँ।
सौंह करत पिय प्यारी आगैं, आनँद बिरह महाँ।
प्यारी हँसी देखि सखियनि कौं, अंतर रिस है भारी।
नैन-सैन दै अंग दिखावति, पिय-सोभा अधिकारी।
स्याम रहे मुख मूँदि सकुचि कै, जुवति परस्पर हेरैं।
'सूरदास' प्रभु अँग अनूप छबि, कहँ पायौ किहिं केरैं ॥

जब कृष्ण महा विरह के आनंद में इस प्रकार प्यारी राधा के आगे शपध खाए जा रहे थे, तभी वहाँ बहुत सी व्रजांगनाएँ आ जुटीं। प्यारी राधा के मन में तो कृष्ण के प्रति भारी क्रोध था, पर वे सखियों को देखकर किंचित हँस पड़ी और अपनी आँखों के इशारे से कृष्ण के अंगों पर बने रति-चिह्नों के कारण अंग की अधिक हो गई शोभा को दिखाने लगीं। श्याम ने इसपर सकुचा कर अपना मुँह ढक लिया। युवतियाँ एक दूसरे की ओर देखने लगीं और आँखों ही आँखों कहने लगीं—आज तो पभु के अंगों की अनोखी छवि है। इन्होंने यह शोभा कहाँ और किससे पाई?

२०२२/३१८० राग बिलावल

तब नागरी कहति सखियनि सौं, एते पर ए सौंह करैं।
दरसन प्रात देत हैं हमकौं, निसि औरनि के चित्त हरैं।
तुमहीं देखि लेहु अँग बानक, एते पर क्यौं सही परैं।
कृपा करैं अनतहीं सिधारैं, मो आगे तैं अब जु टरैं।
यह छबि देखि सनाथ भई मैं, अब ताही पर जाइ ढरैं।
'सूरस्याम' रिस देखि चले डरि, कहौ सखी अब ह्याँ न फिरैं ॥

तब नागरी राधा सखियों से कहने लगीं—इनके शरीर पर बने रति-चिह्नों को तुम सब ने देख लिया न? इतने पर भी ये झूठी सौंहे खाए जा रहे हैं। ये रात तो औरों का चित्त हराने में बिता आए हैं और सबेरा होने पर मुझे दर्शन देने आए हैं। तुम सभी इनके अंगों की छवि

देख लो। इतने पर भी क्या इन्हें बरदाश्त किया जा सकता है? इनसे कह दो अब ये मुझपर कृपा करके अन्यत्र चले जायँ और मेरी आँख के सामने से टल जायँ। मैं इनका यह रूप देखकर सफल मनोरथ हो गई। अब जाकर उसी पर द्रवित हों। सखियो, हरि से कह दो—अब यहाँ फिर न आवें।

श्याम राधा का यह रोष देखकर डरकर वहाँ से चले गए।

२०२३/३१८१ राग विहागरौ

स्याम गए, तिय मान कियौ।
देखौ, मोहिं दोष तुम देतीं, उन मन चोरि लियौ।
जाहु सदन तुमहूँ सब अपनैं, मैं बैठी हौं धाम।
जान देहु अब ह्याँ जनि आवैं, ऐसेनि कौ कह काम।
अनतहिँ बसत, अनतहीं डोलत, आवत किरनि प्रकास।
सुनहु 'सूर' पुनि तौ कहि आवै, तनगि गए ता पास॥

श्याम चले गए और राधा मान कर बैठी। वह सखियों से बोली—तुम सबने देख लिया न? नहीं तो तुम सब मुझी को दोष देतीं। उस छलनी ने श्याम का मन चुरा लिया है। अब तुम सब अपने अपने घर जाओ। मैं भी अपने घर बैठ रहती हूँ। उन्हें जाने दो, अब यहाँ न आवें। ऐसे लोगों का यहाँ काम ही क्या है। ये अन्यत्र ही रात्रि-वास करते हैं, अन्यत्र ही डोलते हैं और सूर्य की किरन फूटने पर मेरे पास आते हैं। अब वे मेरे पास क्या आवेंगे? ये तो तिनग कर, टिन्ना कर, फिर उसी रात वाली रसिकिनी के पास चले गए हैं। जाने दो, जायँ।

[राधा जी का मध्यम मान]

२०२४/३१८२ राग बिलावल

यह कहिकै तिय धाम गई।
रिसनि भरी नख-सिख लौं प्यारी, जोबन-गर्ब-मई।
सखी चली गृह देखि दसा यह, हठ करि बैठी जाइ।
बोलति नहीं मान करि हरि सौं, हरि अंतर रहे आइ।
इहिँ अंतर जुवती सब आईं, जहाँ स्याम घर-द्वारैं।
प्रिया मान करि बैठि रही है, रिस करि क्रोध तुम्हारैं।
तुम आवत अतिहीं झहरानी, कहा करी चतुराई।
सुनत 'सूर' यह बात चकित पिय, अतिहिँ गए मुरझाई॥

यह कहकर राधा अपने घर में चली गई। राधा को अपने यौवन का गर्व था। यह इसीलिए पैर से लेकर सिर तक गुस्से से भर उठी थी। राधा की यह दशा देखकर कि वह हठ करके अपने घर में जा बैठी है। सब सखियाँ भी अपने अपने घर चली गईं। राधा ने हरि से मान कर लिया और उसने अब किसी से भी बोलना बंद कर दिया। इस बीच हरि अपने घर आ गए। इसके अनंतर वे सखी व्रज-युवतियाँ वहाँ आई, जहाँ हरि अपने घर

के द्वार पर खड़े थे। उन्होंने कृष्ण से कहा—'राधा प्यारी तुमपर क्रोध करके मान कर बैठी है। तुम्हारे आते ही वे तुमपर बहुत झल्लाई। तुम हो तो चतुर शिरोमणि, पर इस बार यह कैसी चतुराई कर बैठे। तुम्हारी यह चतुराई नहीं है। मूर्खता है।'

श्री कृष्ण जी सखियों की यह बात सुनते ही अत्यंत चकित हो गए और अत्यंत मुरझा गए। उदास हो गए।

२०२५/३१८३ राग विहागरौ

बहुरि नागरी मान कियौ।
लोचन भरि-भरि ढारि दिए दोउ, अति तनु बिरह हियो।
देखत ही देखत भए ब्याकुल, तिय कारन अकुलाने।
वै गुन करत होत अब काँचे, कहियत परम सयाने।
यह सुनि कै दूती हरि पठई, देखि जाइ अनुमान।
'सूरस्याम' यह कहि तिहिँ पठई, तुरत तजै जिहिँ मान॥

जब कृष्ण ने सुना कि राधा ने फिर मान कर लिया है, तब उनके दोनों नेत्र भरभरा गए और वे अश्रु प्रवाहित कर उठे। विरह ने उनके शरीर पर भारी प्रहार कर दिया। वे देखते-देखते आतुर हो उठे और अपनी प्रिया राधा के कारण आकुल हो उठे।

तब सखियाँ बोलीं—'श्याम, तुमने तो पहले यह गलत किया कि राधा को छोड़कर किसी दूसरी के यहाँ गए। यह काम ही तुम्हारा गलत था। खैर जो किया, सो किया, अब कच्चे क्यों हो रहे हो? क्या रो-धो रहे हो? तुम तो परम चतुर कहे जाते हो। कुछ उपाय करो। अश्रुपात करने से कैसे काम चलेगा?'

सखियों की यह बात सुनकर हरि ने एक दूती राधा के पास भेजी कि जाओ, देखो, समझो, अनुमान करो, जिससे राधा तुरत अपना मान तज दे।

२०२६/३१८४ राग केदारौ

दूती दई स्याम पठाइ।
और कछु मुख कहत बानी, तहाँ बैठी जाइ।
प्रिया मन परवाह नाहीं, कोटि आवैं जाहिँ।
सौति-साल सलाइ बैठी, डुलति इत-उत नाहिँ।
भीति बिनु कह चित्र रेखै, रही दूती हेरि।
'सूर' प्रभु आतुर पठाई, करति मन अवसेरि॥

श्याम ने दूती भेज दी। वह इधर-उधर की बातें करती हुई राधा के पास आ बैठी। चाहे जो कोई आवे, जाय, राधा को उसकी कोई चिंता नहीं थी। वह सौति के शल्य में पीड़ित थी और इधर-उधर जरा भी हिलडुल नहीं रही थी। अब दूती बिना भीति के चित्र बनावे तो कहाँ बनावे। वह बात चलाने का कोई आधार नहीं पा रही थी और अवसर की प्रतीक्षा करने लगीं। वह मन ही मन चिंता किए जा रही थी, प्रभु ने अत्यंत आतुर होकर भेजा है और यह मेरी ओर देख तक नहीं रहीं हैं।

दूती मन अवसेरि करै ।
स्याम मनावन मोहिँ पठाई, वह कतहूँ चितवै, न टरै ।
तब कहि उठी, मान अति कीन्हौ, बहुत करी, हरि कहा करौ ।
ऐसैं बिनु वै नहीं जानिहैं, अब कबहूँ जनि उनहिं ढरौ ।
मैं आवति जमुना-तट तैं ब्रज, सखी एक यह बात कही ।
सुनहु 'सूर' मैं रहि न सकी गृह, कहा स्याम की प्रकृति सही ॥

दूती मन ही मन चिंता करने लगी—श्याम ने मुझे इसे मनाने के लिए भेजा था, पर यह न तो इधर उधर ताक रही है, न जरा भी हिलडुल रही है। तब वह चतुराई करती हुई बोल उठी—तुमने मान कर लिया, बहुत अच्छा किया, हरि ने भी तो अति कर दी थी। मान करने के अतिरिक्त और चारा ही क्या रह गया था? बिना मान किये हरि नहीं समझेंगे। अब उनके ऊपर कभी भी द्रवित न होना। मैं यमुना जी से व्रज की ओर आ रही थी, तभी एक सखी ने मुझसे यह बात कही, और मैं अपने घर तक नहीं रुकी, तुरत यहाँ चली आई। श्याम की वह कौन सी आदत है, जो वे तुम्हें छोड़कर दूसरी नवेलियों के चक्कर में पड़ गए? यह काम ठीक नहीं।

२०२८/३१८६ राग विहागरौ

अब द्वारे तैं टरत न स्याम ।
अब पर-घर की सौंह करत हैं, भूलि करौं नहिं ऐसे काम ।
अब तू मान तजै जनि उनसौं, यहै कहन आई तेरैं धाम ।
अब समुझी? औरौ समुझैबे? हम जब कहैं, करै तब ताम ।
अब मोकौं यह जानि परी है, काहू कैं न बसैं कहुँ जाम ।
'सूरदास' दूती की बानी सुनति, धरति मन ही मन काम ॥

दूती कहती गई—अब स्याम अपने द्वार से टल नहीं रहे हैं। और अब दूसरे के घर न जाने की कसम खा रहे हैं और कह रहे हैं अब मैंने अपने कान पकड़े, अब भूलकर भी किसी पराई के घर जाने का ऐसा काम न करूँगा। वे कितना भी कहें, अब तू अपना यह मान मत तज। मैं यही कहने तेरे घर आई हूँ। तूने सब समझ लिया न या मुझे अभी और समझाना है? पहले जब हम तुझसे कृष्ण की ऐसी शिकायत करती थीं, तब तू हम पर झल्ला उठती थी। अब मुझे ऐसा जान पड़ रहा है कि अब वे किसी के यहाँ रात्रिवास नहीं करेंगे।

दूती की बात सुनकर राधा का मन कृष्ण के प्रति काम से विह्वल हो उठा।

२०२९/३१८७ राग सूही

जब दूती यह बचन कह्यौ ।
तब जाने हरि द्वारैं ठाढ़े, उर उमँग्यौ, रिस नहीं रह्यौ ।
'काहे कौं हरि द्वार खरे हैं, किनि राख्यौ कहि जीभ गरैं' ।
'मौन गहौ मैं ही कहि आऊँ, तू काहे कौं रिसनि जरै' ।

चतुर दूतिका जानि लई जिय, अब बोली, गयौ मान सबै ।
'सूर' स्याम पैं आतुर आई, कहति आन की आन फबै ॥

जब दूती ने यह बात कही कि हरि तभी से अपने घर दरवाजे पर खड़े हैं, तब राधा को यह मालूम हुआ। उसका हृदय उमड़ पड़ा और उसके हृदय में तनिक भी रोष नहीं रह गया। वह बोली—हरि अपने दरवाजे पर क्यों खड़े हैं ? किसने उन्हें रोक रखा है ? जिसने भी उन्हें रुकने को कहा हो, उसकी जीभ गल जाय। कृष्ण को खड़ा रहने में कितना कष्ट उठाना पड़ रहा होगा?

दूती बोली—तुम चुप हो जाओ, मैं ही जाकर कृष्ण से न खड़े रहने के लिए कह आती हूँ। तू क्यों रोकने वाले पर गुस्सा करके जली जा रही है?

चतुर दूती ने जान लिया—राधा अब बोल रही है और अब इसका सारा मान दूर हो गया है। वह जल्दी से स्याम के पास आई और आन की आन में, बिना समय गँवाए, तत्काल श्याम को भाने वाली बात कहने लगी।

२०३०/३१८८ राग सारंग

नैंकु निकुंज कृपा करि आइयै ।
अति रिस कृस ह्वै रही किसोरी, करि मनुहारि मनाइयै ।
कर कपोल अंतर नहिँ पावत, अति उसास तन ताइयै ।
छूटे चिहुर बदन कुम्हिलानौ, सुहथ सँवारि बनाइयै ।
इतनौ कहा गाँठि कौ लागत, जौ बातनि सुख पाइयै ।
रूठेहिँ आदर देत सयाने, यहै 'सूर' जस गाइयै ॥

दूती कृष्ण से बोली—जरा सी कृपा करके कुंज भवन तक चले चलिए। अत्यंत क्रोध के कारण किशोरी राधा अत्यंत कृश हो गई है, चलकर विनती करके उसे मना लीजिए। उसके हाथ और गाल में जरा भी अंतर नहीं होने पा रहा है। वह अपने हाथों पर अपना गाल लगाए हुए बैठी हुई है। वह दीर्घ उच्छ्वास लिए जा रही है और अपना शरीर जलाए दे रही है। उसके बाल बिखर गए हैं। मुँह सूख गया है। चलकर अपने हाथों से उसके बालों को सँवार दीजिए। इतना करने में तुम्हारी गाँठ की कौन सी पूँजी लगी जा रही है। यदि बातों से ही सुख मिल जाय, तो इससे अच्छी बात और क्या होगी ? चतुर लोग रूठे लोगों का इसी प्रकार सन्मान करते रहते हैं। यह यश की बात कही जाती है।

२०३१/३१८९ राग केदारौ

काहि मनाऊँ स्यामलाल जू, बाल न नैकहुँ मो-तन दीठि ।
मुखहूँ जो बोलै तौ लहिए, मन की, ऐस तुम्हारी हीठि ।
अपनी सी मैं बहुत कही, पै बारू बूँद कहा करे बसीठि ।
'सूरदास' प्रभु आपुहिँ जैये, जैसी बयारि तैसी दीजै पीठि ॥

दूती कृष्ण से बोली—हे श्याम, हे लाल, मैं किसे मनाती, राधा तो मुझसे जरा भी आँख ही नहीं मिला रही थी। यदि वह मुँह से भी कुछ बोलती तो उसके मन का भेद कुछ खुलता। तुमसे रूठने के कारण वह ऐसी हठी हो गई है। मैंने तो अपना सा बहुत कहा,

पर वह सब बालू में जल की बूँद के समान सूख गया। ऐसे में दूती करे तो क्या करे? हे प्रभु, अब आपही जाइए और उस मानिनी को मनाइए। जैसे हवा बहती हो, वैसे ही पीठ देनी चाहिए। जिधर से हवा आ रही हो उधर पीठ और जिधर जा रही हो उधर मुँह कर लेना चाहिए। यह बहुत पुरानी कहावत है। इस समय हवा मान की है, तब मनावन के द्वारा ही उसे अनुकूल बनाया जा सकता है।

२०३२/३१९० राग केदारौ

लालन आजु तुम्हारी प्यारी, कोटि मनायैंहू नहिँ मानति ।
बूझि न परति, जानि का बैठी, अति रिस किऐं तुव औगुन गानति ।
भरि-भरि नैन लेति, नहिँ ढारति, अधर फरकि करि भृकुटी तानति ।
'सूरदास' प्रभु रसिक-सिरोमनि, आपुहिँ चलियै तौ भली बानति ॥

दूती बोली—श्याम, आज तो तुम्हारी प्यारी राधा कितना भी मनाओ, नहीं मान रही है। कुछ समझ नहीं पड़ता कि वह तुम्हारी कौन सी बात जान कर रूठ बैठी है। वह अत्यंत क्रोध में है और तुम्हारी निंदा पर निंदा किए जा रही है। उसकी आँखें डबडबाई हुई हैं, पर वह आँसू नहीं बहा रही है, रो नहीं रही है। उसके होठ फड़फड़ाए जा रहे हैं और उसकी भौंहे तनती जा रही हैं। हे रसिक-शिरोमणि प्रभु, तुम्हीं चले चलो, तो बात बने। उसे मनाना मेरे बस की बात नहीं है।

२०३३/३१९१ राग पूरबी

कैसें कै ल्याऊँ, हौं तौ मरम न पाऊँ, स्याम, वाकौ मान गाढ़ौ आजु मानौ गढ़वै भयौ ।
कंचन गिरि प्रगट तनु, तामैं कोट रच्यौ बसन, अंचल ड्योढ़ी सघन, ओट दयौ ।
बैन पौरिया न खोले मुख-पौरि, भौंह धनु, नैन-रिस-बान, नाहीं जाइ निकट गयौ ।
'सूरदास' प्रभु, तुम चतुर कहावत हौ, आपुहिँ चलीजै, जौ पै तुमहूँ जाइ लयौ ॥

दूती बोली—स्याम, मैं राधा को कैसे मना कर लाऊँ। मुझे तो उसका कोई भेद ही नहीं मालूम हो पा रहा है। उसका प्रगाढ़ मान ही आज मानो गढ़पति (किलेदार) हो गया है। उसका शरीर ही मानो सोने का पहाड़ है। जिस पर वस्त्र का यह किला बना है। आंचल ही सघन ड्योढ़ी (सिंहद्वार) है, जिसकी आड़ कर दी गई है। वचन ही द्वारमाल है, जो मुख का फाटक नहीं खोल रहा है। भौंहें ही धनुष है। नेत्रों की क्रोध भरी दृष्टि ही वाण है। इससे निकट जाया नहीं जा पा रहा है। प्रभु तुम तो चतुर शिरोमणि कहलाते हो, तुम्हीं चले चलो, शायद तुम्हारे द्वारा ही इस मानरूपी गढ़पति पर विजय हो जाय।

२०३४/३१९२ राग केदारौ

बैठी मानिनी गहि मौन ।
मनौ सिद्ध समाधि सेवत, सुरनि साधे पौन ।
अचल आसन, पलक तारी, गुफा घूँघट-भौन ।
रोषही कौ ध्यान धारै, टेक टारै कौन ।
अबहिँ जाइ मनाइ लीजै, अवसि कीजै गौन ।
'सूर' के प्रभु जाइ देखौ, चित्त चौंधी जौन ॥

दूती बोली—वह मानिनी राधा चुप्पी साधे हुए बैठी है। लगता है जैसे कोई सिद्ध समाधि में लीन हो और नासिका में से निकलने वाली वायु या श्वास को साध रहा हो। वह सिद्ध के समान ही अचल आसन लगाए हुए है; हिलडुल नहीं रही है। उसकी मुँदी हुई पलकें उसकी समाधि की सूचक है। घूँघट रूपी घर ही उस सिद्ध की साधना-स्थली गुफा है। वह रोष (क्रोध) का ही ध्यान कर रही है। ऐसी स्थिति में उसका हठ कौन टाल सकता है। आप अभी जाकर उसे मना लें। उसे मनाने अवश्य जाइए, हे प्रभु, आप अवश्य ही उस मानिनी को देखिए जो आपके चित्त में कौंध रही है, चमक रही है।

२०३५/३१९३ राग नट

बिहरति मान-सर सुकुमारि।
कैसैहूँ निकसति नहीं, हौं रही करि मनुहारि।
मौन पारि अपार रचि, अवगाहि आँसु जु वारि।
प्रगट ह्वैबैं डरति नाहीं, थकित प्रगट पुकारि।
सूस स्वास, सरोज लोचन, डुलनि जनु जलचारि।
काम ग्राहक प्रान चाहक, तरत तहँ डर डारि।
चिकुर सेवर निकर अरुझति, सकति नहिं निरुवारि।
नील अंचल पत्र पद्मिनि, उरज जलज निहारि।
रह्यौ रचि रुचि मान, मानिनि-मन-मराल मुरारि।
'सूर' आपुन आनियै, गहि बाहँ नारि निकारि॥

दूती बोली—वह सुकुमारी राधा मान रूपी तालाब में जल विहार कर रही है। मैं बार बार प्रार्थना कर चुकी, पर वह उस सरोवर से निकल ही नहीं रही है। उसका मौन ही उस सरोवर की पाली (चारों ओर का भीट) है। इसे न पार की जा सकने वाली पाली को उसी ने बनाया है। इसका आँसू ही उस सरोवर का जल है, जिसमें वह डुबकी लगाए जा रही है। मैं उसे पुकार पुकार कर हार गई, पर वह किसी का डर मान ही नहीं रही है और बाहर नहीं निकल रही है। उसकी सांसें ही उस सरोवर की सौंइस है, उसकी आँखें ही उस सरोवर के कमल हैं, उन आँखों और पलकों का हिलना-डुलना ही उस सरोवर के जलचर मछलियाँ आदि हैं। वहाँ कामदेव रूपी ग्राह (मगरमच्छ) है जो प्राणों को मार डालने वाला है और जो वहाँ निडर होकर तैर रहा है। उसके केश ही उस सरोवर के शैवाल हैं, जिनमें वह फँस गई हैं और उनकी उलझन को सुलझा नहीं पा रही है। उसका नीला आँचल ही कमल का पत्ता (पुरइन) है। उसके उरोज ही जलज (कमल) हैं। हे मुरारि, उस मानिनी का मन ही उस सरोवर में तैरने वाला हंस है। इसी मनरूपी मराल ने यह मान-सरोवर रच-पचकर रुचिपूर्वक रचा है। उस सुंदरी राधा को आप ही उसकी बाँह पकड़कर उस मान-सरोवर से बाहर निकाल सकते हैं, क्योंकि एक आपही को उसके पाणिग्रहण का अधिकार प्राप्त है।

२०३६/३१९४ राग विहागरौ

यह सुनि स्याम बिरह भरे।
कहुँ मुकुट, कहुँ कटि पितंबर, मुरछि धरनि परे।

जुवति भरि अँकवारि लीन्हौ, है कहा गिरिधारि ।
आपुहीं चलि बाहँ गहियै, अंक लीजै नारि ।
अतिहिँ व्याकुल होत काहैं, धरौ धीरज स्याम ।
'सूर' प्रभु तुम बड़े नागर, बिबस कीन्हे काम ॥

दूती के मुँह से यह सुनकर श्याम स्वयं विरह से व्यथित हो गए। उनका मुकुट कहीं गिरा, उनका पीतांबर कहीं उड़ा, मुरली तो धरती पर गिर ही पड़ी। तब युवती दूती ने उन्हें अपनी गोद में उठा लिया। और कहने लगी—गिरिधारी, यह आप स्वयं विरह में विकल क्यों हुए जा रहे हैं। आपही चले चलिए और उसकी बाँह पकड़कर अपनी छाती से लगा लीजिए, इतने व्याकुल क्यों हुए जा रहे हैं श्याम, धैर्य धारण करें। श्याम तुम तो स्वयं परम चतुर हो, पर इस समय तुम्हें काम ने लाचार कर दिया है। तुम विवश हो गए हो।

२०३७/३१९५ राग रामकली

स्यामहिँ धीरज दै पुनि आई ।
बानी यहै प्रकासति मुख सौं, व्याकुल बड़े कन्हाई ।
बारंबार नैन दोउ ढारत, परे मदन-जंजाल ।
धरनि रहे मुरझाइ बिलोके, कहा कहौं बेहाल ।
बैठी आइ अनमनी ह्वै कै, बार-बार पछितानी ।
'सूरस्याम' मिलिकै सुख देहि न, जौ तू बड़ी सयानी ॥

श्याम को धीरज धराकर, दूती राधा के पास फिर आई। वह अपने मुँह से यह वाणी प्रकाशित करने लगी, कहने लगी—तेरे लिए कन्हैया बहुत विकल हैं, बेचैन हैं। वे काम के कई फंदे से जकड़ उठे हैं और बारबार दोनों आँखों से आँसू बहाए जा रहे हैं। मैंने उन्हें धरती पर मुरझकर गिरा हुआ स्वयं देखा है। मैं अधिक क्या कहूँ—वे बेहाल हो गए हैं। मैं बार बार पछिताती हुई, अन्यमनस्क होकर तेरे पास आ बैठी हूँ। तू तो बड़ी चतुरा है, श्याम से मिलकर तू उन्हें सुखी क्यों नहीं बना देती? यदि तू चतुरा है, तो उनसे मिलकर उन्हें सुखी बना दे और स्वयं भी सुखी हो जा।

२०३८/३१९६ राग रामकली

तुहीं पिय भावति, नाहिँन आन ।
निसि-दिन मन मन करत मनोरथ, रस-बस केलि निदान ।
ध्यान, विलास, दरस, संभ्रम मिलि, मानत मानिनि मान ।
अनुनय करत, बिबस बोलत हैं, दै परिरंभन दान ।
प्रथम समागम तैं नाना विधि, चरित तिहारे गान ।
'सूरस्याम' कुहबर-अंतर, सुनि सुजस आपने कान ॥

दूती राधा से बोली—एक मात्र तू ही श्याम की प्रिया हैं; कोई दूसरी उनकी प्रिया नहीं है। वे रात दिन बराबर तेरे ही प्रेम-रस के बस में होकर मन ही मन अंततः तेरे ही साथ काम-केलि की कामना करते रहते हैं। वे तेरा ही ध्यान करते हैं, तेरे साथ ही विलास

करना चाहते हैं, तेरा ही दर्शन करना चाहते हैं, तेरा ही आदर करते हैं,—फिर भी तू मानिनी बनकर मान ठाने बैठी है। वे तुझसे अनुनय विनय कर रहे हैं, बहुत ही विकल होकर बोल रहे हैं। उठ और उन्हें आलिंगन का दान दे। उन्हें अपनी भुजाओं में भरकर अपनी छाती से लगा ले। जब तू उनसे पहली बार मिली थी, तब से लेकर आज तक वे तेरे सारे चरित का गुणगान क़िए जा रहे हैं। मेरा न विश्वास हो; तो चलकर प्रकोष्ठ में छिपकर, तू अपना गुणगान स्वयं अपने कानों से सुन ले।

२०३९/३१९७ राग सारंग

स्यामा तू अति स्यामहिँ भावै।
बैठत उठत, चलत गौ चारत, तेरी लीला गावै।
पीत बरन लखि पीत बसन उर, पीत धातु अंग लावै।
चंद्राननि सुनि, मोर चंद्रिका, माथैं मुकुट बनावै।
अति अनुराग सैन संभ्रम मिलि, संग परम सुख पावै।
बिछुरत तोहिं 'क्वासि राधा' कहि, कुंज-कुंज प्रति धावै।
तेरौ चित्र लिखैं अरु निरखैं, बासर-बिरह नसावैं।
'सूरदास' रस-रासि रसिक सौं, अंतर क्यौं करि आवै॥

दूती कह रही है—षोडशी श्यामा, तू श्याम को बड़ी प्यारी लगती है। वे उठते, बैठते, गाय चराते, सदा तेरा ही गुणगान करते रहते हैं। तेरा शरीर पीत-रंग का सुनहला है, इसे देखकर इसीलिए वे अपने वक्ष पर पीतांबर धारण करते हैं और पीली खड़िया ही अपने अंगों पर चर्चित करते हैं। हे चंद्रमुखी, तेरे चंद्र-वदन के सादृश्य के कारण ही वे अपने माथे पर मोर चंद्रिका का मुकुट धारण करते हैं। तेरी चितवन का आदर पाकर वे प्रेम में डूब जाते हैं और तेरा साथ मिलने पर तो परम सुख पा जाते हैं। तेरे बिछुड़ जाने पर 'राधा कहाँ हो, राधा कहाँ हो' कहकर तुम्हें ढूँढ़ते हुए एक कुंज से दूसरी कुंज तक दौड़ लगाने लगते हैं। वे तेरा चित्र बनाते हैं और उसे देखने में लीन हो जाते हैं। इस प्रकार ये अपने विरह के दिन बिताते हैं। ऐसे रस के राशि रसिक छैला से तेरा यह अलग रहना तुझे कैसे अच्छा लगता है?'

२०४०/३१९८ राग विहागरौ

मन-मन पछितायौ रहि जैहै।
सुनि सुंदरि यह समौ गए तैं, पुनि न सूल सहि जैहै।
मानहुँ, मैन-मजीठ प्रेम-रँग, तैसैंहीं गहि जैहै।
काम-हरष हररै, हरि-अंबर, देखत ही बहि जैहै।
इते भेद की बात सखी री, कत कोऊ कहि जैहै।
बरत भवन खनि कूप 'सूर', त्यौं मदन-अगिनि दहि जैहै॥

दूती बोली—हे सुंदरी राधा, सुनो, मैं कह रही हूँ, तुम इस समय जाकर श्याम से मिल लो। यह समय खो देने पर तुम्हें पछतावा ही हाथ लगेगा और तुम काम-पीड़ा को सह न

पाओगी और पछताती हुई कहोगी—हाय मैंने अवसर खो दिया, अवसर का लाभ नहीं उठाया और इसीसे यह काम-वेदना सह रही हूँ। मेरी बात मानो। मदन के प्रेम का रंग मंजिष्ठा राग के सदृश एक दम पक्का होता है, कभी छूटने वाला नहीं। तुम्हारा मन इस प्रेम के मंजिष्ठा राग को छोड़ नहीं सकता। यह इसे बराबर पकड़े रहेगा। हरि का पीतांबर रूपी हर्रा देखते ही, तेरा काम-हर्ष (तेरी कामोत्तेजना) बह जायगा, दूर हो जायगा। (मजीठ और हर्रा दोनों रँगाई के काम में आते रहे हैं।)

हे सखी, मैं तुझसे बड़े भेद की बात बताए दे रही हूँ। इतने भेद की बात तुझसे कोई और क्यों आकर कह जायगा। जैसे घर में आग लगने पर कुआँ खोदने से कोई लाभ नहीं, घर तो जल ही जाता है, उसी प्रकार मदन की आग जब काम-धाम में लगेगी, सब तो कुआँ नहीं खोद सकेगी और वैसे ही दग्ध हो जायगी। अत: चल अभी से कुआँ खोद ले, जो तुझे समय पर काम दे।

२०४१/३१९९ राग केदारौ

नैंकु नहीं भावत न्यारे री, नैन सुहावन तेरे।
पलक ओट तैँ प्रान जात हैं, चख-चितवनि पर चेरे।
कमल कुरंग मधुप उपमा नहिँ, चंचल रहत चितै रे।
'सूरदास' प्रभु की तुम जीवन, कतहिँ करति तिय झेरे॥

दूती कह रही है—राधा तेरे सुहावने नेत्रों से जरा भी अलग होना कृष्ण को अच्छा नहीं लगता। एक पल के लिए भी दूर हो जाने पर उनके प्राण निकलने लगते हैं। वे तेरे कृपा-कटाक्ष के दास हो गए हैं। कमल, हिरण, भौंरा तो तेरी उपमा के योग्य हैं ही नहीं, क्योंकि उनमें तेरी आँखों-सी चंचल चितवन है ही नहीं। तुम तो प्रभु कृष्ण की प्राण हो। तुम अब विलंब क्यों किए दे रही हो?

२०४२/३२०० राग आसावरी

बनत नहिँ राधे मान किए।
नंदलाल आरति करि पठई, सौंह करति हौं, सीस छिए।
जाके पद कमला कर लीन्हे, मन वच क्रम चित उन्हैं दिए।
ता प्रभु की पठई आई हौं, तू जु गर्व की मोट लिए।
हरि-मुख-कमल सच्यौ रस, सजनी, अति आनंद पियूष पिए।
'सूरजदास' सकल सुख हरि सँग, कृपा-विमुख का कल्प जिए॥

दूती कह रही है—राधे, तेरा कृष्ण से यह मान करना शोभा नहीं दे रहा है। नंदलाल ने अत्यंत आर्त होकर मुझे तेरे पास भेजा है। मैं तेरे सिर पर हाथ रखकर सौगंध खा रही हूँ। झूठ नहीं कह रही हूँ। जिनके चरणों को लक्ष्मी जी अपने हाथों में लिए हुए मनसा, वाचा, कर्मणा चित्त लगाकर सहलाती रहती हैं, मैं उन्हीं प्रभु की भेजी हुई तेरे पास आई हूँ और तू अपने सर पर गर्व की गठरी लिए हुए हैं, बड़ा गर्व किए जा रही है। हे सखी हरि के मुख रूपी कमल में अत्यंत मधुर मधु-रस संचित है। इस अधरामृत को पीने में बड़ा आनंद है। चल इस अधरामृत को पी डाल। हरि के साथ सब सुख ही सुख है। कृष्ण

की कृपा से विमुख होकर कल्प-कल्पांत तक जीने में भी कौन सा सुख धरा है?

२०४३/३२०१ राग नट

पिय की बात सुनहि किन प्यारी।
जो कछु भयौ सो कहिहैं तुम सन, होहु सखिन तैं न्यारी।
तव जु वियोग सोक अति उपज्यौ, काम देह तिन जारी।
भेषज अधर-सुधा है तुम पै, चलि, दै बिथा निवारी।
कठिन परे जु कुसल रिपु पूछै, मन की कहा बिचारी।
'सूरदास' प्रभु हिरदय तेरे, मानहु सार पुछारी॥

दूती राधा से कह रही है—अरी प्यारी राधा, तुम अपने परम प्रिय श्याम की बात क्यों नहीं सुनती हो? तुम सखियों से अलग होकर अकेले उनसे मिल लो। जो कुछ हुआ होगा, वह सब वह तुझसे कह देंगे। तुम्हारे विरह से उन्हें भारी दुख हुआ है और कामदेव ने उनका शरीर झुलस दिया है। तुम्हारे पास उसकी दवा है—अधरामृत। चलकर उन्हें यह अधर-सुधा पिला दे और उनकी सारी व्यथा हर ले। विपदा आने पर तो शत्रु भी क्षेम-कुशल पूछने आ जाते हैं। तब तू अपने मन में क्या सोच-विचार किए जा रही है। तुम जो भी पूछ-ताछ करना चाहती हो, उसका संक्षिप्त-सा उत्तर इतना ही तो है—प्रभु तुम्हारे ही हृदय में निवास करते हैं, किसी अन्य के हृदय में नहीं।

२०४४/३२०२ राग सारंग

जब-जब तेरी सुरति करत।
तब-तब डबडबाइ दोउ लोचन, उमँगि भरत।
जैसैं मीन कमल-दल कौ चलि अधिक अरत।
पलक कपाट न होत, तबहिँ तैं निकसि परत।
आँसु परत ढरि-ढरि उर, मुक्ता मनहु झरत।
सहज गिरा बोलत न बनत, हित हेरि हरत।
राधा नैन-चकोर बिना मुख-चंद्र जरत।
'सूरस्याम' तव दरस बिना, नहिँ धीर धरत॥

दूती राधा से कह रही है—श्याम जब-जब तेरी याद करते हैं, तब तब उनकी दोनों आँखें भरभरा आती हैं और उनमें अश्रु उमड़कर भर आते हैं। जैसे जल में तैरती मछली चलते समय कमल-पत्रों से उलझकर अड़ जाती हैं, वैसे ही कृष्ण के नयन पलक रूपी किवाड़ों से अड़ जाते हैं। यदि यह अटकाव न होता, तो वे न जाने कब के तेरे पास आ निकले होते। आँसू ढुलक ढुलक कर उनके हृदय पर गिरते जा रहे हैं, लगता है जैसे मोती झर रहे हों। उ-.के मुँह से सहज स्वाभाविक वाणी नहीं फूट पा रही है। वह अपने हित (प्यारी) को हेरने (खोजने, देखने) में ही हर उठती है। राधा के नयन-चकोरों के बिना कृष्ण का मुख रूपी चंद्रमा संतप्त हो उठा है। श्याम तुम्हारे दर्शन पाए बिना धैर्य नहीं धारण कर पा रहे हैं। वे तुझे देखने के लिए अत्यंत अधीर हो उठे हैं।

२०४५/३२०३ राग सारंग

चितै, चलि, ठिठुकि रहत ।

तव पद-चिह्न परसि, रस-बस, अध बचन कहत ।
किसलय कुसुम पराग अंब पै फेन अहत ।
कंटक जनु भू कठिन जानियत, कष्ट लहत ।
कमल-कोस कोमल विभाग, अनुराग बहत ।
'सूरदास' सुंदर अति सीतल मृदु, वेउ न सहत ॥

दूती कह रही है—राधे, जब कृष्ण कहीं जाते रहते हैं और मार्ग में उन्हें तेरे पद-चिह्न मिल जाते हैं, तो वे उन्हें देखकर चलते चलते ठिठक जाते हैं और उसे छूकर प्रेम से विह्वल हो जाते हैं तथा टूटी-फूटी वाणी में बुदबुदाने लगते हैं। आम के लाल लाल कोमल नवीन पत्ते देखकर, उनके फूल (बौर) देखकर, उनके पराग देखकर, काम-पीड़ा के कारण श्याम के मुँह से फेन बहने लगता है। उन्हें पृथ्वी काँटों से भरी और अत्यंत कठोर जान पड़ती है और उन्हें चलने में कष्ट होता है। कमल-कोष जिससे मधुर मधु बहता रहता है, जो कमल का कोमलतम भाग है, सुंदर है, शीतल है, मृदुल है, वह भी उनसे नहीं सहा जाता।

२०४६/३२०४ राग सारंग

हरि तोहिं बारंबार सम्हारैं ।

कहि-कहि नाम सकल जुवतिनि के, नहिं रुचि जिहिं उर धारैं ।
कबहुँक आँखि मूँदि करि चाहत, चित धरि ठौर तिहारैं ।
तव प्रसिद्ध लीला-बन बिहरत, अब नहिं तुमहिं बिसारैं ।
जो जाकौं जैसें करि जानै, सो तैसैं हित मानै ।
उलटी रीति तुम्हारी सुनिकै, सब अचरज करि जानैं ।
क्यौं पतिया पठवै नहिं उनकौं, बाँचि समुझि सुख पावैं ।
'सूरस्याम' हैं कुंज-धाम मैं, अनत न मन बिरमावैं ॥

दूती कह रही है—राधा, श्याम तुझे बार-बार स्मरण कर रहे हैं, मैंने अनेक युवतियों के नाम लिए, पर उनमें से किसी में भी उनकी रुचि नहीं है, जिसे वे अपने हृदय में धारण कर सकें। कभी कभी वे आँखें मूँदकर उस स्थान को, जहाँ उन्होंने तेरे साथ विहार किया है, ध्यान में देखने लगते हैं। वे तेरी प्रसिद्ध लीलाओं के बन में निरंतर विचरण करते रहते हैं और अब वे तुझे कभी भी नहीं भुला सकते। प्रिय जिसको जितना जैसा प्रेम करना है, प्रेमिका भी अपने प्रिय से वैसा ही प्रेम मानती है। पर तुम्हारी तो जगत से उलटी रीति है। श्याम तुमसे जितना प्रेम करते हैं, हे वाम तुम उनसे उतना प्रेम नहीं करतीं। यह सुनकर सभी लोग बड़ा आश्चर्य करते हैं। तू उनके सामने नहीं जाना चाहती, तो मत जा। उनको एक चिट्ठी ही क्यों नहीं लिख भेजती? वे उसे पढ़कर, समझकर ही, सुखी हो लेंगे। वे उसी कुंज-धाम में हैं, जहा उन्होंने तेरे साथ विहार किया था। उन्हें उस कुंज-धाम को छोड़कर कोई दूसरी जगह अच्छी ही नहीं लगती। अन्यत्र उनका मन विलमता ही नहीं।

२०४७/३२०५ राग सारंग

राधे, हरि तेरौ नाम उचारैं ।
तुम्हरेइ गुन ग्रंथित करि माला, रसना-कर सौँ टारैं ।
लोचन मूँदि, ध्यान धरि, दृढ़ करि, पलक न नैंकु उघारैं ।
अंग-अंग प्रति रूप माधुरी, उर तैं नहीं बिसारैं ।
ऐसौ नेम तुम्हारौ पिय कैं, कह जिय निठुर तिहारैं ।
'सूरस्याम' मन-काम पुरावहु, उठि चलि, कहैं हमारैं ॥

दूती कह रही है—राधे, हरि तेरा ही नाम लेते रहते हैं। तुम्हारे ही गुणों की माला उन्होंने गूँथ रखी है, जिसके मनके वे अपने जिह्वा रूपी हाथ से खिसकाते जा रहे हैं। वे आँखें मूँदकर तेरा ध्यान दृढ़तापूर्वक करते जा रहे हैं और पलकों को जरा भी नहीं खोलते। वे तेरे एक-एक अंग की मधुरता, सुंदरता को अपने हृदय से नहीं भुला पा रहे हैं। तुम्हारे प्रिय का तो तुम्हारे प्रति ऐसा नेम है, व्रत है; पर तुम्हारे हृदय में कैसी निष्ठुरता भरी हुई है। मेरे कहने से तुम चली चलो और श्याम की मनोकामना पूरी कर दो।

२०४८/३२०६ राग बिलावल

चलि राधे, हरि बोली री ।
उठि चलि बेगि, गहरु कत लावति, बचन स्याम की डोली री ।
तनु जोबन ऐसैं चलि जैहै, जनु फागुन की होली री ।
भीजि बिनसि जाइहि छिनु भीतर, जनु कागद की चोली री ।
तो पर कृपा भई मोहन की, छाँड़ि सबै चौंछोली री ।
'सूरदास' स्वामी मिलिबै कौं, तातैं तू निरमोली री ॥

दूती कह रही है—राधे चल, तुझे श्याम ने बुलाया है। उठ, चल, जल्दी कर, देर मत लगा। श्याम की बात को ही डोली (पालकी) समझ ले और इसीपर चढ़ी चलो। इस तन से यौवन उसी प्रकार चला जायगा, जैसे फागुन में होलिका आनन-फानन में जलकर राख हो जाती है। यह क्षण भर में भींगकर विनष्ट हो जायगा, वैसे कपड़ों की न होकर, कागज की चोली हो। तुमपर मोहन प्यारे की कृपा हो गई है, यह सब चोंचले छोड़। तुझे प्रभु मिलने वाले हैं, अतः तू अब बहुमूल्य हो गई है; अनमोल हो गई है। तेरे भाग्य का क्या कहना?

२०४९/३२०७ राग केदारौ

जाके दरसन कौं जग तरसत, दै री नैंकु दरस तिहिँ दै री ।
जाकी मुरली की धुनि सुर मुनि मोहै, ता तनु नैंकु चितै री ।
सिव विरंचि जाकौ पार न पावत, सो तेरे चरननि परसै री ।
'सूरदास' बस त्रिभुवन जाकैं, सो मुख-धुनि सुनाइ बस कै री ॥

दूती कह रही है—जिसके दर्शन के लिए सारा संसार लालायित रहता है, तू उसे अपना जरा सा दर्शन तो दे दे। जिसकी मुरली की धुनि सुनकर सुर मुनि सभी मोहित हो जाते हैं, तू उनकी ओर जरा भर आँख देख तो ले। शिव और ब्रह्मा भी जिसका आदि अंत

नहीं जानते, वह तेरे चरणों पर अपना माथा रगड़ रहा है। त्रिभुवन जिसके वश में हैं, उसको तू अपने मुख से मात्र मधुर वाणी सुनाकर बस में कर ले।

२०५०/३२०८ राग भूपाली

तू को है री, कौन पठाई, कह, तेरी को मानै।
तू जो कहति स्याम, सु न देखे सुने, कौन पहिचानै।
और कहति गहि नेम लियौ, ह्यां को वैसी, वेई जानैं।
'सूरदास' प्रभु रसिक बड़े, तोकौं पठई अति स्यानै॥

राधा दूती से बोली—तू कौन है री? तुझे किसने भेजा है, बता तो अभी। यहाँ तेरी कही बात को कौन सुनने और मानने वाला है। तू किस श्याम की बात कर रही है। उन्हें तो न किसी ने जाना है, न सुना है और न पहचाना ही है। जो तू कह रही है कि इन्होंने किसी के लिए नेम ले रखा है, तो यहाँ ऐसी कौन है? इसे वे ही जानें। तू कहती है कि तेरे प्रभु बड़े रसिक है, तो क्या उनकी यही भारी चतुराई है कि उन्होंने तुझे मेरे पास भेज दिया। चतुर तो वे तब कहे जाते, जब किसी को न भेजकर, स्वयं आ जाते।

२०५१/३२०९ राग सारंग

अति न हठ कीजै री, सुनि ग्वारि।
हौं जु कहति तू सुनि, या हठ तैं, सरै न एकौ द्वारि।
एक समय मोतिनि के धोखैं, हंस चुनत है ज्वारि।
कीजै कहा काम अपने कौं, जीति मानिये हारि।
हौं जु कहति हौं मानि सखी री, तन कौ काज सँवारि।
कामी कान्ह कुँवर के ऊपर, सरबस दीजै वारि।
यह जोबन बरषा की नदि ज्यौं, बोरति कतहँि करारि।
'सूरदास' प्रभु अंत मिलहुगी, ये बीते दिन चारि॥

दूती बोली—अरी ग्वालिन, सुन। यह भारी हठ न कर। मैं जो कहती हूँ, तू उसे सुन। इस हठ से तेरा एक भी काम सिद्ध नहीं होने वाला है। यह तो हंस की लाचारी है कि कभी कभी ऐसा भी समय आ जाता है जब वह मोती के धोखे में जोन्हरी के दाने चुगने पर बाध्य हो जाता है। अपने काम के लिए क्या कहा जाय? कभी कभी अपना काम निकालने के लिए अपनी जीत को भी हार मान लेना पड़ता है। मैं जो कहती हूँ, तू मेरा कहना मान, और सखी अपने शरीर का काम बना ले—मजा लूट ले। तू काम-पीड़ित नंद के कुँवर कन्हैया पर अपना सर्वस्व निछावर कर दे। यह जवानी वर्षा के बाढ़ की नदी है। यह कभी कभी नदी के तटबंध को भी डुबो देती है, पर अंततः अपने पेटे में सिमट जाती है। तुम भी चार दिन बाद कन्हैया से मिलोगी ही। जब चार दिन बाद मिलना ही है, तो अभी मिल लेने में क्या हरज है?

२०५२/३२१० राग रामकली

कहा तुम इतनैंहि कौं गरबानी।
जोबन रूप दिवस दसही कौ, जल अँजुरी कौ जानी।

तृन की अगिनि, धूम कौ मंदिर, ज्यौं तुषार-कन पानी।
रिसहीं जरति पतंग ज्योति ज्यौं, जानति लाभ न हानी।
करि कछु ज्ञान, ऽभिमान जान दै, है ऽब कौन मति ठानी।
तन धन जानि जाम जुग छाया, भूलति कहा अयानी।
नवसै नदी चलति मरजादा, सूधियै सिंधु समानी।
'सूर' इतर ऊसर के बरषैं, थोरेहिं जल इतरानी॥

दूती बोली—तू इतने ही रूप और यौवन पर क्या गर्व किए जा रही है? यह रूप, यह यौवन तो दस ही दिन का मेहमान है। इसे अँजुरी में लिया हुआ जब समझ, जो थोड़ी ही देर में चू जाता है और अँजुरी खाली की खाली रह जाती है। यह घास फूस की आग के समान क्षणिक है; धुएँ के धवलगृह सा तत्काल नश्वर है; ओस के पानी सा तत्काल सूख जानेवाला है। तू पतंगे के समान क्रोध के दीप पर जली जारही है। तू अपनी हानि लाभ नहीं देख पा रही है। कुछ तो जानकर, अभिमान को मन से निकाल दे। तूने अब कौन सी बुद्धि कर रखी है? तन और धन को दोपहर की छाया मात्र समझो। हे अयानी, इस बात को क्यों भूली जा रही है। विनम्र नदी सदा अपनी मर्यादा में बनी रहती है और अंततः सिंधु में समा जाती है। तू उस क्षुद्र नदी के समान है, जो ऊसर में बरसे थोड़े ही जल से इतरा कर अपनी सीमा को भी डुबो देती है।

२०५३/३२११ राग पुरिया

एतौ हठ अब छाँड़ि, मानि री, तू चलि पिय पैं प्यारी री।
अति बिचित्र गुन रूप आगरी, परम चतुर तिय भारी री।
मदन दहत मोहन-तन, तेरी उनकी पीर न न्यारी री।
'सूरदास' प्रभु बिरह बिकल हैं, नैंकु न निरखि निहारी री॥

दूती बोली—तू इतना हठ अब छोड़ दे और मेरा कहना मान ले। हे प्यारी, तू सीधे अपने पिया श्याम के पास चली चल। तू तो अद्‌भुत गुण और रूप का आगार है और अत्यंत चतुरा है। मदन मोहन के तन को जलाए दे रहा है। तेरी और उनकी पीड़ा कोई अलग-अलग थोड़े ही है। उधर ये काम-पीड़ित हैं, इधर तू भी। प्रभु श्याम तेरे विरह में विकल हैं। चलकर उन्हें जरा देख तो ले।

२०५४/३२१२ राग विहागरौ

बादि बकति काहे कौ तू, कत आई मेरैं घर।
वै अति चतुर, कहा कहिये, जिन तोसी मूरख लेन पठाई, तनु बेधति बचननि-सर।
उतकी इत, इतकी उत मिलवति, समुझति नाहिन प्रीति रीति, को तू, को है गिरिवर धर।
'सूरदास' प्रभु आनि मिलैंगे, (हमहिं मनैबौ) जौ चाहैंगे, छ्वैहैं, पग, अपने कर॥

राधा बोली—तू व्यर्थ के लिए यह बकवास क्यों किए जा रही है? तू मेरे घर क्यों आई? वे अत्यंत चतुर कहे जाते हैं। मैं इस संबंध में उन्हें क्या कहूँ, जिन्होंने तेरी सी मूर्ख को मुझे लेने के लिए भेजा है, जो अपने वचन-वाणों से मेरा शरीर विद्ध किए जा रही है। तू उधर की इधर और इधर की उधर बात मिलाती रहती है; प्रीति की रीति तू कुछ भी नहीं

समझती। तू मुझे मनाने वाली कौन होती है, और तुझे मेरे पास भेजने वाले गिरिधर कौन होते हैं। प्रभु यदि मुझे मनाना ही चाहेंगे, तो स्वयं मेरे पास आकर मुझसे मिलेंगे, अपने हाथों से ही मेरा पैर छुएँगे। तू बीच में दाल-भात में मूसरचंद क्यों होती है। जा, चली जा।

२०५५/३२१३ राग विहागरौ

ज्यौं-ज्यौं मैं निहोरे करौं, त्यौं त्यौं यों बोलति हौ, अनोखी रोस-हारी ।
बहियाँ गहत, सतराति कौन पर, मग धरि डग, कौन पर होति पीरी-कारी ।
को को न करत मान, तोसी तिय पै न आन, हठ दूरि करि धरि, मेरे कहैं आ री ।
'सूरदास' प्रभु तेरौ पथ जोवैं, तोहिं तोहिं रट लागी, मदन दहत तनु भारी ॥

इस पर दूती बोली—मैं जितनी ही विनती करती जा रही हूँ, तू उतनी ही इतराई जा रही है और अटपट बोले जा रही है। तू ही तो संसार में एक अनोखी मानिनी है। मैं तेरी बाँह पकड़कर मना रही हूँ, पर तू मुझपर क्रुद्ध हुई जा रही है। प्रेम के मार्ग पर कदम रख। किसपर तू इस तरह काली-पीली (क्रुद्ध) हुई जा रही है। कौन ऐसी नवेली है, जो अपने प्रिय से मान न करती हो। पर तेरी सी स्त्री तो मैंने कोई दूसरी नहीं देखी। हठ को उठाकर कहीं दूर रख दे और मेरे कहने से आ, चली चल? प्रभु तेरा रास्ता देख रहे हैं। उन्हें 'राधा, राधा' की रट लगी हुई है, मदन उनके शरीर को अत्यधिक जलाए दे रहा है।

२०५६/३२१४ राग मलार

तऊ गँवारि अहीरी ।
तोसौं कछु नंद-नंद हँसि कही, इतने कौं, कब की न बोलति, न मानै कही री ।
स्याम हँसि-हँसि देत, सुनि-सुनि कान, कानि करत न, इक टक ग्वारि रही री ।
कहा कहौं हरि सौं ऽब, तो-सी कौं मुँह लगाई, वारौं तोहिं पिय इक रोम पै ही री ।
'सूरदास' प्रभु कौं ऽब, कहा कहि बरनौं जु, एती तौं कबहुँ काहू की न सही री ॥

दूती बोली—तू गँवार की गँवार बनी रही, अहीरिन की अहीरिन ही रही। तुमसे नंदकुमार ने हँसी में कोई बात कह दी, इतने पर ही तू कब से उनसे नहीं बोल रही है और न मेरा कहना ही मान रही है। श्याम हँस-हँस कर कुछ कह देते हैं, तू उसे सुनकर सच मान लेती हो और श्याम की मर्यादा का भी कुछ खयाल नहीं करती। तू एक दम ग्वालिन ही रह गई। मैं अब हरि को ही क्या कहूँ, जो उन्होंने तेरी सी हठीली अहीरिन को मुँह चढ़ा लिया है। मैं तो श्याम के एक-एक रोम पर तुझे निछावर कर दूँ। तू उनके एक रोएँ के बराबर नहीं है। अब मैं प्रभु का क्या कहकर वर्णन करूँ। इतना तो अब तक उन्होंने किसी का नहीं सहा था, जितना तेरा सहे जा रहे हैं।

२०५७/३२१५ राग नट

एक तौ लालन लाड़ लड़ाई, दूजें जोबन करी बावरी ।
उनकैं गरब भूलि जनि रहि री, होत अधिक दिन चारि चाव री ।
मेरौं कह्यौ मानि तू माई, सबै त्रियनि कौ यह सुभाव री ।
'सूरस्याम' सौं हिलि-मिलि रहियै, उठत बैस कौ, इहे दावँ री ॥

दूती कहे जा रही है—एक तो श्याम ने तुझे प्यार करके सिर चढ़ा लिया, इसलिए तू दीवानी हो गई। दूसरे तुझे तेरी जवानी ने भी बावला बना दिया है। श्याम के प्रेम के गर्व में तू भूली मत रह। मर्दों का प्रेम तो चार दिन का होता ही है। सखी, तू मेरा कहना मान। मान करना, अपने प्रियतम से रूठना, तो हर स्त्री का स्वभाव होता है। सो तू श्याम से थोड़ा रूठ भी ले तो कोई बात नहीं। पर यह हठीला मान ठीक नहीं। तू श्याम से हिल-मिलकर रह। चढ़ती जवानी का तो यही लाभ है। यह लाभ तू उठा ले और अवसर मत खो।

२०५८/३२१६ राग कान्हरौ

रहि री मानिनि, मान न कीजै।
यह जोबन अँजुरी को जल है, ज्यौं गुपाल माँगै, त्यौं दीजै।
छिनु-छिनु घटति, बढ़ति नहिं रजनी, ज्यौं ज्यौं कला चंद्र की छीजै।
पूरब पुन्य सुकृत फल तेरौ, काहैं न रूप नैन भरि पीजै।
सौंह कहति तेरे पाँइनि की, ऐसी जियनि दसौ दिन जीजै।
'सूर' सु जीवन सुफल जगत कौ, बैरी बाँधि बिबस करि लीजै॥

दूती बोली—अरी क्रोध करने वाली भामिनी, मान मत कर, अपने प्रिय से रूठी मत रह। यह यौवन तो अँजुरी का पानी है, जो बराबर रिसता ही जाता है और अंततः रह नहीं जाता। इस यौवन-जल को गोपाल जैसे भी माँगें, तू उन्हें देती जा। ना नू न कर। जैसे-जैसे रात में चंद्रमा की कला क्षीण होती जाती है, रात वैसे ही वैसे क्षण-क्षग घटती जाती है, बढ़ती नहीं। उसी प्रकार यह जवानी क्षण-क्षण पर उतार पर आती जाती है, सदा नहीं बनी रहती। यह तेरे पूर्व जन्म का पुण्य है, तेरे अच्छे कर्मों का फल है, जो श्याम तुझे इतना प्यार करते हैं। तू उनका रूप-रस अपनी आँखों से क्यों नहीं पीती रहती मैं तेरे चरणों की शपथ खाकर कहे दे रही हूँ कि ऐसा दस दिन का जीना भी सफल है। बैरी को भी अपने प्रेम-पाश में बाँध लेना चाहिए। श्याम तो तेरे प्रियतम हैं, उन्हें तो तुझे अपने प्रेम-पाश में जकड़े ही रहना चाहिए। ऐसे ही लोगों का जगत में जीवन सफल समझना चाहिए जो सभी को अपने प्रेम में बाँधे रहते हैं।

२०५९/३२१७ राग कान्हरौ

सुनि प्यारी राधिका सुजान।
कहि धौं कौन क़ाज सरिहै री, इहिं झूठैं अभिमान।
जिनके चरन रमा नित लालति, सब गुन रूप निधान।
तिनके मुख के बचन मनोहर, सो तू कंरति न कान।
परम चतुर सुंदर सुखकारी, तोसी तिया न आन।
कीजै कहा कृपन की संपति, बिना भोग, बिनु दान।
ऐसी ब्यथा होत निसि हरि कौं, जनि हठि करौ बिहान।
नाहिंन कढ़त और के काढ़ैं, 'सूर' मदन के बान॥

दूती बोली—हे प्यारी राधिका सुनो। तुम तो स्वयं परम चतुर हो। यह झूठा अभिमान करने से कह तो, तेरा कौन सा काम पूरा होगा? तुझे क्या मिलेगा? जिन कृष्ण (विष्णु)

के चरण लक्ष्मी नित्य दबाती रहती हैं और जो स्वयं सब गुणों एवं रूप के आगार हैं, तू उनके भी मुँह से निकले, मन को हरने वाले, वचन पर कान नहीं दे रही है, नहीं सुन रही है। मेरी समझ से तो तुझसे ज्यादा चतुर, सुंदर और सुख देनेवाली कोई दूसरी नारी नहीं है, संपति का अर्थ है उपभोग या दान। जिस कंजूस ने न संपति भोगी, न दान ही किया, उस संपति को क्या कहा जाय। वह तो व्यर्थ है। इसी प्रकार तेरे पास जो रूप की संपत्ति है। उसका भोग और दान कर। यही तेरे रूप की उपयोगिता है। रात्रि में हरि को तेरे अभाव से घोर काम-पीड़ा होती है, तू अपने हठ पर अड़ी रहकर सबेरा न कर दे। अतः चली चल। श्याम को जो प्रबल काम के वाण धँस गए हैं, उन्हें तू ही निकाल सकती है, कोई दूसरा नहीं।

२०६०/३२१८ राग रामकली

आजु हठि बैठी मान किए।
महा क्रोध रस अंसु तपत मिलि, मनु बिष विषम पिए।
अध-मुख रहति, बिरह ब्याकुल, सिख-मूरि मंत्र नहिं मानै।
मूक न कहै सुपन जानी ज्यौं, सुधि आऐं तनु जानै।
एक लीक बसुधा पर काढ़ी, नभ तन गोद पसारी।
जनु बोहित-तजि तकै परन कौ, दधि ज्यौं अवनि निहारी।
ज्यौं अति दीन दुखी सबही अँग, कतहूँ सांति न पावै।
त्यौं बिनु पियहिं तिया प्रातहिं तैं, एकै बात मनावै।
कबहुँक धुकति धरनि स्त्रम-जल भरि, महा सरद रवि सास।
त्राटक भई चित्र पूतरि ज्यौं, जीवन की नहिं आस।
तब उपचार कियौ मैं करकस, लै रस पार्‍यौ कान।
मुर्छा जगी, नहीं मुख बोली, लै बैठी फिरि मान।
हौं तौ थकी करति बहु जतननि, जी की बिथा न पाई।
बूझहु लाल नवल नागर तुम, एकै सैन बताई।
सिव आकार दिखायौ कछु इक भाव, दोष रस नाहीं।
'सूरदास' प्रभु रसिक सिरोमनि, लै मेली पग छाहीं॥

दूती राधा के पास से लौटकर कृष्ण के पास आई और उनसे बोली—राधा आज मान किए हुए हठपूर्वक बैठी हुई है। महा क्रोध की अग्नि में विवश उसके अश्रु जल तप्त हुए जा रहे हैं, मानो उसने कोई भारी भयानक विष पी लिया हो। वह मुख नीचे लटकाए हुए है। विरह से विकल है। उस जहर पर सिखावन रूपी जड़ी या मंत्र का कोई प्रभाव नहीं पड़ रहा है। जैसे कोई गूँगा सपना देखे, पर सपने की बात जानते हुए भी वह न कह सके, पर उसके शरीर पर उसका स्मरण करके तदनुकूल प्रभाव पड़ता रहे, वही स्थिति राधा की है, स्वप्न का प्रभाव तो उसके शरीर पर है, पर वह व्यक्त नहीं कर पा रही है, चुप बनी है। उसने धरती पर अपने शरीर से एक रेखा सी खींच दी है और वह नभ की ओर अपनी गोद फैलाए हुए हैं। उसे यह पृथ्वी समुद्र सी लग रही है और वह उसे पार करने के लिए

जैसे जहाज छोड़कर पत्ते की ओर ताक रही हो। जैसे कोई अत्यंत दीन और सब अंगों से दुखी व्यक्ति कहीं शांति नहीं पाता, उसी प्रकार हे प्रभु, राधा बिना अपने प्रिय के, बिना तुम्हारे, सबेरे से ही चैन नहीं पा रही है और एक ही बात मना रही है—वह बात है तुमसे मिलने की, कभी वह क्वार की धूप से संतप्त-सी पसीने से लथपथ होकर धरती पर गिर गिर पड़ती है। वह चित्र लिखित पुतली के समान निर्निमेष एकटक शून्य में दृष्टि गड़ाए हुए है और उसको अपने जीवित बच पाने की कोई आशा नहीं रह गई है। तब मैंने उसकी प्रबल चिकित्सा की ओर उसके कान में तुम्हारा प्रेम-रस डाल दिया। इससे उसकी इच्छा तो जग गई, पर वह मुँह से कुछ न बोली और वह फिर मान पर दृढ़ हो गई। मैं तो बहुत से यत्न कर करके थक गई पर उसके हृदय की वास्तविक बात को न जान पाई। हाँ, उसने एक ही इशारा किया। उसने शिव का आकार दिखाया, फिर उसे अपने पैरों की छाया में मिला दिया, उसने इस प्रकार कुछ एक भाव तो दिखाया, पर उस भाव का दोष यही है कि मुझे उसमें कुछ रस नहीं जान पड़ा। तुम तो चतुर शिरोमणि हो, नवल नागर हो। उस नागरी के भाव को समझो।

शिव के आकार से राधा ने सिर संकेतित किया और कहा जब कृष्ण अपना सिर मेरे पैरों पर रखकर मुझे मनाएँगे, तभी मैं मानूँगी।

२०६१/३२१९ राग देवगंधार

प्रिया, पिय, नाहिँ मनायौ मानै।
श्री-मुख बचन मधुर मृदु मादक, कठिन कुलिस तैं जानै।
सोभित सहित सुगंध स्याम कच, कल कपोल अरुझाने।
मनौ विधुंतुद ग्रस्यौ कलानिधि, तजत नहीं बिनु दाने।
बाल-भाव अनुसरति, भरति दृग, अग्र अंसु-कन आने।
जनु खँजरीट जुगल जठरातुर, लेत सुभष अकुलाने।
नैन निकट ताटंक गंड मंडल पर कविनि बखाने।
जनु खद्योत चमक, चलि सकत न, निसि-गत-तिमिर हिराने।
यह सुनि कै अकुलाइ चले हरि, कृत अपराध छमाने।
'सूरदास' प्रभु मिले परस्पर, मानिनि मिलि मुसुकाने॥

दूती कृष्ण से बोली—हे प्रिय, तुम्हारी प्रिया राधा मनाने से नहीं मान रही है। अपने मुख से निकली मधुर मृदुल मादक वाणी को भी वह वज्र की अपेक्षा अधिक कठोर समझे जा रही है। उसके सुगंध सिंचित काले केश उसके सुंदर गालों से उलझ रहे हैं। मानो राहु ने चंद्रमा को पकड़ लिया हो और बिना दान लिए छोड़ने को तैयार न हो। राधा की आँखें बच्चों की तरह चरमराई जा रही हैं और मुख के अग्रभाग पर अश्रु-विंदु ढुलकते जा रहे हैं, मानो दो भूखे खंजन आकुल होकर अपना सुंदर भोजन ग्रहण करते जा रहे हों। आँखों के पास ही कपोलों पर दोनों कानों की तरकी का वर्णन तो कवियों ने इस प्रकार किया है, मानो जुगनू चमक तो रहे हों, पर हिलडुल न रहे हों और रात के अँधेरे में खो गए हों।

दूती के मुँह से यह बात सुनकर हरि अपना अपराध क्षमा कराने के लिए आकुल होकर चल पड़े। वे मानिनी राधा से जा मिले और मुसकुरा पड़े।

२०६२/३२२० राग धनाश्री

मानि मनायौ, मौन रही ।
सकुच समेत चली उठि आतुर, बन की गैल गही ।
बिधु-मुख निरखि, बिमुख करि लोचन, पुनि बिधु-बदन चही ।
दरस-परस तदरूप आजु निज, भू नख लेखि कही ।
पुहुप सुरँग सारंग-रिपु-ओट दिखावत चतुर लही ।
पानि सु परसत सीस, परस्पर मुसकाने तबही ।
तृन तोर्‍यौ गुनि जात जिते गुन, काढ़ति रेख मही ।
'सूरस्याम' बहुरौ मिलि बिलसहु, जाति अवधि अबही ॥

राधा कृष्ण के मनाने से मान तो गई, उसका मान तो दूर हो गया; पर वह चुप ही बनी रही। वह बड़े संकोच से हड़बड़ी में उठकर वन के मार्ग पर चल पड़ी। पहले उसने कृष्ण का मुँह देखा, फिर उस ओर से अपनी आँखें फेर लीं। तदनंतर उसने कृष्ण के मुख की ओर एक बार फिर देखा। फिर उसने पृथ्वी पर अपने पैर के नखों से रेखा खींचते हुए आज हमारा तुम्हारा दर्शन और अरस परस सुनिश्चित रूप से कैसे होगा, उसके अनुरूप संकेत करते हुए बताया। उस चतुरा ने एक लाल रंग का फूल अपने सारंग-रिपु (दीपक के शत्रु, अंचल) की ओट रखकर दिखाया और सूचित किया कि लाल लाल फूलों से लदे निकुंज भवन में हम आज मिलेंगे। फिर उसने अपना हाथ अपने सिर पर रखकर सूचित किया कि आज रात में मिलेंगे। कृष्ण इस संकेत को समझकर मुसकुरा पड़े। राधा भी यह समझकर मुसकुरा पड़ी कि कृष्ण मेरा संकेत समझ गए। फिर राधा ने एक तिनका लिया, उससे उसने पृथ्वी पर, जितने गुण (सत, रज, तम) होते हैं, उतनी ही रेखाएँ (तीन) खींच दी फिर उस तृण को तोड़ दिया। इससे उसने सूचित किया कि मैं आज रात के तीन पहरों के लिए जगत से सारा नाता तोड़कर तुम्हारी हो रहूँगी। उस समय तुम मुझसे विलास करना। अभी कोई मिलने की अवधि टली नहीं जा रही है।

सूक्ष्म अलंकार *२०६३/३२२१ राग सारंग*

चली बन मौन, मनायौ मानि ।
अंचल ओट पुहुप दिखरायौ, धर्‍यौ सीस पर पानि ।
ससि-तन चितै, नैन दोउ मूँदे, मुख महँ अँगुरी आनि ।
यह तौ चरित गुप्त की बातैं, मुसुकाने जिय जानि ।
रेखा तीनि भूमि पर खाँची, तृन तोर्‍यौ कर तानि ।
'सूरदास' प्रभु रसिक-सिरोमनि, बिलसहु स्याम सुजान ॥

कृष्ण द्वारा मनाए जाने पर राधा मान गई। पर वह चुपचाप वन की ओर चल दी। उसने अपने आँचल की आड़ में एक फूल दिखाकर संकेतित किया कि श्याम तुम फूलों से लदे कुंज भवन की ओर आना। अपने सिर पर हाथ रखकर सूचित किया कि आज रात

में आना। फिर उसने चंद्रमा की ओर देखकर दोनों आँखें मूँदकर संकेत किया कि चंद्रास्त के बाद आना। फिर उसने अपने मुँह में उँगली डालकर संसूचित किया कि चुपचाप, दबे पाँव, आना। यह सब गुप्त चरित की सूक्ष्म बातें हैं। कृष्ण ने इन इशारों को समझ लिया और मुसकुरा पड़े। फिर राधा ने तिनके से पृथ्वी पर तीन रेखाएँ खींची और उस तृण को तोड़ डाला, इस प्रकार बताया कि मैं आज रात सारे संसार को छोड़कर तीन पहर के लिए तुम्हारी हो रहूँगी। हे श्याम तुम तो रसिक शिरोमणि हो, चतुर सुजान हो। उस समय आकर मेरे साथ तुम मनमाना विलास करना।

२०६४/३२२२ राग गुंड

सैन दै कह्यौ, वन-धाम चलियै स्याम, यहै करि काम, तहँ आनि मिलिहौं।
भाव ही कह्यौ मन-भाव दृढ़ राखिबौ, देउँ सुख तुमहिं सँग रंग रलिहौं।
जानि पिय अतिहिं आतुर नारि आतुरी, गई वन-तीर तनु सुद्ध हेती।
'सूर' प्रभु हरष भए, कुंज वन तहँ गए, सजत रति सेज, जै निगम नेती॥

राधा ने इशारे से कहा—श्याम, वन के कुंज भवन में चलिए, मैं भी यही (नहाने धोने का) काम करके आ मिलूँगी, इशारे ही इशारे में उसने कह दिया कि मैं तुमसे अवश्य आ मिलूँगी, इस बात को पक्की समझना। मैं आकर उस कुंज भवन में तुम्हें सारा सुख दूँगी और तुम्हारे साथ रंगरली करूँगी। अपने प्रिय श्याम को अत्यंत कामातुर जानकर वह चतुर नारी राधा जल्दी से वन (जल; यमुना-जल) के तीर शरीर शुद्धि के लिए गई। श्याम भी प्रसन्न होकर निकुंज-भवन में चले गए। जिन्हें वेद नेति-नेति कहते हैं, वे ही प्रभु वहाँ पहुँचकर अपने हाथों से रति-शैया सजाने लगे।

२०६५/३२२३ राग गुंड मलार

स्याम बन-धाम मग-बाम जोवैं।
कबहुँ रचि सेज अनुमान जिय-जिय करत, लता-संकेत-तर कबहुँ सोवैं।
एक छिनु इक घरी, घरी इक जाम सम, जाम बासरहु तैं होत भारी।
मनहिं मन साध पुरवत अंग भाव करि, धन्य भुज, धनि हृदै मिलै प्यारी।
कबहिं आवै साँझ, सोचि अति जिय माँझ, नैन खग-इंदु ह्वै रहे दोऊ।
'सूर' प्रभु भामिनी-बदन पूरन चंद, रस-परस मनहिं अकुलात वोऊ॥

श्याम निकुंज-भवन में प्यारी राधा का रास्ता देखे जा रहे हैं। कभी वे रति-शय्या सजाने लगते हैं और मन ही मन अनुमान करते जाते हैं कि सेज अच्छी बनी है कि नहीं। कभी उस लता के नीचे जाकर लेट जाते थे, जिसका संकेत राधा ने कर दिया था। उनका एक-एक क्षण, एक-एक घड़ी के समान; एक-एक घड़ी, एक-एक पहर के समान, और एक-एक पहर, एक-एक दिन के समान भारी होता जा रहा था। उन्हें प्रतीक्षा असह्य होती जा रही थी। वे मन ही मन राधा से मिलने की अपनी अभिलाषाएँ अपने अंगों से पूरी किए ले रहे थे और कहे जा रहे थे मेरी यह भुजा, मेरी यह छाती धन्य है, जो आज राधा प्यारी से मिलेगी। यह अपने मन में सोचते जा रहे थे कि कब दिन बीते और कब शाम हो। उनके दोनों नेत्र राधा के मुखरूपी चंद्रमा की प्रतीक्षा में चकोर बन गए थे। उधर प्रभु की भामिनी

राधा का मुखरूपी पूर्ण चंद्रमा भी मन ही मन अरस-परस के लिए आकुल होता जा रहा था।

२०६६/३२२४ राग नट नारायनी

दूती संग हरि कैं रही।
स्याम अति आधीन ह्वै कै, जाहु तासौं कही।
वेगि आनि मिलाइ मोकौं, परम प्यारी नारि।
देखि हरि-तन काम ब्याकुल, चली मनहि बिचारि।
गई तहँ जहँ करति राधा, अंग अंग सिँगार।
'सूर' के प्रभु नवल गिरिधर-संग जानि बिहार॥

दूती श्याम के साथ ही थी। श्याम ने उससे बहुत अधीनतापूर्वक कहा—जाओ, राधा को ले आओ। वह मेरी परम प्यारी प्रिया है। उन्हें लाकर मुझसे तत्काल मिलाओ। हरि के शरीर को काम से अत्यंत आतुर देखकर दूती मन ही मन सोचती विचारती वहाँ चली गई जहाँ राधा अपने एक-एक अंग का यह सोचकर शृंगार किए जा रही थी कि आज गिरिधर नागर के साथ रंग-विहार करना है।

२०६७/३२२५ राग विहागरौ

राधा सखी देखि हरषानी।
आतुर स्याम पठाई याकौं, अंतरगत की जानी।
वह सोभा निरखत अँग-अँग की, रही निहारि-निहारी।
चकित देखि नागरि मुख वाकौ, तुरत सिँगारनि सारी।
ताहि कह्यौ सुख दै चलि हरि कौं, मैं आवति हौं पाछैं।
वैसैंहि फिरी 'सूर' के प्रभु पैं, जहाँ कुंज-गृह काछैं॥

राधा सखी (दूती) को देखकर प्रसन्न हो उठी। उसने तुरंत यह भेद की बात जान ली कि श्याम ने कामातुर होकर इसे मुझे शीघ्र बुलाने के लिए भेजा है। दूती राधा के एक-एक अंग की शोभा देखकर उन्हें बार बार निहारने लगी। राधा ने दूती के मुख पर जब आश्चर्य का चिह्न देखा, तब उसने अविलंब अपने सँवारने सिँगारने का काम समाप्त कर दिया और उस दूती से कहा—तू जाकर हरि से कह कि मैं अभी-अभी आ ही जा रही हूँ और उन्हें सुख दे, ढाढ़स दे। मैं तेरे पीछे-पीछे आ ही पहुँची। दूती राधा की यह बात सुनकर तुरत कृष्ण के पास लौट चली, जहाँ वे कुंज-भवन में सजे-बजे बैठे थे।

२०६८/३२२६ राग केदारौ

दूती देखि आतुर स्याम।
कुंज-गृह तैं निकसि धाए, काम कीन्हौ ताम।
बोलि उठी रसाल बानी, धन्य तुव बड़भाग।
अबहिं आवति बनी बाला, किये मन अनुराग।
कहा बरनौं अंग सोभा, नैन देखौ आजु।
'सूर' प्रभु धरि नैंकु धीरज, करौ पूरन काम॥

दूती को वापस आता देखकर श्याम बड़े उतावले हो उठे। वे कुंज-धाम से बाहर दौड़ पड़े; क्योंकि काम ने उन्हें अत्यंत पीड़ित कर दिया था, वह उनपर अत्यंत क्रुद्ध हो बैठा था। श्याम की आतुरता देख दूती अत्यंत मधुर वाणी में बोल उठी—श्याम तुम अत्यंत भाग्यशाली हो। तुम धन्य हो, सिँगार-पटार किए अपने मन में तुम्हारे लिए भारी प्रेम से भरी राधा रानी चली ही आ रही हैं। उनके अंगों की शोभा का वर्णन मैं क्या करूँ। तुम स्वयं अब उनकी शोभा अपनी आँखों से देख लो। इतने उतावले न हो, थोड़ा धीरज धरो और अपना काम पूरा करो।

२०६९/३२२७ राग ईमन

बड़ै भाग्य के मोटे हौ।
ऐसी तिया और को पावै, बने परस्पर जोटे हौ।
वैसिय नारि सुंदरी छोटी, तैसेंइ तुम बलि छोटे हौ।
पूरब पुन्य सुकृत फल की वह, आपु गुननि करि घोटे हौ।
परम सुसील सुलच्छन नारी, तुमहिँ त्रिभंगी खोटे हौ।
'सूरस्याम' उनके मन तुमहीं, तुम बहुनायक कोटे हौ॥

दूती बोली--श्याम तुम बड़े मोटे भाग्य वाले हो। तुम्हारा भाग्य बहुत प्रबल है। राधा ऐसी सुंदरी और किसे मिल सकती है। तुम दोनों की जोड़ी बहुत अच्छी है। वह सुंदरी अल्पवयस्का नवल किशोरी है और तुम भी वैसे अल्पवयस्क नवल किशोर हो। राधा तो पूर्ण पुण्य और सुकृत का फल है, पर तुमने तो सारे गुण घोंट छान कर पी लिए है। राधा परम सुशीला और सुलक्षणा सुंदरी है। तुम्हीं में थोड़ी सी कज है—तुम त्रिभंगी हो और खोटे हो। श्याम राधा के मन में तो एक तुम्हीं ही, पर तुम बहुनायक कोटि के हो। तुम बहुतों से प्रेम करनेवाले हो।

२०७०/३२२८ राग काफी

सुनि मोहन, तेरी प्रानप्रिया कौं, बरनौं नंदकुमार।
जो तुम आदि अंत, मेरौ गुन मानहु यह उपकार।
चंद्रमुखी, भौंहैं कलंक बिच, चंदन तिलक लिलार।
मनु बेनी भुवंगिनी परसत, स्त्रवत सुधा की धार।
नैन मीन, सरवर आनन मैं, चंचल करत बिहार।
मानौ कर्नफूल-चारा कौं, रबकत बारंबार।
बेसरि बनी सुभग नासा पर, मुक्ता परम सुढार।
मनु तिल-फूल, अधर बिंबाधर, दुहुँ बिच बूँद तुषार।
सुठि सुठान ठोढ़ी अति सुन्दर, सुंदरता कौ सार।
चुवतहि चुवत सुधा-रस मानौ, रहि गई बूँद मँझार।
कंठसिरी उर पदिक बिराजत, गज-मोतिनि के हार।
दहिनावर्त देति मनु ध्रुव कौं, मिलि नछत्र की मार।

कुच जुग कुंभ, सुंडि रोमावलि, नाभि सु ह्रद-आकार।
जनु जल सोखि लियौ सैसवता, जोबन-गज मतवार।
रतन जटित गजरा, बाजू-बँद, सोभा भुजनि अपार।
फूँदा सुभग फूल फूले मनु, मदन-विटप की डार।
छीन लंक, नीबी किंकिनि धुनि, बाजति अति झनकार।
मौर बाँधि बैठ्यौ जनु दूलह, मन्मथ आसन तार।
जुगल जंघ जेहरि जराव की, राजति परम उदार।
राजहंस-गति चलति कृसोदरि, अति नितंब कैं भार।
छिटकि रह्यौ लहँगा रँग, तनसुख-सारी तन सुकुमार।
'सूर' सु अंग सुगंध समूहनि, भँवर करत गुंजार॥

दूती बोली—हे मोहन, यदि तुम आदि से अंत तक मेरा गुण, मेरा उपकार मानकर कृतज्ञ बने रहे, तो मैं तुम्हारी प्रिया राधा का वर्णन करूँ। अच्छा नंदकुमार, सुनो। वह पूर्णमासी के चंद्रमा के समान मुख वाली है। उसकी दोनों भौंहें उस चंद्रमा का कलंक हैं। इन दोनों भौंहों के बीच ललाट पर चंदन का तिलक लगा हुआ है। ऐसा लगता है मानो चोटीरूपी नागिन का स्पर्श पाकर उस चंद्रमा से अमृत की धारा बह निकली हो।

उसका मुख निर्मल सरोवर है, जिसमें उसकी आँखरूपी मछलियाँ चंचलतापूर्वक विचरण कर रही हैं। मानो वे मछलियाँ कनफूल रूपी चारे को खाने के लिए बार-बार लपकी चली आ रही हों।

उसकी सुंदर नाक में बेसरि सुशोभित हो रही है। उस बेसरि में बढ़िया मोती लटक रहा है। लगता है मानो तिल्ली के फूल (नासिका) और लाल कुनुरू (अधर) के बीच ओस की बूँद सुशोभित हो रही हो।

सुनो, उसकी सुगठित सुंदर ठुड्डी तो जैसे सुंदरता का सारतत्व ही हो, लगता है कि चूते-चूते अमृत की धारा एक बूँद में बदल गई हो।

उसके गले में कंठश्री (गुलूबंद) है, वक्ष पर पदक (जुगनू नामक गहना) और गजमुक्ता का हार सुशोभित हो रहा है। मानों तारा की माला (मोती हार) मिलकर दाहिनी ओर से घूमकर ध्रुव (पंख) भी प्रदक्षिणा कर रही हो।

उसका यौवन मतवाला हाथी है। दोनों उरोज उस यौवन-गज के मस्तक हैं। रोमावली ही उस हाथी की सूँड़ है, नाभि ही वह सरोवर है, जिसका शैशवता रूपी जल उस हाथी ने सोख लिया है, सुड़ककर पी लिया है।

वह रत्नों से जड़ा हार पहने हुए है, बाँहों में बाजूबंद है। उसकी भुजाओं की शोभा तो अपार है। उस बाजू में जो फुलरे गुँथे हुए हैं, लगता है मानो काम-वृक्ष की डाल में अनेक फूल फूले हुए हैं।

उसकी कमर पतली है। उसकी फुफुती के ऊपर किंकिणी (करधनी) है, जो रुनझुन-रुनझुन करके बजती जा रही है। लगता है मौर पहनकर कामदेव रूपी दूलहा ही आसन मारकर आ बैठा हो।

वह अपनी दोनों जाँघों पर जड़ाऊ जेहरि नामक आभरण धारण किए हुए हैं। इस जेहरि के कारण वह परम सुंदर लग रही है। उसके नितंब अत्यंत पुष्ट, पीन और गुरु है। इनके बोझ के कारण वह क्षीण पेट वाली सुंदर राजहंस के तमाम झूलती हुई धीरे-धीरे चल रही है।

उसके शरीर पर अत्यंत सुंदर तनसुख की सारी सुहा रही है। इस सारी के भीतर से उसके रंगीन लँहगे का रंग झलका पड़ रहा है। उसके अंगों में सुगंध लगा हुआ है, जिसपर भौंरे गूँजते हुए मँडराए जा रहे हैं।

२०७१/३२२९ राग नट

आजु राधिका रूप अन्हायौ ।
देखत बनै, कहत नहिँ आवै, मुख-छवि-उपमा अंत न पायौ ।
अवली अलक,तिलक केसरि कौ, ता बिच सेंदुर बिंदु बनायौ ।
मानौ पून्यौ चंद्र खेत चढ़ि, लरि स्वरभानु सैं घायल आयौ ।
काननि की बीँरैं अति राजहिँ, मनहुँ मदन-रथ चक्र चढ़ायौ ।
सीसफूल मनि-नाग सीस धरी, मनु सुहाग कौ छत्र तनायौ ।
बंकित भौंह, चपल अति लोचन, बेसरि रस मुकताहल छायौ ।
मानौ मृगनि अमी भाजन भरि, पियत न बन्यौ दुहूँ ढरकायौ ।
दसन बसन, दसनावति राजति, चिबुक चारु तिल ताकि बनायौ ।
मनहुं देखि रवि कमल प्रकासित, तापर भृंगी-सावक स्वायौ ।
कंचुकि स्याम सुगंध सँवारी, चौकी पर नग बन्यौ बनायौ ।
मानौ दीपक उदित भवन मैं, तिमिर सकुच सरनागत अयौ ।
भूषन-भुजा ललित लटकन बर, मनहुँ मिल्यौ अलि-पुंज सुहायौ ।
एतेहूँ पर रूठ 'सूर' प्रभु, लै दूती दरपन दिखरायौ ॥

दूती कह रही है—श्याम, आज राधिका के रूप ने स्नान कर लियाहै। उसका रूप आज देखते ही बनता है। वह कहा नहीं जा सकता है, वह अवर्णनीय है। उसके मुँह की शोभा की तो कोई उपमा ही नहीं दी जा सकती। उसकी अलकें लटक रही हैं। माथे पर केसर का तिलक लगा हुआ है। उसके बीच में सिंदूर का टिप्पा लगा हुआ है। मानो पूर्णिमा का चंद्रमा (मुख) रण-क्षेत्र में चढ़ गया हो, पर वह स्वरभानु (राहु) से घायल हो गया है। यही केसर का तिलक ही भाला है, सिंदूर बिंदु ही धार है और अलकावली ही राहु है।

कानों में बिरिया (कानों का एक आभूषण) सुशोभित हो रही है, मानो कामदेव ने वहाँ अपना रथ का पहिया ही ला भिड़ाया हो। सिर पर शीशफूल सुशोभित है मानो वेणीरूपी नाग ने अपनी मणि निकालकर रख दी है और राधा के सिर पर उसको सौभाग्य का छत्र तान दिया हो। उसकी भौंहे बड़ी बाँकी (सुंदर और वक्र) हैं और आँखें अत्यंत चंचल हैं। उसने नाक में बेसरि पहन रखी है जिसमें आबदार मोती लटक रहा है। ऐसा लगता है मानो नयन रूपी हिरनों के सामने वह मोती अमृत का घट हो। उस अमृत घट का

जितना अमृत वे पी सके, पी गए; शेष को उन्होंने लुढ़का दिया। उसके दाँत और दाँतों को ढकनेवाले परिच्छद (होठ) बड़े सुंदर है। उसकी ठुड्डी भी मोहक है। उस ठुड्डी पर उसने काला तिल बना रखा है, ऐसा लगता है मानों होठों की चमक रूपी सूर्य को देखकर चिबुक रूपी कमल खिल गया हो और उसपर काले तिलवाला भौंरे का बच्चा आकर सो गया हो।

राधा ने काले रंग की चोली पहन रखी है, जो सुगंध से भीनी हुई है। उस चोली के ऊपर चौकोर नगदार चौकी नामक आभूषण बड़ा अच्छा लग रहा है। वह चौकी मानो घर में जलता हुआ दीप है जिसे देखकर चोली का श्याम रंग रूपी अँधेरा शरण में आ गया है। वहाँ के आभूषण (बाजू, बैरखी आदि) पर सुंदर फुलरे लटक रहे हैं, मानो भौंरों के सुहावने समूह वहाँ आ बैठे हों।

राधा का भूषण भूषित रूप तो अलौकिक हो ही उठा था। इस पर उसके रूठने ने उसे और भी सुंदर बना दिया था। दूती ने राधा के इस रूठे सौंदर्य का भी दर्शन कृष्ण को आरसी के प्रतिविंब में करा दिया।

२०७२/३२३० राग बिलावल

देखत नवल किसोरी सजनी, उपजत अति आनंद।
नवसत सजे माधुरी अँग-अँग, बस कीन्हे नँद-नंद।
कंबु कंठ, ताटंक गंड पर, मंडित बदन-सरोज।
मोहन कैं मन बाँधन कौं, मनु पूरी पास मनोज।
नासा परम अनूपम सोभित, लज्जित कीर बिहंग।
मनु विधि अपनैं कर बनाइ किये, तिल प्रसून के अंग।
भुज बिसाल, कर कंकन सोभित, मिलि राजत अवतंस।
तीनि रेख कंचन के मानौ बहु बनाइ पिय अंस।
कुंकुम कुचनि कंचुकी-अंतर, मंगल-कलस-अनंग।
मधु पूरन राखे पिय कारन, मधुर मधुप के अंग।
कीरति विसद विमल स्यामा की, श्रीगुपाल अनुराग।
गावत सुनत सुखद-कर मानौ 'सूर' डरे दुख-भाग॥

एक सखी दूसरी से कह रही है—हे सखी, नवल किशोरी राधा को देखकर मन अत्यंत उल्लसित हो उठता है। नव सत (सोलह) शृंगारों से सजे अपने अंगों की मधुरिमा से उसने नंद-नंदन को अपने बस में कर लिया है। उसकी ग्रीवा शंख के समान चिकनी और धारीदार है। उसके कानों में लटकती तरकी उसके गालों पर झलमलाई पड़ रही है और उसके मुखरूपी कमल की शोभा बढ़ाए दे रही है। ऐसा लगता है मानो मनमोहन के भी मन को मोह लेने के लिए कामदेव ने जाल फैला दिया हो। उसकी नाक तो अनुपम है। उसे देखकर शुक भी लज्जित हो जाता है कि मेरी चोंच ऐसी नहीं है। वह नासिका ऐसी लगती है मानो व्रह्मा ने स्वयं अपने करसे उसे तिल के फूल से बनाया हो। बाहों पर भुज-वंध, हाथ की कलाइयों में कंकण और कानों में कर्णफूल सुशोभित हो रहे हैं मानो प्रिय (कृष्ण) के कंधों पर रखने के लिए सोने की तीन रेखाएँ खींच दी गई हो। कुंकुम मंडित

उरोज, काली चोली के भीतर ऐसे लग रहे थे जैसे कामदेव ने मंगल कलश सजा रखे हों, जिनमें प्रिय कृष्ण के आस्वाद के लिए मधु भरा हुआ हो। काली चोली तो ऐसी लग रही थी मानों काले भौंरों ने उस मधु-कलश को घेर रखा हो, ढक लिया हो। उस षोडशी सुंदरी श्यामा और श्री गोपाल की विमल विशद और प्रेम भरी गाथा गाने से, सुनने से अत्यंत सुख की प्राप्ति होती है और दुख दूर भाग जाते हैं।

२०७३/२२३१ राग जैतश्री

नव नागरि हो। सकल गुन आगरि हो॥
हरि भुज ग्रीवा हो। सोभा-सीवा हो॥
स्याम छबीली भावती। गौर स्याम छवि पावती॥
सैसवता में हे सखी, जोबन कियौ प्रवेस।
कहा कहौं छबि रूप की, नख-सिख-अंग सुदेस॥ १॥
श्रीपति-केलि-सरोवरी, सैसव-जल भरपूर।
प्रगटी कुच उच्चस्थली, सोख्यौ जोवन-सूर॥ २॥
छुटे केस मज्जन समय, देखि विरुध अहि मोर।
भोर-कुहू-निसि मेरु तैं, उतरि चले उहिँ ओर॥ ३॥
सीस सचिक्कन केस कैं, बिच सीमंत सँवारि।
मानहुँ किरनि-पतंग तैं, भयौ दुधा तम हारि॥ ४॥
केसरि-आड़ लिलाट हो, बिच सेंदुर कौ बिंदु।
चक्र तरयौना, नैन मृग, रथ बैठ्यौ जनु इंदु॥ ५॥
नैननि ऊपर कह कहौं, ज्यौं राजत भ्रुव भंग।
जुवा बनावत चंद्रमा, चपल होत सारंग॥ ६॥
चंपकली सी नासिका, राजति कमल अदोस।
ता पर मुक्ता यौं बन्यौ, मनौ भोर कन ओस॥ ७॥
मुक्ता आपु बिकाइ कै, उर मैं छिद्र कराइ।
अधर अमृत हित तप करै, अध मुख, ऊपर पाइ॥ ८॥
अधरनि की छवि कह कहौं, सदा स्याम अनुकूल।
बिंब पँवारे लाजहीं, हरषत बरखत फूल॥ ९॥
कांति पाँति दसनावली, रही तमोल रँग भीज।
बंदन स्यौं ससि मैं बए, मनु सौदामिनि बीज॥ १०॥
गुंजा की सी छबि लई, मुक्ता अति बड़भाग।
नैननि की लई स्यामता, अधरनि कौ अनुराग॥ ११॥
बेसरि के मुक्ता मनिनि, धनि नासा ब्रज नारि।
गुरु भृगु-सुत बिच भौम हो, ससि समीप ग्रह चारि॥ १२॥

खुटिला सुभग जराइ के, मुक्ता मनि छबि देत।
प्रगट भयौ घन-मध्य तैं, मनु ससि नखत समेत ॥ १३ ॥
सुंदर सुघर कपोल हो, रहे तमोर भरिपूर।
कंचन संपुट द्वैपला, मानहुँ भरे सिँदूर ॥ १४ ॥
चिबुक डिठौना जब दियौ, मो मन धोखैं जात।
निकस्यौ अलि सिसु कंज तैं, मनहुँ जानि परभात ॥ १५ ॥
जिहिं मारग बन-बाटिका, निकसति आनि सुभाइ।
मधुप कमल-वन छाँड़िकै, चलत संग लपटाइ ॥ १६ ॥
जहाँ-जहाँ तू पग धरै, तहाँ-तहाँ मन साथ।
अति अधीन पिय ह्वै रहे, तन मन दै तव हाथ ॥ १७ ॥
देखि बदन के रूप कौं, मोहन रह्यौ लुभाइ।
इकटक रह्यौ चकोर ज्यौं, दृष्टि न इत उत जाइ ॥ १८ ॥
तोहिं स्याम सौं है सखी, बढ़ी निरंतर प्रीति।
तू तन मन धन स्याम कैं, तैं हरि पाए जीति ॥ १९ ॥
मनमोहनि तू बस करे, अति प्रबीन नँदलाल।
'सूरदास' गावै सदा, कीरति बिसद विसाल ॥ २० ॥

राधा से दूती कह रही है—हे नवल नागरी राधे, तुम सब गुणों से भरी पूरी हो। तेरे गले में हरि की भुजाएँ पड़ी रहती हैं। तुम शोभा और सौंदर्य की सीमा हो। तुम श्याम की मन चहेती सुंदरी हो, श्याम श्याम से मिलकर तुम्हारी छवि बड़ी सुंदर लगती है।

हे सखी, तुम्हारा शैशव समाप्त हो रहा है और उसमें नवयौवन का प्रवेश हो रहा है। तुम्हारे रूप की शोभा क्या कहूँ। नख से लेकर शिखा तक तुम्हारे सभी अंग सुंदर हैं॥ १ ॥

तू तो श्रीपति कृष्ण की जलक्रीड़ा की तलैया है जो शैशव के जल से भरी हुई थी। पर उस शैशव जल को अब यौवन के सूर्य ने सुखा डाला है। यह यौवन का सूर्य तेरे उच्च उभरे उरोजों के टीले पर उदित हुआ है॥ २ ॥

स्नान करते समय तेरे केश खुल गए हैं मानों काले केश रूपी नाग अपने विरोधी मोर (कृष्ण के मोरपंख वाले मुकुट) को देखकर अमावस्या की काली रात के प्रभात में मेरु (तेरे सिर) से उसी ओर उतर कर चल पड़े हों॥ ३ ॥

सिर की चिकनी अलकों के बीच माँग सँवारी हुई है, मानो सूर्य की किरणों ने अंधकार को हटाकर दो भागों में बाँट दिया हो॥ ४ ॥

माथे पर केसर की तिरछी रेखा है और बीच में सिंदूर की विंदी है। मानो ताटंक रूपी पहिये वाले और नैन रूपी मृगों वाले रथ पर चंद्रमा आ बैठा हो॥ ५ ॥

तेरे नयनों के ऊपर तेरी बाँकी भौंहों का मैं क्या वर्णन करूँ, मानों चंद्रमा ने अपने रथ के खींचने वाले हरिणों को चंचल होता देखकर उनपर रथ का जूआ रख दिया हो॥ ६ ॥

तेरी नाक चंपा की कली सी निर्मल और निर्दोष है। उसपर मोती ऐसे लगते हैं जैसे प्रात:काल की ओस की बूँद॥ ७ ॥

तेरी नासिका से तेरे ओठ पर लटकता मोती ऐसा लगता है, मानो उसने पहले अपने को बेच दिया हो, फिर उसने अपने को विद्ध करवा लिया हो, तदनंतर ऊपर पैर और नीचे सिर करके तेरे अधरामृत को पीने के लिए तप कर रहा हो॥ ८॥

तेरे अधरों की शोभा का वर्णन मैं क्या करूँ। वे सदैव श्याम के अनुकूल बने रहते हैं, श्याम से चुंबित होने के लिए सदा प्रस्तुत रहते हैं। इनको देखकर पके लाल कुनुरू और प्रवाल (नव किसलय, मूँगा) लज्जित हो जाते हैं और वे प्रसन्न होकर जब मुसकुरा उठते हैं तब लगता है मानो फूल बरसा रहे हैं॥ ९॥

चमकती दाँतों की पंक्ति पान के लाल रंग से भींग गई है, लगता है मानो रोरी के साथ बिजली के बीज चंद्रमा में बो दिए गए हैं॥ १०॥

तेरी नाक का मोती बड़ा सौभाग्यशाली है। इसपर तेरे नयनों की श्यामलता और अधरों को अरुणिमा प्रतिविंबित होकर इसे घुँघुची की सी शोभा प्रदान कर रही है॥ ११॥

अरी व्रज-नागरी तेरी बेसरि का मोती भी मणियों के मध्य में पड़कर धन्य हो गया है। यहाँ चार चार ग्रह एकत्र हो गए हैं—१. गुरु (पीला पोखराज), २. शुक्र (उज्ज्वल हीरा), ३. मंगल (लाल माणिक्य), ४. चंद्रमा (उज्ज्वल मोती)॥ १२॥

तेरे कर्णफूल में मोती और लाल मणि जड़े हुए ऐसे शोभा दे रहे हैं मानो चंद्रमा तारों के सहित, (बाल रूपी) बादल के बीच से, निकला आ रहा हो॥ १३॥

तेरे सुंदर गाल पान से भरपूर भरे हुए हैं। लगता है जैसे सोने की डिबिया के दोनों पल्लों में सिंदूर भरा हुआ हो॥ १४॥

जब तू अपनी ठोढ़ी पर काजल की बिंदी दे लेती है, तब मेरे मन को धोखा हो जाता है कि सबेरा होता जानकर कहीं भौंरे का बच्चा तो कमल-कोश से निकला नहीं आ रहा है॥ १५॥

तू जिस पथ से सहज रूप से वन की ओर या वाटिका की ओर निकल पड़ती है, भौंरों की भीड़ कमलों के वन को छोड़कर तेरे साथ लिपट कर चल पड़ती है॥ १६॥

जहाँ-जहाँ तू पैर रखती है, तहाँ-तहाँ तेरे पिया कृष्ण का मन साथ लगा रहता है। वह अपना तन मन तेरे हाथ देकर तेरे अत्यंत अधीन हो रहे हैं॥ १७॥

तेरे मुखरूपी चंद्रमा की छवि को देखकर मनमोहन कृष्ण लुभा जाते हैं। और चकोर के समान टकटकी लगाकर देखने लगते हैं। उनकी दृष्टि इधर उधर नहीं जाती॥ १८॥

हे सखी, श्याम से तेरी प्रीति बराबर बढ़ती रही है। तू तन मन और धन से श्याम की हो गई है और तूने भी श्याम को जीत लिया है॥ १९॥

हे मनमोहनी तूने अत्यंत प्रवीण नंदनंदन को अपने बस में कर लिया है। सूरदास तेरी विशद और विशाल कीर्ति को सदा गाते रहते हैं॥ २०॥

२०७४/३२३२ राग नट

राधा संग ललिता लिए।
स्याम आतुर जानि बाला, गवन आतुर किए।
किंकिनी धुनि स्त्रवन सुनि हरि, अतिहिं पुलकित हिये।
नारि आवत जानि गिरिधर, नहीं धीरज जिये।

चले आतुर धाइ आगैं, संग सहचरि बिये ।
'सूर' प्रभु रतिरंग राँचे, देखि रीझी त्रिये ॥

राधा अपने साथ अपनी प्रिय सखी ललिता को लिए हुए, श्याम को अत्यंत आतुर समझकर, स्वयं बड़ी तेजी से आई। उसकी कमर को किंकिणी के रुनझुन शब्द को सुनकर हरि अपने हृदय में अत्यंत प्रफुल्लित हो गए। राधा को आता हुआ जानकर गिरिधर के मन में जरा भी धीरज नहीं रह गया। वे अधीर होकर उतावली से आगे से उसका स्वागत करने के लिए, अपनी दूती सहचरी को साथ लिए हुए दौड़ पड़े। राधा ने श्याम को रति-रंग में पूर्णतया रँगा हुआ देखा और वह रीझ उठी।

२०७५/३२३३ राग नट

पिय छबि निरखति नागरी, अँग-दसा भुलानी ।
अंतरगत आनँद भरी, ललिता हरषानी ।
सहचरि सौं कहि सुमन लै, हरि फेंट भराए ।
अति अधीन पिय ह्वै रहे, बस परे डराए ।
मारग सुमन बिछावहीं, पग निरखि निहारैं ।
फूले फूले धर धरैं, कलियाँ चुनि डारैं ।
ऐसे बस पिय बाम कैं, सुख 'सूरज' जानै ।
जो जिहिं भावनि हरि भजै, तिहिं तैसैंइ मानै ॥

नागरी राधा ने पिय स्याम की जो प्रेम भरी शोभा देखी, तो वह स्वयं अपने अंगों की दशा भुला बैठी। ललिता भी मन ही मन परमानंदित हो उठी, हर्षित हो उठी। श्याम ने सहचरी दूती से कहा मेरा फेंटा फूलों से भर दो। श्याम अपनी प्यारी से अत्यंत डर गए थे कि वह कहीं फिर न रुष्ट हो जाय, अतएव वे उसके अत्यंत अधीन हो गए थे, उसके बस में हो गए थे। वे राधा के पैर देख-देखकर मार्ग में फूल बिछाते जा रहे थे। वे केवल खिले हुए फूल बिछा रहे थे। कलियों को वे चुन-चुनकर निकाल कर फेंके दे रहे थे, जिससे वे राधा के कोमल चरणों में गड़े नहीं, चुभे नहीं। श्याम राधा के वश में होकर जितना सुख अनुभव कर रहे थे, उस सुख को 'सूरजदास' ही जानते हैं। प्रभु को जो जिस भाव से भजता है, प्रभु उसे उसी भाव से मानते हैं।

२०७६/३२३४ राग पूरबी

पाछैं ललिता, आगैं स्यामा, आगैं पिय फूल बिछावत जात ।
कठिन कठिन कलि बीनि करति न्यारी, प्यारी पग गड़िबैंहि डरात ।
दीरघ लता करनि निरवारत, लै डारत द्रुम बेली पात ।
'सूरदास' प्रभु की अधीनता देखत, मेरे नैन सिरात ॥

आगे-आगे राधा चल रही है। ललिता राधा के पीछे-पीछे चल रही है। श्याम राधा के आगे-आगे उसके पैरों के नीचे फूल बिछाते चल रहे हैं। कलियों को कड़ी जानकर वे उन्हें छाँट छाँटकर अलग किए जा रहे थे। वे डर रहे थे कि कहीं प्यारी राधा के पैरों में ये गड़ न जायँ। मार्ग में पड़ती बड़ी लताओं को हाथ से हटाकर अलगाते जा रहे थे और

पेड़ों की डालों और लताओं के पत्तों को अपने हाथ से वे ऊपर उठाते जा रहे थे, जिससे वे राधा के सर से टकराने न पावें। प्रभु की राधा के प्रति यह वश्यता देखकर सूरदास की आँखें शीतल होती जा रही है।

२०७७/३२३५ राग कान्हरौ

बड़े बड़े बार जु एँड़िनि परसत, स्यामा अपनैं अंचल मैं लिएँ।
बेनी गूथन फूल सुगंध भरे, डोलत हरि बोलत न, सकुच हिएँ।
कुसुँभी सारी अलक झलक मनौ, अहि-कुल बंदन सौं पूजा किएँ।
'सूरदास' प्रभु नैन प्रान सुख, चितए मिलि प्रिया कनखियनि दिए॥

राधा के जो बड़े-बड़े बाल लटककर उसकी एँड़ियों को छूए ले रहे थे, उसने उन्हें अपने हाथों से उठाकर अपने आँचल में रख लिया। राधा की लाल साड़ी में उसकी वेणी ऐसी झलकी जा रही थी मानो सर्पों की रोरी से पूजाकर दी गई हो। हरि राधा की चोटी में गूँथने के लिए सुगंधित फूल लिए हुए साथ-साथ चल रहे थे, पर मारे संकोच के कुछ बोल नहीं पा रहे थे। अपने नेत्रों और प्राणों को सुख देने वाली प्रिया राधा से मिलकर प्रभु ने उसकी ओर कनखियों से देखा। (उन्होंने उसे भर आँखें देखने की हिम्मत नहीं की।)

२०७८/३२३६ राग रामकली

बरन-बरन बन फूलि रह्यौ।
हरषित ह्वै वृषभानु-नंदिनी, सँग सब सखिनि कह्यौ।
कुसुम कली देखत रुचि उपजति, यह कहि तिनहिं सुनावति।
आपुन चुनति गोद लै धारति, जुवतिनि कहति चुनावति।
हँसत परस्पर दै-दै तारी, स्याम लिए पर-बाहीं।
'सूरदास' प्रभु काम आतुरे, और ध्यान चित नाहीं॥

वृंदावन में रंग रंग के फूल फूल रहे थे। वृषभानु की बेटी राधा प्रसन्न होकर संग की सब सखियों से कहकर सुनाने लगीं—'मुझे तो फूल और कलियाँ देखते ही बड़ी अच्छी लगती है।' वे स्वयं कुसुम और कलियाँ तोड़ तोड़कर अपनी गोद में रख लेने लगीं और सहेलियों से भी कहकर फूल चुनवाने लगीं। श्याम राधा की बाँह अपने हाथ में पकड़े हुए थे और सब सखियाँ ताली बजा-बजाकर हँसे जा रही थीं। प्रभु तो कामातुर हो रहे थे, अत: उनका ध्यान अन्य बातों पर नहीं था। उन्होंने यह नहीं सोचा कि सखियों के सामने उनका राधा का यह बाँह पकड़ना अशोभनीय, अनुचित है एवं उपहास का कारण हो सकता है, जो हुआ भी।

२०७९/३२३७ राग रामकली

डोलत बाँकी कुंज-गली।
व्रज-बनिता मृग-सावक-नयनी, बीनति कुसुम कली।
कमल-वदन-पर बिथुरि रहीं लट, कुंचित मनहुँ अली।
अधर बिंब, नासिका मनोहर, दामिनि दसन छली।

नाभि परस रोमावलि राजति, कुच जुग बीच चली।
मनहुँ बिबर तैं उरग रिंग्यौ, तकि गिरि की संधि-थली।
पृथु नितंब, कटि छीन, हंस गति, जघन सघन कदली।
चरन महावर नूपुर मनिमय, बाजत भाँति भली।
ओट भए अवलोकि परस्पर, बोलति अली अली।
'सूर' सु मोहनलाल रसिक सँग, बन घन माँझ रली॥

हरिण के बच्चों के समान आँखों वाली वे सब वनिताएँ कुसुम-कलियाँ बीनती हुई टेढ़ी-मेढ़ी कुंज-गलियों में घूम रही थी। उनके कमल के समान मुखों पर घुँघुराली अलकें भौंरें के समान बिखरी जा रही थीं। उनके होठ पके लाल कुँदरू के सदृश थे। उनकी नाक मन को हरने वाली थी। उनके दाँत बिजली को भी छल लेनेवाले थे। उनकी रोमावली नाभि को छूकर ऊपर दोनों स्तनों के बीच चढ़ती हुई सुशोभित हो रही थी। ऐसा लगता था मानो बिल से निकल कर साँप पर्वत की घाटी को ताककर रेंग गया हो। उनके नितंब पुष्ट एवं पीन थे। उनकी कटि क्षीण थी। उनकी गति हंस के समान थी। उनकी जाँघें घने और मोटे केले के खंभे के समान थीं। उनके पाँवों में महावर लगा हुआ था। वे मणिजटित पायल पहने हुए थीं, जो रुनझुन रुनझुन करके भली भाँति बजती जा रही थी। जब वे एक दूसरे से अलग होकर कुंज-द्रुमों की आड़ में हो जाती थीं, तब वे 'सखी, सखी' करके एक दूसरी को पुकारने लगती थीं। इस प्रकार वे रसिक मोहनलाल के साथ घने वन में घूमती जा रही थीं।

२०८०/३२३८ राग पूरबी

सखियनि के सँग कुँवरि राधिका, बीनति कुसुमनि-कलियाँ।
एक बहिक्रम, एकहिं बानक, एक-रूप-गुन अलियाँ।
सुंदर स्याम लाल के सोहत, करनि रँगीली डलियाँ।
एक अनूपम माल बनावति, भ्राजति कुंजनि गलियाँ।
एक परस्पर बेनी गूँथति, मन भावति रँगरलियाँ।
'सूरदास' प्रभु सँग मिलि हरषित, प्यारी अंकम भरियाँ॥

सखियों के साथ कुँवरि राधिका कुसुमों की कलियाँ बीनती जा रही थीं। वे सखियाँ एक ही वय की, एक ही वेश-भूषा की, एक ही रूप की और एक ही गुण की थीं। प्रिय श्याम सुंदर के हाथ में रँगीली डोलची सुशोभित हो रही थी। कोई सखी किसी कुंज-गली में सुशोभित होती हुई बैठकर माला गूँथे जा रही थी। कोई कोई एक दूसरे की चोटी गूँथने में लगी थीं और एक दूसरे से चुहल किए जा रही थीं। राधा प्यारी ने तो श्याम से मिलकर परम हर्षित (कामोत्तेजित) होकर उन्हें अपने अंक में ही भर लिया।

सुरति *२०८१/३२३९ राग कल्यान*

लै गए धाम-वन स्याम प्यारी।
रहे लपटाइ, दोउ भुजनि पलटाइ कै, कह्यौ पिय बचन, हौ निठुर नारी।

विहँसि वृषभानु-तनया कहति, हम निठुर, तुम सुहृद, बात वै जनि चलावौ ।
निठुर अरु सुहृद सो मनहिँ मन जानिहै, कहा उहि कथा की सुरति ध्यावौ ।
परसपर हँसे, दोउ रसे रति रंग मैं, करत मन काम-फल पुरुष नारी ।
'सूर' प्रभु कोक-गुन मैं निपुन हैं बड़े, काम-बल तोरि रस रह्यौ भारी ॥

श्याम अपनी प्यारी राधा को पकड़कर कुंज-भवन में ले गए। उन्होंने अपनी दोनों भुजाओं से राधा को लपेटकर उसे छाती से चिपटा लिया और कहा—राधा, तुम तो अत्यंत निष्ठुर हो। कृष्ण की यह बात सुनकर हँसकर राधा ने कहा—मान लिया मैं निष्ठुर हृदया हूँ और तुम अत्यंत सुहृद, सुंदर हृदय वाले हो। पर यह समय इस चर्चा का नहीं है। हम अपने मन में जानते हैं कि हममें से कौन निष्ठुर है और कौन सहृदय। उस कथा की यह याद क्यों कराए दे रहे हो ? इस पर दोनों हँस पड़े और दोनों रति-रंग में रत हो गए। पुरुष कृष्ण और नारी राधा अपनी अपनी मनोकामना को फलित करने में लग गए। यद्यपि प्रभु श्याम कोक-कला के पंडित हैं, फिर भी काम ने उनके बल को इस समय बहुत तोड़ दिया था।

२०८२/३२४० राग सूही बिलावल

गिरिधर नारि अबल अति कीन्ही ।
सबल भुजा भरि, अंकम भरि-भरि, चापि कठिन कुच (उर पर) लीन्ही ।
कोक अनागत क्रीड़ा पर रुचि, दूर करत तनु-सारी ।
कमल करनि कुच गहत, लहत पुट, देखौ यह छबि न्यारी ।
बार-बार ललचात साध करि, सकुचति पुनि-पुनि बाला ।
'सूरस्याम' यह काम करौ जनि, धनि-धनि मदन गोपाला ॥

गिरिधर गोपाल ने राधा को एकदम छका मारा, थका मारा। उन्होंने अपनी शक्तिरूपी बाँहों में राधा को भर लिया और कसकर अपनी छाती से खींच लगा लिया, उसके कठिन उरोजों को मींज दिया और अपने उर से लगा लिया। उनकी रुचि अनुपम कोक-कला करने की हुई, अत: उन्होंने राधा के शरीर पर से उसकी साड़ी खींचकर अलग कर दी। उन्होंने राधा के कुच अपने कमल करों से पकड़ लिए और अपने अधर पुटों को उनसे लगाकर उन्हें चुभलाने लगे। उस समय की शोभा अद्भुत थी, श्याम बार बार ललचाकर बड़ी साध से राधा के उरोज चूसने लगे। इस पर वह बाला बार बार सकुचा जाने लगी। वह बोली—हे मदन गोपाल तुम धन्य हो, पर यह काम न करो।

२०८३/३२४१ राग रामकली

सुता-दधि पति सौं क्रोध भरी ।
अंबर लेत भई खिझ बालहिँ, सारंग संग लरी ।
तब श्रीपति अति बुद्धि बिचारी, मनि लै हाथ धरी ।
वै अति चतुर नागरी नागरि, लै मुख माँझ करी ।
चाषत चरन सेस चलि अयौ, उदयाचलहिँ डरी ।
'सूरदास' स्वामी लीला डरि, अंकम लगि उबरी ॥

उदधि-सुता (समुद्र की बेटी लक्ष्मी=राधा) अपने पति (विष्णु=कृष्ण) पर क्रुद्ध हो

गई। जब कृष्ण ने उसके शरीर पर से साड़ी खींच ली, तब वह खीझ उठी और उसने सारंग (दीपक) के साथ लड़ाई लड़ ली—दीपक को बुझा दिया, जिससे कृष्ण उसका नग्न शरीर न देख सकें। तब श्रीपति (विष्णु=कृष्ण) ने एक उपाय सोच निकाला और उन्होंने अपनी मणि निकाल कर अपने हाथ में ले ली। राधा भी परम चतुरा थी। उसने उस मणि को कृष्ण के हाथ से छीनकर अपने मुख में रख लिया। तब कृष्ण ने अपना पैर नीचे दबाया। पैर के चाँपते ही सूर्य सदृश, मणियों वाला शेषनाग चला आया। राधा ने समझा कि सूर्योदय होना चाहता है क्या—अभी तो कुछ हुआ नहीं। तब यह श्याम की लीला से डर कर उनके अंक से लगकर बच पाई।

२०८४/३२४२ राग रामकली

सकुचि तन उदधि-सुता मुसुकानी।
रबि-सारथी सहोदर ता पति, अंबर लेत लजानी।
साराँग पानि मूँदि मृगनैनी, मनि मुख माँझ समानी।
चरन चापि महि प्रगट करी पिय, सेस सीस सहिदानी।
'सूरदास' तब कह करै अबला, जब हरि यह मति ठानी।
भुज अंकम भरि, चापि कठिन डरि, स्याम कंठ लपटानी॥

जब कृष्ण ने राधा के शरीर पर से उसकी साड़ी खींच उतारी, तब उदधि-सुता (लक्ष्मी=राधा) जरा सा सिकुड़कर मुसकुरा दी। रवि के सारथी अरुण, अरुण के भाई गरुड़, गरुड़ के पति विष्णु (कृष्ण) द्वारा वस्त्र खींचते ही वह राधा लजा गई। उस मृगनयनी राधा ने तुरंत सारंग (दीप) को अपने हाथों से मूँद दिया और मणि को अपने मुँह में रख लिया। तब अपने चरणों से महि (पृथ्वी) को दबाकर हरि ने अपने सिर पर सहस्त्रों मणि की पहिचान लिए हुए शेषनाग को प्रकट कर दिया। जब हरि ने यह उपाय कर लिया, तब वह अबला राधा कर ही क्या सकती थी? वह झटपट कृष्ण को अपनी भुजाओं में भरकर उन्हें पूर्णरूप से कसकर, डरकर, उनके गले से लिपट गई।

२०८५/३२४३ राग बिलावल

वह छवि अंग निहारत स्याम।
कबहुँक चुंबन देत उरज धरि, अति सकुचति तनु बाम।
सनमुख नैन न जोरति प्यारी, निलज भए पिय ऐसे।
हा हा करति, चरन कर टेकति, कहा करत ढँग नैसे।
बहुरि काम-रस भरे परस्पर, रति बिपरीत बढ़ाई।
'सूरस्याम' रतिपति बिह्वल करि, नारि रही मुरझाई॥

श्याम राधा के वस्त्रहीन अंगों की शोभा देखने लगे। वे कभी राधा के उरोजों को पकड़कर चूम लेते थे, चुभला देते थे, तब राधा अत्यंत सकुचा कर लजा जाती थी। वह श्याम की आँखों से आँखें मिलाती हुई सामने न देख पा रही थी और सोचती जा रही थी प्रिय श्याम आज इतने निर्लज्ज हो गए हैं। वह उनसे हा हा करती जाती थी, विनती करती जाती थी। उनके पैरों पड़ती जाती थी—ऐसा बेढंगा काम क्यों किए जा रहे हो? फिर दोनों

काम की तरंग में भर उठे और उन्होंने विपरीत रति प्रारंभ कर दी। राधा ऊपर, कृष्ण नीचे। राधा ने रतिपति कामदेव सदृश श्याम को थका दिया और स्वयं भी शिथिल पड़ गई।

२०८६/३२४४ राग बिलावल

पिय प्यारी तनु स्त्रमित भए।
सकुचि उठी नागरि पट लीन्हौ, स्याम लजाइ गए।
सावधान रति-अंत भए पिय, प्यारी तन नहिँ हेरत।
नागरि कुटिल कटाच्छनि हेरति, भृकुटी बंकट फेरत।
ऐसे गुन किनि तुमहिँ सिखाए, तिरनी कटि कसि दीन्ही।
'सूर' कहत पिय सौं तिय बातैं, आजु तुमहिँ मैं चीन्ही॥

सुरति में लीन पिय (कृष्ण) और प्यारी (राधा) दोनों के शरीर थक गए। राधा सुरति के अंत में थकी तो थी, पर फिर भी उसने झटपट उठकर अपना पट (वस्त्र) पहन लिया और श्याम लजा गए कि यह तो मुझसे ज्यादा दमदार निकली। यह सवसन हो गई और मैं अभी यों ही निर्वसन पड़ा हूँ। जब श्याम सावधान हो गए, तब भी वे प्यारी के शरीर की ओर लाज से नहीं देख पा रहे थे। नागरी राधा उनकी ओर कुटिल कटाक्ष से रह-रहकर देख लेती थी और टेढ़ी भौंहें घुमाती जा रही थी। प्रिया पिया से यों बोली—श्याम, तुम्हें यह गुण किसने सिखाया। तुमने तो मेरी कमर तिरनी (घाघरे का नाड़ा, डोरी) से कस दी थी, बाँध दी थी। आज मैंने पहचाना कि तुम कामकला में कितने प्रवीण हो।

२०८७/३२४५ राग धनाश्री

हरषि स्याम तिय बाहँ गही।
अपनैं कर सारी अंग साजत, यह इक साध कही।
सकुचति नारि बदन मुसुकानी, उतकौं चितै रही।
कोक-कला परिपूरन दोऊ, त्रिभुवन और नहीं।
कुंज-भवन सँग मिलि दोउ बैठे, सोभा एक चही।
'सूरस्याम' स्यामा-सिर-बेनी, अपनैं करनि गुही॥

प्रसन्न होकर श्याम ने राधा की बाँह पकड़ ली और कहा कि मेरी एकसाध है कि मैं तुम्हें अपने हाथ से साड़ी पहनाऊँ। राधा कृष्ण की यह इच्छा सुनकर पहले तो सकुचा गई, फिर वह जरा सी मुसकुरा कर दूसरी ओर देखने लगी और इस प्रकार कृष्ण को अपनी साध पूरी करने की, साड़ी पहनाने की, सहमति दे दी। राधा और श्याम दोनों काम-कला के पंडित हैं। इनकी जोड़ का त्रिभुवन में कोई दूसरा नहीं है, दोनों कुंज भवन में एक दूसरे से सटकर बैठ गए और श्याम अपने हाथ से श्यामा राधा की चोटी गूँथने लगे। उनकी इस समय की शोभा का क्या कहना?

२०८८/३२४६ राग धनाश्री

मोहन मोहिनि-अंग सिँगारत।
बेनी ललित ललित कर गूँथत, सुंदर माँग सँवारत।

सीस फूल धरि, पाटी पोंछत, फूँदनि झबा निहारत।
बंदन बिंद, जराइ की बेंदी, तापर बनै सुधारत।
तरिवन स्त्रवन, नैन दोउ अंजन, नासा बेसरि साजत।
बीरी मुख भरि, चिबुक डिठौना, निरखि कपोलनि लाजत।
नख सिख सजत सिँगार भाव सौं, जावक चरननि सोहत।
'सूरस्याम' तिय अंग सँवारत, निरखि आपु मन मोहत॥

मनमोहन मनमोहिनी राधा के अंग सिँगारने सँवारने लगे। उन्होंने अपने ललित करों से राधा की चोटी गूँथ दी, सुंदर माँग काढ़ दी, शीशफूल लगा दिया, माँग की दोनों ओर की पाटियाँ पोंछकर चिकना दीं। वे चोटी के फुलरे को देखने लगे। उन्होंने राधा के माथे पर रोरी का टिप्पा लगाकर जड़ाऊ टिकुली सुधार कर पहना दी। कानों में ताटंक पहना दिए। दोनों आँखों में अंजन लगा दिया और नाक में बेसरि सजा दी। मुख में पान का बीड़ा खिला दिया। ठोढ़ी पर काजल से तिल बना दिया। फिर वे कपोलों को देखकर लजा गए कि अब इनका क्या श्रृंगार किया जाय। उन्होंने पैरों में महावर भी लगा दिया। इस प्रकार श्याम ने प्रेमपूर्वक राधा का नख से लेकर शिखा तक पूरा श्रृंगार कर दिया। वे प्रिया के अंग स्वयं सजाते जा रहे थे और देख-देखकर मोहित भी हुए जा रहे थे।

२०८९/३२४७ राग ललित

ऐसेहिं सुख सब रैनि बिहानी।
भोर भऐं ब्रज-धाम चले दोउ, मन-मन नारि सिहानी।
प्यारी गई वृषभानु-पुरा-तन, स्याम जात नँद-धाम।
सुखमा महल द्वारही ठाढ़ी, उन देखी वह बाम।
प्रात चले बन तैं व्रज आए, मन-मन करत बिचार।
सुनहु 'सूर' ठठकत सकुचत गए, ता गृह नंदकुमार॥

ऐसे ही सुख में सारी रात बीत गई। सबेरा होने पर दोनों व्रज की ओर चल पड़े। मन ही मन राधा सिहाने लगी—देखें अब फिर कब मिलना होता है। राधा तो वृषभानपुरा की ओर चल दी और श्याम नंदगाँव की ओर। सुषमा अपने महल के द्वारे पर खड़ी थी। राधा और श्याम दोनों को उस वामा ने सबेरे सबेरे वृंदावन की ओर से व्रज की ओर आते हुए देखा और मन ही मन विचार करने लगी कि ये दोनों कहाँ से आ रहे हैं। श्याम ठिठकते हुए सकुचाते हुए सुषमा के घर चले गए।

[४. सुखमा]

२०९०/३२४८ राग देवगंधार

कितत‌ैं आए हो नँदलाल, ऐसी कौन बाल, जा धोखैं आइ द्वार है झाँके।
मिटति नहीं चितवनि हित चित की, उहै टेक नित नित की, मैं पहिचाने नैना बाँके।
कबहुँ जम्हात, कबहुँ अंग मोरत, अटपटात मुख बात न आवै, रैनि कहूँ धौं थाके।
'सूरदास' प्रभु रसिक-सिरोमन, रसिक रसिकई नीकैं जानी, नाम लेहु रहे जाके॥

सुषमा बोली—हे नंदलाल, तुम किधर से आ रहे हो। ऐसी कौन सी नवेली है, जिसके धोखे में पड़कर तुम आज मेरे दरवाजे पर आकर झाँक रहे हो। तुम्हारे मन में किसी के प्रति जो राग है, उस राग की चितवन कभी नहीं मिटती, प्रकट हो ही जाती है। तुम्हारी तो यह नित नित की आदत है। मैंने तुम्हारे बाँके नेत्रों को पहचान लिया है, कभी जम्हाई ले रहे हो, कभी अपने अंग मरोड़े ले रहे हो, मुख से सीधी बात नहीं निकल रही है, सिटपिटाए हुए से हो, लगता है रात में किसी के साथ भारी कृपा किया है और थक गए हो। प्रभु तुम तो रसिक-शिरोमणि हो, हे रसिक मैंने, तुम्हारी सारी रसिकता जान ली है। उस नवेली का नाम तो बताओ, जिसके साथ तुमने रात बिताई है।

२०९१/३२४९ राग बिलावल

लाल हो कौन त्रिया बिरमाए ।
चाल तिहारी लटपटी लागति, रस बींधे भोरहिं आए ।
मोसौं दुराव करत नँदनंदन, प्रगट चिह्न मैं पाए ।
'सूर' स्याम बड़ भागिनि सोई, जिन मिलि लाड़ लड़ाए ॥

सुषमा बोली—हे लाल, किस नवेली ने तुम्हें रात में रोक रखा था। तुम लटपटाए हुए चल रहे हो, तुम्हारी चाल से लग रहा है कि रात भर रंगरस में डूबे रहे हो और अब सबेरा होने पर लौटे आ रहे हो। हे नंदलाल, मुझसे क्या छिपा रहे हो, मैं तुम्हारे शरीर पर रतिरंग के सारे चिह्न प्रत्यक्ष देख रही हूँ। सचमुच वह बड़भागिनी है, जिसने आज की रात तुमसे मिलकर रंगरली की है।

२०९२/३२५० राग धनाश्री

'आजु रैनि हरि कहाँ गँवाई ।
लटपटी पाग, उनींदे लोचन, छाँड़ि कुँवर हमसौं चतुराई' ।
'नंद बबा की गाइ चरावत, एक धेनु संध्या नहिँ आई ।
ढूँढ़त-ढूँढ़त सब ब्रज ढूँढ़्यौ, भोर भएँ बृंदाबन पाई' ।
मोर मुकुट मुरली पीतांबर, एक बात की बीस बनाई ।
'सूरदास' प्रभु प्रिया मिलन कौं, अकथ कथा गोपाल सुनाई ॥

सुषमा बोली—'हे हरि, आज की रात तुमने कहाँ और किसके साथ बिताई। तुम्हारी पगड़ी के फेंटे उलटे पलटे हैं, तुम्हारी आँखों में नींद भरी हुई है। श्याम, मुझसे चतुराई न करो, सच्ची बात बताओ।'

कृष्ण ने चतुराई से कहा—'मैं नंद बाबा की गायें चरा रहा था। कल एक गाय शाम तक नहीं लौटी, मैं उसे सारे व्रजमंडल में रात भर ढूँढ़ता रहा। आज सवेरे वृंदावन में पाया है।'

इस प्रकार मोर मुकुट वाले, मुरली वाले, पीतांबर वाले कृष्ण ने एक बात की बीस बातें बनाकर कह दीं। प्रिया सुषमा से मिलने के लिए गोपाल ने यह अकथनीय कथा जोड़-गाँठकर कह सुनाई।

बन-तन तैं आए अति भोर।
राति रहे कहुँ गाइनि घेरत, आवत हौ ज्यौं चोर।
अंग-अंग उलटे आभूषन, बनहूँ मैं, तुम पावत।
बड़भागी तुमतैं नहिँ कोऊ, कृपा करत जहँ आवत।
औचक आइ गए गृह मेरैं, दुर्लभ दरसन दीन्हौ।
'सूरस्याम' निसि हौ कहुँ जागे, पावति अँग-अँग चीन्हौ॥

सुषमा श्याम से बोली—स्याम तुम रात भर कहीं खूब गायें खोजते रहे, उन्हें घेरते रहे। अब भोर होते होते चोर के समान चले आ रहे हो। तुम्हारे अंगों पर के आभूषण उलटे पलटे हैं। लगता है ये सब भी तुम्हें वन में ही (किसी नवेली से) मिल गए होंगे। उससे अधिक भाग्यशाली और कौन होगा, जिसके यहाँ कृपा करते हुए इधर चले आ रहे हो। तुम तो अचानक मेरे घर आ गए हो और मुझे तुम्हारा दुर्लभ सुलभ हो गया है। तुम निश्चित रूप से किसी नवेली के साथ रात भर जगे हो। मैं तुम्हारे अंगों पर रति-चिह्न साफ ही देख रही हूँ।

२०१४/३२५२ राग बिलावल

देखियत लाल उनींदे भए।
राजत हैं रतनारे नैना, मानहुँ नलिन नए।
पीक कपोल, ललाट महाउर, बंदन बलित खए।
जनु तनु जामैं सद्य अरुन दल, काम के बीज बए।
बिनु गुन हार, पयोधर मुद्रा, हृदय सुदेस ठए।
अंजन अधर, सुमंत्र लिख्यौ रति, दीच्छा लेन गए।
'सूरस्याम' बिथुरे कच मुख पर, नख नाराच हए।
ताऊ पर आनंद इंदु जनु, मानहु समर जए॥

सुषमा बोली—लाल, तुम निद्रित से दीख पड़ रहे हो। तुम्हारी आँखें लाल-लाल हो गई हैं, मानो सद्यः प्रस्फुटित लाल कमल हों। तुम्हारे कपोलों पर पान की पीक लगी हुई है, जो साबित कर रही है कि किसी छबीली ने तुम्हें चूमा है। तुम्हारे माथे पर महावर लगा हुआ है, जो बता रहा है कि तुमने उस नवेली को मनाने के लिए उसके अलक्तक-रंजित चरणों पर अपना माथा रगड़ा है। तुम्हारे कंधे पर सिंदूर लगा हुआ है, जो स्पष्ट ही उस सुंदरी की माँग से पुँछकर यहाँ आ लगा है। लगता है काम ने जो बीज तुम्हारे शरीर में बो दिया था, वही अब जम आए हैं और तुम्हारी आँखों की यह ललाई, पान की पीक और सिंदूर उसी अंकुर के नए-नए लाल-लाल कोमल किसलय हैं। तुम्हारे सुंदर वक्ष पर बिना डोरी की माला उभरी हुई है और किसी नवेली के उरोजों की छाप भी इसपर पड़ी हुई है। लगता है तुमने किसी कामिनी को कसकर अपनी छाती से चिपटा रखा था और उसकी यह माला तथा उसके पयोधर तुम्हें गड़कर यह छाप बना गए हैं। तुम्हारे होठों पर काजल लगा हुआ है, स्पष्ट है तुमने किसी कसीली रसीली की आँखों को चूमा है। लगता है तुम रति से ही काम की दीक्षा लेने गए थे और उस रति ने ही तुम्हारे अधरों पर आँखों की

लाली से काम का पीक लिख दिया है। तुम्हारे मुख पर तुम्हारी अलकें भी बिखरी हुई हैं किसी भामिनी ने तुम्हारे वक्ष पर नाखून रूपी वाणों से प्रहार किया है। उस प्रहार-स्थल के ऊपर जैसे दूज का चाँद उदित हो आया है। तुम घायल हो, पर परम प्रसन्न दीख रहे हो, जैसे युद्ध जीतकर चले आ रहे हो।

२०९५/३२५३ राग बिलावल

रैनि जागे, रति-रस पागे, नव तिय संग।
आए हौ दहन कत, अटपटे वैन पिय, रस मसे नैन, तहाँ जाहु, रँगे जाके रंग।
बिनु गुन बनी माल, पीक कपोलनि लाल, जावक तिलक भाल, कीन्हे रस बस अंग।
'सूरदास' प्रभु कित रजनी बिहाइ आए, भोर भएँ मेरे धाम, तुम जीति कै अनंग॥

सुषमा बोली—तुम किसी नवेली के साथ रातभर रति के रस में डूबे हुए जागते रहे हो। अब सबेरा होने पर मुझे जलाने के लिए क्यों चले आए हो? तुम्हारे मुँह से सीधे बोली तक नहीं फूट रही है। तुम्हारी आँखें रति-रस में डूबी हुई हैं। उसी के यहाँ चले जाओ, जिसके प्रेम के रंग में तुम रँगे हुए हो। तुम्हारे वक्ष पर बिना डोरे की माला सुशोभित हो रही है। तुम्हारे गालों पर पान की लाल पीक लगी हुई है। तुम्हारे माथे पर भी लाल-लाल महावर लगा हुआ है। तुम्हारे अंग-अंग रति-रस से भीने हुए हैं। प्रभु, तुम यह सारी रात कहाँ बिताकर, काम को जीतकर, सबेरा होने पर मेरे घर आए हो।

२०९६/३२५४ राग बिलावल

भोरहिं आए मुखहिं लजाने।
रति की केलि बेलि सुख सींचत, सोभित अरुन नैन अलसाने।
काजर-रेख बनी अधरनि पर, नैन कपोल पीक लपटाने।
मनहुँ कंज ऊपर अलि बैठे, उड़ि न सकत मकरंद लुभाने।
है हिय हार अलंकृत बिनु गुन, आए रति-रन जीति सयाने।
'सूरदास' प्रभु पाइ धारिए, जानति हौं पर-हाथ बिकाने॥

सुषमा बोली—तुम लजाए लजाए से मेरे यहाँ सबेरा होने पर आए हो। तुमने रात भर रति-क्रीड़ा की लता को आनंदपूर्वक सींचा है। इसीलिए तुम्हारे अलसाए हुए लाल-लाल नयन बड़े सुहावने लग रहे हैं। तुम्हारे लाल होठों पर काजल की काली रेखा बन गई है। और ऐसा लगता है मानों कमल पर भौंरा आ बैठा हो और मधु-मकरंद के लोभ में वहाँ से न उड़ पा रहा हो। तुम्हारी छाती पर बिना सूत की माला सुशोभित हो रही है। मैं जानती हूँ कि हे चतुर शिरोमणि तुम रति-रण में विजयी होकर आ रहे हो और तुम दूसरी के हाथ बिक गए हो और अब मेरे नहीं रह गए हो। फिर भी, हे प्रभु, आइए, पधारिए, आपका स्वागत है।

२०९७/३२५५ राग बिलावल

जानति हौं जिहि गुननि भरे हौ।
काहैं दुराव करत मनमोहन, सोइ कहौ, तुम जाहिं ढरे हौ।

निसि के जागे नैन अरुन दुति, अरु स्रम आलस अंग भरे हौ।
बंदन तिलक कपोलनि लाग्यौ, काम केलि उर नख उघरे हौ।
अब तुम कुटिल किसोर नंद-सुत, कहौ कौन के चित्त हरे हौ।
एते पर ये समुझि 'सूर' प्रभु, सौंह करन कौं होत खरे हौ॥

सुषमा बोली—तुम जिन-जिन गुणों से भरे हुए हो, मैं उन्हें बखूबी जानती हूँ। हे मनमोहन, तुम मुझसे क्या छिपाए जा रहे हो। आजकल तुम्हारा मन जिसपर ढल गया है, उसका नाम तो मुझे बता दो। रात भर जगने से तुम्हारी आँखें लाल हो गई हैं और तुम्हारे सारे अंग थकावट के कारण अलसाए हुए हैं। तुम्हारे गालों पर तुम्हारी प्रिया के सिंदूर का टीका लग गया है। तुमने जो रति-क्रीड़ा की है, उसमें नख की खरोच तुम्हारे हृदय पर लगी हुई है। हे नंदकुमार, हे नवलकिशोर, अब तुम अत्यंत कुटिल हो गए हो। अब तुमने किसका चित्त चुरा लिया है। इतने प्रमाण होते हुए भी तुम शपथ खाने के लिए तैयार हो कि तुम गाय खोजने गए थे, किसी नवेली के पास रमण के लिए नहीं गए थे। धन्य हो तुम।

२०१८/३२५६ राग सारंग

अरुन उदय बेला अरु नैन।
निसि जागे, अलसात स्याम धौं, मोहनि बोलत मधुरे बैन।
आनन जल-प्रसेव गत चलि यौं, आए मधु-कन माधुरि लैन।
बार-बार रजनी-सुख सूचत, उमँगि-उमँगि रस-प्रीत सु दैन।
क्रीड़त सघन कुंज बृंदावन, बंसीबट जमुना कैं ठैन।
'सूरदास' प्रभु सब विधि नागर, पीवत हौ रस परम सचैन॥

सुषमा कृष्ण से कह रही है—इस समय दो ही तो लाल हैं—एक सूर्योदय की वेला में पूर्व दिशा और दूसरे तुम्हारे नयन। रात्रि जागरण के कारण, हे श्याम, तुम अलसाए हुए हो, इसीलिए तो इतनी मोह लेनेवाली और मीठी मीठी बातें बोलते जा रहे हो। तुम्हारे मुँह पर पसीने की जो बूँदें बह चली हैं, वे मधु-कण हैं और तुम्हारी माधुरी लेने के लिए ही आई है। यह रस जो उमड़ा पड़ रहा है, वह तुम्हारी रात्रि सुख की सूचना ही तो दे रहा है और तुम्हारी प्रीति को भी उघाड़े दे रहा है। प्रभु तुमने जमुना के स्थान पर, वंशीवट के पास, वृंदावन की सघन कुंज में पूरे आनंद के साथ प्रेम-रस का पान किया है। तुम सब प्रकार से चतुर हो।

२०१९/३२५७ राग विहागरौ

आजु निसि कहाँ हुते हो प्यारे।
तुम्हरी सौं कछु कहि न जाति छबि, अरुन नैन रतनारे।
मेचक अधर, निमेष पीक रुचि, देखियत चिह्न तुम्हारे।
हृदय हार बिनु गुनहिँ अलंकृत, मृगमद तिलक लिलारे।
बोल के साँचे, आए भोर भए, प्रगटित काम-कला रे।
दसन-बसन पर छापि दृगनि-छबि, दई वृषभानु-सुता रे।

अरु देखौ मुसुकाइ इते पर, सर्वस हरत हमारे।
'सूरस्याम' चतुरई प्रगट भई, आगे तैं होहु न न्यारे ॥

सुषमा बोली—हे प्यारे, आज की रात तुम कहाँ रहे। तुम्हारी ही शपथ, तुम्हारी इस समय की शोभा तो अकथनीय है। तुम्हारी आँखें रतनार तो थी हीं, अब एक दम लाल हो गई हैं। तुम्हारे होठ पर काजल की कालिमा लगी हुई है। तुम्हारी पलकों पर पान की पीक छविमान हो रही है। ये सब रति-चिह्न हैं और तुम्हारे अंगों पर ये दिखाई दे रहे हैं। तुम्हारे वक्ष पर बिना सूत की माला सुशोभित हो रही है। तुम्हारे मस्तक पर कस्तूरी का काला टीका लगा हुआ है। तुम अपने बात के एक दम पक्के हो—रात में न सही, सबेरे तो आ ही गए। तुमने अपनी सारी काम-कला प्रकट कर दी है। तुम्हारे दसन-वसन (होठ) पर वृषभानु की पुत्री (राधा) ने अपनी आँखों की छवि (काजल) की छाप लगा दी है। इतने सारे सबूत होने पर भी तुम मुसकराए जा रहे हो और मेरा सर्वस्व हरण किए ले रहे हो। इस समय तो तुम्हारी सारी चतुराई प्रगट हो गई है, सारी कलई खुल गई है। प्रभु आगे इस तरह से मुझसे विलग मत होना।

२१००/३२५८ राग विहागरौ

कहौ स्याम कहँ रैनि गँवाई।
अब ये चिह्न प्रगट देखियत हैं, मोसों कौन करत चतुराई।
लटपटी पाग, अलक जो बिथुरीं, बात कहत आवत अलसाई।
तुमसौं चतुर सुजान नागरी, जाकैं रस तुम रहे लुभाई।
'सूरदास' प्रभु तहँहि सिधारौ, नौतन प्रीति जहाँ उपजाई ॥

सुषमा बोली—हे श्याम बोलो न, सारी रात कहाँ बिता दी? अब तो काम-कला के ये सारे चिह्न तुम्हारे शरीर पर प्रत्यक्ष दिखाई दे रहे हैं। मुझसे कौन-सी चतुराई किए जा रहे हो। अब तुम्हारी यह चतुराई यहाँ चलने की नहीं। तुम्हारी पगड़ी के पेंच उलट पलट गए हैं, अलकें बिखर गई हैं, बात कहने में भी तुम अलसाए जा रहे हो। मैं मानती हूँ कि नागरी (राधा) तुमसे कहीं अधिक चतुर है, अधिक सुजान है जिसके रस में तुम लुभाए पड़े रहे। प्रभु, अब तुम वहीं जा रहो, जहाँ नया नया प्रेम लगा लिया है।

सुखमा के घर सखियों का आगमन *२१०१/३२५९ राग विभास*

सुनत सखी तहँ दौरि गईं।
सुने स्याम सुखमा के आए, धाईं तरुनि नई।
कोउ निरखति मुख, कोउ निरखति अँग, कोउ निरखति रँग ओर।
रैनि कहूँ फँग परे कन्हाई, कहतिँ सबै करि रोर।
तब कहि उठी नारि सुखमा यह, भाग हमारैं आए।
'सूरस्याम' धनि बाम तुम्हारी, जिनि निसि बस करि पाए ॥

सखियों ने सुना कि श्याम सुषमा के घर आए हैं। यह सुनते ही वे तरुणियाँ दौड़ी-दौड़ी सुषमा के घर आ पहुँचीं। कोई श्याम का मुँह निहारने लगी, कोई उनके अंगों का निरीक्षण करने लगी और कोई कोई उनके अंगों पर लगे रंगों को देखने लगीं। वे सभी शोर

करती हुई कहने लगीं—कन्हैया रात कहीं और किसी के फंदे में फँस गए थे। तब सुषमा बोल उठी—मेरा भाग्य है, जो श्याम आज तुम मेरे यहाँ आए हो। वह वामा तो धन्य है, जिसने तुम्हें सारी रात अपने अधीन बना रखा था।

२१०२/३२६० राग सारंग

क्यौं ऽब दुरत हैं प्रगट भए ।
कहत हैं नैन निसा के जागे, मानौ सरसिज अरुन नए ।
जावक भाल, नाग-रस लोचन, मसि-रेखा अधरनि जु ठए ।
बलया पीठि, बचन अलसौहैं, बिनु-गुन कंठ-हार बनए ।
भुज ताटंक, ग्रीव सिर-बंदन, चिह्न कपोल दसन ग्रसए ।
आलिंगन चंदन कुच चर्चित, मानौ द्वै ससि उरहिं उए ।
चरन सिथिल अरु चाल डगमगी, घूमत घायल समर भए ।
स्त्रवत सकल अंगनि स्त्रोनित है, स्यामा नख-सायक जु दए ।
राजत बसन पीत उर राते, अति आतुर ह्वै उलटि लए ।
'सूर' सखी कैसैं मन मानैं, सुंदर स्याम कुटिल नग ए ॥

सुषमा अपनी सखियों से बोली—जो रति-चिह्न श्याम के शरीर पर स्पष्ट दीख रहे हैं, वे अब कैसे छिपाए जा सकते हैं। इनकी आँखें लाल कमल के समान हो रही हैं। वे स्वयं बताए दे रही है कि वे रात भर जगी हैं। माथे पर महावर लगा हुआ है। आँखों पर नाग-रस (पान का रस, पीक) लगा हुआ है। होठों पर अंजन की काली रेखा स्थित है। पीठ में उस नवेली के हाथ के कड़े का निशान बना हुआ है। मुँह से बातें अलसाई हुई निकल रही हैं। कंठ में बिना सूत की माला बनी हुई है। भुजा पर तरकी का चिह्न है। गरदन पर उस नवेली की मांग का सिंदूर लगा हुआ है, गालों पर दाँत गड़ने का निशान हैं। आलिंगन-बद्ध कर लेने से उस प्रिया के कुचों पर लेप किया हुआ चंदन इनकी छाती पर लग गया है, मानो दो चंद्रमा इनके उर पर उदित हो आए हैं। पैर ढीले हो गए हैं, चाल डगमग है। लगता है रति-रण में घायल होकर घूम रहे योद्धा हों। सारे अंगों से श्रम-विंदु रूपी रक्त पसीज रहा है, क्योंकि श्यामा राधा ने इन्हें अपने नख रूपी बाणों से विद्ध कर दिया है। इनके शरीर पर तो पीतांबर बहुत सुहावना लगा करता था, पर ये जल्दीबाजी में अपने पीतांबर के बदले नीलांबर धारण किए चले आए हैं। सखी, श्याम का विश्वास अब मेरा मन करे तो कैसे करे? अब तो श्याम सुंदर वह सौभाग्यदायक नग (मणि) नहीं रह गए हैं। ये खोटे, कुटिल और दुखदायक नग हो गए हैं।

२१०३/३२६१ राग बिलावल

आजु लालन लटपटात माई आए अनुरागे ।
अंग अंग आलस भरे, रैनि उनींदे जागे ।
लटपटी सिरपेंच, पाग, छूटे बंधन लागे ।
'सूरस्याम' जागे जहाँ, सोइ त्रिया बड़ भागे ॥

सुषमा सहेलियों से कह रही है—हे सखी, आज तो लालन (प्रियतम) लटपटाते,

डगमगाते हुए मेरे घर आए हैं। रात भर उन्होंने कहीं रंगरली की है। उनके अंगअंग अलसाए हुए हैं, उन्होंने सारी रात जागरण किया है। उनका सिरपेंच (पगड़ी पर की कलँगी) लटपटा गया है और पगड़ी के बंधन भी छूट गए हैं। श्याम ने अब जिस रम्या के साथ रमण में रात बिताई है, यह रमणी बड़ी भाग्यशालिनी है।

२१०४/३२६२ राग विभास

आजु अनत जागे री मोहन, भोरहिं मेरैं कीन्हौ है आवन।
सोभित भूषन अँग-अँग आलस, लै लागे अनमिलौ मिलावन।
अब कैसैं पतियाति हौं प्रीतम, साँचे हौ सौंहनि, बोल-निबाहन।
जावक-चिह्न लगाइ 'सूर' प्रभु, अब आए मोहिं असल सलावन॥

सुषमा सखियों से कह रही है—आज मोहन रात भर कहीं अन्यत्र मोहित होकर जगते रहे हैं और मेरे यहाँ सबेरा होने पर आए हैं। इनके अंग अंग में आज आलस्य समाया हुआ है ये आज अनमेलों में मेल कराए हुए आए हैं। माथे पर महावर, ओठों पर काजल, आँखों पर पान की पीक, गालों पर सिंदूर का टीका, अनमेलों का यह कैसा लुभावना मेल हुआ है, ये उलटे पुलटे चिह्न इस समय इनके अंगों के आभरण बने हुए हैं। अब इन प्रियतम का मैं विश्वास करूँ, तो कैसे करूँ? ये कैसी सच्ची शपथ खानेवाले और कैसे अपने वचन का निर्वाह करनेवाले हैं? अपने माथे पर महावर का टीका लगाए हुए अब यह मुझ अनविद्ध को विद्ध करने चले आए हैं। मेरे साबित कलेजे में छेद करने आ गए हैं।

२१०५/३२६३ राग सुघराई

आजु बन्यौ नव रंग पियारौ। ब्रज-बनिता मिलि क्यौं न निहारौ॥
लटपटी पाग महाउर पागी। कुँवरि मनावत अति बड़ भागी॥
पीक कपोल, अधर मसि लागे। आलस-बलित सबै निसि जागे॥
कहुँ चंदन, कहुँ बंदन की छबि। रैनि रंग अँग-अँग रह्यौ फबि॥
'सूरस्याम' की यह छवि देखौ। जीवन जन्म सफल करि लेखौ॥

सुषमा सखियों से कह रही है—आज तो मेरे प्रियतम का एक नया ही रंग है। हे ब्रज की तरुणियों आकर तुम सब इनका दर्शन क्यों नहीं कर लेतीं? इनकी पगड़ी की पेंचें उलट पलट गई हैं। इस पर महावर का रंग लगा हुआ है। इनकी पाग रूठी कुँवरि को मनाते समय उसके अलता लगे पैरों पर रगड़ी गई है और रंग में पग गई है। वह कुँवरि सचमुच बड़ी भाग्यवती है, जिसके चरणों पर कन्हैया ने अपना माथा टेका है। इनके गालों पर पान की पीक लगी हुई है, ओठों पर कालिख लगी हुई है। सारी रात जगते रहने से इनका सारा शरीर अलसाया हुआ सा है। इनके शरीर पर कहीं चंदन लगा हुआ है, कहीं सिंदूर पुता हुआ है। रात की रंगरली का रंग इनके एक एक अंग पर शोभा दिए जा रहा है। श्याम की इस छटा को देखो और अपने जीवन को, अपने जनम को, सफल समझ लो।

२१०६/३२५४ राग बिलावल

आजु बने नव रंग छबीले। डगमगात पग अँग-अँग ढीले ॥
जावक पाग रँगी धौं कैसैं। जैसैं करी कहौ पिय तैसैं ॥
बोलत बचन बहुत अलसाने। पीक कपोलनि सौं लपटाने ॥
कुंकुम हृदय, भुजनि छबि-वंदन। 'सूर' स्याम नारिनि मन-फंदन ॥

सुषमा कह रही है—हे छबीले लाल, आज तो तुम्हारा एकदम नया रंग-ढंग है' तुम्हारे पैर डगमगाए, लड़खड़ाए जा रहे हैं और तुम्हारे अंगों की नस नस ढीली हो गई है। तुम्हारी पगड़ी महावर के रंग में कैसे रंग उठी? हे प्रिय, तुम्हारी पाग जैसे महावर के रंग में रँग उठी है, मुझे उसे वैसे ही वैसे बता डालो। तुम बहुत अलसाए हुए रुक रुककर बोल रहे हो। तुम्हारे गालों पर पान की पीक लगी हुई है। तुम्हारे वक्ष पर कुंकुम चंदन लिपटा हुआ है और भुजाओं पर सिंदूर की शोभा हो रही है। श्याम, तुम नारियों के मन को फँसा लेनेवाला फंदा हो।''

२१०७/३२६५ राग गौरी

आजु बने बन तैं व्रज आवत।
जद्यपि हैं अपराध भरे हरि, देखि तऊ मोहिं भावत।
नख-रेखा मुक्तावलि कैं तट, अंग अनूप लसी है।
मनौ सुरसरी ईस-सीस तैं, लै बिधु-कला धँसी है।
केलि करत काहू जुवती कर, कुमकुम भरि उर दीन्हौ।
मनौ सुरसती पंच धार ह्वै, नभ तैं आगम कीन्हौ।
बीच-बीच कमनीय अंग पर, स्यामल रेख रही है।
सूर-सुता मनु कनक भूमि पर, चारि प्रवाह बही है।
निरखत अंग 'सूर' के प्रभु कौ, प्रगटित भई त्रिवेनी।
मन बच कर्म दुरित नासन कौं, मानहु स्वर्ग-निसेनी ॥

सुषमा अपनी सखियों से कह रही है—देखो, आज वृंदावन से कृष्ण कैसे बने ठने हुए व्रजमंडल को लौटे आ रहे है। यद्यपि वे मेरे प्रति अपराधी है, फिर भी, देख वे मुझे बहुत अच्छे लगते हैं। इनकी मोतियों की माला के पास ही नवेली के नखों की खरोंच की शोभा तो अनुपम है। मानो सुरसरी गंगा (मोतियों की माला) शिवजी सिर पर से दूज के चंद्रमा की कला (नख-क्षत) लिए हुए नीचे धँसती आ रही हो। काम-क्रीड़ा करते समय किसी युवती ने चंदन लेकर उनके वक्ष पर पाँचों उँगलियों से छापा मार दिया है। ऐसा लगता है जैसे सरस्वती पाँच धाराओं में विभक्त होकर आकाश से पृथ्वी पर उतरी आ रही हो। उनके सुंदर अंगों पर बीच-बीच में काली रेखाएँ हैं, मानो सूर्य की पुत्री यमुना स्वर्ण-भूमि पर चार प्रवाहों (धाराओं) में बह चली हों। प्रभु के अंगों को ध्यानपूर्वक देखने पर उनसे त्रिवेणी प्रगट होती हुई सी प्रतीत होती है, जो मन, बचन और कर्मजन्य पापों को नष्ट करने वाली, स्वर्ग पहुँचाने वाली, सीढ़ी ही है।

२१०८/३२६६ राग रामकली

सखि सोभा अनुपम अति राजै।
नैन-कौन की अंजन-रेखा, पटतर कहूँ न छाजै।
खंजरीट मनु ग्रसित पन्नगी, यह उपमा कछु आवै।
दुग्ध-सिंधु की गरल कला, ज्यौं कोटिक भ्रम उपजावै।
की सुर-सरिता-तट रवि-तनया, की पय पियति भुअंगिनि।
की अति मान मानि सागर तैं, उलटी जमुन-तरंगिनि।
समरारी कौ सुजस, कुजस की, प्रगट एक ही काल।
किधौं रुचिर राजीव कोन तैं, निकसि चली अलि माल।
'सूरदास' दासनि हितकर की, हरि हलधर की जोरी।
राधा बर निसि रसिक-सिरोमनि, कबि कुल परी ठगौरी॥

सुषमा सखियों से कह रही है—हे सखी श्याम के नेत्रों के कोने पर आँजन की काली रेखा की शोभा तो अत्यंत सुंदर लग रही है। इसकी तो कहीं उपमा ही नहीं दीख पाती। यह उपमा कुछ कुछ सूझती है मानो खंजन ने सर्पिणी को निगल लिया हो, केवल उसकी पूँछ दिखाई दे रही हो। यह ऐसा भ्रम उपजाए दे रही है मानो दूध के समुद्र में विष की एक लहर हो। यह गंगा तट पर यमुना है? या दूध पीती कोई नागिन है? अथवा समुद्र से अत्यंत रूठ करके यमुना ही उलटी बह चली हों? अथवा यह स्मर (काम) के अरि शिव का सुयश (औढरदानी होने का) और कुयश (काम को जला देने का) एक ही साथ प्रकट कर रही है। अथवा सुंदर कमल-कोश से भौंरे की अवली निकली आ रही है, अथवा यह अपने भक्तों का कल्याण करनेवाली हरि और हलधर की जोड़ी है। रात-रात भर रंगरली में रस लेने वाले रसिक शिरोमणि राधा वर ने तो कवियों पर ठगौरी डाल दी है। उन्हें ठीक से कोई उपयुक्त उपमा ही नहीं सूझ पा रही है।

२१०९/३२६७ राग अड़ानौ

आए लाल उनींदे आपुन, पलिका पौढ़ौ, पलोटिहौं पाइ।
मेरी सकुच जिय मैं कत आनत, हौं तौ आज्ञाकारि सुभाइ।
यह अचरज आवत इन बातनि, मान करत मानत न मनाइ।
'सूरस्याम' ता बामहिं हित करि, रस बस लीन्हौ कंठ लगाइ॥

सुषमा कृष्ण से बोली—"हे लाल (प्रियतम) रात्रि जागरण के कारण तुम्हें नींद आ रही है और तुम इस उनींदी दशा में मेरे यहाँ कृपा कर चले आए हो। आओ, पलँग पर लेट जाओ। मैं तुम्हारे पाँव मींजकर तुम्हारी थकावट दूर कर दूँ। तुम मेरा संकोच क्यों कर रहे हो। मैं तो स्वभाव ही से तुम्हारी आज्ञाकारिणी हूँ।"

सुषमा की इन बातों को सुनकर कृष्ण को बड़ा आश्चर्य हुआ कि मान कर लेने पर तो यह मनाने से भी नहीं मानती थी, आज क्या बात है। यह सोचकर उन्होंने उस वामा सुषमा को प्रेमपूर्वक गले से खींच लगा लिया।

२११०/३२६८ राग ललित

आजु अति रैनि उनींदे लाल ।
तुम पौढ़ौ, मैं चरन पलोटौं, पिय जनि जानौ ख्याल ।
सुमन सुगंध सेज है डासी, देखत अंग बिहाल ।
मेरे कहैं न्हाहु, कछु भोजन करौ न, मदन-गुपाल ।
निसि स्त्रम भयौ, पीर मोहिँ आवति, सुनतिँ परस्पर बाल ।
'सूरस्याम' सुनि बचन कपट तिय, भरि लीन्ही अंकमाल ॥

सुषमा कृष्ण से बोली—'हे लाल, आज सारी रात तुम सो नहीं पाए हो। तुम पलँग पर लेट जाओ, मैं तुम्हारे पैर मींज दूँ। हे प्रिय, इसे तुम हँसी-दिल्लगी मत समझो। मैंने तुम्हारे लिए, तुम्हारे शरीर को थका समझकर फूलों से सुगंधित सेज बिछा दी है। मेरे कहने से नहा लो, कुछ भोजन कर लो न। हे मदनगोपाल, रात में तुम्हें भारी श्रम करना पड़ा है और पीड़ा मुझे हो रही है।'

सखियाँ सुषमा की ये बातें सुने जा रही थीं। श्याम ने उसकी कपट भरी व्यंग-वाणी सुनी, तो उसे तत्काल खींचकर गले से लगा लिया।

राधा के घर चंद्रावली का आगमन २१११/३२६९ राग बिलावल

स्यामहिँ सुख दै राधिका निज धाम सिधारी ।
चित तैं कहुँ उतरत नहीं, श्रीकुंज बिहारी ।
रैनि बिपिन रति-रस रह्यौ, सो मनहि बिचारै ।
पिय सँग के अँग चिह्न जे, दरपनहिँ निहारै ।
इहिँ अंतर चंद्रावली, राधा-गृह आई ।
अंग सिथिल छबि देखि कै, जहँ-तहँ भरमाई ।
कह्यौ चहति कहत न बनै, मन-मन अनुमानै ।
'सूरस्याम' सँग निसि बसी, निहचै इह जानै ॥

श्याम को सुख देकर राधा अपने घर गई, पर कुंज में विलास करनेवाले कृष्ण उसके चित्त से कथमपि नहीं उतर पा रहे थे। रात में वृंदावन के कुंजभवन में उसने सुरति का जो रस लूटा था, वह मन ही मन उसीपर विचार किए जा रही थी। प्रिय के साथ रमण करने के जो चिह्न उसके अंगों पर बन गए थे, वह उन्हीं को दर्पण में देखे जा रही थी। इसी बीच चंद्रावली राधा के घर आ गई। राधा के सब अंगों को ढीला-ढाला देखकर वह कुछ भ्रम में पड़ गई। वह कुछ कहना चाहती थी, पर उससे कुछ कहते न बना। वह मन ही मन अनुमान करने लगी और उसने निश्चित रूप से यह जान लिया कि राधा आज की रात श्याम के साथ रही है।

२११२/३२७० राग आसावरी

चंद्रावलि सखियन सँग लीन्हे, राधा कैं गृह आई ।
आजु अंग-सोभा कछु औरै, हरि-सँग रैनि बिहाई ।

अब तौ नहीं दुराव रह्यौ कछु, कहौ सांच हम आगै।
अधर दसन-छत, उरजनि नख-छत, पीक पलक दोउ पागे।
हम जानी तुम कहौ प्रगट करि, स्याम-संग सुख माने।
सुनहु 'सूर' हम सखी परस्पर, क्यौं न रैनि-जस गाने॥

चंद्रावली सखियों को लिए-दिए राधा के घर आई। उसने देखा। आज तो राधा के अंगों की शोभा ही कुछ और है। उसने सोचा इसने श्याम के साथ आज की रात रंगरली में बिताई है। तब वह बोली—अब तो हमारा तुम्हारा कोई दुराव छिपाव है नहीं। मुझसे सब सच-सच कहो। तुम्हारे होठों पर दाँतों का क्षत है, तुम्हारी छाती पर नख का क्षत है, तुम्हारी दोनों पलकों पर पान की पीक लगी हुई है। हम जान गईं कि तुमने श्याम के साथ सुरति-सुख पाया है। अब तुम हमसे साफ-साफ कहो, हम तो सारी सखी हैं। तुम मुझसे रात की यश-कथा क्यों नहीं कह सुनातीं?

२११३/३२७१ राग बिलावल

कहति सखिनि सौं राधिका, तुम कहति कहा री।
मेरी सौं का हँसति हौ, सुनि चकित महा री।
पीक कपोलनि यौं लग्यौ, मुख पोंछन लागी।
कहाँ स्याम कहँ मैं रही, कब धौं निसि जागी।
उरज करज निज करज कौ गर हार सँवारत।
सहज कछुक निसि मैं जगी, बचननि सर मारत।
कहति और की औरई, मैं तुमहिं दुरैहौं?
'सूरस्याम'-सँग जौ मिलौं, तुमसौं नहिँ कैहौं?

सखियों से राधा कहने लगी—तुम यह क्या कहे जा रही हो? तुम्हें मेरी सौंह, तुम हँसती क्यों जा रही हो? मैं तो तुम्हारी बातें सुनकर ही चकपका गई हूँ। यह कहकर वह अपने कपोलों पर लगी पान की पीक पोंछने लगी। और फिर बोली—कहाँ श्याम नंदगाँव में, कहाँ मैं बरसाने में। मैं रात में कब जाती? मेरे उरोजों पर जो जरा सी खरोंच लग गई है, यह तो गले का हार सँवारते समय मेरे ही नहों से लग गई है। आज रात मैं सहज ही कुछ देर तक जगती रही थी। और तुम हो कि मुझपर अपने वचनों के व्यंग-वाण चलाती जा रही हो। तुम कुछ की कुछ कहती जा रही हो। भला मैं तुमसे कुछ छिपाऊँगी। यदि मैं श्याम से मिलूँगी, तो क्या तुमसे नहीं कहूँगी। और तुमसे नहीं कहूँगी, तो कहूँगी किससे?

२११४/३२७२ राग बिलावल

आजु बनी नव रंग किसोरी। रसिक कुँवर मोहन सँग जोरी॥
बिथुरी अलक, सिथिल कटि डोरी। कनक-लता मनु पवन झकोरी॥
अधर दसन-छत कछु छबि छोरी। दरपन लै देखौ मुख गोरी॥
सुख लूटत अतिहीं भइ भोरी। 'सूर' सखी डारति तृन तोरी॥

चंद्रावली अन्य सखियों से कह रही है—'आज तो किशोरी श्री राधा जी की शोभा

एक दम नई-नई है, एक दम नए रंग की है। इसने रसिक नंदकुमार के साथ मिलकर खूब रंगरली मनाई है। इसकी अलकें इसके कपोलों पर फैल रही हैं। इसकी नीबी का नारा भी ढीला-ढाला हो गया है, लगता है सोने की लता को हवा ने झकझोर दिया है। इसके होठों पर कृष्ण के दांतों के क्षत ने तो सारी शोभा को ही छीन लिया है।' फिर वह राधा से बोली—अरी गोरी राधा, जरा शीशे में तो अपना मुँह देख लो। तुम तो श्याम के साथ सुख लूटने में अत्यंत भोली सी गई हो और अपने अधर पर के दंत-क्षत का भी तुम्हें ध्यान नहीं रह गया है।

सखियाँ राधा की इस छवि पर मुग्ध होकर तृण तोड़ने लगीं कि इसको किसी की बुरी नजर न लग जाय।

२११५/३२७३ राग टोड़ी

आजु बनी वृषभानु-कुमारी। गिरिधर बर, राधा तू नारी॥
हम सौं करति दुराव वृथा री। इनि बातनि तू लहति कहा री॥
आलस अंग मरगजी सारी। ऐसी छबि कहि काल्हि कहाँ री ?
'सूरदास' छबि पर बलिहारी। धन्य-धन्य तुम दोउ बर-नारी॥

चंद्रावली कह उठी—हे वृषभानु-कुमारी राधा, आज तो तुम अद्भुत शोभा को प्राप्त हो रही हो। गिरिधर गोपाल तेरे पति हैं और तू उनकी पत्नी है। तू मुझसे व्यर्थ ही छिपाव कर रही है। इन दुराव की बातों से तुझे मिलता क्या है ? तेरे अंग अलसाए हुए हैं। तेरी साड़ी मसली हुई है। तेरी ऐसी शोभा तो कल नहीं ही थी। मैं तेरी इस छवि पर निछावर हुई जा रही हूँ। तुम दोनों पति-पत्नी धन्य हो, धन्य हो।

२११६/३२७४ राग सारंग

बनक बनी वृषभानु-किसोरी।
नख-सिख सुंदर चिह्न सुरति के, अरु मरगजी पटोरी।
उर भुज नील कंचुकी फाटी, प्रगटे हैं कुच कोरी।
नव घन मध्य देखियत मानहुँ, नव ससि की छबि थोरी।
आलस नैन सिथिल कज्जल, बलि, मनि ताटंकनि मोरी।
मानहुँ खंजन हंस कंज पर, लरत चंचु-पुट तोरी।
बिथुरी लट लटकी भृकुटी पर, माँग सु मनि नग रोरी।
मानहुँ कर कोदंड काम, अलि सैन कमल-हित जोरी।
अति अनुराग पियत पियूष हरि, अधर-सिंधु हद फोरी।
'सूर' सखी निसि संग स्याम के, प्रगट प्रात भइ चोरी॥

चंद्रावली राधा को देखकर कह रही है—आज तो राधा की वेश-भूषा कुछ और ही हो गई है। नख से लेकर शिखा तक इसके सारे अंगों पर सुरति के चिह्न बने हुए हैं। इसकी रेशमी साड़ी भी सिकुड़ गई है। इसकी नीली चोली इसकी छाती पर और भुज पर फट गई है। इससे इसके उरोजों का अग्रभाग खुल गया है। लगता है मानो नवीन बादल (नीली चोली) के बीच में द्वितीया के चंद्र (नख-क्षत) की हलकी सी झलक दिख रही है। इसके

अलसाए नयनों पर काजल फैल गया है और इसके कानों की तरकी की मणि मुड़ गई है। लगता है खंजन (नेत्र) और हंस (हंस के आकार के ताटंक) कंज (मुख) पर लड़ गए हों और इस लड़ाई में उनकी चोंचे टूट गई हो। इसकी भौंहों पर बिखरी हुई अलकें लटकी पड़ रही हैं, मानो कामदेव ने अपने हाथ में धनुष (भौंह) लेकर उस पर भौंरो की सेना की डोरी मुख रूपी कमल की रक्षा के लिए जोड़ दी हो। इसकी माँग मणि, नग, और सिंदूर से युक्त है। हरि ने अत्यंत अनुराग में इसके अधराधरों के समुद्र के मधुरामृत को पीते पीते, उसकी हद को फोड़ दिया है—होठों को दांतों से काट लिया है। रात भर इसने श्याम के साथ चोरी-चोरी मजा उड़ाया है अब प्रात में इसकी यह चोरी प्रगट हो गई है।

२११७/३२७५ राग सानुत

राधे तू अति रंग भरी।
मेरे जान मिली मोहन सौं, अंचल पीक परी।
छूटी लट, टूटी नकबेसरि, मोतिन की दुलरी।
हौं जानति हौं फौज मदन की, लूटि लई सगरी।
अरुन नैन, मुख सरद निसाकर, कुसुम गलित कबरी।
'सूरदास' प्रभु गिरिधर कैं सँग, सुरति समुद्र तरी॥

चंद्रावली कह रही है—अरी राधे, आज तो तू अत्यंत अलग रंग में है, बड़ी प्रसन्न दिखाई दे रही है। मेरी समझ से तो तू आज मनमोहन से मिली है। इसीलिए तेरे आँचल पर पीक ही पीक लगी हुई है। तेरी लटें छूटी हुई हैं, बिखर गई हैं। तेरी नकबेसरि और मोतियों की दो लड़ों की माला टूट गई है। मैं समझती हूँ तूने आज कामदेव की सारी सेना ही लूट ली है, तेरी आँखें लाल हो गई हैं। तेरा मुख शरद के चंद्रमा सा लग रहा है। तेरे जूड़े के फूल झड़ गए हैं। तू गिरिधर गोपाल के साथ सुरति-समुद्र को भलीभाँति तैर कर पार हो गई है।

२११८/३२७६ राग नट

मैं जानी तैरे जिय की बात, सोइ गात चिह्नहु कहे देत माई।
आलस तन मोरै, भुजनि जँभाइ जोरै, लागत सुहाई, पिय मन भाई।
बैन, ऐन-नैन-सैन, देखिए सिँगार, बार बिथुरे, रति देत जनाई।
'सूरदास' प्रभु की सु नजरि उदित अंग, हिलनि-मिलनि तुव प्रीति प्रगटाई॥

चंद्रावली राधा से कह रही है—अरी सखी, मैंने तेरे मन की बात जान ली। तेरे शरीर पर बने रति चिह्न भी वही बात कहे जा रहे हैं। तू आलस से अपना शरीर तोड़ती जा रही है; जँभाकर तू अपने हाथ ऊँचे उठाकर उन्हें परस्पर अँगुलियाँ फँसाकर मिलाए ले रही है। तू अपने पिया के मन को खूब भा गई है। इसीलिए तू अत्यंत सुहावनी लग रही है, प्रसन्न नजर आ रही है। तेरी वाणी, तेरे एण (मृग) के सदृश नयनों की चितवन, तेरे श्रृंगार, तेरी बिखरी लटें बताए दे रहे हैं कि तू ने आज खूब रंगरली की है। प्रभु की कृपा-दृष्टि तेरे अंग अंग पर हुई है। वह झलकी पड़ रही है। इसी से स्पष्ट है कि तेरा उनसे हिलना-मिलना खूब हुआ है और तेरी उनसे गाढ़ी प्रीति छनी है।

२११९/३२७७ राग सूही

नहिंन दुरत हरि पिय कौ परस।
उपजत है मन कौं अति आनँद, अधरनि रँग, नैननि कौ अरस।
अंचल उड़त अधिक छबि लागति, नख-रेखा उर बनी बरस।
मनु जलधर-तर बाल कलानिधि, कबहुँ प्रगटि, दुरि देत दरस।
बिथुरी अलक सुदेस देखियति, स्रम-जल तैं मिट्यौं तिलक सरस।
'सूर' सखी वूझैंहुँ न बोलति, सो कहि धौं तोहि कौन तरस॥

चंद्रावली कह रही है—देख राधे, प्रिय हरि ने तुझे जो स्पर्श किया है, उनका वह स्पर्श लाख छिपाने पर भी छिप नहीं सकता। तेरे अधरों का रंग उड़ गया है, क्योंकि हरि ने तेरे अधरों को खूब चूसा है। तेरे नेत्र एकदम अलसाए हुए हैं, क्योंकि तू उनके क्रोड़ में रात भर जगती रही है, तेरे इस रूप को देखकर, तो मेरे मन को परम आनंद की प्राप्ति हो रही है। तेरा आँचल जब-जब उड़ता है, तब-तब तेरी शोभा अत्यधिक बढ़ जाती है। तेरे उरोजों पर लगे नख-क्षत की छवि तो जैसे बरसी पड़ती है। लगता है नीली चोली रूपी बादल के नीचे नख-क्षत रूपी द्वितीया का चंद्रमा कभी छिप जाता है और कभी प्रगट दिखाई देने लगता है। तेरी विखरी अलकें तो बहुत सुंदर दीख पड़ती हैं। पसीने से तेरे माथे का सुंदर तिलक मिट गया है। सखी, तू तो पूछने पर भी नहीं बोल रही है। बता तो तुझे किसका डर है, जो चुप्पी साधे बैठी है।

२१२०/३२७८ राग बिलावल

तोहिँ छबि राजै ब्रजराज संग जागे की।
कर सौं कर जोरिकै जम्हाति, ऐंड़ात गात, दुरि मुरि रही लसि अलक जु आगे की।
कबहूँ पुनि पलक झपकि मन भावत अति, अँखियाँ अरुन भईं प्रेम पागे की।
'सूरदास' प्रभु सुख प्रगट उमँगि रह्यौ, देखत बनति छबि स्याम उर लागे की॥

चंद्रावली कह रही है—राधे तू व्रजराज कृष्ण के साथ जो रातभर रंगरली में जगी है, इससे तेरी छवि अत्यंत बढ़ गई है। तू अपने दोनों हाथ ऊपर उठाए हुए, उन्हें एक दूसरे में मिलाए हुए, जम्हाती जा रही है, अंग तोड़ती जा रही है, मुख के आगे की लटें लटक कर मुड़ी जा रही है, यह सब तेरी शोभा को बढ़ा ही रहे हैं। कभी तेरी पलकें जो नींद के भार से झपकने लगती हैं, वे मन में बहुत भली लग रही है। तेरी आँखें कृष्ण के प्रेम में पगी हुई हैं, अतः लाल हो उठी हैं। तूने प्रभु के साथ जो सुख भोगा है, वह तेरे अंगों से उमड़ा पड़ रहा है। तू जो श्याम की छाती से चिपटी रही है, उसकी शोभा तो देखते ही बनती है।

२१२१/३२७९ राग देवसाख

(अरी मैं जानि) पाए, चिह्न दुरै न दुराए।
अति अलसाति जम्हाति पियारी, स्याम-काम बन-धाम·पुराए।
कहा दुराव करति री प्यारी, कोटि करै मुख नैन झुराए।
सुमन-हार सो मरगजि डारी, पिय प्यारे रँग-रैनि जगाए।

प्रगट नहीं तू करति, डरति किहिं, सुरति-सेज रति काम लजाए।
'सूरस्याम' तोहिं रसबस कीन्ही, जात नहीं मन तैं बिसराए॥

चंद्रावली राधा से कह रही है—तेरे अंगों पर जो रति के चिह्न बन गए हैं, वे छिपाए से छिप नहीं पा रहे हैं। मैंने तो सारा रहस्य इन्हें देखते ही तुरत जान लिया। तू अत्यंत अलसाई हुई है, जम्हाई लेती जा रही है। हे प्यारी श्याम ने वन-धाम में तेरे सब काम पूरे कर दिए हैं, तू मुझसे क्या छिपा रही है? अरी प्यारी तेरे ये सूखे मुख और नैन तेरे सभी भेद स्वयं कहे दे रहे हैं। तू कितना भी छिपाने का उपाय क्यों न करे। तेरे गले का फूलों का हार एकदम मसल उठा है और तेरे पिया ने रंगरली में तुझे सारी रात जगा मारा है। तू मुँह से साफ साफ क्यों नहीं कह देती, किससे डरती है। तेरी सुरति-शैया ने तो रति और काम को भी लज्जित कर दिया है। श्याम ने तुझे अपने रस के बस में कर लिया है और तू उन्हें मन से बिसरा नहीं पा रही है।

२१२२/३२८० राग सारंग

काहे कौं दुरावति नैन नागरी।
जानति हौं नँदलाल रसिक पिय, मिलि सब रजनी जाग री।
सुरति-समै के मुख-तमोर मिलि लोचन-परसत लाग री।
मनहुँ सरद विधु भए पद्म जुग, मुकुलित लहि अनुराग री।
उरज करज मानौ सिव सिर पर, ससि सारंग सुभाग री।
अरुन कपोल अंक अलकैं मिलि, उरग कामिनी आग री।
हरि पुनि चतुर, चतुर अति कामिनि, कै तू रूप की आगरी।
'सूरदास' प्रभु बस करि लीन्हे, धनि तिय तेरौ सुहाग री॥

चंद्रावली कह रही है—हे नागरी राधे, तू अपनी आँखें क्यों चुराए जा रही है? मैं जानती हूँ कि तू नंदलाल के साथ, अपने रसिक प्रिय के साथ, मिलकर सारी रात जागती रही है। सुरति-वेला में कृष्ण के मुख का पान तेरी आँखों को चूमते समय उनपर लग गया है, मानो शरद के चंद्रमा (मुख) में दो लाल-लाल कमल अनुराग पाकर खिल गए हों। तेरे स्तनों पर हरि के नखों की जो खरोच लगी है, वह मानो शिव के सिर पर दूज का चंद्रमा शोभा दे रहा है। तेरे लाल लाल गालों पर तेरी लटकी लटें ऐसी लग रही हैं मानों नागिनियाँ आग से मिलकर खेल रही हों। हरि तो चतुर हैं ही, पर हे कामिनी, हे रूप की आगरी तू उनसे भी अधिक चतुर है, जिसने प्रभु को भी अपने बस में कर लिया है। तेरा सुहाग धन्य है, परम प्रशंसनीय है।

२१२३/३२८१ राग टोड़ी

लालन सौं रति मानी जानी, कहे देत नैना रँग-भोए।
चंचल अंचल कतहिँ दुरावति, मानहुँ मीन महाउर धोए।
पीक कपोलनि तरिवन कैं ढिग, झलमलाति मोतिन छबि जोए।
'सूरदास' प्रभु छबि पर रीझे, जानति हौ निसि नैंकु न सोए॥

चंद्रावली राधा से कह रही है—मैंने जान लिया कि तूने लालन (प्रियतम) के साथ सुरति-सुख का आनंद लिया है। ये तेरे लाल रंग में डूबे नेत्र ही सारा भेद खोले दे रहे हैं। तू अपने चंचल अंचल से, अपनी इन अरुण आँखों को, जो महावर से धुली मछलियों-सी लग रही है, क्यों छिपाए जा रही है। तेरे ताटंक के पास, कपोलों पर पान की पीक लगी हुई है। इस पीक पर ताटंक के मोती की छवि झलमलाई जा रही है, जो देखते ही बनती है। प्रभु तेरी इस छवि पर रीझ गए हैं। मैं जानती हूँ इसीलिए वे रात भर न तो स्वयं सो सके हैं और न तुझे ही सोने दिया है।

२१२४/३२८२ राग बिलावल

भामिनि सोभा अधिक भई री।
सुपक बिंब सुक-खंडित, मंडित अधर-सुधा मधु लाल लई री।
राजित रुचिर कपोल माहिँ वर, रद-मुद्रावलि नाह-दई री।
मनहुँ पीक दल, सींचि स्वेद जल, आलबाल रति बेलि बई री।
कंचुकि-बँद बिगलित, सुललित छबि, उच्च कुचनि नख रेख नई री।
मनहुँ सिँदूर-पूर-दुति-दरसित, कंचन-कुंभ दरार लई री।
आलस भृकुटी, अलक छुटी, मनु टुटी पनच सत जूझ जई री।
नैन सु ऐन कटाच्छ लगे सर, सिथिल भई मति मैन ढई री।
ढीली नीबी, गोरी झोरी, पिय कैं सँग रँग-राग रई री।
'सूरज' श्री गोपाल-बिलासिनि, चंद्रबदनि आनंदमई री॥

चंद्रावली अपने साथ की सखी से कह रही है—भामिनी राधा की शोभा इस समय बहुत बढ़ गई है। इसके अधरामृत का पान इसके प्रियतम कृष्ण ने किया है। ऐसा लगता है कि पके हुए लाल-लाल कुँदुरु के फल को किसी सुग्गे ने अपनी चोंच से काटकर खंडित कर दिया हो। इसके दंत-क्षत युक्त अधर ऐसे सुशोभित हुए जा रहे हैं। इसके सुंदर कपोलों पर इसके स्वामी ने अपने दाँतों की मुहर लगा दी है। वह ऐसी लग रही है मानो दंत-क्षत वाले थाल्हे में रति ने पसीने के जल से सींचकर पीक के लाल पत्तों वाली कोई लता लगा दी हैं। इसकी चोली की तनी टूट गई है। इसलिए नखक्षत से इसके उभरे हुए उरोज की ललित छवि दिखाई दे रही है। यह ऐसा लगता है जैसे सोने के घड़े में दरार पड़ गई हो और उसमें भरा हुआ सिंदूर झलका पड़ रहा हो। इसकी अलसाई भौंहों पर लटें विखर कर लटकी पड़ रही हैं मानो धनुष की सैकड़ों प्रत्यंचा ही टूट गई हों तब कहीं युद्ध में विजय प्राप्त हुई हो। इस मृग के नेत्र के समान नेत्रों वाली ने अपने कटाक्ष के बाण से उसकी बुद्धि को शिथिल करके कामदेव को मार ढहाया है, मार गिराया है। इसकी फुफुती शिथिल हो गई है। और यह गोरी पूर्णरूपेण झकझोर दी गई है। गोपाल के साथ विलास करने वाली यह चंद्रवदनी कितनी आनंद-मग्न दीख पड़ रही है।

२१२५/३२८३ राग बिलावल

दोउ कर जोरि लेति जँमुहाई।
सोभा कहत बनति नहिँ मोपैं, आजु सखी पिय सँग तैं आई।

सोइ आभा पुनि फेरि फबति है, बिधि आपुन-रुचि रचित बनाई ।
मानहुँ कुमुदिनि कनक मेरु चढ़ि, ससि सनमुख मुद सहित सिधाई ।
सोभित चिकुर ललाट, बदन पर, कुंचित कुटिल अलक बिथुराई ।
नाग-बधू मनु अमी-कोस तैं, कै मधु-पान अमर ह्वै आई ।
झुकि-झुकि परति प्रेम-मद-माती, उमँगि-उमँगि तनु देत दिखाई ।
'सूरदास' प्रभु सखी सयानी, चुटुकिनि देत, न उहिँ लखि पाई ॥

देखो, राधा दोनों हाथ ऊपर उठाए हुए, उन्हें एक में जोड़कर, जमुहाई लिए जा रही है। आज यह प्रिय श्याम के साथ रतजगा करके आई है अत: अलसाई हुई है। इसकी इस अलस शोभा युक्त जमुहाई का तो मुझसे वर्णन ही नहीं करते बन पा रहा है। इसे व्रह्मा ने अपनी रुचि के अनुकूल, मन लगाकर, फुरसत से जैसा गढ़ा था, इसकी शोभा ज्यों की त्यों अभी तक टटकी बनी हुई है। इसमें जरा भी बासीपन नहीं आ पाया है। जमुहाई लेते समय के इसके दोनों हाथ मानो सनाल कुमुदिनी हों। इसके पीन स्तन मानो सोने के सुमेरू पर्वत हों और इसका मुख मानो चंद्रमा हो। लगता है इसके बाहु रूपी कुमुद, कुच रूपी स्वर्ण गिरि पर चढ़कर, प्रसन्नतापूर्वक शशि-मुख से मिलने पधारे हों। इसके माथे पर अलकों का घेरा सुशोभित हो रहा है। इसके मुखपर टेढ़ी और घुँघराली लटें बिखरी हुई हैं। लगता है नागिनियाँ अमृत-कोश से अमृत पीकर अमर होकर आ गई है। यह प्रेम के नशे में चूर झुक-झुक पड़ रही है और इसके शरीर की शोभा उमड़-उमड़कर दिखाई पड़ रही हैं। सयानी रसीली चंद्रावली राधा के सुरति-श्लथ रूप पर चुटकियाँ लेती जा रही हैं, व्यंग-वचन कहती जा रही है, पर राधा इतनी प्रेम विह्वल है कि उसे चंद्रावली का यह मर्म वचन सुनाई ही नहीं दे रहा है। वह उसकी बोली-ठोली को समझ ही नहीं पा रही है।

२१२६/३२८४ राग धनाश्री

आलस भरि सोभित सुभामिनी ।
राजत सुभग नैन रतनारे, हरि-सँग जागत गई जामिनी ।
बाहँ उचाइ जोरि जँमुहानी, ऐंड़ानी कमनीय कामिनी ।
भुज छूटैं छबि यौं लागी, मनु टूटि भई द्वै टूक दामिनी ।
कुच उतंग वर रचित कंचुकी, बिलसति त्रिबली उदर छामिनी ।
देखियत मनहुँ मदन-नृप-तन हरि रस जीते राधिका नामिनी ।
बिथुरी अलक, सिथिल कटि-डोरी, नख-छत-छरित, मराल गामिनी ।
दुगुन सुरति सजि, श्री गुपाल भजि, प्रमुदित 'सूरदास' स्वामिनी ॥

सुरति-श्लथ यह अलसाई हुई भामिनी कितनी भली लग रही है। इसकी हरि के साथ सारी रात जागते बीती है, इसलिए इसके नयन रतनारे हो गए हैं और बड़े अच्छे लग रहे हैं। यह रमणीय रमणी दोनों बाँहें ऊपर उठाकर उन्हें जोड़कर जम्हाई ले रही है और अँगड़ाई लेती जा रही हैं। जब यह अपनी दोनों बाहों को विलग कर लेती हैं, तब ऐसा लगता है मानो बिजली ही टूटकर दो टूक हो गई हो। इसके उरोज उत्तुंग है। इन पर नीली चोली सुशोभित हो रही है। इसका पेट दुबला है। इस पेट पर तीन सिकुड़ने अत्यंत सरस

एवं सुहावनी लगती हैं। ऐसा लगता है जैसे काम नृपति के समान सुंदर शरीर वाले हरि के रस को इस राधिका नामक नवेली ने जीत रखा है। इसकी अलकें बिखरी हुई हैं। इसकी नीबी का नारा ढीला पड़ गया है। इसके उरोज नख-क्षत से युक्त है और यह हंस के समान धीरे-धीरे कदम उठाने वाली है। मेरी इस स्वामिनी ने गोपाल कृष्ण को भजा है और उनसे दूने वेग से सुरति की हो, अतः परम प्रमुदित है।

२१२७/३२८५ राग बिलावल

खंजन नैन सुरँग रस माते।
अतिसय चारु बिमल, चंचल ये, पल पिँजरा न समाते।
बसे कहूँ सोइ बात सखी, कहि रहे इहाँ किहिँ नातैं ?
सोइ संज्ञा देखति औरासी, विकल उदास कला तैं।
चलि-चलि जात निकट स्त्रवननि के, सकि ताटंक फँदा ते।
'सूरदास' अंजन-गुन अटके, नतरु कबै उड़ि जाते॥

चंद्रावली अपनी सखी से कह रही है— राधा के नेत्र खंजन के समान है, ये लाल रंग में रँगे हुए हैं और प्रेम के रस से मतवाले हो रहे हैं। ये अत्यंत सुंदर हैं, विमल हैं, चंचल हैं। ये पलकों के पिंजड़े में समा नहीं पा रहे हैं, ये रात भर कहीं और (कृष्ण के पास) बसे रहे हैं, सखी यही बात है, इसी से यह यहाँ किस संबंध से रहें। इनका संबंध तो कृष्ण से है—अतः जहाँ कृष्ण, वहाँ ये नयन। इनकी संज्ञा (देखना) तो वही है, पर ये विचित्र ढंग से देख रहे हैं और अपनी स्वाभाविक कला (चंचलता) से विकल और उदास हो गए हैं। ये चल-चलकर कानों के पास तक जाते ही हैं, पर ताटंक के फंदे के कारण ये सशंक होकर रुक जाते हैं। ये खंजन-नैन अंजन की डोर में बँधे हुए हैं, नहीं तो, ये न जाने कब के उड़ गए होते।

२१२८/३२८६ राग बिलावल

भोरहिँ सोभा सिर सिंदूर।
जुगल पाटि घन-घटा बीच, मनु उदय कियौ नव सूर।
मन्मथ-रथ आनंद-कंद मुख, चंद-कला परिपूर।
चक्र-तटंक, निसंक सु दृग-मृग, जनु रन-तम सम जूर।
सुंदर बर नासिका देस पर, बेसरि-मुक्ता रूर।
किधौं तूल तिल फूलनि-कर कन किधौं असुर-गुरु-चूर।
रद सद दामिनि, अधर सुधा मधु, रूप झँपा झकझूर।
बचन रचन माधुरी सधर पर, कौने कोकिला कूर।
उच्च उरोज, मनोज-नृपति के, जोबन कोट कँगूर।
हरि-सरि कटि-तट लरकि जाइ जिमि, बिसद-नितंब गरूर।
कदली जंघ, मराल मंद गति, रूप अनूप समूर।
'सूरदास' स्वामिनि सोभा पर, वारति सखि तृन तूर॥

सबेरे सबेरे राधा के सिर पर सिंदूर की शोभा अद्‌भुत है। सिर पर माँग के दोनों ओर की पाटियाँ मानो सघन घन-माला हैं, जिनके बीच में मांग का सिंदूर प्रभातकालीन नवीन सूर्य के समान उदित जान पड़ता है। उसका मुख आनंद का बादल है जो चंद्रमा की सोलहों कलाओं से परिपूर्ण है और कामदेव के रथ सा है। कानों की तरकियाँ ही इस रथ के पहिये हैं। इस रथ को खींचने वाले नयनरूपी दोनों मृग हैं, जो निडर होकर अंधकार के सन्मुख होकर रण में जा जुटे हैं। राधा की सुंदर नाक पर बेसरि का मोती इस प्रकार शोभायमान है, मानो तिल के फूल पर हीरे के समान उज्ज्वल असुर-गुरु शुक्राचार्य के कण विखरे हों। उसके दाँत सैकड़ों बिजलियों से हैं। उसके अधरों में अमृत की माधुरी है। उसका रूप तो झक्काझोर एकदम भरी हुई झाँपी (संदूक, पिटारी) है। उसके अधर-सधर से उठी वाणी की मधुरता प्रवाहित होती है, उसके सामने कोयल की वाणी भी निंदित हो उठती है। उसके ऊँचे उठे हुए स्तन तो मानो महाराज कामदेव के यौवन रूपी किले के कंगूरे हों। उसकी सिंह के समान पतली कमर तो लचक-लचक जाती है। उसके नितंब विशद हैं, बड़े बड़े हैं, और गर्व से गुरु हैं। उसकी जाँघ कदली के समान चिकनी, भरी और कोमल है। उसकी चाल हंसिनी के समान मंद मंद है। उसका रूप तो नख से शिख तक अत्यंत पानीदार, पानिपयुक्त, कांतिमान हैं। स्वामिनी राधा की शोभा पर सखी चंद्रावली तिनका तोड़कर अपने को निछावर किए दे रही है।

२१२९/३२८७ राग रामकली

मोसौं कहा दुरावति प्यारी ।

नंदलाल-सँग रैनि बसी री, कोक-कला-गुन भारी ।
लोचन-पलक पीक अधरनि की, कैसैं दुरत दुराए ।
मनौ इंदु पर अरुन रहे बसि, प्रेम परस्पर भाए ।
अधर दसन-छत की अति सोभा, उपमा कही न जाइ ।
मनौ कीर फल बिंब चोंच दै, भख्यौ न, गयौ उड़ाइ ।
कुच नख-रेख धनुष की आकृति, मनु सिव सिर ससि राजै ।
सुनत 'सूर' प्रिय बचन सखी-मुख, नागरि हँसि मन लाजै ॥

चंद्रावली राधा से कह रही है—हे सखी, हे प्यारी, तू मुझसे क्या छिपाए जा रही है। तू सारी रात नंदलाल के साथ रही है और तू तो कोक की कला के भारी गुणों से भरी हुई है, तू तो रति-कला की भारी पंडिता है। तेरी आँखों की पलकों को कन्हैया ने अपने तांबूल रंजित होठों से चूमा है। तेरी पलकों पर लगी मुख की पीक भला कैसे छिपाई जा सकती है। तेरा मुख चंद्रसदृश है और पीक की यह लीक सूर्य के सदृश है। लगता है मानो अत्यंत प्रेम भाव से सूर्य चंद्रमा पर आकर बस गया हो। तेरे होठों को चूमते समय श्याम ने उसपर अपने दांत गड़ा दिए हैं। अधरों पर इस दंत-क्षत की शोभा की तो उपमा ही नहीं दी जा सकती, ऐसा लगता है मानो शुक ने पके कुँदुरू के लाल फल पर अपनी चोंच गड़ा दिया हो, उसे खा न पाया हो और उसे खंडित छोड़कर उड़ गया हो। तेरे उरोजों पर कृष्ण के नाखून की खरोंच लगी हुई है। यह खरोंच धनुषाकार है और लगता है मानो शिव के

मस्तक पर दूज का चाँद आ विराजा हो। प्यारी राधिका अपनी सखी चंद्रावली के मुँह से ये प्रिय वचन सुनकर हँस पड़ी, साथ ही मन ही मन लजा भी गई।

२१३०/३२८८ राग धनाश्री

प्यारी सुनत सखी-मुख बानी, हँसि मुसुकाइ रही।
नैननि रही लजाइ, मुदित चित, मानी बात सही।
तोसौं कहा दुराव करौंगी, तू प्राननि तैं प्यारी।
कहा कहौं वह मिलनि स्याम की, क्रीड़ा कहति उघारी।
रति-सुख-अंत रची इक लीला, कहौं कि धरौं दुराइ।
'सूरदास' प्रभु के गुन आली, चितहीं रहे समाइ॥

प्यारी राधा सखी चंद्रावली के मुख से यह बात सुनकर मुसकरा कर हँस पड़ी। वह आँखों में तो लजा उठी, पर मन ही मन बहुत प्रसन्न थी। उसने स्वीकार कर लिया— चंद्रावली तू जो कह रही है, ठीक ही कह रही है। मैं तुझसे भला क्या छिपाव करूँगी? तू तो मेरी प्राणों से भी प्रिय सखी है। मैं तुझसे श्याम के मिलने की कथा खोलकर क्या कहूँ? श्याम ने रति-सुख के अंत में जो एक लीला कर डाली, उसे मैं तुझसे कह ही दूँ का छिपा रखूँ? मैं यही निश्चय नहीं कर पा रही हूँ। हे सखी, प्रभु के गुण तो मेरे चित्त में ही समा रहे हैं, बाहर निकल ही नहीं रहे हैं।

२१३१/३२८९ राग सोरठ

राधा, अब जनि कछू दुरावै।
हा हा करि चरननि सिर नावति, अपनौं सौंह दिवावै।
वहै कथा मोसौं कहि प्यारी, चरित कहा हरि कीन्हौ।
जा रस मैं तू मगन भई है, कौन अंग सुख दीन्हौ।
उछलित भयौ सुधा उर-घट तैं, मुख मारग न सम्हारै।
'सूरस्याम' रस-छकी राधिका, कहत न बनै बिचारै॥

चंद्रावली गिड़गिड़ाती हुई, राधा के चरणों पर अपना सिर रखकर, उसे अपनी शपथ दिलाती हुई बोली—राधा, अब तू मुझसे कुछ भी न छिपा। हे प्यारी तू मुझसे वह कथा कह सुना। हरि ने कौन सी लीला कर डाली, जिसके रस में तू निमग्न हो गई है। उन्होंने तेरे किस अंग को सुख दिया?

चंद्रावली की यह विनती सुनकर राधा के हृदय में भरा अमृत का घड़ा उछल तो पड़ा, पर वह मुख के मार्ग में सँभल न सका। राधा श्याम के रस में छकी हुई है, पूर्ण रूप में मग्न है, पर वह सोच रही है कि मैं अपनी बात कहूँ तो किस प्रकार कहूँ। यही उसे नहीं सूझ पा रहा था।

२१३२/३२९० राग गुंड मलार

स्याम रति-अंत रस यहै कीन्हौ।
कहत पुनि-पुनि कहा अंग अंबर सजहु, मैं रही सकुचि, गहि आप लीन्हौ।

**कियौ तब मैं कहा, लरी सारंग सौं, सारँगधर धरति तब चरन चाँपी।
सेस सहसौ फननि मनिनि की ज्योति अति, त्रास तैं कंठ लपटाइ काँपी।
रही उनकी टेक, चलै मेरी कहा, धरनि-गिरिराज-भुज सबल-धारी।
'सूर' प्रभु के, सखी, सुनहु गुन रैनि के, वै पुरुष, मैं कहा करौं नारी॥**

राधा बोली—सखी चंद्रावली, श्याम ने रति के अंत में यह आनंदमय, रसमय क्रीड़ा की। वे मुझसे बार बार कहने लगे—तुम अपने शरीर पर यह साड़ी क्या लपेटे हुए हो, इसे उतार कर रख दो। उनकी यह बात सुनकर मैं सकुचा गई। फिर उन्होंने मेरी साड़ी स्वयं उतार कर अलग रख दी। तब मैंने क्या किया—सुन, मैं दीपक से लड़ गई और फूँककर उसे बुझा दिया। तब उन सारंगधर (विष्णु=कृष्ण) ने अपने पैर से पृथ्वी को दबा दिया। तभी हजार फनों वाले शेषनाग, अपने हरफन पर एक एक मणि की ज्योति लिए प्रगट हो गए और वहाँ अगणित मणियों का प्रकाश फैल गया। मैं उस प्रकाश को देख काँप उठी और डर कर श्याम के गले से लिपट गई। उन्हीं को टेक रही, मेरी उनके सामने कुछ न चली। जिन सबल भुजाओं से उन्होंने इतने बड़े गिरिराज को पकड़ उठाया था, फिर मेरे तुच्छ-कुच-गिरि को पकड़ लेना उनके लिए क्या कठिन था? उन्होंने मेरे उरोजों का पकड़ ही लिया। हे सखी, प्रभु ने रात में जो लीला की, उसे सुन। वे पुरुष हैं, मैं अबला नारी हूँ। मेरी उनके सामने क्या चलती?

२१३३/३२९१ राग नट

**आजु हौं, अधिक हँसी मेरी माई।
काम-बिबस मोसौं रति बाढ़ी, अवलोकत मम झाईं।
रवि-ससि-कांति सु उग्र भवन मैं, ठाढ़ी ही इकठाईं।
बिस्मय बढ़्यौ प्रतिबिंब प्रतिहिँ प्रति, अंक दई जदुराई।
कर अंचल मुख मूँदि रही हौं, दीन देखि हँसी आई।
'सूरदास' प्रभु निहचै जानी, तबहिँ उलटि उर लाई॥**

राधा चंद्रावली से बोली—सखी, आज तो मुझे बहुत हँसी आई। मैं सूर्य और चंद्र की कांति वाले मणियों के तेजपूर्ण भवन में एक स्थान पर खड़ी थी। मेरा प्रतिविंब उसमें पड़ रहा था। मेरे उस प्रतिविंब को देखकर श्याम काम के बस हो गए और उनका प्रेम मुझसे बहुत बढ़ गया। मुझे यह देखकर अत्यधिक आश्चर्य हुआ कि श्याम ने मुझे अंक से लगा रखा है और हमारा अंक-बद्ध प्रतिविंब हर मणि में प्रतिविंबित हो रहा है। मैंने अपने आँचल से अपना मुँह मूँद लिया और यह दृश्य देखकर मुझे बड़ी हँसी आ गई। सखी, तुम यह निश्चय जानो कि तभी हरि ने न जाने कहाँ से आकर, मुझे सचमुच घुमाकर, अपनी छाती से लगा लिया।

२१३४/३२९२ राग आसावरी

**धन्य-धन्य वृषभानु कुमारी, गिरिवरधर बस कीन्हे।
जोइ-जोइ साध करी पिय रस की, सो सब उनकौं दीन्हे।
तो-सी तिया और त्रिभुवन मैं पुरुष स्याम से, नाहीं।
कोक-कला पूरन तुम दोऊ, अब न कहूँ हरि जाहीं।**

ऐसे बस तुम भए परस्पर, मोसौं प्रेम दुरावै।
'सूर' सखी आनँद न सम्हारति, नागरि कंठ लगावै ॥

यह सुनकर चंद्रावली राधा से कहने लगी—हे वृषभानु की बेटी राधा, तुम धन्य हो, जिसने गोवर्द्धनधारी कृष्ण को अपने बस में कर लिया है। प्रिय श्याम ने जिस-जिस आनंद की इच्छा की, तूने वह सभी रस उन्हें दिया। तीनों लोकों में न तो तेरे समान कोई दूसरी स्त्री है, न श्याम के समान कोई दूसरा पुरुष ही है। तुम दोनों कोक-कला में पूर्ण पंडित हो। अब श्याम तुम्हें छोड़कर अन्यत्र कहीं नहीं जा सकते। तुम दोनों एक दूसरे के प्रेम में इतने वशीभूत हो गए हो, फिर भी तुमने मुझसे यह प्रेम की बात छिपा रखी। चंद्रावली यह प्रेमानंद न सँभाल सकी और उसने राधा को गले से लगा लिया।

[५. वृंदा]

वृंदा-गृह-गमन *२१३५/३२९३ राग सोरठ*

स्याम गए उठि भोरहीं, वृंदा कैं धाम।
कामा कैं गृह निसि बसे, पुरयौ मन-काम।
साँझ गए कहि आइहैं, बहुनायक नाम।
सेज सँवारति आस लै, ऐसैंहि गई जाम।
अरुन-उदै द्वारैं खरे, देखत भई ताम।
रिसनि रही झहराइ कै, मनहीं मन बाम।
चिह्न और अँग नारि के, बिनु गुन उर दाम।
'सूरदास' प्रभु गुन भरे, आलस तनु झाम ॥

श्याम सबेरे-सबेरे उठकर वृंदा के घर गए। रात में वे कामा के घर रहे थे और उसकी मनोकामना पूरी की थी। संध्या के समय वे वृंदा से कह गए थे कि आज मैं तेरे यहाँ रात में रहूँगा। वे बहुनायक हैं—अनेक नवेलियों के साथ पति-धर्म निभानेवाले हैं। इधर वृंदा अत्यंत आशान्वित हो सेज सँवारती रह गई। इसी प्रकार सेज सँवारते-सँवारते ही कई पहर बीत गए। जब अरुणोदय हो गया, तब श्याम उसके द्वार पर आकर खड़े हो गए। उन्हें देखते ही वृंदा आग बबूला हो गई। वह वामा मन ही मन क्रोध के मारे श्याम पर झल्ला उठी। उसने उनके शरीर पर किसी अन्य नारी के साथ विहार करने के रति-चिह्न देखे। उनके वक्ष पर बिना डोरे की माला बनी हुई थी। उनका शरीर अत्यंत अलसाया हुआ था। झोलझाल, ढीला था। प्रभु तो अत्यंत गुण भरे हैं ही।

२१३६/३२९४ राग बिलावल

लालन आए रैनि गँवाइ।
निसि भई छीन, बोले तमचुर खग, ग्वालनि ढीली गाइ।
अरुन-किरन-सुख पंकज बिगसित, मधुप लियौ रस जाइ।
चंद्र मलीन भयौ, दिनमनि तैं कुमुद गए कुँभिलाइ।
चारि जाम जागत मोहिं बीते, तुम बिनु कछु न सुहाइ।
'सूरस्याम' या दरस परस बिनु, निसि गई नींद हिराइ ॥

वृंदा बोली—लालन (प्रिय) तुम रात बिताकर, सबेरे मेरे घर आए हो। देखो रात क्षीण हो गई है, अंधकार हट गया है, धीरे धीरे प्रकाश होता आ रहा है। मुर्गा बोलने लगा है। अहीरों ने अपनी गायें चराने के लिए खोल दी हैं। सूर्य की किरणों का स्पर्श-सुख पाकर कमल खिल उठे हैं। भौंरे उनका रस लेने के लिए उनपर टूटे पड़ रहे हैं। चंद्रमा की ज्योति मलिन पड़ गई है। दिनमणि सूर्य के उदित हो जाने से कुमुदिनियाँ कुँभला गई हैं। मैंने रात के चार पहर जगकर बिताए हैं, मुझे तुम्हारे बिना कुछ भी अच्छा नहीं लगा है। तुम्हारा दर्शन ही नहीं हुआ, फिर स्पर्श का सुख कहाँ से मिलता। दोनों के अभाव में मेरी नींद ही खो गई थी—मैं सो ही नहीं सकी।

२१३७/३२९५ राग बिलावल

नीकैं आए गिरिधर नागर ।
तुम्हरी चिंता अरुन नैन भए, सकल निसा के जागर ।
रति के समाचार लिखि पठए, सुभग कलेवर कागर ।
जिय की कृपा तबहिँ हम जानी, भोर खुलाई आगर ।
बलि-बलि गई मुखारबिंद की, सुरति-सिंधु रस-सागर ।
जाकैं रस-बस भए 'सूर' प्रभु, ऐसी कौन उजागर ॥

वाह गिरिधर गोपाल, तुमने अपना वादा खूब निभाया और तुम खूब रात में मेरे घर आए। मैं सारी रात तुम्हें जोहती-जोहती जागती रही। देखो तुम्हारी ही चिंता में मेरी आँखें लाल हो गई हैं। तुमने अपने सुंदर शरीर रूपी कागद पर अपनी सुरति के समाचार खूब लिख रखे हैं। मैं तो तभी जान गई कि मुझ पर तुम्हारी कितनी कृपा है, जब सबेरा होते होते तुमने मेरे घर की अर्गला खटखटाकर द्वार खुलवाया। यदि तुम्हारी मुझ पर कृपा न होती, तो जैसे रात में न आ सके, वैसे ही सबेरा होते होते भी न आ पाते। हे सुरति-सिंधु, हे रस-सागर, मैं तुम्हारे मुखरूपी कमल की बार-बार बलैया लिए जा रही हूँ। बताओ तो ऐसी गुनागरी वह कौन है, जिसके रस के बस में होकर प्रभु को रुक जाना पड़ा।

२१३८/३२९६ राग विभास

तुम्हरे पूजियै पिय पाइ ।
बहुत बात उपजति है तुमकौं, कहत बनाइ-बनाइ ।
अधरा अरुन स्याम भए कैसैं, आए पट पलटाइ ।
चारु कपोल पीक कहँ लागी, उरज पत्र लिखवाइ ।
नंदकुमार जहाँ निसि जागे, तहँ सुख देखौ जाइ ।
'सूरदास' सब भाँति अटपटी, अब मन क्यौं पतियाइ ॥

हे प्रिय, मैं तुम्हारे चरणों की पूजा करना चाहती हूँ। तुम बातें बनाना खूब जानते हो और खूब बना बनाकर कहते भी हो। तुम्हारे ये लाल लाल होठ, हे लाल, काले कैसे हो गए हैं ? तुम अपना पीतांबर किसके नीलांबर से बदल आए हो। तुम्हारे सुंदर चिकने गालों पर यह पान की पीक कहाँ लग गई। किसी नवेली के उरोजों पर बने चित्र तुम्हारी छाती पर कैसे लिख उठे हैं। हे नंदकुमार, जहाँ रात भर जगते रहे हो, वहीं जाकर सो जाओ।

वहीं तुम्हारा सुख है, जाकर वहीं उसे ढूँढ़ लो। तुम्हारी तो सभी बातें उलटी दीख रही है, फिर मेरा मन अब तुमपर कैसे विश्वास करे?

२१३९/३२९७ राग बिलावल

मोहन काहे कौं लजियात।
मूँदि कर मुख रहे, सनमुख कहि न आवति बात।
अहि-लता-रंग मिट्यौ अधरनि, लग्यौ दीपक-जात।
रुचिर कुसुम बँधूक मानौ, समय गए कुम्हिलात।
नैन मुद्रित सकुचैं, जैसैं उदय-ससि जलजात।
जुगल पुतरी जनु निकसि चल, अलि उरझि अध गात।
चारि जाम जु निसि उनींदे, अलस बसहि जम्हात।
'सूर' ऐसी मदन मूरति, निरखि रति मुसुकात॥

हे मोहन, लजाए क्यों जा रहे हो? तुम अपने हाथ से अपना मुँह क्यों छिपाए ले रहे हो? तुम मुझसे आँखें मिलाकर आमने सामने होकर बातें क्यों नहीं कर पा रहे हो? तुम्हारे होठों पर का लगा हुआ नाग-लता (तांबूल) का लाल रंग मिट क्यों गया है। उन अधरों पर दीपक से उत्पन्न काजल कैसे लग गया है? ऐसा लगता है मानो सुंदर दुपहरिया का लाल फूल समय बीत जाने पर कुम्हला गया हो। तुम्हारे नेत्र मुँदे से जा रहे हैं, जैसे कमल चंद्रोदय होने पर सकुच गया हो, बंद हो गया हो। तुम्हारे नयनों की दोनों पुतलियाँ ऐसी प्रतीत हो रही हैं, मानो कमल में बँधे भ्रमर उनसे निकलकर उड़ जाना चाहते हों, उनका आधा शरीर बाहर आ गया हो और आधा अभी कमल-कोश में ही उलझा रह गया हो। तुम रात में चारो पहर जगते रहे हो, सो नहीं सके हो। इसीलिए अलसाए हुए जम्हाई पर जम्हाई लिए जा रहे हो। तुम्हारी इस कामदेव जैसी मूर्ति को देखकर रति भी मुसकुराई जा रही है।

२१४०/३२९८ राग बिलावल

सकल निसि जागे के-से नैन।
जानति हौं अति किए कोकनद, आन-रमनि-सुख चैन।
लटपटी पाग, चाल गति उलटी, रसन अटपटे बैन।
लगति पलक, उघरति न उघारैं, मनु खंडित रस-ऐन।
तमचुर टेरत ही उठि धाए, अब दूनौ दुख दैन।
जानी प्रीति 'सूर' प्रभु अब हम, सुरति भई गत-मैन॥

तुम्हारे नेत्र सारी रात जगे-से जान पड़ते हैं। मैं जानती हूँ कि किसी अन्य रमणी को सुख और चैन देने के चक्कर में तुमने अपनी इन आँखों को लाल कमल बना रखा हो। तुम्हारी पगड़ी के पेंच उलटे पलटे हो गए हैं, तुम्हारी चाल भी उलटी हो गई है और तुम्हारे पैर लड़खड़ाए जा रहे हैं। तुम्हारी जीभ भी लटपटा रही है और उससे साफ वाणी नहीं निकल पा रही है। तुम्हारी पलकें भी बंद होती जा रही हैं और खोलने पर भी नहीं खुल पा रही है। हे रस के अयन (घर), तुमने अपने इस रूप से मेरा मन तो खंडित ही कर डाला है, तोड़ ही दिया है। मुर्गा बोलते ही छोह दिखाने के लिए अब मेरे पास उठकर दौड़े

चले आ रहे हो। इससे तो मेरा दुख दूना हो गया है। एक तो मुझे रात भर जगने, प्रतीक्षा करने, चिंता करने का दुख था ही, अब तुम्हारा यह रूप, पर-रमणी-रमण का रूप मेरे दुख को दूना किए दे रहा है। हे प्रभु, अब मैंने तुम्हारी प्रीति को पूर्णतया पहचान लिया है। अब तो तुम्हारी सूरत ही गत-मैन हो गई है, जिसमें मेरे साथ काम-क्रीड़ा करने के लिए शक्ति ही नहीं रह गई है।

२१४१/३२९९ राग बिलावल

आजु और छबि नंदकिसोर।
मिलि रस-रुचि लोचन भए रोचन, चितवत चित्त पराई ओर।
सोभित पीठि प्रगट कर कंकन, सोभित हार हियैं बिनु डोर।
सोभित पीत बसन, दोउ राते अधरनि अंजन, नैन तमोर।
नख सिख लौं सिंगार अटपटे, पाए मनहुँ पराए चोर।
फूले फिरत दिखावत औरनि, निडर भए दै हँसनि अँकोर।
देखत बनै, कहत नहिं आवै, बैसँधि बरनत कबिनि कठोर।
अचरज क्यौं न होत इनि बातनि, 'सूर' ग्रहन देखैं बिनु भोर॥

हे नंदकिशोर, आज तो तुम्हारी छवि कुछ और ही है, रोज की तरह नहीं है। रस की रुचि (प्रेम के रंग, लाल) के साथ मिलकर तुम्हारी आँखों का भी रंग लाल हो गया है। तुम मेरी ओर देख तो रहे हो, पर तुम्हारा चित्त किसी दूसरी ओर है। तुम्हारी पीठ पर किसी के कंकण का चिह्न उभरा हुआ है. तुम्हारे वक्ष पर बिना सूत की माला शोभा दे रही है। तुम्हारा पीतांबर अच्छा खिल रहा है। पर तुम्हारे दोनों लाल-लाल अधर-सधर काजल से कलित हो रहे हैं और तुम्हारी आँखों पर, पलकों पर, पान की पीक लगी हुई है। नख से लेकर शिखा तक तुम्हारे सारे शृंगार उलटे सीधे हैं। ऐसा लगता है तुम्हारे ये शृंगार अपने नहीं हैं, चोरी के हैं। तुम अपने अंगों के इन शृंगारों को प्रसन्न होकर दूसरों को दिखाते फिर रहे हो। तुम अपनी मुसकान का घूस देकर निडर होकर घूम रहे हो। तुम्हारा वयः=संधि का रूप देखते बनता है, वर्णन करते नहीं बनता। लड़कपन जाने और जवानी आने की इस वयः संधि का वर्णन करना तो कवियों के लिए भी कठिन है, इन बातों से आश्चर्य क्यों न हो। सबेरा होने से पहले ही, रात में ही सूर्य ग्रहण लग जाय, क्या यह अद्‌भुत नहीं है? तुम्हारा सूर्य के समान प्रभामय मुख आज मलिन दीख पड़ रहा है। तुम्हारा चेहरा उतरा हुआ क्यों है?

२१४२/३३०० राग सूही बिलावल

अतिहिं अरुन हरि नैन तिहारे।
मानहुँ रति-रस भए रँगमगे, करत केलि पिय पलक न पारे।
मंद-मंद डोलत संकित से, सोभित मध्य मनोहर तारे।
मनहुँ कमल-संपुट महँ बीधे, उड़ि न सकत चंचल अलि-बारे।
झलमलात रति-रैनि जनावत, अति रस-मत्त भ्रमत अनियारे।
मनहुँ सकल जुवती जीतन कौं, काम-बान खरसान सँवारे।

अटपटात, अलसात पलक-पट मूँदत, कबहूँ करत उघारे।
मनहुँ मुदित मर्कतमनि-आँगन, खेलत खंजरीट चटकारे।
बार-बार अवलोकि कनखियनि, कपट नेह मन हरत हमारे।
'सूरस्याम' सुखदायक लोचन, दुखमोचन रोचन रतनारे॥

हे हरि, आज तुम्हारी आँखें अत्यंत लाल हो रही हैं। मानो ये रति के रस में रँग गई हैं और काम-क्रीड़ा में रत होने के कारण तुम्हें पलक गिराने तक का अवसर नहीं मिला है और तुम सारी रात जगते रहे हो। तुम्हारी आँखों के गोलकों के बीच में तुम्हारी ये काली काली पुतलियाँ धीरे-धीरे डरी हुई सी डोल रही हैं, मानों कमल-कोश में आबद्ध भौंरों के चंचल पक्षी उड़-से रहे हों। तुम्हारे ये अनीदार (नोकीले) और प्रेम के रस से मतवाले बने नेत्र झलमलाते हुए रात की रतिक्रीड़ा को जना रहे हैं, मानो संपूर्ण युवतियों को जीत लेने के लिए कामदेव ने अपने प्रखर वाण शाण पर खरादकर सँवार दिए हों। तुम्हारी घलकों के पट कभी अटपटाते हैं, कभी अलसाते जाते हैं, ये कभी मुँदते हैं, कभी खुल जाते हैं, मानो मरकत मणि के आँगन में प्रसन्न होकर चंचल खंजरीट उछल कूद रहे हों। तुम बार-बार कनखियों से मेरी ओर देखकर अपने कपट भरे स्नेह से हमारे मन को हरे ले रहे हो। हे श्याम, तुम्हारे ये लाल लोचन सुखदायक तो हैं ही, ये मेरे दुख का मोचन करने वाले भी हैं! पहले दुख मोचन, फिर सुख-रोचन।

२१४३/३३०१ राग बिलावल

नहिंन दुरत नैना रतनारे।
मनहुँ बंधूक कुसुम पर सोभित, सुंदर स्याम सिलीमुख तारे।
कुटिल अलक रही बिथुरि बदन पर, सकुच सहित हरि नरम निहारे।
भौंह सिथिल मनु मदन-धनुष-गुन गरे, कोकनद बान बिसारे।
मूँदेइ आवत नैन अलस-बस, छीन भए उघरत न उघारे।
'सूरदास' प्रभु सु पै कहौ तुम, को भामिनि जहँ रति-रन हारे॥

हे श्याम, तुम्हारी ये लाल-लाल आँखें छिपाने से भी छिप नहीं पा रही हैं। तारे ऐसे लगते हैं, मानो दुपहरिया ने लाल फूल पर सुंदर, सलोने, साँवले भौंरे सुशोभित हो रहे हों। टेढ़ी लटें तुम्हारे मुख-मंडल पर बिखर रही हैं। तुम कुछ लजाए से और कुछ नरम ढीले ढाले दीख रहे हो। तुम्हारी भौंहे भी शिथिल दीख पड़ रही है। लगता है कामदेव के धनुष की प्रत्यंचा ही गल कर गिर गई हो और कमल के समान नेत्रों ने बाण चलाना भुला दिया है। न भौंहें हिल-डुल रही है, न नयन ही चंचल हैं। आलस्य के वशीभूत होकर तुम्हारी आँखें मुँदी जा रही हैं। वे इतनी क्षीण (शक्तिहीन) हो रही हैं कि खोलने पर भी नहीं खुल पा रही हैं। हे प्रभु, तुम मुझसे साफ-साफ कहो न, हम भी सुन लें—वह कौन सी कामिनी है, जिससे तुम रति-रण में हार कर उदास हुए यहाँ चले आ रहे हो।

२१४४/३३०२ राग बिलावल

रति-संग्राम-वीर-रस माते।
हैं हरि सूर-सिरोमनि अजहूँ, नहिंन सँभारत ताते।

आनहिँ बरन भए दोउ लोचन, अपने सहज बिना ते।
मानहुँ भीर परी जोधनि की, भए क्रोध अति राते।
बैठि जात, अलसात उनींदे, क्रम-क्रम उठत तहाँ ते।
परिमल लुब्ध मधुप जहँ बैठत, उड़ि न सकत तिहिँ ठाँ ते।
मन मूरछा, कटाच्छ नाटसल, कढ़ि न सकत हियरा ते।
मनहुँ मदन के हैं सर पाए, फौंक बाहिरी घाँते।
डगमगात घूमत जनु घायल, सोभा-सुभट कला ते।
'सूरदास' प्रभु रति रन जीते, अब सकात धौं काते॥

रति-रण में रत हरि वीर-रस में मतवाले हो रहे हैं। वे अब भी शूर-शिरोमणि हैं। इसी से वह नवेली इनके वार को, इनकी मार को, सँभाल नहीं पाई है, इसीसे इनके दोनों लोचन अपने सहज रंग को छोड़कर अन्य वर्ण (रंग) के हो गए हैं, लाल होगए हैं। आँखों की यह ललाई इस कारण प्रतीत हो रही है, मानों विपक्षी योद्धाओं की भारी भीड़ इकट्ठी हो गई हो, इसी से ये क्रोध के मारे अत्यंत लाल हो उठी हैं। हरि जहाँ भी नींद के मारे अलसाए हुए बैठ जाते हैं, वहाँ से ये धीरे-धीरे ही उठ पाते हैं, ठीक उसी प्रकार जिस प्रकार मधु लोभी भौंरा जहाँ जिस फूल पर बैठ जाता है, उस स्थान से उड़ नहीं पाता, वहीं बैठा रह जाता है। उस सुंदरी के कटाक्ष के बाण उनके हृदय में चुभ गए हैं और वहीं उसकी नोंक टूट गई है। वह नष्ट-शल्य हो गया है और इसीसे उनका मन भी मूर्च्छित हो उठा है। वह कटाक्ष का टूटा-बाण उनके हृदय से नहीं निकल पा रहा है। मदन का बाण हृदय के भीतर धँस गया है, पर उस बाण की फोंक (ऊपरी भाग) बाहर ही रह गई है। वह उन युद्ध वीरों की भाँति डगमगा रहे हैं, घूम रहे हैं, जो घायल हो गए हों। प्रभु ने तो रति-रण को जीत लिया है, फिर अब वे किससे डरे जा रहे हैं?

२१४५/३३०३ राग बिलावल

नैन उनींदे भए रँगराते।
मनहुँ सुरंग सुमन पर सजनी, फिरत भृंग मदमाते।
प्रेम पराग, पाँखुरी पल दल, प्रफुलित मदन-लता तैं।
सुभग सुबास बिलास बिलोकनि, प्रगट प्रीति करी तातैं।
तैसोइ मारुत मंद जम्हावरि-मिलित, मुदित छबि यातैं।
सींचे 'सूरस्याम' मानिनि कर, हित सौं केलि कला तैं॥

श्याम के नयन निद्रा के कारण रतनारे हो गए हैं, मानो लाल फूल पर मस्त भौंरे मँड़रा रहे हैं। इस फूल का पराग प्रेम हैं, इस फूल की पंखड़ी के दल पलकें हैं, ये फूल काम-लता पर फूले हुए हैं, इसकी विलासमयी चितवन ही इस फूल की सुंदर गंध है, जिससे इसका प्रेम प्रगट हौता जा रहा है; इसकी जँभाई ही वह मंद वायु है, जिससे मिलकर इसकी छवि अत्यंत मोददायक हो गई है। इस काम-लता को किसी मानिनी ने अपने कोमल करों से प्रेम की केलि कला के जल से सींच दिया है।

२१४६/३३०४ राग रामकली

आए सुरति रंग रस माते।
मानहुँ छिनु बिस्राम निमित पिय, स्रमित भए हैं तातैं।
डगमगात मग धरत, परत पग, उठत न बेगि तहाँ तैं।
मनु गज मत्त, चरन साँकर करि, गहि आनत तिहिँ ठाँ तैं।
उर नख-छत, कंकन-छत पाछैं, सोभित हैं रुहिरातैं।
मदन सुभट के बान लागि मनु निकसि गए उहि घाँ तैं।
साचे करत आपने बोलनि, टरत न मरजादा तैं।
'सूरस्याम' कहि गए आइहैं, पग धारे जिहिँ नातैं॥

श्याम सुरति के रंग में सुरति के रस में मतवाले होकर, मेरे यहाँ क्षण भर के विश्राम के लिए आ गए हैं, क्योंकि वे रति-रण में अत्यंत थक गए हैं। ये डगमगाते हुए अपने पैर जहाँ भी धरती पर रख रहे हैं, वहाँ से वे पैर जल्दी उठ नहीं पा रहे हैं। मानो किसी मतवाले हाथी के पैरों में सीकड़ डालकर उसे पकड़कर किसी स्थान से लाया जा रहा हो। इनके वक्ष पर कामिनी के नखों की खरोंच बनी हुई है। इनकी पीठ पर उस प्रिया के कंकणों की छाप लगी हुई है। वक्षस्थलों से रुधिर रीस रहा है, जो बहुत भला लग रहा है। मानो कामदेव रूपी योद्धा के जो बाण वहाँ लगे थे, वे अब यहाँ से निकाल दिए गए हैं। श्याम अपने वचन के पक्के हैं। वे अपनी बात की मर्यादा से टलते नहीं। वे कल कह गए थे कि मैं आज रात तेरे यहाँ आऊँगा। वे आए तो सही, भले देर से, भोर में आए।

२१४७/३३०५ राग बिलावल

अरुन नैन राजत प्रभु भोरे।
रति-सुख सुरति किए ललना सँग, जात समर मनमथ सर जोरे।
अति उनींदे, अलसात, भरम गति, गोलक चपल, सिथिल कछु थोरे।
मनहुँ कमल कैं कोष तमी तम, उठत रहत छबि रिपु दल दो रे।
सोभित सुभग सजल प्रति कोरैं, संगम-छबि तारे अरुन डोरे।
मनु भारति कैं भँवर मीन-सिसु, जात तरल चितवत चित चोरे।
बरनि न जाइ, कहाँ लगी बरनौं, प्रेम-जलधि-बेला बर बोरे।
'सूरदास' सो कौन तिया जिनि, हरि के अंग-अंग बन तोरे॥

सबेरे-सबेरे प्रभु के नयन रतनारे हो गए हैं, क्योंकि इन्होंने रात भर किसी ललना के साथ सुरति-सुख लूटा है। ऐसा लगता है जैसे ये नेत्र कामदेव के बाण एकत्र किए हुए (रति-) रण के लिए चले जा रहे हों। ये आँखें नींद से माती हुई हैं, अलसाई हुई हैं, भरमती गति से ताक रही हैं। इन आँखों के गोलक चंचल है, साथ ही उनमें कुछ-कुछ शैथिल्य भी है। लगता है मानो कमल कोश में तमी (हल्दी) और तम (कालिमा) दो शत्रुओं की सेना उठती रहती है। इन आँखों की कोरें सुंदर जल (उज्ज्वल जल) से सुशोभित हैं। इनमें काली पुतलियाँ हैं और लाल लाल डोरे हैं। इस प्रकार ये आँखें त्रिवेणी-

संगम की छवि प्राप्त करती है। लगता है लाल जलवाली सरस्वती के भँवर में मछलियों के बच्चे तैरते हुए अपनी चंचल चितवन से चित्त चुराए ले रहे हैं। वर्णन नहीं किया जा पा रहा है, कहाँ तक इन आँखों का वर्णन किया जाय। इन्होंने तो प्रेम-समुद्र की वेला (तट) को बलपूर्वक डुबो दिया है। हरि को न जाने कौन सी ऐसी कामिनी मिल गई है, जिसने इनके एक एक अंग को तोड़ दिया है और ये अब अँगड़ाई लेते जा रहे हैं, तन तोड़ते जा रहे हैं।

२१४८/३३०६ राग बिलावल

काहै कौं पिय भोरहीं, मैरें गृह आए।
इतने गुन हम पैं कहाँ, जे रैनि रमाए।
ताही कैं पग धारियै, चक्रित मैं जाने।
बिनु गुन गड़ि माला रही, नहिँ कहुँ बिहराने।
आए हौ सुख देन कौं, ऐसेइ हितकारी।
'सूरस्याम' तुम जोग कौं, को वैसी नारी॥

हे हरि, तुम इतने सबेरे मेरे घर क्यों आ गए हो? जिस रमणी ने तुम्हें रात भर रमा रखा, विलगा रखा, उसमें जितने गुण हैं,उतने मुझमें कहाँ? उसी के घर फिर चले जाइए। मैं समझती हूँ कि तुम भ्रम से भूल से उसके घर जाने के बदले में मेरे घर चले आए हो। तुम्हारे वक्ष पर बिना सूत की माला उपटी हुई है, यह कहीं बिखर न जाय। इसकी मनपूर्वक रक्षा करते रहो। तुम मेरे बड़े हितैषी हो और मुझे सुख देने के लिए यहाँ चले आए हो। पर हे श्याम, यहाँ ऐसी कोई नारी नहीं है, जो तुम्हारे योग्य हो। अतः जहाँ से आए हो, वहीं सिधारो।

२१४९/३३०७ राग बिलावल

कृपा करी उठि भोरहीं, मैरैं गृह आए।
अब हम भईं बड़भागिनी, निसि-चिह्न दिखाए।
जावक भालनि सौं दियौ, नीकैं बस पाए।
नैन देखि चक्रित बई, त्यौं पान खवाए।
अधरनि पर काजर बन्यौ, बहुरंग कहाए।
बंदन बिंदुली भाल की, भुज आप बनाए।
यह मोसौं तुमहीं कहौ, उर-छत-अरुनाए।
'सूरस्याम' जस-रासि हौ, धनि तिया हँसाए॥

हे श्याम, तुमने मुझपर भारी कृपा की है, जो सबेरे-सबेरे ही उठकर मेरे घर आ गए हो। रात में तुमने किसी रम्या रमणी के संग में रमण किया है और उस सुरति के चिह्न तुम्हारे शरीर पर बने हुए हैं। मैं बड़भागिनी हूँ, जो तुमने इन रति-चिह्नों को मुझे आकर दिखला दिया। तुमने मस्तक पर महावर दे रखा है। तुमने इन्हें बहुत अच्छा पा लिया है। मैं तो तुम्हारे नयनों को देखकर चकित हो गई हूँ, तुमने इन्हें खूब पान खिलाया है। तुम्हारे होठों पर काजल सुशोभित हो रहा है। इसीसे तो तुम बहुरंगी लालन कहे जाते हो। सिंदूर

की विंदी तो भाल पर सोहती है, पर तुमने यह विंदी अपनी भुजा पर आप दे रखी है। श्याम, यह तुम्हीं बताओ कि तुम्हारे वक्ष पर ये लाल लाल क्षत कैसे बन गए हैं। सचमुच तुम यश के भांडार हो, परम यशस्वी हो। वह तिया धन्य है, जिसको तुमने रात भर हँसाया खेलाया है।

२१५०/३३०८ राग भैरव

जाहु तहीं, कह सोचत हौ।
जा सँग रैनि बिहात न जानी, भोर भए तिहिँ मोचत हौ।
औरनि कौं छिनु जुग बीतत है, तुम निहचीते नागर हौ।
झूमत नैन, जम्हात बारही, रति-संग्राम उजागर हौ।
मैं अब कहति तिहारे हित की, ताही कै गृह सोइ रहौ।
'सूरस्याम' वैसी तिय को है, वह रस वाही बिनु न लहौ॥

श्याम, उसी के यहाँ चले जाओ, जिसके साथ सारी रात बीत गई और तुम्हें पता तक न चला कि रात बीत गई। सबेरा हो जाने पर ही तुम उसे छोड़ पाए हो। जाओ, उसी के यहाँ चले जाओ, सोच-विचार में क्या पड़े हो? दूसरों को, मुझे तो तुम्हारे बिना एक-एक क्षण एक एक युग के समान बीतता है और तुम तो बेफिक्र छैले हो, तुम्हें क्या? किस पर क्या बीत रही है? तुम्हारे नयन नींद की झोंक में झूमते जा रहे हैं और तुम बारंबार जम्हाई लेते जा रहे हो। तुम रति-रण के प्रसिद्ध शूरमा हो, मैं अब तुम्हारे ही भले की बात कह रही हूँ—जाकर उस धनियाँ के यहाँ सो रहो। उसके जैसी कोई दूसरी कामिनी नहीं है। जो रस तुमने उससे पाया है, वह उसी से मिल सकता है, किसी दूसरी से नहीं।

२१५१/३३०९ राग भैरव

हमहीं पर पिय रूसे हौ।
बोलत नहीं मूक क्यौं ह्वै रहे, अँग रँग-हीन कछू से हौ।
तब निरखत औरहि हित हमसौं, कीधौं कहुँ तुम दूसे हौ।
तब हँसि मिलत, आजु कछु औरहि भए, निठुरई-पूसे हौ।
डगमगात पग उतहि परत हैं, चित चंचल उत हूसे हौ।
'सूरदास' प्रभु साँच भाषिए, तिया कौन बल मूसे हौ॥

हे प्रियतम, अब तुम मुझसे ही रुष्ट हो गए हो क्या? तुम मुझसे बोल नहीं रहे हो। चुप क्यों हो गए हो? तुम्हारे अंगों का रंग ही कुछ उड़-सा गया लगता है। तब तो तुम मुझे और ही प्रेम से देखते थे; तुम वही हो, कि कोई दूसरे हो गए हो? पहले तो मुझसे हँसकर मिला करते थे, आज का मिलना तो कुछ दूसरे ही ढंग का है, लगता है कि तुम निष्ठुरता द्वारा पाले पोसे गए हो, अतः अब निठुर हो गए हो। तुम पैर डगमगा रहे हो, पर ये उसी ओर डगमगा रहे हैं, जिस ओर तुम्हारी यह परमा प्रिया है। तुम्हारा चित्त चंचल हो रहा है, पर यह चंचलता भी उसी ओर के लिए है। प्रभु, सच-सच बताओ, वह कौन सी छबीली है, जिसने तुम्हारे सारे बल को चूस लिया है, चुरा लिया है और तुम्हें इतना अशक्त बना दिया है।

२१५२/३३१० *राग बिलावल*

हरषि स्याम तिय बाहँ गही।

चूक परी हमकौ यह, बकसौ, आवन कौ कहि गए सही।
रिसनि उठी झहराइ, झटकि भुज, छुवत कहा पिय, सरम नहीं।
भवन गई आतुर ह्वै नागरि, जे आई मुख सबै कही।
मैरैं महल आजु तैं आवहु, सौंह नंद की कोटिक ही।
'सूरस्याम' जब लौं जग जीवौं, मिलौं नहीं, बरु काम दही॥

तब हर्षित (कामातुर) होकर श्याम ने उस खंडिता वृंदा का हाथ पकड़ लिया और कहा—'मैंने गत रात आने की बात कही थी, यह सही है। पर अब तो गलती हो ही गई है। मेरी यह चूक क्षमा कर दो।' इस पर वृंदा क्रोध से झल्ला उठी, उसने श्याम की बाँह अपनी बाँह पर से झटक दी। प्रिय, मुझे छुए जा रहे हो। मुझे छूते तुम्हें लाज नहीं लगती? यह कहकर झटकती पटकती वह नागरी वृंदा अपने घर के भीतर चली गई और उसके मुँह से जो भी निकला, कहती चली गई।—'तुम्हें बाबा नंद की कोटि-कोटि शपथें हैं, जो आज से मेरे महल में कभी आओ। श्याम, जब तक मैं इस संसार में जीवित रहूँगी, भले ही काम से दग्ध हो जाऊँ, तुमसे कभी नहीं मिलूँगी।'

२१५३/३३११ *राग नट नारायन*

नागरी निठुर मान गह्यौ।

पीठि दै रिस-काँपि बैठी, फिरि न उतहिं चह्यौ।
स्याम मन अनुमान कीन्हौ, रिसनि ब्याकुल नारि।
तनकहीं रिस खोइ डारौं, यह प्रतिज्ञा धारि।
सखी एक सुभाव अपनैं, गए ताकैं गेह।
यह चरित सब कह्यौ तासौं, चतुर लख्यौ सनेह।
गई आतुर नारि ताकैं, लख्यो नैननि कोर।
चकृत बाला नंद-सुत बिनु, लह्यौ हठ कौ छोर।
भुजा गहि कही कियौ का रिस, सही ब्रज की ग्वारि।
'सूर' प्रभु सौं मान कीन्हौ, हृदय देखि बिचारि॥

नागरी वृंदा ने घोर मान पकड़ लिया। घर के भीतर जाकर वह कृष्ण की ओर पीठ करके बैठ गई और फिर उनकी ओर नहीं ही देखा। श्याम ने मन ही मन अनुमान कर लिया कि वृंदा क्रोध से विकल हो गई है। यह जानकर उन्होंने भी यह प्रतिज्ञा कर ली कि मैं थोड़ी ही देर में इसका मान छुड़ाकर रहूँगा। तब वे एक ऐसी सखी के घर गए, जो उनके मेल-जोल की थी, उनके ही स्वभाव की थी और उससे वृंदा के मान की सब बातें ब्योरेवार कह दीं। वह सखी अत्यंत चतुर थी। उसने कृष्ण का वृंदा के प्रति प्रेम जान लिया। वह जल्दी-जल्दी वृंदा के घर गई और उसे कनखियों से देखा। वह यह देखकर आश्चर्य-चकित हो गई कि नंद-सुत के प्रति इस वृंदा ने हठ की हद कर दी है। उसने वृंदा की बाँह

पकड़ ली और कहा—'तुमने यह कैसा क्रोध कर लिया है? तू सचमुच व्रज की गँवार अहीरी ही रही। प्रभु से कहीं मान किया जाता है? तू ही अपने मन में विचार कर देख ले।'

२१५४/३३१२ राग कान्हरौ

बाँह गही, कहि आँगन ल्याई।
''बहुनायक, उनकौं नहिं जानति, बड़ी चतुर हौ माई।
मैं जु कहति स्त्रवननि सुनि, चित धरि, जोबन धन सपने कौ।
चलि गहि भुजा मिले किन हरि सौं, कहा निठुर अपने कौं''।
''तू ही गहति न बाँह जाइ कै, मोसों बाहँ गहावति।
सुनहु 'सूर' मैं सौंह करी है, तू मोहिं तिनहिं मिलावति''॥

उस सखी ने मानिनी वृंदा की बाँह पकड़ ली और यह कहते हुए उसे आँगन में पकड़े लिए आई—तू तो सखी परम चतुर है। क्या तू नहीं जानती कि श्याम बहुनायक हैं। अनेक नवेलियाँ से समान प्रेम-भाव निभाने वाले हैं। मैं जो कह रही हूँ, कान लगाकर सुनो, और अपने मन में उसे भलीभाँति धारण करो। यौवन सपने का धन है। स्वप्न देखते समय धन ही धन है, स्वप्न टूटते ही वह कुछ नहीं है। और सपना टूटते कितनी देर लगती है। यौवन जाते कितने दिन लगते हैं। तू क्यों नहीं चली चलती, और हरि की बाँह पकड़कर तू उनसे क्यों नहीं मिल लेती। तू अपने ही साथ यह निष्ठुरता क्यों किए जा रही है?

वृंदा इस पर उससे चिढ़कर बोली—''तू ही क्यों नहीं जाकर हरि की बाँह पकड़ लेती? मुझसे उनकी बाँह पकड़ने को क्यों कहती है? सुन, मैंने तो उनसे न मिलने की शपथ कर ली है और तू मुझको उनसे मिलाने चली है?''

२१५५/३३१३ राग कान्हरौ

कहा कहति तू मिलिहि रही है।
मोसौं करति कहा चतुराई, उनि यह भेद कही है।
जौ हठ कर्यौ, भली नहिं कीन्ही, ये दिन ऐसे नाहिं।
कै इहईं पिय कौं न बुलावे, कै तहँईं चलि जाहि।
वै सब गुन लायक, तू नागरि, जोबन दिन द्वै चारि।
'सूरस्याम' कौं मिलि सुख लेहि न, पुनि पछितैहै नारि॥

वह सखी बोली—तू क्या कह रही है? तू तो उनसे मिली ही रही है। मुझसे क्या चतुराई कर रही है? स्वयं श्याम ने मुझसे यह रहस्य बता दिया है कि तू पहले उनसे मिल चुकी है। तूने जो यह हठ कर लिया है, अच्छा नहीं किया। यौवन के ये दिन सदा ऐसे ही नहीं बने रहेंगे। या तो श्याम पिया को यहीं अपने पास बुला ले, या तू ही उनके पास वहाँ चली जा। वे हैं सब गुणों के आगार और तू है सर्व-नागरी। जोबन के दिन चार ही हैं। इनका उपभोग कर ले। श्याम से मिलकर जीवन का सुख उठा ले। नहीं तो फिर बाद में पछताना ही हाथ लगेगा।

२१५६/३३१४ राग कान्हरौ

बहुरि पछितैहे री ब्रज-नारि।
देखि जाइ, ठाढ़े मग जोवत, सुंदर स्याम मुरारि।
ऐसी निठुर, नैंकु नहिँ चितवति, चंचल नैन पसारि।
कहा गर्व या झूठे तन कौ, देखि हाथ लै बारि।
तजि अभिमान, मानि री मानिनि, मैं जु करति मनुहारि।
'सूर' हंस स्वाती-सुत-धोखैं, कबहुँक खात जुवारि॥

अरी व्रज की अहीरी, तू बाद में बहुत-बहुत पछताएगी। जाकर देख, श्यामसुंदर मुरारी, खड़े हुए तेरा रास्ता देख रहे हैं। तू इतनी निठुर हो गई है कि अपने चंचल नयन फैलाकर जरा भी उनकी ओर नहीं चितै रही है। तू अपने इस झूठे शरीर का क्या घमंड कर रही है? हाथ की अँजुरी में पानी लेकर देख ले न। सारा पानी थोड़ी ही देर में चू जाता है। वैसे ही यह जवानी है। इसके जाते देर नहीं लगती। घमंड छोड़, अरी मानिनी, मेरा कहना मान। मैं तुझसे विनती कर रही हूँ। कभी कभी हंस स्वाती-सुत (मोती) के धोखे में जोन्हरी के दाने भी चुग लेता है? ऐसा न हो तेरे गर्व के कारण, कहीं किसी अन्य सामान्य नारी से यह अपनी तृप्ति न कर बैठें और तू उनका प्रेम खो न दे। तू मोती है, मोती। इस बात को न भूल और अपनी महत्ता बनाए रख?

२१५७/३३१५ राग केदारौ

मानि न मानि री, लाल मनाइहै, तेरी आँखिन मैं पैयत है।
कत सकुचति, मैं तो सब जानति, ऐसी प्रीति क्यौं दुरैयत है।
मेरौ बिलग मानति, यह जानति, इनि बातनि मैं कछु पैयत है।
'सूरस्याम' न्यारे न बूझियै, काहे कौं री अनखैयत है॥

तू मेरे मनाने से मान, चाहे मत मान—तेरी मरजी। पर मैं तेरी आँखों में साफ देख रही हूँ कि जब लाल (कृष्ण) तुझे मनाएँगे, तब तू अवश्य ही मान जायगी। तू सकुचा क्यों रही है, मैं तेरे और श्याम के संबंध को भलीभाँति जानती हूँ। ऐसा प्रेम क्या कभी छिपा रह सकता है? तू मुझसे विलगाव मानती है, तू मुझे अपनी अंतरंगा नहीं मानती, मैं इस बात को जानती हूँ। और मैं तेरी अंतरंगा हूँ भी नहीं। फिर भी मैं कहे दे रही हूँ कि इस हठीले मान से तुझे कुछ मिल जायगा क्या? तू श्याम का अपने से अलग न समझ। फिर यह गाल फुलाए क्या बैठी है?

२१५८/३३१६ राग बिलावल

बहुरि मिलैगी कालिही, चित समुझि सयानी।
मेरो कह्यौ न क्यौं करै, क्यौं भई अयानी।
अनलहि औषधि अनल है, सब जानि रही हौ।
काहे कौं हठ करति हौ, बेकाज बही हौ।
धरनीधर व्याकुल खरे, री गर्व गहेली।
'सूर' कह्यौ सुनि मानि लै, मैं कहति सहेली॥

हे नागरी, तुम कल ही श्याम से जा मिलोगी। भले ही आज मेरे कहने पर आनाकानी कर रही हो। मेरी यह बात मन में गाँठ बाँधकर रख लो। तू मेरा कहना क्यों नहीं करती? तू सयानी होती भी क्यों अयानी बनी जा रही हो? आग की दवा आग ही है। आग की जलन को आग से ही सेंका जाता है। तुम यह सब भलीभाँति जानती हो। फिर क्यों हठ किए जा रही हो। तुम व्यर्थ के लिए, बिना मतलब के, क्यों अपना नुकसान करने पर तुली हो? धरनीधर श्याम व्याकुल खड़े हैं। अरी गर्विणी, मैं तेरी सहेली कह रही हूँ, मेरा कहना सुन और मेरी बात मान ले।

२१५९/३३१७ राग सोरठ

स्याम धर्‌यौ तिय-मोहन रूप।
दूती प्रिया संग इक लीन्हे, अंग त्रिभंग अनूप।
अंतर द्वार आइ भए ठाढ़े, सुनत तिया की बातैं।
सरुष वचन जु कहति सखि आगैं, कहौ मिलैं किहिं नातैं।
कपटी कुटिल क्रूर कहि आवत, यह सुनि-सुनि मुसुकात।
'सूरदास' प्रभु हैं बहुनायक, तुहीं कहति यह बात॥

श्याम ने स्त्रियों को मोह लेनेवाला रूप धारण किया। वह त्रिभंगी लाल का रूप बनाए एक दूती को साथ लिए हुए अंतर द्वार (देहरी) पर आकर खड़े हो गए, और वृंदा की बातें सुनने लगे। वृंदा रुष्ट होकर क्रोध में उस सखी से कहती जा रही थी—"मैं कृष्ण से किस नाते मिलूँ? वे कपटी हैं, कुटिल हैं, क्रूर हैं। बहुनायक है। अभी तू ही उनके बहुनायकत्व की बात कह रही थी।" कृष्ण यह सब सुनते जा रहे थे और मुसकुराए जा रहे थे।

२१६०/३३१८ राग मलार

"जौ लौं माई हौं जीवन भरि जीवौं।
तौं लौं मदनगुपाल लाल कैं, पंथ न पानी पीवौं।
करौं न अंजन, धरौं न मरकत, मृगमद तनु न लगाऊँ।
हस्त वलय, कटि ना पट मेचक, कंठ न पोत बनाऊँ।
सुनौं न स्त्रवननि अलि-पिक-बानी, नैन न नव घन देखौं।
नील कमल कर धरौं न कबहूँ, स्याम सरीखे लेखौं"।
इतनी कहत आइ गए मोहन, लियें प्रिय दूती संग।
छूटि गई रिस-टेक मान की, निरखि रसिक के अंग।
अति रति-लीन भई भामिनि सँग, तब कर गहि कर लीन्हौ।
'सूरदास' प्रभु रसिक-सिरोमनि, मिलि जु सुधा-सुख दीन्हौ॥

वृंदा कहती जा रही थी—सखी, जब तक मैं जीती रहूँगी, तब तक मदनगोपाल के रास्ते का पानी तक न पीऊँगी। उनसे मिलना तो बहुत दूर की बात है। जितनी भी काली चीजें हैं, मैं उनका आमरण उपयोग नही करूँगी—न आँख में काला आँजन लगाऊँगी, न गले में साँवला मरकत (पन्ना) मणि पहनूँगी, न शरीर में काली कस्तूरी लगाऊँगी। न हाथ में बाली चूड़ी पहनूँगी, कमर में काली साड़ी न पहनूँगी, गले में काली गुरियों की माला

नहीं पहनूँगी। मैं कानों से काली कोयल की 'कूकू', और काले भौंरों की गुन-गुन तक न सुनूँगी। मैं हाथ में कभी नील कमल भी न लूँगी। मैं इन सब कालों को भी श्याम के ही समान काला समझती हूँ।''

वृंदा के इतना कहते ही श्याम वहाँ दूती को लिए दिए आ गए, रसिक कृष्ण के अंग को देखते ही वृंदा के मान का हठ छूट गया। तब वह भामिनी (क्रोध करने वाली रमणी) अत्यंत प्रेम से बावली होकर कृष्ण के साथ हिल-मिल गई और तब कृष्ण ने भी अपने हाथ में उसका हाथ पकड़ लिया। रसिक शिरोमणि प्रभु ने वृंदा से मिलकर उसे अधरामृत का सुख दे डाला। उसे चूम लिया।

२१६१/३३१९ राग धनाश्री

कबि गावत हरि मोहन नाम ।
गाढ़ौ मान दूरि करि डार्‌यौ, हरष भई मन बाम ।
ऐसे चरित और को जानै, धन्य-धन्य नँदलाल ।
जौ ये गुन, तौ हरत तियनि मन, अति हरषित भइ बाल ।
मिट्यौ काम-तनु-ताम तुरतही, रिझई मदनगुपाल ।
'सूरस्याम' रस-बस करि लीन्ही, यहै रच्यौ इक ख्याल ॥

कवि लोग हरि का एक नाम 'मोहन' भी कहते हैं। सचमुच वे मोहन हैं, मोह लेने वाले हैं। उन्होंने अपने इसी मोहन रूप से वृंदा का हठीला मान दूर कर दिया। वह वामा वृंदा हरि को देखते ही हर्षित (प्रसन्न और कामातुर) हो उठी। हरि के ऐसे चरित्र को और कोई क्या जान सकता है? नंदलाल वंदनीय हैं, अभिनंदनीय है, प्रशंसनीय हैं। उनमें मोह लेने का यह भारी गुण है, इसीलिए वे व्रज की तरुणियों का मन हर लेते थे। वह बाला वृंदा परम प्रमुदित हो गई। उसके तन का सारा काम-ताप तुरत मिट गया। मदन गोपाल ने उसे रिझा लिया, और उसे अपने प्रेम के बस में कर लिया। श्याम ने मन हर लेने का यह खेल कर दिखाया।

२१६२/३३२० राग मलार

सखी री कठिन मान-गढ़ टूट्यौ ।
श्री गुपाल बिहँसनि बल आतस, चल्यौ अतिहिं गोलनि कौ जूट्यौ ।
करि प्रतिहार तज्यौ सुर-गोपुर, तब कंचुकी-कोट सन फूट्यौ ।
काम-अग्नि उपजी उर अंतर, मौन सुभट कौ तब रन छूट्यौ ।
कुच लोचन दोउ लरे सौंह ह्वै, भौंह कमान कुटिल सर छूट्यौ ।
युद्धाचारि गुपाल लाल की, 'सूरदास' तजि सर्वस लूट्यौ ॥

हे सखी वृंदा के मान का कठिन किला टूट गया। गोपाल लाल की मुसकान ही पलीते की आग है, जिससे गढ़-भंजन गोले के गोले छूटने लगे। स्तन रूपी हाथी ने उसके सुर (वाणी) रूपी सिंह द्वार (हृदय) को छोड़ दिया। तब चोली का कोर सन्न से फट गया। हृदय के भीतर काम की अग्नि जल उठी और मौन रूपी योद्धा ने भी मैदान छोड़ दिया। (मौन भंग हो गया)। फिर वृंदा के चोली के फट जाने से अधखुले उरोज और कृष्ण के

नेत्रों में आमने सामने लड़ाई होने लगी। कृष्ण के नेत्रों से भौंह के धनुष पर वृंदा के ऊपर कुटिल बाण छूटने लगे। यह गोपाल लाल का युद्ध के आचरण की अभिज्ञता ही है कि उन्होंने वृंदा के प्रेम को छोड़कर उसका सर्वस्व लूट लिया।

२१६३/३३२१ राग गुंड मलार

स्याम गुन-रासि मानिनी मनाई ।
रह्यौ रस परस्पर, मिट्यौ तनु बिरह झर, भर्‌यौ आनंद तिय उर, न माई ।
कबहुँ रति सहज, कबहुँ करत बिपरीत, बासरहिं ते सबै रैनि बीती ।
स्त्रमित दोउ अँग भए, अतिहिं बिह्वल परे, सेज रति-पति जीति बढ़ी प्रीती ।
भोर भए चले निजु सदन पितु मातु कैं, फिरे सकुचे देखि नंद-द्वारैं ।
'सूर' प्रभु स्याम गए सकुचि प्रमुदा-धाम, कहति ये गुन भले हरि तुम्हारै ॥

सुख की राशि श्याम से मानिनी वृंदा को मना लिया। दोनों ने खूब रस लिया, दोनों के शरीर की विरहाग्नि बुझ गई। वृंदा के हृदय में इतना आनंद भर उठा कि वह वहाँ समा न सका, बाहर छलक पड़ा। उन्होंने कभी सहज रति की (वृंदा नीचे, श्याम ऊपर) और कभी विपरीत रति की (नीचे श्याम, ऊपर वृंदा)। इसी रंगरली में सारा दिन तो बीत ही गया, रात भी बीत गई। दोनों के अंग थक गए। दोनों विह्वल हो गए। उन्होंने रति-शय्या पर रति-पति कामदेव को जीत लिया। दोनों में भारी प्रेम बढ़ गया। सबेरा होने पर कृष्ण अपने माता-पिता के घर नंदगाँव के लिए चल पड़े। उन्होंने देखा कि द्वार पर नंद बाबा खड़े हुए हैं, अत: वे सकुचाकर वापस लौट पड़े। सकुचाते-सकुचाते श्याम प्रमुदा के घर चले गए। श्याम को देखते ही प्रमुदा बोल उठी—'हरि, तुम्हारे ये गुण खूब हैं। क्या कहना? रात कहीं, प्रभात कहीं।'

[६. प्रमुदा]

वृंदा के धाम से प्रमुदा के धाम गमन *२१६४/३३२२ राग गुंड मलार*

कहाँ हे स्याम, कहँ गमन कीन्हौ ।
कहाँ तुम रहत, कबहूँ दरस देत नहिं, धोखैं गए आइ, हम मानि लीन्हौ ।
नैन आलस भरे, चरन जुग लरखरे, कहा हौ डरे, सो कहौ मोसौं ।
रैनि कहँ बसे, तिय कौन सौं रसे हौ, उर करज कसे, सो कहौ मोसौं ।
भले जू भले नँदलाल, वेऊ भली, चरन-जावक पाग जिनहिं रंगी।
'सूर' प्रभु देखि अँग-अंग बानक कुसल, मैं रही रीझि, वह नारि चंगी॥

वृंदा के घर से सबेरे-सबेरे श्याम प्रमुदा के घर पहुँच गए। प्रमुदा ने पूछा—हे श्याम, अभी तुम कहाँ थे और अब तुम कहाँ जा रहे हो? तुम कहाँ रहते हो? तुम कभी दर्शन तक नहीं देते? मैंने मान लिया कि तुम धोखे से आज मेरे घर आ गए हो। तुम्हारी आँखें अलसाई हुई हैं। तुम्हारे पैर लड़खड़ाए जा रहे हैं। तुम डरे हुए से क्यों लग रहे हो? जो भी बात हो, मुझसे कह सुनाओ। तुम रात भर कहाँ रहे? किस सुंदरी के रस में डूबे रहे? तुम्हारे सीने पर यह नख की खरोंच कैसे हो गई है? मुझे बताओ न! वाह नंदलाल, वाह।

तुम तो बहुत अच्छे हो। वह नारी भी बहुत भली है जिसने अपने चरणों के महावर से तुम्हारी पगड़ी रँग दी है। प्रभु मैं तो तुम्हारे अंग-अंग की यह बढ़िया सजावट देखकर तुमपर रीझ गई हूँ। सचमुच वह नारी परम सुंदरी है, जिसने तुम्हारा ऐसा श्रृंगार कर दिया है।

२१६५/३३२३ राग कल्यान

सुनत हँसि चले हरि सकुच भारी।
यह कह्यौ आजु हम आइहैं गेह तुव, तरकि जनि कहौ, हम समुझि डारी।
नारि आनँद भई, राँग सी ह्वै ढरी, द्वार अपनैं खरी, प्रेम पुलकी।
गए कहि 'सूर' प्रभु, रैनि बसिहैं आजु, सजति शृंगार, कछु सकुच कुल की॥

प्रमुदा की यह बात सुनते ही हरि लजा तो गए, पर वह हँसकर बोले—आज रात मैं तुम्हारे घर आऊँगा। अब ज्यादा तर्क वितर्क मत करो। मैंने तुम्हारी सब बात समझ ली। यह सुनकर वह नारी प्रमुदा आनंद से भर उठी, रांगे के समान पिघल कर उसका मन कृष्ण की ओर ढल पड़ा। वह अपने दरवाजे पर खड़ी रह गई और प्रेम से पुलकित हो उठी। उसके रोंगटे खड़े हो गए। यह सोचकर कि प्रभु आज मेरे यहाँ रात बिताने को कह गए हैं, वह अपना सिंगार पटार करने लगी; पर उसे अपने कुल का कुछ संकोच, कुछ भय भी हो गया।

२१६६/३३२४ राग कल्यान

अंग शृंगार सुंदरि बनावै।
मिलौंगी स्याम निजु करि धाम, आजुही रैनि बिलसौं काम, मन मनावै।
सरस सुमना-जात सीस कर सौं करति, सीमंत अलक पुनि-पुनि सँवारै।
माँग सूधी पारि, निरखि दरपन रहति, ग्रथित कबरीहिँ पाटी निहारै।
कमल खंजन मृगज मीन लोचन जिते, लेति सारंग-सुत तहाँ आँजै।
हार उर धरति, नख-सिखहु भूषन भरति, 'सूर' प्रभु मिलन हित नारि राजै॥

प्रमुदा अपने अंगों को सँवारने सिँगारने लगी। वह मन ही मन मनाती जा रही थी—आज मैं अपने घर में श्याम को अपना बनाकर उनसे मिलूँगी। आज मैं हरि के साथ रंगरली में खूब डूब जाऊँगी। वह अपने सिर पर सरस सुगंधित चमेली से उत्पन्न फुलेल अपने हाथ में लेकर लगाती जा रही थी और अपनी माँग एवं अपनी अलकों को बार बार सँवारती जा रही थी। वह सीधी माँग काढ़कर आईने में देखती रह जाती थी। कमल, खंजन, मृग के छौने, मीन आदि जितने भी (नयनों के सारे उपमान) हैं, उन सबको लेकर वह सारंग-सुत (दीपक का पुत्र काजल) से आँजती जा रही हैं—आँखों को कज्जल-कलित किए दे रही थी। उसने अपनी छाती पर हार पहना और नख से शिख तक सारे अंगों को आभूषणों से सजाया। प्रमुदा प्रभु कृष्ण से मिलने के लिए अपने को सब प्रकार की सजाए ले रही है।

२१६७/३३२५ राग कान्हरौ

बिधु-वदनी अरु कमल निहारै।
सुमना-सुत लै कमलनि मञ्जति, धनपति-धाम कौ नाम सँवारै।

तरनि-तात-बनिता-सुत ता छबि, कमलनि रचि-रचि ग्रंथित चारै।
कमल कमल पर रेख बनावति, सारँग-रिपु पाहन गति ढारै।
उर हारावलि मेलति कमलनि, मनहुँ इंदु पारस ढिग पारै।
'सूरस्याम' के नामहिं जीवन, कमला-पति कैं पदहिं बिचारै॥

प्रमुदा है तो चंद्रमुखी, पर आश्चर्य की बात है कि वह कमलों से (नेत्रों से) अपने को ही, अपने सँवरे रूप को देखे जा रही है। कमल और चंद्र का अमित्र-भाव है, आश्चर्य यहाँ यह है कि यहाँ उनमें मित्र-भाव हो गया है।

वह अपने (कर-) कमलों में सुमना-सुत (चमेली का तेल) लेकर धनपति-धाम का नाम (कुबेर का धाम, अलका=अलक) मींजती जा रही है और सँवारती जा रही है। प्रमुदा अपने बालों में चमेली का तेल लगाए जा रही है।

वह 'तरनि-तात-वनिता-सुत' (सूर्य के पुत्र सुग्रीव की वनिता तारा के पुत्र अंगद=हाथ पर पहना जाने वाला एक गहना, बिजायठ) को अपने कमलों (भुजाओं) पर रच रचकर बाँधे ले रही है। वह कमल कमल पर (कमल के समान प्रत्येक नेत्र पर) (काजल की) रेखा बनाती जा रही है, मानो सारंग-रिपु (हिरण के शत्रु, बाण) को पत्थर पर रगड़कर उन्हें तीक्ष्ण, पैना, बनाए दे रही हो। वह अपने कमलों (हाथों) में हार लेकर अपनी छाती पर पहनाए दे रही है मानो इंदु (हार) को पारस (शरीर) के पास लाकर रखे दे रही हो। जिससे वह हार भी उस पारस का स्पर्श पाकर सुनहला हो जाय।

कमला-पति विष्णु के चरणों का स्मरण करने से जो जीवन मिलता है, वह जीवन प्रमुदा को श्याम का नाम मात्र ले लेने से मिलता जा रहा है।

२१६८/२३२६ राग आसावरी

अंग सिंगार सँवारि नागरी, सेज रचति हरि आवैंगे।
सुमन सुगंध रचत तापर लै, निरखि आपु सुख पावैंगे।
चंदन अगरु कुमकुमा मिस्रित, स्त्रम तैं अँग चढ़ावैंगे।
मैं मन-साध करौंगी सँग मिलि, वै मन-काम पुरावैंगे।
रति-सुख-अंत भरौंगी आलस, अंकम भरि उर लावैंगे।
रस भीतर मैं मान करौंगी, वै गहि चरन मनावैंगे।
आतुर जब देखौं पिय नैननि, बचन रचन समुझावैंगे।
'सूरस्याम' जुवती-मन-मोहन, मेरे मनहिं चुरावैंगे॥

इस प्रकार अपने अंगों को सिंगार-सँवार लेने पर प्रमुदा ने सेज भी सँवार दी। वह मन ही मन कहने लगी—'आज हरि मेरे यहाँ आवेंगे'। ऐसा कहकर उसने सेज पर सुंगधित सुमन बिछा दिए और सोचने लगी—प्रभु इस सजी सेज को देखकर परम सुख पावेंगे। फिर उसने चंदन, अगुरु, कुमकुमा मिलाकर अंगराग तैयार कर दिया और बिचारने लगी कि प्रभु इस अंगराग से अपने तन को चर्चित करेंगे। उनके साथ मिलकर मैं मन में जो भी कामना करूँगी, वे उसे पूरी करेंगे। जब मैं सुरति समाप्त करके थक जाऊँगी, तब वे मुझे गोद में लेकर छाती से चिपटा लेंगे। मैं इस रस-केलि के समय जब मान करूँगी, तब वे

मेरे चरण पकड़कर मुझे मनावेंगे। जब मैं आतुर होकर उनकी ओर देखूँगी, तब वे मीठी मीठी बातें कहकर समझावेंगे। वे तो युवतियों का मन मोह लेनेवाले हैं। वे मेरा भी मन चुरा लेंगे। (प्रमुदा ऐसा सोचते सोचते स्नेहिल हो उठी।)।

२१६९/३३२७ राग बिलावल

नंद-सुवन बहुनायकी, अनतहिँ रहे जाई।
वह अभिलाष करति रही, ताकौं बिसराई।
बासर ऐसैंहीं गयौ, निसि जाम तुलानी।
नारि परी अति सोच मैं, बिरहा अकुलानी।
आवन कहि गए साँझहीं, अजहूँ नहिँ आए।
कीधौं कतहूँ रमि रहे, फँग परे पराए।
वेई है बहुनायकी, लायक गुन भारे।
'सूरस्याम' कुमुदा-भवन, सुधि करि पगु धारे॥

नंदलाल बहुनायक हैं। वे किसी दूसरी तरुणी के यहाँ चले गए। प्रमुदा यहाँ मन के लड्डू खाती रह गई और श्याम उसके भूल गए। दिन तो ऐसे-वैसे में बीत गया; रात आ गई। प्रमुदा भारी सोच में पड़ गई और विरह से विकल हो उठी। प्रभु शाम को ही आने को कह गए थे, अभी तक नहीं आए। ऐसा तो नहीं हुआ कि वे कहीं अन्यत्र बिलम गए और किसी दूसरी के फंदे में फँस गए। वे बहुनायक हैं ही, उनमें बहुनायकों के सभी गुण भरे हुए हैं। श्याम प्रमुदा के भवन न आकर, कुमुदा की सुधि करके उसके घर चले गए थे।

२१७०/३३२८ राग केदारौ

रहे हरि रैनि कुमुदा-गेह।
परसपर दोउ प्रेम भीजे, बढ़्यौ अतिहि सनेह।
एक दिन इक जाम बितवति, काम-रस-बस गात।
ताहि बीतत जाम जुग सम, गनत तारा जात।
उनहिँ वैसैं, याहि ऐसैं, रजनि गइ, भयौ भोर।
'सूर' मोसौं करि चतुरई, गए नंदकिसोर॥

श्याम उस रात प्रमुदा के घर न जाकर कुमुदा के घर रह गए। श्याम और कुमुदा दोनों प्रेम के रस में भींग गए और उनमें भारी स्नेह बढ़ गया। कुमुदा का शरीर काम के रस के बस में हो गया था और इस खुशी में उसे एक प्रहर भी एक क्षण के समान बीतने लगा। उधर प्रमुदा के लिए एक एक प्रहर एक एक युग के समान बीत रहा था। उसकी रात तारे गिनते बीत गई। उधर कुमुदा की सुख की रात बहुत जल्दी बीत गई; इधर प्रमुदा की विरह की रात जैसे बीतना ही नहीं चाहती हो। फिर भी जो हो, रात बीत गई और प्रभात हो गया। प्रमुदा सोचने लगी, प्रभु मुझसे चतुराई कर गए, मुझे पट्टी पढ़ा गए, झाँसा दे गए।

२१७१/३३२९ राग नट

कुटिलई करी हरि मोसौं।
चित्त चिंता भरी सुंदरि, करति मन गोसौं।

कहि गए निसि आइहैं हरि, अनत बिरमे जाइ ।
रैनि बीती, उदित दिनकर, देखि, तिय मुरझाइ ।
भवनहीं मन मारि बैठी, सहज सखि इक आइ ।
देखि तन अति बिरह ब्याकुल, कहति, बचन सुनाइ ।
बोलि ढिग बैठारि ताकौं, पोंछि लोचन लोर ।
'सूर' प्रभु कैं बिरह ब्याकुल, सखि लखी मुख-ओर ॥

सुंदरी प्रमुदा चित्त में चिंता करने लगी—हरि मुझसे भारी कुटिलता कर गए। वह मन ही मन गुस्सा कर उठी। हरि कह गए थे कि रात में आएँगे; पर वे कहीं अन्यत्र जाकर बिलम गए। रात बीत गई, सूर्य निकल आए। सूर्योदय हुआ देखकर प्रमुदा मुरझा गई। वह अपने घर में ही मन मार कर, उदास होकर, बैठ रही। इसी बीच उसकी एक सहज सखी, अंतरंगा सहेली आ गई। उसने प्रमुदा को अत्यंत विरह-व्याकुल देखकर कहा—'बोल, क्या बात है? तू इतनी उदास क्यों है?' तब प्रमुदा ने उसे बुलाकर अपने पास बैठा लिया और अपने आँसू पोंछ लिए। सखी ने प्रमुदा के मुख की ओर देखा और जान गई कि यह प्रभु के विरह में व्याकुल है।

२१७२/३३३० राग गौरी

आजु बिनु आनँद कौ मुख तेरौ ।
कहा रही मन मारि भोरहीं, अति व्याकुल मन मेरौ ।
मोसौं गोप करै जनि सुंदरि, नहिँ पावति वह भाव ।
सुनौं, बात कैसी उपजी है, कछु जनि करे दुराव ।
तब बोली मधुरी बानी सौं, कहा कहौं री तोहिँ ।
तेरे स्याम भले गुन नागर, कपटी कुटिल कठोहिँ ।
निसि बसिबे की अवधि बदी मोहिँ, साँझ गए कहि आवन ।
'सूरस्याम' अनतहिँ कहुँ लुबधे, नैन भए दोउ सावन ॥

सखी प्रमुदा से बोली—आज तेरा मुख सानंद नहीं दीख पड़ रहा है। तू आज सबेरे सबेरे क्यों मन मारकर, उदास, बैठी हुई है। तुझे विषाद-युक्त देखकर मेरा मन भी अत्यंत अवसादपूर्ण हो उठा है। हे सुंदरी, मुझसे कोई बात छिपा मत। मैं तेरा कुछ भाव, भेद, रहस्य नहीं पा रही हूँ। मुझसे कोई दुराव न करो और कह सुनाओ कि यह सब कैसे हो गया है? मैं भी तो कुछ सुनूँ।

तब प्रमुदा मधुर वाणी से बोली—मैं तुमसे क्या कहूँ? तेरे श्याम तो भारी गुनी निकले। वे नितांत कपटी, कुटिल और कठोर हैं। वे आज रात मेरे यहाँ रहने की अवधि बद गए थे और कह गए थे कि मैं शाम तक आ जाऊँगा। वे उधर कहीं अन्यत्र लुभा गए और इधर मेरे दोनों नयन सावन-भादों हो गए हैं, अजस्त्र रूप से आँसू बहाते जा रहे हैं।

२१७३/३३३१ राग सोरठ

ऐसे गुन हरि के री माई ।
मैं पहिचानि रही हौं नीकैं, कुटिल सिरोमनि राई ।

अब मोसौं उनसौं कह बनिहै, कछु मैं गई बुलावन।
आपुहिं काल्हि कृपा यह कीन्ही, अजिर गए करि पावन।
तोकौं मिलैं कहूँ, मेरी सौं, तिनसौं यह तू कहियै।
'सूरदास' प्रभु-बोल न साँचे, लाज कछू जिय गहियै।

प्रमुदा कहती गई—हे सखी, हरि के करतब ऐसे ही हैं। मैंने उन्हें भलीभाँति पहचान लिया। वे कुटिलों के शिरोभूषण हैं, भारी कपटी हैं। तू ही कह, क्या अब मुझसे और उनसे पटरी बैठेगी? क्या मैं उन्हें बुलाने गई थी? कल उन्होंने यहाँ आने की कृपा स्वयं की थी, और मेरा आँगन पवित्र कर गए थे। हे सखी, यदि श्याम तुझे कहीं आते-जाते मिल जायँ, तो तुम्हें मेरी शपथ है, तू उनसे यह कह देना—'प्रभु तुम बात के सच्चे नहीं हो। अपनी बात की कुछ लाज तो तुम्हें रखनी चाहिए।'

२१७४/३३३२ राग विहागरौ

सखी री और सुनहु इक बात।
आजु गुपाल हमारैं आए, उठि करि इहिं मिस प्रात।
कहुँ तैं रैनि-उनींदे मोहन, अपनैं गृह-तन जात।
आगैं द्वार नंद हे ठाढ़े, तातैं गए न, सकात।
डगमगात मग धरत परत पग, आलसवंत जम्हात।
मानहुँ मदन दंड दै छाँड़े, चुटुकी दै दै गात।
जो मैं कह्यौ कहाँ रहे मोहन, तौ सनमुख मुसुकात।
तातैं कछू न उत्तर आयौ, 'सूरस्याम' सकुचात॥

प्रमुदा बोली—सखी एक बात और सुन। कल गोपाल मेरे घर उठकर सबेरे-सबेरे जो चले आए थे, उसका कारण यह है। कल सबेरे, गोपाल आँखों में नींद भरे हुए, किसी तरुणी के घर रात बिताकर अपने घर की ओर जा रहे थे। उन्होंने दूर से ही देख लिया कि दरवाजे पर नंद बाबा खड़े हुए हैं। इसलिए वे डर गए और अपने घर नहीं गए। तब वे राह में डगमगाते पैर रखते हुए, अलसाए हुए, जँभाई लेते हुए, मेरे घर आ गए। लगता था जैसे कामदेव ने उ्हें अपनी कुसुम-छड़ी से खूब मारा है और उनके शरीर पर खूब चिकोटी काटी है। मैंने उनसे पूछा—मोहन कहाँ थे? कहाँ से आ रहे हो। मेरी ओर देखकर मुसकुराने लगे। उनके मुँह से कुछ जवाब नहीं निकला और वे लजा गए, सकुचा गए।

२१७५/३३३३ राग केदारौ

तब हरि यह चतुराई करी।
कह्यौ मेरे धाम आवन, टार दै गए हरी।
आपुहीं श्री मुख गए कहि, सही कैसी परी।
सेज रचि सब रैनि जागी, तब रिसनि हौं जरी।
स्याम देखे द्वार ठाढ़े, मनहिं मन झरहरी।
कहति 'सूर' सुनाइ हरि कौं, धन्य यह सुभ घरी॥

प्रमुदा सखी से कहती गई—सखी, श्याम मेरे इस प्रश्न का तो कोई उत्तर दे न सके

कि कहाँ से चले आ रहे हैं। पर उन्होंने मेरे साथ एक चालाकी खेली। उन्होंने कहा—आज की रात तुम्हारे साथ रहूँगा। पर यह सब बाला-बुत्ता था। उन्होंने स्वयं अपने श्रीमुख से यह बात कही थी और अपनी ही कही बात को वे टाल गए। उनकी जबान की यह सच्चाई बर्दाश्त के बाहर है, सही नहीं जा़ सकती। मैं इनके लिए सेज सजाकर रात भर जागती रही। जब वह नहीं आए, तब मैं क्रोध से जल भुन गई।

प्रमुदा अपनी सखी से इसी प्रकार बात कर ही रही थी कि उसने देखा श्याम दरवाजे पर आए खड़े हैं। वह मन ही मन झल्ला उठी। वह हरि को सुनाते हुए अपनी सखी से कह उठी—'सबेरे सबेरे की यह घड़ी धन्य है। बड़ी मंगलप्रद है।'

२१७६/३३३४ राग बिलावल

यहै कही, कहि मौन रही।
मन-मन कहति दरस अब दीन्हौ, निसि बस बिरह डही।
मधुरे बचन सुनाइ सखी सौं, रिस बस भरे कही।
आए कहाँ, जाहिँ ताही कैं, चतुर तिया ढिग ही।
वा बिनु उनकौं कौन मिलैगी, नहिँ कोउ फिरति बही।
'सूरज' प्रभु इतकौं जनि आवैं, पग धारैं उतही॥

प्रमुदा यह कहकर एक क्षण के लिए चुप हो रही। वह मन ही मन कहने लगी—मैं रात भर विरह में जलती रही हूँ और यह अब सबेरा होने पर दर्शन दे रहे हैं। वह क्रोध में थी फिर भी उसने अपनी सखी से, कृष्ण को सुनाते हुए, मधुर संयत वाणी में ही कहा—यहाँ कहाँ आए हैं, उसी के पास जायँ, उसी चतुरा स्त्री के पास चले जायँ। उसके बिना इन्हें दूसरी कौन मिलेगी। यहाँ कोई बही नहीं फिर रही है, जिसका कोई पुछार न हो। प्रभु अब इधर न आवें, उधर ही टहलते-टहलते चले जायँ।

२१७७/३३३५ राग बिलावल

सखी निरखि अँग-अंग स्याम के।
कहुँ चंदन, कहुँ बंदन-रेखा, कहुँ काजर छबि लखति बाम के।
आलस भरे नैन रतनारे, चतुर नारि सँग जगे जाम के।
अपनैं मन यह सोच करत हरि, परी तिया फँग कठिन ताम के।
मान कियौ मोतन फिरि बैठी, आए हैं यह सुनत नाम के।
'सूरस्याम' इक बुद्धि बिचारी, मनमोहन रति सहित काम के॥

सखी ने श्याम के अंग अंग को बड़ी बारीकी से देखा, परखा, निरखा। कहीं पर (छाती पर) (किसी नारी के स्तन का) चंदन लगा था, कहीं (भुजा पर) सिंदूर की रेखा खिँची हुई थी, कहीं (ओठ पर) उस वामा की आँख का काजल लगा हुआ था। आलस्य से भरी उनकी आँखें लाल-लाल हो रही थीं। यह किसी चतुर नारी के साथ रात के चारो प्रहर जागते रहे हैं।

इधर हरि अपने मन में सोचे जा रहे थे—प्रमुदा तो कठिन क्रोध के फंदे में पड़ गई है। इसने मान कर लिया है और मेरा नाम सुनकर ही मेरी ओर से यह फिर बैठी है, बिफर

गई है। तब रति और काम को भी मोह लेने वाले श्याम ने एक उपाय सोच निकाला।

२१७८/३३३६ राग सूही

स्याम सैन दै सखी बुलाई ।
यह कहि चली, जाउँ गृह अपनै, तू तौ मान कियौ री माई ।
अंतर जाइ भए हरि ठाढ़े, सखी सहज निकसी तहँ जाई ।
मुख निरखत दोउ हँसे परस्पर, भवन जाहु मैं लेउँ मनाई ।
अंग दिखाइ गई हँसि प्यारी, सुरत चिह्न नीकी सुघराई ।
'सूरज' प्रभु गुन पार लहै को, जानि बूझि कीन्ही रिसहाई ॥

श्याम ने आँखों के इशारे से प्रमुदा की उस सखी को बुलाया? वह सखी श्याम का इशारा पाकर यह कहती हुई चल पड़ी—'अब मैं अपने घर जा रही हूँ। सखी, तू तो रूठी हुई बैठी है। मैं तेरे पास अब क्या बैठूँ।' हरि भी कुछ अंतर पर, कुछ दूरी पर जाकर खड़े हो गए थे। सखी सहज रूप से प्रमुदा के घर से निकली और वहाँ जा पहुँची, जहाँ स्याम खड़े, हुए थे। एक दूसरे का मुँह देखकर दोनों परस्पर हँस पड़े। और कृष्ण ने कहा—'अब तुम अपने घर चली जाओ। मैं प्रमुदा को मना लूंगा'। सखी ने श्याम के शरीर पर बने सुरति चिह्नों की सुघरता दिखाकर हँस दिया और चली गई। प्रभु के गुणों का अंत कौन जान सकता है। उन्होंने जान-बूझकर प्रमुदा को रुष्ट कर दिया था।

२१७९/३३३७ राग गौरी

सखी गई कहि, लेउ मनाई ।
ज्ञानिनि-मनि, विद्या-मनि, गुन-मनि, चतुरनि-मनि चतुराई ।
प्रिया हृदय यह बुद्धि उपाई, ह्याँ तौ नहीं कन्हाई ।
चातुर चली जमुन-जल खोरन, काहूँ संग न लाई ।
पहुँची जाइ तरनि-तनया-तट, न्हाइ चली अतुराई ।
'सूरस्याम' मारग भए ठाढ़े, बालक मोहनराई ॥

सखी ने कहा—'श्याम, तुम मानिनी को मना लो। तुम ज्ञानी बनते हो, विद्यामणि हो, गुण-मणि हो, चतुर-मणि हो। तुम उसे मना सकते हो। लो, मैं चली। यह कहकर वह चली गई।'

इधर श्याम ने प्रमुदा के मन में यह भाव पैदा कर दिया कि श्याम यहाँ नहीं हैं, और वे यहाँ से चले गए हैं। यह समझ कर वह जल्दी से अकेले यमुना-स्नान के लिए चल पड़ी। उसने किसी को अपने साथ नहीं लिया। वह सूर्य की पुत्री यमुना के तट पर पहुँची, जल्दी जल्दी स्नान से निवृत्त हुई और वापस लौट पड़ी। मार्ग में बालक रूप में खड़े मोहन उसे मिले।

२१८०/३३३८ राग बिलावल

पाँच बरस के लाल ह्वै, तिय मोहन आए ।
नागरि आगैं ह्वै गई, तब बोल सुनाए ।

कह्यौ, कहाँ री जाति है, काकी तू नारी।
मोहिँ पठाई स्यामलैं, जाकी तू प्यारी।
यह सुनि नारि चकित भई, आपुन तहँ आए।
तब कर सौं कर गहि लियौ, देखत मन भाए।
अगम चरित प्रभु 'सूर' के, ते लखै न कोई।
स्याम-नाम स्रवननि पर्‌यौ, हरषी मुख जोई॥

श्याम पाँच वर्ष के बालक बनकर सुंदरी प्रमुदा को मोहने के लिए वहाँ आ गए। जब प्रमुदा कुछ आगे बढ़ गई, तब उन्होंने उसे बुलाकर कहा—'तू कहाँ जा रही है? तू किसकी स्त्री है? तू जिन श्याम की प्यारी है, मुझे उन्हीं श्याम ने तेरे पास भेजा है।' यह सुनकर प्रमुदा चकपका गई। तब बालक बने कृष्ण स्वयं उसके पास आ गए और उन्होंने अपने हाथ से प्रमुदा का हाथ पकड़ लिया। प्रमुदा ने उस बालक को देखा। बालक उसके मन को लुभा गया।

प्रभु के चरित तक पहुँच पाना संभव नहीं। उसे कोई समझ नहीं सकता। प्रमुदा के कान में जब श्याम का नाम पड़ा, तब वह उस बालक का मुँह देखकर प्रसन्न हो उठी।

२१८१/३३३९ राग रामकली

हरषी निरखि रूप अपार।
गह्यौ कर सौं सदन ल्याई, जानि गोप-कुमार।
स्याम मोकौं बोलि पठई, कहत है यह लाल।
भवन लै इनि भेद बूझौं, सुनौं बचन रसाल।
हृदय आनँद भई बाला, प्रेम रस बेहाल।
कुँवरि अंतःपुर गई लै, रच्यौ हरि तहँ ख्याल।
तरुन ह्वै कर उरज परसे, दियौ अंचल डारि।
'सूर' प्रभु हँसि लई प्यारी, भुजनि अंकम धारि॥

उस बालक के अपार रूप को देखकर वह सुंदरी प्रमुदा परम प्रसन्न हो गई। वह उस बालक का हाथ पकड़े-पकड़े अपने घर लेती आई। उसने उसे कोई सामान्य गोप-बालक समझा था। वह सोचने लगी—यह बालक कहता है कि श्याम ने मुझे बुला भेजा है। मैं इसे अपने घर लेती चलूँ और इससे श्याम के संबंध में पूछताछ करूँ और इसकी मधुर बातें भी सुनूँ। वह बाला मन ही मन परम प्रफुल्लित हो गई। वह प्रेमानंद में विह्वल हो उठी। कुँवरि प्रमुदा उस लड़के को लिए दिए अपने अंतःपुर में चली गई। वहाँ हरि ने एक खेल रच दिया। वे बालक से तरुण हो गए और उन्होंने प्रमुदा के स्तन पकड़ लिए, आँचल खींचकर दूर हटा दिए। और हँसकर प्यारी को अपनी भुजाओं में खींचकर कस कर अपनी छाती से लगा लिया।

२१८२/३३४० राग टोड़ी

मुख निरखत तिय चकित भई।
जो देखै अति तरुन कन्हाई, यह को लखै दई।

छाँड़ि देहु ऐसे मनमोहन, हँसि मन लजित भई।
ऐसे छंद रचत पिय धनि-धनि, कीन्ही करनि नई।
अंकम भरि तिय कंठ लगाई, कुच उर चाँपि लई।
'सूरस्याम' मानिनि मनमोहन, रति-रस सौं भिगई॥

कृष्ण का, तरुण कृष्ण का मुँह देखते ही प्रमुदा चकपका गई। उसने देखा अभी-अभी जो पाँच बरस का बालक था, वह कैसे तरुण कन्हैया बन गया। यह आश्चर्य कौन देखे और कौन समझे? वह हँसकर लज्जित हो गई और बोली—'मनमोहन मुझे छोड़ दो, यह क्या कर रहे हो, ऐसा न करो। तुम ऐसे-ऐसे छल करते फिरते हो। तुम्हें धन्य है। तुमने यह नई करनी कर डाली।' इस पर श्याम ने उसे अंक में भरकर गले से लगा लिया और अपनी छाती से उसके कुच दबा लिए। मनमोहन ने उस मानिनी प्रमुदा को रति-रस में भिगो दिया। उसे पूर्ण तुष्ट कर दिया।

कृष्ण का राधा के पास आना

२१८३/३३४१ राग बिलावल

स्याम मनाई मानिनी, हरषित भइ अंग।
रैनि-विरह तनु कौ गयौ, जे करे अनंग।
सुता महर बृषभानु की, सुधि कीन्ही स्याम।
ताकौं सुख दै हरि चले, प्यारी कैं धाम।
प्यारी आवत पिय लखे, चितई मुसुकाइ।
जिय डरपे मोहिँ देखिकै, सुख कह्यौ न जाइ।
अब न पियहिँ उचटाइहौं, मोकौं सरमात।
त्रास करत मेरी जिती, आवत सकुचात।
आनि द्वार ठाढ़े भए, नायक-बहु नाम।
'सूरज' प्रभु अँग सहजहीं, निरखति रुचि बाम॥

श्याम ने मानिनी प्रमुदा को मना लिया। उसके अंग अंग प्रफुल्लित हो गए। उसके तन से रात का विरह दूर भागा, अनंग ने रात में उसकी जो दुर्दशा कर दी थी, वह सुदशा में बदल गई।

तभी श्याम को अपनी प्यारी, वृषभानु की बेटी, राधा की सुधि आ गई। प्रमुदा को सुख देकर श्याम राधा प्यारी के घर चल पड़े। राधा प्यारी ने श्याम को अते हुए देखा और उन्हें देखकर मुसकुरा दिया। राधा ने देखा कि श्याम मुझे देखकर डर गए हैं—इससे उसे भारी सुख मिला। राधा के इस सुख का वर्णन नहीं किया जा सकता। वह मन में कहने लगी—अब मैं प्रिय कृष्ण के मन का उच्चाटन नहीं करूँगी। यह मुझे देखकर कितना शरमाए जा रहे हैं। यह मुझसे कितना त्रास मान रहे हैं कि मेरे पास आने में भी सकुचाए जा रहे हैं। यह बहुनायक हैं। इसीलिए मेरे द्वार पर आकर भी ठिठक गए हैं। सुंदरी राधा रुचिपूर्वक श्याम के सुरति चिह्नों से अंकित अंगों को सहज भाव से देखने लगी।

२१८४/३३४२ राग गुंडमलार

स्याम डर-बाम निज धाम आए।
उतहिं प्रमुदा-धाम सखी सहजहिं गई, अंग के चिह्न कछु और पाए।
देखि हरषी नारि, सकुच दीन्ही डारि, अतिहिं आनँद भरी स्याम रंगी।
सखी बूझति ताहि, हँसति ता मुख चाहि, स्याम कौं मिली री, बनी चंगी।
कहन लागी, कहा कहति तू आजु मोहिं, नाहिं नाहीं करत, दुरत कैसैं।
मिले प्रभु 'सूर' तोहिं, जानी यह चतुरई, नहीं तू करति, नहिं लखति जैसैं॥

अपनी प्यारी वामा (राधा) के डर से श्याम अपने घर चले गए। उधर प्रमुदा के घर एक सखी सहज ही, बिना किसी उद्देश्य विशेष के, आ गई। उसने प्रमुदा के शरीर पर कुछ और ही (रति) चिह्न पाए। उस सखी को देखकर प्रमुदा पुलकित हो उठीं और उसने सारी सकुच छोड़ दी। वह श्याम के रंग में रँगी हुई अत्यंत आनंद से भर उठी। सखी उसके हँसते मुँह को देखकर उससे पूछने लगी—'मालूम होता है तू श्याम से मिलकर ही इतनी भली-चंगी दीख रही है?' प्रमुदा ने कहा—तू आज मुझसे क्या उलटी सीधी बातें किए जा रही है? इस पर सखी पुनः बोली—कहने के लिए तो तू 'नहीं, नहीं' करती जा रही है। पर असलियत कैसे छिपी रह सकती है? यह निश्चित है कि प्रभु से आज तेरी भेंट हुई है। मैं तेरी सारी चतुराई जानती हूँ। तू 'नहीं, नहीं' करती जा रही है, जैसे मेरे आँखें नहीं हैं और मैं तेरे शरीर पर अंकित सुरति-चिह्नों को देख ही नहीं पा रही हूँ।

२१८५/३३४३ राग सूही

नैन रँगीले, चिहुर छबीले, काजर पीक आरसी देख।
मरगजे बसन, अधर दसननि छत, नीकी लागी चंदन-रेख।
काहे कौं तू मोहिं दुरावति, जानी अरस-परस-छबि सेष।
'सूरदास' प्रभु नंद-सुवन-सँग, अबहिं सुरति-रँग कौ सौ भेष॥

सखी प्रमुदा से बोली—तेरे नयन रतनारे हो गए हैं, तेरे केश-पाश विखर गए हैं और बहुत अच्छे लग रहे हैं। तेरे कजरारे नयनों पर पान की पीक लगी हुई है। चाहे तो आरसी में देख ले। तेरी साड़ी मसली हुई है, सिकुड़ गई है, तेरे होठों पर दंत-क्षत बन गया है, तेरे शरीर पर श्याम के शरीर का चंदन लग गया है। तू मुझसे क्यों छिपा रही है। तेरे शरीर पर संभोगोपरांत जो चिह्न रति के अवशेष रूप रह गए हैं, मैंने तो उन्हींसे समझ लिया कि तूने श्याम के साथ संभोग-सुख भोगा है। तूने नंद के पुत्र से अभी-अभी सुरति की है। उसका, रति-रंग का, तेरा वेश तो अब भी बना हुआ है।

२१८६/३३४४ राग बिलावल

अब तू कहा दुरावैगी।
मोहि कहति नहिं, काहि कहैगी, कब लौं बात लुकावैगी।
मो-सी और कौन प्रिय तेरैं, जासौं प्रेम जनावैगी।
मेरी सौं, उनकी सौं तोकौं, कहा दुराऐं पावैगी।
औरनि-सी मोहूँ कौं जानति, मो तैं बहुरि रमावैगी।
'सूरस्याम' तोहिं बहुरि मिलै हौं, आखिर तो प्रगटावैगी॥

सखी कहती गई—अब तू मुझसे क्या छिपाए जा रही है। तू मुझसे नहीं कह रही है; बता, फिर किससे कहेगी? तू कब तक, यह बात छिपा रख सकेगी? मेरे समान तेरी प्रिय और कौन है, जिससे तू इस प्रेम की बात कहेगी? तुझे मेरी सौंह, तुझे उन श्याम की ही सौंह, मुझसे सब सच-सच बता दे। मुझसे छिपाकर तुझे क्या मिल जायगा। तू औरों के समान मुझे भी पराई समझ रही है। तू मुझसे फिर कहेगी कि सखी मुझे श्याम से मिला दे। मैं तुझे श्याम से फिर मिलाऊँगी। अंतत: तू उस समय तो सब राई-रत्ती बता ही देगी। फिर इस समय तू सब सच-सच क्यों नहीं कह देती?

२१८७/३३४५ राग बिलावल

प्रमुदा अति हरषित भई, सुनि बात सखी की।
रोम-रोम पुलकित भई, उपजी रुचि ही की।
कहति अबहिं ह्याँ तैं गए, नँद-सुवन कन्हाई।
चरित कहा उनके कहौं, मुख कह्यौ न जाई।
साँझ गए कहि आइहैं, मो सौं री आली।
अनत बिरमि कतहूँ रहे, बहुनायक ख्याली।
रैनि रही मैं जागि के, भोरहिं उठि आए।
मान कियौ, रिस पाइ कै, पल माहिं छुड़ाए।
अगनित गुन प्रभु 'सूर' के, कहि तोहिं सुनाऊँ।
अबहिं चरित करि कै गए, तेई गुन गाऊँ॥

प्रमुदा सखी की बात सुनकर परम प्रसन्न हो गई। उसके रोम-रोम पुलकित हो गए, हर्ष से उसे रोमांच हो आया। और उसके हृदय में श्याम के प्रति अत्यधिक प्रेम उत्पन्न हो गया। वह कहने लगी—नंद के पुत्र कन्हैया तो अभी-अभी यहाँ से गए हैं। उनका चरित मैं तुझसे क्या कहूँ? मुख से कुछ कहते नहीं बनता। हे सखी कल मुझसे कह गए कि मैं शाम को आऊँगा, पर वे बहुनायक हैं, बहुतेरियों से रसिकता रखने वाले हैं। वे रात में कहीं किसी दूसरी छबीली के यहाँ रह गए। मैं सारी रात जागती रही। वे सबेरे उस मुँहलगी के घर से उठकर मेरे पास आए। मैं रिस करके मान ठान बैठी। पर उन्होंने पल भर में मेरा मान भंग कर दिया। प्रभु के तो अगणित गुण हैं, उनको मैं क्या कह सुनाऊँ। अभी-अभी जो करतब वे कर गए हैं, मैं वही तुझे सुनाए दे रही हूँ।

२१८८/३३४६ राग रामकली

आजु सखी जमुना-मग मोहन, मोहिं छेदी छँद लाइ।
को तू आहि, कौन की बनिता, बात एक सुनि आइ।
बिहँसि कह्यौ मोहिं स्याम पठायौ, सुनत बिरह-गति भूली।
रति-जल-जलज हियौ हुलस्यौ, मनु पुलक पाँखुरी फूली।
जानि कुमार गह्यौ कर सौं कर, ल्याई भवन बुलाइ।
नैन मूँदि, अंचल गहि डार्‌यौ, मैं माधौ मिलि आइ।
छैल छुयौ उर, बदन बिलोक्यौ, सकुचि रही मुसुकाइ।
छाँड़हु 'सूरस्याम' यह तुम्हरी, आवनि जानि न जाइ॥

हे सखी, आज जमुना की राह में श्याम ने छल करके मुझे छल लिया। उन्होंने बालक बनकर हँसकर मुझसे कहा—'तू कौन है ? किसकी पत्नी है ? इधर आ, एक बात सुन ले। श्याम ने मुझे तेरे पास भेजा है।' मैं उस बालक की बात सुनते ही अपनी सारी विरह-व्यथा भूल गई। प्रेम का कमल मेरे हृदय में खिल गया और मन के पुलक की पंखड़ी खिल उठी। मैंने उस लड़के को लड़का समझकर उसका हाथ पकड़ लिया और हाथ पकड़े-पकड़े उसे अपने घर में लेती आाई। उस बालक ने मेरी आँखें बंद कर लीं, मेरा आँचर पकड़कर दूर हटा दिया। मुझे लगा मैं माधव से ही मिल रही हूँ। तब तक उस बालक ने मेरे उरोज छू लिए। मैंने उस लड़के का मुँह देखा—अरे अब वह लड़का लड़का नहीं था, वह तरुण कृष्ण हो गया था। मैं लजाकर मुसकुरा उठी और कहा—श्याम, मुझे छोड़ दो। तुम यहाँ कैसे आ गए, मैं तो यह जान ही नहीं पाई।

२१८९/३३४७ राग धनाश्री

आवत ही मैं तोहिं लख्यौ री।
तुमहुँ भली, उनकौं मैं जानति, बिंबहिं कीर भख्यौ री।
अँग मरगजी पटौरी देखी, उर नख-छत छबि भारी।
धनि वै नंद-सुवन, धनि नागरि, कियौ सुरति, नहिँ हारी।
हँसत गई सखि भवन आपनैं, मन आनंद बढ़ाए।
'सूरस्याम' राधिका धाम के, द्वारैं सीस नवाए॥

तब सखी बोली—जब तू आ रही थी, तभी मैंने तुझे देखा था। उनको तो मैं जानती ही हूँ। तुम भी बहुत अच्छी हो। तुम्हारे अधर-विंब को शुक ने काट खाया है। मैं देख रही हूँ कि तुम्हारी रेशम की साड़ी भी मली हुई है। तुम्हारे वक्ष पर कृष्ण के नखोंका क्षत बना हुआ बड़ा भला लग रहा है। वे नंद लाल धन्य हैं और हे नागरी प्रमुदा तुम भी धन्य हो। तुमने कृष्ण से सुरति की और तुम इसमें उनसे नहीं हारीं। यह कहकर वह सखी हँसते हुए परमानंदित होकर अपने घर चली गई। और उधर श्याम राधिका के घर के द्वार पर सीस झुकाए खड़े थे।

राधा-गृह-प्रत्यागमन *२१९०/३३४८ राग सारंग*

राधिका स्याम निरखि मुसुक्यानी।
हार विनु-गुन बन्यौ, अधर काजर-रेख, नैन तमोर, तुतरात बानी।
पाग लटपटी बनी, उरह छूटी तनी, अंग की गति देखि, मन लजानी।
उपटि कंकन पीठि, बक्र विह्वल डीठि, चतुरई चतुरभुज अधिक ठानी।
पानि पल्लव अधर दसन सौं गहि रहे, अरध बोलत बचन हार मानी।
'सूर' प्रभु अंक भरि प्रानपति नागरी, नवल नागर उरहिँ घालि सानी॥

राधा श्याम के वेश को देखकर मुसकुरा पड़ी। उनके वक्षस्थल पर बिना सूत की माला बनी हुई थी, अधरों पर काजल की रेखा खिंची हुई थी। आँखों पर पान की पीक लगी हुई थी। वे तुतराते हुए बोल रहे थे। उनकी पगड़ी के पेंच लटपटाए हुए थे, पगड़ी की डोर लटककर उनके वक्ष पर झूल रही थी। श्याम के अंगों की यह गति देखकर राधा

मन ही मन लजा उठी। उनकी पीठ पर कंकण का चिह्न उभरा हुआ था। उनकी नजर टेढ़ी और विह्वल सी थी। चतुर्भुज (विष्णु=कृष्ण) ने यह बड़ी चतुराई कर ली थी—उन्होंने अपने हाथों की उँगलियों को होठ पर रखकर दाँत से दबा लिया। और अर्ध-स्फुटित स्वर से अपनी हार मान ली। तब नागरी राधा ने अपने प्राणपति प्रभु को अँकवार में कसकर भर लिया और नवल नागर को अपनी छाती से जोरों से चिपटा लिया।

२१९१/३३४९ राग बिलावल

भली करी पिय ऐसेहूँ, मेरैं गृह आए।
लीन्हे कंठ लगाइ कै, बड़भागनि पाए।
कहा सोच जिय करत हौ, भुज गहि कर लीन्ही।
गई भवन भीतर लिए, तहँ वैठक दीन्ही।
स्याम सकुचि अँग हेरहीं, नागरि पहिचानी।
चिह्न निहारत डर कहा, आवत ही जानी।
या छबि पर उपमा कहौं, जौ त्रिभुवन होई।
तुम जानत इहिं रूप कौं, अरु लखै न कोई।
चंदन बदन पान रँग, अधरनि काजर-छबि।
'सूरस्याम' उर करज कौं, कों बरनि सकै कबि॥

राधा बोली—हे प्रिय, तुमने बहुत अच्छा किया, जो मेरे घर, किसी भी भेष से सही, आ तो गए। मैंने तुम्हें बड़े भाग्य से पाया है। ऐसा कहकर राधा ने श्याम को गले से लगा लिया। 'तुम व्यर्थ के लिए क्यों सोच किए जा रहे हो'—कहकर राधा ने श्याम की बाँह पकड़ ली, उन्हें लिए हुए घर के भीतर चली गई और उन्हें अच्छे आसन पर बैठा दिया। श्याम सकुचाकर अपने शरीर पर बने रति चिह्नों को यह समझकर देखने लगे कि राधा न इन्हें पहचान लिया है। तब राधा बोली इन सुरति चिह्नों को देखकर क्यों डरे जा रहे हो? मैंने तो तुम्हारे आते ही इन्हें पहचान लिया था। इस रूप की उपमा तो तीनों लोकों में कहीं भी नहीं है, फिर मैं इनकी पटतर दूँ तो किससे दूँ? तुम समझते हो कि तुम्हारे इस रूप को कोई और दूसरा नहीं लख पा सकता। तुम्हारे वक्ष पर दूसरी रमणी के स्तन का चंदन लगा हुआ है और उसके नखों की खरोंच बन गई है। उसके माथे का सिंदूर तुम्हारी भुजाओं पर लगा हुआ है। उसकी आँखों का काजल तुम्हारे होठों पर सुहा रहा है। इस सबका वर्णन कौन कवि कर सकता है?

•२१९२/३३५० राग बिलावल

काहे कौं पिय सकुचत हौ।
अब ऐसौ जनि काम करौ कहुँ, जौ अतिहीं जिय अकुचत हौ।
अबकी चूक नहीं जिय मेरैं, और दिननि कौं जानि रहौ।
सौंह करौ मेरी, सो आगैं, डर डारौ, जनि मौन गहौ।
यह सुनि स्याम हरषि कुच परसे, बार-बार सिव-सौंह करी।
'सूरस्याम' गिरधर गुन-नागर, बात आजु तैं सही-परी॥

राधा बोली—हे पिया, व्यर्थ के लिए क्यों संकोच कर रहे हो? जो काम तुम्हें स्वयं बुरा लग रहा है, जिसके लिए तुम्हें स्वयं संकोच हो रहा है, अब आगे से ऐसा काम कभी न करो।

इस बार जो चूक तुमसे हुई है, उसे मैं मन में नहीं लाती। भविष्य में ऐसी भूल न हो, इस बात का ध्यान रहे। मेरे आगे मेरी ही सौंह करो कि अब ऐसी गलती न होगी। आज का यह डर दूर फेंको, डरो मत। अब मौन मत धारण किए रहो। अब तो बोलो, चुप्पी तोड़ो। यह सुनकर श्याम ने प्रसन्न होकर राधे के कुच छू लिए और बार बार शिव की शपथ खाई। श्याम गुन के आगार हैं, परम गुणी हैं। उनकी गुणागरता की बात आज रात सिद्ध हो गई। उन्होंने वस्तुतः शिव को कसम खाई है। नहीं, उन्होंने तो शिव रूपी उरोजों की शपथ ली। धन्य है यह गुणागरता।

२११३/३३५१ राग गुंडमलार

स्याम सौंह कुच परसि कियौ।
नंद-सदन तैं अबहीं आवत, और तियनि कौ नेम लियौ।
ऐसौ सपथ करौ काहे कौं, जो कछु आजु करी सु करी।
अब जु काल्हि तैं अनत सिधारौ, तब जानौगे तुमहिँ हरी।
मैं सति-भाव मिली हँसि तुमकौं, कहा आजु की सौंह करौ।
'सूरस्याम' जु भई सु भई जू, अबतैं सबको नेम धरौ॥

श्याम ने श्यामा राधा के उरोजों को छूकर शिव की शपथ खा ली, और कहा—'आज तो मैं सीधे नंद बाबा के घर से चला आ रहा हूँ और आज से और स्त्रियों के घर न जाने का व्रत मैंने ले लिया है।' तब राधा ने कहा—मेरे कुच छूकर ऐसी शपथ क्यों खाए जा रहे हो। आज जो किया सो किया। अब यदि कल से तुम किसी और स्त्री के यहाँ गए, तो तुम जानो और तुम्हारा काम जाने। मैं तो सच्चे भाव से तुमसे आज हँसकर मिली हूँ। आज की शपथ क्यों खा रहे हो। अब तक जो हो गया, सो हो गया। अब आज से किसी अन्य रमणी से संपर्क न रखने की प्रतिज्ञा कर लो।

२११४/३३५२ राग गुंडमलार

अहो राजति राजीव-नैन-छबि, उरग-लता-रँग लाग।
जिहिँ बनिता रस-बस कीन्हे निसि, प्रगट होत अनुराग।
सिथिल अंग अरु सिथिल पाग बनी, सिथिल चरन गति आज।
मनहुँ सेज-रेवा-ह्रद तैं उठि, आवत है गजराज।
भाल मध्य जावक रँग देखत, लागति है मोहिँ लाज।
तुम अपनैं जिय यौं जानत हौ, तिलक लोक-त्रय-राज।
हंस-बंधु बर-लोचनि ललना, मिलित निसा-कृत-काज।
बदन चंद बिय-संधि जानि, नहिँ बढ़त किरन मन लाज।
भवन-जीव-सुत लग्यौ अधर पर, यह छबि कही न जाइ।
मनु बंधूक-सुमन ऊपर, बिय अलि-सुत बैठे आइ।

कुच-कुंकुम-अवलेप तरुनि किए, सोभित स्यामल गात।
गत-पतंग राका ससि बिय सँग घटा सघन सोभात।
स्याम-हृदय लांछन ता ऊपर, लगी करज कृत रेख।
मनहुँ बसंत-राज-रुचि कीरति, अरुन-किसल-तरु-वेष।
काम बान बर लिए पंच चितवत प्रति अँग अँग लाग।
अब न जान गृह देउँ पियारे, जब आए तब भाग।
ता दिन तैं बृषभानु-नंदिनी, अनत जान नहिँ दीन्हे।
'सूरदास' प्रभु प्रीति पुरातन, इहिँ विधि रस-बस कीन्हे॥

सुरति-चिह्नों से युक्त कृष्ण से राधा कह रही है—तुम्हारे कमल के सदृश नयनों पर उरग-लता (पान) के पीक का रंग बड़ा भला लग रहा है। जिस वनिता ने तुम्हारी पलकों को चूमकर इन्हें पीक-युक्त बना दिया है, उसी वनिता ने सारी रात तुम्हें अपने रस के बस में कर रखा है और इस पान की पीक से उसका प्रगाढ़ अनुराग ही तुम्हारे प्रति प्रकट हुआ जा रहा है। तुम्हारी पगड़ी, तुम्हारे शरीर के सारे अंग, तुम्हारे पैर की गति आज सभी ढीले ढाले हो गए हैं, ऐसा लगता है कि शय्या रूपी नर्वदा के दह से उठकर मत्त गजराज चला आ रहा है। तुम्हारे मस्तक पर उस रमणी के पांव का महावर लगा देख मुझे बड़ी लाज लगी जा रही है। तुम मेरे प्रियतम होकर किसी अन्या के पैरों पर गिरकर उसे मनाते रहे हो। शिव! शिव!! और तुम अपने मन में महावर के इस दाग को तीनों लोकों के राज्याभिषेक का तिलक समझे बैठे हो? हंस (सूर्य) के वंधु (कमल) के समान लोचनों वाली ललना से मिलकर रात भर तुमने रति-रंग किया है। तुम्हारा मुख रूपी चंद्रमा, दो का (तुम्हारा और उस ललना का) मेल जानकर मन में लज्जित हो उठा है और प्रकाशित नहीं हो रहा है। तुम्हारे मुँह की आभा खो उठी है। तुम्हारे होठों पर भवन-जीव (दीपक) के सुत काजल की लीक लगी हुई है। इस लीक की शोभा कही नहीं जा सकती, मानो दुपहरिया के लाल फूल पर भौंरों के दो बच्चे आ बैठे हों। उस तरुणी ने अपने स्तनों पर चंदन का लेप कर रखा था, वह चंदन तुम्हारे साँवले शरीर पर घुल गया है। लगता है जैसे सूर्यास्त और पूर्णिमा ने चंद्रोदय-काल में घनी घन घटा सोभा दे रही हो। तुम्हारे श्याम हृदय पर जो भृगु-लता है, उसके ऊपर उस रमणी के नख की खरोंच लगी हुई है, मानो ऋतुराज वसंत की धवल कीर्ति के समय लाल लाल नवीन पत्तों से लदकर कोई वृक्ष हो। लगता है कामदेव अपने पांचों वाणों को लिए हुए तुम्हारे अंग अंग से झाँके जा रहा है। हे प्यारे मैं अब तुम्हें किसी के भी घर न जाने दूँगी। अब तुम बड़े भाग्य से मेरे घर आ गए हो।

उसी दिन से वृषभानु की बेटी राधा ने श्याम को किसी दूसरी के घर नहीं जाने दिया। राधा और श्याम की प्रीति परम पुरानी है। इसीलिए राधा ने श्याम को अपने रस के बस में कर लिया।

२१९५ / ग्र. ५५९८ राग भैरव

आज की बानिक पर हौ लाल बलि बलि गई।
बिगलित कच सुमन, पाग ढरकि रही वाम भाग, अंग-अंग अलसई।

अरु नैन झपकि जात, वारंबार, कछु जँभाइ, पीक कपोल छई।
धनि सुहाग भाग ताको, 'सूरज' परभु जाके संग सब निसि बितई ॥

हे लाल, आज के आपके वेश को देखकर मैं आप पर निछावर हुई जा रही हूँ। आपके बाल और उनमें गुँथे फूल विखर गए हैं। आपकी पगड़ी भी बाईं ओर लटक गई है। आपके अंग अंग में आलस्य छाया हुआ है। आँखें लाल हो गई हैं और मुँदी जा रही हैं। बारबार जमुहाई लेते जा रहे हो। कपोलों पर किसी के चुंबन से पान की पीक लगी हुई है। उस रमणी का भाग्य, उसका सुहाग धन्य है, जिसके साथ आपने अपनी सारी रात रंगरली में बिताई है।

बड़ी मान लीला

२१९६/३३५३ राग बिलावल

सखियन सँग लै राधिका, निकसी ब्रजखोरी।
चली जमुन अस्नान कौं, प्रातहिँ उठि गोरी।
नंद सुवन जा गृह बसे, तिहिँ बोलन आई।
जाइ भई द्वारैं खरी, तब कढ़े कन्हाई।
औचक भेंट भई तहाँ, चक्रित भए दोऊ।
ये इत तैं, वै उतहि तैं, नहिँ जानत कोऊ।
फिरी सदन कौं नागरी, सखि निरखतिँ ठाढ़ी।
स्नान दान की सुधि गई, अति रिस तनु बाढ़ी।
स्याम रहे मुरझाइ कै, ठगमूरी खाई।
ठाढ़े जहँ के तहँ रहे, सखियनि समुझाई।
इतने ही के ह्वै गए, गहि बाँह लिवाई।
'सूरज' प्रभु कौं लै तहाँ, राधा दिखराई ॥

सखियों को लेकर राधिका व्रज की गलियों में निकली। प्रातःकाल ही उठकर वह गोरी यमुना स्नान के लिए चली। जिस घर में नंद के पुत्र कृष्ण ने वह रात बिताई थी, संयोग से उसी घर की अपनी सखी को स्नानार्थ बुलाने के लिए राधा वहाँ आ पहुँची। वह जैसे ही उस घर के द्वार पर खड़ी हुई थी, संयोग देखिए कि उसी समय उस घर के भीतर से कृष्ण निकले। दोनों की अचानक वहाँ भेंट हो गई। एक बाहर से आई, दूसरा घर से बाहर निकला। दोनों एक दूसरे को आमने सामने देखकर भौंचक्के हो गए। यह आमना-सामना अप्रत्याशित रूप से हो गया था। इसकी जानकारी किसी को पहले से नहीं थी। राधा झल्लाकर अपने घर लौट गई, यमुना-स्नान के लिए नहीं गई। उसकी सखियाँ उसे वहाँ देखती हुई खड़ी रह गईं। राधा को स्नान और दान की सुधि ही नहीं रह गई। उसके शरीर में अत्यंत क्रोध चढ़ आया था। श्याम भी मुरझा गए, जैसे किसी ठग ने उन्हें अपनी जड़ी खिला दी हो। वे जहाँ के तहाँ खड़े रह गए। तब सखियों ने समझाया और कहा— 'बस इतने में इतने हो गए? जरा सी बात से इतना डर गए?' सखियाँ श्याम की बाँह पकड़कर राधा के घर ले गईं और उन्हें राधा को दिखलाया।

२१९७/३३५४ राग रामकली

राधेहि स्याम देखी आइ।
महा मान दृढ़ाइ बैठी, चितै कापैं जाइ।
रिसहिँ रिस भइ मगन सुंदरि, स्याम अति अकुलात।
चकित ह्वै जकि रहे ठाढ़े, कहि न आवै बात।
देखि व्याकुल नंदनंदन, सखी करतिँ बिचार।
'सूर' दोऊ मिलैं जैसै, करौ सोइ उपचार॥

श्याम ने जाकर राधा को देखा वह गुरु मान करके बैठ गई थी। उस मानिनी की ओर देखने को भी किसी की हिम्मत नहीं हो रही थी। सुंदरी राधा क्रोध से अत्यंत जली भुनी बैठी थी। इधर श्याम अत्यंत आकुल हुए और घबराए जा रहे थे। वे चकित होकर भकुआए हुए खड़े रह गए। उनके मुँह से वाणी भी नहीं फूटी। नंद के पुत्र कृष्ण को विकल देख सखियाँ परस्पर विचार करने लगीं। ये दोनों राधा और कृष्ण जैसे भी एक दूसरे से मिल सकें, हमें वैसा ही उपाय करना चाहिए।

२१९८/३३५५ राग कान्हरौ

सखि इक गई मानिनि पास।
लखति नहिँ कछु भाव ताकौ, मिटी मन की आस।
कहौं कासौं, कौन सुनिहै, रिसनि नारि अचेत।
बुद्धि सोचति तिया ठाढ़ी, नैंकु नाहिँ सुचेत।
स्याम व्याकुल अतिहिँ आतुर, इहिँ कियौ दृढ़ मान।
'सूर' सहचरि कहति राधा, बड़ी चतुर सुजान॥

एक सखी साहस करके मानिनी राधा के पास गई। उसने राधा में कोई अनुकूल भाव नहीं पाया और उसके मन की आशा मिट गई। वह सोचने लगी—कोई उम्मीद नहीं दीख पड़ रही है। मैं किससे कहूँ? मेरी बात कौन सुनेगा? राधा तो गुस्सा के मारे चेतना खो चुकी सी लगती है। वह सखी खड़ी-खड़ी कोई उपाय सोचने लगी, पर कोई तरीका उसे नहीं सूझ पा रहा था। इधर स्याम अत्यंत विकल खड़े हैं, उधर राधा गुरु मान किए बैठी है। फिर भी वह सखी बोली—राधा, तू तो बड़ी चतुर है, (फिर यह मान कैसा?)।

२१९९/३३५६ राग कान्हरौ

नाहिँन तेरौ अति हठ नीकौ।
मेरौ कह्यौ सुनै री सुंदरि, मान मनायौ नागर पी कौ।
सोइ अति रूप सुलच्छनि नारी, रीझै जाहि भावतौ जी कौ।
प्यासे प्रान जाइँ जे जल बिनु, पुनि कह कीजै सिंधु अमी कौ।
तौ जौ मान तजहुगी भामिनि, रवि की रस्मि काम-फल फीकौ।
कीजै कहा समय बिनु सुंदरि, भोजन पीछै अचवन घी कौ।
'सूर' स्वरूप गरब जोबन कैं, जानति हौ अपनैं सिर टीकौ।
जाकैं उदय अनेक प्रकासत, ससिहिँ कहा डर कमल कली कौ॥

सखी बोली—तेरा यह अत्यंत हठ अच्छा नहीं। सुंदरी राधे, मेरा कहना सुन और नागर पिया के मनाने पर तू मान जा। वह नारी अत्यंत रूपवती और सुंदर लक्षणों वाली है, जिस पर उसका प्राण प्यारा रीझा रहे—जाको पिया चाहै, सोई सुहागिन। यदि जल के अभाव में प्यास से तड़पकर प्राण निकल ही गए, फिर मर जाने के पश्चात यदि अमृत का समुद्र ही मिल जाय, तो उसका क्या उपयोग? यदि तुमने सूर्योदय हो जाने के पश्चात मान छोड़ा ही तो क्या? उससे तो तेरा काम का फल फीका ही पड़ जायगा? फिर तू रंगरली का आनंद क्या ले सकेगी? सुंदरी, भोजन कर लेने के पश्चात यदि घी पीने को मिल ही जाय, तो उसके समय बीत जाने पर मिलने से ही क्या? तुझे अपने रूप और यौवन का बड़ा गर्व है, भारी भरोसा है और तुम इन दोनों को अपने सिर का तिलक समझे बैठी हो। जिस चंद्रमा के उदित होने पर हजार हजार कुमुदिनियाँ खिल खिलाकर खिल उठती है, उसे एक कमल कली के न खिलने का क्या डर?

२२००/३३५७ राग सारंग

चितई चपल नैन की कोर ।
मन्मथ बान दुसह अनियारे, निकसे फूटि हियैं उहिँ ओर ।
अति ब्याकुल धुकि धरनि परे, जिमि तरुन तमाल पवन कैं जोर ।
कहुँ मुरली, कहुँ लकुट मनोहर, कहुँ पट, कहूँ चंद्रिका मोर ।
खन बूड़त, खनहीं खन उछरत, बिरह-सिंधु कैं परे झकोर ।
प्रेम-सलिल भीज्यौ पीरौ पट, फट्यो निचोरत अंचल छोर ।
फुरै न वचन, नैन नहिँ उघरत, मानहुँ कमल भए बिनु भोर ।
'सूर' सु अधर सुधारस सींचहु, मेटहु मुरछा-नंदकिसोर ॥

सखी राधा से कहे जा रही है—राधे, तूने अपने चंचल नयनों की कोर से कन्हैया की ओर देख क्या लिया, उनके हृदय को कामदेव के नोकीले तीक्ष्ण बाण बेंधते हुए इस पार से उस पार निकल गए। वे अत्यंत विकल होकर धरती पर ढँगला कर गिर पड़े हैं, जैसे कोई तमाल का बड़ा पेड़ हवा के जोर से लड़खड़ा कर गिर पड़े। उनकी मुरली कहीं जा गिरी है, तो उनकी मनोहर लठिया कहीं दूसरी ओर जा गिरी है। उनका पीतांबर यहाँ उड़ गया है, तो उनके मोर पंख का चंद्रिका वाला मुकुट वहाँ छितरा गया है। वे विरह रूपी समुद्र के झकोरे में, तूफान में, पड़ गए हैं और क्षण भर के लिए वे उसमें डूब जाते हैं तो क्षण भर के लिए उछल कर ऊपर उतरा आते हैं। उनका पीतांबर प्रेम के जल में भींग गया है। उसे निचोड़ने में उसके आँचल का किनारा चीर चीर कर फट गया है। उनके मुँह से बोल नहीं फूट पा रहा है और आँखें भी बंद हो गई हैं, खुल नहीं रही हैं। वे ऐसी लगती हैं जैसे सुबह होने के पहले का कमल। तुम अपने अधरामृत से सींचकर नंदकिशोर की यह मूर्च्छा मेट कर अपार यशस्विनी बनो।

२२०१/३३५८ राग नट

राधे तेरे नैन किधौं मृग बारे ।
रहत न जुगल भौंह जूये तैं, भजत तिलक-रथ डारे ।

जदपि अलक अंजन गहि बाँधे, तऊ चपल गति न्यारे।
घूँघट-पट बाँगुरे ज्यौं बिडरत, जतन करत ससि हारे।
खुटिला जुगल, नाक मोती मनि, मुक्तावलि गर हारे।
दोउ रुख लिए दीपिका मानौ, किए जात उँजियारे।
मुरली-नाद सुनत कछु धीरज, जिय जानत चुचुकारे।
'सूरदास' प्रभु रीझि रसिक पिय, उमँगि प्रान धन वारे॥

सखी कह रही है—राधे, ये तेरे नयन हैं कि हिरनों के बच्चे हैं? ये भौंह रूपी रथ के जूए में जुते नहीं रहते और तिलक रूपी रथ को पटककर भागे जा रहे हैं। यद्यपि तुमने इन्हें अलक और आँजन से कसकर बाँध दिया है, फिर भी ये अपनी उछल कूद अलग ही मचाए हुए हैं। ये अपने ऊपर घूँघट का पट नहीं पड़े रहने देना चाहते जैसे वह कोई फँसाने का फंदा हो। इनको रोकने का प्रयत्न करते हुए चंद्रमा (मुख) भी हार गया। दोनों कानों के कर्णफूल, नाक के बेसर का मोती-मणि, गले के हार के मोती दोनों ओर मशाल-सा जलाए हुए हैं और प्रकाश किए जा रहे हैं। मुरली की धुन सुनकर इन हिरणों का कुछ कुछ धीरज हो जाता है। ये अपने मन में सोचने लगते हैं कि कन्हैया जी इन्हें चुमकार रहे हैं। तू अब अपने रसिक पिया कृष्ण पर रीझकर, उमंग में आकर अपना प्रान और धन उनपर निछावर कर दे।

२२०२/३३५९ राग सारंग

तब तैं मृगनि चौकरी भूली।
उघरयौ बदन सहज घूँघट-पट, सकुचे कमल कुमुदिनी फूली।
निरखि भौंह मनमथ मन काप्यौ, छूट्यौ धनुष भुजा भइ लूली।
'सूरदार' रति पाइँ पलोटति, हुती जो गरब-हिँडोरे झूली॥

सखी कह रही है—राधे, जब से तेरे मुख-मंडल से तेरा घूँघट सहज रूप से हट गया है और तेरा मुँह खुल गया है, तब से तेरी आँखों को देखकर हिरनों ने चौकड़ी भरना भुला दिया है। तेरे चंद्रमुख को देखकर कमल सकुचा गए हैं, और कुमुदिनियाँ खिलखिलाकर खिल उठी है। तेरी भौंहों के धनुष को देखकर कामदेव का मन काँप उठा है। उसका धनुष टूट गया है और उनकी बाहें भी लूली हो गई हैं। (कट गई हैं)। जो रति अपने रूप के गर्व के हिंडोले पर चढ़ी झूला झूल रही थी, वह आकर अब तेरे पैर दबा रही है।

२२०३/३३६० राग नट

राधे तेरे नैन, किधौं री बान।
यौं मारैं ज्यौं मुरछि परे धर, क्यौं करि राखै प्रान।
खग पर कमल, कमल पर कदली, कदली पर हरि ठान।
हरि पर सरवर, सर पर कलसा, कलसा पर ससि भान।
ससि पर बिंब, कोकिल ता बिच, कीर करत अनुमान।
बीच-बीच दामिनि दुति उपजति, मधुप-जूथ असमान।

तू नागरि सब गुननि उजागरि, पूरन कला-निधान।
'सूरस्याम' तव दरसन-कारन, ब्याकुल परे अजान॥

सखी कह रही है—राधे, ये तेरे नयन है कि जानमार बाण हैं, तू जिसपर ये नयन-बाण चला देती है, वह मूर्च्छित होकर धरती पर गिर पड़ता है, फिर वह प्राण बचा ही कैसे सकता है, तेरे ऊपर मर ही जाता है। तेरा रूप भी क्या अद्भुत है। खग (हंस की गति) पर कमल (चरण) हैं। कमल (चरण) पर कदली (जंघा) है। कदली (जाँघ) पर सिंह (पतली कमर) है। सिंह (पतली कमर) पर सरोवर (नाभि) है। सरोवर पर कलस (कुच) हैं। कलस (कुच) पर शशि (मुख) प्रभासित हो रहा है। ससि (मुख) पर बिंब (पके कुनरू से अधर) है। बिंब (अधर) पर कोकिल (वाणी, स्वर लहरी) है। कोकिल (वाणी) के ऊपर बिजली की चमक (चमचमाते दाँत) हैं। तू ऐसा मान ले कि वहीं भौंरों का झुंड (केश-पाश) भी है। तू नागरी है, सब गुणों से युक्त है, पूर्ण कला-युक्त है। तेरे दर्शन के लिए श्याम व्याकुल होकर निर्जीव से पड़े हुए हैं। (अपने गुणों का उपयोग कर न।)

२२०४/३३६१ राग नट

राधे तेरे नैन किधौं बटपारे।
तिहिँ देखे बन के मृग मोहे, मानुस कौन बिचारे।
अंजन दै पिय कौ मन मोह्यौ, खंजन मीन लजारे।
चितवत दृष्टि-बान भरि मारत, घूमत ज्यौं मतवारे।
गिरिधर रूप दियौ सब तोकौं, कहिए तिन्हैं कहा रे।
'सूरदास' प्रभु दरसन-कारन, नाचत ज्यौं मतवारे॥

सखी कह रही है—राधे, ये तेरे नयन हैं कि ठग और डाकू हैं। इनको देखकर तो वन के हिरन तक मोहित हो जाते हैं, नागर मनुष्यों की क्या बिसात? उनको तेरे तन पर मोहित होना ही होना है। तूने अपनी इन आँखों में आँजन लगाकर अपने पिया का मन मोहित कर ही लिया है, खंजन और मीन को भी लज्जित कर दिया है। तू जिसकी भी ओर देखकर नजर के बान तानकर मार देती है, वे मतवाले के समान होकर घूमने लगते हैं, चक्कर खाने लगते हैं। गिरिधर ने तो अपना सारा रूप तुमपर निछावर ही कर दिया है, उनकी दशा क्या कही जाय? प्रभु तेरे दर्शन के लिए नशे में मतवाले होकर नाचे जा रहे हैं।

२२०५/३३६२ राग सारंग

चल भामिनि की भौहैं बंक।
अलक-तिलक-छबि चित्र लिखी सी, स्त्रुति मंडल ताटंक।
तेरौ रूप कहाँ लौं बरनौं, नागरता कौ अंक।
उर सुदेस रोमावलि राजति, मृग-अरि की सी लंक।
सायक नैन सुभग अनियारे, मृग-मन गहत निसंक।
'सूरज' चरित चुनौती पठवत, भयौ मदन-मन रंक॥

सखी कहे जा रही है—अरी मानिनी, तेरी भौंहें तो टेढ़ी और चंचल हैं। तेरे अलक (मस्तक, मुख) पर बने तिलक की छवि तो जैसे चित्र सी लिखित है। तेरे कानों में तरकी

सुशोभित हो रही है। तेरे रूप का मैं भला क्या वर्णन कर सकती हूँ। वह तो उसरूप के बनानेवाले ब्रह्मा के कौशल का नमूना ही है। तेरे वक्ष के नीचे सुंदर रोमावली विराजमान है। तेरी कमर तो मृग (हिरन) के अरि (सिंह) की कटि सी पतली है। तेरे सुंदर और नोकीले नयन-बाण तो मनरूपी हिरन को निर्भय होकर पकड़ ही लेते हैं, वेध देते हैं। तेरे नयन तो कामदेव के भी चरित को चुनौती देनेवाले हैं। ये संसार को पथभ्रष्ट करनेवाले कामदेव को भी पथभ्रष्ट कर सकते हैं। काम के भी मन में काम पैदा कर सकते हैं। इसी से वह बेचारा उदासीन हो बैठा है।

२२०६/३३६३ राग मलार

यह ऋतु रूसिबे की नाहीं।
बरषत मेघ मेदिनी कैं हित, प्रीतम हरषि मिलाहीं।
जेती बेलि ग्रीष्म ऋतु डाहीं, ते तरवर लपटाहीं।
जे जल-बिनु सरिता ते पूरन, मिलन समुद्रहिं जाहीं।
जोबन-धन है दिवस चारि कौ, ज्यौं बदरी की छाहीं।
मैं दंपति-रस-रीति कही है, समुझि चतुर मन माहीं।
यह चित धरि री सखी राधिका, दै दूती कौं बाहीं।
'सूरदास' उठि चलि री प्यारी, मैरैं सँग पिय पाहीं॥

सखी राधा से कह रही है—यह वर्षाऋतु रूसने के लिए नहीं बनी है। इसमें तो सभी रूठे हुए भी अपने प्रियजनों से जा मिलते हैं। देख आकाशधारी मेघ धरती को हरा-भरा कर देने के लिए बरसते जा रहे हैं। जितने भी प्रेमी प्रेमिका हैं, वे सभी कामातुर होकर इस ऋतु में परस्पर आ मिलते हैं। जितनी लताएँ गर्मी के कारण दग्ध हो गई थीं, वे फिर हरी-भरी होकर अपने अपने तरुवरों से लिपटी जा रही हैं। जो नदियाँ सूखकर जल-हीन हो गई थीं, अब वे जल से भर उठी हैं और वेग से समुद्र से मिलने के लिए बढ़ी जा रही हैं। जवानी का धन चार दिनों का मेहमान है। यह वैसे ही है, जैसे बादल की परछाईं। यह स्थिर नहीं रहती, जैसे-जैसे वायु के झोंके से बादल आकाश में बराबर उड़ता जाता है, वैसे ही वैसे धरती पर पड़ती उसकी छाया भी खिसकती जाती है। तेरा भी यौवन सदा नहीं बना रहेगा। मैंने तो तुझसे पति-पत्नी की रस-रीति कह दी। हे चतुरा, मेरी बात पर मन में सम्यक् विचार कर ले। हे सखी राधिका, मेरी बात को चित्त में धारण करके, दूती को अपनी बाँह पकड़ाकर, मेरे साथ अपने पिया के पास चली चल।

२२०७/३३६४ राग बिलावल

दधि-सुत-बदनी दधिहिं निवारौ।
दधि-सुत दृष्टि मेलि दधि-सुत मैं, दधि-सुत-पति सौं क्यौं न बिचारौ।
धरहिं छाँड़ि कै, धरहिं पकरि लै, धरहु लता घनस्याम सँवारौ।
हार पहिरि कर, हार पकरि करि, हार गोवर्धन-नाथ निहारौ।
समुझि चली वृषभानु नंदिनी, आलिंगन गोपाल पियारौ।
विद्यमान कलहंस जात गलि, 'सूरदास' अपनौ तन वारौ॥

सखी राधा को समझा रही है—हे दधि-सुत-वदनी (उदधि समुद्र के पुत्र चंद्रमा के समान वदन वाली—चंद्रमुखी), तुम अपने दधि (दाह, जलन) को दूर कर दो। तुम अपनी दधि-सुत (कमल=नेत्र) दृष्टि को कृष्ण के दधि-सुत (चंद्रमा=मुख) में मिलाकर, दधि-सुत-पति (दधि सुत=अमृत; अमृत=अमर, देवता; दधि सुत-पति=अमर पति=देवताओं के स्वामी=विष्णु=कृष्ण) कृष्ण का ध्यान क्यों नहीं करतीं? तुम अपनी इस धरन (हठ) को छोड़ दो और धरा (पृथ्वी=छाया) को पकड़ लो। लता (वस्त्र) धारण कर लो और घनश्याम (काले बादलों के समान श्यामल केश) को सँवार लो। तुम अपने गले में हार पहन लो और हार पकड़कर, अपनी पराजय स्वीकार कर, हार (कुंज) में गोवर्द्धननाथ श्रीकृष्ण को देखो। यह सब सोचकर, हे वृषभानु-नंदिनी राधे, चलकर अपने प्यारे गोपाल को आलिंगन दो। वे राजहंस के समान विद्यमान हैं। गली में चले जा रहे हैं। चलकर अपना तन उन्हें समर्पित कर दो।

२२०८/३३६५ *राग सोरठ*

राधे हरि-रिपु क्यौं न छिपावति।
मेरु-सुता-पति ताकैं पति-सुत, ताकौं क्यौं न मनावति।
हरि-बाहन ता बाहन उपमा, सो तैं धरे दृढ़ावति।
नव अरु सात बीस तोहिं सोभित, काहें गहरु लगावति।
सारँग बचन कह्यौ करि हरि सौं, सारँग-बचन न भावत।
'सूरदास' प्रभु दरस बिना तुव, लोचन नीर बहावत॥

सखी कह रही है—हे राधे, तू हरि (सूर्य) के रिपु (तम=क्रोध) को क्यों नहीं छिपा रही है। अपना क्रोध दूर कर। मेरु (हिमालय) की सुता (पार्वती) के पति (शिव) के पति (कृष्ण) के पुत्र (अनिरुद्ध=काम के अवतार=काम) की आराधना क्यों नहीं करती? तू काम की पूजा कर। हरि (वानर) के वाहन (वानर के वाहन वृक्ष) के वाहन (वृक्ष के वाहन पृथ्वी) की उपमा (पृथ्वी की उपमा जड़ता) को तू दृढ़तापूर्वक क्यों धारण किए हुए हैं। तू क्यों इतनी जड़ (हठी, मूर्ख) हो गई है। नव और सात (सोलह शृंगार) तो तुझे बीस लगते हैं। सोलह शृंगार तो तुझे बहुत शोभा देते हैं तू फिर क्यों विलंब किए दे रही है। जल्दी शृंगार कर और कृष्ण के पास चली चल। तुझे कृष्ण से सारंग (अमृत) के समान मधुर बातें करनी चाहिए, तुझे सारंग (बाण) के समान चुभनेवाले वचन न बोलने चाहिए। देख, प्रभु तेरे दर्शन बिना आँखों से आँसू बहाए जा रहे हैं।

२२०९/३३६६ *राग नट*

राधे हरि-रिपु क्यौं न दुरावति।
सैल-सुता-पति तासु सुता-पति, ताकैं सुतहिं मनावति।
हरि-वाहन सोभा यह ताकी, कैसैं धरे सुहावति।
द्वै अरु चार छहौ वै बीते, काहैं गहरु लगावति।
नव अरु सात ये जु तोहिं सोभित ते तू काह दुरावत।
'सूरदास' प्रभु तुम्हरे मिलन कौं, सारँग भरि भरि आवत॥

सखी कह रही है—हे राधे, तू हरि-रिपु (सूर्य का शत्रु तम=क्रोध) को क्यों नहीं छिपा रही है। शैल-सुता (नदी) के पति (समुद्र), समुद्र की सुता (लक्ष्मी), उनके पति (विष्णु=कृष्ण) कृष्ण के पुत्र काम के अवतार अनिरुद्ध (=काम) को क्यों नहीं मनाती? हरि (सूर्य) के वाहन (घोड़ा) की शोभा (घूँघट) तुम्हें नहीं शोभा देता। तू घूँघट काढ़े हुए है। इसे दूर कर दे। घूंघट तुझे शोभा नहीं दे रहा है। द्वै अरु चार छहौ (२-४+६=१२) अर्थात रात की बारह घड़ी बीत गई। क्यों देर कर रही है। तुझे तो नव और सात अर्थात सोलहों शृंगार बहुत सोहते हैं। इन सोलह शृंगारों को तू हठ के कारण क्यों छिपाए ले रही है। जल्दी सज-बज ले। प्रभु कृष्ण तुझसे मिलने के लिए सारंग (आँसू) बहाए जा रहे हैं।

२२१०/३३६७ राग सारंग

राधे हरि-रिपु क्यौं न दुरावत।
सारँग-सुत-बाहन की सोभा, सारँग-सुत न बनावत।
सैल-सुता-पति ताकैं सुत-पति, ताकैं सुतहिँ मनावत।
हरि-वाहन के मीत तासु पति ता पति तोहिँ बुलावत।
राकापति नहिँ कियौ उदौ, सुनि या समये नहिँ आवत।
बिबिध बिलास अनंद रसिक सुख, 'सूरस्याम' गुन गावत॥

सखी कह रही है—राधे, तू हरि के रिपु (सूर्य के शत्रु, तम=क्रोध) को क्यों नहीं छिपा रही है? तू सारंग (समुद्र) के सुत (चंद्रमा) के वाहन मृग के समान नेत्रों में सारंग (दीपक) का सुत (काजल) क्यों नहीं लगा रही है। उठ, आँखों में काजल दे। तू शैल-सुता--पति (पर्वत पुत्री नदी के पति समुद्र) के पुत्र (चंद्रमा) के पति सूर्य के पुत्र शनि (मंद) को मनाए जा रही है। तू मंद (शनि) के समान मंद हो गई है। हरि के वाहन गरुड़, गरुड़ के मीत (वंधु) अरुण, अरुण के पति सूर्य। सूर्य या सूर या सूरदास के स्वामी कृष्ण तुझे बुला रहे हैं। अभी तक चंद्रोदय नहीं हुआ है और यह मिलन का अच्छा अवसर है। सुन, ऐसा समय बार बार नहीं आता। तेरे साथ विविध विलासों और आनंदों का सुख लेने वाले श्याम, तेरे इन्हीं गुणों को गाए जा रहे हैं। चल, जल्दी चल।

२२११/३३६८ राग सारंग

राधा तैं बहु लोभ करयौ।
लावन-रथ ता पति-आभूषन, आनन-ओप हरयौ।
मृग कोदंड अवनिधर चपला, बिबस जु कीर अरयौ।
पिक मृनाल-अरि ता अरि रूपहिँ, तैं बपु आपु धरयौ।
जलचर गज मृगराज सकुचि जिय, सोचनि जाइ परयौ।
'सूरदास' प्रभु कौं मिलि भामिनि, निसि सब जाति टरयौ॥

सखी राधा से कह रही है—अरी राधे, तू तो बड़ी लोभिन है। तूने तो रथ को खींच लाने वाले बैल के पति शिव के आभूषण चंद्रमा की सारी कांति को अपने मुख से हर लिया है। तूने अपनी आँखों से मृग को, अपनी भौंहों से धनुष को, अपनी चोटी से अवनी को धारण करने वाले शेषनाग को, मुसकान और दाँतों की चमक से बिजली को विवश

(लाचार) बना दिया है और सुग्गा तो तेरी नासिका को देखकर, आश्चर्यचकित होकर अपनी चोंच से अत्यधिक सुंदर जानकर वहीं अड़ गया है, हटने का नाम तक नहीं ले रहा है। तूने वाणी से मृणाल के अरि हाथी, हाथी के अरि ग्राह का रूप (=ग्रहण) अपने वदन में ग्रहण कर रखा है। तूने कोयल का स्वर छीन लिया है। मछलियाँ तेरी आँखों को देखकर, हाथी तेरी जंघा को देखकर और सिंह तेरी कटि को देखकर अपने मन में बहुत सकुचा गए हैं और सोच में पड़ गए हैं। अरी भामिनी, उठ, चल; और प्रभु से मिल। सारी रात बीती जा रही है।

२२१२/३३६९ राग गौरी

राधे यामैं कहा तिहारौ ।
मुख हिमकर, तनु हाटक, बेनी सो पन्नग अँग-कारौ ।
गति मराल, केहरि कटि, कदली जुगल जंघ अनुहारौ ।
नैन कुरंग, बचन कोकिल के, नासा सुक कहँ गारौ ।
बिद्रुम अधर, दसन दारिम-कन, करौ न तुम निरवारौ ।
'सूरदास' प्रभु त्रिभुवन-पति कौं, एक न उनहिं उबारौ ॥

सखी राधा से कह रही है—राधे, तेरा मुख अपना नहीं है, चंद्रमा का है। तेरा तन अपना नहीं है, स्वर्ण का है। तेरी वेणी अपनी नहीं है, काले सर्प की है। तेरी गति अपनी नहीं है, हंस की है। तेरी कमर अपनी नहीं है, सिंह की है। तेरी दोनों जाघें अपनी नहीं हैं, केले के खंभे की हैं। तेरे नेत्र अपने नहीं हैं, हिरन के हैं। तेरी वाणी अपनी नहीं है, कोयल की है। तेरी नाक तेरी नहीं है, यह तो शुक का गौरव है। तेरे होठ अपने नहीं है, मूँगे के हैं। तेरे दाँत अपने नहीं है, अनार के दानों के हैं। अब तू ही निर्णय कर, तेरे शरीर में तेरा है क्या, सब तो दूसरों का ही है। सच पूछ, तो तन सब त्रिभुवन पति कृष्ण का है। इन सब पर उनका एकाधिकार है। इनमें से एक भी ऐसा नहीं हो जो उनको छोड़कर किसी दूसरे का हो। (फिर ये सब जिनके हैं, चलकर उन्हें उन्हीं को क्यों नहीं सौंप देती? क्यों दूसरे की जिम्मेदारी अपने सिर पर ढोए जा रही है।)

२२१३/३३७० राग विहागरौ

तोहिं किन रूठन सिखई प्यारी ।
नवल बैस, नव नागरि स्यामा, वे नागर गिरिधारी ।
सिगरी रैनि मनावत बीती, हा हा करि हौं हारी ।
एते पर हठ छाँड़ति नाहीं, तू वृषभानु-दुलारी ।
सरद-समय-ससि-दरस समर-सर, लागै उन तन भारी ।
मेटहु त्रास, दिखाइ बदन-विधु, 'सूरस्याम' हितकारी ॥

सखी कह रही है—हे राधा प्यारी, तुझे यह रूठना, मान करना, किसने सिखा दिया है? इधर तू नए वयस वाली नवीन नागरी है, षोडशी श्यामा है। उधर वे गिरिधारी नटनागर है। दोनों की जोड़ी तो बहुत भली है। तुझे मनाते-मनाते सारी रात बीत गई। मैं मनाते-मनाते, मिन्नत करते-करते तो हार गई। इतने पर भी हे वृषभानु की बेटी तू अपनी जिद पर

अड़ी है और हठ नहीं छोड़ रही है। शरद के शशि का दर्शन तो श्याम को तेरी मुख-छवि की याद दिला रहा है। अतः स्मर (कामदेव) के भारी वाण उनके शरीर पर लगते जा रहे हैं। श्याम तो तुम्हारे हितैषी हैं। उन्हें अपना चंद्र-मुख दिखाकर उनका सारा दुख दूर कर दो।

२२१४/३३७१ राग ईमन

आजु तेरे तन मैं नयौ जोबन ठौर-ठौर, पिय मिलि मेरे मन, काहैं रूसी है बेकाज ।
अधिक राखै बड़ाई, तोहिँ तोहिँ करै माई, त्रियनि मैं अधिकाई भाग सुहाग बिराज ।
रिस दूरि करि, कह्यौ मानि मेरौ, छिया मान छाँड़ि मेरे कहैं, तोहिँ रूसत न आवै लाज ।
'सूर' प्रभु अवसेर, अतिहिँ भई अबेर, बेगि चलि री, सिँगार काढ़ि, माढ़ि आई साज ॥

सखी राधा को समझा रही है—आज तेरे शरीर में, तेरे अंग अंग में नई जवानी है। मेरा मन तो कहता है कि तू चल और पिया से मिल ले। तू तो यों ही बिना मतलब के, झूठ-मूठ, रूठी हुई है। श्याम तो तुझे औरों से अधिक बड़ाई देते हैं; सदा राधा राधा ही रट लगाए रहते हैं; सभी रमणियों में वे तुझी को सबसे ज्यादा मानते हैं। इसीलिए तेरा इतना भाग्य, इतना सुहाग है। मेरा कहना मान, अपना सारा क्रोध दूर कर दे, यह अवांछनीय मान छोड़ दे। श्याम से रूठते हुए तुझे लाज भी नहीं लगती। प्रभु तेरी ही चिंता में पड़े हुए हैं। अब तो बहुत विलंब हो गया है। जल्दी से सिँगार-पटार कर ले, सारी सजावट से अपने को मंडित कर ले और शीघ्रता से चली चल।

२२१५/३३७२ राग पूरबी

देखि री कमल नैन, मधुर-मधुर बैन, हँसि-हँसि कब के करत मनुहारि ।
जब हरि चितवत, भरि-भरि अँखियनि, लाड़िली वारि तू, मान की रिस निवारि ।
अतिहिँ आसक्त जानि, मोहन सुजान मानि, रीझि मन, मान दान दै, प्रीति बिचारि ।
'सूरदास' प्रभु के री चरननि पूजि आली, क्यौं न रहै प्रेम उमँगि अँसुवा ढारि ॥

सखी समझा रही है—देख राधे, कमल के समान नेत्रवाले कन्हैया, कब से मीठी मीठी बातें करते हुए, मुसकराते हुए तेरी विनती किए जा रहे हैं। हरि डबडबाई आँखों से तेरी ओर ताक रहे हैं। हे प्यारी, तू अपने इस मान की रिस का निवारण कर ले, क्रोध छोड़ दे और अपने को उन पर निछावर कर दे। तू हरि को अपने ऊपर पूर्ण अनुरक्त समझ कर, उनको अत्यंत सुजान—काम-कला-कोविद समझकर, उन पर तन मन से रीझकर, अपने मान का परित्याग कर, उन्हें सम्मान दे, उन्हें रति-दान दे। अपनी और उनकी पूर्ण प्रीति का तो कुछ विचार कर। हे सखी चल और प्रभु के चरणों को पूज। तू आँसू बहाती हुई प्रेम में क्यों नहीं आप्लावित हो जाती?

२२१६/३३७३ राग ईमन

अनबोली न रहै री आली, आई मो सन बात बनावन ।
बहुत सही हौं घर आए तैं, लागी पाछिलि सुरत दिवावन ।
वे अति चतुर प्रवीन कहा कहौं, जिन पठई तोकौं बहरावन ।
काँच करौती जल ज्यौं जानति, 'सूरदास' प्रभु कहा जनावन ॥

सखी की बातें सुनते सुनते राधा चिढ़ गई और उससे बोली—सखी, तुझसे बिना बोले नहीं रहा जाता? तू चुप क्यों नहीं रहती? तू मुझसे बातें बनाने आ गई है। तू मेरे घर आई है, इसी से मैंने तेरी बातें बहुत देर तक सही है। तू मुझे पुरानी बातों की याद दिलाने आई है। श्याम तो अत्यंत चतुर हैं, परम प्रवीण हैं। मैं उनकी बात क्या कहूँ, जो उन्होंने तुझे मुझे फुसलाने के लिए भेज दी है। मैं भलीभाँति जानती हूँ कि हरि कांच की भट्ठी के जल के समान हैं—एक दम तरल आग के समान जलाने वाले। तू मुझसे उनके गुण क्या कहे जा रही है?

२२१७/३३७४ राग कान्हरौ

तू आई है बात बनावन।
जाइ न ह्यां तैं, बैठि रही है, आई मोहिँ मनावन।
आरि करति, कहि मोहिँ सुनावति, जाइ रहे नहिँ ताकैं।
को उनकी ह्यां बात चलावै, इतनौ हित हैं काकैं।
इक रिस जरति मनहिँ मन अपनैं, तोही कौं वै भावत।
'सूरदास' दरसन ता गृह कौ, उहै ध्यान मन आवत॥

राधा उस सखी से बोली—तू यहाँ बातें बनाने आई है। तू यहाँ से चली जा; यहाँ क्या बैठी हुई है? बड़ी आई है मुझे मनाने। तू मुझसे हठ किए जा रही है और मुझे कृष्ण के गुण-गान कह कहकर सुनाए जा रही है। जाकर श्याम से कह दे—वे उसी के घर क्यों नहीं चले जाते, जिसके घर से आज सबेरे सबेरे मैंने उन्हें निकलते देखा था? यहाँ उनकी बात चलाने वाला कौन बैठा है? उनका यहाँ कौन हितैषी धरा है। एक तो क्रोध के कारण तपी मैं मन ही मन स्वयं जली जा रही हूँ। दूसरे तू उन्हीं की चर्चा करके, घोर फेर करके, मुझे और भी जलाए जा रही है। श्याम तुझी को अच्छे लगते होंगे, तो लगते होंगे। तू ही क्यों नहीं उनके यहाँ चली जाती? मेरे ध्यान में तो उसी घर का दृश्य बराबर आया जा रहा है, जिस घर से श्याम सुंदर आज निकले चले आ रहे थे।

२२१८/३३७५ राग केदारौ

यह कहि क्रोध मगन भई।
रही इकटक, साँस बिनु, तनु बिरह-बिबस भई।
बार बारहिँ सखि बुलावति, कहा भई दई।
नारि नौमी दसा पहुँची, ह्वै अचेत गई।
स्याम ब्याकुल धरनि मुरछे, तिया रोष-हई।
'सूर' प्रभु गए तीर जमुना, काम जरनि ठई॥

यह कहती कहती राधा क्रोध में डूब गई। वह अपलक हो गई। उसकी पलकों का गिरना बंद हो गया। साँस भी चलनी बंद हो गई। उसका शरीर विरह के कारण अपने वश में नहीं रह गया। तब वह सखी बारबार उसे बुलाने लगी, पर वह बोली नहीं। 'हे भगवान, यह क्या हो गया?'—सखी शोक-विह्वल होकर यह कह उठी। परंतु राधा तो विरह की नवईं दशा—'जड़ता'—को प्राप्त हो गई थी, अचेत हो गई थी। उधर श्याम विरहाकुल

होकर धरती पर मूर्च्छित होकर गिर पड़े थे; इधर राधा भी रोष से अचेत हो गई थी। श्याम काम-ज्वर में स्थित होकर, काम से पीड़ित होकर, यमुना किनारे चले गए।

२२१९/३३७६ राग कान्हरौ

रिस मैं रस की बात सुनाई।
चतुर सखिनि यह बुधि उपाइ, तिय क्रोधहि मगन जगाई।
उमधि गई, तन सुरति सँभारी, फिरि बैठी लै मान।
कान्ह गए जमुना तट ब्याकुल, यह गति देखि अजान।
काहे कौं बिपरीति बढ़ावति, यह कहि गई हरि पास।
देखे जाइ 'सूर' के स्वामी, कुंज-द्रुमनि-तर बास॥

उस चतुर सखी ने मूर्च्छित राधा को होश में लाने का एक उपाय सोच निकाला। उसने रोषाविष्ट राधा के कान में रस की बात कह सुनाई और क्रोध में अचेत पड़ी राधा को होश में लाई। राधा की मूर्च्छा दूर हो गई, उसने अपने शरीर को सँभाला, पर वह फिर उसी पूर्ण मान को ले बैठी। तब उस सखी ने कहा—'अरी, श्याम विकल होकर यमुना-तट की ओर चले गए। अरी अजान, अज्ञान, तू यह स्थिति समझ। तू यह उलटा रगड़ा क्यों बढ़ाए जा रही है?' यह कहकर वह सखी श्याम के पास चली गई। उसने देखा कि प्रभु कृष्ण, कुंज-भवन के पास पेड़ों के नीचे विकल पड़े हुए हैं।

२२२०/३३७७ राग विहागरौ

हरि-मुख 'राधा राधा' बानी।
धरनी परे अचेत, नहीं सुधि, सखी देखि अकुलानी।
बासर गयौ, रैनि इक बीती, बिनु भोजन, बिनु पानी।
बाहँ पकरि तब सखिनि जगायौ, धनि-धनि सारँगपानी।
ह्याँ तुम बिबस गए हौ ऐसे, ह्वां तौ वे बिबसानी।
'सूर' बने दोउ नारि पुरुष तुम, दुहुँ की अकथ कहानी॥

हरि के मुँह से 'राधा, राधा' की ध्वनि निकलती जा रही थी। वे पृथ्वी पर अचेत पड़े हुए थे। उन्हें अपने शरीर की सुधि-बुधि नहीं रह गई थी। उनकी यह दशा देख सखी घबरा गई। दिन बीत गया। एक रात भी बीत गई। उन्होंने न कुछ खाया था, न पिया था। तब बाँह पकड़कर उस सखी ने उन्हें जगाया, और कहा—'हे सारंगपाणि (विष्णु=कृष्ण), तुम धन्य हो। यहाँ तुम विकल पड़े हो, उधर राधा रानी भी विह्वल हो गई हैं। तुम दोनों स्त्री-पुरुष हो। तुम दोनों की कथा अकथनीय है।'

२२२१/३३७८. राग अड़ानौ

लाल अनमने कतहिँ होत हौ तुम, देखौ धौं देखौ, कैसे-कैसें करि तिहि ल्याइहौं।
जलहिँ निकट की बारू जैसें, ऐसी कठिन त्रिया की प्रकृतिहिँ, कर ही कर पघिलाइहौं।
रिस अरु रुचि हौं समुझि देखि वाकी, वाके मन की ढरनि, देखि पुनि भावति बात चलाइहौं।
'सूरदास' प्रभु तुमहिँ मिलैहौं, नैकु न ह्वैहौ न्यारे, जैसें पानी रंग मिलाइहौं॥

सखी कृष्ण से बोली—'हे लाल, तुम इतने अन्यमनस्क क्यों हुए जा रहे हो? देखते रहो, मैं कैसे कैसे तिकड़म करके उसे तुम्हारे पास लिवाए लाती हूँ। वह तो जल के निकट की बालू जैसी है। इस बालू के ध्वस्त होने में कितनी देर लगती है। मैं इस कठोर प्रकृति की रमणी को धीरे धीरे करके पिघला ही लूँगी। उसकी कठोरता को मैं बालू बनाकर छोड़ूँगी। मैं उसकी रिस (क्रोध) और उसकी रुचि (सम्मान, स्वभाव) को समझ कर, उसके मन की प्रवृत्ति देखकर, उसको अच्छी लगनेवाली बातें उससे करूँगी। फिर मैं उसे लाकर तुमसे ऐसा मिला दूँगी, जैसे पानी से रंग मिल जाता है और कभी अलग नहीं हो पाता। तब तुम भी उससे जरा भी विलग नहीं हो सकोगे?'

२२२२/३३७९ राग भैरव

सखी गई हरि कौं सुख दै।
ब्याकुल जानि चतुरई कीन्ही, अब आवति प्यारी कौं लै।
आतुर गई मानिनी आगैं, जाइ कह्यौ अजहूँ रिस है।
मोहन रहे मुरछि द्रुम कैं तर, त्रिभुवन मैं ह्वैहै जै जै।
अजहूँ कह्यौ मानि री मानिनि, उठि चलि मिलि पिय कौं जिय कै।
'सूर' मान गाढ़ौ तिय कीन्हौ, कहै बात कोउ कोटि कलै॥

वह सखी हरि को इस प्रकार सांत्वना-सुख देकर चली गई। उसने कृष्ण की विकलता देख यह चतुराई की, और कहा—'मैं अभी अभी राधा प्यारी को लिए आ रही हूँ।' वह सखी जल्दी जल्दी मानिनी राधा के पास गई और बोली—क्या तेरा क्रोध अब भी दूर नहीं हुआ? मोहन प्यारे तेरे ही कारण पेड़ के नीचे मूर्च्छित होकर लुढ़के पड़े हैं। अब तीनों लोकों में तेरी जय-जयकार होगी कि राधा ने कृष्ण को मूर्च्छित कर दिया। यह बात अब सारी दुनिया जान जायगी। तेरी कितनी बदनामी न हो जायगी। अरी मानिनी, अब भी मेरी बात मान ले। उठ और चलकर प्राणप्यारे से मन से मिल ले।

परंतु उन हठीली बामा ने गाढ़ा मान कर रखा था। कोई कितनी भी चतुराई से करोड़ों ही बात क्यों न करे, उसपर उस कल, बल, छल का कोई प्रभाव तो पड़ने वाला नहीं था।

२२२३/३३८० राग सारंग

तू चलि री, बन बोली स्याम।
कमलनैन कैं तू अति वल्लभ, सुरति करी हरि आतुर काम।
मुरली मैं तब नाम प्रकासत, तेरैं हित कौं सुनि री बाम।
कोमल करनि सुमन बहु तोरत, रुचि सों सेज रचत गृह काम।
मन क्रम बचन सपथ चरननि की, बिसरत नहीं तुम्हारौ नाम।
'सूरदास' प्रभु कौं मिलि भामिनि, जो पायौ चाहति बिस्राम॥

सखी राधा से बोली—राधा, चली चल, तुझे श्याम ने वन में बुलाया है। कमल के समान नयनवाले कृष्ण की तो तू सर्वाधिक प्यारी है। हरि ने कामातुर होकर तेरा स्मरण किया है। वे मुरली में तेरा नाम ले लेकर बुलाए जा रहे हैं। मैं तेरे ही हित की बात कर रही हूँ। अरी बिगड़ैल, तू मेरी बात कान लगाकर ध्यान से सुन। श्याम अपने कोमल करो

से बहुत से फूल तोड़कर रुचिपूर्वक उस कुंज-भवन के काम-कक्ष में सेज रचे जा रहे हैं। मैं मन, वचन और कर्म से तेरे चरणों की शपथ खाकर कह रही हूँ कि श्याम तुम्हारा नाम एक क्षण के लिए भी भुला नहीं पा रहे हैं—'राधा, राधा' जपे जा रहे हैं। हे रोषाविष्टा भामिनी, यदि तू मानसिक शांति चाहती है, तो चलकर श्याम से मिल ले।

२२२४/३३८१ राग रामकली

रसिक, राधे, बोली नंदकुमार।
दरसन कौं तरसत हरि-लोचन, तू सोभा की धार।
खंजरीट मृग मीन मधुप मिलि, रंभा रुचि अनुसार।
गौरि सकुच, ससि बिरथ कियौ रथ, मेरु लुट्यौ बड़ितार।
कौन हेत तैं मिट्यौ सितासित, बिछुरो कौन बिचार।
मंदाकिनि मानौ सिर धरि कै, रुद्रनि करी पुकार।
राख्यौ मेलि पीठि तैं पर धन, हर जु कियौ बिनु हार।
'सूरदास' प्रभु सौं हठ कीन्हौ, उठि, चलि क्यौं न सबार॥

सखी बोली—राधे, रसिक नंदकुमार ने तुझे बुला भेजा है। तू तो शोभा का अनवरुद्ध प्रवाह है। तुझे देखने के लिए हरि के लोचन तरसे जा रहे हैं। खंजन, मृग, मीन और मधुप तो तेरे नयनों की शोभा के अनुसार आचरण कर रहे हैं और रंभा (केला) भी अपनी शोभा तेरी जंघा के अनुरूप धारण कर रहा है। तुझे देखकर तो गौरी (पार्वती) भी सकुचा गई हैं। शशि भी तुझे देखकर अपने रथ से उतरकर खड़ा हो गया है। और स्वर्ण-गिरि सुमेरु का तो सब कुछ लुट गया है। किस कारण से यह सित (श्वेत, राधा) और असित (श्याम, कृष्ण) का मिला रूप मिट गया है? यह जोड़ी क्यों बिछुड़ गई है? यह तो ऐसा लग रहा है कि मंदाकिनी गंगा को अपने सिर पर स्थान देकर शिव कहे जा रहे हों कि मैं अब गंगा को अपनी जटाओं में ही उलझाए रहूँगा और छोड़ूँगा नहीं। तेरी चोटी तो शेषनाग है और शेषनाग विष्णु (कृष्ण) की शैया है। इस पर-धन को तूने अपनी पीठ पर व्यर्थ ही लाद रखा है। तेरे स्तन शिव हैं। इन शिव को भी तूने बिना हार का बना रखा है। इन्हें हार तो पिन्हा दे। तूने प्रभु कृष्ण से यह क्या हठ कर रखा है, उठ, जल्दी क्यों नहीं चली चलती।

२२२५/३३८२ राग सारंग

बोलत हैं तोहिं नंदकिसोर।
मान छाँड़ि सखि, नैंकु चितै री, पइयाँ लागौं, करौं निहोर।
तरिवन, तिलक, बनी नकबेसरि, चख काजर, मुख सुरँग तमोर।
सबै सिँगार बन्यौ जोबन पर, लै मिलि मदन गुपाल अँकोर।
लता भव्य मैं सेज बिछाई, बोलत सकल बिहंगम मोर।
'सूरदास' प्रभु तुम्हरे दरस कौं, ज्यौं दामिनि घन चंद-चकोर॥

सखी बोली—राधे, तुझे नंदकिशोर बुला रहे हैं। सखी, यह मान छोड़ो और जरा मेरी ओर तो देखो। मैं तेरे पाँव पड़ती हूँ और तुझसे विनती कर रही हूँ। कानों में ताटंक, माथे पर तिलक, नाक में सुंदर लटकता बेसरि, आँखों में काजल, मुख में लाल पान ये सभी

शृंगार जवानी में ही तो शोभा देते हैं। इन सब शृंगारों से सज-धजकर तू चल मदनगोपाल के गले से गला मिलाकर मिल ले। उन्होंने तेरे लिए लता भवन में बढ़िया सेज बिछा रखी है। वहाँ तरह तरह के सभी पक्षी और मोर बोलते जा रहे हैं। प्रभु तेरे दर्शन के लिए उसी प्रकार आतुर हो रहे हैं, जिस प्रकार घन दामिनी के लिए और चकोर चंद्रमा के लिए विकल बना रहता है।

२२२६/३३८३ राग केदारौ

राधे बोलत नंदकिसोर।

ललित त्रिभंग स्यामसुनंदर घन, नाचत ज्यौं बन मोर।
छिनु-छिनु बिलँब करति है सुंदरि, क्यौं ऽब रहत मन तोर।
आनँद-कंद चंद-बृंदाबन, तू करि नैन चकोर।
कहा कहौं महिमा सुभाग की, पुन्य गनत नहिँ ओर।
'सूरदास' प्रभु पै चलि नागरि, लै मिलि प्रान अँकोर॥

हे राधे, तुझे नंदकिशोर बुला रहे हैं। त्रिभंगी लाल, श्याम सुंदर, घनश्याम कृष्ण तेरे लिए वन में मोर की तरह नाचे जा रहे हैं। तू क्षण-क्षण का जो विलंब किए दे रही है, हे सुंदरी, तेरा मन उसे कैसे सह पा रहा है? श्रीकृष्ण आनंद के बादल हैं, घनानंद हैं। वे वृंदावन के चंद्रमा हैं, तू उस चंद्र का अपने नयनों को चकोर क्यों नहीं बना लेती? तेरे सौभाग्य की महिमा तो मुख से कहते नहीं बन पा रही है और तेरे पूर्व पुण्यों की गणना का तो अंत ही नहीं हैं। तेरे पुण्य अनंत हैं। हे नागरी, चलो, प्रभु कृष्ण से, अपने प्राणों का उपहार लेकर, मिलो।

२२२७/३३८४ राग सारंग

मानिनि मानि मनायौ मोर।

हौं आई, पठई है तो पै, तेरे प्रीतम नंदकिसोर।
तेरैं बिरह बृषभानु-नंदिनी, मोहन बहरावत है डोर।
तान-तरँग मुरली मैं गावत, लै-लै नाम बुलावत तोर।
बलि तोहिँ जाउँ, बेगि लै मिलऊँ, स्याम सरोज, बदन तुव गोर।
'सूरदास' प्रभु-दृष्टि सुधानिधि, चरन-कमल कमला-चित-चोर॥

सखी कह रही है—अरी मानिनी, मेरे मनाने से तू मान जा। तेरे प्रियतम नंदकिशोर ने मुझे तेरे पास भेजा है और इसीलिए मैं तेरे पास आई हुई हूँ। हे वृषभानु की बेटी राधे, तेरे विरह में मोहन वृंदावन में इधर-उधर डोलते हुए ही अपना जी बहला रहे हैं। वे मुरली में तरह-तरह की तान की तरंगों में गा रहे हैं और तेरा नाम ले-लेकर बुलाए जा रहे हैं। मैं तेरी बलैया लेती हूँ, चल मेरे साथ-साथ और मैं तुझे यथाशीघ्र स्याम से मिला दूँ। श्याम तो सरोज सदृश हैं और आ गोरे मुखवाली, तू सूर्य के सदृश है। तुझ सूर्य को देखकर श्यामरूपी कमल खिल उठेगा। प्रभु की दृष्टि तो सुधा का सागर है। और उनके कमल के समान चरण तो कमला (लक्ष्मी) के भी चित्त को चुरा लेनेवाले हैं।

२२२८/३३८५ राग सारंग

मानिनि नैंकु चितै इहिँ ओर।
नासत तिमिर प्रकास-बदन तैं, ज्यौं राजत रबि भोर।
तुव मुख कमल, मधुप उनकौ मन, बिँध्यौ नैन की कोर।
बंक बिलोकनि, मधुरी मुसुकनि, भावति है प्रिय तोर।
अंतर दूरि करौ अंचल कौ, होइ मनोरथ मोर।
'सूर' परस्पर रहौ प्रेम-बस, दोउ मिलि नवल किसोर॥

सखी कह रही है—हे मानिनी राधे, जरा मेरी ओर भी तो देख। तेरा मुख तो प्रभातकालीन सूर्य के सदृश है, जो अपने मुख के प्रभात से कृष्ण के हृदय के अंधकार को दूर कर देता है। तेरा मुख कमल है, कृष्ण का मन भौंरा है, जो तेरे नयनों की कोर से बिँध गया है। तेरी टेढ़ी चितवन और मधुर मुसकान बड़ी प्रिय है और मुझे बहुत भाती है। तू अपने हृदय पर से आँचल की ओट हटा ले, तो मेरी इच्छा पूरी हो जाय। मेरी अभिलाषा तो मात्र इतनी है वै तुम दोनों नवल किशोर और नवल किशोरी परस्पर मिलकर प्रेमपूर्वक रहो और दोनों के हृदयों में अंचल-पट तक का अंतर न बना रहे।

२२२९/३३८६ राग नट

कहि पठई हरि बात सु, चित दै सुनि, राधिके सुजान।
तैं जु बदन झाँप्यो झुकि अंचल, यहै न दुख मों मान।
इहिँ पै दुसह जु इतनेहिँ अंतर, उपजि परै कछु आन।
सरद सुधा ससि की नव कीरति, सुनियत अपनैं कान।
खंजरीट मृग मीन मधुप पिक, कीर करत हैं गान।
बिद्रुम अरु बंधूक बिंब मिलि, देत कबिनि छबि-दान।
दाड़िम दामिनि कुंदकली मिलि, बाढ़्यौ बहुत बखान।
'सूरदास' उपमा नछत्रगन, सब सोभित बिनु भान॥

सखी कह रही है—हरि ने जो बात मुझसे तुझे कहने के लिए कही है, हे सुजान राधे, तुम उस बात को मन लगाकर सुन लो। तूने अपने आँचल से जो अपना मुँह ढक रखा है, मेरी समझ से मात्र इतना ही दुख का कारण नहीं है। दुख का कारण तो कुछ दूसरा ही भय है। मुझे डर लगता है कि इसी बीच कुछ और बात न हो जाय, जो सदा की खटपट का कारण बन जाय। पहले शरद का सुधाकर तेरे मुख के सामने फीका लगता था, पर अब तेरे मान कर लेने के कारण इसकी कीर्ति नई हो गई है। इसे मैंने अपने कानों से सुना है। खंजन, हिरन, मीन और भौंरे बड़े प्रेम से चहके जा रहे हैं, क्योंकि वे समझने लगे हैं कि अब हमने राधा की आँखों पर विजय प्राप्त कर ली है। वे मलिन आँखें हमारी बराबरी क्या कर सकती हैं। इसी प्रकार कोयल अपनी बोली को तेरी बोली से मीठी समझकर और सुग्गा अपनी चोंच को तेरी नाक से बढ़िया समझकर प्रसन्न होकर गाए जा रहे हैं। अब तो मूँगा, दुपहरिया का फूल, पका कुनुरू ही, कवियों को लाल अधर की छवि प्रदान करने लगे हैं। अब तो सारे सितारे भी, तेरे मुख रूपी सूर्य के अभाव में, जगमगाए जा रहे हैं।

तू मान तज, हरि भज, और इन सभी उपमानों को मनमानी बिहँसने का मौका न दे।

२२३०/३३८७ राग सारंग

रही दै घूँघट पट की ओट।
मनौ कियौ फिरि मान मवासौ, मन्मथ-बंकट-कोट।
नह-सुत कील, कपाट सुलच्छन, दै दृग-द्वार अगोट।
भीतर भाग कृष्न भूपति को, राखि अधर मधु-मोट।
अंजन आड़, तिलक आभूषन, सजि आयुध बड़ छोट।
भ्रकुटी 'सूर' गही करि सारँग, करत कटाच्छनि चोट॥

सखी कह रही है—अरी राधे, तूने अपने मुँह पर घूँघट की ओट क्या कर ली है, मानो कामदेव के वक्र दुर्ग को तूने मान का आश्रय-स्थल, (शरण-स्थल) बना लिया है। तेरे उरोजों पर जो नह-सुत (नख-रेखा, क्षत) है, वही कील (कुंजी) है, तेरे सुंदर लक्षण वाले नेत्र ही इस दुर्ग के फाटक हैं और दृग-द्वार (पलकें) ही भीतर से बंद करने वाली अर्गला है, जिन्हें तूने दे रखा है। तेरे भीतर का भाग (हृदय) तो राजा श्रीकृष्ण की राजधानी है। तू उस राग के लिए अपने अधरों पर मधु के मटके भर के रख छोड़। आँखों में आँजन, माथे पर केसर की आड़ और रोरी का तिलक, आभूषन आदि सभी छोटे-बड़े अस्त्र-शस्त्रों से तू अपने को सुसज्जित कर ले। तू भौंहों के धनुष को गहकर उनपर कटाक्ष रूपी वाणों की चोट करती जा रही है।

२२३१/३३८८ राग बिलावल

तैं जु नीलपट-ओट दियौ री।
सुनि राधिका, स्यामसुंदर सौं बिनहिं काज, अति रोष कियौ री।
जल-सुत बिंब मनहुँ जल राजत, मनहुँ सरद ससि राहु लियौ री।
भूमि-घिसन किधौं कनक-खंभ चढ़ि, मिलि रस ही रस अमृत पियौ री।
तुम अति चतुर सुजान राधिका, कत राख्यौ भरि मान हियौ री।
'सूरदास' प्रभु अँग-अँग नागरि, मनहुँ काम कियौ रूप बियौ री॥

सखी कह रही है—राधे, सुन, तूने नीली ओढ़नी का जो घूँघट काढ़कर अपने को आड़ में कर लिया है, श्याम से छिपा लिया है, तेरा श्यामसुंदर से यह रोष करना व्यर्थ है, बिना मतलब का है। नीले घूँघट की ओट में तेरा मुँह ऐसा लगता है जैसे नीले जल में जल-सुत कमल ही मूर्तरूप में विराजमान हो, अथवा शरद की पूर्णिमा के चंद्रमा को राहु ने ग्रस लिया हो अथवा धरती पर लोटने वाला, लोटनिहवा (सर्प) सोने के खंभे पर चढ़कर धीरे धीरे अमृत पिये जा रहा हो, राधा, तुम तो अत्यंत चतुर हो, अत्यंत सयानी हो। तुमने अपने मन में इतना मान क्यों भर रखा है। तुम्हारे मान कर लेने से तो काम ने कृष्ण के अंग-अंग को कुछ दूसरा ही रूप दे दिया है। कृष्ण का रूप ही विकृत कर दिया है।

२२३२/३३८९ राग बिलावल

सारँग-रिपु की ओट रहे दुरि, सुंदर सारँग चारि।
ससि, मृग, फनिग, ध्वनिग द्वै, अँग-सँग, सारँग की अनुहारि।

तामैं एक और सुत सारँग, बोलक बहुरि बिचारि।
परकृत एक नाम है दोऊ, किधौं पुरुष किधौं नारि।
ढाँकति कहा प्रेम हित सुंदरि, सारँग नैकु उघारि।
'सूरदास' प्रभु मोहे रूपहि, सारँग-बदन निहारि॥

सखी राधा से कह रही है—हे राधे, तुमने सारंग-रिपु (शोभा के शत्रु=घूँघट) की ओट में चार सारंगों को छिपा रखा है। एक सारंग है शशि (मुख), दूसरा सारंग है मृग (नेत्र), तीसरा सारंग है फनिग (सर्प=चोटी), चौथा सारंग है दो ध्वनिग (ध्वनि करने वाले दो भौंरों) ये चारों सारंग, सारंग (कमल) सदृश मुख के साथ हैं। इनमें एक और सारंग कोयल है। इस सारंग (कोयल) का सुत (कोयल की मधुर वाणी) बहुत विचार कर बहुत मधुर बोलता है। यह सारंग सुत पर-कृत, पर-भृत है। इसे चाहे कौआ कहो, चाहे कोयल—पर यह कोयल ही नाम से प्रसिद्ध है, चाहे यह नारी हो या नर। हे सुंदरी, तू अपना मुखरूपी सारंग, प्रेम के लिए जरा खोल दे। इसे ढके क्या जा रही है? तेरे सारंग (शशि, मुख) को देखकर ही तो श्याम तुझपर मोहित हुए हैं। और तू इसे घूँघट की ओट छिपाए जा रही है।

२२३३/३३९० राग बिलावल

इहिं तैरं बृंदाबन बाग।
सुनि राधिका कदंब बिटप की, साखा एक अमी फल लाग।
स्याम अरुन कछु अधिक पीत छबि, बरनि जाइ नहिं अंग-बिभाग।
अति सुपक्व मुरली कैं परसत, चुइ चुइ परत उमँगि रस राग।
ब्रज-बनिता वर बारि कनक मय, रोके रहतिं सुरासुर नाग।
तुव प्रताप छुइ सकत न सुंदरि, सुर मुनि मर्कट कोकिल काग।
मैं मालिनि जतननि जल जुगयौ, सींचत स्वहथ परे कर-दाग।
'सूर' सु स्त्रम, उठि भेंटि परस्पर, पिउ पियूष पाए बड़भाग॥

राधा से सखी कह रही है—राधे, सुन। इस तेरे वृंदावन रूपी बाग में एक कदंब का वृक्ष (कृष्ण) है। इसकी शाखा (मुख) पर अमृत-फल (अधर) लगा हुआ है। इस वृक्ष के अंगों का वर्णन नहीं किया जा सकता—कोई श्याम है (शरीर), कोई लाल है (अधर), कोई पीला है (पीतांबर)। यह अमृत फल (अधर) अत्यंत पक गया है। मुरली के द्वारा छुए जाने पर इसका सारा रस राग उमड़कर चू चू पड़ता है। व्रजकी वनिताएँ ही इसके चारों ओर सोने की बाड़ बनी हुई है और सुर असुर नाग से इसे बचाए रहती हैं। उनको इसके निकट नहीं आने देतीं। हे सुंदरी, तुम्हारे प्रताप से ही इस वृक्ष को सुर, मुनि, मर्कट (बंदर, हनुमान) कोकिल, काग (कागभुशुंडि) कोई भी छू नहीं सकता। मैं ही इस पेड़ को सींचने वाली मालिन हूँ, मैंने इसे बड़े यत्न रूपी जल से अपने हाथों से सींचा है और खींचते-खींचते मेरे हाथों में घट्ठे पड़ गए हैं। उस वृक्ष को, जिसे

मैंने इतने श्रम से सींचा है, तुम उठकर अपने गले से लगाओ। तुमने उस अमृत-फल को बहुत बड़े भाग्य से पाया है, इस अमृत को पीओ।

२२३४/३३९१ राग सोरठ

राधे सो रस बरनि न जाइ।
जा रस कौं स्वरभानु सीस दियौ, सु तैं पियै अकुलाइ।
पचि हारे सब कोटि कला करि, चंद न ठिक ठहराइ।
अजहुँ कबंध फिरत तिहिं लालच, सुंदरि सैन बुझाइ।
मोहन तैं न, रूप रस आगरि, कटति न जानी काइ।
'सूरजदास' पपीहा कैं मुख, कैसैं सिंधु समाइ॥

सखी राधा से कह रही है—कृष्ण के अधरों में जो अमृत है, उस रस का वर्णन नहीं किया जा सकता। इसी रस के लिए राहु ने अपना सिर कटवा दिया था, तू उसी रस को पीने के लिए अकुला रही है, इतरा रही है। उसी रस की रक्षा के लिए चंद्रमा ने इशारा कर दिया था, फलत: वह राहु के डर से आकाश का चक्कर लगाए जा रहा है और जरा भी किसी और ठिकाने पर ठहर नहीं पा रहा है, यद्यपि उसे ठहराने के लिए सभी लोग करोड़ों उपाय करके थक गए। उसी रस के लालच में राहु का धड़ केतु अब भी आकाश में घूम रहा है। हे सुंदरी, मैं इशारे से तुझे समझाए दे रही है। मोहन से वह रस न जाने क्यों सँभल नहीं पा रहा है। पपीहे के छोटे से मुँह में इतना बड़ा समुद्र कैसे समा सकता है। यह स्थिति श्याम की है। वे इस अमृत-सिंधु को सँभाल नहीं पा रहे हैं। तू रूप-रस की आगरी है। तू ही कृष्ण के अधर में स्थित अमृत को सँभाल सकती है। चल, उठ, उसे सँभाल ले। कृष्ण के अधरामृत का पान कर ले।

२२३५/३३९२ राग सारंग

देखि स्याम कौ बदन री माई, मोहिं अपनपौ भूल्यौ।
बिद्यमान या दृष्टि-सरोवर, मोहन-बारिज फूल्यौ।
करि सु अगाध सघन बृंदाबन, चंचल लता तरंग।
निमि मृनाल, सुंमृति पत्रावलि, गावत मुनि जन भृंग।
सुरभी सुभग हंस गो खग मृग, जलचर जीव अनंत।
'सूर' कछू यह ह्यां री अदभुत, लीला कमलाकंत॥

सखी राधा से कह रही है—अरी सखी, श्याम का मुँह देखकर तो मैं अपने को भूल ही गई। मुझे लगा कि जैसे मेरे दृष्टि रूपी सरोवर में मोहन रूपी कमल खिल उठा है। सघन वृंदावन ही इस सरोवर का अगाध जल है। वृंदावन की चंचल लताएँ ही इस जल की लहरें हैं। मेरी ही पलकें इस कमल की नाल हैं। मेरी सुधि ही इस कमल के पत्ते हैं। मुनि लोग जो स्तुति कर रहे हैं, वही इस कमल पर मँड़राते भौंरों की गुंजार है। गायें, सुंदर हंस, बैल-बछड़े, पक्षी, पशु सभी उस सरोवर के जलचर (मछलियाँ आदि) हैं। यहाँ पर कमलाकांत (विष्णु=कृष्ण) की यह कुछ अद्‌भुत लीला है।

२२३६/३३१३ राग बिलावल

अब राधे नाहिंन ब्रज नीति ।

नृप भयौ कान्ह, काम अधिकारी, उपजी है ज्यौं कठिन कुरीति ।
कुटिल अलक भ्रुव चारु नैन मिलि, सँचरैं स्त्रवन समीप समीति ।
बक्र-बिलोकन-भेद भेदिया, जोइ कहत, सोइ करत प्रतीति ।
पोच पिसुन लस दसन सभासद, प्रभु अनंग मंत्री बिनु भीति ।
सखि बिनु मिले नाहिँ बनि ऐहैं, कठिन कुराज राज की रीति ।
मंद-हास, मुख मंद-बचन रुचि, मंद-चाल चरननि भई प्रीति ।
नख-सिख तैं चित चोर सकल अँग, जस राजा तस प्रजा बसीति ।
तेरौ तन धन रूप महागुन, सुंदर स्याम सुनी यह कीति ।
सु करि 'सूर', जिहिं भाँति रहै पति, जनि बल बाँधि बढ़ावहु छीति ॥

सखी कह रही है—राधे, अब व्रज में नीति नहीं रह गई है, न्याय-अन्याय, उचित-अनुचित का यहाँ अब कोई विचार नहीं रह गया है। कन्हैया यहाँ के राजा हो गए हैं, और कामदेव उनका आज्ञाकारी अधिकारी है। इसी से यहाँ कठिन कुरीति फैल गई है। टेढ़ी अलकें और भौंहें सुंदर नयनों से मिलकर कानों के पास पहुँचकर समिति करती हैं, (कु-) मंत्रणा करती रहती हैं, कान भरती रहती हैं। टेढ़ी चितवन ही भेदिया है, गुप्तचर है, यह गुप्तचर जो कह देता है, राजा कृष्ण उसी का विश्वास कर लेते हैं। दाँत ही उनके अधम और दुष्ट दरबारी हैं। कामदेव उनका मंत्री है, जिसे किसी का भी डर नहीं है। हे सखी, ऐसी कठिन और कुराज की रीति में राजा कृष्ण से मिले बिना काम नहीं चलेगा। राजा कृष्ण को मंद-मंद मुसकराना, मंद-मंद मधुर वचन बोलना और मंद-मंद गति से चलना ही अच्छा लगता है। नख से लेकर शिखा तक उनके एक एक अंग चित्त को चुरानेवाले हैं, ऐसी स्थिति में जैसा राजा, वैसी ही प्रजा। प्रजा को भी मंद-मंद मुसकराना, मंद-मंद मृदु वचन बोलना, मंद-मंद हंस गति से चलना चाहिए और राजा के चित्त को चुराना चाहिए। राजा चोर, तो प्रजा चोर। श्याम सुंदर ने तेरे तन, धन, रूप, महा गुण की कीर्ति सुन रखी है, एक दिन वे तेरी चोरी करेंगे। इससे अच्छा तो है कि तू अपनी चोरी न होने दे, जिस भी तरीके से अपनी प्रतिष्ठा बचाई जा सके, बचाए रह। उनसे हठ करके तू अपनी क्षति न होने दे। हठ छोड़ और श्याम राजा से मिल ले।

२२३७/३३१४ राग नट

राधे तेरे रूप की अधिकाइ ।

जो उपमा दीजै तेरैं तनु, तामैं छबि न समाइ ।
सिंह सकुचि, सर बिथा भरत बिन, बिनु सोइ नीर सुखाइ ।
ससि डर घटत, हेम पावक परै, चंपक रहै कुम्हिलाइ ।
इभ टूटत, अरु अरुन पगु भए, बिधना आन बनाइ ।
कद्रुज रहे पताल दुरि, खगपति हरि बाहन भए जाइ ।

हंस दूरि, सर दुरयौ सरोरुह, गज मृग चले पराइ ।
'सूर' बिचारि देखि मनु पिक तुव रसना रहे लजाइ ॥

सखी कह रही है—राधे, तेरे रूपाधिक्य का क्या कहना। तेरे अंगों की जो भी उपमा दी जाय, उनमें तेरी छवि समा नहीं पाती। वे सारी उपमाएँ हीन ही सिद्ध होती हैं। तेरी कमर को देखकर सिंह लजा गया है। तेरी नाभि देखकर सरोवर अपने दिन व्यर्थ बिता रहा है और जल-हीन होकर सूखता जा रहा है। तेरे मुँह को देखकर चंद्रमा रोज घटता जा रहा है, क्षीण होता जा रहा है। तेरे शरीर की कांति देखकर स्वर्ण अपने को आग में जलाए दे रहा है और चंपा का फूल पीला पड़कर मुरझाया जा रहा है। तेरी जंघा देखकर हाथी का दिल टूट जाता है और अरुण तो पंगुल ही हो गया है। इन्हें ब्रह्मा ही आकर ठीक कर सकें तो कर सकें। तेरी चोटी देखकर कद्रू के बेटे सर्प पातालपुरी में जा छिपे हैं, और विनता के बेटे गरुड़ तो तेरे मन की गति देखकर जाकर विष्णु की सवारी बन गए हैं। तेरी चाल देखकर हंस दूर चला गया। तेरे हाथ, पैर, मुख और नयन को देखकर कमल तालाब में जा छिपा। तेरी मंथर गति देखकर हाथी और नेत्र देखकर हिरन वन में भाग गए। कोयल तेरी वाणी सुनकर लजा गई। अब तू अपने रूप की अधिकता के बारे में स्वयं सोच-विचार ले।

२२३८/३३९५ राग विहागरौ

तेरौ बदन देखि उडुपति जु दुरयौ ।
दामिनि दुरी देखि दसननि छबि, ताटंकनि रबि चित जु हरयौ ।
दरपन मलिन कपोलनि सोभा, कीर नास भय बन पकरयौ ।
अहि बेनी मोह्यौ, कुच कलसनि घट मोह्यौ अंमृत जु भरयौ।
ऐरावत थकि रह्यौ निरखि गति, कटि के भय मृगराज डरयौ ।
'सूरदास' प्रभु नारि नागरी, मन मोहन निज बस जु करयौ ॥

सखी बोली—राधे, तेरा मुँह देखकर चंद्रमा आकाश में जा छिपा है। तेरे दाँतों की कांति देखकर बिजली बादल में जा छिपी है। तेरे कान की तरकियाँ तो रवि के चित्त को हर लेनेवाली हैं। तेरे कपोलों की शोभा देखकर निर्मल दर्पण भी मलिन पड़ जाता है। शुक ने तो तेरी नासिका के भय से वन का रास्ता पकड़ लिया है। तेरी चोटी पर काली नागिन मोहित हो गई है। तेरे स्तन रूपी कलशों को देखकर अमृत भरा कुंभ भी मोहित है। तेरी गति देखकर तो इंद्र का गजराज ऐरावत भी श्रांत हो गया है। तेरी कमर के भय से सिंह भी भयभीत है। तू नागरी नारी है, तूने औरों का मन मोहने वाला मनमोहन कृष्ण को भी मोहित करके अपने बस में कर लिया है।

२२३९/३३९६ राग सारंग

राधे यह छबि उलटि भई ।
सारंग ऊपर सुंदर कदली, ता पर सिंह ठई ।
ता ऊपर द्वै हाटक बरनौं, मोहन कुंभ मई ।
तापर कमल, कमल बिच बिद्रुम, तापर कीर लई ।

ता ऊपर द्वै मीन चपल हैं, सौतिनि साध रही।
'सूरदास' प्रभु देखि अचंभौ, कहत न परत कही ॥

सखी कह रही है—राधे, तेरे अंगों की सारी शोभा ही उलटी रख दी गई है। सारंग (कमल=चरण) के ऊपर सुंदर केला (जंघा) है, केला पर सिंह (कमर) स्थित है। सिंह के ऊपर दो मोहक स्वर्ण-कलश (कुच) हैं। उन कलशों के ऊपर कमल (मुख), उस कमल के बीच में मूँगा (अधर), उस मुँगे के ऊपर शुक (नासिका) को बिठाया गया है। कीर के दोनों ओर दो चंचल मछलियाँ (नेत्र) हैं। ऐसा उलटा रूप पाने को तो तेरी सौतें तरसती ही रह गई, पा नहीं सकीं। प्रभु कृष्ण भी इस रूप को देखकर आश्चर्य-चकित हैं। उनके आश्चर्य का तो वर्णन करते नहीं बनता।

२२४०/३३९७ राग बिलावल

जल-सुत-प्रीतम-सुत-रिपु बंधव-आयुध आनन बिलख भयौ री।
मेरु-सुता-पति बसत जु माथैं, कोटि प्रकास नसाइ गयौ री।
मारुत-सुत-पति अरि-पुरवासी, पितु-बाहन भोजन न सुहाई।
हर-सुत-बाहन-असन-सनेही, मानहुँ अनल देह दौ लाई।
उदधि-सुता-पति, ताकर बाहन, ता बाहन कैसैं समुझावै।
'सूरस्याम' मिलि धर्म-सुवन-रिपु, ता अवतारहिं सलिल बहावै ॥

शब्दार्थ—(१) जल-सुत०—जल-सुत=कमल। जल-सुत-प्रीतम=कमल का मित्र, सूर्य। जल-सुत प्रीतम-सुत=सूर्य का पुत्र कर्ण। जल-सुत-प्रीतम-सुत-रिपु=कर्ण का शत्रु=अर्जुन। जल-सुत प्रीतम-सुत रिपु-वंधव=अर्जुन का भाई, भीम। भीम का आयुध=गदा, गद=रोग।

(२) मेरु-सुता०—मेरु सुता=पार्वती। मेरु सुता पति=पार्वतीपति, शिव। मेरु-सुता-पति वसह जु माथैं=शिव के मस्तक पर जो बसता ह, चंद्रमा।

(३) मारुत-सुत०—मारुत सुत=हनुमान। मारुतसुत पति=हनुमान के स्वामी राम। मारुतसुत पति-अरि=राम का शत्रु, रावण। ता पुर वासी=रावण की पुरी लंका के रहनेवाले नलकूबर और मणिग्रीवा नामक यक्ष।—पितु=नलकूबर के बाप कुबेर, पितु-वाहन=कुबेर का वाहन, पुष्पक विमान=फूल के सदृश भोजन।

(४) हर-सुत-वाहन=शिव के पुत्र स्वामि कार्तिकेय का वाहन, मोर। असन-सनेही=मोर के असन—सर्प का सनेही=चंदन।

(५) उदधि-सुता-पति=समुद्र की पुत्री लक्ष्मी के पति=विष्णु। विष्णु का वाहन, गरुड़। गरुड़ का वाहन=पंख, पक्ष।

(६) धर्म-सुवन-रिपु=धर्मराज के शत्रु दुर्योधन। ता अवतार=अभिमान।

अर्थ—सखी राधा से कह रही है—राधे, तेरे वियोग में कृष्ण का मुँह रोग से विवर्ण हो गया है, सुदर्शन से कुदर्शन हो गया है, पीला पड़ गया है। उनके कोटि चंद्रमा के समान प्रकाश वाले मुख की सारी कांति जाती रही है। उनको फूल के समान हलका और सुगंधित भोजन तक नहीं सुहा रहा है। चंदन आदि अंगराग भी उन्हें आग के समान दाहक हो गए हैं। उनके पक्ष को मैं तुझसे किस प्रकार समझकर कहूँ। तू अपना सारा अभिमान पानी में बहा दे और चलकर श्याम से मिल।

२२४१/३३९८ राग नट

लोचन स्याम जू के सायक ।
नैंकु चितै वृषभानु नंदिनी, बस करि गोकुल नायक ।
यहै जानि पठई नँदनंदन, तुम सब बिधि सुखदायक ।
तू ब्रजनाथ सिरोमनि सजनी, स्यामसुंदर पिय लायक ।
लग लागे, पागे उर अंतर, कठिन सिलीमुख पायक ।
'सूरदास' प्रभु मोहन जोरी, करौ कुंज मन-भायक ॥

सखी राधा से कह रही है—अरी राधा, ये तेरे नयन क्या हैं, ये तो श्याम के हृदय में चुभ जानेवाले बाण हैं। अरी वृषभानु की बेटी, चलकर जरा श्याम की ओर देख भर ले और गोकुल नायक को अपने हाथ में कर ले। उन्होंने मुझे तुम्हारे पास इसीलिए जान-बूझकर भेजा है कि तुम सब प्रकार से उनको सुख देने लायक हो। हे सखी, तुम व्रजनाथ की शिरोमणि हो। व्रजनाथ तुम्हें अपने सिर माथे पर लेते हैं। तुम उन प्रिय के सर्वथा योग्य हो। तेरे नयन-वाण रूपी दूत महा कठिन हैं। ये श्याम के निकट जाकर उनके हृदय के भीतर धँस गए हैं। तू प्रभु मोहन की अत्यंत मोहक जोड़ी है। उन्होंने तेरे लिए कुंज को अत्यंत सजा-बजाकर मन-पसंद का बना दिया है। अतः चली चल।

२२४२/३३९९ राग सारंग

जब तैं स्त्रवन सुन्यौ तेरो नाम ।
तब तैं हा राधा, हा राधा, हरि यहै मंत्र जपत दुरि दाम ।
बसत निकुंज कालिंदी कैं तट, सुरभी सभा छाँड़ि सुख-धाम ।
बिरह बियोग महा जोगी ज्यौं, जागत ही बीतत जुग जाम ।
कबहुँक किसलय-पीठि रुचिर रुचि, कबहुँक गान करत गुन ग्राम ।
कबहुँक लोचन मूँदि, मौन ह्वै, चित चिंतत अँग-अँग अभिराम ।
तरपत नैन, हृदय होमत हबि, मन बच कर्म और नहिँ काम ।
'सूरस्याम' कृस गात सबै बिधि, दरसन दै पुरवहि पिय काम ॥

सखी राधा से कह रही है—राधे, श्याम ने जब से तेरा नाम अपने कानों से सुना है, तभी से वे 'हा राधा, हा राधा' यही मंत्र छिपकर माला पर जपते जा रहे हैं। वे गायों को, सखाओं को और अपने सुखद घर को छोड़कर यमुना के किनारे कुंज-भवन में अकेले ही तुम्हारी प्रतीक्षा में रह रहे हैं। वे तेरे विरह में महा योगी के समान दिन और रात दोनों के यामों (प्रहरों) को जागते ही जागते बिताते जा रहे हैं। उन्हें न रात में नींद आती है, न दिन में ही। वे कभी कभी तेरे लिए कोमल पत्तों की सेज रच डालते हैं। और कभी- कभी तेरे गुणों का बखान करते जाते हैं। कभी कभी आँखें बंद करके, चुप रह करके वे तेरे सुंदर अंग-अंग का अपने मन में चिंतन करते रह जाते हैं। उनके नयन तेरे दर्शन के लिए तड़पे जा रहे हैं और वे मनसा, वाचा, कर्मणा अपने हृदय को हवि बनाकर तेरे लिए हवन किए जा रहे हैं। इसके अतिरिक्त उनके पास और कोई करणीय काम नहीं है। वे सब प्रकार से दुर्बल शरीर हो गए हैं। तू चलकर उन्हें दर्शन दे और उन्हें सफल मनोरथ कर।

२२४३/३४०० राग अड़ानौ

मोहन नीकौ री अति नीकौ ।
तासौं न रुसन कीजे, हित कै मनाइ लीजै, हँसत-हँसत दूरि करै रिस जी कौ ।
अतिहीं मानिनि जे जे, तेऊ मैं मनाइ दई, अतिहिं कठिन हठ देख्यौ री तो ती कौ ।
दूसरी जामिनि गई, त्यौं त्यौं तू हठीली भई, 'सूरज' निरखि मुख देखै प्यारी पी कौ ॥

सखी राधा को समझा रही है—अरी राधे, श्याम अच्छे हैं, अच्छे ही नहीं बहुत अच्छे हैं। तू उनसे रूठ मत, उनको प्रेमपूर्वक मना ले, तू हँसते-हँसते अपने जी का क्रोध दूर कर ले। यहाँ बहुत ही गुरु मान करने वाली रही हैं। मैंने सबको मना लिया है। पर मैंने तेरे ही मान को सबसे अधिक हठीला पाया है। रात का दूसरा पहर बीत गया, यह तेरा हठ बराबर बढ़ता ही गया है। प्यारी चली चल, और प्रिय का मुख देख। अभी कुछ नहीं बिगड़ा है।

२२४४/३४०१ राग विहागरौ

और सखी इक स्याम पठाई ।
हरि कौ बिरह देखि भई ब्याकुल, मान मनावन आई ।
बैठी आइ चतुरई काछे, वह कछु नहीं लगार ।
देखति हौं कछु और दसा तुव, बूझति बारंबार ।
मन-मन खिझति मानिनी, याकौं कौनैं इहाँ पठाई ।
'सूर' सबनि कछु मान मनायौ, सो सुनिकै यह आई ॥

श्याम ने तब एक दूसरी सखी और भेज दी। वह सखी हरि का विरह देख कर व्याकुल हो गई थी और वह राधा का मान छुड़ाने के लिए आ गई थी। वह चतुराई किए हुए आकर राधा के पास बैठ गई, पर राधा ने उसकी एक भी चतुराई नहीं लगने दी। वह सखी बारबार पूछती जा रही थी—राधे, मैं आज तेरी दशा कुछ और ही देख रही हूँ। इस पर मानिनी राधा मन ही मन चिढ़ी जा रही थी—इसको यहाँ किसने भेज दिय ? लगता है यह भी यह सुनकर यहाँ चली आई है कि मैं मान किए बठी हूँ और सभी मुझे मनाने आए हैं। चलूँ मैं भी मना आऊँ।

२२४५/३४०२ राग विहागरौ

अजहूँ मान तजति नहिं प्यारी ।
मदन नृपति बर सेन साजि कै, घेरे आनि बिहारी ।
इतने कटक देखि मनमोहन, पीत भए भय भारी ।
कुसुम-बान जित-तित तैं छूटत, खग रव घटा सँवारी ।
पल्लव पट-निसान, भवँरा भट, मंजरि साल बिषारी ।
'सूरदास' प्रभु के सहाय कौं, उठि चलि बेगि हँकारी ॥

सखी बोली—राजा मदन ने बहुत बड़ी सेना लेकर तेरे प्रियतम विहारीलाल को आकर घेर लिया है। इतनी बड़ी सेना देखकर मनमोहन बहुत डर गए हैं। जिधर जिधर से काम के कुसुम-वाण—अशोक, अरविंद, आम, नव मल्लिका और नील कमल—चल रहे हैं, जो क्रमशः सम्मोहन, उच्चाटन, स्तंभन, शोषण और तापन कर रहे हैं। पक्षियों का

कल-कूजन हो रहा है, यही कामदेव की सेना के घंटे बज रहे हैं। नूतन किसलय ही कामदेव की सेना के ध्वज हैं। भ्रमर ही इसके योद्धा हैं। आम की मंजरियाँ ही विष-बुझी बर्छियाँ हैं। इतना सब होने पर भी अभी तू मान साधे बैठी हुई है और इसे छोड़ नहीं रही है। प्रभु की सहायता के लिए शीघ्र ही चली चल। प्रभु ने तेरी सहायता मांगी है। तेरी गुहार लगा रहे हैं। तुम्हें चिल्ला चिल्लाकर 'राधा, राधा' कहकर बुलाए जा रहे हैं। ऐसे कठिन आक्रामक अवसर पर तो लोग शत्रु की भी मदद करते हैं, तू तो अंततः उनकी मित्र ही नहीं अंतरंगा है।

२२४६/३४०३ राग सारंग

बेगि चलौ बलि कुँवरि सयानी।
समय बसंत, बिपिन, रथ, हय, गय, मदन-सुभट-नृप-फौज पलानी।
चहुँ दिसि चाँदनि, निसा-चमू चलि, मनौ धवल धर-धूरि उड़ानी।
सोरह कला छपाकर की छबि, सोभित सीस छत्र सिर-तानी।
बोलत हँसत चपल बंदीजन, मनहुँ प्रसंसत, पिक बर बानी।
धीर समीर रटत बर अलिगन, मनहुँ कमोदिक मुरलि सुठानी।
कुसुम सरासन अधिक बिराजत, कठिन मान गढ़ अति अभिमानी।
'सूरदास' प्रभु की है यह गति, करहु सहाइ राधिका रानी॥

सखी राधा से कह रही है—हे चतुर कुँवरि राधे, जल्दी-जल्दी चली चलो। मैं तुम्हारी बलैया लेती हूँ। यह वसंत का समय है और वीर राजा कामदेव ने वन में आकर अपनी चतुरंगिनी—हय, गज, रथ, पैदल—सेना को सजा-बजाकर डेरा डाल दिया है। चारो ओर निर्मल चाँदनी फैली हुई है, जो ऐसी जान पड़ती है मानो रात्रि की सेना के चढ़ने से धरती की सफेद धूल ही उड़ रही है। चंद्रमा सोलहों कला से युक्त होकर नभमंडल में शोभा को प्राप्त हो रहा है। लगता है यह काम रूपी राजा के सिर पर तना हुआ छत्र है। कोयल मधुर स्वर में कूके जा रही है मानो यह चंचल बंदीजन, चारण हो, जो काम राजा की हँसते हुए विरदावली बखानती जा रही हो। 'धीर समीर' (वृंदावन का एक मुहल्ला) में भौंरे गुनगुनाए जा रहे हैं, मानो काम राजा के गवैए कमोद राग में मुरली बजाए जा रहे हों। काम राजा के फूलों के बाण और धनुष अत्यंत सुहावने लग रहे हैं। और तेरा यह गुरु मान ही मानो काम राजा के लिए न टूटनेवाला अभिमानी दुर्ग है। राधिका रानी, श्याम सुंदर की यह विकट स्थिति है। चलो और इस विपत्ति में तुम उनकी सहायता करो। इस विपत्ति से उनको छुटकारा दिलाओ।

२२४७/३४०४ राग मलार

सुनि री सयानी तिय, रूसिबे कौ नेम लियौ, पावस दिननि कोऊ ऐसौ है करत री।
दिसि-दिसि घटा उठी, मिलि री पिया सौं रूठी, निडर हियौ है तेरौ, नैंकु न डरत री।
चलिए री मेरी प्यारी, मोकौं मान देन हारी, प्रानहू तैं प्यारे पति, धीर न धरत री।
'सूरदास' प्रभु तोहि दियौ चाहै हित-बित, हँसि क्यौं न मिलै, तेरौ नेम है टरत री॥

सखी राधा से कहे जा रही है—अरी चतुरा राधा, सुन, तूने इस पावस ऋतु में रूठने

का व्रत ले लिया है। भला क्या वर्षा ऋतु में भी कोई ऐसा मान करती है। चारों दिशाओं में काली-काली बदलियाँ उमड़ती-घुमड़ती छाई जा रही हैं। हे रूठनेवाली, उठ और अपने पिया से मिल। तेरा हृदय अत्यंत निडर है और तू बिलकुल नहीं डरती। प्यारी चली चलो। श्याम तो तुम्हें प्राणों से भी प्यारे हैं और इस समय वे तुमसे मिलने के लिए अत्यंत आतुर हुए जा रहे हैं। तुम चली चलोगी, तो इससे मेरी भी प्रतिष्ठा बढ़ जायगी कि मैंने तेरे मान-गढ़ को तोड़ डाला और तुझे मना ले आई। श्याम तुझे अपना प्रेमरूपी सारा धन दे देना चाहते हैं, हँस कर तू उनसे क्यों नहीं मिल लेती। क्या इससे तेरा प्रण-भंग हुआ जा रहा है?

२२४८/३४०५ राग मलार

सेज रचि-पचि साज्यौ, सघन निकुंज-कुंज, चित चरननि लाग्यौ, छतिया धरकि रही ।
हा-हा चलि प्यारी, तैरै प्यारौ चौंकि-चौंकि परै, पात की खरक, पिय हियमैं खरकि रही ।
बात न धरति कान, तानति है भौंह बान, तऊ न चलति, बाम अँखियाँ फरकि रही ।
'सूरदास' मदन दहत पिय, प्यारी सुनि, ज्यौं-ज्यौं कह्यौ त्यौं-त्यौं बरु, उतकौं सरकि रही ॥

सखी कह रही है—''श्याम ने तेरे लिए सघन कुंज-भवन में खूब मन लगाकर बड़े परिश्रम से सेज सँवार रखी है। उनका मन तेरी पग-ध्वनि सुनने के लिए आतुर हो रहा है। उनके हृदय की धड़कन बढ़ गई है। मैं विनती करती हूँ, प्यारी, तू चली चल। तेरे प्यारे श्याम चौंक-चौंक पड़ रहे हैं। कहीं पत्ता भी खड़कता है, तो उसे तेरी पग-ध्वनि समझकर तेरे पिया का जिया भी खड़क उठता है। तू मेरी बातों पर कान नहीं दे रही है, मेरी बातों को ध्यान देकर नहीं सुन रही है। उलटे मुझपर अपनी भौंहे टेढ़ी करके मुझपर तीर चलाए जा रही है। तेरी बाईं आँख फड़की जा रही है, फिर भी तू ऐसी वामा हो गई है कि चलने का नाम नहीं ले रही है। हे प्यारी सुन, कामदेव तेरे पिया को जलाए दे रहा है। तू तो ऐसी बिगड़ैल हो गई है कि मैं ज्यों-ज्यों तुझसे अपनी हिनती-विनती किए जा रही हूँ, त्यों-त्यों तू उधर, मुझसे दूर, खिसकती चली जा रही है। तू डर मत, मैं तुझे गोद में उठाकर तो ले नहीं जा सकती, बाहों से ही मना सकती हूँ। गोद में उठा ले जाने का काम तो तेरे पिया का है, न कि मेरा। समझी?

२२४९/३४०६ राग मलार

(तू तौ मो सौं) बात न कहति माई, चलैगी कहाँ तैं ।
काहे कौं गहरु कीजै, बिनु रथ कहा लीजै, दीजै जाइ उत्तर, मैं आई हौं जहाँ तैं ।
अनोखी मानिनी नई, पाहन पूतरी भई, बैन न बदति और जरति महाँ तैं ।
जात न, परत पाइ, आई हौं सपथ खाइ, जातैं 'सूरदास' प्रभु, नवल पहाँ तैं ॥

सखी कहे जा रही है—सखी राधे, तू तो मुझसे बात भी नहीं करना चाह रही है, फिर तू श्याम सुंदर के पास मेरे कहने से चलेगी कैसे? तु मुझसे इतना अदरौना कराके विलंब क्यों किए जा रही है। मैं तुझे ले जाने के लिए रथ लेकर नहीं आई हूँ, अतः तुझे कुछ उत्तर देना है, तो पैदल चलकर वहाँ जा, जहाँ से मैं तुझे मनाने, बुलाने, आई हूँ। तू तो अनोखी मानिनी है, इस कला में मानो नई-नई है। अरे मान भंग होने के लिए ही किया जाता है। तू तो जैसे पत्थर की मूर्ति हो गई है। तेरे मुँह से बोली तक नहीं फूट रही है

और तू मन ही मन एकदम जली जा रही है। चूँकि मैं प्रभु नवलकिशोर के पास से शपथ खाकर आई हूँ कि मैं तुझे ले जाकर उनसे अवश्य ही मिला दूँगी, इसीलिए मुझसे उलटे पाँव लौटते नहीं बन पड़ रहा है और मैं तेरे पैरों पड़ी जा रही हूँ। चल।

२२५०/३४०७ राग सारंग

उत तैं पठावत वे, इत तैं न मानत ये, हौं तौ हौं दुहुनि बीच चक डोरी कीनी ।
क्रोध-भेष मुख, नैन-छबि नहिँ कहि आवै, आतुर ह्वै उठि धाई रावरेहिँ लीनी ।
तामरस लोचननि हाव-भाव बिनु करे, मानति न मानिनी है मान रंग भीनी ।
'सूरदास' प्रभु हो रसिकराइ सिरोमनि, आपु चलि देखौ क्यौं न, नाइका नवीनी ॥

सखी मन ही मन कह ही है—'उधर से श्याम मुझे यहाँ राधा को मना लाने के लिए भेजते हैं, इधर ये राधा हैं, जो मनाने से भी नहीं मान रही हैं। कुछ सुन ही नहीं रही हैं। मैं तो इन दोनों—राधा और श्याम के बीच चकरी की डोरी हो गई हूँ—कभी इधर, कभी उधर।'

ऐसा सोचकर वह लौटकर श्याम के पास गई और बोली—राधा के कुपित मुँह और नेत्रों की छवि कुछ कहते नहीं बनती। इसीलिए मैं उठकर जल्दी-जल्दी दौड़ती हुई तुम्हारे पास आ गई हूँ। उसके नेत्र कमल जैसे हैं। उनमें कोई हाव-भाव नहीं है। मानिनी मेरी बात सुन ही नहीं रही है, वह रूठने के रंग में एकदम रँग उठी है। आप तो रसिक-राय हैं, रसिकों के शिरोमणि हैं। आप स्वयं ही क्यों नहीं चलकर इस नवीना नायिका को देख लेते। क्रोध ने उसे और भी सुंदर बना दिया है और आपके चलने से, मनाने से, वह मान भी सकती है।

२२५१/३४०८ राग सारंग

हौं तौ गई हरि मान छुड़ावन हो पिय, रीझी आई ।
ऐसी छबि राजति है, मो पै सो बरनी नहिँ जाई ।
आपुन चलिए, बदन देखिए, जौ लौं रहै निठुराई ।
'सूरस्याम' प्यारी अति राजति, मोहिँ रावरी दुहाई ॥

दूती कृष्ण से कह रही है—मैं मान-मोचन कराने के लिए गई थी। हे प्रिय, पर मैं तो स्वयं उस मानिनी की छवि पर मोहित होकर आपके पास लौट आई हूँ। इस समय उस कुपिता पर जो शोभा बिराज रही है, उसका वर्णन करना मेरे बस के बाहर है। जब तक वह रूठी हुई है और उसका मान मोचन नहीं हो जाता, तभी तक यह रुष्ट-सौंदर्य बना हुआ है। आप स्वयं चलकर उस प्यारी के मुख का सौंदर्य देखिए। श्याम, प्यारी राधा इस समय अत्यंत सुहावनी लग रही है। मैं यह बात आपकी दुहाई देकर कह रही हूँ?

२२५२/३४०९ राग कल्यान

मैं तौ, तुम्हैं हँसत रु खेलतहिँ छाँड़ि गई, आई अब, न्यारे अनबोले रहे दोऊ ।
इत तुम रूखे गिरिधर, उत अनमनी, अचल सु मुख जंघ लाइ रही वोऊ ।
नीची दृष्टि करि, नख धरनी करोवति है, इक टक घूँघटहिँ, चितै रही सोऊ ।
'सूरदास' प्रभु प्यारी, आँकौ भरि जाइ लीजै, छाँड़ौ छाँड़ौ कहै देहु, मानै नहिँ कोऊ ॥

सखी श्याम से कह रही है—मैं तो तुम दोनों को हँसता और खेलता हुआ छोड़कर

गई थी; और अब आकर देख रही हूँ तो तुम दोनों अलग-अलग हो और कोई एक दूसरे से बोल नहीं रहा है। गिरिधर, इधर तुम सूखे (शुष्क, उदास) बैठे हो, उधर वह राधा भी अन्यमनस्क बनी हुई, जड़ सी होकर अपनी जांघों के बीच अपना मुँह दबाए हुए बैठी है। राधा आँखें नीचे किए हुए, नख से धरती कुरेदती जा रही है और घूँघट के बीच ही एकटक देख रही है। प्रभु, श्याम, जाकर प्यारी राधा को अपनी भुजाओं में कसकर छाती से लगा लीजिए। वह भले ही 'छोड़ो, छोड़ो' कहती रहे, उसे कहने दीजिए और उसकी कोई बात न मानिए।

२२५३/३४१० राग ईमन

अजहूँ रयनि परी प्यारे तीनि जाम है जू, काहे के हरबरी तिहारैं उर स्याम है जू।
कैहौं बात प्रकृति ले, जो पै रिस देखिहौं तौ, लागिहै घरीक लाड़िली तिहारी बाम है जू।
पैज किए जाति, ताहि अब लिए आवति हौं, सुख तौ तिहारैं सुख, और कहा काम है जू।
सुनहु 'सूरज' प्रभु, अब कैं मनाइ ल्याऊँ, बहुरि रूठाइहौ, तौ मेरी राम-राम है जू॥

दूती श्याम से कह रही है—हे श्याम, अभी तो रात के तीन पहर बाकी हैं। तुम्हारे मन में घबराहट क्यों हुई जा रही है। मैं पहले उसका मन समझ-बूझ लूँगी, तब बात चलाऊँगी। यदि मैं उसे कुपित देखूँगी, तो उसे मनाने में एकाध घड़ी तो लग ही जायगी। आखिर तो वह तुम्हारी ही प्यारी है न! मैं प्रतिज्ञा करके जा रही हूँ, उसे अभी-अभी साथ लिए आ रही हूँ। मुझे तो तुम्हारे सुख में ही सुख हैं। मेरे पास तुम्हें सुखी बनाने के अतिरिक्त और कोई काम नहीं है। प्रभु, सुन लो। इस बार तो मैं मनाए ला रही हूँ, भविष्य में तुमने यदि उसे फिर रुष्ट किया, तो तुम जानो, तुम्हारा काम जाने। समझ लो यह मेरा आखिरी सलाम होगा। मैं फिर तुम्हारे और राधा के बीच नहीं पड़ूँगी।

२२५४/३४११ राग सारंग

माधौ तहाँ बुलाई राधे, जमुना-निकट सुसीतल छहियाँ।
आछी नीकी कुसुँभी सारी, गोरैं तन, चलि हरि पिय पहियाँ।
दूती एक गई मोहिनि पै, जाइ कह्यौ यह प्यारी कहियाँ।
'सूरदास' सुनि चतुर राधिका, स्याम रैनि बृंदाबन महियाँ॥

एक दूती मोहिनी राधा के पास आई और प्यार से बोली—हे राधे, माधव ने तुझे यमुना तट के पास सुंदर शीतल छाया वाले कुंज में बुलाया है। तू अच्छी सी लाल साड़ी अपने गोरे शरीर पर पहन ले और हरि के पास चली चल। हे चतुर राधिका सुन। आज की रात वृंदावन की उसी कुंज में रहेंगे। (रात भर अब रंगरली होगी)।

२२५५/३४१२ राग सूही

झूँमक सारी तन गोरैं हो।
जगमग रह्यौ जराइ कौ टीको, छबि की उठतिं झकोरैं हो।
रत्न जटित के सुभग तरयौना, मनहुँ जात रबि भोरैं हो।
दुलरी कंठ निरखि पिय इक टक, दृग भए रहैं चकोरैं हो।
'सूरदास' प्रभु तुम्हरे मिलन कौं, रीझि-रीझि तृन तोरैं हो॥

दूती राधा से कह रही है—तेरे गोरे शरीर पर यह झूमकदार साड़ी बड़ी सुहावनी लग रही है। इसमें टँके हुए घुँघुरू तेरे माथे पर कैसे लटक रहे हैं। तेरे ललाट पर जड़ाऊ माँग-टीका जगमगा रहा है। इससे छवि की लहरें सी उठ रही हैं। तेरे कानों में रतन जड़े कनफूल ऐसे लग रहे हैं, जैसे प्रभातकाल के उदित होते हुए सूर्य हों। तेरे गले में मोतियों की जो दो लड़ की माला है, उसे देखकर तो तेरे पिया के नेत्र चकोर बनकर टकटकी लगा लेंगे। प्रभु श्याम तो तुम्हारे मिलने की प्रतीक्षा कर रहे हैं और तुम्हारे रूप पर रीझकर तृण तोड़ते जा रहे हैं कि कहीं इसपर किसी की बुरी नजर न लग जाय।

२२५६/३४१३ राग ईमन

बेरस कीजै नाहिँ मानिनी, रस मैं रिस की बात।
हौं पठई तोहिँ लेन साँवरैं, तोहिँ बिनु कछु न सुहात।
हा-हा करि तेरे पाइँ परति हौं, छिनु-छिनु निसि घटि जात।
'सूरस्याम' तेरौ मग जोवत, अति आतुर अकुलात॥

दूती राधा से कह रही है—हे मानिनी, रस में रिस की बात मत कर। रस को बेरस मत कर। साँवरे ने मुझे तुम्हें ले चलने के लिए भेजा है। तेरे बिना उन्हें कुछ भी अच्छा नहीं लग रहा है। मैं हा हा खाती हूँ, तेरी विनती करती हूँ, तेरे पाँवों पड़ती हूँ। हर क्षण रात घटती जा रही है, श्याम तेरा रास्ता देख रहे हैं। वे अत्यंत आतुर होकर, आकुल होकर, तेरी प्रतीक्षा कर रहे हैं।

२२५७/३४१४ राग बिलावल

उठि राधे कत रैनि गँवावै।
महि-सुत-गति तजि, जल-सुत-गति तजि, सिंधु-सुता-पति भवन न भावै।
अलि-वाहन कौ प्रीतम बाला, ता बाहन-रिपु ताहि सतावै।
सो निवारि चलि प्रान पियारी, धर्म-सु-नहिँ-मति भाव न पावै।
सैल-सुता-सुत-बाहन सजनी, ता रिपु ता मुख सबद सुनावै।
'सूरदास' प्रभु पंथ निहारत, तोहिँ ऐसौं हठ क्यौं बनि आवै॥

दूती राधा से कह रही है—राधे, उठकर चल, रात क्यों गँवा रही है। तू महि-सुत (वृक्ष) की गति (जड़ता) को छोड़ दे। तू जल-सुत (जोंक) की गति (वक्रता) को तज दे। तेरे विरह में सिंधु-सुता (लक्ष्मी) के पति (विष्णु=कृष्ण) घर भी नहीं जाते। अलि का वाहन (भौंरे की सवारी)—कमल, कमल का प्रियतम समुद्र, समुद्र की बाला गंगा नदी, गंगा का वाहन शिव, शिव का रिपु कामदेव उन्हें सताए जा रहा है। हे प्राण प्यारी, चल, कृष्ण की काम-बिथा दूर कर। जिसमें धर्म नहीं है, उस दुर्योधन की मति—अभिमान तुझमें भर गया है। तेरा यह अभिमान भाव, मान-भाव अच्छा नहीं है। शैल-सुता पार्वती, पार्वती के सुत स्वामि कार्तिकेय, स्वामि कार्तिकेय का वाहन मोर, मोर का शत्रु सर्प, सर्प के मुख का शब्द—फुंकार। इधर तू अभिमान से सर्प की तरह फुँकारती जा रही है। उधर प्रभु कृष्ण तेरा रास्ता देख रहे हैं। तुझसे ऐसा हठ कैसे किया जा पा रहा है? यह हठ तुझे शोभा नहीं देता।

उत्तर न देति मोहिँ, मोहिनी रही है मौन, सुनि सब मेरी बात, नैंकुहूँ न मटकी री ।
अब धौं चलौगी कब, रजनी गई री सब, ससि-बाहन की धरनी तै देखि लटकी री ।
नैना री करे अलोल, धरे री पानी कपोल, भुव नख लिखै तिलहू न कछु भटकी री ।
मुगुध वधू री सठ, काहे कौं परी है हठ, परम भावती है तू, नागर सु नट की री ।
धुरुव समान आए री जु कहूँ सप्तरिसि, बहुरि तौ बेर ह्वैहै तमचुर रट की री ।
'सूर' सखि जाइ बलि, राधिका कुँवरि चलि, आजु छबि नीकी तेरे आछे नीलपट की री ॥

दूती राधा से कह रही है—हे मोहिनी तूने मौन साध लिया है और मुझे उत्तर तक नहीं दे रही है। मेरी बातें सुनकर भी तू जरा भी हिलडुल नहीं रही है। सारी रात बीत गई, अब तू कब चलेगी। शशि के नाद ने मृग की गृहिणी (पत्नी) मृगी (मृग शिरा नक्षत्र) देख, पश्चिम दिशा में लटक गई है और सबेरा हो जाने की सूचना दे रही है। तूने अपने नेत्र अचंचल (स्थिर) कर लिए हैं और अपने गालों पर हाथ रखे बैठी हुई है। पैर के नख से धरती कुरेदती जा रही है और इस क्रिया से एक क्षण के लिए भी भटक नहीं पा रही है। तू मुग्ध वधू है, मूर्खा है। इस हठपर क्यों डटी हुई है। तू तो नटनागर कृष्ण की परम प्यारी प्रिया है। सप्तर्षि मंडल अब ध्रुव के पास आ गया है। यह सबेरा होने का सूचक है। अब ताम्रचूर्ण मुर्गे के बाँग देने का समय हो ही जानेवाला हो गया है। हे सखी, मैं तेरी बलैया ले रही हूँ। हे कुँवरि राधिका, चली चलो। आज तो यह नीली साड़ी तुम्हारे गोरे वदन पर खूब फब रही है।

२२५९/३४१६ राग सारंग

जनि हठ करहु सारँग-नैनी ।
सारँग ससि सारँग पर सारँग, ता सारंग पर सारँग-बैनी ।
सारँग रसन, दसन पुनि सारँग, सारँग-सुत दृग निरखनि पैनी ।
सारँग कहौ सु क्यौं न बिचारौ, सारँग-पति सारँग रची सैनी ।
सारँग सदनहिँ लै जु बरुनि गई, अजहुँ न मानति गत भई रैनी ।
'सूरदास' प्रभु तुव मग जोवैं, अंधक-रिपु ता रिपु-सुख-दैनी ॥

दूती राधा से कह रही है—हे सारंग (मृग)-नयनी हठ मत करो। तेरे सारंग (चरण) पर ससि (नख-चंद्र) है। उस वदन चंद्र पर सारंग (करि=कर, हाथी की सूँड़ सी जंघा) है। उस सारंग (जंघा) पर सारंग (सिंह=कटि) है। उसके भी ऊपर सारंग (पिक) की वाणी है। तेरी रसना (जीभ) पर सारंग (अमृत) है। तेरे दसन (दाँत) सारंग (अमृत) के से गुणवाले हैं। तेरे नयन सारंग (मृग) के शावक जैसे हैं और उनकी चितवन अत्यंत पैनी है। हे सारंग (सखी), तुम यह क्यों नहीं विचार करती कि सारंग पति (सारंग नामक धनुष को धारण करनेवाले, विष्णु=कृष्ण) ने तुम्हारे लिए सारंग (कमल) की सेज सजा रखी है। वारुणी (पश्चिम दिशा रूपी नायिका) अपने सारंग (चंद्रमा) को अपने घर ले गई।—चंद्र पश्चिम की ओर ढल गया और अब सबेरा होने ही वाला है। तू अब भी नहीं मान रही है। लो रात बीत गई। अंधक नामक राक्षस के रिपु शिव, शिव के रिपु—

कामदेव, काम का सुख तू ही श्याम को देनेवाली है। चल, प्रभु तेरा रास्ता देख रहे हैं। देर न कर।

२२६०/३४१७ राग विहागरौ

आजु सर्बरी सर्व बिहानी, तोहिं मनावत राधा रानी।
लागे उदै होन सुक, जागे तमचुर, ढरि आई 'जु मृगानी।
प्रफुलित कमल, गुँजार करत अलि, पहु फाटी, कुमुदिनि कुम्हलानी।
'सूरस्याम' बन मुरछि परे हैं, मान निवारौ, क्यौं झहरानी॥

दूती राधा से कह रही है। मनाते मनाते, हे राधारानी अब तो सारी रात ही बीत गई। शुक्र नक्षत्र उदित होने लगे हैं, ताम्रचूड़ (मुर्गे) जग गए हैं, मृगशिरा नक्षत्र ढल चला है। अस्त होना चाहता है। कमल खिलने लगे हैं। भौंरे उन पर गुंजार करने लगे हैं। पह (प्रभा) फट चली है, पूरब में ललाई दिखने लगी है। कुमुदिनी संपुटित होने लगी है, कुँभलाने लगी है। श्याम वन में मूर्च्छित पड़े हुए हैं। अब तो तुम मान छोड़ो, क्यों झल्लाई पड़ी हो।

२२६१/३४१८ राग विहागरौ

स्यामा प्यारी बोलन लागे तमचुर, घटि गई रजनी।
री वै मनमोहन ठाढ़े, ब्रजनायक सुनि सजनी।
ठाढ़े हैं हरि कुंज-द्वारैं, ललित बेनु बजाइ हो।
सुनत कैसैं रहति, कैसैं तोहिं भवन सुहाइ हो।
तुम कुँवरि वृषभानु की, कछु नेह प्रीति न जानहू।
बोलि पठई तोहिं हरि, काहैं न चित कछु आनहू।
नंद-नंदन कह्यौ ऐसैं, सुंदरी ह्यां आइ हो।
और नहिं कछु काज बन मैं, नैंकु मधुरे गाइ हो।
'सूर' प्रभुहिं बिचारि मन मैं, प्रीति सौं उर लाइये।
यहै पुनि-पुनि कहति मैं, मनवांछित फल पाइये॥

दूती कह रही है—हे प्यारी स्यामा (षोडशी राधा), अब तो मुर्गे भी बोलने लगे हैं। रात समाप्त हो रही है। हे सखी, सुनो व्रज के नायक, मनमोहन, हरि ललित स्वर में वंशी बजाते हुए, कुंज के द्वार पर खड़े हैं। तू मुरली की मधुर ध्वनि सुनकर भी कैसे यहाँ रुकी हुई है, कैसे तुझे अपना यह घर अच्छा लग रहा है। तुम वृषभानु की बेटी हो न, इसीलिए तुम्हारी बुद्धि वृषभ (बैल) की सी हो गई है। तुम महामूर्खा हो और स्नेह, प्रेम, मुहब्बत की रीति-नीति कुछ भी नहीं जानती। हरि ने तुम्हें बुला भेजा है। तुम उनके बुलावे का कुछ भी ध्यान नहीं दे रही हो, क्यों? नंदकुमार ने कहा है—'हे सुंदरी राधा, यहाँ कुंज-भवन में चली आओ। यहाँ वन में कुछ विशेष काम-धाम नहीं है। बस यहाँ थोड़ा मधुर गीत गायन ही करना है।' अब तुम मन में प्रभु की बात का ध्यान करके कुंज-भवन में जाओ, प्रेमपूर्वक प्रभु को अपनी छाती से लगा लो और अपना मन-चाहा फल पा लो। मैं तुमसे इतना ही बार-बार कहे दे रही हूँ। जाओ और मनोकामना पूरी कर लो।

२२६२/३४१९ राग विहागरौ

मोहन तेरे आधीन भए री, एती रिस कब तैं कीजति ही, री गुन-आगरि नागरी ।
तेरैं अनउत्तर सुनि सुनि री देत स्याम हँसि, नैंकु चिते इत, तू अति भागनि आगरी ।
तेरोइ भाग, सुहाग तेरोई, अनुरागु तेरे ही माथैं, तू रति-रूप उजागरी ।
'सूरदास' प्रभु तेरौ मग जोवत, जुहीं तुहीं रट लागी, जैसै मृगिनी भूली बागरी ॥

दूती कह रही है—अरी गुणागरी नागरी, तूने कब से यह मान कर रखा है। मोहन तो पूर्णतया तेरे अधीन हैं। फिर भी यह मान? तू कोई उत्तर नहीं दे रही है, चुप्पी साधे बैठी हुई है, यह सुन-सुनकर श्याम केवल हँस देते हैं कि राधा ने यह कैसा खेल रच रखा है। तू तो अत्यंत भाग्यशालिनी है, जो हरि तुझसे इतना प्रेम करते हैं। जरा मेरी ओर तो देख। तेरा ही भाग्य है, तेरा ही सुहाग है, अनुराग भी तेरे ही सिर पर है। तू तो साक्षात रति सी है। प्रभु तेरा रास्ता देख रहे हैं और तेरे ही नाम की रट लगाए हुए हैं—'राधा, राधा' ही कहते जा रहे हैं। उनकी दशा ऐसी हो गई है, जैसे कोई हिरनी जाल में फँस गई हो।

२२६३/३४२० राग नट

कौन कुमति आई री जो कह्यौ न मानति ।
छाँड़ि मान, सुनि बात सयानी, कत हरि सौं हठ ठानति ।
यह निसि बृथा बिहाइ पिया बिनु, सोच नहीं उर आनति ।
वो घन स्याम दामिनी मन मैं, मनौ सरद रितु जल घटत, न जानति ।
धनुष कला सु सही सब सिखिकै, भई सयानी गानति ।
'सूरस्याम' सुंदरी आपुहीं, कह तू सर संधानति ॥

दूती कह रही है—तेरी कैसी दुर्बुद्धि हो गई है, जो तू मेरा कहना नहीं मान रही है। क्रोध छोड़। हे सयानी, मेरी बात सुन। तू व्यर्थ के लिए हरि से न मिलने का हठ क्यों किए बैठी है? पिया के साथ बिना, तू यह सारी रात व्यर्थ ही बिताए जा रही है। तेरे मन में इसके लिए जरा भी शोच नहीं हो रहा है? वे श्याम श्याम-घन के समान तुझ दामिनी को अपने हृदय में धारण किए हुए हैं। यह स्थिति वर्षा काल (यौवन) तक ही रहेगी। शरद आने पर बादल छूछा हो जायगा और उसके हृदय में बिजली नहीं रह जायगी। क्या तू यह असलियत नहीं जानती? तूने धनुष चढ़ाने की, भौंहे चढ़ाने की, कला खूब सीख ली है। तू बड़ी सयानी हो गई है, मैं ऐसा कहकर तेरी प्रशंसा ही गा रही हूँ, कर रही हूँ। तू स्वयं सुंदरी है। फिर यह शर-संधान क्यों किए जा रही है? तुझे शर-संधान की आवश्यकता ही क्या। प्रिय के आकर्षण के लिए तेरा सौंदर्य ही बहुत है।

२२६४/३४२१ राग नट

तू सुनि कान दै री मुरली धुनि, तेरे गुन गावैं स्याम कुंज-भवन ।
सनमुख ह्वै ताही कौ अंक भरैं, तेरौ तन परसि जो आवत पवन ।
तेरौ स्वरूप आनि उर अंतर, नैन मूँदि रहैं, करत न गवन ।
'सूरदास' प्रभु कैं तू रमि रही, यातैं नाम राधिका-रवन ॥

दूती राधा से कह रही है—तू मुरली की धुन को कान लगाकर सुन। कुंज-भवन में

बैठे हुए श्याम इस मुरली में तेरा ही गुण तो गाए जा रहे हैं। तेरे शरीर का स्पर्श करके जो हवा वहाँ पहुँच रही है, वे सामने आकर उसी को गले से लगाए ले रहे हैं। वे तेरे रूप को अपने हृदय में लाकर, आँखें मूदकर तेरा ही ध्यान कर रहे हैं और कुंज-भवन से अन्यत्र कहीं नहीं जा रहे हैं, वहीं तेरी प्रतीक्षा कर रहे हैं। तू प्रभु के हृदय में रम रही है, इसीलिए उनका नाम राधिका-रमण पड़ गया है।

२२६५/३४२२ राग केदारौ

प्यारी प्रीतम आरति करतु।
तुम्हैं कारन कुँवरि राधिका, मेरे पाँइनु परतु।
बरही मुकुट लुठत अवनी पर, नाहिन निज भुज भरतु।
बारबार रहँट के घट ज्यौं, भरि-भरि लोचन ढरतु।
अति आधीन मीन ज्यौं जल बिनु, नाहिँन धीरज धरतु।
'सूर' सुजान सखी सुनु तुम बिनु, मन्मथ-पावक जरत॥

दूती कह रही है—हे प्यारी राधे, तुम्हारे प्रियतम कृष्ण तुम्हारे बिना अत्यंत आरत (द्रवित) हो रहे हैं और तुम्हारी आरति (कामना) कर रहे हैं। हे कुँवरि राधिका वे तुम्हारे लिए, तुम्हें मना लाने के लिए, मेरे पाँवों पड़े जा रहे हैं। उनका मोर पंख वाला मुकुट धरती पर लोटा जा रहा है, और उसे अपने हाथों से उठा तक नहीं रहे हैं। रहट के घड़े के समान उनके नयन बार-बार जल-पूर्ण होकर आँसू ढुलकाते जा रहे हैं। वे जल से बाहर पड़ी हुई मछली के समान तेरे अधीन होकर तलफ रहते हैं और धीरज नहीं धर पा रहे हैं, अधीर हुए जा रहे हैं। हे सुजान सखी सुनो, तुम्हारे बिना वे कामाग्नि में जले जा रहे हैं।

२२६६/३४२३ राग सारंग

मृगनैनी तू अंजन दै।
नवल निकुंज कलिंद-सुता-तट, पी कौ सर्बसु लै।
सोभित तिलक रुचिर मृगमद कौ, भौंहनि बंक चितै।
हाटक-घटनि सुधा पीवन कौं, नागिनि लट लटकै।
नैन निरखि अँग अंग निरखि, यौं अनख प्रिया जु तजै।
बादर-बसन उतारि बदन यौं, चंदा ज्यौँ न छपै।
खंज मीन अंजन दै सकुचै, कवि सो काह गनै।
'सूरस्याम' कौं बेगि दरस दै, कामिनि, मदन दहै॥

दूती राधा से कह रही है—अरी मृगाक्षी, अपनी आँखों में आँजन लगा ले (शृंगार कर ले)। कलिंद पर्वत को पुत्री कालिंदी (यमुना) के किनारे पर स्थित नवल-निकुंज में चलकर अपने प्रिय श्याम का सब कुछ ले ले। तू अपने माथे पर कस्तूरी का सुंदर टीका लगा ले और भौंहें टेढ़ी करके श्याम की ओर भर आँख प्रेमपूर्वक देख ले। अपनी नागिन के समान लटों को, अपने स्वर्ण-कुंभ के समान स्तनों पर, अमृत पीने के लिए लटका ले। तू चलकर श्याम के एक-एक अंग को भलीभाँति देख। हे प्यारी, अपनी यह रिस छोड़ दे। तू अपने मुँह पर से नीले घूँघट रूपी बादल को हटा ले, जिससे चंद्रमा के समान मुख

छिपा न रह जाय, पूर्ण रूप से खुलकर खिल जाय। आँखों में आँजन लगा लेने पर उन्हें देखकर खंजन और मीन भी सकुचा जाते हैं, फिर इनकी उपमा देने के लिए कवि किसकी गणना करे, किसे खोजने जाय। हे कामिनी, चल, श्याम को जल्दी दर्शन दे। तेरे बिना मदन उन्हें जलाए दे रहा है।

२२६७/३४२४ राग नट

राधे, कत रिस सरस तई।
तिष्ठति जाइ बारबारनि पै, होति अनीति नई।
नित तुव जरनि सिंधु-सुत मानत, मृगमद स्याम दई।
जलथल खगनि सुमन गुरु दोऊ, दुज दुति किरनि भई।
बिहरत कुंज बिलासिनि पद्मिनि, सकुचनि सेत कई।
दुखी दुरे फल त्राहि बिरहिनी, को अपराध बई।
अब तुम जाहु निकुंज भामिनी, ना तरु करत खई।
परसै 'सूर' चतुर चिंतामनि, बिपुल बिलासमई॥

दूती कह रही है—अरी, राधे, तेरी यह रिस क्यों इतनी तपती जा रही है? तेरी यह रिस बार-बार पर जाकर स्थित हो जा रही है, और नई-नई अनीति करती जा रही है। सिंधु-सुत चंद्रमा तेरी रिस के कारण जला जा रहा है और इसने अपने मत्थे पर काली कस्तूरी का स्थायी तिलक दे लिया है, अटल कलंक धारण कर लिया है। तेरी रिस के कारण ही जलचर मीन, थलचर मृग, नभचर खग, कमल और तिल आदि फूल तो निस्तेज हो ही गए हैं; देवगुरु वृहस्पति और द्विज (चंद्रमा) भी द्युति-हीन, निष्प्रभ, हो गए हैं। कुंजों में विहार करनेवाली, घूमने वाली, विकास करने वाली पद्मिनी भी संकोच के मारे सफेद पड़ गई है। हे भामिनी (क्रोध करने वाली), अब अपनी रिस त्यागो और निकुंज-भवन में चली जाओ। नहीं तो तुम संसार का न जाने कितना क्षय कर दोगी। हे विपुल विकासमई, जाओ और चतुर चिंतामणि कृष्ण का स्पर्श करो—उस स्पर्श-सुख को पाकर शीतल हो जाओ और संसार को अकल्याण से बचाओ।

२२६८/३४२५ राग देवगंधार

मानिनि मानति क्यौं न कह्यौ।
प्रथम स्याम-मन चोरि नागरी, अब क्यौं मान गह्यौ।
जानत कहा रीति प्रीतम की, बन-जन जोग मह्यौ।
रुद्र बिरंचि सेष सहसानन, तिनहु न अंत लह्यौ।
बैठे नवल कुंज मंदिर मैं, सो रस जात बह्यौ।
'सूर' सखी मोहन मुख निरखहु, धीरज नाहिँ रह्यौ॥

दूती कह रही है—अरी मानिनी, मेरा कहना क्यों नहीं मान रही है? हे नागरी, पहले तो तूने श्याम का मन चुरा लिया, अब उनसे रूठ क्यों गई है? तू अपने प्रियतम की रीति नीति क्या कुछ जानती है? अरी, उनके लिए तो न जाने कितने उनके जन (भक्त-ऋषि, मुनि, योगी) वन में जाकर योग-रत हो गए हैं। शिव, व्रह्मा, सहस्र-आनन वाले शेष भी

उनका अंत नहीं पा सके हैं। वे तेरी प्रतीक्षा में कुंज-भवन में बैठे हुए हैं और तू उनसे ऐंठी हुई यहाँ बैठी है। इससे प्रेम का सारा रस बहा जा रहा है, नष्ट होता जा रहा है। चलो और अपने मनमोहन का मुख तो देखो, वह कितना मलिन, उदासीन, प्रभाहीन हो गया है। उनमें अब धैर्य-धारण करने की भी शक्ति नहीं रह गई है।

२२६९/३४२६ राग नट

कुंज भवन मैं ठाढ़े, देखौं अँखियनि भरि, तब मैं जाऊँ बलि ।
मो पैं देखि न परैं अकेले, नैकु होइ ठाढ़ी तू ढिग चलि ।
तेरौ बदन प्रफुल्लित अंबुज, हरि जू के नैना अति आतुर अलि ।
'सूर' न्यारे नँद-नंद न कीजै, हा हा दूरि करो मानैं, मलि ॥

दूती बोली—राधा रानी, श्याम कुंज भवन में अकेले खड़े हैं। मुझसे उनका अकेले खड़ा होना नहीं देखा जाता, चलो जरा सा उनकी बगल में खड़ी भर हो जाओ। मैं दोनों को एक साथ भर आँख खड़ा देख लूँ। युगलकिशोर की इस छवि पर मैं बलिहार जाती हूँ। तेरा मुख विकसित कमल है और हरि के विलोचन अत्यंत आतुर भ्रमर हैं। नंदनंदन को अपने से अलग न करो और हे भलीमानस इस मान (प्रणय-रोष) को मसल कर दूर कर दो—मेरी तो तुमसे यही है अरजी; मानो न मानो, तुम्हारी मरजी।

२२७०/३४२७ राग केदारौ

तेरे मानिबेहूँ तैं री मान नीकौ लागत है, ऐसैं ही रहि, हौं लालहिं जौ लौं लै आऊँ ।
औरनि कैं हाँसी खेल, तिहारी रुखाई माई, बिरस मैं यह रस मैं आनि दिखाऊँ ।
उलटि पिया पैं जाऊँ, नूतन चोप बढ़ाऊँ, सोरह कला कौ ससि कुहू बिगसाऊँ ।
'सूरदास' प्रभु गिरिधरन सौं हिलि-मिलि, यह मिलिबे कौ सुख अनुपम पाऊँ ॥

दूती कह रही है—तेरे मान-रहित सामान्य रूप से तेरा यह भाव-मय रूप मुझे बहुत अच्छा लग रहा है। आई तो थी मैं तेरा मान छुड़ाने, तुझे मनाने; पर मुझे तेरा यह मानिनी का रूप बहुत अच्छा लग रहा है। तू कुछ देर तक और इसी प्रकार मान ठाने रह। मैं नंदलाल को जब तक यहाँ लाकर, तेरा यह मोहक रूप न दिखा दूँ, तब तक तू ऐसी ही मानिनी बनी रह। दूसरी नवेलियों के हास-विलास से तो तेरी यह रुखाई ही अच्छी है। हे सखी, इस विरस (रस विहीनता, रुखाई, रिस, मान) में जो रस (आनंद) है, मैं श्याम सुंदर को लाकर दिखाना चाहती हूँ। मैं तेरे प्राण-प्रिय के पास लौटकर जा रही हूँ। उनके मन में तेरा यह रूप देखने की उत्सुकता पैदा करके उन्हें यहाँ लिए आती हूँ। श्याम का मुँह इस समय कुहू (अमावस्या) सा हो गया है, चंद्रहीन है; मैं उस कुहू को लाकर सोलह कला के पूर्णिमा के चंद्रमा के रूप में विकसित कर देना चाहती हूँ। तू भी तो इस समय अमा-सी है, तू भी उन्हें देखकर पूर्णिमा-सी हो जायगी। तू गिरिधिर गोपाल से हिल-मिल। मैं तुम दोनों के इस संयुक्त रूप को देखने का अनुपम सुख पाना चाहती हूँ।

२२७१/३४२८ राग विहागरौ

कहति स्याम सौं जाइ, मनायौ न मानै जू ।
कहा रही मन घालि, न कछु अनुमानै जू ।

कहा मन मैं घालि बैठी, भेद मैं नहिँ लखि सकी ।
आपु ह्यां, वह उहाँ बैठी, जाति आवति हौं थकी ।
नैंकुहूँ जौ कह्यौ मानै, कोटि भाँतिन हौं कही ।
हा हा करी, मनुहारि करि करि, सुनतहीं अति रिस गही ।
कहा बैठे चले बनिहै, आपहूँ नहिँ मानिहौ ।
तुम कुँवर घर ही के बाढ़े, अब कछू जिय जानिहौ ।
बेगि चलियै अनखिहै, तुम इहाँ, वह उहँ जरति है ।
वाकैं जिय कछु और ह्वैहै, कपट करि हठ धरति है ।
राधिका अति चतुर जानौ, जाइ ता ढिग ही रहौ ।
कहा जो मुख फेरि बैठी, मधुर-मधुर बचन कहौ ।
'सूर' प्रभु अब बनै नाचैं, काछ जैसौ तुम कछ्यौ ।
कहियै गुननि प्रबीन राधा, क्रोध बिष काहैं भछ्यौ ॥

दूती लौटकर श्याम के पास गई और बोली—हठीली राधा तो मनाने से मान ही नहीं रही है। उसने मन में न जाने क्या डाल रखा है, उसके तन में न जाने कौन सी बात दृढ़ता-पूर्वक जम गई है। कुछ समझ में नहीं आ रहा है। उसके मन में क्या है, मैं यह भेद कुछ भी न जान सकी। आप यहाँ बैठे हैं, यह वहाँ बैठी है। दोनों बैठे हैं और इधर से उधर तथा उधर से इधर आते जाते मैं थकी जा रही हूँ। मैंने उसे करोड़ो तरह से समझाया, पर वह मेरा कहना जरा भी नहीं मान रही है। मैंने बार-बार हा-हा खाया, बार-बार विनती की। पर वह मेरी बातें सुनते ही और भी आग बबूला हो गई। अब यहाँ क्या बैठे हो। आप उसके पास स्वयं चले चलिए, तभी बात बनेगी। क्या आप भी मेरी बात नहीं मानेंगे? तुम अभी तक घर के ही शेर रहे हो, अब सिर पर आ पड़ी है, तब तुम भी समझोगे कि तुम्हारी औकात क्या है? झटपट चले चलिए, नहीं तो वह और भी रूठ जायगी। तुम यहाँ कामाग्नि में जले जा रहे हो, वहाँ यह रोषाग्नि में जली जा रही है। उसके मन में कुछ और ही होगा?—शायद यह चाहती हो कि श्याम स्वयं आकर चिरौरी विनती करें, तब मैं मानूँ। इसीलिए वह कपट करके झूठमूठ कर बैठी हो। राधा बड़ी चंट है। अब आप उसके पास जा रहिए। वह मुँह फुलाए बैठी है, तो इससे क्या? उससे मीठी-मीठी, लल्लो-चप्पो, बातें करे। प्रभु, जैसी कछनी तुमने काछ रखी है, वैसा नाच तो तुम्हें नाचना ही पड़ेगा। उस्से जाकर कहिये—'राधा तुम तो परम गुनागरी हो, फिर तुमने यह क्रोध रूपी रिस क्यों खा लिया?'

२२७२/३४२९ राग विहागरौ

सुनि यह स्याम बिरह भरे ।
बार-बारहिँ गगन निरखत, कबहुँ होत खरे ।
मानिनी नहिँ मान मोच्यौ, दूसरी निसि आजु ।
तब परे मुरछाइ धरनी, काम कस्यौ अकाजु ।
सखिनि तब भुज गहि उचाए, कहा बावरे होत ।
'सूर' प्रभु तुम चतुर मोहन, मिले अपनैं गोत ॥

दूती की यह बात सुनकर श्याम का विरह और भी भभक उठा। वे बार-बार आकाश की ओर देखने लगे और रह-रहकर जहाँ के तहाँ खड़े हो जाते रहे। मानिनी राधा ने अपना क्रोध नहीं छोड़ा। आज दूसरी रात हो गई—दो दिन रूठे हुए हो गए। तब यह सोचकर कृष्ण मूर्च्छित होकर पृथ्वी पर गिर पड़े। कामदेव ने उन्हें बिलकुल बेकाम कर दिया। तब सखियों ने उनकी बाँह पकड़कर उन्हें उठाया और कहा—यह क्या पगले हुए जा रहे हो? हो तो चतुर, पर अब अपने गोत्र में आकर मिल गए हो—निरे बुद्धू अहीर हो गए हो।

२२७३/३४३० राग बिलावल सूही

स्याम चतुरई कहाँ गँवाई।
अब जाने घर के बाढ़े हो, तुम ऐसैं कह रहे मुरझाई।
बिना जोर अपनी जांघनि के, कैसैं सुख कीन्हौ तुम चाहत।
आपुन दहत, अचेत भए क्यौं, उत मानिनि मन काहैं दाहत।
उहँई रहौ कहैंगी तुमकौं, कतहूँ जाइ रहे बहुनायक।
'सूरस्याम' मनमोहन कहियत, तुम हौ सब ही गुन के लायक॥

सखियाँ बोली—हे श्याम, तुमने अपनी सारी चतुराई कहाँ खो दी? अब हमने जान लिया कि तुम अपने घर के ही शेर हो। तुम इस तरह मूर्च्छित होकर गिर क्यों पड़े? बिना अपनी जांघों के जोर के सुख कैसे प्राप्त किया जा सकता है। तुम दूती के सहारे राधा का मान-भंग करा लेना चाहते हो। जाओ स्वयं और उसका मानमोचन हो जायगा। बिना तुम्हारे गए तुम्हें राधा का स्पर्श-सुख मिलने से रहा। तुम स्वयं अचेत होकर इधर अपने को क्यों जलाए जा रहे हो। उधर तुम उस मानिनी के मन को भी क्यों दग्ध किए जा रहे हो? वह तुमसे ज्यादा से ज्यादा यही तो कहेगी कि 'जहाँ रात बिताई है, उसी रसीली के पास जा रहो, मेरे पास मत आओ। तुम बहुनायक हो, जहाँ पिछली रातें बिताई हैं, वहीं अगली रातें भी बिताओ'। तुम तो मनमोहन हो, सबका मन मोह लेते हो। राधा का भी मन तुम अब मोह ही लोगे। तुम सभी गुणों से भरे पूरे हो। तुम किसी न किसी तरह उसे मना ही लोगे।

२२७४/३४३१ राग रामकली

तब हरि रच्यौ दूती रूप।
गए जहँ मानिनी राधा, त्रिया स्वाँग अनूप।
जाइ बैठे कहत मुख यह, तू इहाँ, बन स्याम?
मैं सकुचि तहँ गई नाहीं, फिरी कहि पति बाम।
सहज बातैं कहति मानौ, अब भई कछु और।
तू इहाँ वै उहाँ बैठे, रहत एकहिं ठौर।
कहौ मोसौं कहा उपजी, वै रटत तुम नाम।
सुनति है कछु वचन राधा, 'सूर' प्रभु बन-धाम॥

तब हरि ने दूती का रूप धारण किया। उन्होंने अनुपम स्त्री रूप बनाया। और वहाँ

चले गए जहाँ मानिनी राधा बैठी हुई थी। वे कहने लगे—अरे तू यहाँ बैठी हुई है और तेरे प्यारे श्याम वन में हैं? तुम दोनों तो सदा एक साथ रहने वाले हो। आज क्या बात हैं कि दोनों अकेले अकेले हो गए हो? मैं सकुचाकर श्याम के पास नहीं गई। यह सोचकर कि पति श्याम ने वामा राधा के प्रति कुछ उलटा-पलटा व्यवहार कर दिया होगा, मैं सीधे तेरे पास आ गई। मैं तो एकदम सीधे सादे सच्चे ढंग से कह रही हूँ कि तू भी आज मुझे बहुत बदली हुई दीख पड़ रही है, जैसे तू कोई दूसरी राधा हो गई हो। एक ही स्थान पर रहते हुए भी तुम यहाँ बैठी हो, वे वहाँ बैठे हैं। मुझसे साफ-साफ कहो न—क्या बात हो गई है? वे तो तुम्हारा ही नाम रटते जा रहे हैं। राधा, मेरी बात सुन रही है न? प्रभु वृंदावन के कुंज-भवन में हैं।

२२७५/३४३२ राग रामकली

राधे तैं अति मान कर्‌यौ।
यह कहि हरि पछितात मनहिं मन, पूरब पाप पर्‌यौ।
पहिली अपनी कथा चलाई, जब तिय-भेष धर्‌यौ।
तब तिहिं रूप अनूप सुमुखि सुनि, त्रिभुवन चित्त हर्‌यौ।
मोहे असुर महा मद माते, सुर मुख अमृत भर्‌यौ।
सिव गन सहित, समेत महामुनि, को ब्रत तैं न टर्‌यौ।
ता तन की छबि निरखि 'सूर' सिव छत ज्यौं ज्ञान गर्‌यौ।
जिहिं जार्‌यौ जग काम, सु माधौ तेरैं हठ जात जर्‌यौ॥

दूती कृष्ण बोले—राधे, तूने तो अत्यंत गाढ़ा मान ठान लिया है, यह कहकर कृष्ण मन ही मन पछताने लगे—यह मेरे पूर्व पाप का प्रतिफल है जो राधा ने यह प्रगाढ़ मान कर रखा है। तब उन्होंने अमृत-मंथन के उपरांत अपने मोहिनी रूप की कथा कह सुनाई। उन्होंने कहा—समुद्र मंथन के उपरांत अमृत के लिए सुरों असुरों में विग्रह हो गया। तब सिंधु ने मोहिनी का रूप धारण किया था। हे सुमुखि राधा, सुनो, उस समय उस मोहिनी के मोहन रूप को देखकर तीनों लोक मोहित हो गया। सबसे अधिक महा मद में प्रमत्त असुर लोग मोहित हो गए। फल यह हुआ कि उन्हें सुरा मिली और सुरों के मुँह को उस मोहिनी ने अमृत से भर दिया। अपने गणों के सहित स्वयं सदाशिव शंकर और सभी महामुनि भी व्रत-च्युत हो गए। मोहिनी पर मोहित हो गए। शिवजी भी जिन्होंने काम को जला दिया था, उस मोहिनी की ओर देखकर मधु के छत्ते के समान बिखर गए। उनका भी ज्ञान जाता रहा। उसी प्रकार, हे सुंदरी, तेरे हठ के कारण माधव कृष्ण भी कामाग्नि में जले जा रहे हैं।

२२७६/३४३३ राग विहागरौ

इतौ स्त्रम नाहिंन तबहिं भयौ।
सुनि राधिके जितौ स्त्रम मोकौं, तैं इहिं मान दयौ।
धरनी धरि विधि बेद उधार्‌यौ, मधु सौ सत्रु हयौ।
द्विज नृप कियौ, दुसह दुख मेट्यौ, बलि कौ राज लयौ।

तोर्‍यौ धनुष स्वयंबर कीन्हौ, रावन अजित जयौ ।
अघ बक बच्छ अरिष्ट केसि मथि, दावानल अँचयौ ।
गुरु-सुत मृतक काज निजु आए, सागर सोध लह्यौ ।
तिय-बपु धर्‍यौ, असुर सुर मोहे, को जग जो न द्रयौ ।
जानौं नहीं कहा या रिस मैं, जिहिं सिर सहज नयौ ।
'सूर' सुबल अब तोहिँ मनावत, मोहिँ सब बिसरि गयौ ॥

दूती बने कृष्ण मन ही मन कह रहे हैं—राधा सुन, तूने अपने मान के कारण मुझसे जितना श्रम कराया है, उतना श्रम मैंने कभी भी नहीं किया था। इतना श्रम तो मुझे तब भी नहीं हुआ था जब मैंने कच्छप रूप धारण कर समुद्र मंथन के समय अपनी पीठ पर पृथ्वी को धारण किया था और शंखासुर को मारकर ब्रह्मा और वेदों का उद्धार किया था। मधु जैसे शत्रु के, जो मेरे ही कान के खूँटे से उत्पन्न हुआ था और ब्रह्मा को मार डालना चाहता था, मार डालने में मुझे इतना श्रम नहीं उठाना पड़ा था। कृष्ण बनकर ब्राह्मण सुदामा को राजा बना देने और उसका दुसह दुख मेट देने में भी मुझे इतना श्रम नहीं करना पड़ा था। वामन बनकर राजा बलि का राज्य ले लेने में भी इतना श्रम नहीं हुआ था। राम रूप में शिव का धनुष तोड़कर सीता को स्वयंवर में वरण करने में और अजित रावण को जय करने में भी मुझे इतना श्रम नहीं सहना पड़ा था। फिर कृष्ण बनकर अघासुर, बकासुर, वत्सासुर, अरिष्ट, केसी को मारने और दावानल पीने तथा गुरु संदीपनि के मृतक पुत्र को खोजने में सारा समुद्र छान डालने में भी मुझे इतना श्रम नहीं झेलना पड़ा था। अमृत मंथन के समय मैंने मोहिनी रूप धारण करके सुर असुर और संसार के सारे प्राणियों को द्रवित कर दिया था, इस कृत्य में भी मुझे इतना श्रम नहीं उठाना पड़ा था। न जाने इस रिस (मान) में कौन सा रस है जिसके लिए मेरा सिर सहज ही नत हो गया है। और तुझे मनाते समय मुझे अपना वह सब बल भूल सा गया है।

२२७७/३४३४ राग मलार

समुझि री नाहिन नई सगाई ।
सुनि राधिके तोहि माधौ सौं, प्रीति सदा चलि आई ।
जब-जब मान कियौ मोहन सौं, बिकल होत अधिकाई ।
बिरहानल सब लोक जरत हैं, आपु रहत जल-साई ।
सिंधु मथ्यौ, सागर-बल बाँध्यौ, रिपु रन जीति मिलाई ।
अब सो त्रिभुवन-नाथ नेह-बस, बन बाँसुरी बजाई ।
प्रकृति पुरुष, श्रीपति, सीतापति, अनुक्रम कथा सुनाई ।
'सूर' इती रस रीति स्याम सौं, तैं ब्रज बसि बिसराई ॥

दूती बने कृष्ण राधा को समझा रहे हैं—राधिके, सुनो, माधव से तुम्हारा यह प्रेम संबंध कोई नया नहीं है। यह सदा से चला आया है। इस बात को समझो। जब-जब तुमने मोहन से मान किया है, तब-तब वे अत्यंत विकल हुए हैं। वे जल-शायी (विष्णु=कृष्ण) बने रहते हैं, पर उनके विरहानल से सारा संसार जलने लगता है। उन्होंने कभी

समुद्र–मंथन किया था। कभी समुद्र पर पुल बाँध दिया था, कभी रावण जैसे अजेय शत्रु को जीतकर उसे धूल में मिला दिया था। अब वही त्रिलोकीनाथ तुम्हारे प्रेन में फँसकर वृंदावन में बाँसुरी बजाते फिर रहे हैं। इसके पश्चात दूती बने श्याम ने कहा तू ही सदा प्रकृति रही है और श्याम पुरुष रहे हैं; तू ही श्री (लक्ष्मी) रही है, और श्याम नारायण रहे हैं; तू ही सीता रही है, श्याम राम रहे हैं। तेरी श्याम से रस–रीति की इतनी लंबी परंपरा है। इस प्रेम परंपरा को तूने व्रज की अहीरिनियों में बसकर भुला दिया है। उस प्रेम–परंपरा का स्मरण कर और श्याम से जा मिल।

२२७८/३४३५ राग विहागरौ

राधिका तजि मान, मया करु।

तेरैं चरन-सरन त्रिभुवनपति, मेटि कलप, तू होहि कलप-तरु।
जिनके चरन-कमल मुनि बंदत, सौ तेरो ध्यान धरै धरनी-धरु।
अहो बावरी कह तैं कीन्हौ, प्रीतम पठे दियौ बैरिनि-घरु।
तुम नागरि, वै श्री नागर बर, तुम सुंदरि, वै श्री सुंदर वरु।
वै हरि तौ दुख हरत सबनिकौ, तू वृषभानु-सुता हरि कौ हरु।
जौ झुकि कछुक कह्यौ चाहति हौ, उनहिं जानि सखि मोहीं सौं लरु।
तबहीं 'सूर' निरखि नैननि भरि, आयौ उघरि लाल ललिता-छरु॥

दूती बने कृष्ण बोले—"राधा, मान छोड़, कुछ तो मया कर, दया कर, तरस खा। स्वयं त्रिभुवनपति तेरे चरण की शरण में आए हैं। उनके कष्ट, दुख–दर्द को, तू मिटा डाल और उनके लिए कल्पवृक्ष बन जा, उनकी समस्त कामनाओं को पूर्ण कर दे। जिनके चरण–कमलों की वंदना मुनि लोग किया करते हैं, वे ही धरणीधर (विष्णु=कृष्ण) तेरा ध्यान किया करते हैं। अरी पगली, तूने यह क्या कर दिया—तू तो राधा (वैशाख की पूर्णिमा) है तूने अपने प्रियतम को अपनी बैरिनि (अमावस्या) के घर भेज दिया। तू नागरी है, वे नागर हैं; तू सुंदरी है, वे सुंदर हैं। वे हरि हैं और सबका दुख हर लेते हैं। तू वृषभानु (वृष राशि के सूर्य) की पुत्री है। सूर्य से आरोग्य मिलता है 'आरोग्यं भास्करादिच्छेत्'। तू अभी चल और हरि के रोग को हर ले। और यदि तू खीझकर कृष्ण से कुछ कहना ही चाहती है, तो मुझे ही कृष्ण समझ लो और आ मुझसे ही लड़ ले।" तब राधा ने आँखें खोलकर दूती को भलीभाँति निरखा, परखा; तभी लाल (कृष्ण) द्वारा किया गया यह ललित (सुंदर) फूल उघर गया, खुल गया। राधा ने जान लिया कि यह कोई दूती नहीं है, स्वयं कृष्ण दूती का रूप धारण कर दूतीत्व कर रहे हैं।

२२७९/३४३६ राग बिलावल

स्याम चतुरई जानति हौं।

ये गुन तुम अजहूँ नहिं छाँड़त, इन छंदनि मैं मानति हौं ?
तुम रस-बाद करन अब लागे जे सब, तेउ पहिचानति हौं।
वे बातैं अब दूरि गईं जू, ते गुन गुनि-गुनि गानति हौं।
यह कहि बहुरि मान गहि बैठी, जिय ही जिय अनुमानति हौं।
'सूर' करौ जोइ-जोइ मन भावै, यहै बात कहि भानति हौं॥

राधा बोली—'हे श्याम, मैं तुम्हारी सारी चालाकी समझती हूँ। तुम अपने इस छलिया गुण को अब भी नहीं छोड़ पाये हो। क्या इस छल-छंद से मैं मान जानेवाली हूँ। तुम इस समय जो रस-वाद (प्रेम की बात, लल्लो चप्पो) कर रहे हो, मैं उन सब को भलीभाँति पहचानती हूँ। वे प्रेम की बातें अब अतीत की हो गई हैं, मैं अब उनका केवल चिंतन करके उन्हें गाए जा रही हूँ।' यह कहकर राधा पुनः मान कर बैठी। और बोली—मैं मन ही मन सब समझ रही हूँ, अब तुम्हारे मन में जो-जो आवे, करते जाओ। यही बात कहकर मैं तुमसे सारा संबंध भंग किए लेती हूँ।

२२८०/३४३७ राग विहागरौ

यह कहि बहुरि मान कियौ।
रिसनि थर-थर होति बाला, जोग नेम लियौ।
कहति मन-मन, बहुरि मिलि हौं अब न करौं बिलास।
ध्यान धरि बिधि कौं मनावति, लेति ऊरध स्वास।
तिया कौ जनि जनम पाऊँ, जनि करै पति नारि।
जनम तौ पाषान माँगौं, 'सूर' गोद पसारि॥

यह कहकर राधा ने पुनः मान कर लिया। क्रोध के कारण वह थरथर काँपने लगी और उसके हृदय की धड़कन बढ़ गई। उसने योग का व्रत धारण कर लिया। मन को केन्द्रित करके वह मन ही मन कहने लगी—'अब मैं श्याम से न तो फिर मिलूँगी और न उनके साथ रंगरली करूँगी।' वह ध्यान धरकर विधाता को मनाने लगी और लंबी-लंबी सांसें लेने लगी। 'हे विधाता, मैं तुमसे गोद पसार कर यही माँगती हूँ कि तुम मुझे आगे स्त्री का जन्म न देना, यदि स्त्री का जन्म दे भी देना, तो किसी पति की पत्नी मत बनाना। अच्छा हो तुम मुझे अगले जन्म में ईंट पत्थर का जन्म दे देना।'

२२८१/३४३८ राग बिलावल

स्याम चले पछिताइ कै, अति कीन्हौ मान।
ब्याकुल रिस तन देखि कै, सब गयौ सयान।
बैठे सीस नवाइ कै, बिनु धीरज प्रान।
दूती तुरत बुलाइ कै, पठई दै आन।
बिरहा कैं बस हरि परे, तिय कियौ अनुमान।
धीर धरौ मैं जाति हौं, करियै कछु ज्ञान।
सावधान करिकै गई, दूतिका सुजान।
'सूर' महा वह मानिनी, मानौ पाषान॥

श्याम ने देखा कि राधा के मान ने तो अत्यंत उग्र रूप धारण कर लिया है। उसके क्रोध को देखकर वे बहुत व्याकुल हो गए, उनकी सारी चतुराई चली गई और वे पछताते हुए वहाँ से चले गए। वे जाकर सिर झुकाकर बैठ रहे, उनके प्राण अधीर हो उठे। तब उन्होंने एक अन्य दूती बुलाई और उसे अपनी शपथ देकर राधा के पास भेज दिया। उस दूती ने समझ लिया कि श्याम विरह से अतीव व्यथित हो गए हैं। वह बोली—'धीर धरो,

में जा रही हूँ, कुछ तो ज्ञान कीजिए।' इस प्रकार ढाढस बँधाकर वह चतुर दूती चली गई। उसने देखा यहां मानिनी राधा क्या है मानो पत्थर की मूर्ति है, कोई सजीव स्त्री नहीं है।

२२८२/३४३९ राग धनाश्री

प्यारी अंस परायौ दै री।
मेरी सिख सुनि रसिक राधिका, मन मैं न्याउ चितै री।
आपु आपनी तिथि वा इंदुहिं, अँचवत अमर सबै री।
हर सुरेस सुर सेस समुझि जिय, क्यों प्रभु पान करै री।
वह जूठौ ससि जानि, बदन-बिधु रच्यौ बिरंचि यहै री।
सौंप्यौ सुपत बिचारि स्याम हित, सु तू रही लटि लै री।
जाकी जहाँ प्रतीति 'सूर', सो सर्वस तहा सँचै री।
सुद्ध सुधानिधि अर्पि अबहिं उठि, बिधि पुनि-पुनि न पचै री॥

दूती ने जाकर राधा से कहा—चंद्रमा सुधाधर, सुधाकर कहा जाता है। उसमें अमृत भरा हुआ है। सभी देवता उस अमृत को अपनी अपनी तिथि पर बारी बारी से पीकर अमर हो गए हैं। उसे शिव, इंद्र, शेष आदि सब देवताओं ने जूठा कर दिया है। अब इस जूठे अमृत को श्याम कैसे पियें। इसीलिए व्रह्मा ने तेरे मुख-चंद्र की अनूठी रचना कर दी और श्याम के लिए, तुझे प्रतिष्ठित और सुपात्र जानकर सौंप दिया। उस मुख-चंद्र को लेकर तू ललच गई है। तेरा मुख-चंद्र श्याम के लिए व्रह्मा द्वारा रचा गया है, अत: यह दूसरे का अंश है, तू पराये के अंश को मत हड़प। यह जिसका है, उसे दे दे। राधिका मेरी सीख सुन और मन में न्याय अन्याय का विचार कर ले, जिसका जहाँ विश्वास होता है, वह वहीं अपना सर्वस्व संचित करता है। व्रह्मा ने तुझपर विश्वास करके यह मुख-चंद्र तुझे सौंपा है। इस शुद्ध अनूठे, जो किसी अन्य के द्वारा अभी तक जूठा नहीं किया गया है, (मुख रूपी) सुधाकर को तू चलकर श्याम को अर्पित कर दे। व्रह्मा के साथ विश्वासघात न कर। व्रह्मा बार-बार ऐसा सुधाकर चाहकर भी, परिश्रम करके भी नहीं गढ़ सकते।

२२८३/३४४० राग विहागरौ

राधिका हरि अतिथि भए तुम्हारैं।
रति पति असन-काल गृह आए, उठि आदर करि कहैं हमारैं।
आसन आधी सेज सरकि दै, सुख पैहै पद हरषि पखारैं।
अर्घ्यादिक आनंद अमृतमय, ललित-लोल-लोचन जल धारैं।
धूप सुवास ततच्छन बस करि, मन मोहत हँसि दीप उजारैं।
बचन रचन भुव भंग और अँग, प्रेम-मधुर-रस परुसि निन्यारैं।
उचित केलि कटु तिक्त त्यागि, पट अमल उलटि, अंकम हठि हारैं।
नख-छत छार, कसाय कुच-ग्रह, चुंबन सर्पि समर्पि सँवारैं।
अधर-सुधा-उपदंस, सींक सुनि, बिधु-पूरन-मुखवास सँवारैं।
'सूर' सुकृत संतोषि स्याम कौ, बहुत पुन्य यह ब्रत प्रतिपारैं॥

दूती बोली—राधा, हरि तुम्हारे अतिथि हैं। कामदेव रूप हरि भोजन के समय तेरे घर आए हैं। मेरे कहने से उठकर इनका आदर करो। अतिथि-सत्कार पंच महायज्ञों में से हैं। इसको न करने से बड़ा पाप लगता है।

अतिथिर्यस्य भग्नाशो गृहात्प्रति निवर्तते।
स तस्मै दुष्कृतं दत्वा पुण्यमादाय गच्छति॥

अतिथि का सत्कार आसन, पाद्य, अर्घ्य, धूप, दीप, नैवेद्य आदि के द्वारा करना चाहिए। तू भी एक एककर इन आचारों का पालन कर। सबसे पहले तू अपनी सेज पर से थोड़ा सरक कर इन्हें बैठने के लिए 'असन' दे। फिर इन्हें 'पाद्य' दे। इनका पैर धुला। इनका पैर धोने से तुझे आनंद ही मिलेगा। फिर अपने ललित लोल लोचनों की जलधारा से इनको आनंदमय अमृतमय 'अर्घ्य' दो। अपने अंग की गंध से हे पद्मिनी तू इन्हें 'धूप' दिखाकर इनको तत्काल अपने बस में कर ले। फिर अपनी मधुर मुसकान का 'दीप' जलाकर अपने मनमोहन को प्रकाशित कर दे। तत्पश्चात नैवेद्य भेंटकर। मधुर वाणी, भ्रू-संचलन, अंगों के हावभाव रूपी अद्‌भुत मधु मिठाई इन्हें परोस दे। तू उचित केलि कर, जिसमें रोष का 'कटु' और 'तिक्त' रस न हो। ये वस्त्र और हार तो 'अम्ल' हैं। इन्हें तो उलट दे, जिससे हरि हठपूर्वक तुझे छाती से लगा लें। नख-क्षत ही 'लवण' है, कुच-मर्दन ही 'कषाय' है। फिर चुंबन रूपी सर्पि (घी) से छौंककर सँवारकर उन्हें समर्पित कर दे। फिर अपने अधर-सुधा का उपदंस (चाट, चटनी) उन्हें चिखा दे। तदनंतर उन्हें सुचिता की सींक दे दे, जिससे वे अपने दाँत खोद लें। सबके अंत में अपने पूर्णिमा के चंद्रमा के समान मुख की वास—पान, सुपारी, लौंग, लाची आदि, मुख-शुद्धि के लिए दे दे। इस प्रकार अपने अच्छे कृत्य से श्याम को संतुष्ट कर लो। अतिशय सत्कार के इस व्रत का प्रतिपालन करने का बड़ा भारी पुण्य होता है।

२२८४/३४४१ राग धनाश्री

अब मोहिँ जानियै सो कीजै।

सुनि राधिका कहत माधौ यौं, जो बूझियै दंड सो लीजै।
उर उर चाँपि, बाँधि भुज-बंधन, नख नाराच मरम तकि दीजै।
भौंह चढ़ाइ, अधर दसननि दँसि, अधर-सुधा अपनैं मुख पीजै।
अब जनि करै विलंब भामिनी, सोइ करै जिहिँ गात पसीजै।
स्याम-गुननि गहि गूढ़, गाँठि दै, छुटै न कबहूँ स्त्रम-जल भीजै।
सुनि सखि सुमुखि पाइँ लागति हौं, नाहीं मान, महारस छीजै।
'सूर' सु जीवन सफल दसौं दिसि, बैरी बस करि जौ जग जीजै॥

दूती राधा से कह रही है—राधिका सुन। माधव ने यह कहा है। अब तुम जो चाहो वह सजा मुझे दो। तुम मुझे जैसा भी समझती हो, मेरे साथ वैसा ही व्यवहार करो। तुम मुझे अपनी छाती से मेरी छाती को कसकर दबा लो, अपनी भुजाओं के बधन में मुझे बाँध लो, मेरे मर्म पर, उर पर, ताक कर, निशाना साधकर नख के वाण चुभो दो, भौंह रूपी धनुष चढ़ा लो। मेरे अधरों को अपने दाँतों से काट लो। मेरे अधरों का सारा अमृत रस

चूस लो। हे भामिनी (कुपिते!) अब देर न करो, और वही करो जिससे तुम्हारा सारा शरीर पसीना-पसीना हो जाय। श्याम के गुणों की रस्सी को गूँथकर उर में गाढ़ी गाँठ दे लो और उसे श्रम से भिँगो लो, जिससे वह गाँठ छूटने न पाए। हे सखी, हे सुमुखी, मैं तेरे पाँव पड़ती हूँ, इस मान के महारस में अपना शरीर क्षीण मत कर। मान महा बैरी है। जो इस क्रोध को अपने बस में करके जग में जीवित रहता है, उसी का जीवन दशों दिशाओं में सफल माना जाता है। अत: मान छोड़ और स्याम को जो भी दंड देना हो, दे ले।

२२८५/३४४२ राग गुंड मलार

गह्यौ दृढ़ मान वृषभानु-बारी।
दुलै बरु स्वर्ग सुरपति सहित, सुरनि स्यौं, दुलै कंचन-मेरु, इहिं निहारी।
रैनि रबि उवै, बासर चंद्र होइ बरु, दुलैं सब नखत, यह होइ भाषै।
धरनि पलटै तजैं सिंधु मरजाद कौं, सेस सिर दुलै, नहिँ मान नाखै।
बाँझ सुत जनै, उकठौ काठ पल्लवै, बिफल तरु फलै, बिनु मेघ पानी।
'सुर' प्रभु बरु अचल होइ चल, चल थकै, मनहिँ मन दूतिका कहति बानी॥

दूती मन ही मन कह रही है—वृषभानु की बेटी ने तो गुरु मान कर रखा है। भले ही इंद्र सहित स्वर्ग हिल उठे, देवताओं के सहित सुमेरू पर्वत डोल उठे, रात में सूर्य उदित हो उठे, दिन में चंद्रमा प्रकाशित हो जाय, सारे नक्षत्र लुढ़क पड़ें, पृथ्वी उलट जाय, सिंधु अपनी मर्यादा तोड़कर ऊपर बह निकले, शेषनाग का सिर डोल उठे और पृथ्वी उसपर से गिर जाय, वंध्या बेटा पैदा कर दे, सूखा काठ कोपलों से लद जाय, फलहीन वृक्ष भी फल से लद जायँ, बिना बादल के आकाश से पानी बरस उठे, अचल पर्वत चलने लगें, चलने वाले सभी जीव-जंतु मूर्तिवत स्थिर हो जायँ। इस राधा को देखकर तो ऐसा लगता है कि यह अपने मान को भंग नहीं करेगी।

२२८६/३४४३ राग कान्हरौ

दूती यह अनुमान करै।
कासौं कहौं, सुनै को मेरी, कैसैं कह्यौ परै।
हरि पठई मोकौं आतुर करि, यह जिय सोच धरै।
कैसैं बचन कहौं या आगैं, यह अनुमानि डरै।
चतुर चतुरई फबै न यासौं, सुनि रिस अतिहि भरै।
'सूरस्याम' कह्यौ सहज मनैये, सो यह गहरु करै॥

दूती मन ही मन अनुमान कर रही है। मैं किससे कहूँ? यहाँ मेरी बात सुननेवाला ही कौन है? कैसे, किस ढंग से मैं बात प्रारंभ करूँ? हरि ने मुझको अत्यंत हड़बड़ी में यहाँ भेज दिया है। मेरे मन में इस बात का भारी सोच हो रहा है। इस राधा के आगे मैं कैसे अपनी बात कहूँ, यह सोचकर तो मुझे डर लगा जा रहा है। यह स्वयं बड़ी चालाक है। इससे मेरी चतुराई नहीं लग पावेगी। मेरी बात सुनकर तो यह आग बबूला ही हो जायगी। श्याम ने कहा है कि इसे सहज रूप से ही मनाना, पर यह गहर करवा रही है और अत्यंत कठोर हो उठी है।

२२८७/३४४५ राग गुंडमलार

राधिका वस्य करि स्याम पायौ ।

बिरह गयौ दूरि, जिय हरष हरिकै भयौ, सहस मुख निगम जिहिं नेति गायौ ।
मान तजि मानिनी मैन कौ बल हर्यौ, करत तनु कंत जो त्रास भारी ।
कोक-विद्या निपुन, स्याम स्यामा बिपुल, कुंज-गृह द्वार ठाढ़े मुरारी ।
भक्त-हित-हेत अवतारि लीला करत, रहत प्रभु तहाँ निजु ध्यान जाकैं ।
प्रगट प्रभु 'सूर' ब्रजनारि कैं हित बँधे, देत मन-काम-फल संग ताकैं ॥

किसी तरह श्याम ने राधा को बस में कर ही लिया। उन हरि का विरह दूर हो गया, उनके मन में हर्षोल्लास छा गया, जिनका हजार मुख वाले शेषनाग और वेद नेति नेति कहकर गुणगान करते रहते हैं। मानिनी राधा ने मान त्याग करके उस कामदेव के बल को हर लिया, जिसने उनके कांत कृष्ण के तन को भारी त्रास दे रखा था। श्याम और श्यामा दोनों कोक-कला में अत्यंत कुशल हैं। मुरारि कृष्ण कुंज-भवन के दरवाजे पर खड़े हैं। वे भक्तों के कल्याण करने के लिए अवतार लेकर लीला करते रहते हैं। वे उस भक्त के पास आकर रहने लगते हैं, जो उनका नित्य ध्यान करता रहता है। प्रगट रूप में प्रभु उस व्रज-नारी (राधा) के प्रेम में बँधे हुए हैं और उसी के साथ रहकर वे सबकी मनोकामना पूरी करते रहते हैं।

झूला

२२८८/३४४७ राग मारू

बृंदाबन स्यामल घन नारि संग सोहैं ।

ठाढ़े नव कुंजनि तर, परम चतुर गिरिधर बर, राधा पति, पति-राधा, अरस परस मोहैं ।
नीप छांह जमुन-तीर, ब्रज-ललना सुगम भीर, पहिरे अंग बिबिध चीर, नव-सत सब साजे ।
बार-बार विनय करति, मुख निरखति पाइँ परति, पुनि पुनि कर धरति, हरति पिय के मन काजे ।
बिहँसति प्यारी समीप, घन दामिनि संग रूप, कंठ गहति कहति कंत, झूलन की साधा ।
जमुन पुलिन अति पुनीत, पिय इहाँ हिंडोर रचौ, 'सूरज' प्रभु हँसत कहति ब्रज-तरुनी राधा ॥

वृंदावन में घनश्याम कृष्ण ब्रज वधूटियों के साथ सुशोभित हो रहे हैं। परम चतुर गिरिधर वर नव-निकुंज के नीचे खड़े हैं। एक दूसरे का परस्पर आलिंगन चुंबन करते हुए राधा और राधा-पति कृष्ण एक दूसरे का मन मोहते जा रहे हैं। यमुना का किनारा है। कदंब की छाया है। ब्रज-वनिताओं की सुंदर भीड़ लगी हुई है। वे सभी अपने शरीर पर रंग बिरंगी साड़ियाँ पहने हुए हैं और सभी की सभी सोलहों सिँगार से सजी-बजी हैं। अपने कार्य के निमित्त, झूला झुलाने के लिए वे कृष्ण से बार-बार विनती करती जा रही हैं, उनका मुँह देखे जा रही हैं, उनके पाँव पड़ती जा रही हैं, उनका हाथ पकड़े ले रही हैं और उनका मन हरती जा रही हैं। कृष्ण के समीप ही खड़ी राधा हँस रही है। जैसे घन के समीप वे बिजली के रंग रूप सदृश हैं। वे कृष्ण के गले लग कर कह रही हैं— हे कान्ह, मुझे झूला झूलने की प्रबल इच्छा हो रही है। यमुना का यह किनारा परम पवित्र

है। यहाँ झूला डाल दीजिए। ब्रज तरुणी राधा हँसती हुई श्याम से इस प्रकार निवेदन कर रही हैं।

२२८९/३४४८ राग राज़ी मलार

हिंडोरैं हरि सँग झूलियै (हो), अरु पिय कौं देहि झुलाइ।
गइ बीति ग्रीषम गरद-हित रितु, सरस बरषा आइ।
अब यहै साध पुरावहू हो, सुनहु त्रिभुवन राइ।
गोपांगना गोपाल जू सौं, कहतिँ गहि-गहि पाइ।
अब गढ़नहार हिंडोरना कौ, ताहि लेहु बुलाइ।
हम रमकि हिंडोरै चढ़ैं, अरु, तुमहिँ देहुँ झुलाइ।
बन बननि कोकिल कंठ निरवति, करत दादुर सोर।
घन घटा कारी, स्वेत बग पंगति निरखि नभ ओर।
तैतियैं दमकति दामिनी, वैसोइ अंबर घोर।
तैसोइ रटत पपीहरा, तैसोइ बोलत मोर।
तैसियै हरियरि भूमि बिलसति, होति नहिँ रुचि थोरि।
तैसियै नन्हीं बूँद बरषति, झमकि झमकि झकोरि।
तैसियै भरि सरिता सरोवर, उमँगी चलि मिति फोरि।
सुनि बिनय श्रीपति बिहँसि, बोले बिसकरमा सुत-धारि।
खचि खंभ कंचन के रुचिर, रचि रजत मरुव मयारि।
पटुली लगे नग नाग बहु रँग, बनी डांड़ी चारि।
भवँरा भँवैं भजि केलि भूले, नगर-नागर-नारि।
सब पहिरि चुनि-चुनि चीर, चुहि-चुहि चूनरी बहु रंग।
कटि नील लँहगा, लाल चोली, उबटि केसरि अंग।
नव-सात सजि नई नागरी, चली झुंड झुंडनि संग।
मुख स्याम पूरन चंद कौं, मनु उमँगि उदधि तरंग।
तहँ त्रिविध मंद सुगंध सीतल, पवन गवन सुभाइ।
उर उड़त अंचल उघरि मुख, मिलि नैन-नैन लजाइ।
तैसोइ जमुना पुलिन परम पुनीत, सब सुखदाइ।
तैसियै गोपी कंठ गावतिँ, मोहि मोहन राइ।
गिरिराज धारन गोपिकनि मिलि, करत कौतुक केलि।
झूलत झुलावत, कंठ लावत, बढ़ी आनँद-बेलि।
कबहूँक रहसत, मचकि लै लै एक एक सहेलि।
झकझोरि झमकहिँ, डरति प्यारी, पिया अंकम मेलि।
तिहिँ समय सकुचि, मनोज तकि छबि, जक्यो धनु सर डारि।
अंबर बिमाननि सुमन बरषत, हरषि सुर सँग नारि।

मोहे सुगन गंधर्ब किन्नर, रहे लोक बिसारि।
सुनि 'सूरस्याम' सुजान सुंदर, सबनि के हितकारि॥

गोप-वधूटियाँ गोपाल कृष्ण के पाँव पकड़कर विनती करती हुई कह रही हैं—गर्मी की धूल भरी ऋतु बीत गई। सरस वर्षा ऋतु आ गई है। हे हरि, तुम्हारे साथ हिंडोरा झूला जाय और तुम्हें भी झुला दिया जाय। हमारी यह प्रबल साध है। हे त्रिभुवन नाथ, हमारी इस साध को पूरी कर दीजिए। अब हिंडोला गढ़नेवाले बढ़ई को बुला लीजिए। हम झूमती हुई हिंडोरे पर चढ़ कर झूलें और तुमको भी झुला दें। वन-वन में कोयलें रव कर रही हैं। मेढक् टर्र-टर्र करके शोर कर रहे हैं। आकाश में बादलों की काली घटा उमड़ आई है, सफेद बगुलों की पंक्ति आसमान में दीख पड़ रही है। बिजली चमक रही है, बादलों की गड़गड़ाहट की भयंकर ध्वनि सुन पड़ रही है। पपीहरा पी-कहाँ पी-कहाँ की रट लगाए हुए हैं, मोर भी बोलते जा रहे हैं। चारों ओर हरी-भरी भूमि सुशोभित हो रही है, जिसे देखने की रुचि बराबर बनी रहती है, कम नहीं होती। लाल रंग की वीर वहूटियाँ चित्त चुराए ले रही हैं। नन्हीं-नन्हीं बूँदों की रिमझिम लगी हुई हैं। पूर्वा हवा के झकोरें झलकते हुए चले आ रहे हैं। नदियाँ और तालाब पानी से भर गए हैं और उमड़कर किनारे को छोड़ सीमा से बाहर आ गए हैं।

गोपांगनाओं की यह विनती सुनकर हँसकर श्रीपति (विष्णु=कृष्ण) ने सूत्रधार (बढ़ई) विश्वकर्मा को बुलाया। विश्वकर्मा ने आनन-फानन सोने के सुंदर मणिजटित खंभे गढ़ डाले, फिर उन पर चाँदी का मरुवा (झूले के ऊपर की बँड़ेर) और मयार (मरवे के दोनों सिरे जिनसे झूले की रस्सी लटकाई जाती है) रच डाला। फिर मयार से चार डांडियाँ रस्सियाँ लटका दी गईं और इन डांडियों में अनेक रंग के नगों से जड़ी पटरी बाँध दी गई। भँवरे (लट्टू) भी शोभा के लिए लगा दिए गए, जो नगर के नागरों और नागरियों के झूलते समय घूमते रहें।

अब ब्रज वधूटियाँ चुन चुन कर रंग बिरंगी तरहदार भड़कीली चूनर ओढ़-ओढ़ कर, कमर में नीला लहँगा पहने, लाल रंग की चोली कसे हुए, शरीर में केसर का लेप किए हुए, सोलह सिंगार किए हुए, झुंड की झुंड आ पहुँचीं। वे ऐसी लगती थीं जैसे श्याम के पूर्ण मुख-चंद्र को देखकर समुद्र की लहरें ही उमड़ी चली आ रही हों।

वहाँ त्रिविध-शीतल मंद सुगंध-समीर का सहज स्वाभाविक आगमन हो रहा था। नागरियों के उर पर से आँचर उड़ा जा रहा था, उनके मुँह खुले जा रहे थे। स्तन खुल जाने से वे कृष्ण की ओर देखकर लजाए जा रही थीं। यमुना का परम पवित्र किनारा था, जो सब प्रकार से सुखद था। गोपियाँ अपने सुरीले गले से गाए जा रही थीं और मोहन को मोहित किए जा रही थीं। गिरिराज गोवर्द्धन को धारण करने वाले कृष्ण गोपियों के साथ मिलकर तरह-तरह के कौतुक और केलि करते जा रहे थे। इस तरह स्वयं झूलते हुए, और कृष्ण को झुलाते हुए, उन्हें झूलते-झूलते गले से लगाते हुए आनंद की लता बढ़ चली, परमानंद छा गया। कभी कभी एक-एक सहेली को लेकर पेंग मारते हुए कृष्ण प्रसन्न होकर झूलते जा रहे थे। जब पेंग मारते समय पटुली झकझोर उठती थी, तब उस पर बैठी प्यारी डर कर पिया के गले से लिपट जाती थी।

उस समय कामदेव ने उस शोभा को देखकर, लजाकर, झेंपकर, अपने धनुष बाण धरती पर फेंक दिए। आकाश में अपने-अपने विमानों पर चढ़े हुए अपनी-अपनी स्त्रियों को साथ लिए हुए, देवता लोग प्रसन्न होकर पुष्प-वर्षा करने लगे। गंधर्व और किन्नर मोहित हो गए और अपने-अपने लोक को भूल बैठे। सुनो, सुजान श्यामसुंदर तो सभी का भला करनेवाले हैं।

२२९०/३४५० राग मलार

जमुना पुलिनहिँ रच्यौ, रंग सुरंग हिंडोलनौ।
रमत राम स्याम सँग ब्रज-बालक, सुख पावत हँसि बोलनौ।
द्वै खंभ कंचन के मनोहर, रतनि जटित सुहावनौ।
पटुली बिच-बिच बिद्रुम लाँगे, हीरा लाल खचावनौ।
सुंदर डाँड़ि चुनी बहु लायौ, कोटिक मदन लजावनौ।
मरुव मयारि पिरोजा लटकत, सुंदर सुढर ढरावनौ।
मोतिनि झालरि झुमका राजत, बिच नीलम बहु भावनौ।
पंच रँग पाट कनक मिलि डोरी, अतिही सुघर बनावनौ।
स्फटिक सिँहासन मध्य बिराजत, हाटक सहित सजावनौ।
हीरा लाल प्रबालनि पंगति, बहु मनि खचित पठावनौ।
मानों सुर-पुर तैं तिहिँ सुरपति, पठइ जु दियौ पठावनौ।
बिसकर्मा सुतहार श्रुती धरि, सुरलभ सिलप दिखावनौ।
तिहिँ देखैं त्रिताप तन नासे, ब्रज-बधूनि मनभावनौ।
स्यामा नवसत सजि सखि लै, कियौ बरसाने तैं आवनौ।
जब आवत बलरामहिँ देख्यौ, मधुमंगल, तन हेरनौ।
तब मधुमंगल कही ग्वाल सौ, गैया है भैया फेरनौ।
उठे सँकर्षन, करी सृंग बेनु धुनि, धौरी कजरी टेरनौ।
गैया गइँ बगराइ सघन बन, बंसीवट तट घेरनौ।
पहिरे चीर सुरंग सारी, चुह-चुह चूनरि बहु रंगनौ।
नील लहँगा लाल चोली कसि, केसरि अंग सुरंगनौ।
नव-सत साजि सिँगार नागरी, मनिमय भूषन अंगनौ।
सादर मुख गोपाल लालकौ, चित चकोर रस संगनौ।
स्यामा स्याम मिले ललितादिहिँ, सुख पावत मनमोहनौ।
गावत राग मलार रागिनी, गिरिधरन लाल छबि सोहनौ।
पंच रंग बर पाट-पवित्रा, बिच-बिच फोंदा गोहनौ।
नाचति सखी सँगीत परस्पर, पहिरि पवित्रा सोहनौ।
माथैं मोर चंद्रिका राजै, वैजंती माल प्रसावनौ।
कुंडल लोल कपोलनि ढिग, मनु रवि-परकास करावनौ।

अधर अरुन छबि, वज्र दंत दुति, ससि गुन रूप समावनौ ।
मनिमय भूषन कंठ मुकतावलि, कोटि अनंग लजावनौ ।
सखी हरषि वृषभानु नंदिनी, झूलै संग नंदलालनौ ।
मनिमय नूपुर कुनित किंकिनी, कल कंकन झनकारनौ ।
ललिता बिसाखा वृज-वधू झुलावैं, सुरुचि सार कौ सारनौ ।
गौर स्याम मिलि नील पीत छबि, घन दामिनि संचारनौ ।
नान्ही-नान्ही बूँदनि बरषै, मधुर-मधुर धुनि घोरनौ ।
तैसिहि हरी-हरी भूमि सुहावनि, मोर सुरव नहिँ थोरनौ ।
जहँ त्रिबिधि मंद सुगंध सीतल, पवन सु गवन सुहावनौ ।
तहँ उठत बिहरत सुबास बहु, उड़त मधुप गन भावनौ ।
चढ़ि विमान सुर सुमन जु बरषैं, जै जै धुनि नभ पावनौ ।
स्यामा स्याम बिहार बृंदावन, सुर-ललना ललचावनौ ।
सुक सेष सारद नारदादिक, विधि सिव ध्यान न पावनौ ।
'सूरज' स्याम प्रेम हिय उमग्यौ, हरि-जस-लीला गावनौ ॥

यमुना के किनारे रंग बिरंगा हिंडोला पड़ा हुआ है। बलराम और श्याम के साथ ब्रज के बालक सुख पाते हुए हँसते बोलते हुए झूल रहे हैं। सोने के दो मनोहर खंभे गाड़ दिए गए हैं, वे रत्नों से जड़े हुए अपूर्व शोभा को प्राप्त हो रहे हैं। बैठने वाली झूले की पटरी पर बीच-बीच में मूँगा, हीरा, लाल जड़े हुए हैं। झूले के दोनों ओर की डांडियों (रस्सियों) में अनेक चुन्नी लगी हुई हैं, जो करोड़ों कामदेवों को लजाए डाल रही है। मरुवा और मयार में फिरोजा लटक रहे हैं, ये बड़े सुंदर हैं, सुढार हैं और ढले हुए हैं। मोतियों की झालर और झूमर सुशोभित हो रही हैं, जिनके बीच-बीच में अत्यंत सुहावने नीलम लगे हुए हैं। पाँच रंग के रेशम की डोरी स्वर्ण में लिपटी हुई है और अत्यंत सुन्दर बनावट वाली है। बीच में स्फटिक मणि का सिंहासन बना हुआ है, जो सोने से सजाया गया है। उसमें हीरा, लाल, प्रवाल की पंक्तियाँ जड़ दी गई हैं। ऐसा लगता है सुर पुर से स्वयं सुरपति इंद्र ने यह उपहार भेज दिया है। देवताओं के प्रसिद्ध सुतहार (बढ़ई) विश्वकर्मा ने दुर्लभ शिल्प को सुलभ करके दिखा दिया है। इस हिंडोले को देखकर संसार के दैहिक, भौतिक, दैविक, तीनों प्रकार के ताप नष्ट हो जाते हैं। यह ब्रज-वनिताओं के मन को भानेवाला है। श्यामा राधा सोलह सिंगारों से सजी हुई अपनी सखियों के साथ बरसाना से आ गईं।

इसी बीच मधुमंगल सखा ने बलराम को आते हुए देखा। तब उसने अपने शरीर की ओर देखा और एक ग्वालबाल को ललकारा—भैया गायों को लौटा लाना है। इस पर स्वयं संकर्षण बलराम उठ खड़े हुए और उन्होंने सींग का बाजा तथा बाँस की बाँसुरी में फूँककर बजा दिया। वे 'धौरी' और 'कजरी' गायों का नाम ले लेकर पुकारने लगे। गायें सघन वन में तितर-बितर हो गई थीं, बिखर गई थीं। उन्हें वंशीवट के नीचे घेरकर ले आया जाना था।

लाल रंग की सुंदर साड़ी पहने हुए, बहुरंगी चुहचुही चूनरी ओढ़े हुए, नीला लहँगा पहने हुए, लाल चोली कसे हुए, केसर का उबटन लगाए हुए, सोलह शृंगार साजे हुए, मणिमय आभूषण अंगों में धारण किए हुए गोपियाँ आदरपूर्वक गोपाल लाल का मुख चकोरी की भाँति चाव से देखने लगीं। श्यामा और श्याम ललितादि सखियों से आ मिले। मनमोहन को उनसे मिलकर भारी सुख मिला।

सखियाँ वर्षा ऋतु के अनुकूल मलार राग में गाने लगीं। गिरिधर गोपाल की छवि उस समय बड़ी सुहावनी हो उठी थी। सखियों के हाथ में पाँच रंग—लाल, पीला, नीला, हरा, नारंगी—की रेशम की पवित्रा (डोर) थी, जिसमें बीच-बीच में फुलरा गुँथा हुआ था। सखियाँ पवित्र और सुहावना पवित्रा (डोर) से अपने लहंगे और साड़ी को कसकर नाचने और गाने लगीं।

कृष्ण के माथे के ऊपर मोरपंख का मुकुट सोह रहा था। गले में बैजयंती माला घुटने तक लटक रही थी। कपोलों पर कानों के कुंडल झलमला रहे थे। लगता था जैसे सूर्य ने प्रकाश कर रखा हो। उनके ओष्ठ लाल थे, दाँतों की चमक हीरों के कण-सी थी। उनके मुख का रूप गुण चंद्रमा के समान था। वे मोती जड़ित गहने पहने थे। उनके गले में मोतियों की माला थी। उनका यह रूप करोड़ों कामदेवों को लज्जित कर देनेवाला था।

सखियाँ इसी बात पर प्रसन्न हुई जा रही थीं कि नंदलाल के साथ रमणी राधा भी झूल रही थीं। मणिजटित पायल, और कटि की करधनी बजी जा रही थी और हाथ के सुंदर कंकण भी झंकृत होते जा रहे थे। ललिता, विशाखा और अन्य ब्रज-वधूटियाँ राधाकृष्ण को मन लगाकर झुलाए जा रही थीं, जो सार के भी सार हैं—परमतत्व हैं। गोरी राधिका और उनका नीलांबर, साँवले कृष्ण और उनके पीतांबर मिलकर ऐसे लगते थे, मानो घन में बिजली का संचार हो रहा हो।

उस समय नन्हीं-नन्हीं बूँदें बरस रही थीं, बादल की मधुर-मधुर मंद गर्जना हो रही थी। धरती पर सुहावनी हरियाली छाई हुई थी। मोरों की सुंदर बोली भी थोड़ी नहीं थी, बहुत थी। शीतल मंद सुगंध त्रिविध समीर के सुहावने झोंके चले आ रहे थे। वहाँ अनेक प्रकार की सुंदर गंध उठ रही थी, फैल रही थी। उसके कारण भौंरे उड़ते हुए, दौड़े पड़ रहे थे, मँडराए जा रहे थे।

देवता लोग अपने-अपने विमानों पर चढ़कर, जयजय की ध्वनि करते हुए फूल बरसाए जा रहे थे। वृंदावन में राधाकृष्ण का यह झूला-विहार देवांगनाओं का मन ललचाए जा रहा था। शुकदेव, शेषनाग, शारदा, नारद, शिव भी इस दृश्य को ध्यान में नहीं ला पाते। सूरदास के हृदय में श्याम का यह प्रेम उमड़ आया है और वह हरि के यश की यह लीला गाए जा रहे हैं।

२२९१ / ग्र. ५८३० प्रजा, राग मल्हार

आजु बन उमगि रही ब्रज नारी।
फूली फिरति निसँक गुन गावति, झुलवति प्रान पियारी।
एक कुसुम लै डारति ऊपर, इक चितवत रहि ठाढ़ी।
एक जु धाइ आइ मोहन कौं, अंक भरति है गाढ़ी।

नील पीत अँग अंग विराजत, और सिँगार सँवारी ।
'सूरज' प्रभु सँग बिलसति भामिनि, नैकु न होती न्यारी ॥

आज वृंदावन में ब्रज-वधूटियाँ उमड़ी पड़ रही हैं। कुछ परम प्रफुल्ल होकर घूम रही हैं। कुछ हरि के गुण गाए जा रही हैं। और कुछ अपनी प्राण प्यारी राधा को (उनके प्यारे श्याम के साथ) झुलाए जा रही हैं एवं उन युगलकिशोर किशोरी के ऊपर फूल बरसाए जा रही हैं। एक इन दोनों के सम्मिलित रूप को खड़ी होकर देखे जा रही हैं। एक दौड़कर आती है और मोहन को कसकर छाती से लगा लेती है। श्यामा श्याम के नीले और पीले रंग मिलकर बड़ी शोभा को प्राप्त हो रहे हैं। इसके अतिरिक्त वे और भी शृंगारों से सुसज्ज हैं। नागरी राधा प्रभु के साथ सुशोभित हो रही हैं, उनसे जरा भी अलग नहीं होतीं।

२२१२ / ग्र. ५८३२ प्रजा, राग मल्हार

हिंडोरे झूलत हैं नँदलाल ।
गावत सरस सकल ब्रज-सुंदरि, बढ़्यौ रंग रसाल ।
सँग वृषभान-नंदिनी राधा, उर मोतिन की माल ।
कनक-बेलि छबि यह दिखियत है, उरझी स्याम तमाल ।
बाजत ताल पखावज मुरली, पग नूपुर झनकारि ।
'सूरज' प्रभु के रोम-रोम पै, तन-मन डारति वारि ॥

नंदलाल हिंडोले पर झूल रहे हैं। सभी ब्रज-सुंदरियाँ सरस स्वर में गाए जा रही हैं। अत्यंत रसमय रागरंग बढ़ गया है। साथ में वृषभानु की बेटी राधा भी झूल रही हैं। उनके वक्षपर मोतियों की माला लटक रही है। लगता है कोई स्वर्णलता श्याम तमाल से लिपट-कर उलझ गई है। ताल, पखावज, मुरली बज रहे हैं। पैरों से नूपुरों की झनकार भी निकल रही है। 'सूरजदास' प्रभु के रोम रोम पर अपने तन मन को निछावर किए जा रहे हैं।

२२१३ / ग्र. ५८३५ प्रजा, राग मल्हार

आजु तो हिंडोरे झूलैं छैयाँ कदम की,
सब सखी ठाढ़ी जैसे चित्र के सदन की,
पीतांबर मुक्तमाल, तिलक हू बन्यो भाल,
सीस मुकुट कुंडल छबि छूटी अलकन की,
स्त्रवन कपोल नैन, अतिही रसीले बैन,
कोटि काम थके सोभा देखिकै बदन की,
मुरली की धुनि सुनि, मोहे सुर नर मुनि,
सिव से अचल ध्यानी, तारी छूटी तिनकी,
'सूरदास' नाचे गावै, लीला देखि सचु पावै,
भयौ है मगन क्रीड़ा देखि स्याम घन की ।

आज श्यामसुंदर कदम की छाँह में हिंडोले पर झूल रहे हैं। सभी सखियाँ उन्हें घेरकर ऐसी खड़ी हैं, जैसे घर में लिखित चित्र हों। श्याम पीतांबर ओढ़े हुए हैं। मोतियों की

माला पहने हुए हैं। उनके मस्तक पर केसर का तिलक शोभा दे रहा है। सीस पर मोरपंख का मकुट है। कानों में स्वर्ण-कुंडल है। बिखरी अलकों की शोभा का तो कहना ही क्या? उनके श्रवण मनोहर हैं ही। उनकी वाणी तो अत्यंत रसीली है। उनके मुख की शोभा देखकर तो कोटि कामदेव भी जड़वत, स्तंभित हो जाते हैं। उनकी मुरली की धुन सुनकर तो सुर नर मुनि सभी मोह जाते हैं। शिव से अचल ध्यानी का भी ध्यान टूट जाता है। मैं सूरदास तो प्रभु की यह लीला देखकर परम सुख को प्राप्त हो जाता हूँ और मन में गाने लगता हूँ। घनश्याम की यह क्रीड़ा देखकर मैं मगन हो गया हूँ।

वसंत लीला

२२९४/३४६१ राग बिलावल

नित्य धाम वृंदावन स्याम। नित्य रूप राधा ब्रज बाम॥
नित्य रास जल नित्य बिहार। नित्य मान, खंडिताभिसार॥
ब्रह्म रूप येई करतार। करन हरन त्रिभुवन येइ सार॥
नित्य कुंज सुख नित्य हिंडोर। नित्यहिं त्रिविध-समीर झकोर॥
सदा वसंत रहत जहँ बास। सदा हर्ष, जहँ नहीं उदास॥
कोकिल कीर सदा तहँ रोर। सदा रूप मन्मथ चित-चोर॥
बिबिध सुमन बन फूले डार। उन्मत मधुकर भ्रमत अपार॥
नव पल्लव बन सोभा एक। बिहरत हरि सँग सखी अनेक॥
कुहू-कुहू कोकिला सुनाइँ। सुनि-सुनि नारि परम हरषाइँ॥
बार-बार सो हरिहिं सुनावति। ऋतु बसंत आयौ समुझावतिँ॥
फागु-चरित-रस साध हमारैं। खेलहिं सब मिलि संग तुम्हारैं॥
सुनि-सुनि 'सूरस्याम' मुसुकाने। ऋतु बसंत आयौ हरषाने॥

श्याम नित्य हैं। श्याम का यह वृंदावन नित्य है। ब्रज की नवेली राधा का रूप भी नित्य है। रासलीला नित्य है। जल-विहार नित्य है। गान लीला, खंडिता (रात में दूसरी नवेली के साथ रहकर प्रातः आने वाले पति की पत्नी), अभिसार (प्रिय से मिलने के लिए जाना) नित्य हैं। श्याम ब्रह्म रूप हैं। यही सृष्टिकर्ता हैं। यही सृष्टि की रचना और संहार करने वाले हैं। ये ही त्रिलोक के मूल तत्व हैं। राधा-कृष्ण के कुंज भवन में मिलने का सुख नित्य है। उनका हिंडोला झूलना नित्य है। वृंदावन में शीतल मंद सुगंध समीर का नित्य झोंका है। यहाँ सदैव वसंत ऋतु बनी रहती है। यहाँ सदैव हर्ष छाया रहता है। यहाँ उदासी कभी नहीं फटकती। यहाँ कोयल और सुग्गे सदा कलरव करते रहते हैं। यहाँ कामदेव का भी चित्त चुरा लेने वाले कृष्ण का रूप सदा वास करता हैं। यहाँ की डालों पर रंग-रंग के फूल सदा खिले रहते हैं। इन फूलों पर मतवाले होकर भौंरों के अपार झुंड सदा मँडराया करते हैं। यहाँ वन की शोभा सदा नवीन किसलयों से लदी रहती हैं। यहाँ हरि के साथ अनेक सखियाँ नित्य विहार करती रहती हैं। यहाँ कोयल नित्य कुहू कुहू स्वर में बोलती रहती हैं, जिसे सुनकर ब्रज-वधूटियाँ परम प्रफुल्लित हो जाया करती हैं। वे

ब्रज-वनिताएँ कोयल की कूक सुन-सुनकर बार बार हरि को सुनाकर, समझाकर, कहती रहती हैं कि वसंत ऋतु आ गई है। हमारे मन में फाग-लीला के आनंद की तीव्र अभिलाषा है। हम सब तुम्हारे साथ मिलकर होली खेलना चाहती हैं। श्याम गोपियों की बात सुनकर मुसकुरा पड़े और ऋतु वसंत को आया जानकर आनंदित हो उठे।

२२९५/३४६३ राग वसंत

ऐसौ पत्र पठायौ वसंत। तजहु मान मानिनी तुरंत॥
कागद नव दल अंबनि पात। देति कमल मसि भँवर सु गात॥
लेखिनि काम बान कै चाप। लिखि अनंग कसि दीन्ही छाप॥
मलयानिल चर पठायौ बिचारि। बाँचत सुक पिक सुनि सब नारि॥
'सूरदास' क्यौं होई आन। भजि हरि गोपी, तजहु सयान॥

वसंत ने ऐसा आदेश-पत्र लिख भेजा—'हे मानिनियों, अब अपना-अपना मान तुरत छोड़ दो।' आम के नए-नए लाल लाल किसलयों का कागद है और कमल में रात्रिवास करनेवाले भौंरों के शरीर ने ही स्याही दी है। काम के धनुष पर चढ़ा हुआ बाण ही फलक है। इस लिखित आदेश-पत्र को कामदेव ने लिखा है और इस पर कसकर अपनी मुहर लगा दी है। विचार करके यह आदेश-पत्र मलय पवन रूपी हरकारे के द्वारा भेजा गया है, इसे शुक और पिक बाँचने वाले हैं। इस आदेश को सुननेवाली सब ब्रज-वधूटियाँ हैं। यह आदेश दूसरे आदेश में किसी भी प्रकार बदला नहीं जा सकता। अतः हे गोपियों, अपनी सारी चतुराई छोड़ो और हरि को भजो।

२२९६/३४६५ राग वसंत

देखौ वृंदावन कमल-नैन। मनु आयौ मदन गुनि गुदरि दैन॥
भए नवद्रुम सुमन अनेक रंग। प्रति ललित लता संकुलित संग॥
कर धरे धनुष, कटि कसि निषंग। मनु बने सुभट सजि कवच अंग॥
जहँ नव सुमंत्र बहै मलय सात। अति राजत रुचिर बिलोल पात॥
धपि धाइ धरत मनु तुरे गात। गति तेज बसन बाने उड़ात॥
कोकिल कूजत कलहंस मोर। रथ सैल सिला, पद-चर चकोर॥
बर ध्वज पताक तरु तार केरि। निर्झर निसान डफ, भँवर भेरि॥
सुनि 'सूरदास' इमि बदत बाल। करि काम कृपन सिव क्रोध काल॥
हँसि चितै चारु लोचन बिसाल। तिहिं अपनैं करि, थपिये गुपाल॥

गोपियाँ श्याम से कह रही हैं—हे कमल के समान नेत्रवाले श्याम, चलकर जरा वृंदावन को तो देख लीजिए। लगता है मानो कामदेव तुम्हारे गुणों को सोच-विचार करके स्वयं तुम्हारे दरबार में निवेदन करने के लिए हाजिरी देने आ गया है। वृक्षों में रंग-रंग के नए फूल लग गए हैं। हर पेड़ से ललित लताएँ लिपट गई हैं। ये लतिकालिंगित तरु ऐसे लगते हैं, जैसे हाथ में धनुष लिए हुए कमर में तरकस बाँधे हुए, शरीर को कवच से ढँके हुए योद्धा हों। यहाँ बहता हुआ मलयानिल ही मंत्री है। उसके कारण हिलते हुए

पत्ते अत्यंत सुंदर और सुहावने लग रहे हैं। यह मलयानिल दौड़कर शरीर को पकड़ लेता है, जैसे तुरंग (घोड़ा) हो। जब यह तेजी से बहता है, तब वस्त्रों के झंडे को उड़ा देता है। कोयल, कलहंस, मोर, चकोर बोले जा रहे हैं। ये ही मानों पद-चर हैं। पैदल चलनेवाले सैनिक हैं। पत्थर की शिलाएँ ही रथ हैं। ताड़ के वृक्ष ही मानो बढ़िया झंडे और पताके हों। कलकल ध्वनि करके बहते हुए झरने ही मानो निशान (नगाड़ा) और डफ हों। भौंरों की गुंजार ही मानो भेरी हो।

गोप बालाएँ कृष्ण से इस प्रकार कह रही हैं—शिव के क्रोधरूपी काल ने कामदेव को कृष्ण (तेजहीन, अनंग, दयनीय) कर दिया है। हे श्याम, हमारी बात सुनिए। आप हँसकर, अपने बड़े-बड़े सुंदर नेत्रों से इसकी ओर कृपा कर देख भर लीजिए। हे गोपाल, इसे अपना बना लीजिए और इसे पुनः स्थापित कर दीजिए, स-अंग बना दीजिए। इस अंगहीन को अंग दे दीजिए।

२२९७/३४६७ राग वसंत

देखौ बृंदाबन खेलहिँ गोपाल। सब बनि-ठनि आईं ब्रज की बाल॥
नव बल्ली सुंदर नव तमाल। नव कमल महा नव-नव रसाल॥
अपनै कर सुंदर रचित माल। अवलंबित नागर नंदलाल॥
नव केसरि अरगजा घोरि। छिरकति नागर कहँ नव किसोरि॥
नव गोप-वधू राजहीं संग। गज-मोतिनि सुंदर लसति मंग॥
गोपी गुपाल सुंदर सुदेस। छिरकत सुगंध भए ललित भेस॥
श्री नंद-नँदन कैं भ्रुव-विलास। आनंदित गावत 'सूरदास'॥

देखो वृंदावन में ब्रज की सभी बालाएँ बन-ठन कर, सज-धज कर आ गई हैं और गोपाल के साथ होली खेल रही हैं, उस समय लता-बेलियाँ, सुंदर तमाल, नवीन कमल, सुंदर रसाल (आम) सभी एकदम नवीन हो उठे। वे ब्रज-वधूटियाँ अपने हाथों से सुंदर मालाएँ गूँथ कर नागर नंदलाल के गले में अवलंब बनाकर पहनाए दे रही हैं। नवल किशोरियाँ केसर, चंदन, कपूर आदि को घोलकर अरगजा बनाकर नटनागर कृष्ण पर छिड़कती जा रही हैं। नवीन गोप-वधूटियाँ श्याम के संग में सशोभित हो रही हैं। वे अपनी माँगे गजमोतियों से सजाए हुए हैं। सभी गोपी-ग्वाल एक दूसरे पर सुंदर सुगंध छिड़कते हुए ललित वेश वाले हो गए। वे सभी नंदनंदन की भौंहों के इशारे पर आनंदित होकर गाए जा रहे हैं।

२२९८/३४६८ राग वसंत

पिय देखौ बन-छबि निहारि। बार-बार यह कहतिँ नारि॥
नव पल्लव बहु सुमन रंग। द्रुम-बेली-तनु भयौ अनंग॥
भँवरा भँवरी भ्रमत संग। जमुन करतिँ नाना तरंग॥
त्रिविध पवन मन हरष दैन। सदा बहत नहिँ रहत चैन॥
'सूरज' प्रभु करि तुरत गैन। चले नारि-मन सुखद-मैन॥

गोपांगनाएँ बार-बार श्याम से कहने लगीं—हे प्रिय, चलकर वृंदावन की छवि को

भलीभाँति निहार कर देख लो। पेड़ और लताएँ नए-नए पत्तों और अनेक रंग के फूलों से लद गई हैं। ऐसा लगता है ये भी स-काम हो उठी हैं। भौरें और भौरियाँ भी सकाम होकर एक साथ उड़ रही हैं। यमुना में भी लहरें उठ रही हैं, वे लहरा रही हैं। शीतल, मंद सुगंध समीर सदा बहा जा रहा है; जरा भी चैन नहीं ले रहा है। यह त्रिविध समीर मन को हर्षित कर देने वाला है। ब्रजांगनाओं की बात सुनकर नारियों के मन को कामदेव के समान सुख देनेवाले श्याम ने वृंदावन के लिए तुरंत गमन कर दिया।

२२९९/३४६९ राग वसंत

आयौ आयौ पिय ऋतु बसंत। दंपति मन सुख, बिरह अंत॥
फागु खेलावहु संग कंत। हा-हा करि तृन गहति दंत॥
तुरत गई हरि लै मनाइ। हरषि मिले उर कंठ लाइ॥
दुख डार्‍यौ तुरतहिं भुलाइ। सो सुख दुहुँ कैं उर न माइ॥
रितु बसंत आगमन जानि। नारि न राखी मान-बानि॥
'सूरदास' प्रभु मिले आनि। रस राख्यौ रति रंग ठानि॥

राधा ने श्याम से कहा—'हे पिया, बसंत ऋतु आ गई है। यह पति-पत्नी के मन को सुख देने वाली है। इसके आते ही विरह का अंत हो जाता है, मानिनियों का मान भंग हो जाता है। हे कांत, अपने साथ मुझे होली खेलाओ।' हा हा करके दाँत में तिनका दबाकर राधा ने हरि से विनती की। राधा हरि को मनाकर, (अपनी बातें उनसे मनवाकर) तुरंत ले गई। हरि उससे प्रसन्नतापूर्वक मिल उठे और उसे अपने गले से लगा लिया। तत्काल सारा दुख दूर कर दिया। उस समय उन्हें जो सुख हुआ, वह दोनों के हृदयों में समा ही नहीं पा रहा था और उनका उल्लास उनके चेहरे पर विकसित हो उठा। वसंत ऋतु का आगमन जानकर ब्रज-नारियों ने अपनी मान रखने की आदत दूर कर दिया। प्रभु कृष्ण उनसे आ मिले और उनके साथ रंग-रली करके उन्हें रसमय, आनंदमय, बना दिया।

२३००/३४७० राग वसंत

आयौ जान्यौ हरि बसंत। ललना सुख दीन्हौ तुरंत॥
फूले बननि सुमन पलास। ऋतु-नायक सुख कौ विलास॥
संग नारि चहुँ आस-पास। मुरली अंमृत करति भास॥
स्यामा स्याम विलास एक। सुखदायक गोपी अनेक॥
तजत नहीं काहू छनेक। अकल निरंजन बिबिध भेष॥
फाग-रंग-रस करत स्याम। जुवतिनि पूरन करन काम॥
बासरहूँ सुख देत जाम। 'सूरस्याम' प्रभु निकट बाम॥

हरि ने वसंत का आगमन जान लिया और सभी ललनाओं को तुरंत सुख दे दिया। वनों में टेसू के फूल खिल उठे। ये लाल लाल टेसू के फूल ही ऋतुओं के राजा वसंत के सुख के विलास हैं। हरि के चारों ओर बहुत सी गोपांगनाएँ संग लगी हुई हैं। मुरली अमृत की वर्षा किए जा रही है। श्यामा (षोडशी राधा) और श्याम का विलास एक ही था, अद्भुत था। सुखदायक गोपियाँ भी वहाँ अनेक थीं। श्याम इनमें से एक को भी एक

क्षण के लिए नहीं छोड़ रहे थे। वे अकल (कला रहित, अखंड) और निरंजन (अंजन रहित, शुद्ध) हैं। उन्होंने हर गोपी के साथ रमण करने के लिए उतने ही वेश धारण कर लिए थे, जितनी गोपियाँ थीं। श्याम काम के रंग का रस ले रहे थे और युवतियों की मनोकामना को पूरा किए दे रहे थे। वे उन्हें रात का भी सुख दिन में ही दिए जा रहे थे। वे ब्रज-बालाएँ प्रभु के निकट बनी हुई थीं।

२३०१/३४७१ राग वसंत

कुसुमित बन देखन चलहु आजु। जहँ प्रगट भयौ रितु-रंग-राज॥
अति बिबिध कुसुम परिमल बहाइ। बन सुता सहित पंचम सुहाइ॥
केकी बोलत पिक-सुर-सनेहि। जुवती-मन अति आनंद देहि॥
श्री मदन मोहन सुँदरता-पुंज। श्री राधा सँग राजत निकुंज॥
गावैं सुरगन दंपति बिलास। तहँ सदा रहै मन 'सूरदास'॥

एक गोपी दूसरी से कह रही है—चलो अब फूलों से लदे वृंदावन को देख आया जाए। वहाँ इस समय ऋतुराज वसंत के राज्य का पूरा रंग प्रगट हो गया है। रंग-बिरंग के फूल खिल उठे हैं। उनकी सुगंध हवा में बही जा रही है। वन में कामदेव की सवारी सुग्गे बोल रहे हैं और कोकिल की सुंदर पंचम स्वर वाली कूक मन को बहुत अच्छी लग रही है। कोयल के पंचम सुर के साथ साथ केकी (मोर) का स्वर मिला हुआ है। यह युवतियों के मन को भारी आनंद दे रहा है। सुंदरता के समूह भी मदनमोहन राधा रानी के साथ कुंज भवन में विराजमान हैं। देवता लोग इस दंपति के सुख विलास को गाए जा रहे हैं। सूरदास का मन तो सदा वहीं लगा रहता है।

२३०२/३४७४ राग होरी

पिय प्यारी खेलैं जमुन-तीर। भरि केसरि कुमकुम अरु अबीर॥
घसि मृगमद चंदन अरु गुलाल। रँग भीने अरगज बस्त्र माल॥
कूजत कोकिल कलहंस मोर। ललितादिक स्यामा एक ओर॥
बृंदादिक मोहन लई जोर। बाजै ताल मृदंग रबाब घोर॥
प्रभु हँसि कै गेंदुक दइ चलाइ। मुख पट दै राधा गइ बचाइ॥
ललिता पट-मोहन गह्यौ धाइ। पीतांबर मुरली लइ छिँड़ाइ॥
हौं सपथ करौं छाँड़ौं न तोहि। स्यामा जू आज्ञा दई मोहिँ॥
इक निज सहचरि आंई बसीठि। सुनि री ललिता तू भई ढीठि॥
पट छाँड़ि दियौ नव भव किसोर। छबि रीझि 'सूर' तृन दियौ तोर॥

प्रिय (कृष्ण) और प्यारी (राधा) यमुना के किनारे लाख की कुप्पी में केसर और अबीर भर भर कर होली खेल रहे हैं। कस्तूरी और चंदन घँसकर, उसमें गुलाल मिलाकर, अरगजा लगा लिया गया है। रंग और अरगजा से सारे कपड़े और मालाएँ भींग गई है। कोकिल, कलहंस, मोर बोल रहे हैं। एक ओर ललिता आदि सखियाँ एवं श्यामा भी (राधा) खड़ी हैं। मोहन ने भी अपने वृंद आदि सखाओं को जुटा लिया है। ताल, मृदंग, रबाब आदि बाजे शब्द करते हुए बजे जा रहे हैं। श्याम ने हँसकर राधा के मुख पर लाल

रंग भरी कुप्पी की गेंद चला दी। राधा ने घूँघट की ओट करके इस गेंद की मार को बचा लिया। तब ललिता ने दौड़कर मोहन का पटुका पकड़ लिया। उनकी पीतांबर और मुरली भी छीन ली और बोली—मैं शपथ खाकर कहती हूँ, श्याम, मैं अब तुम्हें नहीं छोड़ूँगी। श्यामा जी (राधा) ने मुझे ऐसी ही आज्ञा दी है। तब एक अन्य सखी दूत बनकर बीच बचाव करने के लिए आ गई और बोली—'ललिता, सुन, तू बड़ी ढीठ हो गई है, छोड़।' तब ललिता ने नवलकिशोर का पटुका छोड़ दिया। इस छवि पर तो अंधे सूरदास रीझकर तिनका तोड़े दे रहे हैं कि किसी की कुदृष्टि न लग जाय।

२३०३/३४८० राग गौरी

मानौ व्रज तैं करिनि चलीं मदमाती हो।
गिरिधर गज पै जाइँ, ग्वालि मदमाती हो।
कुल अंकुस मानैं नहीं, मदमाती हो।
सांकर-बेद तुराइ, ग्वालि मदमाती हो।
अवगाहैं जमुना नदी, मदमाती हो।
करतिँ तरुनि जलकेलि, ग्वालि मदमाती हो।
चहुँ दिसि तें मिलि छिरकहीं, मदमाती हो।
सुंड-दंड-भुज मेलि, ग्वालि मदमाती हो।
बृंदाबन-बीथिन फिरैं, मदमाती हो।
संग मदन-गजपाल, ग्वालि मदमाती हो।
कबहुँ नैन कर दै मिलैं, मदमाती हो।
तैसियै गज-गति चाल, ग्वालि मदमाती हो।
नाग-वेलि चाबति फिरैं, मदमाती हो।
मोदक माँझ कपूर, ग्वालि मदमाती हो।
सुगँध पुटै स्त्रवननि चुवै, मदमाती हो।
मंडित माँग सिंदूर, ग्वालि मदमाती हो।
केसरि लाई सानि कै, मदमाती हो।
घुँघुरू घंट घुमाइ, ग्वालि मदमाती हो।
उर पर कुच जुग घंट से, मदमाती हो।
मुक्ता-माल रुराइ, ग्वालि मदमाती हो।
अंचल उड़त बखानियै मदमाती हो।
मनु बैरख फहराइ, ग्वालि मदमाती हो।
जुगल हार मनु सुरसरी, मदमाती हो।
जुगल प्रवाह बहाइ ग्वालि, मदमाती हो।
अँग अँग छिरकैं स्याम कौं, मदमाती हो।
कुंकुम चंदन गारि, ग्वालि मदमाती हो।

'सूरदास' प्रभु क्रीड़ही, मदमाती हो।
सँग गोकुल की नारि, ग्वारि मदमाती हो॥

ब्रज से मदमाती ग्वालिनें गिरिधर राज के पास मस्त हथिनी के समान चल पड़ीं। वह इतनी मदमाती हैं कि न तो कुल के अंकुश को मान रही हैं, न वेद-शास्त्र की शृंखला को ही। वे उन्मत्त होकर यमुना में नहाए जा रही हैं और जल विहार किए जा रही हैं। वे अपनी भुजारूपी सूँड़ में पानी भर-भर कर चारों ओर एक दूसरे पर छिड़कती जा रही हैं। वे वृंदावन की कुंज-गली में घूम रही हैं। उनके साथ कामदेव रूपी महावत है। कभी वे हाथ और आँखें मिलाती हुई गज-गति से चलती हैं। वे नागबेलि (पान) चबाती हुई फिर रही हैं। उस तांबूल में मोद प्रदान करनेवाला कपूर मिला हुआ है। उनके कानों में इत्र के फाहे रखे हुए हैं जिससे सुगंध चुई-सी उड़ रही है। उनकी माँग में सिन्दूर दमक रहा है। उन्होंने केसर सानकर अपने शरीर पर लगा लिया है। उनके घुँघरू हाथी के घंटे के समान बजे जा रहे हैं। वे अपने वक्षस्थल पर उरोजों के दो कुंभ लिए हुए हैं, जिनपर मोती की माला लटक रही हैं। उनका आंचल हवा से उड़ा जा रहा है, मानों हाथी पर पताका फहरा रही हो। दो लड़ों वाला हार ऐसा है, जैसे गंगा की दो धाराएँ प्रवाहित हो रही हों। वे श्याम के एक-एक अंग पर कुंकुम और चंदन का चोवा बनाकर छिड़के जा रही हैं। प्रभु के साथ गोकुल की नारियाँ इस प्रकार प्रसन्न होकर होली खेले जा रही हैं।

२३०४/३४८१ राग काकी

खेलत हैं अति रसमसे, रँगभीने हो।
अति रसकेलि बिलास, लाल रँगभीने हो।
जागत सब निसि गत भई, रँगभीने हो।
भले जु आए प्रात, लाल रँगभीने हो।
बोलत बोल प्रतीति के, रँगभीने हो।
सुंदर स्यामल गात, लाल रँगभीने हो।
अति लोहित दृग रँगमँगे, रँगभीने हो।
मनहु भोर जलजात, लाल रँगभीने हो।
पिया-अधर-मधु-पान-मत्त, रँगभीने हो।
कहौ कहुँ की कहुँ बात, लाल रँगभीने हो।
केस सिथिल, बेसहु सिथिल, रँगभीने हो।
ससि-मुख सिथिल जँभात, लाल रँगभीने हो।
केस सिथिल, भ्रुव-भाल सिथिल, रँगभीने हो।
अंग अंग अलसात, लाल रँगभीने हो।
सकुचत हो कत लाड़िले, रँगभीने हो।
दुरत न उर-नख-घात, लाल रँगभीने हो।
'सूरदास' प्रभु नंद-कुँवर, रँगभीने हो।
बहुनायक बिख्यात, लाल रँगभीने हो॥

खंडिता नायिका कह रही है—हे लाल (प्रियतम) तुम अत्यंत रंग में आकर आनंद प्रदान करनेवाली काम-क्रीड़ा में खेलते रहे हो। मेरी तो तुम्हारी प्रतीक्षा में सारी रात ही जागते बीती। अच्छा किया, रात में न सही, प्रभात में तो आ गए। हे सुंदर साँवले शरीर वाले श्याम क्या तुम यह विश्वास करने योग्य बात कह रहे हो? तुम्हारी आँखें एकदम लाल रंग में रँगी हुई है। जैसे सबेरे का खिलता हुआ रक्त-कमल। प्रिया के अधरों का मधु पीकर तुम मतवाले हो गए हो और कहीं की बात कहीं कहे जा रहे हो। वह भी बहकी-बहकी बातें कर रहे हो। तुम्हारी अलकें शिथिल होकर बिखर गई हैं, तुम्हारा वेश-विन्यास भी ढीला-ढाला हो गया है, तुम्हारा चंद्रमुख भी मलिन हो गया है, तुम बार बार जँभाई लिए जा रहे हो। तुम्हारी भौहें और माथा भी शिथिल हैं। तुम्हारे अंग-अंग अलसाए हुए हैं। हे लाड़िले तुम्हारे वक्ष पर उस नवेली के नखों का आघात छिपाए नहीं छिप रहा है। तुम इसके लिए सुकचाए क्यों जा रहे हो। हे नंदकुमार, तुम तो बहुनायक के नाम से विख्यात ही हो। यह कोई नई बात तो है नहीं।

२३०५/३४८२ राग गौरी

गोकुल सकल गुवालिनी, घर-घर खेलत फाग, मनोरा झूमकरो।
तिनमैं राधा लाड़िली, जिनकौ अधिक सुहाग, मनोरा झूमकरो।
झुंडनि मिलि गावति चलीं, झूमक नंद-दुवार, मनोरा झूमकरो।
आजु परब हँसि खेलियै, मिलि सँग नंद-कुमार, मनोरा झूमकरो।
मोहन दरस दिखावहू, दुरहु तो नँद की आनि, मनोरा झूमकरो।
रसिकराइ सुंदर बरन, राधा-जीवन-प्रान, मनोरा झूमकरो।
प्रगट प्रीति गोकुल भई, कैसैं करत दुराउ, मनोरा झूमकरो।
हम न दरस बिन जीवहीं, कोउ कछु करौ उपाउ, मनोरा झूमकरो।
जसुमति-सुत, चित चुभि रही, वह तुम्हरी मुसुकानि, मनोरा झूमकरो।
अब न अनत रुचि ऊपजै, सहज परी यह बानि, मनोरा झूमकरो।
दुरत स्याम धरि पाइयौ, राधा भरि अँकवारि, मनोरा झूमकरो।
कनक-कलस केसरि भरे, लै धाईं, ब्रज-नारि, मनोरा झूमकरो।
भरहु-भरहु सखि स्यामहीं, पीत पिछौरी पाग, मनोरा झूमकरो।
देह-गेह-सुधि बीसरी, नंद-नँदन-अनुराग, मनोरा झूमकरो।
छुटे केस, बँद कंचुकी, टूटी मोतिनि माल, मनोरा झूमकरो।
चोवा चंदन अरगजा, उड़त अबीर गुलाल, मनोरा झूमकरो।
कर करताल बजावहीं, छिरकतिँ सब ब्रज-नारि, मनोरा झूमकरो।
हँसि-हँसि हरि पर डारहीं, अरुन नैन फुलवारि, मनोरा झूमकरो।
गगन बिमाननि सौं छयौ, आनँद बरसैं फूल, मनोरा झूमकरो।
जै जै सब्द उचारहीं, सुर मुनि कौतुक भूल, मनोरा झूमकरो।
'सूर' गुपाल कृपा बिना, यह रस लहै न कोइ, मनोरा झूमकरो।
श्री वृषभानु-कुमारिका, स्याम मगन मन होइ, मनोरा झूमकरो॥

गोकुल की सभी ग्वालिनें घर-घर घूमती हुई, मनोहर, झूमकर नृत्य करती हुई, फाग खेले जा रही थीं। इन गोपियों में राधा लाड़िली भी थीं, जिनका सुहाग सबसे अधिक था। झुंड बनाकर वे गाती हुई, झूमकर नाचती हुई, आज होली का पर्व है, हँस कर नंदकुमार के साथ मिलकर होली खेलना चाहिए, ऐसा सोचकर वे नंद के द्वार पर पहुँची और उन्होंने ललकारा—'मोहन दर्शन दो, छिपना मत, तुम्हें नंद बाबा की शपथ है। हे रसिकराय, हे सुंदर वर्ण वाले, हे राधा के जीवन प्राण, अब तो सारे गोकुल के लोग हमारी और तुम्हारी प्रीति को जान गए हैं। अब इसे कैसे छिपाया जा सकता है। कोई कितना भी उपाय क्यों न करे, हम तुम्हारे दर्शन बिना जीवित नहीं रह सकतीं। हे यशोदा नंदन, हमारे चित्त में तुम्हारी मधुर मुसकान धँस गई है। अब तो यह सहज प्रकृति बन गई है और अब हमारी अन्यत्र किसी भी बात में रुचि ही नहीं रह गई है।'

तुरन्त राधा ने श्याम को पकड़ पाया और अँकवार में भर लिया। तब तक केसर भरे हुए सोने के कलसों को लेकर ब्रजनारियाँ श्याम की ओर झपटती हुई चिल्ला पड़ीं—'श्याम को अँकवार में भर लो, इनकी पीली पिछौरी और पीली पाग केसर से रंग दो।'

गोपियाँ नंदनंदन के स्नेह में अपने देह की, अपने गेह की सुधि-बुधि भूल गईं। उनके केश खुल गए, उनकी चोलियों की तनी टूट गई, उनकी मोतियों की माला बिखर गई। चोवा चंदन अरगजा का छिड़काव होने लगा। अबीर गुलाल उड़ने लगा। वे अपने हाथों में करताल लिए हुए बजाती जा रही थीं। और अरगजा छिड़कती जा रही थीं। वे हँस-हँस कर हरि पर अपने अरुण नयनों के फूल बरसाती जा रही थीं।

आसमान देव-विमानों से भर गया। देवगण इस होली को देखकर आनंद में मग्न होकर, पुष्प वर्षा करने लगे, जय-जयकार करने लगे। देवता मुनि सभी इस कौतुक में अपने को भूल गए। गोपाल की कृपा के बिना इस आनंद को कोई नहीं पा सकता। वृषभानु की बेटी राधा और नंद के बेटे श्याम दोनों मन ही मन मगन हो उठे।

२३०६/३४८३ राग सारंग

नंद-नँदन वृषभानु-कुँवरि सौं, बाढ़्यौ अधिक सनेह ।
दोउ दिसि पै आनंद बरसत है, ज्यौं भादौं कौ मेह ।
सब सखियाँ मिलि गईं महरि पै, मोहन माँगै देहु ।
दिना चारि होरी के अवसर, बहुरि आपनौ लेहु ।
झुकि झुकि परति हैं कुँवरि राधिका, देतिँ परस्पर गारि ।
अब कहु दुरे सांवरे ढोटा, फगुआ देहु हमारि ।
हँसि हँसि कहति जसोदा रानी, गारी मति कोउ देहु ।
'सूरजदास' स्याम के बदलैँ, जो चाहौ सो लेहु ॥

नंद के पुत्र श्याम और वृषभानु की बेटी राधा में परस्पर अत्यधिक प्रेम बढ़ गया। दोनों ओर से भादों के बादलों जैसी आनंद की वर्षा होने लगी। सभी सखियाँ मिलकर यशोदा मैया के पास गईं और बोलीं—मैया, अपना मनमोहन हमें होली के इस अवसर पर चार दिनों के लिए मँगनी (उधार) दे दो, फिर अपना मोहन वापस ले लेना। राधा तमक तमक उठ रही थीं, सखियाँ गाली दिए जा रही थीं—'हे साँवरे ढोटा, अब कहाँ

जा छिपे हो, हमारी फगुवा की त्योहारी दो।' यशोदा मैया घर से बाहर निकल कर हँसकर बोलीं—'तुम लोग गाली मत दो। श्याम के बदले तुम जो चाहो, मुझसे माँगकर ले लो।'

२३०७/३४८४ राग सारंग

निकसि कुँवर खेलन चले, रँग होरी।
मोहन नंद-किसोर, लाल रँग होरी।
कंचन माँट भराइ कै, रँग होरी।
सौंधे भर्यौ कमोर, लाल रँग होरी।
झाँझ ताल सुरमंडले, रँग होरी।
बाजत मधुर मृदंग, लाल रँग होरी।
तिनमैं परम सुहावनी, रँग होरी।
महुवरि बाँसुरि चंग, लाल रँग होरी।
खेलत रँगीले लाल जू, रँग होरी।
गए बृषभानु की पौरि, लाल रँग होरी।
जे ब्रज हुती किसोरिका, रँग होरी।
ते सब आईं दौरि, लाल रँग होरी।
सखि सुख देखन कारने रँग होरी।
गाँठि दुहुनि की जोरि, लाल रँग होरी।
फगुआ दियौ न जाइ जौ रँग होरी।
लागी राधा पाइँ, लाल रँग होरी।
यह सुख सबकैं मन बसौ, रँग होरी।
'सूरदास' बलि जाइ, लाल रँग होरी॥

घर से निकल कर नंद के पुत्र मदनमोहन होली खेलने चल पड़े। उन्होंने सोने के मटकों में होली का रंग भर लिया और कमोरो में सुगंधित चंदन अरगजा आदि ले लिया। झाँझ, करताल, सुर-मंडल (तार का एक बाजा), मधुर मृदंग बजने लगे। इनमें भी महुवरि (बीन), बाँसुरी और चंग की ध्वनि तो परम सुहावनी, मनभावनी, दिल-लुभावनी थी। खेलते-खेलते रँगीले मनमोहन लाल वृषभानु के द्वार पर जा पहुँचे। उस समय आसपास जितनी भी ब्रज की किशोरियाँ थीं, वे सब दौड़ी-दौड़ी वहाँ आ गईं। अपनी सखी राधा का मुख देखने के लिए उन सभी सखियों ने राधा और श्याम की चूनरी और पीतांबर पकड़ गाँठजोड़ दी (विवाह करा दिया)। और बोलीं—श्याम, यदि तुम होली की भेंट नहीं दे सकते, तो चलो राधा के पाँव पर गिर पड़ो, हम तुम्हें छोड़ देंगी, अन्यथा नहीं।

यह सुख सबके मन में बसा रहे। सूरदास इस कामना से इस जोड़ी पर अपने को निछावर किए दे रहे हैं।

२३०८/३४८५ राग टोड़ी

या गोकुल के चौहटैं, रँगभीजी ग्वालिनि।
हरि सँग खेलैं फाग, नैन सलोने री रँगराँची ग्वालिनि।

डरति न गुरुजन-लाज कौं, रँगभीजी ग्वालिनि।
मोहन कैं अनुराग, नैन सलोने री, रँगराँची ग्वालिनि।
दुंदुभि बाजै गहगही, रँगभीजी ग्वालिनि।
नगर कुलाहल होइ, नैन सलोने री, रँगराँची ग्वालिनि।
उमह्यौ मानुष-घोष यौं, रँगभीजी ग्वालिनि।
भवन रह्यौ नहिँ कोइ, नैन सलोने री, रँगराँची ग्वालिनि।
डफ बाँसुरी सुहावनी, रँगभीजी ग्वालिनि।
ताल मृदंग उपंग, नैन सलोने री, रँगराँची ग्वालिनि।
झाँझ झालरी किन्नरी, रँगभीजी ग्वालिनि।
आउझ बर मुहचंग, नैन सलोने री, रँगराँची ग्वालिनि।
उतहिँ संग सब ग्वाल, लिए रँगभीजी ग्वालिनि।
सुंदर नंद-कुमार, नैन सलोने री, रँगराँची ग्वालिनि।
उत स्यामा नव जोबना, रँगभीजी ग्वालिनि।
अंबुज लोचन चारु, नैन सलोने री, रँगराँची ग्वालिनि।
टेसू कुसुम निचोइ कै, रँगभीजी ग्वालिनि।
भरे परस्पर आनि, नैन सलोने री, रँगराँची ग्वालिनि।
चोवा चंदन अरगजा, रँगभीजी ग्वालिनि।
बूका बंदन सानि, नैन सलोने री, रँगराँची ग्वालिनि।
रत्न जटित पिचकारियाँ, रँगभीजी ग्वालिनि।
कर लिए गोकुलनाथ, नैन सलोनी री, रँगराँची ग्वालिनि।
छिरकहिँ मृगमद कुंकुमा, रँगभीजी ग्वालिनि।
जो राधे कैं साथ, नैने सलोने री, रँगराँची ग्वालिनि।
सुरँग पीत पट रँगि रह्यौ, रँगभीजी ग्वालिनि।
सुभग सांवरैं अंग, नैन सलोने री, रँगराँची ग्वालिनि।
नील बसन भामिनि बनी, रँगभीजी ग्वालिनि।
कंचुकि कुसुम सुरंग, नैन सलोने री, रँगराँची ग्वालिनि।
अरुन नूत पल्लव धरे, रँगभीजी ग्वालिनि।
कूजित कोकिल कीर, नैन सलोने री, रँगराँची ग्वालिनि।
नृत्य करत अलि कुल मिले, रँगभीजी ग्वालिनि।
अति आनंद अधीर, नैन सलोने री, रँगराँची ग्वालिनि।
चढ़ि बिमान सुर देखहीं, रँगभीजी ग्वालिनि।
देह-दसा बिसराइ, नैन सलोने री, रँगराँची ग्वालिनि।
राधा रसिक रसज्ञ की, रँगभीजी ग्वालिनि।
'सूरदास' बलि जाइ, नैन सलोने री, रँगराँची ग्वालिनि॥

इस गोकुल के चौराहे पर, प्रेम के रंग में भीगी हुई सलोने नयनों वाली ग्वालिनें हरि के साथ होली खेले जा रही हैं। वे मोहन के अनुराग में इतनी डूब गई हैं कि गुरुजनों को भी नहीं लजा डरा रही हैं। गंभीर ध्वनि करती हुई दुंदुभी (नगाड़ा) बजी जा रही है, और नगर में कोलाहल मचा हुआ है। अहीर टोली के सभी मनुष्य अपने घरों से बाहर उमड़ पड़े और घरों में कोई नहीं रह गया। डफ, बाँसुरी, ताल, मृदंग, उपंग (चंग), आवज (तासा), मुहचंग बज उठे। उधर सब ग्वाल-बालों को लिए हुए नंदकुमार हैं। इधर नवयौवना, चारु कमलनयनी श्यामा (राधा) हैं। टेसू के लाल लाल फूलों का रस निचोड़कर पात्रों में भर लिया गया है। इसमें चोवा, चंदन, अरगजा, बुक्का और रोरी सानकर मिला दी गई है। गोकुलनाथ रत्नजटित पिचकारी लिए हुए हैं और कस्तूरी और कुंकुम राधा के संग की सहेलियों पर छिरकते जा रहे हैं। श्याम का पीतांबर लाल रंग से रँगकर श्याम के सुंदर साँवरे अंग पर चिपट गया। मानिनी राधा नीली साड़ी और कुसुमी रंग की लाल चोली पहने थीं। आमों में लाल लाल नूतन किसलय लग गए। कोयल और शुक बोलने लगे। भँवर अत्यंत आनंद से अधीर होकर नाचने लगे। देवता लोग विमानों पर चढ़कर, आत्म-विभोर होकर अपने शरीर की सुधि-बुधि भुलाकर यह दुर्लभ दृश्य देखने लगे। ऐसी रसिकिनी राधा और रस के मर्मज्ञ कृष्ण को सूरदास बलैया लिए जा रहे हैं।

२३०९/३४९२ राग गौरी

ठाढ़ौ हो ब्रज खोरी ढोटा कौन कौ।
लकुट त्रिभंगी एक पद, मानौ मन्मथ गौन कौ।
मोर मुकुट, कछनी कसे, पीतांबर कटि सोभ।
नैन चलावै फेरि कै, निरखि होत मन लोभ।
भौंह मरोरै मटकि के, रोकत जमनु-घाट।
चितै मंद मुसकाइ कै, जिय करि लेइ उचाट।
हँसत दसन चमकाइ कै, चकचौंधी सी होति।
बग-पंगति नव जलद मैं, उर माला गज-मोति।
पिचकारी रतननि जरित, तकि तकि छिरकत अंग।
टेसू कुसुम निचोइ कै, अरु केसरि कौ रंग।
फेंट गुलाल भराइ कै, डारत नैननि ताकि।
एते पर मन हरत है, कहा कहौं गति वाकि।
पुनि हा हा करि मिलत है, नाना रंग बनाइ।
नंद-सुवन के रूप पर, 'सूरदास' बलि जाइ॥

एक सखी दूसरी से पूछ रही है—व्रज की खोर में जो छोकरा खड़ा था, वह किसका थी? वह एक हाथ में लठिया लिए हुए था। एक पैर उठाकर दूसरे पैर की ठेहुनी पर रखे हुए, कमर और ग्रीवा टेढ़ी किए हुए, एक ही पैर पर खड़ा हुआ था। उसके सामने मन्मथ क्या है, वह तो उसकी तुलना में गौण हो जाता है। वह सिर पर मोरपंख का मुकुट लगाए

हुए था, कमर में पीतांबर की घुटने तक कछनी काछे हुए बड़ा अच्छा लग रहा था। वह घुमाकर अपनी आँखें चलाए जा रहा था। उसे देखकर तो मन लुभाया जा रहा था। वह मटकता हुआ अपनी भौंहे मरोरे ले रहा था और यमुना का घाट रोके जा रहा था। किसी को पानी भरने नहीं जाने दे रहा था। वह तिरछी चितवन से देखकर, मंद मंद मुसकुरा कर जी में उच्चाटन पैदा करता जा रहा था। वह जब अपने दाँतों को हँसते समय चमका देता था, तब आँखें चौंधिया जाती थीं। उसके हृदय पर गजमुक्ता की माला सुशोभित हो रही थी, मानो काले बादलों की घटा के बीच वकुलों की पंक्ति हो। वह रत्न-जड़ित पिचकारी से ताक ताककर उरोजों पर मारे जा रहा था। टेसू के फूलों को निचोड़कर उसमें केसर का रंग मिलाकर वह रस तयार किया गया था, वह अपने फेंटा में अबीर गुलाल भरे हुए था और हमारी आँखों को निशाना साधकर मारे जा रहा था। इतने पर भी वह मेरे मन को हरे ले रहा था। मैं उसकी बात क्या बताऊँ। फिर वह हा-हा खाता हुआ, नाना प्रकार के हाव-भाव करके आ मिलता था।

नंद के पुत्र के इस रूप पर सूरदास बलि-बलि जाते हैं।

२३१०/३४९४ राग नट नारायन

खेलत स्याम ग्वालनि संग।

एक गावत, एक नाचत, इक करत बहु रंग।
बीन मुरज उपंग मुरली, झाँझ झालरि ताल।
पढ़त होरी, बोलि गारी, निरखि कै ब्रज-पाल।
कनक-कलसनि घोरि केसरि, कर लिए ब्रज-नारि।
जबहिं आवत देखि तरुनी, भजत दै किलकारि।
दुरि रही इक खोरि ललिता, उत तैं आवत स्याम।
धरे भरि अँकवारि औचक, धाइ आईं बाम।
बहुत ढीठौ दै रहे हौ, जानबी अब आजु।
राधिका दुरि हँसति ठाढ़ी, निरखि पिय मुख लाज।
लियौ काहूँ मुरलि कर तैं, कोउ गह्यौ पट पीत।
सीस बेनी गूँथि, लोचन आँजि, करी अनीत।
गए कर तैं छुटकि मोहन, नारि सब पछिताति।
सीस धुनि कर मींजि बोलति, भली लै गए भाँति।
दाउँ हम नहिं लैन पायौ, बसन लेतीं लाल।
'सूर' प्रभु कहँ जाहुगे अब, हम परीं इहिं ख्याल॥

श्याम ग्वाल बालों के साथ होली खेल रहे थे। एक सखा गा रहा था, एक नाच रहा था, एक तरह तरह की आंगिक चेष्टाएँ करता जा रहा था। बीन, मुरज, उपंग, मुरली, झाँझ, झालरी और ताल बज रहे थे। व्रजबालाओं को देखकर वे गाली देते हुए 'हो हो होरी है' कहते जा रहे थे। व्रज-नारियाँ सोने के कलशों में केसर घोलकर भरे हुए थीं। ग्वाल-बालों ने जब व्रज तरुणियों को आते देखा, तब वे किलकारी मार कर भाग चले। एक

खोरी में ललिता छिपकर बैठ रही। उधर से श्याम आ रहे थे। ललिता ने उन्हें अचानक अँकवारि में धरकर पकड़ लिया। यह देखकर और व्रज-बालाएँ भी दौड़कर वहाँ आ गईं। अभी तक तुम बहुत ढिठाई करते आए हो। अब उसका मजा जानोगे। राधिका छिपकर खड़ी-खड़ी हँसे जा रही थी और प्रिय कृष्ण के लजाए मुख को देखती जा रही थी। किसी सखी ने श्याम के हाथ से मुरली छीन ली। किसी ने उनका पीतांबर खींच धरा। किसी ने उनकी अलकों की चोटी बना दी, किसी ने आँखों में काजल लगा दिया। और अनीति करके उन्हें नर से नारी बना दिया, भारी दुर्गति कर दी। पर मोहन उनकी पकड़ से अपने को छुड़ाकर निकल गए। तब सब व्रज-वधूटियाँ उनको अपने से निकल जाने पर पछताने लगीं। सिर पीटकर, हाथ मलकर वे कहने लगीं—आज तो श्याम बहुत साफ छूट निकले। हम अपना दाँव नहीं ले पाईं। आज उनसे लाल चूनर लेकर तब छोड़तीं। प्रभु, अब तुम कहाँ जाओगे। अब हम तुम्हारे फेर में पड़ गई हैं। कभी न कभी फिर पकड़ेंगी ही।

२३११/३४९५ राग काफी

मोहन गए, आजु तुम जाहु, दाँव हम लेहिंगी हो।
लालन हमहिं करे बेहाल, वहै फल देहिंगी हो।
आजुहिं दाँव आपनौ लेतीं, भले गए हौ भागि।
हा हा करते, पाइनि परते, लेहु पितंबर माँगि।
बेनी छोरत हँसत सखा सँग, कहत लेहु पट जाइ।
सौंह करत हौं नंद बाबा की, अपनी अपति कराइ।
जौ मैं लेहुँ पितांबर अबहीं, कहा देहुगे मोहिं।
इत उत जुवती चितवन लागीं, रहीं परस्पर जोहि।
एक सखा हरि तिया-रूप करि, पठै दियौ तिन पास।
गयौ तहाँ मिलि संग तियनि कैं, हँसत देखि पट-बास।
मोहिं देहु राखौं दुराइ कै, स्यामहिं जनि लै देहु।
लियौ दुराइ गोद मैं राख्यौ, दाँव आपनौ लेहु।
पीतांबर जनि देहु स्याम कौं, यह कहि चमक्यौ ग्वाल।
'सूरस्याम' पट फेरत कर सौं, चकित निरखि ब्रज-बाल॥

गोपियाँ कहने लगीं—मोहन, आज तो तुम निकल भागे, तो भागे। हम सब अपना दाँव कभी न कभी ले ही लेंगी। हे लाल, तुमने हम सबको जो बेहाल बना दिया है, उसका फल तो हम तुम्हें देंगी ही, उसका बदला ले ही लेंगी। हम अपना दाँव आज ही ले लेतीं, पर तुम तो अच्छे भाग निकले। नहीं तो हमसे हा हा खाते, विनती करते, हमारे पाँवों पड़ते कि हमारा पीतांबर दे दो।

उधर मोहन अपनी चोटी खोलते जा रहे थे, सखाओं के साथ हँसते जा रहे थे और कहते जा रहे थे कि जाओ मेरा पीतांबर ले आओ। इस पर एक सखा बोला—'मैं नंद बाबा की शपथ खाकर कह रहा हूँ कि मैं अपनी दुर्दशा कराकर भी वह पीतांबर ला दूँगा। जो मैं वह पीतांबर अभी ला दूँ, तो तुम मुझे क्या पुरस्कार दोगे?'

व्रज युवतियाँ इधर उधर ताक रही थीं। एक दूसरी की ओर देख रही थीं। तब तक हरि ने एक सखा को स्त्री रूप बनाकर उसे उन व्रज-बालाओं के बीच भेज दिया। वह वहाँ जाकर उन स्त्रियों में मिल गया और पीतांबर को देखकर हँसने लगा और बोला— यह पीतांबर मुझे दे दो। मैं इसे छिपा रखूँगी। तुम इसे श्याम को लौटा मत देना। फिर उस सखी ने वह पीतांबर इस छद्म सखी को दे दिया। इसने उसे अपनी गोद में छिपा लिया और बोला—'तुम लोग श्याम से अपना अपना दाँव ले लो। पीतांबर उन्हें मत दो।' यह कहकर यह पीतांबर लेकर वहाँ से रफूचक्कर हो गया और जाकर उसे श्याम को दे दिया। स्याम उस पीतांबर को अपने हाथ में लेकर दूर ही से सखियों को दिखा दिखाकर फहराने लगे। व्रजबालाएँ वह दृश्य देखकर चकित हो गईं।

२३१२/३४१६ राग गौरी

चकित भईं हरि की चतुराई। हमहिं छली इन कुँवर कन्हाई॥
कहा ठगोरी देखत लाई। धिरवति हैं कहि भली बनाई॥
एक सखी हलधर-बपु काछौ। चली नील पट ओढ़े आछौ॥
स्याम मिलन ताकौं तहँ आए। अग्रज-कानि चले अतुराए॥
मिले साँकरी ब्रज की खोरी। ढूकी रहीं जहाँ तहँ गोरी॥
गह्यौ धाइ भुज दोउ लपटानी। दौरि परीं सब सखी सयानी॥
निरखि-निरखि तरुनी मुसुकानी। एक निलज, इक रही लजानी॥
कहा रही करि सकुच दिवानी। अब इनकी जनि राखौ कानी॥
गारि नारि सब देहिँ सुहानी। नंद महर लौं जाति बखानी॥
उतर्‌यौ 'सूरस्याम'-मुख-पानी। गइँ लिवाइ जहँ राधा रानी॥

गोपियाँ हरि की चतुराई देखकर चकित रह गईं कि अब तो कुँवर कन्हैया ने हमें खूब ही छला। हमपर देखते-देखते कैसा जादू कर दिया। कृष्ण ने हमें कैसा मूर्ख बनाया है। यह कहकर वे उनसे बदला लेने के लिए धिरवने लगीं, धमकी देने लगीं।

एक सखी ने बलराम का रूप बनाया। वह अच्छा खासा नीलांबर पहन कर चल पड़ी। श्याम ने तब सखी को अपना बड़ा भाई समझा और आतुर होकर उनसे मिलने के लिए स्वागतार्थ आगे बढ़कर वहाँ चले आए। वे व्रज की सँकरी खोर से आ उससे मिले। वहाँ जहाँ-तहाँ अनेक गोरियाँ, सुंदरी सखियाँ पहले से छिपी बैठी थीं। उन्होंने श्याम की दोनों बाहें पकड़ लीं और उनसे लपट गईं। फिर और सभी बड़ी, सयानी, सखियाँ भी दौड़ पड़ीं। श्याम को अपने पंजे में पाकर तरुणियाँ मुसकुरा पड़ीं। उसमें से कुछ निर्लज्ज हो गईं और कुछ लजाई रह गईं। जो निर्लज्ज थीं वे कह उठीं—अरी पगलियों, अब क्या संकोच कर रही हो? अब इनकी मर्यादा का ध्यान मत रखो। तब सब व्रज नारियाँ सुहानी गालियाँ देने लगीं। श्याम को तो उन्होंने गाली दी ही, नंद महर को भी नहीं बख्शा, उनको भी गालियाँ दीं। श्याम के मुँह का पानी उतर गया। उनकी कांति उड़ गई। सखियाँ उन्हें पकड़कर वहाँ ले गईं, जहाँ राधारानी थीं।

२३१३/३४९७ राग श्री हरी

व्रज-जुवती मिलि, नागरि राधा पैं, मोहन लै आईं।
लोचन आँजि, भाल बेंदी दै, पुनि-पुनि पाइँ पराईं।
बेनी गूँथि, माँग सिर पारी, बधू-बधू कहि गाईं।
प्यारी हँसति देखि मोहन-मुख, जुवती बने बनाई।
स्याम अंग कुसुमी नई सारी, अपनैं कर पहिराई।
कोउ भुज गहति, कहति कछु कोऊ, कोउ गहि चिबुक उठाई।
एक अधर गहि सुभग अँगुरियनि, बोलत नहीं कन्हाई।
नीलांबर गहि खूँट-चूनरी, हँसि-हँसि गाँठि जुराई।
जुवती हँसतिँ देतिँ कर तारी, भई स्याम मन-भाई।
कनक-कलस अरगजा घोरि कै, हरि कैं सिर ढरकाई।
नंद सुनत हँसि महरि पठाई, जसुमति धाई आई।
पट मेवा दै स्याम छुड़ायौ, 'सूरदास' बलि जाई॥

व्रज की युवतियाँ मोहन को पकड़कर राधा नागरी के पास ले आईं। उन्होंने श्याम की आँखों में काजल लगा दिया, उनके माथे पर टिकुली चिपका दी और उन्हें बार-बार राधा के पैरों पर गिरवाया। उनकी चोटी गूँथ दी, माँग पट्टी काढ़ दीं, और कहने लगीं—'देखो, यह नई बहुरिया आई है, नई दुलहिन आई है।' मोहन का मुँह देखकर राधा प्यारी हँसने लगीं, क्योंकि कन्हैया नवयुवती बन गए थे। तब राधा ने अपने हाथ से श्याम को नई लाल साड़ी पहना दीं। तदुपरांत कोई सखी श्याम की बाँह पकड़कर खींचने लगी। कोई कुछ कहने लगी—'वाह री नई दुलहिन'। कोई पकड़कर उनकी ठुड्डी ऊपर उठाने लगी। एक ने श्याम के होठ को उँगलियों से पकड़कर कहा—'कन्हैया, अब क्यों नहीं बोलते?' सखियों ने श्याम की लाल चूनरी और राधा की नीली साड़ी का कोना पकड़कर, हँस हँसकर उनका गठबंधन कर दिया। युवतियाँ ताली बजा-बजाकर हँसने लगीं और बोलीं—'श्याम, अब तुम्हारे मन का हो गया न? तुम यही चाहते थे न?' फिर उन्होंने सोने के घड़े में चोवा चंदन केसर कपूर का अरगजा घोलकर श्याम के सिर पर लुढ़का दिया।

नंद ने जब यह कोलाहल सुना, तब उन्होंने महरी यशोदा को भेजा, 'देखो तो क्या बात है।' यशोदा जी दौड़ी-दौड़ी आईं। उन्होंने गोपियों को मेवा और वस्त्र फगुवा के रूप में दिया और कृष्ण को छुड़ाया। सूरदास इस होली लीला को देखकर निछावर हुए जा रहे हैं।

२३१४/३४९८ राग श्रीमलार

छैल छबीलौ मोहना, घूँघरवारे केस।
मोर मुकुट, कुंडल लसै, कीन्हे नटवर भेस।
राखे भौंह मरोरि कै, सुंदर नैन बिसाल।
निरखि हँसनि मुसुकानि की, अतिहीं भईं बिहाल।
कीर लजावन नासिका, अधर बिंब तै लाल।

दसन चमक दामिनिहुँ तैं, स्याम-हृदय बनमाल।
चिबुक चित्त कौ हरन है, राजत ललित कपोल।
मारग गहि ठाढ़ो रहै, बोलत मीठे बोल।
चंदन खौरि बिराजई, स्यामल भुजा सुचारु।
ग्वाल सखा सब सँग लिए, करत गुलालनि मारु।
इक भाजत, इक भरत है, कुसुम-बरन रँग घोरि।
सौंधें कीच मची भली, खेलत ब्रज की खोरि।
सुनत चलीं सब धाइ कै, देखन नंद-कुमार।
फागु साँझ सी ह्वै रही, उड़ि-उड़ि गगन अपार।
मिली तरुनि तहँ जाइ कै, जहँ बिहरत गोपाल।
'सूरस्याम' सुख देखि कै, बिसरयौ तनु तिहिं काल॥

छैल छबीले मोहन के केश घुँघराले थे। वे सिर पर मोर पंख का मुकुट धरे हुए थे। उनके कानों में सोने के कुंडल सुशोभित हो रहे थे। ये नटनागर का वेश धारण किए हुए थे। वे अपनी भौंहे मरोड़े हुए थे। उनकी आँखें बड़ी सुंदर थीं और बड़ी बड़ी थीं। कन्हैया की मुसकान देखकर गोपियाँ अत्यंत विह्वल होती जा रही थीं। उनकी नाक तो सुग्गे की ठोर (चोंच) को भी लजाए जा रही थी। उनके होठ पके कुनुरू से भी अधिक लाल थे। उनके दाँतों की चमक तो बिजली से भी बढ़कर थी। उनके वक्ष पर वनमाला लटक रही थी। उनकी ठोढ़ी तो चित्त को हर लेने वाली थी। उनके गाल अत्यंत ललित और मनोरम थे। वे रास्ता पकड़े बीच में ही खड़े थे और मधुर वाणी में बोलते जा रहे थे। उनकी साँवली और सुंदर बाँह पर चंदन की खौर की धारीदार लेप सुशोभित हो रही थी। ग्वाल सखाओं को साथ में लिए हुए वे मुट्ठियों में अबीर गुलाल भर-भरकर गोपियों को मारे जा रहे थे, फेंके जा रहे थे। कोई भाग रहा था, कोई लाल रंग घोलकर पिचकारी में भर रहा था। गोपियों ने जब सुना कि श्याम होली खेल रहे हैं, तब वे नंदकुमार को देखने के लिए दौड़ पड़ीं। अबीर गुलाल से आकाश अच्छादित हो गया था और दिन में ही साँझ सी हो गई जान पड़ने लगी थी। जहाँ गोपाल विहार कर रहे थे, तरुणियाँ वहाँ जाकर उनसे मिल गईं। श्याम का मुख देखकर उनको अपने तन मन की सुधि नहीं रह गई।

२३१५/३४९९ राग गौरी

घर-घर तैं सुनि गोपी, हरि-सुख देखन आईं।
निरखि स्याम ब्रजनारि, हरषि सब निकट बुलाईं।
सुनत नारि मुसुकाइ, बाँस लीन्हे कर धाईं।
ग्वालनि जेरी हाथ, गारि दै तियनि सुनाईं।
सीला नामक ग्वालि, अचानक गहे कन्हाई।
सखिनि बुलावति टेरि, दौरि आवहु री माई।
एक सुनत गइ धाइ, बीस तीसक तहँ आईं।
टूटि परीं चहुँ पास, घेरि लीन्हौ बल-भाई।

इक पट लीन्हौ छीनि, मुरलिया लई छिड़ाई।
लोचन काजर आँजि, भाँति सौं गारी गाई।
जबहिं स्याम अकुलात, गहति गाढ़ैं उर लाई।
चंद्रावलि सौं कह्यौ, गूँथि कच सौंह दिवाई।
हा-हा करियै लाल, कुँवरि के पाइ छुवाई।
यह सुख देखत नैन, 'सूर' जन बलि-बलि जाई॥

श्याम होली खेल रहे हैं, यह समाचार सुन-सुनकर घर-घर से निकलकर श्याम का मुँह देखने के लिए गोपियाँ दौड़ पड़ीं। श्याम ने व्रज नारियों को आया देख प्रसन्न होकर उन्हें अपने पास बुला लिया। श्याम की बुलाहट सुनकर मुसकुराती हुई गोपियाँ अपने अपने हाथों में लट्ठ लिए हुए श्याम के निकट आ गईं। उन ग्वालों के हाथ में गाय चराने की छोटी-छोटी लाठियाँ क्या, छड़ियाँ थीं। वे ग्वालिनों को सुना सुनाकर गाली देने लगे। इसी बीच शीला नामक एक अहीरिन ने अचानक श्याम को आ पकड़ा। वह सखियों को पुकारकर बुलाने लगी—'अरी सखियों, दौड़ आओ, मैंने कन्हैया को पकड़ लिया है।' यह पुकार सुनते ही पहले एक सखी वहाँ दौड़ पहुँची, फिर बीस-तीस और सखियाँ दौड़ आईं। वे चारों ओर से टूट पड़ीं और बलराम के भाई कृष्ण को उन्होंने घेर लिया। एक ने उनका पीतांबर छीन लिया। दूसरी ने उनकी मुरली छीन ली। एक ने उनकी आँखों में काजर लगा दिया और अनेक प्रकार से उन्हें गाली गाने लगीं। जब-जब श्याम अपने को छुड़ाने के लिए आकुल होकर खींचतान करने लगते, शीला उन्हें और भी कसकर अपनी छाती से लगा लेती थी। शीला ने चंद्रावली से सौगंध देकर कहा—'कन्हैया की चोटी गूँथ दे, इन्हें नारी बना दे।' कन्हैया लाल जब हा-हा खाकर विनती करने लगे, तब सखियों ने उन्हें राधा प्यारी के पाँव पर गिरवा कर छोड़ दिया। सूरदास (अंतर की) आँखों से यह छवि देखते हुए निछावर हुए जा रहे हैं।

२३१६/३५०० राग होरी

हम तुमसौं विनती करैं, जनि आँखिनि भरौ गुलाल।
सह्यौ परत हमपैं नहीं, तेरौ निपट अनोखौ ख्याल।
दरसन तैं अंतर परै, हो करहु अबीर-अबीर।
तुमहिं कहौ कैसै जियैं, जहँ मीन न पावैं नीर।
स्याम तुम्हारैं रँग रँगी हैं, और न रंग सुहाइ।
नितही होरी खेलियै हो, तुम सँग जादवराइ।
यह फगुवा हम पावहीं, हो चितवनि मृदु मुसुकान।
'सूरस्याम' ऐसैं करौ जू, तुम हौ जीवन-प्रान॥

गोपियाँ कृष्ण से कह रही हैं—श्याम, हम तुमसे विनती कर रही हैं, हमारी आँखों में अबीर मत डालो। यह तुम्हारा अनोखा खेल है। तुम 'अबीर अबीर' कहते जाते हो और आँखों में डाले जाते हो। आँखों में पड़ा यह अबीर हमसे सहा नहीं जाता। इससे तुम्हें देखने में हमें बाधा पड़ती है। तुम्हीं बताओ बिना पानी के मछली कैसे जी सकती है। तुम्हें बिना

देखे हम कैसे जीवित बनी रह सकती हैं। हे श्याम, हम तो तुम्हारे साँवले रंग में रँगी हुई हैं। तुम्हारे इस साँवले रंग के अतिरिक्त हमें यह लाल पीला कोई अन्य रंग अच्छा नहीं लगता। हे यदुनाथ हम तो तुम्हारे साथ नित्य ही होली खेलना चाहती हैं। फगुवा के बायन के रूप में, उपहार रूप में हमें तुम्हारी यह चितवन और मृदु मुसकान मिलती रहे। हमें चीर और मिठाई नहीं चाहिए। श्याम, तुम हमारे जीवन हो, प्राण हो। तुम हमें यही पुरस्कार देते रहो।

२३१७/३५०१ राग काफी

लालन प्रगट भए गुन आजु, त्रिभंगी लालन ऐसे हौ।
रोकत घाट बाट गृह बनहूँ, निबहति नहिं कोउ नारि।
भली नहीं यह करत साँवरे, हम दैहैं अब गारि।
फागुन मैं तौ लखत न कोऊ, फबति अचगरी भारि।
दिन दस गए, दिना दस औरौ, लेहु साध सब सारि।
पिचकारी मोकौ जनि छिरकौ झरकि उठी मुसुकाइ।
सासु ननद मोकौं घर बैरिनि, तिनहिं कहौं कह जाइ।
हा-हा करि, कही नंद-दुहाई, कहा परी यह बानि।
तासौं भिरहु तुमहिं जो लायक, इहिं हेरनि मुसुकानि।
अनलायक हम हैं, की तुम हौ, कहौ न बात उघारि।
तुमहूँ नवल, नवल हमहूँ हैं, बड़ी चतुर हौ ग्वारि।
यह कहि स्याम हँसे, बाला हँसी, मनहीं मन दोउ जानि।
'सूरदास' प्रभु गुननि भरे हौ, भरन देहु अब पानि॥

गोपी बोली—'हे त्रिभंगी लाल, तुम ऐसे गुणों से भरे हों, आज यह बात खुल गई है। तुम घर में, वन में, घाट और बाट रोकते फिरते हो, कोई नारी तुमसे बचकर निकल नहीं पाती। हे साँवरे, तुम यह अच्छा काम नहीं करते। तुम नहीं मानोगे, तो अब हम तुम्हें गाली दिए बिना नहीं छोड़ेंगी।'

इस पर कृष्ण बोले—फागुन में यह सब कोई नहीं देखता। इससे भी बड़ो बड़ी नटखटी लोग हँसते-हँसते सह लेते हैं। फागुन को दस दिन बीत गए हैं, अब दस ही दिन और रह गए हैं। अपनी सारी इच्छाएँ पूरी कर लो।

तब गोपी झिड़की देती हुई मुसकुरा उठी और बोली—'मुझे पिचकारी मत मारो। पिचकारी में रंग भर् भरकर मेरे ऊपर मत छिड़को। घर में सासु और ननद हैं। वे एक तरह से मेरी बैरिन हैं और वे इसका बहुत बुरा मानेंगी। वे पूछेंगी कहाँ डलवा आई हो, तो मैं उनसे क्या जवाब दूँगी?' हा हा खा करके, नंद बाबा की दुहाई दे देकर वह पुनः बोली—'यह तुम्हारी कौन सी बुरी आदत है। जो तुम्हारे लायक हो, जो तुम्हारे जोड़ का हो, उससे जाकर भिड़ो। उसी की ओर देखो और उसी को देखकर मुसकुराओ।'

इस पर कृष्ण बोले—'तुम मेरी जोड़ की नहीं हो, या मैं तुम्हारी जोड़ का नहीं हूँ—बात साफ साफ खोलकर कहो। अरे तुम भी नवला हो, मैं भी नवल हूँ। फिर इसमें लायक अनलायक की बात कहाँ उठती है। ग्वालिन, तुम बड़ी चतुर हो।'

यह कहकर श्याम मुसकुरा पड़े, वह बाला भी हँस पड़ी। दोनों ने मन ही मन एक दूसरे के मन की बात जान ली। फिर वह बोली—श्याम, तुम सब गुणों से भरे हो। अब हमको पानी भर लेने दो।

२३१८/३५०२ राग काकी

मेरौ मन हरि लियौ नंद-ढुटौना। चितवनि मैं वाके कछु टौना ॥
निरखत सुंदर अंग सलोना। ऐसी छबि कहुँ भई न होना ॥
काल्हि रहे जमुना-तट जौना। देख्यौ खोरि साँकरी तौना ॥
बोलत नहीं, रहत वह मौना। दधि लै छीनि खात रह्यौ दौना ॥
घर-घर माखन चोरत जौना। बाटनि-घाटनि लेत है दौना ॥
खेलत फागु ग्वाल सँग छौना। मुरलि बजाइ बिसारै भौना ॥
मो देखत अबहीं कियौ गौना। नटवर अँग सुभ सजे सजौना ॥
त्रिभुवन मैं बस कियौ न कौना। 'सूर' नंद-सुत मदन-लजौना ॥

एक गोपी दूसरी गोपी से कह रही है—नंद के ढोटा (लड़के) ने मेरा मन हर लिया है। उसकी चितवन में ही कुछ जादू सा है। वह देखने में बड़ा सुंदर और सुघर सलोने अंगों वाला है। ऐसी सुंदरता न कभी हुई है, न आगे कभी होने वाली है। जो कल यमुना तट पर दिखाई पड़ा था, वही अब मुझे सांकरी खोर (संकीर्ण पथ) में दिखाई पड़ा। वह एकदम चुप्पी साधे हुए था, कुछ बोल नहीं रहा था। वह किसी का दही छीनकर, पत्ते के दोना में रखकर, खा रहा था। जो कल तक घर घर में माखन चुराया करता था, अब वह घाट-बाट में दान (कर) वसूल कर रहा है। वह अब ग्वाल बालों को साथ लेकर होली खेल रहा है और ऐसी मुरली बजा रहा है कि सुनने वालों को अपना घर-द्वार भी भूला जा रहा है। मेरे देखते-देखते नटवर की ही साज-सज्जा से सजा हुआ वह अभी-अभी यहाँ से गया है। नंद महर का यह छोरा तो कामदेव को भी लज्जित कर देनेवाला है, त्रिभुवन में ऐसा कौन है, जिसे इसने अपने बस में न कर लिया हो।

२३१९/३५०३ राग काकी

माई मोहन मूरति साँवरौ, नंदनँदन जिहिं नाँवरौ।
अबहिं गए मेरे द्वारैं ह्वै, कहत रहत ब्रज-गाँवरौ।
मैं जमुना-जल भरि घर आवति, मोहिं करि लागौ ताँवरौ।
ग्वाल सखा सँग लीन्हे डोलत, करत आपनौ भावरौ।
जसुमति कौ सुत, महर ढुटौना, खेलत फागु सुहावरौ।
'सूरस्याम' मुरली-धुनि सुनि री, चित न रहत कहुँ ठाँवरौ ॥

हे सखी, जिसका नाम नंदनंदन है, वह साँवली सूरत वाला तो मन को मोह लेने वाला है। ऐसा मैं ही नहीं, ब्रज के सारे गाँव वाले भी ऐसा ही कहते रहते हैं। मैं यमुना जी से जल भरकर घर लौटी आ रही थी, इसी समय वह मेरे द्वार पर होकर गया है। उसे देखकर मुझे चक्कर आ गया? वह ग्वाल बालों को साथ लिए मनमानी करता फिरता

है। यशोदा का बेटा, नंद महर का ढोटा, मन को सुहावनी लगने वाली होली खेलता है। उसकी मुरली की धुन सुनकर चित्त ठौर-ठिकाने ही नहीं रह पाता।

२३२०/३५०४ राग काकी

साँवरौ सलोनौ अति, नंद कौ कँवरै री।
चंदन की खौरि भाल, भौंहैं हैं जबरै री।
कुंतल कुटिल छबि, राजत झबरै री।
लोचन चपल तारे, रुचिर भँवरै री।
मकर-कुँडल गंड, झलमल करै री।
मनहुँ मुकुर बीच, रबि-छबि बरै री।
नासिका परम लोनी, बिंबाधर तरैं री।
तहाँ धरी मुरली सौं, नाना रंग भरैं री।
जमुना कैं तीर ग्वाल-संगहिं बिहरै री।
अबहीं मैं देखि आई, बंसीबट तरैं री।
पिचकारी कर लिए, धाइ अंग धरै री।
नैननि अबीर मारैं, काहू सौं न डरै री।
बातनि हरत मन, राग ह्वै कै ढरै री।
'सूरज' कौ प्रभु आली, चित तैं न टरै री॥

सखी, नंद का साँवला कुँवर अत्यंत सलोना है। उसके माथे पर चंदन की आड़ी तिरछी खौर है। उसकी भौंहे अत्यंत सबल हैं, बंक हैं। उसके बाल टेढ़े और घुँघुराले हैं। उसकी आँखें बड़ी चंचल हैं। उन आँखों के तारे तो जैसे (कमल में बंद) भ्रमर हों। उसके कपोलों पर मछली के आकार के कुंडल झलमलाए जा रहे हैं, मानो दर्पण में सूर्य की छवि प्रोज्वल हो रही हो। उनकी नाक परम लावण्यमयी है। उस नाक के नीचे बिंबा फल के समान लाल-लाल होठ हैं। उन अधरों पर रखी हुई बाँसुरी नाना प्रकार के रंग भर रही है, अनेक प्रकार के सुर और तान निकाल रही है। वह ग्वाल-बालों के साथ यमुना-तट पर बिचरण कर रहा है। मैं अभी-अभी उसे बंशी-बट के नीचे देखती आ रही हूँ। वह हाथ में पिचकारी लिए हुए हैं और दौड़कर अंग (उरोज) पकड़ लेता है। वह आँखों में अबीर झोंक देता है और किसी से भी नहीं डरता। वह अपनी लच्छेदार बातों से मन हर लेता है और अनुराग बनकर सबके हृदयों में ऐसा लुढ़क जाता है कि हे सखी, वह चित्त से उतरता ही नहीं।

२३२१/३५०५ राग काफी

नंद कैं नँदन आली, मोहिँ कीन्हीं बावरीं।
कहा करौं, चित्त क्यौं हूँ रहत न ठाँव री।
बिहरत हरि जहाँ, तहाँ तुहूँ आव री।
निसिहँ बासर आली, मोकौं यहै चाव री।

जमुना भरन जल जाइँ, यहैं दाँव री।
गुरु-पुर-जननि सौं, और न उपाव री।
काफी राग मुख गावै, मुरली बजाइ री।
धुनि, सुनि तनु भूली, अति ही सुहाइ री।
चंदन कपूर चूर, फेंटनि भराइ री।
सौंधैं भरि पिचकारी, मारत है धाइ री।
आतुर ह्वै चलि, और जाइ कि न जाइ री।
चित न रहत ठौर, और न सुहाइ री।
मिलि प्रभु 'सूरज' कौं, सकुच गँवाइ री।
लाज डारि, गारी खार, कुल बिसराइ री॥

हे सखी, नंद-नंदन ने तो मुझे पगला दिया है। क्या करूँ, चित्त किसी प्रकार ठौर ठिकाने पर नहीं रह पा रहा है। जहाँ हरि विचरण कर रहे हैं, मैं वहाँ चल रही हूँ, तू भी वहाँ चली चल। रात दिन मेरे मन में यही चाव, इच्छा, बनी रहती है कि उन्हें देखती रहूँ। उनको देख पाने का यही एक दाँव, उपाय, है कि जमुना जी में जल भरने चला जाय। गुरुजनों की झिड़की और पुरजनों की फबती से बचने का यही एक उपाय है। वह मुरली बजाकर काफी राग में गाता है। मुझे वह राग बहुत अच्छा लगता है और मैं उस धुन को सुनकर तन की सुधि और मन की बुधि भूल जाती हूँ। वह अपने फेंटे में चंदन और कपूर का चूर्ण भरे रहता है। और सुगंधित रंग से भरी पिचकारी दौड़ा दौड़ाकर, मारता है। जल्दी से मेरे साथ चली चल, और कोई जाय चाहे न जाय। हम दोनों चली चलें। चित्त स्थिर नहीं है, चंचल हो रहा है। दूसरा कुछ अच्छा नहीं लग रहा है। लाज बीज खोकर श्याम से चलकर मिल। लाज दूर फेंक के, गुरुजनों की गाली खा ले, कुल की मर्यादा को भुला दे। आ, चली चल।

२३२२/३५०६ राग कल्यान

खेलत हरि ग्वाल-संग फागु रंग भारी।

इक मारत, इक तारत; इक भाजत, इक गाजत, इक धावत, इक पावत; इक आवत मारी।
इक हरषत इक लरखत, इक परखत घातहि कौ, लोचननि गुलाल डारि, सोधौं ढरकावैं।
एक फिरत संग संग, इक इक न्यारे बिहरत, डरत दाँव दीबे कौं, वै ज्यौं नहिं पावैं।
इक गावत, इक भावत; इक नाचत, इक राँचत, इक कर मिरदंग ताल, गति-जति उपजावै।
इक बीना, इक किन्नरि; इक मुरली, इक उपंग; इक तुंबुर, इक रबाब, भाँति सौं बजावै।
इक पटह, इक गोमुख; इक आवझ, इक झल्लरि, एक अंमृत कुंडली, इक डफ कर धारै।
'सूरज' प्रभु बल मोहन, संग सखा बहु गोहन, खेलत वृषभानु पौरि, लिए जात टारे॥

हरि ग्वाल-बालों के साथ गहगड्ड होली खेल रहे हैं। एक सखा पिचकारी मार रहा है; एक सखा ताड़ रहा है कि किसको पिचकारी मारें; एक दौड़ा रहा है; एक गर्जना करके ललकार रहा है—इसे मारो, जाने न पावे। एक भाग रहा है, एक उसे पकड़ रहा है। एक

पिचकारी मारकर लौटा आ रहा है। जो पिचकारी मार रहा है। एक हर्षित हो पिचकारी मार रहा है। जिसपर पिचकारी की मार पड़ी है, वह लड़खड़ाकर गिरा जा रहा है। एक पिचकारी मारने के अवसर की, घात की, प्रतीक्षा कर रहा है। वे एक दूसरे की आँखों में अबीर झोंके जा रहे हैं और सुगंधित अरगजा एक दूसरे पर लुढ़काते जा रहे हैं। कुछ लोग झुंड बनाकर घूम रहे हैं। कुछ लोग अलग अलग, अकेले अकेले ही चक्कर काट रहे हैं कि लोग उन्हें पकड़ न पावें और उन्हें दाँव न देना पड़े। एक होली गा रहा है। एक को होली का यह गीत अच्छा लगा जा रहा है। एक नाच रहा है, एक उस नाच पर रीझा जा रहा है। किसी के हाथ में मृदंग है, किसी के हाथ में ताल; वे इन बातों पर संगीत की गति और यति उत्पन्न किए जा रहे है। बाजे की गति के बाद बीच-बीच में क्षणिक विराम होता जाता है और वह गत फिर बजती जाती है। कोई वीणा, कोई किन्नरी (सारंगी), कोई बाँसुरी, कोई उपंग (चंग), कोई तुंबुर, कोई रबाब भलीभाँति बजाए जा रहा है। कोई हाथों में पटल (ढोल), कोई गोमुख (नरसिंहा), कोई आवझ (तासा), कोई झालरि, कोई अमृतकुंडली, कोई डफ लिए हुए बजा रहा है। बलराम और कृष्ण, बहुत से सखाओं को संग लिए हुए वृषभानु के दरवाजे पर होली खेल रहे हैं। उनके साथ टार (होली का भँड़ुवा) भी है।

२३२३/३५०७ राग आसावरी

सुनतहिं वृषभानु-सुता जुवति सब बुलाईं।
आए बलराम स्याम, आईं तजि काम बाम, धाम-धाम तैं आतुर, सात नव बनाई।
हरषत सब ग्वाल बाल, अरस परस करत ख्याल, इक मारत, इक भाजत, राजति बहु जोरी।
उततैं निकसी कुमारि, संग लिए विपुल नारि, कोउ-कोउ नव जोबन भरी, कोउ-कोउ दिन थोरी।
इत उत मुख दरस भयौ, पिय पूरन काम कियौ, मानौ ससि उदै भयौ, आनँदित चकोरी।
उत जेरी धरे ग्वार, बाँसनि इत परी मार, इहिँ छबि नहिँ वार-पार, सोर झोर झारी।
उत होरी पढ़त ग्वार, इत गारी गावत ये, नंद नाहिँ जाये तुम, महरि गुननि भारी।
कुलटी उनतैं को है, नंदादिक मन मोहै, बाबा वृषभानु की वै, 'सूर' सुनहु प्यारी॥

होली का यह हुड़दंग सुनते ही वृषभानु की बेटी राधा ने आसपास की सभी युवतियों को बुला लिया। जब उन्होंने सुना कि बलराम और श्याम होली खेलने आए हैं, तब वे घर के सभी काम-धंधे छोड़-छोड़कर, घर-घर से बड़ी उतावली के साथ, सोलह सिँगार साजे हुए आ गईं। उन ग्वालिनों को देखकर ग्वाल-बाल परम प्रसन्न हो उठे। उनमें से कुछ 'अरस परस' (आँख-मुदौवल) का खेल खेलने लगे, कोई दूसरे पर पिचकारी मारने लगा, कोई पिचकारी की उस मार से बचने के लिए भागने लगा। इस प्रकार ग्वालों की बहुत सी जोड़ियाँ बन गईं। उधर से वृषभानु कुमारी साथ में बहुत सी तरुणियों को लिए हुए निकल आईं। इनमें से कुछ अल्प-वयस्का मुग्धाएँ थीं। दोनों दलों का आमना-सामना हो गया। प्रिय, कृष्ण ने अपार दर्शन देकर सबकी मनोकामनाएँ पूरी कर दीं, मानो चंद्रोदय हुआ देखकर चकोरियाँ आनंद-मग्न हो गई हैं। उधर ग्वाल-बाल गायें हाँकने की छोटी-छोटी जेरी (लकुटी) लिए हुए बचाव करने लगे; उधर इन पर सखियों की ओर से आँखों की, लट्ठों की मार, पड़ने

लगी। इस शोभा का कोई आदि अंत नहीं। इस समय भारी शोर- गुल मच गया। उधर ग्वाल लोग होली गा रहे थे, इधर गोपियाँ गाली गाए जा रही थीं—तुमको नंद ने नहीं जनमाया है, तुम्हारी मैया महरि यशोदा बड़ी गुनी है। उनसे बढ़कर कुलटा कौन है, वे नंद आदि का मन मोहे हुए हैं। ये राधा तो बाबा वृषबानु की बड़ी दुलारी बेटी हैं ही।

२३२४/३५०८ राग गुंड मलार

खेलत रंग रह्यौ, एक ओर ब्रज सुंदरि, एक ओर मोहन ।
बरन-बरन ग्वाल बने, महर-नंद गोप जने, इक गावत, इक नृत्तत, इक रहत गोहन ।
बाजत मिरदंग तार, अरस-परस करैं बिहार, सोभा नहिं वार-पार, इक-इक दै सौंहन ।
कनक-लकुट करनि लिए, धाईं सब हरषि हिये, व्रज-ललना, 'सूरज' प्रभु, मन-मन मिलि मोहन ।

एक ओर व्रज सुंदरियाँ थीं, एक ओर व्रजमोहन। होली के इस खेल में बड़ा आनंद आ रहा था। नंद महर के यहाँ के गोपों के रंग-रंग के दल थे। एक होली गा रहा था। एक नाच रहा था, एक केवल साथ दे रहा था। मृदंग और ताल बज रहे थे। वे सौगंध दे देकर एक दूसरे को छू-छूकर आनंद मनाए जा रहे थे। इस शोभा का कोई अंत नहीं था। सोने की छड़ियाँ लिए हुए, व्रज ललनाएँ, हृदय में हर्षित होकर, मन ही मन मोहन से मिलकर, दौड़ पड़ीं।

२३२५/३५०९ राग सारंग

हो हो हो हो होरी, करत फिरत व्रज खोरी, मोहन हलधर जोरी, सुवन नंद कौ री ।
ग्वाल-सखा सँग ढोरी, लिए अबीर कर झोरी, मारि भजत जिहिं जोरी, दाँव लेत दौरी ।
इक गावत हैं धमारि, इक एकन देत गारि, दई सबनि लाज डारि, बाल, पुरुष, छोरी ।
सौंधे अरगजा कीच, जहाँ तहाँ गलिनि बीच, एक एक ऊँच नीच करत रंग झोरी ।
इक उघटति, इक नृत्यति, एक तान लेति उपज, इक दै कर ताल हरषि, गावति है गोरी ।
'सूरदास' प्रभु कौ सुख निरखि हरष व्रज-ललना, सुर-ललना सुरनि सहित बिथकित भई बौरी ॥

'होरी है, होरी है' कहते हुए नंद के पुत्र कृष्ण और हलधर बलराम की जोड़ी, व्रज की खोर में घूमती फिर रही थी। साथ में हिलते-डुलते मतवाले ग्वाल-बाल, हाथ में अबीर की झोली लिए हुए थे। जिसके ऊपर अबीर भरी मुट्ठी की मार पड़ जाती थी, वह दौड़ाकर उससे अपना दाँव लिए ले रहा था, उस पर वह भी मुठी भर अबीर उछाल फेंकता था। एक धमार गा रहा है, एक दूसरे को गाली दे रहा था, सबने चाहे वे बालक हों, स्त्री हों, या पुरुष, या छोकड़ियाँ हों, लज्जा उतार फेंकी थी। जहाँ-तहाँ गलियों के बीच में सुगंधित अरगजा की कीच फैल गई थी। झोली का रंग ऊँचनीच, छोटे बड़े सभी की एक रंग में बदले दे रहा था। यहाँ ऊँच-नीच का भेद नहीं रह गया था। कोई गोरी ताल दे रही थी, कोई नाच रही थी, कोई तान दे रही थी, कोई प्रसन्न होकर ताली बजाकर गा रही थी। व्रज-बालाएँ प्रभु का सुख देखकर प्रसन्न हो उठीं। देवताओं के सहित देवियाँ सुधि-बुधि भूलकर बावली हो गई, पगला गई।

२३२६/३५१० राग बिलावल

खेलत मोहन फाग भरे रँग। डोलत सखा-समूह लिए सँग ॥
नंदराइ सौं बिनती कीनी। स्याम एक की आज्ञा लीन्ही ॥
अगनित तब पिचकारि गढ़ाईं। कंचन रतन बबा पै पाईं ॥

मन सहसक केसरि लै दीन्हौं। असित सुगंध अरगजा लीन्हौ ॥
गोपनि बैठि औसरे कीन्हे। गाइ चरावन कौं संग लीन्हे ॥
तबहिँ अनंत सखा गन साजे। सकल सँवारि संग लिए बाजे ॥
घर-घर ध्वजा पताका बानी। तोरन वारन वासौं ठानी ॥
बरन पचासक अबिर सँवारे। बीथिनि छिरकि तहाँ बिस्तारे ॥
मोहन चरन धरत तहँ आवैं। द्वारैं जुरि जुवती मिलि गावैं ॥
निरखि भरन कौं सब मिलि धाकैं। मोहन इत तैं सखा सिखावैं ॥
नाहिँ गात, बिस्तर नहिँ राखैं। भरि नीकैं करि, मुख कछु भाखैं ॥
बैठे जहाँ गोप सब राजैं। आवत देखि सबै उठि भाजैं ॥
मोहन पै कोउ जान न पावैं। महा मत्त गजबर ज्यौं धावैं ॥
सब मिलि बोलत हो हो होरी। छिरकत चंदन बंदन रोरी ॥
एक द्यौस गोपी जुरि आईं। घरही मैं घेरे हरि जाई ॥
इक भीतर, इक रही दुवारैं। एक जाइ लागी पिछवारैं ॥
एक इहाँ चहुँ दिसि तैं घेरे। एक पैठि मंदिर मैं हेरे ॥
एक लिए कर कमल बिराजै। पसरै किरनि कोटि ससि भ्राजै ॥
एक लिए सिर सौंधे गागरि। फेंट अबीर भरे बहु नागरि ॥
सारी सुभग काछ सब दिये। पाटंबर गाँती सब हिये ॥
एकनि जाइ दुरे हरि पाए। सैन देइ राधिका बताए ॥
करत कुलाहल हरि गहि ल्याईं। फूलीं ज्यौं निधनी धन पाईं ॥
एक गहे कर दोऊ हरि के। हलधर देखि उतहिँ कौं सरके ॥
केसरि अरु गुलाल मुख लायौ। पूरन चंद उदै करि आयौ ॥
पीत-अरुन रँग नाए सिर तैं। चली धातु मनु साँवर गिर तैं ॥
एक भरे पिचकारी ताके। देत स्त्रवन में नंदलला के ॥
ब्रज-जन सकल सुधा-रस पीते। ऐसी भाँति पहर द्वै बीते ॥
देखी निकट राधिका प्यारी। तब हरि लीला और बिचारी ॥
तब हरि जाइ दुरे उपवन मैं। चलीं नाइका कुंज-सदन मैं ॥
करतिँ कुलाहल ब्रज की नारी। देखत चढ़े कदंब बिहारी ॥
कबहुँक मुरली मधुर बजावैं। स्त्रवन सुनत जितहीं तित धावैं ॥
जब हरि जानी निकटहिँ आईं। डर तैं तब वै रहे लुकाई ॥
कुंज-कुंज कोकिल ज्यौं टेरैं। सुनि-सुनि नाद मृगी त्यौं हेरैं ॥
कबहूँ फिरि आपुस मैं खेलतिँ। सकल सुगंध परस्पर मेलतिँ ॥
झुके बचन कहतीं बिनु पाए। कहतिँ कछू राधिका लगाए ॥
करिनि भाज वर-वन-भय जैसैं। जाइ डुलति बन-बन मैं तैसैं ॥
तब हरि भेष धर्‌यौ जुवती कौ। सुंदर परम भावतो जी कौ ॥

सारी कंचुकि केसरि टीकौ। करि सिँगार सब फूलनि हीकौ ॥
कर राजित कंदुक नवला सी। छूटी दामिनि ईषद हाँसी ॥
सकल भूमि बन सोभा पाई। सुंदरता उमँगी न समाई ॥
ब्रज-नारी ता सोभा सौंही। रहीं ठगी सी रूप-बिमोही ॥
एक कहति हरि के से नैना। एक कहति वैसेई बैना ॥
बूझति एक कौन की नारी। विधि की सृष्टि नहीं तू न्यारी ॥
तब हरि कहत सुनहु ब्रजबाला। बोलत हँसि-हँसि बचन रसाला ॥
हम तुम मिलि खेलहिँ सब जानतिँ। राधा आली मोहिँ पहिचानतिँ ॥
हौं हूँ संग तिहारैं खेली। जानति हौंहू जान सहेली ॥
अबही कीरति महिर पठाई। राधा इकली खेलन आई ॥
अब इक बात कहौं हौं जी की। हौं जानति हौं छल हरि पी की ॥
सघन विपिन ऐसैं कहँ पावहु। सब मिलि एक संग जनि धावहु ॥
सुनत सोर कत रहिहैं नैरें। कोटि करौ पावहु नहिँ हेरैं ॥
द्वै-द्वै न्यारी-न्यारी डोलहु। तनक मूँदि कर मुख, जनि बोलहु ॥
जाइ अचानक ही गहि ल्यावहु। सखी एक ज्यौं त्यौं करि पावहु ॥
राधा कौं भुज गहि कै लीन्ही। ऐसैं सबकौ द्वै द्वै कीन्ही ॥
मौन प्रवेस कियौ तब बन मैं। हरि कौ रूप राखि निज मन मैं ॥
और सखी खोजति सब कुंजनि। राधा हरि बिहरत सुख पुंजनि ॥
राधा आवति देखि अकेली। तबहिँ बहुरि एक बैठि सकेली ॥
तब बूझति वृषभानु-दुलारी। सखी संग की कहाँ बिसारी ॥
अति गह्वर मैं जाइ परीं हम। सूर्य न सूझत, भयौ निसा तम ॥
ता ठाहर तैं हौं भई न्यारी। फिरि आई डरपी हिय भारी ॥
पुहुप बाटिका हौं फिरि आई। मुकुट दीठि तहँ हौं इत धाई ॥
ता ठाहर जौ ठाढ़े पावहिँ। चलौ जाइँ धाई गहि ल्यावहिँ ॥
नारी बात सुनत ही धाईं। घेरि लिए कोकिल सुर गाईं ॥
जाहु कहाँ अब अकेले पाए। सकल सुगंध सीस तैं नाए ॥
एक रूप-माधुरी निहारहिँ। एक कटाच्छ नैन-सर मारहिँ ॥
एक सुमन लै ग्रंथति माला। सोभित सुंदर हृदय बिसाला ॥
खेलत आए पुलिन सुहाए। बैठे तहँ मंडली बनाए ॥
मोहन नव ससि मध्य बिराजै। देखि 'सूर' कोटिक छबि छाजै ॥

मोहन रंग में आकर मस्ती से भरे हुए फाग खेल रहे थे। वे मित्रों को साथ लिए चले रहे थे। कृष्ण ने नंद बाबा से विनती की कि मुझे एक पिचकारी ला दीजिए, तब नंद बाबा ने अगणित पिचकारियाँ मँगवा दीं। उनमें सोना और रत्न जड़ा था। नंद बाबा ने एक हजार मन केसर ला दी। काला सुगंधित अरगजा बना लिया गया। कृष्ण ने ग्वाल बालों की

प्रतीक्षा की और चराने के लिए गौवें साथ में ले लीं। तभी अगणित सखा सजे-बजे, साथ में ठीक-ठाक करके तरह-तरह के बाजे लिए हुए आ गए। घर-घर पर रंग-बिरंगी ध्वजा और पताकाएँ लगा दी गईं। उन्हीं ध्वजाओं से फाटक और वंदनद्वार बना दिए गए। पचासों रंग के अबीर तैयार कर लिए गए। गलियों में वह अबीर छिरक कर फैला दिया गया।

मोहन उन अबीर से भरी हुई गलियों में पैर रखते हुए आए और अपने-अपने दरवाजों पर खड़ी युवतियाँ मिल-जुलकर गाने लगी। श्याम को देखकर वे सब युवतियाँ उन्हें अंक में भरने के लिए, पकड़ने के लिए दौड़ पड़ीं। इधर मोहन ने अपने सखाओं को सिखा पढ़ा कर भगा दिया। नवेलियाँ चाहती थीं कि कृष्ण का न तो कोई वस्त्र रँगने से बच पाए और न उनका शरीर ही रंग से बचा रह जाय। वे उन्हें अच्छी तरह पकड़ लें और जो कुछ मुँह से निकले, गाली भी दे लें। जहाँ सब गोप बैठे हुए थे, गोपियों को अपनी ओर आता देख वहाँ से सब दौड़ पड़े और उन्होंने चारो ओर से मतवाले हाथियों की तरह दौड़ते हुए उन्हें घेर लिया। कोई भी व्रज-वधूटी श्याम तक नहीं पहुँच पाई। सभी ग्वाल मिलकर 'होरी है भाई होरी है' कहने लगे और चंदन वंदन, रोरी छिरकने लगे।

एक दिन सभी गोपियाँ इकट्ठी हुईं और उन्होंने मंत्रणा की कि हरि को उनके घर ही जाकर घेरा जाय। तब एक गोपी यशोदा के घर में घुस गई, एक दरवाजे पर खड़ी हो गई। एक घर के पिछवारे चली गई। कुछ एक ने चारो दिशाओं से घेर लिया। कुछ एक घर में घुसकर श्याम को खोजने लगी। एक के हाथ में एक ऐसा कमल था, जिसकी किरणों के प्रसार से करोड़ों चंद्रमा चमक उठें। एक अपने सिर पर सुगंधित अरगजा से भरी हुई गगरी लिए हुए थी। बहुत सी नागरियाँ अपने फेंटों में अबीर भरे हुए थीं। उन सब ने सुंदर साड़ी की कछनी काछ रखी थी। उन्होंने अपने बालों पर रेशम की गाँती (गात्री, गात्र रसिका) बाँध रखी थी।

एक ने हरि को छिपा हुआ देख लिया। उसने इशारे से राधा को बता दिया। गोपियाँ कोलाहल करती हुई हरि को पकड़ ले आईं। वे परम प्रसन्न हो उठी थीं, मानो किसी कंगाल को बहुत बड़ा धन मिल गया हो। एक ने हरि के दोनों हाथ पकड़ रखे थे। बलराम ने हरि को पकड़ा गया देखा, तो वे धीरे से वहाँ से खिसक गए।

गोपियों ने श्याम के मुख पर केसर और अबीर मल दिया। उस समय श्याम का मुँह ऐसा लग रहा था जैसे पूर्णिमा का चंद्रमा निकल आया हो। गोपियों ने श्याम के सिर पर पीले और लाल रंग की गागर उँड़ेल दी। ऐसा लगा जैसे किसी काले पहाड़ के शिखर से गेरू की धारा बह चली हो, एक ने पिचकारी भरकर, ताककर (निशाना साधकर) नंदलाल के कान पर मार दी। इस दृश्य को देखकर सभी व्रजवासी अमृत-सा पीने का आनंद लेने लगे। इसी प्रकार दोपहर बीत गया। हरि ने प्यारी राधिका को अपने पास ही पाया। अब उन्होंने कुछ और ही लीला करने की योजना अपने मन में बना ली। तब हरि घर से बाहर निकल कर उपवन में जा छिपे। तब वे व्रज सुंदरियाँ भी कुंज-भवन की ओर चल पड़ी। वे व्रजनारियाँ अत्यंत कोलाहल कर रही थीं। उनके देखते-देखते श्याम एक कदंब पर चढ़ गए। वे पेड़ पर बैठे-बैठे कभी मधुर स्वर में मुरली बजाने लगते थे। गोपियाँ मुरली का स्वर सुनकर इधर-उधर दौड़ने लगीं। जब हरि ने जाना कि गोपियाँ निकट आ

गई हैं। तब वे उनके डर के मारे वहीं छिप रहे। गोपियाँ एक कुंज से दूसरे कुंज तक उन्हें कोयल के समान कूकती हुई ढूँढ़ती रहीं। मुरली का स्वर सुनकर वे वीणा-नाद पर मोहित हिरनी के समान श्याम को खोजने लगीं। कभी ये आपस में ही रंग खेलने लगती थीं और सारी सुगंधि आपस में लगाने लगती थीं। हरि को न पाकर वे खीझकर कहने लगीं—'राधा ने उन्हें कुछ क़हकर बहका दिया है।' वे एक वन से दूसरे वन में इस प्रकार घूमती फिर रही थी; जैसे हथिनियाँ दावानल से ग्रस्त वन से डर कर भागती हैं।

तब हरि ने जी को लुभाने वाला परम सुंदरी युवती का भेष धारण कर लिया। उन्होंने साड़ी पहन ली, चोली बाँध ली, माथे पर केसर का टीका लगा लिया। फूलों से ही, अपना सारा सिंगार पटार कर लिया। वह हाथ में गेंद लिए हुए एक नवेली से लगने लगें। उनकी मंद-मंद हँसी से बिजली सी छूटी पड़ रही थी। सारी वन-भूमि उस नवेली की छवि से सुशोभित हो उठी। सुंदरता तो जैसे लहरा उठी और समा न रही हो। उस शोभा के आगे तो व्रजनारियाँ मोहित होकर ठगी सी रह गईं।

एक कहने लगी इस नई नवेली की आँखें तो श्याम सलोने की आँखों जैसी हैं। दूसरी बोली इसकी बोली भी कृष्ण की बोली से मिलती जुलती है। एक ने पूछ ही दिया—तुम किसकी पत्नी हो? तू तो व्रह्मा की बनाई नहीं लगती, तू तो सारी सृष्टि से एक दम अलग है। तब हरि हँस-हँसकर मधुर वाणी से बोले—हे व्रज-बालाओ, सुनो। हम तुम तो बराबर एक साथ खेलते रहे हैं, तुम सब इस बात को जानती हो। आज तुम मुझे भले ही न पहचान पाओ, पर राधा सखी तो मुझे भली भाँति पहचानती हैं। मैं तुम्हारे साथ भी खेल चुकी हूँ। मैं भी तुम्हें पहचान रही हूँ कि तुम मेरी सखी हो। आज राधा अकेले ही खेलने चली आई है। इसीलिए कीरति महरि ने मुझे भेजा है। अब मैं तुमसे अपने जी की एक बात कह रही हूँ। मैं पिया हरि के छल को जानती हूँ। इस घन वन में तुम उन्हें कहाँ पाओगी। इसलिए तुम सब एक साथ मिलकर मत दौड़ो। वे तुम्हारा शोर सुनकर पास क्यों रहेंगे? कोटि उपाय करो, तुम उन्हें ढूँढ़ नहीं पाओगी। इसलिए तुम सब दो दो की टोली बना लो। अपना मुँह अपने हाथों से बंद कर लो और कुछ भी आवाज न करो। जाकर अचानक ही उन्हें पकड़ लो। हे सखियों, इसी उपाय से तुम उस अकेले श्याम को पकड़ पाओगी।

तब श्याम-सखी ने राधा की बाँह पकड़कर अपनी जोड़ी बना ली। इसी प्रकार उन्होंने सब सखियों की दो दो की टोलियाँ बना दीं। तब सखियों की सारी टोलियाँ मौन धारण किए हुए, हरि का रूप मन में बसाए हुए, हरि को खोजने के लिए वन में प्रविष्ट हो गईं। और सभी सखियाँ तो हरि को कुंजों में खोजने लगीं। उधर हरि और राधा सुख लूटने लगे।

राधा को अकेली आते देखकर, सब सखियाँ सिमटकर एक स्थान पर बैठ गईं और राधा से पूछने लगीं—'हे वृषभानु-दुलारी, अपने संग की सखी को कहाँ बिसरा आई।' तब राधा ने कहा—हम अत्यंत गहरे वन में पड़ गई थी। वहाँ सूर्य भी नहीं दीख पड़ता था, रात का घोर अंधकार छाया हुआ था। उसी जगह से मैं उससे अलग हो गई, बिछुड़ गई और मन में अत्यंत डरी हुई वापस आ गई हूँ। मैं लौटकर पुष्प-वाटिका में आ गई। वहाँ मैंने दूर से ही कृष्ण का मोर पंख वाला मुकुट देखा और दौड़ी हुई यहाँ चली आई। हो

सकता है ये उस स्थान पर खड़े मिल जायँ। दौड़कर चली चलो और उन्हें पकड़ लाया जाय।

राधा की बात सुनते ही व्रजनारियाँ दौड़ पड़ी और कृष्ण को घेर ही लिया। फिर ये कोकिल की सी मधुर वाणी में बोल पड़ीं—अब कहाँ जाओगे, आज अकेले में खूब मिले हो। ऐसा कहकर कृष्ण के सिर पर सुगंधित अरगजा उँड़ेल दिया। एक गोपी कृष्ण की इस रूप-माधुरी को निहारने लगी। एक उन पर अपने कटाक्ष का बाण चलाने लगी। एक फूल ले-लेकर माला गूँथने लगी और कृष्ण के सुंदर विशाल वक्ष पर पहना दिया। खेलते हुए वे यमुना के किनारे आ गए। वे वहाँ मंडलाकार बैठ गए। मोहन सबके बीच द्वितीया के चंद्रमा के समान सुशोभित हो रहे थे। उन्हें देखकर ऐसा लगता था जैसे उनमें करोड़ों सूर्यों की छवि आ समाई है।

२३२७/३५१४ राग नट नारायन

हो हो हो हो लै लै बोलैं। गोरस केरे माते डोलैं॥
ब्रज कै लरिकनि संग लिये जोलैं। घर घर केरे फरके खोलैं॥
गोपी ग्वाल मिले इक-सारी। बचत नहीं विनु दीन्हे गारी॥
आनि अचानक अँखियाँ मीचैं। चंदन बंदन ऊपर सींचै॥
जो कोउ जाइ रहै घर बैसै। करि बरियाइ तहाँ हू पैसैं॥
हाथनि लिए कनक पिचकारी। तकि-तकि छिरकत मोहन प्यारी॥
कुमकुम कीच मची अति भारी। उड़ति अबीरनि रँगी अटारी॥
अति आनंद भरे सब गावैं। नाना गति कौतुक उपजावैं॥
मोहन गहि आने मिलि धाइ। फगुआ हमकौं देहु मँगाइ॥
मागत कुसुम-हार उर टूटे। पीतांबर गहने दै छूटे॥
सोभा सिंधु बढ्यौ अति भारी। छबि पर कोटि काम बलिहारी॥
'सूरदास' प्रभु कौ रस होरी। बसौं कहँ लानी मो मति थोरी॥

व्रज के लड़कों का झुंड साथ में लिए हुए; दूध, दही मट्ठा पीकर मतवाले हुए, 'हो हो होरी', 'ले ले, जाने न पावें', बोलते हुए कृष्ण घर-घर के फरके (फाटक) खोलते हुए घूम रहे थे। गोपी और ग्वाल दोनों एक से थे। जैसे ग्वाल, वैसी ही गोपियाँ। कोई भी एक दूसरे से कम नहीं। कोई भी बिना गाली खाए उनसे बच नहीं पा रहा था। वे सभी को गाली दिए जा रहे थे। वे अचानक पीछे से आकर आँखें बंद कर लेते थे और ऊपर से चंदन और रोरी के मटके से उन्हें सींच देते थे, पूरा पूरा नहला देते थे। जो कोई इनसे बचकर छिपकर अपने घर में जा बैठ रहता था, ये वहाँ भी जबरी करके घुस जाते थे। हाथों में सोने की पिचकारी लिए हुए, मोहन प्यारे ताक-ताक कर, निशाना साध-साध कर, प्यारी गोपियों पर रंग छिड़कते जा रहे थे। गलियों और द्वारों पर कुमकुम की भारी कीच भर गई थी और उड़ते हुए अबीर से तो कोठे और अटारियाँ तक रँग उठी थीं। सभी अत्यंत आनंद में भरे हुए होली गाए जा रहे थे और मटक-मटक कर तरह-तरह के खेल करते जा रहे थे। इस बीच कुछ गोपियाँ ने आकर मोहनलाल को धर पकड़ा और कहने लगीं हमें फगुआ (होली की

भेंट) मँगा कर दो, तब हम तुम्हें छोड़ेंगी। भागते समय कन्हैया के गले की फूलों की माला टूट गई। उन्होंने अपने पीतांबर और गहने देकर अपनी जान छुड़ाई।

इस समय तो मानो शोभा का बहुत भारी समुद्र ही उमड़ आया था। इस छवि पर तो करोड़ों कामदेव निछावर किए जा सकते हैं। प्रभु की इस रसमयी होली का वर्णन तो थोड़ी बुद्धिवाला अंधा सूरदास कहाँ तक कर सकता है।

२३२८/३५१६ राग काफी

राधा मोहन रंग भरे हैं, खेल मच्यौ ब्रज खोरि।
नागरि संग नारि गन सोहैं, स्याम ग्वाल संग जोरि।
हरि लिए हाथ कनक-पिचकारी, सुरंग कुंकुमा घोरि।
उतहि माट कंचन रँग भरि-भरि, लै आईं तिय जोरि।
आतुर ह्वै धाईं, उत नागरि, इत बिचले सब ग्वाल।
घेरि लईं सब खोरि, साँकरी, पकरे मदन गुपाल।
गह्यौ धाइ चंद्रावलि हँसि कै, कह्यौ भले हो लाल।
जनि बल करौ, नैंकु रहौ ठाढ़े, जुरि आईं ब्रजबाल।
आईं हँसति कहति हरि येई, बहुत करत हे गाल।
क्यौं जू खबरि कहौ, यह कीन्हीं, करत परस्पर ख्याल।
काहू तुरत आइ मुख चूम्यौ, कर सौं छुयौ कपोल।
कोउ काजर, कोउ वंदन माँड़ति, हरषहिं करहिं कलोल।
कोउ मुरली लै लगी बजावन, मनभावन-मुख हेरि।
किनहूँ लियौ छोरि पट कटि तैं, बारत तन पर फेरि।
स्त्रवननि लागि कहति कोउ बातैं, बसन हरे तेइ आप।
काल्हि कह्यौ करिहै कह मेरौ, प्रगट भयौ सोइ पाप।
कोउ नैननि सौं नैन जोरिकै, कहति न मो-तन चाहौ।
अबहीं तुम अकुलात कहा हौ, जानहुगे मन लाहौ।
घेरि रही सरघा की नाईं, करति सबै मन-लाह।
इक बूझति, इक चिबुक उठावति, बस पाए हरि नाह।
पीतांबर मुरली लई तबही, जुवती-स्वाँग बनाइ।
देखत सखा दूरि भए ठाढ़े, निरखत स्याम लजाइ।
नख-छत-छाप बनाइ पठाए, जानि मानि गुन येहु।
'सूरस्याम' हमकौं जनि बिसरौ, चिन्ह यहै तुम लेहु॥

राधा और माधव दोनों होली के रंग में रँगे हुए हैं, पूरी मस्ती पर है। व्रज की गली में होली का खेल मचा हुआ है। एक ओर नागरी राधा और उनकी सहेलियाँ हैं; दूसरी ओर श्याम और उनके सखा ग्वाल बालों की जोड़ी है। हरि अपने हाथ में सोने की पिचकारी और लाल कुंकुम का घोल लिए हुए हैं। उधर गोपियाँ भी झुंड बनाकर सोने

के कलशों में रंग भर भरकर ले लेकर आ गईं। बड़ी फुर्ती से वे सभी चतुरा गोपियाँ दौड़ पड़ीं। उन्हें झुंड बनाकर अपनी ओर झपटती देखकर ग्वाल-दल में हड़बड़ी मच गई। साँकरी खोर में व्रज-वनिताओं ने उन सबको घेर लिया और मदन गोपाल को पकड़ ही लिया। चंद्रावली ने हँसकर उन्हें जा पकड़ा और कहा—'लाल, आज खूब पकड़ में आ गए हो। जोर मत लगाओ, बस चुपचाप खड़े रहो।' इतने में तो और सभी नवेलियाँ भी आकर एकत्र हो गईं। वे हँसती हुई आईं और कहने लगीं—'अच्छा, यही हरि हैं, जो बहुत गाल मारा करते थे, बहुत बढ़-बढ़कर बोला करते थे। अब बोलो, अब तो हमने तुम्हारी यह गति कर दी है। सारा बदला चुका लिया है।' यह कहकर गोपियाँ आपस में विचार करने लगीं। किसी ने तुरंत आकर कन्हैया का मुख चूम लिया। किसी ने अपने हाथ से उनका गाल छूकर मल दिया। किसी ने उनकी आँखों में काजल लगा दिया। किसी ने उनकी माँग में सिंदूर भर दिया। वे सभी प्रसन्न होकर क्रीड़ा करने लगीं। कोई उनकी मुरली लेकर बजाने लगी, और उनका लुभावना मुँह देखने लगी। किसी ने दौड़कर उनकी कमर का वस्त्र ही छीनकर उन्हें नंगा कर दिया। और उस वस्त्र को उनके मुँह के चारों ओर घुमाकर उन्हीं पर निछावर करने लगी। कोई उनके कान के पास अपना मुँह ले जाकर कहने लगीं—आप वही न हैं, जिसने एक दिन हमारा चीर-हरण कर लिया था। उस दिन कहा था—'तुम सब मेरा क्या कर लोगी? देखा न, हमने क्या कर लिया। आज उसी दिन का आपका पाप उदित हो गया है और आप भी नंगे हो गए हैं।' कोई आँख से आँख मिलाकर कहने लगी—'जरा मेरी ओर तो देखो। तुम अभी क्या छटपटाए जा रहे हो, जब तुम्हें मनचाहा फल मिल जायगा, तब जानोगे।' गोपियों ने कन्हैया को मधुमक्खियों की तरह घेर लिया था और उनके साथ मनमानी करती जा रही थीं। कोई उनसे व्यंगपूर्वक कुछ पूछती जा रही थी। कोई उनकी ठोढ़ी पकड़कर ऊपर उचकाए जा रही थी। उन्होंने हरि को अपने बस में पा ही लिया था। उन्होंने उनका पीतांबर और उनकी मुरली छीन ली और उनको नारी बना दिया। श्याम को नारी वेश में देखकर सखा लोग तो दूर जा खड़े हुए और अपने को नारी रूप में देखकर श्याम भी लजा गए। फिर गोपियों ने श्याम के वक्ष पर अपने नखों से खरोंच दिया और कहा—अब जाओ। हमारा इतना उपकार मानो कि हम तुम्हें नख-क्षत देकर ही छोड़ दे रही हैं। हम तुम्हें यह चिह्न इसीलिए दिए दे रही हैं, जिससे श्याम तुम हमें भूल न जाओ, सदा याद करते रहो कि ये चिह्न किसी ने दिए थे।

२३२१/३५१७ राग रागिनी टोड़ी

ग्वाल हँसे मुख हेरिकै, अति बने कन्हाई।
हलधर कौं लियो टेरि, आजु अति बने कन्हाई।
हो हो करि करि कहत हैं, अति बने कन्हाई।
रहे चहूँघा घेरि, आजु अति बने कन्हाई।
ऐसेहिं चलिए नंद पैं, अति बने कन्हाई।
बल की सौंह दिवाइ, आजु अति बने कन्हाई।
भुजा गहे तहँ लै गए, अति बने कन्हाई।
वह छबि बरनि न जाइ, आजु अति बने कन्हाई।

इत जुवती-मन हरत है, अति बने कन्हाई।
उतहिं चले ह्वै भोर, आजु अति बने कन्हाई।
और सखी आईं तहाँ, अति बने कन्हाई।
करि करि नैन चकोर, आजु अति बने कन्हाई।
महर हँसे छबि देखि कै, अति बने कन्हाई।
सुनि जननी तहँ आइ, आजु अति बने कन्हाई।
हँसि लीन्हो उर लाइ कै, अति बने कन्हाई।
आनँद उर न समाइ, आजु अति बने कन्हाई।
कछुक खीझि कछु हँसि कह्यौ, अति बने कन्हाई।
किन यह कीन्हौ हाल, आजु अति बने कन्हाई।
लेत बलैया वारि कै, अति बने कन्हाई।
ये ऐसिये ब्रजवाल, आजु अति बने कन्हाई।
रँग रँग पहिरावनि दई, अति बने कन्हाई।
जुवतिनि महर बुलाइ, आजु अति बने कन्हाई।
यह सुख प्रभु कौ देखिकै, अति बने कन्हाई।
'सूरदास' बलि जाइ, आजु अति बने कन्हाई॥

श्याम का नारी वेश में मुँह देखकर सब ग्वाल सखा हँस पड़े और कहने लगे—'आज तो कन्हैया जी का अत्यंत मनभावना रूप बन गया है।' उन्होंने श्याम के बड़े भाई बलराम को बुला लिया और कहा—'देखिए, श्याम तो आज खूब मनोहर रूप में हैं।' ग्वालबाल हो हो करके हँसे जा रहे थे और उन्होंने श्याम को चारो ओर से घेर रखा था। उन्होंने कृष्ण को बलदाऊ की शपथ खिलाते हुए कहा—'जरा इसी रूप में नंदबाबा के पास चले चलिए।' वे हरि की बाँह पकड़े हुए नंद बाबा के पास लेते गए। इस छवि का वर्णन नहीं करते बन रहा है। कहाँ तो वे व्रजयुवतियों का मन हरते फिरते थे, कहाँ आज वे स्वयं भोले भाले मूर्ख बन गए हैं। तब तक वहाँ और सारी सखियाँ आ गईं और अपने नयनों को चकोर बनाकर श्याम का मुख-चंद्र देखने लगीं। नंद महर कृष्ण का यह रूप देखकर हँस पड़े। उनकी हँसी और श्याम के नारी रूप की चर्चा सुनकर मैया यशोदा भी वहाँ आ गईं। उन्होंने हँसकर हरि को गोद में ले लिया। उनके इस रूप को देखकर उनके हृदय में आनंद उमड़ा पड़ रहा था, समा नहीं रहा था। उन्होंने कुछ खीझकर और कुछ हँसकर कहा—मेरे हरि का यह हाल किसने कर दिया है। किसने इसे नर से नारी बना दिया है और कन्हैया जी की बलैया लेती हुई कहने लगीं—'ये व्रजबालाएँ ऐसी ही नटखट हैं।' फिर बाबा नंद ने व्रज-वनिताओं को बुलाकर रंग-रंग के पहनावे फगुवा के रूप में दे दिए। प्रभु का यह सुख देखकर सूरदास बलि-बलि जा रहे हैं।

२३३०/३५१८ राग कल्यान

ब्रजराज लड़ैतो गाइयै, (मन) मोहन जाकौ नाउँ।
खेलत फागु सुहावनौ, (रँग) भीजि रह्यौ सब गाउँ।

ताल पखावज बाजहीं, डफ सहनाई भेरि।
स्त्रवन सुनत सब सुंदरी, झुंडनि आईं घेरि।
इतहिं गोप सब राजहीं, उत सब गोकुल-नारि।
अति मीठी मनभावती, देहिं परस्पर गारि।
चोवा चंदन छिरकहीं, उड़त अबीर गुलाल।
मुदित परस्पर खेलहीं, होहो बोलत ग्वाल।
सब गोपिनि हलधर पकरि, छाँड़े पाइ लगाइ।
दाऊ आजु भले बने, आए आँखि अँजाइ।
बहुरि सिमिटि ब्रजसुंदरी, पकरे गोकुलनाथ।
नव कुमकुम मुख माँड़िकै, बेनी गूँथी माथ।
तब नंदरानी बीच कियौ, (बहु) मेवा दिये मँगाइ।
पट भूषन दियौ सबनिकौ, निरखि 'सूर' बलि जाइ॥

आओ, अब उन व्रजराज का गुणानुवाद कर लिया जाय, जिनका नाम मनमोहन हैं। वे सुहावनी होली खेल रहे हैं। सारा गाँव रंग में नहा उठा है। ताल, पखावज, डफ, शहनाई, भेरी बज रहे हैं। बाजे की धुनि सुनकर सारी सुंदरियाँ झुंड बनाकर आ गईं। इधर गोप लोग सुशोभित हो रहे हैं, उधर गोकुल की सारी नारियाँ हैं। वे परस्पर अत्यंत मीठी मनभावती गालियाँ दिए जा रही हैं। वे चोवा चंदन छिड़क रहे हैं। अबीर और गुलाल उड़ता जा रहा है। ग्वाल 'हो हो होरी' कहते हुए प्रसन्न होकर होली खेले जा रहे हैं। गोपियों ने बलदाऊ को पकड़ लिया और जब उन्हें अपने पैरों पर गिरवा लिया, तभी छोड़ा। और कहने लगीं—आज तो दाऊ बहुत अच्छे लग रहे हैं, आँखों में काजल लगवाकर आए हैं। फिर व्रज-वधूटियों ने एक जुट होकर गोकुलनाथ कृष्ण को जा पकड़ा। उनके मुख पर अबीर मल दिया और उनकी चोटी गूंथकर उन्हें छोकरा से छोकरी बना दिया। तब नंदरानी यशोदा ने बीच-बचाव किया और मँगाकर गोपियों को बहुत सा मेवा फगुवा में दिया। इस छटा को देखकर सूरदास अपने को निछावर किए दे रहे हैं।

२३३१/३५१९ राग गौरी

ग्वालिनि जोबन-गर्व-गहेली। राधे कैं सँग कदम सहेली॥
कुमकुम उबटि कनक-तन-गोरी। अंग सुगंध चढ़ाइ किसोरी॥
दच्छिन चीर तिपाइ कौ लहँगा। पहिरि बिबिध पट मोलनि महँगा॥
कबरी कुसुम माँग मोतियनि मनि। केसरि-आड़ ललाट, भृकुटि घन॥
कज्जल-रेख नैन अनियारे। खंजन मीन मधुप मृग हारे॥
स्त्रवननि कुंडल रबि सम ज्योती। नकबेसरि लटकैं गज मोती॥
दसन अनार अधर बिंब जानौ। चिबुक चारु मूँद्यौ मधु मानौ॥
कँठ कपोत मुक्तावलि हार। जनु जुग-गिरि-बिच सुरसरि-धार॥
कुच चकवा, मुख-ससि-भ्रम भूले। बैठे बिछुरि दुहूँ अनुकूले॥

कर कंकन चूरा गजदंती। नख मेटत मनि-मानिक-कंती ॥
नाभी ह्रद, तन हाटक-बरनी। कटि मृगराज, नितंबिनि करनी ॥
कदली जंघ, चरन कल नूपुर। गवन-मराल करति धरनी पर ॥
भूषन अँग साजे सत नौ री। गावति फाग नंद की पौरी ॥
सुनि सुंदर बर बाहिर आए। हलधर ग्वाल गुपाल बुलाए ॥
इक तन नर, एक तन भईं नारी। खेल मच्यौ ब्रज कैं बिच भारी ॥
कुमकुम चंदन अरगज घोरे। हाथनि पिचकारी लै दौरे ॥
गोपी गोप भए झकझोरे। अंचल गाँठि परस्पर जोरे ॥
उड़त गुलाल अरुन भए अंबर। कुमकुम-कीच मची धरनी पर ॥
चंग मृदंग बाँसुरी बाजै। पकरत एक, एक भरि भाजै ॥
राधा मिलि इक मंत्र उपायौ। हलधर अपनी भीर बुलायौ ॥
कान लागि स्यामा समुझायौ। संकर्षन गहि स्यामहिँ ल्यायौ ॥
हरि के हाथ गहे चंद्रावलि। कज्जल लै आई संझावलि ॥
ललिता लोचन आँजन लागी। चंद्रभगा मुरली लै भागी ॥
इक लै लावति हरद कपोलनि। इक लै पोंछति ललित पटोलनि ॥
इक अवलंबति, इक अवलोकति। चुंबन दान देति इक दंपति ॥
मगन भईं अप बपु न सम्हारतिँ। लालन भुज अपनैं उर धारतिँ ॥
गुरुजन खरे सबै मिलि देखैं। तिनकौं तरुनी तृन सम लेखैं ॥
एक कहै पिय कौ मुख माँड़े। एक कहैँ फगुआ लै छाँड़े ॥
एक लियो पट पीत छुड़ाई। राधा राखति कृष्ण-बड़ाई ॥
सिमटे सखा छुड़ावन आए। उन लियौ ठेल, न मोहन पाए ॥
बाँसनि मार मची कर आड़े। ग्वाल टिके पग एक न छाँड़े ॥
बल कियौ बीच ग्वाल समुझाए। मोहन मेवा मोल मँगाए ॥
फगुआ लै लालन छिटकाए। हँसत गुपाल ग्वाल तहँ आए ॥
तब मोहन हलधर पकराए। करहु तरुनि अपने मन भाए ॥
नाक नयन मुख काजर लायौ। हरद कलस हलधर सिर नायौ ॥
बहुत भरे बलराम सबनि गहि। धोलागिरि मनु धातु चली बहि ॥
न्हान चले जमुना कैं कूल। गोपी गोप भए अनुकूल ॥
जो रस बाढ़्यौ खेलत होरी। सारद का बरनै मति-भोरी ॥
'सूरदास' सो कैसैं गावै। लीला-सिंधु पार नहिँ पावै ॥

राधा के साथ कदम मिलाती हुई सहेलियाँ चली आ रही हैं। वे ग्वालिनें जवानी के गर्व से चूर हैं। उन्होंने अपने शरीर पर कुमकुम (केसर) का उबटन लगाया है। वे स्वर्ण के समान गोरे शरीर वाली हैं। उन किशोरियों ने अपने अंगों पर सुगंधित द्रव्य लगा रखा है। उन्होंने मदुराई से आनेवाला दक्षिण का चीर और तिपाई के (धारीदार) लहँगे पहन

रखे हैं। उन्होंने अनेक प्रकार के अत्यंत बहुमूल्य रेशम के वस्त्र धारण कर रखे हैं। उनकी चोटियों में फूल गुँथे हुए हैं और उनकी माँग मोती और मणियों से भरी हुई हैं। उनके मस्तक पर केसर का पीला आड़ा तिरछा तिलक लगा हुआ है। उनकी भौंहें अत्यंत घनी हैं। उनकी आँखें नोकीली हैं, जिनमें काजल लगा हुआ है। उन नेत्रों से खंजन, मीन, भृंग और मृग सभी हार गए हैं। उनके कानों में स्वर्ण कुंडल लटक रहे हैं, जिनसे सूर्य के समान ज्योति विकीर्ण हो रही है। उनकी नासिका से नकबेसरि लटक रही है, जिसमें गजमुक्ता लगा हुआ है। उनके दाँत अनार के दाने सदृश हैं। और उनके होठों को तो पका लाल कुनुरू ही समझो। उनकी सुंदर ठुड्डियाँ ऐसे हैं जिनमें मानो मधु ढककर रख दी गई हो। उनकी ग्रीवा कबूतर जैसी है। उनकी छाती पर मोतियों का हार लटक रहा है। वह ऐसा लगता है मानो दो (कुच-) गिरि शिखरों के बीच से गंगाजी की धारा प्रवाहित हो रही हो। उनके उरोज चक्रवाक सरीखे हैं, जो उनके मुख को रात का चंद्रमा समझकर भ्रम में पड़ गए हैं और अलग-अलग दो कूलों पर जा बैठे हैं। उनके हाथ में कँगना है। उनके सिरों पर गजमुक्ता का चूड़ामणि है। उनके नखों की कांति तो ऐसी है, जो मणि और माणिक्य की भी कांति को मिटाए दे रही है। उनकी नाभि तो सरोवर जैसी है और उनका शरीर स्वर्ण वर्ण का है। उनकी कटि सिंह की सी पतली है और उनके पीन नितंब तो हथिनी के से हैं। उनकी जाँघ केले के खंभे से है। उनके पैरों में बढ़िया पायल हैं। वे धरती पर ऐसे चल रही हैं, जैसे हंसिनियाँ हों। वे अपने अंगों पर बारह आभरण और सोलह सिँगार सजाए हुए हैं। वे नंद के फाटक पर होली गाए जा रही हैं।

गोपियों का होली गीत सुनकर श्याम सुंदर घर से बाहर निकल आए। उन्होंने बलदाऊ को एवं अन्य ग्वाल बालों को बुलवा लिया। एक ओर पुरुष हो गए, एक ओर स्त्रियाँ। व्रज में होली का भारी खेल मच गया। कुमकुम (केसरि) और चंदन को घोलकर अरगजा बनाकर, हाथ में पिचकारियाँ लिए हुए लोग दौड़ पड़े। गोपी गोपों में गुत्थमगुत्था हो गया। और गोप गोपियों के आंचलों की गाँठ परस्पर जोड़ दी गई। अबीर इतना उड़ा कि आकाश लाल हो उठा। धरती पर कुमकुम की कीच ही कीच हो गई। चंग, मृदंग, बाँसुरी बजने लगी। एक एक को पकड़ता है। एक दूसरे पर रंग डालकर भाग जाता है।

राधा ने एक मंत्रणा की और बलराम को अपनी भीड़ में बुलवाया। उन्होंने दाऊ के कान में धीरे से अपनी योजना समझा दी। तब उस योजना के अनुसार संकर्षन (बलराम) श्याम को पकड़ लाए। चंद्रावली ने हरि का हाथ गहकर पकड़ लिया। संध्यावली काजल ले आई। ललिता कृष्ण की आँखों में काजल लगाने लगी। चंद्रभागा उनकी मुरली छीनकर भाग गई। एक हरि के गालों पर हल्दी पोतने लगी, दूसरी उस हल्दी को सुंदर साफ वस्त्र से पोंछने लगी। एक उनका सहारा लेकर उन पर झुक पड़ी, एक उनके अंग अंग को टकटकी लगाकर देखने लगी। एक अपने दंपति को चूमने लगी। वे प्रेम में मग्न हो गईं और अपना शरीर तक न सँभाल सकीं। वे प्रिय श्याम की बाँह पकड़-पकड़कर अपने वक्ष पर रखे ले रही थीं। वहाँ बड़े बूढ़े भी खड़े होकर यह सब दृश्य देख रहे थे, पर व्रज-तरुणियाँ उन गुरुजनों की तिनका भर भी परवाह नहीं कर रही थीं। एक कह रही थी पिया का मुँह खूब रँग दो। दूसरी कह रही थी—बिना फगुवा (फाग का उपहार) लिए छोड़ो

मत। एक ने श्याम का पीतांबर छीन लिया। केवल राधा कृष्ण के बड़प्पन को बचाए जा रही थी। सखा लोग एकत्र होकर श्याम को छुड़ाने के लिए बढ़े। वे ठेल कर आगे बढ़े भी, पर मोहन को न पा सके। बाँसों की मार पड़ने लगी। ग्वालों ने उन बाँसों को अपने हाथों पर रोका। ग्वाल लोग बाँस की मार सहते हुए डटे रहे और एक भी पग पीछे नहीं हटे। बलराम ने बीच-बचाव किया और ग्वालों को समझाया। मोहन ने मेवा मोल मँगवाकर गोपियों में बँटवा दिया। गोपियों ने फगुवा (फाग का उपहार) लेकर श्याम को छोड़ दिया। तब हँसते हुए गोपाल अन्य ग्वालबालों के पास आ गए।

तब मोहन ने हलधर को गोपियों से पकड़वा दिया और कहा—हे तरुणियों, इनके साथ जो करना चाहो, कर लो। तब उन नवेलियों ने दाऊ की नाक पर, आँख में, मुख पर काजल पोत दिया। और हरदी के घोल से भरा घड़ा हलधर के सिर पर उँड़ेल दिया। सबने पकड़कर बलराम को रंग में ऐसा बोर दिया, मानो धवलागिरि से गेरू की धारा बह चली हो।

फिर गोप और गोपियाँ सभी यमुना के किनारे नहाने के लिए चल पड़े। वे अब एक दूसरे के प्रतिस्पर्द्धी नहीं रह गए थे, परस्पर अनुकूल हो गए थे। होली खेलते समय जो आनंद बढ़ा, उसका वर्णन शारदा भी क्या कर सकती है? उसका बुद्धि इस कार्य के लिए असमर्थ एवं मूढ़ हो गई। फिर अंधा सूरदास इसे कैसे गाकर सुना सकता है। वह इस अपार लीला-सागर का पार नहीं पा सकता।

२३३२/३५२० राग गौरी

गारी होरी देत दिवावत। ब्रज मैं फिरत गोप-गन गावत ॥
दूध दही के माते डोलैं। काहे न हो हो हो हो बोलैं ॥
बगलनि मैं दाबे पिचकारी। बाँधत फेटैं पाग सँवारी ॥
रुकि गए बाटनि, नारे, पैंड़े। नव केसरि के माट उलैंड़े ॥
छज्जनि तैं छूटति पिचकारी। रँगि गईं बाखरि, महल, अटारी ॥
नाना रंग गए रँगि बागे। बलदाऊ इत-उत ह्वै भागे ॥
न्हान चले जमुना कैं तीर। मनमोहन हलधर दोउ बीर ॥
'सूरदास' प्रभु सब सुखदायक। दुर्लभ रूप देखिबैं लायक ॥

होली की गाली देते हुए, गोपियों की गाली खाते हुए, व्रज में गोपगण गाते फिर रहे थे। वे दूध दही खाते-पीते मतवाले हो गए थे। फिर वे 'हो हो होरी' कहते हुए सारे व्रजमंडल में क्यों न डोलते फिरें। वे अपनी बगल में काँख में पिचकारी दबाए हुए थे। उन्होंने कटि में फेंट बाँध रखी थी और सिर पर पगड़ी सँवार रखी थी। वे चलते-चलते राह में, नाले पर, पगडंडी पर जहाँ कोई मिल जाता, रुक जाते और उसके सिर पर केसरि के मटके उँड़ेल देते थे। घरों के छज्जों से भी रंग भरी पिचकारियाँ छूट रही थीं। बड़ी-बड़ी बखरियाँ, कोठे, महल, अटारियाँ भी रंगों से सराबोर हो गईं। शरीर पर के परिधान भी अनेक प्रकार के रंगों से रँग गए। बलदाऊ तो इधर उधर करके किसी तरह भाग निकले। हलधर और मनमोहन दोनो भाई यमुना के किनारे नहाने के लिए चल पड़े। प्रभु तो सब प्रकार से सुख देनेवाले हैं। इस समय का उनका रूप दुर्लभ था और देखने ही लायक था।

२३३३/३५२१ राग श्री हठी

ऋतु बसंत के आगमहिँ, मिलि झूमक हो।
सुख सदन मदन कौ जोर, मिलि झूमक हो।
कोकिल बचन सुहावनौ, मिलि झूमक हो।
हित गावत चातक मोर, मिलि झूमक हो।
बृंदाबन घन तरु लता, मिलि झूमक हो।
सब फूलि रहीं बन-राइ, मिलि झूमक हो।
जमुना पुलिन सुहावनौ, मिलि झूमक हो।
बहै त्रिविध पवन सुखदाइ, मिलि झूमक हो।
जहाँ निवारी सेवती, मिलि झूमक हो।
बहु पाँडल बिपुल गँभीर, मिलि झूमक हो।
खूझौ मरुवौ मोगरौ, मिलि झूमक हो।
कुल केतकि, करनिक, नीप, मिलि झूमक हो।
बेलि चमेली माधवी, मिलि झूमक हो।
मृदु मंजुल बकुल तमाल, मिलि झूमक हो।
नव-वल्ली-रस विलसहीं, मिलि झूमक हो।
मनु मुदित मधुप की माल, मिलि झूमक हो।
ताल पखावज बाजहीं, मिलि झूमक हो।
बिच डफ मुरली की घोर, मिलि झूमक हो।
चलहु अली तहँ जाइयै, मिलि झूमक हो।
जहँ खेलत नंद-किसोर, मिलि झूमक हो।
जूथनि जूथनि सुंदरी, मिलि झूमक हो।
जिनि जोवत लजत अनंग, मिलि झूमक हो।
चोवा चंदन अरगजा, मिलि झूमक हो।
मथि लै निकसी इक संग, मिलि झूमक हो।
प्रति अँग भूषन साजि कै, मिलि झूमक हो।
लिए कनक-कलस भरि रंग, मिलि झूमक हो।
जाइ परस्पर छिरकहीं, मिलि झूमक हो।
प्रिय स्यामल सुंदर अंग, मिलि झूमक हो।
इत तैं गईं ब्रज-सुंदरी, मिलि झूमक हो।
उत मोहन नवल अहीर, मिलि झूमक हो।
बाँस धरे, जेरी धरे, मिलि झूमक हो।
बिच मार मची भई भीर, मिलि झूमक हो।
इक सखि निकसी झुंड तैं, मिलि झूमक हो।

तिनि पकरि लिए हरि हाथ, मिलि झूमक हो।
बहुरि उठीं दस बीस मिलि, मिलि झूमक हो।
धरि लिए आइ ब्रजनाथ, मिलि झूमक हो।
इक पट पीतांबर गह्यौ, मिलि झूमक हो।
इक मुरली लई छँड़ाइ, मिलि झूमक हो।
इक मुख मीँड़हि कुमकुमा, मिलि झूमक हो।
इक गारी दै उठी गाइ, मिलि झूमक हो।
प्यारी कर काजर लियौ, मिलि झूमक हो।
हँसि आँजति पिय की आँखि, मिलि झूमक हो।
इहिं विधि हरि कौं घेरि रहीं, मिलि झूमक हो।
ज्यौं घेरि रहीं मधु-माखि, मिलि झूमक हो।
अब तौ घात भली बनी, मिलि झूमक हो।
तब चीर हरे जल तीर, मिलि झूमक हो।
सो परिहस हम सारिहैं, मिलि झूमक हो।
सुनि लेहु ललन बलवीर, मिलि झूमक हो।
अब हम तुमहिं नँगाइहैं, मिलि झूमक हो।
मुसुकात कहा जदुराइ, मिलि झूमक हो।
की हमसौं हा हा करौ, मिलि झूमक हो।
की परहु कुँवरि कैं पाइ, मिली झूमक हो।
बंक बिलोकनि मन हर्‌यौ, मिलि झूमक हो।
ठगि तुमहिं रहीं ब्रजबाल, मिलि झूमक हो।
फगुआ बहुत मँगाइ दियौ, मिलि झूमक हो।
मधु मेवा मधुर रसाल, मिलि झूमक हो।
कहि मोहन ब्रज सुंदरी, मिलि झूमक हो।
तब धाइ धरे बल घेरि, मिलि झूमक हो।
संक सकुच सब छाँड़िकै, मिलि झूमक हो।
चहुँ पास रहीं मुख हेरि, मिलि झूमक हो।
कनक कलस भरि कुमकुमा, मिलि झूमक हो।
धरि ढारि दिए सिर आनि, मिलि झूमक हो।
चंदन बंदन अरगजा, मिलि झूमक हो।
सब छिरकति करतिँ न कानि, मिलि झूमक हो।
खेलि फाग अनुराग बढ़्यौ, मिलि झूमक हो।
फिरि चले जमुन-जल न्हान, मिलि झूमक हो।
द्वितिया बैठि सिँहासनैं, मिलि झूमक हो।

दोउ देत रतन मनि दान, मिलि झूमक हो।
इहि विधि हरि सँग खेलहीं, मिलि झूमक हो।
गन गोकुल-नारि अनंत, मिलि झूमक हो।
'सूर' सबनि कौं सुख दियौ, मिलि झूमक हो।
रमि रसिक राधिका-कंत, मिलि झूमक हो॥

ऋतु वसंत आ गई। वसंत के आते ही सुख के घर मदन का बल बढ़ चला। इस समय कोयल की सुहावनी 'कूकू' की ध्वनि सुनाई देने लगी है। चातक और मोर भी इस समय प्रेमपूर्वक गाए जा रहे हैं। वृंदावन के घने तरु और लताएँ तथा सारी बनराजि फूलों से लद गई है। जमुना का सुंदर किनारा है। शीतल, मंद, सुगंध समीर का सुखद संचार हो रहा है। नेवारी, सेवती, पांडल (दौना), मरुवा, मोगरा, केतकी, कर्णिकार, कदंब, वेला, चमेली, माधवी, वकुल (मौलसिरी) तमाल सभी खूब फूले हुए हैं। नवीन लतिकाएँ भी रसमय हो उठी हैं। उनपर भौंरों के समूह प्रमुदित होकर मँड़रा रहे हैं। ताल, पखावज बज रहे हैं। बीच-बीच में डफ और मुरली की ध्वनि भी सुनाई पड़ रही है। हे सखी, चलो वहाँ चला जाय, जहाँ नंदकिशोर होली खेल रहे हैं।

झुंड की झुंड सुंदरियाँ, जिन्हें देखकर कामदेव भी लजा जाता है, चोवा चंदन अरगजा मलकर, अपने अंग-अंग में गहना पहन कर, सोने के कलशों में रंग भरकर एक साथ निकल चलीं। वे जाकर एक दूसरे के ऊपर और श्याम के साँवले शरीर पर रंग छिड़कने लगीं। इधर से व्रज की सुंदरियाँ गईं और उधर से मोहन और ग्वाल बाल आए। गोपियाँ बाँस लिए थीं और अहीर गाय हाँकने वाली छोटी छोटी लाठियाँ। बीच में ही दोनों दलों में भारी मार मच गई।

एक सखी झुंड से निकली। उसने हरि की बाँह पकड़ ली। फिर दस बीस गोपियाँ उठकर आगे बढ़ीं और उन्होंने व्रजनाथ कृष्ण को पकड़ लिया। एक गोपी ने उनका पीतांबर पकड़कर खींच लिया। एक दूसरी ने उनकी बाँसुरी छीन ली। एक श्याम के मुँह पर केसर मलने लगी। एक गाली गाने लगी। प्यारी राधिका ने हाथ में काजल ले लिया और हँसकर प्रिय श्याम की आँख में लगा दिया। गोपियों ने हरि को इस प्रकार चारों ओर से घेर लिया, जिस प्रकार मधुमक्खियाँ घेर लेती हैं।

गोपियाँ कहने लगीं—'हे लाल, अब दांव लेने का हमारा अच्छा अवसर आ गया है। तब तो तुमने यमुना-तट पर हमारे चीर चुरा धरे थे। अब हम भी हँसते-हँसाते उसका बदला चुका लेंगी। हे बलवीर, हमारी इस बात को गाँठ बाँधकर ध्यानपूर्वक सुन लो। अब हम भी तुमको नंगा करके छोड़ेंगी। हे यदुनाथ, हँसे क्या जा रहे हो। इस हँसने से हम तुमको छोड़ नहीं देंगी। या तो हमसे हा हा खाओ और हमारी चिरौरी करो या फिर राधा कुँवरि के पैरों पर अपना सिर रगड़ो। तुमने अभी तक अपनी टेढ़ी चितवन से हम व्रजबालाओं का मन बहुत मोहा है। आज हम व्रजबालाएँ तुम्हें ठग रही हैं। समझे?'

तब कृष्ण ने मँगवाकर अत्यंत मधुर और रसाल मधु भेजा, गोपियों को फगुआ (फाग का उपहार) दिया (तब उनकी जान छूटी)। तब कृष्ण ने संकेत से व्रजसुंदरियों से कहा

और उन्होंने दौड़ाकर बलदाऊ को घेर लिया। वे सारी शंका, सारा संकोच छोड़कर चारों ओर खड़ी होकर एक-एक का मुँह देखने लगीं। फिर उन्होंने सोने के घड़ों में भरी केसर दाऊ के सिर पर लाकर उँड़ेल दी। वे चंदन, रोरी, अरगजा उनके ऊपर छिड़कने लगीं और सभी मर्यादा छोड़ दी, तोड़ दी।

फाग खेलने के अननंतर उनका पारस्परिक प्रेम बढ़ चला और सबके सब जमुना जी की ओर स्नानार्थ चल पड़े। द्वितीया (चैत्र वदी २) को वे दोनों सिंहासन पर बैठे। और दोनों ने रत्न और मणि का दान दिया।

इस प्रकार हरि के साथ गोकुल की अगणित नारियों ने होली खेली, रसिक राधिका-कांत ने सबके साथ रमण करके उन्हें अपार सुख दिया।

२३३४/३५२२ राग आसावरी

डफ बाजन लागे हेली।
चलहु-चलहु जैयै तहँ री, जहँ खेलत स्याम, सहेली।
जहँ घन सुंदर साँवरौ,, नहिँ मिस, देखन-दाँउ।
ये गुरुजन बैरी भए, कीजै कौन उपाउ।
आवहु बछरा मेलियै, बन कौं देहिँ बिडारि।
वै दैहैं हमकौं पठै, देखैं रूप निहारि।
औंजत गागरि ढारियै, जमुना-जल कैं काज।
इहिँ मिस बाहिर निकसिकै, जाइ मिलैं ब्रजराज।
राग रंग रँगि माँगि रह्यौ, नंदराइ-दरबार।
गावतिँ सकल गुवारिनी, नाचत सकल गुवार।
घरी-घरी आनंद करि, जीवन जानि असार।
खाइ खेलि हँसि लीजियै, फाग बड़ौ त्यौहार।
मुरली मुकुट बिराजही, कटि पट राजत पीत।
'सूरज' प्रभु आनँद सौं, गावत होरी गीत॥

हे अली, डफ बजने लगे हैं। हे सहेली, चलो चलो, वहाँ चली चलो, जहाँ श्याम होली खेल रहे हैं। जहाँ घनश्याम, श्याम सुंदर होली खेल रहे हैं, उन्हें देखने का हमें सुअवसर नहीं मिल रहा है। घर के ये बड़े बूढ़े, हमारे शत्रु हो गए हैं। इनसे बचने का और श्याम से मिलने का कौन सा उपाय ढूँढ़ निकाला जाय? एक उपाय तो यह है कि हम अपने बछड़े छोड़कर वन की ओर भगा दें। ये बूढ़े हमीं को इन्हें ढूँढ़ लाने को भेजेंगे और हम वहाँ हरि का रूप भली-भाँति देख सकेंगी। एक दूसरा उपाय यह हो सकता है, एक घड़े का पानी दूसरे घड़े में उड़ेलते समय सारा पानी बाहर गिरा दें और पानी लाने के बहाने जमुना जी को चल पड़े। इस बहाने घरसे निकलकर व्रजराज से जाकर मिल लें। इस समय नंद बाबा के दरबार में होली का खूब राग-रंग जमा हुआ है। सारी ग्वालिनें जा रही हैं, और सारे ग्वाल नाच रहे हैं। यह जीवन असार है, ऐसा समझकर घड़ी दो घड़ी आनंद कर लिया जाय। फागुन का त्योहार बहुत बड़ा है। इसमें खूब खा लिया जाय, खेल लिया

जाय, हँस लिया जाय। इस समय हाथ में मुरली लिए हुए, सिर पर मोरपंख का मुकुट धारण किए हुए, कमर में पीतांबर पहने हुए, प्रभु परम आनंद से होरी के गीत गा रहे हैं।

२३३५/३५२३ राग आसावरी

बल्लव-राजकुमार छबीले हो ललना।
धनि-धनि नंद जसोमती, धनि-धनि गोकुल गाँउ।
धन्य कुँवर दोउ लाड़िले, बल मोहन जिन नाँउ।
सखा नाम लै बोलहीं, सुबल तोष श्रीदाम।
जहाँ-तहाँ तैं उठि चले, बोलत सुंदर स्याम।
गिरिवरधारी रस भरे, मुरली मधुर बजाइ।
स्त्रवन सुनत गोपी सबै, घर-घर तैं चली धाइ।
वेष बिचित्र बनाइ कै, भूषन बसन सिँगारि।
मंदिर तैं सब सजि चले, बालक बल बनवारि।
एक ओर जुवती जुरीं, एक ओर बलवीर।
बाँसनि मार मची मनौ, रुपे सुभट रनधीर।
सकिलि वधू आईं सबै, अपनैं-अपनैं टोल।
झूमक-सेती गावहीं, नैंकु बिच-बिच मीठे बोल।
एक सखी तब सैन दै, लीन्हौ सुबल बुलाइ।
हा हा क्यौं हूँ भाँति कै, मोहन कौं पकराइ।
बहुरि उलटि ब्रजसुंदरी, मोहन लीन्हे घेरि।
नैननि काजर दै चली, हँसत बदन-तन हेरि।
रुंज मुरलि डफ दुंदुभी, बाजै बहु विधि साज।
बिच-बिच भेरी झिमझिमी, सब्द सुघोष समाज।
इहिं बिधि होरी खेलहीं, सकल घोष सुखदाइ।
गिरिवरधारी-रूप पर, 'सूरज' जन बलि जाइ॥

हे सखी, बल्लवों (अहीरों) के राजकुमार बड़े सुंदर हैं। नंद और यशोदा धन्य हैं जिनके घरमें ये राजकुमार है। गोकुल गाँव धन्य है, जहाँ के ये हैं। दोनों प्यारे राजकुमार धन्य हैं, जिनका नाम बलराम और मोहन है। सुबल, तोष, और श्रीदामा आदि सखाओं का नाम ले लेकर श्याम बुला रहे हैं। वे जहाँ थे, वहाँ से यह कहकर उठकर चल पड़े कि श्याम सुंदर बुला रहे हैं। गिरिधर गापाल मधुर स्वर में रस भरी मुरली बजा रहे हैं। कानों में मुरली की भनक पड़ते ही घर-घर से गोपियाँ दौड़ चलीं। विचित्र वेश बनाए हुए, अपने को गहनों और कपड़ों से सजाए हुए, अपने अपने घर से सज-बजकर बलदाऊ बनवारी कृष्ण और सभी बालक-वृंद चल पड़े। एक ओर युवतियाँ जुट गईं, एक ओर बलदाऊ के भैया कृष्ण (और उनके साथी)। बाँसों की मार शुरू हो गई। रणधीर योद्धा डट गए। अपने-अपने महल्लों से व्रज-वधूटियाँ आ-आकर खड़ी हो गईं। वे झूमझूम कर नाचती जाती थीं और बीच-बीच में मीठे स्वर में गाती भी जाती थीं। तब एक सखी ने

इशारे से सुबल सखा को बुलाया और उससे चिरौरी की कि किसी प्रकार मोहन को पकड़वा दो। फिर उलटकर व्रजसुंदरियों ने मोहन को घेर लिया। उन्होंने उनकी आँखों में काजल दे दिया औरउनका मुँह देखकर खिलखिला कर हँस पड़ीं। रुंज, मुरली, डफ, दुंदुभी आदि बहुत से साज वाद्य बजने लगे। बीच-बीच में भेरी और झिमझिमी आदि बाजों की भी सहज सुबोध ध्वनि सुनाई देती जा रही थी। इस प्रकार हरि सभी घोष-समाज को सुख देनेवाली होली खेले जा रहे थे। गिरिधारी के इस होली के खिलार रूप पर अंधा सूरदास अपने को निछावर किए जा रहा है।

२३३६/३५२४ राग काफी

(मनमोहन ललना मन हर्यौ हो।)

गृह-गृह तैं सुंदरि चलिँ देखन, श्री ब्रजराज-कुमार।
देखि बदन बिथकित भइँ, मोहन ठाढ़े सिंह दुवार।
डिमडिम पटह ढोल डफ बीना, मृदँग चंग अरु तार।
गावत प्रभृति सहित श्रीदामा, बाढ्यौ रंग अपार।
इत राधिका सहित चंद्रावलि, ललिता घोष अपार।
उत मोहन हलधर दोउ भैया, खेल मच्यौ दरबार।
रत्न-जटित पिचकारी कर लिए, छिरकति घोष-कुमारि।
मदनमोहन पिय-रँग-रस-माती, कछुव न अंग सम्हारि।
मोहन प्यारी सैन दै, हलधर पकराए तिन्ह जाइ।
आपुन हँसत पीत पट मुख दिए, आए आँखि अँजाइ।
बहुरि सिमिटि ब्रज-सुंदरि छल करि, मोहन पकरे जाइ।
करति अधर-रस-पान, पिया की मुरली लई छँड़ाइ।
परिवा सिमिटि सकल ब्रजवासी, चले जमुन-जल न्हान।
वारि कुँवर पर पट नँदरानी, दियें विप्रनि बहु दान।
द्विितिया पाट सिँहासन बैठे, चमर छत्र सिर ढार।
'सूरज' प्रभु पर सकल देवता, बरसत सुमन अपार॥

मनमोहन लला ने सभी व्रज-ललनाओं का मन हर लिया है। घर-घर से व्रज-सुंदरियाँ श्री व्रजराज-कुमार को देखने के लिए चल पड़ीं। मोहन अपने सिंहद्वार पर खड़े थे। व्रज-तरुणियाँ उनका मुँह देखकर रीझकर वहीं यथास्थान खड़ी रह गईं। पटह, ढोल, डफ, बीन, मृदंग, चंग, ताल आदि डिमडिम स्वर करते हुए बजे जा रहे थे। श्रीदामा आदि सखा होली गा रहे थे। बड़ा आनंद आ रहा था।

इधर चंद्रावली और ललिता आदि अपार घोष कुमारियों के साथ राधारानी थीं; उधर बलराम और श्याम दोनों भाई और सखा गण थे। वहाँ नंद के दरबार में ही होली का हुड़दंग प्रारंभ हो गया। अहीर-बालाएँ रत्न जड़ी हुई पिचकारियाँ लिए हुए रंग छिड़कती जा रही थीं। वे मदनमोहन पिय के प्रेम के रंग-रस में मतवाली हो गई थीं। वे अपने शरीर को भी नहीं सँभाल पा रही थीं। प्यारी राधा ने मोहन कृष्ण को इशारा किया और कृष्ण

ने बलराम को पकड़वा दिए। गोपियों ने बलराम की आँखों में काजल लगा दिया। कृष्ण पीतांबर को अपने मुख से लगाकर हँसने लगे कि दाऊ तो अपनी आँख अँजा आए।

फिर व्रजांगनाओं ने एकजुट होकर, छल करके, मोहन को जा पकड़ा। गोपियों ने कन्हैया की मुरली छीन ली और वे उनके अधरों का रस पीने लगीं।

चैत बदी प्रतिपदा को सभी व्रजवासी एकत्र होकर जमुना जी में स्नान करने चल पड़े। नंदरानी ने उस दिन कुँवर कन्हैया पर निछावर करके बहुत से वस्त्र ब्राह्मणों को दान में दे दिए। दूज को कृष्ण कन्हैया सिंहासन पर बैठे। आकाश से प्रभु कृष्ण पर सारे देवता अपार फूल बरसाने लगे।

२३३७/३५२५ राग श्रीहठी

स्याम संग खेलन चली स्यामा, सब सखियनि कौं जोरि।
चंदन अगर कुमकुमा केसरि, बहु कंचन-पट घोरि।
खेलत मोहन रंग भरे हो, संग बाल ब्रज-बासि।
लाल पियारौ रूप उजारौ, सुंदर सब सुख-रासि।
फूलनि के कंदुक नौलासी, कनक लकुटिया हाथ।
जाइ गही ब्रज-खोरि राधिका, कोटिक जुवती साथ।
उत तैं हरि आए जब खेलत, हो हो होरी संग।
कान परी सुनियै नाहीं, बहु बाजत ताल मृदंग।
पहिलै सुधि पाई नाहीं तब, घिरे साँकरी खोरि।
अब हलधर उलटहु काहैं तुम, धावहु ग्वालनि जोरि।
धरत भरत भाजत राजत, गेंदुक नौलासी मार।
रसन वसन छूटत न सँभारत, टूटत हैं उर हार।
जब मोहन न्यारे करि पाए, पकरे चहुँ दिसि घेरि।
बोलहु जू अब आनि छुड़ावैं, बल भैया कौं टेरि।
आजु हमारे बस्य परे हो, जैहौ कहाँ छँड़ाइ।
की बल छूटहु अपनैं, की अब जसुमति माइ बुलाइ।
एक गहे कर, एक फेंट पीतांबर लियो छँड़ाइ।
राधा हँसति दूर भई ठाढ़ी, सखियन देति सिखाइ।
एक स्त्रवन मैं कहि कछु भाजति, एक भरत अँकवारि।
एक निहारति रूप माधुरी, एक अपुन पौ वारि।
एक चिबुक गहि बदन उठावति, हम तन लाल निहारि।
एक नैन की सैन मिलावति, एक उठति दै गारि।
आईं झूमि सकल ब्रज-बनिता, हरि देखौ चहुँ ओर।
राधा दृष्टि परैं बिनु, मोहन तलफत नैन चकोर।
हरि तब अपनैं कर बर सौं, घूँघट पट कीन्हौ दूरि।

हँसत प्रकास भयौ चहुँ दिसि मैं, सुधा किरनि भरि-पूरि।
आँखि दिखावत हौ जु कहा तुम, करिहौ कहा रिसाइ।
हम अपनौ भायौ करि लैहैं, छुवहु कुँवरि के पाइ।
तब तुम अंबर हरे हमारे, कीन्हे कौन उपाइ।
अब तौ दाउँ पर्‍यौ धरि पाए, छाँड़हिं तुमहिं नँगाइ।
मुख की कहत सबै झूठी, मनहीं मन बहुत सनेहु।
कूट करैंगे बल भैया अब, हमहिं छोड़ि किनि देहु।
तुम जो फगुवा देहु कहा बलि, बोलहु साँचे बोल।
की हमसौं हाहा करियै, की देहु श्रीदामा ओल।
हँसि हँसि कहत, सहत सबकी, आभूषन सब लेहु।
नासा कौ मुक्ता अरु मुरली, पीतांबर मोहिं देहु।
एक बनाइ देति बीरी, कर-पल्लव छुवति कपोल।
धन्य-धन्य बड़ भाग सबनि के, बस कीन्हे बिनु मोल।
उड़त गुलाल अबीर कुमकुमा, छबि छाई जनु साँझ।
नाहीं दृष्टि परत राधा मुख-चंद निलांबर माँझ।
खेलि फाग अनुराग बढ़्यौ, घर मची अरगजा-कीच।
ब्रज-बनिता कुमुदिनि सी फूली, हरि ससि राजत बीच।
अष्ट सिद्धि, नव विधि, ब्रज बीथिनि, डोलति घर-घर बार।
सदा बसंत बसत वृंदावन, लता-लता द्रुम-डार।
देखि-देखि सोभा-सुख-संपति, जिय मैं करतिँ बिचार।
ब्रज-बनिता हम क्यौं न भईं, यौं कहति सकल सुर-नार।
फाग खेलि अनुराग बढ़ायौ, सबकैं मन आनंद।
चले जमुन अस्नान करन कौं, सखा-सखी नँद-नँद।
दुष्टनि-दुख, संतनि-सुख-कारन, ब्रज-लीला अवतार।
जै जै ध्वनि सुमननि सुर बरसत, निरखत स्याम बिहार।
जुगल-किसोर-चरन-रज माँगौ, गाऊँ सरस धमारि।
श्रीराधा गिरिवरधर ऊपर, 'सूरदास' बलिहारि॥

सभी सखियों को इकट्ठा करके श्यामा (षोडशी राधा) श्याम के साथ होली खेलने चल पड़ीं। उसने सोने के बहुत से घड़ों में चंदन, अगुरु, कुमकुमा, केसरि घोल कर रख ली। मोहन रंग में आकर, मस्त होकर, व्रजवासी बालकों के साथ होली खेल रहे थे। उनका लाल, पीला, उजला रूप सब प्रकार से सुंदर और अत्यंत सुखद था। उनके हाथों में फूलों की मुलायम गेंद और सोने की लकुटियाँ थीं। करोड़ों युवतियों के साथ जाकर राधिका ने उन्हें व्रज की खोर में जा पकड़ा। उधर से जब 'हो हो होरी है' कहते हुए हठपूर्वक कृष्ण और ग्वाल बाल होली खेलने को आगे बढ़े, तब ताल मृदंग आदि बाजे

इतने जोर से बजने लगे कि कान से और कुछ भी नहीं सुनाई पड़ रहा था। कृष्ण को राधा आदि के आने की पहले से कोई खबर नहीं थी, इसलिए ये सब साँकरी खोर में घिर गए थे। सखियों ने ललकारा—हलधर, अब लौटे क्यों जा रहे हो। हिम्मत हो तो, अपने ग्वालों को जोड़ बटोर कर आ जाओ। उस समय एक दूसरे को पकड़ रहा था। एक दूसरे पर रंगभरी पिचकारी मार रहा था। कोई रंग से बचने के लिए भाग रहा था। कोई फूल के कोमल गेंद से मार रहा था। किसी गोपी की करधनी टूटी जा रही थी। किसी का वस्त्र छूटा जा रहा था, और वह इसे नहीं सँभाल पा रही थी। किसी के छाती पर लटकता हार टूटा जा रहा था। जब उन्होंने मोहन को कुछ अलग पाया, तब उन्होंने चारों ओर से घेर कर उन्हें पकड़ लिया। और बोलीं—श्याम, अब तुम अपने बड़े भैया वलदाऊ को चिल्लाकर बुला लो, जो आकर तुम्हें छुड़ा लें। अब तुम हमारे हाथ में आ गए हो, हमसे छुड़ाकर कैसे जा पाओगे? अब या तो तुम अपने बल से छूटोगे या अपनी मैया यशोदा को बुला लो, वो तुम्हें छुड़ा लें। एक गोपी ने श्याम का हाथ पकड़ रखा था। दूसरी ने उनका फेंटा और पीतांबर छीन लिया। राधा दूर पर खड़ी तमाशा देखते हुए हँसे जा रही थीं और सखियाँ को सिखाती भी जा रही थीं। कोई सखी कृष्ण के कान के पास मुँह ले जाकर कुछ उलटी सीधी बात कहकर भाग रही थी। एक गोपी उनको छाती से लगाए ले रही थी। एक उनकी रूप-माधुरी देख रही थी। एक अपने को उनपर निछावर किए जा रही थी। एक उनकी ठोढ़ी पकड़कर ऊपर उठाए जा रही थी। और कहती जा रही थी—'अरे लाल जी, जरा हमारी ओर तो देखिए।' एक आँखें मटकाकर संकेत करती जा रही थी। एक गाली दे उठ रही थी। इतने में वहाँ व्रज की सारी नवेलियाँ आकर जुट गईं। हरि ने चारों ओर देखा। उन्हें राधा कहीं नहीं दीख पड़ी। राधा का मुख चंद्र देखे बिना उनके, नयन चकोर की भाँति तड़फड़ा उठे। तब हरि ने अपने हाथ के बल से राधा के सर पर का घूँघट हटाकर दूर कर दिया। राधा हँस पड़ी। उसके हँसते ही चारों ओर प्रकाश छा गया और अमृत की किरणें सब ओर भरपूर भर गईं।

तब एक गोपी बोली—'श्याम, तुम हमें आँख क्या दिखाए जा रहे हो? तुम हमसे रूठकर हमारा क्या बिगाड़ लोगे? हम जो चाहती हैं, कर ही लेंगी। चलो, राधा कुँवरि के पैर छुओ। उन्हें प्रणाम करो। तब तुमने न जाने कौन-कौन उपाय कर करके हमारे चीर हर लिए थे। अब तो यह हमारा दाँव आ गया है। हमने तुम्हें पकड़ पाया है, और अब तुम्हें नंगा करके ही छोड़ेगी।' गोपियाँ मुँह से जो कुछ कहे जा रही थीं, सब झूठ था। वे मन ही मन श्याम से बहुत प्रेम करती थीं।

कृष्ण ने कहा—'तुम हमें क्यों नहीं छोड़ देतीं? दाऊ भैया मेरी बहुत हँसी उड़ाएँगे और व्यंग-वचन बोलेंगे।'

तब गोपियाँ बोलीं—तुम सच-सच बताओ, तुम हमें फगुवा में क्या दोगे? या तो हमसे हा हा खाइए और हमारी चिरौरी करिए। या फिर श्रीदामा सखा को हमारे पास बंधक रख जाइए।

हँस-हँसकर सबकी सहते हुए कृष्ण बोले—अच्छा, मेरे सारे गहने ले लो। एक सखी बोली—'अच्छा हमें तीन चीजें दे दो—एक तो अपनी नाक के बुलाक का मोती, दूसरे

अपनी मुरली, तीसरे अपना पीतांबर।' एक सखी ने पान का बीड़ा बनाकर कृष्ण को दिया और अपनी उँगलियों से उनका गाल मल दिया।

उन व्रजगोपियों का बहुत बड़ा भाग्य था। वे धन्य थीं कि उन्होंने बिना किसी प्रकार का मूल्य दिए हुए कृष्ण को अपने बस में कर लिया था।

गुलाल, अबीर, कुमकुमा इतना उड़ा कि संध्या की सी शोभा हो गई। राधा का मुख रूपी चंद्रमा उनके नीले घूँघट में छिप गया था और दिखाई नहीं पड़ रहा था। फाग खेलकर दोनों पक्षों में भारी अनुराग बढ़ चला। धरती पर अरगजा की कीच ही कीच हो गई। कृष्ण व्रज-वनिताओं के बीच चंद्रमा से सुशोभित हो रहे थे और व्रज-वनिताएँ कुमुदिनी सी प्रफुल्लित हो उठीं। आठों सिद्धियाँ और नवों निद्धियाँ व्रज में घर-घर, दरवाजे-दरवाजे डोलती फिरने लगीं। वृंदावन में वसंत सदा बना रहता है। लता-लता में, उसके पेड़ों में, उनकी डालों में, उनके पत्तों पत्तों में, वसंत सदा विराजमान रहता है। उसकी शोभा, सुख, संपत्ति को देखकर सुर-नारियाँ मन में विचार करने लगीं और प्रगट रूप से यह कहने लगीं—हम भी व्रज-वनिता क्यों नहीं हुई?

फाग खेलकर कृष्ण और गोपियों का परस्पर अनुराग बढ़ चला। सबके मन में आनंद छा गया। सभी सखा, सभी सखी और नंद के नंद आनंदकंद श्रीकृष्ण चंद यमुना स्नान करने के लिए चल पड़े। कृष्ण का अवतार दुष्टों को दुख देने के लिए, संतों को सुख देने के लिए, और व्रज-लीला करने के लिए हुआ है। जय जय की ध्वनि करते हुए, फूलों की वर्षा करते हुए, देवगण श्याम का विहार देखे जा रहे थे।

मैं सूरदास जुगल किशोर—राधाकृष्ण—के चरणों की धूल माँगता हुआ सरस धमार गा रहा हूँ। मैं श्रीराधा और श्याम के ऊपर अपने को निछावर किए जा रहा हूँ।

२३३८/३५२६ राग नट नारायन

खेलत फागु कहत हो हो री।
उत नागरी-समाज बिराजत, इत मोहन हलधर की जोरी।
बाजत ताल मृदंग झाँझ डफ, रुंज मुरज बाँसुरि-धुनि घोरी।
स्त्रवन-सुहाइ गारि दै गावतिँ, ऊँची तान लेतिँ प्रिय गोरी।
कोटि मदन दुरि गयौ देखि छबि, तेऊ मोहे जिन मति भोरी।
मोहन नंद-नँदन रस बिथकित, क्यौं हूँ दृष्टि जाति नहिँ मोरी।
कुमकुम रंग भरी पिचकारी, हरि-तन छिरकति नवल किसोरी।
इहिँ बिधि उमँगि चल्यौ रँग जहँ-तहँ, मनु अनुराग-सरोवर फोरी।
कबहुँक मिलि दस बीसक धावतिँ, लेतिँ छिड़ाँइ मुरलि झकझोरी।
जाइ श्रीदामा लै आवत तब, दियैं मानीं बहु भाँति पटोरी।
भरि कर-कमल अबीर उड़ावति, गोविँद निकट जाइ दुरि चोरी।
मनहुँ प्रचंड बात-हत पंकज-धूरि, गगन सोभित चहुँ ओरी।
कनक-कलस कुमकुम भरि लीन्हौ, कस्तूरी तामैं घसि घोरी।
खेल परस्पर कीच मची धर, अधिक सुगंध भई ब्रज-खोरि।

ग्वाल-बाल सद संग मुदित मन, जाइ जमुन-जल न्हाइ हिलोरि ।
नए बसन आभूषन पहिरत, अरुन सेत पाटंबर कोरी ।
दुइज समाज-समेत करत द्विज तिलक दूब-दधि रोचन रोरी ।
'सूरस्याम' विप्रनि बंदीजन, देत रतन कंचन की बोरी ॥

होरी है 'होरी है' कहते हुए, एक ओर राधा और उनकी सखियाँ तथा दूसरी ओर हरि और हलधर तथा उनके सखा, होली खेलते जा रहे हैं। वहाँ ताल, मृदंग, झाँझ, डफ, रुंज, मुरज, बाँसुरी आदि वाद्य तुमुल ध्वनि करते हुए बजे जा रहे थे। व्रज की गोरी गोरी गोरियाँ कानों को अच्छी लगनेवाली गाली गाए जा रही थीं और उच्च स्वर में आलाप भी लेती जा रही थीं। उस छवि को देखकर करोड़ों कामदेवों ने भी लजाकर अपना मुँह छिपा लिया। जो भरी मति वाले थे, वे तो मोहित हो ही गए। नंद के पुत्र मोहन के प्रेम-रस में डूबी दृष्टि मोड़ने पर भी वहाँ से मुड़ नहीं पा रही थी, कुमकुम (केसर) के रंग से भरी पिचकारी लिए हुए नवलकिशोरी राधा हरि के शरीर पर मारे जा रही थीं। इस प्रकार जहाँ तहाँ रंग की धारा बह चली मानो प्रेम का सरोवर ही अपने भीटों को तोड़कर बह निकला हो। कभी दस-बीस नवेलियाँ मिलकर एक साथ दौड़ पड़ती थीं और मोहन को झकझोर कर उनकी मुरली छीन लेती थीं। जब श्रीराधा जाकर अनेक प्रकार के रेशमी वस्त्र ले आए और उन्होंने उन्हें गोपियों को फगुवा के उपहार रूप में दे दिया, तब कहीं वे मानीं। गोपियाँ छिपकर चोरी से गोविंद के निकट जाती थीं और अपने कमल के समान हाथों में अबीर लेकर उड़ाने लगती थीं। ऐसा लगता था मानो हवा के तीखे झोकों ने कमलों पर आघात करके उनका पराग उड़ा दिया है और वही पराग आकाश में अबीर के रूप में चारों ओर छा गया हो और बहुत अच्छा लग रहा हो। उन्होंने सोने के कलसों में केसर घोर कर भर ली और उसने कस्तूरी भी घँसकर मिला ली। इस प्रकार एक दूसरे के ऊपर रंग डालते हुए होली का खेल प्रारंभ हो गया। धरती पर कीच ही कीच हो गई। सारी व्रज खोरी सुगंध से भरकर महमहा उठी। सारे ग्वाल बाल जो संग में थे, मन ही मन परम प्रसन्न हो रहे थे। वे सब जाकर, जमुना के जल में घुसकर, हाथों से पानी हिलकोरते हुए, नहाने लगे। नहाकर उन्होंने नए नए वसन और गहनें पहन लिए। ये वस्त्र लाल, सफेद और कोरे थे तथा सभी रेशम के थे। चैत बदी दूज को ब्राह्मणों ने आकर दूध, दही, हल्दी और रोरी से समाज के सभी लोगों को तिलक लगाया। श्याम ने ब्राह्मणों और स्तुति-गायक चारणों को बोरियों में भर भरकर रत्न और स्वर्ण का दान दिया।

२३३९/३५२७ राग सारंग

बनी रूप रँग राधिका, तातैं अधिक बने ब्रजनाथ ।
ललिता अरु चंद्रावली, मिलि बन्यौ छबीलौ साथ ।
ताल पखावज बाजहीं, सँग डफ मुरली की घोर ।
नंद-द्वार औसर रच्यौ, दोउ राजत नवल किसोर ।
एक कौंध ब्रज-सुंदरी, इक कौंध गुवाल गोविंद ।
सरस परस्पर गावहीं, दै गारि नारि बहु बृंद ।

आवहु री हम दुरि रहैं, वलभद्र कृष्न गहि देहिँ।
लोचन उनके आँजहीं, अरु अधरनि कौ रस लेहिँ।
सीला नाम गुवालिनी, तिहिँ गहे कृष्न धपि धाइ।
उपरैना मुरली लई, मुख निरखि हरषि मुसुकाइ।
गहे अचानक राधिका, तब रही कंठ भुज लाइ।
मन के सब सुख भोगए, जब परसे जादव राइ।
कोटि कलस भरि बारुनी, दइ बहुत मिठाई पान।
राधा माधौ रस रह्यौ, सब चले जमुन-जल न्हान।
द्वितिया सकल समाज सौं, पट बैठे आनँदकंद।
दान देत ब्रज-सुंदरी, नग भूषन नवनिधि नंद।
बन बीथिनि भरि पुर गलिनि, उमँग्यौ रंग अपार।
'सूर' सु नभ सुर थकित रहे सब, निरखत प्रान-अधार॥

राधा रूप और रंग में खूब सजी-बजी थीं। व्रजप्रान कृष्ण उनसे भी अधिक सजे-बजे थे। वहाँ ललिता और चंद्रावली के आ मिलने से बड़ा ही सुंदर साथ बन गया था। ताल, पखावज बज उठे। साथ में डफ और मुरली की भी ध्वनि जोरों से होने लगी। होली इस अवसर पर नंद के द्वार पर मनाई गई। वहाँ नवल किशोर कृष्ण और नवल किशोरी राधा दोनों सुशोभित हो रहे थे। एक ओर व्रज-सुंदरियाँ थीं; दूसरी ओर गोविंद और ग्वाल बाल थे। गोपियाँ एक दूसरे को अत्यंत मधुर गालियाँ गाए जा रही थीं। उन्होंने परस्पर मंत्रणा की—'आओ, हम मिल रहें, जब दाऊ कृष्ण को हमें पकड़ा दें, तब हम उनकी आँखों में काजल लगा दें और उनके अधरों का रस लेते हुए उन्हें चूम लें।' इतने में शीला नामक एक अहीरी ने दौड़कर कृष्ण को पकड़ ही तो लिया। उसने कृष्ण का अंग परिच्छद पीतांबर और उनकी मुरली छीन ली। कृष्ण का उदास मुख देखकर वह प्रसन्न होकर हँस पड़ी। फिर राधा ने अचानक कृष्ण को आ पकड़ा और अपनी भुजाओं में जकड़कर उन्हें अपने गले से लगा लिया। जब राधा ने यादवराय कृष्ण का अरस-परस किया, तब उसने अपने मन के सभी सुख भोग लिए। करोड़ों कलसों में कदंब के फूल की बनी मदिरा भरकर दी गई और बहुत तरह की मिठाइयाँ और पान दिए गए। राधा माधव का यह आनंदमय उत्सव हो चुकने पर सब यमुना-स्नान के लिए चल पड़े। चैत बदी द्वितीया को आनंदकंद श्री कृष्णचंद्र सारे समाज के सहित सिंहासन पर बैठे। व्रज-सुंदरियों को नंद बाबा ने नग, आभूषण, नव-निधि दान में दिया। वन की वीथियाँ और पुर की गलियाँ भर गईं और अपार रंग उमड़कर बह चला। अपने प्राण-अधार कृष्ण को देखते हुए देवता लोग नभ में रुके रह गए।

२३४०/३५२८ राग सारंग

स्यामा स्याम खेलत दोउ होरी। फागु मच्यौ अति ब्रज की खोरी॥
इतहिँ बनी वृषभानु-किसोरी। सँग ललिता चंद्रावलि जोरी॥
ब्रज-जुवती सँग राजति भोरी। बनि सिँगार श्री राधा गोरी॥

उतहिँ स्याम हलधर दोउ जोरी। वारौं कोटि-काम-छबि थोरी॥
ग्वाल अबीरनि की लिए झोरी। सुरँग गुलाल अरगजा रोरी॥
गावति सबै मधुर सुर गोरी। तान लेति दै दै झकझोरी॥
राधा सहित चंद्रावलि दौरी। औचक लीन्ही पीत पिछोरी॥
देखत ही लै गई अँजोरी। डारि गई सिर स्याम ठगोरी॥
ग्वाल देत होरी की गारी। बैर कियौ हमसौं तुम भारी॥
हँसति परस्पर जोबन बौरी। लै आईं हरि पीत पिछौरी॥
घात करति मन मुरली कौ री। अधरनि तैं नहिँ टारति जो री॥
भली करी तुम सब हम सौं री। सावधान अंब होहु किसोरी॥
स्याम चितै राधा-मुख-ओरी। नैन-चकोर चंद दरस्यौ री॥
पिय कौं प्रिया मोहिनी लाई। इहिँ अंतर गोपी हँसि धाई॥
गह्यौ हरषि भुज ललिता जाई। गई स्याम की सब चतुराई॥
मनमानी सब करतिँ बड़ाई। राधा मोहन गाँठि जुराई॥
करति सबै रुचि की पहुनाई। नंद महर कौं गारी गाई॥
फगुवा हमकौं देहु मँगाई। पंचरँग सारी बहुत दिवाई॥
तुरत सबै जुवतिनि पहिराई। लीन्ही जो जाकै मन भाई॥
खेलत फागु रह्यौ रस भारी। बृद्ध किसोर बाल अरु नारी॥
अति श्रम जानि गए जल-तीरा। ग्वाल-ग्वालि हलधर हरि-वीरा॥
परम पुनीत जमुन-जल-रासी। क्रीड़त जहाँ व्रह्म अविनासी॥
धन्य-धन्य सब व्रज के वासी। बिहरत हैं हरि-सँग करि हाँसी॥
जल-क्रीड़ा तरुनिनि मिलि कीन्हौ। ब्रज नर-नारिनि कौं सुख दीन्हौ॥
करि अस्नान चले व्रज-धामा। करे सबनि के पूरन कामा॥
जो सुख नंद जसोदा पायौ। सो सुख नाहीं प्रगट बतायौ॥
सुर-बनिता यह साध बिचारैं। कैसैं हरि-सँग हमहुँ बिहारैं॥
धन्य-धन्य ये ब्रज की बाला। धन्य-धन्य गोकुल के ग्वाला॥
'सूरस्याम' जिनके सुखदाई। भुव प्रगटे हरि हलधर भाई॥

श्यामा और श्याम दोनों होली खेल रहे हैं। व्रज की खोरी में खूब होली खेली जाने लगी। इधर वृषभानु की बेटी राधा हैं और उनके साथ में ललिता और चंद्रावली की जोड़ी है। व्रज की भोली भाली युवतियाँ साथ में सुशोभित हो रही हैं। राधा गोरी श्रृंगार किए हुए खूब बनी-ठनी हैं। उधर श्याम और बलदाऊ की जोड़ी है। इनकी सुंदरता के सामने करोड़ों कामदेवों की सम्मिलित छवि तुच्छ है। इन कामदेवों की सारी छवि तो कृष्ण-बलराम की छवि पर निछावर की जा सकती है। साथ में ग्वाल बाल अबीर गुलाल की झोलियाँ लिए हुए हैं। उनके पास लाल गुलाल (अबीर), रोरी और अरगजा भी है। गौरांगनाएँ मधुर सुर में गारी गा रही हैं। वे एक दूसरे को पकड़कर झकझोर दे रही हैं और उच्च स्वर में अलाप

भी लेती जा रही हैं। राधा के सहित चंद्रावली दौड़ी। दोनों ने श्याम को अचानक पकड़ लिया और उनका पीतांबर छीन लिया। सबके देखते-देखते, दिन के उज्ज्वल प्रकाश में वे पीतांबर उड़ा ले गईं और श्याम के सिर पर जादू टोना मार गईं। इस पर ग्वाल लोग गालियाँ देने लगे और बोले, तुम सबने हमसे भारी बैर मोल ले लिया है। जवानी के नशे में चूर, वे बावली बनी हुई हँसने लगीं, क्योंकि वे हरि की पीली पिछौरी छीन ले आई थीं। जिस मुरली को मुरलीधर श्याम अपने अधरों से जरा भी नहीं टालते, गोपियाँ अब उस मुरली को छीन लेने का मन ही मन अवसर खोजने लगीं। ग्वाल बालों ने कहा—तुम सबने हमारे साथ बहुत अच्छा व्यवहार किया है। अब किशोरी जी आप भी सावधान हो जायँ। श्याम ने राधा के मुख की ओर देखा, उनके नयन-चकोरों को राधा के मुख-चंद्र का दर्शन मिल गया था। प्रिया राधा ने प्रिय श्याम के ऊपर मोहिनी डाल दी। इसी बीच गोपियाँ हँसकर दौड़ पड़ीं। ललिता ने प्रसन्न होकर कृष्ण की बांह पकड़ ली और श्याम की सारी चतुराई चली गई। सखियों ने राधा और मोहन की गाँठ जोड़ दी और उनकी मन भर खूब प्रशंसा (दुर्गति) करने लगीं। वे कृष्ण की अच्छी मेहमानी करने लगीं और नंद महर को गाली गाने लगीं। वे कहने लगीं—अब हमारा फगुवा मँगाकर हमें दे दीजिए। तब कृष्ण ने उन्हें बहुत सी पाँच रंगों में रँगी साड़ियाँ दिलवा दीं। जो साड़ी जिसको पसंद आईं, उसने वही साड़ी ले ली। कृष्ण ने तुरंत उन सभी युवतियों को वे साड़ियाँ पहनवा भी दीं। बूढ़े, जवान, बच्चे और स्त्रियाँ सभी ने मिलकर होली खेली। होली खेलने में सबको अत्यंत आनंद आया। थकावट आई समझकर ग्वाल, ग्वालिन, बलराम और कृष्ण सभी लोग यमुना तीरे गए। यमुना का जल परम पवित्र है, जहाँ स्वयं परम ब्रह्म (कृष्ण) जल-विहार कर रहे हैं। सारे व्रजवासी धन्य हैं, जो हरि के साथ हँसी-दिल्लगी करते हुए यमुना में जल-विहार किए जा रहे हैं। नव-यौवनाओं, ने भी मिलकर जल-क्रीड़ा की और व्रज के सभी नर-नारियों को सुख दिया। सब लोग स्नान करके अपने-अपने घर गए। हरि ने सबकी मनोकामना पूरी कर दी। नंद यशोदा ने जो सुख पाया, उसका मुख से प्रकट करके वर्णन नहीं किया जा सकता। देव-बालाएँ भी मन में यह साध ले बैठीं कि हम भी हरि के साथ ऐसा विहार कर पातीं, तो कितना अच्छा होता। पर यह विहार का अवसर मिले, तो कैसे। वे कहने लगीं—व्रज के वासी धन्य हैं, व्रजकुल के ग्वाल कितने सौभाग्यशाली हैं, जिनको हरि और हरि के भाई हलधर (बलराम) पृथ्वी पर प्रकट होकर सब सुख दिए जा रहे हैं।

जल-क्रीड़ा

२३४१/३५३० राग वसंती

जदुपति जल-क्रीड़त जुवति संग।
सागर सकुचित तजियत तरंग।
षोडस सहस्त्र सत अष्ट नारि।
तिनमैं अति सोभित श्री मुरारि।
उडुगन समेत ससि सिंधु बारि।
मनु पुनि आयौ चित-हित बिचारि।

मृगमद मलयज केसरि कपूर।
कुमकुमा कलित कृत अगरु चूर।
छूटत कटाच्छ सर भृकुटि-पूर।
मनु धनुष-निपुन, संग्राम सूर।
चंचल मलयानिल चलत सीर।
अरु जलद-वृंद छित-भित समीर।
बर बदन निकट कत चुवत नीर।
मकरंद-निमित मधुकर अधीर।
जहँ नारदादि मुनि करत गान।
जग पूरत हरि-जस-सुचि-बितान।
सुर सुमन सुघन बरषत बिमान।
जै जै 'सूरज' प्रभु सुख-निधान॥

यदुनाथ कृष्ण व्रज की युवतियों के साथ यमुना में जल-क्रीड़ा कर रहे हैं। यमुना को सौभाग्यशालिनी समझकर, उससे ईर्ष्या करते हुए, सागर ने लहराना बंद कर दिया। सोलह हजार एक सौ आठ व्रज-युवतियाँ के मध्य में मुरारि कृष्ण इस प्रकार सुशोभित हो रहे थे मानो तारों के सहित चंद्रमा, अपने चित्त में अपना कल्याण समझकर, पुनः समुद्र के जल में आ समाया है। तरुणियों ने जो कस्तूरी, चंदन, केसर, कपूर, कुमकुमा, अगुरु का चूर्ण आदि अपने शरीर में रगड़ रखा था, वह सब छूट छूटकर बह चला। वे तरुणियाँ अपनी भौंहों के धनुष पर अपने कटाक्षों के बाण चलाए जा रही थीं, मानो धनुर्विद्या में कुशल योद्धा रण-स्थल पर आ डटे हों। उस समय शीतल, चंचल, सुगंधित हवा बही जा रही थी। हवा के झोंकों से बादल फटकर छिन्न-भिन्न हुए जा रहे थे। उनके मुँह के पास लटकी लटों से पानी की बूँदें टप-टप चुई जा रही थीं, मानो मकरंद के लिए भौंरे अधीर हुए जा रहे हों। वहाँ नारद मुनि आकर हरि-यश-गान किए जा रहे थे और सारे संसार पर हरि के चश का उज्ज्वल चंदोवा ताने जा रहे थे। देवता लोग अपने अपने विमानों पर चढ़े हुए खूब फूल बरसाए जा रहे थे और सुख के भांडार प्रभु की जय जयकार करते जा रहे थे।

२३४२/३५३२ राग गौरी

कछु दिन ब्रज औरो रहौ, हरि होरी है।
अब जिनि मथुरा जाहु, अहो हरि होरी है।
परब करौ घर आपनै, हरि होरी है।
कुसल छेम निरबाहु, अहो हरि होरी है॥ १॥
पंद्रह तिथि भरि बरनिहौं, हरि होरी है।
सारद ऊपर समाज, अहो हरि होरी है।
फागुन मदन महीपती, हरि होरी है।
करियै इहिं विधि राज, अहो हरि होरी है॥ २॥

परिवा पिय चलियै नहीं, हरि होरी है।
सब सुख कौ फल फाग, अहो हरि होरी है।
प्रगट करौ यह जानि कै, हरि होरी है।
अंतर कौं अनुराग, अहो हरि होरी है॥ ३ ॥
गनहु द्वैज दिन सोधि कै, हरि होरी है।
भूपति ह्वैहै काम, अहो हरि होरी है।
ससि रेखा सिर तिलक दै, हरि होरी है।
सब कोउ करै प्रनाम, अहो हरि होरी है॥ ४ ॥
कनक-सिँहासन बैठिहै, हरि होरी है।
जुवतिनि कै उर आनि, अहो हरि होरी है।
चिकुर चौंर अंचल धुजा, हरि होरी है।
घूँघट आतप तानि, अहो हरि होरी है॥ ५ ॥
तीजि तिहूँ पुर प्रगटिहै, हरि होरी है।
अपनी आन नरेस, अहो हरि होरी है।
सुनि पग-पग डफ डिमडिमी, हरि होरी है।
सोइ करिहै सब देस, अहो हरि होरी है॥ ६ ॥
चौथि चहूँ दिसि चालिहै, हरि होरी है।
यइ अपनी इक नीति, अहो हरि होरी है।
करै भावतौ नृपति कौ, हरि होरी है।
छाँड़ि सकुच कुल रीति, अहो हरि होरी है॥ ७ ॥
पांचैं परमिति परिहरैं, हरि होरी है।
चलैं सकल इक चाल, अहो हरि होरी है।
नारि पुरुष सादर करैं, हरि होरी है।
बचन प्रीति प्रति-पाल, अहो हरि होरी है॥ ८ ॥
छठि छ राग रस रागिनी, हरि होरी है।
ताल तान बंधान, अहो हरि होरी है।
चटुल चरित रतिनाथ के, हरि होरी है।
सीखत ह्वै अवधान, अहो हरि होरी है॥ ९ ॥
सुनि सातैं सब सजग ह्वै, हरि होरी है।
सबनि मत्यौ मत एक, अहो हरि होरी है।
नृपति कहे सोइ कीजियै, हरि होरी है।
क्यौं राखियै बिबेक, अहो हरि होरी है॥ १० ॥
आठैं सुनि सब सजि भए, हरि होरी है।
राजा की रुचि जानि, अहो हरि होरी है।

करहु क्रिया तैसी सबै, हरि होरी है।
आयसु माथैं मानि, अहो हरि होरी है ॥ ११ ॥
नवमी नव सत साजिकै, हरि होरी है।
करि सुगंध उपहार, अहो हरि होरी है।
मनहुँ चलीं मिलि मेलिकै, हरि होरी है।
मनसिज-भवन-जुहार, अहो हरि होरी है ॥ १२ ॥
दसमी दस दिसि सोधि कै, हरि होरी है।
बोले राजा राइ, अहो हरि होरी है।
काज करहु रुचि आपनी, हरि होरी है।
तौ यह काज सिराइ, अहो हरि होरी है ॥ १३ ॥
सुनि आयसु एकादसी, हरि होरी है।
बोले सब सिर नाइ, अहो हरि होरी है।
जग जीतहु बल आपनैं, हरि होरी है।
ज्ञान बिराग छँड़ाइ, अहो हरि होरी है ॥ १४ ॥
देखि भले भट आपने, हरि होरी है।
द्वादस दिवस विचारि, अहो हरि होरी है।
करहु क्रिया तैसी सबै, हरि होरी है।
ह्वै नि सिंक नर नारि, अहो हरि होरी है ॥ १५ ॥
ढोल भेरि डफ बाँसुरी, हरि होरी है।
बाजै पटह निसान, अहो हरि होरी है।
मिलहु लोक-पति छाँड़िकै, हरि होरी है।
उबरौ नहीं निदान, अहो हरि होरी है ॥ १६ ॥
राते कवच बरात सजि, हरि होरी है।
खरनि भए असवार, अहो हरि होरी है।
धूरि धातु रँग घट भरे, हरि होरी है।
धरे यंत्र हथियार, अहो हरि होरी है ॥ १७ ॥
जहाँ तहाँ सेना चली, हरि होरी है।
मुक्त काछ सिर केस, अहो हरि होरी है।
आपौं पर समुझें नहीं, हरि होरी है।
राजा रंक अबेस, अहो हरि होरी है ॥ १८ ॥
जे कबहूँ देखीं नहीं, हरि होरी है।
कबहूँ सुनीं न कान, अहो हरि होरी है।
ते कुल-नारि निडर भईं, हरि होरी है।
लागे लोग परान, अहो हरि होरी है ॥ १९ ॥

भस्म भरैं अंजन करैं, हरि होरी है।
छिरकैं चंदन वारि, अहो हरि होरी है।
मरजादा राखैं नहीं, हरि होरी है।
कटि-पट डारैं फारि, अहो हरि होरी है॥ २०॥
जहाँ सुनहिं तप-संजमी, हरि होरी है।
धर्म-धीर-आचार, अहो हरि होरी है।
छिरकहिं तहीं निसंक ह्वै, हरि होरी है।
पकरहिं तोरि किवार, अहो हरि होरी है॥ २१॥
सठ पंडित वेस्या बधू, हरि होरी है।
सबै भए इक सारि, अहो हरि होरी है।
तेरसि चौदस दिवस द्वै, हरि होरी है।
जनु जीते जग झार, अहो हरि होरी है॥ २२॥
पून्यौ प्रगट प्रताप तैं, हरि होरी है।
दूरि मिले पालागि, अहो हरि होरी है।
जहाँ तहाँ होरी जरे, हरि होरी है।
मनहुँ मवासैं आगि, अहो हरि होरी है॥ २३॥
सब नाचहिं, गावहिं सबै, हरि होरी है।
सबै उड़ावहिं छार, अहो हरि होरी है।
साधु असाधु न समुझहीं, हरि होरी है।
बोलहिं बचन बिकार, अहो हरि होरी है॥ २४॥
अति अनीति-मिति देखि कै, हरि होरी है।
परिवा प्रगटी आनि, अहो हरि होरी है।
बिमल बसन तन साजहीं, हरि होरी है।
मरजादा की कानि, अहो हरि होरी है॥ २५॥
आवत ही आदर करैं, हरि होरी है।
हँसि जोरहिं उठि हाथ, अहो हरि होरी है।
बरन धर्म मिति राखहीं, हरि होरी है।
कृपा करौ रति नाथ, अहो हरि होरी है॥ २६॥
सुनि बिनती रितुराज की, हरि होरी है।
प्रभु समुझे मन माँहिं, अहो हरि होरी है।
जाइ धर्म अपने रहौ, हरि होरी है।
बसौ हमारी बाँहिं, अहो हरि होरी है॥ २७॥
और कहाँ लौं बरनियै, हरि होरी है।
मनसिज के गुन-ग्राम, अहो हरि होरी है।

सुनहु स्याम या मास मैं, हरि होरी है।
कियौ जु कारन काम, अहो हरि होरी है ॥ २८॥
'सूर' रसिक मनि राधिका, हरि होरी है।
कहि गिरिधर सौं बात, अहो हरि होरी है।
स्याम कृपा करि ब्रज रहौ, हरि होरी है।
बरजति मधुबन जात, अहो हरि होरी है ॥ २९॥

राधा कह रही हैं—हे हरि होली है। अत: कुछ दिन और यहाँ रहिए और अभी मथुरा मत जाइए। अपने घर का उत्सव मनाइए और कुशलक्षेम का निरवाह करिए॥ १॥

मैं शारदा (सरस्वती) मैया की कृपा से पंद्रह तिथियों तक समाज (मिलन समारोह) का वर्णन करूँगी। फागुन भर मदन महीपति यहाँ इस प्रकार राज. करेंगे॥ २॥

हे पिया, प्रतिपदा को तो चलना ही नहीं चाहिए, क्योंकि इसी तिथि को सब सुख का फल फगुवा का त्योहार पड़ता है। ऐसा जानकर अपने हृदय का सारा प्रेम इस अवसर पर व्यक्त कर दीजिए॥ ३॥

दूज का दिन शोध करके गिन लो। इस दिन का राजा कामदेव हैं। इस दिन शशि रेखा के समान माथे पर, आड़ा तिलक लगाने से सभी लोग प्रणाम करके नत मस्तक होते हैं॥ ४॥

इस दिन व्रज-युवतियों के हृदयरूपी सोने के सिंहासन पर बैठोगे। उनकी अलकें ही चँवर होगी, उनका आंचल पताका बनेगा। और उनका घूँघट धूप से बचानेवाला छत्र होकर तुम्हारे ऊपर लगेगा॥ ५॥

तीज को तीनों लोकों में काम राजा अपनी आन प्रकट करेगा, दुहाई फेरेगा। काम की दुहाई सुनकर पग पग पर मग में डफ और डिंडिम बज उठेगा और सारा वेश काम राजा का हो जायगा॥ ६॥

चौथ के दिन काम राजा चारों दिशाओं में अपनी नीति चला देते हैं। इस दिन कुल की रीति को भी छोड़कर, संकोच को भी तज कर, काम राजा के मन को पसंद आने वाला सारा काम कर लेना चाहिए॥ ७॥

पंचमी को मर्यादा छोड़कर सभी एक चाल से चलते हैं। नारी हो चाहे पुरुष, सभी अपनी नीति और वचन का आदरपूर्वक प्रतिपालन करते हैं॥ ८॥

छठ को छहो राग और छत्तीसो रस भरी रागिनियों तथा संगीत के ताल, तान को एवं रतिनाथ कामदेव के चंचल चरित को सावधानीपूर्वक सीखते हैं॥ ९॥

सप्तमी को राजा कामदेव जो कहें, वही करना चाहिए। काम की राजाज्ञा का पालन करने में भले बुरे का विवेक नहीं करना चाहिए। इस बात को सजग होकर सुन लीजिए। इस संबंध में तो सभी एकमत हैं। सभी ने मंत्रणा करके यह एकमत स्थापित किया है॥ १०॥

अष्टमी को तो सब सज बजकर, राजा की रुचि जानकर, उसकी आज्ञा को शिरोधार्य करके, वैसी ही कामानुकूल क्रिया करें॥ ११॥

नवमी को नवसत (सोलह) श्रृंगार करके, शरीर और वस्त्र में सुगंध लगाकर

नवेलियों को मिल-जुलकर, काम राजा के प्रासाद में प्रणाम करने के लिए जाना चाहिए॥ १२॥

दशमी को दसों दिशाओं को शोधकर काम राजा ने कहा है—अपनी रुचि के अनुसार काम करोगे, तो वह काम सिद्ध होगा॥ १३॥

एकादशी बोल रही है, सब लोग उसकी आज्ञा नतमस्तक होकर सुनो—ज्ञान और वैराग्य को छोड़ो, अपनी जांघों के बल से सारे संसार को जीत लो॥ १४॥

द्वादशी के दिन अपने सुभटों (अंगों) को भला देखकर, युद्ध के लिए सन्नद्ध देखकर, विचार कर वैसी ही अनुकूल क्रिया सभी नर नारी निःशंक होकर करें॥ १५॥

इस दिन ढोल, भेरि, डफ, बाँसुरी, पटह और निशान सभी बाजे बजने लगते हैं। लोक की पति (मर्यादा) को छोड़कर अपने प्रिय से मिल लो, नहीं तो अंत में उबरोगे नहीं॥ १६॥

लाल कवचों की बरात सजाकर, गदहों पर सवार होकर, घड़ों में गेरू की धूल को घोलकर, हाथों में पिचकारी का यंत्र लेकर ॥ १७॥

जहाँ-तहाँ सेना चल पड़ी। इसकी कछनी और सिर के केश खुले हुए थे। राजा और रंक सभी अपना और पराया नहीं समझ पा रहे थे और आवेश में बने हुए थे॥ १८॥

जो कुल वधुएँ कभी देखी नहीं गईं, जिनकी बोली भी कभी सुनी नहीं गई, वे भी निडर हो गईं और लोग उन्हें देखकर भागने लगे॥ १९॥

वे कुल-वधुएँ उठा उठा कर लोगों पर अबीर गुलाल की राख फेंकती हैं, पकड़कर लोगों की आँखों में काजल लगा देती हैं। उनके ऊपर चंदन का जल छिड़कती हैं। वे मर्यादा भी नहीं बनी रहनी देना चाहतीं। वे लोगों के कटि-तट का वस्त्र फाड़कर उन्हें नंगा कर देना चाहती हैं॥ २०॥

वे वहाँ कहीं किसी तपस्वी, किसी संयमी, किसी धर्मी और आचारी की बात सुनती हैं, तो वे उसके किवाड़ तक तोड़कर उसे पकड़ लेती हैं और निडर होकर उस पर अबीर, गुलाल और रंग छिड़कने लगती हैं॥ २१॥

मूर्ख और पंडित, वेश्या और कुलवधू सभी एक से हो जाते हैं।

तेरसि और चौदस के दो दिन तो ऐसे हैं, जिन्होंने सारे संसार को जीत लिया है॥ २२॥

पूर्णिमा का प्रताप तो स्वतः प्रगट है। लोग दूर दूर से आकर प्रणाम करते हैं। इस दिन जहाँ भी होली गड़ी होती है, जला दी जाती है। ऐसा लगता है जैसे किसी किले में आग लग गई हो॥ २३॥

सभी नाचते हैं, सभी गाते हैं, सभी छार, धूल (अबीर, गुलाल) उड़ाते हैं। साधु हों चाहे असाधु, सभी बिना सोचे समझे गंदी बातें बोलने लगते हैं॥ २४॥

अत्यंत अनीति की सीमा देखकर परिवा (चैत वदी) आ गई। सब लोग शरीर पर साफ कपड़े पहन लेते हैं, जो मर्यादा और प्रतिष्ठा की सूचक है॥ २५॥

आते ही सब लोग आदर करने लगते हैं; उठकर, हाथ जोड़कर, हँसकर प्रणाम करते हैं। वे वर्ण, और धर्म की मर्यादा का ध्यान रखते हैं और कहते हैं—हे काम राजा, अब

तो हमारे ऊपर कृपा करो और अपना राजपाट समेटो॥ २६॥

ऋतुराज वसंत की विनती सुनकर प्रभु (कृष्ण) ने अपने मन में सोचा समझा और कहा—जाओ और अपने धर्म से रहो, हमारी बाहों के तले यहाँ बसे रहो॥ २७॥

मैं कामदेव का गुणानुवाद कहाँ तक करूँ। हे श्याम, काम ने इस मास में जो काम किया है, उसे सुनो॥ २८॥

रसिकों की शिरोमणि राधिका ने गिरिधर गोपाल से यह बात कही—हे श्याम, कृपा कर व्रज में ही बने रहो। मैं तुम्हें मधुबन जाने से रोक रही हूँ॥ २९॥

२३४३/३५३३ राग धनाश्री

कछु इक दिन औरौ रहौ, अब जिनि मथुरा जाहु।
परब करहु घर आपने, कुसल छेम निरबाहु॥ १॥
'आठैं' उर उनमानि कै, सबनि कियौ मत एक।
रितुराजहिं देखन चलीं, फूलत कुसुम अनेक॥ २॥
'नवैं' नवल नव नागरी, मद जोबन, नव भूप।
नयौ नेह नित नाह सौं, नव सत सजे अनूप॥ ३॥
'दसैं' दसौ दिसि घोष मैं, घर घर करहिं अनंद।
नर नारी मिलि गावहीं, जस वृंदावन-चंद॥ ४॥
'एकादसि' इक प्रीति सौं, चलीं जमुन कैं तीर।
बरन-बरन बनि-बनि चलीं, पीत अरुन तन चीर॥ ५॥
'द्वादस' अभरन द्वादसौ, साजि चलीं ब्रज नारि।
हरि हलधरहिं सुनावहीं, देहिं नंद कौ गारि॥ ६॥
'तेरसि' तन्मय तिय भईं, खेलत प्रीतम संग।
भरत भरावत राजहीं, लज्जित कोटि अनंग॥ ७॥
'चौदस' चतुर सखी मिलीं, हलधर पकरे धाइ।
मुख माँड़ैं, छाँड़ैं नहीं, काजर देहिं बनाइ॥ ८॥
'पून्यौ' पूरन प्रीति करि, हरि आए हरुआइ।
बल भैया कौं छाँड़हू, फगुआ देउँ मँगाइ॥ ९॥
मोहन पकरे करि मतौ, मुरली लई छँड़ाइ।
राधा सौं करि बीनती, दीजै हमहिं मँगाइ॥ १०॥
नंद छिंड़ावहु स्याम कौं, या जग मैं जस लेहु।
जसुमति धरि वृषभानु कैं, फगुआ हमरौ देहु॥ ११॥
जसुमति हँसि सब सखिनि स्यौं, राधे लीन्ही बोल।
मेवा मिश्री बहु रतन, दई सबनि भरि ओल॥ १२॥
होरी हरषि हलाइ कै, मोहन झूलैं डोल।
गावति सखी निसंक ह्वै, कहि-कहि अंमृत-बोल॥ १३॥

पाट सिँहासन बैठिकै, अरु अभिषेक कराइ।
राज करहु नित लाड़िले, सूरदास बलि जाइ॥१४॥

कुछेक दिन यहाँ व्रज में अभी और रहो, मथुरा मत जाओ। अपने घर का त्योहार मनाओ और कुशल क्षेम का निर्वाह करो॥ १॥ सभी गोपियों ने अष्टमी का विचार करके यह एक मत किया। वे ऋतुराज को देखने चलीं, वहाँ अनेक प्रकार के फूल खिले जा रहे थे॥ २॥ नवमी को नव भूप काम से शासित नव युवतियों के चित्त में अपने नित्य पति (कृष्ण) के प्रति नया नेह जगा और उन्होंने सोलहो शृंगार कर लिए॥ ३॥ दशमी के दिन दशों दिशाओं में व्रज में सारे घोष-मंडल में घर घर आनंद होने लगा। नर नारी सभी छिपकर वृंदावन चंद श्री कृष्ण का यशोगान करने लगे॥ ४॥ एकादशी को प्रीतिपूर्वक सभी गोपियाँ रंग-रंग के पीले, लाल चीर शरीर पर धारण करके बन ठनकर यमुना तट के लिए चलीं॥ ५॥ द्वादशी को उन्होंने बारहो आभूषण पहन लिए और व्रज नारियाँ सज-बजकर अपने अपने घरों से निकल पड़ीं। वे हरि और हलधर बलराम को सुना सुनाकर नंद बाबा को गाली गाने लगी॥ ६॥ तेरस को अपने प्रियतम कृष्ण के साथ होली खेलती हुई गोपियाँ एकदम तन्मय हो उठीं। वे कृष्ण पर रंग डालते हुए, उनसे अपने ऊपर रंग डलवाते हुए स्वयं लजाई जा रही थीं और कोटि कामदेवों को भी लजाए दे रही थीं॥ ७॥ चतुर्दशी को चतुरा सखियों ने मिलकर दौड़कर हलधर बलराम को जा पकड़ा। उनके मुख पर अबीर मल दिया, उन्हें छोड़ा नहीं, और उनकी आँखों में काजल लगा दिया॥ ८॥ पूर्णिमा को भाई के प्रति पूर्ण प्रीति करके हरि हड़बड़ाए हुए जल्दी जल्दी आए और कहा बलदाऊ को छोड़ दो। मैं तुम लोगों को फगुआ की त्योहारी मँगाए देता हूँ॥ ९॥ तब तक गोपियों ने मंत्रणा करके मोहन को पकड़ लिया। उनकी मुरली छीन ली और राधा से विनती की कि हमारी फाग की त्योहारी हमें मँगवा दो॥ १०॥ गोपियाँ बोली—नंद बाबा, संसार में यश लीजिए और श्याम को छुड़ा लीजिए। यशोदा मैया को वृषभानु के घर गहन रख दीजिए और हमारी त्योहारी हमें मँगा दीजिए॥ ११॥ यशोदा हँसकर सब सखियों से मिलीं और राधा को अपने पास बुला लिया। फिर उन्होंने सबकी गोद मेवा, मिश्री, और अनेक प्रकार के रत्नों से भर दी॥ १२॥ होली खेलने के अनंतर परम प्रसन्न होकर हरि हिला हिलाकर हिंडौला झूलने लगे। सखियाँ निडर होकर अमृतरूपी वाणी में गीत गाने लगीं॥ १३॥ फिर श्याम वहाँ सिंहासन पर बैठे और उनका अभिषेक हुआ। सूरदास आशीर्वाद देता है—हे लाड़िले, इसी प्रकार नित्य राज्य करते रहो। मैं तुम्हारी बलैया लेता हूँ॥ १४॥

२३४४/३५३४ राग सारंग

होरी खेलत जमुना कैं तट, कुंजनि तर बनवारी।
इत सखियनि कौ मंडल जोरे, श्री वृषभानु-दुलारी।
होड़ा-होड़ी होत परस्पर, देत हैं आनँद-गारी।
भरे गुलाल कुमकुमा केसरि, कर कंचन पिचकारी॥ १॥
बाजत बीन बाँसुरी महुवरि, किन्नरि औ मुरचंग।
अमृत-कुंडली औ सुर-मंडल, आउझ सरस उपंग।

ताल मृदंग झाँझ डफ बाजै, सुर की उठति तरंग।
हँसत हँसावत करत कुतूहल, छिरकत केसरि-रंग ॥ २ ॥
तब मोहन सब सखा बुलाए, मिलिकै मतौ बतायौ।
रे भैया तुम चौकस रहियौ, जिनि कोउ होहु गहायौ।
जौ काहू कौं पकरि पाइहैं, करिहैं मन कौ भायौ।
तातैं सावधान ह्वै रहियौ, मैं तुमकौं समुझायौ ॥ ३ ॥
राधा गोरी नवल किसोरी, इनहू मतौ जू कीन्हौ।
सखि इक बोलि लई अपनैं ढिग, भेष जु बल कौ कीन्हौ।
ताकौं मिलन चले उठि मोहन, काहूँ सखा न चीन्हौ।
नेसुक बात लगाइ साँवरैं, पाछे तैं गहि लीन्हौ ॥ ४ ॥
आईं सिमिट सकल ब्रज-सुँदरि, मोहन पकरे जबहीं।
हम माँगति हीं यह विधिना पै, दाँव पाइहैं कबहीं।
तब तुम चीर हरे जु हमारे, हा हा खाईं सबहीं।
अब हम वसन छीनि कर लैहैं, हा हा करिहौ अबहीं ॥ ५ ॥
एक सखी कहै बदन उठावहु, हमहूँ देखन पावैं।
श्रीमुख-कमल, नैन मेरे मधुकर, तन की तृषा बुझावैं।
एकसखी कहै आँखि आँजिकै, माथैं बेंदा लावैं।
एक सखी कहै इनहिं नचावहु, हम सब ताल बजावैं ॥ ६ ॥
एक सखी आई पाछै तैं, मोर-पच्छ गहि लीन्यौ।
एक सखी त्यौं आइ अचानक, पीतांबर धरि छीन्यौ।
एकै आँखि आँजि, मुख माँड्यौ, ऊपर गुलचा दीन्यौ।
मानत कौन फाग मैं प्रभुता, मन भायौ सो कीन्यौ ॥ ७ ॥
एक कहै बोलौ बल भैया, तुमकौं आइ छुड़ावैं।
सखा एक पठवौ कोउ घर कौं, जसुमति कौं लै आवैं।
जानत हौ कल बल कै छूटैं, सो नहिँ छूटन पावैं।
राधा जू सौं करौ बीनती, वै बलि तुमहिँ छुड़ावैं ॥ ८ ॥
दूरहिं तै देख्यौ बल आवत, सखी बहुत उठि धाईं।
कल बल छल जैसैं तैसैं करि, उनहूँ कौं गहि ल्याईं।
किए आनि ठाढ़े इक ठौरहिं, बल मोहन दोउ भाई।
उतहुँ की आँखि आँजि मुख माँड्यौ, राधा सैन बुझाई ॥ ९ ॥
देखि देखि व्रह्मा सिव नारद, मनहीं मन पछिताही।
बड़े भाग हैं श्री गोकुल के, हम मुख कहे न जाही।
जाके काज ध्यान धरि देख्यौ, ध्यानहु आवत नाहीं।
वे अब देखे बनितनि आगैं, ठाढ़े जोरे बाहीं ॥ १० ॥

हँसि-हँसि कहत सु मोहन प्रीतम, मन मानौ सुख कीजै।
छाँड़ि देहु गृह जाउँ आपनैं, पीतांबर मोहिं दीजै।
कर जोरे गिरिवरधर ठाढ़े, अज्ञा हमकौं दीजै।
जौ कछु इच्छा होइ तिहारी, सो सब फगुवा लीजै ॥११॥
तब गिरिवरधर सखा बुलाए, फगुवा बहुत मँगायौ।
जोइ जोइ बसन जाहि मन मान्यौ, सोइ सोइ तिहिं पहिरायौ।
राधा-मोहन जुग-जुग जीवौ, सब कोउ भलौ बनायौ।
बाढ़ौ वंस नंद बाबा कौ, 'सूरदास' जस गायौ ॥१२॥

यमुना के तटपर, कुंजों के नीचे, वनवारी कृष्ण होली खेल रहे थे। इधर सखियों का झुंड बनाए हुए वृषभानु की बेटी राधा है। वे जोड़-तोड़ पर एक दूसरे को आनंदमयी गालियाँ दिए जा रहे हैं। वे हाथों में सोने की पिचकारियाँ लिए हुए हैं, जो गुलाल, कुमकुमा और केसर से भरी हुई है॥१॥

बीन, बाँसुरी, महुअरि, किन्नरी, मुहचंग, अमृत कुंडली, सुर मंडल, आउझ (ताशा), मधुर उपंग, ताल, मृदंग, झाँझ, डफ आदि बाजे बजे जा रहे हैं। स्वर-लहरियाँ उठ रही हैं। वे हँस रहे हैं, हँसा रहे हैं। तरह तरह के कौतुक और कौतूहल करते जा रहे हैं और एक दूसरे पर केसरि आदि रंग छिड़कते जा रहे हैं॥२॥

तब मोहन ने अपने सभी सखाओं को बुलाया और मिलकर मंत्रणा की। सखाओ, तुम सभी सावधान रहो, देखो कोई इन गोपियों की पकड़ में न आने पावे। यदि ये हममें से किसी को पकड़ पाएँगी, तो जो चाहेगी, हमारी दुर्गति कर देंगी। इसलिए तुम सब उनसे होशियार रहना। मैं तुम्हें समझाए देता हूँ॥३॥

इधर नवलकिशोरी राधा गोरी ने भी मंत्रणा की। उन्होंने एक सखी को अपने पास बुलाया और उसको बलराम की वेश-भूषा में सजा दिया। श्याम उस नकली बलराम से मिलने के लिए चले। किसी भी सखा ने उस नकली बलराम को नहीं पहचान पाया। बस नकली बलराम ने साँवरे कृष्ण को बातों में फँसा लिया और पीछे से उनको जकड़ कर पकड़ लिया॥४॥

जब उस नकली बलराम ने श्याम को पकड़ लिया, तब सारी व्रज सुंदरियाँ वहाँ आकर एकत्र हो गई और बोलीं—हम तो विधाता से कब की यह माँगती रही हैं कि कभी न कभी हमें श्याम को पकड़ पाने का अवसर प्राप्त हो जाय। जब तुमने हमारे चीर हर लिए थे, तब हमने तुमसे कितनी ही बार हा हा खा करके चिरौरी की थी। अब हमारी बारी है। हम तुम्हारा वस्त्र छीन कर तुम्हें नंगा कर देंगी, तब तुम भी हमारी चिरौरी करोगे॥५॥

एक सखी ने कहा—श्याम, जरा अपना मुँह ऊपर तो उठा लो, हम भी देख लें। इसे नीचा क्यों किए हुए हो? तुम्हारा मुँह कमल है। मेरे नेत्र मधुकर हैं। ये नयन तुम्हें देखकर अपने तन की तृषा बुझाना चाहते हैं। एक सखी ने कन्हैया की आँखों में काजल लगा दिया और बोली अब लाओ, तुम्हारे माथे पर टिकुली भी पहना दूँ। एक सखी बोली इन्हें नचाओ, हम सब ताली बजाएँ॥६॥

एक सखी पीछे से आई और उसने कन्हैया का मोरपंख का मुकुट पकड़कर उतार लिया। उसी तरह एक अन्य सखी ने आकर उनका पीतांबर छीन लिया। एक ने उनकी आँखों में काजल लगा दिया, एक ने उनके मुँह पर अबीर पोत दिया और ऊपर से उनके गाल पर अपनी उँगलियों से खुदका भी मार दिया। फाग में भला कौन किसकी प्रभुता मानता है। उन्हें जो अच्छा लगा, सब कर डाला॥ ७॥

एक ने कहा—अब अपने बड़े भैया दाऊ जी को बुलवाओ, वे आकर तुम्हें छुड़वावें। किसी सखा को घर भेज दो, जो यशोदा मैया को बुला लावे। हम जानती हैं कि तुम कल से, बल से, छल से छूटना चाहोगे, पर हम तुम्हें किसी प्रकार छूटने नहीं देंगी। तुम राधा जी से बिनती करो, वे चाहें तो तुम्हें छोड़ दें॥ ८॥

सखियों ने बलराम को दूर पर आते हुए देखा तब उनमें से अनेक उठ दौड़ीं। वे उनको भी कल बल छल से, चाहे जैसे भी हो, पकड़ लाईं। बलराम और मोहन दोनों भाइयों को उन्होंने एक स्थान पर खड़ा कर दिया। राधा ने इशारा कर दिया और सखियों ने बलराम की भी आँख आँज दी और उनके भी मुँह पर रंग पोत दिया॥ ९॥

इस दृश्य को देख देखकर व्रह्मा, शिव, नारद मन ही मन पछताए जा रहे हैं। गोकुल वाले बड़े भाग्यशाली हैं। हम इनके भाग्य की सराहना करने में असमर्थ हैं। जिनको हम ध्यान लगाकर देखना चाहते हैं और ध्यान लगाने पर भी ध्यान में नहीं आते, उन्हीं को इन व्रज-वनिताओं के आगे हाथ जोड़े हुए देख रहे हैं॥ १०॥

प्रियतम मोहन हँस हँसकर गोपियों से कह रहे हैं—तुम्हारे मन में जो आवे, वह सुख-विलास करो। अब मुझे छोड़ दो और मेरा पीतांबर मुझे दे दो। मैं अपने घर चला जाऊँ। गिरिधर गोपाल हाथ जोड़े खड़े थे—अब हमें अनुमति दो। जो कुछ तुम्हारी इच्छा हो, फगुवा में मुझसे ले लो॥ ११॥

तब गिरिधर गोपाल ने एक सखा बुलाया और उससे घर से फाग के उपहार की बहुत सी चीजें मँगवा लीं। जिसको जो जो वस्त्र अच्छा लगा, उसे वही वही वस्त्र पहनने को दे दिया। गोपियों ने आशीः दिया और भला बताया— 'राधा मोहन युग युग तक जीते रहें, नंद बाबा का वंश बढ़े।'

सूरदास ने भी राधा कृष्ण का यह यश गा सुनाया।

२३४५ / प १ / १२३ राग कल्यान

वृंदावन खेलत हरि होरी।
बाजत ताल मृदंग झाँझ डफ, नंद-लला वृषभानु-किसोरी।
हौं अपनैं गृह तैं निकसी सखि, सास की त्रास, ननद की चोरी।
और सखी सब छाँड़ि, स्याम मो कर मरोरि, पहुँची गहि तोरी।
स्याम-बरन अति सुंदर साँवरौ, कनक-बदन राधे तनु गोरी।
'सूरज' के प्रभु दोऊ राजत, पारस कंचन की सी जोरी॥

वृंदावन में हरि होरी खेल रहे हैं। एक ओर नंद लला हैं, दूसरी ओर वृषभानु की बेटी राधा। ताल, मृदंग, झाँझ और डफ बज रहे हैं। हे सखी, मैं अपने घर से अपनी सास से डरते डरते और अपनी ननद से छिपकर अपने घर से बाहर निकली। और सभी सखियों

को छोड़कर श्याम ने मेरी बाँह पकड़कर मरोड़ दी और मेरी पहुँची (हाथ के पहुँचे पर पहना जाने वाला एक आभूषण) पकड़कर उसे तोड़ डाला।

वह साँवले कृष्ण श्याम वर्ण के हैं और अत्यंत सुंदर हैं। राधा गौर वर्ण हैं और एकदम सोने के से शरीर वाली हैं। दोनों पारस और स्वर्ण की सी जोड़ी के समान सुशोभित हैं।

२३४६ / प १ / १२६ राग होरी

ब्रज मैं हरि होरी मचाई।
इत तैं आवति कुँवरि राधिका, उत तैं कुँवर कन्हाई।
खेलत फाग परस्पर हिलिमिलि, यह सुख बरनि न जाई।
सु घर-घर बजत बधाईं ॥ १ ॥
बाजत ताल मृदंग झाँझ डफ, मंजीरा सहनाई।
उडति अबीर-कुमकुमा,केसरि, बहत सदा ब्रज ठाई।
मनौ मघवा झरि लाई ॥ २ ॥
राधा जू सैन दियौ सखियन कौं, झुंड-झुंड उठि धाईं।
लपटि झपटि गईं स्याम सुँदर कौं, बरबस पकरि लै आईं।
लाल जू कौं नाच नचाईं ॥ ३ ॥
लीन्हौ छोरि पिताँबर मुरली, सिर सौं चुनरी ओढ़ाई।
बेंदी भाल, नैन बिच काजर, नकबेसरि पहिराई।
मनो नई नारि बनाईं ॥ ४ ॥
फगुवा दिए बिनु जान न पैहौ, करिहौ कौन उपाई।
लैहौं काढ़ि कसरि सब दिन की, तुम चितचोर चवाईं।
बहुत दिन दधि मेरी खाई ॥ ५ ॥
सुसुकत हौ मुख मोरि मोरि तुम, कहाँ गई चतुराई।
कहाँ गए वै सखा तुम्हारे, कहा जसोमति माई।
तुम्हैं किन लेति छुड़ाई ॥ ६ ॥
रास विलास करत वृंदावन, ब्रज-बनिता जदुराई।
राधे स्याम जुगल जोरी पर, 'सूरदास' बलि जाई।
प्रीति उर रहति समाई ॥ ७ ॥

व्रज में हरि ने होली की धूम मचा दी हैं उधर से कुँवरि राधिका चली आ रही हैं, उधर से कुँवर कन्हाई आ रहे हैं। वे दोनों परस्पर हिल मिलकर फाग खेल रहे हैं। यह सुख वर्णनातीत हैं। घर घर में मंगल वाद्य बज रहे हैं ॥ १ ॥ अबीर, कुमकुमा, केसर उड़ रहा है और उड़कर व्रज को आच्छादित किए ले रहा है, ऐसा लगता है जैसे इंद्र ने ही (इन रंगों की) झड़ी लगा दी हो ॥ २ ॥ राधाजी ने इशारा किया और झुंड की झुंड सखियाँ उठकर दौड़ पड़ीं। वे झपटकर श्याम से लिपट गईं और उनको बलपूर्वक पकड़ ले आईं। उन्होंने लाल जी (श्याम) को अच्छा नाच नचा दिया ॥ ३ ॥ सखियों ने श्याम का पीतांबर

और उनकी मुरली छीन ली तथा उनके सिर पर औरतों की लाल चुनरी ओढ़ा दी। उनके माथे पर टिकुली टीक दी; उनकी आँखों को काजल से आँज दिया और उनकी नाक में नकबेसरि पहना दी। मानो उन्हें नई नवेली बना दिया॥ ४॥ वे कहने लगीं—श्याम, अब जब तक हमें फगुवा नहीं दे देते, हम तुम्हें जाने न देंगी, पकड़े रहेंगी। अब बचने का कौन उपाय करोगे? हम अब रोज रोज की कसर निकाल लेंगी। तुम चतुराई (बदनाम) करनेवाले हो। तुम हमारा चित्त रोज चुराते रहे हो और बहुत दिनों तक तुमने हमारा दही छीन छीनकर खाया है॥ ५॥ अब तुम्हारी वह सारी चतुराई कहाँ चली गई? अब तुम सिसक सिसककर मुँह मोड़ मोड़कर क्यों रोए जा रहे हो? अब तुम्हारे वे सखा कहाँ चले गए? अब तुम्हारी जसोदा मैया कहाँ हैं। ये सब आकर तुम्हें क्यों नहीं छुड़ा लेते? ॥ ६॥

इस प्रकार व्रज वनिताएँ और कृष्ण वृंदावन में रास-विलास किए जा रहे हैं। राधा और श्याम की इस जोड़ी पर सूरदास अपने को निछावर किए जारहे हैं। उनके मन में इस युगल के प्रति प्रीति समाई जा रही है॥ ७॥

२३४७ / प १ / १२७ राग होरी

स्यामा स्याम सौं आजु बृंदाबन, खेलति फाग नई।
नंद-नँदन कौं राधे कीन्हौ, माधव आपु भई।
सखा सखी ह्वै, सखी सखा ह्वै, जुरि नँद भवन गईं।
उलटे रूप देखि जसुमति की, गति मति भूलि गई।
गोरे स्याम, साँवरी स्यामा, दोउ मूरति चितई।
'सूरस्याम' कौ बदन बिलोकत, उघरि गई कलई॥

श्यामा (राधा) आज वृंदावन में श्याम के साथ एकदम नए ढंग की होली खेल रही हैं। उन्होंने नंद के नंदन श्याम को तो राधा बना दिया और आप माधव बन गई। सारे सखा सखी बन गए और सारी सखियाँ सखा बन गईं। ये सब मिल-जुलकर नंद के घर गए। इनके उलटे हुए रूप को देखकर यशोदा की गति और मति सभी भूल गई। यशोदा मैया ने देखा आज तो श्याम गौर वर्ण के हो गए हैं और श्यामा राधा साँवली हो गई हैं। वे इन दोनों मूर्तियों को ध्यान लगाकर देखने लगीं कि क्या बात है। जैसे ही उन्होंने स्याम के मुँह की ओर देखा कि सारी कलई खुल गई। सारा रहस्य-भेदन हो गया।

२३४८ / प १ / १२८ राग होरी

भली भई होरी जो आई, घर आए घनस्याम।
धनि मेरौ भाग सुहाग लड़ैते, और न दूजी बाम।
काजर दै मुख माँड़ि हरद सौं, राधा पूरे काम।
'सूरदास' की इच्छा पूजी, सीता मिली श्रीराम॥

'यह बहुत अच्छा हुआ कि होली आ गई। इसी बहाने हे घनश्याम तुम मेरे घर तो आ गए। मेरा भाग्य धन्य है, मेरा सुहाग धन्य है। हे लड़ैते लाल, आज मैं समझती हूँ कि मेरे जैसी सौभाग्यशाली कोई दूसरी नारी नहीं है।' ऐसा कहकर राधा ने श्याम की आँखों में काजल लगा दिया और उनके मुँह पर हरदी पोत दी। इस प्रकार उन्होंने अपनी मनोकामना पूरी कर ली। सूरदास की भी इच्छा पूरी हो गई। सीता श्रीराम से मिल गई।

नंद सुवन ब्रज-भावते, संग फाग मिलि खेलौ।
हमैं तुम्हैं यह जानबी, नव जुवती दल पेलौ॥ १ ॥
रसिक-सिरोमनि साँवरे, स्त्रवन सुनत उठि धाए।
बल समेत सब टेरि कै, घर-घर सखा बुलाए॥ २ ॥
बिबिध बाँति बाजे बजे, ताल मृदंग उपंग।
डिमडिम झालरि झिल्लरी, आउझ बर मुहचंग॥ ३ ॥
उत तैं नव-सत साजिकै, निकसी सब ब्रज नारी।
झुंडनि आईं झूमिकैं, गावति मीठी गारी॥ ४ ॥
केसरि कुमकुम घोरि कै, भाजन भरि-भरि धाईं।
छूटीं सनमुख स्याम के, करन कनक पिचकाईं॥ ५ ॥
इतहीं स्याम गोपाल सँग, भरे महा रस खेलैं।
चोवा मृगमद घोरिकै, जुवति जूथ पर मेलैं॥ ६ ॥
सोभित ग्वालनि वृंद मैं, हरि हलधर की जोरी।
इतहिँ चतुर चंद्रावली, सब गुन राधा गोरी॥ ७ ॥
सौंह किए ललिता कहै, पग न पिछौड़े डारै।
उत नायक इत नाइका, को जीतै को हारै॥ ८ ॥
टिके परस्पर देखियै, खेल मच्यौ अति भारी।
इत उत हटक न मानहीं, चोख परे नर नारी॥ ९ ॥
जुवति जूथ दल पेलिकै, छेंकि सुबल गहि लीनौ।
कंठ उपरना मेलिकै, खैंचि आपु बस कीनौ॥१०॥
सुनहु सुबल साँची कहौ, तौ छूटन भले पावौ।
कल बल बानिक बानि कै, हलधर कौं पकरावौ॥११॥
बहुरि सिमिटि सब सुंदरी, संकर्षन मिलि घेरे।
फेंट गही चंद्रावली, उलटि सखिनि तन हेरे॥१२॥
सौंधे लायौ सीस तैं, काजर लै भरि आई।
मोहन मुरि हँसि कै कहै, दाऊ आँखि अँजाई॥१३॥
फेरि पुकारीं राधिका, स्याम जहाँ हे ठाढ़े।
और सखिनि की ओट ह्वै, गहे औचकहिँ गाढ़े॥१४॥
देखि सबै चहुँ ओर सौं, दौरि आइ लपटानी।
अंग-अंग बहु रंग सौं, करी बात मनमानी॥१५॥
केसरि सौ पट बोरि कै, श्रीमुख माड़त रोरी।
ताली हांथ बजाइ कै, बोलत हो हो होरी॥१६॥

नागरि अति अनुराग सौं, मुदित बदन-तन हेरै।
सरबस बारे वारनैं, अंचल हरि पर फेरै॥ १७॥
परस-परम-सुख ऊपज्यौ, भयौ तृषित कौ भायौ।
मगन भईं सब सुंदरी, रस भीन्यौ हिय आयौ॥ १८॥
उत अग्रज, इत स्याम सौं, दुहुनि दिसा रस लीन्हौ।
गोपी हिलिमिलि रंग लै, दुहुँ कौ मुँह रँग दीन्हौ॥ १९॥
'सूरज' प्रभु सँग खेलतीं, इहिँ बिधि गोपकुमारी।
सब व्रज छायौ प्रेम सौं, सुख-सागर गिरिधारी॥ २०॥

राधा ने श्याम से कहा—ऐ नंद-सुवन, हे व्रज के प्यारे श्याम, हमारे साथ हिल-मिलकर होली खेलो। इस भेद को केवल हम तुम जानेंगे, कोई दूसरा यह रहस्य न जानने पावे। तुम अपने सखाओं को प्रेरित करो, मैं अपनी सब युवती सखियों के दल को बुलवाती हूँ॥ १॥

रसिक शिरोमणी घनश्याम राधा की यह बात सुनकर उठ दौड़े। उन्होंने बलराम सहित सभी सखाओं को पुकारकर घर-घर से बुलवाया॥ २॥

तरह तरह के बाजे जैसे ताल, मृदंग, उपंग, डिमडिम, झालरि, झल्लरी, आउझ (ताशा), मुहचंग बजने लगे॥ ३॥

उधर से सोलहो शृंगारों से सजी हुई सब व्रज-नारियाँ निकल पड़ीं। वे झुंड की झुंड झूमती हुई, मीठी गाली गाती हुई आईं॥ ४॥

वे केसरि, कुमकुम घोरकर, घड़ों में भर भरकर दौड़ीं। वे अपने हाथों में रंग भर भरकर सोने की पिचकारियाँ लिए हुए थीं। उन्होंने वे भरी पिचकारियाँ श्यान के ऊपर छोड़ दीं॥ ५॥

इधर श्याम के सखा भी गोपाल के साथ अत्यंत रस और रंग में भरे हुए थे। वे भी चोवा, कस्तूरी घोलकर युवतियों के दल पर फेंककर होली खेलने लगे॥ ६।

ग्वाल बालों के बीच में हरि और हलधर बलराम की जोड़ी बड़ी सुहावनी लग रही थी। इधर चतुर चंद्रावली और सब गुणों से भरी गोरी राधा थीं॥ ७॥

ललिता ने शपथ दिला दी कि कोई अपना पैर पीछे न हटाए। उधर नायक कृष्ण हैं, इधर नायिका राधा हैं। देखना है कौन जीतता है, कौन हारता है॥ ८॥

दोनों दल डट गए और भारी खेल शुरू हो गया। कोई भी इधर से उधर हिलडुल नहीं रहा था। नर और नारी दोनों दल चोखे पड़ रहे थे। कोई किसी से कम ठोस नहीं था॥ ९॥

युवतियों के दल ने युवकों के दल को फाड़ते हुए सुबल सखा को घेरकर पकड़ लिया। उनके गले में अपना दुपट्टा डालकर अपनी ओर खींच लिया और अपने बस में कर लिया॥ १०॥

सखियों ने कहा—हे सुबल, हम सच कह रही हैं, तुम तभी छूट पाओगे, जब कल, बल, छल, किसी भी प्रकार से, हलधर को पकड़वा दोगे॥ ११॥

तब सब सुंदरियों ने इकट्ठा होकर बलराम को जा घेरा। चंद्रावली ने बलराम का फेंटा पकड़ लिया और उलटकर अपनी सखियों की ओर देखा कि अब क्या देखती हो। इनकी

दुर्गति कर दो॥ १२॥

सखियों ने बलदाऊ के सिर पर सोंधे भरा घड़ा लुढ़का दिया और उनकी आँख काजल से आँज दी। श्याम ने दाऊ की यह दुर्दशा देखकर मुँह मोड़कर हँसकर कहा— दाऊ ने तो आँख में काजल लगवा लिया॥ १३॥

तब तक राधा ने वहाँ खड़े श्याम को ललकारा और सखियों की ओट होकर अचानक श्याम को कसकर पकड़ लिया॥ १४॥

सभी सखियों ने यह देखा। वे भी चारों ओर से दौड़ पड़ीं और आकर श्याम से लिपट गईं। उन्होंने श्याम का अंग अंग रंग से रँग डाला और उन वामाओं ने जो कुछ उनके मन में आया, कर डाला॥ १५॥

उन्होंने केसरि से श्याम के वस्त्र भिंगो दिया और उनके मुँहपर रोरी पोत दी। वे हाथों से ताली बजाती हुई हँस हँसकर 'होली है भाई, होली है' कहने लगीं॥ १६॥

नागरी राधा ने अत्यंत प्रेमपूर्वक प्रसन्न होकर श्याम के मुँह की ओर देखा। उन्होंने उन पर अपना सर्वस्व निछावर कर डाला और अपना आँचर हरि के मुख के चारों ओर फेरने लगीं॥ १७॥

उन्होंने अरस-परस को परम सुख माना। प्यासे को पानी मिल गया, उसकी प्यास बुझ गई। सब व्रज सुंदरियाँ प्रसन्न हो गईं और उनका हृदय प्रेम के रस में भींग गया॥ १८॥

उधर बड़े भाई बलराम से, इधर छोटे भाई श्याम से—दोनों ओर से व्रज सुंदरियों ने रस लिया। गोपियों ने हिल-मिलकर रंग लेकर दोनों भाइयों का मुँह रँग दिया॥ १९॥

गोप कुमारियाँ प्रभु के साथ इस प्रकार हिल मिलकर होली खेलती रहीं। सुख के सागर गिरिधारी कृष्ण का प्रेम सारे व्रज-मंडल में छा गया॥ २०॥

२३५० / प १ / १३० राग नंदन

बृंदाबन परम सुहावनौ, राधा खेलैं फाग, बारे कान्हैया।
मोहन बँसिया बजावै, नदि जमुना कैं तीर, बारे कान्हैया।
स्त्रवन सुनत सब धावही, झोरी भरे अबीर, बारे कान्हैया।
उर मोतिन की माल री, पहिरे रातुल चीर, बारे कान्हैया।
ब्रज की वधु सब सुंदरी, स्त्रवननि झलकैं बीर, बारे कान्हैया।
चोवा चंदन अरगजा, छिरकैं सकल सरीर, बारे कान्हैया।
इक तौ राधा सुंदरी, दूजैं परी अबीर, बारे कान्हैया।
साँकरि खोरिया बिरज की, भई चोवा की की हील, बारे कान्हैया।
वृंदावन के कुंज मैं, भई दोऊ दिसि भीर, बारे कान्हैया।
इहि विधि होरी खेलहीं, गावै निसिदिन 'सूर', बारे कान्हैया॥

अत्यंत सुहावने वृंदावन में राधा फाग खेल रही हैं। यमुना तट पर मोहन बाँसुरी बजाए जा रहे हैं। मुरली की धुन सुनकर सभी गोपियाँ झोलियों में अबीर भरे हुए दौड़ पड़ीं। उनके वक्ष पर मोतियों की माला उलर रही थी और वे लाल चूनरी पहने हुए थी। वे सभी व्रज-वधूटियाँ परम सुंदरी थीं और कानों में बिरिया नामक आभूषण पहने हुए थीं। वे चोवा, चंदन, अरगजा सारे शरीर पर छिरके जा रही थीं। एक तो राधा स्वयं परम सुंदरी

थी हीं, दूसरे वे गुलाल से भर उठी थीं। अतः वे और भी सुंदर लगने लगी थीं। व्रज की साँकरी खोर में चोवा चंदन की हील (कीच) छा गई। वृंदावन की कुंज में दोनों ओर से नर नारियों की भीड़ छा गई। इस प्रकार राधा और श्याम होली खेलते हैं। सूर इस होली लीला को रात दिन गाते रहते हैं।

२३५१ / कीर्तन संग्रह १८/६१, राग वसंत

खेलत गुपाल नव सखिन संग। नव-नव अंबर रंग-रंग ॥ ध्रुव०॥
मुरलि बेन डफ नए चंग। मधि नइ कुहूक बाजे उपंग ॥
सुर-समूह नइ-नइ तरंग। जहँ नइ-नई गति उपजत मृदंग ॥
मृगमद लपटे चंदन सुगंध। केसरि कुंकुम मलय मकरंद ॥
हुलसि जुवति वर वृंद-वृंद। लीने लपेटि आनंद-कंद ॥
उड़ी परस्पर अरुन रूंदि। दुरत भरत मुख नैन मूँदि ॥
घूँघट में मुख लसत मंद। मानो अरुन जलधि में दुरे चंद ॥
सखी एक तब कियो बंद। चतुर बोलि सिखयो सुछंद ॥
पिय नाम टेरि कह्यौ नंद-नंद। रहो रहो भरो जू नागर नंद ॥
हाथ झारि हरि कों दिखाय। चोली में सोधों दुराय ॥
त्रियन अंक हँसि के बताय। गहे तबही सब परी हैं धाय ॥
कोइ निरखत लोचन अघाय। कोउ आन दृग आंजत सिराय ॥
कोउ मुख पकरि रोरी फिराय। कोउ कहत भले हो स्याम राय ॥
विबस प्रेमवस स्याम लाल। मन भायो सब करत बाल ॥
भरत अंक भरि भरि गुपाल। 'सूरदास' तहँ काम पाल ॥

गोपाल नवेली सखियों के साथ होली खेल रहे हैं। वे सखियाँ नये नये और रंग रंग के वस्त्र पहने हुए हैं। मुरली, बेन, डफ, चंग बज रहे हैं। बीच बीच में उपंग भी कुहुकते हुए बज रहे हैं। नाना प्रकार के सुर और नई नई तरंगें उठ रही है। मृदंग पर नए-नए बोल निकल रहे हैं। वे सभी कस्तूरी, चंदन, बेसरि, कुंकुम, मलय, मकरंद आदि सुगंधित पदार्थ लपेटे हुए हैं। उमंग में आकर युवतियों के झुंड के झुंड ने आनंद-कंद श्रीकृष्ण चंद को अपनी बाँहों में लपेट लिया। लाल लाल अबीर गुलाल धरती पर इतना भर गया था कि वह सखाओं और सखियों के पैरों से रौंदा जाकर आसमान में उड़ चला। वे छिपती हैं, कृष्ण के मुख में अबीर मल देती हैं, आँखें मूँद लेती हैं। उन नवेलियों के मुख लाल घूँघट के भीतर कुछ कुछ दिखाई दे जाते हैं, लगता है जैसे लाल सागर में चंद्रमा छिप गया हो। तब एक सखी ने रंग डालना बंद करके अन्य सखियों को चतुराई भरे बोल कहकर छल-छंद सिखाया। उसने प्रिय कृष्ण का नाम लेकर कहा—रहो रहो, यह सब बंद करो। नागर नंद के नंदन को रंग से नहला दो। उसने अपनी चोली में सोंधा छिपा लिया और अपना हाथ झार कर हरि को सूचित किया कि मेरे पास तो कुछ भी नहीं है। तब सभी सखियों ने दौड़कर हरि को हँसकर अपने अंक में भर लिया। कोई उन्हें आँख भर कर अघाकर देखती रह गई। कोई आकर, खाली होकर, जैसे कोई खलबली न हो, धीरे धीरे श्याम

की आँखों में काजल लगा गई। किसी ने श्याम का मुँह पकड़कर उसपर रोरी मल दी। कोई हँसी उड़ाती हुई कहने लगीं—कहिए श्याम जी, अच्छे तो हैं? श्याम प्रेम के बस में लाचार हो गए थे और गोप बालाएँ उनके साथ वह सब व्यवहार किए जा रही थीं, जो उन्हें अच्छा लग रहा था। वे गोपाल को अंक में भर भर ले रही थीं। वहाँ वे कामदेव को पुष्ट करती जा रही थीं।

२३५२ / ग्र. ५६०५ कीर्तन, राग वसंत

"जसोदा नहीं बरजे अपनो बाल। अपनो बाल रसिया गोपाल॥
स्नान करन गई जमुना तीर। कर कंकन अभरन धरे चीर॥
मेरी जल-प्रवाह-तन दीठि। पाछे तें कान्ह मेरी मलत पीठि"॥
"यह अन्न न खाय, मुख पिवे न खीर। यह कितिक बार गो जमुन तीर॥
हौं वारौं री ग्वालिन तेरो ग्यान। यह पलना झूले मेरो बारो कान्ह"॥
"वृंदावन देखे मैं तरुन कान्ह। घर आय कैसें भये अयान॥
उठि चली री ग्वालि जिय उपजी लाज। 'सूरदास' ये प्रभु के काज॥

गोपी बोली—'यशोदा मैया, तुम अपने लाड़ले बेटे रसिया गोपाल को रोकती नहीं हो। मैं नहाने के लिए जमुना जी के किनारे गई थी। हाथ का कंगन, आभूषण और वस्त्र किनारे पर रख गई थी। मैं किनारे की ओर पीठ किए हुए धारा की ओर देख रही थी। पीछे से आकर कन्हैया मेरी पीठ मलने लगे।'

यशोदा मैया बोलीं—'यह न अन्न खाता है, न दूध पीता है, यह कितना छोटा सा बच्चा है। यह कैसे जमुना तट पर गया। हे ग्वालिन, मैं तेरी बुद्धि की बलैया लेती हूँ। देख, मेरा लल्ला तो पलने पर झूल रहा है।'

तब गोपी बोली—'मैंने तो वृंदावन में जिन कन्हैया को देखा था, वह तो तरुण थे, घर आकर कैसे अयान बन गए हैं।'

ग्वालिनी उठकर अपने घर चली गई। वह लजा गई थी। प्रभु के ये सभी अद्‌भुत क्रिया कलाप हैं।

२३५३ / ग्र. ५६०६ कीर्तन, राग वसंत

"बरजो जसुमति अपनो कान्हा।
मैं जमुना जल भरन जात ही, मारग निकस्यौ आना।
बरजत ही मोरी गागरि फोरी, ले अबीर मुख साना।
सखी सब देत हैं ताना"॥
"मेरो लाल पलना में झूले, बालक है नादाना।
ये क्या जाने रस की बतियाँ, क्या जाने खेल जहाना।
कहा तुम झूली भाना"॥
"तुम साँचौ, तुमरौ सुत साँचौ, हमही करत बहाना।
'सूरदास' ब्रज-बास न त्यागें, ब्रज तजि अनत न जाना।
करौं अपना मन माना"॥

गोपी ने शिकायत करते हुए यशोदा से कहा—यशोदा, अपने कन्हैया को रोक दो। मैं जमुना में जल भरने जा रही थी। वह रास्ते में मुझे आ मिला। मेरे रोकने पर भी उसने मेरी गागर फोड़ दी, और अबीर लेकर मेरे मुँह में मल दिया। मुझे मेरी सारी सखियाँ व्यंग बाणों से विद्ध किए दे रही हैं।

यशोदा बोलीं—'मेरा लल्ला तो पालने में झूल रहा है। वह तो अभी बहुत छोटा और नासमझ है। यह रस की बातें अभी क्या जाने। सांसारिक खेल कैसे होते हैं, इसकी अभिज्ञता उसे कहाँ है? तुम अपना ज्ञान कहाँ भूल आई हो?'

इस पर गोपी बोली—मान लिया कि तुम सच्ची हो, और तुम्हारा बेटा भी सच्चा है। मैं ही बहाना कर रही हूँ और झूठ बोल रही हूँ। अब व्रज को अपना घर तो छोड़ नहीं सकती और व्रज को छोड़कर अन्यत्र कहीं जाना भी नहीं है। जब यहीं रहना है, तब तुम और तुम्हारा बेटा जो चाहे, मनमानी कर ले। लाचारी है।

२३५४ / कीर्तन संग्रह १२-१३/४४

''जसोदा नहिं बरजे अपनो कान्ह। अपनो कान्ह सुंदर सुजान॥
नीर भरन गई जमुना घाट। नहिं जान देत, धर रोके बाट॥
कबौं झगर कहे, लावो दान। झपट चीर करै खैंच तान''॥
''पय पिवत घुटुरुवन चलत लाल। यह जमुना तट गयो कौन चाल॥
तेरी बात सुनत मोहिं हाँसी आत। यह पलना झूलत, कछु न खात॥
''गो-चारत निरखे तरुन स्याम। सबै छलत फिरत, करे ऐसे काम''॥
सकुचाय ग्वालि रही मुख निहार। 'सूरस्याम' की लीला अपार॥

गोपी ने शिकायत की—यशोदा अपने सुंदर सुजान कान्ह को क्यों नहीं रोकती-टोकती? मैं जमुना जल भरने जा रही थी। वह जाने नहीं देता, पकड़कर रास्ता रोक लेता है। कभी झगड़ा करके कहता है—लाओ, हमारा दान (कर) दो। कभी वह झपटकर हमारा चीर पकड़कर, खींचातानी करने लगता है।

तब यशोदा बोलीं—मेरा लाल तो अभी दूध पीता बच्चा है, वह अभी घुटनों के बल ही चल पाता है। वह किस गति से, किस पैर से जमुना के किनारे गया? तेरी बात सुनकर तो मुझे हँसी आती है। यह अभी तो पालने पर झूलता रहता है और कुछ खाता पीता तक नहीं।

गोपी बोली—'यह गाय चराते समय तो एकदम जवान था। यह सभी को छलता फिरता है और ऐसे छल-छंद के काम करता रहता है।'

ऐसा कहकर वह ग्वालिन लजाकर श्याम का मुँह देखने लगी। श्याम की लीला अपरंपार है। कभी बालक, कभी किशोर।

२३५५ / ग्र ५६०८, कीर्तन, राग बसंत

वंदौ पद पंकज नंदलाल। जे भवतारन पूरन कृपाल॥
चित चिंतत होवत बुधि बिसाल। जे कृपाकरन अरु दीनपाल॥
सदा बसो मेरे हृदय माय। कुँवर माधुरी चितहि धाय॥

तिमिर हरन सुखकरानंद। मुनि बंदन आनंदकंद॥
स्याम मुकुट मनि कमल नैन। छवि समूह पर लाजत मैन॥
गोकुलपति गुन नाहिनै पार। श्री नंद-सुवन सुमिरौं उदार॥
निगमागम सब ओघ सार। सोइ बृंदाबन प्रगट्यौ विहार॥
ऋतु बसंत पहलो समाज। तहँ मुदित जुवति जन सजे साज॥
मुदित चले जहँ 'सूरस्याम'। बसंत बधावन नंद-धाम॥

हे नंदलाल, मैं तुम्हारे उन चरण-कमलों की वंदना करता हूँ, जो संसार-सागर के पार उतार देने वाले हैं, जो पूर्णरूपेण सब पर कृपा करने वाले हैं, जिनका चिंतन करने से बुद्धि बढ़ जाती है, जो सब पर दया करने वाले हैं और दीनों का पालन करने वाले हैं। तुम सदा मेरे हृदय में बसे रहो। हे कुंवर कन्हैया, तुम्हारी रूप माधुरी मेरे चित्त में सदा दौड़ती रहे। तुम अज्ञान रूपी अंधकार को दूर करने वाले, सुख करने वाले, आनंद देने वाले हो। हे आनंद के बादल, तुम मुनियों द्वारा वंदनीय हो। हे श्याम, तुम मुकुट-मणि हो, तुम कमल-नयन हो। तुम्हारी छवि देखकर तो कामदेव भी लज्जित हो जाता है। हे गोकुलपति, तुम्हारे गुणों का अंत नहीं है। हे उदार नंद-कुमार मैं तुम्हारा स्मरण करता हूँ। तुम निगम और आगम के तत्वों का समूह हो। उनका सार-तत्व ही होकर तुम विहार करने वाले के लिए वृंदावन में प्रकट हुए हो। वसंत ऋतु के आ जाने पर होली के उत्सव का जो प्रथम समारोह हुआ; उसमें व्रज की युवतियों और गुरुजनों ने अपने को खूब सजा बजा लिया। सब प्रसन्न मन से वसंत की बधाई देने के लिए नंद के घर की ओर चल पड़े, जहाँ श्याम थे।

२३५६ / कीर्तन संग्रह १८/६०, राग बसंत

खेलत बसंत श्री नंदलाल। भरे रंग सब ग्वाल-बाल॥ध्रुव०॥
जूथ जूथ सब नवल बाल। सजि समाज उड़वत गुलाल॥
गावत पंचम सरस राग। रूप सील भरी सब सुहाग॥
नव केसरि भाजन भराय। चंदन सों मृगमद मिलाय॥
बहु गुलाल छिरकें फुलेल। कुंवर कुँवरि रँग बढ़ी केलि॥
लालहिं ललना भरें धाय। मुख रोरी माँड़ें बनाय॥
भलें जु कहैं, तारी बजाय। भले त्रियन बस परे हो आय॥
अंग-अंग रँग सब सुहाय। पिय लोचन निरखें अघाय॥
बिलसत सुख बड़ भाग बाम। सुखी भए तहँ 'सूरस्याम'॥

नंदलाल वसंत मना रहे हैं। सभी ग्वाल-बाल पिचकारियों में रंग भर कर लिए हुए हैं। नव वयस्क बालाएँ झुंड की झुंड, अबीर गुलाल उड़ाती हुई समाज सजाए हुए चल पड़ीं। वे कोकिल के पंचम स्वर में सरस स्वर में गा रही थीं। वे सभी रूप, शील और सुहाग से भरी हुई थीं। वे सोने के कलसों में ताजी केसर में चंदन और कस्तूरी मिलाकर घोल बनाकर भरे हुई थीं। वे गुलाल और सुगंधित तेल छिड़के जा रही थीं। कुँवर कन्हैया और कुँवरि राधा में होली की रंग-भरी क्रीड़ा शुरू हो गई। लाल (कृष्ण) को ललनाएँ

दौड़ा दौड़ाकर पकड़ लेती हैं और उनके मुँह पर भलीभाँति रोरी पोत दे रही हैं। वे ताली बजा बजाकर कहती जा रही हैं—'कन्हैया, आज तुम हम नारियों के बस में खूब पड़ गए हो।' श्याम के अंग अंग पर रंग खूब शोभा दे रहा है। गोपांगनाओं के नयन अघाकर अपने पिया श्याम को देखे जा रहे हैं। अत्यंत सौभाग्यशालिनी गोपियाँ इस प्रकार सुखोपभोग किए जा रही हैं। श्याम भी गोपियों के साथ सुखी हो गए।

२३५७ / कीर्तन संग्रह १८-१९/६२

खेलत वसंत वलभद्र देव। लीला अनंत कोउ लह न भेव ॥ ध्रुव० ॥
सनकादि आदि सुख रचे ग्वार। प्रगट करन व्रज-रज-विहार ॥
सुखनिधि गिरिधर धरन धीर। लियो बांटि बांटि ओलिन अबीर ॥
मधुमंगल और सुबल सीदाम। सखा सिरोमनि करत काम ॥
मधुमंगल आदिक सकल ग्वाल। बने सबके सिरोमनि नंदलाल ॥
रचि पचि के बहु अंबर बनाय। बागे बहु केसरि रँगाय ॥
रही पाग लसि सिर सुरंग। कुँवर रसिक मनि श्री त्रिभंग ॥
सुनत चपल सब उठी हैं बाल। भरि भाजन लीने गुलाल ॥
हुलसि उठीं तजि लोक-लाज। लई बोलि सब सखि-समाज ॥
काहू की कोउ न बदत कान। भरति हितून कों जानि जान ॥
ब्रजराज कुँवर वर निकट आय। नैननि सिराय निरखे अघाय ॥
चतुर सखी इक हास कीन। दुरि मुरि बचाय दृग गांठ दीन ॥
पाछे तें तारी बजाय। व्याह गीत सब उठीं गाय ॥
तब बोले स्याम घन अपने मेल। खिंचौ चीर तब लख्यौ खेल ॥
लगी लाज चितवें न ओर। सखा कहें आवो गांठ तोर ॥
सुनत बाल तब चली हैं धाय। वलभद्र-वीर कों गह्यौ जाय ॥
कटि पटुका पट पीत लीन। भली भांति रँग-समर दीन ॥
परम पुरुष कोउ लहे न पार। व्रजवासिन हित सहत गार ॥
'सूरस्याम' हँसि कहत बैन। भरति नैन, सुख बहुत दैन ॥

बलभद्र और देव कृष्ण वसंत खेल रहे हैं। उनकी लीला अनंत है। उसका भेद कोई नहीं पा सकता। जो सुख सनक, सनंदन, सनातन और सनत्कुमार ऋषियों को प्राप्त है, उसी सुख में ग्वाल बाल रम गए हैं। व्रज-भूमि में विहार करने के लिए श्याम सुंदर का प्राकट्य हुआ है। सुख के भाण्डार, धैर्य धारण करने वाले, गिरिधर गोपाल आदि ने बाँट बाँटकर झोलियों में अबीर भर लिया। मधुमंगल, सुबल, श्रीदामा आदि सखागण और उनके शिरोमणि कृष्ण होली के तयारी में लग गए। मधु मंगल आदि सभी ग्वाल और सबके शिरोमणि नंदलाल वहाँ थे। उन्होंने रच-पचकर अनेक परिधान बनाए और अनेक बागे (परिधान) केसरि से रँग लिए, श्याम के सिर पर लाल पगड़ी सुशोभित हो उठी। रसिकों के शिरोमणी कुँवर कन्हैया ने त्रिभंगी रूप बना लिया। ग्वाल-बाल के साथ श्याम लाल को आया सुन सभी चपल गोप-बालाओं ने अपने अपने कलसों में गुलाल भर लिया।

वे लोक-लाज का परित्याग करके परम प्रबल हो उठीं और उन्होंने सभी सखियों को बुला लिया। कोई किसी की मर्यादा का खयाल नहीं कर रही थीं। वे अपने प्रियों को जान जानकर अँकवार में भरे ले रही थीं। वे व्रजराज कुँवर के पास आईं और उन्हें अघाकर, पूर्ण तृप्ति के साथ देखा और अपनी आँखों को शीतल किया। तब एक चतुर सखी ने एक हँसी की। उसने छिपकर, मुड़कर, लोगों की आँख बचाकर, राधा और कृष्ण की गाँठ जोर दी। वे पीछे हँस-हँसकर तालियाँ बजाने लगीं और विवाह के गीत गाने लगीं। तब स्याम अपने हेली-मेलियों रसिकों से बोले—चीर खींचो और तमाशा देखो। श्याम की यह बात सुनकर गोपियाँ लजा गईं। तब सखाओं ने कहा—'गाँठ तोड़कर खोलकर चले आओ।' सखाओं की यह बात सुनकर गोपियाँ दौड़ पड़ीं और बलदाऊ के भाई कृष्ण कन्हैया को पकड़ लिया। उन्होंने श्याम की कमर का पटुका और उनका पीतांबर छीन लिया और रंग का युद्ध भलीभाँति खेला। कृष्ण परम पुरुष हैं। कोई भी उनका आदि अंत नहीं जान सकता। ऐसे परम पुरुष भी प्रेम के कारण व्रजवासियों की गाली सहे जा रहे हैं। तब श्याम हँसकर बोले—तुम सब मेरी आँखों में जो काजल दिए जा रही हो, इससे मुझे बहुत सुख मिल रहा है।

२३५८ / कीर्तन संग्रह, १९-२०/६४ राग वसंत

देखो वृंदावन को जस वितान। छायो सब पर बरनत पुरान ॥ ध्रुव०॥
जाकौं बरनि वेद रहे मौन धारि। करें ध्यान-मान अभिमान टारि ॥
ताकों गहत सकल मिलि व्रज की नारि। मुख माँड़ि, देत होरी की गारि ॥
जाकों रिझवत हैं सब नाचि गाय। करें वेद युक्ति नाना उपाय ॥
ताके आँजत लोचन दृगन माय। छाँडे नचाय, हाहा खवाय ॥
जाके भजत नाम तजि काम केत। भव सागर को वर जानि सेत ॥
दुख नास करत, सुख को निकेत। ताकौ हँसि-हँसि ग्वालिन गुलचा देत ॥
जाके बस परे सुनि सब प्रमान। डरें लोकपाल सब देत मान ॥
सो तो राधा बस करे मुरलि गान। 'सूरदास' प्रभु कंत कान्ह ॥

देखो वृंदावन के यश का चँदोवा (श्रीकृष्ण) सब पर छाया हुआ है—ऐसा वर्णन सभी पुराण करते हैं। वेद भी जिसका वर्णन करते करते मौन हो जाते हैं और जिसका ध्यान सारा मान और अभिमान छोड़कर करते हैं। उसी प्रभु को व्रज की सारी नारियाँ मिलकर पकड़ लेती हैं, उसके मुँह पर अबीर गुलाल पोत देती हैं और उसे होली की गालियाँ देती हैं। उन्हें वेद नाना युक्तियाँ और उपाय कर करके भी नहीं पाते, जिसको सब भक्तगण नाच-नाचकर, गा-गाकर रिझाने का प्रयत्न करते रहते हैं, उसी की आँखों में ये गोपियाँ आँजन आँजे दे रही हैं और उसी को ये नचा कर और उससे चिरौरी करवा कर तब छोड़ रही हैं। जिसके नाम को, कितने ही लोग सारे काम काज छोड़कर, भव-सागर के पार उतर जाने का पुल समझते हैं, भजते रहते हैं, जो सब दुखों का नाश करने वाले हैं, जो सब सुखों के घर हैं, उन्हीं कृष्ण के गाल पर ये ग्वालिनें हँस हँस-कर खुदका मारे जा रही हैं। सुनो तो, जिसके बस में सारे प्रमाण (वेद शास्त्र) है, जिनको सब लोकपाल डरते

रहते हैं, और मान (प्रतिष्ठा) देते रहते हैं, वही प्रभु, वही कांत, वही कन्हैया, राधा के बस में होकर मुरली में उनका नाम ले लेकर पुकारते रहते हैं, गाते रहते हैं।

२३५९ / कीर्तन संग्रह, पृष्ठ ३२/१२६ राग वसंत

कुसुमित बन देखन चलो आज। तहँ प्रगट भयो रति रंगराज ॥
अलि गुंजित कोकिल कल समेत। जुवती-जन-मन आनंद देत ॥
राधिका सहित राजत निकुंज। तहँ मदनमोहन सुंदरता पुंज ॥
दंपति रति-रस गावें हुलास। यह सदा बसो मन 'सूरदास' ॥

चलो देख आएँ—आज वृंदावन फूलों से लदा हुआ है। वहाँ रति-राज (कामदेव) अपने पूर्ण रंग में प्रकट हो गया है। कोकिल के कलनाद के सहित वहाँ भौंरे गूँजे जा रहे हैं। कोकिल की कूक और भ्रमरों का गुंजन नवयुवतियों के मनों को आनंद दे रहे हैं। वहाँ कुंज-भवन में सुंदरता की राशि मदनमोहन राधिका जी के साथ सुशोभित हो रहे हैं। राधा कृष्ण दंपति उमंग में आकर रति-रस गाए जा रहे हैं। ऐसे रंग भरे दंपति सूरदास के मन में सदा बसे रहें—भक्त सूर की यही कामना है।

२३६० / ग्र. ५६२१, कीर्तन संग्रह ८९/८७, राग धनाश्री

अपने पिय सँग खेलों मिलि होरी, पिचकारिन रंग भरौं गोरी।
गृह-गृह तें बानिक बनि आईं, साँवरी सलोनी सुँदर भोरी।
बाजत ताल मृदंग मुरज डफ, बिच-बिच मुरली धुनि थोरी।
चोवा चंदन और अरगजा, अबिर लिए भरि-भरि झोरी।
मैं अपनो वर पायो री सजनी, बाँधि प्रीति रस की डोरी।
'सूरस्याम' प्रभु रसभरे खेलति, मदनमोहन-राधा जोरी ॥

हे गोरी, मैं अपने पिया के साथ मिलकर होली खेल रही हूँ और पिचकारियों में रंग भर-भर कर उनपर चला रही हूँ। व्रज के गाँव-गाँव से गोरियाँ सज बजकर आ गई हैं। कोई साँवली है, कोई सलोनी है, कोई सुंदर है, कोई भोली भाली है। ताल, मृदंग, मुरज, डफ बज रहे हैं। बीच बीच में मुरली की भी मधुर मंद ध्वनि सुन पड़ रही है। गोपियाँ हाथ में चोवा, चंदन, अरगजा घड़ों में भरे हुए हैं और झोलियों में अबीर गुलाल लिए हुए हैं। हे सजनी, मैंने अपना वर पा लिया है और उसे प्रीति के रस की डोर में बाँध लिया है। मदनमोहन और राधा की मधुमय जोड़ी रसमय होकर होली खेले जा रही है।

२३६१ / ग्र. ५६२७, कीर्तन ११२-१३/१३२, राग काफी

निर्तत दोऊ गति लिए हो ललना, वृषभान नंदिनी नंदलाल ॥ ध्रुव० ॥
नव-सत साज सिँगार किए अँग, मोपैं बरनि न जाय।
राधे आधे कोरे चितवत, हरि चित लियो चुराय।
मोर मुकुट मकराकृत कुंडल, घूँघरवारे बार।
मृगमद तिलक बन्यो भृकुटी बिच, ब्रज-जुवतिन फँदवार ॥ १ ॥

अधर कपोल नासिका मोती, दृग चंचल मनु मीन।
देखि मुखारविंद की सोभा, राधा भई अधीन।
जूथनि जूथ चली ब्रज बनिता, ले भरि मोद अबीर।
जाय मिली वृषभानु नंदिनी, नदि यमुना के तीर॥ २॥
गोप ग्वाल मिले घोष तें, नाना स्वांग बनाय।
गावत हँसत करत कौतूहल, मिले स्याम पैं जाय।
उत हलधर ब्रजवासी लिये सँग, इत सब ब्रज की नारि।
दोऊ मिलि रस रंग बढ़ावत, गावत फाग धमार॥ ३॥
ताल मृदंग झाँझ डफ बाजत, बिच मुरली की घोर।
पून्यो-चंद बदन मोहन को, राधा नयन चकोर।
लीनी हाथ कनक पिचकाई, गोकुल के नर नारि।
खेल मच्यौ वृषभान पौरि मैं, कोउ न मानत हारि॥ ४॥
उड़त गुलाल अबीर कुंकुमा, रह्यौ दसों दिसि छाय।
प्रेम मगन भई फिरत ग्वालिनी, आनँद उर न समाय।
नील कमल लीने गोपिन कर, ग्वालन दीए मारि।
हो हो हो करि होरी खेलत, देत परस्पर गारि॥ ५॥
कोउ हलधर कों, कोऊ स्याम कों, करो कछु भेद उपाय।
सावधान ह्वै फिरत ग्वाल सब, दृष्टि न इत उत जाय।
सात पाँच मिलि गोप भेषधर, हलधर पकरे जाय।
फेंट पकरि बस किए आपने, छूटोगे आँखि अँजाय॥ ६॥
तब मोहन कियो भेष सखी को, औरौ सखी बनाय।
जाय गहे वृषभान नंदिनी, दाऊ लिए छुड़ाय।
जित-तित ते सब धाईं ग्वालिनि, मोहन घेरे जाय।
राधा कहे जान नहिं पावें, मुरली लई छिनाय॥ ७॥
राधा जाय गहे मनमोहन, अंचल लियो छुड़ाय।
कै नाचो कै रहो हारि तुम, फगुवा देहु मँगाय।
मोहन सखा बुलाय आपनो, मेवा बहुत मँगाय।
आपुन चाखि, चखावत ग्वालन, गोपिन अँगुरि दिखाय॥ ८॥
तब प्यारी उठि धाय सखिन ले, मेवा लियो छड़ाय।
आपुन खाय, खवावत गोपिन, ग्वाल रहे डहकाय।
मोहन हँसि बस करी ग्वालिनी, लीने सबै मनाय।
राधा माधव केलि करो देउ, रतिपति अति सुख पाय॥ ९॥
सिव विरंचि सुरपति सुधि बिसरी, चकृत रह्यौ रथ भान।
बरखत सुमन सुरेस, त्रिया सब, वारत तन मन प्रान।

जुगल किसोर सदा मन मेरे, रहो रस रूप समाय।
'सूरस्याम' स्यामा प्यारी छबि, निरखत दृग न अघाय ॥१०॥

वृषभानु की बेटी राधा और नंद के लाल श्याम दोनों गति लिए हुए ढंग से नाचे जा रहे हैं। राधा ने सोलहों श्रृंगार कर रखा है। मुझसे उनके अंगों की सुंदरता का वर्णन नहीं करते बन पा रहा है। राधा अपनी आँखों के आधे कोर (किनारा) से ताककर हरि के चित्त को चुराए ले रही हैं। कृष्ण के सिर पर मोर पंख का मुकुट है। उनके कानों में मछली के आकार के स्वर्ण कुंडल है। उनकी अलकें घुँघुराली है। भौंहों के बीच में वे कस्तूरी का तिलक लगाए हुए हैं। कृष्ण का यह रूप व्रज की युवतियों के मन को फँसा लेने वाला बहुत बड़ा फंदा (जाल) है॥ १॥

कृष्ण के लाल लाल होठों, उनके कांतिमान कपोलों, उनकी नाक में बुलाक के मोती, मछली के समान चंचल आँखों तथा कमल के समान मुख की शोभा को देखकर राधा उनके एकदम बस में हो गई। इधर झुंड की झुंड व्रज-गोपियाँ, प्रसन्नता में डूबी हुई, हाथों में अबीर से भरी झोलियाँ लिए हुए, यमुना तट पर आकर वृषभानु-नंदिनी राधा से मिल गईं॥ २॥

उधर गोप ग्वाल घरों से नाना प्रकार का स्वांग बनाए हुए निकले और गाते हुए, हँसते हुए, कौतूहल करते हुए श्याम से जाकर मिल गए। उधर श्याम बलदाऊ और व्रजवासी गोपों को संग लिए हुए हैं। इधर राधा के साथ सारी व्रज-वनिताएँ हैं। दोनों दलों के आमने-सामने आ जाने पर रस रंग बढ़ गए। वे फाग और धमार गाने लगे॥ ३॥

ताल, मृदंग, झाँझ, डफ बजने लगे। बीच-बीच में मुरली की भी ध्वनि सुनाई देने लगी। कृष्ण का मुख पूर्णिमा के चंद्रमा जैसे था और राधा के नयन उस चाँद के चकोर होकर उसे टकटकी लगाए देखे जा रहे थे। गोकुल के सभी नर नारियों ने अपने-अपने हाथों में सोने की पिचारियाँ ले लीं। वृषभानु के दरवाजे पर होली का खेल शुरू हो गया। इस खेल में कोई भी हार नहीं मान रहा था॥ ४॥

अबीर, गुलाल, कुंकुमा उड़ता हुआ दशों दिशाओं में छा गया। ग्वालिनियाँ प्रेम में मग्न होकर इतराती हुई डोल रही थीं। उन्हें इतना अधिक आनंद हो रहा था कि वह उनके हृदय में समा नहीं पा रहा था। गोपियाँ अपने हाथों में नील कमल लिए हुई थीं। वे इन नील कमलों से ग्वालों को मारे दे रही थीं। दोनों दल 'हो हो होरी' है कहते जा रहे थे और एक दूसरे को गाली भी दिए जा रहे थे॥ ५॥

कुछ गोपियाँ बलदाऊ को, कुछ श्याम को भेद डालकर पकड़ लेने का कुछ उपाय करने लगीं। पर ग्वाल बाल सावधान होकर घूम रहे थे। उनकी दृष्टि इधर-उधर कहीं नहीं जा रही थी। तब पाँच सात गोपियों ने गोपों का भेष बनाकर हलधर को जा पकड़ा। उन्होंने उनका फेंटा पकड़ कर अपने बस में कर लिया और कहा अब आँख में काजल लगवा लेने पर ही छूट पाओगे॥ ६॥

तब मोहन ने स्वयं सखी का रूप धारण किया और कुछ अन्य ग्वाल बालों को भी सखी का वेश धरवा दिया। उन्होंने जाकर वृषभानु-नंदिनी को जा पकड़ा और दाऊ को छुड़ा लिया। जिधर तिधर से (चारों ओर से) ग्वालिनी दौड़ पड़ी और उन्होंने मोहन को घेर लिया। राधा ने

कहा—देखो, निकल कर जाने न पावें। राधा ने श्याम की मुरली छीन ली॥ ७॥

राधा ने सखी बने मनमोहन को जा पकड़ा और पकड़कर उनका आँचल हटा दिया तथा कहा—'श्याम, अब या तो नाचो, या फिर अपनी हार मान लो। हमें फगुवा मँगाकर दो'। तब मोहन ने अपना एक सखा बुलाया और उससे बहुत सारा मेवा मँगवाया। वे स्वयं मेवा खाने लगे और ग्वाल बालों को भी मेवा खिलाने लगे तथा गोपियों को अँगूठा दिखा दिया (उन्हें नहीं दिया)॥ ८॥

तब प्यारी राधा ने सखियों को लेकर धावा किया और सारा मेवा छीन लिया। वह स्वयं खाने लगीं और गोपियों को खिलाने लगीं। अब ग्वाल घाटे में पड़ गए, डहका गए। मोहन ने मुसकुरा कर सब ग्वालिनों को बस में कर लिया और उन्हें मना लिया। फिर राधा और माधव दोनों केलि कौतूहल में रत हो गए, जिसको देखकर रति-पति कामदेव अत्यंत सुखी हो गया॥ ९॥

शिव, ब्रह्मा, इंद्र सभी इस केलि को देखकर विदेह हो गए, तन मन की सुधि भूल गए। सूर्य का रथ भी यह देखकर चकपका उठा। इंद्र सहित सभी देवगण पुष्प-वर्षा करने लगे और देवांगनाएँ तब तन, मन, प्राण सभी कुछ निछावर करने लगीं। और कहने लगीं—'हे नवल किशोर, हमारे मन में सदैव इसी रसमय रूप में समाए रहो।' श्याम और प्यारी श्यामा की छवि देखकर आँखें अघा नहीं पा रही हैं।

२३६२ / *कीर्तन संग्रह २०९/३५६*

साँवरे मोहिँ रँग में बोरी।

बैयां पकर मेरी, सिर की गगरिया छीन के, सिर तें ढोरी।
रंग में लालन रस बस कीनो, डारी गुलाल की झोरी।
गावन लाग्यो मुख होरी॥ १॥

आय अचानक मिल्यो री डगर में, तब निरख्यौ नँद को री।
भरि भुज लै मोहिँ पकरिकें, जीवन ने बरजोरी।
माला मुतियन की तोरी॥ २॥

मर्यादा मेरी कछू ना राखी, कही एक बात ठगौरी।
तब इनकौं मैं आँख दिखाई, मत जानो मोहिँ भोरी।
जानूं तेरे चित की चोरी॥ ३॥

मेरो जोर प्रभु कछु न चलत है, कंचुकी की कस तोरी।
'सूरदास' प्रभु तिहारे मिलन कूं, रसिया ने रँग में बोरी।
गई मैं नंद की पौरी॥ ४॥

साँवरे ने मुझे रंग में डुबो दिया। उन्होंने मेरी बाँह पकड़ ली, मेरे सिर की गगरी छीन ली और उसको ढुलका दिया। लालन ने मुझे रंग में डुबोकर अपने प्रेम के बस में कर लिया। मेरे उरपर गुलाल की झोली ही उलट कर डाल दी और होली गाने लगे॥ १॥ वे अचानक मुझे डगर में मिल गए। तब मैंने नंद के कुँवर को देखा। उन्होंने मुझे पकड़कर अपनी भुजाओं में जकड़कर कस लिया और उन मेरे जीवन-(नाथ) ने मुझसे वरजोरी की,

जबरदस्ती की तथा मेरी मोतियों की माला तोड़ दी॥ २॥ उन्होंने मेरी मान-मर्यादा का कुछ भी ध्यान नहीं रखा और एक ठग लेने वाली बात कह दी। तब मैंने इनकी ओर आँख तरेर कर कहा—मुझे भोली न समझो। मैं तुम्हारे मन में छिपी बात को भली भाँति समझती हूँ॥ ३॥ मेरा श्याम से कुछ बस न चला। उन्होंने मेरी चोली का बंद खींचकर तोड़ दिया। उस रसिया ने अपने से मिलने के लिए ही तो मुझे रंग में डुबो दिया था, मैं लाचार होकर नंद के द्वारे चली गई, जिससे उस छैल को देख सकूँ॥ ४॥

२३६३ / कीर्तन संग्रह २१०/३५८

नेह लग्यौ मेरो स्यामसुंदर सों। टेक

आयो बसंत सभी बन फूले, खेतन फूली है सरसों।
मैं पीरी पिया के विरह सों, निकसत प्राण अधर सों।
कहो जाय बंसीधर सों॥ १॥
फागुन में सब होरी खेलत हैं, अपने अपने बर सो।
पिय के वियोग जोगन ह्वै निकरी, धूर उड़ावत कर सों।
चली मथुरा की डगर सों॥ २॥
ऊधौ जाय द्वारका में कहियो, इतनी अरज मेरी हरि सौं।
बिरह ब्यथा से जियरा डरत है, जब तें गए हरि घर सों।
दरस देखने कों हों तरसौं॥ ३॥
'सूरदास' मेरी इतनी गरज है, कृपासिंधु गिरिधर सों।
गहरी नदिया नाव पुरानी, अबके उबारो सागर सों।
अरज मेरी राधाबर सों॥ ४॥

मेरा प्रेम श्याम सुंदर से हो गया है। वसंत आ गया है। सभी वन फूल उठे हैं और खेतों में सरसों भी फूल उठी हैं। मैं प्रिय के विरह में पीली पड़ गई हूँ और मेरे प्राण अधर (मुँह) से निकलना चाहते हैं। कोई जाकर वंशीधर से मेरी दशा कह सुनावे॥ १॥ फागुन में सभी स्त्रियाँ अपने-अपने पतियों के साथ होली खेलती हैं। मैं पिया के वियोग में योगिनी बनकर हाथों से धूल उड़ाती हुई घर से निकल पड़ी हूँ। और मथुरा की डगर पर चली जा रही हूँ॥ २॥ हे ऊधो, द्वारिका में जाकर हरि से मेरी इतनी विनती करना। जब से हरि घर से चले गए हैं तभी से विरह व्यथा में मेरे प्राण जले जा रहे हैं। मैं उनके दर्शन के लिए तरसी जा रही हूँ॥ ३॥ कृपा-सिंधु, गिरिधर से मेरा इतना ही निवेदन है—नदी गहरी है, मेरी यह नौका (देह) जीर्ण-शीर्ण हो चुकी है, अब तो मुझे इस (भव-) सागर से उबार लो। राधावर से मेरी इतनी ही विनती है॥ ४॥

२३६४ / कीर्तन संग्रह ८५/७७ राग धनाश्री

नेक मोंहड़ो माँड़न दे, हो होरी के खिलैया।

जो तुम चतुर खिलार कहावत, अँगुरिन को रस लैहो।
उमड़े घुमड़े फिरत रावरे, सकुचत काहे हो।
'सूरदास' प्रभु होरी खेलो, फगुवा हमरो देहो॥

हे होरी के खेलने वाले, जरा तो अपने मुँह में मुझे अबीर पोत लेने दो। जो तुम चतुर खिलाड़ी हो, तो अपना गाल मलवाते समय मेरी उँगलियों के स्पर्श का सुख ले लेना। तुम मेरे चारों ओर मड़राए फिर रहे हो, सकुचाए क्यों जा रहे हो। आओ मेरे साथ हिल मिलकर होली खेल लो और हमारा फगुवा हमें दे दो।

२३६५ / ग्र ५३५५ (राग०), राग जंगला सिह

स्याम, न मोसों खेलौ होरी, पा लागौं कर जोरी।
गाय चरावन मैं निकसी हूँ, सास ननद की चोरी।
सगरि चुनरिया रंग न भिजवौ, इती सुनौ तुम मोरी।
छीनि झपटि मोरि गागर लीनी, बहियाँ बहुत मरोरी।
जिय धरकत है, साँस चढ़त है, देह कँपत है गोरी।
अबिर गुलाल लपटिगो मुँह पै, सारी रँग में बोरी।
सास हजारन गारी देवै, बालम जियत न छोरी।
फागु खेलि कै तैंते मोहन, कौन करी गति मोरी।
'सूरदास' आनंद भयो उर, लाज रही कछु थोरी॥

हे श्याम, मुझसे होली मत खेलो। मैं हाथ जोड़कर तुम्हारे पैरों पड़ती हूँ। मैं सास और ननद की चोरी से गाय चराने निकली हूँ। तुम मेरी बात तो जरा सुनो। मेरी सारी चुनरी रंग में न भिगोओ। तुमने झपटकर मेरी गगरी छीन ली है, मेरी बाँहें पकड़कर मरोर दी हैं। मेरा जी धड़क रहा है, साँस फूलने लगी है, तेज हो गई है। मेरी गोरी देह काँपी जा रही है। अबीर गुलाल मेरे मुँह पर पुत गया है। तुमने मेरी सारी रंग में बोर दी है। मुझे मेरी सास हजारों गालियाँ देगी। मेरे पति मुझे जिंदा न छोड़ेंगे। तुमने फाग खेल करके मेरी कैसी दुर्दशा कर दी है? मेरे हृदय में इस बात का आनंद है कि किसी तरह मेरी लाज तो कुछ बची रह गई है।

२३६६ / ग्र ५९०६ ह

नवल रँगील सखा सँग लीनै। राजत अंग अंग रँग भीनै॥
नंद कुंवर ब्रज-बीथिनि डोलैं। रँग भीनो हो हो लै बोलैं॥
ताल मृदंग मुरज डफ बाजै। ढोल ढमक नव घन ज्यौं बाजै॥
दुति नव वधु आनँद अति बाढ़ी। निकसि निकसि पौरनि सब ठाढ़ी॥
उतहि नवेलि रँगीली नारी। रंग भरतिँ अरु गावतिँ गारी॥
अँजुलि अबीर छुटत छबि पावै। पंकज मनहु पराग उड़ावै॥
पिचकारिन रँग उछरतु भारी। उड़त गुलालहु अटा अटारी॥
जल गुलाल पिचकारी मैं करि। तब लगि भामिनि दामिनि सी भरि॥
ज्यों कोउ नवल-वधू भरि भागे। रंगी मोहन गौहनु लागै॥
धाइ जाइ कै धरत छबीलौ। जैसो चाहत करत रँगीलौ॥
जाइ परत ललना-मंडल जब। घेरि लेत कर-तारी दै सब॥
अंग अंग भुज हियै भरो री। 'सूरदास' तहँ बलि बलि होरी॥

रंगीले नवल किशोर अपने संग में सखाओं को लिए हुए, अंग अंग में प्रेम की मस्ती से भरे हुए सुशोभित हो रहे हैं। नंदकुमार व्रज की गलियों में, रंग में भींगकर, 'हो हो होरी' कहते हुए, सखाओं को संग में लिए हुए, डोल रहे हैं। ताल, मृदंग, मुरज, डफ बज रहे हैं। ढोल ढम-ढम कर बजती हुई बादल की सी गर्जना कर रही है। बाजों की धुनि सुनकर व्रज की नव वधुओं में आनंद की लहर बढ़ चली। वे अपने-अपने घरों से निकल कर अपने-अपने दरवाजों पर खड़ी हो गईं। उधर नवेली रँगीली नारियाँ पिचकारियों में रंग भर-भरकर मारे जा रही हैं और गाली गाती जा रही हैं। उनकी अँजुरी से अबीर छूटते हुए ऐसी छवि को प्राप्त हो रहा है मानों कमल पराग उड़ाए जा रहा हो। पिचकारियों से रंग खूब उछलता जा रहा है। गुलाल उड़कर कोठा, अटारियों पर छाया जा रहा है। गुलाबी रंग घोलकर, पिचकारियों में भरकर, भामिनी दामिनी सी दौड़कर, श्याम को भरपूर रंग से भरकर, जैसे ही भागती है, रँगीले मोहन उसके पीछे-पीछे साथ लग जाते हैं। छबीले कृष्ण उसको जाकर पकड़ लेते हैं और जैसा चाहते हैं, उससे वैसा ही करते हैं और जब और ब्रज-वधूटियाँ वहाँ आ जाती हैं, तब वे हथोड़ियाँ बजाती हुई श्याम को चारों ओर से घेर लेती हैं। वे श्याम को अपनी बाँहों में पकड़-पकड़कर उनके एक-एक अंग को अपनी छाती से लगाए लेती हैं। इस दृश्य को देखकर सूरदास बलि-बलि जा रहे हैं।

२३६७ / ग्र ५७५७ लघु, रसिया

या ब्रज मैं हरि होरी मचाई।

इततैं आईं कुँवरि राधिका, उततैं कुँवर कन्हाई।
हिलिमिलि फाग परसपर खेलत, सोभा बरनि न जाई।
नंद घर बजत बधाई ॥ १ ॥
बाजत ताल मृदंग बाँसरी, बीना डफ सहनाई।
उड़त गुलाल लाल भै बादर, रह्यौ सकल ब्रज छाई।
मनौ मघवा झर लाई ॥ २ ॥
लैलै रंग कनक पिचकारी, सनमुख सबै चलाई।
डारत रंग अंग सब भीजे, झुकि झुकि चाँचर गाई।
परसपर लोग लुगाई ॥ ३ ॥
राधे सैन दई सखियन कौं, झुंड-झुंड घिरि आईं।
लपट-झपट कै स्यामसुँदर कौं, सबै पकरि लै आईं।
लाल कौ नाच नचाई ॥ ४ ॥
छीनि लई मुरली पीतांबर, चूनरि दई उढ़ाई।
बेंदी भाल, दृगन बिच अंजन, नक बेसरि पहराई।
मनो नइ नारि बनाई ॥ ५ ॥
मुसुकत है मुख मोरि-मोरिकै, कहाँ गई चतुराई।
कहाँ गए हैं पिता नंद जू, कहाँ जसोदा माई।
तुम्हें अब लेहिँ छड़ाई ॥ ६ ॥

फगुवा दिय बिनु जान न पइहौ, कोटि करौ चतुराई।
लइहैं काढ़ि कसक सब दिन की, तुम चितचोर चबाई।
बहुत दधि माखन खाई ॥ ७॥
कृष्ण रंग फगुवा जु भावतो, दै के बहुत रिझाई।
स्यामा स्याम जुगल जोरी पै, 'सूरदास' बलि जाई।
प्रीति उर रही समाई ॥ ८॥

हरि ने इस ब्रज में होली का खेल शुरू कर दिया है। इधर से राधिका कुँवरि आईं, उधर से कुँवर कन्हाई आए। वे हिल-मिलकर एक दूसरे से फाग खेलने लगे। फाग की इस शोभा का वर्णन करते नहीं बनता। नंद के घर बधाई बजने लगी॥ १ ॥ ताल, मृदंग, बाँसुरी, बीन, डफ, शहनाई बजने लगी। गुलाल इतना उड़ा कि बादल भी लाल हो गए। सारा ब्रज ही अबीरमय हो उठा। मानो इंद्र ने वर्षा की झड़ी लगा दी हो॥ २ ॥ सोने की पिचकारियों से रंग भर-भरकर सभी सामने चलाने लगे। रंग डाल देने से सबके अंग-अंग भीग गए। फिर भी लोग लुगाई मिलकर झुक-झुककर चांचर के गीत गाने लगे॥ ३ ॥ राधा ने सखियों को इशारा किया। इशारा पाते ही वे झुंड की झुंड वहाँ आ गईं। वे झपटकर श्याम सुंदर से लपट गईं, उन्हें पकड़ ले आईं और लाल को खूब नाच नचाया॥ ४॥ उन्होंने कन्हैया की मुरली और पीतांबर छीन लिया तथा उन्हें महिलाओं की एक लाल चूनर ओढ़ा दी। उनके माथे पर टिकुली चिपका दी, आँखों में काजल लगा दिया। इस प्रकार श्याम को उन्होंने एक नई नवेली बना दिया॥ ५ ॥ वे मुँह मोड़-मोड़कर मुसकुराती हुई बोलीं—श्याम तुम्हारी यह सारी चतुराई कहाँ गई? तुम्हारे पिता नंद बाबा कहाँ है? तुम्हारी जसोदा मैया कहाँ है? क्यों नहीं आकर अब तुम्हें छुड़ा लेते॥ ६ ॥ बिना फगुवा दिए तुम जाने नहीं पाओगे, भले ही कोटि चतुराई करो। आज हम सब दिन की कसक और कसर निकाल लेंगी। तुम लोगों का चित्त चुराने वाले पर निंदक हो। अभी तक तुमने हमारा बहुत सा दही और माखन खाया है॥ ७॥ कृष्ण ने रंग (प्रेम) और मनमाना फगुआ देकर गोपियों को खुश किया। श्यामा और श्याम की इस जोड़ी पर सूरदास बलिहार जा रहा है। उनकी प्रीति हृदय में समा गई है॥ ८॥

रसिया

२३६८ / ग्र ५६४७, कीर्तन संग्रह, परिशिष्ट पृष्ठ १

वृंदावन मोहन दधि लूटी।
कहाँ तेरो हार, कहाँ नकबेसर, कहाँ मोतियन की लर टूटी।
गोकुल मेरो हार, मथुरा नकबेसर, कुंज गलिन में लर टूटी।
'सूरदास' प्रभु तिहारे मिलन कूँ, सर्बस दै ग्वालिन छूटी॥

मोहन ने वृंदावन में दही लूट ली। तेरा हार, तेरी नकबेसर, तेरी मोतियों की माला कहाँ टूटी? गोकुल में मेरा हार टूटा, मथुरा में मेरी नकबेसर टूटी और कुंज गली में मेरी मोतियों की माला टूट गई। प्रभु, ग्वालिन को तो तुमसे मिलना ही था, इसलिए उसने अपना सर्वस्व तुम्हें दे दिया और तब कहीं तब छूट पाई।

२३६९ / ग्र ५६४८, कीर्तन संग्रह, परिशिष्ट पृष्ठ १

दरसन देओ नाथ धुजाधारी ।
तिहारे दरस कों मन तलफत है, तीन लोक महिमा भारी ।
ब्रजहि छाँड़ि मेवाड़ बसाई, ए मेवाड़ लगी प्यारी ।
'सूरदास' प्रभु तिहारे मिलन कूं, मंदिर भीड़ भई भारी ॥

हे ध्वजा पताका वाले श्रीनाथ जी दर्शन दो, तुम्हारे दर्शन के लिए मन विकल हो रहा है। तीनों लोकों में तुम्हारी भारी महिमा फैली हुई है। तुमने ब्रज (गोवर्धन) छोड़कर मेवाड़ (श्रीनाथ द्वारा) को बसा दिया। तुमको मेवाड़ का मरुस्थल ही प्यारा लगा? प्रभु, तुम्हारे दर्शन के लिए मंदिर में भारी भीड़ लग गई है।

२३७० / ग्र ५६४९, कीर्तन संग्रह, परिशिष्ट पृष्ठ १

नंद के द्वार मची होरी ।
उत में ठाढ़े कुँवर कन्हैया, इत ठाढ़ी राधा गोरी ।
पांच बरस के कुँवर कन्हैया, सात बरस राधा गोरी ।
'सूरदास' ब्रजबासिन कारन, अबिचल रहियो यह जोरी ॥

नंद के द्वारा पर होरी हो रही है। उधर कुँवर कन्हैया खड़े हैं। इधर राधा गोरी खड़ी है। पाँच बरस के कुँवर कन्हैया हैं और सात बरस की राधा गोरी हैं। उन्होंने फेंटे में और झोलियों में गुलाल भर रखे हैं और हाथों में ले-लेकर सबके ऊपर डालते जा रहे हैं। ब्रजवासियों के लिए राधा कृष्ण की यह जोड़ी सदा बनी रहे।

२३७१ / कीर्तन संग्रह, परिशिष्ट पृष्ठ २

गोकुल को ठाकुर हो खेले होरियाँ ।
ललिता को बागो हो बिराजे केसरिया ।
सिर पर धरी मटुकिया, ऊपर दोहनियाँ ।
दधि दान दै घर जावो, ढीठ ग्वालिनियाँ ।
दधि दान कैसो होय रे, सुनो हो मोहनियाँ ।
मेरे फगुवा देहु गँवार, माँगे ग्वालिनियाँ ।
'सूरदास' बलि जाय, बजावे कोहनियाँ ॥

गोकुल के ठाकुर होरी खेल रहे हैं। ललिता का वस्त्र (परिधान) केसरिया रंग का है। उनके सिर पर दधि की मटुकी है और उसके भी ऊपर दूध का घड़ा है। कृष्ण ने कहा—अरी धृष्ट ग्वालिन, दधि का दान देकर तब घर जाना।

ललिता बोली—अरे मोहन सुनो, यह दधि का दान कैसा होता है। तुम मेरा फगुवा मँगाकर दे दो। गँवरपन मत करो। सूरदास कोहनी (काँख) बजाता हुआ बलि हार हुआ जा रहा है।

२३७२ / ग्र ५७५९ लघु, रसिया

गलियन बिच धूम मचावै री ।
ग्वाल बाल लै कुँवर कन्हैया, नित उठि भोरहिं आवै री ।

हाथ अबीर, गुलाल फेंट भरि, नागर रंग ढुरावै री।
सुनि ऊधम अति ही रसिया कौ, जियरा अति डरपावै री।
बाजत ताल मृदंग बाँसुरी, गारी और सुनावै री।
'सूरदास' प्रभु की छबि निरखे, नैनन हाहा खावै री॥

ग्वालबालों को लिए हुए कन्हैया यहाँ नित्य भोर ही में उठकर चले आते हैं। और गलियों में धूम मचा देते हैं। वह हाथ में अबीर लिए रहते हैं, फेंट में गुलाल भरे रहते हैं और गगरी भर भरकर रंग ढुलकाते फिरते हैं। रसिया कृष्ण का यह भारी ऊधम सुनकर जी अत्यंत डरता जा रहा है। वे ताल, मृदंग, बाँसुरी बजा रहे हैं और गाली भी सुनाए जा रहे हैं। प्रभु की छबि देखकर तो मेरे ये नयन अघा नहीं रहे हैं और और देखने के लिए आर्त होकर हा-हा खाए जा रहे हैं।

२३७३ / ग्र ५७६० लघु

बरसाने चलु खेलैं होरी।
ऊँचगाँव बरसानौ कहियत, जहाँ बसति राधा गोरी।
पाँच बरस के कुँवर कन्हैया, सात बरस राधा गोरी।
चोवा चंदन और अरगजा, केसर गागर भरि घोरी।
इत तैं आए कुँवर कन्हैया, उत तैं चलि राधा गोरी।
'सूरदास' प्रभु तैं मिलिबे कूं, चिरंजीव रहु यह जोरी॥

चलो आज बरसाने में चलकर होली खेलें। यह ऊँच गाँव है। यह बरसाना है। यहीं बरसाना में राधा गोरी रहती हैं। कुँवर कन्हैया पाँच वर्ष के हैं और राधा गोरी सात वर्ष की हैं। चोवा, चंदन, अरगजा, केसर तो गगरियों में घोर कर रखे हुए हैं। इधर ये कुँवर कन्हैया आए, उधर से प्रभु से मिलने के लिए राधा गोरी आईं। यह जोड़ी चिरंजीव रहे।

२३७४ / ग्र ५७६२ लघु, रसिया

डफ धरिकै मार गई परकी।
खेलत-खेलत देह पिरानी, और मलीन भई तरकी।
सैन अनंग सकल सकुचानी, कुम्हली कमल कली सर की।
'सूरदास' प्रभु रसिक-सिरोमनि, सरनागत राधा-बर की॥

डफ पकड़कर वह परकीया श्याम के गाल में गुलचा मार गई। होली खेलते-खेलते देह दुखने लगी और कानों का ताटंक भी अबीर आदि पड़ने से मलिन हो गया। अनंग की सारी सेना यहाँ की छवि देखकर सकुचा गई। सिर पर जो कमल कली धारण की गई थी, यह भी कुम्हला गई। अब मैं रसिक शिरोमणि प्रभु राधावर की शरण में आ गया हूँ।

सृष्टि-होली

२३७५ / ग्र ५९०९ इ

प्रथम परम रुचि वंदऊँ, नारायन गुरु पाँइ।
नारद व्यासहिं गौरि-सुत, सारद करहु सहाइ॥ १॥

गोविंद के गुन गाउँ मैं, चतुर चातुरी रीति ।
सुनत संत सुख पावहीं, मन उपजै अति प्रति ॥ २ ॥
परमानंदा प्रगट प्रभु, पावन पूरन काम ।
परम दयालू परम गुरु, कारुन करुनाधाम ॥ ३ ॥
जनु जग राखत पोषतै, कछु अरसाने गात ।
निद्रा पै मनु है कियौ, निसि जानी जब आत ॥ ४ ॥
नाना रूप रु रंग गुन, नाना कर्म सुभाय ।
जिय जातक सब संग लै, बालक लिए बुलाय ॥ ५ ॥
बिहरत बासर बीसऊ, फिरत पिरानौ पाय ।
अब सिसु सँग मिलि पौढ़ि गे, जहाँ प्रकृति पिय धाय ॥ ६ ॥
सब सोवाइ हरि सूतिगे, पन्नग पलँग डसाय ।
ओढ़ि सुपदी समुद्र की, कमला कंठ लगाय ॥ ७ ॥
मानहु माह महा निसी, बीती प्रलै अभेद ।
प्रात समै है आयऊ, बंदी बोलैं बेद ॥ ८ ॥
स्वास सदन तें नीकसे, अपने रूप बनाय ।
बोलत बहुतै बिरद बिधि, नाना भाँति सजाय ॥ ९ ॥
जै जै जगत सिरोमनी, जै जै अजित अनंत ।
कलि मल हरन कृपानिधी, केसौ कमला-कंत ॥ १० ॥
सुनत सुजस मन सामुझै, जिय जान्यौ भौ भोर ।
चितवत सकलहि भवन मैं, निकस्यौ नाभि सरोर ॥ ११ ॥
ता भीतर चतुराननहु, सोभित छुरित परान ।
मानौ बिगसत कमल के, निकसत मधुप बिहान ॥ १२ ॥
चितवत चक्रित दिसि चहूँ, मन सोचै अकुलाय ।
देखि बिकल बिधि-बालकहिँ, हरि हँसि लिए बुलाय ॥ १३ ॥
ब्रह्मा सिर वंद्यौ तुरत, प्रभु बोले मुसुकाइ ।
फागुन मास मनोज मन, सबही तौ घर जाय ॥ १४ ॥
सुनि विधि बिरम न कछु कियौ, चल्यौ चरन सिर नाय ।
ता अंतर ऊपर विधी, बहुरयौ बैठे आय ॥ १५ ॥
जो जहँ है सुख सोवता, सो तहँ लिए बुलाय ।
अज्ञा आपु जनाय के, साथिन यहै सुनाय ॥ १६ ॥
सनक सनंद सनातनहिं, संतत सनत कुमार ।
सुनहु सुमति सुत नारदहु, कर्दम करहु विचार ॥ १७ ॥
मुनि नारद विधि की सिखव, तिनहिं कही यह बात ।
प्रभु आज्ञा माथै धरौ, बिरम न कीजै तात ॥ १८ ॥

कमल कुसुम दल तब रच्यौ, भवन चतुरदस फेर।
तापै कनक सु कर्निका, थाप्यौ दंड सुमेर॥१९॥
सब समाज भय खाय कै, आतुरई घन लैन।
काल कर्म गुन साथही, लै आए इक ऐन॥२०॥
इंद्री तत्व बिषै रसहु, अंतर बहिर बिकार;
सबहुँन सघन समेटि कै, ऊपर हैं त्रिन जार॥२१॥
उपजौ कोलाहल बहुत, भई सकल जग जाग।
सोवत कै उठि धाएऊ, सिसु सुर नर खग नाग॥२२॥
जूथनि जूथनि बालकन, चौरासी लख जाति।
सब सुभ असुभ समेट ते, अपनी अपनी भाँति॥२३॥
मिलि मंगल आरँभ कियौ, परिवा तैं दिन तीस।
अपनै अपनै राबटै, खेलैं तीन्यौ ईस॥२४॥
ब्रह्मा धरी धरोहरी, कीनी बहुत बढ़ाय।
हरि रखवारे राखि कै, जिहि बिच बिनसि न जाय॥२५॥
जुरे जीव बहु रूप के, नटवर बपु की खानि।
प्रभु कौतिग के कारनैं, औसर प्रगटे आनि॥२६॥
सजि स्त्रुति संग मिलाइ कै, रच्यौ राग आकास।
आनि एक मारग मिले, तन मन दृष्टि बिलास॥२७॥
मुदित मधुर सुर गावहीं, विविध बजावैं बीन।
ताल पखावज आवझन, नाचैं नारि नवीन॥२८॥
मुरज उपंग अघोरती, सुरमंदिर कठताल।
जल तरंग कर बीन कौ, जंत्र रबाब रसाल॥२९॥
एक निमेस धरे उहँ, बरन बनाए च्यारि।
नृत्यहिं नेम निरंतरहिं, तिहीं तिहीं उनहारि॥३०॥
एकनि आश्रम काछिकै, अपनै अपनै अंग।
श्रुति सबदनि मिलि उघटहीं, उपजहिं बहुत तरंग॥३१॥
इकरस गीत सुनावहीं, ताल फागुनी भेद।
ग्राम नाम नाना रसहिं, तान तरंग अखेद॥३२॥
गति मैं गत्यौ दिखावहीं, नयनी खंजन भान।
मीन मरालहि हरन हिय, तिन मिलि उपजहिं आन॥३३॥
भ्रमरी भ्रमहीं बहुत बिधि, सिर कर अँगुठा एक।
दान यज्ञ तप संजमहिं, साधन धर्म अनेक॥३४॥
वे गोविंद रिझावहीं, अभिनव-मंडल मान।
परम प्रसादहिं पावहीं, परम पदारथ दान॥३५॥

हरि समाज सुख क्रीड़तै, चौदह तिथि गै बीति।
पुनि पून्यौ निसि आ गई, सभै सराहत रीति ॥ ३६ ॥
ढोल भेरि डफ झाँझ मिलि, गोमुख पटह निसान।
संख बंस घन झल्लरी, घंटा झाँझ विषान ॥ ३७ ॥
बहु विधि बाजन बाजहीं, अति रव रोके कान।
धर अंबर पूरन भई, सुनि सुर नर अकुलान ॥ ३८ ॥
तब होरी हरि पूजि कै, संख सबद दइ फूँकि।
लागै फिरन चहूँ दिसी, अरु सबहिन दइ कूकि ॥ ३९ ॥
गारी देहिँ परस्परहिँ, मातर गनि के नाम।
तिन सब लोगन गायऊ, बल गहि घर की बाम ॥ ४० ॥
जरत बढ़ी जग ज्वालहू, द्वादस रवि आकास।
जोगिनि जूथ भयानकहु, तनु सेकहिँ चहुँ पास ॥ ४१ ॥
नगन भए हर नाचहीं, भस्म धरे सब अंग।
भैरौ डाकिनि साकिनी, गावहिँ गीत निसंक ॥ ४२ ॥
जटा जूट मुकराय कै, दिसा नवै धै सूल।
सेसहुँ के सिर डोलहीं, निरतत पद प्रतिकूल ॥ ४३ ॥
मेघन मंडल साजियौ, घन पिचकारी हाथ।
छिरकत छिति छित भीतरै, परिपूरन भइ प्रात ॥ ४४ ॥
खेलत खीन भए अती, जल सम बरसत खेह।
चले उलटि कै मिलि सबै, मनौ पिता के गेह ॥ ४५ ॥
जननी अति आदर करी, उबटि न्हवाए अंग।
बसन बिचित्र बनाइ के, लै रचाय पिय संग ॥ ४६ ॥
बरष-बरष पिय आवही, हरि होरी इहि नाम।
गावत सुनत सुनावतै, जन पावहिँ विस्राम ॥ ४७ ॥
उत प्रतिपालन प्रलय रस, हरि खेलहिँ इहिँ फाग।
'सूर' सुमन रुचि उपजहीं, हरि-चरनन अनुराग ॥ ४८ ॥

पहले मैं परम प्रेमपूर्वक गुरु-स्वरूप नारायण के चरणों की वंदना करता हूँ। नारद, व्यास, गौरी-सुत गणेश और माँ शारदा मेरी सहायता करें॥ १ ॥ चतुरों की चतुर प्रणाली पर मैं गोविंद का गुणानुवाद कर रहा हूँ, जिसे सुनकर संत लोग सुख पावें और उनके मन में प्रभु के प्रति घनी प्रीति उत्पन्न हो॥ २ ॥ प्रभु परमानंद रूप है, परम गुरु हैं, वे पावन हैं। वे पूर्णकाम हैं। वे परम दयालु हैं। वे परम करुणा के धाम हैं। वे स्वयं कारुण्य स्वरूप हैं॥ ३ ॥ संसार का पालन-पोषण करते करते प्रभु का शरीर अलसा गया। जब वे (प्रलय की) रात का आना जान गए, तब उनके मन ने सोने की इच्छा की॥ ४॥

प्रभु ने नाना रूप रंग के, नाना गुणों के, नाना कर्म और स्वभाव के प्राणियों को संग

में ले लिया और बालकों को बुला लिया॥ ५॥ घूमते-घामते उन्हें बीस दिन बीत गए और टहलते-टहलते उनके पैर दुखने लगे। अब वे उन बच्चों के संग मिलकर वहाँ लेट गए, जहाँ प्रकृति रूपी प्रिय धात्री थी॥ ६॥ सबको सुलाकर, हरि स्वयं शेषनाग की शैया बिछाकर (क्षीर-) समुद्र रूपी सफेद चादर ओढ़कर, कमला (लक्ष्मी) जी को गले लगाकर, सो गए॥ ७॥ प्रलय ऐसा समाप्त हो गया, मानो माघ महीने की लंबी रात बीत गई हो। सबेरा हो गया और वेदरूपी बंदीजनों ने उनका गुण-गान प्रारम्भ कर दिया॥ ८॥

हरि के श्वास रूपी सदन से, अपना रूप बनाए हुए, वेद निकले। वे नाना प्रकार से अपनी वाणी को सजाकर अनेक प्रकार से हरि की विरदावली बखानने लगे॥ ९॥

'हे जगत् शिरोमणि तुम्हारी जय हो। हे राजेन्द्र, हे अनन्त, तुम्हारी जय हो, हे केशव, हे कमला के कांत कृपानिधि, हे कलि के कल्मष को हरनेवाले, तुम्हारी जय हो'॥ १०॥

वेदों के द्वारा अपनी स्तुति सुनकर प्रभु ने अपने मन में समझ लिया कि सबेरा हो गया है। उनके चारों ओर सकल भवन में स्वर करती हुई नाभि निकल आई॥ ११॥ उस नाभि के भीतर चार मुख वाले ब्रह्मा थे जो बिजली की सी कांति वाले प्राण के समान सुशोभित थे। मानो खिलते हुए कमल के भीतर से प्रातःकाल में भौंरा निकल आया हो॥ १२॥

ब्रह्मा रूपी बालक चारों ओर देखकर चकपका गया और मन में घबराकर सोचने लगा। ब्रह्मा रूपी बालक को विकल देखकर हरि ने हँसकर उसे बुला लिया॥ १३॥ ब्रह्मा ने तुरत नारायण के सामने सिर झुकाया। प्रभु मुसकुरा कर बोले—फागुन के महीने में सभी के मन में मनोज आ जाता है और सभी अपने-अपने घर चले जाते हैं (तुम भी जाओ)॥ १४॥

ब्रह्मा ने नारायण की वाणी सुनी और वे अविलम्ब उनके चरणों पर सिर रखकर चल पड़े। इसके अनंतर ब्रह्मा ऊपर आकर फिर बैठ गए॥ १५॥ जो जहाँ भी सुख से सो रहा था, उसे वहीं से बुला लिया, प्रभु की आज्ञा सबको बता दी और साथियों से यह कह सुनाया॥ १६॥

सनक, सनंदन, सनातन और सनत्कुमार (सुमति के सुत), नारद और कर्दम, सुनो और विचार करो॥ १७॥ विधि की बात सुनकर नारद जी बोले—प्रभु की आज्ञा सिर माथे धारण करो। हे तात इसमें जरा भी देर न करो॥ १८॥ तब ब्रह्मा ने पंखड़ियों से युक्त कमल रचा, फिर चौदहो भुवन रचे। उसपर सोने की कर्णिका (कमल का छत्ता जिससे कमलगट्टा निकलता है) और सोने का दंड सुमेर स्थापित कर दिया॥ १९॥ सारा समाज भयभीत हो उठा और आतुरतापूर्वक भुवन लेने के लिए चल पड़ा। काल, कर्म, गुण, माया को वे एक स्थान पर लाए॥ २०॥

दस इंद्रियाँ, पाँच तत्व, विषय रस, अंतःविकार, बहिर्विकार, सभी को वे समेट कर ले आए और उनके ऊपर तृण का जाल डाल दिया॥ २१॥ फिर बड़ा कोलाहल उत्पन्न हुआ। सारा संसार जाग गया। सुर, नर, खग, नाग के शिशु सोते से उठे और दौड़ पड़े॥ २२॥ झुंड के झुंड बालक दौड़ आए, वे चौरासी लाख योनियों के थे, वे सभी अपने अपने शुभ और अशुभ अपने-अपने ढंग से समेटे हुए थे॥ २३॥ इन सबने मिलकर होली का मंगलोत्सव प्रारम्भ किया जो प्रतिपदा से लेकर पूर्णिमा तक चला। तीनों ईश (ब्रह्मा, विष्णु, महेश) अपने-अपने शिविर में होली खेलने लगे॥ २४॥

ब्रह्मा ने बहुत बड़ा धौरहरा (धवल गृह) बनाया। विष्णु उसकी रखवाली करने लगे, जिससे बीच में ही यह विनष्ट न हो जाय॥ २५॥ बहुत प्रकार के जीव वहाँ आकर इकट्ठे हो गए। सब वपुओं (शरीरों) की खानि तो नटवर ही हैं। प्रभु के कौतुक के लिए, अवसर समझकर ये सब आ प्रगट हुए॥ २६॥ सजाकर श्रुति को मिलाकर राग का आकाश रचा गया। उस मार्ग में एक समय पर तन, मन, दृष्टि आकर मिल गए॥ २७॥ प्रसन्न होकर वे सभी मधुर स्वर में गाने लगे। विविध रंग की बीन बजाने लगे, ताल, पखावज, आवझ (तासा) बज उठे। नवीन नारियाँ नाचने लगीं॥ २८॥

मुरज, उपंग, अघोरती, सुर मंडल, करताल, जल तरंग, कर बीन का जंत्र, मधुर रबाब बज उठे॥ २९॥ एक निमिष में ब्रह्मा जी ने चार वर्ण बना दिए। वे अपने-अपने वर्ण के अनुसार नियमपूर्वक नित्य निरंतर नृत्य करने लगे॥ ३०॥ एक वर्ण आश्रम बनाकर अपने-अपने अंगों को काछकर (कसकर), वेद वाक्यों को ताल और लय पर गाने लगा॥ ३१॥ एक वर्ण रस के गीत गाने लगा; फागुन के गीतों का ताल, स्वर, थाप, रस, तान, तरंग के साथ मोदपूर्वक गाने लगा॥ ३२॥

खंजन-नयनी नारियाँ नाच की गति में नवीन गति दिखाने लगीं। वे मीन (आँख) और मराल (गति) के हृदयों को हर लेने वाली हैं। उन सबने मिलकर अल्प (अनार) को उत्पन्न कर दिया॥ ३३॥ भ्रमरियों के समान वे अनेक प्रकार से मिल कर और अँगूठा को एक किए हुए मंडलाकार नाचने लगीं। धर्म के अनेक साधन हैं—दान, यज्ञ, तप, संयम॥ ३४॥ वे नारियाँ गोविंद को मंडलाकार नाच कर रिझाने लगीं। उन्हें प्रभु का परम प्रसाद मिला और परम पदारथ का दान भी करने लगीं॥ ३५॥ हरि के समाज में सुखपूर्वक क्रीड़ा करते हुए चौदह तिथियाँ बीत गईं। फिर पूर्णिमा की रात आ गई। इस रस रीति की सभी सराहना करने लगे॥ ३६॥

ढोल, भेरी, विषाण (सींग) आदि अनेक प्रकार के बाजे बजने लगे॥ ३७॥ उनकी अत्यंत ध्वनि कानों में भर गई। वह ध्वनि धरती और आकाश में व्याप्त हो गई। इसे सुनकर सुर नर सभी आकुल हो उठे॥ ३८॥ तब हरि ने होरी की पूजा करके शंख बजा दिया। सभी दिशाओं में किलकारी मारते हुए सब घूमने लगे॥ ३९॥ वे माताओं का नाम ले लेकर परस्पर गाली देने लगे। वे सब बलपूर्वक घर की वामाओं को पकड़-पकड़कर होली मनाने लगे॥ ४०॥

होली के जल जाने से जग की जलन भी बढ़ गई और आकाश में बारहों सूर्य भी प्रज्वलित हो उठे। योगियों और योगिनियों के भयानक झुंड होली की उस आँच से अपने शरीर सेंकने लगे॥ ४१॥ शिवजी नग्न होकर अपने सारे शरीर में भस्म लपेटे हुए नाचने लगे। भैरव, ड़ाकिनी, साकिनी भी नि:शंक होकर गीत गाने लगीं॥ ४२॥ शिव अपने जटाजूट का जूड़ा बनाकर नवीं दिशा (आकाश) में अपना त्रिशूल रखकर शेषनाग के सिर पर प्रतिकूल (डगमगाते) पद रखकर नाचने लगे॥ ४३॥ बादलों के मंडल ने अपने हाथों में बादलों को पिचकारी लेकर क्षिति (पृथ्वी) पर, क्षिति के भीतर तक पूर्ण छिड़काव कर दिया। सबेरा हो गया॥ ४४॥

होली खेलते-खेलते अब अत्यंत क्षीण हो गए। पानी के समान धूल बरसने लगी। मानो सब मिलकर उलटे पाँवों पिता के घर की ओर (आकाश में) चल पड़े॥ ४५॥

माँ (यशोदा) ने अत्यंत आदर किया। उन्हें उबटन लगाकर नहलाया। बढ़िया वस्त्र पहनाया और उन्हें सजा सँवारकर नंद महर के पास पहुँचा दिया॥ ४६॥

हर वर्ष होली इसी नाम से आती रहे। लोग गाते हुए, होली सुनते हुए, होली सुनाते हुए विश्राम पावें॥ ४७॥

उधर प्रलय का प्रतिपालन करते हुए हरि यह रसमय खेल खेले जा रहे हैं। इधर देवता लोगों के मन में भी हरि के चरणो के प्रति अनुराग उत्पन्न होता जा रहा है॥ ४८॥

राधाकृष्ण विवाह

२३७६ / कीर्तन संग्रह ६३/४२ राग बिलावल

मोहन वृषभान कें आए। तहँ अति रस न्यौति जिमाए॥
वृषभानपुरा की गारी। श्री राधाकृष्ण पियारी॥
चढ़ि दूल्हे ब्याहन आए। सिंघासन दै बैठाए॥
नाना विधि भई है रसोई। तहँ जेंवत अति सुख होई॥
तहँ मिली युवति बड़ भागी। गावें कृष्ण चरित अनुरागी॥
तहँ बोली एक ब्रजनारी। आवो देहिं कृष्ण कों गारी॥
इनै गारि कहा कहि दीजे। गुन औगुन सरस लही जे॥
द्वै बाप सबै कोउ जानै। जिने वेद पुरान बखाने॥
वसुदेव के सुत जु कहाए। तुम नंद गोप कें आए॥
तेरी मैया आन आन जाती। वे हिलिमिलि बैठें पांती॥
तेरी फूफी पंच भरतारी। जाको जस पावनकारी॥
पति पांडु सबै जग जानै। सुत आन आन के आने॥
तेरी द्रुपद-सुता सी भाभी। वहि पंच पुरुष मिलि लाभी॥
जाकी जग वदत बड़ाई। सो तो भक्त सिरोमनि गाई॥
तेरी बहनि सुभद्रा कुमारी। सो तो अर्जुन संग सिधारी॥
श्रीकृष्ण तेरी महतारी। वह पहरें तन सुख सारी॥
रानी रातो लहँगा सोहे। तेरी चितवनि में जग मोहे॥
तुम कहियत हो ब्रह्मचारी। जाके सोलह सहस व्रजनारी॥
तुम कहियत हो दधि दानी। जिन कुबिजा सों रति मानी॥
श्रीकृष्ण जू तेरो बल बीरा। जिन करष्यो कालिंदि नीरा॥
अहो तुम बन-बन धेनु चराई। भये घोष सकल सुखदाई॥
वृंदावन बेनु बजायो। व्रजसुंदरि रास खिलायो॥
सूने भवन पराए आए। चोरी करि माखन खाए॥
गारी गावैं हरि जू की सारीं। वे हँसि-हँसि देहैं तारी॥
गारी गावैं हरि जू की सासू। वे ढरत प्रेम के आँसू॥

गावो गावो सबै मिलि गारी। तुम सुनहू लाल विहारी॥
तुम करि करि अपनो भायो। अपनो जस जगत सुनायो॥
वे हँसि-हँसि गावैं गोरी। पट ओट हँसी मुख मोरी॥
छांड़े दुरयोधन से राजा। तेरे कुलहि न आवे लाजा॥
ललिता यह मंगल गायो। सुनि 'सूरस्याम' सचु पायो॥

मोहन वृषभान के घर आए। वहाँ उन्हें अत्यंत प्रेमपूर्वक निमंत्रित करके भोजन कराया गया। वृषभानपुरा बरसाना की गाली राधा और कृष्ण को परम प्यारी है। कृष्ण दूल्हा बनकर विवाह करने आए थे। उन्हें सिंहासन पर बिठाया गया, अनेक प्रकार का भोजन बना है। वहाँ भोजन करने में बड़ा सुख मिलता है। वहाँ अत्यंत बड़भागिनी युवतियाँ एकत्र हो गई थीं। वे प्रेमपूर्वक कृष्ण चरित गाए जा रही थीं। वहाँ एक ब्रज वनिता बोली—आओ, हम सब मिलकर कृष्ण को गाली गावें। इनको क्या कहकर गाली दी जाय? इनमें तो गुण और अवगुण का अत्यंत मधुर मेल हुआ है। यह दुनियाँ जानती है कि तुम्हारे दो बाप हैं। इस बात को तो वेद और पुराण भी कहते हैं। तुम पहले वसुदेव के सुत कहे गए और 'वासुदेव' कहे जाते हो। फिर तुम नंद गोप के यहाँ आए और 'नंदनंदन' कहे गए। तेरी माताएँ दो अलग अलग जातियों की हैं और ये हिल-मिलकर एक पंक्ति में बैठती हैं। तेरी बुआ कुंती तो पाँच भतारों वाली हैं, जिसका यश सुननेवालों को पवित्र कर देनेवाला है। सभी जानते हैं कि उनके पति पांडु हैं, पर उन्होंने अन्य अन्य लोगों से पुत्र उत्पन्न किया हैं—(सूर्य से कर्ण, धर्म से धर्मराज युधिष्ठिर, पवनदेव से भीम, इंद्र से अर्जुन)। द्रुपद की पुत्री द्रौपदी-सी तेरी भाभी हैं, यह भी पाँच-पाँच पुरुषों (युधिष्ठिर, भीम, अर्जुन, नकुल, सहदेव) को लाभान्वित करनेवाली हैं। ऐसी द्रौपदी की सारा संसार बड़ाई करता है और वह भक्त-शिरोमणि कही जाती है। तेरी बहन सुभद्रा अभी-अभी कुमारी कन्या थीं। वह अर्जुन के साथ निकल भागी थीं। हे श्रीकृष्ण, तेरी महतारी तो नयन सुख (एक बहुत बारीक कपड़ा) की साड़ी पहनती है, (जिससे सारा शरीर झलझल झलकता रहता है), वह लाल लाल लहँगा पहनती है (जिससे लोगों को लुभा ले)। तेरी तो चितवन ऐसी है, जिसे देखकर सारा संसार मोहित हो जाता है। तुम कहे तो जाते हो ब्रह्मचारी और योगिराज, पर तुम्हारे तो इस ब्रजमंडल में सोलह हजार पत्नियाँ हैं। तुम दधिका दान लेने वाले प्रसिद्ध हो। तुमने मथुरा की दासी कुब्जा से प्रेम किया है। तुम्हारे भैया बलदाऊ हैं, जिन्होंने जमुना का जल खींच लिया था। तुम एक बन से दूसरे बन में गायें चराते हुए घूमते रहे हो, चरवाहे हो। तुमने ब्रज के घोष-मंडल को सब प्रकार से सुख दिया है। तुमने वृंदावन में बाँसुरी बजाई है और ब्रज सुंदरियों के साथ रास किया है, नाचा है। तुम दूसरों के सूने घरों में चोरी से घुसे हो और चुरा-चुराकर मक्खन खाया है।

हरि जू की सालियाँ हँस-हँसकर, हथोड़ियाँ बजाती हुई, हरि जू को गाली गा रही हैं। हरि जू की सासु कीर्ति जी भी प्रेम के आँसू ढुलकाती हुई उन्हें गाली गाए जा रही हैं। सब लोग आओ और हरि जू को गाली गाओ। और हे लालविहारी, तुम इस गाली को प्रेमपूर्वक सुनो। तुमने मनमानी कृत्य किए हैं और अपना यश संसार को सुनाया है (फैलाया है)। वे गोपियाँ, वे गोरियाँ, अपना मुँह मोड़कर उसे अपने आंचल से ढंककर

हँस-हँसकर गाली गाए जा रही हैं—तुमने दुर्योधन से हरामी राजा का राजसी भोजन छोड़ दिया और विदुरानी के घर केले का साग खा आए। तुमको अपने वंश-मर्यादा की भी लाज नहीं आई।

ललिता सखी ने यह मंगल गाली गाई। इसे सुनकर श्याम को सुख मिला।

२३७७/ग्र ५६१९ कीर्तन, राग जैतश्री

रहसि-रहसि घर समधिन आई, ए सब सजनन के मन भाई ।
समधिन सों समधौरी कीजै, कीरति यह मन आई ।
नंद गाम ते महरि जसोदा, समधिन न्योति बुलाई ।
समधिन आई सब मन भाई, निसि समधी सँग खेली ।
खोलि हुलास आय ढिग बैठी, मोहर की सी थैली ।
अति सुरंग सारी समधिन कौ, लहँगा अतिहि सुढार ।
फाटि रही सगरी समधिन की, चोली जोबन भार ।
समधिन कों हाथी को भावे, आछो नीको पूरो ।
रंग रँगीले औ चटकीले, हाथ भरे को चूरो ।
समधिन तो दीयोई चाहे, खोलि डबा की गाँठि ।
अपने समधिन के नेगिन कों, हीरा पन्ना बांटि ।
समधिन की है गली साँकरी, समधी आवन जोग ।
आधो बाहिर आधो भीतर, बहुत बराती लोग ।
समधिन कें मेल्यो ही चाहे, गल फूलन को हार ।
काढ़न कहे समधिन समधी सों, डोला के जु कहार ।
यह लीला सुर नर मुनि गाई, देखत रहे लुभाय ।
चिरजीवो दूलह औ दुलहिन, 'सूरदास' बलि जाय ॥

प्रसन्न होकर आज समधिन यशोदा जी आई हैं। ये सभी सजनों (संबंधियों) को बहुत-बहुत अच्छी लग रही है। कीर्ति जी के मन में यह बात आई कि समधिन यशोदा जी से समधौरा (विवाहोपरांत समधी समधी को और समधिन समधिन के परस्पर मिलने की एक रस्म) किया जाय। इसलिए उन्होंने नंद गाँव से समधिन यशोदा को निमंत्रण देकर अपने यहाँ बरसाना में बुलाया।

समधिन जी आ गईं। उनका आना सबको अच्छा लगा। वे रात भर समधी के साथ खेलती रहीं। फाग क्या खेलती समधिन जी सहुल्लास (आनन्दपूर्वक) खोल कर पास आ बैठीं-क्या खोलकर? मुहरों की थैली।

समधिन जी की सारी अति सुरंग है—सुरंग क्या? लाल।

उनका लहँगा भी अत्यंत सुढार है। सुढार—क्या? जिसमें सब कुछ ढल जाय।

समधिन जी की सब फट रही है—क्या फट रही है—भारी जोबन (उरज) के भार से चोली फटी जा रही है।

समधिन जी को तो हाथी का अच्छा, नीका, पूरा, हाथ भरका, रंग रँगीली, चटकीला

बहुत अच्छा लगता है। क्या?—चूरा। (गजदंत का बना चूड़ा मणि)

समधिन जी तो खोलकर देना ही चाहती हैं। क्या खोलकर देना चाहती हैं? डब्बे की गाँठ खोलकर अपनी समधिन के नेगियों को हीरा पन्ना बाँट देना चाहती हैं।

समधिन की तो बड़ी सँकरी है, समधी के आने जाने योग्य है। क्या सँकरी है?—गली।

समधिन जी के तो आधा बाहर है, आधा भीतर। क्या बाहर भीतर है?—वही बराती लोग, जो इतने अधिक हैं कि वे दरवाजे पर अंट नहीं रहे हैं। कुछ बाहर ही खड़े रह गये हैं। कुछ ही भीतर दरवाजे पर पहुँच सके हैं।

समधी समधिन को डालना चाहता है। क्या डालना चाहता है?—समधिन के गले में फूलों का हार डालना चाहता है।

समधिन समधी से निकालने के लिए कहती हैं। क्या निकालने को कहती हैं?—समधिन को लेकर आनेवाले डोली के कहारों को, जो बाहर जाकर आराम से बैठें।

इस लीला का सुर नर मुनि देखकर लुभा गए और इसे गाने लगे। दूलह श्याम और दुलहिन राधा दोनों चिरंजीव हों। सूरदास इन दोनों की बलैया लेता है।

इस पद में हँसी-दिल्लगी है।

फूल-डोल

२३७८/३५३८ राग गौरी

डोल देखि ब्रजबासी फूलैं। गोपि झुलावैं गोबिँद झूलैं ॥
नंद-नँदन गोकुल मैं सोहैं। मुरलि मनोहर मन्मथ मोहैं ॥
कमल-नैन कौ लाड़ लड़ावैं। प्रमुदित गीत मनोहर गावैं ॥
रसिक सिरोमनि आनँद-सागर। 'सूरदास' मनमोहन नागर ॥

डोल देखकर ब्रजवासी लोग फूले नहीं समा रहे हैं। गोपियाँ झुला रही हैं और गोविंद झूल रहे हैं। नंद के नंदन गोकुल में शोभा दे रहे हैं। मुरली मनोहर श्याम मन्मथ का भी मन मोहे ले रहे हैं। कमलनयन को गोपियाँ लाड़ लड़ा रही हैं—प्यार कर रही हैं और प्रसन्न होकर मनोहर गीत गाए जा रही हैं। मनमोहन नागर रसिक शिरोमणि हैं और आनंद के अपार सागर हैं।

२३७९ / ३५३५ राजा जैजैवंती

माई फूले फूले फूलत, श्री राधा कृष्न हैं झूलत, सरस रसहि फूल डोल।
फूले फूलनि जोरत, फूले निमिष न मोरत, सन्तनि हित फूल डोल ॥
फूल फटिक खंभ रचित, कंचन ही फूल खचित, सरस रसहि फूल डोल।
गटुली नव रतन खचित, हीरा लाल मोती जटित, संतनि हित फूल डोल ॥ १ ॥
मरुवा मयारी ढरोल, झूमका प्रवाल ओल, सरस रसहि फूल डोल।
डाँड़ि हेम चारु गोल, चुनिनि पूल लगे लोल, सन्तनि हित फूल डोल ॥
फूले बृंदाबन 'नुकूल, सघन लता फूले फूल, सरस रसहि फूल डोल।
फूले श्री जमुन-कूल, बिबिध रंग फूले फूल, संतनि हित फूल डोल ॥ २ ॥

फूले चम्पकं चमेलि, फूलिँ लवँग लता बेलि, सरस रसहि फूल डोल ।
फूली निवारी एलि, मोगरौ सेवति सुबेलि, सन्तनि हित फूल डोल ॥
तहाँ भौरे अंब फूले, निबुआ जहँ सदा फर फूले, सरस रसहि फूल डोल ।
तहाँ कमल केवरा फूले, केतकी कनेल फूले, संतनि हित फूल डोल ॥ ३ ॥
फूली मधु मालती रेलि, फूले मधुप करत केलि, सरस रसहि फूल डोल ।
फूले फले आनँद बेलि, फूले पिवत सुरस पेलि, सन्तनि हित फूल डोल ॥
फूलनि के सौंधे बार, मानौ मधुप छवि अपार, सरस रसहि फूल डोल ।
फूलनि के हिय हैं हार, सुरसरि मनु धरे धार, संतनि हित फूल डोल ॥ ४ ॥
माथे मुकुट रचित फूल, फूलनि के सीस फूल, सरस रसहि फूल डोल ।
फूलनि की बेंदि लिलार, फूलनि नख-सिख सिँगार, सन्तनि हित फूल डोल ॥
फूले धेनु ग्वाल बाल, फूले नंद जू के लाल, सरस रसहि फूल डोल ।
फूली तरुनि बृद्ध बाल, फूली करतिँ बिबिध ख्याल, संतनि हित फूल डोल ॥ ५ ॥
फूली रोहिनि जसुदा रानि, फूली देखि राजधानि, सरस रसहि फूल डोल ।
नँद सँकर्षन सुख मानि, फूले सब गोकुल प्रानि, सन्तनि हित फूल डोल ॥
फूले बजावै मृदंग, महुवरि डफ ताल चंग, सरस रसहि फूल डोल ।
फूले बजावै बाँसुरी संग, अमृत कुंडली उपंग, संतनि हित फूल डोल ॥ ६ ॥
फूले बजावै किनरि तार, सुरमंडल सनतकार, सरस रसहि फूल डोल ।
बजावैँ गिरगिरी गार, भेरी घहरैँ अपार, सन्तनि हित फूल डोल ॥
बजावैँ मुरुंज, रुंज, झाँझ झालरीनि पुंज, सरस रसहि फूल डोल ।
बजावैँ दुंदुभि गुंज, कूजत कोकिल निकुंज, संतनि हित फूल डोल ॥ ७ ॥
ब्रज जन लखि डोल फूले, गोपी झुलावति कान्ह झूले, सरस रसहि फूल डोल ।
मुदित मनोहर तूले, रसिक रसिकिनी फूले, सन्तनि हित फूल डोल॥
हरसि परस्पर गावैँ, मीठे बोल बुलावैँ, सरस रसहि फूल डोल ।
मुदित मनोहर भावैँ, लालन लाड़ लड़ावैँ, संतनि हित फूल डोल ॥ ८ ॥
चंदन वंदन रोरी, केसरि मृगमद घोरी, सरस रसहि फूल डोल ।
छिरकतिँ नवल किसोरी, अबिर गुलाल भरे झोरी, सन्तनि हित फूल डोल ॥
नाचतिँ जोबन भोरी, जूथनि जूथनि जोरी, सरस रसहि फूल डोल ।
करत कुलाहल खोरी, पुर नर नारि किसोरी, संतनि हित फूल डोल ॥ ९ ॥
फगुवा दियौ रस राख्यौ, पट भूषन नहिँ काँख्यौ, सरस रसहि फूल डोल ।
हरि हँसि अंमृत भाख्यौ, सबही कौ मन राख्यौ, सन्तनि हित फूल डोल ॥
नारदादि करत गान, रिषि मुनि सिव धरत ध्यान, सरस रसहि फूल डोल ।
बीना हरि जस बखान, फेरौ उग्रसेन आन, संतनि हित फूल डोल ॥ १० ॥
कही हरि मुनिकहौ जाइ, तुरत मोहिँ लै बुलाइ, सरस रसहि फूल डोल ।
रजधानी-असुर आइ, जमुना मैं देउँ बहाइ, सन्तनि हित फूल डोल ॥

उग्रसेन छत्र द्याइ, मथुरा आनँद बढ़ाइ, सरस रसहि फूल डोल।
पितु माता मिलौं धाइ, दुख नसि सुख देउँ जाइ, संतनि हित फूल डोल॥ ११॥
मुनि सुनि यह हरषाइ, भूमी ब्रज रतन छाइ, सरस रसहि फूल डोल।
सुरपति-सुर-सची आइ, नभ चढ़ि सुमन बरषाइ, सन्तनि हित फूल डोल॥
हरषत होरी खिलाइ, मुनि गए बैकुँठ सिधाइ, सरस रसहि फूल डोल।
हरषहिं हरि सुजस गाइ, पूछत सुर, कहि न जाइ, संतनि हित फूल डोल॥ १२॥
पढ़ैं पढ़ावैं, सुनैं सुनावैं, ते बैकुंठ परम पद पावैं, सरस रसहि फूल डोल।
'सूरदास' कैसैं करि गावै, लीलासिंधु पार नहिं पावै, सन्तनि हित फूल डोल॥

हे सखी, इस सरस फूल डोल (फूलों का झूलना) को तो देख इस पर राधा कृष्ण परम प्रसन्न होकर झूल रहे हैं। यह फूल—डोल संतों के लिए गाया गया है। फूल डोल सजाने वाले फूल से फूल जोड़ते जा रहे हैं, स्वयं प्रसन्न होकर वे अपनी पलकें तक नहीं गिरा रहे हैं। स्फटिक के खंभों में फूल लगा दिए गए हैं। स्वर्ण में भी फूल जड़ दिया गया है। पटुली में नव रत्नों की पच्चीकारी कर दी गई है। यह हीरा, लाल, मोती से जड़े हुए हैं। मरुआ, मयारी में भी मूँगे की झब्बे झूल रहे हैं॥ १॥ डाँड़ी सोने की हैं, सुंदर है, गोल है। इसमें भी चुन्नी के सुंदर फूल लगे हुए हैं। फूल डोल के उत्सव के अनुकूल ही वृंदावन में फूल खिले हुए हैं। सघन लताओं में फूल फूले हुए हैं। यमुना के किनारे भी रंग रंग के फूल खिले हुए हैं॥ २॥ चंपा, चमेली, लवंगलता, बेला, नेवारी, एला (इलायची), मोगरा, सेवती आदि लताएँ फूल रही हैं। आमों में मंजरियाँ लग गई है। बारह महिना नीबू में फल लग गए हैं। कमल, केवड़ा, केतकी, कनेर फूले हुए हैं॥ ३॥ मधु मालती खूब रेलकर (जोरों से, अत्यधिक परिमाण में) फूली हुई है। उस पर भौंरे प्रसन्न होकर क्रीड़ा कर रहे हैं। आनंद की लता फूल फल रही है। भौंरे इनका रस प्रसन्न होकर कोश में घुसकर पीए जा रहे हैं। कृष्ण के केश फूलों की सुगंध से सुरभित कर दिए गए हैं। वे अलकें ऐसी लगती है मानो भौंरों का भारी झुंड है। उनके वक्षपर फूलों के ही हार हैं, मानो ये गंगाजी की निर्मल धारा हों॥ ४॥ कृष्ण के माथे पर फूलों से बनाया हुआ मुकुट है। फूलों का ही बना हुआ राधा का शीशफूल है। फूलों की ही बेंदी राधा के माथे पर है, फूलों से ही उनका नख से शिख तक शृंगार किया गया है। गायें फूली हैं (प्रसन्न हैं)। ग्वालबाल भी प्रसन्न हैं। नंद के लाल तो और भी फूले हैं। तरुणियाँ, वृद्धाएँ और बालिकाएँ सभी प्रफुल्लचित्त होकर तरह-तरह के खेल किए जा रहे हैं॥ ५॥ रोहिणी और यशोदा रानियाँ प्रसन्न हैं। सारी राजधानी (गोकुल) ही प्रसन्न हो उठी है। नंद और संकर्षण (बलराम) भी सुख मान रहे हैं। गोकुल के सभी प्राणी प्रमुदित हैं। वे प्रसन्न होकर मृदंग, महुवरि, डफ, ताल, चंग, बाँसुरी, अमृत कुंडली, उपंग बजाए जा रहे हैं॥ ६॥ वे प्रसन्न होकर किन्नरी (सारंगी) तार (एकतारा) झलझलाते सुरमंडल, गिरिगिटी (छोटा चिकारा), मोर से छहराती हुई मोरियाँ, मुरुंज, रुंज, झांझ, झालरि, दुंदुभि बजाते जा रहे हैं। निकुंज में कोयलें भी कूक किए जा रही हैं॥ ७॥

ब्रज के लोग फूल डोल देखकर फूल उठे। गोपियाँ झुला रही हैं, कन्हैया झूल रहे हैं। रसिक कृष्ण और रसिकिनी राधा तुल्य भाव से प्रमुदित हैं और एक दूसरे को मन

समान भाव से हरे ले रहे हैं और मीठे बोल बोलते जा रहे हैं। गोपियाँ मुदित और मनोहर भाव से कृष्ण से लाड़ लड़ाए जा रही हैं॥ ८॥ चंदन, वंदन (सिंदूर), रोरी, केसर, कस्तूरी घोलकर नवल किशोर पर परस्पर छिड़कती जा रही हैं। वे झोली में अबीर गुलाल भरे हुए हैं। झुंड की झुंड गोरियाँ, सौतन की बस्ती में एकत्र होकर नाचे जा रही हैं। पुर की नर-नारियाँ, किशोरियाँ ब्रज की खोरी में कोलाहल कर रही हैं॥ ९॥

हरि ने सबको फगुवा दिया। प्रेम-भाव की वृद्धि की। सबका मान सन्मान किया। वस्त्र और आभूषण सबको दिए गए। कोई ऐसा नहीं रहा, जिसकी आकांक्षा आहत रह गई हो। पाने से एक भी नहीं छूटा। हरि ने सबसे अमृत भरी मीठी वाणी में बातचीत की और सबका मान रखा। नारद भी उन प्रभु का गुणानुवाद करने लगे जिनका ध्यान शिव मुनि आदि सभी गाते हैं। नारद वीणा पर हरि यश बखानने लगे। उन्होंने कृष्ण से कहा महाराज उग्रसेन की दुहाई फेर दी गई॥ १०॥ तब कृष्ण ने नारद से कहा—जाकर कंस से कहिए कि वह मुझे तुरंत मथुरा में बुला ले। मैं उस असुर की राजधानी मथुरा में आकर उसके राजपाट को यमुना में बहा दूँगा। मैं उग्रसेन को फिर मथुरा का महाराजा बना दूँगा, उनके सिर पर छत्र रख दूँगा। मथुरा में आनन्द बढ़ा दूँगा। वहाँ जाकर मैं अपने पिता वसुदेव और माता देवकी से मिलूँगा। उनका दुःख नष्ट करके उन्हें सुख दूँगा॥ ११॥ नारद मुनि प्रभु की यह वाणी सुनकर परम हर्षित हो गए। ब्रज की भूमि स्नेह से भर उठी। सुरपति इंद्र, इंद्राणी शची और देवता आ गए। वे नभ में अपने विमानों पर बैठे हुए फूल बरसाने लगे। नारद जी प्रसन्नतपूर्वक होली खेलकर, बैकुंठ चले गए। वे हर्षित होकर प्रभु का सुयश गाते जा रहे थे। देवता लोग उनसे इस हर्षातिरेक का कारण पूछते, तब नारद जी मारे खुशी के उनसे वह कारण भी न बता पा रहे थे॥ १२॥

जो इस फूल डोल को पढ़ेंगे, दूसरों को पढ़ायेंगे, जो इसे सुनेंगे, दूसरे को सुनायेंगे, वे बैकुंठ में परमपद को प्राप्त होंगे। सूर इसका वर्णन कैसे कर सकते हैं। लीला सिंधु तो अपार है। उसका पार कैसे पाया जा सकता है।

●

पदानुक्रमणिका

सम्पूर्ण सूरसागर

खण्ड : 3

सूरसागर

(द्वादश स्कंधात्मक)

पहला भाग

सम्पूर्ण सूरसागर

सूरसागर

(द्वादश स्कंधात्मक)

पहला भाग

महाकवि सूरदास ब्रह्मभट्ट

(चंदवरदाई के वंशज और अकबरी दरबार के गायक)

सम्पादक एवं टीकाकार

साहित्य वाचस्पति, डॉ. किशोरी लाल गुप्त

एम.ए., पी-एच.डी., डी. लिट्.

लोकभारती प्रकाशन

लोकभारती प्रकाशन
पहली मंजिल, दरबारी बिल्डिंग, महात्मा गांधी मार्ग
प्रयागराज-211 001
वेबसाइट : www.lokbhartiprakashan.com
ईमेल : info@lokbhartiprakashan.com
शाखाएँ : 1-बी, नेताजी सुभाष मार्ग, दरियागंज
नई दिल्ली-110 002
अशोक राजपथ, साइंस कॉलेज के सामने
पटना-800 006
1, अनमोल सोराबजी संतुक लेन, धोबी तलाव,
मरीन लाइंस, मुम्बई-400 002

पहला संस्करण : 2005
चौथा संस्करण : 2024

बी.के. ऑफसेट
नवीन शाहदरा, दिल्ली-110 032
द्वारा मुद्रित

SAMPURNA SOORSAGAR
KHAND–3
(Dwadash Skandhatmak) Vol. I
Edited and Annotation by Dr. Kishori Lal Gupt

ISBN : 978-93-86863-82-9

मूल्य : ₹6000
पाँच खण्डों का सम्पूर्ण सेट

समर्पण

सूर ग्रन्थावली के संपादक मंडल में मुझे सस्नेह स्थान देनेवाले, सूरसागर के प्रथम संस्करण 'साहित्य लहरी' को रीति ग्रन्थ के रूप में अध्ययन करने की मुझे प्रेरणा देनेवाले, 'सूरसागर' २-९ एवं ११, १२ स्कंध को अष्टछापी सूरदास की रचना न मानने वाले, अभिनव भरत, गुरुवर

पं० सीताराम चतुर्वेदी

के कर-कमलों में

सादर समर्पित

सफाई

श्रावण शुक्ला सप्तमी सं० २०४१ वि० (अगस्त, १९८४ ई०) को प्रयाग हिन्दी साहित्य सम्मेलन में तुलसी जयंती की अध्यक्षता करने के लिए पधारे गुरुवर आचार्य पं० सीताराम जी चतुर्वेदी ने कहा कि तुम हिन्दी कविता का इतिहास लिख रहे हो, जब सूर पर लिखने लगो, तब साहित्य लहरी पर रीतिग्रंथ की दृष्टि से सम्यक् विचार कर लेना।

अक्टूबर, १९८४ में मैंने साहित्य लहरी और नवंबर १९८४ में सूर सारावली का पूर्ण अध्ययन किया और मैं भी डॉ० ब्रजेश्वर वर्मा के चालीस वर्ष पूर्व निकाले गए निष्कर्ष से पूर्णतः सहमत हो गया कि ये दोनों ग्रंथ प्रसिद्ध अष्टछापी महाकवि सूर की रचनाएँ नहीं हैं। मेरे कारण दूसरे थे और एकदम नए थे। मैंने यह भी निष्कर्ष निकाला कि ये दोनों रचनाएँ अकबरी दरबार के गायक रामदास ग्वालियरी के पुत्र सूरदास (नवीन) की रचनाएँ हैं। यह सूरदास नवीन अकबरी दरबार के गायक थे। ये लोग ग्वालियर के रहने वाले थे और प्रसिद्ध कवि चंदवरदाई के वंशज ब्रह्मभट्ट थे। सूर नवीन गो० गोकुलनाथ 'वल्लभ' के शिष्य सं० १६६७ में हुए थे और इन्होंने सं० १६७७ में साहित्य लहरी की रचना की थी।

दिसंबर १९८४ में मैं अपने द्वितीय पुत्र डा० रवीन्द्र गुप्त के यहाँ मोठ (झाँसी) चला गया। वहाँ से १६ दिसम्बर ८४ को उरई आया और उरई के हिन्दी सेवियों की सभा में मैंने सूर पर अपने विचार प्रकट करते हुए इस नवीन सामग्री का प्राकट्य अपर जनों पर पहली बार किया। यहीं मेरे मन में दो सूरसागरों की बात भी कौंध गई, यद्यपि इसका प्रकाशन मैंने वहाँ नहीं किया। इसकी घोषणा मैंने साकेत महाविद्यालय फैजाबाद में सम्पन्न आचार्य रामचंद्र जन्मशती महोत्सव के अवसर पर जनवरी १९८५ में वहाँ समवेत साहित्यकार मित्रों एवं विद्वानों से की।

जनवरी १९८५ में ही, कल्पवास करते समय, प्रयाग में माघ मेले में, मैं दोनों सूरसागरों के विश्लेषण में जुट गया। यह कार्य मार्च १९८५ में प्रायः सम्पूर्ण हो गया था और तब से बहुत दिनों तक उसी रूप में पड़ा रह गया था।

इसी बीच सूर और सूर नवीन सम्बन्धी मेरी समस्त शोध 'महाकवि सूर और सूर नवीन' नाम से हिन्दुस्तानी अकेडमी इलाहाबाद द्वारा जून १९९१ में प्रकाशित हो गई।

४ जनवरी १९९२ को प्रयाग में एक प्रकाशक ने अष्टछापी सूर कृत सूरसागर के प्रकाशन पर विचार करने की बात की। तब मैं इस समस्त सामग्री को पूर्णता प्रदान करने में लग गया। पहले मेरा विचार था कि अष्टछापी सूर के सूरसागर को प्रामाणिकता प्रदान

करने के लिए दशम् स्कंध पूर्वार्द्ध वाले सूरसागर के एक दो प्राचीन हस्तलेखों का भी उपयोग करूँगा। ऐसे हस्तलेख हैं भी। पर वे मेरे लिए दुर्लभ हैं और अब शरीर भी निःशक्त होता जा रहा है। अतः पूर्व संकलित सम्पादित सामग्री को ही पूर्णता प्रदान कर संतोष ग्रहण कर रहा हूँ और आशा कर रहा हूँ कि भविष्य में सूर का कोई शोधी सुधी अध्येता इस कार्य को सम्पन्न करेगा।

प्रयाग से तो अष्टछापी सूर के सूरसागर का प्रकाशन नहीं हो सका; पर इधर १८ फरवरी १९९६ को काशी में हिन्दी प्रचारक प्रतिष्ठान के स्वामी श्री कृष्णचन्द्र बेरी से मेरी दोनों सूरसागरों के प्रकाशन के सम्बन्ध में बात हुई। बेरी जी इधर पिछले कई वर्षों से सुप्रसिद्ध साहित्यकारों की सस्ती ग्रंथावलियाँ निकाल रहे हैं। उन्होंने इस ग्रंथावली-योजना में दोनों सूरसागरों को निकालने को पुण्य कार्य समझा।

मैंने सूरसागरों के विश्लेषण का कार्य जनवरी १९८५ में प्रारम्भ किया था। तब मेरे सामने दो ही सूरसागर थे—काशी नागरी प्रचारिणी सभा वाला संस्करण और पंडित सीताराम चतुर्वेदी वाला 'सूरग्रंथावली' का सटीक संस्करण। अब मेरे सामने लखनऊ एवं मुम्बई वाले सूरसागर भी हैं। मैंने इन दोनों सूरसागरों का पुनरावलोकन के समय उपयोग कर लिया है और इसके बहुत अच्छे परिणाम भी निकले हैं। यह अत्यंत आश्चर्य की बात रही है कि कृष्णानंद व्यासदेव रागसागर द्वारा प्रकाशित कलकत्ता के सूरसागर (सं० १८९९ वि०) एवं उसी के प्रतिरूप लखनऊ के सूरसागर (१९२० वि०) का उपयोग न तो राधाकृष्ण दास के मुम्बइया सूरसागर में, न सभा के सूरसागर में, न चतुर्वेदी जी की सूर ग्रंथावली में हुआ है। इसमें सैकड़ों नए पद हैं, जो वाद के सूरसागरों में नहीं हैं।

बेरी जी का विचार था कि दोनों सूरसागर एक साथ प्रेस में चले जायँ। पर प्रेस ने राय दी कि यह ठीक न होगा, इतने घोर श्रम से जो पृथक्करण किया गया है, प्रेस में एक साथ छपने से उनका घालमेल हो जा सकता है और सारी मेहनत पर पानी फिर सकता है। दोनों सूरसागरों में दूसरा पहले का ड्योढ़ा है। इसलिए पहले द्वादश स्कंधात्मक सूरसागर ही प्रकाशित हो रहा है।

पहले विचार था कि केवल मूल पाठ प्रस्तुत कर दिया जाय और इस पृथक्करण पर सूर के विद्वानों की प्रतिक्रिया जान ली जाय। पर गुरुवर पंडित सीताराम जी का आग्रह हुआ कि ग्रंथ का प्रकाशन टीका के सहित किया जाय। टीका से ग्रंथ की उपयोगिता बढ़ जायेगी। आर्थिक पक्ष पर विचार आवश्यक था। अतः मैं इसे अ-टीक ही प्रकाशित करा देना चाहता था। पर ८ सितम्बर १९९६ को बेरी जी ने भी इस पर टीका लिख देने का आग्रह किया। उसी समय आचार्य चतुर्वेदी जी अपने ज्येष्ठ पुत्र के त्रयोदशाह में मुजफ्फर नगर से काशी आए हुए थे। उनसे मिलकर उनके पूर्व आग्रह को मानते हुए मैंने टीका लिखना प्रारम्भ कर दिया।

अब स्कंधात्मक सूरसागर तीन जिल्दों में प्रस्तुत किया जा रहा है। प्रस्तुत प्रथम खण्ड में प्रथम स्कंध से लेकर नवम् स्कंध एवं दशम् पूर्वार्द्ध की गोकुल लीला तथा वृन्दावन लीला के कुछ अंश कुल १०८४ पद जा रहे हैं। द्वितीय खण्ड में शेष वृन्दावन लीला पद १०८५ से २३८७ तक रहेंगे। तीसरे खण्ड में दशम स्कंध के पूर्वार्द्ध की मथुरा लीला, गोपी विरह और भ्रमरगीत, दशम स्कंध उत्तरार्द्ध, स्कंध ११, १२ एवं सूरसागर में संकलित कुछ लघु ग्रंथ रहेंगे।

टीका लिखते समय चतुर्वेदी जी की सूर ग्रंथावली मेरे समक्ष बराबर रही है। अर्थ लेखन में मैंने इससे पूरा-पूरा लाभ उठाया है। जहाँ सहमत नहीं हो सका हूँ, वहाँ मैंने अपनी दृष्टि से अर्थ किया है। टीका लिखते समय मैंने कुछ और भी संग्रह ग्रंथों की टीकाओं का अवलोकन किया है और उनसे लाभ भी उठाया है।

स्कंधात्मक सूरसागर के प्रथम खण्ड के प्रकाशन के अवसर पर मैं दो व्यक्तियों का विशेष आभार मानता हूँ। एक तो हैं अभिनव भरत आचार्य पंडित सीताराम जी चतुर्वेदी, जिनकी प्रेरणा से मैंने साहित्य-लहरी का रीतिग्रंथ की दृष्टि से अध्ययन किया और उसी सूत्र के सहारे सूरसागरों का यह वृहत्कार्य सम्पन्न हुआ। धन्यवाद के दूसरे पात्र हैं मेरे पुराने प्रकाशक, हिन्दी प्रचारक प्रतिष्ठान के स्वामी श्री कृष्णचन्द्र बेरी, जिनके सत्संकल्प से इस महान साहित्यिक अनुष्ठान का समारंभ सुचारु रूप से होने जा रहा है।

इस समय मुझे गुरुवर स्वर्गीय पंडित विश्वनाथ प्रसाद जी मिश्र का स्मरण हो रहा है, जो मेरे समस्त शोधकार्य पर परम प्रमुदित हो उठा करते थे और जिन्होंने स्वयं भी सूरसागर की टीका लिखनी प्रारम्भ की थी, जो अपूर्ण ही रह गई और प्रकाशित नहीं हो पाई।

आशा करता हूँ सूर के अध्येता दोनों सूरसागरों के इस पृथक्करण एवं टीका को पसंद करेंगे।

सुधवै, भदोही
गंगा दशहरा सं० २०५४
१५ जून, १९९७

किशोरी लाल गुप्त
एम.ए., पी-एच.डी., डी.लिट्.
साहित्य वाचस्पति

बाधा और बाधा-निवारण

जुलाई, १९९८ तक प्रथम खण्ड के गेली प्रूफ, मेकअप प्रूफ आ गए तथा दूसरे खण्ड के भी लगभग तीन सौ पदों का गेली प्रूफ आ गया था। पर उसके बाद से सारा कार्य ठप हो गया। इसके बाद मुझे दस हजार रुपये भी प्राप्त हुए, पर कार्य आगे न बढ़ा और १० अप्रैल २००२ को बेरी जी ने कृपापूर्वक सूरसागर के पाँचों खण्डों की सामग्री मुझे लौटा दी और अपनी बीमारी के कारण असमर्थता प्रकट कर दी। उनका निधन भी १ जुलाई २००२ को हो गया। मैं भी ११ जुलाई को रात में गिर गया और मेरा दाहिना हाथ अभी तक पूर्ण रूप से ठीक नहीं हो सका है।

यही नहीं मेरी आँखों ने भी जवाब देना शुरू कर दिया। पढ़ना-लिखना बन्द। 'आज' के मोटे शीर्षक ही पढ़ पाता हूँ। २५ अक्टूबर को इलाहाबाद में दाईं आँख का आपरेशन हुआ, लेंस लगा। पढ़ने-लिखने में अक्षम हूँ। ३१ जनवरी २००३ को चश्मा लगने पर दृष्टि-लाभ हो गया है।

इस बीच ६ अगस्त को मेरे परम हितैषी प्रसिद्ध कोशकार डा० बदरीनाथ कपूर लोकभारती के प्रकाशक श्री दिनेश ग्रोवर जी के साथ मेरे घर आए और सूरसागर के प्रकाशन की व्यवस्था हो गई। अनुबन्ध पत्र लिख दिया गया। मुझे दस हजार रुपये भी मिल गए और पांडुलिपियाँ बदरी बाबू के साथ वाराणसी चली गई।

१२ अक्टूबर को प्रथम एवं द्वितीय खण्ड के गेली प्रूफ भी आ गए। काम आगे बढ़ा, बाधा दूर हुई। मैं स्वयं प्रूफ पढ़ने में असमर्थ हूँ। स्थानीय मित्र-मंडल यह कार्य कर रहा है। एतदर्थ मैं विद्वान श्री केशवनाथ तिवारी भूतपूर्व मैनेजर यूको बैंक एवं ओजस्वी कवि तेजधर मिश्र का अनुगृहीत हूँ। इस अवसर पर बेरी जी का सादर स्मरण कर लेना मेरा कर्तव्य है, जिन्होंने मुझसे टीका लिखवा ली।

बदरी बाबू और लोकभारती के स्वामी श्री ग्रोवर जी का अनुगृहीत तो हूँ ही। आशा है २००३ के अन्त तक पाँचों खण्ड निकल जायेंगे।

किशोरी लाल गुप्त

सुधवै, भदोही
३१ जनवरी, २००३

भूमिका

द्वादश स्कंधात्मक सूरसागर के प्रणेता

ब्रह्मभट्ट सूरदास

चंद्र-भट्ट-कुल-हंस, ग्वालियर रामदास-सुत
अकबर के गायक सुकंठ, ब्रज मंडल सों हित
गोकुलनाथ गोसाईं 'वल्लभ' के सिख प्यारे
एक लक्ष पद-बंद रचे, हरि लीला वारे
स्कंधात्मक भागवत सूरसागर रचि भारी
तासु सार 'सारावलि' में भरि भजे मुरारी
कूट काव्य नें कुसल, रची साहित-लहरी है
हरि में डूबी दीठि, सूर की गति गहरी है
सूरज ह्वै गए सूरदास अरु सूर स्याम हैं
स्याम-पुष्टि सों पुष्ट, सूर यह पूर्णकाम हैं
अति विसद सरस पद रचि मधुर, सूर सूर सों मिलि रहिय
ये पानी में के लोन भे, जो बिलगाइ, विदग्ध हिय

— किशोरी लाल गुप्त

'साहित्य लहरी' के रचयिता सूरदास ने अपने को महाकवि सूरदास से भिन्न बताने के लिए अपने को 'सूरदास नवीन' कह दिया है—

मुनि पुनि रसन के रस लेख
दसन गौरी-नंद के लिखि, सुबल संवत पेख
नंदनंदन मास, छय ते हीन तृतिया, वार
नंदनंदन जनम ते है बान, सुख आगार
तृतिय ऋक्ष, सुकर्म योग, विचारि सूर नवीन
नंदनंदन दास हित, साहित्य लहरी कीन

—साहित्य लहरी पद १०९

साहित्य लहरी की रचना सं० १६७७ में वैशाख सुदी तीन अक्षय तृतीया को, रविवार के दिन हुई। इसकी रचना सूरदास नवीन ने की।

साहित्य लहरी के पद १०८ में सूरदास नवीन ने अपनी यह वंशावली भी दे दी है—

प्रथम ही प्रथ जगा तें, भे प्रगट अदभुत रूप
ब्रह्मराव बिचारि ब्रह्मा, नाम राख अनूप
पान पय देवी दियौ, सिव आदि सुर सुख पाइ
कहा दुर्गा पुत्र तेरौ, भयौ अति सुख पाइ
पारि पाइन सुरन के, सुर सहित अस्तुति कीन
तासु बंस प्रसंस में, भौ चंद चारु नवीन
भूप पृथ्वीराज दीनौ, तिन्हें ज्वाला देस
तनय ताके चार, कीनौ प्रथम आप नरेस
दूसरे गुनचंद, ता सुत सीलचंद स्वरूप
वीर चंद प्रताप पूरन, भयौ अदभुत रूप
रनथँभोर हमीर भूपति, संग सुख अवदात
तासु बंस अनूप, भौ हरिचंद अति विख्यात
आगरे रह गोपचल में रहौ ता सुत बीर
पुत्र जनमे सात ताके, महा भट गंभीर
कृत्त चंद, उदारचंद, जो रूपचंद सुभाइ
बुद्धिचंद, प्रकास चौथो चंद भे सुखदाइ
देवचंद, प्रबोध संसृत चंद ताको नाम
भयौ सप्तो नाम सूरजचंद मंद निकाम
सो समर कर साहि सें, सब गए बिधि के लोक
रहौ सूरजचंद दृग तें हीन भर वर सोक
परौ कूप, पुकार काहू सुनी ना संसार
सातयें दिन आइ जदुपति, कियौ आप उधार
दिव्य चख दै कही, सिसु सुन, माँग बर जो चाइ
हौं कही प्रभु भगति चाहत, सत्रु नास सुभाइ
दूसरौ ना रूप देखौं, देखि राधा स्याम
सुनत करुनासिंधु भाखी, एवमस्तु सु धाम
प्रबल दच्छिन विप्र-कुल तेँ सत्रु ह्वै हैँ नास
प्रषित बुद्धि विचारि, विद्या, मान माने मास
नाम राखे हैं सु सूरजदास, सूर, सु स्याम
भए अंतरध्यान, बीते पाछली निसि जाम
मोहि मनसा इहै, ब्रज की, बसै सुख चित थाप
थपि गुसांई करी मेरी, आठ मद्धे छाप

विप्र प्रथ जगा कौ है, भाव भूर निकाम
'सूर' है नँदनंद जू कौ, लियौ मोल गुलाम

सूर सारावली में भी सूर ने स्व-जीवन सम्बन्धी तीन कथन किए हैं—

१- गुरु परसाद होत यह दरसन, सरसठ बरस प्रवीन १००२

२- श्री वल्लभ गुर तत्व सुनाओ, लीला भेद बतायो ११०२

3- ता दिन ते हरि लीला गाई, एक लक्ष-पद बंद
ताकौ सार सूर सारावलि, गावत अति आनंद ११०३

कवि के जीवन के अन्य बाह्य साक्ष्य भी हैं।

इन आधारों पर कहा जा सकता है—

१- कवि का वास्तविक नाम सूरजचंद था।

२- इसकी तीन कवि छापे हैं—(क) सूरज या सूरजदास (ख) सूर या सूरदास (ग) सूर स्याम।

३- कवि के बाप का नाम रामदास था, जो आईने अकबरी के अनुसार अकबरी दरबार की गायक-सूची में तानसेन के उपरांत दूसरी संख्या पर है। इन्हें ग्वालेरी कहा गया है।

४- सूर भी अकबरी-दरबार का गायक था। इसका नाम आईने अकबरी की गायक-सूची में १९ वीं संख्या पर है। इसे वहाँ बाबा रामदास ग्वालेरी का बेटा कहा गया है।

५- रामदास पहले शेरशाह सूरी के वंशज इस्लाम शाह सूर (शासन काल सं० १६०२-१६१० वि०, १५४५-१५५३ ई०) के गायक थे। सूरदास भी प्रारम्भ में इसी दरबार में थे। ये लोग सूर वंश की समाप्ति के बाद बैरम खाँ के, फिर अकबर के गायक हुए।

६- सूरदास ब्रह्मभट्ट थे और पृथ्वीराज चौहान के कवि, मंत्री, मित्र चंद वरदाई के वंशज थे।

७- सूरदास का जन्म आगरा जिले में आगरा मथुरा के बीच एक ऐसे स्थान पर शाही खेमे में हुआ था, जो बाद में 'साही' कहा गया। साही जिला आगरा में इनका जन्म-स्थान है। यह इनका निवास-स्थान नहीं है। निवास-स्थान तो ग्वालियर, आगरा, मथुरा, गोकुल और वृन्दावन था। 'जनम भूमि ब्रज, मथुरा रजधानी'।

८- सूर की माँ का नाम कोसा या कौसल्या था।

९- सूर के पितामह का नाम हरिचंद था, जो गोपाचल (ग्वालियर) के निवासी थे।

१०- सूर कुल सात भाई थे। सूर अंतिम (सातवें) भाई थे और अंधे थे, इनके छहों भाई शाही युद्ध में मारे गए थे।

११- सूर का जन्म सं० १५९० के लगभग हुआ था। इनका निधन सं० १६९० के आसपास हुआ।

१२- सं० १६६२ में अकबर के देहांत के अनंतर सूर दरबारी जीवन से विरक्त हो गए और ५ वर्षों तक ब्रजमण्डल में गुरु की खोज में लगे रहे। अंततः सं० १६६७ में इन्हें भी वल्लभ सम्प्रदाय में ही गुरु मिले। इनके गुरु महाप्रभु वल्लभाचार्य के पौत्र एवं गोसाईं विट्ठलनाथ के चतुर्थ पुत्र, गो० गोकुलनाथ 'वल्लभ' थे। इन्हीं से सं० १६६७ में इन्हें निकुंज-लीला का दर्शन हुआ।

१३- सूर ने साहित्य लहरी की रचना सं० १६७७ में की। सूर सारावली की रचना १६८० के बाद किसी समय हुई। द्वादश स्कंधात्मक सूरसागर का रचनाकाल सं० १६६७ और १६८० के बीच माना जा सकता है।

१४- संभवतः सूर नवीन और गो० तुलसीदास की भेंट सं० १६७५ के आस-पास हुई थी। इनका मिलना असम्भव नहीं।

१५- सूर सारावली में 'एक लक्ष्य पद-वंद' का अर्थ है—भक्तों के एकमात्र लक्ष्य श्रीकृष्ण के चरणों की वंदना करके। 'एक लक्ष्य' श्रीकृष्ण के लिए है। यह पद-संख्या का सूचक नहीं है। स्कंधात्मक सूरसागर में तो लगभग सवा तीन हजार ही पद हैं और कृष्ण लीलात्मक में केवल सवा दो हजार।

१६- सूरजदास (सूरदास) के चंदवरदाई के वंशज होने का एक प्रमाण भविष्य पुराण, प्रतिसर्ग पर्व तीसरा भाग, अध्याय २२ का श्लोक ३०१ है—

सूरदास इति ज्ञेयः कृष्णलीलाकरः कविः
शम्भुर्वे चन्द्र भट्टस्य कुले जातो हरिप्रिय

१७- गो० विट्ठलनाथ ने गोवर्धन पर्वत पर स्थित श्रीनाथ जी के मन्दिर में दिन में आठ बार कीर्तन के लिए एक-एक भक्त कवि की ओसरी बाँध दी थी। इसे अष्टछाप कहा जाता था। अष्टछाप की स्थापना सं० १६०६ वि० के आसपास हुई थी, जो १६४० तक बिखर गया था। पर कीर्तन सेवा तो होती ही रहती थी। गोसाईं गोकुल नाथ 'वल्लभ' ने इसी टूटी कड़ी वाले अष्टछाप में सूर-नवीन को जोड़ दिया था। यह जोड़ १६६५ वि० के बाद ही किसी समय हुआ रहा होगा। इसी का उल्लेख उन्होंने साहित्य लहरी में किया है—

हठि गोसाईं करी मेरी आठ मद्धे छाप।

२. सूरसागर की शल्य क्रिया

सूरसागर के दो रूपों की चर्चा सूर के अध्येताओं ने की है। एक है 'लीलात्मक', दूसरा है 'स्कंधात्मक'। उनका स्पष्ट विभेद कोई भी नहीं बता सका है। उन्हीं का आधार लेकर मैंने सूरसागर के दोनों रूपों को अलग किया है। यह पृथक्करण केवल दशम-स्कंध

पूर्वार्द्ध में किया गया है। स्कंध १-९, दशम स्कंध उत्तरार्द्ध, स्कंध ११, १२ को हमने पूर्णतया योजनाबद्ध ग्रंथ लिखने वाले सूरजचंद या सूरदास की रचना स्वीकार किया है।

दशम स्कंध पूर्वार्द्ध का ही पृथक्करण किया गया है। पृथक्करण में निम्नांकित सिद्धांत अपनाए गए हैं—

१— सूरज या सूरजदास छापवाले चार सौ ही पद सूर नवीन के हैं।

२— 'सूरश्याम' वाले लगभग ११०० पद ही सूरश्याम के हैं।

३— चौपाई या चौपाई छंदों में लिखित, विलावल रागवाले, सभी विवरणत्मक पद सूर नवीन के हैं।

४— शुद्ध रूप से दोहों में लिखित पद अथवा दलों या चरणों में पुछल्ला जोड़ लेने वाले समस्त पद सूर नवीन के हैं।

५— दो छंदों के मेल से बने छंद सूर नवीन के हैं।

६— कवित्तों में या कवित्त जैसे छंदों में लिखित पद सूर नवीन के हैं।

७— समस्त कूटपद सूर नवीन के हैं।

८— प्रबंध रूप में लिखित समस्त तथाकथित दूसरी लीलाएँ सूर नवीन की हैं।

९— गेय पदों में लिखित जो भी सुगठित कथायें हैं, वे सूर नवीन की हैं।

१०— अरबी-फारसी पदावली वाले पद सूर नवीन के हैं।

११— कभी-कभी एक ही पदावली का शब्द दो-दो, तीन-तीन पदों में एक रूप में दुहरा उठा है। ऐसी स्थिति में दोनों या तीनों पद एक ही कवि के स्वीकृत किये गये हैं और ये पद सूर नवीन के हैं।

१२— तुकों में अनेक बार शब्दों का अंग-भंग हुआ है। ऐसे भ्रष्ट तुक वाले पद सूर नवीन के मान लिये गये हैं।

१३— कभी-कभी रागोल्लेख के सहारे भी पृथक्करण किया गया है। एक राग में दो पद एक साथ आये हैं, एक में सूरछाप है, दूसरे में सूरश्याम। तो दोनों पद सूर नवीन के मान लिये गये हैं।

इसी प्रकार से पृथक्करण करने का प्रयास किया गया है।

३. सूरसागर की टीकाएँ

१. सूर-ग्रन्थावली

सूरसागर की एक भी पूरी टीका अभी तक नहीं लिखी गयी है। सबसे बड़ी टीका पंडित सीताराम जी चतुर्वेदी की है। इसमें स्कन्ध दो, तीन, चार, पाँच, छः, सात, आठ, ग्यारह, बारह को किसी अन्य लद्धड़ सूर का समझकर छोड़ दिया गया है। इन स्कन्धों के मूल पद तो दे दिये गये हैं, इनकी टीका नहीं की गयी है।

यह सूर ग्रन्थावली पाँच जिल्दों में हैं। यह अखिल भारतीय विक्रम परिषद् वाराणसी से प्रकाशित है।

प्रथम खण्ड — जून १९७४—७७९ पद।

द्वितीय खण्ड — अक्टूबर १९७४—७८०-१५२१=७४२ पद।

तृतीय खण्ड — १२ अक्टूबर १९७६—१५२२-३०३०=१५०९ पद।

चतुर्थ खण्ड — १२ मई १९७८।

(क) दशम स्कन्ध शेष—३०३१-४३०८=१२७७ पद।

(ख) विनय के पद—४३०९-४६४५=३३७ पद।

(ग) परिशिष्ट १ स्कन्ध २-९, पद ४६४६-४७६०=११५, टीका रहित।

(घ) परिशिष्ट १—श्री राम गीतावली, सटीक, पद ४७६१-४९१८=१५८।

(ङ) परिशिष्ट १—नवम स्कंध शेषांश, एकादश स्कंध, द्वादश स्कंध, अ-टीक-पद ४९१९-४९२७=९ पद।

(च) परिशिष्ट २—सभा संस्करण, परिशिष्ट १, २।

(छ) नवीन पद अ-टीक-पद ५१९७-५३९४।

(ज) सूर सारावली—अ-टीक।

(झ) साहित्य लहरी—स-टीक।

पंचम खण्ड — २ जून १९७९—पद ५३९५-६०२१, अ-टीक।

२. सूर-सागर

यह टीका डा० हरदेव बाहरी और डा० राजेन्द्र कुमार वर्मा इलाहाबाद विश्वविद्यालय द्वारा लिखी जा रही थी। इसका प्रकाशन लोक भारती इलाहाबाद कर रहा था। प्रथम खण्ड १९७४ ई० में निकला। बाद में किसी समय इसका दूसरा खण्ड भी निकला। इनमें सभा के सूरसागर का पाठ उसी क्रम से स्वीकार किया गया है। दोनों खण्डों में दो हजार के लगभग पद आ गये हैं। अनिवार्य कारणों से टीका पूर्ण नहीं हो सकी।

३. गीता प्रेस गोरखपुर के छह सटीक-संकलन

१. सूर विनय पत्रिका—संवत् २०१२ — ३०९ पद

२. सूर राम चरितावली—संवत् २०१२ — २१२ पद

३. श्री बालकृष्ण पदावली—संवत् २०१२ — ३३५ पद

४. श्री कृष्ण माधुरी—संवत् २०१४ — ३४३ पद

५. अनुराग पदावली—संवत् २०१५ — ३४८ पद

६. विरह पदावली—संवत् २०२६ — ३३३ पद

योग = १८८० पद

ये संकलन योजना-बद्ध रहे हैं और सरस, सरल, भावार्थ सहित है। टीकाकार हैं श्री सुदर्शन सिंह 'चक्र'। टीका पर्याप्त अच्छी है।

४. सूरसागर का दृष्टिकूट-सटीक

'सूरदास का दृष्टिकूट' की टीका काशी-वासी सरदार कवि ने की थी। मेरे पास नवल किशोर प्रेस, लखनऊ से प्रकाशित १९२९ ई० का पाँचवा संस्करण है। यह दो खण्डों में हैं। प्रथम खण्ड में 'साहित्य लहरी' है। दूसरे खण्ड में सूरसागर से संकलित ६३ पद है। टीका की भाषा ब्रजी है। साहित्य लहरी संसार का सबसे गूढ़ काव्य है। सरदार कवि ने यदि इसकी टीका न कर दी होती, तो इसका अर्थ करना कठिन था। बाद में साहित्य लहरी की कई टीकाएँ जैसे महादेव प्रसाद, प्रभु दयाल मीतल, पण्डित सीताराम चतुर्वेदी की टीकाएँ निकली, वे सभी किसी न किसी सीमा तक सरदार की टीका की ऋणी हैं।

५. सूर के सौ कूट

सूर के सौ कूट के संकलयिता, संपादक एवं टीकाकार मथुरा निवासी श्री चुन्नीलाल 'शेष' हैं। इसका प्रकाशन हिन्दी प्रचारक पुस्तकालय, वाराणसी ने गंगा दशहरा संवत् २०१३ को किया। मेरे पास संवत् २०२३ की द्वितीयावृत्ति की प्रति है। इसमें साहित्य लहरी के कूट नहीं है। सूर सागर के सभा संस्करण के सभी कूट इसमें हैं। इनके अतिरिक्त इसमें कुछ और भी कूट हैं। टीका बहुत बढ़िया है।

६. सूर के विशिष्ट पद

इसके संकलयिता और टीकाकार प्राचीन काव्य के मर्मज्ञ विद्वान डा० किशोरी लाल, भूतपूर्व प्रवक्ता हिन्दी विभाग, इलाहाबाद विश्वविद्यालय हैं। इसको स्मृति प्रकाशन १२४ शहरारा बाग इलाहाबाद ने प्रकाशित किया। इसमें सूर के २४८ विशिष्ट पदों की अत्यन्त सुन्दर टीका है।

७. सूरसागर सार

सूरसागर सार का संकलन डा० धीरेन्द्र वर्मा ने किया था। इसमें कुल ८३८ पद हैं। यह साहित्य भवन प्राइवेट लिमिटेड, इलाहाबाद द्वारा प्रकाशित हुआ है। इसका चौथा संस्करण १९७० ई० में हुआ था। बाद में किसी ने इसकी टीका भी लिखी थी। टीका मेरे देखने में नहीं आई।

८. सूरज दास पदावली

सूरज दास पदावली में ४०० पद हैं। इनका संकलन, संपादन एवं टीका मैंने की है। यह कृति शोध की दृष्टि से प्रस्तुत की जा रही है। यह जय भारती प्रकाशन, इलाहाबाद से प्रकाश्य है।

४. प्रस्तुत टीका

सूरसागर की यह टीका लिखते समय मैंने सूर ग्रन्थावली को बराबर सामने रखा है। मैंने टीका स्वयं लिखी है और अनेक स्थलों पर चतुर्वेदी जी से सहमत नहीं हो सका हूँ। श्री सुदर्शन 'चक्र', श्री चुन्नीलाल 'शेष', डा० किशोरी लाल के ग्रन्थों से भी मैंने यत्र-

तत्र सहायता ली है। सूर छाप का अर्थ करते हुये मुझे यह अच्छा नहीं लगा कि मैं हर पद में यह अर्थ करता चलूँ कि 'सूरदास कहते हैं कि'। अतः मैंने इसे सर्वत्र छोड़ दिया है। टीका लिखने में मैंने प्रायः प्रतिदिन आठ घण्टे तक कलम के मजदूर की तरह खटा है। मैं पूर्ववर्ती सभी टीकाकारों का आभार स्वीकार करता हूँ।

मैंने सभा के सूर सागर का पाठ स्वीकार किया है। प्रत्येक पद के ऊपर पद संख्या दे दी गई है। पहली संख्या प्रस्तुत ग्रन्थ की क्रम-संख्या है। दूसरी संख्या सभा के सूरसागर की क्रम-संख्या है। इसमें सभा के सूरसागर से कुछ अधिक पद भी हैं। ये अधिक पद मुख्यतया चतुर्वेदी जी की सूर ग्रंथावली एवं सूरसागर के लखनऊ और बम्बई संस्करणों से लिये गये हैं। जो अधिक पद चतुर्वेदी जी की सूर ग्रंथावली से लिए गये हैं, उनकी पद संख्या के पहले 'ग्र' (ग्रंथावली) जोड़ दिया गया है। जो पद लखनऊ या बम्बई के सूरसागर से लिये गये हैं, उनकी पद-संख्या के पहले 'ल' (लखनऊ) या 'बं' (बंबई) जोड़ दिये गये हैं। 'ल' या 'बं' के बाद की पहली संख्या पृष्ठ की है और दूसरी संख्या पद की है। ऐसा इसलिए करना पड़ा क्योंकि लखनऊ और बम्बई संस्करणों में कोई समवेत-संख्या नहीं है। मैंने लखनऊ संस्करण की पाँचवीं आवृत्ति (अक्टूबर १८८२ ई०) और बम्बई संस्करण की १९५७ ई० की छपी प्रतियों का उपयोग किया है।

५. सूर के चित्र

द्वारका दास पारीख ने जलालपुर (गुजरात) के एक मकान की भीत पर अंकित सूर के चित्र की अनुकृति तैयार करायी थी। इसमें सूरदास, कुम्भन दास, कृष्ण दास अधिकारी एवं परमानंद दास के चित्र हैं। ये सभी गो० विट्ठलनाथ के सामने करबद्ध मुद्रा में खड़े हैं। सूर का यह चित्र आचार्य पं० सीताराम चतुर्वेदी ने सूर ग्रंथावली में दिया है। यह अष्टछापी सूरदास का चित्र है। यह कृष्ण लीलात्मक सूरसागर के साथ दिया जा रहा है। यह सं० १६२० वि० का है।

डा० वासुदेव शरण अग्रवाल ने किसनगढ़ राज्य की चित्रशाला से सूरदास के एक चित्र की अनुकृति करायी थी। यह राष्ट्रीय संग्रहालय दिल्ली में सुरक्षित है। इसकी अनुकृति भारत कला भवन काशी में भी है। मथुरा के ब्रज साहित्य मण्डल में भी यही चित्र है। सूर के प्रसिद्ध अध्येता श्री प्रभुदयाल जी मीतल के १९५१ ई० के बाद के सूर संबंधी सभी ग्रंथों में यही चित्र प्रामाणिक मान कर दिया गया है। मैं इसे सूर नवीन के चित्र रूप में स्वीकार कर इस स्कंधात्मक सूरसागर में दे रहा हूँ।

किमधिकम्

सुधवै, भदोही

गंगा दशहरा, सं० २०५४

१५-६-१९९७

किशोरी लाल गुप्त

पाठ-शोध

प्रस्तुत ग्रन्थ में नागरी प्रचारिणी सभा, काशी के सूर-सागर का पाठ स्वीकार किया गया है। सभा के सूरसागर का पाठ बहुत अच्छा है। फिर भी यत्र-तत्र पाठ में संशोधन करना पड़ा है, जिनकी संख्या बहुत नहीं हैं। प्रस्तुत खण्ड में आये पाठान्तरों का विवरण यहाँ प्रस्तुत है। प्रथम संख्या इस सूरसागर के पद की है और द्वितीय संख्या सभा के सूरसागर की है।

प्रथम स्कंध

पाठान्तर १, २—पद ३१/२५४

इस पद में द्रौपदी कृष्ण से अपनी लज्जा बचाने के लिये पुकार लगा रही है—

दुस्सासन अति दारुन रिस करि, केसनि करि पकरी।

'केसनि करि पकरी' को 'केसनि कसि पकरी' कर दिया गया है। अर्थ हुआ-- दुश्शासन ने मेरे केश को कस कर पकड़ रखा है।

इसी पद का सातवाँ चरण हैं—

अब मोकों धरि रही न कोऊ, ता तैं जाति मरी।

'धरि रही' को मैंने 'धरि रहो' कर दिया है। अर्थ हुआ—अब मुझे धरकर, पकड़ कर कोई भी बचा नहीं रहा है। इसलिए मैं मारे लाजके मरी जा रही हूँ।

पाठान्तर ३—पद ३६/२५६

पाँचवीं पंक्ति हैं—

जाकै मीत नन्दनन्दन से, ढकि लै पीत पटोलै।

'पीत पटोलै' का अर्थ पीताम्बर है। मैंने 'पटोलै' को 'पटो लै' कर दिया है। यह मूल पाठ भी हो सकता है। अर्थ होगा—कृष्ण ने अपना पीत पट लेकर द्रौपदी का नग्न होता हुआ तन ढक लिया।

पाठान्तर ४—पद ४१/२६१

इस पद में भीष्म पितामह ने युधिष्ठिर को उपदेश दिया है। इसकी दसवीं पंक्ति हैं—

राजधर्म तब भीषम गायो। दानापद पुनि मोक्ष सुनायो॥

दाना पद को मैंने 'दान धरम' कर दिया है। यह पाठ अन्यत्र भी मिलता है। सीताराम जी चतुर्वेदी के यहाँ पद ४५६ में यही 'दान धाम' पाठ स्वीकृत है। हिन्दी शब्दसागर में 'दानापद' शब्द है ही नहीं।

पाठान्तर ५—पद ४९/२६८

इस पद में युद्ध में सहायता माँगने के लिये दुर्योधन और अर्जुन कृष्ण के पास एक साथ ही पहुँचते हैं। कृष्ण उस समय सो रहे थे। गर्वोन्नत दुर्योधन पलंग के सिरहाने और विनीत अर्जुन उसके पयताने बैठ गये। जगने पर कृष्ण की दृष्टि पहले अर्जुन पर पड़ी। उन्होंने पहले अर्जुन से क्षेम-कुशल पूछा। फिर उनकी निगाह दुर्योधन पर गयी। अतः उन्होंने उससे बाद में भेंट की। प्रसंग प्राप्त चरण है—

प्रभु जागे, अर्जुन तन चितयो, कब आये तुम कुसल खरी?
ता पाछे दुर्योधन भेद्यो, सिर दिसि तैं मन गर्व धरी।

'भेद्यो' का यहाँ कुछ अर्थ नहीं। यह मुद्रण दोष भी हो सकता है। ठीक पाठ है 'भेट्यो'। यह पाठ बम्बई संस्करण की इस पंक्ति से भी समर्थित होता है—

ता पाछे दुर्योधन भेटहि, शिर दिश तें मन गर्वधरी।

—स्कंध १, पद १४८

नवम स्कंध

पाठान्तर ६—पद २५४/४६९

जनकपुर में सीता राम, विवाह के उपरान्त, कोहबर में हैं। इस पद का सातवाँ चरण है—

धुरे निशान अजिर, गृह मंगल, विप्र वेद अभिषेक करायो।

धुरे निशान' में 'धुरे' मुद्रण दोष है। मूल पाठ 'घुरे-निशान' है। चतुर्वेदी जी के यहाँ पाठ है—'घुरत निशान'—पद ४७७२।

पाठान्तर ७—पद २६७/४८२

महाराज दशरथ केकयी से पूछ रहे हैं—मेरे प्राण-जीवन राम किस रूप में वन जा रहे हैं—

ह्वै बिरक्त, सिर जटा धरे, द्रुम चर्म, भस्म (धारे) सब गात।

'धरे' कोष्ठक में हें। स्पष्ट है हस्तलेख में यह स्थान रिक्त था। और संपादक ने अपनी ओर से 'धरे' लगाकर रिक्ति की पूर्ति कर दी है। चतुर्वेदी जी के यहाँ पद ४७८४ में 'भस्म पोते सब गात' पाठ है। मैंने 'धरे' के स्थान पर 'धारे' कर दिया है। भस्म धरी नहीं जाती, धारण की जाती है।

दशम स्कंध पूर्वार्द्ध

पाठान्तर ८—पद ८२३/१३८०

यह पद गारुड़ी लीला का है। कृष्ण द्वारा राधा का विष झार देने पर ब्रज-नारियाँ कह रही हैं—

यह निज मन्त्र न हिय तैं बिसारौ। बहुरि करो कहु करै कसारौ॥

'करो' के स्थान पर 'कारो' कर देना पड़ा है। 'कारो' का अर्थ है काला साँप और काले कन्हैया। कहीं ऐसा न हो कि वह काला साँप (काला कन्हैया) फिर आ जाय। चतुर्वेदी जी का पाठ है—

बहुरि कहौ मैं करहि पसारो—१५१९

बम्बई संस्करण में (पृष्ठ ३४८, पद ८०१) 'कारो' पाठ है।

पाठान्तर ९, १०—पद ८२४/१३८१

गोपियाँ कह रही हैं—

नीकैं विषहि उतार्‍यो श्याम।

बड़े गारुड़ी अब हम जाने, संगहि रहत सुकाम॥

'सुकाम' के स्थान पर 'एक ही ग्राम' कर दिया गया है। यह पाठ लखनऊ संस्करण में पृष्ठ ४५० पद १६ में है। बम्बई (२४८/८०२) और चतुर्वेदी जी में (पद १५२०) 'सुकाम' पाठ ही है।

मेरी आनि राधिका जिवाई, टेरत एकहि नाम।

'मेरी' को 'मरी' कर दिया गया है। बम्बई एवं चतुर्वेदी संस्करण में 'मरी' ही पाठ है।

पाठान्तर ११—पद ८७१/१४९७

गोवर्धन धारण संबंधी इस पद का अंतिम चरण यह है—

'सूर' गाइ गोसुत सब राख्यो, गिरिवर धरि ब्रज आदर।

इसी पद में दूसरे चरण में 'आदर', तीसरे में 'निरादर', चौथे में 'सादर' तुक आ चुके हैं। अत: इस 'आदर' को 'नादर' कर दिया गया है। 'नादर' फारसी का शब्द है और इसका अर्थ है—अद्भुत क्षमता वाला पुरुष। चतुर्वेदी संस्करण पद ११३० में 'नादर' शब्द है। लखनऊ (३८५/६२) में 'आदर' और बम्बई (२७६/९७०) में 'ब्रज नागर' पाठ है।

पाठान्तर १२—पद ८७३/१५७२

गोवर्धन धारण के उपरान्त गोपादि परस्पर बात कर रहे हैं—

फल जनाइ बालक सँग खेलत, कैसे आयो साथ।

'फल' को 'बल' कर दिया गया है। चतुर्वेदी संस्करण पद १२१८ में 'फल' ही है। बम्बई में भी (२७९/८६) फल ही है।

पाठान्तर १३—पद ९२०/१६६८

सभा के सूरसागर में रास के अंतर्गत यह पद छ: चरणों में है—

तरु तमाल गोपाल लाल बने, माल ग्रीव धर हृदय विसाल।

गोधन संग बालक लिये कबहुँक, विहरत संग सखा सब ग्वाल।

धन्य-धन्य ब्रज कौ यह नायक, कीन्हौ महरि घोष प्रतिपाल।

कबहुँक बन हरि रहै जाइकैं, गो रस दान लेत तत्काल।
पैठि पताल नाथि काली कौ, फन-फन पर निरतत दै ताल।
भूषन मुकुट जराइ जर्‌यो, मनु सूर-श्याम संग वनिता जाल।

चतुर्वेदी संस्करण में (पद १३०५) कुल आठ चरण है। उसमें दूसरा चरण नया है—

कुण्डल लोल-कपोल विराजत, चमकत दसन सुरंग प्रवाल॥

अन्तिम दो चरण यों है—

धनि भूषन, धनि मुकुट जर्‌यो नग, हीरा, मोती, चुन्नी, लाल।
धन्य 'सूर' प्रभु ता घरि राजै, मनु सँग लिपटी वनिता जाल।

पाठान्तर १४—पद ९२७/१६९८

रास के इस पद की दो पंक्तियाँ यों है—

रिझवति पियहि बारम्बार।
निरखि नैन लजाति हरि कैं नहीं शोभा पार।

मैंने दूसरे चरण को यों स्वीकार किया है—

निरखि नैन लजाति हरि, हैं नहीं शोभा पार।

इस पद में गोपियों की ही अपार शोभा का वर्णन है, हरि की शोभा का नहीं। अत: दूसरा चरण उसके अनुकूल कर दिया गया है—'कैं' के बदले 'हैं'। चतुर्वेदी संस्करण में पद २७०१ में 'कैं' के स्थान पर 'के' है।

पाठान्तर १५—पद ९८५/१८२८

इस पद में यशोदा जी यशोदा-नंदन को जगा रही हैं।

उठहु भोजन करहु, खोरि उतारि धरहु,
जननि प्रति देहु, शिशु रूप निज को।

'खोरि उतारि धरहु' का अर्थ है 'ओढ़ने की चादर उतार कर रख दो'। खोरि का अर्थ चादर कहीं भी देखा नहीं गया। हाँ, यह कहावत बहुतों ने सुनी होगी—

तेतो पाँव पसारिये, जेती लाँबी सौरि।

अत: मैंने 'खोरि' को 'सौरि' में बदल दिया है। चतुर्वेदी जी के यहाँ 'खोंरिहू' है (पद २७०६)। पर अर्थ चादर ही किया गया है।

पाठान्तर १६—पद १०७०/२००२

इस पद में कृष्ण की रूप माधुरी का वर्णन है। चौथा चरण यों है—

आवत दृग अरुन लोल, कुण्डल मण्डित कपोल,
अधर दशन दिपति छवि, क्योहूँ न जाति लखि री।

'आवत दृग' को मैंने 'आयत दृग' कर दिया है। 'आवत' दृग के विशेषण में कोई अर्थ नहीं देता, अत: 'आयत'। आयत का अर्थ है विशाल।

विषयानुक्रमणिका

क्र.सं. *विषय* **पद संख्या**

प्रथम स्कंध

(पद १ - १२४ : पृष्ठ १ - ८१)

द्वितीय स्कंध

(पद १२५ - १६२ : पृष्ठ ८२ - १०२)

तृतीय स्कंध

(पद १६३ - १७५ : पृष्ठ १०३ - १२१)

चतुर्थ स्कंध

(पद १७६ - १८९ : पृष्ठ १२२ - १४३)

पंचम स्कंध

(पद १९० - १९३ : पृष्ठ १४४ - १५२)

षष्ठ स्कंध

(पद १९४ - २०१ : पृष्ठ १५३ - १६५)

सप्तम स्कंध

(पद २०२ - २११ : पृष्ठ १६६ - १८०)

अष्टम स्कंध

(पद २१२ - २२९ : पृष्ठ १८१ - १९७)

नवम स्कंध

(पद २३० - ४१७ : पृष्ठ १९८ - ३३३)

दशम स्कंध-पूर्वार्द्ध

(पद ४१८ - ६२५ पृष्ठ ३३४ - ४६०)

गोकुल लीला

बृंदावन लीला

(पद ६२७ - १०८५ : पृष्ठ ४६१ - ७१०)

रासलीला

●

प्रथम स्कंध

श्रीभागवत-प्रसंग

१/२२४ राग बिलावल

हरि हरि, हरि हरि, सुमिरन करौ । हरि-चरनारबिंद उर धरौ ।
हरि की कथा होइ जब जहाँ । गंगाहू चलि आवै तहाँ ।
जमुना, सिंधु, सरस्वति आवै । गोदावरी बिलंब न लावै ।
सर्व तीर्थ कौ बासा तहाँ । 'सूर' हरि-कथा होवै जहाँ ।।

हरि का नाम स्मरण करो। हरि के चरण-कमल को हृदय में धारण करो। जब भी जहाँ भी हरि की कथा होती है, वहाँ गंगा भी चली आती हैं। वहाँ यमुना, सिंधु, सरस्वती आती हैं। गोदावरी भी वहाँ आने में देर नहीं करती। जहाँ हरि की कथा होती है, वहाँ सभी तीर्थ आकर बस जाते हैं।

भागवत वर्णन *२/२२५ राग सारंग*

श्रीमुख चारि स्लोक दए, ब्रह्मा कौं समुझाइ ।
ब्रह्मा नारद सौं कहे, नारद ब्यास सुनाइ ।
ब्यास कहे सुकदेव सौं, द्वादस स्कंध बनाइ ।
'सूरदास' सोई कहे, पद भाषा करि गाइ ।।

विष्णु भगवान ने ब्रह्मा को समझाकर चार श्लोक दिए। ब्रह्मा ने उन्हीं चारो श्लोकों को नारद से कहा। नारद ने इन्हीं चार श्लोकों को व्यास को सुनाया। व्यास ने इन्हीं चार श्लोकों को भागवत के द्वादस स्कंधों में विस्तार करके शुकदेव से कहा। सूरदास ने उसी भागवत के द्वादस स्कंधों को भाषा-पदों में गाकर कहा।

ये चार श्लोक हैं—

अहमेवासमेवाग्रे नान्यद् यत् सदसत् परम । पश्चादहं यदेतच्च योऽवशिष्येत सोऽस्म्यहम् ॥ १ ॥
ऋतेऽर्थं यत्प्रतीयेत न प्रतीयेत चात्मनि । तद्विद्य दात्मनो मायां यथाऽऽभासो यथा तमः ॥ २ ॥
यथा महान्ति भूतानि भूतेषूच्चावचेष्वनु । प्रविष्टान्यप्रविष्टानि तथा तेषु न तेष्वहम् ॥ ३ ॥
एतावदेव जिज्ञास्य तत्त्वजिज्ञासुनाऽऽत्मनः । अन्वयव्यतिरेकाभ्यां यत् स्यात् सर्वत्र सर्वदा ॥ ४ ॥

श्री शुक-जन्म-कथा *३/२२६ राग बिलावल*

ब्यास कह्यौ जो सुक सौं गाइ । कहौं सो सुनौ संत चित लाइ ।
ब्यास पुत्र-हित बहु तप कियौ । तब नारायन यह बर दियौ ।

ह्वैहै पुत्र भक्त अति ज्ञानी। जाकी जग मैं चलै कहानी।
यह बर दै हरि कियौ उपाइ। नारद मन संसय उपजाइ।
तब नारद गिरिजा पैं गए। तिनसौं या बिधि पूछत भए।
मुंडमाल सिव-ग्रीवा कैसी? मोसौं बरनि सुनावौ तैसी।
उमा कही मैं तौ नहिं जानी। अरु सिवहूँ मोसौं न बखानी।
नारद कह्यौ अब पूछौ जाइ। बिनु पूछैं नहिं देहिं बताइ।
उमा जाइ सिव कौं सिर नाइ। कह्यौ सुनो बिनती सुरराइ।
मुंडमाल कैसी तब ग्रीवा? याकी मोहिं बतावौ सींवा।
सिव बोले तब बचन रसाल। उमा आहि यह सो मुँडमाल।
जब जब जनम तुम्हारौ भयौ। तब तब मुंडमाल मैं लयौ।
उमा कह्यौ सिव तुम अबिनासी। मैं तुम्हरे चरननि की दासी।
मेरे हित इतनौ दुख भरत। मोहि अमर काहे नहिं करत?
तब सिव-उमा गए ता ठौर। जहाँ नहीं द्वितिया कोउ और।
सहस-नाम तहँ तिन्हैं सुनायौ। जातैं आपु अमर-पद पायौ।
तहाँ हुतौ इक सुक कौ अंग। तिहिं यह सुन्यौ सकल परसंग।
ताकौं सिव मारन कौं धायौ। तिन उड़ि अपुनौ आपु बचायौ।
उड़त-उड़त सुक पहुँच्यौ तहाँ। नारि ब्यास की बैठी जहाँ।
सिवहू ताके पाछैं धाए। पै ताकौं मारन नहिं पाए।
ब्यास-नारि तबहीं मुख बायौ। तब तनु तजि मुख माहिं समायौ।
द्वादस वर्ष गर्भ मैं रह्यौ। ब्यास भागवत तबहीं कह्यौ।
बहुरौ जब जदुपति समुझायौ। तेरी माता बहु दुख पायौ।
तू जिहिं हित नहिं बाहर आवै। सो हमसौं कहि क्यौं न सुनावै?
प्रभु तुव माया मोहिं सतावत। तातैं मैं बाहर नहिं आवत।
हरि कह्यौ अब न ब्यापिहै माया। तब वह गर्भ छाँड़ि जग आया।
माया मोह ताहि नहिं गह्यौ। सुन्यौ ज्ञान सो सुमिरन रह्यौ।
जैसैं सुक कौं ब्यास पढ़ायौ। 'सूरदास' तैसैं कहि गायौ।

व्यास ने शुकदेव से जो कुछ कहा, हे संतों ध्यान से सुनो, मैं तुमसे वही कह रहा हूँ। व्यास ने पुत्र-प्राप्ति के लिए बड़ा तप किया। तब नारायण ने उन्हें यह वर दिया—तुम्हारे यहाँ अत्यंत भक्त और ज्ञानी पुत्र उत्पन्न होगा। उसके यश की कहानी सारे संसार में प्रसिद्ध होगी। यह वर देकर, नारायण ने उस वर की पूर्ति के लिए, नारद के मन में एक संदेह उत्पन्न कर दिया। (वह संदेह यह था कि शिव जी के गले में मुंडों की माला क्यों है?) (इस संदेह के उठते ही) नारद जी पार्वती के पास पहुँचे और उनसे इस प्रकार पूछने लगे—'शिवजी के गले में यह मुंडों की माला कैसी है। हे शिवा, तुम मुझसे इस रहस्य को, जैसा भी वह हो, कह सुनाओ।'

उमा ने कहा—'मैं तो नहीं जानती। शिव ने मुझसे कभी इस विषय में कुछ कहा भी नहीं।'

नारद ने कहा—'अब जाकर शिवजी से यह रहस्य पूछो। वे बिना पूछे बताने वाले नहीं।'

उमा शिव के पास गईं और उन्हें सिर झुकाकर प्रणाम किया, फिर कहा—'हे देवताओं के स्वामी, मेरी एक प्रार्थना सुनिए, आपके गले में मुंडों की यह माला कैसी है? आप मुझसे इस रहस्य को पूर्ण सीमा तक बताइए।'

तब शिव ने मधुर वाणी में कहा—'हे उमा, यह तुम्हारे ही मुंडों की माला है। तुम्हारे हर जन्म में, जब-जब तुम्हारी मृत्यु हुई है, तब-तब मैंने तुम्हारा मुंड काट लिया है और उन्हीं मुंडों की माला मैं बराबर धारण करता आया हूँ।'

उमा ने कहा—'हे शिव, तुम कभी भी नष्ट होने वाले नहीं हो, अविनाशी हो, मैं तुम्हारे चरणों की सेविका हूँ। तुम मेरे लिए इतना दुःख उठाते रहे हो। मुझे भी क्यों नहीं अमर बना देते। (यदि मुझे अमर बना दोगे, तो न मैं मरूँगी और न तुम्हें मेरा सिर काटकर गले में पहनना पड़ेगा।)'

तब शिव उमा एक ऐसी जगह गए, जहाँ कोई दूसरा नहीं था। तब शिव ने पार्वती को विष्णु सहस्रनाम सुनाया। इसी विष्णु सहस्रनाम से स्वयं उनको अमरत्व प्राप्त हुआ था।

वहाँ दैव-योग से एक सुग्गे का अंग, बच्चा, था। उस शुक-शावक ने भी वह सारा प्रकरण, विष्णु-सहस्रनाम, सुन लिया। (जब शिव को यह ज्ञात हुआ कि एक सुग्गे ने भी विष्णु सहस्रनाम सुन लिया) तब वह उसे मारने के लिए दौड़े। उस सुग्गे ने उड़कर अपने प्राण बचाए। वह सुग्गा उड़ते-उड़ते वहाँ जा पहुँचा, जहाँ व्यासजी की पत्नी बैठी हुई थीं। शिवजी भी शुक के पीछे-पीछे दौड़ते हुए वहाँ आ पहुँचे। उसी समय व्यास-पत्नी ने जँम्हाई ली और ऐसा करते समय उनका मुँह खुल गया। तब वह शुक अपना शरीर छोड़कर उनके खुले मुँह में प्रविष्ट हो गया और शिव उसे मार नहीं सके। (यों वह अमर हो ही गया था, उसे वे मार भी नहीं सकते थे।)

शुक पूरे बारह वर्षों तक व्यास-पत्नी के गर्भ में बने रहे। उसी गर्भ-काल में व्यासजी ने भागवत की कथा अपनी पत्नी को सुनाई।

यदुपति (विष्णु भगवान) ने शुक को समझाया—'तू बारह वर्ष से गर्भ में पड़ा हुआ है। गर्भ से बाहर क्यों नहीं आता? तेरी माँ को इससे बड़ा कष्ट हो रहा है। जिस कारण से तू बाहर नहीं आ रहा है, मुझे क्यों नहीं बताता?'

तब शुक ने कहा—'हे प्रभु, तुम्हारी माया मुझे बहुत सताती है, इसीलिए मैं माँ के गर्भ से बाहर नहीं आ पा रहा हूँ।'

हरि ने कहा—आ, अब तुझे मेरी माया नहीं व्यापेगी। तब शुकदेव जी माँ के गर्भ से बाहर निकल कर संसार में आ गए। उन्हें माया मोह ने फिर नहीं ग्रसा और गर्भ में जो ज्ञान उन्होंने सुना था, वह सब उनको पूरा याद रह गया। जिस प्रकार शुकदेव को व्यासजी ने पढ़ाया था, सूरदास ने वैसा ही गाकर (संतों को) कह सुनाया।

ब्यासदेव जब सुकहिं पढ़ायौ। सुनि कै सुक सो हृदय बसायौ।
सुक सौं नृपति परीक्षित सुन्यौ। तिनि पुनि भली भाँति करि गुन्यौ।
सूत सौनकनि सौं पुनि कह्यौ। बिदुर सो मैत्रेय सौं लह्यौ।
सुनि भागवत सबनि सुख पायौ। 'सूरदास' सो बरनि सुनायौ॥

व्यासजी ने शुकदेव को जो कुछ पढ़ाया था, शुकदेवजी ने उसे तद्वत् हृदय में बसा लिया था। शुकदेवजी से वह भागवती कथा राजा परीक्षित ने सुनी। उन्होंने सुना ही नहीं, उसपर भलीभाँति विचार भी किया। फिर शुकदेवजी ने वही कथा शौनक आदि सूतों, पौराणिकों, से कह सुनाई। और उन्हीं सूतों में से एक मैत्रेय से विदुरजी ने वह कथा पाई। भागवत कथा को सुनकर सभी को परम सुख मिला। सूरदास उसी भागवत कथा को संसार-हित के लिए कहकर सुना रहे हैं।

सूत-शौनक संवाद *५/२२८ राग बिलावल*

सूत ब्यास सौं हरि-गुन सुने। बहुरौ तिन निज मन मैं गुने।
सो पुनि नीमषार मैं आयौ। तहाँ रिषिनि कौ दरसन पायौ।
रिषिनि कह्यौ हरि-कथा सुनावौ। भली भाँति हरि के गुन गावौ।
प्रथमहिं कह्यौ ब्यास-अवतार। सुनौ 'सूर' सो अब चित धार॥

सूत (पौराणिक) ने व्यास से हरि का जो भी गुणानुवाद सुना, उसपर उन्होंने बारबार मन में विचार किया। फिर वह सूतजी नैमिषारण्य में आए और वहाँ उन्होंने ऋषियों का दर्शन किया। ऋषियों ने कहा—सूतजी, हरि-कथा सुनाओ और भली भाँति हरि का गुणानुवाद करो। सूत जी ने सबसे पहले व्यास अवतार की कथा कही। सूरदास कहते हैं कि हे संतो, तुम भी व्यास-जन्म की उस कथा को ध्यानपूर्वक चित्त लगाकर सुनो।

व्यास अवतार *६/२२९ राग बिलावल*

हरि हरि, हरि हरि, सुमिरन करौ। हरि चरनारबिंद उर धरौ।
ब्यास-जनम भयौ जा परकार। कहौं सो कथा, सुनौ चित धार।
सत्यवती मच्छोदरि नारी। गंगा-तट ठाढ़ी सुकुमारी।
तहाँ परासर रिषि चलि आए। बिबस होइ तिहिंकैं मद छाए।
रिषि कह्यौ ताहि, दान-रति देहि। मैं बर देहुँ तोहिं सो लेहि।
तू कुमारिका बहुरौ होइ। तोकौं नाम धरै नहिं कोइ।
मेरौ कह्यौ न जौ तू करै। दैहौं साप, महा दुख भरै।
सत्यवती सराप-भय मान। रिषि कौ बचन कियौ परमान।
जोजनगंधा काया करी। मच्छ-बास ताकी सब हरी।
ब्यासदेव ताकैं सुत भए। होत जनम बहुरौ बन गए।
देखौ काम-प्रतापऽधिकाई। कियौ परासर बस रिषिराई।

प्रबल सत्रु आहै यह मार। तातैं संतौ, चलौ सँभार।
या बिधि भयौ व्यास-अवतार। सूर 'कह्यौ' भागवत बिचार।

हरि का स्मरण करो और हरि के चरण-कमलों को हृदय में धारण करो। अब मैं जिस प्रकार व्यास का जन्म हुआ, वह कथा कह रहा हूँ। मन लगा के सुनो।

मछली के पेट से उत्पन्न सत्यवती नामक एक सुकुमार और सुंदरी तरुणी गंगातट पर खड़ी थी। संयोगवश पराशर ऋषि वहाँ आ गए। वे उसके सौंदर्य-मद में चूर होकर अपने वश में नहीं रह पाए। ऋषि ने उससे कहा—मुझे रति-दान दो और इसके बदले में जो वर मैं तुम्हें दूँ, उसे लो। यह रति-दान करने पर भी तुम फिर से कुमारी कन्या हो जाओगी और कोई भी तुम्हें बदनाम नहीं करेगा। यदि तू मेरा कहना नहीं मानेगी, मुझे रति-दान नहीं करेगी, तो मैं तुझे शाप दे दूँगा और तू घोर दुःख में पड़ जायेगी। तुझे महान कष्ट भोगना पड़ेगा।

सत्यवती ऋषि-शाप से डर गई और उसने ऋषि की बात मान ली और रति-दान किया। पराशर ने सत्यवती के शरीर की मछली की सारी दुर्गंध हर ली और उसकी देह में एक योजन दूर तक फैलने वाली सुगंध भर दी। वह मत्स्य-गंधा से योजन-गंधा हो गई। पराशर और सत्यवती के संगम से व्यासदेव हुए। वह जन्म लेते ही बन में चले गए।

काम के प्रताप का आधिक्य तो देखो। इसने पराशर जैसे ऋषिराज को अपने वश में कर लिया। यह कामदेव घोर शत्रु है। इसलिए हे संतों, इससे सदा बचकर चलो।

इस प्रकार व्यास का जन्म हुआ। सूर ने भागवत के अनुसार व्यास की यह जन्म-कथा कही है।

श्रीभागवत-अवतरण का कारण *७/२३० राग बिलावल*

भयौ भागवत जा परकार। कहौं, सुनौ सो अब चित धार।
सतजुग लाख बरस की आइ। त्रेता दस सहस्त्र कहि गाइ।
द्वापर सहस एक की भई। कलिजुग सत संबत रहि गई।
सोऊ कहन सुनन कौं रही। कलि-मरजाद जाइ नहिं कही।
तातैं हरि करि व्यासऽवतार। करी संहिता बेद-बिचार।
बहुरि पुरान अठारह किये। पै तउ सांति न आई हिये।
तब नारद तिनकैं ढिग आइ। चारि स्लोक कहे समुझाइ।
ये ब्रह्मा सौं कहे भगवान। ब्रह्मा मोसौं कहे बखान।
सोई अब मैं तुमसौं भाखे। कहौ भागवत इन हिय राखे।
श्री भागवत सुनै जो कोइ। ताकौं हरि-पद-प्रापति होइ।
ऊँच नीच ब्यौरौ न रहाइ। तांकी साखी मैं, सुनि भाइ!
जैसैं लोहा कंचन होइ। ब्यास, भई मेरी गति सोइ।
दासी-सुत तैं नारद भयौ। दोष दासपन कौ मिटि गयौ।
ब्यासदेव तब करि हरि-ध्यान। कियौ भागवत कौ ब्याख्यान।
सुनै भागवत जो चित लाइ। 'सूर' सो हरि भजि, भव तरि जाइ॥

जिस प्रकार भागवत की रचना हुई, मैं उसे कह रहा हूँ। उसे मन लगाकर सुनो। सतयुग में मनुष्य की आयु एक लाख वर्ष की होती थी। त्रेता में दस हजार वर्ष की होने लगी। द्वापर में मनुष्य की आयु एक हजार वर्ष की हो गई। कलियुग में यह एक सौ वर्ष की ही रह गई। कलि में उम्र की कुछ कहते नहीं बनती। यह सौ वर्ष की आयु भी कहने-सुनने को ही रह गई है। बहुत कम लोग शतायु हो पाते हैं, अधिकांश लोग अल्पायु ही होते हैं। इसीलिए हरि ने व्यास का अवतार लिया और विचार करके वेद की संहिता संकलित कर दी। फिर उन्होंने अठारह पुराणों की रचना की। फिर भी उनके हृदय को शांति नहीं मिली। तब महर्षि नारद उनके पास आए और समझाकर चार श्लोक कहे और कहा इन चार श्लोकों को स्वयं विष्णु भगवान ने ब्रह्माजी से कहा था। ब्रह्माजी ने मुझसे कहा। वे ही चार श्लोक मैं अब तुमसे कह रहा हूँ। इन्हें हृदयंगम करके अब तुम भागवत कथा कहो। जो भी भागवत सुनता है, उसे हरि-पद की प्राप्ति हो जाती है। तब ऊँच नीच का भेद नहीं रह जाता। जो भगवान का भक्त हो गया, वह जाति-पाँति के भेद-भाव से ऊपर उठ जाता है। हे भाई, इसका प्रमाण मैं स्वयं हूँ। मैं हूँ तो दासी-पुत्र, पर हरि-भक्ति के कारण अब मैं महर्षि कहा जाता हूँ। जैसे पारस का स्पर्श करके लोहा सोना हो जाता है, हे व्यास, मेरी भी वही स्थिति है। मैं लोहा था, हरि भक्ति के कारण खरा कंचन हो गया हूँ। मेरा दासत्व का सारा दोष, कलंक, दूर हो गया है।

तब व्यासजी ने हरि का ध्यान करके भागवत की कथा कह डाली।

जो भागवत को दत्त-चित्त होकर सुनता है, वह भगवान को भजकर इस भव-सागर से पार हो जाता है।

८/२३१ राग सारंग

कह्यौ सुक श्री भागवत-बिचार ।
जाति-पाँति कोउ पूछत नाहीं, श्रीपति कैं दरबार ।
श्री भागवत सुनै जो हित करि, तरै सो भव-जल पार ।
'सूर' सुमिरि सो रटि निसि-बासर, राम-नाम निज सार ॥

शुकदेवजी ने भागवत के विचार (सिद्धांत) का प्रतिपादन करते हुए कहा है—श्रीपति भगवान के दरबार में कोई भी जाति-पाँति नहीं पूछता। जो प्रेमपूर्वक भागवत-कथा सुनता है, वह निश्चयात्मक रूप से भव-सागर तर जाता है। इसलिए सूरदासजी कहते हैं कि राम-नाम ही अपना असली तत्व है। इसे रात-दिन सुमिरते रहो, जपते रहो, रटते रहो।

९/२३२ राग कान्हरौ

नाम माहात्म्य

बड़ी है राम नाम की ओट ।
सरन गऐं प्रभु काढ़ि देत नहिं, करत कृपा कैं कोट ।
बैठत सबै सभा हरि जू की, कौन बड़ौ को छोट ?
'सूरदास' पारस के परसैं, मिटति लोह का खोट ॥

राम के नाम की शरण बहुत बड़ी है। इससे बड़ा आश्रय कोई दूसरा नहीं। जो उनकी शरण में गया, प्रभु उसे अपने आश्रय से निकाल नहीं देते। वरन उसपर करोड़ों प्रकार से

कृपा करते रहते हैं। सभी हरि की सभा में समान-भाव से बैठते हैं। वहाँ न कोई बड़ा है, न कोई छोटा। पारस का स्पर्श पाने पर लोहे का सारा दोष स्वतः दूर हो जाता है।

१०/२३३ राग धनाश्री

सोइ भली जो रामहिं गावै।
स्वपचहु स्त्रेष्ठ होत पद सेवत, बिनु गोपाल द्विज-जनम न भावै।
वाद-विवाद, जज्ञ-व्रत-साधन, कितहूँ जाइ, जनम डहकावै।
होइ अटल जगदीस-भजन मैं, अनायास चारिहुँ फल पावै।
कहूँ ठौर नहिं चरन-कमल बिनु, भृंगी ज्यौं दसहूँ दिसि धावै।
'सूरदास' प्रभु संत-समागम, आनँद अभय निसान बजावै॥

वही भला, बड़ा, महिमामय है, जो राम का गुणानुवाद करता है। भगवान के चरणों की सेवा करने वाला चांडाल भी श्रेष्ठ है। बिना गोपाल के भजन के ब्राह्मण-जन्म भी अच्छा नहीं लगता। जो धार्मिक शास्त्रार्थों में लगा रहता है और व्रत करता रहता है, दूर-दूर की तीर्थ-यात्राएँ करता है, (यदि वह भगवान का भक्त नहीं है, तो) वह अपना सारा जन्म ठगा जाता है, उसे कुछ नहीं मिलता। किंतु जो प्रभु के भजन में अविचल भाव से लगा रहता है, उसे धर्म, अर्थ, काम, मोक्ष ये चारों फल स्वतः मिल जाते हैं। इनको पाने के लिए उसे आयास, श्रम नहीं करना पड़ता। बिना भगवान के चरण कमलों के उसे कहीं भी ठौर-ठिकाना नहीं मिलता, भले ही वह भौंरे के समान क्यों न दशों दिशाओं में दौड़ता फिरे। जो जन भगवान के भक्तों का सत्संग करता है, वह निर्भय होकर सर्वत्र आनंद की दुंदुभी बजाता रहता है।

११/२३४ राग बिलावल

काहु के बैर कहा सरै।
ताकी सरबरि करै सो झूठौ, जाहि गुपाल बड़ौ करै।
ससि-सन्मुख जो धूरि उड़ावै, उलटि ताहिकैं मुख परै।
चिरिया कहा समुद्र उलीचै, पवन कहा परबत टरै?
जाकी कृपा पतित ह्वै पावन, पग परसत पाहन तरै।
'सूर' केस नहिं टारि सकै कोउ, दाँत पीसि जौ जग मरै॥

जिसको गोपाल अपनी भक्ति देकर बड़ा बना देते हैं, उससे बराबरी करनेवाल, उससे झगड़नेवाला झूठा है। भगवान के भक्तों से बैर करनेवाले को क्या मिलता है। भक्त-द्वेषी भक्तों का कुछ भी बिगाड़ नहीं सकते। जो चंद्रमा के ऊपर धूल फेंकता है, उलटकर वह धूल उसी के मुख पर पड़ती है, चंद्रमा तक तो वह जा ही नहीं सकती। क्या चिड़िया समुद्र के जल को उलीच कर उसे रिक्त कर सकती है? क्या हवा पहाड़ को हिला-डुला सकती है, अपने स्थान से हटा सकती है? जिस भगवान की कृपा से पापी पवित्र हो जाता है, जिस भगवान के पैरों का स्पर्श पाकर पाषाण भी पानी पर तैर जाता है, जिस पर उसकी दया हो गई है, भले ही सारा संसार उस पर दाँत पीसकर मर जाय, अपना सारा क्रोध उस पर उतार ले, उसका बाल भी कोई बांका नहीं कर सकता (अस्तु, भगवान के भक्तों से बैर करने से कोई लाभ नहीं।)।

१२/२३५ राग केदारौ

है हरि-भजन कौ परमान ।
नीच पावैं ऊँच पदवी, बाजते नीसान ।
भजन कौ परताप ऐसौ, जल तरै पाषान !
अजामिल अरु भीलि गनिका, चढ़े जात बिमान ।
चलत तारे सकल मंडल, चलत ससि अरु भान ।
भक्त ध्रुव कौं अटल पदवी, राम के दीवान ।
निगम जाकौ सुजस गावत, सुनत संत सुजान ।
'सूर' हरि की सरन आयौ, राखि लै भगवान ॥

यह हरि-भजन की वास्तविकता है कि नीच भी उच्च पदवी को प्राप्त हो जाता है और उसके द्वार पर ढोल दमामे बजने लगते हैं। भजन का प्रताप तो यह है कि पत्थर भी पानी पर तैरने लगता है, अजामिल, भीलनी (शबरी), गणिका (पिंगला) भी देवरथ पर चढ़कर स्वर्ग चले जाते हैं। नभ-मंडल के सारे तारे चलते हैं, सूर्य भी चलता है, चंद्रमा भी चलता है, बालक ध्रुव को न टलने वाली पदवी प्राप्त हो जाती है और वे राम के प्रधानमंत्री बन जाते हैं। वेद हरि-भजन की कीर्ति गाते हैं, सुजान संत उस गुणगान को मनोयोगपूर्वक सुनते हैं।

हे प्रभो मैं सूर आपकी शरण में आ गया हूँ, मुझे भी बचा लो।

बिदुर-गृह भगवान-भोजन — *१३/२३६ राग बिलावल*

हरि, हरि, हरि, सुमिरौ सब कोइ । ऊँच नीच हरि गनत न दोइ ।
बिदुर-गेह हरि भोजन पाए । कौरव-पति कौं मन नहिं ल्याए ।
कहौं सो कथा, सुनौ चित लाइ । 'सूर' स्याम भक्तनि मन भाइ ॥

सब लोग हरि भजन करो। हरि यह नहीं गिनते कि कौन उच्च वर्ग का है, कौन निम्न वर्ग का। भगवान ने दासी पुत्र विदुर के घर भोजन किया। उन्होंने कौरवपति दुर्योधन के घर भोजन करने का विचार भी नहीं किया। श्याम के भक्तों के मन को भानेवाली यह कथा मैं कह रहा हूँ, दत्त-चित्त होकर सुनो।

१४/२३७ राग बिलावल

भए पांडवनि के हरि दूत । गए जहाँ कौरवपति धूत ।
उन सौं जो हरि बचन सुनाए । 'सूर' कहत सो सुनौ चित लाए ॥

कृष्ण पाण्डवों के दूत होकर हस्तिनापुर गए, जहाँ धूर्त कौरवपति दुर्योधन था। हरि ने दुर्योधन से जो बात कही, सूरदास उसे कह रहे हैं, मन लगाकर सुनो।

१५/२३८ राग बिलावल

"सुनि राजा दुर्जोधना, हम तुम पैं आए ।
पांडव-सुत जीवत मिले, दै कुसल पठाए ।
छेम-कुसल अरु दीनता, दंडवत सुनाई ।
कर जोरे बिनती करी, दुरबल-सुखदाई ।

पाँच गाउँ पाँचौ जननि, किरपा करि दीजै।
ये तुम्हरे कुल-बंस हैं, हमरी सुनि लीजै''।
''उनकी मोसौं दीनता, कोउ कहि न सुनावौ।
पांडव-सुत अरु द्रौपदी कौं, मारि गड़ावौ।
राजनीति जानौ नहीं, गो-सुत चरवारे।
पीवौ छाँछ अघाइ कै, कब के रयिवारे''!
''गाइ, गाइ के वत्सला, मेरे आदि सहाई।
इनकी लज्जा नहिं हमैं, तुम राज-बड़ाई''।
भीषम-द्रोन-करन सुनैं, कोउ मुखहु न बोलैं।
''ये पांडव क्यौं गाड़िए, धरनी-धर डोलैं।
हम कछु लेन न देन मैं, ये बीर तिहारे''।
'सूरदास' प्रभु उठि चले, कौरव-सुत हारे॥

कृष्ण पांडवों के दूत बनकर हस्तिनापुर गए और कुरुपति से बोले—हे राजा दुर्योधन, सुनो। हम तुम्हारे पास आए हैं। पांडु के पुत्र हमें जीते जागते मिले। उन्होंने अपना कुशल-समाचार भेजा है। तुम्हारा क्षेम-कुशल पूछा है। अपनी दीनता व्यक्त की है और तुम्हें प्रणाम निवेदित किया है। हे दुर्बलों को सुख देनेवाले, उन्होंने हाथ जोड़कर तुमसे विनती की है कि हम पांच जन हैं। कृपाकर हमें पाँच गाँव दे दीजिए। वे तुम्हारे कुल के हैं। पराये नहीं हैं। हमारी बात तुम सुन लो और मान लो।

कृष्ण की बात सुनकर गर्वी दुर्योधन बोला—''तुम पांडवों की कोई दीनता मुझसे कहकर मत सुनाओ। जाओ और पांडु-पुत्रों और द्रौपदी को मारकर कहीं गाड़ दो। तुम राजनीति नहीं जानते, आखिर गायें और बछड़े चराने वाले ग्वाले ही तो हो। जाओ कहीं बैठकर पूर्ण तृप्ति के साथ मट्ठा पिओ। तुम कबके रयि (वैभव) वाले हो?''

इस पर कृष्ण ने कहा—''गाय और गाय के बछड़े मेरे प्रारम्भ से ही सहायक रहे हैं। मुझे गो और गोवत्स का चरवाहा होने में कोई लज्जा नहीं है। तुम्हारा राज्य और तुम्हारा बड़प्पन तुम्हें शुभ हों।''

भीष्म पितामह, गुरु द्रोणाचार्य, सूर्य-सुत कर्ण सभी दुर्योधन की ऐंठभरी वाणी सुनते रहे, कोई मुख से भी नहीं बोला कि दुर्योधन, राजदूत से, कृष्ण से कैसी बातें कर रहे हो। शिष्टाचार न तोड़ो।

कृष्ण ने पुन: कहा—''इन पांडवों को धरती में क्यों गाड़ने को कहते हो? क्या ऐसा करने से शेषनाग और पर्वत सभी डगमगा न जायँगे। हमें तुमसे न तो कुछ लेना है, न तुम्हें कुछ देना है। ये पांडव तुम्हारे ही भाई हैं, चाहे जैसा करो। चाहे धरती में गाड़ो, चाहे राज रजाओ। मैं क्यों गाड़ूँ?''

ऐसा कहकर कृष्ण दुर्योधन के दरबार से उठकर बाहर आ गए। समझ लो, यहीं से कौरवों की हार शुरू हो गई।

"ऊधौ, चलौ बिदुर कैं जइयै।
दुरजोधन कैं कौन काज, जहँ आदर-भाव न पइयै!
गुरुमुख नहीं, बड़े अभिमानी, कापै सेव करइयै"?
टूटी छानि, मेघ जल बरसैं, टूटौ पलँग बिछइयै।
चरन धोइ चरनोदक लीन्हौं, तिया कहै प्रभु अइयै।
सकुचत फिरत जो बदन छिपाए, भोजन कहा मँगइयै।
"तुम तौ तीनि लोक के ठाकुर, तुम तैं कहा दुरइयै"?
"हम तौ प्रेम-प्रीति के गाहक, भाजी-साक छकइयै"।
हँसि हँसि खात, कहत मुख महिमा, प्रेम-प्रीति अधिकइयै।
'सूरदास' प्रभु भक्तनि कैं बस, भक्तनि प्रेम बढ़इयै॥

बाहर आकर कृष्ण अपने रथ पर बैठ गए और अपने मित्र उद्धव से बोले, चलो उद्धव, विदुर के घर चला जाय। जहाँ आदर-भाव न मिले, वहाँ इस दुर्योधन के यहाँ रहने से क्या प्रयोजन? यह गुरुमुख नहीं है। इसने किसी गुरु से मंत्र नहीं लिया है। यह भारी घमंडी है। फिर ऐसे निगुरे अभिमानी का आतिथ्य कैसे ग्रहण किया जाय? इसकी सेवा स्वीकार करने योग्य नहीं है।

विदुर का घर क्या था, टूटा छप्पर भर, जो पानी बरसने पर टप-टप चूता था। एक टूटी खटिया थी। विदुरानी ने टूटी खाट बिछा दी और कहा, प्रभु आइए। यह कहकर उसने कृष्ण के चरण धोए और उस चरणोदक को लिया। घर में अतिथि के योग्य कुछ नहीं था। बेचारी संकोच के मारे मुँह छिपाती रही और सोचती रही, प्रभु के लिए क्या भोजन मँगाऊँ? कुछ है तो नहीं। फिर वह बोली—"तुम तो तीनों लोकों के स्वामी हो, तुमसे क्या छिपाऊँ?"

कृष्ण ने कहा—हम तो प्रेम के ग्राहक और प्रीति के गाहक हैं। बस हमें भाजी शाक जो हो, खिला दो।

विदुरानी (केले का) साग लाई प्रभु ने हँस हँस के खाया, और उनकी भूरि-भूरि प्रशंसा की। इस प्रकार उन्होंने प्रेम-भक्ति को अधिकाधिक बढ़ाया।

सचमुच प्रभु भक्तों के बस में रहते हैं, भक्तों से निरंतर मिलकर प्रेम बढ़ाते रहते हैं।

१७/२४० राग धनाश्री

हरि ठाढ़े रथ चढ़े दुवारे।
"तुम दारुक, आगैं ह्वै देखौ, भक्त-भवन किधौं अनत सिधारे"।
सुनि सुंदरि उठि उत्तर दीन्ह्यौ, "कौरव-सुत कछु काज हँकारे।
तहँ आए जदुपति सुनियत हैं, कमल-नयन हरि हितू हमारे"।
"जिनकौं मिलन गए पति तेरे, सौ ठाकुर ये बिदित तुम्हारे"।
'सूर' सुनत संभ्रम उठि दौरी, प्रेम-मगन, तन-दसा बिसारे॥

कृष्ण का रथ विदुर के घर के सामने द्वार पर आकर खड़ा हो गया। कृष्ण रथ पर चढ़े ही रह गए, उससे नीचे नहीं उतरे। उन्होंने अपने सारथी दारुक से कहा—'दारुक, आगे बढ़कर देखो तो, हमारे भक्त विदुर घर पर ही हैं या वह कहीं अन्यत्र चले गए हैं।'

विदुरानी ने कृष्ण की बातें सुन लीं और उठकर उत्तर दिया—'कौरव-सुत दुर्योधन ने उन्हें किसी काम से बुला भेजा है। सुना है वहाँ यदुपति कृष्ण पधारे हैं। वे कमलनयन हमारा भला चाहनेवाले परम हितैषी हैं।'

इस पर दारुक ने कहा—'जिनसे मिलने के लिए तुम्हारे पति विदुरजी दुर्योधन के राज-दरबार में गए हैं, वे ही सुप्रसिद्ध तुम्हारे स्वामी कृष्ण यही हैं।'

दारुक की यह बात सुनते ही, विदुरानी हड़बड़ाहट के साथ उठीं और दौड़ पड़ीं। वे कृष्ण प्रेम में मग्न थीं और तन की सुधि भूल गई थीं।

१८/२४१ राग धनाश्री

'प्रभु जू, तुम हौ अंतरजामी।
तुम लायक भोजन नहिं गृह मैं, अरु नाहीं गृह-स्वामी'।
हरि कह्यौ, 'साग-पत्र मोहिं अति प्रिय, अम्रित ता सम नाहीं'।
बारंबार सराहि 'सूर' प्रभु, साग बिदुर घर खाहीं॥

विदुरानी ने कृष्ण से कहा—"हे प्रभु, तुम तो घट-घट को जानने वाले हो। मेरे घर में एक तो तुम्हारे लायक भोजन नहीं है, दूसरे गृह-पति भी घर पर नहीं हैं। (मैं तुम्हारे भोजन की क्या और कैसे व्यवस्था करूँ?)।"

कृष्ण ने कहा—'मुझे साग-पात बहुत अच्छा लगता है। अमृत भी इस साग-पात की समता नहीं कर सकता।'

प्रभु ने विदुर के घर साग-पात खाया और बार-बार उसकी बड़ाई करते रहे।

भगवान-दुर्योधन-संवाद *१९/२४२ राग सोरठ*

'क्यौं दासी-सुत कैं पग धारे?
भीषम-करन-द्रोन-मंदिर तजि, मम गृह तजे मुरारे!
सुनियत हीन, दीन वृषली-सुत, जाति-पाँति तैं न्यारे।
तिनकैं जाइ कियौ तुम भोजन, जदु-कुल लाजनि मारे'।
हरि जू कह्यौ, 'सुनौ दुरजोधन, सत्य सुबचन हमारे।
सोइ निरधन, सोइ कृपन दीन हैं, जिन मम चरन बिसारे।
तुम साकट, वै भगत-भागवत, राग-द्वेष तैं न्यारे।
'सूरदास' प्रभु नंदनँदन कहैं, 'हम ग्वालनि-जुठिहारे'॥

दुर्योधन कृष्ण से कहने लगा—'उस दासी पुत्र विदुर के घर क्यों गए? हे मुरारी, तुमने मेरा घर छोड़ दिया, तो भीष्म पितामह का घर था, गुरु द्रोणाचार्य का घर था, महारथी कर्ण का घर था। उनमें से किसी के घर क्यों नहीं गए? सुनते हैं विदुर दीन है, हीन है, दासी पुत्र है, अपनी जाति-पाँति के नहीं है, उसके यहाँ जाकर तुमने भोजन किया। तुमने तो अपने इस कृत्य से समस्त यदु-वंश को लज्जा से मार डाला है।'

नंदनंदन कृष्ण ने उत्तर में कहा, 'दुर्योधन, मेरी सत्य बात सुनो, निर्धन वही है, कृपण वही है, दीन वही है, जिसने मेरे चरणों को भुला दिया है। तुम शाक्त हो (मांस मछली खानेवाले), विदुर परम भगवद्भक्त हैं। वे राग-द्वेष से एकदम अलग हैं। उन्हें न किसी से घृणा है, न द्वेष। और जहाँ तक मेरा संबंध है, मैंने तो ग्वाल-वालों का भी जूठा खाया है।'

२०/२४३ राग सारंग

''हम तैं बिदुर कहा है नीकौ ?
जाकैं रुचि सौं भोजन कीन्हौं, कहियत सुत दासी कौ''।
''द्वै बिधि भोजन कीजै राजा, बिपति परैं कै प्रीति।
तैरैं प्रीति न मोहिं आपदा, यहै बड़ी बिपरीति।
ऊँचे मंदिर कौन काम के, कनक-कलस जो चढ़ाए।
भक्त-भवन मैं हौं जु बसत हौं, जद्यपि तृन करि छाए।
अंतरजामी नाउँ हमारौ, हौं अंतर की जानौं।
तदपि 'सूर' मैं भक्तबछल हौं, भक्तनि हाथ बिकानौ''॥

दुर्योधन ने कृष्ण से कहा—'वह विदुर, जो दासी-पुत्र है, और जिसके यहाँ तुम जाकर प्रेम से भोजन कर आए हो, क्या हमसे अच्छा है?'

कृष्ण ने कहा—'हे राजा दुर्योधन, दूसरे के घर भोजन दो ही स्थितियों में किया जाता है। या तो विपत्ति में दूसरे के घर खाया जाता है या फिर कोई परम प्रेमी हो, उसके प्रेम के कारण उसके घर खाया जाता है। पर यहाँ तो बड़ी विपरीत बात है, न तो तुममें मेरे प्रति प्रीति है और न मैं आपदा-ग्रस्त हूँ। फिर मैं तुम्हारे यहाँ कैसे भोजन करता? वे ऊँचे-ऊँचे महल, जिनपर सोने के कलश चढ़े हुए हैं, मेरे किस काम के? मैं तो अपने भक्तों के घरों में ही निवास करता हूँ, भले ही वे घास-फूस के छप्पर मात्र हों। हमारा नाम अंतर्यामी है। हम सबके हृदय की बात जानते हैं। मैं भक्त-वत्सल हूँ। अपने भक्तों को पुत्रवत प्रेम करता हूँ। मैं अपने भक्तों के हाथ बिक गया हूँ। (और अधिक क्या कहूँ?)।'

२१/२४४ राग सारंग

''हरि, तुम क्यौं न हमारैं आए ?
षट-रस ब्यंजन छाँड़ि रसोई, साग बिदुर-घर खाए।
ताके झुगिया में तुम बैठे, कौन बड़प्पन पायौ ?
जाति-पाँति कुलहू तैं न्यारौ, है दासी कौ जायौ''।
''मैं तोहिं सत्य कहौं दुरजोधन, सुनि तू बात हमारी।
बिदुर हमारौ प्रान-पियारौ, तू बिषया-अधिकारी।
जाति-पाँति सबकी हौं जानौं, बाहिर छाक मँगाई।
ग्वालनि कैं सँग भोजन कीन्हौं, कुल कौं लाज लगाई।
जहँ अभिमान, तहाँ मैं नाहीं, यह भोजन बिष लागै।
सत्य पुरुष सो, दीन गहत है, अभिमानी कौं त्यागै।

जहँ-जहँ भीर परै भक्तनि कौं, तहाँ-तहाँ उठि धाऊँ।
भक्तनि के हौं संग फिरत हौं, भक्तनि हाथ बिकाऊँ।
भक्तबछल है बिरद हमारौ, बेद सुमृतिहूँ गावैं''।
'सूरदास' प्रभु यह निज महिमा, भक्तनि काज बढ़ावैं॥

दुर्योधन ने कृष्ण से कहा—'हे हरि, तुम मेरे घर क्यों नहीं आए? वहाँ खट्टा, मीठा, चटपटा सभी प्रकार का भोजन तुम्हें मिलता। उसे छोड़कर तुमने विदुर के घर जाकर घास-पात खाया। तुम वहाँ झोपड़ी में बैठे, इससे तुम्हें कौन बड़ाई मिल गई। विदुर, वह तो जाति-पाँति और कुल सभी से अलग है, साथ ही दासी के पेट से जनमा है।'

इस पर कृष्ण ने कहा—'हे दुर्योधन, मैं तुमसे सच कहता हूँ, तुम मेरी इस सच्ची बात को सुनो। विदुर तो हमारे लिए प्राणों से भी प्यारा है। तुम तो सदा विषयों में लिप्त रहने वाले हो, तुम भगवान को क्या जानो। मैं सबकी जाति-पाँति भली-भाँति जानता हूँ। मैं तो घर से बाहर वन में छाक (खाद्य पदार्थ) मँगाता था और ग्वालबालों के साथ बैठकर भोजन करता था। मैं इस प्रकार पहले ही यदु-कुल की लाज मिटा चुका हूँ। जहाँ अभिमान है, घमंड है, वहाँ मैं नहीं हूँ। अभिमानी का भोजन मेरे लिए विष तुल्य है। सत्पुरुष वह है जो दीनों को गहता है, अभिमान को त्यागता है। जहाँ-जहाँ मेरे भक्तों पर संकट आता है, मैं वहाँ दौड़ता जाता हूँ। मैं भक्तों के ही साथ उठता-बैठता, घूमता-फिरता हूँ। मैं तो अपने भक्तों के हाथ बिक जाता हूँ। मेरा विरद भक्त-वत्सल है। ऐसा वेद और स्मृति भी कहते हैं।'

यह प्रभु की महा महिमा है। इसे वह अपने भक्तों के लिए बढ़ाते रहते हैं। वे अपनी भक्त-वत्सलता बराबर प्रदर्शित करते रहते हैं।

द्रौपदी-सहाय *२२/२४५ राग बिलावल*

हरि, हरि, हरि, सुमिरौ सब कोइ। नारि-पुरुष हरि गनत न दोइ।
द्रुपद-सुता की राखी लाज। कौरव-पति कौ पार्‍यौ ताज।
कहौं सौ कथा, सुनौ चित लाइ। 'सूर' स्याम भक्तनि सुखदाइ॥

चाहे नारी हो या नर; सब कोई हरि का सुमिरन करो; क्योंकि हरि नर और नारी में भेद नहीं करते। वे जितनी कृपा नर पर करते हैं, उतनी ही नारी पर। उन्होंने द्रुपद की पुत्री द्रौपदी की लज्जा बचाई (उसे नग्न नहीं होने दिया), और कौरवपति दुर्योधन के ताज को फेंक दिया। अब मैं वही कथा कहने जा रहा हूँ। ध्यानावस्थित होकर सुनो। श्याम अपने भक्तों को सदा सुख देने वाले हैं।

२३/२४६ राग बिलावल

कौरव पासा कपट बनाए। धर्म-पुत्र कौं जुआ खिलाए।
तिन हार्‍यौ सब भूमि-भँडार। हारी बहुरि द्रौपदी नार।
ताकौं पकरि सभा मैं ल्यावै। दुस्सासन कटि-बसन छुड़ावै।
तब वह हरि सौं रोइ पुकारी। 'सूर' राखि मम लाज मुरारी॥

कौरवों ने कपट का पासा बनाया और धर्म-पुत्र युधिष्ठिर को उस छल-पूर्ण गोट से जूआ खेलाया। युधिष्ठिर इस जुए में अपना सारा धन और अपनी सारी धरती हार गए। इतना ही नहीं, वे अपनी नारी द्रौपदी को भी दाँव पर हार गए। तब दु:शासन उसे खींचता हुआ दुर्योधन की राजसभा में पकड़ लाया और उसकी कमर में लिपटा हुआ वस्त्र भी खींचकर उसे नंगी करना चाहा। तब द्रौपदी ने रोकर हरि को पुकारा—हे मुरारि, मेरी लाज बचाओ।

२४/२४७ राग सारंग

अब कछु नाहिंन नाथ, रह्यौ ?

सकल सभा मैं पैठि दुसासन, अंबर आनि गह्यौ।
हारि सकल भंडार-भूमि, आपुन बन-बास लह्यौ।
एकै चीर हुतौ मेरे पर, सो इन हरन चह्यौ।
हा जगदीस! राखि इहिं अवसर, प्रगट पुकारि कह्यौ।
'सूरदास' उमँगे दोउ नैना, सिंधु-प्रवाह बह्यौ॥

द्रौपदी ने कृष्ण को पुकारा—'हे नाथ,, जब सारी राजसभा में प्रविष्ट होकर दु:शासन ने मेरी सारी पकड़ ली, तब और बचा ही क्या रह गया। मेरी सारी प्रतिष्ठा तो चली गई। मेरे पतिदेव तो सारा धन, सारा राज्य जुए में हारकर बनवासी हो गए। मेरे पास एक ही साड़ी रह गई थी, उसे भी यह दु:शासन हर लेना चाहता है। हे जगदीश, इस बुरे समय में आकर मेरी लज्जा बचा लो।'

द्रौपदी ने प्रस्फुटित वाणी में कृष्ण को पुकार कर यह निवेदन किया। ऐसा कहते समय उसके दोनों नेत्र आँसुओं से भर आए। लगा जैसे आँसुओं का समुद्र ही बह चला हो।

२५/२४८ राग मारू

राखौ पति गिरिवर-गिरि-धारी !

अब तौ नाथ, रह्यौ कछु नाहिंन, उघरत माथ, अनाथ पुकारी।
बैठी सभा सकल भूपनि की, भीषम-द्रोन-करन ब्रतधारी।
कहि न सकत कोउ बात बदन पर, इन पतितनि मो अपति बिचारी।
पांडु-कुमार पवन से डोलत, भीम गदा कर तैं महि डारी।
रही न पैज प्रबल पारथ की, जब तैं धरम-सुत घरनी हारी।
अब तौ नाथ न मेरौ कोई, बिनु श्रीनाथ-मुकुंद-मुरारी।
'सूरदास' अवसर के चूकैं, फिरि पछितैहौ देखि उघारी॥

द्रौपदी ने कृष्ण से करुण पुकार की—हे गिरिवर गोवर्धन को धारण करनेवाले गिरिधर, मेरी लाज बचा लो। हे नाथ, मेरी लाज ही तो बची हुई थी, अब यह भी उघड़ रही है, जा रही है। अब मेरे पास अपना कहने को कुछ भी नहीं रह गया है। मेरे मुख पर से मेरा अवगुंठन भी हटा लिया गया है। मैं अनाथ होकर, हे दीनानाथ, तुम्हें पुकार रही हूँ। इस राज दरबार में एक से एक राजा बैठे हुए हैं, पितामह भीष्म बैठे हैं, गुरु द्रोणाचार्य बैठे हैं, व्रतधारी कर्ण बैठे हुए हैं। पर सभी मौन हैं। कोई भी मेरे पक्ष में अपने मुँह से एक

भी बात कहने की स्थिति में नहीं है। इन पतित कौरवों ने तो मेरी दुर्गति करना तै कर लिया है। पांडव लोग पवन के समान काँप रहे हैं। महाबली भीम ने भी अपनी भयानक गदा धरती पर फेंक दी है। जबसे धर्मराज युधिष्ठिर धन-धरती हार गए हैं, प्रबल धनुर्धर अर्जुन भी अपनी पैज आन-बान-शान खो बैठे हैं। हे नाथ, हे मुकुंद, हे मुरारी, अब तुम्हारे सिवा मेरा कोई नहीं रह गया है। यदि तुम इस अवसर पर चूक गए, मेरी सहायता न कर सके, तो मुझे उघारी, नग्न, देखकर तुम्हारे हाथ केवल पछतावा लगेगा। तुम हाथ मलकर, दिल मसोस कर, रह जाओगे।

२६/२४९ राग कल्यान

मो अनाथ के नाथ हरी!
ब्रह्मादिक, सनकादिक, नारद, जिहिं समाधि नहिं ध्यान टरी।
बूड़त स्याम, थाह नहिं पावौं, दुस्सासन-दुख-सिंधु परी।
भक्त-बछल प्रभु नाम सुमिरि कै, ता कारन मैं सरन धरी।
भीषम, द्रोन, करन, अस्थामा, सकुनि सहित काहूँ न सरी।
महापुरुष सब बैठे देखत, केस गहत धरहरि न करी।
त्राहि-त्राहि द्रौपदी पुकारी, गइ बैकुंठ अवाज खरी।
'सूर' स्याम फिरि कहा करौगे, जब जैहै इक बसन हरी॥

कृष्णा द्रौपदी ने कृष्ण को पुकारा—हे हरि, मैं इस समय अनाथ हूँ। तुम्हीं मुझ अनाथिनी के नाथ हो। ब्रह्मा, सनक-सनंदन-सनातन और सनत्कुमार, नारद आदि सभी तो तुम्हारा ही ध्यान करते हैं, समाधिस्थ हो जाते हैं, और तुम्हारे ध्यान में लीन इनकी समाधि भंग नहीं होती। हे श्याम, दुःशासन रूपी दुःख के समुद्र में मैं पड़ गई हूँ, डूब रही हूँ। यह दुःख सागर तो अथाह है। मैं इसकी गहराई का पता भी नहीं पा रही हूँ। हे प्रभु, तुम्हारा नाम भक्त-वत्सल है। इसी भरोसे मैं तुम्हारी शरण में आ पड़ी हूँ। तुम्हारा स्मरण कर रही हूँ। यहाँ भीष्म, द्रोण, कर्ण, अश्वत्थामा और मामा शकुनी जैसे साधु, धीर, बली लोग बैठे हुए हैं। इनमें से किसी से भी मेरा काम चलने वाला नहीं है। इन सभी महापुरुषों ने चुप्पी साध ली है। दुःशासन मेरी चोटी पकड़ कर इस राज्यसभा में खींच लाया। सब बैठे देखते रहे। किसी ने चूँ भी नहीं की। फिर मेरी धरहरि कौन करता, कौन मुझे इस पापी के चंगुल से छुड़ाता। हे श्याम, जब मेरा यह एक वस्त्र भी उतार लिया जायगा, मैं नंगी हो जाऊँगी, तब तुम आकर ही क्या कर लोगे।

द्रौपदी ने इस प्रकार 'रक्षा करो, रक्षा करो' की आवाज लगाई और यह आवाज सीधे बैकुंठ में जा पहुँची।

२७/२५०

जब गहि राजसभा मैं आनी।
द्रुपद-सुता पट-हीन करन कौं, दुस्सासन अभिमानी।
परै बज्र या नृपति-सभा पै, कहति प्रजा अकुलानी।
बैठे हँसत करन, दुर्जोधन, रोवति द्रौपदि रानी!

जित देखति, तित कोऊ नाहीं, टेरि कहति मृदु बानी।
हा जदुनाथ, कमल-दल-लोचन, करुनामय, सुखदानी!
गरुड़ चढ़े देखे नँदनंदन, ध्यान-चरन-लपटानी।
'सूरदास' प्रभु कठिन बिपति सौं, राखि लियौ जग जानी॥

जब घमंडी दुःशासन द्रौपदी को नंगी करने के लिए राजसभा में पकड़कर खींचता हुआ ले आया, सारी प्रजा आकुल होकर कह उठी—'इस राजसभा पर वज्र गिरे, इसका नाश हो जाय।' महारानी द्रौपदी रो रही थीं और कर्ण तथा दुर्योधन हँस रहे थे। द्रौपदी जिधर भी देखती थी, उसका कोई सहायक नहीं था। तब उसने कोमल वाणी से भगवान की पुकार लगाई—'हे यदुपति, हे कमल की पंखुड़ियों के समान नेत्रवाले, हे करुणासागर, हे सबको सुख देनेवाले।' तब द्रौपदी ने ध्यान में ही देखा—वे नंदनंदन कृष्ण गरुड़ पर चढ़े चले आ रहे हैं। वह उनके चरणों से ध्यान में ही लिपट गईं। प्रभु ने इस भारी विपदा से द्रौपदी को बचा लिया। इस बात को सारे संसार ने जान लिया।

२८/२५१ राग मारू

इत-उत देखि द्रौपदी टेरी।
ऐंच्त बसन, हँसत कौरव-सुत, त्रिभुवन-नाथ, सरन हौं तेरी।
सरबस दै, अंबर तन बाँच्यौ, सोउ अब हरत, जाति पति मेरी।
क्रोधित देखि हँसै कोरव-कुल, मानौ मृगी सिंह बन घेरी।
गहि दुस्सासन केस सभा में, बरबस लै आयौ ज्यौं चेरी।
पांडव सब पुरुषारथ छाँड़्यौ, बाँधे कपट-बचन की बेरी।
हा जदुनाथ द्वारिका-बासी, जुग-जुग भक्त-आपदा फेरी।
बसन-प्रवाह बढ़्यौ सुनि 'सूरज', आरत बचन कहे जब टेरी॥

द्रौपदी ने सहायता के लिए उस राज-सभा में इधर-उधर देखा। पर जब उसे कोई सहायक नजर नहीं आया, तब वह हताश होकर प्रभु को पुकार उठी। 'हे प्रभु, दुःशासन मेरी साड़ी खींच रहा है। कौरव-सुत दुर्योधन आदि मेरी दुर्दशा पर हँस रहे हैं। हे त्रिलोकीनाथ, मैं तुम्हारी शरण में हूँ। हमने अपना सब धन-धरती खो दिया है। मेरे शरीर पर यही एक साड़ी बच रही है। यह दुःशासन मेरी यह साड़ी भी खींचे ले रहा है। अब मेरी सारी मर्यादा चली जा रही है। मेरे क्रोध को देखकर सारे कुरुवंशी हँस रहे हैं, मानो मुझ हिरनी को घने बन में सिंह ने घेर लिया है। दुःशासन मुझे, मेरे केश पकड़कर, दासी की भाँति बलपूर्वक घसीटता हुआ इस राजसभा में ले आया है। पांडव कपट-वचन की बेड़ी में बँधे हुए हैं और उन्होंने अपना सब पुरुषार्थ छोड़ दिया है। हे द्वारिकावासी कृष्ण, हे यदुनाथ, आपने हर युग में भक्तों पर आए कष्ट का निवारण किया है, मेरी भी आपदा दूर करें।'

जब द्रौपदी ने इस प्रकार आर्तवाणी में प्रभु से पुकार की, तब बसन-प्रवाह बढ़ चला। द्रौपदी के चारों ओर साड़ी ही साड़ी लिपट गई। (जिन्हें दुःशासन खींचते-खींचते हार गया)।

२९/२५२ राग बिलावल

जितनी लाज गुपालहिं मेरी।
तितनी नाहिं बधू हौं जिनकी, अंबर हरत सबनि तन हेरी।
पति अति रोष मारि मनहीं मन, भीषम दई बचन बँधि बेरी।
हा जगदीस, द्वारिकावासी, भई अनाथ, कहति हौं टेरी।
बसन-प्रवाह बढ़्यौ जब जान्यौ, साधु-साधु सबहिनि मति फेरी।
'सूरदास' स्वामी जस प्रगट्यौ, जानी जनम-जनम की चेरी॥

द्रौपदी कह रही है—मेरी लज्जा न जाने का जितना ख्याल गोपाल कृष्ण को है, उतना ख्याल तो उनकी भी नहीं है, जिनकी मैं पुत्रवंधू और पत्नी हूँ। मेरा चीर-हरण होते हुए सभी मेरा तन देखते रह गए। मेरे पति वचन की भयंकर बेड़ी में बँधे हुए हैं। वे प्रकटरूप में क्रोध भी नहीं कर सकते। वे मन ही मन रोषाविष्ट भर हो सकते हैं। हे जगदीश, हे द्वारिकाधीश, मैं सब प्रकार से अनाथिनी हो गई हूँ। ऐसा मैं पुकार-पुकार कर कह रही हूँ।

द्रौपदी के ऐसा कहते ही अंबरों का अंबार लग गया, साड़ियों के ढेर लग गए। जब लोगों ने इस बसन-प्रवाह को देखा, तब सबकी बुद्धि पलट गई और सब 'साधु-साधु' धन्य-धन्य कह उठे। कृष्ण का यश चारो ओर फैल गया और सब लोगों ने जान लिया कि द्रौपदी जन्म-जन्मांतर से प्रभु की भक्तिन, दासी, सेविका रही है (इसीलिए उन्होंने उसकी लाज बचाने के लिए यह बसन-प्रवाह किया है।)।

३०/२५३ राग रामकली

प्रभु, मोहिं राखियै इहिं ठौर।
केस गहत कलेस पाऊँ, करि दुसासन जोर।
करन, भीषम, द्रोन, मानत नाहिं कोउ निहोर।
पाँच पति हित हारि बैठे, रावरैं हित मोर।
धनुष-बान सिरान, कैधौं गरुड़ बाहन खोर।
चक्र काहु चोरायौ, कैधौं भुजनि बल भयौ थोर।
'सूर' के प्रभु कृपा-सागर, चितै लोचन-कोर।
बढ़्यौ बसन-प्रवाह जल ज्यौं, होत जय-जय-सोर॥

द्रौपदी ने पुकार लगाई—हे प्रभु कौरवों की इस भरी सभा में मेरी रक्षा कीजिए। दुःशासन बलपूर्वक मेरी चोटी पकड़े हुए है। मुझे इससे घोर कष्ट हो रहा है। कर्ण, भीष्म, द्रोणाचार्य, कोई भी मेरी विनती नहीं सुन रहे हैं। मेरी विनती किसी को भी नहीं सुनाई दे रही है। मेरे पाँचों पति अपना हित तो हार ही बैठे हैं, वे मेरा भी हित भूल बैठे हैं। अब आप ही मेरे एकमात्र हितैषी हैं। क्या इस समय आपका धनुष-बाण ढीला पड़ गया है, अथवा आपके वाहन गरुड़ में ही कोई दोष आ गया है, अथवा क्या कोई आपका चक्र सुदर्शन ही चुरा ले गया है, अथवा आपकी भुजाओं का बल ही कम हो गया है, जो मेरी पुकार आप नहीं सुन रहे हैं।

द्रौपदी की इस टेर को सुनते ही कृपा-सागर प्रभु ने अपने नयनों की कोर से द्रौपदी

की ओर देखा और जल की बाढ़ के समान बसन-प्रवाह बढ़ चला। और चारों ओर से दर्शकों ने भगवान की जयजयकार का कोलाहल मचा दिया।

३१/२५४ राग असावरी

लाज मेरी राखौ स्याम हरी।
हा-हा करि द्रौपदी पुकारी, बिलँब न करौ घरी।
दुस्सासन अति दारुन रिस करि, केसनि कसि पकरी।
दुष्ट-सभा पिसाच दुरजोधन, चाहत नगन करी।
भीषम, द्रोन, करन, सब निरखत, इनतैं कछु न सरी।
अर्जुन-भीम महाबल जोधा, इनहूँ मौन धरी।
अब मोकौं धरि रहो न कोऊ, तातैं जाति मरी।
मेरैं मात-पिता-पति-बंधू, एकै टेक हरी।
जय-जयकार भयौ त्रिभुवन मैं, जब द्रौपदि उबरी।
'सूरदास' प्रभु सिंह-सरन-गति, स्यारहिं कहा डरी॥

द्रौपदी ने गुहार लगाई—'हे हरि, हे श्याम, अब मेरी लाज बचा लो। एक घड़ी की भी देर न करो। दु:शासन ने अत्यंत क्रोध करके मेरे केश कसकर पकड़ रखे हैं। यह राजसभा दुष्टों की सभा है। यहाँ दुर्योधन पिशाच जैसा है। यह मुझे नग्न करवाना चाहता है। भीष्म, द्रोण, कर्ण सभी देख रहे हैं (जैसे काठ के निर्जीव पुतले हों)। इनसे मेरा काम सिद्ध नहीं होनेवाला है। वे मेरी सहायता नहीं कर सकते। अर्जुन और भीम महा बलवान हैं, भारी योद्धा हैं। पर उन्होंने भी चुप्पी साध रखी है (क्योंकि ये कपट-वचन की बेड़ी में बँधे हुए हैं)। अब मैं पूर्णतया अधीर हो गई हूँ। मुझे पकड़कर कोई बचा नहीं रहा है। इसीलिए मैं मरी जा रही हूँ। हे हरि, अब आपही मेरी माता, मेरे पिता, मेरे पति, मेरे भाई सब कुछ हैं। अब मेरी यही एक टेक है अवलंब है।'

द्रौपदी की पुकार सुनकर जब प्रभु ने उसे उबार लिया, बचा लिया, तब तीनों लोकों में प्रभु की जय बोली जाने लगी। भगवान रूपी सिंह की शरण में जो आ गया, उसे गीदड़ का क्या डर?

३२/२५५ राग धनाश्री

निबाहौ बाहँ गहे की लाज।
द्रुपद-सुता भाषति, नँदनंदन, कठिन बनी है आज।
भीषम, द्रोन, करन, दुरजोधन, बैठे सभा बिराज।
तिन देखत मेरौ पट काढ़त, लीक लगै तुम लाज।
खंभ फारि हरनाकुस मार्‌यौ, जन प्रहलाद निवाज।
जनक-सुता-हित हत्यौ लंकपति, बाँध्यौ साइर-पाँज।
गदगद स्वर, आतुर, तन पुलकित, नैननि नीर-समाज।
दुखित द्रौपदी जानि जगतपति, आए खगपति त्याज।

पूरे चीर भीरु-तन-कृष्ना, ताके भरे जहाज ।
काढ़ि काढ़ि थाक्यौ दुस्सासन, हाथनि उपजी खाज ।
बिकल मान खोयौ कौरव-पति, पारेउ सिर कौ ताज ।
'सूरज' प्रभु यह मान सदाई, भक्त-हेत महराज ॥

द्रौपदी ने प्रभु से प्रार्थना की—'हे प्रभु जिसको आपने अपने भक्त के रूप में अंगीकार कर लिया है, उसकी लाज बचाओ। प्रभु, बाँह गहे की लाज तो संसारीजन भी निभाते हैं। आपही परम प्रभु हैं। हे नंदनंदन, आज बड़ा ही कठिन अवसर आ गया है। इस राजसभा में भीष्म पितामह, गुरु द्रोणाचार्य, व्रती कर्ण, राजा दुर्योधन विराजमान हैं। इन सबके देखते दुःशासन मेरी साड़ी खींच रहा है। यदि इसने मुझे नंगी कर ही दिया, तो तुम्हें लीक लग जायगी। यह लीक, यह कलंक, तुम्हारे लिए लज्जा की बात होगी। भक्त प्रह्लाद की कामना पूरी करने के लिए पत्थर के खंभे को फाड़कर तुमने नरसिंह के रूप में प्रकट होकर हरनाकुश को मारा था। जनक की बेटी जानकी के लिए तुमने समुद्र पर पुल बाँधा था और लंकापति रावण का वध किया था।'

ऐसा कहते-कहते द्रौपदी का गला भर आया, वह आकुल हो उठी, उसका शरीर रोमांचित हो उठा और उसके नयन अश्रु-पूरित हो गए। जगत्पति ने देवी द्रौपदी को दुखी जानकर अपने वाहन गरुड़ को भी छोड़ दिया और हड़बड़ी में पैदल ही वहाँ आ गए। भीरु होती कृष्णा, द्रौपदी के शरीर के चारो ओर चीर ही चीर भर दिया। वस्त्रों से भरे जहाज के जहाज जैसे वहाँ आ गए। दुःशासन चीर खींचते-खींचते थक गया, उसके हाथ में खुजली होने लगी। कौरवपति दुर्योधन ने ऐसा देखकर अपनी भारी मानहानि समझी और उसने विकल होकर अपने सिर से उतारकर अपना मुकुट ही फेंक दिया।

प्रभु की तो सदा से ही यह मर्यादा रहती आई है कि वे अपने भक्तों के कल्याणार्थ उनके राजा ही नहीं, महाराजा बने रहते हैं।

३३/प्र.५३७० (राग०) राग धनाश्री

मेरी राखौ लाज हरी ।
कीनी कठिन दुसासन मोसौं, गहि कबरी पकरी ।
सभा बीच यह सठ दुरजोधन, चाहत नगन करी ।
भीषम द्रोन बिदुर ह्वै बिस्मित, तिन सब मौन धरी ।
अब नहि मात पिता कुल बांधव, एक टेक तुम्हरी ।
'सूरस्याम' जब सिंह सरन लइ, स्यारन कहा डरी ॥

द्रौपदी ने निहोरा किया—'हे हरि, मेरी लज्जा बचाइए। दुःशासन ने मेरी चोटी बलपूर्वक पकड़कर मेरे साथ अत्यंत कठोर व्यवहार किया है। मेरा शत्रु दुर्योधन इस राजसभा के बीच मुझे नंगी करना चाहता है। भीष्म, द्रोण, विदुर सब शंकित होकर टुकुर-टुकुर ताक रहे हैं। सबने चुप्पी साध ली है। अब न तो कोई मेरी माता है, न पिता, न कुटुंबी, न बंधु। अब तो बस तुम्हीं मेरे टेक, मेरे अवलंब, कुल बांधव हो। जब मैंने सिंह की शरण ले ली है, तब स्यारों से क्यों डरूँ?'

३४/ग्र. ५३७१ (राग०) राग भैरवी

पति राखो हे स्याम बिहारी।
बनवारी गिरिधारी मेरे, मोहन कृष्णमुरारी।
सूर समूह भूप सब बैठे, भीष्म द्रोण व्रतधारी।
कहि न सकै कोउ बात परस्पर, इन पतितन नै अपति बिचारी।
बल बिहीन पांडव सुत डोलैं, भीम गदा कर सौं महि डारी।
पैज न रही प्रबल पारथ की, जब तें धरनि धरमसुत हारी।
लाक्षागृह तैं जरत उबार्‍यौ, तुम तजि काकौं करौं पुकारी।
छूटत लाज आज दासी की, बहुरि आइ का करौ मुरारी।
'सूरदास' प्रभु बेगि दरस द्यौ, फिरि पछितइहौ देखि उघारी॥

द्रौपदी ने दैन्यवाणी में कहा—'हे श्याम, हे विहारी, हे वनवारी, हे गिरिधारी, हे मोहन, हे कृष्णमुरारी, अब मेरी पति रख लो, मेरी इज्जत बचा लो। यहाँ बड़े-बड़े राजा बैठे हुए हैं। ये सभी शूरवीर हैं। यहाँ व्रतधारी भीष्म पितामह और द्रोणाचार्य भी उपस्थित हैं। मुझे आपदा में पड़ी हुई देखकर भी, इन पापियों ने मेरे बचाव के लिए आपस में कोई बातचीत तक नहीं की। पांडु के पुत्र शक्तिहीन होकर तिलमिला रहे हैं। महा बलशाली भीम ने तो अपनी गदा ही पृथ्वी पर फेंक दी है। जब से धर्मपुत्र धर्मात्मा युधिष्ठिर अपना राज-पाट हार गए, धन और धरती खो बैठे, तबसे प्रबल प्रतापी अर्जुन की भी टेक नहीं रह गई है। हे कृष्ण, तुम्हींने हमें लाख के घर में जलने से बचाया। अब तुम्हें छोड़कर मैं किसकी पुकार करूँ। अब तुम्हारी सेविका की लज्जा छूट जाना चाहती है। इसके छूट जाने पर आ ही गए, तो हे मुरारी क्या कर लोगे? हे प्रभु, शीघ्र दर्शन दो। नहीं तो मुझे नग्न देखकर तुम स्वयं पछताओगे कि मैंने इतना विलंब क्यों कर दिया।'

३५/ग्र. ३१४ (राग०), राग जंगला

हरि बिन को राखै पति मेरी।
अंध क अंध महा दुःसासन, आनि सभा में घेरी।
भीषम द्रोण कर्ण सब बैठे, किनहूँ नैंकु न हेरी।
अब मति भ्रष्ट भई है सबकी, पकरि धर्‍यौ ज्यौं चेरी।
इक बिस्वास यहै दृढ़ मेरौ, कृष्ण कृष्ण कहि टेरी।
'सूरदास' प्रभु बसन बढ़ाए, ह्वै परबत सम ढेरी॥

हरि ही मेरी पति, इज्जत, लज्जा बचा सकते हैं। उनके बिना कोई दूसरा मेरी मर्यादा नहीं बचा सकता। अंधे धृतराष्ट्र का बेटा दुःशासन तो और भी अंधा है। उसने इस अंधी राजसभा में मुझे घेर लिया है। यहाँ भीष्म, द्रोण, कर्ण सभी बैठे हुए हैं। किसी ने भी मेरी ओर तनिक भी नहीं देखा। यहाँ सबकी मति भ्रष्ट हो गई है। मुझे दासी के समान पकड़ रखा गया है, मुझे कृष्ण में दृढ़ विश्वास है। इसीलिए मैं कृष्ण कृष्ण कहकर पुकार रही हूँ।

द्रौपदी की पुकार पर प्रभु ने उसके चीर को अत्यंत बढ़ा दिया और वहाँ साड़ियों का पहाड़ सा लग गया।

३६/२५६ राग बिहागरौ

ठाढ़ी कृष्न-कृष्न यौं बोलै।
जैसैं कोऊ बिपति परे तैं, दूरि धर्‌यौ धन खोलै।
पकर्‌यौ चीर दुष्ट दुस्सासन, बिलख बदन भइ डोलै।
जैसैं राहु-नीच ढिग आऐं, चंद्र-किरन झकझोलै।
जाकैं मीत नंदनंदन से, ढकि लइ पीत पटो लै।
'सूरदास' ताकौं डर काकौ, हरि गिरिधर के ओलै॥

दुर्योधन की राजसभा में खड़ी द्रौपदी 'कृष्ण-कृष्ण' की पुकार इस प्रकार लगाए जा रही है, जैसे विपत्ति में पड़ा हुआ कोई व्यक्ति दूर रखे हुए, गड़े हुए अपने धन को खोल रहा हो, खोद कर निकाल रहा हो। दुष्ट दःशासन ने उसकी साड़ी पकड़ रखी है। द्रौपदी रुआँसी हो गई, रोने-रोने को हो गई और उसका धैर्य डोल गया, वह अधीर हो गई। जैसे दुष्ट राहु के पास आ जाने पर चंद्रमा की किरणें झकझोर उठती हैं, वैसी ही द्रौपदी भी काँप उठी। द्रौपदी के तो सहायक मित्र नंदनंदन हैं। उन्होंने उसे पीले रेशमी वस्त्रों से ढक लिया। भला उसे किसका डर है, जो गिरिधारी कृष्ण की शरण में आ गया हैं।

३७/२५७ राग धनाश्री

तुम्हरी कृपा बिनु कौन उबारे ?
अर्जुन, भीम, जुधिष्ठिर, सहदेव, सुमति नकुल बल भारे।
केस पकरि ल्यायौ दुस्सासन, राखी लाज, मुरारे।
नाना बसन बढ़ाइ दिए प्रभु, बलि-बलि नंद-दुलारे।
नगन न होति, चकित भयौ राजा, सीस धुनै, कर मारै।
जापर कृपा करै करुनामय, ता दिसि कौन निहारै ?
जो जो जन निस्चै करि सेवै, हरि निज बिरद सँभारै।
'सूरदास' प्रभु अपने जन कौं, उर तैं नैंकु न टारै॥

हे प्रभु, तुम्हारी कृपा ही उबार सकती है, दूसरा कोई नहीं बचा सकता। वहाँ अर्जुन, भीम, युधिष्ठिर, सहदेव और बुद्धिमान नकुल जैसे भारी-भारी वीर थे, फिर भी दुःशासन द्रौपदी को वहाँ उन्हींके सामने केश पकड़कर ले आया। हे मुरारी, वहाँ तुम्हीं ने उसकी लाज बचाई। हे प्रभु, तुमने नाना प्रकार के वस्त्र बढ़ा दिए। हे नंद-दुलारे मैं तुम्हारी बलैया लेता हूँ। द्रौपदी को नग्न न होता हुआ देखकर राजा दुर्योधन चकित हो गया, अपना सिर अपने ही हाथों पीटने लगा। जिसपर उस परम करुणामय की कृपादृष्टि पड़ गई, उसकी ओर कौन कोप-दृष्टि, कुदृष्टि कर सकता है। जो लोग दृढ़ निश्चय के साथ प्रभु के चरण कमलों की सेवा करते हैं, हरि उनके लिए अपनी भक्त-वत्सलता, दीन-बंधुता, पतित पावनता, करुण-सिंधुता का विरद सँभाल लेते हैं। प्रभु अपने भक्तों को अपने हृदय से जरा भी दूर नहीं होने देते।

३८/२५८

द्रौपदी हरि सौं टेरि कही।
तुम जिनि सहौ स्यामसुंदर वर, जेती मैं जु सही।
तुम पति पाँच, पाँच पति हमरे, तुम सौं कहा रही ?
भीषम, करन, द्रोन देखत, दुस्सासन बाँह गही।
पूरे चीर, अंत नहिं पायौ, दुरमति हारि लही।
'सूरदास' प्रभु द्रुपद-सुता की, हरि जू लाज ठही॥

द्रौपदी ने प्रभु से पुकार कर कहा—'हे श्रेष्ठ श्याम सुंदर, जितना कष्ट मैंने सहा है, प्रभु तुम उतना कष्ट न सहना। मेरे कष्ट को तुम मत भूलना। कष्ट सहने के पहले ही आकर मेरा कष्ट दूर करो। तुम पंच महाभूतों (क्षिति, जल, पावक, गगन, समीर) के स्वामी हो, पंच प्राणों के स्वामी हो। मेरे भी पाँच पति हैं। तुमसे क्या छिपा हुआ है, तुम सब जानते ही हो। भीष्म, कर्ण, द्रोण सबके देखते रहने पर भी दुःशासन ने मेरी बाँह पकड़ ली।'

द्रौपदी की पुकार सुनकर कृष्ण ने साड़ियों का पूरा ढेर ही लगा दिया। दुःशासन साड़ियाँ खींचता गया, खींचता गया, पर उसे साड़ियों का अंत नहीं मिला। और दुर्बुद्धि दुर्योधन भी हार गया। प्रभु ने द्रुपद-सुता द्रौपदी की लज्जा को स्थिर बनाए रखा। उसकी लाज जाने नहीं पाई।

३९/२५९ राग असावरी

जौ मेरे दीनदयाल न होते।
तौ मेरी अपत करत कौरव-सुत, होत पंडवनि ओते।
कहा भीम के गदा धरैं कर, कहा धनुष धरैं पारथ ?
काहु न धरहरि करी हमारी, कोउ न आयौ स्वारथ।
समुझि-समुझि गृह-आरति अपनी, धर्मपुत्र मुख जोवै।
'सूरदास' प्रभु नँद-नंदन-गुन-गावत निसि-दिन रोवै॥

द्रौपदी कह रही है—यदि दीनों पर दया करनेवाले मेरे प्रभु की दया-दृष्टि न होती, तो इतने, पाँच-पाँच पतियों के होते हुए भी, कौरव-पुत्र दुःशासन ने मेरी सब प्रकार से दुर्दशा कर डाली होती। महाबली भीम के हाथ में गदा होने से क्या, पार्थ के महान धनुर्धर होने से क्या, कोई मेरी धरहरि के लिए नहीं आया। दुःशासन को पकड़कर कोई मेरी रक्षा न कर सका, कोई भी मेरे काम नहीं आया। घर के लोगों पर विपदा और अपनी कातरावस्था को समझ-समझ कर द्रौपदी धर्मराज युधिष्ठिर का मुँह देखने लगी—धर्मराज होते हुए भी तुमने अधर्म का यह कृत्य कैसे कर डाला। द्रौपदी नंद-नंदन का गुणानुवाद करती हुई रात-दिन बराबर रोया करती रही।

पांडव-राज्याभिषेक *४०/२६० राग बिलावल*

हरि हरि, हरि हरि, सुमिरन करौ। हरि चरनारबिंद उर धरौ।
हरि पांडव कौं ज्यौं दियौ राज। पुनि सो गए राज ज्यौं त्याज।
बहुरौ भयौ परीच्छित राजा। ताकौं साप बिप्र-सुत साजा।

सुनि हरि-कथा मुक्त सो भयौ। सूत सौनकनि सौं सो कह्यौ।
कहौं सु कथा सुनौ चित धारि। 'सूर' कहै भागवत बिचारि॥

हरि का सुमिरन करते रहो। उनके चरण-कमलों को बराबर हृदय में धारण किए रहो। जिस प्रकार कृष्ण ने पांडवों को राज्य दिलाया, जिस प्रकार पांडव लोग उस राज्य को छोड़कर (हिमालय में गलने) चले गए, जिस प्रकार उनके पश्चात् परीक्षित इंद्रप्रस्थ का राजा हुआ, जिस प्रकार परीक्षित को ब्रह्मचारी शमीक के पुत्र शृंगी ऋषि ने शाप दिया, जिस प्रकार परीक्षित शुकदेव जी से सात दिन तक श्रीमद्भागवत की कथा सुनकर मोक्ष को प्राप्त हुआ, जिस प्रकार पौराणिक सूतजी ने उस कथा को नैमिषारण्य में शौनक आदि हजार ऋषियों को सुनाया, मैं सूरदास यह भागवत कथा विचार करके कह रहा हूँ, उस कथा को मन लगाकर सुनो।

भीष्मोपदेश, युधिष्ठिर-प्रति *४१/२६१ राग बिलावल*

हरि हरि, हरि हरि, सुमिरन करौ। हरि-चरनारबिंद उर धरौ।
भारत जुद्ध होइ जब बीता। भयौ जुधिष्ठिर अति भयभीता।
गुरुकुल-हत्या मोतैं भई। अब धौं कैसी करिहै दई।
करौं तपस्या, पाप निवारौं। राज-छत्र नाहीं सिर धारौं।
लोगनि तिहिं बहु विधि समुझायौ। पै तिहिं मन संतोष न आयौ।
तब हरि कह्यौ टेक परिहरौ। भीष्म पितामह कहैं, सो करौ।
हरि-पांडव रन-भूमि सिधाए। भीषम देखि बहुत सुख पाए।
हरि कह्यौ, राज न करत धर्मसुत। कहत हते मैं भ्रात तात-जुत।
गुरु-हत्या मोतैं ह्वै आई। कह्यौ सो छूटै कौन उपाई?
राजधर्म तब भीषम गायौ। दान धरम पुनि मोक्ष सुनायौ।
पै नृप कौ संदेह न गयौ। तब भीषम नृप सौं यौं कह्यौ।
धर्म-पुत्र तू देखि बिचार। कारन करनहार करतार।
नर के किऐं कछू नहिं होइ। करता-हरता आपुहिं सोइ।
ताकौं सुमिरि राज तुम करौ। अहंकार चित तैं परिहरौ।
अहंकार किऐं लागत पाप। 'सूर' स्याम मेटै संताप॥

हरि का सुमिरन करो। हरि के चरण-कमलों को हृदय में धारण करो। जब महाभारत का युद्ध समाप्त हो गया, तब युधिष्ठिर का मन अत्यंत डर गया। वे सोचने लगे—'मुझसे गुरु-वंश की हत्या हो गई है। मेरे साथ अब भगवान न जाने कैसा करेंगे। अब मुझे तप करके पाप से छुटकारा पाना चाहिए। अब मैं राज-छत्र सिर पर नहीं धारण करूँगा, राजा नहीं बना रहूँगा।'.

लोगों ने युधिष्ठिर को बहुत समझाया। पर उनके मन को संतोष नहीं हुआ। तब कृष्ण ने कहा—हठ छोड़ो। भीष्म पितामह के पास चलो, वे जैसा कहें, वैसा करो। तब कृष्ण और पांडव शर-शय्या पर पड़े हुए भीष्म से मिलने के लिए युद्ध-स्थल पर गए। भीष्म ने

उन्हें देखकर बहुत सुख पाया। कृष्ण ने कहा, युधिष्ठिर राज्य नहीं करना चाहते। यह कहते हैं कि मैंने भाइयों सहित आपको मार डाला है, मुझसे गुरु-हत्या हो गई है। कहिए यह पाप किस उपाय से छूट सकता है।

तब भीष्म पितामह ने राज धर्म कह सुनाया, फिर दान धर्म कहा, तदनंतर मोक्ष धर्म। परंतु राजा युधिष्ठिर का संदेह दूर नहीं हुआ। तब भीष्म ने महाराज युधिष्ठिर से पुनः कहा—हे धर्म के पुत्र, तुम भली-भाँति विचार करके देख लो। सबका कारण वही करतार है, उसी से सब उत्पन्न हुए हैं। वही सब कुछ करनेवाला है, वह स्रष्टा है, कर्ता है। आदमी के करने से कुछ नहीं होता। करने वाला, हरनेवाला सबकुछ स्वयं वही है। वही कर्ता है, वही संहारक है। उस भगवान को स्मरण करते हुए तुम राज्य करो। अपने चित्त से यह अहंकार निकाल दो कि तुमने गुरुजनों की हत्या की है। तुमने हत्या नहीं की है। तुम तो निमित्त मात्र हो। संहार तो उस परम प्रभु ने किया है। अपने को कर्ता, हर्त्ता समझ लेने के अहंकार से पाप लगता है। भगवान तुम्हारे समस्त संताप को मिटा डालें।

४२/२६२ राग धनाश्री

करी गोपाल की सब होइ।
जो अपनौ पुरुषारथ मानत, अति झूठौ है सोइ।
साधन, मंत्र, जंत्र, उद्यम, बल, ये सब डारौ धोइ।
जो कछु लिखि राखी नँदनंदन, मेटि सकै नहिं कोइ।
दुख-सुख, लाभ-अलाभ समुझि तुम, कतहिं मरत हौ रोइ।
'सूरदास' स्वामी करुनामय, स्याम-चरन मन पोइ॥

भीष्म पितामह ने युधिष्ठिर से कहा—सब कुछ गोपाल का ही किया होता है। जो कहता है कि मैंने अपने पुरुषार्थ से, अपने पौरुष से, यह सब किया है, वह पहले दर्जे का झूठा है। साधन, मंत्र, जप, उद्यम और बल सभी का अभिमान धो बहाओ। नंदनंदन ने जो कुछ भाग्य में लिख दिया है, वही होता है, उसे कोई मिटा नहीं सकता। दःख-सुख, लाभ-हानि की बातें सोच-सोचकर तुम व्यर्थ ही रो रोकर मरे जा रहे हो। तुम कुछ मत करो, केवल अपने मन को कृपालु भगवान के चरण-कमलों में पिरो दो, बस।

४३/२६३ राग कान्हरौ

होत सो, जो रघुनाथ ठटै।
पचि-पचि रहैं सिद्ध, साधक, मुनि, तऊ न बढ़ै-घटै।
जोगी जोग धरत मन अपनैं, सिर पर राखि जटै।
ध्यान धरत महादेव रु ब्रह्मा, तिनहूँ पै न छटै।
जती, सती, तापस आराधैं, चारौं बेद रटै।
'सूरदास' भगवंत-भजन बिनु, करम-फाँस न कटै॥

भीष्म युधिष्ठिर से कहते हैं—जो कुछ रघुनाथ जी निश्चित कर देते हैं, वही होता है। सिद्ध और साधक, ऋषि और मुनि, लाख प्रयत्न करें, भगवान जो चाहते हैं, वही होता है। वह न घट सकता है, न बढ़ सकता है। योगी लोग सिर पर जटा-जूट रखकर अपने मन

में उन्हीं का ध्यान धारण करते हैं। ब्रह्मा और महादेव भी उन्हीं का ध्यान करते हैं। उनसे भी वह ब्रह्म-लेख छँटता नहीं, मिटता नहीं, कटता नहीं। यती, सती, तपस्वी चाहे जितनी आराधना करें, वेद चाहे जितना रटें, भगवान के भजन बिना कर्म-पाश कटता नहीं।

४४/२६४ राग सारंग

भावी काहू सौं न टरै।

कहँ वह राहु, कहाँ वै रबि ससि, आनि सँजोग परै।
मुनि बसिष्ठ पंडित अति ज्ञानी, रचि-पचि लगन धरै।
तात-मरन, सिय-हरन, राम बन-बपु धरि बिपति भरै।
रावन जीति कोटि तैंतीसौ, त्रिभुवन राज करै।
मृत्युहिं बाँधि कूप मैं राखै, भावी-बस सो मरै।
अरजुन के हरि हुते सारथी, सोऊ बन निकरै।
द्रुपद-सुता कौ राजसभा, दुस्सासन चीर हरै।
हरीचंद सो को जग दाता, सो घर नीच भरै।
जौ गृह छाँड़ि देस बहु धावै, तउ वह संग फिरै।
भावी कै बस तीन लोक हैं, सुर नर देह धरै।
'सूरदास' प्रभु रची, सु ह्वैहै, को करि सोच मरै!

भीष्म युधिष्ठिर से कहते हैं—भवितव्यता किसी से भी टाली नहीं जा सकती। कहाँ राहु, कहाँ सूर्य और चंद्रमा। परस्पर कितनी दूर दूर; पर संयोग आ ही जाता है और सूर्य-ग्रहण और चंद्र-ग्रहण लग ही जाता है। इन ग्रहणों को कोई टाल नहीं सकता।

वसिष्ठ अत्यंत ज्ञानी और पंडित थे। उन्होंने बहुत सोच-विचार करके सीता और राम के विवाह का शुभ मुहूर्त निकाला था। पर हुआ क्या? जो होना था, वही हुआ। राम के बाप दशरथ जी की मृत्यु हो गई, वन में स्वयं सीता का हरण हो गया, राम को भी वनवासी का वेष धारण कर वन-वन विपत्ति-ग्रस्त होकर भटकना पड़ा।

रावण ने तैंतीस कोटि देवताओं को जीत लिया था, त्रिभुवन पर राज्य करता था, उसने मृत्यु को भी बाँधकर कुएँ में कैदी बना रखा था। ऐसे प्रतापी रावण को भी होनी के आगे नतमस्तक होना पड़ा, उसकी भी मृत्यु राम के हाथों हुई।

अर्जुन का रथ स्वयं भगवान कृष्ण हाँकते थे, पर अर्जुन को भी वन-वन में भटकना पड़ा। द्रौपदी का चीर-हरण भरी राजसभा में दुःशासन ने किया। हरिश्चंद्र के समान दानी संसार में कौन हुआ? उन्हें भी नीच डोमड़े के यहाँ पानी भरना पड़ा।

अपना घर छोड़कर कोई अनेक अन्य देशों में घूमता फिरे, तब भी भावी उसके साथ-साथ लगी रहती है, उसका साथ नही छोड़ती। भावी के बस में तीनों लोक हैं। देवता भी भावी के अधीन होकर मानव शरीर धारण करते हैं। भगवान ने जो लिख रखा है, वह होकर रहेगा। व्यर्थ सोच करके कौन मरे?

४५/२६५ राग कान्हरौ

तातैं सेइयै श्री जदुराइ।
संपति बिपति, बिपति तैं संपति, देह कौ यहै सुभाइ।

तरुवर फूलै, फरै, पत झरै, अपने कालहिं पाइ।
सरवर नीर भरै, भरि उमड़ै, सूखै, खेह उड़ाइ।
दुतिया-चंद बढ़त ही बाढ़ै, घटत-घटत घटि जाइ।
'सूरदास' संपदा-आपदा, जिनि कोई पतिआइ॥

भीष्म पितामह युधिष्ठिर को समझाते हैं—भावी को कोई मिटा नहीं सकता, अतएव भगवान के चरण कमलों की सेवा करो। इस शरीर का यही स्वभाव है कि भावी कभी संपत्तिवान को विपत्ति में डाल देती है और विपत्तिग्रस्त को संपत्तिशाली बना देती है। कोई सदा न तो संपत्ति में रहता है, न बिपति ही में।

समय पाकर वृक्ष फूलता है, फलता है और अपने पत्ते भी झाड़ देता है। समय पाकर तालाब में पानी भरता है, पानी बरसने पर वह उमड़कर बाहर भी बहने लगता है, कालान्तर में वह सूख जाता है और उसमें से धूल उड़ने लगती है। शुक्ल पक्ष में द्वितीया का चन्द्रमा बढ़ते-बढ़ते पूर्णिमा को पूर्णता प्राप्त कर लेता है और कृष्ण पक्ष में पूर्णिमा का पूर्ण चन्द्रमा घटते-घटते अमावस्या को समाप्त हो जाता है।

अत: संपदा हो या आपदा, इन पर किसी को कभी भी विश्वास न करना चाहिए। संपदा जा सकती है, आपदा आ सकती है। इसी प्रकार आपदा जा सकती है, संपदा आ सकती है।

४६/२६६ राग मल्हार

इहिं बिधि कहा घटैगौ तेरौ?
नंदनँदन करि घर कौ ठाकुर, आपुन ह्वै रहु चेरौ।
कहा भयौ जौ संपति बाढ़ी, कियौ बहुत घर घेरौ।
कहुँ हरि-कथा, कहूँ हरि-पूजा, कहुँ संतनि कौ डेरौ।
जो बनिता-सुत-जूथ सकेलै, हय-गय-बिभव घनेरौ।
सबै समर्पौ 'सूर' स्याम कौं, यह साँचौ मत मेरौ॥

भीष्म पितामह युधिष्ठिर को समझा रहे हैं—युधिष्ठिर, तुम नंदनंदन को अपने घर (देह) का स्वामी बना लो और अपने को उनका सेवक। ऐसा कर लेने पर तुम्हारा क्या घट जायगा? क्या हुआ यदि तुम्हारे घर में बहुत धन वैभव बढ़ गया, तुमने बहुत सी जमीन घेरकर बहुत बड़े-बड़े महल बना लिए। इनमें कहीं हरि-कथा कहलाओ, कहीं हरि की पूजा की व्यवस्था करो, कहीं साधु-संतों के ठहरने के लिए आश्रम बनवा दो। तुम्हारे घर में स्त्रियाँ, बेटी, बेटे जो भी एकत्र हो गए हैं, जो भी हाथी-घोड़े संकलित हो गए हैं, उन सबको भगवान के चरणों में समर्पित कर दो। मेरा तो यही सीधा-सादा और सच्चा मत है।

पार्थ-प्रतिज्ञा *४७/ग्र. ५३८१ (राग०) राग जंगला*

जौ मैं पारथ नाम कहाऊँ।
हठ करि इंद्रचाप सोनित-सर मज्जन बेगि कराऊँ।
गीध कबंध कंध बैठाऊँ, काग कराल उड़ाऊँ।
दै भगदत्त द्रोण दुस्सासन, इक इक बान लगाऊँ।

प्रलै करौं कौरव दल ऊपर, जंबुक कुलहिं अघाऊँ।
भीषम कर्ण नृपति दुरजोधन, सर की सेज सुलाऊँ।
जौ न करौं, यह सपथ कृष्न की, छत्रिय गतिहिं न पाऊँ।
'सूरदास' पारथ परतिज्ञा, इक छत राज कराऊँ।

अर्जुन ने महाभारत युद्ध के आरंभ के पहले प्रतिज्ञा की—यदि मेरा नाम पार्थ है, मैं पृथा (कुंती) का पुत्र हूँ, तो मैं हठपूर्वक इंद्र के अपने इस धनुष को रक्त के सरोवर में शीघ्र ही स्नान करा दूँगा, कौरवों के शवों के कंधों और कबंधो (धड़ों) पर गिद्ध बैठा दूँगा और उन पर विकराल कौवे मांस नोचते हुए उड़ेंगे। भगदत्त से लेकर द्रोणाचार्य औ. दु:शासन तक सभी शत्रु पक्षों को एक-एक बाण से मार गिरा दूँगा। कौरवों की सेना में प्रलय (सर्व-विनाश) मचा दूँगा। गीदड़ों को नर-मांस से अघवा दूँगा। भीष्म प्तिामह, कर्ण और राजा दुर्योधन को शर-शय्या पर सुला दूँगा। यदि मैं ऐसा न कर सकूँ, तो कृष्ण की शपथ खा कर कहता हूँ कि मुझे क्षत्रिय की वीर-गति न प्राप्त हो। मेरी तो यह प्रतिज्ञा है कि मैं धर्मराज-युधिष्ठिर को एक-छत्र राजा बना दूँगा।

महाभारत में भगवान् की भक्तवत्सलता का प्रसंग *४८/२६७ राग सारंग*

भक्तबछल श्री जादवराइ।
भीषम की परतिज्ञा राखी, अपनौ बचन फिराइ।
भारत माहिं कथा यह बिस्तृत, कहत होइ बिस्तार।
'सूर' भक्त-बत्सलता बरनौं, सर्व कथा कौ सार॥

यादवों के राजा कृष्ण बड़े ही भक्त-वत्सल हैं। उन्होंने अपनी प्रतिज्ञा तो भंग कर दी और महाभारत के युद्ध में शस्त्र-ग्रहण किया। पर उन्होंने अपने भक्त भीष्म की प्रतिज्ञा को पूर्ण होने दिया। उनके शस्त्र-ग्रहण करने से भीष्म की प्रतिज्ञा पूरी हुई और उनकी अपनी प्रतिज्ञा भंग। महाभारत में वह कथा विस्तार से कही गई है। यहाँ इसके कहने में अत्यंत विस्तार होगा। सभी कथाओं का सार भगवान की भक्त-वत्सलता का ही वर्णन कर रहा हूँ।

अर्जुन-दुर्योधन का कृष्ण-गृह गमन *४९/२६८ राग सारंग*

भक्तबछलता प्रगट करी।
सत संकल्प बेद की आज्ञा, जन के काज प्रभु दूरि धरी।
भारतादि दुरजोधन, अर्जुन, भेंटन गए द्वारिकापुरी।
कमलनैन पौढ़े सुख-सेज्या, बैठे पारथ पाइत री।
प्रभु जागे, अर्जुन-तन चितयौ, कब आए तुम, कुसल खरी।
ता पाछैं दुर्जोधन भेट्यौ, सिर-दिसि तैं मन गर्व धरी।
दुहुँनि मनोरथ अपनौ भाष्यौ, तब श्रीपति बानी उचरी।
जुद्ध न करौं, सस्त्र नहिं पकरौं, एक ओर सेना सिगरी।
हरि-प्रभाउ राजा नहिं जान्यौ, कह्यौ सैन मोहिं देहु हरी।
अर्जुन कह्यौ, जानि सरनागत, कृपा करौ ज्यौं पूर्व करी।

निज पुर आइ राइ भीषम सौं, कही जो बातैं हरि उचरी।
'सूरदास' भीषम परतिज्ञा, अस्त्र गहावन पैज करी ॥

वेद की आज्ञा है कि सदा सत्य संकल्प करो। प्रभु ने यह संकल्प किया था कि मैं महाभारत युद्ध में शस्त्र न ग्रहण करूँगा, परंतु प्रभु ने वेद की इस आज्ञा को भी अपने भक्त के लिए दूर कर दी और अपनी भक्त-वत्सलता प्रकट कर दी। अपने भक्त भीष्म के लिए प्रभु ने महाभारत के इस युद्ध में शस्त्र भी ग्रहण कर लिया।

भरतवंशी दुर्योधन और अर्जुन दोनों कृष्ण के पास, रण में सहायता पाने के निमित्त, द्वारिकापुरी गए। उस समय कमल के समान नेत्रवाले श्रीकृष्ण चंद्र सुख सेज पर निद्रालीन थे। अर्जुन उसी सेज पर विनम्रतापूर्वक पाँव के पास बैठ गए। और दुर्योधन गर्व से भरा हुआ उनके सिरहाने बैठा। फल यह हुआ कि जब कृष्ण सोकर उठे। तब सबसे पहले उनकी दृष्टि अपने पैरों के पास बैठे अर्जुन पर पड़ी और उन्होंने उससे पूछा—कब आए? सब कुशल-मंगल तो है न? दुर्योधन पर उनकी दृष्टि बाद में पड़ी। अत: उन्होंने उससे बाद में भेंट की। गले लगाया। दोनों ने अपने-अपने आने का कारण उनसे बतलाया। तब कृष्णजी ने कहा—न तो मैं युद्ध करूँगा, न शस्त्र पकड़ूँगा। एक ओर से मैं नि:शस्त्र रहूँगा। दूसरी ओर मेरी समस्त सेना होगी। राजा दुर्योधन ने हरि के प्रभाव को नहीं जाना और कहा, हे हरि, मुझे अपनी सारी सेना दे दो। अर्जुन ने कहा—मैं आपकी शरणागत हूँ, जैसे मेरे ऊपर पहले कृपा करते आए हैं, उसी प्रकार कृपा करते रहिए।

हस्तिनापुर वापस आकर राजा दुर्योधन ने यह सब बातें भीष्म पितामह को बताई थीं। इसीलिए महाभारत युद्ध में भीष्म पितामह ने कृष्ण से अस्त्र उठवा लेने की प्रतिज्ञा की।

(और हरि ने अपनी प्रतिज्ञा भंग करके अपने भक्त की प्रतिज्ञा की रक्षा की। ऐसी थी प्रभु की भक्त-वत्सलता।)

दुर्योधन-वचन, भीष्म-प्रति *५०/२६१ राग धनाश्री*

मतौ यह पूछत भूतलराइ।
सुनौ पितामह भीषम, मम गुरु, कीजै कौन उपाइ ?
उत अर्जुन अरु भीम पंडु-सुत, दोउ बर बीर गँभीर।
इत भगदत्त, द्रोन, भूरिश्रव, तुम सेनापति धीर।
जे जे जात, परत ते भूतल, ज्यौं ज्वाला-गत चीर।
कौन सहाइ जानियत नाहीं, होत बीर निर्बीर।
"जब तोसौं समुझाइ कही नृप, तब तैं करी न कान।
पावक जथा दहत सबही दल, तूल-सुमेरु-समान।
अबिगत, अबिनासी, पुरुषोत्तम, हाँकत रथ कै आन।
अचरज कहा पार्थ जौ बेधै, तीनि लोक इक बान"।
"अब तौ हौं तुमको तकि आयौ, सोइ रजायसु दीजै।
जातें रहै छत्रपन मेरौ, सोइ मंत्र कछु कीजै।
जा सहाइ, पांडव-दल जीतौं, अर्जुन कौ रथ लीजै।

नातरु कुटुँब सकल संहरि कै, कौन काज अब जीजै'' ?
''तैरैं काज करौं पुरुषारथ, जथा जीव घट माहीं ।
यह न कहौं, हौं रन चढ़ि जीतौं, मो मति नहिं अवगाही ।
अजहूँ चेति, कह्यौ करि मेरौ, कहत पसारे बाहीं ।
'सूरदास' सरबरि को करिहै, प्रभु पारथ द्वै नाहीं'' ॥

राजा दुर्योधन भीष्म पितामह के पास गया और उनसे युद्ध मंत्रणा करने लगा। उसने पितामह से पूछा—''हे पितामह, आप मेरे गुरु हैं। अब कौन सा उपाय किया जाय। पांडवों की ओर पांडवों में से दो भाई भीम और अर्जुन जैसे भारी वीर हैं। इधर राजा भगदत्त हैं, गुरु द्रोणाचार्य हैं, हमारे ही कुलवंश के एक राजा सोमदत्त के पुत्र भूरिश्रवा हैं, आप जैसे धीर सेनापति हैं। फिर भी हमारे पक्ष के जो लोग युद्ध में जा रहे हैं, सभी धराशायी होते जा रहे हैं। वे आग की लपट में गिर पड़े वस्त्र के समान तत्काल जले जा रहे हैं। हमारी सेना वीर-हीन होती जा रही है। पांडवों की सहायता कौन कर रहा है, जान नहीं पड़ता?''

तब भीष्म पितामह ने कहा—''हे राजा दुर्योधन, जब मैंने तुमसे समझाकर कहा था, तब तुमने मेरी बात कान लगाकर नहीं सुनी। इसीलिए तुम्हारी सेना रूपी वस्त्रों के भारी पहाड़ को पांडव अग्नि के समान जलाते जा रहे हैं। कृष्ण अविगत हैं, अविनाशी हैं, पुरुषोत्तम हैं। वे अर्जुन के रथ को सारथी बनकर आनपूर्वक हाँक रहे हैं, चला रहे हैं, फिर इसमें आश्चर्य क्या है, जो अर्जुन एक ही वाण में तीनों लोक बेधे जा रहा है।''

दुर्योधन बोला—''अब तो मैं आपकी शरण में आ गया हूँ, आप वही आज्ञा कीजिए, जिससे मेरा छत्र-सिंहासन बचा रहे और मैं राजा बना रहूँ। कुछ ऐसी ही समुचित राय दीजिए जिसकी सहायता पाकर मैं पांडवों की सारी सेना जीत लूँ और अर्जुन के भी रथ को ले लूँ। (जब रथ ही न रहेगा, तब रथी और सारथी कहाँ रहेंगे।) यदि आप कोई उपाय न करेंगे, तो मैं अपने सारे परिवार का संहार कराके, स्वयं किसलिए जीवित बचा रहूँगा।''

इस पर भीष्म पितामह ने कहा—''जब तक मेरे शरीर में प्राण है, तब तक तुम्हारे लिए अपना सारा पौरुष लगा दूँगा। मैं यह नहीं कहता कि मैं रण में चढ़कर उसे जीत ही जाऊँगा। मेरी बुद्धि इस रण-विजय तक नहीं पहुँच पा रही है। हाँ, मैं अपना सारा पुरुषार्थ अवश्य लगा दूँगा। अब भी चेत जाओ और मेरा कहना मानो। मैं अपनी दोनों बाँहें फैलाकर तुमसे यह निवेदन कर रहा हूँ। प्रभु कृष्ण और पृथा-पुत्र अर्जुन दो नहीं हैं, एक हैं। फिर उनसे कौन संघर्ष कर पायेगा। उनकी बराबरी कौन कर सकेगा।''

५१/२७० राग मलार

आजु जौ हरिहिं न सस्त्र गहाऊँ ।
तौ लाजौं गंगा जननी कौं, सांतनु-सुत न कहाऊँ ।
स्यंदन खंडि, महारथि खंडौं, कपिध्वज सहित गिराऊँ ।
पांडव-दल-सन्मुख है धाऊँ, सरिता-रुधिर बहाऊँ ।
इती न करौं सपथ तौ हरि की, छत्रिय-गतिहिं न पाऊँ ।
'सूरदास' रनभूमि बिजय बिनु, जियत न पीठि दिखाऊँ ॥

भीष्म ने महाभारत के युद्ध में यह घोर प्रतिज्ञा की। आज मैं ऐसा युद्ध करूँगा कि अर्जुन को प्राणों के लाले पड़ जायँगे। तब कृष्ण को उन्हें बचाने के लिए स्वयं अस्त्र गहना ही पड़ेगा। यादे मैं आज कृष्ण को शस्त्र ग्रहण करने के लिए विवश न कर दूँ, तो मैं अपनी माँ गंगा को लज्जित कर दूँ और आज से शांतनु का पुत्र न कहा जाऊँ। आज मैं अर्जुन के रथ को तो खंड-खंड कर ही दूँगा। इस रथ पर आसीन महारथी अर्जुन को भी खंड-विखंड कर दूँगा। अर्जुन के रथ की ध्वजा पर जो हनुमान बैठे हुए हैं, मैं उस कपिध्वज को भी गिरा दूँगा। आज मैं पांडव सेना के सामने दौड़ता हुआ जाऊँगा और रक्त की नदी बहा दूँगा। आज के युद्ध में यदि मैं यह सब न कर सकूँ तो मुझे क्षत्रिय की वीर-गति न प्राप्त हो। रण जीते बिना आज मैं युद्ध छोड़कर नहीं लौटूँगा। या तो रण-भूमि में मर जाऊँगा या रण जीतूँगा।''

५२/२७१ राग मारू

सुरसरी-सुवन रनभूमि आए।
बान-बरषा लगे करन अति क्रुद्ध ह्वै, पार्थ-अवसान तब सब भुलाए।
कह्यौ करि कोप प्रभु अब प्रतिज्ञा तजौ, नहीं तौ जुद्ध निजु हम हराए।
'सूर' प्रभु, भक्तबत्सल-बिरद आनि उर, ताहि या बिधि बचन कहि सुनाए॥

गंगापुत्र भीष्म पितामह युद्ध-भूमि में आ गए। वे क्रुद्ध होकर घनघोर वाण-वर्षा करने लगे, तब अर्जुन के सारे होश-हवाश उड़ गए। और उसने क्रोध से कृष्ण से विनती की—हे प्रभु, अब प्रतिज्ञा छोड़िए और शस्त्र-ग्रहण करिए, नहीं तो आज के इस भीष्म युद्ध में हम पराजित हो जायँगे।

तब श्रीकृष्ण ने अपनी भक्त-वत्सलता के विरद का स्मरण करके अर्जुन से इस प्रकार कहा।

अर्जुन के प्रति भगवान् के वचन *५३/२७२ राग बिलावल*

हम भक्तनि के, भक्त हमारे।
सुनि अर्जुन परतिज्ञा मेरी, यह ब्रत टरत न टारे।
भक्तनि काज लाज जिय धरि कै, पाइ पियादे धाऊँ।
जहँ-जहँ भीर परै भक्तनि कौं, तहँ-तहँ जाइ छुड़ाऊँ।
जो भक्तनि सौं बैर करत है, सो बैरी निज मेरौ।
देखि बिचारि भक्त-हित-कारन, हाँकत हौं रथ तेरौ।
जीतैं जीति भक्त अपनैं के, हारैं हारि बिचारौं।
'सूरदास' सुनि भक्त-बिरोधी, चक्र सुदरसन जारौं॥

कृष्ण ने अर्जुन से कहा—''हे अर्जुन, मेरी प्रतिज्ञा सुनो—'मैं भक्तों का हूँ और भक्त मेरे हैं।' मेरा यह अटल व्रत टालने से भी टल नहीं सकता। भक्तों की लाज बचाने के लिए मैं अपने मन में निश्चय करके, गरुड़ को छोड़कर पैदल ही दौड़ पड़ता हूँ। जहाँ-जहाँ मेरे भक्तों पर संकट आता है, मैं वहाँ-वहाँ पहुँचकर उनको आपदा-मुक्त करता हूँ। जो मेरे भक्तों से बैर करते हैं, वे मेरे बैरी हैं। तुम्हीं विचार कर देख लो, तुम मेरे भक्त हो और

तुम्हारी इस भक्ति के कारण ही तो मैं तुम्हारा सारथी बनकर तुम्हारा रथ हाँक रहा हूँ। मैं अपने भक्त की जीत में अपनी जीत मानता हूँ और उसकी पराजय में अपना पराजय समझता हूँ। जो मेरे भक्तों का विरोधी है, मैं उसे अपने चक्र-सुदर्शन से जला देता हूँ।"

भगवान का चक्र-धारण *५४/२७३ राग सारंग*

गोबिंद कोपि चक्र कर लीन्हौ।
छाँड़ि आपनौ प्रन जादवपति, जन कौ भायौ कीन्हौ।
रथ तैं उतरि अवनि आतुर ह्वै, चले चरन अति धाए।
मनु संचित भू-भार उतारन, चपल भए अकुलाए!
कछुक अंग तैं उड़त पीतपट, उन्नत बाहु बिसाल।
स्त्रवत सोनकर, तन सोभा, छबि-घन बरसत मनु लाल।
'सूर' सु भुजा समेत सुदरसन, देखि बिरंचि भ्रम्यौ।
मानौ आन सृष्टि करिबे कौं, अंबुज नाभि जम्यौ।

भक्त भीष्म की इस प्रतिज्ञा को सुनकर कि मैं आज हरि को शस्त्र ग्रहण करने के लिए बाध्य कर दूँगा, गोविंद ने कुपित होकर रथ के पहिए को ही अपने हाथ में उठा लिया और अपनी शस्त्र ग्रहण न करने की प्रतिज्ञा को छोड़कर, भक्त भीष्म के मन की कर दी। वे रथ से उतर कर उतावली में पृथ्वी पर पैदल ही तेजी से दौड़ पड़े, मानो पृथ्वी पर राशीभूत हुए भार को उतारने के लिए वे आकुल होकर अत्यंत चंचल हो उठे हों। उनकी विशाल भुजाएँ ऊपर उठी हुई थीं और उनके शरीर से लिपटा उनका पीतांबर फड़फड़ा कर उड़ने लगा। उनके शरीर पर रक्त की बूँदे छा गई थीं, रक्त प्रस्त्रवित हो उठा था। उस समय उनके शरीर की ऐसी शोभा हो रही थी मानो काला-बादल लाल जल बरसा रहा हो।

कृष्ण के हाथ में वह रथ-चक्र सुदर्शन-चक्र सा लग रहा था। उसे देखकर ब्रह्मा भी फेर में पड़ गए। उन्हें लगा जैसे दूसरी सृष्टि रचने के लिए विष्णु की नाभि से सनाल कमल ही उग आया हो।

५५/२७४ राग मलार

बरु मेरी परतिज्ञा जाउ।
इत पारथ कोप्यौ है हम पर, उत भीषम भट-राउ।
रथ तैं उतरि चक्र कर लीन्हौ, सुभट सामुहैं आए।
ज्यौं कंदर तैं निकसि सिंह, झुकि, गज-जूथनि पर धाए।
आइ निकट श्रीनाथ निहारे, परी तिलक पर दीठि।
सीतल भई चक्र की ज्वाला, हरि हँसि दीन्ही पीठि।
जय-जय-जय चिंतामनि स्वामी, सांतनु-सुत यौं भाखै।
तुम जिनु ऐसौ कौन दूसरौ, जो मेरौ प्रन राखै।
साधु-साधु सुरसरी-सुवन तुम, नहिं प्रन लागि डराऊँ।
'सूरजदास' भक्त दोऊ दिसि, कापर चक्र चलाऊँ॥

कृष्ण ने सोचा—मेरी शस्त्र न ग्रहण करने की प्रतिज्ञा भले ही भंग हो जाय, पर मेरे भक्तों की बात न जानी चाहिए। इधर पार्थ मुझ पर कुपित हैं, उधर योद्धाओं के राजा भीष्म।

ऐसा सोचकर वे रथ से उतर आए और एक हाथ में रथ का पहिया ही उठाए हुए सुभटों के सामने ऐसे आ गए, जैसे अपनी गुफा से निकल कर क्रुद्ध शेर झपटकर हाथियों के समूह पर दौड़ पड़ा हो। निकट आकर श्री के स्वामी (विष्णु के अवतार) कृष्ण की दृष्टि भीष्म के मस्तक पर लगे हुए चंदन के तिलक पर पड़ गई। भक्ति के सूचक उस तिलक को देखते ही चक्र की भयानक ज्वाला स्वतः ठंडी पड़ गई और हरि हँसकर पीछे लौट पड़े, अपनी पीठ दिखा दी।

तब शांतनु के पुत्र भीष्म ने कहा—हे चिंतामणि स्वामी, हे भक्तों की मनोकामना को पूर्ण करने वाले प्रभु, तुम्हारी जय हो, जय हो। तुम्हारे अतिरिक्त और कौन है, जो मेरे प्रण की रक्षा कर सकता है।

इस पर कृष्ण ने कहा—हे गंगा के पुत्र, तुम्हें धन्य है, मैं अपने प्रण-भंग से नहीं डरता, पर इस समय समस्या यह है कि मेरे आगे-पीछे दोनों ओर मेरे दो भक्त खड़े हैं। एक ओर भीष्म, दूसरी ओर अर्जुन। मैं किसपर चक्र चलाऊँ—तुमपर या अर्जुन पर। यही असमंजस की स्थिति है।

अर्जुन और भीष्म का संवाद ५६/२७५

''कहौ पितु, मोसौं सोइ सतिभाव।
जातैं दुरजोधन-दल जीतौं, किहिं बिधि करौं उपाव''।
''जब लगि जिय घट-अंतर मेरैं, को सरबरि करि पावै ?
चिरंजीव तोलौं दुरजोधन, जियत न पकर्यौ आवै।
कौरव छाँड़ि भूमि पर, कैसैं दूजो भूप कहावै ?
तौ हम कछु न बसाइ पार्थ, जौ श्रीपति तोहिं जितावै''।
''अब मैं सरन तुम्है तकि आयौ, हमैं मंत्र कछु दीजै।
नातरु कुटुँब सैन संहरि सब, कौन काज कौं जीजै''।
''द्रुपद-कुमार होइ रथ आगैं, धनुष गहौ तुम बान।
ध्वजा बैठि हनुमत गल गाजै, प्रभु हाँकै रथ-यान।
केतिक जीव कृपिन मम बपुरौ, तजै कालहू प्रान।
'सूर' एकहीं बान बिदारै, श्री गोपाल की आन''॥

अर्जुन भी भीष्म के पास मंत्रणा के लिए गए और बोले—हे पितामह, मुझसे सच-सच कहें, मैं कौन-सा उपाय करूँ, जिससे दुर्योधन की सेना पर विजय प्राप्त कर लूँ।

भीष्म ने कहा—''जब तक मेरे शरीर में प्राण है, तब तक युद्ध में कोई कैसे मेरी बराबरी कर सकता है। और जब तक मैं हूँ, दुर्योधन चिरंजीव रहेगा और उसे कोई पकड़ नहीं सकेगा। तब तक कौरवों को छोड़कर कोई अन्य कैसे राजा कहा जा सकेगा। हाँ, यदि भगवान ही तुम्हें जिता दें, तो बात ही दूसरी है।''

इस पर अर्जुन ने पुनः भीष्म से कहा—"अब तो मैं आपकी शरण में आ गया हूँ। कुछ उपाय बताइए। नहीं तो सारी सेना और सारे परिवार का विनाश ही विनाश कर डालिए। न जीतने पर जीना व्यर्थ है।"

तब भीष्म ने कहा—"यदि द्रुपद का बेटा, द्रौपदी का भाई, शिखंडी मेरे रथ के आगे आ जाय, तुम धनुष बाण लिए रहो, तुम्हारे रथ की ध्वजा पर बैठकर हनुमान गला फाड़कर गरज रहे हों, प्रभु कृष्ण स्वयं तुम्हारा रथ हाँक रहे हों, तब उनके सामने मेरा ही कृपिण जीव बेचारा क्या है, स्वयं काल भी आ जाय, तो उसे प्राण-त्याग करना पड़ेगा। मैं श्री गोपाल की शपथ खाकर कहता हूँ कि ऐसी स्थिति में मुझे तुम्हारा एक ही वाण विदीर्ण कर सकता है।"

भीष्म का देह-त्याग *५७/२७६ राग सारंग*

पारथ भीषम सौं मति पाइ। कियौ सारथी सिखंडी आइ।
भीषम ताहि देखि मुख फेर्‌यौ। पारथ जुद्ध-हेत रथ प्रेर्‌यौ।
कियौ जुद्ध अतिहिं बिकरार। लागी चलन रुधिर की धार।
भीषम सर-सज्या पर पर्‌यौ। पै दछिनाइनि लखि नहिं मर्‌यौ।
हरि पांडव-समेत तहँ आए। 'सूरज' प्रभु भीषम मन भाए॥

अर्जुन ने भीष्म पितामह का मंत्र पाकर शिखंडी को उस दिन अपने रथ का सारथी बनाकर रथ के अग्र भाग पर बैठा लिया। भीष्म ने सामने उस शिखंडी (नपुंसक हिजड़े) को देखकर युद्ध से मुँह फेर लिया, विमुख हो गए। और अर्जुन ने युद्धार्थ रथ को आगे बढ़ा दिया। अर्जुन ने विकराल युद्ध किया। रण-भूमि में लहू की नदी बह चली। भीष्म स्वयं घायल होकर बाणों की सेज पर पड़ गए। उस समय सूर्य दक्षिणायन था, अतः उन्होंने अपने निकलते प्राणों को रोका और उस समय नहीं मरे। सूर्य के उत्तरायण होने पर मरे।

भीष्म के शर-शय्या पर पड़ जाने के उपरांत पांडवों के साथ कृष्ण वहाँ आए इन सबका आना भीष्म को बहुत अच्छा लगा।

५८/२७७ राग सारंग

हरि सौं भीषम बिनय सुनाई। कृपा करी तुम जादवराई!
भारत मैं मेरौ प्रन राख्यौ। अपनौ कह्यौ दूर करि नाख्यौ।
तुम बिन प्रभु को ऐसी करै। जो भक्तनि कैं बस अनुसरै।
तुव दरसन सुर-नर-मुनि दुर्लभ। मोकौं भयौ सो अतिहीं सुर्लभ।
दूर नहीं गोबिंद वह काल। 'सूर' कृपा कीजै गोपाल॥

कृष्ण से भीष्म पितामह ने निवेदन किया—"हे यदुराज, तुमने इस समय यहाँ आकर मुझ पर बड़ी कृपा की है। तुमने युद्ध में भी मेरे प्रण की रक्षा की और शस्त्र उठाया। अपनी कही हुई बात को खंडित हो जाने दिया। हे प्रभु! तुम्हारे अतिरिक्त और कोई दूसरा ऐसा नहीं कर सकता। कोई भी अपने भक्तों की इच्छा के अनुसार काम नहीं कर सकता।

तुम्हारा दर्शन तो देवता, मनुष्य, मुनि सभी के लिए दुर्लभ क्या, अलभ्य है। मुझे तुम्हारा दर्शन, तुम्हारी कृपा से, अत्यंत सुलभ हो गया है। हे गोविंद अब मेरा मृत्यु-काल अत्यंत निकट है। हे गोपाल, मुझपर कृपा कर दें।"

५९/२७८ राग सारंग

गोबिंद, अब न दूरि वह काल।
दीनानाथ, देवकी-नंदन, भक्तबछल गोपाल!
मैं भीषम, तुम कृष्न सारथी, किये पीतपट लाल।
बहुत सनाह समर सर बेधे, ज्यों कंटक नल-नाल।
तुम्हैं चरन-कमल मो मस्तक, कत ताकौं सर-जाल?
'सूरदास' जन जानि आपनौ, देहु अभय की माल॥

शरशय्या पर पड़े भीष्म पितामह ने कृष्ण से कहा—हे गोविंद, हे दीनानाथ, हे देवकीनंदन, हे भक्त परायण, हे गोपाल, अब मेरा मृत्युकाल दूर नहीं है। युद्ध क्षेत्र में मैं भीष्म था, अत्यंत भयानक था और हे कृष्ण, तुम अर्जुन के सारथी थे। मैंने अपने वाणों से तुम्हारे पीतांबर को रक्त-विंदुओं से लाल कर दिया था। मैंने इस युद्ध में अनेक कवच वाणों से विद्ध कर दिए। वे वाण ऐसे लगते थे, जैसे कमल--नाल में काँटे। कहाँ मेरा मस्तक तुम्हारे चरण-कमलों पर होना चाहिए था, कहाँ मैंने उन पर वाण-वर्षा की। हे प्रभु अपना भक्त जानकर क्षमा करें और मुझे अभय की माला पहना दीजिए। निर्भय कर दीजिए।

६०/२७९ राम मलार

वा पट पीत की फहरानि।
कर धरि चक्र, चरन की धावनि, नहिं बिसरति वह बानि।
रथ तैं उतरि, चलनि आतुर है, कच रज की लपटानि।
मानौ सिंह सैल तैं निकस्यौ, महा मत्त गज जानि।
जिन गोपाल मेरौ प्रन राख्यौ, मेटि बेद की कानि।
सोई 'सूर' सहाइ हमारे, निकट भए हैं आनि॥

भीष्म पितामह अपने अंतिम समय में कृष्ण को देखकर सोचने लगे—जब कृष्ण रथ का पहिया उठाकर, तीव्र गति से मेरी ओर दौड़े, तब उनका पीतांबर फहराने लगा था। वे रथ से उतर कर अत्यंत उतावली में मेरी ओर चले आ रहे थे। उनके बालों में युद्ध-भूमि की उठी हुई धूल लिपट गई थी। ऐसा लगता था जैसे सामने मतवाला हाथी जानकर सिंह पर्वत की अपनी कंदरा से निकला चला आ रहा हो। कृष्ण का वह रूप मुझे भुलाने से भी नहीं भूलता।

जिन गोपाल ने वेद की मर्यादा मिटाकर अपने सत्य-संकल्प को खंडित हो जाने दिया और मेरे प्रण की रक्षा के लिए अपने कर में चक्र धारण कर लिया, वे ही मेरी इस मृत्यु बेला में सहायक होकर मेरे पास आ गए हैं। (मैं धन्य हूँ)।

भीषम धरि हरि कौ उर ध्यान। हरि के देखत तजे परान।
तासु क्रिया करि सब गृह आए। राजा सिंहासन बैठाए।
हरि पुनि द्वारावती सिधाए। 'सूरदास' हरि के गुन गाए॥

भीष्म ने हरि का ध्यान किया और हरि को देखते-देखते प्राण-त्याग कर दिया। उनकी अंत्येष्टि क्रिया करके सब घर वापस आए और कृष्ण ने युधिष्ठिर को राज-सिंहासन पर बैठा दिया। तदनंतर कृष्ण द्वारिकापुरी लौट गए। सूरदास भी हरि का गुणानुवाद करते हुए बैठे हैं।

भगवान् का द्वारिका-गमन — *६२/२८१ राग बिलावल*

धर्मपुत्र कौं दै हरि राज। निज पुर चलिबे कौं कियौ साज।
तब कुंती बिनती उच्चारी। सुनौ कृपा करि कृष्न मुरारी।
जब-जब हमकौं बिपदा परी। तब-तब प्रभु सहाइ तुम करी।
तुम बिन हमहिं राज किहिं काम ? 'सूर' बिसारहु हमैं न स्याम॥

धर्मराज युधिष्ठिर को इंद्रप्रस्थ का राजा प्रतिष्ठित कर कृष्ण ने अपने नगर द्वारिका चलने की तैयारी की। तब कुंती ने प्रार्थना की—हे कृष्ण मुरारी, कृपा करके मेरी बात सुनिए। जब-जब हमारे ऊपर किसी भी प्रकार की आपदा आई, तब-तब हे प्रभु तुमने हमारी सहायता की है। तुम्हारे बिना हमें इस राज्य से क्या प्रयोजन। हे श्याम, हमें भुलाना मत।

कुंती-विनय — *६३/२८२ राग कान्हरौ*

प्रभु जू, बिपदा भली बिचारी।
धिक यह राज बिमुख चरननि तैं, कहति पांडु की नारी।
लाखा-मंदिर कौरव रचियौ, तहँ राखे बनवारी।
अंबर हरत सभा मैं कृष्ना, सोक-सिंधु तैं तारी।
अतिथि रिषीस्वर सापन आए, सोच भयौ जिय भारी।
स्वल्प साग तैं तृप्त किए सब, कठिन आपदा टारी।
जन अर्जुन की रच्छा कारन, सारथि भए मुरारी।
सोई 'सूर' सहाइ हमारे, संतनि के हितकारी॥

कृष्ण के द्वारिका चलते समय, पांडु की रानी कुंती, उनसे विनती करने लगी—इस राजपाट को धिक्कार है, क्योंकि यह तुम्हारे चरण कमलों से रहित है। इससे तो वह विपत्तिकाल अच्छा था, जब तुम्हारा दर्शन हमें प्राप्त होता रहता था और तुम्हारा मार्गदर्शन हमें मिलता रहता था। कौरव दुर्योधन ने लाक्षा-गृह बनवाया। वह हमें उसमें जला देना चाहता था। पर हे बनवारी, वहाँ तुमने हमारी रक्षा की। दुर्योधन भरी राजसभा में कृष्णा द्रौपदी की साड़ी उतरवा कर नंगी कर देना चाहता था। वहाँ भी तुमने उसे उस शोक-सागर से पार कर दिया। अतिथि दुर्वासा ऋषि कुपित होकर शाप देने के

लिए आए थे। उस वन देश में, घर में कुछ भी खाद्य पदार्थ न होने के कारण, हम अत्यंत चिंता में पड़ गए थे, पर तुमने थोड़े से साग-पात से उन्हें तृप्त कर दिया और उस कठिन आपदा को टाल दिया। अर्जुन की रक्षा करने के लिए तुमने उसका सारथी होना स्वीकार किया। हे संतों के हितकारी श्याम, तुम इसी प्रकार हमारी सदा सहायता करते आए हो।

६४/२८३ राग मलार

अब वे बिपदा हू न रहीं।
मनसा करि सुमिरत हे जब-जब, मिलते तब-तबहीं।
अपने दीन दास कैं हित लगि, फिरते सँग-सँगहीं।
लेते राखि पलक गोलक ज्यौं, संतत तिन सबहीं।
रन अरु बन, बिग्रह, डर आगैं, आवत जहीं-तहीं।
राखि लियौ तुमहीं जग-जीवन, त्रासनि तैं सबहीं।
कृपा-सिंधु की कथा एक रस, क्यौं करि जाति कहीं।
कीजै कहा 'सूर' सुख-संपति, जहँ जदुनाथ नहीं?

कुंती ने निवेदन किया—हे श्याम, विपत्ति पड़ने पर जब-जब हमने मन लगाकर तुम्हारा स्मरण किया है, तब-तब तुम सहायतार्थ सदैव वहाँ उपस्थित होते रहे हो। अब तो वे सारी आपदाएँ दूर हो गई हैं, अब तुम्हारा दर्शन दुर्लभ हो जायगा। अपने दीन सेवकों के कल्याण के लिए, हे प्रभु, तुम सदा हमारे साथ-साथ घूमते रहे हो। जैसे पलकें आँखों की निरंतर रक्षा करती रहती हैं, वैसे ही तुम सर्वदा हम सब की रक्षा करते आए हो। रण हो या वन हो, युद्ध हो या भय का कोई अन्य अवसर रहा हो, तुम सदा वहाँ-वहाँ सहायतार्थ उपस्थित हो जाया करते रहे हो। हे जगत्प्राण, सब भयों से तुमने हमारी रक्षा की है। हे कृपा-सिंधु, तुम्हारी दया की कथा पूर्ण रूप से कैसे कही जा सकती है। अब इस सुख, इस संपत्ति को लेकर क्या किया जाय, जहाँ हे यदुनाथ तुम नहीं हो। तुम्हारे बिना यह सारी सुख-संपत्ति व्यर्थ है।

राजा धृतराष्ट्र का वैराग्य तथा वन गमन *६५/२८४ राग बिलावल*

कौरवपति ज्यों बन कौं गयो। धर्मपुत्र विरक्त पुनि भयौ।
बरनि सुनावौं ता अनुसार। सूत कह्यौ जैसैं परकार।
भारतादि कुरुपति की जथा। चली पांडवनि की जब कथा।
बिदुर कह्यौ मति करौ अन्याइ। देहु पांडवनि राज बँटाइ।
कुरुपति कह्यौ, धान मम खाइ। पांडु-सुतनि की करत सहाइ।
याकौं ह्याँ तैं देहु निकारि। बहुरि न आवै मेरे द्वारि।
बिदुर सस्त्र सब तबहिं उतारि। चल्यौ तीरथनि मुंड उघारि।
भारत के बीतैं पुनि आयौ। लोगनि सब बृत्तांत सुनायौ।
तब पूछ्यौ, कुरुपति हैं कहाँ? कह्यौ, पांडु-सुत-मंदिर जहाँ।

राजा सेव भली बिधि करै। दंपति-आयसु सब अनुसरै।
बिदुर कह्यौ, देखौ हरि-माया। जिन यह सकल लोक भरमाया।
इहिं माया सब लोगनि लूट्यौ। जिहिं हरि कृपा करी सो छूट्यौ।
इनके पुत्र एक सौ मुए। तिन्है बिसारि सुखी ये हुए।
अब मैं उनकौं ज्ञान सुनाऊँ। जिहिं तिहिं बिधि बैराग्य उपाऊँ।
बहुरौ धर्म-पुत्र पैं आयौ। राजा देखि बहुत सुख पायौ।
करि सन्मान कह्यौ या भाइ। करी हमारी बहुत सहाइ।
लाखा-गृह तैं जरत उबारे। अरु बालापन तैं प्रतिपारे।
कौन-कौन तीरथ फिरि आए ? बिदुर सकल बृत्तांत सुनाए।
बहुरि कह्यौ, हरि-सुधि कछु पाई ? कह्यौ न कछू, रह्यौ सिर नाई।
बहुरौ कुरुपति कैं ढिग आए। पूछे समाचार सति भाए।
कह्यौ, जुधिष्ठिर सेवा करत। तातैं बहु अनंदित रहत।
कह्यौ, सुतनि-सुधि आवत कबहीं। कह्यौ, भावियै कैं बस सबहीं।
विदुर कह्यौ, सौ पुत्र तुम्हारे। पांडु-सुतनि सो सकल सँहारे।
तिनके गृह तुम भोजन करत। अरु पुनि कहत, सुखी हम रहत !
धिक तुम, धिक या कहिबे ऊपर। जीवित रहिहौ कौ लौं भू पर।
स्वान-तुल्य है बुद्धि तुम्हारी। जूठनि काज सहत दुख भारी।
द्रौपदि के तुम बसन छिनाए। इनि तव राज बहुत दुख पाए।
इनकैं गृह रहि तुम सुख मानत। अति निलज्ज, कछु लाज न आनत !
जीवनि-आस प्रबल श्रुति लेखी। साच्छात सो तुममैं देखी।
काल-अगिनि सबही जग जारत। तुम कैसे कैं जिअन बिचारत ?
आयु तुम्हारी गई सिराइ। बन चलि भजौ द्वारिकाराइ।
कुरुपति कह्यौ अंध हम दोइ। बन मैं भजन कौन बिधि होइ ?
बिदुर कह्यौ, सेवा मैं करिहौं। सेवा करत नैंकु नहिं टरिहौं।
अर्ध निसा तिनकौं लै गयौ। प्रात भए नृप बिस्मय भयौ।
बूड़ि मुए, कै कहुँ उठि गए। तिनकैं सोच नृपति बहु तए।
उहाँ जाइ कुरुपति बल-जोग। दियौ छाँड़ि तन कौं संजोग।
गंधारी सहगामिनि कियौ। बिदुर भक्त तीरथ-मग लियौ।
तिहिं अंतर नारद तहँ आए। नृप कौं सब बृत्तांत सुनाए।
नृप कैं मन उपज्यौ बैराग। भजौं 'सूर' प्रभु, अब सब त्याग ॥

जैसे ही कौरवपति धृतराष्ट्र विरक्त होकर वन में चले गए, वैसे ही धर्म-पुत्र युधिष्ठिर को भी वैराग्य हो गया। पौराणिक सूत जी ने नैमिषारण्य में ऋषियों से जैसा कुछ कहा था, मैं सूर उसी के अनुसार कह कर सुना रहा हूँ।

महाभारत के युद्धारंभ के पहले जब कृष्ण संधि का प्रस्ताव लेकर आए थे और केवल पाँच गाँवों की माँग की थी, तब विदुर ने कुरुपति दुर्योधन को समझाया था कि अन्याय मत करो। पांडव को उनका राज्य बाँट दो। इस पर दुर्योधन ने कहा—विदुर, धान्य मेरा खाता है और उलटे पांडवों की सहायता करता है। इसे यहाँ से निकाल दो। यह फिर फिरकर मेरे दरवाजे पर न आए।

तब विदुर ने दुर्योधन के दिए हुए सारे अस्त्र-शस्त्र उतार कर रख दिए और सिर उघार कर, पगड़ी विहीन होकर, वह तीर्थाटन के लिए चल पड़े। महाभारत का युद्ध समाप्त हो जाने पर विदुर अपनी तीर्थयात्रा से लौटे और लोगों ने महाभारत युद्ध का सारा वृत्तांत उन्हें सुनाया।

तब विदुर ने पूछा—कुरुपति महाराज धृतराष्ट्र कहाँ हैं? लोगों ने बताया—वे पांडवों के राज-प्रासाद में हैं। महाराज युधिष्ठिर उनकी भली-भाँति सेवा करते हैं और धृतराष्ट्र और गांधारी की सभी आज्ञाओं का पालन करते हैं।

विदुर ने कहा—भगवान् की यह माया तो देखो, जिसने सारे संसार को भुला रखा है। इस माया ने सब लोगों को लूटा है। हरि ने जिस पर कृपा की हैं, वही उनकी इस माया से बच पाया है। धृतराष्ट्र के सौ पुत्र महाभारत में मारे गए। उनके शोक को भूलकर अब ये सुखी हो रहे हैं। अब मैं इनको ज्ञान की बातें सुनाऊँगा और जिस तिस प्रकार इनके मन में वैराग्य उत्पन्न करूँगा।

ऐसा सोचकर विदुर जी महाराज युधिष्ठिर के यहाँ गए। महाराज युधिष्ठिर ने विदुर को देखकर बहुत सुख माना और उनका अत्यंत आदर किया। फिर इस प्रकार कहा—विदुर जी, आपने हमारी बहुत सहायता की हैं, आपने हमें लाक्षागृह में जलने से बचाया है। हमारे लड़कपन में भी हमारा सब प्रकार से पालन पोषण किया है। अब बताइए किन-किन तीर्थों में हो आए?

विदुर ने तीर्थयात्रा का सब वृत्तांत कह सुनाया। फिर पूछा—भगवान कृष्ण का भी कुछ समाचार पाया है?

युधिष्ठिर ने सिर झुका लिया, कुछ भी उत्तर नहीं दिया क्योंकि वे तो स्वर्ग सिधार गए थे।

फिर विदुर जी कुरुपति धृतराष्ट्र के पास आए और सहज भाव से उनका हाल-चाल पूछा।

धृतराष्ट्र ने कहा—युधिष्ठिर हमारी बहुत सेवा करते हैं। फिर बोले—हम यहाँ बहुत सुखी हैं।

तब विदुर ने पूछा—क्या कभी अपने बेटों की याद आती है?

धृतराष्ट्र ने कहा—सब भवितव्यता के बस में है।

फिर विदुर ने कहा—तुम्हारे सौ पुत्र थे। पांडु के पुत्रों ने उन सबको मार डाला। उन्हीं पांडु-पुत्रों के घर तुम भोजन करते हो और कहते हो हम यहाँ बहुत सुखी हैं?

तब विदुर जी ने धृतराष्ट्र से कहा—तुम्हारे ऐसा कहने पर कि हम यहाँ बहुत सुखी हैं, धिक्कार है। कब तक इस पृथ्वी पर बने रहना चाहते हो। तुम्हारी बुद्धि तो कुत्ते की बुद्धि

के समान हो गई है, जो जूठन खाने के लिए इतना दु:ख सह रहे हो। तुमने द्रौपदी का चीर छिनवाया। इन पांडवों ने तुम्हारे राज्य में बहुत दु:ख उठाया। अब इनके राज्य में रहकर तुम बहुत सुख मान रहे हो। तुम अत्यंत निर्लज्ज हो, तुम्हें जरा भी लज्जा नहीं आती। वेद में कहा गया है कि जिजीविषा बड़ी प्रबल होती है। सो उस जीवन की प्रबल आशा को मैंने तुममें प्रत्यक्ष देख लिया। कालाग्नि सबको जला देती है। तुम कैसे जीवित बने रहने की इच्छा करते हो? अब तुम्हारी आयु पूरी हो गई है। अच्छा तो यह होगा कि अब तुम वन में चले जाओ और वहाँ जब तक जियो, भगवान द्वारिकाधीश का भजन करते रहो।

धृतराष्ट्र बोले—हम दोनों अंधी-अंधे हैं। वन में हम किस प्रकार भजन कर सकेंगे।

आधी रात बीत जाने पर विदुर धृतराष्ट्र और गांधारी को लेकर वन में चले गए। जब सबेरा हुआ, तब महाराज युधिष्ठिर ने देखा कि धृतराष्ट्र और गांधारी दोनों नहीं हैं। उन्हें अत्यंत आश्चर्य हुआ और वे अत्यंत सोच में पड़ गए। अंधी-अंधा कहीं जल में तो नहीं डूब मरे? बड़े सबेरे उठकर कहीं अन्यत्र तो नहीं चले गए?

वन में जाकर धृतराष्ट्र ने योग-बल से शरीर त्याग दिया। गांधारी भी उनके साथ गई, सती हो गई। विदुर ने तीर्थ-यात्रा का पथ पकड़ा।

इसी बीच नारदजी युधिष्ठिर के पास आए और उन्होंने उनसे सब हाल-चाल कहा। यह सारा वृत्तांत सुनकर महाराज युधिष्ठिर के भी मन में वैराग्य उत्पन्न हो गया और वे सोचने लगे—अब समय आ गया है। मैं भी सब माया-जाल छोड़कर भगवान का भजन करूँ।

हरि-वियोग, पांडव-राज्य-त्याग, उत्तर-गमन   ६६/२८५ *राग सारंग*

हरि हरि, हरि हरि, सुमिरन करौ। हरि चरनारबिंद उर धरौ।
हरि बियोग पांडव तजि राज। गए बन, भयौ परीच्छित-राज।
कहौं सु कथा, सुनौ चित धारि। 'सूर' कह्यौ भागवतनुसारि॥

हरि का सुमिरन करते रहो। उनके चरण-कमल को अपने हृदय में धारण किए रहो। हरि के वियोग में पांडवों ने राज्य त्याग दिया और वन चले गए। तदनंतर अभिमन्यु का बेटा, पांडवों का पौत्र परीक्षित राजा हुआ। आगे की कथा, मैं सूर अब श्रीमद्‌भागवत के अनुसार कह रहा हूँ, मन लगाकर सुनो।

अर्जुन का द्वारिका जाना और शोक-समाचार लाना   ६७/२८६ *राग बिलावल*

राजा सौं अर्जुन सिर नाइ। कह्यौ, सुनौ बिनती महराइ।
बहु दिन भए, हरि-सुधि नहिं पाई। आज्ञा होइ तौ देखौं जाई।
यह कहि पारथ हरि-पुर गए। सुन्यौ, सकल जादव छै भए।
अर्जुन सुनत नैन जल धार। पर्‌यौ धरनि पर खाइ पछार।
तब दारुक संदेस सुनायौ। कह्यौ, हरि जू जो गीता गायौ।
सो सुरूप हिरदै महँ आन। रहियौ करत सदा मम ध्यान।
तब अर्जुन मन धीरज धारि। चले संग लै जे नर-नारि।

तहँ भिल्लनि सौं भई लराई। लूटे सब, बिन स्याम-सहाई।
अर्जुन बहुत दुखित तब भए। इहाँ अपसगुन होत नित नए।
रोवैं वृषभ, तुरग अरु नाग। स्यार द्यौस, निसि बोलैं काग।
कंपै भुव, वर्षा नहिं होइ। भयौ सोच नृप-चित यह जोइ।
इहिं अंतर अर्जुन फिरि आयौ। राजा कैं चरननि सिर नायौ।
राजा ताकौं कंठ लगाइ। कह्यौ, कुसल हैं जादवराइ ?
बल, बसुदेव, कुसल सब लोइ ? अर्जुन यह सुनि दीन्हौ रोइ।
राजा कह्यौ, कहा भयौ तोहिं। तू क्यों कहि न सुनावै मोहिं।
काहू असत्कार तोहिं कियौ। कै कहि दान, न द्विज कौं दियौ।
कै सरनागत कौं नहिं राख्यौ। कै तुमसौं काहू कटु भाख्यौ।
कै हरि जू भए अंतर्धान। मोसौं कहि तू प्रगट बखान।
तब अर्जुन नैननि जल डारि। राजा सौं कह्यौ बचन उचारि।
'सूरज' प्रभु बैकुंठ सिधारे। जिन हमरे सब काज सँवारे॥

महाराज युधिष्ठिर से नतमस्तक होकर अर्जुन ने कहा—हे महाराज, मेरी विनती सुनो। बहुत दिन बीत गए, हमको श्रीकृष्ण का कोई समाचार नहीं मिला। यदि आपकी अनुमति हो, तो मैं द्वारिका जाऊँ और हरि कृष्ण को देख आऊँ।

यह कहकर अर्जुन द्वारिका चले गए। वहाँ जाने पर उन्होंने सुना कि सारे यादवों का नाश हो गया। सुनते ही अर्जुन की आँखों में आँसू आ गए। वे पछाड़ खाकर धरती पर गिर पड़े।

तब श्रीकृष्ण के सारथी दारुक ने अर्जुन को हरि का संदेश सुनाया—गीता में मैंने जो कुछ कहा है, उस रूप को हृदय में बनाए रखकर सदा मेरा ध्यान करते रहना।

हरि का यह संदेश सुनकर अर्जुन को कुछ ढाढ़स हुआ। द्वारिका के बचे-खुचे नर-नारियों को लेकर वे अपनी राजधानी की ओर चल पड़े। रास्ते में अर्जुन की भीलों से लड़ाई हुई। भीलों ने सब कुछ लूट लिया, क्योंकि अब अर्जुन की सहायता करने वाले श्याम नहीं रह गए थे। तब पराजित अर्जुन बहुत दुखी हुए।

यहाँ पांडवों की राजधानी में नित्य-नए अपशकुन होने लगे। बैल घोड़े और हाथी सभी रोने लगे। दिन में गीदड़ बोलने लगे और रात में कौवे। पृथ्वी काँपने लगी, वर्षा होना बंद हो गया। ये सभी असगुन देखकर महाराज युधिष्ठिर के मन में चिंता हो गई।

इसी बीच अर्जुन द्वारिका से वापस आ गए और महाराज युधिष्ठिर के चरणों में नतमस्तक हुए। युधिष्ठिर ने अर्जुन को गले लगाया और पूछा—यदुराज कृष्ण तो कुशल से हैं न? बलदेव, वसुदेव आदि सभी भले चंगे हैं न?

युधिष्ठिर का यह प्रश्न सुनकर अर्जुन रोने लगे।

राजा युधिष्ठिर ने कहा—"अर्जुन, तुम्हें क्या हो गया है? तुम मुझे द्वारिका का समाचार क्यों नहीं कह सुनाते? क्या किसी ने तुम्हारा असत्कार किया, अपमान किया? ऐसा तो नहीं है कि तुमने किसी ब्राह्मण को कुछ दान देने के लिए कहा और नहीं दे सके?

अथवा कोई तुम्हारी शरण में आया और तुम उसे शरण नहीं दे सके? या तुमसे किसी ने कोई कड़ी बात कह दी है? अथवा स्वयं हरि जी ने तो अपनी लीला-संवरण नहीं कर ली? मुझसे तुम सब साफ-साफ कहो?''

तब अर्जुन ने राजा युधिष्ठिर से आँखों से आँसू बहाते हुए कहा—जिन कृष्ण ने हमारे सभी कार्य सँभाले थे, वे अब इस संसार में नहीं रहे। बैकुंठ चले गए।

६८/२८७ राग धनाश्री

हरि बिनु को पुरवै मो स्वारथ ?
मीड़त हाथ, सीस धुनि ढोरत, रुदन करत नृप, पारथ।
थाके हस्त, चरन-गति थाकी, अरु थाक्यौ पुरुषारथ।
पाँच बान मोहिं संकर दीन्हे, तेऊ गए अकारथ।
जाकैं संग सेत-बँध कीन्हौं, अरु जीत्यौं महभारथ।
गोपी हरी 'सूर' के प्रभु बिनु, रहत प्रान किहिं स्वारथ॥

महाराज युधिष्ठिर और अर्जुन दोनों हाथ मलने लगे और अपने सिर पीटने लगे और कहा—बिना हरि के अब हमारे स्वार्थ की पूर्ति कौन कर सकता है।

अर्जुन ने कहा—हमारे हाथ-पैर थक गए, हमारा पौरुष थक गया। शंकर जी ने मुझे जो पाँच वाण दिए थे, अब वे भी व्यर्थ हो गए। जिसके बल मैंने सेतु बाँध दिया था, बड़े-बड़े पराक्रम के काम किए थे, महाभारत का भयानक युद्ध जीता था, अब उन्हीं प्रभु के बिना भीलों ने साथ आती गोपियों को मुझसे छीन लिया। अब प्राण किस लिए बचे रहें।

६९/२८८ राग बिलावल

यह सुनि राजा रोइ पुकारे। भीमादिक रोए पुनि सारे।
रोवत सुनि कुंती तहँ आई। कहौ, कुसल जादौ-जदुराई ?
अर्जुन कह्यौ, सबै लरि मुए। हरि-बिनु सब अनाथ हम हुए।
कुंती प्रान तजे धरि ध्यान। जीवन-मरन उनहिं भल जान।
राज परीच्छित कौं नृप दीन्हौं। बज्रनाभ मथुरापति कीन्हौ।
द्रुपद-सुता समेत सब भाई। उत्तर दिसा गए हरि ध्याई।
जोग पंथ करि उन तनु तजे। 'सूर' सबै तजि हरि-पद भजे॥

कृष्ण के बैकुंठ चले जाने के समाचार से महाराज युधिष्ठिर रो उठे। भीम आदि सभी लोग रोने लगे। रोती हुई कुन्ती भी वहाँ आ गई और यादवों और यादवपति का समाचार पूछने लगी। अर्जुन ने बताया—सभी यादव आपस में लड़कर मर गए। कुन्ती ने हरि का ध्यान करके देह छोड़ दी। कुन्ती ने ही जीवन और मरण को भली-भाँति पहचाना और जाना। युधिष्ठिर ने परीक्षित को सारा राजपाट दिया और वज्रनाभ को मथुरा का राजा बना दिया। द्रौपदी के साथ पाँचों भाई हरि का ध्यान करके उत्तर दिशा में हिमालय के लिए चल पड़े। उन्होंने सर्वस्व त्यागकर हरि के चरण-कमलों का भजन किया और योग-बल से शरीर त्याग दिया।

हरि हरि, हरि हरि, सुमिरन करौ। हरि-चरनारबिंद उर धरौ।
हरि परीच्छितहिं गर्भ-मँझार। राखि लियौ निज कृपा-अधार।
कहौं सो कथा, सुनौ चित लाइ। जो हरि भजै, रहै सुख पाइ।
भारत जुद्ध बितत जब भयौ। दुरजोधन अकेल रहि गयौ।
अस्वत्थामा तापैं जाइ। ऐसी भाँति कह्यौ समुझाइ।
हमसौं तुमसौं बाल-मिताई। हमसौं कछु न भई मित्राई।
अब जो आज्ञा मोकौं होइ। छाँड़ि बिलंब करौं मैं सोइ।
राज गए का दुख नहिं कोइ। पांडव राज नहीं जो होइ।
उनके मुऐं हियै सुख होइ। जौ करि सकौ, करौ अब सोइ।
हरि सर्वज्ञ बात यह जानि। पांडु-सुतनि सौं कही बखानि।
आज सरस्वति-तट रहौ सोइ। पै यह बात न जानै कोइ।
पांडव हरि की आज्ञा पाइ। तजि गृह, रहे सरस्वति जाइ।
काहू सौं यह कहि न सुनाई। उहाँ जाइ सब रैनि बिताई।
अस्वत्थामा निसि तहँ आए। द्रौपदि-सुत तहँ सोवत पाए।
उनके सिर लै गयौ उतारि। कह्यौ, पांडवनि आयौ मारि।
बिन देखैं ताकौं सुख भयौ। देखे तैं दूनौ दुख ठयौ।
ये बालक तैं बृथा सँहारे। कहि, कुरुपति तजि प्रान-सिधारे।
अस्वत्थामा भय करि भग्यौ। इहाँ लोग सब सोवत जग्यौ।
द्रौपदि देखि सुतनि दुख पायौ। अर्जुन सौं यह बचन सुनायौ।
अस्वत्थाम न जब लगि मारौ। तब लगि अन्न न मुख मैं डारौ।
हरि-अर्जुन रथ पर चढ़ि धाए। अस्वत्थामा पै चलि आए।
अस्वत्थामा अस्त्र चलायौ। अर्जुन हूँ ब्रह्मास्त्र पठायौ।
उन दोउनि सौं भई लराई। अर्जुन तब दोउ लिए बुलाई।
अस्वत्थामा कौं गहि ल्याए। द्रौपदि सीस मूँड़ि मुकराए।
याके मारैं हत्या होइ। मनि लै छाँड़ौ सोभा खोइ।
अस्वत्थामा बहुरि खिस्याइ। ब्रह्म-अस्त्र कौं दियौ चलाइ।
गर्भ परीच्छित जारन गयौ। तब हरि ताहि जरन नहिं दयौ।
रूप चतुर्भुज गर्भ-मँझारि। ताकौं तासौं लियौ उबारि।
जन्म परीच्छित कौ जब भयौ। कह्यौ, चतुर्भुज कहँ अब गयौ?
पुनि जब हरि कौं देख्यौ जोइ। पाइ सँतोष, सुखी भयौ सोइ।
राजा जन्म-समय कौं देखि। मन मैं पायौ हर्ष बिसेखि।
गर्भ-परीच्छित रच्छा करी। सोई कथा सकल बिस्तरी।
श्रीभगवान कृपा जिहिं करै। 'सूर' सो मारैं काके मरे?

हरि का सुमरन करो और हरि के चरणारविंद को हृदय में धारण करो। हरि ने अपनी कृपा के सहारे, परीक्षित की, जब वह माँ उत्तरा के गर्भ में ही थे, रक्षा कर ली थी अब मैं परीक्षित-रक्षा-कथा कह रहा हूँ। मन लगाकर सुनो। जो भगवान का भजन करता है, वह सुख पाकर रहता है।

जब महाभारत का युद्ध बीत गया, तब दुर्योधन अकेला बच रहा। द्रोणाचार्य का पुत्र अश्वत्थामा उसके पास आया और इस प्रकार समझाकर कहा—हम तुम लड़कपन के मित्र हैं। पर मैं इस मित्रता को कुछ भी नहीं निभा सका। अब यदि मुझको कोई आज्ञा हो, तो मैं उसका अविलंब पालन करूँ।

दुर्योधन ने कहा—मुझे राज-पाट चले जाने का कोई दुख नहीं है, यदि पांडवों का राज न हो। उनके मरने से ही मेरे मन को सुख मिलेगा। यदि कर सको, तो वही करो। पांडवों को मार डालो।

हरि तो सर्वत्र हैं। उन्होंने दुर्योधन और अश्वत्थामा की यह योजना जान ली (उनको बचाने के लिए) उन्होंने पांडवों से कहा आज की रात सरस्वती नदी के किनारे सो कर बिता दो। पर ध्यान रहे, इस बात को कोई जाने नहीं।

पांडवों ने हरि की आज्ञा पाकर, अपना घर छोड़ दिया और सरस्वती के किनारे जा कर सो रहे। उन्होंने यह रहस्यमयी बात किसी से भी नहीं कही और सरस्वती तट पर जाकर सारी रात बिता दी। अश्वत्थामा रात में पांडवों के घर गया। वहाँ उसने द्रौपदी के पांचों पुत्रों को सोता पाया। वह उनके सिर काट ले गया और दुर्योधन से कहा—मैं पांडवों को मार आया। दुर्योधन ने उन पाँचों नर मुडों को देखा नहीं, पांडवों के मरण-समाचार से ही वह प्रसन्न हो गया। जब उसने उन पाँचों नर-मुडों को देखा, तब उसे दूना दुख हुआ। वह बोला, तुमने व्यर्थ ही द्रौपदी के इन पाँचों पुत्रों की हत्या कर दी। इतना कह कर कुरुपति दुर्योधन ने प्राण त्याग त्याग दिए।

अश्वत्थामा पांडवों के भय के मारे भाग गया। पांडवों के महल में जब लोग सोकर उठे, तब द्रौपदी ने अपने पाँचों पुत्रों का सिर कटा और उन्हें मरा पाया। द्रौपदी ने अर्जुन से कहा—जब तक तुम अश्वत्थामा को नहीं मार डालते, तब तक मैं अन्न-जल मुख में न डालूँगी। द्रौपदी की यह बात सुनते ही कृष्ण और अर्जुन रथ पर चढ़कर दौड़ पड़े और अश्वत्थामा के पास पहुँचे। अश्वत्थामा ने ब्रह्म अस्त्र चलाया। अर्जुन ने भी ब्रह्मास्त्र चला दिया। दोनों ब्रह्मास्त्रों में खूब लड़ाई हुई। पृथ्वी को जलती देख अर्जुन ने दोनों ब्रह्मास्त्रों को बुला लिया, क्योंकि वह ब्रह्मास्त्रों को वापस बुला लेने की विधि जानता था। अश्वत्थामा इस विधि से अनभिज्ञ था।

अर्जुन अश्वत्थामा को पकड़ लाए। द्रौपदी ने उसका सिर मूँड़कर उसे यह कह कर छोड़ दिया कि इसके मारने से ब्रह्म-हत्या ही हाथ लगेगी। अतः इसके मस्तक की मणि ही लेकर, इसको शोभाहीन करके ही, छोड़ दो।

अपमानित अश्वत्थामा इससे खिसिया गया। उसने ब्रह्मास्त्र चला दिया। वह ब्रह्मास्त्र अभिमन्यु की पत्नी उत्तरा के गर्भ में उपस्थित परीक्षित के भ्रूण को ही जलाने चला। तब हरि ने उस भ्रूण को जलने नहीं दिया, उसे बचा लिया उन्होंने उत्तरा के गर्भ में चतुर्भुज रूप में प्रवेश किया और परीक्षित को बचा लिया।

जब परीक्षित का जन्म हो गया, तब उसने कहा, जिस चततुभुज ने मेरी रक्षा की है, वह कहाँ है। शीघ्र ही उसने हरि कृष्ण को अपने सामने देखा और उसे परम सन्तोष एवं सुख मिला।

राजा युधिष्ठिर भी परीक्षित को जन्मा देख मन से विशेष रूप से सुखी एवं प्रसन्न हो गए। उन्होंने सोचा अब इस बालक से मेरा वंश चल जायगा।

भगवान ने गर्भ में परीक्षित की रक्षा की। इस कथा को सूर ने विस्तार से कहा। जिसके ऊपर भगवान कृपा कर दे, उसे कौन मार सकता है?

परीक्षित-कथा *७१/२९० राग सारंग*

हरि, हरि-भक्तनि कौं सिर नाऊँ। हरि, हरि-भक्तनि के गुन गाऊँ।
हरि, हरि-भक्त एक, नहिं दोइ। पै यह जानत बिरला कोइ।
भक्त परीच्छित हरि कौ प्यारौ। गर्भ-मँझार हुतौ जब बारौ।
ब्रह्म-अस्त्र तैं ताहि बचायौ। जुग-जुग बिरद यहै चलि आयौ।
बहुरि राज ताकौ जब भयौ। मिस दिगविजय चहूँ दिसि गयौ।
परजा सकल धर्म-रत देखी। ताकैं मन भयौ हर्ष बिसेखी।
कुरुच्छेत्र मैं पुनि जब आयौ। गाइ, बृषभ तहँ दुःखित पायौ।
तासु बृषभ कैं पग त्रय नाहिं। रोवति गाइ देखि करि ताहिं।
बृषभ धर्म, पृथ्वी सो गाइ। बृषभ कह्यौ तासौं या भाइ।
मैरैं हेत दुखी तू होत। कै अधर्म तो ऊपर होत?
गो कह्यौ, हरि बैकुंठ सिधारे। सम-दम उनहीं संग पधारे।
दया, धर्म संतोषहु गयौ। ज्ञान, छमादिक सब लय भयौ।
जज्ञ, सराध न कोऊ करै। कोऊ धर्म न मन मैं धरै।
अरु तुमकौं बिनु पाइनि देखि। मोहिं होत है दुःख बिसेखि।
सूद्रराज इहिं अंतर आयौ। बृषभ-गाइ कौं पाइ चलायौ।
ताहि परीच्छित खड्ग उठाइ। बहुरौ बचन कह्यौ या भाइ।
तू को, कौन देस है तेरौ? कै छल, गह्यौ राज सब मेरौ।
या बिधि नृपति परीच्छित कह्यौ। पै वासौं उत्तर नहिं लह्यौ।
कह्यौ बृषभ सौं, को दुखदाइ। तासु नाम मोहिं देहु बताइ।
इंद्र होइ ताहू कौं मारौं। तुम्हरौ यह संताप निवारौं।
बृषभ कह्यौ तुम ऐसेहि राउ। पै मैं लेउँ कौन कौ नाउँ?
कोउ कहै हरि-इच्छा दुख होइ। द्वितिया दुखदायक नहिं कोइ।
कोउ कहै करम होइ दुख-दाता। काहूँ दुख नहिं देत बिधाता।
कोउ कहै सत्रु होइ दुखदाई। सो तौ मैं न कीन्हि सत्राई।
काकौ नाम बताऊँ तोकौं। दुखदायक अदृष्ट मम मोकौं।
कहियत इतने दुख-दातार। तुमहीं देखौ करौ बिचार।

तब बिचार करि राजा देख्यौ । सूद्र नृपति कलिजुग करि लेख्यौ ।
बृषभ धर्म अरु पृथ्वी गाइ । इनकौं यहै भयौ दुखदाइ ।
ताहि कह्यौ तू बड़ौ अधर्मी । तो समान नहिं और कुकर्मी ।
छमा, दया, तप पग तैं काट्यौ । छाँड़ि देस मम, यह कहि डाँट्यौ ।
तिन कह्यौ, मो मैं एक भलाई । तुमसौं कहौं, सुनौ चित लाई ।
धर्म बिचारत मन मैं होइ । मनसा पाप लगै नहिं कोइ ।
राज तुम्हारौ है सब ठौर । तुम बिनु नृपति न द्वितीया और ।
जौन ठौर मोहिं आज्ञा होइ । ताही ठौर रहौं मैं जोइ ।
कही, हरि-बिमुख रु बेस्या जहाँ । सुरापान, बधिकनि गृह तहाँ ।
जूआ खेलत जहाँ जुआरी । ये पाँचौ हैं ठौर तुम्हारी ।
पाँचौ होहिं नृपति ये जहाँ । मोकौ ठौर बतावहु तहाँ ।
तब नृप ताकौं कनक बतायौ । कनक-मुकुट लखि सो लपटायौ ।
इक दिन राइ अखेटहिं गयौ । ता बन माहिं पियासौ भयौ ।
रिषि समीक कैं आस्त्रम आयो । रिषि हरि-पद सौं ध्यान लगायौ ।
राजा जल ता रिषि सौं माँग्यौ । ताकौ मन हरि-पद सौं लाग्यौ ।
राजा कौं उत्तर नहिं दियौ । तब मन माहिं क्रोध तिन कियौ ।
यह सब कलिजुग कौ परभाउ । जो नृप कैं मन भयउ कुभाउ ।
रिषि की कपट-समाधि बिचारि । दियौ भुजंग मृतक गर डारि ।
रिषि समाधि महँ त्यौंही रह्यौ । सृंगी रिषि सौं लरिकनि कह्यौ ।
सृंगी रिषि तब कियौ बिचार । प्रजा-दोष करै नृपति गुहार ।
नृपति-दोष कहियै किहिं जाइ । दियौ साप तिहिं तच्छक खाइ ।
दै करि साप पिता पहँ आयौ । देख्यौ सर्प पिता-गर नायौ ।
रोवन लग्यौ मृतक सो जान । रुदन सुनत छूट्यौ रिषि-ध्यान ।
सुत सौं कह्यौ कहा भयौ तोहिं । क्यौं न सुनावत निज दुख मोहिं ?
सृंगी रिषि तब कहि समुझायौ । नृप भुजंग तव ग्रीवा नायौ ।
यह अपराध बड़ौ उन कीन्हौ । तच्छक डसन साप मैं दीन्हौ ।
रिषि कह्यौ बहुत बुरौ तैं कीन्हौ । जो यह साप नृपति कौं दीन्हौ ।
तुव सराप तैं मरिहै सोइ । यह अपराध मोहिं सब होइ ।
सुख सौं बसत राज उनकैं सब । दुख पैहैं सो सकल प्रजा अब ।
ताकी रच्छा हरि जू करी । हरी-अवज्ञा तुम अनुसरी ।
इत राजा मन मैं पछिताइ । मैं यह कियौ बड़ौ अन्याइ ।
जाकैं हृदय बुद्धि यह आवै । ताकौ फल सो भलौ न पावै ।
रिषि सिष्यहिं भेज्यौ समुझाइ । नृप सौं कहि तू ऐसी जाइ ।
मम सुत साप दियौ या भाइ । सप्तम दिन तोहिं तच्छक खाइ ।

सृंगी यह कीन्हौ बिनु जानैं। होत कहा अब के पछितानैं।
तातैं तुम उपाइ सो करौ। जातैं भव-सागर कौं तरौ।
नृप सुनि, लाग्यौ करन बिचार। सप्तम दिन मरिबौ निरधार।
जज्ञ-दान करि सुरपुर जैयै। तहाँ जाइ कै सुख बहु पैयै।
बहुरि कह्यौ सुरपुर कछु नाहिं। पुन्य-छीन तिहिं ठौर गिराहिं।
तातैं सुत, कलत्र, सब त्याग। गहौं एक हरि-पद अनुराग।
बहुरि कह्यौ, अबकौ कहा त्याग। खोयौ जन्म बिषय-सुख-लाग।
'सूर' न हरि-पद सौं चित लायौ। इत-उत देखत जनम गँवायौ॥

मैं सूर हरि और हरि के भक्तों को सिर झुकाता हूँ और हरि तथा उनके भक्तों का गुणानुवाद करता हूँ। हरि और हरि-भक्त एक ही हैं, दो नहीं हैं। पर इस रहस्य को कोई-कोई ही जानते हैं, सब नहीं जानते।

परीक्षित भगवान के भक्त थे और भगवान को परमप्रिय थे। जब वे माँ के पेट में बच्चे ही थे, तब भगवान ने अश्वत्थामा के ब्रह्मास्त्र से उन्हें बचाया था। युग-युग से भगवान की महिमा की यह कथा चली आई है।

जब परीक्षित राजा हुआ। वह दिग्विजय करने के लिए चारों दिशाओं में गया। उसने देखा कि उसकी समस्त प्रजा धर्म में रत है। प्रजा को धर्म-रत देख उसे विशेष प्रसन्नता हुई। घूमते-घामते जब वह कुरुक्षेत्र में गया, तब उसने वहाँ एक गाय और एक बैल को महा दुखी पाया। उस बैल के तीन पैर नहीं थे, चार पैरों में से केवल एक था। गाय उस बैल को एक ही पैर का देखकर रो रही थी। बैल तो धर्म था और गाय पृथ्वी थी। बैल ने गाय से इस प्रकार कहा—तू मेरे लिए दुखी हो रही है अथवा तेरे ऊपर अधर्म हो रहा है, तू इसलिए दुखी है।

गाय ने कहा—श्रीकृष्ण बैकुंठ चले गए। शम और दम उन्हीं के साथ चले गए। दया, धर्म, संतोष सभी उनके अनुयायी हुए। ज्ञान, क्षमा सभी का नाश हो गया। न तो कोई यज्ञ करता है, न पितरों का श्राद्ध ही। कोई भी मनुष्य धर्म की बात अब सोचता ही नहीं। और तुमको तीन पैरों से हीन देखकर मुझे विशेष दुख हो रहा है।

इसी बीच वहाँ एक शूद्र आ गया, जो शूद्रों का राजा सा लगता था। उसने गाय और बैल पर पाद-प्रहार किया। इस पर परीक्षित ने उसे मारने के लिए अपनी तलवार निकाल ली। फिर उससे इस प्रकार कहा—तू कौन है? तू किस देश से आया है? तूने छल करके मेरे सारे राज्य को ले लिया है।

राजा ने इस प्रकार उस शूद्र से पूछ-ताछ की। पर उससे कोई उत्तर नहीं पाया। तब परीक्षित ने उस बैल से पूछा—तुम्हें दुख देनेवाला यह कौन है? इसका नाम मुझे बताओ। यदि यह इंद्र होगा, तो भी मैं इसे मारूँगा और तुम्हारे कष्ट को दूर करूँगा।

बैल ने कहा—महाराज परीक्षित, तुम सचमुच ऐसे ही पराक्रमी हो। फिर भी मैं किसका नाम लूँ। कोई कहता है कि भगवान की इच्छा से हम पर दुख पड़ता है और भगवान को छोड़कर कोई दूसरा दुख देनेवाला नहीं है। कोई-कोई कहता है कि कर्म या भाग्य ही दुख का दाता है, विधाता किसी को दुख नहीं देते। कोई-कोई कहता है कि शत्रु

दुख देने वाला होता है। परंतु मैंने तो किसी से शत्रुता की ही नहीं। फिर मैं किसका नाम तुमसे बताऊँ। मेरा अदृष्ट दुर्भाग्य ही मुझे दुख दे रहा है, इतने दुख देने वाले हैं, तुम्हीं विचार कर देखो, मुझे इनमें से कौन दुख दे रहा है।

तब राजा परीक्षित ने विचार कर देखा—यह शूद्र राजा तो कलियुग है। बैल धर्म हैं और पृथ्वी ही गाय है। पृथ्वी और धर्म को यह कलियुग ही दुख दे रहा है। राजा ने उस शूद्र से कहा—तू बड़ा अधर्मी है। तेरे समान कुकर्मी दुनिया में कोई नहीं। तूने धर्म के क्षमा, दया और तप ये तीन पैर काट डाले हैं। तू मेरा देश छोड़कर बाहर चला जा। ऐसा कहकर राजा ने उसे बहुत फटकारा।

उस शूद्र कलियुग ने कहा—मुझमें एक अच्छाई है। मैं तुमसे कह रहा हूँ, ध्यान देकर सुनो। (मेरे युग में) धर्म का मन में विचार करते ही धर्म हो जाता है और मन से पाप करने पर किसी को पाप नहीं लगता है। मनसा पुण्य तो होता है, मनसा पाप नहीं होता।

हे राजा, तुम्हारा राज्य तो सभी स्थानों पर है। तुम्हारे सिवा कहीं अन्य कोई राजा नहीं है। जिस स्थान पर रहने की आज्ञा दो, मैं वहाँ जाकर, देख भाल करके, रहने लगूँगा।

तब राजा ने कहा—जहाँ हरि से विमुख लोग रहते हों, जहाँ वेश्याएँ हों, जहाँ लोग शराब पीते हों, जहाँ वधिकों के घर हों, जहाँ जुआरी लोग जुआ खेलते हों, ये ही पाँचों तुम्हारे रहने के स्थान हैं।

तब कलियुग ने पूछा—महाराज ये पाँचों जहाँ एक साथ मिल जायँ, मुझे कोई स्थान बता दीजिए।

तब राजा ने कहा—इन पांचों का एक साथ जहाँ निवास हो वह एकमात्र स्वर्ण (सोना) ही है।

तब कलियुग ने राजा के स्वर्ण मुकुट को देखा और उसी में समा गया।

एक दिन राजा परीक्षित बन में अहेर खेलने गए। इस बन में उन्हें प्यास लग गई।

वह शमीक ऋषि के निकट ही स्थित आश्रम में अपनी प्यास बुझाने गए। उस समय ऋषि भगवान के ध्यान में मग्न थे। राजा ने ऋषि से पीने के लिए पानी माँगा। पर ऋषि तो समाधिस्थ थे, उन्होंने राजा की बात सुनी ही नहीं, अतः उत्तर भी नहीं दे सके। तब राजा ने इसे अपनी उपेक्षा समझकर ऋषि पर क्रोध किया। यह सब कलियुग का प्रभाव था, जो राजा के मन में दुर्भाव पैदा हुआ। उन्होंने समझा कि ऋषि ने झूठी समाधि लगा रखी है और जान बूझकर मेरी उपेक्षा कर रहा है। उन्होंने एक मरा साँप ऋषि के गले में डाल दिया। पर शमीक ऋषि को कुछ भी भान न हुआ। वे पूर्ववत् ध्यानावस्थित बने रहे।

कुछ लड़कों ने इस घटना को देखा। वे शमीक ऋषि के पुत्र शृंगी ऋषि के पास गए और बताया कि तुम्हारे बाप के गले में राजा ने एक मरा साँप डाल दिया है।

तब शृंगी ने विचार किया—प्रजा जब अपराध करती है, तब न्याय के लिए राजा से गुहार की जाती है। जब राजा ही दोष करे, तब न्यायार्थ किसके पास जाया जाय। ऐसा सोचकर उन्होंने राजा को शाप दे दिया—तुमने एक मुर्दा साप मेरे बाप के गले में डाल दिया है, तुम्हें एक दिन जिंदा नाग तक्षक आज के सातवें दिन डस लेगा और तुम मर जाओगे।

शाप देने के अनंतर शृंगी ऋषि अपने पिता के पास आए और मृतक साँप को अपने पिता शमीक के गले में पड़ा हुआ देखा। शृंगी यह समझकर कि पिताजी मर गए हैं, जोर-जोर से रोने लगे। पुत्र का रोना सुनकर शमीक ऋषि की समाधि टूट गई। उन्होंने पूछा—तुम्हें क्या हो गया है, जो इतना रो रहे हो? मुझसे अपने दुख की बात क्यों नहीं कह सुनाते?

तब शृंगी ऋषि ने सब बात कहकर समझा दिया—राजा परीक्षित ने आपके गले में मरा साँप डाल दिया। उन्होंने यह भारी अपराध किया है और मैंने उनको शाप दे दिया है कि आज के सातवें दिन तुम्हें तक्षक नाग डस लेगा और तुम मर जाओगे।

शमीक ऋषि ने कहा—बेटे, तुमने यह बहुत बुरा काम किया, जो राजा को ऐसा शाप दे दिया। तुम्हारे शाप से राजा मर जायेंगे और यह सब पाप मुझे लगेगा। उनके राज्य में सभी सुख से रह रहे हैं। अब उनके अभाव में सभी प्रजा भारी दुख पाएगी। इन राजा की रक्षा तो, जब यह गर्भ में थे तब, स्वयं भगवान ने की थी। यह शाप देकर तो तुमने स्वयं भगवान की अवमानना की है।

इधर राजा परीक्षित भी मन में अत्यंत पश्चाताप कर रहे थे कि मुझसे बहुत बड़ा अन्याय हो गया। जिसके मन में ऐसी दुर्बुद्धि आ जाती है, उसका अच्छा परिणाम उसे कभी नहीं मिलता।

शमीक ऋषि ने अपने शिष्यों को समझाकर राजा के पास भेजा और कहा तुम राजा के पास जाकर इस प्रकार कहना, तुम्हें मेरे पुत्र शृंगी ने आज के सातवें दिन तक्षक नाग द्वारा डसे जाने का शाप दे दिया है। शृंगी ने यह शाप अनजान में दिया है, पर अब पछताने से क्या होता है? इसलिए हे राजा, सात दिन के भीतर तुम कुछ ऐसा उपाय करो, जिससे भव-सागर से पार उतर जाओ।

राजा परीक्षित ने शमीक ऋषि के शिष्यों से यह दुःसंवाद सुना और मन ही मन विचार करने लगे कि आज से सातवें दिन मेरी मौत सुनिश्चित है। वे सोचने लगे—यज्ञ और दान करके बैकुंठ जाया जा सकता है। वहाँ जाकर बहुत सुख उठाया जा सकता है। परंतु सुरपुर में कुछ है नहीं। पुण्य समाप्त हो जाने पर सुरपुर से इस नरपुर में पुनः आना ही पड़ता है। इसलिए बेटा, पत्नी, सब का परित्याग करके, हरि के चरण की केवल भक्ति की जाय। उन्होंने फिर सोचा—अब इस मरती बेला का त्याग कौन सा त्याग है। त्याग करना ही था, पहले क्यों नहीं किया। सारा जन्म तो विषय-वासना वाले झूठे सुख में गँवा दिया। भगवान के चरणों में कभी मन नहीं लगाया। इधर-उधर देखने में सारी जिन्दगी नष्ट कर दी।

वैराग्य उपदेश परीक्षित मन प्रति *७२/२९१ राग धनाश्री*

इत-उत देखत जनम गयौ।
या झूठी माया कैं कारन, दुहुँ दृग अंध भयौ।
जनम-कष्ट तैं मातु दुखित भई, अति दुख प्रान सह्यौ।
वै त्रिभुवनपति बिसरि गए तोहिं, सुमिरत क्यौं न रह्यौ।
श्री भागवत सुन्यौ नहिं कबहूँ, बीचहिं भटकि मर्‌यौ।
'सूरदास' कहै, सब जग बूड़्यौ, जुग-जुग भक्त तर्‌यौ॥

राजा परीक्षित सोचने लगे—इधर-उधर देखने में ही सारी जिंदगी गँवा दी। इस झूठी माया के कारण अंतर (हृदय) एवं बाहर की दोनों आँखों से अंधा हो गया। नौ माह तो माँ के गर्भ में रहा और माता को तो कष्ट देता ही रहा, स्वयं भी भारी दुख सहा। त्रिभुवन के स्वामी भगवान को मैंने भुला दिया, उनका सुमिरन क्यों नहीं किया। कभी श्रीमद्भागवत की कथा नहीं सुनी, बीच ही में भटकता, भरमता रह गया। सारा संसार भव-सागर में डूब जाता है। केवल हरि-भक्त, जुग-जुग से, भव-सागर के पार चला जाता रहा है।

७३/२९२ राग सारंग

जनम सिरोनौ अटकैं-अटकैं।
राज-काज, सुत-बित की डोरी, बिनु बिवेक फिर्‌यौ भटकैं।
कठिन जो गाँठि परी माया की, तोरी जाति न झटकैं।
ना हरि-भक्ति, न साधु-समागम, रह्यौ बीचहीं लटकैं।
ज्यौं बहु कला काछि दिखरावै, लोभ न छूटत नट कैं।
'सूरदास' सोभा क्यौं पावै, पिय-बिहीन धनि मटकैं॥

राजा परीक्षित सोच रहे हैं—मेरा सारा जीवन सांसारिक प्रलोभनों में ही अटका-अटका बीत गया। मैं राज-कार्य और पुत्र तथा धन के लोभ की डोरी में विवेकहीन होकर बैठा हुआ भटकता ही रह गया। माया की जो बड़ी गाँठ पड़ गई है, वह झटका देने पर भी नहीं टूट पा रही है। न तो भगवान की भक्ति कर पाया, न साधुओं का सत्संग ही, बीच में लटका रह गया। जैसे नट कछनी काँछ कर तरह-तरह की कलाबाजियाँ दिखलाता रहता है, पर वह लोभ-रहित नहीं हो पाता, उसी प्रकार मैं भी सांसारिक लोभ में पड़ा हुआ, तरह-तरह के कृत्य करता रहा। कोई पति विहीन नारी तरह-तरह के चटक-मटक से युक्त होकर यदि चले, तो क्या वह शोभा पा सकती है? नारी की चटक-मटक तो अपने पति को रिझाने के लिए ही है, दूसरों को लुभाने के लिए नहीं।

७४/२९३ राग सारंग

जनम सिरानौ ऐसैं-ऐसैं।
कै घर-घर भरमत जदुपति बिनु, कै सोवत, कै बैसैं।
कै कहुँ खान-पान रमनादिक, कै कहुँ बाद अनैसैं।
कै कहुँ रंक, कहूँ ईस्वरता, नट-बाजीगर जैसैं।
चेत्यौ नाहिं, गयौ टरि औसर, मीन बिना जल जैसैं।
यह गति भई 'सूर' की ऐसी, स्याम मिलैं धौं कैसैं॥

परीक्षित मन में सोचे जा रहे थे—यदुनाथ के भजन बिना यह जीवन यों ही बीत गया। या तो घर-घर डोलते फिरे, इससे मिलते, उससे मिलते। या फिर खेलते रहे या बैठे रहे, अथवा खाने-पीने में, रमण करने में या व्यर्थ के वाद-विवाद में फँसे रहे। कभी रंक बने कभी वैभवशाली। जीवन नटों और बाजीगरों के समान निरर्थक खेलकूद और कलाबाजी में बीत गया। जिंदगी का जो अवसर मिला था, इस अवसर का सदुपयोग हरि-भजन में करना था। पर मुझे चेत नहीं हुआ और मैंने यह अवसर गँवा दिया। अब तो मेरी ऐसी दशा

हो गई है, जैसे जल से बाहर पड़ी हुई मछली की होती है। मेरी ऐसी दशा हो गई है, फिर प्रभु मिलें तो कैसे मिलें।

७५/२९४ राग देवगंधार

बिरथा जन्म लियौ संसार।
करी कबहुँ न भक्ति हरि की, मरी जननी भार।
जज्ञ, जप, तप नाहिं कीन्ह्यौ, अल्प मति बिस्तार।
प्रगट प्रभु, नहिं दूरि हैं, तू देखि नैन पसार।
प्रबल माया ठग्यौ सब जग, जनम जूआ हार।
'सूर' हरि कौ सुजस गावौ, जाहि मिटि भव-भार॥

राजा परीक्षित सोचे जा रहे थे—मैंने संसार में व्यर्थ ही जन्म लिया। भगवान की भक्ति कभी भी नहीं की। गर्भ में मेरा बोझ ढोकर मेरी माँ व्यर्थ ही मरी। मैंने न यज्ञ किया, न तप किया, मैं अल्प-बुद्धि वाला जो था। तू अपने नयन खोलकर देख, प्रभु दूर नहीं हैं, प्रच्छन्न नहीं हैं, वे निकट ही हैं और प्रकट हैं। उनकी बलवती माया ने सारे संसार को ठग लिया है और हम अपने जीवन की बाजी हार गए हैं। भगवान का भजन करो। इसी से घर-घर जन्म लेने का बोझ कट सकता है, मिट सकता है।

७६/२९५ राग सोरठ

काया हरि कैं काम न आई।
भाव-भक्ति जहँ हरि-जस सुनियत, तहाँ जात अलसाई।
लोभातुर ह्वै काम मनोरथ, तहाँ सुनत उठि धाई।
चरन-कमल सुंदर जहँ हरि के, क्यौंहुँ न जाति नवाई।
जब लगि स्याम-अंग नहिं परसत, अंधे ज्यौं भरमाई।
'सूरदास' भगवंत-भजन तजि, विषय परम बिष खाई॥

परीक्षित मन में मनन कर रहे हैं—यह शरीर भगवान के काम में नहीं आया। जहाँ भाव-भक्ति की बात होती है अथवा हरि-यश सुना जा सकता है, वहाँ जाने में यह शरीर अलसाता है। जहाँ कामनाओं और अभिलाषाओं की पूर्ति होती है, वहाँ लोभ से आतुर होकर यह सुनते ही उठ दौड़ता है। जहाँ भगवान के चरण कमल हैं, वहाँ ज़ाकर इससे किसी प्रकार भी सिर झुकाते नहीं बनता। जब तक स्याम के अंगों का स्पर्श नहीं पाता, यह शरीर अंधे के सदृश भरमता, भटकता ही फिरेगा। यह शरीर भगवान का भजन छोड़कर विषय-वासना के परम जहरीले विष को खाए जा रहा है।

७७/२९६ राग धनाश्री

सबै दिन गए विषय के हेत।
तीनौं पन ऐसैं हीं खोए, केस भए सिर सेत।
आँखिनि अंध, स्त्रवन नहिं सुनियत, थाके चरन समेत।
गंगा-जल तजि पियत कूप-जल, हरि तजि पूजत प्रेत।
मन-बच-क्रम जौ भजै स्याम कौं, चारि पदारथ देत।

ऐसौ प्रभू छाँड़ि क्यौं भटकै, अजहूँ चेति अचेत।
राम नाम बिनु क्यौं छूटौगे, चंद गहैं ज्यौं केत।
'सूरदास' कछु खरच न लागत, राम नाम मुख लेत॥

परीक्षित सोचे जा रहे हैं—मेरे जीवन के सारे दिन विषय-वासनाओं में ही बीत गए। मैंने लड़कपन, जवानी, वृद्धावस्था यों ही गँवा दी। सिर के सभी बाल सफेद हो गए। आँखों से अंधा हो गया, कुछ सूझता नहीं। कानों से बहरा हो गया, कुछ सुनाई नहीं देता। पैर भी थक गए। गंगा-जल को छोड़कर कुएँ का जल पी रहे हैं। भगवान को छोड़कर प्रेत की पूजा कर रहे हैं। जो कोई मनसा वाचा कर्मणा हरि को भजता है, हरि उसे चारों पदार्थ—धर्म, अर्थ, काम और मोक्ष दे देते हैं। अरे अचेत, अब भी चेत। ऐसे उदार प्रभु को छोड़कर तू क्यों दर-दर भटकता फिर रहा है। बिना राम का नाम भजे तू इस संसार के बंदीगृह से कैसे छूट पाएगा। चंद्रमा केतु से कभी बच पाया है? कभी न कभी उसे ग्रहण लग ही जाता है। सब तज, राम भज। मुँह से 'राम-राम' कहने में तेरा क्या खर्च हुआ जाता है।

७८/२९७ राग सारंग

जौ तू राम-नाम धन धरतौ।
अबकौ जन्म, आगिलौ तेरौ, दोऊ जन्म सुधरतौ।
जम कौ त्रास सबै मिटि जातौ, भक्त नाम तेरौ परतौ।
तंदुल-घिरत समर्पि स्याम कौं, संत-परोसौ करतौ।
होतौ नफा साधु की संगति, मूल गाँठि नहिं टरतौ।
'सूरदास' बैकुंठ-पैंठ मैं, कोउ न फैंट पकरतौ॥

राजा परीक्षित सोचे जा रहे हैं—यदि तूने राम-नाम रूपी धन का संग्रह किया होता, तो तेरा यह जन्म तो सुधर ही जाता, अगला जन्म भी बन जाता। तेरे दोनों जन्म सफल हो जाते। यमराज का सभी भय समाप्त हो जाता, और तेरा नाम 'भक्त' पड़ जाता। सब लोग तुझे 'भगत जी' कहकर पुकारने लगते। भात और घी मिलाकर यदि तू भगवान को चढ़ाता और साधु-संतों को भगवान का यह प्रसाद खिलाता, परोसता, तो तुझे कई लाभ हो जाते। पहले तो तुझे साधु-संतों की संगति मिल जाती। दूसरे तेरा मूलधन गाँठ से नहीं गिरता, बराबर ज्यों का त्यों यथापूर्व बना रहता। तीसरे बैकुंठ की हाट में तेरा फेंटा पकड़नेवाला कोई नहीं रह जाता, कोई रोक-टोक करनेवाला न रहता।

७९/२९८ राग देवगंधार

सबनि सनेही छाँड़ि दयौ।
हा जदुनाथ! जरा तन ग्रास्यौ, प्रतिभौ उतरि गयौ।
सोइ तिथि-बार-नक्षत्र-लगन-ग्रह, सोइ जिहिं ठाट ठयौ।
तिन अंकनि कोउ फिरि नहिं बाँचत, गत स्वारथ समयौ।
सोइ धन-धाम, नाम सोई, कुल सोई जिहिं बिढ़यौ।
अब सबही कौ बदन स्वान लौं, चितवत दूरि भयौ।

बरष दिवस करि होत पुरातन, फिरि-फिर लिखत नयौ ।
निज कृति-दोष बिचारि 'सूर', प्रभु, तुम्हरी सरन गयौ ॥

राजा परीक्षित सोचे जा रहे हैं—हे यदुनाथ, मेरे शरीर को वृद्धावस्था ने ग्रस लिया है, मैं बूढ़ा हो गया हूँ और मेरी सारी प्रतिभा, कांति उतर गई है, विवर्ण हो गई है। फलतः जो लोग मुझे प्यार करते थे, उन सब के सब ने मुझसे स्नेह करना छोड़ दिया है। वही तिथि, दिन, नक्षत्र, लग्न और ग्रह अब भी हैं, जिन्होंने मुझे ठाटदार, शान-शौकत वाला बनाया था, पर स्वार्थ का समय निकल जाने पर, उन अनेकों—तिथि, वार, नक्षत्र, लग्न, और ग्रह को कोई नहीं बाँचना चाहता। वही धन है, वही धान्य है, वही नाम है, वही कुल है, जिसे मैंने कमाकर बढ़ाया है, पर अब सभी के मुखों को मैं कुत्ते के समान ताकता हूँ और सब दुरदुरा देते हैं। एक पल में मेरे सभी पापकृत्य पुराने हो जाते हैं और नए-नए पाप-कृत्य करने लगता हूँ। अपनी करनी का दोष विचारकर, हे प्रभु, अब मैं तुम्हारी शरण में आ गया हूँ।

८०/२९१ राग मलार

द्वै मैं एकौं तौ न भई ।
ना हरि भज्यौ, न गृह सुख पायौ, बृथा बिहाइ गई ।
ठानी हुती और कछु मन मैं, औरै आनि ठई ।
अबिगत-गति कछु समुझि परत नहिं, जो कछु करत दई ।
सुत-सनेहि-तिय सकल कुटुंब मिलि, निसि-दिन होत खई ।
पद-नख-चंद चकोर बिमुख मन, खात अँगारमई ।
बिषय-बिकार-दवानल उपजी, मोह-बयारि लई ।
भ्रमत-भ्रमत बहुतै दुख पायौ, अजहुँ न टेव गई ।
होत कहा अबके पछिताऐं, बहुत बेर बितई ।
'सूरदास' सेये न कृपानिधि, जो सुख सकल मई ॥

परीक्षित चिंतन करते जा रहे हैं—दो ही काम तो जीवन के हैं या तो भगवान का भजन कर लो या फिर घर-घरनी, पुत्र-पुत्री, धन-धान्य का सुख ले लो। पर इन दो कामों में से मेरा तो एक भी काम नहीं सिद्ध हुआ। जीवन यों ही व्यर्थ बीत गया, न तो माया मिली, न राम मिले। मैंने मन में कुछ और करने का निश्चय किया था, पर हो गया कुछ उलटा ही। दैव जो कुछ करता है, कुछ ख्याल में नहीं आता, क्योंकि वह प्रभु अविगत है, जहाँ हमारे मन की गति नहीं है। पुत्र, मित्र और परिवार के अन्य सभी लोगों से मिलकर, उनके चक्कर में पड़कर, मैं रात-दिन क्षय होता जा रहा हूँ। मेरा मन रूपी चकोर प्रभु के चरण-नख रूपी चंद्रमा से विमुख हो गया है और विषयों के अंगारे खाये जा रहा है। विषय-विकार की अग्नि जल उठी है, साथ ही मोह की विकट हवा भी बह रही है, जो उस आग को और भी प्रज्वलित करती जा रही है। भरमते-भरमते मैंने बहुत दुख उठाया है, पर अब भी पुरानी आदत नहीं छूटी। अब पछताने से क्या होता है। अब तो बहुत समय बीत गया, बहुत देर हो गई। कृपानिधि सभी सुखों से परिपूर्ण हैं। उनकी सेवा नहीं की। यही दुख है।

यह सब मेरीयै आइ कुमति ।
अपनैं ही अभिमान-दोष, दुख पावत हौं मैं अति ।
जैसैं केहरि उझकि कूप-जल, देखत अपनी प्रति ।
कूदि पर्यौ, कछु मरम न जान्यौ, भई आइ सोइ गति ।
ज्यौं गज फटिक सिला मैं देखत, दसननि डारत हति ।
जौ तू 'सूर' सुखहिं चाहत है, तौ करि बिषय-बिरति ॥

राजा परीक्षित सोच में पड़ गए हैं—यह सब मेरी ही दुर्बुद्धि है। मैं अपने घमंडी स्वभाव के कारण यह सब भारी दुख सह रहा हूँ। सिंह झुककर कूप के जल में अपनी ही परछाईं देखता है, उस परछाईं को अपना प्रतिद्वंदी शेर समझकर उससे लड़ने के लिए उस कुएँ में स्वयं कूद जाता है। यह उस सिंह की कुमति ही तो है। वह अपनी परछाईं के भ्रम को नहीं जान पाता। वही मेरी गति, दशा, आ बनी है। हाथी स्फटिक शिला में अपना प्रतिबिंब देखता है, उसे दूसरा हाथी समझ लेता है और अपने दांत शिला-प्रतिबिंब हाथी के दांतों से भिड़ा देता है और अपने दाँत तोड़ लेता है। यही दशा मेरी है।

यदि तुम सुख चाहते हो, तो विषयों से विरक्ति करो।

८२/३०१ राग केदारौ

झूठे ही लगि जनम गँवायौ ।
भूल्यौ कहा स्वप्न के सुख मैं, हरि सौं चित न लगायौ ।
कबहुँक बैठ्यौ रहसि-रहसि कै, ढोटा गोद खिलायौ ।
कबहुँक फूलि सभा में बैठ्यौ, मूँछनि ताव दिखायौ ।
टेढ़ी चाल, पाग सिर टेढ़ी, टेढ़ैं-टेढ़ैं धायौ ।
'सूरदास' प्रभु क्यौं नहिं चेतत, जब लगि काल न आयौ ॥

परीक्षित चिंता-मग्न हैं—मैंने झूठ (माया) के लिए ही अपना जन्म गँवा दिया। मैं स्वप्न को सुख मानकर उसी में भूला-भटका पड़ा रह गया, हरि से मन नहीं लगाय। कभी परम प्रसन्न होकर बैठा रहा और गोद में लेकर लड़का खिलाता रहा, खेलाता रहा। कभी गर्व में ऐंठकर, मूँछों पर ताव देकर, सभा में बैठा रहा (और समझता रहा कि मेरे समान दूसरा कौन है)। मैं सदा टेढ़ा ही बना रहा। मेरी चाल टेढ़ी रही, मेरे सिर पर पगड़ी टेढ़ी रही और टेढ़े-टेढ़े ही दौड़ता रहा। सदा वक्र बना रहा, सरल सहज हो ही नहीं सका। मौत आने के पहले मैं क्यों नहीं सचेत हो प्रभु का भजन करता?

८३/३०२ राग केदारौ

जग मैं जीवत ही कौ नातौ ।
मन बिछुरैं, तन छार होइगौ, कोउ न बात पुछातौ ।
मैं-मेरी कबहूँ नहिं कीजे, कीजै पंच-सुहातौ ।
बिषयासक्त रहत निसि-बासर, सुख सियरौ, दुख तातौ ।

साँच-झूठ करि माया जोरी, आपुन रूखौ खातौ ।
'सूरदास' कछु थिर न रहैगौ, जो आयौ सो जातौ ॥

परीक्षित चिंता कर रहे हैं—जब तक जिंदा हैं, तभी तक संसार से नाता है। शरीर से मन (प्राण) के निकल जाने पर, शरीर जला दिया जाता है। फिर कोई मरनेवालों की बात भी नहीं पूछता। यह मैं हूँ, वह मेरा है—ऐसी बात कभी न करनी चाहिए। करें वही, जो पाँच पंचों को अच्छी लगे। रात-दिन हम विषयों में आसक्त बने रहते हैं। सुख शीतल लगता है और दुख संतप्त। सच-झूठ बोलकर हम माया (धन) जोड़ते हैं और स्वयं रूखा-सूखा खाकर दिन बिताते हैं। कुछ भी स्थिर नहीं रहता, जो आया है, वह जाता ही है। सब नश्वर है।

८४/३०३ राग धनाश्री

कहा लाइ तैं हरि सौं तोरी ?
हरि सौं तोरि कौन सौं जोरी ?
सिर पर धरि न चलैगौ कोऊ, जो जतननि करि माया जोरी ।
राज-पाट सिंहासन बैठौ, नील पदुम हूँ सौं कहै थोरी ।
मैं-मेरी करि जनम गँवावत, जब लगि नाहिं परति जम-डोरी ।
धन-जोबन-अभिमान अल्प जल, काहे कूर आपनी बोरी ।
हस्ती देखि बहुत मन-गर्वित, ता मूरख की मति है थोरी ।
'सूरदास' भगवंत-भजन बिनु, चले खेलि फागुन की होरी ॥

परीक्षित कह रहे हैं—तूने किसलिए हरि से संबंध तोड़ रखा है। खैर, तोड़ा सो तोड़ा, फिर जोड़ा किससे? (माया से ही न?) जिस माया (धन-संपत्ति) को तूने बड़े-बड़े यत्न से एकत्र किया है, उस माया को तू मरते दम अपने सिर पर लाद कर अपने साथ नहीं ले जा सकेगा। सारा राज-पाट तेरा है, सिर पर स्वर्ण मुकुट है और तू सिंहासन पर बैठा हुआ है। तेरे कोष में नील और पद्म संख्या तक स्वर्ण मुहरें हैं, पर तू उन्हें थोड़ा कहता है। १५-१५, १६-१६ अंकों तक की धनराशि तेरे लिए कम है। तू सदा यही कहता है—मैंने यह किया, मैंने वह किया, यह मेरा है। इसी अहं में तूने अपना जन्म गँवा दिया। जब तक यम की डोरी तेरे गले में नहीं पड़ जाती, तब तक तू 'मैं' और 'मेरा' के मोह में पड़ा ही रहेगा। धन और यौवन का अभिमान छिछला जल है। हे क्रूर, तू अपनी नाव उसमें क्यों डुबोए दे रहा है। अपने द्वार पर हाथी बँधा हुआ देखकर जो मन में अभिमान करता है, वह मूर्ख है, उसकी बुद्धि असत्य है। भगवान के भजन बिना वह दुनिया से वैसे ही चला जाता है, जैसे लोग होलिका जलाकर चले जाते हैं। होलिका जल जाने पर केवल राख रह जाती है, जिसे कोई नहीं पूछता।

८५/३०४ राग धनाश्री

बिचारत ही लागे दिन जान ।
सजल देह, कागद तैं कोमल, किहिं बिधि राखै प्रान?
जोग न यज्ञ, ध्यान नहिं सेवा, संत-संग नहिं ज्ञान ।
जिह्वा-स्वाद, इंद्रियनि-कारन, आयु घटति दिन-मान ।

और उपाइ नहीं रे बौरे, सुनि तू यह दै कान।
'सूरदास' अब होत बिगूचनि, भजि लै सारँगपान॥

परीक्षित कह रहे हैं—सोच-विचार में ही जीवन के एक-एक दिन बीतते जा रहे हैं। यह शरीर जलमय है, कागद से भी कोमल है। यह भला उड़ंछू हो जानेवाले प्राण को अपने भीतर किस प्रकार और कब तक रोके रह सकता है। न तो योग-साधना की, न यज्ञ किया, न प्रभु का ध्यान किया, न उनकी सेवा ही कभी की, न तो संतों की संगति की, न उनसे ज्ञान ही सीखा। बस या तो जीभ के स्वादों में लगा रहा या इंद्रियों की तृप्ति में तुष्ट हुआ रहा। इन्हीं दो चीजों में आयु के एक-एक दिन घटते गए। अरे पगले, तू कान लगाकर सुनता रह, अब तेरी फजीहत होना ही चाहती है। कमल के समान कोमल हाथों वाले भगवान के भजन के बिना कोई दूसरा उपाय नहीं है। अतः सब तज, हरि भज।

८६/३०५ राग धनाश्री

अब मैं जानी, देह बुढ़ानी।
सीस, पाउँ, कर कह्यौ न मानत, तन की दसा सिरानी।
आन कहत, आनै कहि आवत, नैन-नाक बहै पानी।
मिटि गइ चमक-दमक अँग-अँग की, मति अरु दृष्टि हिरानी।
नाहिं रही कछु सुधि तन-मन की, भई जु बात बिरानी।
'सूरदास' अब होत बिगूचनि, भजि लै सारँगपानी॥

परीक्षित कह रहे हैं—जब मैंने समझ लिया कि मेरी देह बूढ़ी हो गई, अब न तो सिर अपने बस में रह गया है, डगडग हिलने लगा है; न पैर ही अपने बस में है, ये डगमगाने लगे हैं। हाथ भी अपना कहना नहीं मान रहे हैं, काँपने लगे हैं। शरीर भी ठंडा होता जा रहा है, इसमें जवानी की गर्मी नहीं रह गई है। कहना कुछ चाहते हैं, पर मुँह से कुछ और ही निकल रहा है। आँखों से और नासिका से पानी गिर रहा है। अंग-अंग की सारी चमक-दमक, सारी कांति मिट गई है, समाप्त हो गई है। बुद्धि भी सो गई है और दृष्टि भी। न तो तन की सुधि रह गई है, न मन की बुद्धि ही। सारी बातें ही दूसरी हो गईं, बदल गईं। बस फजीहत होना चाहती है, अतः कमल के समान कोमल करों वाले भगवान को भज ले।

मन-प्रबोध *८७/३०६ राग देवंगधार*

रे मन, सुमिरि हरि हरि हरि!
सत जज्ञ नाहिंन नाम सम, परतीति करि करि करि।
हरि-नाम हरिनाकुस बिसार्‍यौ, उठ्यौ बरि बरि बरि।
प्रहलाद-हित जिहिं असुर मार्‍यौ, ताहि डरि डरि डरि।
गज-गीध-गनिका-ब्याध के अघ, गए गरि गरि गरि।
रस-चरन-अंबुज बुद्धि-भाजन, लेहि भरि भरि भरि।
द्रौपदी के लाज कारन, दौरि परि परि परि।
पांडु-सुत के बिघन जेते, गए टरि टरि टरि।

करन, दुरजोधन, दुसासन, सकुनि, अरि अरि अरि ।
अजामिल सुत-नाम लीन्हैं, गए तरि तरि तरि ।
चारि फल के दानि हैं प्रभु, रहे फरि फरि फरि ।
'सूर' श्री गोपाल हिरदै, राखि धरि धरि धरि ॥

परीक्षित अपने मन को प्रबोध दे रहे हैं—ऐ मेरे मन, हरि का सुमिरन कर ले। भगवान के नाम के समान सैकड़ों यज्ञ भी नहीं होते, इस बात का विश्वास कर ले। प्रह्लाद के पिता हिरण्यकश्यप ने प्रभु का नाम भुला दिया और उसे जलना पड़ा। प्रह्लाद के कल्याण के लिए जिस प्रभु ने नरसिंह का रूप धारण कर असुर हिरण्यकश्यप का संहार किया, उस प्रभु से तो डर। गज, गिद्ध (जटायु), गणिका (पिंगला) और व्याध (वाल्मीकि) ने प्रभु का नाम जपा और उनके सभी पाप टल गए। भगवान के चरण कमलों के रस को बुद्धि रूपी पात्र में भर ले। वह प्रभु द्रौपदी की लाज बचाने के लिए पाँव पयादे दौड़ पड़े थे। उन्होंने पांडु के पुत्रों के सारे विघ्नों को टाल दिया था। कर्ण, दुर्योधन, दुःशासन और शकुनी सभी तो पांडवों के शत्रु ही थे (पर वे उनका क्या बिगाड़ सके)। अजामिल ने मरते समय अपने बेटे नारायण को नाम लेकर बुलाया और तर गया। प्रभु धर्म, अर्थ, काम, मोक्ष इन चारों फलों को देनेवाले हैं। ये चारों फल प्रभु के पास सदैव फलते रहते हैं। अतः गोपाल को सदैव हृदय में धारण किए रह।

८८/३०७ राग केदारौ

करि मन, नंद-नंदन-ध्यान ।
सेव चरन-सरोज सीतल, तजि बिषय-रस-पान ।
जानु-जंघ त्रिभंग सुंदर, कलित, कंचन-दंड ।
काछनी कटि पीतपट, दुति कमल-केसर-खंड ।
मनौ मधुर मराल-छौना, किंकिनी-कल-राव ।
नाभि-हृद, रोमावली-अलि, चले सहज सुभाव ।
कंठ मुक्तामाल, मलयज, उर बनी बनमाल ।
सुरसरी कैं तीर मानौ, लता स्याम तमाल ।
बाहु-पानि सरोज-पल्लव, धरे मृदु मुख बेनु ।
अति बिराजत बदन-बिधु पर, सुरभि-रंजित-रेनु ।
अधर, दसन, कपोल, नासा, परम सुंदर नैन ।
चलित कुंडल गंड-मंडल, मनहुँ निर्तत मैन ।
कुटिल भ्रू पर तिलक रेखा, सीस सिखिनि-सिखंड ।
मनु मदन धनु-सर सँधाने, देखि घन-कोदंड ।
'सूर' श्रीगोपाल की छबि, दृष्टि भरि-भरि लेहु ।
प्रानपति की निरखि सोभा, पलक परन न देहु ॥

परीक्षित अपने मन से कह रह हैं—ऐ मेरे मन, नंद के नंदन, श्रीकृष्ण का ध्यान कर।

विषयों का रस पीना छोड़कर कृष्ण के शीतल चरण-कमलों की सेवा कर। उनकी पिंडुलियाँ और जटाएँ तथा त्रिभंगी रूप में उनका खड़ा होना बहुत सुंदर है। उनकी जंघाएँ तो मानो सोने का सुंदर दंड ही हों। वे कमर में पीतांबर की कछनी कसे हुए हैं। उनके शरीर की चमक तो कमल के पीले केसर के खंड सी है। कटि में किंकिणी मधुर ध्वनि कर रही है, मानो हंस-सावक मधुर स्वर में बोल रहे हैं। उनकी नाभि सरोवर के सदृश हैं और रोमावली भौंरों के समान। भौंरें सहज चाल से सरोवर की ओर उड़ते चले जा रहे हैं। उनके गले में पीले मोतियों की माला है। वे चंदन का लेप किए हुए हैं। उनके वक्षस्थल पर वनमाला सुशोभित हो रही है। लगता है जैसे गंगा के किनारे श्याम तमाल का वृक्ष हो। उनकी बाहें और हाथ कमल की पंखुड़ियों के सदृश हैं। वे अपने अधरों पर वंशी रखे हुए हैं। सुगंधित धूलि उनके मुखरूपी चंद्रमा पर अत्यंत सुशोभित हो रही है। उनके होठ, दाँत, गाल, नाक और नयन अत्यंत सुंदर हैं। उन्होंने कानों में कुंडल पहन रखे हैं। कनपटी के पास वे कुंडल चंचल रूप में हिल हिल उठते हैं, मानों स्वयं कामदेव नाच रहा हो। टेढ़ी भौंहों के ऊपर चंदन के तिलक की रेखा चर्चित है। सिर पर मोर-पंख का मुकुट है। ऐसा प्रतीत होता है मानो घन में उदित कोदंड (इंद्र धनुष) को देखकर कामदेव ने अपने धनुष पर वाण रख दिया हो। श्री गोपाल की छवि को अपने नयनों में भर लो, प्राणपति की शोभा को देखते समय पलकों को गिरने मत दो।

८९/३०८ राग केदारौ

भजि मन, नंद-नंदन-चरन।
परम पंकज अति मनोहर, सकल सुख के करन।
सनक-संकर ध्यान धारत, निगम-आगम बरन।
सेस, सारद, रिषय नारद, संत चिंतत सरन।
पद-पराग-प्रताप-दुर्लभ, रमा कौ हित-करन।
परसि गंगा भई पावन, तिहूँ पुर धर-धरन।
चित्त चिंतन करत, जग अघ हरत, तारन-तरन।
गए तरि लै नाम केते, पतित हरि-पुर-घरन।
जासु पद-रज-परस, गौतम-नारि-गति-उद्धरन।
जासु महिमा प्रगटि केवट, धोइ पग सिर धरन।
कृष्न-पद-मकरंद पावन, और नहिं सरबरन।
'सूर' भजि चरनारबिंदनि, मिटै जीवन-मरन॥

परीक्षित अपने मन को समझा रहे हैं—हे मेरे मन, नंद-नंदन कृष्ण के चरणों को भजो। वे चरण अत्यंत सुंदर, मन को हरनेवाले और सभी सुखों के करने वाले हैं। शंकर जी एवं सनक आदि इन चरणों का ध्यान करते हैं। वेद-शास्त्र इनका वर्णन करते हैं। शेषनाग, शारदा, नारद मुनि और सभी संत इनकी शरण में आने के लिए सतत चिंतन करते रहते हैं। लक्ष्मी जी का कल्याण करने वाले इनके पैरों की धूलि का प्रताप दुर्लभ है। वह पद-धूलि पाना बड़ा कठिन है। गंगा जी भी जिनके चरणों का स्पर्श पाकर परम-पवित्र

हो उठी हैं और तीनों लोकों की धरा की धरती हैं—मर्त्यलोक में भागीरथी नाम से, आकाश में मंदाकिनी नाम से और पाताल में भोगवती नाम से। जरा सा चिंतन करने मात्र से ये चरण सारे संसार के पाप को हर लेते हैं। ये जगत का उद्धार करने वाले हैं, तारन-तरन हैं। न जाने कितने पापी इनका नाम लेकर तर गए हैं और बैकुंठ में अपने-अपने घर बना लिए हैं। इनके चरणों की धूलि का स्पर्श पाकर गौतम की घरनी अहिल्या का उद्धार हो गया। इनकी महिमा का बखान निषादराज गुह ने किया और इन पैरों को धोकर अपने माथे से लगाया। कृष्ण के पद की धूलि परम पवित्र है। इनकी बराबरी कोई नहीं कर सकता। इन चरणाविंदों, पद-कमलों, को भजो और जीवन-मरण के बंधन से मुक्त हो जाओ।

१०/३०९ राग केदारौ

रे मन, समुझि सोचि-बिचारि।
भक्ति बिनु भगवंत दुर्लभ, कहत निगम पुकारि।
धारि पासा साधु-संगति, फेरि रसना-सारि।
दाउँ अबकैं पर्‍यौ पूरौ, कुमति पिछली हारि।
राखि सतरह, सुनि अठारह, चोर पाँचौ मारि।
डारि दै तू तीनि काने, चतुर चौक निहारि।
काम क्रोध रु लोभ मोह्यौ, ठग्यौ नागरि नारि।
'सूर' श्री गोबिंद-भजन बिनु, चले दोउ कर झारि॥

परीक्षित अपने मन को समझा रहे हैं—हे मेरे मन, समझो, सोचो, विचारो। वेद पुकार-पुकार कर कहते हैं कि भक्ति के बिना भगवान का मिलना कठिन है। साधुओं की संगति की चौसर लेकर, तू जीभ से नाम की गोटी चलता चल। इस बार पूरा दाँव पड़ा है, पिछली कुबुद्धि को छोड़ दे। सतरह (सत्याचरण) को रख ले, अठारह पुराणों को सुन ले, काम क्रोध मद लोभ-मोह इन पांचों चोरों को मार डाल। इस चौसर की गोटों की तीन विंदियों—माया, मोह, ममता—को फेंक दे। विश्व के चारों कोनों (सारे संसार को) भलीभाँति देख ले। काम, क्रोध और लोभ इन तीन चतुर नारियों ने मोहित करके सबको ठग लिया है। बिना गोविंद का भजन किए इस संसार से दोनों हाथ झाड़कर खाली हाथ जाना पड़ता है।

११/३१० राग सारंग

होउ मन, राम-नाम कौ गाहक।
चौरासी लख जीव-जोनि मैं, भटकत फिरत अनाहक।
भक्तनि-हाट बैठि अस्थिर ह्वै, हरि-नग निर्मल लेहि।
काम-क्रोध-मद-लोभ-मोह तू, सकल दलाली देहि।
करि हियाव, यह सौंज लादि कै, हरि कैं पुर लै जाहि।
घाट-बाट कहुँ अटक होइ नहिं, सब कोउ देहिं निबाहि।
और बनिज मैं नाहीं लाहा, होति मूल मैं हानि।
'सूर स्याम' कौ सौदा साँचौ, कह्यौ हमारौ मानि॥

परीक्षित अपने मन को समझा रहे हैं—हे मन, राम नाम के खरीदार बन जाओ। व्यर्थ के लिए चौरासी लाख योनियों में भटकते फिरते हो। भक्तों के दरबार में स्थिर-चित होकर बैठ जाओ और हरि रूपी निर्मल हीरा ले लो। काम, क्रोध, मद, लोभ, मोह इन सब को दलाली में दे दो। हिम्मत करके यह सामग्री लादकर हरि के पुर में चले जाओ। किसी भी घाट पर किसी भी कार्य में तुम्हें रोक-टोक नहीं होगी। सब तुम्हें निर्वाह देंगे, तुम्हें आगे चले जाने देंगे। किसी दूसरे व्यापार में इतना लाभ नहीं, जितना इसमें है। अन्य व्यापारों में तो लगाई पूँजी के भी घट जाने की आशंका बनी रहती है। इसलिए हमारा कहना मानो और श्याम का ही सौदा सच्चा समझो।

१२/३११ राग केदारौ

रे मन, राम सौं करि हेत।
हरि-भजन की बारि करि लै, उबरै तेरौ खेत।
मन सुवा, तन पींजरा, तिहिं माँझ राखै चेत।
काल फिरत बिलार-तनु धरि, अब धरी तिहिं लेत।
सकल बिषम-बिकार तजि, तू उतरि सायर-सेत।
'सूर' भजि गोबिंद के गुन, गुर बताए देत॥

परीक्षित अपने मन को समझा रहे हैं— हे मन, राम से प्रेम कर। तू भगवान के भजन की बाड़ बना ले, तेरी खेती बच जायगी, कोई पशु इसे चर नहीं सकेगा। यह शरीर पिंजड़ा है और मन सुग्गा है। तन रूपी पिंजड़े में मन रूपी तोते को सचेत होकर रखे रहो। काल बिल्ली का शरीर धारण करके फिर रहा है। वह उस शुक को अब पकड़ ही लेना चाहता है। तू सम्पूर्ण विषय-विकारों को तज दे और कृष्ण नाम रूपी सेतु से भवसागर को पार कर ले। इसके लिए तुझे एक सूत्र, रहस्य बताए देता हूँ, तू गोविंद के गुणों को भजा कर।

१३/३१२ राग कान्हरौ

**मन-बच-क्रम, मन, गोबिँद सुधि करि।
सुचि-रुचि सहज समाधि साधि सठ, दीनबंधु करुनामय उर धरि।
मिथ्या बाद-बिवाद छाँड़ि दै, काम-क्रोध-मद-लोभहिं परिहरि।
चरन-प्रताप आनि उर अंतर, और सकल सुख या सुख तरहरि।
बेदनि कह्यौ, सुमृतिहूँ भाख्यौ, पावन-पतित नाम निज नरहरि।
जाकौ सुजस सुनत अरु गावत, जैहै पाप-बृंद भजि भरहरि।
परम उदार, स्याम-घन-सुंदर, सुखदायक, संतत हितकर हरि।
दीनदयाल, गोपाल, गोपपति, गावत गुन, आवत ढिग ढरहरि।
अति भयभीत निरखि भवसागर, घन ज्यौं घेरि रह्यौ घट घरहरि।
जब जम-जाल पसार परैगौ, हरि बिनु कौन करैगौ धरहरि ?
'सूर' काल-बल-ब्याल ग्रसत है, श्रीपति-सरन-परत किन फरहरि॥**

परीक्षित अपने मन को समझा रहे हैं—हे मेरे मन, मनसा, वाचा, कर्मणा तू गोविंद की सुधि करता रह। हे शठ, तू शुद्ध रुचि से सहज समाधि साध और दीनबंधु, करुणासिंध प्रभु को हृदय में धारण कर। झूठ-मूठ की बहसों में मत पड़। काम, क्रोध, मद, लोभ का परित्याग कर दे। प्रभु के चरणों के प्रताप को अपने हृदय में स्थान दे। संसार के और सारे सुख इस सुख के नीचे ही हैं। वेदों ने कहा है और स्मृतियों ने भी घोषणा की है कि पतितों को पावन करने वाले भगवान का नाम नरहरि ही है, और कोई नहीं। इसका यश सुनते ही और गुणानुवाद करते ही सारा पाप-समूह गिरता पड़ता भाग जाएगा। हरि परम उदार हैं। श्याम-सुन्दर सब प्रकार का सुख देने वाले हैं। वे बराबर निरन्तर कल्याण करने वाले हैं। वे दीनदयाल, गोपाल, गोपों के पति, अपना गुणानुवाद सुनते ही दया से द्रवित होकर भक्त के पास ढुलकते हुए चले आते हैं। मैं संसार के समुद्र को देखकर अत्यंत डर गया हूँ। लगता है जैसे काले बादलों के समूह ने घहराकर, घोर गर्जना करके, मेरे घट (तन) को घेर लिया हो। जब यमराज जीव को पकड़ने के लिये अपना फंदा फैलाएँगे, तब हरि के बिना दूसरा कौन है, जो धरहरि करेगा, बचाएगा। अरे मेरे मूढ़ मन, अब भी सचेत हो जा। चारों दिशाओं से मौत की आग की ज्वाला झरहरा कर जल उठी है। बलवान मृत्यु रुपी सर्प काटना ही चाहता है। तू फुर्ती से भगवान की शरण में क्यों नहीं आ जाता?

१४/३१३ राग कान्हरौ

तिहारौ कृष्न कहत कह जात?
बिछुरैं मिलन बहुरि कब ह्वैहै, ज्यौं तरवर के पात!
सीत-बात-कफ कंठ बिरोधै, रसना टूटै बात।
प्रान लए जम जात, मूढ़-मति, देखत जननी-तात।
छन इक माहिं कोटि जुग बीतत, नर की केतिक बात?
यह जग-प्रीति सुवा-सेमर ज्यौं, चाखत ही उड़ि जात।
जम कैं फंद परयौ नहिं जब लगि, चरननि किन लपटात?
कहत 'सूर' बिरथा यह देही, एतौ कत इतरात॥

परीक्षित मन से कहते जा रहे हैं—अरे मेरे मन, कृष्ण-कृष्ण कहने में तुम्हारा क्या लगता है? जैसे वृक्ष से पत्ता जब एकबार टूटकर अलग हो जाता है, तब पुन: वह पत्ता उस वृक्ष में नहीं लग पाता, एक बार झरा, सो सदा के लिए झरा, उसी प्रकार शरीर से प्राण निकल जाने पर यह पुन: शरीर में नहीं आ मिल पाता। ठंड, वायु, कफ सभी कंठावरोध कर रहे हैं। जीभ से सीधी बात नहीं निकाल पा रही है। टूटी-फूटी वाणी ही निकल पा रही है। तेरे माता-पिता के देखते-देखते यमराज प्राण निकाल कर लिए चला जा रहा है। हरि के एक क्षण में करोड़ों युग बीते जा रहे हैं। आदमी की क्या बिसात है? संसार और संसारीजनों से हमारा यह प्रेम शुक और सेमर के प्रेम जैसा है। शुक सेमर के लाल बड़े-बड़े फूलों को बड़ी ललक से देखता है और जब खाने के लिए उसमें चोंच मारता है, तब कोई रस नहीं मिलता, केवल सूखी रूई निकलकर उड़ जाती है और शुक निराश हो जाता है। तुझे यम के फंदे में एक दिन तो पड़ना ही है। इस फंदे में पड़ने के पहले ही तू प्रभु

के चरणों में क्यों नहीं लिपट जाता? यह शरीर व्यर्थ है, इस पर तू क्यों इतरा रहा है। मानव शरीर अभिमान के लिए नहीं है, हरि-भजन के लिए है। समझा?

१५/३१४ राग केदरौ

हरि की सरन महँ तू आउ।
काम-क्रोध-बिषाद-तृष्ना, सकल जारि बहाउ।
काम कैं बस जो परै, जमपुरी ताकौं त्रास।
ताहि निसि-दिन जपत रहि, जो सकल-जीव-निवास।
कहत यह बिधि भली तोसौं, जौ तू छाँड़ै देहि।
'सूर' स्याम सहाइ हैं, तौ आठहूँ सिधि लेहि॥

परीक्षित कह रहे हैं—रे मेरे मन, तू भगवान की शरण में आ जा। काम, क्रोध, विषाद, तृष्णा को जला कर राख कर दे और उस राख को हवा में बहा दे, चाहे पानी में। जो काम के अधीन हो जाता है, उसे अवश्य यमपुरी का त्रास, दर्द, भोगना ही पड़ता है। जो प्रभु संपूर्ण जीवों में निवास करता है, उस प्रभु को दिन-रात भजता रह। मैं यह अच्छा उपाय बताए दे रहा हूँ कि तेरे शरीर त्याग देने पर, मर जाने पर, यदि श्याम तेरी सहायता करते हैं, तो तुझे आठों सिद्धियाँ (अणिमा, महिमा, लघिमा, गरिमा, ईशित्व, वशित्व, प्राप्ति, प्राकाम्य) स्वतः मिल जायँगी। (अतः हे जीव, प्रभु की शरण में आ जा, विलंब न कर)।

१६/३१५ राग कान्हरौ

दिन दस लेहि गोबिंद गाइ।
छिन न चितत चरन-अंबुज, बादि जीवन जाइ।
दूरि जब लौं जरा रोग रु, चलति इंद्री भाइ।
आपुनौ कल्यान करि लै, मानुषी तन पाइ।
रूप जोबन सकल मिथ्या, देखि जनि गरबाइ।
ऐसेहीं अभिमान-आलस, काल ग्रसिहै आइ।
कूप खनि कत जाइ रे नर, जरत भवन बुझाइ।
'सूर' हरि कौ भजन करि लै, जनम-मरन नसाइ॥

परीक्षित अपने मन से कह रहे हैं—अरे मेरे मन, जीवन के दस दिन ही शेष हैं। इनका सदुपयोग कर ले और भगवान का गुणानुवाद कर ले। तू एक क्षण के लिए भी भगवान के चरण-कमलों की चिंता नहीं करता। तेरा सारा जीवन व्यर्थ ही ऊलजलूल कामों में नष्ट होता जा रहा है। तूने मनुष्य शरीर पाया है, जब तक तू युवा है, नीरोग है, तेरी सभी इंद्रियाँ स्वाभाविक गति से काम करती जा रही हैं, तब तक तू अपना कल्याण कर ले। बुड्ढा हो जाने पर, रोगी हो जाने पर, इंद्रियों के शिथिल हो जाने पर, तू कुछ नहीं कर पाएगा। यह सुंदर रूप, यह यौवन, सभी झूठे हैं, नश्वर हैं। इन्हें देखकर गर्व न कर। तू ऐसे ही अभिमान और आलस्य में पड़ा रहेगा और काल आकर तूझे खा लेगा। फिर तुझे हरि-नाम लेने तक का अवसर न मिल पाएगा। कुआँ पहले खोदा जाता है। घर जब जलने लगता है, तब उसे

बुझाने के लिए कुआँ नहीं खोदा जा सकता। पहले से खुदे हुए कुएँ से ही आग बुझाई जा सकती है। अंधे, भगवान का भजन कर ले। यह हरि-भजन ही जन्म और मरण को नष्ट करता है, आवागमन के बंधन से मुक्त करता है।

१७/३१६ राग केदारौ

दिन द्वै लेहु गोबिँद गाइ।
मोह-माया-लोभ लागे, काल घेरै आइ।
बारि मैं ज्यौं उठत बुदबुद, लागि बाइ बिलाइ।
यहै तन-गति जनम झूठौ, स्वान-काग न खाइ।
कर्म-कागद बाँचि देखौ, जौ न मन पतियाइ।
अखिल लोकनि भटकि आयौ, लिख्यौ मेटि न जाइ।
सुरति के दस द्वार रूँधे, जरा घेरयौ आइ।
'सूर' हरि की भक्ति कीन्है, जन्म-पातक जाइ॥

परीक्षित मन को समझा रहे हैं—अरे मन, तू मोह माया लोभ में लीन है और काल ने तूझे आ घेरा है। अब तो गोविंद का गुणानुवाद कर ले। अब तो जीवन के दो ही चार दिन शेष रह गए हैं। इनका सदुपयोग भगवद्भजन करने में कर ले।

जैसे पानी में बुल्ला उठता है, वैसा ही यह तन है। जैसे पानी का यह बुलबुला हवा के लगते ही फूट जाता है, नष्ट हो जाता है, वैसे ही यह शरीर भी काल के एक झोंके से नष्ट हो जाता है। यह शरीर, यह जीवन, सभी झूठे हैं, क्षणिक हैं, नश्वर हैं। मर जाने पर इसे कुत्ते और कौवे ही तो खाएँगे। बोल, क्या श्वान और काक इसे न खा डालेंगे? ऐ मेरे मन, यदि तेरे मन को विश्वास हो, तो अपने भाग्य-लेख को पढ़कर देख ले। तू तीनों लोकों में भटकता फिरा, कर्म का लिखा मिटाया नहीं जा सका, न मिटाया जा सकेगा। भगवान को स्मरण करने के दसों दरवाजे बंद हो गए हैं, वृद्धावस्था आ गई है। बिना हरि की भगति किए जनम-जनम के पाप दूर नहीं जा पाते। हरि की भक्ति कर और जन्म-जन्मांतर के पापों से दूर हो जा।

१८/३१७ राग धनाश्री

मन, तोसौं किती कही समुझाइ।
नंद-नँदन के चरन-कमल भजि, तजि पाखँड-चतुराइ।
सुख-संपति, दारा-सुत, हय-गय, छूट सबै समुदाइ।
छनभंगुर यह सबै स्याम बिनु, अंत नाहिं सँग जाइ।
जनमत-मरत बहुत जुग बीते, अजहूँ लाज न आइ।
'सूरदास' भगवंत-भजन बिनु, जैहै जनम गँवाइ॥

परीक्षित अपने मन को समझा रहें हैं-अरे मन, तुझे कितनी बार समझा कर कहा, नंदनंदन के चरण-कमलों को भज, सारी चतुराई, सारे पाखंडों और आडंबरों को छोड़ दे। सुख, संपत्ति, पत्नी, पुत्र, हाथी, घोड़े और सभी जो तूने एकत्र किया है, यहीं छूट जायँगे, यहीं धरे रह जायँगे। बिना भगवान के भजन के यह, सब क्षण-भंगुर हैं, क्षण-मात्र में नष्ट

हो जाने वाले हैं। अंत में तेरे साथ एक भी न जायगा। तुझे बार-बार जनमते और मरते अनेक युग बीत गए, तुझे लज्जा नहीं आती। भगवान के भजन बिना तू अपना अमूल्य जीवन यों ही खो देगा। इसे मत खो, भगवान का भजन कर।

९९/३१८ राग मलार

अब मन, मानि, धौं राम दुहाई।
मन-बच-क्रम हरि-नाम हृदय धरि, ज्यौं गुरु बेद बताई।
महा कष्ट दस मास गर्भ बसि, अधोमुख-सीस रहाई।
इतनी कठिन सही तैं केतिक, अजहुँ न तू समुझाई!
मिटि गए राग द्वेष सब तिनके, जिन हरि प्रीति लगाई।
'सूरदास' प्रभु-नाम की महिमा, पतित परम गति पाई॥

परीक्षित मन को प्रबोध दे रहे हैं—हे मन, तुझे राम की शपथ, अब तो मान ले। जैसा गुरु और वेदों ने भी बताया है, उसी के अनुसार मनसा, वाचा, कर्मणा हरि का नाम हृदय में धारण कर ले। माँ के पेट में दस महीने रहकर तूने महा कष्ट सहा है, वहाँ तेरा मुँह और सिर नीचे लटका हुआ था। तूने इतना कष्ट बहुत बार सहा है, अनेक बार तू जनमा और मरा है, फिर भी तेरी समझ में यह बात नहीं आई। जिन्होंने भगवान से प्रीति लगाई, उनका अन्यों से सारा राग, सारा द्वेष, स्वतः ही मिट जाता है। यह प्रभु के नाम की महिमा है। प्रभु-नाम से पतित से पतित भी परम-गति (मोक्ष) पा लेते हैं।

१००/३१९ राग असावरी

बौरे मन, रहन अटल करि जान्यौ।
धन-दारा-सुत-बंधु-कुटुँब-कुल, निरखि निरखि बौरान्यौ।
जीवन जन्म अल्प सपनौ सौ, समुझि देखि मन माहीं।
बादर-छाँहँ, धूम-धौराहर, जैसैं थिर न रहाहीं।
जब लगि डोलत, बोलत, चितवत, धन-दारा हैं तेरे।
निकसत हंस, प्रेत कहि तजिहैं, कोउ न आवै नेरे।
मूरख, मुग्ध, अजान, मूढ़मति, नाहीं कोऊ तेरौ।
जो कोऊ तेरौ हितकारी, सो कहै काढ़ि सबेरौ।
घरी इक सजन-कुटुँब मिलि बैठैं, रुदन बिलाप कराहीं।
जैसैं काग, काग के मूऐं, काँ-काँ करि उड़ि जाहीं।
कृमि-पावक तेरौ तन भखिहैं, समुझि देखि मन माहीं।
दीन-दयाल 'सूर' हरि भजि लै, यह औसर फिरि नाहीं॥

परीक्षित मन को समझा रहे हैं—ऐ मेरे बावले मन, तूने संसार में अपने रहने को, अपने जीवन को अटल अनश्वर मान लिया है। धन, पत्नी, पुत्र, भाई, परिवार, वंश भी देख देखकर तू पगला गया है। यह जीवन, यह जन्म, अल्पकालीन है। मन में इस तथ्य को भली-भाँति समझ ले। जैसे बादल की छाया और धुएँ के धवल-गृह स्थिर नहीं रह पाते, वैसे ही यह जीवन और जन्म स्थिर नहीं रह पाते। जब तक तू जिंदा है, चलता-फिरता है,

बोलता-चालता है, आँखों से देखता है, धन और पत्नी तभी तक तेरे हैं। मरने के बाद तेरा इनसे कोई नाता नहीं रह जायेगा। जब तेरे प्राण निकल जायँगे और शरीर शव-मात्र रह जायगा, तब तेरे सभी प्रियजन तुझे प्रेत कहकर छोड़ देंगे और कोई भी तेरे निकट नहीं आवेगा। हे मूर्ख, हे मुग्ध, हे अज्ञान, हे मूढ़, यहाँ कोई भी तेरा नहीं है। जो कोई तेरे हितैषी भी रहे हैं, वे भी कहते हैं—मुर्दे को जल्दी से घर से निकालो। एक घड़ी के लिए तेरे स्वजन, तेरे परिवारी जन, तेरे शव को घेर कर बैठे रहेंगे और रोते कलपते रहेंगे। फिर वे सब उसी तरह अलग हो जायँगे, जैसे एक कौवे के मरने पर दूसरे कौवे उसके समीप घेरकर कुछ देर तक काँव-काँव करते हैं, फिर उड़ जाते हैं। तेरे सारे हितैषी भी रो गाकर तुझे छोड़ देंगे। तेरे शव को या तो जमीन में गाड़ देंगे या कीड़े-मकोड़े खाएँगे या फिर जलाए जाने पर अग्नि तुझे खा जायगी। मन में इस बात को भली-भाँति समझ ले। तुझे यह मानव शरीर मिला है, इससे दीनों पर दया करने वाले प्रभु का भजन कर ले। यह अवसर, यह नर-तन, फिर नहीं मिलेगा।

१०१/३२० राग गौरी

ते दिन बिसरि गए इहाँ आए।
अति उन्मत्त मोह-मद छाक्यौ, फिरत केस बगराए।
जिन दिवसनि तैं जननि-जठर मैं, रहत बहुत दुख पाए।
अति संकट मैं मरत भँटा लौं, मल मैं मूँड़ गड़ाए।
बुधि-बिवेक-बल-हीन, छीन-तन, सबही हाथ पराए।
तब धौं कौन साथ रहि तेरैं, खान-पान पहुँचाए।
तिहिं न करत चित अधम, अजहुँ लौं जीवत जाके ज्याए।
'सूर' सो मृग ज्यौं बान सहत नित, बिषय ब्याध के गाए॥

परीक्षित मन से कह रहे हैं—तू वे दिन भूल गया, जब इस संसार में आया था। अब मोह और मद के नशे में चूर तू दीवाना हो गया है और केश बिखेरे हुए घूमता फिर रहा है। इस संसार में आने के पहले तू माँ के पेट में जब था, तब तूने बहुत कष्ट उठाया था। अत्यंत संकटावस्था में तू भँटे (बैगन) के सदृश लटका हुआ मरा जा रहा था, तेरा सिर मल में गड़ा हुआ था। तू बुद्धि, विवेक और बल से हीन था, दुबले-पतले शरीर वाला था। पराए हाथ में पड़ा हुआ था, पराधीन था। बता, तब तेरे साथ कौन था, किसने तुझे खाना-पीना पहुँचाया था। हे अंधे, उस भगवान को अब भी तू अपने मन में नहीं ला पा रहा है। अरे उसी के जिलाने से तू जी रहा है। विषय-वासना रूपी व्याध की मधुर वीणा की ध्वनि सुनकर हिरन के समान नित्य शस्त्र प्रहार सह रहा है।

१०२/३२१ राग धनाश्री

रे मन, निपट निलज अनीति।
जियत की कहि को चलावै, मरत बिषयनि प्रीति।
स्वान कुब्ज, कुपंगु, कानौ, स्त्रवन-पुच्छ, बिहीन।
भग्न भाजन कंठ, कृमि सिर, कामिनी-आधीन।

निकट आयुध बधिक धारे, करत तीछन धार।
अजा-नायक मगन क्रीड़त, चरत बारंबार।
देह छिन-छिन होति छीनी, दृष्टि देखत लोग।
'सूर' स्वामी सौं बिमुख ह्वै, सती कैसे भोग ?

परीक्षित मन को समझा रहे हैं—रे मन, तू पूरा बेहया है, घोर अन्यायी है। जीते की कौन कहे, तू तो मर जाने के बाद भी बिषयों से प्रेम की बात करता है। तू उस कुबड़े, लँगड़े, काने, कान और पूँछ से रहित, गले में फूटी हाँड़ी के मुँहड़े को लटकाए हुए सिर में कीड़े पड़े हुए, कुत्ते के समान है, जो कुतिया के पीछे-पीछे पूँछ हिलाता डोलता है। तू भी काम-वश कामिनी के अधीन हो गया है। तू उस बकरे के समान है, जिसके पास ही वधिक अपनी पैनी छुरी की धार पत्थर पर रगड़कर और तीक्ष्ण बना रहा है, पर वह बकरा इस ओर से बेखबर रहकर मगन होकर खेलता रहता है और बारंबार चरता रहता है। लोगों के देखते-देखते यह शरीर प्रतिक्षण क्षीण होता जा रहा है। अपने पति से विमुख होकर नारी कैसे सुख-भोग सकती है ?

१०३/३२२ राग गौरी

बौरे मन, समुझि समुझि कछु चेत।
इतनौ जन्म अकारथ खोयौ, स्याम चिकुर भए सेत।
तब लगि सेवा करि निस्चय सौं, जब लगि हरियर खेत।
'सूरजदास' भरम जनि भूलौ, करि बिधना सौं हेत।

परीक्षित अपने मन को समझा रहे हैं—ऐ मेरे बावले मन, समझ ले, सचेत हो जा। तूने इतना जन्म व्यर्थ ही खो दिया, लड़कपन गया, जवानी गई, अब काले केश भी सफेद हो चले, तू बूढ़ा हो गया। जब तक खेत हरा-भरा है, शरीर में प्राण है, तब तक तू दृढ़ निश्चय करके प्रभु की सेवा कर ले। भ्रम में मत भूला पड़ा रह। भगवान की भक्ति कर ले।

१०४/३२३ राग धनाश्री

रे सठ, बिन गोबिंद सुख नाहीं।
तेरौ दुःख दूरि करिबे कौं, रिधि-सिधि फिर-फिरि जाहीं।
सिव, बिरंचि, सनकादिक मुनिजन, इनकी गति अवगाहीं।
जगत-पिता जगदीस-सरन बिनु, सुख तीनौं पुर नाहीं।
और सकल मैं देखे-ढूँढ़े, बादर की सी छाहीं।
'सूरदास' भगवंत-भजन बिनु, दुख कबहूँ नहिं जाहीं॥

परीक्षित कह रहे हैं—हे मेरे शठ मन, बिना गोविंद के भजन किए इस जीवन में सुख नहीं है। सारी ऋद्धि-सिद्धियाँ तेरा दुख दूर करने के लिए ही तो हैं, पर तू गोविंद की भक्ति नहीं करता, इसलिए वे लौटी चली जा रही हैं, तेरे पास फटक भी नहीं रही है। शिव, ब्रह्मा, सनक-बंधु, मुनि लोग सब इनकी गति का अवगाहन करते रहते हैं, इन्हीं गोविंद के ध्यान में मग्न रहते हैं। जगत के पिता, जगत के स्वामी की शरण में गए बिना तीनों लोकों में सुख नहीं है। मैंने और सभी को देख-भाल लिया है, टोह-थाह लिया है। वे सभी बादल की परछाई

जैसे चल हैं, अचल नहीं। बिना भगवान का भजन किए दुख कभी भी दूर नहीं जा सकता।

१०५/३२४ राग कान्हरौ

मन, तोसौं कोटिक बार कही।
समुझि न चरन गहे गोबिंद के, उर अघ-सूल सही।
सुमिरन, ध्यान, कथा हरिजू की, यह एकौ न रही।
लोभी, लंपट, बिषयनि सौं हित, यौं तेरी निबही।
छाँड़ि कनक-मनि-रतन अमोलक, काँच की किरच गही।
ऐसौ तू है चतुर बिबेकी, पय तजि पियत मही।
ब्रह्मादिक, रुद्रादिक, रवि-ससि, देखे सुर सब्ही।
'सूरदास' भगवंत-भजन बिनु, सुख तिहुँ लोक नहीं॥

परीक्षित अपने मन से कह रहे हैं-अरे मन, तुझसे मैंने करोड़ों बार कहा, पर तूने समझकर गोविंद के चरण की शरण नहीं ली और हृदय में पापों की पीड़ा सहता रहा। तूने न तो हरि का सुमिरन किया, न उनका ध्यान किया, न हरि की कथा कही सुनी। तूने इनमें से एक भी नहीं किया। तूने तो अपना सारा जीवन, लोभ में, लंपटता में और विषयों से प्रेम करने में बिता दिया। तूने स्वर्ण, मणि, अमूल्य रत्न को छोड़कर, काँच का टुकड़ा पकड़ रखा है। तू ऐसा चतुर चालाक बुद्धिमान है कि दूध को छोड़कर मट्ठा पीता है। कहाँ तेरी चातुरी है? कहाँ विवेक है। मैंने ब्रह्मा, रुद्र, सूर्य, चंद्रमा आदि सभी देवताओं को परख लिया, इनसे सुख मिलने वाला नहीं। बिना भगवान के भजन के तीनों लोकों में सुख कहीं नहीं है। सुख चाहता है, तो भगवान को भज।

१०६/३२५ राग परज

मन रे, माधव सौं करि प्रीति।
काम-क्रोध-मद-लोभ तू, छाँड़ि सबै बिपरीति।
भौंरा भोगी बन भ्रमै, (रे) मोद न मानै ताप।
सब कुसुमनि मिलि रस करै, (पै) कमल बँधावै आप॥ १॥
सुन परमिति पिय प्रेम की, (रे) चातक चितवन पारि।
घन-आसा सब दुख सहै, (पै) अनत न जाँचै बारि॥ २॥
देखौ करनी कमल की, (रे) कीन्हौं रवि सौं हेत।
प्रान तज्यौ, प्रेम न तज्यौ, (रे) सूख्यौ सलिल समेत॥ ३॥
दीपक पीर न जानई, (रे) पावक परत पतंग।
तनु तौ तिहिं ज्वाला जर्यौ, (पै) चित न भयौ रस-भंग॥ ४॥
मीन बियोग न सहि सकै, (रे) नीर न पूछै बात।
देखि जु तू ताकी गतिहिं, (रे) रति न घटै तन जात॥ ५॥
परनि परेवा प्रेम की, (रे) चित लै चढ़त अकास।
तहँ चढ़ि तीय जो देखई, (रे) भू पर परत निसास॥ ६॥

सुमिरि सनेह कुरंग कौ, (रे) स्त्रवननि राच्यौ राग।
धरि न सकत पग पछमनौ, (रे) सर सनमुख उर लाग ॥ ७ ॥
देखि जरनि, जड़, नारि की, (रे) जरति प्रेम के संग।
चिता न चित फीकौ भयौ, (रे) रची जु पिय कैं रंग ॥ ८ ॥
लोक-बेद बरजत सबै, (रे) देखत नैननि त्रास।
चोर न चित चोरी तजै, (रे) सरबस सहै बिनास ॥ ९ ॥
सब रस कौ रस प्रेम है, (रे) बिषयी खेलै सार।
तन-मन-धन-जोबन खसै, (रे) तऊ न मानै हार ॥ १० ॥
तैं जो रतन पायौ भलौ, (रे) जान्यौ साधि न साज।
प्रेम-कथा अनुदिन सुनै, (रे) तऊ न उपजै लाज ॥ ११ ॥
सदा सँघाती आपनौ, (रे) जिय की जीवन-प्रान।
सु तैं बिसारयौ सहज हीं, (रे) हरि, ईस्वर, भगवान ॥ १२ ॥
बेद, पुरान, सुमृति सबै, (रे) सुर-नर सेवत जाहि।
महा मूढ़ अज्ञान मति, (रे) क्यौं न सँभारत ताहि? ॥ १३ ॥
खग-मृग-मीन-पतंग लौं, (रे) मैं सोधे सब ठौर।
जल-थल-जीव जिते, तिते, (रे) कहौं कहाँ लगि और ॥ १४ ॥
प्रभु पूरन पावन सखा, (रे) प्राननि हूँ कौ नाथ।
परम दयालु कृपालु है, (रे) जीवन जाकैं हाथ ॥ १५ ॥
गर्भ-बास अति त्रास मैं, (रे) जहाँ न एकौ अंग।
सुनि सठ, तेरौ प्रानपति, (रे) तहँउ न छाँड़्यौ संग! ॥ १६ ॥
दिन-राती पोषत रह्यौ, (रे) जैसैं चोली पान।
वा दुख तैं तोहिं काढ़ि कै, (रे) लै दीनौ पय-पान ॥ १७ ॥
जिन जड़ तैं चेतन कियौ, (रे) रचि-गुन-तत्त्व-बिधान।
चरन, चिकुर, कर, नख, दए, (रे) नयन, नासिका, कान ॥ १८ ॥
असन, बसन बहु बिधि दए, (रे) औसर औसर आनि।
मातु-पिता भैया मिले, (रे) नई रुचि नई पहिचानि ॥ १९ ॥
सजन कुटुँब परिजन बढ़े, (रे) सुत-दारा-धन-धाम।
महा मूढ़ बिषयी भयौ, (रे) चित आकर्ष्यौ काम ॥ २० ॥
खान-पान-परिधान मैं, (रे) जोबन गयौ सब बीति।
ज्यौं बिट पर-तिय-सँग बस्यौ, (रे) भोर भए भई भीति ॥ २१ ॥
जैसैं सुखहीं तन बढ़्यौ, (रे) तैसैं तनहिं अनंग।
धूम बढ़्यौ, लोचन खस्यौ, (रे) सखा न सूझ्यौ संग ॥ २२ ॥
जम जान्यौ, सब जग सुन्यौ, (रे) बाढ़्यौ अजस अपार।
बीच न काहू, तब कियौ, (जब) दूतनि दीन्हीं मार ॥ २३ ॥

कहा जानै कैवाँ मुवौ, (रे) ऐसैं कुमति, कुमीच।
हरि सौं हेत बिसारि कै, (रे) सुख चाहत है नीच ! ॥ २४॥
जौ पै जिय लज्जा नहीं, (रे) कहा कहौं सौ बार ?
एकहु आँक न हरि भजै, (रे) सठ, 'सूर' गँवार ॥ २५॥

परीक्षित जी कह रहे हैं—हे मन, माँ लक्ष्मी के धव (पति) विष्णु भगवान से प्रेम कर। काम, क्रोध, मद, लोभ ये सभी विपरीत तत्व हैं, भक्ति के विरुद्ध हैं, इन्हें तू छोड़ दे।

भौंरा फूलों का उपभोग करने वाला है। वह फूलों की वास के लिए वन-वन घूमता-फिरता है, पर कमल में जाकर स्वयं बँध जाता है। इसी प्रकार तुम भी भगवान के चरण-कमलों का अपने को बंदी बना लो ॥ १ ॥

प्रिय से प्रेम करने की सीमा सुनो, चातक की स्थिति को देखो। वह स्वाति नक्षत्र के बादल की आशा में प्यास का दुख उठाता है, अन्यत्र जल की कल्पना नहीं करता—सरिता, सरोवर, सिंधु सब उसके लिए व्यर्थ हैं। इसी प्रकार तुम भी घनश्याम से ही आशा करो, अन्यत्र कहीं मत माँगने जाओ ॥ २ ॥

कमल की भी करनी देख लो। उसने सूर्य से स्नेह किया, उसने अपने प्राण तज दिए, पर प्रेम नहीं छोड़ा। सरोवर के जल के सूखने के साथ-साथ वह भी सूख गया। तुम भी प्रभु से ऐसा ही प्रेम करो ॥ ३ ॥

पतंगा दीपक से प्रेम करता है। जलते दीपक पर कूदकर जल जाता है। दीपक को शलभ की इस पीड़ा का ज्ञान नहीं होता। शलभ का शरीर भले ही दीपक की ज्वाला में जल जाय, पर उसके मन में जो प्रेम-भाव था, उसमें कमी नहीं आती। तुम भी प्रभु से ऐसा ही प्रेम करो ॥ ४ ॥

मछली पानी का वियोग नहीं सह पाती। उससे अलग होते ही मर जाती है। पानी मछली की बात भी नहीं पूछता। फिर भी मछली का पानी के प्रति प्रेम रत्ती भर भी नहीं घटता। हे मन, तुम उस मछली की गति को देखो और तुम भी प्रभु से वैसा ही प्रेम करो ॥ ५ ॥

कबूतर की प्रेम पद्धति को देखो। वह कबूतरी को अपने चित्त में लिए हुए आकाश में ऊँचे चढ़ जाता है। उस ऊँचाई से जब यह अपनी कबूतरी को देखता है, तब निःश्वास लेकर धरती पर आ गिरता है। ऐसा ही प्रेम तुम भी प्रभु से करो ॥ ६ ॥

हिरन के प्रेम का ध्यान करो। उसके कान वीणा से सुमधुर राग में रँगे हुए हैं। वह उस राग की ही ओर अनुराग पूर्वक बढ़ता जाता है। भले ही सामने से वक्षस्थल को विदीर्ण करने वाले वधिक के वाण उसे बीधे दे रहे हों, वह पीछे पैर नहीं हटाता। ऐसा ही प्रेम तुम भी प्रभु से करो ॥ ७ ॥

अरे जड़ (मूर्ख), उस नारी को देख, जो अपने पति के प्रेम के कारण उसके शव के साथ चिता पर चढ़कर जलकर मर जाती है। चिता की ज्वाला देखकर उसका जलने का उत्साह मंद नहीं पड़ता, क्योंकि वह अपने पिया के प्रेम के रंग में रँगी हुई है। तू भी, माधव से ऐसा ही प्रेम कर ॥ ८ ॥

लोक और वेद सभी कहते हैं कि चोरी करना दुष्कर्म है। चोरों को सजा

काटते देखकर नेत्रों को डर भी लगता है, फिर भी चोर चित्त से चोरी करना नहीं छोड़ता। भले ही चोरी करने के कारण उसका सर्वस्व नष्ट हो जाय। तू भी, माधव से ऐसा ही प्रेम कर॥ ९॥

सभी रसों का रस प्रेम रस है। इसी से कामी पुरुष विषय का जूआ खेलता है। इसमें भले ही उसका तन, मन, धन सभी लुट जाय, पर वह अंत तक हार नहीं मानता। तू भी माधव से ऐसा ही प्रेम कर॥ १०॥

तूने जो मानव शरीर रूपी रत्न पाया है, उसे न तो साध सका, न सजा ही सका। तू प्रेम कथाएँ नित्य सुनता है। पर तुझे लाज नहीं आती और वैसा प्रेमी तू नहीं बन जाता॥ ११॥

हरि, ईश्वर, भगवान जीव के सदा साथी हैं; जीव के भी जीवन हैं, प्राण हैं। ऐसे हरि को तूने बड़ी आसानी से, सहज ही, भुला दिया॥ १२॥

जिस प्रभु की सेवा चारों वेद, अठारहों पुराण, सभी स्मृतियाँ, देवता, मनुष्य करते हैं, तू महा मूढ़ और अज्ञान बुद्धि वाला है, तू उस भगवान का सुमिरन क्यों नहीं करता॥ १३॥

मैंने सब जगह ढूँढ़कर देख लिया है। मैं कहाँ तक कहूँ, जितने भी पक्षी, पशु, मीन, पतिंगे क्या, जल स्थल में जितने भी जीव हैं॥ १४॥ परम प्रभु उन सभी का पवित्र करने वाला पूर्ण मित्र है, उनके प्राणों का स्वामी है, वह परम दयालु है, पूर्ण कृपालु है। सबका जीवन उसी के हाथ में है॥ १५॥

हे शठ सुन, जब तू माँ के गर्भ में था, अत्यंत कष्ट में था, तेरे एक भी अंग नहीं बन पाये थे, न हाथ था, न पैर, तब वहाँ भी तेरे उस प्राणपति ने तेरा साथ नहीं छोड़ा॥ १६॥

वह परम प्रभु उस गर्भ में भी दिन-रात तुझे पालता पोसता रहा, जैसे तमोली पनचोली में पान को बराबर उलटता पुलटता रहता है, जिससे वह सड़े गले नहीं। उस परम प्रभु ने तुझे उस कष्टमय स्थिति से गर्भ के बाहर निकाला और तेरे पोषण के लिए माँ के स्तन में स्तन्य (दूध) की व्यवस्था कर दी॥ १७॥

जिस प्रभु ने तुझे जड़ से चेतन बनाया। सत रज तम इन तीन गुणों और क्षिति, जल, पावक, गगन, समीर इन पाँच तत्वों को मिलाकर तेरा शरीर रचा, तुझे पैर, हाथ, दाँत, नाखून, आँख, कान आदि दिए॥ १८॥ जिसने समय-समय पर तुझे अनेक प्रकार के भोजन और वस्त्र दिए, माता, पिता, भाई दिए, नई-नई चीजें दीं, नई-नई पहचान दी॥ १९॥ जिसने तुझे स्वजन, कुटुंबी, परिवार, बेटा-बेटी, पत्नी, धन और धान्य दिए, हे महा मूर्ख, तू उसी प्रभु को भुलाकर अपने को विजयी समझता है और तेरे मन को काम ने अपनी ओर खींच लिया है॥ २०॥

खाने, पीने, कपड़े पहनने में सारी जवानी बीत गई। जैसे कोई कामी पुरुष किसी पराई नारी के साथ रात काम-केलि में रत रहे, सबेरा होते ही भयभीत हो जाए कि कहीं कोई देख न ले (वैसी ही तेरी दशा है)॥ २१॥

जैसे-जैसे सुख में तेरा शरीर बढ़ता गया, वैसे ही वैसे उस तन में काम भी बढ़ने लगा। जब बुढ़ापा आ गया, आँखों में धुंध छा गई और नेत्रों की ज्योति कम हो गई, तब तुझे अपना कोई संगी-साथी नहीं दिखाई दे रहा है॥ २२॥

जब यमराज ने तेरी सारी करतूतें जान लीं, सारे संसार ने भी जब उन्हें सुन लिया सब जगह तेरा अपार अपयश फैल गया और जब यम के दूतों ने तुझ पर अपने डंडों से प्रहार किया, तब बीच-बचाव करने, बचाने के लिए कोई नहीं आया ॥ २३ ॥

कौन जाने तू कितनी बार बुरी मौत मरा है। हे दुर्बुद्धि, हे नीच हरि की भक्ति भुलाकर तू सुख पाना चाहता है ॥ २४ ॥

मैं कितनी बार तुझे समझाऊँ, तुझे लाज तो है नहीं। हे गँवार, हे शठ, तूने एक बार भी तो हरि भजन-नहीं किया ॥ २५ ॥

१०७/३२६ राग कल्या

धोखैं ही धोखैं डहकायौ ।

समुझि न परी, बिषय-रस गीध्यौ, हरि-हीरा घर माँझ गँवायौ ।
ज्यौं कुरंग जल देखि अवनि कौ, प्यास न गई चहूँ दिसि धायौ ।
जनम-जनम बहु करम किए हैं, तिनमैं आपुन आपु बँधायौ ।
ज्यौं सुक सेमर सेव आस लगि, निसि-बासर हठि चित्त लगायौ ।
रीतौ पर्यौ जबै फल चाख्यौ, उड़ि गयौ तूल, ताँवरौ आयौ ।
ज्यौं कपि डोरि बाँधि बाजीगर, कन-कन कौं चौहटैं नचायौ ।
'सूरदास' भगवंत-भजन बिनु, काल-ब्याल पै आपु डसायौ ॥

परीक्षित पछता रहे हैं—मैं तो धोखे ही धोखे में डहका गया, घाटे में रह गया। मु कुछ न मिला, मैं काम और कामिनी के आनंद में ललचा गया और हरि रूपी हीरा क कहीं बाहर नहीं, अपने ही घर में खो दिया। जैसे हिरन पृथ्वी को जल समझ कर उस प्यास बुझाना चाहता है और एतदर्थ चतुर्दिक दौड़ता फिरता है, पर उस मृग मरीचिका उसकी प्यास नहीं बुझती है, उसी प्रकार मैं मृग-मरीचिका के पीछे व्यर्थ दौड़ता रह मैंने जन्म-जन्मांतर में बहुत तरह के काम किए हैं। मैं उसी अपने ही कर्म-पाश में बँ गया हूँ।

जैसे सुग्गा सेमर के लाल-लाल फलों को देखकर रात-दिन ललचकर, मन लगाक उनके खाने की आशा में पड़ा रहता है, पर जब चखने को चोंच से उसके फल को फाड़ है, तब देखता है कि यह तो रसहीन है, रिक्त है, उसमें रुई ही रुई भरी हुई है, जो ह लगते ही फर-फर उड़ जाती हैं, और उसे हताशा से बुखार चढ़ जाता है। ठीक वही द मेरी हुई है। संसार से मैंने बहुत बड़ी आशा की, पर निराशा ही हाथ लगी।

बाजीगर की डोरी में बँधे हुए बानर के समान मैं भी चौराहे पर दाने के एक-एक क के लिए नाचता रहा और भगवान का भजन नहीं किया। फलतः मृत्यु रूपी सर्प से मैं अपने को स्वयं ही डसा लिया।

१०८/३२७ राग बिलाव

धोखैं ही धोखैं बहुत बह्यौ ।

मैं जान्यौ सब संग चलैगौ, जहँ कौ तहाँ रह्यौ ।
तीरथ गवन कियौ नहिं कबहूँ, चलतहिं चलत दह्यौ ।
'सूरदास' सठ तब हरि सुमिर्यौ, जब कफ कंठ गह्यौ ॥

परीक्षित सोच रहे हैं—मैंने धोखे ही धोखे में अपने को एकदम बरबाद कर लिया, मैं समझता था, जो कमा-धमा रहा हूँ, सब मेरे साथ जायगा, पर वह सब जहाँ का तहाँ यथास्थान बना रह जा रहा है। मेरे हाथ कुछ जा नहीं पा रहा है। मैंने कभी तीर्थ-यात्रा नहीं की, पैदल चलते-चलते पैर अवश्य जलने लगे और उनमें फफोले पड़ गए। जब काल ने मुझे आ घेरा, कफ ने कंठावरोध कर दिया, तब मुझ मूर्ख ने हरि भजन करना चाहा है।

१०९/३२८ राग धनाश्री

जनम गँवायौ ऊआबाई।
भजे न चरन-कमल जदुपति के, रह्यौ बिलोकत छाई।
धन-जोबन-मद ऐंड़ौ-ऐंड़ौं, ताकत नारि पराई।
लालच-क्षुब्ध स्वान जूठनि ज्यौं, सोऊ हाथ न आई।
रंच काँच-सुख लागि मूढ़-मति, कंचन-रासि गँवाई।
'सूरदास' प्रभु छाँड़ि सुधा-रस, बिषय परम बिष खाई॥

परीक्षित मन ही मन पछता रहे हैं—ऊटपटाँग कामों में अपना सारा जीवन बरबाद कर दिया। मैंने यदुनाथ जी के चरण-कमलों का भजन नहीं किया, दर्पण में केवल अपना प्रतिबिंब देखकर मगन होता रहा। धन और यौवन के नशे में चूर होकर मैं ऐंड़ाता रहा और दूसरों की सुंदर स्त्रियों को ललचाया हुआ ताकता रहा। यह तो ऐसा ही रहा, जैसे जूठन खाने के लिए कुत्ता ललचता रहता है। पर मुझे पर की जूठन वह नारी भी नहीं मिली। थोड़े से सांसारिक सुख रूपी काँच के टुकड़े के लिए मुझ मूर्ख ने सोने की ढेरी गँवा दी। प्रभु अमृत-रस के तुल्य हैं, मैंने उनका परित्याग कर दिया और काम-वासना रूपी विष पीता रहा।

११०/३२९ राग धनाश्री

भक्ति कब करिहौ, जनम सिरानौ।
बालापन खेलतहीं खोयौ, तरुनाई गरबानौ।
बहुत प्रपंच किए माया के, तऊ न अधम अघानौ।
जतन-जतन करि माया जोरी, लै गयौ रंक न रानौ।
सुत-बित-बनिता-प्रीति लगाई, झूठे भरम भुलानौ।
लोभ-मोह तैं चेत्यौ नाहीं, सुपनैं ज्यौं डहकानौ।
बिरध भएँ कफ कंठ बिरोध्यौ, सिर धुनि-धुनि पछितानौ।
'सूरदास' भगवंत-भजन बिनु, जम कैं हाथ बिकानौ॥

परीक्षित कह रहे हैं—हे मेरे मन, तू हरि-भक्ति कब करेगा, तेरा सारा जीवन तो यों ही व्यर्थ बीत गया। लड़कपन को तूने खेल-कूद में खो दिया, जवानी धन और यौवन के गर्व में खो दी। तूने माया के अनेक प्रपंच रचे और कभी तृप्ति नहीं पाई। तूने बड़ा प्रयत्न कर करके माया (धन) जोड़ी थी, इस मिथ्या आशा में कि तू इसे अपने साथ ले जायेगा। पर इस धन को न तो कोई निर्धन रंक अपने साथ ले जा सका, न कोई वैभववान राजा ही। तूने पत्नी, पुत्र और धन से ही प्रेम किया। पर यह सब झूठा था, तेरा भ्रम ही तो था। धन के लोभ और पत्नी-पुत्र के मोह में तूने चेता नहीं। यह सब स्वप्नवत थे। पर तू इन्हीं

में धोखा खाता, घाटा सहता, पड़ा रह गया। अब बूढ़ा हो गया है, गले में कफ, गलजार, फँसने लगा है और अब बोलना भी कठिन हो गया है, अब तू सिर पीट-पीट कर पछता रहा है। बिना भगवान के भजन के तुझे यमराज के हाथों बिकना पड़ रहा है।

१११/३३० राग ध०नाश्री

(मन) राम-नाम-सुमिरन बिनु, बादि जनम खोयौ।
रंचक सुख कारन, तैं अंत क्यौं बिगोयौ।
साधु-संग, भक्ति बिना, तन अकार्थ जाई।
ज्वारी ज्यौं हाथ झारि, चालै छुटकाई।
दारा-सुत, देह-गेह, संपति सुखदाई।
इनमैं कछु नाहिं तैरै, काल-अवधि आई।
काम-क्रोध-लोभ-मोह-तृष्ना मन मोयौ।
गोबिँद-गुन चित बिसारि, कौन नींद सोयौ!
'सूर' कहै चित बिचारि, भूल्यौ भ्रम अंधा।
राम-नाम भजि लै, तजि और सकल धंधा॥

परीक्षित पछताए जा रहे हैं—हे मेरे मन, तूने राम नाम का सुमिरन नहीं किया और जीवन व्यर्थ खो दिया। जरा से सांसारिक सुख के लिए तूने अपना अंतिम जीवनकाल चौपट कर लिया। कहा गया है—अंत भला तो सब भला। पर तूने अपना अंत ही बिगाड़ लिया। तूने न तो साधुओं की संगति की, न हरि की भक्ति। इस शरीर को यों ही व्यर्थ नष्ट हो जाने दिया। जुआरी जुआ खेलते-खेलते जब हार जाता है, तब चाल (दाँव) छोड़कर, हाथ झाड़कर, उठ जाता है। ठीक वैसी ही तेरी दशा है। पत्नी, पुत्र, शरीर, घर, धन सभी को तो तू सुख देने वाला मानता रहा। पर सच बात तो यह है कि इनमें तेरा कुछ भी नहीं है और तेरा मृत्यु-काल आ गया है। तू काम, क्रोध, लोभ, मोह, तृष्णा में अपने को डुबोए रहा है। गोविंद का गुणानुवाद करना भूलकर तू किस नींद में सोया पड़ा है। मन में सोच-विचार ले, हे अंधे, तू भ्रम में भूला पड़ा है। और सारे कामों को, प्रपंचों को, जंजालों को छोड़कर अब तो राम का नाम भज ले। जो हुआ, सो हुआ। अब ते सँभल जा।

११२/३३१ राग कल्याण

भक्ति बिनु बैल बिराने ह्वैहौ।
पाउँ चारि, सिर सृंग, गुंग मुख, तब कैसैं गुन गैहौ।
चारि पहर दिन चरत फिरत बन, तऊ न पेट अघैहौ।
टूटे कंध रु फूटी नाकनि, कौ लौं धौं भुस खैहौ।
लदत, जोतत, लकुट बाजिहै, तब कहँ मूँड़ दुरैहौ?
सीत, घाम, घन, बिपति बहुत बिधि, भार तरैं मरि जैहौ।
हरि-संतनि कौ कह्यौ न मानत, कियौ आपुनौ पैहौ।
'सूरदास' भगवंत-भजन बिनु, मिथ्या जनम गँवैहौ॥

परीक्षित कह रहे हैं—हे मन, भगवान की भक्ति नहीं करोगे, तो मरणोपरांत दूसरे जन्म में दूसरे के बैल बनोगे। तब तुम्हारे चार पाँव होंगे, सिर पर दो सींगें होंगी। मुख से बोल भी नहीं सकोगे, गूँगे बने रहोगे, फिर हरि का गुन कैसे गाओगे? वन में दिन के चारों पहरों में घास चरते फिरोगे, फिर भी तुम्हारा पेट नहीं भरेगा, तुम्हें तृप्ति नहीं मिलेगी। तुम्हारा कंधा जुआ का बोझ ढोते-ढोते टूट जायग और नाक छेदकर तुम्हें नाथ पहना दी जायगी। इस प्रकार तुम कब तक भूसा खाते रहोगे। बनिया तुम्हारी पीठ पर बनिज की खेप लादेगा, किसान तुम्हारे कंधे पर जूआ रखकर तुम्हें हल में जोतेगा, नहीं चलोगे तो तुम्हारी पीठ पर लाठी से मारेगा। तब तुम अपना मुँह कहाँ छिपाओगे। तुम शीत, घाम, वर्षा की अनेक प्रकार की भारी विपत्ति झेलोगे और भारी बोझ से दब कर मर जाओगे। तुम भगवान के भक्तों, संतों का कहना नहीं मानते, अपने किए का फल भोगोगे। भगवान के भजन के बिना तुम अपना सारा जीवन यों ही व्यर्थ बिता दोगे।

११३/३३२ राग सारंग

तजौ मन, हरि-बिमुखनि कौ संग।
जिनकैं संग कुमति उपजति है, परत भजन मैं भंग।
कहा होत पय-पान कराऐं, बिष नहिं तजत भुजंग।
कागहिं कहा कपूर चुगाऐं, स्वान न्हवाऐं गंग।
खर कौं कहा अरगजा-लेपन, मरकट भूषन-अंग।
गज कौं कहा सरित अन्हवाऐं, बहुरि धरै वह ढंग।
पाहन पतित बान नहिं बेधत, रीतौ करत निषंग।
'सूरदास' कारी कामरि पै, चढ़त न दूजौ रंग॥

परीक्षित समझा रहे हैं—हे मेरे मन, तुमने हरि से विमुख लोगों का जो संग कर रखा है, उसे छोड़ दो। इन हरि विमुख लोगों का साथ करने से कुबुद्धि उपजती है, भगवान के भजन में बाधा ही नहीं पड़ती, वह भंग भी हो जाता है। साँप को कितना भी दूध पिलाया जाय, वह अपना विष थोड़े ही छोड़ पाता है। कौए को कपूर खिलाने से क्या, वह मल भक्षण थोड़े ही छोड़ देगा। कुत्ते को गंगा-स्नान कराने से क्या, वह फिर जाकर धूल में ही बैठेगा। गधे को चंदन, कपूर आदि सुगंधित द्रव्यों का लेप करने से क्या, वह फिर मिट्टी में लोटेगा। बंदर को गहना पहनाने से क्या, वह उन्हें नोच-नोंचकर फेंक ही देगा। हाथी को नदी में नहलाने से क्या, वह फिर अपनी सूँड़ से धूल उठाकर अपने शरीर पर फेंकेगा ही, वह अपनी आदत को बदलने से रहा। पत्थर पर वाण मारिए, वाण भले टूट जाय, वह पत्थर को वेध नहीं सकता। ऐसा करने में तरकश भले ही खाली हो जाय। वाण पर वाण मारते जाइए, पत्थर विद्ध नहीं होगा। काली कमली पर दूसरा रंग नहीं चढ़ता। अत: हरि विमुखों का संग छोड़ संतों का संग करो।

११४/३३३ राग सोरठ

रे मन, जनम अकारथ खोइसि।
हरि की भक्ति न कबहूँ कीन्हीं, उदर भरे परि सोइसि।

निसि-दिन फिरत रहत मुँह बाए, अहमिति जनम बिगोइसि ।
गोड़ पसारि पर्‍यौ दोउ नीकैं, अब कैसी कह होइसि ।
काल-जमनि सौं आनि बनी हैं, देखि-देखि मुख रोइसि ।
'सूर' स्याम बिनु कौन छुड़ावै, चले जाव भइ पोइसि ॥

परीक्षित मन को समझा रहे हैं—अरे मन, तूने यह मानव-जीवन व्यर्थ ही खो दिया। तूने भगवान की भक्ति कभी नहीं की। तूने तो अपना पेट भरना और शय्या पर पड़कर सो जाना ही जाना। तू रात-दिन लोभ से मुँह फैलाए हुए घूमता फिरा और अहंकार में पड़कर जन्म नष्ट कर दिया। दोनों पैर फैलाकर तू मस्ती में बैठा रहा। कह तो, अब क्या होगा, अब कैसे बीतेगा? अब तो मृत्यु के दूतों से, यमराज से, तेरा सामना हो गया है। अब क्या करेगा। उनका मुँह देख-देख कर, भयभीत होगा, अब रोता चला जा। तुझे जब यम के दूत घसीटते हुए पकड़कर ले जाने लगेंगे, तब तुझे कौन छुड़ा सकेगा? तुझे छुड़ा सकेंगे, तो केवल श्याम। अतः जल्दी से जल्दी सरपट चाल से उनकी शरण में आ जा। वही सबसे बड़ी पोइसि (संपत्ति) हैं।

११५/३३४ राग सोरठ

तब तैं गोबिँद क्यौं न सँभारे?
भूमि परे तैं सोचन लागे, महा कठिन दुख भारे ।
अपनौं पिंड पोषिबैं कारन, कोटि सहस जिय मारे ।
इन पापनि तैं क्यौं उबरौगे, दामनगीर तुम्हारे ।
आपु लोभ-लालच कैं कारन, पापनि तैं नहिं हारे ।
'सूरदास' जम कंठ गहे तैं निकसत प्रान दुखारे ॥

परीक्षित मन को समझा रहे हैं—जब तक तू बूढ़ा नहीं हुआ था, जवान था, तभी तूने भगवान का सुमिरन क्यों नहीं किया? अब तो तू धरती पर गिर-गिर पड़ता है, शरीर में उठने की भी शक्ति नहीं रह गई है। अब तो सोच में पड़ गया है और महा कठिन तथा भारी दुख का पहाड़ तुझ पर आ टूटा है। अपने शरीर के पोषण के लिए तूने हजारों-हजारों प्राणियों की हत्या की है। तू इस जीव-हत्या के पाप से कैसे बच पाएगा? ये पाप तो तेरे दामन से लगे हुए हैं, तेरे शरीर से चिपटे हुए हैं। तू लोभ के कारण, लालच के कारण, पाप करने से नहीं हारा, निरंतर पाप करता ही गया। अब यमराज ने तेरा गला पकड़ लिया है और अत्यंत कष्ट सहते हुए तेरे प्राण निकल रहे हैं।

११६/३३५ राग धनाश्री

रे मन मूरख, जनम गँवायौ ।
करि अभिमान बिषय-रस गीध्यौ, स्याम-सरन नहिं आयौ ।
यह संसार युवा-सेमर ज्यौं, सुंदर देखि लुभायौ ।
चाखन लाग्यौ रुई गई उड़ि, हाथ कछू नहिं आयौ ।
कहा होत अब के पछिताऐं, पहिलैं पाप कमायौ ।
कहत 'सूर' भगवंत-भजन बिनु, सिर धुनि-धुनि पछितायौ ॥

परीक्षित कह रहे हैं—अरे मेरे मूर्ख मन, तूने यह जन्म व्यर्थ ही खो दिया। अहं के वश होकर, घमंड करके, तू काम-वासना में ललचा पड़ रह गया और भगवान की शरण में नहीं गया। यह संसार सेमर के फूल के समान लाल-लाल सुंदर और लुभावना है। सुग्गे के समान तू इस संसार रूपी सेमर पर लुभाया पड़ा रहा। जिस प्रकार वह सुग्गा जब सेमर के फल चखने के लिए उस पर चोंच मारता है, तब रस और गूदा तो उसे मिलता नहीं, सूखी रुई उस फल से निकल कर उड़ जाती है और सुग्गे के हाथ कुछ नहीं लगता। वैसी ही तेरी दशा है। अब पछताने से क्या होता है। उचित समय पर तो तू पाप ही कमाता रहा। बिना भगवान का भजन किए, सिर पीट-पीटकर पछताना ही हाथ लगता है।

११७/३३६ राग मारू

औसर हार्‌यौ रे, तैं हार्‌यौ।

मानुष-जनम पाइ नर बौरे, हरि कौ भजन बिसार्‌यौ।
रुधिर बूँद तैं साजि कियौ तन, सुंदर रूप सँवार्‌यौ।
जठर अगिनि अंतर उर दाहत, जिहिं दस मास उबार्‌यौ।
जबतैं जनम लियौ जग भीतर, तबतैं तिहिं प्रतिपार्‌यौ।
अंध, अचेत, मूढ़मति, बौरे, सो प्रभु क्यौं न सँभार्‌यौ।
पहिरि पटंबर, करि आडंबर, यह तन झूठ सिँगार्‌यौ।
काम-क्रोध-मद-लोभ, तिया-रति, बहु बिधि काज बिगार्‌यौ।
मरन भूलि, जीवन थिर जान्यौ, बहु उद्यम जिय धार्‌यौ।
सुत-दारा कौ मोह अँचै बिष, हरि-अमृत-फल डार्‌यौ।
झूठ-साँच करि माया जोरी, रचि-पचि भवन सँवार्‌यौ।
काल-अवधि पूरन भई जा दिन, तनहूँ त्यागि सिधार्‌यौ।
प्रेत-प्रेत तेरौ नाम पर्‌यौ जब, जेंवरि बाँधि निकार्‌यौ।
जिहिं सुत कैं हित बिमुख गोबिंद तैं, प्रथम तिहीं मुख जार्‌यौ।
भाई-बंधु कुटुंब-सहोदर, सब मिलि यहै बिचार्‌यौ।
जैसे कर्म, लहौ फल तैसे, तिनुका तोरि उचार्‌यौ।
सतगुरु कौ उपदेस हृदय धरि, जिन भ्रम सकल निबार्‌यौ।
हरि भजि, बिलँब छाँड़ि 'सूरज' सठ, ऊँचैं टेरि पुकार्‌यौ॥

परीक्षित समझाए जा रहे हैं—हे बावले मनुष्य, तुझे एकबार मनुष्य होने का अवसर मिला, जिसमें तू भगवान का भजन करके आवागमन के बंधन से मुक्त हो जा। पर इस अवसर को तू हार गया, तूने इसे खो दिया, क्योंकि तूने हरि का भजन भुला दिया। अब तेरा उद्धार होगा, तो कैसे? जिस प्रभु ने रक्त की एक बूँद (वीर्य और रज) से तेरा शरीर बनाया और सजा-सँवार कर सुंदर रूप दिया, जिसने माँ के गर्भ के भीतर दस महीने तक तेरी रक्षा की और उस पेट की ज्वाला से तुझे बचाया, जिसने तेरे ज़न्मकाल से अब तक तेरा पालन-पोषण किया, हे अंधे, हे असावधान, हे दुर्बुद्धि, हे पगले, तूने उसी प्रभु को

भुला दिया और उसका स्मरण नहीं किया। तू तो रेशमी कपड़े पहनकर, तरह-तरह के तड़क-भड़क कर, इस झूठे-मरणशील, नश्वर शरीर का ही श्रृंगार करता रह गया। तू तो काम, क्रोध, मद, लोभ में पड़ा रहा। स्त्री से ही प्रेम करता रह गया और सब प्रकार से अपना काम बिगाड़ बैठा। तू काल बली को भूल गया और तूने जीवन को स्थायी और अटल मान लिया तथा जीवन में तरह-तरह के अनेक उपाय करता रहा। तू स्त्री-पुत्र के मोह रूपी जहर को पीता रहा और हरि-भक्ति रूपी अमृत-फल को तूने दूर फेंक दिया झुठाई से, या सच्चाई से ही सही, तूने धन इकट्ठा किया और लग-बझकर सँवार-सँवार कर रहने के लिए घर बनाया। जिस दिन जिंदगी के दिन पूरे हो जायेंगे, उस दिन तू भवन क्या इस तन को भी छोड़कर इस संसार से चला जाएगा। मरने पर लोग तुझे प्रेत कहकर पुकारेंगे और तेरे शव को रस्सी से बाँधकर घर से निकाल देंगे। जिस पुत्र के प्रेम में पड़कर तूने हरि का नाम विस्मरण कर दिया था, वही पुत्र तेरे मुँह को आग से जला देगा। भाई-बंधु, कुटुंब, सहोदर सभी विचार कर, तिनका तोड़कर, यही कहेंगे—जैसे कर्म तूने किए हैं, वैसे ही अब फल भोग।

अब तू सद्गुरु का उपदेश हृदय में धारण कर। गुरु ही सभी भ्रमों का निवारण करते हैं, अज्ञान के अंधकार से ज्ञान के प्रकाश में लाते हैं। मैं उच्च स्वर से चिल्ला-चिल्लाकर कह रहा हूँ—रे शठ, विलंब मत कर, हरि का भजन कर।

चित्-बुद्धि-संवाद *११८/३३७ राग देवगंधार*

चकई री, चलि चरन-सरोवर, जहाँ न प्रेम-बियोग।
जहँ भ्रम-निसा होति नहिं कबहूँ, सोइ सायर सुख जोग।
जहाँ सनक-सिव हंस, मीन मुनि, नख रवि-प्रभा प्रकास।
प्रफुलित कमल, निमिष नहिं ससि-डर, गुंजत निगम सुबास।
जिहिं सर सुभग मुक्ति-मुक्ताफल, सुकृत-अमृत-रस पीजै।
सो सर छाँड़ि कुबुद्धि बिहंगम, इहाँ कहा रहि कीजै।
लछमी-सहित होति नित क्रीड़ा, सोभित 'सूरजदास'।
अब न सुहात बिषय-रस-छीलर, वा समुद्र की आस॥

हे चकई (आत्मा), भगवान के चरण रूपी सरोवर के लिए चल पड़ो। सामान्य सरोवरों में वियोग हो जाता है—संध्या-समय चकवी अपने चकवे से बिछुड़ जाती है और प्रभात में पुन: मिल पाती है। भगवान के चरण-सरोवर में पहुँच जाने पर प्रेम अटूट बना रहता है, उसमें वियोग नहीं होता। वहाँ भ्रम रूपी रात्रि होती ही नहीं। अत: वही आनंद-सागर सुख के योग्य है। वहाँ सनक, सनंदन, सनातन और सनत्कुमार चारों भाई बाल-ऋषि, शिव जैसे हंस बराबर मोती चुगते रहते हैं। वहाँ मुनि जैसी मछलियाँ सदा सुखी रहती हैं। वहाँ नख रूपी सूर्य का प्रकाश सदा बना रहता है। वहाँ प्रभु का चरण कमल सदैव फूला-फूला रहता है और उसे एक भी पल के लिए चंद्रमा का भय नहीं रहता कि वह उस प्रफुल्लित कमल को मुकुलित कर देगा। वहाँ वेदवाणी रूपी भँवरे सदा सुगंध से मस्त होकर गूँजते रहते हैं। उस सरोवर में मुक्ति रूपी सुंदर मोती उपजते रहते हैं। वहाँ

पुण्य रूपी अमृत का रस पीने को मिलता रहता है। प्रभु के ऐसे चरण-सरोवर को छोड़कर, हे कुबुद्धि रूपी चकवी, यहाँ इस संसार के प्रपंच में रहकर तू क्या करेगी? यहाँ प्रभु अपनी प्रिया लक्ष्मी के सहित नित्य-क्रीड़ा करते रहते हैं। इस आनंद-समुद्र की आशा में, विषय-वासनाओं के रस से भरी गड़ही मुझे अच्छी नहीं लगती।

११९/३३८ राग देवगंधार

चलि सखि, तिहिं सरोवर जाहिं।
जिहिं सरोवर कमल कमला, रवि बिना बिकसाहिं।
हंस उज्जल पंख निर्मल, अंग मलि-मलि न्हाहिं।
मुक्ति-मुक्ता अनगिने फल, तहाँ चुनि-चुनि खाहिं।
अतिहिं मगन महा मधुर रस, रसन मध्य समाहिं।
पदुम-बास सुगंध-सीतल, लेत पाप नसाहिं।
सदा प्रफुल्लित रहैं, जल बिनु निमिष नहिं कुम्हिलाहिं।
सघन गुंजत बैठि उन पर भौंरहू बिरमाहिं।
देखि नीर जु छिलछिलौ जग, समुझि कछु मन माहिं।
'सूर' क्यौं नहिं चलै उड़ि तहँ, बहुरि उड़िबौ नाहिं॥

अरी सखी (चकवी, आत्मा), चल प्रभु के चरण रूपी उस सरोवर पर चला जाय, जहाँ पर कमल और कमला (लक्ष्मी) दोनों बिना किसी सूर्य-किरण के स्पर्श के निरंतर खिले रहते हैं, जहाँ उजले पंखवाले हंस (जीवन्मुक्त) अंग मल-मल कर नहाते हैं और मुक्ति रूप अगणित मुक्ता-फल (मोती) चुन-चुनकर खाते रहते हैं। जहाँ वे अत्यंत महा-मधुर रस में मग्न होकर उसी रस में निरंतर समाए रहते हैं, जहाँ निरंतर कमल की शीतल सुगंध फैलती रहती है, जिसे सूँघकर सारे पाप नष्ट हो जाते हैं, जहाँ चरण-कमल सदा विकसित बने रहते हैं और जल के अभाव में क्षण भर के लिए भी मुरझाते नहीं, वहाँ पर वेद रूपी भौंरे भी घना गुंजार करते हुए बैठे रहते हैं। संसार छिछले जल का समुद्र है। इस पर तू सोच-विचार कर। तू उड़कर वहाँ क्यों नहीं पहुँच जाती, जहाँ से फिर उड़ने की आशंका ही न रह जाय, मुक्ति मिल जाय।

१२०/३३९ राग रामकली

भृंगी री, भजि स्याम-कमल-पद, जहाँ न निसि कौ त्रास।
जहँ बिधु-भानु समान, एक रस, सो बारिज सुख-रास।
जहँ किंजल्क भक्ति नव-लच्छन, काम-ज्ञान रस एक।
निगम, सनक, सुक, नारद, सारद, मुनि, जन भृंग अनेक।
सिव-बिरंचि खंजन, मनरंजन, चिन-छिन करत प्रवेस।
अखिल कोष तहँ भरयौ सुकृत-जल, प्रगटित स्याम-दिनेस।
सुनि मधुकरि, भ्रम तजि कुमुदनि कौ, राजिव वर की आस।
'सूरज' प्रेम-सिंधु मैं प्रफुलित, तहँ चलि करै निवास॥

हे भ्रमरी (आत्मा), भगवान के चरण-कमलों का भजन कर। इन कमलों को रात का भय नहीं है। वें सदा विकसित रहते हैं, कभी मुर्झाते नहीं। यहाँ सूर्य और चंद्रमा सदा एक से बराबर उदित बने रहते हैं। उनका उदय और अस्त नहीं होता, वे सदा एक रस बने रहते हैं। वही चरण-कमल सुख की राशि हैं। वहाँ भक्ति का पराग है। वहाँ ज्ञान भी प्रेम-भक्ति के रस में निमग्न रहता है। वहाँ वेद, सनक, सनंदन आदि चारो भ्राता बाल-ऋषि, शुकदेव, नारद, शारदा (सरस्वती) और मुनिगण रूपी अनेक भौंरे उन चरण कमलों पर गूंजते रहते हैं। शिव और ब्रह्मा रूपी खंजन भी वहाँ प्रत्येक क्षण प्रवेश करते हैं और अपने-अपने मन को आनंदित करते रहते हैं। वहाँ पुण्य-जल का संपूर्ण भंडार ही भरा हुआ है। वहाँ श्याम रूपी सूर्य सदा प्रकट हैं। हे भ्रमरी, सुन, तू कुमुदिनी के भ्रम को छोड़ और श्रेष्ठ चरण-कमल की ही आशा कर। वह चरण-कमल प्रेम रूपी समुद्र में विकसित है, चल वहीं निवास किया जाय।

१२१/३४० राग देवगंधार

सुवा, चलि ता बन कौ रस पीजै।
जा बन राम-राम अम्रित-रस, स्त्रवन-पात्र भरि लीजै।
को तेरौ पुत्र, पिता तू काकौ, घरनी, घर कौ तेरौ ?
काग-सृंगाल-स्वान कौ भोजन, तू कहै मेरौ-मेरौ !
बन बारानसि मुक्ति-क्षेत्र है, चलि तोकौं दिखराऊँ।
'सूरदास' साधुनि की संगति, बड़े भाग्य जो पाऊँ॥

हे शुक (आत्मा), चलो, उस वन का आनंद लिया जाय, जहाँ राम नाम का अमृत-रस है। अपने कान रूपी भाजन को उस अमृत-रस से भर लिया जाय। कौन तेरा पुत्र है ? तू किसका पिता है ? कौन तेरी गृहिणी (पत्नी) है ? कौन सा तेरा घर है ? न तो कोई किसी का पुत्र है, न पिता; न कोई किसी की पत्नी है, न पति; यह घर-बार भी किसी का नहीं है। यह मानव शरीर तो कौओं-कुत्तों और सियारों का भोजन है और तू कहता फिरता है कि यह मेरा है, यह मेरा है। वाराणसी आनंद-कानन है, अवमुक्त क्षेत्र है। चल, तुझे आनंद-कानन का दर्शन कराऊँ। वहाँ साधुओं की बड़ी संगत है। यह मेरा बड़ा भाग्य होगा, जो मैं साधुओं की वह संगत पा जाऊँ।

१२२/३४१ राग बिलावल

या बिधि राजा कर्‌यौ बिचार। राज-साज सबहीं कौं डारि।
जीरन पट कुपीन तन धारि। चल्यौ सुरसरी, सीस उघारि।
पुत्र-कलत्र देखि सब रोवैं। राजा तिनकी ओर न जोवैं।
राजा चलत चले सब लोग। दुखित भए सब नृपति-बियोग।
नृपति सुरसरी कैं तट आइ। कियौ असनान मृत्तिका लाइ।
करि संकल्प अन्न-जल त्याग्यौ। केवल हरि-पद सौं अनुराग्यौ।
अत्रि-बसिष्ठादिक तहँ आए। नारदादि मुनि बहुरि सिधाए।
कुस-आसन दै तिनहिं बिठायौ। यौं कहि पुनि तिनकौं सिर नायौ।

धन्य भाग्य, तुव दरसन पाए। मम उद्धार करन तुम आए।
तुम देखत हरि-सुमिरन होइ। और प्रसंग चलै नहिं कोइ।
आज्ञा होइ करौं अब सोइ। जातें मेरी सदगति होइ।
कोउ कहै, तीरथ सेवन करौ। कोउ कहै, दान-जज्ञ बिस्तरौ।
काहूँ कह्यौ मंत्र-जप करना। काहूँ कछु, काहूँ कछु बरना।
राजा कह्यौ, सप्त दिन माहिं। सिद्धि होति कछु दीसति नाहिं।
इहिं अंतर सुक मुनि तहँ आए। राजा देखि तुरत उठि धाए।
करि दंडवत कुसासन दीन्हौ। पुनि सनमान ऋषिनि सब कीन्हौ।
सुक कौ रूप कह्यौ नहिं जाइ। सुक-हिय रह्यौ कृष्न-रस छाइ।
सुक की महिमा सुक ही जानै। 'सूरदास' कहि कहा बखानै॥

महाराज परीक्षित ने इस प्रकार विचार किया। उन्होंने सब राजसी सामग्री फेंक दी। फटे-पुराने कपड़ों का कोपीन (कमर मात्र को ढँकने वाला साधुओं का वस्त्र) शरीर पर धारण कर लिया, नंगे सिर वह गंगा तट के लिए चल पड़े। राजा को इस प्रकार जाते देख स्त्री-पुत्र सभी रोने लगे, पर राजा ने उस ओर मुड़कर देखा तक नहीं। राजा के चलते ही सभी परिजन और पुरजन उनके पीछे-पीछे चल पड़े। सभी लोग राजा के वियोग से दुखी हो गए। राजा गंगा तट पर आ पहुँचे। उन्होंने शरीर पर गंगा की गीली मिट्टी मली और स्नान किया। उन्होंने संकल्प करके, दृढ़ निश्चय करके अन्न और जल छोड़ दिया, केवल हरि के चरणों में मन लगा लिया। वहाँ अत्रि और वसिष्ठ ऋषि पहले आए। फिर वहाँ नारद मुनि आए। राजा ने उन्हें कुशासन देकर बैठाया और यह कहकर उन्हें सिर झुकाया, प्रणाम किया—हमारा धन्य भाग्य है, जो आप महानुभावों का दर्शन मुझे मिला। आप लोग मेरा उद्धार करने के लिए ही यहाँ पधारे हैं। आप लोगों के समक्ष केवल हरि-स्मरण होना चाहिए। यहाँ अब और किसी प्रसंग के चलने की आवश्यकता नहीं है। अब आप मुझे ऐसी आज्ञा दें, जिसका मैं पालन करूँ और जिससे मेरी सद्गति हो जाय, मेरा उद्धार हो जाय। किसी ऋषि ने तीर्थाटन की सम्मति दी, किसी दूसरे ऋषि ने दान और यज्ञ करने की मंत्रणा दी, किसी ने मंत्र जपने की राय दी। इसी प्रकार किसी ने कुछ, किसी ने कुछ करने की सलाह दी। राजा ने कहा—सात दिनों में तो कुछ करते-धरते नहीं बन पड़ रहा है और सिद्धि प्राप्त होती नहीं जान पड़ती। इसी समय वहाँ शुकदेव मुनि आ गए। राजा परीक्षित उन्हें देखकर तुरंत दौड़े। दंडवत प्रणाम करके उन्होंने उनके बैठने के लिए पवित्र कुश का आसन दिया। तदनंतर उपस्थित सभी ऋषियों ने भी शुकदेव जी का सम्मान किया। शुकदेव जी का रूप वर्णन नहीं किया जा सकता। उनके हृदय में कृष्ण की भक्ति का रस छाया हुआ था। शुकदेव की महिमा तो शुकदेव ही जान सकते हैं। भला अंधा सूरदास उनकी महिमा का वर्णन कैसे कर सकता है।

१२३/३४२ राग बिलावल

सुक नृप ओर कृपा करि देख्यौ। धन्य भाग तिन अपनौ लेख्यौ।
बिनती करी चरन सिर नाइ। सप्त दिवस सब मेरी आइ।

तउ कुटुंब कौ मोह न जात। तन-धन-लोभ आइ लपटात।
जानि बूझि मैं होत अजान। उपजत नाहीं मन मैं ज्ञान।
अरु तनु छूटत बहु दुख होइ। तातैं सोच रहै नहिं कोइ।
बिना सोच सुमिरन क्यौं होइ। आज्ञा होइ करौं अब सोइ।
सुक कह्यौ, तन-धन कुटुंब बिहाइ। हरि-पद भजौ, न और उपाइ।
आयु भग्न-घट-जल ज्यौं छीजै। अह-निसि हरि-हरि सुमिरन कीजै।
नृप षट्वांग पूर्व इक भयौ। सु तौ द्वै घरी मैं तरि गयौ।
सात दिवस तेरी तौ आइ। कहौं भागवत, सुनि चित लाइ।
सुनि हरि-कथा हरि-ध्यान। सब जग जानौ स्वप्न समान।
या बिधि जौ हरि-पद उर धरिहौ। निस्संदेह 'सूर' तौ तरिहौ॥

शुकदेव ने राजा परीक्षित की ओर कृपा करके देखा। राजा ने इसे अपना धन्य भाग्य समझा। उन्होंने शुकदेव जी के चरणों पर नत मस्तक होकर उनसे विनती की—अब मेरी आयु के सात ही दिन शेष रह गए हैं। फिर भी परिवारी जनों का मोह मुझसे छूट नहीं पा रहा रहा है। शरीर का, धन का, लोभ मुझसे आकर बराबर लिपटता जा रहा है। जान-बूझकर भी मैं अनजान बनता जा रहा हूँ। मेरे मन में ज्ञान नहीं उत्पन्न हो रहा है। शरीर छोड़ते समय घना दुःख होगा। उस दुःख से बढ़कर कोई दूसरा दुःख नहीं और बिना दुःख के हरि स्मरण भी नहीं होगा।

दुख में सुमिरन सब करै, सुख में करै न कोइ
जो दुख में सुमिरन करै, दुख काहे को होइ

अतः आप जैसा निर्देश दें मैं वैसा ही करूँ।

शुकदेव जी बोले—शरीर, संपत्ति और सारा परिवार, सब कुछ छोड़ दो। केवल प्रभु के चरणों को भजो। हरि भजन के अतिरिक्त कोई दूसरा उपाय नहीं है। जैसे फूटे घड़े से जल चूता जाता है, उसी प्रकार आयु भी प्रतिक्षण घटती जा रही है। अतः रात-दिन अब भगवत्स्मरण करो। पहले एक राजा षट्वांग हआ है। वह तो दो घड़ी में ही तर गया था। तुम्हारी तो आयु अभी सात दिन है। मैं भागवत की कथा कह रहा हूँ। तुम मन लगाकर सुनो। हरि कथा सुनो और हरि का ध्यान करो। सारे संसार को सपने के समान समझो। यदि इस प्रकार भगवान के चरण-कमलों को हृदय में धारण करोगे, तो निश्चय ही तुम्हारा उद्धार हो जायेगा।

१२४/३४३ राग बिलावल

हरि-जस-कथा सुनौ चित लाइ। ज्यौं षट्वांग तर्‌यौ गुन गाइ।
नृप षट्वांग भयौ भुव माहिं। ताके सम द्वितिया कोउ नाहिं।
इक दिन इंद्र तासु घर आयौ। राजा उठि कै सीस नवायौ।
धनि मम गृह, धनि भाग हमारे। जौ तुम चरन कृपा करि धारे।
अब मोकौं, जो आज्ञा होइ। आयसु मानि करौं मैं सोइ।
इंद्र कह्यौ, मम करौ सहाई। असुरनि सौं है हमैं लराई।

इंद्रपुरी षट्वांग सिधाए। नाम सुनत सो सकल पराए।
सुरपति सौं नृप आज्ञा माँगी। उन कह्यौ, लेहु कछू बर माँगी।
नृपति कह्यौ, कहौ मेरी आइ। बर लैहौं पुनि सीस चढ़ाइ।
दोइ मुहूरति आयु बताई। नृप बोल्यौ तब सीस नवाई।
तुरत देहु मोहिं घर पहुँचाइ। तरौं जाइ तहँ हरि-गुन गाइ।
एक मुहूरत मैं भव आयौ। एक मुहूरत हरि-गुन गायौ।
हरि-गुन गाइ परम पद लह्यौ। 'सूर' नृपति सुनि धीरज गह्यौ॥

शुकदेव जी राजा परीक्षित से बोले—जिस प्रकार राजा षट्वांग हरि का गुणानुवाद सुनकर तर गए, हरि-यश की वह कथा ध्यानपूर्वक सुनो।

इस धरती पर एक राजा षट्वांग हुए हैं। उनके समान इस धरती पर और कोई दूसरा नहीं हुआ। एक दिन देवराज इंद्र उनके घर आए। राजा ने उठकर उनको सिर झुकाया और कहा—अब मेरा घर धन्य हुआ, मेरा भाग्य भी धन्य है, जो आपने कृपा करके मेरे घर में पदार्पण किया है। अब आपकी जो भी आज्ञा हो, मैं उसे मानकर वैसा ही करूँ।

इंद्र ने कहा—आप मेरी सहायता करें। मेरा असुरों से युद्ध चल रहा है। इस पर राजा षट्वांग इंद्रपुरी अमरावती गए। उनका नाम सुनते ही सारे असुर भाग गए। तब राजा षट्वांग ने अपने घर वापस आने की अनुमति माँगी। इंद्र ने कहा, आप मुझसे कोई वर मांग लें। राजा ने कहा—अब मेरी आयु कितनी रह गई है, पहले यह बता दें, फिर मैं आपके वर को भी शिरोधार्य कर लूँगा। इंद्र ने कहा—आपकी आयु अब केवल दो घड़ी रह गई है। तब राजा ने सिर झुकाकर कहा— आप मुझे तुरंत मेरे घर पहुँचा दें, वहाँ जाकर हरि का गुणानुवाद करके मैं तर जाऊँगा। राजा एक घड़ी में अपने घर आए। उन्होंने एक घड़ी हरि भजन किया। एक घड़ी हरि भजन गाकर ही उन्होंने परम पद मोक्ष प्राप्त कर लिया।

राजा षट्वांग की कथा सुनकर महाराजा परीक्षित को धैर्य हो गया कि अब मैं भी परम पद पा लूँगा।

॥ प्रथम स्कंध समाप्त ॥

द्वितीय स्कंध

१२५/३४४ राग बिलावल

हरि हरि, हरि हरि, सुमिरन करौ। हरि-चरनारबिंद उर धरौ।
सुकदेव हरि-चरननि सिर नाइ। राजा सौं बोल्यौ या भाइ।
तुम कह्यौ सप्त दिवस मम आइ। कहौं हरि-कथा, सुनौ चित लाइ।
चिंता छाँड़ि, भजौ जदुराइ। 'सूर' तरौ, हरि के गुन गाइ।

हरि का स्मरण करो। हरि के चरण-कमलों को हृदय में धारण करो। शुकदेव जी ने हरि के चरणों में मस्तक झुकाया और राजा परीक्षित से इस प्रकार बोले—तुम कह रहे हो कि मेरी आयु केवल सात दिन है। मैं हरि-कथा कह रहा हूँ, मन लगाकर सुनो। चिंता छोड़ो, यदुराय का भजन करो। हरि का गुणानुवाद करके भवसागर तर जाओ।

१२६/३४५ राग सारंग

कह्यौ सुक श्रीभागवत बिचारि।
हरि की भक्ति जुगै जुग बिरधै, आन धर्म दिन चारि।
चिंता तजौ परीच्छित राजा, सुनि सिख साखि हमार।
कमल-नैन की लीला गावत, कटत अनेक बिकार।
सतजुग सत, त्रेता तप कीजै, द्वापर पूजा चारि।
'सूर' भजन कलि केवल कीजै, लज्जा-कानि निवारि॥

श्री शुकदेव ने विचार करके श्रीमद्भागवत की कथा राजा परीक्षित को कह सुनाई। भगवान की भक्ति से युगों-युगों तक बढ़ती होती जाती है। अन्य धर्मों से भी बढ़ती होती है, पर चार दिनों के लिए ही। हे राजा परीक्षित, चिंता छोड़ो, तुम मेरी शिक्षा को प्रमाण मानकर सुनो। कमल के समान नेत्र वाले कृष्ण की लीला गाने से अनेक प्रकार के विकार दोष, कट जाते हैं। सतयुग में सत्य से परमगति मिलती है, त्रेता में तपस्या से, द्वार में पूजा-पाठ और आचार से। किंतु कलियुग में तो भगवान का भजन मात्र पर्याप्त है। इसी से सब कुछ प्राप्त हो जाता है। अतः लाज-बीज, मर्यादा सभी को छोड़कर भगवान का भजन करो।

१२७/३४६ राग बिलावल

गोबिंद-भजन करौ इहिं बार।
संकर पारबती उपदेसत, तारक मंत्र लिख्यौ स्त्रुति-द्वार।
अस्वमेध जज्ञहु जो कीजै, गया, बनारस अरु केदार।
राम-नाम-सरि तऊ न पूजै, जौ तनु गारौ जाइ हिवार।
सहस बार जौ बेनी परसौ, चंद्रायन कीजै सौ बार।
'सूरदास' भगवंत-भजन बिनु, जम के दूत खरे हैं द्वार॥

हे राजा परीक्षित, इस समय गोविंद का भजन करो। शंकर जी पार्वती को उपदेश देते हैं कि वेद के द्वार पर तारक मंत्र—राम—लिखा हुआ है। चाहे अश्वमेध यज्ञ करो, चाहे गया, बनारस, केदारनाथ की तीर्थ यात्रा करो, चाहे हिमालय में जाकर शरीर गला डालो, चाहे हजार बार प्रयाग में जाकर त्रिवेणी में स्नान करो, चाहे सौ बार चंद्रायण व्रत करो, कोई भी राम नाम की बराबरी नहीं कर सकता। जम के दूत दरवाजे पर प्राणों को ले जाने के लिए खड़े हैं। बिना भगवान के भजन के इनसे बच नहीं सकते।

१२८/३४७ राग केदारौ

है हरि नाम कौ आधार।
और इहिं कलिकाल नाहीं, रह्यौ बिधि-ब्यौहार।
नारदादि सुकादि मुनि मिलि, कियौ बहुत बिचार।
सकल स्त्रुति-दधि मथत पायौ, इतोई घृत-सार।
दसौं दिसि तैं कर्म रोक्यो, मीन कौं ज्यौं जार।
'सूर' हरि कौ सुजस गावत, जाहि मिटि भव-भार॥

शुकदेव जी राजा परीक्षित से कह रहे हैं—भगवान के नाम का ही भरोसा है। इस कलियुग में कोई अन्य उपाय, कोई अन्य ढंग, कोई अन्य कर्म, काम देनेवाला नहीं। नारद और शुक आदि मुनियों ने मिलकर इस पर बहुत विचार करके यह निष्कर्ष निकाला है। संपूर्ण वेद रूपी समुद्र को मथ करके उन्होंने इतना ही तत्व रूपी घी निकाल पाया है। जैसे मछली को जाल चारों ओर से जकड़ लेता है, वैसे ही कर्म ने हमें दसों दिशाओं से बाँध रखा है। भगवान का भजन करते ही संसार का सारा बोझ उतर जाता है।

नाम महिमा *१२९/३४८ राग बिलावल*

हरि हरि हरि सुमिरौ सब कोइ। हरि हरि सुमिरत सब सुख होइ।
हरि-समान द्वितिया नहिं कोइ। स्त्रुति-सुम्रिति देख्यौ सब जोइ।
हरि हरि सुमिरत होइ सु होइ। हरि चरननि चित राखौ गोइ।
बिनु हरि सुमिरन मुक्ति न होइ। कोटि उपाइ करौ जौ कोइ।
हरि हरि हरि सुमिरौ सब कोइ। हरि सुमिरे तैं सब सुख होइ।
सत्रु-मित्र हरि गनत न दोइ। जो सुमिरै ताकी गति होइ।
हरि हरि हरि सुमिरौ सब कोइ। हरि के गुन गावत सब लोइ।
राव-रंक हरि गनत न दोइ। जो गावहिं ताकी गति होइ।
हरि हरि हरि सुमिरौ सब कोइ। हरि सुमिरे तैं सब सुख होइ।
हरि हरि हरि सुमिर्‍यौ जो जहाँ। हरि तिहिं दरसन दीन्ह्यौ तहाँ।
हरि बिनु सुख नहिं इहाँ न उहाँ। हरि हरि हरि सुमिरौ जहँ तहाँ।
सौ बातनि की एकै बात। 'सूर' सुमिरि हरि-हरि दिन-रात॥

शुकदेव जी ने राजा परीक्षित से कहा—सभी लोग हरि का सुमिरन करो। हरि का सुमिरन करने से सभी सुख मिलते हैं। हरि के समान दूसरा अन्य कोई नहीं है। मैंने वेद

और स्मृति सब को भली-भाँति देख लिया है। यह उन्हीं का मत है। जो कुछ होना है, हरि-स्मरण से ही होता है। अतः हे राजा परीक्षित, हरि के चरणों में, बिना किसी प्रकार का ढिंढोरा पीटे हुए, गुप्त रूप से, अपने मन को लगा डालो। करोड़ों उपाय भले ही कर लो, बिना हरि-सुमिरन के मुक्ति मिलने से रही। अतः हरि का सुमिरन करो। इसी से सारे सुखों की प्राप्ति होती है। हरि यह नहीं देखते कि कौन शत्रु है, कौन मित्र। बिना किसी भेदभाव के वे अपने सुमिरन करने वाले को मोक्ष प्रदान करते हैं। सब लोग हरि का सुमिरन करो। हरि का गुणानुवाद सभी करते हैं। हरि यह नहीं देखते कि कौन राजा है, कौन निर्धन। जो भी उनका गुण-गान करता है, वे उसे मोक्ष प्रदान कर देते हैं। हरि का सुमिरन करो। हरि-सुमिरन से ही सारे सुख मिलते हैं। जिसने जहाँ भी हरि का सुमिरन किया है, हरि ने उसको वहीं दरशन दिए हैं। हरि के बिना न तो इस लोक में सुख है, न उस परलोक में ही। इसलिए जहाँ कहीं भी हो, भगवान का भजन करते रहो। सौ बातों की एक ही मूल बात है—भगवान का भजन दिन-रात करते रहो।

१३०/३४९ राग सारंग

जो सुख होत गुपालहिं गाऐं।
सो सुख होत न जप-तप कीन्हैं, कोटिक तीरथ न्हाऐं।
दिऐं लेत नहिं चारि पदारथ, चरन-कमल चित लाऐं।
तीनि लोक तृन-सम करि लेखत, नंद-नँदन उर आऐं।
बंसीबट, बृंदाबन, जमुना तजि, बैकुंठ न जावै।
'सूरदास' हरि कौ सुमिरन करि, बहुरि न भव-जल आवै॥

शुकदेव जी परीक्षित से बोले—गोपाल कृष्ण का गुणानुवाद करने से जो सुख मिलता है, वह सुख न तो जप करने से मिलता है, न तप करने से, और न तो करोड़ों तीर्थों में स्नान करने से ही। जिसने भगवान के चरण कमलों में चित लगा लिया, वह देने पर भी धर्म, अर्थ, काम, मोक्ष इन चारों पदार्थों को नहीं लेता। नंद के नंदन श्रीकृष्ण जब हृदय में समा जाते हैं, तब भक्त तीनों लोकों को तृण के समान समझने लगता है। वंशीवट, वृंदावन और यमुना को छोड़कर वह बैकुंठ में भी जाना पसंद नहीं करता। भगवान का भजन करो, फिर संसार-सागर में नहीं आना पड़ेगा, आवागमन से मुक्ति मिल जायेगी।

१३१/३५० राग केदारौ

सोइ रसना, जो हरि-गुन गावै।
नैननि की छबि, यहै चतुरता, जो मुकुंद-मकरंदहिं ध्यावै।
निर्मल चित तौ सोई साँचौ, कृष्न बिना जिहिं और न भावै।
स्त्रवननि की जु यहै अधिकाई, सुनि हरि-कथा सुधा-रस पावै।
कर तेई जे स्यामहिं सेवैं, चरननि चलि बृंदाबन जावै।
'सूरदास' जैयै बलि वाकी, जो हरि जू सौं प्रीति बढ़ावै॥

जीभ वही सार्थक है, जो हरि का गुणानुवाद करे। नेत्रों की शोभा और चतुराई यही है कि वे मुकुंद देव के चरणारविंद के मकरंद (पराग) का ध्यान करें। सच्चा और निर्मल

चित्त तो वही है, जिसे कृष्ण ही अच्छे लगें और कोई दूसरा जिसे न भावे। कानों की यही अधिकता (विशेषता) है कि वे हरि की कथा सुनें और उस हरि-कथा के अमृत-रस को पावें (ग्रहण करें)। हाथ वही सफल है, जो श्याम की सेवा में लगे रहें। चरण सार्थक वही हैं, जो चलकर वृंदावन पहुँचें। उसी की बलैया लीजिए जो हरि जी से प्रीति बढ़ावै, जो भगवान की भक्ति करे।

१३२/३५१ राग सारंग

जब तैं रसना राम कह्यौ।
मानौ धर्म साधि सब बैठ्यौ, पढ़िबे मैं धौं कहा रह्यौ।
प्रगट प्रताप ज्ञान गुरु-गम तैं, दधि मथि, घृत लै, तज्यौ मह्यौ।
सार कौ सार, सकल सुख कौ सुख, हनूमान-सिव जानि गह्यौ।
नाम प्रतीति भई जा जन कौं, लै आनँद, दुख दूरि दह्यौ।
'सूरदास' धनि-धनि वह प्रानी, जो हरि कौ ब्रत लै निबह्यौ॥

जब तूने जीभ से राम का नाम कह दिया, तब मानो तू सब धर्मों को साध कर बैठ गया और तब तुझे क्या पढ़ना बाकी रह गया। राम का नाम ले लिया तो सब धर्म कर चुका और सब कुछ पढ़ चुका। गुरु के पास जाकर जो कुछ भी ज्ञान का प्रताप प्राप्त किया जा सकता है, 'राम' कहकर तूने वह सब ज्ञान प्रकट रूप से पा लिया। तूने दही मथकर सारा घी पा लिया और मट्ठे को छोड़ दिया। राम का नाम सार का भी सार है, तत्व का भी तत्व है, संपूर्ण सुखों का भी सुख है। ऐसा समझकर ही शिव जी ने और हनुमान जी ने राम नाम को पकड़ रखा है। जिसको भी राम नाम पर विश्वास हो गया, उसका दुख दूर हो गया और जल गया तथा उसे सभी आनंद प्राप्त हो गए। वह प्राणी धन्य है, जो हरि-भक्ति का व्रत लेता है और अंत तक उस व्रत को निबाह देता है।

१३३/३५२ राग सारंग

गोबिंद सौं पति पाइ, कहँ मन अनत लगावै?
स्याम-भजन बिनु सुख नहीं, जौ दस दिसि धावै।
पति कौ ब्रत जो धरै तिय, सो सोभा पावै।
आन पुरुष कौ नाम ले, पतिब्रतहिं लजावै।
गनिका उपज्यौ पूत, सो कौन कौ कहावै?
बसत सुरसरी तीर, मंदमति कूप खनावै।
जैसैं स्वान कुलाल के, पाछैं लगि धावै।
आन देव हरि तजि भजै, सो जनम गँवावै।
फल की आसा चित्त धरि, जो बृच्छ बढ़ावै।
महा मूढ़ सो मूल तजि, साखा जल नावै।
सहज भजै नँदलाल कौं, सो सब सचु पावै।
'सूरदास' हरि नाम ले, दुख निकट न आवै॥

गोविंद जैसा स्वामी पाकर तू अन्यत्र कहाँ मन लगा रहा है? दसों दिशाओं में उद्योग करते दौड़ते फिरो, बिना भगवान का भजन किए कहीं भी सुख नहीं मिल सकता। जो स्त्री अपने पति के प्रति ही अनुरक्त रहती है, वही समाज में शोभा, प्रतिष्ठा पाती है। जो पत्नी दूसरे पुरुष में अनुरक्त होती है, वह पातिव्रत धर्म को लज्जित करती है और पत-हीन हो जाती है। गणिका के गर्भ से जो पुत्र उत्पन्न होता है, वह किसका पुत्र कहा जाय। उसका बाप कौन है? गंगा के क़िनारे रहकर भी मूर्ख लोग ही पानी पीने के लिए कुआँ खोदते हैं। जैसे कुत्ता किसी जंगली मुर्गे या उल्लू के पीछे दौड़ता फिरे, उसी प्रकार हरि को तजकर जो दूसरे देवताओं के पीछे दौड़ता है, वह अपना जीवन नष्ट कर देता है। फल की आशा से जो वृक्ष लगाकर बड़ा करता है, य़दि वह जड़ में पानी न देकर, डाल पात पर पानी देता है, तो वह महामूर्ख है। जो सहज भाव से नंदलाल को भजता है, वह सभी सुख पाता है। अत: हरि का नाम भजो, फिर दु:ख कभी पास भी नहीं फटकेगा।

१३४/३५३ राग कान्हरौ

जाकौ मन लाग्यौ नँदलालहिं, ताहिं और नहिं भावै (हो)।
जौ लै मीन दूध मैं डारै, बिनु जल नहिं सचु पावै (हो)।
अति सुकुमार डोलत रस-भीनौ, सो रस जाहि पियावै (हो)।
ज्यौं गूँगौ गुर खाइ अधिक रस, सुख-सवाद न बतावै (हो)।
जैसैं सरिता मिलै सिंधु कौं, बहुरि प्रवाह न आवै (हो)।
ऐसैं 'सूर' कमल-लोचन तैं, चित नहिं अनत डुलावै (हो)॥

जिसका मन नंदलाल से लग गया, उसे फिर कुछ भी अच्छा नहीं लगता। मछली को दूध में ही क्यों न डाल दो, उसे जल में ही सुख मिल पाता है, दूध में नहीं। भगवान अपनी भक्ति का रस जिसको पिला देते हैं, वह उस रस में भींगकर अत्यंत मंद-मंद चरणों से डोलता है। वह उस भक्ति के सुख के स्वाद को उसी प्रकार नहीं बता पाता, जिस प्रकार गूँगा गुड़ खाकर उसकी मिठास का तो अनुभव करता है, पर उस मिठास का वर्णन नहीं कर पाता। जैसे नदी दौड़ती-दौड़ती जाकर जब अगाध समुद्र में मिल जाती है, तब उसकी धारा फिर उलटकर धरती पर नहीं आ पाती, उसी प्रकार भगवान का भक्त कमल के समान नेत्रवाले प्रभु से जब अपना मन मिला लेता है, तब वह अपना चित्त अन्यत्र नहीं डुलाता।

१३५/३५४ राग बिहाग

जौ मन कबहुँक हरि कौ जाँचै।
आन प्रसंग-उपासन छाँड़ै, मन-बच-क्रम अपनैं उर साँचै।
निसि-दिन स्याम सुमिरि जस गावै, कल्पन मेटि प्रेम रस माँचै।
यह ब्रत धरे लोक मैं बिचरै, सम करि गनै महामनि-काँचै।
सीत-उष्न, सुख-दुख नहिं मानै, हानि-लाभ कछु सोच न राँचै।
जाइ समाइ 'सूर' वा निधि मैं, बहुरि न उलटि जगत मैं नाचैं॥

यदि यह मन प्रभु से कभी उनकी भक्ति की याचना करता है और उनकी भक्ति प्रभु के अनुग्रह से पा लेता है, तो वह अन्यों की प्रासंगिक उपासना को छोड़ देता है और मनसा

वाचा कर्मणा सत्य हृदय वाला हो जाता है। वह रात-दिन भगवान का सुमिरन करता रहता है और भगवत्कीर्तन में लगा रहता है। वह संसार के छल-फरेब, धोखा-धड़ी को मिटाकर छोड़कर, भगवत्प्रेम में ही रत हो जाता है। वह भगवद्भक्ति का व्रत धारण कर धरती पर सामान्य भाव से विचरण करता है। उसके लिए महामणि, हीरा, मोती आदि सीसे के टुकड़े के समतुल्य हो जाते हैं। वह काँच किरच को तुच्छ जान छोड़ देता है, वैसे ही नीलम, पुखराज आदि महामणियों को भी व्यर्थ समझकर उन्हें उठा नहीं धरता। वह न ठंडक गिनता है, न गर्म लू की परवाह करता है। वह न दुख से डरता है, न सुख की ओर आकृष्ट होता है। उसके लिए नफा-नुकसान बराबर है। वह न तो हानि से सोच (चिंता) में पड़ता है, न लाभ में अनुरक्त होता है। वह उस परम प्रभु रूपी महा समुद्र में समा जाता है और फिर इस संसार में नाचने नहीं आता। आवागमन के बंधन से मुक्त हो जाता है।

१३६/३५५ राग बिलावल

जनम-जनम, जब-जब, जिहिं-जिहिं जुग, जहाँ-जहाँ जन जाइ।
तहाँ-तहाँ हरि चरन-कमल-रति, सो दृढ़ होइ रहाइ।
स्रवन सुजस सारंग-नाद-बिधि, चातक-बिधि मुख नाम।
नैन चकोर सतत दरसन ससि, कर अरचन अभिराम।
सुमति सुरूप सँचै स्रद्धा-बिधि, उर-अंबुज अनुराग।
नित प्रति अलि जिमि गुंज मनोहर, उड़त जु प्रेम-पराग।
औरौं सकल सुकृत श्रीपति-हित, प्रतिफल-रहित सुप्रीति।
नाक निरै, सुख दुःख, 'सूर' नहिं, जिहि की भजन प्रतीति॥

जन्म-जन्म में, जब-जब, जिस-जिस युग में, जहाँ-जहाँ प्रभु का सेवक जाता है, वहाँ-वहाँ हरि के चरण-कमलों में उसका दृढ़ प्रेम बराबर बना रहता है। जैसे हिरन वीणा की मधुरता पर मुग्ध होकर अपने प्राण तक दे देता है, उसी प्रकार उसी अनुराग से भक्त प्रभु का सुयश सुनता है। जिस प्रकार चातक पी-कहाँ पी-कहाँ रटता रहता है, उसी प्रकार भक्त प्रभु का नाम रटता रहता है। जिस प्रकार चकोर निरंतर चंद्रमा को टकटकी लगाकर देखा करता है, उसी प्रकार भक्त के नेत्र सदैव भगवान को देखा करते हैं। उसके हाथ प्रभु की सुंदर अर्चना बराबर करते रहते हैं। वह श्रद्धापूर्वक अपनी सुमति में प्रभु के सुंदर रूप को संचित किए रहता है। अपने हृदय-कमल में प्रभु के प्रेम को बसाए रहता है। वह नित्य प्रति भौंरे के समान प्रभु के प्रेम का गुंजार करता रहता है और प्रभु के प्रेम रूपी मकरंद से लिपटा हुआ उड़ता रहता है। वह श्रीपति के लिए अन्य सभी पुण्य कृत्य करता रहता है। उसकी प्रीति किसी प्रकार के प्रतिदान की कामना से रहित होती है। जिसको भगवान के भजन में विश्वास है, उसके लिए स्वर्ग और नरक, सुख और दुख एक भी नहीं रह जाते।

हरिविमुख-निंदा *१३७/३५६ राग सारंग*

अचंभौ इन लोगनि कौ आवै।
छाँड़ैं स्याम-नाम-अम्रित-फल, माया-बिष-फल भावै।
निंदत मूढ़ मलय चंदन कौं, राख अंग लपटावै।

मानसरोवर छाँड़ि हंस, तट काग-सरोवर न्हावै।
पग तर जरत न जानै मूरख, घर तजि घूर बुझावै।
चौरासी लख जोनि स्वाँग धरि, भ्रमि-भ्रमि जमहिं हँसावै।
मृगतृष्ना आचार-जगत जल, ता सँग मन ललचावै।
कहत जु 'सूरदास' संतनि मिलि, हरि जस काहे न गावै !

हमें तो उन लोगों पर आश्चर्य होता है, जो श्याम के नाम के अमृत-फल को छोड़कर माया रूपी विष-फल को पसंद करते हैं। हमें तो उन लोगों पर आश्चर्य होता है, जो मूर्ख मलय गिरि के चंदन की निंदा करते हैं और अपने शरीर में भस्म लपेटते हैं। हमें उन हंसों (जीवों) पर आश्चर्य होता है, जो मानसरोवर को छोड़कर उन गड़हियों में नहाते हैं, जिनमें कौवें स्नान करते हैं। हमें उन मूर्खों पर आश्चर्य होता है, जो अपने पैरों के तले जलती आग को नहीं जानते और घर की आग को छोड़कर घूर पर लगी आग को बुझाने जाते हैं। हमें उन मूर्खों पर आश्चर्य होता है, जो विभिन्न रूप धर कर चौरासी लाख योनियों में भटकते हैं और यमराज से अपनी हँसी कराते हैं। हमें उन भलेमानसों पर आश्चर्य होता है, जो संसार के आचार-विचार की मृगतृष्णा को जल समझते हैं और उसी ओर ललचाई नजरों से देखते हैं।

अरे भलेमानसों, संतों के साथ मिलकर, बैठकर भगवान का गुणानुवाद क्यों नहीं करते?

१३८/३५७ राग सारंग

भजन बिनु कूकर-सूकर जैसौ।
जैसैं घर बिलाव के मूसा, रहत बिषय-बस वैसौ।
बग-बगुली अरु गीध-गीधिनी, आइ जनम लियो तैसौ।
उनहूँ कैं गृह, सुत, दारा हैं, उन्हैं भेद कहु कैसौ ?
जीव मारि कै उदर भरत हैं, तिनकौ लेखौ ऐसौ।
'सूरदास' भगवंत-भजन बिनु, मनौ ऊँट-बृष भैंसौ॥

भगवान के भजन बिना यह जीवन कुत्ते और सूअर जैसा है। जैसे बिल्ली के घर में चूहा डरा-डरा रहता है, वैसे ही मनुष्य विषय-वासना के बस में पड़ा डरता रहता है। वह हमेशा मृत्यु के मुँह में ही बना रहता है। जैसे बकुला-बकुली हैं, गिद्ध-गिद्धिनी हैं, भक्ति-हीन मनुष्य ने ऐसा ही जन्म पाया है। उन बक बकी, गिद्ध-गिद्धिनी के भी घर, बेटी-बेटा, पति पत्नी हैं। फिर उनसे भक्ति-हीन मनुष्य का भेद, अंतर, ही कैसा? जो दूसरे जीवों को मारकर अपना पेट भरते हैं, मांसाहारी हैं, उनकी गति ऐसी ही होती है। भगवान की भक्ति के बिना ऐसे नर ऊँट, वृषभ (बैल) और भैसों के समान हैं।

१३९/३५८ राग सारंग

भजन बिनु जीवत जैसैं प्रेत।
मलिन मंदमति डोलत घर-घर, उदर भरन कैं हेत।
मुख कटु बचन, नित्त पर-निंदा, संगति-सुजस न लेत।

कबहूँ पाप करैं पावत धन, गाड़ि धूरि तिहिं देत ।
गुरु-ब्राह्मन अरु संत-सुजन के, जात न कबहँ निकेत ।
सेवा नहिं भगवंत-चरन की, भवन नील कौ खेत ।
कथा नहीं गुन गीत सुजस हरि, सब काहूँ दुख देत ।
ताकी कहा कहौं सुनि 'सूरज', बूड़त कुटुँब समेत ॥

भगवान के भजन के बिना मनुष्य प्रेत के समान जीवन जीता है। वह मैला-कुचैला, वह नासमझ, केवल अपना पेट भरने के लिए दूसरों के द्वार-द्वार पर घूमता है। मुख से कड़वी वाणी बोलता है, नित्य दूसरों की निंदा किया करता है, अच्छे लोगों की संगति का यश नहीं लेता, भले लोगों की संगति नहीं करता। जब कभी पाप-कर्म करके धन पा जाता है, तब उस धन को न तो सत्कर्म में लगाता है, न अपने उपयोग में ही, वह उसे धरती में गाड़ देता है। वह गुरु के, ब्राह्मण के, संत के, सुजन के घर कभी नहीं जाता, जहाँ उसे सत्संग का लाभ मिल सके। वह भगवान के चरण-कमलों की सेवा नहीं करता। उसका घर नील के खेत जैसा नीला (काला) बना रहता है, साफ-सुथरा नहीं रहता। वह न हरिकथा सुनता है, न भगवान का गुण, गीत, यश ही गाता है। ऐसा भक्ति-हीन प्राणी परिवार के सहित नष्ट हो जाता है।

१४०/३५९ राग सारंग

जिहिं तन हरि भजिबौ न कियौ ।
सो तन सूकर-स्वान-मीन ज्यौं, इहिं सुख कहा जियौ ?
जो जगदीस ईस सबहिनि कौ, ताहि न चित्त दियौ ।
प्रगट जानि जदुनाथ बिसारयौ, आसा-मद जु पियौ ।
चारि पदारथ के प्रभु दाता, तिन्हैं न मिल्यौ हियौ ।
'सूरदास' रसना बस अपनै, टेरि न नाम लियौ ॥

जिस शरीर से भगवान का भजन नहीं किया, वह शरीर सुअर, कुत्ता और मछली जैसा है। इनके जैसा सुख पाकर जीना व्यर्थ है। जो जगदीश्वर सब का स्वामी है, उसमें कभी भी मन नहीं लगाया। यदुनाथ तो प्रगट हैं, उनको जानकर भी जिसने भुला दिया और आशा की शराब पी ली। जो भगवान धर्म, अर्थ, काम, मोक्ष इन चार पदार्थों का देनेवाला है, जो उनसे जी खोलकर नहीं मिला, जीभ तो अपने बस में है, फिर भी दीन--भाव से, कभी पुकार कर प्रभु का नाम नहीं लिया, ऐसा नर, पंशु है, पशु।

सत्संग-महिमा

१४१/३६० राग केदारौ

जा दिन संत पाहुने आवत ।
तीरथ कोटि सनान करैं फल जैसौ, दरसन पावत ।
नयौ नेह दिन-दिन प्रति उनकैं, चरन-कमल चित लावत ।
मन-बच-कर्म और नहिं जानत, सुमिरत औ सुमिरावत ।
मिथ्यावाद-उपाधि-रहित है, बिमल-बिमल जस गावत ।
बंधन कर्म कठिन जे पहिले, सोऊ काटि बहावत ।

संगति रहैं साधु की अनुदिन, भव-दुख दूरि नसावत।
'सूरदास' संगति करि तिनकी, जे हरि-सुरति करावत ॥

जिस दिन घर में कोई साधु-महात्मा अतिथि रूप में आ जाते हैं, उस समय उनका दर्शन कर लेने मात्र से ऐसा फल प्राप्त हो जाता है, जो फल करोड़ों तीर्थों में स्नान करने से मिल पाता है। उनका स्नेह भगवान के चरणों में बराबर लगा रहता है और दिन प्रतिदिन उनका भगवत प्रति प्रेम बढ़ता जाता है। वे मन से, वचन से, कर्म से और किसी दूसरे देवी-देवता को नहीं जानते। वे भगवान का स्मरण स्वयं करते हैं और जिसके यहाँ जाते हैं, उससे भगवत्स्मरण कराते हैं। वे झूठ और कपट तथा उपद्रव से रहित होते हैं और भगवान का विमल यश गाते रहते हैं। वे पूर्व जन्म के कठिन कर्म-बंधन को काटकर बहा देने में समर्थ होते हैं। ऐसे साधुओं की दिन-दिन की संगति संसार के जन्म लेने के दुख को दूर करने वाली होती है। ऐसे संतों की संगति करो, जो बराबर भगवान की याद दिलाते रहते हैं।

भक्ति-साधन *१४२/३६१ राग धनाश्री*

हरि-रस तौब जाइ कहुँ लहियै।
गऐं सोच आऐं नहिं आनँद, ऐसौ मारग गहियै।
कोमल बचन, दीनता सब सौं, सदा अनंदित रहियै।
बाद-बिवाद, हर्ष-आतुरता, इतौ द्वंद जिय सहियै।
ऐसी जो आवै या मन मैं, तौ सुख कहँ लौं कहियै।
अष्ट सिद्धि, नव निधि, 'सूरज' प्रभु, पहुँचै जो कछु चहियै ॥

अब तो भगवान की भक्ति का आनंद कहीं और जाकर लिया जाय। ऐसा पंथ पकड़ा जाय, जिससे गये का, नष्ट होने का, हानि होने का, सोच न हो और आने का, लाभ होने का, आनंद भी न हो। जहाँ सबसे विनम्र बातें कहें, सबके सामने अपने को दीन बनाए रखें तथा हर हालत में, सुख में, दुख में, सदा प्रसन्न बने रहें। वाद-विवाद, हर्ष-विषाद का द्वंद, संघर्ष, खुशी-खुशी झेल लें। अगर मन की ऐसी स्थिति बन जाय, तो उसके सुख की बात कहाँ तक कही जाय। तब तो हमें जो कुछ चाहिए, चाहे वह अष्ट सिद्धि हो, नव निधि हो, सब हमारे पास स्वतः पहुँच जाय।

१४३/३६२ राग धनाश्री

जौ लौं मन-कामना न छूटै।
तौ कहा जोग-जज्ञ-ब्रत कीन्हैं, बिनु कन तुस कौं कूटै।
कहा सनान कियैं तीरथ के, अंग भस्म, जट-जूटै ?
कहा पुरान जु पढ़ैं अठारह, ऊर्ध्व धूम के घूटैं।
जग सोभा की सकल बड़ाई, इनतैं कछू न खूटै।
करनी और, कहै कछु और, मन दसहूँ दिसि टूटै।
काम, क्रोध, मद, लोभ सत्रु हैं, जौ इतननि सौं छूटै।
'सूरदास' तबहीं तम नासै, ज्ञान-अगिनि-झर फूटै ॥

जब तक हमारा मन कामनाओं से मुक्त नहीं हो जाता, तब तक योग करने से क्या,

यज्ञ करने से क्या, व्रत करने से क्या? ये योग, यज्ञ, व्रत सभी वैसे ही हैं, जैसे ऐसी भूसी को कूटना, जिसमें अन्न का एक भी कण न हो। तीर्थों में स्नान करने से क्या? शरीर में भस्म मलने से क्या? सिर पर जटा-जूट रखने से क्या? अट्ठारण पुराणों को पढ़ने से क्या? ऊपर की ओर खींचकर धुआँ पीने से क्या? संसार की शोभा, सभी सांसारिक बन्धन, तो हमें आकर्षित करते ही रहेंगे। इन योग, यज्ञ, व्रत, तीर्थ, भस्म धारण, जटा-जूट आदि के रख लेने मात्र से संसार के आकर्षण की समाप्ति नहीं हो जायगी। कामनाएँ तो संसार की ओर सदा खींचती ही रहेंगी। हमारी करनी कुछ है। कथनी कुछ और। दोनों में कोई ताल-मेल नहीं है। कामनाओं के कारण ही मन दसों दिशाओं में आकर्षक वस्तुओं पर टूटा पड़ता है। काम, क्रोध, मद, लोभ हमारे शत्रु हैं। यदि इन शत्रुओं से छुटकारा मिल जाय, तो अज्ञान का अंधकार नष्ट हो जाय और ज्ञान के अग्नि की ज्वाला फूट निकले।

१४४/३६३ राग बिलावल

भक्ति-पंथ कौं जो अनुसरै। सुत-कलत्र सौं हित परिहरै।
असन-बसन की चिंत न करै। विस्वंभर सब जग कौं भरै।
पसु जाके द्वारे पर होइ। ताकौं पोषत अह-निसि सोइ।
जो प्रभु कैं सरनागत आवै। ताकौं प्रभु क्यौं करि बिसरावै?
मातु-उदर मैं रस पहुँचावत। बहुरि रुधिर तैं छीर बनावत।
असन-काज प्रभु बन-फल करे। तृष्ना-हेत जल-झरना भरे।
पात्र स्थान हाथ हरि दीन्हे। बसन-काज बल्कल प्रभु कीन्हें।
सज्जा पृथ्वी करी बिस्तार। गृह गिरि-कंदर करे अपार।
तातैं सब चिंता करि त्याग। 'सूर' करौ हरि-पद अनुराग॥

जो भक्ति-पथ पर आ निकल पड़ता है, पुत्र और पत्नी से प्रेम संबंध का परित्याग कर देता है। उसे भोजन और वस्त्र की चिंता नहीं रह जाती, क्योंकि विश्वंभर तो सभी विश्व का पेट भरते रहते हैं। जिसके दरवाजे पर कोई पशु-भैंस, गाय, बैल, बकरी, घोड़ा, बँधा रहता है, वह रात-दिन उस पशु का पेट भरता रहता है। फिर जो भक्त प्रभु की शरण में आ जाता है, उसे वे कैसे भुला सकते हैं। वे उसका पेट भरेंगे ही। बच्चा जब माँ के पेट में रहता है, प्रभु रक्त से दूध बनाते हैं। खाने के लिए प्रभु ने जंगली फल बना दिए हैं। प्यास बुझाने के लिए उन्होंने जल के झरने बना दिए हैं। पात्र के लिए हमें प्रभु ने हाथ दे रखा है। वस्त्र के लिए उन्होंने पेड़ों की छाल दे रखी है। सोने के लिए उन्होंने विस्तृत पृथ्वी की सेज बना दी है। घर के लिए पर्वतों में अपार गुफाएँ बना दी हैं। इसलिए सब चिंताओं को छोड़कर प्रभु के चरण-कमलों में प्रेम करो।

१४५/३६४ राग बिलावल

भक्ति-पंथ कौं जो अनुसरै। सो अष्टांग जोग कौं करै।
यम, नियमासन, प्रानायाम। करि अभ्यास होइ निष्काम।
प्रत्याहार - धारना - ध्यान। करै जु छाँड़ि बासना आन।
क्रम-क्रम सौं पुनि करै समाधि। 'सूर' स्याम भजि, मिटै उपाधि॥

जो भक्ति-पथ पर चलते हैं, वे योग के आठों अंगों की साधना करते हैं। यम, नियम, आसन, प्राणायाम का अभ्यास करके निष्काम, कामना रहित, बन जाओ। अन्य सभी वासनाओं को छोड़कर प्रत्याहार, धारणा, ध्यान करो। इसी प्रकार क्रमशः समाधि तक पहुँचो। श्याम को भजो और सभी झगड़ों से दूर हो जाओ।

१४६/३६५ राग धनाश्री

सबै दिन एकै से नहिं जात।
सुमिरन-भजन कियौ करि हरि कौ, जब लौं तन-कुसलात।
कबहूँ कमला चपल पाइ कै, टेढ़ैं टेढ़ैं जात।
कबहूँ मग-मग धूरि बटोरत, भोजन कौं बिलखात।
या देही कौ गरब करत, धन-जोबन के मद मात।
हौं बड़, हौं बड़, बहुत कहावत, सूधैं कहत न बात।
बाद-विवाद सबै दिन बीतैं, खेलत ही अरु खात।
जोग न जुक्ति, ध्यान नहिं पूजा, बिरध भएं पछितात।
तातैं कहत सँभारहि रे नर, काहे कौं इतरात?
'सूरदास' भगवंत-भजन बिनु, कहूँ नाहिं सुख गात॥

समय बदलता रहता है। सभी दिन एक से ही नहीं बीतते। जब तक शरीर सकुशल है, भगवान का भजन करते जाओ। कभी-कभी चंचला लक्ष्मी को पाकर सीधी राह चलना छोड़ देते हैं और वक्रगति से चलने लगते हैं। कभी चंचला लक्ष्मी के चले जाने पर इतने निर्धन हो जाते हैं कि रास्ते की धूलि बटोरने लगते हैं, शायद इसमें कहीं गिरा हुआ अन्न का कोई कण मिल जाय। वे भोजन तक के लिए बिलखने लगते हैं। इस शरीर का गर्व करते हैं और धन तथा जवानी दोनों के नशे में चूर हो जाते हैं। अपने को बहुत बड़ा समझने लगते हैं और सीधे बात भी नहीं करते। सभी दिन व्यर्थ ही बहसों में गँवा देते हैं, खेलने-खाने में जीवन बीत जाता है। न योग-साधना करते हैं, न कोई अन्य युक्ति ही, न ध्यान करते हैं, न पूजा। धीरे-धीरे बूढ़े हो जाते हैं और पछताने लगते हैं कि हमने कुछ नहीं किया। अब शिथिल शरीर से हो ही क्या सकता है? इसीलिए मैं कहता हूँ—हे नर अपने को सँभाल, इतराता क्यों है? बिना भगवान के भजन के शरीर को कहीं भी सुख नहीं है।

१४७/३६६ राग सारंग

गरब गोबिंदहिं भावत नाहीं।
कैसी करी हिरनकस्यप सौं, प्रगट होइ छिन माहीं!
जग जानै करतूति कंस की, बृष मार्‌यौ बल-बाहीं।
ब्रह्मा इंद्रादिक पछिताने, गर्ब धारि मन माहीं।
जौबन-रूप-राज-धन-धरती, जानि जलद की छाहीं।
'सूरदास' हरि भजौ गर्व तजि, बिमुख अगति कौं जाहीं॥

गोविंद को गर्व नहीं अच्छा लगता। प्रह्लाद के बाप हिरण्यकश्यप ने गर्व किया, प्रभु क्षण भर में पत्थर के खंभे से नृसिंह रूप में प्रकट हुए और उसका संहार कर दिया। घमंडी

कंस की करतूत से सारा संसार परिचित है। उसका भी विनाश कृष्ण ने किया। वृष (धेनुकापुर) ने गर्व किया, उसे बलराम ने अपनी बली बाहों से विनष्ट कर दिया। ब्रह्मा इंद्र आदि ने भी गर्व किया था। ब्रह्मा ने गोवत्स हरण किया था और इंद्र ने प्रबल जल वर्षा करके ब्रज को बहा देना चाहा था। पर दोनों को अपने गर्व के लिए पछताना पड़ा। जवानी, सौंदर्य, राज्य, धन, धरती ये सभी बादल की परछाई के समान क्षणिक हैं। अतः गर्व छोड़कर भगवान का भजन करो। जो भगवान से विमुख रहते हैं, उनकी भक्ति नहीं करते, वे अगति को प्राप्त होते हैं। उन्हें परमगति (मोक्ष) नहीं प्राप्त होती।

१४८/३६७ राग कान्हरौ

बिषया जात हरष्यौ गात।
ऐसे अंध, जानि निधि लूटत, परतिय-सँग लपटात।
बरजि रहे सब, कह्यौ न मानत, करि-करि जतन उड़ात।
परै अचानक त्यौं रस-लंपट, तनु तजि जमपुर जात।
यह तौ सुनी ब्यास के मुख तैं, पर-दारा दुख-दात।
रुधिर-मेद, मल-मूत्र, कठिन कुच, उदर गंध-गंधात।
तन-धन-जोबन ता हित खोवत, नरक की पाछैं बात।
जो नर भलौ चहत तौ सो तजि, 'सूर' स्याम गुन गात॥

काम वासना के समाप्त हो जाने पर यह शरीर हर्ष-युक्त हो जाता है। पर मनुष्य अंधा है, कामांध है। वह पर-नारी को परम-निधि समझकर उसे (उसकी इज्जत को) लूटता है और उसके साथ लिपट जाता है। सब लोग उसे पर-नारी से विषय-रत होने से रोकते हैं, पर वह किसी का कहना नहीं मानता। वह यत्न करके मजे उड़ाता रहता है। पर ऐसे रस-लंपट, विषयासक्त नर, अचानक यमराज के फंदे में फँस जाते हैं। और शरीर त्यागकर यमपुरी चले जाते हैं। मैंने व्यासजी के मुख से सुना है कि परकीया का प्रेम दुखदाई होता है। वहाँ क्या रखा है—वही रक्त, चर्बी, मल, मूत्र, कड़े उरोज, पेट की दुर्गंध। इन्हीं के लिए नर अपना तन, अपना धन, खो देता है। नरक तो पीछे जाना पड़ता है। जो नर अपना भला चाहता है, उसे परकीया को छोड़ देना चाहिए और श्याम का गुणानुवाद करना चाहिए।

आत्मज्ञान *१४९/३६८ राग नट*

जौ लौं सत-सरूप नहिं सूझत।
तौ लौं मृगमद नाभि बिसारे, फिरत सकल बन बूझत।
अपनौ मुख मसि-मलिन मंदमति, देखत दर्पन माहीं।
ता कालिमा मेटिबे कारन, पचत पखारत छाहीं।
तेल-तूल-पावक-पुट भरि धरि, बनै न बिना प्रकासत।
कहत बनाइ दीप की बतियाँ, कैसैं धौं तम नासत।
'सूरदास' यह मति आए बिन, सब दिए गए अलेखे।
कहा जानै दिनकर की महिमा, अंध नैन बिन देखे!

जब तक आत्म-ज्ञान नहीं हो जाता, मनुष्य दर-दर उसी प्रकार मारा-मारा फिरता है, भटकता रहता है, जैसे हिरन अपनी ही कस्तूरी की सुगंध से व्याकुल हो जाता है और उस गंध स्रोत का पता लगाने के लिए सारे वन के तृण-पात को सूँघता फिरता है। उसे यह ज्ञान नहीं है कि वह कस्तूरी तो उसकी नाभि में ही स्थित है और उसे वन-वन घास सूँघते फिरने की आवश्यकता नहीं है।

अपने मुँह में स्याही की कालिमा लगी हुई है। मूर्ख नर आईने में अपना मुँह देखता है, उस प्रतिबिंब में वह कालिमा दिखाई पड़ती है। वह मूर्ख उसे प्रतिबिंब की कालिमा समझता है और उस कालिमा को पोंछता और धोता है। उसे इस बात का ज्ञान नहीं है कि यह कालिमा तो मेरे ही मुँह की है। प्रतिबिंब की नहीं।

दीपक में तेल डाल दीजिए, रुई भी रख दीजिए, आग भी लाकर रख लीजिए। इन सामग्रियों के एकत्रीकरण से प्रकाश नहीं हो जायगा। दीप की बत्ती बना लो, ऐसा कहने मात्र से तम नष्ट नहीं होगा। तेल युक्त बत्ती जब जलाई जायगी, तभी प्रकाश होगा, तभी अंधकार दूर होगा, अन्यथा नहीं।

इस बुद्धि के आए बिना, बिना आत्मज्ञान हुए, सभी दिन व्यर्थ बीत गए। सूर्य को जिस अंधे ने कभी नहीं देखा, वह उसकी महिमा को कैसे जान सकता है?

१५०/३६९ राग नट

अपुनपौ आपुन ही बिसर्‍यौ।
जैसैं स्वान काँच-मंदिर मैं, भ्रमि-भ्रमि भूकि पर्‍यौ।
ज्यौं सौरभ मृग-नाभि बसत है, द्रुम-तृन सूँघि फिर्‍यौ।
ज्यौं सपने मैं रंक भूप भयौ, तसकर अरि पकर्‍यौ।
ज्यौं केहरि प्रतिबिंब देखि कै, आपुन कूप पर्‍यौ।
जैसैं गज लखि फटिक-सिला मैं, दसननि जाइ अर्‍यौ।
मर्कट मूँठि छाँड़ि नहिं दीनी, घर-घर-द्वार फिर्‍यौ।
'सूरदास' नलिनी कौ सुवटा, कहि कौनैं पकर्‍यौ॥

हमने आत्मज्ञान को स्वयं ही भुला रखा है। आत्मज्ञान के अभाव में शीशे के महल में घुसा हुआ कुत्ता अपनी परछाईं को दूसरा कुत्ता समझकर भूँकने लगता है और उसे काटने दौड़ता है। आत्मज्ञान के अभाव में हिरन अपनी नाभि में स्थित कस्तूरी को नहीं जान पाता और वन-वन में घास-फूस सूँघता फिरता है। स्वप्न में कोई निर्धन व्यक्ति राजा बन जाता है और अपने शत्रु तस्कर को पकड़ लेता है और प्रसन्न होता है। आत्मज्ञान के अभाव में वह नहीं जानता कि यह तो मिथ्या स्वप्न है, वास्तविकता नहीं है। आत्मज्ञान के अभाव में सिंह कुएँ के जल में पड़ते अपने प्रतिबिंब को दूसरा शेर समझ लेता है और उससे लड़ने के लिए स्वयं कुएँ में कूद पड़ता है। आत्मज्ञान के अभाव में हाथी स्फटिक-शिला में पड़ते अपने प्रतिबिंब को दूसरा हाथी समझकर उसके दाँत से अपना दाँत भिड़ा देता है और अपना दाँत तोड़ बैठता है। मिट्टी की छोटी मेटी में अन्न है। मेटी का मुँह सँकरा है। बानर ने अपने दोनों मुट्ठियाँ उस मेटी में डालकर उनमें अनाज भर लिया और दोनों

मुट्ठियाँ एक साथ निकालना चाहा। पर बँधी मुट्ठियाँ एक साथ नहीं निकल सकती थीं। फलतः वह फँस गया और मदारी उसे ले जाकर घर-घर द्वार-द्वार उससे भीख मँगवाने लगा। वानर की यह दुर्दशा आत्मज्ञान के अभाव में ही हुई। इसी प्रकार नली पर बैठा हुआ सुग्गा भी आत्मज्ञान के अभाव में बहेलिये द्वारा पकड़ कर पिंजड़े में बंद कर दिया गया। अतः सभी के लिए आत्मज्ञान आवश्यक है।

विराट-रूप-वर्णन *१५१/३७० राग केदारौ*

नैननि निरखि स्याम-स्वरूप।
रह्यौ घट-घट ब्यापि सोई, जोति-रूप अनूप।
चरन सप्त पताल जाके, सीस है आकास।
'सूर'-चंद्र-नछत्र-पावक, सर्ब तासु प्रकास॥

नेत्रों से श्याम का विराट रूप देखो। वह परब्रह्म हर शरीर में व्याप्त है। वह अनूप ब्रह्म ज्योति-स्वरूप है। सातों पाताल उसके चरण हैं। आकाश उसका सिर है। सूर्य, चंद्रमा, तारे और अग्नि—ये सभी उसके प्रकाश हैं।

आरती *१५२/३७१ राग केदारौ*

हरि जू की आरती बनी।
अति बिचित्र रचना रचि राखी, परति न गिरा गनी।
कच्छप अध आसन अनूप अति, डाँड़ी सहस फनी।
मही सराव, सप्त सागर घृत, बाती सैल घनी।
रवि-ससि-ज्योति जगत परिपूरन, हरति तिमिर रजनी।
उड़त फूल उड़गन नभ अंतर, अंजन घटा घनी।
नारदादि सनकादि प्रजापति, सुर-नर-असुर-अनी।
काल-कर्म-गुन-ओर-अंत नहिं, प्रभु इच्छा रचनी।
यह प्रताप दीपक सु निरंतर, लोक सकल भजनी।
'सूरदास' सब प्रगट ध्यान मैं, अति बिचित्र सजनी॥

हरि की यह अद्भुत आरती बनी है। यह रचना अद्भुत है। इसका वर्णन वाणी से नहीं हो सकता। कच्छप इस आरती का आधार आसन है। सहस्त्र फन वाले शेषनाग आरती के इस दीप की डाँड़ी हैं। पृथ्वी ही इसका दीपक है। इसमें सातों सागर घी हैं। सारे पर्वत ही इस दीप की बत्ती हैं। सूर्य, चंद्रमा ही इस दीपक की ज्योति है। सम्पूर्ण संसार में अंधकार रूपी जो रात फैली हुई है, उस अंधकार को यह ज्योति दूर कर रही है। इस बत्ती से यदाकदा जो लघु-लघु अंगारे टूट कर गिर रहे हैं, वे ही आकाश के तारे हैं। इस बत्ती से जो धुवाँ निकल रहा है, वही बादलों की काली घनी घटा है। नारद आदि, सनक अदि, ब्रह्मा, सुर असुर नर आदि की सेना है। काल और कर्म की डोर का न आदि है, न अंत। प्रभु की इच्छा सृष्टि रचना की है। प्रभु के प्रताप का यह प्रदीप निरंतर जल रहा है। सारा लोक इसका भजन कर रहा है। आरती का यह रूप अत्यंत रंग-बिरंगा है, सजा हुआ है। यह आरती-प्रदीप ध्यान करने पर ही प्रकट होता है।

श्री सुक के सुनि बचन नृप, लाग्यौ करन बिचार।
झूठे नाते जगत के, सुत-कलत्र-परिवार।
चलत न कोऊ सँग चलै, मोरि रहै मुख नारि।
आवत गाढ़ैं काम हरि, देख्यौ, 'सूर' बिचारि॥

शुकदेव जी की बातें सुनकर राजा परीक्षित उन पर विचार करने लगे। पुत्र, पत्नी, परिवार आदि जगत के सारे नाते झूठे हैं। मृत्यु के समय जब प्राण छूटने लगते हैं, तब कोई भी साथ नहीं जाता, सभी मुँह मोड़ लेते हैं। मैंने भलीभाँति विचार कर देख लिया, गाढ़े समय हरि ही काम आते हैं, स्त्री-पुत्र नहीं।

१५४/३७३ राग गूजरी

हरि बिनु कोऊ काम न आयौ।
इहिं माया झूठी प्रपंच लगि, रतन सौ जनम गँवायौ।
कंचन-कलस, बिचित्र चित्र करि, रचि पचि भवन बनायौ।
तामैं तैं ततछनही काढ़्यौ, पल भर रहन न पायौ।
हौं तव संग जरौंगी, यौं कहि, तिया धूति धन खायौ।
चलत रही चित चोरि, मोरि मुख, एक न पग पहुँचायौ।
बोलि बोलि सुत-स्वजन-मित्रजन, लीन्यौ सुजस सुहायौ।
पर्‍यौ जु काज अंत की बिरियाँ, तिनहुँ न आनि छुड़ायौ।
आसा करि-करि जननी जायौ, कोटिक लाड़ लड़ायौ।
तोरि लयौ कटिहू कौ डोरा, तापर बदन जरायौ।
पतित-उधारन, गनिका-तारन, सो मैं सठ बिसरायौ।
लियौ न नाम कबहुँ धोखैं हूँ, 'सूरदास' पछितायौ॥

केवल हरि अंत में काम आते हैं, कोई भी दूसरा काम नहीं आता। यह माया झूठी है। यह विश्व प्रपंच है, यह भी झूठा है। इसी माया के लिए, इसी प्रपंच के लिए, हमने अपना रत्न के समान बहुमूल्य जीवन नष्ट कर दिया। बहुत यत्न से गढ़-गढ़कर घर बनाते हैं। इस पर सोने का कलश रखते हैं। इसे रंग-बिरंगा बनाते हैं। मरने पर इस घर में पल भर भी नहीं रहने पाते, इसमें से तत्क्षण निकाल बाहर किया जाता है। स्त्री बराबर कहती रही कि मैं तुम्हारे साथ जल मरूँगी। सती हो जाऊँगी। ऐसा कहकर वह धूर्तता पूर्वक सारा धन खा गई। मृत्यु के समय, इहलोक से परलोक जाते समय, उस स्त्री ने अपना मन चुरा लिया, मुँह मोड़ लिया, और एक डग भी पहुँचाने के लिए साथ नहीं चली।

बेटा, परिवार के जन, मित्र लोग मीठी-मीठी बातें कर करके मुझे बहुत अच्छे लगते रहे और मैंने इनकी मृदुभाषिता के लिए इनकी बराबर प्रशंसा भी की। पर अंत में जब यमराज के दूत बाँधकर ले चलने लगते हैं, तब इनमें से कोई भी छुड़ाने नहीं जाता, कोई भी काम नहीं आता।

माँ ने बड़ी आशा करके बेटे को जन्म दिया, करोड़ों प्रकार प्यार किया। पर मृत्युकाल में उसने भी कमर का धागा तोड़ लिया। यही नहीं, सारा शरीर ही जला दिया।

जो प्रभु पापियों का उद्धार करने वाले हैं, गणिका तक को तारने वाले हैं, मैं मूर्ख उन प्रभु को भुला बैठा। कभी धोखे से भी उनका नाम नहीं लिया। और अब पछता रहा हूँ।

१५५/३७४ राग देवगंधार

सकल तजि, भजि मन, चरन मुरारि।
स्त्रुति-सुम्रिति, मुनि जन सब भाषत, मैं हूँ कहत पुकारि।
जैसैं सुपनैं सोइ देखियत, तैसैं यह संसार।
जात बिलै ह्वै छिनक मात्र मैं, उघरत नैन-किवार।
बारंबार कहत मैं तोसौं, जनम-जुआ जनि हारि।
पाछैं भई सु भई 'सूर' जन, अजहूँ समुझि सँभारि॥

हे मेरे मन, सब कुछ छोड़ दो, बस भगवान के चरण-कमलों को भजो। वेद, स्मृति सभी मुनिगण यही हरि भजन की बात कहते हैं। मैं भी चिल्ला-चिल्लाकर यही कह रहा हूँ। जैसे सोते समय हम सपना देखते हैं, ठीक वैसा ही यह संसार है। जब हमारे नेत्र खुल जाते हैं, क्षण मात्र में वह विलीन हो जाता है। मैं बार-बार तुमसे कह रहा हूँ—जीवन को, जुए को हारो मत। पीछे जो हो गया, सो हो गया। अब आगे की सोच-समझकर संभाल लो।

१५६/३७५ राग गूजरी

अजहूँ सावधान किन होहि।
माया बिषम भुजंगिनि कौ बिष, उतरयौ नाहिंन तोहि।
कृष्न सुमंत्र जियावन मूरी, जिन जन मरत जिवायौ।
बारंबार निकट स्त्रवननि ह्वै, गुरु-गारुड़ी सुनायौ।
बहुतक जीव देह अभिमानी, देखत ही इन खायौ।
कोउ-कोउ उबरयौ साधु-संग, जिन स्याम सजीवनि पायौ।
जाकौ मोह-मैर अति छूटै, सुजस गीत के गाऐं।
'सूर' मिटै अज्ञान-मूरछा, ज्ञान-सुभेषज खाऐं॥

अब भी क्यों नहीं सावधान हो जाते? तुम पर माया रूपी विषय-सर्पिणी का जो जहर चढ़ गया है, अभी तक नहीं उतरा है। कृष्ण के नाम का मंत्र ही वह जिलानेवाली जड़ी है, जिसने मरते लोगों को भी बचा लिया है। सर्प के विष को उतार देने वाले गुरु रूपी गारुड़ी ने कानों के निकट यही मंत्र बराबर लाकर फूँका है। इस माया-सर्पिणी ने देखते-देखते बहुत से घमंडी जीवों को डस खाया है। इनमें से कोई-कोई साधुओं की संगति से, श्याम-नाम की संजीवनी बूटी से, बच भी गए हैं। भगवान का यश-गीत गाने से इस मोह का विकट नशा टूट जाता है। ज्ञान की औषधि खाने से अज्ञान की मूर्छा मिट जाती है।

श्री शुकदेव के प्रति परीक्षित-वचन *१५७/३७६ राग गूजरी*

नमो नमो हे कृपानिधान
चितवत कृपा-कटाच्छ तुम्हारैं, मिटि गयौ तम-अज्ञान।
मोह-निसा कौ लेस रह्यौ नहिं, भयौ बिबेक-बिहान।
आतम-रूप सकल घट दरस्यौ, उदय कियौ रवि-ज्ञान।

मैं मेरी अब रही न मेरैं, छुट्यौ देह-अभिमान।
भावै परौ आजुही यह तन, भावै रहौ अमान।
मेरैं जिय अब यहै लालसा, लीला श्री भगवान।
स्रवन करौं निसि-बासर हित सौं, 'सूर' तुम्हारी आन॥

राजा परीक्षित शुकदेव जी से बोले—हे दयानिधान, आपको मेरा नमस्कार है। आपने कृपा करके मेरी ओर देख लिया, और मेरा अज्ञान रूपी अंधकार दूर हो गया। मोह-रूपी रात्रि का रंचमात्र भी शेष नहीं रह गया और अब विवेक रूपी सबेरा हो गया है। अब मैंने अपने शरीर रूपी घड़े में स्थित आत्म रूप को देख लिया है, अब ज्ञान रूपी सूर्य का उदय हो गया है। अब मुझमें न 'मैं' का भाव है, न 'मेरा' का ही। अब मेरे शरीर का गर्व समाप्त हो गया है। यह शरीर चाहे तो आज ही छूट जाय, चाहे यह असीम काल तक बना रहे। अब मेरे मन में बस यही एक लालसा रह गई है कि श्री भगवान की लीला रात-दिन प्रेमपूर्वक सुनता रहूँ। मैं ऐसा आपकी शपथ खाकर कहता हूँ।

श्री शुकदेव-वचन *१५८/३७७*

कह्यौ सुक, सुनौ परीच्छित राव।
ब्रह्म अगोचर, मन-बानी तैं अगम, अनंत-प्रभाव।
भक्तनि हित अवतार धारि, जो करी लीला संसार।
कहौं ताहि, जो सुनै चित्त दै, 'सूर' तरै सो पार॥

शुकदेव जी बोले—हे राजा परीक्षित सुनो। ब्रह्म का अनुभव इंद्रियों से नहीं हो सकता, उस तक न वाणी की पहुँच है, न मन की। उसका प्रभाव अनंत है। उस प्रभु ने अपने भक्तों के कल्याण के लिए जो अवतार धारण किए हैं—संसार में जो लीलाएँ की हैं, मैं उन कथाओं को कह रहा हूँ। मन लगाकर सुनो। जो इन कथाओं को दत्तचित्त होकर सुनेगा, वह इस भवसागर को तैर कर पार उतर जायेगा।

शुकदेव-कथित नारद-ब्रह्मा-संवाद *१५९/३७८ राग बिलावल*

नारद ब्रह्मा कौं सिर नाइ। कह्यौ, सुनौ त्रिभुवन-पति-राइ।
सकल सृष्टि, यह तुमतैं होइ। तुम सम द्वितीया और न कोइ।
तुमहूँ धरत कौन कौ ध्यान? यह तुम मोसौं करौ बखान।
कह्यौ, करता-हरता भगवान। सदा करत मैं तिनकौ ध्यान।
नारद सौं कह्यौ बिधि जिहिं भाइ। 'सूर' कह्यौं त्यौं ही सुक गाइ।

शुकदेव जी ने परीक्षित से कहा—नारद ने ब्रह्मा को सिर झुकाकर कहा—हे त्रिभुवनपति सुनिए। तुम्हीं ने यह सारी सृष्टि रची है। तुम्हारे समान दूसरा कोई नहीं है। क्या तुम भी किसी का ध्यान करते हो? मुझसे यह वर्णन करके कहो।

तब ब्रह्मा जी नारद से बोले—कर्ता (कृष्ण) और हर्ता (संहार करने वाले) तो भगवान हैं। मैं सदा उन्हीं का ध्यान करता हूँ।

नारद से ब्रह्मा ने जिस प्रकार कहा, शुकदेव ने उसी प्रकार से परीक्षित से कहा।

चतुर्विंशति अवतार-वर्णन

ब्रह्मा-वचन नारद के प्रति *१६०/३७९ राग धनाश्री*

जो हरि करै सो होइ, करता राम हरी।
ज्यौं दरपन-प्रतिबिंब, त्यौं सब सृष्टि करी।
आदि निरंजन, निराकार, कोउ हुतौ न दूसर।
रचौं सृष्टि-बिस्तार, भई इच्छा इक औसर।
त्रिगुन प्रकृति तैं महत्तत्व, महत्तत्व तैं अहँकार।
मन-इंद्री-सब्दादि-पँच, तातैं कियौ बिस्तार।
सब्दादिक तैं पंचभूत, सुंदर प्रगटाए।
पुनि सबकौ रचि अंड, आपु मैं आपु समाए।
तीनि लोक निज देह मैं, राखे करि बिस्तार।
आदि पुरुष सोई भयौ, जो प्रभु अगम अपार।
नाभि-कमल तैं आदि पुरुष मोकौं प्रगटायौ।
खोजत जुग गए बीति, नाल कौ अंत न पायौ।
तिन मोकौं, आज्ञा करी, रचि सब सृष्टि बनाइ।
थावर-जंगम, सुर-असुर, रचे सबै मैं आइ।
मच्छ, कच्छ, बाराह, बहुरि नरसिंह रूप धरि।
बामन, बहुरौ परसुराम, पुनि राम रूप करि।
बासुदेव सोई भयौ, बुद्ध भयौ पुनि सोइ।
सोई कल्की होइहै, और न द्वितीया कोइ।
ये दस हरि-अवतार, कहे पुनि और चतुरदस।
भक्तबछल भगवान, धरे तन भक्तनि कैं बस।
अज, अबिनासी, अमर प्रभु, जनमै-मरै न सोइ।
नटवत करत कला सकल, बूझै बिरला कोइ।
सनकादिक, पुनि ब्यास, बहुरि भए हंस रूप हरि।
पुनि नारायन, ऋषभदेव, नारद, धनवंतरि।
दत्तात्रेय रु पृथु बहुरि, जज्ञपुरष-बपु धार।
कपिल, मनू, हयग्रीव पुनि, कीन्हौ ध्रुव अवतार।
भूमिरेनु कोउ गनै, नछत्रनि गनि समुझावै।
कह्यौ चहै अवतार, अंत सोऊ नहिं पावै।
'सूर' कहौ क्यौं कहि सकै, जन्म-कर्म-अवतार।
कहे कछुक गुरु-कृपा तैं, श्रीभागवतऽनुसार॥

जो हरि करते हैं, वही होता है। कर्ता राम ही हैं, कोई दूसरा नहीं। जैसे दर्पण में देखनेवाले की छाया पड़ती है, उसी प्रकार प्रभु ने यह सृष्टि रची है।

आदि में केवल निरंजन, निराकार ब्रह्म ही था। कोई दूसरा नहीं था। एक बार उनके मन में यह इच्छा हुई कि मैं सृष्टि की रचना कर दूँ।

प्रकृति त्रिगुणात्मक है। इसके तीनों गुण—सत, रज, तम हैं। प्रकृति से यह तत्व निकला। (सारे शास्त्रों के अनुसार मह तत्व २५ तत्वों में से तीसरा है। यह प्रकृति का पहला विकार है।) त्रिगुणात्मक प्रकृति से महत्तत्व हुआ महत्तत्व से अहंकार उत्पन्न होता है।

मन, पंच कर्मेन्द्रियाँ, पंच ज्ञानेन्द्रियाँ, पंच तन्मात्रा (शब्द, रूप, रस, गंध, स्पर्श) को लेकर विस्तार किया। शब्द से गगन, स्पर्श से समीर, रस से जल, गंध से पृथ्वी और रूप से पावक नामक पंच तत्त्व को प्रकट किया। फिर इन सबसे अंड रचा और अपने में ही अपने ही समा गए।

आदि पुरुष ने अपने शरीर में तीनों विस्तृत लोकों को रच रखा। फिर वही अगम अपार प्रभु स्वयं आदि पुरुष हुए। उनकी नाभि से एक सनाल कमल निकला। आदि पुरुष ने उसी कमल से मुझ ब्रह्मा को प्रकट किया। उस नाल को खोजते-खोजते युग बीत गया। पर उस नाल का अंत नहीं मिला।

उन आदि पुरुष ने मुझको आज्ञा दी—सारी सृष्टि की रचना कर डालो। तब मैंने स्थिर रहने वाले, चलने वाले, देवता, दानव की सृष्टि कर डाली।

यह ब्रह्म क्रमशः मत्स्य, कच्छप, वाराह, नरसिंह, वामन, परशुराम, राम, वासुदेव, बुद्ध रूप में अवतरित हुआ। वही भविष्य में कल्कि अवतार लेगा। यह अवतार लेने वाला कोई नहीं है। वही ब्रह्म है।

ये दस प्रमुख अवतार कहे गए हैं। इनके अतिरिक्त चौदह गौण अवतार भी हैं। कुल चौबीस अवतार। भक्तबछल भगवान ने ये रूप अपने भक्तों के लिए धारण किए।

वह प्रभु अज (न जन्म लेनेवाला), अविनाशी (न नष्ट होनेवाला) है, अमर (न मरनेवाला) है। वह न जन्मता है, न मरता ही है। वह नट के समान सभी कलाएँ करता है। उसकी इस कला को विरले ही लोग, कोई-कोई ही, समझ सकते हैं।

चौदह गौण अवतार ये हैं—१. सनकादिक, २. व्यास, ३. हंस, ४. नारायण, ५. ऋषभदेव, ६. नारद, ७.धन्वन्तरि, ८. दत्तात्रेय, ९. पृथु, १०. यज्ञ पुरुष, ११. कपिल, १२. मनु, १३. हयग्रीव, १४. ध्रुव।

पृथ्वी के रजकणों को कोई भले ही गिन ले। आकाश के तारों को भी भले ही गिन ले। पर वह गणक भी यदि अवतारों को कहना चाहे, तो वह भी इनका अंत नहीं पा सकता।

भला मैं अंधा सूर अवतारों के जन्म और कर्म क्या कह सकता हूँ। मैंने गुरु की कृपा से श्रीमद्भागवत के अनुसार यहाँ कुछ कह दिया है।

ब्रह्मा की उत्पत्ति *१६१/३८० राग बिलावल*

ब्रह्मा यौं नारद सौं कह्यौ। जब मैं नाभि-कमल मैं रह्यौ।
खोजत नाल कितौ जुग गयौ। तौहू मैं कछु मरम न लयौ।

भइ अकास बानी तिहिं बार। तू ये चारि श्लोक बिचार।
इन्हैं बिचारत ह्वैहै ज्ञान। ऐसी भाँति कह्यौ भगवान।
ब्रह्मा सो नारद सौं कहे। ब्यास सोइ नारद सौं लहे।
ब्यास कह्यौ मोसौं बिस्तार। भयौ भागवत या परकार।
सोई अब मैं तोसौं भाखौं। तेरे ह्रदै न संसय राखौं।
मूल भागवत के येइ चारि। 'सूर' भली बिधि इन्हैं बिचारि ॥

ब्रह्मा ने नारद से इस प्रकार कहा—जब मैं नाभि-कमल में था, नाल (मृणाल) का खोजने में कई युग बीत गए, फिर भी मैं नाल का भेद न जान सका। उसी समय आकाशवाणी हुई—'तुम इन चार श्लोकों पर विचार करो, इन पर विचार करते ही तुम्हें ज्ञान हो जायगा।' इस प्रकार भगवान ने आकाशवाणी के द्वारा मुझसे कहा।

ब्रह्मा ने नारद से यह सब कहा। व्यास ने नारद से यह बात जानी। व्यास ने मुझसे (शुकदेव से) यह विस्तारपूर्वक कहा। इस प्रकार भागवत की रचना हुई।

मैं वही भागवती कथा, हे राजा परीक्षित, तुमसे कह रहा हूँ। मैं तुम्हारे हृदय में कोई संदेह नहीं रहने देना चाहता। ये ही चार श्लोक भागवत के मूल में है। इस बात को भली-भाँति विचार लो।

चतुःश्लोक श्रीमुख-वाक्य *१६२/३८१ राग कान्हरौ*

पहिलै हौं ही हो तब एक।
अमल, अकल, अज, भेद-बिवर्जित, सुनि बिधि बिमल बिवेक।
सो हौं एक, अनेक भाँति करि, सोभित नाना भेष।
ता पाछैं इन गुननि गए तैं, हौं रहिहौं अवसेष।
सत मिथ्या, मिथ्या सत लागत, मम माया सो जानि।
रवि, ससि, राहु सँजोग बिना ज्यौ, लीजतु है मन मानि।
ज्यौं गज फटिक मध्य न्यारौ बसि, पंच प्रपंच बिभूत।
ऐसैं मैं सबहिनि तैं न्यारौ, मनिनि ग्रथित ज्यौं सूत।
ज्यौं जल मसक जीव-घट अंतर, मम माया इमि जानि।
सोई जस सनकादिक गावत, नेति नेति कहि मानि।
प्रथम ज्ञान, बिज्ञान द्वितिय मत, तृतिय भक्ति कौ भाव।
'सूरदास' सोई समष्टि करि, ब्यष्टि दृष्टि मन लाव ॥

पहले मैं ही एक अकेला था। मैं अमल (मल रहित), अकल (कला रहित, अखण्डित), अज (अजन्मा), भेद-रहित था। हे ब्रह्मा, इस विमल विवेक को सुनो। मैं हूँ तो एक, पर मैं नाना भेष धारण करके अनेक भाँति का हूँ। इन गुणों से विलग होकर, मैं ही एकमात्र बच रहूँगा। सत्य मिथ्या प्रतीत होता है और मिथ्या सत्य प्रतीत होता है। यह सब मेरी माया है। सूर्य, चंद्र और राहु का संयोग नहीं होता, पर मन इस संयोग की कल्पना कर लेता है।

हाथी का प्रतिबिंब स्फटिक शिला में पड़ता है, पर हाथी उससे अलग ही रहता है। वह प्रतिबिंब हाथी नहीं है। पंच महाभूतों की यह विभूतिमई सृष्टि है। मैं इसी प्रकार सबसे अलग हूँ, जैसे मणिमाला में मणियों को पोहनेवाली सूत की डोरी। जैसे जल मशक में रहता है, वैसे ही जीव शरीर रूपी घड़े में रहता है। मेरी माया को ऐसा ही समझो। इसी बात को सनक आदि चारो भाई नेति नेति (ऐसा नहीं, ऐसा नहीं) कहकर मानते हैं। प्रथम मत ज्ञान का है, द्वितीय मत विज्ञान का है, तृतीय भक्ति का है। इन्हीं को एकीकृत करके व्यष्टि (एक) की दृष्टि को मन में लाओ।

॥ द्वितीय स्कंध समाप्त ॥

तृतीय स्कंध

श्री शुक-वचन *१६३/३८२ राग बिलावल*

हरि हरि, हरि हरि, सुमिरन करौ। हरि-चरनारबिंद उर धरौ।
सुकदेव हरि-चरननि सिर नाइ। राजा सौं बोल्यौ या भाइ।
कहौं हरि-कथा, सुनौ चित लाइ। 'सूर' तरौ हरि के गुन गाइ॥

श्री शुकदेव जी परीक्षित से कहते हैं—हरि का सुमिरन करौ और हरि के चरण कमलों को अपने हृदय में धारण करो।

फिर शुकदेव जी ने हरि के चरणों पर सिर झुकाया और राजा से इस प्रकार कहा—मैं हरि की कथा कह रहा हूँ। तुम मन लगाकर सुनो। हरि का गुणानुवाद करते हुए तुम भवसागर को पार कर जाओगे।

उद्धव का पश्चात्ताप *१६४/३८३ राग सोरठि*

हरि जू सौं अब मैं कहा कहौं?
प्रभु अंतरजामी सब जानत, हौं सुनि सोचि रहौं।
आयसु दियौ, जाऊ बदरीबन, कहैं सो कियौ चहौं।
तन-मन बुधि जड़ देह दयानिधि, क्यौं करि लै निबहौं?
अपनी करनी बिचारि गुसाईं, काहे न सूल सहौं।
मैं इहिं ज्ञान ठगीं ब्रजबनिता, दियौ सु क्यौं न लहौं।
प्रगट पाप-संताप 'सूर', अब कापर हठै गहौं?
और इहाँउ बिवेक-अगिनि के, बिरह-बिपाक दहौं॥

उद्धव जी पश्चात्ताप करते हुए कह रहे हैं—हे कृष्ण, अब मैं तुमसे क्या कहूँ? तुम तो घट-घट वासी हो, तुम सब जानते ही हो। तुमने मुझे बदरीबन जाने की आज्ञा दी है। यह आज्ञा सुनकर मैं सोच में पड़ गया हूँ। फिर भी तुमने जो कुछ आदेश दिया है, उसका पालन तो मुझे करना ही है। हे दयालो, मेरा यह तन, यह मन, यह बुद्धि सभी जड़ है। मुझसे कैसे निर्बाह हो सकेगा? मैंने जो कुछ किया है, हे स्वामी उस भूल पर मैं क्यों न दुखी होऊँ? मैंने अपने इसी ज्ञान से व्रज-वनिताओं को ठगा था। मैंने जो कुछ उन्हें दिया, वही स्वयं क्यों न पाऊँ? मेरा पाप, मेरा संताप, सभी कुछ प्रगट है। अब मैं किससे हठ करूँ? अब यहाँ मुझे विवेक की अग्नि में जलना ही होगा और तुम्हारे विरह के शूल को, दुर्दशा को, सहना ही होगा।

१६५/३८४ राग सोरठि

तुम्हरी गति न कछु कहि जाइ।

दीनानाथ कृपाल, परम सुजान जादौराइ।
कहत पठवन बदरिका मोहि, गूढ़ ज्ञान सिखाइ।
सकुचि साहस करत मन मैं, चलत परत न पाइ।
पिनाकहु के दंड लौं तन, लहत बल सतराइ।
कहा करौं चित चरन अटक्यौ, सुधा-रस कैं चाइ।
मेरी है इहिं देह कौ हरि, कठिन सकल उपाइ।
'सूर' सुनत न गयौ तबहीं, खंड-खंड नसाइ॥

उद्धव जी कृष्ण से कह रहे हैं—हे दीनानाथ, हे कृपालु, हे परम सुजान, हे यादवराय, तुम्हारी लीला, तुम्हारी माया कुछ कहते नहीं बनती। तुम मुझे ज्ञान सिखाकर बदरीबन भेज रहे हो। मैं बड़े संकोच के साथ वहाँ जाने की हिम्मत मन में जुटा पा रहा हूँ, फिर भी मेरे पैर आगे नहीं बढ़ पा रहे हैं। धनुष के डंडे के समान यह शरीर क्रुद्ध होकर टेढ़ा हुआ जा रहा है। मैं क्या करूँ? मेरा मन तो तुम्हारे चरणों में अमृत रस की लालसा से अटक गया है। मेरे इस शरीर के लिए, हे हरि, ये सभी उपाय अत्यंत कठिन है। तुम्हारा आदेश सुनते ही मेरा यह शरीर टुकड़े-टुकड़े होकर क्यों नहीं नष्ट हो गया? (मैं तुम्हारे विरह को कैसे सह सकूँगा?)

मैत्रेय-विदुर संवाद — *१६६/३८५ राग बिलावल*

जब हरि जू भए अंतर्धान। कहि ऊधव सौं तत्त्वज्ञान।
कह्यौ मयत्रेय सौं समुझाइ। यह तुम बिदुरहिं कहियौ जाइ।
बदरिकासरम दोउ मिलि आइ। तीरथ करत दोउ अलगाइ।
ऊधव-बिदुर तहाँ मिलि गए। दोऊ कृष्न-प्रेम-बस भए।
ऊधव कह्यौ, हरि कह्यौ जो ज्ञान। कहिहैं तुम्हैं मयत्रेय आन।
यह कहि ऊधव आगै चले। बिदुर मयत्रेय बहुरौ मिले।
जो कछु हरि सौं सुन्यौ सुज्ञान। कह्यौ मयत्रेय ताहि बखान।
सोई मोहिं दियौ व्यास सुनाइ। कहौं सो 'सूर' सुनौ चित लाइ॥

जब उद्धव से तत्वज्ञान कहकर कृष्ण जी अपनी इहलीला संवरण करने लगे, तब मैत्रेय जी को भी समझाकर कहा—तुम यह सब बातें विदुर जी से जाकर कह देना।

उद्धव और मैत्रेय दोनों साथ-साथ वदरिकाश्रम के लिए चल पड़े। परंतु वहाँ पहँचकर दोनों अलग-अलग होकर तीर्थ यात्रा की। वहाँ उद्धव और विदुर दोनों परस्पर मिले। दोनों कृष्ण के प्रेम में मगन हो गए। उद्धव ने कहा—कृष्ण जी ने जो कुछ ज्ञान कहा है, मैत्रेय जी आकर आपसे कहेंगे।

यह कहकर उद्धव जी आगे बढ़ गए। तदनंतर मैत्रेय जी आकर विदुर जी से मिले। मैत्रेय जी ने कृष्ण जी से जो कुछ ज्ञान सुना था, वह सभी विदुर जी से कह सुनाया।

हे परीक्षित जी, मुझे वही ज्ञान व्यास जी ने दिया। अब मैं वही ज्ञान तुमसे कह रहा हूँ, मन लगाकर सुनो।

बिदुर सु धर्मराइ अवतार। ज्यौं भयौ, कहौं, सुनौ चित धार।
मांडव ऋषि जब सूली दयौ। तब सो काठ हरौ ह्वै गयौ।
मांडव धर्मराज पै आयौ। क्रोधवंत यह बचन सुनायौ।
कौन पाप मैं ऐसौ कियौ। जातैं मोकौं सूली दियौ।
धर्मराज कह्यौ, सुनु ऋषिराइ। छमा करौ तौ देउँ बताइ।
बाल-अवस्था मैं तुम धाइ। उड़ति भँभीरी पकरी जाइ।
ताहि सूल पर सूली दयौ। ताकौ बदलौ तुमसौ लयौ।
ऋषि कह्यौ, बाल-दसा अज्ञान। भयौ पाप मोतैं बिनु जान।
बालापन कौ लगत न पाप। तातैं देउँ तुम्हैं मैं साप।
दासी-पुत्र होहु तुम जाइ। 'सूर' बिदुर भयौ सो इहिं भाइ॥

विदुर जी धर्मराज (यमराज) के अवतार हैं। धर्मराज किस प्रकार विदुर हुए, अब मैं यह कथा तुम्हें सुना रहा हूँ। हे राजा परीक्षित इस कथा को मन लगाकर सुनो।

मांडव ऋषि को यमदूतों ने एक सूखे काठ की सूली पर चढ़ाकर फाँसी दे दी। वह सूखा काठ उनके रक्त से हरा हो गया (ऐसा था उनका पुण्य)। तदनंतर मांडव ऋषि धर्मराज के पास गए और क्रुद्ध होकर उनसे कहा—मैंने कौन सा ऐसा बड़ा पाप किया, जिसके कारण मुझे सूली पर चढ़ा दिया गया।

धर्मराज ने कहा—हे ऋषिराज, सुनो। तुम पहले मुझे क्षमा कर दो, तब मैं बताऊँ। जब तुम बच्चे ही थे, तब तुमने एक उड़ते पांखी को पकड़ लिया था। फिर उस पांखी को सूल पर चढ़ाकर सूली दे दी थी। उसी का यह बदला तुमसे लिया गया है।

मांडव ऋषि बोले—वह अवस्था तो अज्ञान की थी। मुझसे वह पाप बिना जाने हो गया। बाल्यावस्था में मैंने जो कुछ किया, उसका पाप मुझे नहीं लगा। अतः अब मैं तुम्हें शाप दे रहा हूँ। जाओ तुम दासी-पुत्र के रूप में पैदा होओ।

सो विदुर की उत्पत्ति मांडव ऋषि के शाप से इस प्रकार हुई।

सनकादिक-अवतार *१६८/३८७ राग बिलावल*

ब्रह्मा ब्रह्मरूप उर धारि। मन सौं प्रगट किए सुत चारि।
सनक, सनंदन, सनतकुमार। बहुरि सनातन नाम ये चार।
ये चारौं जब ब्रह्मा किए। हरि कौ ध्यान धर्‌यौ तिन हिये।
ब्रह्मा कह्यौ, सृष्टि बिस्तारौ। उन यह बचन हृदय नहिं धारौ।
कह्यौ, यहै हम तुमसौं चहैं। पाँच बरष के नितहीं रहैं।
ब्रह्मा सौं तिन यह बर पाइ। हरि-चरननि चित राख्यौ लाइ।
सुकदेव कह्यौ जाहि परकार। 'सूर' कह्यौ ताही अनुसार॥

ब्रह्मा ने ब्रह्म के रूप को हृदय में धारण किया और अपने मन से चार पुत्र पैदा किए। ब्रह्मा के चारों मानस पुत्र ये हैं—सनक, सनंदन, सनत्कुमार और सनातन। जब ब्रह्मा ने इन चारों की मानसी सृष्टि कर दी, तब इन चारों ने अपने-अपने हृदयों में हरि का ध्यान

किया। ब्रह्मा ने इन चारों से कहा—अब तुम लोग सृष्टि का विस्तार करो। पर इन चारों भाइयों को ब्रह्मा की यह बात अच्छी नहीं लगी और उन्होंने उनकी बात नहीं मानी। और उन्होंने ब्रह्मा जी से निवेदन किया—हम आपसे एक ही बात चाहते हैं। हम चारों भाई सदैव पाँच ही वर्ष की वय के बने रहें (न हम जवान हों, न हमें मैथुनी सृष्टि करनी पड़े)। ब्रह्मा से उन्हें यह वर प्राप्त हो गया और उन्होंने अपने मन को सदैव हरि-चरणों में लगाए रखा।

जिस प्रकार शुकदेव जी ने सनकादिक अवतारों की यह कथा राजा परीक्षित से कही, सूर ने भी उस कथा को उसी प्रकार कहा।

रुद्र-उत्पत्ति *१६९/३८८ राग बिलावल*

सनकादिकनि कह्यौ नहिं मान्यौ। ब्रह्मा क्रोध बहुत मन आन्यौ।
तब इक पुरुष भौंह तैं भयौ। होत समय तिन रोदन ठयौ।
ताकौं नाम रुद्र बिधि राख्यौ। तासौं सृष्टि करन कौं भाख्यौ।
तिन बहु सृष्टि तामसी करी। सो तामस करि मन अनुसरी।
ब्रह्मा मन सो भली न भाई। 'सूर' सृष्टि तब और उपाई॥

सनक आदि चारों भाइयों ने ब्रह्मा के कहने से मैथुनी सृष्टि की रचना करना नहीं स्वीकार किया। ब्रह्माजी ने इस पर मन ही मन उनके प्रति बहुत क्रोध किया। तब उनकी भौंह से एक पुरुष उत्पन्न हुआ। पैदा होते ही वह पुरुष जोर-जोर से रोने लगा। इस रोने के कारण ब्रह्मा ने उसका नाम रुद्र रख दिया और उससे सृष्टि करने के लिए कहा। रुद्र ने मन में क्रोध करके उस काम को पूरा किया—सृष्टि की। अत: यह सारी सृष्टि तामसी हो गई। रुद्र द्वारा की गई यह तामसी सृष्टि ब्रह्मा को नहीं रुची। तब उन्होंने एक दूसरी सृष्टि उत्पन्न की।

सप्तऋषि, दक्ष प्रजापति तथा स्वायंभुव मनु की उत्पत्ति *१७०/३८९ राग बिलावल*

ब्रह्मा सुमिरन करि हरि-नाम। प्रगटे रिषय सप्त अभिराम।
भृगु, मरीचि, अंगिरा, बसिष्ठ। अत्रि, पुलह, पुलस्त्य अति सिष्ठ।
पुनि दच्छादि प्रजापति भए। स्वायंभुव सो आदि मनु जए।
इनतैं प्रगटी सृष्टि अपार। 'सूर' कहाँ लौं कौ बिस्तार॥

ब्रह्मा जी ने हरि का नाम सुमिरन किया। इस सुमिरन के फलस्वरूप सात सुंदर शिष्ट ऋषि प्रकट हुए—भृगु, मरीचि, अंगिरा, वसिष्ठ, अत्रि, पुलह, पुलस्त्य। फिर दक्ष आदि प्रजापति (राजा) हुए। दक्ष प्रजापति ने आदि मनु—स्वायंभुव मनु—को पैदा किया। इन स्वायंभुव मनु से अपार सृष्टि प्रकट हुई। सूर इनका विवरण कहाँ तक विस्तारपूर्वक करे।

सुर-असुर उत्पत्ति *१७१/३९० राग बिलावल*

ब्रह्मा रिषि मरीचि निर्मायौ। रिषि मरीचि कस्यप उपजायौ।
सुर अरु असुर कस्यप के पुत्र। भ्रात बिमात, आपु मैं सत्रु।
सुर हरि-भक्त, असुर हरि-द्रोही। सुर अति छमी, असुर अति कोही।
उनमैं नित उठि 'होइ लराई। करैं सुरनि की कृष्न सहाई।
तिन हित जो-जो किये अवतार। कहौं 'सूर' भागवतऽनुसार॥

ब्रह्मा ने मरीचि ऋषि को रचा। मरीचि ऋषि के पुत्र कस्यप ऋषि हुए। कस्यप ऋषि के पुत्र हुए—सुर और असुर। सुर और असुर विमाताओं के पुत्र थे। कस्यप की पत्नी दिति से दैत्य (असुर) हुए और उनकी दूसरी पत्नी अदिति से आदित्य (देव, सुर)। सुर और असुर दोनों भ्रातृगणों में शत्रुभाव था, भातृ-भाव नहीं। सूर हरि-भक्त थे और असुर हरि-द्रोही थे। सुर अत्यंत क्षमाशील थे, असुर अत्यंत क्रोधी थे। सुरों और असुरों में नित्य उठकर परस्पर लड़ाई हुआ करती थी। हरि कृष्ण इस युद्ध में सुरों की बराबर सहायता किया करते थे। सुरों के कल्याण के लिए हरि ने जो-जो अवतार धारण किए, सूर उन्हीं अवतारों की कथा श्रीमद्भागवत के अनुसार कह रहे हैं।

वाराह-अवतार *१७२/३९१ राग बिलावल*

ब्रह्मा सौं स्वयंभु मनु भयौ। तासौं सृष्टि करन कौं कह्यौ।
तिन ब्रह्मा सौं कह्यौ सिर नाइ। सृष्टि करौं सो रहै किहिं भाइ?
ब्रह्मा हरि-पद ध्यान लगायौ। तब हरि बपु-बराह धरि आयौ।
ह्वै बराह पृथ्वी ज्यौं ल्यायौ। 'सूरदास' त्यौंहीं सुक गायौ।

ब्रह्मा से स्वायंभुव मनु हुए। ब्रह्मा ने उनसे सृष्टि करने के लिए कहा। स्वायंभुव मनु ने नतमस्तक होकर ब्रह्मा से कहा—करने को तो मैं सृष्टि कर दूँ। पर वह सृष्टि रहेगी कैसे?

तब ब्रह्मा ने हरि के चरणों का ध्यान किया। तदनंतर हरि वाराह (शूकर) का रूप धारण करके आए। वाराह होकर वे जिस प्रकार पृथ्वी को ले आए। उसी का वर्णन शुकदेव ने राजा परीक्षित से किया।

जय-विजय की कथा *१७३/३९२ राग धनाश्री*

हरि-गुन-कथा अपार, पार नहिं पाइयै।
हरि सुमिरत सुख होइ, सु हरि-गुन गाइयै।
ब्रह्म-पुत्र सनकादि, गए बैकुंठ एक दिन।
द्वारपाल जय-विजय हुते, बरज्यौ तिनकौं तिन।
साप दियौ तब क्रोध ह्वै, असुर होहु संसार।
हरि दरसन कौं जात, क्यौं रोक्यौ बिना बिचार?
हरि-तिनसौं कह्यौ आइ, भली सिच्छा तुम दीनी।
बरज्यौ आवत तुम्हैं, असुर-बुधि इन यह कीनी।
तिन्हैं कह्यौ, संसार मैं, असुर होहु अब जाइ।
तीजे जनम बिरोध करि, मोकौं मिलिहौ आइ।
कस्यप की दिति नारि, गर्भ ताकैं दोउ आए।
तिनकैं तेज-प्रताप, देवतनि बहु दुख पाए।
गर्भ माहिं सत बर्ष रहि, प्रगट भए पुनि आइ।
तिन दोउनि कौं देखि कै, सुर सब गए डराइ।
हिरन्याच्छ इक भयौ, हिरनकस्यप भयौ दूजौ।
तिन के बल कौं इंद्र, बरुन, कोऊ नहिं पूजौ।

हिरन्याच्छ तब पृथी कौं, लै राख्यौ पाताल।
ब्रह्मा बिनती करि कह्यौ, दीनबंधु गोपाल!
तुम बिनु द्वितिया और कौन, जो असुर सँहारे।
तुम बिनु करुनासिंधु, और को पृथी उधारै?
तब हरि धरि बाराह-बपु, ल्याए पृथी उठाइ।
हिरन्याच्छ लै कर गदा, तुरतहिं पुहँच्यौ जाइ।
असुर क्रोध ह्वै कह्यौ, बहुत तुम असुर सँहारे।
अब लैहौं वह दाउँ, छाँड़िहौं नहिं बिन मारे।
यह कहिकै मारी गदा, हरि जू ताहि सम्हारि।
गदा-युद्ध तासौं कियौ, असुर न मानै हारि।
तब ब्रह्मा करि बिनय कह्यौ, हरि, याहि सँहारौ।
तुम तौ लीला करत, सुरनि मन पर्‍यौ खँभारौ।
मार्‍यौ ताहि प्रचारि हरि, सुर-नर भयौ हुलास।
'सूरदास' के प्रभु बहुरि, गए बैकुंठ-निवास॥

हरि के गुणों की कथा अपार है। उसका पार नहीं पाया जा सकता। हरि का स्मरण करने से सुख मिलता है। अतः हरि का गुण गाओ।

ब्रह्मा के पुत्र सनक आदि चारों भाई एक दिन बैकुंठ गए। वहाँ द्वार पर जय और विजय नामक द्वारपाल थे। उन्होंने उन्हें भीतर जाने से रोका। तब सनकादि ने क्रुद्ध होकर उन्हें शाप दे दिया—जाओ, संसार में असुर होकर पैदा होओ। हम हरि के दर्शन को जा रहे थे। तुमने बिना विचारे हमें भीतर जाने से रोक दिया।

तब हरि स्वयं द्वार पर आ गए और कहा—ऋषियों, तुमने इन्हें अच्छी सीख दे दी। इन्होंने तुम्हें रोका, इन्होंने ऐसा असुर बुद्धि से ही किया है।

फिर विष्णु ने जय और विजय से कहा—तुम दोनों संसार में जाकर असुर योनि को प्राप्त हो जाओ। जब तुम्हारा तीसरा जन्म होगा, तब तुम मुझसे विरोध करके मुझमें आ मिलोगे।

कश्यप ऋषि की पत्नी दिति थी। अभिशप्त जय और विजय दोनों उनके गर्भ में आ गए। उनके तेज और प्रताप से देवताओं ने बहुत दुख पाया। सात वर्ष तक माँ के गर्भ में रहकर वे पुनः पृथ्वी पर प्रकट हुए। उन दोनों को देखकर देवता लोग बहुत डर गए। एक हिरण्याक्ष हुआ, दूसरा हिरण्यकश्यप। उनकी शक्ति की बराबरी न इंद्र कर सकते थे, न वरुण।

हिरण्याक्ष पृथ्वी को लेकर पाताल चला गया। तब ब्रह्मा जी ने विष्णु भगवान से प्रार्थना की—हे दीनबंधु, हे गोपाल, तुम्हारे बिना दूसरा कौन है, जो इस असुर का वध करे। हे करुणासिंधु, तुम्हारे बिना और कौन है, जो पृथ्वी का उद्धार करे।

तब विष्णु भगवान ने वाराह (शूकर) का रूप धारण किया और पाताल जाकर पृथ्वी को उठा लाए। हिरण्याक्ष तत्काल गदा लेकर वहाँ आ पहुँचा और बोला—तुमने बहुत से असुरों का संहार किया है। अब मैं उसका बदला आज ले लूँगा। तुम्हें बिना मारे छोड़ूँगा नहीं।

यह कहकर हिरण्याक्ष ने विष्णु भगवान पर अपनी गदा चला दी। विष्णु ने उस गदा-प्रहार को सँभाल लिया, बचा लिया। फिर विष्णु ने उससे गदा-युद्ध किया। पर असुर हिरण्याक्ष ने हार नहीं मानी।

तब ब्रह्मा ने कहा—हे हरि, इसका वध कर दीजिए। तुम तो लीला कर रहे हो, पर देवताओं के हृदय में भारी खलबली मच गई है। देवगण बहुत डर गये हैं।

तब विष्णु ने ललकार कर हिरण्याक्ष को मार डाला। देवता और मनुष्य सभी प्रसन्न हो उठे। तदनंतर विष्णु भगवान अपने निवास स्थान बैकुंठ चले गए।

कपिलदेव-अवतार *१७४/३९३ राग बिलावल*

स्वायंभुव मनु सुत भए दोइ। तनया तीनि, सुनौ अब सोइ।
दच्छ प्रजापति कौं इक दई। इक रुचि, एक कर्दम-तिय भई।
कर्दम कैं भयौ कपिलऽवतार। 'सूर' कह्यौ भागवतऽनुसार॥

स्वायंभुव मनु के महारानी शतरूपा से दो पुत्र (प्रियव्रत और उत्पलपाद) और तीन पुत्रियाँ (आकूति, देवहूति और प्रसूति) हुईं। अब उनकी कथा सुनो। एक कन्या (प्रसूति) दक्ष प्रजापति को, एक (आकूति) रुचि प्रजापति को और एक (देवहूति) कर्दम ऋषि को व्याही गई। कर्दम ऋषि और उनकी पत्नी देवहूति से सांख्यशास्त्र के प्रणेता भगवान कपिल का अवतार हुआ। सूर ने उस कथा को यहाँ श्रीमद्भागवत के अनुसार कहा है।

कर्दम का शरीर-त्याग *१७५/३९४ राग बिलावल*

हरि हरि हरि सुमिरन नित करौ। हरि कौ ध्यान सदा हिय धरौ।
ज्यौं भयौ कपिलदेव-अवतार। कहौं सो कथा, सुनौ चित धार।
कर्दम पुत्र-हेत तप कियौ। तासु नारिहूँ यह ब्रत लियौ।
हरि-सौं पुत्र हमारैं होइ। और जगत-सुख चहैं न कोइ।
नारायन तिनकौं बर दियौ। मोसौं और न कोऊ बियौ।
मैं लैहौं तुम गृह अवतार। तप तजि, करौ भोग संसार।
दुहुँ तब तीरथ माहिं नहाए। सुंदर रूप दुहूँ जन पाए।
भोग-समग्री जुरी अपार। बिचरन लागे सुख-संचार।
तिनके कपिलदेव सुत भए। परम सुभाग्य मानि तिन लए।
कर्दम कह्यौ तिन्हैं सिर नाइ। आज्ञा होइ, करौं तप जाइ।
अभिद अछेद रूप मम जान। जो सब घट है एक समान।
मिथ्या तनु कौ मोह बिसार। जाहु रहौ भावै गृह-बार।
करत इंद्रियनि चेतन जोइ। मम स्वरूप जानौ तुम सोइ।
जब मम रूप देह तजि जाइ। तब सब इंद्री-सक्ति नसाइ।
ताकौं जानि मगन ह्वै रहै। देहऽभिमान ताहि नहिं दहै।
तन-अभिमान जासु नसि जाइ। सो नर रहै सदा सुख पाइ।
और जो ऐसी जानै नाहिं। रहै सो सदा काल-भय माहिं।

यह सुनि कर्दम बनहिं सिधाए। उहाँ जाइ हरि-पद चित लाए।
हरि-स्वरूप सब घट यौं जान्यौ। ऊख माहिं ज्यौं रस है सान्यौ।
खोई तन, रस आतम-सार। ऐसी बिधि जान्यौ निरधार।
यौं लखि, गहि हरि-पद-अनुराग। मिथ्या तनु कौ कीन्यौ त्याग।
तनहिं त्यागि कै हरि-पद पायौ। नृप सुनि हरि-स्वरूप उर ध्यायौ॥

श्री हरि का सदैव सुमिरन करते रहे। और उनका ध्यान ही हमेशा हृदय में धारण करते रहो। अब मैं कपिलदेव के अवतार की कथा कह रहा हूँ, दत्तचित्त होकर सुनो।

कर्दम ऋषि ने पुत्र-प्राप्ति के निमित्त तप किया। उनकी पत्नी देवहूति ने भी पुत्र प्राप्ति के लिए व्रत किया। उन्होंने कहा—हमारे यहाँ हरि के समान पुत्र हो। हम संसार का और कोई सुख नहीं चाहते। तब नारायण ने उन्हें वर दिया और कहा—मेरे समान तो संसार में कोई दूसरा नहीं है। अतः मैं स्वयं तुम्हारे घर अवतार लूँगा। अब तुम लोग तप से विरत होकर सांसारिक सुखों के उपभोग में रत हो।

तब ऋषि और देवहूति दोनों ने तीर्थ (जल) में स्नान किया। स्नान कर लेने से दोनों अत्यंत सुन्दर हो गए। उपभोग की सारी सामग्रियाँ एकत्र हो गईं और वे सुखमय जीवन बिताने लगे। उनके कपिलदेव नामक पुत्र हुए। उन्होंने पुत्र-जन्म को अत्यन्त, परम, सौभाग्य मान लिया।

कर्दम ऋषि ने अपने पुत्र को (प्रभु का अवतार समझकर) सिर नवाया और कहा—अब यदि आज्ञा हो तो जाकर तप करें।

तब कपिल भगवान ने कहा—मुझे अभेद्य और अछेद्य समझो। मेरा यह रूप सभी में एक सा स्थित है। यह शरीर झूठा है। इसका मोह छोड़ दो। चाहे वन में तपस्या करने चले जाओ, चाहे घर-गृहस्थी में ही बने रहो। जो इंद्रियों को चेतन बनाता है, तुम उस चेतन-शक्ति को मेरा स्वरूप समझो। जब मेरा यह चेतन रूप शरीर से विलग हो जाता है, तब सारी इंद्रियों की शक्ति नष्ट हो जाती है। उस चेतन-शक्ति को जानकर जो उसी में निमग्न हो जाता है, उसे शरीर का गर्व कभी नहीं जलाता। जिस आदमी में अपने शरीर का अभिमान नहीं रह जाता, वह सदा सुख पाता रहता है। और जो ऐसा नहीं जानता, वह सदा मृत्यु से भयभीत बना रहता है।

कपिल से यह सुनकर कर्दम ऋषि तप-हेतु वन में चले गए। वहाँ जाकर उन्होंने भगवान के चरणों में अपना मन लगा दिया। उन्होंने जान लिया कि जिस प्रकार ईख के दंड में उसका रस समाया हुआ है, उसी प्रकार से सारे शरीर में हरि का स्वरूप व्याप्त है। यह शरीर ईख की खोइया है और आत्म-तत्व उसका रस है। ऐसा सुनिश्चित रूप से निर्धारित है। ऐसा विचार कर कर्दम ऋषि ने हरि के चरणों में अनुराग किया और कालांतर में अपने नश्वर शरीर को त्याग दिया। तन-त्याग करके वे हरि-चरणों में लीन हो गए।

राजा परीक्षित ने कर्दम ऋषि की यह कथा सुनकर हरि के स्वरूप को हृदयंगम कर लिया।

इहाँ कपिल सौं माता कह्यौ। प्रभु मेरौ अज्ञान तुम दह्यौ।
आतमज्ञान देहु समुझाइ। जातैं जनम-मरन-दुख जाइ।
कह्यौ कपिल, कहौं तुमसौं ज्ञान। मुक्त होइ नर ताकौं जान।
मुक्त नरनि के लच्छन कहौं। तेरे सब संदेहै दहौं।
मम सरूप जो सब घट जान। मगन रहै तजि उद्यम आन।
अरु सुख-दुख कछु मन नहिं ल्यावै। माता, सो नर मुक्त कहावै।
और जो मेरौ रूप न जानै। कुटुँब-हेत नित उद्यम ठानै।
जाकौ इहिं बिधि जन्म सिराइ। सो नर मरिकै नरकहिं जाइ।
ज्ञानी-संगति उपजै ज्ञान। अज्ञानी-सँग होइ अज्ञान।
तातैं साधु-संग नित करना। जातैं मिटै जन्म अरु मरना।
थावर-जंगम मैं मोहिं जानै। दयासील, सब सौं हित मानै।
सत-सँतोष दृढ़ करै समाधि। माता ताकौं कहियै साध।
काम, क्रोध, लोभहिं परिहरै। द्वंद-रहित, उद्यम नहिं करै।
ऐसे लच्छन हैं जिन माहिं। माता, तिनसौं साधु कहाहिं।
जाकौं काम-क्रोध नित ब्यापै। अरु पुनि लोभ सदा संतापै।
ताहि असाधु कहत सब लोइ। साधु-बेष धरि साधु न होइ।
संत सदा हरि के गुन गावैं। सुनि-सुनि लोग भक्ति कौं पावैं।
भक्ति पाइ पावैं हरि-लोक। तिन्हैं न ब्यापै हर्ष रु सोक॥

घर पर कपिल की माता देवहूति ने कपिल से कहा—हे प्रभु, तुमने मेरे अज्ञान को तो जला डाला। अब मुझे आत्मज्ञान समझा दो, जिससे जन्म और मरण का दुख दूर हो जाय, मोक्ष मिल जाय और आगे फिर जन्मना और मरना न हो।

तब कपिल ने अपनी माँ देवहूति से कहा—मैं तुमसे आत्मज्ञान की बात कहता हूँ। कोई आदमी मुक्त हो गया है या नहीं, पहले यह जानो। मैं अब मुक्तात्माओं का लक्षण कहता हूँ और तेरे सब संदेहों को जलाए देता हूँ। जो सभी शरीरों में मेरा ही स्वरूप जानता है, मेरे उस स्वरूप के ध्यान में निमग्न रहता है और सभी विषयों को, साधनों को छोड़ देता है और सुख-दुख को मन में नहीं लाता, जिसे सुख-दुख दोनों समान हैं, हे माता, वही पुरुष मुक्त कहा जाता है।

जो मेरा रूप नहीं जानता, अपने परिवारी लोगों के पालन-पोषण के लिए जो निरंतर किसी उद्योग-धंधे में लगा रहता है, जिसका इस प्रकार जीवन बीतता है, वह मनुष्य मरने के बाद अवश्य ही नरक में जाता है। ज्ञानी का साथ करने से ज्ञान उत्पन्न होता है और अज्ञानी का साथ करने से अज्ञान होता है। अतः सदैव साधुओं का साथ करना। इसीसे जन्म और मरण से मुक्ति मिलेगी।

जो चल और अचल सब में मुझे जानता है, जो दयालु है, जो सबका कल्याण करता रहता है, जो सत्य और संतोष पर दृढ़ रहकर समाधि लगाया करता है, ईश्वर के ध्यान

में बराबर लगा रहता है, हे माता, ऐसा ही पुरुष साधु कहलाता है। जो काम, क्रोध, लोभ का परित्याग कर चुके हैं, जो किसी प्रकार का संघर्ष नहीं करते, पेट भरने के लिए किसी प्रकार का उद्यम नहीं करते, ऐसे लक्षण जिसमें हैं, हे माता, ऐसे ही पुरुष साधु कहे जाते हैं।

जिसमें सदा काम और क्रोध व्याप्त होते रहते हैं, जिसको लोभ संतप्त करता रहता है, सब लोग उसे असाधु कहते हैं। वह साधु वेष धारण करके भी साधु नहीं होता।

संत लोग सदा हरि का गुणानुवाद करते रहते हैं। उस गुणानुवाद को सुन सुनकर इतर जनों में भगवान के प्रति भक्ति उत्पन्न हो जाती है। हरि-भक्ति प्राप्त हो जाने पर, हरि-लोक स्वतः प्राप्त हो जाता है। ऐसे संतों को न कभी किसी प्राप्ति से हर्ष होता है, और न अप्राप्ति अथवा विनाश से शोक ही होता है।

भक्ति-विषयक प्रश्नोत्तर

देवहूति, कह भक्ति सो कहियै। जातैं हरि-पुर वासा लहियै।
अरु सो भक्ति कीजै किहि भाइ। सोऊ मो कहँ देहु बताइ।
माता, भक्ति चारि परकार। सत, रज, तम गुन, सुद्धा सार।
भक्ति एक, पुनि बहु बिधि होइ। ज्यौं जल रँग-मिलि रंग सु होइ।
भक्ति सात्विकी, चाहत मुक्ति। रजोगुनी, धन-कुटुँबऽनुरक्ति।
तमोगुनी, चाहै या भाइ। मम बैरी क्यौंहूँ मरि जाइ।
सुद्धा भक्ति मोहिं कौं चाहै। मुक्तिहुँ कौं सो नहिं अवगाहै।
मन-क्रम-बच मम सेवा करै। मन तैं सब आसा परिहरै।
ऐसौ भक्त सदा मोहिं प्यारौ। इक छिन तातैं रहौं न न्यारौ।
ताकौं जो हित, मम हित सोइ। ता सम मेरैं और न कोइ।
त्रिबिध भक्त मेरे हैं जोइ। जो माँगे तिहिं देउँ मैं सोइ।
भक्त अनन्य कछू नहिं माँगै। तातैं मोहिं सकुच अति लागै।
ऐसौ भक्त सु ज्ञानी होइ। ताके सत्रु-मित्र नहिं कोइ।
हरि-माया सब जग संतापै। ताकौं माया-मोह न ब्यापै।
कपिल, कहौ हरि कौ निज रूप। अरु पुनि माया कौन स्वरूप?
देवहूति जब या बिधि कह्यौ। कपिलदेव सुनि अति सुख लह्यौ।
कह्यौ, हरि कैं भय रवि-ससि फिरैं। बायु बेग अतिसै नहिं करै।
अगिनि दहै जाकैं भय नाहिं। सो हरि, माया जा बस माहिं।
माया कौं त्रिगुनात्मक जानौ। सत-रज-तम ताके गुन मानौ।
तिन प्रथमहिं महतत्व उपायौ। तातै अहंकार प्रगटायौ।
अहंकार कियौ तीनि प्रकार। सत तैं मन सुर सात रु चार।
रजगुन तैं इंद्रिय बिस्तारी। तमगुन तैं तन्मात्रा सारी।
तिनतैं पंचतत्व उपजायौ। इन सबकौ इक अंड बनायौ।

अंड सो जड़ चेतन नहिं होइ। तब हरि-पद-छाया मन पोइ।
ऐसी बिधि बिनती अनुसारी। महाराज बिन सक्ति तुम्हारी।
यह अंडा चेतन नहिं होइ। करहु कृपा सो चेतन होइ।
तामैं सक्ति आपनी धरी। चच्छ्वादिक इंद्री बिस्तरी।
चौदह लोक भए ता माहिं। ज्ञानी ताहि बिराट कहाहिं।
आदि पुरुष चेतन कौं कहत। तीनौं गुन जामैं नहिं रहत।
जड़ स्वरूप सब माया जानौ। ऐसौ ज्ञान हृदै मैं आनौ।
जब लगि है जिय मैं अज्ञान। चेतन कौं सो सकै न जान।
सुत-कलत्र कौं अपनौ जानै। अरु तिनसौं ममत्व बहु ठानै।
ज्यौं कोउ दुख-सुख सपनै जोइ। सत्य मानि लै ताकौं सोइ।
जब जागै तब सत्य न मानै। ज्ञान भएं त्यौंही जग जानै।
चेतन घट-घट है या भाइ। ज्यौं घट-घट रवि-प्रभा लखाइ।
घट उपजै, बहुरौ नसि जाइ। रवि नित रहै एकहीं भाइ।
जड़ तन कौं है जनम रु मरना। चेतन पुरुष अमर-अज बरना।
ताकौं ऐसौं जानै जोइ। ताकौ तिनसौं मोह न होइ।
जब लौं ऐसौ ज्ञान न होइ। बरन-धरम कौं तजै न सोइ॥

देवहूति ने कपिल से कहा—उस हरि-भक्ति को कहो, जिससे हरिपुर बैकुंठ में रहने को मिल जाता है। वह भक्ति किस प्रकार की जाय। यह भी मुझे बता दो।

कपिल मुनि बोले—हे माता, भक्ति चार प्रकार की होती है। सात्विक भक्ति, राजस भक्ति, तामस भक्ति और शुद्धा भक्ति। भक्ति है तो एक ही, पर वह अनेक रूप की होती है, जैसे जल विभिन्न रंग से मिलकर उसी रंग का हो जाता है, काले रंग से मिलकर काला, लाल रंग से मिलकर लाल।

सात्विकी भक्ति मुक्ति चाहती है, राजसी भक्ति धन और कुटुंब में अनुराग चाहती है, तामसी भक्ति चाहती है कि मेरा बैरी चाहे जैसे हो मर ही जाय। शुद्धा भक्ति केवल मुझको चाहती है, वह मुक्ति में भी डुबकी नहीं लगाना चाहती। शुद्धा भक्ति मनसा, वाचा, कर्मणा मेरी सेवा करती है। सब प्रकार की आशाएँ मन से निकाल देती है (निष्काम होती है)। मुझे शुद्धा भक्ति वाला भक्त ही सदा प्यारा लगता है। मैं उससे एक पल के लिए भी विलग नहीं होता। उसका जो हितकर है, वही मेरा भी हितकर है। उसके समान मेरा कोई नहीं है।

मेरे जो अन्य त्रिविध—सात्विक, राजस, तामस भक्त हैं, वे जो कुछ मुझसे माँगते हैं, मैं उन्हें वह सब देता हूँ। किंतु मेरा जो अनन्य भक्त है, शुद्धा भक्ति करनेवाला है, वह तो मुझसे कुछ माँगता ही नहीं। इससे मुझसे अत्यंत संकोच होता है। ऐसा भक्त अत्यंत ज्ञानी होता है। उसका न कोई मित्र होता है, न शत्रु। हरि की माया सारे संसार को संतप्त करती रहती है, पर शुद्ध अनन्य भक्ति को माया मोह नहीं व्यापता।

तब माता देवहूति ने पुनः पूछा—हे कपिल, हरि का रूप क्या है? उनकी माया का रूप क्या है? मुझे समझाकर बताओ।

देवहूति ने जब इस प्रकार पूछा, तब कपिल को इस पृच्छा से अत्यंत सुख मिला और वे बोले—हरि के डर से सूर्य चंद्र बराबर आकाश का चक्कर लगाते रहते हैं। हरि के डर से ही हवा अत्यंत विकट रूप से कभी नहीं बहती। जिसके भय से अग्नि दाहक होकर भी नहीं दाह करती, ऐसे हैं हरि, जिनके वश में माया है।

माया त्रिगुणात्मक है—सात्विक माया, राजस माया, तामस माया। माया ने सर्व प्रथम महत्तत्त्व को उत्पन्न किया। फिर महत्तत्त्व से अहंकार प्रकट हुआ। अहंकार ने तीन प्रकार किए—सत, रज, तम। तमो गुण से मन और दसों इंद्रियों के दस देवता—कुल ग्यारह हुए। मन का देवता चंद्रमा। पंच ज्ञानेन्द्रियों के देवता—वाणी के अग्नि, घ्राण के वायु, चक्षु के सूर्य, श्रुति के दिव, त्वचा के अनल। पंच कर्मेन्द्रियों के देवता—लिंग के जल, गुदा के मृत्यु, हाथ के इंद्र, चरण के विष्णु, जिह्वा के अत्रि। रजोगुण से इंद्रियों (पाँच ज्ञानेन्द्रियों और पाँच कर्मेन्द्रियों) का विस्तार हुआ। तमोगुण से पंच तन्मात्राएँ—शब्द, रूप, रस, गंध, स्पर्श हुईं। इनसे पंच तत्व (गगन, पावक, जल, क्षिति, समीर) हुए। इन सब को मिलाकर एक अंड बनाया। यह अंड जड़ है, चेतन नहीं।

तब हरि के पदों की छाया मन में गूँथकर ब्रह्मा ने इस प्रकार हरि से विनती की—हे महाराज, बिना आपकी शक्ति के यह जड़ अंड चेतन नहीं हो सकता। कुछ ऐसी कृपा करें, जिससे जड़ अंड चेतन हो जाय। तब हरि ने उस अंड में अपनी शक्ति भर दी, जिससे आँख आदि ज्ञानेन्द्रियों का विस्तार हुआ। उस अंड में चौदह लोक भी विरच उठे. ज्ञानी लोग उसी को विश्व या ब्रह्मांड कहते हैं। उस चेतन को आदि पुरुष कहते हैं। उसमें प्रकृति के तीनों गुण नहीं होते। जड़ स्वरूप जो प्रकृति है, उसे माया जानो। ऐसा ज्ञान हृदय में लाओ। जब तक जी में अज्ञान है, तब तक वह उस चेतन को जान नहीं सकता।

लोग पुत्र और पत्नी को अपना समझते हैं और उनसे बहुत अपनापा मानते हैं। जैसे जब कोई निद्रावस्था में सपना देखता है, तब स्वप्न-काल में उसे सच ही मानता है, परंतु जब निद्रा टूट जाती है और आँखें खुल जाती हैं, तब उसे सत्य नहीं मानता, उसी प्रकार ज्ञान हो जाने पर जग को समझना चाहिए।

ज्ञान हर शरीर में उसी प्रकार है, जैसे जल भरे घड़ों में एक ही सूर्य प्रतिबिंबित होता रहता है। घट (देह, घड़ा) तो बनता है, बिगड़ता है, पर प्रतिबिंबित होने वाला सूर्य का चेतन सदा बना रहता है। जड़ शरीर जन्मता है, मरता है। उसमें निवास करने वाला चेतन पुरुष अमर है, अजर है, अज है। जो उस चेतन पुरुष को पहचान लेते हैं, उनको शरीर से मोह नहीं होता। जब तक ऐसा ज्ञान नहीं हो जाता, तब तक कोई वर्ण और धर्म को नहीं छोड़ता।

भगवान् का ध्यान

संतनि की संगति नित करै। पापकर्म मन तैं परिहरै।
अरु भोजन सो इहिं बिधि करै। आधो उदर अन्न सौं भरै।
आधे मैं जल वायु समावै। तब तिहिं आलस कबहुँ न आवै।
अरु जो परालब्ध सौं आवै। ताही कौं सुख सौं बरतावै।

बहुतै कौ उद्यम परिहरै। निर्भय ठौर बसेरौ करै।
तीरथ हू मैं जो भय होइ। ताहू ठाउँ परिहरै सोइ।
बहुरौ धरै हृदय महँ ध्यान। रूप चतुरभुज स्याम सुजान।
प्रथमैं चरन-कमल कौं ध्यावै। तासु महातम मन मैं ल्यावै।
गंगा प्रगट इनहिं तैं भई। सिव सिवता इनहीं तैं लई।
लछमी इनकौं सदा पलोवै। बारंबार प्रीति करि जोवै।
जंघनि कौं कदली सम जानै। अथवा कनकखंभ सम मानै।
उर अरु ग्रीव बहुरि हिय धारै। तापर कौस्तुभ मनिहिं बिचारै।
तहँ भृगु-लता, लच्छमी जान। नाभि-कमल चित धारै ध्यान।
मुख मृदु हास देखि सुख पावै। तासौं प्रेम-सहित मन लावै।
नैन कमल-दल से अनियारे। दरसत तिन्हैं कटैं दुख भारे।
नासा-कीर, परम अति सुंदर। दरसत ताहि मिटै दुख-द्वंदर।
कूप समान स्त्रौन दोउ जानै। मुख कौ ध्यान याहि बिधि ठानै।
केसर-तिलक-रेख अति सोहै। ताकी पटतर कौं जग को है?
मृगमद-बिंदा तामैं राजै। निरखत ताहि काम सत लाजै।
मोर-मुकुट, पीतांबर सोहै। जो देखे, ताकौ मन मोहै।
स्त्रवननि कुंडल परम मनोहर। नख-सिख ध्यान धरै यौं उर धर।
क्रम-क्रम करि यह ध्यान बढ़ावै। मन कहुँ जाइ, फेरि तहँ ल्यावै।
ऐसैं करत मगन रहै सोइ। बहुरौ ध्यान सहज ही होइ।
चितवत चलत न चित तैं टरै। सुत-तिय-धन की सुधि बिसमरै।
तब आतम घट-घट दरसावै। मगन होइ, तन-सुधि बिसरावै।
भूख प्यास ताकौं नहिं ब्यापै। सुख-दुख तनिकौ तिहिं न सँतापै।
जीवन-मुक्त रहै या भाइ। ज्यौं जल-कमल-अलिप्त रहाइ॥

साधुओं की नित्य संगति करे। मन से पाप कर्म का परित्याग कर दे। भोजन भी कम ही करे, आधा पेट ही अन्न ग्रहण करे। शेष आधा पेट हवा और पानी से भरे। तब उसे आलस्य कभी नहीं आएगा। भाग्य से जो कुछ स्वतः मिल जाय, सुखपूर्वक उसीका उपभोग करे। बहुत प्राप्त करने का उद्योग छोड़ दे। निर्भय स्थान में निवास करे। यदि तीर्थ में भी भय हो, तो उस तीर्थ को छोड़ देना चहिए, वहाँ न रहना चाहिए।

इतना हो जाने पर भगवान के चतुर्भुज रूप का ध्यान हृदय में करे। पहले चरण-कमल का ध्यान करे और चरण-कमलों की महिमा को मन में सोचे। इन्हीं चरणों से पतित पावनी गंगा निकली हैं और वे विष्णुपदी कहलाती हैं। शिव ने इन्हीं चरणों की बदौलत शिवत्व प्राप्त किया है। लक्ष्मी इन चरणों को सदा मींजती रहती हैं और बारंबार प्रसन्नता एवं प्रेम से इन्हें देखती रहती हैं।

इनकी जंघाएँ कदली के खंभे के समान हैं। अथवा इन्हें सोने का खंभा भी कहा जा सकता है। तदनंतर इनके वक्ष और ग्रीवा का ध्यान किया जाय। उस वक्ष पर कौस्तुभ-मणि का ध्यान किया जाय। वहाँ भृगु के पाद-प्रहार का लांछन भी देखे और लक्ष्मी जी को भी। फिर नाभि-कमल का चित्त में ध्यान करे। उनके मुख पर मधुर एवं मंद मुस्कान को देखकर सुखी होवे। और उस मधुर मुस्कान को प्रेम-सहित मन में लावे। हरि के नेत्र कमल की पंखड़ियों जैसे नोकीले हैं। उन्हें देखते ही भारी से भारी दुःख कट जाते हैं। नासिका शुक की चोंच जैसी है, अत्यंत सुंदर है। उसे देखते ही दुख द्वंद मिट जाते हैं। उनके दोनों कान कुएँ के समान हैं। इसी प्रकार उनके मुँह का भी ध्यान करे। उनके मस्तक पर केशर के तिलक की रेखा सुशोभित हो रही हैं। उस केशर-रेखा की बराबरी करने वाली कोई वस्तु संसार में नहीं है। उस केशर के तिलक के बीचों-बीच कस्तूरी की बिंदी है, जिसे देखकर सैकड़ों कामदेव लज्जित हो जायँ। उनके सिर पर मोर-पंख का मुकुट है और शरीर पर पीतांबर सुशोभित हो रहा है। जो भी उसे देखे, उसका मन मोहित हो उठे। कानों में मन को मोहने वाले कुंडल लटक रहे हैं। इसी प्रकार नख से शिखा तक का ध्यान हृदय में धारण करे।

इसी प्रकार धीरे-धीरे यह ध्यान बढ़ाया जाय। यदि चंचल मन इस ध्यान को छोड़कर अन्यत्र चला जाय, तो उसे वहाँ से लौटाकर पुनः ध्यान में लगा देना चाहिए। ऐसा करते-करते ध्यानार्थी भक्त मग्न हो जाय। ऐसा करने से सहज रूप से ध्यान लगने लगेगा। देखते हुए, चलते समय प्रभु का यह ध्यान चित्त से न उतरना चाहिए। बेटा, पुत्री, धन सबकी सुधि भूल जानी चाहिए। तब कहीं वह आत्म-तत्व हर घट में दिखाई पड़ने लगेगा। उसी ध्यान में मगन हो रहना चाहिए। शरीर की सुधि भुला देनी चाहिए। ऐसे ध्यानी को न भूख लगती है, न प्यास। सुख का अभाव और दुख का टकराव उसको जरा भी कष्ट नहीं दे पाते, जैसे कमल जल में रहते हुए उससे अलग रहता है, उसके पत्ते पर जल की बूँदें नहीं रह पातीं। (इसी प्रकार संसार में रहते हुए भी) जो जन निर्लिप्त रहते हैं, वे ही जीवन्मुक्त हैं।

चतुर्विध भक्ति

देवहूति यह सुनि पुनि कह्यौ। देह-ममत्व घेरि मोहिं रह्यौ।
कर्दम-मोह न मन तैं जाइ। तातैं कहियै सुगम उपाइ।
कपिल कह्यौ, तोहिं भक्ति सुनाऊँ। अरु ताकौ ब्यौरौ समुझाऊँ।
मेरी भक्ति चतुर्बिध करै। सनै-सनै तैं सब निस्तरै।
ज्यौं कोउ दूरि चरन कौं करै। क्रम-क्रम करि डग-डग पग धरै।
इक दिन सो उहाँ पहुँचै जाइ। त्यौं मम भक्त मिलै मोहिं आइ।
चलत पंथ कोउ थाक्यौ होइ। कहैं दूरि डरि मरिहै सोइ।
जो कोउ ताकौं निकट बतावै। धीरज धरि सो ठिकानैं आवै।
तमोगुनी रिपु मरिबौ चाहै। रजोगुनी धन कुटुँबऽवगाहै।

भक्त सात्विकी सेवै संत। लखै तिन्हैं मूरति भगवंत।
मुक्ति-मनोरथ मन मैं ल्यावै। मम प्रसाद तैं सो वह पावै।
निर्गुन मुक्तिहुँ कौं नहिं चहै। मम दरसन ही तैं सुख लहै।
ऐसौ भक्त सुमुक्त कहावै। सो बहुर्यौ भव-जल नहिं आवै।
क्रम-क्रम करि सबकी गति होइ। मेरौ भक्त नसै नहिं कोइ॥

यह सुनकर देवहूति ने कहा—मुझे अपने शरीर का मोह घेरे रहता है। अपने दिवंगत स्वामी कर्दम का भी मोह मेरे मन में बराबर बना रहता है। इसलिए कोई सरल तरीका बताइए। जिससे यह मोह ममता छूट जाय।

कपिल ने कहा—तुम्हें मैं भक्ति की बात सुना रहा हूँ और उसका ब्योरा, विशेष विवरण, भी समझा रहा हूँ। मेरी भक्ति चार प्रकार से करें। ऐसा करने पर धीरे-धीरे करके सबसे छुटकारा मिल जाता है। जैसे जब कोई दूर जाना चाहता है, तब पहले वह धीरे-धीरे एक-एक कदम रखता है। धीरे-धीरे चलते-चलते वह सारी लंबी दूरी तै करके गंतव्य पर पहुँच जाता है। इसी प्रकार मेरे भक्त भी धीरे-धीरे मेरे पास तक पहुँच जाते हैं। चलते-चलते यदि कोई भक्त थक जाय और कह दे कि अभी तो बहुत दूर जाना है, तो पथिक बेचारा डर के मारे ही मर जायगा। पर यदि कोई कह दे कि घबराने की कोई बात नहीं, थोड़ी ही दूर और है, तो वह धीरज धरकर ठौर-ठिकाने पर पहुँच ही जाता है। तमोगुणी संत तो अपने शत्रु को मारना चाहता है, रजोगुणी संत धन और परिवार की संरक्षा चाहता है, सतोगुणी भक्त संतों की सेवा करता है और संतों को भगवान की ही मूर्ति समझता है। वह केवल मुक्ति कामना करता है। उसे वह मेरी कृपा से पाता भी है। चौथे प्रकार का भक्त तम, रज, सत से परे होता है, निर्गुण गुण-रहित होता है, शुद्धा भक्ति वाला होता है। वह मुक्ति की भी कामना नहीं करता। मेरा दर्शन करके ही वह सुखी हो जाता है। ऐसा भक्त जीवन्मुक्त कहलाता है। वह आवागमन के बंधन से मुक्त हो जाता है और फिर इस भव-सागर में जन्मता मरता नहीं। क्रम-क्रम से मेरे शेष तीन प्रकार के अन्य भक्तों को परमगति मिल जाती है। मेरा कोई भक्त नष्ट नहीं होता। उसकी किसी भी प्रकार की हानि नहीं होने पाती।

हरि-विमुख की निंदा

हरि तैं बिमुख होइ नर जोइ। मरिकै नरक परत है सोइ।
तहाँ जातना बहु बिधि पावै। बहुरौ चौरासी मैं आवै।
चौरासी भ्रमि, नर-तन पावै। पुरुष-वीर्य सौं तिय उपजावै।
मिल रज-वीर्य बेर-सम होइ। द्वितिय मास सिर धारै सोइ।
तीजे मास हस्त-पग होहिं। चौथ मास कर-अँगुरी सोहि।
प्रान-बायु पुनि आइ समावै। ताकौं इत-उत पवन चलावै।
पंचम मास हाड़ बल पावै। छठैं मास इंद्री प्रगटावै।
सप्तम चेतनता लहै सोइ। अष्टम मास सँपूरन होइ।
नीचैं सिर अरु ऊँचैं पाव। जठर अग्नि कौ ब्यापै ताव।

कष्ट बहुत सो पावै उहाँ। पूर्बजन्म-सुधि आवै तहाँ।
नवम मास पुनि बिनती करै। महाराज, मम दुख यह टरै।
ह्याँ तैं जौ मैं बाहर परौं। अहनिसि भक्ति तुम्हारी करौं।
अब मोपै प्रभु, कृपा करीजै। भक्ति अनन्य आपुनी दीजै।
अरु यह ज्ञान न जित तैं टरै। बार-बार यह बिनती करै।
दसम मास पुनि बाहर आवै। तब यह ज्ञान सकल बिसरावै।
बालापन दुख बहु बिधि पावै। जीभ बिना कहि कहा सुनावै।
कबहूँ बिष्ठा मैं रहि जाइ। कबहूँ माखी लागैं आइ।
कबहूँ जुवाँ देहिं दुख भारी। तिनकौं सो नहिं सकै निवारी।
पुनि जब षष्ठ बरष कौ होइ। इत उत खेल्यौ चाहै सोइ।
माता-पिता निवारैं जबहीं। मन मैं दुख पावै सो तबहीं।
माता-पिता पुत्र तिहिं जानैं। वहऊ उनसौं नातौ मानै।
बर्ष ब्यतीत दसक जब होइ। बहुरि किसोर होइ पुनि सोइ।
सुंदर नारी ताहि बिवाहै। असन-बसन बहुबिधि सो चाहै।
बिना भाग सो कहाँ तैं आवै। तब वह मन मैं बहु दुख पावै।
पुनि लछमी-हित उद्यम करै। अरु जब उद्यम खाली परै।
तब वह रहै बहुत दुख पाइ। कहँ लौं कहौं, कह्यौ नहिं जाइ।
बहुरौ ताहि बुढ़ापौ आवै। इंद्री-सक्ति सकल मिटि जावै।
कान न सुनै, आँखि नहिं सूझै। बात कहैं सो कछु नहिं बूझै।
खैबेहूँ कौं जब नहिं पावै। तब बहु बिधि मन मैं पछितावै।
पुनि दुख पाइ-पाइ सो मरै। बिनु हरि-भक्ति नरक मैं परै।
नरक जाइ पुनि बहु दुख पावै। पुनि-पुनि यौंहीं आवै-जावै।
तऊ नहीं हरि-सुमिरन करै। तातैं बार-बार दुख भरै॥

जो मनुष्य हरि से विमुख होता है, वह मरकर नरक में जाता है। वह वहाँ अनेक प्रकार की साँसते सहता है। उसे फिर चौरासी लाख योनियों में भटकना पड़ता है। चौरासी लाख योनियों में भ्रमण कर लेने के उपरांत वह नर तन पाता है, जिसे नारी अपने रज और पुरुष के वीर्य के संयोग से उत्पन्न करती है। नारी का रज और पुरुष का वीर्य मिलकर पहले महीने में पहले बेर के बराबर पिंड बनाते हैं। दूसरे महीने में उस मांस के लोथड़े पर सिर बन जाता है। तीसरे महीने में पैर बन जाते हैं। चौथे महीने में हाथ और उँगलियाँ बन जाती हैं। फिर उसमें प्राण-वायु आकर समा जाती है, जिसे पवन इधर-उधर डुलाता है। पाँचवें महीनें में हड्डी और थोड़ी शक्ति प्राप्त होती है। छठें महीने में इंद्रियाँ बन जाती हैं। सातवें महीनें में चेतनता आ जाती है। आठवें मास में भ्रूण पूर्ण हो जाता है। सिर नीचे रहता है, पैर ऊपर रहते हैं। माँ के पेट की आग तप्त करती रहती है। उस गर्भ में बच्चा बहुत कष्ट पाता है। तब उसे पहले जन्म की सुधि प्राप्त होती है। नवें महीने में वह गर्भस्थ

बालक प्रभु से बिनती करता है—'महाराज, मेरा यह दुख दूर कर दीजिए। यहाँ से मैं यदि बाहर निकल जाता हूँ, तो मैं रात-दिन तुम्हारी भक्ति करूँगा। हे प्रभु, अब मुझ पर कृपा करो। अपनी अनन्य भक्ति मुझे दो। यह ज्ञान मेरे चित्त से कभी टले नहीं।' गर्भस्थ बच्चा इसी प्रकार बार-बार विनती करता रहता है।

दसवें महीने बच्चा माँ के गर्भ से बाहर निकलता है। बाहर आते ही वह सभी ज्ञान भूल जाता है। लड़कपन में वह बच्चा बहुत दुख पाता है। बिना जीभ के वह क्या कहे, क्या सुनावे। कभी वह मल में पड़ा रह जाता है। कभी मक्खियाँ शरीर पर आकर भिनभिनाने लगती हैं। कभी जूवाँ भारी दुख देती हैं। उन मक्खियों, मच्छरों और जूँ को वह मारकर हटा भी नहीं सकता।

फिर जब वह बच्चा छह बरस का हो जाता है, तब वह इधर-उधर जाकर खेलना चाहता है। माता-पिता उसे खेलने जाने से रोकते हैं, तब वह मन में भारी दुख पाता है। माता-पिता उसे अपना बेटा मानते हैं, वह भी उनसे माता-पिता का नाता मानता है।

जब दस वर्ष बीत जाते हैं, तब वह बालक किशोर हो जाता है। उससे सुंदर नारी ब्याह दी जाती है। तब अनेक प्रकार के भोजन और वस्त्र की आवश्यकता बढ़ जाती है। बिना भाग्य के यह सब कहाँ से आवै। तब वह मन में काफी दुख पाता है। फिर धन के लिए वह उद्योग करता है। यदि वे उद्योग असफल हो जाते हैं, तब वह बहुत दुख पाता है। कहाँ तक कहें, कुछ कहते नहीं बनता।

फिर बुढ़ापा आ जाता है। इंद्रियों की सारी शक्ति जाती रहती है। न कान से सुनाई पड़ता है, न आँख से दिखाई पड़ता है। जीभ भी लटपटाने लगती है और स्पष्ट वाणी नहीं फूटती। कही हुई बात सुननेवाले की समझ में नहीं आती। जब वह खाने भी नहीं पाता, तब मन में अनेक प्रकार से पछताता है। फिर वह दुख सहते-सहते मर जाता है और हरि की भक्ति के बिना नरक में चला जाता है। वहाँ नरक में भी उसे बहुत दुख मिलता है। वह फिर बार-बार जन्मता, मरता है। फिर भी वह हरि का सुमिरन नहीं करता। इसलिए वह बार-बार दुख भोगता है।

भक्त-महिमा

भक्त सकामी हू जो होइ। क्रम-क्रम करिकै उधरै सोइ।
सनै-सनै बिधि लोकहिं जाइ। ब्रह्मा-सँग हरि-पदहिं समाइ।
निष्कामी बैकुंठ सिधावै। जनम-मरन तिहिं बहुरि न आवै।
त्रिविध भक्ति कहौं सुनि अब सोइ। जातैं हरि-पद प्रापति होइ।
एकै कर्म-जोग कौं करैं। बरन-आसरम धर बिस्तरैं।
अरु अधर्म कबहूँ नहिं करैं। ते नर याही बिधि निस्तरैं।
एकै भक्ति-जोग कौं करैं। हरि-सुमिरन पूजा बिस्तरैं।
हरि-पद-पंकज प्रीति लगावैं। ते हरि-पद कौं या बिधि पावै।
एकै ज्ञान-जोग बिस्तरैं। ब्रह्म जानि सब सौं हित करैं।

ते हरि-पद कौं या बिधि पावैं। क्रम-क्रम सब हरि-पदहिं समावैं।
कपिलदेव बहुरौ यौं कह्यौ। हमैं-तुम्हैं संबाद जु भयौ।
कलिजुग मैं यह सुनिहै जोइ। सो नर हरि-पद प्रापत होइ॥

यदि कोई भक्त स-काम है, तो भी उसका उद्धार धीरे-धीरे करके हो जाता है। वह शनैः-शनैः ब्रह्मा के लोक में जाता है। ब्रह्मा के साथ वह हरि के चरणों में समा जाता है। कामना-रहित भक्त बैकुंठ में जाता है और आवागमन से मुक्त हो जाता है, उसे फिर जन्मना और मरना नहीं पड़ता है।

भक्ति तीन प्रकार की होती है। अब मैं इसको कह रहा हूँ। इसे सुनो। इससे हरि-पद की प्राप्ति होती है। एक प्रकार के भक्त कर्मयोग का अनुसरण करते हैं। वे वर्णाश्रम धर्म को धारण करते हैं और उसका विस्तार करते हैं। वे कभी भी अधर्म नहीं करते। कर्मयोगी नर इसी प्रकार अपना कार्य करते हैं।

दूसरे प्रकार के भक्त भक्ति-योग करते हैं। वे हरि का सुमिरन करते हैं। हरि की पूजा का विस्तार करते हैं। वे चरण कमलों में प्रेम करते हैं। वे इसी प्रकार हरि-पद को प्राप्त हो जाते हैं।

तीसरे प्रकार के भक्त ज्ञान-योग का विस्तार करते हैं। वे सभी में ब्रह्म निवास मानकर सभी का कल्याण करते हैं। वे भी इस प्रकार हरि-पद में समा जाते हैं।

इसी प्रकार धीरे-धीरे सभी परम पद को प्राप्त हो जाते हैं।

फिर कपिल जी ने इस प्रकार कहा—हममें जो यह संवाद हुआ है, कलियुग में जो भी नर इसे सुनेगा, वह हरि-पद को प्राप्त हो जायगा।

देवहूति हरिरूप प्राप्ति

देवहूति सुज्ञान कौं पाइ। कपिलदेव सौं कह्यौ सिर नाइ।
आगें मैं तुमकौं सुत मान्यौ। अब मैं तुमकौं ईश्वर जान्यौ।
तुम्हरी कृपा भयौ मोहिं ज्ञान। अब न ब्यापिहै मोहिं अज्ञान।
पुनि बन जाइ कियौ तन-त्याग। गहि कै हरि-पद सौं अनुराग।
कपिलदेव सांख्यहिं जो गायौ। सो राजा मैं तुम्हैं सुनायौ।
याहि समुझि जो रहै लव लाइ। 'सूर' बसै सो हरिपुर जाइ॥

देवहूति को जब ज्ञान की प्राप्ति हो गई, तब उसने कपिलदेव को सिर झुकाया और कहा—पहले मैं तुम्हें अपना पुत्र मानती रही। अब तुम्हें ईश्वर मान लिया। तुम्हारी कृपा से मुझे ज्ञान हो गया। अब मुझे अज्ञान नहीं व्यापेगा। तदनंतर देवहूति वन में चली गई और हरि चरणों में भक्ति करके अपना शरीर-त्याग दिया।

शुकदेव जी बोले—कपिल मुनि ने सांख्य दर्शन में जो कुछ कहा है, हे राजा परीक्षित मैंने वह सब तुम्हें कह सुनाया। इसे समझकर जो प्रभु का ध्यान करेगा, वह अवश्य ही हरिपुर बैकुंठ में जा बसेगा।

॥ तृतीय स्कंध समाप्त॥

चतुर्थ स्कंध

दत्तात्रेय अवतार *१७६/३९५ राग बिलावल*

हरि हरि, हरि हरि, सुमिरन करौ। हरि-चरनारबिंद उर धरौ।
सुकदेव हरि-चरननि सिर नाइ। राजा सौं बोल्यौ या भाइ।
कहौं हरि-कथा, सुनौ चित लाइ। 'सूर' तरौ हरि के गुन गाइ॥

हरि का स्मरण करो। हरि के चरण कमलों को हृदय में धारण करो। शुकदेव जी ने हरि के चरणों में सिर झुकाकर नमस्कार किया और राजा परीक्षित से इस प्रकार बोले—मैं हरि कथा कह रहा हूँ। हे राजा दत्त-चित्त होकर सुनो। हरि का गुण गाकर तर जाओ।

१७७/३९६ राग बिलावल

रुचि कैं अत्रि नाम सुत भयौ। ब्याहि अनुसुया सौं सो दयौ।
ताकैं भयौ दत्त अवतार। 'सूर' कहत भागवतऽनुसार॥

रुचि प्रजापति को अत्रि नामक पुत्र हुआ। अत्रि का विवाह अनुसूया से हुआ। अत्रि और अनुसूया को दत्तात्रेय भगवान का अवतार हुआ। सूरदास दत्तात्रेय अवतार की यह कथा भागवत के अनुसार कह रहे हैं।

१७८/३९७ राग बिलावल

हरि हरि, हरि हरि, सुमिरन करौ। हरि-चरनारबिंद उर धरौ।
कहौं अब दत्तात्रेय-अवतार। राजा, सुनौ ताहि चित धार।
अत्रि पुत्र-हित बहु तप कियौ। तासु नारिहूँ यह ब्रत लियौ।
तीनौं देव तहाँ मिलि आए। तिनसौं रिषि ये बचन सुनाए।
मैं तौ एक पुरुष कौं ध्यायौ। अरु एकहिं सौं चित्त लगायौ।
अपने आवन कौ कहौ कारन। तुम हौ सकल जगत-उद्धारन।
कह्यौ तुम एक पुरुष जो ध्यायौ। ताकौ दरसन काहु न पायौ।
ताकी सक्ति पाइ हम करैं। प्रतिपालैं बहुरौ संहरैं।
हम तीनौं हैं जग-करतार। माँगि लेहु हमसौं बर सार।
कह्यौ, बिनय मेरी सुनि लीजै। पुत्र सुज्ञानवान मोहिं दीजै।
बिष्नु-अंस सौं दत्तऽवतरे। रुद्र-अंस दुर्वासा धरे।
ब्रह्मा-अंस चंद्रमा भयौ। अत्रिऽनसूया कौं सुख दयौ।
यौं भयौ दत्तात्रेय अवतार। 'सूर' कह्यौ भागवतऽनुसार॥

हरि का स्मरण करो और हरि के चरण कमलों को हृदय में धारण करो। अब मैं दत्तात्रेय अवतार की कथा कह रहा हूँ। हे राजा परीक्षित, इस कथा को ध्यानपूर्वक सुनो।

अत्रि ऋषि ने पुत्र प्राप्ति के लिए घोर तप किया। उनकी पत्नी अनुसूया ने भी इस निमित्त कठिन व्रत किया। प्रसन्न होकर तीनों देवता तपस्या-स्थली पर गए। उनसे अत्रि ऋषि ने कहा—मैंने तो एक ही पुरुष का ध्यान किया था और एक ही से अपना मन लगाया था। अब आप लोग अपने यहाँ आने का उद्देश्य बताइए। आप लोग तो संपूर्ण संसार का उद्धार करने वाले हैं।

इस पर उन त्रिदेवों ने उत्तर दिया—तुमने जिस एक पुरुष का ध्यान किया था, उसका दर्शन तो किसी ने नहीं पाया है, फिर तुम्हीं कैसे दर्शन पा सकते हो। हम उसकी शक्ति पाकर क्रमशः सृष्टि रचते हैं, उस सृष्टि का प्रतिपालन करते हैं और अंततः उसका संहार करते हैं। हम तीनों संसार को बनाने वाले हैं। जो वर चाहते हो, हमसे माँग लो।

तब अत्रि मुनि ने कहा—मेरी प्रार्थना सुन लीजिए। मुझे एक ज्ञानी पुत्र दीजिए।

विष्णु के अंश से दत्तात्रेय का अवतार हुआ। रुद्र के अंश से दुर्वासा उत्पन्न हुए और ब्रह्मा के अंश से चंद्रमा पैदा हुए। इन बच्चों ने अत्रि और अनुसूया को भारी सुख दिया।

इस प्रकार दत्तात्रेय का अवतार हुआ। सूरदास ने यह कथा श्रीमद्भागवत के अनुसार कही है।

यज्ञपुरुष-अवतार *१७९/३९८ राग बिलावल*

दच्छ के उपजीं पुत्री सात। तिन मैं सती नाम बिख्यात।
महादेव कौं सो तिन दई। पुनि सो दच्छ-जज्ञ मैं मुई।
तहँ कियौ जज्ञपुरुष अवतार। 'सूर' कह्यौ भागवतऽनुसार॥

दक्ष प्रजापति को सात पुत्रियाँ उत्पन्न हुईं। उनमें सती का नाम परम प्रसिद्ध है। दक्ष प्रजापति ने सती का विवाह शिव से कर दिया। फिर वही सती अपने पिता दक्ष के ही यज्ञ में जलकर मर गई। वहाँ उस यज्ञ से यज्ञ पुरुष का अवतार हुआ। सूर ने यज्ञपुरुष की यह अवतार-कथा श्रीमद्भागवत के अनुसार कही है।

१८०/३९९ राग बिलावल

हरि हरि, हरि हरि, सुमिरन करौ। हरि-चरनारबिंद उर धरौ।
कहौं अब जज्ञपुरुष-अवतार। राजा, सुनौ ताहि चित धार।
सती दच्छ की पुत्री भई। दच्छ सो महादेव कौं दई।
ब्रह्मा, महादेव, रिषि सारे। इक दिन बैठे सभा मँझारे।
दच्छ प्रजापति हू तहँ आए। करि सनमान सबनि बैठाए।
काहूँ समाचार कछु पूछे। काहू सौं उनहूँ तब पूछे।
सिव की लागी हरि-पद तारी। तातैं नहिं उन आँखि उघारी।
महादेव बैठे रहि गए। दच्छ देखि अतिसय दुख तए।
महादेव कौं भाषत साधु। मैं तो देखौं बड़ौ असाधु।
जज्ञ-भाग याकौं नहिं दीजै। मेरो कह्यौ मानि करि लीजै।

नंदी-हृदय भयौ सुनि ताप। दियौ ब्राह्मननि कौं तिन साप।
स्रुति पढ़ि कै तुम नहिं उद्धरिहौ। बिद्या बेंचि जीविका करिहौ।
भृगु तब कोप होइ यौं कह्यौ। सुनत स्राप रिस तैं तनु दह्यौ।
महादेव-हित जो तप करिहै। सोऊ भव-जल तैं नहिं तरिहै।
दच्छ प्रजापति जज्ञ रचायौ। महादेव कौं नाहिं बुलायौ।
सुर-गंधर्ब जे नेवति बुलाए। ते सब बधुनि सहित तहँ आए।
सती सबनि कौं आवत देखि। सिव सौं बोली बचन बिसेषि।
चलियै दच्छ-गेह हम जाहिं। जद्यपि हमैं बुलायौ नाहिं।
मोकौं तौ यह अचरज आयौ। उन हमकौं कैसैं बिसरायौ।
गुरु-पितु-गृह बिनु बोलेहु जैऐ। है यह नीति नाहिं सुकचैऐ।
सिव कह्यौ, तुम भली नीति सुनाई। पै वह मानत है सत्राई।
उहाँ गए जो होइ अपमान। तौ यह भली बात नहिं जान।
दुर्जन-बचन सुनत दुख जैसौ। बान लगैं दुख होइ न तैसौ।
मम सत्राई हिरदैं आन। करिहै वह तेरौ अपमान।
भऐं अपमान उहाँ तू मरिहै। जौ मम बचन हृदय नहिं धरिहै।
सती कह्यौ, मम भगिनी सात। सबै बुलाई ह्वैहैं तात।
मोहूँ कौं प्रभु, आज्ञा दीजै। महाराज, अब बिलँब न कीजै।
बारंबार सती जब कह्यौ। तब सिव अंतर्गत यौं लह्यौ।
सती सदा मम आज्ञाकारी। कहति जो या बिधि बारंबारी।
दीखति है कछु होवनहारी। सो काहू पै जाइ न टारी।
गननि समेत सती तहँ गई। तासौं दच्छ बात नहिं कही।
सती जानि अपनौ अपमान। सिव कौ बचन कियौ परमान।
कह्यौ, उहाँ अब गयौ न जाइ। बैठि गई सिर नीचैं नाइ।
सिव-आहुति-बेरा जब आई। बिप्रनि दच्छहिं पूछ्यौ जाई।
सिव-निंदा करि तिनसौं भाष्यौ। मैं तौ पहिलैं ही कहि राख्यौ।
मेरौ बचन मानि करि लेहु। सिव-निमित्त आहुति जनि देहु।
तब करि क्रोध सती तिहिं कही। तैं सिव की महिमा नहिं लही।
महादेव ईस्वर भगवान। सत्रु-मित्र उन एक समान।
तैं अज्ञान करी सत्राई। उनकी महिमा तैं नहिं पाई।
पिता जानि तोकौं नहिं मारौं। अपनौ ही मैं प्रान सँहारौं।
जोग धारना करि तनु त्याग्यौ। सिव-पद-कमल हृदय अनुराग्यौ।
बहुरि हिमाचल कैं अवतरी। समय पाइ सिव बहुरौ बरी।
इहँ सिव-गननि उपद्रव कियौ। तब भृगु रिषि उपाइ यह छयौ।
आहुति जज्ञकुंड मैं डारी। कह्यौ, पुरुष उपजैं बल भारी।

पुरुष कुंड तैं प्रगट जो भए। भृगु कैं निकट सबै चलि गए।
भृगु कह्यौ, करत जज्ञ ये नास। इनकौं ह्याँतैं देहु निकास।
सिव के गन तिन बहुतै मारे। ते गन सिव पैं जाइ पुकारे।
सिव ह्वै क्रोध इक जटा उपारी। बीरभद्र उपज्यौ बल भारी।
बीरभद्र कौं तहाँ पठायौ। तासौं इहिं बिधि कहि समुझायौ।
दक्ष-सिर काटि कुंड मैं डारि। आवौ बेगि न लावौ बार।
बीरभद्र तब दच्छहिं मार्‍यौ। अरु भृगु रिषि कौ केस उपार्‍यौ।
हाथ-पाइँ बहुतनि के काट। आइ नवायौ सिवहिं ललाट।
तब सुर रिषि ब्रह्मा पैं आइ। दियौ सकल बृत्तांत सुनाइ।
कह्यौ ब्रह्मा सिव-निंदा जहाँ। बुरौ कियौ तुम बैठे तहाँ।
ब्रह्मा लै तिन सिव पहँ आए। सिव प्रनाम करि ढिग बैठाए।
सिव कौं सबनि कियौ सनमान। भोलानाथ लियौ सो मान।
ब्रह्मा सिव कौं बचन सुनायौ। दच्छ तुम्हारौ मरम न पायौ।
जैसौ कियौ सो तैसौ पायौ। अब उहिं चहियै फेरि जिवायौ।
सिव कह्यौ, मेरैं नहिं सत्राई। सती मुऐं यह मन मैं आई।
अब जो तुम्हरी आज्ञा होइ। छाँड़ि बिलंब करौं मैं सोइ।
ब्रह्मा, बिष्नु रुद्र तहँ आए। भृगु रिषि केस आपने पाए।
घायल सबै नीक ह्वै गए। सुर-रिषि सबके भाए भए।
दच्छ-सीस जो कुंड मैं जर्‍यौ। ताके बदलैं अज-सिर धर्‍यौ।
महादेव तिहिं फेरि जिवायौ। दच्छ जानि यह सीस नवायौ।
बिप्रनि जज्ञ बहुरि बिस्तार्‍यौ। बेद भली बिधि सौं उच्चार्‍यौ।
जज्ञपुरुष प्रसन्न तब भए। निकसि कुंड तैं दरसन दए।
सुंदर स्याम चतुर्भुज रूप। ग्रीवा कौस्तुभ-माल अनूप।
उठि कै सबहिन माथ नवायौ। दच्छ बहुरि यौं बिनय सुनायौ।
मैं अपमान रुद्र कौ कियौ। तब मम जज्ञ सांग नहिं भयौ।
अब मोहिं कृपा कीजियै सोइ। फिरि ऐसी दुरबुद्धि न होइ।
बहुरौ भृगु रिषि अस्तुति कीनी। महाराज मम बुधि भई हीनी।
दियौ क्रोध करि सिवहिं सराप। करौ कृपा जो मिटै यह दाप।
पुनि सिव ब्रह्मा अस्तुति करी। जज्ञ पुरुष बानी उच्चरी।
दच्छ कियौ सिव कौ अपमान। तातैं भई जज्ञ की हान।
बिष्नु, रुद्र, बिधि, एकहिं रूप। इन्हैं जानि मति भिन्न स्वरूप।
जातैं ये परगट भए आइ। ताकौं तू मन मैं निज ध्याइ।
यौं कहि पुनि बैकुंठ सिधारे। बिधि, हरि, महादेव, सुर सारे।
या बिधि जज्ञपुरुष अवतार। सूर कह्यौ भागवतऽनुसार॥

हरि का सुमिरन करो और हरि के चरण-कमलों को अपने हृदय में धारण करो। अब मैं यज्ञ-पुरुष के अवतार की कथा कहता हूँ। हे राजा परीक्षित, मन लगाकर सुनो।

सती दक्ष प्रजापति की पुत्री हुईं। उन सती को दक्ष ने महादेव जी को विवाह में दे दिया। एक दिन ब्रह्मा, महादेव और बहुत सारे ऋषि सभा में बैठे हुए थे। वहाँ दक्ष प्रजापति भी आए। सबने उनका सम्मान किया और बैठाया। किसी ने दक्ष से कुशल समाचार पूछा और किसी-किसी से दक्ष ने भी उसका हाल-चाल पूछा। उस समय शिवजी का ध्यान हरि के चरणों में लगा हुआ था। इसलिए उन्होंने आखें नहीं खोलीं (और उन्होंने न तो दक्ष को देखा, न उठकर उनका सम्मान किया)। महादेव बैठे ही रह गए। दक्ष ने इसे अपना अपमान समझा और बहुत दुखी हुए। दक्ष बोले—'सब लोग महादेव को परम साधु कहते हैं, पर मैं तो इनको एकदम असाधु देख रहा हूँ। अब से इनको यज्ञ-भाग न दिया जाय। सब लोग मेरा यह कहना मान लें।'

दक्ष की यह घोषणा सुनकर शिव के गण नंदी को भारी दुख हुआ और उन्होंने यज्ञ कराने वाले ब्राह्मणों को शाप दे दिया—हे याज्ञिको, अब वेद पढ़ने मात्र से तुम्हारा उद्धार नहीं होगा और तुम लोग विद्या बेंच बेंच कर अपना पेट पालोगे।

नंदी का शाप सुनकर भृगु ऋषि का शरीर क्रोध से जल उठा और उन्होंने रोष में आकर यों कहा—जो महादेव के लिए तपस्या करेगा, वह भी संसार-सागर से पार नहीं जायेगा।

कालांतर में दक्ष प्रजापति ने यज्ञ रचाया। इस यज्ञ में उन्होंने महादेव जी को नहीं बुलाया। जितने देवता और गंधर्व थे, सबको निमंत्रण भेजकर बुलवाया। वे सभी अपनी-अपनी पत्नियों के साथ आए।

सती ने सभी को आते हुए देखा, तब उन्होंने शिव से विशेष रूप से कहा—चलिए, हम लोग भी दक्ष प्रजापति के घर चलें, यद्यपि उन्होंने हमें बुलाया नहीं है। मुझे तो यह आश्चर्य हो रहा है कि उन्होंने हमें भुला कैसे दिया। गुरु के घर, पिता के घर बिना बुलाए भी चले जाना चाहिए। यह तो नीति की बात है। वहाँ जाने में संकोच कैसा?

तब शिव ने सती से कहा—तुमने नीति की बात ठीक ही कही है। पर दक्ष मुझसे शत्रु भाव रखते हैं। वहाँ जाने पर यदि हमारा अपमान हुआ, तो यह अच्छी बात न होगी। दुष्टों की कटु वाणी सुनकर जैसा दुख होता है, वैसा दुख तो वाण लगने पर भी नहीं होता। अपने हृदय में मेरे प्रति शत्रु भाव लाकर, दक्ष प्रजापति तुम्हारा, अपनी बेटी का ही, अपमान कर बैठेंगे। अपमान होने से तुम वहाँ मर जाओगी। यदि तुम मेरी बात नहीं मानती, तो ऐसा ही होगा।

सती ने कहा—मेरी सात बहनें हैं। पिताजी ने सबको बुलाया होगा। हे प्रभो, मुझे भी जाने की आज्ञा दीजिए। अब विलंब न कीजिए।

जब सती ने बारंबार आग्रह किया, तब शिवजी ने मन में यह सोचा—सती तो सदा मेरी आज्ञा का पालन करनेवाली रही है। आज जो यह बारंबार मेरी इच्छा के प्रतिकूल आग्रह कर रही है, उसमें कुछ अनिष्ट होता हुआ दीखता है। होनहार होके रहता है, किसी से टाला नहीं जा सकता।

सती शिव के गणों के साथ अपने पीहर चली गईं। पिता दक्ष अपनी बेटी सती से बोले भी नहीं। उसे देखकर मुँह फेर लिया। सती ने इसे अपना अपमान समझा और उन्हें शिवजी की बात सच होती दीख पड़ी। उन्होंने सोचा—'अब तो लौटकर अपने घर कैलास जाया भी नहीं जा सकता।' वे सिर झुकाकर, जहाँ खड़ी थीं, वहीं बैठ गईं।

यज्ञ में जब शिव के नाम पर आहुति देने का समय आया, तब याज्ञिक ब्राह्मणों ने जाकर दक्ष से पूछा। तब दक्ष ने पहले तो शिव की निंदा की फिर कहा—मैंने तो पहले ही कह दिया था। मेरी बात मानो और शिव के नाम पर आहुति मत दो।

तब सती ने कुपित होकर कहा—तुमने शिव की महिमा नहीं जानी। महादेव ईश्वर हैं, भगवान हैं। उनके लिए शत्रु मित्र सब एक से हैं। तुमने अज्ञानतावश उनसे बैर किया है और उनकी महिमा को तुम जान नहीं पाए हो। तुम मेरे पिता हो, इसीलिए मैं तुम्हें नहीं मार रही हूँ। मैं अपने ही प्राण दे रही हूँ।

ऐसा कहकर सती ने शिव के चरण कमलों में अपना मन लगाया और योगबल से अपना शरीर त्याग दिया। कालांतर में वे हिमालय के घर में फिर जन्मीं और समय पाकर उन्होंने पुन: शिव का वरण किया।

यहाँ दक्ष के यज्ञस्थल पर, सती के जलकर मर जाने पर, शिव-गणों ने भारी उपद्रव किया। तब भृगु मुनि ने यह उपाय किया। उन्होंने यज्ञकुंड में एक आहुति दी और कहा—अत्यंत बलवान पुरुष यज्ञ-कुंड से उत्पन्न हो।

तत्काल यज्ञ-कुंड से बलवान पुरुष प्रकट हुए। प्रकट होते ही वे सभी भृगु के पास चले गए। भृगु जी ने कहा—शिव के ये गण यज्ञ-विध्वंस किए दे रहे हैं। इन्हें यहाँ से निकाल दो। उन पुरुषों ने शिव के गणों को बहुत मारा। तब शिव के गण शिवजी के पास गए और उनसे पुकार लगाई।

तब शिव ने क्रुद्ध होकर अपनी जटा का एक बाल उखाड़ लिया। उस बाल से अत्यंत बली वीरभद्र उत्पन्न हुआ। शिव ने वीरभद्र को दक्ष-यज्ञ में भेजा और उससे समझाकर यों कहा—जाओ दक्ष का सिर काटकर यज्ञकुंड में डाल दो। फिर वहाँ से तुरंत लौट आओ, देर न करो।

तब वीरभद्र ने दक्ष को मार डाला और भृगु ऋषि का भी जटा-जूट उखाड़ लिया। उन्होंने बहुतों के हाथ-पैर भी काट डाले और वापस आकर शिव को मत्था टेका।

तब सभी देवता और ऋषि लोग ब्रह्मा के पास गए और उनसे दक्ष-यज्ञ-विध्वंस का सारा समाचार कह सुनाया। ब्रह्मा जी बोले—जहाँ शिव की निंदा हो रही थी, तुम लोग वहाँ बैठे ही रह गए। यह तुमने बुरा किया।

तब ब्रह्मा जी देवताओं और ऋषियों के साथ शिवजी के पास कैलास आए। शिवजी ने प्रणाम करके सभी को अपने पास बैठाया। सबने शिव का सम्मान किया और भोलानाथ ने उनके सन्मान को स्वीकार कर लिया।

ब्रह्मा ने शिव से कहा—'शिव, दक्ष ने तुम्हारा मर्म, रहस्य, नहीं समझा। जैसा उन्होंने किया, वैसा पाया। अब उन्हें फिर जिला देना चाहिए।'

शिव ने कहा—मेरे मन में कोई शत्रु-भाव नहीं है। सती के जल मरने से मुझे दक्ष पर

क्रोध आ गया था। अब आपकी जो आज्ञा हो, मैं अविलंब उसका पालन करूँ।

तदनंतर दक्ष-यज्ञस्थल पर ब्रह्मा, विष्णु और रुद्र तीनों आए। भृगु ऋषि ने अपने केश पुनः पा लिया। जो भी वीरभद्र तथा अन्य गणों द्वारा घायल हो गए थे, वे भी भले चंगे हो गए। देवता और ऋषि जो भी चाहते थे, सब हो गया। दक्ष का सिर जो यज्ञाग्नि में जल गया था, उसके स्थान पर बकरे का सिर लगा दिया गया और महादेव ने दक्ष को जिला दिया। दक्ष ने यह समझकर कि शिव ने मुझे पुनः प्राण-दान किया है, उन् सदाशिव को सिर झुकाया।

विप्रों ने नए सिर से यज्ञ का पुनरारंभ किया और वेदमंत्रों का भली-भाँति सस्वर उच्चारण किया। तब यज्ञ-पुरुष प्रसन्न हो गए और कुंड से निकलकर उन्होंने सबको दर्शन दिया। उनका शरीर सुंदर था, साँवला था, चार भुजाएँ थीं; गले में कौस्तुभ मणि और वैजयंती माला थी। सबने उठकर उन्हें सिर झुकाकर प्रणाम किया। फिर दक्ष ने यह विनती की—मैंने शिव का अपमान किया था, इसीसे मेरा यज्ञ सांगोपांग पूर्ण नहीं हुआ। अब मुझपर कृपा करें कि मुझे फिर ऐसी दुर्बुद्धि कभी न हो।

फिर भृगु ऋषि ने यह स्तुति की—हे महाराज, मेरी बुद्ध हीन हो गई थी, जो क्रोध करके मैंने शिव को शाप दे दिया। अब मुझपर कृपा करें, जिससे मेरा यह दर्प दूर हो जाय। तदनंतर उन्होंने शिव और ब्रह्मा की स्तुति की।

इसके पश्चात् यज्ञपुरुष ने कहा—दक्ष ने शिव का अपमान किया, इसीसे इनके यज्ञ का विध्वंस हुआ। विष्णु, रुद्र, ब्रह्मा सभी एक ही हैं। इन्हें तीन भिन्न-भिन्न स्वरूप मत समझो। जिससे ये तीनों आकर प्रकट हुए हैं, उसी का तुम मन में नित्य बराबर ध्यान करते रहो।

ऐसा कहकर यज्ञपुरुष बैकुंठ चले गए। उनके साथ ही ब्रह्मा, विष्णु, महेश और सभी देवता भी बैकुंठ चले गए।

इस प्रकार यज्ञपुरुष का अवतार हुआ। सूर ने यह कथा श्रीमद्भागवत के अनुसार कही है।

यज्ञपुरुष-अवतार (संक्षिप्त) *१८१/४०० राग मारू*

जज्ञ प्रभु प्रगट दरसन दिखायौ ।

बिष्नु-बिधि-रुद्र मम रूप ये तीनिहूँ, दच्छ सौं बचन यह कहि सुनायौ ।
दच्छ रिस मानि जब यज्ञ आरंभ कियौ, सबनि कौं सहित पत्नी हँकार्‌यौ ।
रुद्र-अपमान कियौ, सती तब जीव दियौ, रुद्र के गननि ताकौं सँहार्‌यौ ।
बहुरि बिधि जाइ, छमवाइ कै रुद्र कौं, बिष्नु, बिधि, रुद्र तहँ तुरत आए ।
जज्ञ आरंभ मिलि रिषिनि बहुरौ कियौ, सीस अज राखि कै दच्छ ज्याए ।
कुंड तैं प्रगटि जग-पुरुष दरसन दियौ, स्याम सुंदर चतुरभुज मुरारी ।
सूर प्रभु निरखि दंडवत सबहिनि कियौ, सुर-रिषिनि सबनि अस्तुति उचारी ॥

यज्ञपुरुष ने प्रत्यक्ष दर्शन दिया। उन्होंने दक्ष प्रजापति से यह कह सुनाया—विष्णु, ब्रह्मा, महेश ये तीनों मेरे ही रूप हैं।

जब दक्ष ने शिव से रुष्ट होकर यज्ञ शुरू किया, तब उन्होंने सभी देवताओं और ऋषियों को उनकी पत्नियों के सहित आमंत्रित किया। उन्होंने रुद्र का अपमान किया और

उन्हें नहीं बुलाया। तब सती ने अपने प्राण दे दिए और रुद्र के गणों ने दक्ष का संहार कर दिया। फिर ब्रह्माजी रुद्र के पास गए और रुद्र से दक्ष को क्षमा कराया। तदनंतर ब्रह्मा, विष्णु, महेश तुरंत दक्ष के यज्ञस्थल पर आए। ऋषियों ने पुनः यज्ञारंभ किया और दक्ष के धड़ पर बकरे का सिर लगाकर उन्हें जिला दिया। फिर यज्ञ कुंड से यज्ञपुरुष ने निकलकर सबको दर्शन दिया—श्याम, सुंदर, चतुर्भुज, मुरारी रूप में। प्रभु को देखकर सबने उन्हें दंडवत गिरकर प्रणाम किया और देवताओं, ऋषियों और अन्य सभी उपस्थित जनों ने प्रभु की स्तुति की।

पार्वती विवाह *१८२/४०१ राग बिलावल*

सती हियैं धरि सिव कौ ध्यान। दच्छ-जज्ञ मैं छाँड़े प्रान।
बहुरि हिमाचल कैं सुभ घरी। पारवती ह्वै सो अवतरी।
पारवती बय-प्रापत भई। तबहिं हिमाचल तासौं कही।
तेरो कासौं कीजै ब्याह ? तिन कह्यौ, मेरौ पति सिव आह।
कह्यौ हिमाचल, सिव प्रभु ईस। हमसौं-उनसौं कैसी रीस ?
पारवती सिव-हित तप कर्‌यौ। तब सिव आइ तहाँ तिहिं बर्‌यौ।
पारवती-बिवाह ब्यवहार। 'सूर' कह्यौ भागवतऽनुसार॥

सती ने हृदय में शिव का ध्यान करके दक्ष के यज्ञ में अपने प्राण त्याग दिए। फिर वह शुभ मुहूर्त में हिमाचल के घर में पार्वती रूप में जन्मीं। जब पार्वती नव युवती हो गईं, तब हिमाचल ने उनसे कहा—'तुम्हारा विवाह किससे कर दिया जाय?' पार्वती ने कहा—'मेरे पति तो शिव हैं।' तब हिमाचल ने कहा—शिव तो प्रभु हैं। ईश हैं, हमारी उनकी बराबरी कैसी? तब पार्वती ने शिव को प्राप्त करने के लिए तप किया। तब शिव ने आकर उन्हें पत्नी रूप में वरण किया।

सूर ने पार्वती और शिव के विवाह का यह व्यवहार श्रीमद्भागवत के अनुसार किया है।

ध्रुव-कथा *१८३/४०२ राग बिलावल*

स्वायंभू मनु के सुत दोइ। तिनकी कथा कहौं, सुनि सोइ।
उत्तानपाद एक कौ नाम। द्वितिय प्रियब्रत अति अभिराम।
ध्रुव उत्तानपाद-सुत भयौ। हरि जू ताकौं दरसन दयौ।
बहुरि दियौ ताकौं अस्थान। देहिं प्रदच्छिन जहँ ससि-भान।
कहौं सो कथा, सुनौ चित धारि। 'सूर' कह्यौ भागवतऽनुसार॥

स्वयंभू मनु के दो पुत्र हुए—प्रियव्रत और उत्तानपाद। अब मैं उनकी कथा कह रहा हूँ, सुनो। उत्तानपाद के पुत्र ध्रुव हुए। भगवान ने ध्रुव को दर्शन दिया था, फिर उनको नभ में ऐसा अटल स्थान दिया जिसकी प्रदक्षिणा सूर्य और चंद्रमा नित्य करते रहते हैं। अब मैं ध्रुव की कथा कह रहा हूँ। मन लगाकर सुनो।

सूर ने इस कथा को श्रीमद्भागवत के अनुसार कहा है?

हरि हरि, हरि हरि, सुमिरन करौ। हरि-चरनारबिंद उर धरौ।
अब कहौं ध्रुव बर देनऽवतार। राजा सुनौ ताहि चित धार।
उत्तानपाद पृथ्वीपति भयौ। ताकौ जस तीनौ पुर छयौ।
नाम सुनीति बड़ी तिहिं दार। सुरुचि दूसरी ताकी नार।
भयौ सुरुचि तैं उत्तम क्वार। अरु सुनीति कैं ध्रुव सुकुमार।
राजा हियैं सुरुचि सौं नेह। बसै सुनीति दूसरैं गेह।
इक दिन नृपति सुरुचि-गृह आयौ। उत्तम कुँवर गोद बैठायौ।
ध्रुव खेलत-खेलत तहँ आए। गोद बैठिबे कौं पुनि धाए।
राजा तिय-डर गोद न लयौ। ध्रुव सुकुमार रोइ तब दयौ।
तबहिं सुरुचि ध्रुव कौं समुझायौं। तैं गोबिंद-चरन नहिं ध्यायौ।
जो हरि कौ सुमिरन तू करतौ। मेरैं गर्भ आनि अवतरतौ।
राजा तोकौं लेतौ गोद। तबहिं गोद मैं करतौ मोद।
अजहूँ तू हरि-पद चित लाइ। होहिं प्रसन्न तोहिं जदुराइ।
सुरुचि के बचन बान सम लागे। ध्रुव आए माता पै भागे।
माता ताकौं रोवत देखि। दुख पायौ मन-माहिं बिसेषि।
कह्यौ पुत्र, तोकौं किन मार्‍यौ? ध्रुव अति दुःखित बचन उचार्‍यौ।
माता ताकौं कंठ लगायौ। तब ध्रुव सब बृत्तांत सुनायौ।
कह्यौ सुत, सुरुचि सत्य यह कह्यौ। बिनु हरि-भक्ति पुत्र मम भयौ।
अजहूँ जौ हरिपद चित लैहौ। सकल मनोरथ मन के पैहौ।
जिन-जिन हरि चरननि चित लायौ। तिन-तिन सकल मनोरथ पायौ।
प्रपिता तव ब्रह्मा तप कियौ। हरि प्रसन्न ह्वै तिहिं बर दियौ।
तिन कीन्ह्यौ सब जग बिस्तार। जाकौ नाहीं पारावार।
बहुरि स्वयंभू मनु तप कीन्हौ। ताहू कौं हरि जू बर दीन्हौ।
ताकैं भयौ बहुत परिवार। नर, पसु, कीट, गनत नहिं पार।
तैं हूँ जो हरि-हित तप करिहै। सकल मनोरथ तेरौ पुरिहै।
ध्रुव यह सुनि बन कौं उठि चले। पंथ माहिं तिन नारद मिले।
देख्यौ पाँच बरष कौ बाल। सुरुचि बचन नहिं सक्यौ सँभार।
अब मैं हूँ याकौ दृढ़ देखौं। लखि बिस्वास, बहुरि उपदेसौं।
ध्रुव सौं कह्यौ क्रोध परिहरौ। मैं जो कहौं सो चित मैं धरौ।
मेरैं सँग राजा पै आउ। द्याऊँ तोहिं राज-धन-गाउँ।
भक्ति-भाव की जो तोहिं चाह। तोसौं नहिं ह्वैहै निर्बाह।
बहुतक तपसी पचि-पचि मुए। पै तिन हरि-दरसन नहिं हुए।
मैं हरि-भक्त, नाम मम नारद। मोसौं कहि तू अपनौ हारद।

राजा पास कहौं जौ जाइ। लैहै मानि नृपति सत-भाइ।
ध्रुव बिचार तब मन मैं कियो। सुमिरत नारद दरसन दियौ।
जब मैं भक्ति स्याम की कैहौं। जानत नहीं कहा मैं पैहौं।
कह्यौ नारद सौं, करौ सहाइ। करौं भक्ति हरि की चित लाइ।
तुम नारायन-भक्त कहावत। केहिं कारन हमकौं भरमावत?
तब नारद ध्रुव कौं दृढ़ देखि। कहौ, देउँ मैं ज्ञान बिसेषि।
मथुरा जाइ सु सुमिरन करौ। हरि कौ ध्यान हृदय मैं धरौ।
द्वादस अच्छर मंत्र सुनायौ। और चतुर्भुज रूप बतायौ।
मथुरा जाइ सोइ उन कियौ। तब नारायन दरसन दियौ।
ध्रुव अस्तुति कीन्ही बहु भाइ। तब हरिजू बोले मुसुकाइ।
ध्रुव, जो तेरी इच्छा होइ। माँगि लेहि अब मोपैं सोइ।
प्रभु, मैं तुम्हरौ दरसन लह्यौ। माँगन कौं पाछै कहा रह्यौ?
हरि कह्यौ, राज-हेत तप कियौ। ध्रुव, प्रसन्न ह्वै मैं तोहिं दियौ।
अरु तैं हित कियौ अस्थान। देहि प्रदच्छिन जहँ ससि-भान।
ग्रह-नछत्रहू सबही फिरैं। तू भयौ अटल, न कबहूँ टरै।
अरु पुनि महा-प्रलय जब होइ। मुक्ति स्थान पाइहै सोइ।
यह कहि हरि निज लोक सिधारे। ध्रुव निज पुर कौं पुनि पग धारे।
जब ध्रुव पुर कैं बाहर आयौ। लोगनि नृप कौं जाइ सुनायौ।
उनके कहैं न मन मैं आई। तब नारद कह्यौ नृप सौं जाई।
ध्रुव आयौ हरि सौं बर पाइ। राजा, जाइ ताहि मिलि धाइ।
नृप सुनि मन आनंद बढ़ायौ। अंतःपुर मैं जाइ सुनायौ।
पुनि नृप कुटुँब सहित तहँ आए। नगर-लोग सब सुनि उठि धाए।
ध्रुव राजा के चरननि पर्यौ। राजा कंठ लाइ हित कर्यौ।
पुनि सो सुरुचि कैं चरननि पर्यौ। तासौं बचन मधुर उच्चर्यौ।
तव उपदेस मैं हरि कौं ध्यायौ। यह उपकार न जात मिटायौ।
पुनि माता के पायनि पर्यौ। माता ध्रुव कौं अंकम भर्यौ।
ध्रुव निज सिंहासन बैठाए। नृप तप-कारन बनहिं सिधाए।
सातौ द्वीप राज ध्रुव कियौ। सीतल भयौ मातु कौ हियौ।
यौं भयौ ध्रुव-बर-देनऽवतार। 'सूर' कह्यौ भागवतऽनुसार॥

हरि का स्मरण करो और उनके चरण-कमलों को अपने हृदय में धारण करो। अब मैं ध्रुव को वर देने वाले भगवान के अवतार की कथा कहने जा रहा हूँ। हे राजा परीक्षित, इसे मन लगाकर सुनो।

उत्तानपाद नामक एक राजा हुआ। उसका यश तीनों लोकों में छा गया। उसकी बड़ी पत्नी सुनीति थी। सुरुचि उसकी दूसरी पत्नी थी। सुरुचि को उत्तम नामक राजकुमार हुआ

और सुनीति को ध्रुव नाम का। राजा का प्रेम छोटी रानी सुरुचि से अधिक था। और सुनीति दूसरे राज प्रासाद में रहती थी, राजा से अलग-थलग। एक दिन राजा उत्तानपाद सुरुचि के घर आए और उन्होंने राजकुमार उत्तम को अपनी गोद में बैठा लिया। संयोग से ध्रुव भी वहाँ खेलते-खेलते आ गए और उत्तम को राजा की गोद में बैठा देखकर वह भी उनकी गोद में बैठने के लिए दौड़ पड़े। राजा ने अपनी रानी सुरुचि के भय से ध्रुव को गोद में नहीं बैठाया। तब राजकुमार ध्रुव रोने लगे। तब सुरुचि ने ध्रुव को समझाया—तूने गोविंद के चरणों का ध्यान नहीं किया। यदि तूने हरि का सुमिरन किया होता, तो तू मेरे गर्भ से उत्पन्न होता। तब राजा तुझको भी अपनी गोद में लेकर खिलाते और तू भी आनंद मनाता। अब भी तू हरि के चरण-कमलों में चित्त लगा, जिससे यदुराज कृष्ण तुझ पर प्रसन्न हो जायँ।

सुरुचि की बातें सुकुमार-मति ध्रुव के हृदय में वाण के समान लगीं और वे दौड़े-दौड़े अपनी माँ सुनीति के पास गए। माता ने अपने बालक को रोते देखकर मन में बहुत दुख पाया और कहा—बेटे, तुझे किसने मारा है? तब ध्रुव ने अत्यंत दुखी होकर सब वृत्तांत कह सुनाया।

माता ने ध्रुव को गले लगा लिया और कहा—बेटे, सुरुचि ने सच ही कहा है। तूने हरि की भक्ति नहीं की, इसीलिए तू मेरा बेटा होकर पैदा हुआ। अब भी यदि हरि-चरणों में मन लगाओगे, तो सारी अभिलषित वस्तुएँ प्राप्त कर सकोगे। जिन-जिन ने भी हरि के चरणों में चित्त लगाया, उन-उन की सभी इच्छाएँ पूरी हुई हैं। तुम्हारे प्रपितामह ब्रह्मा ने तप किया, तब हरि ने प्रसन्न होकर उनको वर दिया। उस वर के प्रभाव से ब्रह्मा ने विस्तृत संसार रचा, जिसका ओर छोर नहीं। फिर स्वयंभू मनु ने तप किया। हरि ने उन्हें भी वर दिया। मनु का बहुत बड़ा परिवार हुआ, जिसमें नर, पशु, कीट आदि हैं, जिनकी गणना नहीं की जा सकती। तू भी यदि हरि को प्राप्त करने के लिए तप करेगा, तो तेरी भी समस्त अभिलाषाएँ पूरी होंगी।

माता की ये बात सुनकर ध्रुव तत्काल वन की ओर तपस्या करने के लिए चल पड़े। रास्ते में उनकी भेंट नारद जी से हो गई। नारद ने देखा—'यह बच्चा तो अभी पाँच ही वर्ष का है। यह अपनी विमाता सुरुचि की बात को नहीं सह सका। अब मैं भी देख लूँ कि यह दृढ़ चित्त है कि नहीं। पहले ध्रुव के अविचल विश्वास को देख लूँ, फिर उसे उपदेश दूँ।'

नारद जी ने कहा—क्रोध छोड़ो। मैं जो कुछ कहूँ, अपने मन में उसे दृढ़तापूर्वक धारण करो। तुम मेरे साथ राजा के पास चलो। मैं तुम्हें राज्य, धन, गाँव दिला दूँगा। यदि तुम्हें भक्ति-भाव की रुचि है, तो तुमसे इस अल्पवय में इसका निर्वाह न हो सकेगा। बहुत से तपस्वी हठपूर्वक तपस्या में लगे रहे, पर उन्हें भगवान के दर्शन नहीं हुए। मैं हरि-भक्त हूँ। मेरा नाम नारद है। तुम मुझसे अपने हृदय की बात कहो। यदि मैं राजा के पास जाकर तुम्हारे विषय में कुछ कहूँगा, तो राजा सहज और सत्य भाव से मेरी बात मान लेंगे।

नारद की बातें सुनकर ध्रुव ने मन में विचार किया—हरि का स्मरण मात्र करते ही मुझे नारद के दर्शन मिले। जब मैं हरि की भक्ति करने लगूँगा, तो मैं नहीं जानता, भगवान मुझे क्या नहीं देंगे। ऐसा सोचकर उन्होंने नारद से कहा—महाराज, मेरी सहायता करें, पथ-प्रदर्शन करें, जिससे मैं भगवान की भक्ति चित्त लगाकर कर सकूँ। तुम तो नारायण

के परम प्रसिद्ध भक्त हो, फिर मुझे क्यों बहका रहे हो?

ध्रुव को दृढ़-चित्त देखकर नारद ने कहा—तुम कहते ही हो, तो मैं तुम्हें विशेष ज्ञान दे रहा हूँ। तुम मथुरा जाओ और वहाँ हरि का सुमिरन करो। उनका ध्यान हृदय में करते रहो। नारद ने ध्रुव को द्वादशाक्षर मंत्र—ॐ नमो भगवते वासुदेवाय—दिया और प्रभु के चतुर्भुज रूप का ध्यान करने को कहा।

मथुरा जाकर ध्रुव ने यही किया। तब नारायण ने उन्हें दर्शन दिया। ध्रुव ने प्रभु की बहुत भावपूर्वक स्तुति की। तब हरि जी मुस्कुराकर बोले—ध्रुव, अब जो भी तुम्हारी इच्छा हो, मुझसे माँग लो।

तब ध्रुव ने कहा—प्रभु मुझे आपका दर्शन मिल गया। अब मुझे माँगने को रह ही क्या गया?

हरि ने कहा—ध्रुव तुमने राज्य के लिए तप किया, लो मैंने प्रसन्न होकर तुम्हें राज्य दिया और तुम्हें मैं एक ऐसा स्थान दे रहा हूँ, जिसकी प्रदक्षिणा सूर्य और चंद्र बराबर करते रहेंगे। जितने ग्रह हैं, नक्षत्र हैं, सभी बराबर तेरा चक्कर लगाते रहेंगे। तू अटल रहेगा, कभी भी अपने स्थान से नहीं टलेगा। और जब महा प्रलय होगा, तब तुझको मुक्ति मिल जायगी।

यह कहकर हरि अपने लोक बैकुंठ को चले गए और ध्रुव भी अपने नगर को लौट आए। जब ध्रुव अपने नगर के बहिर्भाग में पहुँचे, तभी लोगों ने राजा के पास जाकर उनके लौट आने की चर्चा की। राजा की समझ में साधारण नागरिकों की बात न आई। तब नारद ने आकर सब बातें राजा से कहीं—ध्रुव भगवान से वर पाकर आ रहे हैं, राजा दौड़कर जाओ और उनकी अगवानी करो।

राजा उत्तानपाद को इस सुसमाचार से अत्यंत प्रसन्नता हुई। उन्होंने अपने रनिवास में जाकर यह समाचार सुनाया। फिर राजा अपने परिवार के सहित ध्रुव का स्वागत करने के लिए आगे आए। सभी नागरिक भी यह सुनकर स्वागतार्थ दौड़ पड़े।

ध्रुव राजा उत्तानपाद के चरणों पर गिर गए। राजा ने उन्हें उठाकर प्रेमपूर्वक गले से लगा लिया। फिर ध्रुव अपनी विमाता सुरुचि के चरणों पर गिरे और उससे मधुर-मधुर वाणी में बातें कीं। —'हे माँ, तुम्हारे ही उपदेश से मैंने भगवान का ध्यान किया। मैं तुम्हारा यह उपकार भुला नहीं सकता, हृदय-पटल से मिटा नहीं सकता।' फिर वे अपनी माँ सुनीति के चरणों पर गिरे। माता सुनीति ने बेटे ध्रुव को गले से लगा लिया।

तदनंतर राजा उत्तानपाद ने ध्रुव को राज़ सिंहासन पर बैठा दिया और स्वयं तप करने के लिए वन में चले गए।

ध्रुव ने सातों द्वीपों में राज किया। उनकी माँ सुनीति का हृदय जुड़ा गया।

इस प्रकार भगवान का ध्रुव को वर देनेवाला अवतार हुआ और सूर ने इसे श्रीमद्भागवत के अनुसार कहा।

संक्षिप्त-ध्रुवकथा *१८५/४०४ राग आसावरी*

ध्रुव बिमाता-बचन सुनि रिसायौ ।

दीन के द्याल गोपाल, करुनामयी मातु सौं, तुरत सरन आयौ ।

बहुरि जब बन चल्यौ, पंथ नारद मिल्यौ, कृष्न-निज-धाम मथुरा बतायौ ।

मुकुट सिर धरैं, बनमाल कौस्तुभ गरैं, चतुर्भुज स्याम सुंदरहिं ध्यायौ ।
भए अनुकूल हरि, दियौ तिहिं तुरत बर, जगत करि राज, पद अटल पायौ ।
'सूर' के प्रभु की सरन आयौ जो नर, करि जगत-भोग बैकुंठ सिधायौ ।।

ध्रुव अपनी विमाता सुरुचि की बात सुनकर रुष्ट हो गए। पर अपनी करुणामयी माता सुनीति से यह सुनकर कि भगवान गोपाल दीन-दयाल हैं, वे तुरंत भगवान की शरण में आ गए। फिर जब वह तपस्यार्थ वन की ओर चले, तब रास्ते में उनकी भेंट नारद जी से हो गई। उन्होंने बताया कि भगवान कृष्ण का अपना धाम मथुरा में है। वहीं जाओ और सिर पर मोर-पंख के मुकुट वाले, गले में कौस्तुभ मणि और वनमाला धारण करने वाले, चार भुजाओं वाले श्याम सुन्दर का ध्यान करो। भगवान बालक ध्रुव पर अनुकूल हुए, उसे तुरन्त वर दिया। ध्रुव ने जगत का राज्य और अटल पद पाया। जो भी प्रभु की शरण में आया, वह सांसारिक सुखों का उपभोग करके, बैकुंठ गया।

१८६/ग्र ५४४२ कल्प, राग नट तिताला

ध्रुव छह मास तपस्या कीनी ।
बासुदेव भगवंत नमोहं, यह कहि कहि रसना रँग भीनी ।
सुष्क-पत्र तरुवर के खाए, जल अरु पौन भच्छ प्रन लीनी ।
नारद मुनि उपदेस दियौ जब, गुह्य ज्ञान मन लियौ प्रवीनी ।
निसि दिन हरि कौ ध्यान धर्‌यौ दृढ़, तत्व ज्ञान हिरदै मैं चीनी ।
'सूरस्याम' प्रभु सीघ्र प्रगट भै, अचल राज हरि ध्रुव कौ दीनी ।।

ध्रुव ने छह महीने तप किया। 'ॐ नमो भागवते वासुदेवाय' का जाप करते हुए उन्होंने अपनी जिह्वा को भगवान के रंग में रँग दिया। उन्होंने पेड़ों के गिरे हुए सूखे पत्ते खाए। उन्होंने पानी और पवन ही खाने का प्रण ले लिया। नारद मुनि ने जब उन्हें उपदेश दिया, तब उन्होंने प्रवीणता पूर्वक उस गुह्य ज्ञान को मन में ले लिया। उन्होंने रात दिन भगवान का ध्यान किया और हृदय में तत्वज्ञान को पहचान लिया। श्याम प्रभु शीघ्र ही प्रगट हुए हुए और उन्हें अटल पद और विशाल राज्य दे दिया।

पृथु-अवतार

१८७/४०५ राग बिलावल

धारि पृथु-रूप हरि राज कीन्हौ ।
बिष्नु की भक्ति सर्वत्र जग मैं करी, प्रजा कौं सुख सकल भाँति दीन्हौ ।
बेनु नृप भयौ बलवंत जब पृथी पर, रिषिनि सौं कह्यौ जप-तप निवारौ ।
मोहिं बिधि, बिष्नु, सिव, इंद्र, रवि-ससि गनौ, नाम मम लेइ आहुतिनि डारौ ।
जज्ञ मैं करत तब मेघ बरसत मही, बीज अंकुर तबै जमत सारौ ।
होइ तिन क्रोध तब साप ताकौं दयौ, मारिकै ताहि जग-दुःख टारौ ।
भयौ आराज जब, रिषिनि तब मंत्र करि, बेनु की जाँघ कौ मथन कीन्हौ ।
जाँघ के मथे तैं पुरुष परगट भयौ, स्याम तिहिं भील कौ राज दीन्हौ ।
बहुरि जब रिषिनि भुज दछिन कीन्ही मथन, लच्छमी सहित पृथु दरस दीन्हौ ।

पहिरि सब आभरन, राज्य लागे करन, आनि सब प्रजा दंडवत कीन्हौ ।
बहुरि बंदीजननि आइ अस्तुति करी, इंद्र अरु बरुन तुम तुल्य नाहीं ।
कह्यौ नृप बिनु पराक्रम न अस्तुति करौ, बिना किये मूढ़ सो हर्षि जाहीं ।
करो भगवान कौ जस गुनीजन सदा, जो जगत-सिंधु तैं पार तारै ।
कियैं नर की स्तुती कौन कारज सरै, सो आपनौ जन्म हारै ।
कह्यौ तिन, तिन्हैं हम मनुष जानत नहीं, जगतपति जगतहित देह धारयौ ।
करौगे काज जो कियौ न काहू नृपति, कियैं जस, जाइ हम दुःख सारौ ।
बहुरि सब प्रजा मिलि आइ नृप सौं कह्यौ, बिना आजीविका मरत सारी ।
नृप धनुष-बान धरि पृथी पर कोप कियौ, तिन गऊ रूप बिनती उचारी ।
बेनु के राज, मैं औषधी गिलि गई, होइहैं सकल किरपा तुम्हारी ।
पर्बतनि जहाँ तहँ रोकि मोकौं लियौ, देहु करि कृपा इक दिसा टारी ।
धनुष सौं टारि पर्बत किए एक दिसि, पृथी सम करि, प्रजा सब बसाई ।
सुर-रिषिनि नृपति पुनि पृथी दोहन करी, आपनी जीविका सबनि पाई ।
बहुरि नृप जज्ञ निन्यानबे करि, सतम जज्ञ कौं जबहिं आरंभ कीन्हौ ।
इंद्र भय मानि, हय-गहन सुत सौं कह्यौ, सो न लै सक्यौ, तब आप लीन्हौ ।
नृपति सुत सौं कह्यौ, जाइ हय ल्याइ अब, इंद्र तिहिं देखि हय छाँड़ि दीन्हौ ।
नृप कह्यौ सुरनि के हेतु मैं जज्ञ कियौ, इंद्र मम अस्व किहिं काज लीन्हौ ।
रिषिनि कह्यौ, तुव सतम जज्ञ आरंभ लखि, इंद्र कौ राज-हित कँप्यौ हीयौ ।
नृप कह्यौ, इंद्रपुर की न इच्छा हमैं, रिषिनि तब पूरनाहुती दीयौ ।
पुरुष कह्यौ, कुंड तैं निकसि, पूरन भयौ, इंद्र जिमि बर कछू माँगि लीजै ।
पृथु कह्यौ, नाथ, मेरैं न कछु सत्रुता, अरु न कछु कामना, भक्ति दीजै ।
जग-पुरुष गए बैकुंठ धामहिं जबै, न्यौति नृप प्रजा कौं तब हँकारौ ।
तिन्हैं संतोषि कह्यौ, देहु माँगै हमैं, बिष्नु की भक्ति सब चित्त धारौ ।
सुनत यह बात सनकादि आए तहाँ, मान दै कह्यौ, मोहिं ज्ञान दीजै ।
कह्यौ, यह ज्ञान, यह ध्यान, सुमिरन यहै, निरखि हरि-रूप मुख नाम लीजै ।
पुनि कह्यौ, देहु आसीस मम प्रजा कौं, सबै हरि-भक्त निज चित्त धारैं ।
कृपा तुम करी, मैं भेंट कौं मन धरी, नहीं कछु बस्तु ऐसी हमारैं ।
बहुरि सनकादि गए आपुने धाम कौं, नृपति, सब लोग, हरि-भक्ति लाए ।
'सूर' प्रभु-चरित अगनित, न गनि जाहिं, कछु जथामति आपनी कहि सुनाए ।

पृथु का रूप धारण करके प्रभु ने राज्य किया। उन्होंने सारे संसार में विष्णु की भक्ति प्रवर्तित की, फैलाई। उन्होंने अपनी प्रजा को सब प्रकार का सुख दिया।

जब राजा वेणु इस पृथ्वी पर अत्यंत शक्तिशाली हुआ, तब उसने ऋषियों से कहा कि अब सब जप-तप बंद करो। मुझी को अब ब्रह्मा, विष्णु, शिव, इंद्र, सूर्य, चंद्र गिनो, समझो अब मेरा ही नाम लेकर यज्ञ में आहुतियाँ डालो। जब मैं यज्ञ करता हूँ, तभी पृथ्वी प

आकाश से बादल बरसते हैं और तभी धरती पर गिरे पड़े सभी बीज जमते हैं।

वेणु की ये बातें सुनकर ऋषि लोग क्रुद्ध हो उठे और तब उन्होंने उसें शाप दे दिया। इतना ही नहीं, उन्होंने उसे मार कर संसार का सारा दुःख दूर कर दिया।

इस प्रकार पृथ्वी राजा हीन हो गई, अराजकता छा गई। तब ऋषियों ने मंत्रणा करके मृत राजा वेणु की जाँघ को मथ डाला। इस जंघा-मंथन से एक काला कलूटा पुरुष प्रकट हुआ। ऋषियों ने उस भील को राज्य दे दिया।

इसके उपरांत ऋषियों ने वेणु के शव की दाहिनी बाँह को मथा। तब लक्ष्मी के सहित पृथु ने दर्शन दिया। वे सभी आभूषणों को धारण कर पृथ्वी का राज्य करने लगे। सारी प्रजा ने आकर उन्हें दंडवत प्रणाम किया। फिर वंदीजन आकर स्तुति करने लगे—इंद्र और वरुण भी तुम्हारे समान नहीं हैं।

महाराज पृथु ने कहा—मैंने अभी तक तो कोई पराक्रम नहीं किया है। अतः मेरी यह झूठी प्रशंसा न करो। बिना पराक्रम किए ही अपनी प्रशंसा सुन कर मूर्ख लोग ही प्रसन्न होते हैं। हे गुणियों, उन भगवान का गुणानुवाद करो, जो भव-सागर से पार उतार देते हैं। मनुष्य की स्तुति करने से कौन सा काम पूर्ण होता है? जो नर की स्तुति करते हैं, वे अपना जीवन नष्ट कर देते हैं।

तब उन वंदीजनों ने कहा—हम आपको मनुष्य नहीं मानते। आपके रूप में जगत्पिता ने विश्व-कल्याण के लिए नर-देह धारण किया है। आप वह सभी कार्य करेंगे, जिसे आज तक कोई राजा नहीं कर सका है। ये कार्य करके आपको भारी यश मिलेगा और हम लोगों के भी सारे दुःख दूर हो जायँगे।

इसके पश्चात सब प्रजा मिलकर राजा के पास आई और निवेदन करने लगी—हम सब बिना रोजी-रोटी के मरे जा रहे हैं।

तब राजा पृथु ने हाथ में धनुष वाण लेकर धरती पर कोप किया। पृथ्वी गाय का रूप धारण करके आई और प्रार्थना करने लगी—वेणु के राज्य-काल में मैं सारी औषधियाँ निगल गई थी, खा गई थी। तुम्हारी कृपा से वे सभी औषधियाँ पुनः उगेंगी। पहाड़ों ने मुझे यहाँ-वहाँ रोक लिया है। इन्हें कृपा करके एक ओर हटा दीजिए।

तब राजा पृथु ने अपने धनुष से सभी पहाड़ों को एक तरफ कर दिया, पृथ्वी को समतल कर दिया और सब प्रजा को व्यवस्थित रूप से बसा दिया। फिर देवताओं, ऋषियों तथा राजा पृथु ने पृथ्वी का दोहन किया। फ़लस्वरूप सभी को आजीविका प्राप्त हो गई, रोजी रोटी की समस्या हल हो गई।

फिर राजा पृथु ने निन्यानबे यज्ञ किए। जब वे सौवाँ यज्ञ प्रारंभ करने लगे, तब इंद्र अपना सिंहासन छिन जाने के भय से डर गया। उसने अपने पुत्र जयंत को यज्ञ का घोड़ा हर लाने के लिए कहा। वह इंद्र-सुत घोड़ा न ले जा सका, तब इंद्र स्वयं आकर उक्त घोड़ा हर ले गया।

पृथु ने अपने पुत्र से कहा, जाकर यज्ञ का घोड़ा अब लाओ। इंद्र ने पृथु-पुत्र को देखते ही वह घोड़ा छोड़ दिया।

राजा पृथु ने कहा—मैंने तो यह यज्ञ देवताओं के ही निमित्त किया है। फिर देवराज इंद्र ने मेरा घोड़ा क्यों पकड़ लिया?

तब ऋषियों ने कहा—जब आपने सौवाँ यज्ञ प्रारंभ किया, तब अपने राज्य की रक्षा के लिए इंद्र का हृदय काँप उठा।

राजा पृथु बोले—मुझे इंद्रपुरी, अमरावती, की रंच भी आकांक्षा नहीं है।

तब ऋषियों ने यज्ञ की पूर्णाहुति दी। फिर यज्ञ-कुंड से एक पुरुष निकला। उसने कहा—तुम्हारा यज्ञ पूर्ण हुआ। इंद्र के समान तुम भी कुछ वर माँग लो।

पृथु ने कहा—हे नाथ, न मेरी किसी से कोई शत्रुता है, न मेरे मन में कोई भौतिक अभिलाषा ही है। बस, मुझे अपनी भक्ति दीजिए।

तदनंतर यज्ञ-पुरुष अपने बैकुंठ-धाम गए। राजा ने अपनी सारी प्रजा को आमंत्रित करके बुलाया। उन्हें संतोष दिया और कहा—मैं माँगता हूँ, मुझे तुम लोग एक ही वस्तु दो। तुम सभी लोग विष्णु की भक्ति मन लगाकर करो।

राजा पृथु की बात सुनते ही सनक-सनंदन, सनत्कुमार और सनातन चारो पंचवर्षीय बाल-ऋषि वहाँ आए। राजा ने उनको सम्मान दिया और कहा—हे ऋषियों, हमें ज्ञान दीजिए।

सनकादि ऋषियों ने कहा—आँखों से भगवान का रूप देखते रहो और मुँह से उनका नाम लेते रहो। यही ज्ञान है। यही ध्यान है, यही सुमिरन है।

फिर राजा ने कहा—हे ऋषियों, मेरी प्रजा को आशीर्वाद दीजिए कि सभी जन अपने मन में भगवान की भक्ति धारण करें। आपने यहाँ आने की महती कृपा की है। मैं आप लोगों को कुछ भेंट देना चाहता हूँ, पर मेरे पास आप लोगों को देने लायक कुछ भी तो नहीं है। इसके अनंतर सनक आदि चारो भाई अपने-अपने निवास को चले गए। राजा पृथु और अन्य सभी जन हरि-भक्त हो गए।

प्रभु के चरित अगणित हैं, वे गिने नहीं जा सकते, फिर भी सूर ने अपनी मति के अनुसार जैसा कुछ हो सका, कह सुनाया।

पुरंजन-कथा *१८८/४०६ राग बिलावल*

हरि हरि, हरि हरि, सुमिरन करौ। हरि-चरनारबिंद उर धरौ।
कथा पुरंजन की अब कहौं। तेरे सब संदेहनि दहौं।
प्राचीनबर्हि भूप इक भए। आयु प्रजंत जज्ञ तिन ठए।
ताकैं मन उपजी तब ग्लानि। मैं कीन्ही बहु जिय की हानि।
यह मम दोष कौन बिधि टरै। ऐसी भाँति सोच मन करै।
इहिं अंतर नारद तहँ आए। नृप सौं यौं कहि बचन सुनाए।
मैं अबहीं सुरपुर तैं आयौ। मग में अद्भुत चरित लखायौ।
जज्ञ माहिं तुम पसु जे मारे। ते सब ठाढ़े सस्त्रनि धारे।
जोहत हैं वे पंथ तिहारौ। अब तुम अपनौ आप सँभारौ।
नृप कह्यौ, मैं ऐसोई कियौ। जज्ञ-काज मैं तिनि दुख दियौ।

रसनाहू कौ कारज सार्‌यौ। मैं यौं अपनौ काज बिगार्‌यौ।
अब मैं यहै बिनै उच्चरौं। जो कछु आज्ञा होइ सो करौं।
कह्यौ, कहौं इक नृप की कथा। उन जो कियौ, करौ तुम तथा।
ताहि सुनौ तुम भलैं प्रकार। पुनि मन मैं देखौ जु बिचार।
ता नृप कौ परमातम मित्र। इक छिन रहत न सो अन्यत्र।
खान-पान सो सब पहुँचावै। पै नृप तासौं हित न लगावै।
नृप चौरासी लछ फिरि आयौ। तब इहिं पुर मानुष तन पायौ।
पुर कौं देखि परम सुख लह्यौ। रानी सौं मिलाप तहँ भयौ।
तिन पूछ्यौ, तू काकी धी है? उन कह्यौ नहिं सुमिरन मम ही है।
पुनि कह्यौ नाम कहा है तेरौ? कह्यौ, न आव नाम मोहिं मेरौ।
तन पुर, जीव पुरंजन राव। कुमति तासु रानी कौ नाँव।
आँखि, नाक, मुख, मूल दुवार। मूत्र, स्त्रौन, नव पुर कौ द्वार।
लिंग-देह नृप कौ निज गेह। दस इंद्रिय दासी सौं नेह।
कारन तन सो सैन-अस्थान। तहाँ अविद्या नारि प्रधान।
कामादिक पाँचौ प्रतिहार। रहैं सदा ठाढ़े दरबार।
संतोषादि न आवन पावैं। बिषय भोग हिरदै हरषावैं।
जा द्वारे पर इच्छा होइ। रानी सहित जाइ नृप सोइ।
तहाँ-तहाँ कौ कौतुक देखि। मन मैं पावै हर्ष बिसेषि।
इंद्री दासी सेवा करैं। तृप्ति न होइ, बहुरि बिस्तरैं।
इन इंद्रिनि कौ यहै सुभाइ। तृप्ति न होइ कितौहूँ खाइ।
निद्रा बस जो कबहूँ सोवै। मिलि सो अबिद्या सुधि-बुधि खोवै।
उनमत ज्यौं सुख-दुख नहिं जानै। जागैं वहै रीति पुनि ठानै।
संत दरस कबहूँ जौ होइ। जग-सुख मिथ्या जानै सोइ।
पै कुबुद्धि ठहरान न देइ। राजा कौं अंकम भरि लेइ।
राजा पुनि तब क्रीड़ा करै। छिन भरहू अंतर नहिं धरै।
जब अखेट पर इच्छा होइ। तब रथ साजि चलै पुनि सोइ।
जा बन की नृप इच्छा करै। ताही द्वार होइ निस्सरै।
चच्छ्वादिक इंद्री दर जानौ। रूपादिक सब बन सम मानौ।
मन मंत्री सो रथ हँकवैया। रथ तन, पुन्य-पाप दोउ पैया।
अस्व पाँच ज्ञानेंद्रिय पाँच। बिषय अखेटक नृप-मन राँच।
राजा मंत्री सौं हित मानै। ताकैं दुख दुख, सुख सुख जानै।
नरपति ब्रह्म-अंस, सुख रूप। मन मिलि पर्‌यौ दुःख कैं कूप।
ज्ञानी संगति उपजै ज्ञान। अज्ञानी सँग होइ अज्ञान।

मंत्री कहैं अखेट सो करै। बिषय-भोग जीवन संहरै।
निसि भएें रानी पैं फिरि आवै। सोवति सो तिहिं बात सुनावै।
आजु कहा उद्यम करि आए। कहै बृथा भ्रमि-भ्रमि स्त्रम पाए।
काल्हि जाइ अस उद्यम करौं। तेरे सब भंडारनि भरौं।
सब निसि याही भाँति बिहाइ। दिन भए बहुरि अखेटक जाइ।
तहाँ जीव नाना संहरै। बिषय-भोग तिनके हित करै।
विषय-भोग कबहूँ न अघाइ। यौंही नित-प्रति आवै जाइ।
इक दिन नृप निज मंदिर आयौ। रानी सौं अह-निसि मन लायौ।
ताके पुत्र-सुता बहु भए। बिषय-बासना नाना रए।
कान लागि केसनि कह्यौ जाई। जरा काल-कन्या पुर आई।
'कह्यौ प्रिया, अब कीजै सोइ ?' 'राजा, देखि, कहा धौं होइ।'
नगर-द्वार तिन सबै गिराए। लोगनि नृप कौं आनि सुनाए।
'कहौ प्रिया, अब कीजै सोइ ?' 'राजा, देखि, कहा धौं होइ।'
कान न सुनै, आँखि नहिं सूझै। कहै और, औरै कछु बूझै।
'कहौ प्रिया, अब कीजै सोइ ?' 'राजा, देखि, कहा धौं होइ।'
तृष्ना करि कियौ चाहै भोग। भोग न होइ, होइ तन रोग।
'कहौ प्रिया, अब कीजै सोइ ?' 'राजा, देखि, कहा धौं होइ।'
देह सिथिल भई, उठ्यौ न जाइ। मानौ दीन्यौ कोट गिराइ।
'कहौ प्रिया, अब कीजै सोइ ?' 'राजा, देखि, कहा धौं होइ।'
पुनि जुरि दौ दीनी पुर लाइ। जरन लगे पुर-लोग-लुगाइ।
'कहौ प्रिया, अब कीजै सोइ ?' 'राजा, देखि, कहा धौं होइ।'
मरन अवस्था कौं नृप जानै। तौ हू धरै न मन मैं ज्ञानै।
मम कुटुंब की कहा गति होइ। पुनि-पुनि मूरख सोचै सोइ !
काल तहीं तिहिं पकरि निकार्‌यौ। सखा प्रानपति तउ न सँभार्‌यौ।
रानी ही मैं मन रहि गयौ। मरि बिदर्भ की कन्या भयौ।
बहुरौ तिन सत-संगति पाई। कहौं सो कथा, सुनौ चित लाई।
मेघध्वज सौं भयौ बिवाह। बिष्नु-भक्ति कौ तिहिं उत्साह।
ता संगति नव सुत तिन आए। स्त्रवनादिक मिलि हरि-गुन गाए।
इहिं बिधि तिन निज आयु बिताई। पूर्व-पाप सब गए बिलाई।
मरन-अवस्था जब नियराई। ईस सखा कैं मन यह आई।
बहुत जन्म इहिं बहु भ्रम कीन्ह्यौ। पै इन मोकौं कबहुँ न चीन्ह्यौ।
तब दयालु ह्वै दरसन दीन्ह्यौ। कह्यौ, मूढ़ तैं मोहिं न चीन्ह्यौ।
बिषय-भोग ही मैं पगि रह्यौ। जान्यौ मोहिं और कहुँ गयौ।

मैं तौ निकट सदाही रहौं। तेरे सकल दुखनि कौ दहौं।
यह सुनि कै तिहिं उपज्यौ ज्ञान। पायौ पुनि तिहिं पद-निर्वान।
यह कहि नारद नृप सौं कही। तेरी हू तैसी गति भई।
मैं जो कह्यौ सो देखि बिचार। बिन हरि-भजन नाहिं निस्तार।
हरि की कृपा मनुष-तन पावै। मूरख बिषय-हेतु सो गँवावै।
तिन अंगनि कौ सुनौ बिवेक। खरचै लाख, मिलै नहिं एक।
नैन दरस देखन कौं दिए। मूढ़ देखि पर नारी जिए।
स्त्रवन कथा सुनिबे कौं दीन्हे। मूरख पर-निंदा-हित कीन्हे।
हाथ दए हरि-पूजा हेत। तिहिं कर मूरख पर-धन लेत।
पग दिए तीरथ जैबैं काज। तिन सौं चलि नित करै अकाज।
रसना हरि-सुमिरन कौं करी। तासौं पर-निंदा उच्चरी।
यह सुनि नृप कीन्हौ अनुमान। मैं सोइ नृपति न दूसर आन।
नारद जू तुम कियौ उपकार। बूड़त मोहिं उतार्यौ पार।
नृपति पाइ यह आतम-ज्ञान। राज छाँड़ि कै गयौ उद्यान।
यह लीला जो सुनै-सुनावै। सो हरि-कृपा ज्ञान कौं पावै।
सुक ज्यौं राजा कौं समुझायौ। 'सूरदास' त्यौंही कहि गायौ॥

हरि का स्मरण करो और हरि के चरण-कमलों को हृदय में धारण करो।

अब मैं पुरंजन की कथा कहने जा रहा हूँ। यह कथा तुम्हारे सारे संदेहों को जला देगी।

प्राचीनबर्हि नामक एक राजा हुआ है। उसने अपने सारे जीवन में यज्ञ ही यज्ञ किए। तब (वृद्धावस्था में) उसके मन में ग्लानि हुई। मैंने यज्ञों में बहुत से पशुओं को मारा है, उनके प्राण लिए हैं। मेरी हिंसा का यह दोष किस प्रकार मिटे। वह ऐसा ही सोच-विचार मन में किया करता था।

इसी बीच एक बार नारद जी वहाँ आए। उन्होंने राजा प्राचीनबर्हि से कहा—मैं अभी-अभी सुरपुर से चला आ रहा हूँ। मैंने रास्ते में एक अद्भुत चरित देखा है। यज्ञों में तुमने जिन-जिन पशुओं को मारा है, वे सब मार्ग में शस्त्र धारण किए खड़े हैं। वे तुम्हारा रास्ता देख रहे हैं। अब तुम अपने को बचाओ।

राजा प्राचीनबर्हि ने कहा—हाँ, मैंने ऐसा ही किया है। यज्ञ के निमित्त मैंने वध करके उनको बहुत दुख दिया है। यज्ञ तो किया ही, जिह्वा का भी पूरा स्वाद लिया। इस प्रकार मैंने अपना सारा काम बिगाड़ लिया है। अब मैं आपसे बिनती करता हूँ, आप मुझे कुछ ऐसी आज्ञा दें, जिसका पालन करके मेरा उद्धार हो जाय। आपकी जो आज्ञा होगी, मैं वही करूँगा।

नारद जी बोले—मैं एक राजा की कथा कह रहा हूँ। उस राजा ने जैसा किया था. वैसा ही तुम भी करो। तुम उस कथा को भलीभाँति सुनो और फिर उस पर मन में पूर्ण विचार करो।

उस राजा का परमात्मा नामक एक मित्र था। वह मित्र उस राजा का साथ छोड़कर एक भी क्षण के लिए अलग नहीं जाता था। वह राजा को खाना-पीना सभी पहुँचाता था। पर राजा उससे प्रेम नहीं करता था। राजा चौरासी लाख योनियों में भरम आया, तब इस पुर में उसने मनुष्य का शरीर पाया। पुर को देखकर उसने परम सुख पाया।

उसकी भेंट इस पुर में रानी से हुई। राजा ने पूछा—तू किसकी बेटी है। रानी ने कहा—मुझे स्मरण नहीं कि मैं किसकी बेटी हूँ। राजा ने पुनः पूछा—तुम्हारा नाम क्या है? रानी ने कहा—मुझे मेरा नाम नहीं आता।

शरीर ही वह पुर है, जीव ही पुरंजन नामक राजा है। कुमति उसकी रानी का नाम है। आँख, नाक, मुख, मूल-द्वार (पेट का प्रधान फाटक, गुदा, मल-द्वार), मूत्र और श्रवण ये कुल नौ द्वार इस शरीर रूपी पुरी में हैं। लिंग शरीर (सूक्ष्म शरीर) इस राजा का घर है। इंद्रिय रूपी दस दासियों से इसका प्रेम है, कारण-शरीर इसका शयन-स्थान है। वहाँ अविद्या रानी ही प्रधान है। काम-क्रोध-मद-लोभ-मोह ही इसके पाँच द्वारपाल हैं। वह जीव रूपी राजा के दरवाजे पर, दरबार में, सदा खड़े रहते हैं। संतोष आदि जीव राजा के पास फटकने नहीं पाते। जीव-राजा विषय भोगों से सदा हर्षित होते हैं। जीव-राजा जिस भी द्वार पर जाना चाहते हैं, अपनी रानी कुमति के साथ जा पहुँचते हैं। वहाँ-वहाँ के कौतुक देख-देखकर जीव-राजा मन में विशेष हर्षित होते हैं। इंद्री दासियाँ सदा सेवा-रत रहती हैं। पर राजा को तृप्ति नहीं मिलती और वह इन दासियों की सेवा का बहु-विस्तार करता रहता है। इन इंद्रियों का यही स्वभाव है कि ये कितना भी खायें, अघाती नहीं। जीव-राजा नींद के बस में जब कभी सोते हैं, तब अविद्या-रानी से मिलकर सुधि-बुधि खो देते हैं। वह उन्मत्त (पागल) के समान सुख-दुख का अनुभव नहीं कर पाता। जगने पर, फिर उसी पुरानी प्रणाली पर चल पड़ता है। यदि भूले-भटके साधु दर्शन हो गया, तो वह जगत के सुख को झूठा जानने लगता है। पर कुबुद्धि रानी इस ज्ञान को स्थायी रूप से ठहरने नहीं देती और जीव-राजा को अपने अंक में लिपटा लेती है। तब राजा पुनः रति क्रीड़ा में रत हो जाता है और दो रतियों के बीच क्षण भर का भी अंतराल नहीं पड़ने देता।

जब कभी शिकार खेलने की इच्छा होती है, तब वह रथ सजाकर, उस पर सवार होकर, निकल पड़ता है। राजा जिस वन में शिकार खेलने जाना चाहता है, उसी द्वार से निकल पड़ता है। आँख आदि इंद्रियों को द्वार समझो और रूप-सौंदर्य को वन के समान जानो। मन रूपी मंत्री इस रथ का हांकनेवाला सारथी है। यह शरीर ही रथ है। पुण्य और पाप ये दोनों इस शरीर रूपी रथ के पहिए हैं। पाँचों ज्ञानेन्द्रियाँ रथ के पाँच घोड़े हैं। विषय (काम-वासना) ही शिकार है, जिसमें राजा जीव का मन अनुरक्त बना रहता है। जीव-राजा मन मंत्री से स्नेह मानते हैं और मन-मंत्री के दुख को अपना दुख और उसके सुख को अपना सुख मानते हैं।

जीव राजा हैं तो ब्रह्म के अंश और सुख रूप हैं। पर ये मन रूपी मंत्री के हाथ में पड़कर दुख रूपी कुएँ में गिर पड़ते हैं। ज्ञानी के साथ ज्ञान उत्पन्न होता है, अज्ञानी के साथ अज्ञान। जीव-राजा मन-मंत्री के कहने पर शिकार को निकलते हैं और विषयानंद के लिए जीवों का संहार करते हैं।

रात होने पर जीव-राजा अपनी कुमति रानी के पास लौट आते हैं। सोती हुई कुबुद्धि रानी को जगाकर वह दिनभर की सारी बातें उससे कहते हैं। कुमति रानी पूछती है—आज कौन-कौन सा उद्यम कर आये। जीव-राजा कहते हैं—आज तो व्यर्थ ही घूमने-घामने का श्रम उठाता रहा। कल जाकर ऐसा उद्यम करूँगा कि तेरा भंडार पूर्ण रूप से भर जाय।

सारी रात इसी प्रकार बीत जाती है और सबेरा होने पर जीव-राजा फिर शिकार करने चले जाते हैं। वहाँ अनेक जीवों का संहार करते हैं और उनके लिए विषय-भोग से जीव राजा कभी तृप्त नहीं होते। इसी प्रकार तृष्णा के लिए वे प्रतिदिन निकला करते हैं।

एक दिन जीव-राजा अपने महल में आए। वे अपनी कुमति-रानी में रात-दिन मन लगाए रहे। उनके बहुत से पुत्र-पुत्री हुए। वे भी नाना प्रकार के विषय-वासनाओं में लीन होते गए।

एक दिन श्वेत केशों ने उनके कानों के पास आकर कहा—काल (मृत्यु) की कन्या जरा (वृद्धावस्था) इस तन-पुर में आ गई है। इस पर जीव-राजा ने कुमति पटरानी से कहा—इसे जो कुछ कहो, अब वैसा ही किया जाय। इस पर कुमति ने कहा—'हे राजा, देखो, अब क्या होता है।'

उस काल-कन्या जरा ने तन रूपी नगर के सब दरवाजे गिरा दिए। लोगों ने आकर जीव-राजा को सूचना दी। राजा ने पुनः कुमति से कहा—'प्रिये अब जैसा कहो, वैसा ही किया जाय।' इस पर कुमति ने फिर कहा—'हे राजा, देखो, अब क्या होता है।'

कान से सुनाई नहीं पड़ने लगा। आँखों से सुझाई नहीं देने लगा, मुँह से कहना चाहते हैं कुछ, निकलता है कुछ। जीव-राजा ने पुनः कुमति से कहा—'हे प्रिये, जैसा कहो, वैसा ही किया जाय।' कुमति रानी फिर बोली—'हे राजा, देखो, अब क्या होता है।'

राजा तृष्णा के बस होकर भोग करना चाहता है, पर असमर्थ शरीर से भोग तो क्या होगा, रोग हो गया। तब राजा ने पुनः कुमति रानी से कहा—'प्रिये, अब जैसा कहो, वैसा ही किया जाय।' कुमति रानी ने कहा—'हे राजा, देखो, अब क्या होता है।'

शरीर ढीला पड़ गया, अब उठा भी नहीं जाता। मानो किला ही ध्वस्त कर दिया गया। जीव-राजा ने कुमति रानी से कहा—'प्रिये, अब जैसा कहो, वैसा ही किया जाय।' कुमति रानी ने कहा, 'हे राजा, देखो अब क्या होता है।'

फिर एकत्र होकर लोगों ने शरीर रूपी नगर में आग लगा दी। उसमें तन-नगर के सारे लोग लुगाई जलने लगे। जीव-राजा ने कुमति रानी से कहा—'प्रिये, अब जैसा कहो, वैसा ही किया जाय।' कुमति रानी ने कहा—'हे राजा, देखो, अब क्या होता है।'

जीव-राजा मरण अवस्था को जानते हैं, फिर भी मन में ज्ञान नहीं लाते। मेरे मरने पर मेरे कुटुंब की क्या हालत होगी, मूर्ख जीव-राजा यही बार-बार सोचते रह जाते हैं। काल (मृत्यु) ने वहीं उन्हें पकड़कर तन-पुर से निकाल दिया। तब भी इस मूढ़ राजा ने अपने मित्र और प्रजापति को नहीं स्मरण किया। उसका मन तो कुमति रानी ही में सदा लिपटा रह गया और वह मरणोपरांत दूसरे जन्म में विदर्भ-नरेश की कन्या होकर जन्मा।

इस दूसरे जन्म में विदर्भ-राज की कन्या को सत्संगति मिली, अब इस कन्या की कहानी कह रहा हूँ। दत्त-चित्त होकर सुनो।

इस कन्या का विवाह मेघध्वज राजा से हुआ। मेघध्वज को विष्णु-भक्ति में परम उत्साह था। मेघध्वज की संगति से उस कन्या को नौ पुत्र हुए। उन नवों पुत्रों, श्रवण आदि ने मिलकर हरि का यश गाया, इस प्रकार उस विदर्भ पुत्री ने अपना सारा जीवन बिता दिया और उसके पूर्व-जन्म के सारे पाप नष्ट हो गए।

जब विदर्भ-पुत्री की मरण-बेला निकट आई, तब उसके मित्र ईश के मन में यह बात आई कि इसने अनेक जन्मों में बहुत भ्रमण किया, पर मुझे इसने कभी नहीं पहचाना। तब दया करके उन्होंने दर्शन दिया और कहा—मूर्खे, तूने मुझे कभी नहीं पहचाना। तू विषय-भोग में लीन रही। तूने समझ लिया था कि मैं तेरे पास से कहीं अन्यत्र चला गया हूँ। पर मैं सदा तेरे ही पास बना रहा था। अब मैं तेरे सभी दुखों को जला दूँगा।

यह सुनकर विदर्भ-राज की उस कन्या को ज्ञान हो गया और उसे मोक्ष प्राप्त हो गया।

यह कथा कहकर नारद ने राजा प्राचीनबर्हि से कहा—तुम्हारी भी वैसी गति (दशा) हो गई है। मैंने जो कुछ कहा है, उसे विचार करके देखो। बिना हरि-भजन के उद्धार नहीं हो सकता। हरि की कृपा से ही मानव-शरीर मिलता है। मूर्ख लोग विषयों में लीन होकर उस मानव-शरीर को व्यर्थ ही गँवा देता हैं। प्रभु ने जिन अंगों को तुम्हें दिया है, अब सुनो, उन्होंने इसे किसलिए दिया है। लाखों खर्च करने पर भी इन अंगों में से एक भी अंग नहीं मिलने वाला है। प्रभु ने ये नेत्र देखने के लिए दिए हैं, पर हम इनसे पर-नारी देखकर जीवित रहते हैं। प्रभु ने ये कान हरि-कथा सुनने के लिए दिए है, पर हम मूर्ख इनसे पर-निंदा सुनना पसंद करते हैं। प्रभु ने ये हाथ हरि-पूजा करने के लिए दिए हैं, पर हम इनका उपयोग दूसरे का धन छीन लेने में करते हैं। प्रभु ने ये पैर तीर्थ-यात्रा करने के लिए दिए हैं, पर हम इनसे चलकर तरह-तरह के कुकृत्य ही करते हैं। भगवान ने जीभ हरि-सुमिरन के लिए दी है, पर हम इससे दूसरे की निंदा ही करते हैं।

नारद का यह उपदेश सुनकर राजा प्राचीनबर्हि ने अनुमान किया कि मैं वही राजा हूँ, कोई दूसरा नहीं। उन्होंने कहा—हे नारद जी, आपने मेरा बड़ा उपकार किया है, मैं भवसागर में डूबा जा रहा था, आपने मुझे उसके किनारे ला दिया।

राजा प्राचीनबर्हि नारद से यह आत्मज्ञान पाकर, राज-पाट छोड़कर, उद्यान में चले गए।

इस लीला को जो सुनता है या जो सुनाता है, वह हरिकृपा से आत्म-ज्ञान पा लेता है।

शुकदेव ने राजा परीक्षित को जिस प्रकार समझाया था, सूरदास ने उसे ज्यों का त्यों गा सुनाया।

१८९/४०७ राग बिलावल

अपुनपौ आपुन ही मैं पायो।

सब्दहि सब्द भयौ उजियारौ, सतगुरु भेद बतायौ।
ज्यौं कुरंग-नाभी कस्तूरी, ढूँढ़त फिरत भुलायौ।
फिरि चितयौ जब चेतन ह्वै करि, अपनैं ही तन छायौ।
राज-कुमारि कंठ-मनि, भूषन, भ्रम भयौ कहूँ गँवायौ।

दियौ बताइ और सखियनि तब, तनु कौ ताप नसायौ।
सपने माहिं नारि कौं भ्रम भयौ, बालक कहूँ हिरायौ।
जागि लख्यौ, ज्यौं कौ त्यौं ही है, ना कहुँ गयौ, न आयौ।
'सूरदास' समुझे की यह गति, मनहीं मन मुसुकायौ।
कहि न जाइ या सुख की महिमा, ज्यौं गूँगैं गुर खायौ।

आत्म-तत्व को मैंने अपने ही भीतर पा लिया। सद्गुरु ने सब रहस्य बता दिया। उनके शब्दों से शब्द-ब्रह्म का प्रकाश मेरे भीतर हो गया।

हिरन अपनी नाभि में स्थित कस्तूरी को भूला रहता है और वन-वन उस सुगंध को ढूँढ़ता फिरता है, फिर जब चैतन्य होकर वह देखता है, तब पाता है कि कस्तूरी उसके ही भीतर है, बाहर नहीं।

राजकुमारी ने अपने गले के कंठा और मणि के हार को भ्रमवश समझा कि कहीं खो गया है। पर जब सखियों ने बता दिया कि ये आभूषण तो तुम्हारे गले ही में है, तब उसके तन की तपन दूर हुई।

नारी ने रात में देखा कि उसका पुत्र कहीं खो गया है। पर जब वह जागी तो उसने पाया कि उसका पुत्र तो ज्यों का त्यों है। यह न कहीं गया, न आया।

समझने पर सबकी यही गति हो जाती है। सभी मन ही मन मुसकुरा पड़ते हैं। इस सुख की महिमा कहते नहीं बनती। यह तो गूँगे की मिठाई है, मिठाई।

॥ चतुर्थ स्कंध समाप्त ॥

पंचम स्कंध

१९०/४०८ राग बिलावल

हरि हरि, हरि हरि, सुमिरन करौ। हरि-चरनारबिंद उर धरौ।
हरि-चरननि सुकदेव सिर नाइ। राजा सौं बोल्यौ या भाइ।
कहौं हरि-कथा, सुनौ चित लाइ। 'सूर' तरौ हरि के गुन गाइ॥

हरि का स्मरण करो। हरि के चरण कमलों को मन में धारण करो। हरि के चरणों में शुकदेव जी ने सिर झुकाया और राजा परीक्षित से यों कहा—मैं हरि कथा कह रहा हूँ। मन लगाकर सुनो और हरि के गुण गाकर भवसागर से पार हो जाओ।

ऋषदेव-अवतार *१९१/४०९ राग बिलावल*

ज्यौं भयौ रिषभदेव-अवतार। कहौं, सुनौ सो अब चित धार।
सुक बरन्यौ जैसैं परकार। सूर कहै ताही अनुसार।
ब्रह्मा स्वायंभुव मनु जायौ। तातैं जन्म प्रियब्रत पायौ।
प्रियब्रत कैं अग्नीध्र सु भयौ। नाभि जन्म ताही तैं लयौ।
नाभि नृपति सुत-हित जग कियौ। जज्ञ-पुरुष तब दरसन दियौ।
बिप्रनि अस्तुति बिविध सुनाई। पुनि कह्यौ सुनियै त्रिभुवनराई।
तुम सम पुत्र नाभि कैं होइ। कह्यौ, मो सम जग और न कोइ।
मैं हरता-करता संसार। मैं लैहौं नृप-गृह अवतार।
रिषभदेव तब जनमें आइ। राजा कै गृह बजी बधाइ।
बहुरौ रिषभ बड़े जब भए। नाभि राज दै बन कौं गए।
रिषभ-राज परजा सुख पायौ। जस ताकौ सब जग मैं छायौ।
इंद्र देखि, इरषा मन लायौ। करि कै क्रोध, न जल बरसायौ।
रिषभदेव तबहीं यह जानी। कह्यौ, इंद्र यह कहा मन आनी?
निज बल जोग नीर बरसायौ। प्रजा लोग अतिहीं सुख पायौ।
रिषभ राज सब मन उतसाह। कियौ जयंती सौं पुनि ब्याह।
तासौं सुत निन्यानबे भए। भरतादिक सब हरि-रँग रए।
तिनमैं नव नव-खंड-अधिकारी। नव जोगेस्वर ब्रह्म-बिचारी।
असी-इक कर्म बिप्र कौ लियौ। रिषभ ज्ञान सबही कौं दियौ।
दृश्यमान बिनास सब होइ। साच्छी ब्यापक, नसै न सोइ।
ताही सौं तुम चित्त लगावहु। ताकौं सेइ परम गति पावहु।
ज्ञानी-संगति उपजै ज्ञान। अज्ञानी सँग बढ़ै अज्ञान।

तातैं संत-संग नित करना। संत-संग सेवौ हरि-चरना।
बहुरौ भरतहिं दै करि राज। रिषभ ममत्व देह कौ त्याज।
उनमत की ज्यौं बिचरन लागे। असन-बसन की सुरतिहिं त्यागे।
कोउ खवावै तौ कछु खाहिं। नातरु बैठेही रहि जाहिं।
मूत्र पुरीष अंग लपटावै। गंध बास दस जोजन छावै।
अष्ट-सिद्धि बहुरौ तहँ आईं। रिषभदेव ते मुँह न लगाईं।
राजा रहत हुतौ तहँ एक। भयौ स्त्रावगी रिषभहिं देखि।
बेद धर्म तजि कै न अन्हावै। प्रजा सकल कौं यहै सिखावै।
अजहूँ स्त्रावग ऐसोहि करैं। ताही कौ मारग अनुसरैं।
अंतर क्रिया रहति नहिं जानैं। बाहर क्रिया देखि मन मानैं।
बरन्यौ रिषभदेव-अवतार। 'सूरदास' भागवतऽनुसार॥

जिस प्रकार ऋषभदेव का अवतार हुआ, अब मैं उसे कहता हूँ, मन लगाकर सुनो। शुकदेव ने परीक्षित से जिस प्रकार यह ऋषभ-कथा कही, सूरदास ने उसे उसी प्रकार कहा।

ब्रह्मा ने स्वायंभुव मनु को जन्म दिया। स्वायंभुव मनु के पुत्र हुए प्रियव्रत। प्रियव्रत के पुत्र अग्नीध्र हुए। अग्नीध्र से नाभि ने जन्म पाया। राजा नाभि ने पुत्र-प्राप्ति हेतु तप किया। तब यज्ञ-पुरुष ने उन्हें दर्शन दिया। विप्रों ने प्रभु की अनेक प्रकार से स्तुति की और कहा—हे त्रिभुवननाथ सुनिए। तुम्हारे समान ही पुत्र राजा नाभि को हो।

तब यज्ञ-पुरुष ने कहा—मेरे समान संसार में और कोई है नहीं। मैं ही इस संसार का स्रष्टा हूँ और मैं ही इसका संहार करनेवाला हूँ। मैं स्वयं राजा नाभि के घर में अवतार लूँगा।

तब नाभि के यहाँ ऋषभदेव ने आकर जन्म लिया और राजा के घर आनंद बधाई बजने लगी। जब ऋषभदेव बड़े हुए, तब राजा नाभि तप हेतु वन में चले गए।

ऋषभदेव के राज में प्रजा ने सुख पाया। उनका यश सारे संसार में छा गया। उनके इस यश को देखकर इंद्र के मन में ईर्ष्या उत्पन्न हो गई और क्रोध करके उन्होंने पानी नहीं बरसाया। ऋषभदेव ने इंद्र की इस ईर्ष्या और क्रोध को जान लिया और कहा—'भला इंद्र ने अपने मन में यह कैसा कुभाव ठान लिया'। तब ऋषभदेव ने अपने योग-बल से जल बरसाया और इस वर्षा से प्रजा ने अत्यंत सुख पाया और उनके राज में सब के मन मे उत्साह छा गया। कालांतर में ऋषभदेव ने जयंती से विवाह किया। जयंती से ऋषभदेव को निन्यानबे पुत्र हुए। भरत आदि सभी पुत्र हरि के रंग में रँगे थे, हरि-भक्त थे। इनमें से नव पुत्र तो पृथ्वी के नव खंडों के अधिकारी हुए। नव ब्रह्म का विचार करनेवाले परम योगी हुए। इक्यासी ने ब्राह्मण कर्म स्वीकार कर लिया।

ऋषभदेव ने सभी को यह ज्ञान दिया—जो कुछ दिखाई देता है, सभी नष्ट हो जाता है। इन सबका साक्षी एक सर्व-व्यापक ब्रह्म ही है, वही नष्ट नहीं होता। तुम लोग उसी अविनाशी ब्रह्म में अपना मन लगाओ। उसकी सेवा करके परमगति मोक्ष प्राप्त करो। ज्ञानी का साथ करने पर ज्ञान होता है। अज्ञानी का साथ करने पर अज्ञान ही बढ़ता है। इसलिए सदा संतों की संगति करना और संतों के साथ रहकर भगवान के चरणों की सेवा करना।

फिर ऋषभदेव ने बड़े पुत्र भरत को अपना राज-पाट सौंप दिया और इस शरीर क
ममता छोड़ दी। वे उन्मत्त की भाँति मही पर विचरण करने लगे और भोजन-वस्त्र तक क
सुधि बिसार दी। किसी ने कुछ खिला दिया, तो खा लिया, नहीं तो यों ही बैठे रह ग
उनको अपने शरीर की सुधि-बुधि नहीं रह गई। उनके अंगों से दुर्गंध मल-मूत्र लिप
रहने लगा। इसकी गंध दस-दस योजन दूर तक छा जाने लगी। तब अष्ट सिद्धियाँ उन
पास आईं, परंतु ऋषभदेव ने उन्हें मुँह न लगाया, उनमें आसक्त नहीं हुए।

वहाँ एक राजा रहता था। ऋषभदेव को देखकर वह श्रावक (जैन) हो गया। उस
वैदिक धर्म छोड़ दिया। वह जीव-हिंसा-भय से कभी नहीं नहाता था। वह अपनी सम
प्रजा को भी यही श्रावक धर्म सिखाता रहता था। आज भी जैन श्रावक ऐसा ही करते
और उनके मार्ग का अनुसरण करते हैं। वे आंतरिक क्रिया नहीं जानते। बहिःक्रिया
देखकर उसी में मन लगाते हैं।

सूरदास ने भागवत के अनुसार ऋषभदेव के अवतार का यह वर्णन किया है।

१९२/४१० राग बिला

जड़भरत-कथा

हरि हरि, हरि हरि, सुमिरन करौ। हरि-चरनारबिंद उर धरौ
रिषभदेव जब बन कौं गए। नव सुत नवौ खंड-नृप भए
भरत सो भरत-खंड कौ राव। करै सदाही धर्मऽरु न्याव
पालै प्रजा सुतनि की नाईं। पुरजन बसैं सदा सुख पाई
भरतहु दै पुत्रनि कौ राज। गए बन कौं तजि राज-समाज
तहाँ करी नृप हरि की सेव। भए प्रसन्न देवनि के देव
एक दिवस गंडकि-तट जाइ। करन लगे सुमिरन चित लाइ
गर्भवती हिरनी तहँ आई। पानी सो पीवन नहिं पाई
सुनि कै सिंह भयान अवाज। मारि फलाँग चली सो भाज
कूदत ताकौ तन छुटि गयौ। ताकै छौना सुंदर भयौ
भरत दया ता ऊपर आई। ल्याए आस्त्रम ताहि लिवाई
पोषैं ताहि पुत्र की नाईं। खाहिं आप तब, ताहि खवाई
सोवैं तब, जब वाहि सुवावैं। तासौं क्रीड़त बहु सुख पावैं
सुमिरन भजन बिसरि सब गयौ। इक दिन मृगछौना कहुँ गयौ
भरत मोह-बस ताकैं भयौ। सब दिन बिरह-अगिनि अति तयौ
संध्या समय निकट नहिं आयौ। ताके ढूँढ़न कौं उठि धायौ
पग कौ चिन्ह पृथी पर देख। कह्यौ, पृथी धनि जहँ पग-रेख
बहुरौ देख्यौ ससि की ओर। तामैं देखि स्यामता-कोर
कहन लग्यौ, मम सुत ससि-गोद। ता सेती ससि करत बिनोद
ढूँढ़त-ढूँढ़त बहु स्त्रम पायौ। पै मृगछौना नहिं दरसायौ
मृग कौ ध्यान हृदय रहि गयौ। भरत देह तजि कै मृग भयौ
पूरब जनम ताहि सुधि रही। आप-आप सौं तब यौं कही

मैं मृगछौना मैं चित दयौ। तातैं मैं मृगछौना भयौ।
अब काहू सौं संग न करौं। हरि-चरनारबिंद उर धरौं।
संग मृगनिहू कौ नहिं करै। हरी घासहू सो नहिं चरै।
सूखे पात और तृन खाइ। या बिधि डारयौ जनम बिताइ।
मृग-तन तजि, ब्राह्मन-तन पायौ। पूर्व-जन्म-सुमिरन तहँ आयौ।
मन मैं यहै बात ठहराई। होइ असंग भजौं जदुराई।
पिता पढ़ावै सो नहिं पढ़ै। मन मैं राम-नाम नित रढ़ै।
पिता सो तासु काल-बस भयौ। भ्रातनि हूँ स्त्रम बहु बिधि ठयौ।
पै सो हरि-हरि सुमिरत रहै। और कछू बिद्या नहिं गहै।
जड़-स्वरूप सौं जहँ-तहँ फिरै। असन-बसन की सुधि नहिं धरै।
जैसौ देहिं सो तैसो खाइ। नाहिं तौ भूखौ ही रहि जाइ।
कृषि-रच्छक भाइनि तब कीन्हौ। उन तहँ हरि-चरननि-चित दीन्हौ।
तहँहीं अन्न देहिं पहुँचाइ। जौ न देहिं भूखौ रहि जाइ।
भील-राव निज लोगनि कह्यौ। मैं काली सौं यह प्रन गह्यौ।
तुव प्रसाद मम गृह सुत होइ। नर बलि देहुँ, भयौ बर सोइ।
तुम काहूँ धन दै लै आवहु। मेरे मन की आस पुजावहु।
ते खोजत-खोजत तहँ आए। जहँ जड़भरत कृषी मैं छाए।
देख्यौ भरत तरुन अति सुंदर। थूल सरीर, रहित सब दुंदर।
निज नृप पास बाँधि लै आए। नृप तिहिं देखि बहुत सुख पाए।
बिप्रनि कह्यौ याहि अन्हवावहु। याकैं अंग सुगंध लगावहु।
देवी-मंदिर तिहिं लै गए। खड्ग राव के कर मैं दए।
जब राजा तिहिं मारन लग्यौ। देवी काली-मन डगमग्यौ।
हरि-जन मारैं हत्या होइ। ज्यौं नहिं मरै, करौं अब सोइ।
देवी निकसि राव कौं मारयौं। भरत-साथ यह बचन उचारयौ।
जानैं बिना चूक यह भई। मैं उनसौं ऐसी नहिं कही।
बिप्रनि बेद-धर्म नहिं जान्यौ। तातैं उन ऐसौ बलि ठान्यौ।
यह सुनि ह्वाँ तैं भरत सिधायौ। राजा सौं सुक कहि समुझायौ।
नहीं त्रिलोकी ऐसौ कोइ। भक्तनि कौं दुख दै सकै जोइ।
ज्यों सुक नृप सौं कहि समुझायौ। 'सूरदास' त्यौं ही कहि गायौ॥

हरि का स्मरण करो और हरि के चरण-कमलों को हृदय में धारण करो।

ऋषभदेव जब वन को चले गए, तब उनके नव पुत्र तो पृथ्वी के नवखंडों के राजा हुए। भरत भरत-खंड के राजा हुए। भरत सदा धर्म और न्याय करते थे। वे अपनी प्रजा का पालन पुत्रों के समान करते थे। उनके राज्य में, पुर में, लोग सदैव सुख पाते हुए निवास करते थे।

भरत भी अपने पुत्रों को राज्य देकर, सारा राज-पाट छोड़कर, वन में चले गए। वन में भरत ने भगवान की सेवा की। देवताओं के देवता भगवान उनपर प्रसन्न हो गए। एक दिन भरत गंडकी नदी के किनारे जाकर मन लगाकर प्रभु का स्मरण करने लगे। वहाँ एक गाभिन हिरनी आ गई। पानी पीने भी नहीं पाई थी कि सिंह की भयानक आवाज सुनाई पड़ी। हिरनी फलाँग मारकर वहाँ से भाग चली। कूदने-फाँदने में वह गिरकर मर गई। उसका शरीर छूट गया। पर उसे एक सुंदर मृग-शावक हो गया। भरत को उस मृग-छौने पर दया आ गई। वे उसे अपने आश्रम में उठा लाए। वे उस हरिणौटे का पालन-पोषण पुत्रवत करने लगे। वे पहले उसे खिला-पिला लेते थे, तब आप खाते-पीते थे। उसे सुला लेने के बाद ही सोते थे। उसके साथ खेलने में उन्हें बहुत सुख मिलता था। यहाँ तक कि वे भगवान का सुमिरन और भजन भी भूल गए।

एक दिन वह मृग-छौना कहीं चला गया। भरत को उसका बहुत मोह हुआ। वे सारे दिन उसके विरह की आग में जलते रहे। संध्या हो गई, पर वह हिरन का बच्चा वापस नहीं आया। तब भरत उसे ढूँढ़ने के लिए उठ दौड़े। उन्होंने उस हरिणौटे के चरण-चिह्न पृथ्वी पर पड़े देखे और कहा—यह पृथ्वी धन्य है, जहाँ इस मृग-शावक के पद चिह्न अंकित हो गए हैं। तब तक भरत की दृष्टि में चंद्रमा आ गया। उन्होंने उसमें मृग-लांछन की कालिमा देखी। तब वे कहने लगे—मेरा बेटा चंद्रमा की गोद में है। चंद्रमा मेरे बच्चे से खेल रहा है।

ढूँढ़ते-ढूँढ़ते भरत बहुत थक गए, पर उन्हें वह मृग-छौना नहीं ही मिला। मृग का ध्यान उनके मन में बना रह गया और भरत ने शरीर छोड़ दिया।

मरणोपरांत भरत स्वयं मृग रूप में जन्मे। उनको अपने पूर्व जन्म की स्मृति बनी रही। उन्होंने तब मन ही मन कहा—मैंने मृग-छौने में मन लगाया, इसीलिए अब मैं मृगछौना हो गया हूँ। अब मैं किसी का संग न करूँगा। केवल भगवान के चरण-कमलों का ध्यान करूँगा।

अब वह मृग मृगियों का भी साथ नहीं करता था। हरी घास भी नहीं चरता था। वह सूखे पत्ते और सूखी घास ही खाने लगा। इस प्रकार उसने अपना सारा मृग-जीवन बिता दिया।

मृग का शरीर छोड़कर तीसरे जन्म में वह ब्राह्मण हुआ। अब भी उसे अपने पहले जन्मों की बातें याद थीं। तब उस ब्राह्मण कुमार ने मन में दृढ़ निश्चय कर लिया—अब मैं निर्लिप्त होकर अकेले ही यदुनाथ का भजन करूँगा। पिता जो कुछ पढ़ाते थे, वह नहीं पढ़ता था। मन में बराबर राम-राम रटा करता था। उसके पिता समय पाकर दिवंगत हो गए। तब उसके भाइयों ने भी उसको सुधारने में बड़ा श्रम किया। परंतु वह 'हरि हरि' सुमिरता ही रह गया और कोई विद्या नहीं पढ़ी। वह जड़वत जहाँ-तहाँ फिरता रहा। धोती-कपड़े और खाने-पीने तक की सुधि उसे नहीं रह गई। भाई लोग जो दे देते, वह खा लेता। न देते, तो वह भूखा ही रह जाता, माँगता नहीं।

तब उसके भाइयों ने उसे खेती की रखवाली पर लगा दिया। खेतों की रखवाली करते हुए वह वहाँ हरि-भजन में मन लगाए रहा। भाई लोग खेत पर ही उसे खाना पहुँचा देते रहे। न पहुँचा पाने पर, वह भूखा ही रह जाता था।

भीलों के राजा ने अपने अनुचरों से कहा—मैंने कालीजी से यह प्रण किया है कि यदि तुम्हारी कृपा से मुझे पुत्र हो जायगा, तो मैं तुम्हें नर-बलि दूँगा। काली देवी ने मुझे वर दिया और मेरे घर पुत्र-जन्म हो गया। अब किसी को धन देकर तुम लोग कोई मनुष्य ले आओ और मेरे मन की आशा पूरी करो।

भीलराजा के अनुचर खोजते-खोजते वहाँ आए, जहाँ जड़भरत खेती की रखवाली कर रहे थे। उन्होंने देखा कि भरत जवान हैं, सुंदर हैं, मोटे ताजे हैं, दुंद-रहित है। वे उनको बांधकर अपने राजा के पास ले गए। राजा ने भरत को देखकर बड़ा सुख माना।

भीलराज ने ब्राह्मणों से कहा—इसे स्नान करा दो। इसके शरीर में सुगंधित पदार्थ लगा दो।

(ब्राह्मणों ने वैसा ही किया)। तब वे लोग भरत को काली देवी के मंदिर में ले गए। और बलि देने के लिए राजा के हाथ में तलवार थमा दी। जब राजा ने भरत की बलि देने के लिए तलवार उठाई, तब देवी का मन विचलित हो गया। उन्होंने मन में कहा—भगवान के भक्त के मारे जाने से हत्या लगेगी। अब मैं वही करूँ, जिससे इसकी बलि न हो सके। देवी प्रकट हो गईं और उन्होंने भीलराज को ही मार डाला और भरत से यह कहा—अनजाने में मुझसे भूल हो गई है। मैंने यह कदापि नहीं कहा था कि किसी हरि-भक्त को पकड़ लाकर मेरे निमित्त उसकी बलि दे दो। ब्राह्मणों को वेद-धर्म का मर्म नहीं मालूम। इसीलिए उन्होंने ऐसी बलि देने का निश्चय किया।

देवी की यह बात सुनकर भरत वहाँ से चले गए।

राजा परीक्षित को शुकदेव जी ने यह समझाया। तीनों लोकों में ऐसा कोई नहीं है, जो भगवान के भक्तों को दुख दे सके।

शुकदेव ने राजा परीक्षित को जिस तरह समझाया, सूरदास ने उसी तरह गाकर यह वृत्त कहा।

जड़भरत-रहूगण-संवाद *१९३/४११ राग बिलावल*

हरि हरि, हरि हरि, सुमिरन करौ। हरि-चरनारबिंद उर धरौ।
नृपति रहूगन कैं मन आई। सुनियै ज्ञान कपिल सौं जाई।
चढ़ि सुख-आसन नृपति सिधायौ। तहाँ कहार एक दुख पायौ।
भरत पंथ पर देख्यौ खरौ। वाकैं बदले ताकौं धरौ।
तिहिं सौ भरत कछू नहिं कह्यौ। सुख-आसन काँधे पर गह्यौ।
भरत चलै पथ जीव निहार। चलै नहीं ज्यौं चलैं कहार।
नृपति कह्यौ मारग सम आह। चलत न क्यौं तुम सूधैं राह।
कह्यौ कहारनि, हमैं न खोरि। नयौ कहार चलत पग झोरि।
कह्यौ नृपति, मोटौ तू आहि। बहुत पंथहू आयौ नाहिं।
तू जो टेढ़ौ-टेढ़ौ चलत। मरिबे कौं नहिं हिय भय धरत।
ऐसी भाँति नृपति बहु भाषी। सुनि जड़ भरत हृदय महँ राखी।
मन-मन लाग्यौ करन बिचार। हर्ष-सोक तनु कौ ब्यवहार।

जैसौ करै सो तैसौ लहै। सदा आतमा न्यारौ रहै।
नृप कह्यौ, मैं उत्तर नहिं पायौ। मेरौ कह्यौ न मन मैं ल्यायौ।
नृप-दिसि देखि भरत मुसुकाइ। बहुरौ या बिधि कह्यौ समुझाइ।
तुम कह्यौ, तैं है बहुत मोटायौ। अरु बहु मारग हू नहिं आयौ।
टेढ़ो-टेढ़ो तू क्यौं जात। सुनौ नृपति मोसौं यह बात।
जिव करि कर्म, जन्म बहु पावै। फिरत-फिरत बहुतै स्त्रम आवै।
अरु अजहूँ न कर्म परिहरे। जातैं याकौ फिरिबै टरै।
तन स्थूल अरु दूबर होइ। परमातम कौं ये नहिं दोइ।
तनु मिथ्या, छन-भंगुर जानौ। चेतन जीव, सदा थिर मानौ।
जिय कौं सुख-दुख तन सँग होइ। जौ बिचरै तन कैं सँग सोइ।
देहऽभिमानी जीवहिं जानै। ज्ञानी तन अलिप्त करि मानै।
तुम कह्यौ मरिबे की तोहिं चाह। सब काहू कौं है यह राह।
कहा जानि तुम मोसौं कह्यौ? यह सुनि, रिषि-स्वरूप नृप लह्यौ।
तजि सुखपाल रह्यौ गहि पाइ। मैं जान्यौ, तुम हौ रिषिराइ।
भृगु, कै दुर्बासा तुम होहु। कपिल, कै दत्त, कहौ तुम मोहु।
कबहूँ सुर, कबहूँ नर होइ। कबहूँ राव रंक जिय सोइ।
जीव कर्म करि बहु तन पावै। अज्ञानी तिहिं देखि भुलावै।
ज्ञानी सदा एक रस जानै। तन कैं भेद, भेद नहिं मानै।
आत्म, अजन्म सदा अबिनासी। ताकौं देह-मोह बड़ फाँसी।
रिषभ-सुपुत्र, भरत मम नाम। राज छाँड़ि, लियौ बन-बिस्राम।
तहँ मृगछौना सौं हित भयौ। नर-तन तजि कै मृग-तन लयौ।
अब मैं जन्म बिप्र कौ पायौ। सब तजि, हरि-चरननि चित लायौ।
तातैं ज्ञानी मोह न करै। तन-कुटुंब सौं हित परिहरै।
जब लगि भजै न चरन मुरारि। तब लगि होइ न भव-जल पार।
भव-जल मैं नर बहु दुख लहै। पै बैराग-नाव नहिं गहै।
सुत कलत्र दुर्बचन जो भाषै। तिन्हैं मोह-बस मन नहिं राखै।
जो वै बचन और कोउ कहै। तिनकौं सुनि कै सहि नहिं रहै।
पुत्र अन्याइ करै बहुतैरै। पिता एक अवगुन नहिं हेरै।
और जो एक करै अन्याइ। तिहिं बहु अवगुन देइ लगाइ।
इक मन अरु ज्ञानेंद्री पाँच। नर कौं सदा नचावैं नाच।
ज्यौं मग चलत चोर धन हरैं। त्यों ये सुकृत-धनहिं परिहरैं।
तस्कर ज्यौं सुक्रित-धन लेहिं। अरु-हरि-भजन करन नहिं देहिं।
ज्ञानी इनकौ संग न करै। तस्कर जानि दूरि परिहरै।
नृप यह सुनि भरतहिं सिर नाइ। बहुरि कह्यौ या भाँति सुनाइ।

नर सरीर सुर ऊपर आहि। लहै ज्ञान, कहियै कहा ताहि ?
तातैं तुमकौं करत दँडौत। अरु सब नरहूँ कौ परिनौत।
सुक कह्यौ, सुनि यह नृपति सुजान। लह्यौ ज्ञान तजि देहऽभिमान।
जो यह लीला सुनै-सुनावै। सोऊ ज्ञान भक्ति कौं पावै।
सुकदेव ज्यौं दियौ नृपहिं सुनाइ। 'सूरदास' कह्यौ ताही भाइ॥

हरि का सुमिरन करो और हरि के चरण-कमलों को हृदय में धारण करो।

राजा रहूगण ने सोचा, जाकर कपिल मुनि से ज्ञान सुना जाय। वे सुखासन (पालकी) पर चढ़कर कपिल मुनि से मिलने चल पड़े। मार्ग में पालकी का एक कहार माँदा पड़ गया—बीमार हो गया। राजा रहूगण ने मार्ग में भरत को खड़ा देखा। अपने रोगी कहार के बदले में उन्होंने भरत को पकड़ लिया। भरत ने राजा रहूगण से कुछ नहीं कहा। उन्होंने अपने कंधे पर राजा की पालकी रख ली। भरत रास्ते में पड़नेवाले कीड़े-मकोड़े आदि जीवों को पैरों के नीचे कुचल जाने से बचाते हुए चल रहे थे। वे अन्य कहारों के समान नहीं चल रहे थे।

राजा रहूगण ने कहा—रास्ता तो समतल है, ऊबड़-खाबड़ नहीं है, फिर भी तुम लोग सीधी राह क्यों नहीं चलते?

तब कहारों ने कहा—इसमें हमारा दोष नहीं है। यह नया कहार पैरों को डगमगाता हुआ चल रहा है।

इस पर राजा रहूगण ने नए कहार (भरत) से कहा—तू तो मोटा ताजा है। अभी बहुत रास्ता आया भी नहीं है कि थक गया है । तू जो टेढ़ा-मेढ़ा चल रहा है, क्या तू मरने से भी नहीं डरता।

ऐसी बातें राजा रहूगण ने कही। भरत ने उन्हें सुन लिया और हृदय में रख लिया। वे मन ही मन विचार करने लगे—'हर्ष और शोक तो शरीर का व्यवहार है। जो जैसा करता है, वैसा पाता है। आत्मा उस सुख दुख से परे रहता है।' उन्होंने कुछ उत्तर नहीं दिया।

तब राजा रहूगण ने कहा—मुझे तुमसे कोई उत्तर नहीं मिला। तुमने मेरे कहने पर ध्यान ही नहीं दिया?

तब भरत ने पहले तो राजा की ओर मुसकरा कर देखा, फिर इस प्रकार समझाकर वे बोले—आपने कहा, मैं बहुत मोटा ताजा हूँ और अभी बहुत रास्ता भी तै नहीं किया है, फिर मैं टेढ़ा-मेढ़ा क्यों चल रहा हूँ। हे राजा, मुझसे यह बात सुनें। जीव बहुत से कर्म करता है। अपने इन्हीं कर्मों के कारण वह बहुत से जन्म भी पाता है। भिन्न-भिन्न योनियों में भटकते हुए वह बहुत श्रम पाता है और थक भी जाता है। फिर भी वह इन कर्मों को नहीं छोड़ पाता, जिससे आवागमन से मुक्त हो जाय। तन मोटा और दुबला होता है, पर आत्मा न तो मोटा होता है, न पतला ही। शरीर नश्वर है, क्षण भर में नष्ट हो जाने वाला है। इस शरीर में जो चेतन जीव रहता है, वह सदैव स्थिर रहता है, वह अविनश्वर है। जीव को तन के साथ सुख दुख होता है, यह जीव तन के साथ-साथ घूमता-फिरता रहता है। अज्ञानी जीव को देह का अभिमानी समझता है। पर ज्ञानी जानता है कि जीव शरीर से अलिप्त है। आपने मुझसे कहा कि तू मरना चाहता है। पर मृत्यु का यह मार्ग सबके लिए

है। जो आया है, सो जायगा ही। आपने क्या समझकर मुझसे यह बात कही।

भरत की ये बातें सुनकर राजा रहूगण ने जान लिया कि यह नया कहार अवश्य ही कोई ऋषि है। ऐसा समझकर राजा पालकी से उतर पड़ा और उसने भरत के पाँव पकड़ लिए। और कहा—मैं जान गया कि आप कोई ऋषि हैं। आप भृगु हैं कि दुर्वासा हैं? कपिल हैं कि दत्तात्रेय? आप मुझे बतलाइए।

भरत ने कहा—यह जीव कभी देवता हो जाता है, कभी मनुष्य हो जाता है। वही जीव कभी राजा हो जाता है, कभी रंक हो जाता है। जीव बहुत से कर्म करता है और बहुत से तन पाता है। अज्ञानी उसे देखकर भ्रम में पड़ जाता है। ज्ञानी उस जीव को सदा एक सा समझता है। शरीर भेद से जीव-भेद यह नहीं मानता। आत्मा अजन्मा है, अविनाशी है। उसके लिए देह का मोह बहुत बड़ा-फंदा है। मैं ऋषभ का पुत्र हूँ। मेरा नाम भरत है। मैंने राज्य छोड़ दिया है और वन में विश्राम करने लगा। वन में रहते समय हिरन के एक छौने से मेरा प्रेम हो गया। फलतः मैं मरने पर हिरन हो गया। उस हिरन के भी मर जाने पर मैंने अब ब्राह्मण का चोला पाया है और सब कुछ छोड़-छाड़कर भगवान के चरणों में लीन हूँ। इसलिए ज्ञानी लोग मोह में नहीं पड़ते। वे अपने शरीर और अपने परिवार से भी प्रेम का बंधन परित्याग कर देते हैं। जब तक जीव मुरारि भगवान के चरण-कमलों को नहीं भजता, तब तक वह संसार रूपी समुद्र से पार नहीं जा पाता। वह बार-बार जन्मता मरता रहता है। इस भव-सागर में मनुष्य भारी कष्ट उठाता है। फिर भी वैराग्य रूपी नौका पर नहीं चढ़ता। पुत्र और पत्नी प्रायः कटु वचन कहते रहते हैं। उनके मोह में पड़ा हुआ नर इन दुर्वचनों पर ध्यान भी नहीं देता, यदि वे ही दुर्वचन किसी और ने कहे होते, तो वह उन्हें कभी सह नहीं सकता था। पुत्र अनेक प्रकार के अन्याय करता है, पर पिता उसके अवगुणों पर ध्यान भी नहीं देता। एक मन और पाँच ज्ञानेन्द्रियाँ मनुष्य को सदा नाच नचाती रहती हैं। जैसे राह चलते डाकू सब धन लूट लेते हैं, वैसे ही मन और ज्ञानेन्द्रियाँ हमारे पुण्य रूपी धन को छीन लेती है। ये डाकू के सदृश पुण्य धन ले लेती हैं और हरि का भजन नहीं करने देतीं। ज्ञानी इनका साथ नहीं करते। इन्हें दस्यु समझकर इनको दूर ही छोंड़ देते हैं, पास नहीं फटकने देते।

राजा रहूगण ने यह सुनकर भरत को सिर नवाया। और फिर सुनाकर यह कहा—नर शरीर तो सुर-शरीर से भी बढ़कर है। यह नर-शरीर ही आत्म-ज्ञान, ब्रह्मज्ञान का अवसर प्रदान करता है। अतः इस नर शरीर की कितनी प्रशंसा की जाय। अतः मैं आपको प्रणाम करता हूँ और अन्य सभी मनुष्यों को भी नमस्कार करता हूँ।

शुकदेव ने कहा—हे चतुर राजा परीक्षित सुनो। राजा रहूगण ने इस प्रकार देह का अभिमान छोड़कर आत्मज्ञान प्राप्त किया। जो इस लीला को सुनता है, सुनाता है, वह आत्मज्ञान और प्रभु भक्ति पाता है।

शुकदेव जी ने जिस प्रकार राजा परीक्षित को कथा सुनाई, सूरदास ने वैसे ही कहा।

॥ पंचम स्कंध समाप्त ॥

षष्ठ स्कंध

१९४/४१२ राग बिलावल

हरि हरि, हरि हरि, सुमिरन करौ। हरि-चरनारबिंद उर धरौ।
हरि-चरननि सुकदेव सिर नाइ। राजा सौं बोल्यौ या भाइ।
कहौं हरि-कथा, सुनौ चित लाइ। 'सूर' तरौ हरि के गुन गाइ॥

हरि का स्मरण करो और आधे पल के लिए भी उन्हें न बिसराओ। शुकदेव जी ने हरि के चरणों में सिर झुकाया और राजा परीक्षित से इस प्रकार कहा। मैं हरि-कथा कहता हूँ। चित्त लगाकर सुनो और हरि का गुन गाकर भवसागर के पार उतर जाओ।

परीक्षित-प्रश्न *१९५/४१३ राग बिलावल*

सुक सौं कह्यौ परीच्छित राइ। •भरत गयौ बन, राज ब्रिहाइ।
तहाँ जाइ मृग सौं चित लायौ। तातैं मरि फिरि मृग-तन पायौ।
जिनकौं पाप करत दिन जाइ। ते तौ परैं नरक मैं धाइ।
सो छूटैं किहिं बिधि रिषिराइ। 'सूर' कहौ मोसौं समुझाइ॥

शुकदेव जी से राजा परीक्षित जी ने कहा—भरत राज-पाट छोड़कर वन में चले गए। वहाँ जाकर हिरनी के बच्चे में उनका मन लग गया। इसलिए वे दूसरे जन्म में हरिन होकर जनमें। जिनका जीवन पाप करने में बीतता है, वे तो दौड़कर स्वयं नरक में जाते हैं। ऋषिराज, वे किस प्रकार छूट जाते हैं। मुझसे यह समझाकर कहिए।

श्रीशुक-उत्तर *१९६/४१४ राग बिलावल*

सुकदेव कह्यौ, सुनौ हो राउ। पतित-उधारन है हरि-नाउ।
अंतकाल हरि हरि जिन कह्यौ। ततकालहिं तिन हरि-पद लह्यौ।
तिन मैं कहौं एक की कथा। नारायन कहि उधर्‌यौ जथा।
ताहि सुनै जो कोउ चित लाइ। 'सूर' तरै सोऊ गुन गाइ॥

शुकदेव जी ने कहा, हे राजा सुनो। भगवान का नाम पापियों का उद्धार करने वाला है। मरते समय जिसने भी 'हरि हरि' कह दिया, वह तुरंत हरि-पद को प्राप्त हो जाता है। ऐसे तर जाने वाले पापियों में से एक की कथा कह रहा हूँ, जो अंत समय में 'नारायण' कह देने मात्र से उद्धार पा गया। इस कथा को जो भी चित्त लगाकर सुनता है, वह भी भगवान का गुण गाकर तर जाता है।

अजामिलोद्धार *१९७/४१५ राग बिलावल*

हरि हरि, हरि हरि, सुमिरन करौ। हरि-चरनारबिंद उर धरौ।
हरि हरि कहत अजामिल तर्‌यौ। जाकौ जस सब जग बिस्तर्‌यौ।

कहौं सो कथा, सुनौ चित लाइ। कहै-सुनै सो नर तरि जाइ।
अजामिल बिप्र कनौज-निवासी। सो भयौ बृषली कैं गृह बासी।
जाति-पाँति तिन सब बिसराई। भच्छ-अभच्छ सबै सो खाई।
ता भीलिनि कैं दस सुत भए। पहिले पुत्र भूलि तिहिं गए।
लघुसुत-नाम नरायन धर्‍यौ। तासौं हेत अधिक तिन कर्‍यौ।
काल-अवधि जब पहुँची आइ। तब जम दीन्हे दूत पठाइ।
नारायन सुत-नाम उचार्‍यौ। जम-दूतनि हरि-गननि निवार्‍यौ।
दूतनि कह्यौ बड़ौ यह पापी। इन तौ पाप किए हैं धापी।
बिप्र जन्म इन जूवैं हार्‍यौ। काहे तैं तुम हमैं निवार्‍यौ।
गननि कह्यौ, इन नाम उचार्‍यौ। नाम-महातम तुम न बिचार्‍यौ।
जान-अजान नाम जो लेइ। हरि बैकुंठ-बास तिहिं देइ।
बिन जानैं कोउ औषध खाइ। ताकौ रोग सकल नसि जाइ।
त्यौं जो हरि बिन जानैं कहै। सो सब अपने पापनि दहै।
अगिनि बिना जानैं जो गहै। तातकाल सो ताकौं दहै।
दोइ पुरुष कौ नाम इक होइ। एक पुरुष कौं बोलै कोइ।
दोऊ ताकी ओर निहारैं। हरिहू ऐसैं भाव बिचारैं।
हाँसी मैं कोउ नाम उचारै। हरि जू ताकौं सत्य बिचारैं।
भयहूँ करि कोउ लेइ जो नाम। हरि जू देहिं ताहि निज-धाम।
जा बन केहरि-सब्द सुनाइ। ता बन तैं मृग जाहिं पराइ।
नाम सुनत त्यौं पाप पराहिं। पापी हू बैकुंठ सिधाहिं।
यह सुनि दूत चले खिसियाइ। कह्यौ तिन धर्मराज सौं जाइ।
अब लौं हम तुमहीं कौं जानत। तुमहीं कौं दँड-दाता मानत।
आजु गह्यौ हम पापी एक। तिन भय मान्यौ हमकौ देख।
नारायन सुत-हेत उचार्‍यौ। पुरुष चतुरभुज हमैं निवार्‍यौ।
उनसौं हमरौ कछु न बसायौ। तातैं तुमकौं आनि सुनायौ।
औरौ दँड-दाता कोउ आहि। हमसौं क्यौं न बतावौ ताहि ?
धर्मराज करि हरि कौ ध्यान। निज दूतनि सौं कह्यौ बखान।
नारायन सबके करतार। पालत अरु पुनि करत सँहार।
ता सम दुतिया और न कोइ। जो चाहै, सो साजै सोइ।
ताकौ उन जब नाम उचार्‍यौ। तब हरि-दूतनि तुम्हैं निवार्‍यौ।
हरि के दूत जहाँ-तहाँ रहैं। हम तुम उनकी सोध न लहैं।
जो-जो मुख हरि-नाम उचारैं। हरि-गन तिहिं-तिहिं तुरत उधारैं।
नाम-महातम तुम नहिं जानौ। नाम-महातम सुनौ, बखानौं।
ज्यौं-त्यौं कोउ हरि-नाम उच्चरैं। निस्चय करि सो तरै पै तरै।

जाके गृह मैं हरि-जन जाइ। नाम-कीरतन करै सो गाइ।
जद्यपि वह हरि-नाम न लेइ। तद्यपि हरि तिहिं निज-पद देइ।
कैसौहू पापी किन होइ। राम-नाम मुख उचरै सोइ।
तुम्हरौ नहीं तहाँ अधिकार। मैं तुमसौं यह कहौं पुकार।
अजामील हरि-दूतनि देखि। मन मैं कीन्हौ हर्ष बिसेषि।
जन्म-दूतनि कौं इनहिं निवार्यौ। वा भय तैं मोहिं इनहिं उबार्यौ।
तब मन माहिं आनि बैराग। पुत्र-कलत्र-मोह सब त्याग।
हरि-पद सौं उन ध्यान लगायौ। तातकाल बैकुंठ सिधायौ।
अंतकाल जो नाम उचारै। सो सब अपने पापनि जारै।
ज्ञान बिराग तुरत तिहिं होइ। 'सूर' बिष्नु-पद पावै सोइ।

हरि का स्मरण करते रहो और हरि के चरण कमलों का ध्यान करते रहो। 'हरि हरि' कहता हुआ अजामिल तर गया। उसकी कथा सारे संसार में व्याप्त है। उसे सभी लोग जानते हैं। मैं अब अजामिल उद्धार की कथा कह रहा हूँ, ध्यानावस्थित होकर सुनो। जो नर अजामिल उद्धार की कथा कहता सुनता है, वह भी तर जाता है।

अजामिल नामक एक ब्राह्मण था। वह कन्नौज का रहनेवाला था। वह एक शूद्रा के घर में रहने लगा। उसने अपनी सारी जाति-पाँति भुला दी और भक्ष्याभक्ष्य सभी कुछ खाने लगा। उस भीलनी को ब्राह्मण अजामिल से दस पुत्र हुए। वह अपने पहले नौ पुत्रों को भूल गया। अपने सबसे छोटे पुत्र का नाम उसने नारायण रख दिय। उसका अधिक लगाव, स्नेह, इसी नारायण से ही था। जब उसके जीवन का अंतिम समय आ गया, तब यमराज ने उसे पकड़ लाने के लिए अपने दूत भेजे। अजामिल ने मरते-मरते अपने छोटे बेटे 'नारायण' को नाम लेकर बुलाया। तब तक विष्णु भगवान के दूतों ने यमराज के दूतों को उसे ले जाने से रोका। यमदूतों ने कहा—यह बड़ा पापी है। इसने तो दौड़ दौड़कर अपराध और पाप किए हैं। यह अपना ब्राह्मण जन्म जूए में हार गया है। तुम लोग हमें इसे ले जाने से क्यों रोक रहे हो।

विष्णु के गणों ने कहा—मरते समय इसने भगवान का नाम ले लिया है। तुमने भगवान के नाम के माहात्म्य पर विचार नहीं किया। जान में या अनजान में जो कोई प्रभु का नाम ले लेता है, भगवान उसे अपने बैकुंठ में निवास दे देते हैं। बिना जाने भी जो दवा खा लेता है, उसके सारे रोग दूर हो जाते हैं। उसी प्रकार जो बिना जाने, अनजान में भी, अग्नि को पकड़ ले, वह आग उसे तत्काल ही जला देती है। जहाँ दो व्यक्तियों का एक ही नाम होता है, वहाँ यदि उनमें से किसी एक को कोई बुलाता है, तो दोनों उसकी ओर ताकने लगते हैं। हरि भी ऐसे ही भाव से विचार करते हैं। हँसी हँसी में भी यदि कोई उनका नाम ले लेता है, तो भी हरि उसको सच समझ लेते हैं। डर कर भी यदि कोई भगवान का नाम ले लेता है, तो भी भगवान उसको अपने धाम बैकुंठ में स्थान दे देते हैं। जिस वन में सिंह की गर्जना सुनाई देती है, उस वन से पशु भाग जाते हैं। उसी प्रकार भगवान का नाम सुनते ही सभी पाप भाग जाते हैं और पापी भी बैकुंठ चले जाते हैं।

जमराज के दूत यह सुनकर खिसिया गए और उन्होंने जाकर यमराज से कहा—अभी तक तो हम तुम्हीं को जानते थे, तुम्हें दंड देनेवाला समझते थे। आज हमने एक पापी को पकड़ा, वह हमको देखकर डर गया और उसने प्रेम के कारण अपने बेटे नारायण को पुकारा। इस पर चतुर्भुज विष्णु के पुरुषों ने हमें उसे पकड़ने से रोक दिया। उनपर हमारा कोई बस नहीं चला। इसलिए यहाँ आकर हमने तुमसे सारी बातें कह दीं। तुम्हें छोड़कर कोई और भी दंड देने वाला है। तुमने हमसे कभी क्यों नहीं बताया?

धर्मराज (यमराज) ने हरि का ध्यान किया और अपने दूतों से कहा—नारायण सभी के स्त्रष्टा हैं। वही सबका पालन करते हैं। वही सबका संहार भी करते हैं। उनके समान दूसरा और कोई नहीं है। भक्त जो कुछ चाहता है, वे उसे वह सब सजा बजाकर दे देते हैं। नारायण का नाम जब उस पापी ने लिया, तभी हरि के दूतों ने तुम्हें उसे पकड़ने से रोका। हरि के दूत यत्र-तत्र रहते हैं। हम तुम उनकी खोज खबर नहीं पाते। जो-जो भी हरि का नाम मरण-बेला में ले लेते हैं, हरि के दूत उनका तुरत उद्धार कर देते हैं। तुम लोग हरि के नाम की महिमा नहीं जानते। मैं प्रभु-नाम-माहात्म्य कह रहा हूँ, सुनो।

ज्यों-त्यों, किसी भी प्रकार कोई हरि का नाम, मरण-बेला में ले लेता है, निश्चय करके वह तर ही जाता है। जिसके घर में भगवान के भक्त जा पहुँचते हैं और गाकर, हरि नाम लेकर, हरि कीर्तन करते हैं, भले ही वह भगवान का नाम न ले, फिर भी हरि उसको भी तार देते हैं। कैसा भी पापी हो, यदि मृत्युकाल में उसके मुँह से राम नाम निंकल गया, तो हे मेरे दूतों, तुम्हारा अधिकार नहीं रह जाता। मैं तुमसे पुकार-पुकार कर, जोर-जोर से, कहे दे रहा हूँ।

अजामिल ने भगवान के दूतों को देखकर मन में विशेष हर्ष प्रकट किया। इन्हींने यम के दूतों को रोका है और उस भय से मुझे उबार लिया है। तब मन में विरक्त होकर, पुंत्र और पत्नी का मोह छोड़कर, उसने भगवान के चरणों में ध्यान लगाया और तत्काल बैकुंठ चला गया।

अंतकाल में जो भगवान का नाम ले पाता है, वह अपने सभी पापों को जला देता है। उसे तुरंत आत्मज्ञान और वैराग्य हो जाता है और वह विष्णु के पद को प्राप्त हो जाता है।

श्री गुरु-महिमा *१९८/४१६ राग बिलावल*

हरि हरि, हरि हरि, सुमिरन करौ। हरि-चरनारबिंद उर धरौ।
हरि-गुरु एक रूप नृप जानि। यामैं कछु संदेह न आनि।
गुरु प्रसन्न, हरि परसन होइ। गुरु कैं दुखित दुखित हरि जोइ।
कहौं सो कथा, सुनौ चित धार। कहै-सुने सो तरै भव पार।
इंद्र एक दिन सभा मँझारि। बैठ्यौ हुतो सिंहासन डारि।
सुर, रिषि, सब गँधर्ब तहँ आए। पुनि कुबेरहू तहाँ सिधाए।
सुर-गुरुहू तिहिं औसर आयौ। इंद्र न तिहिं उठि सीस नवायौ।
सुर-गुरु जानि, गर्ब तिहिं भयौ। तहँ तैं फिरि निज आस्त्रम गयौ।
सुर-पति तब लाग्यौ पछितान। मैं यह कहा कियौ अज्ञान।

पुनि निज गुरु-आस्त्रम चलि गयौ। पै सुर-गुरु दरसन नहिं दयौ।
यह सुनि असुर इंद्र-पुर आइ। कियौ इंद्र सौं जुद्ध बनाइ।
इंद्र-सहित तब सब सुर भागे। आस्त्रम अपने सबहिनि त्यागे।
पुनि सब सुर ब्रह्मा पै जाइ। कह्यौ बृत्तांत सकल, सिर नाइ।
ब्रह्मा कह्यौ, बुरौ तुम कियौ। निज गुरु कौं आदर नहिं दियौ।
अब तुम बिस्वरूप गुरु करौ। ता प्रसाद या दुख कौं तरौ।
सुरपति बिस्वरूप पै जाइ। दोउ कर जोरि कह्यौ सिर नाइ।
कृपा करौ, मम प्रोहित होहु। कियौ बृहस्पति मो पर कोहु।
कह्यौ, पुरोहित होत न भलौ। बिनसि जात तेज तप सकलौ।
पै तुम बिनती बहु बिधि करी। तातैं मैं मन मैं यह धरी।
यह कहि इंद्रहिं जज्ञ करायौ। गयौ राज अपनै तिन पायौ।
असुरनि बिस्वरूप सौं कह्यौ। भली भई, तू सुरगुरु भयौ।
तुव ननसाल माहिं हम आहिं। आहुति हमैं देत क्यौं नाहिं ?
तिहिं निमित्त तिन आहुति दई। सुरपति बात जानि यह लई।
करि कै क्रोध तुरत तिहिं मार्‍यौ। हत्या हित यह मंत्र बिचार्‍यौ।
चारि अंस हत्या के किए। चारौं अंस बाँटि पुनि दिए।
एक अंस पृथ्वी को दयौ। ऊसर तामैं तातैं भयौ।
एक अंस बृच्छनि कौं दीन्हौं। गोंद होइ प्रकास तिन कीन्हौं।
एक अंस जल कौं पुनि दयौ। ह्वैकै काई जल कौं छयौ।
एक अंस सब नारिनि पायौ। तिनकौं रजस्वला दरसायौ।
त्वष्टा बिस्वरूप कौ बाप। दुखित भयौ सुनि सुत-संताप।
क्रुद्ध होइ इक जटा उपारी। बृत्रासुर उपज्यौ बल भारी।
सो सुरपति कौं मारन धायौ। सुरपति हू ता सन्मुख आयौ।
जेतक सस्त्र सो किए प्रहार। सो करि लिए असुर आहार।
तब सुरपति मन मैं भय मान। गयौ तहाँ जहाँ श्री भगवान।
नमस्कार करि बिनय सुनाई। राखि राखि असरन-सरनाई।
कह्यौ भगवान, उपाय न आन। रिषी दधीचि-हाड़ लै दान।
ताकौ तू निज बज्र बनाउ। मरिहै असुर ताहि कैं घाउ।
तब सुरपति रिषि कैं ढिग जाइ। करी बिनय बहु सीस नवाइ।
बहुरि कही अपनी सब कथा। हरि जो कह्यौ, कह्यौ पुनि तथा।
तिन कह्यौ देह-मोह अति भारी। सुर-पति, तब यह देखि बिचारी।
यह तन क्यौं हूँ दियौ न जावै। और देत कछु मन नहिं आवै।
पै यह अंत न रहिहै भाई। परहित देहु तौ होइ भलाई।
तन दैवे तैं नाहिं न भजौं। जोग धारना करि इहि तजौं।

गउ चटाइ, मम त्वचा उपारौ। हाड़नि कौ तुम बज्र सँवारौ।
सुरपति रिषि की आज्ञा पाइ। लिए हाड़, कियौ बज्र बनाइ।
गो-मुख असुचि तबहिं तैं भयौ। रिषि सुकदेव नृपति सौं कह्यौ।
इंद्र आइ तब असुर प्रचारयौ। कियौ युद्ध पै असुर न हारयौ।
इंद्र-हाथ तैं बज्र छिनाइ। मारयौ ऐरावत कौं धाइ।
ऐरावत घायल ह्वै गयौ। तब बृत्रासुर कौं सुख भयौ।
ऐरावत अमृत कैं प्याए। भयौ सचेत, इंद्र तब धाए।
बृत्रासुर कौं बज्र प्रहारयौ। तिन त्रिसूल सुरपति कौं मारयौ।
लगत त्रिसूल इंद्र मुरझायौ। कर तैं अपनी बज्र गिरायौ।
कह्यौ असुर, सुरपति संभारि। लै करि बज्र मोहिं परहारि।
जौ मरिहौं तौ सुरपुर जैहौं। जीते जगत माहिं जस लैहौं।
हार-जीति नहिं जिय कैं हाथ। कारन-करता आनहिं नाथ।
हमैं-तुम्हैं पुतरी कैं भाइ। देखत कौतुक बिबिध नचाइ।
तब सुरपति लै बज्र सँहार्‍यौ। जै-जै सब्द सुरनि उच्चार्‍यौ।
पैं इंद्रहिं संतोष न भयौ। ब्राह्मन-हत्या कैं दुख तयौ।
सो हत्या तिहिं लागी धाइ। छिप्यौ सो कमलनाल मैं जाइ।
सुरगुरु जाइ तहाँ तैं ल्यायौ। तासौं हरि-हित जज्ञ करायौ।
जज्ञ तैं हत्या गई बिलाइ। पुनि नृप भयौ इंद्रपुर आइ।
नृप यह सुनि सुक सौं यौं कही। ज्ञान-बुद्धि असुरहिं क्यौं भई?
सुक कह्यौ सुनौ परीच्छित राइ। देहुँ तोहिं बृत्तांत सुनाइ।
चित्रकेतु पृथ्वीपति राउ। सुत-हित भयौ तासु चित-चाउ।
जद्यपि रानी बरी अनेक। पै तिनतैं सुत भयौ न एक।
ता गृह रिषि अंगिरा सिधाए। अर्धासन दै तिन बैठाए।
रिषि सौं नृप निज बिथा सुनाई। कहौ मोहिं, सो करौं उपाई।
रिषि कह्यौ, पुत्र न तेरैं होइ। होइ कहूँ, तौ दुख दै सोइ।
नृप कह्यौ, एक बार सुत होइ। पाछैं होनी होइ सो होइ।
रिषि ता नृप सौं यज्ञ करायौ। दै प्रसाद यह बचन सुनायौ।
जा रानी कौं तू यह दैहै। ता रानी सेंती सुत ह्वैहै।
पटरानी कौं सो नृप दियौ। तिन प्रनाम करि भोजन कियौ।
रिषि-प्रसाद तैं तिन सुत जायौ। सुत लहि दंपति अति सुख पायौ।
बिप्र-जाचकनि दीन्हौ दान। कियौ उत्सव, कहा करौं बखान।
ता रानी सौं नृप-हित भयौ। और तियनि कौ मन अति तयौ।
तिन सबहिनि मिलि मंत्र उपायौ। नृपति-कुँवर कौं जहर पियायौ।
बहुत बार भई, कुँअर न जाग्यौ। दासी सौं रानी तब माँग्यौ।

ल्याउ कुँअर कौं बेगि जगाइ। दूध प्याइ कै बहुरि सुवाइ।
दासी कुँवर जगावन आई। देख्यौ कुँवर मृतक की नाईं।
दासी बालक मृतक निहारि। परी धरनि पर खाइ पछारि।
रानी तब तहँ आई धाइ। सुत मृत देखि परी मुरझाइ।
पुनि रानी जब सुरति सँभारी। रुदन करन लागी अति भारी।
रुदन सुनत राजा तहँ आयौ। देखि कुँवर कौं अति दुख पायौ।
कबहूँ मुरछित ह्वै नृप परै। कबहुँक सुत कौं अंकम भरै।
रिषि नारद, अँगिरा तहँ आए। राजा सौं ये बचन सुनाए।
को तू, को यह, देखि बिचार। स्वप्न-स्वरूप सकल संसार।
सोयौ होइ सो इहिं सत मानै। जो जागै सो मिथ्या जानै।
तातैं मिथ्या-मोह बिसारि। श्रीभगवान-चरन उर धारि।
हम तुम सौं पहिलैं ही कही। नृप सो बात आज भइ सही।
नृप कौं सुनि उपज्यौ बैराग। बन कौं गयौ राज सब त्याग।
बन मैं जाइ तपस्या करी। मरि गंधर्ब-देह तिन धरी।
इक दिन सौ कैलास सिधायौ। सिव कौ दरसन तहँ तिहिं पायौ।
उमा नगन देखी तिहिं राइ। उन दियौ साप ताहि या भाइ।
तू अब असुर-देह धरि जाइ। मेरो कह्यौ न मिथ्या आइ।
उमा साप ताकौ जब दयौ। बृत्रासुर सो या बिधि भयौ।
हरि की भक्ति बृथा नहिं जाइ। जन्म-जन्म सो प्रगटे आइ।
तातैं हरि-गुरु-सेवा कीजै। मेरौ बचन मानि यह लीजै।
ज्यौं सुक नृप सौं कहि समुझायौ। 'सूरदास' त्यौंही कहि गायौ॥

हरि हरि स्मरण करो। हरि के चरण कमलों को हृदय में धारण करो। हे राजा परीक्षित, हरि और गुरु को एक समान जानो। उनके एक होने में किंचित भी संदेह न करो। गुरु प्रसन्न है, तो हरि भी प्रसन्न हैं। गुरु को दुखित कर देने पर हरि भी दुख मानते हैं। अब मैं गुरु महिमा की कथा तुम्हें सुना रहा हूँ। इसे ध्यानावस्थित होकर सुनो। जो इस कथा को कहेगा, सुनेगा, वह भव से पार हो जायगा।

एक दिन देवराज इंद्र अपनी सभा में, अपने सिंहासन पर, बैठे हुए थे। वहाँ सभी देवता, ऋषि, गंधर्व आए हुए थे। बाद में कुबेर भी वहाँ आए। उसी समय देवताओं के गुरु बृहस्पति भी वहाँ आ गए। इंद्र ने अपने सिंहासन से उठकर उन्हें सिर नहीं झुकाया। सुर-गुरु ने जान लिया कि इंद्र को घमंड हो गया है। अत: वह तत्काल इंद्रसभा से उठकर अपने आश्रम पर चले गए।

तब देवराज पछताने लगे। मैंने अज्ञानतावश यह क्या कर दिया। तब वह गुरु आश्रम में गया। पर गुरु बृहस्पति ने उससे भेंट नहीं की।

जब असुरों ने यह समाचार सुना कि देवराज और देव-गुरु में कुछ मनोमालिन्य हो

गया है, तब उन्होंने इंद्रपुरी पर चढ़ाई कर दी और इंद्र से घोर युद्ध किया। तब इंद्र के सहित सभी देवता अमरावती छोड़कर भाग गए और अपने-अपने निवास छोड़ दिए।

फिर सब देवगण ब्रह्मा के पास गए। उन्होंने उन्हें सिर झुकाकर सारा वृत्तांत कह डाला। ब्रह्मा ने कहा, तुमने बुरा किया जो अपने गुरु को अभ्युत्थान देकर समादृत नहीं किया। अब तुम लोग विश्वरूप को अपना गुरु बनाओ और उनकी कृपा से इस दुःख जलधि से बाहर निकलो।

तब इंद्र विश्वरूप जी के पास गए और दोनों हाथ जोड़कर सिर झुकाकर उन्हें प्रणाम किया और कहा—कृपा करके आप मेरे पुरोहित हो जाइए। बृहस्पति जी मुझ पर क्रुद्ध हो गए हैं।

विश्वरूप ने कहा—पौरोहित्य अच्छा कार्य नहीं है। इससे सारा तप तेज नष्ट हो जाता है। परंतु तुम बहुत विनती कर रहे हो, इसलिए मैं तुम्हारा पौरोहित्य स्वीकार किए लेता हूँ।

यह कहकर विश्वरूप ने इंद्र से यज्ञ कराया और उन्होंने अपना गया हुआ राज्य पुनः वापस पा लिया।

असुरों ने विश्वरूप से कहा—बहुत अच्छा हुआ, जो तुम देव-गुरु बन गए। हम तुम्हारी ननसाल के लोग हैं। तुम हमें यज्ञ की आहुति क्यों नहीं देते?

विश्वरूप ने असुरों के निमित्त भी आहुति दे दी। इस बात की जानकारी इंद्र को भी हो गई। इंद्र ने क्रोध करके गुरु विश्वरूप को मार डाला और हत्या से मुक्ति पाने के लिए उन्होंने हत्या के चार अंश कर दिये और चारों अंशों को इस प्रकार बाँट दिया। हत्या का एक अंश उन्होंने पृथ्वी को दे दिया। इससे पृथ्वी का एक अंश ऊसर हो गया। एक अंश बृक्षों को दिया। वह अंश गोंद हो गया। फिर एक अंश जल को दे दिया। वह जल में काई हो गया। एक अंश नारियों को दे दिया। वह नारियों में मासिक रज रूप में प्रकट हुआ।

त्वष्टा विश्वरूप के पिता थे। पुत्र की हत्या से वह बहुत दुखी हुए। उन्होंने क्रुद्ध होकर अपनी एक जटा उखाड़ ली। उससे अत्यंत बलवान वृत्रासुर उत्पन्न हुआ। वृत्रासुर देवराज को मारने दौड़ा। देवराज भी सामना करने के लिए आ गए। देवराज ने जितने भी शस्त्र उसे मारने के लिए चलाए, वह उन सभी को निगल गया।

तब देवराज मन में अत्यंत डर गए और वहाँ गए, जहाँ श्री भगवान थे। उन्होंने हरि को प्रणाम किया और विनती की—हे अशरण-शरण, रक्षा करो, रक्षा करो।

भगवान बोले—हे देवराज, जाओ और दधीचि ऋषि से उनकी हड्डी का दान माँगो। उसी हड्डी से अपना वज्र बनाओ। उसी वज्र के आघात से यह वृत्रासुर मरेगा। इसके अतिरिक्त कोई अन्य उपाय नहीं है।

तब देवराज दधीचि ऋषि के पास गए और सिर झुकाकर उन्हें प्रणाम किया तथा अनेक प्रकार से विनती की। फिर अपना सब हाल कहा। सबसे अंत में वह सब कहा जो श्री भगवान ने कहा था।

दधीचि ऋषि बोले—देह का मोह बहुत बड़ा होता है। हे देवराज, तुम स्वयं इस बात

को विचार कर देख लो। यह शरीर किसी भी प्रकार नहीं दिया जा सकता। और यदि और कुछ दूँ, तो वह तुम्हारे मन की चीज न होगी। उससे तुम्हारा काम नहीं चलेगा। पर मैं जानता हूँ कि यह शरीर अंत तक नहीं रहेगा, स्वतः नष्ट हो जायगा। यदि मैं इसे परोपकार में दे दूँ, तो जगत का कल्याण हो जाय। मैं यह शरीर देने से नहीं भग रहा हूँ। मैं योग-बल से इसे छोड़ रहा हूँ। मेरे चमड़े को पहले गाय से चटवा लेना, फिर उसे उतरवा लेना। फिर मेरी हड्डी से तुम अपना वज्र बना डालना।

देवराज इंद्र ने दधीचि ऋषि की अनुमति पाकर उनकी हड्डी ले ली और उसका वज्र बनाया।

तभी से गाय का मुख अपवित्र हो गया। ऐसा शुकदेव मुनि ने राजा परीक्षित से कहा।

तब इंद्र ने आकर वृत्रासुर को ललकारा। उससे युद्ध किया, पर वृत्रासुर हारा नहीं। उसने इंद्र के हाथ से वज्र छीन लिया और उस वज्र से इंद्र की सवारी ऐरावत को दौड़ाकर उस पर आघात किया। ऐरावत घायल हो गया, तब वृत्रासुर को परम प्रसन्नता हुई। ऐरावत को अमृत पिलाने पर चेत आया। तब इंद्र आए। उन्होंने वृत्रासुर पर वज्र चलाया। वृत्रासुर ने भी इंद्र पर अपना त्रिशूल दे मारा। त्रिशूल के लगते ही इंद्र मुरझा गए उनके हाथ से वज्र गिर गया।

तब वृत्रासुर ने कहा—सुरपति सँभालो। वज्र लेकर मुझपर प्रहार करो। यदि मैं मर जाऊँगा तो सुरपुर सिधारूँगा और यदि जीत गया, तो सारे संसार में मेरा यश छा जायगा। हार और जीत अपने बस की नहीं। कारण और कर्ता तो कोई दूसरा ही नाथ है। वह स्वामी हमको तुमको कठपुतली के समान अनेक प्रकार से नचाता हुआ खेल देखता रहता है।

तब देवराज ने वज्र-प्रहार किया (और वृत्रासुर उसके आघात से मर गया) फिर देवताओं ने देवराज का जय-जयकार किया।

परंतु देवराज को संतोष न हुआ। उन्हें ब्राह्मण-हत्या के दुख ने अत्यंत संतप्त कर दिया। दौड़कर ब्रह्म-हत्या उन्हें लग गई। तब इंद्र कमल-वन में जा छिपा। सुरगुरु बृहस्पति इंद्र को कमल-वन से लाए और उनसे भगवान के नाम पर यज्ञ करवाया। इस यज्ञ से वह ब्रह्महत्या दूर हो गई, विनष्ट हो गई और इंद्र अमरावती आकर पुनः राजा हुए।

राजा परीक्षित ने यह कथा सुनाकर शुकदेव जी से पूछा—वृत्रासुर को यह ज्ञान बुद्धि कैसे हो गई?

शुकदेव ने कहा—हे राजा परीक्षित, सुनो। मैं तुम्हें सारा वृत्तांत सुनाता हूँ। चित्रकेतु नामक एक राजा था। उसके मन में पुत्र की कामना उठी। उसने यद्यपि अनेक रानियों से विवाह किया, पर उनसे एक भी पुत्र नहीं हुआ।

एक बार चित्रकेतु के घर अंगिरा ऋषि पधारे। राजा ने पैर धोने के लिए उन्हें जल दिया और आसन पर बैठाया। राजा ने ऋषि से अपने निःसन्तान होने का दुख कहा और कहा, ऋषिराज, आप जो भी उपाय करने के लिए कहें, मैं करूँ।

ऋषि ने कहा—पहले तो तुम्हारे यहाँ पुत्र होगा ही नहीं, फिर यदि होगा भी, तो वह तुम्हें भारी दुख देगा।

राजा ने कहा—एक बार एक पुत्र हो जाय, पीछे जो होना हो, सो हो।

ऋषि ने राजा से यज्ञ कराया और राजा को यज्ञ का प्रसाद देकर कहा—जिस रानी को तुम यह प्रसाद दोगे, उस रानी से तुम्हें पुत्र होगा।

राजा ने पटरानी को वह प्रसाद दिया। रानी ने राजा को प्रणाम करके वह प्रसाद खा लिया। ऋषि की कृपा से उस रानी से एक पुत्र पैदा हुआ। सुत पाकर राजा रानी को प्रसन्नता हुई। उन्होंने ब्राह्मणों और मँगतों को दान दिया और ऐसा उत्सव किया कि मैं उसका वर्णन क्या करूँ।

राजा चित्रकेतु का पुत्रवती रानी से प्रेम बढ़ गया। दूसरी रानियों को इससे बड़ा दुख हुआ। उन सबने मिलकर राजकुमार को विष पिला दिया। बहुत देर हो गई, कुँवर नहीं जागा। तब रानी ने दासी से कहा—कुँवर को जल्दी से जगा लो। उसे दूध पिलाकर फिर सुला देना।

दासी कुँवर को जगाने गई। उसने देखा राजकुमार मृत जैसा है। दासी ने बालक को मरा देखा और पछाड़ खाकर धरती पर गिर गई। तब तक रानी भी दौड़ती हुई वहाँ आई और पुत्र को मरा हुआ देखकर मूर्च्छित होकर गिर पड़ी। फिर जब रानी को होश हुआ, तब जोर-जोर से रोने लगी। रानी का रोना सुनकर राजा भी वहाँ आ गए और राजकुमार के शव को देखकर अत्यंत दुखी हुए। राजा भी मूर्छित होकर गिर पड़ने लगे और कभी उठकर बेटे के शव को छाती से लगा रोने लगे।

देवर्षि नारद और अंगिरा वहाँ आ गए और उन्होंने राजा से यह कहा—तुम कौन हो, यह कौन है। इसे भलीभाँति विचार कर देख लो। यह सारा संसार सपना जैसा है। जब तक हम सोते हुए सपना देखते रहते हैं, उस सपने को सच मानते हैं। आँखें खुल जाने पर, जाग जाने पर, जान जाते हैं कि यह तो सपना था और झूठा था। अतः इस मिथ्या मोह को छोड़ो और भगवान के चरणों को हृदय में धारण करो। हे राजा, हमने तुमसे पहले यह कह दिया था और आज वह बात सत्य सिद्ध हो गई है।

ऋषियों की यह बात सुनकर राजा को वैराग्य हो गया और वह सब राज-पाट छोड़कर वन में चला गया। वन में जाकर उसने तपस्या की। मरने पर दूसरे जन्म में उसने गंधर्व का शरीर पाया।

एक दिन यह गंधर्व कैलास गया और शिव का दर्शन पाया। हे राजा परीक्षित, उस गंधर्व ने उमा को अनावृत, वस्त्रहीन, देख लिया। तब उमा ने उस गंधर्व को इस प्रकार शाप दे दिया—जा तू असुर हो जा। मेरा कहना झूठा न होगा।

उमा ने गंधर्व को शाप दे दिया। वही गंधर्व यह वृत्रासुर हुआ। हरि की भक्ति व्यर्थ नहीं जाती। वह जन्म-जन्मांतर में प्रकट होती रहती है। अतः हरि और गुरु की सेवा कीजिए। मेरी यह बात मान लीजिए।

शुकदेव जी ने राजा परीक्षित को जिस प्रकार समझाया, सूरदास ने वैसा ही कह सुनाया।

१९९/४१७ राग सारंग

गुरु बिनु ऐसी कौन करै ?
माला-तिलक मनोहर बाना, लै सिर छत्र धरै।

भवसागर तैं बूड़त राखै, दीपक हाथ धरै ।
'सूरस्याम' गुरु ऐसौ समरथ, छिन मैं लै उधरै ॥

गुरु के बिना ऐसा कौन कर सकता है। वे शिष्य को माला, तिलक और मनोहर वेश-भूषा तो प्रदान करते ही हैं, सिर पर राज-छत्र भी लाकर धर देते हैं। वे भवसागर में डूबने से बचा लेते हैं और ज्ञान का दीपक लाकर पथ-प्रदर्शन के लिए हाथ में रख देते हैं। गुरु तो ऐसे समर्थ होते हैं कि शिष्य का क्षण भर में उद्धार कर देते हैं।

सदाचार-शिक्षा (नहुष की कथा) *२००/४१८ राग बिलावल*

सुरपति कौं सँताप जब भयौ । सो सुरपुर भय तैं नहिं गयौ ।
नहुष नृपति पै रिषि सब आइ । कह्यौ सुर-राज करौ तुम राइ ।
नहुष इंद्र-राजहिं जब पायौ । इंद्रानी कौं देखि लुभायौ ।
कह्यौ इंद्रानी मो पै आवै । नृप सौं ताकौ कहा बसावै ।
सुरगुरु सौं यह बात सुनाई । अवधि करन तिहिं कहि समुझाई ।
सची नृपति सौं यह कहि भाषी । नृप सुनिकै हिरदै मैं राखी ।
सची अग्नि कों तुरत पठायौ । सुरपति दसा देखि सो आयौ ।
इंद्रानी सुनि ब्याकुल भई । अवधि घरी ब्यतीत ह्वै गई ।
तब तिन ऐसी बुद्धि उपाई । इहिं अंतर सो नहुष बुलाई ।
कह्यौ तुम अस्वमेध नहिं किए। रिषि-आज्ञा तैं सुरपति भए ।
बिप्रनि पै चढ़ि कै जौ आवहु । तौ तुम मेरौ दरसन पावहु ।
नृपति रिषिनि पर ह्वै असवार । चल्यौ तुरंत सची कैं द्वार ।
काम अंध कछु रहि न सँभारि । दुर्बासा रिषि कौं पग मारि ।
सर्प-सर्प कह्यौ बारंबार । तब रिषि दीन्हौ ताकौं डार ।
कह्यौ सर्प तैं भाष्यौ मोहिं । सर्प रूप तूही नृप होहि ।
जबै साप रिषि सौं नृप पायौ । तब रिषि-चरनन माथौ नायौ ।
इहिं सराप सौं मुक्ति ज्यौं होइ । रिषि कृपालु भाषैं अब सोइ ।
कह्यौ जुधिष्ठिर देखे जोइ । तब उधार नृप तेरौ होइ ।
नृप ऐसौ हे परतिय-प्यार । मूरख करै सो बिना बिचार ।
ज्यौं सुक नृप सौं कहि समुझायौ । 'सूरदास' त्यौंही कहि गायौ ॥

देवराज इंद्र को वृत्रासुर ब्राह्मण के मारने से जब ब्रह्महत्या लगी, तब वह डर के मारे अमरावती नहीं गए और कमल-बन में छिप रहे। तब सब ऋषि राजा नहुष के पास गए और कहा, हे राजा, तुम देवताओं के राजा बन जाओ। जब नहुष ने देवराज पद पा लिया और इंद्र हो गए. तब पुलोमजा इंद्राणी शची को देखकर मोहित हो गए। उन्होंने शची से कहा—अब मैं इंद्र हूँ, तुम मेरे पास आओ। राजा से बेचारी इंद्राणी का बस ही क्या चलता। उसने जाकर सुरगुरु वृहस्पति से यह सब बातें कहीं। तब वृहस्पति ने उससे कहा कि तुम एक निश्चित अवधि माँग लो (इस बीच कोई उपाय किया जायगा)। शची ने नहुष से

जाकर कहा कि मुझे (एक मास?) की अवधि दो। नहुष ने अवधि दे दी और उस अवधि को अपने हृदय में धारण कर लिया।

शची ने अग्निदेव को इंद्र के पास समाचार लाने के लिए भेजा। अग्निदेव गए और सुरपति की कमल-वन में छिपी अवस्था देख आए। इंद्राणी उनकी हालत सुनकर बहुत दुखी हो गई। और तब तक अवधि की घड़ी भी समाप्त हो गई। तब इंद्राणी ने एक उपाय सोचा और उन्होंने नहुष को बुला भेजा तथा उससे कहा—तुमने अश्वमेध यज्ञ नहीं किया है। तुम ऋषियों की आज्ञा से सुरपति बने हो। तुम ऋषियों पर सवार होकर आओ, तब तुम मेरा दर्शन पा सकोगे।

यह सुनते ही राजा नहुष ऋषियों पर सवार होकर शची के द्वार की ओर चला। वह कामांध हो रहा था। उसे कुछ चेत नहीं था। उसने दुर्वासा ऋषि को एक लात मारी और बार-बार कहा 'सर्प सर्प', (जल्दी चलो, जल्दी चलो)। तब ऋषियों ने उसे पृथ्वी पर उतार फेंका और कहा, तूने मुझे 'सर्प' (शीघ्र) कहा, जा तू 'सर्प' (सांप) हो जा।

जब ऋषि से राजा नहुष ने यह शाप पा लिया, तब उसे होश हुआ और वह ऋषि के चरणों में नत मस्तक हो गया। हे ऋषिराज, शाप तो आपने दे दिया, अब इस शाप से मेरी मुक्ति कैसे होगी, कृपा कर उपाय बताइए।

ऋषि ने कहा—जब युधिष्ठिर तुम्हें देख लेंगे, तब तुम्हारी मुक्ति हो जायगी।

हे राजा परीक्षित, पराई स्त्री से प्यार ऐसा ही होता है। मूर्ख लोग ही बिना विचारे पराई नारी से प्यार करते हैं।

शुकदेव ने राजा परीक्षित से जिस प्रकार यह कथा समझाकर कह सुनाई थी, सूरदास ने उसे इसी प्रकार गा सुनाया है।

इंद्र-अहिल्या-कथा *२०१/४१९ राग बिलावल*

सुरपति गौतम-नारि निहारि। आतुर ह्वै गयौ बिना बिचारि।
काग-रूप करि रिषि गृह आयौ। अर्धनिसा तिहिं बोल सुनायौ।
गौतम लख्यौ, प्रात है भयौ। न्हान काज सो सरिता गयौ।
तब सुरपति मन माहिं बिचारी। पतिब्रता है गौतम-नारी।
गौतम-रूप बिना जौ जैयै। ताके साप अग्नि सौं तैयै।
गौतम-रूप धारि तहँ आयौ। मूर्च्छित भयौ, अहिल्या पायौ।
कह्यौ अहिल्या, तू को आहि? बेगि इहाँ तैं बाहिर जाहि।
इहिं अंतर गौतम गृह आयौ। इंद्र जानि यह बचन सुनायौ।
मूरख तैं पर-तिय मन लायौ। इंद्रानी तजिकै ह्याँ आयौ।
इक भग की तोहिं इच्छा भई। भग सहस्त्र मैं तोकौं दई।
इंद्र शरीर सहस भग पाइ। छप्यौ सो कमल-नाल मैं जाइ।
काल बहुत ता ठौर बितायौ। सुरगुरु रिषिनि सहित तहँ आयौ।
जज्ञ कराइ प्रयाग न्हवायौ। तौहूँ पूरब तन नहिं पायौ।
तब सब रिषिनि दई आसीस। भग तैं नेत्र करौ जगदीस।

भग अस्थान नेत्र तब भए। रिषि इंद्रहिं लै सुरपुर गए।
परतिय-मोह इंद्र दुख पायौ। सो नृप मैं तोहिं कहि समुझायौ।
परतिय-मोह करै जो कोइ। जीवत नरक परत है सोइ।
सुक नृप सौं ज्यौं कहि समुझायौ। 'सूरदास' त्यौंहीं कहि गायौ।

इंद्र ने गौतम-पत्नी अहल्या को देखा और बिना विचारे कामातुर हो गया। उसने कौवे का रूप बनाया और गौतम ऋषि के आश्रम में आया। आधी रात होते ही वह कौवा काँव काँव बोलने लगा। गौतम ने कौवे की बोली सुनी और समझा कि सबेरा हो गया। वे नहाने के लिए नदी तट पर चले गए।

तब इंद्र ने सोचा—गौतम की नारी पतिव्रता है। यदि मैं गौतम का रूप धारण किए बिना उसके पास जाता हूँ, तो उसके शाप की अग्नि में जल जाऊँगा। ऐसा सोचकर उसने गौतम का रूप धारण किया। पर उसने मूर्छित होकर अहल्या को पाया।

अहल्या ने कहा—तू कौन है। शीघ्र ही बाहर चला जा।

इसी बीच गौतम ऋषि वहाँ आ गए। वे यह जान गए कि यह छद्मवेशी इंद्र ही है। तब उन्होंने उससे कहा—हे मूर्ख, तूने पराई स्त्री में मन लगाया। इंद्राणी को छोड़कर यहाँ आया। तुझे एक भग (स्त्री योनि) की इच्छा हुई, मैं तुझे एक हजार भग देता हूँ।

इंद्र के शरीर में एक हजार भग हो गए और वह कमल-नाल में जा छिपा। वहाँ उसने बहुत समय बिताया। तब देव-गुरु वृहस्पति ऋषियों के सहित वहाँ आए। उन्होंने इंद्र से यज्ञ कराया और उससे प्रयाग में स्नान कराया। फिर भी उसे पहले जैसा भगहीन शरीर न मिल सका। तब सब ऋषियों ने उसे आशीर्वाद दिया—हे भगवान, इसके भगों को नेत्र बना दो।

तब एक हजार भगों के स्थान पर एक हजार नेत्र हो गए और इंद्र सहस्राक्ष हो गया। फिर ऋषि लोग इंद्र को इंद्रपुरी अमरावती ले गए।

हे राजा परीक्षित, पराई नारी के मोह में इंद्र ने दुख पाया। मैंने यह कथा तुमसे समझाकर कह दी। जो कोई भी पराई नारी से मोह करता है, वह जीते जी नरक में पड़ता है।

शुकदेव जी ने राजा परीक्षित से जिस प्रकार यह कहकर समझाया, सूरदास ने उसे उसी प्रकार कहकर गाया है।

॥ षष्ठ स्कंध समाप्त ॥

सप्तम स्कंध

नृसिंह-अवतार

२०२/४२० राग बिलावल

हरि हरि, हरि हरि, सुमिरन करौ। हरि-चरनारबिंद उर धरौ।
हरि-चरननि सुकदेव सिर नाइ। राजा सौं बोल्यौ या भाइ।
कहौं हरि-कथा, सुनौ चित लाइ। 'सूर' तरौ हरि के गुन गाइ॥

हरि का स्मरण करो और हरि के चरण-कमलों को हृदय में धारण करो। हरि के चरणों में नतमस्तक होकर शुकदेव जी ने राजा परीक्षित से इस प्रकार कहा। मैं हरि की कथा कह रहा हूँ। इसे ध्यानावस्थित होकर सुनो और हरि का गुणानुवाद करके भवसागर तर जाओ।

२०३/४२१ राग बिलावल

नरहरि, नरहरि, सुमिरन करौ। नरहरि-पद नित हिरदय धरौ।
नरहरि-रूप धर्‌यौ जिहिं भाइ। कहौं सो कथा, सुनौ चित लाइ।
हरि जब हिरन्याच्छ कौं मार्‌यौ। दसन-अग्र पृथ्वी कौं धार्‌यो।
हिरनकसिप सौं दिति कह्यौ आइ। भ्राता-बैर लेहु तुम जाइ।
हिरनकसिप दुस्सह तप कियौ। ब्रह्मा आइ दरस तब दियौ।
कह्यौ तोहिं इच्छा जो होइ। माँगि लेहि हमसौं बर सोइ।
राति-दिवस नभ-धरनि न मरौं। अस्त्र-सस्त्र-परहार न डरौं।
तेरी सृष्टि जहाँ लगि होइ। मोकौं मारि सकै नहिं कोइ।
ब्रह्मा कह्यौ, ऐसियै होइ। पुनि हरि चाहै करिहै सोइ।
यह कहि ब्रह्मा निज पुर आए। हिरनकसिप निज भवन सिधाए।
भवन आइ त्रिभुवनपति भए। इंद्र, बरुन, सबही भजि गए।
ताकौ पुत्र भयौ प्रहलाद। भयौ असुर-मन अति अहलाद।
पाँच बरस की भई जब आइ। संडामर्कहिं लियौ बुलाइ।
तिनकैं सँग चटसार पठायौ। राम-नाम सौं तिन चित लायौ।
संडामर्क रहे पचि हारि। राजनीति कहि बारंबार।
कह्यौ प्रहलाद, पढ़त मैं सार। कहा पढ़ावत और जँजार।
जब पाँड़े इत-उत कहुँ गए। बालक सब इकठौरे भए।
कह्यौ, 'यह ज्ञान कहाँ तुम पायौ'? 'नारद माता-गर्भ सुनायौ'।
सबनि कह्यौ, देउ हमैं सिखाइ। सबहिनि कैं मन ऐसी आइ।
कह्यौ सबनि सौं तब समुझाइ। सब तजि, भजौ चरन रघुराइ।

रामहिं राम पढ़ो रे भाई। रामहिं जहँ-तहँ होत सहाई।
इहाँ कोउ काहू कौ नाहीं। रिन-संबंध मिलन जग माहीं।
काल-अवधि जब पहुँचै आइ। चलत बार कोउ संग न जाइ।
सदा सँघाती श्री जदुराइ। भजियै ताहि सदा लव लाइ।
हर्त्ता-कर्त्ता आपै सोइ। घट-घट ब्यापि रह्यौ है जोइ।
तातैं द्वितिया और न कोइ। ताके भजैं सदा सुख होइ।
दुर्लभ जन्म सुलभ ही पाइ। हरि न भजै सो नरकहिं जाइ।
यह जिय जानि विषय परिहरौ। रामहि-राम सदा उच्चरौ।
सत संबत मानुष की आइ। आधी तौ सोवत ही जाइ।
कछु बालापन ही मैं बीतै। कछु बिरधापन माहिं बितीतै।
कछु नृप सेवा करत बिहाइ। कछु इक बिषय-भोग मैं जाइ।
ऐसैं हीं जो जनम सिराइ। बिनु हरि-भजन नरक महँजाइ।
बालपनौ गए ज्वानी आवै। बृद्ध भए मूरख पछितावै।
तीनौं पन ऐसैंहीं जाइ। तातैं अबहिं भजौ जदुराइ।
बिषै-भोग सब तन मैं होइ। बिनु नर-जन्म भक्ति नहिं होइ।
जौ न करै तौ पसु सम होइ। तातैं भक्ति करौ सब कोइ।
जब लगि काल न पहुँचे आइ। हरि की भक्ति करौ चित लाइ।
हरि ब्यापक हैं सब संसार। ताहि भजौ अब सोचि-बिचार।
सिसु, किसोर, बिरधौ तनु होइ। सदा एकरस आतम सोइ।
ऐसौ जानि मोह कौं त्यागौ। हरि-चरनारबिंद अनुरागौ।
माटी मैं ज्यौं कंचन परै। त्यौंही आतम तन संचरै।
कंचन लै ज्यौं माटी तजै। त्यौं तन-मोह छाँड़ि, हरि भजै।
नर-सेवा तैं जो सुख होइ। छनभंगुर थिर रहै न सोइ।
हरि की भक्ति करौ चित लाइ। होइ परम सुख, कबहुँ न जाइ।
ऊँच-नीच हरि गिनत न दोइ। यह जिय जानि भजौ सब कोइ।
असुर होइ, भावै सुर होइ। जो हरि भजै, पियारौ सोइ।
रामहिं राम कहौ दिन-रात। नातरु जन्म अकारथ जात।
सौ बातनि की एकै बात। सब तजि भजौ जानकी-नाथ।
सब चेटुअनि मन ऐसी आई। रहे सबै हरि-पद चित लाई।
हरि-हरि नाम सदा उच्चारैं। बिद्या और न मन मैं धारैं।
तब संडामर्का संकाइ। कह्यौ असुरपति सौं यौं जाइ।
तुव सुत कौं पढ़ाइ हम हारे। आपु पढ़ै नहिं, और बिगारै।
राम-नाम नित रटिबौ करै। राजनीति नहिं मन मैं धरै।
तातैं कही तुम्हैं हम आइ। करिबे होइ सु करौ उपाइ।

हरिनकसिप तब सुतहिं बुलाइ। कछुक प्रीति, कछु डर दिखराइ।
बहुरौ गोद माहिं बैठार। कह्यौ, पढ़े कहा बिद्या-सार ?
'सार बेद चारौं कौ जोइ। छेऊ सास्त्र-सार पुनि सोइ।
सर्ब पुरान माहिं जो सार। राम नाम मैं पढ़्यौ बिचार'।
कह्यौ, याहि ले जाउ उठाइ। सुमिरत मो रिपु कौं चित लाइ।
मेरी ओर न कछू निहारौ। याकौ पावक भीतर डारौ।
जौ ऐसी करतहुँ नहिं मरै। डारि देहु गज मैमत-तरैं।
पर्बत सौं इहिं देहु गिराइ। मरै जौन बिधि मारौ जाइ।
नृप-आज्ञा लयौ कुँवर लिवाइ। कुँवर रह्यौ हरि-पद चित लाइ।
असुर चले तब कुँवर लिवाइ। हरि जू ताकी करी सहाइ।
असुरनि गिरि तैं दियौ गिराइ। राखि लियौ तहँ त्रिभुवनराइ।
पुनि गज मैमत आगैं डारयौ। राम-नाम तब कुँवर उचारयौ।
गज दोउ दंत टूटि धर परे। देखि असुर यह अचरज डरे।
बहुरौ दीन्हे नाग ढुकाइ। जिनकी ज्वाला गिरि जरि जाइ।
हरि जू तहँ हूँ करी सहाइ। नाग रहे सिर नीचैं नाइ।
पुनि पावक मैं दियौ गिराइ। हरि जू ताकी करी सहाइ।
करैं उपाइ सो बिरथा जाइ। तब सब असुर रहे खिसिआइ।
कह्यौ असुर-पति सौं उन जाइ। मरत नहीं बहु किए उपाइ।
हम तौ बहुत भाँति पचि हारे। इन तौ रामहिं नाम उचारे।
नृप कह्यौ, 'मंत्र-जंत्र कछु आहि। कै छल करत कछू तू आहि ?
तोकौं कौन बचावत आइ। सो तू मोकौं देहि बताइ'।
'मंत्र-जंत्र मेरैं हरि-नाम। घट-घट मैं जाकौ बिस्राम।
जहाँ-तहाँ सोइ करत सहाइ। तासौं तेरौ कछु न बसाइ'।
कह्यौ, 'कहाँ सो मोहिं बताइ। नातरु तेरौ जिय अब जाइ।
'सो सब ठौर', 'खंभहूँ होइ?' कह्यौ प्रहलाद, 'आहि, तू जोइ'।
हिरनकसिप क्रोधहिं मन धारयौ। जाइ खंभ कौं मुष्टिक मारयौ।
फटि तब खंभ भयो द्वै फारि। निकसे हरि नरहरि-बपु धारि।
देखि असुर चक्रित ह्वै गयौ। बहुरि गदा लै सन्मुख भयौ।
हरि तासौं कियौ जुद्ध बनाइ। तब सुर मुनि सब गए डराइ।
संध्या समय भयौ जब आइ। हरि जू ताकौं पकरयौ धाइ।
निज जंघनि पर ताहि पछारयौ। नख-प्रहार तिहिं उदर बिदारयौ।
जै-जैकार दसौं दिसि भयौ। असुर देह तजि, हरि-पुर गयौ।
ब्रह्मादिक सब रहे अरगाइ। क्रोध देखि कोउ निकट न जाइ।
बहुरौ ब्रह्मा सुरनि समेत। नरहरि जू कैं जाइ निकेत।

करि दंडवत बिनय उच्चारी। 'तुम अनंत बिक्रम बनवारी।
तुमहीं करत त्रिगुन बिस्तार। उतपति, थिति, पुनि करत सँहार।
करौ छमा कियौ असुर-सँहार'। गयौ न क्रोध, गयौ सो निहार।
महादेव पुनि बिनय उचारी। 'नमो-नमो भक्तनि भयहारी।
भक्त-हेत तुम असुर सँहारौ। श्री नरहरि, अब क्रोध निवारौ'।
क्रोध न गयौ, तब ऐसैं कह्यौ। 'छमौ प्रलय कौ समय न भयौ।
तबहूँ गयौ न क्रोध-बिकार। महादेव हू फिरे निहार।
बहुरि इंद्र अस्तुति उच्चारी। 'मुयौ असुर, सुर भए सुखारी।
'ह्वैहैं जज्ञ अब देव मुरारी। छमियै क्रोध सुरनि-सुखकारी'।
पुनि लछमी यौं बिनय सुनाई। 'डरौं देखि यह रूप नवाई।
महाराज, यह रूप दुरावहु। रूप चतुर्भुज मोहिं दिखावहु'।
बरुन, कुबेरादिक पुनि आइ। करी बिनय तिनहूँ बहु भाइ।
तौहूँ क्रोध छमा नहिं भयौ। तब सब मिलि प्रहलादहिं कह्यौ।
तुम्हरैं हेत लियौ अवतार। अब तुम जाइ करौ मनुहार।
तब प्रहलाद निकट-हरि आइ। करि दंडवत पर्‌यौ गहि पाइ।
तब नरहरि जू ताहि उठाइ। ह्वै कृपाल बोले या भाइ।
'कहु जो मनोरथ तेरौ होइ। छाँड़ि बिलंब करौं अब सोइ।
'दीनानाथ, दयाल, मुरारि। मम हित तुम लीन्हौ अवतार'।
असुर असुचि है मेरी जाति। मोहिं सनाथ कियौ सब भाँति।
भक्त तुम्हारी इच्छा करैं। ऐसे असुर किते संहरैं।
भक्तनि हित तुम धारी देह। तरिहैं गाइ-गाइ गुन एह।
जग-प्रभुत्व प्रभु, देख्यौ जोइ। सपन-तुल्य छनभंगुर सोइ।
इंद्रादिक जातैं भय कर्‌यौ। सो मम पिता मृतक ह्वै पर्‌यौ।
साधु-संग प्रभु, मोकौं दीजे। तिहि संगति निज भक्ति करीजै।
और न मेरी इच्छा कोइ। भक्ति अनन्य तुम्हारी होइ।
और जो मो पर किरपा करौ। तौ सब जीवनि कौ उद्धरौ।
जो कहौ, कर्मभोग जब करिहैं। तब ये जीव सकल निस्तरिहैं।
मम कृत इनके बदलैं लेहु। इनके कर्म सकल मोहिं देहु।
मोकौं नरक माहिं लै डारौ। पै प्रभु जू, इनकौं निस्तारौ।
पुनि कह्यौ, जीव दुखित संसार। उपजत-बिनसत बारंबार।
बिना कृपा निस्तार न होइ। करौ कृपा, मैं माँगत सोइ।
प्रभु, मैं देखि तुम्हैं सुख पावत। पै सुर देखि सकल डर पावत।
तातैं महा भयानक रूप। अंतर्धान करौ सुर-भूप'।
हरि कह्यौ, 'मोहिं बिरद की लाज। करौ मन्वंतर लौं तुम राज।

राज-लच्छमी-मद नहिं होइ। कुल इकीस लौं उधरै सोइ।
जो मम भक्त के मग मैं जाइ। होइ पवित्र ताहि परसाइ।
जा कुल माहिं भक्त मम होइ। सप्त पुरुष लौं उधरै सोइ'।
पुनि प्रहलाद राज बैठाए। सब असुरनि मिलि सीस नवाए।
नरहरि देखि हर्ष मन कीन्हौ। अभयदान प्रहलादहिं दीन्हौ।
तब ब्रह्मा बिनती अनुसारी। 'महाराज, नरसिंह, मुरारी।
सकल सुरनि कौ कारज सरौ। अंतर्धान रूप यह करौ'।
तब नरहरि भए अंतर्धान। राजा सौं सुक कह्यौ बखान।
जो यह लीला सुनै-सुनावै। 'सूरदास' हरि भक्ति सो पावै॥

'नरहरि, नरहरि' कहकर भगवान नरहरि का स्मरण करो। नरहरि भगवान के पदों को अपने हृदय में धारण करो। भगवान ने जिस प्रकार नरसिंह रूप धारण किया, मैं अब वह कहता हूँ। मन लगाकर सुनो।

हरि ने बाराह बनकर जब हिरण्याक्ष को मारा और पृथ्वी को अपने दाँतों के अग्रभाग पर उठाकर उसका उद्धार किया, तब उसकी माता दिति ने हिरण्यकस्यप से आकर कहा—तुम अपने भाई के बैर का बदला जाकर लो।

हिरण्यकस्यप ने महा कठोर तप किया। तब बह्मा ने आकर उसे दर्शन दिया और कहा—तुम्हारी जो इच्छा हो, मुझसे वही वर माँग लो।

तब हिरण्यकस्यप ने कहा—मैं न रात में मरूँ, न दिन में मरूँ, न आकाश में मरूँ, न धरती पर मरूँ। मुझे न अस्त्र का भय हो, न शस्त्र का। तुम्हारी सृष्टि जहाँ तक है, वहाँ तक मुझे कोई भी न मार सके।

ब्रह्मा ने कहा—जाओ ऐसा ही होगा। फिर भगवान जैसा चाहेंगे, वैसा होगा। ऐसा कहकर ब्रह्मा जी अपने नगर को चले गए। और हिरण्यकस्यप भी अपने घर को लौट गया। अपने घर आकर हिरण्यकस्यप तीनों लोकों का स्वामी बन बैठा। इंद्र और वरुण सभी अपना-अपना स्थान छोड़कर भाग गए।

हिण्यकस्यप का पुत्र प्रह्लाद हुआ। उसके होने से उस असुर के मन में बड़ी प्रसन्नता हुई। जब प्रह्लाद पाँच बरस का हुआ, तब हिण्यकस्यप ने गुरु संडामर्क को बुलवा भेजा। उनके साथ उसने प्रह्लाद को पाठशाला में भेज दिया। पर प्रह्लाद ने राम नाम में अपना मन लगा लिया। संडामर्क राजनीति पढ़ा पढ़ा कर हार गए। प्रह्लाद ने कहा—मैं तत्त्व तत्त्व पढ़ रहा हूँ। यह सब जंजाल, यह सब खुराफात, तुम मुझे व्यर्थ ही क्यों पढ़ा रहे हो।

जब पांडे श्री संडामर्क कहीं इधर-उधर चले गए, पाठशाला के सभी लड़के एकत्र हुए और उन्होंने प्रह्लाद से पूछा—यह ज्ञान तुमने कहाँ पाया?

तब प्रह्लाद ने उनसे कहा—जब मैं माँ के पेट में था, तभी नारदजी से यह ज्ञान सुना था।

सब विद्यार्थियों के मन में ऐसा आया और उन्होंने कहा—यह ज्ञान हमको भी सिखा दो।

तब प्रह्लाद ने सब छात्रों को समझाकर कहा—सब तजकर केवल रघुनाथ जी के चरण भजो। भाइयो राम पढ़ो। राम ही जहाँ तहाँ संकटकाल में सहायता करते हैं। यहाँ कोई भी किसी का नहीं है। ऋण के संबंध से इस संसार में आकर सब मिले हैं। पूर्वजन्म में जिस किसी ने जिसका ऋण लिया, उसी को बेटा -बेटी होकर वह दूसरे जन्म में भरता है। जब मृत्यु की बेला आ जाती है, तब परलोक जाते समय कोई भी साथ नहीं जाता। केवल यदुनाथ सदैव साथ देने वाले हैं। उन्हीं को ध्यान लगाकर सदा भजो। वही प्रभु, जो घट-घट में, हर देह में, समाए हुए हैं, संहारक हैं, वे ही ब्रह्म हैं। उनसे बढ़कर दूसरा कोई नहीं है। उनका भजन करने से सदा सुख होता है। मनुष्य जन्म दुर्लभ है, वह हमें सहज ही सुलभ हो गया है। जो हरि का भजन नहीं करते, वे नरक में जाते हैं। ऐसा मन में समझकर विषयों का परित्याग करो और सदा राम ही राम रटो। मनुष्य की आयु सौ वर्ष की है। आधी आयु तो सोने में बीत जाती है। कुछ आयु लड़कपन में बीत जाती है, कुछ आयु जवानी और वृद्धावस्था में बीत जाती है। कुछ आयु विषयभोग में चली जाती है। अगर ऐसे ही सारा जीवन बीत गया, तो बिना हरि-भजन के नरक में जाना पड़ता है। बाल्यावस्था बीत जाने पर जवानी आती है, जवानी पर वृद्धावस्था आ जाती है। तब वह मूर्ख पछताता है। तीनों पन इसी प्रकार व्यर्थ बीत जाते हैं। अत: अभी बाल्यावस्था में ही भगवान का भजन करो। विषयों का उपभोग तो हर तन में—पशु, पक्षी, मर्कट सभी में किया जा सकता है, भगवान की भक्ति तो नर-तन में ही संभव है। जो नर-तन पाकर भगवान की भक्ति नहीं करता, वह पशु के समान है। इसलिए सब लोग भगवान की भक्ति करो। जब तक मृत्यु नहीं आ जाती, तब तक चित्त लगाकर भगवान की भक्ति करते जाओ। हरि सारे संसार में व्याप्त हैं। सब सोच-विचारकर उनका भजन करो। यह शरीर बालक युवा, वृद्ध सभी होता है, पर इस शरीर में स्थित आत्मा सदा एक रस रहती है, यह न बालक बनती है, न युवा होती है और न बूढ़ी ही। ऐसा समझकर मोह छोड़ो। और हरि के चरण-कमलों में प्रीति करो। जैसे मिट्टी में सोना गिर जाय, यही स्थिति देह स्थित आत्मा की है। शरीर मिट्टी है, आत्मा सोना है। मिट्टी में गिरे सोने को सब उठा लेते हैं। मिट्टी को छोड़ देते हैं। उसी प्रकार मिट्टी रूपी शरीर को छोड़कर हमें हरि का भजन करना चाहिए। किसी अन्य नर की या स्वयं अपनी सेवा करने से जो सुख मिलता है, वह क्षण मात्र में नष्ट हो जाने वाला है, वह स्थिर नहीं रहता। अत: हरि की सेवा चित्त लगाकर करो। इसी से परम सुख मिलता है, जो कभी जाता नहीं, सदा बना रहता है। हरि ऊँच-नीच का विचार नहीं करते। इस बात को समझकर सब कोई भगवान का भजन करो। असुर हो, चाहे सुर हो, जो भी भगवान को भजता है, वही भगवान को प्यारा होता है। दिन-रात राम ही राम कहो, नहीं तो यह जीवन व्यर्थ ही नष्ट हो जायगा। सौ बातों की एक बात यह है कि सब कुछ छोड़कर जानकीनाथ का भजन करो।

सब पढ़नेवाले बालकों को प्रह्लाद की बात ऐसी रुची कि वे सभी हरि-चरणों में चित्त लगा बैठे। वे सभी सदा हरिनाम का उच्चारण करने लगे और किसी विद्या में उनकी रुचि नहीं रह गई।

तब संडामर्क डर गए और उन्होंने असुरपति हिरण्यकस्य से जाकर यों निवेदन

किया—मैं तुम्हारे पुत्र प्रह्लाद को पढ़ाकर हार गया। वह स्वयं तो पढ़ता नहीं, अन्य लड़कों को भी बिगाड़ता है। वह नित्य 'राम नाम' रटता रहता है। वह राजनीति पढ़ना नहीं चाहता। इसीलिए हमने आकर तुमसे कह दिया। जो उपाय करना हो, करो।

तब हिरण्यकस्यप ने प्रह्लाद को बुलाया। उसे कुछ प्रेम दिखाया, कुछ भय। फिर उसे अपनी गोद में बैठा लिया और कहा—तुमने कौन सी सारभूत विद्या पढ़ी है?

प्रह्लाद ने कहा—चारों वेदों का जो सार है, वही षड्दर्शनों का भी सार है। अठारहों पुराणों का जो सार है, मैंने विचार करके वही राम नाम पढ़ा है।

इस पर हिरण्यकस्यप ने कहा—इसे उठा ले जाओ। यह मेरे शत्रु को मन लगाकर सुमिरता रहता है। सेवक हिरण्यकस्यप का मुँह देखने लगे। तब वह फिर बोला—इसको अग्नि में डाल दो। यदि यह आग में न मरे, तो इसे मतवाले हाथी के पैरों के नीचे छोड़ दो। इसे पर्वत से नीचे फेंक दो। जिस भी तरीके से यह मारा जा सके, इसे मार डालो।

तब असुराधिपति की आज्ञा से सेवकों ने राजकुमार प्रह्लाद को उठा लिया। प्रह्लाद ने अपना चित्त प्रभु के चरणों में लगा लिया। असुर कुमार प्रह्लाद को उठाकर ले चले। हरि ने अपने भक्त बालक प्रह्लाद की सहायता की।

असुरों ने पहले प्रह्लाद को पहाड़ पर से ढकेल दिया, पर त्रिलोकनाथ ने उसे बचा लिया। फिर उन्होंने मतवाले हाथी के आगे झोंक दिया। प्रह्लाद ने राम नाम का उच्चारण किया। इस पर उस मतवाले हाथी के दोनों दाँत टूट गए। असुरों ने यह देखकर बड़ा आश्चर्य माना।

फिर उन्होंने उसे ऐसे जहरीले साँपों के बीच घुसा दिया, जिनकी विष-ज्वाला से पहाड़ भी जल जाएँ। हरि ने वहाँ भी सहायता की। नागों ने सिर नीचे कर लिया।

फिर प्रह्लाद को आग में गिरा दिया गया। यहाँ भी हरि ने प्रह्लाद की सहायता की।

वे प्रह्लाद को मारने के जो भी उपाय करते थे, सब व्यर्थ जा रहे थे। तब सभी असुर चिढ़ गए और उन्होंने असुरपति हिरण्यकस्यप से जाकर अपनी असफलता निवेदित करते हुए कहा—हमने बहुत उपाय किए, पर प्रह्लाद मारा नहीं जा पा रहा है, हर बार बच-बच जाता है। हम तो बहुत प्रकार से हठ करके, डट करके हार गए। यह तो राम-राम ही रटता जाता है।

असुरपति हिरण्यकस्यप ने प्रह्लाद से पूछा—यह राम-नाम कोई मंत्र है क्या? अथवा तू कोई धोखाधड़ी तो नहीं कर रहा है। तुझे कौन आकर बचा ले रहा है। तू मुझे यह बता दे।

प्रह्लाद ने कहा—मेरा मंत्र कहो या यंत्र कहो, उन हरि का नाम ही है, जो घट-घट में निवास करते हैं। जहाँ-तहाँ वही राम मेरी सहायता कर रहे हैं। उनपर तेरा कोई बस, कोई बल, नहीं चल सकता।

तब हिरण्यकस्यप ने पूछा—'तेरा वह राम कहाँ है, बता, नहीं तो अभी तेरा प्राण चला जायगा।'

प्रह्लाद ने कहा—'राम तो सभ जगह हैं।'

हिरण्यकस्यप ने कहा—क्या तेरा वह राम पत्थर के इस खंभे में भी है?

प्रह्लाद ने कहा—हाँ, मेरा राम इस खंभे में भी है, तुम देख लो।

तब हिरण्यकस्यप ने मन में बहुत क्रोध किया और जाकर उस प्रस्तर स्तंभ में बलपूर्वक मुष्टिका प्रहार किया। तब खंभा फट कर दो टुकड़ों में बँट गया और हरि उसमें से नरहरि रूप में निकल आए। असुर हिरण्यकस्यप नरसिंह को देखकर पहले तो चकपका उठा, फिर गदा लेकर सामने आ गया। हरि ने हिरण्यकस्यप से खूब युद्ध किया। तब देवता मुनि सभी डर गए। युद्ध शाम तक होता रहा। संध्या होते ही नरहरि ने दौड़कर उसको पकड़ लिया और उसे उठाकर अपनी जांघों पर पटक दिया और नख के प्रहार से उसका पेट फाड़ डाला।

(इस प्रकार हिरण्यकस्यप न दिन में मरा, न रात में, न धरती पर मरा, न आकाश में, न अस्त्र से मरा, न शस्त्र से। न नर से मरा, न पशु से। वह सांझ को मरा, नृसिंह की जांघ पर मरा, नाखून से उसका पेट फाड़ा गया, आधे सिंह से मारा गया। ब्रह्मा का वरदान इस प्रकार पूरा हुआ।) दसों दिशाओं में जयजय की ध्वनि छा गई और असुर हिरण्यकस्यप भी शरीर त्याग कर हरिपुर को चला गया।

नरसिंह के क्रोध को देखकर किसी का साहस उनके पास जाने का नहीं हुआ। ब्रह्मा आदि सभी देवगण अलग, दूर जा रहे। फिर ब्रह्मा जी देवताओं के साथ नृसिंह भगवान के पास गए और दण्डवत करके विनती की—हे वनवारी, तुम अनंत पराक्रम वाले हो। तुम्हीं ने त्रिगुणात्मक प्रकृति का विस्तार किया है। तुम्हीं उत्पत्ति करनेवाले हो, तुम्हीं पालन-पोषण करनेवाले हो, और तुम्हीं संहार भी करनेवाले हो। हे प्रभु तुमने असुर का संहार कर बहुत अच्छा किया। अब तुम अपने क्रोध को रोको और क्षमा करो।

पर नृसिंह भगवान का क्रोध नहीं गया। ब्रह्मा जी उनके क्रोध को देखकर चले गए।

फिर महादेव जी ने विनती की—हे भक्तों का भय हरने वाले, तुम्हें बार-बार नमस्कार है। तुमने भक्त के लिए इस असुर का संहार किया है। हे नरहरि, अब अपने क्रोध का निवारण कीजिए।

महादेव की विनती पर भी नृसिंह का क्रोध नहीं दूर हुआ। तब उन्होंने पुनः कहा—प्रभु, क्षमा करें, अभी प्रलय का समय नहीं आया है।

इसके पश्चात इंद्र ने स्तुति की—असुर मर गया, सुर सुखी हो गए। हे देव, अब यज्ञ निर्विघ्न संपन्न होंगे। हे देवताओं को सुख देनेवाले, क्रोध को शान्त कीजिए और अब क्षमा कीजिए।

फिर लक्ष्मी जी ने यों प्रार्थना की—हे प्रभु, आपका यह नया रूप देखकर तो मुझे बड़ा डर लग रहा है। महाराज, अपना यह भयंकर रूप छिपाइए और पुनः अपना सुदर्शन चतुर्भुज रूप दिखलाइए।

इसके पश्चात वरुण, कुबेर आदि भी आए। उन्होंने भी अनेक प्रकार से निवेदन किया। तब भी नरसिंह भगवान का क्रोध दूर नहीं हुआ। तब सब ने मिलकर प्रह्लाद से कहा—प्रभु ने तो तुम्हारे लिए ही नरसिंह का भयंकर अवतार लिया है। अब तुम जाकर उनसे निवेदन करो।

तब प्रह्लाद प्रभु के निकट गए दंडवत प्रणाम करके उनके पैर पकड़ लिए। तब नरहरि

ने प्रह्लाद को उठा लिया और दयालु होकर इस प्रकार बोले—तुम्हारी जो अभिलाषा हो कहो। मैं अविलंब उसे पूरा करूँगा।

तब प्रह्लाद ने प्रार्थना की—हे दीनानाथ, हे दयालु, हे मुरारि, मेरे लिए आपने यह नरहरि का रूप धारण किया। मैं अशुचि असुर हूँ। आपने मुझ अनाथ को सब प्रकार से सनाथ पद दिया। भक्त लोग आपकी अभिलाषा करते हैं। आपने ऐसे कितने ही असुरों का संहार किया है। भक्तों के लिए ही आप निर्गुण से सगुण हुए हैं और अवतार लिया है। भक्त लोग आपके इस गुण को गाते हुए तर जायँगे। हे प्रभु, संसार की जितनी प्रभुता, विभुता मैंने देखी है, सब स्वप्न-तुल्य है, क्षण भर में नष्ट हो जानेवाली है। देवराज इंद्र तक जिससे डरते थे, देख रहा हूँ मेरे वही प्रतापी पिता मरे पड़े हैं। हे प्रभु, मुझे साधुओं की संगति में रखकर मुझसे अपनी भक्ति कराइए। मेरी कोई दूसरी इच्छा नहीं है। बस आपकी अनन्य भक्ति मुझे मिले। इसके अतिरिक्त प्रभु यदि मुझपर और कृपा करना चाहते हैं तो सब जीवों का उद्धार कर दीजिए। यदि आप कहें कि ये जब अपने-अपने कर्मों का फल भोग लेंगे, तब इन सभी जीवों का स्वत: उद्धार हो जायगा, तो मेरे सारे पुण्य इनके कर्मों के बदले में ले लें और इनके सारे कर्म मुझे दे दें। मुझे ले जाकर नरक में डाल दें, पर प्रभु इनका उद्धार तो कर ही दें।

प्रह्लाद ने फिर कहा—संसार के सारे जीव दुखी हैं। ये बारबार जन्म लेते हैं और बार-बार मरते हैं। आपकी कृपा बिना इनका उद्धार होने से रहा। आप इनपर कृपा करें, मैं आपसे यही माँगता हूँ। प्रभु, मैं आपको देखकर सुख पा रहा हूँ, पर सारे देवता आपको इस रूप में देखकर भयभीत हैं, इसलिए हे सुर-भूप, अपने इस महा भयानक रूप को त्याग दें।

नरहरि ने कहा—मुझे तो अपने विरद की लज्जा रखना ही है। तुम पूरे मन्वंतर राज करो। तुम्हें न राज्य का नशा हो, न धन का गर्व। तुम्हारी इक्कीस पीढ़ियों का उद्धार हो जाय। जो कोई मेरे भक्त के मार्ग पर चलेगा, वह उसको छूकर पवित्र हो जायगा। जिस कुल में मेरा कोई भक्त होगा, उसकी सात पीढ़ियों का उद्धार हो जायगा।

फिर नरसिंह भगवान ने प्रह्लाद को राजगद्दी दे दी। सब असुरों ने मिलकर नए राजा को सिर झुकाया। नरहरि को यह सब देखकर बड़ी प्रसन्नता हुई। उन्होंने प्रह्लाद को अभयदान दिया।

तब ब्रह्मा जी ने विनती की—हे महाराज, हे मुरारी, देवताओं के संपूर्ण कार्य पूर्ण हो गए। अब आप इस रूप को छिपा लीजिए।

तब नरसिंह भगवान अंतर्धान हो गए।

राजा परीक्षित से शुकदेव जी ने प्रह्लाद और नरसिंह भगवान की यह कथा कह सुनाई। जो यह लीला कहता है, जो इस लीला को सुनता है, उसे हरि की भक्ति मिलती है।

२०४/४२२ राग रामकली

पढ़ौ भाई, राम-मुकुंद-मुरारि।
चरन-कमल मन-सनमुख राखौ, कहूँ न आवै हारि।
कहै प्रहलाद सुनौ रे बालक, लीजै जनम सुधारि।

को है हिरनकसिप अभिमानी, तुम्हैं सकै जो मारि ?
जनि डरपौ जड़मति काहू सौं, भक्ति करौ इकसारि।
राखनहार अहै कोउ औरै, स्याम धरे भुज चारि।
सत्य स्वरूप देव नारायन, देखौ हृदय बिचारि।
'सूरदास' प्रभु सबमैं ब्यापक, ज्यौं धरनी मैं बारि।

प्रह्लाद अपने साथी विद्यार्थियों से कह रहे हैं—भाइयो, राम, मुकुंद, मुरारि प्रभु के इन्हीं नामों को कहो। भगवान के चरण कमलों को सदैव अपने मन के साथ बनाए रहो, जिससे जीवन में कभी हारना न पड़े। हे बालको, अपना जन्म सुधार लो। यह अभिमानी हिरनकस्यप कौन है, जो तुम्हें मार सके। मूर्ख बनकर किसी से डरो मत। एक रस होकर भगवान की भक्ति करो। रक्षा करनेवाला कोई और ही है, वह चार भुजाओं वाला श्याम है। तुम अपने हृदय में विचार कर देखो, वह नारायण सत्य स्वरूप देव हैं। वह घट-घट में इसी प्रकार व्याप्त हैं, जिस प्रकार धरती में जल।

२०५/४२३ राग कान्हरौ

जो मेरे भक्तनि दुखदाई।
सो मेरे इहिं लोक बसौ जनि, त्रिभुवन छाँड़ि अनत कहुँ जाई।
सिव-बिरंचि-नारद मुनि देखत, तिनहुँ न मोकौं सुरति दिवाई।
बालक अबल, अजान रह्यौ वह, दिन-दिन देत त्रास अधिकाई।
खंभ फारि, गल गाजि मत्त बल, क्रोधमान छबि बरनि न आई।
नैन अरुन, बिकराल दसन अति, नख सौं हृदय बिदार्यौ जाई।
कर जोरे प्रहलाद जो बिनवै, बिनय सुनौ असरन-सरनाई।
अपनी रिस निवारि प्रभु, पितु मम अपराधी, सो परम गति पाई।
दीनदयाल, कृपानिधि, नरहरि, अपनौ जानि हियैं लियौ लाई।
'सूरदास' प्रभु पूरन ठाकुर, कह्यौ, सकल मैं हूँ नियराई॥

जो मेरे भक्तों को दुख देता है, वह मेरे इन तीनों लोकों में न बसे। वह त्रिभुवन को छोड़कर कहीं दूसरी जगह चला जाय। शिव, ब्रह्मा, नारद सभी मेरे इस निर्बल, अजान भक्त को कष्ट सहते देखते रहे, किसी ने मुझको याद नहीं दिलाई। इसे दिन दिन त्रस्त किया गया है।

ऐसा कहकर, खंभा फाड़कर, गला फाड़कर घोर गर्जना करते हुए, अत्यंत बलशाली, क्रुद्ध, लाल-लाल नेत्र लिए हुए, विकराल दाँतों वाले नरसिंह भगवान प्रकट हुए। उनकी कुपित छवि का वर्णन नहीं किया जा सकता। उन्होंने नख से ही हिरण्यकस्यप के वक्षस्थल को फाड़ डाला।

हाथ जोड़े हुए प्रह्लाद विनती कर रहे हैं—हे अशरणों को भी शरण देने वाले प्रभु, मेरी बिनती सुनिए, ये मेरे पिता अपराधी थे, उन्हें आपने परम गति दे दी। अब अपना क्रोध रोकें।

दीनदयाल, कृपानिधि, नरहरि ने प्रह्लाद को अपना जन जानकर हृदय से लगा लिया।

प्रभु पूर्ण ठाकुर हैं। मुझ सूरदास ने भी उनके निकट जाकर यह सब कहा।

तब लगि हौं बैकुंठ न जैहौं ।

सुनि प्रहलाद प्रतिज्ञा मेरी, जब लगि तव सिर छत्र न दैहौं ।
मन-बच-कर्म जानि जिय अपनै, जहाँ-जहाँ जन तहँ-तहँ ऐहौं ।
निर्गुन-सगुन होइ सब देख्यौ, तोसौं भक्त कहूँ नहिं पैहौं ।
मो देखत, मो दास दुखित भयौ, यह कलंक हौं कहाँ गँवैहौं !
हृदय कठोर कुलिस तैं मेरौ, अब नहिं दीनदयालु कहैहौं ।
गहि तन हिरनकसिप कौ चीरौं, फारि उदर तिहिं रुधिर नहैहौं ।
या हित मनै कहत 'सूरज' प्रभु, इहिं कृत कौ फल तुरत चखैहौं ॥

नरहरि भगवान ने प्रह्लदा से कहा—हे प्रह्लाद, मेरी प्रतिज्ञा सुनो। जब तक मैं तुम्हारे सिर पर राजमुकुट और उसके ऊपर राजछत्र न रख दूँगा, तब तक बैकुंठ न जाऊँगा। तू मेरी मनसा वाचा कर्मणा यह बात जान ले कि जहाँ-जहाँ मेरे भक्त हैं, मैं वहाँ-वहाँ जाऊँगा। मैंने निर्गुण रहकर, सगुण भी बनकर, देख लिया है, मुझे तेरे जैसा भक्त नहीं मिलेगा। मेरे देखते मेरा भक्त दुखी हुआ, मैं इस कलंक को कहाँ गँवा पाऊँगा। कलंक का यह टीका मेरे मस्तक पर सदा लगा रहेगा, धुल नहीं पाएगा। मेरा ह्रदय कठोर है, वज्र का बना है। मैं अब दीनदयालु नहीं कहलाऊँगा। मैं हिरण्यकस्यप के शरीर को पकड़कर चीर डालूँगा और उसका उदर फाड़कर उसके रक्त से स्नान करूँगा। प्रह्लाद के हित के लिए मैं इसके बाप हिरण्यकस्यप को उसके कर्मों का फल तुरत चखाऊँगा। ऐसा भगवान ने मन ही मन में कहा।

२०७/४२५ राग मारू

ऐसी को सकै करि बिनु मुरारी ।

कहत प्रहलाद के, धारि नरसिंह बपु, निकसि आए तुरत खंभ फारी ।
हिरनकस्यप निरखि रूप चक्रित भयौ, बहुरि कर लै गदा असुर धायौ ।
हरि गदा-जुद्ध तासौं कियौ भली बिधि, बहुरि संध्या-समय होन आयौ ।
गहि असुर धाइ, पुनि नाइ निज जंघ पर, नखनि सौं उदर डार्‌यौ बिदारी ।
देखि यह सुरनि बर्षा करी पुहुप की, सिद्ध-गंधर्ब जय-धुनि उचारी ।
बहुरि बहु भाइ प्रहलाद अस्तुति करी, ताहि दै राज बैकुँठ सिधाए ।
भक्त कैं हेत हरि धर्‌यौ नरसिंह-बपु, 'सूर' जन जानि यह सरन आए ॥

प्रह्लाद के यह कहते ही कि 'हाँ, खंभों में भी राम हैं', भगवान नरसिंह का रूप धारण कर खंभे को फाड़कर तुरत बाहर निकल आए। ऐसा बिना मुरारि के और कौन कर सकता है। हरिण्यकस्यप प्रभु के उस नरसिंह रूप को देखकर चकपका गया। फिर हाथ में गदा लेकर वह असुर नरसिंह भगवान पर झपटा। नरहरि ने उस असुर से भली भाँति तब तक युद्ध किया, जब तक कि संध्या नहीं हो गई। जब संध्या होने को आई, तब उन्होंने उस असुर को दौड़ाकर पकड़ लिया और अपनी जांघों पर लिटा दिया। फिर अपने नहों से उसके पेट को फाड़ डाला। यह देखकर देवताओं ने पुष्प-वर्षा की और सिद्धों और गंधर्वों

ने जय जयकार किया। फिर प्रह्लाद ने बहुत भावपूर्वक नरहरि भगवान की स्तुति की। उसे राज्य देकर नरहरि भगवान अपने धाम बैकुंठ चले गए।

भगवान ने अपने भक्त के लिए आधा नर आधा सिंह का रूप धारण किया। यह जानकर उनके जन उनकी शरण में आते गए। सूर भी ऐसा ही उनका जन है, वह भी उनकी शरण में आ गया।

२०८/ग्र ५७३८ लघु, राग कान्हरो

अपनौ जन प्रहलाद उबार्‍यौ ।
खंभ बीच तैं प्रगटे नरहरि, हिरनकसिपु उर नखन बिदार्‍यौ ।
बरसत कुसुम, सब्द जै-जै धुनि, सुर देखत सब कौतुक हार्‍यौ ।
कमला हरि के निकट न आवत, अस सरूप हरि कबहुँ न धार्‍यौ ।
परहलाद चूमत अरु चाटत, भगत जानि कै क्रोध निवार्‍यौ ।
'सूरदास' बलि जाय दरस कौं, भगत-विरोधी दैत्य सँहार्‍यौ ॥

भगवान खंभे के बीच से नरसिंह रूप में प्रकट हुए और हिरण्यकस्यप के पेट को अपने नखों से विदीर्ण कर दिया तथा अपने भक्त प्रह्लाद को बचा लिया। नभ से फूलों की वर्षा होने लगी और भगवान की जय हो, जय हो, यह ध्वनि आकाश में गूँज उठी। देवता लोग भगवान की यह क्रीड़ा देखकार हार गए। लक्ष्मी उनके निकट आने में भयभीत होने लगीं और कहने लगीं—ऐसा रूप तो भगवान ने कभी नहीं धारण किया था।

नृसिंह भगवान बाल-भक्त प्रह्लाद को चूमने लगे, और जीभ से चाटने लगे। उसे अपना भक्त जानकर उन्होंने अपना क्रोध रोका। भगवान ने अपने भक्त प्रह्लाद के विरोधी उसके बाप हिरण्यकस्यप को मार डाला।

सूरदास ऐसे नरहरि भगवान के दर्शन की बलैया लेता है।

२०९/ग्र ५४०९ कल्प, मुल्तानी धनाश्री, तिताल

महाप्रभु नरसिंह आरोग ।
छप्पन भोग, छतीसो व्यंजन, नाना विधि के भोग ।
लछमी भोजन आप सुधारै, मन महँ बहुत अनंग ।
पनवारौ नारद मुनि ल्याए, जल भरि ल्याई गंग ।
भाव प्रीति करि भोजन कीजै, तुम हौं प्रान अधार ।
अंतर घट कै अंतरजामी, सब विधि जाननहार ।
आरति साजि इंद्र लै आयौ, दिय कुबेर पट चीर ।
सनक सनंदन चँवर ढुरावैं, जन प्रहलादहि तीर ।
गावत 'सूरदास' यह लीला, निज जन हरु भव-भीर ।
अब हौं सरन तिहारी आयौ, राखौ प्रभु बलवीर ॥

महाप्रभु नरसिंह भोजन कर रहे हैं। उनके सामने छप्पन प्रकार के भोजन, छत्तीसों प्रकार के व्यंजन तथा नाना प्रकार के अन्य खाद्य पदार्थ परोस दिए गए हैं। लक्ष्मी जी ने अपने हाथ से, बहुत ही अभिलाषा और रुचि से भोजन तैयार किया है। नारद जी पत्तल रख गए। गंगा

जी जल भर लाई। तब लक्ष्मी जी ने प्रार्थना की—हे प्रभु, तुम मेरे प्राणाधार हो, तुम सब प्रका से घट की बातें जानने वाले हो, अब प्रेम भाव से भोजन करो। इंद्र आरती सजाकर लाए कुबेर ने वस्त्राभूषण दिया। सनक सनंदन आदि पंखा करने लगे, प्रह्लाद भक्त पास ही खड़े हैं

अपने भक्तों की भव-भीर, सांसारिक कष्ट को दूर करनेवाली इस लीला को भक्त सूरदास गा रहे हैं। हे प्रभु, अब मै तुम्हारी शरण में आ गया हूँ। हे बलराम के वीर (भाई) मुझे भी बचा लो।

भगवान का श्री शिव को सहाय्य प्रदान — *२१०/४२६ राग बिलावल*

हरि हरि, हरि हरि, सुमिरन करौ। हरि-चरनारबिन्द उर धरौ
हरि ज्यों सिव की करी सहाइ। कहौं सो कथा, सुनौ चित लाइ
एक समय सुर-असुर प्रचारि। लरे, भई असुरनि की हारि
तिन ब्रह्मा कैं हित, तप कीन्हौ। ब्रह्मा प्रगटि दरस तिन्ह दीन्हौ
तब ब्रह्मा सौं कह्यौ सिर नाइ। हमरी जय ह्वैहै किहिं भाइ
ब्रह्मा तब यह वचन उचारौ। मय माया-मय कोट सँवारौ
तामैं बैठि सुरनि जय करौ। तुम उनके मारे नहिं मरौ
असुरनि यह मय कौं समुझाई। तब मय दीन्हौ कोट बनाई
लोह तरैं, मधि रूपा लायौ। ताके ऊपर कनक लगायौ
जहँ लै जाइ, तहाँ वह जाइ। त्रिपुर नाम सो कोट कहाइ
गढ़ कै बल असुरनि जय पाइ। लियौ सुरनि सौं अमृत छिनाइ
सुर सब मिलि गए सिव-सरनाइ। सिव तब तिनकी करी सहाइ
पै सिव जाकौं मारैं धाइ। अमृत प्याइ तिहिं लेहि जिवाइ
तब सिव कीन्हौ हरि को ध्यान। प्रगट भए तहँ श्रीभगवान
सिव हरि सौं सब कथा सुनाई। हरि कह्यौ, अब मैं करौं सहाई
सुन्दर गऊ-रूप हरि कीन्हौ। बछरा करि ब्रह्मा सँग लीन्हौ
अमृत-कुण्ड मैं पैठे जाइ। कह्यौ असुरनि, मारौ इहिं गाइ
एकनि कह्यो, याहि मत मारौ। याकौ सुन्दर रूप निहारौ
केतिक अमृत पिए यह भाई। हरि मति तिनकी यौं भरमाई
हरि, अमृत लै गए अकास। असुर देखि यह भए उदास
कह्यौ, इनहीं हिरनाच्छहिं मार्‌यौ। हिरनकसिप इनहीं संहार्‌यौ
यासौं हमरौ कछु न बसाइ। यह कहि असुर रहे खिसियाइ
बान एक हरि सिव कौं दियौ। तासौं सब असुरनि छय कियौ
या बिधि हरि जू करी सहाइ। मै सो तुमको दई सुनाइ
सुक ज्यौं नृप कौं कहि समुझायौ। 'सूरदास' जन त्यौंही गायौ

हरि का स्मरण करते रहो और हरि के चरण-कमलों को हृदय में धारण किए रहो हरि ने शिव की जिस प्रकार सहायता की, अब मैं वह कथा कहने जा रहा हूँ। ध्यान देक

सुनो। एक बार देवता और दानव ललकार कर लड़ गए। इस युद्ध में असुर लोग हार गए। असुरों ने ब्रह्मा के निमित्त तप किया। ब्रह्मा ने प्रकट होकर उन्हें दर्शन दिया। तब असुरों ने ब्रह्मा को सिर झुकाया और पूछा—हमारी विजय किस प्रकार होगी। तब ब्रह्मा ने कहा—मय दानव माया का किला बनाए। तुम लोग उसमें बैठकर देवताओं को जीत लो। तुम उनके मारने से नहीं मरोगे।

असुरों ने मय को यह समझाया। तब मय ने माया का दुर्ग बनाया। नीचे की तह लोहे की थी, बीच की तह रूपा (चाँदी) की और ऊपरी तह सोने की थी। उस दुर्ग को चाहे जहाँ ले जाया जा सकता था। उसका नाम त्रिपुर था। इस मायामय त्रिपुर की बदौलत असुरों ने जय पाई और वे देवताओं से अमृत छीन ले गए।

तब सब देवता लोग एकजुट होकर शिव की शरण में गए। तब शिव ने उनकी सहायता की। परंतु शिव जिस असुर को मारते थे, उसे दूसरे असुर ले जाकर अमृत पिलाकर जिला लेते थे। तब शिव ने हरि का ध्यान किया और तब वहाँ श्रीभगवान आकर प्रकट हो गए। शिव जी ने हरि से सब बातें कह दी। हरि ने कहा, अच्छा अब मैं सहायता करता हूँ।

भगवान ने सुंदर गऊ का रूप धारण किया और ब्रह्मा को बछड़ा बनाकर अपने साथ ले लिया। ले जाकर अमृत कुंड में घुसकर बैठ गए। असुरों ने कहा इस गाय को मार भगाओ। पर किसी एक असुर ने कहा—इसे मत मारो। इसका सुंदर रूप देखो। यह गाय कितना अमृत पिएगी ही। हरि ने असुरों की मति भरमा दी। हरि अमृत आकाश में उठा ले गए। असुर यह देखकर उदास हो गए। उन्होंने कहा—इन्हींने हिरण्यकस्यप को मारा, इन्हींने हिण्यकस्यप को संहारा। इनसे हमारा कुछ बस नहीं चलता। यह कहकर असुर चिढ़ गए।

हरि ने शिव को एक बाण दिया। शिव ने उस बाण से सभी असुरों का विनाश कर दिया।

इस प्रकार हरि ने सहायता की। (मैंने यह सब कुछ तुम्हें सुना दिया)

शुकदेव ने जिस प्रकार राजा परीक्षित को कहकर समझाया, भक्त सूरदास ने भी उस कथा को उसी प्रकार गा सुनाया।

नारद-उत्पत्ति-कथा *२११/४२७ राग बिलावल*

हरि हरि, हरि हरि, सुमिरन करौ। हरि-चरनारबिंद उर धरौ।
हरि भजि जैसैं नारद भयौ। नारद ब्यासदेव सौं कह्यौ।
कहौं सो कथा, सुनौ चित धार। नीच-ऊँच हरि कैं इकसार।
गंध्रब ब्रह्मा-सभा मँझारि। हँस्यौ अप्सरा-ओर निहारि।
कह्यौ ब्रह्मा, दासी-सुत होहि। सकुच न करी देखि तैं मोहिं।
भयौ दासी-सुत ब्राह्मन-गेह। तुरत छाँड़िकै गंध्रब-देह।
ब्राह्मन-गृह हरि के जन छाए। दासी-दास सेव-हित लाए।
हरि-जन हरि-चरचा जो करै। दासी-सुत सो हिरदैं धरै।

सुनत-सुनत उपज्यौ बैराग। कह्यौ, जाउँ क्यौं माता त्याग।
ताकी माता खाई कारैं। सो मरि गई साँप के मारैं।
दासी-सुत बन-भीतर जाइ। करी भक्ति हरि-पद चित लाइ।
ब्रह्म-पुत्र तन तजि सो भयौ। नारद यौं अपनै मुख कह्यौ।
हरि की भक्ति करै जो कोइ। 'सूर' नीच सौं ऊँच सो होइ॥

हरि का स्मरण करो और हरि के चरण-कमलों को अपने हृदय में धारण करो। हरि का भजन करके नारद जी जिस प्रकार देवर्षि हो गए, वह कथा नारद ने स्वयं व्यास से कही थी। अब मैं नारद जी की इस कथा को कह रहा हूँ। इसे चित्त लगाकर सुनो।

हरि के लिए ऊँच-नीच समान है, एक से हैं। एक बार एक गंधर्व इंद्र की सभा में एक अप्सरा को देखकर हँस पड़ा। तब ब्रह्मा ने उसे शाप दे दिया, जाकर दासीपुत्र हो जा। तूने मुझे वहाँ उपस्थित देखा और मेरा संकोच नहीं किया।

यह गंधर्व तुरंत उस देह को छोड़कर एक ब्राह्मण के घर में उसकी दासी के पुत्र के रूप में उत्पन्न हुआ। उस ब्राह्मण के घर में भी भगवान के भक्त थे। उन्होंने सेवा में दासी लगा रखी थी। हरि के वे भक्त हरि की चर्चा करते रहते थे। वह दासीपुत्र सुन कर उसे हृदयंगम करता जाता था। हरि-कथा सुनते-सुनते उसे वैराग्य हो गया। उसने कहा—माँ छोड़कर कहाँ जाऊँ। उसकी माँ को काले नाग ने खा लिया, डस लिया। वह साँप के काटे से मर गई। तब उस दासी का पुत्र वन में जाकर हरि चरणों में चित्त लगाकर हरि की भक्ति करने लगा। उस शरीर को छोड़कर वह दूसरे जन्म में ब्राह्मणी के पुत्र के रूप में उत्पन्न हुआ। ऐसा नारद ने स्वयं अपने मुख से कहा है।

जो हरि की भक्ति करता है, वह नीचे से ऊँच हो जाता है।

॥ सप्तम स्कंध समाप्त ॥

अष्टम स्कंध

२१२/४२८ राग बिलावल

हरि हरि, हरि हरि, सुमिरन करौ। हरि-चरनारबिंद उर धरौ।
हरि-चरननि सुकदेव सिर नाइ। राजा सौं बोल्यौ या भाइ।
कहौं हरि-कथा, सुनौ चित लाइ। 'सूर' तरौ हरि के गुन गाइ॥

'हरि हरि' 'हरि हरि' भजो और हरि के चरण-कमलों का हृदय में ध्यान करो। हरि के चरणों पर सिर झुकाकर राजा परीक्षित से शुकदेव जी इस प्रकार बोले—मैं हरि-कथा कह रहा हूँ। मन लगाकर सुनो और हरि के गुण गाते-गाते भवसागर के पार उतर जाओ।

गज-मोचन-अवतार *२१३/४२१ राग बिलावल*

गज़-मोचन ज्यौं भयौ अवतार। कहौं, सुनौ सो अब चित धार।
गंध्रब एक नदी मैं जाइ। देवल रिषि कौं पकरयौ पाइ।
देवल कह्यौ, ग्राह तू होहि। कह्यौ गंधर्ब दया करि मोहिं।
जब गजेंद्र कौ पग तू गैहै। हरि जू ताकौ आनि छुड़ैहैं।
भऐं अस्पर्स देव-तन धरिहै। मेरौ कह्यौ नाहिं यह टरिहै।
राजा इंद्रद्युम्न कियौ ध्यान। आए अगस्त्य, नहीं तिन जान।
दियौ साप ग़जेंद्र तू होहि। कह्यौ नृप दया करौ रिषि मोहिं।
कह्यौ, तोहिं ग्राह आनि जब गैहै। तू नारायन सुमिरन कैहै।
याही बिधि तेरी गति होइ। भयौ त्रिकूट पर्बत गज सोइ।
कालहिं पाइ ग्राह गज गह्यौ। गज बल करि-करिकै थकि रह्यौ।
सुत पत्नीहू बल करि रहे। छूट्यौ नहीं ग्राह के गहे।
ते सब भूखे, दुःखित भए। गज कौ मोह छाँड़ि उठि गए।
तब गज हरि की सरनहिं आयौ। 'सूरदास' प्रभु ताहि छुड़ायौ॥

गज का उद्धार करनेवाला प्रभु का अवतार किस प्रकार हुआ, अब मैं यह कथा कह रहा हूँ। मन लगाकर सुनो।

एक गंधर्व ने नदी में जाकर (स्ना -रत) देवल ऋषि का पैर पकड़ लिया। देवल ने कहा—जा तू ग्राह (मगर) हो जा। गंधर्व ने कहा—आप मुझ पर दया कीजिए। तब देवल ऋषि ने फिर कहा—जब तू गजेन्द्र का पैर पकड़ेगा, तब हरि उस गजेन्द्र को छुड़ाने आएँगे। उनका स्पर्श पाकर तू देव शरीर पा जाएगा। मेरा यह कहना टलने वाला नहीं।

इसी प्रकार राजा इंद्रद्युम्न एक बार हरि-ध्यान में निमग्न थे। उसी समय अगस्त्य ऋषि वहाँ आ गए। ध्यानावस्थित होने के कारण राजा को अगस्त्य ऋषि के आने का कुछ पता

नहीं चला। तब अगस्त्य ने इसे अपनी अवज्ञा समझ राजा को शाप दे दिया—जा तू गजेन्द्र हो जा। राजा ने अगस्त्य जी से प्रार्थना की—महर्षि मुझ पर दया करें। तब अगस्त्य ने कहा—तुझे जब मगर आकर पकड़ेगा, तब तू नारायण का सुमिरन करेगा, इसी विधि से तेरा उद्धार होगा।

राजा इंद्रद्युम्न त्रिकूट पर्वत पर हाथी हुआ। समय पाकर इस हाथी को मगर ने आ पकड़ा। हाथी अपना सारा बल लगा-लगाकर थक गया, पर ग्राह की पकड़ से छूट न सका। उस हाथी की पत्नी हथिनी और उसके पुत्र ने भी जोर लगाया, पर उस मगर की पकड़से वह मुक्त नहीं हो सका। हथिनी और उसके बेटा दोनों को भूख लग गई और वे हाथी का मोह छोड़ कर चले गए। तब वह हाथी भगवान की शरण में आया और प्रभु ने उसे ग्राह की पकड़ से छुड़ाया।

२१४/४३० राग बिलावल

माधौ जू, गज ग्राह तैं छुड़ायौ।
निगमनि हूँ मन-बचन-अगोचर, प्रगट सो रूप दिखायौ।
सिव-बिरंचि देखत सब ठाड़े, बहुत दीन दुख पायौ।
बिन बदलैं उपकार करै को, काहूँ करत न आयौ।
चिंतत ही चित मैं चिंतामनि, चक्र लिए कर धायौ।
अति करुना-कातर करुनामय, गरुड़हु कौं छुटकायौ।
सुनियत सुजस सो निज जन कारन, कबहुँ न गहरु लगायौ।
ना जानौं 'सूर' हिं इहिं औसर, कौन दोष बिसरायौ॥

माधव जी ने गज को ग्राह से छुड़ाया। जो प्रभु वेदों के द्वारा भी नहीं कहे जा पाते, जो मन और वाणी तथा सभी ज्ञानेन्द्रियों की पकड़ से बाहर हैं, उन्हीं प्रभु ने प्रत्यक्ष प्रकट होकर अपना रूप दिखाया। ब्रह्मा और शंकर सभी देखते खड़े रहे, पर बेचारा हाथी दुःख पाता रहा। बिना बदले की भावना के कोई भलाई नहीं करता। लोग प्रतिदान की कामना से ही परोपकार भी करते हैं। जैसे ही गजराज ने प्रभु का चित्त में चिंतन किया, वैसे ही मन की कामनाओं को पूर्ण करनेवाले चिंतामणि के समान परम प्रभु हाथ में सुदर्शन लिए दौड़े आए। भगवान अत्यंत करुणामय हैं। वे करुणा से कातर होकर, गरुड़ को भी छोड़कर, पैदल ही दौड़ पड़े।

सूरदास कहते हैं कि मैने प्रभु का ऐसा सुयश सुन रखा है कि वे अपने भक्तों के लिए कभी भी देर नहीं करते और अविलंब सहायता के लिए चल पड़ते हैं। पर न जाने मुझ सूर को किस दोष के कारण प्रभु ने इस समय बिसरा दिया है।

२१५/ग्र ५७३४ वर्ष

गज निरख्यौ फहरान बसन की।
लग्यौ ललकि मुख कमल बिलोकन, भूलि गई सुधि ग्राह ग्रसन की।
मनु रथ पै आवत दरसावत, भुज भूषित जन सिर परसन की।
फूल उपारि लपेटि सूँड़ सौं, भेंट दियौ मनु भाव असन की।

मनि माला हलकत, उर झलकत, पीतांबर कटि फेंट कसन की ।
'सूरस्याम' जन कौ प्रन राख्यौ, गज देख्यौ जहँ डर न खसन की ॥

गज ने जैसे ही प्रभु को याद किया, उसने देखा कि प्रभु बड़ी तेजी से उसीकी ओर चले आ रहे हैं और उस तेजी के कारण उनका पीतांबर का दुपट्टा हवा में फर-फर उड़-उड़ जा रहा है। गजराज ललक कर, अत्यंत लालसा से, प्रभु का मुख-कमल देखने लगा। उसे यह विस्मृत हो गया कि उसे ग्राह ने ग्रस लिया है। गज को मालूम हुआ मानो प्रभु रथ पर सवार होकर, अपनी केयूर भूषित भुजा को, अपने भक्त के सिर पर रखने की कामना से युक्त होकर, उस भुजा को दिखलाते हुए चले आ रहे हैं। तब गजराज ने अपनी सूँड़ में लपेट कर एक सनाल कमल उखाड़ लिया और नैवेद्य चढ़ाने की भावना से उसने उसे भेंट कर दिया। प्रभु के वक्षस्थल पर मणियों की माला हिलती जा रही थी। कमर में उन्होंने कसकर पीतांबर पहन रखा था, फेंटा बाँध रखा था। पीतांबर की वह कसावट उनके वक्ष पर झलकी पड़ रही थी।

श्याम ने अपने भक्त का प्रण रखा, पूरा किया। गजराज ने भी प्रभु के उन पाद-पद्मों को देखा, जहाँ से उसे फिर गिर जाने का कोई भय नहीं रह गया।

२१६/४३१ राग बिलावल

हरबर चक्र धरे हरि धावत ।
गरुड़ समेत सकल सेनापति, पाछैं लागे आवत ।
चलि नहिं सकत गरुड़ मन डरपत, बुधि बल बलहिं बढ़ावत ।
मनहूँ तैं अति बेग अधिक करि, हरिजू चरन चलावत ।
कौ जानै प्रभु कहाँ चले हैं, काहूँ कछु न जनावत ।
अति ब्याकुल गति देखि देव-गन, सोचि सकल दुख पावत ।
गज-हित धावन, जन-मुकरावन, बेद बिमल जस गावत ।
'सूर' समुझि, समुझाइ, अनाथनि इहिं बिधि नाथ छुड़ावत ॥

हरि गजराज को बचाने के लिए, हाथ में सुदर्शन चक्र लिए हुए, बड़ी तेजी से आगे-आगे दौड़े चले आ रहे हैं। उनकी सवारी गरुड़ और उनके सेनापति लोग सभी प्रभु की इस दौड़ में पीछे पड़ गए हैं, पिछड़ गए हैं। हरि के पैर मन के वेग से भी अधिक गति से आगे बढ़ते जा रहे हैं। गरुड़ इस वेग से नहीं चल पा रहे हैं। फलतः मन में डरे जा रहे हैं कि कहीं प्रभु उनकी शिथिल गति से रुष्ट न हो जाँय। डर के मारे गरुड़ अपनी बुद्धि और बल को बलपूर्वक बढ़ा रहे हैं, पर प्रभु के वेग को नहीं पा रहे हैं। वे सोच रहे हैं—न जाने प्रभु कहाँ जा रहे हैं, उन्होंने किसी से भी अपने गंतव्य की बात कही भी नहीं है। भगवान की इस तीव्र गति को देखकर देवता लोग अत्यंत विकल हो गए और सोच-सोचकर दुखी होने लगे। गजराज के लिए दौड़ने और अपने भक्त को छुड़ाने का भगवान का यह विमल यश वेद गाते हैं।

'सूर' तुम स्वयं समझो और अन्यों को भी समझाओ—प्रभु इसी प्रकार अनाथों को छुड़ाते हैं, संकट से पार ला निकालते हैं।

झाईं न मिटन पाई, आए हरि आतुर ह्वै,
जान्यौ जब गज ग्राह लिए जात जल मैं।
जादौपति, जदुनाथ, छाँड़ि खगपति-साथ,
जानि जन बिह्वल, छुड़ाइ लीन्हौ पल मैं।
नीरहू तैं न्यारौ कीनौ, चक्र नक्र-सीस छीनौ,
देवकी के प्यारे लाल, ऐंचि लाए थल मैं।
कहै 'सूरदास', देखि नैननि की मिटी प्यास,
कृपा कीन्ही गोपीनाथ, आए भुव-तल मैं॥

जब हरि ने यह जाना कि ग्राह उनके भक्त गज को पकड़कर जल में खींचे ले जा रहा है, तब वे इतनी आतुरता से, इतनी त्वरा से दौड़े आए कि उनकी परछाईं भी मिटने नहीं पाई। दौड़ने पर छाया भी साथ-साथ दौड़ती और स्थान-स्थान पर मिटती और उपटती जायगी, पर हरि इतना तेज दौड़े कि लगा जैसे उनकी परछाईं दौड़ी ही नहीं, फलत: मिटी नहीं, एक ही स्थान पर बनी रही।

यादवपति, यदुनाथ ने खगपति गरुड़ का साथ छोड़कर अपने भक्त को विकल जानकर, उसे एक पल भर में छुड़ा लिया। उसे उन्होंने पानी से बाहर निकाला और अपने चक्र सुदर्शन से उस मगर का सिर काट लिया। उसे धड़ से छिन्न, अलग कर दिया। देवकी पुत्र कृष्ण ने हाथी को जल में से खींचकर, बाहर सूखी जमीन पर ला दिया।

प्रभु की उस छबीली छवि को देखकर, गजराज के नयनों की प्यास मिट गई। गोपीनाथ ने कृपा की और इस पृथ्वी पर अवतरित हुए।

२१८/४३३ राग बिलावल

अब हौं सब दिस हेरि रह्यौ।
राखत नाहिं कोउ करुनानिधि, अति बल ग्राह गह्यौ।
सुर, नर, सब स्वारथ के गाहक, कत स्त्रम आनि करैं।
उड़गन उदित तिमिर नहिं नासत, बिन रवि रूप धरैं।
इतनी बात सुनत करुनामय, चक्र गहे कर धाए।
हति गज-सत्रु 'सूर' के स्वामी, ततछन सुख उपजाए॥

गजराज प्रभु से विनती कर रहा है—हे प्रभु सहायता के लिए मैं चारों ओर देख चुका, हे करुणानिधि मेरी रक्षा कोई नहीं कर रहा है। ग्राह ने मुझे अत्यंत बलपूर्वक पकड़ रखा है। देवता, मनुष्य सभी स्वार्थ के साथी हैं। वे मुझे बचाने के लिए क्यों श्रम करें। भले ही असंख्य तारे निकल रहे हैं, जब तक सूर्य उदित नहीं हो जाता, अंधकार दूर नहीं होता।

गजराज की इतनी बात सुनते ही प्रभु हाथ में चक्र सुदर्शन लेकर दौड़ पड़े। प्रभु ने गजराज के शत्रु ग्राह का संहार किया और अपने भक्त को तत्क्षण सुख दिया।

कूर्म-अवतार *२१९/४३४ राग बिलावल*

जैसैं भयौ कूर्म-अवतार। कहौं, सुनौ सो अब चित धार।
नरहरि हिरनकसिप जब मार्‌यौ। अरु प्रहलाद राज बैठार्‌यौ।

ताकौ पुत्र बिरोचन रयौ। ताकैं बहुरि पुत्र बलि भयौ।
बलि सुरपति कौं बहु दुख दयौ। तब सुरपति हरि-सहनैं गयौ।
हरि जू अपनौ बिरद सँभार्यौ। 'सूरज' प्रभु कूरम-तनु धार्यौ ॥

भगवान ने जिस प्रकार कच्छप का रूप धारण किया, अब मै वह कथा कह रहा हूँ। हे राजा परीक्षित, उस कथा को ध्यानपूर्वक सुनो।

नृसिंह भगवान ने हिण्यकस्यप को मारा और प्रह्लाद को गद्दी पर बैठाया। तब प्रह्लाद का बेटा विरोचन और विरोचन का बेटा बलि हुआ। बलि ने देवराज इंद्र को बहुत दुख दिया। तब इंद्र हरि की शरण में गए। तब हरि ने अपना विरुद सँभाला और कच्छप का शरीर धारण किया।

२२०/४३५ राग मारू

सुरनि-हित हरि कच्छप-रूप धार्यौ।
मथन करि जलधि, अंमृत निकार्यौ।

चतुर्मुख त्रिदसपति बिनय हरि सौं करी, बलि असुर सौं सुरनि दुःख पायौ।
दीनबंधू, दयाकरन, असरन-सरन, मंत्र यह तिनहिं निज मुख सुनायौ।
बासुकी नेति अरु मंदराचल रई, कमठ मैं आपनी पीठि धारौं।
असुर सौं हेत करि, करौं सागर मथन, तहाँ तैं अमृत कौं पुनि निकारौं।
रतन चौदह तहाँ तै प्रगट होहिं तब, असुर कौं सुरा, तुम्हैं अमृत प्याऊँ।
जीतिहौ तब असुर महा बलवंत कौं, मरैं नहिं देवता, यौं जिवाऊँ।
इंद्र मिलि सुरनि बलि-पास आए बहुरि, उन कह्यौ, कहौ किहिं काज आए ?
त्रिदसपति समुद्र के मथन के बचन जो, सो सकल ताहि कहिकै सुनाए।
बलि कह्यौ, बिलँब अब नैंकु नहिं कीजियै, मंदराचल अचल चले धाई।
दोउ इक मंत्र ह्वै जाइ पहुँचे तहाँ, कह्यौ, अब लीजियै इहिं उचाई।
मंदराचल उपारत भयौ स्त्रम बहुत, बहुरि लै चलन कौं जब उठायौ।
सुर-असुर बहुत ता ठौरहीं मरि गए, दुहुनि कौ गर्व यौं हरि नसायौ।
तब दुहुँनि ध्यान भगवान कौ धरि कह्यौ, बिन तुम्हारी कृपा गिरि न जाई।
बाम कर सौं पकरि, गरुड़ पर राखि हरि, छीर कैं जलधि तट धर्यौ ल्याई।
कह्यौ भगवान अब बासुकी ल्याइयै, जाइ तिन बासुकी सौं सुनायौ।
मानि भगवंत-आज्ञा सो आयौ तहाँ, नेति करि अचल कौं सिंधु नायौ।
मंदराचल समुद्र माहिं बूड़न लग्यौ, तब सबनि बहुरि अस्तुति सुनाई।
कूर्म कौ रूप धरि, धर्यौ गिरि पीठि पर, सुर-असुर सबनि कैं मन बधाई।
पूँछ कौं तजि, असुर दौरिकै मुख गह्यौ, सुरनि तब पूँछ की ओर लीन्ही।
मथत भए छीन, तब बहुरि बिनती करी, श्रीमहाराज निज सक्ति दीन्ही।
भयौ हलाहल प्रगट प्रथमहीं मथत जब, रुद्र कैं कंठ दियौ ताहि धारी।
चंद्रमा बहुरि जब मथत आयौ निकसि, सोउ करि कृपा दीन्हौ मुरारी।

कामनाधेनु पुनि सप्तरिषि कौं दई, लई उन बहुत मन हर्ष कीन्हे ।
अप्सरा, पारिजातक, धनुष, अस्व, गज स्वेत, ये पाँच सुरपतिहिं दीन्हे ।
संख, कौस्तुभमनी, लई पुनि आप हरि, लच्छमी बहुरि तहँ दइ दिखाई ।
परम सुंदर, मनौ तड़ित है दूसरी, कमल की माल कर लियैं आई ।
सकल भूषन मनिनि के बने सकल अँग, बसन बर अरुन सुंदर सुहायौ ।
देखि सुर-असुर सब दौरि लागे गहन, कह्यौ मैं बर बरौं आप -भायौ ।
जो चहै मोहिं, मैं ताहि नाहीं चहौं, असुर को राज थिर नाहिं देखौं ।
तपसियनि देखि कह्यौ, क्रोध इनमें बहुत, ज्ञानियनि मैं न आचार पेखौं ।
सुरनि कौं देखि कह्यौ, ये पराधीन सब, देखि बिधि कौं कह्यौ, यह बुढ़ायौ ।
चिरंजीवीनि कौं देखि कह्यौ निडर ये, लोक तिहुँ माहिं कोउ चित न आयौ ।
बहुरि भगवान कौं निरखि सुंदर परम, कह्यौ, इन माहिं गुन हैं सुभाए ।
पै न इच्छा इन्हें है कछू बस्तु की, अरु न ये देखि कै मोहिं लुभाए ।
कबहुँ कियैं भक्ति हू के न ये रीझहीं, कबहुँ कियैं बैर के रीझि जाहीं ।
हरि कह्यौ, मम हृदय माहिं तू रहि सदा, सुरनि मिलि देव-दुंदुभि बजाई ।
धन्य-धनि कह्यौ पुनि लच्छमी सौं सबनि, सिद्ध-गंधर्ब जय-ध्वनि सुनाई ।
बहुरि धन्वंत्रि आयौ समुद्र सौं निकसि, सुरा अरु अमृत निज संग लायौ ।
भयौ आनंद सुर-असुर कौ देखि कै, असुर तब अमृत करि बल छिनायौ ।
सुरनि भगवान सौं आनि बिनती करी, असुर सब अमृत लै गए छिनाई ।
कह्यौ भगवान्, चिंता न कछु मन धरौ, मैं करौं अब तुम्हरी सहाई ।
परस्पर असुर तब जुद्ध लागे करन, होइ बलवंत सोइ लै छिनाई ।
मोहिनी रूप धरि स्याम आए तहाँ, देखि सुर-असुर सब रहे लुभाई ।
आइ असुरनि कह्यौ, लेहु यह अमृत तुम, सबनि कौं बाँटि, मेटौ लराई ।
हँसि कह्यौ, नहीं हम-तुम्हैं कछु मित्रता, बिना बिस्वास बाँट्यौ न जाई ।
कह्यौ, तुम-बाँटि पर हमैं बिस्वास है, देहु बाँटि जो धर्म होई ।
कह्यौ, सब सुर-असुर मथन कीन्ह्यौ जलधि, सबनि देउँ बाँटि, है धर्म सोई ।
कह्यौ, जो करौ सो हमैं परमान है, असुर-सुर पाँति करि तब बिठाई ।
असुर-दिसि चितै मुसुक्याइ मोहे सकल, सुरनि कौं अमृत दीन्ह्यौ पियाई ।
राहु ससि-सूर के बीच मैं बैठि कै, मोहिनी सौं अमृत माँगि लीन्ह्यौ ।
सूर-ससि कह्यौ, यह असुर, तब कृष्नजू, लै सुदरसन सु द्वै टूक कीन्ह्यौ ।
राहु सिर, केतु धर कौ भयौ, तबहिं तैं, सूर-ससि कौं सदा दुःखदाई ।
करत भगवान रच्छा जो ससि-सूर की, होत है नित सुदरसन सहाई ।
करि अँतरधान हरि मोहिनी-रूप कौं, गरुड़ असवार ह्वै, तहाँ आए ।
असुर चक्रित भए, गई वह नारि कहँ, सुर-असुर जुद्ध-हित दोउ धाए ।

सुरनि की जीति भई, असुर मारे बहुत, जहाँ-तहँ गए सबही पराई।
'सूर' प्रभु जिहिं करै कृपा, जीतै सोई, बिनु कृपा जाइ उद्यम बृथाई ॥

देवताओं के हित के लिए भगवान ने कच्छप का रूप धारण किया और समुद्र-मंथन करके अमृत निकाला।

चतुर्मुख ब्रह्मा और देवराज इंद्र ने हरि से विनय की कि असुर बलि से सुरों ने बहुत दुख पाया है। तब दीनबंधु, दयालु, अशरण को शरण देनेवाले प्रभु ने अपने मुँह से उन्हें यह मंत्रणा दी। वासुकी नाग को नेति(दधि मथने की रई में लपेटी जाने वाली रस्सी) बनाओ, मंदराचल को रई (मथनी, दही मथने का डंडा) बनाओ। मैं कच्छप बनकर अपनी पीठ पर उस मंदराचल को धारण करूँगा। असुरों से मित्रता करो। सुर-असुर दोनों मिलकर समुद्र को मथो। फिर वहाँ से अमृत निकालो। समुद्र से चौदह रत्न निकलेंगे, असुरों को सुरा और तुम देवताओं को अमृत पिलाऊँगा। तब तुम लोग महाबली असुरों को जीत लोगे। देवता नहीं मरेंगे। मैं इसी प्रकार जिला दूँगा।

फिर देवता मिलकर इंद्र के साथ, असुरों के राजा बलि के पास गए। बलि ने पूछा— कहो, किस काम से मेरे पास आए हो?

देवराज इंद्र ने समुद्र-मंथन की जो बात विष्णु ने की थी, उसे पूर्ण रूप से बलि से कह सुनाई। बलि ने कहा—इस अच्छे काम में जरा भी देर करना ठीक नहीं।

सब लोग मंदराचल की ओर चल पड़े। देव-दैत्य एकमत होकर मंदराचल के पास जा पहुँचे। उन्होंने उसे उखाड़ ले चलने के लिए कहा—अब इस पहाड़ को ऊँचे, ऊपर, उठा लो। मंदराचल को उखाड़ने में बहुत श्रम पड़ा। जब उन्होंने ले चलने के लिए उठाया, तब बहुत से सुर-असुर उसके नीचे दब गए, पिस गए। उसी स्थान पर मर गए। इस प्रकार हरि ने दोनों के गर्व को चूर कर दिया।

तब दोनों ने भगवान का ध्यान किया और कहा—हे प्रभु, बिना तुम्हारी कृपा के यह मंदराचल समुद्र तक नहीं ले जाया जा सकता। तब बाएँ हाथ से पकड़कर, गरुड़ की पीठ पर रखकर, हरि ने उसे क्षीर-सागर के तट पर ला रखा।

फिर भगवान ने कहा—अब जाकर वासुकी को ले आओ। देव-दानवों ने वासुकी नाग के पास जाकर उसे भगवान की आज्ञा सुना दी। वासुकी भगवान की आज्ञा मानकर क्षीर-सागर तट पर स्वयं आ गया। वासुकी को मंदराचल के चारों ओर रस्सी की तरह लपेट दिया गया और नेति सहित उस मथनी को समुद्र में डाल दिया गया।

मंदराचल समुद्र में डूबने लगा। तब सुर-असुर ने फिर भगवान की स्तुति की। कछुवे का रूप धरकर भगवान ने उस मंदराचल को अपनी पीठ पर सँभाल लिया। तब सुर-असुर सभी के मन में भगवान के प्रति बधाई के स्वर गूँज उठे।

पहले असुरों ने वासुकि की पूँछ पकड़ रखी थी, पर गर्व में आकर उन्होंने पूँछ छोड़ दी और बासुकि का मुँह पकड़ लिया। तब देवताओं ने वासुकी की पूँछ पकड़ी। मथते-मथते सुरासुर की शक्ति क्षीण हो गई, तब उन्होंने भगवान की फिर स्तुति की। और भगवान ने उन्हें शक्ति दी।

मथते समय सबसे पहले जब हलाहल (विष) निकला, तब भगवान ने उसे शिवजी

के कंठ में स्थित कर दिया। फिर चंद्रमा निकला। मुरारि ने कृपा करके उसे भी शिवजी को ही दे दिया। फिर कामनाओं के पूर्ण देने वाली कामधेनु निकली। भगवान ने इसे ऋषियों को दे दिया। ऋषियों ने गाय ले ली और मन में बहुत हर्ष किया।

फिर रंभा नामक अप्सरा, पारिजात वृक्ष, धनुष, अश्व, ऐरावत नामक सफेद हाथी निकले। भगवान ने इन पाँचों को देवराज इंद्र को दे दिया। फिर कौस्तुभ मणि और शंख निकले। भगवान ने इन्हें स्वयं ले लिया।

फिर लक्ष्मी समुद्र से निकलती दिखाई पड़ीं। वे परम सुंदरी थीं। वे मानो दूसरी विद्युत प्रभा थीं। वे कमल के फूलों की माला अपने हाथों में लिए हुए आईं। उनके संपूर्ण अंगों में मणि-जटित आभूषण सुशोभित हो रहे थे। उनके शरीर पर सुंदर लाल परिधान सुहा रहा था। उनको पकड़ने के लिए सुरासुर दौड़े। लक्ष्मी जी ने कहा—दौड़ो मत, लपकई मत करो। मैं अपने मन से अपना वर स्वयं वरण कर लूँगी।

लक्ष्मी जी ने कहा—जो मुझे चाहते हैं, मैं उनको नहीं चाहती। मुझे असुरों का राज्य स्थिर नहीं दिखाई देता। तपस्वियों की ओर देखकर उन्होंने कहा—इनमें क्रोध बहुत है। और ये जो ज्ञानी लोग हैं, इनमें आचार की कमी दिखाई पड़ रही है। देवताओं को देखकर कहा—ये सब पराधीन हैं, जब देखो तब असुरों ने इन्हें दबा रखा है। और ये रहे ब्रह्मा—यह तो बूढ़े हो गए हैं। बूढ़े का वरण कोई भी युवती नहीं करती। चिरंजीवियों को देखकर लक्ष्मी जी ने कहा, ये निडर हैं, इन्हें मृत्यु का भय ही नहीं है। तीनों लोकों में मुझे कोई भी पसन्द नहीं।

फिर भगवान को परम सुंदर देखकर लक्ष्मी बोलीं—हाँ, इनमें अच्छे गुण हैं। परंतु इनको किसी वस्तु की कामना नहीं। मुझे देखकर ये मुझ पर मोहित नहीं हुए। कभी-कभी तो ये भक्ति करने पर भी प्रसन्न नहीं होते, और कभी-कभी बैर करने पर भी ये रीझ जाते हैं।

तब भगवान ने कहा—तुम मेरे हृदय में सदैव बनी रहो।

भगवान की यह वाणी सुनकर देवताओं ने मिलकर बधाई के बाजे बजा दिए। फिर सबने लक्ष्मी से कहा—तुम धन्य हो। धन्य हो। सिद्धों और गंधर्वों ने जय जयकार किया।

तदनंतर धन्वंतरि समुद्र से निकले। वे अपने साथ एक हाथ में सुरा दूसरे हाथ में अमृत-कलश लिए हुए थे। इन्हें देखकर सुरासुर सभी को आनंद हुआ। तब असुरों ने बलपूर्वक अमृत-कलश छीन लिया।

तब देवता लोगों ने आकर भगवान से विनती की और कहा—असुर लोग सारा अमृत छीन ले गए।

भगवान ने कहा—कुछ चिंता न करो। मैं अब तुम्हारी सहायता करूँगा।

तब असुर लोग सुरों से युद्ध करने लगे और कहा जो बलवान हो, वह अमृत छीन ले।

तब भगवान मोहिनी का रूप धारण कर वहाँ प्रकट हुए। उन्हें देखकर सभी सुर-असुर उनपर मोहित हो गए। असुरों ने मोहिनी के पास आकर कहा—तुम यह अमृत ले लो, सबको बाँट कर लड़ाई बंद करा दो। इस पर हँसकर मोहिनी बोली—हममें और

तुममें कोई मैत्री तो है नहीं। बिना सबका विश्वास पाए मैं यह अमृत बाँट नहीं सकती। तब असुरों ने कहा—तुम्हारे बाँटने पर हमें पूरा विश्वास है। तुम जैसा भी समझो धर्मानुसार बाँट दो। तब मोहिनी ने कहा—सुर-असुर सबने मिलकर समुद्र मथा है, मैं इसे सबमें बाँट दूँ। धर्म तो यही कहता है। इस पर असुरों ने कहा—तुम जो करो, हमें सब मान्य है।

तब मोहिनी ने असुरों की ओर मुस्करा कर देखा और सभी को मोहित कर लिया और सुरों को अमृत पिला दिया। सूर्य और चंद्रमा के बीच राहु आ बैठा था। उसने मोहिनी से अमृत माँग लिया। सूर्य और चंद्रमा ने बता दिया कि हम दोनों के बीच यह असुर आ बैठा है। तब भगवान ने सुदर्शन चक्र से उस राहु के दो टुकड़े कर दिए। सिर का राहु हो गया और धड़ का केतु। तभी से वे सूर्य और शशि के लिए दुखदाई हो गए हैं और वे उन्हें निगलने का प्रयास करते रहते हैं। (जिसे सामान्यजन ग्रहण कहते हैं)। भगवान सूर्य और चंद्र की सदा रक्षा करते रहते हैं। इस कार्य में उनका सुदर्शन चक्र सदा सहायक होता रहता है।

इसके पश्चात् हरि ने मोहिनी रूप को अंतर्धान कर दिया और स्वयं गरुड़ पर सवार होकर वहाँ आ उपस्थित हुए। असुर लोग चकपका गए—वह नारी कहाँ गई।

फिर सुरों और असुरों में जमकर लड़ाई हुई। इस युद्ध में देवता विजयी हुए। बहुत से असुर मारे गए। वे सबके सब जहाँ तहाँ पलायन कर गए।

प्रभु जिस पर कृपा करते हैं, जीत उसी की होती है। बिना उनकी कृपा के सारा उद्यम, सारा परिश्रम, व्यर्थ हो जाता है।

२२१/४३६ राग बिहागरौ

ऐसी को सकै करि तुम बिनु मुरारी।
सुरनि के कहत ही, धारि कूरम तनहिं, मंदराचल लियौ पीठि धारी।
सिंधु मथि सुरासुर अमृत बाहर कियौ, बलि असुर लै चल्यौ सो छिनाई।
मोहिनी-रूप तुम दरस तिनकौं दियौ, आनि तब सबनि विनती सुनाई।
अमृत यह बाँटि कै देहु तुम सबनि कौं, कृपा करि रारि डारौ मिटाई।
सुर-असुर पाँति करि, सुरा असुरनि दई, सुरनि कौं अमृत दीन्हौ पियाई।
राहु-सिर, केतु धर भयौ यह तबहिं तैं, सूर-ससि दियौ ताकौं बताई।
चक्र सौं काटि सिर, कियौ द्वै टूक तब, असुरहूँ देव-गति तुरत पाई।
भक्तबच्छल, कृपाकरन, असरन-सरन, पतित-उद्धरन कहै बेद गाई।
चारहूँ जुग करी कृपा परकार जेहि, 'सूर' हू पर करौ तेहिं सुभाई॥

हे मुरारि, तुम्हें छोड़कर दूसरा कौन ऐसा कर सकता है? देवताओं के कहते ही तुमने कच्छप रूप धारण कर अपनी पीठ पर मंदराचल को रख लिया। देवताओं ने समुद्र-मंथन करके अमृत बाहर निकाला। बलि असुर उसे छीनकर ले गया। तब तुमने मोहिनी का रूप धारण कर उन्हें दर्शन दिया। तब सबने आकर तुमसे बिनती की—यह अमृत तुम सबको बाँट दो। कृपा करके यह झगड़ा मिटा दो। तुमने दो अलग-अलग पंक्तियों में सुरासुर को बैठा दिया। सुरा तो असुरों को पिला दी और सुरों को अमृत पिला दिया। सूर्य और चंद्र के

बीच आ बैंठे राहु को उन्होंने बता दिया, तब सुदर्शन चक्र से तुमने राहु के दो टुकड़े कर दिए। इससे सिर तो राहु रह गया और धड़ केतु हो गया। और असुर ने भी देवगति पा ली।

हे प्रभु, वेद तुम्हें भक्त वत्सल, कृपा करने वाला, अशरण को शरण देनेवाला, पतितों को उद्धार करने वाला कहते हैं। तुमने चारों युगों में इस प्रकार कृपा की है। इस अंधे सूर पर भी, हे प्रभु वैसी ही कृपा एक बार कर दो।

मोहिनी-रूप, शिव छलन *२२२/४३७ राग मारू*

हरि कृपा करै जिहिं, जितै सोइ । बादि अभिमान जनि करौ गोई ।
पाइ सुधि मोहिनी की सदासिव चले, जाइ भगवान सौं कहि सुनाई ।
असुर अजितेद्रिं जिहिं देखि मोहित भए, रूप सो मोहिं दीजै दिखाई ।
हरि कह्यौ, "ब्रह्म व्यापक निराकार सौं मगन तुम, सगुन लै कहा करिहौ" ?
पुनि कह्यौ, "बिनय मम मानि लीजै प्रभो, उमा देख्यौ चहति, कृपा धरिहौ" ?
हँसि कह्यौ, "तुम्हैं दिखराइहौं रूप वह, करौ बिस्त्राम इस ठौर जाई" ।
बैठि एकांत जोहन लगे पंथ सिव, मोहिनी रूप कब दै दिखाई ।
ह्वै अँतरधान हरि, मोहिनी रूप धरि, जाइ बन माहिँ दीन्हें दिखाई ।
सूर-ससि किधौं चपला परम सुंदरी, अंग-भूषननि छबि कहि न जाई ।
हाव अरु भाव करि चलत, चितवत जबै, कौन ऐसौ जो मोहित न होई !
उमा कौं छाँड़ि अरु डारि मृगचर्म कौं, जाइकै निकट रहे रुद्र जोई ।
रुद्र कौं देखि कै मोहिनी लाज करि, लियौ अँचल, रुद्र तब अधिक मोह्यौ ।
उमाहूँ देखि पुनि ताहि मोहित भई, तासु सम रूप अपनौ न जोह्यौ ।
रुद्र तजि धीर जब जाइ ताकौं गह्यौ, सो चली आपु कौं तब छुड़ाई ।
रुद्र कौ बीर्य खसि कै पर्‌यौ धरनि पर, मोहिनी रूप हरि लियौ दुराई ।
देखिकै उमा कौं रुद्र लज्जित भए, कह्यौ मैं कौन यह काम कीनौ ।
इंद्रि-जित हौं कहावत हुतौ, आपु कौं समुझि मन माहिँ ह्वै रह्यौ खीनौ ।
चतुरभुज रूप धरि आइ दरसन दियौ, कह्यौ, सिव सोच दीजै बिहाई ।
सम तुम्हारे नहीं दूसरौ जगत मैं, कह्यौ तुम, रूप तब दियौ दिखाई ।
नारि के रूप कौं देखि मोहै न जो, सो नहीं लोक तिहुँ माहिं जायौ ।
'सूर' स्वामी सरन रहति माया सदा, को जगत जो न कपि ज्यौं नचायौ ॥

भगवान जिस पर कृपा करते हैं, वही विजयी होता है। व्यर्थ के लिए कोई प्रच्छन्न अभिमान भी न करे। सदाशिव शंकर भगवान को विष्णु के मोहिनी रूप का समाचार मिला। तब वे भगवान के पास पहुँचे और उनसे कह सुनाया, आपके जिस मोहिनी रूप को देखकर इंद्रिय-विलासी असुर मोहित हो गए थे, मुझे भी अपना वह रूप दिखा दीजिए।

तब भगवान ने कहा, 'शिव जी, तुम तो सर्वव्यापक निराकार ब्रह्म में लीन हो, तुम उसके सगुण रूप को देखकर क्या करोगे?'

फिर शंकर जी ने कहा—हे प्रभो, मेरी प्रार्थना स्वीकार कर लीजिए। उमा उस मोहिनी रूप को देखना चाहती है। कृपा करके एक बार वह रूप पुनः धारण कर लीजिए।

तब विष्णु भगवान ने हँसकर कहा—अच्छी बात है। तुम्हें वह रूप दिखा दूँगा। इस समय जाकर इस ठौर पर कुछ आराम कर लो।

शिव एकांत में बैठकर प्रतीक्षा करने लगे, कब मोहिनी रूप दिखाई दे। हरि अंतर्धान, अदृश्य, हो गए। और मोहिनी रूप धरके जाकर वन में दिखाई दिए। (शिव की दृष्टि उस मोहिनी पर पड़ी और वे सोचने लगे) यह सूर्य है या चंद्र है अथवा यह सुंदरी कोई विद्युत प्रभा है। इसके अंग नाना प्रकार के अलंकारों से युक्त हैं, इसकी छवि तो अवर्णनीय है। जब यह हाव-भाव करके चलती है, ताकती है, तब ऐसा कौन है, जो इस पर मोहित न हो जाय। तब शिव जी उमा को छोड़कर, मृगछाल फेंक कर, उस सुंदरी के निकट गए और टकटकी लगाकर उसे देखने लगे। रुद्र को देखकर उस सुंदरी ने लज्जा का नाट्य किया और मुख पर घूंघट खींच लिया। तब तो रुद्र उस पर और भी मोहित हो गए। उमा ने भी उसे देखा, वे भी उस पर मुग्ध हो गईं और मन ही मन कहने लगी—इसके रूप के समान तो मेरा भी रूप नहीं है। रुद्र ने अधीर होकर उस सुंदरी को जा पकड़ा, पर वह अपने को उनसे छुड़ाकर चली गई। रुद्र का वीर्य धरती पर स्खलित होकर गिर पड़ा। और हरि ने अपना वह मोहिनी रूप छिपा लिया।

उमा को देखकर शिव लज्जित हो गए और कहने लगे—मैंने यह कौन काम किया? मैं इंद्रिय-जित कहा जाता था। अपनी इस दशा पर मन ही मन विचार करते हुए वे खिन्न हो उठे। तब विष्णु चतुर्भुज रूप धारण करके वहाँ आ पहुँचे और दर्शन दिया तथा कहा—शिवजी, खिन्न मत होइए। तुम्हारे समान जितेन्द्रिय संसार में कोई दूसरा नहीं। तुमने आग्रह किया, तब मैंने अपना मोहिनी रूप दिखाया।

नारी के रूप को देखकर ऐसा कौन नर है, जो मोहित न हो जाय। तीनों लोकों में ऐसा मनुष्य पैदा ही नहीं हुआ है। यह माया सदा भगवान की शरण में रहती है। ऐसा कौन है, जिसको इसने बंदर के समान न नचाया हो।

सुंद-उपसुंद-वध *२२३/४३८ राग मारू*

असुर द्वै हुते बलवंत भारी। सुंद-उपसुंद स्वेच्छा-बिहारी।
भगवती तिन्हैं दीन्ही दिखाई। देखि सुंदरि रहे दोउ लुभाई।
भगवती कह्यौ तिनकौं सुनाई। जुद्ध जीतै सो मोहिं बरै आई।
तब दुहुँनि जुद्ध कीन्हौ बनाई। लरि मुए तुरत ही दोउ भाई।
देखिकै नारि मोहित जो होवै। आपनौ मूल या बिधि सो खोवै।
सुक नृपति पाहिं जिहिं बिधि सुनाई। 'सूर' जनहूँ तिहीं भाँति गाई॥

दो अत्यंत शक्तिशाली असुर थे। वे स्वेच्छाचारी थे। उनमें एक का नाम सुंद था, दूसरे का नाम उपसुंद (वे दोनों भाई थे)। एक बार भगवती उन्हें दिखाई पड़ीं। उन्हें सुंदरी देखकर दोनों भाई उन पर मुग्ध हो गए। भगवती ने उन्हें सुनाकर कहा—तुम दोनों लड़ो। तुममें जो जीत जाय, वह मुझे आकर वरण करे। मैं दोनों को ही एक साथ तो वरण नहीं

कर सकती। तब दोनों भाइयों ने युद्ध किया और दोनों भाई परस्पर युद्ध में ही मर गए।

नारी को देखकर जो नर मोहित हो जाता है, वह इसी प्रकार अपना मूल, अपनी जड़ ही खो देता है।

शुक मुनि ने राजा परीक्षित से जिस प्रकार यह कथा कह सुनाई थी, सूर ने भी इसे उसी प्रकार कह सुनाया।

वामन-अवतार *२२४/४३९ राग बिलावल*

जैसैं भयौ बावन अवतार। कहौं, सुनौ सो अब चित धार।
हरि जब अंमृत सुरनि पियायौ। तब बलि असुर बहुत दुख पायौ।
सुक्र ताहि पुनि जज्ञ करायौ। सुर-जय, राज-त्रिलोकी पायौ।
निन्यानबे यज्ञ जब किये। तब दुख भयौ अदिति के हिये।
हरि-हित उन पुनि बहु तप कर्‌यौ। 'सूर' स्याम बामन-बपु धर्‌यौ॥

शुकदेव बोले—हे राजा परीक्षित, वामनावतार जिस प्रकार हुआ, मैं उसे कह रहा हूँ, उसे मन लगाकर सुनो। हरि ने जब देवताओं को अमृत पिला दिया, तब असुर बलि को बहुत दुख हुआ। फिर असुरों के गुरु शुकाचार्य ने उससे पुनः यज्ञ कराया। उसने देवताओं पर विजय और त्रिलोक का राज पाया। जब बलि ने निन्यानबे यज्ञ पूरे कर लिए, तब आदित्यों (देवताओं) की जननी अदिति को भारी दुख हुआ। तब उन्होंने हरि के लिए बहुत तप किया और हरि ने उनकी कोख से वामन का अवतार लिया।

२२५/४४० राग मलार

द्वारैं ठाढ़े हैं द्विज बावन।
चारौ बेद पढ़त मुख आगर, अति सुकंठ-सुर-गावन।
बानी सुनि बलि पूछन लागे, इहाँ बिप्र कत आवन?
चरचित चंदन नील कलेवर, बरषत बूँदनि सावन।
चरन धोइ चरनोदक लीन्हौ, कह्यौ माँगु मन-भावन।
तीनि पैंड़ बसुधा हौं चाहौं, परनकुटी कौं छावन।
इतनौ कहा बिप्र तुम माँग्यौ, बहुत रतन देउँ गाँवन।
'सूरदास' प्रभु बोलि छले बलि, धर्‌यौ पीठि पद पावन॥

असुरों के राजा बलि के द्वार पर ब्राह्मण वामन खड़े हैं। चारों वेद उन्हें मुखाग्र है, कंठस्थ है, याद है। वे इन वेदों को पढ़ते जा रहे हैं। वे अत्यंत मधुर कंठ से वेद मंत्रों का पाठ करते जा रहे हैं। उनकी मधुर वेद-वाणी राजा बलि के कान में पड़ी, तब उन्होंने उन्हें बुलाया और पूछा—हे ब्राह्मण देवता, यहाँ किस प्रयोजन से आए हैं।

वामन भगवान का शरीर नीला (साँवला) था। वे माथे पर चंदन लगाए हुए थे। उनका शरीर ऐसा लग रहा था, जैसे बूँदें बरसाता हुआ सावन का बादल हो। राजा बलि ने ब्राह्मण देवता का चरण धोया और चरणोदक लिया तथा कहा—ब्राह्मण देवता, जो माँगना हो, माँग लीजिए।

तब वामन बोले—मैं पत्तों की कुटिया छाने के लिए तीन डग भूमि मात्र चाहता हूँ।

बलि ने कहा—ब्राह्मण देवता, तुमने इतना क्या माँगा, मैं तुम्हें बहुत से रत्न और गाँव देना चाहता हूँ।

इन वचनों से प्रभु ने राजा बलि को छल लिया और तीन डग धरती के भीतर राजा बलि की पीठ पर अपने पवित्र पग रखकर उसे भी नाप लिया।

२२६/४४१ राग मलार

राजा इक पंडित पौरि तुम्हारी।
चारौ बेद पढ़त मुख-आगर, है बावन-बपु-धारी।
अपद-दुपद-पसु-भाषा बूझत, अबिगत अल्प-अहारी।
नगर सकल-नर-नारी मोहे, सूरज जोति बिसारी।
सुनि सानंद चले बलि राजा, आहुति जज्ञ बिसारी।
देखि सुरूप सकल कृष्णाकृति, कीनी चरन-जुहारी।
चलियै बिप्र जहाँ जग-बेदी, बहुत करी मनुहारी।
जो माँगौ सो देहुँ तुरतहीं, हीरा-रतन-भँडारी।
रहु-रहु राजा, यौं नहिं कहियै, दूषन लागै भारी।
तीन पैग बसुधा दै मोकौं, तहाँ रचौं धमसारी।
सुक्र कह्यौ, सुनि हो बलि राजा, भूमि कौ दान निवारी।
ये तौ बिप्र होहिं नहिं राजा, आए छलन मुरारी।
कहि धौं सुक्र, कहा अब कीजै, आपुन भए भिखारी।
जहँ हीं उदक दियौ बलि राजा, बावन देह पसारी।
जै-जै-कार भयौ भुव मापत, तीनि पैंड़ भइ सारी।
आध पैंड़ बसुधा दै राजा, नातरु चलि सत हारी।
अब सत क्यौं हारौं जग-स्वामी, मापौ देह हमारी।
'सूरदास' बलि सरबस दीन्हौ, पायौ राज पतारी॥

किसी ने जाकर बलि से कहा—हे राजा, तुम्हारे द्वार पर एक पंडित ब्राह्मण आया खड़ा है। वह मुँहजबानी चारो वेदों के मंत्र पढ़े जा रहा है। वह बावन अंगुल नाप वाले शरीर का है, बौना है। वह अपद (पैरहीन सर्प आदि), द्विपद (मनुष्य पंक्षी), चतुष्पद (पशु) सभी की भाषा समझ लेता है। वह अविगत है, जाना नहीं जाता। वह थोड़ा सा ही भोजन करता है। उसने नगर के सारे नर-नारियों को मोहित कर लिया है। सूर्य भी उसकी ज्योति के सामने निष्प्रभ हो गए हैं।

यह समाचार सुनकर राजा बलि प्रसन्न होकर, यज्ञ की आहुति देना बिसराकर, बाहर द्वार पर चले आए। उन्होंने वामन के सुंदर रूप को देखा, उसकी साँवली मूर्ति को देखा और उसके चरणों में प्रणाम किया। और बहुत प्रार्थना करके कहा—हे ब्राह्मण देवता, जहाँ यज्ञ की वेदी है, वहाँ चलिए। आप जो माँगें, हीरा, मोती, रत्न-भंडार, मैं सभी कुछ तुरंत दूँगा।

वामन ने कहा—हे राजा, रुको, रुको। यों मत कहो। इससे बड़ा दोष लगता है। मुझे

सिर्फ तीन पग भूमि भर दे दो। वहाँ मैं अपनी धर्मशाला (धर्म कार्य करने का आश्रम) बना लूँगा।

शुक्राचार्य ने कहा—हे राजा बलि, भूमि-दान मत करो। यह कोई साधारण भिखारी नहीं है, यह तो स्वयं विष्णु हैं, जो तम्हें छलने के लिए आए हैं।

राजा बलि ने कहा—गुरु शुक्राचार्य, जब स्वयं विष्णु भगवान मेरे द्वार पर भिखारी बनकर आए हैं, तो अब मैं क्या करूँ?

जब संकल्प के लिए राजा बलि ने अपनी हथेली में जल लिया, तब वामन ने अपने शरीर का बहुत विस्तार कर लिया। वे वामन से त्रिविक्रम हो गए और तीन चरण में ही सारी पृथ्वी को नाप लिया। पृथ्वी नापते ही समस्त देवताओं ने आकाश में जय-जय की ध्वनि की।

वामन भगवान ने कहा—या तो राजा आधा पग धरती दो या फिर सत्य हार जाओ।

राजा बलि ने कहा—हे सारे जगत के स्वामी, अब में सत्य को क्या छोड़ूँगा। आधे पग में मेरा शरीर ही नाप लो।

राजा बलि ने अपना सर्वस्व दे दिया और पाताल का राज्य पाया।

२२७/४४२

हरि तुम बलि कौं छलि कहा लीन्यौ ?
बाँधन गए बधाए आपुन, कौन सयानप कीन्यौ ?
लए लकुटिया द्वारै ठाढ़े, मन अति रहत अधीन्यौ ।
तीनि पैंड़ बसुधा कैं कारन, सरबस अपनौ दीन्यौ ।
जो जस करै, सो पावै तैसौ, बेद पुरान कहीन्यौ ।
'सूरदास' स्वामी पन तजि कै, सेवक-पन रस भीन्यौ ॥

हे हरि, तुमने बलि को छलकर क्या पाया? आप राजा बलि को बाँधने गए थे, बँध गए स्वयं आप ही। यह कौन सी चतुराई की। राजा बलि के द्वार पर द्वारपाल बने हुए लाठी लिए ठाढ़े रहते हो। तुम्हारा मन भी राजा बलि के अत्यंत अधीन बना रहता है। तीन पग भूमि के लिए तुमने अपना सब कुछ दे दिया। वेद पुराण में ठीक ही कहा गया है, जो जैसा करता है, वैसा ही पाता है। कहाँ तुम पहले स्वामी थे, कहाँ अब आज्ञाकारी सेवक हो गए हो।

मत्स्य-अवतार *२२८/४४३ राग मारू*

स्रुतिनि हित हरि मच्छ रूप धार्‍यौ । सदा ही भक्त-संकट निवार्‍यौ ।
चतुरमुख कह्यौ, संख असुर स्रुति लै गयौ, सत्यब्रत कह्यौ परलै दिखायौ ।
भक्त-बत्सल, कृपाकरन, असरन-सरन, मत्स्य कौ रूप तब धारि आयौ ।
स्नान करि अंजलि जल जबै नृप लियौ, मत्स्य कौं देखि कह्यौ डारि दीजै ।
मत्स्य कह्यौ, मैं गही आइ तुम्हरी सरन, करि कृपा मोहिं अब राखि लीजै ।
नृप सुनत बचन, चक्रित प्रथम ह्वै रह्यौ, मछ बचन किहिं भाँति भाष्यौ ।
पुनि कमंडल धर्‍यौ, तहाँ सो बढ़ि गयौ, कुंभ धरि बहुरि, पुनि माट राख्यौ ।

पुनि धर्‍यौ खाड़, तालाब मैं पुनि धर्‍यौ, नदी मैं बहुरि पुनि डारि दीन्हौ ।
बहुरि जब बढ़ि गयौ, सिंधु तब लै गयौ, तहाँ हरि-रूप नृप चीन्हि लीन्हौ ।
कह्यौ करि बिनय तुम ब्रह्म जो अनंत हौ, मत्स्य कौ रूप किहिं काज कीन्हौ ?
बेद बिधि चहत, तुम प्रलय देखन कहत, तुम दुहुँनि हेत अवतार लीन्हौ ।
कबहुँ बाराह, नरसिंह कबहूँ भयौ, कबहुँ मैं कच्छ कौ रूप लीन्हौं ।
कबहुँ भयौ राम, बसुदेव-सुत कबहुँ भयौ, और बहु रूप हित-भक्त कीन्हौं ।
सातवैं दिवस दिखराइहौं प्रलय तोहिं, सप्त-रिषि नाव मैं बैठि आवैं ।
तोहिं बैठारिहौं नाव मैं हाथ गहि, बहुरि हम ज्ञान तोहिं कहि सुनावैं ।
सर्प इक आइहै बहुरि तुम्हैं निकट, ताहि सौं नाव मम सृंग बाँधौ ।
यहै कहि भए अँतरधान तब मत्स्य प्रभु, बहुरि नृप आपनौ कर्म साधौ ।
सातवैं दिवस आयौ निकट जलधि जब, नृप कह्यौ अब कहाँ नाव पावैं ।
आइ गइ नाव, तब रिषिनि तासौं कह्यौ, आउ हम नृपति तुमकौं बचावैं ।
पुनि कह्यौ, मत्स्य हरि अब कहाँ पाइयै, रिषिनि कह्यौ, ध्यान चित माहिं धारौ ।
मत्स्य अरु सर्प तिहिं ठौर परगट भए, बाँधि नृप नाव यौं कहि उचारौ ।
ज्यौं महाराज या जलधि तैं पार कियौ, भव-जलधि पार त्यौं करौ स्वामी ।
अहं-ममता हमैं सदा लागी रहै, मोह-मद-क्रोध-जुत मंद कामी ।
कर्म सुख-हित करत, होत तहँ दुःख नित, तऊ नर मूढ़ नाहीं सँभारत ।
करन-कारन महाराज हैं आप ही, ध्यान प्रभु कौ न मन माहिं धारत ।
बिन तुम्हारी कृपा गति नहीं नरनि की, जानि मोहिं आपनौ कृपा कीजै ।
जनम अरु मरन मैं सदा दुःखित रहत, देहु मोहिं ज्ञान जिहिं सदा जीजै ।
मत्स्य भगवान कह्यौ पुनि नृपति सौं, भयौ सो पुरान सब जगत जान्यौ ।
लह्यौ नृप ज्ञान, कह्यौ आँखि अब मीचि तू, मत्स्य कह्यौ सो नृपति मान्यौ ।
आँखि कौं खोलि जब नृपति देख्यौ बहुरि, कह्यौ, हरि प्रलय-माया दिखाई ।
कह्यौ जो ज्ञान भगवान, सो आनि उर, नृपति निज आयु इहिं बिधि बिताई ।
बहुरि संखासुरहिं मारि, बेदाऽनि दिए, चतुरमुख बिविध अस्तुति सुनाई ।
'सूर' के प्रभू की नित्य लीला नई, सकै कहि कौन, यह कछुक गाई ।।

वेदों की रक्षा के लिए हरि ने मछली का रूप धारण किया। उन्होंने सदा ही भक्तों का संकट दूर किया है।

चतुर्मुख ब्रह्मा जी ने आकर विष्णु भगवान से कहा—शंख नामक असुर वेदों को चुरा ले गया है। राजा सत्यव्रत ने कहा—प्रभु, मुझे प्रलय दिखला दो।

भक्त वत्सल, कृपाकरण, अशरण-शरण प्रभु तब दोनों की बात पूरी करने के लिए मछली का रूप धारण करके आए। राजा ने स्नान करके जब अँजुरी में जल लिया, तब उस जल में उन्होंने एक छोटी सी मछली देखी और सोचा यह जल अशुद्ध है, इसे धरती पर फेंक देना चाहिए।

मछली ने कहा—मैंने आकर तुम्हारी शरण ली है, कृपा करके अब मेरी रक्षा कर लो।

मछली की बात सुनते ही पहले राजा चकित हो गए कि मछली मनुष्य की बोली कैसे बोल रही है। फिर उन्होंने उस मछली को कमंडल में रख लिया। मछली बढ़ गई, तब उसे घड़े में रख दिया। वहाँ भी वह बढ़ गई। तब उसे बड़े मटके में रख दिया। वहाँ भी वह बढ़ती गई। तब उसे एक गड़हिया में रख दिया, फिर तालाब में रखा, फिर उसे नदी में डाल दिया। जब वह वहाँ भी भारी हो गई, तब उसे समुद्र में डाल दिया। अब राजा ने जान लिया कि यह सामान्य मछली नहीं है, स्वयं भगवान मत्स्य के रूप में अवतरित हुए हैं।

तब राजा ने बहुत विनय करके कहा—तुम यदि अनंत ब्रह्म ही हो, तो तुमने मछली का यह रूप क्यों धारण किया है?

मछली बोली—ब्रह्मा वेदों को वापस पाना चाहते हैं और तुम प्रलय देखना चाहते हो। मैंने तुम दोनों के लिए मछली का यह अवतार लिया है। मैंने अपने भक्तों के लिए अनेक रूप धारण किए हैं—कभी वाराह (शूकर) बना हूँ, कभी नरसिंह हुआ हूँ, कभी कछुवे का रूप धारण किया है। कभी राम बना हूँ, कभी वसुदेव का बेटा वासुदेव कृष्ण के रूप में अवतार लिया है।

आज के सातवें दिन मैं तुम्हें प्रलय दिखलाऊँगा। सप्तर्षि नाव पर बैठकर आवेंगे। तुम्हें भी हाथ पकड़कर नाव में बैठा दूँगा। फिर मैं तुम्हें ज्ञान की बातें बतलाऊँगा। फिर तुम्हारे पास एक साँप आएगा। उसी साँप की रस्सी बनाकर नाव को शिखर से बाँध देना।

यह कहकर मत्स्य प्रभु अदृश्य हो गए और राजा सत्यव्रत अपने यज्ञ कार्य में लग गए। सातवें दिन राजा समुद्र के निकट आए और सोचने लगे, यहाँ अब नाव कहाँ से पाऊँ। तभी सप्तर्षियों को लिए दिए एक नाव वहाँ आ गई। तब ऋषियों ने कहा—आओ राजा, हम तुमको बचा लें। फिर राजा सत्यव्रत ने कहा—अब मत्स्य रूप हरि को कहाँ पाऊँ। ऋषियों ने कहा—चित्त में प्रभु का ध्यान करो। तभी मछली और सर्प उस स्थान पर प्रकट हो गए। राजा ने नाव को मछली की सींग में सर्प-रज्जु से बाँध दिया और कहा—हे प्रभु, जिस प्रकार इस समुद्र से पार किया है, उसी प्रकार भव-सागर से भी पार करो। मुझे सदा अहंकार बना रहता है, सांसारिक जनों एवं पदार्थों में मेरी ममता बराबर बनी रहती है। मैं मोह, मद, क्रोध से युक्त हूँ, मंद बुद्धि हूँ, कामी हूँ। सुख के लिए ही सभी कर्म करता हूँ, पर प्राप्त होता है दुख ही। इतने पर भी मैं मूर्ख नहीं सँभल पा रहा हूँ। हे महाराज, आप ही सहायता करने वाले हैं, आप ही से सब कुछ बना है। आप ही कर्त्ता हैं और आप ही कारण। यह सब जानते हुए भी प्रभु का ध्यान नहीं कर पाता। बिना आपके मनुष्यों की कोई गति नहीं। आप मुझे अपना समझ कर मुझ पर कृपा करें। जन्मते समय दुख पाता हूँ, मरते समय भी दुख सहता हूँ। मुझे ज्ञान दीजिए, जिससे सदा जीवित रहा जाय।

इसके अनंतर मत्स्य भगवान ने राजा सत्यव्रत से ज्ञान कहा। वह सब पुराणों में कथित है। उसे सारा संसार जानता है। राजा ने ज्ञान प्राप्त कर लिया। तब मत्स्य ने कहा अब आँखें मूँद लो। मत्स्य ने जो कुछ कहा, राजा सत्यव्रत ने मान लिया और आँखें बंद कर लीं।

कुछ देर बाद जब राजा ने पुनः आखें खोलीं? तब कहा—हरि ने प्रलय की माया

दिखा दी। भगवान ने जो कुछ कहा, उसे हृदयंगम करके राजा ने उसी के अनुसार अपना जीवन बिता दिया।

फिर मत्स्य भगवान ने शंखासुर को मारकर वेदों को ले आकर ब्रह्मा जी को दे दिया। फिर चतुर्मुख ब्रह्मा ने भगवान की बड़ी-बड़ी स्तुति की।

प्रभु की लीलाएँ तो नित्य ही नई-नई होती रहती हैं। इनका वर्णन कौन कर सकता है। सूर ने फिर भी यहाँ कुछ-कुछ गाकर सुना दिया है।

२२१/४४४ राग मारू

ऐसी को सकै करि बिन मुरारी।
कहत ही ब्रह्म के वेद-उद्धरन हित, गए पाताल तन-मत्स्य धारी।
संखासुर मारि कै, वेद उद्धारी के, आपदा चतुरमुख की निवारी।
सुरनि आकास तैं पुहुप-बरषा करी, 'सूर' सुनि सुजस कीरति उचारी॥

ऐसा बिना मुरारि के और कौन कर सकता है? ब्रह्मा के द्वारा वेद के उद्धार की बात सुनते ही प्रभु मछली का शरीर धारण कर पातालपुरी गए। वहाँ उन्होंने शंखासुर को मारा, वेदों का उद्धार किया और चार मुखवाले ब्रह्मा का दुख दूर किया। देवताओं ने आकाश से फूल बरसाए और 'सूर' ने सुयश सुनकर उसका कीर्तन किया।

॥ अष्टम स्कंध समाप्त॥

नवम स्कंध

२३०/४४५ राग बिलावल

हरि हरि, हरि हरि, सुमिरन करौ। हरि-चरनारबिंद उर धरौ।
हरि-चरननि सुकदेव सिर नाइ। राजा सौं बोल्यौ या भाइ।
कहौं हरि-कथा, सुनौ चित लाइ। 'सूर' तरौ हरि के गुन गाइ॥

हरि का सुमिरन करो और हरि के चरण-कमलों को हृदय में धारण करो। शुकदेव ने हरि के चरणों में सिर झुकाया और राजा परीक्षित से इस प्रकार कहा। मैं हरि-कथा कह रहा हूँ। हरि का गुण गाकर भव-सागर के पार उतर जाओ।

राजा पुरूरवा का वैराग्य २३१/४४६ राग बिलावल

सुकदेव कह्यौ, सुनौ हो राव। नारी-नागिनि एक सुभाव।
नागिनि के काटैं विष होइ। नारी चितवत नर रहै भोइ।
नारी सौं नर प्रीति लगावै। पै नारी तिहिं मन नहिं ल्यावै।
नारी संग प्रीति जो करै। नारी ताहि तुरत परिहरै।
नरपति एक पुरुरवा भयौ। नारी-संग हेतु तिन ठयौ।
नृप सौं उन कटु बचन सुनाए। पै ताकैं मन कछू न आए।
बहुरौ तिहिं उपज्यौ बैराग। कियौ उरबसी कौं सो त्याग।
हरि की भक्ति करत गति पाई। कहौं सो क[illegible]ा, सुनौ चित लाई।
एक बार महा-परलै भयौ। नारायन आपुहिं रहि गयौ।
नारायन जल मैं रहे सोइ। जागि कह्यौ, बहुरौ जग होइ।
नाभि-कमल तैं ब्रह्मा भयौ। तिन मन तैं मरीचि कौं ठयौ।
पुनि मरीचि कस्यप उपजायौ। कस्यप की तिय सूरज जायौ।
सूरज कैं बैवस्वत भयौ। सुत-हित सो बसिष्ठ पै गयौ।
ताकी नारि सुता-हित भाष्यौ। सुनि बसिष्ठ अपनैं मन राख्यौ।
रिषि नृप सौं जग-बिधि करवाई। इला सुता ताकैं गृह जाई।
नृप कह्यौ, पुत्र-हेत जग ठयौ। पुत्री भइ, यह अचरज भयौ।
रिषि कह्यौ, रानी पुत्री चही। मेरे मन मैं सोई रही।
तातैं पुत्री उपजी आइ। करिहैं पुत्र ताहि हरिराइ।
हरि ता पुत्री कौं सुत करयौ। नाम सुद्युम्न ताहि रिषि धरयौ।
एक दिवस सो अखेटक गयौ। जाइ अंबिका-वन तिय भयौ।
बुध कैं आस्रम सो पुनि आयौ। तासौं गंधब्र-ब्याह करायौ।

बहुरौ एक पुत्र तिन जायौ। नाम पुरुरवा ताहि धरायौ।
पुनि सुद्युम्न बसिष्ठ सौं कह्यौ। अंबा-बन मैं तिय ह्वै गयौ।
रिषि सिव सौं बहु बिनती करी। तब सिव यह बानी उच्चरी।
एक मास यह ह्वैहै नारि। दूजे मास पुरुष आकारि।
तब सुद्युम्न अपनैं गृह आयौ। राज-समाज माहिं सुख पायौ।
तीनि पुत्र तिन और उपाए। दच्छिन राज करन सो पठाए।
दस सुत मनु के उपजे और। भयौ इच्छाकु सबनि सिरमौर।
सूरजबंसी सो कहवाए। रामचंद्र ताही कुल आए।
सोमबंस पुरुरवा सौं भयौ। सकल देस नृप ताकौं दयौ।
तासु बंस लियौ कृष्नऽवतार। असुर मारि, कियौ सुर-उद्धार।
कहिहौं कथा सो करि बिस्तार। पुरुरवा-कथा सुनौ चित धार।
पुरुरवा-गेह उरबसी आई। मित्रबरुन के सापहिं पाई।
नृपति देखि तिहिं मोहित भयौ। तिनि यह बचन नृपति सौं कह्यौ।
बिन रतिकाल नगन नहिं होवहु। अरु मम मैंढ़नि कौं मति खोवहु।
तब लौं मैं तुम्हरौ सँग करौं। बचन-भंग भए तैं परिहरौं।
नृपति कह्यौ, तुम कह्यौ सो करिहौं। तुम्हरी आज्ञा मैं अनुसरिहौं।
तासौं मिलि नृप बहु सुख माने। अष्ट पुत्र तासौं उतपाने।
सुरपुर तैं गंधब्र तब आए। उरबसि सौं यह बचन सुनाए।
अब तुम इंद्रलोक कौं चलौ। तुम बिन सुरपुर लगत न भलौ।
तिन्ह उरबसी कह्यौ या भाइ। बल करि सकौ नहीं लै जाइ।
मम चलिबे कौ यहै उपाव। छल करि मैंढ़नि निसि लै जाव।
गंधब्र मैंढ़नि निसि लै धाए। सोवत नृप उरबसी जगाए।
मम मैंढ़नि कौं ले गयो कोइ। देखौ ता पुरुषहिं तुम जोइ।
अर्द्ध-निसा नृप नाँगौ धायौ। पै मैंढ़नि कौं कहूँ न पायौ।
इत-उत देखि नृपति जब आयौ। तब उरबसि यह बचन सुनायौ।
राजा, बचन तुम्हारौ टस्यौ। तातैं मैं तुमकौं परिहस्यौ।
यह कहिकै सो चली पराइ। जैसैं तड़ित अकासैं जाइ।
ताकै बिरह नृपति बहु तयौ। नगन पगन ता पाछैं गयौ।
भ्रमत भ्रमत नृप बहु दुख पायौ। बहुरौ कुरुच्छेत्र मैं आयौ।
तहाँ उरबसी सखिनि समेत। आई हुती स्नान कैं हेत।
पै उनकौं कोउ देखै नाहिं। उनकौं सकल लोक दरसाहिं।
उरबसि सौं तिलोत्तमा कह्यौ। कौन पुरुष तुम भुव मैं लह्यौ।
ताके देखन की मोहिं चाह। कह्यौ, पुरुष वह ठाढ़ौ आह।
नृप कौं देखि सो बिस्मित भई। कह्यौ, तव बिरह नृप-सुधि गई।

बहुत दुखित है तेरैं नेह। एक बेर इहिं दरसन देह।
तिन माया आकरषन करी। तब वह दृष्टि नृपति कैं परी।
राजा निरखि प्रफुल्लित भयौ। मानौ मृतक बहुरि जिय लह्यौ।
उरबसि-निकट नृपति चलि आए। करि बिनती तिहिं बचन सुनाए।
तुम मोकौं काहैं बिसरायौ। मैं तुम बिन बहुतै दुख पायौ।
तुम बिन भूख नींद नहिं आवै। पल-पल जुग सम मोहिं बिहावै।
मेरैं गेह कृपा करि चलौ। वाही बिधि मोसौ हिलिमिलौ।
कह्यौ, नेह हमैं कासौं आह! बिना काम हमरैं नहिं चाह।
हमसौं सहस बरष हित धरैं। हम तिनकौं छिन मैं परिहरैं।
बिनु अपराध पुरुष हम मारैं। माया-मोह न मन मैं धारैं।
हमैं कहो केतौ किन कोइ। चाहैं करन करैं हम सोइ।
नृप पुनि बिनती बहु बिधि करी। तब उरबसी बात उच्चरी।
बरष सात बीतैं हौं ऐहों। एक रात्रि तोकौं सुख देहौं।
बरस सात बीतैं सो आई। नृप तासौं मिलि रैनि बिताई।
प्रात होत चलिबे कौं चह्यौ। तब राजा तासौं यौं कह्यौ।
तू मोकौं छाँड़े कत जाइ। मोकौं तुव बिन छिन न सुहाइ।
जब या भाँति नृपति बहु कह्यौ। तब उरबसि उत्तर यौं दयौ।
यह तौ होनहार है नाहीं। सुरपुर छाँड़ि रहौं भुव माहीं!
जौ तुम मेरी इच्छा धरौ। गंधर्बनि कैं हित तप करौ।
तप कीन्हैं सो दैहैं आग। ता सेती तुम कीनौ जाग।
जज्ञ किये गंधब्रपुर जैहौ। तहाँ आइ मोकौं तुम पैहौ।
नृप जग करि तिहिं लोक सिधायौ। मिलि उरबसी बहुत सुख पायौ।
जब या बिधि बहु काल गँवायौ। तब बैराग नृपति मन आयौ।
बहुतै काल भोग मैं किए। पै संतोष न आयौ हिए।
श्रीनारायन कौं बिसरायौ। बिषय-हेत सब जनम गँवायौ।
या बिधि जब बिरक्त नृप भयौ। छाँड़ि उरबसी, बन कौं गयौ।
बन मैं जाइ तपस्या करी। बिषय-बासना सब परिहरी।
हरि-पद सौं नृप ध्यान लगायौ। मिथ्या तनु कौ मोह भुलायौ।
हरि ब्यापक जब जग मैं जान। हरि-प्रसाद पायौ निरवान।
तातैं बुध तिय-संगति तजैं। श्रीनारायन कौं नित भजैं।
सुक जैसैं नृप कौं समुझायौ। 'सूरदास' त्यौं ही कहि गायौ।

शुकदेव जी बोले—हे राजा परीक्षित सुनो स्त्री और सर्पिणी एक स्वभाव की होती हैं सर्पिणी के तो डसने पर विष चढ़ता है, पर स्त्री अपनी चितवन मात्र से नर को अपने में लिप्त कर लेती है। नर उसकी चितवन मात्र से रस-सिक्त हो जाता है। नारी से नर प्रेम

करता है, पर नारी उसे अपने मन के पास भी नहीं फटकने देती। नारी से जो नर प्रेम करता है, नारी उसे तुरत छोड़ देती है।

पुरुरवा नामक एक राजा हुआ है। उसने नारी से प्रीति की। उस नारी ने राजा से कड़ी बातें कहीं, पर राजा ने उन पर कुछ भी ध्यान नहीं दिया। फिर उसके मन में वैराग्य उत्पन्न हो गया और उसने नारी उर्वशी को छोड़ दिया। उस राजा ने हरि की भक्ति करते हुए मोक्ष पाया। अब मैं पुरुरवा और उर्वशी की वही कथा कहने जा रहा हूँ। चित्त लगाकर इसे सुनो।

एक बार महा प्रलय हो गया। सब नष्ट हो गए, केवल नारायण रह गए। नारायण जल में सो रहे। जब वे जगे, तब उन्होंने कहा—सृष्टि फिर से हो। तब उनकी नाभि से एक सनाल कमल निकला। उस कमल से ब्रह्मा पैदा हुए। ब्रह्मा ने मरीचि ऋषि की मानसी सृष्टि की। फिर मरीचि ने कस्यप को उत्पन्न किया। कस्यप की पत्नी ने सूर्य को जन्म दिया। सूर्य के पुत्र वैवस्वत पुत्र-प्राप्ति के लिए वसिष्ठ के पास गए। वैवस्वत की स्त्री ने बसिष्ठ जी से पुत्री के लिए कहा। वसिष्ठ जी ने उसकी बात सुनी और मन में रख ली। वसिष्ठ ऋषि ने राजा वैवस्वत से यज्ञ करवाया और उनके घर में इला नामक लड़की पैदा हुई। राजा ने कहा—मैंने तो पुत्र के लिए यज्ञ किया था—पुत्र के स्थान पर पुत्री हुई। यह अत्यंत आश्चर्य की बात है। वसिष्ठ जी ने कहा—तुम्हारी रानी ने पुत्री की कामना की थी। मेरे मन में रानी की वही बात जमी रह गई थी। इसीलिए तुम्हारे यहाँ पुत्री हुई। भगवान उसी पुत्री को पुत्र कर देंगे।

भगवान ने उस पुत्री को पुत्र बना दिया। वसिष्ठ जी ने उसका नाम सुद्युम्न रख दिया। एक दिन सुद्युम्न वन में शिकार खेलने गया। वह अंबिका-वन में पहुँच गया। वहाँ पर स्त्री हो गया। तब वह बुध के आश्रम में आया और उससे पाणिग्रहण करके गंधर्व-विवाह किया। बुध और उससे एक पुत्र हुआ, जिसका नाम पुरुरवा रखा गया।

फिर सुद्युम्न ने वसिष्ठ जी से कहा—मैं अंबिका-वन में पहुँच गया था, वहाँ मैं नर से नारी हो गया। तब वसिष्ठ जी ने शिवजी से बहुत प्रार्थना की। तब शिवजी ने कहा—यह एक महीना नारी रहेगा, दूसरे महीने में नर हो जाया करेगा।

तब सुद्युम्न अपने घर आया और उसने राज-पाट में सुख पाया। सुद्युम्न ने तीन पुत्र उत्पन्न किए। उसने उन्हें दक्षिण में राज्य करने के लिए भेज दिया।

मनु को दस पुत्र और हुए। उनमें इक्ष्वाकु सबसे श्रेष्ठ हुए। ये लोग सूर्यवंशी कहे गए। रामचंद्र इसी कुल में हुए। पुरुरवा ने चंद्र-वंश का प्रारम्भ हुआ। राजा ने उसे सारा देश दे दिया। उसी के वंश में कृष्ण का अवतार हुआ। कृष्ण ने असुर कंस को मारा और सुरों का उद्धार किया।

मैं विस्तारपूर्वक यह कथा कहूँगा। पुरुरवा की कथा मन लगाकर सुनो।

मित्र वरुण का शाप पाकर पुरुरवा के घर में उर्वशी आई। राजा पुरुरवा उसे देखकर उस पर मोहित हो गए। उर्वशी ने राजा से कहा—तुम रतिकाल में नग्न हो सकते हो, अन्य किसी समय तुम नंगे मत होना। और मेरे भेड़ के बच्चों को खोना मत। जब तक मेरी इन दो बातों को तुम भंग नहीं करोगे, तब तक मैं तुम्हारे संग रहूँगी। जैसे ही तुम उनको तोड़

दोगे, मैं तुम्हें छोड़ दूँगी।

राजा पुरुरवा ने कहा—तुमने जो शर्तें लगाई हैं, मैं उन्हें स्वीकार करता हूँ। तुम्हारे आदेश को मैं मानूँगा।

उर्वशी ने मिलकर राजा पुरुरवा ने बहुत सुख पाया। उससे उन्हें आठ पुत्र उत्पन्न हुए। तब देवलोक से गंधर्व लोग आए। उन्होंने उर्वशी से यह कहा—अब तुम इंद्रलोक वापस चलो। तुम्हारे बिना इंद्रपुरी अच्छी नहीं लगती।

तब उर्वशी ने उन गंधर्वों से इस प्रकार कहा—तुम लोग मुझे बलपूर्वक नहीं ले जा सकते। रात में छल करके तुम मेरे मेष-शावकों को चुरा ले जाओ। मुझे अमरावती ले चलने का तुम लोग यही उपाय करो।

पूर्व योजनानुसार गंधर्व लोग रात में मेढ़ों को लेकर भाग गए। और उर्वशी ने बगल में सोते हुए राजा को जगाया और कहा—मेरे मेढ़ों को कोई ले गया। तुम जाकर उस चोर पुरुष को देखो तो। आधी रात थी। राजा नंगा ही दौड़ पड़ा। पर उसने मेढ़ों को कहीं नहीं पाया। इधर-उधर देखकर, खोज कर, जब राजा पुरुरवा वापस आए, तब उर्वशी ने उनसे कहा—हे राजा तुमसे वचन भंग हो गया है। तुम रतिकाल के अतिरिक्त नंगे हुए और मेरे मेढ़ों की भी चोरी हो गई। अतः अब मैं तुम्हें छोड़ रही हूँ। यह कहकर उर्वशी भाग चली, जैसे बिजली आकाश में चली जा रही हो।

उर्वशी के विरह में राजा बहुत संतप्त हुआ। नंगे पैरों उसके पीछे-पीछे दौड़ गया। घूमते-घामते राजा ने बहुत दुख उठाया। वह अंततः कुरुक्षेत्र पहुँचा। वहाँ उर्वशी अपनी सखियों सहित नहाने आई थी। परंतु उनको कोई देख नहीं सकता था। उन अप्सराओं को सारा संसार दिखाई दे रहा था।

उर्वशी से तिलोत्तमा ने कहा—पृथ्वी पर तुमने किस पुरुष को पाया था? मुझे उस पुरुष को देखने की अभिलाषा है।

इस बात पर उर्वशी ने कहा—देखो, सामने वह पुरुष खड़ा है।

तिलोत्तमा राजा पुरुरवा को देखकर अत्यंत विस्मित हो गई और बोली, उर्वशी तेरे विरह में तो वह सुधि-बुधि हीन हो गया है। वह तेरे प्रेम में बहुत दुखी है। तू एक बार इन्हें दर्शन दे दे।

तब अप्सरा तिलोत्तमा ने माया खींच ली और राजा पुरुरवा ने उर्वशी को देखा। राजा उसे देखकर परम प्रसन्न हो उठा, मानो मुर्दे में फिर से प्राण आ गए हों।

फिर राजा पुरुरवा उर्वशी के निकट आ गए और उससे अत्यंत विनम्र वाणी में बोले—तुमने मुझे क्यों भुला दिया। मैंने तुम्हारे बिना बहुत दुख उठाया है। तुम्हारे बिना न तो मुझे भूख लगती है, न नींद आती है। एक-एक पल मुझे युग के समान बीत रहा है। कृपा कर मेरे घर चलो। पहले की ही भाँति मुझसे हिलो मिलो।

तब उर्वशी ने कहा—हमें भला किससे प्रेम हैं? बिना काम (स्वार्थ) के हमारे हृदय में किसी के प्रति प्रेम नहीं। हमसे भले ही किसी से एक हजार वर्ष का प्रेम-संबंध रहा हो, पर हम उसको क्षण मात्र में तोड़ देती हैं। बिना अपराध के ही हम पुरुष को मारती रहती हैं। हमारे मन में किसी के प्रति माया मोह नहीं हैं। हमें कोई कितना भी क्यों न कहे,

हम जो करना चाहती हैं, वही करती हैं।

राजा ने फिर भी बहुत विनती की। तब उर्वशी फिर बोली—सात वर्ष बीत जाने पर मैं आऊँगी और एक रात तुम्हें सुख दूँगी।

सात वर्ष बीत जाने पर उर्वशी आई और राजा पुरुरवा ने उसके साथ मिलकर रात बिताई। सबेरा होते ही उर्वशी चलने के लिए उद्यत हुई। तब राजा ने उससे कहा—तुम मुझे छोड़कर क्यों चली जा रही हो? मुझे तुम्हारे बिना एक क्षण भी अच्छा नहीं लगता।

जब राजा पुरुरवा ने इस प्रकार बहुत कहा, तब उर्वशी ने उत्तर दिया—यह तो नहीं ही होनेवाला है कि मैं सुरपुर छोड़कर पृथ्वी पर रहूँ। यदि तुम इच्छा करते ही हो, तो गंधर्वों के लिए तप करो। तप करने से वे तुम्हें अग्नि देंगे। उस अग्नि से तुम यज्ञ करना। यज्ञ करने से तुम गंधर्वपुरी आ जाओगे। वहाँ आकर तुम मुझे पा सकोगे।

राजा पुरुरवा यज्ञ करके गंधर्व लोक गया। वह उर्वशी से मिलकर बहुत सुखी हुआ। जब इस प्रकार बहुत समय बीत गया, तब राजा के मन में वैराग्य पैदा हो गया। मैंने बहुत समय तक भोग-विलास किया, परंतु मेरे मन को कभी संतोष नहीं हुआ। मैंने श्री नारायण को भुला दिया और विषयों में ही सारा जीवन नष्ट कर दिया।

इस प्रकार राजा तब विरक्त हो गया, उर्वशी को छोड़कर वन चला गया। वन में जाकर उसने तप किया और सारी विषय-वासना छोड़ दी। राजा ने हरि के चरणों में मन लगाया और इस झूठे शरीर का मोह भुला दिया। उसने जान लिया कि सारे जगत में ब्रह्म व्याप्त हैं। हरि की कृपा से उसे मोक्ष-पद प्राप्त हुआ।

इसलिए बुद्धिमान लोग स्त्री की संगत छोड़ देते हैं और नित्य श्री नारायण का भजन करते हैं।

शुकदेव ने राजा परीक्षित को जिस प्रकार समझाया, सूरदास ने उसी प्रकार इस कथा को गा सुनाया।

च्यवन ऋषि की कथा *२३२/४४७ राग बिलावल*

सुकदेव कह्यौ, सुनौ हो राव। जैसौ है हरि-भक्ति-प्रभाव।
हरि कौ भजन करै जो कोइ। जग-सुख पाइ मुक्ति लहै सोइ।
च्यवन रिषीस्वर बहु तप कियौ। ता सम और जगत नहिं बियौ।
बामी ताकौं लियौ छिपाइ। तासौं रिषि नहिं देइ दिखाइ।
ता आस्रम स्त्रजात नृप गयौ। तहाँ जाइ कै डेरा दयौ।
छाँड़ि तहीं सब राज-समाज। राजा गयौ अखेटक-काज।
नृप कन्या तहँ खेलन गई। रिषि-दृग चमकत देखत भई।
पै तिहिं रिषि-दृग जाने नाहिं। खेलत सूल दए तिन माहिं।
रुधिर-धार रिषि आँखिनि ढरी। नृप-कन्या सो देखत डरी।
सूल-ब्यथा सब लोगनि भई। राजा कह्यौ, कहा भइ दई!
तहँ के बासी नृपति बुलाइ। बूझ्यौ, तब तिन कही सुनाइ।
च्यवन रिषी-आस्रम इहिं राइ। बिनती उनसौं कीजै जाइ।

नृप खोजत रिषि-आस्त्रम आयौ। रिषि-दृग देखत बहुत डरायौ।
कह्यौ, कियौ किन ऐसौ काज ? कन्या कह्यौ, सुनौ महराज।
मोतैं बिन जानैं यह भयौ। रिषि के दृगनि सूल हौं दयौ।
नृप मनहीं मन बहु पछितायौ। रिषि सौं पुनि यह बचन सुनायौ।
महाराज, तुम तौ हौ साध। मम कन्या तैं भयौ अपराध।
या कन्या कौं प्रभु तुम बरौ। कटक-सूल किरपा करि हरौ।
लोग सकल नीके जब भए। नृप कन्या दै, गृह कौं गए।
रिषि समाधि हरि-चरन लगाई। कन्या रिषि-चरननि लौ लाई।
सुरपति ताकैं रूप लुभायौ। बहुरि कुबेर तहाँ चलि आयौ।
पै तिन तिहिं दिसि देख्यौ नाहिं। गए खिस्याइ दोउ मन माहिं।
चौदह बरष भए या भाइ। तब रिषि देख्यौ सीस उठाइ।
हाड़-चाम तन पर रहि गए। कृपावंत रिषि तापर भए।
अस्विनि-सुत इहिं अवसर आए। करि प्रनाम, यह बचन सुनाए।
जो कछु आज्ञा हमकौं होइ। छाँड़ि बिलंब, करैं अब सोइ।
कह्यौ, दृगनि कौ करौ उपाइ। तुरत नेत्र तिन दिए बनाइ।
कह्यौ, हम जज्ञ-भाग नहिं पावत। बैद्य जानि हमकौं बहरावत।
रिषि कह्यौ, मैं करिहौं जहँ जाग। देहौं तुमहिं अवसि करि भाग।
नृप-कन्या सौं रिषि यौं कह्यौ। तुम ऊपर प्रसन्न मैं भयौ।
जद्यपि कछु इच्छा नहिं मेरैं। तदपि उपाइ करौं हित तेरैं।
दुहुँ मिलि तीरथ माहिं नहाए। सुंदर रूप दुहूँ जन पाए।
दासी सहस प्रगट तहँ भईं। इंद्रलोक-रचना रिषि ठईं।
तिय कौं सुख रिषि बहु बिधि दियौ। तासु मनोरथ पूरन कियौ।
तब स्त्रजात रानी सौं कही। जब तैं कन्या रिषि कौं दई।
तब तैं मैं सुधि कछू न पाई। बिनु प्रसंग तहँ गयौ न जाई।
जग अरंभ करि, नृप तहँ गयौ। लखि रिषि-आस्त्रम बिस्मय भयौ।
कह्यौ, यह बिभव कहाँ तैं आयौ ? किन यह ऐसौ भवन बनायौ।
इहिं अंतर नृप-तनया आई। पिता देखि, मिलिबे कौं धाई।
नृप ताकौं आदर नहिं दियौ। तैं यह कर्म कौन है कियौ ?
बृद्ध रिषीस्वर कौं कहा भयौ ? कुल कलंक तैं किहिं मिलि दयौ।
कह्यौ, जोग-बल रिषि सब कीनौ। मोहिं सुख सकल भाँति कौ दीनौ।
नृप प्रसन्न ह्वै रिषि पै आयौ। जग-प्रसंग कहिकै गृह ल्यायौ।
रानी सुता देखि सुत मान्यौ। धन्य जन्म अपनौ करि जान्यौ।
च्यवन नृपति कौं जज्ञ करायौ। अस्विनि-सुत-हित भाग उठायौ।

इंद्र क्रोध ह्वै रिषि सौं कह्यौ। ताहि भाग तुम काहैं दयौ ?
पुनि मारन कौं बज्र उठायौ। पै रिषि कौं मारन नहिं पायौ।
इंद्र-हाथ ऊपर रहि गयौ। तिन कह्यौ, दई कहा यह भयौ ?
कह्यौ सुरनि, तुम रिषिहिं सतायौ। तातैं कर रहि गयौ उचायौ।
इंद्र बिनय रिषि सौं बहु करी। तब रिषि कृपा ताहि पर धरी।
सुरपति-कर तब नीचैं आयौ। अस्विनि-सुत बलि सुर मैं पायौ।
ऐसौ है हरि-भक्ति-प्रभाव। बरनि कह्यौ मैं तुमसौं राव।
हरि की भक्ति करै जो कोइ। दुहूँ लोक कौ सुख तिहिं होइ।
सुक ज्यौं नृप सौं कहि समुझायौ। 'सूरदास' त्यौं ही कहि गायौ॥

शुकदेव ने कहा, हे राजा परीक्षित, सुनो, हरि की भक्ति का प्रभाव जैसा है, उसे सुनो। जो कोई हरि का भजन करता है, वह संसार का सुख भी भोगता है और मुक्ति भी पाता है।

च्यवन ऋषि ने बहुत तप किया। उनके जैसा तपस्वी संसार में कोई दूसरा नहीं हुआ। तप करते-करते उनके शरीर पर दीमकों ने दिमकौर बना लिया। वल्मीकों ने, दीमक की बाँबियों ने, उनके शरीर को ढक लिया और ऋषि का सिर भी दिखाई नहीं देने लगा।

च्यवन ऋषि के आश्रम में राजा शर्याति गए। वहाँ जाकर डेरा डाल दिया। उस राज-शिविर में सारा राज-सामान छोड़कर, राजा शिकार खेलने चला गया। राजकुमारी उस वल्मीक के पास खेलते-खेलते चली गई। उसने वल्मीक में दो चमकती आँखें देखीं। उसने यह नहीं जाना कि ये दोनों आँखे किसी नर की या किसी ऋषि की हैं। खेलते-खेलते उसने उन आँखों में काँटा चुभो दिया। ऋषि की आँखों से रक्त की धारा ढुलक पड़ी। रक्त-प्रवाह देखकर राजकुमारी डर गई। ऋषि की आँखों में चुभे काँटों की पीड़ा राजा के सब लोगों को हुई। राजा ने कहा, हे भगवान यह क्या हो गया? वहाँ के निवासियों को राजा ने बुलवाया और उनसे पूछा। तब उन लोगों ने बताया—हे राजा, यहाँ च्यवन ऋषि का आश्रम है। उनसे जाकर आप बिनती करें।

राजा शर्याति खोजते-खोजते च्यवन-ऋषि के आश्रम में आए। राजा ऋषि की फूटी आँखों को देख कर बहुत डर गया। उसने पूछा—यह कुकृत्य किसने किया। कन्या बोली—हे महाराज सुनिए! मुझसे यह भूल अनजाने में हो गई। मैंने ही ऋषि की आँखों में काँटा चुभो दिया।

राजा मन ही मन बहुत पछताया। फिर ऋषि से यह बोला—महाराज, आप तो साधु हैं। मेरी कन्या से यह अपराध हो गया है। हे प्रभु, आप इस कन्या को पत्नी रूप में अंगीकार करें।

मेरे संपूर्ण कटक (राज-शिविर) को इस बात का दुख है। यदि आप कृपा करके इस कन्या को वरण कर लेंवें तो सारे कटक के शूल को हर लेंगे।

जब सब लोग स्वस्थ चित्त हो गए, तब राजा शर्याति अपनी कन्या ऋषि को देकर अपने घर चले गए।

इधर ऋषि ने हरि चरणों का ध्यान करके समाधि लगायी और कन्या ने ऋषि के चरणों में ध्यान लगा लिया।

देवराज इंद्र उसके रूप पर लुभा गए। फिर कुबेर भी वहाँ चले आए। पर उस सुकन्या ने इनकी ओर देखा तक नहीं। दोनों मन ही मन चिढ़कर अपना सा मुँह लेकर लौट गए।

इसी प्रकार चौदह वर्ष बीत गए। तब च्यवन ऋषि ने सिर उठाकर ऊपर देखा। उन्होंने देखा कि सुकन्या के शरीर पर केवल हड्डी और चमड़ा रह गया है। तब ऋषि उस पर दया कर उठे।

इसी समय दोनों अश्विनी कुमार वहाँ गए। उन्होंने च्यवन ऋषि को प्रणाम किया और कहा—हमारे लायक कोई काम हो, तो आज्ञा करें। हम अविलंब उस आज्ञा का पालन करेंगे।

च्यवन ऋषि ने कहा—मेरे नेत्रों की कोई व्यवस्था करो। उन अश्विनी कुमारों ने ऋषि की आँखों को तुरत ठीक कर दिया और कहा—वैद्य समझ कर लोग हमें देव-समाज से बाहर कर देते हैं और हमें यज्ञ का भाग नहीं मिलता।

च्यवन ऋषि ने कहा—मैं जहाँ भी यज्ञ करूँगा, तुम्हें अवश्य ही तुम्हारा भाग मिलेगा।

राजा शर्याति की पुत्री सुकन्या से च्यवन ऋषि बोले—मैं तुम्हारे ऊपर बहुत प्रसन्न हूँ। यद्यपि मुझे कोई सांसारिक इच्छा नहीं है, पर तुम्हारे लिए उपाय मै करूँगा। च्यवन ऋषि और उनकी पत्नी दोनों ने मिलकर तीर्थ में स्नान किया। दोनों को सुंदर रूप (और स्वास्थ्य) प्राप्त हो गया। वहाँ एक हजार दासियाँ प्रकट हो गई। ऋषि ने वहाँ इन्द्रपुरी की सी रचना कर दी। ऋषि ने पत्नी सुकन्या को सब प्रकार से सुख दिया और उसकी सभी अभिलाषाएँ पूरी कर दीं।

उधर राजा शर्याति ने अपनी रानी से कहा, जब से मैने अपनी कन्या च्यवन ऋषि को विवाह में दी, तब से मैने उसका कोई समाचार नहीं पाया और बिना किसी प्रसंग के किसी अवसर के, वहाँ जाते भी नहीं बनता। शर्याति ने यज्ञ करने की योजना बनाई और इस बहाने च्यवन ऋषि के आश्रम में गए। पर ऋषि के आश्रम को देखकर उन्हें बड़ा आश्चर्य हुआ। उन्होंने लोगों से पूछा—यह वैभव कहाँ से आया? किसने यह इतना सुंदर भवन बना दिया।

इसी बीच राजा की कन्या वहाँ आ गई। पिता को देखकर वह मिलने के लिए दौड़ पड़ी

राजा ने उसे आदर नहीं दिया और कहा—तूने यह कौन्न सा कर्म किया है। बूढ़े ऋषि को क्या हुआ? तूने किससे मिलकर कुल को कलंकित किया है?

सुकन्या बोली—ऋषि ने यह सब अपने योग बल से किया है और मुझे सब प्रकार का सुख दिया है।

राजा प्रसन्न होकर च्यवन ऋषि के पास गए और यह कहकर कि मैं यज्ञ करना चाहता हूँ, आप इसके निमित्त चलिए। ऐसा कहकर वे च्यवन ऋषि को अपने घर ले गए। रानी ने अपनी बेटी को देखा तो उसे अपने पुत्र सा समझा। और अपने को धन्य-धन्य कहा

च्यवन ऋषि ने राजा शर्याति का यज्ञ कराया। उसमें उन्होंने अश्विनी कुमारों के भी

निमित्त आहुति दी। तब इंद्र ने क्रुद्ध होकर कहा—तुमने अश्विनी कुमारों को यज्ञ-भाग क्यों दिया?

फिर इंद्र ने ऋषि को मारने के लिए वज्र उठाया, पर वह ऋषि को मारने नहीं पाया। इंद्र का हाथ ऊपर ही उठा रह गया और उसने कहा—हे भगवान, यह क्या हो गया।

देवतआओं ने कहा—देवराज, तुमने ऋषि को सताया है, इसी से तुम्हारा हाथ ऊपर को उठा का उठा रह गया है, नीचे नहीं आ पा रहा है।

इस पर इंद्र ने च्यवन ऋषि की बहुत बिनती की। तब ऋषि ने उस पर कृपा की और इंद्र का ऊपर उठा रह गया हाथ नीचे आ गया। अश्विनी कुमारों ने अन्य देवताओं के समान ही यज्ञ-भाग पाया।

हे राजा परीक्षित, हरि-भक्ति का प्रभाव ऐसा ही है। मैंने इसका वर्णन करके तुमसे कहा है। जो हरि की भक्ति करता है, उसे इहलोक और परलोक, दोनों लोकों में, सुख मिलता है।

शुकदेव जी ने च्यवन ऋषि की यह कथा जिस प्रकार समझाकर राजा परीक्षित से कही, सूरदास ने उसे उसी प्रकार गाकर कह सुनाया है।

हलधर-विवाह *२३३/४४८ राग भैरौ*

रविबंसी भयौ रैवत राजा। ता सम जग दुतिया न बिराजा।
ता गृह जन्म रेवती लयौ। ताकौं लै सो ब्रह्मपुर गयौ।
बिधि तिहिं आदर दै बैठायौ। तब नृप मन मैं अति सुख पायौ।
तहाँ देखि अप्सरा-अखारा। नृपति कछू नहिं बचन उचारा।
जब अप्सरा नृत्य कर रही। तब राजा ब्रह्मा सौं कही।
मम पुत्री बय-प्रापत आंहिं। आज्ञा होइ, देउँ तिहिं ब्याहि।
ब्रह्मा कह्यौ, सुनौ नर-नाह। तुमसौं नृप जग मैं अब नाह।
हलधर कौं तुम देहु बिवाहि। ब्याह-जोग अब सोई आहि।
रैवत ब्याह कियौ भुवि आइ। आप कियौ तप बन मैं जाइ।
हलधर-ब्याह भयौ या भाइ। 'सूरदास' जन दियौ सुनाइ॥

सूर्यवंश में रैवत नामक एक राजा हुआ है। उसके समान प्रतापी कोई दूसरा राजा नहीं हुआ। उसके घर में रेवती नामक पुत्री हुई। राजा रैवत उस रेवती को लेकर ब्रह्माजी की पुरी में चला गया। ब्रह्मा ने उसे आदरपूर्वक बैठाया। इस आदर भाव को देखकर राजा परम प्रसन्न हुआ। वहाँ अप्सराओं का अखाड़ा देखकर राजा ने उस समय कुछ न कहा। जब अप्सराएँ नाच रही थीं, तब राजा ने ब्रह्मा से कहा—मेरी पुत्री सयानी हो गई है। जिसके साथ आपकी आज्ञा हो, उसके साथ इसका विवाह कर दूँ।

ब्रह्मा जी ने कहा—हे राजा सुनो, तुम्हारे समान कोई राजा इस समय सारे संसार में नहीं है। इसका विवाह हलधर बलराम से कर दो। अब वही इस कन्या से विवाह करने लायक योग्य वर है। रैवत ने पृथ्वीमंडल पर आकर उसका विवाह बलराम से कर दिया और स्वयं तप के निमित्त वन में चला गया।

इस प्रकार हलधर का विवाह हुआ। भक्त सूरदास ने इसे कह सुनाया।

राजा अंबरीष की कथा २३४/४४९ राग बिलावल

हरि हरि, हरि हरि, सुमिरन करौ। हरि-चरनारबिंद उर धरौ।
हरि-पद अंबरीष चित लायौ। रिष्रि-सराप तैं ताहि बचायौ।
रिषि कौं तापै फेरि पठायौ। सुक नृप कौं यौं कहि समुझायौ।
अंबरीष राजा हरि-भक्त। रहै सदा हरि-पद अनुरक्त।
स्त्रवन-कीरतन-सुमिरन करै। भक्तनि सख्य-भाव अनुसरै।
काय-निवेदन सदा बिचारै। प्रेम-सहित नवधा बिस्तारै।
नौमी-नेम भली बिधि करै। दसमी कौं संजम बिस्तरै।
एकादसी करे निरहार। द्वादसि पोषै लै आहार।
पतिब्रता ता नृप की नारी। अह-निसि नृप की आज्ञाकारी।
इंद्री-सुख कौं दोऊ त्यागि। धरैं सदा हरि-पद अनुराग।
ऐसी बिधि हरि पूजैं सदा। हरि-हित लावैं सब संपदा।
राज-काज कछु मन नहिं धरै। चक्र सुदरसन रच्छा करै।
घटिका दोइ द्वादसी जानि। रिषि आयो, नृप कियौ सन्मान।
कह्यो भोजन कीजै रिषिराइ। रिषि कह्यौ, आवत हौं मैं न्हाइ।
यह कहिकै रिषि गए अन्हान। काल बितायौ करत स्नान।
राजा कह्यौ, कहा अब कीजै। द्विजनि कह्यौ, चरनोदक लीजै।
राजा तब करि देख्यौ ज्ञान। या बिधि होइ न रिषि-अपमान।
लै चरनोदक निज ब्रत साध्यौ। ऐसी बिधि हरि कौं आराध्यौ।
इहिं अंतर दुरबासा आए। अंबरीष सौं बचन सुनाए।
सुनि राजा, तेरौ ब्रत टरौ। क्यौं करि तेरैं भोजन करौं?
कह्यौ नृपति, सुनियै रिषिराइ। मैं ब्रत-हित यह कियौ उपाइ।
चरनोदक लै ब्रत प्रतिपार्‌यौ। अब लौं अन्न न मुख मैं डार्‌यौ।
रिषि सक्रोध इक जटा उपारी। सो कृत्या भइ ज्वाला भारी।
जब नृप ओर दृष्टि तिहिं करी। चक्र सुदरसन सो संहरी।
पुनि रिषिहू कौं जारन लाग्यौ। तब रिषि आपन जिय लै भाग्यौ।
ब्रह्मा-रुद्र-लोकहूँ गयौ। उनहूँ ताहि अभय नहिं दयौ।
बहुरौ रिषि बैकुंठ सिधायौ। करि प्रनाम यह बचन सुनायौ।
मैं अपराध भक्त कौ कीनौ। चक्र सुदरसन अति दुख दीनौ।
और कहूँ मैं ठौर न पायौ। असरन-सरन जानि कै आयौ।
महाराज अब रच्छा कीजै। मोकौं जरत राखि प्रभु लीजै।
हरि जू कह्यौ, सुनौ रिषिराइ। मो पै तू राख्यौ नहिं जाइ।

तैं अपराध भक्त कौ कीनौ। मैं निज भक्तनि कैं आधीनौ।
मम-हित भक्त सकल सुख तजैं। और सकल तजि मोकौं भजैं।
बिन मम चरन न उनकैं आस। परम दयालु सदा मम दास।
उनकैं मन नाहीं सत्राइ। तातैं कहौ उनहिं सौं जाइ।
तुमकौं लैहैं वेइ बचाइ। नाहीं या बिन और उपाइ।
इहाँ नृपति अतिहीं दुख छयौ। रिषि मम द्वारे तैं फिरि गयौ।
रिषि-मग जोवत वर्ष बितायौ। पै भोजन तौहूँ न सिरायौ।
अंबरीष पै तब रिषि आयौ। हाथ जोरि पुनि सीस नवायौ।
रिषिहिं देखि नृप कह्यौ या भाइ। लेहु सुदरसन याहि बचाइ।
ब्राह्मन हरि हरि-भक्तनि प्यारौ। तातैं अब याकौं मति जारौ।
चक्र सुदरसन सीतल भयौ। अभय-दान दुरबासा लयौ।
पुनि नृप तिहिं भोजन करवायौ। रिषि नृप सौं यह बचन सुनायौ।
मैं नहिं भक्त महातम जान्यौ। अबतैं भली भाँति पहिचान्यौ।
सुक राजा सौं ज्यौं समुझायौ। 'सूरदास' त्यौंहीं करि गायौ।
जो यह लीला सुनै-सुनावै। सो हरि-भक्ति पाइ सुख पावै।

'हरि, हरि' कहो और हरि के पाद-पद्मों को हृदय में धारण करो। हरि के चरण-कमलों में राजा अंबरीष ने चित्त लगाया था। भगवान ने उन्हें महाक्रोधी दुर्वासा ऋषि के शाप से बचाया और दुर्वासा को पुन: अबंरीष के ही पास सुदर्शन चक्र से बचने के लिए भेजा। शुकदेव जी ने राजा परीक्षित को ऐसा कहकर समझाया।

राजा अंबरीष भगवान के भक्त थे। वे सदैव प्रभु-चरणों में लीन रहते थे। वे हरि-कथा सुनते थे, हरि-कीर्तन करते थे, और भगवान का नाम सुमिरन किया करते थे। हरि भक्तों को वे अपना सखा (मित्र) समझते थे। उन्हें अपने राजा होने का अहं नहीं था। वे सदा भगवान को आत्म-समर्पण करते रहते थे और नवधा-भक्ति में प्रेमपूर्वक लीन रहते थे। वे नवमी का नियमपूर्वक पालन करते थे। दशमी के दिन संयमों का पूर्ण अनुसरण करते थे। एकादशी को कोई भी आहार नहीं ग्रहण करते थे। द्वादशी को आहार ग्रहण करके शरीर का पोषण करते थे। उनकी पत्नी पतिव्रता थी। वह दिन-रात उनके आदेशों का पालन करती रहती थी। दोनों ने इंद्री-सुख त्याग दिया था और दोनों सदा हरि-चरणों में अनुरक्त रहते थे। वे इस प्रकार हरि का सदा पूजन करते थे और सारी संपत्ति का उपयोग हरि के लिए ही करते रहते थे। वे राज-काज की कोई चिंता नहीं करते थे। चक्र सुदर्शन उनकी सदा रक्षा किया करता था।

एक बार यह समझकर कि आज द्वादशी दो ही घड़ी है, राजा को परेशान करने के लिए महाक्रोधी ऋषि दुर्वासा उनके यहाँ गए। राजा ने ऋषि का स्वागत-सत्कार किया। उन्होंने उनसे भोजन करने का भी आग्रह किया। पर ऋषि को तो उन्हें परेशान करना था, अत: उन्होंने कहा कि स्नान करके अभी आया जाता हूँ। यह कहकर वे स्नान करने के लिए नदी के तट पर चले गए और नहाने में अतिकाल कर दिया, बड़ा समय लगा दिया।

राजा ने सोचा अब क्या किया जाय। द्विघटिका द्वादशी तो बीत जाना चाहती है और द्वादशी में ही पारण हो जाना चाहिए। ब्राह्मण ने कहा भगवान का चरणोदक लेकर पारण कर लीजिए। तब राजा ने विचार कर देखा कि भगवान का चरणोदक मात्र ले लेने से ऋषि का अपमान नहीं होगा। ऐसा सोचकर उन्होंने मात्र चरणोदक से पारण कर लिया और इस प्रकार हरि की आराधना में लगे रहे।

इसी समय ऋषि दुर्वासा स्नान करके आ गए—तब तक त्रयोदशी लग गई थी उन्होंने कहा—सुन राजा, सुन, तेरा व्रत तो टूट गया। अब मैं तेरा भोजन कैसे करूँ।

तब राजा ने कहा—हे ऋषिराज, सुनिए। मेरा व्रत टूटने न पाए, इसलिए मैंने यह उपाय किया है। मैंने भगवान का चरणामृत लेकर अपने व्रत की रक्षा कर ली है। मैंने अभी तक मुँह में अन्न का एक भी कण नहीं डाला है।

तब ऋषि ने क्रोध में आकर अपने सिर की एक जटा उखाड़ ली। वह जटा कृत्या बन गई, जलती हुई, जलाती हुई। ज्योंही उस कृत्या ने राजा अंबरीष की ओर उन्हें जलाने के लिए दृष्टि उठाई, त्योंही चक्र सुदर्शन ने उसका संहार कर दिया। फिर वह चक्र दुर्वासा ऋषि को जलाने लगा। तब ऋषि अपने प्राण बचाकर भाग निकले। वे चक्र सुदर्शन से बचने के लिए ब्रह्मा जी के लोक में भागते फिरे। पर न तो ब्रह्मा ने उपाय किया, न शिव ने। तब ऋषि विष्णुलोक बैकुंठ में स्वयं विष्णु के पास गए और विष्णु भगवान को प्रणाम करके यह कहा—मुझसे भक्त का अपराध हो गया। अत: चक्र सुदर्शन मेरे पीछे-पीछे लगा मुझे भारी दुख दे रहा है। मुझे कहीं भी आश्रय नहीं मिला। अत: आपको अशरण - शरण जानकर मैं आपके पास आया हूँ। महाराज अब मेरी रक्षा कीजिए। प्रभु, मुझे जलने से बचा लीजिए।

भगवान बोले—हे ऋषिराज, सुनिए। मैं तुम्हारी रक्षा नहीं कर सकता। तुमने मेरे भक्त का अपराध किया है और मैं अपने भक्तों के बस में हूँ। मेरे लिए मेरे भक्त सभी सुख छोड़ देते हैं और सब कुछ छोड़कर मेरा भजन करते हैं। बिना मेरे चरणों के, उनको कोई दूसरी आशा नहीं है। मेरे भक्त भी परम दयालु होते हैं। उनके मन में कभी भी शत्रु-भाव नहीं रहता। इसलिए उन्हीं अंबरीष के पास जाकर अपनी रक्षा की बात करो। वे ही तुमको बचा लेंगे। उनके पास जाने के अतिरिक्त तुम्हारी रक्षा का कोई दूसरा उपाय नहीं है।

यहाँ अंबरीष बहुत दुखी थे कि ऋषि मेरे द्वार से बिना कुछ खाए-पिए यों ही भूखे-प्यासे चले गए। ऋषि का मार्ग देखते-देखते पूरा एक वर्ष बीत गया, परंतु तब भी भोजन ठंडा नहीं हुआ, ताजा और गर्म ही बना रहा।

दुर्वासा ऋषि अंतत: राजा अंबरीष के पास पुन: आए और उन्होंने हाथ जोड़कर राजा को सिर झुकाया। ऋषि को आया देखकर राजा अंबरीष ने कहा—हे चक्र सुदर्शन, ऋषिराज को बचा लो। ब्राह्मण तो हरि के प्यारे हैं और हरि-भक्तों के भी प्यारे हैं। अत: अब इनको न जलाओ।

राजा की बात सुनकर चक्र सुदर्शन शीतल हो गया और दुर्वासा ने अभयदान पाया फिर राजा ने ऋषि को भोजन कराया। तब ऋषि ने राजा से कहा—मैंने भक्त के माहात्म्य को नहीं समझा था। अबसे मैंने उनकी महिमा भली-भाँति जान ली।

शुकदेव जी ने राजा परीक्षित से भक्त की महिमा कह दी। उन्होंने राजा अंबरीष की कथा जिस प्रकार समझाकर कही थी, सूरदास ने उसे उसी प्रकार गा सुनाया।

जो इस लीला को सुनता है, कहता है, वह हरि-भक्ति पाकर परम-सुख को प्राप्त होता है।

२३५/४५० राग गूजरी

फिरत-फिरत बलहीन भयौ।

कहा करौं इहिं त्रास कृपानिधि, जप-तप कौ अभिमान गयौ।
धायौ धर-सर-सैल, बिदिसि-दिसि, चक्र तहाँ हूँ जाइ लयौ।
जाँचे सिव-बिरंचि-सुरपति सब, नैंकु न काहूँ सरन दयौ।
भाज्यौ फिर्‌यौ लोक-लोकनि मैं, पत्र पुरातन पवन हयौ।
'सूरदास' द्विज दीन जानि प्रभु, तब निज जन सनमुख पठयौ॥

दुर्वासा जी चक्र सुदर्शन के भय से भागते-भागते अंततः विष्णु भगवान के पास बैकुंठ में गए और उनसे प्रार्थना की—हे प्रभु, अब मैं भागते-भागते शक्तिहीन और शिथिल हो गया हूँ। मुझे अपने जप-तप का भारी अभिमान था। पर हे कृपानिधि, चक्र सुदर्शन से त्रस्त होकर मैं अपना वह अभिमान भूल गया हूँ। मैं धरती पर, सरोवर पर, पर्वतों पर, दिशाओं-विदिशाओं में भागता फिरा, पर हर जगह चक्र सुदर्शन मुझे पकड़ ही लेता रहा। मैंने शिव से, ब्रह्मा से, इंद्र से आश्रय की याचना की, पर किसी ने भी मुझे जरा सी भी शरण नहीं दी। मैं पेड़ के पीले पड़े पुराने पत्ते सा हवा की मार खाकर लोक-लोक में भागता-फिर रहा हूँ।

तब प्रभु ने दुर्वासा को दीन ब्राह्मण समझकर अपने भक्त उसी अंबरीष के पास क्षमा माँगने के लिए भेज दिया, जिसको परेशान करने के लिए दुर्वासा आए थे।

२३६/४५१ राग भोपाली

जन कौ हौं आधीन सदाई।

दुरबासा बैकुंठ गए जब, तब यह कथा सुनाई।
बिदित बिरद ब्रह्मन्य देव, तुम करुनामय सुखदाई।
जारत है मोहिं चक्र सुदरसन, हा प्रभु लेहु बचाई।
जिन-तन-धन मोहिं प्रान समरपे, सील, सुभाव, बड़ाई।
ताकौ बिषम बिषाद, अहो मुनि, मोपै सह्यौ न जाई।
उलटि जाहु नृप-चरन-सरन, मुनि वहै राखिहै भाई।
'सूरजदास' दास की महिमा, श्रीपति श्रीमुख गाई॥

जब सुदर्शन चक्र से बचने के लिए ऋषि दुर्वासा बैकुंठ में विष्णु भगवान के पास पहुँचे, तब उन्होंने भगवान से कहा—हे ब्रह्म, हे देव, सारे संसार में यह विदित है कि तुम करुणामय हो, सबको सुख देनेवाले हो। मुझे तुम्हारा ही सुदर्शन चक्र जला दे रहा है, मुझे बचा लो।

तब प्रभु ने कहा—हे ऋषिराज, मैं सदा अपने भक्तों के बस में रहता हूँ। जिन्होंने मुझे

अपना तन, मन, धन समर्पित कर दिया है, जो परम शीलवान हैं, सद् स्वभाव वाले हैं, जिनकी महा महिमा है, अपने उन भक्तों पर आई विषम विपत्ति को मैं सह नही सकता। मेरे पास आने से कोई लाभ नहीं है। हे मुनि, आप उन्हीं राजा अंबरीष के चरणों की शरण में वापस जाइए, वही आपको प्रेमपूर्वक बचा लेंगे।

श्रीपति विष्णु भगवान ने अपने भक्तों की महिमा स्वयं अपने श्रीमुख से इस प्रकार कही।

सौभरि ऋषि की कथा *२३७/४५२ राग बिलावल*

सुकदेव कह्यौ, सुनौ हो राव। जैसौ है हरि-भक्ति प्रभाव।
हरि कौ भजन करै जो कोइ। जग-सुख पाइ मुक्ति लहै सोइ।
सौभरि रिषि जमुना-तट गयौ। तहाँ मच्छ इक देखत भयौ।
सहित कुटुँब सो क्रीड़ा करै। अति उत्साह हृदय मैं धरै।
ताहि देखि रिषिकैं मन आई। गृह-आस्त्रम है अति सुखदाई।
तप तजि कै गृह-आस्त्रम करौं। कन्या एक नृपति की बरौं।
कह्यौ मानधाता सौं जाइ। पुत्री एक देहु मोहिं राइ।
नृप कह्यौ देखि बृद्ध रिषि-देह। हैं पचास पुत्री मम गेह।
अंतःपुर भीतर तुम जाहु। बरै तुम्हैं तिहिं करौं बिवाहु।
तब रिषि मन मैं कियौ बिचार। बिरध पुरुष कौं बरै न नार।
तप-बल कियौ रूप अति सुंदर। गयौ तहाँ जहँ नृप कौ मंदिर।
सब कन्यनि सौभरि कौं बर्‍यौ। रिषि बिवाह सबहिनि सौं कर्‍यौ।
रिषि तिनकैं हित गेह बनाए। तिनकैं भीतर बाग लगाए।
भोग समग्री भरे भँडार। दासी-दास गनत नहिं पार।
रिषि नारिनि मिलि बहु सुख पाए। सहस पचास पुत्र उपजाए।
तिनकैं बहुत भई संतान। कहँ लगि तिनकौं करौं बखान।
बहुत काल या भाँति बितायौ। पै रिषि मन संतोष न आयौ।
कह्यौ बिषय सौं तृप्ति न होइ। केतौ भोग करौ किन कोइ।
या बिधि जब उपज्यौ बैराग। तब तप करि कीन्हौ तन-त्याग।
सब नारिनि सहगामिनि कियौ। हरि जू तिनकौं निज पद दियौ।
तातैं बुध हरि-सेवा करैं। हरि-चरननि नितही चित धरैं।
सुक नृप सौं ज्यौं कहि समुझायौ। 'सूरदास' त्यौंही कहि गायौ॥

शुकदेव जी ने राजा परीक्षित से कहा—हरि-भक्ति का जैसा कुछ प्रभाव है, हे राजा, मैं उसे कह रहा हूँ, सुनो। हरि का भजन जो भी करता है, वह सांसारिक सुख तो प्राप्त करता ही है, अंत में वह मुक्ति भी पाता है।

एक बार सौभरि ऋषि यमुना जी के किनारे गए। वहाँ उन्होंने एक मत्स्य देखा। वह जल में अपने परिवार के सहित, हृदय में अत्यंत उत्साह धारण किए हुए, क्रीड़ा कर रहा था।

उसे देखकर ऋषि के मन में यह विचार उठा कि गृहस्थ आश्रम अत्यंत सुखद है। मैं भी तप छोड़कर राजा की एक कन्या से विवाह कर गृहस्थाश्रमी बनूँ।

तब सौभरि ऋषि राजा मानधाता के पास गए और उनसे कहा—हे राजा, अपनी एक पुत्री मुझे दे दो।

राजा ने ऋषि को बूढ़ा देखकर कहा—मेरे घर में पचास कन्याएँ हैं। तुम मेरे अंत:पुर में चले जाओ, जो भी पुत्री तुम्हारा वरण कर ले, तुम उससे विवाह कर लो।

तब बूढ़े सौभरि ऋषि ने मन में सोचा—नारी किसी बूढ़े आदमी को पति रूप में नहीं चुनती। तब तप-बल से उन्होंने अपना अत्यंत सुंदर (स्वस्थ और युवा) रूप बनाया और राजा मानधाता के महल में गए।

सभी कन्याओं ने सौभरि ऋषि को वर रूप में स्वीकार कर लिया और ऋषि ने सभी से विवाह कर लिया। ऋषि ने उनके लिए भव्य भवन बना दिए। हर भवन के भंडार उपभोग की सामग्रियों से भर दिए। वहाँ इतने दास दासी थे कि उनकी गणना नहीं की जा सकती। ऋषि ने उन स्त्रियों से मिलकर बहुत सुख पाया और उनसे पचास हजार पुत्र उत्पन्न किए। उन पुत्रों को भी बहुत संतानें हुईं। मैं उन सब का वर्णन कहाँ तक करूँ।

इस तरह गृहस्थाश्रम में रहते हुए सौभरि ऋषि ने बहुत समय बिता दिया, पर उनके मन को संतोष नहीं हुआ। उन्होंने कहा—विषय से, भोग-विलास से, आदमी अघाता नहीं, वह कितनी ही भोग क्यों न करे। इस प्रकार जब उनके मन में वैराग्य उत्पन्न हो गया, तब तप करके उन्होंने अपना शरीर छोड़ दिया। उनकी पचासो स्त्रियाँ उनके साथ सती हो गईं। भगवान ने सबको अपने चरण-कमलों में स्थान दिया। इसलिए बुद्धिमान लोग सदा हरि की सेवा में लगे रहते हैं और हरि-चरणों का मन में सदा ध्यान करते रहते हैं।

शुकदेव जी ने राजा परीक्षित से जिस प्रकार कहकर समझाया था, सूरदास ने उसी प्रकार यह कथा गाकर सुना दी।

श्री गंगा-आगमन *२३८/४५३ राग भैरो*

सुकदेव कह्यौ, सुनौ नर-नाह। गंगा ज्यौं आई जग माहँ।
कहौं सो कथा, सुनौ चित लाइ। सुनै सो भव तरि हरि-पुर जाइ।
सौवौं जज्ञ सगर जब ठयौ। इंद्र अस्व कौं हरि लै गयौ।
कपिलास्त्रम लै ताकौं राख्यौ। सगर-सुतनि तब नृप सौं भाष्यौ।
हम तिहुँ लोक माहिं फिरि आए। अस्व-खोज कतहूँ नहिं पाए।
आज्ञा होइ जाहिं पाताल। जाहु, तिन्हैं भाष्यौ भूपाल।
तिनके खोदैं सागर भए। कपिलाश्रम कौं ते पुनि गए।
अस्व देखि कह्यौ, धावहु-धावहु। भागि जाहि मति, बिलँब न लावहु।
कपिल कुलाहल सुनि अकुलायौ। कोप-दृष्टि करि तिन्हैं जरायौ।
सगर नृपति जब यह सुधि पाई। अंसुमान कौं दियौ पठाई।
कपिल-स्तुति-तिहिं बहुबिधि कीन्ही। कपिल ताहि यह आज्ञा दीन्ही।
जज्ञ के हेतु अस्व यह लेहु। पितर तुम्हारे भए जु खेहु।

सुरसरि जब भुव ऊपर आवै। उनकौं अपनौ जल परसावै।
तबहीं उन सबकी गति होइ। ता बिन और उपाइ न कोइ।
अंसुमान राजा ढिग आइ। साठि सहस की कथा सुनाइ।
घोरा सगर राइ कौं दयौ। हर्ष-बिषाद हृदय अति भयौ।
सगर राज मख पूरन कियौ। राज सो अंसुमान कौं दियौ।
अंसुमान पुनि राज बिहाइ। गंगा हेतु कियौ तप जाइ।
याही बिधि दिलीप तप कीन्हौ। पै गंगा जू बर नहिं दीन्हौ।
बहुरि भगीरथ तप बहु कियौ। तब गंगा जू दरसन दियौ।
कह्यौ, मनोरथ तेरौ करौं। पै मैं जब अकास तैं परौं।
मोकौं कौन धारना करै? नृप कह्यौ, संकर तुमकौं धरै।
तब नृप सिव की सेवा कीनी। सिव प्रसन्न ह्वै आज्ञा दीनी।
गंगा सौं नृप जाइ सुनाई। तब गंगा भूतल पर आई।
साठ सहस्र सगर के पुत्र। कीने सुरसरि तुरत पवित्र।
गंग-प्रवाह माहिं जो न्हाइ। सो पवित्र ह्वै हरिपुर जाइ।
गंगा इहिं बिधि भुव पर आई। नृप मैं तुमसौं भाषि सुनाई।
सुक नृप सौं ज्यौं कहि समुझायौ। 'सूरदास' त्यौंहीं कहि गायौ॥

शुकदेव ने राजा परीक्षित से कहा, हे राजा, गंगा जी जिस प्रकार इस संसार में आईं अब मैं गंगावतरण की वह कथा तुम्हें सुनाने जा रहा हूँ। मन लगाकर सुनो। जो भी गंगाजी की यह कथा सुनता है, वह संसार-समुद्र से पार होकर हरिपुर में चला जाता है।

जब राजा सगर ने सौवाँ यज्ञ शुरू किया, तब इंद्र उनके यज्ञ का घोड़ा चुरा ले गए। उसे ले जाकर इंद्र ने कपिल मुनि के आश्रम में बाँध दिया।

तब सगर के पुत्रों ने आकर सगर से कहा—हमलोग तीनों लोकों में खोज आए, पर घोड़े का कहीं पता न चला। यदि आज्ञा हो, तो पाताल में जाकर उसका पता लगाएँ। राजा सगर ने कहा—जाओ और खोजो। सगर के पुत्रों के खोदने से सागर बन गए।

तदनंतर सगर-पुत्र कपिल मुनि के आश्रम में गए। उन्होंने वहाँ यज्ञ के घोड़े को बँधा देखा और क्रुद्ध होकर कहा—दौड़ो, दौड़ो। विलंब मत करो, चोर भागने न पाए।

कपिल मुनि यह शोरगुल सुनकर विकल हो गए और कुपित होकर समाधि छोड़कर, उन्होंने सगर-पुत्रों को देखा। वे ऋषि की कोप-दृष्टि से जल गए।

जब राजा सगर ने अपने साठ हजार पुत्रों के जल मरने का समाचार पाया, तब उन्होंने अपने पौत्र अंशुमान को भेजा। अंशुमान ने कपिल मुनि की अनेक प्रकार से स्तुति की। तब कपिल मुनि ने कहा—यह घोड़ा ले जाओ और अपना यज्ञ पूरा करो। तुम्हारे पिता लोग जो जलकर भस्म हो गए हैं, जब गंगाजी पृथ्वी पर आकर अपने जल से उनका स्पर्श करेंगी, तभी उन सबको मोक्ष मिल सकेगा। उनके मुक्त होने का और कोई दूसरा उपाय नहीं है।

अंशुमान राजा सगर के पास लौट आए और पितृ और पितृव्यों कुल साठ हजार सगर-पुत्रों के जल मरने की कथा सुना दी और घोड़ा राजा सगर को दे दिया। राजा सगर

को अपने पुत्रों के जल मरने का दु:ख और घोड़ा मिल जाने का सुख एक साथ हुआ।

उन्होंने अपना सौंवाँ यज्ञ पूरा किया, राज्य पौत्र अंशुमान को दे दिया। (और तप के लिए वन चले गए)

अंशुमान ने भी कियत कालोपरांत राज-पाट छोड़ दिया और गंगा को लाने के लिए तप करने चला गया। (पर सफल नहीं हुआ)।

इसी प्रकार राजा दिलीप ने भी गंगा लाने के लिए बहुत तप किया, पर गंगाजी ने उन्हें भी दर्शन नहीं दिया।

तब भगीरथ जी ने घोर तप किया। गंगाजी ने उन्हें दर्शन दिया और कहा—हे राजा भगीरथ, मैं तुम्हारी इच्छा पूरी करूँगी, परंतु जब मैं आकाश से धरती पर गिरने लगूँगी, तब मुझे कौन सँभालेगा?

भगीरथ ने कहा—शंकर जी तुम्हें धारण करेंगे।

इसके पश्चात् राजा भगीरथ ने शिव जी की बहुत सेवा की, तब शिवजी ने प्रसन्न होकर गंगा को धारण करने की स्वीकृति दे दी।

तब भगीरथ गंगाजी के पास पुन: गए और शिवजी की स्वीकृति की बात उनसे कह दी। तब गंगाजी पृथ्वी पर आईं। गंगाजी ने राजा सगर के साठ हजार भस्म पुत्रों को तुरंत पवित्र कर दिया।

जो भी गंगा की धारा में नहाता है, वह पवित्र होकर हरिपुर बैकुंठ को चला जाता है।

शुकदेव जी बोले—हे राजा परीक्षित, गंगाजी इस प्रकार धरती पर उतरीं। यह सब मैंने तुमसे कह सुनाया।

शुकदेव जी ने राजा परीक्षित से गंगावतरण की यह कथा जिस प्रकार कह सुनाई, सूरदास ने उस कथा को उसी प्रकार गा सुनाया।

श्री गंगा-विष्णु-पादोदक-स्तुति *२३९/४५४ राग बिलावल*

हरि पद-कमल कौ मकरंद ।
मलिन-मति मन-मधुप, परिहरि विषय नीरस मंद ।
अमृत हूँ तैं अमल, अति गुन, स्त्रवत निधि-आनंद ।
परम सीतल जानि संकर, सिर धर्‌यौ ढिग चंद ।
नाग-नर-पसु सबनि चाह्यौ, सुरसरी कौ बुंद ।
'सूर' तीनौ लोक परस्यौ, सुरसरी जस-छंद ॥

गंगा जी भगवान के चरण-कमलों का पराग हैं। हे मेरे दुर्बुद्धि मन रूपी भौंरे, तू नीरस और मंद विषय-वासना को छोड़ दे। गंगा अमृत से भी निर्मल हैं, विमल हैं। यह अत्यंत गुणकारी हैं। इनमें आनंद का सागर प्रवाहित होता रहता है। इनको परम शीतल समझकर शंकर जी ने अपने सिर पर भाल-स्थित शीतल चंद्रमा के निकट ही धारण कर रखा है। नाग, नर, पशु सभी गंगा जी के जल की बूँदे चाहते हैं। गंगा के यश की कविता ने तीनों लोकों को छू लिया है (इनका भोगवती रूप पाताल में है, भागीरथी रूप मर्त्यलोक में है और मंदाकिनी रूप में यह आकाश गंगा हैं।)।

जय जय, जय जय, माधव-बेनी ।
जग हित प्रकट करी करुनामय, अगतिनि कौं गति दैनी ।
जानि कठिन कलि-काल कुटिल नृप, संग सजी अघ-सैनी ।
जनु ता लगि तरवारि त्रिबिक्रम, धरि करि कोप उपैनी ।
मेरु मूठि, बर-बारि पाल छिति, बहुत बित्त की लैनी ।
सोभित अंग, तरंग त्रिसंगम, धरी धार अति पैनी ।
जा परसैं जीतैं जम-सैनी, जमन, कपालिक, जैनी ।
एकै नाम लेत सब भाजै पीर, सो भव-भय-सैनी ।
जा जल सुद्ध निरखि सन्मुख ह्वै, सुंदरि सरसिज-नैनी ।
'सूर' परस्पर करत कुलाहल, गर-सृग-पहिरावैनी ॥

हे वेणीमाधव, हे लक्ष्मीपति, तुम्हारी जय हो, जय हो। हे दयालु, तुमने संसार के कल्याण के लिए, जिनकी गति (मोक्ष) नहीं होने पाती है, उनको भी गति (मोक्ष) देने वाली गंगा को प्रकट किया है। यह कलियुग कठोर और कुटिल राजा है। इसके साथ पापों की विपुल सेना सजी-बजी है। यह जानकर मानो उस सेना को काट डालने के लिए, कुपित होकर, यह गंगा त्रिविक्रम रूपी तलवार के रूप में उत्पन्न हुई हैं। जिस प्रकार वामन भगवान ने आकाश, पाताल और पृथ्वी को तीन डगों में ही नाप लेने के लिए त्रिविक्रम रूप धारण किया था, उसी प्रकार कलियुग के पापों को काटने के लिए गंगा भी आकाश में मंदाकिनी रूप में, पृथ्वी पर भागीरथी के रूप में और पाताल में भोगवती रूप से प्रकट हुई हैं। मेरु (पर्वत) ही इस त्रिविक्रम तलवार की मुठिया है और इसकी धारा ही इस तलवार की पैनी तीव्र धार है। इसके श्रेष्ठ जल की पाल (तट-बंध) यह पृथ्वी ही है। मनुष्यों ने बहुत से पापों की संपत्ति इकट्ठी कर रखी है, यह उस संपत्ति को हर लेनेवाली है। इसके अंग अत्यंत सुहावने हैं। इसकी तरंगें धर्म, अर्थ, काम इन तीनों का संगम है। इसका स्पर्श करने मात्र से यवन (मुसलमान), कापालिक (औघड़ शैव) और जैन मतावलंबी सभी यम की सेना को जीत लेते हैं और स्वर्ग जाते हैं। गंगा का एक बार नाम ले लेने से सांसारिक-भय की सेनाओं अथवा श्रेणियों की सभी पीड़ा, तत्काल भाग जाती है। इसका निर्मल जल देख लेने मात्र से, सामने आकर देवलोक की अप्सरियाँ, जो सुंदर हैं, कमल के समान नेत्र वाली हैं, गंगा-दर्शन करने वाले के गले में माला पहनाने के लिए स्पर्धा से परस्पर कोलाहल करने लगती हैं (गंगा स्वर्ग देने वाली हैं)।

२४१/४५६ राग बिलावल

गंग-तरंग बिलोकत नैन ।
अतिहिं पुनीत बिष्नु-पादोदक, महिमा निगम पढ़त गुनि चैन ।
परम पवित्र, मुक्ति की दाता, भागीरथहिं भव्य बर दैन ।
द्वादस बर्ष सेए निसिबासर, तब संकर भाषी है लैन ।
त्रिभुवन-हार सिंगार भगवती, सलिल चराचर जाके ऐन ।
'सूरजदास' बिधाता कैं तप, प्रगट भई संतनि सुख दैन ॥

गंगा-भक्तों के नेत्र गंगा जी की तरंगों को देखते ही रहते हैं। गंगाजी अत्यंत पवित्र हैं। वे विष्णु भगवान के चरणों का जल हैं—ब्रह्मद्रव है, ब्रह्म-नख-द्रव हैं। विश्राम दायक समझकर वेद इनकी महिमा पढ़ते हैं। यह परम पवित्र हैं, मुक्ति देनेवाली हैं, भगीरथ को वर देनेवाली हैं। जब भगीरथ ने शिवजी के लिए बारह वर्षों तक तप किया, तब शिव ने गंगा को शिरोधारण करना स्वीकार किया। भगवती गंगा तीनों लोकों की हार हैं, शृंगार हैं। इनके घर में सभी वारिचर और अचर रहते हैं। ये गंगा ब्रह्म के तप से पहले ब्रह्मा के कमंडल में आईं, फिर संतों को सुख देने के लिए भगीरथ के तप से इस धरती पर आईं।

परशुराम-अवतार *२४२/४५७ राग बिलावल*

ज्यौं भयौ परसुराम अवतार। कहौं सो कथा, सुनौ चित धार।
सहसबाहु रबिबंसी भयौ। सरिता-तट इक दिन सो गयौ।
निज भुज-बल तिन सरिता गही। बढ़ि गयौ जल, तब रावन कही।
नृप तुम हमसौं करौ लराइ। कह्यौ, करौं मध्यान बिताइ।
बहुरौ क्रोधवंत जुध चह्यौ। सहसबाहु तब ताकौं गह्यौ।
बहुरौ नृप करिकै मध्यान। दीनौ ताकौं छाँड़ि निदान।
फिरि नृप जमदग्न्यास्त्रम आयौ। कामधेनु बल करिकै धायौ।
परसुराम जब यह सुधि पाई। मार्‍यौ ताहि तुरतहीं धाई।
तासु सुतनि जमदग्निहिं मार्‍यौ। परसुराम रेनुका हँकार्‍यौ।
मारे छत्री इकइस बार। यौं भयौ परसुराम अवतार।
सुक नृप सौं ज्यौं कहि समुझायौ। 'सूरदास' त्यौं ही कहि गायौ॥

शुकदेव जी राजा परीक्षित से बोले—जिस प्रकार परशुराम जी का अवतार हुआ, मैं वह कथा तुम्हें सुना रहा हूँ। हे राजा, ध्यान देकर सुनो।

सहस्त्रबाहु नामक एक राजा सूर्यवंश में हुआ। एक दिन वह रेवा (नर्मदा) नदी के किनारे गया। उसने अपनी भुजाओं के बल से नदी के प्रवाह को रोक दिया। जल के रुक जाने से उद्गम की ओर नदी के जल में बाढ़ आ गई। तब रावण ने सहस्त्रबाहु से कहा—हे राजा, तुम मुझसे युद्ध करो। तब सहस्त्रबाहु ने कहा—दोपहरी की पूजा करके मैं युद्ध करूँगा (पर रावण नहीं माना)। तब दोनों ने अत्यंत क्रोध में आकर युद्ध किया। इस युद्ध में सहस्त्रबाहु ने रावण को पकड़ लिया, अपनी काँख में दबा लिया, फिर मध्याह्न की पूजा की। फिर रावण को स्वयं छोड़ दिया।

इसके पश्चात सहस्त्रार्जुन यमदग्नि ऋषि के आश्रम में आया। उसने ऋषि की कामधेनु के लिए बलपूर्वक धावा किया। परशुराम जी को जैसे ही यह समाचार मिला, वे तुरत दौड़े-दौड़े आए और सहस्त्रार्जुन को मार डाला। सहस्त्रार्जुन के बेटों ने महर्षि जमदग्नि को मार डाला। इस पर रेणुका ने परशुराम को पुकारा।

तब परशुराम जी ने क्षत्रियों का इक्कीस बार संहार किया। इस प्रकार परशुराम का अवतार हुआ।

शुकदेव जी ने राजा परीक्षित से जिस प्रकार समझा कर कहा, सूरदास ने उसे उसी प्रकार गा सुनाया।

परसुराम जमदग्नि-गेह लीनौ अवतारा।
माता ताकी गई जमुन जल कौं इक बारा।
लागी तहाँ अबार तिहिं, रिषि करि क्रोध अपार।
परसुराम सौं यौं कही, माँ कौं बेगि सँहार।
और सुतनि तब कही, पिता, नहिं कीजै ऐसी।
क्रोधवंत रिषि कह्यौ, करौ इनहूँ सौं वैसी।
परसुराम तिन सबनि कौं, मार्‌यौ खड्ग-प्रहार।
रिषि कह्यौ होइ प्रसन्न, बर माँगौ, देउँ, कुमार।
परसुराम तब कह्यौ, यहै बर देहु तात अब।
जानैं नाहिंन मुए, फेरिकै जीवैं ये सब।
रिषि कह्यौ, यह बर दियौ मैं, इनकौं देहु उठाइ।
परसुराम उनकौं दियौ, सोवत मनौ जगाइ।
परसुराम बन गए, तहाँ दिन बहुत लगाए।
सहसबाहु तिहिं समय, जमदगिनि-आश्रम आए।
कामधेनु जमदग्नि की, लै गयौ नृपति छिनाइ।
परसुराम कौं बोलि रिषि, दियौ बृत्तांत सुनाइ।
परसुराम सुनि पिता-बचन, ताकौं संहार्‌यौ।
कामधेनु दइ आनि, बचन रिषि कौ प्रतिपार्‌यौ।
सहसबाहु के सुतनि पुनि, राखी घात लगाइ।
परसुराम जब बन गयौ, मार्‌यौ रिषि कौं धाइ।
रिषि की यह गति देखि, रेनुका रोइ पुकारी।
परसुराम, तुम आइ, लगत क्यौं नहीं गोहारी।
यह सुनि कै आयौ तुरत, मार्‌यौ तिन्हैं प्रचारि।
बहुरौ जिय धरि क्रोध हते, छत्री इकइस बार।
जग अराज ह्वै गयौ, रिषिनि तब अति दुख पायौ।
ले पृथ्वी कौ दान, ताहि फिरि बनहिं पठायौ।
बहुरि राज दियौ छत्रियनि, भयौ, रिषिनि आनंद।
'सूरदास' पावत हरष, गावत गुन, गोबिंद॥

परशुराम ने यमदग्नि के घर में अवतार लिया। एक बार इनकी माता रेणुका जल लाने के लिए यमुना तट पर गईं। उनको वहाँ देर हो गई। इस देरी के लिए यमदग्नि ने अपनी पत्नी पर बड़ा क्रोध किया और परशुराम जी से कहा—अपनी माँ को तत्काल मार डालो।

तब अन्य पुत्रों ने कहा—पिता जी ऐसा न करें। तब क्रुद्ध होकर यमदग्नि जी ने परशुराम से कहा—इनको भी मार डालो।

परुशुराम जी ने अपनी माँ और भाइयों सबको तलवार से मार डाला। तब ऋषि ने प्रसन्न होकर कहा—हे कुमार, वर माँगो। तुम जो वर माँगोगे, मैं दूँगा।

तब परशुराम ने कहा—हे पिताजी, आप मुझको यह वर दीजिए, ये सब मेरी माँ और भाई पुनः जीवित हो जायँ, मानो मरे ही न रहे हों।

ऋषि ने कहा—अच्छा, यह वर मैंने तुमको दिया। इनको तुम उठा दो। परशुराम ने उनको उठा दिया, मानों उन्हें सोते से जगा दिया हो।

फिर परशुराम वन में गए। वहाँ उन्होंने बहुत दिन लगा दिए। इस बीच एक बार सहस्त्रबाहु यमदग्नि के आश्रम आया और यमदग्नि की कामधेनु को बलपूर्वक छीन ले गया।

यमदग्नि ने परशुराम को वन से बुलवाया और उनसे सब समाचार कह सुनाया। परशुराम जी ने पिता की बात सुनकर सहस्त्रबाहु को मार डाला और कामधेनु लाकर ऋषि को दे दिया। इस प्रकार उन्होंने पिता के वचन का पालन किया।

फिर सहस्त्रबाहु के पुत्र घात में लगे रहे। जब परशुराम जी वन को चले गए, तब उन्होंने यमदग्नि को मार डाला।

यमदग्नि को मरा देखकर, उनकी पत्नी रेणुका ने रोकर परशुराम को पुकारा। परशुराम तुम आकर हमारी सहायता क्यों नहीं करते? यह सुनकर परशुराम जी तुरत वन से आए और सहसबाहु के पुत्रों को मार डाला।

फिर जी में क्रोध करके उन्होंने इक्कीस बार क्षत्रियों का संहार किया। संसार राजा-हीन हो गया, अराजकता फैल गई। तब ऋषियों ने बहुत दुख उठाया। उन्होंने पृथ्वी का दान लेकर परशुराम को वन में भेज दिया। फिर क्षत्रियों को राजा बनाया। ऋषियों को आनंद हुआ।

गोविंद का गुण गाते हुए 'सूरदास' को परम हर्ष हो रहा है।

रामावतार

२४४/४५९ राग बिलावल

हरि हरि, हरि हरि, सुमिरन करौ। हरि-चरनारबिंद उर धरौ।
जय अरु विजय पारषद दोइ। बिप्र-सराप असुर भए सोइ।
एक बराह रूप धरि मार्‍यौ। इक नरसिंह-रूप संहार्‍यौ।
रावन-कुंभकरन सोइ भए। राम जनम तिनकैं हित लए।
दसरथ नृपति अजोध्या-राव। ताकैं गृह कियौ आविर्भाव।
नृप सौं ज्यौं सुकदेव सुनायौ। 'सूरदास' त्यौंही कहि गायौ॥

हरि का स्मरण करो और हरि के चरण-कमलों को हृदय में धारण करो। जय और विजय भगवान विष्णु के दो पार्षद थे। वे दोनों ब्राह्मणों के शाप से असुर हुए। एक हिरण्याक्ष को हरि ने वाराह रूप धारण कर संहारा और दूसरे को नरसिंह रूप धरण कर मारा। वे ही दूसरे जन्म में रावण और कुंभकर्ण हुए. राम ने इन्हीं के लिए जन्म लिया। उस समय अयोध्या के राजा दशरथ थे। उन्हीं के घर में राम का प्राकट्य हुआ।

राजा परीक्षित को शुकदेव जी ने यह (रामकथा) जैसे सुनाई थी, सूरदास ने उसे उसी प्रकार गाकर कहा है।

(बालकांड)

श्रीराम-जन्म *२४५/४६० राग कान्हरौ*

आजु दसरथ कैं आँगन भीर।
ये भू-भार उतारन कारन, प्रगटे स्याम-सरीर।
फूले फिरत अजोध्या-बासी, गनत न त्यागत चीर।
परिरंभन हँसि देत परसपर, आनँद-नैननि नीर।
त्रिदस-नृपति, रिषि, ब्यौम-बिमाननि देखत, रह्यौ न धीर।
त्रिभुवन-नाथ दयालु दरस दै, हरी सबनि की पीर।
देत दान राख्यौ न भूप कछु, महा बड़े नग हीर।
भए निहाल 'सूर' जाचक, जे जाँचे रघुबीर॥

आज महाराज दशरथ के आँगन में भीड़ लगी हुई है। इस पृथ्वी का बोझ उतारने के लिए साँवले शरीर वाले राम का प्राकट्य हुआ है। अयोध्या वासी परम प्रसन्न होकर घूम रहे हैं। वे अपने वस्त्र तक उतार उतारकर दिए डाल रहे हैं उन्हें गिन तक नहीं रहे हैं। वे हँस हँसकर एक दूसरे के गले मिल रहे हैं। उनके नेत्रों में आनंदाश्रु भर आया है। देवताओं के राजा इंद्र और ऋषिगण आकाश में विमानों पर बैठे हुए अयोध्या की इस भीड़भाड़ को देखकर अधीर हुए जा रहे हैं कि देखें हमें राम का दर्शन मिल भी पाता है या नहीं। किंतु त्रिलोकीनाथ दयालु राम ने दर्शन देकर सबकी पीड़ा दूर कर दी। दान देने में महाराज दशरथ ने कोई कसर नहीं उठा रखी। उन्होंने बड़े-बड़े नग और हीरे लुटा डाले। जिस भी याचक ने रघुवंश के दानवीर महाराज दशरथ से जो कुछ माँगा, उसने वह पाया और परम प्रसन्न हो गया।

२४६/४६१ राग कान्हरौ

अजोध्या बाजति आजु बधाई।
गर्भ मुच्यौ कौसिल्या माता, रामचंद्र निधि आई।
गावैं सखी परसपर मंगल, रिषि अभिषेक कराई।
भीर भई दसरथ कैं आँगन, सामबेद धुनि छाई।
पूछत रिषिहिं अजोध्या कौ पति, कहियै जनम गुसाई।
भौम वार, नौमी तिथि नीकी, चौदह भुवन बड़ाई।
चारि पुत्र दसरथ कैं उपजे, तिहूँ लोक ठकुराई।
सदा-सर्बदा राज राम कौ, 'सूर' दादि तहँ पाई॥

आज अयोध्या में राम-जन्म के आनंददायक अवसर पर बधाई के बाजे बज रहे हैं। आज माँ कौशल्या का गर्भ-मोचन हुआ है। उनके गर्भ से आज रामचंद्र जैसी बहुमूल्य निधि निकली है। सखियाँ हिल-मिलकर मंगलगीत, सोहर, गा रही है। ऋषि वसिष्ठ कौसल्या को नहावन करा रहे हैं। महाराज दशरथ के आँगन में भीड़ भर गई है। सामवेदी

लोग सामवेद के मंत्रों को सस्वर गा रहे हैं। उनके गले की ध्वनि चतुर्दिक् फैल रही है। अयोध्यापति महाराज दशरथ ऋषि वसिष्ठ से पूछ रहे हैं कि जातक का जन्म-फल कहिए। गुरु वसिष्ठ ने कहा—चैत सुदी की नवमी तिथि है, मंगल का दिन है। सभी अच्छा है। जातक की बड़ाई चौदहों भुवनों में छा जाएगी।

महाराज दशरथ के चार पुत्र—राम, लक्ष्मण, भरत, शत्रुघ्न हुए। उनका स्वामित्व तीनों लोकों में छा गया। राम का राज्य सदा-सर्वदा के लिए ऐसा रहा है, जहाँ सूर जैसों को भी बराबर दाद (न्याय) मिलता रहा है।

२४७/४६२ राग कान्हरौ

रघुकुल प्रगटे हैं रघुबीर।
देस-देस तैं टीकौ आयौ, रतन-कनक-मनि-हीर।
घर-घर मंगल होत बधाई, अति पुरबासिनि भीर।
आनँद-मगन भए सब डोलत, कछू न सोध सरीर।
मागध-बंदी-सूत लुटाए, गो-गयंद-हय-चीर।
देत असीस 'सूर', चिर जीवौ रामचंद्र रनधीर॥

रघु के वंश में रघुवीर राम प्रकट हुए हैं। देश-देशांतर से इस अवसर पर रत्न, सोना, हीरा आदि के रूप में मंगल भेंट, उपहार की बहुमूल्य वस्तुएँ आने लगीं। घर-घर सोहर होने लगे और मंगल बधाई बजने लगी। पुरवासियों की तो ठट्ठ की ठट्ठ भीड़ यत्र-तत्र सर्वत्र लग उठी। सब लोग आनंद में डूबे हुए डोल फिर रहे हैं। किसी को अपने तन-बदन की सुधि नहीं रह गई है। मागधों, वंदीजनों, सूतों को हाथी, घोड़ा, गाय, वस्त्र सभी कुछ लुटा दिया गया। वे प्रसन्न होकर आशीष दिए जा रहे हैं—रण में धैर्य धारण करनेवाले युद्धवीर राम चिरंजीवी हों।

शर-क्रीड़ा *२४८/४६३ राग बिलावल*

करतल-सोभित बान धनुहियाँ।
खेलत फिरत कनकमय आँगन, पहिरे लाल पनहियाँ।
दसरथ-कौसिल्या के आगैं, लसत सुतन की छहियाँ।
मानौ चारि हंस सरवर तैं, बैठे आइ सदेहियाँ।
रघुकुल-कुमुद-चंद चिंतामनि, प्रगटे भूतल महियाँ।
आए ओप देन रघुकुल कौं, आनँद-निधि सब कहियाँ।
यह सुख तीनि लोक मैं नाहीं, जो पाए प्रभु पहियाँ।
'सूरदास' हरि बोल भक्त कौं, निरबाहत गहि बहियाँ॥

चारो भाइयों के हाथों में धनुष-बाण बड़े अच्छे लग रहे हैं। वे राजमहल के स्वर्ण-जटित आँगन में खेल रहे हैं। वे पैरों में लाल-लाल जूतियाँ पहने हुए हैं। महाराज दशरथ और महारानी कौसल्या के सामने, चारों पुत्रों की परछाईं ऐसी सुशोभित हो रही है, मानो मानसरोवर से उड़कर चार हंस, मानव-शरीर धारण करके, आ बैठे हों। रघुकुल रूपी कुमुद को खिलाने वाले चंद्रमा के समान, मनोकामना पूर्ण करनेवाली चिंतामणि के समान

ही, चारो भाई पृथ्वी पर प्रकट हुए हैं। ये रघुवंश को आभा प्रदान करने के लिए आए हैं सबके लिए आनंद की निधि हैं। जो सुख प्रभु के पास से पाया जाता है, वह तीनों लोक में नहीं है। भगवान अपने भक्तों को बुला-बुलाकर उनकी बाँह पकड़ते हैं और इस बाँ गहे की लाज निभाते हैं।

२४९/४६४ राग बिलावल

धनुहीं-बान लए कर डोलत।

चारौ बीर संग इक सोभित, बचन मनोहर बोलत।
लछिमन भरत सत्रुहन सुंदर, राजविलोचन राम।
अति सुकुमार, परम पुरुषारथ, मुक्ति-धर्म-धन-धाम।
कटि-तट पीत पिछौरी बाँधे, काकपच्छ धरे सीस।
सर-क्रीड़ा दिन देखन आवत, नारद, सुर तैंतीस।
सिव-मन सकुच, इंद्र-मन आनँद, सुख-दुख बिधिहिं समान।
दिति दुर्बल अति, अदिति हृष्टचित, देखि 'सूर' संधान॥

चारो भाई हाथों में धनुष-बाण लिए हुए डोलते-फिरते हैं। चारो भाई एक साथ रहने प बहुत अच्छे लगते हैं। वे मन को हरने वाली मधुर वाणी में बोलते हैं। राम कमल के समा नेत्रवाले हैं और लक्ष्मण, भरत, शत्रुघ्न सभी सर्वांग सुंदर हैं। वे लोग अत्यंत कोमल शरी वाले हैं। वे परम पौरुष वाले हैं। वे मुक्ति, धर्म, धन सभी के भण्डार हैं। वे कमर में पीतांब धारण किए हुए हैं। वे अपने सिरों पर दोनों कानों के ऊपर केशों का पट्टा रखाए हुए हैं।

नारद आदि ऋषि और तैंतीसों कोटि देवता (ग्यारह रुद्र, द्वादस आदित्य, आठों व और इंद्र तथा प्रजापति) उनका वाण चलाने की विधि देखने आते हैं। उनका शरसंधा देखकर शिव को संकोच होता है कि मेरे स्वामी होते हुए भी ये मेरे भक्त रावण का विना कर देंगे। इंद्र के मन में आनंद हो रहा है कि अब देवता रावण के बंदीगृह से मुक्त हों और उनका भय दूर हो जायगा। ब्रह्मा को सुख भी हो रहा है और दुख भी। देवताओं क काम अब हो जायगा इसलिए सुख और प्रभु के वियोग का दुख। दैत्यों की माता दि दुर्बल हो गई हैं और आदित्यों (देवताओं) की माता अदिति प्रसन्न चित्त हो गईं।

विश्वामित्र-यज्ञ-रक्षा *२५०/४६५ राग सारं*

दसरथ सौं रिषि आनि कह्यौ।

असुरनि सौं जग होन न पावत, राम-लषन तब संग दयौ।
मारि ताड़का, यज्ञ करायौ, बिस्वामित्र अनंद भयौ।
सीय-स्वयंवर जानि 'सूर', प्रभु कौं लै रिषि ता ठौर गयौ॥

विश्वामित्र जी अयोध्या आए और दशरथ जी से मिलकर उन्होंने कहा—असुरों के मारे हमारे यज्ञ नहीं हो पा रहे हैं। तब दशरथ जी ने राम और लक्ष्मण को उनके साथ क दिया। उन्होंने ताडुका को मार कर विश्वामित्र का यज्ञ पूरा कराया। विश्वामित्र जी के मानसिक आह्लाद हुआ। उसी समय जनकपुरी में सीता जी का स्वयंवर होने वाला था महर्षि विश्वामित्र राम-लक्ष्मण को लेकर उसे देखने जनकपुरी चले गए।

२५१/४६६ राग सारंग

गंगा-तट आए श्रीराम ।

तहाँ पषान रूप पग परसे, गौतम रिषि की बाम ।
गई अकास देव-तन धरिकै, अति सुंदर अभिराम ।
'सूरदास' प्रभु पतित-उधारन-बिरद, कितौ यह काम ॥

श्रीराम गंगातट पर गौतम आश्रम में आए। गौतम ऋषि की पत्नी अहल्या वहाँ पत्थर बनी पड़ी थी। उसे राम ने पैर से छू लिया और वह पाषाणी अत्यंत सुंदर देवता का शरीर पाकर आकाश मार्ग से ऊपर चली गई। प्रभु का तो पतित पावन विरद ही है। फिर अहल्या का उद्धार कर देना उनके लिए कौन बहुत बड़ा काम था।

धनुष-भंग

२५२/४६७ राग सारंग

चितै रघुनाथ-बदन की ओर ।

रघुपति सौं अब नेम हमारौ, बिधि सौं करति निहोर ।
यह अति दुसह पिनाक पिता-प्रन, राघव-बयस किसोर ।
इनपै दीरघ धनुष चढ़ै क्यौं, सखि, यह संसय मोर ।
सिय-अंदेस जानि 'सूरज' प्रभु, लियौ करज की कोर ।
टूटत धनु नृप लुके जहाँ-तहँ, ज्यौं तारागन भोर ॥

स्वयंवर में उपस्थित और धनुष उठाने के लिए उद्यत राम के मुख की ओर देखकर सीता जी अपनी सखियों से कह रहीं है—हे सखी, रघुनाथ राम से तो मेरा प्रेम हो गया है, मेरा मन उनसे जा मिला है, मैं विधाता से प्रार्थना करती हूँ, वे मेरी विनती सुनें। इधर यह धनुष अत्यंत कठोर है और पिता जी का प्रण है, उधर रघुवंशी राम की अभी किशोरावस्था हैं। इनसे यह विशाल धनुष कैसे चढ़ाया जा पाएगा। मुझे इसी का संदेह है।

सीता के मन के अंदेसे को जानकर राम ने अपनी उँगली के कोर पर धनुष उठा लिया वह टूट गया। धनुर्भंग होते ही समस्त राजा इस प्रकार छिप गए, जैसे प्रभात होते ही रात में जगमगाने वाले तारे विलुप्त हो जाते हैं।

दशरथ का जनकपुर-आगमन

२५३/४६८ राग सारंग

महाराज दसरथ तहँ आए ।

बैठे जाइ जनक-मंदिर महँ, मोतिनि चौक पुराए ।
बिप्र लगे धुनि बेद उचारन, जुवतिनि मंगल गाए ।
सुर-गँधर्ब-गन कोटिक आए, गगन बिमाननि छाए ।
राम-लषन अरु भरत-सत्रुहन, ब्याह निरखि सुख पाए ।
'सूर' भयौ आनंद नृपति-मन, दिवि दुंदुभी बजाए ॥

महाराज दशरथ विवाह कराने के लिए वहाँ आ गए। वे जनक जी के महल में जाकर बैठ गए, जहाँ मोतियों से चौक पूरा गया था। ब्राह्मण लोग वेद-ध्वनि करने लगे। युवतियाँ मंगल-गीत गाने लगीं। अगणित देवता और गंधर्व गण वहाँ आ गए। आकाश उनके विमानों से पट गया। वे सभी राम, लक्ष्मण, भरत, शत्रुघ्न चारों भाइयों का विवाह होते देख

परम सुखी हो गए। राजा दशरथ को पुत्रों का तथा जनक को पुत्रियों का विवाह संपन्न होते देख अत्यंत आनंद हुआ। देवगण भी आकाश में दुंदुभी (नगाड़ा) बजा उठे।

कंकण-मोचन *२५४/४६९ राग असावरी*

कर कंपै, कंकन नहिं छूटै।
राम सिया-कर-परस मगन भए, कौतुक निरखि सखी सुख लूटैं।
गावत नारि गारि सब दै दै, तात-भ्रात की कौन चलावै।
तब कर-डोरि छुटै रघुपति जू, जब कौसिल्या माता आवै।
पूँगी-फल-जुत जल निरमल धरि, आनी भरि कुंडी जो कनक की।
खेलत जूप सकल जुवतिनि मैं, हारे रघुपति, जिती जनक की।
घुरे निसान अजिर, गृह मंगल, बिप्र बेद-अभिषेक करायौ।
'सूर' अमित आनंद जनकपुर, सोइ सुकदेव पुराननि गायौ॥

कोहबर में राम सीता के हाथ में बँधा हुआ कंकण छोड़ रहे हैं। कंप सात्विक के कारण उनका हाथ कांपने लगा और कंकण नहीं छूट पाया। राम सीता के हाथ का स्पर्श पाकर परम प्रसन्न हो गए। यह कौतुक, तमाशा, देखकर सखियाँ सुख लूटने लगीं। सभी नारियाँ गाली दे देकर गाने लगीं। पिता महाराज दशरथ और भाई लक्ष्मण, भरत, शत्रुघ्न की क्या बात, ये तो यहाँ जनकपुरी में आ ही गए हैं। इनके आने से सीता के हाथ में बँधा सूत का यह कंकण छूटने का नहीं। हाँ, जब आपकी माँ कौशल्या जी भी यहाँ आ जायँगी तभी सीता के कर में बँधी यह डोरी छूट सकेगी। वे ही इसे खोल सकें, तो खोल सकें।

सोने की कटोरी में स्वच्छ जल और सुपारी लाकर रख दी गई। सभी नवयुवतियों की उपस्थिति में राम सीता जुआ खेलने लगे। इस जुए में राम हार गए और जनक की पुत्री जानकी जीत गईं। आँगन में रखे हुए नगाड़ों की ध्वनि जोर से गूँज उठी। घर में मंगल गीत गाया जाने लगा। ब्राह्मणों ने वेद-ध्वनि के साथ अभिषेक (स्नान) कराया। जनकपुर में महा आनंद छा गया।

इसी को शुकदेव जी ने पुराणों में गाया है।

धनुष-भंग; पाणिग्रहण *२५५/४७० राग नट*

ललित गति राजत अति रघुबीर।
नरपति-सभा-मध्य मनो ठाढ़े, जुगल हंस मति धीर।
अलख-अनंत-अपरिमित महिमा, कटि-तट कसे तुनीर।
कर धनु, काकपच्छ सिर, सोभित अंग-अंग दोउ बीर।
भूषन बिबिध बिसद अंबर जुत, सुंदर स्याम सरीर।
देखत मुदित चरित्र सबै सुर, ब्यौम-बिमाननि भीर।
प्रमुदित जनक निरखि मुख-अंबुज, प्रगट नैन मधि नीर।
तात-कठिन-प्रन जानि जानकी, आनति नहिं उर धीर।
करुनामय जब चाप लियौ कर, बाँधि सुदृढ़ कटि-चीर।
भूभृत सीस नमित जो गर्बगत, पावक सींच्यौ नीर।

डोलत महि अधीर भयौ फनिपति, कूरम अति अकुलान।
दिग्गज चलित, खलित मुनि-आसन, इंद्रादिक भय मान।
रवि मग तज्यौ, तरकि ताके हय, उत्पथ लागे जान।
सिव-बिरंचि ब्याकुल भए धुनि सुनि, जब तोर्‌यौ भगवान।
भंजन-सब्द प्रगट अति अद्भुत, अष्ट दिसा नभ-पूरि।
स्त्रवन-हीन सुनि भए अष्टकुल नाग, गरब भय चूरि।
इष्ट-सुरनि बोलत नर तिहिं सुनि, दानव-सुर बड़ सूर।
मोहित बिकल जानि जिय सबहीं, महा प्रलय कौ मूर।
पानि-ग्रहन रघुबर बर कीन्ह्यौ, जनकसुता सुख दीन।
जय-जय-धुनि सुनि करत अमरगन, नर-नारी लवलीन।
दुष्टनि दुख, सुख संतनि दीन्हौ, नृप-ब्रत पूरन कीन।
रामचंद्र दसरथहिं बिदा करि 'सूरदास' रस-भीन॥

सीता के स्वयंवर में दोनों रघुवंशी भाई—राम और लक्ष्मण अत्यंत सुंदर गति से पधारे। उस राजसभा में वे धीर-मति ऐसे खड़े हुए, जैसे दो राजहंस हों। उनकी महिमा अलख है, अनंत है, अपरिमित है। वे कमर में तूणीर (तरकश) खोंसे हुए थे। उनके हाथों में धनुष थे। सिर पर कानों के ऊपर काक-पक्ष था। दोनों भाइयों के अंग-प्रत्यंग सुशोभित हो रहे थे।

राम के साँवले सलोने शरीर पर अनेक प्रकार के अलंकार और वस्त्र थे। उनका यह चरित्र देवता लोग नभ में विमानों की भीड़ में से देख रहे थे। राम का मुख-कमल देखकर राजा जनक प्रसन्न हो उठे। उनके नयनों से प्रेमाश्रु छलक आये। पिता के कठिन प्रण को जानकर जानकी अपने हृदय में धैर्य नहीं धारण कर पा रही थीं। जब कमर में अपना पीतांबर कसकर करुणामय राम ने शिवजी का धनुष अपने कर में उठा लिया, तब राजाओं के सिर, जो अभी तक गर्व से ऊपर उठे हुए थे, झुक गए, जैसे जलती आग पर पानी पड़ गया हो।

पृथ्वी डगमगाने लगी, शेषनाग अधीर हो उठे, कच्छप भी व्याकुल हो गया। दिशाओं को सँभालने वाले हाथी चलायमान हो गए। मुनियों के आसन शिथिल हो गए। इंद्र आदि भी डर गए। सूर्य अपने नियत मार्ग से विचलित हो उठे, उनके घोड़े बिदक गये और पथ छोड़कर विपथ पर जाने लगे। जब राम ने धनुष तोड़ा, उसके टूटने की ध्वनि सुनकर शिव और ब्रह्मा भी व्याकुल हो गए।

धनुष टूटने की ध्वनि अत्यंत अद्भुत थी। वह आठों दिशाओं में छा गई, गूँज उठी। अष्टकुल के नाग भी उस ध्वनि को सुनकर बहरे हो उठे और उनका गर्व चूर्ण हो गया। उस भयानक ध्वनि को सुनकर सभा के बड़े-बड़े वीर भी, सभी नर, सभी दानव, सभी सुर, अपने-अपने इष्ट देवों को बुलाने लगे। सबने उस ध्वनि को महाप्रलय का आदि-स्रोत समझ लिया और सभी मुग्ध और विकल हो उठे।

वर राम ने सीता का पाणिग्रहण किया और जनकसुता को सुख दिया। देवता लोग

सीता राम की जय-जय करने लगे। सब नर-नारी भी वही जय ध्वनि करने लगे। इससे दुष्टों को दुख हुआ, संतों को सुख हुआ, राजा जनक का प्रण पूर्ण हुआ।

इसके अनंतर महाराज जनक ने समधी महाराज दशरथ और दामाद रामचंद्रादि की रस भीनी, भाव भीनी विदाई की।

दशरथ-विदा *२५६/४७१ राग सारंग*

दसरथ चले अवध आनंदत।
जनकराइ बहु दाइज दै करि, बार-बार पद बंदत।
तनया जामातनि कौं समदत, नैन नीर भरि आए।
'सूरदास' दसरथ आनंदित, चले निसान बजाए॥

महाराज दशरथ जनकपुरी से विदा होकर आनंद मनाते हुए अयोध्या की ओर चल पड़े। महाराज जनक ने बहुत दैजा दिया, और अवध-नरेश की पद-वंदना की। पुत्रियों एवं जामाताओं की प्रेमपूर्वक उपहार देते समय उनकी आँखें प्रेम से भर-भरा गईं। महाराज दशरथ परमानंद के सहित नगाड़े बजाते हुए प्रस्थित हुए।

परशुराम-मिलाप *२५७/४७२ राग सारंग*

परसुराम तेहिं औसर आए।
कठिन पिनाक कहौ किन तोर्‍यौ, क्रोधित बचन सुनाए।
बिप्र जानि रघुबीर धीर दोउ, हाथ जोरि, सिर नायौ।
बहुत दिननि कौ हुतौ पुरातन, हाथ छुअत उठि आयौ।
तुम तौ द्विज, कुल-पूज्य हमारे, हम-तुम कौन लराई?
क्रोधवंत कछु सुन्यौ नहीं, लियौ सायक-धनुष चढ़ाई।
तबहूँ रघुपति कोप न कीन्हौ, धनुष न बान सँभार्‍यौ।
'सूरदास' प्रभु-रूप समुझि, बन परसुराम पग धार्‍यौ॥

उसी समय परशुराम जी वहाँ आ गये। क्रुद्ध होकर उन्होंने कहा—शिव जी के इस अत्यंत कठोर धनुष को किसने तोड़ दिया है? उन दोनों रघुवंशी भाइयों—राम और लक्ष्मण ने परशुराम जी को ब्राह्मण समझकर हाथ जोड़कर सिर झुकाया, प्रणाम किया और कहा—यह धनुष बहुत दिनों का था, बहुत पुराना था, हाथ से छूते ही, हाथ लगाते ही यह उठ आया। हे ब्राह्मण देवता आप तो हमारे कुल के पूज्य हैं, हमसे आपसे कैसी लड़ाई?

परशुराम जी क्रोध में थे। अतः उन्हें राम-लक्ष्मण की बात नहीं सुनाई दी और उन्होंने अपने धनुष पर बाण चढ़ा ही लिया। तब भी रघुपति श्रीराम ने न तो अपना धनुष-बाण ही सँभाला और न क्रोध ही किया।

परशुराम जी की समझ में यह आ गया कि यह तो प्रभु के रूप हैं। तब वे तपस्या के निमित्त वन में चले गए।

अवधपुरी-प्रवेश *२५८/४७३ राग सारंग*

अवधपुर आए दसरथ राइ।
राम-लषन अरु, भरत-सत्रुहन, सोभित चारौ भाइ।

घुरत निसान, मृदंग-संख-धुनि, भेरि-झाँझ-सहनाइ।
उमँगे लोग नगर के निरखत, अति सुख सबहिनि पाइ।
कौसिल्या आदिक महतारी, आरति करहिं बनाइ।
यह सुख निरखि मुदित सुर-नर-मुनि, 'सूरदास' बलि जाइ॥

महाराज दशरथ जनकपुरी से अयोध्यापुरी में आ गए। उनके साथ नव विवाहित चारो भाई—राम, लक्ष्मण, भरत, शत्रुघ्न सुशोभित हो रहे थे। नगाड़ों, मृदंगों, शंखों, भेरियों, झाँझों और सहनाइयों की ध्वनि गूँज रही थी। नगरवासी वापस आयी बरात को देखने के लिए उमड़ पड़े। सभी ने अत्यंत सुख पाया। केकयी, सुमित्रा आदि माताएँ पुत्रों और पुत्र-वधुओं की भली-भाँति आरती करने लगीं। यह सुख देखकर सुर नर मुनि सभी प्रसन्न हो उठे। 'सूरदास' भी इस सुख पर निछावर हैं।

(अयोध्या कांड)

राम-वन-गमन *२५९/४७४ राग सारंग*

महाराज दसरथ मन धारी।
अवधपुरी कौ राज राम दै, लीजै ब्रत बनचारी।
यह सुनि बोली नारि कैकई, अपनौ बचन सँभारी।
चौदह वर्ष रहैं बन राघव, छत्र भरत-सिर धारौ।
यह सुनि नृपति भयौ अति ब्याकुल, कहत कछू नहिं आई।
'सूर' रहे समुझाइ बहुत, पै कैकई-हठ नहिं जाई॥

महाराज दशरथ ने मन में विचार किया कि अब राम को अयोध्या का राज्य दे दूँ और स्वयं तपश्चर्या के निमित्त वन चला जाऊँ। उनका यह विचार सुनकर रानी कैकेयी बोलीं—आपने मुझे दो वचन दिये थे। उनका स्मरण कीजिए। एक वचन के अनुसार तो राम चौदह वर्ष के लिए वन चले जायँ, दूसरे वचन के अनुसार भरत के सिर पर आप राज छत्र रख दें (उन्हें राजा बनाएँ)।

कैकेयी की यह बात सुनकर राजा दशरथ अत्यंत व्याकुल हो उठे। उनसे कुछ कहते नहीं बना। उन्होंने कैकेयी को बहुत समझाया, पर उसने अपना हठ छोड़ा नहीं, जरा भी टस से मस नहीं हुई।

२६०/४७५ राग कान्हरौ

महाराज दशरथ यौं सोचत।
हा रघुनाथ, लछन, बैदेही, सुमिरि नीर दृग मोचत।
त्रिया-चरित मतिमंत न समुझत, उठि प्रछालि मुख धोवत।
अति बिपरीत रीति कछु औरै, बार-बार मुख जोवत।
परम कुबुद्धि कह्यौ नहिं समुझति, राम-लछन हँकराए।
कौसिल्या सुनि परम दीन ह्वै, नैन नीर ढरकाए।
बिह्वल तन-मन, चकृत भई सो, यह प्रतच्छ सुपनाए।
गदगद-कंठ 'सूर' कोसलपुर, सोर सुनत दुख पाए॥

कैकेयी के ऐसा कहने पर महाराज दशरथ बड़े सोच में पड़ गए। वे हाय राम, हाय लक्ष्मण, हाय सीता कह-कहकर आँखों से आँसू बहाने लगे। बड़े-बड़े बुद्धिमान भी त्रिया-चरित्र को नहीं समझ पाते (और दशरथ जी ने भी नहीं समझा)। कैकेयी उठकर अपना मुँह खूब धोए-पोंछे जा रही थी। आज उसका रंग-ढंग ही कुछ उलटा सीधा हो रहा था। महाराज दशरथ बार-बार उसके मुँह की ओर देखे जा रहे थे, पर महा मूर्खा कुछ समझ ही नहीं रही थी। उलटे उसने राम लक्ष्मण को बुलवा भेजा। कौसल्या को जब यह सूचना मिली, तब वे अत्यंत शोकाकुल हो उठीं और नयनों से अश्रु-धारा प्रवाहित करने लगीं। वे विह्वल हो उठीं, तन से भी, मन से भी। वे चकपका उठीं कि यह वास्तविकता है या सपना है। उनका कंठावरोध हो गया। सारी अयोध्या में भी यह खबर फैल गई थी। लोग शोरगुल करने लगे थे। इससे कौसल्या को वास्तविकता का स्पष्ट आभास हो गया और वे परम दुखी हो उठीं।

कैकेयी-वचन, श्रीराम के प्रति *२६१/४७६ राग सारंग*

सकुचनि कहत नहीं महराज ।
चौदह बर्ष तुम्हैं बन दीन्हौं, मम सुत कौं निज राज ।
पितु-आयसु सिर धरि रघुनायक, कौसिल्या ढिग आए ।
सीस नाइ बन-आज्ञा माँगी, 'सूर' सुनत दुख पाए ॥

कैकेयी ने राम से कहा—हे राम, तुम्हारे संकोच के कारण महाराज तुमसे कुछ कह नहीं पा रहे हैं। उन्होंने तुम्हें चौदह वर्ष का वनवास दे दिया है और मेरे पुत्र भरत को अयोध्या की राजगद्दी दे दी है।

पिता की आज्ञा को शिरोधार्य कर राम माँ कौसल्या के पास आए। उन्होंने माँ को सिर झुकाकर प्रणाम किया और उनसे वन जाने की आज्ञा माँगी।

माँ कौसल्या को सुनते ही भारी दुख हुआ।

दशरथ-विलाप *२६२/४७७ राग सारंग*

रघुनाथ पियारे, आजु रहौ (हो)।
चारि जाम बिस्राम हमारैं, छिन-छिन मीठे बचन कहौ (हो)।
बृथा होहु बर बचन हमारौ, कैकई जीव कलेस सहौ (हो)।
आतुर ह्वै अब छाँड़ि अवधपुर, प्रान-जिवन कित चलन कहौ (हो)।
अब 'सूरज' दिन दरसन दुरलभ, कलित कमल कर कंठ गहौ (हो) ॥

राम को वनगमन के लिए उद्यत देख महाराज दशरथ विलाप करने लगे—हे प्यारे राम, आज के दिन रुक जाओ। चार पहर मेरे साथ रह कर मुझे आराम और शांति दो और क्षण-क्षण पर मुझसे मीठी-मीठी बातें करते रहो। भले मेरी बात व्यर्थ सिद्ध हो जाए। भले कैकेयी दुख भोगे, तुम आज रुक जाओ। हे मेरे प्राण, हे मेरे जीवन राम, अवधपुरी छोड़कर अत्यंत जल्दबाजी में, अब तुम कहाँ चले जाना चाहते हो। अब मेरे लिए दूसरे दिन जीवित बचे रहना कठिन है। अतः तुम अपनी कोमल बाहें मेरे गले में डाल दो, मुझे सहारा दो कि मैं उठकर बैठ तो जाऊँ।

तुम जानकी, जनकपुर जाहु ।

कहा आनि हम संग भरमिहौ, गहबर बन दुख-सिंधु अथाहु ।
तजि वह जनक-राज-भोजन-सुख, कत तृन-तलप, बिपिन-फल, खाहु !
ग्रीषम कमल-बदन कुम्हिलैहै, तजि सर निकट, दूरि कित न्हाहु ।
जनि कछु प्रिया, सोच मन करिहौ, मातु-पिता-परिजन-सुख लाहु ।
तुम घर रहौ, सीख मेरी सुनि, नातरु बन बसिकै पछिताहु ।
हौं पुनि मानि कर्म कृत रेखा, करिहौं तात-बचन-निरबाहु ।
'सूर' सत्य जो पतिब्रत राखौ, चलौ संग जनि, उतहीं जाहु ॥

श्रीराम साथ-साथ वन जाने के लिए उद्यत जानकी जी को समझा रहे हैं—हे जानकी, तुम जनकपुर अपने माता-पिता के पास चली जाओ। तुम मेरे साथ चलकर कहाँ-कहाँ जंगल-जंगल मारी मारी फिरोगी? वन बहुत घना है। वह दुख का अथाह सागर है; महाराज जनक के घर तुमको राजसी भोजन और राजसी सुख मिलेगा। उसे छोड़कर कहाँ घास-फूस की शय्या पर सोती और जंगली फल खाती फिरोगी? गर्मी की लू में तुम्हारा कमल के समान कोमल मुख कुम्हला जाया करेगा। जनकपुरी के सुखद सरोवर को छोड़कर नहाने के लिए तुम दूर क्यों जाना चाहती हो! (यह कोई बुद्धिमानी नहीं है।)

हे प्रिये, मन में कुछ चिंता मत करना, वहाँ जनकपुर में तुम्हें माता-पिता और परिवारी जनों के सुख का लाभ प्राप्त होता रहेगा। मेरी सीख मानकर तुम घर ही रहो (या फिर नैहर चली जाओ)। मेरी बात नहीं मानोगी, तो वन में जाकर तुम पीछे पछताओगी ही। जहाँ तक मेरी बात है, मैं तो इसे अपना कर्मफल मानकर पिता के वचन का पालन करूँगा ही। सचमुच यदि तुम पातिव्रत रखना चाहती हो, तो मेरी बात मानकर जनकपुरी ही चली जाओ और मेरे साथ वन में मत चलो।

जानकी-वचन, श्रीराम के प्रति *२६४/४७९ राग केदारौ*

ऐसौ जिय न धरौ रघुराइ ।

तुम-सौ प्रभु तजि, मो सी दासी, अनत न कहूँ समाइ ।
तुम्हरौ रूप अनूप भानु ज्यौं, जब नैननि भरि देखौं ।
ता छिन हृदय-कमल-प्रफुलित ह्वै, जनम सफल करि लेखौं ।
तुम्हैं चरन-कमल सुख-सागर, यह ब्रत हौं प्रतिपलिहौं ।
'सूर' सकल सुख छाँड़ि आपनौ, बन-बिपदा सँग चलिहौं ॥

तब जानकी जी बोलीं—हे रघुराज, तुम मेरी बात मन में भी न लाओ। तुम्हारे जैसे स्वामी को छोड़कर, मुझ-सी दासी, कहीं अन्यत्र नहीं निबह सकेगी। तुम्हारा रूप अनूप सूर्य जैसा है। जब-जब मैं इसे आँख भर देखूँगी, तब-तब मेरा हृदय रूपी कमल विकसित होता रहेगा और मैं अपने जीवन को सफल समझ सकूँगी। तुम्हारे चरण-कमल ही मेरे लिए सुख के सागर हैं। मैं इस व्रत का प्रतिपालन करूँगी। मैं सारे सुखों को छोड़कर तुम्हारे साथ चलूँगी और तुम्हारे साथ-साथ वन की विपत्तियों को सहूँगी।

तुम लछिमन निज पुरहिं सिधारौ ।
बिछुरन-भेंट देहु लघु बंधू, जियत न जैहै सूल तुम्हारौ ।
यह भावी कछु और काज है, को जो याको मेटनहारौ ।
याकौ कहा परेखौ निरखौ, मधु छीलर, सरितापति खारौ ।
तुम मति करौ अवज्ञा नृप की, यह दुख तौ आगे कौं भारौ ।
'सूर' सुमित्रा अंक दीजियौ, कौसिल्याहिं प्रनाम हमारौ ॥

रामजी लक्ष्मण जी को अयोध्या लौट जाने के लिए कह रहे हैं—भाई लक्ष्मण, अब तुम (अन्य अयोध्यावासियों के साथ) अयोध्या लौट जाओ। हे अनुज, बिछुड़ते समय तुम मुझे भेंट लेने दो। मैं जब तक जीता रहूँगा, तुम्हारे बिछुड़ने की पीड़ा न भुला सकूँगा। भवितव्यता तो निराली है, अवश्यंभावी है। इसे कौन मिटा सकता है। इस भावी का क्या भरोसा? देखो, इसने गड़हिया में मीठा जल भर रखा है और समुद्र के जल को खारा कर दिया है। घर जाकर तुम पिता जी की अवहेलना मत करना। यदि तुम पिताजी की अवज्ञा करोगे, तो आगे चलकर भारी दुख उठाना पड़ेगा। तुम माँ सुमित्रा को मेरी भेंट-अँकवार कहना और माँ कौसिल्या को मेरा प्रणाम निवेदित करना।

लक्ष्मण का उत्तर *२६६/४८१ राग सारंग*

लछिमन नैन नीर भरि आए ।
उत्तर कहत कछू नहिं आयौ, रहे चरन लपटाए ।
अंतरजामी प्रीति जानि कै, लछिमन लीन्हे साथ ।
'सूरदास' रघुनाथ चले बन, पिता-बचन धरि माथ ॥

राम की ये बातें सुनकर लक्ष्मण जी के नेत्र भरभरा आए। उनसे कुछ उत्तर देते नहीं बना। वे रामजी के पैर पकड़कर लिपट गये। अंतर्यामी राम ने लक्ष्मण के प्रेमभाव को समझा और उन्हें अपने साथ ले लिया। रघुनाथ राम पिता की बात मानकर वन चले गए।

महाराज दशरथ का पश्चात्ताप *२६७/४८२ राग कान्हरौ*

फिरि-फिर नृपति चलावत बात ।
कहु री! सुमति कहा तोहिं पलटी, प्रान-जिवन कैसैं बन जात !
है बिरक्त, सिर जटा धरैं, द्रुम-चर्म, भस्म (धारे) सब गात ।
हा हा राम, लछन अरु सीता, फल भोजन, जु डसावैं पात ।
बिन रथ रूढ़, दुसह दुख मारग, बिन पद-त्रान चलैं दोउ भ्रात ।
इहिं बिधि सोच करत अतिही नृप जानकि-ओर निरखि बिलखात ।
इतनी सुनत सिमिटि सब आए, प्रेम सहित धारे अँसुपात ।
ता दिन 'सूर' सहर सब चक्रित, सबर सनेह तज्यौ पितु-मात ॥

महाराज दशरथ बार-बार राम की ही चर्चा कैकेयी से करते जा रहे हैं—कहो तो कैकेयी रानी, तुम्हारी सुबुद्धि बदल गई? मेरे प्राण, मेरे जीवन राम, कैसे वन जाएँगे? वे वैरागी बनकर सिर पर जटा जूट रखे हुए, वल्कल-वस्त्र पहने हुए, सारे शरीर में भस्म

लपेटे हुए वन जाएँगे। हाय राम, हाय लक्ष्मण, हाय सीता। ये लोग जंगली फल खाएँगे और पेड़ों के गिरे हुए पत्ते बिछाकर सोएँगे। बिना रथ पर सवार हुए पैदल जाएँगे, पैरों में पनही भी नहीं होगी, ऐसे में वन का मार्ग चलने में तो महाकष्टदायक होगा।

राजा दशरथ इस प्रकार अत्यंत सोच में पड़ गये। सीता की ओर देखकर तो वे बिलख उठे, रो उठे।

राजा को रोता विलखता सुनकर सभी लोग वहाँ जुट गये, उनकी आँखें प्रेम के कारण अँसुआ उठीं। उस दिन सारे नगर वाले यह देखकर चकित हो उठे कि राम माता-पिता का सारा स्नेह छोड़कर वन जाने के लिए प्रस्तुत हो गए हैं।

राम-वन-गमन — *२६८/४८३ राग नट*

आज रघुनाथ पयानो देत।
बिह्वल भए स्त्रवन सुनि पुरजन, पुत्र-पिता कौ हेत।
ऊँचे चढ़ि दसरथ लोचन भरि, सुत-मुख देखे लेत।
रामचंद्र से पुत्र बिना, मैं भूँजब क्यौं यह खेत।
देखत गमन, नैन भरि आए, गात गह्यौ ज्यौं केत।
तात-तात कहि बैन उचारत, ह्वै गए भूप अचेत।
कटि-तट तून, हाथ सायक-धनु, सीता बंधु समेत।
'सूर' गमन गह्वर कौ कीन्हौं, जानत पिता अचेत॥

आज राम वन के लिए प्रयाण कर रहे हैं। नगरवासी यह सुनकर और पिता-पुत्र के स्नेह को समझकर अत्यंत विकल हो उठे। महाराज दशरथ ऊँची अटारी पर चढ़ गए और भर आँखों बेटे राम का मुँह देखने लगे और सोचने लगे कि राम जैसे स्नेही पुत्र के बिना मैं इस क्षेत्र अयोध्या का यह राज-सुख कैसे भोगूँगा? राम को वन जाते देख उनकी आँखें डबडबा आईं और उनका शरीर फरहरे के समान फर-फर हिलने लगा, काँपने लगा। 'हाय बेटा, हाय बेटा' कहते-कहते राजा अचेत होकर गिर पड़े।

पिता को अचेत और मूर्छित जानकर भी राम कमर में तरकश खोंसे हुए, हाथ में धनुष वाण लिए हुए, पत्नी सीता और अनुज लक्ष्मण के सहित घने वन की ओर चल पड़े।

लक्ष्मण-केवट-संवाद — *२६९/४८४ राग मारू*

लै भैया केवट, उतराई।
महाराज रघुपति इत ठाढ़े, तैं कत नाव दुराई?
अबहिं सिला तैं भई देव-गति, जब पग-रेनु छुवाई।
हौं कुटुंब काहैं प्रतिपारौं, वैसी मति ह्वै जाई।
जाकी चरन-रेनु की महि मैं, सुनियत अधिक बड़ाई।
'सूरदास' प्रभु अगनित महिमा, बेद पुराननि गाई॥

शृंगवेर पुर में लक्ष्मण जी केवट से कह रहे हैं—हे भाई केवट, अपनी उतराई, पार उतारने का महसूल, मुझसे ले लो। तुमने अपनी नौका ही कहीं छिपा दी है और राम यहाँ गंगा पार जाने के लिए खड़े हैं।

तब केवट ने कहा—मैंने सुना है कि जब इनके पैरों की धूलि से पत्थर की एक शिला छू गई, तो वह नारी बनकर देवताओं की गति से आकाश में उड़ गई। यदि इनके चरण-रज का स्पर्श पाकर मेरी नौका भी कहीं नारी बनकर उड़ गई, तो मैं अपने परिवार का पालन-पोषण कैसे करूँगा? इनके चरण-रज की पृथ्वी मंडल पर मैंने अत्यधिक बड़ाई सुनी है। वेद पुराणों ने भी इस चरण-धूलि की अगणित महिमा कही है।

केवट विनय *२७०/४८५ राग कान्हरौ*

नौका हौं नाहीं लै आऊँ।

प्रगट प्रताप चरन कौ देखौं, ताहि कहाँ पुनि पाऊँ?
कृपासिंधु पै केवट आयौ, कँपत करत सो बात।
चरन परसि पाषान उड़त है, कत बेरी उड़ि जात?
जो यह बधू होइ काहू की, दारु-स्वरूप धरे।
छूटै देह, जाइ सरिता तजि, पग सौं परस करे।
मेरी सकल जीविका यामैं, रघुपति मुक्त न कीजै।
'सूरजदास' चढ़ौ प्रभु पाछैं, रेनु पखारन दीजै॥

केवट ने विनती की—मैं अपनी नाव नहीं ले आऊँगा। मैं आपके चरणों के प्रताप को देख रहा हूँ। यदि मेरी यह नौका भी नारी बनकर उड़ गई, तो मैं इसे पुन: कहाँ पाऊँगा।

दया-सागर राम के पास केवट आया और डर के मारे काँपता हुआ बोला—आपके चरणों को छूकर तो पत्थर भी उड़ जाते हैं, फिर इस काठ के लघु बेड़ा (नौका) के नारी बनकर उड़ जाने में कितनी देर लगेगी।

यदि पूर्व जन्म की कोई नारी ही शापवश लकड़ी हो गई हो और आपके चरणों की धूलि पाकर यह किसी की दुलहिन बन जाय, तब तो यह काठ-देह छूटने पर, इस नदी को छोड़कर कहीं चली ही जायगी। मेरी सारी रोजी रोटी का सहारा यह नौका ही है। अत: हे रघुनाथ जी इसे मुक्त न करें। पहले आप चरण-रज धो लेने दीजिए। तब बाद में नौका पर चढ़िए। चरण धुला लेने से मुझे विश्वास हो जायगा कि अब मेरी नौका काठ की काठ बनी रहेगा, नारी नहीं बनेगी।

२७१/४८६ राग रामकली

मेरी नौका जनि चढ़ौ त्रिभुवनपति राई।

मो देखत पाहन तरे, मेरी काठ की नाई।
मैं खेई ही पार कौं, तुम उलटि मँगाई।
मेरौ जिय यौंही डरै, मति होहि सिलाई।
मैं निरबल बित-बल नहीं, जो और गढ़ाऊँ।
मो कुटुंब याही लग्यौ, ऐसी कहँ पाऊँ?
मैं निर्धन, कछु धन नहीं, परिवार घनेरौ।
सेमर-ढाकहिं काटि कै, बाँधौं तुम बेरौ।
बार-बार श्रीपति कहैं, धीवर नहिं मानै।

मन प्रतीति नहिं आवई, उड़िबौ ही जानै ।
नेरैं ही जल थाह है, चलौ तुम्हैं बताऊँ ।
'सूरदास' की बीनती, नीकै पहुँचाऊँ ॥

हे त्रिलोकीनाथ, मेरी नौका पर मत चढ़िए। मेरे देखते ही देखते पत्थर की शिला नारी बन गई। यह नाव तो कोमल काठ की ही है। मैं तो इसको खेकर के उस पार ले गया था। आपने पुकार कर इसे वापस बुला मँगाया। मेरा प्राण यों ही धकधक कर रहा है, डर रहा है कि कहीं इसकी भी दशा पाषाणी शिला जैसी न हो जाय। मैं निर्धन हँ, धनहीन हूँ। दूसरी नौका बनवाने में मैं असमर्थ और साधन-हीन हूँ। मेरे परिवार का पालन-पोषण इसी से लगा हुआ है। फिर मैं दूसरी नाव कहाँ पाऊँगा। मैं निर्धन हूँ। मेरे पास कोई धन नहीं है, परिवार बड़ा है। मैं सेमर या पलास काटकर बेड़ा बनाए देता हूँ, आप पार उतर जाइए।

श्रीराम बार-बार कहते हैं, पर मल्लाह नहीं मानता। उसे विश्वास ही नहीं होता। वह डरता रहता है कि मेरी नाव भी नारी बनकर उड़ जायगी।

कैवर्त ने पुनः कहा—थोड़ी ही दूर पर गंगाजी थाहिल हैं। वहाँ पानी कम है, गहरा नहीं है, हिलकर पार किया जा सकता है। चलिए मैं वह स्थान आपको दिखा देता हूँ। मेरी विनती तो यही है। मैं वहाँ से आपको भली-भाँति पार पहुँचा दूँगा। (आगे आप मालिक हैं, जैसी मरजी हो करें।)

पुरवधू-प्रश्न *२७२/४८७ राग रामकली*

सखी री, कौन तिहारे जात ।
राजीवनैन धनुष कर लीन्हे, बदन मनोहर गात ?
लज्जित होहिं पुरबधू पूछैं, अंग-अंग मुसकात ।
अति मृदु चरन-पंथ-बन-बिहरत, सुनियत अद्भुत बात ।
सुंदर तन, सुकुमार दोउ जन, सूर-किरिन कुम्हिलात ।
देखि मनोहर तीनौं मूरति, त्रिबिध-ताप-तन जात ॥

राम-लक्ष्मण-सीता वन-पथ पर चले जा रहे हैं। उन्हें जाते देखकर ग्राम-वधुएँ सीता जी से पूछ बैठती हैं—हे सखी, जो आगे-आगे चले जा रहे हैं, जिनकी आँखें कमल सी हैं, जो हाथ में धनुष लिए हुए हैं, जिनका शरीर और मुँह मन को हरे ले रहा है, वे तुम्हारे कौन हैं। ग्राम-वधुएँ यद्यपि यह पूछते हुए लज्जित हो रही हैं, पर उनके अंग-अंग मुसकराए जा रहे हैं।

आगे वे फिर कहती हैं—हम यह अद्भुत बात क्या सुन रही हैं कि तुम्हें बनवास दे दिया गया है। तुम सब अत्यंत कोमल-चरण वाले होकर भी वन-पंथ में घूम रहे हो। दोनों जन सुंदर और सुकुमार शरीर वाले हैं। सूर्य की किरणों के पड़ने से वे कुम्हिलाए जा रहे हैं। (सच बात तो यह है कि) तुम तीनों की मन हरनेवाली मूर्तियों को देखकर हमारे दैहिक, दैविक, भौतिक तीनों प्रकार के ताप दूर हुए जा रहे हैं।

"अरी अरी सुंदरि नारि सुहागिनि, लागैं तेरैं पाउँ।
किहिं घाँ के तुम बीर बटाऊ, कौन तुम्हारौ गाउँ।"
"उत्तर दिसि हम-नगर अजोध्या, है सरजू कैं तीर।
बड़ कुल, बड़े भूप दसरथ सखि, बड़ौ नगर गंभीर।"
"कौनैं गुन बन चली बधू तुम, कहि मोसौं सति भाउ।
वह घर-द्वार छाँड़ि कै सुंदरि, चली पियादे पाँउ!"
"सासु की सौति सुहागिनि सो सखि, अतिहीं पिय की प्यारी।
अपने सुत कौं राज दिवायौ, हमकौं देस निकारी।"
यह बिपरीति सुनी जब सबहीं, नैननि ढारयौ नीर।
"आजु सखी चलु भवन हमारैं, सहित दोउ रघुबीर।"
"बरष चतुरदस भवन न बसिहैं, आज्ञा दीन्ही राइ।
उनके बचन सत्य करि सजनी, बहुरि मिलैंगे आइ।"
बिनती बिहँसि सरस मुख सुंदरि, सिय सौं पूछी गाथ।
"कौन बरन तुम देवर सखि री, कौन तिहारौ नाथ?"
"कटि तट पट पीतांबर काछे, धारे धनु-तूनीर।
गौर बरन मेरे देवर सखि, पिय मम स्याम सरीर।"
तीनि जने सोभा त्रिलोक की, छाँड़ि सकल पुरधाम।
'सूरदास' प्रभु-रूप चकित भए, पंथ चलत नर-बाम॥

यह पद ग्राम-वधूटियों और सीताजी के कथनोपकथन रूप में है—

ग्रामवधू— हे सुंदरी सुहागिन नारी, मैं तुम्हारे पाँव पड़ती हूँ। हे वीर बटोहियों तुम लोग किस ओर के हो, तुम्हारा गाँव कौन सा है?

सीता— हमारा नगर अयोध्या है। वह पवित्र सरयू के तट पर स्थित है। वह उत्तर ओर है। हे सखी, हमारा कुल बड़ा है, हम रघुवंशी क्षत्रिय हैं। वहाँ के राजा दशरथ बहुत बड़े हैं और वह नगर भी बहुत बड़ा है। वह कोई गाँव नहीं है।

ग्रामवधू— हे वधू, किस कारण तुम्हें वन में आना पड़ा? मुझसे सच-सच बताओ। दुराव न करो। किस कारण तुम्हें घर-बार छोड़कर पैदल चलना पड़ रहा है?

सीता— हे सखी, मेरी सासु की सौत बड़ी सौभाग्यवती और अपने पति की परम प्यारी है। उसने अपने बेटे को राज दिला दिया और हमको देश से निकाल दिया।

ग्राम-वधूटी ने जब यह उलटी बात सुनी, तब उसकी आँखों से नीर ढुलक गया, वह रोने लगी। उसने कहा—हे सखी, आज हमारे घर चलो, दोनों रघुवंशी भाइयों के साथ।

सीता— हम चौदह वर्षों तक घर में नहीं रह सकते, हमें इस अवधि तक वन में ही पेड़ों के नीचे रहना है। महाराज दशरथ का यही आदेश है। उनकी बात को सत्य सिद्ध करके, हम चौदह वर्षों के उपरान्त इसी मार्ग से पुनः लौटेंगे तब तुमसे

फिर मिलेंगे। (और तुम्हारा प्रेम-पूर्ण आतिथ्य स्वीकार करेंगे)।

तब उस ग्राम वधूटी ने, जरा सा मुसकरा कर, मधुर वाणी में, विनती करते हुए, सीता जी से पूछा—किस रंग के तुम्हारे देवर हैं और तुम्हारे पति कौन हैं ?

सीता— कमर में पीतांबर का पटुका बाँधे हुए, धनुष और तरकस लिए हुए, गोरे वर्ण वाले मेरे देवर हैं। साँवले रंग वाले मेरे स्वामी हैं।

तीनों प्राणी तीनों लोकों की शोभा हैं। वे अपना घर-द्वार छोड़कर वन में चले जा रहे हैं। उनके रूप को देखकर राह में मिलने वाले सभी-नर-नारी चकित हो रहे हैं कि ऐसे सुकुमार लोग बाप की आज्ञा से चौदह वर्षों तक वनवासी का जीवन बिताने के लिए घर से निकल पड़े हैं।

२७४/४८९ राग धनाश्री

कहि धौं सखी बटाऊ को हैं ?
अद्भुत बधू लिए सँग डोलत, देखत त्रिभुवन मोहैं।
परम सुसील सुलच्छन जोरी, बिधि की रची न होइ।
काकी तिनकौं उपमा दीजै, देह धरे धौं कोइ।
इनमैं को पति आहिं तिहारे, पुरजनि पूछैं धाइ।
राजिवनैन मैन की मूरति, सैननि दियौ बताइ।
गईं सकल मिलि संग दूरि लौं, मन न फिरत पुर-बास।
'सूरदास' स्वामी के बिछुरत, भरि भरि लेतिं उसास ॥

ग्राम-वधूटियाँ आपस में बातें कर रही हैं। हे सखी, ये दोनों बटोही कौन हैं ? ये अपने साथ अद्भुत सुंदरी बहू लिए वन-पथ पर विचरण कर रहे हैं। ये तो देखते ही देखते सारी त्रिलोकी को मोहे ले रहे हैं। यह जोड़ी अत्यंत शीलवान है, सुंदर लक्षणों वाली है। यह जोड़ी तो ब्रह्मा की बनाई नहीं हो सकती। इसकी उपमा किससे दी जाय। लगता है कोई देवी-देवता ही नर रूप धारण करके यहाँ आ गए हैं।

तब वे पुर वधुएँ सीता के निकट दौड़ी चली आईं और पूछने लगीं—इन दोनों में तुम्हारे स्वामी कौन से हैं ?

तब सीताजी ने कमल के समान नेत्रों वाले, कामदेव की सी मनोहर मूरति वाले, राम की ओर उँगली से इशारा कर दिया।

वे ग्राम वधूटियाँ उन लोगों के साथ लगी हुई बहुत दूर तक चली गईं। उनका मन अपने गाँव लौटने को नहीं कर रहा था। पर उन्हें लौटना तो था ही। उनसे बिछुड़ते हुए वे दुख की लंबी-लंबी साँसें लेने लगीं।

दशरथ-तनु-त्याग *२७५/४९० राग धनाश्री*

तात बचन रघुनाथ माथ धरि, जब बन गौन कियौ।
मंत्री गयौ फिरावन रथ लै, रघुबर फेरि दियौ।
भुजा छुड़ाइ, तोरि तृन ज्यौं हित, कियौ प्रभु निठुर हियौ।
यह सुनि भूप तुरत तनु त्याग्यौ, बिछुरन-ताप-तयौ।

सुरति-साल-ज्वाला उर अंतर, ज्यौं पावकहिं पियौ।
इहिं बिधि बिकल सकल पुरबासी, नाहिंन चहत जियौ।
पसु-पंछी तृन-कन त्याग्यौ अरु, बालक पय न पियौ।
'सूरदास' रघुपति के बिछुरैं, मिथ्या जनम भयौ॥

पिता की आज्ञा मानकर जब राम वन के लिए चल पड़े, तब महाराज दशरथ की आज्ञा से मंत्री-सुमंत उन्हें वापस लाने के लिए रथ लेकर गये। पर रामजी ने सुमंत को खाली रथ वापस भेज दिया। बाँह छुड़ाकर, प्रेम को तिनके के समान तोड़कर, अपने हृदय को निष्ठुर और अविचलित बनाकर, राम आगे बढ़ गए।

सुमंत से यह बात सुनकर महाराजा दशरथ ने राम के वियोग में संतप्त होकर शरीर छोड़ दिया, दिवंगत हो गए। उनके हृदय में राम की सुधि ज्वाला के समान भड़क उठी, जैसे उन्होंने तरल आग ही पी ली हो।

इसी प्रकार सभी अयोध्यावासी भी विकल हो उठे और जीने की आकांक्षा ही उन्होंने त्याग दी। यही नहीं, पशु-पक्षियों तक ने तृण चुगना छोड़ दिया, बच्चों ने दूध पीना छोड़ दिया। सब सोचने लगे बिना राम के यह जीवन ही मिथ्या है, व्यर्थ है।

२७६/ग्र ४७१२ क, वं० १/४४

राजा तेल द्रोनि मैं डारे।
सात दिवस मारग में बीते, देखे भरत पियारे।
जाइ निकट हिय लाइ दोउ सिसु, नैन उमँग जलधारे।
कुसल-छेम पूछत, कौसल्या राजा कुसल तिहारे।
कुसल राम लछिमन वैदेही, ते हैं प्रान हमारे।
कुसल अवध के पुरजन सिगरे, दासि दास प्रतिहारे।
कुसल राम लछिमन वैदेही, तुम हित काज हँकारे।
'सूर' सुमंत ज्ञानि ज्ञानाद्भुत, महिमा समय विचारे॥

महाराज दशरथ के मर जाने पर उनके शव को तेल से भरी एक बड़ी द्रोणी (कठवत) में डाल दिया गया (जिससे वह न तो सड़े और न उसमें दुर्गंध निकले)।

(तदनंतर महामंत्री सुमंत स्वयं भरत को बुलाने उनकी ननिहाल केकय गए।) सुमंत को केकय पहँचने में मार्ग में सात दिन बीत गए। तब उन्होंने प्यारे भरत को देखा। निकट जाकर सुमंत जी ने भरत और शत्रुघ्न दोनों बच्चों को देखा। उनको देखते ही सुमंत जी की आँखों में (दशरथ जी के निधन का स्मरण करके) जल की धारा उमड़ पड़ी।

सुमंत जी को रोता देख भरत जी ने पूछा—माँ कौशल्या और तुम्हारे महाराज तो ठीक हैं न? राम-लक्ष्मण सीता ये हमारे प्राण हैं, ये सकुशल हैं न? अयोध्या के सारे नगर-निवासी, दासी दास, पहरेदार आदि सभी मजे में हैं न? (आखिर आप रो क्यों रहे हैं?)

सुमंत जी ने कहा—राम, लक्ष्मण, सीता सभी सकुशल हैं। विशेष प्रयोजन से, तुम्हारे हित के लिए, तुम्हें बुला भेजा है।

सुमंत जी ज्ञानी थे, उनके ज्ञान की महिमा अद्भुत थी। उन्होंने अवसर विचारा (और चुप रहे, और कुछ नहीं कहा)।

कौशल्या-विलाप, भरत-आगमन *२७७/४९१ राग गूजरी*

रामहिं राखौ कोऊ जाइ ।

जब लगि भरत अजोध्या आवैं, कहति कौसिला माइ ।
पठवौ दूत भरत कौं ल्यावन, बचन कह्यौ बिलखाइ ।
दसरथ-बचन राम बन गवने, यह कहियौ अरथाइ ।
आए भरत, दीन ह्वै बोले, कहा कियौ कैकइ माइ?
हम सेवक वै त्रिभुवनपति, कत स्वान सिंह-बलि खाइ ।
आजु अयोध्या जल नहिं अँचवौं, मुख नहिं देखौं माइ ।
'सूरदास' राघव-बिछुरन तैं, मरन भलौ दव लाइ ॥

दशरथ जी के निधनोपरांत माँ कौशल्या विलखकर बोलीं—कोई जाकर राम को वन जाने से तब तक रोक रखे, जब तक भरत ननिहाल से अयोध्या वापस नहीं आ जाते। कोई राजदूत भरत को बुला लाने के लिए केकय जाय और यहाँ की सारी बातें उनसे समझाकर कह दे कि महाराज की बात रखने के लिए राम चौदह वर्षों के लिए वन चले गए हैं।

भरत जी केकय से अयोध्या लौटे। उन्होंने दीन वाणी में कहा—हे माँ कैकयी, तुमने यह क्या कर डाला? हम सेवक हैं। राम (मेरे ही नहीं) त्रिलोक के स्वामी हैं। सिंह के भाग को कुत्ता कैसे खा सकता है। अब मैं अयोध्या में पानी तक नहीं पिऊँगा और तुम्हारा मुँह भी नहीं देखूँगा। राघव राम के वियोग सहने से तो अच्छा है कि आग लगाकर मर जाऊँ।

भरत-वचन, माता के प्रति *२७८/४९२ राग केदारौ*

तैं कैकई कुमंत्र कियौ ।

अपने कर करि काल हँकार्‍यौ, हठ करि नृप-अपराध लियौ ।
श्रीपति चलत रह्यौ कहि कैसैं, तेरौ पाहन-कठिन हियौ ।
मो अपराधी के हित कारन, तैं रामहिं बनबास दियौ ।
कौन काज यह राज हमारैं, इहिं पावक परि कौन जियौ ?
लोटे 'सूर' धरनि दोउ बंधू, मनौ तपत-बिष बिषम पियौ ॥

भरत जी ने अपनी माँ कैकेयी से कहा—हे माँ, तुमने बहुत बड़ी कुमंत्रणा की। तुम बहुत बुरा काम कर बैठीं। तुमने अपने हाथों काल को बुलाया और महाराज की मृत्यु का पाप अपने सिर लिया। जब श्रीपति राम वन में जाने लगे, तब तेरा पत्थर से भी कठोर हृदय कैसे रह सका और जरा भी पिघला नहीं। तूने मुझ अपराधी के लिए राम को वनवास दे दिया। यह राज्य हमारे किस काम का है। इस वियोग की अग्नि में पड़ कर कौन जीवित बच पाया है?

यह कहकर भरत और शत्रुघ्न दोनों भाई छटपटाते हुए धरती पर लोट पड़े, मानो उन्होंने कोई जलता हुआ भयंकर विष पी लिया हो।

२७९/४९३ राग सोरठ

राम जू कहाँ गए री माता ?

सूनौ भवन, सिंहासन सूनौ, नाहीं दसरथ ताता ।
धृग तव जन्म, जियन धृग तेरौ, कही कपट-मुख बाता ।
सेवक राज, नाथ बन पठए, यह कब लिखी बिधाता ।
मुख अरबिंद देखि हम जीवत, ज्यौं चकोर ससि राता ।
'सूरदास' श्रीरामचंद्र बिनु, कहा अजोध्या नाता ॥

भरत माँ से बोले—अरी माँ, राम जी कहाँ चले गए? घर सूना है, राज-सिंहासन खाली पड़ा है। पिताजी महाराज दशरथ भी नहीं दिखाई दे रहे हैं। तेरे पैदा होने को धिक्कार है। तेरे जीवन को भी धिक्कार है, जो तूने अपने मुख से कपट भरी बातें कहीं। तूने मुझ दास के लिए राज्य की व्यवस्था कर दी और इसके वास्तविक स्वामी को वन में भेज दिया। विधाता ने न जाने किस कुघड़ी में यह लिख दिया था। हम तो भैया राम के मुख रूपी कमल को ही देखकर वैसे ही जी रहे थे, जैसे चकोर अनुरक्त होकर चंद्रमा को देखकर जीता रहता है। भैया राम के बिना अब मेरा अयोध्या से कौन संबंध ही रह गया।

२८०/ग्र ५४५२ कल्प, बिहारी

जननी मैं न रहौं बिनु राम ।

बन कौं गए राम लछिमन सिय, कहा करौं इहि ठाम ।
कपटि कुचाली जहाँ बसत हैं, सो जरि जावै गाम ।
होत प्रात मैं बन कौं जइहौं, इहाँ कौन है काम ।
नगर अजुध्या सूनौ लागत, दसरथ गे सुरधाम ।
सुर-नर-मुनि सब दोष देत हैं, का करिहौं रजधाम ।
चरन-सरन रघुपति बिन, मोकौं छिन न परै बिस्राम ।
'सूर' राम हैं चित्रकूट मैं, नाहिं मोहिं आराम ॥

भरत ननिहाल से लौट आने पर, राम के वन गमन की बात सुनकर, अपनी माँ कैकेयी से कह रहे हैं—हे माँ, मैं बिना राम के अयोध्या में नहीं रह सकता। राम, लक्ष्मण, सीता वन में चले गए। अब मैं ही इस स्थान पर रहकर क्या करूँगा। वह गाँव जर जाय, जहाँ कपटी और कुचाली लोग रहते हैं। सबेरा होते ही मैं भी वन को चला जाऊँगा। यहाँ मेरा कौन काम रह गया है। सारी पुरी अयोध्या सूनी लग रही है। पिताश्री भी स्वर्गलोक सिधार गए। सुर, नर, मुनि सभी मुझे दोषी ठहरा रहे हैं। मैं राजधानी लेकर क्या करूँगा? बिना राम के चरणों की शरण में गए, मुझे एक क्षण के लिए भी आराम नहीं है। राम चित्रकूट में हैं, फिर मुझे अयोध्या में आराम कैसे मिल सकता है?

महाराज दशरथ की अंत्येष्टि

२८१/४९४ राग कान्हरौ

गुरु बसिष्ठ भरतहिं समुझायौ ।
राजा कौं परलोक सँवारौ, जुग-जुग यह चलि आयौ ।

चंदन अगर सुगंध और घृत, बिधि करि चिता बनायौ ।
चले बिमान संग गुरु-पुरजन, तापर नृप पौढ़ायौ ।
भस्म अंत तिल-अंजलि दीन्हीं, देव बिमान चढ़ायौ ।
दिन दस लौं जलकुंभ साजि सुचि, दीप-दान करवायौ ।
जानि एकादस बिप्र बुलाए, भोजन बहुत करायौ ।
दीन्हौ दान बहुत नाना बिधि, इहिं बिधि कर्म पुजायौ ।
सब करतूति कैकई कैं सिर, जिन यह दुख उपजायौ ।
इहिं बिधि 'सूर' अयोध्या-बासी, दिन-दिन काल गँवायौ ॥

गुरु वसिष्ठ ने भरत जी को समझाया। मरना-जीना तो युग-युग से चला आया है—जो आया है, सो जायगा। अब तुम महाराज का परलोक सुधारो, विधिपूर्वक उनका अंत्येष्टि कर्म करो।

तब चंदन, अगर, अन्य सुगंधित पदार्थ और घी लगाकर विधिपूर्वक शव-दाह के लिए चिता बनाई गई। राजा दशरथ की अर्थी के साथ-साथ गुरु वसिष्ठ और नागरिक गण चले। उस सजी चियारी पर राजा का शव लिटा दिया गया। जब राजा का शरीर जलकर भस्म हो गया, तब सबने उन्हें तिलांजलि दी, अंजुली के पानी में काला तिल डाल कर उनके नाम से अर्पित किया, और देवता लोग विमान पर चढ़ा कर राजा की आत्मा को देवलोक में ले गए।

दस दिनों तक पीपल के वृक्ष में लटकते मिट्टी के कलसे में बराबर पवित्र जल डालकर उस पर दीपक जलाया जाता रहा। ग्यारहवें दिन महा ब्राह्मणों को बुलाकर बहुत प्रकार का भोजन कराया गया और उन्हें अनेक प्रकार के दान—अन्न, वस्त्र, मुद्रा, पात्र, शय्या, छत्र आदि दिए गए। इस प्रकार कर्म की सारी क्रिया पूरी हुई।

यह सारी करतूत कैकेयी की थी, जिसने यह संकट पैदा किया। इस प्रकार अयोध्या के सारे नागरिकों ने एक-एक दिन बिताकर काल-यापन किया।

भरत का चित्रकूट-गमन — *२८२/४९५ राग सारंग*

राम पै भरत चले अतुराइ ।
मनहीं मन सोचत मारग मैं, दई, फिरैं क्यौं राघवराइ !
देखि दरस चरननि लपटाने, गदगद कंठ न कछु कहि जाइ ।
लीनौ हृदय लगाइ 'सूर' प्रभु, पूछत भद्र भए क्यौं भाइ ?

विकल होकर भरत राम से मिलने के लिए चित्रकूट के लिए चल पड़े। रास्ते में वे बराबर सोचते जा रहे थे और प्रभु से मनाते जा रहे थे—हे भगवान भैया राम किसी प्रकार लौट आएँ। कुछ ऐसा उपाय कर दो।

चित्रकूट पहुँचकर भरत राम के चरणों से लिपट गए। उनका कंठावरोध हो गया और कुछ कहते नहीं बना। राम ने भरत को छाती से लिपटा लिया और पूछने लगे—हें भाई तुमने यह सिर क्यों मुड़ा लिया है?

भ्रात-मुख निरखि राम बिलखाने।
मुंडित केस-सीस, बिहवल, दोउ, उमँगि कंठ लपटाने।
तात-मरन सुनि स्त्रवन कृपानिधि, धरनि परे मुरझाइ।
मोह-मगन, लोचन जल-धारा, बिपति न हृदय समाइ।
लोटति धरनि परी सुनि सीता, समुझति नहिं समुझाई।
दारुन दुख दवारि ज्यौं तृन-बन, नाहिंन बुझति बुझाई।
दुरलभ भयौ दरस दसरथ कौ, सो अपराध हमारे।
'सूरदास' स्वामी करुनामय, नैन न जात उघारे॥

भाई भरत का मुँह देखकर राम रो उठे। भरत का सिर मुड़ा हुआ था। दोनों भाई विह्वल हो उठे और उमंग कर एक दूसरे के गले लिपट गए। पिता की मृत्यु का समाचार सुनकर राम पृथ्वी पर मूर्च्छित होकर गिर पड़े। वे पिता के मोह में डूब गए। उनकी आँखों से अश्रु प्रवाहित होने लगा और विपत्ति का समुद्र उनके हृदय में हिलकोरें मारने लगा, हृदय तक ही सीमित नहीं रह सका। सीता जी भी ससुर का मरना सुनकर धरती पर लोट पड़ीं और समझाने से भी नहीं समझ पा रही थीं। वह कठिन दुख फूस के ढेर में लगी आग के समान था, जो बुझाने पर भी नहीं बुझ पा रही थी।

रामचंद्र जी सोचे जा रहे थे—पिताजी का दर्शन अब अलभ्य हो गया। यह सब मेरे ही अपराध के कारण हुआ। (यदि मैं सुमंत के साथ ही घर लौट गया होता, तो पिताजी अभी न मरते)। करुणामय स्वामी राम से आँखें भी खोलते नहीं बन पा रही थीं। (वे बराबर चिंता में पड़े आँखें मूँदे पड़े रहे।)

श्रीराम-भरत-संवाद

२८४/४९७ राग केदारौ

तुमहिं बिमुख रघुनाथ, कौन बिधि जीवन कहा बनै।
चरन-सरोज बिना अवलोके, को सुख धरनि गनै।
हठ करि रहे, चरन नहिं छाँड़े, नाथ, तजौ निठुराई।
परम दुखी कौसल्या जननी, चलौ सदन रघुराई।
चौदह बरष तात की आज्ञा, मोपै मेटि न जाई।
'सूर' स्वामि की पाँवरि सिर धरि, भरत चले बिलखाई॥

भरत जी ने रामजी से कहा—हे भैया, तुमसे विमुख होकर, तुमसे बिछुड़कर, किस प्रकार जीवित रहा जा सकता है। बिना तुम्हारे चरण कमलों का दर्शन किए पृथ्वी पर कौन सा सुख रह ही जाता है।

ऐसा कहकर भरत जी ने, अयोध्या वापस न जाने के हठ पर पड़े हुए राम के चरणों को पकड़ लिया और नहीं छोड़ा, तथा कहा—हे नाथ, यह निष्ठुरता छोड़ दीजिए। माँ कौसल्या बहुत दुखी हैं। हे रघुनाथ जी, घर लौट चलिए।

इस पर राम ने कहा—पिताजी ने मुझे चौदह वर्ष वन में रहने की आज्ञा दी है। मुझसे पिताजी की यह आज्ञा नहीं मेटी जा सकती।

इस पर राम जी की खड़ाऊँ लेकर भरत जी रोते-बिलखते, अयोध्या के लिए वापस चल पड़े।

रामोपदेश, भरत-प्रति *२८५/४९८ राग मारू*

बंधू, करियौ राज सँभारे।
राजनीति अरु गुरु की सेवा, गाइ-बिप्र प्रतिपारे।
कौसल्या-कैकई-सुमित्रा, दरसन साँझ-सबारे।
गुरु बसिष्ठ अरु मिलि सुमंत सौं, परजा-हेतु बिचारे।
भरत गात सीतल ह्वै आयौ, नैन उमँगि जल ढारे।
'सूरदास' प्रभु दई पाँवरी, अवधपुरी पग धारे॥

राम ने भरत के लौटते समय यह कहा—हे भाई भरत, बहुत सँभाल करके राज्य करना। राजनीति न छोड़ना, गुरु वसिष्ठ की सेवा करते रहना, गाय और ब्राह्मण का प्रतिपालन करने में मत चूकना, माता कौसल्या, कैकेयी और सुमित्रा का दर्शन साँझ-सबेरे प्रतिदिन करते रहना। गुरु वसिष्ठ और महामंत्री सुमंत से मिलकर प्रजा के कल्याण की बातों पर विचार करते रहना।

राम का यह उपदेश सुनकर भरत का शरीर और मन जुड़ा गया और उनके नयनों से जल ढुलक पड़ा।

प्रभु ने उन्हें अपनी खड़ाऊँ दे दी और भरत उसे लेकर अयोध्या आ गए।

भरत-बिदा *२८६/४९९ राग सारंग*

राम यौं भरत बहुत समुझायौ।
कौसिल्या, कैकई, सुमित्रहिं, पुनि-पुनि सीस नवायौ।
गुरु बसिष्ठ अरु मिलि सुमंत सौं, अतिहीं प्रेम बढ़ायौ।
बालक प्रतिपालक तुम दोऊ, दसरथ-लाड़ लड़ायौ।
भरत-सत्रुहन कियौ प्रनाम, रघुबर तिन्ह कंठ लगायौ।
गदगद गिरा, सजल अति लोचन, हिय सनेह-जल छायौ।
कीजै यहै बिचार परसपर, राजनीति समुझायौ।
सेवा मातु, प्रजा-प्रतिपालन, यह जुग-जुग चलि आयौ।
चित्रकूट तैं चले खीन-तन, मन बिस्राम न पायौ।
'सूरदास' बलि गयौ राम कैं, निगम नेति जिहिं गायौ॥

चित्रकूट से विदा होते समय राम ने भरत को बहुत-बहुत समझाया। उन्होंने माता कौसल्या, कैकेयी और सुमित्रा को बार-बार सिर झुकाया। फिर उन्होंने भरत और शत्रुघ्न दोनों से कहा—गुरु वसिष्ठ और महामंत्री सुमंत से बराबर प्रेमपूर्वक मिलते रहना, प्रेम में कमी न आने पावे। महाराज दशरथ ने तुम दोनों को भी अत्यंत प्यार किया है। यद्यपि तुम दोनों अभी बालक ही हो, पर तुमपर अयोध्या की प्रजा के पालन का बोझ आ पड़ा है, उसे तुम दोनों भाई मिलकर भलीभाँति निभाना।

तब भरत-शत्रुघ्न दोनों ने राम को प्रणाम किया और रामजी ने उन्हें कंठ से ल लिया। भरत-शत्रुघ्न की वाणी नहीं फूटी, उन्हें कंठावरोध हो गया। उनकी आँखें अश्र पूरित हो उठीं और उनके हृदय में प्रेम का जो जल भर गया था, वही आँसुओं के रूप छलक पड़ा।

फिर राम ने दोनों भाइयों को राजनीति की शिक्षा दी और कहा—तुम दोनों भ परस्पर विचार-विमर्श करते रहना। माताओं की सेवा करते रहना। प्रजा का प्रतिपाल करते रहना। यही राजनीति युग-युग से चली आई है।

दुर्बल शरीर भरत चित्रकूट से चल तो पड़े, पर उनके मन को चैन न मिला। सूरदा भी उन राम पर निछावर हुए जा रहे हैं, जिनको वेदों ने नेति नेति कहकर गाया है।

(अरण्यकांड)

सूर्पणखा-नासिकोच्छेदन *२८७/५०० राग मा*

काम-बिबस ब्याकुल-उर-अंतर, राच्छसि एक तहाँ चलि आई
हँसि कहि कछू राम सीता सौं, तिहिं लछिमन कैं निकट पठाई
भृकुटी कुटिल, अरुन अति लोचन, अगिनि-सिखा-मुख कह्यौ फिराई
री बौरी, सठ भई मदन-बस, मेरैं ध्यान चरन रघुराई
बिरह-बिथा तन गई लाज छुटि, बारंबार उठै अकुलाई
'सूरदास' प्रभु इक पतिनीब्रत, काटी नाक गई खिसिआई

कामातुर होकर अत्यंत विकल एक राक्षसी शूर्पणखा दंडक वन में राम की कुटी के पास चली आई। राम ने हँसकर सीता से कुछ कहा और उसे लक्ष्मण के निकट भेज दिया पर लक्ष्मण ने भौंहें टेढ़ी कर, आँखें लाल-लाल किए हुए, मुख से आग की लप निकालते हुए, क्रुद्ध होकर कहा—लौट जा, लौट जा पगली, तू काम के वश में हो गई है (तू नहीं जानती) मैं तो राम के चरणों का ध्यान करने वाला हूँ। काम से मुझे कोई काम नहीं है।

शूर्पणखा काम से विकल होकर लाज छोड़ चुकी थी। वह बारंबार आकुल हो-हो उठ रही थी। राम तो एक पत्नीव्रती थे ही। उसकी नाक काट ली गई और वह इससे चिढ़ गई।

खर-दूषण-वध *२८८/५०१ राग सारंग*

खर-दूषण यह सुनि उठि धाए।
तिनकैं संग अनेक निसाचर, रघुपति-आस्त्रम आए।
श्रीरघुनाथ-लछन ते मारे, कोउ एक गए पराए।
सूर्पनखा ये समाचार सब, लंका जाइ सुनाए।
दसकंधर-मारीच निसाचर, यह सुनि कै अकुलाए।
दंडक बन आए छल करि कै, 'सूर' राम लखि धाए॥

खर-दूषण के पास आकर शूर्पणखा ने अपनी कटी नाक दिखाई, तब खर और दूषण दोनों भाई राम-लक्ष्मण पर चढ़ दौड़े। उनके साथ अनेक राक्षस थे। वे सभी राम के आश्रम

पर आ गए। राम और लक्ष्मण ने खर और दूषण को मार डाला। कुछ एक राक्षस भाग भी गए। तब शूर्पणखा ने खर-दूषण के मारे जाने और अपनी नाक कट जाने का समाचार लंकापुरी में जाकर रावण को सुनाया। यह सुनकर दश कंधों वाला रावण और उसका मामा मारीच विकल हो उठे। छल करके, रूप बदल करके, रावण साधु बनकर और मारीच स्वर्ण मृग बनकर, दंडक वन में आए। राम स्वर्ण-मृग देखकर उसे मार लाने के लिए धनुष-वाण लेकर दौड़ पड़े।

२८९/५०२ राग सारंग

राम धनुष अरु सायक साँधे।

सिय-हित मृग पाछैं उठि धाए, बलकल बसन, फेंट दृढ़ बाँधे।
नव-घन, नील-सरोज बरन बपु, बिपुल बाहु, केहरि-कल-काँधे।
इंदु-बदन, राजीव-नैन बर, सीस जटा सिव-सम सिर बाँधे।
पालत, सृजत, सँहारत, सैंतत, अंड अनेक अवधि पल आधे।
'सूर' भजन-महिमा दिखरावत, इमि अति सुगम चरन आराधे॥

धनुष पर वाण संधान किए हुए राम, सीता के कहने पर उस स्वर्ण-मृग के पीछे दौड़ पड़े। वे पेड़ों की छाल का वस्त्र पहने हुए थे और कमर में फेंट कस कर बाँधे हुए थे। उनका शरीर नवीन बादल के समान साँवला और नीले कमल के रंग का था। उनकी बाहें विशाल थीं और उनका कंधा सिंह के कंधों जैसा सुंदर था। मुख चंद्रमा के समान था, नेत्र कमल जैसे थे। वे शिव के समान सिर पर जटा-जूट बाँधे हुए थे। वे आधे पल में ही अनेक अंडों (लोकों) को रचते हैं, पालते हैं, संहार करते हैं, समेट लेते हैं। पर अपने चरणों की आराधना करने वाले पर सहज ही (सब कुछ देकर) अपने भजन की महिमा प्रकट करते रहते हैं।

सीता-हरण *२९०/५०३ राग केदारौ*

सीता पुहुप-बाटिका लाई।

बारंबार सराहत तरुवर, प्रेम-सहित सींचे रघुराई।
अंकुर-मूल भए सो पोषे, क्रम-क्रम लगे फूल फल आई।
नाना भाँति पाँति सुंदर, मनौ कंचन की है लता बनाई।
मृग-स्वरूप मारीच धर्‍यौ तब, फेरि चल्यौ बारक जो दिखाई।
श्रीरघुनाथ धनुष कर लीन्हौ, लागत बान देव-गति पाई।
हा लछिमन, सुनि टेर जानकी, बिकल भई, आतुर उठि धाई।
रेखा खैंचि, बारि बंधन मय, हा रघुबीर कहाँ हौ भाई।
रावन तुरत बिभूति लगाए, कहत आइ, भिच्छा दै माई।
दीन जानि, सुधि आनि भजन की, प्रेम सहित भिच्छा लै आई।
हरि सीता लै चल्यौ डरत जिय, मानौ रंक महानिधि पाई।
'सूर' सीय पछितात यहै कहि, करम-रेख मेटी नहिं जाई॥

सीता ने दंडक वन में अपनी पर्ण-कुटी के सामने फुलवारी लगा रखी थी। उस फुलवारी के पेड़-पौधों की बारंबार सराहना करते हुए, रामचंद्र प्रेम सहित सींचा करते थे। इस प्रकार पोषण पाने से अनेक अँखुए जड़ों से निकल आए और धीरे-धीरे उनमें फूल और फल भी लग गए। उस फुलवारी में भाँति-भाँति की सुंदर वृक्ष-पंक्तियाँ बना दी गई थीं, मानो सोने की लताएँ लगा दी गई हों।

तब मारीच सोने का हिरन बनकर आया और अपनी छटा मात्र एक बार दिखा कर पीछे मुड़ गया। रामचंद्र ने धनुष हाथ में उठा लिया। मारीच को एक वाण लगा और उसने देव-गति पा ली, मर कर स्वर्ग सिधारा। मरते समय उसने राम के स्वर में 'हा लछिमन' जैसी पुकार की। जानकी जी ने उस गुहार की पुकार को सुना और विकल होकर वे हड़बड़ी में उठ दौड़ीं। तब कुटी के चारों ओर लक्ष्मण ने रेखा खींच दी और रेखा की बाड़ से कुटी को बाँध दिया कि कोई भीतर न जा सके और सीता भी उसे लाँघकर बाहर न आ सकें। फिर लक्ष्मण यह कहते हुए कि 'हे भाई रघुनाथ जी, तुम कहाँ हो' उनकी खोज में चल पड़े।

इसी समय सारे शरीर में भस्म पोते हुए, साधु का रूप धारण किए हुए, रावण राम की कुटिया पर आया और बोला—माँ, भिक्षा दो। उसे दीन-हीन जानकर, और भगवान का भजन करनेवाला समझकर, सीता प्रेमपूर्वक देने के लिए भिक्षा लेकर आईं। रावण सीता का हरण करके ले चला, मानो किसी निर्धन ने बहुत बड़ी निधि पा ली हो। पर वह मन ही मन डरा भी जा रहा था। सीता भी यह कहकर पछताए जा रही थीं कि कर्म की रेखा मिटाई नहीं जा सकती।

२९१/५०४ राग मारू

इहिं बिधि बन बसे रघुराइ।

डासि कै तृन भूमि सोवत, द्रुमनि के फल खाइ।
जगत-जननी करी बारी, मृगा चरि चरि जाइ।
कोपि कै प्रभु बान लीन्हौं, तबहिं धनुष चढ़ाइ।
जनक-तनया धरि अगिनि मैं, छाय रूप बनाइ।
यह न कोऊ भेद जानै, बिना श्री रघुराइ।
कह्यौ अनुज सौं, रहौ ह्याँ तुम, छाँड़ि जनि कहुँ जाइ।
कनक-मृग मारीच मार्‌यौ, गिर्‌यौ, 'लषन' सुनाइ।
गयौ सो दै रेख, सीता कह्यौ कहिँ नहिं जाइ।
तबहिं निसिचर गयौ छल करि, लई सीय चुराइ।
गीध ताकौं देखि धायौ, लर्‌यौ 'सूर' बनाइ।
पंख काटैं गिर्‌यौ, असुर तब गयौ लंका धाइ॥

श्रीराम धरती पर घास-फूस बिछाकर सोते थे और जंगली वृक्षों के फल खाकर इस प्रकार जीवन बिता रहे थे। जगज्जननी जानकी ने कुटी के सामने फल-फूलों की वाटिका लगा रखी थी। हिरन उसे बार-बार आकर चरे जा रहा था। प्रभु ने कुपित होकर वाण

लिया और उसे धनुष पर चढ़ा दिया। जनक की पुत्री जानकी की छाया बनाकर राम ने कुटी में छोड़ दिया और उनको अग्नि को सौंप दिया। सिवा राम के इस रहस्य को कोई अन्य नहीं जानता था, लक्ष्मण भी नहीं।

राम ने छोटे भाई लक्ष्मण से कहा, तुम कुटी पर ही रहो, यहाँ से कहीं भी न जाना (जब तक मैं हिरन को मार कर वापस न आ जाऊँ)।

राम ने स्वर्ण-मृग को मार डाला, वह धराशायी हो गया, पर मरने के पहले जोर से वह लक्ष्मण को पुकारता गया। लक्ष्मण कुटी के चारों ओर अभिमंत्रित रेखा खींच कर पुकार की ध्वनि पर चल पड़े और सीता से कहते गए—कुटी से कहीं बाहर मत जाना।

तभी निशाचर रावण यती का भेष धारण कर आया और सीता को चुरा ले गया। गीध जटायु ने रावण को सीता को चुराकर ले जाते हुए देखा। वह दौड़ा और उसने जमकर युद्ध किया। रावण ने जटायु के पंख काट दिए। पंखहीन जटायु गिर पड़ा और असुर रावण सीता को लेकर लंका भाग गया।

सीता का अशोक-वन-वास *१९२/५०५ राग सारंग*

बन असोक मैं जनक-सुता कौं रावन राख्यौ जाइ।
भूखऽरु प्यास, नींद नहिं आवै, गई बहुत मुरझाइ।
रखवारी कौं बहुत निसाचरि, दीन्हीं, तुरत पठाइ।
'सूरदास' सीता तिन्ह निरखत, मनहीं मन पछिताइ॥

रावण ने सीता जी को लाकर अशोक वन में रख दिया। सीता को यहाँ न भूख लग रही थी, न प्यास लग रही थी, नींद भी नहीं आ पा रही थी, वह अत्यंत मुरझा गई थीं। रावण ने सीता जी की रखवाली के लिए बहुत सी राक्षसियाँ भेज दीं। सीता जी उन रखवारिनों को देख कर मन ही मन पछताए जा रही थीं (कि मैं बुरी फँसी)।

१९३/ग्र ५७११..... राग मारू

लछिमन सीता कौन हरी।
यह जु मढ़ी, बैरिन यह हमकौं, कंचन मृग जु छरी।
जो पै सीता होति मढ़ी मैं, झाँकत द्वार खरी।
सून्य मढ़ी देखत रघुनंदन, आयौ नैन भरी।
इक दुख हतौ पिता दसरथ कौ, दूजौ सीय करी।
'सूरदास' प्रभु कहत भ्रात सौं, वन मैं बिपति परी॥

राम ने लक्ष्मण से पूछा—हे लक्ष्मण, सीता को कौन हर ले गया। यह जो कुटिया है, यह हमारी शत्रु है। मुझे सोने के हिरन ने छल लिया। यदि सीता कुटी में होती, तो वह दरवाजे पर हमें झाँकती हुई खड़ी रहती। कुटिया को सूनी देखकर राम की आँखों में अश्रु भरभरा आए। एक दुख तो उन्हें पिता के मरण का था ही, अब दूसरा दुख सीता के हरण का भी आ पहुँचा।

राम भाई लक्ष्मण से कहते जा रहे हैं—लक्ष्मण वन में भारी विपत्ति आ खड़ी हुई।

रघुपति कहि प्रिय नाम पुकारत।
हाथ धमुष लीन्हे, कटि भाथा, चकित भए दिसि-बिदिसि निहारत।
निरखत सून भवन जड़ ह्वै रहे, खिन लोटत धर, बपु न सँभारत।
हा सीता, सीता, कहि सियपति, उमड़ि नयन जल भरि-भरि ढारत।
लगत सेष-उर बिलखि जगत गुरु, अद्भुत गति नहिं परति बिचारत।
चिंतत चित्त 'सूर' सीतापति, मोह-मेरु-दुख टरत न टारत॥

श्रीराम 'हा सीता', 'हा सीता' कहकर जानकी को पुकारने लगे। हाथ में धनुष लिए, कमर में तरकस कसे हुए, वे चारों दिशाओं—पूर्व, पश्चिम, उत्तर, दक्षिण और चारों विदिशाओं—ईशान, आग्नेय, वायव्य और नैऋत्य में निहारने लगे। कुटी को सीता-रहित देखकर वे जड़तुल्य हो गए, वे धरती पर लोटने लगे और उनको अपने तन-वदन की सुध नहीं रह गई। 'हा सीता', 'हा सीता' कह-कहकर सीतापति राम की आँखें उमड़ चलीं और आँसू बरसाने लगीं। जगतगुरु श्रीराम शेषावतार लक्ष्मण के गले से लिपट कर विलख कर कहने लगें—यह अद्भुत गति विचार में नहीं आती। सीतापति राम चित्त में चिंता किए जा रहे हैं। मोह रूपी मेरु के समान दुख टालने से भी टल नहीं पा रहा है।

२९५/५०७ राग केदारौ

सुनौ अनुज इहि बन इतननि मिलि, जानकि प्रिया हरी।
कछु इक अंगनि की सहिदानी, मेरी दृष्टि परी।
कटि केहरि, कोकिल कल बानी, ससि मुख-प्रभा धरी।
मृग मूसी नैननि की सोभा, जाति न गुप्त करी।
चंपक बरन, चरन-कर कमलनि, दाड़िम दसन लरी।
गति मराल अरु बिंब अधर-छबि, अहि अनूप कबरी।
अति करुना रघुनाथ गुसाईं, जुग ज्यौं जाति घरी।
'सूरदास' प्रभु प्रिया-प्रेम-बस, निज महिमा बिसरी॥

राम ने लक्ष्मण से कहा—हे भाई सुनो। इस वन में इतनों ने मेरी प्रिया जानकी को हर लिया है। सीता के अंगों की कुछ-कुछ पहचान मुझे दीख पड़ी है। उनकी कमर को सिंह ने, उनकी वाणी को कोकिल ने, उनके मुख की आभा को चंद्रमा ने, नेत्रों की शोभा को हिरनों ने चुरा लिया है। पर वे इन चोरी की गई वस्तुओं को छिपा नहीं पा रहे हैं। चंपा ने सीता के रंग को, कमलों ने उनके हाथों और पैरों को, अनार के दानों ने उनके दाँतों की लड़ी को, हंस ने उनकी गति को, पूर्ण परिपक्व लाल कुनरु ने उनकी अधर-शोभा को, नागों ने उनकी केश राशि को चुरा लिया है।

राम की स्थिति अत्यंत करुण हो गई है। उनकी एक-एक घड़ी युग के समान बीत रही है। प्रिया के प्रेम के बशीभूत होकर प्रभु ने अपनी महिमा ही भुला दी है।

२९६/५०८ राग केदारौ

फिरत प्रभु पूछत बन-द्रुम-बेली।
अहो बंधु, काहूँ अवलोकी, इहिं मग बधू अकेली?

अहो बिहंग, अहो पन्नग-नृप, या कंदर के राइ ।
अबकैं मेरी बिपति मिटावौ, जानकि देहु बताइ ।
चंपक-पुहुप-बरन-तन-सुंदर, मनौ चित्र-अवरेखी ।
हो रघुनाथ, निसाचर कैं सँग अबै जात हौं देखी ।
यह सुनि धावत धरनि, चरन की प्रतिमा पथ मैं पाई ।
नैन-नीर रघुनाथ सानि सो, सिव ज्यौं गात चढ़ाई ।
कहुँ हिय-हार, कहूँ कर-कंकन, कहुँ नूपुर कहुँ चीर ।
'सूरदास' बन-बन अवलोकत, बिलख बदन रघुबीर ॥

विरही राम वन के वृक्षों, लताओं से सीता का पता पूछते फिर रहे हैं—हे बंधु, क्या तुमने (किसी ने) इस रास्ते पर जाती हुई एक अकेली नारी देखी है? हे पक्षियों, हे नागराज, हे इस कंदरा के स्वामी सिंह, इस बार जानकी की खोज-खबर लाकर मेरी विपत्ति मिटा दो।

तब तक कहीं से ध्वनि आई—हे राम, चंपे के फूल के रंग वाले तन की एक सुंदरी मैंने देखी है, वह चित्र लिखी सी थी, वह किसी राक्षस के हाथ में पड़ी थी।

यह सुन राम धरती पर दौड़ पड़े। मार्ग में उन्होंने सीता के चरण चिह्न देखे। उस चरण-चिह्न वाली धूलि को नयनों के जल में सानकर राम ने शिव के समान अपने सारे शरीर में पोत लिया। उन्हें कहीं सीता के गले का हार, कहीं हाथ का कंगन, कहीं पैर की पायल और कहीं वस्त्र गिरे हुए मिले।

राम रोते-विलखते सीता को वन-वन ढूँढ़ते फिरने लगे।

गृद्ध-उद्धार *२९७/५०९ राग केदारौ*

तुम लछिमन या कुंज-कुटी मैं, देखौ जाइ निहारि ।
कोउ इक जीव नाम मम लै-लै, उठत पुकारि-पुकारि ।
इतनी कहत कंध तैं कर गहि, लीन्हौं धनुष सँभारि ।
कृपानिधान नाम हित धाए, अपनी बिपति बिसारि ।
अहो बिहंग, कहौ अपनौ दुख, पूछत ताहि खरारि ।
किहिं मतिमूढ़ हत्यौ तनु तेरौ, किधौं बिछोही नारि ?
श्रीरघुनाथ-रमनि, जग-जननी, जनक-नरेस-कुमारि ।
ताकौं हरन कियौ दसकंधर, हौं तिहिं लग्यौ गुहारि ।
इतनी सुनि कृपालु कोमल प्रभु, दियौ धनुष कर झारि ।
मानौ 'सूर' प्रान लै रावन, गयौ देह कौं डारि ॥

राम ने सीता को खोजते समय लक्ष्मण से कहा—हे लक्ष्मण निहार कर देखो तो, इस कुंज कुटी पें कोई प्राणी मेरा नाम लेकर पुकार सा रहा है। इतना कहते ही राम ने कंधे पर लटकते हुए अपने धनुष को हाथ से पकड़कर सँभाल लिया। परम कृपालु राम अपनी विपत्ति भूलकर अपने नाम की पुकार करने वाले प्राणी की सहायता के लिए दौड़ पड़े

(देखा तो वहाँ एक मूर्च्छित गिद्ध पड़ा हुआ है)। तब खर के शत्रु राम ने कहा—हे खग, अपना दुख मुझसे कह सुनाओ। किस मूढ़मति ने तुम्हारे शरीर को बधा है? अथवा तुम्हारी भी नारी तो तुमसे नहीं बिछुड़ गई है।

तब उस पक्षी (जटायु) ने कहा—राम की पत्नी, सारे जगत की जननी, महाराज जनक की पुत्री जानकी को दशकंधर रावण हरण किए जा रहा था। मैं उसकी पुकार सुनकर सहायता में लग गया था।

इतना सुनते ही कोमल-चित्त कृपालु राम ने अपना धनुष हाथ से धरती पर झटक दिया। उस समय ऐसा लगा मानो रावण अपना शरीर वहाँ डालकर अपने प्राण लेकर वहाँ से भाग गया हो।

गृद्ध हरि-पद-प्राप्ति *२९८/५१० राग केदारौ*

रघुपति निरखि गीध सिर नायौ।

कहिकै बात सकल सीता की, तन तजि चरन-कमल चित लायौ।
श्री रघुनाथ जानि जन अपनौ, अपनैं कर करि ताहि जरायौ।
'सूरदास' प्रभु दरस परस करि, ततछन हरि कैं लोक सिधायौ॥

राम को देखकर गिद्ध जटायु ने उन्हें सिर झुकाकर प्रणाम किया। उसने सीताहरण की सारी बात राम से कह सुनाई। फिर शरीर छोड़कर उसने राम के चरण-कमलों की शरण ली। रघुनाथ जी ने जटायु को अपना भक्त समझकर स्वयं अपने हाथों से, उसका दाह-संस्कार किया। जटायु ने प्रभु का दर्शन पाया और उनके कोमल हाथों का स्पर्श भी, फिर वह तत्काल प्रभु के लोक को चला गया।

शबरी-उद्धार *२९९/५११ राग केदारौ*

सबरी-आस्रम रघुबर आए। अरघासन दै प्रभु बैठाए।
खाटे फल तजि मीठे ल्याई। जूँठे भए सो सहज सुहाई।
अंतरजामी अति हित मानि। भोजन कीने, स्वाद बखानि।
जाति न काहू की प्रभु जानत। भक्ति-भाव हरि जुग-जुग मानत।
करि दंडवत भई बलिहारी। पुनि तन तजि हरि-लोक सिधारी।
'सूरज' प्रभु अति करुना भई। निज कर करि तिल-अंजलि दई॥

प्रभु शबरी के आश्रम में आए। शबरी ने पाद-प्रक्षालन के लिए उन्हें जल दिया और आसन देकर उन्हें बैठाया। खट्टे बेर फलों को छोड़कर वह मीठे-मीठे बेर चख-चखकर ले आई। अतः सहज रूप से वे फल जूठे हो गए थे। अंतर्यामी राम ने शबरी का अत्यंत प्रेम मानकर, उनके मीठे स्वाद की प्रशंसा करते हुए, उन जूठे बेरों को खाया। भगवान किसी की जाति नहीं देखते। वे हर युग में हृदय-स्थित प्रेम-भाव को ही मानते आए हैं। शबरी ने प्रभु को दंडवत प्रणाम किया, उनपर अपने को निछावर कर दिया। फिर शरीर छोड़कर प्रभु के लोक चली गई। प्रभु ने अत्यंत करुणा करके अपने हाथ से शबरी की अंत्येष्टि की और उसे तिलांजलि दी।

(किष्किंधाकांड)

सुग्रीव-मिलन *३००/५१२ राग सारंग*

रिष्यमूक परबत बिख्याता ।
इक दिन अनुज-सहित तहँ आए, सीतापति रघुनाथा ।
कपि सुग्रीव बालि के भय तैं, बसत हुतौ तहँ आइ ।
त्रास मानि तिहिं, पवन-पुत्र कौं, दीनौ तुरत पठाइ ।
को ये बीर फिरैं बन बिचरत, किहिं कारन ह्याँ आए ।
'सूरज' प्रभु कैं निकट आइ कपि, हाथ जोरि सिर नाए ॥

ऋष्यमूक नामक एक विख्यात पर्वत है। एक दिन छोटे भाई लक्ष्मण के सहित सीतापति रघुनाथ श्रीराम जी वहाँ आए। सुग्रीव नामक वानर अपने बड़े भाई बालि के भय से वहाँ रहा करता था। वह इन दोनों भाइयों को देखकर, बालि का चर समझकर, डर गया, और उसने पवन-पुत्र हनुमान को इनका भेद लेने के लिए तत्काल इनके पास भेज दिया। वन में विचरण करने वाले ये दोनों वीर कौन हैं, किस कारण यहाँ आए हुए हैं, यह जानने के लिए हनुमान जी इनके निकट आए और हाथ जोड़कर इन्हें सिर झुकाकर प्रणाम किया।

हनुमत-राम-संवाद *३०१/५१३ राग मारू*

मिले हनु, पूछी प्रभु यह बात ।
महा मधुर प्रिय बानी बोलत, साखामृग, तुम किहि के तात ?
अंजनि कौ सुत, केसरि कैं कुल, पवन-गवन उपजायौ गात ।
तुम को बीर, नीर भरि लोचन, मीन हीन-जल ज्यौं मुरझात ?
दसरथ-सुत कोसलपुर-बासी, त्रिया हरी तातैं अकुलात ।
इहिं गिरि पर कपिपति सुनियत है, बालि-त्रास कैसैं दिन जात !
महादीन, बलहीन, विकल अति, पवन-पूत देखे बिलखात ।
'सूर' सुनत सुग्रीव चले उठि, चरन गहे पूछी कुसलात ॥

हनुमान जब राम से मिले, तब उन्होंने यह बात पूछी—हे महा मधुर वाणी बोलने वाले वानर तुम किसके पुत्र हो? हनुमान ने उत्तर दिया—मैं माँ अंजनि का बेटा हूँ। केसरी नामक वानर के कुल का हूँ, वायु की गति ने यह शरीर उत्पन्न किया है। फिर हनुमान जी ने राम से प्रश्न किया—हे वीर तुम कौन हो, तुम्हारे नयनों में अश्रु भरे हुए हैं, तुम जल से बाहर पड़ी हुई मछली के समान मुरझाए पड़ रहे हो?

राम ने उत्तर दिया—मैं अयोध्यापुरी का रहनेवाला हूँ। वहाँ के राजा दशरथ का पुत्र हूँ। मेरी स्त्री वन में किसी ने चुरा ली है। इसीलिए मैं व्याकुल हूँ।

राम ने आगे पुन: पूछा—मैंने सुना है कि इस पर्वत पर, वानरों का राजा सुग्रीव, अपने बड़े भाई बालि के भय से रहता है। उसके दिन कैसे बीत रहे हैं?

हनुमान ने राम को महा दीन, अत्यंत शक्तिहीन और परम विकल होता देखा था (उसने वापस आकर सुग्रीव को यह समाचार दिया)। यह सुनते ही सुग्रीव उठे, राम के पास आए, उनके पैर पकड़े और उनका क्षेम-कुशल पूछा।

बड़े भाग्य इहिं मारग आए।
गदगद कंठ, सोक सौं रोवत, बारि बिलोचन छाए।
महा धीर गंभीर बचन सुनि, जामवंत समुझाए।
बढ़ी परस्पर प्रीति रीति तब, भूषन-सिया दिखाए।
सप्त ताल सर साँधि, बालि हति, मन अभिलाष पुजाए।
'सूरदास' प्रभु-भुज के बलि-बलि, बिमल-बिमल जस गाए॥

सुग्रीव ने कहा—मेरा यह बड़ा भाग्य है, जो आप इस राह से आ निकले हैं। राम का गला फँस गया था, सीता के वियोग में वे रोए जा रहे थे, उनकी आँखें आँसुओं से भर आई थीं। महा धीर और गंभीर वाणी में उन्हें बोलते देखकर जामवंत ने समझाया। धीरे-धीरे राम और सुग्रीव में प्रेम-भाव बढ़ गया। तब सुग्रीव ने सीता के गहने लाकर राम को दिखलाये। फिर ताल के सात वृक्षों को एक बाण में विद्ध कर, बालि को मार कर राम ने सुग्रीव की मनोकामना पूरी की और उन्हें किष्किंधा का राजा बना दिया।

प्रभु के भुज-बल पर बलि होते हुए सूरदास उनका निर्मल यश गाए जा रहे हैं।

सुग्रीव को राज्य-प्राप्ति ३०३/५१५ *राग सारंग*

राज दियौ सुग्रीव कौं, तिन हरि जस गायौ।
पुनि अंगद कौं बोलि ढिग, या बिधि समुझायौ।
होनहार सो होत है, नहिं जात मिटायौ।
चतुरमास 'सूरज' प्रभू, तिहिं ठौर बितायौ।

राम ने सुग्रीव को किष्किंधा का राजा बना दिया। सुग्रीव ने इस पर राम का बहुत गुण माना। तदनंतर राम ने बालि पुत्र अंगद को पास बुलाकर इस प्रकार समझाया—जो होने वाला है, वह होकर रहता है, उसे मिटाया नहीं जा सकता। इसलिए पिता की मृत्यु का शोक भूल जाओ।

इसके बाद राम ने वर्षा के चार महीने उसी स्थाम पर बिता डाले।

सीता-शोध ३०४/५१६ *राग सारंग*

श्री रघुपति सुग्रीव कौं, निज निकट बुलायौ।
लीजै सुधि अब सीय की, यह कहि समुझायौ।
जामवंत-अंगद-हनू, उठि माथौ नायौ।
हाथ मुद्रिका प्रभू दई, संदेस सुनायौ।
आए तीर समुद्र के, कछु सोध न पायौ।
'सूर' सँपाती तहँ मिल्यौ, यह बचन सुनायौ॥

वर्षा बीत जाने पर श्रीराम ने सुग्रीव को अपने पास बुलाया और समझाकर बोले—'अब सीता की खोज खबर लो।' तब जामवंत, अंगद, हनुमान उठे और राम को सिर झुकाया। प्रभु ने हनुमान के हाथ में पहचान के लिए अपनी अँगूठी दे दी और अपना संदेश भी कहा। सब वानर दल समुद्र तट पर आया, पर सीता का कुछ पता न चला। फिर उन्हें वहाँ जटायु का भाई संपाती मिला। उसने इनसे यह कहा।

बिछुरी मनौ संग तैं हिरनी ।

चितवत रहत चकित चारौं दिसि, उपजि बिरह तन जरनी ।

तरुवर-मूल अकेली ठाढ़ी, दुखित राम की घरनी ।

बसन कुचील, चिहुर लपिटाने, बिपति जाति नहिं बरनी ।

लेति उसास नयन जल भरि-भरि, धुकि सो परै धरि धरनी ।

'सूर' सोच जिय पोच निसाचर, राम राम की सरनी ॥

संपाती ने हनुमान आदि से कहा—राम की घरनी सीता ऐसी दुखी हैं जैसे कोई हिरनी अपने झुंड से अलग जा पड़ी हो। वे चारों ओर चकित होकर देखे जाती है। उनके शरीर में विरह की अग्नि जली जा रही है। उनके वस्त्र मलिन हो गए हैं, उनके बालों की लटें बन गई हैं। उनकी विपत्ति का वर्णन नहीं करते बनता। वे लंबी-लंबी ठंडी-ठंडी साँसें लिए जा रही है, उनकी आँखों में आँसू भर-भर जा रहे हैं। वे लुढ़क कर धरती पर गिरी जा रही हैं। वे राम के नाम की शरण में हैं, पर उनके मन में दुष्ट निशाचर रावण का सोच बना हुआ है।

(सुंदरकांड)

३०६/५१८ राग केदारौ

तब अंगद यह बचन कह्यौ ।

को तरि सिंधु सिया-सुधि ल्यावे, किहिं बल इतौ लह्यौ ?

इतनौ बचन स्त्रवन सुनि हरष्यौ, हँसि बोल्यौ जमुवंत ।

या दल मध्य प्रगट केसरि-सुत, जाहि नाम हनुमंत ।

वहे ल्याइहै सिय-सुधि छिन मैं, अरु आइहै तुरंत ।

उन प्रताप त्रिभुवन कौ पायौ, वाके बलहिं न अंत ।

जौ मन करै एक बासर मैं, छिन आवै छिन जाइ ।

स्वर्ग-पताल माहिं गम ताकौ, कहियै कहा बनाइ !

केतिक लंक, उपारि बाम कर, लै आवै उचकाइ ।

पवन-पुत्र बलवंत बज्र-तनु, कापैं हटक्यौ जाइ ।

लियौ बुलाइ मुदित चित ह्वैकै, कह्यौ, तँबोलहिं लेहु ।

ल्यावहु जाइ जनक-तनया-सुधि, रघुपति कौं सुख देहु ।

पौरि-पौरि प्रति फिरौ बिलोकत, गिरि कंदर-बन-गेहु ।

समय बिचारि मुद्रिका दीजौ, सुनौ मंत्र सुत एहु ।

लिय तँबोल माथ धरि हनुमत, कियौ चतुरगुन गात ।

चढ़ि गिरि-सिखर सब्द इक उचर्‌यौ, गगन उठ्यौ आघात ।

कंपत कमठ-सेष-बसुधा-नभ, रबि-रथ भयौ उतपात ।

मानौ पच्छ सुमेरहिं लागे, उड़्यौ अकासहिं जांत ।

चक्रित सकल परस्पर बानर, बीच परी किलकार।
तहँ इक अदभुत देखि निसिचरी, सुरसा-मुख-बिस्तार।
पवन-पुत्र मुख पैठि पधारे, तहाँ न लगि कछु बार।
'सूरदास' स्वामी-प्रताप-बल उतर्‌यौ जलनिधि पार॥

तब अंगद ने यह बात कही—तैर कर समुद्र पार जाकर, सीता का समाचार कौन लावे, किसमें इतना बल है?

अंगद की इतनी बात सुनकर जामवंत प्रसन्न होकर हँस उठे और बोले—इस हमारे दल के बीच में केसरी पुत्र हैं, जिनका नाम हनुमान है। वही क्षण भर में सीता का पता लगाकर तुरंत वापस आ जायँगे। इन्होंने संपूर्ण त्रिलोक का प्रताप पा लिया है। तीनों लोकों में इनसा तेजस्वी कोई दूसरा नहीं है। इनके बल की सीमा नहीं है। यदि यह मन बना लें तो एक दिन में क्षण-क्षण पर अनेक बार आ जा सकते हैं। इनका प्रवेश स्वर्ग में भी है और पाताल में भी। मैं बहुत बनाकर क्या कहूँ? लंका कितनी बड़ी है ही। उसे तो वह चाहें तो बाएँ हाथ से उखाड़कर ऊपर उठाकर यहाँ लेते आयें। पवन के पुत्र अत्यंत बलवान हैं, इनका शरीर तो जैसे वज्र का बना है, यह बजरंगी हैं। इन्हें रोक ही कौन सकता है?

तब जामवंत जी ने परम प्रसन्न चित्त होकर हनुमान जी को बुलाया और कहा—यह पान का बीड़ा उठाओ। लंका जाकर सीता की खोज खबर लाओ और श्रीराम को सुख दो। लंका के दरवाजे-दरवाजे जाना और पहाड़, कंदरा, वन, गृह सबको देखते जाना। हे पुत्र, मेरा यह मत सुन लो। उचित अवसर जानकर सीता को राम की यह अँगूठी देना।

तब हनुमान ने पान का बीड़ा उठाकर माथे से लगा लिया और अपना शरीर चौगुना बढ़ा लिया। पहाड़ की चोटी पर चढ़कर उन्होंने घोर स्वर में गर्जना की। उस गर्जना की गूँज आकाश में छा गई। कच्छप, शेषनाग, पृथ्वी, आकाश सभी काँप उठे। सूर्य का रथ पथ से विचलित हो गया, निर्धारित पथ से उत्पथ हो गया। आकाश मार्ग में उड़ते हुए हनुमान ऐसे जान पड़ रहे थे, मानो सुमेरु पर्वत को ही पंख जम आए हैं और वह उड़ा जा रहा है। गोल के सभी बानर यह देखकर आश्चर्य-चकित हो उठे। इसी बीच हनुमान की बड़े जोरों की किलकारी फिर सुनाई दी। मार्ग में हनुमान को एक अद्भुत निशाचरी सुरसा मिली। उसने हनुमान को निगल जाने के लिए अपना मुँह खूब फैला लिया। हनुमान उसके मुख में लघु रूप धारण करके प्रविष्ट हो गए और तुरत ही उसके श्रवण-रंध्र से बाहर निकल आए। इस विकट कार्य को संपादित करने में उन्हें कोई देर नहीं लगी। वे स्वामी रामचंद्र के प्रताप के बल से समुद्र पार लंका में पहुँच गए।

३०७/५१९ राग धनाश्री

लखि लोचन, सोचै हनुमान।
चहुँदिसि लंक-दुर्ग दानवदल, कैसैं पाऊँ जान।
सौ जोजन बिस्तार कनकपुरि, चकरी जोजन बीस।
मनौ बिस्वकर्मा कर अपुनैं, रचि राखी गिरि-सीस।
गरजत रहत मत्त गज चहुँदिसि, छत्र-धुजा चहुँ दीस।
भरमित भयौ देखि मारुत-सुत, दियौ महा बल ईस!

उड़ि हनुमंत गयौ आकासहिं, पहुँच्यौ नगर मँझारि।
बन-उपबन, गम-अगम-अगोचर-मंदिर, फिर्‌यौ निहारि।
भई पैज अब हीन हमारी, जिय मैं कहै बिचारि।
पटकि पूँछ, माथौ धुनि लोटै, लखी न राघव-नारि।
नाना रूप निसाचर अद्भुत, सदा करत मद-पान।
ठौर-ठौर अभ्यास महाबल करत, कुंत-असि-बान।
जिय सिय-सोच करत मारुत-सुत, जियति न मेरैं जान।
कै वह भाजि सिंधु मैं डूबी, कै उहिं तज्यौ परान।
कैसैं नाथहिं मुख दिखराऊँ, जौ बिनु देखे जाउँ।
बानर बीर हँसैंगे मोकौं, तैं बोर्‌यौ पितु-नाउँ।
रिच्छप तर्क बोलिहै मोसौं, ताकौं बहुत डराउँ।
भलैं राम कौं सीय मिलाई, जीति कनकपुर गाउँ।
जब मोहिं अंगद कुसल पूछिहैं, कहा कहौंगो वाहि।
या जीवन तैं मरन भलौ है, मैं टेख्यौ अवगाहि।
मारौं आजु लंक लंकापति, लै दिखराऊँ ताहि।
चौदह सहस जुवति अंतःपुर, लैहैं राघव चाहि।
मंदिर की परछाया बैठ्यौ, कर मीजै पछिताइ।
पहिलैं हूँ न लखी मैं सीता, क्यौं पहिचानी आइ।
दुर्बल दीन-छीन चिंतित अति, जपत नाउँ रघुराइ।
ऐसी बिधि देखिहौं जानकी, रहिहौं सीस नवाइ।
बहुरि बीर जब गयौ अवासहिं, जहाँ बसै दसकंध।
नगनि जटित मनि-खंभ बनाए, पूरन बात-सुगंध।
स्वेत छत्र फहरात सीस पर, मनौ लच्छि कौ बंध।
चौदह सहस नाग-कन्या-रति, पर्‌यौ सो रत मतिअंध।
बीना-झाँझ-पखाउज-आउज, और राजसी भोग।
पुहुप-प्रजंक परी नवजोबनि, सुख-परिमल-संजोग।
जिय जिय गढ़ै, करै बिस्वासहिं, जानै लंका लोग।
इहिं सुख-हेत हरी है सीता, राघव बिपति-बियोग!
पुनि आयौ सीता जहँ बैठी, बन असोक के माहिं।
चारौं ओर निसिचरी घेरे, नर जिहिं देखि डराहिं।
बैठ्यौ जाइ एक तरुवर पर, जाकी सीतल छाहिं।
बहु निसाचरी मध्य जानकी, मलिन बसन तन माहिं।
बारंबार बिसूरि 'सूर' दुख, जपत नाम रघुनाहु।
ऐसी भाँति जानकी देखी, चंद गह्यौ ज्यौं राहु॥

हनुमान जी ने चारों ओर ध्यान से देखा। उन्हें लंका के किले के चारों ओर राक्षसों की सेना ही सेना दिखाई पड़ी। तब वे सोचने लगे, इन दानवों के दल के बीच से होकर मैं कैसे लंकापुरी में प्रवेश पा सकूँगा। यह सोने की लंका सौ योजन (१२०० किलोमीटर) लंबी और बीस योजन (२४० किलोमीटर) चौड़ी है, मानो स्वयं विश्वकर्मा ने इसे पर्वत-शिखर पर अपने हाथों से निर्मित कर दिया हो। चारो दिखाओं में मतवाले हाथी चिंघाड़ रहे थे। चतुर्दिक छत्र और पताकाएँ ही दिखलाई पड़ रही थीं। यह सब देखकर पवन-पुत्र भारी संदेह में पड़ गए। पर प्रभु ने उन्हें अत्यधिक शक्ति प्रदान कर दी।

हनुमान आकाश मार्ग से उड़ चले और लंकापुरी में पहुँच गए। उन्होंने वन देखे, उपवन देखे। प्रवेश करने योग्य, दुर्भेद्य, अदृश्य सभी प्रकार के भवनों को निहारते हुए वे लंकापुरी में घूमते फिरे। पर उन्हें राम की पत्नी सीता कहीं नहीं दिखाई पड़ीं। तब वे मन में विचारने लगे कि सीता को खोज निकालने का मेरा दृढ़ संकल्प नष्ट होना चाहता है। तब वे अपनी पूँछ पटककर, मत्थे पर हाथों से मारकर, धरती पर लोटने लगे।

वहाँ नाना रूप रंग के अद्भुत राक्षस थे। वे हर समय शराब पिए जा रहे थे। स्थान-स्थान पर महा-बलवान राक्षस कुंत (वर्छी), तलवार, वाण चलाने का अभ्यास कर रहे थे।

हनुमान सीता जी के ही संबंध में बराबर सोचते जा रहे थे—मेरी समझ से सीता अब जीवित नहीं है। वह या तो समुद्र में डूबकर मर गईं, या फिर उन्होंने यों ही प्राण परित्याग कर दिया। यदि मैं सीता को बिना देखे ही लौट जाऊँगा तो स्वामी राम को कैसे अपना मुँह दिखला सकूँगा। सभी वानर-वीर मुझपर हँसेंगे कि चले थे सीता का पता लगाने। वे कहेंगे—तुमने तो अपने पिता का नाम ही डुबो दिया। ऋक्षपति जामवंत भी मुझसे व्यंग्य वचन कहेंगे। मैं उनके व्यंग-वाणों से बहुत डर रहा हूँ। वे कहेंगे स्वर्णपुरी लंका को जीत कर सीता को राम से खूब मिलाया? जब अंगद मुझसे सीता की खेम-कशल पूछेंगे, तब मैं उन्हें क्या जवाब दूँगा। मैंने भलीभाँति विचार कर देख लिया, अब इस जीने से तो मरना अच्छा है। आज मैं लंका को विनष्ट कर सकता हूँ। रावण को मार सकता हूँ। रावण के निवास में चौदह हजार नवयुवतियाँ हैं। मैं इन्हें ले जाकर राम के सामने प्रस्तुत कर सकता हूँ। वे देखकर इनमें से अपनी सीता को पहचान लें।

हनुमान एक घर की छाया में बैठे हुए, हाथ मलते हुए, पछताए जा रहे थे—मैंने पहले कभी सीता महारानी को देखा नहीं, उन्हें मैं कैसे पहचान सकता हूँ? यदि किसी सुंदरी नारी को मैं अत्यंत दुबली-पतली, तन छीन, मन मलीन, चिंताकुल, राम का नाम रटते हुए देखूँगा, तो मैं समझ जाऊँगा कि यही सीताजी हैं। और उन्हें सिर झुकाकर प्रणाम कर लूँगा।

तब वीर हनुमान भवन में गए, जहाँ रावण रहता था। वह महल नगों और मणियों से जुड़े हुए खंभों वाला था। उसमें सुगंधित वायु पूर्ण रूप से आ-जा रहा थी। उसके सिर पर उज्जक्ल रंग का छत्र फहरा रहा था। वह छत्र ऐसा लगता था, जैसे लक्ष्मी जी का जूड़ा हो। वहाँ रति सी सुन्दरी चौदह हजार नाग कन्याएँ थीं। मति-अंध रावण उनमें रत पड़ा हुआ था। वहाँ वीणा, झाँझ, पखावज और ताशे बज रहे थे। वहाँ राजसी भोग-विलास की सारी

सामग्रियाँ एकत्र थीं। फूलों की सेज लगी हुई थी, जिस पर नवयौवनाएँ लेटी हुई सुख और सुगंध का उपभोग कर रही थीं।

हनुमान जी अपने मन में तर्क-वितर्क करते जा रहे थे और उन्हें विश्वास हो गया था कि लंका के लोग इसी प्रकार विलास-रत हैं और रावण ने भी इसी सुख के लिए सीता का हरण किया है और राम को वियोग की विपत्ति में डाल दिया है।

घूमते-घूमते हनुमान जी उस अशोक-वाटिका में आ पहुँचे, जहाँ सीता जी बैठी हुई थीं। वे चारों ओर ऐसी राक्षसियों से घिरी हुई थीं, जिन्हें देखकर ही आदमी डर जाय।

हनुमान जी एक वृक्ष पर चढ़कर बैठ गए, जिसकी शीतल छाया में बहुत सी निशाचरियों के बीच में, मलिन वस्त्र पहने हुए, बिसूरती हुई, राम का नाम जपती हुई सीता बैठी हुई थी, हनुमान ने सीता को इस रूप में देखा, मानो राहु ने चंद्रमा को निगल लिया हो।

३०८/५२० राग मारू

गयौ कूदि हनुमंत जब सिंधु-पारा ।
सेष के सीस लागे कमठ पीठि सौं, धँसे गिरिबर सबै तासु भारा ।
लंक गढ़ माहिं आकास मारग गयौ, चहूँ दिसि बज्र लागे किवारा ।
पौरि सब देखि सो असोक बन मैं गयौ, निरखि सीता छप्यौ बृच्छ-डारा ।
सोच लाग्यौ करन, यहै धौं जानकी, कै कोऊ और, मोहिं नहिं चिन्हारा ।
'सूर' आकासबानी भई तबै तहँ, यहै बैदेहि है, करु जुहारा ॥

जब हनुमान समुद्र के पार लंका में कूदकर गए, तब उनके भार से शेषनाग का सिर कच्छप की पीठ से सट गया, पहाड़ धँस गए। हनुमान लंकापुरी में आकाश-मार्ग से घुसे। वहाँ चारों ओर वज्र के किवाड़ लगे हुए थे, जिन्हें कोई तोड़ नहीं सकता था। सभी घरों में देखते-ताकते वह अशोक-वाटिका में पहुँचे। वहाँ उन्होंने सीता को देखा और एक वृक्ष की शाखा पर छिप बैठे। वहाँ बैठकर वे सोचने लगे—यही जानकी हैं या कोई अन्य नारी है, मैं तो जानकी को चीह्नता नहीं, पहचानता नहीं। तभी यह आकाशवाणी हुई—यही वैदेही सीता हैं। इन्हें प्रणाम करो।

निशिचरी-वचन, जानकी-प्रति *३०९/५२१ राग मारू*

'समुझि अब निरखि जानकी मोहिं ।
बड़ौ भाग गुनि, अगम दसानन, सिव बर दीनौ तोहिं ।
केतिक राम कृपन, ताकी पितु-मातु घटाई कानि ।
तेरौ पिता जो जनक जानकी, कीरति कहौं बखानि ।
बिधि संजोग टरत नहिं टारैं, बन दुख देख्यौ आनि ।
अब रावन घर बिलसि सहज सुख, कह्यौ हमारौ मानि ।'
इतनौ बचन सुनत सिर धुनिकै, बोली सिया रिसाइ ।
'अहो ढीठ, मति मुग्ध निसिचरी, बैठी सनमुख आइ ।
तब रावन कौ बदन देखिहौं, दससिर-स्त्रोनित न्हाइ ।

कै तन देउँ मध्य पावक के, कै बिलसैं रघुराइ ।'
'जो पैं पतिब्रता ब्रत तेरैं, जीवति बिछुरी काइ ?
तब किन मुई, कहौ तुम मोसौं, भुजा गही जब राइ ?
अब झूठौ अभिमान करति हौ, झुकति जो उनके नाउँ ।
सुखहीं रहसि मिलौ रावन कौं, अपनैं सहज सुभाउ ।'
'जौ तू रामहिं दोष लगावै, करौं परान कौ घात ।
तुमरे कुल कौं बेर न लागै, होत भस्म संघात ।
उनकैं क्रोध जरै लंकापति, तेरैं हृदय समाइ ।
तौ पै 'सूर' पतिब्रत साँचौ, जौ देखौं रघुराइ ॥'

एक राक्षसी सीता को समझाती हुई कह रही थी—हे जानकी, मेरी ओर देखो, मेरी बातें सुनो और समझो। यह अपना बड़ा भाग्य समझो, जो अन्य नारियों को अलभ्य रावण तुमको मिल रहा है। इसे तुम अपने लिए शिव जी का वरदान ही समझो। राम कितना दीन-हीन है, यह तो इसी से जान लो कि उसके माता-पिता तक ने उसकी सारी मर्यादा वनवास देकर, घर से निकाल कर, घटा दी । हाँ, तेरे पिता जो जनक हैं, वे अवश्य यशस्वी हैं। पर विधि का लिखा मेटा नहीं जा सकता और तुम्हें बनवास का दुःख देखना पड़ा। अब तुम मेरा कहना मानकर रावण के घर रहकर सहज रूप से सुलभ सारे सुखों का उपभोग करो।

उस राक्षसी की इतनी बातें सुनकर, अपना मत्था पीटकर, कुपित होकर सीता बोलीं—अरी धृष्ट मूर्ख राक्षसी, तू, मेरे आगे बैठी हुई क्या उटपटांग बकती जा रही है। मैं रावण का मुख तभी देखूँगी, जब उसके दसों सिर गिर कर लहू में नहा उठे रहे होंगे। या तो मैं यह शरीर आग में जला दूँगी, या रघुनाथ जी ही मेरे साथ बिलस सकेंगे।

तब राक्षसी बोली—यदि तू बड़ी पतिव्रता बनती है, तो राम से बिछुड़कर अभी तक जिंदा कैसे है? जब रावण ने तुम्हारी बाँह पकड़ ली, तुम तभी क्यों न मर गई—मुझसे इसका हेतु कह सुनाओ। अब तुम पतिव्रता का झूठा अभिमान कर रही हो, और रावण के नाम पर झूठ-मूठ का झल्ला रही हो। अब तो तुम सहज रूप से, सुखी होकर, प्रसन्न होकर रावण से मिलो और आनंदोपभोग करो।

तब सीता जी पुनः बोलीं—यदि तू राम को इसी प्रकार दोष देगी, तो मैं अपने प्राण दे दूँगी। और तब तुम्हारे राक्षस-कुल को जलकर भस्म हो जाने में तनिक भी देर नहीं लगेगी। राम के क्रोध से लंकापति रावण भस्म हो जायगा। मेरी यह बात तेरे हृदय में समा रही है कि नहीं? यदि मैं सच्ची पतिव्रता हूँ, तो मुझे राम का दर्शन अवश्य होगा।

निशिचरी-रावण-संवाद *३१०/५२२ राग धनाश्री*

'सुनौ किन कनकपुरी के राइ ।
हौं बुधि-बल-छल करि पचि हारी, लख्यौ न सीस उचाइ ।
डोलै गगन सहित सुरपति अरु, पुहुमि पलटि जग परई ।
नसै धर्म मन बचन काय करि, सिंधु अचंभौ करई ।
अचला चलै, चलत पुनि थाकै, चिरंजीवि सो मरई ।

श्री रघुनाथ प्रताप पतिब्रत, सीता-सत नहिं टरई।
ऐसी तिया हरत क्यौं आई, ताकौ यह सति भाउ।
मन-बच-कर्म और नहिं दूजौ, बिन रघुनंदन राउ।
उनकैं क्रोध भस्म ह्वै जैहौ, करौ न सीता चाउ।
तब तुम काकी सरन उबरिहौ, सो बलि मोहिं बताउ ?'
''जौ सीता सत तैं बिचलै, तौ श्रीपति काहि सँभारै ?
मोसे मुग्ध महापापी कौं, कौन क्रोध करि तारै ?
ये जननी, वै प्रभु रघुनंदन, हौं सेवक प्रतिहार।
सीता-राम 'सूर' संगम बिनु, कौन उतारैं पार'' ?

उस राक्षसी ने आकर रावण से कहा—हे सोने की लंकापुरी के राजा, तुम मेरी बात क्यों नहीं सुनते। मैं कल, बल, छल और सारी बुद्धि लगाकर हार गई, सीता ने तो मुझ नारी की ओर भी सिर ऊपर करके नहीं देखा। फिर तुम पर-पुरुष की ओर वह कैसे देखेगी। भले ही इंद्र के सहित समस्त आकाश डोलने लगे, भले ही यह सारी पृथ्वी उलट जाय, भले ही मनसा वाचा कर्मणा सभी प्रकार से धर्म नष्ट हो जायँ, भले ही समुद्र भी अपनी मर्यादा छोड़कर बेला से बाहर निकलकर आश्चर्यजनक कार्य कर बैठे, भले अचला पृथ्वी चलने लगे, भले चल अचल होकर बैठ रहें, भले ही वे, जो चिरंजीव हैं, मरने लगें, पर राम के प्रताप से सीता अपने पातिव्रत से, अपने सत्त से, टल नहीं सकतीं। सीता के लिए सिवा रामचंद्र के मन से, वचन से, कर्म से कोई भी दूसरा पुरुष नहीं है। उनके क्रोध से तुम जलकर राख हो जाओगे। अत: सीता को प्राप्त करने की कामना न करो। जब राम क्रुद्ध होकर तुम्हारे ऊपर शर-संधान करेंगे, तब तुम किसकी शरण में जाकर बच पाओगे। तुम्हारी बलैया लेती हूँ, तुम मुझे अपने शरणदाता का नाम बता दो।

रावण ने उत्तर दिया—यदि सीता ही अपने व्रत (पतिव्रत) से हट जायगी, तो राम किसे सँभालने आएँगे? तब मुझसे मूर्ख और महापापी को क्रोध करके कौन तारेगा? जानकी तो मेरी जननी हैं, और रघुनाथ राम मेरे प्रभु हैं, मैं तो उनका सेवक हूँ, उनका दरबान हूँ। जब तक सीता और राम का मिलन नहीं हो जाता, मुझे कौन पार उतारेगा?

रावण-वचन, सीता-प्रति ३११/५२३ राग मारू

'जनकसुता, तू समुझि चित्त मैं, हरषि मोहिं तन हेरी।
चौदह सहस किन्नरी जेंती, सब दासी हैं तेरी।
कहै तौ जनक गेह दै पठवौं, अरध लंक कौ राज।
तोहिं देखि चतुरानन मोहै, तू सुंदरि-सिरताज।
छाँड़ि राम तपसी के मोहैं, उठि आभूषन साजु।
चौदह सहस तिया मैं तोकौं, पटा बँधाऊँ आजु।'
कठिन बचन सुनि स्त्रवन जानकी, सकी न बचन सँभारि।
तृन-अंतर दै दृष्टि तरौंधी, दियौ नयन जल ढारि।
'पापी, जाउ जीभ गरि तेरी, अजुगुत बात बिचारी।

सिंह कौ भच्छ सृगाल न पावै, हौं समरथ की नारी।
चौदह सहसं सेन खरदूषन, हती राम इक बान।
लछिमन-राम-धनुष-सन्मुख परि, काके रहिहैं प्रान ?
मेरौ हरन मरन है तेरौ, स्यौं कुटुंब-संतान।
जरिहै लंक कनकपुर तेरौ, उदवत रघुकुल-भान।'
'तोकौं अबध कहत सब कोऊ, तातैं सहियत बात।
बिना प्रयास मारिहौं तोकौं, आजु रैनि कै प्रात।
यह राकस की जाति हमारी, मोह न उपजै गात।
परतिय रमैं, धर्म कहा जानैं, डोलत मानुष खात।'
मन मैं डरी, कानि जिनि तोरै, मोहिं अबला जिय जानि।
नख-सिख-बसन सँभारि, सकुच तनु, कुच-कपोल गहि पानि।
रे दसकंध, अंधमति, तेरी आयु तुलानी आनि।
'सूर' राम की करत अवज्ञा, डारैं सब भुज भानि॥

रावण ने सीता को फुसलाते हुए कहा—हे जनक की पुत्री, तुम अपने मन में भली भाँति सोच-विचार कर लो और प्रसन्न चित्त से मेरी ओर देखो। फिर जितनी भी चौदह हजार किन्नरियाँ हैं, वे सब तुम्हारी सेविका हो जाएँगी। कहो तो लंका का आधा राज तुमको देकर मैं तुम्हें तुम्हारे पिता जनक जी के यहाँ भेज दूँ। तुमको देखकर स्वयं ब्रह्मा मोहित हो जायँगे। तुम समस्त सुंदरियों की शिरोमणि हो। उस तपसी राम का मोह छोड़ो और उठकर सुंदर वस्त्राभूषणों से अपना शरीर सजा लो। मेरी चौदह हजार नारियाँ हैं। मैं तुम्हारे सिर पर ताज पट्ट बाँधकर आज ही अपनी पटरानी, या महादेवी बना लूँ।

जानकी ने रावण की कठोर बातें कानों से सुन तो लीं, पर वे उन्हें बरदास्त न कर सकीं। आँखें नीचे किए हुए, अपने और रावण के बीच तिनके की ओट किए हुए, सीता ने नयनों से जल ढुलका दिया और कहा—पापी, तेरी यह जीभ गल कर गिर जाय, जिससे तूने ऐसी आश्चर्यजनक और अनहोनी बात कही है। सिंह का भोजन सियार कभी नहीं पा सकता। मैं उन समर्थ (शक्तिशाली राम) की पत्नी हूँ, जिन्होंने एक वाण से तेरे भाइयों खर और दूषण तथा उनकी चौदह हजार राक्षसी सेना का संहार कर दिया है। लक्ष्मण और राम के धनुष वाण के सामने पड़कर किसके प्राण बच पाएँगे? तूने जो मेरा हरण किया है, यह तेरे सारे परिवार और पुत्रों-पौत्रों के सहित तेरा मरण सिद्ध होगा। तेरी सोने की लंका उस समय जल जायगी, जब रघुकुल के सूर्य राम का उदय होगा।

रावण ने कहा—सीता तू अबला नारी है। सभी लोग नारी को अबला कहते हैं। इसीलिए मैं तेरी जली-कटी बातें सुने ले रहा हूँ। मैं आज ही रात में या कल सबेरे तुझे बिना किसी प्रयास के मार डालूँगा। हमारी तो राक्षस की जाति ही है। हमें किसी का मोह नहीं होता। हमारी जाति तो पराई रमणियों के साथ रमण करती है। हम धर्म-कर्म क्या जानें, हम तो चलते-फिरते मनुष्यों को खा जाते हैं।

सीता रावण की इन बातों को सुनकर मन में डर गईं—मुझे अबला समझकर यह

रावण कहीं मर्यादा ही न तोड़ दे। सीता ने नख से शिख तक अपने वस्त्रों को सँभाल लिया, लपेट लिया, अपने तन को संकुचित कर लिया, सिकोड़ लिया और अपने स्तन तथा कपोल अपनी हाथों में पकड़कर छिपा लिया। और बोलीं—हे अंधी बुद्धि वाले मंदमति दशकंधर रावण, लगता है अब तेरी आयु पूरी हो गई है। तू राम की अवज्ञा करने पर उतारू हो गया है। वे तेरी बीसों भुजाओं और दसों सिरों को काट डालेंगे।

त्रिजटा-सीता-संवाद *३१२/५२४ राग मारू*

त्रिजटी सीता पै चलि आई ।
मन मैं सोच न करि तू माता, यह कहि कै समुझाई ।
नलकूबर कौ साप रावनहिं, तो पर बल न बसाई ।
'सूरदास' मनु जरी सजीवनि, श्री रघुनाथ पठाई ॥

त्रिजटा नामक राक्षसी सीताजी के पास आई और यह कहकर उन्हें समझाया—हे माँ, तुम मन में चिंता न करो। कुबेर की वधू रंभा के पति नलकूवर ने रावण को शाप दे दिया है। तुम पर उसका कोई भी बस नहीं चलेगा।

त्रिजटा सीता के पास क्या आई, मानों स्वयं रघुनाथ जी ने सीता के पास संजीवनी बूटी भेज दी है। त्रिजटा की बातों से सीता को नवजीवन मिल गया।

३१३/५२५ राग कान्हरो

सो दिन त्रिजटी, कहु कब ऐहै ?
जा दिन चरनकमल रघुपति के, हरषि जानकी हृदय लगैहै ।
कबहुँक लछिमन पाइ सुमित्रा, माइ-माइ कहि मोहिं सुनैहै ।
कबहुँक कृपावंत कौसिल्या, बधू-बधू कहि मोहिं बुलैहै ।
जा दिन कंचनपुर प्रभु ऐहैं, बिमल ध्वजा रथ पर फहरैहै ।
ता दिन जनम सफल करि मानौं, मेरी हृदय-कालिमा जैहै ।
जा दिन राम रावनहिं मारैं, ईसहिं लै दससीस चढ़ैहैं ।
ता दिन 'सूर' राम पै सीता, सरबस वारि बधाई दैहैं ॥

सीता जी त्रिजटा से कह रही हैं—हे त्रिजटा, वह दिन कब आएगा, जब मैं परम प्रसन्न होकर राम के चरण-कमलों को अपने हृदय से लगा पाऊँगी। वह दिन कब आएगा, जब लक्ष्मण अपनी माँ सुमित्रा को पाकर 'माँ, माँ' कहते हुए पुकारेंगे, और मैं सुनूँगी। वह दिन कब आएगा, जब दयालु माँ कौसल्या मुझे 'बहू, बहू' कहकर बुलाएँगी। जिस दिन प्रभु रघुनाथ इस स्वर्णपुरी लंका में अपने रथ पर विमल ध्वज फहराते हुए आएँगे, मैं उस दिन अपना जन्म सफल समझूँगी और मेरे हृदय पर छाई हुई विषाद की कालिमा उसी दिन दूर हो जायगी। जिस दिन राम रावण को मारेंगे और शिवजी को उसके दसों सिर काटकर चढ़ा देंगे, उस दिन राम पर अपना सर्वस्व निछावर करके, मैं सीता, उन्हें बधाई दूँगी।

३१४/५२६ राग सारंग

मैं तो राम-चरन चित दीन्हौं ।
मनसा, बाचा और कर्मना, बहुरि मिलन कौं आगम कीन्हौं ।

डुलै सुमेरु, सेष सिर कंपै, पच्छिम उदै करै बासर-पति ।
सुनि त्रिजटी, तौहूँ नहिं छाड़ौं, मधुर मूर्त्ति रघुनाथ-गात-रति ।
सीता करति बिचार मनहिं मन, आजु-काल्हि कोसलपति आवैं ।
'सूरदास' स्वामी करुनामय, सो कृपालु मोहिं क्यौं बिसरावैं !

हे त्रिजटा, मैंने तो रामजी के चरणों में अपना मन लगा लिया है, मन से, वचन से, कर्म से मैंने उनसे मिलने की व्यवस्था कर ली है। भले ही सुमेरु पर्वत हिलने-डुलने लगे, भले ही शेष काँपने लगे और पृथ्वी पर भूडोल आ जाय, भले ही सूर्य पश्चिम में उदित होने लगे, हे त्रिजटा सुनो, मैं तब भी रघुनाथ जी की मधुर मूर्ति से और उनके शरीर से प्रेम नहीं छोड़ सकती।

सीता मन-ही-मन विचार कर रही हैं—आज या कल में ही कोशलपति राम आ जायँगे। मेरे वे स्वामी परम दयालु हैं, वे मुझे कैसे भुला सकते हैं।

त्रिजटा-स्वप्न; हनुमान-सीता-मिलन *३१५/५२७ राग धनाश्री*

'सुनि सीता, सपने की बात ।
रामचंद्र-लछिमन मैं देखे, ऐसे बिधि परभात ।
कुसुम-बिमान बैठि बैदेही, देखी राघव पास ।
स्वेत छत्र रघुनाथ-सीस पर, दिनकर-किरन प्रकास ।
भयौ पलायमान दानवकुल, ब्याकुल सायक-त्रास ।
पजरत धुजा, पताक, छत्र, रथ, मनिमय कनक-अवास ।
रावन-सीस पुहुमि पर लोटत, मंदोदरि बिलखाइ ।
कुंभकरन-तन पंक लगाई, लंक बिभीषन पाइ ।
प्रगट्यौ आइ लंक दल कपि कौ, फिरि रघुबीर दुहाइ ।
या सपने कौ भाव सिया सुनि, कबहुँ बिफल नहिं जाइ ।'
त्रिजटी बचन सुनत बैदेही, अति दुख लेति उसास ।
'हा हा रामचंद्र, हा लछिमन, हा कौसिल्या सास ।
त्रिभुवननाथ नाह जो पावै, सहै सो क्यौं बनवास ?
हा कैकई, सुमित्रा जननी, कठिन निसाचर-त्रास !
कौन पाप मैं पापिनि कीन्हौ, प्रगट्यौ जो इहिं बार ।
धिक धिक जीवन है, अब यह तन, क्यौं न होइ जरि छार ।
द्वै अपराध मोहिं ये लागे, मृग-हित दियौ हथियार ।
जान्यौ नाहिं निसाचर कौ छल, नाघ्यौ धनुष-प्रकार ।
पंछी एक सुहृद जानत हौं, कर्यौ निसाचर भंग ।
तातैं बिरमि रहे रघुनंदन, करि मनसा-गति पंग ।'
इतनौ कहत नैन उर फरके, सगुन जनायौ अंग ।
आजु लहौं रघुनाथ सँदेसौ, मिटै बिरह दुख संग ।

तिहिं छिन पवन-पूत तहँ प्रगट्यौ, सिया अकेली जानि ।
''श्री दसरथकुमार दोइ बंधू, धरे धनुष-सर पानि ।
प्रिया-बियोग फिरत मारे मन, परे सिंधु-तट आनि ।
ता सुंदरि-हित मोहिं पठायौ, सकौं न हौं पहिचानि'' ।
बारंबार निरखि तरुवर तन, कर मीड़ति पछिताइ ।
'दनुज, देव, पसु, पच्छी, को तू, नाम लेत रघुराइ ?'
बोल्यौ नहीं, रह्यौ दुरि बानर, द्रुम मैं देह छपाइ ।
'कै अपराध ओड़ि तू मेरौ, कै तू देहि दिखाइ ।'
तरुवर त्यागि चपल साखामृग, सन्मुख बैठ्यौ आइ ।
'माता, पुत्र जानि, दै उत्तर, कहु किहिं बिधि बिलखाइ ?
किन्नर-नाग देवि सुर-कन्या, कासौं, हुति उपजाइ ?
कै तू जनक-कुमारि जानकी, राम-बियोगिनि आइ ?'
राम नाम सुनि उत्तर दीन्हौ, 'पिता बंधु मम होहि ।
मैं सीता, रावन हरि ल्यायौ, त्रास दिखावत मोहिं ।
अब मैं मरौं, सिंधु मैं बूड़ौं, चित मैं आवै कोह ।
सुनौ बच्छ, धिक जीवन मेरौ, लछिमन-राम-बिछोह ।'
'कुसल जानकी, श्रीरघुनंदन, कुसल लच्छिमन भाइ ।
तुम-हित नाथ कठिन ब्रत कीन्हौ, नहिं जल-भोजन खाइ ।
मुरै न अंग कोउ जो काटै, निसि बासर-सम जाइ ।
तुम घट प्रान देखियत सीता, बिना प्रान रघुराइ ।
बानर बीर चहूँ दिसि धाए, ढूँढ़ैं गिरि-बन-झार ।
सुभट अनेक सबल दल साजे, परे सिंधु के पार ।
उद्यम मेरौ सफल भयौ अब, तुम देख्यौ जो निहारि ।
अब रघुनाथ मिलाऊँ तुमकौं, सुंदरि सोक निवारि ।'
यह सुनि सिय मन संका उपजी, रावन-दूत बिचारि ।
छल करि आयौ निसिचर कोऊ, बानर रूपहिं धारि ।
स्रवन मूँदि, मुख आँचर ढाँप्यौ, 'अरे निसाचर, चोर ।
काहे कौं छल करि-करि आवत, धर्म बिनासन मोर ?
पावक परौं, सिंधु महँ बूड़ौं, नहिं मुख देखौं तोर ।
पापी क्यौं न पीठि दै मोकौं, पाहन सरिस कठोर ।'
जिय अति डर्‌यौ, मोहिं मति सापै, ब्याकुल बचन कहंत ।
'मोहिं बर दियौ सकल देवनि मिलि, नाम धर्‌यौ हनुमंत ।
अंजनि-कुँवर, राम कौ पायक, ताकैं बल गर्जंत ।
जिहिं अंगद-सुग्रीव उबारे, बध्यौ बालि बलवंत ।

लेहु मात, सहिदानि मुद्रिका, दई प्रीति करि नाथ ।
सावधान ह्वै सोक निवारहु, ओड़हु दच्छिन हाथ ।'
खिन मुँदरी, खिनहीं हनुमत सौं, कहति बिसूरि-बिसूरि ।
कहि मुद्रिके, कहाँ तैं छाँड़े, मेरे जीवन-मूरि ?
कहियौ बच्छ, सँदेसौ इतनौ, जब हम वै इक थान ।
सोवत काग छुयौ तन मेरौ, बरहहिं कीनौ बान ।
फोऱ्यौ नयन, काग नहिं छाँड़्यौ सुरपति के बिदमान !
अब वह कोप कहाँ रघुनंदन, दससिर-बेर बिलान ?
निकट बुलाइ बिठाइ निरखि मुख, अंचर लेत बलाइ ।
'चिरजीवौ सुकुमार पवन-सुत', गहति दीन ह्वै पाइ ।
'बहुत भुजनि बल होइ तुम्हारैं, ये अंमृत फल खाहु ।
अब की बेर 'सूर' प्रभु मिलवहु, बहुरि प्रान किन जाहु ॥'

त्रिजटा ने सीता से कहा—हे जानकी, आज प्रभात काल होते-होते मैंने एक अद्भुत स्वप्न देखा है (और प्रभात काल का देखा स्वप्न सच होता है)। मैं वह सपना तुमसे कह सुना रही हूँ। सुनो, मैंने राम-लक्ष्मण को देखा। मैंने पुष्पक-विमान पर राम के पास बैठे हुए तुम्हें देखा। रामजी के सिर पर उज्ज्वल छत्र तना हुआ था। उस छत्र से सूर्य की किरणों जैसा प्रकाश फूटा पड़ रहा था। राम के वाण के डर के मारे सारे राक्षस समूह भागे जा रहे थे। उनकी ध्वजा पताका, छत्र, रथ और मणि-जटित भवन सभी आग की लपट में जले जा रहे थे। रावण के सिर पृथ्वी पर लोट रहे थे। मंदोदरी पास ही बिलख-बिलख कर रो रही थी। कुंभकर्ण के शरीर पर चहटा लिपटा हआ था। लंका का राज्य बिभीषण को मिल गया था। लंका में वानरी सेना घुस आई है और स्वर्णपुरी में राजा राम की दुहाई फिर रही है। हे सीता इस स्वप्न का फल सुनो। यह सपना कभी भी असत्य नहीं हो सकता।

त्रिजटा की बातें सुनकर वैदेही जानकी अत्यंत दुख से लंबी-लंबी साँसें लेने लगीं। हा राम, हा लक्ष्मण, हा सास कौसिल्या। जिसको त्रिलोकीनाथ पतिरूप में प्राप्त हुए हों, वह बनवास का दुख क्यों उठावे। हा माँ कैकेयी, हा माँ सुमित्रा, मैं यहाँ लंका में राक्षस रावण से अत्यंत त्रस्त हूँ। मैंने पूर्व जन्म में कौन सा पाप किया था, जो इस जन्म में आकर प्रकट हुआ है? मेरे इस जीवन को धिक्कार है। मैं अब इस शरीर को जलाकर राख क्यों न कर दूँ? मुझे तो अपने दो ही अपराध जान पड़ते हैं, (जो इसी जन्म के हैं)—एक तो स्वर्ण मृग मार लाने के लिए मैंने ही प्रभु के हाथों में उनका धनुष वाण दिया था, दूसरा अपराध मुझसे यह हुआ कि देवर लक्ष्मण ने कुटी के चारों ओर धनुष की रेखा खींचकर दुर्ग का प्राकार (प्राचीर) बना दिया था और न लाँघने का आदेश दिया था। उसे मैं लाँघ गई और निशाचर रावण के छल को नहीं समझा कि यह साधु नहीं है, वेश बदले राक्षस है।

मैं एक पक्षी (गृद्धराज जटायु) को ही अपना मित्र हितैषी जानती हूँ, जिसने निशाचर रावण को खून से लथपथ कर दिया था और स्वयं भी रावण के हाथों लहू-लुहान हो गया था। लगता है उसी पक्षी के फेर में पड़कर, मन की अभिलाषा को पंगु बनाकर, राम रुक

गए हैं। इसी से उन्हें विलंब हो रहा है।

सीता ने इतना ही कहा था कि उनकी बाईं आँखें और बायाँ हृदय फरकने लगा और शुभ शकुन होने लगा। वे सोचने लगीं—आज मुझे रघुनाथ जी का कोई संदेश निश्चित रूप से मिलेगा और दुख के साथ-साथ मेरा वियोग भी मिट जायगा।

सीता जी को अकेली जानकर उसी समय वहाँ पवन-पुत्र हनुमान प्रकट हो गए और वृक्ष की डाल में छिपे ही छिपे उन्होंने कहा—महाराज दशरथ के सुपुत्र दोनों भाई राम और लक्ष्मण, हाथ में धनुष-वाण लिए हुए, प्रिया के वियोग में मन मारे उदास, अब समुद्र के किनारे आ पहुँचे हैं। उस सुंदरी पत्नी के लिए उन्होंने मुझे भेजा है, पर मैं उन्हें पहचानता नहीं।

सीताजी बार-बार उस वृक्ष की ओर ऊपर देखने लगीं और हाथ मीजते हुए पछताने लगीं और बोलीं—तू राक्षस है, देवता है, पशु है या कोई पक्षी है? तू कौन है जो रघुनाथ जी का नाम ले रहा है।

वानर हनुमान वृक्ष की डाली में अपना शरीर छिपाए हुए अप्रकट ही बने रहे और बोले नहीं।

तब सीताजी पुनः बोलीं—या तो तुम स्वीकार करो कि तुम मेरे अपराधी हो और तुमने मुझसे छल किया है। यदि छल नहीं किया है, तो तुम प्रकट होकर मुझे प्रत्यक्ष दिखाई दो।

तब वृक्ष को छोड़कर चंचल शाखामृग (वानर हनुमान) सामने आ बैठा और बोला—हे माता जी, मुझे अपना पुत्र जानकर उत्तर दो। कहो तो क्यों रो रही हो? तुम किसी किन्नर की पुत्री हो कि, किसी राजा की? तुम कोई देवी हो या देव-कन्या हो? तुम्हारी उत्पत्ति किससे हुई है। अथवा तुम महाराज जनक की पुत्री जानकी हो और राम की वियोगिनी हो?

सीता जी ने राम नाम सुनकर उत्तर दिया—हे भाई, जनक जी ही मेरे पिता हैं। मैं ही जानकी सीता हूँ। रावण मुझे हर लाया है, वह मुझे नित्य डरवाता रहता है। अब मेरे मन में क्रोध उपजता है और मैं सोचती हूँ कि या तो मैं मर जाऊँ अथवा समुद्र में डूब जाऊँ। हे वत्स, लक्ष्मण और राम के विछोह में, मेरे जीवन को धिक्कार है।

तब हनुमान जी ने कहा—हे जानकी जी, राम जी सकुशल हैं, उनके भाई लक्ष्मण जी भी कुशल से हैं। तुम्हारे लिए प्रभु राम ने कठिन व्रत ले लिया है, न तो वे जल पी रहे हैं, न भोजन ही कर रहे हैं। उनके अंग-प्रत्यंग सूखकर काठ हो गए हैं और कोई उन्हें काटना भी चाहे तो वे मुड़ते नहीं। उनकी रातें भी दिन के समान बीतती हैं। दिन में तो सोने का प्रश्न ही नहीं, रात में भी नींद नहीं आती।

हे सीता जी, तुम्हारे शरीर में तो प्राण ज्ञात भी हो रहे हैं, रघुनाथ जी तो निष्प्राण से हो रहे हैं। वीर बानर चारों दिशाओं में तुम्हें ढूँढ़ते हुए दौड़ रहे हैं। वे तुम्हें पहाड़, वन और झाड़ियों में ढूँढ़ रहे हैं। अनेक योद्धा-बल के सहित समुद्र के उस किनारे आ टिके हैं। अब मेरा परिश्रम सफल हो गया है और मैंने तुम्हारा दर्शन पा लिया है। हे जानकी जी, अब शोक न करें। अब मैं शीघ्र ही तुम्हारी भेंट राम से करा दूँगा।

हनुमान की बातें सुनकर सीता के मन में शंका उत्पन्न हो गई, कि ऐसा न हो कि यह रावण का दूत हो। और कोई राक्षस ही छल करके वानर रूप में यहाँ आ गया हो। सीता जी ने अपने कान बंद कर लिए, अपना मुँह आँचल से ढक लिया और कहा, अरे राक्षस, अरे चोर, तू मेरा धर्म नष्ट करने के लिए बार-बार छल करके कपट रूप धारण किए हुए क्यों मेरे पास आता है ? मैं अग्नि में जल जाऊँगी, समुद्र में डूब मरूँगी, पर तेरा मुँह नहीं देखूँगी। ऐ पत्थर के समान कठोर हृदय वाले पापी, तू मेरी ओर पीठ करके अब क्यों नहीं यहाँ से चला जाता ?

हनुमान जी मन में अत्यंत डर गए कि कहीं सीता जी भ्रमवश मुझे शाप न दे दें। अत: वे व्याकुल वाणी में बोले—मुझे सब देवताओं ने मिलकर वर दिया है। उन्होंने मेरा नाम हनुमान रख दिया है। मैं माँ अंजनी का पुत्र हूँ। मैं राम का दूत हूँ। उन्हीं राम के बल से मैं गरजता रहता हूँ, जिन्होंने अंगद और सुग्रीव को बचाया, बलवान बालि का वध किया। हे माँ, प्रभु राम ने प्रेमपूर्वक यह मुद्रिका पहचान के लिए दी है, इसे लो। सावधान होकर शोक छोड़ो और अपना दाहिना हाथ फैलाकर अँगूठी ले लो।

सीता जी एक क्षण मुँदरी से, फिर एक क्षण हनुमान से, बिसूर-बिसूर कर कहती हैं—अरी मुद्रिका, बता तो, तूने मेरी संजीवनी बूटी को कहाँ छोड़ा। हे वत्स हनुमान, प्रभु से मेरा इतना ही संदेश कहना। जब राम और मैं चित्रकूट में स्फटिक शिला पर थी, तब एक कौवे (इंद्रपुत्र जयंत) ने सोते समय मेरा शरीर छू लिया था। तब उन्होंने मोर-पंख का बाण बनाकर उस कौवे की एक आँख फोड़ डाली थी। इंद्र की उपस्थिति में भी उस कौवे को छोड़ा नहीं था, दंड दे ही दिया था। हे कपि, रघुनाथ जी का वह कोप रावण की बार कहाँ मर खप गया ?

सीताजी ने हनुमान को अपने पास बुलाया और बैठाया। हनुमान का मुँह देखकर अपने आँसुओं से उन्होंने उसकी बलैया ली। दीन भाव से उन्होंने हनुमान के पाँव पकड़े और कहा—हे सुकुमार पवन-पुत्र, तुम चिरंजीव होओ। तुम्हारी बाहों में बहुत बल हो, अब इस उपवन के मीठे फल खाओ। अब प्रभु से एक बार मिला दो, फिर चाहे ये प्राण ही क्यों न चले जायँ। मरने के पहले प्रभु का एक बार दर्शन कर लेना चाहती हूँ।

हनुमान-कृत सीता-समाधान *३१६/५२८ राग मारू*

जननी, हौं अनुचर रघुपति कौ ।
मति माता करि कोप सरापै, नहिं दानव ठग मति कौ ।
आज्ञा होइ, देउँ कर-मुँदरी, कहौं सँदेसौ पति कौ ।
मति हिय बिलख करौ सिय, रघुबर हतिहैं कुल दैयत कौ ।
कहौ तौ लंक उखारि डारि देउँ, जहाँ पिता संपति कौ ।
कहौ तो मारि-सँहारि निसाचर, रावन करौं अगति कौ ।
सागर-तीर भीर बनचर की, देखि कटक रघुपति कौ ।
अबै मिलाऊँ तुम्हैं 'सूर' प्रभु, राम-रोष डर अति कौ ॥

हनुमान जी ने जानकी जी से कहा—हे माँ, मैं रघुपति का सेवक हूँ। हे माँ, क्षोभ

करके मुझे शाप न दो। मैं छल-कपट करनेवाला राक्षस नहीं हूँ। आज्ञा हो तो प्रभु के हाथ की अँगूठी तुम्हें दूँ और तुम्हारे पति और अपने प्रभु का संदेश तुम्हें कह सुनाऊँ। हे सीता माता, मन ही मन मत रोओ। रघुनाथ जी दैत्य-कुल का संहार कर देंगे। और अगर तुम आज्ञा दो तो मैं ही लंका को उखाड़कर संपत्ति के स्वामी कुबेर की अलका में पटक दूँ। और कहो तो सभी निशाचरों को मार डालूँ, उनका संहार कर दूँ और रावण को भी मार-मार कर पंगु बना दूँ कि वह फिर कहीं आ जा न सके। समुद्र-तट पर वानरों की भीड़ आ डटी है। रघुनाथ जी की इस बानरी सेना को देखो। मैं तुम्हें ले चल कर अभी रघुनाध जी से मिला सकता हूँ। पर मुझे रामजी के रोष का अत्यंत डर है। उन्होंने केवल पता लगाने के लिए मुझे भेजा है। तुम्हें ले जाने के लिए नहीं।

३१७/५२९ राग मारू

अनुचर रघुनाथ कौ, तब दरस-काज आयौ।
पवन-पूत कपि-स्वरूप, भक्तनि मैं गायौ।
आयसु जौ होइ जननि, सकल असुर मारौं।
लंकेस्वर बाँधि, राम-चरननि-तर डारौं।
तपसी तप करैं जहाँ, सोई बन झाँखौ।
जाकी तुम बैठी छाँह, सोई द्रुम राखौं।
चढ़ि चलौ जौ पीठि मेरी, अबहिं लै मिलाऊँ।
'सूर' श्री रघुनाथ जू की, लीला नित गाऊँ॥

हे माँ सीता, मैं पवन का पुत्र, कपि रूप धारी हनुमान हूँ। मैं रघुनाथ जी का सेवक हूँ, तुम्हारे दर्शन के लिए आया हूँ। मैं प्रभु के भक्तों में गिना और गाया जाता हूँ। यदि तुम्हारी आज्ञा हो तो मैं सभी असुरों का अभी संहार कर डालूँ और लंकाधिपति रावण को बाँधकर, राम के चरणों के नीचे ले जाकर डाल दूँ। जिस वन में, जिस झाड़-झंखाड़ में, तपस्वी तप करते हैं और जिस पेड़ के नीचे तुम बैठी हो उसे ही मैं बचा रहने दूँगा, (शेष सभी वृक्षों को मैं उखाड़ कर) फेंक सकता हूँ, यदि तुम मेरी पीठ पर चढ़कर चल सको, तो मैं अभी तुम्हे श्रीराम से मिला दूँ। मैं तो नित्य ही रघुनाथ जी की लीला का गान करनेवाला हूँ।

३१८/५३० राग मारू

तुम्हैं पहिचानति नाहीं बीर।
इन नैननि कबहूँ नहिं देख्यौ, रामचंद्र कैं तीर।
लंका बसत दैत्य अरु दानव, उनके अगम सरीर।
तोहिं देखि मेरौ जिय डरपत, नैननि आवत नीर।
तब कर काढ़ि अँगूठी दीन्हीं, जिहिं जिय उपज्यौ धीर।
'सूरदास' प्रभु लंका-कारन, आए सागर-तीर॥

सीता जी हनुमान से बोलीं—हे वीर, मैं तुम्हें जानती नहीं, पहचानती नहीं। मैंने अपनी आँखों से तुम्हें रघुनाथ जी के पास कभी देखा ही नहीं। लंका में सब दैत्य और दानव बसते हैं। वे सभी भारी भरकम शरीर वाले हैं। तुम्हारे छोटे आकार को देखकर मेरे मन में डर

लग रहा है और आँखों में आँसू आता जा रहा है।

तब हनुमान जी ने निकालकर राम जी की अँगूठी जानकी जी को दी, जिससे उनके विकल मन को कुछ ढाढ़स बँधा और उन्हें विश्वास हो गया कि लंका में आने के लिए प्रभु समुद्र-तट पर आ पहुँचे हैं।

३१९/५३१ राग सारंग

'जननी; हौं रघुनाथ पठायौ।

रामचंद्र आए की तुमकौं, देन बधाई आयौ।
हौं हनुमंत, कपट जिनि समझौ, बात कहत सत भाई।'
मुँदरी दूत धरी लै आगैं, तब प्रतीति जिय आई।
अति सुख पाइ, उठाइ लई तब, बार-बार उर भेंटै।
ज्यौं मलयागिरि पाइ, आपनी जरनि हृदै की मेटै।
'लछिमन पालागन कहि पठयौ, हेत बहुत करि माता!'
दई असीस तरनि-सन्मुख ह्वै, 'चिरजीवौ दोउ भ्राता।
बिछुरन कौ संताप हमारौ, तुम दरसन दै काट्यौ।
ज्यों रवि तेज पाइ दसहूँ दिसि, दोष कुहर को फाट्यौ।'
ठाढ़ौ बिनती करत पवन-सुत, 'अब जो आज्ञा पाऊँ।
अपनैं देखि चले कौ यह सुख, उनहूँ जाइ सुनाऊँ।
कल्प-समान एक छिन राघव, क्रम-क्रम करि हैं बितवत।
तातैं हौं अकुलात, कृपानिधि ह्वैहैं, पैंड़ो चितवत।
रावन हति, लै चलौं साथही, लंका धरौं अपूठी।
यातैं जिय सकुचात, नाथ की होइ प्रतिज्ञा झूठी।
अब ह्याँ की सब दसा हमारी, 'सूर' सो कहियौ जाइ।
बिनती बहुत कहा कहौं, जिहिं बिधि देखौं रघुपति-पाइ॥'

हनुमान जी ने सीता जी से कहा—हे माँ, मैं रघुनाथ जी का भेजा हुआ दूत हूँ। रामचंद्र समुद्र तट पर आ गए हैं, एतदर्थ मैं तुम्हें बधाई देने के लिए आया हुआ हूँ। मैं हनुमान हूँ, मेरे बानर रूप को कपट-मत समझो। मैं सहज भाव से यह सब सच-सच कह रहा हूँ।

इसके पश्चात् हनुमान जी ने राम जी की अँगूठी सीता जी के सामने रख दी। तब सीता के मन में हनुमान के प्रति विश्वास हुआ। तब सीता जी ने राम जी की उस अँगूठी को अत्यंत सुख पाकर उठा लिया, और बार-बार उसे अपने हृदय से लगा लिया, जैसे उन्होंने मलयपर्वत का शीतल चंदन पा लिया हो, जिससे अपने हृदय की तपन मिटा रही हों।

तब हनुमान ने आगे कहा—हे माँ, लक्ष्मण जी ने बहुत प्रेम भाव से आपको प्रणाम निवेदित किया है।

तब सीता जी ने अपने कुल-पुरुष सूर्य देव की ओर देखकर आशीष दिया—दोनों भाई चिरंजीव हों। फिर उन्होंने हनुमान से कहा—मैं प्रभु के वियोग में बहुत संतप्त थी, तुमने दर्शन देकर उस सारे संताप को काट दिया है। ऐसा लगता है जैसे सूर्य की धूप पाकर

दशों दिशाओं के कुहरे का अंधकार फट गया हो।

तब हनुमान जी ने खड़े होकर सीता जी से विनती की—माँ, यदि तुम्हारी आज्ञा हो, तो यहाँ तुम्हारा दर्शन पाकर मुझे जो सुख हुआ है, वह सुख जल्द वापस जाकर राम-लक्ष्मण को भी सुना दूँ। तुम्हारे वियोग में रघुवर एक-एक क्षण कल्प के समान बिता रहे हैं। इसीसे मैं व्याकुल हो रहा हूँ। प्रभु मेरा रास्ता देख रहे होंगे। रावण को मार कर तुम्हें अपने साथ ही ले चल सकता हूँ और लंका को उलट पलट सकता हूँ। पर मुझे यह संकोच हो रहा है कि मैं ही यह सब कर दूँगा तो प्रभु की रावण-वध की प्रतिज्ञा झूठी हो जायगी।

तब सीता जी ने कहा—यहाँ की सब दशा जाकर प्रभु से कहना। अधिक क्या विनती कहूँ, जिस भी विधि से प्रभु के पाँवों का दर्शन पा सकूँ, वही उपाय करो।

३२०/५३२ राग मलार

'बनचर, कौन देस तैं आयौ ?
कहाँ वे राम, कहाँ वे लछिमन, क्यौं करि मुद्रा पायौ ?'
'हौं हनुमंत, राम कौ सेवक, तुम सुधि लेन पठायौ ।
रावन मारि, तुम्हैं लै जातौ, रामाज्ञा नहिं पायौ ।
तुम जनि डरपौ मेरी माता, राम जोरि दल ल्यायौ ।
'सूरदास' रावन कुल-खोवन, सोवत सिंह जगायौ ॥'

सीता ने हनुमान जी से पूछा—हे वनचर, तुम किस देश से आए हो? राम कहाँ हैं? राम की यह अँगूठी तुमने कहाँ और कैसे पाई?

तब हनुमान जी ने कहा—मैं हनुमंत हूँ। राम का सेवक हूँ। उन्होंने तुम्हारा पता लगाने के लिए मुझे भेजा है। मैं रावण को मार कर तुम्हें यहाँ से ले जाता, पर राम ने तुम्हें ले जाने की आज्ञा नहीं दी है। माँ, तुम डरो मत, राम जी सेना लेकर समुद्र-तट पर आ गए हैं। रावण ने अपना कुल नष्ट करने के लिए सोते सिंह को खोदकर जगा दिया है।

३२१/५३३ राग सारंग

'कहौ कपि, कैसै उतरे पार ?'
दुस्तर अति गंभीर बारि-निधि, सत जोजन बिस्तार ।
इत उत दैत्य क्रुद्ध मारन कौं, आयुध धरे अपार ।
हाटकपुरी कठिन पथ, बानर, आए कौन अधार ?'
'राम-प्रताप, सत्य सीता कौ, यहै नाव-कनधार ।
तिहिं अधार छिन मैं अवलंघ्यौ, आवत भई न बार ।
पृष्ठभाग चढ़ि जनक-नंदिनी, पौरुष देखि हमार ।
'सूरदास' लै जाउँ तहाँ, जहँ रघुपति कंत तुम्हार ॥'

सीता जी ने हनुमान जी से पूछा—हे कपि, तुम समुद्र के पार किस तरह आए। यह समुद्र तैर कर पार नहीं किया जा सकता है, एक तो यह बहुत गहरा है, दूसरे इसका फैलाव सौ योजन (१२०० किलोमीटर) है। इधर-उधर बहुत से दैत्य, अपार अस्त्र-शस्त्रों से सुसज्जित होकर कुपित होकर मारने को तत्पर हो घूम रहे हैं। इस स्वर्णपुरी लंका का

मार्ग अत्यंत कठिन है। हे बानर, तुम किस अवलंब से यहाँ आ पहुँचे।

हनुमान जी ने कहा—हे माँ सीता, राम के प्रताप की नौका पर चढ़कर और तुम्हारे सत्य और पातिव्रत को कर्णधार बनाकर, इनका अवलंब पाकर मैं इस अपार समुद्र को क्षण भर में लांघ आया। मुझे समुद्र लाँघने में बिल्कुल देर नहीं लगी। हे जनकनंदिनी, मेरी पीठ पर चढ़ जाओ, तब मेरा पौरुष देखो। मैं तुम्हें वहाँ पहुँचा दूँगा, जहाँ तुम्हारे कांत श्रीराम हैं।

३२२/५३४ राग मारू

'हनुमत, भली करी तुम आए।
बारंबार कहति बैदेही, दुख-संताप मिटाए।
श्री रघुनाथ और लछिमन के, समाचार सब पाए।
अब परतीति भई मन मैरें, संग मुद्रिका लाए।
क्यौं करि सिंधु-पार तुम उतरे, क्यौं करि लंका आए।'
'सूरदास' रघुनाथ जानि जिय, तव बल इहाँ पठाए॥

सीता जी ने बारंबार कहा—हे हनुमान, तुमने बहुत अच्छा किया, जो यहाँ चले आए। यहाँ आकर तुमने मेरा दुःख और संताप मिटा दिया। मुझे श्री रघुनाथ और लक्ष्मण के सब समाचार मिल गए। तुम साथ में श्रीराम की अँगूठी भी ले आए हो। इससे अब मेरे मन में पूर्ण विश्वास हो गया है। तुम किस प्रकार समुद्र पार उतरे, किस प्रकार लंका में प्रविष्ट हुए?

हनुमान जी ने कहा—रघुनाथ जी ने अपने मन में भली-भाँति जानकर, तुम्हारे पातिव्रत-बल के भरोसे ही मुझे यहाँ भेजा।

३२३/५३५ राग कान्हरौ

सुनु कपि, वै रघुनाथ नहीं?
जिन रघुनाथ पिनाक पिता-गृह, तोर्‌यौ निमिष महीं।
जिन रघुनाथ फेरि भृगुपति-गति, डारी काटि तहीं।
जिन रघुनाथ-हाथ खर-दूषन, प्रान हरे सरहीं।
कै रघुनाथ तज्यौ प्रन अपनौ, जौगिन दसा गही?
कै रघुनाथ दुखित कानन, कै नृप भए रघुकुलहीं।
कै रघुनाथ अतुल बल राच्छस, दसकंधर डरहीं?
छाँड़ी नारि बिचारि पवन-सुत, लंक बाग बसहीं।
कै हौं कुटिल कुचील, कुलच्छनि, तजी कंत तबहीं!
'सूरदास' स्वामी सौं कहियौ, अब बिरमाहिं नहीं॥

हे कपि सुनो। क्या अब वे रघुनाथ बदल गए हैं, जिन्होंने मेरे पिता के घर पर शिवजी के पिनाक को पलक भाँजते तोड़ डाला था, जिन रघुनाथ ने परशुराम की गति फेर दी, और उनकी गति को वहीं काट दिया था, जिन रघुनाथ के हाथों ने एक शर से ही खर और दूषण के प्राण हर लिए थे? अथवा रघुनाथ जी अपना क्षत्रिय का वीर स्वभाव छोड़ कर योगी तो नहीं हो गए हैं? अथवा वे जंगल में अत्यंत दुखी बने पड़े हुए हैं, अथवा वे अयोध्या

वापस जाकर रघुकुल के राजा हो गए हैं, अथवा वे परम बली असुरपति, राक्षसराज दशकंधर रावण से डर गए हैं और अपनी पत्नी मुझ सीता को नारी ही समझकर रावण की अशोक वाटिका में निवास करने के लिए छोड़ गए हैं, अथवा मेरे कांत ने मुझे कुटिल मैली-कुचैली कुलच्छिनी समझकर परित्याग दिया है?

मेरे स्वामी से जाकर कहना, अब विलंब न करें।

सीता-संदेश, श्रीराम-प्रति *३२४/५३६ राग कान्हरौ*

यह गति देखे जात, सँदेसौ कैसैं कै जु कहौं?
सुनु कपि, अपने प्रान कौ पहरौ, कब लगि देति रहौं?
ये अति चपल, चल्यौ चाहत हैं, करत न कछू बिचार।
कहि धौं प्रान कहाँ लौं राखौं, रोकि देह मुख द्वार?
इतनी बात जनावति तुमसौं, सकुचति हौं हनुमंत।
नाहीं 'सूर' सुन्यौ दुख कबहूँ, प्रभु करुनामय कंत!

सीता जी राम को संदेश भेजती हुई हनुमान जी से कह रही हैं—हे कपि, मेरी हालत तो तुम स्वयं अपनी आँखों से देखे जा रहे हो। फिर मैं तुमसे कौन सा संदेशा कहूँ और कैसे कहूँ। मेरे ये प्राण निकल भागना चाहते हैं, मैं इन पर कब तक पहरा देती रहूँ। मेरे प्राण अत्यंत चंचल हैं और चलना चाहते हैं। ये कुछ सोच-विचार भी नहीं करते। कहो तो मैं प्राण को देह के भीतर, मुख रूपी द्वार से निकल भागने से, कहाँ तक रोक सकूँगी। हे हनुमंत, तुमसे इतनी बात जनाने में मैं बहुत सकुचाई जा रही हूँ। मेरे दयालु स्वामी ने अभी तक कभी भी दुख का नाम नहीं सुना है। (वे मेरे प्राणों के निकल जाने का दुख कैसे सह सकेंगे।)

३२५/५३७ राग मारू

कहियौ कपि, रघुनाथ राज सौं, सादर यह इक बिनती मेरी।
नाहीं सही परति मोपै अब, दारुन त्रास निसाचर केरी।
यह तौ अंध बीसहूँ लोचन, छल-बल करत आनि मुख हेरी।
आइ सृगाल सिंह बलि चाहत, यह मरजाद जाति प्रभु तेरी।
जिहिं भुज परसुराम बल करष्यौ, ते भुज क्यौं न सँभारत फेरी।
'सूर' सनेह जानि करुनामय, लेहु छुड़ाइ जानकी चेरी॥

हे कपि, रघुनाथ जी से मेरी यह एकमात्र विनती सादर कह देना—यह निशाचर रावण मुझे कठिन दुख दिए जा रहा है, अब यह मुझसे नहीं सहा जा पा रहा है। यह रावण तो बीस आँखों वाला होता हुआ भी अंधा है। यह यहाँ आकर मेरा मुँह देखकर हर प्रकार का छल-बल करता रहता है। यह गीदड़ आकर सिंह के भाग को खाना चाहता है। इस प्रकार हे प्रभु, अब तुम्हारी ही मर्यादा चली जाना चाहती है। जिन भुजाओं से तुमने परशुराम जी के बल को खींच लिया था, उन भुजाओं को एक बार फिर क्यों नहीं सँभालते। करुणामय स्वामी, मुझ जानकी को अपनी सेविका समझकर, मेरा स्नेह अपने प्रति जानकर, रावण से छुड़ा लीजिए।

३२६/५३८ राग मारू

मैं परदेसिनि नारि अकेली ।
बिनु रघुनाथ और नहिं कोऊ, मातु-पिता न सहेली ।
रावन-भेष धर्यौ तपसी कौ, कत मैं भिच्छा मेली ।
अति अज्ञान मूढ़-मति मेरी, राम-रेख पग पेली ।
बिरह-ताप तन अधिक जरावत, जैसैं दव द्रुम बेली ।
'सूरदास' प्रभु बेगि मिलावौ, प्रान जात हैं खेली ॥

मैं रावण की इस अशोक-वाटिका में अकेली परदेशिनी (भारतीय) नारी पड़ी हूँ। रघुनाथ जी को छोड़कर मेरा कोई नहीं है। यहाँ न माता हैं, न पिता हैं, न कोई सहेली ही है। रावण ने कपटी-तपस्वी का रूप धारण किया था, मैंने उसे क्यों भिक्षा दी। मैं अत्यंत मूर्खा थी, मूढ़ थी, मैंने जो लक्ष्मण द्वारा राम के नाम पर खींची रेखा के बाहर पैर रखा। जैसे अग्नि वन के पेड़ों और लताओं को जला देती है, वैसे ही राम के वियोग का ताप अब मुझे अधिकाधिक जलाए जा रहा है। हनुमान, अब तुम यथाशीघ्र मुझे मेरे प्रभु से मिला दो, नहीं तो मेरे ये प्राण खेलते-खेलते निकल जायँगे। मैं अपने प्राणों पर खेल जाऊँगी।

सीता-परितोष ३२७/५३९ राग मारू

तू जननी अब दुख जनि मानहि ।
रामचंद्र नहिं दूर कहूँ, पुनि भूलिहु, चित चिंता नहिं आनहिं ।
अबहिं लिवाइ जाउँ सब रिपु हति, डरपत हौं आज्ञा-अपमानहिं ।
राख्यौ सुफल सँवारि, सान दै, कैसैं निफल करौं वा बानहिं ?
हैं केतिक ये तिमिर-निसाचर, उदित एक रघुकुल के भानहिं ।
काटन दै दस सीस बीस भुज, अपनौ कृत येऊ जो जानहिं ।
देहिं दरस सुभ नैननि कहँ प्रभु, रिपु कौं नासि सहित संतानहिं ।
'सूर' सपथ मोहिं, इनहिं दिननि मैं, ले जु आइहौं कृपानिधानहिं ॥

हनुमान ने सीता जी को प्रबोध देते हुए कहा—हे माँ, तुम अब दुख मत करो। रामचंद्र जी कहीं दूर नहीं हैं। अब तुम भूलकर के भी मन में चिंता न करो। मैं शत्रु को मारकर तुम्हें अभी अपने साथ ले जा सकता हूँ, पर मैं डरता हूँ कि मेरे इस कृत्य से प्रभु की आज्ञा का कहीं अपमान न हो जाय। राम ने रावण को मारने के लिए फल के सहित वाण को सँवार कर, उस पर सान देकर रख छोड़ा है। मैं उस बाण को कैसे असफल होने दूँ। अंधकार रूपी काले-काले ये निशाचर हैं ही कितने। रघुकुल के सूर्य राम के उदित होते ही ये स्वयं समाप्त हो जायँगे। राम के ही बाण को रावण के दस सिरों और बीस भुजाओं को काटने दो। ये भी तो अपने दुष्कर्म का अनुभव करें। श्रीराम शत्रु की संतानों के सहित उसका विनाश करेंगे और तुम्हारे नयनों को अपना शुभ दर्शन देंगे। मैं शपथ खाकर कहता हूँ, इन थोड़े ही दिनों में मैं कृपानिधान राम को यहाँ ला दूँगा।

३२८/प १/२ राग सारंग

जननी मन संदेह न कीजै ।
आए राम लखन प्रिय तेरे, काहे प्राननि दीजै ।

जामवंत सुग्रीव बालि-सुत, आए सकल नरेस ।
मोहिं कह्यौ तुम जाहु खबरि कौं, अब जनि करौ अँदेस ।
रावन के दस सीस तोरि कै, कुटुँब समेत बहैहौं ।
तैंतिस कोटि देवता बंधन, तिनहिं समस्त छुड़ैहौं ।
आयसु दीजै मातु मोहिं अब, जाइ प्रभुहिं लै आऊँ ।
'सूरदास' हौं जाइ नाथ पहँ, तेरी कुसल सुनाऊँ ॥

हनुमान ने कहा—हे माँ, मन में अब किसी प्रकार का संदेह न करे। अब कुछ ही दिनों में तुम्हारे प्रिय राम और लक्ष्मण यहाँ आए जा रहे हैं। तुम क्यों अपना प्राण दे देना चाहती हो। ऋक्षराज जामवंत, कपिराज सुग्रीव, महाबली बालि के पुत्र अंगद सहित अन्य सभी राजा चले आ रहे हैं। तुमने मुझे राम के पास अपनी खबर देने के लिए कहा है, (मैं तत्काल जा रहा हूँ)। अब किसी प्रकार का असमंजस न करो। रावण के दसों सिरों को तोड़ दूँगा और उसके समस्त परिवार के सहित उन मुंडों को समुद्र में बहा दूँगा। तैंतिस कोटि देवता (द्वादश आदित्य, एकादश रुद्र, आठ बसु, इन्द्र और प्रजापति) रावण के बंधन में पड़े हुए हैं। मैं इन सबको बंधन-मुक्त कर दूँगा। माँ, अब आज्ञा दो, मैं जाकर राम को अविलंब यहाँ ले आऊँ और वहाँ जाकर प्रभु को तुम्हारा खेम-कुशल सुना दूँ।

३२९/ग्र ५७२१ वर्ष, राग मारू

जानकि, हौं रघुपति कौ चेरौ ।
बीरा दै रघुनाथ पठायौ, सोध करन कौ तेरौ ।
दस अरु आठ पदुम बनचर लै, चाहत हैं गढ़ घेरौ ।
तुम्हरे कारन स्याम मनोहर, निकट दियौ हैं डेरौ ।
अब जिय सोच करौ जनि जननी, जनम जनम हौं चेरौ ।
'सूरदास' प्रभु तुम्हैं मिलन कौ, सरद रंक कित फेरौ ॥

हे जानकी जी, मैं श्रीराम का सेवक हूँ। उन्होंने तुम्हारा पता लगाने के लिए मुझे पान का बीड़ा देकर भेजा है। वे अट्ठारह पद्म वानर लेकर लंका गढ़ को घेरना ही चाहते हैं। तुम्हारे लिए साँवले सलोने, मन को हरने वाले श्रीराम ने पास ही समुद्र-तट पर डेरा डाल दिया है। हे माँ, अब तो जरा भी चिंता न करो। मैं तुम्हारा जन्म-जन्म का सेवक हूँ। तुमसे मिलने के लिए प्रभु इस बेचारी शरद ऋतु को कहाँ पलट दें। (वे इसी शरद में तुमसे मिलेंगे।)

३३०/५४० राग मारू

अशोक-वन-भंग

हनुमत बल प्रगट भयौ, आज्ञा जब पाई ।
जनक-सुता-चरन बंदि, फूल्यौ न समाई ।
अगनित तरु - फलसुगंध - मृदुल - मिष्ट - खाटे ।
मनसा करि प्रभुहिं अर्पि, भोजन करि डाटे ।
द्रुम गहि उतपाटि लिए, दै-दै किलकारी ।
दानव बिन प्रान भए, देखि चरित भारी ।

बिहवल-मति कहन गए, जोरे सब हाथा।
बानर बन बिघन कियौ, निसिचर-कुल-नाथा।
वह निसंक, अतिहिं ढीठ, बिडरै नहिं भाजै।
मानौ बन-कदलि-मध्य, उनमत गज गाजै।
भानै मठ, कूप, बाइ, सरवर कौ पानी।
गौरि-कंत पूजत जहँ, नूतन जल जानी।
पहुँची तब असुर-सैन, साखामृग जान्यौ।
मानौ जल-जीव सिमिटि, जाल मैं समान्यौ।
तरुवर तब इक उपाटि, हनुमत कर लीन्यौ।
किंकर कर पकरि बान, तीनि खंड कीन्यौ।
जोजन बिस्तार सिला, पवन-सुत उपाटी।
किंकर करि बान लच्छ, अंतरिच्छ काटी।
आगर इक लोह जटित, लीन्ही बरिवंड।
दुहूँ करनि असुर हयौ, भयौ मांस-पिंड।
दुर्धर परहस्त-संग, आइ सैन भारी।
पवन-पूत दानव-दल, ताड़े दिसि चारी।
रोम-रोम हनूमंत, लच्छ-लच्छ बान।
जहाँ-तहाँ दीसत, कपि करत राम-आन।
मंत्री-सुत पाँच सहित, अछयकुँवर सूर।
सैन सहित सबै हते, झपटि कै लँगूर।
चतुरानन-बल सँभारि, मेघनाद आयौ।
मानौ घन पावस मैं, नगपति है छायो।
देख्यौ जब दिब्य बान, निसिचर कर तान्यौ।
छाँड़यौ तब 'सूर', हनू ब्रह्म-तेज मान्यौ॥

जब जानकी जी ने अशोक वाटिका के अमृत फलों को खाने की आज्ञा हनुमान को दे दी, तब उनका बल प्रकट हो गया। माँ सीता जी के चरणों की वंदना करके, वे फूले नहीं समाए (परम प्रसन्न हो गए)। उन्होंने अशोक वन के उपस्थित वृक्षों के सुगंधित, खट्टे, मीठे, कोमल फलों को मन ही मन पहले प्रभु को अर्पित किया, फिर डटकर उन्हें खाया। वे किलकारी मारते हुए पेड़ों को पकड़-पकड़ कर, झकझोर-झकझोर करके, जड़ से उखाड़ने लगे। हनुमान जी के इस अद्भुत चरित को देखकर रखवाले राक्षस बिना प्राण के हो गए, और वे विकल होकर दौड़े-दौड़े रावण के पास हाथ जोड़कर बोले—हे निशिचर-कुलनाथ, एक बानर अशोक वाटिका में आ गया है। वह उसे एकदम उजाड़े डाल रहा है। वहाँ उसने अनेक विघ्न-बाधाएँ पैदा कर दी हैं। वह अत्यंत नि:शंक है, अत्यंत धृष्ट है, डर विहीन है, भगाने से भी भाग नहीं रहा है। मानो केले के वन में कोई

मत्त हाथी चिंघाड़ रहा हो। वह मठ-मढ़ी को तोड़े डाल रहा है और कुआँ, बावली, सरोवर के उस पानी को गँदला किए जा रहा है, जिससे नया और निर्मल जानकर, गौरी के कांत शिवजी की पूजा की जाती रही है।

रावण की भेजी हुई राक्षसों की सेना जब अशोक-वनी में पहुँची, तब डाली-डाली पर उछल-कूद करने वाले कपीश्वर हनुमान जान गए और उन्होंने सोचा यह राक्षस-दल क्या है, मानो जल की जीव मछलियाँ हैं, जो अनायास जाल में फँस गई हैं। तब उन्होंने एक पेड़ उखाड़कर अपने हाथ में ले लिया और रावण के सेवक एक राक्षस के हाथ से उसका वाण ही छीन लिया और उस वाण के तीन टुकड़े कर दिए। पवन-पुत्र ने एक योजन लंबी पत्थर की शिला उखाड़ ली और रावण के सेवक द्वारा चलाए गए वाण को आकाश ही में काट डाला। फिर उन्होंने लोह से जड़ी हुई एक अगरी (अर्गला) उठा ली और असुरों को दोनों हाथों से मारने लगे। उन बलवान हनुमान ने मार-मार कर उन असुरों को भरता बना दिया। उनके मांस पिंड से छिटक गए।

फिर दुर्घर्ष प्रहस्त के साथ एक दूसरी बड़ी सेना आई। पवन-पुत्र ने उस दानव-दल को भी ताड़ित और प्रताड़ित कर दिया। हनुमान एक-एक रोम में लाख-लाख वाण लिए हुए थे। राम की जय-जयकार करते हुए जहाँ-तहाँ हनुमान ही हनुमान दिखाई पड़ रहे थे। लंगूर से हनुमान ने झपट कर रावण के मंत्रियों के पाँच-पुत्रों को और स्वयं उसके पुत्र अक्षय कुमार को और उसकी सारी सेना को मार डाला।

तब ब्रह्मास्त्र लेकर मेघनाद आया। वह ऐसा लगता था जैसे घोर वर्षा में नगपति हिमालय ही आ खड़ा हुआ हो। जब हनुमान ने देखा कि निशाचर मेघनाद ने अपने हाथ में दिव्य ब्रह्म-वाण तान लिया है, तब उन्होंने ब्रह्मास्त्र की महिमा का ध्यान रखते हुए मेघनाद को छोड़ दिया और उस पर प्रहार नहीं किया।

हनुमान-रावण-संवाद *३३१/५४१ राग मारू*

"सीतापति-सेवक तोहिं देखन कौं आयौ।
काकैं बल बैर तैं, जु राम तैं, बढ़ायौ?
जे-जे तुव सूर सुभट, कीट सम न लेखौं।
तोकौं दसकंध अंध, प्राननि बिनु देखौं"।
"नख-सिख ज्यौं मीन-जाल, जड़्यौ अंग-अंगा।
अजहुँ नाहिं संक धरत, बानर मति भंगा!
जोइ सोइ मुखहिं कहत, मरन निज न जानै।
जैसैं नर सन्निपात भऐं, बुध बखानैं"।
"तब तू गयौ सून भवन, भस्म अंग पोते।
करते बिन प्रान तोहिं, लछिमन जौ होते।
पाछे तैं हरी सिया, न मरजाद राखी।
जो पै दसकंध बली, रेख क्यौं न नाखी?
अजहूँ सिय सौंपि, नतरु बीस भुजा भानैं।
रघुपति यह पैज करी, भूतल धरि पानैं।

ब्रह्मबान कानि करी, बल करि नहिं बाँध्यौ।
कैसैं परताप घटे, रघुपति आराध्यौ''!
देखत कपि बाहु-दंड, तन प्रस्वेद छूटे।
जै-जै रघुनाथ कहत, बंधन सब टूटे।
देखत बल दूरि कर्‌यौ, मेघनाद गारौ।
आपुन भयौ सकुचि 'सूर', बंधन तै न्यारौ॥

हनुमान को जब मेघनाद बाँधकर रावण के सम्मुख ले आया, तब उन्होंने रावण से कहा—मैं सीतापति राम का अनुचर हूँ। मैं तुझे और तेरा बल देखने के लिए आया हुआ हूँ। तूने किसके बल पर राम से शत्रुता बढ़ाई है। जो जो भी तुम्हारे शूरवीर, योद्धा हैं, मैं उन्हें कीड़े-मकोड़े के समान भी नहीं समझता। और हे अंधे दशकंध रावण, तुझे तो मैं प्राणहीन शव के समान समझ रहा हूँ।

तब रावण ने कहा—जैसे मछलियाँ जाल में फँसी हों, वैसे ही नख से शिख तक तेरा अंग-अंग बँधा हुआ है, फिर भी हे बुद्धि-हीन बानर, तू अपने प्राणों की शंका नहीं कर रहा है। तू जो भी मन में आता है, बकता जा रहा है। अपनी मौत को तू नहीं समझ पा रहा है। बुद्धिमान कहते हैं—सन्निपात का रोगी, आयँ-बायँ-सायँ बकता जाता है, वैसे ही तू ऊटपटांग बातें करता जा रहा है।

तब हनुमान ने फिर कहा—तब तू अपने सारे शरीर में भस्म पोते हुए, साधु का कपट रूप बनाए हुए, उस सूने बन में गया, जहाँ एक अबला को छोड़कर और कोई नहीं था। यदि वहाँ उस समय अकेले लक्ष्मण भी होते, तो तुझे निष्प्राण कर डालते, तुझे मार डालते। लक्ष्मण के चले जाने के बाद तूने सीता माता को चुरा लिया और तूने न तो अपने लंकाधिपति होने की मर्यादा रखी, न अबला अकेली सीता की। हे दशकंधों वाले रावण, यदि तू अपने को वीर, बली, समझता है, तो लक्ष्मण की खींची हुई रेखा को लाँघकर कुटी के भीतर क्यों नहीं घुसा? तेरा भला इसी में है कि तू सीता को राम को वापस सौंप दे, नहीं तो राम तेरी बीसों भुजाएँ काट डालेंगे। राम ने अपने पाँव को धरती पर जमाकर यह प्रतिज्ञा कर ली है।

जहाँ तक मेरा संबंध है—मैंने ब्रह्मास्त्र की मर्यादा रखी है। मुझे किसी के बल ने नहीं बाँधा है। मैंने राम की आराधना की है, फिर मेरा प्रताप कैसे घट सकता है।

कपि के बाहु-दंड को देखकर रावण को पसीना छूटने लगा। हनुमान ने कहा—'जय श्रीराम।' उनके ऐसा कहते ही उनके सारे बन्धन चरमरा कर स्वयं टूट गए। देखते-देखते भर में हनुमान ने मेघनाद के गौरव और उसकी सारी शक्ति को चूर-चूर कर दिया। फिर शरीर को सिकोड़कर छोटा कर लिया और बन्धन से अलग हो गए।

लंका-दहन *३३२/५४२ राग मारू*

मंत्रिनि नीकौ मंत्र बिचार्‌यौ।
राजन कहौ, दूत काहू कौ, कौन नृपति है मार्‌यौ?
इतनी सुनत बिभीषन बोले, बंधू पाइ परौं।

यह अनरीति सुनी नहिं स्त्रवननि, अब नई कहा करौ ?
हरी बिधाता बुद्धि सबनि की, अति आतुर ह्वै धाए।
सन अरु सूत, चीर-पाटंबर, लै लंगूर बँधाए।
तेल-तूल-पावक-पुट धरिकै, देखन चहैं जरौ।
कपि मन कह्यौ भली मति दीनी, रघुपति-काज करौं।
बंधन तोरि, मोरि मुख असुरनि, ज्वाला प्रगट करी।
रघुपति-चरन-प्रताप 'सूर' तब, लंका सकल जरी॥

रावण राम के दूत हनुमान का वध करना चाहता था। मंत्रियों ने इसे अनुचित कहते हुए उसे अच्छी मंत्रणा दी। वे बोले—हे महाराज, कहिए क्या आज तक किसी राजा के दूत को किसी राजा ने मारा है? मंत्रियों की यह राय सुनकर विभीषण जी बोले—हे भाई, मैं तुम्हारे पैरों पड़ता हूँ। दूत-वध की यह अनरीति तो मैंने कानों से कभी नहीं सुनी। अब तुम क्या दूत-वध की यह नई रीति निकालना चाहते हो।

ब्रह्मा ने सबकी बुद्धि हर ली थी। वे सभी हड़बड़ी में उठ दौड़े। उन्होंने सन, सूत, चीर और पाटम्बर ला लाकर हनुमान की पूछ में लपेट दिया। फिर तेल, रूई और आग लाकर उन्होंने वहाँ रख दी। वे हनुमान को जला देना चाहते थे।

कपि ने कहा, भगवान ने इन्हें सुबुद्धि दे दी है। अब मुझे रघुनाथजी का काम कर लेना चाहिए। तब बन्धनों को तोड़कर, असुरों का मुँह मोड़कर, हनुमान जी ने अपनी पूँछ में आग प्रज्ज्वलित कर ली। तब रघुनाथ जी के चरणों के प्रताप से सारी लंका ही जल गई।

३३२/ग्र ५७२२ वर्ष, राग मारू

जारौं गढ़ लंक आज, रावन भय मानै।
सीतापति सेवक, मोहिं, आयो को जानै।
एक एक रोमन पै, हते लक्ष बाना।
त्यौं त्यौं कपि फेरत है, रामचंद्र आना।
एक भेंट उनकी लै, उनहीं कौ दीजै।
ज्यौं ज्यौं लंगूर उठे, त्यौं त्यौं कपि खीजै।
रामचंद्र बिपद हरन, कितहूँ नहिं भूलै।
सीता-दुख परम कठिन, व्यापत उर सूलै।
इतने सुख कनक-भवन, सब विधि तजि हारे।
ते मंदिर पवनपूत, बिषम ज्वाल जारे।
बीच-बीच धूम धाम, बिच-बिच झंकारे।
बीच-बीच देखियै जु, 'सूरस्याम' कारे॥

हनुमान ने मन में सोचा—आज मैं लंका के किले को जला दूँ जिससे रावण भयभीत हो जाय। मैं सीतापति रामचन्द्र का सेवक होकर यहाँ आया हूँ, इसे कौन जानता है। लंका

जला देने पर सभी जान जायेंगे कि हाँ राम का दूत कोई बानर आया था।

एक तो हनुमान जी के एक-एक रोंगटे में लाख-लाख वाण भरे हुए थे। दूसरे वह श्रीरामचन्द्र की दुहाई भी देते जाते थे। उनकी शपथ खाते जाते थे। हनुमान ने सोचा— लंकावासियों ने तेल, तूल और आग की जो भेंट मुझे दी है, उसे अब उन्हीं को लौटा देना चाहिए। जैसे-जैसे उनकी पूँछ ऊपर उठती जा रही थी, वैसे ही वैसे कपि और खिझता जा रहा था। वह विपत्तियों के हरने वाले राम को किसी भी समय नहीं भुला पा रहा था। सीता के परम कठिन दुख उसके उर में साले जा रहे थे। इतने सुख-साधन, सोने के महल आदि सबका असुर लोग बचाव कर भी रहे थे, पर वे सब उपाय करके हार गए, बचा नहीं पाए। पवन-पुत्र ने उन्हें भयावह आग की लपटों में जला डाला। रह-रहकर धुएँ के बीच में घर दिखाई पड़ रहे थे, बीच-बीच में कोलाहल और हनुमान की गर्जना सुनाई पड़ रही थी, इस युद्ध के बीच (राम का प्रताप भी) दिखाई पड़ रहा था।

३३४/५४३ राग धनाश्री

सोचि जिय पवन-पूत पछिताइ।
अगम अपार सिंधु दुस्तर तरि, कहा कियौ मैं आइ।
सेवक कौ सेवापन एतौ, आज्ञाकारी होइ।
बिन आज्ञा मैं भवन पजारे, अपजस करिहैं लोइ।
वै रघुनाथ चतुर कहियत हैं, अंतरजामी सोइ।
या भय भीत देखि लंका मैं, सीय जरी मति होइ।
इतनी कहत गगनबानी भइ, हनू सोच कत करई?
चिरंजीवि सीता तरुवर तर, अटल न कबहूँ टरई।
फिरि अवलोकि 'सूर' सुख लीजै, पुहुमी रोम न परई।
जाकैं हिय-अंतर रघुनंदन, सो क्यौं पावक जरई॥

लंका जला डालने पर हनूमान के मन में सोच उत्पन्न गो गया और वे पछताने लगे। मैंने अपार दुस्तर समुद्र को तैर कर यहाँ आकर क्या किया? सेवक का सेवापन इतना ही तो है कि वह स्वामी की आज्ञा का पालन करता रहे। बिना प्रभु की आज्ञा के मैंने लंका जला दी। इसके लिए लोग मुझे अपयश देंगे, मेरी निन्दा करेंगे। रघुनाथजी तो चतुर कहे जाते हैं, वे अन्तर्यामी भी हैं। (उनसे कुछ छिपा नहीं है)। हनूमान को यह सताए जा रहा था कि कहीं इस लंका में सीता माता भी न जल मरी हों।

हनूमान ऐसा सोच ही रहे थे कि आकाशवाणी हुई—हनूमान सोच मत करो। चिरंजीव सीता अशोक वृक्ष के नीचे हैं। होनहार अटल,है, वह कभी टल नहीं सकता, लंका को जलना था, वह जल गई। तुम अशोक वन में पुनः जाओ और सीता को देखकर सुखी होओ। उनका तो एक बाल भी झड़कर पृथ्वी पर नहीं गिर सकता। जिसके हृदय में रघुनाथ जी हैं, वह आग से कैसे जल सकती हैं।

३३५/५४४ राग मारू

लंका हनूमान सब जारी।
राम-काज सीता की सुधि लगि, अंगद-प्रीति बिचारी।

जा रावन की सकति तिहूँ पुर, कोउ न आज्ञा टारी ।
ता रावन कैं अछत, अछयसुत-सहित सैन संहारी ।
पूँछ बुझाइ गए सागर-तट, जहँ सीता की बारी ।
करि दंडवत, प्रेम पुलकित ह्वै, कह्यौ, सुनि राघव-प्यारी ।
तुम्हरेहिं तेज-प्रताप रही बचि, तुम्हरी यहै अटारी ।
'सूरदास' स्वामी के आगैं, जाइ कहौं सुख भारी ॥

राम के काम का विचार कर, सीता की सुधि लाने का विचार कर और सीता का पता लगाने वाले दल के नायक अंगद की प्रीति का विचार कर, हनुमान ने सारी लंका जला डाली। जिस रावण की शक्ति का तीनों लोकों में प्रभाव है, जिस रावण की आज्ञा को कोई टाल नहीं सकता, उस रावण के जिवित रहते हुए भी हनूमान ने उसके पुत्र अक्षय कुमार और उसके द्वारा लाई हुई सारी सेना को मार डाला। लंका जला देने के उपरान्त हनूमान ने अपनी पूँछ की आग बुझाई। और सागर को दंडवत प्रणाम किया और प्रेम से पुलकित होकर उन्होंने कहा, हे रघुनाथ प्रिया सीता जी. तुम्हारे ही तेज के प्रताप से तुम्हारी यह कुटी बच गई है, नहीं तो सारी लंका जल ही गई है, (आप आज्ञा दें) मैं वापस जाऊँ और प्रभु राम को सारे सुख की बात कहूँ ।

सीता का चूड़ामणि-प्रदान *३३६/५४५ राग सारंग*

मेरी कैंती बिनती करनी ।
पहिलैं करि प्रनाम, पाइनि परि, मनि रघुनाथ हाथ लै धरनी ।
मंदाकिनि-तट फटिक-सिला पर, मुख-मुख जोरि तिलक की करनी ।
कहा कहौं, कछु कहत न आवै, सुमिरत प्रीति होइ उर अरनी ।
तुम हनुमंत, पवित्र पवन-सुत, कहियौ जाइ जोइ मैं बरनी ।
'सूरदास' प्रभु आनि मिलावहु, मूरति दुसह दुःख-भय-हरनी ॥

सीताजी ने हनुमान से विदा-वेला में कहा—हे कपि, मेरी ओर से रघुनाथ जी से यह निवेदन करना। पहले उन्हें मेरी ओर से पैरों पर गिरकर प्रणाम कहना, फिर उनके हाथों पर मेरी यह चूड़ामणि रखना। फिर उन्हें स्मरण दिलाना कि चित्रकूट में मंदाकिनी नदी के तट पर, स्फटिक शिला पर उन्होंने मेरे मुख से मुख मिलाकर मेरे माथे पर चन्दन की बिंदी लगाई थी (मेरा शृंगार किया था)। क्या कहूँ, कुछ कहते नहीं बनता! उस प्रेम-प्रीति का स्मरण करके यह हृदय अरणी नामक सूखा काठ हो जाता है, जिसकी रगड़ से आग उत्पन्न हो जाती है। उस प्रेम को याद करके मेरे हृदय में बिछोह की आग धधकने लगती है। हे हनुमान, हे पवन के पुत्र, तुम परम पवित्र हो। जो कुछ मैंने कहा है, उसे जाकर रघुनाथ जी से कह देना। हे हनुमान, मेरे उन परम प्रभु को मुझसे लाकर मिला दो, जिनकी मूर्ति दुस्सह दुखों और भय को चूर कर देने वाली है।

हनुमान-प्रत्यागमन *३३७/५४६ राग मारू*

हनूमान अंगद के आगैं, लंक-कथा सब भाषी ।
अंगद कही, भली तुम कीनी, हम सबकी पति राखी ।

हरषवंत ह्वै चले तहाँ तैं, मग मैं बिलम न लाई ।
पहुँचे आइ निकट रघुबर कैं, सुग्रिव आयौ धाई ।
सबनि प्रनाम कियौ रघुपति कौं, अंगद बचन सुनायौ ।
'सूरदास' प्रभु-पद-प्रताप करि, हनू सीय सुधि ल्यायौ ॥

हनुमान सीता से मिलकर समुद्र-तट पर प्रतीक्षा-रत अपने दलपति अंगद के पास आए और उनसे लंका की सब कथा कह दी। अंगद ने कहा—हनुमान, तुमने बहुत अच्छा काम किया, तुमने हम सबकी प्रतिष्ठा बचा ली। तब सब लोग यहाँ से चल पड़े और रास्ते में कहीं भी देर नहीं की। वे रघुनाथ जी के निकट आ गए, तब तक सुग्रीव भी यहाँ तत्काल दौड़े-दौड़े आ गए। सबने श्रीराम को प्रणाम किया। फिर दलपति अंगद ने कहा—प्रभु के पद के प्रताप से, हनुमान सीता का पता लगा लाए हैं।

३३८/५४७ राग मारू

हनु, तैं सबकौ काज सँवार्‌यौ ।
बार-बार अंगद यौं भाषै, मेरौ प्रान उबार्‌यौ ।
तुरतहिं गमन कियौ सागर तैं, बीचहिं बाग उजार्‌यौ ।
कीन्हौ मधुबन चौर चहूँ दिसि, माली जाइ पुकार्‌यौ ।
धनि हनुमत, सुग्रीव कहत हैं, रावन कौ दल मार्‌यौ ।
'सूर' सुनत रघुनाथ भयौ सुख, काज आपनौ सार्‌यौ ॥

अंगद बार-बार हनुमान जी से कहते जा रहे हैं—हे हनुमान, तुमने हम सबका, सारे दल का, काम बना दिया और मेरे प्राण बचा लिये। फिर सबने तत्काल समुद्र तट से किष्किंधा के लिए कूच कर दिया। किष्किंधा के पास पहुँचते ही इस बानर दल ने सुग्रीव के परम प्रिय मधुबन-बाग को उजाड़ दिया और चारों दिशाओं से मधुबन के फल लूट खाए। तब मधुबन के रक्षक, मालियों ने जाकर सुग्रीव के पास पुकार लगाई। (सुग्रीव समझ गए कि अंगद के दल ने सीता की सुधि पा ली है, तभी उसने उद्दंड होकर मेरा बाग उजाड़ दिया है। यह उनकी अतिशय-सफलता का द्योतक है।) तब सुग्रीव कहने लगे, 'हनुमान जी धन्य हैं, जिन्होंने रावण की सेना को पछाड़ दिया है, मार डाला है', यह सुनते ही कि हनुमान अपना सारा काम कर आए हैं, रघुनाथ जी को भारी सुख हुआ।

हनुमान-राम-संवाद *३३९/५४८ राग मारू*

कहौ कपि, जनक-सुता-कुसलात ।
आवागमन सुनावहु अपनौ, देहु हमैं सुख-गात ।
सुनौ पिता, जल-अंतर ह्वै कै, रोक्यौ मग इक नारि ।
धर-अंबर लौं रूप निसाचरि, गरजी बदन पसारि ।
तब मैं डरपि कियौ छोटौ तनु, पैठ्यौ उदर-मँझारि ।
खरभर परी, दियौ उन पैंड़ौ, जीती पहिली रारि ।
गिरि मैनाक उदधि मैं अद्भुत, आगैं रोक्यौ जात ।
पवन-पिता कौ मित्र न जान्यौ, धोखैं मारी लात ।

तबहूँ और रह्यौ सरितापत्ति, आगैं जोजन सात।
तुव प्रताप परली दिसि पहुँच्यौं, कौन बढ़ावै बात।
लंका पौरि-पौरि मैं ढूँढ़ी, अरु बन-उपबन जाइ।
तरु असोक-तर देखि जानकी, तब हौं रह्यौ लुकाइ।
रावन कह्यौ सो कह्यौ न जाई, रह्यौ क्रोध अति छाइ।
तब ही अबध जानि कै, राख्यौ मंदोदरि समुझाइ।
पुनि हौं गयौ सु-फल-बारी मैं, देखी दृष्टि पसारि।
असी सहस किंकर-दल तेहि के, दौरे मोहिं निहारि।
तुव प्रताप तिनकौं छिन भीतर, जूझत लगी न बार।
उनकौं मारि तुरत मैं कीन्ही, मेघनाद सौं रार।
ब्रह्म फाँस उन लई हाथ करि, मैं चितयौ कर जोरि।
तज्यौ कोप, मरजादा राखी, बँध्यौ आपही भोरि।
रावन पै ले गए सकल मिलि, ज्यौं लुब्धक पसु जाल।
करुवौ बचन स्त्रवन सुनि मेरौ, अति रिस गही भुवाल।
आपुन ही मुगदर लै धायौ, करि लोचन बिकराल।
चहुँदिसि 'सूर' सोर करि धावैं, ज्यौं करि हेरि सृगाल॥

रघुनाथ जी हनुमान से पूछने लगे—हे कपि, जानकी की क्षेम-कुशल कह सुनाओ, बताओ, तुम कैसे गए, कैसे आए? कहो और मेर तन-मन को सुख दो, शान्ति दो।

तव हनुमान ने कहा—हे परमपिता सुनिए, पहले समुद्र के वक्ष के भीतर से सुरसा नामक एक नारी ने मेरा रास्ता रोका। उस राक्षसी ने पृथ्वी से आकाश तक अपना रूप फैला रखा था और मुँह फैलाकर गर्जना कर रही थी, तब मैंने जाकर अत्यन्त लघु रूप धारण किया और उसके पेट के भीतर प्रविष्ट हो गया। मेरे उदर प्रवेश के साथ ही उसके पेट में खड़-भड़ खड़-भड़ होने लगा। फलतः उसने मुझे रास्ता दे दिया। इस प्रकार प्रथम संघर्ष में मैंने विजय पाई।

फिर समुद्र में से एक अद्भुत पर्वत मैनाक उद्भूत हुआ। वह मेरे पिता पवनदेव का मित्र था। उसने मुझे थोड़ा विश्राम देने के लिए मुझे आगे जाने से रोका। पर मैं इस भेद को नहीं जानता था। इसलिए धोखे में आकर मैंने एक लात मार दिया और आगे बढ़ चला।

अब भी समुद्र का विस्तार सात योजन शेष रह गया था। आपके प्रभाव से मैं समुद्र के उस पार पहुँच गया। अब मैं बात बहुत विस्तार से नहीं कह रहा हूँ। संक्षेप में ही सब सुनाए देता हूँ।

मैंने लंका में सीता को घर-घर ढूँढ़ा, वनों और उपवनों में भी उन्हें खोजा। मैंने अशोक वाटिका में एक अशोक वृक्ष के नीचे सीता जी को बैठे पाया। तब मैं उसी पेड़ पर चढ़कर उसकी डालों में छिप गया। इसी बीच वहाँ रावण आया। अत्यंत क्रोध करके उसने जानकी जी को जो धमकी दी, वह मुझसे कहते नहीं बनती। उसी समय रावण की पटरानी मंदोदरी आ गई। उसने समझाया, अबला नारी अवध्य है।

फिर मैं रावण के फलों के बगीचों में गया। चारों ओर निगाह फैलाकर मैंने उसे देखा। वहाँ रखवाली के लिए असी हजार राक्षस नियुक्त थे। वे मुझे देखकर दौड़ पड़े। आपके प्रताप से मैंने क्षणभर में उन्हें भगा दिया। उनको मार कर मैंने तुरंत मेघनाद से रार की। मेघनाद ने अपने हाथ में ब्रह्म-फाँस ले लिया। मैंने ब्रह्मपाश को देखकर उसे हाथ जोड़ लिया। मैंने अपना क्रोध छोड़ दिया और ब्रह्म-पाश की मर्यादा की रक्षा की तथा स्वयं ही उसमें बँध गया।

तब सब मिलकर मुझे उसी प्रकार रावण के पास ले गए, जिस प्रकार कोई बहेलिया अपने जाल में फँसाकर किसी पशु को ले जाता है। मैंने रावण को बड़े कटु वचन सुनाए। इस पर राजा रावण कुपित हो गया। आँखें लाल-लाल कर वह स्वयं मुदगर लेकर मुझे मारने दौड़ा। चारों ओर से राक्षस शोर करते हुए मेरी ओर दौड़ पड़े, जैसे हाथी को देखकर सियार उस पर टूट पड़ना चाहें।

३४०/५४९ राग मारू

'कैसैं पुरी जरी कपिराइ।
बड़े दैत्य कैसैं कै मारे, अंतर आप बचाइ?
प्रगट कपाट बिकट दीन्हे हे, बहु जोधा रखवारे।
तैंतिस कोटि देव बस कीन्हे, ते तुमसौं क्यौं हारे?
तीनि लोक डर जाकैं काँपै, तुम हनुमान न पेखे?'
'तुम्हैं क्रोध, स्राप सीता कैं, दूरि जरत हम देखे।
हौ जगदीस, कहा कहौं तुमसौं, तुम बल-तेज मुरारी।'
'सूरजदास' सुनौ सब संतौ, अबिगत की गति न्यारी॥

राम ने पूछा—'हे कपिराज, तुमने लंका को कैसे जला दिया। अपने को बचाते हुए बड़े-बड़े दैत्यों को कैसे मार डाला। वहाँ तो विकट किवाड़ लगे हुए हैं, बहुत से योद्धा उन दरवाजों पर रखवाली करते बैठे रहते हैं। रावण ने तैंतीस कोटि देवताओं को बंदी बना रखा है। फिर तुमने उसके योद्धाओं को कैसे मारा। वे तुमसे हार कैसे गए। तीनों लोक जिसके डर से काँपता रहता है, क्या तुमने उस रावण को नहीं देखा?'

तब हनुमान ने कहा—हे प्रभु, तुम्हारे क्रोध से और सीता जी के शाप से मैंने लंका को दूर से ही जलते हुए देखा। हे जगदीश जी, तुमसे क्या कहूँ, तुम्हारे ही बल से, तुम्हारे ही प्रताप से, मैं लंकापुरी को जला आया।

सूरदास कहते हैं, हे संतों सुनो, उस न जाने जानेवाले प्रभु की गति विचित्र है।

३४१/ग्र ५७२३ वर्ष, राग मारू

आजु रघुबीर कौ बीर आयौ।
जारि लंका सकल, मारि राक्षस विकल, सीय-सुधि लै, कुसल फिर सिधायौ।
कहत मंदोदरी, सुनहु दसकंठ पिय, बड़ौ अपमान करि गयौ तेरौ।
अजहुँ मन समुझि कै, मूढ़ मिलि राम सौं, 'सूर' मतिमंद अब कह्यौ मानि मेरौ॥

आज रघुनाथ जी का दूत महावीर हनुमान अकेले ही आकर लंका जलाकर, विकट

राक्षसों को मार कर, सीता जी की सुधि लेकर वापस चला गया है। मंदोदरी कह रही है—हे पति, दशकंध सुनो। वह वानर तो तुम्हारा भारी नुकसान कर गया। हे मूढ़ मति, अब भी मन में सोच-विचार कर राम से मिल आओ। हे मंदमति मेरी बात मानो।

(लंका कांड)

सिंधु-तट-वास *३४२/५५० राग मारू*

सीय-सुधि सुनत रघुबीर धाए।
चले तब लखन, सुग्रीव, अंगद, हनू, जामवँत, नील, नल सबै आए।
भूमि अति डगमगी, जोगिनी सुनि जगी, सहस-फन सेस कौ सीस काँप्यौ।
कटक अगिनित जुर्‌यौ, लंक खरभर पर्‌यौ, सूर कौ तेज धर-धूरि-ढाँप्यौ।
जलधि-तट आइ, रघुराइ ठाढ़े भए, रिच्छ-कपि गरजि कै धुनि सुनायौ।
'सूर' रघुनाथ चितए हनूमान-दिसि, आइ तिन तुरत ही सीस नायौ॥

सीता का पता पाकर रघुवीर दौड़ पड़े। उनके साथ लक्ष्मण, सुग्रीव, अंगद, हनुमान, जामवंत, नल, नील, सभी दौड़ पड़े। उनके दौड़ने से पृथ्वी डगमगाने लगी। योगिनियाँ कोलाहल सुनकर जाग गईं। एक हजार फन वाले शेषनाग का सिर काँपने लगा। रघुराज आकर समुद्र के किनारे खड़े हो गए। बानर भालुओं ने घोर गर्जना करते हुए आकाश को गुँजा दिया। रघुनाथ जी ने हनुमान की ओर देखा। उन्होंने तुरंत वहाँ आकर उन्हें सिर झुकाया।

हनुमंत-वचन *३४३/५५१ राग केदारौ*

राघौ जू, कितिक बात, तजि चिंत।
केतिक रावन-कुंभकरन-दल, सुनियै देव अनंत।
कहौ तौ लंक लकुट ज्यौं फेरौं, फेरि कहूँ लै डारौं।
कहौ तौ परबत चाँपि चरन तर, नीर-खार मैं गारौं।
कहौ तौ असुर लँगूर लपेटौं, कहौ तौ नखनि बिदारौं।
कहौ तौ सैल उपारि पेड़ि तैं, दै सुमेरु सौं मारौं।
जेतिक सैल-सुमेरु धरनि मैं, भुज भरि आनि मिलाऊँ।
सप्त समुद्र देउँ छाती तर, एतिक देह बढ़ाऊँ।
चली जाउ सैना सब मोपर, धरौं चरन रघुबीर।
मोहिं असीस जगत-जननी की, नवत न बज्र-सरीर।
जितिक बोल बोल्यौ तुम आगैं, राम, प्रताप तुम्हारैं।
'सूरदास' प्रभु की सौं साँचे, जन करि पैज पुकारै॥

हनुमान जी ने राम से कहा—हे राघव (रघुवंशी राम), इस समुद्र को लाँघ जाना कितनी बात है। चिंता न कीजिए। रावण और कुंभकर्ण की सेना है ही कितनी। हे अनंत देव राम, आप कहें तो जैसे लड़के आमोद से लाठी भाँजते हैं, वैसे ही मैं भी लंका को उठाकर अपने सिर के चारों ओर दो चार-बार घुमाऊँ, फिर उसे धरती पर कहीं भी फेक

दूँ। कहिए तो उस त्रिकूट पर्वत को ही, जिस पर लंका बसी हुई है, अपने पैरों से दबाकर समुद्र के खारे जल में गाड़ दूँ। कहें तो असुर रावण को अपनी पूँछ में लपेट लूँ। कहें तो उसे अपने ही नखों से फाड़ डालूँ, कहें तो त्रिकूट पर्वत को जड़ से ही उखाड़ कर देवताओं के आवास सुमेरु पर्वत पर दे मारूँ। कहें तो पृथ्वी पर जितने भी पर्वत हैं, उन्हें अपनी भुजाओं में पकड़-पकड़कर एक दूसरे से टक्कर मार-मार कर चकनाचूर कर दूँ। कहिए तो अपने शरीर को इतना बढ़ा दूँ कि मेरी छाती के नीचे सातों समुद्र छिप जायँ। कहें तो अपनी उस बढ़ी हुई देह पर चढ़ाकर अपनी सारी वानरी सेना समुद्र के उस पार लंका में उतार दूँ। मैं आपके चरणों को छूकर, उनकी शपथ खाकर ऐसा कह रहा हूँ, व्यर्थ ही बकवास नहीं कर रहा हूँ। मुझे जगज्जननी सीता जी का आशीर्वाद है। उनकी कृपा से मेरा शरीर वज्र का हो गया है, मैं बजरंगी बन गया हूँ और कहीं भी लचता या लचकता नहीं। जितनी बातें मैंने तुम्हारे आगे अभी-अभी कही हैं, हे राम, तुम्हारी शपथ, तुम्हारे प्रताप से सभी सत्य हैं। तुम्हारा भक्त मैं पुकार-पुकार कर दृढ़तापूर्वक यह कहे दे रहा हूँ।

३४४/५५२ राग मारू

रावन से गहि कोटिक मारौं ।

जो तुम आज्ञा देहु कृपानिधि, तौ यह परिहस सारौं ।
कहौ तौ जननि जानकी ल्याऊँ, कहौ तौ लंक बिदारौं ।
कहौ तौ अबहीं पैठि, सुभट हति, अनल सकल पुर जारौं ।
कहौ तौ सचिव-सबंधु सकल अरि, एकहिं एक पछारौं ।
कहौ तौ तुव प्रताप श्री रघुबर, उदधि पखाननि तारौं ।
कहौ तौ दसौ सीस, बीसो भुज, काटि छिनक मैं डारौं ।
कहौ तौ ताकौं तृन गहाइ कै, जीवत पाइनि पारौं ।
कहौ तौ सैना चारु रचौं कपि, धरनी-ब्योम-पतारौ ।
सैल-सिला-द्रुम बरषि, ब्योम चढ़ि, सत्रु-समूह सँहारौ ।
बार-बार पद परसि कहत हौं, हौं कबहूँ नहिं हारौं ।
'सूरदास' प्रभु तुम्हरे बचन लगि, सिव बचननि कौं टारौं ॥

हनुमान ने राम से कहा—यदि तुम आज्ञा दे दो। तो मैं अभी-अभी रावण से करोड़ों वीरों को मार डालूँ। इसे आप परिहास और दिल्लगी न समझे, मैं इसे सत्य करके दिखा सकता हूँ। कहें तो मैं माता जानकी जी को अशोक वाटिका से अपनी पीठ पर चढ़ाकर लेता आऊँ। कहें तो लंका को उजाड़ दूँ। कहें तो अभी-अभी लंका में घुसकर, वहाँ के रखवाले वीरों को मारकर, आग से सारी पुरी पुनः जला डालूँ। कहें तो शत्रु रावण को, उसके समस्त मंत्रियों और भाइयों को, एक-एक कर युद्ध में पछाड़ दूँ। हे रघुवर, कहें तो तुम्हारे प्रताप से समुद्र पर पत्थरों को तैरा दूँ। कहें तो रावण के दसों सिर और बीसों भुजाएँ एक क्षण में काट डालूँ । कहें तो रावण के मुँह में तिनका दबवाकर उसे जीवित रूप में पकड़ लाऊँ और आपके पैरों पर गिरवाकर उससे क्षमा मँगवा लूँ। कहें तो वानरों की सुंदर

सेना रचकर पृथ्वी, आकाश और पाताल को भर दूँ। कहें तो व्योम में चढ़कर शत्रुओं के सिर पर पर्वत की चट्टानें और वृक्ष फेंक कर उनका संहार कर दूँ। मैं बार-बार तुम्हारे चरणों को छूकर कहता हूँ कि मैं कभी नहीं हारूँगा, जो कुछ कहा है, कर दिखाऊँगा। तुम्हारी आज्ञा के पालन करने में मैं शिव के वचनों को भी टाल दे सकता हूँ।

३४५/५५३ राग मारू

हौं प्रभु जू कौ आयसु पाऊँ।
अबहीं जाइ, उपारि लंक गढ़, उदधि-पार लै आऊँ।
अबहीं जंबू द्वीप इहाँ तैं, लै लंका पहुँचाऊँ।
सोखि समुद्र उतारौं कपि-दल, छिनक बिलंब न लाऊँ।
अबै आउँ रघुबीर जीति दल, तौ हनुमंत कहाऊँ।
'सूरदास' सुभ पुरी अजोध्या, राघव सुबस बसाऊँ॥

हनुमान जी राम से कह रहे हैं—यदि मैं आपकी आज्ञा पा जाऊँ, तो इसी समय जाकर लंका-दुर्ग को उखाड़कर समुद्र के इस पार लेता आऊँ। इसी समय इस समस्त जंबू द्वीप (एशिया) को यहाँ से उखाड़ कर लंका में पहुँचा दूँ। समुद्र को सुखाकर क्षण मात्र में, अविलंब, सारी वानरी सेना को लंका में उतार दूँ। राम, मैं अभी-अभी रावण की सेना पर विजय प्राप्त किए आता हूँ। तुम्हारे अयोध्या छोड़ देने के कारण वह पुरी उजड़ गई है। तुम विजयी को ले जाकर, मैं उस उजड़ी अयोध्या को फिर से भली-भाँति बसाए देता हूँ। यदि मैं ऐसा न कर सकूँ, तो मेरा नाम हनुमान नहीं।

३४६/ग्र ५७८९ प्रणा, राग मारू

जो मैं राम रजायसु पाऊँ।
संक न करौं लंक गढ़ की कछु, सागर खोदि बहाऊँ।
बढ़ौं सरीर पीठ परमित करि, सकल कटक पहुँचाऊँ।
कहौ तो रावन कुल-समेत सब, बाँधि चरण तर लाऊँ।
हौं सेवक हरि ऐसौ तुम्हरौ, कहा एक मुख गाऊँ।
सुर अरु असुर सबै जुरि आवैं, रन नहिं पीठ दिखाऊँ।
'सूरदास' प्रभु कारज बिन किय, मुख नहिं आनि दिखाऊँ॥

हनुमान ने राम से कहा—हे राम, यदि आपकी आज्ञा पा जाऊँ, तो मैं विकट लंकागढ़ की तनिक भी शंका न करूँ। समुद्र को भी खोद कर बहा दूँ। मैं अपना शरीर और पीठ परम सीमा तक बढ़ा लूँ और उस पर चढ़ाकर सारी वानरी सेना को उस लंका में पहुँचा दूँ। कहें रावण को उसके सारे कुटुंब के सहित बाँधकर लाऊँ और तुम्हारे चरणों पर गिरा दूँ। हे प्रभु, मैं तुम्हारा ऐसा दास हूँ। मैं अपने इसी एक मुख से कितना कहूँ। देवता-दानव सभी एक साथ मिलकर लड़ने आ जायँ, पर मैं रण में पीठ दिखाने वाला नहीं हूँ। रण से भागूँगा नहीं, रण में डटा रहूँगा। प्रभु का कार्य संपन्न किए बिना मैं लौटकर मुँह नहीं दिखाऊँगा।

रघुपति, बेगि जतन अब कीजै ।
बाँधै सिंधु सकल सैना मिलि, आपुन आयसु दीजै ।
तब लौं तुरत एक तौ बाँधौ, द्रुम-पाखाननि छाइ ।
द्वितिय सिंधु सिय-नैन-नीर ह्वै, जब लौं मिलै न आइ ।
यह बिनती हौं करौं कृपानिधि, बार-बार अकुलाइ ।
'सूरजदास' अकाल प्रलय प्रभु, मेटौ दरस दिखाइ ॥

हनुमान जी राम से कह रहे हैं—हे रघुनाथ जी, अब शीघ्र ही कोई उपाय कीजिए। बस आप आज्ञा भर दे दें, और सारी सेना मिलकर समुद्र पर पुल बाँध देगी। जब तक सीता के नयनों से उमड़ा हुआ दूसरा समुद्र यहाँ तक आकर इस सिंधु में मिल नहीं जाता, तब तक पेड़ों और पत्थरों को बिछा-बिछाकर हमें तुरंत इस सिंधु को बाँध ही देना चाहिए। हे कृपानिधि, मैं बार-बार व्याकुल होकर आपसे यह बिनती किए जा रहा हूँ कि सीता मैया को अपना दर्शन देकर इस असमय उपस्थित हो जाने वाले उनके अश्रु-प्रलय की आशंका को ही मिटा डालिए।

विभीषण-रावण-संवाद — ३४८/५५५ राग मारू

लंकपति कौं अनुज सीस नायौ ।
परम गंभीर, रनधीर दसरथ-तनय, कोप करि सिंधु कैं तीर आयौ ।
सीय कौं लै मिलौ, यह मतौ है भलौ, कृपा करि मम बचन मानि लीजै ।
ईस कौ ईस, करतार संसार कौ, तासु पद-कमल पर सीस दीजै ।
कह्यौ लंकेस, दै ठेस पग की तबै, जाहि मति-मूढ़, कायर, डरानौ ।
जानि असरन-सरन 'सूर' के प्रभू कौं, तुरतहीं आइ द्वारैं तुलानौ ॥

लंकापति रावण के छोटे भाई विभीषण ने दरबार में आकर रावण को सिर झुकाया और कहा—दशरथ के पुत्र राम परम गंभीर हैं और रण में डटे रहने वाले हैं। वे क्रोध करके अब समुद्र के उस तट पर आ गए हैं। मेरा यह अच्छा मत है कि अब तुम सीता को ले जाकर राम से मिल लो। कृपा कर मेरी यह बिनती मान लो। वे राम महादेव जी के भी स्वामी हैं, वे संसार के कर्त्ता हैं। जाकर उनके चरण-कमलों पर अपना सिर रख दो।

तब रावण ने पैर की ठोकर मारते हुए विभीषण से कहा—हे मंदमति, हे कायर, तू डर गया। भाग जा यहाँ से।

तब विभीषण प्रभु को अशरणों को शरण देने वाला जानकर, तुरंत राम के द्वार पर आकर, दृढ़ निश्चय कर खड़ा हो गया।

३४९/५५६ राग सारंग

आइ बिभीषन सीस नवायौ ।
देखत ही रघुबीर धीर, कहि लंकापती, बुलायौ ।
कह्यौ सो बहुरि कह्यौ नहिं रघुबर, यहै बिरद चलि आयौ ।
भक्तबछल करुनामय प्रभु कौ, 'सूरदास' जस गायौ ॥

विभीषण राम के पास आया और उन्हें सिर झुकाकर प्रणाम किया। उसे देखते ही रम वीर और धीर राम ने उसे 'लंकापति' कह कर संबोधित किया और उसे अपने पास बठाया।

राम ने एक बार जो कह दिया, कह दिया। उन्हें उसी बात को फिर कहने की ावश्यकता नहीं रही। उनका विभीषण को एक बार लंकापति कह देना पर्याप्त है। प्रभु का यही तो विरद है, जो कहा सो कहा।

भक्त वत्सल, करुणामय राम का इसीलिए, सूरदास गुण गाए जा रहे हैं।

ाम-प्रतिज्ञा *३५०/५५७ राग मारू*

तब हौं नगर अजोध्या जैहौं।
एक बात सुनि निस्चय मेरी, राज्य बिभीषन दैहौं।
कपि-दल जोरि और सब सैना, सागर सेतु बँधैहौं।
काटि दसौ सिर, बीस भुजा, तब दसरथ-सुत जु कहैहौं।
छिन इक माहिं लंक गढ़ तोरौं, कंचन-कोट ढहैहौं।
'सूरदास' प्रभु कहत, बिभीषन, रिपु हति सीता लैहौं॥

राम ने विभीषण से कहा—मेरी एक बात निश्चित समझो, मैं तुमको पहले लंका का राजा बना लूँगा, फिर अयोध्या जाऊँगा। वानरों की सेना जुटाकर और भालू आदि की सेना एकत्र कर मैं समुद्र पर पुल बँधवा दूँगा। दशानन रावण के दसों सिर और बीसों भुजाओं को काट लूँगा, तभी मैं उचित रूप से महाराज दशरथ का बेटा कहला सकूँगा। मैं क्षण मात्र में लंका के दुर्ग को तोड़ डालूँगा और इसके सोने के बने परकोट को ढहा दूँगा। विभीषण, मैं रिपु रावण को मार कर सीता को ले आऊँगा। उसकी तरह चोरी से, छिप के, कपट रूप धारण करके नहीं।

ावण-मंदोदरी-संवाद *३५१/५५८ राग मारू*

वै लखि आए राम रजा।
जल कैं निकट आइ ठाढ़े भए, दीसति बिमल ध्वजा।
सोवत कहा, चेत रे रावन, अब क्यौं खात दगा?
कहति मँदोदरि, सुनु पिय रावन, मेरी बात अगा।
तृन दसननि लै मिलि दसकंधर, कंठनि मेलि पगा।
'सूरदास' प्रभु रघुपति आए, दहपट होइ लँका॥

मंदोदरी रावण को समझा रही है—देखो तो, वे राजा राम आ गए हैं। वे समुद्र के जल के निकट आकर खड़े हो गए हैं। उनकी श्वेत पताका यहाँ से दिखाई दे रही है। तुम सो क्यों रहे हो, सचेत हो जाओ, जिससे धोखा न खाना पड़े।

मंदोदरी कह रही है—हे मेरे पति रावण, मेरी बात पहले ही, आगे ही, मान लो। दाँतों में तिनका दबाकर, गले में पगड़ी लपेट कर, दीन भाव से जाकर, राम से मिल लो। नहीं तो वे आ ही गए हैं, लंका शीघ्र ही वानरों द्वारा रौंद डाली जायगी, ध्वस्त कर दी जायगी।

सरन परि मन-बच-कर्म बिचारि।
ऐसौ और कौन त्रिभुवन मैं, जो अब लेइ उबारि ?
सुनु सिख कंत, दंत तृन धरि कै, स्यौं परिवार सिधारौ।
परम पुनीत जानकी सँग लै, कुल-कलंक किन टारौ !
ये दससीस चरन पर राखौ, मेटौ सब अपराध।
हैं प्रभु कृपा करन रघुनंदन, रिस न गहैं पल आध।
तोरि धनुष, मुख मोरि नृपनि कौ, सीय स्वयंबर कीनौ।
छिन इक मैं भृगुपति-प्रताप-बल करषि, हृदय धरि लीनौ।
लीला करत कनक-मृग मार्यौ, बध्यौ बालि अभिमानी।
सोइ दसरथ-कुलचंद अमित बल, आए सारँग-पानी।
जाकैं दल सुग्रीव सुमंत्री, प्रबल जूथपति भारी।
महा सुभट रनजीत पवन-सुत, निडर बज्र-बपु-धारी।
करिहैं लंक पंक छिन बीतर, बज्र-सिला लै धावै।
कुल-कुटुंब-परिवार सहित, तोहिं बाँधत बिलम न लावै।
अजहूँ बल जनि करि संकर कौ, मानि बचन हित मेरौ।
जाइ मिलौ कोसल-नरेस कौं, भ्रात बिभीषन तेरौ।
कटक सोर अति घोर दसौं दिसि, दीसति बनचर-भीर।
'सूर' समुझि, रघुबंस-तिलक दोउ, उतरे सागर-तीर॥

मंदोदरी ने रावण को समझाया—सोच-विचार कर, मन-वचन और कर्म को एव कर, राम की शरण में पड़ जाओ। अब इन तीनों लोकों में है कौन, जो तुम्हें बचा ले। स्वामी, मेरी सीख सुनो। दाँतों में तिनका दबाकर, सारे परिवार के सहित राम के पा जाओ। साथ में परम पवित्र शुद्ध जानकी को लेते जाओ। ऐसा करके असुर कुल वे अपयश को क्यों नहीं टाल लेते। इन दसों सिरों को उनके चरणों पर रख दो और कहो— प्रभु मेरे सभी अपराध क्षमा कर दो। मिटा दो। प्रभु, रघुवंशी राम, कृपा करने वाले हैं दयालु हैं, वे तब तुम पर आधे पल के लिए भी क्रोध न करेंगे। उन्होंने जनकपुरी में शिवज का कठिन धनुष तोड़कर, स्वयंवर में आए सभी राजाओं का मान मर्दन कर, सीता के सा विवाह किया था। एक क्षण में भृगुमति परशुराम के प्रताप और बल को खींचकर अप हृदय में धर लिया था। खेल-खेल में उन्होंने स्वर्ण मृग बने तुम्हारे मामा मारीच को मा डाला। उन्होंने अभिमानी और परम बली बालि को भी मार डाला। अब वही दशरथ वे कुल के चंद्रमा, अमिट बल वाले, धनुर्धर राम यहाँ समुद्र तट पर आकर डट गए हैं उनकी सेना में तो सुग्रीव मंत्री हैं ही, अत्यंत बलवान सेनापति भी हैं। वहाँ महावीर, र विजयी, निडर, वज्र के शरीर वाले हनुमान हैं। वे हनुमान लंका को कुचल कर क्षण भ में समुद्रमयी बना देंगे। वे वज्र के समान कठोर पत्थर की चट्टानों को लेकर मारने वे लिए दौड़ पड़ते हैं। वे तुम्हारे कुल, कुटुंब, परिवार को और तुम्हें भी बाँध लेने में तनिव

भी देर न करेंगे। अब शंकर के बल का भरोसा न करो। मेरी कल्याण कारक बातें मान लो। तुम्हारा भाई विभीषण अयोध्यापति राम से जाकर मिल गया है। दशो दिशाओं में राम की बानरी सेना का अत्यंत भयानक शोर सुनाई पड़ रहा है और वनचर वानरों की भीड़ ही भीड़ दिखाई पड़ रही है। अब समझ लो, रघुकुल के तिलक दोनों भाई राम और लक्ष्मण समुद्र के तट पर ससैन्य उतर आए हैं।

३५३/५६० राग मारू

काहे कौं पर-तिय हरि आनी ?

यह सीता जो जनक की कन्या, रमा आप रघुनंदन-रानी ।
रावन मुग्ध, करम के हीने, जनक-सुता तैं तिय करि मानी !
जिनकैं क्रोध पुहुमि-नभ पलटै, सूखै सकल सिंधु कर पानी !
मूरख सुख निद्रा नहिं आवै, लैहैं लंक, बीस भुज भानी ।
'सूर' न मिटै भाल की रेखा, अल्प मृत्यु तुव आइ तुलानी ॥

मंदोदरी रावण को समझाए जा रही है—तुम पराई स्त्री को क्यों चुरा लाए? यह सीता जो जनक की बेटी और राम की रानी हैं, हे मुग्ध मूर्ख, कर्म-हीन रावण, उस जनक-सुता को तूने एक साधारण स्त्री समझ लिया है। वह कोई साधारण स्त्री नहीं है, वह साक्षात लक्ष्मी हैं, उसके क्रोध से पृथ्वी और आकाश उलट सकते हैं, समुद्र का पानी सूख जा सकता हैं। हे मूर्ख, तुझे रात-रात भर नींद नहीं आती। राम तेरी बीसों भुजाओं को काट डालेंगे और तेरी लंका भी तुझसे छीन लेंगे। माथे पर विधाता ने जो लिख दिया है, वह कर्म की रेखा मिटाने से मिटती नहीं। अब तेरी आयु अत्यल्प है। और तेरी मृत्यु तेरे प्राण लेने पर तुल गई है।

३५४/५६१ राग मारू

तोहिं कवन मति रावन आई ?

जाकी नारि सदा नवजोबन, सो क्यौं हरै पराई !
लंक सौ कोट देखि जनि गरबहि, अरु समुद्र सी खाई ।
आजु-काल्हि, दिन चारि-पाँच मैं, लंका होति पराई ।
जाकैं हित सैना सजि आए, राम लछन दोउ भाई ।
'सूरदास' प्रभु लंका तोरैं, फेरैं, राम दुहाई ॥

मंदोदरी रावण को समझाए जा रही है—हे रावण तुमको कौन-सी कुबुद्धि आ गई है। अरे तुम्हारी नारी मैं मंदोदरी सदा नव-यौवना बनी रहने वाली हूँ और तुम पराई नारी हर लाए हो। ऐसा क्यों? लंका ऐसा किला और समुद्र ऐसी उस किले की खाई देखकर घमंड मत करो। आज या कल, हद्दी-हद्दा चार-पाँच दिनों के ही भीतर, लंका दूसरे की हो जायगी, तुम्हारी नहीं रह पाएगी। राम-लक्ष्मण दोनों भाई सेना लेकर इस लंका-विजय के लिए ही तो आए हैं। राम लंका को तोड़ डालेंगे और यहाँ राम की दुहाई फिर जायगी।

'आयौ रघुनाथ बली, सीख सुनौ मेरी।
सीता लै जाइ मिलौ, बात रहै तेरी।
तैं जु बुरौ कर्म कियौ, सीता हरि ल्यायौ।
घर बैठे बैर कियौ, कोपि राम आयौ।
चेतत क्यौं नाहिं मूढ़, सुनि सु-बात मेरी।
अजहूँ नहिं सिंधु बँध्यौ, लंका है तेरी।
सागर कौ पाज बाँधि, पार उतरि आवैं।
सैना कौ अंत नाहिं, इतनौ दल ल्यावैं।'
'देखि तिया कैसौ बल करि, तोहिं दिखराऊँ।
रीछ कीस बस्य करौं, रामहिं गहि ल्याऊँ।'
'जानति हौं, बली बालि सौं न छूटि पाई।
तुम्है कहा दोष दीजै, काल-अवधि आई।
बलि जब बहु जज्ञ किए, इंद्र सुनि सकायौ।
छल करि लइ छीनि मही, बामन ह्वै धायौ।
हिरनकसिप अति प्रचंड, ब्रह्मा बर पायौ।
तब नृसिंह रूप धर्यौ, छिन न बिलँब लायौ।
पाहन सौं बाँधि सिंधु, लंका गढ़ घेरैं।
'सूर' मिलि बिभीषनै, दुहाइ राम फेरैं॥'

मंदोदरी ने रावण से कहा—हे स्वामी, मेरी सीख सुनो। महाबली राम आ गए हैं। सीता को ले जाकर राम से मिल लो। तुम्हारी बात, मर्यादा बच जाएगी। तुम सीता को हर लाए हो। तुमने यह बहुत बुरा काम किया है। तुमने घर बैठे रार मोल ले ली है। अब क्रुद्ध होकर राम आ गए हैं। हे मूढ़, मेरी अच्छी बातें सुनकर भी तू चेतता क्यों नहीं। अभी तक समुद्र पर पुल नहीं बँधा है और लंका तेरी है। समुद्र पर पुल बाँधकर वे इस पार उतर आयेंगे। वे इतना दल ले आए हैं कि उनकी सेना का कोई अंत नहीं है।

इस पर रावण बोला—अरी अबला नारी, देख मैं कैसा शक्ति-प्रदर्शन करके तुझे दिखलाता हूँ। मैं भालू-वानरों को अपने बस में कर लूँगा और राम को भी पकड़ लाऊँगा।

तब मंदोदरी पुनः बोली—मैं तुम्हारे बल को खूब जानती हूँ। तुमको बलवान बानर बाली ने अपनी कांख में दबा रखा था और तुम छूट नहीं पाए थे। मैं तुम्हें क्या दोष दूँ। तुम्हारी मृत्यु की अवधि अब आ गई है। जब दैत्यराज बलि ने सौवाँ यज्ञ प्रारंभ किया, तब इंद्र उनके शतक्रतु हो जाने, और अपने इंद्र पद से अपदस्थ हो जाने की शंका से बहुत डर गया था। तब इन्हीं राम ने छल करके बावन अंगुल का ब्राह्मण बनकर, तीन पग पृथ्वी माँगकर, अन्ततोगत्वा त्रिविक्रम बनकर, सारी पृथ्वी तीन डगों में ही नाप ली थी। हिरण्यकश्यप ने ब्रह्मा जी से अत्यंत प्रचंड वर पाया था। तब इन्हीं राम ने नरसिंह रूप धारण करके, उसे मारने में, तनिक भी देर नहीं की थी।

अब तो राम सिंधु बाँधकर, लंका घेरेंगे ही। तेरा भाई विभीषण उनसे जाकर मिल ही गया है। अब लंका में राम की दुहाई फिर ही जायगी। राम लंका को जीत ही लेंगे।

३५६/५६३ राग धनाश्री

रे पिय, लंका बनचर आयौ ।
करि परपंच, हरी तैं सीता, कंचन-कोट ढहायौ ।
तब तैं मूढ़ मरम नहिं जान्यौ, जब मैं कहि समुझायौ ।
बेगि न मिलौ जानकी लै कै, रामचंद्र चढ़ि आयौ ।
ऊँची धुजा देखि रथ ऊपर, लछिमन धनुष चढ़ायौ ।
गहि पद 'सूरदास' कहै भामिनि, राज बिभीषन पायौ ॥

रावण की भामिनी (पत्नी) मंदोदरी उसे समझाए जा रही है—हे पिया, लंका में एक वानर हनुमान आया था, जिसने तेरी सोने की लंका को गिरा दिया था, तुम छल प्रपंच करके सीता को हर ले आए हो। मैंने तुम्हें बहुत-बहुत समझाया था, पर हे मूढ़, तुम्हारी समझ में मेरी कोई बात आई ही नहीं। रामचंद्र अब लंका पर चढ़ आए हैं, अब भी सीता को ले जाकर उनसे शीघ्र ही मिल लो। देखो राम के रथ पर ऊँची ध्वजा फहरा रही है और लक्ष्मण ने धनुष चढ़ा लिया है। लंका का राज्य विभीषण को दे दिया गया है। अब भी जाकर राम का पैर पकड़ लो।

लंकेशदूत सुक-सारन *३५७/५६४ राग सारंग*

सुक-सारन द्वै दूत पठाए ।
बानर-बेष फिरत सेना मैं, जानि बिभीषन तुरत बँधाए ।
बीचहिं मार परी अति भारी, राम-लछन तब दरसन पाए ।
दीनदयालु बिहाल देखि कै, छोरी भुजा, कहाँ तैं आए ?
हम लंकेस-दूत प्रतिहारी, समुद-तीर कौं जात अन्हाए ।
'सूर' कृपाल भए करुनामय, अपनैं हाथ दूत पहिराए ॥

रावण ने शुक और सारण नामक दो गुप्तचर भेजे। वे बानर का वेष बदले हुए राम की बानरी सेना में घूम रहे थे। विभीषण ने यह जानकर उन्हें तुरंत बँधवा दिया। इस बीच शुक-सारण पर वानरों की बड़ी मार पड़ी, उनकी खूब पिटाई हुई। फिर वे राम-लक्ष्मण का दर्शन पा सके, राम-लक्ष्मण के सामने लाए गए। इनको विहाल देखकर दयालु रामचंद्र ने इनकी बँधी बाहों को खुलवा दिया और पूछा—कहाँ से आए हो। तब शुक-सारण ने कहा—हम लंकाधिपति रावण के दूत हैं, उनके चौकीदार हैं। हम समुद्र के किनारे नहाने जा रहे थे। तब करुणामय राम उन पर कृपालु हो उठे और अपने हाथों से उन्हें उनका वस्त्र पहना दिया।

राम-सागर-संवाद *३५८/५६५ राग धनाश्री*

रघुपति जबै सिंधु-तट आए ।
कुस-साथरी बैठि इक आसन, बासर तीनि बिताए ।
सागर गरब धर्‍यौ उर भीतर, रघुपति नर करि जान्यौ ।

तब रघुबीर धीर अपनैं कर, अगिनि-बान गहि तान्यौ।
तब जलनिधि खरभन्यौ त्रास गहि, जंतु उठे अकुलाइ।
कह्यौ, न नाथ बान मोहिं जारौ, सरन पर्‍यौ हौं आइ।
आज्ञा होइ, एक छिन भीतर, जल इक दिसि करि डारौं।
अंतर मारग होइ, सबनि कौं इहिं बिधि पार उतारौं।
और मंत्र जो करौ देवमनि, बाँधौ सेतु बिचार।
दीन जानि, धरि चाप, बिहँसि कै, दियौ कंठ तै हार।
यहै मंत्र सबहीं परधान्यौ, सेतु बंध प्रभु कीजै।
सब दल उतरि होइ पारंगत, ज्यौं न कोउ इक छीजै।
यह सुनि दूत गयौ लंका मैं, सुनत नगर अकुलानौ।
रामचंद्र-परताप दसौं दिसि, जल पर तरत पखानौ।
दस सिर बोलि निकट बैठायौ, कहि धावन सति भाउ।
उद्यम कहा होत लंका कौं, कौनैं कियौ उपाउ ?
जामवंत-अंगद बंधू मिलि, कैसैं इहिं पुर ऐहैं।
मो देखत जानकी नयन भरि, कैसैं देखन पैहैं।
हौं सति भाउ कहौं लंकापति, जौ जिय आयसु पाऊँ।
सकल भेव ब्यवहार कटक कौ, परगट भाषि सुनाऊँ।
बार-बार यौं कहत सकात न, तोहिं हति लैहैं प्रान।
मैंरें जान कनकपुरि फिरिहै, रामचंद्र की आन।
कुंभकरन हूँ कह्यौ सभा मैं, सुनौ आदि उतपात।
एक दिवस हम ब्रह्म-लोक मैं, चलत सुनी यह बात।
काम-अंध ह्वै सब कुटुंब-धन, जैहै एकै बार।
सो अब सत्य होत इहिं औसर, को है मेटनहार।
और मंत्र अब उर नहिं आनौं, आजु बिकट रन माँड़ौं।
गहौं बान रघुपति कैं सन्मुख ह्वै करि, यह तन छाँड़ौं।
यह जस जीति परम पद पावौं, उर संसै सब खोइ।
'सूर' सकुचि जौ सर न सँभारौ, छत्री-धर्म न होइ॥

रघुनाथ जी जब समुद्र के किनारे आ गए, तब उन्होंने कुश के आसन पर बैठकर तीन दिन बिता दिए। समुद्र ने राम को साधारण मनुष्य समझकर मन में भारी गर्व किया। तब धीर रघुवीर ने अपने हाथ में लेकर धनुष पर वाण चढ़ा लिया। तब डर कर समुद्र में खलबली मच गई। सारे जल-जंतु मगर मच्छादि आकुल हो उठे।

तब समुद्र ने आकर कहा—हे नाथ, मुझे अग्नि-वाण से मत जलाओ। मैं तुम्हारी शरण में आ गया हूँ। यदि आज्ञा हो, तो मैं अपना सारा जल एक क्षण के भीतर एक तरफ कर डालूँ। बीच में मार्ग निकल जाएगा और इस प्रकार सारी सेना को तुम समुद्र के उस

ार लंका में उतार लो। हे देवताओं में मणि स्वरूप राम, मैं एक और राय देता हूँ, तुम ाचार करो, चाहो तो पुल बाँध दो।

समुद्र को विनत और दीन विचार कर राम ने अपना धनुष-वाण धरती पर रख दिया ौर हँस कर अपने गले की माला समुद्र को पहना दी।

इसी दूसरे मंत्र को सबने प्रधान माना और कहा, हे प्रभु, समुद्र पर ही पुल बाँध दीजिए। स पर चढ़कर सारी सेना पार पहुँच जायगी। इस प्रकार एक भी जीव की हानि नहीं होगी।

यह सुनकर रावण का एक गुप्तचर दूत लंका गया। नगर-वासी पुल बाँध कर सेना को ंका में उतार देने की योजना सुनकर व्याकुल हो गए। गुप्तचरों ने कहा—राम का प्रताप सों दिशाओं में है। उनके तेज से तो पत्थर भी जल पर तैरते जा रहे हैं।

यह सुनकर दशानन रावण ने अपने दूत को बुलाया और अपने पास सादर बैठाया ौर कहा—हे दूत, सच कहो। लंका में आने का क्या उपाय किया जा रहा है और किसने ह उपाय किया है। जामवंत, अंगद और दोनों भाई राम-लक्ष्मण मिलकर इस लंकापुरी ं कैसे आवेंगे। मेरे देखते वे आँख भर कर जानकी को कैसे देख पावेंगे?

तब दूत बोला—हे लंकापति, मैं सब सच-सच कहे दे रहा हूँ, परन्तु कुछ कहने के हले मैं अपना प्राण-दान चाहता हूँ। यदि तुम मुझे मार न डालो, तो मैं सब सच-सच कह ूँ। मैं राम की वानरी सेना का सब भेद और व्यवहार तुमसे स्वयं कहकर सुनाए दे रहा हूँ। े बार-बार यह कहने में सशंक नहीं होते कि वे तुम्हें मारकर तुम्हारे प्राण ले लेंगे। मेरी ो समझ में आ रहा है कि स्वर्णपुरी में राम की दुहाई फिर जायगी। राम लंका जीत लेंगे।

कुंभकर्ण ने भी उस राज-सभा में कहा—अब इस उत्पात का आदि (प्रारम्भ) सुनिए। एक दिन मैं ब्रह्मलोक में था। वहीं मैंने यह चर्चा चलते सुनी। कामांधता के कारण रावण का सारा कुटुंब, सारी संपदा, एक ही बार में चली जायगी। सो अब इस समय सत्य होता हुआ देख रहा हूँ। इसे कौन मिटा सकता है।

तब रावण ने कहा—अब मैं कोई और मंत्रणा मानने नहीं जा रहा हूँ। आज मैं घोर युद्ध करूँगा। राम के सामने खड़ा होकर मैं धनुष-वाण उठाऊँगा और यह शरीर छोड़ दूँगा। निःशंक होकर इस यश को प्राप्त कर मैं परमपद मोक्ष पा लूँगा। यदि संकोच में पड़कर शर न सँभालूँ, तो यह क्षत्रिय धर्म नहीं है।

सेतु-बंधन *३५९/५६६ राग धनाश्री*

रघुपति चित्त बिचार कर्‌यौ।
नातौ मानि सगर सागर सौं, कुस-साथरी पर्‌यौ।
तीनि जाम अरु बासर बीते, सिंधु गुमान भर्‌यौ।
कीन्हौ कोप कुँवर कमलापति, तब कर धनुष धर्‌यौ।
ब्रह्म-बेष आयौ अति ब्याकुल, देखत बान डर्‌यौ।
द्रुम-पषान प्रभु बेगि मँगायौ, रचना सेतु कर्‌यौ।
नल अरु नील बिस्वकर्मा-सुत, छुवत पषान तर्‌यौ।
'सूरदास' स्वामी प्रताप तैं, सब संताप हर्‌यौ॥

रघुनाथ जी ने मन में विचार किया। उन्होंने मन में सोचा इस सागर की रचना सग के पुत्रों ने अश्व की खोज करते समय खोद करके किया था। उन्हीं सगर के नाम पर इसक नाम सागर पड़ा है। सगर हमारे पुरखा हैं। यह सोचकर उन्होंने सागर तट पर कुशास बिछा दिया और इसपर पड़ रहे। तीन दिन-रात बीत गए। पर सागर घमंड में चूर था। त कमलापति श्रीराम ने कोप किया और धनुष-बाण हाथ में उठा लिया। राम के इस कुपि रूप को देखकर समुद्र डर गया और अत्यंत व्याकुल होकर ब्राह्मण-वेश में वहाँ अ उपस्थित हुआ। प्रभु राम ने वृक्ष और शिलाएँ मँगवाई और समुद्र पर पुल बना दिया। न और नील विश्वकर्मा (देव-अभियंता) के पुत्र हैं। उनके छू देने मात्र से पत्थर पानी प तैरने लगता था। प्रभु के प्रताप से सब दुख दूर हो गया और सब समुद्र पार उतर गए।

३६०/५६७ राग मार

आपुन तरि तरि औरनि तारत।
अस्म अचेत प्रगट पानी मैं, बनचर लै-लै डारत।
इहिं बिधि उपलै तरत पात ज्यौं, जदपि सैल अति भारत।
बुद्धि न सकति सेतु रचना रचि, राम-प्रताप बिचारत।
जिहिं जल तृन, पसु, दारु बूड़ि, अपनैं सँग औरनि पारत।
तिहिं जल गाजत महाबीर सब, तरत आँखि नहिं मारत।
रघुपति-चरन-प्रताप प्रगट, सुर ब्योम बिमाननि गावत।
'सूरदास' क्यौं बूड़त कोऊ, नाम न बूड़न पावत॥

वानर लोग जड़ पत्थर ला लाकर समुद्र के पानी में फेंकते गए। वे पत्थर स्वयं त पानी में तैरते ही रहे। उन्होंने अन्य सभी वानर सेना को पार उतार दिया। यद्यपि शैल-शिलाएँ अत्यंत भारी भरकम थीं, फिर भी वे समुद्र के जल पर पत्तों की तरह तैरती जा रह थीं। बुद्धि से समुद्र पर सेतु रचना नहीं हो सकती, इसलिए सब समझने लगे कि यह राम के प्रताप से ही हो रहा है। जिस जल में तृण, पशु, लकड़ी सभी डूब जाते हैं, उसी जल में पत्थर तैर रहे हैं और अपने साथ औरों को भी पार उतारते जा रहे हैं। उसी जल में तैरत प्रस्तर शिलाओं पर पलक मारते-मारते, निमेष मात्र में, घोर गर्जन करते हुए महावीर बान पार उतरते जा रहे हैं। वह सब राम के चरणों का प्रताप है, ऐसा देवता लोग अपने-अप विमानों पर चढ़े हुए गाए जा रहे हैं। कोई भी पत्थर डूब भी कैसे सकता था, रामनाम के प्रभाव से कोई डूबने नहीं पा रहा था।

जलनिधि-तरण *३६१/५६८ राग धनाश्री*

सिंधु-तट उतरे राम उदार।
रोष बिषम कीन्हो रघुनंदन, सिय की बिपति बिचार।
सागर पर गिरि, गिर पर अंबर, कपि घन कैं आकार।
गरज किलक आघात उठत, मनु दामिनी पावक झार।
परत फिराइ पयोनिधि भीतर, सरिता उलटि बहाई।
मनु रघुपति भयभीत सिंधु, पत्नी प्यौसार पठाई।

बाला-बिरह दुसह सबही कौं, जान्यौ राजकुमार।
बानवृष्टि, स्रोनित करि सरिता, ब्याहत लगी न बार।
सुबरन लंक-कलस-आभूषन, मनि-मुक्ता-गन हार।
सेतु-बंध करि तिलक, 'सूर' प्रभु रघुपति उतरे पार॥

उधर राम समुद्र के लंका तट पर उतरे। सीता की स्थिति का विचार करके राम ने अत्यंत भयंकर क्रोध किया। सागर पर लंका का त्रिकूट पर्वत था, उस त्रिकूट पर्वत के ऊपर आकाश था। पृथ्वी और आकाश के बीच बादलों के समान कपि-दल था। उनकी गर्जना और किलकारी की गूँज आसमान से हो रही थी, मानो बिजली अग्नि की झड़ी लगाए दे रही थी। नदियाँ जो बाहर से आकर समुद्र में बह रही थी, वे अपने उद्गम की ओर उलटी बह चलीं। मानों राम के डर से डरा हुआ समुद्र अपनी पत्नियों को उनके नैहर भेजे दे रहा था। राजकुमार राम ने अपनी अनुभूति के आधार पर मान लिया कि पत्नी-विरह सभी को दुस्सह होता है। राम ने बाण-वर्षा करके रक्त की ऐसी नदी बहा दी कि समुद्र को उस शोणित-सरिता से ब्याह कर लेने में जरा भी देर न लगी। सोने की लंका के कलश ही आभूषण रूप में शोणित-सरिता रूपी बहू को दिए गए और मणि-मोतियों के हार भी उसे दिए गए। प्रभु ने शोणित-सरिता और सरिता-पति सिंधु के इस विवाह के अवसर पर सेतु-बंधु रूपी तिलक भी समुद्र को लगा दिया।

प्रभु राम इस प्रकार समुद्र से पार उतरे।

मंदोदरी-वचन रावण-प्रति *३६२/५६१ राग धनाश्री*

देखि रे, वह सारँगधार आयौ।
सागर-तीर भीर बानर की, सिर पर छत्र तनायौ।
संख-कुलाहल सुनियन लागे, लीला सिंधु बँधायौ।
सोवत कहा लंक गढ़ भीतर, अति कै कोप दिखायौ।
पदुम कोटि जिहिं सैना सुनियत, जंतु जु एक पठायौ।
'सूरदास' हरि बिमुख भए जे, तिनि केतिक सुख पायौ॥

मंदोदरी रावण से कह रही है—देख, देख, वह धनुर्धर राम आ गए। समुद्र तट पर वानरों की अपार भीड़ लगी हुई है। राम के सिर पर छत्र तना हुआ है। उनके द्वारा की हुई शंख-ध्वनि सुनाई पड़ने लगी है। इससे लगता है कि उन्होंने खेल-खेल में ही समुद्र बाँध लिया है। तुम लंका के दुर्ग में निःशंक होकर क्यों सोए जा रहे हो। राम ने अब अत्यंत क्रोध कर दिखाया है। सुनते हैं उनकी सेना में करोड़ों पद्म सेना है। उन्होंने उस सेना के एक सामान्य जंतु हनुमान को यहाँ भेजा था, वह सारी लंका जलाकर लौट गया। जो श्री हरि से विमुख होते हैं, वे कितना सुख उठा पाते हैं? वे सुख कहीं नहीं पाते।

३६३/५७० राग मारू

मो मति, अजहुँ जानकी दीजै।
लंकापति-तिय कहति पिया सौं, यामैं कछू न छीजै।
पाहन तारे, सागर बाँध्यौ, तापर चरन न भीजै।

बनचर एक लंक तिहिं जारी, ताकी सरि क्यौं कीजै !
चरन टेकि दोउ हाथ जोरि कै, बिनती क्यौं नहिं कीजै ?
वै त्रिभुवन-पति, करहिं कृपा अति, कुटुँब-सहित सुख जीजै ।
आवत देखि बान रघुपति के, तेरौ मन न पतीजै ।
'सूरदास' प्रभु लंक ज़ारि कै, राज बिभीषन दीजै ॥

लंकापति की रानी मंदोदरी अपने पति रावण से कह रही है—मेरी तो यह राय है कि अब भी जानकी को लौटा दो। इससे तुम्हारी कोई हानि नहीं है। पत्थर समुद्र पर तैरने लगे। उन्होंने समुद्र को बाँधकर पुल बना लिया। उस पर चलने से समुद्र के जल से पैर तक नहीं भींगता। उनका एक वनचर वानर यहाँ आया था, जो लंका जला गया। फिर राम की बराबरी कैसे की जा सकती है। उनके चरणों में माथा टेक कर, हाथ जोड़ कर, उनसे बिनती क्यों नहीं करते? वे त्रिभुवन-पति हैं, अत्यंत कृपा करनेवाले हैं। उनकी शरण में जाकर सपरिवार सुखपूर्वक जीवन-यापन कीजिए, राम के वाणों को आता हुआ देखकर भी तुम्हारे मन को विश्वास नहीं हो रहा है कि प्रभु राम लंका को जलाकर यहाँ का राज्य विभीषण को दे देना चाहते हैं।

रावण-वचन मंदोदरी-प्रति *३६४/५७१ राग मारू*

कहा तू कहति तिय, बार बारी ।
कोटि तैंतीस सुर सेव अहनिसि करैं, राम अरु लच्छमन हैं कहा री ।
मृत्यु कौं बाँधि मैं राखियौ कूप मैं, देहि आवन, कहा डरति नारी !
कहति मंदोदरी, मेटि को सकै तिहिं, जो रची 'सूर' प्रभु होनहारी ॥

रावण ने मंदोदरी से कहा—अरी नारी, तू बार-बार एक ही बात कहे जा रही है। तैंतीस कोटि देवता रात-दिन मेरी सेवा करते रहते हैं, फिर राम-लक्ष्मण क्या हैं? मैंने तो मृत्यु को बाँधकर कुएँ में डाल दिया है। आने दे राम-लक्ष्मण को। तू व्यर्थ क्यों डरी जा रही है?

तब मंदोदरी बोली—प्रभु ने जो भवितव्यता रच दी है, उसे कौन मिटा सकता है।

अंगद-दूतत्व *३६५/ग्र ५७२४ वर्ष, राग मारू*

बैरि सहज होय बस, बल तौ न कीजै ।
रीति महापुरुष की आदि ते अंत लौं, जानि कै काहु को दुख न दीजै ।
जाइ अंगद कहौ आपनी साधुता, यह बचन कहत कछु दोष नाहीं ।
लाभ अति होयगौ, सत्रु करि मित्रता, दीनता भाखियै, टेक छोरी ।
बालिनंदन प्रति राम ऐसे कहे, सबन की 'सूर' प्रभु हाथ डोरी ॥

राम ने अंगद से कहा—यदि शत्रु सहज ही वश में आ जाय, तो उसके साथ बल न करना चाहिए। आदि से अंत तक महापुरुषों की यही रीति चली आई है। जान-बूझकर किसी को दुख न देना चाहिए। युवराज अंगद, तुम जाकर रावण से यह साधु-संदेश कहो। यह बात कहने में कुछ दोष नहीं है। यदि रावण तुम्हारी बात मान लेता है, तो इससे भारी लाभ होगा। शत्रु-मित्र हो जाएगा। तुम अपनी टेक छोड़कर विनीत वचन बोलना।

बालि पुत्र अंगद से राम ने ऐसा कहा। प्रभु के हाथ ही में सबकी रस्सी है। वे जिसे जब जिधर चाहें, तब तिधर खींच लें।

३६६/ग्र ५७२५ वर्ष, राग मारू

श्रीराम-आदेस अंगद चल्यौ लंक कौ, प्रभु जब दोउ करन पीठ थापी।
धरनि धँसि सिंधु गई, सभा उलटी भई, इनहिं मैं कौन रावन प्रतापी।
राम कौं सत्रु करि, अस्व सिर छत्र धरि, रहि न पावै कहूँ ऐस पापी।
ठौर ही ठौर बहु रूप रावन भए, सबहि अंगद प्रतिहि बोले।
'सूर' अंगद कहै, माँ हुती सूकरी, बहुत रावन जने, पेट खोले॥

जब प्रभु राम ने अंगद की पीठ दोनों हाथों से थपथपा दी, तब उनके आदेश से अंगद लंका के लिए चल पड़े। तब धरती समुद्र में धँस गई। सभा उलट-पलट गई। अंगद समझ न पाए इनमें प्रतापी रावण कौन है। राम को शत्रु मानकर, घोड़े का शिर छत्र के रूप में जो धारण करता है, ऐसा पापी कहीं नहीं रह पाता। स्थान-स्थान पर इसी प्रकार अनेक रावण हुए हैं। सभी रावणों ने अंगद से ऐसा ही कहा। तब अंगद बोले—माँ सूकरी थी, उसने पेट खोलकर बहुत से रावण पैदा कर दिए हैं।

३६७/५७२ राग मारू

लंकपति पास अंगद पठायौ।
सुनि अरे अंध दसकंध, लै सीय मिलि, सेतु करि बंध रघुबीर आयौ।
यह सुनत परजर्‍यौ, बचन नहिं मन धर्‍यौ, कहा तैं राम सौं मोहि डरायौ ?
सुर-असुर जीति मैं, सब किए आप बस, 'सूर' मम सुजस तिहुँ लोक छायौ॥

श्रीराम ने लंकापति रावण के पास युवराज अंगद को भेजा। अंगद ने रावण से कहा—अरे अंधे दशकंधर, सीता को लेकर राम से मिल। राम समुद्र पर पुल बनाकर आ गए हैं। अंगद की यह बात सुनते ही रावण का तन-मन जल उठा। उसके मन में अंगद की बात नहीं समाई और वह बोला—तू मुझे राम से व्यर्थ ही क्यों डरा रहा है। मैंने सभी देवताओं और दैत्यों को जीतकर अपने अधीन कर लिया है। मेरा सुयश तो तीनों लोकों में छा रहा है।

३६८/५७३ राग मारू

"बालि-नंदन बली, बिकट बनचर महा, द्वार रघुबीर कौ बीर आयौ"।
पौरि तैं दौरि दरबान, दससीस सौं जाइ सिर नाइ, यौं कहि सुनायौ।
सुनि स्त्रवन, दस-बदन-अभिमान कै, नैन की सैन अंगद बुलायौ।
देखि लंकेस कपि भेष हर हर हँस्यौ, "सुनौ भट, कटक कौ पार पायौ!
बिबिध आयुध धरे, सुभट सेवत खरे, छत्र की छाहँ निरभय जनायौ।
देव-दानव-महाराज-रावन-सभा, कहन कौं मंत्र इहँ कपि पठायौ"!
"रंक रावन कहाऽतंक तेरौ इतौ, दोउ कर जोरि बिनती उचारौं।
परम अभिराम रघुनाथ के नाम पर, बीस भुज, सीस दस वारि डारौं।

झटकि हाटक मुकुट, पटकि भट भूमि सौं, झारि तरवारि तव सिर सँहारौं ।
जानकीनाथ कैं हाथ तेरौ मरन, कहा मति-मंद तोहिं मध्य मारौं'' ।
''पाक पावक करै, बारि सुरपति भरै, पौन पावन करै द्वार मेरे ।
गान नारद करै, बार सुरगुरु कहै, बेद ब्रह्मा पढ़ै पौरि टेरे ।
जच्छ, मृतु, बासुकी नाग, मुनि गंधरब, सकल बसु, जीति मैं किए चेरे ।
सुनि अरे सठ, दसकंठ कौं कौन डर, राम तपसी दए आनि डेरै'' ।
''तप बली, सत्य तापस बली, तप बिना, वारि पर कौन पाषान तारै ?
कौन ऐसौ बली सुभट जननी जन्यो, एकहीं बान तकि बालि मारै !
परम गंभीर, रनधीर दसरथ-तनय, सरन गऐं कोटि अवगुन बिसारैं ।
जाइ मिलि अंध दसकंध, गहि दंत तृन, तौ भलैं मृत्यु-मुख तैं उबारैं'' ।
कोपि करवार गहि कह्यौ लंकाधिपति, ''मूढ़, कहा राम कौं सीस नाऊँ ।
संभु की सपथ, सुनि कुकपि कायर कृपन, स्वास आकास बनचर उड़ाऊँ ।
होइ सनमुख भिरौं, संक नहिं मन धरौं, मारि सब कटक सागर बहाऊँ ।
कोटि तैंतीस मम सेव निसिदिन करत, कहा अब राम नर सौं डराऊँ ।
परै भहराइ भभकंत रिपु घाइ सौं, करि कदन रुधिर भैरौं अघाऊँ ।
सूर साजौं सबै, देहुँ डौंड़ी अबै, एक तैं एक रन करि बताऊँ ।
''चढ़ी रावन सुनौ सीस तव मीचु अब, तोरि भुजदंड करि रुंड धाऊँ'' ।
सीस तब धुन्यौ मंदोदरी कहि बार-बार, ''भजि, रनरंग रघुबीर आए'' ।
रुंड कटि, मुंड धुकि धुकि तब धरनि परै, रुधिर सरिता नहीं पार पाए ।
राम सर लागि मनु आइ गिरि तैं गिरी, उछरि छनछन सरनि भानु छाए ।
मारि दसकंध, करि बंधु को 'सूर' प्रभु, नैन-राजीव घर सिया ल्याए ॥

रावण के सिंहद्वार-स्थित द्वारपाल दौड़कर रावण के पास गए, उसे सिर झुकाया और यह कह सुनाया—

''रघुनाथ जी के वीर दूत, बालि के बली पुत्र, महाविकट वानर (अंगद) सिंहद्वार पर आए हैं।''

अभिमान वश, परम घमंडी दशानन ने जब यह सूचना कानों से सुनी, तब आँखों के इशारे से अंगद को बुलाया। अंगद को देखकर रावण तिलमिला कर हँसा और बोला— ''हे योद्धा, मैंने तुम्हें देखकर राम की सेना का अच्छा खासा अंदाज लगा लिया और तुमने भी जान लिया कि बड़े-बड़े योद्धा, तरह-तरह के हथियारों से लैस होकर मेरी सेवा में खड़े हैं और मैं अपने राजछत्र की छाया में निर्भय हूँ। मैं देव और दानवों दोनों का महाराज हूँ और मेरी सभा में मंत्रणा के लिए राम ने यहाँ बंदर भेज दिया है।''

तब अंगद ने कहा—''मैं दोनों हाथ जोड़कर निवेदन कर रहा हूँ—हे रंक रावण, तेरा इतना आतंक, रोब-दाब क्या है? कुछ भी नहीं है। मैं तेरे दशों मुँहों और बीसों भुजाओं को परम अभिराम राम के नाम पर निछावर कर दे सकता हूँ। तेरे सोने के मुकुट को झपट कर दूर फेंक सकता हूँ, सुभटों को पृथ्वी पर पटकनी दे सकता हूँ। और तलवार घुमाकर

तेरा सिर काट सकता हूँ। परन्तु तेरी मृत्यु तो सीतापति रघुनाथ के हाथ होनी है। तब हे मंदमति, मैं तुझे बीच ही में क्या मार डालूँ।

तब रावण बोला—"अग्नि मेरे घर में रसोई पकाता है, देवताओं का राजा इंद्र मेरे घर पर पानी भरता है। पवन मेरे दरवाजे पर झाड़ू लगाकर उसे पाक-साफ करता है। मेरे द्वार पर नारद संगीत सुनाया करते हैं। देवताओं के गुरु वृहस्पति रोज बता जाया करते हैं कि आज अमुक दिन है, अमुक नक्षत्र है। ब्रह्मा मेरे द्वार पर आकर नित्य वेद पढ़ जाया करते हैं। मैंने यक्ष, मृत्यु, गंधर्वों, वासुकी आदि नागों, मुनियों और वसुओं आदि सभी को जीतकर अपना सेवक बना लिया है। अरे शठ अंगद सुन, तपस्वी राम के समुद्र तट पर डेरा डाल देने से मुझ दशानन रावण को कौन सा डर है?"

तब अंगद ने कहा—"तप बली होता है, सच्चा तपस्वी बली होता है। बिना तप से पानी पर पत्थर कौन तैरा सका है? किस दूसरी माँ ने ऐसा वीर पैदा किया है जो एक बार एक ही बाण में बालि ऐसे बली को मार गिरा दे। महाराज दशरथ के पुत्र, रण में कभी भी अधीर न होने वाले, परम गंभीर राम की शरण में चले जाने पर वे सभी अपराधों को भुला देते हैं। हे अंधे दशकंधर, दाँतों में तिनका दबाकर यदि तू राम से जा मिले, तो भले ही वे तुझे मौत के मुँह में जाने से उबार लें।"

तब लंकाधिराज रावण ने अपने हाथ में तलवार ली और क्रुद्ध होकर कहा—अरे मूर्ख, मैं राम के सामने क्या नतमस्तक होऊँ? मैं शिवजी की शपथ खाकर कहता हूँ—हे कायर, कृपन, दुष्ट बंदर सुन, मैं तेरे जैसे वानरों को अपनी सांस (फूँक) मात्र से आकाश में उड़ा सकता हूँ। मैं मन में राम का कोई भय नहीं मानता। मैं उनसे आमने-सामने लड़ूँगा और उनकी सारी वानरी सेना को मारकर समुद्र में बहा दूँगा। तैंतीस कोटि देवता नित्य मेरी सेवा करते रहते हैं। फिर राम जैसे मनुष्य से क्यों डरूँ? मेरे आघात से, मेरी चपेट से, शत्रु भय खाते हुए भहराकर धरा पर गिर जायँगे और उनको मारकर (काटकर), मैं उनके लोहू से शिव के गण भैरो तो तृप्त कर दूँगा। मैं अभी अपने शूर वीरों को रण-सज्जा से सजाए देता हूँ। मैं अभी रण का डंका बजवाए दे रहा हूँ। मैं एक से बढ़कर एक युद्ध करके दिखा दूँगा।

तब अंगद ने कहा—"हे रावण, अब तेरे सिर पर मौत सवार हो गई है, मैं तेरी भुजाओं को तोड़ डालूँगा और तेरा सिर काटकर, केवल रुंड (धड़) रहने दूँगा और उस रुंड को लेकर मैं दौड लगाऊँगा।"

इस पर रावण की रानी मंदोदरी बार-बार अपना सिर पीटती हुई बोली—"रे रावण, जल्दी भाग चल। रण में रंग करने वाले राम आ गए हैं।"

इसके पश्चात रुंड (धड़) से कटकर मुंड लटक-लटककर पृथ्वी पर गिरने लगे. और रक्त की ऐसी नदी बह चली कि उससे पार जाना असंभव हो गया। राम के बाण लगने से मानो रक्त की नदी पर्वत-शिखर से निकल कर धरती पर बह चली हो। राम के बाणों ने क्षण-क्षण पर ऊपर उछल-उछल कर सूर्य को ढक लिया।

दशकंधर रावण को मारकर, उसके भाई विभीषण को प्रभु (राजा) बनाकर, कमल के समान नेत्रों वाले प्रभु राम सीताजी को अपने घर ले आए।

''आउ रघुबीर की सरन, अंगद कहै, मानि रे मूढ़मति, बचन मेरौ'' ।
''जाउ रे जाउ,'' जब कोपि लंकेस कह, ''भुजन मेरी बस्यौ काल तेरौ ।
सुर असुर नाग बलि जेते हैं जगत में, इंद्र ब्रह्मा सबहिं मैं नवाए ।
बात अद्भुत सबै और पाछें रही, रीछ कपि सैन गढ़ लंक लाए'' ।
''बाम कर की यहै अल्प-सी आँगुरी, लंक गढ़ बंक छिन मैं ढहाऊँ ।
का करौं, नैंकु मोहिं संक रघुबीर की, रंक तोहिं मारि अबहीं उड़ाऊँ'' ।
''होहि ऐसो बली काउ ना, मुगुध, बल, बालि से बाप कौ बैर लीनौ ।
तात के भ्रात ने मातु पत्नी करी, सत्रु की सरन जाय मूँड़ दीनौ'' ।
''हुते मम तात के रावरे-से लछन, धर्म की मेंड़ जिन तोड़ डारी ।
पारिहैं धूरि तत्काल अब तुव बदन, राम अवतार खल-दंड-धारी'' ।
सुनत ही बचन मनु फनग को फन चप्यौ, सिंह की पोंछ सोवत मरोर्‍यौ ।
ज्वलित पावक सदृस, बीस लोचन विकल, पटकि भुज उठत, मंत्री निहोर्‍यौ ।
''तौ लौं आवै ऐंड़ि, अभिमान मन मैं धरत, ग्रीव मैं बंक दे दृष्टि दीठी ।
सुरसुरी बंकुरी भुजा रघुबीर की, जौ जौं मतिमंद तैं नाहिं दीठी'' ।
''चपल बनचरन की जाति अति बोलनी, कहा राजान सौं बोल जानै ।
छत्र कौ छांह इंद्रादि थरथर करैं, बंक यह ढीठ नहिं संक मानै'' ।
''करौं जिय संक, जो अधिक तोकौं गनौ, जो कछु अपनपौ घट बिचारौं ।
भुजन सों पलटि दिगपाल सब दलमलौं, धरनि-नभ छत्र ज्यौं फारि डारौं'' ।
''रहि रे सुभट सम सेर, अधसेर तू, अपुन कौं बल जिय नहिं बिचारै'' ।
कहत परधान, ''महराज रावन बली, अवनि रहि आभ सौं बाँधि मारै'' ।
''पर्‍यौ बलि-द्वार परिहार वामन गदा, किंकिरी कौर दै दै जिवायौ ।
तात मम पालने आनि बाँध्यौ जबै, रैपटन मारि कै बार खायौ'' ।
मरम कौ बचन सुनि, खेद हिय मैं भयौ, चटपटी लाय, भृकुटी चढ़ावै ।
''है कोऊ सूर सामंत मेरी सभा, मारि लीजौ मंद, नहिं जान पावै'' ।
''एक रैपट सीस मुकुट उड़ि जायँगे, सभा सब चरन सौं चाँपि डारौं ।
बालि कौ पूत ह्वै सोच जिय मैं करौं, सिंह ह्वै मेढ़कन कहा मारौं'' ।
''करत अपराध उतपात छोटेन कूँ, बड़न कौं छमा भूषन कहावै ।
जान देहु दूत अबलौं न मार्‍यौ कहूँ, पसुन सौं लरत जिय लाज आवै'' ।
'सूर' जब बात बालिनंदन कह्यौ, ''सीस अब कौन तोसौं पचावै ।
नैंकु धरि धीर रनधीर, रघुबीर यह देखि तरवार कैसी चलावै'' ॥

अंगद ने रावण से कहा—'रघुवीर की शरण में आ जा। हे मूढ़मति, मेरी बात मान जा।'

तब क्रुद्ध होकर लंकेश रावण बोला—''जा, जा, यहाँ से भाग जा। मेरी भुजाओं में

तेरा काल आ बसा है (तू मेरी बाहों में पकड़ा जाकर मार दिया जायगा)। सुर, असुर आदि जितने भी इस संसार में नाग हैं, देवताओं के राजा इंद्र, स्रष्टा ब्रह्मा सभी को मैंने झुका दिया है। सब मुझे नतमस्तक होते हैं। और बातें पीछे रहीं। एक अद्भुत बात यह अवश्य हुई है कि बानर और भालुओं की सेना लंका पर चढ़ दौड़ी है।''

तब अंगद ने पुन: कहा—''तू रीछ बानरों को तुच्छ समझता है। एक बानर मैं हूँ। मैं अपने बाएँ हाथ की सबसे छोटी उँगली कनगुरिया से इस तेरी विकट लंका के दुर्ग को एक क्षण में ढहा सकता हूँ। गिरा कर ध्वस्त कर सकता हूँ। मैं तुझे अभी-अभी मारकर आकाश में फेंक सकता हूँ और तू आसमान में उड़ता हुआ चक्कर लगाता फिरेगा। पर मैं लाचार हूँ, मुझे रघुनाथ जी का भय है कि वे रुष्ट हो जायेंगे कि मेरी आज्ञा के बिना तू यह क्या कर आया। रावण को मैं मारना चाहता था और मार आया तू?''

तब रावण बोला—''हे मुग्ध (मूर्ख), ऐसा महाबली तो अभी तक कोई भी नहीं हुआ, जैसा तू अपने को बता रहा है। यदि तू इतना बलवान है, तो क्या तूने अपने बल से बालि का बदला लिया। राम ने ही तो तेरे बाप को मारा था। राम को तूने क्यों नहीं मारकर आकाश में उड़ा दिया। बड़ा बलवान बना है। तेरे बाप बालि के भाई सुग्रीव ने तेरी माँ तारा को अपनी पत्नी बना लिया है और तूने अपने बाप को मारने वाले शत्रु राम की शरण ले ली है। धिक है ऐसे बल को?''

फिर अंगद ने कहा—''जैसे तूने धर्म की मेड़ तोड़ डाली है, वैसे ही मेरे पिता के भी तुम्हारे ही से लक्षण थे और उन्होंने धर्म की मर्यादा तोड़ दी थी। वे सुरधाम सिधारे, अब तेरी बारी है। राम भगवान के अवतार हैं। दुष्टों को दंड देनेवाले हैं। अब तत्काल तेरे मुँह पर धूल पड़ेगी।''

अंगद की यह बात सुनते ही ऐसा लगा मानो साँप का फन किसी ने कुचल दिया हो, रावण फन कुचले साँप की तरह क्रोध से फुफकार उठा। वह उस सोते सिंह के समान उठकर क्रोध से दहाड़ उठा, जिसकी पूँछ को किसी ने मरोड़ दिया हो। रावण आग की तरह क्रोधाग्नि में जल उठा। बीस आँखों वाला रावण विकल हो उठा। उसने अपनी भुजा पटकी और अपने मंत्री की ओर देखा और कुछ इशारा किया।

मंत्री की ओर आदेश दृष्टि से देखते रावण को देखकर अंगद से नहीं रहा गया और वे पुन: बोल बैठे—'तू तभी तक ऐंठकर मन में गर्व कर ले और गर्दन टेढ़ी करके देख ले, जब तक, हे मतिमंद, तू रघुनाथ जी की लंबी टेढ़ी भुजाएँ नहीं देख लेता।'

रावण बोला—''चंचल वानरों की जाति अत्यंत वाचाल होती है। यह राजाओं से बात करना क्या जानें। मेरे राजछत्र की छाया में आते ही इंद्र आदि भी थर-थर काँपने लगते हैं। पर यह बाँकुरा, यह धृष्ट मेरी जरा भी शंका नहीं मान रहा है।''

फिर अंगद बोल उठे—''जो मैं तुझे अपने से अधिक शक्तिशाली मानूँ, तो तेरा भय भी मानूँ। पर मैं तुझे अपने से कम बलवान समझता हूँ। इसी से नि:शंक हूँ। मैं अपने घट (शरीर) में जो अपनी अस्मिता पर कुछ विचार करता हूँ, तो मैं यही समझता हूँ कि मैं अपनी भुजाओं से उलटकर सभी दिग्पालों को मसल सकता हूँ और पृथ्वी तथा आकाश को छत्ते के समान फाड़ डाल सकता हूँ।''

तब रावण का मंत्री बोला—"अरे वीर वांकुरे, तू अपने को शेर के समान समझता है, तू शेर नहीं है, बस तौलने पर अधसेरा (आधा किलोग्राम) मात्र है। तू अपने बल को अपने मन में नहीं ठीक-ठीक सोच रहा है। अपनी कम शक्ति को बहुत आँक रहा हैं। देख, महाराज रावण तो इतने बलशाली हैं कि पृथ्वी पर रहते हुए भी वे किसी को आकाश से बाँधकर मार डालें।

अंगद पुनः बोला—"यह वही शक्तिशाली रावण हैं, जो दैत्यराज बलि के द्वार पर चौकीदारी करता था। यह ब्राह्मण भिखारी! इसी को तो बलि की दासियों ने एक एक कौर दे-देकर जीवित रखा था। इसी रावण को मेरे पिता कपिराज बालि ने मेरे खेलने के लिए पकड़ लाकर मेरे पालने से बाँध रखा था, तब कई बार इसी ने मेरे झापड़ों की मार खाई थी।"

रहस्य की बात को सुनकर रावण के मन में क्षोभ हुआ, और उसने घबराकर उतावली में अपनी भौंहें चढ़ा ली। फिर बोला—"मेरी सभा में कोई शूर सामंत है, जो इस मंद को मार डाले और यह भागकर निकल न जाने पावै।"

तब अंगद ने पुनः कहा—"मेरे एक झपाटे में तुम्हारे सिर के मुकुट उड़ जायँगे, मैं तुम्हारी सारी सभा को पाँवों के नीचे कुचल डाल सकता हूँ। परंतु मैं बालि का पुत्र हूँ और सोचता हूँ कि सिंह होकर मैं मेंढकों को क्या मारूँ।"

तब रावण ने नीति की बात कही—"छोटे अपराध और उत्पात करते ही रहते हैं। बड़ों का भूषण तो उनको उनका क्षमा कर देना ही है—'क्षमा बड़न को चाहिए, छोटन को अपराध', इसे जाने दो। यह दूत है। अभी तक मैंने किसी दूत को मारा नहीं है। यह वानर है, पशु है। और पशुओं से लड़ने में मुझे लाज लगती है।"

तब बालि पुत्र अंगद ने कहा—"अब तुमसे कौन मगजमारी करे। थोड़ा धैर्य धरो और देखो रणधीर रघुवीर किस प्रकार तलवार चलाते हैं।"

३७०/५७४ राग मारू

रावन तब लौं ही रन गाजत।
जब लौं सारँगधर-कर नाहीं, सारँग-बान बिराजत।
जमहु कुबेर इंद्र हैं जानत, रचि रचि कै रथ साजत ?
रघुपति-रवि-प्रकास सौं देखौं, उडुगन ज्यौ तोहिं भाजत।
ज्यौं सहगमन सुंदरी कैं सँग, बहु बाजन हैं बाजत।
तैसें 'सूर' असुर आदिक सब, सँग तेरे हैं गाजत॥

अंगद ने रावण से कहा—"हे रावण, तू तभी तक रण में गर्जना करता रहेगा, जब तक सारंग (धनुष) धारण करने वाले राम के करों में धनुष और वाण नहीं विराजमान हो जाते। यम, कुबेर और इंद्र भी इस तथ्य को जानते हैं, फिर भी तुझे प्रसन्न करने के लिए वे तुझे रच-रच कर सजाए डाल रहे हैं। राम रूपी सूर्य के प्रकाश को देखते ही मैं तुझे तारों के समान भागता हुआ, अदृश्य होता हुआ देखूँगा। जैसे पति की मृत्यु के बाद जब कोई सती नारी उसके शव के साथ सती होने के लिए चल पड़ती है, तब उसके साथ-साथ अनेक प्रकार के बाजे बजते चलते हैं, उसी प्रकार ये सारे असुर भी तेरे साथ-साथ गर्जना करते जा रहे हैं।"

जानौं हौं बल तेरौ रावन!
पठवौं कुटुँब-सहित जम-आलय, नैंकु देहि धौं मोकौं आवन।
अगिनि-पुंज सित बान धनुष धरि, तोहिं असुर-कुल-सहित जरावन।
दारुन कीस सुभट बर सन्मुख, लैहौं संग त्रिदस-बल पावन।
करिहौं नाम अचल पसुपति कौ, पूजा-बिधि कौतुक दिखरावन।
दस मुख छेदि सुपक नव फल ज्यौं, संकर-उर दससीस चढ़ावन।
दैहौं राज बिभीषन जन कौं, लंकापुर रघु-आन चलावन।
'सूरदास' निस्तरिहैं यह जस, करि करि दीन-दुखित जन गावन॥

श्रीराम ने अंगद के द्वारा रावण के पास यह संदेश भेजा—"हे रावण, मैं तेरी शक्ति को जानता हूँ। मुझे जरा लंका में आ तो जाने दे, मैं तुझे तेरे सारे परिवार के साथ यमपुरी भेज दूँगा। मैं अपने धनुष पर अग्नि-पुंज सफेद वाण चढ़ाकर सारे असुरों के सहित तुझे जलाने के लिए ही पहुँच रहा हूँ। मेरे अत्यंत बलशाली भीमकाय बंदर रहेंगे और त्रिदश (देवता) लोगों की पवित्र सेना रहेगी। इन सबके साथ मैं तेरे सम्मुख उपस्थित होकर पशुपति (शिवजी) की (मुंडमाल चढ़ाकर) पूजा करने के लिए तथा अपना नाम स्थिर कर जाने के लिए आना ही चाहता हूँ। तेरे दसों मुंडो को भलीभाँति पके हुए फलों के समान विद्ध करके शंकर जी के गले में चढ़ाने आ रहा हूँ। मैं लंका का राज्य विभीषण को देने के लिए और लंकापुरी में रघु की दुहाई फेरने के लिए आ ही गया, ऐसा समझो"

दीन-दुखी जन राम की इस यशगाथा को गा-गाकर यह भवसागर पार कर जायँगे।

३७२/५७६ राग मारू

"मोकौं राम रजायसु नाहीं।
नातरु सुनि दसकंध निसाचर, प्रलय करौं छिन माहीं।
पलटि धरौं नव खंड पुहुमि तल, जौ बल भुजा सम्हारौं।
राखौं मेलि भँडार सूर-ससि, नभ कागद ज्यौं फारौं।
जारौं लंक, छेदि दस मस्तक, सुर-संकोच निवारौं।
श्रीरघुनाथ-प्रताप-चरन करि, उर तैं भुजा उपारौं"।
"रे रे चपल, बिरूप, ढीठ, तू बोलत बचन अनेरौ।
चितवै कहा पानि-पल्लव-पुट, प्रान प्रहारौं तेरौ।
केतिक संख जुगै जुग बीते, मानव असुर-अहेरौ।
तीनि लोक बिख्यात बिसद जस, प्रलय नाम है मेरौ"।
"रे रे अंध बीसहू लोचन, पर-तिय-हरन बिकारी।
सूनैं भवन गवन तैं कीन्हौ, सेष-रेख नहिं टारी।
अजहूँ कह्यौ सुनै जौ मेरौ, आए निकट मुरारी।
जनक-सुता लै चलि, पाइनि परि, श्रीरघुनाथ-पियारी"।

"संकट परैं जो सरन पुकारौं, तौ छत्री न कहाऊँ।
जन्महि तैं तामस आराध्यौ, कैसैं हित उपजाऊँ ?
अब तौ 'सूर' यहै बनि आई, हर कौ निज पद पाऊँ।
ये दससीस ईस-निरमायल, कैसे चरन छुवाऊँ" ?

अंगद रावण से कह रहे हैं—"मुझे राम की आज्ञा नहीं है। नहीं तो हे दशकंधर सुन, मैं तो क्षणभर में यहाँ प्रलय उपस्थित कर सकता हूँ।

पृथ्वी के नवों खंडो को उलट दूँ, यदि मैं अपनी भुजाओं के बल को सँभाल लूँ। सूर्य और चंद को उठाकर एक कोषागार में साथ-साथ रख दूँ। आकाश को कागद के समान फाड़ डालूँ। लंका को (फिर से) जला दूँ। तुम्हारे दसों सिरों को छेद डालूँ। देवताओं में तुम्हारे कारण जो सकुचन, हीन-भावना आ गई है, उसकी समाप्ति कर दूँ। श्रीराम के चरण-प्रसाद का स्मरण करके तेरी बीसों भुजाओं को तेरे शरीर से झटक कर उखाड़ फेंकूँ।"

तब रावण बिगड़ा—"अरे चंचल, कुरूप, धृष्ट वानर, तू क्या अट्ट-पट्ट बोलता जा रहा है। तू मेरे हाथ रूपी पल्लव पुटों को क्या देख रहा है ? मैं इनसे अभी तेरे प्राण लिए डाल रहा हूँ। कितने ही शंख युग बीत गए, यह मनुष्य तो सदा से हम असुरों का अहेर होता रहा है। तीनों लोकों में मेरा विशद यश प्रख्यात है—लोग मुझे प्रलय नाम से जानते हैं।"

तब अंगद ने कहा—"बीस-बीस आँखों के रहते हुए भी रे अंधे रावण, हे दूसरे की नारी को काम-विकार से ग्रस्त होकर चुरा लाने वाले चोर, तूने सीता की कुटी को सूनी देखकर वहाँ तक जाने की हिम्मत तो की, पर शेषावतार लक्ष्मण के द्वारा खींची गई धनुष की रेखा को भी डाँकने का साहस तुझमें नहीं था। आज भी मेरा कहना सुनकर निकट आ गए राम की शरण में, तू जनक की पुत्री जानकी, राम की परम प्रिया सीता को लेकर चल, और रघुनाथ के पैरों पर गिर जा।"

तब रावण ने कहा—"यदि मैं संकट आ पड़ने पर तेरे राम की शरण में जाता हूँ, तो मैं क्षत्रिय-धर्म से च्युत होता हूँ। जन्म से ही मेरी आराधना-पूजा तामसी रही है, अब मैं कैसे उसे सात्विकी बनाकर तेरे राम की भक्ति कर सकता हूँ। अब तो मेरा कल्याण इसी में है कि मैं कैसे भी हो शिवजी के चरणों को प्राप्त करूँ। मेरे ये दसों सिर शिव जी के निर्माल्य (प्रसाद) हैं। मैं उनके प्रसाद को तेरे राम के चरणों से कैसे छुवाऊँ।"

३७३/५७७ राग मारू

मूरख, रघुपति-सत्रु कहावत ?
जाके नाम, ध्यान, सुमिरन तैं, कोटि जज्ञ-फल पावत !
नारदादि सनकादि महा मुनि, सुमिरत मन-बच ध्यावत।
असुर तिलक प्रहलाद, भक्त बलि, निगम नेति जस गावत।
जाकी घरनि हरी छल-बल करि, लायौ बिलँब न, आवत।
दस अरु आठ पदम बनचर लै, लीला सिंधु बँधावत !
जाइ मिलौ कौसल-नरेस कौं, मन अभिलाष बढ़ावत।
दै सीता, अवधेस पाइँ परि, रहु लंकेस कहावत।

तू भूल्यौ दससीस बीस भुज, मोहिं गुमान दिखावत ।
कंध उपारि डारिहौं भूतल, 'सूर' सकल सुख पावत ॥

अंगद ने रावण से कहा—"हे रावण, तू हक नाहक अपने को राम का शत्रु कहलाता कर रहा है। राम के नाम लेने का, उनका ध्यान करने का, उनके सुमिरन करने का फल तो करोड़ों यज्ञों के फल-सा है। नारद आदि, सनक-सनंदन आदि महा मुनि उन्हीं राम का सुमिरन करते हैं और मनसा वाचा उन्हीं का ध्यान धारण करते हैं। असुर-श्रेष्ठ प्रह्लाद, भक्त दैत्यराज बलि उन्हीं का यश गाते रहते हैं। वेद भी उन्हें नेति-नेति कहते रहते हैं। जिसकी पत्नी को छल-बल करके तुम चुरा लाए हो, उन्होंने विलंब नहीं लगाया और आ पहुँचे हैं। उनके साथ अठारह पद्म बानर हैं। उन्होंने खेल-खेल में समुद्र बाँध दिया है, (अब तुम्हारा कल्याण इसी में है कि) तुम परम प्रेमपूर्वक आकर अयोध्या-पति राम से मिल लो। सीता को राम को सौंप दो और अवधेश राम के पैरों पर गिर पड़ो तथा लंकेश बने रहो। तुम अपने दस सिरों और बीस भुजाओं के बल पर भूले हुए हो और मुझे घमंड दिखा रहे हो, मैं तुम्हारे दसों कंधों को उखाड़ कर धरती पर फेंक दूँगा। इससे तुम्हारे बंदी बने देवताओं को सुख मिलेगा।"

३७४/५७८ राम मारू

"रे कपि, क्यौं पितु-बैर बिसार्‌यौ ?
तो समतुल कन्या किन उपजी, जो कुल-सत्रु न मार्‌यौ !
ऐसौ सुभट नहीं महिमंडल, देख्यौ बालि-समान ।
तासौं कियौ बैर मैं हार्‌यौ, कीन्हीं पैज प्रमान ।
ताकौ बध कीन्हौ इहिं रघुपति, तुव देखत बिदमान ।
ताकी सरन रह्यौ क्यौं भावै, सब्द न सुनियै कान" !
"रे दसकंध, अंध-मति, मूरख, क्यौं भूल्यौ इहिं रूप ?
सूझत नहीं बीसहू लोचन, पर्‌यौ तिमिर कैं कूप !
धन्य पिता, जापर परफुल्लित राघव-भुजा अनूप ।
वा प्रताप की मधुर बिलोकनि पर वारौं सब भूप" ।
"जौ तोहिं नाहिं बाहु-बल-पौरुष, अर्ध राज देउँ लंक ।
मो समेत ये सकल निसाचर, लरत न मानैं संक ।
जब रथ साजि चढ़ौं रन-सन्मुख, जीय न आनौं तंक ।
राघव सेन समेत सँहारौ, करौं रुधिरमय पंक" ।
"श्रीरघुनाथ-चरन-ब्रत उर धरि, क्यौं नहिं लागत पाइ ?
सबके ईस, परम करुनामय, सबही कौं सुखदाइ ।
हौं जु कहत, लै चलौ जानकी, छाँड़ौ सबै ढिठान ।
सनमुख होइ 'सूर' के स्वामी, भक्तनि कृपा-निधान" ॥

रावण अंगद को फोड़ने की कोशिश करता हुआ बोला—"अरे वानर, तूने अपने पिता का बैर कैसे भुला दिया। राम ने तेरे बाप बलि को मार डाला, तुझे भी राम को मारकर

बाप के वैर का बदला ले लेना चाहिए था। तूने अपने कुल के शत्रु को नहीं मारा। इस तो अच्छा हुआ होता कि तेरे स्थान पर बालि को कोई बेटी हुई होती। तेरे बाप बालि के समान बलवान योद्धा मैंने सारी दुनिया में कहीं नहीं देखा। मैंने उस बली बालि बैर किया था, पर मैं हार गया था। मैं उसके पैज, श्रेष्ठ बल को सादर स्वीकार करता हूँ उसी बालि का वध इस राम ने कर दिया, तेरे विद्यमान रहते। तुझे बाप को मार डाल वाले राम की छत्रछाया में रहना कैसे अच्छा लगता है। ऐसे से तो बहुत दूर ही रह चाहिए, जिससे उस शत्रु के शब्द भी कान में न पड़ने पावें।''

तब अंगद ने कहा—''हे अंधमति, मूर्ख, दशकंधर, तू अपने इस दस सिर, बीस भुजा बीस आँखों वाले रूप पर क्यों भूला हुआ है। बीस-बीस आँखों के रहते हुए भी तू दिखाई नहीं दे रहा है और तू अज्ञानांधकार के कुएँ में पड़ा हुआ है। मेरे पिता तो धन्य हैं जिन पर राम की यह अनुपम भुजा प्रफुल्लित हो उठी थी—उन्होंने मेरे पिता के सिर प अपना वरद हाथ रखा था। मैं राम के प्रताप की मधुर चितवन पर ही सारे संसार के राजाओं को निछावर करने के लिए तत्पर हूँ।''

इस पर रावण ने अंगद को फिर समझाया—यदि तुममें बल नहीं है, तो हे अंगद, मैं तुम्हें लंका का आधा राज्य दे रहा हूँ। तुम्हारे पक्ष में मुझ सहित ये सभी निशाचर राम से लड़ने में नहीं संकोच करेंगे। उनसे डरेंगे नहीं। जब मैं रथ को हरबा-हथियारों से सजाकर सम्मुख लड़ाई करने के लिए राम पर चढ़ाई करूँगा, तब मन में मै किसी का आतंक नहीं मानूँगा। रघुवंशी राम को उनकी सेना के सहित मार डालूँगा और पृथ्वी पर लोहू का कीचड़ ही कीचड़ हो जायेगा।''

तब अंगद ने पुनः कहा—श्री राम के चरणों का व्रत हृदय में धारण करके, क्यों नहीं उनके चरणों पर जाकर झुक जाते। राम सबके स्वामी हैं, परम कृपालु हैं और सभी को सुख देने वाले हैं। मैं जो कहता हूँ—जानकी जी को लेकर चलो, यह अपनी सारी ढिठाई छोड़ो। स्वामी राम भक्तों पर अत्यंत कृपा करने वाले हैं। उनके हृदय रूपी कोष में अपने भक्तों पर करने के लिए कृपा की कमी नहीं। चलो उनके सामने दीनभाव से खड़े तो हो जाओ।''

३७५/५७९ राग मारू

लंकपति इंद्रजित कौं बुलायौ ।
कह्यौ तिहिं, जाइ रनभूमि दल साजि कै, कहा भयौ राम कपि जोरि ल्यायौ ।
कोपि अंगद कह्यौ, धरौं धर चरन मैं, ताहि जो सकै कोऊ उठाई ।
तौ बिना जुद्ध कियैं जाहिं रघुबीर फिरि, सुनत यह उठे जोधा रिसाई ।
रहे पचि हारि, नहिं टारि कोऊ सक्यौ, उठ्यौ तब आपु रावन खिस्याई ।
कह्यौ अंगद, कहा मम चरन कौं गहत, चरन रघुबीर गहि क्यौं न जाई ।
सुनत यह सकुचि, कियौ गवन निज भवन कौं, बालि-सुतहूँ तहाँ तैं सिधायौ ।
'सूर' के प्रभू कौं नाइ सिर यौं कह्यौ, अंध दसकंध कौ काल आयौ ॥

लंकापति रावण ने इंद्र को भी जीत लेने वाले अपने पुत्र मेघनाद को बुलाया और कहा—युद्ध-क्षेत्र में सेना सजाकर जाओ। यदि राम कोप करके, वानरों को इकट्ठा करके आ ही गए हैं, तो क्या हुआ?

तब अंगद ने क्रुद्ध होकर कहा—"मैं अपना पैर पृथ्वी पर रख रहा हूँ। यदि तुम्हारा ोई भी वीर इस पैर को उठा दे, तो बिना युद्ध किए ही राम लौट जायँगे।"

अंगद की यह बात सुनते ही रावण-सभा के सभी वीर खिलखिला उठे और अंगद ा पैर उठाने के लिए उठ खड़े हुए। सब वीर हार कर थक गए। कोई भी अंगद के पैर टस से मस नहीं कर सका। उसे उठा नहीं सका। तब रावण खिसिया कर स्वयं अंगद ा पैर उठाने के लिए उठ पड़ा। इस पर अंगद ने कहा—तुम व्यर्थ के लिए मेरे चरण क्यों ह रहे हो। रघुनाथ जी के अव्यर्थ चरणों को जाकर क्यों नहीं पकड़ते?

यह सुनकर, सकुचा कर, रावण राज-सभा को छोड़कर अपने घर चला गया। ालि-पुत्र अंगद भी वहाँ से राम-दल की ओर लौट पड़े। और स्वामी राम को सिर ुकाकर यों कहा—'अब अंधे दशकंधर की मृत्यु निकट आ गई है।'

३७६/५८० राग मारू

बालि-नंदन आइ सीस नायौ ।
ंध दसकंध कौं काल सूझत न प्रभु, ताहि मैं बहुत बिधि कहि जनायौ ।
द्रजित चढ़्यौ निज सैन सब साजि कै, रावरी सैनहूँ साज कीजै ।
सूर' प्रभु मारि दसकंध, थपि बंधु तिहिं, जानकी छोरि, जस जगत लीजै ॥

बालि-तनय अंगद लंका से लौटे और उन्होंने प्रभु राम को सिर झुकाया तथा कहा— मैंने रावण को बहुत-बहुत प्रकार से समझाया, पर अंधे दशकंध को अपने सिर पर ंडराती हुई मृत्यु नहीं दिखाई दे रही है। इंद्रजीत अपनी सेना सजाकर चढ़ाई करने के लिए ल पड़ा है। हे प्रभु, अपनी वानरी सेना को भी युद्धार्थ सज जाने की आज्ञा दीजिए। हे भु, दशकंधर रावण को मार कर, उसके भाई विभीषण को लंका का राजा बनाकर, ानकी को रावण से छीनकर, संसार में यश लीजिए।"

३७७/ग्र ५७९० प्रणा, राग मारू

चढ़े हरि कनकपुरी पै आन ।
कंपी धरनि, थहर्‍यौ अंबर, देखि दलन को साज ।
असुर सबै पंछी ज्यौं भाजे, लछिमन छूटे बाज ।
'सूरदास' प्रभु लंका आए, दैन विभीषन राज ॥

राम ने स्वर्णपुरी लंका पर चढ़ाई कर दी। उस समय बानरी सेना को रण-सज्ज खकर धरती हिल उठी, आकाश भी थरथरा गया। सारे निशाचर पक्षियों की तरह उड़कर ाग गए। लगता था लक्ष्मण ने उनके ऊपर बाज के समान झपट्टा मार दिया था। प्रभु लंका विभीषण को राज तिलक देने के लिए आ गए।

क्ष्मण-वचन *३७८/५८१ राग मारू*

रघुपति, जौ न इंद्रजित मारौं ।
तौ न होउँ चरननि कौ चेरौ, जौ न प्रतिज्ञा पारौं ।
यह दृढ़ बात जानियै प्रभु जू, एकहिं बान निवारौं ।
सपथ राम परताप तिहारैं, खंड खंड करि डारौं ।

कुंभकरन, दससीस बीसभुज, दानव-दलहिं बिदारौं।
तबै 'सूर' संधान सफल हौं, रिपु कौ सीस उतारौं ॥

लक्ष्मण जी ने कुपित होकर कहा—"हे रघुनाथ जी, मैं इंद्रजित मेघनाद को आज म ही डालूँगा। यदि अपनी प्रतिज्ञा का पालन मैं न कर सकूँ, तो मैं आपके चरणों का सेव नहीं। हे प्रभु, आप मेरी इस बात को अत्यंत दृढ़ मानिए। मैं एक ही वाण से सबक निवारण कर दूँगा। हे राम, मैं आपकी शपथ खाकर कहता हूँ कि मैं सबके टुकड़े-टुक कर डालूँगा। मैं कुंभकर्ण, को रावण की बीसों भुजाओं और दसों सिरों को तथा सम दानवों की सेना को क्षत-विक्षत कर दूँगा। यदि मैं शत्रु के सिर को काट डालूँ, तभी सफल शर-संधानक समझा जा सकूँगा।"

लक्ष्मण-युद्धगमन *३७९/५८२ राग मा*

लखन दल संग लै लंक घेरी।
पृथी भइ षष्ट अरु अष्ट आकास भए, दिसि-बिदिस कोउ नहिं जात हेरी
रीछ लंगूर किलकारि लागे करन, आन रघुनाथ की जाइ फेरी
पाट गए टूटि, परी लूटि सब नगर मैं, 'सूर' दरबान कह्यौ जाइ टेरी

लक्ष्मण ने बानरी सेना लेकर लंका को घेर लिया। तब न तो चारों दिशाओं में, चारों विदिशाओं में ही देखा जा पा रहा था। लगता था पृथ्वी छह टुकड़ों में और आका आठ टुकडों में बँट गया था। भालू-बंदर किलकारी मारने लगे। राम की दुहाई फि लगी। फलतः लंका के चारों दिशाओं के किवाड़ टूट गए और सारे नगर में बानर भालु ने लूट मचा दी।

दरबानों ने जाकर यह सूचना रावण को दी।

मंदोदरी-वचन रावण के प्रति *३८०/५८३ राग मा*

रावन, उठि निरखि देखि, आजु लंक घेरी।
कोटि जतन करि रही, सिख मानी नहिं मेरी।
गहगहात किलकिलात, अंधकार आयौ।
रबि कौ रथ सूझत नहिं, धरनि-गगन छायौ।
पौरि-पाट टूटि परे, भागे दरबाना।
लंका मैं सोर पर्‍यौ, अजहुँ तैं न जाना!
फोरि फारि, तोरि तारि, गगन होत गाजैं।
'सूरदास' लंका पर, चक्र संख बाजैं॥

लंका के घिर जाने पर मंदोदरी रावण से कह रही है—"रावण उठो, रावण आँ फाड़कर देखो, आज तुम्हारी लंका घिर गई है। मैंने करोड़ों यत्न करके तुम्हें समझाया, तुमने मेरी एक भी सीख नहीं मानी। चारों ओर बानरी सेना के कारण गर्जन करता हुअ किलकारी मारता हुआ, अंधकार छाता जा रहा है। यह अधंकार इतना अधिक है कि स का रथ भी दिखाई नहीं पड़ रहा है और यह पृथ्वी पर और आकाश में सर्वत्र छा गया है नगर के फाटकों के किवाड़ टूट गए हैं। द्वार-रक्षक द्वारों को छोड़कर भाग गए हैं। लं

में कोलाहल मच गया है और तुम्हें इसका पता तक नहीं चला। चतुर्दिक तोड़-फोड़ मच गई है। गगन में बानरों की घोर गर्जना गूँज रही है। लंका पर राम-सेना के चक्र घहरा रहे हैं और विजय के शंख बजते जा रहे हैं।''

३८१/ग्र ५७२१ वर्ष, राग मारू

देखि हो कंत, रघुनाथ आयौ।
छिप्यौ ससि सूर अति, चाह चकृत भयौ, धूरि सौं पूरि आकास छायौ।
तब न मान्यौ कह्यौ, आपने मद रह्यौ, देह के गर्व अभिमान बाढ़्यौ।
सुनौ हो कंत, अब कठिन भौ छूटिबौ, गहे भुज बीस करवाल गाढ़्यौ।
सिंधु-गंभीर दल, छोड़ि दै मुग्ध बल, तैं न कीन्हीं कहूँ टेक गाढ़ी।
बचैं क्यौं डूबते माँझ लाग्यौ धका, लंक-सी नाव द्वै टूक फाड़ी।
कहत सुनि 'सूर' तू गिन्यौ पंछीन में, आनि अचरज, पर आज खेले।
भजे क्यों उबरिहैं बाज हनुमान पै, मूढ़, जब जानकीनाथ मेले॥

मंदोदरी रावण से कह रही है—''हे कांत, देखो, राम सदल-बल आ गए। इस सेना के पैरों की उठी धूल से सारा आकाश आच्छादित हो उठा है, सूर्य और चंद्रमा इस धूल में छिप गए हैं। यह देखकर अत्यंत आश्चर्य हो रहा है। जब मैंने तुम्हें समझाया, तब तो तुमने मेरा कहना माना नहीं। अपने घमंड में डूबे रहे, तुम्हें अपने शरीर का घमंड बहुत बढ़ गया था। हे कांत सुनो, अब राम की सेना से छूट पाना, बच निकलना, कठिन हो गया प्रतीत होता है। उसने तलवार निकाल कर काटने के लिए तुम्हारी बीसों भुजाएँ पकड़ ली हैं। राम की सेना गहरे समुद्र के समान है। हे मुग्ध (मूर्ख), अपना बल छोड़ दे, तूने कहीं भी गाढ़ी टेक नहीं निभाई है। तेरी लंका नौका के समान है। यह डूबने से कैसे बच सकती है। इसे बीच में ही भारी धक्का लग गया है और यह नाव अब फटकर दो टुकड़े हो चुकी है। हनुमान राम का भेजा हुआ भारी शिकारी बाज है। भागने से तुम अब बच नहीं सकते। तुमने इस हनुमान-बाज को सामान्य पक्षियों में गिन रखा था। पर उस पक्षी ने आज जो यहाँ आकर अपने पंख खोल कर खेले हैं, तो आश्चर्य हो रहा है।''

३८२/५८४ राग मारू

लंका फिरि गइ राम-दुहाई।
कहति मँदोदरि सुनि पिय रावन, ''तैं कहा कुमति कमाई''?
''दस मस्तक मेरे बीस भुजा हैं, सौ जोजन की खाई।
मेघनाद से पुत्र महाबल, कुंभकरन से भाई।
रहि रहि अबला, बोल न बोलै, उनकी करति बड़ाई।
तीनि लोक तैं पकरि मँगाऊँ, वै तपसी दोउ भाई''।
''तुम्हैं मारि, महिरावन मारैं, देहिं बिभीषन राई।
पवन कौ पूत महाबल जोधा, पल मैं लंक जराई!
जनकसुता-पति हैं रघुबर से, सँग लछिमन से भाई।
'सूरदास' प्रभु कौ जस प्रगट्यौ, देवनि बंदि छुड़ाई॥

मंदोदरी रावण से कह रही है—"हे पिया रावण, सुनो, तूने कैसे कुबुद्धि की। सारी लंका पर राम की दुहाई फिर गई—लंका में राम का राज हो गया।"

रावण ने कहा—"मेरे दस सिर हैं, मेरी बीस-बीस भुजाएँ हैं, लंका दुर्ग के बाहर सौ यौजन चौड़ी समुद्र की खाई है, मेघनाद के समान मेरा महाबली पुत्र है। कुंभकर्ण ऐसा मेरा भाई है। तू अबला नारी है। रह-रहकर इस प्रकार कुवचन न बोला कर। तू तपसियों की बड़ाई करती रहती है। मैं उन दोनों तपसी भाइयों को, तीनों लोकों में वे चाहे जहाँ हों, वहाँ से पकड़ मँगवा सकता हूँ।"

मंदोदरी ने कहा—"क्या व्यर्थ की शेखी बघार रहे हो। राम तुम्हें मारेंगे, फिर महिरावण को मारेंगे। तुम्हें मारकर वे विभीषण को लंका का राजा बना देंगे। आया तो था एक बानर हनुमान, पवन का पुत्र, महाबलवान योद्धा, उसने तुम्हारी सारी लंका पल भर में जला दी। जनक की पुत्री जानकी के पति स्वयं राम जैसे वीर हैं। उनके साथ उनके भाई लक्ष्मण हैं। राम का यश तो देवताओं को बंधन से मुक्त करने के लिए प्रसिद्ध हैं। वे राम सभी देवताओं को तुम्हारी बंदि से भी मुक्त करेंगे।"

मेघनाद का नाग-पाश प्रयोग *३८३/५८५ राग मारू*

मेघनाद ब्रह्मा-बर पायौ।
आहुति अगिनि जिंवाइ सँतोषी, निकस्यौ रथ बहु रतन बनायौ।
आयुध धरैं समस्त कवच सजि, गरजि चढ़्यौ रन-भूमिहिं आयौ।
मनौ मेघनायक रितु पावस, बान-बृष्टि करि सेन कँपायौ।
कीन्हौं कोप कुँवर कोसलपति, पंथ अकास सायकनि छायौ।
हँसि-हँसि नाग-फाँस सर साँधत, बंधु-समेत बँधायौ।
नारद स्वामी कह्यौ निकट ह्वै, गरुड़ासन काहैं बिसरायौ?
भयौ तोष दसरथ के सुत कौं, सुनि नारद कौ ज्ञान लखायौ।
सुमिरन ध्यान जानि कै अपनौ, नाग-फाँस तैं सेन छुड़ायौ।
'सूर' बिमान चढ़े सुरपुर सौं, आनँद अभय-निसान बजायौ॥

मेघनाद ने ब्रह्मा से वर पाया ही था। इसके अतिरिक्त अग्नि में आहुति दे देकर उसने अग्निदेव को भी संतुष्ट कर लिया था। फिर अनेक प्रकार के बहुत से रत्नों से जड़े हुए रथ पर बैठकर वह रण-भूमि के लिए निकल पड़ा। वह सभी प्रकार के हरबा-हथियार अपने रथ पर रखे हुए था। और स्वयं कवच पहन रखा था। वह गर्जन करता हुआ रण-भूमि में आया, मानों मेघनायक इंद्र पावस ऋतु में वाण-वृष्टि करके सेना को कँपाए दे रहे हों। तब कोसलपति राम ने क्रोध करके आकाश मार्ग को वाणों से भर दिया।

तब मेघनाद ने हँस-हँसकर नाग-पाश छोड़ा। नाग पाश में राम ने, भाई लक्ष्मण सहित, अपने को बँधवा लिया। तब नारद जी राम के पास आए और कहा—प्रभु आपने अपने आसन गरुड़ को क्यों भुला दिया? नारद द्वारा सुझाए गए ज्ञान को सुनकर दशरथ के पुत्र राम को संतोष हो गया। गरुड़ ने जान लिया कि भगवान राम मेरा ध्यान कर रहे हैं। वे तुरंत आ गए और नागों को निगलकर सारी सेना को नाग-पाश से मुक्त कर दिया।

देवता लोग अपने-अपने विमानों पर चढ़े हुए सुरपुर से आनंद-मग्न होकर अभय की दुंदुभी बजा उठे।

कुंभकरण-रावण-संवाद *३८४/५८६ राग मारू*

लंकपति अनुज सोवत जगायौ।
लंकपुर आइ रघुराइ डेरा दियौ, तिया जाकी सिया मैं लै आयौ।
तैं बुरी बहुत कीन्ही, कहा तोहिं कहौं, छाँड़ि जस, जगत अपजस बढ़ायौ।
'सूर' अब डर न करि, जुद्ध कौ साज करि, होइहै सो, जो दई-भायौ॥

रावण ने अपने छोटे भाई कुंभकर्ण को जगाया और कहा—रघुराज राम ने आकर डेरा डाल दिया है। यह वही राम हैं जिनकी स्त्री मैं हर लाया हूँ।

जगकर कुंभकर्ण ने कहा—भाई तुमने बहुत बुरा किया, तुम्हें मैं क्या कहूँ। तुमने यश को छोड़कर, संसार में अपयश ही बढ़ाया है। अस्तु, अब डर न करो, युद्ध की तैयारी करो। जो दैव चाहेगा, अब तो वही होगा।

लक्ष्मण-शक्ति *३८५/५८७ राग मारू*

लछन कह्यौ, करवार सम्हारौं।
कुंभकरन अरु इंद्रजीत कौं, टूक-टूक करि डारौं।
महाबली रावन जिहिं बोलत, पल मैं सीस सँहारौं।
सब राच्छस रघुबीर-कृपा तैं, एकहिं बान निवारौं।
हँसि-हँसि कहत बिभीषन सों प्रभु, महाबली रन भारौ।
'सूर' सुनत रावन उठि धायौ, क्रोध अनल उर धारौ॥

लक्ष्मण ने कहा—"अब मैं अपनी तलवार उठा रहा हूँ। अब मैं कुंभकर्ण और इंद्रजीत मेघनाद को टुकड़े-टुकड़े कर डालूँगा। जो रावण महाबली कहा जाता है, उसके भी सिर पल भर में उतार लूँगा। रघुराज की कृपा से सभी राक्षसों का संहार एक ही वाण से कर दूँगा।"

तब राम जी हँसकर विभीषण से कहने लगे—यह मेरा अनुज लक्ष्मण, महा शक्तिशाली और भारी रण-बांकुरा है।

लक्ष्मण की इस बात को सुनकर रावण के हृदय में क्रोध की प्रबल अग्नि धधक उठी और वह युद्धभूमि के लिए चल दौड़ा।

३८६/५८८ राग मारू

रावन चल्यौ गुमान भर्यौ।
श्रीरघुनाथ अनाथबंधु सौं, सनमुख खेत खर्यौ।
कोप कर्यौ रघुबीर धीर तब, लछिमन पाइ पर्यौ।
तुम्हरैं तेज-प्रताप नाथ जू, मैं कर धनुष धर्यौ।
सारथि सहित अस्व बहु मारे, रावन क्रोध जर्यौ।
इंद्रजीत लीन्ही तब सत्ती, देवनि हहा कर्यौ।
छूटी बिज्जु-रासि वह मानौ, भूतल बंधु पर्यौ।
करुना करत 'सूर' कोसलपति, नैननि नीर झर्यौ॥

घमंड में आकर रावण-रणभूमि के लिए चला। वह अनाथों के बंधु श्री रघुनाथ जी के सामने आकर युद्ध-क्षेत्र में खड़ा हो गया। तब परम धीर रघुनाथ जी ने क्रोध किया। फिर लक्ष्मण जी राम के पैरों पर गिए और बोले—हे नाथ, तुम्हारे ही तेज और प्रताप के बल पर तो मैंने धनुष-बाण हाथ में लिया है। (मैं ही युद्ध करूँगा)। लक्ष्मण ने रथ हाँकने वाले सारथियों के साथ-साथ बहुत से घोड़े भी मार गिराए। तब रावण क्रोध से जल-भुन उठा। फिर मेघनाद ने शक्ति उठा ली। तब देवताओं में हाहाकार मच गया कि मेघनाद ने शक्ति उठा ली है, अब जाने क्या होगा। मेघनाद के हाथ से शक्ति घनीभूत बिजली सी कौंधी और राम के बंधु लक्ष्मण धरती पर गिर गए। कोसलपति राम ने अत्यंत शोक किया और उनके नयनों से अश्रु-प्रवाह होने लगा।

राम-शोक *३८७/५८९ राग मारू*

निरखि मुख राघव धरत न धीर ।
भए अति अरुन, बिसाल कमल-दल-लोचन, मोचत नीर ।
बारह बरष नींद है साधी, तातैं बिकल सरीर ।
बोलत नहीं मौन कहा साध्यौ, बिपति-बँटावन बीर !
दसरथ-मरन, हरन-सीता कौ, रन बैरिनि की भीर ।
दूजौ 'सूर' सुमित्रा-सुत बिनु, कौन धरावे धीर ?

मूर्च्छित लक्ष्मण का मुरझाया श्रीहीन मुख देखकर राघव राम अधीर हो उठे। कमल की पंखुड़ियों के समान उनकी शिथिल आँखें आँसू बहाते-बहाते अत्यंत लाल हो गईं। वे कहने लगे—भाई लक्ष्मण, तुमने बारह वर्षों तक सोया नहीं है, इसलिए तुम्हारा शरीर वैसे ही शिथिल पड़ गया है। अब तुम बोल नहीं रहे हो। हे मेरी विपत्ति में हिस्सा बँटा लेनेवाले भाई, चुप क्यों हो गए हो? उधर पिता श्री महाराज दशरथ का देहांत हो गया। इधर सीता को रावण चुरा लाया। युद्ध क्षेत्र में शत्रुओं की भारी भीड़ लगी हुई है। अब इस आपत्ति-काल में सुमित्रा-सुत लक्ष्मण के बिना मुझे धैर्य बँधाए तो कौन?

३८८/५९० राग मारू

अब हौं कौन कौ मुख हेरौं ?
रिपु-सेना-समूह-जल उमड़्यो, काहि संग लै फेरौं ?
दुख-समुद्र जिहिं वार-पार नहिं, तामैं नाव चलाई ।
केवट थक्यौ, रही अधबीचहिं, कौन आपदा आई ?
नाहीं भरत-सत्रुघन सुंदर, जिनसौं चित्त लगायौ ।
बीचहिं भई और की औरै, भयौ सत्रु कौ भायौ ।
मैं निज प्रान तजौंगौ, सुनि कपि, तजिहि जानकी सुनिकै ।
ह्वैहै कहा बिभीषन की गति, यहै सोच जिय गुनि कै ।
बार बार सिर लै लछिमन कौ, निरखि गोद पर राखैं ।
'सूरदास' प्रभु दीन बचन यौं, हनूमान सौं भाषैं ॥

लक्ष्मण को शक्ति लगने पर राम विलाप कर रहे हैं—अब मैं सहायतार्थ किसका मुँह

देखूँ? शत्रु-सैन्य रूपी जल उमड़ पड़ा है। दुख का समुद्र अपार है। इसको पार करना बहुत कठिन है। इस दुख-सागर में मैंने अपनी नौका छोड़ दी है। नौका इसमें बही जा रही है। किसको साथ लेकर मैं इस बहती नौका का मुँह मोड़ूँ। कौन इस नाव का रुख फेर सकता है। केवट (मलाह) थक गया है। नाव आधे रास्ते में ही है। तब तक यह कौन-सी विपत्ति आ टूट पड़ी। यहाँ छोटे भाई सुंदर भरत और शत्रुघ्न भी नहीं हैं। मेरा मन तो उनमें सदा ही लगा रहता है। बीच ही में कुछ का कुछ हो गया। अब तो शत्रु जो चाहता था, वह हो गया। हे हनुमान सुनो, लक्ष्मण के मर जाने पर मैं अपने प्राण त्याग दूँगा— दुनिया से छुट्टी मिल जायगी। मेरा मरना सुनकर सीता भी प्राण तज देगी। उसकी भी छुट्टी हो जायगी। लक्ष्मण ने तो छुट्टी कर ही ली है। अब मेरा यहाँ कौन धरा बैठा है। मैंने बिभीषण को लंका का राजा बनाने को कह दिया है। इनकी कौन गति होगी। यही सोच कर मेरे मन को भारी शोक हो रहा है। राम बार-बार लक्ष्मण के सिर को देखते हैं और उसे लेकर अपनी गोद में रख लेते हैं। इसके पश्चात उन्होंने हनुमान से दीन-वाणी में इस प्रकार कहा।

३८९/५९१ राग मारू

कहाँ गयौ मारुत-पुत्र कुमार।
ह्वै अनाथ रघुनाथ पुकारे, संकट-मित्र हमार।
इतनी बिपति भरत सुनि पावैं, आवैं साजि बरूथ।
कर गहि धनुष जगत कौं जीतैं, कितिक निसाचर जूथ।
नाहिंन और बियौ कोउ समरथ, जाहि पठावौं दूत।
को अब है पौरुष दिखरावै, बिना पौन के पूत?
इतनौ बचन स्त्रवन सुनि हरष्यौ, फूल्यौ अंग न मात।
लै-लै चरन-रेनु निज प्रभु की, रिपु कैं स्त्रोनित न्हात।
अहो पुनीत मीत केसरि-सुत, तुम हित बंधु हमारे।
जिह्वा रोम-रोम-प्रति नाहीं, पौरुष गनौं तुम्हारे!
जहाँ-जहाँ जिहिं काल सँभारे, तहँ-तहँ त्रास निवारे।
'सूर' सहाइ कियौ बन बसि कै, बन-बिपदा-दुख टारे॥

राम शोक-विह्वल होकर अनाथ की तरह बोले—हे पवन-पुत्र, मेरा भाई कुमार लक्ष्मण कहाँ चला गया। वही तो मेरे संकट का सखा था। यदि मेरी इस विपत्ति का समाचार भरत सुन पावेंगे, तो वे सेनाँ सजाकर आ जायेंगे, वे हाथ में धनुष लेते ही सारा संसार जीत लेंगे। राक्षसों की यह सेना है ही कितनी। इस समय कोई और इतना शक्तिशाली नहीं है, जिसे मैं दूत बनाकर भरत के पास भेजूँ। अब हे पवन के पुत्र तुम्हारे सिवा दूसरा कौन है, जो अपना पौरुष दिखलावे।

हनुमान ने जब राम की इतनी बातें सुनीं, तब उन्हें प्रसन्नता हुई और उनके अंग फूले नहीं समाए। उन्होंने प्रभु-राम के चरणों की धूल माथे लगाई और शत्रु के रक्त से नहाने लगे।

आगे राम ने फिर कहा—हे केशरी के पुत्र, हे मेरे निष्कपट पवित्र मित्र, तुम्हीं मेरे

हितैषी, तुम्हीं मेरे भाई हो, मेरे रोयें-रोयें में जीभ होती, तो तुम्हारे पौरुष का गुणानुवाद कर पाती। बेचारी एक जीभ क्या करे। जहाँ-जहाँ जिस-जिस समय मैंने तुम्हें स्मरण किया, वहाँ-वहाँ, उस-उस समय तुमने संकट का निवारण किया है। वन में बसते हुए भी तुमने मेरी सहायता की है। युद्ध में आई इस विपत्ति को भी अब तुम्हीं टालो, तो टालो।

हनुमान-वचन श्रीराम-प्रति *३९०/५९२ राग मारू*

रघुपति, मन संदेह न कीजै।
मो देखत लछिमन क्यौं मरिहैं, मोकौं, आज्ञा दीजै।
कहौ तौ सूरज उगन देउँ नहिं, दिसि-दिसि बाढ़ै ताम।
कहौ तौ गन समेत ग्रसि खाऊँ जम, पुर जाइ न, राम।
कहौ तौ कालहिं खंड-खंड करि, टूक-टूक करि काटौं।
कहौ तौ मृत्युहिं मारि डारि कै, खोदि पतालहिं पाटौं।
कहौ तौ चंद्रहिं लै अकास तैं, लछिमन मुखहिं निचोरौं।
कहौ तौ पैठि सुधा कैं सागर, जल समस्त मैं घोरौं।
श्री रघुबर, मोसौं जन जाकैं, ताहि कहा सँकराई?
'सूरदास' मिथ्या नहिं भाषत, मोहिं रघुनाथ-दुहाई॥

हनुमान ने कहा—हे रघुनाथ जी, मन में किसी प्रकार का संदेह न करें। मेरे देखते लक्ष्मण क्यों मरने पाएँगे। मुझे आज्ञा दीजिए, अब मैं क्या करूँ? कहें तो सूर्योदय होने ही न दूँ और सारे संसार में अँधेरा बढ़ा रहे। कहिए तो मैं यमदूतों के सहित यम को ही खा जाऊँ और वे अपने यमपुर को जा ही न सकें। कहें तो काल को ही खंड-खंड कर दूँ और उसको टुकड़ों में काट दूँ। कहें तो मृत्यु को ही मारकर खोदकर पाताल में गाड़ दूँ। कहें तो चंद्रमा को आकाश से पकड़ लाऊँ और उसके सारे अमृत को लक्ष्मण के मुँह में निचोड़ दूँ। कहें तो सुधा के समुद्र में घुसकर उसके सारे अमृत-जल को घँघोर दूँ, फेंट दूँ। हे रघुनाथ जी, जब मेरे समान सेवक आपके पास है, तब आप पर कौन सा संकट आ सकता है। मैं झूठ नहीं कहता, मुझे आपकी शपथ है।

३९१/५९३ राग मारू

कह्यौ तब हनुमत सौं रघुराई।
दौनागिरि पर आहि सँजीवनि, बैद सुषेन बताई।
तुरत जाइ लै आउ उहाँ तैं, बिलँब न करि मो भाई।
'सूरदास' प्रभु-बचन सुनतहीं, हनुमत चल्यौ अतुराई॥

तब हनुमान से रघुनाथ जी ने कहा—वैद्य सुखेन ने बताया है कि द्रोणाचल पर संजीवनी बूटी है। तुम तुरंत जाओ और उसे वहाँ से लाओ। हे मेरे भाई, विलंब न करो।

प्रभु की बात सुनते ही, हनुमान जी जल्दी में चल पड़े।

३९२/५९४ राग मारू

दौनागिरि हनुमान सिधायौ।
संजीवनि को भेद न पायौ, तब सब सैल उठायौ।

चितै रह्यौ तब भरत देखि कै, अवधपुरी जब आयौ ।
मन मैं जानि उपद्रव भारी, बान अकास चलायौ ।
राम-राम यह कहत पवन-सुत, भरत निकट तब आयौ ।
पूछ्यौ 'सूर'-कौन है कहि तू, हनुमत नाम सुनायौ ॥

हनुमान द्रोणाचल के लिए चल पड़े। वहाँ उन्होंने संजीवनी बूटी को पहचान नहीं पाया। तब उन्होंने समूचा पर्वत ही उखाड़ कर उठा लिया। जब हनुमान द्रोणाचल को लिए दिए अयोध्यापुरी के ऊपर पहुँचे, तब भरत ने उस पर्वत को देखा और उसकी ओर देखते ही रह गए। उन्होंने मन में समझा कि यह तो कोई भारी विपत्ति जान पड़ती है। ऐसा सोचकर भरत ने आकाश की ओर वाण चला दिया। आहत होकर पवनकुमार, राम-राम कहते हुए, भरत के पास आ गिरे। भरत ने पूछा—बता तो भला, तू है कौन? तब हनुमान ने कहा—मेरा नाम हनुमान है।

३९३/५९५ राग मारू

कहौ कपि, 'रघुपति कौ संदेस ।
कुसल बंधु लछिमन, बैदेही, श्रीपति सकल-नरेस ।'
'जनि पूछौ तुम कुसल नाथ की, सुनौ भरत बलबीर ।
बिलख-बदन, दुख भरे सिया के, हैं जलनिधि कैं तीर ।
बन मैं बसत, निसाचर छल करि, हरी सिया मम मात ।
ता कारन लछिमन सर लाग्यौ, भए राम बिनु भ्रात ।'
'कत रघुनाथ न रन के कारण, मोको लैन, पठाव ?
थक्यौ सुमध्य, अर्द्धनिसि बीती, को लछिमनहिं जियाव ?
यह सुनि कौसिल्या सिर ढोऱ्यौ, सबनि पुहुमि तन जोयौ ।
त्राहि-त्राहि कहि, पुत्र-पुत्र कहि, मातु सुमित्रा रोयौ ।
धन्य सुपुत्र पिता-पन राख्यौ, धनि सुबधू कुल-लाज ।
सेवक धन्य अंत अवसर जो आवै प्रभु कैं काज ।
पुनि धरि धीर कह्यौ, धनि लछिमन, राम काज जो आवै ।
'सूर' जियै तौ जग जस पावै, मरि सुरलोक सिधावै ॥

भरत जी ने हनुमान जी से पूछा—हे कपि, भाई रामचंद्र का कुशल समाचार कहो। क्या वे भाई लक्ष्मण, विदेह पुत्री सीता, राजाओं के भी राजा सीतापति श्रीराम कुशल से हैं न?

इस पर हनुमान ने कहा—हे बलबीर भरत, रघुनाथ जी की कुशल तुम न पूछो, वे सीता-हरण के दुख से भरे हुए विलखते मुँह से इस समय समुद्र के किनारे पड़े हुए हैं। पंचवटी वन में रहते समय निशाचर रावण ने मेरी माता सीताजी को हर लिया। इसी कारण लक्ष्मण वाण-विद्ध हो गए हैं और राम इस समय बिना भाई के हो गए हैं।

यह सुनकर भरत जी ने पूछा—रण के निमित्त रघुनाथ जी ने मुझे क्यों नहीं बुला भेजा? तुम बीच ही में, आधे रास्ते में ही, थक गए हो। आधी रात बीत चुकी है। तब

लक्ष्मण को कौन बचा सकता है?

यह समाचार सुनकर कौशल्या जी का सिर धरती पर लुढ़क गया। सब लोग धरती की ओर नीचे देखने लगे—लुढ़की पड़ी कौशल्या के लिए भी और स्वयं भी शोक-मग्न होकर।

माता सुमित्रा—'प्रभु रक्षा करो, रक्षा करो' कहकर, 'हाय बेटा, हाय बेटा' कह कर विलख विलखकर रोने लगीं। उन्होंने फिर कहा—'बेटा राम धन्य है, जिसने अपने पिता के प्रण को पूरा किया, फिर वधू सीता धन्य है जिसने कुल की लज्जा बचाई है, सेवक वह धन्य है जो अंत समय में स्वामी के काम आता है। फिर धैर्य धारण करती हुई वह बोलीं—'मेरा बेटा लक्ष्मण भी धन्य है, जो राम के काम आया, यदि वह जीवित बच गया, तो संसार में यश पावेगा और यदि मर गया, तो सुरलोक जायगा।'

३९४/५९६ *राग मारू*

धनि जननी जो सुभटहिं जावै।
भीर परैं रिपु कौ दल दलि-मलि, कौतुक करि दिखरावै।
कौसिल्या सौं कहति सुमित्रा, जनि स्वामिनि दुख पावै।
लछिमन जनि, हौं भई सपूती, राम-काज जो आवै।
जीवै तौ सुख बिलसै जग मैं, कीरति लोकनि गावै।
मरै तौ मंडल भेदि भानु कौ, सुरपुर जाइ बसावै।
लोह गहैं लालच करि जिय कौ, औरौ सुभट लजावै।
'सूरदास' प्रभु जीति सत्रु कौं, कुसल-छेम घर आवैं॥

शोकमग्ना कौशल्या से वीरमाता सुमित्रा कह रही हैं—वह माँ धन्य है, जो वीर पुत्र पैदा करती है, ऐसा वीर पुत्र जो संकट आ पड़ते ही शत्रु के दल को कुचल दे और खेल-खेल में ही अपना पराक्रम प्रकट कर दे। हे स्वामिनी, आप दुख न करें, लक्ष्मण को पैदा करके मैं सपूती हुई हूँ, क्योंकि यह राम का काम करने में लगा हुआ है। यदि वह जीवित बच गया, तो सांसारिक सुखों का तो उपभोग करेगा ही, संसार के लोग भी उसकी कीर्ति बखानेंगे। यदि वह मर ही गया, तो सूर्य-मंडल को भेदता हुआ सुरपुर चला जायगा। जो लोग अपने प्राणों के लोभ से तलवार उठाते हैं, वे सुभटों को लजाते हैं, जो दूसरों के लिए तलवार उठाते हैं, वे ही सच्चे वीर हैं। मेरा लक्ष्मण सच्चा वीर है। मैं तो भगवान से यही प्रार्थना करती हूँ कि राम शत्रु को जीतकर सकुशल अयोध्या आ जायँ।

३९५/५९७ *राग मारू*

सुनौ कपि, कौसिल्या की बात।
इहिं पुर जनि आवहिं मम बत्सल, बिनु लछिमन लघु भ्रात।
छाँड़्यौ राज-काज, माता-हित, तुव चरननि चित लाइ।
ताहि बिमुख जीवन धिक रघुपति, कहियौ कपि समुझाइ।
लछिमन सहित कुसल बैदेही, आनि राज पुर कीजै।
नातरु 'सूर' सुमित्रा-सुत पर, वारि अपुनपौ दीजै॥

कौशल्या जी ने हनुमान से कहा—हे कपि, मुझ कौशल्या की भी बातें सुन लो। तुम राम से कहना—इस अयोध्यापुरी में राम अपने अनुज लक्ष्मण को साथ लिए बिना न आवें। लक्ष्मण ने तुम्हारे ही लिए राज-काज छोड़ा, माता का प्यार छोड़ा और तुम्हारे चरणों में मन लगाया। उससे विमुख होकर, उसे छोड़कर जीवित रहनेवाले को धिक्कार है। हे कपि, राम से यह समझाकर कह देना। लक्ष्मण और वैदेही के सहित वे अयोध्यापुरी आकर यहाँ का राज्य करें। नहीं तो सुमित्रा के पुत्र लक्ष्मण पर वे वहीं अपने को भी निछावर कर दें।

३१६/५१८ राग मारू

''बिनती कहियौ जाइ पवनसुत, तुम रघुपति के आगे।
या पुर जनि आवहु बिनु लछिमन, जननी-लाजनि-लागे''।
मारुतसुतहिं सँदेस सुमित्रा, ऐसैं कहि समुझावै।
सेवक जूझि परै रन भीतर, ठाकुर तउ घर आवै।
जब तैं तुम गवने कानन कौं, भरत भोग सब छाँड़े।
'सूरदास' प्रभु तुम्हरे दरस बिनु, दुख-समूह उर गाढ़े॥

कौशल्या जी ने पवनपुत्र हनुमान से कहा—हे कपि, जाकर मेरी यह बिनती राम के आगे कह सुनाना। इस अयोध्यापुरी में बिना भाई लक्ष्मण को लिए न लौटें। नहीं तो मैं उनकी माँ कौशल्या लज्जा से मर जाऊँगी।

तब मारुत-सुत हनुमान को, सुमित्रा जी ने राम से कहने के लिए, यों कह समझाया—सेवक युद्ध में जूझ जाता है, तब भी स्वामी घर लौटता ही है। जब से हे राम, तुम वन में गए हो, भरत ने भोग-विलास की सारी चीजें छोड़ दी हैं और घर में रहते हुए भी वनवासी हो गए हैं। तुम्हारे लौटे बिना, तुम्हारे दर्शन पाए बिना, दुखों का प्रगाढ़ समूह उनके हृदय को भारी कष्ट दिए जा रहा है। (अतः चौदह वर्ष पूरे होते ही अविलंब अयोध्या आ जायँ।)

३१७/५१९ राग मारू

पवन-पुत्र बोल्यौ सति भाइ।
जाति सिराति राति बातनि मैं, सुनौ भरत, चित लाइ।
श्रीरघुनाथ सँजीवनि कारन, मोकौं इहाँ पठायौ।
भयौ अकाज, अर्द्धनिसि बीती, लछिमन-काज नसायौ।
स्यौं परबत सर बैठि पवनसुत, हौं प्रभु पै पहुँचाऊँ।
'सूरदास' प्रभु-पाँवरि मम सिर, इहिं बल भरत कहाऊँ॥

तब पवनपुत्र हनुमान शुद्ध भाव से बोले—हे भरत, ध्यानपूर्वक सुनो। रात बातों में ही बीती जा रही है। रघुनाथ जी ने मुझे संजीवनी बूटी लाने के लिए द्रोणागिरि पर भेजा था। अब तो आधी रात बीत गई, बड़ा विलंब हो गया। बड़ी हानि हो जाना चाहती है। लक्ष्मण का प्राण नष्ट हो जाना चाहता है।

तब भरत जी ने हनुमान से कहा—हे पवनकुमार, तुम पर्वत सहित मेरे वाण पर आ बैठो। मैं तुम्हें अविलंब प्रभु राम के पास समुद्र-तट पर पहुँचाए देता हूँ। मेरे सिर पर प्रभु की खड़ाऊँ है। इसी खड़ाऊँ के बल पर मैं भरत कहा जाता हूँ।

हनूमान संजीवनि ल्यायौ।
महाराज रघुबीर धीर कौं, हाथ जोरि सिर नायौ।
परबत आनि धर्यौ सागर-तट, भरत सँदेस सुनायौ।
'सूर' सँजीवनि दै लछिमन कौं, मूर्छित फेरि जगायौ।

हनुमान संजीवनी बूटी लेकर आ गए। उन्होंने महाराज श्री रघुबीर को हाथ जोड़कर सिर झुकाया। द्रोण-गिरि को लाकर समुद्र तट पर जा रखा। भरत का संदेश कह सुनाया। फिर मूर्च्छित लक्ष्मण को संजीवन बूटी देकर उन्हें जगा दिया।

राम-रावण युद्ध *३९९/६०१ राग टोड़ी*

दूसरैं कर बान न लैहौं।
सुनि सुग्रीव, प्रतिज्ञा मेरी, एकहिं बान असुर सब हैहौं।
सिव-पूजा जिहिं भाँति करी है, सोइ पद्धति परतच्छ दिखैहौं।
दैत्य प्रहारि, पाप-फल-प्रेरित, सिर-माला सिव-सीस चढ़ैहौं।
मनौ तूल-गन परत अगिनि-मुख, जारि जड़नि जम-पंथ पठैहौं।
करिहौं नाहिं बिलंब कछू अब, उठि रावन सन्मुख ह्वै धैहौं।
इमि दमि दुष्ट देव-द्विज मोचन, लंक बिभीषन, तुमकौं दैहौं।
लछिमन, सिया समेत 'सूर' कपि, सब सुख सहित अजोध्या जैहौं॥

श्रीराम कह रहे हैं—मैंने अपने हाथ में जो एक वाण ले लिया है, सुग्रीव सुनो, मेरी प्रतिज्ञा है कि मैं इसी एक वाण से सभी असुरों का संहार कर दूँगा और अपने हाथ में दूसरा वाण नहीं लूँगा। रावण ने सिर चढ़ा-चढ़ाकर शिवजी की जो पूजा-पद्धति चलाई है, मैं भी उसी पद्धति को प्रत्यक्ष कर दिखाऊँगा। असुरों के सिर काट-काटकर मुंडमाली शिव को मुंडमाला चढ़ाऊँगा। दैत्यों ने पाप के फल से प्रेरित होकर जो दुष्कर्म किए हैं, मैं एतदर्थ उनपर प्रहार करके उनका संहार ही कर दूँगा। जैसे आग में पड़ी हुई रुई गिरते ही तत्काल जल जाती है, उसी प्रकार मैं इन जड़, मतिमंद असुरों को यम के रास्ते पर भेज दूँगा। अब मैं और विलंब नहीं करूँगा। रावण से युद्ध करने के लिए मैं उसके सामने तत्काल दौड़ पड़ूँगा। इस प्रकार दुष्टों का दमन करके, देवता और ब्राह्मणों को मुक्त करके, लंका का राज्य, हे विभीषण मैं तुमको दे दूँगा। तदनंतर लक्ष्मण और सीता को लेकर, हे कपिराज सुग्रीव, मैं सुखपूर्वक अपनी अयोध्या को लौट जाऊँगा।

४००/६०२ राग मारू

आजु अति कोपे हैं रन राम।
ब्रह्मादिक आरूढ़ बिमाननि, देखत हैं संग्राम।
घन तन दिब्य कवच सजि करि, अरु कर धार्यौ सारंग।
सुचि करि सकल बान सूधे करि, कटि-तट कस्यौ निषंग।
सुरपुर तैं आयौ रथ सजि कै, रघुपति भए सवार।
काँपी भूमि, कहा अब ह्वैहै, सुमिरत नाम मुरारि।

छोभित सिंधु, सेष-सिर कंपित, पवन भयौ गति पंग।
इंद्र हँस्यौ, हर हिय बिलखान्यौ, जानि बचन कौ भंग।
धर-अंबर, दिसि-बिदिसि, बढ़े अति सायक किरन-समान।
मानौ महा-प्रलय के कारन, उदित उभय षट भान।
टूटत धुजा-पताक-छत्र-रथ, चाप-चक्र-सिरत्रान।
जूझत सुभट, जरत ज्यौं दव द्रुम, बिनु साखा बिनु पान।
स्रोनित छिछ उछरि आकासहिं, गज-बाजिनि-सिर लागि।
मानौ निकरि तरनि रंध्रनि तैं, उपजी है अति आगि।
परि कबंध भहराइ रथनि तैं, उठत मनौ झर जागि।
फिरत सृगाल सज्यौ सव काटत, चलत सो सिर लै भागि।
रघुपति रिस पावक प्रचंड अति, सीता-स्वास समीर।
रावन-कुल अरु कुंभकरन बन, सकल सुभट रनधीर।
भए भस्म कछु बार न लागी, ज्यौं ज्वाला पट चीर।
'सूरदास' प्रभु आपु बाहुबल, कियौ निमिष मैं कीर॥

आज राम अत्यंत कुपित होकर युद्ध कर रहे हैं। ब्रह्मा आदि देवता अपने-अपने विमानों पर बैठे हुए, आकाश से इस निर्णायक युद्ध को देख रहे हैं। अपने बादल के समान साँवले शरीर पर वे कवच कसे हुए हैं और हाथ में धनुष लिए हुए हैं। उन्होंने तूणीर में अपने सब वाणों को शुद्ध और सीधा करके भर रखा है। और कमर में उस तरकस को कसकर बाँध रखा है। इंद्र ने देवपुरी से राम के लिए अपने सारथी मातलि के साथ अपना रथ भेजा। राम उस पर सवार हो गए। उस समय धरती काँप उठी और सोचने लगी कि अब क्या होगा—वह राम का नाम सुमिरने लगी। समुद्र में खलबली मच गई, ऊँची-ऊँची लहरें उठने लगीं। शेषनाग का सिर हिलने लगा। पवन का भी चलना बंद हो गया, जैसे वह पंगु हो गया हो। इंद्र प्रसन्नतापूर्वक हँसने लगे कि अब हमारा घोर शत्रु रावण मारा जायगा। शिव हृदय में विलख उठे कि मेरा परम भक्त रावण संसार में नहीं रह सकेगा। धरती पर, आकाश में, दिशाओं में, विदिशाओं में सूर्य की किरणों के समान कांतिमान वाण भर उठे, मानों महा-प्रलय उपस्थित होने वाला समझकर द्वादशादित्य उदित हो गए हों। उस युद्ध में ध्वजाओं के दंड टूटने लगे, पताकाएँ फटने लगीं, रथ पर लगे छत्र भी खंडित हो चले; धनुष, चक्र, शिरस्त्राण भी टूटने से नहीं बचे। युद्ध में सुभट लोग इस प्रकार मरते जा रहे थे, मानों जंगल में दावाग्नि के फूट पड़ने पर पेड़ों की डालें और पत्ते टूटने और झड़ने लगे हैं। लहू की धारा ऊपर आकाश में उछलकर घोड़ों-हाथियों के सिर पर आकर गिर रही थी, मानों सूर्य के छिद्रों से निकल-निकल कर भयंकर आग उत्पन्न हो गई हो। कबंध (सिर हीन धड़) रथों पर से भहरा कर धरती पर गिरे जा रहे थे, लगता था जैसे अग्नि की ज्वाला उठ रही हो। सियार उस रणभूमि में घूमते फिर रहे थे। वे शिरस्त्राण युक्त सिरों को काट लेते थे और उन कटे सिरों को लेकर भागे जा रहे थे। रघुनाथ जी के क्रोध की प्रचंड आग थी। सीता जी के उच्छ्वासों की वेगवती वायु थी।

रावण का कुल और कुंभकरण तथा अन्य सुभटों रणधीरों के शरीर उस आग की लपट में लिपट गए थे। उनके जलकर भस्म हो जाने में तनिक भी देर नहीं लगी। जैसे आग की ज्वाला में कपड़े जल जाते हैं, वैसे वे सभी जल मरे। प्रभु राम ने अपने बाहु-बल की आग में क्षण मात्र में सबको कीड़े-मकोड़ों के समान जला डाला।

रावण-वध *४०१/६०३ राग मारू*

रघुपति अपनौ प्रन प्रतिपार्‍यौ।
तोर्‍यौ कोपि प्रबल गढ़, रावन टूक-टूक करि डार्‍यौ।
कहुँ भुज, कहुँ धर, कहुँ सिर लोटत, मानौ मद-मतवारौ।
भभकत, तरफत स्रोनित मैं तन, नाहीं परत निहारौ।
छोरे और सकल सुख-सागर, बाँधि उदधि जल खारौ।
सुर-नर-मुनि सब सुजस बखानत, दुष्ट दसानन मारौ।
डरपत बरुन-कुबेर-इंद्र-जम, महा सुभट पन धारौ।
रह्यौ मांस कौ पिंड, प्रान लै गयौ बान अनियारौ!
नव ग्रह परे रहैं पाटी-तर, कूपहिं काल उसारौ।
सो रावन रघुनाथ छिनक मैं, कियौ गीध कौ चारौ!
सिर सँभारि लै गयौ उमापति, रह्यौ रुधिर कौ गारौ।
दियौ बिभीषन राज 'सूर' प्रभु, कियौ सुरनि निस्तारौ॥

रघुपति ने अपने प्रण को पूर्ण किया। उन्होंने लंका जैसे सुदृढ़ दुर्ग को तोड़-फोड़ डाला। रावण से पराक्रमी शत्रु को टुकड़े-टुकड़े कर डाला। उसकी बीस भुजाएँ कहीं बीस जगह गिरी, उसका धड़ कहीं गिरा, उसके दशों सिर दस जगहों पर धरती पर लोटने लगे। मानो वे नशे में चूर थे। उसका शरीर (रुंड) लहू में लथपथ था और दिखाई नहीं पड़ता था। राम ने खारे जल के समुद्र को बाँधकर और जितने भी सुख के समुद्र बँधे पड़े थे, उन्हें खोल दिया (सबको सब प्रकार का सुख प्राप्त होने लगा।) दुष्ट दशमुख रावण के मारे जाने पर, देवता, मनुष्य आदि सभी राम का सुयश बखानने लगे। जिस रावण से वरुण, कुबेर, इंद्र और यम तथा अपने को सुभट समझने वाले सभी डरते थे, वह रावण अब मांस का लोथड़ा भर रह गया। राम का नोकीला वाण रावण का प्राण लेकर चला गया। नवग्रह रावण की चारपाई की पाटी के नीचे पड़े रहते थे, काल भी जिसके कुएँ में डला पड़ा था, उसी रावण को श्रीराम ने क्षणमात्र में गिद्धों का खाद्य बना दिया। उस रावण के सिर को शंकर भगवान उठा ले गए, अपनी कंठमाला में गूंथने के लिए। वहाँ रक्त का कीचड़ ही रह गया। प्रभु ने विभीषण को लंका का राज्य दे दिया और देवताओं का उद्धार कर दिया

मंदोदरी-विभीषण-विलाप *४०२/६०४ राग मारू*

करुना करति मँदोदरि रानी।
चौंदह सहस सुंदरी उमहीं, उठै न कंत महा अभिमानी।
बार-बार बरज्यौ, नहिं मान्यौ, जनक-सुता तैं कत घर आनी।
ये जगदीस ईस कमलापति, सीता तिय करि तैं कत जानी?

लीन्हे गोद बिभीषन रोवत, कुल कलंक ऐसी मति ठानी ।
चोरी करी, राजहूँ खोयौ, अल्प मृत्यु तव आइ तुलानी ।
कुंभकरन समुझाइ रहे पचि, दै सीता, मिलि सारँगपानी ।
'सूर' सबनि कौ कह्यौ न मान्यौ, त्यौं खोई अपनी रजधानी ॥

रावण की मृत्यु पर उसकी रानी मंदोदरी करुण विलाप करने लगी। रावण की चौदह हजार सुंदरी रानियाँ उमड़ी पड़ रही थीं। पर उनका महा घमंडी कांत उठ नहीं रहा था। मंदोदरी कहने लगी—हे प्रिय, मैंने तुम्हें बार-बार रोका था, पर तुमने मेरा कहना नहीं माना। तुम जनक की बेटी सीता को क्यों हर लाए? राम जगत के स्वामी हैं, सीता के पति विष्णु के अवतार हैं। तुमने सीता को साधारण नारी क्यों समझ लिया?

भाई विभीषण अपने अनुज रावण का सिर अपनी गोद में लेकर रोने लगा और कहने लगा—हे पुलस्त्य के कुल को कलंकित करने वाले, तुमने ऐसी खोटी बुद्धि कैसे कर ली? तुमने चोरी भी की, राज्य भी खोया और तुम्हारी आयु भी अल्प होने पर तुल गई। कुंभकर्ण ने भी तुम्हें समझाया था कि सीता को दे दो, धनुर्धर राम से संधि कर लो। पर तुमने किसी का कहना नहीं माना और अपनी राजधानी भी खो बैठे।

सीता-अग्नि-परीक्षा *४०३/६०५ राग मारू*

लछिमन सीता देखी जाइ ।
अति कृस, दीन, छीन-तन प्रभु बिनु, नैननि नीर बहाइ ।
जामवंत-सुग्रीव-बिभीषन, करी दंडवत आइ ।
आभूषन बहुमोल पटंबर, पहिरौ मातु बनाइ ।
बिनु रघुनाथ मोहिं सब फीके, आज्ञा मेटि न जाइ ।
पुहुप बिमान बैठि बैदेही, त्रिजटी सब पहिराइ ।
देखत दरस राम मुख मोर्‌यौ, सिया परी मुरझाइ ।
'सूरदास' स्वामी तिहुँ पुर के, जग-उपहास डराइ ॥

लक्ष्मण ने अशोक वाटिका में जाकर सीता को देखा। वे प्रभु राम के बिना अत्यंत दुर्बल दीन और क्षीण शरीर हो गई थीं। उनके नेत्रों से अश्रु-प्रवाह जारी था।

तब तक जामवंत, सुग्रीव, विभीषण ने आकर सीता जी को प्रणाम किया और आग्रह किया—माता जी, बहुमूल्य अलंकार और वस्त्र पहन लें। सीता जी बोलीं—बिना रघुनाथ जी के ये सभी मुझे फीके लग रहे हैं। फिर भी उनकी आज्ञा मेटी नहीं जा सकती। त्रिजटा ने सीता जी को सभी बहुमूल्य वस्त्रालंकार पहना दिए। तब सीताजी पुष्पक विमान पर बैठ गईं। राम ने सीता को देखते ही मुँह फेर लिया और उन्हें देखने का कष्ट नहीं उठाया। राम का यह रुख देखकर सीता मुरझा गईं। तीनों लोकों के स्वामी राम जग के उपहास से डर गए।

४०४/६०६ राग सोरठ

लछिमन, रचौ हुतासन भाई !
यह सुनि हनूमान दुख पायौ, मोपै लख्यौ न जाई ।

आसन एक हुतासन बैठी, ज्यौं कुंदन-अरुनाई ।
जैसैं रवि इक पल घन भीतर, बिनु मारुत दुरि जाई ।
लै उछंग उपसंग हुतासन, ''निहकलंक रघुराई'' !
लई बिमान चढ़ाइ जानकी, कोटि मदन छबि छाई ।
दसरथ कह्यौ, देवहू भाष्यौ, ब्योम बिमान टिकाई ।
सिया राम लै चले अवध कौं, 'सूरदास' बलि जाई ॥

तब राम ने लक्ष्मण से कहा, हे भाई लक्ष्मण चिता रच दो। यह सुनकर हनुमान को भारी दुख हआ और कहा यह दारुण दृश्य मुझसे नहीं देखा जायगा।

चिता में आग लगा दी गई और उस जलती चिता में सीता एक आसन मारकर जा बैठीं। उनके शरीर से सोने की पीतारुण कांति झलक रही थी। जैसे हवा बंद हो गई और आकाश में काला बादल स्थिर हो गया तथा उस काले बादल में सूर्य छिप गया हो।

तब तक सीता को अपनी गोद में लेकर अग्निदेव प्रकट हुए और उन्होंने कहा—हे रघुनाथ, सीता निष्कलंक हैं।

तब राम जी ने सीता जी को पुष्पक विमान पर चढ़ा लिया। उस समय उन पर करोड़ों कामदेवों की छवि छाई हुई थी।

आकाश में अपने-अपने विमानों को खड़ा करके, दशरथ जी ने कहा—''सीता निष्कलंक हैं।'' देवताओं ने भी कहा, ''सीता निष्कलंक हैं।''

तब राम सीता को लेकर अवधपुरी के लिए चल पड़े।

सूरदास सीता राम पर बलि हुआ जा रहा है।

अमृत-वर्षा *४०५/६०७ राग मारू*

सुरपतिहिं बोलि रघुबीर बोले ।
अमृत की बृष्टि रन-खेत ऊपर करौ, सुनत तिन अमिय-भंडार खोले ।
उठे कपि-भालु ततकाल जै-जै करत, असुर भए मुक्त, रघुबर निहारे ।
'सूर' प्रभु अगम-महिमा न कछु कहि परति, सिद्ध गंधर्ब जै-जै उचारै ॥

देवराज इंद्र को बुलाकर श्रीराम ने कहा—'इस युद्ध-क्षेत्र में अमृत की वर्षा कर दो।' रामाज्ञा सुनते ही इंद्र ने अमृत का भंडार खोल दिया। अमृत वर्षा होते ही सारे कपि भालु, जो मर गए थे, जीवित होकर जय जयकार करते हुए उठ खड़े हुए। असुरों पर भी अमृत वर्षा हुई थी, पर वे राम को देखकर मुक्त हो गए और जीवित नहीं हुए। प्रभु की महिमा तक पहुँच पाना संभव नहीं। उस महिमा का कुछ भी वर्णन नहीं किया जा सकता है। सिद्ध और गंधर्व जय-जयकार करने लगे—बोलो राजा रामचंद्र की जय।

(उत्तरकांड)

कौशल्या-सगुनौती *४०६/६०८ राग सारंग*

बैठी जननि करति सगुनौती ।
लछिमन राम मिलैं अब मोकौं, दोउ अमोलक मोती ।
इतनी कहत, सु काग उहाँ तैं हरी डार उड़ि बैठ्यौ ।

अंचल गाँठि दई, दुख भाज्यौ, सुख जु आनि उर पैठ्यौ ।
जब लौं हौं जीवौं जीवन भर, सदा नाम तव जपिहौं ।
दधि-ओदन दोना भरि दैहौं, अरु भाइनि मैं थपिहौं ।
अब कैं जौ परचौ करि पावौं, अरु देखौं भरि आँखि ।
'सूरदास' सोने कैं पानी, मढ़ौं चोंच अरु पाँखि ॥

माँ कौशल्या अयोध्या में बैठी हुई, राम वनवास की चौदह वर्ष की कालाविधि को समाप्तप्राय विचार कर, कौवे को देखकर शकुन विचार कर रही हैं—'हे कौवे, लक्ष्मण और राम मेरे दोनों बहुमूल्य मोती हैं। अब वे मुझे मिल जाने चाहिए।' उन्होंने इतना ही कहा था कि वहाँ से वह सुंदर कौवा उड़कर एक हरी डाल पर जा बैठा। इसे शुभ-शकुन समझकर माँ कौशल्या ने अपने आँचर में गाँठ दे दी, यह स्मरण रखने के लिए कि राम-लक्ष्मण के लौट आने पर इस कौवे को दूध-भात खिलाना है। उनका दुख दूर हो गया और सुख उनके हृदय में आकर प्रविष्ट हो गया।

तब क़ौशल्या जी पुनः कहने लगीं—हे कौवे, जब तक मैं जीवित रहूँगी, तब तक सारे जीवन भर मैं तेरा नाम जपती रहूँगी। तुझे पत्तों के दोने में दही-भात खाने को देती रहूँगी। और तुझे राम-लक्ष्मण-भरत-शत्रुघ्न चारों भाइयों के चतुष्टय में स्थापित कर दूँगी, तुझे भी अपना पुत्र मानती रहूँगी। इस बार यदि राम-लक्ष्मण को भर आँख देख लूँ, और उनसे मिल लूँ, बातें कर लूँ, तो मैं सोने के पानी से तेरी चोंच और तेरे पंख मढ़वा दूँगी।

राम का अयोध्या-प्रेम *४०७/६०९ राग मारू*

हमारी जन्मभूमि यह गाउँ ।
सुनहु सखा सुग्रीव बिभीषन, अवनि अजोध्या नाउँ ।
देखत बन-उपबन-सरिता-सर, परम मनोहर ठाउँ ।
अपनी प्रकृति लिए बोलत हौं, सुरपुर मैं न रहाउँ ।
ह्याँ के बासी अवलोकत हौं, आनँद उर न समाउँ ।
'सूरदास' जौ बिधि न सँकोचै, तौ बैकुंठ न जाउँ ॥

पुष्पक-विमान पर बैठे हुए श्रीराम ऊपर से ही सुग्रीव आदि को अयोध्या दिखाकर कह रहे हैं—यह गाँव देख रहे हो न, यही मेरी जन्मभूमि है। हे सखा सुग्रीव और विभीषण, इसका नाम अयोध्या है। इसके वन, उपवन, सरिता सरयू और सरोवरों तथा अन्य परम मनोहर स्थानों को देखकर, मैं अपने स्वभाव के अनुसार सच बोलते हुए कह रहा हूँ कि इसके समान तो सुरपुर भी मुझे अच्छा नहीं लगता और मैं बैकुंठपुरी में नहीं रहना चाहता। जब मैं अयोध्या-वासियों को देखता हूँ, तब मेरे हृदय में हर्ष नहीं समाता, और मैं परम प्रफुल्लित हो जाता हूँ, यदि मुझे ब्रह्मा का संकोच न हो, तो मैं अवधपुरी छोड़ कर बैकुंठ भी न जाऊँ।

राम का अयोध्या वापस आना *४०८/६१० राग बसंत*

राघव आवत हैं अवध आज। रिपु, जीते साधे देव-काज।
प्रभु कुसल बंधु-सीता समेत। जस सकल देस आनंद देत।

कपि सोभित सुभट अनेक संग। ज्यौं पूरन ससि सागर-तरंग।
सुग्रीव - विभीषन - जामवंत। अंगद-सुषेन-केदार संत।
नल-नील-द्विविद-केसरि गवच्छ। कपि कहे कछुक, हैं बहुत लच्छ।
जब कही पवन-सुत बंधु-बात। तब उठी सभा सब हरष-गात।
ज्यौं पावस रितु घन-प्रथम घोर। जल जीवक, दादुर रटत मोर।
जब सुन्यौ भरत पुर-निकट भूप। तब रची नगर-रचना अनूप।
प्रति-प्रति-गृह तोरन ध्वजा-धूप। सजे सजल कलस अरु कदलि-यूप।
दधि-दूब-हरद, फल-फूल-पान। कर कनक-थार तिय करहिं गान।
सुनि भेरि-वेद-धुनि संख-नाद। सब निरखत पुलकित अति प्रसाद।
देखत प्रभु की महिमा अपार। सब बिसरि गए मन-बुधि विकार।
जै-जै दसरथ-कुल-कमल भान। जै कुमुद-जननि-ससि प्रजा-प्रान।
जै दिवि भूतल सोभा समान। जै-जै-जै 'सूर', न सब्द आन।

'शत्रु रावण को जीतकर और देवताओं का कार्य करके राम आज अयोध्या वापस आ रहे हैं। प्रभु अपने अनुज लक्ष्मण और प्रिया पत्नी सीता के सहित सकुशल लौट रहे हैं। वे अपने यश से सारे देश को आनंद देते हुए आ रहे हैं। उनके साथ अनेक बानर योद्धा सुशोभित हो रहे हैं। वे ऐसे लग रहे हैं, जैसे पूर्णिमा की रात में समुद्र से उठती हुई उसकी लहरें हों। सुग्रीव, विभीषण, जामवंत, अंगद, सुखेन, केदार, नल, नील, द्विविद, केसरी, गवाक्ष आदि कुछ ही लोगों का नाम मैं ले पा रहा हूँ; होने के लिए तो राम के साथ कई लाख वानर हैं।'

जब हनुमान ने आगे से अयोध्या आकर भरत से श्रीराम के आने की यह सूचना दी, तब भरत की राजसभा में बैठे सभी लोग परम प्रसन्न होकर उसी प्रकार उठ खड़े हुए, जिस प्रकार वर्षा ऋतु में पहला घन-गर्जन सुनकर जल के सहारे जीने वाले जीव मेढक और मोर प्रफुल्लित होकर बोलने लगते हैं।

जब भरत ने सुना कि राजा राम अयोध्यापुरी के निकट आ गए हैं, तब उन्होंने उनके स्वागत के लिए अवधपुरी को अद्भुत ढंग से सजवा दिया। हर घर के द्वार पर फाटक बना दिए गए, भवनों के ऊपर पताकाएँ फहराने लगीं। सर्वत्र सुगंधित धूप जला दी गई। फाटकों पर जल से भरे हुए घड़े रख दिए गए और केले के खंभे गाड़ दिए गए। स्त्रियाँ अपने हाथ में सोने की थालियों में दही, दूब, हल्दी, फल, फूल, पान लिए हुए मंगल-गीत गाने लगीं। नगाड़े बजने लगे, शंख-नाद होने लगा। वेदपाठी ब्राह्मण वेद मंत्रों का गायन करने लगे। सभी लोग अत्यंत प्रसन्न होकर, पुलकित होकर, देखने लगे। प्रभु राम की इस अपार महिमा को देखते ही, सब लोग अपने-अपने मन और बुद्धि के बेकार विचारों को भूल गए। चारों ओर लोग जय-जयकार करने लगे—महाराज दशरथ के कुल रूपी कमल के सूर्य राम की जय हो, माताओं रूपी कुमुदनियों के चंद्रमा राम की जय हो, प्रजा के प्राण राम की जय हो। पृथ्वी और आकाश को समान रूप से शोभा प्रदान करने वाले राम की जय हो। इस जय-जयकार के अतिरिक्त और कोई अन्य शब्द नहीं सुनाई पड़ रहा था।

वै देखौ रघुपति हैं आवत।
दूरिहिं तैं दुतिया के ससि ज्यौं, ब्योम विमान महा छवि छावत।
सीय सहित वर वीर विराजत, अवलोकत आनंद बढ़ावत।
चारु चाप कर परस, सरस सिर मुकुट धरे, सोभा अति पावत।
निकट नगर जिय जानि धँसे धर, जन्मभूमि की कथा चलावत।
ये मम अनुज परे दोउ पाइनि, ऐसी विधि कहि कहि समुझावत।
ये बसिष्ट कुल-इष्ट हमारे, पालागन कहि सखहिं सिखावत।
ये स्वामी, सुग्रीव-विभीषन, भरतहुँ तैं हमकौं जिय भावत।
रिपु-जय, देव-काज, सुख-संपति, सकल 'सूर' इनही तैं पावत।
ये अंगद हनुमान कृपानिधि, पुर पैठत जिनकौ जस गावत॥

अयोध्यावासी पुष्पक विमान को देख-देखकर परस्पर कहे जा रहे हैं—वह देखो पुष्पक विमान पर चढ़े राम चले आ रहे हैं। दूर से देखने पर वह विशाल विमान आकाश में स्थित द्वितीया के चंद्रमा के समान छोटा, पर मंगलमय रूप में, महा शोभा पा रहा है। सीता के सहित दोनों श्रेष्ठ वीर राम और लक्ष्मण उस विमान में विराजमान हैं। उनको देखकर हर्ष प्रवर्द्धमान होता जाता है। वे हाथ में सुंदर धनुष लिए हुए हैं। सिर पर सुंदर मुकुट धारण किए हुए वे अत्यधिक शोभा को प्राप्त हो रहे हैं। अयोध्यापुरी को निकट जानकर वायु-यान धीरे-धीरे नीचे धरती की ओर धँसने लगा और सब लोग उतर गए। राम अपने सखाओं से अपनी जन्मभूमि की चर्चा करने लगे। तब तक भरत और शत्रुघ्न आकर राम के पैरों पर पड़ गए। राम ने सुग्रीव को यह कहकर समझाया—मेरे पैरों पर गिरने वाले ये दोनों मेरे छोटे भाई भरत और शत्रुघ्न हैं। और यह हमारे कुल गुरु वसिष्ठ जी हैं। यह कहकर राम ने अपने सभी सखाओं को सिखाया, सभी लोग इनको प्रणाम करो। फिर उन्होंने वसिष्ठ जी से बताया—हे स्वामी, ये कपिराज सुग्रीव हैं, और ये लंकाधिपति भक्त विभीषण हैं। ये मुझे भरत से भी अधिक प्रिय हैं। मैंने इन्हीं की सहायता से शत्रु पर विजय पाई है, देवताओं का कार्य किया है और सारा सुख और सारी संपत्ति इन्हीं की बदौलत मुझे मिली है। और यह युवराज अंगद हैं और यह महावीर हनुमान हैं। हे कृपानिधि, पुर-प्रवेश करते समय मैं इन्हीं का यश गाता हुआ आया हूँ।

४१०/६१२ राग मारू

देखौ कपिराज, भरत वै आए।
मम पाँवरी सीस पर जाकैं, कर-अँगुरी रघुनाथ बताए।
छीन सरीर, बीर के बिछुरैं, राज-भोग चित तैं बिसराए।
तप अरु लघु-दीरघता, सेवा, स्वामि-धर्म सब जगहिं सिखाए।
पुहुप विमान दूरिहीं छाँड़े, चपल चरन आवत प्रभु धाए।
आनँद-मगन पगनि केकई-सुत, कनक-दंड ज्यौं गिरत उठाए।
भेंटत आँसू परे पीठि पर, बिरह-अगिनि मनु जरत बुझाए।

ऐसेहिं मिले सुमित्रा-सुत कौं, गदगद गिरा नैन जल छाए।
जथाजोग भेंटे पुरवासी, गए सूल, सुख-सिंधु नहाए।
सिया-राम लछिमन मुख निरखत, 'सूरदास' के नैन सिराए॥

राम ने भरत की ओर उँगली से इशारा करते हुए सुग्रीव को बताया--हे कपिराज, देखिए मेरा खड़ाऊँ, सिर पर रखे हुए यह अनुज भरत चले आ रहे हैं। मुझ भाई के बिछुड़ जाने से यह दुर्बलकाय हो गए हैं, इन्होंने राजसी भोजन भुला दिया है। इन्होंने सारे संसार को तपस्या करना, छोटे बड़े का विचार करना, सेवा और स्वामि-धर्म करना सिखाया है।

ऐसा कहकर राम ने पुष्पक विमान दूर ही छोड़ दिया और भाई भरत से मिलने के लिए प्रभु राम पैदल ही दौड़ पड़े। परम प्रसन्न होकर कैकेयी के पुत्र भरत, सोने की छड़ी के समान, राम के चरणों पर गिरने लगे। पर प्रभु ने गिरने से पहले ही उन्हें अपनी दोनों बाहों में पकड़ कर उठा लिया। भरत से भेंटते समय राम के आँसू भरत की पीठ पर चू पड़े, मानो उन्होंने भरत के हृदय में जलती हुई विरह की आग को बुझा दिया। राम इसी प्रकार सुमित्रा जी के दूसरे पत्र शत्रुघ्न से भी मिले। राम का गला भर आया था और प्रेम के आँसू उनकी आँखों से छलछला आए थे। राम सभी अयोध्यावासियों से यथायोग्य मिले। सबके दुख-दर्द समाप्त हो गए और सभी ने मानो सुख के समुद्र में स्नान कर लिया। सीता, राम और लक्ष्मण का मुख देखते हुए सभी के नेत्र शीतल हो उठे।

४११/६१३ राग मारू

अति सुख कौसिल्या उठि धाई।
उदित बदन मन मुदित सदन तैं, आरति साजि सुमित्रा ल्याई।
जनु सुरभी बन बसति बच्छ बिनु, परबस पसुपति की बहराई।
चली साँझ समुहाइ स्त्रवत थन, उमँगि मिलन जननी दोउ आई।
दधि-फल-दूब कनक-कोपर भरि, साजत सौंज बिचित्र बनाई।
अमी-बचन सुनि होत कुलाहल, देवनि दिवि दुंदुभी बजाई।
बरन-बरन पट परत पाँवड़े, बीथिन सकल सुगंध सिँचाई।
पुलकित रोम, हरस-गदगद-स्वर, जुवतिनि मंगल-गाथा गाई।
निज मंदिर मैं आनि तिलक दै, द्विज-गन मुदित असीस सुनाई।
सिया-सहित सुख बसौ इहाँ तुम, 'सूरदास' नित उठि बलि जाई॥

राम का आना सुनकर माता कौशल्या अत्यंत सुखी होकर अपने कक्ष से झटपट उठ दौड़ीं। सुमित्रा जी का मुँह खिल उठा और वे भी प्रसन्न चित्त से अपने घर से आरती सजाकर आ गईं। उस समय वे दोनों माताएँ उस गाय के समान लग रही थीं, जिसे उसके मालिक ने चरने के लिए वन में भेज दिया हो और उसका बछड़ा घर पर ही रह गया हो और संध्या समय वह गाय, अपने थनों से दूध चुआती हुई अपने बछड़े से मिलने के लिए घर की ओर दौड़ पड़ी हो। कौशल्या और सुमित्रा दोनों माताएँ अपने पुत्रों से मिलने के लिए उमंग में आकर परम प्रसन्न होकर वहाँ आ गईं। वे सोने की बड़ी परात में दही, फल, दूब आदि विभिन्न मांगलिक पदार्थ सजाए हुए थीं।

जय-जयकार का अमृत-सा मधुर कोलाहल सुनकर देवताओं ने आकाश में नगाड़े बजाना शुरु कर दिया। रंग-रंग के वस्त्र पाँवड़े के रूप में पथों पर बिछा दिए गए और गलियाँ सुगंधित द्रव्यों से सींच दी गईं। हर्ष से रोमांचित हुई, गदगद वाणी में, नगर की नवयुवतियों ने मंगल गीत गाना प्रारंभ कर दिया। राम-लक्ष्मण को वे अपने-अपने घरों में ले जाकर तिलक देने लगीं। ब्राह्मणों ने प्रसन्न होकर आशीष देना प्रारंभ कर दिया— हे राम, सीता सहित तुम इस अयोध्या में सुखपूर्वक बने रहो और हम नित्य सबेरे सोते से उठकर तुम्हारी बलैया लेते रहें।

राम-दर्शन *४१२/६१४ राग बिलावल*

देखन कौं मंदिर आनि चढ़ी।
रघुपति-पूरनचंद बिलोकत, मनु पुर-जलधि-तरंग बढ़ी।
प्रिय-दरसन-प्यासी अति आतुर, निसि-वासर गुन-ग्राम रढ़ी।
रही न लोक-लाज मुख निरखत, सीस नाइ, आसीस पढ़ी।
भई देह जो खेह करम-बस, जनु तट गंगा अनल दढ़ी।
'सूरदास' प्रभु-दृष्टि-सुधानिधि, मानौ फेरि बनाइ गढ़ी॥

राम ने जब अयोध्या में प्रवेश किया, तब पुर-वधुएँ उन्हें देखने के लिए अपनी-अपनी अटारियों पर चढ़ गईं। मानो राम रूपी पूर्णिमा के चंद्रमा को देखकर अयोध्यापुरी रूपी समुद्र में ऊँची-ऊँची लहरें उठती जा रही हों। वे सियाराम के प्रिय दर्शन के लिए तृषातुर थीं और दिन-रात उनके गुणों को अपनी जिह्वा से रटती जा रही थीं। आज उन्हीं राम का सुदर्शन मुख देखकर उन्हें लोक-लज्जा नहीं रह गई। उन्होंने सिर झुकाकर राम जी को आशीर्वाद दिया। उनका शरीर कर्म के वश में होकर, आग में दग्ध होकर राख हो गया था, मानों वह गंगाजी के शीतल तट पर पहुँचकर शीतल हो गया हो और प्रभु दर्शन रूपी अमृत ने उन्हें फिर से गढ़कर नया शरीर दे दिया हो।

भरत द्वारा राम-पद-प्रक्षालन *४१३/६१५ राग मारू*

मनिमय आसन आनि धरे।
दधि-मधु-नीर कनक के कोपर, आपुन भरत भरे।
प्रथम भरत बैठाइ बंधु कौं, यह कहि पाइ परे।
हौं पावौं प्रभु-पाइ पखारन, रुचि करि सो पकरे।
निज कर चरन पखारि, प्रेम-रस आनँद-आँसु ढरे।
जनु सीतल सौं तप्त सलिल दै, सुखित समोइ करे।
परसत पानि चरन-पावन, दुख अँग-अँग सकल हरे।
'सूर' सहित आमोद चरन-जल, लै करि सीस धरे॥

भरत जी ने राम के लिए मणि जटित आसन ला रखा और सोने के बड़े थाल को दही, मधु और जल से भरत ने स्वयं अपने हाथों से भरा। भरत जी ने उस आसन पर राम को पहले बैठाया, फिर यह कहकर उनके पैरों पर गिर पड़े और उन चरणों को यह कहकर परम प्रेम पूर्वक पकड़ लिया—प्रभु मुझे अपने चरण-कमलों को धोने की अनुमति दें। फिर

भरत ने राम का पाद-प्रक्षालन किया, पैर धोया। उस समय उनकी आँखों से प्रेम के आँ टपक पड़े। ऐसा प्रतीत हुआ मानों शीतल जल में उष्ण जल मिलाकर अर्ध-उष्ण कर उसे सुखद और सुहावना कर दिया गया हो। भरत ने अपने हाथों से जैसे ही राम के पवि चरणों को छुआ, वैसे ही उनके अंग-प्रत्यंग के सभी दुख स्वतः दूर हो गए। फिर भ ने प्रसन्नता पूर्वक राम के उस चरणोदक को अपने सिर पर चढ़ाया, माथे से लगाया।

रुक्का *४१४/६१६ राग असाव*

बिनती किहिं बिधि प्रभुहिं सुनाऊँ ?

महाराज रघुबीर धीर कौं, समय न कबहूँ पाऊँ !
जाम रहत जामिनि के बीतैं, तिहिं औसर उठि धाऊँ।
सकुच होत सुकुमार नींद मैं, कैसैं प्रभुहिं जगाऊँ।
दिनकर-किरनि-उदित, ब्रह्मादिक-रुद्रादिक इक ठाऊँ।
अगनित भीर अमर-मुनि गन की, तिहिं तैं ठौर न पाऊँ।
उठत सभा दिन मधि, सेनापति-भीर देखि, फिरि आऊँ।
न्हात-खात सुख करत साहिबी, कैसैं करि अनखाऊँ।
रजनी-मुख आवत गुन-गावत, नारद तुंबुर नाऊँ।
तुमहीं कहौ कृपानिधि रघुपति, किहिं गिनती मैं आऊँ ?
एक उपाउ करौं कमलापति, कहौ तौ कहि समुझाऊँ।
पतित-उधारन नाम 'सूर' प्रभु, यह रुक्का पहुँचाऊँ॥

सूरदास प्रभु से प्रार्थना कर रहे हैं—हे प्रभु, मैं अपनी विनती आप से किस प्रकार व सुनाऊँ। हे महाराज, हे रघुराज, हे परम धीर, आपसे मिलने का तो मुझे कभी भी स ही न मिल पा रहा है। रात के एक पहर रह जाने पर ही मैं उठकर अपनी विनती सु के लिए उठ दौड़ता हूँ, पर मुझे भारी संकोच होता है कि अभी तो प्रभु सुकुमार नींद सो रहे हैं, इन्हें कैसे जगाऊँ, इनकी नींद टूट जायगी।

जब सूर्य की करणें झलझला उठती हैं और सवेरा हो जाता है, तब देखता हूँ कि ब्र और शिव आदि देवगण दर्शनार्थ एकत्र हो गए हैं, देवगणों और ऋषियों की अगणित भ भीड़, आ जुटी है। वहाँ मुझ पतित को स्थान मिलने से रहा।

दिन में भरे राजदरबार में जाने का साहस नहीं जुटा पाता। राज-सभा के उठने बेला में जाता हूँ, फिर भी सेनापति आदि की भीड़ लगी ही रहती है, और मैं निराश हो लौट पड़ता हूँ। जब आप नहाते-धोते रहते हैं, खाते-पीते रहते हैं, आराम करते रहते तब वहाँ आने में भय खाता हूँ कि कहीं प्रभु अप्रसन्न न हो जायँ। मैं आपको नाराज नहीं ही करना चाहता।

संध्या के समय महर्षि नारद और सुप्रसिद्ध गंधर्व गायक तुंबुरु आपका गुणानु करने आ जाते हैं।

हे प्रभु, अब तुम्हीं बताओ, मैं किस गिनती में हूँ। मैं तो अत्यंत नगण्य हूँ, फिर पहुँच आप तक कैसे हो। मुझे एक उपाय सूझ रहा है। हे श्रीराम, यदि आज्ञा दें तो

यह उपाय कहकर आपको समझा दूँ। प्रभु आपका तो नाम ही पतित-उधारन, पतित पावन है। मैं पतित सूर अब आपके सामने अपनी यह विनय-पत्रिका ही भेजे दे रहा हूँ। इस पर विचार कर लीजिए।

४१५/५ २/२०५ राग कान्हरौ

अंतरजामी श्री रघुबीर।
करुनासिंधु, अकाम, कल्पतरु, जानत जन की पीर।
बालि त्रास कपि बसत विषम बन, व्याकुल सकल सरीर।
सो सुग्रीव कियौ कपिपति प्रभु, मेटि महा रिपु भीर।
दसमुख दुसह क्रोध दावानल, पुंज-उपाधि समीर।
तिहिं जर जरत विभीषण राख्यौ, सींचि कृपा-वर नीर।
कहि कहि कथा प्रेम पूरन, जस जुग-जुग जग सब तीर।
भूरि नाम कल कियौ 'सूर' प्रभु, रामचंद्र रनधीर॥

श्री रघुवीर अंतर्यामी हैं, घट-घट को जाननेवाले हैं, वे करुणा सागर हैं, कामनारहित हैं, सब इच्छाओं को पूरा करनेवाले कल्पवृक्ष हैं, वे अपने भक्तों के दुख-दर्द को जाननेवाले हैं।

बली बालि के भय से उसका छोटा भाई सुग्रीव, अत्यंत व्याकुल शरीर वाला होकर विषम वन में रहता था। शत्रुओं की भारी भीड़ को मिटाकर प्रभु ने उसी सुग्रीव को कपि-पति बना दिया।

दशमुख रावण के असह्य क्रोध रूपी वन की जलती अग्नि में बाधाओं और व्याधियों की आँधी बह रही थी। प्रभु ने उस अग्नि को अपनी कृपा के श्रेष्ठ जल से बुझाकर अपने जलते भक्त विभीषण को बचा लिया।

रणधीर प्रभु राम की कथा प्रेम से परिपूर्ण है, राम का यश सारे संसार में युग-युग से फैला हुआ है। सूरदास ने उन्हीं राम की कथा का, उनके नाम का, भूरि-भूरि सुंदर यह गुणानुवाद किया है।

कच-देवयानी-कथा *४१६/६१७ राग भैरो*

अविगत-गति कछु समुझि न परै। जो कछु प्रभु चाहै सो करै।
जिव कौ कियौ कछू नहिं होइ। कोटि उपाय करौ किन कोइ।
एक बार सुरपति-मन आइ। सुक्र असुर कौं लेत जिवाइ।
मम गुरुहू विद्या पढ़ि आवै। मृतक सुरनि कौं फेरि जिवावै।
निज गुरु सौं भाष्यौ तिन जाइ। सुक्र असुर कौं लेत जिवाइ।
तुमहूँ यह विद्या पढ़ि आवौ। मृतक सुरनि कौं तुमहुँ जिवावौ।
तब तिन कच कौं दियौ पठाइ। कह्यौ सुक्र कौं तिन सिर नाइ।
मैं आयौ तुम पै रिषिराइ। तुम मोहिं विद्या देहु पढ़ाइ।
सुक्र कह्यौ तासौं या भाइ। दैहौं विद्या तोहिं पढ़ाइ।
विद्या पढ़ै करै गुरु-सेव। सब बिधि सोधै ताकी टेव।

सुक्र-सुता देवयानी नाम। सब गुन-पूर्न रूप-अभिराम।
सुरगुरु-सुत कौं देखि लुभाई। देखै ताहि पुरुष की नाईं।
काल बितीत कितिक जब भयौ। गाइ चरावन कौं सो गयौ।
असुरनि मिलि यह कियौ बिचार। सुरगुरु-सुत कौं डारैं मार।
जौ यह संजीवनि पढ़ि जाइ। तौ हम-सत्रुनि लेइ जिवाइ।
यह बिचार करि कच कौं मार्‌यौ। सुक्र-सुता दिन पंथ निहार्‌यौ।
साँझ भऐं हूँ जब नहिं आयौ। सुक्र पास तिनि जाइ सुनायौ।
सुक्र हृदय मैं कियौ बिचार। कह्यौ असुरनि उहिं डार्‌यौ मार।
सुता कह्यौ तिहिं पेरि जिवावौ। मेरे जिय कौ सोच मिटावौ।
सुक्र ताहि पढ़ि मंत्र जिवायौ। भयौ तासु तनया कौ भायौ।
पुनि हति मदिरा माहिं मिलाइ। दियौ दानवनि रिषिहिं पियाइ।
तब तैं हत्या मद कौं लागी। यहै जानि सब सुर-मुनि त्यागी।
साप दियौ ताकौं इहिं भाइ। जो तोहिं पियै सो नरकहिं जाइ।
कच बिनु सुक्र-सुता दुख पायौ। तब रिषि तासौं कहि समुझायौ।
मार्‌यौ कच कौं असुरनि धाइ। मदिरा मैं मोहि दियौ पियाइ।
ताहि जिवाऊँ तौ मैं मरौं। जो तुम कहौ सो अब मैं करौं।
कह्यौ बिनय करि सुनु रिषिराइ। दोउ जीवैं सो करौ उपाइ।
संजीवनि तब कचहिं पढ़ाई। तासौं पुनि यौं कह्यौ बुझाई।
जब तुम निकसि उदर तैं आवहु। या विद्या करि मोहिं जिवावहु।
उदर फारि तिहिं बाहर कियौ। मिरतक कच ऐसी बिधि जियौ।
सो जब उदर तैं बाहर आयौ। संजीवनि पढ़ि सुक्र जिवायौ।
बहुतक काल बीति जब गयौ। कच रिषि रिषि-तनया सौं कह्यौ।
अब मैं तुम्हरी आज्ञा पाइ। तात-मातु कौं देखौं जाइ।
रिषि-तनया कह्यौ मोहिं बिवाहि। कच कह्यौ तू गुरु-भगिनी आहि।
तब तिन साप दियौ या भाइ। विद्या पढ़ी सो बिरथा जाइ।
कचहूँ ताहि कही या भाइ। बिप्र पुरुष तोहिं मिलै न आइ।
यह कहि कच अपनैं गृह आयौ। पिता-पास वृत्तांत सुनायौ।
सुक नृप सौं ज्यौं कहि समुझायौ। 'सूरदास' त्यौंही कहि गायौ॥

न जानने योग्य प्रभु की गति कुछ जानी नहीं जाती। प्रभु जो चाहते हैं, वही करते हैं। इस जीव के किए कुछ नहीं होता, भले ही कोई कितना ही उपाय क्यों न कर ले।

एक बार देवराज के मन में आया कि असुर-गुरु शुक्राचार्य सद्यः मरे हुए असुरों को जिला लेते हैं। यदि हमारे सुरों के गुरु बृहस्पति भी संजीवनी विद्या पढ़ आवें, तो सद्यः मर गए सुरों को फिर जिला लेंगे। तब उन्होंने सुर-गुरु बृहस्पति से जाकर अपने जी की यह बात कही और निवेदन किया, जिस प्रकार शुक्राचार्य मृत असुरों को जिला लेते हैं, उसी

प्रकार आप भी यह विद्या पढ़ आवें और मृत हुए सुरों को जिला लिया करें।

तब देव-गुरु बृहस्पति ने अपने पुत्र कच को असुर-गुरु शुक्राचार्य के पास संजीवनी विद्या पाने के लिए भेज दिया। कच गए और उन्होंने शुक्राचार्य को सिर झुकाकर प्रणाम किया और कहा—हे ऋषिराज, मैं तुम्हारा शिष्य होकर, तुम्हारे पास संजीवनी विद्या पढ़ने आया हूँ। तुम मुझे यह विद्या पढ़ा दो। शुक्र ने कच से इस प्रकार कहा—'मैं तुम्हें विद्या पढ़ा दूँगा।' कच गुरु शुक्राचार्य से संजीवनी विद्या पढ़ने लगे और गुरु की सेवा करने लगे। उनकी सभी आदतों की वे भली प्रकार खोज करने लगे, जिससे उनके अनुसार चलकर वे गुरु को किसी प्रकार का कष्ट न होने दें।

शुक्राचार्य की एक बेटी थी। उसका नाम देवयानी था। वह सब गुणों से पूर्ण थी और अतिशय सुंदरी भी थी। वह देवगुरु बृहस्पति के पुत्र कच को देखकर उस पर मोहित हो गई और उसे अपने पति के रूप में देखने समझने लगी।

कुछ काल बीत गया। कच गुरु की गाय चराने के लिए वन में चला गया। तब असुरों ने मिलकर यह विचार किया, देव-गुरु पुत्र कच को मार डाला जाय। यदि यह संजीवनी विद्या पढ़ लेगा, तो यह हमारे शत्रु देवताओं के सद्यः मृत शवों को जिला लेगा। यह विचार कर असुरों ने कच को वन में ही मार डाला। इधर शुक्राचार्य की पुत्री देवयानी दिन भर कच का रास्ता देखती रही। संध्या हो जाने पर भी जब वह वन से लौटकर नहीं आया, तब उसने अपने पिता शुक्राचार्य से जाकर कहा—कच वन में गैया चराने गया था, रात हो चली, वह अभी लौटा नहीं।

तब शुक्राचार्य ने इस पर विचार किया और कहा—उसे तो असुरों ने मार डाला है।

तब देवयानी ने कहा—उसे फिर जिला दो और मेरे जी के शोक को मिटा दो। शुक्राचार्य ने मंत्र पढ़कर कच को जिला दिया और उनकी बेटी के मन की हो गई। असुरों ने कच को पुनः मार डाला और उसे मदिरा में मथकर मिला दिया। उस मदिरा को उन्होंने शुक्राचार्य को पिला दिया। तभी से शराब को हत्या लग गई। यही समझकर सभी देवताओं और मुनियों ने मदिरा का त्याग कर दिया और उन्होंने मदिरा को शाप दे दिया, जो इस मदिरा को पिएगा, वह नरकगामी होगा।

इधर कच के बिना शुक्राचार्य की पुत्री देवयानी दुःख पाने लगी। तब शुक्राचार्य जी ने उसे यह कहकर समझाया। कच को असुरों ने पुनः मार डाला और उस कच को मदिरा में मिलाकर उन्होंने मुझे पिला दिया। यदि मैं अब उसे जिला देता हूँ, तो मैं मर जाता हूँ। अब तुम जो कहो, मैं वही करूँ।

तब देवयानी ने शुक्राचार्य से विनती करते हुए कहा—दोनों जीवित रहें, कुछ ऐसा उपाय कीजिए।

तब शुक्राचार्य ने अपने पेट में स्थित मृतक कच को संजीवनी विद्या पढ़ा दी। और उसे समझाकर फिर यों कहा—जब तुम मेरे पेट को फाड़कर बाहर निकल आना, तब इस विद्या से तुम मुझे भी जिला लेना। तब शुक्राचार्य का पेट फाड़कर कच बाहर निकला और उसने संजीवनी पढ़कर शुक्राचार्य को भी जिला लिया।

बहुत समय बीत गया, तब कच ऋषि ने ऋषि शुक्राचार्य की कन्या देवयानी से

कहा—अब मैं तुम्हारी आज्ञा लेकर अपने माता-पिता को देखना चाहता हूँ। तब ऋषि-पुत्री देवयानी ने कहा—तुम मुझसे विवाह कर लो। तब कच ने कहा, तू तो मेरे गुरु की पुत्री है, अतः मेरी गुरु-भगिनी हुई। मैं तेरा भाई हुआ। फिर भाई बहन का विवाह कैसा।

तब देवयानी ने कच को इस प्रकार शाप दे दिया—तूने मेरे पिताजी से जो संजीवनी विद्या पढ़ी है, वह व्यर्थ हो जाय। कच ने भी उसे शाप दे दिया—जा तुझे कोई ब्राह्मण पति रूप में न प्राप्त हो।

यह कहकर कच देवलोक में अपने पिता के पास चला गया और अपना सारा वृत्तांत अपने पिता से कह सुनाया।

राजा परीक्षित से शुक्देव मुनि ने यह कथा जिस प्रकार समझाकर कही, उसे सूरदास ने उसी प्रकार गा सुनाई।

४१७/६१८ राग भैरौ

देवयानी-ययाति-विवाह

दानव वृषपर्वा बल भारी। नाम स्त्रमिष्ठा तासु कुमारी।
तासु देवयानी सौं प्यार। रहै न तासौं पल भर न्यार।
एक बार ताकैं मन आई। न्हावन-काज तड़ाग सिधाई।
ता सँग दासी गईं अपार। न्हान लगीं सब बसन उतार।
अँधियारी आई तहँ भारी। दनुज-सुता तिहिंतैं न निहारी।
बसन सुक्र-तनया के लीन्हे। करत उतावलि परे न चीन्हे।
सुक्र-सुता जब आई बाहर। बसन न पाए तिन ता ठाहर।
असुर-सुता कौं पहिरे देखि। मन मैं कीन्हौ क्रोध बिसेषि।
कह्यौ मम बसन नहीं तुव जोग। तुम दानव, हम तपसी लोग।
मम पितु दियौ राज नृपकरत। तू मम बसन हरत नहिं डरत।
तिन कह्यौ, तुव पितु भिच्छा खात। बहुरि कहति हमसौं यौं बात।
या बिधि कहि, करि क्रोध अपार। दीन्यौ ताहि कूप मैं डार।
नृपति जजाति अचानक आयौ। सुक्र-सुता कौ दरसन पायौ।
दियौ तब बसन आपनौ डारि। हाथ पकरि कै लियौ निकारि।
बहुरि नृपति निज गेह सिधायौ। सुता सुक्र सौं जाइ सुनायौ।
सुक्र क्रोध करि नगरहिं त्याग्यौ। असुर नृपति सुनि रिषि-सँग लाग्यौ।
जब बहु भाँति बिनय नृप करी। तब रिषि यह बानी उच्चरी।
मम कन्या प्रसन्न ज्यौं होइ। करौ असुर-पति अब तुम सोइ।
सुक्र-सुता सौं कह्यौ तिन आइ। आज्ञा होइ सो करौं उपाइ।
जो तुम कहौ करौं अब सोइ। तव पुत्री मम दासी होइ।
नृप पुत्री दासी करि ठई। दासी सहस ताहि सँग दई।
सो सब ताकी सेवा करैं। दासी-भाव हृदय मैं धरैं।
इक दिन सुक्र-सुता मन आई। देखौं जाइ फूल फुलवाई।
लै दासिनि फुलवारी गई। पुहुप-सेज रचि सोवत भई।

असुर-सुता तिहिं ब्यजन डुलावै। सोवत सेज सो अति सुख पावै।
तिहिं अवसर जजाति नृप आयौ। सुक्र-सुता तिहिं बचन सुनायौ।
नृप मम पानि-ग्रहन तुम करौ। सुक्र-सँकोच हृदय मति धरौ।
कच कौं प्रथम दियौ मैं साप। उनहूँ मोहिं दियौ करि दाप।
ताकौं कोउ न सके मिटाइ। तातैं ब्याह करौ तुम राइ।
नृप कह्यौ कहौं सुक्र सौं जाइ। करिहौं जो कहिहैं रिषिराइ।
तब तिनि कह्यौ सुक्र सौं जाइ। कियौ ब्याह रिषि नृपति बुलाइ।
असुर-सुता ताकैं सँग दई। दासी सहस ताहिं सँग भई।
दंपति भोग करत सुख पाए। सुक्र-सुता पुनि द्वै सुत जाए।
कह्यौ स्त्रमिष्ठा अवसर पाइ। रति कौ दान देहु मोहिंराइ।
नृप ताहू सौं कीन्यौ भोग। तीनि पुत्र भए बिधि-संजोग।
सुक्र-सुता तिन पुत्रनि देखि। मन मैं कीन्यौ क्रोध बिसेषि।
कह्यौ, सरमिष्ठा सुत कहँ पाए? उनि कह्यौ, रिषि-किरपा तैं जाए।
बहुरि कह्यौ, रिषि कौ कहि नाम? कह्यौ स्वप्न देख्यौ अभिराम।
पुनि पुत्रनि उन पूछ्यौ जाइ। पिता-नाम मोहिं कहौ बुझाइ।
बड़ैं पुत्र भाष्यौ यौं ताहि। नृपति जजाति पिता मम आहि।
सुनि नृप सौं कियौ जुद्ध बनाइ। बहुरि सुक्र सेंती कह्यौ जाइ।
पाछे तैं जजातिहूँ आयौ। रिषि तासौं यह बचन सुनायौ।
तैं जोबन मद तैं यह कीन्यौ। तातैं साप तोहिं मैं दीन्यौ।
जरा अबहिं तोहिं ब्यापै आइ। बिरध भयौ तब कह्यौ सिर नाइ।
रिषि, तुम तौ सराप मोहि दयौ। पूरनकाम नाहिं मैं भयौ।
तातैं जो मोहिं आज्ञा होइ। आयसु मानि करौं अब सोइ।
कह्यौ, जरा तेरी सुत लेइ। अपनो तरुनापौ तोहिं देइ।
भोगि मनोरथ तब तू पावै। मेरौ बचन बृथा नहिं जावै।
बड़े पुत्र जदु सौं कह्यो आइ। उन कह्यौ, बृद्ध भयौ नहिं जाइ।
नृप कह्यौ, तोहिं राज नहिं होइ। बृद्धपनौ लै राजा सोइ।
औरनहँ सौं नृप जब भाष्यौ। नृपति बचन काहूँ नहिं राख्यौ।
लघु सुत नृपति-बुढ़ापौ लयौ। अपनौ तरुनापौ तिहिं दयौ।
बरष सहस्त्र भोग नृप किये। पै संतोष न आयौ हिये।
कह्यौ, बिषय तैं तृप्ति न होइ। भोग करौ कितनौ किन कोइ।
तब तरुनापौ सुत कौं दीन्हौ। बृद्धपनौ अपनौ फिरि लीन्हौ।
बन मैं करी तपस्या जाइ। रह्यौ हर-चरननि सौं चित लाइ।
या बिधि नृपति कृतारथ भयौ। सो राजा मैं तुमसौं कह्यौ।
सुक ज्यौं नृप कौं कहि समुझायौ। 'सूरदास' त्यौंही कहि गायौ॥

वृषपर्वा नामक एक बहुत बलवान दानव था। शर्मिष्ठा उसकी बेटी थी। शर्मिष्ठा का देवयानी से प्रेम-भाव था। वह उससे पल भर भी बिलग नहीं रहना चाहती थी। एक बार शर्मिष्ठा के मन में आया और सरोवर स्नान के लिए आई। उसके साथ उसकी अगणित दासियाँ थीं। सब अपने-अपने वस्त्र उतार-उतार कर सरोवर में स्नान करने के लिए उतर गईं। तब तक घोर अंधकार छा गया। इसीलिए दनुज-पुत्री ठीक से न देख सकी, और उसने शुक्र-पुत्री देवयानी के वस्त्र लेकर पहन लिए। उतावली में वह चीन्ह न सकी कि वस्त्र मेरे नहीं है, देवयानी के हैं।

जब शुक्र-पुत्री नहाकर जल से बाहर आई, तब उस स्थान पर अपना वस्त्र न पाया। उसने देखा कि असुर-सुता शर्मिष्ठा ने उसके वस्त्र पहन रखे हैं। तब उसने शर्मिष्ठा के ऊपर अत्यंत क्रोध किया और कहा--मेरे वस्त्र तुम्हारे योग्य नहीं हैं। तुम दानवी हो और हम तपस्वी हैं। मेरे पिता का दिया हुआ राज्य तेरा पिता वृषपर्वा भोग रहा है। तू वस्त्र हरते समय जरा भी नहीं डर रही है।

शर्मिष्ठा को देवयानी की बात लग गई और उसने कहा--तेरा बाप भी तो भीख माँगकर खाता है और तू भिखमंगे की बेटी, मुझसे—राजा की बेटी से, ऐसी बात कर रही है। ऐसा कहकर शर्मिष्ठा ने क्रोध में आकर देवयानी को पास के कूएँ में डाल दिया।

अचानक उस मार्ग से राजा ययाति निकला और उसने शुक्र-पुत्री देवयानी को देखा। तब ययाति ने अपना कपड़ा कुएँ में लटका दिया और हाथ पकड़ कर देवयानी को कुएँ से निकाल लिया। फिर राजा ययाति अपने घर चला गया।

बेटी देवयानी ने अपने बाप शुक्राचार्य से सारी कथा कह सुनाई। तब शुक्राचार्य ने क्रोध करके राजा वृषपर्वा का नगर ही छोड़ दिया। जब असुरों के राजा ने यह समाचार सुना कि शुक्राचार्य मेरा नगर ही छोड़कर चले जा रहे हैं, तब वह उनके साथ लग गया। जब वृषपर्वा ने शुक्राचार्य से बहुत विनती की, तब शुक्राचार्य के मुँह से यह वाणी फूटी—हे असुर-पति, अब तुम वही करो, जिससे मेरी बेटी प्रसन्न हो।

तब राजा वृषपर्वा शुक्र-कन्या देवयानी के पास आया और उससे कहा--जो तुम्हारी आज्ञा हो, मैं वही उपाय करूँ। जो तुम कहो, मैं अब वही करूँ।

देवयानी बोली—तुम्हारी पुत्री मेरी दासी हो जाय।

राजा वृषपर्वा ने अपनी बेटी शर्मिष्ठा को देवयानी की दासी बना दिया और दासी-राजकुमारी शर्मिष्ठा के साथ एक हजार और दासियाँ दे दीं। वे सभी देवयानी की दासी-भाव से सेवा करने लगी।

एक दिन शुक्र-सुता के मन यह बात आई कि चलकर फूल और फुलवारी देखूँ। वह दासियों को लेकर फुलवारी में गई और फूलों की सेज बनाकर उस पर सो गई। असुर-सुता शर्मिष्ठा उसे पंखा झलने लगी। देवयानी को उस पुष्प-शैया पर सोते समय अत्यंत सुखानुभूति हुई।

उसी समय दैवयोग से राजा ययाति वहाँ आ गया। शुक्र-पुत्री देवयानी ने उससे कहा—हे राजा, तुम मेरा पाणि-ग्रहण कर लो, मुझसे विवाह कर लो। मेरे पिता शुक्राचार्य का तनिक भी संकोच न करो। पहले मैंने कच को शाप दे दिया था कि उन्हें संजीवनी विद्या सफल न हो। तब उन्होंने मुझे भी दयापूर्वक शाप दे दिया था कि मुझे कोई ब्राह्मण

पति न मिलेगा। अब उस शाप को कोई मिटा नहीं सकता। इसलिए हे ययाति राज, अब तुम मुझसे विवाह कर लो।

राजा ययाति ने कहा—मैं जाकर शुक्राचार्य जी से कहता हूँ। वे जो कहेंगे, मैं वही करूँगा।

तब ययाति शुक्राचार्य जी के पास गए। शुक्राचार्य जी ने राजा ययाति को बुलाकर अपनी बेटी देवयानी का विवाह उनसे कर दिया। साथ में राजा वृषपर्वा असुर की बेटी शर्मिष्ठा और उसके साथ आई एक हजार अन्य दासियाँ कर दीं।

दम्पति-देवयानी और ययाति को भोग-विलास में बहुत सुख मिला और शुक्र की पुत्री देवयानी को दो पुत्र हुए।

एक दिन शर्मिष्ठा ने अवसर पाकर राजा ययाति से कहा—हे राजा मुझको रतिदान दो। मेरे साथ भोग-विलास करो। राजा ने उससे भी संभोग किया और विधियोग से शर्मिष्ठा को तीन पुत्र हुए।

शुक्र की पुत्री ने उन पुत्रों को देखा और मन में बहुत क्रोध किया। उसने पूछा—शर्मिष्ठा, तुम्हें ये पुत्र कहाँ से मिले? शर्मिष्ठा ने छिपाया और कहा—ऋषि की कृपा से मुझे ये पुत्र मिले हैं। तब देवयानी ने पूछा—उस ऋषि का नाम तो बताओ।

तब शर्मिष्ठा ने झूठ बोलते हुए कहा मेरी भेंट उन ऋषि से स्वप्न में हुई थी। तब देवयानी ने उन पुत्रों से जा पूछा—तुम लोग मुझे अपने पिता का नाम कह सुनाओ।

बड़े बेटे ने बता दिया—मेरे पिता का नाम राजा ययाति है। यह सुनकर देवयानी पहले तो राजा ययाति से खूब लड़ी। फिर उसने पिता शुक्राचार्य से शिकायत की। बाद में ययाति भी शुक्राचार्य के पास आए। ऋषि शुक्राचार्य ने उनसे कहा—तुमने जवानी के नशे में यह सब कुकृत्य किया। अतः मैं तुम्हें साप दे रहा हूँ। जाओ तुम अभी बूढ़े हो जाओ।

शुक्राचार्य के शाप से ययाति जब बूढ़े हो गए, तब बोले–हे ऋषि, आपने मुझे शाप दे दिया, पर मेरी कामनायें अभी पूरी नहीं हुई हैं। अतः अब आपकी जो आज्ञा हो, मैं वही करूँ।

शुक्राचार्य ने कहा—तेरा पुत्र तेरी वृद्धावस्था ले ले और अपनी जवानी तुम्हें दे दे, तब तुम अपनी इच्छा के अनुसार संभोगानन्द ले सकोगे।

राजा ययाति ने अपने बड़े पुत्र यदु से कहा। यदु ने साफ जवाब दे दिया—मुझसे बूढ़ा नहीं हुआ जायगा। तब राजा ने कहा—तब तुम्हें राज्य भी नहीं मिलेगा। मेरा जो भी पुत्र मेरा बुढ़ापा लेगा, वही राज्य भी लेगा।

अन्य और पुत्रों से जब राजा ययाति ने यह प्रस्ताव रखा तब किसी भी पुत्र ने राजा की बात नहीं मानी।

छोटे पुत्र ने राजा का बुढ़ापा लें लिया और अपनी जवानी उन्हें दे दी। राजा ययाति ने एक हजार वर्ष तक भोग-विलास किया। परन्तु फिर भी उनको संतोष नहीं हुआ। तब उन्होंने स्वयं कहा—विषयों से तृप्ति नहीं होती, कोई कितना भी भोग क्यों न करे। तब राजा ने बेटे की तरुणास्था उसे लौटा दी और अपनी बुढ़ाई उससे ले ली। वह वन में तपस्या करने चले गए और हरि के चरणों में मन लगा लिया।

हे राजा परीक्षित, इस प्रकार ययाति कृतार्थ हुए। यह कथा मैंने तुमसे कह दी।

शुकदेव ने ययाति की यह कथा परीक्षित से जिस प्रकार कह सुनाई थी, सूरदास ने उसे उसी प्रकार गा सुनाया है।

॥ नवम स्कंध समाप्त ॥

दशम स्कंध : पूर्वार्द्ध

गोकुल-लीला

मंगलाचरण *४१८/६१९ राग सारंग*

ब्यास कह्यौ सुकदेव सौं, श्रीभागवत बखानि।
द्वादस स्कंध परम सुभ, प्रेम-भक्ति की खानि।
नव स्कंध नृप सौं कहे, श्रीसुकदेव सुजान।
'सूर' कहत अब दसम कौं, उर धरि हरि कौ ध्यान॥

व्यास जी ने शुकदेव जी से भागवत की कथा कही। श्रीमद्‌भागवत बारह पवित्र स्कन्धों में हैं। यह प्रेमाभक्ति की खानि ही है। श्री शुकदेव जी ने अब तक राजा परीक्षित से नव स्कन्धों तक की कथा कह सुनाई। अब सूरदास हृदय में हरि का ध्यान धारण करके दशम स्कन्ध की कथा कहने जा रहे हैं।

४१९/६२० राग बिलावल

हरि हरि, हरि हरि सुमिरन करौ। हरि-चरनारबिंद उर धरौ।
जय अरु बिजय पारषद दोइ। बिप्र-सराप असुर भए सोइ।
दोउ जन्म ज्यौं हरि उद्धारे। सो तो मैं तुमसौं उच्चारे।
दंतबक्र-सिसुपाल जो भए। बासुदेव ह्वै सो पुनि हए।
औरौ लीला बहु बिस्तार। कीन्हौ जीवनि कौ निस्तार।
सो अब तुमसौं सकल बखानौं। प्रेम सहित सुनि हिरदै आनौ।
जो यह कथा सुनै चित लाइ। सो भव तरि बैकुंठहिं जाइ।
जैसें सुक नृप कौं समुझायौ। 'सूरदास' त्यौंही कहि गायौ॥

शुकदेव जी बोले—हे राजा परीक्षित, हरि का सुमिरन करते रहो और हरि के चरण-कमलों को हृदय में धारण किए रहो।

विष्णु भगवान के निकट रहने वाले दो सेवक थे। इनका नाम जय और विजय था ये दोनों ब्राह्मण के शाप से राक्षस हो गए थे। हरि ने इनका दो जन्मों में जिस प्रकार उद्धार किया, हे राजा परीक्षित, वह मैंने तुमसे पहले ही कह सुनाया है। द्वापर में वे तीसरी बार राक्षस हुए। ये हैं—दंतबक्र और शिशुपाल। भगवान ने वसुदेव के पुत्र कृष्ण वासुदेव होकर इन्हें मारा और इनका उद्धार किया। कृष्ण की अन्यान्य लीलाओं का भारी विस्तार है। उन्होंने अनेक प्राणियों का उद्धार किया। अब मैं उन सभी लीलाओं को तुमसे कह सुनाता हूँ। इन्हें प्रेमपूर्वक सुनो और हृदयंगम करो। जो यह कथा मन लगाकर सुनता है, वह भव-सागर के पार हो जाता है और बैकुंठपुरी में चला जाता है।

द्वापर के अंत में जिस प्रकार शुकदेव जी ने राजा परीक्षित को यह कथा कह सुनाई ा, इस कलियुग में उसी कथा को सूरदास उसी प्रकार कह सुना रहे हैं।

४२०/६२१ राग गौड़ मलार

ादि सनातन, हरि अबिनासी। सदा निरंतर घट-घट बासी।
रन ब्रह्म, पुरान बखानैं। चतुरानन, सिव, अंत न जानैं।
ुन-गन अगम, निगम नहिं पावै। ताहि जसोदा गोद खिलावै॥
ुक निरंतर ध्यावै ज्ञानी। पुरुष पुरातन सो निर्बानी।
ाप-तप-संजम-ध्यान न आवै। सोइ नंद कैं आँगन धावै॥
ोचन-स्रवन न रसना-नासा। बिनु पद-पानि करै परगासा।
बिस्वंभर निज नाम कहावै। घर-घर गोरस सोइ चुरावै॥
ुक-सारद से करत बिचारा। नारद से पावहिं नहिं पारा।
अबरन, बरन सुरति नहिं धारै। गोपिनि के सो बदन निहारै॥
जरा-मरन तैं रहित, अमाया। मातु, पिता, सुत, बंधु न जाया।
ज्ञान-रूप हिरदै मैं बोलै। सो बछरनि के पाछैं डोलैं॥
जल,धर,अनिल,अनल,नभ,छाया। पंचतत्त्व तैं जग उपजाया।
माया प्रगटि सकल जग मोहै। कारन-करन करै सो सोहै।
सिव-समाधि जिहिं अंत न पावै। सोइ गोप की गाइ चरावै॥
अच्युत रहै सदा जल-साई। परमानंद परम सुखदाई।
लोक रचै, राखै अरु मारै। सो ग्वालनि सँग लीला धारै।
काल डरै जाकैं डर भारी। सो ऊखल बाँध्यौ महतारी॥
गुन अतीत, अविगत, न जनावै। जस अपार, स्रुति पार न पावै।
जाकी महिमा कहत न आवै। सो गोपिनि सँग रास रमावै॥
जाकी माया लखै न कोई। निर्गुन-सगुन धरै वपु सोई।
चौदह भुवन पलक मैं टारै। सो बन-बीथिनि कुटी सँवारै॥
चरन-कमल नित रमा पलोवै। चाहति नैंकु नैन भरि जोवै।
अगम, अगोचर, लीला-धारी। सो राधा-बस कुंज-बिहारी॥
बड़भागी वै सब ब्रजवासी। जिनकैं सँग खेलैं अविनासी।
जो रस ब्रह्मादिक नहिं पावैं। सो रस गोकुल-गलिनि बहावैं॥
'सूर' सुजस कहि कहा बखानै। गोबिंद की गति गोबिंद जानै॥

हरि सबके आदि में थे, वे अनादि हैं। सनातन हैं, सभी में रहनेवाले हैं, वे कभी भी विनष्ट होनेवाले नहीं हैं। वे सदैव सबके शरीरों में बसे रहते हैं। अठारहो पुराण उन्हें पूर्ण ब्रह्म कहते हैं। चतुमुर्ख ब्रह्मा और पंचमुख शिव भी उनका अंत नहीं पाते। उनके गुणों तक किसी का प्रवेश नहीं हो पाता। उनके अगम गुणों तक तो वेद भी नहीं पहुँच पाते। ऐसे अनादि, अविनाशी, पूर्ण ब्रह्म को नंद की रानी यशोदा पुत्र रूप में अपनी गोद में लिए

हुए खिलाती हैं।

वे पूर्ण ब्रह्म एक ही हैं, दो नहीं। ज्ञानी लोग उनका बराबर ध्यान किया करते हैं। वे पुरातन हैं। उनसे पुराना कोई भी नहीं। वे निर्वानी हैं—वाणी से उनका कथन कर पाना संभव नहीं। जो प्रभु जप करने से, तप करने से, संयम करने से भी ध्यान में नहीं आ पाता, वही बालक बनकर नंद के आंगन में दौड़ता-फिरता है।

वह नयन, कान, जीभ, नासिका, पैर-हाथ सबसे रहित है, फिर भी बालक रूप में प्रकट हो गया है। उसका नाम ही विश्वम्भर है। वह सारे विश्व का उदर-भरण करता है, वही प्रभु गोकुल में आकर घर-घर में घुसकर दही, दूध, मक्खन चुराता फिर रहा है।

शुकदेव और शारदा (सरस्वती) जैसे लोग उनका विचार करते हैं। नारद जैसे लोग भी उनका पार नहीं पाते। जो स्वयं अवर्णनीय है, जो रूप, रंग, आकार, नहीं धारण करता, वही प्रभु गोकुल में गोपियों का मुँह जोहता रहता है।

वह प्रभु न तो बूढ़ा होता है, न मरता है। वह मायाग्रस्त भी नहीं होता। उसके माता, पिता, पुत्र, भाई पत्नी कोई भी तो नहीं है। वह ज्ञान रूप है और हर हृदय में वही बोलता है। ऐसा प्रभु भी गोकुल में गायों के बछड़ों के पीछे डोलता-फिरता है।

उन प्रभु ने क्षिति, जल, पावक, समीर और गगन इन पंच महाभूतों से सभी सृष्टि की रचना की है। वही प्रभु अपनी माया फैलाकर सारे संसार को मोहित किए हुए है। वही सारे संसार के स्रष्टा भी है। जो कारण है, करण है, सब वही है। शिव उसे जानने के लिए समाधि लगाते तो हैं, पर वे भी उसका अंत नहीं पाते। वही प्रभु अहीरों की गायें चरा रहा है।

वह प्रभु कभी च्युत नहीं होता, यह अटल और अविचल है। वह कभी क्षीर सागर में शेष-शय्या पर शयन करता रहता है। यह परम-आनन्द स्वरूप है। वह परम-सुख (मोक्ष) प्रदाता है। वही लोगों की रचना करता हैं, उनका पालन करता है और वही उनका संहार भी करता है। वही प्रभु ग्वाल-बालों के साथ तरह-तरह की लीलाएँ करता रहता है। जिसके डर से स्वयं काल भी अत्यंत डरता रहता है, उसी को माँ यशोदा दंड देने के लिए ओखरी में बाँध देती है।

जो प्रभु सत, रज, तम प्रकृति के इन तीनों गुणों से परे है, जो जाना नहीं जा सकता, जो अपने को प्रकट नहीं करता, जनाता नहीं, जिसका यश अपार है, जिसका गुणानुवाद करने में वेद भी अक्षम हैं और नेति-नेति कह देते हैं, जिसकी महिमा कहकर सुनाई नहीं जा सकती, वही प्रभु गोपियों के साथ रास करता है, नाचता है।

जिसकी माया को कोई देख नहीं पाता, वही निर्गुण प्रभु सगुण शरीर धारण कर लेता है। जो चौदहों भुवनों को एक पल भर में, पलक गिरते भर में टाल देता है, वही प्रभु गोकुल के ही वनों की गलियों में कुटी छाता फिरता है।

जिस प्रभु के पाद-पद्मों को लक्ष्मी जी सदा दबाया करती रहती हैं, जिन्हें वे थोड़ी देर के लिए अपनी आँखों भर रंचमात्र देख लेना चाहती हैं, जिसके पास तक हमारा तन तो क्या, मन भी नहीं जाता, जो समस्त ज्ञानेन्द्रियों की पहुँच से परे है, जो भाँति-भाँति की लीलाएँ करता रहता है, वही राधा के अधीन होकर कुंज-बिहारी बन जाता है।

वे ब्रजवासी धन्य हैं, परम सौभाग्यशाली हैं, जिनके साथ वह अविनाशी ब्रह्म खेलता हता है। जो रस ब्रह्मा आदि देवगण भी नहीं पा पाते, वही ब्रह्मानंद गोकुल की गलियों में बहा फिर रहा है।

अंधा 'सूर' उस प्रभु का सुयश कैसे कह सुनावे। गोविन्द की गति को, रहस्य को, गोविंद ही जान सकते हैं, सामान्य नर नहीं।

कृष्ण जन्म *४२१/६२२ राग सारंग*

बाल-बिनोद भावती लीला, अति पुनीत मुनि भाषी हो।
सावधान ह्वै सुनौ परीच्छित, सकल देव मुनि साखी हो।
कालिंदी कैं कूल बसत इक, मधुपुरि नगर रसाला हो।
कालनेमि अरु उग्रसेन-कुल, उपज्यौ कंस भुवाला हो॥ १॥
आदि-ब्रह्म-जननी, सुर-देवी, नाम देवकी बाला हो।
दई बिवाहि कंस बसुदेवहिं, दुख-भंजन, उर-साला हो।
हय गय रतन हेम पाटंबर, आनँद मंगलचारा हो।
समुदित भई अनाहत बानी, कंस-कान झनकारा हो॥ २॥
याकी कोखि औतरै जो सुत, करै प्रान-परिहारा हो।
रथ तैं उतरि, केस गहि राजा, किहौ खड्ग पटतारा हो।
तब बसुदेव दीन ह्वै भाख्यौ, "पुरुष न तिय-बध करई हो"।
'मोकौं भई अनाहत बानी, तातैं सोच न टरई हो॥ ३॥
आगैं बृच्छ फरै जो बिष-फल, बृच्छ बिना किन सरई हो।
याहि मारि, तोहिं और बिवाहौं, अग्र-सोच क्यौं मरई हो!
यह सुनि सकल देव-मुनि भाष्यौ, "राय, न ऐसी कीजै हो।
तुम्हरे मान्य बसुदेव-देवकी, जीव-दान इहिं दीजै हो॥ ४॥
कीन्यौ जज्ञ होत है निष्फल, कह्यौ हमारी कीजै हो।
याकैं गर्भ अवतरैं जे सुत, सावधान ह्वै लीजै हो।
बाचा-बंध कंस करि छाँड़े, तब वसुदेव पतीजे हो।
मानहु मृगी चरत गह वन मैं, नयन नीर उर भीजे हो॥ ५॥
पहिलौ पुत्र देवकी जायौ, लै बसुदेव दिखायौ हो।
बालक देखि कंस हँसि दीन्यौ, सब अपराध छमायौ हो॥
'कंस कहा लरिकाई कीनी'', कहि नारद समुझायौ हो।
'जाकौ भरम करत हौ राजा, मति पहिलैं सो आयौ हो'' ॥ ६॥
यह सुनि कंस पुत्र फिरि माँग्यौ, इहि बिधि सबनि सँहारौ हो।
तब देवकी भई अति व्याकुल, कैसैं प्रान प्रहारौं हो।
कंस बंस को नास करत है, कहँ लौ जीव उबारौं हो।
यह बिपदा कब मेटहिं श्रीपति, अरु हौं काहिं पुकारौं हो॥ ७॥

धेनु-रूप धरि पुहुमि पुकारी, सिव-विरंचि कैं द्वारा हो।
सब मिलि गए जहाँ पुरुषोत्तम, जिहिं गति अगम अपारा हो।
छूछी मसक पवन पानी ज्यों, तैसोइ जनम विकारी हो।
पाखंड धरम करत हैं पामर, नाहिन चलत तुमारी हो ॥ ८
मारग छाँड़ि कुमारग सों रति, बुधि बिपरीत बिचारी हो।
अमृत छाँड़ि बिषय-विष अँचवत, देत अधम मति गारी हो।
छीर-समुद्र-मध्य तैं यौं हरि, दीरघ बचन उचारा हो।
उधरौं धरनि, असुर-कुल मारौं, धरि नर-तन-अवतारा हो ॥ ९
सुर, नर नाग तथा पसु पच्छी, सबकौं आयसु दीन्हौ हो।
गोकुल जनम लेहु सँग मेरैं, जो चाहत सुख कीन्हौ हो।
जेहिं माया विरंचि-सिव मोहे, वहै ब्रह्म करि चीन्हौ हो।
देवकि गर्भ, अकर्षि रोहिनी, आप वास करि लीन्हौ हो ॥ १०
हरि कैं गर्भ-बास जननी कौ बदन, उजारौ लाग्यौ हो।
मानहुँ सरद चंद्रमा प्रगट्यौ, सोच-तिमिर तन भाग्यौ हो।
तिहिं छन कंस आनि भयौ ठाढ़ौ, देखि महातम जाग्यौ हो।
अबकी बार आपु आयौ है अरी, अपुनपौ त्याग्यौ हो ॥ ११
दिन दस गऐं, देवकी अपनौ बदन बिलोकन लागी हो।
कंस-काल जिय जानि गर्भ मैं, अति आनंद सभागी हो।
सुर-नर-देव बंदना आए, सोवत तैं उठि जागी हो।
अबिनासी कौ आगम जान्यौ, सकल देव अनुरागी हो ॥ १२
कछु दिन गऐं, गर्भ कौ आगम, उर देवकी जनायौ हो।
कासौं कहौ सखी कोउ नाहिंन, चाहति गर्भ दुरायौ हो।
बुध-रोहिनी-अष्टमी-संगम, बसुदेव निकट बुलायौ हो।
सकल लोकनायक, सुखदायक, अजन, जन्म धरि आयौ हो ॥ १३
माथैं मुकुट, सुभग पीतांबर, उर सोभित भृगु रेखा हो।
संख चक्र गदा पद्म बिराजत, अति प्रताप सिसु-भेषा हो।
जननी निरखि भई तन ब्याकुल, यह न चरित कहुँ देखा हो।
बैठी सकुचि, निकट पति बोल्यौ, दुहुँनि पुत्र-मुख पेखा हो ॥ १४
"सुनि देवकि, इक आन जन्म की, तोकौं कथा सुनाऊँ हो।
तैं माँग्यौ, हौं दियौ कृपा करि, तुम-सौ बालक पाऊँ हो।
सिव सनकादि आदि ब्रह्मादिक , ज्ञान ध्यान नहिं आऊँ हो।
भक्तबछल बानौ है मेरौ, बिरुदहिं कहा लजाऊँ हो" ॥ १५
यह कहि मया मोह अरुझाए, सिसु ह्वै रोवन लागे हो।
"अहो बसुदेव, जाहु लै गोकुल, तुम तो परम सभागे हो"।

घन-दामिनि धरती लौं कौंधै, जमुना-जल सौं पागे हो।
आगैं जाऊँ जमुन-जल गहिरौ, पाछैं सिंह जु लागे हो॥१६॥
लै बसुदेव धँसे दह सूधे, सकल देव अनुरागे हो।
जानु जंघ कटि ग्रीव नासिका, तब लियौ स्याम उछाँगे हो।
चरन पसारि परसि कालिंदी, तरवा नीर तियागे हो।
सेस सहस फन ऊपर छायौ, लै गोकुल कौं भागे हो॥१७॥
पहुँचे जाइ महर-मंदिर मैं, मनहिं न संका कीनी हो।
देखि पर्यंक जोगमाया, बसुदेव गोद करि लीनी हो।
लै बसुदेव मधुपुरी पहुँचे, प्रगट सकल पुर कीनी हो।
देवकि-गर्भ भई है कन्या, राइ न बात पतीनी हो॥१८॥
यह सुनि कंस खड्ग लै धायौ, तब देवकि आधीनी हो।
''यह कन्या मोहिं बकसि बंधु तू, दासि जानि कर दीनी हो।
क्रूर कंस मम बंस विनासन, समझे बिन रिस कीनी हो।
नहिं जानिए होय छल कीनो, अविगत गति किन चीन्ही हो'' ॥१९॥
पकरत कन्या गई अकासहिं, दोउ भुज चरण लगाई हो।
गगन गई, बोली सुरदेवी, ''कंस मृत्यु नियराई हो।
जैसे मीन जाल में क्रीड़त, गनै न आपु लखाई हो।
तैसैंहि, कंस, काल ढूक्यो है, ब्रज में यादवराई हो'' ॥२०॥
जैसे ब्याल बेग कौ ढूकै, बेगइ चारों ताके हो।
जैसे सिंह आपु मुख निरखे परे कूप में डाँके हो।
तैसेइ कंस, परम, अधिनायक, भूल्यो राज सभा के हो।
गति की गति पति तेरी जाके, हाथ मृत्यु है ताके हो॥२१॥
यह सुनि कंस देवकी आगे, रहे चरणं सिर नाई हो।
''बहु अपराध करे, सिसु मारे, लिख्यो न मेट्यो जाई हो''।
काकैं सत्रु जन्म लीनो है, बूझै मतो बुलाई हो।
चारि पहर सुख-सेज परे, निसि नैकहु नींद न आई हो॥२२॥
देस देस के दूत बुलायौ, का सौंहें, छल कैसो हो।
अविगत अजर अजीत अमर, ता करता को बल जैसो हो।
दिन ही दिन सो पुरुष होत है सो बहुत असुर बल बैसो हो।
बुझत नाहिं तृण मार बुझायो, पवनी माखन जैसो हो॥२३॥
जागी महरि, पुत्र-मुख देख्यौ, आनँद-तूर बजायौ हो।
कंचन-कलस, होम, द्विज-पूजा, चंदन भवन लिपायौ हो।
बरन-बरन रँग ग्वाल बने, मिलि गोपिनि मंगल गायौ हो।
बुहु बिधि ब्योम कुसुम सुर बरषत, फूलनि गोकुल छायौ हो॥२४॥

आनँद भरे करत कौतूहल, प्रेम-मगन नर-नारी हो।
निर्भय अभय-निसान बजावत, देत महरि कौं गारी हो।
नाचत महर मुदित मन कीन्हे, ग्वाल बजावत तारी हो।
'सूरदास' प्रभु गोकुल प्रगटे, मथुरा-गर्व-प्रहारी हो ॥ २५ ॥

शुकदेव जी बोले—हे राजा परीक्षित, व्यास मुनि ने भगवान कृष्ण की जिन मन को लुभानेवाली अत्यंत पवित्र लीलाओं का वर्णन पुरा काल में किया है और जिनके साक्षी सभी देव और ऋषिगण हैं, मैं उन कथाओं को कह सुना रहा हूँ। सावधान होकर सुनो।

कलिंद-गिरि-नंदिनी कालिंदी यमुना के किनारे मधुपुरी (मथुरा) नामक एक अत्यंत सुंदर नगर बसा हुआ है। यहाँ कालनेमि और उग्रसेन (कंस के पिता) के कुल में कंस नामक भूपाल हुआ है। आदि ब्रह्म (कृष्ण) की माँ, देवताओं की पूज्य देवकी नाम एक कन्या उसी वंश में हुई। यह कंस की बहन लगती थी। कंस ने उस देवकी का विवाह वसुदेव के साथ कर दिया। यह देवकी दु:खों को नष्ट करनेवाली और सुखों का समूह थी। कंस ने वसुदेव को विदा-वेला में हाथी, घोड़ा, रत्न, स्वर्ण, रेशमी वस्त्र आदि दिए और विदा के आनंददायक गीत गाए जाने लगे। उसी समय उपहार देते समय कंस के कानों में यह अनाहत (अटूट) वाणी सुनाई पड़ी—इस देवकी की कुक्षि से, गर्भ से, जो पुत्र उत्पन्न होगा, यह तुम्हारे प्राणों का हरण कर लेगा।

तब कंस अपने रथ से उतर आया। उसने अपनी बहन देवकी की चोटी पकड़ ली और उसे मार डालने के लिए अपनी तलवार या पटा को हाथ में लेकर तौलने लगा, सँभालने लगा। तब वसुदेव ने दीन और दुखी होकर कहा—पुरुष किसी नारी का वध नहीं करते। अत: आपको भी देवकी का वध न करना चाहिए।

तब कंस बोला—मुझे अभी-अभी अवाध वाणी सुनाई पड़ी है कि इसके गर्भ से उत्पन्न बालक मेरा काल होगा। अत: यह सोच मेरे मन से टल नहीं पा रहा है। जो वृक्ष आगे चलकर विष-फल ही फलनेवाला हो, क्या उस वृक्ष के बिना काम नहीं चल सकता? उस वृक्ष को तो काट ही डालना चाहिए। अत: मैं इस देवकी को मार डालता हूँ। मैं किसी दूसरी कन्या से तुम्हारा विवाह करा दूँगा। तुम व्यर्थ आगे की बातें सोच-सोच कर क्यों मरे जा रहे हो। यह सुन कर सभी देवों और मुनियों ने कहा—हे महाराज ऐसा न करें, देवकी को न मारें। वसुदेव और देवकी तुम्हारे मान्य हैं। अत: इन्हें प्राणदान दो। तुमने जो विवाह का यज्ञ किया है, वह निष्फल चला जाना चाहता है। अत: हमारा कहना करो। देवकी के गर्भ से जो पुत्र उत्पन्न हों, सावधान होकर उन्हें ले आइए, कोई भी बचने न पाए, सभी को मारते जाइए।

कंस ने वसुदेव को वचनबद्ध करा लिया कि देवकी के गर्भ से जो भी पुत्र उत्पन्न होंगे, मैं उन्हें कंस को देता जाऊँगा। उनके वचनबद्ध हो जाने पर कंस ने वसुदेव का विश्वास कर लिया। प्रतिज्ञा करते समय वसुदेव की आँखें वैसे ही सजल हो गईं, मानो घने वन में चरती हुई मृगी पकड़ ली गई हो।

देवकी को पहला पुत्र हुआ। वसुदेव ने उसे ले जाकर कंस को दिखाया, बालक को देखकर कंस हँस पड़ा और सब अपराध क्षमा करके बालक को छोड़ दिया।

तब तक नारद वहाँ आ गए और बोले-'कंस, तुम यह क्या लड़कपन कर रहे हो? हे राजा, देवकी के जिस आठवें पुत्र को तुम अपना काल समझ रहे हो, शायद वह पहले ही आ गया हो'।

यह सुनकर कंस ने उस बालक को फिर मँगा भेजा। और उसको मार डाला, इसी प्रकार उसने देवकी के सभी (सात) पुत्रों को मार डाला।

तब देवकी अत्यंत व्याकुल हो गई कि मैं कैसे अपने बच्चों के प्राणों का परिहार (बचाव) करूँ? कंस तो मेरे वंश का विनाश करने पर तुल गया है। मैं कहाँ तक कैसे प्राण बचाऊँ। हे भगवान, हे श्रीपति, तुम मेरी यह विपत्ति कब दूर करोगे। तुम्हें छोड़ इस समय मैं किसे और पुकारूँ।

इसके अनन्तर पृथ्वी ने गाय का रूप धारण कर ब्रह्मा और शिव के द्वार पर जाकर पुकार लगाई। सब मिलकर अगम और अपार गति वाले पुरुषोत्तम विष्णु के यहाँ गए। भगवान उस समय क्षीर सागर में सो रहे थे। पृथ्वी, शंकर और ब्रह्मा ने प्रार्थना की—जैसे वायु और जल से रहित कोई खाली मसक हो, वैसे ही विकार को प्राप्त होनेवाला यह मानव-जन्म है। इस विकार-ग्रस्त जीवन में अधर्मी लोग धर्म का पाखंड करते हैं। हे प्रभु, लोक में तुम्हारी चल नहीं पा रही है, लोग मन-मानी करते जा रहे हैं। लोग सुमार्ग छोड़कर कुमार्ग से प्रेम कर रहे हैं। उनके बिचारने का ढंग ही उलटा है। लोग भगवद्भक्ति रूपी अमृत को छोड़कर विषय रूपी विष को पीते जा रहे हैं और अधम बुद्धि वाले लोग तो भगवान को भी गाली दे रहे हैं।

यह प्रार्थना सुनते ही क्षीर सागर के मध्य से हरि ने यह दीर्घ वाणी उच्चरित की—'मैं मानव शरीर धारण करके पृथ्वी का उद्धार करूँगा और असुरों के कुल का संहार करूँगा। फिर प्रभु ने सुर, नर, नाग, पशु, पंछी सभी को आदेश दिया कि यदि तुम सुख लेना चाहते हो, तो मेरे साथ तुम लोग भी गोकुल में चलकर मेरे जन्म लेने के साथ-साथ जन्म लो। मेरी जिस माया ने ब्रह्मा और शंकर को भी मोहित कर रखा है, तुम उस ब्रह्म को पहचान लो।'

फिर प्रभु ने देवकी का गर्भ खींचकर रोहिणी के गर्भ में स्थापित कर दिया और देवकी के रिक्त गर्भ में स्वयं आप आकर बस गए। हरि जब देवकी के गर्भ में आ गए, तब माँ देवकी का मुख-मंडल प्रोद्भासित हो उठा, चमक उठा। लगा जैसे शरद की पूर्णिमा का चंद्रमा उदित हो गया हो। देवकी के मन में सोच का जो अंधकार समाया रहता था, वह दूर हो गया।

उसी समय कंस भी वहाँ आ पहुँचा। उसने देवकी का महिमा-मंडित मुख-मंडल देखा और जाग गया, सचेत हो गया। उसने सोचा—लगता है इस बार मेरा शत्रु स्वयं देवकी के गर्भ में आ गया है और उसने अपना देवत्व त्याग दिया है।

दस ही दिन बीतते-बीतते सौभाग्यवती देवकी अपना मुख दर्पण में देखने लगी और कंस के काल को अपने गर्भ में आया जान, परम प्रसन्न हो उठी। एक दिन रात में जब देवकी सो रही थी, तभी बहुत से सुर, नर आदि वहाँ प्रभु की वंदना के लिए आ उपस्थित हुए। देवकी सोते से जाग उठ बैठी और उसने जान लिया कि सभी देवताओं से प्रेम

करनेवाले अविनाशी प्रभु मेरी कोख में आ गए हैं।

कुछ दिनों के पश्चात देवकी को गर्भ का आलस्य आने लगा। वह उस गर्भ की बात सबसे छिपा रखना चाहती थी। पर वहाँ कोई सखी-सहेली तो थी नहीं, फिर वह किससे कहती। भादों बदी अष्टमी, रोहिणी नक्षत्र और बुधवार का जब संगम हुआ, तब देवकी ने वसुदेव को बुलाया और कहा तीनों लोकों के स्वामी, सबको सुख देनेवाले, कभी भी जन्म न लेनेवाले प्रभु जन्म लेने के लिए मेरी कोख में आ गए हैं। वे बालक-रूप में हैं, उनके सिर पर मुकुट हैं, वह सुंदर पीतांबर पहने हुए हैं, उनके वक्षस्थल पर भृगु के चरणों के चिह्न बने हुए हैं। उनके चार हाथ हैं, जिनमें वे एक-एक कर शंख, चक्र, गदा और कमल लिए हुए हैं। वे अत्यंत प्रतापवान हैं।

देवकी बालक को इस रूप में देखकर अत्यंत व्याकुल हो उठी, क्योंकि उसने वह चरित कहीं नहीं देखा था—इस तरह का बालक उत्पन्न होने की चर्चा तक उसने नहीं सुनी थी। वह सकुचाकर अपने पति के निकट जाकर बैठ गई। तब वह बालक बोलने लगा—फिर तो वासुदेव और देवकी दोनों ने बालक का मुँह देखा।

वह बालक बोला—'हे देवकी सुनो, तुम्हारे एक अन्य पूर्वजन्म की कथा सुना रहा हूँ। तुमने मुझसे वर माँगा कि मैं तुम्हारे समान एक पुत्र पाऊँ। मैंने तुमको कृपा कर यह वरदान दे दिया। मैं शिव, सनक आदि चारों बंधु, ब्रह्मा आदि देवगण के न तो ज्ञान में आता हूँ, न उनके ध्यान में ही आता हूँ। वे न मुझे जानते पहचानते हैं, न मुझे ध्यान ही में पाते हैं। मेरा विरुद ही भक्तवत्सल है। मैं अपने विरुद को क्यों लज्जित करूँ।'

ऐसा कहकर प्रभु शिशु होकर रोने लगे और उन्होंने वसुदेव देवकी को माया-मोह में उलझा लिया। देवकी ने कहा—'वसुदेव, तुम परम सौभाग्यशाली हो, जो तुम्हें ऐसा पुत्र मिला है। इसे लेकर अविलंब गोकुल चले जाओ।'

जिस समय वसुदेव बच्चे को लेकर चले, उस समय आकाश में, बादल में, बिजली कौंध उठी और उस बिजली की चमक से धरती भी चमक उठी। और आगे बढ़े, तो वे यमुना के जल में उभ-चुभ करने लगे। वसुदेव सोचने लगे—'आगे जाता हूँ तो यमुना का गहरा जल है, पीछे लौटता हूँ तो सिंह दहाड़ रहा है और आक्रमण करना चाहता है।' सभी देवताओं का प्रेमपूर्वक नाम लेकर वसुदेव यमुना के गहरे जल में धँस ही गए। पहले जल घुटने तक था, पर बढ़ते-बढ़ते वह क्रमशः जंघा, कमर, गर्दन और नाक तक पहुँच गया। तब उन्होंने साँवले सलोने बालक को उत्संग (गोद) से ऊपर उठा लिया। बालक ने अपने पैर फैला दिए। कालिंदी जमुना ने उस बालक के चरणों का स्पर्श किया। उनके जल ने बालक के तलवे को त्याग दिया। पानी नीचे उतर गया। शेष ने अपने हजारों फनों से बालक के सिर पर छत्र तान रखा था।

वसुदेव बालक को लेकर गोकुल की ओर भागते हुए आगे बढ़ते गए। उनके मन में किसी भी प्रकार का भय न हुआ और वे नन्द बाबा के महल में पहुँच गए। वसुदेव ने देखा कि वहाँ पलँग पर योगमाया पड़ी हुई थी। उन्होंने उसे उठाकर अपनी गोद में ले लिया।

वसुदेव उस योगमाया को लेकर मधुपुरी मथुरा में वापस आ गए। उन्होंने सारी मथुरा में प्रचारित कर दिया कि देवकी के गर्भ से पुत्री हुई है। परन्तु राजा कंस ने इस पर विश्वास

नहीं किया।

यह सुनकर कंस तलवार लेकर दौड़ा। तब देवकी ने अधीनता प्रकट करते हुए विनती की—'भैया, इस कन्या को तुम मुझे बख्श दो, मेरे लिए छोड़ दो। मैं इसे तुम्हारी दासी समझकर इसे तुम्हारे हाथों में दे रही हूँ। बिना समझे बूझे मेरा वंश नष्ट करने के लिए तुमने यह क्रूरता एवं क्रोध किया। अविगत (अजेय) प्रभु की गति (मर्म, रहस्य) को किसने पहचाना है। हो सकता है उस प्रभु ने तुम्हारे साथ छल किया हो।'

जैसे ही उस कन्या को कंस ने अपने हाथ में लिया, वैसे ही वह अपनी दोनों भुजाओं को चरणों से सटाकर आकाश में उड़ गई और वह सुर-देवी कहती गई—'कंस, तुम्हारी मृत्यु निकट आ गई है। जैसे जाल में फँसी हुई मछली उसी के भीतर खेलती रहती है, अपनी मृत्यु की न तो गणना कर पाती है कि कितनी देर उसे और जीना है और न तो उसे अपनी मृत्यु प्रत्यक्षतः दिखाई ही देती है, वैसे ही, हे कंस, तुम्हारा काल छिपा है, तुम्हें दिखाई नहीं दे रहा है। तुम्हारा काल यदुराय ब्रज में पैदा हो गया है। जैसे साँप छिपा-छिपा रहता है और अपने चारा (भोजन) बेग (भेक, मेढक) को ताकता रहता है और दृष्टिगत होते ही उस मेढक पर झपट पड़ता है, वैसे ही मौत रूपी व्याली तुम्हारी प्रतीक्षा कर रही हैं। जैसे कुएँ में अपनी ही परछाईं देखकर, उसे दूसरा सिंह समझकर, उससे लड़ने के लिए सिंह कुएँ में उछलकर कूद पड़ता है, वैसे ही हे अधिनायक (राजा) कंस, तुम अपनी राज-सभा के मद में भूले हुए हो। तुम्हारी गति (मुक्ति) और तुम्हारी पति (प्रतिष्ठा) जिसके हाथ में है, उसके हाथ में तुम्हारी मृत्यु भी है।'

योगमाया के मुँह से ऐसा सुनकर कंस सकपकाकर देवकी के चरणों में नतमस्तक हो गया और कहा—'मैंने तुम्हारा बहुत अपराध किया है, तुम्हारे बच्चों को मार डाला है, ब्रह्मा ने जो कुछ लिख दिया है, वह मिटाया नहीं जा सकता।'

(कंस यह कहकर चला गया, पर सशंक बना रहा।) उसने अपने ज्योतिषियों को बुलाया और उनका मत पूछने लगा—बताइए तो मेरा शत्रु किसके घर में पैदा हुआ है? 'वह रात के चार प्रहरों तक सुख-सेज पर पड़ा रहा, पर रात को उसे जरा भी नींद नहीं आई।'

कंस ने देश-देश से दूत बुला भेजे, और कहा—प्रत्यक्ष रूप से हो या छल करके अप्रत्यक्ष रूप से हो, जो अविगत (रहस्यमय) है, अजर (बूढ़ा न होनेवाला) है, अजेय है, अमर है, उस कर्ता की शक्ति जैसी भी हो, पता लगाकर मुझसे कहो। वह दिन-दिन बढ़ता जा रहा है, बालक से पुरुष (युवा) बनता जा रहा है और हमारी असुर-सेना बैठी हुई है। आग को घास-फूस से मार कर नहीं बुझाया जा सकता। गर्म कड़ाह में रखे हुए पौने (कलछुल) में मक्खन जैसे पिघल जाता है, वैसी ही स्थिति हमारी हो रही है।

उधर गोकुल में महरि यशोदा जगीं। उन्होंने पुत्र का मुँह देखा। और आनन्द के तूर्य, मंगल-बधाई के बाजे, बजने लगे। सोने के कलसे (घड़े) सजाए जाने लगे, हवन होने लगा, ब्राह्मणों की पूजा होने लगी। घर चंदन से लीप पोत दिया गया। ग्वालों ने रंग-बिरंगे परिधान पहन लिए। गोपियाँ सोहर गाने लगीं। देवता लोग आकाश से अनेक प्रकार के फूलों की वर्षा करने लगे। इन फूलों से सारा गोकुल गाँव ढक गया। प्रेम में डूबे हुए

गोकुलवासी सभी नर-नारी आनन्दमग्न होकर तरह-तरह की कौतूहल जनक क्रीड़ाएँ करने लगे। वे निर्भय होकर अपने भय रहित होने की दुंदुभी बजाए जा रहे थे और अपनी निर्भयता में वे महरि यशोदा को प्रेम भरी गालियाँ दिए जा रहे थे। स्वयं नन्द महर प्रसन्न होकर नाचने लगे और दूसरे ग्वाल तालियाँ बजाने लगे। मथुरा के राजा कंस का गर्व हर लेनेवाले प्रभु कृष्ण गोकुल में प्रकट हो गए हैं (फिर वह उल्लास क्यों न हो?)।

४२२/ग्र ५४५५ कल्प, राग सोरठ

देवकी देखी दूख भरी।
कालिंदी के सुघट घाट पै, बैठी सीस धरी।
जल-हित गई जसोदा रानी, लै गगरी डगरी।
कै घर सास-ननद दुख दारुन, कै पी सौं झगरी।
ना घर सास-ननद दुख दारुन, ना पी सौं झगरी।
सात सुवन लै कंस पछारे, अष्टम गरभ भरी।
तुमरे सुत कौं पोसि पालिहौं, चाहौ जौ सु करी।
'सूर' स्याम हरि जनम लियो है, कंसहि विपति परी॥

यमुना के सुंदर घाट पर देवकी अपना सिर पकड़े हुए बैठी थीं। वे बहुत दुख से भरी हुई दिखाई पड़ रही थीं। यशोदा रानी अपनी गगरी लिए हुए उसी डगर (राह) से पानी लेने गईं। उन्होंने देवकी से पूछा—क्या तुम्हारे घर में सास और ननदें तम्हें दारुण (कठिन) दुख देती रहती हैं अथवा तुमने अपने पिया से झगड़ा कर लिया है? क्यों इतनी दुखी हो?

देवकी ने कहा—मुझे न तो सास का दारुण दुख है, न ननद का ही, और मैंने अपने पति से झगड़ा भी नहीं किया है। मैंने कुल सात बेटे पैदा किए हैं, उनको लेकर कंस ने प्रस्तर-शिला पर पटक कर मार डाला। अब मुझे आठवाँ गर्भ है। मुझे कंस का डर लग रहा है।

यशोदा ने कहा—मैं तुम्हारे इस आठवें बालक का पालन-पोषण करूँगी, कंस चाहे जो करे, मैं उससे डरती नहीं।

कृष्ण ने गोकुल में जन्म ले लिया और कंस के ऊपर विपत्ति के बादल मँडराने लगे।

४२३/६२७ राग केदारौ

अहो पति सो उपाइ कछु कीजै।
जिहिं उपाइ अपनौ यह बालक, राखि कंस सौं लीजै।
मनसा वाचा कहत कर्मना, नृप कबहूँ न पतीजै।
बुधि बल छल कल कैसेहुँ करिकै, काढ़ि अनतही दीजै।
नाहिंन इतनौ भाग जो यह रस, नित लोचन-पुट पीजै।
'सूरदास' ऐसे सुत कौ जस, स्त्रवननि सुनि-सुनि जीजै॥

देवकी ने वसुदेव से कहा—हे पति कुछ ऐसा उपाय कीजिए, जिससे अपने इस बालक को कंस से बचा लिया जा सके। मैं मन से, वचन से, कर्म से कहती हूँ कि कंस का विश्वास नहीं किया जा सकता। बुद्धि से, बल से, छल से, कल (उपाय) से किसी भी

प्रकार से इसे कहीं अन्यत्र निकाल पहुँचाइए। हमारा इतना भाग्य कहाँ, जो इस बच्चे को तिल भर भी आँखों से देखकर आनन्द ले सकें। ऐसे सुत की करनी ही सुन-सुनकर हमें जीवित रहना है।

४२४/६२८ राग केदारौ

सुनि देवकि को हितू हमारे ।

असुर कंस अपबंस बिनासन, सिर ऊपर बैठे रखवारे ।
ऐसौ को समरथ त्रिभुवन मैं, जो यह बालक नैंकु उबारे ।
खडग धरे आवै, तुव देखत, अपनैं कर छिन माँह पछारै ।
यह सुनतहिं अकुलाइ गिरी धर, नैन नीर भरि-भरि दोउ ढारै ।
दुखित देखि बसुदेव देवकी, प्रगट भए धरि कै भुज चारै ।
बोलि उटे परतिज्ञा करि प्रभु, मोतैं उबरै तब मोहिं मारै ।
अति दुख मैं सुख दे पितु-मातहिं, 'सूरज' प्रभु नँद-भवन सिधारे ॥

वसुदेव ने कहा—हे देवकी, हमारा हितैषी यहाँ है ही कौन? यहाँ तो असुर कंस है, जो मेरे अपने वंश के विनाश करने पर तुला बैठा है। हम लोगों के सिर पर रखवाली के लिए उसने पहरेदार रख छोड़े हैं। इस संसार में ऐसा शक्तिशाली है ही कौन, जो इस बालक की जरा भी रक्षा कर सके। कंस तलवार लेकर आवेगा—हम तुम देखते रह जायँगे और वह इस बालक को अपने हाथों से लेकर क्षण भर में शिला पर उसी प्रकार पटक देगा, जिस प्रकार धोबी कपड़ा धोने के लिए उसे शिला पर पटक देता है।

वसुदेव की यह बात सुनकर देवकी विकल होकर धरती पर गिर पड़ी। वह दोनों आँखों से बेबश होकर आँसू बहाने लगी।

वसुदेव देवकी को दुखी देखकर भगवान चार भुजाएँ धारण किए हुए प्रकट हो गए और प्रतिज्ञा करते हुए बोले—पहले वह मुझसे बच तो जाय, फिर मुझे मारे।

इस अत्यंत दुख की घड़ी में प्रभु माता देवकी और पिता वसुदेव को सुख देकर गोकुल में नन्द महर के घर चले गए।

४२५/६२९ राग केदारौ

भादौं की अधराति अँध्यारी ।

द्वार-कपाट-कोट भट रोके, दस दिसि कंत कंस-भय भारी ।
गरजत मेघ, महा डर लागत, बीच बढ़ी जमुना जल-कारी ।
तातैं यहै सोच जिय मोरैं, क्यौं दुरिहै ससि-बदन-उज्यारी ।
तब कत कंस रोकि राख्यौ पिय, बरु वाही दिन काहैं न मारी ।
कहि जाकौ ऐसौ सुत बिछुरै, सो कैसैं जीवै महतारी ।
सुनि-सुनि दीन बचन जननी के, दीनबंधु भक्तनि-भयहारी ।
छोरे निगड़, कपाट उघारे, 'सूर' सु मघवा बृष्टि निवारी ॥

देवकी वसुदेव से बोली—भादों की आधी अँधेरी रात है। गढ़ के फाटक और दरवाजे को कंस के योद्धा पहरेदार रोके हुए हैं। हे प्रिय, दसो दिशाओं में कंस का भारी भय

समाया हुआ है। बादल कड़कड़ा कर गरज रहे हैं। मुझे भारी डर लग रहा है। गोकुल और मथुरा के बीच भयानक जल-प्रवाह वाली जमुना बहती जा रही हैं। ऐसे घोर अंधकार में मेरे इंस बच्चे के चंद्रमा के समान मुख-मंडल का उज्ज्वल प्रकाश कैसे छिप पाएगा। मेरे मन में तो यही सोच, समाया जा रहा है। विवाह के उसी दिन कंस ने हमको क्यों नहीं मार ड़ाला? हमें उस दिन क्यों बचा रखा? हे प्रिय, कहो तो, जिस माँ का ऐसा पुत्र बिछुड़ जाय, वह कैसे जीवित रहे?

माता की इस दीन, विकल वाणी को सुनकर, भक्तों का भय दूर करनेवाले और दीनों के बंधु प्रभु ने उनकी हथकड़ी-बेड़ी काट दी, कारागार के फाटक खोल दिए और इंद्र का जल बरसाना रोक दिया।

झगरिनि-झगरौ

४२६/६३६ राग बिहागरौ

हरि कौ नार न छीनौं माई।
पूत भयौ जसुमति रानी कैं, अर्द्धराति हौं आई।
अपने मन कौ भायौ लैहों, मोतिनि थार भराई।
यह औसर कब ह्वैहै फिर कै, पायौ देव मनाई।
उठी रोहिनी परम अनंदित, हार-रतन लै आई।
नार छीनि तब 'सूर' स्याम कौ, हँसि-हँसि देति बधाई॥

हरि का नार काटने के लिए आई हुई दाई अपने नेग के लिए झगड़ा कर रही है— हे मैया, मैं हरि का नार नहीं काटूँगी। एक तो यशोदा रानी को पुत्र हुआ है, वह भी बूढ़ी हुई वय में, दूसरे मैं आधी रात को चलकर अपने घर से आई हूँ। मैं बच्चे की नेवछावरि रूप में अपना मनभाया पदार्थ लूँगी, मोतियों से थाल भरा लूँगी। यह अवसर बार-बार नहीं आता। यह मौका फिर कब आ पाएगा। मैंने देव-पितर को जब बहुत-बहुत मनाया है, तब कहीं जाकर यह सुअवसर मुझे सुलभ हो पाया है।

तब रोहिणी परम प्रसन्न होकर उठीं और रत्नों का थार लेकर लौटीं। तब कहीं दाई ने हरि का नार काटा और हँस-हँसकर बधाई दी।

आनंदोत्सव

४२७/६४४ राग गौरा

गोपी गावहिं मंगलचार, बधावो ब्रजराज के।
भयो अमर सब काज, बधावो ब्रजराज के।
रानी जायो है मोहन पूत, बधावो ब्रजराज के।
कृष्णपक्ष भादौं निसि आठैं, नक्षत्र रोहिणी सुभ ऊत, बधावो ब्रजराज के।
बहुत नारि सुहाग सुंदरि, और घोष-कुमारि।
सजन-प्रीतम-नाम लै लै, दै परसपर गारि।
अनँद अतिसै भयौ घर-घर, नृत्य ठावँहिं-ठावँ।
नंद-द्वारैं भेंट लै-लै, उमह्यौ गोकुल गावँ।

चौक चंदन लीपि कै, धरि आरती संजोइ।
कहति घोष-कुमारि ऐसौ अनँद जौ नित होइ।
द्वार सथिया देति स्यामा, सात सींक बनाइ।
नव किसोरी मुदित ह्वै-ह्वै, गहति जसुदा पाइ।
करि करि अलंकृत गोपिका, पहिरैं अभूषन-चीर।
गाइ-बच्छ सँवारि ल्याए, भई ग्वारनि भीर।
मुदित मंगल सहित लीला, करैं गोपी ग्वाल।
हरद अच्छत दूब दधि लै, तिलक करैं ब्रजबाल।
एक एक न गनत काहूँ, इक खिलावत गाइ।
एक हेरी देहिं, गावहिं, एक भेंटहिं धाइ।
एक बिरध-किसोर-बालक, एक जोबन जोग।
कृष्न-जन्म सु प्रेम-सागर, क्रीड़ैं सब ब्रज लोग।
प्रभु मुकुंद कैं हेत नूतन, होहिं घोष-बिलास।
देखि ब्रज की संपदा कौं, फूलै 'सूरजदास'॥

श्रीकृष्ण का जन्म हो जाने पर गोपियाँ ब्रजराज नंद महर के यहाँ बधाई देने आईं। वे मंगल गीत, सोहर और ब्रजराज की बधाई गाने लगीं। वे कहने लगीं—देवताओं का सब काम हो गया, ब्रजराज को बधाई है। भादों कृष्ण पक्ष की अष्टमी की रात रोहिणी नक्षत्र का शुभ मुहूर्त, जिसमें 'अ-पुत्र' नंद को पुत्र हुआ, अतः उन्हें बधाई।

बहुत-सी सौभाग्यवती सुंदर नारियाँ और ग्वालों की कन्याएँ एक दूसरे के पतियों और प्रियतमों का नाम ले लेकर एक दूसरी को प्रेम भरी गाली गाए जा रही हैं। घर-घर में अतिशय आनंद छा गया और स्थान-स्थान पर नाच होने लगा। नंद के द्वार पर सारा गाँव उपहार ले लेकर उमड़ पड़ा।

चंदन से चौक पूर दिए गए। आरती जलाकर रख दी गई। घोष-कुमारियाँ कहने लगीं, ऐसा उत्सव यदि नित्य ही हो, तो कितना अच्छा हो। षोडश-वर्षीय युवतियाँ अपने-अपने द्वारों पर सात-सात सीकों से स्वस्तिक का चिह्न बनाकर गोबर से लिपवाए दे रही थीं। नव-किशोरियाँ परम प्रसन्न हो होकर यशोदा के पैर पकड़ती जा रही थीं।

गोपियों ने भाँति-भाँति के आभूषण और वस्त्र पहनकर अपना शृंगार कर लिया। ग्वाल गण गायों और बछड़ों को सजा-सजाकर लाए और ग्वालों की भीड़ हो गई। गोपी और ग्वाल प्रसन्न होकर मंगल गीत गाने लगे और अनेक प्रकार के खेलकूद, नृत्य करने लगे। ग्वाल-बाल हर्दी, अक्षत, दूब, दही लेकर एक दूसरे को तिलक लगाने लगे।

इस समय सभी अपने में मस्त थे और एक दूसरे को कुछ नहीं समझ रहे थे। अपने को ही सबसे बड़ा मान रहे थे। कोई गोप गाय को खिला रहा था। कोई हो हो करते हुए गा रहा था। कोई दौड़कर दूसरे के गले से लिपटा जा रहा था। उनमें कोई वृद्ध थे, कोई किशोर थे, कोई बालक थे और कोई युवा थे। कृष्ण का जन्म क्या हुआ, प्रेम का समुद्र ही उमड़ आया, जिसमें सभी लोग क्रीड़ा करने लगे।

प्रभु कृष्ण के निमित्त ब्रज-मंडल में नित्य ही नए-नए उत्सव होने लगे। ब्रज के इस वैभव को देखकर भक्त सूरजदास फूला नहीं समा रहा है।

४२८/६४५ राग धनाश्री

आजु बधायौ नंदराइ कैं, गावहु मंगलचार।
आईं मंगल-कलस साजि कैं, दधि फल नूतन-डार।
उर मेले नँदराइ कैं, गोप-सखनि मिलि हार।
मागध-बंदी-सूत अति, करत कुतूहल बार।
आए पूरन आस कै, सब मिलि देत असीस।
नंदराइ कौ लाड़िलौ, जीवै कोटि बरीस।
तब ब्रज-लोगनि नंद जू, दीने बसन बनाइ।
ऐसी सोभा देखि कै, 'सूरजदास' बलि जाइ॥

एक गोपी दूसरी से कह रही है—आज कृष्ण जन्म के अवसर पर नंदराय के घर बधाई के बाजे बज रहे हैं। आओ सखी हम भी चलकर वहाँ सोहर गा आएँ। तब वे गोपियाँ मंगल-कलश सजा-सजाकर, दही, फल, आम की नई स-पल्लव टहनियाँ ले लेकर आ पहुँचीं।

नंद के मित्र अन्य गोपों ने नंद के गले में मालाएँ पहनाईं। मागध, बंदीजन, सूत सभी दरवाजे पर आकर मनोविनोद करने लगे। ये बहुत कुछ पाने की आशा से नंद के यहाँ आए थे और सभी जातक को आशीर्वाद दिए जा रहे थे कि नंद जी का प्यारा बच्चा करोड़ों वर्षों तक जीवित रहे।

तब नंद महर ने ब्रजवासी लोगों को मँगाकर अनेकानेक वस्त्र पहनाएँ। कृष्ण जन्मोत्सव की इस शोभा को देखकर सूरजदास अपने को निछावर किए दे रहे हैं।

४२९/६४६ राग गौरी (सोहर)

धनि-धनि नंद-जसोमति, धनि जग पावन रे।
धनि हरि लियौ अवतार, सु धनि दिन आवन रे।
दसएँ मास भयौ पूत, पुनीत सुहावन रे।
संख चक्र गदा पद्म, चतुरभुज भावन रे।
बनि ब्रज-सुंदरि चलीं, सु गाइ बधावन रे।
कनक-थार रोचन-दधि, तिलक बनावन रे।
नंद-घरहिं चलि गईं, महरि जहाँ पावन रे।
पाइनि परि सब बधू, महरि बैठावन रे।
जसुमति धनि यह कोखि, जहाँ रहे बावन रे।
भलैं सु दिन भयौ पूत, अमर अजरावन रे।
जुग-जुग जीवहु कान्ह, सबनि मन भावन रे।
गोकुल हाट बजार, .करत जु लुटावन रे।

घर-घर बजै निसान, सु नगर सुहावन रे।
अमर-नगर उतसाह, अप्सरा-गावन रे।
ब्रह्म लियौ अवतार, दुष्ट के दावन रे।
दान सबै जन देत, बरसि जनु सावन रे।
मागध सूत भाँट, धन लेत जुरावन रे।
चोवा-चंदन अबिर, गलिनि छिरकावन रे।
ब्रह्मादिक सनकादिक, गगन भरावन रे।
कस्यप रिषि सुर-तात, सु लगन गनावन रे।
तीनि भुवन आनंद, कंस डरपावन रे।
'सूरजदास' प्रभु जनमे, भक्त-हुलसावन रे॥

गोपियाँ सोहर गाने लगीं—नंद धन्य हैं, यशोदा धन्य हैं, जिनके यहाँ हरि ने अवतार लिया। यह पवित्र संसार भी धन्य है, जहाँ प्रभु ने जन्म लिया। हरि धन्य हैं, जिन्होंने अवतार लिया। आज का दिन धन्य है, जिस दिन भगवान का यहाँ आगमन हुआ। दसएँ महीने पर पूत (पवित्र) और सुहावना पूत (पुत्र) पैदा हुआ। वह चार भुजा वाला है और इन भुजाओं में उसने एक-एक कर शंख, चक्र, गदा और कमल ले रखा है। उसका यह रूप मन को बहुत अच्छा लगनेवाला है। ब्रज की सुंदरियाँ बन-ठन कर, सज-सँवरकर, सोहर गाने के लिए और बधाई देने के लिए नंद के द्वार की ओर चल पड़ीं। वे तिलक लगाने के लिए सोने के थाल में हर्दी और दही लिए हुए थीं। वे नंदराय के घर पहुँच गईं, जहाँ पवित्र कोखवाली महरि यशोदा थीं। सब आई नव-वधुओं ने यशोदा के पैर छू-छू कर प्रणाम किया। महरि यशोदा ने उन्हें आदरपूर्वक बैठाया। वे कहने लगीं—हे यशोदा, तुम्हारी यह कोख धन्य है, जहाँ वामन (भगवान) रहे। तुम्हारा अजर-अमर पुत्र जिस दिन हुआ है, वह बड़ा ही शुभ दिन है। सबके मन को भानेवाले कन्हैया युग-युग तक जीते रहें, जो गोकुल के सारे वैभव को दान-पुण्य के निमित्त लुटवाए दे रहे हैं। नगर में घर-घर बधाई के बाजे बजे जा रहे हैं। सारे गोकुल नगर में यह ध्वनि बड़ी सुहावनी लग रही है। देव-पुरी बैकुंठ में भी भारी उत्साह है। अप्सराएँ नाच गा रही हैं। ब्रह्म ने दुष्टों का दमन करने के लिए अवतार ले लिया है। सभी लोग दान दिए जा रहे हैं। जैसे सावन में वर्षा की झड़ी लगी रहती है, वैसे ही यहाँ दान की झड़ी लग रही है। भाँट, मागध, सूत सभी जन दान पाए धन को एकत्र करते जा रहे हैं। गलियों में चोवा, चंदन, अबीर का छिड़काव हो रहा है। ब्रह्मा आदि देवता, सनक आदि ऋषि गणों के विमानों ने नभ-मंडल को भर लिया है। देवताओं के पिता कश्यप ऋषि स्वयं लग्न मुहूर्त की गणना करने आ गए हैं। तीनों लोकों में आनंद छा गया है। भय और विषाद केवल कंस को है। भक्तों के हृदयों में हुलास भरनेवाले भगवान ने जन्म ले लिया है।

४३०/६४७ राग कल्यान

सोभा-सिंधु न अंत रही री।
नंद-भवन भरि पूरि उमँगि चलि, ब्रज की बीथिन फिरति बही री।

देखी जाइ आजु गोकुल मैं, घर-घर बेंचति फिरति दही री ।
कहँ लगि कहौं बनाइ बहुत बिधि, कहत न मुख सहसहुँ निबही री ।
जसुमति उदर अगाध उदधि तैं, उपजी ऐसी सबनि कही री ।
'सूरस्याम' प्रभु इंद्रनीलमनि, ब्रज-बनिता उर लाइ गही री ॥

गोकुल गाँव से बाहर की कोई गोपी गोकुल में आई थी। उसने कृष्ण जन्मोत्सव को देखा। लौटकर वह इसका वर्णन अपनी किसी सखी से करती हुई कह रही है—गोकुल में कृष्ण जन्मोत्सव का जो उत्सव मनाया गया है, वह तो शोभा की उस सरिता के सदृश है, जिसका कोई अंत ही नहीं। यह शोभा की सरिता नंद के घर से भली भाँति भरी हुई निकली है और ब्रज (गोकुल) की गलियों में बहती फिर रही है। मैं आज गोकुल में घर-घर दही बचती फिर रही थी, तब मैंने इस शोभा-सरिता को स्वयं अपनी आँखों से देखा। इस शोभा-सरिता का वर्णन तो सहस्त्र-मुख वाले शेषनाग भी नहीं कर सकते, फिर एक मुख वाली मैं इसे कहाँ तक बनाकर कह सकती हूँ। सब लोग ऐसा कह रहे हैं कि यह शोभा-सरिता यशोदा के कोख रूपी अगाध समुद्र से निकली है। वह प्रभु नीलम के सदृश साँवले हैं। ब्रज की वधूटियों ने इन्हें अपने हृदय से लगाकर पकड़ रखा है।

४३१/६४८ राग काफी

आजु हो निसान बाजै, नंद जू महर के ।
आनँद-मगन नर गोकुल सहर के ।
आनँद भरी जसोदा, उमँगि अंग न माति, आनंदित भईं गोपी, गावतिं चहर के ।
दूध दधि रोचन, कनक-थार लै लै चलीं, मानौ इंद्र-बधू जुरीं, पाँतिनि बहर के ।
आनंदित ग्वाल-बाल, करत विनोद ख्याल, भुज भरि-भरि धरि, अंकम महर के ।
आनँद-मगन धेनु, स्त्रवैं धनु पय-फेनु, उमँग्यौ जमुन जल, उछलि लहर के ।
अंकुरित तरु पात, उकठि रहे जे गात, बन-बेलि प्रफुलित, कलिनि कहर के ।
आनंदित विप्र सूत, मागध जाचक गन, उमँगि असीस देत, सब हित हरि के ।
आनँद मगन सब, अमर गगन छाए, पुहुप बिमान चढ़े, पहर पहर के ।
'सूरदास' प्रभु आइ, गोकुल प्रगट भए, संतनि हरष, दुष्ट-जन-मन धरके ॥

आज नंद महर के यहाँ नगाड़े बज रहे हैं। गोकुल नगर के सभी नर-नारी आज आनंद में डूबे हुए हैं। यशोदा आनंद से भरी हुई हैं। वे अंगों में फूली नहीं समा रही हैं। गोपियाँ आनंद में निमग्न होकर चहकती हुई गा रही हैं। वे दूब, दही, हल्दी आदि मांगलिक द्रव्य सोने की थालियों में ले-लेकर चली जा रही हैं, मानों इंद्र की अप्सराएँ पंक्ति-बद्ध होकर मन-बहलाव के लिए बाहर निकल पड़ी हों। ग्वाल-बाल भी परम प्रसन्न होकर बालक्रीड़ा में रत हो रहे हैं। वे नंद महर को अपनी भुजाओं में भर-भर कर आलिंगन किए जा रहे हैं। गाएँ भी आह्लादित हैं। उनके थनों से दूध का फेन प्रस्त्रवित होता जा रहा है। यमुना का जल भी लहरों के रूप में उछल-उछलकर उमड़ा पड़ रहा है। जो वृक्ष उकठ गए थे, सूखकर काठ हो गए थे, उनमें भी हरे पत्तों के अंकुर निकल आए हैं। वन की लताएँ भी कलियों और फूलों से पूर्ण रूप से लद उठी हैं। ब्राह्मण, पौराणिक सूत, प्रशस्तिगायक

मागध और भिखमंगे हरि के कल्याण के निमित्त उमंग में आकर आशीष दिए जा रहे हैं। आनंदित होकर सभी देवगण भी आकाश में अपने-अपने विमानों पर चढ़े हुए पहरों तक छाए रह गए। प्रभु गोकुल में आकर प्रकट हो गए हैं। इससे संतों में हर्षोल्लास छा गया और दुष्टों के दिल धडकने लगे।

४३२/६४९ राग काफी

(माई) आजु हो बधायौ बाजे नंद गोप-राइ के ।
जदुकुल जादौराइ जनमे हैं आइ के ।
आनंदित गोपी-ग्वाल, नाचैं कर दै-दै ताल, अति अहलाद भयौ, जसुमति माइ कै ।
सिर पर दूब धरि, बैठे नंद सभा-मधि, द्विजनि कौं गाइ दीनी, बहुत मँगाइ कै ।
कनक कौ माट लाइ, हरद-दही मिलाइ, छिरकैं परसपर, छल-बल धाइ कै ।
आठैं कृष्न पच्छ भादौं, महर कैं दधि कादौं, मोतिनि बँधायौ बार, महल मैं जाइ कै ।
ढाढ़ी औ ढाढ़िनि गावैं, ठाढ़े हुरके बजावैं, हरषि असीस देत, मस्तक नवाइ कै ।
जोइ-जोइ माँग्यौ जिनि, सोइ-सोइ पायौ तिनि, दीजै 'सूरदास' दर्स, भक्तनि बुलाइ कै ॥

आज गोपराज नंद महर के द्वार पर आनंद बधाई बज रही है, क्योंकि उनके यदुकुल में यादवराय कृष्ण ने आकर जन्म ले लिया है। गोपियाँ और ग्वाल परम प्रसन्न होकर ताली बजा-बजाकर नाचे जा रहे हैं। माता यशोदा तो अत्यंत हर्ष-विह्वल हो उठी हैं। नंद महर अपने सिर पर दूर्वा रखे हुए अपनी सभा लगाए बैठे हैं। वे मँगा-मँगाकर ब्राह्मणों को दान में गउएँ देते जा रहे हैं। सोने के मटकों में हर्दी और दही मिलाकर गोपगण लिए हुए हैं और एक दूसरे के ऊपर दौड़ा-दौड़ा करके छलपूर्वक, बलपूर्वक उसे छिड़कते जा रहे हैं। भादो बदी अष्टमी को नंद महर के यहाँ दधि कादौं हो रहा है। इतना दही छिड़क उठा है कि कीचड़ ही कीचड़ हो गया है। महल में जाकर दरवाजों पर मोतियों की मालाएँ लटका दी गई हैं। ढाढ़ी और ढाढ़िन हुड़क बजाते हुए गाए जा रहे हैं। वे सिर झुकाकर प्रणाम करते जा रहे हैं और प्रसन्न होकर बच्चे को असीष देते जा रहे हैं। जिसने जो जो भी माँगा, उसे वही-वही मिला।

सूरदास की कामना केवल एक है—प्रभु अपने भक्तों को बुलाकर उन्हें दर्शन दें।

४३३/६५० राज जैतश्री

आजु बधाई नंद कैं माई । ब्रज की नारि सकल जुरि आईं ।
सुंदर नंद महर कैं मंदिर । प्रगट्यौ पूत सकल सुख-कंदर ।
जसुमति-ढोटा ब्रज की सोभा । देखि सखी कछु औरै गोभा ।
लछिमी-सी जहँ मालिनि बोलै । बंदन-माला बाँधत डोलै ।
द्वार बुहारतिं फिरतिं अष्टसिधि । कौरनि सथिया चीततिं नवनिधि ।
गृह-गृह तैं गोपी गवनीं जब । रंग-गलिनि बिच भीर भई तब ।
सुबरन-थार रहे हाथनि लसि । कमलनि चढ़ि आए मानौ ससि ।
उमँगि परेम-नदी-छबि पावैं । नंद-सदन-सागर कौं धावैं ।
कंचन-कलस जगमगैं नग कै । भागे सकल अमंगल जग के ।

डोलत ग्वाल मनौ रन जीते। भए सबनि के मन के चीते।
अति आनंद नंद रस भीने। परबत सात रतन के दीने।
कामधेनु तैं नैंकु न हीनी। द्वै लख धेनु द्विजनि कौं दीनी।
नंद-पौरि जे जाँचन आए। बहुरौ फिरि जाचक न कहाए।
घर के ठाकुर कैं सुत जायौ। 'सूरदास' तब सब सुख पायौ ॥

हे माई (सखी), आज नंद के द्वार पर नौबत बज रही है। ब्रज की सारी नारियाँ वहाँ आ जुटी हैं। नंद महर के सुंदर महल में आज संपूर्ण सुखों का कंद (बादल) प्रगट हुआ है। यशोदा का बेटा संपूर्ण ब्रज की शोभा है। हे सखी, देखो तो, वहाँ आनंद की कुछ और ही लहर है। वहाँ तो मालिनी भी लक्ष्मी के समान मधुर-मधुर बोलती है। वह घर के चारों ओर बंदनवार बाँधे चली जा रही है। अष्टसिद्धियाँ नंद के दरवाजे पर झाड़ू लगाए जा रही हैं और नव-निधियाँ द्वार के कोरों (किनारों) पर स्वस्तिक चित्रित करती जा रही हैं। घर-घर से निकलकर जब गोपियाँ नंद के घर जाने लगीं, तब उनके परस्पर प्रेम मिलन से रँगीली गलियों में भीड़ लग गई। उनके हाथों में सोने के बड़े-बड़े थाल सुशोभित हो रहे थे। ऐसा लगता था मानों कमल के फूलों पर चढ़कर चंद्रमा आ गए हों। वे गोपियाँ बढ़ी हुई प्रेम की नदी की शोभा को प्राप्त हो रही थीं, जो नंद के घर रूपी समुद्र से मिलने के लिए दौड़ी जा रही थीं। नगों से जड़े हुए सोने के कलसे जगमगाए जा रहे थे। संसार के सारे अमंगल, दुःख दैन्य भाग गए, दूर हो गए। ग्वाले इस प्रकार डोल रहे थे, चल फिर रहे थे, मानों वे संसार को रण में जीतकर लौटे हैं। सबकी मनचाही बात हो गई थी। सभी की अभिलाषाएँ पूर्ण हो गई थीं। नंद अत्यंत आनंदित हो गए थे और रस से सिक्त हो गए थे। उन्होंने रत्नों के सात पर्वत दान में दे दिए थे। उन्होंने ब्राह्मणों को दो लाख गाएँ दान में दे दीं। ये गाएँ कामधेनु से किसी भी प्रकार कम नहीं थीं। नंद के द्वार पर जो भी माँगने आ गए, उन्हें इतना मिल गया कि वे फिर मंगन नहीं रह गए। जब घर के स्वामी को बेटा हो गया, तब सूरदास जैसों को सब सुख प्राप्त हो गया।

४३४/६५१ राग बिलावल

आजु गृह नंद महर कैं बधाइ।
प्रात समय मोहन मुख निरखत, कोटि चंद-छबि पाइ।
मिलि ब्रज-नागरि मंगल गावतिं, नंद-भवन मैं आइ।
देतिं असीस, जियौ जसुदा-सुत, कोटिनि बरष कन्हाइ।
अति आनंद बढ़्यौ गोकुल मैं, उपमा कही न जाइ।
'सूरदास' धनि नँद की घरनी, देखत नैन सिराइ ॥

आज नंद महर के घर में बधाई के बाजे बज रहे हैं। सबेरे उठकर जब मोहन का मुँह देखते हैं, तब वह करोड़ों चंद्रमाओं की शोभा को प्राप्त होता हुआ प्रतीत होता है। नंद के घर में आकर ब्रज-वधूटियाँ मिल-जुलकर सोहर गातीं हैं। वे आशीष देती हैं— यशोदा का बेटा कन्हैया चिरंजीव हो, वह करोड़ों वर्षों तक बना रहे। गोकुल में अत्यंत आनंद बढ़ चला है। उसकी उपमा किसी से नहीं दी जा सकती। वह आनंद अनुपम है।

नंद की घरनी यशोदा धन्य हैं, जो अपने कन्हैया को देख-देखकर अपनी आँखों को ठंडा करती रहती हैं।

४३५/६५२ राग जैजैवंती

आजु तौ बधाई बाजै, मंदिर महर के।
फूले फिरैं गोपी-ग्वाल, ठहर-ठहर के।
फूली फिरैं धेनु धाम, फूली गोपी अँग-अँग,
फूले फरे तरवर आनँद लहर के।
फूले बंदीजन द्वारे, फूले फूले बंदवारे,
फूले जहाँ जोइ सोइ, गोकुल सहर के।
फूलैं फिरैं जादौकुल, आनँद समूल मूल,
अंकुरित पुन्य फूले, पाछिले पहर के।
उमँगे जमुन-जल प्रफुलित कुंज-पुंज,
गरजत कारे भारे, जूथ जलधर के।
नृत्यत मदन फूले, फूली रति अँग अँग,
मन के मनोज फूले, हरधर वर के।
फूले द्विज-संत-वेद, मिटि गयौ कंस-खेद,
गावत बधाइ 'सूर', भीतर-बाहर के।
फूली है जसोदा रानी, सुत जायौ सार्ङ्गपानी,
भूपति उदार फूले, भाग फरे घर के॥

आज तो नंद महर के घर में बधाई के बाजे बजे जा रहे हैं। सभी बड़ी उमंग में हैं। स्थान-स्थान से आए गोपी-ग्वाल फूले फिर रहे हैं। परम प्रसन्न हो उठे हैं। घर की गायें प्रसन्न हैं। गोपियाँ अंग-अंग फूली नहीं समा रही हैं। आनंद की लहर में आकर वृक्षों में भी फूल और फल लग गए हैं। द्वार पर बंदीजन, प्रशस्ति गायक चारण भाँट, प्रसन्न हो रहे हैं। दरवाजों पर फूल-पत्तियों की वंदनवारें लटक रही हैं। गोकुल शहर के जो लोग जहाँ हैं, वहीं खुशी मना रहे हैं। यदुवंशी लोग हर्षोत्फुल्ल हो उठे हैं। छोटे-बड़े सभी यादव खुश हैं, क्योंकि उनके पिछले प्रहर, पूर्व जन्म के पुण्य अंकुरित होकर फूल उठे हैं। यमुना का जल उमड़ पड़ा है। कुंजें प्रफुल्लित हो उठी हैं। काले-काले, भारी-भारी बादलों के समूह गरजते जा रहे हैं। कामदेव उमंग में आकर नाचने लगे। रति भी फूले अंगों नहीं समाई। श्रेष्ठ हलधर बलराम के भी मन की कल्पनाएँ प्रफुल्ल हो उठीं। ब्राह्मण, साधु-संत और वेद यह सोचकर प्रसन्न हो उठे कि अब कंस के द्वारा दिया जाने वाला संकष्ट दूर ही हुआ समझो। भीतर भाहर के सभी लोग बधाई गाने लगे। यशोदा रानी प्रसन्न हो उठीं कि उन्हें कमल के समान बाहुवाला पुत्र पैदा हुआ। उदार-चित्त, दानशील, राजा नंद महर भी यह सोचकर प्रसन्न हो गए कि अब हमारे घर का पुण्योदय हो गया है, भाग्य फल उठा है।

४३६/ग्र ५६६५ वर्ष

ब्रजमंडल आनँद भयौ, प्रगटे मोहन लाल।
ब्रज-जुवती लै भेंट चलि, हाथन कंचन थाल।
जाय जुरे नँदराय पै, बाँधी बंदनवार।
कुंकुम के दिय साथिये, सोहर मंगल गाय।
कान्ह कुँवर देखन चले, हरषित होत अपार।
देखि देखि ब्रज-सुंदरी, अपनौ तन मन वार।
जसुमति लेत बुलाय कै, अंबर दिय पहराय।
आभूषन बहु भाँति के, देत संबन म्नभाय।
दे असीस घर कौं चले, चिर जिउ कुँवर कन्हाइ।
'सूरस्याम' बिनती करैं, नंदराय मन भाइ॥

मोहन लाल का प्राकट्य हुआ और समस्त ब्रजमंडल में आनंद छा गया। ब्रज-युवतियाँ हाथों में सोने के थालों में उपहार ले लेकर चल पड़ीं। वे जाकर नंद महर के द्वार पर एकत्र हो गईं और उन्होंने वंदनवार बांधकर लटका दिए। उन्होंनें द्वार पर कुमकुम (रोरी) के स्वस्तिक बना दिए और मंगल गीत, सोहर, गा उठीं। वे परम प्रसन्न होकर कुँवर कन्हैया को देखने के लिए चल पड़ीं। उन्हें देख-देखकर ब्रज-सुंदरियों ने अपना तन-मन निछावर कर दिया। यशोदा ने उन्हें सादर बुलाया और उन्हें सुंदर-सुंदर साड़ियाँ और लहँगे पहना दिए। उन्होंने सभी को उनके मन चाहे भाँति-भाँति के गहने भी दिए। गोपियाँ कन्हैया जी को चिरंजीव होने का आशीष देकर अपने-अपने घरों को लौट चलीं। सूर भी नंदराय के मन को अच्छी लगनेवाली बिनती करते जा रहे हैं।

४३७/ग्र ५८८२ ह

नमो नमो वृंदावन-चंद।
जदुकुल नभ, तिथि दुतिय देवकी, प्रगटे त्रिभुवन-बंद।
जठर कुहू तें निकसि बारुनी दिसि, मधुपुरी सुछंद।
वसुद्यौ संभु सीस धरि आने, गोकुल आनँदकंद।
ब्रज प्राची, जसुदा राका निसि, सरस सरद रितु नंद।
उडगन सहित सखा संकरषन, तमकुल दनुज निकंद।
गोपीजन चकोर चित बाँध्यौ, निमि नितारि पल बंद।
'सूरजदास' कला षोडस, परिपूरन परमानंद॥

यदुवंश रूपी आकाश में, द्वितीया के चंद्रमा के समान नित्य प्रवर्द्धमान एवं तीनों लोकों के द्वारा वंदनीय वृंदावन के चंद्र श्रीकृष्ण को नमस्कार। देवकी के गर्भ रूपी अमावस्या से, वरुण की दिशा पश्चिम में मधुपुरी (मथुरा) में स्वच्छन्द रूप से इस चंद्रमा का उदय हुआ। फिर वसुदेव रूपी शिव ने इसे अपने सिर पर धारण कर, इस आनंद के कंद (बादल) को गोकुल में ला पहुँचाया। ब्रज पूर्व दिशा है, यशोदा पूर्णिमा रात हैं, नंद सरस शरद ऋतु हैं। संकर्षण (बलराम) के सहित सारे सखागण तारा मंडल हैं। ये असुर

कुल के अंधकार को नाश करने के लिए उदित हुए हैं। गोपियों के चित रूप चकोर इस चंद्र से बँधे हुए, टकटकी लगाए रहते हैं। उनकी पलकों से निमि महाराज टल गए हैं और उनकी पलकें गिर नहीं पातीं। यह वृंदावन चंद्र सोलहों कलाओं से युक्त है, परिपूर्ण है, परमानंद-स्वरूप है।

ढाढ़ी

४३८/६५३ राग जैतश्री

मेरैं मन आनंद भयौ, मैं गोबर्धन तैं आयौ।
तुम्हरैं पुत्र भयौ, हौं सुनि कै, अति आतुर उठि धायौ।
बंदीजन अरु भिच्छुक सुनि-सुनि, दूरि-दूरि तैं आए।
इक पहिलैं ही आसा लागे, बहुत दिननि तैं छाए।
ते पहिरे कंचन-मनि-भूषन, नाना बसन अनूप।
मोहिं मिले मारग मैं, मानौ जात कहूँ के भूप।
तुम तौ परम उदार नंद जू, जो माँग्यौ सो दीन्हौ।
ऐसौ और कौन त्रिभुवन मैं, तुम सरि साकौं कीन्हौ!
कोटि देहु तौ रुचि नहिं मानौं, बिनु देखे नहिं जैहौं।
नंदराइ, सुनि विनती मेरी, तबहिं विदा भल ह्वैहौं।
दीजै मोहिं कृपा करि सोई, जो हौं आयौ माँगन।
जसुमति-सुत अपनैं पाइनि चलि, खेलत आवैं आँगन।
जब हँसि कै मोहन कछु बोलै, तिहि सुनि कै घर जाऊँ।
हौं तौ तेरै घर कौ ढाढ़ी, 'सूरदास' मोहिं नाऊँ॥

ढाढ़ी कह रहा है—हे नंद महर, मैंने सुना है कि तुम्हारे पुत्र हुआ है। सुनकर मुझे भारी प्रसन्नता हुई है। मैं अत्यंत आतुर होकर दौड़ा चला आया हूँ। मैं गोबर्द्धन से चला आ रहा हूँ. बहुत से चारण भाट और भिखारी, तुम्हारे घर पुत्र होने का समाचार सुन-सुनकर, दूर-दूर से चलकर यहाँ गोकुल में आए थे। उन्हें बहुत दिनों से इस घर से कुछ पाने की आशा लगी हुई थी। उन्हें यहाँ बहुत कुछ मिला भी। वे अपने-अपने घरों को जाते हुए मुझे मार्ग में मिले थे। वे सोने के मणि-जटित गहने पहने हुए थे और नाना प्रकार के सुंदर वस्त्र भी धारण किए हुए थे। मुझे तो ऐसा लगा कि जैसे ये कहीं के राजा रहे हों, उनमें कहीं भी दैन्य नहीं रह गया था। हे नंद जी, तुम तो परम दानशील हो, उन्होंने जो-जो माँगा, तुमने उनको वही-वही उठाकर दे दिया। तुम्हारे समान साका करनेवाला, दान देकर परम यशस्वी कार्य करनेवाला, इस त्रिलोकी में और कौन हुआ है। तुम मुझे करोड़ों की संपदा क्यों न दे डालो, मैं तुम्हारे लल्ला को देखे बिना नहीं जाऊँगा। हे नंदराय, मेरी विनती सुनिए, मैं तभी भली-भाँति विदा होकर जाऊँगा, जब आप मेरी मन-माँगी मुराद पूरी कर देंगे। जो कुछ मैं माँगूगा, वही कृपा कर मुझे दे देंगे। यशोदा जी के पुत्र कन्हैया अपने पैरों से चलकर डोलते हुए आँगन में आवें और हँसकर कुछ कहें। उनकी मधुर वाणी सुनकर मैं अपने गोबर्द्धन चला जाऊँगा। मैं तो तुम्हारे घर का खानदानी ढाढ़ी हूँ। मेरा नाम सूरदास है।

मैं तेरे घर कौ हों ढाढ़ी, मो सरि कोउ न आन।
सो लैहौं जो मो मन भावै, नंद महर की आन।
धन्य नंद, धनि धन्य जसोदा, जिन जायौ अस पूत।
धन्य भूमि, ब्रजबासी धनि-धनि, आनँद करत अकूत।
घर-घर होत अनंद बधाए, जहँ-तहँ मागध-सूत।
मनि-मानिक, पाटंबर-अंबर, लेत न बनत विभूत।
हय गय खोलि भँडार दिए सब, फेरि भरे ता भाँति।
जबहिं देत तबहीं फिरि देखत, संपति घर न समाति।
ते मोहिं मिले जात घर अपनैं, मैं बूझी तब जाति।
हँसि-हँसि दौरि मिले अंकम भरि, हम तुम एकै ज्ञाति।
संपति देहु, लेहुँ नहिं एकौ, अन्न-वस्त्र किहिं काज?
जो मैं तुमसौं माँगन आयौ, सो लेहौं नँदराज।
अपने सुत कौ बदन दिखावहु, बड़े महर सिरताज।
तुम साहब, मैं ढाढ़ी तुम्हरौ, प्रभु मेरे ब्रजराज।
चंद्र-बदन-दरसन-संपति दै, सो मैं लै घर जाउँ।
जो संपति सनकादिक दुरलभ, सो है तुम्हरै ठाउँ।
जाकौं नेति नेति स्तुति गावत, तेइ कमल-पद ध्याउँ।
हौं तेरौ जनम-जनम कौ ढाढ़ी, 'सूरजदास' कहाउँ॥

मैं तुम्हारे घर का ढाढ़ी हूँ। मेरी बिरादरी में मेरी बराबरी करनेवाला कोई दूसरा नहीं है। क्योंकि मैं तुम्हारे घर का गवैया ढाढ़ी हूँ। मैं तुम्हारी शपथ खाकर कहता हूँ, मैं वही लेकर रहूँगा, जो मुझे अच्छा लगता है। नंद धन्य हैं, यशोदा जी भी धन्य हैं, जिन्होंने ऐसा पुत्र पैदा किया है। व्रजभूमि धन्य है, व्रजवासी धन्य हैं, जो अपरिमित आनंद करते जा रहे हैं। घर-घर नौबत बज रही है। यत्र-तत्र भाँट-चारण और पौराणिक सूत आ गए हैं। उन्हें इतना अधिक मिलता जा रहा है कि वे मणि-माणिक्य, रेशमी वस्त्र, अन्य वस्त्र तथा अन्य विभूतियाँ नहीं ले पा रहे हैं। तुमने हाथी घोड़े दिए और यह भंडार भी दान के लिए खोल दिए। पर भंडार खाली होने का नाम नहीं ले रहा है, पुनः ज्यों का त्यों भरता जा रहा है। जब भी तुम किसी मागध, सूत को दे देते हो और उलटकर अपने कोष को देखते हो, तब उसे ज्यों का त्यों भरा पाते हो। तुम्हारे घर में संपत्ति समा नहीं पा रही है। वे सभी मुझे अपने घरों को जाते हुए मार्ग में मिले थे। मैंने उनके वैभव को देखा और उनकी जाति जानने की जिज्ञासा की। वे मुझसे गले मिले और हँस-हँसकर कहा—जो जाति तुम्हरी, वही मेरी—तुम ढाढ़ी, हम भी ढाढ़ी। हे नंदराय, तुम मुझे चाहे जितनी संपत्ति दो, मैं एक भी लेने का नहीं। अन्न वस्त्र मेरे किस काम के। मैं तुमसे जो माँगने आया हूँ, वही लूँगा। कोई दूसरी चीज नहीं लूँगा। हे बड़े नंद महर, हे सिरताज, मुझे अपने पुत्र का मुँह दिखला दीजिए। तुम मेरे स्वामी हो, मैं तुम्हारा गायक ढाढ़ी हूँ और

व्रजराज कृष्ण मेरे प्रभु हैं। मुझे उनके चंद्र-मुख के दर्शन की संपत्ति दो, मैं वही लेकर अपने घर लौट जाऊँगा। जो संपत्ति सनक आदि ऋषियों के लिए दुर्लभ है, वह तुम्हारे घर में है। जिसको वेद नेति-नेति कहकर गाते हैं, मैं उन्हीं के चरण-कमलों का ध्यान करता हूँ। मैं तुम्हारा जन्म-जन्म का ढाढ़ी हूँ, मेरा नाम सूरजदास है।

छठी-सोहिलो

४४०/६५८ राग सारंग

गौरि गनेस्वर बीनऊँ (हो), देवी सारद तोहिं।
गावौं हरि कौ सोहिलौ (हो), मन-आखर दै मोहिं।
हरषि बधावा मन भयौ (हो), रानी जायौ पूत।
घर-बाहर माँगैं सबै (हो), ढाढ़े मागध-सूत।
आठ मास चंदन पियौ (हो), नवएँ पियौ कपूर।
दसएँ मास मोहन भए (हो), आँगन बाजै तूर।
हरषीं पास-परोसिनैं (हो), हरष नगर के लोग।
हरषीं सखी-सहेलरी (हो), आनँद भयौ सुभ-जोग।
बाजन बाजैं गहगहे (हो), बाजैं मंदिर भेरि।
मालिनि बाँधै तोरना (रे), आँगन रोपैं केरि।
अनगढ़ सोना ढोलना (गढ़ि), ल्याए चतुर सुनार।
बीच-बीच हीरा लगे (नँद) लाल-गरे को हार।
जसुमति भाग-सुहागिनी (जिनि), जायौ हरि सौ पूत।
करहु ललन की आरती (री), अरु दधि काँदौ सूत।
नाइनि बोलहु नव रँगी (हो), ल्याउ महावर वेग।
लाख टका अरु झूमका (देहु) सारी दाइ कौं नेग।
अगरु चँदन कौ पालनौ (रँगि), ईंगुर ढार-सुढार।
ले आयौ गढ़ि डोलना (हो), बिसकर्मा सुतहार।
धनि सो दिन, धनि सो घरी (हो), धनि-धनि जोतिष-जाग।
धन्य-धन्य मथुरापुरी (हो), धन्य महर कौ भाग।
धनि-धनि माता देवकी (हो), धनि बसुदेव सुजान।
धनि-धनि भादौं अष्टमी (हो), जनम लियौ जब कान्ह।
काढ़ौ कोरे कापरा (अरु), काढ़ौ घी के मौन।
जाति-पाँति पहिराइ कै (सब), समदि छतीसौ पौन।
काजर रोरी आनहू (मिलि), करौ छठी कौ चार।
ऐपन की सी पूतरी (सब), सखियनि कियौ सिंगार।
क्रीट मुकुट सोभा बनी (सुभ), अंग बनी वनमाल।
'सूरदास' गोकुल प्रगट (भए), मोहन मदल गोपाल॥

यह छठी के दिन गाया जानेवाला सोहर है।

हे गौरी (पार्वती), हे गणेश, हे माँ शारदा (सरस्वती), मैं तुम्हारी विनती करता हूँ। मैं हरि का सोहर गा रहा हूँ। मेरे मन में ऐसे-ऐसे आखर, ऐसे-ऐसे शब्द देती चलो, जिससे मैं यह सोहर गा सकूँ।

यशोदा रानी को पुत्र पैदा हुआ है। मेरे मन में बधावा गाने का उल्लास हुआ है। घर के बाहर खड़े हुए मागध और सूत सभी माँग कर रहे हैं।

यशोदा जी ने गर्भ के आठवें महीने में चंदन-जल पिया, नवें महीने में कपूर जल पिया। दसवें महीने में मोहन पैदा हो गए और आँगन में तूर्य (तुरुही) बजने लगा। पास की पड़ोसिनें प्रसन्न हो उठीं। गोकुल नगर के निवासी हर्षित हो उटे, सखी सहेलियाँ प्रफुल्लित हो उठीं, आनंद की शुभ घड़ी आ गई। गंभीर ध्वनि करनेवाले बाजे बज उठे, घरों में भेरी बजने लगी। मालिनि दरवाजे पर वंदनवार बाँधने लगी। आँगन में केले के खंभे खड़ेकर दिए गए। चतुर सुनार पहले से अनगढ़े सोने का ढोलना (ढोलक के आकार का जंतर) गढ़ लाए। उसमें बीच-बीच में हीरा लगे हुए थे। यही ढोलना नंदलाल जी के गले का हार था। यशोदा अत्यंत सौभाग्यशालिनी हैं, जिन्होंने हरि-सा पूत जनमाया। अब उस लला की आरती की जाय और दधि कादौं मनाया जाय। इतना दही दूसरों पर छिड़का जाय कि कर्दम (कीचड़) हो जाय। रँगीली नाइन को बुलाओ कि शीघ्र महावर लेकर आ जाय। दाई का नेग लाख रुपया और सोने का झुमका दो। सूत्रधार विश्वकर्मा अगर और चंदन का पालना बनवाकर, उसे ईंगुर रंग में ढालकर, गढ़कर लाए हैं, जो हिलता-डुलता रहता है। वह दिन, वह घड़ी, ज्योतिष का यज्ञ, मथुरा पुरी, नंद महर का भाग्य सभी धन्य हैं। माता देवकी और पिता चतुर वसुदेव धन्य हैं। भादों बदी अष्टमी भी धन्य है, जिस दिन कृष्ण ने अवतार लिया। कोरे नए कपड़े, घी के कुप्पे निकालो, जाति-पाँति सभी को नए कपड़े पहनाओ और छत्तीसों पानेवाली प्रजा-जाति को उपहार दो। काजल लाओ, रोरी लाओ और छठी के दिन किए जानेवाले कृत्यों को करो। उस दिन सखियों ने ऐसा श्रृंगार किया था कि वे ऐपन की, हल्दी और चावल के पिसे हुए जलमय चूर्ण से-पुतलियों जैसी लग रही थीं।

प्रभु के सिर पर किरीट की शोभा हो रही थी, वक्षस्थल पर वनमाला लटक रही थी। ऐसे मोहन मदनगोपाल गोकुल में आकर प्रकट हो गए।

पालना

४४१/६६० राग जैतश्री

कनक-रतन-मनि पालनौं, गढ़्यौ काम सुतहार।
बिविध खिलौना भाँति के, (बहु) गज-मुक्ता चहुँधार।
जननी उबटि न्हवाइ कै, (सिसु) क्रम सौं लीन्हे गोद।
पौढ़ाए पट पालनैं, (हँसि) निरखि जननि-मन-मोद।
अति कोमल दिन सात के, (हो) अधर चरन कर लाल।
'सूर स्याम' छबि अरुनता, (हो) निरखि हरष ब्रज-बाल॥

कामदेव रूपी सुतहार (बढ़ई) ने रत्नों और मणियों से जड़ा हुआ सोने का पालना गढ़ा, बनाया। उसके चारों ओर गजमुक्ता और अनेक प्रकार के खिलौने भी लगा दिए। माँ यशोदा ने शिशु कृष्ण को उबटन लगाया, नहलाया, फिर गोद में ले लिया। तत्पश्चात माँ ने बच्चे को हँसकर पेट के बल पालने पर लिटा दिया। देखकर माँ के मन में बड़ी प्रसन्नता हुई। अभी कृष्ण केवल सात दिन के हैं। वे अत्यंत कोमल है और उनके होठ, हाथ, पैर सभी लाल-लाल हैं। इस ललाई की छबि को देखकर ब्रज-बालाएँ निहाल हुई जा रही हैं।

४४२/६६३ राग बिलावल

पालनैं गोपाल झुलावैं।
सुर-मुनि-देव कोटि तैंतीसौ, कौतुक अंबर छावैं।
जाकौ अंत न ब्रह्मा जानै, सिव-सनकादि न पावैं।
सो अब देखौ नंद-जसोदा, हरषि-हरषि हलरावैं।
हुलसत, हँसत, करत किलकारी, मन अभिलाष बढ़ावैं।
'सूरस्याम' भक्तनि हित कारन, नाना भेष बनावैं॥

माँ यशोदा शिशु कृष्ण को पालने में लिटाकर झुला रही हैं। इस लीला को देखने के लिए ऋषि, मुनि और तैंतीसों कोटि देवता आकाश मंडल में आ डटे। सारा गगन ही उनसे छा गया। जिसके भेद को ब्रह्मा भी नहीं जानते; जिसको शिव और सनक सनंदन आदि ध्यान में भी नहीं ला पाते, उसी प्रभु को, देखिए तो, नंद-यशोदा प्रफुल्लित होकर पालने में झुलाए जा रहे हैं। शिशु कृष्ण प्रसन्न होते है, मुसकुरा देते हैं, किलकारी मारने लगते हैं और माता-पिता के मन की अनेकानेक कामनाए बढ़ाते जाते हैं।

अपने भक्तों के कल्याण के लिए प्रभु इसी प्रकार अनेक रूप धारण कर लिया करते हैं।

४४३/ग्र ५६७७ वर्ष, राग आसावरी

जसुदा मइया लाल झुलावै, आछे बारे कों हुलरावै।
कनियाँ कनियाँ, अइयाँ अइयाँ, यौं कहि लाड़ लड़ावै।
हुलुलुलु हुलुलुलु, हाँहाँहाँहाँ, कहि-कहि गोद खेलावै।
दोउ कर पकरि जसोदा रानी, ठुमकी पायँ धरावै।
घननन घननन घुँघरू बाजै, झाँझरिया झमकावै।
'सूरजदास' मदनमोहन कौ, याही भाँति रिझावै।
मम् मम् पप् पप् चच् चच् ताथेइ, यहि विधि लाड़ लड़ावै॥

यशोदा मैया अपने लाल को पालने में पौढ़ाकर झुला रही हैं। वे अपने अच्छे बालक को हिलाती जा रही हैं। वे कभी 'कनियाँ कनियाँ' कहकर, कभी 'अइयाँ' कहकर अपने बच्चे को प्यार करती जा रही हैं। वे कभी 'हुलुलुल हुलुलुलु' कहकर, कभी 'हाँ हाँ हाँ' कहकर उसे गोद में लेकर खेला रही हैं। वे बच्चे के दोनों हाथ पकड़कर बच्चे के पाँवो को धरती पर ठुमुक-ठुमुक कर चलना सिखाए जा रही हैं। शिशु ने पैर में घुंघुरू और झाँझरी पहन रखी है। वह घुंघुरू 'घनघन घनघन' की ध्वनि करते हुए बज उठते हैं और

झाँझरी भी झनझना उठती है, जब वे अपने पैर धरती पर धर कर ठुमुक ठुमुक चलते हैं। माता यशोदा अपने मदनमोहन को इसी प्रकार रिझाती हैं और 'मम् मम्' 'चच् चच्' 'ताथेइ, ताथेई' कहकर इसी प्रकार दुलारती हैं।

४४४/६६४ राग गौरी

हालरौ हलरावै माता। बलि-बलि जाउँ घोष-सुख-दाता।
जसुमति अपनौ पुन्य बिचारै। बार-बार सिसु बदन निहारै।
अँग फरकाइ अलप मुसुकाने। या छवि की उपमा को जाने।
हलरावति गावति कहि प्यारे। बाल-दसा के कौतुक भारे।
महरि निरखि मुख हिय हुलसानी। सूरदास प्रभु सारँगपानी॥

माँ यशोदा बच्चा कृष्ण को हाथों में लेकर हिलाती जा रही हैं और कहती जा रही हैं—'समस्त ग्वाल-टोली को सुख देनेवाले, मैं तुम्हारी बलैया ले रही हूँ!' यशोदा इसे अपने पूर्व जन्म का पुण्य समझ रही हैं और बार-बार बच्चे का मुँह देखती जा रही हैं। शिशु कृष्ण अपने अंग फड़काते जा रहे हैं, हिलाए जा रहे हैं और मंद-मंद मुस्कुराए जा रहे हैं। इस सौंदर्य की उपमा किसके मन में आ सकती है? 'प्यारे' कहकर माँ यशोदा बाल-कृष्ण को हिलाती जा रही हैं, गाती जा रही हैं। प्रभु के बालदृश्य के खेल अद्भुत हैं। महरि यशोदा उनके मुख को देख-देखकर मन ही मन प्रमुदित हुई जा रही हैं। प्रभु सारंग-पाणि हैं। उनके हाथ कमल जैसे कोमल और लाल हैं।

पूतना-वध

४४५/६६६ राग बिहागरौ

कंसराइ जिय सोच परी।
कहा करौं, काकौं ब्रज पठवौं, बिधना कहा करी।
बारंबार बिचारत मन मैं, नींद भूख बिसरी।
'सूर' बुलाइ पूतना सौं कह्यौ, करु न बिलंब घरी॥

कंस के मन में भारी सोच आ समाया। वह सोचने लगा—'अब मैं क्या करूँ? किसको ब्रज में भेजकर उस बालक को मरवा दूँ? ब्रह्मा ने यह क्या कर दिया?' इसी प्रकार के विचार उसके मन में उठे जा रहे थे। उसे न नींद आ रही थी, न भूख ही लग रही थी। अंततः उसने पूतना को बुलाया और कहा एक घड़ी की भी देर न करो, तत्काल ब्रज जाओ और उस बच्चे को मार आओ।

४४६/६६७ राग धनाश्री

आजु हौं राज-काज करि आऊँ।
बेगि सँहारौं सकल घोष-सिसु, जौ मुख आयसु पाऊँ।
मोहन-मुर्छन-बसीकरन पढ़ि, अगमति देह बढ़ाऊँ।
अंग सुभग सजि, ह्वै मधु-मूरति, नैननि माहँ समाऊँ।
घसि कै गरल चढ़ाइ उरोजनि, लै रुचि सौं पय प्याऊँ।
'सूरज' सोच हरौं मन अबहीं, तौ पूतना कहाऊँ॥

पूतना कंस से बोली—यदि आज मैं आपका आदेश पाऊँ, तो मैं तत्काल राजाज्ञा का पालन करते हुए सारा राज-काज कर आऊँ। उस ग्वाल-बाल को मैं तत्काल मार आऊँ। मैं मोहन, मूर्च्छन, वशीकरण मंत्र पढ़कर लोगों को मंत्रमुग्ध कर लूँगी और अपने शरीर का अपार विस्तार कर लूँगी। मैं अपने शरीर को सँवार करके अत्यंत सुंदर बना लूँगी। अत्यंत मधुर रूप बना लूँगी और देखनेवालों की आँखों में घुस जाऊँगी, समा जाऊँगी। लोग मुझे देखते रह जायँगे। मैं हलाहल विष घिसकर अपने स्तनों में लगा लूँगी और उस शिशु को अत्यंत प्रेम से अपना दूध पिलाने लगूँगी। मेरा दूध पीते ही वह बच्चा मर जायगा। यदि मैं इस प्रकार उस बच्चे को न मार डालूँ, तो मेरा नाम पूतना नहीं। मैं आपके मन की सारी दुश्चिंताओं को अभी-अभी मिटाए चली आ रही हूँ।

४४७/६६८ राग धनाश्री

रूप मोहिनी धरि ब्रज आई।
अद्भुत साजि सिँगार मनोहर, असुर कंस दै पान पठाई।
कुच बिष बाँटि लगाइ कपट करि, बाल-घातिनी परम सुहाई।
बैठी हुती जसोदा मंदिर, दुलरावति सुत कुँवर कन्हाई।
प्रगट भई तहँ आइ पूतना, प्रेरित काल अवधि नियराई।
आवत पीढ़ा बैठन दीनौ, कुसल बूझि अति निकट बुलाई।
पौढ़ाए हरि सुभग पालनैं, नंद-घरनि कछु काज सिधाईं।
बालक लियौ उछंग दुष्टमति, हरषित अस्तन-पान कराई।
बदन निहारि प्रान हरि लीनौ, परी राच्छसी जोजन ताईं।
'सूरज' दै जननी-गति ताकौं, कृपा करी निज धाम पठाई॥

असुर कंस ने पूतना को बाल-कृष्ण को मार डालने का कठिन काम, पान का बीड़ा देकर, सौंपा और उसे ब्रजमंडल में भेजा। पूतना अत्यंत मोहक रूप बनाकर ब्रजमंडल (गोकुल) में आई। उसने सँवार-सिँगार करके दर्शकों के मन को हर लेनेवाला अद्भुत रूप बना लिया। उसने विषम विष सिल पर पीस कर अपने उरोजों पर लगा लिया। वह कपटचारिणी, बाल-घातिनी बड़ी सुंदर दिखाई देने लगी। यशोदा जी अपने महल में बैठी हुई थीं और अपने बेटे कुँवर कन्हैया को दुलार रही थीं। पूतना वहाँ आकर प्रकट हो गई। उसे उसके काल ने वहाँ भेजा था और उसके जीवन की अवधि समाप्त हो चली थी। यशोदा ने उसके आते ही आदरपूर्वक बैठने के लिए उसे पीढ़ा दिया। उसका कुशल क्षेम पूछा और अपने अत्यंत निकट बुला लिया। नंद की घरनी यशोदा ने कन्हैया को सुंदर पालने पर लिटा दिया और वह घर के किसी काम से उठकर वहाँ से थोड़ी देर के लिए चली गईं। तब उस दुष्ट-बुद्धि पूतना ने बालक को पालने पर से उठा कर अपनी गोद मे ले लिया और प्रसन्न होकर उन्हें अपना स्तन-पान कराने लगी। शिशु कृष्ण ने पूतना के मुँह की ओर देखा और दूध के साथ-साथ उसका प्राण भी खींच लिया। राक्षसी पूतना एक योजन दूर जाकर गिरी। प्रभु ने दूध पिलाने के कारण उसे अपनी माँ की-सी गति देकर कृपा करके उसे अपने धाम बैकुंठपुरी भेज दिया।

प्रथम कंस पूतना पठाई ।
नंद-घरनि जहँ सुत लिये बैठी, चली-चली तिहिं धामहिं आई ।
अति मोहिनी रूप धरि लीनौ, देखत सबहिनि कैं मन भाई ।
जसुमति रही देखि वाकौ मुख, काकी बधू, कौन धौं आई ।
नंद-सुवन तबहीं पहिचानी, असुर-घरनि, असुरनि की जाई ।
आपुन बज्र-समान भए हरि, माता दुखित भई, भरमाई ।
अहो महरि पालागन मेरौ, मैं तुमरौ सुत देखन आई ।
यह कहि गोद लियौ अपनी तब, त्रिभुवन-पति मन-मन मुसुकाई ।
मुख चुम्यौ, गहि कंठ लगायौ, बिष लपट्यौ अस्तन मुख नाई ।
पय सँग प्रान ऐंचि हरि लीनौ, जोजन एक परी मुरझाई ।
त्राहि-त्राहि कहि ब्रज-जन धाए, अब बालक क्यौं बचै कन्हाई !
अति आनंद सहित सुत पायौ, हिरदै माँझ रहे लपटाई ।
करवर बड़ी टरी मेरे की, घर-घर आनँद करत बधाई ।
'सूरस्याम' पूतना पछारी, यह सुनि जिय डरप्यौ नृपराई ॥

कृष्ण को मारने के लिए कंस ने सबसे पहले पूतना को गोकुल भेजा। नंद की घरनी यशोदा जहाँ बैठी हुई थीं, पूतना चलकर उसी घर में आ गई। उसने अत्यंत मोहक रूप धारण कर लिया था। देखनेवालों के मन को वह बहुत अच्छी लगी। यशोदा भी उसका मुँह देखने लगीं—यह किसकी पत्नी है, यह कौन आ गई है। नंद के पुत्र कुँवर कन्हैया ने तत्काल जान लिया कि यह असुरों की बेटी और असुर की ही पत्नी है। तब उन्होंने अपना शरीर बज्र के समान कठिन और वजनी बना लिया, माता यशोदा उनके बोझ से दबकर दुखी हो गईं और भ्रम में पड़ गईं। तब पूतना बोली—हे महरि, मैं तुम्हें प्रणाम कर रही हूँ। मैं तुम्हारा पुत्र देखने आई हूँ। यह कहकर पूतना ने बाल-कृष्ण को अपनी गोद में ले लिया। उसके इस कपट-कृत्य को देखकर त्रिभुवनपति बाल-कृष्ण मन ही मन मुसकुरा उठे। पूतना ने कन्हैया जी का मुँह चूमा, उसने उन्हें पकड़कर गले से लगा लिया, फिर विष लगे अपने स्तन को कन्हैया के मुँह में डाल दिया। कन्हैया जी ने दूध के साथ-साथ उसके प्राण भी खींच लिए। और वह पूतना एक योजन दूर जाकर धरती पर मुरझाकर धड़ाम से गिर पड़ी। ब्रजवासी लोग 'बचाओ, बचाओ' कहते हुए दौड़ पड़े और सोचने लगे अब बाल-कन्हाई कैसे बचें। पर उन्होंने देखा कि बालक अत्यंत प्रसन्न और सुरक्षित है। तब उन्होंने बच्चे को उठाकर गले से लिपटा लिया। वे कहने लगे-'हमारे कुँवर कन्हैया पर आई हुई एक बहुत बड़ी विपत्ति टल गई।' घर-घर में आनंद-बधाई बजाने लगी। उधर कंस राजा ने सुना कि बच्चे ने तो पूतना ही को पछाड़ दिया और उसे मार डाला। यह सुनकर वह अत्यंत डर गया।

४४९/६७१ राग धनाश्री

देखौ यह बिपरीत भई ।
अद्भुत रूप नारि इक आई, कपट हेत क्यौं सहै दई ?

कान्हैं लै जसुमति कोरा तैं, रुचि करि कंठ लगाए।
तब वह देह धरी जोजन लौं, स्याम रहे लपटाए!
बड़े भाग्य हैं नंद महर के, बड़भागिन नँदरानी।
'सूर' स्याम उर ऊपर उबरे, यह सब घर-घर जानी॥

ब्रजवासी लोग परस्पर कहने लगे—देखो तो, यह कैसा अद्भुत और विपरीत काम हुआ है। अद्भुत मोहक रूप बनाए हुए एक नारी आई। भगवान यह कपटाचरण कैसे बरदास्त कर सकते थे। उसने कन्हैया को यशोदा जी की गोद से ले लिया और प्रेमपूर्वक उन्हें गले से लिपटा लिया। फिर उसने अपना शरीर एक योजन विस्तृत बना लिया। कन्हैया जी फिर भी उससे लिपटे ही रहे। नंद महर बड़े भाग्यशाली हैं, नंदरानी यशोदा भी बड़भागिन हैं। कन्हैया जी उस पूतना की छाती पर लिपटे पड़े रहे और बच गए। इस बात को गोकुल में सबने, हर घर ने, जान लिया।

जोगी लीला

४५०/ग्र ५६५५ वर्ष, राग आसावरी

हे दैया, मतवाला जोगी द्वारे मेरे आया है।
जटाजूट सिर गंग बिराजत, त्रैलोचन मन भाया है।
वृष ऊपर असवार होय कै, श्री गोकुल कौं धाया है।
बाघंबर पाटंबर सोहै, अंग छार लपटाया है।
कर त्रिशूल, डमरू लै खप्पर, सिंगी नाद बजाया है।
अरुन नैन बिजया जु चढ़ावै, आक धतूरा खाया है।
तिलक चंद्रमा भृकुटी ऊपर, जोगी जुगुत बनाया है।
रुद्रमाल गर बीच बिराजत, सेसनाग लपटाया है।
अद्भुत रूप देखि जोगी कौ, जिय गोपाल डराया है।
देखौं मइया तेरौ बालक, जिन मोहिं चटक लगाया है।
'सूरस्याम' चरनन-रज बंदौं, दरसन तैं सचु पाया है॥

यशोदा जी कह रही है—हे भगवान, एक मतवाला योगी मेरे द्वार पर आया हुआ है। उसके सिर पर भारी जटा जूट है। उस जटाजूट के ऊपर गंगा जी विराजमान हैं। उसके तीन-तीन आँखें हैं। फिर भी वह देखते ही मन को लुभा लेता है। वह बैल के ऊपर बैठा हुआ है और बैल को दौड़ाता-दौड़ाता गोकुल में आ पहुँचा है। वह बाघ की खाल का वस्त्र पहने हुए है और सारे शरीर में भस्म पोते हुए है। उसके हाथ में त्रिशूल है, डमरू है, खप्पर है। वह सींग का बाजा बजा रहा है। वह भाँग चढ़ाए हुए है। इसीलिए उसकी आँखे लाल-लाल हो गई हैं। वह धतूर मदार खाता है। भौहों के ऊपर द्वितीया के चंद्रमा का तिलक लगाए हुए है। वह योगी योगियों की सारो युक्ति बनाए हुए है। उसके गले में मुंडमाला लटक रही है। उसने शेषनाग को गले से लिपटा रखा है योगी का यह रूप देखकर गोपाल डर गए हैं।

योगी ने माता यशोदा से कहा—हे मैया, मैं तेरा बालक देखना चाहता हूँ। उसने मुझपर चेटक (जादू) कर डाला है। मैं तेरे श्याम के चरणों के रज की वंदना करता हूँ। उसके दर्शन से मैंने सुख पाया है।

४५१/ग्र ५६५६ वर्ष, राग आसावरी

'आयौ है अवधूत, कन्हैया जोगी को दिखरावै ।
हाथ त्रिसूल, दूजे कर डमरू, सिंगी नाद बजावै ।
जटाजूट में गंग बिराजे, गुन मुकुंद के गावै ।
भुजग अभूषन, भसम विलेपन, गर रुंडन की माला ।
आधौ चंद्र ललाट बिराजै, ओढ़न कौ मृगछाला ।
संग सुंदरी परम मनोहर, वाम भाग इक नारी ।'
'हम आए है कासी से अब, वृषभ किए असवारी ।'
कहै जसोदा, 'सुनि री सखियो, इन भीतर जिन लावौ ।
जो माँगैं सो दीजै इनकौ, बालक मती दिखावौ ।'
अंतरजामि सदासिव जान्यौ, रुदन कियौ अति गाढ़ौ ।
हाथ फिरावन लई जसोदा, अंतरपट दै आड़ौ ।
हाथ जीरि सिव अस्तुति कीनी, लालन बदन उघार्यौ ।
'सूरदास' स्वामी के ऊपर, संकर सरबस वार्यौ ॥

किसी ने आकर यशोदा जी से कहा—एक अवधूत द्वार पर आया हुआ है। उसके एक हाथ में त्रिशूल है। दूसरे हाथ में डमरू है। वह सींग का बाजा मुँह से बजा रहा है। उसके जटाजूट में गंगा विराजमान है। वह मुकुंद कृष्ण के गुण गा रहा है। वह साँपों का आभूषण पहने हुए है, उसने अपनी देह में भस्म लपेट रखी है। उसके गले में मुंडों की माला पड़ी हुई है। उसके माथे पर द्वितीया का अर्द्ध-चंद्र विराजमान है। वह मृगछाला ओढ़े हुए है। उसके साथ उसके वामांग में परम सुंदरी नारी भी है। तुम इस योगी को कन्हैया को दिखा दो।

तब तक वह योगी आगे बढ़ आया और बोला—'मैया, हम बैल पर चढ़े हुए काशी से चले आ रहे हैं। हमें अपने गोपाल का दर्शन करा दे।'

तब यशोदा ने कहा—सखियों सुनों, इस योगी को घर के भीतर मत आने दो। यह जो कुछ माँगे, इसे दे दो। इसे बालक कन्हैया को मत दिखलाओ।

अंतर्यामी कन्हैया ने जान लिया कि यह तो सदाशिव हैं, जो मेरे दर्शन के लिए आए हैं। तब कन्हैया जोर-जोर से रोने लगे। तब यशोदा ने कन्हैया जी को घुमाने फिराने के लिए हाथ में उठा लिया और अंचल से उन्हें पूर्णतया ढक लिया।

तब शिव ने गोपाल कृष्ण की हाथ जोड़कर स्तुति की। फिर गोपाल ने अपना मुँह खोल दिया और शंकर जी ने अपने स्वामी के ऊपर अपना सर्वस्व निछावर कर दिया।

४५२/ग्र. ५३३३ (राग.), राग बिलावल

कहुँ जोगी की लगी कुडीठी, बारौ कान्हा रोवै री ।
मेरी गली जिनि आवै जोगी, अलख अलख करि बोलै री ।

घर-घर हाथ दिखाइ जसोदा, बार-बार मुख जोवै री ।
राई लौन उतारत छिन-छिन, 'सूर' स्वामि सुख सोवै री ॥

यशोदा जी कह रही हैं—मेरा वत्स कन्हैया रोता जा रहा है। लगता है कि इसे किसी योगी की नजर लग गई है। हे जोगी, तुम 'अलख अलख' कहते हुए मेरी बस्ती में मत आना। यशोदा घर-घर में कन्हैया का हाथ दिखाती हुई फिर रही हैं और बार-बार कन्हैया का मुँह देखे जा रही हैं। वे क्षण-क्षण पर राई (सरसों) और नमक कन्हैया के सिर के चारों ओर घुमाकर फेंकती जा रही हैं, जिससे योगी की नजर उतर जाय और कन्हैया सुखपूर्वक सो सकें।

४५३/ग्र ५३३४ (राग.) राग आसावरी

किहु जोगी की दृष्टि लगी है, कान्हा मेरो रोवै ।
घर-घर पूछत फिरत जसोदा, दूध पिवै ना सोवै ।
कहाँ गयौ जोगी नँद-घर तैं, ब्रज मैं फिर फिरि हारे ।
सखि जोगी कौ ढूँढ़ि निकासौ, सुत कौ ताप निवारे ।
चलि रे जोगी नंद-भवन कौं, जसुदा मातु बुलावै ।
लटकत मटकत संकर आवैं, मन में मोद बढ़ावैं ।
नंद भौन मैं आए जोगी, राइ लौन करि लीनौ ।
बारि फेरि लाला के ऊपर, हाथ सीस पै दीनौ ।
ब्थिा भई सब दूरि बदन की, किलकि उठे नँदलाला ।
हरषित भई नंद की रानी, दीनी मुतियन माला ।
रहु रे जोगी नंद-भौन को, ब्रज मैं बासौ कीजै ।
मेरौ जब-जब लाला रोवै, तब-तब दरसन दीजै ।
तुम तौ जोगी परम सयाने, तुमको बेद बखानै ।
बूढ़ो जोगी नाम हमारौ, 'सूरस्याम' मोहिं जानै ॥

यशोदा जी कह रही हैं—'कन्हैया को किसी योगी की नजर लग गई है, जिससे यह रोए जा रहा है।' यशोदा कान्हा को गोद में लिए हुए गोकुल के घर-घर में पूछती हुई घूम रही हैं। हमारे नंदालय से वह योगी कहाँ चला गया। मैं तो गोकुलगाँव में उसे खोजती-खोजती हार गई। मेरा गोपाल न तो दूध पी रहा है, न सो ही रहा है। हे सखी, उस योगी को खोज निकालो, जो इसके ताप (कष्ट) को दूर कर दे।'

किसी सखी ने उस योगी को देखा और बोली—'हे योगी नंद महर के घर चलो, यशोदा मैया तुम्हें बुला रही हैं।'

शंकर जी लड़खड़ाते पैरों से नंद-भवन की ओर चल पड़े। उनका मन प्रसन्नता से भर उठा। योगी नंदालय में आया. उसने राई नमक हाथ में लेकर गोपाल के सिर के चारों ओर घुमाया और अपना हाथ बालक के सिर पर रखा। कन्हैया जी के शरीर की सब व्यथा दूर हो गई और नंदलाल किलकारी मार उठे।

नंद की रानी यशोदा, पुत्र के संकट टल जाने से, परम प्रसन्न हुईं। उन्होंने योगी को

मोतियों की माला दे दी। और कहा—हे जोगी बाबा, आप नंदालय में ही रहें, ब्रज में निवास करें, मेरा लल्ला जब-जब रोवे, तब-तब आकर इसे दर्शन दिया कीजिए। हे योगी तुम तो परम चतुर हो। वेद भी तुम्हारी प्रशंसा करते हैं।

तब योगी ने कहा—तुम्हारा श्याम मुझे जानता है, मेरा नाम बूढ़ा योगी है। (जब भी वह चाहेगा, मैं आ जाऊँगा)।

४५४/ग्र ५४०० कल्प, भैरव तिहाल

देखौ री इक बाला जोगी, तेरे द्वारे आयो है।
दिग अंबर, ओढ़े बाघंबर, सीस नाग लपटायो है।
माथे पै है तिलक चंद्रमा, जोगी जटा बढ़ायो है।
भीतर तैं निकसी नँदरानी, मोतिन थार भरायो है।
भिच्छा लेइ, जाउ आसन कौं, बालक अतिहि डरायो है।
ना चाहौं मैं दुनिया दौलत, ना चाहौं यह मायो है।
लै आवौ अपने बालक कौं, मैं दरसन को धायो है।
पाँच बेर परिकरमा करिकै, सिंगी नाद बजायो है।
देवकि-नंदन कंस-निकंदन, जसुदा-लाल कहायो है।
सुवन लागि कछु मंत्र सुनायो, हँसि बालक किलकायो है।
'सूरदास' प्रभु कौ दरसन करि, संकर नाम बतायो है॥

किसी गोपी ने आकर यशोदा से कहा—देखो तो, तुम्हारे द्वार पर एक निश्छल सरल हृदय योगी आ खड़ा हुआ है। यह दिगंबर है, नंगा है, बाघंबर ओढ़े हुए है, सिर पर नाग लपेटे हुए है। माथे पर द्वितीया के चंद्रमा का तिलक लगाए हुए हैं। इसने जटा बढ़ा रखी है।

घर के भीतर से नंदरानी यशोदा निकलीं। उन्होंने मोतियों से भरा थाल ले रखा था। उन्होंने योगी से कहा—योगी, अपनी भिक्षा लो और अपने स्थान को लौट जाओ। तुम्हें देखकर बालक अत्यंत डर गया है।

योगी ने कहा—मैं न तो संसार चाहता हूँ, न संसार का धन ही। मैं यह सब माया (वैभव) नहीं चाहता। अपना बालक ले आओ। मैं उसके दर्शन के लिए दौड़ा चला आ रहा हूँ।

योगी ने बालक की पांच बार परिक्रमा की, फिर सींग वाला बाजा बजाया और कहा—तुम अब देवकी-नंदन, कंस-निकंदन और यशोदा-लाल कहला रहे हो। फिर बालक के कान में कुछ मंत्र फूँका। बालक किलकारी मारकर हँस पड़ा।

योगी ने बालक का दर्शन किया और अपना नाम शंकर बताया।

४५५/ग्र ५४७२ कल्प: भैरव एकताल

नंद दुवारे जोगी आया, सृंगीनाद बजाया।
सीस जटा, ससि वदन सुहायो, अरुन नैन छबि छाया।
रोवत खीझत कृष्ण साँवरे, रहत नाहिं दुलराया।

लियौ उठाइ गोद नँदरानी, द्वारे जाइ दिखाया ।
अलख अलख करि लियो गोद मैं, चरन चूमि, उर लाया ।
स्त्रवन लागि कछु मंत्र सुनायौ, हँसि बालक किलकाया ।
चिरजीवै सुत महरि तिहारौ, हौं जोगी सुख पाया ।
'सूरदास' रमि चल्यो रावलो, संकर नाम बताया ॥

नंद के द्वार पर एक योगी आया। उसने शृंगी-नाद किया। उसके सिर पर जटा थी। उसके माथे पर चंद्रमा सुहा रहा था। उसकी आँखें लाल-लाल छविवाली थीं।

योगी को आया जान सांवले सलोने कृष्ण रोने लगे, चिड़चिड़े होकर खीझने लगे, दुलराने पर भी चुप नहीं हो पाए। तब नंदरानी ने उन्हें गोद में उठा लिया और द्वार पर ले जाकर उन्हें योगी को दिखाया। योगी ने 'अलख अलख' कहा और कन्हैया को गोद में ले लिया, उनका पैर चूमा और हृदय से चिपका लिया। कानो में कुछ मंत्र पढ़ा। तब बालक हँसकर किलकारी मारने लगा।

योगी ने कहा—मैया, तुम्हारा पुत्र चिरंजीवी हो। इसके दर्शन से मुझ योगी को बहुत सुख मिला है।

ऐसा कहकर रमता योगी अपने स्थान को चला गया और बताता गया कि मेरा नाम शंकर है।

श्रीधर-अंगभंग

४५६/६७५ राग बिलावल

श्रीधर बाँभन करम कसाई । कह्यौं कंस सौं बचन सुनाई ।
प्रभु, मैं तुम्हरौ आज्ञाकारी । नंद-सुवन कौं आवौं मारी ।
कंस कह्यौ, तुमतैं यह होइ । तुरत जाहु, करौ बिलँब न कोइ ।
श्रीधर नंद-भवन चलि आयौ । जसुदा उठि कै माथ नवायौ ।
करौ रसोई, मैं बलि जाऊँ । तुम्हरे हेत जमुन-जल ल्याऊँ ।
यह कहि जसुदा जमुना गई । श्रीधर कही भली यह भई ।
उन अपनैं मन मारन ठान्यौ । हरि जू ताकौं तबहीं जान्यौ ।
बाँभन मारैं नहीं भलाई । अँग याकौ मैं देउँ नसाई ।
जबहीं बाँभन हरि ढिग आयौ । हाथ पकरि हरि ताहि गिरायौ ।
गुदी चाँपि लै जीभ मरोरी । दधि ढरकायौ, भाजन फोरी ।
राख्यौ कछु तिहिं मुख लपटाइ । आपु रहे पलना पर आइ ।
रोवन लागे कृष्न बिनानी । जसुमति आइ गई लै पानी ।
रोवत देखि कह्यौ अकुलाई । कहा करयौ तैं बिप्र अन्याई ।
बाँभन कैं मुख बात न आवै । जीभ होइ तौ कहि समुझावै !
बाँभन कौं घर बाहर कीन्हौ । गोद उठाइ कृष्न कौं लीन्हौ ।
ब्रजवासी सब देखन आए । 'सूरदास' हरि के गुन गाए ॥

श्रीधर था तो ब्राह्मण, पर कर्म से कसाई था, हत्यारा था। उसने कंस से जाकर कहा—'प्रभु, मैं तुम्हारा आज्ञाकारी सेवक हूँ। कहें तो मैं नंद के पुत्र को मार आऊँ।' कंस ने कहा—'यदि तुमसे यह हो सके, तो तुरंत जाओ। विलंब करने की कोई आवश्यकता नहीं।'

श्रीधर नंद-भवन में आ पहुँचा। यशोदा ने उठकर उसे सिर झुकाकर प्रणाम किया और कहा—'ब्राह्मण देवता, मैं तुम्हारी बलैया लेती हूँ, तुम अपने लिए रसोई बनाने की तैयारी करो, तब तक मैं तुम्हारे लिए जमुना जी से पानी लिए आती हूँ।'

यह कहकर यशोदा जी यमुना जी चली गईं। श्रीधर ने कहा—यह बहुत अच्छा हुआ जो यशोदा यहाँ से टल गई हैं।

श्रीधर ने मन ही मन कृष्ण को मार डालने के लिए मारण नामक अभिचार करने का निश्चय किया। कन्हैया ने उसके मन के कुविचार को तुरंत जान लिया। उन्होंने सोचा, ब्राह्मण को जान से मारना ठीक न होगा, मुझे इसका अंग-भंग करके ही संतोष कर लेना चाहिए।

जब श्रीधर ब्राह्मण हरि के पास पहुँचा, तब उन्होंने उसका हाथ पकड़कर धरती पर गिरा दिया। उसके सिर के पिछले भाग के गूदे को अपने हाथों से दबा दिया और उसकी जीभ पकड़ कर मरोड़ दी। दही लुड़ा दी और दधि-पात्र फोड़ दिया। कुछ दही उसके मुँह में भी लगा दी और आप अपने पलने पर आ लेट गए। फिर बिनानी कृष्ण रोने लगे। तब तक यशोदा पानी लेकर आ गईं। कृष्ण को रोता देख विकल होकर वे बोलीं—अरे अन्यायी ब्राह्मण, तूने यह क्या किया?

पर ब्राह्मण के मुँह से बोल न फूटा। उसे जीभ हो, जीभ में बोलने की शक्ति हो, तब तो वह कुछ कहकर समझाये। यशोदा ने ब्राह्मण को घर से निकाल बाहर किया और कृष्ण को अपनी गोद में उठा लिया। सब ब्रजबासी देखने के लिए आ जुटे और भगवान का गुणानुवाद करने लगे—(प्रभु ने खूब बचाया)।

कागासुर-वध

४५७/६७६ राग बिलावल

सुन्यौ कंस पूतना सँहारी। सोच भयौ ताकौं जिय भारी।
कागासुर कौं निकट बुलायौ। तासौं कहि सब भेद सुनायौ।
मम आयसु तुम माथैं धरौ। छल-बल करि मम कारज करौ।
यह सुनि कै तेहिं माथौ नायौ। 'सूर' तुरत ब्रज कौं उठि धायौ॥

कंस ने सुना कि पूतना मारी गई। तब उसके मन में भारी चिन्ता उठ खड़ी हुई। उसने कागासुर को अपने निकट बुलाया, सब भेद कह सुनाया और कहा कि तुम मेरा आदेश शिरोधार्य करो। छल से, बल से, जैसे भी हो, मेरा कार्य सिद्ध करो। यह सुनकर कागासुर ने कंस को माथा झुकाया और तुरंत ब्रज के लिए दौड़ पड़ा।

४५८/६७७ राग सारंग

काग-रूप इक दनुज धर्‌यौ।
नृप-आयसु लै धरि माथे पर, हरषवंत उर गरब भर्‌यौ।

कितिक बात प्रभु, तुम आयस तैं, वह जानौ, मो जात मर्‌यौ ।
इतनी कहि गोकुल उड़ि आयौ, आइ नंद-घर-छाज रर्‌यौ ।
पलना पर पौढ़े हरि देखे, तुरत आइ नैननिहिं अर्‌यौ ।
कंठ चाँपि, बहु बार फिरायौ, गहि फटक्यौ, नृप पास पर्‌यौ ।
तुरत कंस पूछन तिहिं लाग्यौ, क्यौं आयौ, नहिं काज कर्‌यौ ?
बीतैं जाम बोलि तब आयौ, सुनहु कंस, तव आइ सर्‌यौ ।
धरि अवतार महाबल कोऊ, एकहिं कर मेरौ गर्ब हर्‌यौ ।
'सूरदास' प्रभु कंस-निकंदन, भक्त-हेत अवतार धर्‌यौ ॥

एक असुर ने कौए का रूप धारण किया, राजाज्ञा शिरोधार्य कर मन में भारी गर्व से भरा हुआ, वह अत्यंत प्रसन्न होकर बोला—हे प्रभु, तुम्हारी आज्ञा हो, मेरे लिए यह कितनी बात है। यह समझिए कि मैं गया और वह मरा।

इतना कहकर कागासुर गोकुल के लिए उड़ चला। वह आकर नंद-भवन की छाजन पर बैठ कर काँव-काँव करने लगा। उसने देखा कि बालक पलना पर लेटा हुआ है। तब वह छत से उड़कर कृष्ण के नयनों के पास आकर अड़कर; डटकर; बैठ गया। तब कृष्ण ने कागासुर का गला दबाकर उसे कई बार घुमाया और पृथ्वी पर उठा फेंका। वह राजा कंस के पास जा गिरा।

कंस उससे तत्काल पूछ बैठा—तुम लौट क्यों आए? क्या काम पूरा नहीं हुआ?

एक पहर बीतने पर कागासुर के मुँह से बोल फूटे औ उसने कहा—हे कंस, सुनो, अब तुम्हारी आयु पूरी हो चुकी। किसी महाबली ने अवतार लेकर एक ही हाथ से मेरा कंठ मरोड़कर मेरा सारा घमंड चूर-चूर कर दिया।

प्रभु कंस को मारनेवाले हैं। उन्होंने ही तो अपने भक्तों के लिए अवतार लिया है।

सकटासुर-वध

४५९/६७८ राग बिलावल

मथुरापति जिय अतिहिं डरान्यौ ।
सभा माँझ असुरनि के आगैं, सिर धुनि-धुनि पछितान्यौ ।
ब्रज भीतर उपज्यौ मेरौ रिपु, मैं जानी यह बात ।
दिनहीं दिन वह बढ़त जात है, मोकौं करिहै घात ।
दनुज-सुता पूतना पठाई, छिनकहिं माँझ सँहारी ।
घींच मरोरि, दियौ कागासुर, मेरैं ढिग फटकारी ।
अबहीं तैं यह हाल करत है, दिन-दिन होत प्रकास ।
सेनापतिनि सुनाइ बात यह, नृप मन भयौ उदास ।
ऐसौ कौन मारिहै ताकौं, मोहिं कहै सो आइ !
वाकौं मारि अपुनपौ राखै, 'सूर' ब्रजहिं सो जाइ ॥

मथुरापति कंस मन में अत्यंत डर गया। अपनी राज-सभा में समस्त असुरों के आगे

वह अपना सिर पीट-पीटकर पछताने लगा। ब्रज-मंडल में मेरा शत्रु पैदा हो गया है। मैंने यह बात भली-भाँति जान ली है। वह दिन-दिन बढ़ता जा रहा है और एक दिन वह मुझ पर चोट करेगा। मैंने असुर-पुत्री, पूतना को उसे मारने के लिए भेजा था, पर उस बैरी ने पूतना को भी एक क्षण भर के भीतर मार डाला। कागासुर की तो उसने गरदन ही मरोड़कर मेरे पास फेंक दी। वह बालरूप में ही ऐसी-ऐसी अघटनीय बातें करता जा रहा है, जो रोज ही प्रकाश में आ रही हैं। जब वह युवा हो जायगा, तब कितना प्रबल हो जायगा, कुछ कहा नहीं जा सकता। सेनापतियों को यह बात सुनाकर राजा कंस मन में अत्यंत उदास हो गया और फिर बोला—'ऐसा कौन है, जो उस बालक को समाप्त कर दे सके। जो ऐसा कर सके, वह आकर मुझसे कहे। जो उस बालक को मार सके, साथ ही अपने को भी बचा ले, वह ब्रजमंडल में जाय।'

४६०/६७९ राग गौड़ मलार

नृपति वचन यह सबनि सुनायौ।
मुहाँमुही सेनापति कीन्ही, सकटैं गर्ब बढ़ायौ।
दोउ कर जोरि भयो उठि ठाढ़ौ, प्रभु-आयसु मैं पाऊँ।
ह्याँ तैं जाइ तुरतहीं मारौ, कहौ तौ जीवत ल्याऊँ।
यह सुनि नृपति हरष मन कीन्हौ, तुरतहिं बीरा दीन्हौ।
बारंबार 'सूर' कहि ताकौं, आपु प्रशंसा कीन्हौ॥

कंस ने सभा में यह बात सबसे कही। तब सेनापति ने परस्पर कानाफूसी की और सकटासुर का गर्व प्रशंसा करके बढ़ा दिया। इस पर सकटासुर दोनों हाथ जोड़कर उठ खड़ा हुआ और बोला—'यदि प्रभु का आदेश हो, तो मैं यहाँ से जाकर उस बालक को तुरंत मार डालूँ। और यदि कहें तो मैं उसे जीता जागता पकड़े लिए आऊँ।' यह सुनकर राजा कंस को बड़ी प्रसन्नता हुई और उसने सकटासुर को तुरंत पान का बीड़ा दिया और उसकी स्वयं बार-बार प्रशंसा की।

४६१/६८० राग गौड़ मलार

पान लै चल्यौ, नृप आन कीन्हौ।
गयौ सिर नाइ, मन गरबहिं बढ़ाइ कै, सकट कौ रूप धरि असुर लीन्हौ।
सुनत घहरानि, ब्रजलोग चक्रित भए, कहा आघात धुनि करत आवै।
देखि आकास, चहुँ पास, दसहूँ दिसा, डरे नर-नारि तन-सुधि भुलावै।
आपु गयौ तहाँ, जहँ प्रभु परे पालनैं, कर गहे चरन अँगुठा चचोरैं।
किलकि किलकत हँसत, बाल-सोभा लसत, जानि यह कपट, रिपु आयौ भोरैं।
नैंकु फटक्यौ लात, सबद भयौ आघात, गिर्‌यौ भहरात, सकटा सँहार्‌यौ।
'सूर' प्रभु नँद-लाल, मार्‌यौ दनुज ख्याल, मेटि जंजाल, ब्रज-जन उबार्‌यौ॥

सकटासुर ने राजा कंस की आन ली, शपथ खाई और पान का बीड़ा लेकर, खाकर, इस कठिन कार्य के लिए चल पड़ा। उसने राजा को सिर झुकाकर, मन में अत्यधिक घमंड करके, गाड़ी का रूप धारण कर लिया। गाड़ी के चलने से घरघराहट की जो ध्वनि उठी,

उससे सभी लोग आश्चर्य-चकित हो गए और सोचने लगे—'यह कौन है, क्या है, जो इतनी घड़घड़ाहट करता हुआ चला आ रहा है।' लोगों ने आकाश की ओर देखा, अपने चारों ओर देखा, दसों दिशाओं में देखा, पर कुछ टोह न पा सके। लोग, सभी नर-नारी, डर गए और उन्हें अपने तन-बदन की सुधि नहीं रह गई। वह सकटासुर वहाँ गया, जहाँ प्रभु पालना पर लेटे हुए, हाथ से पकड़कर पैर का अँगूठा चूसे जा रहे थे। वे किलकारी मारे जा रहे थे, हँसे जा रहे थे। उनके बाल स्वरूप की शोभा बढ़ी-चढ़ी लग रही थी। उन्होंने यह कपट जान लिया कि शत्रु धोखे-धोखे से मुझे मारने यहाँ आ पहुँचा है। तब प्रभु ने अपना पैर जरा सा फटकारा, वह लात सकटासुर को जा लगा। इससे चोट लगने का घोर शब्द हुआ। वह भहराकर गिर गया और सकटासुर मारा गया। नंद के पुत्र कन्हैया ने खेल ही खेल में उस असुर को मार कर सारी झंझट मिटा दी और ब्रज को बचा लिया।

हरि-शयन-गति

४६२/६८४ राग बिलावल

अजिर प्रभातहिं स्याम कौं, पलिका पौढ़ाए।
आप चली गृह-काज कौं, तहँ नंद बुलाए।
निरखि हरषि मुख चूमि कै, मंदिर पग धारी।
आतुर नँद आए तहाँ, जहँ ब्रह्म मुरारी।
हँसे तात मुख हेरि कै, करि पग-चतुराई।
किलकि झटकि उलटे परे, देवनि-मुनि-राई।
सो छबि नंद निहारि कै, तहँ महरि बुलाई।
निरखि चरित गोपाल के, 'सूरज' बलि जाई॥

यशोदा ने अपने आँगन में, प्रातःकाल, कन्हैया को पलँग पर लिटा दिया और नंद को वहाँ बुलाकर कह दिया—'लला को देखते रहिए। मैं अभी आई जाती हूँ।' ऐसा कहकर उन्होंने बच्चे का मुँह देखा। वह प्रसन्न हो गईं और उसका मुँह चूम लिया। फिर वह घर के कुछ काम करने के लिए चल पड़ीं और अपने महल में पहुँच गईं।

जल्दी-जल्दी में नंद वहाँ आ गए। वहाँ ब्रह्म, मुरलीधर कृष्ण लेटे हुए थे। तब कन्हैया जी अपने पिता श्री को देखकर मुस्करा पड़े और देवता तथा ऋषियों के राजा कृष्ण ने अपने पैरों को झटक कर कुछ ऐसा कौशल किया कि जहाँ पहले वे पीठ के बल लेटे हुए थे, वहाँ अब उलट कर पेट के बल लेट गए और किलकारी मारने लगे।

नंद ने कन्हैया के पीठ से पेट के बल उलट कर लेट जाने की यह छवि देखी और महरि यशोदा को बुलाया और कहा, 'देखो अपना कान्हा तो अब उलटने-पलटने लगा है।' माँ भी गोपाल का यह चरित देखकर उन पर निछावर हो उठीं।

४६३/६८५ राग रामँकली

हरषे नंद टेरत महरि।
आइ सुत-मुख देखि आतुर, डारि दै दधि-डहरि।
मथति दधि जसुमति मथानी, धुनि रही घर-घहरि।

स्त्रवन सुनति न महर-बातैं, जहँ-तहँ गइ चहरि।
यह सुनत तब मात धाई, गिरे जाने झहरि।
हँसत नँद-मुख देखि, धीरज तब कर्‌यौ, ज्यौ ठहरि।
स्याम उलटे परे देखे, बढ़ी सोभा लहरि।
'सूर' प्रभु कर सेज टेकत, कबहुँ टेकत ढहरि॥

पलँग पर हरि का सोते समय उलटना-पलटना देख नंद परम प्रसन्न हो गए और उन्होंने महरि यशोदा को बुलाया। जल्दी आओ और बेटे का मुँह देखो। दही मथना बंद कर दो। दही की मटकी एक ओर अलग रख दो। जल्दी आ आओ।

यशोदा मथानी से दही मथ रही थीं। दही मथने की 'घर्रघों' की ध्वनि गूँज रही थी। इसलिए महरि यशोदा, नंद महर की बातें स्पष्ट रूप से नहीं सुन पाईं। उनकी आवाज यत्र-तत्र फैल गई। उस अस्पष्ट ध्वनि को सुनकर और यह समझकर कि कहीं कन्हैया पलँग पर से भहराकर गिर तो नहीं गया है, वह दौड़ती हुई आईं। नंद को हँसता देख उनकी शंका दूर हो गई और उन्हें धैर्य हुआ। तब उनके चित्त को शांति मिली। उनका मन ठौरुक हुआ। यशोदा ने भी देखा कि श्यामसुंदर पेट के बल पड़े हुए हैं। वे उस बढ़ी हुई शोभा की लहर में डूबने उतराने लगीं। कन्हैया जी भी कभी हाथ से पलँग का सहारा ले खड़े हो रहे थे और कभी सहारा लेते समय ढुलके पड़ रहे थे।

४६४/६८६ राग रामकली

महरि मुदित उलटाइ कै, मुख चूमन लागी।
चिरजीवौ मेरौ लाड़िलौ, मैं भई सभागी।
एक पाख त्रय-मास कौ, मेरौ भयौ कन्हाई।
पटकि रान उलटौ पर्‌यौ, मैं करौं बधाई।
नंद-घरनि आनँद भरी, बोलीं ब्रजनारी।
यह सुख सुनि आईं सबै, 'सूरज' बलिहारी॥

महरि यशोदा प्रसन्न होकर, कान्हा को पुनः पीठ के बल लिटाकर, उनका मुँह चूमने लगीं और कहने लगी—मेरा दुलारा चिरंजीव हो, मैं तो भाग्यवती हो गई। मेरा कन्हैया आज तीन माह और एक पख का (साढ़े तीन महीने का) हो गया और वह अपनी जाँघ को पटक कर उलटने-पलटने भी लगा है। मैं इस अवसर पर आनंद का उत्सव मनाऊँगी। आनंद से भरी हुई नंद की गृहिणी यशोदा ने ब्रज-नारियों को बुलवा भेजा। यह सुखद समाचार सुनकर सभी दौड़ी आईं।

सूरजदास भी अपने को इस अवसर पर निछावर किए दे रहा है।

ब्रज-हर्ष

४६५/६८७ राग रामकली

जो सुख ब्रज मैं एक घरी।
सो सुख तीनि लोक मैं नाहीं, धनि यह घोष-पुरी।
अष्टसिद्धि नवनिधि कर जोरे, द्वारे रहतिं खरी।

सिव-सनकादि-सुकादि अगोचर, ते अवतरे हरी।
धन्य-धन्य बड़भागिनि जसुमति, निगमनि सही परी।
ऐसैं 'सूरदास' के प्रभु कौं, लीन्हौ अंक भरी॥

जो सुख ब्रज में एक घड़ी में प्राप्त हो जाता है, वह सुख तीनों लोकों में कहीं नहीं सुलभ है। यह अहिर-टोली धन्य है। यहाँ आठों सिद्धियाँ और नवों निद्धियाँ दरवाजे पर हाथ जोड़े खड़ी रहती हैं। जो हरि शिव, सनक और शुक आदि के लिए इंद्रियगम्य नहीं हैं, वे ही यहाँ अवतार लेकर आए हैं। बड़भागिनी यशोदा को धन्य है, जो प्रभु को अपनी गोद में लिए हुए हैं। वेदों की बात सही सिद्ध हो गई कि प्रभु अपने भक्तों के बस में हैं। उनके लिए वे कुछ भी कर सकते हैं।

४६६/६८८ राग रामकली

यह सुख सुनि हरषीं ब्रजनारी। देखन कौं धाईं बनवारी।
कोउ जुवती आई, कोउ आवति। कोउ उठि चलति, सुनत सुख पावति।
घर-घर होति अनंद-बधाई। 'सूरदास' प्रभु की बलि जाई॥

यह सुखद समाचार सुनकर कि कन्हैया अब उलटने-पलटने लगे हैं, ब्रजनारियाँ परम प्रसन्न हो गईं और बनवारी को देखने के लिए दौड़ पड़ीं। कोई नवेली आ गई, कोई आ रही है, कोई उठ कर चलना ही चाहती है। सुनकर तो सुख सभी को हुआ। घर-घर मंगल-वाद्य बजने लगे। सूरदास प्रभु की बलैया लिए जा रहे हैं।

४६७/६८९ राग रामकली

जननी देखि छबि, बलि जाति।
जैसें निधनी धनहिं पाऐं, हरष दिन अरु राति।
बाल-लीला निरखि हरषति, धन्य धनि ब्रजनारि।
निरखि जननी-बदन किलकत, त्रिदस-पति दै तारि।
धन्य नँद, धनि धन्य गोपी, धन्य ब्रज कौ बास।
धन्य धरनी-करन-पावन-जन्म 'सूरजदास'॥

माँ यशोदा बाल कृष्ण की छवि देखकर उन पर इस प्रकार बलि-बलि होती जा रही हैं, जिस प्रकार कोई निर्धन व्यक्ति धन पाकर दिन-रात सदा प्रसन्न बना रहता है। कन्हैया जी की बाल-लीलाएँ देख-देखकर व्रज-नारियाँ परम प्रसन्न होती रहती हैं। वे धन्य हैं। देवताओं के स्वामी कान्हा अपनी माँ यशोदा का प्रसन्न मुख देख-देखकर प्रसन्नतापूर्वक ताली बजा-बजाकर किलकारी मारने लगते हैं। नंद धन्य हैं, गोपियाँ धन्य हैं, व्रज-वास धन्य हैं। धरती को पबित्र करनेवाला कृष्ण-जन्म धन्य है।

४६८/६९० राग बिलावल

जसुमति भाग-सुहागिनी, हरि कौं सुत जानैं!
मुख-मुख जोरि बत्यावई, सिसुताई ठानै।
मो निधनी कौ धन, रहै किलकत मन मोहन।
बलिहारी छबि पर भई, ऐसी बिधि जोहन।

लटकति बेसरि जननि की, इकटक चख लावै।
फरकत बदन उठाइ कै, मनहीं मन भावै।
महरि मुदित हित उर भरै, यह कहि, मैं वारी।
नंद-सुवन के चरित पर, 'सूरज' बलिहारी॥

यशोदा बड़ी सौभाग्यशालिनी हैं, जो वह हरि को अपना पुत्र समझती हैं। वह कन्हैया जी के मुख से मुख मिलाकर, उनसे शिशुओं की तरह तोतली बोली में बातें करती रहती हैं, जैसे अपने शिशु के साथ-साथ उनका भी शैशव लौट आया है। वह कहती रहती हैं-- कन्हैया को देखकर माँ उनकी छवि-छटा पर बलि-बलि जाती रहती हैं।

यशोदा की नाक में बेसरि लटक रही है। कान्हा उस बेसरि की ओर टकटकी लगाए देखते रहते हैं। वे अपना मुँह ऊपर उठाए रहते हैं और कुछ कहना चाहते हैं। उन्हें वह बेसरि मन ही मन बहुत अच्छी लगती है।

महरि यशोदा प्रसन्न होकर प्रेमपूर्वक कन्हैया को हृदय से लगा लेती हैं और कहती हैं, मैं अपने कन्हैया पर बलि-बलि जाती हूँ।

नंद के पुत्र के इस चरित पर सूरदास जी निछावर हैं।

४६९/६९२ राग बिलावल

नंद-घरनि आनँद भरी, सुत स्याम खिलावै।
कबहि घुटुरुवनि चलहिंगे, कहि, बिधिहिं मनावै।
कबहिं दँतुलि द्वै दूध की, देखौं इन नैननि!
कबहिं कमल-मुख बोलिहैं, सुनिहौं उन बैननि।
चूमति कर-पग-अधर-भ्रू, लटकति लट चूमति।
कहा बरनि 'सूरज' कहै, कहँ पावै सो मति॥

परम प्रसन्न होकर नंद की घरनी यशोदा अपने पुत्र श्यामसुन्दर को खेला रही हैं। वे विधाता को यह कहकर मना रही हैं कि मेरा लल्ला कब अपने घुटनों के बल चलने लगेगा। मैं कब अपनी इन आँखों से इसके मुँह में दूध के दाँत देखूँगी। कब यह अपने कमल-मुख से बोलने लगेगा और मैं उसकी बोली (वाणी) सुनूँगी। वे कन्हैया के हाथ, पैर, होंठ और उनकी लटकती लटों को चूमती जाती हैं।

सूरदास कहाँ से ऐसी बुद्धि पावै, जिससे वह इस सुख का वर्णन कर सके।

तृणावर्त-वध

४७०/६९६ राग बिलावल

सोभित सुभग नंद जू की रानी।
अति आनँद आँगन मैं ठाढ़ी, गोद लिए सुत सारँगपानी।
तृनावर्त की सुरति आनि जिय, पठयौ असुर कंस अभिमानी।
गरू भए, महि मैं बैठाए, सहि न सकी जननी अकुलानी।
आपन गई भवन मैं दौरी, कछु इक काज रही लपटानी।
बौंडर महा भयावन आयौ, गोकुल सबै प्रलय करि मानी।

महा दुष्ट लै उड़्यौ गुपालहिं, चल्यौ अकास, कृष्न यह जानी।
चापि ग्रीव हरि प्रान हरे, दृग-रकत-प्रवाह चल्यौ अधिकानी।
पाहन सिला निरखि हरि डार्‍यौ, ऊपर खेलत स्याम बिनानी।
ब्रज-जुवतिनि उपवन मैं पाए, लयौ उठाइ कंठ लपटानी।
लै आईं गृह चूमति-चाटति, घर-घर सबनि बधाई मानी।
देतिं अभूषन वारि-वारि सब, पीवतिं 'सूर' वारि सब पानी॥

नंद जी की रानी यशोदा, अत्यंत आनंद में निमग्न, अपने सारंग-पाणि (कमल के से हाथ वाले) पुत्र को गोद में लिए हुए, आँगन में खड़ी हैं और अत्यंत सुशोभित हो रही हैं।

अभिमानी असुर कंस को यकायक तृणावर्त की सुधि आ गई और उसने कृष्ण को मारने के लिए उसे व्रज में भेज दिया। तृणावर्त की बात जानकर कन्हैया अत्यंत वजनी हो गए। माँ यशोदा उनका बोझ न सँभाल सकीं। आकुल होकर उन्होंने कान्हा को धरती पर उतार बैठाया और वे दौड़ी-दौड़ी घर के भीतर चली गईं और किसी काम में लिपट गईं।

इसी बीच एक महा-भयंकर बवंडर आ गया। यह इतना तीव्र था कि गोकुल में सबने उसे प्रलय ही समझ लिया। वह बवंडर महा दुष्ट था। वह गोपाल कृष्ण को ले उड़ा। वह आकाश की ओर चला। कृष्ण जी ने इस रहस्य को जान लिया। उन्होंने उसकी गर्दन दबाकर उसके प्राण ले लिए। उसकी आँखों से रक्त की प्रबल धारा बह निकली। हरि ने देखा कि नीचे पत्थर की एक चट्टान है। तब उन्होंने उसे धरती पर पटक दिया और बिनानी कृष्ण उसकी छाती पर चढ़कर खेलने लगे। ब्रज की युवतियों ने कान्हा को एक उपवन में इस तरह खेलते पाया। उन्होंने बच्चे को उठा लिया और गले से लगा लिया। वे कन्हैया को चूमती-चाटती घर लाईं। सबने अपने-अपने घरों में कृष्ण के बच जाने पर आनंदोत्सव मनाया। वे अपने गहने निछावर करके देने लगीं और कन्हैया पर पानी निछावर करके पीने लगी कि इस पानी के साथ उसकी सारी अलाय-बलाय वे स्वयं पी जायँ। जो कुछ होना हो, उन्हीं को हो, कन्हैया को कुछ न हो।

४७१/६९७ राग धनाश्री

उबर्‍यौ स्याम, महरि बड़भागी।
बहुत दूरि तैं आइ पर्‍यौ धर, धौं कहुँ चोट न लागी।
रोग लेउँ, बलि जाउँ कन्हैया, यह कहि कंठ लगाइ।
तुमही हौ ब्रज के जीवन-धन, देखत नैन सिराइ।
भली नहीं यह प्रकृति जसोदा, छाँड़ि अकेलौ जाति।
गृह कौ काज इनहुँ तैं प्यारौ, नैकहुँ नाहिं डराति।
भली भई अबकैं हरि बाँचे, अब तौ सुरति सम्हारि।
'सूरदास' खिझि कहति ग्वालिनी, मन मैं महरि बिचारि॥

वह गोपी कहने लगी—यशोदा का भाग्य अत्यंत प्रबल है जो उसका बेटा बच गया। यह बहुत ऊपर आकाश से धरती पर गिरा, पर इसे जरा भी चोट नहीं आई। मैं कन्हैया के सारे रोग-दोष लिए लेती हूँ और कन्हैया पर अपने को निछावर किए देती हूँ, यह

कहकर उसने कन्हैया को गले से लगा लिया और बोली—कन्हैया, तुम्हीं तो सारे व्रज के प्राण हो। तुम्हें देखते ही आँखें ठंडी हो जाती हैं।

फिर वह यशोदा के पास कृष्ण को लेकर गई और उनसे बोली—'यशोदा, तुम्हारी यह आदत अच्छी नहीं है कि बच्चे को अकेला छोड़कर चल देती हो। घर का काम कन्हैया से भी प्यारा है? तुम्हें जरा भी डर नहीं लगता? अच्छा हुआ, इस बार हरि बच गए। अब तो आगे के लिए सचेत रहो।'

ग्वालिन खीझ कर कहने लगीं—'यशोदा, मन में भली-भाँति सोच-विचार लो और भविष्य में कान्हा को कभी अकेले मत छोड़ना।'

हरि-मुख-छवि

४७२/६९८ राग बिलावल

अब हौं बलि बलि जाउँ हरी।
निसिदिन रहति बिलोकति हरि-मुख, छाँड़ि सकत नहिं एक घरी।
हौं अपने गोपाल लड़ैहौं, भौन-चाड़ सब रहौ धरी।
पाऊँ कहाँ खिलावन कौ सुख, मैं दुखिया, दुख्र कोखि जरी।
जा सुख कौं सिव-गौरि मनाई, तिय-ब्रत-नेम अनेक करी।
'सूर स्याम' पाए पैंड़े मैं, ज्यौं पावै निधि रंक परी॥

यशोदा कह रही हैं—हे हरि, अब मैं अपने को तुम पर निछावर किए दे रही हूँ। मैं रात-दिन तुम्हारा मुख देखती रहती हूँ और एक घड़ी के लिए भी तुम्हें नहीं छोड़ सकती। मैं अब अपने गोपाल को ही दुलराया करूँगी। घर के सारे काम-काज भले ही पड़े रह जायँ। मैं कोख के दुःख से जली हुई हूँ। भारी दुखिया हूँ। तुम्हें खेलाने का सुख और कहाँ मिल सकता है। जिस सुख के लिए मैं शिव पार्वती को बराबर मनाया करती थी और स्त्रियों द्वारा पुत्र-प्राप्ति के लिए जो भी अनेक व्रत नियम किए जाते हैं, उन्हें किया था, वह सुख तो मुझे उसी प्रकार अनायास मिल गया, जिस प्रकार किसी रंक को रास्ते में गिरी हुई कोई निधि मिल जाय।

४७३/७०० राग धनाश्री

सुत-मुख देखि जसोदा फूली।
हरषित देखि दूध की दँतियाँ, प्रेम मगन तन की सुधि भूली।
बाहिर तैं तब नंद बुलाए, देखौ धौं सुंदर सुखदाई।
तनक-तनक सी दूध-दँतुलिया, देखौ, नैन सफल करौ आई।
आनँद सहित महर तब आए, मुख चितवत दोउ नैन अघाई।
'सूर स्याम' किलकत द्विज देख्यौ, मनौ कमल पर बिज्जु जमाई॥

पुत्र का मुख देखकर यशोदा फूली नहीं समाईं। उनके दूध के छोटे-छोटे दाँतों को देखकर वे प्रेम में मग्न हो गईं और शरीर की सारी सुधि-बुधि भूल गईं। नंद बाहर थे। उन्होंने उन्हें बाहर से भीतर बुलाया और कहा—देखो तो, अपने सुखदाता सुंदर कुँवर कन्हैया को छोटे-छोटे दूध के दाँत निकल आए हैं। इन्हें देखो और अपने नेत्रों को सफल

कर लो। यशोदा की बुलाहट सुनकर नंद महर आनंद के सहित घर में घुसे और दोनों नयनों से अघाकर, पूर्ण तृप्त होकर, कन्हैया का मुख देखने लगे। जब कन्हैया ने किलकारी मारी, तव नंद ने उनके चमकते उज्ज्वल दाँत देखे। मुख में वे दाँत क्या थे, मानो कमल पर बिजली आकर जड़ीभूत होकर जम गई हो।

४७४/७०१ राग देवगंधार

हरि किलकत जसुमति की कनियाँ।
मुख मैं तीनि लोक दिखराए, चकित भई नँद-रनियाँ।
घर-घर हाथ दिखावति डोलति, बाँधति गरैं बघनियाँ।
'सूरस्याम' की अद्भुत लीला, नहिं जानत मुनिजनियाँ॥

यशोदा की गोद में हरि किलकारी मार रहे हैं। किलकते हुए उन्होंने अपने मुँह के भीतर तीनों लोक दिखा दिए। यह देखकर नंद की रानी यशोदा आश्चर्य-चकित हो रहीं। वे कन्हैया को लिए गोकुल के घर-घर में उनका हाथ दिखाती हुई फिर रही हैं। उन्होंने कुदृष्टि से बचाने के लिए उनके गले में व्याघ्र-नख बाँध रखा है। श्याम की लीला अद्भुत है, जिसे मुनि लोग भी नहीं जानते।

४७५/७०२ रागिनी श्रीहठी

जननी बलि जाइ हालरु हालरौ गोपाल।
दधिहिं बिलोइ सद माखन राख्यौ, मिस्त्री सानि चटावै नँदलाल।
कंचन खंभ मयारि मरुवा-डाँड़ी, खचि हीरा बिच लाल-प्रवाल।
रेसम बनाइ नव रतन पालनौ, लटकन बहुत पिरोजा-लाल।
मोतिनि झालरि, नाना भाँति खिलौना, रचें विस्वकर्मा सुतहार।
देखि-देखि किलकत, दँतिया द्वै राजत, क्रीड़त बिबिध बिहार।
कठुला कंट ब्रज केहरि-नख, मसि-बिंदुका सु मृग-मद भाल।
देखत देत असीस नारि नर, चिरजीवौ जसुदा तेरौ लालं।
सुर नर मुनि कौतूहल फूले, झूलत देखत नंद कुमार।
हरषत 'सूर' सुमन बरषत नभ, धुनि छाई है जै-जैकार॥

गोपाल कृष्ण हिलते हुए पालने में झूल रहे हैं और माँ यशोदा उन पर निछावर हुई जा रही हैं। माँ ने दही मथकर ताजा माखन निकाल रखा है। वे उस माखन में मिश्री सानकर नंदलाल को चटाए जा रही हैं।

पालने के दोनों खंभे, मयारि (दोनों खंभों के ऊपर रखा जानेवाला डंडा, जिसमें पालने की डोरी लटकाई जाती है) और मरुवा (वह लकड़ी जिसमें पालना टाँगा जाता है) सभी सोने के हैं। इनमें हीरा जड़े हुए हैं। बीच-बीच में लाल और मूँगा भी लगे हुए हैं. वह पालना मणि रत्नों (मोती, माणिक्य, वैदूर्य, गोमेद, हीरा, मूँगा, पद्मराग, पन्ना, नीलम) से सजा है। वह रेशमी वस्त्र से बना है और उसमें बहुत से हरे रंग वाले पीरोजा और लाल लटक रहे हैं। उसमें मोतियों की झालरें लगी हुई हैं। रंग-रंग के खिलौने भी उसमें लटका दिए गए हैं। इस पालने को देवताओं के सुप्रसिद्ध शिल्पी विश्वकर्मा ने बनाया है। इन

खिलौनों को देख-देखकर कृष्ण किलकारी मारते हैं और उनके सद्य: निकले हुए दो-दो दाँत चमक उठते हैं। वे पालने में पड़े हुए अनेक प्रकार के खेल खेलते जा रहे हैं। वे गले में कठुला पहने हुए हैं। इस कठुले में हीरा और बाघ का नाखून भी लगा हुआ है। उनके माथे पर कस्तूरी की काली बिंदी लगी हुई है। देखनेवाले सभी नर उन्हें आसीस देते जा रहे हैं—यशोदानंद चिरंजीव हों। नंद कुमार को पालने में झूलता देखकर देवता, नर और ऋषि सभी को कौतूहल हो रहा है और वे प्रसन्न भी हुए जा रहे हैं। देवता लोग प्रसन्न होकर आकाश से पुष्प-वर्षा करते जा रहे हैं, साथ ही 'गोपाल कृष्ण की जय' भी बोलते जा रहे हैं। इस जय-जयकार की ध्वनि चतुर्दिक् छाई जा रही है।

४७६/७१० राग जैतश्री

लालन वारी या मुख ऊपर।
माई मेरिहि दीठि न लागै, तातैं मसि-बिंदा दियौ भ्रू पर।
सरबस मैं पहिलैं ही वार्‍यौ, नान्हीं-नान्हीं दँतुली दू पर।
अब कहा करौं निछावरि, 'सूरज', सोचतिं अपनैं लालन जू पर।

यशोदा जी कह रही हैं—हे लल्ला, मैं तेरे इस मुख की छवि पर अपने को निछावर किए दे रही हूँ। कहीं मेरी ही नजर तुझे न लग जाय, इसीलिए तेरी भौहों के बीच मैंने काजल का टिप्पा दे दिया है। तेरी नन्हीं-नन्हीं दो-दो दँतुलियों पर मैं अपना सर्वस्व तो पहले ही निछावर कर चुकी हूँ। मैं सोच रही हूँ कि अपने लल्ला पर अब मैं क्या निछावर करूँ।

४७७/७११ राम जैतश्री

लाल हौं वारी तेरे मुख पर।
कुटिल अलक, मोहनि मन विहँसनि, भृकुटी बिकट ललित नैननि पर।
दमकति दूध-दँतुलिया विहँसत, मनु सीपज घर कियौ बारिज पर।
लघु-लघु लट सिर घूँघरवारी, लटकन लटकि रह्यौ माथैं पर।
यह उपमा कापै कहि आवै, कछुक कहौं सकुचति हौं जिय पर।
नव-तन-चंद्र-रेख-मधि राजत, सुरगुरु-सुक्र-उदोत परसपर।
लोचन लोल कपोल ललित अति, नासा कौ मुकता रदछद पर।
'सूर' कहा न्यौछावर करियै, अपने लाल ललित लरखर पर॥

यशोदा जी शिशु कृष्ण से कह रही हैं—हे लल्ला, तेरे मुख पर, तेरी कुटिल (टेढ़ी) पलकों पर, तेरी मन को मोह लेने वाली मुस्कान पर, भौंहे के पास स्थित सुंदर आँखों पर मैं, बलि-बलि जा रही हूँ। हँसते समय तेरे दूध के दाँत यों चमकते हैं, मानों कमल-दल पर मोती आ बैठे हों। तेरे सिर की लटें घुँघराली हैं और छोटी-छोटी हैं। माथे पर लटकन लटका पड़ रहा है। इसकी उपमा किससे दी जा सकती है। मैं मन में बहुत सकुचाते हुए कुछ सादृश्य प्रस्तुत कर रही हूँ। ऐसा लगता है मानो नवीन-चंद्रमा की रेखा के मध्य में, द्वितीया के चंद्रमा में, सुरगुरु बृहस्पति (पीत रंग) और शुक्र (उज्वल), एक साथ उदित हो गए हैं। (ललाट, दूज का चाँद; पीला पुखराज, वृहस्पति; उज्ज्वल मोती, शुक्र)। तेरे नयन कमल हैं, तेरे गाल अत्यंत सुंदर हैं, तेरी नाक का मोती (बुलाक) तेरे दाँतों को आच्छादित

करनेवाले होठों पर लटक रहा है। तू चलता है तो लड़खड़ाकर, लटपटाकर, गिर-गिर पड़ता है। मैं अपने लाल की लड़खड़ाहट पर क्या न निछावर कर दूँ?

वर्ष गाँठ

४७८/७१२ राग बिलावल

आजु भोर तमचुर के रोल।
गोकुल मैं आनंद होत है, मंगल-धुनि महराने-टोल।
फूले फिरत नंद अति सुख भयौ, हरषि मँगावत फूल तमोल।
फूली-फिरति जसोदा तन-मन, उबटि कान्ह अन्हवाइ अमोल।
तनक बदन, दोउ तनक-तनक कर, तनक चरन पोंछति पट झोल।
कान्ह गरैं सोहति मनि-माला, अंग अभूषन, अँगुरिनि गोल।
सिर चौतनी, डिठौना दीन्हौं, आँखि आँजि, पहिराइ निचोल।
स्याम करत माता सौं झगरौ, अटपटात कलबल करि बोल।
दोउ कपोल गहि कै मुख चूमति, बरस दिवस कहि करति कलोल।
'सूर' स्याम ब्रज-जन-मन-मोहन, बरस गाँठि कौ डोरा खोल॥

आज कन्हैया जी एक वर्ष के हो गए। आज प्रातः जैसे ही मुर्गों ने ध्वनि प्रारम्भ की, गोकुल में आनंद और चहल-पहल प्रारम्भ हो उठी। नंद महर के टोले में शंख-घड़ियालों की मंगल ध्वनि होने लगी। नंद को अत्यंत सुख हुआ और वे प्रसन्न होकर चक्कर काटने लगे। उन्होंने हर्ष-मग्न होकर फूल और पान मँगा भेजा। यशोदा जी भी तन-मन से परम प्रफुल्लित हो उठी हैं। उन्होंने कन्हैया जी को उबटन लगाया और बहुमूल्य तेल लगाकर नहला दिया। वे कन्हैया जी के छोटे से मुँह, दोनों छोटे-छोटे हाथों और पैरों को अपने लटकते वस्त्रांचल से पोंछे जा रही हैं। कन्हैया के गले में मोतियों की माला, शरीर के अन्य अंगों में तरह-तरह के आभूषण और उँगलियों में सोने का गोल (अँगूठी) सुशोभित हो रहे हैं। उनके सिर पर चौकोर टोपी है। माथे पर दूसरों की कुदृष्टि से बचानेवाला दिठौना (काजल का टीका, अंखा) लगा हुआ है। आँखों में आँजन लगाकर माँ ने उन्हें ढीली-ढाली कुरती पहना दी है। कन्हैया जी माँ से कुछ माँगते हुए झगड़ रहे हैं। उनकी वाणी अभी लटपटाती है, वे साफ-साफ बोल नहीं पा रहे हैं, तुतला रहे हैं। इस पर माँ यशोदा उन्हें पकड़कर उनके दोनों गाल चूमे ले रही हैं और यह कहकर कि आज तो तेरा जन्म दिन है, तरह-तरह के खेल करती जा रही हैं। श्याम तो ब्रजवासियों के मन को मोह लेनेवाले हैं। वर्षगाँट के अवसर पर उनकी कलाई पर जो मंगल-सूत्र बाँध दिया गया है, वे उस सूत्र को खोलवा देने पर तुले बैठे हैं। इस डोरे को खोलो, इस डोरे को खोलो—मेरी कलाई मत बाँधो।

४७९/७१३ राग धनाश्री

अरी, मेरे लाल की आजु बरष-गाँठि,
सबै सखिनि कौं बुलाइ, मँगल-गान करावौ।
चंदन आँगन लिपाइ, मुतियनि चौकैं पुराइ,
उमँगि अँगनि आनँद सौं, तूर बजावौ।

मेरे कहैं बिप्रनि बुलाइ, एक सुभ घरी धराइ,
बागे चीरे बनाइ, भूषन पहिरावौ।
अछत-दूब दल बँधाइ, लालन की गाँठि जुराइ,
इहै मोहिं लाहौ, नैननि दिखरावौ।
पँचरँग सारी मँगाइ, वधू-जननि पहिराइ,
नाचैं सब उमँगि अंग, आनँद बढ़ावौ।
नँदरानी ग्वारिनि बुलाइ, इहै रीति कहि सुनाइ,
बेगि करौ किन, बिलंब काहैं लगावौ।
जसुमति तब नँद बुलावति, लाल लिए कनियाँ दिखरावति,
लगन घरी आवति, या तैं न्हवाइ बनावौ।
'सूरस्याम' छवि निहारति, तन-मन जुवति जन वारति,
अतिहीं सुख धारति, बरष-गाँठि जुरावौ॥

यशोदा जी अपनी सखी-सहेलियों को सहेजती हुई कह रही हैं—अरी, आज मेरे लल्ला का जन्म दिन है। सभी सखियों को बुलाओ और मंगलगीत गवाओ। चंदन के चोवा से आँगन लिपवा दो, मोतियों से चौक पूर दो, प्रफुल्लित अंगों से हर्ष में डूबकर तूर्य (तुरही, नर सिंहा) बजवाओ। मेरे कहने से ब्राह्मणों को बुलाकर शुभ मुहूर्त निकलवाओ। बच्चे को बढ़िया-बढ़िया वस्त्र पहना कर उसे गहने भी पहना दो। अक्षत (न टूटे चावल) और दूर्वादल कपड़े के टुकड़े में बाँधकर लल्ला की वर्षगाँठ जोड़ दो। मेरे नयनों को यह शुभ-लाभ दिखला दो। पँचरंगी साड़ियाँ मँगाओ, गाँव की सभी नई नवेलियों को पहनाओ, वे सभी उमंग में आकर नाचें और आनंद बढ़े।

नंदरानी यशोदा ने ग्वालिनों को बुलवाया और वर्षोत्सव की व्यवस्था उनसे कह सुनाई और कहा—जल्दी क्यों नहीं करतीं? विलम्ब क्यों किए जा रही हो?

तदनंतर नंदरानी यशोदा ने नंद को बुलाया और अपनी गोद में लिए हुए गोपाल को दिखलाती हुई बोलीं—वर्षगाँठ का मुहूर्त आ रहा है, अतः बच्चा को नहला-धुलाकर तैयार कर दो।

ब्रज-वधूटियाँ कन्हैया जी की शोभा देखती जा रही हैं, उन पर अपना तन-मन निछावर करती जा रही हैं और कहती जा रही हैं कि अब कन्हैया की वर्षगाँठ का डोरा बाँध दिया जाय। ऐसा कहते, करते, सोचते, वे अत्यंत सुख का अनुभव कर रही हैं।

घुटनों के बल चलना

४८०/७२१ राग बिलावल

नंद-धाम खेलत हरि डोलत।
जसुमति करति रसोई भीतर, आपुन किलकत बोलत।
टेरि उठी जसुमति मोहन कौं, आवहु काहैं न धाइ।
बैन सुनत माता पहिचानी, चले घुटुरुवनि पाइ।

लै उठाइ अंचल गहि पोंछे, धूरि भरी सब देह।
'सूरज' प्रभु जसुमति रज झारति, कहाँ भरी यह खेह ?

नंद-भवन में हरि खेलते हुए घूम रहे हैं। यशोदा जी रसोई घर में भोजन बना रही हैं और कन्हैया इधर किलकारी मारते हुए कुछ कहते जा रहे हैं। तब यशोदा ने कहा—मोहन, क्यों नहीं दौड़कर यहाँ आ जाते? बोली सुनते हो कन्हैया ने माँ की आवाज पहचान ली और घुटनों के बल चल पड़े। तब माँ ने उन्हें उठा लिया और आँचर से उनकी देह पोछने लगीं। सारा शरीर धूल से भरा हुआ था। यशोदा यह धूल झाड़ती जा रही थीं और कहती जा रही थीं—बेटे, तुमने सारे शरीर में यह मिट्टी कहाँ से लगा ली है।

पैरों चलना

४८१/ग्रं ५६८६ वर्ष, राग बिलावल

गिरिधर डोलत पाँइन-पाँइन।
अँगुरी गहे नंद बाबा की, निज घुटुरुन के चाइन।
लटपटाइ पग धरत अटपटे, जसुमति लेत बलाइन।
कठुला कंठ बाघ नख राजत, अंग-अंग सुखदाइन।
यह सुख ब्रह्मादिक कौं दुरलभ, जीवत संत जु पाइन।
सो सुख 'सूर' स्याम क्यौं पइयत, जो सुख ब्रज की गाइन॥

गिरिधर गोपाल अब अपने पैरों पर चलने लगे हैं। नंद बाबा ने उनकी उँगली पकड़ रखी है, फिर भी वे अपने घुटनों के बल ही चलना चाहते हैं। वे पैर तो धरती पर धर रहे हैं, पर लड़खड़ा पड़ रहे हैं। पैर अटपटे, उलटे-सीधे, पड़ रहे हैं। यशोदा उनका यह चलना देखकर उनकी बलैया लिए जा रही हैं। उनके गले में कठुला और बाघ का नह सुशोभित हो रहा है। उनके एक-एक अंग सुख देनेवाले हैं। यह सुख ब्रह्मा आदि देवगणों को दुर्लभ है, पर संत जनों को यह सुख सहज ही सुलभ है और वे इसी को पाकर जीवित बने रहते हैं। जो सुख ब्रज की गायों तक को मिला जा रहा है, वह सुख औरों को कैसे प्राप्त हो सकता है।

४८२/७३४ राग सूहौ बिलावल

मनिमय आँगन नंद कैं, खेलत दोउ भैया।
गौर स्याम जोरी बनी, बलराम कन्हैया।
लटकति ललित लटूरियाँ, मसि-बिंदु-गोरोचन।
हरि-नख उर अति राजहीं, संतनि-दुख-मोचन।
सँग-सँग जसुमति-रोहिनी, हितकारिनि मैया।
चुटकी देहिं नचावहीं, सुत जानि नन्हैया।
नील-पीत पट ओढ़नी, देखत जिय भावै।
बाल-बिनोद अनंद सौं, 'सूरज' जन गावै॥

नंद के मणि-जटित आँगन में बलराम और श्याम दोनों भाई खेल रहे हैं। गोरे बलराम और साँवले कन्हैया की जोड़ी खूब है। उनकी ललित लटें लटकी पड़ रही हैं। उनके

माथे पर काजल की बिंदी और गोरोचन का तिलक लगा हुआ है। उनके वक्षस्थल सिंह का नख सुशोभित हो रहा है। वे संतों का दुख दूर करनेवाले हैं। उनके संग-स उनकी कल्याणकारिणी माताएँ रोहिणी और यशोदा लगी हुई हैं। वे कन्हैया को अप पुत्र समझकर, चुटकी बजा-बजाकर, नचाए जा रही हैं। बलराम ने नीलांबर और कृ ने पीतांबर की ओढ़नी ओढ़ रखी है, जो देखने में जी को बहुत अच्छी लग रही सूरजदास प्रभु के बाल-विनोद को प्रसन्नतापूर्वक गा रहा है।

४८३/७३५ राग धना

आँगन खेलैं नंद के नंदा। जदुकुल-कुमुद-सुखद-चारु-चंदा
संग-संग बल मोहन सोहैं। सिसु-भूषन भुव कौ मन मोहैं
तन-दुति मोर-चंद जिमि झलकै। उमँगि-उमँगि अँग-अँग छबि छलकै
कटि किंकिनि, पग पैंजनि बाजै। पंकज पानि पहुँचिया राजै
कठुला कंठ बघनहाँ नीके। नैन-सरोज मैन-सरसी के
लटकतिं ललित ललाट लटूरी। दमकतिं दूध दतुरियाँ रूरी
मुनि-मन हरत मंजु मसि-बिंदा। ललित बदन बल-बाल गुबिंदा
कुलही चित्र-बिचित्र झँगूली। निरखि जसोदा-रोहिनि फूलीं
गहि मनि-खंभ डिंभ डग डोलैं। कल-बल बचन तोतरे बोलैं
निरखत झुकि, झाँकत प्रतिबिंबहिं। देत परम सुख पितु अरु अंबहिं
ब्रज-जन निरखत हिय हुलसाने। 'सूरस्याम' महिमा को जाने

यदुकुल रूपी कुमुद को सुख देनेवाले चंद्रमा, नंद के नंदन गोपाल-कृष्ण आँगन खेल रहे हैं। बलराम और मनमोहन श्याम साथ-साथ सुशोभित हो रहे हैं। वे दोनों भ शिशुओं में भूषण स्वरूप है और सारे संसार का मन मोहने वाले हैं। श्याम के शरीर क कांति मोर-पंख की चंद्रिका के समान चमक रही है। उनके शरीर के एक-एक अंग उमड़-उमड़ कर सौंदर्य छलका पड़ रहा है। उनकी कमर में किंकिणी और पैरों में पाय बजती जा रही है। उनके कमल के समान हाथों में पहुँची बहुत भली लग रही है। कं में बढ़िया कठुला और व्याघ्र-नख है। उनके नेत्र तो कामदेव के सरोवर में खिले कम जैसे हैं। उनके सुंदर माथे पर घुँघराली लटें लटकी पड़ रही हैं। उनकी दूध की सु दँतुलियाँ दमकी जा रही हैं। मस्तक पर लगा काजल का सुंदर टीका मुनियों के भी म को हर लेनेवाला है। बलराम और बाल-गोविंद दोनों के मुख-मंडल अत्यंत ललित प सरस हैं। उनके सिरों पर रंग-बिरंगी कुलही लस रही है और उनके बदन पर अनेक रं की कुरती सोह रही है। उन्हें देखकर रोहिणी और यशोदा दोनों माताएँ परम प्रमुदित हु जा रही हैं। मणि-जटित खंभे को पकड़कर बच्चे एक-एक कदम उठाते हुए चल रहे हैं वे तोतली वाणी में कुछ कुरबुरा रहे हैं। वे सिर झुकाकर खंभों में पड़ती परछाईं को दूस लड़का समझकर झाँकते हैं। इससे वे अपनी माँ और पिता को सुख देते रहते हैं। व्रज लोग जब उन्हें देखते हैं, तब उनका हृदय उल्लास से भर उठता है। श्याम की महि को कौन जान सकता है।

४८४/७४० राग बिलावल

गहे अँगुरिया ललन की, नँद चलन सिखावत।
अरबराइ गिरि परत हैं, कर टेकि उठावत।
बार-बार बकि स्याम सौं, कछु बोल बुलावत।
दुहुँघाँ द्वै दँतुली भईं, मुख अति छबि पावत।
कबहुँ कान्ह-कर छाँड़ि नंद, पग द्वैक रिंगावत।
कबहुँ धरनि पर बैठि कै, मन मैं कछु गावत।
कबहुँ उलटि चलैं धाम कौं, घुटुरुनि करि धावत।
'सूर' स्याम मुख लखि महर, मन हरष बढ़ावत॥

अपने लल्ला की उँगली पकड़े हुए नंद उन्हें चलना सिखा रहे हैं। चलते-चलते श्याम लड़खड़ा कर गिर पड़ते हैं, तब नंद अपने हाथ का सहारा देकर उन्हें उठा लेते हैं। नंद बार-बार कन्हैया से कुछ कहते जाते हैं और इस प्रकार उनके मुँह से कुछ बोलवाना चाहते हैं। ऊपर नीचे दोनों ओर छोटे-छोटे दूध के दो-दो दाँत निकल आए हैं। इससे उनके मुँह की शोभा अत्यंत बढ़ गई है। कभी-कभी नंद कन्हैया का हाथ एकदम छोड़ देते हैं और उनसे दो एक डग चलवाते हैं। कभी-कभी कन्हैया धरती पर बैठ जाते हैं और मन ही मन कुछ गाने लगते हैं। कभी वे उलट कर घर की ओर घुटनों के बल दौड़ से पड़ते हैं। नंद कन्हैया जी का मुँह देख-देखकर मन में परम आनंद पाते जाते हैं।

४८५/७४२ राग बिलावल

चलत स्याम घन राजत, बाजति पैंजनि पग-पग चारु मनोहर।
डगमगात डोलत आँगन मैं, निरखि बिनोद मगन सुर-मुनि-नर।
उदित मुदित अति जननि जसोदा, पाछैं फिरति गहे अँगुरी कर।
मनौ धेनु तृन छाँड़ि बच्छ-हित, प्रेम द्रवित चित स्रवत पयोधर।
कुंडल लोल कपोल बिराजत, लटकति ललित लटुरिया भ्रू पर।
'सूरस्याम' सुंदर अवलोकत, बिहरत बाल-गोपाल नंद-घर॥

जब घनस्याम चलने लगते हैं, तब उनके पाँवों की मनोहर पैजनियाँ रुनझुन-रुनझुन करके बजने लगती हैं। वे आँगन में जब लड़खड़ाते हुए डोलते हैं, तब उनकी विनोदमयी डगमगाती गति को देखकर सुर, नर मुनि सभी आनंद-मग्न हो जाते हैं। माँ यशोदा अत्यंत प्रसन्न होकर, उनकी उँगली पकड़े हुए, उनके पीछे-पीछे लगी रहती हैं। ऐसा लगता है मानो गाय घास चरना छोड़कर, अपने बछड़े के प्रेम के वश होकर, अपने थनों से दूध चुवाती हुई, आगे बढ़ी जा रही हो। कन्हैया जी के कानों में लटकते हुए कुंडल हिले-डुले जा रहे हैं और उनकी भौंहों पर सुंदर घुँघराली लटें लटकी पड़ रही हैं। श्यामसुंदर बाल-गोपाल, कृष्ण, नंद के घर में इधर-उधर देखते हुए घूम रहे हैं।

४८६/७४७ राग अहीरी

साँवरे बलि-बलि बाल-गोबिंद। अति सुख पूरन परमानंद।
तीनि पैंड़ जाके धरनि न आवै। ताहि जसोदा चलन सिखावै।

जाकी चितवनि काल डराई। ताहि महरि कर-लकुटि दिखाई।
जाकौ नाम कोटि भ्रम टारै। तापर राई-लोन उतारै।
सेवक 'सूर' कहा कहि गावै। कृपा भई जो भक्तिहिं पावै॥

मैं सूर साँवले बाल-गोविंद की बलैया लिए जा रहा हूँ। वे अतिशय सुख एवं परम आनंद से परिपूर्ण हैं। जिसके तीन डगों में सारी धरती नहीं समा सकी, उसी को यशोदा मैया चलना सिखा रही हैं। जिसकी टेढ़ी चितवन देखते ही मौत भी डर कर काँपने लगती है, उसी को महरि यशोदा हाथ में छड़ी लिए हुए डरवा रही हैं। जिसका नाम करोड़ों प्रकार के भ्रमों, संदेहों, को नष्ट कर देनेवाला है, उसी के कल्याण के लिए माँ यशोदा उसके सिर के चारों ओर घुमाकर राई और लोन फेंके दे रही हैं, टोटका कर रही हैं। मैं भला उनका गुणानुवाद क्या कहकर कर सकता हूँ। यह उनकी बड़ी कृपा है, जो उनकी कुछ भक्ति मुझे मिल गई है।

४८७/७५१ राग कान्हरौ

चलत लाल पैजनि के चाइ।
पुनि-पुनि होत नयौ-नयौ आनँद, पुनि-पुनि निरखत पाइ।
छोटौ बदन, छोटियै झिंगुली, कटि किंकिनी-बनाइ।
राजत जंत्रहार, केहरि-नख, पहुँची रतन-जराइ।
भाल तिलक, पख स्याम चखौड़ा, जननी लेति बलाइ।
तनक लाल नवनीत लिए कर, 'सूरज' बलि-बलि जाइ॥

लल्ला कृष्ण पैजनी पहनने और उसकी रुनझुन ध्वनि सुनने की आकांक्षा से चल रहे हैं। ध्वनि सुनकर उन्हें नया-नया आनंद मिल रहा है और वे बार-बार अपने पैरों में पहनी हुई पैजनी को देखते जा रहे हैं। उनका शरीर छोटा है, उस पर वे छोटी ही कुरती पहने हुए हैं, कमर में किंकिणी सुशोभित हो रही है, गले में जंतर और सिंह का नख पहने हुए हैं। हाथों में रत्न जटित पहुँची विराजमान है, मस्तक पर (मृगमद का) तिलक लगाए हुए है। उसी के पार्श्व में काजल का काला दिठौना लगा हुआ है। माता यसोदा उनकी बलैया लिए जा रही हैं। वे अपने छोटे से लाल हाथ में मक्खन लिए हुए हैं। सूरजदास भी उनकी इस छवि पर बलि-बलि होता जा रहा है।

४८८/७४५ राग भैरव

सो बल कहा भयौ भगवान?
जिहिं बल मीन-रूप जल थाहेउ, लियो निगम, हति असुर-परान।
जिहिं बल कमठ पीठि पर गिरि-धरि, सजल सिंधु मथि, कियो बिमान।
जिहिं बल रूप बराह दसन पर, धरी धरा करि पुष्प समान।
जिहिं बल हिरनकसिपु उर फारयौ, भए भगत कौं कृपानिधान।
जिहिं बल बलि बंधन करि पठयो, बसुधा त्रैपद करी प्रमान।
जिहिं बल बिप्र तिलक दै राख्यौ, रच्छा करी आप बिदमान।
जिहिं बल रावन के सिर काटे, कियौ बिभीषन नृपति निदान।

जिहिं बल जामवंत-मद मेट्यौ, जिहिं बल भू-बिनती सुनी कान।
'सूर' स्याम अब धाम-देहरी, चढ़ि न सकत, प्रभु खरे अजान॥

हे प्रभु, तुम्हारा वह बल कहाँ चला गया, जिस बल से तुमने मत्स्य होकर अथाह समुद्र के जल को थहा लिया था और संख असुर के प्राणों को हर कर, वेदों की रक्षा कर ली थी।

हे प्रभु, तुम्हारा वह बल कहाँ चला गया, जिसके बल पर तुमने वाराह रूप धारण कर भारी पृथ्वी को फूल के समान उठाकर अपने दाँतों पर रख लिया था?

हे प्रभु, तुम्हारा वह बल कहाँ चला गया, जिसके बल पर तुमने नरसिंह का रूप धारण कर हिरण्यकसिपु का हृदय फाड़ डाला था और अपने भक्त प्रह्लाद पर कृपा की थी?

हे प्रभु, तुम्हारा वह बल कहाँ चला गया, जिसके बल पर तुमने वामन का रूप धरके दैत्यराज बलि को बाँधकर पातालपुरी में भेज दिया था और त्रिविक्रम होकर तीन पगों में ही सारी त्रिलोकी को नाप लिया था?

हे प्रभु, तुम्हारा वह बल कहाँ चला गया, जिस बल पर तुमने परशुराम बनकर ब्राह्मण कश्यप को तिलक करके सारी पृथ्वी दान कर दी थी और स्वयं जिसकी रक्षा की थी?

हे प्रभु, तुम्हारा वह बल कहाँ चला गया, जिसके बल पर रामरूप में तुमने महा अभिमानी रावण के दसों सिर काट लिए थे और अन्ततः विभीषण को लंका का राज दे दिया था?

हे प्रभु, तुम्हारा वह बल कहाँ चला गया, जिसके जल पर तुमने स्यमंतक मणि के लिए जामवंत का मद-चूर्ण-विचूर्ण कर दिया था और जिसके बल पर तुमने गो-रूपी पृथ्वी की बार-बार पुकार सुनी थी?

अब ऐसा क्या हो गया कि प्रभु अपने उस बल को एकदम भूल गए, उससे अनजान बन गए और अब घर की ड्योढ़ी पर भी चढ़कर, इह पार से उस पार नहीं जा पा रहे हैं।

४८९/७५४ राग असावरी

जबतैं आँगन खेलत देख्यौ, मैं जसुदा को पूत री।
तबतैं गृह सौं नातौ टूट्यौ, जैसैं काँचो सूत री।
अति बिसाल बारिज-दल-लोचन, राजति काजर-रेख री।
इच्छा सौं मकरंद लेत मनु, अलि गोलक के बेष री।
स्रवन सुनत उतकंठ रहत हैं, जब बोलत तुतरात री।
उमगे प्रेम नैन-मग ह्वै कै, कापै रोक्यो जात री।
दमकति दोउ दूध की दँतियाँ, जगमग जगमग होति री।
मानौ सुंदरता-मंदिर मैं, रूप-रतन की ज्योति री।
'सूरस्याम' देखैं सुंदर मुख, आनँद उर न समाइ री।
मानौ कुमुद-कामना पूरन, पूरन इंदुहिं पाइ री॥

एक गोपी दूसरी गोपी से कह रही है—'जब से मैंने नंद के आँगन में यशोदा के पुत्र कन्हैया को खेलते देखा है, तब से तो मेरा घर से जैसे सारा नाता ही कच्चे सूत के समान

टूट गया है। उनके अत्यंत विशाल, कमल की पंखुड़ियों के समान नेत्रों में काजल की रेखा ऐसी भली लग रही है, मानो उनकी काली पुतलियों के वेश में भौंरे ही आकर स्वेच्छा से पराग पान किए जा रहे हों। जब वे तुतरा कर बोलते हैं, तब उस स्वर-माधुरी को कान बड़े प्रेम से सुनते हैं और भी सुनने के लिए उत्कंठित बने रहते हैं। हृदय का प्रेम नेत्रों की राह से उमड़ पड़ने लगता है। उसे उमड़ने से कौन रोक ही सकता है? वह तो सहज प्रवाह है न! उनके दूध के दो-दो दाँत बोलते समय चमक उठते हैं और जगमग-जगमग आभा दिखाई देने लगती हैं। वे दाँत क्या हैं, मानों सुंदरता के सुंदर सदन में रूप के रत्न की ज्योति हों। श्यामसुंदर का सुंदर मुख देखकर हृदय में आनंद समा नहीं पाता। बाहर उमड़ पड़ता है। लगता है मानो कामनाओं को पूर्ण कर देनेवाला पूर्णिमा का चंद्रमा ही कुमुद को मिल गया हो।

बालकृष्ण की छवि देख गोपीजन का हर्षोल्लास

४९०/७५५ राग आसावरी

अद्भुत इक चितयौ हौं सजनी, नंद महर कैं आँगन री।
सो मैं निरखि अपुनपौ खोयौ, गई मथानी माँगन री।
बाल-दसा मुख-कमल बिलोकत, कछु जननी सौं बोलै री।
प्रगटति हँसत दँतुलि, मनु सीपज दमकि दुरे दल ओलै री।
सुंदर भाल-तिलक गोरोचन, मिलि मसि-बिंदुका लाग्यौ री।
मनु मकरंद अचै रुचि कै, अलि-सावक सोइ न जाग्यौ री।
कुंडल लोल-कपोलनि झलकत, मनु दरपन मैं झाईं री।
रही बिलोकि बिचारि चारु छबि, परमिति कहूँ न पाई री।
मंजुल तारनि की चपलाई, चित चतुराई करषै री।
मनौ सरासन धरे कर समर, भौंह चढ़े सर बरषै री।
जलधि थकित जनु काग पोत कौ, कूल न कबहूँ आयौ री।
ना जानौं किहिं अंग मगन मन, चाहि रही नहिं पायौ री।
कहँ लागी कहौं बनाइ बरनि छबि, निरखत मति-गति हारी री।
'सूरस्याम' के एक रोम पर, देउँ प्रान बलिहारी री॥

एक गोपी दूसरी से कह रही है—हे सखी, मैंने नंद महर के आँगन में आज एक अद्भुत दृश्य देखा। मैं वहाँ मथानी माँगने गई थी। उस दृश्य को देखकर तो मैं अपनी सुधि-बुधि ही खो बैठी। मैंने देखा बालक कन्हैया अपने मुख-कमल से अपनी माँ यशोदा से कुछ कह रहे हैं। हँसते समय उनकी दँतुलियाँ झलक उठ रही थीं, मानों मोती चमक कर होठ रूपी पंखड़ियों के बीच छिप गए हों। उनके सुंदर ललाट पर गोरोचन का तिलक लगा हुआ था। तिलक से मिला हुआ काजल का अंखा भी था। लगता था मानों भौंरे का बच्चा रुचि पूर्वक पराग पीकर वहीं सो गया हो, जग न पा रहा हो। कपोलों के ऊपर हिलते-डुलते चंचल कुंडलों का प्रतिबिंब ऐसा पड़ रहा था, मानो दर्पण में उसकी परछाईं

ड़ रही हो। मैं वह सुंदर छवि देखती रह गई। मुझे उसका कहीं कूल-किनारा नहीं ला। वह सौंदर्य अपार और अपूर्व था। उनकी आँखों के तारे इतने सुंदर और चंचल थे क चतुर से चतुर व्यक्ति के भी चित्त को अपनी ओर खींचे ले रहे थे। ऐसा लगता था नो स्मर (कामदेव) हाथ में धनुष लिए हुए भौंहों पर चढ़ा-चढ़ाकर, कटाक्ष रूपी वाणों ी वर्षा करता जा रहा हो। मेरा मन रूप समुद्र में जहाज के कौए के समान उड़ता-थका रहा था, उसे कूल-किनारा मिल ही नहीं पा रहा था। थक कर वह फिर उसी जहाज र जा बैठता था। कन्हैया का रूप समुद्र है। उनके एक-एक अंग जहाज हैं और मेरा मन स जहाज का कौआ है। कन्हैया के न जाने किस अंग के सौंदर्य में मेरा मन डूब गया । मैं बस देखे जा रही हूँ। उस अंग को पहचान नहीं पा रही हूँ। मैं कहाँ तक बाल- न्हैया की छवि बनाकर बखान करूँ। उसे देखते ही मेरी सारी मति (बुद्धि) और गति चपलता) हार गई है। श्याम के तो एक-एक रोयें पर मैं अपने पंच-प्राण निछावर करने लिए उद्यत हूँ।

४९१/७५८ राग आसावरी

मैं मोही तैरैं लाल री।
निपट निकट ह्वै कै तुम निरखौ, सुंदर नैन बिसाल री।
चंचल दृग अंचल-पट-दुति-छबि, झलकत चहुँ दिसि झालरी।
मनु सेवाल कमल पर अरुझे, भँवत भ्रमर भ्रम-चाल री।
मुक्ता-बिद्रुम-नील पीत-मनि, लटकत लटकन भाल री।
मानौ सुक्र भौम सनि गुरु मिलि, ससि के बीच रसाल री।
उपमा बरनि न जाइ सखी री, सुंदर मदन गोपाल री।
'सूरस्याम' के ऊपर वारैं, तन-मन-धन ब्रजबाल री॥

कोई गोपी यशोदा जी से कह रही है—मैं तुम्हारे लाल पर मुग्ध हो गई हूँ। तुम भी सके सुंदर और बड़े-बड़े नेत्रों को एकदम नजदीक से देखो तो। उसके दृग चंचल हैं। न पर आँचल के वस्त्र की चटकीली छवि है और चारों ओर घुँघराले बाल झालर की रह लटके हुए हैं। घुँघरारे बालों की झालर सेवार-सी है, जो नेत्र रूपी कमलों से उलझी है और उन नेत्र-कमलों में पुतलियाँ तो ऐसी प्रतीत होती हैं, मानो भौंरे भ्रम में पड़कर ही मँडराए जा रहे हैं। लटकन जो ललाट पर लटक रहा है, उसमें अनेक प्रकार के मोती, ा, नीलम और पुखराज मणियाँ गुथी हुई हैं, जो क्रमशः शुक्र, मंगल, शनि और बृहस्पति सदृश हैं। लगता है मुख रूपी चंद्रमा (उपग्रह) में मधुर शुक्र, मंगल, शनि और बृहस्पति आकर समा गए हों। सुंदर मदन गोपाल की कोई उपमा नहीं कही जा सकती। तेरे ऐसे न्हैया के ऊपर तो सारी ब्रज-वधूटियाँ अपने तन-मन-धन निछावर किए दे रही हैं।

४९२/७५९ राग बिलावल

कल बल कै हरि आरि परे।
नव रँग बिमल नवीन जलधि पर, मानहुँ द्वै ससि आनि अरे।
जे गिरि कमठ सुरासुर सर्पहिं, धरत न मन मैं नैंकु डरे।

ते भुज-भूषन-भार परत कर, गोपिनि के आधार धरे।
'सूरस्याम' दधि-भाजन-भीतर, निरखत मुख, मुख तैं न टरे।
बिबि चंद्रमा मनौ मथि काढ़े, बिहँसनि मनहुँ प्रकास करे॥

बुदबुदाते हुए, तोतली बोली में धीरे-धीरे बोलते हुए, हरि दही की मटकी के ऊप हठपूर्वक आ डटे। दही में उनका प्रतिबिंब पड़ने लगा। दही मानो निर्मल समुद्र है औ कन्हैया जी का मुख एक चंद्र तथा दही में पड़ता उसका प्रतिबिंब दूसरा चंद्र है। लगता थ जैसे नए रंग वाले उजले समुद्र में दो-दो चंद्रमा एक साथ आकर अड़ गए हों। कच्छ अवतार में जिन्होंने अपनी पीठ पर मंदराचल, वासुकी नाग और समस्त सुर-असुर क धारण करने में जरा भी डर न माना, वे ही प्रभु अपनी बाहों के आभूषणों का भार नहीं सँभाल पा रहे हैं और उन्हें गोपियों का करावलंबन करना पड़ रहा है। वे दधि की मटकी में अपने मुख का प्रतिबिंब देखे जा रहे हैं और अपना मुख वहाँ से हटा नहीं रहे हैं। मान दधि-सागर मथकर दो-दो चंद्रमा निकाल लिए गए हैं और उनकी हँसी जैसे उन चंद्रमाओं की ज्योत्स्ना हो।

दधि-मंथन

४९३/७६३ राग बिलावल

नंद जू के बारे कान्ह, छाँड़ि दै मथनियाँ।
बार-बार कहति मातु, जसुमति नँदरनियाँ।
नैंकु रहौ, माखन देउँ, मेरे प्रान-धनियाँ।
आरि जनि करौ, बलि बलि जाउँ, हौं निधनियाँ।
जाकौ ध्यान धरैं सबै, सुर-नर-मुनि जनियाँ।
ताकौ नँदरानी मुख चूमै, लिए कनियाँ।
सेष सहस आनन, गुन गावत नहिं बनियाँ।
'सूरस्याम' देखि सबै, भूलीं गोप-धनियाँ॥

कन्हैया जी ने दही मथते समय हाथ में मथनी पकड़ ली है। नंद की रानी, यशोद मैया, बार-बार कह रही हैं—हे नंदनंदन, मथनी छोड़ दो। हे प्राण-धन, जरा रुक जाओ मैं तुम्हें टटका मक्खन दिए देती हूँ। मैं निर्धन हूँ, मैं तुम्हारी बार-बार बलैया लेती हूँ हठ न करो।

सुर, नर, मुनि सभी जन जिनका ध्यान धरा करते हैं, उन्हीं प्रभु को नंदरानी अपने गोद में लिए उनका मुँह चूमे जा रही हैं। शेष जिनका गुण अपने एक हजार मुँह से नहीं कह पाते, उसी प्रभु को गोप-वधूटियाँ अपनी आँखों से देखे जा रही हैं और उन्हें देख-देखकर स्वयं आत्म-विस्मृत होती जा रही हैं।

४९४/७६७ राग बिलावल

प्रात समय दधि मथति जसोदा, अति सुख कमल-नयन-गुन-गावति।
अतिहिं मधुर गति, कंठ सुधर अति, नंद-सुवन-चित हितहि करावति।
नील बसन तनु, सजल जलद मनु, दामिनि बिबि भुज-दंड चलावति।

चंद्र बदन लट लटकि छबीली, मनहुँ अमृत रस ब्यालि चुरावति।
गोरस मथत नाद इक उपजत, किंकिनि-धुनि सुनि स्त्रवन रमावति।
'सूरस्याम' अँचरा धरि ठाढ़े, काम कसौटी कसि दिखरावति॥

सबेरे का समय है। यशोदा दही मथ रही हैं और अत्यंत सुखपूर्वक कमल के समान नेत्रवाले बाल-मुकुंद का गुण गाए जा रही हैं। वे अत्यंत मधुर गति (लय) से, अत्यंत सुरीले गले से, नंद-नंदन का मन बहलाने का प्रयत्न करती जा रही हैं। यशोदा नीली साड़ी पहने हैं और दोनों बाहों से रई से दही मथती जा रही हैं। नीली साड़ी मानो सजल श्याम घन हो और उनके चलते गोरे हाथ मानों दो चपल बिजलियाँ हों। उनके चंद्र-मुख पर छबीली लट लटकी पड़ रही थी। मानो सर्पिणी अमृत-रस चुराए ले रही हो। दधि-मंथन करते समय घर्रघों की ध्वनि तो उठ ही रही थी, यशोदा की किंकिणी भी बजती जा रही थी। ये दोनों ध्वनियाँ कान को बड़ी प्रिय लग रही थीं। इसी बीच श्याम ने आकर माँ का आँचल पकड़ लिया और खड़े रह गए। लगता था स्वयं कामदेव (कृष्ण) नीले आँचल की कसौटी पर अपना सौंदर्य कसकर प्रकाशित किए जा रहा हो।

बाल-लीला

४९५/७६९ राग ललित

छोटी-छोटी गोड़ियाँ, अँगुरियाँ छबीली छोटी,
नख-ज्योति मोती, मानौ कमल-दलनि पर।
ललित आँगन खेलैं, ठुमुकि-ठुमुकि डोलैं,
झुनुक-झुनुक बोलै, पैजनी मृदु मुखर॥
किंकिनी कलित कटि, हाटक रतन जटि,
मृदु कर-कमलनि, पहुँची रुचिर बर।
पियरी पिछौरी झीनी, और उपमा न भीनी,
बालक दामिनि, मानौ ओढ़े बारौ बारि-धर॥
उर बघ-नहाँ, कंठ कंठुला, झँडूले बार,
बेनी लटकन, मसि-बुंदा मुनि-मनहर।
अंजन रंजित नैन, चितवनि चित चोरै,
मुख-सोभा पर वारौं, अमित असम-सर॥
चुटुकी बजावति, नचावति जसोदा रानी,
बाल-केलि गावति, मल्हावति सुप्रेम भर।
किलकि-किलकि हँसैं, द्वै-द्वै दँतुरिया लसैं,
'सूरदास' मन बसैं, तोतरे बचन बर॥

कन्हैया के छोटे-छोटे पैर हैं, उन पैरों में छोटी-छोटी छबीली उँगलियाँ हैं, उन उँगलियों पर छोटे-छोटे नख जगमगा रहे हैं। ऐसा लगता है मानो कमल के पत्तों पर मोती हों। कन्हैया जी अपने सुंदर आँगन में खेल रहे हैं, ठुमुक-ठुमुक चल रहे हैं। उनके पैरों

की पैंजनी झनझुन-झनझुन करके मधुर ध्वनि से बोले जा रही है। उनकी कमर में सुंदर किंकिणी है, वह सोने की है और उसमें रत्न जड़े हुए हैं। कोमल कर-कमलों में बढ़िया और सुंदर पहुँची पहने हुए हैं। वे पतली और पीली पिछौरी ओढ़े हुए हैं, जिसकी कोई उपमा मन में नहीं भिंद रही है जैसे बादल का बच्चा बिजली के बच्चे को ओढ़े हुए हो (बादल का बच्चा अर्थात् घनश्याम कृष्ण। बिजली का बच्चा अर्थात् पीतांबर।) उनकी छाती पर सिंह का नाखून है, गले में कठुला है, घुँघराले बाल हैं, उनकी चोटी गुँथी हुई है। माथे पर लटकन लटक रहा है और माथे पर जो काजल का बुंदा है, वह तो मुनियों के भी मन को हर लेनेवाला है। आँखों में काजल लगा हुआ है। उनकी चितवन चित्त को चुराए लिए जा रही है। उनके मुख की शोभा पर अनेक कामदेव निछावर किए जा सकते हैं। यशोदा रानी चुटुकी बजाते हुए उन्हें नचाए जा रही हैं। वे कृष्ण की ही बाल-क्रीड़ाओं को गाती जा रही हैं, प्रेमपूर्वक उन्हें दुलारती जा रही हैं। जब वे किलकारी मार-मार कर हँसते हैं, तब उनके दो-दो छोटे-छोटे दाँत जगमगा कर खिल उठते हैं। उनकी तोतली बातें तो मन में बसती ही जाती हैं।

४९६/७७४ राग बिलावल

माखन खात हँसत किलकत हरि, पकरि स्वच्छ घट देख्यौ।
निज प्रतिबिंब निरखि रिस मानत, जानत आन परेख्यौ।
मन मैं माख करत, कछु बोलत, नंद बबा पै आयौ।
वा घट मैं काहू कैं लरिका, मेरौ माखन खायौ।
महर कंठ लावत, मुख पोंछत, चूमत तिहिं ठाँ आयौ।
हिरदै दिए लख्यौ वा सुत कौं, तातैं अधिक रिसायौ।
कह्यौ जाइ जसुमति सौं ततछन, मैं जननी सुत तेरौ।
आजु नंद सुत और कियौ, कछु कियौ न आदर मेरौ।
जसुमति बाल बिनोद जानि जिय, उहीं ठौर लै आई।
दोउ कर पकरि डुलावन लागी, घट मैं नहिं छबि पाई।
कुँवर हँस्यौ आनंद-प्रेम-बस, सुख पायौ नँदरानी।
'सूरज' प्रभु की अदभुत लीला, जिन जानी, तिन जानी॥

माखन खाते हुए, हँसकर किलकारी मारते हुए, हरि कन्हैया ने मक्खन का स्वच्छ घड़ा पकड़ लिया और उसमें झाँका। उसमें उनको अपना ही प्रतिबिंब दिखाई पड़ा। उन्होंने उसे कोई अन्य बच्चा समझ लिया और क्रुद्ध हो उठे। वे मन में अमर्ष मानते हुए कुछ बुदबुदाते हुए नंद बाबा के पास दौड़े गए और शिकायत की—मक्खन के उस घड़े में किसी का लड़का आ बैठा है। उसने मेरा सारा मक्खन खा डाला है। नंद महर ने कन्हैया को गले से लगाया, उनका तमतमाया मुँह पोंछा, उन्हें चूमा, फिर गोद में उन्हें लिए हुए वहाँ आए, जहाँ वह माखन का घड़ा रखा हुआ था। जब नंद ने गोद स्थित हरि को लिए हुए घड़े में झाँका तब उसमें उन दोनों का प्रतिबिंब पड़ा। कन्हैया ने समझा नंद ने तो उस घड़े वाले बालक को गोद ले रखा है। इसलिए वे लड़के से तो रुष्ट थे ही, नंद से भी रि

गए कि उन्होंने उनके प्रतिद्वंदी लड़के को भी गोद में प्यार से क्यों ले रखा है।

तब कन्हैया तत्क्षण जाकर यशोदा मैया से बोले—माँ, मैं तुम्हारा बेटा हूँ। आज नंद बाबा ने किसी और को अपना बेटा बना लिया है और उन्होंने मेरा आदर नहीं किया। यशोदा ने तत्काल इस बाल-विनोद के रहस्य को समझ लिया और कन्हैया को लिए-दिए उसी घड़े के पास आईं। उस घड़े को उन्होंने दोनों हाथों से हिला-डुला दिया। झकझोर देने से अब माखन में कोई प्रतिबिंब नहीं बना। तब कुँवर कन्हैया प्रेम मगन होकर हँसने लगे। यशोदा रानी ने भी सुख पाया। प्रभु की लीला अद्भुत है। जिसने इसे जाना, उसी ने जाना। किसी और ने इसे नहीं जाना।

४९७/७७६ राग गौरी

सोभा मेरे स्यामहिं पै सोहै ।
बलि-बलि जाउँ छबीले मुख की, या उपमा कौं को है ।
या छबि की पटतर दीबे कौं, सुकबि कहा टकटोहै ?
देखत अंग-अंग प्रति बालक, कोटि मदन-मन छोहै ।
ससि-गन गारि रच्यौ बिधि आनन, बाँके नैननि जोहै ।
'सूरस्याम' सुंदरता निरखत, मुनि-जन कौ मन मोहै ॥

यशोदा जी कह रही हैं—शोभा तो मेरा श्याम को ही सोहती है। सोभा कहीं है तो मेरे श्याम के साँवले सलोने शरीर पर है। मैं कन्हैया के छबीले मुख पर निछावर हुई जा रही हूँ। इस मुख का उपमान होने योग्य है ही क्या। इस सुंदरता का सादृश्य उपस्थित करने के लिए बेचारा सुकवि कहाँ-कहाँ और क्या-क्या टकटोरता फिरे। इसके तो एक-एक अंग की छवि को देखकर करोड़ों कामदेवों का मन विक्षुब्ध हो जाता है। वह सोचने लगता है, इसकी जैसी छवि तो मेरी भी नहीं है। ब्रह्मा ने भी अनेक चंद्रमाओं को निचोड़कर मेरे कन्हैया का मुख-मंडल बनाया है। इस पर यह जो बाँकी चितवन से देखता है, वह तो और भी गजब की है। मेरे श्याम की सुंदरता को देखकर तो मुनियों का भी मन मोहित हो जाता है।

४९८/७७७ राग सारंग

बाल गोपाल खेलौ मेरे तात ।
बलि-बलि जाउँ मुखारबिंद की, अमिय-बचन बोलौ तुतरात ।
दुहुँ कर माट गह्यौ नँदनंदन, छिटकि बूँद-दधि परत अघात ।
मानौ गज-मुक्ता मरकत पर, सोभित सुभग साँवरे गात ।
जननी पै माँगत जग-जीवन, दै माखन-रोटी उठि प्रात ।
लोटत 'सूर' स्याम पुहुमी पर, चारि पदारथ जाकैं हाथ ॥

माता यशोदा कन्हैया को मनाते हुए कह रही हैं—'हे मेरे बेटे, हे मेरे बाल-गोपाल, खेलो। मैं तुम्हारे मुख-कमल की बार-बार बलैया लेती हूँ. जरा तुतरा कर अमृतवाणी बोलो तो।' तब तक कन्हैया जी ने आकर दही की कमोरी को पकड़कर झंकझोर दिया। दही पर आघात पड़ने से उसकी बूँदे छिटककर कन्हैया जी के शरीर पर आ पड़ीं। उनके

सुंदर साँवले शरीर पर पड़ी वे दधि-बूँदें ऐसी प्रतीत हुई, मानों मरकत (पन्ना) मणि पर गज-मुक्ता आ पड़े हों।

जग के जीवन कन्हैया जी सबेरे-सबेरे उठकर माँ से हठपूर्वक माँगते जा रहे हैं— मैया, जल्दी माखन रोटी दे। जिसके हाथ में धर्म, अर्थ, काम, मोक्ष चारो पदार्थ हैं, देखो तो वही तुच्छ माखन रोटी के लिए धरती पर लोटे जा रहे हैं।

४९९/७७९ राग बिलावल

क्रीड़त प्रात समय दोउ बीर।
माखन माँगत, बात न मानत, झँखत जसोदा-जननी-तीर।
जननी मधि, सनमुख संकर्षन, खैंचत कान्ह खस्यौ सिर-चीर।
मनहुँ सरस्वति संग उभय दुज, कल मराल अरु नील कँठीर।
सुंदर स्याम गही कबरी कर, मुक्ता-माल गही बलबीर।
'सूरज' भष लैबे अप-अपनौ, मानहुँ लेत निबेरे सीर॥

दोनों भाई बलराम और कृष्ण सबेरे-सबेरे उठकर खेल रहे हैं। वे माखन माँग रहे हैं। माँ की बात नहीं सुन रहे हैं और माँ यशोदा के निकट जाकर झींख रहे हैं, बड़बड़ा रहे हैं। आगे संकर्षण (बलराम) हैं, बीच में माँ यशोदा हैं, पीछे कृष्ण हैं। कन्हैया ने माँ के सिर की साड़ी खींची और साड़ी खिसक गई। माँ यशोदा तो सरस्वती नदी-सी जान पड़ी और उनके दोनों ओर दो पक्षी आ बैठे जान पड़े। एक है सुंदर राजहंस (बलराम) और दूसरा है नीले कंठों वाला मोर (कृष्ण)। श्याम सुंदर ने माँ यशोदा का जूड़ा पकड़ लिया। मानो मोर ने चोटी को साँप समझकर निगलने के लिए पकड़ लिया। बलराम ने यशोदा के गले की मोतियों की माला पकड़ ली। मानो राजहंस ने मोती चुगने के लिए मोतीमाला पकड़ ली। मानो दोनों पक्षियों ने अपना-अपना खाद्य लेने के लिए अपने-अपने सीर (अधिकार की वस्तु) का बँटवारा कर लिया हो।

५००/७८० राग बिलावल

कनक-कटोरा प्रातहीं, दधि घृत सु मिठाई।
खेलत खात गिरावहीं, झगरत दोउ भाई।
अरस परस चुटिया गहैं, बरजति है माई।
महा ढीठ मानैं नहीं, कछु लहुर-बड़ाई।
हँसि कै बोली रोहिनी, जसुमति मुसुकाई।
जगन्नाथ धरनीधरहिं, 'सूरज' बलि जाई॥

सबेरे ही सबेरे सोने के कटोरों में दही, घी, मिठाई खाते हुए, गिराते हुए, परस्पर झगड़ा करते हुए बलराम और कृष्ण दोनों भाई खेलते जा रहे हैं। वे दोनों परस्पर लपट जाते हैं और एक दूसरे की चोटी पकड़ लेते हैं। माँ यशोदा रोकती हैं। पर वे भारी धृष्ट हैं, माँ का कहना सुनते ही नहीं, मानना तो दूर की बात है। वे छोटे-बड़े का कोई लिहाज नहीं कर रहे हैं। तब रोहिणी ने हँस कर कृष्ण को कहा ये जगन्नाथ है न। और यशोदा ने बलराम को लक्ष्य करके कहा ये धरणीधर शेषनाग है। कोई किसी से कम नहीं।

सूरदास इन दोनों की बलैया लेता है।

५०१/७८१ राग बिलावल

गोपालराइ दधि माँगत अरु रोटी।
माखन सहित देहि मेरी मैया, सुपक सुकोमल रोटी।
कत हौ आरि करत मेरे मोहन, तुम आँगन मैं लोटी ?
जो चाहौ सो लेहु तुरतहीं, छाँड़ौ यह मति खोटी।
करि मनुहारि कलेऊ दीन्हौ, मुख चुपर्‍यौ अरु चोटी।
'सूरदास' कौ ठाकुर ठाढ़ौ, हाथ लकुटिया छोटी॥

गोपाल-कृष्ण दही और रोटी माँग रहे हैं। वे कहते हैं—'अरी मैंया, मुझे माखन के साथ-साथ रोटी दो। रोटी कोमल भी हो और खूब पकी भी।' तब माँ यशोदा ने कहा—अरे मेरे मनमोहन, तुम व्यर्थ के लिए क्यों हठ किए जा रहे हो और आँगन में लोटे जा रहे हो। जो भी चाहो, सो तुरत मुझसे लो। यह धरती पर लोट-लोट जाने की गंदी आदत छोड़ो। कन्हैया को किसी प्रकार मनाकर यशोदा ने कलेवा दिया। उनका मुँह और चोटी तेल से चुपड़ दी और प्रभु हाथ में छोटी-सी लकुटिया लेकर खड़े हो गए।

५०२/७८२ राग बिलावल

हरि कर राजत माखन-रोटी।
मनु बारिज ससि बैर जानि जिय, गह्यौ सुधा स-सुधौटी।
मेली सजि मुख-अंबुज भीतर, उपजी उपमा मोटी।
मनु बराह भूधर-सह-पुहुमी, धरी दसन की कोटी।
नगन गात मुसुकात तात-ढिग, नृत्य करत गहि चोटी।
'सूरज' प्रभु की लहै जु जूठनि, लारनि ललित लपोटी॥

कन्हैया जी के हाथ में मक्खन और रोटी विराजमान है। मानों कमल (हरि का हाथ), ने शशि (हरि का मुख) से अपने वैर-भाव मानकर सुधौटी (सुधा-पात्र, रोटी) के सहित सुधा (मक्खन) को पकड़ लिया हो। कृष्ण ने मक्खन लगाकर रोटी अपने मुख-कमल में डाल ली, तब यह स्थूल उपमा सूझ पड़ी। मानों वाराह भगवान ने पर्वतों के सहित पृथ्वी को उठाकर अपने दाँतों की कोर पर रख लिया हो। अपने पिता नंद के पास नंग-धिड़ंग कन्हैया जी हँसे जा रहे हैं और अपनी चोटी पकड़ कर नाचे भी जा रहे हैं।

सूरजदास तो बस प्रभु के लार (थूक) से लगी हुई सुंदर जूठन ही पाने की कामना किए जा रहे हैं।

५०३/७८३ राग बिलावल

दोउ भैया मैया पै माँगत, दै री मैया, माखन रोटी।
सुनत भावती बात सुतनि की, झूठहिं धाम के काम अगोटी।
बल जू गह्यौ नासिका-मोती, कान्ह कुँवर गही दृढ़ करि चोटी।
मानौ हंस मोर भख लीन्हे, कबि उपमा बरनै कछु छोटी।
यह छबि देखि नंद-मन आनँद, अति सुख हँसत जात हैं लोटी।
'सूरदास' मन मुदित जसोदा, भाग बड़े, कर्मनि की मोटी॥

दोनों भाई बलराम और कृष्ण माता यशोदा से कह रहे हैं—'हे मैया, हमें माखन रोटी दो।' बच्चों की यह बात उन्हें अच्छी तो लगी, पर वे झूठ-मूठ के लिए घर के काम में लगी रहीं। जब माँ ने उनकी बात सुनकर भी नहीं सुनी, तब बलदाऊ ने उनकी नाक का मोती पकड़ लिया और कुँवर कन्हैया ने कसकर उनका जूरा पकड़ लिया। कवि यहाँ एक छोटी सी उपमा दे रहा है। यह ऐसा प्रतीत हुआ मानो हंस (बलदाऊ) और मोर (कृष्ण) ने अपना-अपना भक्ष्य (हंस-बलदाऊ ने मोती और मोर-कृष्ण ने चोटी सर्प) ले लिया।

यह छवि देखकर नंद मन ही मन आनंदित हो उठे और अत्यंत प्रसन्न होकर, हँसते-हँसते लोट-पोट हो गए। यशोदा भी मन ही मन प्रफुल्लित हो उठीं। उन्होंने अपने को बड़भागिनी और मोटे कर्मों वाली समझा।

५०४/७८६ राग बिलावल

बातनि ही सुत लाइ लियौ।
तब लौं मथि दधि जननि जसोदा, माखन करि हरि-हाथ दियौ।
लै-लै अधर परस कर जेंवत, देखत फूल्यौ मात-हियौ।
आपुहिं खात, प्रसंसत आपुहिं, माखन रोटी बहुत प्रियौ।
जो प्रभु सिव-सनकादिक दुर्लभ, सुत-हित जसुमति नंद कियौ।
यह सुख निरखत 'सूरज' प्रभु कौ, धन्य धन्य पल सुफल जियौ॥

कृष्ण माखन रोटी माँगते ही रह गए। पर यशोदा ने दही मथना तब तक नहीं बंद किया, जब तक कि दही मथ नहीं लिया। उन्होंने कृष्ण को बातों में ही उलझाए, भुलाए, रखा। जब वे दही मथ चुकीं, तब उन्होंने कृष्ण के हाथों पर मक्खन रख दिया। कृष्ण हाथ से उठा-उठाकर मक्खन होठों तक ले-जाकर खाने लगे। माता यशोदा का हृदय उन्हें माखन खाते देखकर फूला नहीं समाया। कृष्ण खाते जा रहे हैं और माखन रोटी की प्रशंसा भी करते जा रहे हैं—'अरे, यह तो मुझे बहुत ही प्रिय है।' जो प्रभु शिव और सनक आदि को भी दुर्लभ हैं, यशोदा और नंद ने तो उन्हें अपना बेटा मान लिया है। प्रभु का यह सुख जिसने देख लिया, उसका जीवन पल भर का भी क्यों न हो, सफल हो गया।

५०५/ल ४४२/१५ राग बिलावल

नेक रहो, माखन द्यौं तुमको।
ठाढ़ी मथति जननि दधि आतुर, लवनी नंद-सुवन को।
मैं बलि जाउँ स्यामघन सुंदर, भूख लगी तुम्हैं भारी।
बात कहूँ की बूझति स्यामहिं, फेरि करत महतारी।
कहत बात, हरि कछु नहिं समुझत, झूठेहि भरत हुँकारी।
'सूरदास' प्रभु के गुण तुरतहि, बिसरि गई नँद-नारी॥

कन्हैया माखन के लिए जल्दी मचाए जा रहे थे और यशोदा खड़े-खड़े दही मथे जा रही थीं। वे बोलीं—कन्हैया जरा ठहरो। अभी-अभी तुम्हें माखन दिए देती हूँ। हे श्याम सुंदर, मैं तुम्हारी बलैया लेती हूँ। मैं जानती हूँ कि तुम्हें बड़ी भूख लगी हुई है। माँ यशोदा इसी तरह श्याम से न जाने कहाँ-कहाँ की बातें पूछती रहीं और विलंब करती रहीं। हरि

विलंब के इस रहस्य को नहीं समझ पा रहे हैं और माँ की हर बात पर झूठ-मूठ की 'हाँ' 'हाँ' करते जा रहे हैं। नंद की रानी यशोदा प्रभु के गुणों को तुरंत ही भूल गईं।

५०६/७९३ राग रामकली

मैया, कबहिं बढ़ैगी चोटी ?
किती बार मोहिं दूध पियत भई, यह अजहूँ है छोटी !
तू जो कहति बल की बेनी ज्यौं, ह्वैहै लाँबी-मोटी ।
काढ़त-गुहत न्हवावत, जैहै नागिनि सी भुइँ लोटी ।
काँचौ दूध पियावति पचि-पचि, देति न माखन रोटी ।
'सूरज' चिरजीवौ दोउ भैया, हरि-हलधर की जोटी ॥

कन्हैया जी माता यशोदा से कह रहे हैं—'हे माँ, मेरी चुटिया कब तक बड़ी हो जायगी? मुझे कितनी ही बार दूध पीते हो गया, यह अभी वैसी ही छोटी की छोटी बनी हुई है। तुम तो कहती थीं कि दाऊ भैया की चोटी की तरह मेरी भी चोटी लंबी और मोटी हो जायगी। कंघी करते समय, गूँधते समय, नहाते समय, यह सर्पिणी की तरह जमीन पर लोटने लगेगी। तुम मुझे जबरदस्ती कच्चा दूध पिलाती रही हो। यह कहकर कच्चा दूध पीने से चुटिया लंबी और मोटी हो जायगी, मुझे माखन रोटी नहीं देती रही हो। पर हुआ कुछ भी नहीं।' यशोदा मैया ने आशीष दिया—मेरे हरि और हलधर दोनों भाइयों की यह जोड़ी चिरंजीवी हो।

५०७/७९५ राग रामकली

हरि अपनैं आँगन कछु गावत ।
तनक-तनक चरननि सौं नाचत, मनहीं मनहिं रिझावत ।
बाहँ उठाइ काजरी-धौरी, गैयनि टेरि बुलावत ।
कबहुँक बाबा नंद पुकारत, कबहुँक घर मैं आवत ।
माखन तनक आपनैं कर लैं, तनक बदन मैं नावत ।
कबहुँ चितै प्रतिबिंब खंभ मैं, लौनी लिए खवावत ।
दुरि देखति जसुमति यह लीला, हरष अनंद बढ़ावत ।
'सूरस्याम' के बाल-चरित, नित नितही देखत भावत ॥

हरि कृष्ण अपने आँगन में अकेले-अकेले कुछ गाए चले जा रहे हैं। वे अपने छोटे-छोटे पैरों पर नाचे जा रहे हैं और स्वयं अपने को प्रसन्न किए जा रहे हैं। वे रह-रहकर, अपनी बाँह ऊँचे उठा-उठाकर, अपनी श्यामा और धौरी (उजली) गायों को पुकार पुकार कर बुलाते जा रहे हैं। वे कभी नंद बाबा को बुलाते हैं और कभी घर में घुस जाते हैं और अपने छोटे-छोटे हाथों में माखन लेकर अपने नन्हें मुँह में डालते जाते हैं। कभी मणि-जटित खंभे में पड़ते अपने प्रतिबिंब को दूसरा बच्चा समझकर उसे मक्खन खिलाने लगते हैं।

यशोदा जी छिपे-छिपे कृष्ण की यह लीला देखे जा रही हैं और मन ही मन बहुत प्रसन्न हुई जा रही हैं। श्याम कृष्ण के ये बाल-चरित तो नित्य ही होते रहते हैं और देखनेवालों का मन लुभाते रहते हैं।

५०८/७९७ राग बिलावल

बलि-बलि जाउँ मधुर सुर गावहु ।
अबकी बार मेरे कुँवर कन्हैया, नंदहिं नाचि दिखावहु ।
तारी देहु आपने कर की, परम प्रीति उपजावहु ।
आन जंतु-धुनि सुनि कत डरपत, मो भुज कंठ लगावहु ।
जनि संका जिय करो लाल मेरे, काहे कौं भरमावहु ।
बाहँ उचाइ काल्हि की नाईं, धौरी धेनु बुलावहु ।
नाचहु नैंकु, जाउँ बलि तेरी, मेरी साध पुरावहु ।
रतन जटित किंकिनि पग-नूपुर, अपनैं रंग बजावहु ।
कनक-खंभ प्रतिबिंबित सिसु इक, लवनी ताहि खवावहु ।
'सूर' स्याम मेरे उर तैं, कहुँ टारे नैंकु न भावहु ॥

माँ यशोदा कन्हैया के नाच-गाने पर मुग्ध होकर कह रही हैं—हे कुँवर कन्हैया, मैं तुम्हारी बलैया लेती हूँ। इस बार तुम मधुर स्वर से गाओ और नंद बाबा को भी अपना नाच दिखाओ। अपने हाथ से तालियाँ बजाओ और हमारे हृदयों में हर्षानंद उत्पन्न करो। दूसरे जानवरों की बोली सुनकर क्यों डर जाया करते हो। मेरे गले में भुजा डालकर लिपट जाया करो, डरा मत करो। अपने मन में रंचमात्र भी शंका न किया करो। तुम अपने को भय में क्यों डाल लिया करते हो? कल की ही तरह आज भी बाँह उठाकर धौरी (सफेद) गाय को बुलाओ, जरा-सा नाच दो। मैं तुम्हारी बलैया लेती हूँ। मेरी अभिलाषा पूरी कर दो। तुम्हारे पैरों में रत्न-जटित पायल और कमर में करधनी है, इन्हें अपनी मौज में आकर बजा दो। सोने के खंभे में एक बच्चे का प्रतिबिंब पड़ रहा है। उसे अपने हाथ से मक्खन खिला दो। मुझे तुमको अपने हृद्रय से दूर करना जरा भी अच्छा नहीं लगता।

५०९/८०० राग धमाश्री

पाहुनी, करि दै तनक मह्यौ ।
हौं लागी गृह-काज-रसोई, जसुमति विनय कह्यौ ।
आरि करत मनमोहन मेरो, अंचल आनि गह्यौ ।
ब्याकुल मथति मथनियाँ रीती, दधि भुव ढरकि रह्यौ ।
माखन जात जानि नँदरानी, सखी सम्हारि कह्यौ ।
'सूरस्याम' मुख निरखि मगन भई, दुहुनि सँकोच सह्यौ ॥

घर आई एक गोपी से यशोदा जी विनय करती हुई कह रही है—अरी मेहमानिन, जरा मेरा दही तो मथ दो। मैं अपने घर के काम में एवं रसोईं तैयार करने में लगी हुई हूँ। मेरा मनमोहन हठ में पड़ गया है और इसने मेरा आँचल आकर पकड़ लिया है।

गोपी दही तो मथने लगी, पर उसकी दृष्टि मनमोहन कृष्ण पर ही लगी थी। परिणाम यह हुआ कि कमोरी से दही ढुलक गया और तन्मय-अवस्था में वह छूछी कमोरी मथती रही। माखन को जमीन पर लुढ़कता जा रहा देखकर नंदरानी ने आकर गोपी को सँभल जाने का संकेत किया। पर वह तो कन्हैया के मुख को देखकर उसी के सौंदर्य-सागर में

उभ-चुभ हो रही थी। इस कृत्य से उस गोपी और यशोदा दोनों को बड़ा संकोच हो रहा था। गोपी को तो इसलिए कि मेरे द्वारा इतना माखन बरबाद हो गया और यशोदा को इसलिए कि मैंने व्यर्थ ही इसे टोंक दिया। यह तो मेरे ही पूत को देखने में लीन हो गई थी।

स्नान-भोजन

५१०/८०१ राग सारंग

कान्हर, बलि, आरि न कीजै। जोइ-जोइ भावै, सोइ लीजै।
यह कहति जसोदा रानी। को खिझवै सारँगपानी।
जो मैरैं बाल खिझावै। सो अपनौ कीनौ पावै।
तिहिं देहौं देस-निकारौ। ताकौ ब्रज नाहिन गारौ।
अति रिसही तैं तनु छीजै। सुठि कोमल अंग पसीजै।
बरजत-बरजत बिरुझानै। करि क्रोध मनहिं अकुलानै।
कर धरत धरनि पर लोटै। माता कौ चीर निखोटै।
अँग-आभूषन सब तोरै। लवनी-दधि-भाजन फोरै।
देखत सु तप्त जल तरसै। जसुदा के पाइनि परसै।
तब महरि बाहँ गहि आनै। लै तेल उबटनौ सानै।
तब गिरत-परत उठि भागै। कहुँ नैंकु निकट नहिं लागै।
तब नंद-घरनि चुचकारै। आवहु बलि जाउँ तुम्हारै।
नहिं आवहु तौ भलैं लाला। समुझौगे मदन गोपाला।
तुम मेरी रिस नहिं जानौ। मोकौं नहिं तुम पहिचानौ।
मैं आजु तुम्हैं गहि बाँधौं। हा-हा करि-करि अनुराधौं।
बाबा नँद उत तैं आए। कौनैं हरि अतिहिं खिझाए?
मुख चूमि हरषि लै आए। लै जसुमति पै पहुँचाए।
मोहन कत खिझत अयानी। लिए लाइ हिऐं नँदरानी।
क्यौंहूँ जतन-जतन करि पाए। तन उबटन तेल लगाए।
तातौ जल आनि समोयौ। अन्हवाइ दियौ, मुख धोयौ।
अति सरस बसन तन पोंछे। लै कर मुख-कमल अँगोछे।
अंजन दोउ दृग भरि दीन्हौ। भ्रुव चारु चखौड़ा कीन्हौ।
आभूषन अँग जे बनाए। लालहिं क्रम-क्रम पहिराए।
ऐसी रिस करौ न कान्हा। अब खाहु कुंवर कछु नान्हा।
तुतरात कह्यौ का है री। जो मोहिं भावै सौ दै री।
जोइ-जोइ भावै मेरे प्यारे। सोइ-सोइ तोहिं देहुँ लला रे।
है करयौ सिरावन सीरा। कछु हठ न करहु बलबीरा।
सब दधि माखन द्यौं आनी। तापर मधु मिसिरी सानी।
खोवा मय मधुर मिठाई। सो देखत अति रुचि पाई।

कछु बलदाऊ कौ दीजै। अरु दूध अधावट पीजै।
सब हेरि धरी है साढ़ी। लई ऊपर-ऊपर काढ़ी।
अति प्यौसर सरस बनाई। तिहिं सोंठ-मिरिच रुचि नाई।
दधि दूध बरा दहिरौरी। सो खात अमृत पक्कौरी।
सुठि सरस जलेबी बोरी। जिहिं जेंवत रुचि नहिं थोरी।
अरु खुरमा सरस सँवारे। ते परसि धरे हैं न्यारे।
सक्करपारे सद-पागे। ते जेंवत परम सभागे।
सेव लाड़ रुचिर सँवारे। जे मुख मेलत सुकुमारे।
सुठि मोती लाड़ू मीठे। वै खात न कबहुँ उबीठे।
खिर-लाड़ु लवंगनि नाए। ते करि बहु जतन बनाए।
गूझा बहु पूरन पूरे। भरि-भरि कपूर रस चूरे।
अरु तैसियै गालमसूरी। जो खातहिं मुख-दुख दूरी।
अरु हेसमि सरस सँवारी। अति स्वाद परम सुखकारी।
बाबर बरने नहिं जाई। जिहिं देखत अति सुख पाई।
मृदु मालपुआ मधु साने। जे तुरत तपत करि आने।
सुंदर अति सरस अँदरसे। ते घृत-दधि-मधु मिलि सरसे।
घेवर अति घिरत-चभोरे। लै खाँड़ सरस रस बोरे।
मधुरी अति सरस खजूरी। सद परसि धरी घृत-पूरी।
जब पूरी सुनि हरि हरष्यौ। तब भोजन पर मन करष्यौ।
सुनि तुरत जसोदा ल्याई। अति रुचि समेत हरि खाई।
बलदाऊ टेरि बुलाए। यह सुनि हलधर तहँ आए।
षटरस परकार मँगाए। जे बरनि जसोदा गाए।
मनमोहन हलधर बीरा। जेंवत रुचि राख्यौ सीरा।
सीतल जल लियौ मँगाई। बरि झारी जसुमति ल्याई।
अँचवत तब नैन जुड़ाने। दोउ हरषि-हरषि मुसुकाने।
हँसि जननी चुरू भराए। तब कछु-कछु मुख पखराए।
तब बीरी तनक मुख नायौ। अति लाल अधर ह्वै आयौ।
छबि 'सूरदास' बलिहारी। माँगत कछु जूठनि थारी।
हरि तनक-तनक कछु खायौ। जूठनि सब भक्तनि पायौ॥

यशोदा रानी कन्हैया से कह रही हैं—कन्हैया, मैं तुम्हारी बलैया लेती हूँ। हठ न करो। जो तुम्हें अच्छा लगे, तुम वही खाने को ले लो। मैं अपने कमल से हाथों वाले लल्ला को क्यों खिलाऊँ, क्यों चिढ़ाऊँ। जो मेरे मुन्ना को खिझाएगा, वह अपनी करनी का फल भोगेगा। मैं उसे गोकुल से निकाल बाहर करूँगी। गोकुल में नहीं रहने दूँगी। उसकी ब्रज में कोई प्रतिष्ठा नहीं रहने पाएगी। क्रोध के कारण ही मेरे लाल का शरीर क्षीण होता जा रहा है और इसका कोमल शरीर पसीने-पसीने होता जा रहा है।

कृष्ण रोकते-रोकते भी उलझे जा रहे थे। वे क्रोध करके मन ही मन व्याकुल हुए जा जा रहे थे। जब माँ उनका हाथ पकड़ कर उन्हें उठाना चाहती हैं, तब और भी छइला कर धरती पर लोटने लगते हैं और माता का वस्त्र निकोटने लगते हैं। वे अपने शरीर पर के सभी आभूषण तोड़-तोड़कर फेंकने लगे और माखन तथा दही के मटके और कमोरियां फोड़ने लगे।

माँ ने नहलाने के लिए पानी गर्म कर दिया था। उस गर्म पानी को देखकर कन्हैया त्रस्त हो गए, डर गए, और माँ यशोदा के पाँव पड़ते हुए कहने लगे—माँ मुझे नहलाओ मत, मैं नहाऊँगा नहीं। तब यशोदा उनका हाथ पकड़ कर ले गईं और तेल उबटन घिसकर सानने लगीं। तब तक कृष्ण गिरते पड़ते उठ भागे और जरा भी निकट नहीं आए।

तब नंद-रानी उन्हें चुचकार कर प्यार से बुलाने लगीं—लल्ला आओ, मैं तुम्हारी बलैया लेती हूँ। मैं तुम्हें अभी चुचकार कर प्यार से बुला रही हूँ, नहीं आओगे, तो तुम जानो, तुम्हारा काम जाने। इसका जो परिणाम होगा, हे मनमोहन, बाद में तुम्हीं भोगोगे। तुम मेरा क्रोध नहीं जानते। तुम मुझे अभी भली-भाँति पहचानते नहीं। मैं तुम्हें आज बाँध दूँगी। तब तुम छोड़ देने के लिए मेरी विनती करते फिरोगे और मैं छोड़ूँगी नहीं।

इस बीच नंद बाबा उधर से आ गए। और बिगड़ उठे—किसने मेरे कन्हैया को खिझा दिया है? उन्होंने कन्हैया का मुँह चूमा और प्रसन्न होकर उन्हें गोद में उठाकर यशोदा के पास पहुँचाया और कहा—अरी मूरखा, तूने मोहन को क्यों चिढ़ा दिया। यह क्यों चिढ़ रहा है? इस पर यशोदा ने कन्हैया को हृदय से लगा लिया और कहा—मैंने अपने लल्ला को तो बड़े जतन से किसी-किसी प्रकार पाया है। मैं इसे क्यों चिढ़ाऊँगी।

तदनंतर यशोदा ने कुँवर कन्हैया को तेल उबटन लगाया। गर्मजल को ठंढे जल से मिलाकर उसे नीम गुनगुना कर दिया। फिर इस अर्ध -उष्ण जल से कन्हैया को नहलाया और उनका मुँह धो दिया। फिर सुंदर साफ कपड़े से, अँगोछे से, उनका शरीर पोंछ दिया और उनके कमलवत मुँह को भी रगड़कर साफ कर दिया। उनकी दोनों आँखों में आँजन लगा दिया, भौंहों के बीच काजल का टिप्पा लगा दिया, जिससे किसी की डीठ न लगे। विभिन्न अंगों के लिए उन्होंने जो गहने बनवाए थे, उन्हें एक-एक कर कन्हैया को पहना दिया।

फिर यशोदा जी ने कन्हैया से कहा—बेटे, ऐसा क्रोध न किया करो। अब हे मेरे नन्हें मुन्ने, कुछ खा लो। तब तुतलाकर कन्हैया बोले—क्या,क्या है? जो-जो मुझे अच्छा लगे, वही-वही मुझे दो। तब यशोदा ने कहा—हे मेरे राजदुलारे, तुम्हें जो-जो अच्छा लगेगा, मै तुम्हें वही-वही दूँगी। मैंने सीरा (औंटा हुआ गर्म दूध) ठंढा करके रख दिया है। हे बलवीर (बलराम के छोटे भाई), हठ मत करो। मैं टटका दही और मक्खन लाए देती हूँ। उसमें मधु और मिसिरी सनी हुई है। मैंने खोए की बढ़िया मिठाई बना रखी है, उसे तो देखते ही खाने को जी करने लगता है।

इसमें से कुछ तुम खाओ और कुछ बलदाऊ को दे दो। फिर यह अधावट दूध पी लो। दूध को मैंने कढ़ाई में इतना औटा दिया है कि अब यह जितना पहले था, जलकर उसका आधा ही रह गया है और खूब गाढ़ा हो गया है। मैंने पके दूध के ऊपर से सारी साढ़ी (मलाई निकाल निकालकर रख ली)उसमें रुचि के अनुसार थोड़ी सोंठ और काली मिर्च बूककर

मिला दी है। इस प्रकार यह और भी स्वादिष्ट बन गई है। मैंने दही, दूध, बड़ा, दहिरौरी (दही में भिगोई हुई मीठी पकौड़ी), पकौड़ी सभी बना रक्खे हैं। ये सभी खाते समय अमृत समान मधुर है। सुंदर रसदार जलेबी दूध में डूबो-डूबो कर खा लो। इसे खाने में बड़ी रुचि रहती है। सुंदर खुरमा भी बना रखे हैं। वे अलग परस कर रखे हुए हैं। ताजे, टटके सकरपारे को पाक दिए गए हैं। परम सौभाग्यशाली लोगों को ही ये सकरपारे खाने को मिलते हैं। चने के बेसन से सेव झारा गया है। फिर उसका लड्डू बना दिया गया है। वे कड़े नहीं हैं, अत्यंत कोमल हैं और मुँह में डालते ही गल जाते हैं। मोतीचूर के भी मीठे सुंदर लड्डू हैं, जिन्हें खाने में कभी भी अरुचि नहीं होती। लवंग डालकर खीर के लड्डू बड़े यत्न करके बनाए गए हैं। गोझिया बनी है। उसमें पूरन खूब भरा गया है। उसे कपूर के रस से सुवासित भी कर दिया गया है। वैसी ही सुंदर गाल-मसूरी बनी है, जो खाते ही मुख के दुख को दूर कर देती है। रसदार सेवई भी बनाई गई है। वह अत्यंत सुस्वादु और सुखद है। बाबर का तो वर्णन ही नहीं किया जा सकता। उसे तो देखकर ही आनंद मिलने लगता है। मधु से साने कोमल मालपुए हैं। वे कढ़ाई से तुरंत गर्मागर्म निकल ही रहे हैं। अत्यंत सुंदर और मीठे अँदर से भी हैं, जो घी, दही, मधु से मिलाकर सरस बनाए गए हैं। घी से चभोरे हुए हैं,वे चीनी के सीरे में डुबोए हुए हैं। अत्यंत सरल और मधुर खजूरी है, जो घी से भरपूर है और अभी-अभी परोस कर रख दी गई है।

जब कन्हैया पूरी का नाम सुनकर प्रसन्न हो उठे, तब खाने की ओर उनका मन आकर्षित हुआ। हरि की इच्छा सुनकर यशोदा तुरंत पूरी लाई और कान्हा ने बड़े प्रेम से उन्हें खाया। बलराम जी को पुकार कर बुलाया गया। पुकार सुनकर हलधर वहाँ आ गये। यशोदा ने अभी-अभी जिनका वर्णन किया है, वे छहो रसवाले खाद्य वहाँ मँगाए गए। मनमोहन कृष्ण और उनके अग्रज बलराम दोनों भाइयों ने अत्यंत रुचिपूर्वक सीरा (औटाया हुआ दूध) पिया। तब उन लोगों ने ठंडा जल माँगा। माँ यशोदा मटकी भरकर शीतल जल ले आईं। इस शीतल जल को पीकर दोनों भाइयों की आँखें शीतल हो गईं। दोनों प्रसन्न होकर हँस पड़े। माँ ने हँसकर चुल्लू में जल भरा और उनके हाथ मुँह धुला दिए। फिर उनके मुँह में पान का बीड़ा दे दिया। पान खाने से उनके होठ लाल हो उठे।

सूरदास मनमोहन की इस छवि पर निछावर हुए जा रहे हैं और प्रसाद रूप में उनकी थाली की कुछ जूठन की कामना कर रहे हैं। हरि ने सब चीजों में से थोड़ा ही थोड़ा खाया। बची-खुची जूठन को भक्तों ने पाया (प्राप्त किया, खाया)।

५११/८०३ राग बिलावल

मोहन, आउ तुम्हैं अन्हवाऊँ।
जमुना तैं जल भरि लै आऊँ, ततिहर तुरत चढ़ाऊँ।
केसरि कौ उबटनौ बनाऊँ, रचि-रचि मैल छुड़ाऊँ।
'सूर' कहै कर नैंकु जसोदा, कैसैंहु पकरि न पाऊँ॥

यशोदा जी कह रही हैं—'मोहन आ जाओ। तुम्हें नहला दूँ। यमुना जी से जल भर लाकर उसे ततिहर (पानी गरम करने की पतीली) में आग पर चढ़ाकर तुरंत गर्म किए

लेती हूँ। केसरि का उबटन बनाकर तुम्हारे शरीर पर मल दूँ और जो भी थोड़ी बहुत मैल तुम्हारे शरीर पर है, उसे छुड़ा दूँ।'

यशोदा कह रही हैं, मैं कन्हैया को इतना फुसला रही हूँ, पर किसी भी प्रकार उसका हाथ जरा सा भी नहीं पकड़ पा रही हूँ।

५१२/८०४ राग आसावरी

जसुमति जबहिं कह्यौ अन्हवावन, रोइ गए हरि लोटत री ।
तेल उबटनौ लै आगैं धरि, लालहिं चोटत-पोटत री ।
मैं बलि जाउँ न्हाउ जनि मोहन, कत रोवत बिनु काजैं री ।
पाछैं धरि राख्यौ छपाइ कै, उबटन तेल समाजैं री ।
महरि बहुत विनती करि राखति, मानत नहीं कन्हैया री ।
'सूरस्याम' अतिहिं बिरुझाने, सुर-मुनि अंत न पैया री ॥

जब यशोदा ने कन्हैया से नहाने की बात कही, तब वे रोते हुए धरती पर लोटने लगे। यशोदा तेल और उबटन साथ में रखकर अपने लाल को फुसलाने में लगी हुई हैं। उन्होंने तेल और उबटन आगे से हटाकर अपने पीछे रख लिया और कहने लगीं—मैं तेरी बलैया लेती हूँ। नहाओ मत, बेकार के लिए क्यों रोए जा रहे हो? महरि ने बहुत विनती की, पर कन्हैया ने माना नहीं। श्याम अत्यंत बिगड़ गए हैं। उनका मर्म तो देवता और मुनि भी नहीं पाते, फिर बेचारी यशोदा उसे कैसे समझ सकती हैं।

चंद्र-प्रस्ताव

५१३/८०६ राग कान्हरौ

ठाढ़ी अजिर जसोदा अपनैं, हरिहिं लिए चंदा दिखरावत ।
रोवत कत, बलि जाउँ तुम्हारी, देखौं धौं भरि नैन जुड़ावत ।
चितै रहे तब आपुन ससि-तन, अपने कर लै-लै जु बतावत ।
मीठौ लगत किधौं यह खाटौ, देखत अति सुंदर मन भावत ।
मनहीं मन हरि बुद्धि करत हैं, माता सौं कहि ताहि मँगावत ।
लागी भूख, चंद मैं खैहौं, देहि देहि, रिस करि बिरुझावत ।
जसुमति कहति कहा मैं कीनौ, रोवत मोहन, अति दुख पावत ।
'सूरस्याम' कौं जसुमति बोधति, गगन चिरैयाँ उड़त दिखावत ॥

यशोदा जी अपने आँगन, में खड़ी हुई हैं, गोद में कन्हैया जी को लिए हुए हैं और उन्हें चंद्रमा दिखलाती हुई कह रही हैं—लल्ला क्यों रोए जा रहे हो, मैं तुम्हारी बलैया लेती हूँ। देखो तो इस चंद्रमा को, यह नेत्रों को कैसा शीतल कर देता है।

तब कन्हैया जी चंद्रमा की ओर देखने लगे और अपने हाथ से इशारा करके कहने लगे—यह चंद्रमा खाने में मीठा लगता है या खट्टा। देखने में तो बड़ा लुभावना लग रहा है। कन्हैया ने मन ही मन सोचा और माता से कह कर उसे नीचे मँगाने लगे। वे बोले—'मुझे भूख लगी है। मैं चंदा को ही खाऊँगा, मुझे ला दो, ला दो।' ऐसा कह-कहकर वे माँ से झगड़ने लगे।

यशोदा सोचने लगीं, यह मैं क्या कर बैठी, मैंने व्यर्थ ही कान्हा को चंद्रमा दिख दिया। अब इसकी जिद देखिए। मैंने इसे चंद्रमा न दिखाया होता, तो यही न होता कि य रोता रहता और रो-रोकर दुख उठाता रहता।

तब यशोदा कन्हैया को प्रबोध देने लगीं, उनका ध्यान बँटाने के लिए कहने लगीं-देखो लल्लू, आकाश में कितनी सुंदर-सुंदर चिड़िया उड़ी जा रही हैं।

५१४/८०७ राग कान्ह

किहिं बिधि करि कान्हहिं समुझैहौं ?
मैं ही भूलि चंद दिखरायौ, ताहि कहत मैं खैहौं !
अनहोनी कहुँ भई कन्हैया, देखी सुनी न बात।
यह तौ आहि खिलौना सबकौ, खान कहत तिहिं तात !
यहै देत लवनी नित मोकौं, छिन-छिन साँझ-सबारे।
बार-बार तुम माखन माँगत, देउँ कहाँ तैं प्यारे ?
देखत रहौ खिलौना चंदा, आरि न करौ कन्हाई।
'सूर' स्याम लिए हँसति जसोदा, नंदहिं कहति बुझाई ॥

यशोदा मन-ही मन सोच रही हैं—'कन्हैया चंद्रमा माँग रहा है। मैं इसे किस तर समझाऊँ. मैंने ही भूल करके इसे चंद्रमा दिखा दिया। अब यह कह रहा है कि मैं चंद्र खाऊँगा।' फिर वे कन्हैया को समझाने लगीं—कन्हैया, कहीं ऐसी भी अनहोनी बात हु है। किसी ने चंद्रमा खाया है या तुम्हीं खाओगे? खाना तो दूर रहा, इसे न तो धरती उतारा जा सकता है और न इस तक पहुँचा ही जा सकता है। ऐसी बात न तो सुनी ही ग और न तो देखी ही गई। यह चंद्र तो सबका खिलौना है। हे बेटे, तुम इसीको खा जाने क बात करते हो। यही मुझको क्षण-क्षण पर साँझ-सबेरे रोज माखन देता है। तुम बार-ब मुझसे माखन माँगते हो। यदि यह चाँद मुझे माखन नहीं देगा, तो मैं तुम्हें कहाँ से दूँग इस चंद्र खिलौने को तुम देखते रहो। इसे खाने के लिए हठ न करो।

श्याम को गोद में लिए-लिए, हँसते हुए, यशोदा नंद के पास गईं और उनसे कन्है के चंद्र खाने की बात कह सुनाई।

५१५/८०८ राग धना

(आछे मेरे) लाल हो, ऐसी आरि न कीजै।
मधु-मेवा-पकवान-मिठाई, जोइ भावै सोइ लीजै।
सद माखन घृत दह्यौ सजायौ, अरु मीठौ पय पीजै।
पा लागौं हठ अधिक करौ जनि, अति रिस तैं तन छीजै।
आन बतावति, आन दिखावति, बालक तौं न पतीजै।
खसि-खसि परत कान्ह कनियाँ तैं, सुसुकि सुसुकि मन खीजै।
जल-पुट आनि धस्यौ आँगन मैं, मोहन नैंकु तौ लीजै।
'सूरस्याम' हठि चंदहिं माँगै, सु तौ कहाँ तैं दीजै ॥

यशोदा कन्हैया के चंद्र-हठ पर उन्हें समझा रही हैं—मेरे लल्ला, तुम तो बड़े अच

हो, तुम तो ऐसा हठ कभी नहीं करते थे। अब ऐसी जिद मत करो। घर में मधु मेवा, पकवान, मिठाई सभी कुछ है, जो अच्छा लगे, वही ले लो। ताजा माखन है, घी है, सजाव दही है, जिस पर से सांढ़ी नहीं उतारी गई है। मीठा दूध है, पी लो। मैं तुम्हारे पाँव पड़ती हूँ, अधिक हठ न करो। अधिक क्रोध करने से शरीर क्षीण हो जाता है।

यशोदा ने इधर-उधर की बातें करके, यह वह दिखा करके, बच्चे को बहलाना चाहा, पर बालक ने किसी बात पर विश्वास नहीं किया। कन्हैया यशोदा की गोद से खिसक-खिसक पड़ने लगे और मन ही मन खीझकर, सुसुक सुसुक कर रोने लगे। इस पर यशोदा ने जल से भरा एक बरतन ला रखा। उसमें चंद्र का प्रतिबिंब पड़ रहा था। यशोदा ने कहा—मोहन, ले लो यह चंद्रमा।

श्याम हठ करके चंद्रमा माँगे जा रहे हैं। उन्हें कोई दे, तो कहाँ से दे।

५१६/८१२ राग रामकली

मैया री मैं चंद लहौंगो।
कहा करौं जलपुट भीतर कौ, बाहर ब्यौंकि गहौंगो।
यह तौ झलमलात झकझोरत, कैसैं कै जु लहौंगौ।
वह तौ निपट निकटहीं देखत, बरज्यौ हौं न रहौंगौ।
तुम्हरौ प्रेम प्रगट मैं जान्यौ, बौराऐं न बहौंगौ।
'सूरस्याम' कहै कर गहि ल्याऊँ, ससि तन-दाप दहौंगौ॥

कन्हैया कहे जा रहे हैं—मैया, मैं तो चंद्रमा लूँगा ही लूँगा। जल-पात्र के भीतर के चंद्रमा का मैं क्या करूँगा? यह बाहर आवे, तो मैं इसे झपट कर पकड़ लूँ। यह तो जल में झलमला रहा है। हाथ डाल कर पानी में झकझोरने से तो यह हिल-डुल जाता है। मैं इसे कैसे पकड़ पाऊँगा। आकाश का यह चाँद तो एकदम नजदीक ही दिखाई पड़ रहा है। मैं तुम्हारे लाख रोकने पर भी न मानूँगा और इसे पकड़ूँगा ही। मैंने जान लिया कि तुम्हारा मेरे प्रति यह प्रेम ऊपरी ही है, आंतरिक नहीं है। मैं अब तुम्हारे बहकावे में नहीं आऊँगा। मैं अब इसे अपने हाथों से पकड़ ही लाऊँगा और इस शशि से अपने शरीर की जलन को शीतल करूँगा।

५१७/८१४ राग बिहागरौ

तुम मुख देखि, डरत ससि भारी।
कर करि कै हरि हेर्‌यौ चाहत, भाजि पताल गयौ अपहारी।
वह ससि तौ कैसैंहु नहिं आवत, यह ऐसी कछु बुद्धि बिचारी।
बदन देखि बिधु बुधि सकात मन, नैन कंज कुंडल उजियारी।
सुनौ स्याम, तुमकौं ससि डरपत, यहै कहत, मैं सरन तुम्हारी।
'सूरस्याम' बिरुझाने सोए, लिए लगाइ छतिया महतारी॥

यशोदा कन्हैया को बहला रही हैं। तेरे मुख को देखकर चंद्रमा बहुत डर गया है। तुम जल में हाथ डालकर उसे खोजना चाहते हो, पर यहाँ से तो वह अपनी हार मानकर पातालपुरी को भाग गया है। अब वह इस पृथ्वी पर किसी भी प्रकार नहीं आ सकता। उस

चंद्रमा ने तो तेरे मुख को तेरे कमल के समान नेत्रों और कर्ण-कुंडलों को देखकर अपने मन में सशंक होकर कुछ इस प्रकार का सोच-विचार कर लिया है, मेरे रहते हुए भी तो इस कन्हैया के नेत्र-कमल खिले जा रहे हैं, मुँद नहीं रहे हैं। इसके कमलों के प्रकाश ने तो मेरी ज्योत्स्ना को भी फीका कर दिया है। ऐसा सोचकर वह सशंक मन हो उठा है। कन्हैया सुनो, चंद्र तुमसे डर गया है और कह रहा है—हे श्याम, अब मैं तुम्हारी शरण में हूँ।

कन्हैया माँ के समझाने की बातों में उलझे-उलझे सो गए और माँ ने उन्हें अपनी छाती से चिपका लिया।

कहानी-कथन

५१८/८१५ राग केदारौ

जसुमति लै पलिका पौढ़ावति।

मेरौ आजु अतिहिं बिरुझानौ, यह कहि-कहि मधुरैं सुर गावति।
पौढ़ि गई हरुएँ करि आपुन, अंग मोरि तब हरि जँभुआने।
कर सौं ठोंकि सुतहिं दुलरावति, चटपटाइ बैठे अतुराने।
पौढ़ौ लाल, कथा इक कहिहौं, अति मीठी, स्रवननि कौं प्यारी।
यह सुनि 'सूरस्याम' मन हरषे, पौढ़ि गए हँसि देत हुँकारी॥

यशोदा ने कृष्ण को ले जाकर पलँग पर लिटा दिया। आज मेरा लाल चंद्रमा को लेकर बहुत उलझा रहा है, ऐसा सोच कर वे उन्हें सुलाने के लिए मधुर-मधुर स्वर में लोरी गाने लगीं। बच्चे की बगल में वे भी धीरे से लेट गईं। तब तक हाथ पैर मोड़कर कन्हैया जँभाई लेने लगे, तब यशोदा उन्हें सुलाने के लिए अपने हाथ से उनकी देह को प्यार से थपथपाने लगीं। पर कन्हैया को नींद नहीं आई। और वे चटपट आतुर होकर उठ बैठे। तब यशोदा जी ने कहा—लल्ला लेट जाओ। मैं तुम्हें एक कहानी सुना रही हूँ। यह कहानी बढ़िया है और सुनने में कानों को बहुत प्यारी लगती है। कहानी की बात सुनकर हरि हर्षित हो उठे, लेट गए और हँस-हँस कर 'हाँ' 'हाँ' कहकर हुँकारी भरने लगे।

५१९/८१६ ग्रं ५००१ राग केदारौ

सुनि सुत, कथा कहौं इक प्यारी।

कमल नैन मन आनँद उपज्यौ, रसिक सिरोमनि देत हुँकारी।
नगर एक रमनीक अजुध्या, बड़ी बनी जहँ अगम अटारी।
बहुत गली पुर बीच बिराजै, भाँति-भाँति के हाट-बजारी।
तहाँ नृपति दसरथ रघुबंसी, जाके नारि नवल सुखकारी।
कौसिल्या केकई सुमित्रा, तिनके जनम लिए सुत चारी।
चारि पुत्र राजा के प्रगटे, तिनमैं एक राम ब्रत-धारी।
जनक धनुष-पन कियौ जानकी, त्रिभुवन के सब नृपति हँकारी।
राजा-सुतन देव-ऋषि ल्याए, सुनत जनक जन तहँ पगु धारी।

धनुष तोरि मुख मोरि नृपन कौं, जनक-सुता तब बरी दुलारी।
भेरि बजी जब पौर नृपति कै, तब केकइ मुख बोलि निवारी।
बचन माँगि नरपति सौं लीन्हौ, रघुपति के अभिषेक सँभारी।
तात बचन सुनि रामचंद्र, निज भ्राता घरनि सहित बनचारी।
उनके जात पिता तनु त्याग्यौ, अति ब्याकुल ह्वै जीव बिसारी।
चित्रकूट गे भरत मिलन बन, पग-पाँवरि दै करी कृपा री।
जुवती हेत कपट मृग मार्‍यौ, राजिव-लोचन गर्व-प्रहारी।
रावन हरन कियौ सीता कौं, सुनि करुनामय नींद निवारी।
'सूरस्याम' तब रख्यौ धनुष कहँ, लछिमन देहु, जननि भ्रम भारी॥

यशोदा ने कहा—'हे बेटे सुनो, मैं एक प्यारी कथा कह रही हूँ।' यह सुनकर कमल के समान नयन वाले कृष्ण के मन में अत्यंत आनंद उत्पन्न हुआ और वे रसिक शिरोमणि 'हाँ' 'हाँ' कहकर हुँकारी भरने लगे। यशोदा जी कहानी कहने लगीं—अयोध्या नामक एक अत्यंत सुंदर नगर था। उसमें एक से एक न चढ़ी जाने वाली उच्च अट्टालिकाएँ और अटारियाँ थीं। उस नगर में बहुत सी गलियाँ थीं। उसमें रंग-रंग के हाट और पण्य-शालाएँ थीं। वहाँ के एक रघुवंशी राजा दशरथ थे। उनके तीन सुखदा रानियाँ थीं। उनके नाम थे कौसिल्या, केकयी और सुमित्रा। उन रानियों से उनके चार पुत्र हुए। राजा के उन चार पुत्रों में से एक राम थे, जो बहुत बड़े व्रत-धारी संयमी थे। राजा जनक ने अपनी पुत्री जानकी के स्वयंवर के लिए धनुष यज्ञ किया। उस धनुषयज्ञ में उन्होंने तीनों लोकों के राजाओं को आमंत्रित किया। राजा दशरथ के दो पुत्रों राम लक्ष्मण को महर्षि विश्वामित्र जनकपुरी में लाए। ऋषि का आगमन सुनकर जनक जी के लोग वहाँ पधारे। राम ने शिव का धनुष तोड़कर, स्वयंवर में राजाओं का मुख मोड़कर, राजा जनक की दुलारी बेटी जानकी का पाणिग्रहण किया। जब महाराज दशरथ ने राम को युवराज बनाना चाहा और उनके द्वार पर आनंद के बाजे बजने लगे, तब केकई ने उन मंगल वाद्यों का बजाना मुँह से कहकर रोकवा दिया। उसने राजा दशरथ से वचन माँग लिया और रघुपति के राज्याभिषेक का संवरण कर दिया, रोकवा दिया, सँभार लिया, समेट लिया। पिता दशरथ की बात मानकर रामचंद्र अपने एक छोटे भाई लछिमन और अपनी पत्नी सीता सहित वन में चले गए। उनके जाते ही पिता दशरथ ने शरीर त्याग दिया, अत्यंत व्याकुल होकर अपने प्राण निकाल दिए। केकई के पुत्र भरत, राम से मिलने चित्रकूट गए। राम ने उन्हें अपने पैर का खड़ाऊँ देकर उनपर परम कृपा की। गर्व प्रहारी राजीव लोचन राम ने अपनी पत्नी के निमित्त कपट मृग मारीच को मारा रावण सीता को हर ले गया।

यह सुनकर करुणामय कृष्ण की नींद टूट गई और पूर्व जन्म का स्मरण करके वह बोले उठे—'लक्ष्मण, मेरा धनुष कहाँ है? लाओ तो।'

कृष्ण की यह बात सुनकर माँ यशोदा को भारी भ्रम हो गया। वे न समझ सकीं कि मामला क्या है और कन्हैया क्यों लक्ष्मण-लक्ष्मण चिल्ला पड़ा है और क्यों धनुष माँग रहा है?

प्रातः जागरण

५२०/८२० राग बिलावल

जागिए, ब्रजराज कुँवर, कमल-कुसुम फूले।
कुमुद-बृंद सँकुचित भए, भृंग लता भूले।
तमचुर खग-रोर सुनहु, बोलत बनराई।
राँभति गो खरिकनि मैं, बछरा हित धाई।
बिधु मलीन, रवि प्रकास, गावत नर नारी।
'सूरस्याम' प्रात उठौ, अंबुज-कर-धारी॥

हे व्रजराज कुँवर, जग जाइए। प्रभात हो गया। अब न सोइए। सरोवरों में कमल के फूल खिल उठे हैं। कुमुदिनियाँ सकुचाकर संपुटित हो गई हैं। भौंरे भी लताओं पर झूलने लगे हैं, मँडराने लगे हैं। वन-राजि में ताम्रचूड़ मुर्गे और अन्य पक्षियों का कोलाहल सुनाई पड़ने लगा है। गोष्ठों में अपने बछड़ो के लिए रँभाती हुई गायें दौड़ी जा रही हैं। सूर्योदय हो गया, चंद्रमा मलिन पड़ गया, नर-नारी (भगवद्‌भजन) गाने लगे हैं। हे कमल के समान हाथों वाले कन्हैया, उठो, प्रातः हो गया।

५२१/८२२ राग बिलावल

भोर भए निरखत हरि कौ मुख, प्रमुदित जसुमति, हरषित नंद।
दिनकर-किरन कमल ज्यौं बिकसत, निरखत उर उपजत आनंद।
बदन उघारि, जगावति जननी, जागहु बलि गई आनँद-कंद।
मनहुँ मथत सुर सिंधु, फेन फटि, दयौ दिखाई पूरन चंद।
जाकौं ईस-सेष-ब्रह्मादिक, गावत नेति नेति स्रुति छंद।
सोइ गोपाल ब्रज मैं सुनि 'सूरज', प्रगटे पूरन परमानंद॥

सबेरा होते ही कन्हैया का मुँह देखकर यशोदा प्रमुदित हो उठीं और नंद भी हर्षित हो उठे। सूर्य की किरण का स्पर्श पाकर जैसे कमल प्रफुल्लित हो उठता है, वैसे ही हरि का मुख देखकर नंद-यशोदा के हृदय में भारी आनंद उमड़ पड़ा। कन्हैया के मुख पर से ओढ़नी हटाकर माँ यशोदा उन्हें जगा रही हैं—'हे आनंद के घन, जागो, मैं तुम्हारी बलैया लेती हूँ।' ऐसा लगा जब सुरासुर समुद्र मंथन कर रहे थे, तब समुद्र के फेन को फाड़कर पूर्ण चंद्रमा दिखलाई पड़ गया हो। जिसको शिव, शेष, ब्रह्मा आदि गाते रहते हैं, जिसको वेद अपने छंदों में 'नेति नेति' कहते रहते हैं, वही गोपाल व्रज में पूर्ण परमानंद के रूप में प्रकट हुए हैं।

५२२/८२६ राग भैरव

उठौ नँदलाल भयौ भिनुसार, जगावति नंद की रानी।
झारी कैं जल बदन पखारौ, सुख करि सारँगपानी।
माखन रोटी अरु मधु मेवा, जो भावै लेउ आनी।
'सूरस्याम' मुख निरखि जसोदा, मनहीं मन जु सिहानी॥

नंद की रानी यशोदा नंदलाल को जगाती हुई कहती है—'लल्ला उठो, सबेरा हो गया। हे सारंगपाणि, झारी के जल से तुम सुखपूर्वक अपना मुँह धो डालो। माखन रोटी, मधु मेवा, जो भी तुम्हें अच्छा लगे, ला दूँ। कृष्ण का मुँह देखकर उस पर मुग्ध होकर यशोदा मन ही मन उसकी बड़ी बड़ाई करने लगीं।

५२३/८२७ राग बिलावल

तुम जागौ मेरे लाड़िले, गोकुल सुखदाई।
कहति जननि आनंद सौं, उठौ कुँवर कन्हाई।
तुमकौं माखन-दूध-दधि, मिस्त्री हौं ल्याई।
उठि कै भोजन कीजिए, पकवान मिठाई।
सखा द्वार परभात सौं, सब टेर लगाई।
वन कौं चलिए साँवरे, दयौ तरनि दिखाई।
सुनत बचन अति मोद सौं, जागे जदुराई।
भोजन करि वन कौं चले, 'सूरज' बलि जाई॥

यशोदा मैया कन्हैया को प्रसन्न होकर जगा रही हैं—हे गोकुल के सुखदाता, हे मेरे राजदुलारे, अब तुम जग जाओ। हे कुँवर कन्हाई, अब तुम उठ जाओ। मैं तुम्हारे लिए माखन, दूध, दही, मिसिरी ले आई हूँ। उठकर पकवान और मिठाई खाओ। दरवाजे पर बड़े तड़के से तुम्हारे संगी-साथी तुम्हें पुकार रहे हैं और कह रहे हैं—हे साँवले घनश्याम, बन को चलिए। सूर्य निकल आया है। इस वचन को सुनकर जदुराय कृष्ण प्रसन्नतापूर्वक जगकर उठ बैठे। वे भोजन करके वन के लिए चल पड़े।

सूरदास कृष्ण के इस रूप पर बलि हुआ जा रहा है।

कलेवा-वर्णन

५२४/८२९ राग भैरव

उठिए स्याम, कलेऊ कीजै। मनमोहन-मुख निरखत जीजै।
खारिक, दाख, खोपरा, खीरा। केरा, आम, ऊख-रस, सीरा।
श्रीफल मधुर, चिरौंजी आनी। सफरी चिउरा, अरुन खुबानी।
घेवर-फेनी और सुहारी। खोवा सहित खाहु बलिहारी।
रचि पिराक लाड़ू दधि आनौं। तुमकौं भावत पुरी सँधानौं।
तब तमोल रचि तुमहिं खवावौं। 'सूरदास' पनवारौ पावौं॥

यशोदा कह रही हैं—हे मनमोहन, मैं तुम्हारा ही मुँह देखकर जीवित हूँ। उठो और कलेवा कर लो। मैं तुम्हारे लिए खारिक (खजूर), दाख (द्राक्षा), खोपरा (नारियल की गरी), खीरा, केला, आम, ईख का रस, सीरा (औटाया हुआ दूध), श्रीफल (बेल), चिरौंजी, सफारी (अमरूद), चिउरा, लाल-लाल खुबानी (जर्दालू), घेवर, फेनी, सोहारी और खोवा आदि ले आई हूँ। लो, खा लो। मैं तुम्हारी बलैया लेती हूँ। मैं पिराक (गोझा), लड्डू, दही और तुम्हें अच्छी लगनेवाली पूड़ी (सोहारी) तथा संधान (अचार) लाई हूँ। कलेवा कर लो, तब मैं तुम्हें पान खिलाऊँ।

पत्तल पर जो कुछ छोड़ दो, उसे मैं भी खा लूँ।

क्रीड़न

५२५/८३१ राग रामकली

खेलत स्याम ग्वालनि संग।
सुबल हलधर अरु श्रीदामा, करत नाना रंग।
हाथ तारी देत भाजत, सबै करि करि होड़।
बरजै हलधर, स्याम, तुम जनि, चोट लागै गोड़।
तब कह्यौ मैं दौरि जानत, बहुत बल मो गात।
मेरी जोरी है श्रीदामा, हाथ मारे जात।
उठे बोलि तबै श्रीदामा, जाहु तारी मारि।
आगैं हरि पाछैं श्रीदामा, धर्‌यौ स्याम हँकारि।
जानिकै मैं रह्यौ ठाढ़ो, छुवत कहा जु मोहिं।
'सूरस्याम' खिझत सखा सौं, मनहिं कीन्हौ कोह॥

श्याम ग्वाल-बालों के साथ खेल रहे हैं। सुबल, हलधर, श्रीदामा आदि तरह-तरह के खेल खेल रहे हैं। एक बालक दूसरे बालक के हाथ पर अपने हाथ की ताड़ी मार कर भागता है और जिसके हाथ पर ताड़ी मारी जाती है, वह उसे दौड़ाकर पकड़ता है। इस प्रकार सभी होड़ बद बदकर, बाजी लगाकर, भागने पकड़ने का खेल खेल रहे हैं। कन्हैया भी इस खेल में शामिल होना चाहते हैं। तब बलराम उन्हें रोकते हैं, कन्हैया तुम मत दौड़ो, पैर में चोट लग जायेगी। तब कन्हैया ने कहा—मैं दौड़ना जानता हूँ। मेरे देह में बहुत बल है, श्रीदामा मेरी जोड़ी है, वह हाथ मारकर निकला जा रहा है। तब श्रीदामा ने कहा—अच्छा भाई, तुम्हीं ताड़ी मारकर दौड़ जाओ। कन्हैया ने श्रीदामा के हाथ पर ताड़ी मारी और भाग चले। आगे-आगे हरि दौड़ रहे हैं, पीछे-पीछे श्रीदामा उन्हें पकड़ने के लिए दौड़ता आ रहा है। श्रीदामा ने ललकार कर श्याम को पकड़ लिया और कहा—'अब कहाँ भाग कर जाओगे, बच्चू।' तब कन्हैया ने कहा—मैं तो जान बूझकर खड़ा हो गया था—तुमने मुझ खड़े हुए को छू लिया, पकड़ लिया, तो क्या हुआ? कौन-सा यज्ञ तुमने खड़ा कर लिया। कन्हैया अपने साथी श्रीदामा से चिढ़ गए और मन में उस पर क्रोध कर बैठे।

५२६/८३२ राग गौरी

सखा कहत हैं, स्याम खिसाने।
आपुहिं आपु बलकि भए ठाढ़े, अब तुम कहा रिसाने?
बीचहिं बोलि उठे हलधर, तब याके माइ न बाप।
हारि-जीत कछु नैंकु न समुझत, लरिकन लावत पाप।
आपुन हारि, सखनि सौं झगरत, यह कहि दियौ पठाइ।
'सूरस्याम' उठि चले रोइ कै, जननी पूछति धाइ॥

इस पर सभी संगी-साथी कहने लगे—श्याम तो चिढ़ गए। अपने ही आप तो

बलबला कर उठ खड़े हुए, अब तुम चिढ़े क्या जा रहे हो? तब बीच ही में बलदाऊ बोल उठे—इनके न माँ है, न बाप। यह हार जीत तो कुछ समझते नहीं। साथियों को झूठ-मूठ का दोष देते हैं। आप तो हार जाते हैं, फिर साथियों से झगड़ा करते हैं।

यह कहकर बलदाऊ ने कन्हैया को घर वापस भेज दिया। कन्हैया रोकर उठ चले। घर पहुँचे, तब माँ यशोदा दौड़कर पूछने लगीं, लला रो क्यों रहे हो?

५२७/८३३ राग गौरी

मैया मोहिं दाऊ बहुत खिझायौ।
मोसौं कहत मोल की लीन्हौ, तू जसुमति कब जायौ?
कहा करौ इहि रिस के मारैं, खेलन हौं नहिं जात।
पुनि-पुनि कहत कौन है माता, को है तेरौ तात।
गोरे नंद, जसोदा गोरी, तू कत स्यामल गात।
चुटकी दै-दै ग्वाल नचावत, हँसत सबै मुसकात।
तू मोहीं कौं मारन सीखी, दाउहिं कबहुँ न खीझै।
मोहन-मुख रिस की ये बातैं, जसुमति सुनि-सुनि रीझै।
सुनहु कान्ह, बलभद्र चबाई, जनमत ही कौ धूत।
'सूरस्याम' मोहिं गोधन की सौं, हौं माता, तू पूत॥

कन्हैया बोले—मैया, आज दाऊ ने मुझे बहुत चिढ़ा दिया। मुझसे कहते थे—तुझे यशोदा मैया ने कब पैदा किया? उन्होंने तो पैसे देकर किसी दूसरे से तुझे मोल ले लिया है। क्या करूँ, इसी क्रोध के कारण, मैं खेलने नहीं जा रहा हूँ। वे बार-बार कहते हैं—तेरी माता कौन है, तेरा पिता कौन है। नंद बाबा गोरे हैं, यशोदा मैया गोरी हैं। फिर तू साँवले शरीर वाला कैसे हो गया। यदि तू उनका बेटा होता, तो तू भी गोरा होता। चुटकी बजा-बजाकर ग्वाल-बाल मुझे नचाते हैं। सब मुझे देखकर मुसकुराते और हँसते हैं। तुमने तो मुझे ही मारना सीखा है, दाऊ पर कभी क्रोध तक नहीं करतीं।

मोहन के मुख से क्रोध-भरी ये बातें सुन-सुनकर माता यशोदा रीझती जाती हैं। वे बोलीं—कन्हैया सुनो, बलदाऊ तो पर-निंदक है, वह पैदाइसी धूर्त है, मुझे अपनी गायों की शपथ है, मैं ही तेरी माता हूँ, और तू मेरा पूत है। यह अटल है। उस धूर्त की बात पर विश्वास मत करना।

हाऊ लीला

५२८/८३७ राग धनाश्री

खेलन कौं हरि दूरि गयौ री।
संग-संग धावत डोलत हैं, कह धौं बहुत अबेर भयौ री।
पलक-ओट भावत नहिं मोकौं, कहा कहौं तोहिं बात!
नंदहिं तात-तात कहि बोलत, मोहिं कहत है मात।
इतनी कहत स्याम-घन आए, ग्वाल सखा सब चीन्हे।
दौरि जाइ उर लाइ 'सूर' प्रभु, हरषि जसोदा लीन्हे॥

यशोदा मैया कह रही हैं—'जान पड़ता है, आज खेलने के लिए कन्हैया बहुत दूर चला गया है। वह ग्वाल-बालों के साथ-साथ दौड़ता-फिरता होगा। आज तो बहुत देर हो गई है। दूसरे दिनों तो वह अब तक लौट आया करता था। मुझे उसे पलकों की ओट करना भी अच्छा नहीं लगता, मैं तुमसे क्या कहूँ। वह नंद को 'तात-तात' और मुझको 'मैया कहके पुकारता है।'

इतना कहते ही घनश्याम आ गए। यशोदा ने कन्हैया के सब साथियों को पहचान लिया। वे आगे दौड़ी गईं, और प्रसन्न होकर उन्होंने उठाकर कन्हैया को हृदय से लगा लिया।

५२९/८३८ राग बिहागरौ

खेलन दूरि जात कत कान्हा ?

आजु सुन्यौ मैं हाऊ आयौ, तुम नहिं जानत नान्हा।
एक लरिका अबहीं भजि आयौ, रोवत देख्यौ ताहि।
कान तोरि वह लेत सबनि के, लरिका जानत जाहि।
चलौ न बेगि सबारै जैयै, भाजि आपने धाम।
'सूरस्याम' यह बात सुनत ही, बोलि लिए बलराम॥

एक ग्वाल-बाल कन्हैया जी से कह रहा है—'कन्हैया, खेलने के लिए दूर क्यों जाते हो। आज मैंने सुना है कि वन में 'हाऊ' आया है। तुम अभी नन्हे-मुन्ने हो, तुम नहीं जानते हाऊ क्या है, कैसा होता है ? एक लड़का अभी-अभी भागा-भागा आया है। मैंने स्वयं उसे रोते हुए देखा है। वह हाऊ, जिसको लड़का समझता है, उन सबके कान उखाड़ लेता है। चलो, आज जल्दी अपने घर भाग चलें।

सखा की यह बात सुनते ही, बलदाऊ ने श्याम को तुरंत बुला लिया और कहा—चलो अब घर चले चलें।

५३०/८३९ राग जैतश्री

दूरि खेलन जनि जाहु लला रे, बन मैं आए हाऊ !
तब हँसि बोले कान्हर, मैया, कौन पठाए हाऊ ?
अब डरपत सुनि सुनि ये बातैं, कहत हँसत बलदाऊ।
सप्त रसातल सेषासन रहे, तब की सुरति भुलाऊ।
चारि बेद लै गयौ संखासुर, जल मैं रह्यौ लुकाऊ।
मीन रूप धरि कै जब मार्‌यौ, तबहिं रहे कहँ हाऊ।
मथि समुद्र सुर असुरनि कैं हित, मंदर जलधि धसाऊ।
कमठ रूप धरि धर्‌यौ पीठि पर, तहाँ न देखे हाऊ !
जब हिरनाच्छ जुद्ध अभिलाष्यौ, मन मैं अति गरबाऊ।
धरि बागह रूप सो मार्‌यौ, लै छिति दंत-अगाऊ।
बिकट रूप अवतार धर्‌यौ जब, सो प्रहलाद बचाऊ।
हिरनकसिप बपु नखनि बिदार्‌यौ, तहाँ न देखे हाऊ !

बामन रूप धर्‌यौ बलि छलि कै, तीनि परग बसुधाऊ।
स्त्रम जल ब्रह्म-कमंडल राख्यौ, दरसि चरन परसाऊ।
मार्‌यौ मुनि बिनहीं अपराधहिं, कामधेनु लै आऊ।
इकइस बार निछत्र करी छिति, तहाँ न देखे हाऊ!
राम-रूप रावन जब मार्‌यौ, दस-सिर बीस-भुजाऊ।
लंक जराइ छार जब कीनी, तहाँ न देखे हाऊ।
भक्त-हेत अवतार धरे, सब असुरनि मारि बहाऊ।
'सूरदास' प्रभु की यह लीला, निगम नेति नित गाऊ॥

यशोदा मैया ने कन्हैया से कहा—'लल्ला, वन में बहुत दूर खेलने मत जाया करो। वहाँ हाऊ आ गए हैं?'

तब कन्हैया जी हँसकर बोले—'मैया, ये हाऊ किसने भेजे हैं?'

तब बलदाऊ हँस-हँसकर कहने लगे—अब हाऊ की बातें सुन-सुनकर ही डरे जा रहे हो? सातवें रसातल में क्षीर-सागर में जब शेषनाग की शय्या पर लेटे पड़े रहे, क्या तबकी सारी सुधि भूल गए? जब शंखासुर चारों वेदों को चुराकर, जल में जा छिपा था, तब तुमने मत्स्यावतार धारण करके उसे मारा था, तब कहाँ हाऊ था? जब सुरासुर समुद्र मंथन कर रहे ते और मंदराचल धँसा जा रहा था, तब उनके कल्याण के लिए तुमने कमठ का रूप धारण कर मंदर गिरि को अपनी पीठ पर धर रक्खा था, तब हाऊ कहाँ थे? जब हिरण्याक्ष ने मन में अत्यंत घमंड करके युद्ध की अभिलाषा की, तब तुम्हीं ने तो वाराह का रूप धारण करके उसे मारा था और पृथ्वी को अपने दाँत के अग्र-भाग पर ले रक्खा था, तब हाऊ कहाँ थे? नरसिंह का विकट रूप धारण करके तुमने हिरण्य-कसिपु का शरीर अपने नख से फाड़ डाला और प्रह्लाद को बचाया, तब हाऊ कहाँ थे? जब तुमने वामन का रूप धारण करके दैत्यराज बलि को छला और तीन डग में सारी पृथ्वी को नाप लिया था, उस समय तुम्हारे शरीर से जो पसीना बह निकला था, तब तुम्हारे चरणों का दर्शन और स्पर्श करके ब्रह्मा ने उसे लेकर अपने कमंडलु में रख लिया था, तब हाऊ कहाँ थे? जब यमदग्नि ऋषि को सहस्त्रबाहु ने बिना अपराध के ही मार डाला और उनकी कामधेनु छीन ले गया, तब तुमने परशुराम रूप धारण कर पृथ्वी को इक्कीस बार क्षत्रिय राजाओं से हीन कर दिया था, तब तो हाऊ कहीं नहीं दिखाई पड़े थे। जब तुमने राम के रूप में अवतार लेकर दस सिर और बीस भुजा वाले रावण को मारा, लंका को जलाकर भस्म कर दिया, तब वहाँ हाऊ नहीं दिखाई पड़े थे। तुमने तो अपने भक्तों के लिए ही सदा अवतार लिया है और असुरों को मार कर बहा दिया है। यह तो तुम्हारी लीला है। वेद तुम्हें ही 'नेति नेति' कहकर तुम्हारा नित्य गुण-गान किया करते हैं।

बाल-लीला

५३१/८४०

जसुमति कान्हहिं यहै सिखावति।
सुनहु स्याम, अब बड़े भए तुम, कहि स्तन-पान छुड़ावति।

ब्रज-लरिका तोहिं पीवत देखत, हँसत, लाज नहिं आवति ।
जैहैं बिगरि दाँत ये आछे, तातैं कहि समुझावति ।
अजहूँ छाँड़ि, कह्यौ करि मेरौ, ऐसी बात न भावति ।
'सूरस्याम' यह सुनि मुसुक्याने, अंचल मुखहिं लुकावत ॥

यशोदा कन्हैया को स्तन-पान छोड़ने के लिए समझा रही है-कन्हैया सुनो, मैं तुम्हें यह समझाए दे रही हूँ। अब तुम बड़े हो गए हो, स्तन-पान छोड़ दो। ब्रज के लड़के तुम्हें मेरा स्तन पीते हुए देखते हैं और तुझ पर हँसते हैं। तुम्हें लाज नहीं आती? तुम्हारे दाँत बहुत बढ़िया हैं। अगर तुम मेरा स्तन पीते रहे, तो तुम्हारे ये दाँत बिगड़ कर खराब हो जायेंगे। इसीलिए मैं तुम्हें समझा रही हूँ। अब भी मेरा स्तन पीना बंद कर दो, मेरा कहना मानो। ऐसी बात अच्छी नहीं है।

कन्हैया मैया की यह बात सुनकर मुसकुराने लगे और मुँह मैया के आँचर में छिपाकर फिर दूध पीने लगे।

५३२/८४२ राग सारंग

जेंवत कान्ह नंद इक ठौरे ।
कछुक, खात, लपटात दोउ कर, बालकेलि अति भोरे ।
बरा कौर मेलत मुख भीतर, मिरिच दसन टकटौरे ।
तीछन लगी नैन भरि आए, रोवत बाहर दौरे ।
फूँकति बदन रोहिनी ठाढ़ी, लिए लगाइ अँकोरे ।
'सूरस्याम' कौं मधुर कौर दै, कीन्हे तात निहोरे ॥

नंद और कन्हैया एक ही स्थान पर बैठकर भोजन कर रहे थे। कन्हैया अभी अत्यंत भोले-भाले हैं। वे कुछ खाते हैं, बाल-क्रीड़ा-वश कुछ दोनों हाथों में लपटाए रहते हैं। उन्होंने बरा का एक कौर मुख में लिया और दाँतों से मिर्च भी काट ली। वह बड़ी तीती थी। उनकी आँखों में मिर्च की तिताई के कारण आँसू भर आए। तब वह खाना छोड़कर रोते हुए बाहर दौड़ पड़े। रोहिणी द्वार पर खड़ी थीं। उन्होंने कन्हैया को गोद में उठा लिया और उनका मुख फूंकने लगी। तब तक पिता नंद ने उन्हें एक मीठा कौर खिलाकर उस तिताई का शमन कर दिया।

५३३/८४४ राग कान्हरौ

साँझ भई घर आवहु प्यारे ।
दौरत कहा, चोट लगिहै कहुँ, पुनि खेलिहौ सकारे ।
आपुहिं जाइ बाँह गहि ल्याई, खेह रही लपटाइ ।
धूरि झारि, तातौ जल ल्याई, तेल परसि अन्हवाइ ।
सरस बसन तन पोंछि स्याम कौ, भीतर गई लिवाइ ।
'सूरस्याम' कछु करौ बियारी, पुनि राखौं पौढ़ाइ ॥

यशोदा जी कह रही हैं—'संध्या हो गई, प्यारे कन्हैया अब घर लौट आओ। कहाँ दौड़ रहे हो, क्यों दौड़ रहे हो, कहीं चोट लग गई तो। कल सबेरे फिर खेलना।'

यशोदा स्वयं जाकर बाँह पकड़कर कन्हैया को घर लाईं। उनके शरीर पर धूल-मिट्टी लिपटी हुई थी। यशोदा ने धूल झाड़ दी। गरम पानी लाईं, तेल लगाया और कन्हैया को नहला दिया। गीले कपड़े से उनका शरीर पोंछ दिया और घर के भीतर लिवा गईं। और कहा—कन्हैया कुछ नाश्ता कर लो। फिर मैं तुमको सुलाए देती हूँ।

५३४/८४७ राग केदारौ

कीजै पान लला रे, यह लै आई दूध जसोदा मैया।
कनक-कटोरा भरि लीजै यह, पय पीजै अति सुखद कन्हैया।
आछें ओट्यौ मेलि मिठाई, रुचि करि अँचवत क्यौं न नन्हैया।
बहु जतननि ब्रजराज लड़ैते, तुम कारन राख्यौ बलभैया।
फूँकि-फूँकि जननी पय प्यावति, सुख पावति जो उर न समैया।
'सूरज' स्याम राम पय पीवत, दोऊ जननी लेति बलैया॥

कोई गोपी कन्हैया जी से कह रही है—हे लला, जसोदा मैया यह दूध लाई हैं, पी लो। हे कन्हैया, यह दूध अत्यंत सुखद और गुणकारी है। सोने के कटोरे में भर लो और इसे पी डालो, मिठाई मिलाकर इसे अच्छी तरह कढ़ाई में औटाया गया है। इसे तुम प्रेमपूर्वक क्यों नहीं पी लेते। हे ब्रजराज (नंद) के लड़ैते लाल, तुम्हारे ही लिए बलदाऊ भैया ने बहुत यत्नपूर्वक इसे रख छोड़ा है।

इसके उपरांत यशोदा मैया गर्म दूध को फूँक-फूँककर, किंचित ठंडा करते हुए, कृष्ण को पिलाने लगीं। उन्हें कृष्ण को दूध पिलाने में जो सुख मिला, वह उर में नहीं समा पाया। राम और श्याम दोनों भाई दूध पीने लगे और दोनों माताएँ रोहिणी और यशोदा उनकी बलैया लेने लगीं।

५३५/८४९ राग सूहौ

माखन बाल गोपालहिं भावै।
भूखे छिन न रहत मनमोहन, ताहि बदौं जो गहरु लगावै।
आनि मथानी दह्यौ बिलोवौं, जौ लगि लालन उठन न पावै।
जागत ही उठि रारि करत है, नहिं मानै जौ इंद्र मनावै।
हौं यह जानति बानि स्याम की, अँखियाँ मीचे बदन चलावै।
नंद-सुवन की लगौं बलैया, यह जूठनि कछु 'सूरज' पावै॥

यशोदा जी कह रही हैं—मेरे बाल गोपाल को माखन बहुत अच्छा लगता है। वह एक क्षण भी भूखा नहीं रह सकता। जो उसे थोड़ी देर भी भूखा रख सके, मैं उसे बड़ा वीर, बहादुर मान लूँ। इसीलिए उसके सो कर उठने के पहले ही मैं रई लेकर दही मथ लेती हूँ।

जागते ही वह उठकर माखन के लिए झगड़ने लगता है और इंद्र के मनाने पर भी नहीं मान सकता। वह तो आँखें बंद रहने पर भी, सोते समय भी, मुँह चलाता जाता है, मानो माखन ही खा रहा हो। मैं उसके इस स्वभाव को भली-भाँति जानती हूँ।

सूरदास कहते हैं—मैं नंद-पुत्र श्याम की बलैया लेता हूँ और कामना करता हूँ कि उसकी कुछ जूठन मुझे भी मिल जाय।

५३६/८५० *राग बिलावल*

भोर भयौ मेरे लाड़िले, जागौ, कुँवर कन्हाई।
सखा द्वार ठाढ़े सबै, खेलौ जदुराई।
मोकौं मुख दिखराइ कै, त्रय-ताप नसावहु।
तुम मुख-चंद चकोर-दृग, मधु पान करावहु।
तब हरि. मुख-पट दूरि कै, भक्तनि सुखकारी।
हँसत उठे प्रभु सेज तैं, 'सूरज' बलिहारी॥

यशोदा मैया कृष्ण कन्हैया को जगा रही हैं—'हे मेरे लाड़िले कुँवर कन्हाई, सबेरा हो गया है, अब जग जाओ। तुम्हारे लिए सभी साथी द्वार पर खड़े हैं। हे यदुराय, उठकर उनके साथ खेलो। मुझे अपना मुँह दिखलाकर मेरे दैहिक, दैविक, भौतिक तीनों प्रकार के दुखों को दूर कर दो। तुम्हारा मुँह चंद्रमा है। मेरी ये आँखें चकोर हैं। इन चक्षु-चकोरों को अपने मुख-चंद्र का मधु रस पिला दो।'

यशोदा मैया की बातें सुनकर, भक्तों को सुख देनेवाले प्रभु ने अपने मुँह पर से ओढ़ने का वस्त्र हटा दिया और हँसते-हँसते उठ बैठे। सूरदास ऐसे प्रभु की बलैया लेता है।

५३७/८५१ *राग बिलावल*

भोर भयौ जागो नँदनंदन। संग सखा ठाढ़े जग-बंदन।
सुरभी पय हित बच्छ पियावैं। पंछी तरु तजि दुहुँ दिसि धावैं।
अरुन गगन तमचुरनि पुकार्‌यौ। सिथिल धनुष रति-पति गहि डार्‌यौ।
निसि निघटी, रवि-रथ रुचि साजी। चंद मलिन, चकई रति-राजी।
कुमुदिनि सकुची, बारिज फूले। गुंजत फिरत अली-गन झूले।
दरसन देहु मुदित नर नारी। 'सूरज' प्रभु दिन देव मुरारी॥

हे संपूर्ण जगत द्वारा पूजनीय नंद के नंदन कृष्ण, सबेरा हो गया है, जग जाओ। देखो तो, तुम्हारे सभी संगी-साथी दरवाजे पर आ खड़े हुए हैं और तुम्हारी प्रतीक्षा कर रहे हैं। गाएँ दूध दुहवाने के लिए, अपने बछड़ों को पिलाए जा रही हैं और पेन्हा गई हैं। चिड़ियाँ भी पेड़ों पर स्थित अपने-अपने घोंसलों से निकल-निकल कर दोनों ओर, इधर-उधर उड़ी जा रही हैं। पूर्व दिशा में आकाश में ललाई छा गई है। ताम्र चूड़ (मुर्गे) बोलने लगे हैं। कामदेव ने भी अब अपने ढीले पड़ गए धनुष को उठा कर रख दिया है। रात बीत गई है। सूर्य के रथ पर कांति छा गई है। चंद्रमा प्रकाश-हीन हो चला है। रात भर के बिछुड़े चकवा-चकवी एक दूसरे से मिल रहे हैं। कुमुदिनी संपुटित हो गई और कमल प्रफुल्लित हो गए। उन कमलों पर मँडराते हुए भौंरें गूँजे जा रहे हैं। हे मुरारि, दर्शन दो, जिससे सारे नर-नारी मुदित हो उठें और उनका दिन अच्छा बीते। उन्हें अच्छा दिन दो।

५३८/८५३ *राग सारंग*

न्हात नंद सुधि करी स्याम की, ल्यावहु बोलि कान्ह बलराम।
खेलत बड़ी बार कहुँ लाई, ब्रज भीतर, काहू कैं धाम।
मैंं संग आइ दोउ बैठैं, उन बिनु भोजन कौने काम।

जसुमति सुनत चली अति आतुर, ब्रज घर-घर टेरति लै नाम ।
आजु अबेर भई कहुँ खेलत, बोलि लेहु हरि कौं कोउ बाम ।
ढूँढ़ि फिरी नहीं पावति हरि कौं, अति अकुलानी, तावति घाम ।
बार-बार पछितात जसोदा, वासर बीति गए जुग जाम ।
'सूरस्याम' कौं कहूँ न पावति, देखे बहु बालक के ठाम ॥

दोपहर में नहाते समय नंद को कन्हैया की याद आई। वे बोले—'कन्हैया, बलराम को बुला लाओ। ब्रज के भीतर, किसी के घर में खेलते हुए उन्होंने बड़ी देर कर दी है। वे दोनों मेरे साथ भोजन करने के लिए आ बैठें। बिना उनके साथ-साथ खाए, भोजन किस काम का।'

यह सुनते ही यशोदा अत्यंत आतुर होकर श्याम और बलराम को ढूँढ़ने निकल पड़ीं। वे ब्रज के घर-घर में नाम ले लेकर पुकारती गईं। आज उन्हें खेलते हुए कहीं बहुत देर हो गई है। कोई गोपी हरि को बुला लावे। यशोदा दाऊ और कन्हैया को खोजती फिरीं, पर पाया नहीं। कड़ी धूप में वे तप्त हो उठीं और अत्यंत आकुल हो उठीं। यशोद बार-बार पछताए जा रही हैं—दिन के दो पहर बीत गए। बच्चों को अब तक तो भूख लग गई होगी।

यशोदा ने अनेक बालकों के घर देखा, पर श्याम को कहीं नहीं पाया।

५३९/८५४ राग सारंग

कोउ माई बोलि लेहु गोपालहिं ।
मैं अपने कौ पंथ निहारति, खेलत बेर भई नँदलालहिं ।
टेरत बड़ी बार भई मोकौं, नहिं पावति घनस्याम तमालहिं ।
सिध जेंवन सिरात, नँद बैठे, ल्यावहु बोलि कान्ह ततकालहिं ।
भोजन करै नंद सँग मिलि कै, भूख लगी ह्वैहै मेरे बालहिं ।
'सूरस्याम' मग जोवति जननी, आइ गए सुनि बचन रसालहिं ॥

यशोदा जी कह रही है—कोई सखी मेरे गोपाल को बुला लावे। मैं अपने बच्चे का रास्ता देख रही हूँ। नंदलाल को खेलने में कहीं बहुत देर हो गई है। मैं बड़ी देर से पुकार रही हूँ, पर तमाल से श्यामल अपने श्याम को नहीं पा रही हूँ। भोजन तैयार हैं। और ठंडा हो रहा है। नंद भोजन के लिए बैठ चुके हैं। वे श्याम बलराम की प्रतीक्षा कर रहे हैं। उन्हें तुरंत बुला लाओ। वे नंद के साथ बैठकर संग-संग भोजन कर लें। मेरे बच्चों को अब तक भूख लग गई होगी।

माँ श्याम का रास्ता देख ही रही थी कि पुकार की मीठी ध्वनि सुनकर श्याम राम घर आ गए।

५४०/८५५ राग नटनारायन

हरि कौं टेरति है नँदरानी ।
बहुत अबार भई, कहँ खेलत रहे, मेरे सारँगपानी ?
सुनतहिं टेर, दौरि तहँ आए, कबके निकसे लाल ।

जेंवत नहीं नंद तुम्हरे बिन, बेगि चलौ, गोपाल।
स्यामहि ल्याई महरि जसोदा, तुरतहिं पाइँ पखारे।
'सूरदास' प्रभु संग नंद कैं, बैठे हैं दोउ बारे॥

दोपहर में नंदरानी यशोदा हरि को पुकार रही हैं। बहुत देर हो गई है, मेरे सारंगपाणि (कमल से कर वाले श्याम) कहाँ खेलते रह गये। माँ की पुकार सुनते ही श्याम बलराम दौड़े-दौड़े आए। यशोदा ने कहा—मेरे बच्चो, तुम लोग कब से घर से निकल हो। जल्दी चलो। गोपाल, तुम्हारे बिना नंद भोजन नहीं कर रहे हैं। वे तुम लोगों की प्रतीक्षा कर रहे बैठे हैं। महरि यशोदा श्याम-राम को लेकर घर पहुँची। उनके पैर धुलाए और तब जीमने के लिए दोनों बालक-श्याम, राम-नंद के साथ बैठ गए।

५४१/८५६ राग सारंग

जेंवत स्याम नंद की कनियाँ।
कछुक खात, कछु धरनि गिरावत, छबि निरखति नँद-रनियाँ।
बरी, बरा, बेसन, बहु भाँतिनि, ब्यंजन बिबिध अगनियाँ।
डारत, खात, लेत अपनैं कर, रुचि मानत दधि दोनियाँ।
मिस्त्री, दधि, माखन मिस्त्रित करि, मुख नावत छबि धनिया।
आपुन खात, नंद-मुख नावत, सो छबि कहत न बनिया।
जो रस नंद-जसोदा बिलसत, सो नहिं तिहूँ भुवनिया।
भोजन करि नँद अचमन कीन्हौ, माँगत 'सूर' जुठनिया॥

नंद की गोद में बैठे हुए श्याम जीम रहे हैं। वे कुछ खा रहे हैं, कुछ धरती पर गिराए दे रहे हैं। इस छवि को नंदरानी यशोदा देखे जा रही हैं। वे कुछ गिरा रहे हैं, कुछ खा रहे हैं, कुछ अपने हाथ में लिए हुए हैं। उनकी रुचि दही के दोने पर अधिक है। छवि के धनी परम सुंदर बाल-गोपाल, मिश्री, दही, माखन सब एक ही में सानकर अपने मुँह में डाले ले रहे हैं। वे अपने तो खा ही रहे हैं। नंद के मुख में भी डाल दे रहे हैं। इस छवि को तो कहते नहीं बनता। जो आनंद नंद और यशोदा भोग रहे हैं, वह आनंद तीनों लोकों में कहीं नहीं है। भोजन कर लेने पर नंद ने जल पिया, कुल्ला किया। सूर जूठन का ही प्रसाद माँग रहे हैं।

५४२/८५७ राग कान्हरौ

बोलि लेहु हलधर भैया कौं।
मेरे आगैं खेल करौं कछु, सुख दीजौ मैया कौं।
मैं मूँदौं हरि आँखि तुम्हारी, बालक रहैं लुकाई।
हरषि स्याम सब सखा बुलाए, खेलन आँखि मुँदाई।
हलधर कह्यौ आँखि को मूँदै, हर कह्यौ मातु जसोदा।
'सूर' स्याम लए जननि खिलावति, हरष सहित मन मोदा॥

यशोदा ने कन्हैया से कहा—'हलधर (बलराम) भैया को बुला लाओ। मेरे आगे तुम दोनों खेलो और अपनी मैया, मुझको सुख दो। हे हरि, मैं तुम्हारी आंख मूँदू और तुम्हारे सखागण अन्य बालक जा-जाकर छिप जायँ।'

तब कन्हैया ने प्रसन्न होकर संगी-साथियों को आँखि-मुदौवल का खेल खेलने के लिए बुला लिया। हलधर ने कहा—'आँख कौन मूँदेगा'? इस पर कन्हैया ने कहा—'माँ यशोदा आँख मूँदेगी।' हर्ष के सहित मन में प्रमुदित होकर माँ यशोदा श्याम को खेला रही हैं।

५४३/८५८ राग गौरी

हरि तब अपनी आँखि मुँदाई।
सखा सहित बलराम छपाने, जहँ-तहँ गए भगाई।
कान लागि कह्यौ जननि जसोदा, वा घर मैं बलराम।
बलदाऊ कौं आवन देहौं, श्रीदामा सौं काम।
दौरि-दौरि बालक सब आवत, छुवत महरि कौ गात।
सब आए, रहे सुबल श्रीदामा, हारे अब कैं तात।
सोर पारि हरि सुबलहिं धाए, गह्यौ श्रीदामा जाइ।
दै-दै सोहैं नंद बबा की, जननी पै लै आइ।
हँसि-हँसि तारी देत सखा सब, भए श्रीदामा चोर।
'सूरदास' हँसि कहति जसोदा, जीत्यौ है सुत मोर॥

हरि ने माँ यशोदा से अपनी आँखें मुँदवा लीं। बलराम सभी साथियों के साथ छिप गए, जहाँ-तहाँ भागकर लुका गए। तब कन्हैया के कान में बहुत धीरे से माँ जसोदा ने कहा—'देखो, इस कोठरी में बलराम छिपे हैं।' तब कन्हैया ने कहा—मैं दाऊ को आ जाने दूँगा। मेरा काम तो श्रीदामा से है। धीरे-धीरे सब बालक अपने-अपने छिपने की जगह से आ-आकर महरि यशोदा का शरीर छूने लगे। सब आ गए, रह गए सुबल और श्रीदामा। इस बार ये भाई लोग हारेंगे, ऐसा जान पड़ने लगा। शोर करते हुए हरि दौड़े तो सुबल की ओर, पर (धोखा देकर) जा पकड़ा श्रीदामा को। नंद बाबा की शपथ दिलाकर वे माँ यशोदा के पास पकड़े ले गए। श्रीदामा चोर हो गए। तब माँ यशोदा ने हँसकर कहा—मेरा बेटा जीत गया।

५४४/८५९ राग केदारौ

चलौ लाल कछु करौ बियारी।
रुचि नाहीं काहू पर मेरी, तू कहि, भोजन करौं कहा री?
बेसन मिलै सरस मैदा सौं, अति कोमल पूरी है भारी।
जेंवहु स्याम मोहिं सुख दीजै, तातैं करी, तुम्हैं ये प्यारी।
निबुआ, सूरन, आम अथानो, और करौंदनि की रुचि न्यारी।
बार-बार यौं कहति जसोदा, कहि ल्यावै रोहिनि महतारी।
जननी सुनत तुरत लै आई, तनक-तनक धरि कंचन-थारी।
'सूरस्याम' कछु-कछु लै खायौ, अरु अँचयौ जल बदन पखारी॥

यशोदा जी श्याम से कह रही हैं—'हे लाल, चलो कुछ ब्यालू (नाश्ता) कर लो।' तब कृष्ण ने कहा—'मेरी कुछ खाने की इच्छा नहीं है, फिर तूही बता, मैं खाऊँ तो क्या खाऊँ।'

इस पर यशोदा बोली—मैंने चने के बेसन में गेहूँ का सरस मैदा मिलाकर अत्यंत कोमल और बड़ी-बड़ी पूड़ियाँ काढ़ी हैं। ये तुम्हें बहुत अच्छी लगती हैं। इसीलिए मैंने इन्हें तुम्हारे लिए ही बनाई हैं। हे कन्हैया, इन्हें खा लो और मुझे आनंद प्रदान कर दो—तुम्हारे खा लेने से, मुझे प्रसन्नता होगी। इन पूड़ियों के साथ नीबू, सूरन, आम और करौंदा के न्यारे-न्यारे स्वाद वाले अथाना (अँचार) हैं।

यशोदा ने बार-बार आग्रह किया, तब कृष्ण ने कहा—'अच्छा कह दो रोहिणी मैया से, ले आवें।' सुनते ही रोहिणी मैया सोने के थाल में थोड़ा-थोड़ा परोसकर सब चीजें ले आई। कन्हैया ने सब में से कुछ-कुछ ले खाया। फिर पानी पीकर हाथ मुँह धो लिया।

५४५/८६१ राग सारंग

खेलन जाहु बाल सब टेरत।
यह सुनि कान्ह भए अति आतुर, द्वारैं तन फिरि हेरत।
बार-बार हरि मातहिं बूझत, कहि चौगान कहाँ है।
दधि-मथनी के पाछैं देखौ, लै मैं धर्‌यौ तहाँ है।
लै चौगान-बटा अपनैं कर, प्रभु आए घर बाहर।
'सूरस्याम' पूछत सब ग्वालनि, खेलौगे किहिं ठाहर॥

माता यशोदा ने कहा—'कन्हैया, खेलने जाओ। सभी लड़के तुम्हें बुला रहे हैं।' यह सुनकर कन्हैया अत्यंत उतावले हो गए और दरवाजे की ओर देखने लगे। वे बार-बार मैया से पूछने लगे—'बताओ, मेरा चौगान (बल्ला) कहाँ है?' यशोदा ने कहा—'दही मथनेवाली रई के पीछे देखो।' तब गेंद और बल्ला लेकर कन्हैया घर से बाहर निकले और ग्वाल-बालों से पूछने लगे—'खेल किस स्थान पर होगा?'

५४६/८६२ राग सारंग

खेलत बनै घोष निकास।
सुनहु स्याम, चतुर सिरोमनि, इहाँ है घर पास।
कान्ह हलधर बीर दोऊ, भुजा बल अति जोर।
सुबल, श्रीदामा, सुदामा, वै भए इक ओर।
और सखा बँटाइ लीन्हे, गोप-बालक-बृंद।
चले ब्रज की खोरि खेलत, अति उमँगि नँद-नंद।
बटा धरनी डारि दीनौ, लै चले ढरकाइ।
आपु अपनी घात निरखत, खेल जम्यौ बनाइ।
सखा जीतत स्याम जाने, तब करी कछु पेल।
'सूरदास' कहत सुदामा, कौन ऐसौ खेल॥

श्याम ने कहा—'खेल तो अहिर-टोली के बाहर ही अच्छा जमेगा। इस पर एक सखा ने कहा—कन्हैया सुनो, तुम तो चतुर शिरोमणि हो। यहाँ घर पास ही है, कोई न कोई बुलाकर हमारे खेल में बाधक हो जायगा।'

कन्हैया और बलदाऊ दोनों भाई एक ओर हो गए। इनकी भुजाओं में बड़ा बल था। दूसरी ओर सुबल, श्रीदामा हो गए। और दूसरे-दूसरे जो सखा थे, गोप-बालकों के समूह थे, उन सबों को दोनों गोलों ने बाँट लिया। वे ब्रज की खोर में खेलते हुए आगे बढ़ चले। नंद के नंद श्रीकृष्ण चंद्र में अत्यंत उत्साह था। गेंद धरती पर लुढ़का दी गई। लोग उसे अपने-अपने बल्लों से आगे बढ़ाते हुए ले चले। सब लोग अपने-अपने दाँव और अवसर में थे। खेल खूब जमा। जब श्याम ने देखा कि दूसरी ओर से सखा लोग जीतते जा रहे हैं, तब उन्होंने कुछ धाँधली करनी शुरू की। तब सुदामा बोला--यह कैसा खेल है। खेल को खेल की तरह खेलो। यहाँ धूर्तबजई नहीं चलेगी।

५४७/८६३ राग सारंग

खेलत मैं को काकौ गुसैयाँ ।
हरि हारे, जीते श्रीदामा, बरबस ही कत करत रिसैयाँ ।
जाति-पाँति हमतैं बड़ नाहीं, नाहीं बसत तुम्हारी छैयाँ ।
अति अधिकार जनावत यातैं, जातैं अधिक तुम्हारैं गैयाँ !
रुहठि करै, तासौं को खेलैं, रहे बैठि जहँ-तहँ सब ग्वैयाँ ।
'सूरदास' प्रभु खेल्यौइ चाहत, दाउँ दियौ, करि नंद-दुहैयाँ ॥

कन्हैया की धाँधली देख कर सखा लोग कहने लगे—खेल में सब बराबर हैं। कोई न छोटा है, न बड़ा। यहाँ कोई किसी का न तो स्वामी है, न सेवक। यह तो बहुत साफ है कि कन्हैया हार गए हैं और श्रीदामा जीत गए हैं। अब कन्हैया बरबस रोवनसिया कर रहे हैं, ऐसा क्यों? तुम हमसे जाति-पाँति में बड़े नहीं हो। अहीर हम, अहीर तुम। हम तुम्हारी छाँह में बसे भी नहीं है। हमारा घर अपनी धरती पर है। हम किसी भी प्रकार तुम्हारे दबैल नहीं हैं। हाँ, एक बात है, तुम्हारे पास गाएँ कुछ अधिक हैं। इसी से तुम हम पर अपना स्वामित्व थोपना चाहते हो। जो खेल में रोवनसिया करता है, उसके साथ कौन खेले।

ऐसा कहकर सभी गोइयाँ जहाँ-तहाँ बैठ रहे और खेल बंद हो गया। पर कन्हैया खेलना चाहते थे। अब नंद की दुहाई देकर उन्होंने श्रीदामा का दाँव दिया।

५४८/८६४ राग कान्हरौ

आवहु, कान्ह साँझ की बेरिया ।
गाइनि माँझ भए हौ ठाढ़े, कहति जननि, यह बड़ी कुबेरिया ।
लरिकाई कहुँ नैंकु न छाँड़त, सोइ रहौ सुथरी सेजरिया ।
आए हरि यह बात सुनतहीं, धाइ लए जसुमति महतरिया ।
लै पौढ़ी आँगनही सुत कौं, छिटकि रही आछी उजियरिया ।
'सूरस्याम' कछु कहत-कहत ही, बस करि लीन्हे आइ निंदरिया ॥

माँ यशोदा कह रही हैं—कन्हैया अब आ जाओ। साँझ की बेला हो चली है। कब से तुम गायों के बीच खड़े हो। बड़ी कुबेला हो गई है। तुम अपना लड़कपन जरा भी नहीं। छोड़ रहे हो। आओ साफ-सुथरी सेज पर सो जाओ।

यह बात सुनते ही हरि आ गए और यशोदा मैया ने आगे दौड़कर उन्हें ले लिया। वे

कन्हैया को लेकर आँगन में ही सो रहीं। तब तक अच्छी चाँदनी फैल गई। श्याम मैया से कुछ कह ही रहे थे कि बीच में ही नींद ने आकर उन्हें अपने बस में कर लिया और वे सो गए।

५४९/८६५ *राग कान्हरौ*

आँगन मैं हरि सोइ गए री।
दोउ जननी मिलि कैं, हरुऐं करि, सेज सहित तव भवन लए री।
नैंकु नहीं घर मैं बैठत हैं, खेलहिं के अब रंग रए री।
इहिं बिधि स्याम कबहुँ नहिं सोए, बहुत नींद के बसहिं भए री।
कहति रोहिनी सोवन देहु न, खेलत दौरत हारि गए री।
'सूरदास' प्रभु कौ मुख निरखत, हरखत जिय नित नेह नए री॥

कन्हैया आँगन में ही सो गए। रोहिणी और यशोदा दोनों माताएँ मिलकर, धीरे से सेज सहित उठाकर, कन्हैया को घर के भीतर ले गईं। यशोदा कहने लगीं—'कन्हैया घर में जरा भी नहीं रुकता। यह खेल के रंग में ही पूर्णरूप से रँग गया है। श्याम इस प्रकार कभी नहीं सोया, जैसा आज सो रहा है। यह नींद के पूर्ण बस में हो गया है।' तब रोहिणी बोली—'इसे सोने दो। यह खेलते हुए, दौड़ते हुए, बहुत थक गया है।'

प्रभु का मुँह देखते हुए दोनों माताओं को परम हर्ष हो गया और कन्हैया के प्रति उनका प्रेम भी नित्य-नित्य नया होता गया।

पाँड़े-आगमन

५५०/८६६ *राग धनाश्री*

महराने तैं पाँड़े आयौ।
ब्रज घर-घर बूझत नँद-राउर पुत्र भयौ, सुनि कै, उठि धायौ।
पहुँच्यौ आइ नंद के द्वारैं, जसुमति देखि अनंद बढ़ायौ।
पाँइ धोइ भीतर बैठार्‌यौ, भोजन कौं निज भवन लिपायौ।
जो भावै सो भोजन कीजै, बिप्र मनहिं अति हर्ष बढ़ायौ।
बड़ी बैस बिधि भयौ दाहिनौ, धनि जसुमति ऐसौ सुत जायौ।
धेनु दुहाइ, दूध लै आई, पाँड़े रुचि करि खीर चढ़ायौ।
घृत मिष्टान्न खीर मिस्त्रित करि, परसि कृष्न-हित ध्यान लगायौ।
नैन उघारि बिप्र जौ देखै, खात कन्हैया देखन पायौ।
देखौ आइ जसोदा, सुत-कृति, सिद्ध पाक इहिं आइ जुठायौ।
महरि बिनय करि दुहुँ कर जोरे, घृत-मधु-पय फिरि बहुत मँगायौ।
'सूर' स्याम कत करत अचगरी, बार-बार बाम्हनहिं खिझायौ॥

नंद नहर को पुत्र हुआ है, ऐसा सुनकर पांडे अपने घर से चलकर महराने में आए और ब्रज में घर-घर नंदराय का घर पूछते हुए नंद के द्वार पर आ पहुँचे। यशोदा पांडे जी को आया देखा परम प्रमुदित हो उठीं, उन्होंने अर्घ्य पाद्य दिया। पानी लेकर उनका पैर धुलाया और घर के भीतर बैठा दिया। उनके भोजन बनाने के लिए उन्होंने अपना घर

लिपवा दिया और कहा—महाराज, जो चाहे भोजन लीजिए। यह सुनकर ब्राह्मण देवता के मन में बड़ी प्रसन्नता हुई और कहा—'बड़ी वय में यशोदा तुम पर ब्रह्मा की कृपा हुई है। तुम्हें धन्य है, जो तुमने ऐसा बेटा पैदा किया है।'

यशोदा जी गाय दुहाकर दूध ले आईं और पांडे जी ने बड़े प्रेम से खीर पकाना शुरू किया। पांडे ने घी, मिठाई मिलाकर खीर परसकर भगवान का भोग लगा दिया और भगवान का प्रेमपूर्वक ध्यान करने लगे। ध्यान की दशा में उन्होंने आँखें मूँद ली। उन्होंने अब जो आँखें खोलीं, तो देखा कि कन्हैया खीर खाए जा रहे हैं।

पांडे जी ने यशोदा को बुलाया और बोले—यशोदा, अपने बेटे की करनी अ देखो। इसने तो तैयार सारी रसोईं हीं जूठी कर दी। महरि यशोदा ने दोनों हाथ जोड़कर विनती की और फिर से बहुत सा घी, मधु, दूध मँगाया और कहा—पांडे जी, फिर से पाक सिद्ध कर लें। फिर वे कन्हैया से बोलीं—श्याम, तुम शरारत क्यों कर रहे हो, बार-बार ब्राह्मण देवता को क्यों खिझाए जा रहे हो। इन्हें तंग न करो।

५५१/८६७ राग रामकली

पाँड़े नहिं भोग लगावन पावै ।
करि-करि पाक जबै अर्पत है, तबहीं तब छ्वै आवै ।
इच्छा करि मैं बाम्हन न्यौत्यौ, ताकौं स्याम खिझावै ।
वह अपने ठाकुरहिं जिंवावै, तू ऐसैं उठि धावै ।
जननी दोष देति कत मोकौं, बहु बिधान करि ध्यावै ।
नैन मूँदि, कर जोरि, नाम लै बारहिं बार बुलावै ।
कहिं, अंतर क्यौं होइ भक्त सौं, जो मेरैं मन भावै ?
'सूरदास' बलि-बलि बिलास पर, जन्म-जन्म जस गावै ॥

यशोदा कह रही हं—'पांडे जी भगवान का भोग नहीं लगा पा रहे हैं। जब-जब भी वे रसोईं बनाकर भगवान को समर्पण करते हैं, तब-तब तुम आकर छू लेते हो। मैंने बड़ी श्रद्धा से ब्राह्मण देवता को निमंत्रित किया है। कन्हैया तुम उन्हें परेशान किए दे रहे हो। वह अपने ठाकुर जी को जिवाने के लिए भोग अर्पित करते हैं और तू उठ दौड़ता है और उनकी रसोईं छू लेता है। यह अच्छी बात नहीं है।'

तब कन्हैया जी बोले, 'मैया, तू मुझे व्यर्थ ही क्यों दोष दिए जा रही है। पांडे जी तो सब प्रकार से विधानपूर्वक ध्यान करते हैं। आँखें मूँदकर, दोनों हाथ जोड़कर, मेरा नाम-ले-लेकर, वे मुझे बारंबार बुलाते हैं। फिर मैं अपने और भक्त के बीच अंतर क्यों आने दूँ। भक्त ही तो मेरे मन को भाते हैं। फिर मैं क्यों न आता, क्यों न खाता?'

सूरदास प्रभु की इस लीला पर अपने को निछावर किए जा रहे हैं और जन्म-जन्म भर उनका यश गाए जा रहे हैं।

५५२/८६८ राग बिलावल

सफल जन्म, प्रभु आजु भयौ ।
धनि गोकुल, धनि नंद-जसोदा, जाकैं हरि अवतार लयौ ।

प्रगट भयौ अब पुन्य-सुकृत-फल, दीन-बंधु मोहिं दरस दयौ ।
बारंबार नंद कैं आँगन, लोटत द्विज आनंद मयौ ।
मैं अपराध कियौ बिनु जानैं, कौ जानै किहिं भेष जयौ ।
'सूरदास' प्रभु भक्त-हेत-बस, जसुमति-गृह आनंद लयौ ॥

पांडे जी प्रभु की इस लीला को देखकर स्तुति करने लगे—'हे प्रभु, आज मेरा जीवन सफल हो गया। गोकुल धन्य हैं, नंद यशोदा धन्य हैं, जिनके वंश में प्रभु ने आकर अवतार लिया है। आज मेरे समस्त पुण्यों, सभी सत्कृत्यों का फल प्रकट हो गया है, जो दीनबंधु ने मुझे अपना देव-दुर्लभ दर्शन दे दिया।'

यह कहकर ब्राह्मण नंद के आँगन में, आनंद मग्न होकर, लोटने लगा। और बोला—'हे प्रभु, मुझसे जो अपराध हो गया है, वह अनजान में हुआ है। कौन जानता था कि प्रभु किस वेश में मेरी मनोकामना पूर्ण करके मुझे सफलता की जयश्री प्रदान करेंगे।'

सूरदास कहते हैं, प्रभु सदा भक्तों के प्रेम के बस में रहते हैं और उन्हीं के लिए उन्होंने यशोदा के घर आकर यह आनंद लिया है।

५५३/८६९ राग धनाश्री

अहो नाथ, जेइ-जेइ सरन आए, तेइ-तेइ भए पावन ।
महा पतित कुल तारन, एक नाम अघ जारन, दारुन दुख बिसरावन ।
मोतैं को हो अनाथ, दरसन तैं भयौ सनाथ, देखत नैन जुड़ावन ।
भक्त-हेत देह धरन, पुहुमी कौ भारहरन, जनम-जनम मुक्तावन ।
दीनबंधु, असरन के सरन, सुखनि जसुमति के कारन देह धरावन ।
हित कै चित की, मानत सबके जिय की, जानत 'सूरदास' मन भावन ॥

पांडे कहने लगे—हे नाथ, जो जो भी तुम्हारी शरण में आए, वे सभी परम पवित्र हो गए, पतित नहीं रह गए। तुम्हारा एक नाम ही महा से महा पतित के कुल को तारनेवाला है, उसके सभी पापों को जला देनेवाला है और कठिन से कठिन दुख को भुला देने वाला है। मुझसे बड़ा अनाथ कौन था? पर तुमने दर्शन देकर मुझे सनाथ कर दिया। तुम्हारा दर्शन पा करके ही मेरी आँखें शीतल हो गईं। प्रभु, तुम अपने भक्तों के लिए अनेक प्रकार के रूप धारण करते हो, पृथ्वी का भार हरते हो, जन्म-मरण के बंधन से मुक्त कर देते हो। तुम दीनों के बंधु हो, जिसको कोई शरण देनेवाला नहीं, उसे शरण देते हो। तुमने यशोदा को सुख देने के लिए ही यह देह धारण की है। हे मनभावन प्रभु, तुम प्रेमपूर्वक सबके चित्त की बात जान जाते हो और सबके जी की मानते हो-मनोकामना पूर्ण करते हो।

५५४/८७० राग बिलावल

मया करिऐ कृपाल, प्रतिपाल, संसार उदधि जंजाल तैं परौं पार ।
काहू के ब्रह्मा, काहू के महेस, प्रभु मेरे तौ तुमहीं अधार ।
दीन के दयाल हरि, कृपा मोकौं करि, यह कहि-कहि लोटत बार-बार ।
'सूरस्याम' अँतरजामी, स्वामी जगत के, कहा कहौं करौ निरवार ॥

पांडे विनती कर रहे हैं—'हे कृपालु, मुझ पर कृपा करिए, मेरा प्रतिपालन करिए, रक्षा

करिए, जिससे मैं भव-सागर के प्रपंचों से पार हो जाऊँ। किसी को ब्रह्मा का भरोसा है, किसी को शिव का। मेरे आधार तो बस तुम्हीं हो। हे दीनदयाल हरि, मुझ पर कृपा करें। हे अंतर्यामी, हे जगत् के स्वामी, मैं अधिक क्या कहूँ। मुझे भी पार लगा दें।' ऐसा कह कर पांडे जी बार-बार भूमि पर लोटने लगे।

माटी भक्षण प्रसंग

५५५/८७५ राग सोरठ

कहत नंद जसुमति सौं बात।
कहा जानिए, कह तैं देख्यौ, मैरैं कान्ह रिसात।
पाँच बरष को मेरो नन्हैया, अचरज तेरी बात।
बिनहीं काज साँटि लै धावति, ता पाछैं बिललात।
कुसल रहैं बलराम स्याम दोउ, खेलत-खात-अन्हात।
'सूर स्याम' कौं कहा लगावति, बालक कोमल-गात॥

नंद महर महरि यशोदा से कह रहे हैं—क्या जाने, तूने कृष्ण में क्या दोष देखा है, जो उस पर इतना रिस कर बैठती है। मेरा नन्हा-मुन्ना तो अभी पाँच ही वर्ष का है। तेरी बात सुनकर बड़ा आश्चर्य होता है। तू बिना मतलब के सुटुकुनी लेकर उसे मारने दौड़ती है और फिर बाद में खुद रोती है। दोनों भैया बलराम और श्याम खेलते समय, खाते समय, नहाते समय सदा सदा सकुशल बने रहें। कन्हैया तो अभी अत्यंत कोमल शरीर वाला है, तू उसे सुटुकुनी क्या लगाती रहती है-मारती रहती है।

शालिग्राम-प्रसंग

५५६/८७८ राग रामकली

करि अस्नान नंद घर आए।
लै जल जमुना कौ झारी भरि, कंज सुमन बहु ल्याए।
पाइँ धोइ मंदिर पग धारे, प्रभु-पूजा जिय दीन्ह।
अस्थल लीपि, पात्र सब धोए, काज देव के कीन्ह।
बैठे नंद करत हरि-पूजा, बिधिवत औ बहु भाँति।
'सूरस्याम' खेलत तैं आए, देखत पूजा न्याति॥

नंद यमुना में स्नान करके घर आ गए। वे अपने साथ झारी में यमुना-जल भी भरते लाए। साथ में कमल के बहुत से फूल भी लेते आए। पैर धोकर, उन्होंने मंदिर में प्रवेश किया और प्रभु की पूजा में मन लगाया। पूजा-स्थल को लीप दिया, पूजा के सब पात्र धो डाले और देव-पूजा के सारे काम कर डाले। फिर बैठ करके हरि की विधिवत और अनेक प्रकार से पूजा करने लगे, तभी कन्हैया कहीं से खेलते हुए वहाँ आ गए और पूजा की सभी जाति (पद्धति) देखने लगे।

५५७/८७९ राग गूजरी

नंद करत पूजा, हरि देखत।
घंट बजाइ देव अन्हवायौ, दल चंदन लै भेटत।

पट अंतर दै भोग लगायौ, आरति करी बनाइ।
कहत कान्ह, बाबा तुम अरप्यौ, देव नहीं कछु खाइ।
चितै रहे तब नंद महरि-मुख, सुनहु कान्ह की बात।
'सूरस्याम' देवनि कर जोरहु, कुसल रहै जिहि गात॥

नंद भगवान की पूजा कर रहे हैं और कन्हैया उस पूजा को देख रहे हैं। उन्होंने घंटा बजाया, देवता को स्नान कराया, और चंदन तथा तुलसी दल चढ़ाया। वस्त्र में भीतर हाथ हिलाकर भगवान को भोग लगाया। भली-भाँति आरती की।

तब कन्हैया ने कहा—बाबा तुमने सब कुछ अर्पित कर दिया, परंतु देवता तो कुछ खा ही नहीं रहे हैं।

तब नंद महरि यशोदा का मुँह ताकने लगे और बोले—कन्हैया की बात सुन रही हो न? तुम भी देवताओं को हाथ जोड़ो, जिससे हमारा कन्हैया कुशलपूर्वक रहे।

५५८/८८० राग धनाश्री

जसुदा देखति है ढिग ठाढ़ी।
बाल दसा अवलोकि स्याम की, प्रेम-मगन चित बाढ़ी।
पूजा करत नंद रहे बैठे, ध्यान समाधि लगाई।
चुपकहिं आनि कान्ह मुख मेल्यौ, देखौं देव-बड़ाई।
खोजत नंद चकित चहुँ दिसि तैं, अचरज सौ कछु भाई।
कहाँ गए मेरे इष्ट देवता, को लै गयौ उठाई।
तब जसुमति सुत-मुख दिखरायौ, देखौं बदन कन्हाई।
मुख कत मेलि देवता राख्यौ, घालै सबै नसाई।
बदन पसारि सिला जब दीन्ही, तीनौ लोक दिखाए।
'सूर' निरखि मुख नंद चकित भए, कछू बचन नहिं आए॥

नंद पूजा करते हुए बैठे थे और वे ध्यान लगाकर समाधिस्थ हो गए थे। यशोदा जी भी वहाँ पर खड़ी थीं। वे कन्हैया की बाल चेष्टाएँ देख-देखकर प्रेम में निमग्न हुई जा रही थीं और उनके मन में श्याम के प्रति प्रेम-भाव बढ़ता ही जा रहा था। कन्हैया जी चुपके से आगे बढ़े। उन्होंने पूजा की शालिग्राम की बटिया को उठाया और मुँह में डाल लिया, यह देखने के लिए कि देखें तो इस देवता की शक्ति क्या है! नंद ने आँखें खोलीं, तो शालिग्राम की बटिया गायब थी। उन्हें कुछ आश्चर्य सा ज्ञात हुआ। वे चतुर्दिक खोजते हुए चकित रह गए। मेरे इष्ट देवता कहाँ गए। उन्हें कौन उठा ले गया। तब यशोदा जी ने कन्हैया के मुँह की ओर इशारा किया और कहा—कन्हैया का मुख तो देखिए। नंद ने कहा—कान्हा, तुमने देवता को मुँह में क्यों ले रखा है। तुमने तो सब चौपट कर दिया। तब कन्हैया ने मुँह खोलकर शालिग्राम की बटिया निकाल कर दे दी और अपने खुले मुँह के भीतर तीनों लोक दिखा दिया। नंद कन्हैया के मुख में तीनों लोक देखकर चकित हो गए और उनके मुँह से बोल नहीं फूटा।

हँसत गोपाल नंद के आगैं, नंद सरूप न जान्यौ ।
निर्गुन ब्रह्म, सगुन, लीलाधर, सोई सुत करि मान्यौ ।
एक समय पूजा कैं अवसर, नंद समाधि लगाई ।
सालिग्राम मेलि मुख भीतर, बैठि रहे अरगाई ।
ध्यान बिसर्जन कियौ नंद जब, मूरति आगैं नाहीं ।
कह्यौ गोपाल देवता कह भयौ, यह बिस्मय मन माहीं ।
मुख तैं काढ़ि तबै जदुनंदन, दियौ नंद कैं हाथ ।
'सूरदास' स्वामी सुख-सागर, खेल रच्यौ ब्रज-नाथ ॥

गोपाल नंद के आगे हँसते जा रहे थे। पर नंद ने उनके सच्चे रूप को नहीं समझा। जो ब्रह्म प्रकृति के सत-रज-तम तीनों गुण से परे हैं और लीला करने के लिए जिसने सगुण रूप धारण कर रखा है, उसी को वे अपना बेटा समझते जा रहे हैं।

एक बार पूजा के समय नंद जी ध्यानावस्थित हो गए। तब कान्हा ने शालिग्राम की बटिया को अपने मुख में ले लिया और अलग जा बैठे। जब नंद का ध्यान टूटा, तब उन्होंने पाया कि पूजा स्थल पर मूर्ति है ही नहीं। उन्होंने पूछा—गोपाल, देवमूर्ति क्या हुई ? मुझे बड़ा विस्मय हो रहा है। तब यदनंदन कृष्ण ने मुँह में से शालिग्राम की बटिया निकाल कर नंद के हाथ में दे दी।

स्वामी, ब्रजनाथ, सुख के सागर हैं। उन्होंने यह लीला ही की है।

माखन-चोरी

५६०/८९२

गोपालहिं माखन खान दै ।
सुनि री सखी, मौन ह्वै रहिऐ, बदन दही लपटान दै ।
गहि बहियाँ हौं लैकै जैहौं, नैननि तपति बुझान दै ।
याकौ जाइ चौगुनौ लैहौं, मोहिं जसुमति लौं जान दै ।
तू जानति हरि कछू न जानत, सुनत मनोहर कान दै ।
'सूरस्याम' ग्वालिनि बस कीन्हौ, राखतिं तन-मन-प्रान दै ॥

एक गोपी ने अपनी सखी दूसरी गोपी से कहा—'हे सखी, गोपाल को माखन खा लेने दो, चुप रहो। इनको अपने मुँह में दही लपेट लेने दो। इनके रूप की प्यासी इन आँखों की तपन को पहले बुझा लेने दो। फिर मैं इनकी बाँह पकड़कर इनको यशोदा के पास ले जाऊँगी। जितना माखन इन्होंने खाया है, उसका चौगुना मैं वसूल कर लूँगी। मुझे यशोदा के पास जाने भर तो दो।'

तब दूसरी गोपी ने कहा—तू समझती है कि कन्हैया कुछ नहीं समझते। मन को हरने वाले वे सब-कुछ कान लगाकर सुन रहे हैं।

श्याम ने ग्वालिनों को ऐसा वशीभूत कर लिया था कि वे अपने तन-मन-प्राण देकर भी उन्हें अपने हृदय में रखे हुए थीं।

५६१/८९५ *राग गौरी*

देखि फिरे हरि ग्वालि दुवारैं ।
तब इक बुद्धि रची अपनैं मन, गए नाँघि पिछवारैं ।
सूनैं भवन कहूँ कोउ नाहीं, मनु याही कौ राज ।
भाँड़े धरत, उघारत, मूँदत, दधि माखन कैं काज ।
रैनि जमाइ धर्‍यौ हो गोरस, पर्‍यौ स्याम कैं हाथ ।
लै-लै खात अकेले आपुन, सखा नहीं कोउ साथ ।
आहट सुनि जुवती घर आई, देख्यौ नंदकुमार ।
'सूरस्याम' मंदिर अँधियारैं, निरखति बारंबार ॥

हरि ने देखा कि ग्वालिनि दरवाजे पर ही है। तब वे लौट गए और अपने मन में एक बुद्धि रची, एक उपाय सोच निकाला। वे पिछवारे से लाँघकर घर के भीतर घुस गए। घर सूना था, कहीं भी कोई नहीं था। मानों वहाँ उन्हीं का एक छत्र राज्य था। वे दही और माखन के लिए बरतन हाथ से पकड़ते थे, उन्हें खोलते थे और बंद कर देते थे। रात में दही जमा कर रखा हुआ था। वह श्याम के हाथ में पड़ गया। वे अकेले ही ले-लेकर खाने लगे। वहाँ कोई भी सखा उनका साथ देने के लिए नहीं था। खड़बड़-खड़बड़ की ध्वनि सुनकर वह युवती गोपी घर में आई और उसने देखा कि वहाँ तो नंदकुमार थे। वह अँधेरे घर में कन्हैया को बारंबार देखे जा रही थी।

५६२/८९६ *राग गौरी*

अँधियारैं घर स्याम रहे दुरि ।
अबहीं मैं देख्यौ नँदनंदन, चरित भयौ सोचति झुरि ।
पुनि-पुनि चकित होति अपनैं जिय, कैसी है यह बात ।
मटुकी कैं ढिग बैठि रहे हरि, करैं आपनी घात ।
सकल जीव जल-थल के स्वामी, चींटी दई उपाइ ।
'सूरदास' प्रभु देखि ग्वालिनी, भुज पकरे दोउ आइ ॥

अँधेरे घर में श्याम छिप रहे। वे गोपी को दिखाई न पड़े। तब वह सोचने लगी—अभी-अभी तो मैंने नंदनंदन को यहीं देखा था। यह कौन-सा अद्भुत चरित हो गया कि वे पलक मारते गायब हो गए। ऐसा सोचकर वह व्याकुल हो गई। वह बार-बार अपने मन में चकपकाई जा रही थी। यह कैसी विचित्र बात हो गई। कन्हैया दही की मटकी के पास बैठे हुए थे और अपने दाँव में लगे हुए थे। वे तो जल-स्थल सभी जीवों के स्वामी हैं। उन्होंने चींटी पैदा कर दी। ग्वालिनी ने प्रभु को देखा और आकर उनकी दोनों बाहें पकड़ लीं।

५६३/८९७ *राग गौरी*

स्याम कहा चाहत से डोलत ?
पूछे तैं तुम बदन दुरावत, सूधे बोल न बोलत ।
पाए आइ अकेले घर मैं, दधि-भाजन मैं हाथ ।

अब तुम काकौ नाउँ लेउगे, नाहिंन कोऊ साथ !
मैं जान्यौ यह मेरो घर है, ता धोखैं मैं आयौ ।
देखत हौं गोरस मैं चींटी, काढ़न कौं कर नायौ ।
सुनि मृदु बचन, निरखि मुख-सोभा, ग्वालिनि मुरि मुसुकानी ।
'सूरस्याम' तुम हौ अति नागर, बात तिहारी जानी ॥

गोपी ने पूछा—'श्याम, तुम यहाँ क्या ढूँढ़ते हुए फिर रहे हो? पूछने पर तुम अपना मुँह क्यों छिपाए ले रहे हो। तुम्हारे मुँह से सीधे कोई बात क्यों नहीं निकल पा रही है। मैंने तुम्हें अकेले इस सूने घर में पाया है। तुम दधि-भांड में हाथ क्यों डाले हुए हो? अब किस दूसरे के सिर मढ़ोगे। तुम्हारा कोई संगी साथी भी तो यहाँ नहीं है।' तब कन्हैया बोले—मैंने समझा कि यह मेरा ही घर है। इसी धोखे में मैं घर में घुस आया। मैंने देखा कि—दही में चीटियाँ हैं। उन चींटियों को निकालने के लिए ही मैंने दधि की कमोरी में हाथ डाला था।

कन्हैया की मीठी बातें सुनकर, उनके मुख की शोभा देखकर, ग्वालिनी मुँह फेर कर मुस्कुरा पड़ी और बोली—श्याम, तुम बड़े चतुर हो। मैं तुम्हारी चतुराई की बातें जानती हूँ।

५६४/८९८ राग सारंग

जसुदा कहँ लौं कीजै कानि ।
दिन-प्रति कैसैं सही परति है, दूध-दही की हानि ।
अपने या बालक की करनी, जौ तुम देखौ आनि ।
गोरस खाइ, खवावै लरिकनि, भाजत भाजन भानि ।
मैं अपने मंदिर के कोनैं, राख्यौ माखन छानि ।
सोई जाइ तिहारैं ढोटा, लीन्हौ है पहिचानि ।
बूझि ग्वालि निज गृह मैं आयौ, नैंकु न संका मानि ।
'सूरस्याम' यह उतर बनायौ, चींटी काढ़त पानि ॥

यशोदा, तुम्हारी मर्यादा का कितना लिहाज किया जाय। दिन-दिन दूध-दही की यह हानि कैसे सही जा सकती है? तुम अपने इस ढोटा की करनी तो देखो। यह स्वयं गोरस खाता है, दूसरे लड़कों को भी खिलाता है। इतना ही नहीं, यह दूध, दही, मक्खन के बरतनों को भी फोड़कर भाग जाता है। मैंने अपने घर के कोने में माखन छिपाकर रखा था। तुम्हारे लल्ला ने भीतर जाकर उसे पहचान लिया। जब मैंने पूछा, तब यह कहने लगा—'मैं तो इसे अपना घर समझकर घुस आया था। मेरे मन में जरा भी संदेह नहीं था। मैंने तो इसमें पड़ी हुई चींटियों को निकालने के लिए भांड़ में हाथ डाला था।' सुना इसका उत्तर?

५६५/८९९ राग सारंग

माई हौं तकि लागि रही ।
जब घर तैं माखन लै निकस्यौ, तब मैं बाहँ गही ।
तब हँसि कै मेरौ मुख चितयौ, मीठी बात कही ।

रही ठगी, चेटक सौ लाग्यौ, परि गई प्रीति सही।
बैठो कान्ह, जाउँ बलिहारी, ल्याऊँ और दही।
'सूरस्याम' पै ग्वालि सयानी, सरबस दै निबही ॥

गोपी यशोदा जी से बोली—मैं तो इसी ताक में थी कि कन्हैया घर से निकलें और मैं इन्हें पकड़ूँ। जब यह मेरे घर से मक्खन लेकर निकले, तब मैंने इनकी बाँह पकड़ ली। तब इन्होंने मुस्कुराकर मेरी ओर देखा और मीठी-मीठी बातें करने लगे। मैं तो ठगी-सी रह गई। मुझ पर जैसे जादू कर दिया गया हो। मेरे मन में जो भी प्रेम-भाव इनके प्रति रहा हो, अब तो वह प्रगाढ़ हो गया और मैंने कहा—कन्हैया बैठो, मैं तुम्हारी बलैया लेती हूँ, मैं और दही लाए देती हूँ।

ग्वालिनी ने श्याम पर अपना सब कुछ निछावर करके अपना निबाह कर लिया। अपना जीवन बना लिया। सचमुच वह बहुत चतुर थी।

५६६/९०० राग गौरी

आपु गए हरुएँ सूनैं घर।
सखा सबै बाहिर ही छाँड़े, देख्यौ दधि-माखन हरि भीतर।
तुरत मथ्यौ दधि-माखन पायौ, लै-लै खात, धरत अधरनि पर।
सैन देइ सब सखा बुलाए, तिनहिं देत भरि-भरि अपनैं कर।
छिटकि रही दधि बूँद हृदय पर, इत-उत चितवत करि मन मैं डर।
उठत ओट लै, लखत सबनि कौं, पुनि लै खात लेत ग्वालनि बर।
अंतर भई ग्वालि यह देखति, मगन भई, अति उर आनँद भरि।
'सूर स्याम' मुख निरखि थकित भई, कहति न बनै, रही मन दै हरि ॥

कन्हैया जी गोपी के सूने घर में जल्दी-जल्दी घुस गए। सभी संगी-साथियों को घर के बाहर ही छोड़ दिया। हरि ने घर में दही और माखन के भांड देखे। वहाँ तुरंत का मथा हुआ टटका दधि और माखन पाया। वे उसे ले-लेकर खाने लगे और अपने होठों पर रखने लगे। फिर इशारा करके सब सखाओं को भी बुला लिया और अपने हाथों में भर-भरकर उन्हें भी देने लगे। उनके वक्ष पर दही की बूँदे गिर गई थीं। वे मन में डरे हुए इधर-उधर ताकते जा रहे थे। वे ओट लेकर, आड़ में उठते थे, सबकी ओर देखते जाते थे। फिर खुद खाते जाते थे और ग्वाल साथियों को देते जाते थे। ग्वालिनी घर में छिपी हुई यह कौतुक देखकर निहाल हुई जा रही थीं। उसके हृदय में अत्यंत उल्लास भर उठा था। वह श्याम का मुँह देखकर शिथिल हो गई, थक गई। उसके मुँह से बोल नहीं फूट रहा था। वह अपना मन हरि को दे बैठी।

५६७/९०६ राग रामकली

माखन-चोर री मैं पायौ।
बहुत दिवस मैं कौरैं लागी, मेरी घात न आयौ।
नित प्रति रीती देखि कमोरी, मोहिं अति लगत झुंझायौ।
तब मैं कह्यौ, जानि हौं पाई, कौन चोर है आयौ।

जब कर सौं कर गह्यौ, कह्यौ तब, मैं नहिं माखन खायौ ।
बिहँसत उघरि गईं दँतियाँ, लै 'सूरस्याम' उर लायौ ॥

एक गोपी दूसरी गोपी से कह रही है—आज मैंने माखन-चोर को पकड़ ही लिया। मैं बहुत दिनों से घात लगाए बैठी थी। पर मुझे दाँव (अवसर) ही नहीं मिल पा रहा था। मैं अपनी कमोरी नित्य खाली पाती थी और मुझे बड़ी झुँझलाहट होती थी। तब मैंने मन में कहा—मैं जान गई, कौन चोर रोज-रोज मेरे घर में घुस आता है और दही-माखन उड़ा जाता है। जब मैंने अपने हाथ से चोर का हाथ पकड़ लिया, तब उसने कहा—मैंने माखन नहीं खाया है। यह कहकर वह हँस पड़ा और उसकी दँतुलिया चमक उठीं। तब मैंने उसे अपने हृदय से लगा लिया और देखा कि यह तो यशोदा का ढोटा किसन है।

५६८/९१२ राग सारंग

कहै जनि ग्वारिनि झूठी बात ।
कबहूँ नहिं मनमोहन मेरौ, धेनु चरावत जात ।
बोलत है बतियाँ तुतरौहीं, चलि चरननि न सकात ।
कैसैं करै माखन की चोरी, कत चोरी दधि खात ।
देहीं लाइ तिलक केसरि कौ, जोबन-मद इतराति ।
'सूरज' दोष देति गौबिंद कौं, गुरु लोगनि न लजाति ।

उलाहना लेकर आई गोपी से यशोदा जी कह रही हैं—अरी ग्वालिन, झूठी बात मत कह। अभी तो मेरा किसन गायें चराने भी नहीं जा पाता, अभी तो तुतला-तुतला कर बातें करता है। अभी तो वह अपने पैरों पर चल भी नहीं पाता। तेरे माखन की चोरी उसने कैसे कर ली। उसने और तेरा दही चुराकर खा लिया? तूने अपने माथे पर केसर का टिप्पा दे लिया है और जवानी के नशे में चूर होकर तू इतराई जा रही है। मेरे नन्हें गोविन्द को झूठा दोष लगाए जा रही है। बड़े-बूढ़ों को भी नहीं लजा रही है।

५६९/९१३ राग नटनारायन

मेरे लाड़िले हो, तुम जाउ न कहूँ ।
तेरेहीं काजैं गोपाल, सुनहु लाड़िले लाल, राखे हैं भाजन भरि सुरस छहूँ ।
काहे कौं पराऐं जाइ, करत इते उपाइ, दूध-दही-घृत अरु माखन तहूँ ।
करतिं कछू न कानि, बकति हैं कटु बानि, निपट निलज बैन बिलखि सहूँ ।
ब्रज की ढीठी गुवारि, हाट की बेचनहारि, सकुचैं न देत गारि, झगरत हूँ ।
कहाँ लगि सहौं रिस, बकत भई हौं कृस, इहिं मिस 'सूरस्याम' बदन चहूँ ॥

यशोदा जी कन्हैया को समझा रही हैं—हे मेरे राज-दुलारे, तुम कहीं न जाया करो। हे लाड़िले लाल सुनो, तुम्हारे लिए तो भांडों में दही भर रखे हैं। दूसरे के घर जाकर क्यों इतने तिकड़म करते हो। दूध, दही, घी और मक्खन ही तो वहाँ भी है। ये सब तो अपने घर पर ही मौजूद हैं। ये गोपियाँ बड़ी निर्लज्ज हैं। वे किसी की मर्यादा का तनिक भी ध्यान नहीं देतीं और कड़वी बातें बकती जाती हैं। इनकी कटु बातें दुखी होकर मुझे सहना पड़ता है। ब्रज की ये गोपियाँ बड़ी ढीठ हैं, बाजार में घूम-घूम कर दूध-दही बेचनेवाली हैं न,

गाली देने में तनिक भी संकोच नहीं। वे गाली तो देती ही हैं, झगड़ती भी हैं। मैं कहाँ तक क्रोध रोकूँ, बकते-बकते तो मैं दुबली हो गई हूँ। इसी उलाहने के बहाने वे तेरा मुँह देखने चली आती हैं।

५७०/९१४ राग कान्हरौ

इन अँखियन आगैं तैं मोहन, एकौ पल जनि होहु नियारे।
हौं बलि गई, दरस देखैं बिनु, तलफत हैं नैननि के तारे।
औरौ सखा बुलाइ आपने, इहिं आँगन खेलौ मेरे बारे।
निरखति रहौं फनिग की मनि ज्यौं, सुंदर बाल-बिनोद तिहारे।
मधु, मेवा, पकवान, मिठाई, ब्यंजन खाटे, मीठे, खारे।
'सूरस्याम' जोइ-जोइ तुम चाहौ, सोइ-सोइ माँगि लेहु मेरे बारे॥

यशोदा जी कन्हैया से कह रही हैं—हे मोहन, मेरी आँखों से एक पल के लिए भी अलग न होओ। मैं तुम्हारी बलैया लेती हूँ। बिना तुम्हारे देखे मेरे नयनों के ये तारे तड़फड़ाते रहते हैं। मेरे बच्चे, तुम अपने और सखाओं को भी बुलाकर अपने घर के आँगन में ही खेला करो। जैसे मणिधर सर्प अपनी मणि बराबर देखता रहता है, वैसे ही मैं तुम्हारी सुंदर भाव-क्रीड़ा को बराबर देखती रहूँ। मेरे घर में मधु, मेवा, पकवान, खट्टे, मीठे. नमकीन सभी प्रकार के भोज्य पदार्थ भरे पड़े हैं। तुम जो-जो भी चाहो, मेरे बच्चे मुझसे माँग लिया करो। किसी दूसरे के यहाँ दही और माखन के लिए मत जाया करो।

५७१/९१८ राग ललित

देखी हरि, मथति ग्वालि दधि ठाढ़ी।
जोबन मदमाती इतराती, बेनि ढुरति कटि लौं, छबि बाढ़ी।
दिन थोरी, बोरी, अति गोरी, देखत ही जु स्याम भए चाढ़ी।
करषति है, दुहुँ करनि मथानी, सोभा-रासि भुजा सुभ काढ़ी।
इत-उत अंग मुरत झकझोरत, अँगिया बनी कुचनि सौं माढ़ी।
'सूरदास' प्रभु रीझि थकित भए, मनहुँ काम साँचे भरि काढ़ी॥

कन्हैया ने देखा एक ग्वालिन खड़ी होकर दही मथे जा रही है। वह यौवन के मद में मदमत्त हो इतरा रही है। उसकी चोटी कमर तक लटक रही है और बड़ी सुंदर लग रही है। उसकी शोभा में वृद्धि कर रही है। वह अभी थोड़ी ही दिनों की है, बड़ी भोली है, गौर वर्णा है। उसे देखते ही घनश्याम के मन में प्रबल लालसा पैदा हो गई। वह दोनों हाथों से मथानी खींचे जा रही है। उसकी खुली भुजाएँ तो शोभा की राशि-सी थीं। मथानी को खींचते हुए झकझोर खाकर उसके अंग (उरोज) इधर-उधर मुड़ते जा रहे हैं। कुचों को ढकती हुई उसकी चोली भी खूब सोह रही थी। लगता था जैसे कामदेव ने उसे साँचे में ढाल निकाला हो। प्रभु उस पर रीझ गए और उसे देखते-देखते खड़े रह गए।

५७२/९१९ राग बिलावल

गए स्याम तिहिं ग्वालिनि कैं घर।
देखी जाइ मथति दधि ठाढ़ी, आपु लगे खेलन द्वारे पर।

फिरि चितई, हरि दृष्टि गए परि, बोलि लए हरुऐं सूनैं घर ।
लिए लगाइ कठिन कुच कैं बिच, गाढ़ैं चाँपि रही अपनैं कर ।
उमँगि अंग अँगिया उर दरकी, सुधि बिसरी तन की तिहिं औसर ।
तब भए स्याम बरष द्वादस के, रिझै लई जुवती वा छबि पर ।
मन हरि लियौ तनक से ह्वै गए, देखि रही सिसु-रूप मनोहर ।
माखन लै मुख धरति स्याम कैं, 'सूरज' प्रभु रतिपति नागर-बर ॥

कन्हैया उस ग्वालिन के घर गए। उन्होंने देखा कि वह गोपी खड़ी होकर दही मथे जा रही थी। तब आप घर के बाहर उसी के दरवाजे पर खेलने लगे। ग्वालिनि ने बाहर देखा। उसकी दृष्टि में हरि पड़ गए। उसनें उन्हें अपने सूने घर में धीरे से बुला लिया और अपने कड़े (और बड़े, और खड़े) उरोजों के बीच में छाती से लगा लिया और अपने हाथों से उन्हें जोरों से दबा लिया। उरोजों के उमंग में आ जाने के कारण उसकी चोली मसक उठी। वह उस समय अपने तन-मन की सुधि भूल गई। उस समय श्याम बारह वर्ष के किशोर बन गए और अपनी उस छवि पर उन्होंने उस नवेली को रिझा लिया। जब कन्हैया ने उस युवती का मन हर लिया, तब वह पुनः छोटे से बालक बन गए, और वह कामिनी अब उनके मनोहर शिशु रूप को देखने लगी। फिर वह माखन लेकर शिशु कन्हैया के मुख में डालने लगी। प्रभु रतिपति (कामदेव) हैं। वे परम चतुर हैं। रसिक शिरोमणि हैं।

५७३/९२१ राग बिलावल

ग्वालिनि उरहन कैं मिस आई ।
नंद-नँदन तन मन हरि लीन्हौ, बिनु देखैं छिन रह्यौ न जाई ।
सुनहु महरि अपने सुत के गुन, कहा कहौं किहि भाँति बनाई ।
चोली फारि, हार गहि तोर्यो, इन बातनि कहौ कौन बड़ाई ।
माखन खाइ, खवायौ ग्वालनि, जो उबर्यौ सो दियौ लुढ़ाई ।
सुनहु 'सूर' चोरी सहि लीन्ही, अब कैसैं सहि जात ढिठाई ॥

ग्वालिनि उलाहना देने के बहाने यशोदा मैया के पास आई। नंद के पुत्र गोपाल कृष्ण ने उसका तन-मन हर लिया था। उन्हें बिना देखे उसे अपने घर में रहते नहीं बन पा रहा था। वह उलाहना देने लगी—हे महरि, अपने बेटे के गुण सुन लो। मैं क्या कहूँ और किस तरह उसे बनाकर कहूँ। उसने मेरी अँगिया फाड़ डाली। मेरे गले का हार पकड़कर तोड़ डाला। इन बातों में भला कौन-सा बड़प्पन है। खुद तो माखन खा ही गया और ग्वाल बालों को भी खिला दिया। जो मक्खन बचा, उसने उसे जमीन पर लुढ़का दिया। मैया सुनो, चोरी उसने की, सो तो सह लिया। मेरे तन से उसने जो ढिठाई की है, अब वह कैसे सह ली जाय?

५७४/९२२ राग नारंग

झूठेहिं मोहिं लगावति ग्वारि ।
खेलत तैं मोहिं बोलि लियौ इहिं, दोउ भुज भरि दीन्ही अँकवारि ।
मेरे कर अपनैं उर धारति, आपुन ही चोली धरि फारि ।

माखन आपुहिं मोहिं खवायौ, मैं धौं कब दीन्हौ है डारि।
कह जानै मेरौ बारौ भोरौ, झुकी महरि दै-दै मुख गारि।
'सूर स्याम' ग्वालिनि मन मोह्यौ, चितै रही इकटकहिं निहारि॥

ग्वालिन के इस उलाहने पर, कन्हैया अपनी सफाई देते हुए बोले—यह गोपी तो मुझे झूठ-मूठ का लछना (लांछन) लगाए जा रही है। मैं इसके दरवाजे पर खेल रहा था। उसने मुझे अपने सूने घर के भीतर धीरे से बुला लिया। फिर इसने मेरी दोनों बांहें पकड़कर मुझे अँकवार दी, गले से लिपटा लिया। मेरे हाथ उसने अपने उरोजों पर रख लिए और खुद इसने अपने हाथ से अपनी चोली फाड़ डाली। इसने खुद मुझे माखन खिलाया। मैंने कब इसका माखन जमीन पर लुढ़का दिया?

कन्हैया की यह सफाई सुनकर यशोदा मैया उस गोपी को गाली देती हुई बोलीं—'मेरा यह नन्हा-मुन्ना भला यह सब बातें क्या जानें?'

श्याम ने तो ग्वालिन का मन मोह ही लिया था। उसने यशोदा मैया की गाली की चिंता नहीं की। वह तो टकटकी लगा कर कन्हैया का मुख देखती रह गई।

५७५/९३० राग धनाश्री

माखन माँगि लियौ जसुमति सौं।
माता सुनत तुरत लै आई, लगी खवावन रति सौं।
मैया मैं अपने कर खैहौं, धरि दै मेरैं हाथ।
माखन खात चले उठि खेलन, सखा जुरे सब साथ।
मथुरा जात ग्वालिनी देखी, चरचि लई हरि आइ।
'सूरस्याम' ता घर के पाछैं, बैठि रहे अरगाइ॥

कन्हैया ने मैया यशोदा से माखन माँग लिया। सुनते ही मैया तुरंत ढेर-सा नवनीत ले आई और उन्हें प्रेमपूर्वक खिलाने लगी। पर कन्हैया ने कहा—मैया, सारी सामग्री मेरे हाथ पर रख दो। मैं अपने ही हाथ से आज खाऊँगा। यशोदा ने मक्खन उनके हाथ पर रख दिया। कन्हैया माखन खाते हुए खेलने के लिए निकल पड़े। तब तक उनके सभी संगी-साथी भी आ जुटे। उन्होंने एक गोपी को दही-माखन बेचने के लिए मथुरा जाते हुए देखा। तब उन्होंने अपने साथ के ग्वालबालों से इसकी चर्चा की। (और झट कुछ योजना बना ली)। तब वे उस गोपी के घर के पिछवारे अलग-थलग होकर आ बैठे।

५७६/९३१ राग धनाश्री

मथुरा जाति हौं बेचन दहियौ।
मेरे घर कौ द्वार सखी री, तबलौं देखति रहियौ।
दधि-माखन द्वै माट अछूते, तोहि सौंपति हौं सहियौ।
और नहीं या ब्रज मैं कोऊ, नंद-सुवन सखि लहियौ।
ये सब बचन सुने मनमोहन, वहै राह मन गहियौ।
'सूर' पौरि लौं गई न ग्वालिनि, कूदि परे दै धहियौ॥

कोई गोपी मथुरा दही बेचने जा रही थी। जाने से पहले वह अपनी पड़ोसिन से कह

रही है—'मैं मथुरा दही बेचने जा रही हूँ। जब तक मैं वापस न आ जाऊँ, तब तक तुम मेरे घर का दरवाजा देखती रहना। घर में एक मटका दही और एक मटका माखन रखे हैं। वे अछूते हैं। उनमें से किसी ने जरा-सा भी नहीं निकाला है। हे सखी, मैं उन्हें तुम्हें सौंपती जा रही हूँ और किसी का तो इस ब्रज में डर नहीं है; बस एक नंद का लाड़ला है, उसी को देखती रहना। वह घर में न घुसने पाये।'

कन्हैया गोपी की यह सारी बातें सुन रहे थे और मन ही मन आगे का एक रास्ता पकड़ते जा रहा थे, एक योजना बनाते जा रहे थे।

ग्वालिनि फाटक तक भी न गई होगी कि कन्हैया घर के पीछे से उसके घर में धावा बोल करके धड़ाम से कूद पड़े (और पड़ोसिन आगे दरवाजा अगोरती ही रह गई)।

५७७/९३२ राग नट

देख्यौ जाइ स्याम घर भीतर।
अबहीं निकसि कहत भई सोई, फिरि आई तुम्हरैं घर।
सखा साथ के चमकि गए सब, गह्यौ स्याम कर धाइ।
औरनि जानि जान मैं दीन्हौ, तुम कहँ जाहु पराइ?
बहुत अचगरी करत फिरत हौ, मैं पाए करि घात।
बाहँ पकरि लै चली महरि पै, करत रहत उतपात।
देखौ महरि, आपने सुत कौं, कबहुँ नाहिं पतियात।
बैठ स्याम भवन हीं अपनैं, चितै-चितै पछिताति।
बाहँ पकरि तू ल्याई काकौं, अति बेसरम गँवारि।
'सूर' स्याम मेरे आगैं खेलत, जोबन-मद-मतवारि॥

ग्वालिनी यशोदा को उलाहना देकर, अभी-अभी उनके घर से निकलकर अपने घर आई है, तब तक क्या देखती है कि श्याम उसके घर के भीतर घुसे हुए हैं। उसने श्याम से कहा—मैं अभी-अभी तुम्हारे घर से लौटकर चली आ रही हूँ, जो मैं वहाँ कह आई हैं, वही फिर यहाँ हो गया।

गोपी को घर आया देख, कन्हैया के सारे साथी तो भड़क कर, चकमा देकर भाग खड़े हुए। रह गए कन्हैया। गोपी ने जाकर उनका हाथ पकड़ लिया और कहा—तुम्हारे अन्य सखाओं को तो मैंने जान-बूझकर भाग जाने दिया। तुम मुझसे भाग के कहाँ जाओगे। तुम बहुत नटखटपन करते रहे हो, आज मैंने घात (दाँव) में पाकर तुम्हें पकड़ लिया है।

गोपी श्याम की बाँह पकड़कर महरि यशोदा के पास ले चली। उसने महरि से कहा—महरि अपने बेटे की करनी देख लो, यह हमेशा उपद्रव करता रहता है। तुम हमारा कभी भी विश्वास नहीं करतीं। इसीलिए आज मैं इसे पकड़े लिए चली आई हूँ।

परंतु गोपी ने क्या देखा—श्याम तो अपने घर के भीतर बैठे हुए हैं। उसके हाथ की पकड़ में हैं ही नहीं। यह अजूबा देखकर वह कन्हैया को देखे जा रही है और पछताती जा रही है।

यशोदा ने कहा—अरी गँवार, अरी बेशरम, अरी जोबन के नशे में चूर बनी रहनेवाली,

तू किसकी बाँहें पकड़ कर ले आई है। तेरे हाथ में तो कोई है नहीं। मेरा मोहन तो मे
आगे खेलता रहा है, अब भी खेल रहा है। तू खुद इसे देख लो।

५७८/१३३ राग सारं

'जसुदा तू जो कहति ही मोसौं।
दिन प्रति देत उरहनौ आवति, कहा तिहारे कोसौं।
वहै उरहनौ सत्य करन कौं, गोबिंदहिं गहि ल्याई।'
देखन चली जसोदा सुत कौं, ह्वै गए सुता पराई।
'तेरे नैन, हृदय, मति नाहीं, बदन देखि पहिचानै।
सुनु री सखी कहति डोलति है, या कन्या सौं कान्है।
तैं तो नाम स्याम मेरे कौ, सूधौ करि है पायौ।
'सूरदास' प्रभु देखि खरिक तैं, अबहीं आपै आयौ॥'

गोपी श्याम को पकड़कर यशोदा के पास ले आई और कहने लगी—'यशोदा, तु मुझसे जो कहा करती थीं कि तू रोज-रोज योंही उलाहना लिए चली आती है, अब मैं ते लाड़िले को क्या कोसूँ, उस उलाहने को सत्य सिद्ध करने के लिए तेरे गोविंद को ह पकड़े लिए चली आई हूँ।'

गोपी की बात सुनकर यशोदा अपने गोविंद को देखने चलीं। पर वे किसी दूसरे क बेटी बन गए थे। तब यशोदा बोली—तेरे न तो आँखें हैं कि तू ठीक-ठीक से देख सके और न तो हृदय में बुद्धि है कि कुछ तर्क-वितर्क कर सके। तू मुँह देखकर भी पहचा नहीं सकी। तू पकड़े है किसी की लड़की और कहती-फिरती है कि मैं कन्हैया को पकड़े लिए आ रही हूँ। सखी तू धन्य है, और क्या कहूँ? तूने मेरे श्याम का नाम सीधा-सा पाय है और उसी को रोज दोष लगाती आती है। यह देखो तो, मेरा कन्हैया तो अभी-अभी गो से स्वयं चला आ रहा है।

५७९/१३४ राग गौर

रही ग्वालि हरि कौ मुख चाहि।
कैसे चरित किए हरि अबहीं, बार-बार सुमिरति करताहि।
बाहँ पकरि घर तैं ले आई, कहा चरित कीन्हे हैं स्याम।
जात न बनै, कहत नहिं आवै, कहति महरि तू ऐसी बाम।
जानी बात तिहारी सबकी, जसुमति कहति इहाँ तैं जाहि।
'सूरदास' प्रभु के गुन ऐसे, बुधि बल करि को जीतै ताहि॥

गोपी हक्की-बक्की हो गई। वह चकित होकर कन्हैया का मुँह देखने लगी। व बार-बार सोचने लगी, 'हे भगवान, हरि ने यह क्या अद्भुत चरित अभी-अभी क दिखाया। मैं अभी-अभी कन्हैया का ही हाथ पकड़कर लिए आई हूँ। पर यह क्या हे गया-लड़का लड़की हो गई। न तो घर वापस जाते बनता है, न कुछ कहते बनता है। तब यशोदा बोल उठीं—तू बड़ी खोटी औरत है। मैंने तेरी ही नहीं, तेरी जैसी और सबक भी, बात अच्छी तरह जान ली। उठ, अब यहाँ से चली जा।

प्रभु के गुण ऐसे ही हैं। बुद्धि-बल से कौन उन्हें जीत सकता है।

५८०/९३७ राग कान्हरौ

करत कान्ह ब्रज-घरनि अचगरी।
खीझति महरि कान्ह सौं पुनि-पुनि, उरहन लै आवति हैं सगरी।
बड़े बाप के पूत कहावत, हम वै बास बसत इक बगरी।
नंदहु तैं ये बड़े कहैहैं, फेरि बसैहैं यह ब्रज नगरी।
जननी कैं खीझत हरि रोए, झूठहिं मोहिं लगावति धगरी।
'सूरस्याम' मुख पोंछि जसोदा, कहति सबै जुवती हैं लँगरी॥

कन्हैया ब्रज के घर-घर में ऐसी ही शरारत करते रहते थे। उलाहना सुनते-सुनते परेशान होकर, खीझकर यशोदा कन्हैया से कहने लगीं—'जिसे देखो वही उलाहना लिए चली आ रही है। तुम ऐसा नटखटी क्यों करते रहते हो? तुम बड़े बाप के बेटे कहे जाते हो और हम और वे सब एक ही ठिकाने के बसने वाले हैं, अगल-बगल के। अगर तुम इन सबसे इसी प्रकार शरारत करते रहोगे, तो वे नंद से भी अपने को बड़ा कहने लगेंगे और यह गोकुल नगरी छोड़कर चले जायँगे और कोई दूसरी नगरी बसा लेंगे।'

माँ यशोदा जब इस प्रकार बिगड़ रही थीं, तब हरि रोने लगे और बोले—ये कुलटाएँ मुझे झूठ-मूठ का दोष लगाती रहती हैं। तब यशोदा ने कन्हैया का मुँह पोंछ दिया और उन्हें संतोष देने के लिए बहलाने लगीं—ये सभी ब्रज युवतियाँ स्वयं ही बहुत छेड़-छाड़ करनेवाली हैं और खोटी हैं।

५८१/९४२ राग नटनारायन

लोगनि कहत, झुकति तू बौरी।
दधि माखन गाँठी दै राखति, करत फिरत सुत चोरी।
जाके घर की हानि होति नित, सो नहिं आनि कहै री?
जाति-पाँति के लोग न देखति, और बसे हैं नैरी।
घर-घर कान्ह खान कौं डोलत, बड़ी कृपन तू है री।
'सूरस्याम' कौं जब जोइ भावै, सोइ तबहीं तू दै री॥

कोई वृद्ध गोपी यशोदा को समझा रही है—जब लोग उलाहना लेकर आते हैं, तब तू पगला जाती है और बिगड़ने लगती है। अपने घर का दही और माखन तो तू ताले के भीतर बंद रखती है और बेटा औरों के घर इनकी चोरी किया करता है। जिसके घर का नित्य इतना नुकसान होगा, क्या वह उलाहना भी न दे? तू अपनी जाति-बिरादरी के लोगों की भी उपेक्षा करती जा रही है। क्या अब तू और जाति के लोगों को अपने घर के निकट बसाएगी? कन्हैया दही-मक्खन खाने के लिए दूसरों के घरों में घूमता-फिरता है। तू बड़ी कंजूस है, तेरे पास किस बात की कमी है। कन्हैया को जब भी जो चीज रुचे, तू उसे तब वही चीज दे दिया कर और फिर वह चोरी नहीं करेगा।

५८२/९४३ राग मलार

महरि तैं बड़ी कृपन है माई।
दूध-दही बहु बिधि कौ दीनौ, सुत सौं धरति छपाई।

बालक बहुत नहीं री तैरें, एकै कुँवर कन्हाई।
सोऊ तौ घरही घर डोलतु, माखन खात चोराई।
बृद्ध वयस पूरे पुन्यनि तैं, तैं बहुतै निधि पाई।
ताहू के खैबे-पीबे कौं, कहा करति चतुराई।
सुनहु न बचन चतुर नागरि के, जसुमति नंद सुनाई।
'सूरस्याम' कौं चोरी कैं मिस, देखन है यह आई॥

कोई ग्वालिन महरि यशोदा से कहे जा रही है—महरि, तू भारी कंजूस है। सखी, तेरे घर में भगवान का दिया हुआ बहुत दूध-दही है, तेरे कमी किस बात की है। पर तू सब बेटें से छिपाकर रखती है। तेरे बहुत से लड़के भी नहीं है। एक ही तो तेरे बेटा है कुँवर कन्हैया। वह भी घर-घर में घूमता-फिरता है और चुरा-चुराकर माखन खाता है। वृद्धावस्था में, पूर्वजन्म के बड़े पुण्य से, तुझको कुँवर कन्हैया के रूप में बहुत बड़ी निधि मिली है। तू उसके भी खाने-पीने में चतुराई करती है।

तब यशोदा ने नंद को सुनाकर कहा—इस चतुरा की बातें सुन रहे हो न? चोरी का बहाना बनाकर यह मेरे कुँवर कन्हैया को देखने आई है।

५८३/९४४ राग नट

अनत सुत गोरस कौं कत जात ?
घर सुरभी कारी धौरी कौ, माखन माँगि न खात।
दिन प्रति सबै उरहने कैं मिस, आवति हैं उठि प्रात।
अनलहते अपराध लगावति, विकट बनावतिँ बात।
निपट निसंक बिवादतिँ संमुख, सुनि-सुनि नंद रिसात।
मोसौं कहतिँ, कृपन, तेरैं घर, ढोटाहू न अघात।
करि मनुहारि उठाइ गोद लै, बरजति सुत कौं मात।
'सूरस्याम' नित सुनत उरहनौ, दुख पावत तेरौ तात॥

यशोदा जी कुँवर कन्हैया को समझा रही हैं—बेटे, गोरस के लिए, दूध-दही-मक्खन के लिए, अन्यत्र दूसरों के घर क्यों जाते हो? मेरे घर में श्यामा (काली) और धवली (सफेद) गउओं का मक्खन भरा रखा है, तू माँग के क्यों नहीं खा लिया करता? रोजाना सबेरे-सबेरे उठ करके ग्वालिनें उलाहना देने के बहाने यहाँ आ जाया करती हैं। वे चोरी के झूठे दोष लगाती हैं और उलटी-पलटी अन्य बातें भी कहती हैं। वे निडर होकर आमने-सामने बहस करने लगती हैं। उनकी ये बातें सुनकर नंद को बड़ा बुरा लगता है। ये गोपियाँ मुझको कंजूस कहती हैं और कहती हैं कि तेरे घर में एक ही बेटा है, वह भी पेट भर नहीं पाता, नहीं अघाता। इस प्रकार विनती करके माँ ने कन्हैया को उठाकर गोद में ले लिया और बेटे को दूसरों के घर जाकर चुरा-चुरा कर माखन खाने से रोकने लगीं और कहने लगीं—'नित्य-नित्य के ये उलाहने सुनकर तेरे नंद बाबा को बड़ा दुख होता है। तू उन्हें दुखी होने का अवसर तो न दे।'

५८४/९४७ राग सारंग

कन्हैया तू नहिं मोहिं डरात।
षटरस धरे छाँड़ि कत पर घर, चोरी करि करि खात।
बकत-बकत तो सौं पचि हारी, नैंकहुँ लाज न आई।
ब्रज-परगन-सिकदार-महर, तू ताकी करत नन्हाई।
पूत सपूत भयौ कुल मेरैं, अब मैं जानी बात।
'सूरस्याम' अब लौं तुहिं बकस्यौ, तेरी जानी घात॥

यशोदा जी कन्हैया को धमका रही हैं—कन्हैया, तू मुझसे जरा भी डर नहीं मानता। मेरे घर में छहों रसों के खट्टे, मीठे, तीते, चरपरे, कसैले सभी प्रकार के खाद्य पदार्थ बनाकर रखे हुए हैं। तू घर की बनी बनाई चीजें छोड़कर दूसरे के घर चोरी कर-करके खाता फिरता है। मैं तुझसे कहते-कहते हार गई—तू मेरा कहना कोरी बकवास समझता है और तुझे चोरी करके खाने में जरा भी लाज नहीं आ रही है। तेरा बाप ब्रज के परगने का सरदार है। तू उनकी छोटाई करता जा रहा है। उनका सिर नीचा किए दे रहा है। होना तो यह चाहिए था कि तू अपने सत्कर्मों से उनका सिर ऊँचा करता। तू मेरे कुल में अच्छा सपूत पैदा हुआ है। अब मैं तेरी सब बातें जान गई हूँ। तेरे सारे दाँव-पेंच मैं समझ गई हूँ। समझ रख, भविष्य में कभी तूने चोरी की, तो मैं तुझे छोड़ूँगी नहीं और दंड दिए बिना नहीं रहूँगी।

५८५/९४८ राग गौरी

सुनु री ग्वारि कहौं इक बात।
मेरी सौं तुम याहि मारियौ, जबहीं पावौ घात।
अब मैं याहि जकरि बाँधौंगी, बहुतै मोहिं खिझायौ।
साटिनि मारि करौं पहुनाई, चितवत कान्ह डरायौ।
अजहूँ मानि, कह्यौ करि मेरौ, घर-घर तू जनि जाहि।
'सूरस्याम' कह्यौ, कहूँ न जैहौं, माता मुख-तन चाहि॥

यशोदा उलाहना देनेवाली गोपी से कह रही है—'अरी ग्वालिन सुन, तुमसे एक बात कहे दे रही हूँ। तुम्हें मेरी शपथ, अब जब भी मौका मिले, तुम इसे चोरी करते पकड़ पाओ, तो तुम इसकी अच्छी कुटम्मस कर दो। अब मैं इसे सीकड़ में जकड़ कर बाँध दूँगी। इसने मुझे बहुत खिझाया है। मैं सुटुकिनी से इसे सुट-सुट मारकर इसकी पूरी देह छलनी कर दूँगी।' ग्वालिनी से इतना कहकर यशोदा मैया ने आँखें तरेर कर किसन को डरवाया और कहा—'कन्हैया, अब भी तू मेरा कहना मान ले और घर-घर जाना छोड़ दे।'

तब कन्हैया ने माँ के तमतमाए मुँह की ओर देखकर कहा—अब मैं किसी के भी घर न जाया करूँगा।

५८६/९४९ राग बिलावल

तेरैं लाल मेरौ माखन खायौ।
दुपहर दिवस जानि घर सूनौ, ढूँढ़ि-ढँढ़ोरि आपही आयौ।

खोलि किवार, पैठि मंदिर मैं, दूध-दही सब सखनि खवायौ ।
ऊखल चढ़ि, सींके कौ लीन्हौ, अनभावत भुइँ मैं ढरकायौ ।
दिन प्रति हानि होत गोरस की, यह ढोटा कौनैं ढँग लायौ ।
'सूरस्याम' कौं हरकि न राखैं, तैं ही पूत अनोखौ जायौ ॥

गोपी उलाहना देती हुई यशोदा मैया से कह रही है—यशोदा, तेरे बेटे ने मेरा सारा माखन खा डाला। दोपहर के समय मेरा घर सूना देखकर ढूँढ़-ढाँढ़ करता हुआ, मेरा किवाड़ खोल कर, वह घर में घुस गया और उसने सब दूध-दही अपने संगी-साथियों को खिला दिया। वह ओखरी पर चढ़ गया और सिकहर हाथ से पकड़ लिया। जो कुछ खाते-खिलाते बना, खा गया, और जो इसे पेट भर जाने के कारण नहीं रुचा, उसे उसने धरती पर लुढ़का दिया। इसी तरह वह प्रतिदिन हमारे गोरस का नुकसान करता रहता है। तुमने अपने छोरे को यह किस ढंग पर ढाल दिया है। कैसे सिखा-पढ़ा दिया है। तू उसको रोक नहीं रखती। ऐसा लगता है जैसे एक तूने ही बेटा पैदा किया है और सबने ईंट-पत्थर पैदा किए हैं। बेटे को सभी प्यार करते हैं, पर तेरे जैसा नहीं।

५८७/९५० राग बिलावल

हौं वारी रे मेरे तात ।
काहे कौं लाल पराए घर कौ, चोरि-चोरि दधि-माखन खात ।
गहि-गहि पानि मटुकिया रीती, उरहन कैं मिस आवत-जात ।
करि मनुहार, कोसिबे कैं डर, भरि-भरि देहि जसोदा मात ।
फूटी चुरी गोद भरि ल्यावैं, फाटे चीर दिखावैं गात ।
'सूरदास' स्वामी की जननी, उर लगाइ हँसि पूछति बात ॥

यशोदा जी कन्हैया को समझाए जा रही है—'हे मेरे बेटे, मैं तुम पर बलि-बलि जाती हूँ। तुम दूसरों के घर के दही-माखन चुरा-चुरा कर क्यों खाते-फिरते हो ? ये गोपियाँ हाथ में दही-मक्खन की खाली मटुकियाँ ले-लेकर, उलाहने देने के बहाने, रोज आती रहती हैं।' वे श्याम को कोसे नहीं, अब बुरा-भला न कहें, इस डर से मैया उनकी विनती ही नहीं करती, उनकी रीती मटुकियाँ भी भर-भर देती हैं। वे अपने अंचल में चूरी की फूटन भर-भर कर दिखाने के लिए लाती है और अपने फटे वसन हटाकर अपने शरीर उघार दिखाती हैं।' यशोदा जी हँस कर कन्हैया को गले लगा लेती हैं और कहती जाती हैं—'बेटे, तू ऐसे उत्पात क्यों करता रहता है।'

५८८/९५१ राग रामकली

माखन खात पराए घर कौ ।
नित प्रति सहस मथानी मथिऐ, मेघ-सब्द दधि-माट घमर कौ ।
कितने अहिर जियत मेरैं घर, दधि मथि लै बेंचत महि भरकौ ।
नव लख धेनु दुहत हैं नित प्रति, बड़ौ नाम है नंद महर कौ ।
ताके पूत कहावत हौ तुम, चोरी करत, उघारत फरकौ ।
'सूरस्याम' कितनौ तुम खैहौ, दधि-माखन मेरैं जहँ-तहँ ढरकौ ॥

यशोदा जी श्याम को समझा रही हैं—छिः छिः, तू दूसरे के घर का माखन चुरा-चुरा कर खाता है। मेरे घर में तो रोज एक हजार मथनियों से दही-मथा जाता है। दही मथने से घर्र-घों की जो ध्वनि निकलती है, वह बादल की गड़गड़ाहट जैसी सुनाई पड़ती है। कितने ही अहीरों की रोजी-रोटी मेरे घर से चल रही है। वे मेरे घर दही मथकर, मट्ठा ले जाकर भरकों में, मिट्टी के चुक्कड़ों में, भर-भर के बेचते हैं। वे नौ लाख गाएँ रोज दूहते हैं। तेरे बाप नंद का बड़ा नाम है और तू उन्हीं का सुपुत्र है। तू चोरी करता है; दूसरों के घर का फटका, बाँस का टट्टर, खोल देता है और उनके घरों में घुस जाता है। श्याम तू कितना खाएगा? दही और मक्खन तो मेरे घर में जहाँ तहाँ ढुलका-फिरता है, बहता रहता है।

५८९/९५४ राग रामकली

जसुमति तेरौ बारौ कान्ह, अतिही जु अचगरौ।
दूध-दही-माखन लै, डारि देत सगरौ।
भोरहिँ नित प्रातहि उठि, मोसौं करत झगरौ।
ग्वाल-बाल संग लिए, घेरि रहै डगरौ।
हम तुम सब बैस एक, कातैं को अगरौ।
लियौ दियौ सोई कछु, डारि देहु झगरौ।
'सूरस्याम' तेरौ, गुननि माहिं अगरौ।
चोली अरु हार तोरि, छोरि लियौ सगरौ॥

गोपी यशोदा को ओरहन दे रही है—यशोदा, तेरा लल्ला तो बड़ा नटखट हो गया है। वह हमारे दूध-दही, मक्खन लेकर सब अड़ा देता है। वह रोज सबेरे-सबेरे उठकर आता है और मुझसे झगड़ता है। वह अहीरों के लड़के लिए हुए हमारा रास्ता घेर लेता है। हम तुम सब एक ही वैश्य वंश के हैं—अहीर तुम, अहीर हम। कोई किसी से छोटा बड़ा नहीं है। सब बराबर हैं। तेरे कन्हैया ने जो कुछ ले लिया। समझ लो मैंने उसे सब दे ही दिया। झगड़ा समाप्त करो। पर तेरे श्याम में बड़े-बड़े गुण भरे हैं। वह तो हमारी चोली फाड़ डालता है, गले का हार तोड़ डालता है और हमारा सब कुछ छीन लेता है।

५९०/९५६ राग रामकली

देखौ माई या बालक की बात।
बन-उपबन, सरिता-सर मोहे, देखत स्यामल गात।
मारग चलत, अनीति करत है, हठ करि माखन खात।
पीतांबर वह सिर तैं ओढ़त, अंचल दै मुसुकात।
तेरी सौं कहा कहौं जसोदा, उरहन देति लजात।
जब हरि आवत तेरे आगैं, सकुचि तनक है जात।
कौन-कौन गुन कहौं स्याम के, नैंकु न काहुँ डरात।
'सूरस्याम' मुख निरखि जसोदा, कहति कहा यह बात॥

गोपी यशोदा मैया से श्याम की शिकायत कर रही है—मैया, इस छोकरे की बात तो देखो। इसने तो वन, उपवन, सरिता, सर जैसी जड़ प्रकृति को भी अपने साँवले सलोने शरीर से मोह लिया है। (फिर हमें भी मोह ले, तो कौन मुश्किल बात है)। पर यह राह चलते बहुत ही अनुचित करता है। यह हठ करके हमारे माखन खा लेता है। यह अपना पीतांबर सिर पर ओढ़ लेता है और उसका किनारा मुँह से लगाकर मुसकुरा उठता है। यशोदा, तुम्हारी सौगंध, क्या कहूँ, ठलाहने देने में भी लाज लगती है। यह कन्हैया तेरे सामने आते हैं, तब नन्हें-मुन्ना बन जाते हैं। मैं इनके कौन-कौन गुन तुमसे खोलकर कहूँ? यह किसी को भी जरा भी नहीं डरते।

उलाहना सुनकर यशोदा ने श्याम की ओर देखा और पूछा—कान्हा सुन रहे हो, यह क्या बात कह रही है? बताओ तो इसमें वास्तविकता क्या है?

५११/९५८ राग नट

नंद-घरनि सुत भलौ पढ़ायौ।
ब्रज-बीथिनि, पुर-गलिनि, घरै-घर, घाट-बाट सब सोर मचायौ।
लरिकनि मारि भजत काहू के, काहू कौ दधि-दूध लुटायौ।
काहू कै घर करत भँड़ाई, मैं ज्यौं त्यौं करि पकरन पायौ।
अब तौ इन्हें जकरि धरि बाँधौ, इहिं सब तुम्हरौ गाउँ भजायौ।
'सूरस्याम' भुज गहि नँदरानी, बहुरि कान्ह अपनै ढँग लायौ॥

गोपी यशोदा जी से कहे जा रही है—यशोदा, तुमने अपने बेटे को यह क्या खूब सिखाया है? यह ब्रज की वीथियों में, नगर की गलियों में, घर-घर में, घाट-बाट में, सब जगह शोर मचाता रहता है। यह किसी के लड़के को मार-मार कर भाग जाता है। किसी का दही-दूध छीन लेता है। किसी के घर में जाकर भँड़ैती (उपद्रव) करता है। मैंने इसे किसी तरह से पकड़ पाया है। अब इसे जकड़ कर, कस कर, बाँध दो। इसके उपद्रव के मारे तो तुम्हारे गोकुल नगर को छोड़-छोड़ कर सब लोग किसी दूसरे गाँव में जाकर बस जाने के लिए लाचार हो गए हैं। यह सबको यहाँ से भगाए दे रहा है।

तब नंदरानी ने कन्हैया की बाँह पकड़ ली और कहा—लगता है, अब तूने फिर अपना चोरी का पुराना ढर्रा पकड़ लिया है।

५१२/ग्र ५५१५ पुष्टि, राग विभास

तबहि जसोदा माखन लाई।
मैं मथिकै अबहीं जु निकास्यौ, तुम कारण मेरे कुँवर कन्हाई।
माँगि लेहु ऐसे ही मोपै, मेरेहिं आगे खाहु।
और कहूँ जिन खैहौ मोहन, दीठ लगैगी काहु।
तनक तनक ही खाहु लाल मेरे, जो बढ़ि आवै देह।
'सूरस्याम' कछू होउ बड़े रे, बैरिन के मुँह खेह॥

तभी यशोदा जी माखन लेकर कन्हैया के पास आईं और बोली—मैंने दही मथकर यह मक्खन अभी-अभी निकाला है। हे कुँवर कन्हैया यह टटका माखन मैं तुम्हारे लिए

ही लाई हूँ। मुझसे तुम इसे ऐसे ही माँग लो और मेरे आगे ही इसे खाओ और कहीं दूसरी जगह मत खाना। मोहन! किसी की बुरी नजर लग जायगी। तुम थोड़ा-थोड़ा खाओ। इससे तुम्हारा शरीर बढ़ेगा। तुम मोटे-ताजे-लंबे हो जाओगे। तुम जल्दी से कुछ बड़े तो हो जाओ। तुम्हारे शत्रुओं के मुँह में धूल पड़े। वे तुमसे पराजित होकर धराशायी होकर धूल चाटने लगें।

५९३/प १/१९ राग सारंग

अपने नान्हहिं केरि दुहाई।

अबहीं तैं यह स्याम ढुटौना, उलटी करत है, माई।
बासन फोरि गठौना कीनौ, गोरस कीच मचाई।
हटकौ जसुदा नंद-कुँवर कौं, घर-घर देखौ जाई।
मानौ कुँवर कछू नहिं जानत, बैठि रह्यौ अरगाई।
'सूरदास' बतिया कहि दैहौं, जासौं हाहा खाई॥

गोपी यशोदा से कह रही हैं—मैं अपने नन्हे-मुन्ने की शपथ खाकर कह रही हूँ। तुम्हारा ढोटा यह श्याम अभी से उल्टी रीति पर चल रहा है। इसने हमारे मिट्टी के भाँड़ों को फोड़-फोड़ कर फूटनों का ढेर बना दिया है और गोरस लुढ़का-लुढ़का कर कीच ही कीच कर दिया है। यशोदा, नंद कुँवर को रोको और घर-घर जाकर अपनी आँखों से देख लो। वह अलग-थलग जा बैठ रहा है, जैसे कुछ जानता ही नहीं। मैं तुमसे सारी बातें कह दूँगी। इसी डर के मारे वह हा-हा कर रहा है। विनती कर रहा है कि माँ से कुछ कहना मत।

५९४/प १/२०

स्याम सबै बतियाँ कहि दैहौं।

सूधैं चले जाहु जसुमति-सुत, कुटिल भौंह किऐं, हौं न डरैहौं।
उलटि चीर, नख रेख उदित करि, छाँड़ि सकुच, सब चिह्न बतैहौं।
जो कछु कह्यौ, तबहिं पछियावत, तुम दुराउ, पै मैं न दुरैहौं।
जो तुम लेहु नैन जल भरि-भरि, ह्वै दयाल, इत उत न चितैहौं।
'सूरस्याम' गोपी उर लाए, जिनि डराव, बलि, हौं न डरैहौं॥

गोपी कृष्ण से कह रही है—श्याम, मैं तुम्हारी सब बातें यशोदा से कह दूँगी। यशोदा-नंदन, अब से भी अपने घर चले जाओ, मैं तुम्हारी टेढ़ी भौंहों से डरनेवाली नहीं। मैं अपना आँचल हटाकर, उरोजों पर पड़े तुम्हारे नख के चिह्नों को प्रकट करके, सारा संकोच छोड़कर, यशोदा को दिखला दूँगी। तब तुमने मेरा पीछा करते हुए जो कुछ कहा है, उसे तुम छिपाओ, पर मैं न छिपाऊँगी। अरे तुम तो अपने नयनों में जल भरे ले रहे हो, रोने लगे। अच्छा, अब तुम्हारे रोने पर मुझे दया आ गई है। अब मैं इधर-उधर नहीं देखूँगी। अब तुम डरो मत। मैं तुम्हें अब डरवाऊँगी नहीं। मैं तुम्हारी बलैया लेती हूँ। ऐसा कहकर गोपी ने कुँवर कन्हैया को छाती से चिपका लिया।

५९५/ग्र ५४७७ कल्प, राग रामकली

आजु हरि पकरि न पाए चोरी।
लैगौ चोर चोरि मन-माखन, जो मेरौ धन हो री।
बाँध्यौ कंचन-खंभ-कलेवर, उभय भुजा दृग डोरी।
राख्यौ कठिन कठोर कुचन-बिच, सक्यौ न कोऊ छोरी।
अधर दसन खंड्यौ रस-गोरस, छुयो न काहू को री।
काम-दंड दंडी पै, घरकौ नाम न लेइ बहोरी।
तब कुलकानि आनि आड़े भइ, छमि अपराध किसोरी।
सिर पै हाथ धराइ 'सूर' प्रभु, सोच मोच, सिर ढोरी॥

गोपी पछता रही है—आज मैं हरि को माखन चोरी करते हुए न पकड़ सकी। पर जो मेरा असली धन, मेरा मन रूपी माखन था, उसे तो वह माखन चोर चुरा ही ले गया। उस मन-माखन चोर के सोने के खंभे जैसे शरीर को मैंने अपनी दोनों भुजाओं से जकड़ कर, दृग रूपी डोर से बाँध लिया है। फिर उसे अपने कठोर स्तनों के बीच में लाकर रख दिया, जहाँ से उसे कोई छुड़ा भी न सके। श्याम के जिन अधरों को कोई अभी तक छू भी नहीं सका है, मैंने अपने दाँतों से गोरस (इंद्रिय रस) के रस के निमित्त खंडित कर लिया, काट लिया। मैंने उसके काम दंड (लिंग) को दंडित किया, जिससे वह फिर इस घर लौट आने का नाम भी न लें। पर तब मेरी कुल-कानि ने आकर मुझे रोक दिया था। तब कृष्ण ने कहा—हे किशोरी, मेरा अपराध क्षमा करो। फिर प्रभु ने गोपी के सिर पर हाथ रखा और उसके सोच को दूर करके उसे प्रमत्त बना दिया।

बाल-छवि-वर्णन

५९६/प १/१४ राग धनाश्री

लरिकाई मैं जोबन की छवि, देखौ सुंदर लोचन भरि-भरि।
बिछुरी अलक बदन छबि छाजति, सुरति केलि मनु सीखि लई हरि।
गंड चखौड़ा, मेचक बिंदुली, भए चिह्न, मनु चुंबन करि-करि।
नैन सलोने भ्रमत भ्रमर ज्यौं, ललित गिरा सु तौ सहजहि तोतरि।
आँगन डोलत मत गयंद मनु, राखति सखि वर भुज-लतिका भरि।
'सूरस्याम' सब समय महा सुख देत लाल, पावति सब नागरि॥

बाल-कृष्ण में यौवन की छवि को भर आँखों देख तो। उनकी बिखरी अलकें उनके मुख-मंडल पर लटक कर अच्छी शोभा को प्राप्त हो रही हैं। ऐसा लगता है मानो हरि ने रति-क्रीड़ा सीख ली हो। उनके गालों पर काजल की बिंदी लगी है और ललाट पर (कस्तूरी की) काली वेंदी है। मानों चूमे जाने से ये निशान पड़ गए हैं। नेत्र सलोने हैं, जो भौंरे के समान मँडरा रहे हैं। उनकी वाणी है तो ललित, पर उसमें स्वाभाविक तुतलाहट है। वे आँगन में मतवाले हाथी के समान घूम रहे हैं। उन्हें सखी अपनी श्रेष्ठ भुजा रूपी लता में भर कर रोक रखती है। श्याम सब समय महा सुख देते रहते हैं और लाल के उस सुख को सब नागरियाँ पाती रहती हैं।

इस पद में सुरतांत का सा वर्णन है।

उलूखल-बंधन

५१७/९५१ राग गौरी

ऐसी रिस मैं जो धरि पाऊँ।
कैसे हाल करौं धरि हरि के, तुमकौं प्रगट दिखाऊँ।
सँटिया लिए हाथ नँदरानी, थरथरात रिस गात।
मारे बिना आजु जौ छाँड़ौं, लागै मेरैं तात।
इहिं अंतर ग्वारिनि इक औरै, धरें बाँह हरि ल्यावति।
भली महरि सूधौ सुत जायौ, चोली-हार बतावति।
रिस मैं रिस अतिहिं उपजाई, जानि जननि अभिलाष।
'सूरस्याम' भुज गहे जसोदा, अब बाँधौं कहि माष॥

उलाहना सुनते-सुनते जब यशोदा मैया की नाक में दम आ गया, तब वह अत्यंत क्रुद्ध हो उठीं—और बोलीं—'इस क्रोध की स्थिति में यदि मैं कन्हैया को पकड़ पाऊँ, तो उसको पकड़कर उसकी जो दुर्गति कर दूँगी, वह तुम स्वयं अपनी आँखों से देखना।' नंदरानी मारने के लिए हाथ में सुटुकनी लिए हुए हैं। क्रोध से उनका सारा शरीर काँपा जा रहा है। वे कहने लगीं—मैं अपने बाप की शपथ खा करके कह रही हूँ, मैं आज उसे बिना मारे छोड़ूँगी नहीं।

इसी बीच एक और ग्वालिन आ गई। वह कन्हैया की बाँह पकड़े हुए उन्हें लिए आ रही थी। उसने कहा—'महरि, तुमने अच्छा बेटा पैदा किया है।' यह कहकर उसने अपनी फटी चोली और टूटा हार दिखा दिया और कहा—अपने लाड़ले की करतूत देख लो। यशोदा को तो पहले ही से क्रोध था। यशोदा मैया के मन की अभिलाषा जानकर हरि ने उनके क्रोध को और भी भड़का दिया। उन्होंने श्याम की बाँह पकड़ी और क्रोध से, गुस्सा से कहा—अब मैं तुम्हें बाँध ही दूँगी।

५१८/९६२ राग सारंग

बाँधौ आजु, कौन तोहिं छोरै।
बहुत लँगरई कीन्हौ मोसौं, भुज गहि रजु ऊखल सौं जोरै।
जननी अति रिस जानि बँधायौ, निरखि बदन, लोचन जल ढोरै।
यह सुनि ब्रज-जुवतीं सब धाईं, कहतिं, कान्ह अब क्यौं नहिं छोरै।
ऊखल सौं गहि बाँधि जसोदा, मारन कौं साँटी कर तोरै।
साँटी देखि ग्वालि पछितानी, बिकल भई, जहँ-तहँ मुख मोरै।
सुनहु महरि ऐसी न बूझिए, सुत बाँधति माखन दधि थोरैं।
'सूरस्याम' कौं बहुत सतायौ, चूक परी हम तैं यह भोरैं॥

गुस्से में यशोदा बोलीं—'आज मैं तुझे बाँधे दे रही हूँ, देखूँ कौन तुझे छोड़ता है। तुमने मुझसे बहुत नटखटी की है।' यह कहकर यशोदा ने कन्हैया की बाँह पकड़ कर

उसमें बँधी रस्सी को उलूखल (ओखरी) में जोड़ दिया, बाँध दिया। कन्हैया ने मैया के क्रोध को देखकर अपने को बँधवा लिया, पर वे माँ के मुख की ओर देखते हुए आँसू बहाने लगे।

यह सुनकर ब्रज-युवतियाँ दौड़ी-दौड़ी आईं और कहने लगीं—कन्हैया को तुमने बाँध तो दिया, तुम्हारी इच्छा पूरी हो गई। अब कन्हैया को छोड़ क्यों नहीं देती? यशोदा ने कन्हैया को ऊखल से तो बाँध ही दिया था। अब वे उन्हें मारने के लिए हाथ में सुटुकुनी लेकर घुमाने लगीं। सांटी देखकर ग्वालिनें पछताने लगीं, विकल हो उठीं, और उस कष्टकर दृश्य को न देख सकने की स्थिति में आकर उन्होंने अपने मुँह पीछे की ओर मोड़ लिए।

उनमें से एक ने कहा—महरि, सुनो तो, तुम्हें ऐसा न करना चाहिए, जरा से माखन और दही के लिए बच्चे को बाँधने पर कटिबद्ध हो गई हो। हमने ही कन्हैया को यह भारी कष्ट दिया है। पर यह चूक हमसे भूल में, अनजाने में, हुई है।

५९९/९६३ राग आसावरी

जाहु चली अपनैं-अपनैं घर।
तुमहिं सबनि मिलि ढीठ करायौ, अब आईं छोरन बर।
मोहिं अपने बाबा की सौहैं, कान्हहिं अब न पत्याउँ।
भवन जाहु अपनैं-अपनैं सब, लागति हौं मैं पाउँ।
मोकौं जनि बरजौ जुवती कोउ, देखौ हरि के ख्याल।
'सूरस्याम' सौं कहति जसोदा, बड़े नंद के लाल॥

यशोदा ने उन ग्वालिनों को झटक दिया और फटकारते हुए कहा—अपने-अपने घर चली जाओ। तुम्हीं सबने तो उसको ढीठ बना दिया है और अब आई हो उसका बंधन छोड़ाने। मुझे अपने बाप की शपथ, अब मैं कन्हैया का विश्वास नहीं करूँगी। मैं अब तुम सबके पाँव पड़ती हूँ, कृपा करके अपने-अपने घर चली जाओ। मुझे कोई भी युवती अब रोके-टोके नहीं। मैं आज हरि के सब खेल तमासे देखती हूँ।

फिर वे श्याम से बोलीं—'तुम बड़े अच्छे नंद-लाल हो। अब तुम्हारी पूरी मरम्मत करके छोड़ूँगी।'

६००/९६७ राग बिहागरौ

कुँवर जल लोचन भरि-भरि लेत।
बालक बदन बिलोकि जसोदा, कत रिस करति अचेत।
छोरि उदर तैं दुसह दाँवरी, डारि कठिन कर बेंत।
कहि धौं री तोहिं क्यौं करि आवै, सिसु पर तामस एत।
मुख आँसू अरु माखन-कनुका, निरखि नैन छबि देत।
मानौ स्रवत सुधानिधि मोती, उडुगन अवलि समेत।
ना जानौं किहिं पुन्य प्रगट भए, इहिं ब्रज नंद-निकेत।
तन-मन-धन न्यौछावरि कीजै, 'सूरस्याम' कैं हेत॥

बंधन में पड़े हुए कन्हैया पर तरस खाकर कोई गोपी कह रही है—उलूखल से बँधे कन्हैया की आँखों से भर-भराकर आँसू झर-झर झरने लगे हैं। यशोदा, जरा बच्चे के मुख की ओर तो देख, तू अचेत होकर इतनी रिस क्यों किए जा रही है। इसके पेट से बँधी असह्य रस्सी को छोड़ दे और हाथ के बेंत को धरती पर फेंक दे। बताओ तो इस नन्हे-मुन्ने पर तुमसे इतना क्रोध करते कैसे बन रहा है। मुख पर आँसू के बिंदु और मक्खन के कण तो देखने में अत्यंत सुहावने लग रहे हैं, मानों चंद्रमा मोती बरसा रहा है और पास ही तारे झलमलाए जा रहे हैं। न जाने किस पूर्व पुण्य से यह श्याम ब्रज में नंद के घर में पैदा हुआ है। श्याम के लिए तो हमें अपना तन-मन-धन सभी निछावर कर देना चाहिए।

६०१/९७२ राग बिहागरौ

कहौ तौ माखन ल्यावैं घर तैं।
जा कारन तू छोरति नाहीं, लकुट न डारति कर तैं।
सुनहु महरि ऐसी न बूझियै, सकुचि गयौ मुख डर तैं।
ज्यौं जल-रुह ससि-रस्मि पाइ कै, फूलत नाहिंन सर तैं।
ऊखल लाइ भुजा धरि बाँधी, मोहनि मूरति बर तैं।
'सूरस्याम' लोचन जल बरषत, जनु मुकुता हिमकर तैं॥

एक गोपी यशोदा से कह रही है—कहो तो हम अपने घर से मक्खन ला दें। इसी के लिए तू श्याम का बंधन नहीं छोड़ रहीं है, और हाथ की साँटी भी नहीं फेंक रही है। महरि तुम्हें ऐसा न करना चाहिए। देखो न, श्याम का मुख डर से कितना सकुच गया है, उदास हो गया है। यह तो ऐसा लग रहा है जैसे चंद्रमा की किरन का स्पर्श पाकर तालाब में कमल न फूल पा रहा हो। तूने इस सुंदर मनमोहिनी मूर्ति को ऊखल में हाथ धर कर बाँध दिया है। इसकी आँखों से यों अश्रुपात हुआ जा रहा है, जैसे चंद्रमा से मोती गिरते जा रहे हों।

६०२/९७३ राग कल्यान

कहन लागीं अब बढ़ि-बढ़ि बात।
ढोटा मेरौ तुमहिं बँधायौ, तनकहिं माखन खात।
अब मोहिं माखन देतिं मँगाए, मेरैं घर कछु नाहिं!
उरहन कहि-कहि साँझ-सबारैं, तुमहिं बँधायौ याहि।
रिसही मैं मोकौं गहि दीन्हौ, अब लागीं पछितान।
'सूरदास' अब कहति जसोदा, बूझ्यौ सबकौ ज्ञान॥

यशोदा इन गोपियों की बातें सुनकर कहने लगीं—अब तुम लोग खूब बढ़-बढ़ कर बातें करने लगी हो। जरा से मक्खन के लिए तुम्हीं ने मेरे बच्चे को बँधवा दिया है। अब मुझे माखन मँगाकर देने के लिए तैयार हो—जैसे मेरे घर में कुछ है ही नहीं। साँझ-सबेरे तुम्हीं ने उलाहना दे देकर मेरी नाक में दम कर दिया और इस बच्चे को बंधवा दिया। मैं वैसे ही रिस में थी, उसी समय तुम्हीं तो इसे पकड़े लाईं और मुझे थमा दिया और अब पछताए जा रही हो। मैंने तुम्हारा सारा ज्ञान समझ लिया है कि तुम कितनी बुद्धिमान हो।

६०३/९७६ राग बिलावल

जसुदा देखि सुत की ओर ।
बाल बैस रसाल पर, रिस इती कहा कठोर ।
बार-बार निहारि तुव तन, नमित-मुख दधि-चोर ।
तरनि किरनहिं परसि मानौ, कुमुद सकुचत भोर ।
त्रास तैं अति चपल गोलक, सजल सोभित छोर ।
मीन मानौ बेधि बंसी, करत जल झकझोर ।
देत छबि अति गिरत उर पर, अंबु-कन के जोर ।
ललित हिय जनु मुक्त-माला, गिरति टूटैं डोर ।
नंद-नंदन जगत-बंदन, करत आँसू कोर ।
'दास सूरज' मोहि सुख-हित, निरखि नंदकिसोर ॥

गोपी कह रही है—यशोदा, बेटे की ओर देखो तो। एक तो उसकी इतनी कम उमर दूसरे वह कितना रसाल है, मनमोहक है, आनंद दायक है। इस पर इतना कटोर क्रोध सर्वथा अनुचित है। यह दधि-चोर बार-बार तुम्हारी ओर देखता अपना मुँह नीचे किए जा रहा है। ऐसा लगता है मानो प्रभातकाल में सूर्य की किरणों का स्पर्श पाकर कुमुदिनी सकुची जा रही हो। तेरे डर के मारे इसकी आँसुओं से डबडबायी चपल आँखों के छो ऐसे लग रहे हैं, जैसे कटिया मछलियों को विद्धकर देने के उपरांत जल को ही झकझो डाल रही हो। आँसू की बूँदे वक्ष पर गिरकर ऐसी शोभा प्राप्त हो रही है, जैसे गले के मोतियों की माला की डोर टूट गई हो और मोती गिरे जा रहे हों। नंदनंदन तो जगत-वंद हैं। इनकी आँखों की कोर पर आँसू छाए हुए हैं। नंद किशोर को देख और मुझे सुख दे के लिए इन्हें छोड़ दे।

६०४/९७७ राग धनाश्री

चितै धौं कमल-नैन की ओर ।
कोटि चंद वारौं मुख-छबि पर, ए हैं साहु कै चोर ।
उज्ज्वल अरुन असित दीसति हैं, दुहुँ नैननि की कोर ।
मानौ सुधा पान कैं कारन, बैठे निकट चकोर ।
कतहिं रिसाति जसोदा इनसौं, कौन ज्ञान है तोर ।
'सूरस्याम' बालक मनमोहन, नाहिंन तरुन किसोर ॥

एक गोपी यशोदा को समझा रही है—जरा कमल के समान नेत्रवाले कन्हैया की ओर तो देख और बता कि यह साहु जान पड़ते हैं कि चोर। इनके मुख की सुंदरता पर त करोड़ों चंद्रमा निछावर किए जा सकते हैं। इनके दोनों नयनों के किनारे श्वेत, रतनार औ श्याम हैं। ऐसा लगता है जैसे अमृत पीने के लिए मुखरूपी सुधाकर के पास दो चकोर आ बैठे हों। यशोदा यह तुम्हारी कौन-सी बुद्धि है, जो तू इनसे इतना गुस्सा कर रही है मनमोहन तो अभी बच्चे ही हैं, कोई तरुण या किशोर नहीं हैं।

देखि री नंद-नंदन-ओर।
त्रास तैं तन त्रसित भए हरि, तकत आनन तोर।
बार बार डरात तोकौं, बरन बदनहिं थोर।
मुकुर-मुख, दोउ नैन ढारत, छनहिं छन छबि-छोर।
सजल चपल कनीनिका पल, अरुन ऐसैं डोर।
रस भरे अंबुजनि भीतर, भ्रमत मानौं भौंर।
लकुट कैं डर देखि, जैसे भए स्त्रोनित ओर।
लाइ उरहिं, बहाइ रिस जिय, तजहु प्रकृति कठोर।
कछुक करुना करि जसोदा, करति निपट निहोर।
'सूरस्याम' त्रिलोक की निधि, भलैंहि माखन-चोर॥

एक गोपी यशोदा से कह रही है—यशोदा, जरा नंद-नंदन की ओर तो देख। हरि तुम्हारे डर से अत्यंत डर गए हैं और तुम्हारे मुँह की ओर देखे जा रहे हैं। वे तुमसे बार-बार डरे जा रहे हैं और उनके मुख का रंग थोड़ा हलका हो गया है, पीला पड़ गया है। इनके दर्पण के समान मुख पर दोनों नेत्र आँसू बहाते जा रहे हैं। इनकी प्रत्येक क्षण की छवि तो अपने छोर पर है, चरम सीमा पर है। इनकी आँखों की पुतलियाँ साश्रु हैं और चंचल हैं। वे लाल-लाल पलकों के बीच ऐसे हिलती-डुलती जा रही हैं, जैसे रस भरे कमलों के भीतर भौंरे मँडरा रहे हों। तेरी साँटी के डर से, देख न, ये आँखें और भी लाल हो गई हैं। लल्ला को छाती से लगा ले। अपना क्रोध हृदय से हटा दे, दूर निकाल फेंक। अपनी यह कठोर प्रवृत्ति अब छोड़ दे। यशोदा कुछ तो दया कर। मैं तुझसे बहुत-बहुत विनती कर रही हूँ। श्याम भले ही माखन-चोर हों, पर यह त्रिलोक की निधि हैं, निधि।

६०६/९८३ राग धनाश्री

तबतैं बाँधे ऊखल आनि।
बालमुकुंदहिं कत तरसावति, अति कोमल अँग जानि।
प्रातकाल तैं बाँधे मोहन, तरनि चढ़्यौ मधि आनि।
कुम्हिलानौ मुख चंद दिखावति, देखौ धौं नँदरानि।
तेरैं त्रास तैं कोउ न छोरत, अब छोरौ तुम आनि।
कमलनैन बाँधेही छाँड़े, तू बैठी मनमानि।
जसुमति के मन के सुख-कारण, आपु बँधवत पानि।
जमलार्जुन कौं मुक्त करन हित, 'सूरस्याम' जिय ठानि॥

गोपी यशोदा के कहती जा रही हैं—'तुमने तभी से, सबेरे से ही, बाल-मुकुंद को लाकर ऊखल में बाँध दिया है। तू जानती है कि यह अत्यंत कोमल अंग वाले हैं, फिर भी तू इनको क्यों त्रस्त किए जा रही है। तूने सबेरे से ही कन्हैया को बाँध रक्खा है और अब सूर्य बीच आकाश में आ गया है। ठीक दोपहरी हो चली है।' यह कहकर गोपी यशोदा को कन्हैया का मुरझाया हुआ मुँह दिखाने लगी और बोली—'नंद रानी, देखो न,

इसके कुम्हलाए चेहरे को। तुम्हारे डर से कोई भी इसका बंधन नहीं छोड़ पा रहा है। अब तुम्हीं आकर इसका बंधन छोड़ दो। तूने कमलनयन कृष्ण को यहाँ ऊखल में बाँध रखा है और स्वयं घर मैं बैठी-बैठी मनमानी करती जा रही है।'

वास्तविकता तो यह है कि श्याम ने यशोदा के क्रुद्ध मन को सुख देने के लिए अपना हाथ बँधवा लिया है और उन्होंने अपने मन में ठान लिया है कि अब यमलार्जुन का, अर्जुन के दोनों पेड़ों का, उद्धार कर ही दिया जाय।

६०७/९८७ राग सारंग

हलधर सौं कहि ग्वालि सुनायौ।

'प्रातहिं तैं तुम्हरौ लघु भैया, जसुमति ऊखल बाँधि लगायौ।
काहू के लरिकहि हरि मार्‌यौ, भोरहि आनि तिनहिं गुहरायौ।
तबहीं तैं बाँधे हरि बैठे, सो हम तुमकौं आनि जनायौ।
हम बरजी, बरज्यौ नहि मानति', सुनतहि बल आतुर ह्वै धायौ।
'सूरस्याम' बैठे ऊखल लगि, माता उर तनु अतिहिं त्रसायौ।

उस ग्वालिनी ने जाकर हलधर (बलराम) को यह सूचना दे दी—'तुम्हारे छोटे भैया कन्हैया को, आज सबेरे से ही, यशोदा मैया ने ऊखल में बाँध दिया है। किसी के लड़के को कन्हैया ने आज मार दिया था। उसकी मैया ने सबेरे ही सबेरे आकर यशोदा से गुहार लगाई। तभी से हरि बँधे पड़े हैं। हमने आकर तुमसे सब बातें कह दी हैं। हमने उन्हें कन्हैया को बाँधने से रोका, पर उन्होंने हमारा कहना माना ही नहीं'।

गोपी से, कन्हैया के बाँधे जाने की खबर पाकर, बलराम अत्यंत उतावली में घर की ओर दौड़ पड़े। उन्होंने देखा—श्याम ऊखल से बंधे हुए बैठे हैं और उनका तन और मन माता के त्रास से अत्यंत त्रस्त है।

६०८/९८८ राग सारंग

यह सुनि कै हलधर तहँ धाए।

देखि स्याम ऊखल सौं बाँधे, तबहीं दोउ लोचन भरि आए।
मैं बरज्यौ कै बार कन्हैया, भली करी दोउ हाथ बँधाए।
अजहूँ छाँड़ौगे लँगराई, दोउ कर जोरि जननि पै आए।
स्यामहिं छोरि मोहिं बाँधै बरु, निकसत सगुन भले नहिं पाए।
मेरे प्रान-जिवन-धन कान्हा, तिनके भुज मोहिं बँधे दिखाए।
माता सौं कह करौं ढिठाई, सो सरूप कहि नाम सुनाए।
'सूरदास' तब कहति जसोदा, दोउ भैया तुम इक मत पाए॥

गोपी से कन्हैया के ऊखल में बाँधे जाने की खबर सुनकर हलधर दौड़े-दौड़े आए। उन्होंने देखा कन्हैया ऊखल से बँधे हुए हैं। यह देखते ही दाऊ की दोनों आँखें छलछला आईं। उन्होंने कन्हैया से कहा—'मैंने कितनी ही बार तुम्हें रोका कि ऐसा ऊधम न किया करो। पर तुम हो कन्हैया, तुमने मेरी बात नहीं मानी। अच्छा हुआ तुम्हारे दोनों हाथ बाँध दिए गए। आशा करता हूँ कि अब आगे से तुम अपना यह उपद्रव करना छोड़ दोगे।'

कन्हैया से इतना कहकर, दोनों हाथ जोड़े हुए, दाऊ यशोदा मैया के पास आए और बोले—मैया कन्हैया को छोड़ दे, भले ही तू उसके बदले में मुझे ऊखल से बाँध दे। आज जब मैं घर से निकला, उस समय मुझे अच्छे शकुन नहीं हुए थे। इसी का फल है कि मैं कन्हैया को बँधा हुआ देख रहा हूँ। कन्हैया तो मेरे प्राण हैं, जीवन-धन हैं। तू समझ ले कि कन्हैया में ही मेरे प्राण बसते हैं। भला मैं मैया से क्या ढिठाई करूँगा। फिर उन्होंने धीरे से कहा—कन्हैया, तेरा बेटा तो है ही, वह साक्षात ब्रह्म हैं, विष्णु का स्वरूप हैं।

पर यशोदा मैया ने दाऊ की अंतिम बातों पर ध्यान नहीं दिया और बोलीं—मैं देख रही हूँ कि तुम दोनों भाई एक ही मत के हो। जैसा कन्हैया, वैसा ही दाऊ भैया।

६०९/९८९ राग सारंग

'एतौ कियौ कहा री मैया।
कौन काज धन दूध दही यह, छीभ करायौ कन्हैया।'
'आईं सिखवन भवन पराऐं, स्यानि ग्वालि बौरैया।
दिन-दिन देन उरहनौ आवतिं, ढुकि-ढुकि करति लरैया।'
सूधी प्रीति न जसुदा जानै, स्याम सनेही ग्वैयाँ।
'सूर' स्यामसुंदरहि लगानी, वह जानै बल भैया॥

बलराम ने यशोदा मैया से कहा—'मैया, तूने यह सब इतना क्यों कर डाला। कन्हैया को तूने क्यों बाँध दिया? यह सारा धन, दूध, दही किस काम का। तूने कन्हैया को बाँधकर उसके मन को खिन्न कर दिया है।'

तब यशोदा ने दाऊ से कहा—'गोकुल की ये ग्वालिनें बड़ी चतुरा हैं। ये बवली होकर दूसरे के घर सिखावन देने के लिए, बहुत जल्द दौड़ी चली आती हैं। ये रोज ही उलाहना लेकर चली आती थीं और मेरे ही घर में घुस कर मुझसे झगड़ा भी करती थीं।'

यशोदा मैया सीधी थीं। वे यह नहीं जानती थीं कि गोपियाँ श्याम की सनेहिनी हैं, उनकी गोइयाँ हैं और श्यामसुंदर को आ-आकर दोष लगाया करती हैं। दाऊ यह रहस्य जानते थे। वे मैया की बात सुनकर चुप लगा गए।

६१०/९९० राग केदारौ

काहे कौं कलह नाध्यौ, दारुन दाँवरि बाँध्यौ,
कठिन लकुट लै तैं, त्रास्यौ मेरैं भैया।
नाहीं कसकत मन, निरखि कोमल तन,
तनिक से दधि-काज, भली री तू मैया।
हौं तौ न भयौ री घर, देखत्यौ तेरी यौं अर,
फोरतौ बासन सब, जानति बलैया।
'सूरदास' हित हरि, लोचन आए हैं भरि,
बलहू कौं बल जाकौ, सोई री कन्हैया॥

बलदाऊ जी यशोदा मैया से बोले—मैया, तुमने व्यर्थ ही के लिए यह झगड़ा क्यों खड़ा कर दिया? कन्हैया को तुमने क्यों कठिन रस्सी से बाँध दिया? तुमने मेरे भैया को

कठोर छड़ी से क्यों डरवाया, क्यों मारा? कन्हैया के कोमल शरीर को भी देखकर तेरे मन में जरा भी कसक (पीड़ा) नहीं हुई। जरा से दही के लिए कन्हैया को तूने यह दंड दे रखा है। तू तो बड़ी भोली माँ है। मैं घर पर नहीं था, नहीं तो तुम्हारा हठ देखता। मैं घर में सभी दधि और माखन के भाँड फोड़ डालता। मेरी बला भी उन्हें कुछ न समझती।'

हरि के लिए, बलदाऊ भैया के दोनों नेत्र छलछला आए। उन्होंने कहा—यह वही कन्हैया है, जिसका बल मुझ बलराम को भी है। यही मेरा सहायक है, आधार है।

६११/९९१ राग सोरठ

काहे कौं जसोदा मैया, त्रास्यौ तैं बारो कन्हैया,
मोहन हमारौ भैया, केतौ दधि पियतौ।
हौं तौ न भयौ री घर, साँटी दीनी सर सर,
बाँध्यौ कर जेंवरिनि, कैसैं देखि जियतौ।
गोपाल सबनि प्यारौ, ताकौं तै कीन्हौ प्रहारौ,
जाकौ है मोहूँ कौ गारौ, अजगुत कियतौ।
और होतौ कोऊ, बिन जननी, जानतौ सोऊ,
कैसैं जाइ पावतौ, जौ आँगुरिनि छियतौ।
ठाढ़ौ बाँध्यौ बलबीर, नैननि गिरत नीर,
हरि जू तैं प्यारौ तोकौं, दूध दही घिय तौ।
'सूरस्याम' गिरिधर, धरा-धर हलधर,
यह छबि सदा थिर, रहौ मेरैं जिय तौ॥

बलराम जी यशोदा जी से कह रहे हैं—'हे यशोदा मैया, तुमने बालक कृष्ण को क्यों संत्रस्त कर रखा है? मोहन मेरा छोटा भाई है, वह कितना दही पीता। जिस समय तुमने उसे बाँधा, मैं उस समय घर पर नहीं था। मैं उसका हाथ रस्सी से बाँधा जाता देख, उसे सुटुकुनी से सट्-सट् पीटा जाता देख, किस प्रकार जीवित रह पाता। गोपाल तो सभी के प्रिय हैं, मुझे भी अपने इस छोटे भाई पर गर्व है, मुझे इसका गौरव भी है। तूने उसी को मारा। तूने यह अचंभे की बात कर डाली। हे मैया, तुम्हें छोड़कर यदि किसी दूसरे ने उसे उँगली से भी छुआ होता, छड़ी तो दूर की बात है, तो उस छूने का परिणाम वह भुगत लेत और बचके नहीं जा सकता था। तूने खड़े-खड़े मेरे भैया को बाँध दिया और उसकी आँखों से आँसू झरते रहे। तुझको दूध, दही और घी कन्हैया से भी प्यारे हो गए?'

सूरदास कह रहे हैं—गोवर्धनधारी गिरिधर गोपाल श्याम की और धरा को धारण करनेवाले (शेष के अवतार) बलराम की यह छवि मेरे मन में सदैव स्थिर बनी रहे, टले नहीं।

६१२/९९२ राग बिलावल

जसुदा तोहिं बाँधि क्यौं आयौ।
कसक्यौ नाहिं नैंकु मन तेरौ, यहै कोखि कौ जायौ।
सिव बिरंचि महिमा नहिं जानत, सो गाइनि सँग धायौ।

तातैं तू पहिचानति नाहीं, कौन पुन्य तैं पायौ !
कहा भयौ जो घर कैं लरिका, चोरी माखन खायौ ।
इतनी कहि उकसारत बाहैं, रोष सहित बल धायौ ।
अपनैं कर सब बंधन छोरे, प्रेम सहित उर लायौ ।
'सूर' सुबचन मनोहर कहि-कहि, अनुज सूल बिसरायो ॥

बलराम बोले—'यशोदा मैया, तुमसे कन्हैया को कैसे बाँधते बना? यह तो तुम्हारी कोख से पैदा हुआ है, फिर तेरा मन जरा भी पीड़ा से नहीं भर आया? इसकी महिमा को तो शंकर भगवान, ब्रह्मा भी नहीं जानते, उसी को तूने गायों के पीछे-पीछे दौड़ा दिया और इसीलिए तू इन्हें पहचानती नहीं। न जाने किस पूर्व पुण्य से तूने इन्हें पुत्र रूप में पाया है। क्या हुआ, यदि घर के लड़के ने चोरी से माखन खा ही लिया।'

इतना कहते-कहते अपनी बाहों पर से कुरते की बाँह ऊपर चढ़ाते हुए, क्रोधपूर्वक बलदाऊ दौड़े और अपने हाथों से उन्होंने कन्हैया के सारे बंधन खोल दिए तथा उन्हें अत्यंत प्यार से छाती से लगा लिया। उन्होंने कन्हैया से मीठी-मीठी, मन को हरनेवाली बातें कह-कहकर छोटे भाई की पीड़ा को भुलवा दिया।

६१३/११३ राग सोरठ

काहे कौं हरि इतनौ त्रास्यौ ।
सुनि री मैया, मेरैं भैया कितनौ गोरस नास्यौ ।
जब रजु सौं कर गाढ़े बाँधे, छर-छर मारी साँटी ।
सूनैं घर बाबा नँद नाहीं, ऐसैं करि हरि डाँटी ।
और नैंकु छ्वै देखै स्यामहिं, ताकौ करौं निपात ।
तू जो करै बात, सोइ साँची, कहा कहौं तोहिं मात ।
ठाढ़े बदत बात सब हलधर, माखन प्यारौ तोहि ।
ब्रज-प्यारौ, जाकौ मोहिं गारो, छोरत काहे न ओहि ।
काकौ ब्रज, माखन दधि काकौ, बाँधे जकरि कन्हाई ।
सुनत 'सूर' हलधर की बानी, जननी सैन बताई ॥

बलराम जी यशोदा मैया से कह रहे हैं—तूने कन्हैया को इतना क्यों दंडित किया? मैया सुन, मेरे छोटे भैया ने तेरा कितना दूध-दही-मक्खन नष्ट किया है? जब तूने उसके हाथों को रस्सी लेकर कसकर बाँध दिया और उसके शरीर पर सट-सट करके साँटी मारी, उस समय बाबा नंद घर में नहीं थे। ऐसे समय अकेले घर में तूने हरि को डाटा-फटकारा। कोई और आकर कन्हैया को जरा सा छू भी दे, तो मैं उसको तुरंत धराशायी बना दूँ, उठाकर पटक दूँ। तुम तो माँ हो, तुमको क्या कहूँ। तुम जो करो, वह सब ठीक ही है।' बलदाऊ खड़े ही खड़े यह सब कहते जा रहे थे—'तुझे तो बस तेरा मक्खन प्यारा है। जो सारे ब्रज का दुलारा है, जिसका मुझको भी गर्व और गौरव है, उसे तू छोड़ती क्यों नहीं? यह ब्रज किसका है, यह मक्खन, यह दही किसका है? यह सब तो उसी कृष्ण के हैं, जिसको तूने रस्सी से कसकर जकड़ डाला है।'

बलदाऊ की यह बात सुनकर मैया यशोदा ने आँख के इशारे से उनसे सब बातें बता दीं।

६१४/प १/२४ राग धनाश्री

हलधर हरि कौ देखि रिसाने।
अनुज बीर ऊखल सौं बाँधति, जननी सौं न बसाने।
त्रिभुवन पलटि धरौ हर गहि कै, कितौ घोष मो आगैं।
अखिल लोक के हरता करता, डरै साँटि के माँगैं।
अजहूँ तू पहिचानति नाहीं, कठिन लकुट दे डारि।
भुवन चतुर्दस तोहिं दिखाए, आनन माहिं पसारि।
संतत छीर समुद्र-सैनि जो, दह्यौ चुरावत त्रास्यौ।
'सूरस्याम' की अविगत लीला, ब्रजवासी बस जायौ॥

हरि को बँधा हुआ देखकर हलधर बलराम क्रुद्ध हो गए—'माँ ने छोटे भाई गोपाल कृष्ण को ओखली से बाँध दिया है। माँ पर मेरा बस नहीं चल पा रहा है। यह घोष (अहीरों की बस्ती) मेरे सामने क्या है, मैं तो अपना हल हाथ में लेकर तीनों लोकों को उलट-पलट सकता हूँ। मैया ये तीनों लोकों के स्रष्टा और संहारक हैं। पर जब तुमने इनको मारने के लिए सुटुकुनी मँगवाई, तब तो यह तुमसे डर ही गए। तू अब भी इनको पहचान नहीं पा रही है। यह अपनी लठिया फेंक दे। इन्होंने अपना मुँह फैलाकर अपने मुँह के भीतर ही तुझे चौदह भवन दिखला दिए थे। जो सर्वदा क्षीर-सागर में शेष शैय्या पर सोते रहते हैं, उन्हींको दही की चोरी में तुमने दंडित किया है।'

प्रभु की लीला रहस्यमयी है, जानने में न आनेवाली है। ब्रजवासी प्रभु की उसी लीला के बस में पड़े हैं।

६१५/९९४ राग सारंग

'सुनहु बात मेरी बलराम।
करन देहु इनकी मोहिं पूजा, चोरी प्रगटत नाम।
तुमही कहौ, कही काहे की, नव-निधि मेरैं धाम।
मैं बरजति, सुत जाहु कहूँ जनि, कहि हारी दिन जाम।
तुमहुँ मोहिं अपराध लगायौ, माखन प्यारौ स्याम।'
'सुनि मैया तोहि छाँड़ि कहौं किहिं, को राखै तेरैं ताम।
तेरी सौं, उरहन लै आवति, झूठहिं ब्रज की बाम।
'सूरस्याम' अतिहीं अकुलाने, कब के बाँधे दाम॥

यशोदा मैया बोलीं—'बलराम मेरी भी बात तो सुन। कन्हैया ने चोरी में बड़ा नाम कमाया है। अब मुझे इनकी पूजा कर लेने दो। तुम्हीं बताओ, मेरे घर में कमी किस बात की है। मेरे घर में तो नवो निधियाँ भरी पड़ी हैं। मैं बार-बार रोकती रही हूँ—कन्हैया, किसी दूसरे के घर मत जाओ। मैं दिन-रात कहते-कहते हार गई। पर यह माना नहीं।

दूसरों के घर जाता रहा और चुरा-चुराकर माखन खाता रहा। तुम भी मुझे दोषी ठहराए दे रहे हो कि मुझे मक्खन श्याम से भी प्यारा है।'

इस पर बलराम ने कहा—'मैया मेरी बात सुन। तुझे छोड़ मैं और किसको क्या कहूँ। तेरे क्रोध को दूसरा कौन रोक सकता है। तेरी शपथ खाकर कहता हूँ ये ब्रज की बालाएँ बलाएँ हैं और झूठ-मूठ का उलाहना लेकर तेरे पास आती रहती हैं। कन्हैया कब से रस्सी से बँधे पड़े हैं, वे अत्यंत विकल हो गए हैं। अब तो उन्हें छोड़ दे।'

६१६/११५ राग सारंग

'कहा करौं हरि बहुत खिझाई।
सहि न सकी, रिसही रिस भरि गई, बहुतै ढीठ कन्हाई।
मेरौ कह्यौ नैंकु नहिं मानत, करत आपनी टेक।
भोर होत उरहन ले आवति, ब्रज की वधू अनेक।
फिरत जहाँ तहँ दुंद मचावत, घर न रहत छन एक।'
'सूरस्याम' त्रिभुवन को कर्त्ता, जसुमति गही निज टेक॥

यशोदा बोलीं—बलराम, मैं क्या करूँ? कन्हैया ने मुझे बहुत चिढ़ा दिया है। कन्हैया बहुत धृष्ट हो गया है। मैं उसकी ढिठाई सह न सकी और मुझे बहुत रिस लग गई। यह मेरा कहना जरा भी नहीं मानता। अपनी ही जिद पर रहता है। सबेरा होते ही ब्रज की अनेक वधूटियाँ उलाहना ले-ले के आने लगती हैं। यह जहाँ-तहाँ उत्पात करता घूमता फिरता है। घर में एक क्षण के लिए भी ठहरता नहीं।

उधर त्रिभुवन के हर्ता कृष्ण हैं। इधर यशोदा ने भी टेक पकड़ रखी है। क्या कहा जाय?

६१७/११६ राग गूजरी

जसोदा कान्हहु तैं दधि प्यारौ?
डारि देहि कर मथत मथानी, तरसत, नंद दुलारौ।
दूध दही माखन लै वारौं, जाहि करत तू गारौ।
कुम्हिलानौ मुख-चंद देखि छवि, कोह न नैंकु निवारौ।
ब्रह्म सनक सिव ध्यान न पावत, सो ब्रज गैयनि चारौ।
'सूरस्याम' पर बलि-बलि जैऐ, जीवन-प्रान हमारौ॥

बलराम जी कह रहे हैं—यशोदा मैया, तुझे कन्हैया से भी दही प्यारा है? उधर नंद-नंदन त्रस्त हुए जा रहे हैं और तू इधर दही मथने में लगी है? मथानी उठाकर रख दे और आकर कन्हैया का बंधन छोड़ दे। तुझे अपने दूध, दही, मक्खन का ही गर्व है, गौरव है। मैं इन सबको कन्हैया के ऊपर निछावर किए दे रहा हूँ। तू कन्हैया के मुरझाए चंद्र सदृश मुँह की छवि को देखकर भी अपना क्रोध जरा भी नहीं रोक पा रही है। जिसको ब्रह्मा, शिव, सनक आदि भी ध्यान में नहीं पाते, वही ब्रज में आकर तेरी गाएँ चरा रहा है। श्याम पर तो हमें बलि-बलि जाना चाहिए। वह तो हमारा प्राण है, जीवन है।

६१८/११७ राग रामकली

जसोदा ऊखल बाँधे स्याम।

मनमोहन बाहिर ही छाँड़े, आपु गई गृह-काम।
दह्यौ मथति, मुख तैं कछु बकरति, गारी दे, लै नाम।
घर-घर डोलत, माखन चोरत, षट-रस मेरैं धाम।
ब्रज के लरिकनि मारि भजत है, जाहु तुमहु बलराम।
'सूरस्याम' ऊखल सौं बाँधे, निरखहिं ब्रज की बाम॥

यशोदा ने श्याम को ऊलूखल में बाँध दिया। उसने मनमोहन को बाहर ही बँधा हुआ छोड़ा और स्वयं घर के काम से चली गई। वह दही मथती जा रही थीं, मुख से कुछ बकती जा रही थीं, उलाहना लानेवाली गोपियों का नाम ले लेकर गाली देती जा रही थीं। कन्हैया घर-घर माखन चुराता फिरता है। यहाँ मेरे घर में सभी छहों रसों की खाद्य वस्तुओं का ढेर लगा हुआ है। यह ब्रज के लड़कों को मार-मार करके भग जाता है—बलराम अब तुम भी जाओ। मैं तुम्हारी भी सुनने की नहीं।'

श्याम ऊखल से बँधे हुए हैं और ब्रजबालाएँ आ आकर उन्हें देखकर ही रह जाती हैं, मन मसोस कर रह जाती हैं।

६१९/११८ राग गौरी

निरखि श्याम हलधर मुसुकाने।

को बाँधै, को छोरै इनकौं, यह महिमा येई पै जाने।
उतपति-प्रलय करत हैं येई, सेष सहस मुख सुजस बखाने।
जमलार्जुन तरु तोरि उधारन, कारन करन आपु मन माने।
असुर सँहारन, भक्तनि तारन, पावन-पतित कहावत बाने।
'सूरदास' प्रभु भाव-भक्ति के, अति हित जसुमति हाथ बिकाने॥

श्याम को बँधा हुआ देखकर बलराम मुसकरा पड़े। वे सोचने लगे—इनको कौन बाँध सकता है, कौन छोड़ सकता है। इनकी महिमा तो यही जानते हैं। यही सृष्टि रचते हैं, यही सृष्टि का संहार करते हैं। शेष इनका गुणानुवाद हजार मुँहों से करते हैं। यही जुड़वाँ अर्जुन के पेड़ों को तोड़कर अब उनका उद्धार करनेवाले हैं। यही सब वस्तुओं के कारण हैं। यही सब वस्तुओं के करनेवाले हैं। यह अपनी इच्छा मात्र-से सब कुछ कर डालनेवाले हैं। यह असुरों का संहार करनेवाले हैं, भक्तों को तारनेवाले हैं, इनका विरुद ही पतित-पावन है। भाव भक्ति के नाते ही यह अब यशोदा के हाथ में बिके हुए हैं।

६२०/११९ राग धनाश्री

'जसुमति किहिं यह सीख दई।

सुतहिं बाँधि तू मथति मथानी, ऐसी निठुर भई।
हरैं बोलि जुवतिनि कौं लीन्हौ, तुम सब तरुनि नई।
लरिकहिं त्रास दिखावत रहिए, कत मुरझाइ गई।
मेरे प्रान-जिवन-धन माधौ, बाँधे बेर भई।
'सूरस्याम' कौं त्रास दिखावति, तुम कहा कहति दई'॥

गोपियाँ कह रही हैं—'यशोदा, तुमको यह सीख किसने दी, बच्चे को बाँधकर, निश्चिंत होकर तुम दही मथे जा रही हो। तुम ऐसी कठोर-हृदय हो गई हो।'

तब यशोदा जी ने धीरे से युवतियों को बुलाया और कहा—तुम सब अभी नई-नवेलियाँ हो, अनुभव-हीन हो। लड़कों को भय दिखाते रहना चाहिए, नहीं तो वे बिगड़ जाते हैं। मेरी यह बात सुनकर तुम लोग मुरझा क्यों गई? कन्हैया मेरे भी प्राण हैं, जीवन हैं, धन हैं। उसे बाँधे हुए देर हो गई है। मैं इसे केवल डर दिखा रही हूँ। तुम मुझे क्या समझा रही हो।

यमलार्जुन उद्धार

६२१/१००० राग गौरी

हरि चितए जमलार्जुन के तन।
अबहीं आजु इन्हैं उद्धारौं, ये हैं मेरे निज जन।
इनहीं के हित भुजा बँधाई, अब बिलंब नहिं लाऊँ।
परस करौं तन, तरुहिं गिराऊँ, मुनिवर-साप मिटाऊँ।
वे सुकुमार, बहुत दुख पायौ, सुत कुबेर के तारौं।
'सूरदास' प्रभु कहत मनहिं मन, यह बंधन निरवारौं॥

हरि ने दोनों अर्जुन वृक्षों की ओर देखा और मन ही मन में कहने लगे—ये दोनों मेरे खास भक्त रहे हैं। आज ही, अभी, मैं इनका उद्धार किए दे रहा हूँ। इन्हींके उद्धार के लिए मैंने यशोदा मैया से अपनी बाहें बँधवाई हैं। अब विलंब नहीं करूँगा। इनका शरीर छू लूँ, इन वृक्षों को गिरा दूँ और नारद मुनि के शाप से अब इन्हें मुक्त कर दूँ। ये बहुत सुकुमार हैं। इन्होंने बहुत दुख उठाया है। ये दोनों कुबेर के पुत्र नलकूबर और मणिग्रीव हैं। नारद ऋषि के शाप से ये अर्जुन के वृक्ष बन गए हैं। अब मैं इनका उद्धार कर दूँ और अपना यह बंधन भी खुलवा दूँ।

६२२/१००३ राग सोरठ

धन्य-धन्य ऋषि-साप हमारे।
आदि अनादि निगम नहिं जानत, ते हरि प्रगट देह ब्रज धारे।
धन्य नंद, धनि मातु जसोदा, धनि आँगन खेलत भए बारे।
धन्य स्याम, धनि दाम बँधाए, धनि ऊखल, धनि माखन-प्यारे।
दीन-बंधु करुना-निधि हौ, प्रभु, राखि लेहु हम सरन तिहारे।
'सूरस्याम' कैं चरन सीस धरि, अस्तुति करि निज धाम सिधारे॥

नलकूबर और मणिग्रीव दोनों भाई नारद मुनि के शाप से मुक्त हो जाने पर प्रभु की स्तुति करने लगे—

हे नारद जी, आपके शाप को धन्य है। जो आदि हैं, अनादि हैं, जिनको वेद नहीं जान पाते, वे ही हरि बालक रूप धारण कर ब्रज में अवतरित हो गए हैं। नंद धन्य हैं, मैया यशोदा धन्य हैं, नंद का आँगन धन्य है, जहाँ कृष्ण ने बाल-क्रीड़ाएँ की हैं। श्याम धन्य है, वह रस्सी धन्य है, जिससे श्याम बाँधे गए। यह ऊलूखल भी धन्य है, जिसमें

हरि बँध गए। वह माखन भी धन्य है, जो प्रभु को परम प्रिय है। हे प्रभु, तुम दीनबंधु हो, करुणा के सागर हो, हम तुम्हारी शरण में हैं, हमारी रक्षा कर लो।

इस प्रकार श्याम के चरणों पर मस्तक टेक कर, प्रभु की स्तुति करके, नलकूबर और मणिग्रीव अपने घर अलकापुरी चले गए।

यमलार्जुनोद्धारोपरांत जेवनार

६२३/१०१३ राग सारंग

भूखौ भयौ आजु मेरो बारौ।
भोरहिं ग्वारि उरहनौ ल्याई, उहिं यह कियौ पसारौ।
पहिलेहिं रोहिनि सौं कहि राख्यौ, तुरत करहु जेवनार।
ग्वाल-बाल सब बोलि लिए, मिलि बैठे नंद-कुमार।
भोजन बेगि ल्याउ कछु मैया, भूख लगी मोहिं भारी।
आजु सबारैं कछु नहिं खायौ, सुनत हँसी महतारी।
रोहिनि चितै रही जसुमति-तन, सिर धुनि-धुनि पछितानी।
परसहु बेगि, बेर कित लावति, भूखे सारँगपानी।
बहु ब्यंजन बहु भाँति रसोई, षटरस के परकार।
'सूरस्याम' हलधर दोउ भैया, और सखा सब ग्वार॥

यशोदा कहने लगीं—आज मेरा बच्चा भूखा रह गया। सबेरे ही सबेरे ग्वालिनी उलाहना लेकर आई थीं। उसी ने यह सब बखेड़ा खड़ा कर दिया।

यशोदा ने पहले ही से रोहिणी से कह रखा था कि तुरंत भोजन बनाओ। सभी ग्वाल-बाल, कन्हैया के संगी-साथी बुला लिए गए और नंदकुमार उनके साथ भोजनार्थ बैठ गए और कहा—मुझे आज बहुत भूख लग गई है। मैया जल्दी भोजन लाओ। आज सबेरे कुछ नहीं खाया था। यह सुनकर माँ यशोदा हँस पड़ीं, रोहिणी यशोदा की ओर देखने लगीं और यशोदा सिर पीट-पीट कर पछताने लगीं और कहने लगीं—जल्दी रसोईं परोसो, देर क्यों कर रही हो, कमल के से हाथवाले कन्हैया को बड़ी भूख लगी है। तब अनेक प्रकार के खाद्य पदार्थ, अनेक प्रकार की रसोईं, छहों रसों वाली वस्तुएँ परोस दी गईं और राम-श्याम दोनों भाई तथा सभी ग्वाल-बाल संगी-साथी भोजन करने लगे।

६२४/१०१४ राग सारंग

नंद-भवन मैं कान्ह अरोगैं। जसुदा ल्यावै षटरस भोगैं।
आसन दै, चौकी आगैं धरि। जमुना-जल राख्यौ झारी भरि।
कनक-थार मैं हाथ धुवाए। सत्रह सौ भोजन तहँ आए।
लै-लै धरति सबनि के आगैं। मातु परोसै, जो हरि माँगैं।
खीर, खाँड़, घृत, लावनि लाडू। ऐसे होहिं न अमृत खाँड़ू।
और लेहु कछु सुख ब्रज-राजा। लुचुई, लपसी, घेवर, खाजा।
पेठापाक, जलेबी, कौरी। गोंदपाक, तिनगरी, गिंदौरी।

गुझा, इलाचीपाक, अमिरती। सीरा साजौ लेहु ब्रजपती।
छोलि धरे खरबूजा, केरा। सीतल बास करत अति घेरा।
खरिक, दाख अरु गरी, चिरारी। पिंड बदाम लेहु बंनबारी।
बेसन-पुरी, सुख पुरी, लीजै। आछौ दूध कमल-मुख पीजै।
मैया मोहिं और क्यौं प्यावै। धोरी कौ पय मोहिं अति भावै।
बेला भरि हलधर कौं दीन्हौ। पीवत पय अस्तुति बल कीन्हौ।
ग्वाल सखा सबहीं पय अँचयौ। नीकैं औटि जसोदा रचयौ।
दोना मेलि धरे हैं खूआ। हौंस होइ तौ ल्याऊँ पूआ।
मीठे अति कोमल हैं नीके। ताते, तुरत चभोरे घी के।
फेनी, सेव, अँदरसे प्यारे। लै आवौं जेंवौ मेरे बारे।
हलधर कहत ल्याउ री मैया। मोकौं दै, नहिं लेत कन्हैया।
जसुमति हरष भरी लै परसति। जेंवत हैं अपनी रुचि सौं अति।
कान्ह माँगि सीतल जल लीयौ। भोजन बीच नीर लै पीयौ।
भात पसाइ रोहिनी ल्याई। धृत सुगंधि तुरतै दै ताई।
नीलावति चाँवर दिव-दुर्लभ। भात परोस्यौ माता सुरलभ।
मूँग मसूर उरद चन दारी। कनक-फटक धरि फटकि पछारी।
रोटी, बाटी, पोरी, झोरी। इक कोरी, इक घीव चभोरी।
गायौ-घृत भरि धरी कटोरी। कछु खायौ, कछु फेटैं छोरी।
मीठैं तेल चना की भाजी। एक मकूनी दै मोहिं साजी।
मीठे चरपर उज्ज्वल कूरा। हौंस होइ तौ ल्याऊँ मूरा।
मूँग-पकौरा पनौ पतवरा। इक कोरे, इक भिजे गुरबरा।
पापर बरी मिथौरि फुलौरी। कूर बरी काचरी पिठौरी।
बहुत मिरच दै किए निमोना। बेसन के दस बीसक दोना।
बन कौरा पिंडीक चिचिंडी। सीप पिंड़ारू कोमल भिंडी।
चौराई लाल्हा अरु पोई। मध्य मेलि निबुआनि निचोई।
रुचिर लजालु लोनिका फाँगी। कढ़ी कृपालु दूसरैं माँगी।
सरसौं, मेथी, सोवा, पालक। बथुआ राँधि लियौ जु उतालक।
हींग हरद म्रिच छौंके तेले। अदरख और आँवरे मेले।
सालन सकल कपूर सुबासत। स्वाद लेत सुंदर हरि ग्रासत।
आँब आदि दै सबै सँधाने। सब चाखे गोबर्धन-राने।
कान्ह कह्यौ हौं मातु अघानौ। अब मोकौं सीतल जल आनौ।
अँचवन लै तब धोए कर मुख। सेष न बरनै भोजन कौ सुख।
उज्ज्वल पान, कपूर, कस्तूरी। आरोगत मुख की छबि रूरी।
चंदन अंग सखनि कैं चरच्यौ। जसुमति के सुख कौं नहिं परच्यौ।

जूठनि माँगि 'सूर जन' लीन्हौ। बाँटि प्रसाद सबनि कौं दीन्हौ।
जन्म-जन्म बाढ़्यौ जूठनि कौ। चेरौ नंद महर के धन कौ॥

नंद के घर में कन्हैया भोजन करने लगे। माता यशोदा छहों रसों (स्वादों)—कटु, अम्ल, तिक्त, मधुर, कषाय, लवण—की रसोई ला-लाकर परोसे दे रही थीं। सबको बैठने के लिए आसन दे दिए गए थे, आगे थाली रखने के लिए चौकी लगा दी गई थी। झारी में भरकर यमुना जी का जल पीने के लिए रख दिया गया था। भोजन करने वाले कुल सत्रह सौ ग्वाल-बाल थे। सबके हाथ धुलाए गए और सोने की थालियों में सबकी चौकियों पर तरह-तरह के खाद्य पदार्थ लाए गए। थालियाँ सबके आगे रख दी गईं। कन्हैया जी जो-जो माँगते जाते थे, मैया सभी चीजें परोसती जाती थीं। खीर, खांड़, घी, नमकीन, लड्डू परोसते हुए यशोदा जी कहती जाती थीं, इतने मीठे तो अमृत भी नहीं। वे कहती जा रही थी—ब्रज के राजा श्याम, कुछ और लो। लुचुई (सोहारी), लपसी (हलवा), घेवर, खाजा, पेठा, पाक, जलेबी, कौरी, गोंद पाक, तिनगरी, गिंदौरी, गोझा, इलायची, पाक, अमिरिती, सीरा (औंटाया दूध) सजा रखा है, हे ब्रजपति, जो चाहो, मँगा लो। खरबूज और केला छील-छीलकर ठंडे स्थान में कपड़े में लपेटकर रखे हुए हैं। खारिक (खजूर, छुहारा), द्राक्ष (अंगूर), नारियल को गरी, चिरौंजी, पिंड, बादाम जो चाहो, हे वनवारी ले लो। बेसन की पूड़ी, सुख-पुरी ले लो। अपने कमल के समान मुख से बढ़िया दूध पियो।

कृष्ण बोले—मैया, मुझे तो अपनी धौरी (श्वेत) गैया का दूध ही बहुत अच्छा लगता है। तू मुझे दूसरी गाय का दूध क्यों दे रही है। यशोदा ने बेला (कटोरा) भरकर दूध बलराम को दिया। बलराम ने दूध पिया और उसकी बहुत-तारीफ की। सभी ग्वाल-सखाओं ने दूध पिया। वह बहुत स्वादिष्ट था, क्योंकि यशोदा मैया ने उसे खूब औटाया था और गाढ़ा बना दिया था।

यशोदा ने कहा—दोनों में भर-भरकर खोवा रखा हुआ है। इच्छा हो तो मालपूआ ले आऊँ। वे अत्यंत मीठे हैं, कोमल हैं और बहुत अच्छे हैं। वे गर्मागर्म हैं, ताजे हैं और घी में चभोरे हुए हैं। फेनी, सेब, अँदरसे, मैं लाए देती हूँ। मेरे प्यारे बच्चों ये प्रेम से खाते जाओ। हलधर ने कहा—मैया, मुझे दे दे, कन्हैया तो नहीं ले रहे हैं।

यशोदा प्रसन्नतापूर्वक परोसे जा रही हैं और सब अपनी-अपनी रुचि के अनुसार जीमते जा रहे हैं। कन्हैया ने ठंडा पानी माँगा और भोजन के बीच में ही पी लिया।

तब तक रोहणी मैया भात पसाकर गर्मागर्म लाई। उसमें सुगंधित घी तपाकर डाल दिया गया था, छौक दिया गया था। देवताओं को भी दुर्लभ नीलवति चावल पकाया गया था, छौंक दिया गया था। माँ ने वही भात बच्चों को परोसकर सुलभ कर दिया। मूँग, मसूर, उरद, चना की दाल सोने के सूप मे फटक कर, पछोर कर पकाई गई थी। रोटी, बाटी (लिट्टी), पोरी पोरी (पोली रोटी), सभी तैयार थी। कुछ सादी थी, कुछ में घी चपोर दिया गया था। गाय का घी कटोरी में भर कर सबके सामने रख दिया गया था। लोगों ने कुछ खाया, कुछ फेंटकर छोड़ दिया।

किसी ने (सम्भवतः कृष्ण ने) कहा—मुझे सरसों के मीठे तेल में तला-भुजा चने

का साग और एक मकुनी (सत्तू भरी हुई लिट्टी) दे दो। यशोदा मैया ने कहा—यदि इच्छा हो तो कहो मीठे, चरपरे, सफेद कौड़े लेती आऊँ। मूँग के पकौड़े, पना, पतरौ, सभी तैयार है—सादे भी, गुड़ में तर किए भी, पापड़ बरी, मिथौरी (मेंथी की पकौड़ी), फुलौरी, कूर-बरी (कोहडौ़री), कचरी (चावल पीस कर, सेव की तरह झारकर, सुखाकर, तेल में छना हुआ नमकीन), पिठौरी (पीठी की बनी हुई) आदि भी प्रस्तुत हैं। मिर्च डालकर निमोना भी बना है। बेसन के भी बने हुए दस-बीस प्रकार के दोने रखे हुए हैं, बनकौरा (लोनिया), पिंडीक (कद्दू), चिचिंड़ी, सीप, पिंडारू (शकरकंद), नरमा भिंड़ी, चौराई, लाल्हा (मरसा), पोई का साग बनाकर नीबू निचोड़ कर उसका रस उसमें मिला दिया गया है।

इसके पश्चात कृपालु कृष्ण ने, दूसरी बार लजालू, लोनिका और फाँगी साग तथा कढ़ी माँगी। फिर सरसों, मेथी, सोवा, पालकी, बथुआ तत्काल रींधकर लाया गया। उसमें आदी और आँवला मिला दिया गया था। कपूर से सुबासित सालन बना हुआ था। स्वाद लेते हुए हरि ने उसे खाया। आम आदि सभी प्रकार के अँचार थे, गोवर्धन के राजा कन्हैया ने सब चखा।

तब कन्हैया ने कहा—मैया, अब मैं अघा गया। अब मुझे ठंडा पानी दो। सबने पानी पीकर हाथ मुँह धोया। शेष जी अपने हजार मुखों से इस भोजन के सुख का वर्णन नहीं कर सकते।

इसके पश्चात सबने सफेद पान, जिसमें कस्तूरी और कपूर लगा दिया गया था, खाया। सभी के मुखों की सुंदरता पान खाने से बढ़ गई। तब सभी सखाओं के अंगों में चंदन लगाया गया। यशोदा जी के सुख का तो वर्णन नहीं किया जा सकता।

सूरदास ने जूठन माँग लिया और उसको प्रसाद रूप में सभी को बाँट दिया। मैं सूर उसी जूठन से जन्म-जन्मांतर में बढ़ता आया हूँ और मैं नंद महर के धन कृष्ण का चिर सेवक हूँ।

६२५/१०१६ राग कान्हरौ

मोहिं कहति जुवती सब चोर।

खेलत कहूँ रहौं मैं बाहिर, चितै रहतिँ सब मेरी ओर।
बोलि लेतिँ भीतर घर अपनैं, मुख चूमतिँ, भरि लेतिँ अँकोर।
माखन हेरि देतिँ अपनैं कर, कछु कहि बिधि सौं करतिँ निहोर।
जहाँ मोहिँ देखतिँ, तहँ टेरतिँ, मैं नहिँ जात दुहाई तोर।
'सूरस्याम' हँसि कंठ लगायौ, वै तरुनी कहँ बालक मोर॥

भोजनोपरांत कृष्ण यशोदा मैया से कहने लगे—मुझे सभी ब्रज—युवतियाँ चोर कहती हैं। मैं कहीं भी अपने घर के बाहर खेलता होऊँ, वे सब मेरी ओर टकटकी लगाकर देखती रहती हैं। वे मुझे अपने घर में छुपा लेती हैं, मेरा मुँह चूमने लगती हैं और मुझे गोदी में उठा लेती हैं। वे अपने हाथ से माखन लाकर मुझे देती हैं और बुदबुदाकर धीरे से कुछ कहकर ब्रह्मा से बिनती करने लगती हैं। मुझे जहाँ भी देखती हैं, बुलाने लगती हैं। तेरी शपथ, मैं नहीं जाता। तब माता यशोदा ने हँसकर श्याम को गले से लगा लिया और कहा—कहाँ वे ब्रज तरुणियाँ और कहाँ तू मेरा ये नन्हा-मुन्ना। क्या तमाशा, है?

६२६/१०१७ राग केदारौ

जसुमति कहति कान्ह मेरे प्यारे, अपनैं ही आँगन तुम खेलौ ।
बोलि लेहु सब सखा संग के, मेरौ कह्यौ कबहुँ जिनि पेलौ ।
ब्रज-बनिता सब चोर कहतिं तोहिं, लाजनि सकुचि जात मुख मेरौ ।
आजु मोहि बलराम कहत है, झूठहिं नाम धरति हैं तेरौ ।
जब मोहिं रिस लागति तब त्रासति, बाँधति, मारति, जैसैं चेरौ ।
'सूर' हँसति ग्वालिनि दै तारी, चोर नाम कैसैंहु सुत फेरौ ॥

यशोदा कहती हैं—हे मेरे प्यारे कन्हैया, अब तुम अपने ही आँगन में खेला करो। अपने सभी साथियों को यहीं बुला लिया करो। मेरा कहना कभी मत मेटो। सारी ब्रज-बधूटियाँ तुझे चोर कहती हैं। मेरा मुँह लज्जा से छोटा हो जाता है। आज मुझसे बलराम कह रहे थे—ये ब्रज वधूटियाँ झूठ-मूठ का तुझे कलंक लगाती हैं। जब मुझे क्रोध आ जाता है, तब मैं तुझे डरवाती हूँ, बाँधती हूँ, मारती हूँ। जैसे किसी सेवक को डरवा रही हूँ। बाँध रही हूँ और मार रही हूँ।

उधर ग्वालिनी भी सुन रही थीं। उन्होंने ताली बजा—बजाकर हँसते हुए कहा—किसी प्रकार अपने बेटे का चोर नाम बदलो तो सही। मैया, यह नाम बदलना बड़ा कठिन है। यह माखन-चोर न रह जाय, चित्त-चोर तो बना ही रहेगा।

बृंदावन लीला

बृंदावन-प्रस्थान

६२७/१०२० राग सारंग

महर-महरि कैं मन यह आई ।
गोकुल होत उपद्रव दिन प्रति, बसिए बृंदावन मैं जाई ।
सब गोपनि मिलि सकटा साजे, सबहिनि के मन मैं यह भाई ।
'सूर' जमुन-तट डेरा दीन्हे, पाँच बरष के कुँवर कन्हाई ॥

नंद महर और महरि यशोदा के मन में यह बात आई कि गोकुल में नित्य प्रति उपद्रव होते रहते हैं, इसलिए गोकुल को छोड़कर वृंदावन में बसना चाहिए। गोकुल निवासी सभी गोपों को नंद-यशोदा की यह बात बहुत अच्छी लगी। तब उन सबने मिलकर बैलगाड़ियों पर अपने-अपने सामान लाद लिए और उन्होंने वृंदावन आकर यमुना तट पर डेरा डाल दिया। उस समय कुँवर कन्हैया की उम्र पाँच बरस थी।

गो-दोहन

६२८/१०११ राग कान्हरौ

मैं दुहिहौं, मोहिं दुहन सिखावहु ।
कैसैं गहत दोहनी घुटुवनि, कैसैं बछरा थन लै लावहु ।
कैसैं लै नोई पग बाँधत, कैसैं लै गैया अटकावहु ।
कैसैं धार दूध की बाजति, सोइ सोइ बिधि तुम मोहिं बतावहु ।
निपट भई अब साँझ कन्हैया, गैयनि पै कहुँ चोट लगावहु ।
'सूरस्याम' सौं कहत ग्वाल सब, धेनु दुहन प्रातहि उठि आवहु ॥

कृष्ण ग्वाल बालों से गो-दोहन सिखाने के लिए कह रहे हैं—'मुझे गाय दुहना सिखा दो। मैं गाय दुहूँगा। घुटनों के बीच किस प्रकार दूध दुहने की मटकी थामी जाती है, कैसे गाय को पेन्हवाने के लिए बछरा गाय के थन में लगाया जाता है, कैसे गाय के पिछड़े पैरों को रस्सी से बाँधा जाता है, कैसे गाय को खूँटे में बाँधा जाता है, कैसे दूध की धार 'घर्र घर्र घों' करके मटकी में गिरती है। ये सब बातें तुम मुझे भली-भाँति समझा दो।'

तब ग्वालों ने कहा—कन्हैया, अब तो एक दम साँझ हो गई है। दूहने जाओगे तो गायें लात मार देंगी। अगर तुम्हें गाय दुहना सीखना है, तो सबेरे उठते ही चले आया करो।

६२९/१०२६ राग बिलावल

जागहु-जागहु नंद-कुमार ।
रवि बहु चढ़यौ, रैनि सब निघटी, उचटे सकल किवार ।

वारि वारि जल पियति जसोदा, उठि मेरे प्रान-अधार ।
घर-घर गोपी दह्यौ बिलोवैं, कर-कंकन झंकार ।
साँझ-दुहन तुम कह्यौ गाइ कौं, तातैं होति अबार ।
'सूरदास' प्रभु उठे तुरत हीं, लीला अगम अपार ।।

यशोदा जी कृष्ण को सबेरे जगाती हुई कह रही हैं और कन्हैया पर जल निछावर करके पिए जा रही हैं (उनका दुख अपने सिर लिए जा रही है)-'हे नंदकुमार, जग जाओ, जग जाओ-अब और मत सोओ। सूरज आसमान में काफी ऊँचा उठ आया है। उसे निकले देर हो गई है। रात बीत गई। घरों के बंद किवाड़ खुल गए हैं। हे मेरे प्राणों के आधार,अब उठ जाओ। घर-घर में ग्वालिनें दही मथने लगी हैं। उनके हाथों के कंगन दही मथते समय खनखनाकर बजे जा रहे हैं। तुमने कल शाम को गाय दुहने की बात कही थी। अब उसमें विलंब हो रहा है। गो-दोहन की बात सुनते ही कन्हैया तुरंत उठ बैठे। प्रभु की लीला तक किसी की पहुँच नहीं हो सकती। उस लीला-सागर के पार पहुँच जाना कठिन है।

६३०/१०२७ राग बिलावल

तनक कनक की दोहनी, दै-दै री मैया ।
तात दुहन सीखन कह्यौ, मोहिं धौरी गैया ।
अटपट आसन बैठि कै, गो-थन कर लीन्हौ ।
धार अनतहीं देखि कै, ब्रजपति हँसि दीन्हौ ।
घर-घर तैं आईं सबै, देखन ब्रज-नारी ।
चितै चतुर चित हरि लियौ, हँस गोप-बिहारी ।
बिप्र बोलि आसन दियौ, कह्यौ बेद उचारी ।
'सूरस्याम' सुरभी दुही, संतनि हितकारी ।।

कन्हैया ने यशोदा मैया से कहा—'अरी मैया, सोने की यह मटकी तो जरा सा उठाकर मुझे दे दो। बाबा ने मुझे धौरी गैया को दुहना सीखने के लिए कहा है।'

कन्हैया गाय दुहने के लिए बैठ तो गए, पर उनसे ठीक ढंग से बैठते भी नहीं बना। उन्होंने गाय के थन को अपने हाथ में पकड़ लिया और दुहने लगे। दूध की धार मटकी में न जाकर अन्यत्र बाहर जा पड़ने लगी। यह देखकर ब्रजपति नंद हँस पड़े। गाय का दुहना देखने के लिए ब्रज की गोपियाँ अपने-अपने घरों से निकल आईं। उन्हें आया देखकर गोप-बिहारी कृष्ण हँस पड़े और उनकी ओर देखकर उन चतुर शिरोमणि ने उन गोप-बालाओं का चित चुरा लिया। उधर नंद बाबा ने अपने पुरोहित ब्राह्मण को बुलवाया, उन्हें बैठने के लिए उचित आसन दिया और कहा—आज से कन्हैया दूध दुहना शुरू करने जा रहे हैं। इस मांगलिक मुहूर्त पर आप वेद-मंत्र पढ़ दीजिए।

इसके अनंतर संतों का हित करनेवाले श्यामसुंदर ने गाय दुह ली।

६३१/१२८५ राग सारंग

बाबा मोकौं दुहन सिखायौ ।
तेरैं मन परतीति न आवै, दुहत अँगुरियनि भाव बतायौ ।

अँगुरी-भाव देखि जननी तब, हँसिकै स्यामहिं कंठ लगायौ ।
आठ बरष के कुँवर कन्हैया, इतनी बुद्धि कहाँ तैं पायौ ।
माता लै दोहनि कर दीन्ही, तब हरि हँसत दुहन कौं धायौ ।
'सूरस्याम' कौं दुहत देखि तब, जननी मन अति हर्ष बढ़ायौ ॥

कृष्ण जी यशोदा मैया से कह रहे हैं—'बाबा ने मुझे गाय दुहना सिखा दिया है। तुम्हारे मन में मेरी इस बात का विश्वास नहीं जम रहा है?'

यह कहकर उन्होंने अँगुलियों से दूध दुहने का ढंग बतलाया। जब गो-दोहन की मुद्रावाली उँगलियों को माँ ने देखा, तब उन्होंने हँसकर श्याम को अपने गले से लगा लिया और सोचने लगीं—अभी तो मेरा कन्हैया आठ ही वर्ष का है। इस छोटी सी वय में इसने इतनी बुद्धि कहाँ से पा ली। फिर माता ने कन्हैया के हाथ में लाकर दूध दुहने की मटकी थमा दी। तब हरि हँसते हुए गो-दोहन के लिए दौड़ पड़े। कन्हैया को गाय दुहते देखकर माँ यशोदा मन में अत्यंत प्रसन्न हो उठीं।

६३२/१२८६ राग धनाश्री

जननि मथति दधि, दुहत कन्हाई ।
सखा परस्पर कहत स्याम सौं, हमहू सौं तुम करत चँड़ाई ।
दुहन देहु कछु दिन अरु मोकौं, तब करिहौ मो समसरि आई ।
जब लौं एक दुहौगे, तब लौं चारि दुहौंगो, नंद दुहाई ।
झूठहिं करत दुहाई प्रातहिं, देखहिंगे तुम्हरी अधिकाई ।
'सूरस्याम' कह्यौ काल्हि दुहैंगे, हमहूँ तुम मिलि होड़ लगाई ॥

माँ यशोदा एक ओर दही मथ रही है; दूसरी ओर कन्हैया गाय दुह रहे हैं। इधर कन्हैया जी के मित्रगण उनसे कहने लगे हैं—तुम तो गाय दुहने में हमसे भी फुर्तीबाज निकले। तब कन्हैया ने कहा—मुझे कुछ दिन और गाय दुह लेने दो, तब आकर मुझसे बराबरी करना। मैं नंद बाबा की सौगंध खाकर कहता हूँ—जब तक तुम एक गाय दुहोगे, तब तक मैं चार गायें दुह लूँगा।

तब सखागण बोले—क्या सबेरे ही सबेरे, झूठ-मूठ की नंद बाबा की शपथ खाए जा रहे हो। हम लोग देख लेंगे कि तुम हमसे कितना अधिक दुह लेते हो।

तब कन्हैया ने कहा—अच्छी बात है, कल हम लोग होड़ लगाकर दुहेंगे—देखें कौन अधिक गौएँ दुहता है।

गो-चारण

जगावनी

६३३/१०२३ राग बिलावल

जागहु लाल ग्वाल सब टेरत।
कबहुँ पितंबर डारि बदन पर, कबहुँ उघारि जननि तन हेरत।
सोवत मैं जागत मनमोहन, बात सुनत सबकी, अवसेरत।
बारंबार जगावति माता, लोचन खोलि पलक पुनि गेरत।
पुनि कहि उठी जसोदा मैया, उठहु कान्ह रवि किरनि उजेरत।
'सूरस्याम', हँसि चितै मातु-मुख, पट कर लै, पुनि-पुनि मुख फेरत॥

मैया यशोदा कन्हैया को जगा रही हैं—'लल्ला अब जग जाओ, उठ बैठो। देखो तुम्हारे संगी-साथी सभी ग्वाल-बाल तुम्हें बुला रहे हैं।' पर कृष्ण माता की बात सुनकर कभी अपने मुँह पर अपना पीतांबर डालकर उसे ढक लेते हैं, कभी पीतांबर को मुख पर से हटाकर, आँखें खोलकर यशोदा मैया की ओर देखने लगते हैं। इस प्रकार कन्हैया सोते हुए भी जग रहे हैं, सबकी बातें सुन रहे हैं और जान-बूझकर देर करते जा रहे हैं। माता बार-बार जगा रही हैं। कन्हैया हँसकर आँखें खोल तो देते हैं, फिर तत्काल ही बंद भी कर लेते हैं। इस पर यशोदा मैया फिर बोल उठीं—'कन्हैया उठो, सूर्य की किरणों ने उजाला फैला दिया है।' कन्हैया ने माँ का मुँह देखकर हँस दिया और अपना पीतांबर हाथ में लेकर फिर-फिर अपना मुँह इधर से उधर कर लेने लगे।

६३४/१०२४ राग सूहा बिलावल

जननि जगावति उठौ कन्हाई। प्रगट्यौ तरनि, किरनि महि छाई।
आवहु चंद्र-बदन दिखराई। बार-बार जननी बलि जाई।
सखा द्वार सब तुमहिं बुलावत। तुम कारन हम धाए आवत।
'सूरस्याम' उठि दरसन दीन्हौ। माता देखि मुदित मन कीन्हौ॥

माँ यशोदा कन्हैया को जगा रही हैं—कन्हैया उठो। सूर्य निकल आया है। उसकी किरणें पृथ्वी पर छा गई हैं। आओ और अपना चंद्र मुख सबको दिखला दो। मैं तुम्हारी माँ तुम्हारी बार-बार बलैया लेती हूँ। दरवाजे पर खड़े तुम्हारे सभी मित्रगण तुम्हें बुला रहे हैं और कह रहे हैं—कन्हैया, हम तुम्हारे ही लिए अपने-अपने घरों से दौड़े आ रहे हैं।'

तब कन्हैया उठे। उन्होंने सबको दर्शन दिया और माता तो उन्हें देखकर मन ही मन परम प्रसन्न हो उठीं।

जागियै गोपाल लाल, प्रगट भई अंसु-माल,
मिट्यौ अंधकाल, उठौ जननी-सुखदाई।
मुकुलित भए कमल-जाल, कुमुद बृंद बन बिहाल,
मेटहु जंजाल, त्रिविध ताप तन नसाई।
ठाढ़े सब सखा द्वार, कहत नंद के कुमार,
टेरत हैं बार-बार, आइयै कन्हाई।
गैयनि भई बड़ी बार, भरि-भरि पय थननि भार,
बछरा-गन करैं पुकार, तुम बिनु जदुराई।
तातैं यह अटक परी, दुहन-काज सौंह करी,
आवहु उठि क्यौं न हरी, बोलत बल-भाई।
मुख तैं पट झटकि डारि, चंद-बदन दियौ उघारि,
जसुमति बलिहारी वारि, लोचन-सुखदाई।
धेनु दुहन चले धाइ, रोहिनी लईं बुलाइ,
दोहनि मोहिं दै मँगाइ, तबहीं लै आई।
बछरा दियौ थन लगाइ, दुहत बैठि कै कन्हाइ,
हँसत नंदराइ, तहाँ मातु दोउ आई।
दोहनि कहुँ दूध-धार, सिखवत नँद बार-बार,
यह छबि नहिं वार-पार, नंद-घर बधाई।
हलधर तब कह्यौ सुनाइ, धेनु बन चलौ लिवाइ,
मेवा लीन्हौ मँगाइ, बिबिध-रस मिठाई।
जेंवत बलराम-स्याम, संतनि के सुखद धाम,
धेनु-काज नहिं बिराम, जसुदा जल ल्याई।
स्याम-राम मुख पखारि, ग्वाल-बाल लिए हँकारि,
जमुना-तट मन बिचारि, गाइनि हँकराई।
सृंग-बेनु-नाद करत, मुरली मधु अधर धरत,
जननी-मन हरत, ग्वाल गावत सुघराई।
बृंदाबन तुरत जाइ, धेनु चरतिं तृन अघाइ,
स्याम हरष पाइ, निरखि 'सूरज' बलि जाई॥

यशोदा जी कह रही हैं—हे गोपाल, हे लाल, जग जाओ, सूरज की किरनें निकल आई हैं। रात का सारा अंधकार मिट गया है। हे माँ को सुख देनेवाले, उठो। कमलों के समूह खिल उठे। कुमुदिनियाँ बिहाल हो उठीं। उठो, सारे जंजाल मिटा डालो, जिससे मेरे सारे दैहिक दैविक भौतिक तीनों ताप नष्ट हो जायँ। दरवाजे पर तुम्हारे सभी संगी-साथी खड़े हुए हैं। वे 'नंद-कुमार' कह-कहकर तुम्हें बार-बार पुकार रहे हैं—कह रहे हैं कि कन्हैया आ जाओ। गायों को भी देर हो गई है। उनके थनों में दूध भर उठा है। हे यदुनाथ,

बछड़े भी तुम्हारे बिना चिल्लाए जा रहे हैं। तुमने कल शाम को आज सबेरे गाय दुह की शपथ ली थी, इसीलिए यह अटकाव, रुकावट हो गई है। तुम्हें बलदाऊ भैया भी बु रहे हैं—हे हरी, तुम उठकर क्यों नहीं आ रहे हो?

तब कन्हैया ने अपने मुख पर पड़े वस्त्र का आवरण झटक कर हटा दिया और अप चंद्र-मुख खोल दिया। नेत्रों को सुख देनेवाले कन्हैया के मुख को देखकर यशोदा मैया उस पर अपने को निछावर कर दिया और उसकी बलैया ली।

तब कन्हैया ने रोहिणी मैया को बुलाया और कहा कि दूध दुहने की मटकी मुझे मँ दो। तब रोहिणी मैया स्वयं मटकी ले आईं और कन्हैया गाय दुहने के लिए दौड़ पड़े उन्होंने बछड़ों को गाय के थन से लगा दिया और गाय दुहने के लिए बैठ गए। नंदरा कन्हैया को गो-दोहन के लिए बैठा देखकर हँसने लगे। रोहिणी और यशोदा दोनों माता भी यह गो-दोहन देखने के लिए वहाँ आ गईं। दूध की मटकी कहीं है। दूध की धार क बाहर गिर रही है। नंद बार-बार सिखाए जा रहे हैं कि ऐसा करो कि दूध की धार मटव में गिरे, बाहर न गिरने पावे।

दूध दुहते समय की कन्हैया की इस छवि का कोई कूल-किनारा नहीं है। नंद के घ एक महोत्सव-सा मन उठा। बधाई के बाजे बजने लगे। मेवा तथा अनेक प्रकार क विविध रसों की, मिठाइयाँ मँगा ली गईं। बलराम और कन्हैया, जो संतों के लिए सुख घर हैं, जो गायों के लिए बराबर श्रम करते रहते हैं और विश्राम तक नहीं लेते, मेवा मिठाई खाने लगे। यशोदा मैया उनके लिए जल लाईं। उन्होंने उनका मुख धुलाया। पि ग्वाल-बाल बुला लिए गए। मन में यह निश्चय करके कि आज यमुना के किनारे गा चराने के लिए चला जाय, राम-श्याम ने गायों को हाँक दिया। वे लोग श्रृंगीनाद कर हुए, मुरली बजाते हुए, सुघराई रागिनी में गीत गाते हुए, जननी यशोदा का मन मोहते हु चल पड़े। वे लोग तुरंत वृंदावन जा पहुँचे। गायें वहाँ घास चरते हुए अघा गईं, पूर्णरूपे तृप्त हो गईं। श्याम गायों को तृप्त देख परम प्रसन्न हो उठे। कन्हैया को गो-चारण कर देख सूरजदास उन पर निछावर हुआ जा रहा है।

६३६/१२२७ *राग कल्य*

कब की टेरति कुँवर कन्हाई।
ग्वाल सखा सब टेरत ठाढ़े, अरु अग्रज बल भाई।
दाऊ जू तुम ह्याँ नहिं आवत, करौ मुखारी आइ।
माता दुहुँनि दतौनी कर दै, जल झारी भरि ल्याइ।
उत्तम बिधि सौं मुख पखरायौ, ओदे बसन अँगौछि।
दोउ भैया कछु करौ कलेऊ, लइ बलाइ, कर औंछि।
सद माखन दधि तुरत जमायौ, मधु मेवा मिष्टान्न।
'सूरस्याम' बलराम संग मिलि, रुचि करि लागे खान॥

यशोदा कह रही हैं—कन्हैया, मैं तुम्हें कब से बुला रही हूँ। ग्वाल-बाल और ब भैया बलदाऊ कब से तुम्हें बुला रहे हैं।

फिर यशोदा जी ने कहा—बलदाऊ, तुम यहाँ नहीं आ रहे हो। आओ और मुखारी कर लो।

इसके पश्चात् माता यशौदा ने कृष्ण और बलराम दोनों के हाथों में दातून दे दिया और झारी में जल भर कर ले आईं। फिर उन दोनों का मुँह भली-भाँति धो दिया और गीले वस्त्र से उनके मुँह पोंछ दिए। फिर उनके सिरों के चारो ओर अपने हाथ घुमाकर उन्होंने उनकी बलैया ली और कहा—अब दोनों भाई कुछ कलेवा कर लो। तब बलराम के साथ मिलकर श्याम टटका मक्खन, तुरत का जमाया दही, मधु, मेवा और मिठाई रुचिपूर्वक जीमने लगे।

६३७/१०५७ राग बिलावल

नंद-महर के भावते, जागौ मेरे बारे।
प्रात भयौ उठि देखिए, रवि किरनि उज्यारे।
ग्वाल-बाल सब टेरहीं, गैया बन चारन।
लाल उठौ मुख धोइए, लागी बदन उघारन।
मुख तैं पट न्यारौ कियौ, माता कर अपनैं।
देखि बदन चक्रित भई, सौंतुख की सपनैं।
कहा कहौं वा रूप की, को बरनि बतावै।
'सूरस्याम' के गुन अगम, नँद-सुवन कहावै॥

यशोदा जी कन्हैया जी को जगा रही हैं—हे नंद महर के प्यारे, हे मेरे बच्चे, जग जाओ। उठकर देखो, सबेरा हो गया है। सूर्य की किरनों से प्रकाश फैल गया है। ग्वाल-बाल वन में ले जाकर गायें चराने के लिए तुम्हें बुला रहे हैं। लल्ला, उठो, मुँह धोओ—ऐसा कहकर वे कन्हैया का मुँह खोलने लगीं। उन्होंने अपने हाथ से मुँह को ढकनेवाले पीतांबर को उनके मुँह पर से हटा दिया। वे उनका मुँह देखकर आश्चर्य से चकपका उठीं। मैं यह सौंदर्य सचमुच देख रही हूँ या सपना देख रही हूँ। मैं इस रूप का वर्णन क्या कर सकती हूँ? इसका वर्णन तो कोई भी नहीं कर सकता। श्याम के गुणों तक किसी की पहुँच नहीं, भले ही वे नंद के पुत्र कहलाते हैं।

६३८/१०५९ राग ललित

उठे नंद-लाल, सुनत जननी मुख बानी।
आलस भरे नैन, सकल सोभा की खानी।
गोपी जन बिथकित ह्वै, चितवहिं सब ठाढ़ी
नैन करि चकोर, चंद-बदन प्रीति बाढ़ी।
माता जल झारी लै, कमल-मुख पखार्‌यौ।
नैन नीर परस करत, आलसहिं बिसार्‌यौ।
सखा द्वार ठाढ़े सब, टेरत हैं बन कौं।
जमुना-तट चलौ कान्ह, चारन गोधन कौं।
सखा सहित जेंवहु, मैं भोजन कछु कीन्हौ।
'सूरस्याम' हलधर सँग, सखा बोलि लीन्हौ॥

माँ यशोदा के मुँह की वाणी सुनकर नंदलाल सोते से उठ बैठे। उनकी आँखें अलसाई हुई हैं, फिर भी वे संपूर्ण शोभा की खान हैं। गोपियाँ आ आकर कन्हैया का मुँह देखती हुई, अपलक एकटक निर्निमेष खड़ी हैं। उनके नेत्र चकोर हो गए हैं, जिनकी प्रीति कन्हैया के मुख-चंद्र के प्रति प्रगाढ़ हो गई हैं। माता यशोदा झारी में जल लाईं और उन्होंने श्याम के कमल के सदृश मुख को धो दिया। उनके नेत्रों ने जल-स्पर्श पाते ही अपना आलस्य भुला दिया। पानी से धुल जाने पर, उनके अलसाए नयन स्फूर्त हो उठे। मित्रगण दरवाजे पर खड़े हैं और बृंदावन चलने के लिए बुलाए जा रहे हैं—कन्हैया गायें चराने के लिए यमुना तट पर चलो।

तब यशोदा मैया ने कहा—अपने साथियों के सहित भोजन कर लो। मैंने बना रखा है। तब जीमने के लिए कन्हैया ने हलधर के साथ और सभी ग्वाल-बालों को बुला लिया।

६३९/१०६० राग बिलावल

दोउ भैया जेंवत माँ आगैं।

पुनि-पुनि लै दधि खात कन्हाई, और जननि पै माँगैं।
अति मीठौ दधि आजु जमायौ, बलदाऊ तुम लेहु।
देखौ धौं दधि-स्वाद आपु लै, ता पाछैं मोहिं देहु।
बल मोहन दोउ जेंवत रुचि सौं, सुख लूटति नँदरानी।
'सूरस्याम' अब कहत अघाने, अँचवन माँगत पानी॥

बलराम और श्याम दोनों भाई माँ यशोदा के आगे बैठे हुए भोजन कर रहे हैं। कन्हैया बार-बार दही लेकर खाए जा रहे हैं और कहते जा रहे हैं—मैया, और दो, थोड़ा और दो। मैया ने आज बहुत मीठा दही जमाया है। दाऊ भैया तुम भी ले लो। आप पहले दही का स्वाद ले लें, फिर मुझे भी दे दें। इस प्रकार बलराम और कन्हैया दोनों भैया प्रेमपूर्वक खा रहे हैं और उनको खिलाने का सुख नंदरानी यशोदा लूटे जा रही हैं। तब श्याम ने कहा—मैया, अब मैं अघा गया। अब पीने के लिए पानी दे दो।

गो-चारण

६४०/१०६३ राग बिलावल

आजु चरावन गाइ चलौ जू, कान्ह, कुमुद बन जैऐ।
सीतल कुंज कदम की छहियाँ, छाक छहूँ रस खैऐ।
अपनी-अपनी गाइ ग्वाल सब, आनि करौ इक ठौरी।
धौरी, धूमरि, राती, रौंछी, बोल बुलाइ चिन्हौं री।
पियरी, मौरी, गौरी, गैनी, खैरी, कजरी जेती।
दुलही, फुलही, भौंरी, भूरी, हाँकि ठिकाई तेती।
बाबा नंद बुरौ मानैंगे, और जसोदा मैया।
'सूरजदास' जनाइ दियौ है, यह कहिकै बल भैया॥

कृष्णजी ग्वाल-बालों से कह रहे हैं—आज हम लोग गायें चराने के लिए कुमुद वन की ओर चलेंगे। वहाँ कदम्ब कुंज की शीतल छाया में बैठकर हम छहो रसवाला दुपहरिया

का भांजन करेंगे। सभी ग्वालबाल अपनी-अपनी गायें एकत्र कर लें। धौरी (सफेद), धूमरी (धुएँ के रंगवाली), राती (लाल), रौंछी (कलौंछही, काली), पियरी (पीली), मौरी, (गोल सींगवाली), गौरी, गेनी (नाटी), खैरी (खैर के रंगवाली), कजरी (काजल के रंगवाली) जितनी भी गायें हैं, सबको बुलाकर पहचान लो। दुलही (पतली), फुलही (मोटी), भौंरी, भूरी जो भी सीधी कर ली गई गायें हैं, उन्हें हाँक लो। बलदाऊ ने कहा बाबा नंद और यशोदा मैया कुमुद वन जाने का बुरा मान सकते हैं। मैं तुम लोगों को चेता देना चाहता हूँ।

६४१/१०६१ राग रामकली

द्वारे टेरत हैं सब ग्वाल, कन्हैया आवहु, बेर भई।
आवहु बेगि, बिलँब जनि लावहु, गैया दूरि गई।
यह सुनतहि दोऊ उठि धाए, कछु अँचए, कछु नाहिं।
कितक दूर सुरभी तुम छाँड़ी, बन तौं पहुँची नाहिं।
ग्वाल कहेहु, कछु पहुँची ह्वै हैं, कछु मिलिहैं मग माहिं।
'सूरस्याम' बल मोहन भैया, गैयनि पूछत जाहिं॥

नंद के द्वार पर खड़े ग्वाल-बाल कह रहे हैं—कन्हैया जल्दी आओ, आज बहुत देर हो गई है। जल्दी आओ, देर न करो, गायें दूर चली गई हैं। ग्वाल-बालों की ये बातें सुनकर बलराम और श्याम दोनों भाई, जिन्होंने कुछ दूध पिया था, कुछ नहीं पिया था, अधपिये ही, उठकर दौड़ पड़े। उन्होंने पूछा—'तुम लोगों ने गायें कहाँ छोड़ी हैं, वे वन में तो नहीं पहुँच गईं?' ग्वाल-बालों ने कहा—'कुछ गायें वन में पहुँच गई होंगी। कुछ रास्ते में हम लोगों को मिल जायँगी।'

श्याम और बलराम दोनों भाई गायों को पूछते हुए वन की ओर चले जा रहे हैं।

६४२/१०६४ राग बिलावल

चले सब बृंदावन समुहाइ।
नंद-सुवन सब ग्वालनि टेरत, ल्यावहु गाइ फिराइ।
अति आतुर ह्वै फिरे सखा सब, जहँ-तहँ आए धाइ।
सुरभी बृंदाबन कौं हाँकौ, औरनि लेहु बुलाइ।
'सूरस्याम' यह कही सबनि सौं, आपु चले अतुराइ॥

सभी ग्वाल-बाल, श्याम और बलराम बृंदावन की ओर चल पड़े। नंदकुमार सभी ग्वालों को पुकार-पुकार कर कहते जा रहे हैं—'गायों को फेर लो।' तब सभी सखा लोग उतावली के साथ लौट पड़े। जो जहाँ था, वहीं से दौड़ पड़ा। तब ग्वाल-बालों ने पूछा—'हम लोगों को क्यों वापस बुलाया गया है? क्या बात है? तब कुँवर कन्हैया बोले—सभी को बुला लो और गायों को वृंदावन की ओर हाँक ले चलो।' श्याम ने सबसे ऐसा कहा और स्वयं भी जल्दी से वृंदावन की ओर चल पड़े।

६४३/१०६५ राग धनाश्री

गैयनि घेरि सखा सब ल्याए।
देख्यौ कान्ह जात बृंदाबन, यातैं मन अति हरष बढ़ाए।

आपुस मैं सब करत कुलाहल, धौरी धूमरि धेनु बुलाए ।
सुरभी हाँकि देत सब जहँ-तहँ, टेरि-टेरि हेरी सुर गाए ।
पहुँचे आइ बिपिन घन बृंदा, देखत द्रुम दुख सबनि गँवाए ।
'सूरस्याम' गए अघा मारि जब, ता दिन तैं इहिं बन अब आए ॥

कृष्ण का आदेश सुनकर सभी सखा-गण गायों को वहाँ फेर कर हाँक लाए। कन्हैया को वृंदावन की ओर जाते देख, वे मन में अत्यंत प्रसन्न हो उठे। वे परस्पर मिल-जुलकर शोर करते जा रहे थे। उन्होंने धौरी, धूमरी सभी गायों को बुला लिया। उन्होंने सभी गायें जहाँ-तहाँ हाँक दीं और 'हुर्र-हुर्र' करते हुए, गाते हुए वे आगे बढ़ चले। वे आकर सघन वृंदावन में पहुँच गए। वहाँ के वृक्षों को देखकर वे अपना सब दुख भूल गए। अघासुर को मार डालने के उपरांत आज ही वे सब पुनः वृंदावन में आए हैं। बीच में फिर कभी इस वन में नहीं आए थे।

६४४/१०३३ राग सारंग

बृंदाबन देख्यौ नँद-नंदन, अतिहिं परम सुख पायौ ।
जहँ-जहँ गाइ चरतिं, ग्वालनि सँग तहँ-तहँ आपुन धायौ ।
बलदाऊ मोकौं जनि छाँड़ौ, संग तुम्हारैं ऐहौं ।
कैसेहुँ आजु जसोदा छाँड़्यौ, काल्हि न आवन पैहौं ।
सोवत मोकौं टेरि लेहुगे, बाबा नंद-दुहाई ।
'सूरस्याम' बिनती करि बल सौं, सखनि समेत सुनाई ॥

कन्हैया ने वृंदावन देखकर अत्यंत सुख पाया। जहाँ-जहाँ गायें चर रही होतीं, वहाँ-वहाँ वे ग्वाल-बालों के साथ दौड़ते-फिरते रहे। उन्होंने कहा—बलदाऊ भैया मुझे छोड़ना मत, मैं तुम्हारे ही साथ आऊँगा। आज किसी प्रकार यशोदा मैया ने मुझे छोड़ा है, यहाँ आने दिया है। यदि तुम मेरा साथ छोड़ दोगे, तो कल वे मुझे नहीं आने देंगी। तुम्हें बाबा नंद की शपथ है। कल सबेरे तुम मुझे सोते से जगा लेना। इस प्रकार श्याम ने बलराम से विनती की और सब सखाओं को भी अपनी यह विनती सुना दी।

६४५/१०३७ राग गौरी

माखन रोटी ताती-ताती लेहु कन्हैया बारे ।
मन मैं रुचि उपजावै भावै, त्रिभुवन के उजियारे ।
और लेहु पकवान मिठाई, बहु बिधि ब्यंजन सारे ।
औट्यौ दूध, सद्य दधि, घृत, मधु, रुचि सौं खाहु लला रे ।
तब हरि उठिकै करी बियारी, भक्तनि-प्रान-पियारे ।
'सूरस्याम' भोजन करि कै, सुचि जल सौं बदन पखारे ॥

यशोदा मैया ने कहा—'मेरे बच्चे, कन्हैया, गरम-गरम ताजी सिंकी हुई रोटी लो और उस पर माखन ले लो। हे त्रिभुवन को प्रकाशित करनेवाले, गर्म रोटी और माखन खाने में बहुत अच्छी लगती है और खाने के लिए रुचि भी उत्पन्न करती हैं। माखन रोटी के अतिरिक्त और भी पकवान और मिठाइयाँ लो। यहाँ अनेक प्रकार के सभी भोजन रखे हुए

हैं। औटाया हुआ दूध है, ताजा दही है, घी और मधु सभी तो है। है लल्ला, प्रेमपूर्वक खाओ।'

तब भक्तों को प्राणों से भी प्रिय कन्हैया ने उठकर ब्यालू किया। भोजन कर लेने के उपरांत उन्होने पानी से हाथ मुँह धो लिया।

६४६/१०३८ राग सारंग

मैं अपनी सब गाइ चरैहौं।
प्रात होत बल कैं सँग जैहौं, तेरे कहैं न रैहौं।
ग्वाल-बाल-गाइनि के भीतर, नैंकहु डर नहिं लागत।
आजु न सोवौं नंद-दुहाई, रैनि रहौंगी जागत।
और ग्वाल सब गाइ चरैहैं, मैं घर बैठौ रैहौं?
'सूरस्याम' तुम सोइ रहौ अब, प्रात जान मैं दैहौं?

कृष्ण जी यशोदा मैया से कह रहे हैं—मैं अपनी सब गाएँ चराऊँगा। सबेरा होते-होते ही मैं दाऊ भैया के साथ गायें चराने चला जाऊँगा। तेरे रोकने से भी मैं घर में बैठा नहीं रहूँगा। ग्वाल-बालकों और गायों के बीच में मुझे जरा भी डर नहीं लगता। आज रात में मैं सोऊँगा ही नहीं, सारी रात जागता रहूँगा। और सभी ग्वाल-बाल अपनी-अपनी गायें चराने वन में जायँगे और मैं अपने घर ही में बैठा रह जाऊँगा? मैया, मुझसे घर बैठे नहीं रहा जायगा।

तब यशोदा ने कहा—बेटे अब तुम सो रहो। मैं सबेरे तुम्हें गायें चराने के लिए जाने दूँगी। रोकूँगी नहीं।

६४७/१०३९ राग केदारो

बहुतै दुख हरि सोइ गयो री।
साँझहि तैं लाग्यौ इक बातहिं, क्रम-क्रम बोधि लयौ री।
एक दिवस गयौ गाइ चरावन, ग्वालनि संग सबारै।
अब तौ सोइ रह्यौ है कहि कै, प्रातहि कहा बिचारै।
यह तौ सब बलरामहिं लागै, सँग लै गयौ लिवाइ।
'सूर' नंद यह कहत महरि सौं, आवन दै फिरि धाइ॥

यशोदा जी नंद से कह रही हैं, बहुत दुखी होकर, बड़ी कठिनाई से, कन्हैया सों पाया है। साँझ ही से उसको एक ही बात की धुन लगी हुई थी कि कल सबेरे ही मैं अपनी गायें चराने जाऊँगा। धीरे-धीरे करके मैंने उसे किसी प्रकार समझा लिया है, फुसला लिया है। अभी एक दिन तो सबेरे-सबेरे वह ग्वाल-बालों के साथ गायें चराने गया है। अब तो वह किसी तरह यह कहके सो गया है कि माँ कल सबेरे फिर गायें चराने जाऊँगा। देखो, सबेरा होने पर इसका कैसा विचार बनता है—घर ही रह जाता है कि गायें चराने के लिए वन जाने की जिद करता है। यह सब बलराम की करनी है। वही इसे आज साथ ले गया था।'

इस पर नंद बाबा महरि यशोदा से कहने लगे—उसे फिर वन में जाकर घूम-फिर, दौड़-धूप, कर आने दो। (इसमें हर्ज ही क्या है? उसका मन बहला रहेगा।)

६४८/१०४० राग कान्हरौ

पौढ़े स्याम, जननि गुन गावत।
आजु गयौ मेरौ गाइ चरावन, कहि-कहि मन हुलसावत।
कौन पुन्य तप तैं मैं पायौ, ऐसौं सुंदर बाल।
हरषि-हरषि कै देति सुरनि कौं, 'सूर' सुमन की माल ॥

श्याम तो सो गए, पर मैया यशोदा उनके गुण गाती रहीं। आज मेरा लल्ला गायें चराने गया था, यह कह-कहकर वे मन में प्रसन्न हुई जा रही थीं। न जाने मैंने कौन-सा पुण्य, कौन-सा तप किया था, जिसके फलस्वरूप मुझे ऐसा बालक मिला। ऐसा सोच-सोच कर यशोदा मैया देवताओं को फूलों की माला चढ़ाने लगीं।

६४९/१०४१ राग बिलावल

करहु कलेऊ कान्ह पियारे।
माखन-रोटी दियौ हाथ पर, बलि-बलि जाउँ जु खाहु लला रे।
टेरत ग्वाल द्वार हैं ठाढ़े, आए तब के होत सबारे।
खेलहु जाइ घोष के भीतर, दूरि कहूँ जनि जैयहु बारे।
टेरि उठे बलराम स्याम कौं, आवहु, जाहिं धेनु बन चारे।
'सूरस्याम' कर जोरि मातु सौं, गाइ चरावन कहत हहा रे ॥

यशोदा मैया ने कन्हैया के हाथ पर माखन और रोटी ला रखी और कहने लगीं—'बेटे, मैं तेरी बलैया लेती हूँ। हे लल्ला, तुम खा लो। हे प्यारे कान्हा, कलेवा कर लो। देखो सभी ग्वाल-बाल कभी से दरवाजे पर आ डटे हैं। जब से सबेरा हुआ है, वे तुम्हें बुला रहे हैं। जाकर गायों के बाड़े के भीतर ही खेलो। मेरे मुन्ना, कहीं दूर मत जाना।'

तब तक बलराम ने पुकार लगाई—'कन्हैया, आ जाओ, चलो गायें चराने के लिए वृंदावन चलें।' तब कन्हैया हाथ जोड़कर, गिड़गिड़ाकर, हा-हा खाकर माता से वन जाने के लिए विनती करने लगे।

६५०/१०४२ राग बिलावल

मैया री मोहिं दाऊ टेरत।
मोकौं बन-फल तोरि देत हैं, आपुन गैयनि घेरत।
और ग्वाल सँग कबहुँ न जैहौं, वै सब मोहिं खिझावत।
मैं अपने दाऊ सँग जैहौं, बन देखैं सुख पावत।
आगैं दै पुनि ल्यावत घर कौं, तू मोहिं जान न देति।
'सूरस्याम' जसुमति मैया सौं, हा-हा करि कहै केति ॥

कन्हैया ने यशोदा मैया से कहा—री मैया, मुझे दाऊ भैया बुला रहे हैं। वे वन में मुझे जंगली फल तोड़-तोड़ कर खाने के लिए देते हैं और खुद गायों को घेरते हैं, बहकने नहीं देते। मैं और ग्वाल-बालों के साथ कहीं न जाऊँगा, वे तो मुझे चिढ़ाते हैं। मैं तो अपने दाऊ भैया के ही साथ जाऊँगा। मुझे वन देखकर भारी सुख मिलता है। वापसी के समय वे मुझे अपने आगे करके लाते हैं, पीछे नहीं छोड़ते। तू मुझे जाने नहीं दे रही है।

श्याम यशोदा मैया से इसी प्रकार गिड़-गिड़ा कर कितनी ही विनती किए जा रहे हैं।

६५१/१०४३ राग सारंग

बोलि लियो बलरामहिं जसुमति।
'लाल सुनौ हरि के गुन, काल्हिहिं तैं लँगरई करत अति।'
'स्यामहिं जान देहि मेरैं सँग, तू काहैं डर मानति।
मैं अपने ढिग तैं नहिं टारौं, जियहिं प्रतीति न आनति।'
हँसी महरि बल की बतियाँ सुनि, बलिहारी या मुख की।
जाहु लिवाइ 'सूर' के प्रभु कौं, कहत बीर के रुख की॥

तब यशोदा ने बलराम को बुला लिया और कहा—भैया, कन्हैया के गुन सुन लो। यह मुझसे कल से ही अत्यधिक नटखटी करने पर तुला बैठा है।

तब दाऊ ने कहा—मैया, कन्हैया को मेरे साथ जाने दे। तू नाहक डरी जा रही है। मैं इसे अपने पास से जरा भी दूर नहीं जाने दूँगा। तू मेरा विश्वास नहीं कर पा रही है।

बलदाऊ की बातें सुनकर यशोदा महरि हँस पड़ी और दाऊ के मन का रुख समझते हुए बोलीं—'दाऊ भैया, अच्छी बात है, मैं तेरे मुख की बलैया लेती हूँ। तू अपने छोटे भैया इस कन्हैया को अपने साथ लेता जा।'

६५२/१०४४ राग नट

अति आनंद भए हरि धाए।
टेरत ग्वाल-बाल सब, आवहु, मैया मोहिं पठाए।
उत तैं सखा हँसत सब आवत, चलहु कान्ह बन देखहिं।
बनमाला तुमकौ पहिरावहिं, धातु-चित्र तनु रेखहिं।
गाइ लईं सब घेरि घरनि तैं, महर गोप के बालक।
'सूरस्याम' चले गाइ चरावन, कंस उरहिं के सालक॥

मैया यशोदा की अनुमति पाकर हरि परम प्रसन्न होकर दौड़ पड़े और पुकार-पुकार कर ग्वाल-बालों से कहने लगे—आओ, आ जाओ, मैया ने मुझे गायें चराने के लिए भेज दिया है।

तब तक कन्हैया के सभी सखा हँसते हुए वहाँ आ गए और बोले—चलो कन्हैया, हम लोग वृंदावन देख आएँ। हम तुमको वन-कुसुमों की माला गूँधकर पहनाएँगे और तुम्हारे शरीर पर गेरू से चित्रांकन कर देंगे।'

इसके पश्चात गोप-बालकों ने घर-घर से गायें इकट्ठी कर लीं और कंस के उर में शल्य के समान चुभनेवाले कन्हैया गायें चराने के लिए चल पड़े।

६५३/१०६६ राग नटनारायन

चरावत बृंदाबन हरि धेनु।
ग्वाल सखा सब संग लगाए, खेलत हैं करि चैनु।
कोउ गावत, कोउ मुरलि बजावत, कोउ बिषान, कोउ बेनु।
कोउ निरतत, कोउ उघटि तार दै, जुरि ब्रज-बालक-सेनु।

त्रिबिध पवन जहँ बहत निसादिन, सुभग कुंज घन ऐनु ।
'सूरस्याम' निज धाम बिसारत, आवत यह सुख लैनु ॥

कन्हैया वृंदावन में गायें चरा रहे हैं। उनके साथ सब ग्वाल-बाल, उनके संगी-साथी, लगे हुए हैं। वे मस्ती में आकर सुखपूर्वक विविध खेल खेल रहे हैं। कोई गा रहा है, कोई बाँसुरी बजा रहा है। कोई श्रृंग बजा रहा है और कोई वंशी। कोई नाच रहा है, कोई सम ताल पर ताली बजाए जा रहा है। वहाँ ब्रज के बालकों की सारी सेना ही जुटी है। वहाँ शीतल मंद-सुगंध समीर रात-दिन बहता रहता है। वहाँ वृक्षों की सघन कुंजों के सुंदर घर बने हुए हैं। इसी सुख को लेने के लिए प्रभु अपना धाम बैकुंठ भूलकर यहाँ ब्रज में आए हुए हैं।

६५४/ल पृ. ४१३/१४ राग सारंग

रीझत ग्वाल, रिझावत स्याम ।
मुरलि बजावत, सखनि बुलावत, सुबल सुदामा लै लै नाम ।
हँसत सखा कर तारी दै-दै, नाम हमारो मुरली लेत ।
स्याम कहत अब तुमहुँ बुलावहु, अपने कर ते ग्वालनि देत ।
मुरली लै-लै सबै बजावत, काहू पै नहिं आवै रूप ।
'सूरस्याम' तुम्हरेहि मुख बाजति, कैसे देखो रूप अनूप ॥

श्याम ग्वाल-बालों को मुरली बजा-बजाकर रिझा रहे हैं और ग्वाल-बाल उस वंशी-निनाद पर मुग्ध हुए जा रहे हैं। कन्हैया मुरली में सुबल, सुदामा आदि सखाओं का नाम ले-लेकर बुला रहे हैं। सभी मित्रगण ताली बजा-बजाकर हँसे जा रहे हैं—अरे मुरली तो हमारा नाम ले रही है। श्याम ने अपने हाथ की मुरली उनको दे दी और कहा, अब तुम भी बजाओ और नाम ले-लेकर संगियों को बुलाओ। सबने एक-एक करके मुरली ली और बजाने लगे। पर कोई भी मुरली में नाम लेकर साथियों को नहीं बुला सका। उस रूप में कोई मुरली बजा ही न सका, जिस रूप में कन्हैया ने बजाई थी और वे कहने लगे—कन्हैया हमसे तो यह मुरली इस रूप में बज ही नहीं पा रही है। यह तुम्हारे मुख से ही इतने अनुपम रूप में बजती है और हमारा नाम ले-लेकर हमें बुलाती है। इसका यह अनूप रूप कैसा है। इसे देखो तो।

छाक लीला

६५५/१०७२ राग नट

छाक लेन जे ग्वाल पठाए ।
तिनसौं पूछति महरि जसोदा, छाँड़ि कान्ह कित आए ।
हमहिं पठाइ दिए नँद-नंदन, भूखे अति अकुलाए ।
धेनु चरावत हैं बृंदाबन, हम इहिं कारन आए ।
यह कहि ग्वाल गए अपनैं गृह, बन की खबरि सुनाए ।
'सूरस्याम' बलराम प्रातहीं, अधजेंवत उठि धाए ॥

कन्हैया ने कुछ ग्वाल-बालों को छाक लाने के लिए घर भेज दिया। जब वे महरि

यशोदा के पास पहुँचे, उनसे वे पूछने लगीं—कन्हैया को कहाँ छोड़ आए। तब उन्होंने कहा—'नंदनंदन भूख से विकल हो गए थे। इसीलिए दोपहरी का भोजन लाने के लिए उन्होंने हमें भेजा है। वे वृंदावन में गाएँ चरा रहे हैं। हम इसी छाक के लिए आए हैं। वन की खबर सुनाकर और यह कहकर वे ग्वाल-बाल अपने-अपने घर चले गए। तब यशोदा सोचने लगीं—आज सबेरे बलराम और श्याम अधपेटा भोजन करके ही वन भाग गए थे।

६५६/१०७३ राग सारंग

और ग्वाल सबही गृह आए, गोपालहिं बेर भई।
अतिहिं अबेर भई लालन कौं, अजहूँ नहिं छाक गई।
तबहीं तैं भोजन करि राख्यौ, उत्तम दूध जमाइ।
ना जानौं धौं कान्ह कौन बन, चारत बेर लगाइ।
राज करैं वै धेनु तुम्हारी, नंदहिं कहति सुनाइ।
पंच की भीख 'सूर' बल-मोहन कहति जसोमति माइ॥

यशोदा मैया खीझकर कह रही हैं—और सभी ग्वाल-बाल अपने-अपने घर आ गए। गोपाल को आज बहुत देर हो गई है। आज अभी तक छाक नहीं गई है। मैंने तभी से, बहुत देर से भोजन तैयार करके रख दिया है। बढ़िया दूध जमा दिया है! पता नहीं आज कन्हैया किस वन में गाएँ चरा रहे हैं। गायें चराते आज बहुत विलंब हो गया है।' फिर वे नंद से कहने लगीं—ये तुम्हारी गायें राज करें, सुख बिलसें। बलराम और कृष्ण को तो पंचों की भीख बदी है। जो मिल जाय, वही खा लें, पेट भरे या नहीं। न मिले, तो भूखे रह जायँ।

६५७/१०७४ राग सोरठ

जोरति छाक प्रेम सौं मैया।
ग्वालनि बोलि लियौ अधजेंवत, उठि दौरे दोउ भैया।
तबही तै मैं भोजन कीन्हौ, चाहति दियौ पठाइ।
भूखे भए आजु दोउ भैया, आपुहि बोलि मँगाइ।
सद माखन साजौ दधि मीठौ, मधु मेवा पकवान।
'सूरस्याम' कौं छाक पठावति, कहति ग्वारि सौं जान॥

यशोदा मैया प्रेम से छाक (दोपहर का भोजन) सजाए दे रही हैं। वे कहती जा रही हैं—आज बलराम और श्याम ने सबेरे आधा पेट खाया था कि ग्वाल-बालों ने उन्हें बुला लिया और वे भोजन करना छोड़ कर उठ भागे। तभी से मैने भोजन बना रखा है और उनके पास भेज देना चाहती हूँ। आज दोनों भाइयों को भूख लग गई है। इसीलिए उन्होंने आज स्वयं छाक मँगा भेजी है। वे टटका माखन, सजाव मीठा दही, मधु, मेवा, पकवान सभी प्रकार का छाक सजाकर एक ग्वालिन से ले जाने के लिए कह रही हैं।

६५८/१०७५ राग सारंग

घरही की इक ग्वारि बुलाई।
छाक समग्री सबै जोरि कै, वाकैं कर दै तुरत पठाई।
कह्यौ ताहि बृंदाबन जैए, तू जानति सब प्रकृति कन्हाई।

प्रेम सहित लै चली छाक वह, कहँ ह्वैहैं भूखे दोउ भाई ।
तुरत जाइ बृंदाबन पहुँची, ग्वाल-बाल कहुँ कोउ न बताई ।
'सूरस्याम' कौ टेरत डोलति, कित हौ लाल, छाक मैं लाई ॥

यशोदा मैया ने अपने ही घर में काम करनेवाली एक ग्वालिन को बुलाया और छाक की सामग्री एक टोकरी में सजाकर उसके हाथ से तुरत भेज दी। उससे कहा, तुम छाक लेकर वृंदावन चली जाओ। तुम तो कन्हैया की प्रकृति भली-भाँति जानती हो, वह भूख लगने पर कितना विकल हो उठता है।

गोपिका प्रेम सहित छाक लेकर चल पड़ी। वह सोचती जा रही है—इस समय भूखे प्यासे वे दोनों भाई न जाने कहाँ होंगे। वह तुरंत वृंदावन जा पहुँची, पर किसी ग्वाल बाल ने न बताया कि इस समय बलराम और श्याम दोनों भाई कहाँ हैं। वह ग्वालिनी वन में भटकती, चिल्ला-चिल्ला कर पुकारती, फिरती रही—लल्ला कहाँ हो, मैं छाक लेकर आई हूँ।

६५९/१०७६ राग टोड़ी

आजु कौन बन गाइ चरावत, कहँ धौं भई अबेर ।
बैठे कहँ, सुधि लेउँ कौन बिधि, ग्वारि करति अवसेर ।
बृंदा आदि सकल बन ढूँढ़्यौ, जहँ गाइनि की टेर ।
'सूरदास' प्रभु तुरत दुराए, डुँगरनि ओट सुमेर ॥

छाक लानेवाली ग्वालिन चिंता में पड़ गई—आज कन्हैया न जाने किस वन में गायें चरा रहे हैं। उन्हें विलंब कहाँ हो गया। वे इस समय कहाँ बैठे हैं। मैं उनकी सुधि किस प्रकार लूँ। मैंने वृंदावन आदि सभी वन तो भली-भाँति ढूँढ़ लिया, जहाँ-जहाँ गायों के रँभाने का शब्द सुना, वहाँ-वहाँ गई। पर प्रभु रूपी सुमेरु को तो डूँगरों (टीलों) ने अपनी ओट में तुरत छिपा लिया था, वे मिलते, तो कैसे मिलते।

६६०/१०७७ राग सारंग

छाक लिए सिर स्याम बुलावति ।
ढूँढ़त फिरति ग्वारिनी हरि कौं, कितहूँ भेद न पावति ।
टेर सुनति काहू की स्त्रवननि, तहाँ तुरत उठि धावति ।
पावति नहीं स्याम बलरामहिं, ब्याकुल ह्वै पछतावति ।
बृंदाबन फिरि-फिरि देखति है, बोलि उठे तहँ ग्वाल ।
'सूरस्याम' बलराम इहाँ हैं, छाक लेहु किन लाल ॥

छाक की भरी टोकरी अपने सिर पर लिए हुए ग्वालिन 'श्याम कहाँ हो, श्याम कहाँ हो' कहकर बुलाती हुई हरि को ढूँढ़ती फिर रही है। पर उसे कन्हैया का कोई भेद नहीं मिल पा रहा है। जहाँ भी किसी की आवाज सुनती, वह तुरंत वहाँ दौड़ पड़ती। पर वह श्याम और बलिराम को पा नहीं रही थी और व्याकुल होकर पछताए जा रही थी। वह फिर-फिर कर वृंदावन में यत्र-तत्र सर्वत्र देखती जा रही थी। इसी समय कुछ ग्वाल बोल उठे—श्याम और बलराम तो वहाँ बैठे हैं। तब ग्वालिनी ने कहा—'लल्ला, छाक क्यों नहीं ले रहे हो? मुझे छका क्यों रहे हो? मैं कब से तुम्हें ढूँढ़ती फिर रही हूँ।'

६६१/१०७८ राग कान्हरौ

फिरत बननि बृंदाबन, बंसीबट, सँकेत बट,
नागर कटि काछे, खौरि केसरि की किए।
पीत बसन, चँदन तिलक, मोर, मुकुट कुँडल-झलक,
स्याम-घन-सुरंग-छलक, यह छबि तन लिए।
तनु त्रिभंग, सुभग अंग, निरखि लजत अति अनंग,
ग्वाल बाल लिए संग, प्रमुदित सब हिए।
'सूरस्याम' अति सुजान, मुरली-धुनि करत गान,
ब्रज-जन-मन कौं महान, संतत सुख दिए॥

नटनागर कृष्ण कमर में घुटनों तक कछनी काछे हुए, माथे पर केसर का आड़ा टीका लगाए हुए, वृंदावन में, वंशीवट में और संकेत वट में घूमते फिर रहे हैं। वे पीतांबर धारण किए हुए हैं। चंदन का तिलक लगाए हुए हैं, मोर पंख का मुकुट धारण किए हुए हैं। उनके बादल के समान साँवले शरीर से प्रेम छलका पड़ रहा है। वह अपने शरीर में ऐसा सौंदर्य धारण किए हुए हैं। जब वे वंशी बजाते हुए, अपने शरीर को त्रिभंगी रूप प्रदान कर लेते हैं--पैर, कमर और ग्रीवा इन तीन अंगों को तिरछा टेढ़ा कर लेते हैं, तब उनके इन सुंदर अंगों को देखकर अनंग कामदेव भी लज्जित हो जाता है। वे ग्वाल बालों को साथ लिए हुए, हृदय में अत्यंत हर्षोत्फुल्ल होकर वन-विहार कर रहे हैं। श्याम अत्यंत चतुर हैं। वे मुरली बजातें हैं और उसमें से विचित्र गति बज उठती है। वे ब्रज-वासियों के मन को सदैव महान सुख देते रहते हैं।

६६२/१०७९ राग सारंग

हरि कौं टेरत फिरति गुवारि।
आइ लेहु तुम छाक आपनी, बालक बल बनवारि।
आजु कलेऊ करत बन्यौ नहिं, गैयनि सँग उठि धाए।
तुम कारन बन छाक जसोदा, मैरैं हाथ पठाए।
यह बानी जब सुनी कन्हैया, दौरि गए तिहिं काजु।
'सूरस्याम' कह्यौ नीकैं आई, भूख बहुत ही आजु॥

छाक ले आनेवाली ग्वालिन हरि को टेरती हुई फिर रही है—बलराम और वनवारी दोनों भैया जहाँ भी हो, आकर अपनी छाक ले लो। आज तुम लोगों ने ठीक से कलेवा नहीं किया और अधपेटे ही गायों के पीछे-पीछे दौड़ पड़े। तुम्हारे लिए ही यशोदा मैया ने मेरे हाथ यह छाक वन में भेजी है। कन्हैया ने जब ग्वालिन की यह बात सुनी, तब वे दौड़े-दौड़े उसके पास छाक लेने आ पहुँचे। श्याम ने कहा—तू ठीक अवसर पर आ गई है। आज मुझे बड़े जोर की भूख लग आई है।

६६३/१०८० राग सारंग

'बहुत फिरी तुम काज कन्हाई।
टेरि-टेरि मैं भई बावरी, दोउ भैया तुम रहे लुकाई।

जो सब ग्वाल गए ब्रज घर कौं, तिनसौं कहि तुम छाक मँगाई ।
लवनी दधि मिष्टान्न जोरि कै, जसुमति मेरैं हाथ पठाई ।'
'ऐसी भूख माँझ तू ल्याई, तेरी किहिं बिधि करौं बड़ाई ।'
'सूरस्याम' सब सखनि पुकारत, 'आवत क्यौं न, छाक है आई' ॥

ग्वालिनी कन्हैया से कहने लगी—'कन्हैया, मैं तुम्हें ढूँढ़ती खोजती बहुत देर तक वन में भटकती रही हूँ। मैं पुकार-पुकार कर पगला गई, पर तुम दोनों भाई तो जैसे छिप गए थे। जो सब ग्वाल-बाल घर को गए थे, उनसे तुमने छाक मँगवाई थी। इसीसे यशोदा मैया ने माखन, दही, मिठाई सब सजाकर मेरे हाथ भेजी है।'

तब कन्हैया बोले—'ऐसी भारी भूख में तू छाक लाई है, मैं तेरी कितनी प्रशंसा करूँ।' फिर वे अपने साथियों को बुलाने लगे—तुम लोग क्यों नहीं आ रहे हो? छाक आ गई है। अब तुम सब भी आ जाओ।

६६४/१०८१ राग सारंग

गिरि पर चढ़ि गिरिवर-धर टेरे ।
अहो सुबल, श्रीदामा भैया, ल्यावहु गाइ खरिक कैं नेरे ।
आई छाक, अबार भई है, नैंसुक धैया पिएउ सबेरे ।
'सूरदास' प्रभु बैठि सिला पर, भोजन करैं ग्वाल चहुँ फेरे ॥

गिरि पर चढ़कर गिरिवरधर गिरिधारी पुकारने लगे। अरे भैया सुबल, अरे भैया श्रीदामा, गायों को खरिक, गोष्ठ के पास हाँक लाओ। छाक आ गई है। देर भी बहुत हो गई है। सबेरे मैं बहुत थोड़ी-सी धैया (फेनदार दूध) पीकर आ गया था।

कृष्ण शिला पर बैठ गए और अन्य सभी ग्वाल-बाल उन्हें चारों ओर से घेर कर बैठ गए। फिर सब एक साथ जीमने लगे।

६६५/१०८३ राग सारंग

आई छाक, बुलाए स्याम ।
यह सुनि सखा सबै जुरि आए, सुबल सुदामा अरु श्रीदाम ।
कमल-पत्र, दोना पलास के, सब आगैं धरि परुसत जात ।
ग्वाल-मंडली मध्य स्याम-घन, सब मिलि भोजन रुचि करि खात ।
ऐसी भूख माहिं यह भोजन, पठै दियौ है जसुमति मात ।
'सूरस्याम' अपनौ नहिं जेंवत, ग्वालनि कर तैं लै-लै खात ॥

जब छाक आ गई, तब श्याम ने अपने सखाओं को बुलाया। उनकी पुकार सुनकर सुबल, सुदामा और श्रीदामा आ गए। सभी सखा इकट्ठे हो गए। सबके आगे कमल के पत्ते की पतरी और पलास के पत्तों के दोने रख दिए गए और भोजन परोस दिया गया। ग्वाल-बालों के बीच घनश्याम कृष्ण बैठ गए। सबने मिलकर एक साथ अत्यंत प्रेम से भोजन किया। उन्हें भारी भूख लगी हुई थी। इस भारी भूख में यशोदा मैया ने यह छाक भेज दी। श्याम अपने पत्तल पर से अपना हिस्सा नहीं जीम रहे थे। वे ग्वालों के हाथ से छीन-छीन कर खाए जा रहे थे।

६६६/१०८४ राग सारंग

सखनि संग जेंवत हरि छाक ।
प्रेम सहित मैया दै पठई, सबै बनाई है इक ताक ।
सुबल, सुदामा, श्रीदामा मिलि, सब सँग भोजन रुचि करि खात ।
ग्वालनि कर तैं कौर छुड़ावत, मुख लै मेलि सराहत जात ।
जो सुख कान्ह करत बृंदाबन, सो सुख नहीं लोकहूँ सात ।
'सूरस्याम' भक्तनि बस ऐसे, ब्रह्म कहावत हैं नँद-तात ॥

कन्हैया जी अपने सखाओं के साथ भोजन कर रहे हैं। यशोदा मैया ने सभी सामग्री एक जैसी सरस एवं सुंदर बनाकर बड़े प्रेम से दे भेजी हैं। सुबल, सुदामा, श्रीदामा आदि सभी सखा एक साथ मिलकर प्रेमपूर्वक खा रहे हैं। कन्हैया दूसरे ग्वालों के हाथ से जूठा कौर छीनकर अपने मुख में डाले लेते हैं और सराहना करते जाते हैं—बहुत मीठा है। कन्हैया जी वृंदावन में जो सुख कर रहे हैं, वह भू: भुव: स्व:, मह:, जन:, तप: सत्य इन सातों लोकों में सुलभ नहीं है। श्याम हैं तो ब्रह्म, पर वे अपने भक्तों के बस में ऐसे रहते हैं कि वे नंद-नंदन, नंदकुमार, नंदलाल जैसे नामों से पुकारे जाते हैं।

६६७/१०८५ राग सारंग

ग्वाल मंडली में बैठे मोहन बट की छाँह,
दुपहर बेरिया सखानि सँग लीने ।
एक दूध, फल, एक झगरि चबेना लेत,
निज-निज कामरी के आसननि कीने ।
जेंवतऽरु गावत हैं सारँग की तान कान्ह,
सखनि के मध्य छाक लेत कर छीने ।
'सूरदास' प्रभु कौं निरखि सुख,
रीझि-रीझि, सुर सुमननि बरषत रस भीने ॥

वट की छाया में, दोपहरी की बेला में, सखाओं को साथ लिए हुए, मनमोहन ग्वाल-मंडली के बीच बैठे हुए हैं। उन्होंने अपनी-अपनी काली कमलियों का आसन बना रखा है। एक दूसरे का दूध और फल, एक दूसरे का चवेना छीने ले रहा है और खाए जा रहा है। कन्हैया खाते जा रहे हैं और सारंग की तान में गाए भी जा रहे हैं। वे सखाओं के हाथ से उनका ग्रास छीने ले रहे हैं, जूठ-मीठ का विचार नहीं कर रहे हैं। प्रभु का यह सुख, देख-देखकर रीझ-रीझ कर, देवता लोग रस में निमग्न होकर पुष्प-वर्षा करते जा रहे हैं।

६६८/१०८६ राग सारंग

ग्वालनि कर तैं कौर छुड़ावत ।
जूठौ लेत सबनि के मुख कौ, अपनैं मुख लै नावत ।
षटरस के पकवान धरे सब, तिनमैं रुचि नहिं लावत ।
हा-हा करि-करि माँगि लेत हैं, कहत मोहिं अति भावत ।

यह महिमा येई पै जानत, जातैं आपु बँधावत।
'सूरस्याम' सपनैं नहिं दरसत, मुनि जन ध्यान लगावत॥

श्याम ग्वाल-बालों के हाथों से उनके मुख के जूठे कौर छीन-छीनकर अपने मुख में डालते जा रहे हैं। उनके सामने के सारे छहों स्वादों वाले पकवान धरे के धरे रह गए। उनकी उनके खाने में तनिक भी रुचि नहीं है। वे विनती कर-करके, गिड़गिड़ा करके, दूसरों के जूठे ग्रास माँगे ले रहे हैं और कहे जा रहे हैं, ये जूठे ग्रास मुझे अत्यंत अच्छे लग रहे हैं।

प्रभु की महा महिमा को तो वही जानते हैं, जिनसे इन्होंने अपने को स्वयं बँधवा रखा है। मुनिजन इनका बराबर ध्यान किया करते हैं, पर उन्हें इनका दर्शन स्वप्न में भी नहीं मिल पाता। उन्हें ये ग्वाल प्रत्यक्ष देख रहे हैं और प्रभु उनका जूठन स्वयं खाए जा रहे हैं। धन्य-धन्य, प्रभु की यह महिमा धन्य है।

६६९/१०८७ राग सारंग

ब्रजवासी पटतर कोउ नाहिं।
ब्रह्म, सनक, सिव ध्यान न आवैं, इनकी जूठनि लै-लै खाहिं।
धन्य नंद, धनि जननि जसोदा, धन्य जहाँ अवतार कन्हाइ।
धन्य-धन्य बृंदाबन के तरु, जहँ बिहरत त्रिभुवन के राइ।
हलधर कहत छाक जेंवत सँग, मीठौ लगत सराहत जाइ।
'सूरदास' प्रभु बिस्वंभर हरि, सो ग्वालनि के कौर अघाइ॥

ब्रजवासियों के समान कोई दूसरा नहीं। जो प्रभु न तो सनक आदि ऋषियों के ध्यान में आते हैं, न शिव के, वही इन ब्रजवासियों की जूठन ले-लेकर खाए जा रहे हैं। नंद धन्य हैं, यशोदा मैया धन्य हैं, धन्य है यह ब्रजभूमि, जहाँ कन्हैया ने अवतार लिया है। वृंदावन के वृक्ष धन्य हैं, जहाँ त्रिभुवन के स्वामी विहार कर रहे हैं। कृष्ण को तो छोड़ें; हलधर भी सबके साथ छाक खा रहे हैं और सराहना करते जा रहे हैं कि छाक बड़ी मीठी है। जो प्रभु स्वयं विश्वंभर है, सारे विश्व का पेट भरने वाले हैं, वे ग्वालों के जूठे कौर खाकर तृप्त हो रहे हैं।

६७०/१०८८ राग सारंग

सीतल छहियाँ स्याम हैं बैठे, जानि भोजन की बिरियाँ।
बाम भुजाहिं सखा अँस दीन्हे, दच्छिन कर द्रुम डरियाँ।
गाइनि घेरि, टेरि बलरामहिं, ल्यावहु कहत अबिरियाँ।
'सूरदास' प्रभु बैठि कदम तर, खात दूध की खिरियाँ॥

भोजन की बेला समझकर, श्याम कदम वृक्ष की शीतल छाया में बैठे हुए हैं। वे अपनी बाईं भुजा अपने एक सखा के कंधे पर रखे हुए हैं और दाहिनी बाँह से पेड़ की डाल पकड़े हुए हैं। वे कह रहे हैं—गायों को घेर लाओ, बलराम भैया को बुला लो, अब देर हो रही है। प्रभु कदंब वृक्ष के नीचे बैठे हुए दूध की खीर खा रहे हैं।

आवनी

६७१/१०८९ राग सारंग

जेंवत छाक गाइ बिसराई ।
सखा श्रीदामा कहत सबनि सौं, छाकहि मैं तुम रहे भुलाई ।
धेनु नहीं देखियत कहुँ नियरैं, भोजन ही मैं साँझ कराई ।
सुरभी काज जहाँ-तहँ धाए, आपु तहाँ उठि चले कन्हाई ।
ल्याए ग्वाल घेरि गो, गो-सुत, देखि स्याम मन हरष बढ़ाई ।
'सूरदास' प्रभु कहत चलौ घर, बन मैं आजु अबार लगाई ॥

दोपहरी का भोजन करते समय ग्वाल-बालों को गायों का ध्यान ही नहीं रहा। छाक जीम लेने पर सखा श्रीदामा का ध्यान गायों की ओर गया और उन्होंने अन्य ग्वाल-बालों से कहा, तुम लोग छाक खाने में इतने व्यस्त हो गए कि तुमने गायों का ध्यान ही नहीं किया। गायें आसपास कहीं दिखाई नहीं पड़ रही हैं। भोजन करने में ही शाम हो गई। तब ग्वाल-बाल गायों को ढूँढ़ने के लिए जहाँ-तहाँ दौड़ पड़े और कन्हैया भी उनकी खोज में उठ पड़े। ग्वाल-बाल गायों और बच्छड़ों को घेर-घार कर हाँक लाए। उन्हें आया देखकर श्याम को अपार हर्ष हुआ। तब वे बोले—अच्छा, अब घर चला जाय। आज तो बन में बहुत देर लग गई।

६७२/१०९१ राग कल्यान

सुंदर स्याम, सुँदर बर लीला, सुंदर बोलत बचन रसाल ।
सुंदर चारु कपोल बिराजत, सुंदर उर जु बनी बनमाल ।
सुंदर चरन, सुँदर हैं नख मनि, सुंदर कुंडल हेम जराल ।
सुंदर मोहन नैन चपल किए, सुंदर ग्रीवा बाहु बिसाल ।
सुंदर मुरली मधुर बजावत, सुंदर हैं मोहन गोपाल ।
'सूरदास' जोरी अति राजति, ब्रज कौं आवत सुंदर चाल ॥

श्याम सुंदर है, उनकी श्रेष्ठ लीला सुंदर है, उनकी मीठी वाणी और उसका मुँह से निकलना सुंदर है। उनके कपोल चारु और सुंदर है। उनका वनमाला से सुशोभित वक्षस्थल सुंदर है। उनके चरण सुंदर हैं, उनके पैरों के नख मणि के समान सुंदर हैं। उनके सोने के जड़ाऊ कुंडल सुंदर हैं। मोहन के चपल नयन सुंदर हैं। उनकी ग्रीवा सुंदर है। उनकी विशाल भुजाएँ सुंदर हैं। वे सुंदर होठों पर सुंदर मुरली बजा रहे हैं। स्वयं गोपाल मनमोहन सुंदर हैं। बलराम और श्याम दोनों भाइयों की जोड़ी अति सुंदर है। वे सभी गो-चरण के पश्चात संध्या समय सुंदर चाल से ब्रज को लौटे आ रहे हैं।

६७३/१०९२ राग कल्यान

सुंदर स्याम, सखा सब सुंदर, सुंदर बेष धरे गोपाल ।
सुंदर पथ, सुंदर गति आवन, सुंदर मुरली-सब्द रसाल ।
सुंदर लोग, सकल ब्रज सुंदर, सुंदर हलधर, सुंदर चाल ।

सुंदर बचन, बिलोकनि सुंदर, सुंदर गुन, सुंदर बनमाल ।
सुंदर गोप, गाइ अति सुंदर, सुंदरि-गन सब करतिं बिचार ।
'सूरस्याम' सँग सब सुख सुंदर, सुंदर भक्त-हेत अवतार ॥

स्वयं श्याम सुंदर हैं। उनके सभी सखागण सुंदर हैं। कन्हैया गोपाल का सुंदर वेश धारण किए हुए हैं। वे सुंदर पथ पर अग्रसर हो रहे हैं। उनके चलने की गति, ढंग, सुंदर हैं। उनकी मुरली की ध्वनि सरस सुंदर है। सभी ब्रजवासी सुंदर हैं। सभी ब्रज-प्रदेश सुंदर है। बलदाऊ भैया सुंदर हैं। उनके चलने का ढंग सुंदर है। उनकी बोली सुंदर है। उनकी चितवन सुंदर है। उनके गुण सुंदर हैं। उनके गले में पड़ी वनमाला सुंदर है। गोप-बालक सुंदर हैं। गायें तो अत्यंत सुंदर हैं। सुंदरी गोपांगनाएँ श्याम-सुन्दर के गो-चारणोपरांत सुंदर संध्या के समय ब्रज वापस आते समय जो विचार कर रही हैं वे सभी सुंदर हैं। श्याम-सुंदर के साथ सभी सुंदर सुख हैं और भक्तों के कल्याण के लिए उनका अवतार तो सर्वसुंदर है।

६७४/१०९३ राग बिलावल

सुंदर ढोटा कौन कौ, सुंदर मृदु बानी ।
कहि समुझायौ ग्वालिनी, जायौ नँदरानी ।
सुंदर मूरति देखि कै, घन घटा लजानी ।
सुंदर नैननि हरि लियौ, कमलनि कौ पानी ।
सुंदरता तिहुँ लोक की, जसुमति ब्रज आनी ।
'सूरदास' पुर मैं भई, सुंदर रजधानी ॥

एक गोपी ने दूसरी से पूछा—यह सुंदर ढोटा (लड़का) किसका है? इसकी कोमल वाणी तो और भी सरस और सुंदर है। यह है कौन?

तब दूसरी गोपी ने समझाकर उत्तर दिया—'इस छोरे को नंदरानी यशोदा ने जनमाया है। इसकी साँवली सलोनी मूर्ति को देखकर तो बादलों की छटा भी लजा जाती है। इसके सुंदर नेत्रों ने तो कमलों की भी शोभा छीन ली है। यशोदा ने तीनों लोकों की शोभा ब्रज में ला धरी है और यह गोकुल, यह वृंदावन, यह ब्रज, तो जैसे सम्पूर्ण विश्व की राजधानी ही बन गया है।'

६७५/१०९७ राग गौ

मेरे नैन निरखि सुख पावत ।
संध्या समय गोप गोधन सँग, बन तैं बनि ब्रज आवत ।
उर गुंजा बनमाल, मुकुट सिर, बेनु रसाल बजावत ।
कोटि किरनि-मनि मुख परकासित, उडुपति कोटि लजावत ।
नटवर रूप अनूप छबीलौ, सबहिनि कैं मन भावत ।
गोप-सखा सब बदन निहारत, उर आनँद न समावत ।
चंदन खौरि, काछनी काछे, देखत ही मन भावत ।
'सूरस्याम' नागर नारिनि कौं, बासर-बिरह नसावत ॥

कोई गोपांगना कह रही है—संध्या के समय, गायों के साथ, वृंदावन से, बने-ठने कन्हैया जब आने लगते हैं, तब उनको देखकर मेरे नयन खिल उठते हैं, परम सुख का अनुभव करने लगते हैं। उनके वक्षस्थल पर घुघुचियों की माला लटकती होती है। सिर पर मोर-पंख का मुकुट सुशोभित होता रहता है। वे मधुर बाँसुरी बजाते आते हैं। उनके मुँह पर करोड़ों मणियों की किरणें अपना प्रकाश-पुंज बिखेरती रहती हैं। वे करोड़ों चंद्रमाओं को लज्जित करते रहते हैं। उनका नर्तक रूप अनुपम है, छवि वाला है, सभी के मन को अच्छा लगने वाला है। गोप-सखा उनका मुँह देखते रहते हैं। उनका मुख देख-देखकर जो आनंद उन्हें होता है, वह उनके हृदय में समा नहीं पाता, उमड़-उमड़ पड़ता है। वे चंदन का आड़ा तिलक लगाए रहते हैं, घुटनों तक ही कछनी काछे रहते हैं।

वे देखने में बड़े भले लगते हैं। वे आकर ब्रज-गोपांगनाओं के दिन भर के वियोग जन्य दु:ख को मिटा डालते हैं।

६७६/१०९८ राग कान्हरौ

आजु बने बन तैं ब्रज आवत।
नाना रंग सुमन की माला, नंद-नँदन-उर पर छबि पावत।
संग गोप गोधन-गन लीन्हे, नाना गति कौतुक उपजावत।
कोउ गावत, कोउ नृत्य करत, कोउ उघटत, कोउ करताल बजावत।
राँभति गाइ बच्छ हित सुधि करि, प्रेम उमँगि थन दूध चुवावत।
जसुमति बोलि उठी हरषित ह्वै, कान्हा धेनु चराए आवत।
इतनी कहत आइ गए मोहन, जननी दौरि हिये लै लावत।
'सूरस्याम' के कृत्य, जसोमति, ग्वाल बाल कहि प्रगट सुनावत॥

आज कान्हा वृंदावन से सजे-बजे चले आ रहे हैं। उन्होंने भिन्न-भिन्न रंगों के फूलों की माला पहन रखी है, जो उनके बदन पर अत्यंत शोभा दे रही है। उनके साथ गोप-बालक हैं और गायें हैं। वे सब नाना प्रकार के खेल-खेलते चले आ रहे हैं। कोई गाता आ रहा है, कोई नाचता आ रहा है, कोई संगीत का कोई ससस्वर निकालता आ रहा है, कोई हथोड़ी ही चटकाता आ रहा है, ताली ही बाजा रहा है। गायें अपने बछड़ों की सुधि कर करके रँभाती चली आ रही है। अपने बछड़ों के प्रेम के कारण उनके थनों में दूध भर आया है और उनसे दूध चूआ पड़ रहा है।'

कन्हैया को आता हुआ जानकर यशोदा मैया परम प्रसन्न होकर कह उठीं—'कन्हैया गायें चराकर वापस आ रहा है।' यशोदा इतना ही कह पाई थीं कि तब तक मोहन आ ही गए। मैया ने आगे दौड़कर उन्हें हृदय से लिपटा लिया और साथी ग्वाल-बाल श्याम के कारनामों का विवरण मैया यशोदा से कहकर सुनाने लगे। आज कन्हैया ने वन में यह किया, आज कन्हैया ने वह किया।

६७७/ल पृ. ४१८/४६ राग गौरी

जसुमति को सुत यहै कन्हाई। इन्हीं गोवर्धन लियो उठाई।
इन्द्र परेउ इनहीं के पाईं। इनहीं की ब्रज चलति बड़ाई।
बकी पिआवन इन्हीं आई। योजन एक परे मुरझाई।
इनहिं तृणावर्त लियो उड़ाई। पटक्यो द्वार शिला पर आई।

केसी असुर इन्हीं संहारेउ। अघा बकासुर इनहीं मारेउ।
स्याम वरण तन पीत पिछौरी। मुरली राग बजावत गौरी।
देखि रूप चकृत भइ बाला। तन की सुधि न रही तेहि काला।
'सूरस्याम' सो जानति नीके। मगन भई पूछति सुख जी के॥

यही महरि यशोदा मैया के पुत्र कन्हैया हैं। इन्होंने ही गोबर्द्धन पहाड़ को अपनी उँगली पर उठा लिया था। देवराज इन्द्र इन्हीं के पैरों पर क्षमा याचना करता हुआ आ गिरा था। इन्हीं की प्रशंसा सारे ब्रजमंडल में हो रही है। बकासुर की बहिन (पूतना) इन्हीं को दूध पिलाने के बहाने विष पिलाने आई थी, जिसे इन्होंने एक योजन (चार कोस) दूर प्राण विहीन कर झटक फेंका था। इन्हीं को उड़ा ले जाने के लिए तृणावर्त घोर अंधड़ ले आया था। उसे इन्होंने ही द्वार पर पड़ी शिला पर ला पटका था। इन्होंने ही केसी असुर का संहार किया था। इन्होंने ही अघासुर और वकासुर को मारा था। इनका साँवला सलोना शरीर और उसपर पीतांबर की क्या ही शोभा है? बाँसुरी में गौरी राग बजाते चले आ रहे हैं।

कन्हैया के इस रूप को देखकर ब्रजबाला चकपका उठी, चकित हो गई। उसे उस समय अपने देह की सुधि नहीं रह गई। वह श्याम को भली-भाँति जानती है। वह उनके रूप-सागर में डूब गई और उनका सुख-दुख पूछने लगी।

अघासुर-वध

६७८/१०४९ राग धनाश्री

नंदराइ-सुत लाड़िले, सब-ब्रज-जीवन-प्रान।
बार-बार माता कहै, जागहु स्याम सुजान।
जसुमति लेति बलाइ, भोर भयौ उठौ कन्हाई।
संग लिए सब सखा, द्वार ठाढ़े बल भाई।
सुंदर बदन दिखाइ कै, हरौ नैन कौ तापु।
नैन कमल मुख धोइ कछु, करौ कलेऊ आपु॥ १॥
माखन रोटी लेहु, सद्य दधि रैनि जमायौ।
षटरस के मिष्टान्न, सु जेंवहु जो रुचि आयौ।
मोपै लीजै माँगि कै, जोइ-जोइ भावै तोहिं।
सँग जेंवहु बलराम कैं, रुचि उपजावहु मोहिं॥ २॥
तब हँसि चितए स्याम, सेज तैं बदन उघार्‌यौ।
मानहुँ पय-निधि मथत, फेन फटि चंद उजार्‌यौ।
सखा सुनत देखन चले, मानहुँ चंद चकोर।
जुगल कमल मनु इंदु पर, बैठि रहे अतिभोर॥ ३॥
तब उठि आए कान्ह, मातु जल बदन पखार्‌यौ।
बोलि उठे बलराम, स्याम कत उठे सबार्‌यौ।
दाऊ जू कहि, हँसि मिले, बाहँ गही बैठाइ।
माखन-रोटी सद दही, जेंवत रुचि उपजाइ॥ ४॥

जल अँचयौ, मुख धोइ, उठे बल-मोहन भाई।
गाइ लईं सब घेरि, चले बन कुँवर कन्हाई।
टेर सुनत बलराम की, आए बालक धाइ।
लै आए सब जोरि कै, घर तैं बछरा गाइ॥ ५॥
सखनि कान्ह सौं कह्यौ, आजु बृंदाबन जैऐ।
जमुना-तट तृन बहुत, सुरभि-गन तहाँ चरैऐ।
ग्वाल गाइ सब लै गए, बृंदाबन समुहाइ।
अतिहिं सघन बन देखिकै, हरषि उठे सब गाइ॥ ६॥
कोउ टेरत, कोउ हाँकि सुरभि-गन, जोरि चलावत।
कोऊ हेरी देत, परस्पर स्याम सिखावत।
अंतरजामी कहत जिय, हमहिं सिखावत टेरि।
कान्ह कहत अब गाइ जे गईं, सु लीजै फेरि॥ ७॥
कोउ मुरली, कोउ बेनु-सब्द, सृंगी कोउ पूरैं।
कृष्न कियौ मन ध्यान, असुर इक बसत अँधेरैं।
बालक बछरनि राखिहौं, एक बार लै जाउँ।
कछुक जनाऊँ अपुनपौ, अब लौं रह्यौ सुभाउ॥ ८॥
असुर-कुलहिं संहारि, धरनि कौ भार उतारौं।
कपट रूप रचि रह्यौ दनुज, इहिं तुरत पछारौं।
गिरि समान धरि अगम तन, बैठ्यौ बदन पसारि।
मुख भीतर बन घन नदी, छल माया करि भारि॥ ९॥
पैठि गए मुख ग्वाल, धेनु बछरा सँग लीने।
देखि महाबन भूमि हरे, तृन-द्रुम कृत कीने।
कहन लगे सब अपुन मैं, सुरभी चरैं अघाइ।
मानहुँ पर्वत-कंदरा, मुख सब गए समाइ॥ १०॥
जब मुख गए समाइ, असुर तब चाब सकोर्‌यौ।
अंधकार इमि भयौ, मनहुँ निसि बादर जोर्‌यौ।
अतिंहि उठे अकुलाइ कै, ग्वाल बच्छ सब गाइ।
त्राहि-त्राहि करि कहि उठे, परे कहाँ हम आइ॥ ११॥
धीर-धीर कहि कान्ह, असुर यह, कंदर नाहीं।
अनजानत सब परे, अघा-मुख-भीतर माहीं।
जिय लाग्यौ यह सुनत हीं, अब को सकै उबारि।
वातैं दूनी देह धरी, असुर न सक्यौ सम्हारि॥ १२॥
सबद कर्‌यौ आघात, अघासुर टेरि पुकार्‌यौ।
रह्यौ अधर दोउ चाँपि, बुद्धि बल सुरति बिसार्‌यौ।

ब्रह्म द्वार सिर फोरि कै, निकसे गोकुलराइ।
बाहिर आवहु, निकसि कै, मैं करि लियौ सहाइ ॥ १३ ॥
बालक बछरा धेनु, सबै मन अतिहिं सकाने।
अंधकार मिटि गयौ, देखि जहँ-तहँ अतुराने।
आए बाहिर निकसि कै, मन सब कियौ हुलास।
हम अजान कत डरत हैं, कान्ह हमारैं पास ॥ १४ ॥
धन्य कान्ह, धनि नंद, धन्य जसुमति महतारी।
धन्य लियौ अवतार, कोखि धनि, जहँ दैतारी।
गिरि-समान तन अगम अति, पन्नग की अनुहारि।
हम देखत पल एक मैं, मार्‍यौ दनुज प्रचारि ॥ १५ ॥
हरि हँसि बोले बैन, संग जौ तुम नहिं होते ?
तुम सब कियौ सहाइ, भयौ तब कारज मोते।
हमहुँ तुमहुँ मिलि बैठि बन, भोजन करैं अघाइ।
बंसीबट भोजन बहुत, जसुमति दियौ पठाइ ॥ १६ ॥
ग्वाल परम सुख पाइ, कोटि मुख करत प्रसंसा।
कहा बहुत जो भए, सपूतौ एकै बंसा।
चढ़ि बिमान सुर देखहीं, गगन रहे भरि छाइ।
जय-जय धुनि नभ करत हैं हरषि पुहुप बरषाइ ॥ १७ ॥
ब्रह्मा सुनी यह बात, अमर-पुर घरनि कहानी।
गोकुल लीन्हौ जन्म, कौन मैं यह नहिं जानी।
देखौं इनकी खोज लै, सोच पर्‍यौ मन माहिं।
'सूरस्याम' ग्वालनि लए, चले बंसीबट-छाहिं ॥ १८ ॥

माता यशोदा बार-बार कहे जा रही हैं—हे प्यारे नंदनदन, हे ब्रजवासियों के जीवन धन, सुजान, श्याम, जग जाओ। मैं तुम्हारी बलैया ले रही हूँ। अब उठो संग में अपने साथी साथियों को लिए हुए तुम्हारे बड़े भैया बलराम दरवाजे पर खड़े हैं। अपना सुंदर मुखड़ा दिखाकर मेरी आँखों की जलन मिटाओ। आँख और कमल-मुँह धोकर कुछ कलेऊ कर लो ॥ १ ॥

माखन रोटी ले लो, रात जमाया हुआ टटका दही ले लो। खट्टे-मिट्ठे सभी प्रकार के छह रस वाली मिठाइयाँ हैं। जो तुमको अच्छी लगे, खा लो। जो-जो तुम्हें रुचे, मुझसे माँग लो। बलराम के साथ खा लो। मैं भी तुम दोनों भाइयों को खाते देख प्रसन्न हो जाऊँ ॥ २ ॥

तब हँसकर कन्हैया ने माता यशोदा की ओर देखा और पलँग पर पड़े ही पड़े मुँह पर से ओढ़ना हटा कर, अपना मुँह खोल दिया। ऐसा लगा मानो समुद्र मथते समय फेन फाड़कर चंद्रमा ने प्रकाश विकीर्ण कर दिया हो। संगी-साथियों ने जब सुना कि कन्हैया सोकर उठ गए हैं, तब वे उन्हें देखने के लिए चल पड़े, जैसे चंद्रमा को चकोर देख रहे हों। उनके मुख पर आँखें ऐसी लग रही थीं, मानो चंद्रमा पर दो-दो कमल बड़े तड़के आ खिले हों ॥ ३ ॥

तब कन्हैया उठ कर आ गए। मैया ने जल लेकर उनका मुँह धोया। तब बलराम बोल-उठे-कन्हैया, आज इतने सबेरे कैसे उठ गए। तब कन्हैया जी बोले—'अरे दाऊ भैया, क्या कह रहे हैं?' फिर उनसे हँसकर मिले। तब दाऊ ने उन्हें उनकी बाँह पकड़कर अपनी बगल में बैठा लिया और प्रेमपूर्वक माखन, रोटी, ताजा दही जीमने लगे॥ ४॥

फिर पानी पिया, मुँह धोया और बलराम और मोहन दोनों भाई भोजन पर से उठ गए सब गायों को इकट्ठी करके उन्हें घेर लिया और कुँवर कन्हैया वन की ओर चल पड़े। बलदाऊ की पुकार सुनकर सब ग्वाल-बाल दौड़ पड़े और अपनी-अपनी गायें और बछड़े अपने घरों से बटोरते लेते आए॥ ५॥

सखाओं ने कन्हैया से कहा—आज वृंदावन चला जाय। यमुना के किनारे बहुत घास है। वहीं गायें चराई जायँ। तदनंतर सब ग्वाल-बाल वृंदावन की ओर गायें हाँक ले चले। वहाँ अत्यंत घना वन देखकर वे प्रसन्न होकर गाने लगे॥ ६॥

कोई पुकार रहा है, कोई गायों को इकट्ठा करके चारों ओर से घेर कर गायों को हाँके जा रहा है। कोई 'हुर्र, हुर्र' कर रहा है। वे कन्हैया को गाय हाँकना सिखाते जा रहे थे। अंतर्यामी कृष्ण अपने मन में कहने लगे—अब ये लोग उलटा हमी को सिखाने चले हैं। फिर उन्होंने कहा—अब जो गायें बहुत आगे चली गई हैं, उन्हें लौटा लो॥ ७॥

गायों को बुलाने के लिए कोई मुरली बजा उठा, कोई वेणु का शब्द करने लगा और कोई-कोई सींग फूँक कर ध्वनि करने लगे। इधर कृष्ण ने मन में ध्यान किया कि यहाँ अंधकार में एक असुर छिपा हुआ है। मैं ग्वाल-बालों और बछड़ों की रक्षा तो करूँगा ही, एक बार इनको लिए दिए मैं आगे चल रहा हूँ। मैं कुछ अपना ईश्वरत्व प्रकट कर दूँ। मेरा तो यही स्वभाव रहा है॥ ८॥

मैं असुर-वंश का संहार करके, पृथ्वी का भार हल्का करूँगा। यहाँ जो असुर है, कपट रूप धारण किए हुए है। मैं इसे तुरंत पछाड़ मारूँगा। यह पर्वत के समान विशाल शरीर फैलाए पड़ा है और अपना मुँह खोले हुए हैं। इसने अपने मुँह के भीतर घना, वन, नदी आदि सभी भारी माया से बना रखे हैं॥ ९॥

ग्वाल-बालों ने उसके खुले मुख को पर्वत की कंदरा समझा और गाय बछड़ों के सहित उसमें घुस गए। वहाँ माया से बनाए हुए महा वन, हरी-हरी भूमि और घास और वृक्ष देखकर वे आपस में कहने लगे—यहाँ गायें चर कर अघा जायेंगी। उस असुर का मुँह क्या था, मानो पहाड़ की गुफा थी, जिसमें सब समा गए॥ १०॥

जब सब ग्वाल-बाल, गायें और बछड़े तथा कृष्ण उस असुर के खुले मुँह में समा गए, तब उस असुर ने अपना खुला जबड़ा सिकोड़ लिया और मुँह रूपी कंदरा में घोर अंधकार छा गया, मानों बादलों से घिरी अँधेरी रात हो। इस अंधकार को देखकर ग्वाल-बाल, गायें, बछड़े सभी विकल हो उठे और वे चिल्ला उठे—प्रभु रक्षा करो, रक्षा करो। हम यहाँ कहाँ आ गए॥ ११॥

तब कन्हैया ने कहा—धैर्य धारण करो। यह पर्वत की गुफा नहीं है। यह असुर है। हम सब अनजान में अघासुर के मुँह में आ पड़े हैं। यह सुनते ही सबका जी बैठ गया और वे कहने लगे—'अब हमें कौन बचा सकता है?' तब कन्हैया ने अपने को अघासुर के

शरीर से दुगुना विशाल बना लिया। वह असुर कृष्ण के इस विशाल शरीर को अपने मुख के भीतर नहीं सँभाल सका॥ १२॥

तब अघासुर ने जोरों से चिल्लाकर शब्द किया। वह अपने दोनों होठों को बंद कर बैठा और अपनी सारी बुद्धि, बल और होश-हवास भुला बैठा। तब तक उसके ब्रह्मांड (खोपढ़े) को फोड़कर गोकुलराय कृष्ण बाहर निकल आए और कहा—मैंने तुम्हारी सहायता कर दी है, बाहर आने का नया मार्ग बना दिया है। तुम सब बाहर निकल आओ॥ १३॥

बालक, बछड़े, गायें सब मन में अत्यंत सशंक हो उठे थे, भयभीत हो गए थे। अब सब अंधकार मिट गया। प्रकाश देखकर वे सभी जल्दबाजी करने लगे। वे सभी बाहर निकल आए और सबका मन हर्षित हो गया। वे कहने लगे—हम अज्ञानी हैं, व्यर्थ ही डरे जा रहे थे। कान्हा तो हमारी रक्षा के लिए हमारे पास हैं ही॥ १४॥

कन्हैया धन्य हैं, नंदबाबा धन्य हैं, यशोदा मैया धन्य है, वह अवतार धन्य है, मैया की वह कोख धन्य है, जहाँ दैत्यों के अरि नौ मास तक रहे। जिसका शरीर पर्वत के समान अगम्य और विशाल था, जो अजगर के सदृश था, हम लोगों के देखते ही देखते कन्हैया ने उस असुर को ललकार कर एक क्षण में मार डाला॥ १५॥

तब कन्हैया ने हँसकर कहा—यदि तुम लोग मेरे साथ न होते, तो क्या मैं इसे मार सकता था? तुम सबने मिलकर मेरी मदद की, तब कहीं यह कार्य मुझसे हो सका। अच्छा, अब हम तुम सभी जन मिलकर वंशीवट की छाया में एक साथ बैठ जायँ और खूब अघाकर भोजन कर लें। जसोदा मैया ने बहुत-सा भोजन भेज दिया है॥ १६॥

ग्वाल-बालों ने अत्यंत प्रसन्न होकर अपने मुँहों से कन्हैया की करोड़ों प्रशंसा करनी प्रारम्भ की। उन्होंने कहा—वंश में एक ही सपूत अच्छा, बहुत से कपूतों के होने से क्या? देवता लोग अपने-अपने विमानों पर बैठकर नीचे यह लीला देखने लगे। उनके विमानों से सारा आकाश भर उठा। वे प्रसन्न होकर फूल बरसाने लगे और 'जय कन्हैया लाल की' कहकर नभोमंडल को गुँजाने लगे॥ १७॥

देवताओं के घर-घर में यह कहानी कही जाने लगी। ब्रह्माजी ने भी इसे सुना। पर वे सोचने लगे—गोकुल में किसने जन्म लिया है? यह बात तो मैं नहीं जानता। वे इस विचार में पड़ गए कि मुझे इसकी खोज खबर ले लेनी चाहिए। उधर श्याम ग्वाल-बालों को लिए हुए भोजन करने के लिए वंशीवट की छाँह में आ गए॥ १८॥

६७९/१०५० राग सोरठ

गोबिंद चलत देखियत नीके।

मदन गोपाल मंडली राजत, काँधैं धरि लिए सीके।
बछरा-बृंद घेरि आगैं करि, जन-जन सृंग बजाए।
जनु बन कमल सरोवर तजि कै, मधुप उनींदे आए।
बृंदाबन प्रवेसि अघ मार्‌यौ, बालक जसुमति तेरैं।
'सूरदास' प्रभु सुनत जसोदा, चितै बदन प्रभु केरैं॥

वृंदावन से ब्रज की ओर आते हुए गोविंद बहुत अच्छे लग रहे हैं। ग्वाल-बालों की मंडली के मध्य में गोपाल सुशोभित हो रहे हैं। उन्होंने अपने कंधों पर फूलों की कोई टहनी रख ली है। बछड़ों को घेर कर उन्होंने आगे कर रखा है। सभी ग्वाल-बाल शृंगीनाद करते चल रहे हैं। सींग में फूँक-फूँक कर बजाए जा रहे हैं। ऐसा प्रतीत होता है, मानो सरोवर-स्थित कमलों में बंदी भ्रमर अलस निद्रा में ही चले आए हों।

बालकों ने आकर यशोदा मैया को सूचना दी—मैया, तेरे बालक कन्हैया ने आज वृंदावन में घुसते अघासुर अजगर को मार डाला। यह सुनते ही यशोदा मैया अपने बालकृष्ण का मुँह ताकने लगीं। वे आस्चर्य चकित हो गईं कि इस बच्चे ने इतने भारी अघासुर को मार डाला।

६८०/१०५१ राग बिलावल

आजु जसोदा जाइ कन्हैया, महा दुष्ट इक मार्‍यौ।
पन्नग-रूप गिले सिसु गो-सुत, इहिं सब साथ उबार्‍यौ।
गिरि-कंदरा समान भयानक, जब अघ बदन पसार्‍यौ।
निडर गोपाल पैठि मुख-भीतर, खंड-खंड करि डार्‍यौ।
याकैं बल हम बदत न काहुहिं, सकल भूमि तृन चार्‍यौ।
जीते सबै असुर हम आगैं, हरि कबहूँ नहिं हार्‍यौ।
हरषि गए सब कहत महरि सौं, अबहिं अघासुर मार्‍यौ।
'सूरदास' प्रभु की यह लीला, ब्रज कौ काज सँवार्‍यौ॥

ग्वाल-ब्राल यशोदा मैया से बता रहे हैं—मैया, आज तो वृंदावन जाकर तुम्हारे कन्हैया ने एक बड़े भारी दुष्ट दैत्य को मार डाला है। उसने भारी अजगर का रूप बना रखा था और सभी ग्वाल-बालों, गायों और बछड़ों को निगल लिया था। तेरे श्याम ने इन सबको आज बचा लिया। जब पहाड़ की खोह के समान अपने भयानक मुँह को अघ ने खोल कर फैला दिया, तब तेरे गोपाल ने बिना किसी प्रकार का भय किए हुए उसके मुँह में घुसकर उसके टुकड़े-टुकड़े कर दिए। इस कन्हैया के बल पर तो हम किसी को कुछ जानते ही नहीं, किसी को भी कुछ समझते नहीं और सारे वृंदावन में गायों को घास चराते रहते हैं। कन्हैया ने हमारी आँखों के सामने न जाने कितने दानवों को हराया है, स्वयं कभी भी, किसी से भी, नहीं हारे हैं।'

वे सभी प्रसन्न होकर महरि यशोदा से कहने लगे—अभी-अभी आज ही कन्हैया ने अघासुर को मारा है। यह इनकी लीला ही है। इन्होंने ब्रजबासियों के हितार्थ यह सब कार्य किया है।

६८१/१०५२ राग नट

जसुमति सुनि-सुनि चकित भई।
मैं बरजति बन जात कन्हैया, का धौं करै दई।
कहाँ-कहाँ तैं उबर्‍यौ मोहन, नैंकु न तऊ डरात।
आपुन कहा तनक सौ, वन मैं सुनौं, बहुत मैं घात।

मेरी कह्यौ सुनौ जो स्त्रवननि, कहति जसोदा खीझत।
'सूरस्याम' कह्यौ बन नहिं जैहौं, यह कहि मन-मन रीझत॥

यशोदा अघासुर के मारे जाने की कथा सुनकर अचंभे में पड़ गईं और चिढ़कर कहने लगीं—मैं कन्हैया को वन जाने से रोक रही थी। पर यह माना ही नहीं और चला ही गया। भगवान न जाने क्या करना चाहते हैं। मेरा मोहन न जाने कितनी बार, कितनी-कितनी विपत्तियों से, कहाँ-कहाँ नहीं बचा है। फिर भी यह जरा भी नहीं डरता। अपने तो यह जरा सा है। सुनती हूँ वन में बहुत-बहुत से संकट भरे पड़े हैं। पर यह तो मेरी कही बातों पर ध्यान ही नहीं देता, मेरी सुनता ही नहीं।

तब श्याम ने कहा—'मैया अब मैं कल से कभी भी वन में नहीं जाऊँगा।' कहने को तो कन्हैया ने कह दिया और मन ही मन प्रसन्न हो उठे कि इस समय तो मैंने मैया को मना ही लिया। रही कल की बात, सो कल देखी जायगी।

६८२/१०५३ राग गौरी

अघा मारि आए नँदलाल।
ब्रज-जुवती सुनि कै उठि धाईं, घर-घर कहत फिरत सब ग्वाल।
निरखत बदन चकित भईं सुंदरि, मनहीं मन यह करि अनुमान।
कहतिं परस्पर, सत्य बात यह, कौन करै इनकी सरि आन!
येई हैं रति-पति के मोहन, येई हैं हमरे पति-प्रान।
'सूर' स्याम जननी मन मोहत, बार-बार माँगत कछु खान॥

अघासुर को मार कर नंदलाल लौट आए हैं। ग्वाल-बाल घर-घर यह कहते फिरे। ब्रज-युवतियों ने जब यह सुना, तब वे अपने घरों से निकल कर नंद के घर जा पहुँची। कन्हैया का मुँह देखकर वे ब्रज सुंदरियाँ अचरज में पड़ गईं और मन ही मन तर्क-वितर्क करने लगीं। वे आपस में एक दूसरी से कहने लगीं—सत्य बात तो यह है कि इनकी बराबरी कोई दूसरा कैसे कर ही सकता है। यही रति के पति कामदेव को भी मोहित कर लेनेवाले हैं। ये ही हमारे पति हैं, ये ही हमारे प्राण हैं।

इधर माँ यशोदा के मन को मोह लेनेवाले कन्हैया बार-बार कुछ खाने के लिए माँगे जा रहे हैं—'मैया कुछ खाने को दे, बड़ी भूख लगी है।'

ब्रह्मा गो-वत्स-हरण

६८३/१०५५ राग धनाश्री

हरष भए नँदलाल, बैठि तरु छाहँ के। ध्रुव॥
बंसीवट अति सुखद, और द्रुम पास चहूँ हैं।
सखा लिए तहँ गए, धेनु बन चरति कहूँ हैं।
बैठि गए सुख पाइ कै, ग्वाल-बाल लिए साथ।
अति आनँद पुलकित हियें, गावत हरि-गुन-गाथ॥ १॥
अहिर लिए मधु-छाक, तुरत बृंदाबन आए।
ब्यंजन सहस प्रकार, जसोदा बनै पठाए।

स्याम कह्यौ बन चलत हीं, माता सौं समुझाइ।
उत तैं वै आए सबै, देखत हीं सुख पाइ ॥ २ ॥
कान्ह देखि मधु-छाक, पुलकि अँग-अंग बढ़ायौ।
हँसि-हँसि बोले तबै, प्रेम सौं जननि पठायौ।
नीकैं पहुँचे आइ तुम, भलौ बन्यौ संजोग।
बार-बार कह्यौ सखनि सौं आजु करैं सुख भोग ॥ ३ ॥
बन-भोजन बिधि करत, कमल के पात मँगाए।
तोरे पात पलास, सरस दोना बहु लाए।
भाँति-भाँति भोजन धरे, दधि-लवनी-मिष्टान्न।
बन फल लए मँगाइ कै, रुचि करि लागे खान ॥ ४ ॥
बन भोजन हरि करत, संग मिलि सुबल सुदामा।
स्याम कुँवर परसेन, महर-सुत अरु श्रीदामा।
स्याम सबनि मिलि खात हैं, लै-लै कौर छुड़ाइ।
औरनि लेत बुलाइ ढिग, डहकि आपु मुख नाइ ॥ ५ ॥
ब्रह्मा देखि बिचारि, सृष्टि कोउ नई चलाई।
मोहिं पठयौ जिहिं सौंपि, ताहि कहिहौं कहा जाई।
देखौं धौं यह कौन है, बाल-बच्छ हरि लेउँ।
ब्रह्मलोक लै जाउँ हरि, इहि बिधि करि दुख देउँ ॥ ६ ॥
अंतरजामी नाथ, तुरत बिधि मन का जानी।
बालक द्वै दए पठै, धेनु बन कहूँ हिरानी।
जहाँ-तहाँ बन ढूँढ़ि कै, फिरि आए हरि-पास।
सखा सबनि बैठारि कै, आपुन गए उदास ॥ ७ ॥
हरि लै बालक-बच्छ, ब्रह्मलोकहिं पहुँचाए।
फिरि आए जो कान्ह, कहूँ कोऊ नहिं पाए।
प्रभु तबहीं जान्यौ यहै, बिधि लै गयौ चोराइ।
जो जिहिं रँग, जिहिं रूप कौ, बालक बच्छ बनाइ ॥ ८ ॥
तातैं कीने और, ब्रह्म हृद-नाल उपायौ।
अपनौं करि तिहिं जानि, कियौ ताकौ मन भायौ।
उद्धारन मारन छमी, मन हरि कीन्हौ ज्ञान।
अनजानैं बिधि यह करी, नए रचे भगवान ॥ ९ ॥
वहै बुद्धि, वहै प्रकृति, वहै पौरुष तन सब के।
वहै नाउ, वहै भाउ, धेनु बछरा मिलि रबके।
स्याम कह्यौ सब सखनि सौं, ल्यावहु गोधन घेरि।
संध्या कौ आगम भयौ, ब्रज-तन हाँकौ फेरि ॥ १० ॥

सुनत ग्वाल, लै चले, धेनु ब्रज बृंदावन तैं।
कान्हहिं बालक जानि डरे, सब ग्वाले मन तैं।
मध्य किए लै स्याम कौं, सखा भए चहुँ पास।
बच्छ-धेनु आगै किए, आवत करत बिलास ॥ ११॥

बाजत बेनु बिषान, सबै अपनैं रँग गावत।
मुरली-धुनि, गो-रंभ, चलत पग धूरि उड़ावत।
मोर-मुकुट सिर सोहई, बनमाला पट पीत।
गो-रज मुख पर सोहई, मनहुँ चंद कन-सीत ॥ १२॥

देखि हरषि ब्रजनारि, स्याम पर तन-मन वारतिं।
इकटक रूप निहारि, रहीं मेटत चित-आरति।
कहा कहैं छबि आजु की, मुख मंडित खुर-धूरि।
मानौ पूरन चंद्रमा, कुहर रह्यौ आपूरि ॥ १३॥

गोकुल पहुँचे जाइ, गए बालक अपनैं घर।
गो-सुत अरु नर-नारि मिले, अति हेत लाइ गर।
प्रेम सहित वै मिलत हैं, जे उपजाए आजु।
जसुमति मिलि सुत सौं कहति, रैनि करत किहिं काज ॥ १४॥

मैं घर आवन कहौं, सखा सँग कोउ नहिं आवैं।
देखत बन अति अगम, डरौं, वै मोहिं डरपावैं।
बार-बार उर लाइकै, लै बलाइ, पछिताइ।
काल्हिहिं तैं वेई, सबै, ल्यावैं गाइ चराइ ॥ १५॥

यह सुनि कै हरि हँसे, काल्हि मेरी जाइ बलैया।
भूख लगी मोहिं बहुत तुरतहीं दै कछु मैया।
माखन दीन्हौ हाथ कै, तब लौं तुम यह खाहु।
तातौं जल है घाम कौ, तनक तेल सौं न्हाहु ॥ १६॥

तब जसुमति गहि बाहँ, तुरत हरि लै अन्हवाए।
रोहिनि करि जेवनार, स्याम-बलराम बुलाए।
जेंवत अति रुचि पावहीं, परुसति माता हेत।
जेंइ उठे, अँचवन लियौ, दुहुँ कर बीरा देत ॥ १७॥

स्याम उनींदे जानि, मातु रचि सेज बिछाई।
तापर पौढ़े लाल, अतिहिं मन हरष बढ़ाई।
अघ-मर्दन बिधि-गर्व-~~हर~~ करत न लागी बार।
'सूरदास' प्रभु के चरित, पावत कोउ न पार ॥ १८॥

नंदलाल वंशी-वट की छाया में बैठकर प्रसन्न हो उठे। वंशीवट अत्यंत सुखदायक है। उसके चारों ओर और-बहुत वृक्ष हैं। अपने संगी-साथियों के साथ कन्हैया वहाँ गए। गायें

वन में कहीं अन्यत्र चरती रहीं। कन्हैया उस वट की छाया में ग्वाल-बालों को साथ लिए हुए सुख पाकर बैठ गए। ग्वाल-बाल भी अत्यंत आनंदित हो उठे और हरि की गुण-गाथा कहने लगे॥ १॥

तभी अहीर लोग मीठी छाक लिए हुए वृंदावन आ गए। यशोदा मैया ने हजारों प्रकार के खाद्य पदार्थ बनाकर भेज दिए थे। वन की ओर चलते ही कन्हैया ने मैया से छाक भेज देने के लिए समझाकर कह दिया था। जब अहीर लोग छाक लेकर आ गए, तब कन्हैया ने उन्हें देखते ही बड़ा सुख पाया॥ २॥

कन्हैया ने मीठी खाद्य सामग्रियाँ देखीं और उनके अंग-अंग में प्रसन्नता बढ़ गई। तब वे हँस-हँस कर कहने लगे—'मैया ने बड़े प्रेम से यह छाक भेजी है। तुम लोग ठीक समय पर छाक लेकर आ गए हो। यह बड़ा अच्छा संयोग बना है।' और वे बार-बार अपने मित्रों से कहने लगे—'आओ, आज हम सब खूब छककर सुखमय भोजन करें'॥ ३॥

कन्हैया ने पतरी के लिए बहुत से कमल-पत्र तोड़ मँगवाए और पलास के पत्ते तोड़कर बहुत से दोने बना लिए गए। पुरइन के उन पत्तों पर भाँति-भाँति के भोजन परोस दिए गए. दही, माखन, मिठाइयाँ सभी कुछ। बहुत से जंगली फल भी तोड़ मँगाए गए। इस प्रकार वन-भोजन की सारी विधि बन गई और सभी लोग प्रेम-पूर्वक जीमने लगे॥ ४॥

सुबल, सुदामा श्रीदामा और परसेन महर के पुत्र श्याम कुँवर के साथ मिलकर हरि वन-भोज खा रहे हैं। कन्हैया सब से मिलकर खा रहे हैं। उन सबके कौर छीन-छीन कर खाए जा रहे हैं। दूसरों को खिलाने के लिए अपने पास बुलाते हैं, पर चकमा देकर हाथ का कौर अपने ही मुँह में डाल लेते हैं॥ ५॥

ब्रह्मा ने स्याम के खान-पान का यह अद्भुत ढंग देखकर कहा—यहाँ तो कोई नई अद्भुत सृष्टि चला दी गई है। जिस ब्रह्म ने मुझे सृष्टि रचने का भार सौंप रखा है, उसे मैं क्या जवाब दूँगा। यहाँ दूसरा स्रष्टा कौन आ गया? देखता हूँ यह है कौन, मैं अभी इसके सभी साथियों और बछड़ों को हर कर ब्रह्मलोक पहुँचाए देता हूँ। मैं इसे इस प्रकार दुख दूँगा॥ ६॥

कन्हैया तो अन्तर्यामी हैं। उन्होंने ब्रह्मा के मन की बात तुरत जान ली। तब उन्होंने दो ग्वाल-बालों को बुलाया और उनसे कहा—'देखो गाएँ वन में कहीं खो गई हैं, जाओ उन्हें ढूँढ़ लाओ।' वे दोनों ग्वाल-बाल गए, वन में यत्र-तत्र खोजा, गायें नहीं मिलीं और वे कन्हैया के पास लौट आए। तब कन्हैया ने सब सखाओं को बैठा दिया और अन्यमनस्क भाव से स्वयं गायें ढूँढ़ने निकल पड़े॥ ७॥

उधर ब्रह्मा ने बालकों और बछड़ों का हरण करके उन्हें ब्रह्मलोक पहुँचा दिया। कन्हैया जब लौटे तो, उन्हें कहीं नहीं पाया। तब प्रभु ने जान लिया कि ब्रह्मा उन्हें चुरा ले गए हैं। फिर उन्होंने जो जिस रंग के थे, जिस रूप के थे, उसी रंग-रूप के नए बालक और बछड़े बना दिए॥ ८॥

फिर उन्होंने अपनी नाभि से नया कमल और उस कमल पर नया ब्रह्मा पैदा कर दिया। उस नए ब्रह्मा को उन्होंने अपना माना और उसका मन-चाहा किया। प्रभु उबारने

और मारने दोनों में सक्षम हैं। उन्होंने मन में ज्ञान किया और सोचा कि ब्रह्मा से यह भूल अनजान में हो गई है। अतः उन्होंने नए-नए ग्वाल-बाल और गो-वत्स रच बनाए॥ ९॥

सबको पहले वाले जैसी ही बुद्धि, स्वभाव और शक्ति थी। सभी के वही नाम थे, यही भाव थे। गायें और बछड़े सभी मिलकर पूर्ववत् एक साथ रँभाने लगे। तब श्याम ने सभी सखाओं से कहा—अच्छा, अब गायें घेर लाओ। साँझ हो गई है। इन्हें ब्रज की ओर हाँक ले चलो॥ १०॥

कन्हैया की बात सुनते ही सभी ग्वाल-बाल गायों को वृंदावन से हाँक कर ब्रज की ओर चल पड़े। वे कन्हैया को नन्हा-मुन्ना समझकर मन में डर गए। इसलिए उन्होंने कन्हैया को अपने बीच में कर लिया और सब उनको चारों ओर से घेरे हुए, गाय-बछड़ों को आगे किए हुए, भाँति-भाँति की क्रीड़ा करते हुए घर की ओर चल पड़े॥ ११॥

वे वेणु (वंशी) और बिषाण (सींग) बजाते जा रहे थे। अपनी-अपनी मस्ती में वे सब गाए जा रहे थे। मुरली की मधुर ध्वनि गूँज रही थी, गायों का रँभाना सुन पड़ रहा था। गायों के चलने से उनके खुरों से धूलि उड़ती जा रही थी। कन्हैया के सिर पर मोर पंख का मुकुट सुशोभित हो रहा था। वे वनमाला पहने हुए थे और पीतांबर ओढ़े हुए थे। उनके मुख पर गायों के खुरों से उठी हुई धूल की परत यों जम गई थी, मानों चंद्रमा पर ओस की बूँदें पड़ गई हों॥ १२॥

श्याम को देखकर ब्रज-वधूटियाँ खिल उठीं। वे उन पर तन-मन निछावर कर उठीं। वे टकटकी लगाकर श्याम का सौंदर्य-पान करती हुई अपने मन की आर्ति (दुख) मिटाने लगीं और कहने लगीं—गायों के खुरों से उठी हुई धूलि से कन्हैया का मुख सुशोभित हो रहा है। आज के इस सौंदर्य का वर्णन तो अकथनीय है। बस यही कहा जा सकता है मानों पूर्णिमा के चंद्रमा पर कुहरा छा गया है॥ १३॥

सभी गोकुल में जा पहुँचे। अन्य बालक अपने-अपने घर चले गए। बछड़े और समस्त नर-नारी प्रेमपूर्वक एक-दूसरे से गले लिपटकर मिले। जिन ग्वाल-बालों को श्याम ने आज उत्पन्न किया है, ये सभी प्रेमपूर्वक अपने माता-पिता से मिले जा रहे हैं। यशोदा भी अपने पुत्र कन्हैया से मिलीं और कहा—कान्हा, इतनी रात क्यों कर देते हो? सूरज डूबते-डूबते तुम्हें घर लौट आना चाहिए॥ १४॥

कन्हैया बोले—'मैं जल्दी घर आने के लिए कहता तो हूँ। पर कोई संगी-साथी इतनी जल्दी मेरे साथ लौटना नहीं चाहता। मैं अकेले आ नहीं पाता। अगम्य वन देखकर एक तो मैं स्वयं डर जाता हूँ, दूसरे वे भी मुझे डरवाते रहते हैं।'

कन्हैया की यह बात सुनकर मैया ने उन्हें बार-बार गले से लगा लिया, उनकी बलैया ली और पछताने लगीं कि मैं अपने बारे भोरे को हक नाहक गाय चराने जाने देती हूँ। वे बोलीं—'कल से ये ही सब गायें चरा लाया करेंगे, तुम उनके साथ मत जाना'॥ १५॥

यह सुनकर कन्हैया हँस पड़े और बोले—'कल मेरी बला जाय, मैं तो जाने से रहा। मैया मुझे बहुत भूख लगी है, मुझे तत्काल कुछ खाने को दे।' तब मैया ने कन्हैया के हाथों पर माखन रख दिया और कहा—लो अभी तो यह माखन ही खा लो। धूप में गर्म किया जल रखा है, जरा तेल लगाकर तुम नहा लो॥ १६॥

तब यशोदा ने कन्हैया की बाँह पकड़ कर उन्हें तुरंत नहला दिया। रोहिणी मैया ने भोजन बनाकर श्याम और बलराम को जीमने के लिए बुला लिया। दोनों भाई प्रेमपूर्वक भोजन करने लगें और माता रुचिपूर्वक परोसने लगी। वे भोजन करके उठे, पानी पिय और मुँह-हाथ धोया। तब मैया ने दोनों हाथों में पान के बीड़े दे दिए॥ १७॥

श्याम को नींद आते देख माँ ने स्वयं सेज लगा दी। उस पर कन्हैया लाल अत्यंत प्रसन्न होकर आ लेटे।

अघासुर को मारने में, ब्रह्मा का गर्व हरने में, प्रभु को जरा भी देर न लगी। उनके चरित के पार कोई नहीं जा सकता, वह अपार हैं॥ १८॥

६८४/१०५६ राग सारंग

कह्यौ गोपाल, चरत हैं गो-सुत, हम सब बैठि कलेऊ कीजै।
सीतल छाहँ बृच्छ की सुंदर, निर्मल जल जमुना कौ पीजै।
भोजन करत सखा इक बोल्यौ, बछरू कतहूँ दूरि गए।
जदुपति कह्यौ घेरि हौं आनौं, तुम जेंवहु निहचिंत भए।
चतुरानन बछरा लै गोए, फिरि माधव आए तिहि ठाउँ।
बालक-बच्छ हरे लोकेस्वर, बार-बार टेरत लै नाउँ।
जान्यौ ब्रह्मा-छल मन मोहन, गोपी गाइ, बहुत दुख पैहैं।
तजिहैं प्रान सबै मिलि निस्चय, सुत जौ गृह कौं आजु न जैहैं।
वाही भाँति, बरन, बपु वैसेहिं, सिसु सब रचे नंद-सुत आन।
आगैं बछ, पाछैं ब्रज-बालक, करत चले मधुरैं सुर गान।
पूरब प्रीति अधिक ताहू तैं, करतीं ब्रज-बनिता अरु धेनु।
'सूरज' प्रभु अच्युत ब्रज-मंडल, घरहीं घर लागे सुख देनु॥

गोपाल ने कहा—'बछड़े चर रहे हैं। यहाँ वृक्ष की सुंदर शीतल छाया है। हम सब भी बैठकर कलेवा कर लें और यमुना का निर्मल जल पी लें।' भोजन करते समय एक सखा ने कहा—'बछड़े कहीं दूर चले गए हैं।' यदुपति कृष्ण ने कहा—'मैं बछड़ों को घेरे लिए आता हूँ। तुम सब निश्चिंत होकर भोजन करते रहो।' चार मुख वाले ब्रह्मा बछड़ों को चुरा ले गए थे। अतः माधव कृष्ण भोजन के स्थान पर लौट आए। पर इन बालकों और बछड़ों को भी लोकेश्वर ब्रह्मा चुरा ले गए थे। कन्हैया अपने सखाओं का नाम ले-लेकर पुकारे जा रहे थे। पर वहाँ कोई हो, तब तो बोले। मनमोहन कृष्ण ने जान लिया कि ब्रह्मा ने यह सब छल किया है। इससे गोपी और गायें बहुत दुख पाएँगी। वे सुनिश्चित रूप से अपने प्राण तज देंगे, यदि बछड़े और ग्वाल-बाल शाम तक घर नहीं पहुँचेंगे। तब उन्होंने उसी प्रकार के रंग, शरीर वाले ग्वाल-बाल रच डाले। फिर आगे-आगे नए निर्मित बछड़े और पीछे-पीछे मधुर स्वर में गान करते हुए नव निर्मित ब्रज-बालक चल पड़े। ब्रज-वनिताएँ इन नव निर्मित ग्वाल-बालों से और गाएँ इन नवनिर्मित बछड़ों से पहले से अधिक स्नेह करने लगीं। अच्युतानंद प्रभु ब्रज मंडल के घर-घर में इस प्रकार सुख देने लगे।

६८५/११०२ राग कल्यान

मैं तो जे हरे हैं, ते तौ सोवत परे हैं, ये करे हैं कौनैं आन, अँगुरीनि दंत दै रह्यौ ।
पुरुष पुरान आन कियौ चतुरानन, कै सोई प्रभु पूरन प्रगट इहाँ ह्वै रह्यौ ?
उते देखि धावै, इत आवै, अचरज पावै, 'सूर' सुरलोक ब्रजलोक एक ह्वै रह्यौ ।
बिबस ह्वै हार मानी, आपु आयौ नकवानी, देखि गोप-मंडली कमंडली चितै रह्यौ ॥

ब्रह्मा ने ब्रह्मलोक में बछड़ों और ग्वाल-बालों को ले जाकर चुरा दिया। फिर वे लौटकर ब्रज में अपनी करनी का फल देखने के लिए आ गए। उन्होंने दाँतों के तले उँगली देकर अत्यंत आश्चर्य से देखा और कहा—मैंने जिन बालकों और बछड़ों का हरण किया है, वे तो ब्रह्मलोक में इस समय सोए पड़े हैं। यहाँ वे ही बालक और बछड़े तदृत दिखाई पड़ रहे हैं। इन्हें किसने रच दिया है। क्या पुराण-पुरुष विष्णु ने किसी दूसरे को चतुरानन (ब्रह्मा) बिना दिया है ? अथवा वह पूर्ण प्रभु स्वयं यहाँ अवतार लेके आ गया है ? दौड़ कर वे ब्रह्मलोक जाते हैं और देखते हैं कि बालक और बछरू दोनों वहाँ सोए हुए हैं। फिर वे ब्रज मंडल में लौट आते हैं और देखते हैं कि यहाँ वे ही बालक और बछरू किलोल कर रहे हैं। यह देखकर उन्हें भारी आश्चर्य हुआ। इस प्रकार ब्रह्मलोक और ब्रजलोक कुछ काल के लिए एक सम्पर्क-सूत्र में बँध से गए। विवश होकर ब्रह्मा ने अपनी हार मान ली, वह परेशान हो गया। उसकी नाक में दम हो गया। इस गोप-मंडली को कमंडली (कमंडलधारी ब्रह्मा) टकटकी लगाकर अभिभूत होकर देखते रह गए।

६८६/११०७ राग सारंग

माधौ, मोहिं करौ बृंदाबन-रेनु ।
जिहिं चरननि डोलत नँद-नंदन, दिन-प्रति बन-बन चारत धेनु ।
कहा भयौ यह देव-देह धरि, अरु ऊँचैं पद पाऐं ऐनु ।
सब जीवनि लै उदर माँझ प्रभु, महा प्रलय-जल करत हौ सैनु ।
हम तैं धन्य सदा वै तृन-द्रुम, बालक-बच्छ-बिषानऽरु बेनु ।
'सूर' स्याम जिनकैं सँग डोलत, हँसि बोलत, मथि पीवत फेनु ॥

ब्रह्मा जी कन्हैया की स्तुति करते हुए कहने लगे—हे माधव, मुझे वृंदावन की वह धूल बना दो, जिस पर हे नंदनंदन तुम दिन प्रतिदिन वन-वन में गायें चराते हुए अपने चरण रखते हुए डोलते हो। इस देव-शरीर के पाने से क्या, और इस ऊँचे पद पर आसीन होने से क्या ? इनसे प्रभु के चरणों का पारस-परस तो मिलता नहीं है। हे प्रभु—तुम जब चाहते हो, सभी प्राणियों को अपने पेट में ले लेते हो और महा-प्रलय के जल में वट-पत्र के ऊपर अँगूठा चूसते हुए सोते रहते हो। इस वृंदावन के घास-फूस, पेड़-पौधे, ग्वाल-बाल, गायें-बछड़े, बाँसुरी और सींग हमसे अधिक भाग्यशाली हैं, क्योंकि तुम्हारा पावन स्पर्श इन्हें बराबर प्राप्त होता रहता है। हे श्याम, तुम जिन ग्वाल-बालों के साथ खेलते रहते हो, डोलते रहते हो, हँसते और बोलते रहते हो, दूध-मथकर उसे फेन के सहित पीते रहते हो, ये सब मुझसे अधिक महिमामय हैं, ये धन्य हैं।

६८७/११०८ राग सारंग

ऐसैं बसिए ब्रज की बीथिनि ।
ग्वारनि के पनवारे चुनि-चुनि, उदर भरीजै सीथिनि ।
पैंड़े के सब बृच्छ बिराजत, छाया परम पुनीतनि ।
कुंज-कुंज-प्रति लोटि-लोटि, ब्रज-रज लागै रँग-रीतनि ।
निसि दिन निरखि जसोदा-नंदन, अरु जमुना-जल पीतनि ।
परसत 'सूर' होत तन पावन, दरसन करत अतीतनि ॥

ब्रह्माजी मन ही मन सोच रहे हैं—यदि ब्रज की गलियों में इस प्रकार बसा जा सके, जिससे ग्वाल-बालों की जूठी पत्तल में चुन-चुनकर भोजन के जूठे कणों से पेट भरा जा सके, जिससे यहाँ के मार्ग के वृक्षों की परम पवित्र छाया में विश्राम किया जा सके, जिससे कुंज-निकुंज में लोट-लोटकर व्रज की रज के रंग से शरीर को रँगा जा सके, जिससे रात-दिन यशोदा नंदन कृष्ण को देखा जा सके, जिससे यमुना का निर्मल जल पिया जा सके, जिससे अतीतों (ज्ञानातीत भक्तों, साधु संतों) का दर्शन करके उनके चरण छूकर शरीर को पवित्र किया जा सके, तो कितना अच्छा हो।

६८८/११०९ राग सारंग

धनि यह बृंदाबन की रेनु ।
नंद-किसोर चरावत गैयाँ, मुखहिं बजावत बेनु ।
मन-मोहन कौ ध्यान धरैं जिय, अति सुख पावत चैनु ।
चलत कहाँ मन और पुरी तन, जहाँ कछु लैन न दैनु ।
इहाँ रहहु, जहँ जूठनि पावहु, ब्रजवासिनि कैं ऐनु ।
'सूरदास' ह्याँ की सरवरि नहिं, कल्पबृच्छ सुर-धैनु ॥

ब्रह्मा जी मन ही मन कह रहे हैं—वृंदावन की यह धूलि धन्य है, जहाँ नंद-किशोर कृष्ण गायें चराते हैं और होठों पर मुरली रखे हुए उसे बजाते रहते हैं, जहाँ मन में मनमोहन का ध्यान करने से अत्यंत सुख-चैन मिलता रहता है। ऐ मेरे मन, अन्य सप्त पुरियों-माया (हरिद्वार), मथुरा, काशी, कांची, अवंतिका, अयोध्या, द्वारिका-की ओर क्या चलना चाहता है, वहाँ कुछ लेना-देना नहीं है। यहीं व्रजवासियों की कुटियों में आकर विरम जाओ, यहाँ उनकी जूठन, सीथ-प्रसाद तो मिलता रहेगा। यहाँ की बराबरी न तो कल्प-वृक्ष कर सकता है, न कामधेनु ही। ये कामनाएँ पूर्ण करने वाले अवश्य हैं, पर इनसे वे सारी कामनाएँ कहाँ पूर्ण हो पाती हैं, जो ब्रजवास से पूर्ण होती हैं।

दुग्ध-पान

६८९/११११ राग गौरी

आजु हरि धेनु चराए आवत ।
मोर-मुकुट बनमाल बिराजत, पीतांबर फहरावत ।
जिहिं-जिहिं भाँति ग्वाल सब बोलत, सुनि स्त्रवननि मन राखत ।

आपुन टेर लेत ताही सुर, हरषत पुनि-पुनि भाषत।
देखत नंद-जसोदा-रोहिनि, अरु देखत ब्रज-लोग।
'सूरस्याम' गाइनि सँग आए, मैया लीन्हे रोग ॥

आज संध्या समय कन्हैया गाय चराकर वृंदावन से व्रज को वापस चले आ रहे हैं उनके सिर पर मोर-पंख का मुकुट है, गले में वन-फूलों की माला सुशोभित हो रही है उनका पीतांबर हवा के झोंके से फहराता जा रहा है। जिस-जिस प्रकार अन्य सभी ग्वाल बाल गायों को हाँकते हुए 'हुर्र-हुर्र' या 'लौ-लौ' करके बोलते जाते हैं, कन्हैया भी उ शब्दों को कानों से ध्यानपूर्वक सुनकर मन में रख लेते हैं और अपने भी उसी सुर और स्व में प्रसन्न होकर बार-बार गायों को पुकारते जा रहे हैं। नंद, यशोदा, रोहिणी और अन सभी व्रजवासी उन्हें आते हुए देख रहे हैं। तब तक श्याम गायों को लिए-दिए आ गए औ मैया ने उनकी बलैया ले ली, उनका सभी रोग-दोष अपने सिर ले लिया।

६९०/१११२ राग गौर

माँगि लेहु, जो भावै प्यारे।
बहुत भाँति मेवा सब मेरैं, षटरस ब्यंजन न्यारे।
सबै जोरि राखति हित तुम्हरैं, मैं जानति तुम बानि।
तुरत मथ्यौ दधि माखन आछौ, खाहु देउँ सो आनि।
माखन दधि लागत अति प्यारौ, और न भावै मोहि।
'सूर' जननि माखन-दधि दीन्हौ, खात हँसत मुख जोहि ॥

यशोदा मैया कन्हैया से कह रही हैं—प्यारे कान्ह, जो तुम्हें रुचता हो, खाने के लिए माँग लो। मेरे घर में अनेक प्रकार के मेवा रखे हुए हैं। छहों स्वाद वाले अनेक प्रकार के बढ़िया-बढ़िया खाद्य-पदार्थ तैयार रखे हुए हैं। मैं तुम्हारा स्वभाव और तुम्हारी रुचि जानती हूँ, इसीलिए ये सभी प्रकार के व्यंजन मैंने तुम्हारे लिए जुगाड़ करके जोड़ रखे हैं तुरंत का मथा दही, अच्छा माखन है, जो खाओ, सो मैं ला दूँ।

तब कन्हैया ने कहा—मुझे तो माखन और दही बहुत अच्छा लगता है। इनके अतिरिक्त मुझे और कोई चीज अच्छी नहीं लगती।

तब माँ ने माखन और दही लाकर कन्हैया को दे दिया। कन्हैया मैया का मुख देखते जा रहे हैं और हँसते-हँसते माखन दही खाते जा रहे हैं।

६९१/१११३ राग आसावरी

सुनि मैया, मैं तो पय पीवौं, मोहिं अधिक रुचि आवै री।
आजु सबारैं धेनु दुही मैं, वहै दूध मोहि प्यावै री।
और धेनु कौ दूध न पीवौं, जो करि कोटि बनावै री।
जननी कहति दूध धौरी कौ, पुनि पुनि सौंह करावै री।
तुम तैं मोहिं और को प्यारौ, बारंबार मनावै री।
'सूरस्याम' कौं पय धौरी कौ, माता हित सौं ल्यावै री ॥

कन्हैया ने कहा—मैया, मैं तो दूध पीऊँगा। मुझे वह बहुत पसंद है। जो गाय आज

सबेरे मैंने दुही है, मुझे वही दूध लाकर पिलाओ। मैं किसी दूसरी गाय का दूध न पिऊँगा, भले ही तुम उसे अनेक प्रकार से गर्म करके, फेंट-फाँटकर लाओ।'

यशोदा मैया कह रही हैं—यह दूध उसी धौरी का तो है, जिसे तूने दुहा है। मैं तेरी शपथ खाकर कह रही हूँ, मुझे तुझसे ज्यादा प्यारा और कौन है, जिसे मैं यह दूध दूँगी।

इस प्रकार मैया श्याम के पीने के लिए धौरी गैया का दूध परम प्रेमपूर्वक ले आईं और बारंबार कन्हैया को दूध पीने के लिए मनाने लगीं।

६९२/१११४ राग गौरी

आछौ दूध पियौ मेरे तात।
तातौ लगत, बदन नहिं परसत, फूँक देति है मात।
औटि धर्‌यौ है अबहीं मोहन, तुम्हरैं हेत बनाइ।
तुम पीवौ, मैं नैननि देखौं, मेरे कुँवर कन्हाइ।
दूध अकेली धौरी कौ यह, तन कौं अति हितकारि।
'सूरस्याम' पय पीवन लागे, अति तातौं दियौ डारि॥

यशोदा मैया कन्हैया से कह रही हैं—'हे तात, तुम यह बढ़िया दूध पी लो।' कन्हैया ने दूध मुँह से लगाया, पर वह गरम लगा और उन्होंने उसे मुँह से नहीं लगाया। तब मैया फूँक-फूँककर उसे ठंडा करके उन्हें देने लगीं और कहने लगीं—'मोहन, मैंने अभी-अभी तुम्हारे लिए ही कड़ाही में औटाकर और फेंटकर रखा है। तुम यह दूध पिओ। हे कुँवर कन्हैया, मैं तुम्हें यह दूध पीता हुआ अपनी आँखों से देखूँ। यह दूध अकेले तुम्हारी धौरी गैया का है। यह शरीर के लिए अत्यंत गुणकारी है, बलवर्धक है।'

तब कन्हैया दूध पीने लगे, पर वह बहुत गर्म था और वह उनके हाथ से छूट गिरा।

धेनुक-वध

६९३/१११७ राग भैरव

सखा कहन लागे हरि सौं तब। चलौ ताल-बन कौं जैऐ अब।
ता बन मैं फल बहुत सुहाए। वैसे हम कबहूँ नहिं खाए।
धेनुक असुर तहाँ रखवारी। चलौ कह्यौ हँसि बल बनवारी।
बिहँसत हरि सँग चले गुवाला। नाचत गावत गुन-गोपाला।
सोयौ हुतौ असुर तरु-छाया। सुनत सब्द तुरतहिं उठि धाया।
हलधर कौं देख्यौ तिन आए। हाथ दोऊ बल करि जु चलाए।
पकरि पाइ बलभद्र फिरायौ। मारि ताहि तरु माहिं गिरायौ।
और बहुत ताकौ परिवारा। हरि हलधर मिलि सबकौं मारा।
ग्वालनि बन-फल रुचि सौं खाए। बहुरौ बृंदाबनहिं सिधाए।
हरि-हलधर-छबि बरनि न जाई। 'सूरदास' यह लीला गाई॥

तब कृष्ण के सखागण उनसे कहने लगे—'चलो, अब ताल वन चला जाय। उस वन में बहुत अच्छे फल हैं। हमने वैसे मीठे फल कभी नहीं खाए हैं।' तब बलराम और

वनवारी ने हँसकर कहा, 'चलो, परंतु यहाँ धेनुक असुर फलों की रखवारी करता है।' हँसते हुए, नाचते हुए, गोपाल के गुन गाते हुए ग्वाल-बाल हरि के साथ चल पड़े। धेनुकासुर वृक्ष की छाया में सोया हुआ था। उसने ग्वाल-बालों का कोलाहल सुना और तुरंत उठ दौड़ा। उसने बलराम को आया देखा, तब उसने बलपूर्वक उन पर अपने दोनों हाथ चला दिए। परंतु बलराम ने उसके पैर पकड़कर उठा लिए और हवा में उसके शरीर को घुमा दिया। उसे मार कर उन्होंने उसे पेड़ पर पटक दिया। उसके परिवार में और भी बहुत से लोग थे। हरि और हलधर ने उन सभी को मार डाला। ग्वालों ने प्रेमपूर्वक यहाँ के जंगली फलों को खूब खाया और फिर वृंदावन लौट गए। हरि और हलधर की छवि अकथनीय है। सूर ने धेनुक-वध की यह लीला गा दी है।

कालीदह-जल-पान

६९४/१११८ राग सारंग

चरावत बृंदाबन हरि गाइ।
सखा लिए सँग सुबल, सुदामा, डोलत हैं सुख पाइ।
क्रीड़ा करत जहाँ-तहँ सब मिलि, अति आनंद बढ़ाइ।
बगरि गईं गैयाँ बन-बीथिनि, देखीं, अति बहुताइ।
कोउ गए ग्वाल गाइ बन घेरन, कोउ गए बछरु लिवाइ।
आपुहिं रहे अकेले बन मैं, कहुँ हलधर रहे जाइ।
बंसीबट सीतल जमुना-तट, अतिहिं परम सुखदाइ।
'सूरस्याम' तहँ बैठि बिचारत, सखा कहाँ बिरमाइ॥

कन्हैया जी वृंदावन में गायें चरा रहे हैं। वे सुबल और सुदामा सखाओं को साथ में लिए हुए आनंद पूर्वक टहल रहे हैं। सभी मिलकर जहाँ-तहाँ, हँसते, आनंद मनाते तरह-तरह के खेल खेल रहे थे। इस बीच बहुत-सी गायें वन के संकीर्ण पथों पर न जाने कहाँ बहक गईं। बहुत देखा पर कहीं भी नहीं दीख पड़ीं। कुछ ग्वाल गायें घेरने के लिए वन में चले गए और कुछ बछड़ों को लाने के लिए बिखर गए। हलधर भी कहीं चले गए। अकेले कन्हैया वन में रह गए। वंशी-वट की शीतल छाया में, यमुना के अत्यंत सुखद तट पर बैठे हुए श्याम सोचने लगे—सभी संगी साथी कहाँ देर किए दे रहे हैं?

६९५/१११९ राग सारंग

बार-बार हरि कहत मनहिं मन, अबहिं रहे सँग चारत धैनु।
ग्वाल-बाल कोउ कहूँ न देखौं, टेरत नाउँ लेत, दै सैनु।
आलस-गात जात मनमोहन, सोच करत, तनु नाहिंन चैनु।
अकनि रहत कहुँ, सुनत नहिं कछु, गो-रंभन बालक-बैनु।
तृषावंत सुरभी बालक-गन, कालीदह अँचयौ जल जाइ।
निकसि आइ सब तट ठाढ़े भए, बैठि गए जहँ-तहँ अकुलाइ।
बन-घन ढूँढ़ि श्याम तहँ आए, गो-सुत ग्वाल रहे मुरझाइ।
मन मैं ध्यान करत ही जान्यौ, काली उरग रह्यौ ह्याँ आइ।

गरुड़ त्रास करि आइ रह्यौ दुरि, अंतरजामी सब के नाथ।
अमृत दृष्टि भरि चितए 'सूर' प्रभु, बोलि उठे गावत हरि गाथ॥

कन्हैया बार-बार अपने मन में कहे जा रहे हैं—'अभी-अभी तो सारे सखा लोग मेरे साथ यहाँ गायें चरा रहे थे। एक भी ग्वाल-बाल कहीं नहीं दीख पड़ रहा है।' तब वे एक-एक साथी का नाम ले-लेकर, संकेत दे-देकर, जोर-जोर से, पुकारने लगे। पर कोई सुनता हो, तब तो बोले। मनमोहन कन्हैया अपने स्थान से उठे, अलस शरीर से चल पड़े, वे सोचते जा रहे थे। उनको चैन नहीं मिल पा रहा था। वे रास्ते में बराबर अकनते जा रहे थे, कान लगाकर सुनते जा रहे थे, पर कहीं कुछ भी ध्वनि नहीं सुनाई पड़ रही थी। न तो गायों का रँभाना, बाँ-बाँ करना सुनाई पड़ रहा था, न ही ग्वाल-बालों द्वारा बजाई जाती बाँसुरी की मधुर ध्वनि ही आ रही थी।

बात यह हुई कि सभी गायें और सभी ग्वाल-बाल प्यासे हो गए थे और उन्होंने जाकर यमुना में स्थित काली-दह का जल पी लिया। जब वे जल पीकर बाहर निकले और किनारे पर खड़े हुए, तभी वे विकल होकर वहीं बैठ गए। घने वन में ढूँढ़ते-ढाँढ़ते कन्हैया वहाँ आ निकले। उन्होंने देखा कि सभी ग्वाल-बाल गायें और बछड़े मूर्च्छित पड़े हुए हैं। कन्हैया ने मन में ध्यान किया कि क्या मामला है, सभी अचेत क्यों पड़े हैं। उन्होंने तुरत समझ लिया कि काली नाग यहाँ आकर रहने लगा है। वह गरुड़ के भय से यहाँ आ छिपा है।

अन्तर्यामी प्रभु तो सभी के स्वामी हैं। उन्होंने अमृत भरी दृष्टि से मूर्च्छितों की ओर देखा और वे सभी हरि का गुणानुवाद करते हुए उठ खड़े हुए, बोल उठे, जीवित हो उठे।

६९६/११२० राग सारंग

आवहु आवहु इतै, कान्ह जू पाई हैं सब धैनु।
कुंज-कुंज मैं देखि हरे तृन, चरति परम सुख चैनु।
द्रुमनि चढ़े सब सखा पुकारत, मधुर सुनावत बैनु।
जनि धावहु बलि चरन मनोहर, कठिन कंट मग ऐनु।
तुम हमकौं कहँ-कहँ न उबार्‌यौ, पियौ काली-मुँह-फैनु।
'सूरस्याम' संतनि-हित-कारन, प्रगट भए सुख दैनु॥

ग्वाल-बाल पेड़ों पर चढ़कर मधुर वंशी बजाते हुए उठे—कन्हैया, इधर आओ, सब गायें मिल गई हैं। वे वन-कुंजों में हरी घास देखकर, अत्यंत सुख-चैन के साथ, चर रही हैं। हम तुम्हारी बलैया ले रहे हैं। अब दौड़ो मत, तुम्हारे मनोहर चरण अत्यंत कोमल हैं और मार्ग में कठोर, कड़े, बड़े-बड़े काँटे हैं। तुमने हमको कहाँ-कहाँ नहीं बचाया है। यहाँ भी तुमने आकर कालीनाग के मुँह से निकले विषमय फेन को पी लिया है।

श्याम संतों का हित करने के लिए, उन्हें सुख देने के लिए ही, ब्रज में आ प्रकट हुए हैं।

६९७/११२१ राग सारंग

पाई पाई है रे भैया, कुंज-पुंज मैं टाली।
अबकैं अपनी हटकि चरावहु, जैहैं भटकी घाली।

आवहु, बेगि सकल दहुँ दिसि तैं, कत डोलत अकुलाने ?
सुनि मृदु-बचन, देखि उन्नत कर, हरषि सबै समुहाने।
तुम तौ फिरत अनत हीं ढूँढ़त, ये बन फिरतिं अकेली।
बाँकी गई कौन पैड़ैं है, सघन बहुत द्रुम बेली।
'सूरदास' प्रभु मधुर बचन कहि, हरषित सबहिं बुलाए।
नृत्य करत आनँद गो चारत, सबै कृष्न पै आए॥

कृष्ण जी ग्वाल-बालों को बुलाते हुए कह रहे हैं--मैंने कुंजों में भटकी चंचल गायों को पा लिया है। अब इन्हें मत खोजते फिरो। अब तुम अपनी सब गायों को घेर-घार कर चराओ, नहीं तो ये नष्टा भटक जायँगी। तुम लोग जहाँ भी हो, वहाँ से दोनों ओर से तत्काल आ जाओ। विकल होकर घबराकर क्यों भटक रहे हो?

कन्हैया की कोमल मधुर वाणी सुनकर, उनका ऊपर उठा हुआ हाथ देखकर, सभी प्रसन्न होकर सम्मुख आ गए, तब कन्हैया फिर बोले—तुम सब इन्हें खोजते-खोजते अन्यत्र ही घूमते, फिरते, भटकते रहे। ये तो यहीं वन में अकेले ही बिचर रही हैं। वहाँ तो वन बहुत घना है, बहुत पेड़ हैं, बहुत लताएँ हैं। ये न जाने किस मार्ग से यहाँ आ पहुँची।

श्याम ने मधुर बातें कहकर, हर्षित होकर सबको बुलाया। वे सभी नाचते-कूदते, आनंद मनाते, गायें चराते हुए कृष्ण के पास आ गए।

६९८/११२३ राग गौरी

'बलदाऊ' कहि स्याम पुकारयौ।
आवहु बेगि चलौ घर जैऐ, बनहीं होत अँध्यारौ।
ल्याए बोलि सखा हलधर कौं, हँसे स्याम मुख चाहि।
बड़ी बेर भइ बन भीतर, तुम गाइनि लेहु निबाहि।
हेरी देत चले सब बन तैं, गोधन दियौ चलाइ।
'सूरदास' प्रभु राम स्याम दोउ, ब्रजजन के सुखदाइ॥

श्याम ने 'बलदाऊ' नाम लेकर बलराम जी को पुकारा और कहा—'आओ, जल्दी घर चले चलें। यह तो वन में ही अँधेरा हुआ जा रहा है।' सखा लोग बलदाऊ को बुला लाए। बलदाऊ कन्हैया के मुख की ओर देखकर हँस पड़े और सोचने लगे कान्हा की क्या विचित्र गति है। बड़े-बड़े संकटों से डरते नहीं, अँधेरे से डरे जा रहे हैं।

कन्हैया ने कहा—'वन में आंज बड़ी देर हो गई है। तुम गायों को घेर लो, लौटा लो।' सब 'हुर्र हुर्र' करते हुए वन से चल पड़े और गायों को भी आगे-आगे हाँक लिया।

बलराम और श्याम दोनों ब्रजवासियों को सुख देनेवाले हैं।

६९९/११२४ राग गौरी

वै मुरली की टेर सुनावत।
बृंदाबन सब बासर बसि, निसि-आगम जानि, चले ब्रज आवत।
सुबल, सुदामा, श्रीदामा सँग, सखा मध्य मोहन छबि पावत।

सुरभी-गन सब लै आगैं करि, कोउ टेरत, कोउ बेनु बजावत ।
केकी-पच्छ-मुकुट सिर भ्राजत, गौरी राग मिलै सुर गावत ।
'सूरस्याम' के ललित बदन पर, गोरज-छबि कछु चंद छपावत ॥

सारा दिन वृंदावन में बिताकर, संध्या आती जानकर, मुरली की टेर सुनाते हुए, कृष्ण व्रज की ओर चल पड़े। सुबल, सुदामा और श्रीदामा को साथ में लिए मोहन सखाओं के मध्य में सुशोभित हो रहे हैं। सभी गायों को बटोर कर उन्होंने आगे कर रखा है। कोई किसी गीत की कड़ी गा रहा है, कोई बाँसुरी बजा रहा है। सभी मिलकर समवेत स्वर से गौरी राग में गाए जा रहे हैं। कन्हैया के सिर पर मोर-पंख का मुकुट सोह रहा है। उनके सुंदर मुख-मंडल पर गायों के खुरों से उड़ी हुई धूल ऐसी छवि दे रही है, मानो वह चंद्रमा को ही ढक लेना चाहती हैं।

७००/११२५ राग गौरी

हरि आवत गाइनि के पाछे ।
मोर-मुकुट, मकराकृति कुंडल, नैन बिसाल, कमल तैं आछे ।
मुरली अधर धरन सीखत हैं, बनमाला पीतांबर काछे ।
ग्वाल-बाल सब बरन-बरन के, कोटि मदन की छबि किए पाछे ।
पहुँचे आइ स्याम ब्रज पुर मैं, घरहिं चले मोहन-बल आछे ।
'सूरदास' प्रभु दोउ जननी मिलि, लेतिं बलाइ बोलि मुख बाछे ॥

हरि गायों के पीछे-पीछे चले आ रहे हैं। वे सिर पर मोर-पंख का मुकुट धारण किए हुए हैं। कानों में मछली की आकृति का स्वर्ण-कुंडल पहने हुए हैं। उनके नेत्र बड़े-बड़े हैं और कमल से भी अच्छे हैं। वे होठों पर मुरली रखकर अभी बजाना सीख ही रहे हैं। उनके गले में वन-कुसुमों की माला लटक रही है। वे कमर में पीतवस्त्र की कछनी काछे हुए हैं। ग्वाल-बालों ने भी रंग-रंग के वस्त्र पहन रखे हैं। उन्होंने करोड़ों कामदेवों की छवि को बहुत पीछे छोड़ दिया है। वे शत-कोटि काम से भी सुंदर जान पड़ रहे हैं। ऐसे मनमोहन श्याम ब्रज में वापस आ गए और मोहन और बलदाऊ दोनों अच्छे भाई अपने घर चले गए। मैया यशोदा और रोहिणी दोनों ने उनकी बलाएँ लीं और मुँह से कहा—'आओ, मेरे बच्चो।'

७०१/११२६ राग कल्यान

आनँद सहित सबै ब्रज आए ।
धन्य जसोदा तेरौ बारौ, हम सब मरत जिवाए ।
नर-बपु धरे देव यह कोऊ, आइ लियौ अवतार ।
गोकुल-ग्वाल-गाइ-गोसुत के, येई राखनहार ।
पय पीवत पूतना निपाती, तृनावर्त इहिं भाँत ।
वृषभासुर-वत्सासुर मार्‌यौ, बल-मोहन दोउ भ्रात ।
जब तैं जनम लियौ ब्रज-भीतर, तब तैं यहै उपाइ ।
'सूरस्याम' के बल-प्रताप तैं, बन-बन चारत गाइ ॥

सब लोग आनंदपूर्वक वृंदावन से वापस ब्रज में आ गए और ग्वाल-बाल कहने लगे—यशोदा मैया, तेरा बच्चा धन्य है। उसने हम सबको मरने से बचा लिया है, जिला लिया है। यह तो मनुष्य का शरीर धारण किए हुए कोई देवता है। इसने इस ब्रज में तेरी कोख से अवतार लिया है। यही सारे गोकुल की, ग्वालों की, गायों और बछड़ों की रक्षा करने वाला है। इसने पूतना का दूध पीते-पीते ही उसे मार डाला। इसी प्रकार इसने तृणावर्त को भी मारा। जबसे इसने ब्रज के भीतर जन्म लिया है, तब से यह तरह-तरह के उपाय करता हुआ हमें बचाता आया है। श्याम के ही बल से, उसी के प्रताप से, हम लोग एक वन से दूसरे वन में निर्भय होकर अपनी गायें चराते-फिरते हैं। नहीं तो हमारा दूसरा सहारा ही कौन था?

७०२/११२७ राग गौरी

तुम कत गाइ चरावन जात।
पिता तुम्हारौ नंद महर सौ, अरु जसुमति सी जाकी मात।
खेलत रहौ आपने घर मैं, माखन दधि भावै सो खात।
अमृत बचन कहौ मुख अपने, रोम-रोम पुलकित सब गात।
अब काहू के जाहू कहूँ जनि, आवति हैं जुवती इतरात।
'सूरस्याम' मेरे नैननि आगे तैं, कत कहूँ जात हौ तात॥

यशोदा जी कृष्ण से कह रही हैं—तुम गायें चराने क्यों जाते हो? तुम्हारे पिता नंद महर गोपों के सरदार हैं और मैं तुम्हारी मैया गोपियों की सरदारनी। तम्हारे गाय चराने जाने से हमारी हँसी होती है। खेलना ही है, तो अपने घर में खेलते रहो। वन में जाने की क्या जरूरत है? यहीं खेलो और माखन और दही जो भी तुमको अच्छा लगे, खूब खाओ। तुम अमृत के समान मधुर वाणी बोलते रहो और हमारे सब अंगों को, रोम-रोम को, पुलकित करते रहो, हर्ष प्रदान करते रहो। अब कहीं भी, किसी के भी घर मत जाया करो। ब्रज की ये नई-नई नवेलियाँ इतराती हुई उलाहना देने चली आया करती हैं। हे मेरे प्रिय तात, तुम मेरे नयनों के आगे से क्यों कहीं जाते हो। मैं तो तुम्हें हमेशा अपनी आँखों के ही सामने देखना चाहती हूँ।

७०२/११२८ राग गौरी

मैया हौं न चरैहौं गाइ।
सिगरे ग्वाल घिरावत मोसौं, मेरे पाइँ पिराइँ।
जौ न पत्याहि पूछि बलदाउहिं, अपनी सौंह दिवाइ।
यह सुनि माइ जसोदा, ग्वालनि गारी देति रिसाइ।
मैं पठवति अपने लरिका कौं, आवै मन बहराइ।
'सूरस्याम' मेरौ अति बालक, मारत ताहि रिंगाइ॥

कन्हैया यशोदा मैया से ग्वाल-बालों की शिकायत करते हुए कह रहे हैं—'मैया, अब से मैं गायें चराने नहीं जाया करूँगा। सभी ग्वाल-बाल मुझी को गायें घेरने के लिए भेजते हैं। गायों के पीछे दौड़ते-दौड़ते मेरे पैर दुखने लगते हैं। यदि तू मेरी बात का विश्वास न

करती हो, तो अपनी शपथ खिलाकर, बलदाऊ भैया से पूछ ले।'

यह सुनकर यशोदा मैया क्रुद्ध होकर ग्वालों को गाली देती हुई बोलीं—ये नासपीटे ऐसे ही हैं। मैं अपने छोरा को भेज देती हूँ कि जाकर वह थोड़ा अपना मन बहला आवे और ये हैं कि मेरे नन्हें-मुन्ने को रेंगा मारते हैं, दौड़ा दिया करते हैं।

७०४/११२९ राग गौरी

बल मोहन बन तैं दोउ आए।
जननि जसोदा, मातु रोहिनी, हरषित कंठ लगाए।
काहैं आजु अबार लगाई, कमल-बदन कुम्हिलाए।
भूखे गए आजु दोउ भैया, करन कलेउ न पाए।
देखहु जाइ कहा जेंवन कियौ, रोहिनि तुरत पठाई।
मैं अन्हवाए देति दुहुँनि कौं, तुम अति करौ चँड़ाई।
लकुट लियौ, मुरली कर लीन्ही, हलधर दियौ बिषान।
नीलांबर पीतांबर लीन्हे, सैंति धरति करि प्रान।
मुकुट उतारि धर्‌यौ लै मंदिर, पोंछति हैं अँग-धातु।
अरु बनमाल उतारति गर तैं, 'सूरस्याम' की मातु॥

बलराम और मनमोहन कृष्ण दोनों भैया वृंदावन से गायें चराकर वापस आ गए। उन्हें आया देखकर दोनों माताओं ने, रोहिणी और यशोदा ने, परम प्रसन्न होकर उन दोनों को गले से लगा लिया। वे पूछने लगीं—आज देर क्यों कर दी? आज तुम्हारा मुख-कमल क्यों मुरझाया हुआ है? आज सबेरे दोनों भाई ठीक कलेवा नहीं कर पाए थे, इसी से आज इन्हें भूख लग आई है। यशोदा ने रोहिणी को तुरत घर में भेजा—'देखो तो घर में क्या-क्या भोजन बन गया है। मैं दोनों भाइयों को स्नान कराए दे रही हूँ। तुम भीतर जाकर जल्दी कर दो।' माता यशोदा ने कन्हैया की लठिया ले ली और मुरली भी ले ली। बलदाऊ ने अपना श्रृंग दे दिया। कन्हैया ने अपना पीतांबर और बलदाऊ ने नीलांबर सँभलवा दिया। यशोदा मैया ने इन्हें अपने प्राण के समान समेटकर रख दिया उनके मुकुट लेकर यशोदा ने घर में रख दिए और उनके शरीर पर लगा गेरू पोंछ दिया। उन्होंने उनके गले से बनमाला उतार धरी।

७०५/११३० राग कल्यान

अंग अभूषन जननि उतारति।
दुलरी ग्रीव माल मोतिनि की, लै केयूर भुज स्याम निहारति।
छुद्रावली उतारति कटि तैं, सैंति धरति मनही मँन वारति।
रोहिनी भोजन करो चँड़ाई, बार-बार कहि-कहि करि आरति।
भूखे भए स्याम हलधर दोउ, यह कहि अंतर प्रेम विचारति।
'सूरदास' प्रभु मातु जसोदा, पट लै, दुहुनि अंग-रज झारति॥

माता यशोदा कृष्ण और बलराम के अंगों पर से आभूषण उतारने लगीं। पहले उन्होंने गले से मोतियों की दो लड़ वाली माला उतारी, फिर भुजा पर से भुजबंद उतारा। भुजबंद

उतार लेने पर वे श्याम की भुजाएँ देखने लगीं। फिर कमर से बजने वाली घुँघुरूदार करधनी उतारी। इन आभूषणों को उन्होंने सँभालकर रख दिया और मन ही मन अपने को उन पर निछावर करने लगीं। यशोदा मैया ने रोहिणी से बार-बार विनीत भाव से आरत होकर कहा—चट-पट भोजन तैयार कर दो। बलराम और श्याम दोनों भूखे होंगे। यह कहकर वे उन भाइयों के पारस्परिक प्रेम पर विचार करने लगीं—दोनों एक दूसरे को कितना प्यार करते हैं। यशोदा मैया कपड़ा लेकर दोनों के अंगों पर लगी धूलि झाड़ने-पोंछने लगीं।

७०६/११३१ राग कल्यान

ये दोऊ मेरे गाइ चरैया।
मोल बिसाहि लियौ मैं तुमकौं, जब दोउ रहे नन्हैया।
तुमसौं टहल करावति निसि दिन, और न टहल करैया।
यह सुनि स्याम हँसे कहि, दाऊ, झूठ कहति है मैया।
जानि परत नहिं साँच झुठाई, चारत धेनु झुरैया।
'सूरदास' जसुदा मैं चेरी, कहि-कहि लेति बलैया॥

यशोदा ने कहा—यही दोनों मेरी गायों के चरवाहे हैं। मैंने तुम दोनों को, जब तुम बहुत छोटे-छोटे थे, मोल खरीद लिया था। मेरी सेवा करनेवाला कोई नहीं है। इसीलिए मैं तुम दोनों से रात-दिन सेवा कराती रहती हूँ।

यह सुनकर कन्हैया हँस पड़े और दाऊ जी से कह उठे—दाऊ, मैया कैसा झूठ कह रही है। इस पर बलदाऊ बोले—सच्चाई और झुठाई तो कुछ नहीं जान पड़ रही है। पर इतना तो मैं कह ही सकता हूँ कि गायें चराते-चराते मेरा शरीर सूख गया है।

तब जसोदा ने कहा—'बेटे, तुम मेरे सेवक नहीं हो। मैं ही तुम्हारी सेविका हूँ, चेरी हूँ, दासी हूँ।' ऐसा कहकर वे उन दोनों की बलैया लेने लगीं।

७०७/११३२ राग कल्यान

यह कहि जननि दुहुँनि उर लावति।
सुमना-सत अँग परसि, तरनि जल, बलि-बलि गइ कहि-कहि अन्हवावति।
सरस बसन तन पोंछि गई लै, षट रस की ज्यौनार जिंवावति।
सीतल जल कपूर-रस रचयौ, झारी कनक लिए अँचवावति।
भरयौ चुरू मुख धोइ तुरतहीं, पीरे-पान-बिरी मुख नावति।
'सूरस्याम' सुख जननि मुदित मन, सेज्या पर सँग लै पौढ़ावति॥

रोहिणी से घर के भीतर जाकर झट-पट रसोई तैयार कर देने को कहकर यशोदा मैया ने दोनों बालकों—राम और श्याम को हृदय से लगा लिया। फिर उनके शरीर में फूलों से सुबासित तेल मल दिया। तदनंतर धूप में गर्म किए जल से उन्हें स्नान करा दिया और कहती गईं—मैं अपने बाल-गोपालों की बलैया लिए लेती हूँ। फिर गीले कपड़े से उनका शरीर पोंछ दिया। तब उन्हें घर के भीतर ले गईं और छहों रस वाले तरह-तरह के भोजन कराए। फिर सोने की झारी में कपूर से सुवासित शीतल जल लाकर उन्हें पिलाया। फिर

चुल्लू में जल लेकर उनका मुँह धुलाया और पान के पीले पत्ते का बीड़ा लगाकर उनके मुँह में डाल दिया। फिर कन्हैया को सुखी समझकर, मन में प्रसन्न होकर, अपने साथ लेकर, यशोदा मैया ने सेज पर लिटा दिया।

७०८/११३३ राग बिहागरौ

सोवत नींद आइ गइ स्यामहिं।
महरि उठी पौढ़ाइ दुहुनि कौं, आपु लगी गृह कामहिं।
बरजति है घर के लोगनि कौं, हरुऐं लै-लै नामहिं।
गाढ़ैं बोलि न पावत कोऊ, डर मोहन बलरामहिं।
सिव सनकादि अंत नहिं पावत, ध्यावत अह-निसि-जामहिं।
'सूरदास' प्रभु ब्रह्म सनातन, सो सोवत नँद-धामहिं॥

लेटते ही श्याम को नींद आ गई। महरि यशोदा और बलराम दोनों को सुलाकर उठ आईं और स्वयं घर के दूसरे कामों में लग गईं। वे घर के लोगों, दास-दासियों को नाम ले-लेकर धीरे-धीरे मंद स्वर में रोकती जा रही थीं कि कोई भी जोर से न बोले, नहीं तो राम-श्याम की नींद उचट जायगी। मोहन और बलराम कहीं जग न जायँ, इस भय से कोई भी जोर-जोर से नहीं बोल रहा था। जिस प्रभु का रात-दिन आठो पहर ध्यान करके भी शिव और सनक आदि ऋषिगण अंत नहीं पाते, वही सनातन ब्रह्म इस समय नंद के घर में घोर नींद में सो रहे हैं।

७०९/११३४ राग बिहागरौ

देखत नंद कान्ह अति सोवत।
भूखे भए आजु बन भीतर, यह कहि-कहि मुख जोवत।
कह्यौ नहीं मानत काहू कौ, आपु हठी दोउ बीर।
बार-बार तनु पोंछत कर सौं, अतिहिं प्रेम की पीर।
सेज मँगाइ लई तहँ अपनी, जहाँ स्याम-बलराम।
'सूरदास' प्रभु कैं ढिग सोए, सँग पौढ़ी नँद-बाम॥

नंद ने देखा कि कन्हैया आज गहरी नींद में सो रहे हैं। वे सोचे जा रहे हैं कि आज कन्हैया को वन में भूख लग आई थी। वे कन्हैया का मुँह देखते जा रहे हैं और मन ही मन कहते जा रहे हैं—दोनों भाई बड़े जिद्दी हैं, किसी का कहना नहीं मानते। फिर वे अत्यंत प्रेम के वश होकर बार-बार उनका शरीर अपने हाथों से पोंछे जा रहे हैं, सहलाए जा रहे हैं। फिर जहाँ श्याम और बलराम सोए हुए थे, वहीं अपनी भी शैय्या मँगाकर लगा ली और उनके पास ही सो गए। नंद की वामा यशोदा भी वहीं आकर सो रहीं।

७१०/११३५ राग बिहागरौ

जागि उठे तब कुँवर कन्हाई।
मैया कहाँ गई मो ढिग तैं, सँग सोवति बल भाई।
जागे नंद, जसोदा जागी, बोलि लिए हरि पास।
सोवत झझकि उठे काहे तैं, दीपक कियौ प्रकास।

सपनैं कूदि पर्यौ जमुना-दह, काहूँ दियौ गिराइ।
'सूरस्याम' सौं कहति जसोदा, जनि हो लाल डराइ॥

सोते समय रात में ही कृष्ण कन्हैया की नींद टूट गई और वे जग गए। वे कहने लगे—मैया मेरे पास सो रही थी, मेरे पास से वह कहाँ चली गईं, अच्छा वह दाऊ जी के साथ सो रही हैं। कन्हैया की बोली सुनकर नंद जाग गए, यशोदा भी जग गईं और कन्हैया को अपने पास बुला लिया और पूछने लगीं—सोते-सोते चौंक क्यों पड़े? ऐसा कहकर यशोदा मैया ने दीप जलाकर प्रकाश कर दिया। तब कन्हैया ने कहा—मैया मैं अभी-अभी सपना देख रहा था कि मैं यमुना के दह में, जहाँ अथाह जल है, कूद पड़ा था और मुझे किसी ने ढकेल दिया था। तब यशोदा मैया बोलीं—बेटे, इस तरह से डरा नहीं करते। सपना तो सपना ही है, सच नहीं है।

७११/११३६ *राग गौरी*

मैं बरज्यौ जमुना-तट जात।
सुधि रहि गई न्हात की तेरैं, जनि डरपौ मेरे तात।
नंद उठाइ लियौ कोरा करि, अपनैं सँग पौढ़ाइ।
बृंदाबन मैं फिरत जहाँ-तहँ, किहिं कारन तू जाइ।
अब जनि जैहौ गाइ चरावन, कहँ को रहति बलाइ!
'सूरस्याम' दंपति बिच सोए, नींद गई तब आइ॥

यशोदा मैया ने कहा—बेटे, मैंने तुझे यमुना-तट पर जाने से रोका था। वही नहाने का ख्याल तुझे बना रह गया था। इसी से तूने यह सपना देखा है। डर मत। तब तक नंद ने कन्हैया को उठाकर, अपनी गोदी में लेकर, अपने पास सुला दिया और बोले—तू वृंदावन में जहाँ-तहाँ घूमता रहता है। वहाँ तू जाता ही क्यों है? अब आगे से गायें चराने मत जाया करना। वहाँ न जाने कहाँ कौन-सी बला छिपी रहती है। तब श्याम, पति पत्नी दोनों के मोहन, मैया और बाबा के बीच में लेट गए और उन्हें नींद आ गई।

७१२/११३७ *राग कल्यान*

सपनौ सुनि जननी अकुलानी।
दंपति बात कहत आपुस मैं, सोवत सारँगपानी।
या ब्रज कौ जीवन यह ढोटा, कह देख्यौ इहिं आजु!
गाइ चरावन जान न दीजै, याकौ है कह काजु।
गृह संपति है तनक ढुटौना, इनहीं लौं सुख-भोग।
'सूरस्याम' बन जात चरावन, हँसी करत सब लोग॥

कमल के समान हाथ वाले कन्हैया के सो जाने पर यशोदा मैया इस सपने को लेकर बहुत विकल हो उठीं और पति-पत्नी, नंद-यशोदा, आपस में बातें करने लगे–'मुन्ना ने आज यह कैसा सपना देखा? यह मेरा छोरा तो समस्त ब्रज का प्राण है। इसे गाय चराने के लिए वन में न जाने देना चाहिए। गायें चराने से इसका क्या काम ?चरवाहे तो बहुत हैं। दोनों ढोटा (बालक) हमारे घर की संपत्ति हैं। इन्हीं से हमारा सारा सुख, सारा भोग-

विलास है। कन्हैया वृदांवन में गायें चराने जाता है, यह देखकर दूसरे सभी लोग हमारी हँसी उड़ाते हैं। आज से कन्हैया का गाय चराना बंद।'

७१३/११३८ राग भैरवी

इहिं अंतर भिनुसार भयौ ।
तारा गन सब गगन छपाने, अरुन उदित, अँधकार गयौ ।
जागी महरि, काज-गृह लागी, निसि कौ सब दुख भूलि गयौ ।
प्रातः स्नान करन जमुना कौ, नंदहिं तुरत उठाइ दयौ ।
मथनहारि सब ग्वारि बुलाईं, भोर भयौ उठि मथौ दह्यौ ।
'सूर' नंद घरनी आपुन हू, मथन मथानी नेति गह्यौ ॥

इसी बीच सबेरा हो गया। सारे तारे आकाश में छिप गए, सूर्योदय हो गया, रात का अंधकार समाप्त हो गया। महरि यशोदा जग गईं। वे अपने घर के कामों में लग गईं और रात के कन्हैया के दुःस्वप्न का सब दुख भूल गईं। उन्होंने सबेरे-सबेरे यमुना में स्नान करने के लिए नंद को जगा दिया, सभी दही मथने वालियों को बुलाया और कहा—सबेरा हो गया , उठो, और दही मथो। नंद की घरनी ने स्वयं भी दही मथने के लिए मथानी और नेती (रस्सी) पकड़ ली, हाथों में ले ली।

काली-दमन लीला

७१४/११३९ राग बिलावल

नारद सौं नृप करत बिचार। ब्रज मैं ये दोउ कोउ अवतार।
नंद-सुवन बलराम कन्हाई। इनकी गति मैं कछू न पाई।
तृनावर्त से दूत पठाए। ता पाछैं कागासुर धाए।
बकी पठाइ दई पहिलै हीं। ऐसनि कौ बल वै सब लैहीं।
उनतैं कछू भयौ नहिं काजा। यह सुनि-सुनि मोहिं आवति लाजा।
अब मुनि तुम इक बुद्धि बिचारहु। 'सूर' स्याम बलरामहिं मारहु ॥

राजा कंस महर्षि नारद से विचार-विमर्श करता हुआ कहने लगा—'लगता है नंद के दोनों पुत्र बलराम और श्याम कोई अवतारी बालक हैं। मैं आजतक इनका कोई भी रहस्य नहीं समझ पाया। मैंने तृणावर्त ऐसा शक्तिशाली दूत भेजा। उसके पीछे कागासुर को दौड़ाया, इनके पहले ही बक की बहन पूतना को भेजा था। उन्होंने ऐसे-ऐसे समर्थो का सब बल ले लिया। इनसे कोई काम नहीं सिद्ध हुआ। उलटे वे स्वयं मारे गए । यह सुन-सुन कर मुझे बड़ी लाज लगती है। महर्षि नारद, अब तुम्हीं कोई उपाय निकालो और श्याम और बलराम को मरवा डालो।'

७१५/११४० राग बिलावल

नारद ऋषि नृप सौं यौं भाषत ।
वै हैं काल तुम्हारे प्रगटे, काहैं उनकौं राखत ।
काली उरग रहै जमुना मैं, तहँ तैं कमल मँगावहु ।

दूत पठाइ देहु ब्रज ऊपर, नंदहिं अति डरपावहु।
यह सुनि कै ब्रज लोग डरैंगे, वै सुनिहैं यह बात।
पुहुप लैन जैहैं नँद-ढोटा, उरग करे तहँ घात।
यह सुनि कंस बहुत सुख पायौ, भली कही यह मोहि।
'सूरदास' प्रभु कौं मुनि जानत, ध्यान धरत मन जोहि॥

तब नारद जी कंस से यों बोले—श्याम और बलराम ये दोनों तुम्हारे काल होकर अवतीर्ण हुए हैं। तुम इन्हें जिन्दा क्यों छोड़ते हो? जमुना में कालीनाग रहता है। कालीदह से तुम कमल के फूल मँगा भेजो। तुम अपना दूत ब्रज में भेज दो और नंद को खूब डरवा दो। यह सुनकर सभी ब्रजवासी भी डर जाँयगे। फूल मँगाने की यह बात कन्हैया के भी कान में पड़ेगी। तब नंद-नंदन कमल फूल लेने कालीदह जायेंगे, जहाँ काली-नाग उन पर चोट करेगा।

यह सुनकर कंस ने बहुत सुख पाया और कहा—'आपने यह बड़ी अच्छी बात मुझे कह सुनाई, बड़ी अच्छी राय दी।' नारद जी तो इन्हीं प्रभु का ध्यान मन ही मन बराबर किया करते हैं। ये उनकी प्रभुता को भली-भाँति जानते हैं।

७१६/११४१ राग सूहौ

कंस बुलाइ दूत इक लीन्हौ।
कालीदह के फूल मँगाए, पत्र लिखाइ ताहि कर दीन्हौ।
यह कहियौ ब्रज जाइ नंद सौं, कंस राज अति काज मँगायौ।
तुरत पठाइ दिए ही बनिहै, भली-भाँति कहि-कहि समुझायौ।
यह अंतरजामी जानी जिय, आपु रहे, बन ग्वाल पठाए।
'सूरस्याम', ब्रज-जन-सुखदायक, कंस-काल, जिय हरष बढ़ाए॥

कंस ने दूत बुलाया और कालीदह से कमल पुष्प लेकर भेज देने का आदेश-पत्र लिखाकर उसके हाथ में दे दिया और मौखिक रूप से यह कह देने का भी आदेश दिया। 'दूत, तुम जाकर नंद से कहना—महाराज कंस ने अत्यंत विशिष्ट कार्य हेतु ये फूल मँगाए हैं। इनको तुरंत भेज देने से ही कार्य सिद्ध होगा। यह बात नंद से भली-भाँति समझाकर कह देना।'

अन्तर्यामी कृष्ण ने कंस की यह योजना जान ली। इसलिए वे उस दिन गाय चराने नहीं गए, घर ही रह गए और अन्य ग्वाल-बालों को ही गायें चराने के लिए वृंदावन भेज दिया। ब्रजवासियों को सुख देनेवाले, कंस के काल, उस दिन मन ही मन परम प्रसन्न हो उठे।

७१७/११४४ राग सूहौ

पाती बाँचत नंद डराने।
कालीदह के फूल पठावहु, सुनि सबही घबराने।
जो मोकौं नहि फूल पठावहु, तौ ब्रज देहुँ उजारि।
महर, गोप, उपनंद न राखौं, सबहिनि डारौं मारि।
पुहुप देहु, तौ बनै तुम्हारी, नातरु गए बिलाइ।
'सूरस्याम' बलराम तिहारे, माँगौं उनहिं धराइ॥

आदेश-पत्र पढ़कर नंद बहुत डर गए। कंस ने लिखा था—कालीदह में खिले हुए कमल पुष्प भेजो। यदि फूल नहीं भेजोगे, तो मैं सब ब्रज को उजाड़ दूँगा। नंद महर, उप नंद, सभी गोपजन किसी को न छोड़ूँगा, सभी को मार डालूँगा। फूल भेज दोगे, तो तुम्हारी सभी बनी रहेगी, तुम सभी बचे रहोगे, नहीं तो सभी का विनाश कर दिया जायगा और तुम्हारे श्याम और बलराम को भी पकड़ मँगवाऊँगा।

यह सुनकर सभी लोग डर गए।

७१८/११४६ राग जैतश्री

आपु चढ़ै ब्रज ऊपर काल।
कहाँ निकसि जैऐ, को राखै, नंद कहत बेहाल।
मोहिं नहीं जिय कौ डर नैकहुँ, दोउ सुत कौं डरपाउँ।
गाउँ तजौं, कहुँ जाउँ निकसि लै, इनहीं काज पराउँ।
अब उबार नहिं दीखत कतहूँ, सरन राखि को लेइ।
'सूरस्याम' कौं बरजति माता, बाहिर जान न देइ॥

विकल होकर नंद कहने लगे—'अब तो स्वयं काल ब्रज के ऊपर चढ़ाई करने चला आ रहा है। अब हम सब निकलकर कहाँ चले जायें, अब हमें कौन बचाये? मुझे अपने प्राणों का जरा भी कोई भय नहीं है। मुझे तो अपने इन दोनों बेटों के प्राणों का डर है। अब मैं इनको लेकर यह गाँव छोड़कर, किसी दूसरी जगह चला जाऊँ, इन्हीं के लिए मुझे भागना पड़ेगा। अब कहीं भी उबार, बचाव, नहीं दीख पड़ रहा है। अब अपनी शरण में रखकर हमें बचा लेनेवाला कोई भी नहीं दीखता।'

इधर यशोदा मैया श्याम को घर में ही रोकने लगीं और उन्हें घर से बाहर न निकलने देने लगीं।

७१९/११४७ राग आसावरी

नंद-घरनि ब्रज-नारि बिचारति।
ब्रजहिं बसत सब जनम सिरानौ, ऐसी करी न आरति।
कालीदह के फूल मँगाए, को आनै धौं जाइ।
ब्रजबासी नातरु सब मारै, बाँधै बल रु कन्हाइ।
यहै कहत दोउ नैन ढराने, नंद-घरनि दुख पाइ।
'सूरस्याम' चितवत माता-मुख, बूझत बात बनाइ॥

ब्रज-नारियों के संग बैठी हुई नंद की घरनी यशोदा विचार कर रही हैं—सोच में पड़ गई हैं—ब्रज में ही रहते हुए सारी जिन्दगी बीत गई, ऐसी आर्ति (विपत्ति) कभी नहीं आई थी। ऐसा दुःख कभी नहीं सहना पड़ा था। कंस ने कालीदह से कमल के फूल मँग भेजे हैं। अब वहाँ जाकर ये फूल कौन ले आ सकता है। नहीं तो कंस सारे ब्रजवासियों को मार डालेगा। और बलराम और कन्हैया को भी बँधवा मँगाएगा।

यह कहकर नंद की गृहिणी ने बहुत दुख पाया और उनकी दोनों आँखों से आँसू ढुलक पड़े। कन्हैया मैया का मुख ताकते जा रहे थे। उन्होंने जानते-बूझते हुए भी ऊपरी तौर पर मैया से पूछा—मैया, क्या बात है?

७२०/११४८ राग आसावरी

'पूछौ जाइ तात सौं बात।
मैं बलि जाउँ मुखारबिंद की, 'तुमहीं काज कंस अकुलात।'
आए स्याम नंद पै धाए, जान्यौ मातु-पिता बिलखात।
अबहीं दूरि करौं दुख इनकौ, कंसहि पठै देउँ जलजात।
'मोसौं कहौ बात बाबा यह, बहुत करत तुम सोच-बिचार।'
'कहा कहौं तुमसौं मैं प्यारे, कंस करत तुमसौं कछु झार।
जब तैं जनम भयौ है तुम्हरौ, केते करबर टरे कन्हाइ।
'सूरस्याम' कुलदेवनि तुमकौं, जहाँ-तहाँ करि लियौ सहाइ'॥

यशोदा मैया ने कहा—'जाकर अपने बाबा से पूछो। मैं तुम्हारे कमल-मुख की बलैया लेती हूँ। तुम्हारे ही लिए तो कंस इतना विकल हो उठा है। तुम्हीं उसकी आँखों में खटक रहे हो।' तब श्यामसुंदर दौड़े-दौड़े नंद बाबा के पास जा पहुँचे। उन्होंने माता यशोदा को बिलखते हुए देख लिया। तब वे मन ही मन कहने लगे—'मैं अभी-अभी इनके कष्ट को दूर कर दूँगा और कंस के पास कालीदह के कमल भेज दूँगा।' श्याम ने नंद बाबा से पूछा—'बाबा, तुम बहुत सोच विचार में, चिन्ता में, पड़ गए हो। मुझे भी बताओ, है क्या बात?' तब नंद ने कहा—'हे प्यारे, तुमसे मैं क्या कहूँ? कंस तुमसे कुछ जलन रखता है। जब से तुम्हारा जन्म हुआ है, तब से तुम्हारे ऊपर न जाने कितनी विपत्तियाँ घहराई हैं। पर सभी टलती गई हैं। हमारे कुल-देवताओं ने आ-आकर हर बार तुम्हारी सहायता की है और तुम्हें बचा लिया है। पर इस बार तो भारी प्राण-संकट आ गया है।'

७२१/११४९ राग बिलावल

'तुमहिं कहत कोउ करै सहाइ।
सो देवता संग ही मेरैं, ब्रज तैं अनत कहूँ नहिं जाइ।
वह देवता कंस मारैगौ, केस धरे धरनी घिसियाइ।
वह देवता मनावहु सब मिलि, तुरत कमल जो देइ पठाइ।
बाबा नंद, झखत किहिं कारन', यह कहि मया मोह अरुझाइ।
'सूरदास' प्रभु मातु-पिता कौ, तुरतहिं दुख डार्‌यौ बिसराइ॥

'बाबा, तुम्हीं तो कह रहे हो कि कोई कुल-देवता आकर हमारी रक्षा कर लेता है। अरे, वह देवता तो सदैव मेरे साथ रहता है। वह ब्रज छोड़कर अन्यत्र कहीं नहीं जाता। वही देवता कंस को मारेगा और उसकी चोटी पकड़कर धरती पर घसीटेगा। तुम उस देवता को मनाओ, वह तुरंत कालीदह से कमल-कुसुम भेज देगा। बाबा, तुम क्यों इस छोटी-सी बात पर झंख रहे हो। तुम्हें कमी किस बात की है?'

यह कहकर कन्हैया ने नंद बाबा को अपनी माया में, अपने मोह में, उलझा लिया और अपने माता-पिता के दुःख को तत्काल भुलवा दिया।

७२२/११५० राग नट

खेलन चले कुँवर कन्हाइ।
कहत घोष-निकास जैयै, तहाँ खेलैं धाइ।

गेंद खेलत बहुत बनिहै, आनौ कोऊ जाइ ।
सखा श्रीदामा गए घर, गेंद तुरतहिं आइ ।
अपनैं कर लै स्याम देख्यौ, अतिहिं हरष बढ़ाइ ।
'सूर' के प्रभु सखा लीन्हैं, करत खेल बनाइ ॥

कुँवर कन्हैया खेलने के लिए घर से निकल पड़े। वे कहने लगे—'आज हम लोग घोष (गायों के बाड़ों) के बाहर चलेंगे और चलकर खेलेंगे। वहाँ गेंद का खेल खूब जमेगा। कोई जाकर अपने घर से गेंद ले आए।' तब सखा श्रीदामा अपने घर गए और गेंद तुरंत आ गई। कन्हैया ने गेंद अपने हाथ में लेकर देखा और बहुत प्रसन्न हो गए। प्रभु सखाओं को साथ लिए हुए, खूब गेंद खेलने लगे।

७२३/११५१ राग सारंग

खेलत स्याम सखा लिए संग ।
इक मारत, इक रोकत गेंदहिं, इक भागत करि नाना रंग ।
मार परसपर करत आपु मैं, अति आनंद भए मन माहिं ।
खेलत ही मैं स्याम सबनिकौं, जमुना-तट कौं लीन्हे जाहिं ।
मारि भजत जो जाहि, ताहि सो मारत, लेत आपनौ दाउ ।
'सूरस्याम' के गुन को जानै, कहत और, कछु और उपाउ ॥

कन्हैया सखाओं के साथ कंदुक-क्रीड़ा में मग्न हो गए। कोई किसी को गेंद खींचकर मारता है, तब मारा जाने वाला उसे गेंद को हाथ पर रोक लेता है। कोई गेंद की मार से बचने के लिए आड़े-तिरछे अनेक प्रकार से भागता है। वे गेंद से एक दूसरे को आपस में मारे जा रहे हैं और मन में अत्यंत प्रसन्न हो रहे हैं। श्याम गेंद-तड़ी खेलते जा रहे हैं और खेलते-खेलते सब सखाओं को, उनके अनजानते हुए, यमुना-तट की ओर लिए जा रहे हैं। जो जिसको मारता है, मार खानेवाला उसे भी मार कर अपना दाँव लेता जा रहा है। श्याम का गुण कौन जानता है, वे कहते कुछ हैं और उपाय कुछ और ही करते हैं (खेलने के लिए वे खेल रहे हैं पर उनका लक्ष्य तो कालीदह से कमल के फूल लाना है)।

७२४/११५२ राग गौरी

लै गए टारि जमुन-तट ग्वालनि ।
आपुन जात कमल के काजहिं, सखा लिए सँग ख्यालनि ।
जोरी मारि भजत उतही कौं, जात जमुन कैं तीर ।
इक धावत पाछैं उनहीं के, पावत नहीं अधीर ।
रौंटि करत तुम खेलत ही मैं, परी कहा यह बानी ?
'सूरस्याम' कौं कहत ग्वाल सब, तुमहिं भलैं करि जानी ॥

खेलते-खेलते कन्हैया ग्वाल-बालों को धीरे-धीरे यमुना तट तक टालते, लेते चले आए। उनका लक्ष्य तो है कालीदह से कमल ले आना, पर साथ में खेल-खेल में वे सब

सखाओं को भी लेते जा रहे हैं। अपनी जोड़ के बालक को गेंद से मारकर वे उसी ओर भागे जा रहे हैं, जिधर यमुना का किनारा है। मार खानेवाला साथी, मारने के लिए कन्हैया को दौड़ाता है, पर वह उन्हें पकड़ नहीं पाता और धैर्य खो देता है। वह कहता है, 'कन्हैया, तुम खेल में रोवनसिया करते हो, तुम्हें यह कैसी बुरी आदत पड़ गई है।' तब सभी ग्वाल कहने लगे—'कन्हैया, हम सब तुम्हें भली-भाँति पहचानते हैं। तुम दाँव देते समय भाग जाते हो।'

७२५/११५३ राग नट

स्याम सखा कौं गेंद चलाई।
श्रीदामा मुरि अंग बचायौ, गेंद परी कालीदह जाई।
धाइ गही तब फेंट स्याम की, देहु न मेरी गेंद मँगाई।
और सखा जनि मोकौं जानौ, मोसौं तुम जनि करौ ढिठाई।
जानि-बूझि तुम गेंद गिराई, अब दीन्हैं ही बनै कन्हाई।
'सूर' सखा सब हँसत परसपर, भली करी हरि गेंद गँवाई॥

कन्हैया ने खींचकर श्रीदामा के ऊपर गेंद फेंकी। श्रीदामा ने मुड़कर गेंद की मार तो बचा ली। पर वह गेंद जाकर कालीदह में गिर गई। तब श्रीदामा ने दौड़कर श्याम की कछनी का फेंटा पकड़ लिया और कहा—'निकालकर मेरी गेंद दो। मुझे तुम ऐसा-वैसा दूसरा ग्वैयाँ न समझना, मुझसे ढिठाई मत करो। तुमने जान-बूझकर मेरी गेंद यमुना में फेंक दी है। अब तुम्हें मेरी गेंद देते ही बनेगा। बिना गेंद निकाले, काम नहीं चलेगा।'

सभी सखा परसपर हँसते जा रहे हैं और कहते जा रहे हैं—बड़ा अच्छा हुआ, कन्हैया ने ही गेंद खो दी। (हमने नहीं। अब यह समझें और श्रीदामा समझें)।

७२६/११५४ राग सोरठ

'फेंट छाँढ़ि मेरी देहु श्रीदामा।
काहे कौं तुम रारि बढ़ावत, तनक बात कैं कामा।
मेरी गेंद लेहु ता बदलैं, बाहँ गहत हौ धाइ।
छोटौ बड़ौ न जानत काहूँ, करत बराबरि आइ।'
'हम काहे कौं तुमहिं बराबर, बड़े नंद के पूत!
'सूरस्याम' दीन्हैं ही बनिहै, बहुत कहावत धूत॥'

कन्हैया ने कहा—श्रीदामा, मेरी फेंट छोड़ दो। जरा-सी बात के लिए तुम यह नाहक क्यों झगड़ा बढ़ाने के लिए तुले हो? उस गेंद के बदले तुम मेरी गेंद ले लो। तुम दौड़कर मेरी बाँह क्यों पकड़े ले रहे हो? तुम छोटे-बड़े का कुछ भी विचार नहीं कर रहे हो और मेरी बराबरी करना चाहते हो।

श्रीदामा बोला—हम भला तुम्हारी बराबरी कैसे कर सकते हैं, तुम बड़े नंद महर के पुत्र जो ठहरे। मैं तो एक सामान्य अहिर का बेटा हूँ। चाहे जो हो, तुम्हें मेरी गेंद देनी ही होगी। तुम बड़े चालाक कहे जाते हो—तुम चालाक नहीं हो, धूर्त हो, छलिया हो। लाओ मेरी गेंद।'

'तोसौं कहा धुताई करिहौं।
जहाँ करी तहँ देखी नाहीं, कह तोसौं मैं लरिहौं।
मुँह सम्हारि तू बोलत नाहीं, कहत बराबरि बात।
पावहुगे अपनौ कियौ अबहीं, रिसनि कँपावत गात।'
'सुनहु स्याम, तुमहूँ सरि नाहीं, ऐसे गए बिलाइ।
हमसौं सतर होत 'सूरज' प्रभु, कमल देहु अब जाइ' ॥

श्याम ने कहा—श्रीदामा, भला तेरे साथ मैं क्या धूर्तता करूँगा। मैंने जहाँ धूर्तता की, तुम सबों को छल कर यमुना तट ले आया, उसे तो तूने देखा नहीं, समझा नहीं। मैं भला तुझसे क्या लड़ूँगा? तू मुँह सँभालकर बोलता नहीं, मेरी बराबरी करता है और मुँह से जो भी निकलता जा रहा है, कहता जा रहा है. तेरी इस 'धूर्तता' की बात सुनकर मेरा शरीर क्रोध से काँपा जा रहा है। तू अपने किए का फल अभी-अभी पाएगा (मैं यमुना में कूद जाऊँगा)। इस पर श्रीदामा बोला—मैं भले ही तुम्हारी बराबरी का न होऊँ, श्याम सुनो, क्या तुम्हारी बराबरी करनेवाला दुनिया में अब कोई है ही नहीं? सभी मर बिला गए हैं? इसमें व्यर्थ क्रुद्ध हो रहे हो। बड़े वीर-बहादुर हो तो कंस को कमल के फूल दे आओ। (वह तो तुम्हारी बराबरी का है न?)

७२८/११५६ राग गौरी

'हमहीं पर सतरात कन्हाई।
प्रथमहिं कमल कंस कौं दीजै, डारहु हमहिं मराई।'
'साँच कहौं मैं तुमहिं श्रीदामा, कमल काज मैं आयौ।
कहा कंस बपुरौ, किहिं लायक, जाकौं मोहिं डरायौ?
अघा, बका, केसी, सकटासुर, तृना सिला पर डार्यौ।
बकी कपट करि प्यावन आई, ताकौं तुरत पछार्यौ।
कालीदह-जल-छुवत मरे सब, सोइ काली धरि ल्याऊँ।'
'सूरदास' प्रभु देह धरे कौ, गुन प्रगट्यौ इहि ठाऊँ ॥

श्रीदामा बोला—'कन्हैया, तुम मुझी पर झूठ-मूठ का रोब दिखाए जा रहे हो। पहले कंस को जाकर कमल के फूल दे आओ, फिर चाहना तो मुझे मरवा डालना।'

तब श्याम ने कहा—श्रीदामा, मैं तुझसे सच्ची-सच्ची बताए दे रहा हूँ, (धूर्तता नहीं कर रहा हूँ)। मैं यहाँ कमल के फूलों के लिए ही तो आया हूँ और तुम सबको अपने साथ लेता आया हूँ। कंस बेचारा मेरे सामने क्या है, वह किस गिनती में हैं, जो तुम मुझे उसका भय दिखा रहे हो। मैंने अघासुर, बकासुर, केसी, सकटासुर और तृणावर्त को शिला पर पटक कर मार डाला है। बकी पूतना मुझे छल से दूध के बहाने विष पिलाने आई थी, उसे मैंने तुरत पछाड़ दिया था। कालीदह का पानी पीते ही तुम सब मर गए थे, मैं उसी काली नाग को पकड़े लिए आता हूँ।'

सूर के प्रभु कृष्ण ने यहीं नर देह धारण करने का अपना सारा गुण प्रकट कर दिखाया।

७२९/११५७ राग सोरठ

रिस करि लीन्हीं फेंट छुड़ाइ।

सखा सबै देखत हैं ठाढ़े, आपुन चढ़े कदम पर धाइ।
तारी दै-दै हँसत सबै मिलि, 'स्याम गए तुम भाजि डराइ।'
रोवत चले श्रीदामा घर कौं, 'जसुमति आगैं कहिहौं जाइ।'
सखा-सखा कहि स्याम पुकार्‌यौ, 'गेंद आपनौ लेहु न आइ।'
'सूरस्याम' पीतांबर काछे, कूदि परे दह मैं भहराइ॥

कन्हैया ने क्रोध करके श्रीदामा से अपनी कछनी का फेंटा छुड़ा लिया। सारे सखा खड़े देखते रहे। वे दौड़कर कदम के पेड़ पर चढ़ गए। इस पर सखा-गण ताली बजा-बजा कर हँसने लगे और कहने लगे—'कन्हैया, तुम श्रीदामा से डर कर भाग गए।' श्रीदामा रोता हुआ घर की ओर चल पड़ा और कहता गया—'मैं जाकर मैया यशोदा के आगे कह सुनाऊँगा कि कन्हैया ने जान-बूझकर मेरी गेंद यमुना में फेंक दी।' तब श्याम ने श्रीदामा को पुकारा—'अरे सखा, कहाँ चले जा रहे हो, आओ, अपनी गेंद ले न लो।' यह कहकर पीतांबर की कछनी काछे श्यामसुंदर कालीदह में भहराकर, धम से, कूद पड़े।

७३०/११५८ राग गौरी

हाय-हाय करि सखनि पुकार्‌यौ।

गेंद-काज यह करी श्रीदामा, नंद कौ ढोटा मार्‌यौ।
जसुमति चली रसोई भीतर, तबहिं ग्वालि इक छींकी।
ठठकि रही द्वारे पर ठाढ़ी, बात नहीं कछु नीकी।
आइ अजिर निकसी नँदरानी, बहुरी दोष मिटाइ।
मंजारी आगैं ह्वै आई, पुनि फिरि आँगन आइ।
ब्याकुल भई, निकसि गई बाहिर, कहँ धौं गए कन्हाई।
बाएँ काग, दाहिनैं खर-स्वर, ब्याकुल घर फिरि आई।
खन भीतर, खन बाहिर आवति, खन आँगन इहिं भाँति।
'सूरस्याम' कौं टेरति जननी, नैंकु नहीं मन साँति॥

कृष्ण के सखा गण हाय-हाय कर चिल्ला उठे। हाय-हाय एक मामूली गेंद के लिए श्रीदामा ने नंद के बेटे को मार डाला। इधर यशोदा घर के भीतर रसोई बनाने के लिए चली ही थीं कि एक ग्वालिन ने छींक दिया। उसकी छींक सुनकर यशोदा द्वारे पर ही ठिठक कर खड़ी रह गईं। उन्होंने इसे भारी असगुन समझा और मान लिया कि यह कोई अच्छी बात नहीं हुई। इसीलिए वह घर में नहीं घुसीं। इस अपशकुन के निवारणार्थ वे आँगन में आ गईं और असगुन का दोष मिटाकर फिर घर में जाने के लिए लौटीं। इतने में एक बिल्ली ने आगा काट दिया। तब फिर यशोदा आँगन में लौट आईं और व्याकुल होकर आँगन से भी बाहर निकल आईं और ढूँढ़ने लगीं कि कन्हैया कहाँ गया। बाहर आ जाने पर बाईं ओर कौवा काँव-काँव कर बोलने लगा और दाहिने गधा चीपों-चीपों कर उठा। अकुलाकर यशोदा फिर घर में लौट आईं। इसी प्रकार ये एक क्षण के लिए भीतर, फिर

एक क्षण के लिए बाहर, एक क्षण के लिए आँगन में आती जाती रहीं। वे कन्हैया-कन्हैया पुकारे जा रही हैं। उनके मन को रंच भी शांति नहीं है।

७३१/११५९ राग गौरी

देखे नंद चले घर आवत।
पैठत पौरि छींक भई बाएँ, दहिनै धाह सुनावत।
फटकत स्रवन स्वान द्वारे पर, गररी करति लराई।
माथे पर ह्वै काग उड़ान्यौ, कुसगुन बहुतक पाई।
आए नंद घरहिं मन मारे, ब्याकुल देखी नारि।
'सूर' नंद जसुमति सौं बूझत, बिनु छबि बदन निहारि ॥

यशोदा ने देखा नंद घर चले आ रहे हैं। जैसे ही वे घर में घुसने लगे, बाईं ओर किसी ने छींक दिया। दाहिनी ओर किसी का धाड़ (दहाड़) मारकर रोना सुनाई पड़ा। दरवाजे पर कुत्ता अपने कान फट-फटाते मिला। वहाँ गररी (सिरोही) नामक चिड़ियाँ परस्पर लड़े जा रही थीं। फिर ऊपर से कौवा उड़ गया। इस प्रकार नंद को अनेक बुरे शकुन घर में पैठते समय मिले। नंद मन मारे उदास भाव से घर आए। यहाँ उन्होंने अपनी पत्नी यशोदा को भी विकल देखा। तब यशोदा को विषण्ण वदन देखकर, श्रीहीन देखकर, नंद यशोदा से पूछने लगे—'क्या बात है? उदास क्यों हो?'

७३२/११६० राग नट

नंद घरनि सौं पूछत बात।
'बदन झुराइ गयौ क्यौं तेरौ, कहाँ गए बल, मोहन तात?'
'भीतर चली रसोई कारन, छींक परी तब आँगन आइ।
पुनि आगे ह्वै गई मँजारी, और बहुत कुसगुन मैं पाइ।'
मोहिं भए कुसगुन घर पैठत, आजु कहा यह समुझि न जाइ।
'सूरस्याम' गए आजु कहाँ धौं', बार-बार पूछत नँदराइ ॥

नंद अपनी घरनी यशोदा से पूछने लगे—'तुम्हारा चेहरा उदास क्यों हो गया है? बलदाऊ और मनमोहन दोनों बेटे कहाँ गए हैं?' तब यशोदा ने उत्तर दिया—'मैं घर के भीतर रसोईं करने जा रही थी कि तब तक किसी ने ठायँ से छींक दिया। दोष निवारणार्थ घर से निकल कर आँगन में आ गई। तब तक बिल्ली ने आगा काट दिया। आगे से निकल गई। मैंने इनके अतिरिक्त और कई असगुन पाए।'

तब नंद ने कहा—'मैं जब घर में घुस रहा था, मुझे कई कुसगुन दिखाई पड़े। आज क्या होनेवाला है, कुछ समझ में नहीं आ रहा है।' नंदराय बार-बार पूछने लगे—'कन्हैया और बलराम आज कहाँ गए हैं?'

७३३/११६१ राग गौरी

महर-महरि-मन गई जनाइ।
खन भीतर, खन आँगन ठाढ़े, खन बाहिर देखत हैं जाइ।
इहिं अंतर सब सखा पुकारत, रोवत आए ब्रज कौं धाइ।

आतुर गए नंद-घरही कौं, महर-महरि सौं बात सुनाइ ।
चकित भए दोउ बूझन लागे, कहौ बात हमकौं समुझाइ ।
'सूरस्याम' खेलतहिं कदम चढ़ि, कूदि परे कालीदह जाइ ॥

नंद महर और महरि यशोदा के मन में इन असगुनों के कारण बड़ा खटका जान पड़ने लगा। वे एक क्षण भर के लिए भीतर जाते हैं, एक क्षण के लिए आँगन में चले आते हैं और क्षण भर में ही बाहर जाकर कन्हैया को देखने लगते हैं, प्रतीक्षा करने लगते हैं। इसी बीच कृष्ण के सब सखा चिल्लाते हुए, रोते हुए, ब्रज में दौड़े आए। वे जल्दी-जल्दी नंद के घर गए और नंद महर और महरि यशोदा से सब बातें कह सुनाई। वे दोनों अचम्भे में आ गए और कहने लगे—'हमसे सारी बात समझाकर कहो।' तब ग्वाल-बालों ने बताया—'कन्हैया खेलते-खेलते कदम के पेड़ पर चढ़ गए और उस पर से कालीदह में जा कूदे।'

७३४/११६२ राग सोरठ

'सुपनौ परगट कियौ कन्हाई ।
सोवत ही निसि आजु डराने, हमसौं यह कहि बात सुनाई ।
धरनि परी मुरझाइ जसोदा, नंद गए जमुना-तट धाई ।
बालक सब नंदहिं सँग धाए, ब्रज-घर जहँ-तहँ सोर मचाई ।
त्राहि-त्राहि करि नंद पुकारत, देखत ठौर गिरे भहराई ।
लोटत धरनि, परत जल-भीतर, 'सूरस्याम' दुख दियौ बुढ़ाई ॥'

यशोदा कहने लगीं—'आज रात में सोते-सोते कन्हैया डर कर चिहुँक उठा था। उसने हमसे कहा था कि जैसे किसी ने उसे यमुना में ढकेल दिया है। जो बात स्वप्न की थी, वह सच हो गई।'

यह कहकर यशोदा मैया मूर्च्छित होकर धरती पर गिर पड़ीं। नंद दौड़े-दौड़े यमुना तट पर जा पहुँचे। तब सभी ग्वाल-बाल भी नंद के साथ-साथ दौड़ पड़े। उन्होंने ब्रज के घर-घर में यह शोर मचा दिया कि कन्हैया कालीदह में कूद गए हैं। नंद जोर-जोर से चिल्लाने लगे—भगवान, रक्षा करो, रक्षा करो। कदम के पेड़ तक पहुँचते ही, उस स्थान को देखते ही, वे भी भहरा कर गिर पड़े। वे धरती पर लोटने लगे, जल में धँसने लगे और कहने लगे, कन्हैया ने इस बुढ़ाई में यह भारी दुख दे दिया।

७३५/११६३ राग गौरी

ब्रज-बासी यह सुनि सब आए ।
कहाँ पर्‍यौ गिरि कुँवर कन्हैया, बालक लै सो ठौर दिखाए ।
सूनौ गोकुल कियौ स्याम तुम, यह कहि लोग उठे सब रोइ ।
नंद गिरत सबहिनि धरि राख्यौ, पोंछत बदन नीर लै धोइ ।
ब्रज-बासी तब कहत महर सौं, मरन भयौ सबही कौ आइ ।
'सूरस्याम' बिनु को बसिहै ब्रज, धिक जीवन तिहुँ भुवन कहाइ ॥

कन्हैया के कालीदह में कूद जाने का समाचार सुनकर सारे ब्रजवासी दौड़े-दौड़े कालीदह जा पहुँचे और पूछने लगे कि कुँवर कन्हैया जमुना में कहाँ गिरे। बालकों ने वह

स्थान दिखला दिया। ब्रजवासी कहने लगे—'श्याम, तुमने गोकुल को सूना कर दिया।' यह कहकर वे सभी एक साथ करुण चीत्कार कर रो उठे। नंद मूर्च्छित होकर गिर ही जाना चाहते थे कि सभी ने उनको गिरने से थाम लिया और पानी लेकर उनका मुँह पोछने लगे, धोने लगे। सभी ब्रजवासी नंद महर से कहने लगे—हम सबकी मौत आ गई। श्याम के बिना इस ब्रज में कौन बसेगा? कन्हैया के अभाव में जो जीता बच जायगा और ब्रज में बसा रहेगा, उसका जीवन तीनों भुवनों में 'धिक-धिक' कहा जायगा।

७३६/११६४ राग सोरठ

महरि पुकारति कुँवर कन्हाई।
माखन धर्‍यौ तिहारेहि कारन, आजु कहाँ अवसेरि लगाई।
अति कोमल, तुम्हरे मुख लायक, तुम जेंवहु मेरे नैन जुड़ाई।
धौरी-दूध औटि है राख्यौ, अपनैं कर दुहि गए बनाई।
बरजति ग्वारि जसोदा कौं सब, यह कहि-कहि नीकैं जदुराई।
'सूरस्याम' सुत जीय मातु के, यह बियोग बरन्यौ नहिं जाई।

महरि यशोदा तो जैसे पगला गईं। वे कुँवर कन्हैया को पुकारने लगीं। कन्हैया, आज तुमने इतनी देर कहाँ लगा दी? तुम्हारे ही लिए मैंने टटका माखन निकाल कर रखा है। यह माखन बड़ा कोमल है। तुम्हारे ही मुख के योग्य है। तुम इसे खाओ। तुम्हें खाते देख मेरे नयन शीतल हो जायँगे। तुम्हारी प्यारी गैया धौरी का दूध मैंने औटाकर तुम्हारे लिए रख छोड़ा है, जिसे स्वयं तुम अपने हाथों से आज सबेरे दुह गए थे।

सभी गोपियाँ यशोदा से कहे जा रही हैं—यदुराय भले चंगे हैं। तुम हकनाहक हलकान हो रही हो, धैर्य धारण करो।

पुत्र कन्हैया तो मैया यशोदा के प्राण हैं, जीवन धन हैं। उनका यह बियोग तो अवर्णनीय है।

७३७/११६५ राग गौरी

माखन खाहु लाल मेरे आई। खेलत आजु अबार लगाई।
बैठहु आइ संग दोउ भाई। तुम जेंवहु, मैया बलि जाई।
सद माखन अति हित मैं राख्यौ। आजु नहीं नैंकहुँ तुम चाख्यौ।
प्रातहिं तैं मैं दियौ जगाइ। दतुवनि करि जु गए दोउ भाइ।
मैं बैठी तुव पंथ निहारौं। आवहु तुम पर तन मन वारौं।
ब्रज-जुवती सुनि-सुनि यह बानी। रोवति धरनि परीं अकुलानी।
सोक-सिंधु बूड़ी नँदरानी। सुधि-बुधि तन की सबै भुलानी।
'सूरस्याम' लीला यह कीन्हौ। सुख कैं हेत जननि दुख दीन्हौ॥

यशोदा जी पगलाकर कह रही हैं—मेरे लाल आकर माखन खा लो। आज तुमने खेलने में बहुत विलंब कर दिया है। दोनों भैया आकर एक साथ बैठ जाओ। तुम लोग भोजन करो। मैं तुम्हारी मैया तुम्हारी बलैया लूँ। मैंने अत्यंत प्रेम से टटका माखन निकाल रखा है। आज तो तुमने जरा भी कलेवा नहीं किया था। सबेरे ही मैंने तुम दोनों भाइयों को

जगा दिया था। तुम दोनों भाई दातून करने के बाद ही बिना कुछ खाए पिए चले गए। मैं यहाँ बैठी हुई तुम दोनों का रास्ता देख रही हूँ। आ जाओ, तुम पर अपने तन-मन-धन सब कुछ निछावर कर दूँ।

ब्रज-युवतियाँ यशोदा मैया का यह प्रलाप सुन-सुनकर रोने लगीं और व्याकुल होकर धरती पर गिर पड़ीं। नंद की रानी शोक के समुद्र में डूबने लगीं। वे अपने तन की सब सुधि-बुधि भूल गईं। श्याम ने सुख देने के लिए यह दुख देने की लीला की है।

७३८/११६६ राग नट

चौंकि परी तन की सुधि आई।
आजु कहा ब्रज सोर मचायौ, तब जान्यौ दह गिर्यौ कन्हाई।
पुत्र-पुत्र कहिकै उठि दौरी, ब्याकुल जमुना-तीरहिं धाई।
ब्रज-बनिता सब संगहिं लागीं, आइ गए बल अग्रज भाई।
जननी ब्याकुल देखि प्रबोधत, 'धीरज करि नीकें जदुराई।
'सूरस्याम' कौं नैंकु नहीं डर, जनि तू रोवै जसुमति माई'॥

कुछ देर बाद यशोदा मैया को चेत हुआ, उन्हें अपने तन-बदन की सुधि आई। उन्हें शोर सुनाई पड़ा। तब वे चौंक पड़ीं और पूछने लगीं—'यह शोर कैसा हो रहा है?' तब लोगों ने बताया—'कन्हैया कालीदह में कूद गए हैं।' यह दुखद घटना जानकर यशोदा मैया 'बेटा, बेटा' कहकर दौड़ पड़ीं और विकल होकर यमुना के किनारे दौड़ी आईं। ब्रज की सभी वधूटियाँ उनके साथ-साथ पीछे-पीछे दौड़ी आईं। तब तक वहाँ बड़े भैया बलराम आ गए। वे यशोदा मैया को विकल देखकर उन्हें समझाने लगे—'धैर्य धारण करो, मैया। यदुराय कृष्ण एकदम अच्छे हैं। उन्हें कोई डर नहीं है। मैया, तू बिलकुल मत रो। वे भले चंगे हैं।'

७३९/११६७ राग बिलावल

ब्रजबासी सब उठे पुकारि। 'जल भीतर कह करत मुरारि।
संकट मैं तुम करत सहाइ। अब क्यौं नाहिं बचावत आइ।
मातु-पिता अतिहीं दुख पावत'। रोइ-रोइ सब कृष्न बुलावत।
हलधर कहत 'सुनहु ब्रज-बासी। वै अंतरजामी अबिनासी।
'सूरदास' प्रभु आनँद-रासी। रमा सहित जल ही के बासी'॥

सभी ब्रजवासी चिल्ला उठे—मुरारी, पानी के भीतर क्या कर रहे हो, बाहर आओ। जब-जब हम पर विपत्ति घहराई है, तब-तब तुमने हमारी सहायता की है। अब तुम आकर हमारी रक्षा क्यों नहीं करते? तुम्हारे बिना नंद बाबा और यशोदा मैया अत्यंत दुख पा रहे हैं।' सब ब्रजवासी रो-रोकर 'कृष्ण-कृष्ण' बुलाने लगे।

तब हलधर बलराम ने कहा—हे ब्रजवासियो, सुनो, कन्हैया अंतर्यामी हैं, अविनाशी हैं। वे आनंद की राशि हैं। वे तो लक्ष्मी सहित सदा ही जल के भीतर निवास करनेवाले हैं। घंटे दो घंटे के लिए जमुना-जल में चले गए हैं। तो इससे उनका क्या बिगड़ने-बननेवाला है?

७४०/११७० राग मारू

झिरकि कै नारि, दै गारि गिरिधारि तब, पूँछ पर लात दै अहि जगायौ ।
उठ्यौ अकुलाइ, डर पाइ खग-राइ कौं, देखि बालक गरब अति बढ़ायौ ।
पूँछ लीन्ही झटकि, धरनि सौं गहि पटकि, फुंकर्‍यौ लटकि, करि क्रोध फूले ।
पूँछ राखी चाँपि, रिसनि काली काँपि, देखि सब साँपि, अवसान भूले ।
करत फन-घात, बिष जात उतरात, अति नीर जरि जात, नहिं गात परसै ।
'सूर के स्याम', प्रभु लोक-अभिराम, बिनु जान अहिराज, बिष ज्वाल बरसै ॥

गिरिधारी कन्हैया ने तब नागिन को फटकार दिया, उसे गाली दी, और नाग की पूँछ को अपने पैरों से दबाकर उसे जगा दिया। नाग ने समझा कि गरुड़ आ गया। इसलिए वह डर कर विकल हो उठा। पर जब उसने देखा कि यह गरुड़ नहीं है, एक छोटा-सा लड़का मात्र है, तब उसे बड़ा घमंड हो गया। पर कृष्ण ने उसकी दबी पूँछ को अपने हाथ में ले लिया और उसे पृथ्वी पर पटक दिया। तब नाग गुस्से से फूल उठा और उसने अपना फन लपका कर जोर से फुफकारा। कन्हैया ने उसकी पूँछ को पैर से दाबे रखा। काली नाग क्रोध से काँपने लगा। नागिनियाँ भी काली की यह दशा देख सब होश-हवास भूल गईं। काली अपने फनों से कृष्ण पर चोटें करने लगा। फन से विष निकल-निकल कर जल पर उतराने लगा। उस विष से जमुना का जल जलने लगा, पर वह कन्हैया के शरीर का स्पर्श भी नहीं कर सका। काली यह न जान सका कि यह श्यामसुंदर तीनों लोकों के स्वामी हैं, और विष की ज्वाला बरसाता रहा।

७४१/११७२ राग कान्हरौ

उरग-नारि सब कहतिं परस्पर, 'देखौ या बालक की बात ।
बिष-ज्वाला जल जरत जमुन कौ, याकैं तन लागत नहिं तात !
यह कछु तंत्र मंत्र जानत है, अतिहीं सुंदर कोमल गात ।
यह अहिराज महा बिष ज्वाला, कितने करत सहस फन घात !
छुवत नहीं तनु याकौ बिष कहुँ, अब लौं बच्यौ, पुन्य पितु-मात ।
'सूरस्याम' सो दाउँ बतायौ, काली अंग लपेटत जात ॥

नागिनियाँ आपस में कहने लगीं—'इस लड़के की बात तो देखो। नाग के जहर की जलन से जमुना का जल जला जा रहा है, पर इस लड़के के शरीर को तो वह न तो छू पा रहा है, न उसे किंचित तप्त ही कर पा रहा है। लगता है यह बालक कुछ तंत्र-मंत्र जानता है। यह अत्यंत कोमल शरीर वाला है और सुंदर भी है। यह सर्पों का राजा काली अपने हजारों फनों में महाविषम विष की ज्वाला को भरे हुए हैं और उन फनों से इस पर हजारों-हजारों चोटे करता जा रहा है। पर यह विष उसके शरीर को तनिक भी छू नहीं पा रहा है और यह अपने माँ-बाप के पुण्य से अभी तक बचा जा रहा है।'

तब तक कन्हैया ने कुछ ऐसा दाँव चलाया कि नाग ने उन्हीं के शरीर को चारों ओर से कसकर लपेट लिया।

७४२/११७५ राग गौरी

नाथत ब्याल बिलंब न कीन्हौ ।
पग सौं चाँपि घींचि बल तोर्‌यौ, नाक फोरि गहि लीन्हौ ।
कूदि चढ़े ताके माथे पर, काली करत बिचार ।
स्त्रवननि सुनी रही यह बानी, ब्रज ह्वैहै अवतार ।
तेइ अवतरे आइ गोकुल मैं, मैं जानी यह बात ।
अस्तुति करन लग्यौ सहसौ मुख, धन्य-धन्य जग-तात ।
बार-बार कहि सरन पुकार्‌यौ, राखि-राखि गोपाल ।
'सूरदास' प्रभु प्रगट भए जब, देख्यौ ब्याल बिहाल ।।

कन्हैया ने नाग को नाथने में जरा भी देर नहीं की। उन्होंने उसकी पूँछ तो अपने पैर से दबा ही रखी थी, उसके शरीर को भी अपने हाथों से खींचकर उसके सारे बल तोड़ डाले, साँप की लपेटनों को तोड़ दिया। उसके नथुने फोड़ दिए और उसको पकड़ लिया। फिर वे कूदकर उसके मस्तक पर चढ़ गए। तब काली नाग सोचने लगा—'मैंने कानों से सुन रखा था कि ब्रज में भगवान का अवतार होनेवाला है। अब मैंने जान लिया कि गोकुल में भगवान का यह अवतार हो गया ! फिर वह अपने हजारों मुँहों से भगवान की स्तुति करने लगा—'हे जगत्पिता, तुम धन्य हो, तुम धन्य हो, मैं तुम्हारी शरण में हूँ, मेरी रक्षा कर लो।'

प्रभु ने जब देख लिया कि काली नाग अब पूर्णरूपेण विकल हो उठा है, तब वे प्रकट हो गए और उन्होंने उसे अपने विष्णु रूप का दर्शन कराया।

७४३/११७६ राग बिलावल

'देखि दरस मन हरष भयौ ।
पूरन ब्रह्म सनातन तुमहीं, ब्रज अवतार लयौ ।
श्रीमुख कह्यौ, अजहुँ लौं तुम नहिं, जान्यौ ब्रज अवतार ?
और कौन जो तुम-से बाँचै, सहस फननि की झार !
अनजानत अपराध किए प्रभु, राखि सरन मोहिं लेहु ।
'सूरदास' धनि-धनि मेरे फन, चरण-कमल जहँ देहुँ ।।

भगवान का दर्शन पाकर काली नाग प्रार्थना करने लगा—हे प्रभु, तुम्हारा दर्शन पाकर मैं परम प्रसन्न हूँ। तुम्हीं पूर्ण ब्रह्म हो। तुम्हीं सनातन हो, सदैव बने रहनेवाले हो। तुमने ही ब्रज में अवतार ले लिया है। यद्यपि तुमने अपने श्रीमुख से अपने अवतार लेने की बात नहीं कही है, पर मैंने जान लिया कि तुम्हारा अवतार ब्रज में हो गया। मेरे सहस्त्र फनों से फूटती विष की ज्वाला से तुम जैसे को छोड़ और कौन बच सकता है। हे प्रभु, मुझसे अनजान में अपराध हो गया है, अब मुझे अपनी शरण में ले लो। मेरे ये हजारों फन आज धन्य हो गए, जिन पर तुमने अपने पैर धर कर नृत्य किया है।'

७४४/११७७ राग गौरी

अब कीन्ह्यौ प्रभु मोहिं सनाथ ।
कोटि-कोटि कीटहु सम नाहीं, दरसन दियौ जगत के नाथ ।

असरन-सरन कहावत हौ तुम, कहत सुनी भक्तनि मुख बात ।
ये अपराध छमा सब कीजै, धिक मेरी बुधि, कहत डरात ।
दीन बचन सुनि काली मुख तैं, चरन धरे फन-फन प्रति आप ।
'सूरस्याम' देख्यौ अहि ब्याकुल, सुख दीन्ह्यौ, मेटे त्रय ताप ॥

काली नाग कहने लगा—'हे जगन्नाथ, मैं तो करोड़ों कीड़ों-मकोड़ों के समान भी नहीं हूँ। आपने मुझ अपदार्थ को दर्शन देकर, अनाथ को सनाथ कर दिया। मैंने भक्तों के मुँह से यह बात सुनी है कि तुम अशरण-शरण हो, जिसको कोई शरण देनेवाला नहीं है, उसे तुम शरण दे देते हो। मेरी दुर्बुद्धि को धिक्कार है, जो मैंने तुम्हें पहले नहीं पहचाना। मुझे तो यह कहने में भी भय हो रहा है कि मैं तुमसे यह प्रार्थना कर सकूँ—प्रभु, मेरे सारे अपराध क्षमा कर दें।'

काली नाग की यह विनीत वाणी सुनकर प्रभु ने उसके प्रत्येक फन पर अपने कोमल चरण रख दिए। जब उन्होंने नाग को अत्यंत विकल देखा, तब उन्होंने उसके दैहिक, भौतिक, दैविक तीनों प्रकार के संतापों को मिटा डाला और उसे सुख दिया।

७४५/११८० राग सोरठ

ब्रजबासी सब भए बिहाल ।
कान्ह-कान्ह कहि-कहि टेरत हैं, ब्याकुल गोपी-ग्वाल ।
'अब को बसै जाइ ब्रज हरि-बिनु, धिक जीवन नर-नारि ।
तुम बिनु यह गति भई सबनि की, कहाँ गए बनवारि ।
प्रातहिं तैं जल भीतर पैठे, होन लग्यौ जुग जाम ।'
कमल लिए 'सूरज' प्रभु आवत, सब सौं कही बलराम ॥

सभी ब्रजवासी विकल और बेहाल हुए जा रहे थे। सभी गोपियाँ, सभी ग्वाले, व्याकुल हो-हो कर 'कन्हैया, कन्हैया' पुकारे जा रहे थे और कहते जा रहे थे—'हम सारे ब्रजवासी नर-नारियों का जीवन अब धिक्कृत हो उठा है। अब तुम्हारे बिना ब्रज में वापस जाकर कौन बसे? हे वनवारी तुम कहाँ चले गए हो? तुम्हारे बिना हम सबकी यह भारी दुर्गति हो गई है। तुम सबेरे से ही जल में प्रविष्ट हुए हो। अब तो दो-पहर, आठ-आठ घंटे, बीत गए हैं।'

तब तक बलराम बोल उठे—अरे देखो, कन्हैया कमल के फूल लिए चले आ रहे हैं।

७४६/११८१ राग नट

आवत उरग नाथे स्याम ।
नंद, जसुदा, गोप-गोपी, कहत हैं बलराम ।
मोर मुकुट, बिसाल लोचन, स्रवन कुंडल लोल ।
कटि पीतांबर, बेष नटवर, नृतत फन प्रति डोल ।
देव दिवि दुंदुभि बजावत, सुमन-गन बरषाइ ।
'सूरस्याम' बिलोकि ब्रज-जन, मातु, पितु सुख पाइ ॥

नंद, यशोदा, गोप, गोपी और बलराम सभी कहने लगे—देखो, कन्हैया नाग को

नाथे हुए चले आ रहे हैं। वे मोर पंख का मुकुट धारण किए हुए हैं, उनके नेत्र बड़े-बड़े हैं, उनके कानों के स्वर्ण कुंडल हिले-डुले जा रहे हैं, वे कमर में पीतांबर की कछनी काछे हुए हैं, उनका वेष नर्तक का है और वे नाग के एक फन पर से नाचते हुए दूसरे फन पर डोलते जा रहे हैं। देवता लोग आकाश में दुंदुभी बजा रहे हैं और पुष्प-वर्षा किए जा रहे हैं।

ब्रजवासियों और माता-पिता ने कन्हैया को देखकर परम सुख पाया।

७४७/११८३ राग कान्हरौ

फन-फन-प्रति निरतत नँद-नंदन ।
जल भीतर जुग जाम रहे, कहुँ मिट्यौ नहीं तन-चंदन ।
उहै काछनी कटि पीतांबर, सीस मुकुट अति सोहत ।
मानौ गिरि पर मोर अनंदित, देखत ब्रज-जन मोहत ।
अंबर थके अमर ललना सँग, जै-जै धुनि तिहुँ लोक ।
'सूरस्याम' काली पर निरतत, आवत हैं ब्रज-ओक ॥

नंद-नंदन कृष्ण काली नाग के एक-एक फन पर नाचे चले जा रहे हैं। वे कालीदह के जल में आठ घंटों तक रहे, पर उनके शरीर पर लगा हुआ चंदन जरा भी नहीं धुल कर छूटा। वही पीतांबर की कछनी, सिर पर वही मोर पंख का मुकुट। सब ज्यों के त्यों, पूर्ववत्। ऐसा लगता था मानो पर्वत शिखर पर कोई मोर हो। सारे ब्रजवासी मुग्ध होकर, आनंदित होकर, यह दृश्य देखे जा रहे थे। आकाश में देवता लोग अपनी-अपनी देवियों के साथ, अपने-अपने विमानों पर, रुक गए हैं। तीनों लोकों में कन्हैया के जय-जयकार की ध्वनि गूँजी जा रही है। कन्हैया काली नाग पर नाचते हुए अपने घर ब्रज को चले आ रहे हैं।

७४८/११८४ राग सोरठ

गोपालराइ निरतत फन-प्रति ऐसे ।
गिरि पर आए बादर देखत, मोर अनंदित जैसे ।
डोलत मुकुट सीस पर हरि के, कुंडल-मंडित गंड ।
पीत बसन, दामिनि मनु घन पर, तापर सुर-कोदंड ।
उरग-नारि आगैं सब ठाढ़ीं, मुख-मुख अस्तुति गावैं ।
'सूरस्याम' अपराध छमहु अब, हम माँगैं पति पावैं ॥

गोपालराय कृष्ण काली नाग के फन पर ऐसे नाचे जा रहे हैं, जैसे नभ में छाए बादलों को देखकर पर्वत पर मोर आनंद से नाचे जा रहा हो। हरि के सिर पर मोर-पंख का मुकुट हिलता जा रहा है। कान में लटकते हिलते स्वर्ण कुंडलों की झलक कपोलों पर झलमलाई जा रही है। उनके शरीर को आवेष्टित करनेवाला पीतांबर ऐसा लगता है, मानो बिजली बादल को लपेटे हुए हो और उस बिजली पर भी इंद्र-धनुष उदित हो रहा हो। सभी नागिनियाँ आगे खड़ी हैं और स्तुति किए जा रही हैं—प्रभु सब अपराध क्षमा करो। हम तुमसे माँग रही हैं, हमें हमारा पति दे दो।

७४९/११८५ राग कान्हरौ

बहुत कृपा इहिं करी गुसाईं।

इतनी कृपा करी नहिं काहूँ, जिनि राखे सरनाई।
कृपा करी प्रहलाद भक्त कौं, द्रुपद-सुता-पति राखी।
ग्राह ग्रसत गजराज छुड़ायौ, बेद पुराननि भाखी।
जो कछु कृपा करी काली पर, सो काहूँ नहिं कीन्हौ।
कोटि ब्रह्मंड रोम-प्रति अंगनि, ते पद फन-प्रति दीन्हौ।
धरनि सीस धरि सेस गरब धर्‌यौ, इहिं भर अधिक सँभार्‌यौ।
पूरन कृपा करी 'सूरज' प्रभु, पग फन-फन-प्रति धार्‌यौ॥

नागिनियाँ नाग-नथैया नटनागर की स्तुति करती हुई कहे जा रही हैं—हे स्वामी, तुमने काली नाग पर बहुत बड़ी कृपा की है। जिन-जिन लोगों को तुमने कृपा करके, अपनी शरण में ले लियो है, उनमें से किसी पर भी तुमने इतनी कृपा नहीं की है, जितनी इस काली पर की है। तुमने प्रह्लाद भक्त पर कृपा की है, तुमने द्रौपदी की लज्जा रखी है, तुमने ग्राह के मुख से गजराज को छुड़ाया है, ऐसा वेद और पुराणों ने बराबर कहा है। जितनी कृपा तुमने काली पर की है, उतनी कृपा और किसी पर नहीं की। तुम्हारे एक-एक रोम में कोटि-कोटि ब्रह्मांड समाए हुए हैं। इतना गुरु भार लिए हुए चरणों को, प्रभु ने काली नाग को अपने फन पर थाम लेने की शक्ति दे दी है। यही प्रभु की परम कृपा है। शेषनाग ने तो एक धरती को ही अपने सिर पर धारण करके बहुत गर्व कर रखा है, पर इस काली ने तो प्रभु की कृपा से उससे बहुत अधिक भार अपने फनों पर सँभाला है। हे प्रभु, यह तुम्हारी पूर्ण कृपा है, जो तुमने उसके हर फन पर अपने पैर रखे, किसी फन को वंचित नहीं किया।

७५०/११८६ राग सोरठ

ठाढ़े देखत हैं ब्रजबासी।

कर जोरे अहि-नारि बिनय करि कहति, धन्य अबिनासी।
जे पद-कमल रमा उर राखति, परसि सुरसरी आई।
जे पद-कमल संभु की संपति, फन-प्रति धरे कन्हाई।
जे पद परसि सिला उद्धरि गई, पांडव गृह फिरि आए।
जे पद-कमल-भजन महिमा तैं, जन प्रहलाद बचाए।
जे पद ब्रज-जुवतिनि सुखदायक, तिहूँ भवन धरे बावन।
'सूरस्याम' ते पद फन-फन-प्रति, निरतत अहि कियौ पावन॥

ब्रजवासी खड़े-खड़े देखे जा रहे हैं कि काली नाग की स्त्रियाँ दोनों हाथ जोड़े हुए प्रभु की स्तुति करती हुई कहती जा रही हैं—हे अविनश्वर प्रभु, तुम धन्य हो। जिन चरणों को लक्ष्मी जी सदा अपने हृदय से लगाए रहती हैं, जिन चरणों से देव-नदी गंगाजी निकली है, जो पद-कमल शिव जी की संपत्ति है, उन्हीं चरणों को प्रभु ने काली नाग के फनों पर रखा। जिन चरणों को छू कर पाषाणी अहल्या तर गई, जिन चरणों की कृपा से वनवासी

पांडव फिर अपने घर वापस आ गए, जिन चरण-कमलों की भजन-महिमा ने भक्त प्रह्लाद को बचाया, जो पद ब्रज-युवतियों को सुख देनेवाले हैं, जिन पदों से वामन भगवान ने तीनों लोकों को नाप लिया, उन्हीं पदों को काली नाग के फनों पर रखकर, नृत्य करते-करते, तुमने उसे पवित्र कर दिया।

७५१/११८८ राग कान्हरौ

सुनहु कृपानिधि, जिती कृपा तुम, या काली पै कीन्ही।
इती बड़ाई कबहुँ, कैसहूँ, नहिं काहू कौं दीन्ही।
जिन पद-कमल-सुकृत-जल-परस्यौ, अजहुँ धरैं सिव सीस।
ते पद प्रगट धरे फन-फन-प्रति, धन्य कृपा जगदीस।
एक अंड कौ भार बहत है, गरब धर्‌यौ जिय सेष।
इहिं भरु अधिक सह्यौ अपनैं सिर, अमित-अंड-मय बेष।
सुर, नर, असुर, कीट, पसु, पच्छी, सब सेवक प्रभु तेरे।
'सूरस्याम' अपराध छमहु अब, या अपने जन केरे॥

नागिनियाँ स्तुति करती जा रही हैं—हे कृपानिधि, सुनो, जितनी कृपा तुमने इस काली पर की है, उतनी महिमा तुमने कभी भी किसो को भी, कैसे भी नहीं दी है। जिन चरण कमलों के पुण्य जल (गंगा) को शिव ने स्पर्श किया और आज भी जिसे वे शिरोधार्य किए हुए हैं, हे जगदीश, तुम्हारी कृपा को धन्य है, तुमने उन्हीं पदों को काली के हर एक फन पर रखा। शेषनाग केवल एक अंड (पृथ्वी) का भार अपने सिर पर धारण करके अत्यंत गर्व का अनुभव करते हैं। इस काली ने तो शेष के भार से अत्यधिक भार, अमित ब्रह्मांड का बोझ, अपने सिर पर सहा है। हे प्रभु—देवता, दानव, नर, कीट, मर्कट, पशु-पक्षी सभी तुम्हारे सेवक हैं। हे श्याम, अब अपने इस सेवक काली का भी अपराध क्षमा कर दो।

७५२/११९३ राग कान्हरौ

सबै ब्रज है जमुना कैं तीर।
कालि नाग के फन पर निरतत, संकर्षन कौ बीर।
लाग मान थेइ-थेइ करि उघटत, ताल मृदंग गँभीर।
प्रेम-मगन गावत गंध्रब-गन, ब्योम बिमाननि भीर।
उरग-नारि आगैं भई ठाढ़ी, नैननि ढारतिं नीर।
हमकौं दान देइ पति छाँड़हु, सुंदर स्याम सरीर।
आए निकसि पहिरि मनि-भूषन, पीत-बसन कटि चीर।
'सूरस्याम' कौं भुज भरि भेंटत, अंकम देत अहीर॥

सारा ब्रजमंडल यमुना के किनारे उमड़ पड़ा है। संकर्षण (बलराम) के भाई कृष्ण कन्हैया काली नाग के फनों पर नाचे जा रहे थे। (एक नृत्य विशेष) के मान (ताल) पर थेई-थेई का स्वर निकलता जा रहा था। मृदंग का भी गंभीर ताल बजा जा रहा था। गंधर्व-गण प्रेम में डूब कर गाए जा रहे थे। आकाश में देव-विमानों की भीड़ लगती जा रही थी।

सामने कालीनाग की पत्नियाँ, आँखों से आँसू बहाती हुई, हाथ जोड़े, खड़ी थीं और कहती जा रही थीं—'हे श्यामसुंदर, हमको हमारे पति का दान दे दो, इन्हें छोड़ दो।' कन्हैया मणि भूषण पहने हुए, कमर में पीतांबर की कछनी काछे, जल से बाहर निकल आए और यमुना-तट-स्थित गोपजनों ने उन्हें भुजाओं में भर कर छाती से लगा लिया।

७५३/११९७ राग कल्यान

जय-जय-धुनि अमरनि नभ कीन्हौ।
धन्य-धन्य जगदीस गुसाईं, अपनौ करि अहि लीन्हौ।
अभय कियौ फन चरन-चिह्न धरि जानि, आपुनौ दास।
जल तैं काढ़ि कृपा करि पठयौ, मेटि गरुड़ कौं त्रास।
अस्तुति करत अमर-गन बहुरे, गए आपनैं लोक।
'सूरस्याम' मिलि मातु-पिता कौं, दूरि कियौ तनु-सोक॥

देवताओं ने आकाश में जय-जय की ध्वनि की और स्तुति की—'हे जगदीश, हे गुसाई, तुम धन्य हो, तुम धन्य हो। तुमने काली नाग को अपना दास बना लिया। अपना सेवक समझकर उसके फनों पर अपने चरण चिह्न अंकित करके तुमने उसे अभय बना दिया और उसे अब गरुड़ का भय नहीं रह गया! तुमने उसे कालीदह से निकालकर, गरुड़ के भय से मुक्त कर, समुद्र स्थित रमणक द्वीप में भेज दिया।'

इस प्रकार स्तुति करते हुए देवता लोग लौट गए और अपने देवलोक में पहुँच गए। श्यामसुंदर ने भी अपने माता-पिता से मिलकर उनके सभी शारीरिक शोक दूर कर दिए।

७५४/११९९ राग गौरी

ब्रजबासिनि सौं कहत कन्हाई।
'जमुना-तीर आजु सुख कीजै, यह मेरैं मन आई।'
गोपनि सुनि अति हरष बढ़ायौ, सुख पायौ नँदराइ।
घर-घर तैं पकवान मँगायौ, ग्वारनि दियौ पठाइ।
दधि माखन षट रस के भोजन, तुरतहिं ल्याए जाइ।
मातु-पिता-गोपी-ग्वालनि कौं, 'सूरज' प्रभु सुखदाइ॥

ब्रजवासियों से कन्हैया कहने लगे—'मेरे मन में आज यह बात आई है कि आज जमुना के किनारे ही आनंद मनाया जाय।' यह सुनकर गोपियों के मन में अत्यंत आनंद हुआ और नंदराय को भी इस प्रस्ताव से सुख मिला। उन्होंने ग्वालों को भेजकर घर-घर से पकवान बनवा मँगवाया। वे सब जाकर तुरंत दही, माखन और छहो स्वाद वाले रसमय भोजन ले आए। प्रभु माता-पिता, गोपी, ग्वाल सभी को इसी प्रकार सुख देते रहते हैं।

७५५/१२०२ राग गौड़

कमल के भार, दधि भार, माखन-भार, लिए सब ग्वार, नृप-द्वार आए।
तुरतहीं टोरि, गनि कोरि, सकटनि जोरि, ठाढे भए, पौरिया सब सुनाए।
सुनत यह बात, अतुरात औ डरत मन, महल तैं निकसि नृप आपु आए।

देखि दरबार, सब ग्वार, नहिं पार कहुँ, कमल के भार सकटनि सजाए।
अतिहिं चक्रित भयौ, ज्ञान हरि हरि लयौ, सोच मन में ठयौ, कहा कीन्हौ!
गोप-सिरमौर नृप ओर कर जोरि कै, पुहुप कैं काज प्रभु पत्र दीन्हौ।
यह कह्यौ नंद, नृप बंदि, अहि-इंद्र पैं, गयौ मेरौ नंद, तुव नाम लीन्हौ।
उठ्यौ अकुलाइ, डरपाइ तुरतहिं धाइ, गयौ पहुँचाइ, तट आइ दीन्हौ।
यह कह्यौ स्याम-बलराम, लीजौ नाम राम कौ, काज यह हमहिं कीन्हौ।
और सब गोप आवत जात, नृप बात कहत, सब, 'सूर' मोहिं नहीं चीन्हौ॥

कमल, दही, माखन के बोझ छकड़ों पर लिए दिए सभी ग्वाल मथुरा में राजा के द्वार पर जा पहुँचे। तुरंत ही छकड़ों को तोड़कर, खोलकर, एक करोड़ कमल के फूल गिनकर, गाड़ियों को इकट्ठा करके ये ग्वाल खड़े हो गए। तब द्वारपाल ने कमल फूलों के आ जाने की सूचना राजा कंस को जाकर दी। कंस यह बात सुनते ही, आतुर होकर, हड़बड़ी में जल्दी से, मन में डरते हुए, राजमहल से निकल स्वयं राजद्वार पर आ गया। उसने देखा कि सारा दरबार (प्रांगण) ग्वालों से खचाखच भरा हुआ है। अपार भीड़ लग रही है, जिसका कहीं ओर-छोर नहीं दीख पड़ रहा है और गाड़ियाँ कमल के फूलों के गट्ठरों से सजी हुई हैं। कंस यह संभार देखकर चकपका गया। हरि ने उसका ज्ञान हर लिया, वह सोच में पड़ गया—यह मैंने क्या किया। तब गोपों के सरदार ने दोनों हाथ जोड़कर कंस से कहा—कमल के ये फूल नंद जी ने भेजा है, आपकी वंदना की है और यह पत्र दिया है। उन्होंने यह भी कहलवाया है—'अहीन्द्र काली के पास मेरा कुँवर गया और आपका नाम लेकर कहा कि महाराज कंस ने कमल के फूल मँगाए हैं। आपका नाम सुनते ही कालीनाग आकुल हो उठा, डर कर वह तुरत उठा और दौड़कर वह ये फूल यमुना तट पर स्वयं पहुँचा गया। श्याम और बलराम ने भी कहा है कि हमारा नाम लेकर महाराज से बता देना कि राजा का यह कार्य हमी ने किया है और जितने गोप हैं, वे तो मथुरा महाराज के पास आते जाते ही रहते हैं। वे सब यहाँ आकर महाराज के संबंध में चर्चा किया ही करते हैं। पर हमने अभी तक अपने राजा को देखा, जाना, पहचाना नहीं है।'

७५६/१२०३ राग बिलावल

ग्वालनि हरि की बात चलाई। यह सुनि कंस गयौ मुरझाई।
तब मनहीं मन करत बिचार। यह कोउ भलौ नहीं अवतार।
यासौं मेरौ नहीं उबार। मोहिं मारि, मारै परिवार।
दैत्य गए ते बहुरि न आए। काली तैं ये क्यौं बचि पाए।
ताही पर धरि कमल लदाए। सहस सकट भरि ब्याल पठाए।
एक ब्याल मैं उनहिं बताए। कोटि ब्याल मम सदन चलाए।
ग्वालनि देखि मनहिं रिस काँपै। पुनि मन मैं भय-अंकुर थापै।
आपुहिं आपु नृपति थल त्याग्यौ। 'सूर' देखि कमलनि उठि भाग्यौ॥

ग्वालों ने जब कंस से कन्हैया की चर्चा की, तब वह यह सुनकर मूर्च्छित हो गया। यह मन ही मन सोचने लगा— यह जो अवतार हुआ है, यह मेरे लिए अच्छा नहीं है। इससे मेरा बचाव नहीं हो सकता। यह मुझे तो मारेगा ही, मुझे मार कर मेरे परिवार को भी मार डालेगा। जिन दैत्यों को मैंने इसे मार डालने के लिए भेजा था, वे जीते जी लौट कर नहीं आए, सभी मारे गए। फिर मैंने इसे कालीनाग के पास भेजने की योजना बनाई। आश्चर्य है, यह काली से कैसे बच निकला। यह उसी पर कमल लाद कर लाया। ये एक हजार गाड़ियों पर जो कमल लद कर आए हैं, ये कमल नहीं हैं, ये मेरे लिए नाग ही हैं। मैनें उसे एक नाग बताया था, उसने मेरे घर कमल के रूप में एक करोड़ नाग भेज दिया। ग्वालों को देखकर कंस मारे क्रोध के मन ही मन काँप उठा। फिर उसके मन में भय का अंकुर उग आया। फिर राजा ने अपने आप उस स्थल को त्याग दिया और कमलों को देखकर वह वहाँ से अपने महल को उठ भागा।

दावानल-पान-लीला

७५७/१२०८ राग मारू

कमल सकटनि भरे ब्याल मानौ ।
स्याम के बचन सुनि, मनहिं मन रह्यौ गुनि, काठ ज्यौं गयौ घुनि, तनु भुलानौ ।
भयौ बेहाल, नँदलाल कैं ख्याल, इहिं उरग तैं बाँचि, फिरि ब्रजहिं आयौ ।
कह्यौ दावानलहिं, देखौं तेरे बलहिं, भस्म करि ब्रज पलहिं, कहि पठायौ ।
चल्यौ रिस पाइ, अतुराइ तब धाइ कै, ब्रज-जननि बन सहित जारि आऊँ ।
नृपति के लै पान, मन कियौ अभिमान, करत अनुमान चहुँ पास धाऊँ ।
बृंदाबन आदि, ब्रज आदि, गोकुल आदि, आदि बुन्यादि सब अहिर जारौं ।
चल्यौ मग जात, कहि बात इतरात अति, 'सूर' प्रभु सहित संघारि डारौं ।।

गाड़ियों पर लदे कमल कंस को नाग सदृश लगे। श्याम की बातों को ग्वालों से सुनकर, वह मन ही मन विचार करने लगा। वह शरीर की दशा भूल गया। उसकी स्थिति ऐसी हो गई जैसे काठ में घुन लग गया हो । वह जर्जर हो उठा। कन्हैया का ख्याल कर-करके, कंस बेसुध और बेहाल हो गया और सोचने लगा—अरे, यह तो कालीनाग से भी बचकर फिर ब्रज में आ गया। तब उसने दावानल से कहा—'अब मैं तुम्हारा बल देखना चाहता हूँ जाओ और पल भर में सारे ब्रज को जलाकर राख कर दो।' तब दावानल क्रुद्ध होकर , अत्यंत वेग से यह सोचता हुआ दौड़ चला कि चलकर सारे ब्रजवासियों को, सारे वनों के सहित जला आऊँ। राजा कंस से पान का बीड़ा लेकर, मन में घमंड करता हुआ, उसने यह अनुमान किया कि ब्रज के चारों ओर एक चक्कर लगाने भर की देर है। मैं वृंदावन, ब्रज, गोकुल और सब ग्वालों को, आदि बुनियाद सहित उनके संपूर्ण कुल-परिवार को जला दूँगा। एक भी जलने से नहीं बच पाएगा। वह रास्ते में चला जा रहा था और मन ही मन यह कहता हुआ इतराता भी जा रहा था कि कृष्ण, बलराम सहित सबका संहार कर दूँगा।

जब सब गाइ भईं इक ठाईं। ग्वालनि घर कौं घेरि चलाई।
मारग मैं तब उपजी आगि। दसहूँ दिसा जरन सब लागि।
ग्वाल डरपि हरि पैं कह्यौ आइ। 'सूर' राखि अब त्रिभुवन-राइ।

जब सब गाएँ इकट्ठी हो गईं, ग्वालों ने उन्हें घर की ओर हाँक दिया। ये रास्ते में ही थे, कि जंगल की आग भड़क उठी, दसों दिशाएँ जलने लगीं। ग्वालों ने डर कर आकर कन्हैया से कहा—हे त्रिभुवन राय, अब हमें फिर बचाइए।

७५९/१२०९ राग कान्हरा

दसहुँ दिसा तैं बरत-दावानल, आवत है ब्रज-जन प्र धायौ।
ज्वाला उठी अकास बराबरि, घात आपनी सब करि पायौ।
बीरा लै आयौ सन्मुख तैं, आदर करि नृप कंस पठायौ।
जारि करौं परलय छिन भीतर, ब्रज बपुरौ केतिक कहवायौ।
धरनि अकास भयौ परिपूरन, नैंकु नहीं कछु संधि बचायौ।
'सूरस्याम' बलरामहिं मारन, गर्ब-सहित आतुर ह्वै आयौ॥

दशों दिशाओं से जलता-धधकता दावानल ब्रजवासियों को जलाने के लिए दौड़ा चला आ रहा है। आग की लपटें आकाश को छूने लगीं। दावानल ने सारे ब्रज को जला देने का सभी उपक्रम, घात,दाँव-पेच कर लिया था। वह यह कठिन काम करने के लिए कंस का बीड़ा लेकर आया था और कंस ने उसे अत्यंत आदरपूर्वक भेजा ही था। वह सोचता जा रहा था—मैं क्षण भर में सारे संसार को जलाकर यहाँ प्रलय, सर्वनाश, उपस्थित कर दूँगा। यह बेचारा छोटा-सा ब्रज कितना है ही। इसे जलाने में कितनी देर लगेगी। आग की लपटों से पृथ्वी और आकाश, सभी भर गए। कहीं बच निकलने के लिए एक छिद्र भी आग की लपट से खाली नहीं रह गया। दावानल गर्व से भरा हुआ अत्यंत शीघ्रता से श्याम बलराम, को मारने के लिए आ पहुँचा।

७६०/१२१३ राग कान्हरा

नंद-घरनि यह कहति पुकारे।
'कोउ बरषत, कोउ अगिनि जरावत, दई पर्यौ है खोज हमारे।
तब गिरिवर कर धर्यौ कन्हैया, अब न बाँचिहैं, मारत जारे।
जेंवन करन चली जब भीतर, छींक परी ती आजु सबारे।
ताकौ फल तुरतहिं इक पायौ, सो उबर्यौ, भयौ धर्म सहारे।
अब सबकौ संहार होत है, छींक किए ये काज बिचारे।
कैसेहुँ ये बालक दोउ उबरैं, 'पुनि-पुनि सोचति परी खभारे'।
'सूरस्याम' यह कहत जननि सौं, 'रहि री मा, धीरज उर धारे'॥

नंद की घरनी यशोदा चिल्ला-चिल्ला कर कहने लगीं। भगवान हमारे पीछे पड़ गये हैं। कोई आकर जल प्लावन कर देनेवाली घोर वर्षा करता है, कोई आग की लपटों से हमें जलाने चला आ रहा है। तब तो कन्हैया ने गोवर्द्धन को उठाकर घोर वर्षा से हमारी रक्षा

की थी। अब हम आग की लपटों में जल मरेंगे, बचेंगे नहीं। आज सबेरे जब मैं रसोई करने के लिए घर के भीतर जा रही थी, तभी किसी ने टाँय से छींक कर असगुन कर दिया। उसका फल हमें तुरत मिला, पर धर्म के सहारे हम सब बच गए। अब सबका संहार होना चाहता है। मेरे विचार से यह सब संकट इसी छींक ने ला ढाए हैं। यशोदा के मन में बार-बार यह खलबली उठ रही है, किस प्रकार ये दोनों बालक बचें। तब कन्हैया ने मैया यशोदा से कहा—मैया घबरा मत, धीरज धरे रह, कुछ नहीं होगा।

७६१/१२१४ राग गौड़

भहरात झहरात दावानल आयौ।

घेरि चहुँ ओर, करि सोर अंदोर बन, धरनि आकास चहुँ पास छायौ।
बरत बन-बाँस, थरहरत कुस काँस, जरि उड़त है धांस, अति प्रबल धायौ।
झपटि-झपटत लपट, फूल-फल चट-चटकि, फटत, लटलटकि द्रुम द्रुम नवायौ।
अति अगिनि-झार, भंभार धुंधार करि, उचटि अंगार झंझार छायौ।
बरत बन पात, भहरात झहरात, अररात तरु महा, धरनि गिरायौ।
भए बेहाल, सब ग्वाल ब्रज-बाल, तब सरन गोपाल कहिकै पुकारयौ।
तृना केसी सकट बकी बक अघासुर, बाम कर राखि गिरि ज्यौं उबारयौ।
नैंकु धीरज करौ, जियहिं कोउ जिनि डरौ, कहा इहिं सरौ, लोचन मुँदाए।
मुठी भरि लियौ, सब नाइ मुखहीं दियौ, 'सूर' प्रभु पियौ, ब्रज-जन बचाए॥

गिरते पड़ते, हरहराते की ध्वनि करते हुए दावानल आया। चारों ओर से घेरता हुआ, सारे वन में तड़-तड़, कड़-कड़ का घोर शोर करता हुआ, वह धरती और आकाश में चारों ओर छा गया। वन में बाँस जले जा रहे थे, कुस-काँस हवा के झोंके से हिलते जा रहे थे, (जीवों के मांस-खंड) जल-जल कर उड़ते जा रहे थे। आग की लपटें प्रलय वेग से आगे दौड़ती जा रही थीं। वे झपट कर झपटी पड़ रही थीं। फूल-फल चट-चट की ध्वनि करते हुए टूटते-फटते जा रहे थे। पेड़ की डालें जल कर लटकी पड़ रही थीं। जैसे बरगद की लटें या बरोंह लटक रहे हों। डालें टूट ही नहीं रही थीं, फटी भी पड़ रही थीं। अग्नि की ज्वाला बड़ी विकट थी। वे भयानक अंगारे तो फैला ही रही थीं, विकराल धुआँ भी विकीर्ण कर रही थीं। आग के अंगारे उछल-उछल कर चारों ओर आग ही आग फैलाए दे रहे थे। वन के पत्ते जले जा रहे थे, वे गिरते जा रहे थे, झरते जा रहे थे। पेड़ भी अरराहट की महाध्वनि करते हुए पृथ्वी पर गिरते जा रहे थे।

सभी ग्वाल, सभी ब्रज-बाल, बेहाल हो गए। वे दौड़े-दौड़े कन्हैया के पास पहुँचे और कहा—गोपाल हम तुम्हारी शरण में हैं। तुमने हमें तृणावर्त, केसी, सकटासुर, बकी (पूतना), बकासुर और अघासुर से बचाया है, इंद्र के कोप से गोबर्द्धन गिरि को बाएँ हाथ से उठाकर तुमने हमें उबारा है।

तब कन्हैया ने कहा—थोड़ा धैर्य धारण करो। मन में बिलकुल मत डरो, इस जरा सी आग की लपट का क्या? यह कहकर उन्होंने सबसे कहा—तुम लोग अपनी-अपनी आँखें मूंद लो। फिर उनके आँखें मूँद लेने पर कन्हैया ने सारी लपट को अपनी मुट्ठी में समेट

लिया और उसे अपने मुख में डाल लिया। उस आग को उन्होंने पी लिया। इस प्रकार उन्होंने सभी ब्रजवासियों के प्राण बचा लिए।

७६२/१२१७ राग बिलावल

जाकैं सदा सहाइ कन्हाई। ताहि कहौ काकौ डर भाई॥
बन घर जहाँ तहाँ सँग डोलैं। खेलत खात सबनि सौं बोलैं॥
जाकौ ध्यान न पावैं जोगी। सो ब्रज मैं माखन कौं भोगी॥
जाकी माया त्रिभुवन छावै। सो जसुमति कैं प्रेम बँधावै॥
मुनि जन जाकौ ध्यान न पावैं। ब्रज-जन लै-लै नाम बुलावैं॥
'सूर' ताहि सुर अंबर देखैं। जीवन-जन्म सुफल करि लेखैं॥

जिसकी सहायता करने के लिए कन्हैया सदैव तत्पर बने रहते हैं, कहो तो उसको भला किसका भय है। वे वन में, घर में, जहाँ-तहाँ सर्वत्र साथ-साथ खेलते रहते हैं, खेलते खाते वे सभी से बातें करते रहते हैं। जिसका ध्यान योगी भी नहीं कर पाते, वह ब्रज में माखन खाता फिरता है। जिसकी माया ने तीनों लोकों को आच्छादित कर रखा है, वह यशोदा मैया के प्रेम में बँधा हुआ है। मुनि लोग जिसका ध्यान भी नहीं कर पाते, ब्रजवासी उसी का नाम ले लेकर बुलाते रहते हैं। देवता उसे आकाश में आकर देखते हैं और अपने जन्म और जीवन को सफल समझते हैं।

७६३/१२१८ राग कान्हरा

ब्रज-बनिता सब कहतिं परस्पर, नंद महर कौ सुत बड़ बीर।
देखौ धौं पुरुषारथ इहिंकौ, अति कोमल है, स्याम सरीर।
गयौ पताल उरग गहि आन्यौ, ल्यायौ तापर कमल लदाइ।
कमल-काज नृप ब्रज मारत हो, कोटि जलज तिहिं दिए पठाइ।
दावागिनि नभ-धरनि-बराबरि, दसहुँ दिसा तैं लीन्हौ घेरि।
नैन मुँदाइ कहा तिहिं कीन्हौ, कहूँ नहीं जो देखैं हेरि।
ये उतपात मिटत इनहीं पैं, कंस कहा बपुरौ है छार।
'सूरस्याम' अवतार बड़ौ ब्रज, येई हैं कर्त्ता संसार॥

ब्रज गोपियाँ आपस में कह रही हैं—नंद महर का यह बेटा कन्हैया बड़ा भारी वीर है। है तो यह अत्यंत कोमल श्याम शरीरवाला, पर इसका पुरुषार्थ तो देखो। यह पाताल गया और कालीनाग को नाथ लाया। उस पर कमल के फूल भी लादता आया। कमल के फूलों के लिए राजा कंस सभी ब्रजवासियों को मार डालना चाहता था। कन्हैया ने एक करोड़ कमल के फूल कंस के पास भेज दिए। फिर दावानल आया—पृथ्वी से उठकर आग की लपटें आकाश तक फैल गईं। यह आग दशों दिशाओं में लग गई। लोगों की आँखें मुँदाकर इसने न जाने क्या कर दिया। उन्होंने ज्यों आँखें खोलीं, तो वहाँ आग कहीं दीख ही नहीं पड़ी। ये सब उपद्रव इन्हीं के मिटाए मिटते हैं। कंस बेचारा क्या है?—वह तो इनके सामने धूल मात्र है, धूल। ब्रज में यह कोई बड़ा अवतार हुआ है। यही संसार के स्रष्टा हैं।

हरि ब्रज-जन के दुख-बिसरावन।
कहाँ कंस, कब कमल मँगाए, कहाँ दवानल-दावन।
जल कब गिरे, उरग कब नाथ्यौ, नहिं जानत ब्रज-लोग।
कहाँ बसे इक दिवस रैनि भरि, कबहिं भयौ यह सोग।
यह जानत हम ऐसेहिं ब्रज मैं, वैसेहिं करत बिहार।
'सूरस्याम' जननी सों माँगत, माखन बारंबार॥

हरि ब्रजवासियों के दुख-दर्द को दूर करनेवाले हैं। कहाँ कंस, उसने कब कमल के फूल मँगाए, कहाँ इन्होंने दावाग्नि का दमन किया, कब यह कालीदह में गिरे, कब इन्होंने कालीनाग को नाथा, कहाँ यह दिन-रात रहे, कब यह दावाग्नि की शोक-जनक घटना घटी, इन सब बातों को हम ब्रजवासी लोग नहीं जानते। हम तो यही जानते हैं कि जिस तरह हम इस ब्रज में घूमते-फिरते रहते हैं, वैसे ही यह भी घूम टहल रहे हैं और मैया से बारबार खाने के लिए माखन माँगते जा रहे हैं।

प्रलंब-वध

७६५/१२२२ राग आसावरी

एक दिवस दानव प्रलंब कौं, लीन्हौं कंस बुलाइ।
कह्यौ जाइ मारौ नँद-ढोटा, देहौं बहुत बड़ाइ।
माया-बपु धरि गोप-पुत्र ह्वै, चल्यौ सु ब्रज-समुहाइ।
बल-मोहन खेलत ग्वालनि सँग, देख्यौ तिनकौं आइ।
ग्वाल-रूप ह्वै मिल्यौ निसाचर, हलधर सैन बताई।
मनमोहन मन में मुसुक्याने, खेलत भलैं जनाई।
द्वै बालक बैठारि सयाने, खेल रच्यौ ब्रज-खोरी।
और सखा सब जुरि-जुरि ठाढ़े, आपु दनुज-सँग जोरी।
तबहिं प्रलंब बड़ौ बपु धार्‍यौ, लै गयौ पीठि चढ़ाइ।
उतरि परे हरि ता ऊपर तैं, कीन्हौ जुद्ध बनाइ।
और सखा सब रोवत धाए, आइ गए नर-नारि।
धाए नंद, जसोदा धाई, नित प्रति कहा गुहारि।
ग्वाल-रूप इक खेलत हो सँग, लै गयौ काँधैं डारि।
ना जानियै आहि धौं को वह, ग्वाल-रूप-बपु धारि।
जसुमति तब अकुलाइ परी धर, तन की सुधि बिसराई।
नंद पुकारत आरत, ब्याकुल, टेरत फिरत कन्हाई।
दैत्य सँहारि कृष्न तहँ आए, ब्रज-जन दिए जिवाइ।
दौरि नंद उर लाइ लए हरि, मिली जसोमति माइ।
खेलत रह्यौ संग मिलि मेरैं, लै उड़ि गयौ अकास।

आपुन ही गिरि पर्‍यौ धरनि पर, मैं उबर्‍यौ तिहिं पास।
डर डरात जिय बात कहत हरि, आए हैं उठि पास।
'सूरस्याम' जसुमति घर लै गई, ब्रज-जन-मनहिं हुलास॥

एक दिन प्रलंब नामक दानव को कंस ने बुलाया और कहा—जाओ नंद के छोरों को मार आओ। मैं इसके लिए तुम्हें बड़ी बड़ाई दूँगा। तब प्रलंब ने माया के बल से ग्वाल-बाल का रूप धारण किया और ब्रज की ओर चल पड़ा। बलराम और मोहन ग्वाल-बालों के साथ खेल रहे थे। प्रलंब ने आकर इन्हें खेलते देखा। तब वह ग्वाल-बाल वेशधारी निशाचर इन खिलाड़ियों में आ मिला। हलधर ने धीरे से कन्हैया को इशारे से बता दिया कि देखो यह निशाचर है। हलधर का इशारा समझकर कन्हैया मुसकुरा पड़े। उन्होंने दो सज्ञान बड़े बालकों को निर्णायक बनाकर बैठा दिया और ब्रज की खोरी में खेल शुरु कर दिया तब सखाओं ने खेल के लिए अपनी-अपनी जोड़ी बना ली। कन्हैया ने अपनी जोड़ी के लिए उस ग्वाल वेशधारी दनुज को चुना। तभी प्रलंब ने अपने शरीर का भारी विस्तार किया और कन्हैया को अपनी पीठ पर बैठाकर ले उड़ा। हरि उसके ऊपर से उतर पड़े और उससे युद्ध किया।

इस बीच और सभी सखा रोते हुए ब्रज में दौड़ पड़े। तभी ब्रजवासी, क्या नर, क्या नारी-सभी वहाँ आ गए। नंद दौड़े आए, यशोदा दौड़ी आईं और वे बोले—यह रोज-रोज कैसी चिल्लपों मची रहती है। तब ग्वाल-बालों ने बताया—कोई ग्वाल का रूप धारण करके आकर हमारे संग खेलने लगा। वह कन्हैया को अपने काँधे पर लादकर न जाने कहाँ चला गया। पता नहीं ग्वाल-वेशधारी वह कौन था?

तब यशोदा आकुल होकर धरती पर गिर पड़ीं, वे अपने तन-बदन की भी सुधि भूल गईं। नंद जी आर्त (दुखी) होकर, विकल हो गए, 'कन्हैया-कन्हैया' पुकारने लगे। तभी उस दैत्य को मारकर कन्हैया वहाँ आ गए और उन्होंने मरते ब्रजवासियों को जिला दिया। दौड़कर नंद ने कन्हैया को छाती से लगा लिया और यशोदा मैया भी आकर उनसे मिलीं।

कन्हैया ने कहा—वह मेरे साथ मिलकर खेल रहा था। मुझे आकाश में उड़ा ले गया। पर वह अपने ही धरती पर गिर पड़ा। मैं भी उसी के साथ गिरा। वह तो मर गया। मैं बच गया। डरते-डरते कन्हैया ने यह बात कही। फिर वे उठकर नंद यशोदा के पास आ गए। यशोदा श्याम को घर ले गईं और ब्रजवासियों के मन प्रसन्नता से भर उठे।

७६६/१२२३ राग सारंग

जसुमति बूझति फिरति गोपालहिं।
साँझ की बिरियाँ भई सखी री, मैं डरपति जंजालहिं।
जब तैं तृनावर्त्त ब्रज आयौ, तब तैं मो जिय संक।
नैननि ओट होत पल एकौ, मैं मन भरति अतंक।
इहिं अंतर बालक सब आए, नंदहिं करत गुहारि।
'सूरस्याम' कौं आइ कौन धौं, लै गयौ काँधै डारि॥

यशोदा गोपाल को ढूँढ़ती हुई लोगों से पूछती जा रही हैं। सखी, शाम हो गई है। मैं

किसी विपत्ति की आसंका से डरी जा रही हूँ। जब से वह तृणावर्त ब्रज में आया है, तभी से मेरे मन में डर बना रहता है। कन्हैया एक पल के लिए भी मेरी आँखों से ओझल हुआ नहीं कि मेरा मन आशंका-ग्रस्त हो जाता है।

इसी बीच सब ग्वाल-बाल नंद की गुहार लगाते हुए आ गए। उन्होंने कहा, न जाने कौन आकर कन्हैया को अपने कंधे पर लादकर ले गया।

७६७/१२२४ राग कान्हरा

आजु कन्हैया बहुत बच्यौ री।
खेलत रह्यौ घोष कैं बाहर, कोउ आयौ सिसु-रूप रच्यौ री।
मिलि गयौ आइ सखा की नाईं, लै चढ़ाइ हरि कंध सच्यौ री।
गगन उड़ाइ गयौ लै स्यामहिं, आनि धरनि पर आप दच्यौ री।
धर्म सहाइ होत है जहँ तहँ, स्त्रम करि पूरब पुन्य पच्यौ री।
'सूरस्याम' अब कैं बचि आए, ब्रज-घर-घर सुख-सिंधु मच्यौ री॥

ग्वाल बाल अपने-अपने घर आकर यह समाचार अपने परिजनों से देने लगे—आज तो कन्हैया बाल-बाल बच गए। हम सब लोग अहिर टोली से बाहर खेल रहे थे। इसी समय कोई बालक रूप बनाए हुए आया और हम सबमें सखा की भाँति आकर शामिल हो गया। वह कन्हैया को अपने कंधे पर चढ़ाकर ले चलता बना। वह श्याम को आकाश में उड़ा ले गया। पर वह कन्हैया को लिए-दिए धरती पर धड़ाम से आ गिरा। पूर्वजन्म में श्रम करके जो पुण्य अर्जित किया जाता है, वही जहाँ-तहाँ आकर सहायता कर देता है। इस बार श्यामसुंदर पुनः बच गए। यह समाचार सुन-सुनकर ब्रज के घर-घर में सुख का सागर लहरा उठा।

७६८/१२२५ राग कान्हरा

बड़े भाग्य हैं महर महरि के।
लै गयौ पीठि चढ़ाइ असुर इक, कहा कहौं उबरन या हरि के।
नंद-घरनि कुल-देव मनावति, तुम हीं रच्छक घरी-पहर के।
जहँ-तहँ तुमहिं सहाइ सदा हौ, जीवन हैं ये स्याम सहर के।
हरष भए नँद करत बधाई, दान देन कहा कहौं महर के।
पंच-सब्द-धुनि बाजत, नाचत, गावत मंगलचार-चहर के।
अंकम भरि-भरि लेत स्याम कौं, ब्रज-नर-नारि अतिहिं मन हरषे।
'सूरस्याम' संतनि सुखदायक, दुष्टनि कै उर सालक करषे॥

लोक कहे जा रहे हैं—'नंद महर और महरि यशोदा बड़े भाग्यशाली हैं। एक असुर आज कन्हैया को अपनी पीठ पर लादकर भागा। पर कन्हैया उससे कैसे बच निकले, इसे क्या कहूँ।'

नंद की घरनी यशोदा अपने कुल देवता को मनाए जा रही हैं—तुम्हीं हर घड़ी, हर पहर, हमारे कन्हैया की रक्षा करते रहते हो, जहाँ-तहाँ तुम्हीं सहायता करते रहते हो। मेरा यह श्यामसुंदर तो इस नगरी का प्राण ही है। प्रसन्न होकर नंद बधाई के बाजे बजवाए जा

रहे हैं और इस अवसर पर वे जो दान किए जा रहे हैं, उसका क्या कहना। तंत्री (तारवाला बाजा जैसे सितार), ताल (मंजीरा), झाँझ, नगाड़ा और तुरही सभी पाँचों बाजे बजने लगे। सभी लोग नाच रहे हैं, गा रहे हैं, खूब मंगलाचार हो रहा है। बड़ी चहल-पहल मची हुइ है। सभी ब्रजवासी कन्हैया को उठाकर छाती से लगाए ले रहे हैं। वे आज मन में बहुत-बहुत प्रसन्न हैं। श्यामसुंदर तो संतों को स्वयं सुख देनेवाले और दुष्टों के हृदय में सालने वाले, करकने वाले हैं।

७६९/१२२६ राग सारंग

खेलन दूरि जात कत प्यारे।

जब तैं जनम भयौ है तेरौ, तबही तैं यह भाँति लला रे।
कोउ आवति जुवती मिस करिकै, कोउ लै जात बतास-कला रे।
अब लगि बचे कृपा देवनि की, बहुत गए मरि सत्रु तुम्हारे।
हा हा करति पाइ तेरे लागति, अब जनि दूरि जाहु मेरे बारे।
सुनहु 'सूर' जसुमति सुत बोधति, बिधि के चरित सबै हैं न्यारे॥

यशोदा मैया कन्हैया को समझा रही हैं—'हे प्यारे कन्हैया, दूर खेलने क्यों जाते हो? जब से तुम्हारा जन्म हुआ है, तभी से इसी प्रकार उपद्रव होते आ रहे हैं। कोई नई नवेली रूप बनाए आती है, कोई आँधी-तूफान बनकर आता है। अब तक तुम कुल देवताओं की कृपा से बचते आ रहे हो और तुम्हारे बहुत से शत्रु इन्होंने मार गिराए हैं। मैं तुझसे गिड़गिड़ा कर विनती करती हूँ, तेरे पैरों पड़ती हूँ, मेरे बच्चे, अब खेलने के लिए दूर मत जाया करो, मेरे पास निकट ही खेला करो।' यशोदा मैया बेटे कन्हैया को समझाए जा रही हैं। पर ब्रह्मा के चरित तो अनोखे होते ही हैं, वह जैसा चाहता है, करवा कर रहता है।

श्री राधा-कृष्ण मिलाप

७७०/१२८७ राग बिलावल

'दै मैया, भौंरा चक डोरी।'

'जाइ लेहु आरे पर राख्यौ, काल्हि मोल लै राखे कोरी।'
लै आए हँसि स्याम तुरतहीं, देखि रहे रँग-रँग बहु डोरी।
मैया बिना और को राखै, बार-बार हरि करत निहोरी।
बोलि लिए सब सखा संग के, खेलत कान्ह नंद की पोरी।
तैसेइ हरि, तैसेइ सब बालक, कर भौंरा-चकरिनि की जोरी।
देखति जननि जसोदा यह सुख, बार-बार बिहँसति मुख मोरी।
'सूरदास' प्रभु हँसि-हँसि खेलत, ब्रज-बनिता डारतिं तृन तोरी॥

कृष्ण जी यशोदा मैया से कह रहे है—'मैया मुझे भोंरा (लट्टू) चकई और डोरी दे दो।' मैया यशोदा बोलीं—आले पर मैंने रख दिया है, जाकर ले लो। अभी कल ही तो मैंने एक कोड़ी (त्रीस) भौंरा चकडोरी तुम्हारे लिए मोल लिया है।' मैया की बात सुनकर कन्हैया हँस पड़े और एक उठा लाए। उन्होंने देखा कि डोरियाँ रंग-बिरंगी हैं। तब कन्हैया

बार-बार कृतज्ञतापूर्वक कहने लगे—बिना मैया के कोई दूसरा मेरा इतना खयाल रखने वाला कौन है।

तब कन्हैया ने अपने संगी-साथियों को बुला लिया और नंद के दरवाजे पर सब मिलकर खेलने लगे। जैसे हरि अपने हाथों में भौंरा चकडोरी लिए हुए हैं, वैसे ही सब सखा भी अपने-अपने हाथों में लट्टू और चकई डोरी की जोड़ी लिए हुए हैं। मैया यशोदा यह खेल का सुख देखती जा रही हैं और मुख मोड़-मोड़ कर बार-बार हँसती भी जा रही हैं। श्यामसुंदर भी हँस-हँस कर लट्टू नचाने का यह खेल खेले जा रहे हैं। ब्रज की नवेलियाँ हरि का यह खेल देखते हुए तिनका तोड़े जा रही हैं और उन पर निछावर हुई जा रही हैं।

७७१/१२८८ राग कान्हरौ

मेरैं हिय लागै मनमोहन, लै गए री चित चोरि।
अबहीं इहिं मारग ह्वै निकसे, छबि निरखत तृन तोरि।
मोर-मुकुट, स्रवननि मनि-कुंडल, उर बनमाल, पिछोरि।
दसन चमक, अधरनि अरुनाई, देखत परी ठगोरि।
ब्रज-लरिकन सँग खेलत डोलत, हाथ लिए चकडोरि।
'सूरस्याम' चितवत गए मो तन, तन मन लियौ अँजोरि॥

एक गोपी दूसरी से कह रही है—मनमोहन मेरे हृदय में धँस गए हैं और मेरा चित्त चुरा ले गए हैं। अभी-अभी कन्हैया इसी मार्ग से गए हैं। उनकी सुंदरता मैं तिनका तोड़ते हुए देखती रही, जिससे उनको कहीं किसी की कुदृष्टि न लग जाय। वे मोर पंख का मुकुट धारण किए हुए थे, उनके कानों में मणि जटित स्वर्ण-कुंडल झूलता हुआ लटक रहा था, वक्षस्थल पर वनमाला विराज रही थी, वे पीली पिछौरी ओढ़े हुए थे। उनके दाँत चमक रहे थे, उनके होठों की ललाई का क्या कहना। वह छवि देखकर तो जैसे मुझे जादू मार गया हो, जैसे मुझे किसी ने हर लिया हो, धोखे से मुझे लूट लिया हो। ब्रज के लड़कों के साथ हाथ में चकई और डोरी लिए हुए खेलते फिर रहे थे। वे मेरी ओर ताकते हुए निकले और मेरा तन-मन सभी कुछ दिन-दहाड़े लूटते चले गए।

७७२/१२८९ राग टोड़ी

तब तैं मेरौ ज्यौ न रहि सकत।
जित देखौं तितहीं मृदु मूरत, नैननि मैं नित लागि रहत।
ग्वाल-बाल सब संग लगाए, खेलत मैं करि भाव चलत।
अरुझि पर्‌यौ मेरौ मन तब तैं, कर झटकत चक-डोरि हलत।
अब मैं कहा करौं री सजनी, सुरति होति तब मदन दहत।
'सूरस्याम' मेरौ मन हरि लियौ, सकुच छाँड़ि मैं तोहिं कहत॥

गोपी कह रही है—तभी से मेरा मन नहीं लग रहा है, यह उड़ा-उड़ा कन्हैया पर ही मँडराता जा रहा है। जिधर देखती हूँ वहीं मधुर-मृदुल साँवली सलोनी मूर्ति दिखाई देती रहती है। नयनों में वही मूर्ति निरंतर समाई रहती है। ग्वाल-बालों को संग में लिए हुए,

अनेक हाव-भाव दिखलाते हुए, खेलते हुए चकई में डोरी लपेटकर अपने हाथ से उसे झटकते हुए वे चलते गए, तभी से मेरा मन उनमें उलझ गया है। उन पर लट्टू हो गया है और उस डोर में फँस गया है। हे सखी, अब मैं क्या करूँ? जब-जब उसकी याद मुझे आ जाती है, मुझे कामाग्नि जलाने लगती है। मैं सारा संकोच, लाज छोड़कर तुझसे साफ-साफ कहे दे रही हूँ कि हरि ने मेरा मन हर लिया है।

७७३/१२९० राग टोड़ी

खेलत हरि निकसे ब्रज-खोरी।
कटि कछनी, पीतांबर बाँधे, हाथ लए भौंरा, चक, डोरी।
मोर-मुकुट, कुंडल स्त्रवननि बर, दसन-दमक दामिनि-छबि छोरी।
गए स्याम रबि-तनया कैं तट, अंग लसति चंदन की खोरी।
औचक ही देखी तहँ राधा, नैन बिसाल भाल दिए रोरी।
नील बसन फरिया कटि पहिरे, बेनी पीठि रुलति झकझोरी।
संग लरिकनी चलि इत आवति, दिन-थोरी, अति छबि तन-गोरी।
'सूरस्याम' देखत हीं रीझे, नैन-नैन मिलि परी ठगोरी॥

कटि में पीतांबर की कछनी काछे हुए, हाथ में भौंरा और चकई तथा नचानेवाली डोरी लिए हुए हरि, ब्रज की खोर में खेलने के लिए निकले। उनके सिर पर मोर-पंख का मुकुट सुशोभित हो रहा था, कानों में सुंदर सुवर्ण कुंडल लटक रहा था। उनके माथे पर चंदन का आड़ा तिलक लगा हुआ था। इस रूप में वे सूर्य की पुत्री यमुना के किनारे गए। अचानक उनकी दृष्टि राधा पर पड़ गई। वह बड़े-बड़े रसीले नयनों वाली थी। उसके माथे पर रोली का लाल टिप्पा लगा हुआ था। वह नीला लहँगा पहने हुए थी। उसकी पीठ पर वेणी लटकती हुई झूली जा रही थी। वह अल्प वयस्का थी, अत्यंत छविमयी थी, गौर वर्णा थी। अपने साथ में कुछ लड़कियों को लिए हुए वह इधर ही चली आ रही थी। श्याम उसे देखते ही उस पर मुग्ध हो गए। दोनों की आँखें चार हो गईं और दोनों पर एक दूसरे का जादू चल गया।

७७४/१२९१ राग टोड़ी

बूझत स्याम, 'कौन तू गोरी।
कहाँ रहति, काकी है बेटी, देखी नहीं कहूँ ब्रज-खोरी।'
'काहे कौं हम ब्रज-तन आवतिं, खेलति रहतिं आपनी पौरी।
सुनत रहतिं स्त्रवननि नँद ढोटा, करत फिरत माखन-दधि-चोरी।'
'तुम्हरौ कहा चोरि हम लैहैं, खेलन चलौ संग मिलि जोरी।'
'सूरदास' प्रभु रसिक-सिरोमनि, बातनि भुरइ राधिका भोरी॥

कन्हैया राधा से पूछ पैठे—'हे गोरी, तू कौन है? कहाँ रहती है? तू किसकी बेटी है? तुझे मैंने ब्रज की गलियों में कभी नहीं देखा।' राधा बोली—'मैं ब्रज की ओर क्यों आने लगी। मैं तो अपने ही दरवाजे पर खेल लेती हूँ। हाँ, मैंने यह अवश्य सुन रखा है कि नंद नन्द का एक छोहरा है, वह माखन और दही की चोरी करता फिरता है?'

तब कन्हैया ने कहा—'मैं तुम्हारा क्या चुरा लूँगा? तुम्हारे पास माखन और दही तो है नहीं। हमारी तुम्हारी जोड़ी अच्छी रहेगी। आओ चलो हम मिलकर एक साथ खेलें।'

इस तरह रसिक-शिरोमणि श्यामसुंदर ने भोली भाली राधा को बातों ही बातों में फुसला लिया।

७७५/१२९२ राग धनाश्री

प्रथम सनेह दुहुँनि मन जान्यौ।
नैन-नैन कीन्ही सब बातैं, गुप्त प्रीति प्रगटान्यौ।
खेलन कबहुँ हमारैं आवहु, नंद-सदन, ब्रज गाउँ।
द्वारैं आइ टेरि मोहिं लीजौ, कान्ह हमारौ नाउँ।
जौ कहियै घर दूरि तुम्हारौ, बोलत सुनियै टेरि।
तुमहिं सौंह बृषभानु बबा की, प्रात-साँझ इक फेरि।
सूधी निपट देखियत तुमकौं, तातैं करियत साथ।
'सूरस्याम' नागर, उत नागरि राधा, दोउ मिलि गाथ॥

राधा और कृष्ण दोनों के मन ने अपने पूर्व स्नेह को, पुराने प्रेम को जान लिया (कि हम तो अनन्य प्रेमी लक्ष्मी और नारायण हैं)। उन्होंने आँखों ही आँखों में सारी बातें कर लीं। गुप्त प्रेम प्रकट हो गया। तब कन्हैया ने कहा—कभी खेलती हुई हमारे यहाँ भी ब्रज गाँव में नंद के घर की ओर आ निकला करो। दरवाजे पर आकर मुझे बुला लेना। मेरा नाम कान्हा है। यदि तुम कहोगी मेरा घर बहुत दूर है, तो यह बात ठीक नहीं है। वह बहुत दूर नहीं है। तेरे गाँववालों की बोली तो मेरे गाँव तक सुनाई देती रहती है। फिर वह दूर कहाँ? तुम्हें वृषभानु बाबा की सौंह है। दिन में एक बार अवश्य ही, शाम को या सुबह ही, मेरे यहाँ ब्रज का एक चक्कर लगा जाया करो। मैं तुमको अत्यंत सरल स्वभाव का समझ रहा हूँ। इसीलिए मैं तुमको अपना ग्वैयाँ बनाना चाहता हूँ।

इधर चतुर शिरोमणि कृष्ण हैं, उधर परम विदग्धा नागरी राधा है। दोनों की मिली जुली गाथा परम प्रशंसनीय है।

खरिक-मिलन

७७६/१२९८ राग धनाश्री

नंद गए खरिकहि हरि लीन्हे।
देखी तहाँ राधिका ठाढ़ी, बोलि लिए, तिहिं चीन्हे।
महर कह्यौ खेलौ तुम दोऊ, दूरि कहूँ जिनि जैहौ।
गनती करत ग्वाल गैयनि की, मोहिं नियरैं तुम रैहौ।
सुनि बेटी बृषभानु महर की, कान्हहिं लेइ खिलाइ।
'सूरस्याम' कौं देखे रहिहौ, मारै जनि कोउ गाइ॥

नंद कन्हैया को लिए गायों के बाड़े में गए। वहाँ राधा खड़ी हुई थी। नंद ने राधा को पहचान लिया और उसे अपने पास बुला लिया। नंद महर ने कहा—तुम दोनों यहीं खेलो। कहीं दूर मत जाना। ग्वाल लोग इस समय गायों को गिनने में लगे हैं। तब तक तुम लोग

मेरे पास ही बने रहो। अरी वृषभान महर की बेटी सुन, कान्हा को खेलने में लगाए रहना और श्याम को देखती रहना, कहीं कोई गाय इसे सींग न मार पावे।

७७७/१२९९ राग नट

नंद बबा की बात सुनौ हरि।
मोहिं छाँड़ि जौ कहूँ जाहुगे, ल्याऊँगी तुमकौं धरि।
भली भई तुम्हें सौंपि गए मोहिं, जान न दैहौं तुमकौं।
बाहँ तुम्हारी नैंकु न छाँड़ौं, महर खीझिहैं हमकौं।
मेरी बाहँ छाँड़ि दै राधा, करत उपरफट बातैं।
'सूरस्याम' नागर, नागरि सौं, करत प्रेम की घातैं॥

राधा ने कहा—कन्हैया, नंद बाबा की बात सुन रहे हो न? मुझे छोड़कर यदि तुम कहीं जाओगे, तो मैं तुम्हें पकड़ लाऊँगी। यह अच्छा हुआ कि उन्होंने तुम्हें मेरी सुपुर्दगी में छोड़ दिया है। मैं तुमको कहीं न जाने दूँगी। मैं तुम्हारी बाँह बिलकुल नहीं छोड़ूँगी, नहीं तो नंद महर बुरा मानेंगे। तब कृष्ण ने कहा—'राधा मेरी बाँह छोड़ दे, तू व्यर्थ की ऊटपटांग बातें कर रही हैं।'

इस प्रकार नागर कृष्ण नागरी राधा से प्रेम की दाँव-पेंच की बातें किए जा रहे हैं।

सुख-बिलास

७७८/१३०५

उतारत हैं कंठनि तैं हार।
हरि हिय मिलत होत है अंतर, यह मन कियौ बिचार।
भुजा बाम पर कर-छबि लागति, उपमा अंत न पार।
मनहुँ कमल-दल, नाल मध्य तैं, उयौ अदभुत आकार।
चुंबत अंग परस्पर, जनु, जुग चंद, करत हित-चार।
दसननि रसन चाँपि सु चतुर अति, करत रंग विस्तार।
गुन-सागर अरु रस-सागर मिलि, मानत सुख ब्यवहार।
'सूरस्याम' स्यामा नव रस रमि, रीझे नंदकुमार॥

राधा ने सोचा कि हरि के हृदय से लगने में हार बीच डालते है, पूरा पूरा सटकर मिलने नहीं देते। अत: वे अपना हार (साथ ही हरि का भी हार) कंठों से उतार कर अलग किए दे रही हैं। राधा की बाईं भुजा पर उनकी हथेली की जो छवि बन रही है, उसकी उपमा का कोई अंत नहीं है। ऐसा लगता है मानो मृणाल के ऊपर कमल की पंखडियाँ अद्भुत रूप में खिल पड़ी हैं। वे एक दूसरे का मुख चूमे ले रहे हैं, मानों दो चंद्रमा परस्पर मिलकर एक दूसरे के प्रति अपना प्रेम-भाव प्रकट किए दे रहे हों। कृष्ण राधा की रसना (जीभ) को अपने दाँतों से दबाए हुए अत्यंत चतुरता के साथ प्रेम-प्रसार करते जा रहे हैं। गुण-सागर कृष्ण और रस-सागर राधा परस्पर मिलकर परम सुख का अनुभव कर रहे हैं। श्याम (कृष्ण), श्यामा (राधा) के नवीन प्रेम-रस में रम कर रीझ उठे हैं।

राधिका का यशोदा-गृहागमन

७७९/१३१८ राग आसावरी

खेलन कैं मिस कुँवरि राधिका, नंद-महरि कैं आई (हो)।
सकुच सहित मधुरे करि बोली, घर हौ कुँवर कन्हाई (हो)।
सुनत स्याम कोकिल सम बानी, निकसे अति अतुराई (हो)।
माता सौं कछु करत कलह हे, रिस डारी बिसराई (हो)।
मैया री तू इनकौं चीन्हति, बारंबार बताई (हो)।
जमुना-तीर कालिह मैं भूल्यौ, बाहँ पकरि लै आई (हो)।
आवति इहाँ तोहिं सकुचति है, मैं दै सौंह बुलाई (हो)।
'सूरस्याम' ऐसे गुन-आगर, नागरि बहुत रिझाई (हो)॥

खेलने के बहाने कुँवरि राधिका नंद महर के घर आई। वह संकोच के सहित अत्यंत मधुर स्वर में पूछने लगी—'कुँवर कन्हैया, घर में हो न?' राधा की कोयल के समान मृदुल मधुर वाणी सुनकर कृष्ण जल्दी से घर से निकल कर द्वार पर आ गए। वे माता यशोदा से किसी बात को लेकर झगड़ रहे थे, पर राधा की बोली सुनकर वे अपना सारा क्रोध भूल गए और कहने लगे—'मैया, क्या तू इसको पहचानती है?' यह कहकर वे बार-बार राधा का परिचय देने लगे—'मैं कल जमुना के किनारे भटक गया था। तब यही तो मेरी बाँह पकड़ कर यहाँ मेरे घर तक पहुँचा गई थी। यह तो यहाँ आने में तुम्हारा संकोच कर रही थी, मैंने ही इसे शपथ धरा कर यहाँ बुलाया है।' कन्हैया ऐसे ही गुणागर हैं। उन्होंने इसी चतुराई से नागरी (राधा) को रिझा लिया।

७८०/१३१९ राग आसावरी

को जानै हरि की चतुराई।
नैन-सैन संभाषन कीन्हौ, प्यारी की उर-तपनि मिटाई।
मनहीं मन दोउ रीझि मगन भए, अति आनँद उर मैं न समाई।
कर पल्लव हरि भाव बतावत, एक प्रान द्वै देह बनाई।
जननी-हृदय प्रेम उपजायौ, कहति कान्ह सौं लेहु बुलाई।
'सूरस्याम' गहि बाँह, राधिका ल्याये, महरि बिहँसि बैठाई॥

हरि की चतुराई को कौन जान सकता है। उन्होंने राधा से आँखों-आँखों में ही बातें कर लीं कि कब और कहाँ मिलना है। इस प्रकार उन्होंने अपनी प्रिया राधा के हृदय की जलन मिटा डाली। दोनों ही एक दूसरे पर मुग्ध होकर मन ही मन प्रसन्न हो उठे। उन्हें आनंद इतना अधिक हुआ कि उर में अँट नहीं पाया, बाहर छलक आया। कृष्ण ने अपने हाथों की उँगलियों के संकेत से, पहले दो उँगलियाँ उठा करके फिर एक उँगली उठाकर, राधा पर यह प्रकट कर दिया कि भले हम दो देह हों, पर प्राण एक ही हैं। कृष्ण ने माता यशोदा के हृदय में भी राधा के प्रति यहाँ तक स्नेह-भाव पैदा कर दिया कि उन्होंने कन्हैया से कह दिया—उस लड़की को बुला लाओ। तब कन्हैया राधा की बाँह पकड़कर घर के भीतर ले आए और महरि ने भी हँसकर उसे बैठा लिया।

देखि, महरि मनहीं जु सिहानी ।
बोलि लई, बूझति नँदरानी, कहि मधुरे मधु बानी ।
ब्रज मैं तोहिं कहूँ नहिं देखी, कौन गाउँ है तेरौ ।
भली काल्हि कान्हहिं गहि ल्याई, भूल्यौ हो सुत मेरौ ।
नैन बिसाल, बदन अति सुंदर, देखत नीकी, छोटी ।
'सूर' महरि सबिता सौं बिनवति, भली स्याम की जोटी ॥

राधा को देखकर यशोदा मैया उसकी मन ही मन प्रशंसा करने लगीं। उन्होंने राधा को भीतर बुला लिया और मधुर मधु-वाणी में पूछने लगीं—मैंने तुझे ब्रज में इसके पहले कभी नहीं देखा। तेरा कौन-सा गाँव है? मेरा बच्चा कल भटक गया था, तू उसे बाँह पकड़कर मेरे घर पहुँचा गई। तूने यह बहुत अच्छा किया।

यशोदा मैया ने सोचा—राधा की आँखें बड़ी-बड़ी हैं, मुँह भी अत्यंत दिव्य और भव्य है। है तो छोटी (अल्प वयस्का), पर देखने में बहुत अच्छी है। राधा को देखकर वे सूर्य नारायण से हाथ जोड़कर विनती करने लगीं—भगवान, यह राधा तो श्याम के अच्छे जोड़ की है।

७८२/१३२१ राग नट

'नाम कहा तेरौ री प्यारी ।
बेटी कौन महर की है तू, को तेरी महतारी ।
धन्य कोख जिहिं तोकौं राख्यौ, धनि घरि जिहिं अवतारी ।
धन्य पिता माता तेरे, छबि निरखति हरि-महतारी ।
'मैं बेटी बृषभानु महर की, मैया तुमकौं जानतिं ।
जमुना-तट बहु बार मिलन भयौ, तुम नाहिंन पहिचानतिं ।'
'ऐसी कहि, वाकौं मैं जानति, वह तौ बड़ी छिनारि ।
महर बड़ौ लंगर सब दिन कौ, हँसति देति मुख गारि ।
राधा बोलि उठी, 'बाबा कछु, तुमसौं ढीठौ कीन्हौ ।'
'ऐसे समरथ कब मैं देखे', हँसि प्यारिहिं उर लीन्हौ ।
महरि कुँवरि सौं यह कहि भाषति, 'आउ करौं तेरी चोटी ।'
'सूरदास' हरषित नँदरानी, कहति, 'महरि हम जोटी ॥'

यशोदा ने राधा से पूछा—अरी लाडो, तेरा नाम क्या है? तू किस महर की बेटी है? तेरी माँ का क्या नाम है? वह कोख धन्य है, जिसने नौ माह तक अपने भीतर तुझे रखा। वह घड़ी धन्य है, जब तूने जन्म लिया। तेरे माता-पिता धन्य है।' यह कहती हुई हरि कृष्ण की महतारी यशोदा राधा की सुंदरता देखती रह गईं।

राधा ने कहा—'मैं वृषभानु महर की बेटी हूँ। मेरी मैया तुमको भली-भाँति जानती हैं। मेरी मैया से तो तुम्हारी भेंट जमुना तट पर अनेक बार हुई है। क्या तुम उन्हें नहीं जानतीं, पहचानतीं?'

यशोदा ने कहा—'तो तू ऐसा क्यों नहीं कहती कि तू कीर्ति की बेटी है। मैं उसको खूब जानती हूँ। वह तो भारी छिनाल है। तेरा बाप महर वृषभान भी सब दिन का छटा है।' यशोदा जी इस प्रकार सुखद गालियाँ दिए जा रही थीं और हँसती भी जा रही थीं।

तब राधा चुप न रह सकी और बोल उठी—'क्या मेरे बाबा ने तुम्हारे साथ भी कोई लँगराई की थी, छेड़-छाड़ की थी?'

यह सुनकर यशोदा ने कहा—'तेरे बाप में न तो इतनी सामर्थ्य है, न साहस ही।' यह कहते हुए उन्होंने हँसकर राधा को खींचकर अपने हृदय से लगा लिया। फिर महरि यशोदा ने कहा—आ, मैं तेरी चोटी गूँथ दूँ।'

नंदरानी यशोदा हर्ष-विभोर हो गईं कि यह लड़की मेरी बहू बनने लायक है और उन्होंने कहा—मेरे कहने का बुरा न मानना। तेरी मैया महरि तो मेरे जोड़ की है (समधिन होने लायक है), इसीलिए मैंने यह हँसी दिल्लगी की बात कह दी।

७८३/१३२२ राग गौरी

जसुमति राधा कुँवरि सँवारति।
बड़े बार सीमंत सीस के, प्रेम सहित निरुवारति।
माँग पारि, बेनी जु सँवारति, गूँथी सुंदर भाँति।
गोरैं भाल बिंदु बंदन, मनु इंदु प्रात-रबि काँति।
सारी चीरि नई फरिया लै, अपने हाथ बनाइ।
अंचल सौं मुख पोंछि अंग सब, आपुहि लै पहिराइ।
तिल चाँवरी, बतासे, मेवा, दियौ कुँवरि की गोद।
'सूरस्याम'-राधा-तनु चितवत, जसुमति मन-मन मोद॥

यशोदा कुँवारि राधा को सँवारने सिंगारने लगी। राधा की माँग के बाल बड़े-बड़े थे। उनको बड़े प्रेम से उन्होंने झार कर सँवार दिया, माँग काढ़ दी, चोटी सँवार दी और भली-भाँति गुह भी दी। राधा के गोरे चिट्टे माथे पर रोली की बिंदी दे दी। लगता था जैसे चंद्रमा में प्रात:कालीन सूर्य की कांति लहलहा उठी हो। अपनी नई साड़ी फाड़कर उन्होंने राधा के लिए अपने हाथों से नया लहँगा बना दिया। अपने आँचल से राधा का मुँह पोंछ दिया और वह नई फरिया (लहँगा) राधा को पहना दी। फिर राधा कुँवारि की गोद में, अंचल में, तिल और चावल की खिचड़ी, बतासा और मेवा भर दिया। फिर वे मन ही मन प्रसन्न होकर राधा की ओर ललचाई नजरों से देखने लगीं।

७८४/१३२५ राग कल्यान

खेलौ जाइ स्याम सँग राधा।
यह सुनि कुँवरि हरष मन कीन्हौ, मिटि गई अंतर-बाधा।
जननी निरखि चकित रही ठाढ़ी, दंपति रूप-अगाधा।
देखति भाव दुहुँनि कौ सोई, जो चित करि अवराधा।
सँग खेलत दोउ झगरन लागे, सोभा बढ़ी अगाधा।
मनहुँ तड़ित घन, इंदु तरनि, है बाल करत रस-साधा।

निरखत बिधि भ्रमि भूलि पर्यौ तब, मन-मन करत समाधा।
'सूरदास' प्रभु और रच्यौ बिधि, सोच भयौ तन दाधा॥

राधा को सजा-सँवारकर यशोदा जी ने कहा—'राधा, अब जाओ, कन्हैया के साथ खेलो।' यशोदा मैया की यह बात सुनकर राधा कुँवरि का मन प्रसन्न और तन पुलकित हो उठा। उनके मन में संकोच एवं अवरोध होने की जो बाधा समाई हुई थी, वह दूर हो गई। राधा-कृष्ण की जोड़ी के अगाध रूप को देखकर यशोदा मैया चकित होकर खड़ी रह गईं। वे उनमें जिस प्रेम-भाव की, पति-पत्नी भाव की कामना करती थीं, वही प्रेम-भाव उनके व्यवहार में उन्हें दीख पड़ा। अभी दोनों साथ-साथ खेल रहे थे, अभी उनमें किसी बात को लेकर झगड़ा हो गया। वह झूठ-मूठ का झगड़ा भी अत्यंत अबाध सौंदर्य वर्द्धक-सा लगता था, जैसे बादल और बिजली या चंद्रमा और सूर्य बालक बनकर रस लिए जा रहे हों। राधा के रूप को देखकर ब्रह्मा को भ्रम होने लगा कि इसे तो मैंने नहीं रचा, लगता है किसी दूसरे ब्रह्मा ने इसे बना दिया है। मन ही मन वे अपनी शंका का समाधान करने लगे। उन्होंने पुनः सोचा—भगवान ने अलग ही कोई दूसरा ब्रह्मा और बना दिया है, जिसने राधा को रच दिया है, दूसरे ब्रह्मा की बात मन में आते ही उन्हें बड़ा सोच होने लगा और उनका शरीर ईर्ष्या से जल उठा।

७८५/१३२४ राग केदारा

बिधि कैं आन बिधि कौ सोच।
निरखि छबि बृषभानु-तनया, सकल मम कृत पोच।
रमा, गौरी, उर्बसी, रति, इंद्र-बधू समेत।
तूल दिन-मनि कहा सारँग, नाहिं उपमा देत।
चरन निरखि, निहारि नख-छबि, अजित देख्यौ तोकि।
चित्त गुनि महिमा न जानत, धीर राखत रोकि।
'सूर' आन बिरंचि बिरच्यौ, भक्त-निज-अवतार।
अबल के बल सबल देखि, अधीन सकल सिंगार॥

राधा के सौंदर्य को देखकर ब्रह्मा के मन में किसी दूसरे ब्रह्मा के होने का सोच हो गया। वे कहने लगे राधा की छवि के आगे तो मेरी सारी सृष्टि का सौंदर्य ही तुच्छ है, फीका है, नगण्य है। लक्ष्मी, पार्वती, उर्वशी, रति, शची सभी इसके सामने अवहेलनीय हैं। दीपक दिन मणि सूर्य की तुलना में कदापि नहीं ठहर सकता। लक्ष्मी आदि देवियाँ राधा का उपमान होने योग्य नहीं। राधा के चरणों को देखकर, चरणों की उँगलियों की नख-छवि को देखकर, ब्रह्मा ने कहा ये तो अजित हैं। इन्हें कोई जीत नहीं सकता। उन्होंने मन में तर्क-वितर्क किया, पर राधा के चरणों की महिमा को न जान सके। उन्होंने बड़ी कठिनाई से अपना धैर्य रोक रखा। वे समझने लगे कि जब भगवान प्रभु भक्तों के लिए अवतार लेने लगे, तब उन्होंने एक और ब्रह्मा भी बना दिया। वे अबल के बल हैं, साथ ही सबल हैं, प्रबल हैं और संपूर्ण सृष्टि रचना की सारी सामग्री तो उनके ही अधीन है। वे जो चाहे, कर सकते हैं।

राधा निज-गृह-गमन

७८६/१३२५ राग नट

राधे महरि सौं कहि चली।
'आनि खेलत रहौ प्यारी, स्याम तुम हिलिमिली।'
बोलि उठे गुपाल, 'राधा, सकुच जिय कत करति।
मैं बुलाऊँ नाहिं आवति, जननि कौं कत डरति।
माइ जसुदा देखि तोकौं, करति कितनौ छोह।'
सुनत हरि की बात प्यारी, रही मुख-तन जोइ।
हँसि चली बृषभानु-तनया, भई बहुत अबार।
'सूर'-प्रभु चित तैं टरत नहिं, गई घर कैं द्वार॥

राधा महरि यशोदा से यह कहकर चल पड़ी कि अब मैं अपने घर जा रही हूँ। तब शोदा ने कहा—अरी लाड़ो, इसी प्रकार तुम यहाँ आया करो और हिल-मिलकर, तुम गैर कन्हैया साथ-साथ खेला करो।

तब गोपाल बोल उठे—'राधा, तुम अपने मन में संकोच किस बात का और क्यों, कए जा रही हो। मैं बुलाता हूँ, तब तुम नहीं आतीं—मैया से क्यों डरती हो? देखती नहीं, या यशोदा तुमको देखकर तुम्हारे प्रति कितना स्नेह करती हैं।'

कन्हैया की बात सुनकर राधा प्यारी उनका मुँह देखने लगीं। फिर यह कहकर कि ाब बहुत विलंब हो गया है, वृषभान की बेटी राधा, मुसकुराती हुई अपने घर के लिए ल पड़ी। वह अपने घर के द्वार पर पहुँच ही गई, पर कन्हैया के चित्त में जो एक बार ढ़ी, सो चढ़ी, उतरी नहीं।

७८७/१३२६ राग बिहागरौ

बूझति जननि, 'कहाँ हुती प्यारी।
किन तेरे भाल तिलक रुचि कीनौ, किहिं कच गूँदि माँग सिर पारी।'
'खेलति रही नंद कैं आँगन, जसुमति कही कुँवरि ह्याँ आ री।
मेरौ नाउँ बूझि बाबा कौ, तेरौ बूझि दई हँसि गारी।
तिल चाँवरी गोद करि दीनी, फरिया दई फारि नव सारी।
मो-तन चितै, चितै ढोटा-तन, कछु सबिता सौं गोद पसारी।'
यह सुनि कै वृषभानु मुदित चित, हँसि-हँसि बूझत बात दुलारी।
'सूर' सुनत रस सिंधु बढ़्यौ अति, दंपति एकै बात बिचारी॥

जब राधा अपने घर पहुँच गई, तब उसकी माता कीर्ति जी ने पूछा—मेरी लाड़ो, तू ाभी तक कहाँ रही? किसने तेरे माथे पर रोली की यह बिंदी लगा दी है, किसने तेरे बालों ो गूँथ कर चोटी बना दी है और सिर पर पाटी पार दी है, माँग काढ़ दी है?

तब राधा ने कहा—मैं नंद महर के आँगन में खेल रही थी। यशोदा ने कहा, कुँवरि हाँ तो आओ। मेरा नाम पूछा, बाबा का नाम पूछा, फिर तेरा नाम पूछा और हँसकर बाबा ो और तुझे गाली देने लगीं। उन्होंने मेरा आँचल तिल और चावल की खिचड़ी से भर

दिया, मेरी गोदी भर दी, फिर अपनी नई साड़ी फाड़कर लहँगा बनाकर मुझे पहना दिया। एक बार मेरी ओर देखा, एक बार अपने छोहरे किसन की ओर। फिर आँचल पसार कर सूर्य नारायण से कुछ बुद-बुदाकर कहा।

यह सुनकर वृषभान मन ही मन प्रफुल्लित हो गए और अपनी लाड़िली बेटी से हँस-हँसकर, खोद-खोदकर और बातें पूछने लगे। यह सुनते ही वृषभानु महर और कीर्ति महरि के मन में आनंद का समुद्र लहरा उठा और दंपति एक ही बात विचारने लगे—राधा और किसन की जोड़ी बहुत भली होगी। समधी और समधिन भी बहुत अच्छे मिल रहे हैं।

७८८/१३२७ राग गौरी

'मेरे आगैं महरि जसोदा, तोकौं गारी दीन्ही।'
'वाही घात सबै मैं जानति, वै जैसी मैं चीन्ही।'
'तोकौं कहि, पुनि कह्यौ बबा कौं, बड़ौ धूत बृषभान।
तब मैं कह्यौ, ठग्यौ कब तुमकौं, हँसि लागी लपटान।
भली कही तू मेरी बेटी, लयौ आपनौ दाउ।
जो मोहिं कह्यौ, सबै गुन उनके, हँसि-हँसि कहति सु भाउ।
फेरि-फेरि बूझति राधा सौं, सुनत हँसतिं सब नारि।
'सूरदास' बृषभानु-घरनि, जसुमति कौं गावति गारि॥

राधा ने कहा—मैया मेरे आगे यशोदा महरि ने तुझे गाली दी। तब कीर्ति बोली—मैं यशोदा की सारी बातें जानती हूँ। वे जैसी भी कुछ हैं, मैं भली-भाँति उनको पहचानती हूँ।

तब राधा ने फिर कहा—तुमको गाली दे लेने के बाद फिर उन्होंने बाबा के लिए भी कहा—वृषभान बड़े धूर्त हैं। तब मुझसे रहा नहीं गया और मैं पूछ बैठी—तुमको मेरे बाबा ने कब ठगा। इस पर वे हँसकर मुझसे लिपट गईं।

तब कीर्ति महरि ने कहा—तू मेरी बेटी है, तूने खूब कहा। तूने अपना दाँव ले लिया उन्होंने मुझको जो कुछ कहा, वे सभी गुण उन्हीं में हैं। कीर्ति महरि हँस-हँसकर, सहज भाव से, बार-बार राधा से पूछती जाती हैं। राधा का उत्तर सुन-सुनकर एकत्र सभी स्त्रियाँ हँसती जाती हैं और वृषभान की गृहिणी कीर्ति अब यशोदा को नाम ले-लेकर गाली गाने लगीं।

७८९/१३२८ राग गौरी

कहत कान्ह जननी समुझाइ।
जहँ-तहँ डारे रहत खिलौना, राधा जनि लै जाइ चुराइ।
साँझ सबारैं आवन लागी, चितै रहति मुरली-तन आइ।
इनहीं मैं मेरे प्रान बसत हैं, तेरे भाऐं नैंकु न माइ।
राखि छपाइ, कह्यौ करि मेरौ, बलदाऊ कौं जनि पतिआइ।
'सूरदास' यह कहति जसोदा, को लैहै, मोहिं लगौ बलाइ॥

कन्हैया मैया जसोदा से समझा-समझाकर कह रहे हैं। 'मेरे खिलौने जहाँ-तहाँ घर में यों ही पड़े रहते हैं। देखो मैया, राधा कहीं इन्हें चुरा न ले जाय। अब वह रोज सांझ

सबेरे आने लगी है। वह मेरी मुरली की ओर टकटकी लगाकर देख रही थी, इस मुरली ही में तो मेरे प्राण बसते हैं। तुम्हारे लिए तो मेरे मुरली कुछ भी नहीं, बाँस का एक टुकड़ा मात्र है। तू मेरी मुरली को कहीं छिपाकर रख दे, मेरा कहा मान, दाऊ का भी विश्वास मत करना।'

तब यशोदा ने कहा—अरे तुम्हारी मुरली कौन लेगा? मुझे तेरी बला आ लगे। मैं तेरी बलैया लेती हूँ। तू भला चंगा बना रहे।

७९०/१३८९ राग आसावरी

'मेरे लाल के प्रेम खिलौना, ऐसौ को लै जैहै री।
नैंकु सुनत जौ पैहौं ताकौं, सौ कैसैं ब्रज रैहै री।'
'बिनु देखैं तू कहा करैगी, सो कैसैं प्रगटैहै री।
अजहुँ उठाइ राखि री मैया, माँगे तैं कह दैहै री।
आवतहीं लै जैहै राधा, पुनि पाछैं पछितैहै री।'
'सूरदास' तब कहति जसोदा, 'बहुरि स्याम बिरुझैहै री' ॥

यशोदा जी कहने लगीं—मेरे लाल के प्रिय खिलौनों को ऐसा कौन है जो चुरा ले जायगा। मैं जरा भी उसका नाम सुन पाऊँगी, तो वह ब्रज में कैसे रहने पाएगा।

तब कृष्ण बोले—तू चोर को चोरी करते नहीं देख पाएगी, तो उसका क्या कर लेगी। चोर का नाम प्रगट होगा, तो कैसे होगा? मैया, अच्छा तो यही होगा, तू मेरे सारे खिलौने उठाकर छिपाकर कहीं रख दे। यदि कोई चुरा ही ले गया और तुझसे मैं अपने खिलौने माँग ही बैठा, तो तू मुझे कहाँ से देगी? आते ही यदि राधा इन्हें उठा ले गई, तो पीछे से पछताना ही तेरे हाथ लगेगा।

तब यशोदा सोचने लगीं—मैं इन खिलौनों को उठाकर रख ही दूँ। नहीं तो बाद में कन्हैया मुझसे इनको लेकर फिर उलझ पड़ेगा।

७९१/१३३० राग नट

सैंतति महरि खिलौना हरि के।
जानति टेव आपने सुत की, रोवत है पुनि लरिकै।
धरि चौगान, ब्रेंत, मुरली धरि, अरु भौंरा चकडोरी।
प्रेम सहित लै-लै धरि राखति, यह सब मेरे को री।
स्रवननि सुनत अधिक रुचि लागति, हरि की बतियाँ भोरी।
'सूरस्याम' सौं कहति जसोदा, दूध पियहु बलि तोरी ॥

महरि यशोदा अपने लाडले कान्हा के सब खिलौने समेटने लगीं। वे अपने बेटे की आदत जानती हैं—वह लड़ता-झगड़ता है, फिर रोने भी लगता है। मैया ने चौगान (बल्ला), बेंत (लाठी), मुरली, भौंरा और चकडोरी सभी कुछ प्रेमपूर्वक ले जाकर रख दिया और कहा—यही सब खिलौने मेरे बच्चे के हैं। हरि की भोली-भाली बातें सुनने में बड़ी भली लगती है।

खिलौने रख लेने के अनंतर वे कन्हैया से बोलीं—'ले, तेरे खिलौने मैंने समेट कर रख दिए, मैं तेरी बलैया लेती हूँ, चल अब दूध पी ले।'

राधिका का पुनरागमन

७९२/१३३१ राग बिलावल

उठी प्रातहीं राधिका, दोहनि कर लाई।
महरि सुता सौं तब कह्यौ, 'कहँ चली अतुराई।'
'खरिक दुहावन जाति हौं, तुम्हरी सेवकाई।
तुम ठकुराइनि घर रहौ, मोहिं चेरी पाई।
रीती देखी दोहनी, कत खीझति धाई।
काल्हि गई अवसेरि कै, ह्वाँ उठे रिसाई।
गाइ गईं सब प्याइ कै, प्रातहिं नहिं आई।
ता कारन मैं जाति हौं, अति करति चँड़ाई।'
यह कहि जननी सौं चली, ब्रज कौं समुहाई।
'सूरस्याम' गृह-द्वारहीं, गो करत दुहाई॥

बड़े सबेरे राधा उठी और उसने दूध दुहने की मटकी हाथ में ले ली। तब कीर्ति महरि बेटी से बोलीं—तू जल्दी-जल्दी में कहाँ चली जा रही है। तब राधा ने कहा—'मैं गोष्ठ में दूध दुहाने जा रही हूँ। तुम्हारी सेवा में ही तो जा रही हूँ। तुम ठकुरानी हो, घर ही रहो। मैं तो तुम्हारी दासी हूँ। तुमने मुझे बेटी के रूप में नहीं (दासी के रूप में पाया) है। कल तुम खाली मटकी लाने पर मुझ पर खीझती हुई कैसी दौड़ पड़ी थीं। कल मैं देर से गई थी। वहाँ दुहनेवाले मुझपर गुस्सा हो गए थे। और कहा था—'गायें तो सारा दूध बछड़ों को पिलाकर वन में चली गईं, तू और पहले क्यों नहीं आई। इसीलिए आज मैं बड़ी जल्दी वहाँ चली जा रही हूँ।'

माँ से यह कहकर राधा ब्रज की ओर चल पड़ी। उसने देखा कि कन्हैया अपने घर के द्वार पर ही गायें दूह रहे हैं।

७९३/१३३२ राग बिलावल

सुता महर बृषभानु की, नँद-सदनहिं आई।
गृह-द्वारै ही अजिर मैं, गो दुहत कन्हाई।
स्याम चितै मुख-राधिका, मन हरष बढ़ाई।
राधा हरि-मुख देखि कै, तन-सुरति भुलाई।
महरि देखि कीरति-सुता, तिहिं लियौ बुलाई।
दंपति कौ सुख देखि कै, 'सूरज' बलि जाई॥

वृषभानु महर की बेटी राधा, नंद के घर आई। कन्हैया अपने ही द्वार पर आँगन में गाय दुह रहे थे। श्याम ने राधा का मुखड़ा देखा। उन्हें अपने तन-वदन की सुधि भूल गई। महरि यशोदा ने कीर्ति कुमारी राधा को देखा और अपने पास बुला लिया।

दंपति के इस सुख को देखकर सूरजदास अपने को निछावर किए दे रहा है।

७९४/१३३५ राग सूहौ

दुहत स्याम गैया बिसराई ।
नोई लै पग बाँधि बृषभ कैं, दोहनि माँगत कुँवर कन्हाई ।
ग्वाल एक दोहनि लै दीन्ही, दुहौ स्याम अति करौ चँड़ाई ।
हँसत परस्पर तारी दै दै, आजु कहाँ तुम रहे भुलाई ।
कहत सखा, हरि सुनत नहीं सो, प्यारी सौं रहे चित अरुझाई ।
'सूरस्याम' राधा-तन चितवत, बड़े चतुर की गइ चतुराई ॥

दुहते समय श्याम गाय को तो भूल गए। उन्होंने रस्सी गाय के पैर में तो नहीं बाँधी, बछड़े के पैर में बाँध दी और दुहने के लिए मटकी माँगने लगे। एक ग्वाल ने दूध दुहने की मटकी लाकर उन्हें दे दी और मन ही मन हँसकर कहा—श्याम, जल्दी से दूध दुह लो, देर न करो। सभी ग्वाल बछड़े को दुहे जाते देख ताली बजा-बजाकर हँसने लगे और कहने लगे—आज तुम कहाँ भूल गए हो? सखा कहे जा रहे हैं, पर हरि सुन नहीं पा रहे हैं, क्योंकि उनका मन तो प्यारी राधा की रूप-माधुरी में उलझा पड़ा है। वे राधा की ओर टकटकी लगाए हुए देखे जा रहे हैं। थे तो वे बड़े चतुर, पर आज उनकी भी चतुराई मारी गई।

७९५/१३३९ राग सारंग

'चितैबौ छाँड़ि दै री राधा ।
हिलि-मिलि खेलि स्यामसुंदर सौं, करति काम कौ बाधा ।
कै बैठी रहि भवन आपनैं, ह्यां काहे कौ आवै ।
मृग-नयनी हरि को मन मोहति, जब तू देखि दुहावै ।
कबहुँक कर तैं गिरति दोहनी, कबहुँक बिसरति नोई ।
कबहुँक बृषभ दुहत है मोहन, ना जानौं का होई ।
कौन मंत्र तू जानति प्यारी, पढ़ि डारत हरि गात ।
'सूरस्याम' को धेनु दुहन दे', कहति यशोदा मात ॥

अरी राधा, तू कृष्ण की ओर टकटकी लगाकर देखना बंद कर दे। तू उनके साथ हिल-मिलकर भले खेल ले। पर टकटकी लगाकर उन्हें देख मत। इससे दूध दुहने के काम में बाधा पड़ती है। तू अपने घर में ही बैठी रह जाया कर, यहाँ तू क्यों आती है? हे मृगनयनी, हे हरि के मन को मोहनेवाली, जब तू टकटकी लगाकर अपलक दूध दुहाने बैठती है, तब हरि के हाथ से दोहनी ही छूटकर धरती पर नीचे गिर जाती है; कभी वे रस्सी ही गलत बाँध देते हैं, बाँधना चाहिए गाय के पैर, छान देते हैं बछड़े का पैर, कभी वे गाय न दुहकर बछड़ा दुहने लगते हैं। तेरे इस निर्निमेष देखने से न जाने क्या होने वाला है। इसलिए ताकना बंद कर दे।

हे प्यारी, तू कौन-सा मंत्र जानती है, जिसे पढ़कर कन्हैया के शरीर पर छोड़ देती है। यशोदा मैया कहे जा रही हैं—तू कन्हैया को दूध दुह लेने दे—काम में बाधा मत डाल।

७९६/१३४६ राग गूजरी

सैन दै प्यारी लई बुला ।

खेलन कौ मिस करि कै निकसे, खरिकहिं गए कन्हाइ ।
जसुमति कौं कहि प्यारी निकसी, घर कौ नाउँ सुनाइ ।
कर दोहनी लिए तहँ आई, जहँ हलधर के भाइ ।
तहाँ मिलीं सब संग-सहेली, 'कुँवरि कहाँ तू आई ?'
'प्रातहिं धेनु दुहावन आई, अहिर तहाँ नहिं पाई ।
तबहिं गई मैं ब्रज उतावली, आई ग्वाल बुलाइ' ।
'सूरस्याम' दुहि देन कह्यौ, सुनि राधा गइ मुसुकाइ ॥

राधा कन्हैया के घर आई थी। कन्हैया ने उसे संकेत से गोष्ठ में बुला लिया। वे स्वयं खेलने का बहाना करके खरिक में पहुँच गए और राधा इधर यशोदा से यह कहकर निकल पड़ी कि अब मैं घर जा रही हूँ। पर वह दुहने की मटकी लिए हुए खरिक में आ पहुँची, जहाँ संकेत के अनुसार हरि पहले ही आ चुके थे। वहाँ राधा की कुछ संगी-सहेलियाँ मिल गईं। उन्होंने पूछा—'कुँवरि राधे, तू यहाँ कहाँ?' तब राधा ने कहा—'आज मैं बड़े सबेरे दूध दुहाने आ गई थी, पर यहाँ दूध दुहनेवाला कोई अहीर नहीं मिला। तभी मैं जल्दी से किसी ग्वाले को बुलाने के लिए ब्रज चली गई।' तब किसन कन्हैया ने कहा—लाओ, मैं ही तुम्हारी गैया दुह दे रहा हूँ। कन्हैया की चतुराई भरी बात सुनकर राधा मुस्कुरा पड़ी।

७९७/१३४९ राग सारंग

बलि जाऊँ गैया दुहि दीजै ।

बूँद परत रँग ह्वैहै फीकौ, सुरँग चूनरी भीजै ।
मीठौ दूध गाइ धूमरि कौ, कछु दीजं, कछु पीजै ।
'सूरस्याम' दरसन कैं कारन, अधिक निहोरी कीजै ॥

राधा कृष्ण से कह रही है—मैं तुम्हारी बलैया ले रही हूँ। मेरी गाय दुह दो। बूँदें पड़नी शुरू हो गई हैं। अधिक बूँदें पड़ने से मेरी लाल चूनरी भीग जायगी और इसका रंग फीका पड़ जायगा, मेरी धूमरी (साँवली) गैया का दूध बहुत मीठा है। कुछ तुम पी लो और कुछ मुझे दे दो।

श्याम का दर्शन पाने के बहाने ही राधा उनसे इतनी विनती करती जा रही है।

७९८/१३५५ राग बिलावल

दुहि दीन्ही राधा की गाइ ।

दोहनि नहीं देत कर तैं हरि, हाहा करि परै पाइ ।
ज्यौं-ज्यौं प्यारी हाहा बोलति, त्यौं-त्यौं हँसत कन्हाइ ।
बहुरि करौ प्यारी तुम हाहा, दैहौं नंद-दुहाइ ।
तब दीन्ही प्यारी-कर दोहनि, हा हा बहुरि कराइ ।
'सूरस्याम' रस हाव-भाव करि, दीन्ही कुँवरि पठाइ ॥

किसन ने राधा की गाय दुह दी। राधा गिड़गिड़ा कर उनके पैरों पर गिरती जा रही है, पर किसन राधा को उसकी दूध की मटकी नहीं दे रहे हैं। प्यारी जितना ही गिड़गिड़ा रही है, कन्हैया उतने ही हँसते जा रहे हैं। कन्हैया ने कहा—राधा तुम एक बार और 'हा हा' करो, तो मैं नंद की शपथ खाकर कहता हूँ कि तुम्हारी दोहनी तुरंत दे दूँगा। प्यारी राधा से पुन: 'हा हा' खवाकर कन्हैया ने दोहनी राधा के हाथ में दे दी। श्याम ने इस प्रकार आनंदमय हाव-भाव कर कुंवरि राधा को उसके घर भेज दिया।

गारुड़ी लीला

७९९/१३५६ राग बिलावल

'चलन चहति, पग चलै न घर कौं।
छाँड़त बनत नहीं कैसेहूँ, मोहन सुंदर बर कौं।
अंतर बनत नहीं कैसेहूँ, सकुचति हौं पुर-नर कौं।
कछु दिन जैसैं तैसैं खोऊँ, दूरि करौं पुनि डर कौं।'
मन मैं यह बिचार करि सुंदरि, चली आपने पुर कौं।
'सूरदास' प्रभु कह्यौ जाहु घर, घात कस्यौ नख उर कौं॥

राधा अपने घर वापस जाना चाहती है, पर उसके पैर घर की ओर उठ ही नहीं रहे हैं। वह अपने सुंदर वर (दूलह) मोहन को किसी प्रकार छोड़ नहीं पा रही है, वह सोच रही है—मैं कन्हैया से किसी प्रकार का दुराव-छिपाव नहीं करती, पर गाँव के नर-नारियों का, बदनामी का, संकोच हो रहा है। मैं कुछ दिन इसी प्रकार जैसे-तैसे बिता दूँ। फिर इस डर को, लाज को, संकोच को दूर कर दूँगी। सुंदरी राधा मन में ऐसा विचार कर अपने गाँव गिराव की ओर चल पड़ी। तब कन्हैया ने कहा—'अब अपने घर चली जाओ'। साथ ही उन्होंने राधा की छाती पर छलपूर्वक अपने नख से क्षत भी कर दिया।

८००/१३५७ राग मलार

मुरि-मुरि चितवति नंद-गली।
डग न परत ब्रजनाथ-साथ बिनु, बिरह-बिथा मैं जाति चली।
बार-बार मोहन-मुख कारन, आवति फिरि-फिरि संग अली।
चली पीठि दै दृष्टि फिरावति, अंग-अंग आनंद रली।
कीर-कपोत-मीन-पिक-सारँग-केहरि-कदली-छबि बिदली।
'सूरदास' प्रभु पास दुहावति, धनि-धनि श्री बृषभानु-लली॥

राधा मुड़-मुड़कर नंद महर की गली की ओर ताकती जा रही थी। ब्रजनाथ उनके साथ नहीं थे, अत: उनके पैर आगे बढ़ने के लिए उठ ही नहीं पा रहे थे। वह विरहानुभूति करती हुई, दुखी मन से, किसी प्रकार आगे बढ़ रही थीं। कन्हैया का मुँह देख लेने के लिए, वे अपनी सखी के साथ, बार-बार नंद गाँव की ओर मुड़-मुड़ जाती हैं। पर अंतत: उन्हें नंद गाँव की ओर पीठ करके और बरसाना की ओर मुँह करके, चलना ही पड़ा। पर वे दृष्टि फिरा-फिरा कर पीछे देख ही लेती थीं कि शायद कन्हैया भी उनकी ओर ही देख

रहे हों। राधा का अंग-अंग इस समय प्रेम की उमंग में था, रंग की तरंग में बहा जा रहा था। उन्होंने अपनी नासिका से कीर (शुक) की छवि को, ग्रीवा से कपोत (कबूतर) की छवि को, आँखों से मीन (मछली) की छवि को, वाणी से पिक (कोयल) की छवि को, मुख से सारंग (चंद्रमा) की छवि को, कमर से केहरि (सिंह) की छवि को, जंघा से कदली (केली) की छवि को विदलित कर दिया था, नीचा दिखा दिया था। ऐसी सुंदरी वृषभानु-लली राधा धन्य हैं, जो वे कन्हैया के पास अपनी गायें दुहाने पहुँच जाया करती हैं।

८०१/१३५८ राग बिलावल

सिर दोहनी चली लै प्यारी।
फिरि चितवति, हरि हँसे निरखि मुख, मोहन मोहनि डारी।
ब्याकुल भई, गई सखियनि लौं, ब्रज कौं गए कन्हाई।
और अहिर सब कहाँ तुम्हारे, हरि सौं धेनु दुहाई?
यह सुनि कै चक्रित भई प्यारी, धरनि परी मुरझाई।
'सूरदास' सब सखयनि उर भरि, लीन्ही कुँवरि उठाई॥

प्यारी राधा अपने सिर पर दूध की मटकी लिए हुए घर की ओर चल पड़ी। वह फिर-फिर कर पीछे नंद-गली की ओर देखती जा रही थी, मोहन ने राधा का मुँह देख लिया और हँस पड़े। इस प्रकार उन्होंने राधा पर अपनी मोहनी और भी डाल दी। राधा विकल हो गई और वह अपनी सखियों के पास पहुँच गई। इधर कन्हैया भी ब्रज को लौट गए, तब सखियों ने पूछा—तुम्हारी गायें दूहने वाले सभी अन्य अहीर कहाँ चले गए, जो तुमने कन्हैया से गाय दुहवाई है। वह सुनते ही राधा चकपका गई और मूर्च्छित होकर पृथ्वी पर गिर पड़ी। तब सभी सखियों ने उसे गोद में लेकर धरती पर से उठा लिया।

८०२/१३५९ राग रामकली

'क्यौं री कुँवरि गिरी मुरझाई ?'
यह बानी कही सखियनि आगैं, 'मोकौं कारैं खाई।'
चलीं लिवाइ सुता-वृषभानुहिं, घरहीं-तन समुहाई।
'डारि दियौ भरी दूध-दुहनियाँ, अबहीं नीकैं आई।
यह कारौ सुत नंदमहर कौ, सब हम फूक लगाई।'
'सूर' सखिनि मुख सुनि यह बानी, तब यह बात सुनाई॥

सखियों ने कहा—'क्यों कुँवरि राधा, तुम लटपटा कर, मुरझाकर, मूर्च्छित होकर, गिर क्यों पड़ी?' तब राधा ने अपनी सखियों से यह बात कही—'मुझे काले सांप (साँवले सलोने कृष्ण) ने काट खाया, डस लिया है।'

तब सखियाँ वृषभानु की पुत्री राधा को लेकर घर की ओर शीघ्रता से बढ़ चलीं। वे आपस में कहने लगीं—अभी-अभी यह एकदम भली चंगी आई थी। अब क्या हो गया कि इसने दूध से भरी मटकी ही सिर पर से गिरा दी। नंद महर का यह काला बेटा किसन है न, यह काला, सुदर्शन साँप है, इसने हम सब पर फूत्कार करके अपना जहर डाल दिया

है। सखियों की इस बातचीत को सुनकर राधा ने भी स्वीकार कर लिया कि सचमुच मुझे इस काले ने ही डस लिया है।

८०३/१३६० राग सारंग

'मोहि लई नैननि की सैन।
श्रवन सुनत सुधि-बुधि सब बिसरी, हौं लुबधी मोहन-मुख-बैन।
आवत हुते कुमार खरिक तैं, तब अनुमान कियौ सखि मैं न।
निरखत अंग अधिक रुचि उपजी, नख-सिख सुंदरता कौ ऐन।
मृदु मुसुक्यानि हर्यौ मन कौ मनि, तब तैं तिल न रहति चित चैन।
'सूरस्याम' यह बचन सुनायौ, मेरी धेनु कही दुहि दैन॥

राधा बोली—मुझे किसन ने अभी आँखों के इशारे से ही मोह लिया। कानों से जब उसकी जादूगरी मुरली का स्वर मैंने सुना, तब मैं अपनी सारी सुधि-बुधि भूल गई। मैं मोहन के मुख पर, होठों पर रखी वेणु को सुनकर लुभा गई। कुँवर कन्हैया गोष्ठ से आ रहे थे। हे सखी, तब मैंने कुछ भी नहीं सोचा विचारा था, कुछ भी अनुमान नहीं किया था कि यह तो साक्षात मदन है। किसन के अंगों को हाथ, पैर, मुँह, कपोल, नाक आदि को देखकर मेरे मन में उनके प्रति राग का भाव उत्पन्न हो गया। वे तो पैरों के नख से लेकर शिखा तक सुंदरता के सदन ही हैं। इस सुंदरता की बात तो अपनी जगह पर रही, वे मुझे देखकर मुस्कुरा पड़े। इससे उनकी मेरे प्रति रुझान भी प्रकट हो गई। उनकी इस मुस्कान ने ही मेरे मन की मणि को चुरा लिया। तब से एक क्षण के लिए भी मेरे चित्त को चैन नहीं मिल पा रहा है। कन्हैया ने स्वयं ही मुझसे यह कहा था—दोहनी लाओ, मैं ही तुम्हारी गाय दुह दूँ। अहीर नहीं है, तो क्या। (इससे भी मुझे उनकी मेरे प्रति अनुरक्ति जान पड़ी। और मैंने गाय दुहाने की हामी भर दी थी)।

८०४/१३६१ राग धनाश्री

सखियनि मिलि राधा घर लाई।
'देखहु महरि, सुता अपनी कौं, कहुँ इहिं कारैं खाई।
हम आगैं आवति, यह पाछैं, धरनि परी भहराई।
सिर तैं गई दोहनी ढरिकै, आपु रही मुरझाई।
स्याम-भुअंग डस्यौ हम देखत, ल्यावहु गुनी बुलाई।'
रोवति जननि कंठ लपटानी, 'सूरस्याम' गुन राई॥

सखियाँ राधा को लिए दिए, वृषभानु, महर के घर पहुँची। उन्होंने कीर्ति महरि से कहा—'महरि, अपनी बेटी को देखो, इसके कहीं किसी काले (साँप) ने डस लिया है। हम आगे-आगे चली आ रही थी, यह हमारे पीछे-पीछे आ रही थी, इसी बीच वह धरती पर भहरा कर गिर पड़ी। इसके सिर से दूध की मटकी लुढ़क गई और यह स्वयं भी मूर्च्छित हो गई थी। हमारे देखते-देखते श्याम-सर्प ने इसे डस लिया। कोई गुणी बुलवाओ, जो अपने मंत्र से साँप का विष उतार दे।' यह सुनकर राधा की माँ कीर्ति बेटी राधा को गले से लगाकर रो उठीं।

'सूरदास' का कहना है कि श्याम ही इस गुण के गुणी हैं—वही गारुड़ी हैं।

८०५/१३६२ राग सारंग

'प्रात गई नीकैं उठि घर तैं।
मैं बरजी कहँ जाति री प्यारी, तब खीझी रिस-झर तैं।
सीतल-अंग स्वेद सौं बूड़ी, सोच परयौ मन डर तैं।
अतिहिं हठीली कह्यौ न मानति, करति आपने बर तैं।'
औरै दसा भई छिन भीतर, बोले गुनी नगर तैं।
'सूर' गारुड़ी गुन करि थाके, मंत्र न लागत थर तैं॥

कीर्ति जी कहने लगीं—अभी आज सबेरे-सबेरे उठकर, दोहनी लेकर के, यह भली चंगी गई थी। मैंने इसे रोका—अरी छोरी, इतने सबेरे कहाँ चली जा रही है। तब क्रोध की झार से यह मुझसे खीझ उठी। अब इसका शरीर ठंडा पड़ता जा रहा है और यह पसीने से लथपथ हो रही है। मेरे मन में, इस डर से कि कहीं यह मर न जाय, भारी सोच पैदा हो गया है। यह लड़की बड़ी जिद्दी है, यह किसी का कहना नहीं मानती और इसके मन में जो आता है, वही बलपूर्वक कर बैठती है।

क्षण भर में ही राधा की दशा कुछ और ही हो गई—उसकी देह-दशा बिगड़ने लगी। तब नगर के सारे विष झारने वाले गुणी गारुड़ी बुलाए गए। वे सभी झाड़ फूँक करके थक गए, किसी का मंत्र नहीं लगा और वे सभी उस स्थल से लौट गए, खिसक गए।

८०६/१३६३ राग नट नारायन

चले सब गारुड़ी पछिताइ।
नैंकुहूँ नहिं मंत्र लागत, समुझि काहु न जाइ।
बात बूझत संग सखियनि, 'कहौ हमहिं बुझाइ।
कहा कहि राधा सुनायौ, तुम सबनि सौं आइ?'
'महा बिषधर स्याम अहिबर देखि, सबहीं धाइ।
फूँक-ज्वाला हमहुँ लागी, कुँवरि उर पर खाइ।
गिरी धरनी मुरछि तबहीं, लई तुरत उठाइ।
'सूर'-प्रभु कौं बेगि ल्यावहु, बड़ौ गारुड़ि राइ॥'

सब गारुड़ी (मंत्र-बल से साँप का विष उतारने वाले) पछताकर चले गए। उनका मंत्र जरा भी नहीं कामयाब हुआ। यह बात किसी की समझ में न आई। तब राधा की माँ ने संग की सखियों से पूछा—मुझसे सब समझाकर कहो। तुम सबके पास आकर राधा ने तुमसे क्या कह सुनाया था? तब सखियों ने कहा—'महा विषैले श्याम रंग के बड़े भारी साँप को देखकर हम सब भाग आईं। उसके फूँक की झार तो हमें भी लगी। परंतु उसने कुँवरि राधा के वक्ष को खा ही लिया, डल लिया। तभी वे मुरझाकर धरती पर गिर पड़ी। हम लोगों ने इन्हें तुरंत उठा लिया। नंद का बेटा किसन बहुत बड़ा गारुड़ी है, उसे जल्दी बुलाओ।'

८०७/१३६४ राग आसावरी

नंद-सुवन गारुड़ी बुलावहु ।
कह्यौ हमारौ सुनत न कोऊ, तुरत जाहु, लै आवहु ।
ऐसौ गुनी नहीं त्रिभुवन कहुँ, हम जानतिं हैं नीकैं ।
आइ जाइ तौ तुरत जियावहि, नैंकु छुवत, उठै जी कै ।
देखौ धौं यह बात हमारी, एकहि मंत्र जिवावै ।
नंद महर कौ सुत 'सूरज', जौ कैसेहुँ ह्याँ लौं आवै ॥

सब सखियाँ कीर्ति जी से कहने लगीं—नंद के पुत्र किसन बहुत गारुड़ी हैं, उन्हें बुलवाइए। हमारा कहना तो कोई सुन ही नहीं रहा है। तुरंत जाओ, उन्हें बुला लाओ। ऐसा गुनी गारुड़ी तो तीनों लोकों में कहीं नहीं है। हम इस बात को भली-भाँति जानती हैं। यदि वह आ जायेगा, तो वह मरती राधा को तुरंत जिला देगा। वह इसे जरा सा भी छू लेगा, तो वह जीवित होकर उठ बैठेगी। हमारी इस बात को देखकर अजमा लीजिए। वह एक ही बार मंत्र पढ़ेगा कि यह जी उठेगी। नंद महर का बेटा किसन यदि किसी प्रकार यहाँ तक एक बार आ जाय, तो क्या कहना?

८०८/१३६५ राग आसावरी

डसी री स्याम भुअंगम कारे ।
मोहन-मुख-मुसुक्यानि मनहुँ बिष, जात मैर सौं मारै ।
फुरै न मंत्र, जंत्र गद नाहीं, चले गुनी गुन डारे ।
प्रेम-प्रीति-बिष हिरदै लाग्यौ, डारत है तनु जारे ।
निर्बिष होत नहीं कैसैहुँ, बहुत गुनी पचि हारे ।
'सूरस्याम' गारुड़ी बिना को, जो सिर गाढ़ उतारे ?

एक सखी दूसरे से कह रही है—राधा को तो श्याम रूपी काले नाग ने डसा है। मोहन के मुख की मुसकान ही यह विष है। उसी का नशा इसे मारे डाल रहा है और इस पर न कोई मंत्र चल रहा है, न यंत्र ही काम दे रहा है। इसे वस्तुतः कोई रोग तो है नहीं। इसीलिए सारे गुणी गारुड़ी अपना-अपना मंत्र यहीं छोड़कर चले जा रहे हैं। इसके हृदय में तो प्रेम-प्रीति का जहर लग गया है, जो इसके शरीर को जलाए डाल रहा है। इसका जहर किसी भी प्रकार नहीं उतर रहा है। बहुत से गुणी अपना जैसा कर-करके हार मान गए। गारुड़ी कन्हैया को छोड़कर और कौन दूसरा है, जो सिर पर आए इस गाढ़ (संकट) को उतार सके।

८०९/१३६६ राग धनाश्री

'बेगि चलौ पिय कुँवर कन्हाई ।
जा-कारन तुम यह बन सेयौ, सौ तिय मदन-भुअंगम खाई ।
नैन सिथिल, सीतल नासा-पुट, अंग तपति, कछु सुधि न रहाई ।
सकसकात तन भीजि पसीना, उलटि पलटि तन तोरि जम्हाई ।

अनजानत मूरिनि कौं जित-तित, उठि दौरीं, जिनि तहाँ बताई।
ताहि कछू उपचार न लागत', कर मीडैं सहचरि पछिताई।
'तुम दरसन इक बार मनोहर, यह औषधि इक सखी लखाई।
जौ 'सूरज' प्रभु ज्यायौ चाहत, तौ ताकौ अब देहु दिखाई'॥

राधा की एक प्रिय सखी दौड़ी-दौड़ी किसन के पास गई और बोली—'हे प्यारे किसन कन्हैया, जल्दी चलो। जिस राधा के लिए तुम इस वन का सेवन कर रहे हो, उसे काम रूपी साँप ने डस लिया है। उसके नेत्र शिथिल हो गए हैं, उसके नथुने ठंढे पड़ गए हैं, उसके अंग जले जा रहे हैं, उसे अपने तन-वदन की कुछ भी सुधि नहीं रह गई है, उसे पसीना छूटा पड़ रहा है और उसका शरीर लिसलिसा-सा हो गया है, वह अंगों को उलट-पलट कर, हाथ ऊपर उठाकर, तन तोड़ती हुई जम्हाई लिए जा रही है। जिसने जहाँ भी बताया, उन सभी अनजानी जड़ी-बूटियों के लिए हम यत्र-तत्र उठ दौड़ीं। पर उसे कोई दवा कारगर नहीं हो रही है।' यह कहकर वह सखी पछताकर, दुखी होकर, अपने हाथ मींजने लगी। आगे वह फिर बोली—'इतने में हमारी एक अंतरंग सखी ने बताया कि तुम्हारा एक दर्शन ही उसके लिए महौषधि है। किसन, यदि तुम उसे जिन्दा देखना चाहते हो, तो चलकर उसे एक बार अपना दर्शन दे दो। तुम्हें देखकर वह जी जायेगी।'

८१०/१३६७ राग नट

'सुनत तिहारी बातैं मोहन, च्वै चले दोऊ नैन।
छुटि गई लोक-लाज, आतुर ह्वै, रहि न सकत चित चैन।
उर काँप्यौ, तन पुलकि पसीज्यौ, बिसरि गए मुख-बैन।
ठाढ़ी ही जैसैं-तैसैं झुकि, परी धरनि तिहि ऐन।
कोउ सित, कोऊ कमल, कुंकुमा, कोउ धाई जल लैन।
ताहि कछू उपचार न लागत, डसी कठिन अहि-मैन।
हौं पठई इक सखी सयानी, अनबोली दै सैन।
'सूरस्याम' राधिका मिलैं बिनु, कहा लगे दुख दैन'॥

सखी किसन से राधा की सारी दशा बताती हुई कहती जा रही है—हे मोहन, तुम्हारी बातें सुनते ही, उसके दोनों नयनों से आँसू गिरने लगे थे। जल्दीबाजी में उससे सारी लोक-लज्जा भी छूट गई। उसके चित्त में जरा भी चैन नहीं रह गया है। उसका हृदय काँप उठा। उसका शरीर रोमांचित हो उठा और वह पसीने से लथपथ हो गई। उसके मुँह से बोली भी निकलनी बंद हो गई। वह किसी तरह निहुर कर खड़ी थी, फिर धरती पर उसी जगह धड़ाम से गिर गई। कोई सखी उपचार के लिए मिसिरी, कोई कमल, कोई कुंकुम, कोई जल लाने के लिए दौड़ पड़ी। पर कोई भी उपचार काम न आया। क्योंकि उसे तो कामरूपी भारी भयानक भुजंग ने डस लिया है। मुझे एक चतुरा सखी ने तुम्हारे पास भेजा है, कहकर नहीं, केवल आँख के इशारे से। तुम राधिका से बिना मिले उसे भारी दुख दिए जा रहे हो। चले चलो, मिलो, और उसका दुख दूर करो।

८११/१३६८ राग सारंग

'तनु विष रह्यौ है छहरि।
नंद-सुवन गारुड़ी कहत हैं, पठवै धौं सु महरि।
गए अवसान, भीर नहिं भावै, भावै नहीं चहरि।
ल्यावौं गुनी जाइ गोबिंद कौं, बाढ़ी अतिहिं लहरि।
देखी उरहिं बीचहीं खाई, माती भई जहरि।
'सूरस्याम' बिषधर कहुँ खाई', यह कहि चली डहरि॥

राधा की माँ कीर्ति कह रही हैं—राधा के सारे शरीर में विष फैल गया है। नंद का बेटा किसन बहुत बड़ा गारुड़ी कहा जाता है। देखो महरि उसे आने भी देती हैं या नहीं? राधा को होश-हवास नहीं रह गया है। इसे भीड़-भाड़ अच्छी नहीं लग रही है। लोगों की चहल-पहल, आना-जाना भी, इसे सुहा नहीं रहा है। जाकर गुनी गारुड़ी गोविन्द को किसी प्रकार ले आऊँ। राधा को तो अब साँप काटे की लहर ही आने लगी है। देखो न, इसे उस साँप ने ठीक हृदय में ही काट खाया है। इसी से वह जहर से मतवाली हो गई है। इसे कहीं काले भुजंग ने डस खाया है।' ऐसा कहकर राधा की माँ कीर्ति स्वयं गारुड़ी को बुलाने के लिए ब्रज की डहर (डगरा, पैंड़ा, रास्ता) पर चल पड़ी।

८१२/१३६९ राग सुघरई

वृषभानु की घरनि, जसोमति पुकार्‌यौ।
'पठै सुत काज कौं, कहति हौं लाज तजि, पाइ परिकै महरि करति आर्‌यौ।
प्रात खरिकहिं गई, आइ बिहवल भई, राधिका कुँवरि कहुं डस्यौ कारौ।
सुनी यह बात, मैं आई अतुरात, ह्याँ, गारुड़ी बड़ौ है सुत तुम्हारौ।
यह बड़ौ धरम नँद-घरनि तुम पाइहौ, नैंकु काहैं न सुत कौं हँकारौ।'
'सूर' सुनि महर यह कहि उठी सहजहीं, 'कहा तुम कहतिं, मेरौ अतिहिं बारौ'॥

वृषभानु की घरनी कीर्ति जी, नंद की घरनी यशोदा के घर गईं और उन्होंने उन्हें पुकार कर कहा—'तेरे पाँव पड़कर, सब लाज छोड़कर, आरव (शब्द) कर रही हूँ, कह रही हूँ। यशोदा, तू अपने बेटे किसन को मेरे काज के लिए भेज दे। मेरी बेटी राधा आज सबेरे गोष्ठ में गई थी, वह बड़ी बिकल होकर लौटी है। मेरी राधिका कुँवरि को कहीं साँप ने काट लिया है। मैंने यह बात सुनी है कि तेरा बेटा बहुत बड़ा गारुड़ी है, इसीलिए मैं अत्यंत आतुर होकर तेरे यहाँ दौड़ी आई हूँ। हे नंद की घरनी, जरा अपने बेटे को बुलाकर भेज दो। यह बहुत बड़ा धर्म है। तुम्हें इसका बड़ा पुण्य मिलेगा।' कीर्ति जी की बातें सुनकर महरि यशोदा सहज रूप में कह उठीं—'तुम क्या कह रही हो? मेरा किसन तो अभी बहुत बच्चा है। वह तंत्र, मंत्र, जंत्र क्या जाने? वह कब गारुड़ी हो गया, मैं तो यह नहीं ही जानती।'

८१३/१३७० राग सुघरई

'कान्हहि पठै, महरि कौं कहति है पाइनि परि।
आजु कहूँ कारैं उहिं, खाई है काम-कुँवरि।

सब दिन आवै जाइ, जहाँ तहाँ फेरि फेरि।
अबहीं खरिक गई, आइ रही है जिय बिसरि।
निसि के उनींदे नैन, तैसे रहे ढरि-ढरि।
कीधौं कहुँ प्यारी कौं, है लागी टटकी नजरि।
तेरौ सुत बड़ा गारुड़ी, सुन्यौ, है बात री महरि।
'सूरदास' देखैं प्रभु, जैहै री गरल झरि' ॥

कीर्ति महरि यशोदा महरि के पाँवों पड़कर कह रही है—'मेरे साथ तुम कन्हैया को भेज तो दो। मेरी काम की बेटी-सी सुंदरी राधा को आज कहीं काले (नाग) ने डस लिया है। वह वैसे तो रोज ही वहाँ आती-जाती रही है, घूमती फिरती रही है। आज वह सबेरे-सबेरे खरिक में गई थी, पर लौटी है तो जैसे भूली-भूली सी, व्यथित और विक्षिप्त। रात की उनींदी सी उसकी आँखों से आँसू ढुरते जा रहे हैं। ऐसा भी हो सकता है कि मेरी बेटी को किसी की अभी-अभी ताजी नजर लग गई हो। महरि मैंने सुना है कि तेरा बेटा बड़ा गारुड़ी है और उसके देख लेने मात्र से राधा का सारा जहर झर जायगा।

८१४/१३७१ राग आसावरी

'जंत्र-मंत्र कह जानै मेरौ ?
यह तुम जाइ गुनिनि कौं बूझौ, इहाँ करति कत झेरौ।
आठ बरस कौ कुँवर कन्हैया, कहा कहति तुम ताहि ?
किनि बहकाइ दई है तुमकौं, ताहि पकरि लै जाहि।
मैं तो चकित भई हौं सुनि कै, अति अचरज यह बात।
'सूरस्याम' गारुड़ी कहाँ कौ, कहँ आई बिततात ॥'

यशोदा ने कीर्ति से कहा—मेरा लल्ला जंत्र-मंत्र क्या जाने? यह सब तो किसी गुनी (जानकार, ओझा, वैद्य) से जाकर समझो। यहाँ व्यर्थ के लिए क्यों देर किए जा रही हो? मेरा किसन कन्हैया तो अभी आठ ही बरस का है और तुम उसे गारुड़ी कैसे और क्यों कहे जा रही हो? तुमको किसने बहका दिया है, जो तुम उसे पकड़ ले जाना चाहती हो। मैं तो यह सुनकर ही अचम्भे में पड़ गई हूँ कि किसन गारुड़ी है। यह तो अत्यंत आश्चर्य की बात है। वह कहाँ का और कब का गारुड़ी है, जो तुम विकल होकर उसके लिए आ निकली हो।

८१५/१३७२ राग टोड़ी

'महरि, गारुड़ी कुँवर कन्हाई।
एक बिटिनियाँ कारैं खाई, ताकौं स्याम तुरतहीं ज्याई।
बोलि लेहु अपने ढोटा कौं, तुम कहि कै देउ नैंकु पठाई।
कुँवरि राधिका प्रात खरिक गई, तहाँ कहूँ धौं कारैं खाई।'
यह सुनि महरि मनहिं मुसुक्यानी, 'अबहिं रही मेरैं गृह आई।
'सूरस्याम' राधहिं कछु कारन, जसुमति समुझि रही अरगाई ॥

कीर्ति बोली—'महरि तुम्हारा कुँवर कन्हाई बहुत भारी गारुड़ी है। अभी एक लड़की को कारे नाग ने डस लिया था। तुम्हारे श्याम ने उसे तुरंत जिला दिया। तुम अपने छोहरा को जरा बुला तो लो, और उसे कहकर मेरे साथ जरा भेज भर दो। कुँवरि राधिका आज सबेरे खरिक में गई थी। वहीं कहीं उसे किसी काले नाग ने डस लिया।'

यह सुनकर महरि यशोदा मन ही मन मुसकुरा पड़ी—'अभी-अभी थोड़ी देर पहले तो वह मेरे घर आई थी। इसमें राधा और श्याम का कोई कारण होगा।' ऐसा समझकर यशोदा अलग हो गई। इस मामले में तटस्थ हो गईं।

८१६/१३७३ राग आसावरी

तब हरि कौं टेरति नँदरानी ।
'भली भई सुत भयौ गारुड़ी, आजु सुनी यह बानी ।'
जननी-टेर सुनत हरि आए, 'कहा कहति री मैया ?'
'कीरति महरि बुलावन आई, जाहु न कुँवर कन्हैया ।
कहूँ राधिका कारैं खाई, जाहु न आवौ झारि ।
जंत्र-मंत्र कछु जानत हौ तुम, 'सूरस्याम' बनवारि' ॥

तब नंदरानी यशोदा किसन कन्हैया को पुकार उठीं—'अच्छा हुआ मेरा बेटा गारुड़ी हो गया। उसके गारुड़ी होने की बात तो मैं आज पहली ही बार सुन रही हूँ।' माँ की पुकार सुनकर कन्हैया आ गए और पूछने लगे—'मैया, क्या कह रही हो?' तब यशोदा मैया ने कहा—कीर्ति महरि तुम्हें बुलाने आई हैं। कुँवर कन्हैया चले जाओ न। राधा को कहीं किसी काले नाग ने डस लिया है, उसे जाकर झाड़-फूँक आओ न। हे श्याम, हे वनवारी, सुना है तुम कुछ जंत्र-तंत्र भी जानते हो।

८१७/१३७४ राग गूजरी

'मैया एक मंत्र मोहिं आवै ।
विषहर खाइ मरै जो कोऊ, मोसौं मरन न पावै ।
एक दिवस राधा-सँग आई, खरिक बिटिनियाँ और ।
तहाँ ताहि बिषहर नै खाई, गिरी धरनि उहिं ठौर ।'
यह बानी बृषभानु-घरनि कही, तब जसुमति पतियाई ।
'सूरस्याम' मेरे बड़ौ गारुड़ी, राधा ज्यावहु जाई' ॥

तब कन्हैया ने कहा—मैया, मुझे साँप काटे का एक मंत्र आता है। कैसे भी विषधर सर्प ने किसी को काट खाया हो, वह मेरे पहुँच जाने पर मरने नहीं पाता, बच जाता है। एक दिन राधा के साथ एक छोटी लड़की खरिक में आई थी। वहाँ उसे एक महा विषैले काले नाग ने काट खाया। वह उसी समय धड़ाम से गिर गई। (और मैंने उसे बचा लिया)।

यही बात तो वृषभानु की गृहिणी कीर्ति ने भी कही थी। कीर्ति और कृष्ण की बातों को एक ही समझकर यशोदा को विश्वास हो गया कि सचमुच मेरा बेटा गारुड़ी है और उन्होंने आज्ञा दे दी—जाओ बेटे, राधा को जिला आओ।

८१८/१३७५ राग सुघरइ

जसुमति कह्यौ, सुत, जाहु कन्हाई। कुँवरि जिवायैं अतिहिं भलाई।
आजुहिं मो गृह खेलन आई। जात कहूँ कारैं तिहिं खाई।
कीरति महरि लिवावन आई। जाहु न स्याम, करहु अतुराई।
'सूरस्याम' कौ चली लिवाई। गई बृषभानु-पुरहिं समुहाई॥

यशोदा ने कहा—'बेटा कन्हैया, चले जाओ। कुँवरि राधा को जिला देना बहुत अच्छा और पुण्य का काम होगा। वह तो आज सबेरे मेरे घर खेलने आई थी। जाते समय राह में उसे कहीं किसी काले नाग ने डस लिया। राधा की माँ कीर्ति तुम्हें लिवा लाने के लिए आई हुई हैं। श्याम, इनके साथ चले ही जाओ, जल्दी करो।' कीर्ति महरि श्याम को लिवा ले चलीं और वृषभानु पुर की ओर चल पड़ीं।

८१९/१३७६ राग देवगंधार

हरि गारुड़ी तहाँ तब आए।
यह बानी बृषभानुसुता सुनि, मन-मन हरष बढ़ाए।
धन्य-धन्य आपुन कौं कीन्हौ, अतिहिं गई मुरझाइ।
तनु पुलकित रोमांच प्रगट भए, आनँद-अस्रु बहाइ।
बिह्वल देखि जननि भई ब्याकुल, अँग बिष गयौ समाइ।
'सूरस्याम' प्यारी दोउ जानत, अंतरगत कौ भाइ॥

गारुड़ी कन्हैया तब वहाँ आ गए। वृषभानु सुता राधा ने उनके आने की बात सुनी और मन ही मन परम प्रसन्न हो उठी। उसने अपने को धन्य माना। पर ऊपर से वह और भी मलिन और मुरझाई हुई बन गई। उसका शरीर पुलक से भर उठा, उसे रोमांच हो गया, उसके रोंगटे प्रसन्नता से खड़े हो गए और वह आनंद के आँसू बहाने लगी। राधा को विह्वल देखकर माँ कीर्ति जी विकल हो उठीं और कहने लगीं—'लगता है राधा के अंग-अंग में विष व्याप्त हो गया है। जहर भिन गया है।' पर भीतर का भाव तो श्याम और उनकी प्यारी राधा ये ही दोनों जानते थे।

८२०/१३७७ राग रामकली

रोवति महरि फिरति बिततानी।
बार-बार लै कंठ लगावति, अतिहिं सिथिल भई बानी।
नंद-सुवन कैं पाइ परी लै, दौरि महरि तब आइ।
ब्याकुल भई लाड़िली मेरी, मोहन देहु जिवाइ।
कछु पढ़ि-पढ़िकर, अंग परस करि, विष अपनौ लियौ झारि।
'सूरदास'-प्रभु बड़े गारुड़ी, सिर पर गाड़ू डारि॥

राधा की बिगड़ती हालत देखकर माँ कीर्ति महरि विकल होकर रोती हुई फिरने लगीं, चक्कर लगाने लगीं। वे राधा को ले लेकर बार-बार गले लगाने लगीं और उनकी वाणी भी शिथिल हो गई। तब वे दौड़कर आईं और नंद कुमार के पैरौं पर राधा को लेकर गिर

पड़ीं। उन्होंने कहा—'मेरी लाड़िली बेटी व्याकुल हो गई है। हे मोहन, तुम इसे जिला दो।' तब कन्हैया ने कुछ बुदबुदाकर मंत्र जैसा पढ़ा और राधा के अंगों को छुआ। तभी अपना विष झाड़-फूँक कर उतार लिया।

प्रभु तो बड़े गारुड़ी हैं। वे किसी के भी सिर पर टोना मार सकते हैं।

८२१/१३७८ राग रामकली

लोचन दए कुँवरि उघारि ।
कुँवर देख्यौ नंद कौ, तब सकुचि अंग सम्हारि ।
बात बूझति जननि सौं 'री, कहा है यह आज ।'
'मरत तैं तू बची प्यारी, करति है कह लाज ।'
तब कहति, 'तोहिं कारैं खाई, कछु न रहि सुधि गात ।
'सूर' प्रभु तोहिं ज्याइ लीन्ही', कहि कुँवरि सौं मात ॥

राधा कुँवरि ने आँखें खोल दीं। सामने ही कुँवर कन्हैया दीख पड़े। तब उसने अपने अंगों को लाज से समेट लिया और वस्त्र सँभाल लिए। फिर वह अपनी माँ से पूछने लगी—'मैया, आज क्या बात है? जो इतने लोग यहाँ आ जुटे हैं।'

कीर्ति ने कहा—'मेरी प्यारी, तू आज मरने से बची है। तू व्यर्थ लजाए जा रही है।' आगे वे फिर बोलीं—'तुझे किसी काले नाग ने काट खाया था, तुझे तन-बदन की जरा भी सुधि नहीं रह गई थी, तू बेहोश हो गई थी। कन्हैया ने आकर तुझे जिला लिया है। नया जीवन दिया है।'

८२२/१३७९ राग सारंग

'बड़ौ मंत्र कियौ कुँवर कन्हाई ।
बार-बार लै कंठ लगायौ, मुख चूम्यौ, दियौ घरहिं पठाई ।
'धन्य कोखि वह महरि जसोमति, जहाँ अवतर्यो यह सुत आई ।
ऐसौ चरित तुरतहीं कीन्हौं, कुँवरि हमारी मरी जिवाई ।'
मनहीं मन अनुमान कियौ यह, बिधिना जोरी भली बनाई ।
'सूरदास' प्रभु बड़े गारुड़ी, ब्रज घर-घर यह घैरु चलाई ॥

कीर्ति ने कहा—'कुँवर कन्हैया, तुम्हारे मंत्र ने बहुत बड़ा काम किया है।' यह कहकर उन्होंने कन्हैया को बार-बार गले लगाया, मुख चूमा और उन्हें नंदगाँव उनके घर भेज दिया। वे सोचने लगीं—महरि यशोदा की कोखि धन्य है, जिससे ऐसा गुणी बेटा पैदा हुआ। उसने क्या चरित किया, आते ही मेरी मरी बेटी को तुरंत जिला दिया। फिर वे मन ही मन कहने लगीं—ब्रह्मा ने यह जोड़ी कितनी अच्छी बना दी है।

ब्रज के घर-घर में यह चर्चा फैल गई कि कन्हैया तो भारी गारुड़ी भी है।

८२३/१३८० राग सुघरई

'भले कान्ह हो बिषहिं उतार्यो । नाम गारुड़ी प्रगट्यौ तिहारो ।
जननि कहति 'मेरौ सुत बारौ । युवति कहति 'हम तन धौं निहारौ ।

अब को निकरै साँझ सबारौ। जान्यौ ब्रजहिं बसत ऐसौ कारौ।
यह निज मंत्र न हिय तैं बिसारौ। बहुरि कहौं मैं करैं पसारौ।
'सूरदास' प्रभु सबहिन प्यारौ। ताहि डसत जाकौ हियौ उजारौ'।।

ब्रज की नारियाँ कहने लगीं—कन्हैया, तुम बड़े भले हो, जो तुमने राधा का विष उतार दिया और तुम्हारा नाम गारुड़ी प्रसिद्ध हो गया। जननी यशोदा कहने लगीं—मेरा बेटा तो अभी बच्चा है, वह गारुड़ी नहीं है। युवतियाँ, नई नवेलियाँ बोल उठीं—जरा हमारी ओर तो देखो। अब साँझ सबेरे घर से निकलने की कौन हिम्मत करेगा। हम जान गई हैं कि ब्रज में ही ऐसा (कन्हैया) नाग बसता है। यह किस नवेली को न काट लेगा।

सूरदास कहते हैं—इस सुनिश्चित मंत्र को कभी भी हृदय से न भूलो। मैं हाथ उठाकर यह कहे दे रहा हूँ। वह काला प्रभु तो सभी को प्यारा है। वह काला उसी को डसता है, जिसका हृदय उज्ज्वल होता है।

८२४/१३८१ राग रामकली

'नीकैं बिषहिं उतारयौ स्याम।
बड़े गारुड़ी अब हम जाने, संगहिं रहत एक ही गाम।
ऐसौ मंत्र कहाँ तुम पायौ, बहुत कियौ यह काम।
मरी आनि राधिका जिवाई, टेरत एकहि नाम।
हम समझीं यह बात तुम्हारी, जाहु आपनैं धाम।'
'सूरस्याम' मनमोहन नागर, हँसि बस कीन्हीं बाम।।

गोपियाँ कन्हैया से व्यंग्यपूर्वक कह रही हैं—श्याम, तुमने राधा का विष खूब उतारा। अब हमको भी मालूम हो गया कि तुम बहुत बड़े गारुड़ी हो। हम सब अभी तक एक साथ, एक ही गाँव में, रहते आए हैं, पर हमने आज तक नहीं जान पाया था कि तुम गारुड़ी भी हो। तुमने किस गुरु से, कब और कहाँ यह मंत्र सीखा। तुमने यह बहुत अच्छा काम किया। तुमने आकर मरी राधा को जिला दिया। वह तो एक तुम्हारा ही नाम रटे जा रही थी। हमने तुम्हारी सारी अहमियत समझ ली है। अब सीधे अपने घर चले जाओ।

पर श्याम तो मन-मोहन हैं, नागर हैं, उन्होंने हँसकर सभी सुंदरियों को अपने बस में कर लिया।

८२५/१३८२ राग रामकली

हँसि बस कीन्ही घोष कुमारि।
बिवस भईं तन की सुधि बिसरी, मन हरि लियौ मुरारि।
गए स्याम ब्रज-धाम आपनैं, जुवति मदन-सर मारि।
लहर उतारि राधिका-सिर तैं, दई तरुनिनि पै डारि।
करतिं बिचार सुंदरी सब मिलि, अब सेवहु त्रिपुरारि।
माँगहु यहै देहु पति हमकौं, 'सूर'-सरन बनवारि।।

कन्हैया ने हँसकर सभी घोष-कुमारियों को अपने बस में कर लिया। वे विवश हो गईं, तन-वदन की सुधि भूल गईं। मुरारि ने उनका मन ही हर लिया था। श्याम अपने

ब्रज-धाम को चले आए। वे ब्रज-युवतियों को काम-सर से विद्ध करते गए। राधा के सिर से विष की लहर उतार कर ब्रज-तरुणियों के सिर पर डाल गए। तब सब सुंदरियाँ मिलकर विचार करने लगीं—अब हमको शिव की सेवा करनी चाहिए और उनसे यह वर माँगना चाहिए कि वे हमें वनवारी कृष्ण को पति रूप में दें और हमें कन्हैया की शरण मिले।

चीर-हरण-लीला

८२६/१३८३ राग जैतश्री

भवन रवन सबही बिसरायौ।
नंद-नँदन जब तैं मन हरि लियौ, बिरथा जनम गँवायौ।
जप, तप, ब्रत, संजम, साधन तैं, द्रवित होत पाषान।
जैसैं मिलै स्याम सुंदर बर, सोइ कीजै, नहिं आन।
यहै मंत्र दृढ़ कियौ सबनि मिलि, यातैं होइ सु होइ।
बृथा जनम जग मैं जिनि खोवहु, ह्याँ अपनौं नहिं कोइ।
तब प्रतीति सबहिनि कौं आई, कीन्हौ दृढ़ बिस्वास।
'सूरस्याम' सुंदर पति पावैं, यहै हमारी आस॥

जब से गोपियों के मन को नंद के नंदन कृष्णचंद्र ने हर लिया, तब से उन्हें न अपने भवन की, न घरेलू काम-काज की चिंता रह गई और न अपने रमण या पति की ही। वे भवन और रमण दोनों को भूल-सी गईं और सोचने लगीं कि हमने अपना यह जीवन व्यर्थ ही गँवा दिया। वे चिन्तन करने लगीं—जप, तप, व्रत, संयम, साधना से तो पत्थर भी पिघल उठता है। अब हमें भी वही करना चाहिए, जिससे श्यामसुंदर हमें पति रूप में प्राप्त हो जायँ। हमें अब और कुछ नहीं करना है। जप, तप, व्रत, संयम और साधना करके श्यामसुंदर को पा लेना है। सबने मिलकर यही सुदृढ़ मंत्रणा की। इसी साधना से जो कुछ होना होगा, होगा। अब इस संसार में रहते समय हमें अपना जीवन निरर्थक न खो देना चाहिए। इसे सार्थक बना लेना चाहिए। यहाँ अपना कोई नहीं है—न पति है, न पुत्र। जो कुछ हैं बस श्यामसुंदर हैं। तब उन्होंने दृढ़ निश्चय कर लिया और उन्हें पूर्ण विश्वास भी हो गया कि अब हमारी एक मात्र आशा, एक मात्र अभिलाषा श्यामसुंदर हैं और अब हमें उनको पति रूप में पा ही लेना चाहिए।

८२७/१३८४ राग आसावरी

गौरी-पति पूजतिं ब्रजनारि।
नेम धर्म सौं रहति क्रिया-जुत, बहुत करतिं मनुहारि।
यहै कहतिं पति देहु उमापति, गिरिधर नंद-कुमार।
सरन राखि लीजै सिव संकर, तनहिं त्रसावत मार।
कमल-पुहुप मालूर-पत्र-फल, नाना सुमन सुवास।
महादेव पूजति मन बच करि, 'सूरस्याम' की आस॥

श्यामसुंदर को पति रूप में पाने के लिए गोपियाँ पार्वती-पति शिव की पूजा करने

लगीं। वे नियम और धर्म से रहने लगीं और सविधि क्रिया-कर्म करती हुई शिवोपासना में रत हो गईं। वे शिवजी से विनीत भाव से प्रार्थना करने लगीं—हे उमा के पति शिवजी, गिरिधर नंदकुमार हमारे पति हों, ऐसा वर हमें दीजिए। हे शिव शंकर, हमें अपनी शरण में ले लीजिए, हमारे शरीर को कामदेव सताए जा रहा है। आप कामारि हैं। आप ही हमें काम के त्रास से बचा सकते हैं। गोपियाँ श्यामसुंदर को पतिरूप में प्राप्त करने के लिए, कमल के फूलों से, बेल के पत्तों और फलों से, तथा बहुविधि सुगंधित अन्य फूलों से महादेव की पूजा-मनसा, वाचा, कर्मणा करने लगीं।

८२८/१३१० राग गौरी

'महरि स्याम कौं बरजति काहें न।
जैसे हाल किए हरि हमकौं, भए कहूँ जग आहें न।
और बात इक सुनौ स्याम की, अतिहिं भए हैं ढीठ।
बसन बिना अस्नान करति हम, आपुन मींडत पीठ।
आपु कहति मेरौ सुत बारौ, हियौ उघारि दिखाऊँ।
सुनतहु लाज, कहत नहिं आवै, तुमकौं कहा लजाऊँ।'
यह बानी जुवतिनि मुख सुनि कैं, हँसि बोली नँदरानी।
'सूरस्याम' तुम लायक नाहीं, बात तुम्हारी जानी॥

गोपियाँ यशोदा से किसन-कन्हैया की शिकायत करती हुई कह रही हैं—हे महरि यशोदा, अपने बेटे इस किसन को रोकती क्यों नहीं? इसने हमारा जो बुरा हाल कर रखा है, ऐसा किसी नारी का बुरा हाल करनेवाला न कभी हुआ और न इस समय है। कन्हैया की एक बात और सुन लो। यह बड़ा धृष्ट हो गया है। जब हम यमुना में निर्वस्त्र होकर नहाती रहती हैं, तब यह पीछे से आकर हमारी पीठ खुजलाने लगता है। आप कहती हैं कि अभी हमारा किसन तो आठ बरस का बच्चा है, कहिए तो हम अपना वक्ष खोलकर दिखा दें, उस पर इसने अपने नख से क्षत कर दिया है। ऐसा कहने में लाज है और सुनने में भी। पर हम तुमसे भला क्या लजाएँ।

नवेलियों के मुँह से यह सब बातें सुनकर, हँसकर नंदरानी यशोदा बोलीं—हमने तुम्हारी बातें जान लीं—तुम चाहती हो कि नहाते समय कोई तुम्हारी पीठ खुजला दे और तुम्हारे उरोजों पर नख चिह्न भी बना दे। तुम दीवानी हो, किसी दूसरे लायक को खोजो। हमारा कन्हैया यह सब करने योग्य अभी नहीं है। वह तुम्हारे लायक नहीं है।

८२९/१३११ राग गौरी

बात कहो, जो लहै बहै री।
बिना भीति तुम चित्र लिखति हौ, सो कैसैं निबहै री।
तुम चाहति हौ गगन-तरैयाँ, माँगैं कैसैं पावहु।
आवत हीं मैं तुम लखि लीन्ही, कहि मोहिं कहा सुनावहु।
चोरी रही, छिनारौ अब भयौ, जान्यौ ज्ञान तुम्हारौ।
औरै गोप-सुतनि नहिं देखौ, 'सूरस्याम' है बारौ॥

यशोदा गोपियों से कहने लगीं—तुम्हें वही बात कहनी चाहिए जो संभव हो, जो असंभव न हो। तुम बिना दीवाल के ही चित्र बनाना चाहती हो, यह कैसे हो सकता है। तुम आकाश के तारे चाहती हो, वे माँगे से ही कैसे मिल जायँगे। तुम लोग आ रही थीं, तभी मैंने सब समझ लिया था। तुम मुझसे कह कर क्या सुना रही हो। पहले तुम लोगों ने मेरे बच्चे पर चोरी का इलजाम लगाया था, अब छिनारा का अभियोग लगा रही हो। मैंने तुम्हारी सब बुद्धि जान ली है। तुम सभी निरी बुद्धिहीन हो। मेरा कन्हैया अभी बच्चा है। ब्रज में तुम्हारी उमर के, तुम्हारी जोड़ के, बहुत से गोप-पुत्र हैं। उन्हें क्यों नहीं खोज निकालतीं, वे तुम्हारी सभी मनचाही सेवा कर देंगे।

८३०/१३९३ राग गौरी

इहिं अंतर हरि आइ गए।
मोर मुकुट पीतांबर काछे, कोमल अंग भए।
जननि बुलाइ बाहँ गहि लीन्हौ, 'देखहु री मदमाती।
इनहीं कौ अपराध लगावति, कहा फिरति इतराती।
सुनिहैं लोग, मष्ट अबहूँ करि, तुमहिं कहाँ की लाज।
'सूरस्याम' मेरौ माखन-भोगी, तुम आवतिं बेकाज'॥

इसी बीच कन्हैया वहाँ आ गए। वे मोर पंख का मुकुट धारण किए हुए थे, पीतांबर की कछनी काछे हुए थे, अत्यंत कोमल शरीर वाले थे। मैया यशोदा ने कन्हैया को अपने पास बुलाकर उनकी बाँह पकड़ ली और कहा—देखी री यौवन के नशे में चूर मतवालियों, देखो। इसी छोटे बच्चे पर छिनारा का अभियोग लगा रही हो? दूसरे लोग सुनेंगे तो क्या कहेंगे। अब चुप हो जाओ। पर तुमको किसकी और कहाँ की लाज है? मेरा कन्हैया तो केवल माखन के लिए मचलता है। वह नारी के लिए अभी पूरा अनाड़ी है। तुम यहाँ बिना मतलब उलाहना देने चली आती हो।

८३१/१३९४ राग केदारौ

'अबहीं देखे नवल किसोर।
घर आवत हीं तनक भए हैं, ऐसे तन के चोर।
कछु दिन करि दधि-माखन-चोरी, अब चोरत मन मोर।'
बिबस भई, तन-सुधि न सम्हारति, कहित बात भई भोर।
यह बानी कहतहीं लजानी, समुझ भई जिय ओर।
'सूरस्याम'-मुख निरखि चलीं घर, आनंद लोचन लोर॥

गोपियाँ बच्चा कृष्ण को देखकर बड़े आश्चर्य में पड़ गईं। वे कहने लगीं—'अभी-अभी तो हमने किसन को पूर्ण किसोर, युवक रूप में देखा था। यह कैसे आश्चर्य की बात है कि घर आते ही यह छोटे से बालक बन गए। यह माखन-चोर हैं, मन के चोर हैं, पर अब यह अपने तन के भी चोर हो गए। इन्होंने कैसा अपने बड़े तन को चुराकर तनक-सा कर लिया है। कुछ दिनों तक यह माखन चोरी करते रहे, अब मन की चोरी किए ले रहे हैं।' गोपियाँ ऐसा कहते-कहते अपने बस में नहीं रह गईं। उन्हें अपने तन-बदन की

सुधि नहीं रह गई। ऐसा कहते-कहते वे आत्म-विभोर हो गईं। वे लजा गईं कि उन्होंने यशोदा से ऐसी बात कैसे कह दी। उन्हें यह बात समझ में आ गई और उनका मन कुछ और हो उठा, तब वे श्यामसुंदर का मुँह देखती हुईं आँखों से आनन्द के आँसू बहाती हुई अपने-अपने घर चली गईं।

८३२/१४०० राग धनाश्री

ब्रज-बनिता रबि कौं कर जोरैं।
सीत-भीति नहिं करतिं छहौं रितु, त्रिबिध काल जल खोरैं।
गौरी-पति पूजतिं, तप साधतिं, करत रहतिं नित नेम।
भोग-रहित निसि जागि चतुर्दसि, जसमति-सुत कैं प्रेम।
'हमकौं देहु कृष्न पति ईस्वर, और नहीं मन आन।
मनसा बाचा कर्म हमारैं, 'सूरस्याम' कौ ध्यान'॥

ब्रज की वनिताएँ हाथ जोड़कर सूर्य से विनती किया करती हैं। वे साल की छहों ऋतुओं में, प्रातः, दोपहर, संध्या तीनों कालों में, यमुना के जल में नहाती हैं और जाड़े से जरा भी नहीं डरतीं। वे पार्वतीपति सदाशिव को पूजती हैं, तप करती हैं और नित्य के नियमों का पालन करती हैं। वे चतुर्दशी को निराहार व्रत रहती हैं और उस दिन रात्रि-जागरण करती हैं। वे यह सब कृत्य यशोदा के पुत्र कृष्ण के प्रेम के कारण करती हैं। वे शिवजी से प्रार्थना करती रहती हैं—हे परमेश्वर, हमें कृष्ण को पति रूप में प्राप्ति कराएँ। हमारे मन में कृष्ण को छोड़ कोई अन्य कामना नहीं है। हम मनसा, वाचा, कर्मणा केवल कृष्ण का ध्यान करती हैं।

८३३/१४०२ राग बिलावल

बसन हरे सब कदम चढ़ाए।
सोरह सहस गोप-कन्यनि के, अंग-अभूषन स-हित चुराए।
नीलांबर, पाटंबर, सारी, सेत पीत चुनरी, अरुनाए।
अति बिस्तार नीप तरु, तामैं लै-लै जहाँ-तहाँ लटकाए।
मनि-आभरन डार डारनि प्रति, देखत छबि मनहीं अँटकाए।
'सूरस्याम' जुवतिनि ब्रत पूरन, कौ फल डारनि कदम फराए॥

कन्हैया ने गोपियों के चीर हरण करके कदम की डालियों पर लटका दिए। उन्होंने सोलह हजार गोप-कुमारियों के अंगों के आभूषण प्रेमपूर्वक चुरा लिए। उन्होंने नीली, पीली, सफेद, लाल रंग की सूती और रेशमी साड़ियों को ले लेकर, अत्यंत विस्तृत विशाल कदम्ब की डालों पर जहाँ-तहाँ लटका दिया। मणि जटित गहनों को भी डालों पर अँटका दिया, जिनकी सुंदरता में मन भी उलझ जाता था। वे आभूषण ऐसे प्रतीत हो रहे थे, जैसे ब्रज-युवतियों की व्रत-मूर्ति के फल को कन्हैया ने कदम्ब की डाल-डाल पर फल बना दिया हो।

८३४/१४०३ राग सूहौ

आपु कदम चढ़ि देखत स्याम।
बसन अभूषन सब हरि लीन्हे, बिना बसन जल-भीतर बाम।

मूँदत नैन ध्यान धरि हरि कौ, अंतरजामी लीन्ही जान।
बार-बार सबिता सौं माँगति, हम पावैं पति स्याम सुजान।
जल तैं निकसि आइ तट देख्यौ, भूषन चीर तहाँ कछु नाहिं।
इत-उत देखि चकित भईं सुंदरि, सकुचि गईं फिरि जल ही माहिं।
नाभि प्रजंत नीर मैं ठाढ़ी, थर-थर अँग काँपतिं सुकुमारि।
को लै गयौ बसन आभूषन 'सूरस्याम' उर प्रीति बिचारि॥

ब्रजांगनाएँ यमुना के जल के भीतर नंगी खड़ी हैं। कन्हैया ने उनके सभी चीर और गहने चुरा कर कदम की डालों पर टाँग दिए हैं और स्वयं कदम्ब पर चढ़े हुए गोपांगनाओं को देखे जा रहे हैं। गोपियाँ आँखें मूँदे हुए हरि का ध्यान करती जा रही हैं। अन्तर्यामी कन्हैया ने उनके मन की बात जान ली। वे गोपियाँ बार-बार सूर्य नारायण से वर माँगती जा रही हैं कि हमें चतुर शिरोमणि श्यामसुंदर वर रूप में प्राप्त हों। वे जल से निकलकर किनारे पर आ गईं, पर उन्हें न तो अपनी साड़ियाँ दिखाई पड़ीं, न गहने ही। उन्होंने इधर-उधर चकपका कर देखा। फिर वे, सकुचा कर पुनः यमुना जल में प्रविष्ट हो गईं। उनकी नाभि तक का शरीर-पैर, जंघा, कमर जल में डूबा हुआ है, छिपा हआ है और वे सुकुमारियाँ थर-थर काँपते अंगों से जल में खड़ी हुई ठिठुरी जा रही हैं। वे एक ओर मन में तो मनमोहन के प्रेम-चिन्तन में लगी हुई हैं, दूसरी ओर वे चकित भी हैं। आख़िर हमारे चीर और अलंकार ले गया, तो कौन ले गया।

८३५/१४०६ राग रामकली

हमारे अंबर देहु मुरारी।
लै सब चीर कदम चढ़ि बैठे, हम जल-माँझ उघारी।
तट पर बिना बसन क्यौं आवैं, लाज लगति है भारी।
चोली हार तुमहिं कौं दीन्हौं, चीर, हमहिं द्यौ डारी।
तुम यह बात अचंभौ भाषत, नाँगी आवहु नारी।
'सूरस्याम' कछु छोह करौ जू, सीत गई तनु मारी।

गोपियाँ कृष्ण से विनती कर रही हैं—हे मुरारी, हमारे वस्त्र हमें दे दो। तुम हमारे चीर चुराकर कदम्ब पर जा बैठे हो और इधर हम जल में नंगी खड़ी हैं। हम बिना वस्त्र के यमुनां तट पर आयें तो कैसे आवें। हमें बड़ी लाज लगी जा रही है। हमने तुम्हें अपनी चोलियाँ (कुच-बन्ध) और ग्रीवा के हार दे दिए। इन्हें तुम ले लो, पर हमारी साड़ियाँ और लहँगे तो डाल से लेकर नीचे गिरा दो। तुम तो यह अचरज की बात करते हो कि हम जल से निकल कर तुम्हारे सामने नंगी आ जायँ। कन्हैया कुछ तो दया करो, हम ठंड से ठिठुरती जा रही हैं।

८३६/१४०८ राग बिलावल

लाज ओट यह दूर करौ।
जोइ मैं कहौं, करौ तुम सोई, सकुच बापुरिहिं कहा करौ।

जल तैं तीर आइ कर जोरहु, मैं देखौं, तुम बिनय करौ ।
पूरन ब्रत अब भयौ तुम्हारौ, गुरुजन-संका दूरि करौ ।
'सूरस्याम' कहैं चीर देत हौं, मो आगैं सिंगार करौ ॥

तब कन्हैया ने कहा—तुम सब अब यह लाज का परदा दूर फेंक दो। जैसा-जैसा मैं कहता जाऊँ, वैसा-वैसा तुम करती जाओ। इस बेचारी सकुच को लेकर क्या करोगी, इसे दूर कर दो। जल से निकल कर तुम किनारे आ जाओ और हाथ जोड़कर सूर्य से विनती करो। मैं तुम्हारी यह व्रत-पूजा देखता रहूँ। अब तुम्हारा व्रत पूर्ण हो गया है। गुरुजनों का भय अब मन से निकाल दो। अब मुझसे पर्दा मत रखो। तुम व्यर्थ के लिए चीर माँगने का यह हठ किए जा रही हो। मैं तुम्हारे चीर दिए देता हूँ, पर तुम मेरे आगे अपना श्रृंगार करो—मेरे सामने आकर अपने चीर और आभूषण पहनो।

८३७/१४१० राग बिलावल

'हमारे देहु मनोहर चीर ।
काँपतिं, सीत तनहिं अति ब्यापत, हिम सम जमुना-नीर ।
मानहिंगी उपकार रावरौ, करौ कृपा बलबीर ।
अतिहिं दुखित प्रान, बपु परसत प्रबल प्रचंड समीर ।
हम दासी, तुम नाथ हमारे, चितवतिं जल मैं ठाढ़ी ।
मानहु बिकच कुमुदिनी ससि सौं, अधिक प्रीति उर बाढ़ी ।'
'जौ तुम हमैं नाथ कै जान्यौ, यह हम माँगैं देहु ।
जल तैं निकसि आइ बाहिर ह्वै, बसन आपने लेहु ।'
कर धरि सीस गईं हरि-सन्मुख, मन मैं करि आनंद ।
ह्वै कृपाल 'सूरज' प्रभु, अंबर दीन्हे परमानंद ॥

गोपियाँ नंदनंदन से निवेदन कर रही हैं—'हे हमारे मन को हर लेनेवाले मनोहर मनमोहन, अब हमारे चीर हमें दे दो। यमुना का जल बर्फ के समान ठंडा है। हमें बहुत ठंडक लग रही है। हम ठंड के मारे काँपी जा रही हैं। हे बलदाऊ के भैया किसन श्यामसुंदर, हमारे ऊपर कृपा करो। हम तुम्हारा बड़ा उपकार मानेंगी और कृतज्ञ बनी रहेंगी। हमारे प्राण अत्यंत दुखित हो रहे हैं। बड़ी तेज हवा भी हमारे शरीर को छूए जा रही है। हम तुम्हारी दासी हैं। तुम हमारे स्वामी हो। हम जल में खड़ी-खड़ी तुम्हीं को तो देखे जा रही हैं। जैसे हम अर्द्ध प्रफुल्ल कुमुदिनियाँ हैं और तुम पूर्ण चंद्र हो। कुमुदिनी का शशि से जितना प्रेम है, हमारा तुम्हारे प्रति उससे अधिक ही है।'

तब कृष्ण बोले—यदि तुम सब मुझे अपना स्वामी स्वीकारती हो, तो जो हम कहें, तुम वह करो। हमारी माँग तुम पूरी करो, जल से निकलकर बाहर आ जाओ और अपने चीर ले लो।

तब वे ब्रजांगनाएँ अपने-अपने सिरों पर हाथ रखे हुए, खुले बदन हरि के सामने आ गईं और मन में आनंदित भी हुईं। तभी कृष्ण ने दया करके, परम प्रमुदित हो करके उनके चीर उन्हें दे दिए।

८३८/१४११ राग जैतश्री

तरुनीं निकसि-निकसि तट आईं।
पुनि-पुनि कहत लेहु पट-भूषन, जुवती स्याम बुलाईं।
ऐसैं कहा बतावति हौ मोहिं, बाहँ उठाइ निहारौ।
कर सौं कहा अंग उर मूँदौ, मेरे कहैं उघारौ।
'सूरस्याम' सोइ-सोइ हम करिहैं, जोइ-जोइ तुम सब कैहौ।
लैहैं दाउँ कबहुँ हम तुमसौं, बहुरि कहाँ तुम जैहौ॥

युवतियाँ जमुना-जल से निकल-निकल कर किनारे आ गईं। कन्हैया ने ब्रज-तरुणियों को बुलाया और कहा, 'अब अपने चीर और आभूषण ले लो। झिझक क्यों रही हो, ले लो न।' वे जल से बाहर आकर खड़ी हो गईं। वे छिपाने के लिए एक हाथ अपने-अपने उरोजों पर रखे हुए थीं और एक हाथ गुह्यांगों पर। गोपियों ने कहा—'हमारे चीर दे दो। आभूषण तुम्हीं रखे रहो।' उन्होंने बार-बार गिड़-गिड़ाकर यह विनती की।

तब कन्हैया ने कहा—'तुम अपने अंग और उर पर हाथ रखे हुए क्या कह रही हो? दोनों बाँहें ऊपर उठाकर मेरी ओर देखो। हाथों से ये अपने अंग और उर क्या तोपे जा रही हो? मेरे कहने से इन्हें उघाड़ दो, खुले रहने दो।'

तब गोपियों ने कहा—'हे श्याम, जो-जो तुम कहोगे, हम वह सभी करेंगे, वही-वही करेंगी। हमारा भी अवसर कभी आवेगा, तब हम तुमसे भी बदला चुका लेंगी। फिर तुम कहाँ जाओगे?'

८३९/१४१२ राग रामकली

ललन तुम ऐसे लाड़ लड़ाए।
लै करि चीर कदम पर बैठे, किन ऐसैं ढँग लाए।
हा हा करतिं, कंचुकी माँगतिं, अंबर दिए मन भाए।
कीन्ही प्रीति प्रगट मिलिबे कौं, सबके सकुच गँवाए।
दुख अरु हाँसी सुनौ सखी री, कान्ह अचानक आए।
'सूरस्याम' कौ मिलन सखी अब, कैसैं दुरत दुराए॥

ललन, तुमने हमसे प्यार किया, तो ऐसा, कि हमें छका मारा। प्यार करने का ऐसा अनोखा ढंग तुम्हें किसने सिखाया? हमारे चीर लेकर तुम कदम्ब पर जाकर चढ़ गए। हम गिड़-गिड़गिड़ाती रह गईं और तुमसे अपनी चोली और चीर माँगती रहीं। पर तुमने एक भी नहीं दिया। जब तुम्हारी मन भाई हो गई, हम जल से नंगी निकल आईं और हाथ उठाकर सूर्य को प्रणाम कर लिया, तब तुमने हमें हमारे वस्त्र दिए। तुमने सबका संकोच दूर कर दिया। तब सबसे मिलकर, अपनी पूर्ण प्रीति प्रकट की। हे सखी, इस दुख और हँसी खुशी की बात तो देखो। एक ओर जल में ठिठुरते खड़े रहना और नंगी बाहर आना, यह तो दुखद रहा, दूसरी ओर उनका मिलन सुखद रहा। वे अचानक आ गए थे, उनका आना हमने जाना ही नहीं और वे झटपट हमारे वस्त्राभूषण लेकर पेड़ पर जा चढ़ बैठे। हे सखी, श्याम का और हमारा यह मिलन कैसे छिपाया जा सकता है?

८४०/१४१५ राग सूहौ

ब्रत पूरन कियौ नंद-कुमार। जुवतिनि के मेटे जंजार।
जप तप करि तनु अब जनि गारौ। तुम घरनी मैं कंत तुम्हारौ।
अंतर सोच दूरि करि डारौ। मेरौ कह्यौ सत्य उर धारौ।
सरद-रास तुम आस पुराऊँ। अंकम भरि सबकौं उर लाऊँ'।
यह सुनि सब मन हरष बढ़ायौ। मन-मन कह्यौ कृष्न पति पायौ।
'जाहु सबै घर घोष-कुमारी। सरद-रास देहौं सुख भारी'।
'सूरस्याम' प्रगटे गिरिधारी। आनँद सहित गईं घर नारी॥

नंद कुमार ने ब्रज-गोपियों का व्रत उनसे मिलकर पूर्ण कर दिया और उनके सभी जाल-जंजाल, दुःख दूर कर दिये और कहा—अब तुम जप-तप करके शरीर मत जलाओ। आज से तुम सब मेरी पत्नियाँ हो और मैं तुम्हारा पति हूँ। तुम अपने अंदर (हृदय) के शोच को निकाल दो। मेरा कहना सच मानो। मैं शरद पूर्णिमा को रास करके तुम्हारी आशाएँ पूर्ण कर दूँगा। तुम सबको अपनी बाहों में समेट कर छाती से लगा लूँगा।'

यह सुनकर सभी ब्रज-तरुणियों को अत्यंत आनंद मिला। और वे कहने लगीं—'हमें कृष्ण पति रूप में मिल गए!'

तब कृष्ण ने कहा—हे अधीर बालाओ, अब तुम अपने-अपने घर जाओ। मैं तुम्हें शारदी पूनो को भारी सुख दूँगा।

गिरिधारी कृष्ण ने जब इस प्रकार खुलकर सब बातें कह दीं, तब वे गोपियाँ अपने-अपने घरों को लौट गईं।

८४१/१४१६ राग आसावरी

सिव संकर हमको फल दीन्हौ।
पुहुप, पान, नाना फल, मेवा, षट-रस अर्पन कीन्हौ।
पाइ परीं जुवतीं सब यह कहि, धन्य-धन्य त्रिपुरारी।
तुरतहिं फल पूरन हम पायौ, नंदसुवन गिरिधारी।
विनय करतिं सबिता, तुम सरि को, पय अंजलि, कर जोरी।
'सूरस्याम' पति तुम तैं पायौ, यह कहि घरहिं बहोरी॥

घर जाने से पहले गोपियाँ शिवालय में गईं और कहने लगीं—'हे शिव जी, तुमने ही हमें मनवांछित फल दिया है और कृष्ण हमें पति रूप में मिल गए हैं।' यह कहकर उन्होंने शिवजी को फल, बेल के पत्ते, अनेक प्रकार के फल और मेवे तथा छहों रसों वाले पकवान चढ़ाए। ब्रज-युवतियों ने कहा—हे त्रिपुरारि तुम धन्य हो। तुम्हारी उपासना से हमें हमारा मनवांछित फल पूर्ण रूप से मिल गया है। हमें कृष्ण कन्हैया मिल गए हैं।

इसके पश्चात गोपियों ने हाथ जोड़कर, अँजुरी में जल लेकर चढ़ाते हुए, सूर्य नारायण की वन्दना की—हे सविता, तुम्हारे समान दूसरा और कौन है? तुम्हारी ही कृपा से हमने श्याम को पति पाया है।

यह कहकर वे लौटकर अपने-अपने घरों को चली गईं।

यज्ञ-पत्नी-लीला

८४२/१४१८ राग बिलावल

इक दिन हरि हलधर-सँग ग्वारन । गए बन-भीतर गोधन चारन ॥
सकल ग्वाल मिलि हरि पैं आए । भूख लगी कहि बचन सुनाए ॥ १ ॥
हरि कह्यौ, 'जज्ञ करत तहँ बाम्हन । जाहु उनहिं ढिग भोजन माँगन ॥
ग्वाल तुरत तिनकैं ढिग आए । हरि हलधर के बचन सुनाए ॥ २ ॥
'भोजन देहु भए वै भूखे' । यह सुनि कै वै ह्वै गए रूखे ॥
'जज्ञ-हेत हम करी रसोई । ग्वालनि पहिलैं देहिं न सोई' ॥ ३ ॥
ग्वाल सकल हरि पैं चलि आए । हरि सौं तिनके बचन सुनाए ॥
हरि हलधर सौं हँसि कही बानी । 'अबिगत की गति उन नहिं जानी' ॥ ४ ॥
तब ग्वालनि सौं कह्यौ बुझाई । 'तियनि पास तुम माँगहु जाई ॥
उनकैं हिय दृढ़ भक्ति हमारी । मानि लेहिं वै बात तुम्हारी' ॥ ५ ॥
ग्वाल-बाल तीयनि पैं आए । हाथ जोरि कै सीस नवाए ॥
'हरि भोजन माँग्यौ है तुमसौं । आज्ञा देहु कहैं सो उनसौं' ॥ ६ ॥
तिन धनि भाग आपनौ मान्यौ । जीवन जन्म सफल करि जान्यौ ॥
भोजन बहु प्रकार तिनि दीन्हौ । काहूँ अपनैं सिर धरि लीन्हौ ॥ ७ ॥
ग्वालनि संग तुरत वै धाई । अपने मन मैं हर्ष बढ़ाई ॥
काहूँ पुरुष निवार्‌यौ आइ । 'कहाँ जाति है री अतुराइ' ॥ ८ ॥
तिन तौ कह्यौ न कीन्हौ कानी । तन तजि चली बिरह अकुलानी ॥
धन्य-धन्य वै परम सभागी । मिलीं जाइ सबहिनि तैं आगी ॥ ९ ॥
तब हरि तिनसौं कहि समुझाई । 'सुनौ तिया, तुम काहैं आई ॥
नारि पतिब्रत मानै जोई । चारि पदारथ पावै सोई' ॥ १० ॥
तियनि कह्यौ, 'जग झूठ सगाई । हम तौं हैं तुम्हरी सरनाई' ॥
प्रभु कह्यौ, 'पतिब्रत करौ सदाई । तुमकौं यहै धर्म सुखदाई' ॥ ११ ॥
प्रभु-आज्ञा तैं घर कौं आईं । पुरुष करत तिनि की बड़ियाईं ॥
'धनि-धनि तुम हरि-दरसन पायौ । हम पढ़ि-गुनि कै सब बिसरायौ ॥ १२ ॥
ब्रह्मादिक खोजत नित जिनकौं । साच्छात देख्यौ तुम तिनकौं ॥
वे हैं सकल जगत के स्वामी । और सबनि के अंतरजामी ॥ १३ ॥
अब हम चरन सरन हैं आए' । तब हरि उनके दोष छमाए ॥
ग्वालनि मिलि हरि भोजन कीन्हौ । भाव तियनि कौ मन धरि लीन्हौ ॥ १४ ॥
भक्ति भाव सौं जो हरि ध्यावै । सो नर नारि अभय-पद पावै ॥
यह लीला सुनि गावै जोई । हरि की भक्ति 'सूर' तिहिं होई ॥ १५ ॥

एक दिन हरि (कन्हैया) और हलधर (बलराम) ग्वालों के साथ वृंदावन में गायें चराने गए। वन में सभी ग्वाल चरवाहे मिलकर कृष्ण के पास आए और बोले—आज हमें भूख लग गई है ॥ १ ॥ कृष्ण ने कहा—देखो, वहाँ ब्राह्मण लोग यज्ञ कर रहे हैं। उन्हीं के पास भोजन माँगने जाओ। सभी चरवाहे तुरंत याज्ञिक ब्राह्मणों के पास आए, फिर उनसे कृष्ण और बलराम की बात सुना दी ॥ २ ॥ वे भूखे हैं, उन्हें खाने के लिए भोजन दो। यह सुनकर ब्राह्मणों ने बड़ी रुखाई प्रकट की और कहा—हमने यज्ञ के निमित्त रसोई सिद्ध की है। इसे हम अहीरों को पहले कैसे दे दें ॥ ३ ॥ सभी ग्वाल लौटकर कन्हैया के पास गए और ब्राह्मणों की बात उनसे कह दी। तब हरि ने हलधर से हँसकर कहा—इन ब्राह्मणों ने उस अविगत ब्रह्म की बात नहीं जानी हैं ॥ ४ ॥ तब उन्होंने ग्वालों को समझाकर कहा—अब तुम लोग उन ब्राह्मणों की पत्नियों के पास जाओ और उनसे भोजन माँगो। उनके हृदय में मेरे प्रति भारी भक्ति है। वे तुम्हारी बात मान लेंगी ॥ ५ ॥ तब वे सभी ग्वाल-बाल ब्राह्मणों की पत्नियों के पास आए। उनको हाथ जोड़कर, सिर झुकाकर, प्रणाम किया और उनसे कहा—कन्हैया ने तुमसे भोजन माँगा है। जैसी तुम्हारी आज्ञा हो, हम उनसे जाकर कह दें ॥ ६ ॥ यज्ञ-पत्नियों ने इसे अपना धन्य भाग्य माना और अनपे जीवन और जन्म को सफल हुआ समझा। उन्होंने बहुत प्रकार के व्यंजन दिए। कुछ ने अपने सिर पर भी भोजन की सामग्री ले ली ॥ ७ ॥ वे ग्वाल-बालों के साथ तुरंत अपने मन में हर्ष बढ़ाकर, दौड़ चलीं। किसी ब्राह्मण ने आकर अपनी पत्नी को रोका—जल्दी-जल्दी कहाँ चली जा रही है ॥ ८ ॥ ब्राह्मणी ने कह तो दिया कि मैं कृष्ण के लिए भोजन लेकर जा रही हूँ, पर उस ब्राह्मण ने अपनी पत्नी के कथन पर ध्यान न दिया, नहीं सुना। तब वह ब्राह्मणी विरहाकुल होकर अपना शरीर त्याग कर कृष्ण से मिलने चली गई। वह विधृता ब्राह्मणी धन्य है, परम सौभाग्यशालिनी है। वह सबसे आगे कृष्ण से जा मिली ॥ ९ ॥ तब हरि ने उनसे समझाकर कहा, हे स्त्रियों, सुनो, तुम यहाँ क्यों आईं? जो नारी पातिव्रत धर्म का पालन करती है, वह धर्म, अर्थ, काम, मोक्ष इन चारों फलों को प्राप्त करती है ॥ १० ॥ स्त्रियों ने कहा—संसार के सारे संबंध झूठे हैं। हम तो तुम्हारी शरण में आई हैं। प्रभु ने कहा—तुम सदा पातिव्रत धर्म का पालन करती रहो, तुम्हारे लिए यही पातिव्रत धर्म ही सदा सुखद है ॥ ११ ॥ वे ब्राह्मणियाँ प्रभु की आज्ञा से अपने घर लौट गईं। तब उन ब्राह्मणों ने भी उनकी बड़ी बड़ाई की। तुम धन्य हो, तुम्हें हरि का दर्शन मिला। हमने भले ही वेद-शास्त्र पुराण खूब पढ़ा है, पर उस प्रभु को हमने भुला ही रखा है ॥ १२ ॥ ब्रह्मा आदि देवता जिनको ढूँढ़ते-फिरते हैं और नहीं पाते, तुम लोगों ने अपनी इन्हीं आँखों से उनको प्रत्यक्ष देख लिया। वे सम्पूर्ण संसार के स्वामी हैं और सबके हृदय की बातें जानते हैं ॥ १३ ॥ तब वे ब्राह्मण भी प्रभु के पास आए और बोले—'अब हम भी आपके चरणों की शरण में आ गए हैं।' तब हरि ने उनके सभी दोष क्षमा कर दिए। ग्वालों के साथ मिलकर हरि ने भोजन किया उन्होंने उन ब्राह्मणियों के प्रेम-भाव को अपने हृदय में सँजोकर रख लिया ॥ १४ ॥

जो भक्ति-भाव से हरि का ध्यान करता है। वह नर हो या नारी, अभय पद को प्राप्त हो जाता है, जहाँ से फिर जन्म लेने का भय मिट जाता है। इस लीला को जो सुनता, जो गाता है, उसे हरि की भक्ति प्राप्त हो जाती है।

यज्ञ-पत्नी बचन

८४३/१४१९ राग बिलावल

जान देहु गोपाल बुलाई ।
उर की प्रीति, प्रान कैं लालच, नाहिंन परति दुराई ।
राखौ रोकि बाँधि दृढ़ बंधन, कैसैं हूँ करि त्रास ।
यह हठ अब कैसैं छूटत हैं, जब लगि है उर स्वास ।
साँच करौं मन बचन कर्म करि, अपने मन की बात ।
तन तजि जाइ मिलौंगी हरि सौं, कत रोकत तहँ जात ।
अवसर गऐं बहुरि सुनि 'सूरज', कह कीजैगी देह ।
बिछुरत हंस बिरह कैं सूलनि, झूठे सबै सनेह ॥

भोजन सामग्री लेकर कृष्ण के पास जानेवाली एक ब्राह्मणी को उसके पति ने जाने से रोक दिया। तब वह अपने पति से कहने लगी—'मुझे जाने दो। गोपाल ने बुलाया है। मेरे हृदय में प्रभु के प्रति जो भक्ति-भाव है, वह मैं प्राण बचाने के लिए भी, छिपा नहीं सकती। तुम भले ही मुझे रस्सी से बाँधकर रोक दो, भले ही मुझे सभी प्रकार से संत्रस्त करो, सताओ, कृष्ण से जाकर मिलने का मेरा यह हठ छूट नहीं सकता। जब तक मेरी साँसें आ-जा रही हैं, मैं जीती हूँ, मैं अपने इस हठ पर अड़ी रहूँगी। मैं मनसा, वाचा, कर्मणा, अपने मन की सच्ची बात कहे देती हूँ। तुम मुझे वहाँ जाने से क्यों रोकते हो। मैं यह शरीर त्याग करके भी हरि से जा मिलूँगी। मिलने का यह सुयोग जो मिला है, यदि यह निकल गया, तो यह शरीर रहकर ही क्या करेगा? विरह की व्यथा से मेरे हंस (प्राण) छूटना ही चाहते हैं। संसार के सारे स्नेह संबंध झूठे हैं। हरि का नाता ही सच्चा है।'

८४४/१४२४ राग बिलावल

'हरि देखन की साध भरी ।
जान न दई स्याम सुंदर पै, सुनि साँईं तैं पोच करी ।
कुल-अभिमान हटकि हठि राखी, तैं जिय मैं कछु और धरी ।
जज्ञ-पुरुष तजि करत जज्ञ-बिधि, तातैं कहि कह चाढ़ सरी ?
कहँ लगि समुझाऊँ 'सूरज' सुनि, जाति मिलन की औधि टरी ।
लेहु सम्हारि देह पिय अपनी', बिनु प्राननि सब सौंज धरी ॥

वह विधृता अपने पति से कह रही है—'मेरे मन में हरि को देखने की प्रबल अभिलाषा भरी हुई है। हे पतिदेव, तुमने श्यामसुंदर के पास मुझे नहीं जाने दिया, तुमने यह बहुत बुरा काम किया है। तुमने ब्राह्मण कुल में जन्म लेने के अभिमान से मुझे हठपूर्वक रोक रखा है, पर तुम्हारे मन में कुछ और ही दुर्भाव है। तुम समझते हो कि मैं अपने जार से मिलने जा रही हूँ। तुम यज्ञ को सविधि सम्पन्न करते हो, पर तुमने यज्ञपुरुष को त्याग दिया है। यज्ञपुरुष के परित्याग से तुम्हारा कौन-सा काम सिद्ध होगा। तुम्हारी ये सारी याज्ञिक क्रियाएँ व्यर्थ हैं। मैं तुम्हें कहाँ तक समझाऊँ। प्रभु-मिलन की बेला तो निकली जा रही है। हे पतिदेव, यह शरीर तुम्हारा है, इसे सँभाल कर रख लो।'

ऐसा कहकर उस विधृता ने प्राण त्याग कर दिया और उसने निर्जीव शरीर को सामान्य सामग्री की भाँति पति के लिए छोड़ धरा।

गोवर्धन-पूजा

८४५/१४३६ राग सूहौ

बाजति नंद-अवास बधाई।
बैठे खेलत द्वार आपनैं, सात बरस के कुँवर कन्हाई।
बैठे नंद सहित बृषभानुहिं, और गोप बैठे सब आई।
थापैं देत घरनि के द्वारै, गावतिं मंगल नारि बधाई।
पूजा करत इंद्र की जानी, आए स्याम तहाँ अतुराई।
बार-बार हरि बूझत नंदहिं, 'कौन देव की करत पुजाई।'
'इंद्र बड़े कुल-देव हमारे, उनतैं सब यह होति बड़ाई।
'सूरस्याम' तुम्हरे हित-कारन, यह पूजा हम करत सदाई॥'

नंद के घर आनंद बधाई के बाजे बज रहे हैं। कुँवर कन्हैया सात वर्ष के हो गए हैं और वे अपने दरवाजे पर बैठे हुए खेल रहे हैं। नंद-वृषभान के सहित बैठे हुए हैं और भी सभी गोप आ बैठे। गोपांगनाएँ मंगल बधाई के बीत गाए जा रही हैं और घरों के द्वारों पर हाथों से छापा मारती जा रही हैं। यह जानकर कि इंद्र की पूजा की जा रही है, श्यामसुंदर वहाँ तड़ से पहुँच गए। हरि नंद से बार-बार पूछने लगे—'तुम किस देवता की पूजा कर रहे हो?' तब नंद ने कहा—'इंद्र हमारे सबसे बड़े कुल-देवता हैं। उन्हींसे यह सब बड़प्पन और वैभव मिला है। हे कन्हैया, तुम्हारे ही कल्याण के लिए तो हम यह पूजा सदा से करते आए हैं।'

८४६/ल-४०८/११ राग बिलावल

कहत गोपाल नंद सों, पूजहु गिरिराय।
बहु बिधि ब्यंजन साजि कै, पकवान बनाय।
करो मतो सब गोप तें, तुम बोलि पठाय।
उपनंद सहित बृषभानु जू, सब बैठे आय।
कान्ह कहेउ, मोसों सपने में बोले गिरिराय।
अरपो बलि मोको सबै, बढ़िहैं बछ गाय।
सबहिन मन आनँद भयो, यह भलो उपाय।
जाके दीने बाढ़िहैं, गोधन सुख पाय।
चले सबै मिलि सौंज लै, बहु सकट जुराय।
बिधि सों पूजा पूजि कै, सब भोग धराय।
देखि इंद्र अति कोपि कैं, मेघनि झर लाय।
'सूरस्याम' रच्छा करी, गिरि लियौ उठाय॥

गोपाल जी नंद बाबा से कहने लगे—'अब, गिरिराज गोबर्द्धन की पूजा कीजिए इंद्र की पूजा व्यर्थ ही क्यों कर रहे हैं। सब प्रकार की भोजन सामग्री और पकवान लेकर गोबर्द्धन को अर्पित कीजिए। सभी गोपों को बुलाकर राय कर लें।' बुलवाने पर उपनंद और वृषभानु आदि सभी नंद के पास आकर बैठ गए। कन्हैया ने कहा—'आज मुझसे सपने में गिरिराज ने कहा है—तुम सब मुझको ही भोग की सारी सामग्री अर्पित करो। इससे तुम्हारे बछड़ों और गायों की वृद्धि होगी।' कन्हैया के सपने की यह बात सुनकर सभी को अत्यंत प्रसन्नता हुई और वे बोले—'यह तो बहुत अच्छा उपाय है, जिसके करने से हमारी गायों को सुख मिलेगा और हमारे गोधन की वृद्धि होगी।'

तब सभी गोपगण सभी प्रकार की भोज्य-सामग्री बहुत से छकड़े इकट्ठा करके, उनपर लादकर गोबर्द्धन की ओर चल पड़े। उन्होंने विधिपूर्वक गिरिराज की पूजा की और उनको सभी प्रकार की सामग्रियों का भोग लगाया। यह देखकर इंद्र अत्यंत कुपित हुए और उन्होंने बादलों से मूसलाधार पानी बरसवा दिया। श्याम ने गोबर्द्धन पर्वत को उठाकर सबकी रक्षा कर ली।

८४७/१४४५ राग नट

अति आनँद ब्रजबासी लोग।
भाँति-भाँति पकवान सकट भरि, लै-लै चले छहूँ-रस-भोग।
तीनि लोक कौ ठाकुर संगहिं, तासौं कहत सखा हम-जोग।
आवत जात डगर नहिं पावत, गोबर्धन-पूजा-संजोग।
कोउ पहुँचे, कोउ रेंगत मग मैं, कोउ घर तैं निकसे, कोउ नाहिं।
कोउ पहुँचाइ सकट घर आवत, कोउ घर तैं भोजन लै जाहिं।
मारग मैं कोउ निर्तत आवत, कोउ गावत अपने रस माहिं।
'सूरस्याम' कौं जसुमति टेरति, बहुत भीर है हरि न भुलाहिं॥

ब्रजवासी लोग अत्यंत प्रसन्न हैं। वे गाड़ियों पर तरह-तरह के पकवान और छहों रसों वाले खाद्य पदार्थ लाद-लादकर चल पड़े। उनके साथ में तीनों लोक के ठाकुर कृष्ण कन्हैया भी हैं। पर भोले अनजान ब्रजबासी उनको अपनी जोड़ का और अपना संगी-साथी कहते हैं। गोबर्द्धन की पूजा का संयोग आ बना है। भीड़ इतनी उमड़ पड़ी है कि आने-जाने का रास्ता नहीं मिल पा रहा है। कोई गोबर्द्धन पर पहुँच गए हैं, कोई मार्ग में धीरे-धीरे आगे बढ़े जा रहे हैं, कोई घर से निकल आए हैं, कुछ अभी घर ही में हैं और बाहर नहीं आ सके हैं। कोई छकड़े को गोबर्द्धन पहुँचाकर वापस चले आ रहे हैं। कोई-कोई घर से भोजन ले-लेकर चले जा रहे हैं। मार्ग में कोई नाचता हुआ चला जा रहा है। कोई अपने आनंद में मग्न होकर गाता चल रहा है। यशोदा कन्हैया को बुलाए जा रही है, उन्हें भय है कि बहुत भीड़ है, कन्हैया कहीं इस भीड़ में भुला न जायँ। भटक न जायँ।

८४८/१४४९ राग आसावरी

नंद करत गिरि की पूजा-बिधि।
भोजन लै सब धरे छहूँ रस, कान्ह संग आठौ सिधि।

लै-लै आवत ग्वाल घरनि तैं, भोजन बहुत प्रकार।
ब्यंजन देखि बहुत सुख पावत, तुरत करौ ज्यौनार।
जो हरि कहत, करत सोइ-सोइ बिधि, पूजा की बहु भाँति।
माखन दधि पय तक्र धरत लै, जोरि जोरि सब पाँति।
को बरनै नाना बिधि ब्यंजन, जे बनए नँद-नारि।
'सूरस्याम' की लीला अदभुत, कह बरनै मुख चारि॥

नंद गोबर्द्धन पर्वत की पूजा की सभी विधियों में लगे हैं। साथ में कन्हैया और आठो सिद्धियाँ हैं। नंद ने सभी छहो रसवाली भोजन-सामग्रियाँ ला धरीं। ग्वाल लोग भी अपने-अपने घरों से अनेक प्रकार के भोजन लाते जा रहे हैं। अनेक प्रकार के सुस्वादु व्यंजनों को देखकर कन्हैया बहुत सुख पाए जा रहे थे। उन्होंने कहा—अब विलंब क्यों? तुरत जेवनार की व्यवस्था की जाय। हरि जैसा-जैसा कहते थे, नंद अनेकों प्रकार की पूजा की वे सारी विधियाँ करते जा रहे थे। माखन, दही, दूध, छाछ को पंक्तिबद्ध जोड़कर वे रखते जा रहे थे। नंद की नारी यशोदा ने जो नाना प्रकार के खाद्य पदार्थ बनाए थे, उनका वर्णन कौन कर सकता है। श्याम की लीला अद्भुत है। उसका वर्णन तो चतुर्मुख ब्रह्मा भी नहीं कर सकते।

८४९/ल-४०८/१२ राग नट

पूजा बिधि गिरिराज की, नँदलाल बतावैं।
झुंडनि-झुंडनि गोपिका, मिलि मंगल गावैं।
गंगाजल सो न्हवाइ के, दूध धौरी को नावैं।
बिबिध बसन पहिराय के, चंदन लपटावैं।
धूप दीप करि आरती, बहु भोग भरावैं।
तिलक कियो, बीरा दिए, माला पहिरावैं।
खरिक चले लहुरे बड़े, बेगि खिलावैं।
फिरि गिरिवर भोजन कियो, सुख 'सूर' दिखावैं॥

नंदलाल ने गिरिराज की पूजा की सारी विधियाँ बतलाईं। झुंड की झुंड गोपियाँ मंगल गीत गाने लगीं। उन्होंने गंगाजल से गोबर्द्धन को नहलाया, फिर धौरी गैया का दूध उनके सिर पर गिराया। तरह-तरह के वस्त्र पहनाया, फिर चंदन ने उनको चर्चित किया। सुगंधित अगुरु की बत्तियाँ जलाकर घुमाया और दीप जलाकर उनकी आरती की। फिर भोजन की अनेक प्रकार की सामग्रियाँ परोस दीं। उन्हें तिलक लगाया, माला पहना दी और पान का बीड़ा भी दिया। सभी छोटे-बड़े गोप अपने-अपने गोष्ठों से चलकर आए और उन्होंने गिरिराज को भोग लगाया। गिरिवर ने खूब छककर भोजन किया। उसे भोजन करते देख सभी को आश्चर्यमय परम सुख मिला, क्योंकि इसके पहले भोग अर्पित करने पर इंद्र ने कभी भो भोजन नहीं किया था।

८५०/१४५० राग नट नरायन

बिप्र बुलाइ लिए नँदराइ।
प्रथमारंभ जज्ञ कौ कीन्हौ, उठे बेद-धुनि गाइ।

गोबर्धन सिर तिलक चढ़ायौ, मेटि इंद्र ठकुराइ।
अन्नकूट ऐसौ रचि राख्यौ, गिरि की उपमा पाइ।
भाँति-भाँति ब्यंजन परसाए, कापैं बरन्यौ जाइ।
'सूरस्याम' सौं कहत ग्वाल, गिरि जेवहिं कहौ बुझाइ॥

नंदराय ने ब्राह्मण पुरोहितों को बुला लिया। ब्राह्मणों ने यज्ञ का आरंभ किया और सस्वर वेद-मंत्रों का गान करने लगे। इंद्र का स्वामित्व मिटाकर उन्होंने गोबर्द्धन के मस्तक पर तिलक लगाया और भोज्य पदार्थों का ऐसा अन्नकूट रच दिया कि वह पहाड़ के समान ऊँचा प्रतीत होने लगा। वहाँ रंग-रंग के भोजन परस दिए गए, जिनका वर्णन किसी से भी नहीं किया जा सकता। तब ग्वाल कन्हैया से कहने लगे कि अब गोबर्द्धन से समझाकर कह दो कि यह भोजन करें।

८५१/१४५३ राग केदार

कहत कान्ह नँद बाबा आवहु।
भोजन परसि धरे सब आगैं, प्रेम-सहित गिरिराज मनावहु।
और नंद उपनंद बुलाए, कह्यौ सबनि सौं भोग लगावहु।
सुपने मैं देख्यौ इहिं मूरति, यहै रूप धरि ध्यान धियावहु।
इक मन, इक चित अरपित करिकै, प्रगट देव-दरसन तुम पावहु।
'सूरस्याम' कहि प्रगट सबनि सौं, अपनैं कर लै क्यौं न जिंवावहु॥

तब कन्हैया जी ने कहा—'नंद बाबा, आओ। सब भोजन गिरिराज के आगे परोस दिए गए हैं। अब इनसे प्रेमपूर्वक भोजन करने के लिए निवेदन कीजिए।' तब नंद ने उपनंद आदि सभी को बुलाकर कहा—'सब लोग गिरिराज को भोग लगाइए।' कृष्ण ने कहा—मैंने स्वप्न में इसी मूर्ति को देखा था। इसी रूप का आप लोग ध्यान करें। एक मन से, एक चित्त से सारी खाद्य-सामग्री इन्हें चढ़ाइए। आपको देवता का प्रत्यक्ष दर्शन मिलेगा। फिर उन्होंने सबसे साफ-साफ कहा—'अपने-अपने हाथों से गिरिराज को क्यों नहीं खिलाते?'

८५२/१४५५ राग नट

गिरिवर स्याम की अनुहारि।
करत भोजन अधिक रुचि यह, सहस भुजा पसारि।
नंद कौ कर गहे ठाढ़े, यहै गिरि कौ रूप।
सखी ललिता राधिका सौं, कहति देखि स्वरूप।
'यहै कुंडल, यहै माला, यहै पीत पिछौरि।
सिखर सोभा स्याम की छबि, श्याम छबि गिरि जोरि।'
नारि बदरौला रही, बृषबानु-घर रखवारि।
तहाँ तैं उहिं भोग अरप्यौ, लियौ भुजा पसारि।
राधिका-छबि देखि भूली, स्याम निरखैं ताहि।
'सूर' प्रभु बस भई प्यारी, कोर-लोचन चाहि॥

ब्रजबासियों ने देखा कि यह गिरिराज गोबर्द्धन तो बिलकुल कन्हैया जैसा है। यह अपनी हजार-हजार बाहें फैला-फैलाकर अत्यंत रुचिपूर्वक भोजन किए जा रहा है। ललिता सखी गोबर्द्धन का यह रूप देखकर राधिका से कहने लगीं—'गिरि का रूप तो ऐसा लग रहा है जैसे नंद का हाथ पकड़े हुए स्वयं कन्हैया हो। वही कर्ण कुंडल है, वही वनमाला है, वही पीतांबर है, इसके शिखर की शोभा तो ठीक स्याम की छवि जैसी लग रही है और श्याम की छवि भी गिरि की शोभा जैसी ही जान पड़ती है।'

बदरौला नामक स्त्री वृषभानु के घर की रखवाली करने के लिए बरसाना में ही रह गई थी, गोबर्द्धन नहीं आ सकी थी। उसने अपने घर से ही गोबर्द्धन को भोग लगाया। गोबर्द्धन ने अपनी बाँह बढ़ाकर वह भोजन ले लिया।

इधर राधा गोबर्द्धन की यह छवि देखकर आत्म-विभोर हो उठी और उधर श्याम भी उसी की ओर देखे जा रहे थे। आँखों की कोर से देखती हुई राधा प्यारी प्रभु कृष्ण के वश में हो गई।

८५३/१४५६ राग धनाश्री

'देखहु री हरि भोजन खात।
सहस भुजा धरि उत जेंवत हैं, इतहिं कहत गोपनि सौं बात।'
ललिता कहति, 'देखि री राधा, जौ तेरैं मन बात समाइ।'
धन्य सबै गोकुल के बासी, संग रहत त्रिभुवन के राइ।
जेंवत देखि उतहि मुख कीनौ, अति आनँद गोकुल-नर-नारि।
'सूरदास' स्वामी सुख-सागर, गुन-आगर, नागर, दैतारि॥

गोपियाँ परस्पर कहने लगीं—देख री देख, कन्हैया स्वयं भोजन कर रहे हैं। उधर वे हजार-हजार भुजाओं से भोजन करते जा रहे हैं, इधर गोपों से बातें भी करते जा रहे हैं। ललिता राधा से कहने लगी—देख री राधा, देख, यदि तुझे मेरी यह बात जँचे, अच्छी लगे। गोकुल निवासी धन्य हैं, जो त्रिभुवनपति के साथ रहते हैं। गोबर्द्धन को भोजन करते हुए देखकर सभी ने उसी ओर मुँह कर लिया और गोकुल के सभी नर-नारी आनंद-विभोर हो उठे।

सूरदास कहते हैं—दैत्यों के अरि प्रभु सभी सुखों के सागर हैं, सभी गुणों के आगार हैं, और सभी प्रकार से नागर हैं। वे सब कुछ कर सकते हैं, पहाड़ को भी भोजन करा सकते हैं।

८५४/१४५७ राग गौरी

यह लीला सब करत कन्हाई।
उत जेंवत गिरि गोबर्धन सँग, इत राधा सौं प्रीति लगाई।
इत गोपनि सौं कहत जिंवावहु, उत आपुहिं जेंवत मन लाई।
आगैं धरे छहौं रस ब्यंजन, बदरौला कौ लियौ मँगाई।
अमर बिमान चढ़े नभ देखत, जै धुनि करि सुमननि बरसाई।
'सूरस्याम' सबके सुख-दाता, भक्त-हेतु अवतार सदाई॥

कन्हैया यह सब लीलाएँ किए जा रहे हैं। उधर वे गोबर्द्धन के साथ भोजन किए जा रहे हैं, इधर राधा से प्रीति किए जा रहे हैं। इधर गोपों से कह रहे हैं कि गोबर्द्धन को खिलाओ, उधर स्वयं जीमते जा रहे हैं। सामने छहो रसों के भोज्य पदार्थ रखे हुए हैं, उधर बदरौला का रूखा-सूखा भोजन भी मँगाए ले रहे हैं। देवता लोग आकाश में अपने-अपने विमानों पर चढ़े हुए यह लीला देख रहे हैं, जय-जयकार कर रहे हैं और फूल बरसाए जा रहे हैं।

सूरदास का कहना है—श्याम सबको सुख देनेवाले हैं। वे भक्तों के लिए ही सदा अवतार लेते रहते हैं।

८५५/१४५८ राग गौरी

गोपनि सौं यह कहत कन्हाई।
'जो मैं कहत रह्यौ भयौ सोई, सुपनांतर प्रगट्यौ अब आई।
जो माँग्यौ चाहौ सो माँगौ, पावहुगे जो जा मन भाई।'
कहत नंद, 'सब तुमहीं दीन्हौ, माँगतु हौं हरि की कुसलाई।'
कर जोरे नंद आगें ठाढ़े, गोबर्धन की करत बड़ाई।
'ऐसौ देव कहूँ नहिं देख्यौ, सहस भुजा धरि खात मिठाई।
सदा तुम्हारी सेवा करिहौं, और देव नहिं करौं पुजाई।
'सूरस्याम' कौं नीकैं राखौं, कहत महर' ये हलधर भाई॥

गोप लोगों से कन्हैया कहने लगे—'जो मैं कह रहा था, वही हो गया। मैंने जो स्वप्न में देखा था, वह अब सौंतुख (प्रत्यक्ष) हो गया। जो कुछ तुम लोगों को माँगना हो, गिरिराज से तुम लोग अपना सभी कुछ मनभाया माँग लो। तुम्हें वह सब मिलेगा।'

तब नंद गिरिराज से कहने लगे—'हे गिरिराज, सब तुम्हारा ही दिया तो है। मैं हरि की कुशलता ही माँगता हूँ। मेरा कन्हैया सकुशल बना रहे—इसे छोड़ मैं और कुछ नहीं चाहता।' नंद गोबर्द्धन के आगे हाथ जोड़कर खड़े हो गए और गोबर्द्धन की बड़ाई करते हुए कहने लगे—'मैंने ऐसा देवता तो कहीं नहीं देखा, जो हजार-हजार हाथों से नैवेद्य की सारी मिठाइयाँ खाए लेता हो। हे गिरिराज, अब मैं केवल तुम्हारी पूजा किया करूँगा और किसी देवता की पूजा नहीं करूँगा।' नंद महर कहने लगे—'बस तुम कन्हैया को और इनके भाई हलधर बलराम को भला-चंगा बनाए रखो।'

८५६/१४६२ राग सारंग

'भली करी पूजा तुम मेरी।
बहुत भाव करि भोजन अरप्यौ, मानि लई मैं तेरी।
सहस भुजा धरि भोजन कीन्हौं, तुम देखत बिदिमान।
मोहिं जानत हैं कुँवर कन्हैया, और नहीं कोउ आन।
पूजा सब की मान लई मैं, जाहु घरनि ब्रज-लोग।'
'सूरस्याम' अपनैं कर लीन्हे, बाँटत जूठन-भोग॥

तब गोबर्द्धन मुँह ही मुँह बोलने लगे—तुमने मेरी पूजा की, तुमने यह बहुत अच्छा

किया। तुमने बहुत श्रद्धा-भाव से मुझे भोजन परोसा है। मैंने तुम्हारी पूजा स्वीकार कर ली। तुम्हारी उपस्थिति में मैंने तुम्हारे देखते-देखते हजार हाथों से भोजन किया है। मुझे केवल कृष्ण कन्हैया जानते हैं और कोई नहीं जानता। मैंने तुम सब की पूजा स्वीकार कर ली है। अब तुम लोग राजी खुशी अपने-अपने घर जाओ।

इसके पश्चात कन्हैया गोबर्द्धन का जूठा-भोग, प्रसाद रूप में अपने हाथों में ले-लेकर, सब लोगों में बाँटने लगे।

८५७/१४६३ राग बिलावल

बिनती करत नंद कर जोरैं, पूजा कह हम जानै नाथ।
हम हैं जीव सदा माया-बस, दरस दियौ मोहिं कियौ सनाथ।
महा पतित मैं, तुम पावन प्रभु, सरन तुम्हारी आयौ तात।
तुमतैं देव और नहिं दूजौ, कोटि ब्रह्मंड रोम प्रति गात।
तुम दाता, अरु तुमहिं भोगता, हरता-करता तुमहीं सार।
'सूर' कहा हम भोग लगायौ, तुमहीं भलै दियौ संसार॥

नंद महर हाथ जोड़कर गोबर्द्धन की स्तुति करने लगे—'हे नाथ, हम पूजा करना क्या जानें? हम संसारी प्राणी हैं, हम सदैव माया के बस में बने रहते हैं। तुमने हमें दर्शन देकर कृतार्थ कर दिया, सफल मनोरथ कर दिया। मैं अत्यंत पापी हूँ। प्रभु हम जैसे पतितों को पवित्र कर देनेवाले हैं। हे तात, मैं तुम्हारी शरण में आ गया हूँ। तुम्हारे समान देवता कोई दूसरा नहीं। तुम्हारे शरीर के एक-एक रोएँ में कोटि-कोटि बह्मांड समाए हुए हैं। तुम्हीं दाता (देनेवाले) हो और तुम्हीं भोक्ता (खानेवाले) हो, तुम्हीं मूलतः सृष्टिकर्त्ता और सृष्टि हर्ता दोनों हो, तुम्हीं संसार के सार-तत्व हो। हे प्रभु, हम तुम्हारा भोग क्या लगा सकते हैं। तुम्हीं ने तो हम सभी संसारी जीवों को भुला रखा है। भ्रम में डाल रखा है, माया-ग्रस्त बना रखा है।'

८५८/१४६४ राग बिलावल

'यह पूजा मोहिं कान्ह बताई।
भूल्यौ फिरत द्वार देवनि कैं, त्रिभुवनपति तुमकौं बिसराई।
आपुहिं कृपा करी सुपनांतर, स्यामहिं दरस दियौ तुम आई।
ऐसे प्रभु कृपाल करुनामय, बालक की अति करी बड़ाई।'
गिरि-पाइनि लै हरि कौं पारत, हलधर कौं पाइनि तर नाई।
'सूरस्याम' बलराम तुम्हारे, इनकौं कृपा करौ गिरिराई'॥

नंद कह रहे हैं—'तुम्हारी पूजा की यह बात तो मुझे मेरे कन्हैया ने बताई है। हे त्रिभुवनपति, आज तक तुम्हें भूला हुआ था और दूसरे-दूसरे देवताओं के द्वार पर फिरता रहा। तुम्हीं ने कृपा करके सपने में कन्हैया को दर्शन दिया और इस बालक को दर्शन देकर बड़ाई दी। प्रभु, तुम बड़े कृपालु हो, अत्यंत करुणामय हो।' फिर नंद ने हरि को गोवर्द्धन के पैरों पर ला गिराया, तदनंतर बलराम को भी उनके पैरों पर गिरा दिया और कहा—हे गिरिराज, श्याम और बलराम तुम्हारे ही हैं, इन पर निरंतर कृपा करते रहो।

८५९/१४६५ राग बिलावल

ग्वाल कहत, 'धनि धन्य कन्हैया।
बड़ौ देवता प्रगट बतायौ', यह कहि लेत बलैया।
'धन्य-धन्य गिरिराजनि के मनि, तुम सम और न दूजा।
तुम लायक कछु नाहिं हमारैं, को जानै तुम पूजा।'
गोप सबै मिलि कहत स्याम सौं, 'जो कछु कह्यौ, सो कीन्हौ।'
'सूरस्याम' कहि-कहि यह बानी, 'देव मानि सुख लीन्हौ' ॥

सभी ग्वाल कन्हैया से कहने लगे—'हे कन्हैया, तुम धन्य हो, धन्य हो। तुमने हमें इतना बड़ा देवता हमारी आँखों के सामने प्रत्यक्ष ला दिखाया।' यह कहकर वे कन्हैया की बलैया लेने लगे।

फिर वे गिरिराज से कहने लगे—हे गिरिराजों के भी मणि, तुम धन्य हो, वंदनीय हो। तुम्हारे समान कोई दूसरा देवता नहीं है। तुम्हें चढ़ाने लायक हमारे पास कुछ भी नहीं है। तुम्हारी पूजा करना भी कौन जानता है।

फिर गोपगण कन्हैया से कहने लगे—'श्याम, तुमने जो कुछ कहा था, सो सब प्रत्यक्ष कर दिखाया।'

इस पर श्याम ने बार-बार यह कहा—तुम लोगों ने गोवर्धन को देव माना। इसीलिए तुमने यह सब सुख पाया है।

८६०/१४६६ राग गौड़ मलार

गोप उपनंद बृषभानु आए।
बिनय सब करत गिरिराज सौं जोरि कर, 'गए तन-ताप, तुव दरस पाए।
देवता बड़े तुम, प्रगट दरसन दियौ, प्रगट भोजन कियौ, सबनि देख्यौ।
प्रगट बानी कही, गिरिराज तुम सही, और तिहुँ भुवन नहिं कहूँ पेख्यौ।'
हँसत हरि मनहिं मन, तकत गिरिराज-तन, 'देव परसन भयौ करौ काजा।'
'सूर' प्रभु प्रगट लीला कही सबनि सौं, चले घर-घरनि अपने समाजा ॥

फिर गोप, उपनंद, वृषभानु भी गोवर्द्धन के पास आए और सब हाथ जोड़कर गिरिराज से विनती करने लगे—हे गिरिराज, तुम्हारा दर्शन पाकर हमारे सारे दैहिक ताप दूर हो गए। तुम बहुत बड़े देवता हो, तुमने हमें प्रत्यक्ष दर्शन दिया है। तुमने सबके सामने भोजन किया है। तुम्हें भोजन करते सभी ने देखा है। तुम प्रकट रूप से बोले भी। तुम सचमुच गिरिराज हो। तुम्हारे समान तीनों लोकों में हमने किसी अन्य देवता को कहीं नहीं देखा।

कन्हैया मन ही मन हँसे जा रहे थे। उन्होंने गिरिराज की ओर देखकर कहा—तुम पर देवता प्रसन्न हैं। तुम सब जाकर अब अपने काम करो। इस प्रकार कन्हैया ने गिरिराज की लीला कह सुनाई और सब अपने-अपने घर को चले गए।

८६१/१४६७ राग गौड़ मलार

देखि थकित गन-गंध्रब-सुर-मुनि।
धन्य नंद कौ सुकृत पुरातन, धन्य कही करि जै जै जै धुनि।

धन्य-धन्य गोबर्धन पर्बत, करत प्रसंसा सुर-मुनि पुनि-पुनि ।
आपुहिं खात कहत है गिरि कौं, यह महिमा देखी न कहूँ सुनि ।
यहै कहत अपनैं लोकनि गए, धनि ब्रजबासी बस कीन्हौ उनि ।
'सूरस्याम' धनि-धनि ब्रज बिहरत, धन्य-धन्य सब कहत गुननि गुनि ॥

गंधर्वों, देवों और मुनियों के समूह प्रभु की यह लीला देखकर चकित होकर आकाश में रुक गए और कहने लगे—'नंद का पूर्व पुण्य धन्य है।' वे नंद के भाग्य की सराहना करते हुए प्रभु की जय-जयकार करने लगे। सुर-मुनि बार-बार गोवर्धन गिरि की प्रशंसा करते हुए कहने लगे—'गिरिराज गोवर्धन भी धन्य हैं, वंदनीय हैं। प्रभु खा तो रहे हैं स्वयं, पर कहे जा रहे हैं पर्वत खा रहा है। प्रभु की यह महिमा न कहीं देखी गई, न सुनी गई।' यह कहते हुए वे अपने-अपने लोकों को चले गए। ब्रजवासी धन्य हैं, जिन्होंने हरि को अपने वश में कर लिया है। श्याम धन्य हैं, जो व्रज में विहार करते जा रहे हैं, प्रभु के चरित्र पर विचार करते हुए वे सब कहे जा रहे है—'प्रभु की यह लीला भी धन्य है।'

गिरिधारण लीला

८६२/ल-४१०/११ राग मलार

'सुनहु री मेहा तो आयो ।
घर की गाय बहोरो हो मोहन', ग्वालन टेरि सुनायो ।
'कारी घटा सधूम देखियत, अति गति पवन चलायो ।
चारौं दिसा चितै किन देखहु, दामिनि कौधौं लायौ ।'
अति घनश्याम सुदेस 'सूर' प्रभु, कर गहि सैल उठायौ ।
राखे सकल सुखहि में ब्रजजन, इंद्र को गर्व गँवायो ॥

ग्वाल बाल गायें चरा रहे थे। तभी आकाश में बादल छा गए। वे मोहन से कहने लगे—सुनो मोहन, बादल आ गए हैं, घर की गायों को बटोर लो, लौटा लो। यह कारी घटा बड़े धूम-धाम से और धुएँ सी दीख पड़ रही है। हवा भी बड़ी तेजी से बही जा रही है। चारों ओर देखो तो सही। बिजली कौंधी जा रही है।

तब अत्यंत सुंदर घन के समान श्याम कन्हैया ने हाथ से पकड़कर पर्वत को उखाड़ कर उठा लिया। उन्होंने सब ब्रजवासियों को सुखपूर्वक रखा और इंद्र का गर्व चूर कर दिया।

८६३/राग मेघ मलार

बादर बहु उमड़ि घुमड़ि, बरषत ब्रज आए चढ़ि,
कारे धौंरे धूमरे, धारे अति हीं जल ।
चपला अति चमचमाति, ब्रज-जन सब अति डरात,
टेरत सिसु, पिता मातु, ब्रज मैं भयौ गलबल ।
गरजत धुनि प्रलय काल, गोकुल भयौ अंधजाल,
चकित भए-ग्वाल-बाल, घहरत नभ हलचल ।
पूजा मेटी गुपाल, इंद्र करत यहै हाल,
'सूरस्याम' राखौ ब्रज, हरबर अब गिरिवर बल ॥

खूब जल भरे हुए बहुत से काले, उजले, धुएँ के रंग वाले बादल, उमड़-घुमड़कर, बरसते हुए ब्रजमंडल पर चढ़ आए। उन बादलों में बिजलियाँ खूब ही कौंधती जा रही थीं। उनसे सारे ब्रजवासी अत्यंत भयभीत होते जा रहे थे। माता-पिता अपने बच्चों को बुलाते जा रहे थे, घर के भीतर आ जाओ। व्रज में भारी खलबली मच गई। प्रलयकाल के बादलों के समान वे बादल जोर-जोर से कड़-कड़, गड़-गड़ कर गरजते जा रहे थे। गोकुल में चारों ओर अंधा-कुप्प अँधेरा छा गया था। नभ में बादलों की घोर गड़गड़ाहट से भारी हलचल मच गई थी। ग्वालबाल सभी चकरा उठे। गोपाल ने इंद्र की पूजा बंद करा दी। इसी से इंद्र ने व्रज की यह दशा कर दी है। अब अपने इस गिरिराज गोवर्धन के बल पर, हे श्याम, व्रज की रक्षा कर लो न?

८६४/१४७६ राग गौड़ मलार

गिरि पर बरषन लागे बादर।
मेघवर्त्त, जलवर्त्त, सैन सजि, आए लै-लै आदर।
सलिल अखंड धार धर टूटत, किये इंद्र मन सादर।
मेघ परस्पर यहै कहत हैं, धोइ करहु गिरि खादर।
देखि देखि डरपत ब्रजबासी, अतिहिं भए मन कादर।
यहै कहत, ब्रज कौन उबारै, सुरपति कियैं निरादर।
'सूरस्याम' देखैं गिरि अपनैं, मेघनि कीन्हौ दादर।
देव आपनौ नहीं सम्हारत, करत इंद्र सौं ठादर॥

गोवर्धन पहाड़ पर इंद्र के भेजे हुए बादल मूसलाधार पानी बरसाने लगे। इंद्र ने उन्हें अत्यंत सम्मान देकर भेजा था। मेघवर्त और जलवर्त नामक बादल अपनी सेना सजाकर आ गए। अखंडधारा में पानी धरती पर आ टूटा और बादलों ने सादर इंद्र के मन की कर डाली। वे परस्पर कहने लगे—अब इस गोवर्धन पर्वत को धोकर बहा दो, इसका नाम निशान न रह जाय। इसके स्थान पर एक छिछला गड्ढा भर रह जाय। व्रजवासी इन बादलों को और इनके द्वारा की जाती हुई घनघोर वर्षा को देखकर मन में अत्यंत कातरता, निराश्रयता की अनुभूति करते हुए डर गए। वे कहने लगे—हमने सुरपति इंद्र का अपमान किया है, अब व्रज को कौन उबार सकता है। अब श्याम अपने गिरिराज को देखें। इन बादलों ने तो भारी दुंद और घोर उत्पात मचा दिया है। अब कन्हैया अपने देवता गिरिराज को क्यों नहीं सँभालते? उन्होंने इंद्र से तो ठैंचा मचा ही लिया है।

८६५/१४८३ राग बिलावल

'राखि लेहु अब नंदकिसोर।
तुम जो इंद्र की मेटी पूजा, बरसत है अति जोर।
ब्रजबासी तुम तन चितवत हैं, ज्यौं करि चंद चकोर।'
'जनि जिय डरौ, नैन जनि मूँदौ, धरिहौं नख की कोर।
करि अभिमान इंद्र झरि लायौ, करत घटा घन घोर।'
'सूरस्याम' कह्यौ, 'तुम कौं राखौं, बूँद न आवै छोर'॥

व्रजवासी कन्हैया से कह रहे हैं—हे नंद किशोर, अब हमें बचा लीजिए। तुमने जो इंद्र की पूजा बंद कर दी है, उसीसे क्रुद्ध होकर वह इतनी घनघोर वर्षा किये दे रहा है। जैसे चकोर चंद्रमा की ओर निर्निमेष देखता रहता है, उसी प्रकार हम व्रजवासी तुम्हारी ओर टकटकी लगाए हुए हैं।

तब कन्हैया उनकी पुकार सुनकर, उनकी गुहार लगाने के लिए बोले—तुम लोग डरो मत, भय से अपनी आँखें मत मूँदो। मैं गोवर्धन को अपनी उँगली के नख के छोर पर रख लूँगा। इंद्र जो घमंड करके वर्षा की यह घनघोर झड़ी लगाए जा रहा है, मैं उससे तुम्हारी रक्षा करूँगा। बादलों की ये बूँदें तुम्हारी शरीर का छोर (किनारा) भी न छू सकेंगी।

८६६/१४८४ राग मलार

'तुम सुरपति कौ मान हर्‌यौ।
बरषत सुंड दंड धाराधर, छिति छिन इक मैं प्रलय कर्‌यौ।
ऐरावत-आरूढ़ अग्र-घन, लघुता जानि सु रोष भर्‌यौ।
सिसु की बुद्धि करी मनमोहन, बलि मेटी, कह काज सर्‌यौ।
देखे दीन दुखित नंदादिक, लीला गिरिवर करज धर्‌यौ।
'सूरदास' करुनामय माधौ, ब्रज सुख उनकौ गर्ब हर्‌यौ॥

ग्वाल कन्हैया से कह रहे हैं—'तुमने देवराज इंद्र का मान हर लिया है, उनका अपमान किया है। इसीलिए वह अपने बादलों से हाथी की सूँड़ जैसी मोटी धारा में पानी बरसाए जा रहा है और एक क्षण मात्र मैं पृथ्वी पर प्रलय सा दृश्य उपस्थित कर दिया है। बादलों के आगे आगे, इंद्र स्वयं अपने ऐरावत हाथी पर चढ़कर, अपने को लघु मान लिये जाने के कारण रोष में भरा हुआ चला आ रहा है। मनमोहन, इंद्र की बलि मिटा कर, तुमने भी लड़कपन किया है। भला इससे हमारा कौन काम सिद्ध हुआ है। उलटे यह विनाश लीला आ उपस्थित हो गई है।'

कन्हैया ने देखा नंद आदि सभी दुखी और दीन हो गए हैं। तब उन्होंने सहज ही जैसे खेल-खेल में गिरिराज गोवर्धन को अपने हाथ की उँगली पर उठा लिया। माधव, लक्ष्मीपति अत्यंत दयालु हैं। व्रज के सुख के लिए उन्होंने इंद्र का गर्व हर लिया।

८६७/१४८५ राग मलार

'माधौ जू काँपत डरनि हियौ।
तुम जु इंद्र की पूजा मेटी, तातैं कोप कियौ।
दामिनि खरग, बूँद सायक सम, घन जोधा लै संग।
हय-गय सरिस समीर दसहुँ दिसि, धनुष धुजा बहुरंग।
सोभित सुभट प्रचारि पैज करि, भिरत न मोरत अंग।
तुम्हरैं कहत कियौ नँद-नंदन, सुरपति कौ ब्रत-भंग।
बरषत प्रलय कियौ धर-अंबर, डरपत गोकुल गाउँ।
समरथ-नाथ सरन हौं, तुम बिनु और कौन पैं जाउँ।

जैसे अनल, ब्याल-मुख राखे, श्रीपति करौ सहाइ।
हमरैं तौं तुमहीं चिंतामनि, सब बिधि दाइ उपाइ।'
'जनि डर करहु सबै मिलि आवहु, या परबत की छाहँ।'
बरषत मैं गोपाल बुलाए, अभय किये दै बाहँ।
एक हाथ गोबर्धन राख्यौ, सात दिवस बल बीर।
'सूरदास' प्रभु ब्रजबासिनि के, ये हरता सब पीर॥

गोपी-ग्वाल कन्हैया से कह रहे हैं—'हे लक्ष्मीपति माधव, हमारा हृदय डर के मारे काँपा जा रहा है। तुमने जो इंद्र की पूजा समाप्त कर दी, उसी से वह क्रुद्ध हो गया है। यह चमचमाती बिजली ही तलवार है, घनघोर बूँदें वाण के समान हैं, बादल ही इंद्र के बीर बहादुर योद्धा हैं। दसो दिशाओं से चलती सनसनाती हवा ही इसके हाथी घोड़े हैं। इंद्र धनुष ही इसकी बहुरंगी पताका है। इसके घन-वीर ललकार कर, दृढ़ संकल्प करके, आकर भिड़े जा रहे हैं और अपने अंग तनिक भी नहीं मोड़ रहे हैं। हे नंदनंदन, तुम्हारे ही कहने से हमने देवराज की पूजा बंद की। अब वह प्रलयकाल की-सी वर्षा करके धरती और आकाश को एक किए दे रहा है। सारा गोकुल गाँव इंद्र और उसके बादलों से डर गया है। हे नाथ, तुम्हीं समर्थ हो, तुम्हें छोड़ और किसकी शरण में हम जायँ? तुमने हमें दावानल से, अघासुर के मुँह से बचाया था। वैसे ही हे श्रीपति, तुम हमारी सहायता फिर करो। हमारी चिंतामणि, हमारी कामनाओं को पूर्ण करनेवाले, हमारे सभी दाँव और उपाय तुम्हीं तो हो।'

तब कन्हैया ने कहा—'डरो मत, सभी मिलकर इस पर्वत की छाया में आ जाओ।' इस भारी वर्षा में गोपाल ने सभी गोपों को बुलाया और अपनी बाँह की शरण में लेकर उन्हें निर्भय कर दिया। बलराम के वीर कृष्ण ने एक हाथ की उँगली पर गोबर्धन को सात दिन तक रखे रखा। प्रभु ब्रजवासियों की सभी पीड़ा को इसी प्रकार हर लेने वाले हैं।

८६८/१४९२ राग मलार

'नीकैं धरौ नंद-नँदन बल-बीर।
गिरि जनि परै, टरै नख तैं जनि, कौन सहैगौ भीर।
चहुँ दिसि पवन झकोरत, घोरत मेघ-घटा गंभीर।
उनै-उनै बरषत गिरि ऊपर, धार अखंडित नीर।
अंध-धुंध अंबर तैं गिरि पर, परत बज्र के तीर।
चमकि-चमकि चपला चकचौंधति', स्याम कहत 'मन धीर।'
कर जोरत, कुल देव मनावत, ब्रज के गोप-अहीर।
'पय-पकवान-बिहान पूजिहैं, लै दधि-मधु-घृत-खीर।'
'सूरस्याम' गिरि धरयौ बाम कर, मेघ भए अति सीर॥

ग्वाल बाल कन्हैया से कह रहे हैं—हे बलबीर, हे नंद-नंदन, गोबर्द्धन भलीभाँति पकड़े रहिए, ऐसा न हो कि यह गिर जाय, उँगली के नह पर से यह खिसक न जाय। यदि ऐसा हो गया, तब इस भारी विपत्ति को कौन झेल सकेगा, सभी इसके नीचे दबकर मर ही

जायेंगे। चारों ओर से हवा के झकोरे चले आ रहे हैं, बादलों की घटा भी बड़े जोरों से गर्जना कर रही है। जल की अखंड-अटूट धारा पर्वत के ऊपर झुक-झुककर बरसती जा रही हैं। पर्वत पर वज्र के तीर भी, चिर्री भी आकाश से अंधाधुंध रूप में गिरती जा रही है। चमक-चमक कर बिजली भी चकाचौंध किए दे रही है। बिजली की चमक देखकर और बादल की कड़क सुनकर आँखें चौंधिया कर बंद हो-हो जा रही हैं।

तब श्याम ने कहा—'मन में धीर धरो, अधीर मत बनो।' ब्रज के समस्त अहीर हाथ जोड़कर अपने कुल देवताओं को मनाए जा रहे हैं। हम दूध, पकवान, दही, मधु, घी, खीर लेकर कल सबेरे तुम्हारी पूजा करेंगे। गोपियाँ, ग्वाल, गाय, बछड़े सभी सुख सहित जीवित बचे रहें।

कन्हैया ने गिरि गोबर्द्धन को अपने बायें हाथ की उँगली के नह के छोर पर इस प्रकार धर रखा था कि बादलों का सारा जोश ही ठंडा पड़ गया और उन्होंने सोच लिया अब हमारा बरसना ही बेकार है, हम ब्रजवासियों का कुछ नहीं बिगाड़ सकते।

८६९/१४९३ राग मलार

'गिरिवर नीकैं धरौ कन्हैया।
देखे रहौ टरै जनि नख तैं, भुजा तनक सी भैया।
जब जब गाढ़ परत ब्रज-लोगनि, तब करि लेत सहैया।'
जननि जसोदा कर लै चापति, अति स्त्रम होत नन्हैया।
देखत प्रगट धर्‍यौ गोबरधन, चकित भए नँदरैया।
पिता देखि ब्याकुल मनमोहन, तब इक बुद्धि उपैया।
आवहु तात गहहु गोबरधन, गोपनि संग लेवैया।
जहाँ-तहाँ सबहिनि गिरि टेक्यौ, कान्हहिं ओत देवैया।
स्याम कहत सब नंद गोप सौं, 'भलैं लियौ उचकैया'।
'सूरदास' प्रभु अंतरजामी, नंदहिं हरष बढ़ैया॥

गोप-गोपी कह रहे हैं—हे कन्हैया, गोबर्धन को भलीभाँति जकड़कर पकड़े रहो। हे भैया, तुम्हारी बाँह तो नन्हीं-नन्हीं हैं। सँभाले रहो, देखते रहो कि यह पहाड़ नह पर से खिसक कर गिर न जाय। जब-जब हम ब्रजवासियों पर संकट पड़ता है, तब-तब तुम आकर हमारी सहायता करके हमें बचा लेते हो।

यशोदा मैया, यह सोचकर कि मेरे नन्हें मुन्ना को अधिक मिहनत पड़ रही है, उनका हाथ पकड़कर उसे मींजती जाती हैं। नंद राय तो अचंभे में पड़ गए कि मेरे देखते-देखते, मेरे सामने ही, इस छोटे से ढोटा ने इतना बड़ा पहाड़, बाएँ हाथ की कानी उँगली के नख पर उठा लिया। मनमोहन ने देखा कि उनके पिता नंद व्याकुल हो उठे हैं, तब उन्होंने एक बुद्धि सोच निकाली और कहा, बाबा आकर तुम भी गोबर्द्धन को पकड़ लो और अन्य गोप-ग्वालों को भी साथ लेते आओ। सभी ने आकर जहाँ-तहाँ गोबर्द्धन की तली में अपनी-अपनी लाठियो की टेक लगा दी, जिससे कन्हैया को कुछ तो आराम मिल जाय।

तब श्याम ने नंद और गोपों से कहा—इस पहाड़ को उचका कर थोड़ा ऊपर उठाकर तुम लोगों ने बहुत अच्छा किया।

सूरदास का कहना है कि प्रभु तो अंतर्यामी हैं, वे नंद के मन की बात जान गए और नंद का हर्ष बढ़ाने के लिए ही उन्होंने सभी को, स्वयं नंद को भी, पहाड़ उठाए रखने के काम में लगा लिया।

८७०/१४९६ राम मलार

बरषि-बरषि घन ब्रज-तन हेरत ।
मेघबर्त अपनी सैना कौं, खीझत है, फिरि टेरत ।
'कहा बरषि अब लौं तुम कीनौ, राखत जलहिं छपाइ ।
मूसलधार बरषि जल पाटौ, सात दिवस भयौ आइ ।'
रिस करि-करि गरजत, नभ बरषत, चाहत ब्रजहिं बहाइ ।
'सूरस्याम' गिरि गोबरधन धर्‍यौ, ब्रज जन कौं सुखदाइ ॥

मेघवर्त नामक बादल घोर वर्षा करता हुआ ब्रज की ओर देखने लगा कि यह अभी तक बहा कि नहीं। पर उसे यह देखकर घोर निराशा हुई कि ब्रज तो अभी तक ज्यों का त्यों बना हुआ है, बचा हुआ है। इस पर झल्लाकर अपनी सेना के बादलों को उसने चिल्लाकर पुकारा। 'अभी तक तुमने बरस कर क्या किया, लगता है तुमने अपना जल अपने पेट में ही छिपा रखा है, पूरा बरस नहीं रहे हो, मूसलाधार वर्षा कर के जल से पाट दो, जिससे नभ तो जल है ही, थल भी जल हो जाए। हमको बरसते हुए सात दिन हो गया और कोई वांछित परिणाम नहीं निकला।'

तब बादल कुपित होकर आकाश में और जोर से गरजने और बरसने लगे और सोचने लगे कि ब्रज को ही बहा दें। पर यहाँ तो ब्रजवासियों को सुख देनेवाले कन्हैया ने उनकी रक्षा के लिए गोबर्धन को उँगली पर उठा ही रखा था, फिर बेचारे बादल कर ही क्या पाते?

८७१/१४९७ राग मलार

बरषि-बरषि हहरे सब बादर ।
'ब्रज के लोगनि धोइ बहावहु, इंद्र हमहिं कह्यौ आदर ।
कहा जाइ कैहैं प्रभु आगैं, करिहैं बहुत निरादर ।
हम बरषत, परबत जल सोखत, ब्रजबासी सब सादर ।'
पुनि रिस करत, प्रलय-जल बरषत, कहत भए सब कादर ।
'सूर' गाइ गोसुत सब राखौ, गिरिवर धरि ब्रज-नादर ॥

बरस-बरस कर भी बादल काँप उठे और कहने लगे—'बड़ा आदर देकर इंद्र ने हमें ब्रज के लोगों को धो-बहाने के लिए भेजा था, पर हम इनका कुछ भी बिगाड़ नहीं सके। अब हम प्रभु इंद्र के पास जाकर क्या कहेंगे, कौन-सा उत्तर देंगे। हमें देखकर अब वे हमारा अनादर ही करेंगे। हम बरसते तो हैं, पर गोबर्धन-पर्वत सारा जल सोखे जा रहा है और सारे ब्रजवासी उसकी छाया में स्वस्थ, सानंद और सादर बने हुए हैं।'

फिर सब बादल क्रोध करके प्रलय काल जैसा जल बरसाने लगे और कहने लगे—हम सब कादर, कातर, कायर हो गए हैं क्या? बहादुरों बरसे चलो।

पर ब्रज के उस नादर ने, अद्भुत क्षमता वाले पुरुष ने, गाय, बछड़ों और गोपी ग्वालों सब की रक्षा कर ली।

८७२/४९८ राग धनाश्री

'कहा होत जल महा प्रलै कौ।
राख्यौ सैंति-सैंति जिहिं कारज, बचत नहीं कहुँ नैकौ।
भुव पर एक बूँद नहीं पहुँची, निझरि गए सब मेह।
बासर सात अखंडित धारा, बरषत हारे देह।
उदर भयौ बिनु नीर सबनि कौ, नाउँ रह्यौ है बादर।
'सूर' चले फिरि अमरराज पैं, ब्रज तैं भए निरादर'॥

बादल कह रहे हैं—'हम महाप्रलय का जल बरसाए जा रहे हैं, पर यह सब जल हुआ क्या जा रहा है, कुछ पता नहीं चल रहा है। हमने एक-एक बूँद महा प्रलय के लिए समेट-समेट कर रख छोड़ी थी, पर उसकी एक बूँद भी तो नहीं बची। वहाँ पृथ्वी पर एक भी बूँद नहीं पहुँची, यहाँ हमारी एक-एक बूँद निथर गई, चुक गई। सात दिन-रात अखंड वर्षा करते हुए हमारी यह देह भी थक गई। सबका पेट बिना पानी का हो गया है और अब हमारा नाम मात्र वारिद रह गया है—हममें वारि रह ही नहीं गया है फिर हम वारि देंगे, तो कहाँ से?' ब्रज से निरादृत, अपमानित होकर सब बादल अमरावती को लौट गए।

गोपादि की बातचीत

८७३/१५७२ राग सोरठ

'जहाँ-तहाँ तुम हमहिं उबार्‌यौ।
ग्वाल सखा सब कहत स्याम सौं', धनि जसुमति अवतार्‌यौ।
तृनावर्त्त ब्रज पर चढ़ि आयौ, लाग्यौ देन उड़ाइ।
अति सिसुता मैं ताहि सँहार्‌यौ, पर्‌यौ सिला पर आइ।
बल-जनाइ बालक सँग खेलत, कैसैं आयौ साथ।
वाहि मारि तुम हमहिं उबार्‌यौ, ऐसे त्रिभुवन नाथ।
कागासुर, सकटासुर मार्‌यौ, पय पीवत दनु-नारि।
अघा उदर तैं हमहिं बचायौ, बका-बदन धरि फारि।
कालीदह-जल अँचै गए मरि, तब तुम लियौ जिवाइ।
'सूरस्याम' सुरपति तैं राख्यौ, देतौ सबनि बहाइ॥

ग्वाल बाल श्याम से कह रहे हैं—हे कन्हैया जहाँ-जहाँ भी हमारे ऊपर संकट आया है, वहाँ-वहाँ तुम्हीं ने हमें बचाया है। यशोदा मैया धन्य हैं, जिन्होंने तुम्हें जना, जनमाया। तृणावर्त ब्रज पर आ दौड़ा था और सबको उड़ा ले जाना चाहता था, तब तुम बहुत छोटे थे, पर तुमने उसे मार डाला और वह चट्टान पर जा गिरा। इसी प्रकार प्रलंब नामक असुर अपना बल दिखाता हुआ हम बालकों के साथ खेल में न जाने कैसे आकर शामिल हो

गया, पर हे त्रिभुवन नाथ, तुम ऐसे दयालु हो कि तुमने उसको भी मारकर हमें बचाया। इसी प्रकार तुमने कागासुर को मारा, सकटासुर को मारा, दूध पीते समय दनुज नारी पूतना को मारा। अघासुर के पेट से हमें बचा निकाला। बकासुर के शरीर को पकड़ कर फाड़ डाला। हम लोग कालीदह का जल पीकर मर गए थे, तब तुम्हीं ने तो हमें जिला लिया था। उसी प्रकार तुमने हे श्याम, हमें इंद्र से भी बचाया है, नहीं तो वह हम सबको बहा देता।

८७४/१५७४ राग सोरठ

जब कर तैं गिरि धर्‌यौ उतारि ।

स्याम कह्यौ बहुरौ गिरि पूजहु, ब्रज-जन लिये उबारि ।
यह सुनतहिं मन हरष बढ़ायौ, कियौ पकवान सँवारि ।
बहु मिष्टान्न, बहुत बिधि भोजन, बहु ब्यंजन अनुहारि ।
परसि धर्‌यौ गोबरधन आगैं, जेंवत अति रुचि भारि ।
'सूरस्याम' गिरिधर बर माँगतिं, रबि सौं घोष-कुमारि ॥

जब कन्हैया ने अपने हाथ से गोबर्धन को उतार कर पृथ्वी पर रख दिया, तब उन्होंने कहा—गोबर्धन ने ब्रजवासियों को बचा लिया है। इसलिए एक बार फिर इसकी पूजा करो। यह सुनते ही सबके मन में हर्ष का पारावार उमड़ पड़ा। तब सबने तरह-तरह के पकवान, बहुत प्रकार की मिठाइयाँ, अनेक प्रकार के भोजन और उसी प्रकार के अनेक व्यंजन बना डाले। सभी भोजन सामग्री गोबर्धन के आगे परस दी गई और वह अत्यंत प्रेमपूर्वक भोजन भी करने लगा।

घोष कुमारियाँ सूर्य से प्रार्थना करने लगीं कि हमें गिरिधर गोपाल को वर रूप में दो।

८७५/१५७६ राग कान्हरौ

घर-घर तैं ब्रज-जुवती आवतिं ।

दधि अच्छत रोचन धरि थारनि, हरषि स्याम-सिर तिलक बनावतिं ।
बार-बार निरखतिं अँग-अँग छबि, स्याम रूप उर माहिं दुरावतिं ।
नंद-सुवन गिरि धर्‌यौ बाम कर, यह कहि-कहि मन हरष बढ़ावतिं ।
जिहिं पूजत सब जनम गँवायौ, सो कैसेहुँ पग छुवन न पावतिं ।
'सूरस्याम' गिरिधरन माँगि बर, कर जोरतिं, कहि बिधिहिं मनावतिं ॥

घर-घर से निकल कर ब्रज युवतियाँ आने लगीं। वे थाली में दही, चावल, हर्दी भर-भर कर लिए आ रही हैं और प्रसन्न होकर कन्हैया के सिर पर टीका लगाए जा रही हैं। वे श्याम सुंदर के अंग-प्रत्यंग की छवि बराबर निरखती जा रही हैं और श्याम के उस सौंदर्य को अपने हृदय में छिपाए जा रही हैं। नंद के पुत्र ने गोबर्द्धन पहाड़ को अपनी उँगली पर उठा लिया। यह कह-कहकर वे अपना हृदयोल्लास बढ़ाती जा रही हैं। जिस इंद्र की पूजा करते-करते हमने अपना सारा जीवन खो दिया, उसका तो हम पैर भी नहीं छू सकी थीं। ब्रज-बालाएँ हाथ जोड़कर ब्रह्मा जी को मनाए जा रही हैं कि गिरिधर गोपाल हमें वर रूप में प्राप्त हों।

८७६/१५७९ राग बिलावल

घरनि-घरनि ब्रज होति बधाई ।
सात बरष कौं कुँवर कन्हैया, गिरिवर धरि जीत्यौ सुरराई ।
गर्ब सहित आयो ब्रज बोरन, वह कहि मेरी भक्ति घटाई ।
सात दिवस जल बरषि सिरान्यौ, तब आयौ पाइनि तर धाई ।
कहाँ कहाँ नहिं संकट मेटत, नर-नारी सब करत बड़ाई ।
'सूरस्याम' अब कैं ब्रज राख्यौ, ग्वाल करत सब नंद दोहाई ॥

ब्रज के घर-घर में बधाई के बाजे बजने लगे। गोपियाँ कहने लगीं—कन्हैया अभी सात ही वर्ष के हैं, पर उन्होंने अपनी उँगली पर गिरिराज गोबर्द्धन को धारण कर सुरपति इंद्र को जीत लिया। इंद्र ने मन में कहा—ब्रजवासियों ने मेरी भक्ति को छोड़ दिया है। अतः वह घमंड करके ब्रज को डुबोने के लिए चल पड़ा। सात दिनों तक वह पानी बरसाकर थक गया, तब वह दौड़कर कन्हैया के पैरों पर आ गिरा। कन्हैया ने कहाँ-कहाँ हमारा संकट नहीं दूर किया है। नर-नारी सभी यह कह-कहकर कन्हैया की बड़ाई करने लगे। श्याम ने इस बार भी ब्रज की रक्षा कर ली है—ऐसा कहते वे नंद की दुहाई देने लगे।

८७७/१५८० राग नट

'क्यौं राख्यौ गोबर्धन स्याम ।
अति ऊँचौ, बिस्तार अतिहिं, वह लीन्हौ उचकि करज-भुज-बाम ।
वह आघात महा परलै-जल, डर आवत मुख लेतहिं नाम ।
नीकैं राखि लियौ ब्रज सिगरौ, ताकौं तुमहिं पठायौ धाम ।
ब्रज अवतार लियौ जब तैं तुम, यहै करत निसि-बासर-जाम ।
'सूरस्याम' बन-बन हम कारन, बहुत करत स्रम नहिं बिस्राम' ॥

ग्वालबाल आकर कन्हैया से पूछने लगे—'हे श्याम, यह गोबर्धन इतना ऊँचा है, इतना अधिक इसका फैलाव है। फिर भी तुमने इसे उखाड़ कर अपने बाएँ हाथ की कानी उँगली पर कैसे उठा धरा? बड़े जोर से चोट करता हुआ प्रलय-काल जैसा जल बरसता रहा। इस बारिश का तो नाम लेते ही डर लगने लगता है। इस मूसलाधार वर्षा से तुमने सारे ब्रज को भलीभाँति बचा लिया और उस वर्षा करनेवाले इंद्र को तुमने उसके घर लौटा दिया। जबसे तुमने ब्रज में जन्म लिया है, तब से तुम रात-दिन के आठो प्रहरों में हमारी यह रक्षा बराबर करते आए हो। हमारे ही लिए तुम हम लोगों के साथ एक वन से दूसरे वन में घूमते रहे हो। तुमने हमारे लिए बहुत श्रम किया है और थोड़ी देर के लिए भी आराम नहीं किया है।'

८७८/१५८१ राग नट

'राखि लियौ ब्रज नंद किसोर ।
आयौ इंद्र गर्ब करिकै चढ़ि, सात दिवस बरषत भयौ भोर ।
बाम भुजा गोबर्धन धारयौ, अति कोमल नखहीं की कोर ।
गोपी-ग्वाल-गाइ-ब्रज राखे, नैंकु न आई बूँद-झकोर ।

अमरापति तब चरन पर्‌यौ लै, जब बीते जुग गुन के जोर ।
'सूरस्याम' करुना करि ताकौं, पठै दियौ घर मानि निहोर' ॥

'हे नंदकिशोर, तुमने ब्रज की खूब ही रक्षा की है। इंद्र घमंड करके ब्रजमंडल पर चढ़ आया, उसने सात दिन-रात बराबर घनघोर वर्षा की। पर ब्रज का कुछ भी न बिगाड़ पाने के कारण वह आश्चर्य-विभोर हो गया। तुमने अपनी बाईं भुजा की अत्यंत कोमल कानी उँगली के नह के छोर पर गोबर्धन पहाड़ को उपार कर सात-सात दिनों तक रखे रखा। तुमने गोपी, ग्वाल, गाय और ब्रज को बचा लिया। बूँद का एक भी झोंका इनमें से किसी के पास तक न आ पाया। जब इंद्र के मन पर से राजस और तामस इन दो गुणों का प्रभाव, बल हट गया और उसमें केवल सात्विक गुण उभर आया, तब वह तुम्हारे पैरों पर आ गिरा। तब हे श्याम, तुमने उसकी विनती स्वीकार करके, उसे क्षमा करके, उसे उसके घर अमरावती वापस भेज दिया।'

८७९/१५८२ राग मलार

'मोहन जल-प्रवाह क्यौं टार्‌यौ ।
बूझति मुदित जसोदा जननी, इंद्र कोप करि हार्‌यौ ।
मेघबर्त्त जल बरषि निसा दिन, नैंकु न वेग निवार्‌यौ ।'
बार-बार यह कहति कान्ह सौं, 'कैसैं गिरि नख धार्‌यौ ।'
सुरपति आनि पर्‌यौ गहि पाइनि, ताकौं सरन उबार्‌यौ ।
'सूरस्याम' जन के सुखदाता, कर तैं धरनि उतार्‌यौ' ॥

यशोदा मैया प्रसन्न होकर कन्हैया से पूछ रही हैं—'हे मोहन, तुमने इस घनघोर वर्षा के जल को कैसे टाला, मेघवर्त सात-सात दिन-रात घोर वर्षा करता रहा और अपनी जल-वर्षा के वेग में जरा भी कमी न आने दी थी। इंद्र ने ब्रज पर क्रोध किया था, पर उसका क्रोध निष्फल रहा, निष्प्रभावी रहा।' वे कन्हैया से बार-बार पूछती जा रही हैं—'तुमने इतना बड़ा पर्वत किस प्रकार अपने नाखून पर धरे रखा? इंद्र आकर तुम्हारे पैरों पर पड़ा, तब तुमने उसको अपनी शरण में ले लिया और उसे क्षमा कर दिया।'

श्याम अपनी माँ को सदा सुख देनेवाले हैं। ब्रजवासियों को सुख और सुरक्षा देकर उन्होंने हाथ पर उठे गोबर्द्धन पर्वत को पृथ्वी पर उतार कर रख दिया।

८८०/१५८३ राग सोरठ

'(तैरें) भुजनि बहुत बल होइ कन्हैया ।'
बार-बार भुज देखि तनक से, कहति जसोदा मैया ।
स्याम कहत, 'नहिं भुजा पिरानी, ग्वालनि कियौ सहैया ।
लकुटिनि टेकि सबनि मिलि राख्यौ, अरु बाबा नँदरैया ।
मोसौं क्यौं रहतौ गोबरधन, अतिहिं बड़ौ वह भारी ।'
'सूरस्याम' यह कहि परबोध्यौ, चकित देखि महतारी ॥

कन्हैया की छोटी-छोटी बाहों को देखकर यशोदा माता उन्हें आशीर्वाद दिए जा रही हैं—कन्हैया, भगवान करें, तेरी भुजाओं में बहुत-बहुत बल हो।

तब श्याम बोले—'ग्वालों ने मेरी सहायता की। सबने अपनी-अपनी लाठियों से गोबर्द्धन को थाम्हे रखा। बाबा नंद ने भी अपनी लाठी लगा दी थी। मेरी बाहों में जरा भी पीड़ा नहीं हुई। अगर वे सहायता न करते तो मैं इतना बड़ा पहाड़ कैसे अपने अकेले हाथ पर लिए रहता।'

यशोदा मैया को आश्चर्य चकित देखकर श्याम ने इस प्रकार उन्हें प्रबोध दिया, सांत्वना दी, समझाया।

८८१/१५८६/१ राग केदारौ

'निहारो, सब मिलि कान्ह निहारो।
जसुमति उर लावति कर पल्लव गहि, सात दिवस गिरि धारो।
पूजा बिधि मेटी जु सक्र की, तिन जिय द्रोह बिचारो।
छाँड़े मेघ मत्त परलय के, गरजि गयंद-सुँडि धारौ।
अति आरत जानि ब्रजवासी, सिसु गिरि तन नेकु निहारौ।
अनायास अहिछत्र छिनिक में, खेलत मांझ उपारौ।
सुरपति को कियो मान भंग हरि, ब्रज आपनो उबारौ।'
'सूरदास' को जीवनि गिरिधर, यशुमति प्राण दुलारौ॥

गोपी ग्वाले कह रहे हैं—'जरा कन्हैया की ओर तो देखो। सब लोग जरा कन्हैया की ओर देखो तो। यशोदा मैया कन्हैया के उस नवीन किसलय के समान हाथ को पकड़ कर अपने हृदय से लगाए ले रही हैं, क्योंकि इसी हाथ ने सात दिन-रात गोबर्द्धन को उठाए रखा था। इन्होंने शतक्रुत इंद्र की पूजा को समाप्त कर दी। उससे इंद्र ने इनके प्रति मन में विरोध ठान लिया और प्रलय काल के महामत्त मेघ ब्रज पर छोड़ दिए। ये बादल ब्रज पर गड़-गड़ गरजने लगे और हाथी की सूँड़ के समान मोटी जलधारा बरसाने लगे। शिशु कन्हैया ने हम ब्रजवासियों को अत्यंत दुखी देखा और गोबर्द्धन की ओर जरा-सा आँख उठाकर देखा, फिर बिना किसी प्रयत्न के एक क्षण में खेलते-खेलते कुकुरमुत्ते के छाते के समान उखाड़ लिया। कन्हैया ने देवराज का गर्व चूर कर दिया और ब्रज को बचा लिया।'

यशोदा मैया के प्राणों का परम प्रिय गिरधर गोपाल सूरदास का तो जीवन ही है।

८८२/ल ४०९/१७ राग सारंग

'सब मिलि के कहो, पूजौ साँवरे की बाँहि।
ग्वाल गोपी गाय, राखे, सात दिन करि छाँहि।
इन्द्र कहा रिसाय कीन्हो, गयो अपुन बल गाहि।
आय तिनहूँ पायँ पकरे, समुझि के मन माहिं।
पूतनादिक कितिक लीला, करी है सब चाहि।
हमरे घनश्याम राम, हम और न जानैं काहि।
सबै बात आश्चर्य ते इनकी, विधिहु जानै नाहिं।
'सूर' प्रभु की प्रबल माया, जानि बूझि भुलाहिं॥

अब सब मिलकर साँवरे कन्हैया की बाँह की पूजा करो। इन्होंने सात दिनों तक गोबर्द्धन को छाता बनाकर उसकी छाया में ग्वाल, गोपी, गाय सभी को बचा रखा। इंद्र ने कोप किया, पर कोप करके वह ब्रज का क्या बिगाड़ सका? उसे अपने बल की थाह मिल गई और वह लौट गया। फिर उस इंद्र ने आकर हमारे कन्हैया के पैर पकड़े। वह मन में समझ गया कि हमारा कन्हैया उससे कहीं अधिक शक्तिशाली है। इसने पूतना आदि को मार डालने की कितनी लीलाएँ की हैं, जिन्हें सबने देखा है। हमारे तो बस श्याम हैं बलराम हैं। हम इन दो को छोड़कर किसी तीसरे को नहीं जानते। इनकी सभी बातें आश्चर्य की हैं, जिन्हें ब्रह्मा भी नहीं जान सकते। प्रभु की माया अत्यंत प्रबल है। लोग जान-बूझकर उसकी भूल-भुलैया में पड़ जाते हैं।

८८३/४०९/१४ राग कान्हरो

'गोकुल जीवनि गोविँद मेरो।'
जाय लगाय रही तन मन धन, 'दुख भूलत मुख हेरै।
जाके बल हम गन्यो न सुरपति, रहो सात दिन घेरे।
जनहित नाथै गोवर्धन धारेउ, राख्यो कर-नख के रे।
जस जाके ऋषि गर्ग बखानत, निगम कहत नित टेरे।
सोइ अब 'सूर' सहित संकर्षण, सेवहु जतन घनेरे'॥

'मेरा गोविन्द गोकुल का जीवन है, प्राण है।' ऐसा कहकर यशोदा मैया ने जाकर कन्हैया को गले से लगा लिया और कहा—यही मेरा तन है, यही मेरा मन है, यही मेरा धन है। इसका मुँह देखकर सारे दुख भूल जाते हैं। सुरपति इंद्र सात दिनों तक हमारे ब्रज-मंडल को मंडलाकार घेरे पड़ा रहा, पर हमने अपने कन्हैया के बल पर इंद्र को भी कुछ नहीं गिना। कन्हैया ने जन-कल्याण के लिए अपने हाथ की उँगली के नख पर गोबर्द्धन को धारण कर रखा। गर्ग महामुनि इसका यश बखानते हैं और वे वेद भी नित्य पुकार-पुकार कर इसकी महिमा गाते रहते हैं। संकर्षण बलराम के सहित इस गोविन्द की, घने यत्नपूर्वक, अब खूब सेवा करते जाओ।

८८४/१५८४ राग सोरठ

'साँवरे मैं बलि जाउँ भुजन की।
क्यौं गिरि सबल धर्यौ कोमल कर, बूझति हौं गति तन की।'
'इंद्र कोपि आए ब्रज ऊपर, बहुत पैज करि हारे।'
गोपी ग्वाल कहत जोरे कर, 'तुम हम सबनि उबारे।'
थार तमोर, दूब, दधि, रोचन, हरषि जसोदा ल्याई।
करि सिर तिलक बदन अवलोकति, मनहुँ रंक निधि पाई।
परतिं चरन कमलनि ब्रज-सुंदरि, हरषि-हरषि मुसुकाई।
फिरि-फिरि दरस करतिं एही मिस, प्रेम न परत अघाई।
'सूरदास' सुरपति संकित ह्वै, सुरनि लिये सँग आयौ।
तुम कृपालु अबिगत अबिनासी, काहूँ मरम न पायौ॥

यशोदा मैया पूछ रही हैं—'हे साँवरे घनश्याम, मैं तेरी भुजाओं की बलैया लिए जा रही हूँ। तुमने अपने कोमल हाथ पर इतने भारी भरकम प्रबल पर्वत को कैसे थामे रखा? मैं तेरे शरीर की हालत पूछ रही हूँ, तुझे कोई कष्ट तो नहीं हुआ?'

गोपी-ग्वाल भी हाथ जोड़े हुए कहने लगें—इंद्र कुपित होकर ब्रज पर चढ़ आए। उन्होंने बहुत पराक्रम दिखाया, पर अंत में हार गए। कन्हैया तुम्हींने हम सबको उस समय बचाया।

तब यशोदा मैया प्रसन्न होकर एक थाल में पान, दूब, दही, हर्दी और मांगलिक द्रव्य ले आईं। उन्होंने कन्हैया के भाल पर टीका लगाया और उनका मुँह इस प्रकार देखने लगीं, मानों किसी निर्धन ने कोई बहुत बड़ी निधि (कोष) पा लिया हो। ब्रज-सुंदरियाँ भी प्रसन्न हो-होकर, मुसकुरा-मुसकुरा कर, कन्हैया के चरण कमलों पर गिरने लगीं। वे इसी बहाने बार-बार कन्हैया को स्पर्श करने का सुख लूटे जा रही थीं। उनका प्रेम तृप्ति नहीं मान रहा था।

सुरपति भी डर गया और वह देवताओं को संग लिए हुए आया और बोला—हे कृष्ण, तुम अविगत हो, तुम्हें कोई जान नहीं सकता, तुम अविनाशी हो, कभी नष्ट न होनेवाले हो, तुम परम दयालु हो। तुम्हारा मर्म कोई नहीं जान पाया।

८८५/१५८५ राग सोरठ

'गिरिवर कैसैं लियौ उठाइ।'
कोमल कर चापति महतारी, यह कहि लेति बलाइ।
'महा प्रलय जल तापर, राख्यौ एक गोबर्धन भारी।
नैंकु नहीं टार्‌यौ नख पर तैं, मेरौ सुत अहँकारी'।
कंचन-थार दूब-दधि-रोचन, सजि तमोर लै आई।
हरषित तिलक करति, मुख निरखति, भुज भरि कंठ लगाई।
रिस करिकै सुरपति चढ़ि आयौ, देतौ ब्रजहिं बहाई।
'सूरस्याम' सौं कहति जसोदा, 'गिरिधर बड़ौ कन्हाई'॥

यशोदा मैया कन्हैया के कोमल कर को मींजने लगीं और उसकी बार-बार बलैया लेती हुई बोलीं, 'बेटे, तुमने इस बड़े गिरिराज गोबर्द्धन को किस प्रकार उठा लिया। एक ओर महा प्रलयकाल जैसा जल बरसा जा रहा था, जिस पर दूसरी ओर तूने एक हाथ पर भारी गोबर्द्धन को उठा रखा था। मेरे गर्वीले बेटे ने अपने नख पर से उस भारी भरकम गिरि को जरा भी हिलने-डुलने नहीं दिया।'

यशोदा मैया सोने की थाली में दूध, दही, हल्दी, पान सजाकर ले आईं। उन्होंने प्रसन्नतापूर्वक कन्हैया के माथे पर तिलक लगाया, उनका मुँह देखने लगीं और भुजाओं में भर कर उन्हें गले से लगा लिया। कोप करके देवराज इन्द्र ब्रज पर चढ़ धाया था और उसने प्रण कर लिया था कि मैं ब्रज को बहा दूँगा।

यशोदा मैया कह रही हैं—मेरा कन्हैया, मेरा गिरिधर वहुत बड़ा है।

'धरनि-धर क्यौं राख्यौ दिन सात ।
अतिहीं कोमल भुजा तुम्हारी', चापति जसुमति मात ।
'ऊँचौ अति बिस्तार बार बहु', यह कहि-कहि पछितात ।
'वह अगाध तुव तनक-तनक कर, कैसैं राख्यौ तात ।'
मुख चूमति, हरि कंठ लगावति, देखि हँसत बल भ्रात ।
'सूरस्याम' कौं कितिक बात यह, जननी जोरति नात ॥

यशोदा मैया कृष्ण कन्हैया का हाथ मींजती जा रही हैं और उनसे कहती जा रही हैं—'लल्ला, तुम्हारी भुजा तो अत्यंत कोमल है। तुमने इस पर सात-सात दिन तक गोबर्धन पहाड़ को कैसे रोके रखा? यह पहाड़ तो अत्यंत ऊँचा है, फिर इसका फैलाव भी बहुत है, साथ ही इसका वजन भी अधिक है।' कह-कहकर वे पछताए जा रही हैं। 'वह बहुत दुर्गम है, तुम्हारी भुजाएँ छोटी-छोटी हैं। हे तात, तुमने इस छोटी बाँह पर इसे कैसे सँभाल रखा।' यह कहकर वे कन्हैया का मुँह चूमने लगीं और उन्होंने उन्हें गले से भी लगा लिया।

यह सब देख-सुनकर बलदाऊ भैया हँसने लगे और बोले—'श्याम के लिए यह पर्वत उठा लेना कौन बड़ी बात है। यह तो विष्णु है, विष्णु। जननी यशोदा इस रहस्य को नहीं जानती। इसी से इससे माता-पुत्र का नाता जोड़कर ऐसा व्यवहार करती जा रही हैं।'

८८७/१५९० राग गौरी

मातु पिता इनके नहिं कोइ ।
आपुहिं करता, आपुहिं हरता, त्रिगुन रहित हैं सोइ ।
कितिक बार अवतार लियौ ब्रज, ये हैं ऐसे ओइ ।
जल-थल, कीट-ब्रह्म के व्यापक, और न इन सरि होइ ।
बसुधा-भार-उतारन-काजैं, आपु रहत तनु गोइ ।
'सूरस्याम' माता-हित कारन, भोजन माँगत रोइ ॥

बलराम कह रहे हैं—कन्हैया स्वयं विष्णु हैं। इनकी न कोई माता है, न कोई पिता। यह स्वयं सृष्टि-कर्ता हैं, सृष्टि के संहारक हैं। यह प्रकृति के तीनों गुणों—सत, रज, तम से परे हैं। इनने न जाने कितनी बार इस ब्रज में अवतार लिया है, इनके समान तो यही है। यह जल, स्थल, कीट, ब्रह्म सबमें व्याप्त हैं। कोई दूसरा इनके बराबर नहीं है। पृथ्वी का भार उतारने के लिए इनने अपने विराट शरीर को इस बालक-शरीर में छिपा रखा है। श्याम को भूख-प्यास नहीं है, पर यह अपनी माँ यशोदा के प्रेम के कारण ही उनसे रोकर भोजन माँगते रहते हैं।

इंद्र-शरणागमन

८८८/१५९५ राग मलार

'सुरपति चरन परयौ गहि धाइ ।
जुग-गुन धोइ, सेष-गुन जान्यौ, आयौ सरन, राखि सरनाइ ।
तुम बिसरे, तुम्हरी ही माया, तुम बिनु नाहीं और सहाइ ।

सरन-सरन', पुनि-पुनि कहि-कहि, 'मोहिं राखि-राखि त्रिभुवन के राइ ।
मोतैं चूक परी बिनु जानैं, मैं कीन्हे अपराध बनाइ ।
तुम माता, तुमहीं जग धाता, तुम भ्राता, अपराध छमाइ ।
जौ बालक जननी सौं बिरुझै, माता ताकौं लेइ मनाइ ।
ऐसेहि मोहिं करौ करुनामय, 'सूरस्याम' ज्यौं सुत-हित माइ' ॥

देवराज इंद्र दौड़कर कृष्ण के चरणों पर गिर पड़ा और बोला—जब मेरे रज और तम ये दो गुण धुल गए और मुझमें केवल एक गुण सत रह गया, तब मैंने हे प्रभु, तुम्हें जाना। इसीलिए अब मैं तुम्हारी शरण में आ गया हूँ, हे नाथ, मुझे अपनी शरण में रख लें। मैं तुम्हें भुला बैठा था।

इसमें मेरा कोई दोष नहीं। यह सब तुम्हारी माया थी, जिसने मुझसे तुमको भुलवा दिया था, तुम्हारे बिना कोई दूसरा मेरी सहायता नहीं कर सकता।

इंद्र ने बार-बार कहा—'शरण, शरण। हे त्रिभुवन नाथ, मुझे अपनी शरण में ले लो। अनजान में मुझसे भूल हो गई। मैंने भारी अपराध किया है। तुम्हीं माता हो, तुम्हीं संसार के स्रष्टा हो, तुम्हीं दीन-बंधु हो। मेरे अपराध क्षमा करो। बच्चा माँ से भले ही झगड़ जाय, मैया ही उसे मनाती हैं। जैसे मैया अपने वत्स के साथ करती है, हे करुणामय प्रभु, तुम भी वैसा ही मेरे साथ करो, मुझे क्षमा करो।'

८८९/१५१६ राग बिलावल

ब्याकुल देखि इंद्र कौं श्रीपति, उभय भुजा करि लियौ उठाइ ।
अभै निभै कर माथैं दीन्हौ, श्रीमुख बचन कह्यौ मुसुक्याइ ।
'कहा भयौ करि क्रोध चढ़े ब्रज, मैं तुरतहिं करि लियौ सहाइ ।
हमकौं जानि नहीं तुम कीन्हौ, बिनु जाने यह करी ढिठाइ ।
अब अपनैं जिय सोच करौ जिनि, यह मेरी दीन्ही ठकुराइ ।'
'सूरस्याम' गिरिधर सब लायक, इंद्रहिं कह्यौ, 'करौ सुख जाइ' ॥

श्रीपति ने इंद्र को व्याकल देखा और उसे अपनी दोनों बाहों में भरकर अपने पैरों पर से उठा लिया। उसके मस्तक पर, सिर पर, हाथ रखकर उसे अभय, निर्भय कर दिया और मुसकुरा कर बोले—'तुमने ब्रज पर क्रोध करके चढ़ाई कर दी, तो क्या हुआ, मैंने तुरंत ब्रज की सहायता कर दी। तुमने मुझे जानकर ऐसी धृष्टता नहीं की, यह भूल तो तुमने मुझे जाने बिना कर दी। अब तुम अपने मन में बिलकुल चिंता मत करो। मैंने ही तो तुम्हें यह स्वामित्व दिया है, मैंने ही तुम्हें इंद्र बनाया है।'

प्रभु गिरिधर सर्व समर्थ हैं। उन्होंने अंत में इंद्र से कहा—'जाकर तुम अपना इंद्रासन भोगो—सोच न करो।'

८९०/१५१९ राग गौरी

जै गोबिंद माधव मुकुंद हरि । कृपा सिंधु कल्यान कंस अरि ।
प्रनतपाल केसव कमलापति । कृष्न कमल-लोचन अगतिनि-गति ।
रामचंद्र राजीव-नैन-बर । सरन साधु श्रीपति सारँगधर ।

बनमाली बामन बीठल बल। बासुदेव बासी ब्रज भूतल।
खर-दूषन-त्रिसरासुर खंडन। चरन-चिह्न-दंडक-भुव-मंडन।
बकी-दवन बक-बदन-बिदारन। बरुन-बिषाद-नंद-निस्तारन।
रिषि-मख-त्रान ताड़का-तारक। बन बसि तात-बचन-प्रतिपालक।
काली-दवन केसि-कर-पातन। अघ अरिष्ट धेनुक अनुघातन।
रघुपति प्रबल-पिनाक-बिभंजन। जग-हित जनक-सुता-मन-रंजन।
गोकुल-पति गिरिधर गुन-सागर। गोपी-रवन रास-रति-नागर।
करुनामय कपि-कुल-हितकारी। बालि-बिरोधि कपट-मृग-हारी।
गुप्त-गोप-कन्या-ब्रत-पूरन। द्विज-नारी-दरसन-दुख-चूरन।
रावन-कुंभकरन-सिर-छेदन। तरुवर सात एक सर भेदन।
संखचूड़ - चानूर - सँहारन। सक्र कहै मम रच्छा-कारन।
उत्तर क्रिया गीध की करी। दरसन दै सबरी उद्धरी।
जे पद सदा संभु हितकारी। जे पद परसि सुरसरी गारी।
जे पद रमा हृदय नहिं टारै। जे पद तिहूँ भुवन प्रतिपारैं।
जे पद अहि-फन-फन-प्रति-धारी। जे पद बृंदा बिपिनि बिहारी।
जे पद सकटासुर संहारी। जे पद पांडव-गृह पग धारी।
जे पद रज गौतम-तिय तारी। जे पद भक्तनि के सुखकारी।
'सूरदास' सुर जाँचत ते पद। करहु कृपा अपने जन पर सद॥

इंद्र के साथ आए हुए देवता लोग भी प्रभु की प्रार्थना करने लगे—हे गोविन्द, हे माधव, हे मुकुंद, हे हरि, हे कृपासिन्धु, हे कल्याणकारी, हे कंसारि, हे प्रणत-पाल, हे केशव, हे कमलापति, हे कृष्ण, हे कमल-लोचन, हे अगति को गति देनेवाले, हे रामचंद्र, हे राजीव-नयन, हे साधु-शरण, हे श्रीपति, हे सार्ङ्गधर, हे वनमाली, हे वामन, हे विट्ठल, हे बलराम, हे वसुदेव, हे भूतल-ब्रजवासी, हे खर-दूषण और त्रिशिरा नामक असुरों को मारनेवाले, हे दंडक-वन की भूमि को अपने चरण-चिह्नों से सुशोभित करनेवाले, हे वकी पूतना के दमन करनेवाले, हे बकासुर के वदन को विदीर्ण कर देनेवाले, हे नंद को वरुण के विषाद से दूर कर देने वाले, हे ऋषि विश्वामित्र के यज्ञ की रक्षा करनेवाले, हे ताड़का राक्षसी का उद्धार करनेवाले, हे वन में बसकर अपने पिता दशरथ की आज्ञा का पालन करनेवाले, हे काली नाग का दमन करने वाले, हे केसी के हाथ तोड़ डालनेवाले, हे अघासुर, अरिष्ट और धेनुक के संहारक, हे शिव जी के प्रबल पिनाक को तोड़ डालनेवाले रघुपति, हे संसार के हित के लिए जनक की पुत्री का मनोरंजन करनेवाले, हे गोकुलपति, हे गिरिधर, हे गुण-सागर, हे गोपी-रमण, हे रस-रास नायक नागर, हे करुणामय, हे कपि कुल के हितकारी, हे बालि का विरोध करनेवाले, हे कपट-मृग मारीच का संहार करनेवाले, हे गोप-कन्याओं के गुप्त प्रेम को पूर्ण करनेवाले, हे यज्ञ-पत्नियों को दर्शन देकर उनके दुःख दूर करनेवाले, हे रावण और कुम्भकर्ण के सिर पैर काट डालनेवाले, हे एक वाण से सात-सात वृक्षों को भेद डालनेवाले, हे शंखचूड़ और चाणूर का संहार

करनेवाले, शक्र भी जिसको अपनी रक्षा करनेवाला कहता है ऐसे इंद्र रक्षक प्रभु, हे गिद्धराज जटायु का मरणोत्तर संस्कार करनेवाले, दर्शन देकर शबरी का उद्धार करनेवाले, हे प्रभु तुम्हारी जय हो, जय हो।

जो चरण शंभु को सदा प्रिय हैं, जिन चरणों का स्पर्श करके देवनदी गंगा पिघलकर निकली हैं, जिन चरणों को लक्ष्मी कभी भी अपने हृदय से नहीं हटातीं, जो चरण तीनों लोकों का सदा प्रतिपालन करते रहते हैं, जो चरण कालीनाग के हजार फनों पर पड़े, जो चरण वृंदावन में विचरण करते फिरे, जिन चरणों ने सकटासुर का संहार किया, जो चरण पांडवों के घर तक गए, जिन चरणों ने गौतम पत्नी अहल्या का उद्धार किया, जो चरण भक्तों का कल्याण करनेवाले हैं, उन्हीं चरणों से हम देवता लोग याचना कर रहे हैं—हम आपके जन हैं, भक्त हैं, हम पर तत्काल कृपा करें।

८९१/१६०० राग आसावरी

अस्तुति करि सुर घरनि चले ।
यहै कहत सब जात परसपर, सुकृत हमारे प्रगट फले ।
सिव, बिरंचि, सुरपति यह भाषत, पूरन ब्रह्महिं प्रगट मिले ।
धन्य-धन्य यह दिवस आजु कौ, जात हैं मारग गरब गिले ।
पहुँचे जाइ आपनैं लोकनि, अमर नारि अति हरष भरैं ।
'सूरस्याम' की लीला सुनि-सुनि, अति हित मंगल गान करैं ॥

इस पकार कृष्ण की स्तुति करके देवता लोग अपने-अपने घरों के लिए चल पड़े। वे मार्ग में परस्पर यही कहते जा रहे थे—हमारे पुण्य के फल आज प्रत्यक्ष मिल गए। शिव, ब्रह्मा, देवराज इंद्र सब यही कहते जा रहे थे—आज हमें पूर्ण ब्रह्म का साक्षात् दर्शन मिल गया। आज का यह दिन धन्य है जो मार्ग में जाते ही प्रभु ने हमारा सब अहंकार निगल लिया। देवता लोग अपने-अपने लोक में पहुँच गए। देवताओं की पत्नियाँ अत्यंत हर्षान्वित हो गईं। वे श्याम की लीलाएँ सुन-सुनकर अत्यंत प्रेमपूर्वक मंगल गीत गाने लगीं।

वरुण से नंद को छुड़ाना

८९२/१६०२ राग बिलावल

उत्तम सफल एकादसि आई । बिधिवत ब्रत कीन्हौ नँदराई ॥
निराहार जल-पान बिवर्जित । पापनि रहित धर्म-फल-अर्जित ॥ १ ॥
नारायन-हित ध्यान लगायौ । और नहीं कहुँ मन बिरमायौ ॥
बासर ध्यान करत सब बीत्यौ । निसि जागरन करन मन चीत्यौ ॥ २ ॥
पाटंबर दिवि मंदिर छायौ । पुहुप-माल मंडली बनायौ ॥
देव महल चंदनहि लिपायौ । चौक देइ बैठकी बनायौ ॥ ३ ॥
सालिग्राम तहाँ बैठायौ । धूप-दीप-नैवेद्य चढ़ायौ ॥
आरति करि तब माथ नवायौ । ध्यान सहित मन बुद्धि उपायौ ॥ ४ ॥
आदर सहित करी नँद पूजा । तुम तजि और न जानौं दूजा ॥
तृतिय पहर जब रैनि गँवाई । नंद महरि सौं कही बुलाई ॥ ५ ॥

दंड एक द्वादसी सकारैं। पारन की बिधि करौ सबारैं॥
यह कहि नंद गए जमुना-तट। लै धोती झारी बिधि-कर्मट॥ ६॥
झारी भरि जमुना-जल लीन्हौ। बाहिर जाइ देह कृत कीन्हौ॥
लै माटी कर चरन पखारी। उत्तम बिधि सौं करी मुखारी॥ ७॥
अँचवन लै पैठे नँद पानी। जल बाजत दूतनि तब जानी॥
नंद बाँधि लै गए पतालहिं। बरुन पास ल्याए ततकालहिं॥ ८॥
जान्यौ बरुन कृष्न के तातहिं। मनहीं मन हरषित इहिं बातहिं॥
भीतर लै राखे नँद नीकैं। अंतःपुर महलनि रानी कैं॥ ९॥
रानी सबनि नंद कौं देख्यौ। धन्य जन्म अपनौ करि लेख्यौ॥
जिनके सुत त्रैलोक-गुसाईं। सुर-नर-मुनि सबही के साईं॥ १०॥
बरुन कह्यौ मन हरष बढ़ाए। बड़ी बात भई नंदहि ल्याए॥
अंतरजामी जानत बाता। अब आवत ह्वैहैं जग त्राता॥ ११॥
जाकौ ब्रह्मा अंत न पायौ। जाकौं मुनि जन ध्यान लगायौ॥
जाकौं निगम नेति गावत हैं। जाकौं बन मुनिवर ध्यावत हैं॥ १२॥
जाकौं ध्यान धरैं सिव जोगी। जाकौं सेवत सुरपति भोगी॥
जो प्रभु हैं जल-थल सब ब्यापक। जो हैं कंस-दर्प के दापक॥ १३॥
गुन-अतीत, अबिगत, अबिनासी। सोइ ब्रज मैं खेलत सुख-रासी॥
धनि मेरे भृत नंदहिं ल्याए। करुनामय अब आवत धाए॥ १४॥
महरि कही तब ग्वाल सगर कौं। बड़ी बार भई नंद महर कौं॥
गए ग्वाल तब नंद बुलावन। देख्यौ जाइ जमुनजल पावन॥ १५॥
जहँ-तहँ ढूँढ़ि ग्वाल घर आए। धोती अरु झारी वै ल्याए॥
मन-मन सोच करत अकुलाए। कही जसोदहिं नंद न पाए॥ १६॥
धोती झारी तट मैं पाई। सुनत महरि-मुख गयौ झुराई॥
निसा अकेले आजु सिधाए। काहूँ धौं जलचर धरि खाए॥ १७॥
यह कहि जसुमति रोइ पुकार्‌यौ। 'मो बरजत कत रैनि सिधार्‌यौ'॥
ब्रज-जन लोग सबै उठि धाए। जमुना कैं तट कहूँ न पाए॥ १८॥
बंन-बन ढूँढ़त गाउँ मझारैं। नंद-नंद कहि लोग पुकारैं॥
खेलत तैं हरि-हलधर आए। रोवत मातु देखि दुख पाए॥ १९॥
'कत रोवति है जसुदा मैया'। पूछत जननी सौं दोउ भैया॥
कहत स्याम, 'जनि रोवहु माता। अबहीं आवत हैं नँद ताता॥ २०॥
मोसौं कहि गए अबहीं आवन। रोवै मति मैं जात बुलावन'॥
सबके अंतरजामी हैं हरि। लै गयौ बाँधि बरुन नंदहिं धरि॥ २१॥
यह कारज मैं वाकौं दीन्हौ। वैके दूतनि नंद न चीन्हौ॥
बरुन-लोक तबहीं प्रभु आए। सुनत बरुन आतुर ह्वै धाए॥ २२॥

आनँद कियौ देखि हरि कौ मुख । कोटि जनम के गए सबै दुख ॥
धन्य भाग मेरे बड़ आजू । चरन-कमल-दरसन सुभ काजू ॥ २३ ॥
पाटंब्बर पाँवड़े डसाए । महलनि बंदनवार बँधाए ॥
रत्न-खचित सिंहासन धारयौ । तापर कृष्नहिं लै बैठारयौ ॥ २४ ॥
अपनैं कर प्रभु-चरन पखारे । जे कमला-उर तैं नहिं टारे ॥
जे पद परसि सुरसरी आई । तिहूँ लोक है बिदित बड़ाई ॥ २५ ॥
ते पद बरुन हाथ लै धोए । जनम-जनम के पातक खोए ॥
कृपासिंधु अब सरन तुम्हारैं । इहिं कारन अपराध बिचारे ॥ २६ ॥
चले आपु हरि नंदहिं देखन । बैठे नंद राज-बर-बेषन ॥
नृप-रानी सब आगैं ठाढ़ीं । मुख-मुख तैं सब अस्तुति काढ़ीं ॥ २७ ॥
पाइनि परीं कृष्न कैं रानी । धन्य जनम सबहिनि कही बानी ॥
धन्य नंद, धनि धन्य जसोदा । धनि-धनि तुम्हैं खिलावति गोदा ॥ २८ ॥
धनि ब्रज धनि गोकुल की नारी । पूरन ब्रह्म जहाँ बपु-धारी ॥
सेस-सहस-मुख बरनि न जाई । सहज रूप को करै बड़ाई ॥ २९ ॥
देखि नंद तब करत बिचारा । यह कोउ आहि बड़ौ अवतारा ॥
नंद मनहिं अति हर्ष बढ़ायौ । कृपा-सिंधु मेरैं गृह आयौ ॥ ३० ॥
बरुनहिं दीन्ही-लोक बड़ाई । 'बृंदाबन-रज करौ सदाई' ॥
बरुन थापि नंदहिं लै आए । महर गोप सब देखन धाए ॥ ३१ ॥
नंदहिं बूझत हैं सब बाता । 'हम अति दुखित भए सब गाता' ॥
'एकादसी काल्हि मैं कीन्हौ । निसि-जागरन-नेम यह लीन्हौ ॥ ३२ ॥
तीनि पहर निसि जागि गँवाई । तब लीन्ही मैं महरि बुलाई ॥
एक दंड द्वादसी सुनाई । ता कारन मैं करी चँड़ाई ॥ ३३ ॥
एक दंड द्वादसि कैयौ पल । रैनि अछत मैं गयौ जमुन-जल ॥
गयौ जमुन-भीतर कटि लौं भरि । बरुन-दूत लै गए मोहिं धरि ॥ ३४ ॥
तहँ तैं जाइ कृष्ण मोहि ल्यायौ । यह कोउ बड़ौ पुरुष है आयौ ॥
इनकी महिमा कोउ न जानै । बरुन कोटि मुख इन्हैं बखानै ॥ ३५ ॥
रानिनि सहित परयौ चरननि तर । बंदनवार बँधे महलनि घर ॥
मेरौ कह्यौ सत्य कै मानौ । इनकौं नर देही जनि जानौ' ॥ ३६ ॥
जसुमति सुनि चक्रित यह बानी । कहत कहा यह अकथ कहानी ॥
ब्रज-नर-नारि कहत यह गाथा । इनतैं हम सब भए सनाथा ॥ ३७ ॥
मया मोह करि सबै भुलाए । नंदहिं बरुन-लोक तैं ल्याए ॥
नंद इकादसि बरनि सुनाई । कहत-सुनत सब कैं मन भाई ॥ ३८ ॥
जो या पद कौं सुनै सुनावै । एकादसि ब्रत कौ फल पावै ॥
यह प्रताप नंदहिं दिखराई । 'सूरदास' प्रभु गोकुल-राई ॥ ३९ ॥

पूस महीने के कृष्ण पक्ष की सफला एकादशी का एक बार नंदराय ने विधि-विधान पूर्वक व्रत किया। वे निराहार और निर्जल रहे। उन्होंने न तो भोजन किया, न जल ही पिया। पाप-रहित होने के लिए और धर्म का फल अर्जित करने के लिए॥ १॥ उन्होंने श्रद्धापूर्वक नारायण का ध्यान किया और अपने मन को कहीं भी भटकने नहीं दिया। सारा दिन विष्णु के ध्यान करने में बीत गया और उन्होंने सारी रात जागते हुए बिता देने का निश्चय किया ॥ २॥ उन्होंने देव-मंदिर को रेशमी-वस्त्रों से छा दिया और चारों और पुष्प-मालाएँ लटका दीं। देव-मंदिर को चंदन से लिपवा दिया और चौक पूर कर देवता को बैठने की वेदी बना दी ॥ ३॥ उस वेदी पर उन्होंने शालिग्राम की बटिया बिठा दी। उसे धूप (अगरबत्ती), दीपक और नैवेद्य (मिष्ठान्न) चढ़ा दिया। आरती की, माथा झुकाकर प्रणाम निवेदित किया और बुद्धि को एकाग्र कर प्रभु का ध्यान किया॥ ४॥ नंद ने प्रभु की भक्ति और पूजा श्रद्धापूर्वक की और कहा—हे प्रभु, तुम्हें छोड़कर मैं किसी और दूसरे को नहीं जानता। जब रात के तीन पहर बीत गए तब नंद ने महरि यशोदा को बुलाकर कहा॥ ५॥ कल सबेरे एक ही दंड (चौबीस मिनट) तक ही द्वादशी है। अत: कुछ खाकर व्रत तोड़ने की, पारण करने की सारी तैयारी बहुत तड़के ही कर रखना। यह कहकर विधि-विधान में कर्मनिष्ठ नंद धोती-लोटा लेकर यमुना किनारे चले गए॥ ६॥ उन्होंने झारी में यमुना जल भरा और बाहर जाकर शरीर के नित्य-कृत्य से निवृत हुए । शौचक्रिया संपन्न की। मिट्टी लेकर हाथ पैर धोया और अच्छी तरह से दातून किया॥ ७॥ यमुना के जल का आचमन करके, नंद जल में प्रविष्ट हो गए। जल-प्रवेश करने से जो ध्वनि हुई, वरुण के दूतों ने उसे जान लिया। वे नंद को बाँधकर पाताल पुरी में वरुण के पास तत्काल ले गए॥ ८॥ वरुण ने जान लिया कि यह कृष्ण के पिता नंद हैं। वे मन ही मन इस जानकारी से परम प्रसन्न हो गए। उन्होंने नंद को घर के भीतर अंत:पुर में अपनी रानी वरुणानी के महल में ले जाकर भली-भाँति सुखपूर्वक रखा॥ ९॥ वरुण की सब रानियों ने नंद को देखा और अपने को धन्य मना कि इनके पुत्र त्रिकोलीनाथ हैं, जो सभी देवताओं, नरों मुनियों के स्वामी हैं॥ १०॥ वरुण ने मन में प्रसन्न होकर कहा—तुम लोगों ने बहुत अच्छा किया, जो नंद को यहाँ घर ले आए। अंतर्यामी कृष्ण तो सब बातें जानते ही हैं। संसार को त्राण देनेवाले वे प्रभु अब आते ही होंगे॥ ११॥ जिसका अंत ब्रह्मा तक ने नहीं पाया, जिसका मुनि लोग मन ही मन ध्यान लगाया करते हैं, जिसको वेद 'नेति नेति' कह कर गाते रहते हैं, मुनि लोग घर छोड़कर वन में जिनका चिन्तन करते रहते हैं॥ १२॥ जिनका ध्यान महायोगी शिव नित्य किया करते हैं, जिनकी सेवा महाभोगी देवराज किया करते है, जो प्रभु जल-स्थल में सर्वत्र समाए हुए हैं, जो कंस के गर्व को चूर करनेवाले हैं॥ १३॥ जो सत-रज-तम प्रकृति के इन तीनों गुणों से परे हैं, जो अविगत हैं (जिन्हें कोई जान नहीं पाता है, जो अज्ञेय एवं अगम हैं), वही सुख की राशि ब्रह्म व्रज में बालक होकर खेल रहे हैं। मेरे सेवक धन्य हैं, जो नंद को पकड़ लाए हैं। अब परम कृपालु प्रभु दौड़ते हुए यहाँ आना ही चाहते हैं॥ १४॥

महरि यशोदा ने सारे ग्वालों को बुलाया और कहा—'नंद महर को गए बहुत देर हो गई वे लौटे नहीं, उनकी खोज खबर ले लो,।' तब सभी ग्वाल नंद को बुलाने पवित्र

यमुना तट पर चले गए॥ १५॥ उन्होंने नंद को यत्र-तत्र खोजा, पर वे कहीं नहीं मिले। उनकी धोती और झारी ही उन्हें तट पर रखी मिली। वे उन्हीं को लेकर घर लौट आए। वे मन ही मन सोचते हुए विकल हुए जा रहे थे—आखिर नंदराय हुए, तो क्या हुए। उन्होंने आकर कहा—'हमने नंदराय को कहीं नहीं पाया, वे न जाने कहाँ चले गए॥ १६॥ हमने उनकी धोती और झारी ही तट पर पड़ा पाया।' यह सुनते ही महरि यशोदा का मुँह सूख गया, वे कहने लगीं—आज रात में अकेले ही स्नान करने चले गए। उन्हें कोई जानवर मगर या घड़ियाल तो नहीं पकड़कर खा गया॥ १७॥ यह कहकर यशोदा चिल्ला-चिल्लाकर रोने लगीं। 'मेरे रोकने पर भी रात में क्यों नहाने चले गए?' उनका रोना सुनकर सारे ब्रजवासी दौड़े-दौड़े यमुना तट पर गए। पर वहाँ उन्होंने किसी को नहीं पाया॥ १८॥ लोग 'नंद-नंद' कहकर वन में, गाँव में, सर्वत्र पुकारने लगे। हरि और हलधर खेलने चले गए थे। ये भी घर दौड़े आए और मैया यशोदा को रोता देख वे बहुत दुखी हो उठे॥ १९॥ दोनों भाई पूछने लगे—'मैया, क्यों रोए जा रही है, क्या बात है?' तब श्याम ने कहा—'मैया रो मत, बाबा नंद अभी आए जाते हैं॥ २०॥ मुझसे अभी आने को कह गए हैं। मैं उनको बुलाने के लिए जा रहा हूँ।' हरि तो अंतर्यामी हैं। वे जान गए वरुण नंद को धरकर, बाँध कर, ले गए हैं॥ २१॥ मैंने ही यह कार्य वरुण को सौंपा है कि जो रात में नहाने आए, उसे बाँध ले जाओ। उनके दूतों ने नंद को पहचाना नहीं। तब प्रभु तत्काल वरुण लोक गए। प्रभु का आगमन सुनते ही वरुण चटपट दौड़ते आए॥ २२॥ वरुण ने हरि का मुख देखकर परमानंद का अनुभव किया और कहा—मेरे करोड़ों जन्मों के दुख दूर हो गए। आज मेरे धन्य भाग्य हैं, जो मैंने प्रभु के सुखद चरण-कमलों का दर्शन पाया॥ २३॥

वरुण ने रेशमी वस्त्रों का पाँवड़ा बिछा दिया। अपने महल में प्रभु के स्वागतार्थ वंदनवार बँधवा दिया। रत्नों से जड़ा सिंहासन ला रखा। उस पर कृष्ण को बिठा दिया॥ २४॥ अपने हाथों से प्रभु के वे पाद प्रक्षालन किये, पैर धोए, जिनको लक्ष्मी सदैव अपनी छाती से लगाए रहती हैं और दूर नहीं हटने देतीं। जिन चरणों का स्पर्श करके वे गंगा निसृत हुई हैं, जिनकी बड़ाई सारे संसार में विदित है॥ २५॥ उन्हीं पदों को वरुण ने हाथ में लेकर धोया और अपने जन्म-जन्म के पापों को नष्ट कर दिया। वे बोले—'हे प्रभु, यह अपराध मुझसे जान-बूझकर इसलिए हो गया है कि इसी बहाने कृपासिंधु की शरण प्राप्त हो जायगी'॥ २६॥

तब प्रभु कृष्ण नंद को देखने के लिए आगे चले। उन्होंने नंद को राजसी वेश-भूषा में बैठे हुए पाया और देखा कि राजा वरुण की सारी रानियाँ नंद के आगे खड़ी हैं और अपने-अपने मुखों से उनकी स्तुति किए जा रही हैं॥ २७॥ कृष्ण को आया देखकर सब रानियाँ उनके पैरों पर आकर गिरीं और सबने कहा—आज हम सबका जन्म धन्य हो गया। नंद धन्य हैं, यशोदा धन्य हैं, जो तुम्हें अपनी गोद में लेकर खिलाती हैं॥ २८॥ ब्रज धन्य है, गोकुल की नारियाँ धन्य हैं, जहाँ पूर्ण ब्रह्म ने अवतार लिया है। शेष भी अपने हजार मुँहों से इनका गुणानुवाद नहीं कर सकते।

नंद ने कृष्ण को देखा तब वे मन ही मन विचार करने लगे—'यह कन्हैया, कोई बहुत

बड़ा अवतार है।' वे मन ही मन खुश हो गए कि कृपासिंधु ने मेरे घर में जन्म लिया है॥ ३०॥ कृष्ण ने तब वरुण को भारी लोक-प्रतिष्ठा दी और कहा—'वृंदावन की रज सदा माथे से लगाया करना।' वरुण को इस प्रकार प्रतिष्ठित करके कृष्ण नंद को ले आए। नंद महर को देखने के लिए सारे ब्रजमंडल के गोपगण जुट आए॥ ३१॥ नंद से सभी लोग पूछने लगे—'क्या बात है। हम सब लोग तो बहुत दुखी शरीर हो गए थे।' तब नंद ने कहा—'मैंने कल एकादशी का व्रत किया और उस दिन रात्रि-जागरण का प्रण लिया, रात भर जागता रहा॥ ३२॥ जब तीन पहर रात बीत गई, तब मैंने महरि को बुलाया और कहा कल सबेरे केवल एक दंड द्वादशी है। इसीलिए मैंने उपास किया॥ ३३॥ द्वादसी एक ही दंड और कई पल थी। इसीलिए रात रहते ही मैं यमुना स्नान के लिए चला गया मैं यमुना जल में कमर भर पानी तक गया था, तब वरुण के दूत मुझे पकड़ ले गए॥ ३४॥ वहाँ जाकर कृष्ण मुझे लाया है। यह कोई बड़ा अवतारी पुरुष मेरे घर में आ जन्मा है। इसकी महिमा कोई नहीं जानता। वरुण ने मेरे सामने इनकी महिमा करोड़ों मुहों से वर्णित की है॥ ३५॥ वह अपनी रानियों सहित कृष्ण के चरणों पर आ गिरा। उसने कन्हैया के स्वागतार्थ अपने महल में वंदनवार बँधवा दिया था। तुम लोग मेरा कहना सच समझो, इनको साधारण नर मत जानो'॥ ३६॥

नंद की यह बात सुनकर यशोदा आश्चर्यचकित हो उठीं और कहने लगीं—'तुम यह अकथ कहानी क्या कहे जा रहे हो?' ब्रज के सारे नर-नारी कहने लगे—'कन्हैया को पाकर हम सब अनाथ से सनाथ हो गए हैं। कृत-कृत्य हो गए हैं'॥ ३७॥

तब कृष्ण ने अपनी माया फैलाई और सब लोग भूल गए कि कृष्ण वरुण लोक जाकर नंद को वहाँ से वापस ले आए हैं। इसके पश्चात नंद ने सबको एकादशी की कथा कह सुनाई। वह कथा सुनकर सबको बहुत अच्छी लगी॥ ३८॥

जो इस पद को सुनाता है और जो इस पद को सुनता है, उसे एकादशी व्रत करने का पूरा फल मिलता है। गोकुल के राजा श्रीकृष्ण ने नंद को अपना यह प्रताप दिखलाया॥ ३९॥

८९३/१६०३ राग कान्हरौ

नंदहि कहति जसोदा रानी।
'मोहिं बरजत निसि गए जमुन-तट, पैठे इकले पानी॥
अब तौ कुसल परी पुन्यनि तैं, द्विजनि करौ कछु दान।
बोलि लेहु बाजने बजावहिं, देहु मिठाई पान'॥
गावतिं मंगल नारि, बधाई बाजति नंद-दुवार।
सुनहु 'सूर' यह कहति जसोदा, 'नंद बचे इहिं बार'॥

नंद से यशोदा रानी कह रही हैं—'मेरे रोकने पर भी तुम रात रहते ही यमुना तट चले गए और स्नान के लिए यमुना-जल में अकेले ही प्रविष्ट हो गए। पूर्व जन्म के पुण्य से अब सब कुशल ही कुशल है। अब ब्राह्मणों को बुलाकर कुछ दान-पुण्य कर दो। बजनियों को बुला लो, वे मंगल-वाद्य बजावें। सबको मिठाई खिलाओ। सबका सत्कार पान से

करो।' नारियाँ मंगल-गीत गाने लगीं, नंद के द्वार पर बधाई बजने लगी। यशोदा कहने लगीं—'बड़े भाग्य से इस बार नंद बचे हैं।'

८९४/१६०४ राग बिलावल

कहत नंद जसुमति सुनि बात।
'अब अपनैं जिय सोच करति कत, जाके त्रिभुवन-पति से तात।
गर्ग सुनाइ कही जो बानी, सोई प्रगट होति है जात।
इनतैं नहीं और कोउ समरथ, येई हैं सबही के त्रात।'
माया रूप लगाइ मोहिनी, डारे भुलै सबै जे गाथ।
'सूरस्याम' खेलत तैं आए, माखन माँगत दै माँ हाथ॥

नंद यशोदा से कहने लगे—'महरि मेरी बात सुनो। जब त्रिभुवन-पति ही तुम्हारे पुत्र हैं, तब तुम व्यर्थ के लिए मन में क्यों सोच किए जा रही हो? गर्ग जी ने जो बात कही थी, वही सब तो सच होकर आँखों के सामने आ रही है। इनसे बढ़कर कोई अन्य समर्थी नहीं है। यही सबके रक्षक हैं।'

कन्हैया ने अपनी मोहिनी माया लगाकर वरुण द्वारा नंद के हरण की सारी गाथा सबको भुलवा दी। वे खेलकर आए और कहने लगे—मैया मुझे भूख लगी है, खाने को माखन-रोटी दो।

रास-लीला

मुरली आह्वान

८९६/१६०६ राग गुंड मलार

सरद-निसि देखि हरि हरष पायौ ।
बिपिन बृंदा रमन, सुभग फूले सुमन, रास रुचि श्याम के मनहिं आयौ ।
परम उज्ज्वल रैनि, छिटकि रही भूमि पर, सद्य फल तरुनि प्रति लटकि लागे ।
तैसोई परम रमनीक जमुना-पुलिन, त्रिबिध बहै पवन, आनंद जागे ।
राधिका-रमन बन-भवन-सुख देखि कै, अधर धरि बेनु सु ललित बजाई ।
नाम लै-लै सकल गोप-कन्यानि के, सबनि कैं स्त्रवन वह धुनि सुनाई ।
सुनत उपज्यौ मैन, परत काहुँ न चैन, सब्द सुनि स्त्रवन, भईं बिकल भारी ।
'सूर' प्रभु ध्यान धरि कै चलीं उठि सबै, भवन-जन-नेह तजि घोष-नारी ॥

शरद की रात्रि देखकर हरि ने सुख पाया। रमणीय वृंदावन में सुंदर फूल खिल उठे थे। श्याम के मन में रास रचने की अभिलाषा उत्पन्न हो गई। पृथ्वी पर अत्यंत उजली चाँदनी फैल रही थी। वृक्षों में ताजे-ताजे फल लटक रहे थे। यमुना का किनारा भी वैसा ही रमणीक हो रहा था। वहाँ शीतल मंद सुगंध समीर बह रहा था, जो मन में उल्लास जगाए जा रहा था। राधिका-रमन किसन ने वन-भवन (कुंज) को सुखमय समझकर हाथों पर रखकर ललित स्वर में मुरली बजा दी। उन्होंने सभी गोप-कन्याओं का नाम ले लेकर वंशी में बुलाया। सब के कानों में वंशी की वह धुनि सुनाई दी। सुनते ही उनके मन में मनोज जाग उठा। किसी को चैन नहीं मिल पा रहा था। सभी अत्यंत बेचैन, विकल, विह्वल हो उठीं। सभी घोष-नारियाँ प्रभु का ध्यान करके शीघ्रता से, घर परिवार का सारा स्नेह छोड़कर उठीं और वंशी-ध्वनि की ओर चल पड़ीं।

८९७/१६०७ राग टोड़ी

मुरली सुनत भईं सब बौरी । मनहुँ परी सिर माँझ ठगौरी ॥
जो जैसैं सो तैसैं दौरी । तन ब्याकुल भईं बिबस किसोरी ॥ १ ॥
कोउ धरनी, कोउ गगन निहारै । कोउ कर कर तैं बासन डारै ॥
कोउ मनहीं मन बुद्धि बिचारै । कोउ बालक नहिं गोद सम्हारै ॥ २ ॥
घर-घर तरुनी सब बितताना । मन-मन कहतिं कौन यह बानी ॥
छुटि सब लाज गई कुल-कानी । सुत पति आरज-पंथ भुलानी ॥ ३ ॥
लै लै नाम सबनि कौ टेरैं । मुरली-धुनि सबही के नेरैं ॥
कोउ जेंवत पतिहीं तनु हेरैं । कोउ दधि मैं जावन पय फेरैं ॥ ४ ॥

कोउ उठि चली जैसेंहीं तैसैं। फिरि आवहिं घरहीं मैं पैसैं॥
घर पाछैं मुरली-धुनि ऐसैं। आँगन गऐं नहीं वह जैसैं॥ ५॥
गृह गुरुजन तिनिहूँ सुधि नाहीं। कोउ कितहूँ, कोउ कितहूँ जाहीं॥
कोउ निरखत नहिं काहू पाहीं। मुरछ्यौ मदन तरुनि सब डाहीं॥ ६॥
व्याकुल भईं सबै ब्रजनारी। मुरली सौं बोलीं गिरिधारी॥
चलीं सबैं जहँ तहँ सुकुमारी। उपजी प्रीति हृदय अति भारी॥ ७॥
मुरली स्याम अनूप बजाई। बिधि-मर्जादा सबनि भुलाई॥
निसि बन कौं जुवती सब धाईं। उलटे अंग अभूषन ठाई॥ ८॥
कोउ चली चरन हार लपटाई। काहूँ चौकी भुजनि बनाई॥
अँगिया कटि, लहँगा उर लाई। यह सोभा बरनी नहिं जाई॥ ९॥
कोउ उठि चली, जाति है कोऊ। कोउ मग गई, मिली मग कोऊ॥
'सूरदास' प्रभु कुंजबिहारी। सरद-रास-रस-रीति बिचारी॥ १०॥

मुरली की ललित धुनि सुनकर सब घोष कुमारियाँ बावली हो गईं। ऐसा प्रतीत हुआ जैसे उनके सिरों पर किसी ने जादू कर दिया हो। जो जिस स्थिति में थीं, वे उसी हालत में दौड़ पड़ी। उनका शरीर विकल हो उठा और वे गोपियाँ अपने वश में नहीं रह गईं। कोई धरती की ओर नीचे देखती जा रही है। कोई सिर ऊपर उठाए आकाश की ओर निहारे जा रही है। कोई अपने हाथ में बरतन लिए हुए थीं, उनके हाथों में से वे बरतन खिसक कर धरती पर गिरे पड़े जा रहे थे। कोई मन ही मन सोचती जा रही है कि यह क्या हो रहा है। कोई-कोई अपनी गोद के बच्चे को नहीं सँभाल पा रही हैं। घर-घर में नवयुवतियाँ आकुल होती जा रही थीं और मन ही मन कहती जा रही थीं कि मुरली की यह कौन सी वाणी, तान, बज रही है। उनकी सब लज्जा छूट गई। कुल की मर्यादा चली गई। वे पुत्र-पति और आर्य पंथ, पातिव्रत धर्म, सभी कुछ भूल गईं। कन्हैया सभी गोपियों को बाँसुरी में नाम ले-लेकर राग-स्वर में बुलाए जा रहे थे। मुरली की वह धुनि सभी गोपियों को ऐसी लग रही थी, जैसे वह उन्हीं के निकट, उन्हीं के कान में, बजाई जा रही हो। किसी गोपी का पति जीम रहा है, तो वह अपने पति का मुँह ही ताकती जा रही है। कोई दूध में दही का जावन डालने के स्थान पर दही में दूध का जावन डाले जा रही है। जो जैसी भी हालत में थी, उसी में उठकर चल पड़ीं और फिर घूम-फिर कर घर ही में आ घुसीं। घर के पिछवारे से मुरली की धुनि जितनी स्पष्ट सुनाई दे रही थी, आँगन में से सुनने पर वह उतनी साफ नहीं थी। किसी को घर के बड़े-बूढ़े तक का ध्यान नहीं रह गया था। कोई किधर, कोई किधर, विभिन्न दिशाओं में चली जा रही थीं। किसी को किसी की ओर देखने की फुरसत नहीं मिल पा रही थी। मदन ने सबको मूर्च्छित कर दिया था और वह सबके मन को जलाए दे रहा था। सभी व्रजांगनाएँ काम से विकल हो उठीं। गिरिधारी ने उन्हें मुरली में नाम ले-लेकर बुलाया था। वे सभी सुकुमारियाँ जहाँ-तहाँ चल पड़ीं। उनके हृदय में कन्हैया के प्रति भारी प्रीति पैदा हो गई थी। कन्हैया ने ऐसी अद्भुत वंशी बजा दी थी, जिसने सारी विधियाँ, सारी सामाजिक मर्यादाएँ, भुलवा दीं। रात में सारी

युवतियाँ वृंदावन की ओर दौड़ पड़ीं। उन्होंने अपने-अपने अंगों पर अन्य अंगों के आभूषण उलट-पुलट कर धारण कर लिए थे। कोई गले का हार पैरों में लपेट कर चल पड़ीं। किसी ने गले की चौकी को बाँह में पहन लिया। किसी ने चोली कमर में लपेट ली, किसी ने लहँगा से उरोज बाँध लिए। यह व्यतिक्रमी उलटी-पुलटी शोभा अवर्णनीय है। कोई उठ कर चल पड़ी, कोई चली जा रही है। कोई मार्ग में है, कोई मार्ग में मिली। प्रभु कुंज में विहार करने चले हैं। उन्होंने शरद की उस धवल चाँदनी में रसमय रास रचाने का विचार कर लिया था।

८९८/१६०८ राग बिहागरौ

सुनहु हरि मुरली मधुर बजाई।
मोहे सुर-नर-नाग निरंतर, ब्रज-बनिता उठि धाईं।
जमुना-नीर-प्रवाह थकित भयौ, पवन रह्यौ मुरझाई।
खग-मृग-मीन अधीन भए सब, अपनी गति बिसराई।
द्रुम, बेली अनुराग-पुलक तनु, ससि थक्यौ, निसि न घटाई।
'सूरस्याम' बृंदाबन बिहरत, चलहु सखी सुधि पाई॥

एक गोपी दूसरी से कह रही है—सखी सुनो, कन्हैया ने वृंदावन में अपनी रसीली मुरली बजा दी है। मुरली की इस ललित लहरी को सुनकर देवता, मनुष्य, नाग सभी बराबर मोहित हुए जा रहे हैं। सभी ब्रज-वासिनियाँ भी उसी धुन की ओर उठकर दौड़ी जा रही है। जमुना जल इसे सुनकर, बहना भूलकर, स्थिर हो गया है। पवन भी नहीं चल रहा है, जैसे वह भी मूर्च्छित हो गया है। पशु, पक्षी, मछलियाँ तक सभी मुरली के अधीन हो गए हैं और अपनी गति भूल बैठे हैं। वृक्षों और लताओं का शरीर भी प्रेम से पुलकित हो उठा है। चंद्रमा ने भी चलना स्थगित कर दिया है। इसलिए रात्रि समाप्त होने का नाम नहीं ले रही है। बहुत बड़ी हो गई है। श्याम वृंदावन में विहार कर रहे हैं। चलो सखी, हम लोग भी चलें। मुरली ने हमें यह समाचार दिया है।

८९९/१६०९ राग कल्यान

सुनि कै कुंज कानन बैन।
ब्रज-बधू सब बिसरि अंबर, चलीं गृह तजि चैन।
सब्द इहिं बिधि भयौ मोहन, सूझि और परै न।
थकित जमुना भई इहिं बिधि, पूजियौ पद-रेन।
'सूरस्याम' जु रसिक नागर, सुभट सुर उर दैन॥

वृंदावन की कुंज से आती हुई कुंज-विहारी की वंशी की धुनि सुनकर ब्रज-वधूटियाँ अपने वस्त्रों तक की सुधि भूल गईं। वे अपने घर और अपने मन के चैन को जहाँ का तहाँ छोड़कर चल पड़ीं। मुरली की धुनि कुछ ऐसी मोह लेनेवाली थी कि गोपियों को कृष्ण को छोड़ और कुछ सुझाई ही नहीं पड़ रहा था। यमुना का प्रवाह इस प्रकार बंद हो गया, मानो उसका जल भी सोने चला गया हो। मुनि-गण इस प्रकार प्रसन्न हो उठे, जैसे वे कन्हैया के चरणों की धूलि की पूजा करने बैठ गए हों। कन्हैया बड़े चतुर हैं, बड़े रसिया हैं। उन्होंने मुरली के सुर रूपी सुभटों को गोपियों के उर को बिद्ध कर देने के लिए भेज दिया है।

१००/१६१० राग सोरठ

मुरली मधुर बजाई स्याम।
मन हरि लियौ, भवन नहिं भावै, ब्याकुल ब्रज की बाम।
भोजन, भूषन की सुधि नाहीं, तनु की नहीं सम्हार।
गृह गुरु-लाज सूत सौं तोर्‌यौ, डरीं नहीं ब्यवहार।
करत सिँगार बिबस भईं सुंदरि, अंगनि गईं भुलाइ।
'सूरस्याम' बन बेनु बजावत, चित हित-रास रमाइ॥

श्याम ने वृंदावन में मधुर मुरली बजा दी। ब्रज की सुंदरी बालाएँ विकल हो उठीं। मुरली की तान ने उनका मन हर लिया। उन्हें घर अच्छा नहीं लगने लगा, क्योंकि उनका मन तो वन में जा लगा था। उन्हें न तो खाने-पीने की सुधि रह गई, न कपड़े-लत्ते की और न आभूषणों की ही। वे अपने तन-वदन की भी सुधि भूल गईं। उन्होंने घर से नाता छोड़ दिया और गुरुजनों के प्रति जो लाज-संकोच था, उसे भी बड़ी आसानी से कच्चे सूत के धागे के समान तोड़ दिया। निर्लज्जता का यह व्यवहार करते हुए, उन्हें किसी का जरा भी संकोच नहीं लगा। अपना शृंगार करते समय ये सुंदरियाँ जैसे अपने बस में नहीं रह गई थीं, जैसे वे अपने अंगों को भूल बैठी थीं। वे कहीं का सिंगार कहीं किए जा रही थीं। कन्हैया वृंदावन में वेणु बजाए जा रहे थे और गोपियों के चित्त में रास के प्रति अनुराग की भावना बढ़ाए जा रहे थे।

१०१/१६१५ राग केदार

'मधुर धुनि बाजै सुनि सजनी।
बृंदाबन मधि रास रच्यौ है, नंद-नँदन अति सुख रजनी।'
जित-तित रही स्त्रवन दै दे दृग, सुधि न रही कोउ एक जनी।
सुत-पति छाँड़ि चलीं ब्याकुल ह्वै, भूलि गईं कुल की लजनी।
लोक-लाज तजि चलीं प्रेम-बस, बनिता बृंद चंद-बदनी।
'सूरजदास' आस दरसन की, सबै भईं नागर-भजनी॥

'अरी सखी सुन, श्याम की वंशी मधुर धुनि में बजी जा रही है। इस शरद की सुखद सुहावनी रात में नंद के नंद, आनंद कंद, श्रीकृष्ण चंद्र ने, वृंदावन में रास रचा रखा है।' यहाँ वहाँ, जहाँ तहाँ गोपियाँ कान लगाकर सुने जा रही हैं और आँख लगाकर देखे जा रही हैं। किसी को भी अपने तन-बदन की सुधि नहीं रह गई है। वे अपने पुत्र और पति को छोड़कर, व्याकुल होकर, वृंदावन की ओर जहाँ से मुरली की धुनि आ रही थी, चल पड़ीं। वे कुल की लज्जा को भी भूल गईं। प्रेम के वश में होकर, लोक-लाज छोड़कर, चंद्रमुखी वे ब्रज-वधूटियाँ चल पड़ीं। कन्हैया के दर्शन की आशा में वे सभी नट-नागर किसन को भजनेवाली हो गईं।

१०२/१६२१ राग धनाश्री

चली बन बेनु सुनत जब धाइ।
मातु-पिता-बांधव अति त्रासत, 'जाति कहाँ अकुलाइ।

सकुच नहीं, संका कछु नाहीं, रैनि कहाँ तुम जाति।'
जननी कहति, दई की घाली, काहे कौं इतराति।
मानति नहीं और रिस पावति, निकसी नातौ तोरि।
जैसें जल-प्रवाह भादौं कौ, सो को सकै बहोरि।
ज्यौं केंचुरी भुअंगम त्यागत, मात-पिता यौं त्यागे।
'सूरस्याम' कैं हाथ बिकानी, अलि अंबुज अनुरागे॥

जब गोपियाँ वंशी की तान सुनकर वृंदावन की ओर दौड़ चलीं, तब उनके माता-पिता-भाई सब उन्हें झिड़कने लगे और कहने लगे 'तुम इस रात में, विकल होकर, कहाँ चली जा रही हो? न तो तुम्हें कुछ लाज-शरम है, न तुम्हें किसी का कोई भय है, रात्रि में तुम कहाँ जा रही हो?' माताएँ कहने लगीं—'अरी दई मारी, तू इतना इतराई क्यों जा रही है?' उसने कहना नहीं माना, उलटे क्रुद्ध हो गई और सारे संबंधों को तोड़कर घर से इस प्रकार निकल भागी, जैसे भादों में नदी की प्रबल धारा, जिसे कोई लौटा नहीं सकता। जैसे साँप अपनी केंचुर छोड़कर चला जाता है, उसकी उसे कोई चिंता नहीं होती, उसी तरह वह माता-पिता को छोड़कर चली गई।

गोपियाँ श्याम के हाथ उसी तरह बिक-सी गईं, जिस तरह भौंरा कमल पर अनुरक्त होकर अपने को उसी के भीतर सारी रात बँधवा रखता है।

१०३/१६२२ राग गुंडमलार

सुनत मुरली न सकीं धीर धरि कै। चलीं पितु-मातु-अपमान करिकै॥
लरति निकसीं सबै तोरि फरिकैं। भईं आतुर बदन-दरस हरि कैं॥
जाहि जो भजै, सो ताहि रातैं। कोउ कछु कहै, सो बिरस मातैं॥
ता बिना ताहि कछु नाहिं भावै। और जो जोर कोटिक दिखावै॥
प्रीति की कथा वह प्रीति जानै। और करि कोटि बातैं बखानै॥
ज्यौं सरित सिंधु बिनु कहुँ न जाई। 'सूर' वैसी दसा इनहुँ पाई॥

मुरली की धुन सुनकर गोपियाँ धैर्य न रख सकीं। वे अधीर हो उठीं और माता-पिता का अपमान करके चल पड़ीं। वे फाटक तोड़ती, माता-पिता भाई से लड़ती-झगड़ती, हरि के दर्शन की अभिलाषा करके, आतुर होकर घर से निकल पड़ीं। जो जिसको प्रेम करता है, वह उससे प्रेम करेगा ही। यदि कोई उसके प्रेम के मार्ग में बाधक होकर कुछ कह देता है, रोकता-टोकता है, तो वह उसे अपने राग-रंग के विपरीत मानती है और इस रोकने-टोकने को बुरा मानती है। अपने प्रेमी के अतिरिक्त उसे कुछ भी नहीं सुहाता है, चाहे कितना भी जोर जबरदस्ती क्यों न करें? प्रीति की कथा तो बस प्रीति ही जानती है। जो प्रेमी नहीं हैं, वे प्रेम की क्या कद्र करेंगे। जो प्रीति करना नहीं जानते, वे सब बस कोरी बातें बनाते हैं। जैसे नदी जाती है तो समुद्र के ही पास, वैसी ही दशा इन गोपियों की है। वे जायँगी तो अपने कन्हैया के ही पास, अन्यत्र नहीं।

१०४/१६२३ राग सूही बिलावल

घर-घर तैं निकसीं ब्रज-बाला।
लीन्हैं नाम जुवति जन-जन के, मुरली मैं सुनि-सुनि ततकाला।

इक मारग, इक घर तैं निकरीं, इक निकरतिं, इक भईं बिहाला ।
एक नाहिं भवननि तैं निकरीं, तिनपैं आए परम कृपाला ।
यह महिमा वेई पै जानैं, कबि सौं कहा बरनि यह जाई ।
'सूरस्याम'-रस-रास-रीति-सुख, बिनु देखैं आवै क्यौं गाई ॥

मुरली की तान सुनकर ब्रज के घर-घर से ब्रजांगनाएँ निकल चलीं। कन्हैया मुरली में गोपियों का नाम ले-लेकर बजाए जा रहे थे। गोपियाँ ने अपने नाम सुने और वे तुरंत निकल पड़ीं। एक मार्ग में पहुँच गई हैं, एक घर से निकल पड़ी हैं। एक घर से निकल रही हैं, एक बिलकुल बेहाल होकर जहाँ की तहाँ खड़ी हैं। एक अपने घर से निकल ही नहीं पाईं। उनके पास कृष्ण स्वयं दया करके आ पहुँचे। यह महिमा तो प्रभु ही जानते हैं। बेचारा कवि इसका वर्णन क्या कर सकता है? श्याम ने जो रसमय रास रच दिया, उसका रंग-ढंग, उसका सुख, बिना उसे देखे कोई क्या गा सकता है? क्या कह सकता है?

१०५/१६२६ *राग सारंग*

'सुनौ सुक', कह्यौ परीच्छित राउ ।
'गोपिनि परम कंत हरि जान्यौ, लख्यौ न ब्रह्म-प्रभाउ ।
गुनमय ध्यान कीन्ह निरगुन-पद, पायौ तिनि किहिं भाइ ।
मेरैं जिय संदेह बड़ौ यह, मुनिवर देहु नसाइ ।'
सुक कह्यौ, 'बैर भाव मन राखैं, मुक्त भयौ सिसुपाल ।
गोपी हरि की प्रिया मुक्ति लहैं, कह अचरज भूपाल ।
काम, क्रोध, भय, नेह, सुहृदता, काहू बिधि करि कोइ ।
धरै ध्यान हरि कौ जो दृढ़ करि, 'सूर' सो हरि-सम होइ' ॥

राजा परीक्षित ने महा मुनि शुकदेव से जिज्ञासा की—'गोपियों ने तो हरि को पति रूप में जाना माना था। उन्होंने उनमें ब्रह्म का कोई प्रभाव न तो देखा था, न स्वीकार ही किया था। उन्होंने तो सत, रज, तम इन तीनों गुणों से निर्मित कृष्ण के मानव शरीर का ही ध्यान किया था, तो उन्होंने किस प्रकार मोक्ष पा लिया। मोक्ष तो निर्गुन तत्व है। हे महामुनि, मेरे मन में यह भारी संदेह है। कृपा करके मेरे इस संदेह को मिटा डालें।'

तब शुकदेव जी राजा परीक्षित से बोले—'शिशुपाल ने तो कृष्ण से बैर-भाव बना रखा था, फिर भी मोक्ष को प्राप्त हुआ। हे राजा, फिर कृष्ण की प्रिया गोपियाँ यदि मोक्ष प्राप्त कर लें, तो इसमें आश्चर्य की कौन-सी बात है? जो काम भाव से, क्रोध भाव से, भय भाव से, स्नेह भाव से, सखा भाव से किसी भी भाव से कृष्ण का दृढ़ ध्यान करता है, वह हरि के समान हो जाता है, हरि में समाकर सायुज्य मुक्ति प्रास कर लेता है। गोपियों ने काम भाव से भजन कर हरि को पाया। रावण ने क्रोध भाव से हरि को पाया। कंस ने भय भाव से, नंद यशोदा ने वात्सल्य भाव से और गोप-सखाओं, निषाद राज गुह आदि ने सख्य भक्ति करके प्रभु को पाया था।'

१०६/१६२७ राग गुंडमलार

सुनत बन बेनु-धुनि चलीं नारीं।
लोक-लज्जा निदरि, भवन तजि सुंदरी, मिलीं बन जाइ कै बन-बिहारी।
दरस कैं लहत, मन हरष सबकौं भयौ, परस की साध अति करतिं भारी।
यहै मन बच करम, तज्यौ सुत-पति-धरम, मेटि भव-भरम सहि लाज गारी।
भजै जिहिं भाव जो, मिलैं हरि ताहि त्यौं, भेद-भेदा नहीं पुरुष-नारी।
'सूर' प्रभु स्याम, ब्रज-बाम, आतुर-काम, मिलीं बन धाम, गिरिराज-धारी॥

वृंदावन में बाँसुरी बजती सुनकर ब्रजांगनाएँ घर-घर से निकलकर चल पड़ीं। लोक-लाज को निन्दनीय मानकर, उसका परित्याग करके, अपने-अपने घरों को छोड़-छोड़कर, वृंदावन में जाकर वे वृंदावन विहारी कृष्ण से जा मिलीं। कृष्ण का दर्शन पाकर उन्होंने बड़ा हर्ष पाया और वे कृष्ण को स्पर्श करने की भारी भावना से भर उठीं। पुत्र और पति के प्रति अपना धर्म (कर्त्तव्य) परित्याग कर, संसार के मायाजाल को छोड़कर, भारी लज्जा सहती और गाली सुनती हुई, वे मनसा, वाचा, कर्मणा सब प्रकार से कृष्ण में ही अनुरक्त बनी रहीं। जो हरि को जिस भाव से भजता है, हरि उससे उसी भाव से मिलते हैं वे इस कार्य में नर या नारी का विभेद नहीं करते। नर को भी तारते हैं, नारी का भी उद्धार करते हैं। ब्रज की सुंदर बालाएँ, कामातुर होकर, वृंदावन की कुंजों में जाकर, अपने कुंज-विहारी, गिरवरधारी से मिल गईं।

१०७/१२३८ राग सारंग

जब हरि मुरली अधर धरत।
थिर चर, चर थिर, पवन थकित रहैं, जमुना-जल न बहत।
खग मोहैं, मृग-जूथ भुलाहीं, निरखि मदन-छबि छरत।
पसु मोहैं, सुरभी विथकित, तृन दंतनि टेकि रहत।
सुक सनकादि सकल मुनि मोहैं, ध्यान न तनक गहत।
'सूरजदास' भाग हैं तिनके, जे या सुखहिं लहत॥

जब हरि ने मुरली बजाने के लिए अपने होठ पर रख ली और उसमें स्वर फूँका, तब सभी स्थावर चर हो उठे और चर स्थावर हो उठे। पवन रुक गया, जमुना के जल का बहना भी बंद हो गया। पक्षी मोहित हो गए, हिरनों के समूह भी चौकड़ी भरना भूल कर खड़े हो गए। वे सभी मदन की छवि को भी छल लेनेवाले श्याम की छवि देखकर ऐसे छल उठे, जैसे किसी भूत-प्रेत ने उनको छल लिया हो। पशु मोहित हो उठे, गायें भी चरना भूल गई और दाँतों में जितनी घास ले रखी थीं, उतना ही लिए खड़ी रह गईं। शुक, सनक, सनंदन, सनातन और सनत्कुमार आदि ऋषि भी मुरली का स्वर सुनकर मोहित हो उठे। उनका ध्यान थोड़ी देर के लिए भी नहीं लग पाने लगा। वे ब्रजवासिनियाँ ही भाग्यवती हैं, जो इस सुख को पाए जा रही हैं।

१०८/१२४१ राग मारू

मेरे साँवरे जब मुरली अधर धरी। सुनि सिव-समाधि टरी।
सुनि थके देव बिमान। सुर-बधू चित्र-समान।

ग्रह-नखत तजत न रास। बाहन बँधे धुनि-पास।
चल थके, अचल टरे। सुनि आनँद-उमँग भरे।
चर-अचर-गति बिपरीति। सुनि बेनु-कल्पित गीति।
झरना न झरत पषान। गंधर्ब मोहे गान।
सुनि खग मृग मौन धरे। फल-तृन की सुधि बिसरे।
सुनि धेनु धुनि थकि रहतिं। तृन दंतहू नहिं गहतिं।
बछरा न पीवैं छीर। पंछी न मन मैं धीर।
बेली-द्रुम चपल भए। सुनि पल्लव प्रगटि नए।
सुनि बिटप चंचल पात। अति निकट कौं अकुलात।
आकुलित पुलकित गात। अनुराग नैन चुचात।
सुनि चंचल पौन थक्यौ। सरिता जल चलि न सक्यौ।
सुनि धुनि चलीं ब्रज-नारि। सुत-देह-गेह बिसारि।
अति थकित भयौ समीर। उलट्यौ जु जमुना-नीर।
मन मोह्यौ मदन गुपाल। तन स्याम, नैन बिसाल।
नवनील - तन - घनस्याम। नव पीत पट अभिराम।
नव मुकुट नव बन-दाम। लावन्य कोटिक काम।
मनमोहन रूप धर्यौ। तब गरब अनंग हर्यौ।
री मदन मोहन लाल। सँग नागरी ब्रज-बाल।
नव कुंज जमुना-कूल। जन 'सूर' देखत फूल॥

जब मेरे साँवले सलोने घनश्याम ने अपने अधर पर धर कर मुरली को निनादित कर दिया, तब उसे सुनकर शिवजी की समाधि टल गई, उसे सुनकर देवताओं के विमान भी आकाश में रुक गए, देव-वधुएँ भी चित्र-लिखित सी अपलक और स्थिर हो गईं, ग्रह और नक्षत्र भी अपनी-अपनी राशियों (कक्षा) पर खड़े ही रह गए, आगे नहीं बढ़ सके। इन ग्रहों की सवारियाँ भी धुनि के फंदे में फँस गई, न सूर्य के घोड़े आगे बढ़ रहे हैं और न चंद्र के हिरण ही। चल अचल हो गए और अचल चल हो गए। वे मुरली की तान सुनकर आनंद विभोर हो उठे। चल और अचल की दशाएँ विपरीत हो गईं, उनकी प्रकृति ही पलट गई, ऐसी थी वेणु की वह कल्पनातीत स्वर लहरी। पाषाणों से झरते हुए झरनों ने झरना बंद कर दिया। सुप्रसिद्ध गायक गंधर्वगण भी उस वंशी से निकले गाने को सुनकर मोहित हो गए। उसे सुनकर पक्षियों और पशुओं ने भी बोलना बंद कर मौन धारण कर लिया। खगों ने फल चुगना छोड़ दिया और मृगों ने तृण चरना भुला दिया। गायें इस वंशी ध्वनि को सुनकर खड़ी रह गईं और दाँतों से घास नहीं चर रही हैं। बछड़ों ने दूध पीना बंद कर दिया। पंछी भी मन ही मन अधीर हो उठे। पेड़ों और लताओं में यह वंशी ध्वनि सुनकर नए-नए पल्लव हिलने-डुलने लगे, वंशी-ध्वनि सुनकर वृक्षों के पत्ते चंचल हो उठे, जैसे वे कृष्ण का नैकट्य पाने के लिए आतुर हो उठे हों। वे वंशी ध्वनि सुनकर इतने व्याकुल और पुलकित हो उठे कि उनके नयनों से प्रेम का अश्रुपात होने लगा। इस धुन

को सुनकर चंचल हवा का भी चलना बंद हो गया, नदी का जल-प्रवाह भी बंद हो गया। वंशी की तान सुनकर ब्रज-वधूटियाँ अपने-अपने घरों से निकल कर चल पड़ीं। उन्होंने पुत्र, शरीर, घर सभी की सुधि भुला दी। सन-सन बहता हुआ समीर भी सन्न रह गया। जमुना की तो जल-धारा भी उलट कर बहने लगी। साँवले सलोने शरीर वाले और बड़े-बड़े विलोचनों वाले मदन गोपाल ने उन सबका मन मोहित कर लिया था। उनका शरीर नए जलभरे नीले बादल जैसा था और वे नया सुंदर पीतांबर धारण किए हुए थे। उनके सिर पर मोर-पंख का नवीन मुकुट था और गले में नवीन फूलों की वनमाला थी। उनका सौंदर्य करोड़ों कामदेवों के समान था। जब उन्होंने मन को मोह लेनेवाला रूप धारण किया, तब अनंग के भी गर्व को चूर कर दिया। श्री मदनमोहन लाल के साथ उनकी नागरी ब्रज बालाओं को यमुना के किनारे, नवीन कुंज में अपनी कल्पना की आँखों से देखकर. सूरदास परम पुलकित हो उठे।

१०९/१२७७ राग मलार

जब हरि मुरली अधर धरी।
गृह-ब्यौहार तजे आरज-पथ, चलत न संक करी।
पद-रिपु पट अँटक्यौ न सम्हारति, उलट न पलट खरी।
सिव-सुत-बाहन आइ मिले हैं, मन-चित बुद्धि हरी।
दुरि गए कीर, कपोत, मधुप, पिक, सारँग सुधि बिसरी।
उडुपति, बिद्रुम, बिंब, खिसाने, दामिनि अधिक डरी।
मिलिहैं स्यामहिं हंस-सुता-तट, आनँद-उमँग भरी।
'सूरस्याम' कौं मिलीं परस्पर, प्रेम-प्रबाह ढरी॥

जब कन्हैया ने अपने होठ पर मुरली रखकर बजाई, तब गोपियों ने घर के सारे काम-काज छोड़ दिए और आर्यपथ (सामाजिक मर्यादा और पातिव्रत धर्म) का भी परित्याग कर दिया और जिधर से मुरली की ध्वनि आ रही थी, उस ओर चलने में तनिक भी विलंब नहीं किया। उनके वस्त्रों में पैरों का शत्रु (काँटा) अँटक गया, उलझ गया, पर वे न तो उस उलझे वस्त्र को सँभालने के लिए खड़ी हुईं, न उलट-पलट कर पीछे की ओर देखा ही। वस्त्र के फटने की चिंता न करती हुई वे आगे की ओर बढ़ती गईं। मार्ग में शिवजी के सुत स्वामि कार्तिकेय के वाहन मयूर मिले। उन मयूरों को देखकर उन्हें कृष्ण के मोर-पंख के मुकुट का स्मरण हो आया और उनका मन, चित्त, बुद्धि सभी का हरण हो गया। उनकी नासिका को देखकर कीर (शुक), ग्रीवा को देखकर कपोत (कबूतर) अलकावली को देखकर मधुप (भौंरा), वाणी को सुनकर पिक (कोयल), नयनों को देखकर सारंग (कमल) सुधि हीन हो गए। मुख को देखकर उडुपति (चंद्र), होठों को देखकर विद्रुम (मूँगा) और बिंब (पके लाल कुँदरु) अपने को अपमानित समझकर खिझ गए। दाँतों की चमक को देखकर दामिनी (बिजली) अत्यधिक डर गई। वे नवेलियाँ यह सोचकर कि वे श्याम से हंस-सुता (सूर्य-पुत्री यमुना) के तट पर जा मिलेंगी, आनंद और उमंग से भर उठीं। श्याम से यमुना तट पर ज्यों ही आमने-सामने होकर वे मिलीं, वे प्रेम के प्रवाह में पूर्णतया बह चलीं।

श्याम की कपट चतुराई

११०/१६२८ राग सूहो बिलावल

देखि स्याम मन हरष बढ़ायौ।
तैसियै सरद-चाँदनी निर्मल, तैसोइ रास-रंग उपजायौ।
तैसियै कनक-बरन सब सुंदरि, इहिं सोभा पर मन ललचायौ।
तैसियै-हंस-सुता पवित्र तट, तैसोइ कल्पबृच्छ सुख-दायौ।
करौं मनोरथ पूरन सबके, इहिं अंतर इक खेल उपायौ।
'सूरस्याम' रचि कपट-चतुरई, जुवतिनि कैं मन यह भरमायौ॥

श्याम को देखकर गोपियों का मन हर्षातिरेक से भर उठा। जैसी शरद की वह चाँदनी रात निर्मल थी, वैसी ही रास की वह रसमयी रचना थी, वैसी ही कंचन वर्णी सुंदर गोपियाँ थीं, वैसा ही हंस (सूर्य) की पुत्री यमुना का पवित्र किनारा था, वैसा ही कल्पवृक्ष के समान सुखद वंशीवट था, इस शोभा पर सबका (गोपियों का और कृष्ण का भी) मन ललच उठा। कृष्ण ने सोचा अब मैं गोपियों की इच्छा पूर्ण कर ही दूँ। पर वे हैं भारी खिलाड़ी। इस बीच उन्होंने एक खेल खड़ा कर दिया। श्याम ने कपटपूर्ण चतुराई करके गोपियों के मन में एक भ्रम पैदा कर दिया। यह भ्रम पातिव्रत धर्म का था।

१११/१६३२ राग रामकली

'अब तुम कही हमारी मानौ।
बन मैं आइ रैनि-सुख देख्यौ, यहै लह्यौ सुख जानौ।
अब ऐसी कीजौ जनि कबहूँ, जानति हौ मन तुमहूँ।
यह धौं सुनै कहूँ जो कोऊ, तुमहिं लाज अरु हमहूँ।
हम तौ आजु बहुत सरमाने, मुरली टेरि बजायौ।
जैसौ कियौ लह्यौ फल तैसौ, हमही दूषन आयौ।
अब तुम भवन जाहु, पति पूजहु परमेस्वर की नाईं।'
'सूरस्याम' जुवतिनि सौं यह कहि, करी अपराध छमाई॥

कृष्ण गोपियों से ऐसा बोले—'अब तुम सब मेरा कहना मानों। वन में आकर तुमने शरद पूर्णिमा की रात्रि का सुख उठा लिया। तुमने यही सुख पर्याप्त मात्रा में पा लिया। ऐसा तुम अपने मन में सोचकर संतोष कर लो। अब भविष्य में तुम सब ऐसा कभी न करना। इस बात को तो तुम भी जानती हो, मानती हो कि नारी को रात्रि में कहीं भी इस तरह न जाना चाहिए। अगर किसी ने यह जान-सुन लिया कि गोपियाँ रात में कृष्ण से मिलने वृंदावन गई थीं, तो यह तुम्हारे लिए भी लज्जा की बात है और मेरे लिए भी। मैंने तुम सबका नाम ले-लेकर मुरली बजाई। मैं स्वयं अपने इस कृत्य पर लज्जित हूँ। मुझे ऐसा न करना चाहिए था। मैंने जैसा किया, वैसा ही फल मुझे मिल भी गया। तुम्हारे यहाँ आ जाने का सारा दोष मुझ पर मढ़ दिया गया। अब तुम सीधे अपने-अपने घरों को लौट जाओ और अपने पति की पूजा परमेश्वर के स्थान पर करो। मुझसे जो भूल हो गई है, उसे तुम सब क्षमा करो।'

११२/१६३३ *राग सूही बिलावल*

यह जुवतिनि कौ धरम न होइ।

धिक सो नारि पुरुष जो त्यागै, धिक सो पति जो त्यागै जोइ।
पति कौ धर्म यहै, प्रतिपालै, जुवती सेवाही कौ धर्म।
जुवती सेवा तऊ न त्यागै, जौ पति करै कोटि अपकर्म।
बन मैं रैनि-बास नहिं कीजै, देख्यौ बन बृंदाबन आइ।
बिबिध सुमन, सीतल जमुना-जल, त्रिबिध-समीर-परस सुखदाइ।
घरही मैं तुव धर्म सदाई, सुत-पति दुखित होत, तुम जाहु।
'सूरस्याम' यह कहि परमोधत, सेवा करहु जाइ घर नाहु॥

कृष्ण गोपियों को प्रबोध देते हुए कहते गए—'यह नारी धर्म नहीं है। जो नारी अपने पति को छोड़ देती है, उसे धिक्कार है। इसी प्रकार उस पति को भी धिक्कार है, जो अपनी पत्नी को छोड़ देता है। पति का धर्म है कि वह अपनी पत्नी का भलीभाँति पालन-पोषण करे और पत्नी का धर्म है कि वह पति की सेवा तन-मन से करती रहे। पति भले ही करोड़ों बुरे कर्म करता है, पत्नी को पति की सेवा करना न छोड़ना चाहिए। अब तुम लोगों ने आकर शारदी पूर्णिमा की रात में वृंदावन की यह मनोरम शोभा देख ली है। तरह-तरह के फूल, जमुना जी का शीतल जल, शीतल मंद सुगंध समीर का सुखद स्पर्श, तुमने सब कुछ पा लिया। यहाँ रात्रि वास न करो। घर में ही बने रहना तुम्हारा धर्म है। तुम यहाँ आ गई हो। इससे तुम्हारे पति-पुत्र सभी दुखी हो रहे हैं। अत: अब अपने-अपने घरों को चली जाओ और घर जाकर अपने-अपने पतियों की सेवा करो।'

११३/१६३१ *राग गौरी*

'तुम पावत हम घोष न जाहिं।

कहा जाइ लैहैं हम ब्रज, यह दरसन त्रिभुवन नाहिं।
तुमहूँ तैं ब्रज हितू न कोऊ, कोटि कहौ, नहिं मानैं।
काके पिता, मातु हैं काकी, काहू हम नहिं जानैं।
काके पति-सुत, मोह कौन कौ, घरही कहा पठावत।
कैसौ धर्म, पाप है कैसौ, आस निरास करावत।
हम जानैं केवल तुमहीं कौं, और बृथा संसार।
'सूरस्याम' निठुराई तजियै, तजियै बचन-बिकार'॥

गोपियाँ कहने लगीं—'हे श्याम, हमने तुमको पा लिया है और अब तुमको छोड़कर, अहीरों की बस्ती में हम नहीं जायँगी। हम ब्रज में वापस जाकर क्या पा लेंगी। तुम्हारा यह दर्शन तो त्रिभुवन में कहीं नहीं प्राप्य है। ब्रज में तुम्हारे समान हमारा हितैषी कौन बैठा है? तुम कितना भी क्यों न कहो, हम तुम्हारी यह बात नहीं मानेंगी। किसका बाप, किसकी माँ? हम किसी को नहीं जानतीं। किसका पति, किसका पुत्र, किसका मोह? हमें घर क्यों वापस भेज दे रहे हो? कैसा धर्म, कैसा पाप? तुम हमारी आशा को निराशा में क्यों पलटे दे रहे हो? हम सब केवल तुम्हीं को जानती हैं। शेष सारा संसार हमारे

लिए व्यर्थ है, हमारा उससे कोई मतलब नहीं। हे श्याम, यह निष्ठुरता, कठोरता, छोड़ो और ये उलटी-सीधी बातें कहकर हमें घर न लौटाओ।'

११४/१६४२ राग कान्हरौ

'भवन नहीं अब जाहिं कन्हाई।
स्वजन, बंधु तैं भईं बाहिरी, वै क्यौं करैं बड़ाई।
जौ कबहूँ वै लेहिं कृपा करि, धिक वे, धिक हम नारि।
तुम बिछुरत जीवन राखैं धिक, कहौ न आपु बिचारि।
धिक वह लाज, बिमुख की संगति, धनि जीवन तुम-हेत।
धिक माता, धिक पिता, गेह धिक, धिक सुत-पति कौ चेत।
हम चाहतिं मृदु-हँसनि-माधुरी, जातैं उपज्यौ काम।
'सूरस्याम' अधरनि रस सींचहु, जरतिं बिरह सब बाम'॥

गोपियाँ कहे जा रही हैं—हे कन्हैया, अब तुम्हें छोड़कर हम घर वापस नहीं जा रही हैं, तुम कितना ही क्यों न कहो? अब तो हम परिवारी जनों से एकदम बाहर हो गई हैं। उन्हें त्याग कर यहाँ आई हैं। अब वे हमें कैसे प्रतिष्ठित मान सकते हैं। यदि वे कृपा करके हमें पुनः स्वीकार कर लें, तो उन्हें धिक्कार है, क्योंकि वे उन्हें अंगीकार कर रहे हैं जो एक बार उन्हें छोड़ गई हैं। हम नारियों को भी धिक्कार है, जो तुम्हें छोड़कर पुनः अपने परिवार में जा मिलें, क्योंकि इससे हमारे प्रेम के प्रति शैथिल्य प्रकट होता है। तुमसे विमुख होकर, तुम्हें छोड़कर, हम अपना जीवन बनाए रखें, तो ऐसे जीवन को धिक्कार है। स्वयं तुम इस पर विचार कर कहो न। उस लज्जा को धिक्कार है, जिसके कारण जो तुमसे विमुख है, उसकी संगत में रहना पड़े। वही जीवन धन्य है, वंदनीय है, जो तुम्हारे प्रेम में बीते। तुम्हारे अभाव में माता, पिता, घर, पुत्र, पति इन सबमें चित्त लगाए रहना भी धिक्कार योग्य है। हम तुम्हारी उस मृदु मुस्कान माधुरी की रिझवार हैं, जिससे हममें तुम्हारे प्रति प्रेम प्रादुर्भूत हुआ है। हम सब सुंदरियाँ तुम्हारे प्रेम-विरह में जली जा रही हैं। तुम अधरों के रस से सींचकर हमें हरा-भरा कर दो। इस विरहाग्नि को बुझा दो।

११५/१६४७ राग जैतश्री

'आस जनि तोरहु स्याम हमारी।
बेनु-नाद-धुनि सुनि उठि धाईं, प्रगटत नाम मुरारी।
क्यौं तुम निठुर नाम प्रगटायौ, काहैं बिरद भुलाने?
दीन आजु हम तैं कोउ नाहीं', जानि स्याम मुसुक्याने।
अपनैं भुज दंडनि करि गहियै, बिरह-सलिल मैं भासी।
बार-बार कुल-धर्म बतावत, ऐसे तुम अबिनासी।
प्रीति बचन नौका करि राखै, अंकम भरि बैठावहु।
'सूरस्याम' तुम बिनु गति नाहीं, जुवतिनि पार लगावहु'॥

गोपियाँ कह रही हैं—हे श्याम, हमारी आशा मत तोड़ो, हमें निराश न करो। हे मुरारि, तुमने वंशी में हमारा नाम ले-लेकर हमें बुलाया, उस ध्वनि को सुनकर हम सब

यहाँ दौड़ी चली आईं। तुमने हमारा नाम ले-लेकर हमें बुलाया ही क्यों। बुलाया है, तो अब यह निष्ठुरता क्यों कर रहे हो। तुम तो दीनबंधु कहलाते हो, तुमने अपना वह विरुद क्यों भुला दिया है। आज, इस समय, हमसे बढ़कर दीन कौन हो सकता है। उधर हमने घर छोड़ा, इधर तुम हमें भगाए दे रहे हो।'

गोपियों की यह बात सुनकर श्याम मुस्कुरा उठे। गोपियाँ कहती ही गईं—'हम तुम्हारे विरह-रूपी जल में बही जा रही हैं, फँस गई हैं। अपने हाथों से हमें पकड़कर बचा लो। तुम हमें बार-बार कुल-धर्म की शिक्षा दिए जा रहे हो। हे अविनाशी, तुम ऐसे निष्ठुर हो गए हो। अब तुम अपनी प्रेम भरी बातों की नौका में हमें चढ़ा लो। हे श्याम, हम युवतियों की दूसरी गति नहीं है, तुम अब हमें पार लगा दो।'

११६/१६५० राग बिलावल

मोहिं बिना ये और न जानैं।
बिधि-मरजाद लोक की लज्जा, तृनहू तैं घटि मानैं।
इनि मोकौं नीकैं पहिचान्यौ, कपट नहीं उर राख्यौ।
साधु-साधु पुनि-पुनि हरषित ह्वै, मनहीं मन यह भाष्यौ।
पुनि हँसि कह्यौ निठुरता धरि कै, 'क्यौं त्याग्यौ कुल-धर्म।'
'सूरस्याम' मुख कपट, हृदय रति, जुवतिनि कैं अति भर्म॥

गोपियों की बात सुनकर कृष्ण मन ही मन सोचने लगे—मुझे छोड़कर ये किसी और को नहीं जानतीं। सामाजिक विधि-विधान, कुल की मर्यादा, लोक की लज्जा सब तो ये मेरे लिए घास के तिनके से भी घट कर मान रही हैं। इन्होंने मुझे भलीभाँति पहचान लिया है। इनके मन में किसी प्रकार का कपट या छल नहीं है। ये धन्य हैं।

फिर वे हँसते हुए, ऊपर से निठुर बनते हुए कह उठे—'तुमने अपना कुल-धर्म क्यों छोड़ा?' श्याम के मुख में तो कपट वाणी है, पर उनके मन में उनके प्रति प्रेम है। कन्हैया की वे बातें गोपियों के मन में भ्रम पैदा किए जा रही थीं।

११७/१६५२ राग सूही बिलावल

कहत स्याम श्रीमुख यह बानी।
'धन्य-धन्य दृढ़ नेम तुम्हारौ, बिनु दामनि मो हाथ बिकानी।
निरदय बचन कपट के भाखे, तुम अपनैं जिय नैंकु न आनी।
भजीं निसंक आइ तुम मोकौं, गुरुजन की संका नहिं मानी।'
सिंह रहै जंबुक सरनागत, देखी सुनी न अकथ कहानी।
'सूरस्याम' अंकम भरि लीन्हीं, बिरह-अगिनि-झर तुरत बुझानी॥

तब कन्हैया ने स्वयं अपने मुख से यह बात कही—'गोपियों, तुम्हारा यह दृढ़ नेम धन्य है। तुम मुझसे कोई मूल्य न पाने पर भी मेरे हाथ बिक गई हो। मैंने तुमसे कपट भरे निष्ठुर वचन कहे, पर तुमने इसका कोई बुरा नहीं माना और मेरी बातों पर ध्यान नहीं दिया। तुमने निःशंक, असंशय चित्त से आकर मुझे भजा और अपने बड़े-बूढ़ों का डर नहीं माना।'

इस पर गोपियाँ बोलीं—'सिंह, गीदड़ की शरण में रहे, हमने ऐसी अकथनीय कहानी न तो देखी है और न सुनी ही।'

ऐसा कहकर श्याम ने गोपियों को अपने अंक में भर लिया और उनकी विरहाग्नि की ज्वाला तुरंत बुझ गई।

रास

११८/१६५७ राग टोड़ी

जहाँ स्याम घन रास उपायौ। कुंकुम-जल सुख-बृष्टि रमायौ।
धरनी-रज कपूर-मय भारी। बिबिध-सुमन-छबि न्यारी-न्यारी।
जुवती जुरि मंडली बिराजैं। बिच-बिच कान्ह तरुनि-बिच भ्राजैं।
अनुपम लीला प्रगट दिखाई। गोपिनि की कीन्ही मन भाई।
बिच, श्री स्याम नारि बिच गोरी। कनक-खंभ मरकत खचि डोरी।
सोभा-सिंधु-हिलोर हिलोरी। 'सूर' कहा बरनै मति थोरी॥

जिस स्थल पर घनश्याम कृष्ण ने रास रचाया, उस स्थान पर पहले उन्होंने केसर के जल की सुखद वर्षा करा दी। वहाँ की धरती की धूल एकदम कर्पूर मय हो गई। वहाँ अनेक प्रकार के विभिन्न रूप, रंग एवं सुगंध के फूल खिल उठे। नवयुवतियाँ मंडलाकार गोलाई में विराजमान हो गईं। हर दो तरुणियों के बीच में एक-एक कन्हैया भी सुशोभित हो उठे। श्याम ने एक से अनेक बनकर यह अद्भुत लीला की और गोपियाँ जो चाहती थीं, सब उनके मनोनुकूल करने दिया। एक श्याम एक गोरी, एक श्याम, एक गोरी, ऐसी प्रतीत हो रही थीं, जैसे दो सोने के खंभों के बीच साथ-साथ एक नीलम का खंभा खचित कर दिया गया हो। वहाँ शोभा का सागर ही तरंगायित हो उठा था। भला थोड़ी बुद्धि वाला यह 'सूर' इस सौंदर्य का वर्णन कर ही कैसे सकता है।

११९/१६६७ राग मलार

देखौ माई रूप सरोवर साज्यौ।
ब्रज-बनिता-बर-बारि बृंद मैं, श्री-ब्रजराज बिराज्यौ।
लोचन जलज, मधुप अलकावलि, कुंडल मीन सलोल।
कुच चकवाक बिलोकि बदन-बिधु, बिछुरि रहे अनबोल।
मुक्ता-माल बाल-बग-पंगति, करत कुलाहल कूल।
सारस हंस मोर सुक-स्रेनी, बैजयंति सम-तूल।
पुरइनि कपिस निचोल, बिबिध अँग, बहु रति रुचि उपजावैं।
'सूरस्याम' आनंद कंद की, सोभा कहत न आवै॥

रास में खड़ी गोपियों ने मानों रूप का तालाब ही बना दिया है। ब्रज की वमिताएँ ही मानो उस रूप सरोवर का श्रेष्ठ जल है। उस जल के बीच में श्री (राधा) और ब्रजराज (कृष्ण) सुशोभित हो रहे हैं। गोपियों के नयन उस सरोवर के कमल हैं, उनकी केश राशि ही उड़ते हुए भ्रमर हैं। उनके हिलते डुलते मकराकृति कर्ण-कुंडल ही मानों

मछलियाँ हैं। कृष्ण के मुखरूपी चंद्रमा को देखकर, मानों उनके उरोज द्वय चकवा-चकवी के समान रात जानकर अलग-अलग मौन होकर जा बैठे हैं। उनके गले की मोतियों की माला मानों बगुलों के बच्चों की पंक्ति हैं, जो किनारे बैठकर कोलाहल, हलचल किए जा रही हैं। कन्हैया के गले में लटकती, घुटनों तक झूलती पाँच रंगों के फूलों की बैजयंती माला ही मानो सारस (लाल), हंस (श्वेत), मोर (नील) और शुक (हरा) की पंक्ति हो। उनके भूरे रंग के परिधान ही मानों कमल के पत्ते हैं। उनके विविध अंग-प्रत्यंग बहुत प्रेम-भाव उत्पन्न किए दे रहे हैं। गोपियों के इस रूप सरोवर के बीच आनंद कंद श्रीकृष्ण चंद की शोभा सूर से कहते नहीं बन पा रही है।

१२०/१६६८ राग सूहौ

तरु तमाल गोपाल लाल बने, माल ग्रीव धर हृदय बिसाल।
कुंडल लोल कपोल विराजत, चमकत दसन सुरंग प्रवाल।
धन्य-धन्य ब्रज कौ यह नायक, कीन्हौ महरि पोष प्रतिपाल।
गोधन सँग बालक लिए कबहुँक, बिचरत संग सखा सब ग्वाल।
कबहुंक बन हरि रहैं जाइकै, गोरस दान लेत ततकाल।
पैठि पताल नाथि काली कौं, फन-फन पर निरतत दै ताल।
धनि भूषन, धनि मुकुट जर्‌यौ नग, हीरा, मोती चुन्नी लाल।
धन्य 'सूर' प्रभु ता घरि राजै, मनु सँग लिपटी बनिता-जाल॥

रास मंडल में गोपाल लाल तमाल के वृक्ष की भाँति सुशोभित हो रहे हैं। उनके गले से लटकती बैजयंती की माला उनके विशाल वक्षस्थल पर झूली जा रही हैं। उनके कपोलों के पास चंचल हिलते-डुलते स्वर्ण कुंडल शोभा दे रहे हैं। होठों की लाल प्रतिच्छाया के कारण उनके दाँत-मूँगे के समान चमक रहे हैं। ब्रज का यह नायक धन्य है, जिसे यसोदा मैया ने पाल-पोष कर बड़ा किया है। यह कभी गायों और बछड़ों को लिए हुए, कभी साथ में अपने आभीर सखाओं को लिए, वृंदावन में घूमते दिखाई देते हैं। कभी हरि वृंदावन जाकर गोपियों से दूध-दही का दान (कर) वसूलते हैं। कभी पाताल पुरी में प्रविष्ट होकर कालीनाग को नाथकर उसके फन-फन पर ताल देकर नाचते हैं। उनके अभूषण और मुकुट धन्य हैं, जो हीरा, मोती, चुन्नी और लाल आदि मणियों से जड़े हुए हैं। इनको धारण कर प्रभु ऐसे सुशोभित हो रहे हैं, मानों ब्रज-वनिताएँ अपनी रंग-बिरंगी चूनरें धारण किए हुए उनसे लिपटी हुई हों।

१२१/१६६९ राग कान्हरौ

भालतिलक, सोभितसिरकेसरि, नैनात्रिबिधबने।
कटि काछनी, चंदन खौरि, स्याम बरन-सुंदर घन, ऐसे नट नागर के जैये वारने।
है त्रिभंगी नृत्य करत, ब्रज जुवतिनि मंडली मध्य, दुहूँ-दुहूँ बीच अंग-अंग स्याम घने।
मोर-मुकुट बर सीस धरे राजत हैं, 'सूरज' प्रभु निरखि-निरखि अमरनि नभ जै जै धुनि भरे॥

कन्हैया के मस्तक पर केसर की श्री (नीचे से ऊपर वाण के आकार का टीका) सुशोभित हो रही है। उनके नेत्र भी श्वेत, श्याम, रतनार तीन वर्णों वाले हैं। वे कटि में

कछनी कसे हुए हैं, चंदन का आड़ा तिलक लगाए हुए हैं, उनका रंग भी बादल के समान साँवला सलोना है। ऐसे कुशल नर्तक पर तो अपना तन, मन निछावर ही कर देना चाहिए। वे घुटनों, कटि और ग्रीवा को टेढ़ी करके त्रिभंगी मुद्रा में ब्रज-युवतियों की मंडली में, दो-दो के बीच एक-एक घनश्याम बने हुए, नाचे जा रहे हैं। उनके सिर पर मोर-पंख का सुंदर मुकुट सुशोभित हो रहा है। देवता लोग अपने-अपने विमानों पर चढ़े हुए आकाश में 'जय हो, जय हो' की ध्वनि करते जा रहे हैं।

१२२/१६७१ राग भैरव

जुवति अंग छबि निरखत स्याम।
नंद कुँवर श्री अंग माधुरी, अवलोकत ब्रज-बाम।
परी दृष्टि उच कुचनि पिया की, वह सुख कह्यौ न जाइ।
अँगिया नील, माँड़नी राती, निरखत नैन चुराइ।
वै निरखतिं पिय-उर-भुज की छबि, पहुँचनि पहुँची भ्राजति।
कर-पल्लवनि मुद्रिका सोहति, ता छबि पर मन लाजति।
बंदन-बिंदु निरखि हरि रीझे, ससि पर बाल-बिभास।
नंदलाल-ब्रजबाल-सु छवि क्यौं, बरनैं 'सूरजदास'॥

ब्रज की नवेलियों के अंग-अंग की शोभा घनश्याम कृष्ण निरखते-परखते जा रहे और नंद-नंदन के अंगों की मधुर शोभा को ब्रज-बालाएँ विलोकती जा रही है। पिया की दृष्टि तिया के ऊँचे उरोजों पर पड़ी। पिया को जो सुख यह देखकर मिला, उसका वर्णन नहीं किया जा सकता। कन्हैया राधा की लाल गोट लगी नीली चोली की ओर आँखें चुरा-चुराकर देखते जाते थे और राधा भी प्रिय काँधा के वक्ष और बाहों को और पहुँचों पर पहनी पहुँची की छवि निरखती जा रही थीं। कन्हैया के हाथों की उँगलियों में अँगूठियाँ सुशोभित हो रही थीं, राधा का मन उन अँगूठी युक्त उँगलियों पर लजाया जा रहा था। राधा के मत्थे पर रोली का जो टिप्पा लगा हुआ था, वह ऐसी छवि को प्राप्त हो रहा था, मानो चंद्रमा की गोद में एक दूसरा बच्चा चंद्र सुशोभित हो रहा था। कृष्ण-राधा के उस वंदन-बिंदु को देखकर रीझे जा रहे थे। नंदलाल और ब्रजबाल की सुंदर छवि का वर्णन बेचारा अंधा सूरजदास क्या और कैसे कर सकता है, वह असमर्थ है।

१२३/१६७८ राग गौरी

नृत्यत, अंग-अभूषन बाजत।
गति सुधंग सौं भाव दिखावत, इक तैं इक अति राजत।
कहत न बनै, रह्यौ रस ऐसौ, बरनत बरनि न जाइ।
जैसेइ बने स्याम, तैसीये गोपी, छबि अधिकाइ।
कंकन, चुरी, किंकिनी, नूपुर, पैंजनि, बिछिया सोहति।
अद्भुत धुनि उपजति इनि मिलि कै, भ्रमि-भ्रमि इत-उत जोहति।
सुनि-सुनि स्त्रवन रीझि मनहीं मन, राधा रास-रसज्ञा।
'सूरस्याम' सबके सुखदायक, लायक, गुननि गुनज्ञा॥

रास में नृत्य करते समय भिन्न-भिन्न अंगों में पहने हुए आभूषण बज-बज उठते थे। सुधंग (सुंदर ढंग) से भाव दिखाकर नाचते समय, वे एक से एक बढ़कर सुंदर दिखाई पड़ रहे थे। रास में ऐसा आनंद बरसा कि कुछ कहते नहीं बनता। वर्णन करते समय वह अवर्णनीय रह जाता है। जैसे श्याम सुंदर सुशोभित हो रहे थे, वैसे ही गोपियों की छवि भी अधिकाधिक छलकी पड़ती थी। वे कलाई में कंकन और चुरी पहने हुई थीं और उनकी कमर में किंकिनी, पैरों में नूपर और पैजनी, पैर की उँगलियों में विछिया सोह रही थी। इनके हिल उठने से मिली जुली अद्भुत ध्वनि सुनाई पड़ती थी। वे गोपियाँ स्वयं स्तम्भित होकर इधर-उधर देखे जा रही थीं कि यह अद्भुत खनखनाहट कहाँ से आ रही हैं। रास-रस को मर्मज्ञता पूर्वक समझानेवाली राधा इस रुनझुन को श्रवणों से सुन-सुनकर मन ही मन रीझी जा रही थीं। उसी प्रकार श्याम भी सबको सुख दिए जा रहे थे। वे गुणों की ज्ञाता राधा के सर्वथा योग्य थे। कोई किसी से कम नहीं था।

१२४/१६८१ राग कल्यान

हरषि मुरली-नाद स्याम कीन्हौ ।

करषि तिहुँ भुवन, सुनि थकि रह्यौ पवन, ससिहिं भूल्यौ गवन, ज्ञान लीन्हौ ।
तारका गन लजे, बुद्धि मन-मन सजे, तबहिं तनु-सुधि तजे, सब्द लाग्यौ ।
नाग-नर-मुनि थके, नभ-धरनि तन तके, सारदा-स्वामि, सिव ध्यान जाग्यौ ।
ध्यान-नारद टर्‌यौ, सेस-आसन चल्यौ, गई बैकुंठ धुनि, मगन स्वामी ।
कहत श्री प्रिया सौं, राधिका रमन ये, 'सूर' प्रभु स्याम के दरस-कामी ॥

जब कन्हैया ने प्रसन्न होकर मुरली बजा दी, तब तीनों लोकों के लोगों का मन उन्होंने मुरली की धुन पर खींच लिया। उसे सुनकर पवन रुक गया, चंद्रमा ने भी चलना भुला दिया, वह भी रुक गया, जैसे उसका भी ज्ञान मुरली की धुनि ने हर लिया हो। सारे तारे लजा गए, वे मन ही मन बुद्धि लगाकर सोचने लगे और तभी उन्होंने तन, मन की सारी सुधि तज दी, जैसे मुरली का शब्द उन्हें लग गया था। नाग, नर, मुनि सभी ने अपने-अपने काम छोड़ दिए और कभी आकाश और कभी धरती की ओर ताकने लगे, यह पता लगाने के लिए कि यह मधुर ध्वनि आ कहाँ से रही है। शारदा (सरस्वती) के स्वामी ब्रह्मा और उमा के स्वामी शिव की समाधि भंग हो गई। नारद का भी ध्यान टूट गया। शेष का आसन हिल उठा। यह मुरली-नाद बैकुंठ में भी जा पहुँचा और उसके स्वामी विष्णु भगवान भी मगन हो गए। वे अपनी पत्नी लक्ष्मी जी से कहने लगे कि यह सभी (पवन, चंद्र, तारा, नाग, नर, मुनि, ब्रह्मा, शिव, नारद, शेष) राधिका-रमण श्याम के दर्शन के अभिलाषी हैं।

१२५/१६८९ राग कल्यान

जब हरि मुरली-नाद प्रकास्यौ ।

जंगम जड़, थावर चर कीन्हे, पाहन, जलज बिकास्यौ ।
स्वर्ग-पताल दसौं दिसि पूरन, ध्वनि-आच्छादित कीन्हौ ।
निसि हरि कल्प समान बढ़ाई, गोपिनि कौं सुख दीन्हौ ।
मैमत भए जीव जल-थल के, तनु की सुधि न सम्हार ।
'सूरस्याम' मुख बेनु मधुर सुनि, उलटे सब ब्यवहार ॥

जब कन्हैया ने मुरली बजाई, तब सभी जंगम (चलनेवाले) स्थावर (स्थिर) हो गए और सभी जड़ (न.चलनेवाले), चर (चलनेवाले) हो गए। पत्थर अपनी कठोरता तज, पिघलकर जल बन गया और उस पर भी कमल लहलहाने लगा। मुरली का स्वर स्वर्ग, पाताल और दशों दिखाओं में परिपूर्ण हो गया। उस ध्वनि ने सबको ढक लिया। हरि ने रात के बारह घंटों को बढ़ाकर एक कल्प के समान लंबा बना दिया और गोपियों को आनंद दिया। जलचर और थलचर सभी मुरली के स्वर को सुनकर मद-मत्त हो गए और वे अपने देह की सुधि नहीं सँभाल सके, विदेह हो गए। श्याम के मुख से लगी वंशी ने बजकर संसार के सारे काम-काज को उलट-पलट दिया।

रास-रस-रंग

१२६/१६१७ राग रामकली

स्यामा स्याम रिझावति भारी।

मन-मन कहति और नहिं मो-सी, कोऊ पिय की प्यारी।
दोहा-छंद-ध्रुपद जस हरि कौ, हरिहीं गाइ सुनावति।
आपुन रीझि, कंत कौं रिझवति, यह जिय गर्व बढ़ावति।
नृत्यति, उघटति, गति-सँगीत-पद, सुनत कोकिला लाजत।
'सूरस्याम' नागर अरु नागरि, ललना-मंडलि राजत॥

श्यामा (राधा) श्याम को पूर्ण रूप से मोहे ले रही है। वह मन ही मन सोचती जा रही है कि मेरे समान और कोई दूसरी प्रिय श्याम की प्यारी नहीं है। वे मुझे ही सबसे अधिक प्यार करते हैं। वह दोहों में, छंदों में, ध्रुपदों में हरि का यश गाकर हरि को ही सुनाए जा रही हैं। वह स्वयं अपने संगीत पर रीझ रही हैं और अपने कांत श्याम को भी रिझाए जा रही हैं। श्यामा राधा अपने जी में गर्व का अनुभव करती जा रही हैं। वह नाचती जा रही हैं, तान पर ताल देती जा रही हैं और आरोह-अवरोह के साथ संगीत के पद भी गाती जा रही हैं। उनकी मधुर ध्वनि सुनकर कोयल भी लजा जाती है। गोपांगनाओं के वृत्ताकार मंडल में नागर श्याम और नागरी राधा इस प्रकार सुशोभित हो रहे हैं।

१२७/१६१८ राग रामकली

रिझवति पियहिं बारंबार।

निरखि नैन लजाति हरि, है नहीं सोभा-पार।
चलि सुलप, गज, हंस मोहति, कोक-कला-प्रवीन।
हँसि परस्पर तान गावति, करति पियहिं अधीन।
सुनत बन-मृग होत ब्याकुल, रहत चक्रित आइ।
'सूर' प्रभु बस किये नागरि, महा जाननि-राइ॥

राधा अपने पिया श्याम को बार-बार रिझाती जा रही है। वह हरि की ओर देखती है और लजा जाती है। उसकी इस लाजमयी भंगिमा की शोभा का कोई ओर छोर नहीं। वह थोड़ा-सा चलकर हाथी और हंस को भी मोहित कर लेती है। वह सुरत कला में

निपुण है। वह श्याम को देखकर मुस्कराती जाती है, गीत की तान लेती जाती है और प्रियतम श्याम को अपने अधीन करती जाती है। उसके संगीत को सुनकर वन के हिरन विकल हुए जाते हैं और चकपका कर वहाँ आ जाते हैं, जहाँ राधा गा रही है। नागरी राधा ने इस प्रकार महा सुजान शिरोमणि श्याम को अपने बस में कर लिया।

१२८/१६९९ राग रामकली

प्यारी स्याम लई उर लाइ।
उरज उर सौं परस कौ सुख, बरनि कापै जाइ।
कनक-छबि तन मलय-लेपन, निरखि भामिनि-अंग।
नासिका सुभ बास लै-लै, पुलक स्याम-अनंग।
देति चुंबन, लेति सुख कौं, मानि पूरन भाग।
'सूर' प्रभु बस किये नागरि, बदति धन्य सुहाग॥

श्याम (कृष्ण) ने प्यारी राधा को अपने वक्ष से लिपटा लिया। राधा के उरोजों के स्पर्श से उनके उर (हृदय) को जो सुख मिला, उसका वर्णन कौन कर सकता है। राधा के शरीर की कांति स्वर्ण जैसी थी। उसपर चंदन का लेप कर रखा था। श्याम ने भामिनी राधा के अंगों (उरोजों) को देखा और नाक से उन पर लिपटे चंदन की सुगंध सूँघने लगे और काम से उनका शरीर पुलकित हो उठा, उनको रोमांच हो गया। उन्होंने राधा को चूम लिया। राधा ने सुखपूर्वक इस चुंबन को स्वीकार किया और इसे अपना पूर्ण सौभाग्य माना। इस प्रकार प्रभु ने नागरी राधा को पूर्ण बस में कर लिया और वह भी अपने सुहाग को धन्य कह उठी।

१२९/१७०२ राग टोड़ी

नंद कुमार रास रस कीन्हौ। ब्रज तरुनिनि मिलि कै सुख दीन्हौ॥
अद्भुत कौतुक प्रगट दिखायौ। कियौ स्याम सबहिनि मन भायौ॥
बिच गोपी, बिच मिले गुपाल। मनि कंचन सोभित सुभ माल॥
राधा-मोहन मध्य बिराजैं। त्रिभुवन की सोभा ये भ्राजैं॥
रास-रंग-रस राख्यौ भारी। हाव-भाव नाना गति-न्यारी॥
रूप गुननि करि परम उजागरि। नृत्यत अंग-थकित भइ नागरि॥
उमँगि स्याम स्यामा उर लाई। बारंबार कह्यौ स्त्रम पाई॥
कंठ कंठ, भुज भुज दोउ जोरे। घन-दामिनि छूटत नहिं छोरे॥
'सूरस्याम' जुवतिनि सुखदाई। तिनके जिय अति गर्व बढ़ाई॥

नंदकुमार ने रसमय रास-नृत्य किया। उन्होंने मिलकर ब्रज की तरुणियों को पूर्णसुख दिया। उन्होंने अद्भुत कौतुक कर दिखलाया—वे थे एक, पर हो गए अनेक; उतने जितनी गोपियाँ थीं। उन्होंने हर गोपी का मनभाया करके उन्हें सन्तुष्ट कर दिया। हर दो गोपियों के बीच गोपाल ऐसे लग रहे थे, जैसे स्वर्ण और नीलम की माला सुशोभित हो रही हो। मंडल के केन्द्र में राधा और श्याम विराजमान थे और तीनों लोकों की शोभा के समान

दमक रहे थे। उन्होंने रास के रंग और रस को इतना विशद बना दिया कि उसमें नाना प्रकार के हाव-भाव और न्यारी-न्यारी गतियाँ प्रकट हो उठीं। अपने रूप और गुणों से मर्म को उद्घाटित करके नृत्य करती हुई राधा के अंग थककर शिथिल हो गए। तब उमंग में आकर श्याम ने श्यामा राधा को हृदय से लगा लिया और कहने लगे—तुमने बड़ा श्रम किया है और अब थक गई हो। फिर दोनों ने गले से गला और बाँह से बाँह मिला लिए। वे बादल और बिजली के समान ऐसे लिपट गए कि छुड़ाने पर भी छूट नहीं पाए। इसकी रसानुभूति केवल राधा को ही नहीं हुई, हर गोपी को हुई और युवतियों को सुख देनेवाले श्याम ने उनके मन में अत्यंत अभिमान भर दिया और हर एक समझने लगी कि श्याम हमारे ही बस में हैं।

गोपिका-गर्व और कृष्ण का अंतर्धान होना

१३०/१७०३ राग रामकली

गरब भयौ ब्रजनारि कौं, तबहीं हरि जाना।
राधा प्यारी सँग लिये, भए अंतर्धाना।
गोपिनि हरि देख्यौ नहीं, तब सब अकुलाईं।
चकित होइ पूछन लगीं, कहँ गए कन्हाई।
कोउ मर्म जानै नहीं, ब्याकुल सब बाला।
'सूरस्याम' ढूँढ़ति फिरैं, जित-तित ब्रज-बाला॥

ब्रजांगनाओं को इस बात का घमंड हो गया कि हरि हमारे ही बस में हैं। इस बात को हरि ने जान लिया। वे अपनी परम प्रिया राधा को लेकर लुप्त हो गए। जब गोपियों ने हरि को अपने बीच नहीं पाया, तो अत्यंत आकुल हो उठीं। वे चकपका कर एक दूसरे से पूछने लगीं—'कन्हैया कहाँ चले गए?' पर इस भेद को कोई भी नहीं जानती थी। सभी बालाएँ विकल हो गईं। वे श्याम को इधर-उधर जहाँ-तहाँ ढूँढ़ने लगीं।

१३१/१७०५ राग अड़ाना

अहो कान्ह यह बात तिहारी, सुख ही मैं भए न्यारे।
इक सँग एक समीप रहत हैं, तिन तजि कहाँ सिधारे।
अब करि कृपा मिलौ करुनामय, कहियत हौ सुखकारी।
'सूरस्याम' अपराध छमहु, अब समुझीं, चूक हमारी॥

गोपियाँ कहने लगीं—हे कन्हैया, कहो तो, यह तुम्हारी कौन-सी आदत है, जब सुख की घड़ी अपनी परिपूर्णता पर पहुँच रही थी, तभी तुम हमसे अलग हो गए। हम तो सदा तुम्हारे साथ, तुम्हारे पास ही बनी रहती रही हैं, ऐसी निकट-वर्तिनियों को छोड़कर तुम कहाँ चले गए हो। हे करुणामय, अब कृपा करके आ मिलो। तुम तो सबको सुख देनेवाले कहे जाते हो। हे श्याम, हमारे अपराध क्षमा कर दो। अब हमने समझ लिया है कि गलती हमारी ही थी जो हमने अभिमान किया कि तुम हमारे बस में हो।

१३२/१७०७ राग काफी

कोउ कहुँ देखे री नँदलाल। साँवरौ ढोटा नैन बिसाल ॥
मोर-मुकुट बनमाल रसाल। पीतांबर सोहै मनि-माल ॥
निसि बन गईं सबै ब्रज-बाल। अंतर्धान भए रचि ख्याल ॥
द्रुम-द्रुम ढूँढ़त भईं बिहाल। 'सूरस्याम' बिनु बिरह जँजाल ॥

गोपियाँ पूछती जा रही हैं—किसी ने कहीं पर नंदलाल को देखा है। वह साँवले सलोने नवल किशोर हैं। उनकी आँखें बड़ी-बड़ी हैं। वे मोर-पंख का मुकुट धारण किए हुए हैं। उनके गले में सुंदर वनमाला लटक रही है। वे पीतांबर पहने हुए हैं। वे मणियों की भी माला पहने हुए हैं। हम सब ब्रजबालाएँ रात में कन्हैया के द्वारा वंशी में बुलाने पर ही वन में आई थीं। वे रास रचाकर अब अंतर्धान हो गए हैं। हम वृक्ष-वृक्ष के आगे-पीछे उन्हें ढूँढ़ती हुई बेहाल हो गई हैं। श्याम के बिना तो हम उनके वियोग के भारी संकट में पड़ गई हैं।

१३३/१७०८ राग सारंग

तुम कहुँ देखे स्याम बिसासी।
तनक बजाइ बाँस की मुरली, लै गए प्रान निकासी।
कबहुक आगैं, कबहुँक पाछैं, पग-पग भरति उसासी।
'सूरस्याम' दरसन के कारन, निकसीं चंद-कला सी ॥

श्याम के अदृश्य हो जाने पर गोपियाँ पूछती हुई फिर रही हैं—'तुमने कहीं उस विश्वासघाती श्याम को देखा है, जिसने जरा-सी बाँस की बाँसुरी बजाकर हमारे प्राण निकाल लिए हैं।'

गोपियाँ कन्हैया को कभी आगे ढूँढ़ती हैं, कभी लौटकर पीछे ढूँढ़ने लगती हैं। वे कदम-कदम पर लम्बी लम्बी साँसें लिए जा रही हैं। वे चंद्र की कला की-सी सुंदरियाँ श्याम के दर्शन के लिए ही तो घर से निकली थीं। पर वह दर्शन भी अब अलभ्य हो गया।

१३४/१७१३ राग बिलावल

अति ब्याकुल भईं गोपिका, ढूँढ़त गिरिधारी।
बूझति हैं बन बेलि सौं, देखे बनवारी।
जाही, जूही, सेवती, करना, कनिआरी।
बेलि, चमेली, मालती, बूझतिं द्रुम-डारी।
कूजा, मरुआ, कुंद सौं, कहैं गोद पसारी।
बकुल, बहुलि, बट, कदम पैं, ठाढ़ीं ब्रजनारी।
बार-बार, हा-हा करैं, कहुँ हौ गिरिधारी।
'सूरस्याम' कौ नाम लै, लोचन जल ढारी ॥

अत्यंत व्याकुल होकर ब्रज-बालाएँ गिरिधारी कन्हैया को ढूँढ़े जा रही हैं। वे वन की लताओं से पूछ रही हैं—तुमने कहीं बनवारी को देखा है ? जाही (चमेली), जूही, सेवती, करना (नीबू), कनेर और बेला, चमेली, मालती की लताओं, वृक्षों, डालियों से वे पूछती

जा रही हैं। कूजा (मोगरा), मरुआ (दौना), कुंद से आँचर, फैलाकर कहने लगती हैं। कभी ये ब्रज नारियाँ बकुल (मौलासरी), बहुलि (इलायची), बट (बरगद), कदम के वृक्षों के पास जाकर खड़ी हो जाती हैं। वे बार-बार गिड़गिड़ाती हैं—गिरिधारी कहाँ हो। वे श्याम का नाम ले-लेकर पुकारती जा रही हैं और उनके नयनों से अश्रुपात होता जा रहा है।

१३५/१७१४ राग बिलावल

स्याम सबनि कौं देखहीं, वै देखतिं नाहीं।
जहाँ तहाँ ब्याकुल फिरैं, धीर न तनु माहीं।
कोउ बंसीबट कौं चलीं, कोउ बन घन जाहीं।
देखि भूमि वह रास की, जहँ-तहँ पग-छाहीं।
सदा हठीली लाड़िली, कहि-कहि पछिताहीं।
नैन सजल जल ढारहीं, ब्याकुल मन माहीं।
एक-एक ह्वै ढूँढ़हीं, तरुनी बिकलाहीं।
'सूरज' प्रभु कहुँ नहिं मिले, ढूँढ़ति द्रुम पाहीं ॥

श्याम सभी को देख रहे हैं। पर गोपियाँ उन्हें नहीं देख पा रही हैं। वे जहाँ-तहाँ व्याकुल होकर घूम रही हैं। उनके जी में धैर्य नहीं रह गया है, वे अधीर हो उठी हैं। कोई वंशीवट की ओर ढूँढ़ती चली जा रही हैं, कोई सघन वन में ढूँढ़ती हुई घुसती जा रही हैं। वे सारी रास-स्थली को ढूँढ़ती फिरीं, वे पैरों की छाप देखती हुई चलीं। वे यह कह-कहकर पछताए जा रही थीं—लाड़िली राधा सदा की हठीली रही है (वही तो नहीं उन्हें कहीं उड़ा ले गई)। उनके नयन सजल हो उठे थे। वे आँसू बहाए जा रही थीं। वे मन में अत्यंत व्याकुलता का अनुभव किए जा रही थीं। वे विकल होकर अलग-अलग एक-एक होकर, एक-एक वृक्ष के पास जाकर ढूँढ़ने लगीं, पर श्याम उन्हें कहीं नहीं मिले।

राधा-गर्व और कृष्ण का अंतर्धान होना

१३६/१७१८ राग सूहों

तब नागरि जिय गर्व बढ़ायौ।
मो समान तिय और नहीं कोउ, गिरिधर मैं ही बस करि पायौ।
जोइ-जोइ कहति, करत पिय सोइ-सोइ, मेरैं ही हित रास उपायौ।
सुंदर, चतुर और नहिं मो-सी, देह धरे कौ भाव जनायौ।
कबहुँक बैठि जात हरि-कर धरि, कबहुँ कहति मैं अति स्त्रम पायौ।
'सूरस्याम' गहि कंठ रही तिय, कंध चढ़ौं यह बचन सुनायौ ॥

जब कृष्ण कन्हैया राधा को अकेले लेकर चल पड़े, तब नागरी राधा को भारी अभिमान हो गया। वे सोचने लगी—मेरे समान कोई और दूसरी रमणी नहीं है। मैंने ही गिरिधारी लाल को अपने बस में कर रखा है। मैं जो-जो भी कहती हूँ, मेरे प्रिय वही-वही करते हैं। इन्होंने मेरे लिए ही यह रास लीला रची है। मेरे समान न तो कोई दूसरी सुंदरी है, न कोई दूसरी चतुरा ही। मानवी रूप में होने के कारण राधा ने यह भाव व्यक्त

किया। कभी वह कन्हैया का हाथ पकड़कर बैठ जाती थीं, कभी कहती थीं कि अब थक गई हूँ, मैंने भारी श्रम किया है। वह श्याम का गला पकड़कर लटक गईं और कहने लगीं कि मुझे अपने कंधे पर चढ़ा लो, मुझे कँधैया ले लो।

१३७/१७१९ राग बिलावल

कहै भामिनी कंत सौं, मोहिं कंध चढ़ावहु।
नृत्य करत अति स्त्रम भयौ, ता स्त्रमहिं मिटावहु।
धरनी धरत बनै नहीं, पग अतिहिं पिराने।
तिया-बचन सुनि गर्व के, पिय मन मुसुकाने।
मैं अबिगत, अज, अकल हौं, यह मरम न पायौ।
भाव बस्य सब पैं रहौं, निगमनि यह गायौ।
एक प्रान द्वै देह हैं, द्विबिधा नहिं यामै।
गर्व कियौ नर-देह तैं, मैं रहौं न तामैं।
'सूरज' प्रभु अंतर भए, सँग तैं तजि प्यारी।
जहँ की तहँ ठाढ़ी रही, वह घोष-कुमारी॥

भामिनी राधा ने कांत कृष्ण से कहा—मुझे अपने कंधे पर चढ़ा लो, मुझे कँधैया ले लो। रास में नृत्य करते हुए मुझे बड़ा श्रम करना पड़ा है और मैं थक गई हूँ। मेरी थकावट कँधैया लेकर दूर कर दो। मुझसे जमीन पर पैर नहीं रखते बन रहा है। मेरे पैर बहुत दुख रहे हैं। राधा की गर्व भरी वाणी सुनकर प्रिय कृष्ण मन ही मन मुसकुरा उठे। वह सोचने लगे—मैं अविगत (अविज्ञेय) हूँ, अजन्मा हूँ। अकल (अखंड) हूँ—मालूम होता है कि राधा ने इस मर्म को नहीं समझा है। वेदों ने भी यह कहा है कि मैं भाव के वश में होकर सबके भीतर निवास करता हूँ। मैं और राधा दो शरीर हैं, पर प्राण एक ही हैं। इसमें संदेह नहीं। इसने नर देह में होने के कारण गर्व किया है। अत: मैं इसके शरीर में कैसे रह सकता हूँ। ऐसा सोचकर प्रभु अदृश्य हो गए। उन्होंने अपनी परम प्रिया का साथ छोड़ दिया और वह घोषकुमारी राधा जहाँ की तहाँ अकेली खड़ी रह गई—हक्का-बक्का, यह क्या हो गया।

१३८/१७२१ राग नट

बाएँ कर द्रुम टेके ठाढ़ी।
बिछुरे मदन गोपाल रसिक मोहिं, बिरह-ब्यथा तनु बाढ़ी।
लोचन सजल, बचन नहिं आवै, स्वास लेति अति गाढ़ी।
नंद लाल हमसौं ऐसी करी, जल तैं मीन धरि काढ़ी।
तब कत लाड़ लड़ाइ लड़ैतै, बेनी कर गुही गाढ़ी।
'सूरस्याम' प्रभु तुम्हरे दरस बिनु, अब न चलत डग आढ़ी॥

राधा बाएँ हाथ से एक पेड़ की डाल पकड़कर खड़ी हो रही, यह सोचती हुई कि मेरे रस के रसिक मदनगोपाल मुझसे बिछुड़ गए। फलत: उसके शरीर में विरह की व्यथा बढ़ गई। उसके नेत्र साश्रु हो उठे, वाणी गद्गद् हो गई और वह लंबी-लंबी ठंडी आहें लेने लगी। नंदलाल ने मेरे साथ ऐसा किया, जैसे मछली जल से निकाल कर बाहर रख

दी गई हो। हे प्यारे, तब तुमने मुझसे इतना प्रेम क्यों किया था। तुम तो मेरी चोटी तक प्रगाढ़ प्रेम से गूँथ दिया करते थे। हे प्रभु, अब तो तुम्हारे दर्शन के बिना एक कदम भी नहीं चला जाता। ये पैर अब अड़ गए हैं, रुक गए हैं।

१३९/१७२३ राग टोड़ी

स्याम गए जुवतिनि सँग त्यागि। चकित भईं तरुनी सब जागि॥
प्यारी संग लगाइ बिहारी। कुंजलता-तर कतहूँ डारी॥
संग नहीं तहँ गिरिवरधारी। दसहु-दिसा-तन दृष्टि पसारी॥
परी मुरछि धरनी सुकुमारी। काम बैर लीन्हौं सर मारी॥
त्राहि-त्राहि, कहि-कहि बनवारी। भईं ब्याकुल तनु-दसा बिसारी॥
नैन सलिल भीजी सब सारी। 'सूर' संग तजि गए मुरारी॥

कन्हैया ब्रज-वनिताओं का साथ छोड़कर चले गए। पहले तो वह हत-चेतन हो गई, पर जब उन्हें चेत हुआ, तब वे चकपका उठीं कि आखिर श्याम गए तो कहाँ गए। इधर श्याम अपनी परम प्रिया राधा को संग लेकर चले गए और उसे भी किसी कुंज लता के नीचे छोड़ गए। यहाँ गिरिवरधारी नहीं थे। तब ब्रजबालाएँ दशों दिशाओं की ओर आँखें फाड़-फाड़कर देख चलीं। इन्होंने राधा को मूर्च्छित होकर धरती पर गिरी पड़ी पाया। कामदेव ने अपना वाण मारकर उससे बैर का बदला चुका लिया था। तब गोपियाँ भी अपने तन, वदन की सुधि भूलकर व्याकुल हो उठीं और कह उठीं—वनवारी, हमारी रक्षा करो, हमारी रक्षा करो। उनके लोचनों से बहते अश्रु से उनकी साड़ी भीग गई, क्योंकि मुरारी उनको छोड़कर चले गए थे।

१४०/१७२४ राग बिलावल

जौ देखैं द्रुम के तरैं, मुरझी सुकुमारी।
चकित भईं सब सुंदरी, यह तौ राधा री।
याही कौं ख़ोजति सबै, यह रही कहाँ री।
धाइ परीं सब सुंदरी, जो जहाँ-तहाँ री।
तन की तनकहुँ सुधि नहीं, ब्याकुल भईं बाला।
यह तौ अति बेहाल है, कहँ गए गोपाला।
बार-बार बूझतिं सबै, नहिं बोलति बानी।
'सूरस्याम' काहैं तजी, कहि सब पछितानी॥

कन्हैया को खोजते हुए ब्रजांगनाओं ने देखा कि एक पेड़ के नीचे एक सुकुमारी सुंदरी मुरझाई हुई पड़ी है। वे सभी सुंदरियाँ यह देखकर चकित हो गईं कि यह तो राधा है। हम लोग तो इसी को खोज रही थीं। यह कहाँ थी। सभी गोपांगनाएँ, जो जहाँ थी वहीं से, दौड़ पड़ीं। उन्होंने देखा—राधा को तन की तनिक भी सुधि नहीं है। यह देखकर सब ब्रज-बालाएँ विकल हो उठीं। यह राधा तो सुधि-बुधि हीन हो गई है। वे बार-बार उससे पूछने लगीं—गोपाल कहाँ गए? पर वह कुछ बोल नहीं पा रही थी। श्याम ने इसको भी क्यों छोड़ दिया—यह कह कर सब पछताने लगीं।

१४१/१७२६ राग भैरव

'क्यौं राधा नहिं बोलति है !

काहैं धरनि परी ब्याकुल ह्वै, काहैं नैन न खोलति है !

कनक-बेलि सी क्यौं मुरझानी, क्यौं बन माँझ अकेली है !

कहाँ गए मन मोहन तजि कै, काहैं बिरह दुहेली है ।'

स्याम-नाम स्त्रवननि धुनि सुनि कै, सखियनि कंठ लगावति है ।

'सूरस्याम' आए यह कहि-कहि, ऐसैं मन हरषावति है ॥

सखियाँ राधा से पूछती जा रही हैं—राधा, बोल क्यों नहीं रही है? क्यों धरती पर गिरी लेटी पड़ी है, क्यों विकल हो रही है। तू आँखें भी नहीं खोल रही है। तू स्वर्णलता-सी क्यों मुरझाई पड़ी है? तू इस वन में क्यों अकेली है। तुझे छोड़कर मनमोहन कहाँ चले गए? तू विरह की मारी कैसे दुखियारी बनी हुई है।

श्याम का नाम सुन कर राधा को कुछ-कुछ चेत हो आया और सब सखियों को ही श्याम समझ कर उन्हें गले से लगा उठी और 'श्याम आ गए, श्याम आ गए' कह-कहकर वह मन ही मन प्रसन्न हो उठी।

१४२/१७२७ राग बिहागरौ

'कहाँ रहे अब लौं तुम स्याम ।'

नैन उघारि, निहारि रही तहँ, जौ देखै ब्रज-बाम ।

लागी करन बिलाप सबनि सौं, 'स्याम गए मोहिं त्यागि ।

तुमकौं नहीं मिले नँद-नंदन', पूछति यह तब जागि ।

निरखि बदन बृषभानु-कुँवरि कौ, मनो सुधा-बिनु चंद ।

राधा बिरह देखि बिरहानी, यह गति बिनु नँद-नंद ।

'या बन मैं कैसैं तुम आई, स्याम संग हैं नाहिं ।

कछु जानति कहँ गए कन्हाई, तहाँ तोहिं लै जाहिं ।'

'मैं हठ कियौ बृथा री माई, जिय उपज्यौ अभिमान ।

'सूरस्याम' ह्याँ पै मोहिं आनी, ह्वै गए अंतरधान' ॥

अर्द्धचेतनावस्था में, सखियों को ही श्याम समझकर, राधा कहने लगीं—'स्याम, तुम अभी तक कहाँ रहे?' तब तक उसकी आँखें खुल गईं और उसने निहार कर देखा तो वहाँ श्याम नहीं थे। वहाँ ब्रजांगनाएँ थीं। तब वह सबसे करुण क्रंदन करती हुई बोलीं—'श्याम मुझे छोड़कर कहीं चले गये।' पूर्णरूपेण सचेत होकर वह उनसे पूछ बैठी—'तुमको नंदनंदन नहीं मिले?'

वृषभानु-नंदिनी राधा का सुधा-हीन चंद्र-सा मुख देखकर, उसकी विरह व्याकुलता देखकर, वे भी विरहाकुलिता हो उठीं और कह उठीं—'इसकी यह दुर्गति नंदनंदन के वियोग के कारण हो गई है।' वे पूछने लगीं—'तुम इस वन में अकेले कैसे आ गई, श्याम तो तुम्हारे संग है नहीं। क्या तुम कुछ जानती हो कि कन्हैया कहाँ गए, हम तुम्हें वहाँ पहुँचा दें।'

तब राधा बोली—'अरी सखी, मैंने व्यर्थ ही हठ किया। मेरे हृदय में गर्व का अंकुर जम गया। श्याम मुझे यहाँ ले आए और स्वयं अदृश हो गए।'

१४३/१७२८ राग बिहागरौ

'मैं अपनैं मन गरब बढ़ायौ।
यहै कह्यौ पिय कंध चढ़ौंगी, तब मैं भेद न पायौ।
यह बानी सुनि हँसे, कंठ भरि, भुजनि उछंग लई।
तब मैं कह्यौ कौन है मो-सी, अंतर जानि लई।
कहाँ गए गिरिधर तजि मोकौं, ह्याँ कैसैं मैं आई।
'सूरस्याम' अंतर भए मोतैं', अपनी चूक सुनाई॥

राधा सखियों से कह उठी—'मेरे मन में बड़ा गर्व हो गया। मैंने कहा—हे पिया, मुझे अपने कंधे पर चढ़ा लो। मैं थक गई हूँ। पर मैंने उस समय नहीं समझ पाया था कि मेरे इतना कह देने का दुष्परिणाम क्या होगा? मेरी बात सुनकर पहले तो वे हँस पड़े। फिर मुझे गले लगा लिया और अपनी बाँहों में कसकर मुझे गोद में उठा लिया। तब मैंने मन में सोचा—मुझसी और कोई दूसरी सुंदरी नहीं है। श्याम ने मेरे इस अभिमान को जान लिया। तब वे मुझे छोड़कर कहाँ चले गए, मैं कैसे यहाँ आ पड़ी—मैं यह सब नहीं जानती। हाँ, यह जानती हूँ कि वे अंतर्धान हो गए।'

इस प्रकार राधा ने सहेलियों से अपनी गलती कह सुनाई।

१४४/१७२९ राग परासी

केहिं मारग मैं जाउँ सखी री, मारग मोहिं बिसर्‍यौ।
ना जानौं कित ह्वै गए मोहन, जात न जानि पर्‍यौ।
अपनौ पिय ढूँढ़ति फिरौं, मोहिं मिलिबे कौ चाव।
काँटो लाग्यौ प्रेम कौ, पिय यह पायौ दाव।
बन डोंगर ढूँढ़त फिरी, घर-मारग तजि गाउँ।
बूझौं द्रुम प्रति बेलि, कोउ, कहै न पिय कौ नाउँ।
चकित भई, चितवत फिरी, ब्याकुल अतिहिं अनाथ।
अब कैं जौ कैसहुँ मिलौं, पलक न त्यागौं साथ।
हृदय माँझ पिय-घर करौं, नैननि बैठक देउँ।
'सूरदास' प्रभु सँग मिलौं, बहुरि रास-रस लेउँ॥

राधा कहने लगी—हे सखी, मैं किस रास्ते जाऊँ, मैं तो राह ही भूल गई हूँ। मैं नहीं जानती कि मेरे मनमोहन किस मार्ग से गए। मैं उनका जाना जान ही न सकी। मैं अपने पिया को ढूँढ़ती फिर रही हूँ। मुझे अपने पिया से मिलने की प्रबल अभिलाषा है। मुझे तो प्रेम का काँटा गड़ गया है और प्रिय ने यह अच्छा अवसर पा लिया कि मुझे छोड़कर चले गए। घर, मार्ग और गाँव तो दूर, मैं वन और पहाड़ में भी अपने प्रिय को ढूँढ़ती फिर रही हूँ। हर पेड़, हर लता से पूछ रही हूँ, पर कोई भी प्रिय का नाम पता नहीं बता रहा है। मैं अत्यंत व्याकुल होकर, अनाथिनी के समान, चकपकाई हुई सी, चारों ओर देखती, ढूँढ़ती

फिरती रही हूँ। अब जो उन्हें किसी प्रकार पा जाऊँ, तो एक पल के लिए भी उनका साथ न छोड़ूँ। मैं अपने हृदय को प्रिय का घर बना दूँगी और अपने नयनों को उनका बैठका। इस प्रकार अपने प्रभु से मिलकर मैं पुनः रास का आनन्द लूँगी।

१४५/१७३० राग बिहागरौ

रुदन करति बृषभानु-कुमारी।
बार-बार सखियनि उर लावति, 'कहाँ गए गिरिधारी'।
कबहूँ गिरति धरनि पर ब्याकुल, देखि दसा ब्रजनारी।
भरि अँकवारि धरतिं, मुख पोंछतिं, देतिं नैन जल ढारी।
'त्रिया पुरुष सौं भाव करति है, जाने निठुर मुरारी।
'सूरस्याम' कुल-धरम आपनो, लए रहत बनवारी'॥

वृषभानु-कुमारी राधा रोए जा रही है। वे बार-बार अपनी सहेलियों को छाती से लगाए ले रही हैं और पूछती जाती हैं—'गिरिधारी कहाँ गए?' वे कभी विकल होकर धरती पर गिरी पड़ती हैं। उनकी यह दशा देखकर ब्रज-नारियाँ उन्हें अँकवार में भरकर पकड़ लेती हैं, उनकी मुँह पोंछ देती हैं और उनकी दशा पर अश्रुपात करती जाती हैं। वे कहती हैं, 'स्त्री तो अपने पुरुष से ऐसे मनोभाव व्यक्त करती ही रहती है, फिर राधा ने व्यक्त कर दिया, तो कौन बहुत बड़ा अपराध कर दिया। हम जान गईं कि मुरारी बड़े निठुर हैं। बनवारी अपने अहीर कुल की निष्ठुरता वाला गुण सदा अपने साथ लिए रहते हैं।'

१४६/१७३२ राग काफी

'सखी मोहिं मोहनलाल मिलावै।
ज्यौं चकोर चंदा कौ, कीटक भृंगी ध्यान लगावै।
बिनु देखैं मोहिं कल न परति है', यह कहि सबनि सुनावै।
'बिनु कारन मैं मान कियौ री, अपनेहिं मन दुख पावै।'
हा-हा करि-करि, पायनि परि-परि, हरि-हरि-टेर लगावै।
'सूरस्याम' बिनु कोटि करौ जौ, और नहीं जिय आवै'॥

राधा सखियों से कहे जा रही है—'हे सखी मुझे मोहनलाल से मिला दो। जैसे चकोर चंद्रमा की ओर और कीड़ा भृंगी की ओर ध्यान लगाए रहता है, वैसे ही मेरा ध्यान कन्हैया पर लगा हुआ है, उन्हें देखे बिना मुझे चैन नहीं मिल पा रहा है।' राधा यह कहकर सब सखियों को सुना रही है। 'मैंने अकारण मान किया और अब स्वयं दुख भोग रही हूँ।' राधा गिड़गिड़ाकर 'हा-हा' किए जा रही है, सखियों के पाँव पड़ी जा रही है, 'कन्हैया-कन्हैया' पुकारे जा रही है। वह कहती जा रही है—तुम चाहे जो भी उपचार करो, करोड़ों उपाय करो, श्याम को छोड़कर मेरे मन को और कुछ अच्छा नहीं लग रहा है।

१४७/१७३३ राग आसावरी

हौं तौ ढूँढ़ि फिरि आई, सिगरोई बृंदावन, कहुँ नहिं पाए माई, प्यारे नंदनंदना।
अनतहिं रहे जाइ, कौने धौं राखे छपाइ, मोकौं न कछू सुहाइ, करै काम कंदना।
मोहीं तैं परी री चूक, अंतर भए हैं जातैं, तुम सौं कहति बातैं, मैं ही कियौ दंदना।
'सूरदास' प्रभु-बिनु, भई हौं बिकल आली, कहाँ रहे बनमाली, सुर-मुनि-वंदना॥

राधा सखियों से कह रही है—'हे सखी, मैं तो सारा वृंदावन ढूँढ़ कर लौट आई। मैंने नंदनंदन को कहीं नहीं पाया। कुछ पता नहीं कि वे कहीं अन्यत्र चले गए या किसी ने उन्हें छिपा लिया है। मुझे कुछ अच्छा नहीं लग रहा है। काम मुझे मारे डाल रहा है। मुझसे ही गलती हो गई, जिससे वे अदृश्य हो गए हैं। तुमसे मैं सच-सच कहे देती हूँ, झगड़े की जड़ तो मैं ही हूँ। प्रभु के बिना, मैं विकल हो उठी हूँ। हे आली, सुर-नर-मुनि सभी के वंदनीय वनमाली कहाँ छिप गए हैं?'

१४८/१७३५ *राग बिहागरौ*

'अहो कान्ह तुम्हैं चहौं, काहैं नहिं आवहु।
तुमहीं तन, तुमहीं धन, तुमहीं मन भावहु।
कियौ चहौं अरस-परस, करौं नहीं माना।
कियौ चहौं स्त्रवन, मधुर मुरली की ताना।
कुंज-कुंज जपत फिरौं, तेरी गुन-माला।
'सूरज' प्रभु बेगि मिलौ, मोहन नँदलाला'॥

राधा कह रही हैं—हे कन्हैया मैं तुमसे मिलना चाहती हूँ। तुम आकर मुझसे क्यों नहीं मिल रहे हो। तुमही मेरे तन हो, तुमही मेरे मन हो, तुमही मेरे धन हो और तुम्हीं मेरे मन को अच्छे लगते हो। मैं तुम्हारा स्पर्श-सुख चाहती हूँ। अब मैं कभी भी मान नहीं करूँगी। अब तो मैं बस कानों से तुम्हारी मुरली की मधुर तान ही सुनना चाहती हूँ। मैं तुम्हारे गुणों की माला जपती हुई वृंदावन की एक कुंज से दूसरी कुंज में फिर रही हूँ। हे प्रभु, हे मोहन, हे नंदलाल, जल्दी आ मिलो।

१४९/१७३६ *राग बिलावल*

देखि दसा सुकुमारि की, जुवती सब धाईं।
तरु तमाल बूझति फिरैं, कहि-कहि मुरझाईं।
'नंद-नँदन देखे कहूँ, मुरली कर-धारी।
कुंडल, मुकुट, बिराजई, तनु-स्यामल-भा री।
लोचन चारु बिसाल हैं, नासा अति लोनी।
अरुन अधर, दसनावली-छबि चारु चकोनी।
बिंब, प्रवालनि लाजहीं, दामिनि-दुति थोरी।
ऐसे हरि हमकौं कहौ, कहुँ देखे हो री।
अंग-अंग छबि कह कहौं, देखैं बनि आवै।'
'सूरस्याम' देखे नहीं, कोउ काहि बतावै॥

सुकुमारी राधा की यह दशा देखकर सब युवतियाँ दौड़ पड़ीं। राधा तमाल के एक-एक तरु से पूछती फिर रही थी और मुरझा-मुरझा कर गिरी पड़ रही थी। तुमने कहीं नंदनंदन को देखा है? वे हाथ में मुरली लिए हुए हैं, उनके कानों में स्वर्ण कुंडल लटक रहे हैं, सिर पर मोर-पंख का मुकुट है। उनके शरीर की आभा श्यामल है। उनके नयन सुंदर और विशाल हैं। उनकी नासिका अत्यंत लावण्यमयी है। होठ लाल-लाल हैं, जो

पके लाल कुँदरू और मूँगे को लज्जित कर देते हैं। उनके दाँतों की चमक तो आँखों में चकाचौंध पैदा कर देती है और बिजली की चमक उसके सामने फीकी पड़ जाती है। हमसे बताओ क्या तुमने इस हुलिया वाले, रूप रंग वाले, हरि को कहीं देखा है? उनके एक-एक अंग की छवि का वर्णन मैं क्या करूँ। यह छवि तो देखते ही बनती है, कहते नहीं बनती।

श्याम को किसी ने देखा नहीं, फिर कोई कहे, तो क्या कहे।

१५०/१७३७ राग कल्यान

राधिका सौं कह्यौ, 'धीर धरि री।
मिलैंगे स्याम, ब्याकुल दसा जिनि करै, हरष जिय धारि, दुख दूरि करि री।'
आपु जहँ-तहँ गईं, बिरह सब पगि रहीं, कुँवरि सौं कहि गईं, 'स्याम ल्यावैं।'
फिरत बन-बन बिकल, सहस सोरह सकल, ब्रह्म पूरन अकल, नाहिं पावैं।
'कहँ गए?' यह कहति, सबै मग जोवहीं, काम तनु दहत सब घोष-नारी।
'सूर' प्रभु स्याम स्यामा-चरित देखही, करत अंतर हृदय हेत प्यारी॥

राधा की सहेलियाँ राधा को ढाढ़स बँधाने लगीं—'अरी सखी धीरज धर, अधीर मत बन। तुझे श्याम मिलेंगे ही मिलेंगे। तू इतनी विकल मत हो, हृदय में हर्ष धारण कर और सारा दुःख भुला दे। रो धो मत।'

सखियाँ भी श्याम के विरह में दग्ध हो उठी और जहाँ तहाँ चली गईं। वे राधा कुँवरि से कहती गईं, 'हम श्याम को लिवाए आ रही हैं।' सोलह हजार गोपियाँ विकल हो-होकर वन-वन में फिरने लगीं। पर ब्रह्म (कृष्ण) तो पूर्ण हैं, अकल (अखंड) हैं। वे उन्हें न पा सकीं। कन्हैया कहाँ गए, यह कहती हुई वे सारे मार्ग देखने लगीं। सभी घोष-कुमारियों का तन काम से जला जा रहा था।

प्रभु श्यामा (राधा) के चरित देखे जा रहे थे और कहते जा रहे थे, मेरे अंतर कर देने पर भी, विकल हो जाने पर भी, प्यारी राधा के हृदय में हमारे लिए कितना प्रेम भरा हुआ है।

१५१/१७३८ राग बिलावल

कहूँ न पावै स्याम कौं, बूझति बन-बेली।
सबै भईं ब्याकुल फिरैं, तन मदन-दुहेली।
मृग-नारी सौं बूझहीं, बूझैं सुक-सारी।
कमल सरोवर बूझहीं, बिरहा तन मारी।
कनक बेलि सी सुंदरी, द्रुम कैं तर डारी।
मानौ दामिनि धर परी, की सुधा-पनारी।
इत-उत तैं फिरि आवहीं, जहँ राधा प्यारी।
'सूरस्याम' अजहूँ नहीं, करि मिलत कृपा री॥

सोलह सहस्र गोपियाँ वन की लताओं से पूछती फिरीं, पर उन्होंने श्याम को कहीं नहीं पाया। सभी के तन काम से पीड़ित थे और सभी विह्वल होकर घूम रही थीं। कभी वे किसी हिरनी से श्याम के बारे में पूछती थीं, कभी तोता-मैना से, कभी सरोवर के कमल

से। वे सभी विरह से सताई हुई थीं।

उधर स्वर्ण की वेलि के समान राधा पेड़ के नीचे धरती पर पड़ी हुई थी, मानो बिजली धरती पर आकर लेट गई हो अथवा अमृत की धारा ही बह उठी हो। गोपियाँ इधर-उधर से घूम-फिर कर प्यारी राधा के पास आ जाती थीं। पर श्याम अब भी कृपा करके उनसे नहीं मिल पा रहे थे।

पुनर्मिलन

१५२/१७४३ राग केदारौ

हरि बिनु लागत है बन सूनौ ।
ढूँढ़त फिरतिं सकल ब्रज-जुवती, दहत काम-दुख दूनौ ।
तजि सुत-पति सुनि स्त्रवननि धाईं, मुरलि-नाद मृदु कीनौ ।
ब्यापित मकरध्वज अति आतुर, मनहु मीन जल-हीनौ ।
चितवतिं, चकित दिसनि दिसि हेरतिं, मन मोहन हरि लीनौ ।
द्रुम-बेली पूछैं सब सुंदरि, 'नवल जात कहुँ चीनौ?'
कदली-ओट निचोरत अंचल, अधर-सुधा-रस भीनौ ।
'सूरस्याम' पिय-प्रेम-उमँगि रस, हँसि आलिंगन दीनौ ॥

हरि के अभाव में गोपियों को वृंदावन सूना-सूना सा लग रहा था। सभी ब्रज-युवतियाँ उनको जितना ही ढूँढ़ती फिर रही थीं, उन्हें काम का दुःख उतना ही क्या, उसका दूना जलाए जा रहा था। कन्हैया ने मधुर और कोमल स्वर में मुरली बजा कर बुलाया था। उसे सुन कर वे अपने पुत्रों और पतियों को छोड़-छोड़ कर दौड़ी-दौड़ी आ गई थीं। उनके सारे शरीर में काम व्याप्त हो गया था। वे ऐसी प्रतीत हो रही थीं, जैसे जल से बाहर कर दी गई मछलियाँ हों। उनका मन मोहन ने हर लिया था और वे चकपका कर चारों दिशाओं में उन्हें आँखें फाड़-फाड़ कर खोजती जा रही थीं। वे सब सुंदरियाँ वृक्षों और लताओं से पूछती जा रही थीं—'क्या तुमने नवल किशोर कांधा को कहीं जाते हुए देखा पहचाना है?'

वे ब्रज-वधूटियाँ अभी केले के वृक्ष की आड़ में आँसू से भींगे अपने आँचल निचोड़ ही रही थीं कि कन्हैया ने आकर सबके अधरों को अपने अधरों के सुधारस से भिगो दिया, चूम लिया और प्रिय श्याम ने प्रेम की तरंग में आकर आनंदपूर्वक हँसकर उन्हें अपनी भुजाओं में बाँध लिया, उनको परिरंभण का सुख दे दिया।

१५३/१७४५ राग कल्यान

'न्याय तजी स्यामा गोपाल ।
थोरी कृपा बहुत गरबानी, ओछी बुधि ब्रजबाल ।
तैं कछु कपट सबनि सौं कीन्यौ, अपजस तैं न डरानी ।
हम एकहिं सँग, एकहि मति सब, कोई नहिं बिलगानी ।
हम चातकि, घन हरि नँदनंदन, बरषनि लगि हित कीन्यौ ।
तुव मद प्रबल पवन सम सजनी, प्रेम बीच दुख दीन्यौ ।'

जानी दीन दुखित सब सुख-निधि, मोहन बेनु बजायो ।
'सूरस्याम' तब दरस-परस करि, मिलि संताप नसायो ॥

गोपियाँ राधा से कह रही हैं—राधा, तुझे गोपाल ने जो छोड़ दिया था, तुझे छोड़कर जो वे अंतर्धान हो गए थे, यह उन्होंने उचित ही किया था। उन्होंने तेरे ऊपर थोड़ी-सी कृपा कर दी, तो तुझे बहुत घमंड हो गया। हे ब्रजवाले, तेरा यह अभिमान जताना तेरी कुबुद्धि का ही परिचायक है। तूने हम सबके साथ छल किया और अकेली कन्हैया के साथ चली आई। तू अपनी बदनामी से भी नहीं डरी। हम सब सोलह सहस्त्र गोपियाँ एक साथ रहीं और सबकी मति (राय) भी एक ही रही। हममें से कोई अन्य अपने स्वार्थ के लिए सबसे अलग और विमत नहीं हुई। एक तू स्वार्थिनी निकली। अच्छा ही हुआ जो श्याम तुझसे विलग हो गए। हम सब तो पपीहरिन हैं और हरि, नंदनंदन हमारे बादल हैं, जिनके प्रेम की वृष्टि के लिए ही हमने उनसे अनुराग किया है। पर तू अपने प्रबल गर्व की आँधी में हमारे उस श्याम घन को उड़ा ले गई और हमारे प्रेम में तूने हमें बहुत दुःख दिया।'

तब परम सुख के सागर मोहन ने गोपियों को अत्यंत दीन देखकर अपनी मुरली फिर बजा दी और दर्शन देकर, आलिंगन में बाँधकर, उनसे मिलकर, उनके तन की, मन की सभी जलन दूर कर दी।

१५४/१७४७ राग कान्हरौ

नंद-नँदन उर लाइ लई ।
नागरि प्रेम प्रगट तनु ब्याकुल, तब करुना हरि-हृदय भई ।
देखि नारि तरु-तर मुरझानी, देह-दसा सब भूलि गई ।
प्रिया जानि अंकम भरि लीन्ही, कहि-कहि ऐसी काम हई ।
बदन बिलोकि कंठ उठि लागी, कनक-बेलि आनंद जई ।
'सूरस्याम' फल कृपा दृष्टि भऐं, अतिहिं भई आनंदमई ॥

कृष्ण ने देखा कि नागरी राधा का शरीर उनके प्रेम के कारण अत्यंत विकल हो गया है। तब हरि के हृदय में उसके प्रति दया उत्पन्न हो गई और उन्होंने उसे उठाकर हृदय से लगा लिया। उन्होंने राधा को वृक्ष के तले मूर्च्छित देखा, वह अपने तन-वदन की सारी सुधि-बुधि भूल गई थी, तब उन्होंने कहा कि इसे तो मार ने एकदम मार ही डाला है। ऐसा कहकर राधा को अपनी परम प्रिया समझकर उन्होंने गोद में उठा लिया। राधा को होश आया। उसने कन्हैया का मोहक मुखमंडल देखा और वह उठकर स्वयं भी उनके गले से जा लिपट गई। वह सोने की लता-सी राधा आनंद की हरी भरी अंकुर हो गई। श्याम की कृपा-दृष्टि के फल से वह अत्यंत आनंदमयी हो गई, परम प्रमुदित हो गई।

१५५/१७४८ राग सूही

अंतर तैं हरि प्रगट भए ।
रहत प्रेम के बस्य कन्हाई, जुवतिनि कौं मिलि हर्ष दए ।
वैसोइ सुख सबकी फिरि दीन्हौं, वहै भाव सब मानि लियौ ।

वै जानति हरि संग तबहिं तैं, वहै बुद्धि सब, वहै हियौ।
वहै रास-मंडल-रस जानतिं, बिच गोपी, बिच स्याम धनी।
'सूरस्याम' स्यामा मधि नायक, वहै परस्पर प्रीति बनी॥

गोपियों का प्रेमाधिक्य देख अदृश्य श्याम पुनः दृश्य हो गए। कन्हैया तो सदा प्रेम के बस में ही रहते आए हैं। प्रगट होकर ब्रज-कामिनियों से मिलकर उन्होंने उन्हें पूर्ण आनंद दिया। उन्होंने अंतर्धान होने के पहले जैसा सुख गोपांगनाओं को दिया था, वैसा ही सुख उन्हें पुनः दिया। गोपियाँ भी उसी पूर्वभाव में समा गईं। वे समझने लगीं कि प्रारंभ से ही हरि उनके संग बने रहे हैं। अंतर्धान हुए ही नहीं। उनकी बुद्धि, उनका हृदय पूर्ववत बना रहा। वे उसी पूर्व रास मंडल के आनंद को अटूट, अबाध, समझती रहीं। दो-दो गोपियों के बीच एक-एक श्याम और दो-दो श्यामों के बीच एक-एक गोपी। रास मंडल के मध्य में वही श्याम-श्यामा हार के तरल के समान। वही पूर्व की पारस्परिक प्रीति ज्यों की त्यों बनी रही।

पुनः रास-नृत्य

९५६/१७५० राग सारंग

बहुरि स्याम सुख-रास कियौ।
भुज-भुज जोरि जुरीं ब्रजबाला, वैसेई रस उमँगि हियौ।
वैसैंहि मुरली नाद प्रकास्यौ, वैसैंहि सुर-नर बस्य भए।
वैसैंहि उडगन-सहित निसापति, वैसैंहि मारग भूलि गए।
वैसिहि दसा भई जमुना की, वैसैंहि गति तजि पवन थक्यौ।
वैसैंहि नृत्य तरंग बढ़ायौ, वैसैंहि बहुरौ काम जक्यौ।
वहै निसा, वैसैंहि मन जुवती, वैसैंही हरि सबनि भजे।
'सूरस्याम' वैसेइ मन-मोहन, वैसैंहि प्यारी निरखि लजे॥

श्याम ने पुनः वही सुखमय रास नृत्य प्रारंभ कर दिया। वैसे ही एक दूसरे की भुजा में अपनी भुजाएँ जोड़े ब्रजबालाएँ आ जुटीं। उनके हृदयों में वही रस उमड़ पड़ा। वैसे ही पुनः मुरली बज उठी; वैसे ही उस मुरली के स्वर के बस में सभी देवता और मनुष्य पुनः हो उठे; वैसे ही तारों के सहित चंद्रमा ने अपने कक्ष में चलना बंद कर दिया; वैसी ही दशा जमुना की पुनः हो गई और उसकी धारा उलटी बल चली; वैसे ही पुनः पवन ने चलना बंद कर दिया। वैसे ही नर्तन को तरंग बह चली, वैसा ही रास पुनः होने लगा। कामदेव पुनः वैसे ही हक्का-बक्का हो गया, चकपका गया। वैसी ही रात थी, वैसा ही युवतियों का मन हर्ष-विह्वल था और वैसे ही हरि को भी सबने भजा भी, उनमें रत हो रहीं। मनमोहन कृष्ण भी वैसे ही थे और वैसे ही प्यारी राधा थीं, जिन्हें देखकर श्याम कुछ-कुछ लजाए जा रहे थे कि मैंने अंतर्धान होकर इन्हें कैसा दुख दे डाला था।

९५७/१७५८ राग केदारौ

आजु हरि अद्भुत रास उपायौ।
एकहिं सुर सब मोहित कीन्हे, मुरली-नाद सुनायौ।

अचल चले, चल थकित भए, सब मुनिजन ध्यान भुलायौ।
चंचल पवन थक्यौ, नहिं डोलत, जमुना उलटि बहायौ।
थकित भयौ चंद्रमा सहित-मृग, सुधा-समुद्र बढ़ायौ।
'सूरस्याम' गोपिनि सुखदायक, लायक दरस दिखायौ।

आज हरि ने विचित्र रास रचा। उन्होंने मुरली की ध्वनि की और वंशी के एक ही सुर से सबको मोहित कर लिया। वंशी की धुन सुनकर अचल (स्थावर) सचल हो गए और जो चल (जंगम) थे, वे स्थावर हो गए, उन्होंने चलना बंद कर दिया। मुनियों तक की समाधि टूट गई। सदा चलनेवाली वायु का चलना बंद हो गया। यमुना की धारा उल्टी बह चली। अपने रथ में बँधे हिरन के सहित चंद्रमा भी रुक गया और उसने अमृत का समुद्र ही उमड़ा दिया तथा श्याम और गोपियों को सुख देनेवाला दृश्य उपस्थित कर दिया।

१५८/१७६० राग बिहागरौ

आजु निसि रास-रंग हरि कीन्हौ।
ब्रजबनिता-बिच स्याम मंडली, मिलि सबकौं सुख दीन्हौ।
सुर-ललना सुर सहित बिमोहीं. रच्यौ मधुर सुर गान।
नृत्य करत, उघटत नाना-बिधि, सुनि मुनि बिसर्यौ ध्यान।
मुरली सुनत, भए सब ब्याकुल, नभ-धरनी-पाताल।
'सूरस्याम' को को न किये बस, रचि रस-रास रसाल॥

आज की रात तो हरि ने रास रंग ही मचा दिया। ब्रज-वनिताओं की मंडली में मिलकर श्याम ने सबको सुख दिया। कन्हैया ने ऐसी मधुर धुन में गाया कि देवता और उनकी देवियाँ सभी मुग्ध हो उठे। वे नाचे जा रहे थे और नाना प्रकार के ताल देते जा रहे थे, जिसे सुनकर ध्यानस्थ मुनियों का भी ध्यान टूट गया। मुरली की धुन सुनकर आकाश पाताल और पृथ्वी के सभी प्राणी विकल हो उठे। श्याम ने आनंददायक रास की रचना करके किस किसको अपने बस में नहीं कर लिया।

१५९/१७६२ राग बिहागरौ

दुलहिनि दूलह स्यामा स्याम।
कोक-कला-ब्युत्पन्न परस्पर, देखत लज्जित काम।
जा फल कौं ब्रज-नारि कियौ ब्रत, सो फल सबहिनि दीन्हौ।
मनकामना भई परिपूरन, सबहिनि मानि जु लीन्हौ।
राग-रागिनी प्रगट दिखायौ, गायौ जो जिहिं रूप।
सप्त सुरनि के भेद बतावति, नागरि रूप-अनूप।
अतिहिं सुघर पिय कौ मन मोहति, अपबस करति रिझावति।
'सूरस्याम' मोहनि-मूरति कौं, बार-बार उर लावति॥

रास में श्याम दूलह हैं और श्यामा (राधा) दुलहिन। वे दोनों कामकला में पूर्ण दक्ष हैं। उनकी कोक-कला-कुशलता देखकर स्वयं काम लज्जित हआ जा रहा था कि इतनी प्रवीणता तो मुझे भी नहीं प्राप्त है। जिस फल के लिए ब्रज की गोपियों ने कात्यायनी

देवी का व्रत किया था, श्याम ने वह फल उन सभी को दे दिया और उन सबने मान भी लिया कि हमारी मनोकामना परिपूर्ण हो गई। जिसने जिस भी राग या रागिनी को गाया, उसने उस राग या रागिनी का रूप प्रत्यक्ष दिखला भी दिया। वह अनुपम सुंदरी चतुरा राधा मानों सुरों का भेद बताए जा रही थी और अपने अत्यंत सुखद सुंदर पिया के मन को मोहती हुई, रिझाती हुई, अपने बस में किए जा रही थी। राधा श्याम की मन-मोहिनी मूर्ति को बार-बार अपनी छाती से लिपटाए जा रही थी।

१६०/१७६५ राग भैरौ

हा हा हो पिय नृत्य करौ।
जैसैं करि मैं तुमहिं रिझाई, त्यौं मेरौ मन तुमहु हरौ।
तुम जैसैं स्त्रम-वायु करत हौ, तैसैं मैंहुँ डुलावौंगी।
मैं स्त्रम देखि तुम्हारे अँग कौ, भुज भरि कंठ लगावौंगी।
मैं हारी, त्यौंही तुम हारौ, चरन चापि स्त्रम मेटौंगी।
'सूरस्याम' ज्यौं उछँग लई मोहिं, त्यौं मैं हूँ हँसि भेंटौंगी'॥

राधा कृष्ण से गिड़गिड़ा कर अनुरोध कर रही है—'हे प्रिय, अब तुम भी नाचो। जैसे नाच करके मैंने तुम्हें रिझाया है, प्रसन्न किया है, उसी प्रकार तुम भी नाचकर मेरा मन हर लो। मैं जब नाचते-नाचते पसीने से तर-बतर हो गई थी, तब तुमने अपने पीतांबर को हिला-हिलाकर मेरा पसीना सुखा दिया था। तुम नाचो, नृत्य श्रम से तुम्हें भी पसीना हो और मैं भी अपने आंचल को हिला-हिलाकर तुम्हारा पसीना सुखा दूँ। मैं तुम्हारे शरीर को भुजाओं को, थका देखकर, तुम्हें अपनी भुजाओं में भरकर, अपने गले से लगा लूँगी। जैसे मैं नाचते-नाचते थक कर हार गई, वैसे ही तुम भी नाचते-नाचते थक कर हार जाओ। तब मैं तुम्हारे पैरों को मींजकर तुम्हारी सारी थकावट दूर कर दूँ। जैसे तुमने मुझे अपनी गोदी में उठा लिया था, वैसे ही मैं भी हँसकर, तुम्हें गोदी में लेकर तुम्हारा आलिंगन, परिरंभण करूँगी। नाच कर तुम मेरी इन अभिलाषाओं को पूरा होने का अवसर दो। तुमसे हमारी यही दीन प्रार्थना है।'

१६१/१७६७ राग मलार

अरुझी कुंडल लट, बेसरि सौं पीतपट,
बनमाल बीच आनि उरझे हैं दोउ जन।
प्राननि सौं प्रान, नैन नैननि अँटकि रहे,
चटकीली छबि देखि लपटात स्याम घन।
होड़ा-होड़ी नृत्य करैं, रीझि-रीझि अंक भरैं,
ता ता थेई थेई उघटत हैं हरषि मन।
'सूरदास' प्रभु प्यारी, मंडली-जुवति भारी,
नारि कौ अँचल लै लै, पोंछत हैं स्त्रमकन॥

रास नृत्य करते समय कन्हैया के कानों का कुंडल राधा के केश की लट में फँस गया। राधा की नकबेसर में उनका पीतांबर उलझ गया। कृष्ण की वनमाला में तो दोनों

के दोनों अँटक गए। उनके प्राण परस्पर मिल गए। उनके नेत्र भी एक दूसरे के नेत्रों से टकराए जा रहे थे। राधा की चटकीली चमकती छवि को देखकर घनश्याम उनसे लिपटे जा रहे थे। लाग डाँट में दोनों नाचे जा रहे थे और एक दूसरे पर रीझ रीझकर, मोहित हो होकर, वे परस्पर परिरंभण करते जा रहे थे। वे प्रसन्न चित्त होकर ता ता थेई, ता ता थेई की ताल दिए जा रहे थे। कृष्ण और राधा के साथ नवल किशोरियों की भारी भीड़ आ जमी थी। इस मंडली के बीच में कृष्ण, थकी हुई सभी ब्रजांगनाओं का पसीना, उन्हीं के अंचल से पोंछे जा रहे थे।

९६२/१७६८ राग अडाना

मोहन लाल के सँग, ललना यौं सोहैं, ज्यौं तमाल-ढिग तरु सुभ सुमन जरद कौ ।
बदन अनूप कांति, नीलांबर इहिं भाँति, नवघन बीच ससि मानहु सरद कौ ।
मुक्ता-लर तारागन, प्रतिबिंब बेसरि कौ, चूनैं मिलि रंग जैसैं होत है हरद कौ ।
'सूरदास' प्रभु मोहन-गोहन छबि बाढ़ी, मेटतिं निरखि दुख मैन के दरद कौ ॥

मोहन लाल के साथ ललना राधा यों शोभा पा रही हैं, जैसे तमाल के तरु के पास सोनजुही का पीला फूल खिल उठा हो। नीली साड़ी में उनके मुखमंडल की छवि ऐसी उभर रही थी, मानो नवीन श्याम घन के बीच शरद की पूर्णिमा का पूरा चांद ही हँस रहा हो। लड़ों में गुँथे श्वेत मोती तारों के समान लग रहे थे। उन पर सोने की पीली नकबेसर की आभा पड़ रही थी। लगता था जैसे (श्वेत) चूने से मिलकर (पीली) हर्दी लाल रंग की हो गई हो। प्रभु मोहन के साथ राधा की छवि अत्यंत बढ़ गई थी। अन्य नवेलियाँ उस छवि को देख-देखकर अपनी काम-पीड़ा के दुःख को मिटाए जा रही थीं।

९६३/१७६९ राग पूरबी

नंद-नँदन सुघराई, बाँसुरी बजाई ।
सरगम सु नीकैं साधि, सप्त सुरनि गाई ।
अतीत अनागत सँगीत, बिच तान मिलाई ।
सुर तालऽरु नृत्य ध्याइ, पुनि मृदँग बजाई ।
सकल कला गुन प्रबीन, नवल बाल भाईं ।
'सूरज' प्रभु अरस परस, रीझि सब रिझाईं ॥

नंदनंदन की सुघराई (रागिनी की गायकी) का क्या कहना? जब वे बाँसुरी में रागिनी बजाने लगे, तब उसका सौंदर्य और भी बढ़ गया। उन्होंने सा रे गा मा प ध नि के सातों स्वरों को भलीभाँति साधकर गाया। जो संगीत अतीत में कभी नहीं सुना गया था और जिसके अनागत भविष्य में भी सुने जाने की संभावना न थी, उस संगीत में उन्होंने दिव्य तानें मिला दीं। सुर, ताल, नृत्य के साथ ही मृदंग भी बज उठा। संपूर्ण कलाओं (नृत्य, संगीत, वाद्य) में निपुण होने के कारण कृष्ण उन नवल किशोरियों को बहुत अच्छे लगे और श्याम प्रभु ने भी उन्हें आलिंगन का स्पर्श-सुख देकर रिझा लिया और स्वयं भी रीझ उठे।

रच्यो रास रंग स्याम, सबहिनि सुख दीन्हौ ।
मुरली-सुर करि प्रकास, खग-मृग सुनि रस-उदास,
जुवतिनि तजि गेह बास, बनहिं गवन कीन्हौ ।
मोहे सुर-असुर-नाग, मुनिजन-गन भए जाग,
सिव सारद नारदादि चकित भए ज्ञानी ।
अमरनि सह अमर-नारि, आईं लोकनि बिसारि,
ओक ओक त्यागि, कहतिं धन्य-धन्य बानी ।
थकित-गति भयौ समीर, चंद्रमा भयौ अधीर,
तारागन लज्जित भए, मारग नहिं पावैं ।
उलटि बहति जमुन-धार, बिपरित सबही बिचार,
'सूरज' प्रभु संग नारि, कौतुक उपजावैं ॥

श्याम ने आनंदमय रास रच दिया और सभी गोपियों को सुख दिया। कन्हैया ने मुरली क्या बजाई, उन्होंने खगों को फल खाने के रस से और पशुओं को चरने के रस से विरक्त कर दिया। युवतियों ने तो अपना घर बार सब छोड़ दिया और वन में चली गईं। देवता, दानव, नाग सभी मुरली की ध्वनि पर मोहित हो गए। मुनि लोग भी अपनी-अपनी ध्यानावस्थितता से जाग उठे। शिव, शारदा और नारद जैसे ज्ञानी भी चकित हो उठे। देवताओं के साथ उनकी देवियाँ भी अपने-अपने लोकों के आरामों को बिसरा कर, उन्हें छोड़-छोड़कर, आ गईं और कहने लगीं—धन्य है यह स्वर-लहरी, धन्य है। पवन का चलना बंद हो गया, चंद्रमा भी धैर्य छोड़ उठा, तारे भी लजा गए। वे अपना कक्षा पथ भूल गए और रास्ता नहीं पा रहे। यमुना की जल-धारा उलटी बहने लगी। श्याम ने गोपियों के साथ ऐसी क्रीड़ा कर दी कि संसार का सारा कारोबार, सारा विचार ही विपरीत हो गया, उलट गया।

रासोपरांत जमुना-जल-बिहार

१६५/१७७७ राग रामकली

स्यामा स्याम सुभग जमुना-जल, निर्भ्रम करत बिहार ।
पीत कमल इंदीबर पर मनु, भोर भऐं नीहार ।
श्रीराधा अंबुज कर भरि-भरि, छिरकति बारंबार ।
कनक-लता मकरंद झरत मनु, हालत पवन सँचार ।
अतिसी-कुसुम-कलेवर बूँदैं, प्रतिबिंबित निरधार ।
जोतिष्चक्र गगन सौं डोलत, सखि सब करतिं बिचार ।
धाइ धरे बृषभानु-सुता हरि, मोहे सकल सिंगार ।
तड़ित जलद 'सूरज' मानौ मिलि, बरषत अंमृत-धार ॥

श्यामा (षोडशी राधा) और श्याम (कृष्ण) निश्चिंत भाव से यमुना में जल-विहार कर रहे हैं। उस समय उनके शरीरों पर पड़ती जल की बूँदें ऐसी लग रही हैं जैसे पीले कमलों (गोपियों) और नीले कमलों (कृष्ण) पर प्रभातकालीन ओस की बूँदी आ पड़ी हों। राधा जी अपने कमल के समान करों में पानी भर-भर कर श्रीकृष्ण पर छिड़के जा रही हैं, ऐसा लगता है कि पवन के संचार से हिलती सोने की लता से मकरंद के बिन्दु झरते जा रहे हों। तीसी के फूल के समान कृष्ण के नीले शरीर पर वे जल-बूँदें ऐसी लग रही थीं, मानों नीले आकाश में चमचमाते तारों का समूह चक्कर लगा रहा है। सब सखियाँ बहुत सोच-विचार कर इस उपमा के निर्णय पर पहुँची। राधा के उस समय के संपूर्ण श्रृंगार पर मोहित होकर कृष्ण ने उन्हें दौड़ा-दौड़ाकर पकड़ लिया। मानों बिजली और बादल मिलकर अमृत की धारा बरसाए जा रहे हैं।

१६६/१७७८ राग ललित

राधे छिरकति छींट छबीली।

कुच कुंकुम कंचुकि-बँद छूटे, लटकि रही लट गीली।
बंदन सिर ताटंक गंड पर, रतन जटित मनि नीली।
गति गयंद, मृगराज सुकटि पर, सोभित किंकिनि ढीली।
मच्यौ खेल जमुना-जल-अंतर, प्रेम मुदित रस-झीली।
नंद-सुवन-भुज ग्रीव बिराजति, भाग-सुहाग भरीली।
बरषत सुमन देवगन हरषत, दुंदुभि सरस बजीली।
'सूरस्याम'-स्यामा रस क्रीड़त, जमुन-तरंग थकीली॥

छबीली राधा नहाते हुए अपने हाथों में जल लेकर कृष्ण पर छींटे मारे जा रही थीं। उस समय उनके उरोजों पर पुता हुआ केसर छूट चला, उनकी चोली के बंद खुल गए और उनके केश की भीगी लटें भी उनके मुख मंडल पर लटक गईं। उनके माथे पर रोली का टीका लगा था और उनके कपोलों पर नीलम मणि से जटित कर्णफूल प्रति-बिंबित हो रहे थे। उनकी गति मस्त हाथी की सी थी। उनकी कमर सिंह की कटि सी पतली थी। उस पतली कमर पर शिथिल किंकणी बड़ी अच्छी लग रही थी। यमुना में जल-विहार का यह रसमय खेल प्रेमपूर्वक खेला जा रहा था। नंदकुमार की भुजाएँ सुहाग के भाग्य से भरी हुई राधा के गले में विराज रही थीं। इसपर आकाश से देवता लोग प्रसन्न हो-होकर फूल बरसाए जा रहे थे और मधुर दुंदुभी भी बजाए जा रहे थे। श्यामा और श्याम इधर रसक्रीड़ा में मग्न थे। उधर इस रस विहार को देखकर यमुना की लहरें भी थक गई, रुक गई।

१६७/१७८० राग कान्हरौ

बिहरत हैं जमुना-जल स्याम।

राजत हैं दोउ बाहाँ-जोरी, दंपति अरु ब्रज-बाम।
कोउ ठाढ़ीं जल जानु जंघ लौं, कोउ कटि हिरदय ग्रीव।
यह सुख बरनि सकै ऐसौ कौ, सुंदरता की सींव।

स्याम अंग चंदन की आभा, नागरि केसरि अंग।
मलयज-पंक कुंकुमा मिलिकै, जल-जमुना इक रंग।
निसि-स्त्रम मिट्यौ, मिट्यौ तन-आलस, परसि जमुन भई पावन।
'सूरस्याम' जल-मध्य जुवति-गन, जन-जन के मन-भावन॥

यमुना के जल में श्यामा श्याम विहार कर रहे हैं। (वे दोनों दंपति) एक दूसरे की बाहों को अपनी बाहों में उलझाए हुए बड़े अच्छे लग रहे हैं। ब्रज-वधूटियाँ भी जल विहार कर रही हैं। कोई घुटनों तक जल में खड़ी हैं, कोई जाँघ तक जल में खड़ी हैं, कोई-कोई कमर, छाती और गर्दन तक के जल में खड़ी हैं। यह दृश्य तो सुंदरता की चरम सीमा है। ऐसा कौन है जो इस सुख का वर्णन कर सके। कन्हैया के शरीर पर चंदन की चमक है और राधा के शरीर पर केसर की आभा। यह चंदन और केसर यमुना के जल में मिलकर एक रंग हो गए। उनका अलग रूप-रंग नहीं रह गया। जल-विहार करने से रात की सारी थकावट मिट गई, शरीर का सारा आलस्य जाता रहा और वे यमुना का जल स्पर्श करके परम पवित्र हो उठें, रति-कर्म की सारी अपवित्रता भी धुल गई। इस प्रकार जन-जन के मन को भाने वाले कन्हैया और ब्रज की कामिनियाँ यमुना के जल में विहार-रत हैं।

१६८/१७८१ राग कान्हरौ

जल-क्रीड़ा-सुख अति उपजायौ।
रास रंग मन तैं नहिं भूलत, वहै भेद मन आयौ।
जुवती कर-कर जोरि मंडली, स्याम नागरी बीच।
चंदन अंग-कुंकुमा छूटत, जल मिलि तट भई कीच।
जो सुख स्याम करत जुवतिनि सँग, सो सुख तिहुँ पुर नाहीं।
'सूरस्याम' देखत नारिनि कौं, रीझि-रीझि लपटाहीं॥

इस जल-विहार ने गोपियों और कृष्ण को बहुत सुख दिया। रास में जो आनंद उन्हें मिला था, उसे वे भूल नहीं पा रही थी। वही रास का भाव उनके मन में जल विहार के समय भी बना हुआ था। अतः युवतियों ने परस्पर हाथ में हाथ मिलाकर एक मंडल बना लिया और इस मंडल के बीच श्याम और नागरी राधा खड़े हो गए। श्याम के शरीर से चंदन और गोपियों के शरीर से केसर छूट-छूटकर जल में मिलकर तट पर कीच सी हो गई। श्याम युवतियों के साथ जो सुख किए जा रहे हैं, वह सुख तीनों लोकों में लभ्य नहीं है। कन्हैया ब्रज सुंदरियों को देखते हैं और मोहित होकर उनसे लिपटे जाते हैं।

१६९/१७८२ राग बिलावल

बिहरति नारि हँसत नँद-नंदन। निर्मल देह छूटि तन-चंदन॥
अति सोभा त्रिभुवन-जन-बंदन। पावत नहिं गावत स्त्रुति छंदन॥
कंचन पेड़ नारि-अँग-सोभा। वे उनकौं वे उनकौं लोभा॥
कबहुँ अंक भरि चलत अगाधहिं। अरस-परस मेटत मन-साधहिं॥
कोउ भाजै, कोउ पाछैं धावैं। जुवतिनि सौं कहि ताहि मँगावैं॥

ताकौं गहि अथाह जल डारैं। मुख-ब्याकुलता-रूप निहारैं॥
कंठ लगाइ लेत पुनि ताहीं। देत अलिंगन रीझत जाहीं॥
'सूरस्याम' ब्रज जुवतिनि भोगी। जाकौं ध्यावत सिव मुनि जोगी॥

गोपियाँ यमुना में जल-विहार कर रही हैं। नंदनंदन उन्हें देख-देखकर हँसते जा रहे हैं। उनके शरीर पर लगा चंदन धुल गया है और वे और भी निर्मल हो उठे हैं। तीनों लोकों के लोगों के वंदनीय कृष्ण की शोभा अत्यधिक हो गई है। वेद उसका गान अपनी ऋचाओं में करते हैं, पर पार नहीं पाते। गोपियों के अंग की शोभा तो सोने के वृक्ष जैसी है। कन्हैया अपने सौंदर्य से गोपियों को लुभाए ले रहे हैं और गोपियाँ अपनी छवि से कृष्ण को मोहित किए ले रही हैं। कृष्ण कभी उन नवेलियों को छाती से लगाए हुए अत्यंत गहरे जल में लिए चले जाते हैं और आलिंगन परिरंभण तथा रंग-रली से उनके मन की साध को मिटाए देते हैं। जब कोई गोपी भाग चलती है, तब दूसरी गोपियाँ उसके पीछे लग जाती हैं कि भागकर कहाँ जाओगी। कन्हैया भी ऐसी भागनेवालियों के पीछे अन्य युवतियों को लगाकर पकड़ मँगवाते हैं और उन्हें अथाह जल में डाल फेंकते हैं और उनके घबराए मुँह की सुंदरता को आनंद से देखने लगते हैं। फिर उन्हें गले से लगा लेते हैं। शिव, मुनि, योगी जिस प्रभु का ध्यान करते हैं, वह यहाँ ब्रज में आकर ब्रज की कामिनियों का रसोभोग किए जा रहा है।

९७०/१७८३ राग टोड़ी

ऐसे स्याम बस्य राधा के। नाम लेत पावन, आधा के॥
तिया स्याम-तन अंजुलि डारै। वा छबि कौं चित लाइ निहारै॥
मनौ जलद जल डारत धारै। मन मनहीं तन मन धन वारै॥
निरखि रूप नहिं धीर सम्हारै। 'सूरस्याम' कौं अंकम धारै॥

इसीलिए श्याम उस राधा के वश में हो गए हैं, जिसके नाम का आधा केवल 'रा', सारे संसार को पवित्र करने की क्षमता रखता है। राधा श्याम के शरीर पर अँजुरी में जल भरकर छींटे मारती जा रही है और श्याम की उस छवि को चित्त लगाकर निहारे जा रही है। ऐसा लगता था कि मानो बादल जल की धारा बरसाए जा रहा है। राधा मन ही मन अपना सारा तन-मन-धन उनपर निछावर किए जा रही है। वह कन्हैया का सौंदर्य देखकर अपना धैर्य नहीं सँभाल पा रही है और श्याम को अपने अंग में चिपकाए ले रही है।

श्याम जो राधा के वश में हो गए हैं, वे उसकी इन्हीं चपल शोखियों के कारण ही तो।

रासांत

९७१/१७८८ राग बिलावल

ब्रजबासी सब सोवत पाए।
नंद-सुवन मति ऐसी ठानी, उनि घर लोग जगाए।
उठे प्रात-गाथा मुख भाषत, आतुर रैनि बिहानी।
ऐंड़त अंग जम्हात बदन भरि, कहत सबै यह बानी।

जो जैसे सो तैसे लागे, अपनैं-अपनैं काज।
'सूरस्याम' के चरित अगोचर, राखी कुल की लाज ॥

यमुना जल-विहार के अनंतर जब सब गोपियाँ अपने-अपने घर पहुँची, तब उन्होंने देखा कि सभी ब्रजवासी अभी तक सो रहे थे। यह नंदलाल की माया का ही प्रभाव था। गोपियों ने ही अपने घर वालों को सोते से जगाया। सबेरा हो गया, सब उठ बैठे और सबके मुख से यही एक बात निकल रही थी—आज रात बहुत जल्द बीत गई। उठकर वे सभी ऐंड़ाते जा रहे थे, मुँह से जँभाई लेते जा रहे थे। फिर यही बात दुहराते जा रहे थे—आज रात बहुत जल्दी बीत गई। उठकर वे ब्रजवासी, जो जैसा काम करते थे, अपने वैसे काम पर आ डटे। श्याम के चरित अगोचर हैं, हमारी ज्ञानेन्द्रियों से परे हैं। ब्रजवासियों को सुलाए रखकर उन्होंने गोपियों की कुल-लज्जा बचा ली।

१७२/१७८९ राग जैतश्री

ब्रज-जुवती रस-रास पगीं।
कियौ स्याम सब कौ मन भायौ, निसि रति-रंग जगीं।
पूरन ब्रह्म, अकल, अबिनासी, सबनि संग सुख चीन्हौ।
जितनी नारि, भेष भए तितने, भेद न काहू कीन्हौ।
वह सुख टरत न काहूँ मन तैं, पति-हित-साध पुराई।
'सूरस्याम' दूलह, सब दुलहिनि, निसि भाँवरि दै आईं ॥

ब्रज की ये सारी कामिनियाँ रास के रस में उभ-चुभ हो गई थीं। श्याम ने सबकी इच्छा पूरी कर दी थी। वे सभी रात भर रति-रंग में जगी थीं। उस पूर्ण ब्रह्म, अकल (अखंड), अविनाशी ने सभी को अपने साथ रमण का सुख दे दिया। जितनी गोपियाँ थीं, प्रभु ने अपने उतने ही रूप बना डाले थे। इस रहस्य को किसी ने नहीं जाना। रतिरंग का यह सुख गोपियों के मन से किसी प्रकार दूर नहीं हो पा रहा था। प्रभु को अपने पति के रूप में पाने की उनकी साध को उसी परम ने पूरा कर दिया था। रास में जो मंडलाकार नृत्य हुआ, यही विवाह की भाँवरें थीं। श्याम दूलह हो गए थे और सभी गोपियाँ उनकी दुलहिनें।

१७३/१७९० राग सोरठ

साध नहीं जुवतिनि मन राखी।
मन बांछित सबहिनि फल पायौ, बेद-उपनिषद साखी।
भुज भरि मिले, कठिन कुच चाँपे, अधर सुधा रस चाखी।
हाव-भाव नैननि सैननि दै, बचन-रचन मुख भाषी।
सुक भागवत प्रगट करि गायौ, कछू न दुबिधा राखी।
'सूरदास' ब्रजनारि संग-हरि, बाकी रही न काखी ॥

ब्रज की किशोरियों ने अपनी सारी साधें पूरी कर लीं। उनकी कोई साध अधूरी नहीं रह गई। उन्होंने अपने मन की कामना के अनुकूल सारे फल पा लिए। वेद और उपनिषद

इसके गवाह हैं। उन्होंने अपनी भुजाओं में कृष्ण को कसकर बाँधे रखा। अपने कठोर पीन-स्तनों में उन्हें दबाए रखा, उनके होठों के अमृत रस को मनमाना चूसती रहीं, बड़े हाव-भाव से आँखों के इशारे कर-करके उनसे मीठी-मीठी बातें की। शुकदेव ने भागवत में साफ-साफ कह दिया है। किसी प्रकार की दुविधा या संदेह की बात नहीं रहने दी है। ब्रजनारियों ने हरि के संग अपनी सारी आकांक्षाएँ पूरी कर लीं। कोई भी आकांक्षा पूरी करने से नहीं छोड़ी।

१७४/१७९१ राग कान्हरौ

धनि सुक मुनि भागवत बखान्यौ।
गुरु की कृपा भई जब पूरन, तब रसना कहि गान्यौ।
धन्य स्याम बृंदाबन कौ सुख, संत मया तैं जान्यौ।
जो रस-रास-रंग हरि कीन्ह्यौ, बेद नहीं ठहरान्यौ।
सुर-नर-मुनि मोहित भए सबही, सिवहु समाधि भुलान्यौ।
'सूरदास' तहँ नैन बसाए, और न कहूँ पत्यान्यौ॥

महामुनि शुकदेव धन्य हैं, जिन्होंने भागवत की सारी कथा राजा परीक्षित से कह सुनाई थी। जब मुझ पर गुरु (गोकुलनाथ वल्लभ) की पूर्ण कृपा हुई, तब मैंने भी उसका वर्णन कर डाला। श्याम और वृंदावन की रासलीला का सुख वंदनीय है। संतों की कृपा से मैं इसे जान पाया हूँ। कन्हैया ने रास में जो रस-रंग किया, वह तो वेदों में भी व्यक्त नहीं हो सका। रास से तो देवता, मनुष्य, मुनि सभी मोहित हो गए और शिव की भी समाधि टूट गई। खुद सूरदास ने तो अपने नेत्र ही उस रास में लगा दिए थे। उन्हें किसी दूसरे के किए वर्णन पर विश्वास ही नहीं था।

१७५/१७९२ राग धनाश्री

मैं कैसे रस-रासहिं गाऊँ।
श्री राधिका स्याम की प्यारी, कृपा बास ब्रज पाऊँ।
आन देव सपनैहुँ न जानौ, दंपति कौं सिर नाऊँ।
भजन-प्रताप, चरन-महिमा तैं गुरु की कृपा दिखाऊँ।
नव-निकुंज बन धाम-निकट इक, आनंद-कुटी रचाऊँ।
'सूर' कहा बिनती करि बिनवै, जनम-जनम यह ध्याऊँ॥

मैं रास के रस (आनंद) को भला क्या बता सकता हूँ? मैं तो श्याम की प्यारी राधिका जी की कृपा से ही ब्रज में बस पाया हूँ। मैं किसी अन्य देवता को तो स्वप्न में भी नहीं जानता। मैं केवल राधा-कृष्ण दंपति के सामने नतमस्तक होता हूँ। उन्हीं के भजन के बल पर, उन्हीं के चरणों की महिमा से और गुरु की कृपा से मैं यह रास-रस गाकर दिखा सका हूँ। वृंदावन धाम के निकट, किसी नव निकुंज में मैं अपनी भी कुटी बना सकूँ, यही मेरी अभिलाषा है। मैं अधिक और विनती करके क्या कहूँ—बस जन्म जन्मांतर तक मैं इसी युगल-स्वरूप का ध्यान करता रहूँ।

श्रुति-ऋचा रूप गोपी

१७६/१७९३ राग बिलावल

गोपी-पद-रज महिमा, बिधि भृगु सौं कही।
'बरष सहस तप कियौ, तऊ मैं ना लही' ॥
यह सुनि कै भृगु कह्यौ, 'नारदादिक हरि भक्ता।
माँगौ तिनकी चरन रेनु, तौ है यह जुक्ता ॥
सो निज गोपी-चरन-रज, बंछत हौ तुम देव।
मैरैं मन संसय भयौ, कहौ कृपा करि भेव' ॥ १ ॥
'ब्रज सुंदरि नहिं नारि, रिचा स्रुति की सब आहीं।
मैं अरु सिव पुनि सेष, लच्छमी तिन सम नाहीं ॥
अद्भुत है तिनकी कथा, कहौं सु मैं अब गाइ।
याहि सुनै जो प्रीति करि, सो हरि-पदहि समाइ ॥ २ ॥
प्रकृति पुरुष लय भई, जगत सब प्रकृति समाया।
रह्यौ एक बैकुंठ लोक, जहँ त्रिभुवन-राया ॥
अछर अच्युत अविकार है, निराकार है जोइ।
आदि अंत नहिं जानियत, आदि अंत प्रभु सोइ ॥ ३ ॥
स्रुति बिनती करि कह्यौ, सर्व तुमहीं हो देवा।
दूर निरंतर तुमहिं, तुमहिं जानत सब भेवा ॥
इहिं बिधि बहु अस्तुति करी, तब भइ गिरा अकास।
माँगौं बर मन भावते, पुरवौं सो तुम आस ॥ ४ ॥
स्रुतिनि कह्यौ कर जोरि, सच्चिदानंद देव तुम।
जो नारायन आदि रूप तुम्हरे सो लखे हम ॥
त्रिगुन रहित निज रूप जो लख्यौ न ताकौ भेव।
मन बानी तै अगम जो, दिखरावहु सो देव ॥ ५ ॥
बृंदाबन निज धाम, कृपा करि तहाँ दिखायौ।
सब दिन जहाँ बसंत, कल्प-बृच्छनि सों छायौ ॥
कुंज अतिहिं रमनीक तहँ, बेलि सुभग रहीं छाइ।
गिरि गोबर्धन धातुमय, झरना झरत सुभाइ ॥ ६ ॥
कालिंदी जल अमृत, प्रफुल्लित कमल सुहाए।
नगनि जटित दोउ कूल, हंस सारस तहँ छाए ॥
क्रीड़त स्याम किसोर तहँ, लिए गोपिका साथ।
निरखि सु छबि स्रुति थकित भईं, तब बोले जदुनाथ ॥ ७ ॥
जो मन इच्छा होइ, कहौ सो मोहिं प्रगट कर।
पूरन करौं सु काम, देउँ तुमकौं मैं यह बर ॥

स्त्रुतिनि कह्यौ ह्वै गोपिका, केलि करैं तुम संग ।
एवमस्तु निज मुख कह्यौ, पूरन परमानंद ॥ ८ ॥

कल्पसार सत ब्रह्मा, जब सब सृष्टि उपावै ।
अरु तिहुँ लोकनि, बरन-आसरम धरम चलावै ॥
बहुरि अधर्मी होहिं नृप, जग अधर्म बढ़ि जाइ ।
तब बिधि, पृथ्वी, सुर सकल, बिनय करैं मोहिं आइ ॥ ९ ॥

मथुरा-मंडल भरत-खंड, निज धाम हमारौ ।
धरौं तहाँ मैं गोप-वेष, सो पंथ निहारौ ॥
तब तुम ह्वै कै गोपिका, करिहौ मो सौं नेह ।
करौं केलि तुम सौं सदा, सत्य बचन मम एह ॥ १० ॥

स्त्रुति सुनि कै यह बचन, भाग्य अपनौ बहु मान्यौ ।
चितवन लगीं तिहि समय, द्यौस सो जात न ज़ान्यौ ॥
भार भयौ जब पृथी पर, तब हरि लियौ अवतार ।
बेद ऋचा ह्वै गोपिका, हरि सँग कियौ बिहार ॥ ११ ॥

जो कोउ भरता-भाव, हृदय धरि हरि-पद ध्यावै ।
नारि पुरुष कोउ होइ, स्त्रुति-ऋचा-गति सो पावै ॥
तिनकी पदरज कोउ जो, बृंदाबन भू माँह ।
परसे सोउ गोपिका-गति, पावै संसय नाहिं ॥ १२ ॥

भृगु, तातैं मैं चरन-रेनु, गोपिनि की चाहत ।
स्त्रुति-मति बारंबार, हृदय अपनैं अवगाहत ॥
महिमा पद-रज-गोपिका, बिधि जब दई सुनाइ ।
तब भृगु आदिक रिषि-सकल, रहे हरि पद चित लाइ ॥ १३ ॥

सर्व सास्त्र कौ सार, सार-इतिहास-सर्व जो ।
सर्व पुराननि सार, सार जो सर्व स्त्रुतिनि कौ ॥
बंदन-रज-बिधि सबै बिधि, दियौ रिषिनि समुझाइ ।
ब्यास जु कह्यौ पुरान मैं, 'सूर' कह्यौ सो गाइ ॥ १४ ॥

ब्रह्मा ने भृगु मुनि से गोपियों की चरण-धूलि की महिमा कहते हुए कहा—'मैंने हजार वर्षों तक तप किया, तब भी मैं गोपियों की रज नहीं पा सका।' यह सुनकर भृगु जी बोले—'नारद आदि हरि के भक्त हैं। यदि उन भक्तों की चरण-धूलि आप माँगते, तो आप के योग्य होता। हरि-भक्तों की पद-रज न चाह कर आप गोपी पद-रज चाहते हो। इससे मेरे मन में भारी संदेह उठ खड़ा हुआ है। कृपा कर गोपी-पद-रज के इस रहस्य को मुझसे कह सुनाइये'॥ १ ॥

तब ब्रह्मा बोले—वे ब्रज सुंदरियाँ सामान्य स्त्रियाँ नहीं हैं। वे सब तो वेद की ऋचाएँ हैं। मैं, शिव, शेष और लक्ष्मी जी भी उनकी बराबरी नहीं कर सके। उनकी कथा विचित्र

है। अब मैं तुम्हें उनकी यह अद्भुत कथा विस्तार पूर्वक कहकर सुनाए देता हूँ। जो भी इस कथा को प्रेमपूर्वक सुनेगा, वह भगवान के चरण-कमलों को प्राप्त कर लेगा॥ २॥

जब प्रलय हुआ, तब सारा संसार प्रकृति में विलीन हो गया और प्रकृति पुरुष में समा गई। केवल बैकुंठ बच रहा, जहाँ त्रिलोकीनाथ विष्णु भगवान रहते हैं। एक मात्र विष्णु ही अक्षर (कभी नष्ट न होनेवाले) हैं, अच्युत (कभी च्युत न होनेवाले, अविचल) हैं, अविकार (कभी भी किसी भी प्रकार के परिवर्तन से रहित) हैं, निराकार (आकारहीन) हैं, न उनका आदि है, न अंत। वही प्रभु सबके आदि हैं, वही सबके अंत हैं। सब उन्हीं से उत्पन्न होते हैं और सब उन्हीं में समा भी जाते हैं॥ ३॥

उस समय वेदों ने प्रभु की विनती करते हुए कहा—'हे देव, सब कुछ तो तुम्हीं तो, तुम सबसे दूर, अलग बसे रहते हो, पर तुम्हीं सबके भेद को जानते हो।' वेदों ने विष्णु की इस प्रकार अनेक प्रकार से स्तुति की। तब यह आकाशवाणी हुई—तुम अपनी रुचि के अनुकूल जो भी वरदान माँगना चाहो, माँग लो, मैं तुम्हारी सारी अभिलाषाएँ पूरी कर दूँगा॥ ४॥

वेदों ने हाथ जोड़कर कहा—'हे देव तुम सत चित आनंद स्वरूप हो, तुम सदैव बने रहते हो, सदैव चेतन रहते हो और सदा आनंदमय बने रहते हो। तुम्हारे नारायण आदि जो रूप हैं, हमने उन्हें देखा है। तुम्हारा सत, रज, तम इन तीनों से रहित जो रूप है, हमने अभी तक उसका भेद नहीं पाया है। वहाँ तक न मन पहुँच पाता है, न वाणी ही उसका वर्णन कर सकती है। तुम हमें अपना वह त्रिगुणातीत रूप दिखलाओ'॥ ५॥

तब विष्णु भगवान ने कृपा कर वेदों को अपना वह वृंदावन धाम दिखला दिया, जहाँ सब दिन वसंत बना हुआ था, जहाँ कल्पवृक्ष ही कल्पवृक्ष छाए हुए थे, जहाँ अत्यंत मनोरम कुंजें थीं, जहाँ सुंदर लताएँ फैली हुई थीं, जहाँ गेरु से युक्त गोबर्द्धन पहाड़ था, जिससे झरने सहज रूप से झरे जा रहे थे॥ ६॥

जहाँ यमुना का अमृत के समान जल प्रवाहित हो रहा था, जहाँ उस जल में कमल फूले हुए शोभा दे रहे थे, जहाँ यमुना के दोनों तट रत्न-जटित थे, जहाँ उस जल में हंस और सारस विहार कर रहे थे। वहाँ श्याम किशोर गोपियों को साथ लिए हुए विहार कर रहे थे। उस छवि को देखकर वेद चकित और मूक हो गए। तब यदुनाथ जी ने कहा— ॥ ७॥

'जो भी तुम्हारी मनोकामना हो, उसे मुझसे खोलकर, स्पष्ट कहो। मैं तुम्हारी वह कामना पूरी करूँगा। मैं तुमको वह वर दे रहा हूँ।' तब वेदों ने कहा—'हम गोपिका होकर तुम्हारे संग विहार करें।' तब पूर्ण परमानंद प्रभु ने कहा—'एवमस्तु—ऐसा ही हो'॥ ८॥

'सौ कल्प (=४ अरब ३२ करोड़ वर्ष = ब्रह्मा का एक दिन) बीत जाने पर ब्रह्मा फिर से नई सृष्टि उत्पन्न करेंगे, तीनों लोक रचकर चारों वर्णों और चारों आश्रमों वाला धर्म चलाएँगे। राजा अधर्मी हो जायँगे। संसार में अधर्म बढ़ जायेगा। तब ब्रह्मा पृथ्वी और समस्त देवताओं को लेकर मेरी विनती करेंगे॥ ९॥

भरत खंड के मथुरा मंडल में मेरा अपना वृंदावन धाम है। मैं वहाँ गोप का वेश धारण करूँगा। तुम उस समय तक प्रतीक्षा करो। तब तुम सब गोपिका बनकर अवतीर्ण होगे और मुझसे प्रेम करोगे। तब मैं तुम्हारे साथ बराबर निरंतर विहार करता रहूँगा। मेरी यह वाणी

सत्य है॥ १०॥

वेदों ने विष्णु की यह बात सुनी और इसे अपना बड़ा भाग्य समझा। वे उस समय की प्रतीक्षा करने लगे। वहसौ कल्प का समय कब बीत गया, कुछ पता नहीं चला। पृथ्वी पर अधर्म का बोझ बढ़ गया और हरि ने अवतार लिया। तब वेद की ऋचाओं ने गोपी होकर हरि के साथ रंग-विहार किया॥ ११॥

जो कोई भी हरि को अपना पति मानकर उनके चरणों का ध्यान करता है, चाहे वह नारी हो, चाहे नर, वह वेद की ऋचाओं की गति को प्राप्त होता है। उनकी पद-धूलि को भी जो कोई वृंदावन में स्पर्श कर लेता है, वह भी गोपिका-गति को प्राप्त होता है। इसमें संदेह नहीं॥ १२॥

'हे भृगु जी, इसीलिए मैं भी गोपी-चरण-रज चाहता हूँ और श्रुतियों के मत में निरंतर अपने हृदय को डुबोए रहता हूँ।'

जब ब्रह्माजी ने गोपी-चरण-धूलि की यह महिमा कह सुनाई, तब भृगु आदि ऋषि भी हरि-पद में लीन हो गए॥ १३॥

सभी शास्त्रों, सभी इतिहासों, सभी पुराणों, सभी वेदों का सार गोपी-पद-रज-वंदना है। ब्रह्माजी ने उस धूलि की वंदना की सारी विधि ऋषियों को समझाकर बता दी।

व्यासजी ने इसी को श्रीमद्भागवत महापुराण में कहा है। मैं सूर भी भागवत के अनुसार उस गोपी-पद-रज वंदन की कथा कह रहा हूँ॥ १४॥

जमुना

१७७/१७९४ राग रामकली

(श्री) जमुना पतित पावन कर्‌यौ।
प्रथमहीं जब दियौ दरसन, सकल पापनि हर्‌यौ।
जल तरंगनि परसि कै, पय पान सौं मुख भर्‌यौ।
नाम सुमिरत गई दुरमति, कृष्न रस बिस्तर्‌यौ।
गोप-कन्या कियौ मज्जन, लाल गिरिधर बर्‌यौ।
'सूर' श्री गोपाल सुमिरत, सकल कारज सर्‌यौ॥

यमुना जी ने बड़े-बड़े पापियों को पवित्र कर दिया है। वे अपना पहला ही दर्शन देकर सब पापों को हर लेती हैं। यमुना की लहरों का स्पर्श करने से, उनका जल मुँह में भर लेने से, उनके नाम का स्मरण कर लेने से सारी दुर्बुद्धि दूर चली जाती है और कृष्ण की प्रेमा-भक्ति मन में भर उठती है। गोप-कुमारियों ने यमुना में स्नान किया था और कृष्ण को पति रूप में पाया था। श्री (राधा) और गोपाल का स्मरण करने मात्र से सारे कार्य सिद्ध हो जाते हैं।

चरन-सरन-वृंदावन

१७८/१७९५ राग बिलावल

तुमहीं मोकौं ढीठ कियौ।
नैन सदा चरननि तर राखे, मुख देखत न बियौ।

प्रभु मेरी तुम सकुच मिटाई, जोइ-सोइ माँगत पेलि ।
माँगौं चरन-सरन-बृंदाबन, जहाँ करत नित केलि ।
यह बानी जु भुजंग स्त्रवन बिनु, सुनत बहुत सरमाऊँ ।
श्री वृषभानु-सुता-पति सौं हित 'सूर' जगत भरमाऊँ ॥

सूरदास कह रहे हैं—हे प्रभु, तुम्हीं ने तो मुझे धृष्ट बना दिया है। मेरे नेत्र तो सदा तुम्हारे चरणों पर लगे रहते हैं। मैं तो केवल तुम्हारे चरणों को देखता रहता हूँ। मैं किसी दूसरे का मुख भी नहीं देखना चाहता—मैं परमुखापेक्षी नहीं बनना चाहता हूँ। हे प्रभु, तुमने मेरा सारा संकोच दूर कर दिया है, इसीलिए मैं जो चाहता हूँ, वही तुमसे बलपूर्वक माँग लेता हूँ। मैं उस वृंदावन में रहकर तुम्हारे चरणों की शरण मात्र चाहता हूँ, जहाँ तुम नित्य गोपियों के साथ विहार किया करते हो। जैसे सर्प श्रवणहीन होने से सुन नहीं पाता, वैसे ही मैं तुम्हारी यह आश्वासन-वाणी नहीं सुन पारहा हूँ—'जाओ, तुम्हें वृंदावन-वास की अनुज्ञा प्रदान की जाती है।' इसीलिए मैं बहुत-बहुत लज्जित हुआ जा रहा हूँ। हे प्रभु, मेरा अनुराग वृषभानु की पुत्री राधा के पति कृष्ण से हो जाय और मुझे इस संसार में बार-बार आवागमन के चक्कर में न आना पड़े। प्रभु, मुझे अपने में मिला लो—सायुज्य मुक्ति दे दो।

१७१/१७९६ राग बिहागरौ

रास रस लीला गाइ सुनाऊँ ।
यह जस कहै, सुनै, मुख स्त्रवननि, तिहि चरननि सिर नाऊँ ।
कहा कहौं बक्ता स्त्रोता फल, इक रसना क्यौं गाऊँ ।
अष्ट सिद्धि नवनिधि सुख-संपति, लघुता करि दरसाऊँ ।
जौ परतीति होइ हिरदै मैं, जप-माया धिक देखै ।
हरि-जन दरस हरिहिं सम बूझै, अंतर कपट न लेखै ।
धनि वक्ता, तेई धनि स्त्रोता, स्याम निकट हैं ताकैं ।
'सूर' धन्य तिहिं के पितु-माता, भाव-भगति हैं जाकैं ॥

मैं सूर रास की यह रसीली लीला गाकर सुनाए दे रहा हूँ। जो भी इस रास लीला को कहते हैं, जो भी इसे सुनते हैं, मैं उन सबके चरणों में नतमस्तक हूँ। इस कथा के कहनेवाले को और सुननेवाले को क्या फल मिलता है, मैं इसका वर्णन एक जीभ से कैसे कर सकता हूँ? रास लीला के कहनेवाले को और इसे सुननेवाले को जो सुख मिलता है, मेरी समझ से उस सुख के आगे आठो सिद्धियों का सुख और नवो निधियों की संपत्ति भी लघु है, अत्यंत हलकी है। यहि हृदय में विश्वास है, तो इस कथा का वक्ता और श्रोता दोनों सांसारिक माया (वैभव) को तुच्छ समझकर उसे धिक्कारते हुए त्याग देते हैं। ऐसे वक्ता और श्रोता हरि-भक्तों का दर्शन हरि का ही दर्शन समझते हैं और अपने हृदय में दोनों दर्शनों में कोई छल-कपट, भेद-भाव नहीं रखते। ऐसे ही वक्ता और ऐसे श्रोता धन्य हैं। श्याम सदैव उनके निकट बने रहते हैं। जिनके हृदयों में प्रभु के प्रति भक्ति का भाव है, ऐसों के पिता माता धन्य हैं, वंदनीय हैं।

विद्याधर-शाप-मोचन

९८०/१८०२ राग बिलावल

नंद सब गोपी ग्वाल समेत।
गए सरस्वति-तट इक दिन, सिव-अँबिका पूजा हेत।
पूजा करत सकल दिन बीत्यौ, ह्वै आई तहँ साँझ।
ब्रजबासी सब स्रमित होइ कै, सोइ रहे बन माँझ।
अर्ध निसा इक उरग आइ कै, लपटि गयौ नँद-पाइ।
चौंकि पर्‌यौ, दुख पाइ पुकार्‌यौ, हा-हा कृष्न छुड़ाइ।
ग्वालनि मिलि श्रीकृष्न जगाए, छुवत पाइ दियौ छोड़।
बिद्याधर कौ रूप धारि कह्यौ, 'करै को तुम्हरी होड़।
सब देवनि के देव तुमहिं हौ, मैं अब देख्यौ जोइ।
रिषि अंगिरा साप मोहिं दीन्हौ, भयौ अनुग्रह सोइ।'
हरि-आज्ञा कौं पाइ, नाइ सिर, गयौ आपनैं ओक।
'सूरदास' हरि के गुन गावत, ब्रज आए ब्रज-लोक॥

एक बार नंद सब गोपी ग्वालों के साथ, शिव-पार्वती की पूजा के लिए, सरस्वती नदी के तट पर गए। पूजा करने में ही सारा दिन बीत गया। संध्या हो गई। सारे ब्रजवासी थककर वन में ही सो रहे। आधी रात में एक साँप आकर नंद के पाँव से लिपट गया। नंद चौंक पड़े और दुखी होकर उन्होंने पुकारा—'मैं विनती करता हूँ, कृष्ण आकर मुझे छुड़ा लो।' ग्वालों ने कृष्ण को जगाया। कृष्ण ने उस साँप को अपने पैर से छू लिया। पाद-स्पर्श पाते ही उस साँप ने नंद का पैर छोड़ दिया और उसने विद्याधर का रूप धारण कर लिया और कहा—'तुम्हारी बराबरी कौन कर सकता है। तुम्हीं सब देवताओं के देवता हो। मैंने भलीभाँति यह देख लिया। अंगिरा ऋषि ने मुझे शाप दे दिया था और मैं विद्याधर से साँप बन गया था। ऋषि का शाप भी मेरे लिए वरदान हो गया। न उन्होंने शाप दिया होता, न आपके दर्शन मुझे मिलते।' हरि की आज्ञा पाकर वह विद्याधर उन्हें सिर झुकाकर, प्रणाम करके, अपने घर चला गया। सब ब्रजवासी भी अपने-अपने घर ब्रज लौट गए। सूरदास हरि का यह गुण गाए जा रहा है।

बृंदावन-बिहार

९८१/१८०६ राग गौड़ मलार

गगन उठी घटा कारी, तामैं बग-पंगति अति न्यारी।
सुरधनु की छबि रुचिर देखियत, बरन बरन रँगधारी।
बीच-बीच दामिनि कौंधति है, मानौ चंचल नारी।
दुरि-दुरि जाति, बहुरि फिर आवति, बिकल मदन की जारी।
बन बरही चातक रटैं द्रुम-द्रुम, प्रति-प्रति सघन सँचारी।
'सूर' स्याम-हित काम सुकोविद, निज कर कुटी सँवारी॥

आकाश में काली-काली घटा छाई हुई थी। उन घटाओं के बीच-बीच में बकुलों की अत्यंत अद्भुत श्वेत पंक्तियाँ उड़ी जा रही थी। अत्यंत छविवाला रंग-विरंगा इंद्रधनुप उदित हो रहा था। उसमें क्रमशः ये सात रंग स्पष्ट दीख रहे थे—बैगनी, नीला, आसमानी, हरा, पीला, नारंगी, लाल। बीच-बीच में चंचल रमणी के समान बिजली चमकती जा रही थी। वह रह-रहकर छिप-छिप जाती थी और फिर प्रकट हो हो उठती थी, ऐसा लगता था जैसे यह काम की सताई कोई नारी हो। वन में मोर और पपीहे एक सघन वृक्ष से दूसरे वृक्ष पर संचरण करते हुए उड़ते हुए बोले जा रहे थे। उस वन में चतुर कामदेव ने अपने हाथ से श्याम के लिए कुटी रच दी थी।

९८२/१८०९. राग सोरठ

नवल नागरि, नवल नागर किसोर मिलि, कुंज कोमल-कमल-दलनि सज्या रची ।
गौर साँवल अंग रुचिर तापर मिले, सरस मनि मृदुल कंचन सु आभा खची ।
सुंदर नीबी बंध रहति पिय पानि कहि, पीय के भुजनि मैं कलह मोहन मची ।
सुभग श्रीफल उरज पानि परसत, हुँकारि, रोषि, करि गर्ब, दृग भंगि, भामिनि लची ।
कोक-कोटिक रभस, रसिक हरि 'सूरज', बिबिध कल माधुरी किमपि नाहिंन बची ।
प्रान-मन-रसिकललितादि, लोचन-चषक, पिवति मकरंद, सुख-रासि-अंतर-सची ॥

नवलकिशोरी नागरी राधा और नवलकिशोर नागर कृष्ण ने मिलकर वृंदावन की कुंज में कोमल कमल की पंखड़ियों की सेज सँवार डाली। उस सेज पर गौर वर्णी राधा और श्यामल वर्ण कृष्ण के सुंदर अंग-अंग परस्पर इस प्रकार मिल गए, मानो सरस नीलम मणि पर कोमल सुवर्ण की आभा खिंच उठी हो। कृष्ण ने राधा की फुफती का बंधन जब पकड़ा, तब राधा ने प्रियकृष्ण का हाथ पकड़ लिया। फिर क्या था कृष्ण ने राधा को अपनी भुजाओं में कसकर बाँध लिया और तब दोनों के मन को मोहनेवाली गुत्थमगुत्थी मँच गई। तब राधा के श्रीफल के समान सुंदर उरोजों को कृष्ण ने छूकर हाथों से मसल दिया। इस पर राधा हूँ हूँ (नहीं नहीं) करके, रोष करके, गर्व करके आँखों से तरेरते हुए भी लचक उठी। तब रसिक कृष्ण ने करोड़ों प्रकार की आनंददायक काम-क्रीड़ाएँ कर डालीं। कोक की विविध मधुर कलाओं में से एक भी ऐसी कला न बच पाई, जिसका उपयोग और उपभोग उन्होंने न किया हो। प्राण और मन से रसिकनी ललिता और विशाखा आदि सखियाँ अपने नयन रूपी प्यालों में इस मधु मकरंद को भरकर पिए जा रही थीं और अपने हृदय में सुख की इस राशि को संचित करती जा रही थी।

९८३/१८१८ राग सारंग

देखौ माई माधौ राधा क्रीरत ।
सुरत समय संतोष न मानत, फिरि-फिरि अंक भरत ।
मुख कैं अनिल सुखावत स्त्रम-जल, यह छवि मनहिं हरत ।
मानहुँ काम-अगिनि निरज्वल भई, ज्वाला फेरि करत ।
द्वितिय प्रेम की रासि लाड़िली, पलकनि बीच धरत ।
'सूरस्याम' स्यामा सुख क्रीड़त, मनसिज पाइ परत ॥

एक सखी दूसरी से कह रही है—अरी वीर, देख, देख, राधा और माधव रति-विहार में रत हैं। रति-काल में उन्हें संतोष नहीं हो रहा है और वे पुनः पुनः एक दूसरे को छाती से लिपटाए ले रहे हैं। वे पसीने से लथपथ हो उठे हैं और एक दूसरे के पसीने को अपने मुख से फूँक-फूँक कर सुखाए जा रहे हैं। यह छवि तो हमारे मन को हरे ले रही है। ऐसा लगता है कि कामाग्नि की लपट कुछ कम हो गई है, वे इसे फूँक-फूँक कर और भी प्रदीप्त करते जा रहे हैं। लाड़िली राधा अपने द्वितय (मिथुन, जोड़) अपने द्वितीय (साथी, मित्र) के प्रेम की राशि को अपनी पलकों में धरे ले रही हैं, भरे ले रही हैं। रति के आनंद में आँखें मूँद ले रही है। श्याम (कृष्ण) और श्यामा (राधा) सुखपूर्वक रति में निरति है मनसिज कामदेव उनके पैरों पर गिर पड़ रहा है।

शंखचूड़-वध

१८४/१८२६ राग बिलावल

संखचूड़ तिहिं अवसर आयौ।
गोपी हुतीं प्रेम-रस-माती, तिन कछु सोध न पायौ।
चल्यौ पराइ सकल गोपी लै, दूरि गऐं सुधि आई।
को यह लिये जात कहँ हमकौं, कृष्न कृष्न गुहराई।
गोपी-टेर सुनत हरि पहुँचे, दानव देखि डरायौ।
मुष्टिक मारि गिराइ दियौ तिहिं, गोपिनि हरष बढ़ायौ।
मनि अमोल ताकैं सिर पाई, दई हलधरहिं आई।
'सूर' चले बन तैं गृह कौं प्रभु, बिहँसत मिलि समुदाई॥

उसी विहार-बेला में शंखचूड़ वहाँ आ गया। गोपियाँ तो उस समय प्रेम के आनंद में डूबी हुई थीं, प्रमत्त हो गई थीं। उन्हें शंखचूड़ के आने का कुछ पता नहीं चला। वह सभी गोपियों को पकड़कर भाग चला। दूर चले जाने पर गोपियों को होश आया कि उन्हें तो कोई दैत्य उठाए लिए जा रहा है। यह कौन है और हमें कहाँ लिए जा रहा है?—यह सोच-सोचकर वे 'कृष्ण-कृष्ण' कहकर चिल्ला उठी। गोपियों की पुकार सुनकर कन्हैया ने उसे एक मुक्का मारकर मार गिराया और गोपियों को प्रसन्न कर दिया। उसके सिर में कन्हैया ने एक अनमोल मणि पाई। उस मणि को लाकर उन्होंने बलराम को दे दिया और प्रभु अपने गोल के साथ हँसते-खेलते वन से घर की ओर चल पड़े।

श्रीकृष्ण-ज्योनार

१८५/१८२८ राग बिलावल

'भोर भयौ जागौ नँद-नंद।
तात निसि बिगत भई, चकई आनंदमयी, तरनि की किरनि तैं चंद भयौ मंद।
तमचुर खग काग रोर, अलि करैं बहु सोर, बेगि मोचन करहु सुरभि गल फंद।
उठहु भोजन करहु, सौरि उतारि धरहु, जननि प्रति देहु सिसु रूप निज कंद।
तीय दधि मथन करैं, मधुर धुनि स्त्रवन परैं, कृष्न-जस-बिमल गुनि करतिं आनंद।'
'सूर' प्रभु हरि नाम, उधारत जग-जननि, गुननि कौं देखि कै छकित भयौ छंद॥

यशोदा जी नंद-नंदन को जगा रही हैं—सबेरा हो गया है, हे नंद किशोर, अब जग जाओ। हे बेटा, रात बीत गई। चकवा-चकवी जो रात भर बिछुड़े रहे हैं, अब सबेरा होने पर पुन: मिलकर सुखी हो गए हैं। सूर्य की किरणों के कारण चंद्रमा की प्रभा मंद और मलीन पड़ गई है। ताम्रचूड़ (मुर्गा), कौए और अन्य पक्षी बोलने लगे हैं। भौंरें भी शोर करने लगे हैं, गूँजने लगे हैं। जल्दी से गायों के गले में फंदे खोल दो। उठो, भोजन कर लो। चादर उतार कर रख दो और अपने शिशुरूप की मिसिरी का आनंद अपनी मैया को दे दो। देखो, गोपियाँ दही मथने लगी हैं। दधि-मथन की 'घर-घों' की मधुर ध्वनि कानों में पड़ने लगी है। वे आनंदपूर्वक तुम्हारे विमल और विशद गुणों को सोच-सोचकर गाए जा रही हैं।

प्रभु का नाम तो जग के सभी लोगों का उद्धार कर देनेवाला है। उनके गुणों को देखकर छंद भी छक गए हैं, परेशान हो गए हैं। प्रभु के गुणों को छंद-बद्ध नहीं किया जा सकता।

१८६/१८२१ राग बिलावल

'कौन परी मेरे लालहिं बानि।
प्रात समय जागन की बिरियाँ, सोवत है पीतांबर तानि।
संग सखा ब्रज-ब्राल खरे सब, मधुबन धेनु-चरावन-जान।
मातु जसोदा कब की ठाढ़ी, दधि-ओदन भोजन लिये पान।
'तुम मोहन जीवन-धन मेरे, मुरली नैंकु सुनावहु कान।'
यह सुनि स्त्रवन, उठे नँदनंदन, बंसी निज माँग्यौ मृदु बानि।
जननी कहति, 'लेहु मनमोहन, दधि ओदन घृत आन्यौ सानि।
'सूर' सु बलि-बलि जाउँ बेनु की, जिहिं लगि लाल जगे हित मानि' ॥

यशोदा जी कह रही हैं—मेरे लल्ला को यह कैसी बुरी आदत पड़ गई है। सबेरे का समय तो जगने का है, पर यह इस समय पीतांबर ओढ़कर सो रहता है। सभी संगी साथी ग्वाल-बाल कब से दरवाजे पर आ खड़े हुए हैं। वे सभी गाएँ चराने के लिए मधुबन जाना चाहते हैं। मैं, तेरी मैया, कब से दही भात का भोजन हाथ में लिए खड़ी हूँ। हे मोहन, तुम्हीं मेरे धन हो, जरा-सा मुरली बजाकर तो मेरे कानों को सुना दो। मुरली का नाम सुनते ही नंदनंदन उठ खड़े हुए और कोमल वाणी में बोले—मैया मेरी मुरली मुझे दे दे।' तब तक माँ ने मुरली लाकर कन्हैया के हाथों में थमाते हुए कहा—'लो लल्लू, अपनी यह वंशी।' फिर तत्काल उन्होंने दही-भात घी सानकर ले आकर मोहन के सामने रख दिया और कहने लगीं—'मैं तो कन्हैया की मुरली की बार-बार बलैया लेती हूँ, जिसके प्रेम में मग्न होकर मेरा लाल जग तो गया।'

१८७/१८३० राग बिलावल

'जागिये गुपाल लाल ग्वाल द्वार ठाढ़े।
रैनि-अंधकार गयौ, चंद्रमा मलीन भयौ,
तारागन देखियत नहिं, तरनि-किरनि बाढ़े।

मुकुलित भए कमल-जाल, गुंज करत भृंग-माल,
प्रफुलित बन पुहुप डाल, कुमुदिनि कुँभिलानी।
गंध्रबगन गान करत, स्नान दान नेम धरत,
हरत सकल पाप, बदत बिप्र बेद-बानी।
बोलत नँद बार-बार, देखैं मुख तुव कुमार,
गाइनि भई बड़ी बार, बृंदाबन जैबैं'।
जननि कहति 'उठौ स्याम, जानत जिय रजनि ताम,
'सूरदास' प्रभु कृपाल, तुमकौं कछु खैबैं ॥

कृष्ण को यशोदा मैया जगा रही हैं—'हे गोपाल, हे लाल, अब जग जाओ। देखो ग्वाल-बाल दरवाजे पर आकर तुम्हारे लिए खड़े हैं। रात का अंधकार दूर हो गया, चंद्रमा निष्प्रभ होगया, तारागण छिप गए, अब दिखाई नहीं पड़ रहे हैं, सूर्य की किरणों का ताप बढ़ चला है। कमल-दल खिल उठे हैं। उनपर भौरों के समूह गुंजार करने लगे हैं। वन में वृक्षों की डालों पर फूल फूल उठे हैं। कुईं कुँभला गई हैं। गंधर्व लोग प्रभु के गीत गाने लगे हैं। विप्रगण स्नान, दान करके अपनी नियमित संध्या-पूजा में लग गए हैं। उनके मुखों से वेद-वाणी निकल रही है। जो सभी पापों को हर लेनेवाली है। नंद भी बार-बार तुम्हें बुला रहे हैं। वे तुम्हारा मुँह देखना चाहते हैं। गायों को बहुत विलंब हो गया है। उन्हें लेकर तुम्हें वृंदावन जाना है। श्याम उठो, तुम अपने मन में सोचे जा रहे हो कि अभी रात का अंधकार बना हुआ है। अरे वह अँधेरा तो बहुत पहले दूर हो गया है। हे प्रभु, हे कृपालु, अब उठो और कुछ खा पी लो। तब गायें लेकर वृंदावन जाओ।'

९८८/१८३१ राग बिलावल

भोजन भयौ भावते मोहन। तातोइ जेंइ, जाहु गो-गोहन ॥
खीर, खाँड़ खीचरी सँवारी। मधुर महेरी गोपनि प्यारी ॥
राइ भोग लियौ भात पसाई। मूँग ढरहरी हींग लगाई ॥
सद माखन तुलसी दै तायौ। घिरत सुबास कचोरा नायौ ॥
पापर बरी अँचार परम सुचि। अदरख अरु निबुअनि ह्वैहै रुचि ॥
सूरन करि तरि सरस तोरई। सेम सींगरी छौंकि झोरई ॥
भरता भँटा खटाई दीनी। भाजी भली भाँति दस कीन्ही ॥
साग चना मरुसा चौराई। सोवा अरु सरसों सरसाई ॥
बथुआ भली भाँति रचि राँध्यौ। हींग लगाइ राइ दधि साँध्यौ ॥
पोई परवर फाँग फरी चुनि। टेंटी ढेंढ़स छोलि कियौ पुनि ॥
कुनरू और ककोरा कौरे। कचरी चारु चिचींड़ा सौरे ॥
भले बनाइ करेला कीने। लौन लगाइ तुरत तरि लीने ॥
फूले फूल सहिजना छौंके। मन रुचि होइ नाज के औंके ॥
फूल करील कली पाकर नम। फरी अगस्त करी अंमृत सम ॥

अरुइहिं इमली दई खटाई। जेंवत षटरस जात लजाई ॥
पेठा बहुत प्रकारनि कीन्हे। तिन सौं सबै स्वाद हरि लीन्हे ॥
खीरा रामतरोई तामैं। अरुचिनि रुचि अंकुर जिय जामैं ॥
सुंदर रूप रतालू रातौ। तरि करि लीन्हौ अबहीं तातौ ॥
ककरी कचरी अरु कचनार्‌यौ। सरस निमोननि स्वाद सँवार्‌यौ ॥
कितिक भाँति खेला करि लीने। दे करवँदा हरदि-रँग भीने ॥
बरी बरिल अरु बरा बहुत बिधि। खारे खट्‌टे मीठे हैं निधि ॥
पानौरा राइता पकौरी। उभकौरी मुँगछी सुठि सौंरी ॥
अंमृत इंडहर है रस सागर। बेसन सालन अधिकौ नागर ॥
खाटी कढ़ी बिचित्र बनाई। बहुत बार जेंवत रुचि आई ॥
रोटी रुचिर कनक बेसन करि। अजवाइनि सैंधो मिलाइ धरि ॥
अबहीं अँगाकरि तुरत बनाई। जे भजि भजि ग्वालनि सँग खाई ॥
माँड़े माँड़ि दुनेरे चुपरे। बहु घृत पाइ आपुहीं उपरे ॥
पूरी पूरी कचौरी कौरी। सदल सउज्जल सुंदर सौरी ॥
लुचुई ललित लापसी सोहै। स्वाद सुबास सहज मन मोहै ॥
मालपुआ माखन मथि कीन्हे। ग्राह ग्रसित रबि सम रँग लीन्हे ॥
लावन लाडू लागत नीके। सेव सुहारी घेवर घी के ॥
गोझा गूँधे गाल मसूरी। मेवा मिलै कपूरनि पूरी ॥
ससि सम सुंदर सरस अँदरसे। ऊपर कनी अमी जनु बरसे ॥
बहुत जलेब जलेबी बोरी। नाहिंन घटत सुधा तैं थोरी ॥
देखत हरष होत है सभी। मनहुँ बुदबुदा उपजै अमी ॥
फेनी घुरि मिसि मिली दूँध सँग। मिस्त्री मिस्त्रित भई एक रँग ॥
साज्यौ दही अधिक सुखदाई। ता ऊपर पुनि मधुर मलाई ॥
खोवा खाँड़ औंटि है राख्यौ। सोहै मधुर मीठे रस चाख्यौ ॥
बासौंधी सिखरन अति सौंधी। मिलै मिरिच मेटत चकचौंधी ॥
छाँछ छबीली धरी धुँगारी। झर है उठति झार की न्यारी ॥
इतने ब्यंजन जसोदा कीन्हे। तब मोहन बालक सँग लीन्हे ॥
बैठे आइ हँसत दोइ भैया। प्रेम-मुदित परसति है मैया ॥
थार कटोरा जरित रतन के। भरि सब सालन बिबिध जतन के ॥
पहिलैं पनवारौ परसायौ। तब आपुन कर कौर उठायौ ॥
जेंवत रुचि अधिकौ अधिकैया। भोजन हूँ बिसरति नहिं गैया ॥
सीतल जल कपूर रस रचयौ। सो मोहन अति रुचि करि अँचयौ ॥
महरि मुदित नित लाड़ लड़ावे। ते सुख कहाँ देवकी पावै ॥
धरि तष्टी झारी जल ल्याई। भर्‌यौ चुरू खरिका लै आई ॥

पीरे पान पुराने बीरा। खात भई दुति दाँतनि हीरा ॥
मृगमद-कन कपूर कर लीने। बाँटि-बाँटि ग्वालनि कौं दीने ॥
चंदन और अरगजा आन्यौ। अपनैं कर बल कैं अँग बान्यौ ॥
तै पाछैं आपुन हूँ लायौ। उबस्यौ बहुत सखनि पुनि पायौ ॥
'सूरदास' देख्यौ गिरिधारी। बोलि दई हँसि जूठनि थारी ॥
यह ज्यौनार सुनै जो गावै। सो निज-भक्ति अभै-पद पावै ॥

हे प्यारे मनमोहन, भोजन तैयार हो गया है। गरमागरम खाकर तब गायें दुहने के लिए जाना। खीर है, खाँड़ (शक्कर) है, बढ़िया खिचड़ी है। गोपों को प्रिय मधुर महेरी (उबाली हुई जोन्हरी) है। राजभोग का बढ़िया भात है, उसका मांड़ निकाल लिया गया है। हींग से छौंकी हुई मूँग की पकौड़ी है। ताजा टटका माखन है, जो तुलसी-दल डालकर तवे पर गर्म कर दिया गया है। कटोरों में सुगंध-युक्त घी भरा हुआ है, पापड़ है, बरी है, बढ़िया अचार है। अदरक है, नीबू है। ये दोनों तो रुचिबर्द्धक हैं। सूरन तलकर रखा हुआ है। रसेदार तरोई का साग है। सेम और मूली की फलियाँ भी खटाई डालकर छौंक दी गई हैं। बैगन का खटाई डाला हुआ चोखा (भरता) है। इसी प्रकार दस प्रकार की अच्छी-अच्छी सब्जियाँ बनी हुई हैं। चने, मरसे, चौंराई, सोवा और सरसों का साग परोस रखा गया है। बथुए का साग भली भाँति रींधकर, उसे हींग, राई और दही मिलाकर सुस्वादु रायता बना दिया गया है। पोई, परोरा, फाँगी फली, टेंटी, डेंड़सी काट छीलकर छौंक बघार दी गई हैं। कुनुरू, कंकोड़ा (खेखसा) कौरा (पोई नाम का पौधा), कचरी (पहुँटा) चिचिंढा, सौंर (धनिया) का साग भी तैयार है। करैला भी नमक लगाकर ताजा-ताजा तलकर बहुत अच्छा बनाया गया है। सहजन के फूल भी छौंककर रख दिए गए हैं। अगर तुम्हें अच्छा लगे तो अंकुरित अनाज (चना, मटर, मूँग) भी छानकर रख दिए गए हैं। करील के फूल, पाकड़ की नरम फुनगियाँ, अगस्त की कली भी अमृत के समान बनी हुई रखी है। अरुई भी दही और खटाई के साथ मिली हुई धरी है। इसको खाते समय तो अन्य छहो रस लज्जित हो जाते हैं। अनेक प्रकार के पेठा (कद्दू) के पाग बने हैं। ऐसा लगता है जैसे इनमें सभी रस आ समाए हैं। खीरा और रामतरोई तो ऐसी बनी है कि जिसको खाने से अरुचि हो गई हो, उसे भी इनसे खाने की रुचि जग जाय। सुंदर लाल-लाल रतालू अभी-अभी तला गया है और खूब गरम है। ककड़ी, कचरी और कचनार का तो बहुत स्वादिष्ट निमोना बना है। कच्चे केले के अनेक प्रकार के व्यंजन बने हैं। इनको हल्दी से रंग कर इनमें करौंदा मिला दिया गया है। अनेक प्रकार की बरी, परैल (पकौड़ा) और बरा है, जो नमकीन, खट्टे और मीठे सभी के भंडार हैं। पानौर (पतौरा), रायता, पकौड़ी, डभकौरी (मूँग उड़द दोनों की पीसी पकौड़ी), मुँगछी (मुगौड़ा) बहुत सुंदर और स्वादिष्ट है। इनहर तो रस का सागर है, अमृत है। बेचन का सालन तो और भी अच्छा है। खट्टी कढ़ी भी खूब अद्भुत बनी है। खाने में यह खूब रुचिकर लगती है। गेहूँ की बेसन से भरी, अजवाइन और सेंधा नमक डालकर बनी हुई रोटी है। अभी-अभी स्वादिष्ट अंगाकरी (लिट्टी, बाटी) बनी है। इसे तो तुम ग्वालों के साथ बहुत-बहुत प्रशंसा

करके खाते रहे हो। माँड़ में सानकर घी में घुपड़े हुए दुनोंरे (सुहाल) छान लिए गए हैं। बहुत घी लगने से ये स्वयं खूब फूल उठे हैं। पूरी (चने की दाल भरी हुई), करारी कचौड़ी, पानी के समान उजली सुंदर सौरी (पतली चौड़ी सोहारी), लुचुई (मैदा की बनी सोहारी), लपसी (आटे का ढीला हलवा), सभी मौजूद है। इनकी सुगंध और स्वाद तो सहज ही मन मोह लेते हैं। माखन मथकर उससे मालपूआ लाल-लाल ऐसा छान कर रखा गया है कि जैसे राहु से ग्रसित लाल-लाल सूर्य ही हो, लावन (नमकीन) हैं, तुम्हें अच्छे लगनेवाले लड्डू हैं। सेब हैं, सुहारी हैं, घी के बने घेवर हैं। गुथे गांझा हैं। गाल मसूरी (मीठी खस्ता गुझिया) हैं। इसमें कपूर के साथ मेवा भी पिसा हुआ है। चाँद के समान सुंदर गोल-गोल सफेद अँदरसे हैं। उनपर मिसरी के किनके लगे हुए हैं, जो ऐसे लग रहे हैं जैसे उन पर अमृत की बूँदें बरस गई हों। छोटी-छोटी जलेबियाँ और बड़े-बड़े जलेबे शीरे में डुबोकर रख दिए गए हैं। ये अमृत से कम नहीं हैं। संवई को तो देखकर हर्ष हो उठता है, लगता है मानो अमृत के बुल्ले उठे आ रहे हों। घी में छनी हुई फेनी (मैदा के लच्छे) दूध में मिलाकर रख दी गई है। उसमें मिश्री भी मिला धरी गई है। सब मिलकर एक रंग हो गए हैं। सजाव दही है, जिसपर मधुर मलाई लगी हुई है, उतारी नहीं गई है। खोवा और शक्कर औंटा कर रख दिया गया है। उसके साथ मीठा शरबत भी लेते जाना। बासौंधी (सुगंधित लच्छेदार रबड़ी) और सिखरन (श्रीखंड) भी बहुत दिव्य है। इसमें काली मिर्च पीसकर डाल देने से चकचौंधी (आँखें चौंधिया जाने का दर्द) दूर हो जाती हैं। धुँगार देकर (अंगारे पर रखकर गर्म की हुई) छाछ भी है। इसमें से अजीब किस्म की झार निकल रही है।

यशोदा मैया ने जब इतने व्यंजन बनाकर रख दिए, तब कृष्ण ने अपने संगी साथियों को बुला लिया। दोनों भाई हँसते हुए आ बैठे। मैया प्रेमपूर्वक परोसने लगीं। थालियाँ और कटोरे सभी रत्न जटित हैं। कटोरों में रंग-रंग के सालन ला परोसे गए। पहले सबके आगे पत्तल परोस दिए गए। तब कन्हैया ने खाने के लिए कौर उठाया। भोजन करने में सबको अधिक रुचिकर लग रहा है। फिर भी गायों की सुधि बनी हुई है कि अभी इन्हें चराने के लिए वृंदावन ले जाना है। कन्हैया ने कपूर से सुबासित शीतल जल पिया। महरि यशोदा उनको नित्य लाड़-प्यार करती रहती हैं। यह सुख बेचारी देवकी को कहाँ नसीब। चिलमची रख दी गई और झारी में जल लाकर हाथ धुला दिया गया। दाँत खोदने के लिए सींक भी दे दी गई। पीले-पीले पुराने पान के बीड़े खाकर दाँतों की द्युति हीरे के समान चमक उठी। फिर कस्तूरी और कपूर के छोटे-छोटे टुकड़े ग्वालों में बाँट दिए गए। फिर चंदन और अरगजा (चोवा) आया। कन्हैया ने अपने हाथ से इन्हें बलराम के शरीर को चर्चित किया, फिर अपनी देह में भी लगाया जो कुछ बचा, वह सभी सखाओं ने पाया।

फिर सूरदास ने गिरिधारी की ओर देखा, तब उन्होंने बुलाकर अपने जूठन की थाली इन्हें सीथ प्रसाद के रूप में दे दी।

जो इस जेवनार की कथा गाता है, जो इसे सुनाता है, वह प्रभु की भक्ति और निर्भय पद अवश्य ही पा जाता है।

भोजन करत मोहनराइ ।
पाक अमृत बिबिध षट बिधि, रचि किये हित माइ ।
गोप ग्वाल सखाहु ते सब, लिये निकट बुलाइ ।
हरषि मुख तन देत मोहन, आपु लेत छँड़ाइ ।
देखहीं मुख नंद कौतुक, अनँद उर न समाइ ।
निरखि प्रभु की प्रगट लीला, जननि लेति बलाइ ।
नंद-नंदन नीर सीतल, अँचै उठे अघाइ ।
'सूर' जूठनि भक्त पाई, देव लोक लुभाइ ॥

मोहनलाल भोजन कर रहे हैं। माता यशोदा ने प्रेमपूर्वक उनके लिए छहो रसों वाले, अमृत के समान पक्वान्न बना रखे थे। कन्हैया के जितने सखा गोप-बाल थे, उन सबको भोजनार्थ निकट बुला लिया गया। कन्हैया स्वयं अपने हाथ से उन सबके मुँह में नेवाला डालते जा रहे थे और उनके हाथ का कवर छीन-छीन कर खाते जा रहे थे। नंद खड़े-खड़े कलेवा की यह क्रीड़ा देखते जा रहे थे और परमानंदित होते जा रहे थे। प्रभु की यह प्रत्यक्ष लीला देखकर यशोदा मैया भी उनकी अलाय-बलाय अपने माथे पर लेती जा रही थीं। नंद-नंदन जब खाकर अघा गए, पूर्ण रूपेण तृप्त हो गए, तब शीतल जल पीकर वे उठ खड़े हुए।

सूर ने प्रभु का जो सीथ-प्रसाद पाया, उसके लिए तो देवता भी तरसते रह गए।

ब्रज से कृष्ण का वृंदावन-गमन

९९०/१८३३ राग बिलावल

देखि सखी ब्रज तैं बन जात ।
रोहिनि-सुत, जसुमति-सुत की छबि, गौर, स्याम, हरि-हलधर-गात ।
नीलांबर पीतांबर ओढ़े, यह सोभा कछु कही न जात ।
जुगल जलद, जुग तड़ित मनहुँ मिलि, अरस-परस जोरत हैं नात ।
सीस मुकुट, मकराकृत कुंडल, झलकत, बिबिध कपोलनि भाँति ।
मनहु जलद-जुग पास जुगल रबि, तापर इंद्र-धनुष की काँति ।
कटि कछनी, कर लकुट मनोहर, गो चारन चले मन अनुमानि ।
ग्वाल सखा बिच श्री नँद-नंदन, बोलत बचन मधुर मुसुकानि ।
चितै रहीं ब्रज की जुवती सब, आपुस ही मैं करत बिचार ।
गोधन-वृंद लिये 'सूरज' प्रभु बृंदाबन गए करत बिहार ॥

देखो सखी, रोहणी के पुत्र गोरे बलराम और यशोदा के पुत्र साँवले कृष्ण ब्रज से वृंदावन की ओर जा रहे हैं। बलराम ने नील पिछौरी ओढ़ रखी है और श्याम ने पीतांबर ओढ़ रखा है। यह शोभा तो कुछ कहते नहीं बन पा रही है। ये दोनों दो कमलों के सदृश हैं। मानों उन्होंने दो बिजलियों को छूकर उनसे संबंध स्थापित कर लिया है। इनके सिरों

पर मुकुट हैं और कानों में मछली के आकार के कुंडल हैं। ये कुडंल इनके कपोलों पर अनेक प्रकार से झलमलाए जा रहे हैं। ऐसा लग रहा है मानों दो बादलों के पास दो सूर्य हों और उनपर इंद्रधनुष की सतरंगी आभा पड़ी जा रही हो। वे कमर में कछनी काछे हुए हैं, हाथ में लुभावनी लाठी लिए हुए हैं। वे मन में निश्चय करके गाय चराने के लिए वृदांवन की ओर चले जा रहे हैं। ग्वाल-सखाओं के बीच में नंदनदंन हैं। वे कुछ मुस्कुराते हुए, कुछ बातें करते हुए, आगे बढ़े जा रहे हैं। ब्रज की युवतियाँ उनकी ओर टकटकी लगाए देखे जा रही हैं। वे आपस में विचार कर कहती भी जा रही हैं—कन्हैया गायें लिए हुए वृदांवन-विहार के लिए जा रहे हैं।

मुरली-माधुरी

१९१/१९३६ राग टोड़ी

हरि के बराबरि बेनु, कोऊ न बजावै।
जग-जीवन बिदित मुनिनि, नाच जो नचावै।
चतुरानन, पंचानन, सहसानन ध्यावै।
ग्वाल बाल लिये जमुन-कच्छ बछ चरावै।
सुर नर मुनि अखिल लोक, कोउ न पार पावैं।
तारन-तरन अगिनित-गुन, निगम नेति गावै।
तिनकौं जसुमति आँगन, ताल तै नचावै।
'सूरज' प्रभु कृपा धाम, भक्त-बस कहावै॥

कन्हैया के समान कोई भी वंशी नही बजा सकता। यह मुरली तो संसार के सभी प्राणियों को, सुप्रसिद्ध मुनियों तक को नाच नचा देती है। जिन हरि का ध्यान चार मुखवाले ब्रह्मा, पाँच मुख (सद्योजात, अघोर, तत्पुरुष, ईशान, वामदेव) वाले शिवजी, सहस्र सुख वाले शेषनाग करते रहते हैं, वही हरि ग्वाल-बालों को साथ लिए हुए, जमुना की कछार में, गाय और उनके बछड़े चराते फिर रहे हैं। देवता, मनुष्य, मुनि अन्य सारे प्राणी कोई भी उनका भेद नहीं जान पाते। जो तारनेवालों को भी तार देते हैं, जो अगणित गुण वाले हैं, जिसको वेद 'नेति नेति' (ऐसा नहीं, ऐसा नहीं) कहते रहते हैं, उन्हींको यशोदा मैया ताली बजा-बजाकर अपने आँगन में नचाती रहती हैं। प्रभु कृपा के घर हैं, वे भक्तों के बस में रहनेवाले कहे जाते हैं।

१९२/ल-६२४/१३५ राग मलार

देखहु री इन मदन मुरलिया नेसुक सी, सब जग मोहेउ।
जेते जीव जंतु जल थल के, नाम स्वाद रस. पोहेउ।
जे तीरथ तप किए तरुणी तट, प्रण कै पीठि न दीन्ही।
ता तीरथ के तप को फल लै, स्याम सुहागिन कीन्ही।
सुदिन सुघरी सील कुल छांड़्यौ, अरु रुचि कै अनुराग।
सुंदर स्याम सुधा रस सींचत, मेटत पहिले दाग।

धरणी धरी, गोवर्द्धन राख्यो, कोमल पाणि अधार।
हरि अब लटकि रहत ठाढ़े ह्वै, तनक मुरलि के भार।
निदरि हमैं अधराधर पीवति, पढ़ी दूतिका माई।
'सूरस्याम' कुंजनि ते प्रगटी, चपरि सो ह्वै आई॥

देखो री सखी, सोए मदन को जगा देनेवाली इस जरी सी मुरली ने सारे संसार को मुग्ध बना लिया है। जल के या स्थल के जितने भी जीव-जंतु हैं, इसने सबको नाद-रस का स्वाद चखा दिया है। हम गोप तरुणियों ने यमुना तट पर जिस अधरामृत-फल की कामना के सायास-तप किया था और संकल्पपूर्वक जिसके पालन में हम डटी रहीं थीं और उमकी ओर से पीठ नहीं फेरी थी, वही फल श्याम ने इस मुरली को अनायास ही देकर इसे सुहागिनी बना दिया है। हमने अच्छे दिन और अच्छी घड़ी में, शुभमुहूर्त साधकर अपना शील, अपना कुल, छोड़ा था और रुचिपूर्वक श्याम से अनुराग किया था पर श्यामसुंदर ने अपने अधरामृत से इस मुरली को सींचा है और बिँधते समय पहले इसपर जो धब्बे पड़ गए थे, उन्हें मिटाए दे रहे हैं। कन्हैया ने हमारे लिए अपने कोमल हाथों पर गोबर्द्धन उठा लिया था, तब वे जरा भी न लचके थे, न हिचके थे। अब वही हरि, मुरली के जरा से बोझ को नहीं सँभाल पा रहे हैं और लचके जा रहे हैं। यह मुरली जादू-टोना पढ़ती हुई आई है और श्याम का अधराधर निधड़क पीती जा रही है। यह बाँस की कोटी से उपजी है और चपलता पूर्वक यहाँ आ गई है।

१९३/१८३७ राग टोड़ी

मुरली सुनत देह-गति भूलीं। गोपी प्रेम-हिंडोरैं झूलीं॥
कबहूँ चक्रित होहिं सयानी। स्वेद चलै द्रवि जैसैं पानी॥
धीरज धरि इक इकहिं सुनावहि। इक कहि कै आपुहिं बिसरावहि॥
कबहूँ सुधि, कबहूँ सुधि नाहीं। कबहूँ मुरली-नाद समाहीं॥
कबहूँ तरुनी सब मिलि बोलैं। कबहूँ रहैं धीर नहिं डोलैं॥
कबहूँ चलैं, कबहुँ फिरि आवैं। कबहुँ लाज तजि लाज लजावैं॥
मुरली स्याम-सुहागिनि भारी। 'सूरदास' प्रभु की बलिहारी॥

मुरली की धुनि सुनते ही गोपियाँ विदेह हो गईं। वे अपने तन-वदन की सुधि-बुधि भूल गई और प्रेम के झूले में झूलने लगीं। वे चतुर गोपियाँ कभी तो चकपका उठती थीं। कभी उनके शरीर से पानी की तरह सात्विक स्वेद पसीजने लगता था। धीरज धर करके वे एक एक को अपनी मन:स्थिति समझाती जाती थीं। कोई अपनी बात कहकर बीच ही में आत्म-विस्मृत हो जाती थी। उन्हें कभी सुधि हो आती थी, कभी वे बेसुध हो जाती थीं। कभी वे मुरली के स्वर में आत्म-लीन हो जाती थीं। कभी सभी तरुणियाँ एक साथ बोल उठती थीं। कभी वे एकदम धीर-युक्त हो जाती थीं और अपने स्थान से हिलती-डुलती तक न थीं। वे कभी आगे की ओर चल पड़ती थीं। कभी वापस लौट पड़ती थीं। कभी इतनी निर्लज्ज हो जाती थीं कि लज्जा भी उन्हें देखकर लज्जित हो जाय। प्रभु की बदौलत, प्रभु की कृपा से मुरली श्याम की अत्यंत सुहागिनी प्रेम-पात्री बन बैठी है।

गोपी वचन

११४/१८४१ राग मलार

अधर मधु कत मूईं हम राखि।
संचित किये रहीं स्त्रद्धा सौं, सकीं न सकुचनि चाखि।
सहि-सहि सीत, जाइ जमुना-जल, दीन बचन मुख भाषि।
पूजि उमापति बर पायौ हम, मनहीं मन अभिलाषि।
सोइ अब अमृत पिवति है मुरली, सबहिनि कैं सिर नाखि।
लियौ छँडाइ सकल सुनि 'सूरज', बेनु धूरि दै आँखि॥

कन्हैया के अधरों में मधु है। हम उसके बचाए रखने में ही क्यों मर गई, क्यों अत्यंत परेशान होती रहीं। हमने उस मधु को श्रद्धा से संचित किए रखा, संकोच के मारे हमने उसे चखा तक नहीं। कठिन जाड़ा सह-सहकर, जमुना के जल में घंटों खड़ी रह-रहकर, हमने अपने मुँहों से न जाने कितने दीन वचन कहे हैं। उमापति शिवा जी को पूजकर हमने कृष्ण को पति रूप में पाया है और उनको पाने के लिए मन ही मन कितनी ही अभिलाषाएँ की हैं। अब उसी अधरामृत को, हम सबके सिर पर लात रखकर लाँघती हुई. यह मुरली पीती जा रही है। हम सब लोगों की आँखों में धूल झोंकती हुई इस मुरली ने हम सबसे इस अमृत को छीन लिया है।

११५/१८४८ राग बिहागरौ

मुरली स्याम अधर नहिं टारत।
बारंबार बजावत, गावत, उर तैं नहीं बिसारत।
यह तौ अति प्यारी है हरि की, कहतिं परस्पर नारी।
याकैं बस्य रहत हैं ऐसे, गिरि-गोबर्धन-धारी।
लटकि रहत मुरली पर ठाढ़े, राखत ग्रीव नवाइ।
'सूरस्याम' बस ताकैं डोलत, पलक नहीं बिसराइ॥

गोपियाँ परस्पर कह रही हैं—कन्हैया अपने होठों से इस मुरली को जरा भी नहीं हटाते। वे इसे होठों पर रखकर निरंतर बजाते रहते हैं, गाते रहते हैं और इसे अपने हृदय से कभी नहीं भुलाते। यह हरि की परम प्रिया है। गोबर्द्धन गिरि को धारण करनेवाले हरि इसके इतने अधीन हो गए हैं कि वे इसे बजाते समय खड़े होकर भी सदैव इसी पर लटके रहते हैं, गरदन नीची किए रहते हैं। वे इसी के बस में रहकर घूमते-फिरते रहते हैं और एक पल के लिए भी इसे भुला नहीं पाते।

११६/१८४९ राग रामकली

मुरली कैं बस स्याम भए री।
अधरनि तैं नहिं करत निनारी, वाकैं रंग रए री।
रहत सदा तन-सुधि बिसराए, कहा करन धौं चाहति।
देखी, सुनी, न भई आजु लौं, बाँस बँसुरिया दाहति।

स्यामहिं निदरि, निदरि हमहूँ कौं, अबहीं तैं यह रूप ।
सुनहु 'सूर' हरि कौ मुँह पाएं, बोलति बचन अनूप ॥

सखी, कन्हैया मुरली के अधीन हो गए हैं। इसे होठों से जरा भी अलग नहीं करते। वे उसी के रंग में रँग उठे हैं। वे उसी के पीछे अपने तन-वदन की सुधि भुलाए रहते हैं। यह मुरली जाने क्या कर देना चाहती है? यह बाँस की बाँसुरी हमें जैसा जलाए जा रही है, ऐसा न कभी देखा गया, न कभी सुना गया, न ऐसा आजतक कभी हुआ ही। इसका अभी से ऐसा रंग-ढंग है। इसने श्याम का तो निरादर किया ही है, जैसे चाहती है, वैसे नाच उन्हें नचाती रहती है। इसने हमारा भी निरादर किया है। यह हरि का मुँह पाकर, हरि के मुख का सहारा पाकर,अनमोल वचन बोलती जा रही है, विचित्र राग स्वर सुनाए जा रही है।

११७/१८५० राग जैतश्री

मुरली स्याम कहाँ तैं पाई ।
करत नहीं अधरनि तैं न्यारी, कहा ठगौरी लाई ।
ऐसी ढीठि मिलतहीं ह्वै गई, उनके मनहीं भाई ।
हम देखत वह पियति सुधा-रस, देखौ री अधिकाई ।
कहा भयौ मुँह लागी हरि कैं, बचननि लिये रिझाई ।
'सूरस्याम' कौं बिबस करावति, कहा सौति सी आई ॥

श्याम न जाने कहाँ से इस मुरली को पा गए। वे इसे अपने होठों से अलग ही नहीं करते। इसने उनपर न जाने कौन-सा जादू टोना मार दिया है? यह कन्हैया से मिलते ही कुछ ऐसी धृष्ट हो गई है कि इसकी ज्यादती तो देख, यह हम सबके देखते-देखते उनके अधरों का अमृत रस पीती जाती है। यह उनके भी मन को बहुत अच्छी लगने लगी है। ऐसा क्या हो गया कि हरि के मुँह लगते ही, हरि की मुँह-लगी होते ही, इसने उन्हें अपने स्वर से मोहित कर लिया। यह तो श्याम को बेबस कर देती है। उन्हें अपने बस में करके उनसे जैसा चाहती है, वैसा नाच नचाती है। यह मुरली तो न जाने कैसे हमारी सौत सी बनकर आ गई है।

११८/१८५१ राग गूजरी

स्याम मुरलि कैं रंग ढरे ।
कर पल्लव ताकौं बैठावत, आपुन रहत खरे ।
बारंबार अधर-रस प्यावत, उपजावत अनुराग ।
जे बस करत देव-मुनि-गंध्रब, ते करि मानत भाग ।
बन मैं रहति डरी, को जानै, कब आनी धौं जाइ ।
'सूरज' प्रभु की बड़ी सुहागिनि, उपजी सौति बजाइ ॥

श्याम मुरली के ढंग में ढल गए हैं, उसके रंग में रँग गए हैं। स्वयं तो आज्ञा पालन के लिए सेवक के समान खड़े रहते हैं और इसको अपने कर-पल्लवों पर सादर बैठाए रहते हैं। इसे बारंबार अपने होठों का सुधा-रस पिलाते रहते हैं और इसके प्रति अपने हृदय

में बराबर प्रेम को पल्लवित करते रहते हैं। जो श्याम देव-मुनि गंधर्व को अपने बस में किए रहते हैं,वे ही हरि इस मुरली के बस में रहकर अपना सौभाग्य मानते हैं। यह बाँस के वन में पड़ी हुई थी, अच्छा होता यदि यह वहीं पड़ी रह जाती । न जाने कौन और कब इसे वहाँ से उठा लाया और अब यह श्याम की बड़ी सौभाग्यवती प्रिया बन बैठी हैं और डंके की चोट पर बज-बजकर, यह हमारी सौत बन बैठी है।

९९९/१८५२ राग नट

मुरली भई सौति बजाइ ।
कहूँ बन मैं रहति डारी, ताहि यह सुघराइ ।
बचन हीं हरि रिझै लीन्हे, अधर पूरत नाद ।
दिनहि दिन अधिकान लागी, अब करैगी बाद ।
सुनहु री इहिं दूरि कीजै, यहै करौ बिचार ।
अबहि तैं करनी करी यह, बहुरि कहा लगार ।
ढंग याके भले नाहीं, बहुत गईं डराइ ।
'सूरस्याम' सुजान रीझे, देह-गति बिसराइ ॥

मुरली बज कर, डंके की चोट, हमारी सौत हो गई है। यही कहीं किसी बाँस के वन में पड़ी रहती, तब इसे कोई न पूछता। इस निपूछी की यह सुंदरता, यह चतुरता तो देखो कि इसने कन्हैया के मन को अपने बोल-वचन, सुर और स्वर तथा सुघराई से ही मोह लिया है। कन्हैया तो इस पर ऐसे रीझ बैठे हैं कि वे इसे अपने होठों पर रखकर इसमें अपनी साँस, अपने प्राण फूँकते और इस अशब्दा को सशब्दा बनाते रहते हैं। अपनी साँस फूँककर उन्होंने इस निर्जीव को सजीव, मूक को वाचाल बना दिया है। दिन-दिन इसकी ज्यादती हम पर बढ़ती जा रही है। आगे चलकर यह कभी हमसे लड़-झगड़ भी बैठेगी। आओ हम सब मिलकर इसपर विचार करें और इसे किसी प्रकार हरि से दूर कर दिया जाय। जब अभी से इसकी यह करनी है, तब आगे यह क्या कर बैठेगी, क्या कहा जाय। इसके रंग-ढंग अच्छे नहीं है। यह हमसे प्रेम-संबंध नहीं करेगी, यह तो प्रेम-विच्छेद कराने आई है। इसीसे हम इससे बहुत डर गई हैं। श्याम सुजान होते हुए भी, जब इसपर इतना रीझ गए हैं कि अपने शरीर की गति तक उन्होंने बिसरा दी है,तब हम तो अजान हैं, अ-जान हैं। हमारा क्या ठिकाना। हम भी इसे सुनकर आत्म-विस्मृत न हो जायँ।

१०००/१८५३ राग सोरठ

मुरली दूरि कराएें बनिहै ।
अबहीं तैं ऐसे ढँग याके, बहुरि काहि यह गनिहै ।
लागी यह कर-पल्लव बैठन, दिन-दिन बाढ़ति जाति ।
अबहीं तैं तुम सजग होहु री, मैं जु कहति अकुलाति ।
यह ब्रज मैं नहि भली बात है, देखौ हृदय बिचारि ।
'सूरस्याम' वाही के ह्वै गए, सब ब्रजनारि बिसारि ॥

री सखी, अब तो मुरली को श्याम के हाथों से दूर करा देने से ही हमारा भला हो सकता है। इसने अभी से यह ढंग सीख लिया है, फिर क्या भविष्य में हमें यह कुछ गिनेगी, कुछ महत्व देगी? नहीं, यह हमें नगण्य बनाकर छोड़ेगी। यह अब श्याम के कोमल किसलय के समान हाथों पर बैठने लगी है। दिन-दिन इसका गुमान बढ़ता जाता है, यह सिर चढ़ी जा रही है। अभी से तुम सभी सजग, सचेत और सावधान हो जाओ। मैं अत्यंत आकुल होकर, घबराकर, सशंक होकर तुमसे यह कह रही हूँ। ब्रज में मुरली जो कुछ कर रही है, वह कोई अच्छी बात नहीं है। हृदय में इस बात को भली भाँति सोच विचार कर देख लो। अब तो हम ब्रज-नारियों को भुलाकर, श्याम इसी मुरली के सब कुछ होकर रह गए हैं।

१००१/ल-६२५/१४२ राग सारंग

सखी री मुरली लीजै चोरि।
जिन गोपाल सब अपने मन से, प्रीति सबनि सों तोरि।
एकउ पल नाहीं निसि दिन में, कबहूँ धरत न छोरि।
कबहूँ कर, कबहूँ अधरनि पर, कबहूँ उर कटि ओरि।
जानति हौं कछु मेलि मोहनी, राखे सब अँग मोरि।
'सूरस्याम' को मन सुनि सजनी, बांध्यो नाद की डोरि॥

सुनो सखी, कन्हैया की इस मुरली को अब चुरा ही लेना चाहिए। इसने गोपाल से हम सबके प्रति उनकी प्रीति को तुड़वा दिया है और अपने मन से सबकी सम्मिलित प्रीति को जोड़ लिया है। गोपाल एक पल के लिए भी, चाहे रात हो, चाहे दिन, इसे अपने हाथ से विलग नहीं करते। कभी हाथ में लिए रहते हैं, कभी होठों पर रखे रहते हैं, कभी छाती से चिपकाए रहते हैं, कभी कमर में खोंसे रहते हैं। हम जानती हैं कि इसने कन्हैया पर कोई मोहन मंत्र मार दिया है और इन्हें त्रिभंगीलाल बना दिया है, इनके सब अंगों को मोड़ दिया है। इसने स्वर की रस्सी में श्याम के मन को जकड़कर बाँध दिया है।

१००२/१८५४ राग बिहागरौ

अबहीं तै हम सबनि बिसारी।
ऐसे बस्य भए हरि वाके, जाति न दसा बिचारी।
कबहूँ कर पल्लव पर राखत, कबहुँ अधर लै धारी।
कबहुँ लगाइ लेत हिरदै सौं, नैंकहुँ करत न न्यारी।
मुरली स्याम किए बस अपनैं, जे कहियत गिरिधारी।
'सूरदास' प्रभु कैं तन-मन-धन, बाँस बँसुरिया प्यारी॥

हरि ने अभी से हम सबको भुला दिया है। आगे चलकर क्या होगा, इस बात पर कुछ सोच-विचार तक नहीं करते बनता। हरि तो इस मुरली के इतने बस में हो गए हैं कि वे कभी इसे अपने कर-पल्लवों पर रखते हैं, कभी अधर-किसलय पर धर लेते हैं, कभी अपनी छाती से इसे चिपटा लेते हैं, इसे थोड़ी देर के लिए भी अपने से अलग नहीं होने देते। जो गोबर्द्धन जैसे भारी पहाड़ को उठाकर गिरिधारी कहे गए थे, वे इस जरा

सी बँसुरिया के इतने बस में हो गए हैं कि इन्हें अब मुरलीधर कहलाने का शौक चर्राया है। कहाँ गिरिधर, कहाँ मुरलीधर। जो हो, अब तो यह मुरली ही कन्हैया का तन, मन, धन सब कुछ हो गई है। अपना-अपना भाग्य और क्या कहा जाय।

१००३/१८५५ राग रामकली

मुरली भई स्याम-तन-मन-धन।
अब वाकौ तुम दूरि करावति, जाके बस्य भए नँद-नंदन।
कबहुँ अधर, कबहूँ राखत कर, कबहूँ गावत हैं हिरदैं धरि।
कबहुँ बजाइ मगन आपुन है, लटकि रहत मुख धरि तापर ढरि।
ऐसे पगे रहत हैं जासौं, ताहि करतिं कैसैं तुम न्यारी।
'सूरस्याम' हम सबनि बिसारी, वह कैसैं अब जाति बिसारी॥

इसका उत्तर देती हुई दूसरी गोपी कह रही है। अब तो यह मुरली श्याम का तन, मन, धन सब कुछ हो चुकी है। नंदनंदन तो अब इसके पूरे अधीन हो चुके हैं। ऐसी मुरली को तुम उनसे दूर कराना चाहती हो? वे तो इसे कभी अपने होठों पर रखकर अपना अधरामृत इसे पिलाते हैं, कभी हाथ में लेकर इसे दुलराते हैं, कभी छाती से लगाकर गाते रहते हैं। कभी इसे बजाकर स्वयं हर्ष-विह्वल हो उठते हैं। कभी इसे अपने मुँह से लगाकर, इस पर ढलकर, लुढ़ककर लटके रहते हैं। हरि जिसके रस में इतने पग गए हैं, तुम उन्हें उनसे अलग कैसे कर सकती हो। कन्हैया ने हमें भले ही भुला दिया है, पर वे इसे किसी भी तरह भुला नहीं सकते।

१००४/१८५६ राग सूहौ

मुरली हरि कौं भावै री।
सदा रहति मुखहीं सौं लागी, नाना रंग बजावै री।
छहौं राग, छत्तीसौ रागिनि, इक इक नीकैं गावै री।
जैसेहिं मन रीझत है हरि कौ, तैसिहि भाँति रिझावै री।
अधरनि कौ अंमृत पुनि अँचवति, हरि के मनहिं चुरावै री।
गिरिधर कौं अपनैं बस कीन्हे, नाना नाच नचावै री।
उनकौ मन अपनौ करि लीन्हौ, भरि-भरि बचन सुनावै री।
'सूरज' प्रभु ढिग तैं कहि वाकौं, ऐसौ कौन टरावै री॥

इसी क्रम में वही गोपी पुन: कह रही है—मुरली हरि को बहुत अच्छी लगती है। यह उनकी बड़ी मुँहलगी हो गई है, उनके मुँह से सदा लगी ही रहती है और नाना प्रकार से यह बजती रहती है। यह छहो राग और छत्तीसों रागिनियों को एक-एक करके क्रमश: बहुत अच्छा गाती रहती है। जिस ढंग से कन्हैया का मन प्रसन्न हो सके, उसी प्रकार से यह हरि को रिझाती रहती है। यह हरि का अधरामृत पीती रहती है। और हरि के मन को चुराती रहती है। इसने गिरिधर को अपने बस में कर लिया है और उनसे नाना प्रकार के नाच नचवाती रहती है। इसने उनके मन को अपना बना लिया है, जीत लिया है और गुस्से में भरकर उन्हें खरी-खोटी बातें भी सुनाया करती है। श्याम को उसने जोरू का

गुलाम बना लिया है। ऐसी स्थिति में ऐसा कौन है, जो इस मुरली को कन्हैया के पास से टरका सके, खिसका सके, हटा सके, दूर कर सके।

१००५/१८५७ राग भैरव

मुरली हरि तैं छूटति है!

वाही कैं बस भए निरंतर, वह अधरनि रस लूटति है।
तुम तैं निठुर भए वह बोलत, तिन तैं मन उचटावति है।
आरज-पथ, कुल कानि मिटावति, सबकौं निलज करावति है।
निदरे रहति, डरति नहिं काहूँ, मुँह पाएं वह फूलति है।
अब वह हरि तैं होति न न्यारी, तू काहे कौं भूलति है।
रोम-रोम नख-सिख रस पागी, अनुरागिनि हरि प्यारी है।
'सूरस्याम' वाकैं रस लुबधे, जानी सौति हमारी है॥

तू मुरली को हरि से दूर हटा देने की बात करती है। पर क्या वह हरि के हाथ से कभी छूट सकती है? नहीं। वह हरि-हाथ से विलग नहीं की जा सकती। हरि सदा ही उसके बस में बने रहते हैं और वह मुरली बराबर उनके अधरामृत को लूटती रहती है। वह हमसे यह कहती रहती है कि कन्हैया तुम्हारे प्रति अब निष्ठुर हो गए हैं, ऐसा कहकर वह हमारे मन को हरि से उचटा देना चाहती है। वह हमारे आर्यपथ और कुल की कानि को मिटाए डालती है और हमको निर्लज्ज तक बना देती जा रही है। वह हमारा निरादर करती रहती है। वह किसी से जरा भी नहीं डरती। वह कृष्ण का मुँह पाकर, सहारा पा करके, फूली नहीं समाती और हमारे ऊपर मुँह फुलाए रहती है। हमसे रूठी रहती है। अब तुम उसे हरि से दूर करने का यत्न करने के भारी भ्रम में पड़ी हुई हो? अब वह हरि से न्यारी की ही नहीं जा सकती। अब तो उसका रोम-रोम हरि के प्रेम-रस नें डूब गया है, वह नख से शिख तक हरि के प्रेम-रस में पग गई है। वह उनकी अनुरागिनी है और हरि भी उसको अपनी प्यारी ही मानते हैं। हरि उसके प्रेम-रस में लुभा गए हैं और हम जान गई हैं कि वह हमारी सौत है।

१००६/१८५८ राग बिहागरौ

मुरली हम कहँ सौति भई।

नैंकु न होति अधर तैं न्यारी, जैसैं तृषा डई।
इहँ अँचवति, उहँ डारति लै-लै, जल थल बननि बई।
जा रस कौं, ब्रत करि तनु गार्‌यौ, कीन्ही रई-रई।
पुनि-पुनि लेति, सकुच नहिं मानति कैसी भई दई।
कहा धरै वह बाँस, साँस की आस निरास गई।
ऐसी कहूँ गई नहिं देखी, जैसी भई नई।
'सूर' बचन याके टोना से, सुनत मनोज जई॥

मुरली हमारी सौत हो गई है। यह हरि के अधरों से थोड़ी देर के लिए भी अलग नहीं होती। लगता है कि प्यास से इसका गला सूख कर जल गया है और यह उसे निरंतर

सींचने लगी है। यह पीती तो है कन्हैया का अधर रस यहाँ और उसे ले जा जाकर जल, स्थल, वन में बो देती है, बिखेर देती है। जिस रस के लिए हमने कात्यायनी देवी का व्रत किया और अपना शरीर गला डाला, उसी रस को इसने रत्ती-रत्ती, रवा-रवा, कण-कण कर दिया है। हे भगवान, इसकी यह प्यास कितनी दुर्दम है कि यह बार-बार उस मधुर रस को पीती जाती है, जरा भी संकोच नहीं करती। बाँस की यह वंशी इस अमृत-रस को अपने में रखे ही कैसे रह सकती है, उसे तो यह बिखेरेगी ही। रही हमारे साँस की बात। हमारे साँस (प्राण) की आशा भी निराशा में बदल गई है। जब यह मुरली कन्हैया के अधर-रस को बिखेरती है, तब हमारे प्राण भी बिखर जाना चाहते हैं। कृष्ण की यह प्राण- प्रिया जैसी है, वैसी तो पहले कभी भी नहीं देखी गई। इसके बोल तो जादू-टोना से हैं। इसको तो सुनते ही मन में मनोज तुरत अंकुर के रूप में फूट उभरता है।

१००७/१८५९ राग सोरठ

मुरली बचन कहति जनु टोना।
जल-थल-जीव बस्य करि लीन्हे, रिझए स्याम सलोना।
नैंकु अधर तैं करत न न्यारी, प्यारी तियनि लजौना।
ऐसी ढीठि बदति नहि काहूँ, रहति बननि बन जौना।
ताकी प्रभुता जाति कही नहिं, ऐसी भई न होना।
'सूरस्याम'-मुद-नाद प्रकासति, थकित होत सुनि पौना॥

मुरली के बोल क्या हैं?—जादू हैं जादू, टोना हैं टोना। इसने अपने बोल से जल स्थल के सभी जीवों को अपने बस में कर लिया है। इसने हमारे लावण्यमय श्यामसुंदर को भी रिझा लिया है। वे इसे थोड़ी देर के लिए भी अपने होंठों से अलग नहीं कर पाते। इतना तो किसी की प्यारी से प्यारी स्त्री अपने पति के अधर रस को न चूसती होगी। इस अधर-चूसने की काम-कला में तो यह मुरली उस परमप्रिया को भी हरा देनेवाली, लज्जित कर देनेवाली है। यह तो हरि के साथ एक वन से दूसरे वन को बराबर जाती रहती है और इतनी धृष्ट हो गई है कि अपने आगे यह किसी दूसरे को कुछ भी नहीं समझती। इसकी प्रभुता कुछ कहते नहीं बनती। ऐसी अधिकार-संपन्न न तो पहले कोई हुई है, न आगे कोई होने ही वाली है। यह श्याम के मुख से ऐसे प्रसन्न, मधुर, सरस स्वर निकालती रहती है कि पवन भी इसे सुनकर थक जाता है, और चलना बंद कर देता है, दम साध लेता है।

१००८/१८६० राग सारंग

मुरली हम पर रोष भरी।
अंस हमारौ आपुन अँचवत, नैंकुहुँ नहीं डरी।
बार-बार अधरनि सो परसति, देखति सबै खरी।
ऐसी ढीठि टरी न उहाँ तैं, जउ हम रिसनि भरी।
यह तौ कियौ अकाज हमारौ, अब हमैं जानि परी।
'सूरज' प्रभु इन निठुर करायौ, ऐसी करनि करी॥

मुरली हम पर कुपित है। कन्हैया के अधर-रस का हमारा हिस्सा भी यह पिए जा

रही है और जरा भी नहीं डरती। हम सब देखती खड़ी रह जाती हैं और यह हमारे सामने ही बार-बार कन्हैया के होठों को स्पर्श करती रहती है। कन्हैया के मुँह से अपना मुँह मिलाए रहती है। भले ही हम इस पर क्रुद्ध होती रहें, पर यह ऐसी धृष्ट हो गई है कि वहाँ से, उन अधरों से, टलने का नाम भी नहीं लेती। अब हमको मालूम हो गया है कि इसने हमारी बहुत हानि कर डाली है। इसी ने प्रभु को हमारे प्रति निष्ठुर और निर्दय बना दिया है। यह इसकी हमारे प्रति अत्यंत खोटी और निष्कृष्ट करनी है। इसकी काली करतूत को कहाँ तक कहा जाय।

१००९/१८६६ राग कल्यान

मुरली नहिं करत स्याम अधरनि तैं न्यारी।
ठाढ़े ह्वै एक पाइ रहत, तनु त्रिभंग करत,
भरत नाद मुरली, सुनि बस्य पुहुमि सारी।
थावर चर, चर थावर, जंगम जड़, जड़ जंगम,
सरिता उलटै प्रबाह, पवन थकित भारी।
सुनि सुनि मुनि थकित तान, स्वेद गए ह्वै पषान,
तरु-डोंगर धावत, खग-मृगनि सुधि बिसारी।
उकठे तरु भए पात, पाथर पर कमल जात,
आरज पथ तज्यौ नात, ब्याकुल नर-नारी।
रीझे प्रभु 'सूरस्याम', बंसी-रव सुखद धाम,
बासरहू जाम, नहीं जाति कतहुँ टारी॥

कन्हैया अपने होठों से मुरली को तनिक भी नहीं अलग करते। वे इसके लिए एक पैर से खड़े ही रहते हैं, अपने शरीर को तीन टेढ़े का टेढ़ बनाकर, घुटना, कमर और ग्रीवा को मोड़कर, त्रिभंगीलाल बनकर, मुरली में अपनी साँस भरकर, इसे बजाते हैं। इस कल-कल निनाद को सुनकर सारी पृथ्वी इसके बस में हो जाती है। जो स्थिर है, वे चर हो जाते हैं; जो चर हैं, वे अचल हो जाते हैं; जंगम (चल) जड़ (अचल) हो जाते हैं और जड़ (अचल) जंगम (चल) हो जाते हैं। यमुना जी की जलधारा उलटी दिशा में बहने लगती है, जिधर से वह आ रही है, उसी ओर पुनः मुड़ जाती है, आगे नहीं जा पाती। हवा भी रुक जाती है। इसकी तान को सुन-सुनकर मुनिगण भी आश्चर्य-चकित हो जाते हैं, पत्थर भी पसीज जाता है, वृक्षों पर दौड़ते खग और पर्वतों पर दौड़ते मृग इसकी तान सुनकर बेसुध ही हो जाते हैं, सूखे वृक्षों में भी नए-नए पत्ते आ लगते हैं, पत्थर पर कमल खिल उठते हैं, नर और नारियाँ तो विकल हो उठती हैं और स्त्रियाँ मर्यादित मार्ग से भ्रष्ट हो जाती हैं। श्याम तो इस पर इतने लट्टू हो गए हैं कि वे इसके स्वर को सुख का आश्रय, घर मान बैठे हैं और रात हो या दिन, इसे अपने पास बराबर बसाए रहते हैं, अपने पास से इसे अलग नहीं करते।

१०१०/१८६९ राग मारू

आई कुल दाहि निठुर, मुरली यह माई।
याकौं रीझे गुपाल, काहूँ न लखाई।

जैसी यह करनि करी, ताहि यह बड़ाई।
कैसैं बस रहत भए, यह तौ टुनहाई।
दिन-दिन यह प्रबल होति, अधर अमृत पाई।
मोहन कौं इहिं तौ कछु, मोहिनी लगाई।
कबहुँ अधर, कबहूँ कर, टारत न कन्हाई।
'सूरज' प्रभु कौं ता बिनु, और नहि सुहाई॥

बाँस को आग में दग्ध करके यह वंशी बनी है। हे सखी, यह अपने वंश, अपने कुल को जलाकर आई है। इसीलिए यह इतनी निष्ठुर है और इसे दूसरे के कुल और मर्यादा का ध्यान नहीं रह गया है। गोपाल इस पर रीझ उठे हैं। वे इसके किस गुण पर रीझे हैं, यह गुण तो कहीं दिखाई नहीं देता। इसने अपना वंश जला देने का जो कुकृत्य किया है, उससे इसे वह मान मर्यादा तो नहीं ही मिलनी चाहिए; पर उसे यह बड़ी बड़ाई मिली ही जा रही है। कन्हैया कैसे इसके बस में हो गए? कौन गुण इसमें है, जिससे वह इसपर मुग्ध हो उठे हैं? निश्चय ही यह टोना करनेवाली है। कोई जादूगरनी है। इसने टोना करके ही हरि को स्ववश कियाहै। इसी टोने की बदौलत इसने श्याम को अपने बस में कर रखा है। यह श्यामसुंदर के अधरामृत को पीकर, पाकर, दिन-दिन पुष्ट और प्रबल होती जा रही है। इसने सबको मोह लेनेवाले मनमोहन पर भी अपनी कुछ मोहिनी, मोह लेनेवाला जादू डाल रखा है। इसीलिए कन्हैया इसे कभी हाथ में लिए रहते हैं, कभी होठों से लगाए रहते हैं और अपने से इसे दूर नहीं करते। प्रभु को तो इसके बिना, कोई और नहीं सुहाता।

१०११/१८७० राग बिलावल

मुरली हरि कौं आपनौ, करि लीन्हौ माई।
जोइ कहै, सोई करैं, अति हरष बढ़ाई।
घर बन सँग लीन्हे फिरैं, कहुँ करत न न्यारी।
राधा आधा अंग है, तातैं यह प्यारी।
सोवत जागत चलत हूँ, बैठत रस वासौं।
दूरि कौन सौं होइगी, लुबधे हरि जासौं।
अब काहे कौं झखति हौ, वह भई लड़ैती।
'सूरस्याम' की भावती, वह अतिहिं चढ़ैती।

हे माई (सखी), मुरली ने तो कन्हैया को पूर्णतया अपने अधीन कर लिया है, जो-जो यह कहती है, परम प्रसन्न होकर वे वही-वही करते हैं। कन्हैया इसके भारी आज्ञाकारी हैं। वे इसे घर में, वन में, साथ-साथ लिए फिरते हैं। इसे कहीं भी अपने से अलग नहीं करते। राधा तो कृष्ण का आधा अंग है, उनकी अर्द्धांगिनी है। यह श्याम को राधा से भी अधिक प्रिय हो गई है। सोते, जागते, चलते, बैठते सभी समय श्याम इसमें रस लेते रहते हैं। हरि जिसपर स्वयं लुभा गए हैं, उन्हें उनसे कौन दूर कर सकता है? अब तो वह कन्हैया जी की परम लाड़िली हो गई है, अब हमारे तुम्हारे खीझने से उसका क्या बिगड़ सकता है। वह तो श्याम की भावती (प्रिया) है। इसीलिए वह अत्यंत सिरचढ़ी हो गई है।

१०१२/१८७१ राग जैंतश्री

मुरली भई रहति लड़बौरी ।
देखति नहीं रैनिहू बासर, कैसी लावति ढोरी ।
कर पर धरी अधर के आगैं, राखति ग्रीव निहोरी ।
पूरत नाद, स्वाद सुख पावत, तान बजावत गौरी ।
आयसु लिये रहत ताही कौ, डारी सीस ठगौरी ।
'सूरस्याम' की बुधि-चतुराई, लीन्ही सबै अँजौरी ॥

मुरली कन्हैया के हाथों में पड़कर बड़ी दुर्ललित, हठीली हो गई है। देखती नहीं हो, यह दिन-रात कन्हैया जी के सिर को किस प्रकार हिलवाती डुलवाती रहती है। यह कभी कृष्ण से अपने को उनके कर में धरवाए रहती है, कभी उनके अधरों पर बैठी रहती है और उनकी ग्रीवा को सदा निहुराए, झुकाए ही रखती है, नतमस्तक बनाए रहती है। जब कन्हैया इसमें अपनी श्वास भरते हैं, तब यह स्वाद का सुख उठाती है और गौरी राग में गा उठती है। इस मुरली ने कन्हैया के सिर पर ऐसा जादू डाल रखा है कि यह उसीकी आज्ञा के पालन में सदा लगे रहते हैं। इसने कन्हैया की सारी बुद्धि, सारी चतुराई, दिन दहाड़े, दिन के उजाले में, हर ली है।

१०१३/१८८१ राग केदार

मुरली अपने सुख कौं धाई ।
सुंदर स्याम प्रवीन कहावत, कहाँ गई चतुराई ।
यह देखैं मन समुझि आपनैं, दाहि कुलहिं जो आई ।
तातैं सिद्धि कहा पुनि ह्वैहे, जाके ये गुन माई ।
जो अपने स्वारथ कौं धावै, तातैं कौन भलाई ।
'सूरस्याम' के अधर सुधा कौं, ब्याकुल आई धाई ॥

मुरली तो अपने सुख के लिए, अपने स्वार्थ के लिए, वन छोड़कर दौड़ी चली आई है। श्यामसुंदर तो प्रवीण कहलाते हैं, उन्होंने इसे अपना कैसे लिया। इसे अपनाते समय उनकी सारी चतुराई कहाँ चली गई? सखी, उन्हें यह तो देख लेना और समझ लेना ही था कि जो अपने कुल को जलाकर चली आ रही है, जिसके ऐसे गुण हैं, उससे भला किस कार्य की सिद्धि हो सकती है। जो अपने मतलब के लिए दौड़ता रहता है, उससे किस परार्थ की, भलाई की, आशा की जा सकती है। यह तो श्याम को इसपर अवश्य विचार करना था, पर उन्होंने इसपर ध्यान ही नहीं दिया।

१०१४/१८८२ राग धनाश्री

मुरली आपु-स्वारथिनि नारि ।
ताकी हरि प्रतीति मानत हैं, जीति न जानत हारि ।
ऐसे बस्य भए हरि वाके, कहा ठगौरी डारि ।
लूटति है अधरनि कौ अंमृत, खात देति है ढारि ।
को बकि मरै, बनी है जोरी, तृन तोरति हैं वारि ।
'सूरस्याम' कौं भले कहति हौं, देउँ कहा अब गारि ॥

मुरली तो अपने मतलब की यार है। ऐसी स्वार्थिनी नारी का हरि विश्वास मान रहे हैं। वे यह नहीं जानते कि हमारी जीत है या हार। हरि उसके वश में अत्यंत अधिक हो उठे हैं। इसने न जाने कौन-सा मोहिनी-मंत्र उनपर चला दिया है। यह कन्हैया का अधरामृत लूटे लिए जा रही है। यह उस रस को कुछ तो खाती-पीती है, और कुछ ढलकाए दे रही है। कौन अधिक बक-झक करके मरे? मुरली मनोहर की अच्छी जोड़ी बन गई है। हम इन पर निछावर होकर तिनका तोड़े डाल रही हैं। लोग श्याम को बहुत भला कहते हैं। मैं श्याम को, या श्याम की बहुत भला कहनेवाली को, कौन सी गाली दूँ? वे भले नहीं हैं, भोले नहीं हैं, वे तो बस ठगे गए हैं।

१०१५/१८८४ राग रामकली

मुरली हम सौं बैर दृढ़ायौ।
चली निपट इतराइ, नैकुहीं हरि अधरनि परसायौ।
फूली फिरति स्याम-कर बैठी, अतिहीं गर्व बढ़ायौ।
ज्यौं निधनी धन पाइ अचानक, नैन अकास चढ़ायौ।
'सूरस्याम' देखत सिहात हैं, ताकौं गाइ रिझायौ।
त्रिभुवन-पति श्रीपति जे कहावत, तिन मुरली बस पायौ॥

मुरली ने हमसे दृढ़ बैर कर लिया है। हरि ने उसे अपने अधरों पर जरा-सा बैठा क्या लिया, वह एकदम इतराने लगी है। श्याम के हाथों पर बैठकर यह फूली-फूली फिर रही है और इसने अपना गर्व अत्यंत बढ़ा लिया है। यह तो ठीक ऐसा ही है, जैसे कोई कंगाल बहुत सा धन अचानक पा जाय और अपनी आँखों से ऊँचा आकाश ही देखने लगे, जिस धरती पर वह खड़ा है, उसे देखना ही छोड़ दे। श्याम तो उसे देखते ही उस पर लट्टू हो गए हैं और उसकी प्रशंसा करते नहीं अघाते हैं और उसे गा-गाकर रिझाते रहते हैं। वह त्रिभुवन के पति हैं, स्वयं लक्ष्मी के पति हैं, उन्हें इस बाँस की वंशी ने अपने बस में कर लिया है। यह कितनी बुरी बात है।

१०१६/१८८७ राग केदार

मुरली एते पर अति प्यारी।
जद्यपि नाना भाँति नचावति, सुख पावत गिरिधारी।
रहत हजूर एक पग ठाढ़े, मानत हैं अति त्रास।
कर तैं कबहुँ नैंकु नहिं टारत, सदा रहत ता पास।
बारंबार देति आयसु, हरि पर राखति अधिकार।
'सूरस्याम' कौं अपबस कीन्हौं, रहत रही बन झार॥

मुरली श्याम को नाना प्रकार के नाच नचाती फिरती है, फिर भी गिरिधारी उसकी आज्ञा के पालन करने में ही सुख पाते हैं। वे उसकी सेवा में, उसके सामने, एक पैर पर खड़े रहते हैं। उससे बहुत डरते हैं। फिर भी वह उन्हें अत्यंत प्यारी है। वे उसे अपने हाथ से कभी विलग नहीं होने देते, सदा उसी के पास बने रहते हैं। मुरली बार-बार श्याम को आदेश पर आदेश देती रहती है, उनपर अपना अधिकार जमाए रहती है। उसने श्याम

को अपने अधीन कर लिया है, यद्यपि वह वन और झाड़ी में रहनेवाली नितांत जंगली ही है। पर किया क्या जाय, जाको पिया चाहे, सोई सुहागिन।

१०१७/१८८८ राग गौरी

मुरली स्यामहिं मूँड़ चढ़ाई।
बारंबार अधर धरि याकौं, काहैं गर्व कराई।
तब तैं गनति नहीं यह काहुहिं, जब तैं उन मुँह लाई।
ना जानियै और कह करिहै, देखति नहीं भलाई।
अपने बस्य किये नँद-नंदन, बैरिनि हम कहँ आई।
'सूरज' प्रभु एते पर माई, मानत बहुत बड़ाई॥

इस मुरली को श्याम ने ही इतना सिर चढ़ा लिया है। इसे अपने होठों पर रखकर उन्होंने न जाने क्यों इसे इतनी गर्वीली बना दिया है। जब से उन्होंने इसे मुँह लगा लिया है, तब से यह किसी को कुछ भी नहीं समझती, सभी को तुच्छ और नगण्य मान बैठी हैं। कुछ पता नहीं, आगे चलकर और क्या-क्या कहर बरपा करेगी? मैं तो देखती हूँ, समझती हूँ कि इससे कोई भलाई नहीं होनेवाली है। इसने नंद के नंदन को अपने बस में कर लिया है। यह बैरिन हमसे बैर करने के लिए ही आई है। फिर भी, हे सखी, कन्हैया इसकी बड़ी बड़ाई करते रहते हैं और गिरिधारी के मान-गौरव के समक्ष मुरलीधर और वंशीधर के गौरव को रखना चाहते हैं। है न यह मुरली की अनुचित बड़ाई?

१०१८/१८८९ राग नट

बड़े की मानियै जो कानि।
कहा ओछे की बड़ाई, जाहि ओछी बानि।
बड़ौ निदरै नाहिं काहूँ, ओछोई इतराइ।
नीर नारी नीचे हीं कौं, चलै जैसैं धाइ।
रही बन मैं, घरहिं ल्याए, महा बुरी बलाइ।
निदरि कै यह सबनि बैसी, सौति उपजी आइ।
दिनहिं दिन अधिकार बाढ्यौ, आँगे रहत कन्हाइ।
'सूरदास' उपाधि बिधना, कहा रची बनाइ॥

बड़ों को बड़ा मानना तो अच्छा ही है, पर ओछे की, छोटे की बड़ाई क्या मतलब? ओछे की आदत भी ओछी (बुरी) होती है। बड़े लोग कभी किसी का निरादर नहीं करते। छोटे ही गर्व से इतरा कर टेढ़े-टेढ़े चलते हैं। नाली का नीर (पानी) सदैव ऊँचाई छोड़कर नीचे की ओर बह चलता है। ऐसा ही ओछा होता है। वह सदैव अधोगामी होता है, ऊर्ध्वगामी होना उसके बस की बात नहीं। यह वंशी बाँस के वन में थी। कन्हैया इस वनवासिनी को घर धर ले आए। वह तो भारी और बुरी बला है, आफत है। यह सभी का निरादर करके कन्हैया के होठों पर आ बैठी है। यह अच्छी सौत आ पैदा हुई। इसका अधिकार दिन-दिन बढ़ता ही जा रहा है। कन्हैया इसको बराबर अपने अंगों से लपटाए

रहते हैं। उन्होंने इसे अंगीकृत कर रखा है। ब्रह्मा ने न जाने क्यों यह विपत्ति हम लोगों के लिए रच दी है।

१०१९/१८९० राग गौरी

मुरली हमहिं उपाधि भई।

नंद-नँदन हम सबनि भुलाई, उपजी कहा दई।
कैसैं अब यह दूरि होति है, नोखी मिली नई।
देखौ री संबंध पाछिलौ, घर बिष बेलि बई।
जारैं जरै न काटैं सूखे, ह्वै गई अमृत मई।
'सूरस्याम' भरुहाई, याकौं ब्रज मैं आनि छई॥

मुरली तो हमारे लिए विपत्ति हो गई है। हे भगवान, यह कहाँ से आ जनमी? इसके ही चक्कर में पड़कर नंदनंदन श्याम हमें भुला बैठे। यह अनोखी और नई विपत्ति श्याम से आ मिली है। अब यह उनसे किस प्रकार दूर की जाय? देखो सखी यह हमारा इससे पूर्व जन्म का संबंध ही है, जो हमारे घर में यह विष की लता आ लगी है। यह न तो जलाने से जलती है और न काटने से सूखती ही है। इसकी नाराजगी तो देखो, यह ब्रज में आकर छा गई है।

१०२०/१८९१ राग गौरी

दिन-दिन मुरली ढीठि भई।

रहति रही बन झार-पात मैं, सो भई सुधामई।
प्रगटहि भाग सुहागिनि हरि की, अनुरागी हरि याके।
धनि-धनि बंसी, भए रहत हैं, स्याम सुँदर बस जाके।
वाकौ भाग सुहाग साँचिलौ, नैंकु नहीं सँग त्यागत।
'सूरस्याम' राजा, वह रानी, वाकी सरि को लागत॥

दिन-दिन मुरली की धृष्टता बढ़ती जा रही है। यह वन के झाड़-झंखाड़ में, पत्तों में, रहती थी और अब यह अमृतमई हो गई है। इसका भाग्य प्रत्यक्ष है। यह हरि की सुहागिनी प्रिया बन गई है और हरि इससे पूर्ण प्रेम करते रहते हैं। यह वंशी धन्य है, जिसके वश में श्यामसुंदर बने रहते हैं। इसका भाग्य और सुहाग सचमुच सच्चा है, जो श्याम इसको थोड़ी देर के लिए भी अपने से अलग नहीं करते। श्याम राजा हैं और यह वंशी उनकी रानी है। भला इसकी बराबरी कौन कर सकता है?

१०२१/१८९२ राग अड़ानौ

मुरली की सरि कौन करै।

नंद-नँदन त्रिभुवन-पति नागर, सो तो बस्य करै।
जबहीं जब मन आवत, तब-तब अधरनि पान करै।
रहत स्याम आधीन सदाई, आयसु तिनहिं करै।
ऐसी भई मोहिनी माई, मोहन मोह करै।
सुनहु 'सूर' याके गुन ऐसे, ऐसी करनि करै॥

मुरली की बराबरी कौन कर सकता है। इसने तो नंद के नंदन, त्रिभुवन के स्वामी, परम चतुर, कृष्ण को भी अपने वश में कर रखा है। जब-जब भी इसकी इच्छा होती है, तब-तब यह उनके अधरों का अमृतरस पी लेती है। श्याम सदा इसके वश में बने रहते हैं। यह उनको बराबर आज्ञा देती रहती है और वे प्रसन्नतापूर्वक उस आदेश का पालन करते रहते हैं। हे सखी, यह तो ऐसी मोहनी है, मोह लेने वाली है कि मोहन को भी मोहित कर लेती है। इसमें ऐसे गुण हैं और इसकी ऐसी करतूत है। सुन लो। इससे तुम बची रहो।

१०२२/१८९३ राग केदार

मुरली मोहिनी अब भई।
करी जु करनि देव-दनुजनि प्रति, वह बिधि फेरि ठई।
उन पय-निधि, हम ब्रज-सागर मथि, पाई पियुष नई।
अधर-सुधा हरि-बदन इंदु की, इहिं छलि छीनि लई।
आपु अँचै, अँचवाइ सप्त सुर, कीन्हे दिग बिजई।
एकहिं पुट उत अमृत 'सूर', इत मदिरा मदन-मई॥

मुरली तो विष्णु भगवान का वह मोहिनी रूप है, जिसे उन्होंने देव और दनुजों को मोहित करने के लिए समुद्र-मंधन के समय धारण किया था। ब्रह्मा ने मुरली के रूप में उस मोहिनी को फिर ला खड़ी किया है। उन देवता और दानवों ने समुद्र को मथकर अमृत पाया था। हम गोपियों ने ब्रजरूपी समुद्र मथकर यह कृष्ण का नया अधरामृत पाया है। हरि के मुख रूपी चंद्र के अधर के अमृत को इस मुरली रूपी मोहिनी ने छल करके हमसे छीन लिया है। इसने इस अधरामृत को स्वयं पिया है और सातों सुरों-सा रे गा म प ध नि-को भी पिलाया है और दिग्विजय कर लिया है, जैसे एक ही पात्र से एक ओर से विष्णु की मोहिनी देवताओं को अमृत और दूसरी ओर से दानवों को मदिरा पिलाती गई थी, उसी प्रकार कृष्ण के अधर-पात्र से मुरली रूपी मोहिनी एक ओर सप्त सुरों को अमृत पिलाती जा रही है और दूसरी ओर हम गोपियों को काम भरी मदिरा पिलाए जा रही है, जिसे पीकर हम कामोन्मत्त होती जा रही हैं।

१०२३/१८९६ राग कल्यान

सजनी स्याम सदाई ऐसे।
एक अंग की प्रीति हमारी, वै जैसे के तैसे।
ज्यौं चकोर चंदा कौं चाहै, चंदा नैंकु न मानै।
जल कैं तीर मीन तन त्यागै, नीर निठुर नहिं जानै।
ज्यौं पतंग उड़ि परै ज्योति तकि, वाके नैंकु न भाएं।
चातक रटि-रटि जनम गँवावै, जल वै डारत खाएं।
उनहूँ तैं निर्दयी बड़े जै, तैसियै मुरली पाई।
'सूरस्याम' जैसे, तैसी वह, भली बनी अब माई॥

हे सखी, श्याम सदा से ही ऐसे रहे हैं। हमारी प्रीति तो एकांगी है। हम श्याम के प्रेम में पड़कर मरी जा रही हैं और श्याम जैसे के तैसे निष्ठुर बने हुए हैं। हमारी प्रीति का उनपर कोई असर नहीं। जैसे चकोर चंद्रमा से प्रेम करता है, पर चंद्रमा उस प्रेम को जरा भी नहीं मानता; जैसे जल से अलग होकर जल-तट पर ही मछली मर जाती है, निष्ठुर नीर को उसके मर मिटने तक का पता नहीं लग पाता; जैसे पाँखी (फतिंगा) उड़कर दीपक की ज्योति पर जल मरता है, पर ज्योति के लिए उसका जल मरना कुछ भी नहीं है; जैसे पपीहा 'पी कहाँ, पी कहाँ' रटकर अपना जीवन नष्ट कर देता है, पर बादल उसकी चोंच में एक बूँद पानी नहीं डालता, भले ही वह खाइयों और गड्ढों में जल गिरा कर उन्हें भर देता है; श्याम चंद्रमा, जल, दीप-ज्योति और बादल से भी अधिक निर्दयी हैं। जैसे निष्ठुर वे हैं, वैसी ही निष्ठुर उनकी परम प्रिया यह मुरली है। जैसे निष्ठुर श्याम, वैसी ही निष्ठुर यह मुरली। हे सखी, भगवान ने कितनी अच्छी जोड़ी बना दी है।

१०२४/१८९७ राग रामकली

मुरली कौ मन हरि सौं मान्यौ ।
हरि कौ मन मुरली सौं मिलि गयौ, जैसैं पय अरु पान्यौ ।
जैसैं चोर चोर सौं रातै, ठग ठग एकै जानि ।
कुटिल कुटिल मिलि चलैं एक ह्वै, दुहुनि बनी पहिचानि ।
ये बन बन नित धेनु चरावत, वह बनही की आहि ।
'सूर' गढ़ी जोरी बिधना की, जैसी तैसी ताहि ॥

मुरली का मन हरि के मन से मिल गया है। हरि का भी मन मुरली से मिल गया है। जैसे दूध और पानी मिलकर एक रस हो जाते हैं, वैसे ही मुरली और मनोहर दोनों का मन परस्पर मिल गया है। जैसे चोर चोर मौसेरे भाई होते हैं, उनका मन परस्पर अनुरक्त हो जाता है, विभेद नहीं मानता; जैसे एक ठग दूसरे ठग को अपने से भिन्न नहीं मानता, दोनों परस्पर अपने को एक ही मानते हैं; दो कुटिल लोग मिलकर एक होकर चलते हैं, कभी की पहचान न होते हुए भी दोनों अपने को बहुत पुरानी जान-पहचान वाला मान लेते हैं; उसी प्रकार ये श्याम नित्य एक वन से दूसरे वन में गायें चराते फिरते हैं और मुरली तो उसी वन के बाँस के वंश की है। ब्रह्मा ने क्या बढ़िया जोड़ी लाकर मिला दी है—जैसी को तैसी। कोई किसी से निष्ठुरता में कम नहीं।

१०२५/१८९८ राग धनाश्री

काहैं न मुरली सौं हरि जोरैं ।
काहैं न अधरनि धरैं जु पुनि-पुनि, मिली अचानक भोरैं ।
काहैं नहीं ताहि कर धारैं, क्यौं नहिं ग्रीव नवावैं ।
काहैं न तनु त्रिभंग करि राखैं, ताके मनहिं चुरावैं ।
काहैं न यौं आधीन रहैं ह्वै, वै अहीर, वह बेनु ।
'सूरस्याम' कर तैं नहिं टारत, बन-बन चारत धेनु ॥

हरि मुरली से अपना नाता क्यों न जोड़ रखें? यह अचानक धोखे से इनसे आ मिली है, फिर वे अपने अधरों पर बार-बार क्यों न रखे रहें, क्यों न उसे अपने हाथ से सदा लगाए रहें, क्यों न उसके लिए अपनी गरदन नीची किए रहें, क्यों न अपने शरीर को तीन टेढ़ का टेढ़ बनाए रखें और उसके मन को चुराते रहें; वे मुरली के अधीन इस प्रकार क्यों न बने रहें? श्याम अहीर हैं और वन वन में गायें चराते फिर रहे हैं और वह वेणु है, वन में होनेवाले बाँस की बनी हुई वाँसुरी। फिर अहीर श्याम, बाँस की वंशी को, अपने हाथ से क्यों टलने दें!

१०२६/१८९९ राग बिलावल

वाही कैं बल धेनु चरावत।
वहै लकुट, जाकी वह मुरली, वातैं वै सुख पावत।
वह अति निठुर, निठुर वै बातैं, मिलि कै घात बतावत।
बनहीं बन मैं रहत निरंतर, ताहि बजावत गावत।
वाके बचन अमृत हैं इनकौं, ताहि अधर-रस प्यावत।
'सूरस्याम' बनवारि कहावत, वह बन-बाँसि कहावत॥

कन्हैया इसी बाँसुरी के बल से वन में गायें चराते हैं। जिस बाँस की उनकी लठिया है, उसी बाँस की उनकी मुरली भी है। इसीलिए उनको इस वंसी से महा सुख मिलता है। बाँस की बनी होने के कारण वंशी कड़ी कठोर और निष्ठुर है। कन्हैया अहीर होने के नाते उससे भी अधिक कठोर, निर्मम और निर्दय हैं। बाँसुरी कन्हैया से मिल-मिल कर उन्हें निष्ठुरता के दाँव-पेंच बताती चलती है और कन्हैया उसे बजाते हुए, उसके सुर पर गाते हुए वन-वन में गायें चराते हुए चलते रहते हैं। मुरली के स्वर कन्हैया के लिए अमृत के समान है। इसीलिए वे उसे अपना अधरामृत पिलाते जाते हैं। श्याम बनवारी कहलाते हैं और मुरली वन-वंशी (वन के बाँस की बाँसुरी)। दोनों जंगली हैं, जंगली।

१०२७/१९०८ राग सारंग

बावरी, कहा धौं अब बाँसुरी सौं तू लरै।
उनहीं सौं प्रेम-नेम, तुम सौं नाहिंन आली, यातैं गिरिधारीलाल लै लै अधरा धरै।
जौ लौं मधु पीवति रहति, तौलौं जीवति है, घरी-घरी पल-पल छिनु नहिं बिसरै।
'सूरदास' प्रभु वाकैं रस-बस भए रहैं, तातैं वाकी सरबरि कहौ कौन धौं करै॥

अरी पगली, अब तू बाँसुरी से क्यों लड़ी जा रही है। अब हरि का प्रेम-नेम सब इसी बाँसुरी से है, तुमसे नहीं। इसीसे हे सखी, गिरिधारी लाल इसे ले-लेकर बराबर अपने अधरों पर धरे रहते हैं। यह मुरली भी जब तक उनके होठों से लगकर उनके अधरों की मधु पीती रहती है, तभी तक जीवित रहती है, बजती रहती है। होठों से हट जाने पर यह मृतक हो जाती है, बोल नहीं पाती। इसीलिए इसे जिन्दा बनाए रखने के लिए वे इसे एक घड़ी, एक पल, एक क्षण के लिए भी होठों पर रखे रहने में भूल नहीं करते। प्रभु सदा इस मुरली के रस (आनंद) के बस में बने रहते हैं। इसलिए इस मुरली की बराबरी कहो भला और कौन कर सकता है?

१०२८/१९९२ राग गौरी

तुम अब हरि कौं दोष लगावति।
नंद-नंदन खोटे तुम कीन्हे, मुरली भली कहावति।
यह छिनारि, लंपट, अन्याइनि, कुल दाहत नहिं बार।
मधुर-मधुर बानी कहि रिझए, साजि तान-सिंगार।
वह आई टोना सिर डारति, सप्त सुरनि कल गान।
ऐसैं बनि-ठनि मिली आइ कै, ह्वै गए स्याम अजान।
पुरुष भँवर, उन कहँ कह लागै, नारि भजै जब आइ।
'सूरज' प्रभु तब कहा करैं री, ऐसी मिली बलाइ॥

तुम अब हरि को ही दोष लगाने लगी हो, मुरली की प्रशंसा करने लगी हो? तुमने नंद के नंदन, आनंद कंद, श्रीकृष्ण चंद को खोटा कह दिया और मुरली को भली मानस कहने लगी हो। वह मुरली छिनाल है, लंपट है, अन्याई है, अपना वंश परिवार जला देने में इसे देर नहीं लगी। इसने सुर-तान से श्रृंगार किया और मीठी बोल-बोलकर हरि को रिझा लिया। वह सिर पर टोना डालती हुई, सातों सुरों में सुंदर गान गाती हुई, बन ठनकर आ गई कन्हैया के पास। बेचारे श्यामसुंदर अजान, भोले-भाले। पुरुष तो भौंरा होता है। जब कोई नारी स्वयं आकर किसी पुरुष को भजने लगे, तब वह बेचारा पुरुष क्या करे। उसे, क्या लगता है, उसका क्या जाता है, वह उस नारी से ही लग जाता है। जब मुरली ऐसी बला स्वयं आकर उनसे मिल गई, तब प्रभु करते भी तो क्या करते।

१०२९/१९९३ राग बिहागरौ

मुरली को करि साधु धरी।
जिन रिझए मनहरन हमारे, ह्वै मोहिनी ढरी।
ऐसी कहूँ भई नहिं होनी, जैसी इनहिं करी।
रहति सदा बन-झारनि-झारनि, देखहु ज्यौं उघरी।
अब जहँ-तहँ धनि-धनि कहवावति, यह सुनि रिसनि जरी।
'सूरस्याम' अधरनि के लागैं, खोटी भई खरी॥

तुमने तो सखी गजब कर दिया। भला तुमने उस मुरली को साधु कैसे कह दिया? यह तो मोहिनी बनकर खुद ही हमारे कन्हैया पर आ लुढ़क गई और हमारे मन को हरनेवाले कन्हैया को ज्यों त्यों करके रिझा लिया। जैसे इस मुरली ने किया है, वैसा न तो कहीं हुआ है, न कहीं आगे होने ही वाला है। यह सदा वन में बाँस की झाड़ियों में रहती रही थी, वहीं बनी रहती तो अच्छा होता। पर यह तो उघरी-बहतरी जैसी है। अपना परिवार छोड़कर मनमाने पर-पुरुष के साथ निकल पड़ी है। अब यह धन्य-धन्य कहलाती है और वंदनीया बन गई है। यह सब बातें सुनकर तो मैं रिस से जलकर कोयला हुई जा रही हूँ। कन्हैया के होठों से लगकर अब यह खोटी भी खरी हो गई है।

मुरली नहिं धरत धरनि, कर तैं कहुँ टरति नाहिं,
अधरनि धरि रहत खरे, ढरत स्याम भारी ।
कबहुँ नाद भरत, करत अपनौ मन बस्य तहाँ,
कबहुँ रीझि मगन होत, देखति ब्रजनारी ।
कबहुँ लटकि जात गात, ताननि जब कहति बात,
सुनत स्रवन रस-अघात, लागति अति प्यारी ।
जा हित तप कियौ गारि, सो रस लै देति डारि,
धरनी-जल-डोंगर-बन-द्रुमनि मैं बृथा री ।
ऐसे ढँग किये आइ, हमकौं उपजी बलाइ,
ताकौं तुम भली कहति, नाहिं आदि जानी ।
देखौ याकौ उपाइ, जै जै तिहुँ-भुवन गाइ,
'सूरस्याम' अपनौ करि, दिन-दिन इतरानी ॥

श्याम मुरली पर इतने अधिक द्रवित होकर ढुलक गए हैं कि इसे कभी उठाकर धरती पर नहीं धरते, हाथ से कभी विलग नहीं करते, इसे अधरों पर रखकर बराबर खड़े ही रहते हैं। मुरली में साँस भरकर जब कभी यह स्वर-लहरी प्रवाहित करते हैं, तब अपने आपको उसी मुरली के अधीन कर देते हैं। कभी उस पर रीझकर प्रसन्न हो उठते हैं और हम ब्रज-वधूटियाँ टुकुर-टुकुर एक टक देखती रह जाती हैं। जब यह मुरली तान में अपने बोल निकालती है, तब कन्हैया का शरीर झुक जाता है। इसके बोलों को सुनकर कन्हैया रस से तृप्त हो जाते हैं और यह उन्हें और भी प्यारी लगने लगती है। कन्हैया के जिस अधरामृत के लिए हमने अपने तन को गलाकर इतना तप किया, उसी रस को यह मुरली लेकर सारी धरती पर जल में, पहाड़ पर, वन के वृक्षों पर व्यर्थ ही गिराती जा रही है। इसने यहाँ आकर ऐसा ढंग रच रखा है। हमारे लिए तो यह बला बनकर जनमी है। तुम उसी को भली कह रही हो। तुम इसकी आदि-बुनियाद तो जानती नहीं। इसके प्रयत्न तो देखो कि तीनों लोक इसकी जय-जय कर रहा है। इसने श्याम को अपना बना लिया है और अब दिन-दिन इतराती फिर रही है।

१०३१/११९७ राग सारंग

मुरलिया कपट चतुरई ठानी ।
कैसे मिलि गई नंद-नँदन कौं, उन नाहिंन पहिचानी ।
इक वह नारि, बचन मुख मीठे, सुनत स्याम ललचाने ।
जाति-पाँति की कौन चलावै, वाकैं रंग भुलाने ।
जाकौ मन मानत है जासौं, सो तहँई सुख मानैं ।
'सूरस्याम' वाके गुन गावत, वह हरि के गुन गानै ॥

इस मुरली ने क्या ही कपट और चतुराई की है? यह किस तरह से नंदनंदन से आ मिली, उन्होंने भी इसको पूरा पहचाना नहीं। एक तो यह नारी है, दूसरे मिठबोलनी है।

इसकी मीठी बोली सुनते ही स्याम ललच उठे। वे इसके रूप रंग पर जब रीझ उठे, तब जाति-पाँति को कौन पूछता है। जिसका मन जिसको मान लेता है, यह वहीं सुख मानता है। इसीलिए श्याम इस मुरली के गुण गाते रहते हैं और वह मुरली इन श्याम को बखानती जाती है। बात, मन के मानने की है, बस।

१०३२/१९२७ राग बिलावल

यह मुरली कुल-दाहनहारी। सुनहु स्त्रवन दै सब ब्रजनारी ॥
कपटिनि कुटिल बाँस की जाई। बन तैं कहाँ घरहिं यह आई ॥
जो अपनैं घर बैर बढ़ावै। तन हीं तन मिलि आगि लगावै ॥
ऐसी की संगति हरि कीन्ही। जाति नहीं वाकी उन चीन्ही ॥
जैसे ये, तैसी यह आई। बिधना जोरी भली बनाई ॥
मुरली कैं सँग मिले मुरारी। भाग सुहागिनि पिय अरु प्यारी ॥
अहैं कुलट कुलटा ये दोऊ। इक तैं एक, नहिं घटि कोऊ ॥
अधरनि धरत सबनि के आगैं। कर तैं नैंकु कहूँ नहिं त्यागैं ॥
इनके गुन कहियै सो थोरे। 'सूरस्याम' बंसी-बस भोरे ॥

यह मुरली अपने ही कुल में आग लगानेवाली है। हे ब्रज-वधूटियों मेरी इस बात को ध्यानपूर्वक सुन लो--यह कपटिनी है, कुटिला है, बाँस की जाई जनमाई है—बाँस की बेटी है। वन में थी, वहीं बनी रहती तो अच्छा होता। यह वन से घर में यहाँ कहाँ आ गई। जो अपने घर ही में बैर बढ़ाता है, एक के तन से अपना तन रगड़ कर जो आग उत्पन्न करती और आग लगा देती है, बाँस की ऐसी वंशी से हरि ने साथ कर लिया। उसकी जाति को, उसकी जाति के गुण-अवगुण को उन्होंने नहीं पहचाना, जैसे यह थे, वैसे ही यह उनसे आ मिली। ब्रह्मा ने अच्छी जोड़ी बना दी। मुरली से मुरारी आ मिले। मुरली बड़ी सौभाग्यशाली है, उसके ही सौभाग्य से कृष्ण उसके पिया हो गए और वह उसकी प्यारी हो गई। ये दोनों एक से हैं—कृष्ण भारी कुलट हैं और बाँसुरी भारी कुलटा। दोनों एक से एक हैं। कोई एक दूसरे से कम नहीं है। यह कन्हैया तो सबके आगे उसे होठों से लगा लेते हैं और कभी भी उसे अपने हाथ से अलग नहीं छोड़ते-सदा पाणिग्रहण ही किए रहते हैं। इनके गुण जितने भी कहे जायँ, कम ही हैं। बस इतना ही कहना अलम है कि श्याम सदा वंशी के वश में विभोर बने रहते हैं।

१०३३/१९२८ राग बिलावल

हरि मुरली कैं हाथ बिकाने। वह अपमान करति न लजाने ॥
उहिं ऐसे करि लिये दिवाने। बार-बार वा जसहिं बखाने ॥
ठाढ़े रहत, न पाइ पिराने। एते पर मन रहत डेराने ॥
आयसु देति, सुनत मुसुकाने। जीवन जन्म सुफल करि माने ॥
वह गरजति, ये हरैं बताने। बार बार अधरनि पर ठाने ॥
त्रिभुवन पति जे कहियत बाने। ते ता बस तन-दसा भुलाने ॥

वा आगैं हम सबनि सुगाने। वह गावति, ये सुनत पगाने॥
'सूर' नेति निगमनि जे गाने। ते मुरली कैं नाद ठगाने॥

हरि मुरली के हाथ बिक गए हैं। वह उनका निरादर कर देती है, तब भी वे लज्जित नहीं होते। मुरली ने तो उन्हें इतना बावला बना दिया है कि वे बार-बार उसी का यशोगान करते रहते हैं। वे उसके सामने एक पैर से खड़े रहते हैं और उनके पाँव भी नहीं पिराते। इतने पर भी वे मन ही मन उस मुरली से डरे रहते हैं। मुरली उन्हें आज्ञा देती रहती है और वे उसे मुसकुरा कर सुन लेते हैं और तदनुकूल उस आदेश का पालन भी कर देते हैं। वे उसकीआज्ञा का पालन करने में अपना जीवन और जन्म सफल समझ लेते हैं। मुरली गरजती रहती है और ये कृष्ण उससे बहुत धीरे-धीरे बतियाते हैं और बार-बार अपने होठों पर लगाए लेते हैं। जिनका विरुद ही त्रिभूवन-पति हैं, वे त्रिलोकीपति भी उस मुरली के बस में हो गए हैं और अपने तन-मन की दशा भुलाए बैठे रहते हैं। उसके आगे हम सब पर नाराजगी जाहिर करते हैं और संदेह व्यक्त करते हैं। वह गाती है और यह अनुरक्त होकर उसे सुनते हैं। जिस कृष्ण को वेद 'नेति, नेति' कहकर गाते रहते हैं, वे ही हरि मुरली के स्वर पर ठगा गए हैं, पूर्णतया मोहित हो गए हैं।

१०३४/१९२१ राग बिलावल

मुरली निदरै स्याम कौं, स्यामहि निदराई।
मधुर बचन सुनि कै ठगे, ठगमूरी खाई।
रहत बस्य वाके भए, सब मेटि बड़ाई।
वह तन मन धन ह्वै रही, रसना-रस, माई।
वह कर, वह अधरनि रहै, देखौ अधिकाई।
वहै कहति सो सुनत हैं, ये कुँवर कन्हाई।
बन की बाढ़ी बापुरी, घर यह ठकुराई।
'सूरस्याम' कौं वा बिना, कछु नहीं सुहाई॥

मुरली श्याम को निरादृत करती रहती है और श्याम भी उससे निरादृत होकर सुख का अनुभव करते हैं। वे उसके मधुर बोल सुनकर ठगे से रह जाते हैं, जैसे मुरली ने उन्हें कोई ठग-मूरी खिला दी हो। वे अपनी सारी बड़ाई, प्रतिष्ठा, महिमा भुलाकर उसी के बस में बने रहते हैं। हे सखी, कन्हैया की जीभ का रस पाकर वह मुरली उनका तन, मन, धन, सभी कुछ हो रही है। इसकी ज्यादती तो देखो। यह कभी कन्हैया के हाथों-हाथ लगी रहती है और कभी होठों पर चढ़ी रहती है। यह कुँवर कन्हैया, वह मुरली जो कुछ कहती है, वही सुनते हैं। यह मुरली वन में बढ़ी और वहाँ बपुरी-बेचारी बनी हुई थी। यहाँ घर में आकर यह स्वामिनी बन बैठी है। यहाँ तक कि श्याम को इस मुरली के अतिरिक्त और कुछ अच्छा ही नहीं लगता। उनके लिए तो बस, जो है, सो मुरली है।

सखी री माधोहिं दोष न दीजै।
जो कछु करि सकियै सोई सब, या मुरली कौं कीजै।
बार-बार बन बोलि मधुर धुनि, अति प्रतीत उपजाई।
मिलि स्रवननि मन मोहि महा रस, तन की सुधि बिसराई।
मुख मृदु बचन, कपट उर अंतर, हम यह बात न जानी।
लोक-बेद-कुल छाँड़ि आपनौ, जोड़-जोड़ कही सु मानी।
अजहूँ वहै प्रकृति याकैं जिय, लुब्धक-सँग ज्यौं साधी।
'सूरदास' क्यौं हूँ करुनामै, परति नहीं अवराधी॥

अरी सखी, माधव (श्रीपति) को दोष मत लगा। वे निरपराध हैं। जो कुछ करना हो, वह सब इसी मुरली के साथ करो। जो कुछ कहना हो, इसी से कहो, सुनो। इसने वन में बार-बार मधुर सुर में बोल-बोलकर हममें अपने प्रति विश्वास पैदा कर दिया। यह हमारे श्रवणों से अपने मधुर स्वर द्वारा मिली और महा रस-माधुर्य से इसने हमारे मनों को मोह लिया और हमारी तन-वदन की सुधि भुलवा दी। इसके मुँह में ही मीठी वाणी है, पर इसका भीतर, हृदय, कपट, छल से भरा हुआ है। यह 'मुँह में राम, भीतर कसाई का काम' स्वभाव वाली है। हमने पहले इस बात को नहीं जान पाया था। इसका विश्वास मान कर हमने अपना लोक छोड़ा, वेद छोड़ा, कुल छोड़ा। इसने जो जो कहा, हमने वही किया। अब भी इसका स्वभाव यथावत पूर्ववत् है। लगता है कि इसने बहेलिए के साथ रहकर धनुष की ज्या (डोरी) पर शर-संधान की पूरी साधना की है। वही सुर का शर हम पर चलाए जा रही है। यह किसी प्रकार भी करुणामय प्रभु की उपासिका नहीं जान पड़ती। फिर इसके मन में किसी के प्रति करुणा हो, तो कहाँ से हो।

१०३६/१९३१ राग धनाश्री

स्यामहिं दोष देहु जनि माई।
कहौ याहि किन बाँस जाति की, कौनैं तोहि बुलाई?
उनकी कथा मनहिं दै राख्यौ, याकी चलति ढिठाई।
वै जो भले बुरे तौ अपने, यह लंगरि टुनहाई।
ऐसी रिस अब आवति मोकौं, दूरि करौं झहराई।
'सूरस्याम' की कानि करति हौं, नातरु करति बड़ाई॥

अरी सखी, श्याम को दोष मत दे। इस बाँस की जाति की बाँसुरी से पूछो तो, इसे यहाँ किसने और क्यों बुलाया है। कन्हैया को अब तो मन ही में रखे रहो। यहाँ तो अब इस मुरली की ढिठाई चल रही है, कन्हैया चाहे भले हों, चाहे बुरे हों, हैं तो अपने, उनकी बात रहने दे। यह खोटी मुरली, यह तो ज़ादूगरनी है, टोना मारनेवाली है। मुझे

तो इसपर इतना क्रोध आया जा रहा है कि मैं इसपर पहले खूब झहराऊँ, बिगड़ूँ, खूब कहा सुनी करूँ, फिर इसको उठाकर दूर फेंक दूँ। मैं केवल श्याम की मर्यादा का ध्यान कर रही हूँ। नहीं तो मैं इसकी सारी बड़ाइ, सारी मान-प्रतिष्ठा निकाल देती। इसकी अच्छी मरम्मत कर देगी।

१०३७/१९३२ राग धनाश्री

स्यामहिं दोष कहा कहि दीजै।
कहा बात मुरली सौं कहियै, सब अपनेहिं सिर लीजै।
हमहीं कहतिं बजावहु मोहन, यह नाहीं तब जानी।
हम जानी यह बाँस बँसुरिया, को जानै पटरानी।
बारे तैं मुँह लागत-लागत, अब ह्वै गई सयानी।
सुनहु 'सूर' हम भोरी-भारी, याकी अकथ कहानी॥

सखी, श्याम को क्या कहकर दोष दिया जाय! और रही मुरली, इसको ही क्या कहा जाय? सारा दोष हम अपने ही सर पर क्यों न ले लें। पहले हमीं ने तो कहा था—'मोहन, जरा मुरली तो बजाओ।' तब हमने यह नहीं जाना था। हमने तो यह जाना था कि वह बाँस की बनी हुई बाँसुरी मात्र हैं। हमने कब यह जाना था कि यह पटरानी हो जायेगी। लड़कपन से ही यह श्याम के मुँह लगते-लगते अब बड़ी मुँह लगी, चंट और चतुरा हो गई है। हम तो एक दम भोली भाली हैं और इस बाँसुरी की तो कथा ही अकथनीय है।

१०३८/१९३३ राग धनाश्री

सुनु री सखी बात यह मोसौं।
तुम अपनैं सिर मानि लई क्यौं, मैं वाही कौं कोसौं।
जौ वह भली नैंकुहूँ होती, तौ मिलि सबनि बताती।
वह पापिनी दाहि कुल आई, देखि जरति है छाती।
वैसी ही कह कानि मानियै, वह हत्यारिनि नारी।
'सूरस्याम' वा गुन कह जानैं, धोखैं कीन्ही प्यारी॥

अरी सखी, मुझसे भी एक बात सुन ले। तूने अपने ही सिर सारा दोष क्यों ओढ़ लिया। मैं तो इस मुरली को कोसूँगी, इसी को बुरा-भला, जली-कटी कहूँगी। यदि यह जरा भी भली होती, तो हम सबसे मिलकर बात किया करती रहती। यह तो पापिनी है, यह अपना वंश ही फूँक-ताप आई है। इसे तो देखकर मेरी छाती जलती रहती है। यह तो हत्यारिनी नारी है। ऐसी हत्यारिनी की क्या मर्यादा मानी जाय? श्याम इसके तो सभी गुण (अवगुण) नहीं जानते। धोखे ही धोखे में इसको अपनी प्यारी बना लिया है।

१०३९/१९३४ राग आसावरी

बिनु जानैं हरि वाहि बढ़ाई।
वह तौ मिली बचन मधुरे कहि, सुनतहि दई बड़ाई।

रिझै लियौ हरि कौं टोना करि, तुरतहिं, बिलँब न लाई ।
उन लै कर अधरनि पर धारी, अनुपम राग बजाई ।
मानहुँ एकहि संग रहे ते, ऐसैं मिले कन्हाई ।
'सूरस्याम' हम सबनि बिसारी, जबहीं तैं वह आई ॥

सखी, बिना जाने ही, श्याम ने इस मुरली को इतना बढ़ा दिया, इसे इतना महिमामय बना दिया। वह मीठी बोली बोलती आई और श्याम से मिली। इसके मधुर बोल सुनते ही श्याम ने इसे आदर दे डाला। पर इसने तुरंत ही, बिना विलंब किए, हरि पर अपना टोना मार दिया और उन्हें रिझा लिया और उन्होंने इसे हथिया कर होठों पर रख लिया और अनोखे-अनोखे राग बजा उठे। कन्हैया उससे ऐसे जा मिले, मानो वे शुरू से ही एक साथ रहते आए हों। जब से यह आई है, श्याम ने हम सबको भुला ही दिया है।

१०४०/१९३५ राग बिलावल

सुनु सजनी इक कथा कहौं री, करम करै, सो कोउ न करै ।
यह महिमा करता की अगनित, कौनैं, बिधि धौं काहि ढरै ।
बन-झारनि की घर बैठाई, स्याम-अधर सिर छत्र धरै ।
हमकौं घर-कुलकानि छँड़ाई, ऐसी उलटी रीति जरै ।
अधर-सुधा-रस अपनौ जानति, दिनही दिन यह आस भरै ।
'सूरस्याम' ताकौं करि लीन्हौ, वहै सुधा सब ताहिं झरै ॥

हे सखी सुनो, मैं तुझसे एक कथा कह रही हूँ। कर्म, भाग्य, जैसा कर देता है, वैसा कोई नहीं कर सकता। यह तो कर्ता, ब्रह्मा की अगणित महिमा है—वह किसको क्या से क्या बना दे, कौन कह सकता है। इस मुरली ही को देखो न। कहाँ यह वन की बँसवारी के झाड़ में घर बनाए बैठी, घोर जंगल में थी; कहाँ अब यह श्याम के अधर के सिंहासन पर उनके सधर के नीचे बैठी हुई हुक्म चला रही है। इसने हमसे हमारी घर और कुल की सारी मर्यादाएँ छुड़वा दी हैं। सर्वनाश हो इस उलटी रीति का। यह मुरली श्याम के अधरामृत पर अपना एकाभिकार समझ बैठी है, दिन-दिन इसकी एकाधिकारिता की अभिलाषा और प्रबल होती जा रही है। कन्हैया ने भी उसे ऐसा अपना लिया है कि उसीके ऊपर अपनी सारी सुधा बरसाए जा रहे हैं।

१०४१/१९३७ राग कान्हरौ

मुरली कहै सु स्याम करैं री ।
वाही कैं बस भए रहत हैं, वाकैं रंग ढरैं री ।
घर-बन, रैनि-दिना सँग डोलत, कर तैं करत न न्यारी ।
आई बन बलाइ यह हमकौं, कहा दीजियै गारी ।
अब लौं रहे हमारे माई, इहिं अपने अब कीन्हे ।
'सूरस्याम' नागर, यह नागरि, दुहुँनि भलैं करि चीन्हे ॥

हे माई (सखी), मुरली जो कहती है, श्याम वही करते हैं। वे उसी के बस में बने रहते हैं और उसी के प्रेम-रंग में ढल गए हैं। वे घर में, वन में, रात में, दिन में सदा उसी

के साथ डोलते हैं। वे उसे अपने हाथ से अलग नहीं करते। वन की यह बला (विपत्ति) हमारे ही लिए यहाँ आ गई है। इसे कौन-सी गाली दूँ। श्याम अभी तक हमारे थे, अब इसने उन्हें अपना लिया है। श्याम नागर हैं और यह नागरी है। इन दोनों को हमने खूब पहचान लिया है।

१०४२/१९४३ राग रामकली

मुरली हरि कौं नाच नचावति।
एते पर यह बाँस-बँसुरिया, नंद-नँदन कौं भावति।
ठाढ़े रहत बस्य ऐसे है, सकुचत बोलत बात।
वह निदरे आज्ञा करवावति, नैकुहु नाहिं नाहिं लजात।
जब जानति आधीन भए हैं, देखति ग्रीव नवावत।
पौढ़ति अधर, चलित कर-पल्लव, रंध्र-चरन पलुटावत।
हम पर रिस करि-करि अवलोकत, नासा-पुट फरकावत।
'सूरस्याम' जब-जब रीझत हैं, तब-तब सीस डुलावत॥

यह बाँस की बँसुरिया, हरि को तरह-तरह से नचाती रहती है। फिर भी यह मुरलिया नंदनंदन को अच्छी लगती है। वह इसके इतने अधीन हो गए हैं कि उसके आगे एक पैर से खड़े रहते हैं। उससे कुछ कहने में सकुचते रहते हैं, दबे-दबे से रहते हैं। वह इन्हें निरादृत करके उनसे अपनी आज्ञा का पालन करवाती रहती है। वह इसकी आज्ञा का पालन करने में जरा भी नहीं लजाते। जब यह मुरली देख लेती है कि श्याम मेरे पूर्ण वश में हो गए हैं और मेरे आगे नत-ग्रीव हैं, तब वह उनके अधर रूपी सेज पर लेट जाती है और रंध्र रूपी चरणों को उनके कर-पल्लवों से खूब मिजवाती है। तब श्याम मुरली का कुछ बना बिगाड़ नहीं पाते। हम बेचारियों की ओर कुपित होकर देखने लगते हैं और अपने नथुने फड़काने लगते हैं। धोबी से बस न चले, गदहे का कान उमेठे। श्याम की मुरली पर रीझ भी अद्भुत है। वे जब-जब उस पर रीझते हैं, तब-तब अपना सिर हिलाने लगते हैं, झूमने लगते हैं, जैसे कोई भूत उनके सिर पर सवार हो उठा है। अरे, वह भूत नहीं है, वह तो भूतनी मुरली है।

१०४३/१९४६ राग गौरी

सखी री, मुरली भइ पटरानी।
अधर सदा सुख करति स्याम कैं, सुधा पियति इतरानी।
मोहे पसु पंछी द्रुम बेली, जमुना उलटि बहानी।
सुर-नर-मुनि बस भए नाद कैं, सबै बस्य मन ध्यानी।
तिहूँ भुवन मैं चली बड़ाई, अस्तुति मुख-मुख गानी।
'सूरस्याम' की अब अर्धांगिनि, रही झार लपटानी॥

अरी सखी, यह मुरली तो श्याम की पटरानी बन गई है। श्याम के अधर रूपी सेज पर यह सुख से सोती रहती है और उनके अधरामृत को इतराती हुई पीती जाती है। इसने पशु, पक्षी, वृक्ष, लता सबको मोहित कर लिया है। यही नहीं, इसने जमुना के प्रवाह तक

को उलटा बहा दिया है। इसकी स्वर-लहरी के बस में सुर, नर, मुनि सभी हो गए हैं। सभी ध्यान लगाने वाले भी इसके अधीन हो गए हैं। इसकी महिमा तो तीनों लोकों में छा गई है। सभी इसकी स्तुति गाए जा रहे हैं। यह पहले तो बँसवारी के झाड़े में लिपटी पड़ी थी। इसका भाग्य तो देखिए, अब वह हमारे कन्हैया की अर्द्धांगिनी बन बैठी है। उनके यहाँ आकर बैठ गई है।

१०४४/१९४७ राग गौरी

स्याम नृपति, मुरली भई रानी।
बन तैं ल्याइ सुहागिनि कीन्हौ, और नारि उनकौं न सुहानी।
कबहुँ अधर धरि देत अलिंगन, बचन सुनत तन दसा भुलानी।
'सूरदास' प्रभु गिरिधर नागर, नागरि बन भीतर तैं आनी॥

सखी, अब मुरली के क्या कहने। श्याम राजा हो गए हैं और मुरली उनकी रानी हो गई है। श्याम इसे जंगल से पकड़ ले आए हैं, उधार लाए हैं अब इसे सुहागिनी अर्द्धांगिनी बना लिया है। उन्हें नगर, गाँव की कोई नारी अच्छी नहीं लगी। अपनी-अपनी रुचि ही तो है। वे मुरली को अपने अधरों पर रखकर उसे आलिंगन, परिरंभण, चुंबन देते हैं और उसके मधुर बोल सुनकर तो अपने तन मन की सुधि भी भुला देते हैं। गिरिधर नागर हैं और वे वन के भीतर से इस नागरी को ले आए हैं।

मुरली-बचन गोपियों के प्रति

१०४५/२९४८ राग मलार

ग्वालिनि तुम कत उरहन देहु?
पूछहु जाइ स्याम सुंदर कौं, जिहिं दुख जुरयौ सनेहु।
जन्मत ही तैं भई बिरत चित, तज्यौ गाउँ, गुन गेहु।
एकहि पाउँ रही हौं ठाढ़ी, हिम-ग्रीषम-ऋतु मेहु।
तज्यौ मूल साखा-सुपत्र सब, सोच सुखानी देहु।
अगिनि सुलाकत मुरयौ न तन मन, विकट बनावत बेहु।
बकतीं कहा बाँसुरी कहि-कहि, करि-करि, तामस तेहु।
'सूरस्याम' इहिं भाँति रिझै किनि, तुमहुँ अधर रस लेहु॥

अरी अहीरियों, तुम मुझे व्यर्थ के लिए ये सब उलाहने क्यों दिए जा रही हो? जाके अपने श्यामसुंदर से ही पूछो, कितना दुःख उठाने पर मेरा उनसे स्नेह-संबंध जुड़ा है। जन्मते ही मेरे मन में वैराग्य आ गया और मैंने अपना गाँव, अपना घर और अपने सारे गुण छोड़ दिए। एक ही पैर पर खड़ी होकर मैंने जाड़ा, गरमी, बरसात सभी ऋतुएँ बिता डालीं। टस से मस नहीं हुई। मैंने अपना मूल, डाल-पत्ते सभी छोड़ दिए और मारे शोच के मेरी सारी देह सूख गई। मुझे अग्नि से संतप्त किया गया, फिर मुझमें लौह सलाख से सूराख बनाया गया। इन भयानक वेधों (रंध्रों, छेदों) को बनाते समय भी मेरा तन-मन विचलित नहीं हुआ, मैं अडिग बनी रही। अब तुम हो, जो तमस भाव से, तेह (अहंकार) करके,

मुझे 'बाँसुरी, बाँसुरी' कहकर व्यर्थ ही बकती आ रही हो। क्या मैं अब निरी 'बाँसु' (बाँस) रह गई हूँ? जितने कष्ट उठाकर, घोर तपकर, मैंने श्याम को पाया है, वैसा ही कठिन तप करके तुम भी श्याम को अपने प्रति अनुरक्त बना लो और तुम भी उनके अधरामृत को पियो, तुम्हें रोकता है कौन? कम से कम मैं तो रोकूँगी नहीं। कन्हैया का अधरामृत अक्षय है, अपार है, अथाह है, असमाप्त प्राय है। पियो न।

१०४६/१९५० राग सूहौ

जब सुनिहौ करतूति हमारी।
तब मन-मन तुमहीं पछितैहौ, बृथा दई हम याकौं गारी।
तुम तप कियौ, सुन्यौ मैं सोऊ, रिस पावहुगी और कहा री।
मो समान तप तुम नहिं कीन्हौ, सुनहु करौ जनि सोर बृथा री।
मैं कह कहौं, सुनौगी तुमहीं, जगत-बिदित यह बात हमारी।
'सूरस्याम' आपुन ही कहियै, सुनत कहा मुसुकात मुरारी॥

अहीरियों, तुम बार-बार मेरी (काली) करतूतों का उल्लेख करती जा रही हो। वे काली नहीं हैं, उज्ज्वल हैं, कीर्तिदायक हैं, बदनाम करनेवाली नहीं। मेरे ख्यातिदायक कृत्य जब तुम सुनोगी, तब तुम स्वयं ही मन ही मन पछताओगी कि हमने व्यर्थ ही मुरली को गालियाँ दी हैं। तुमने कात्यायनी देवी का जो व्रत किया हैं, मैंने भी उसे सुना है। मेरे तप की बात सुनकर तुम मुझ पर क्रोध ही करोगी न, और क्या करोगी ? मेरे समान तप तुमने नहीं किया है। उसे सुनो और गुनो, बेकार के लिए शोर-गुल मत करो। मैं अपने मुँह से कहकर क्यों मियाँ मिट्ठू बनूँ? तुम स्वयं किसी से, कहीं न कहीं, अवश्य सुन ही लोगी। यह बात कोई छिपी नहीं है, यह तो सारे संसार में सुख्यात है।

कन्हैया तुम्हीं क्यों नहीं मेरे तप की बात इन्हें कह सुनाते? मेरी बात सुनकर, हे मुरारि, मुसकाते क्यों जा रहे हो? इन्हें बता दो न।

१०४७/१९५५ राग बिलावल

मेरे दुख कौ ओर नहीं।
षट रितु सीत उष्न बरषा मैं, ठाढ़े पाइ रही।
कसकी नहीं नैकुहूँ काटत, घामैं राखी डारि।
अगिनि-सुलाक देत नहिं मुरकी, बेह बनावत जारि।
तुम जानति मोहिं बाँस-बँसुरिया, अगिनि छाप दै आई।
'सूरस्याम' ऐसैं तुम लेहु न, खिझति कहा हौ माई॥

अहीरियों, मैं तुम्हें गोपियाँ, ग्वालिने नहीं कहूँगी। तुमने भी मुझे 'बाँसुरी' कहा है। अच्छा सुनो, मेरे दुःखों का छोर नहीं। मैं छहो ऋतुओं में-जाड़ा, गर्मी, बरसात तीनों मौसमों में समान रूप से विचलित हुए बिना एक पाँव खड़ी रही हूँ। जब मुझे अपने वंश (बाँस और कुल) से कुल्हाड़ी से काटा जाने लगा, अलग किया जाने लगा, तब मैं जरा भी कसकी नहीं, खिसकी नहीं, सी तक नहीं की। फिर मुझे सुखाने के लिए धूप में डाल दिया गया। फिर सीधा करने के लिए मुझे आग में डालकर गरम किया गया।

तदनंतर मुझमें लाल लोहे से सूराख बनाया गया। मुझे जलाकर मुझमें छेद किए गए। पर मैंने अपने अंग तनिक भी नहीं मोड़े। तुम मुझको बाँस की बँसुरी ही समझती हो। मैंने तो अपने शरीर पर आग का छापा लगवा लिया है, तब भगवान की प्रीति-भाजन बनी हूँ। इसी प्रकार तुम भी तप करो, कष्ट सहो, आग में जलो, एक पैर खड़ी रहो, अपने को सिद्ध बनाओ और कन्हैया को प्राप्त कर लो। सखी, मुझ पर व्यर्थ ही क्यों चिढ़ी जा रही हो, खिझो मत, रीझो।

गोपी-बचन परस्पर

१०४८/११५७ राग सारंग

मुरली तौ अधरनि पर गाजति।
कैसैं बैठी दुहूँ करनि चढ़ि, अँगुरी रंध्रनि राजति।
स्यामहिं मिलि हम सबनि दिखावति, नैकु नहीं मन लाजति।
नाद सवाद मोद सौं उपजत, मधुरे-मधुरे बाजति।
कबहुँ मौन ह्वै रहति, कबहुँ कछु कहति, रहति नहिं हाजति।
'सूर स्याम' वाकौ सुर साजत, वह उनहीं सौं भ्राजति॥

हे सखी, यह मुरली कन्हैया को होठों पर चढ़ बैठकर गरजती रहती है। देखो तो, यह उनके दोनों हाथों पर चढ़कर उनके होंठो पर कैसी चढ़ कर बैठी है। उनकी उँगलियाँ उसके छेदों पर फिरती हुई बड़ी अच्छी लग रही हैं। यह मुरली भारी बेहया है। श्याम से मिलकर, यह हम सबको अपना यह मिलना दिखाती जा रही है। मन में यह जरा भी हया शरम नहीं कर रही है। यह सब सुकर्म तो रात के एकांत में सबसे छिपाकर किए जाते हैं और एक यह है जो अपना सब सुकर्म दिन दहाड़े कर रही है और हमें दिखलाए जा रही है। इसमें स्वर का स्वाद अत्यंत आनंदपूर्वक उपजता है और यह मधुर स्वर में बजती जाती है। यह कभी चुप हो रहती है, कभी कुछ कहती है। इसकी कोई जरूरत अपूर्ण नहीं रह पाती। असलियत तो यह है कि मुरली का अपना कोई सुर और स्वर नहीं है। श्याम ही उसमें अपनी साँस फूँककर उसे सस्वर और स-सुर बना देते हैं। वह उन्हीं से शोभा पा रही है, नहीं तो उसमें है ही क्या?

१०४९/११६० राग बिलावल

मुरली जैसैं तप कियौ, कैसैं तुम करिहौ।
षटरितु इक पग क्यौं रहौ, अबहीं लरखरिहौ।
वह काटत मुरकी नहीं, तुम तौ सब मरिहौ।
वह सुलाक कैसैं सहौ, परसत हीं जरिहौ।
तुम अनेक, वह एक है, वासौं जनि लरिहौ।
'सूरस्याम' जिहिं ढरि मिले, नहिं जीतौ, हरिहौ॥

दूसरी गोपी पहली से कह रही है—मुरली ने जितने कष्ट उठाकर तप किया है, क्या वैसे कष्ट सहकर तुम भी तप कर सकती हो? तुम छहो ऋतुओं में एक पैर से कैसे खड़ी रह सकती हो, तुरंत लड़खड़ा कर गिर जाओगी। वह अपने वंश से जब काटी जा रही थी,

तब उसने जरा भी अंग नहीं मोड़ा। तुम सब तो काटे जाने पर मर ही जाओगी। तुम वह सूराख किए जाते हुए कैसे सह सकोगी? गर्म लौह शलाका का स्पर्श पाते ही तुम जल जाओगी। तुम अनेक हो, वह अकेली है। उससे लड़ाई-झगड़ा मत करना, एक तो यह अन्याय होगा; दूसरे एक बात और है। जिससे हमारे श्याम द्रवित होकर जा मिले हैं, उससे तुम जीत नहीं पाओगी, हार ही जाओगी।

१०५०/१९६१ राग बिलावल

मुरली की सरि जनि करौ, वह तप अधिकारिनि।
एते पर तुम बोलिहौ, कह, भई बनजारिनि।
धीर धरैं मरजाद है, ना तौ लघु ह्वैहौ।
नैंकु दरस की आस है, ताहू तैं जैहौ।
झगरैं झगरोई रहै, तिहिं कहा बड़ाई।
वह अपनौ फल भोगवै, तुम देखौ माई।
देखौ वाके भाग कौं, ताकौं न सराहौ।
'सूरदास' झझकौं कहा, नीकैं किन चाहौ॥

मुरली की बराबरी मत करो। वह अपने तप के बल से अधिकारिणी, स्वामिनी बन पाई है। इतने पर भी तुम उसको वन जला देनेवाला कहे जा रही हो। धैर्य धरे रहो, इसीमें हमारी, तुम्हारी, सब गोपियों की मर्यादा है। अन्यथा हमारा पक्ष हलका हो जायगा और हम तुच्छ और लघु कही जाने लगेंगी। कन्हैया का कम से कम जरा-सा दर्शन तो अभी तक सुलभ है। झगड़ा कर लेने पर हमें इस अल्प-दर्शन से भी वंचित हो जाने की आशंका है। झगड़ा करने से झगड़ा बराबर बना रहता है। इस झगड़ने से कोई बड़ाई नहीं मिल सकती। सखी, जरा ध्यान देकर तो सोचो, मुरली अपने पुण्य का ही तो फल भोग रही है। तुम उसका भाग्य तो देखो। उसके भाग्य की तुम्हें सराहना करनी चाहिए। पर तुम उसकी, उसके भाग्य की, प्रशंसा नहीं कर रही हो। तुम मुरली से क्यों झिझक रही हो? उससे अच्छा खासा प्रेम क्यों नहीं करने लगती?

१०५१/१९६२ राग रामकली

मुरली सौं अब प्रीति करौ री।
मेरी कही मानि मन राखौ, उर-रिस दूरि धरौ री।
तुमहिं सुनीं मुरली की बातैं, दीन होइ बतरानी।
काहैं न ढरैं स्याम ता ऊपर, क्यौं न होइ पटरानी।
हम जान्यौ यह गर्व भरी है, साधु न यातैं और।
रिझै लियौ हरि कौं तप कैं बल, बृथा करौ तुम सोर।
'सूरस्याम' बहुनायक सजनी, यहौ मिली इक आइ।
तुम अपने जौ नेम रहौगी, नेम न कर तैं जाइ॥

सखी, अब मुरली से द्वेष करना छोड़ो और इससे प्रेम करो। मेरा कहना मानो और तुम्हारे हृदय में इसके प्रति जो रोष है, उसे निकाल कर दूर फेंक दो। तुमने अभी-अभी

मुरली से ही उसका पक्ष सुना है। वह कितनी विनम्रता से दीन होकर बतिया रही थी। जिसमें इतनी विनम्रता हो, जिसने इतना तप किया हो, इतना कष्ट सहा हो, उस पर हमारे श्याम क्यों न दया से द्रवित हो उठें और वह क्यों न महादेवी हो? हमने पहले समझा था कि मुरली बड़ी अभिमानिनी है। पर इससे बातें करके अब जान गई हूँ कि इससे बढ़कर कोई अन्य साधु या साध्वी नहीं है। इसने अपने तप के बल से कन्हैया को मोहित कर लिया है। तुम लोग व्यर्थ के लिए शोर मचाए जा रही हो। हे सजनी, श्याम एक पत्नीव्रती नहीं हैं। वे तो बहुनायक हैं। बहुत-सी प्रियाओं से समान प्रेम करने वाले हैं। जहाँ उनकी इतनी प्रेयसियाँ हैं, यही समझ लो कि वहाँ एक और प्रेयसी आ मिली। इससे हमारा क्या बनता बिगड़ता है। यदि तुम अपने नेम धर्म पर बनी रहोगी, कृष्ण से पूर्ववत प्रेम करती रहोगी, तो यह संयम-नियम तुम्हारे हाथ से कहीं छिटक नहीं जायगा। तुम्हारा यह नेम फलप्रद होगा और कृष्ण का प्रेम तुम पर बराबर बना रहेगा।

१०५२/१९६३ राग कान्हरौ

नेमहिं मैं हरि आइ रहैंगे।

मुरली सौं तुम कछू कहौ जनि, ऐसेहिं तुमहिं मिलैंगे।
वै अंतरजामी सब जानत, घट-घट की जो प्रीति।
जाकौ जैसौ भाव सखी री, ताहि मिलैं तिहिं रीति।
मातु-पिता-कुलकानि-लाज तजि, भजी जनम तैं जाहि।
काहे कौं मुरली की डाहनि, अब तजियै री ताहि।
सोरह सहस एक मन आगरि, नागरि मुरली जानि।
'सूरस्याम' कौं भजौ निरंतर, जासौं है पहिचानि॥

सखी, यदि तुम कृष्ण से अपने प्रेम के प्रति पक्की हो, दृढ़ संकल्प हो, तो हरि अवश्य ही आ मिलेंगे। तुम लोग मुरली को बिलकुल बुरा-भला मत कहो। हरि तुम्हें ऐसे ही, बिना मुरली को कुछ कहे सुने ही, आ मिलेंगे। हरि अंतर्यामी हैं। वे प्रत्येक की हृदय-स्थित प्रीति को जानते हैं। जिसका जैसा प्रेम-भाव उनके प्रति है, उसीके अनुसार वे उससे मिलते हैं। हमने माता-पिता, कुल की मर्यादा और लज्जा को छोड़कर अभी तक जन्म से ही जिन हरि को भजा है, मुरली की डाह से, ईर्ष्या से अब हम उस प्रेम-भाव का परित्याग क्यों कर दें। अभी तक हम सोलह हजार गोपियाँ हरि से प्रेम करती रही हैं। समझ लो इसमें एक नागरी मुरली और मिली। उसे भी तुम अब अपने सोलह हजार एक गिन लो। सभी आगरी, अग्रगामिनी और नागरी हो। एक और सही। हमारी पहचान तो नागर कृष्ण से है। हमें श्याम का निरंतर भजन करते रहना चाडिए। मुरली के प्रति ईर्ष्यालु होकर हमें इस नेम का, इस प्रेम का, परित्याग नहीं करना चाहिए।

१०५३/१९६४ राग कान्हरौ

मुरली की जनि बात चलावौ।

वह बल करति आपने तप कौ, तुम काहैं बिसरावौ।
कहा रही एकहि पग ठाढ़ी, कहा काटि जो डारी।

कहा सुलाक सह्यौ उहिं गाढ़े, कर सौं स्याम सँवारी ।
निमिष एक भरि कष्ट सह्यौ जो, तुरत अधर मधु सींची ।
'सूर' सुनौ, जनि बात कहौ तेहिं, बड़ी आहि जौ नीची ॥

इस गोपी का प्रतिवाद करती हुई एक अन्य गोपांगना बोल उठी। सखी, तुम मुरली की यह चर्चा बंद करो। तुम इस बात को क्यों भूली जा रही हो कि मुरली को अपने तप का भारी भरोसा है। अपने तप का उसे अहंकार है। अगर वह एक पैर पर खड़ी रही, तो इससे क्या? उसे उसकी डाल से काटकर जो अलग कर दिया गया, तो इससे क्या? उसने विद्ध किये जाने का गाढ़ा कष्ट सहा, तो इससे क्या? उसने एक क्षण भर के लिए जो कष्ट सहा, तो इससे क्या? उसे तो इस सबका प्रतिफल तुरंत मिल गया, श्याम ने इसे अपने हाथों से सँवार दिया और तुरंत अपने अधरामृत से इसे सींच दिया। अब उसकी और चर्चा मत चलाओ। जो इतनी बड़ी नीच है, उसकी चर्चा ही क्या?

१०५४/१९६५ राग कान्हरौ

हम तैं तप मुरली न करै री ।
कहा सुलाक सह्यौ जो इक पल, नित प्रति बिरह जरै री ?
किरिया सी करि कै भई ठाढ़ी, तुरत अधर-तट लागी ।
हमकौं निसि दिन मदन जरावत, वाही रस अनुरागी ।
यहै बात कर्महुँ तैं मोटी, तातैं हम सरि नाहीं ।
'सूरस्याम' की महिमा न्यारी, कृपा करी ता माहीं ॥

प्रतिवाद करती हुई वह गोपी आगे पुनः कहे जा रही है—मुरली ने बहुत तप किया है, माना, पर इसने हमसे अधिक तप किया है, यह मानने के लिए हम तैयार नहीं हैं। इसने तो एक पल के लिए ही गर्म लौह शलाका का कष्ट सहा है, पर हम तो रोज ही कन्हैया के विरह में जली जा रही है। यह तो एक बार सुराख कराने की क्रिया करके खड़ी हो गई और मनमोहन के अधर-तटों से जा सटी। हम भी उसी अधर-रस की अनुरागिनी हैं, पर हमें रात-दिन काम-ज्वाला जलाए जा रही है और अधरामृत हमें नहीं मिल पा रहा है। हाँ, इसमें एक बात है, यह कर्म की मोटी है, इसका भाग्य प्रबल है। इसी से हम इसकी बराबरी नहीं कर पा रही हैं। श्याम की महिमा विचित्र है। उन्होंने इस पर इतने पर ही कृपा कर दी है, बस।

१०५५/१९६८ राग गौरी

मुरली सौं कह काम हमारौ ।
अधर धरैं, सिर पर किन राखैं, तुम जनि कबहुँ बिगारौ ।
जा कारन तुम जन्म भई ब्रज, ध्यावहु नंद-दुलारौ ।
बीचहिं कहूँ और सौं अँटके, तामैं कहा तुम्हारौ ।
वह मुसुकनि, वह स्याम सुभग छबि, नैननि तैं जनि टारौ ।
'सूरज' प्रभु ब्रजनाथ कहावत, ते तुम छिनु न बिसारौ ॥

मुरली से हमारा भला क्या काम? कन्हैया उसे चाहे अपने होठों पर रखे रहें, चाहे

उसे सिर पर चढ़ा लें। तुम सब इस मुरली से बिगाड़ न करो। इससे अच्छे संबंध बना रखो। ब्रज में तुम्हारा जन्म तो नंदकुमार के लिए हुआ है, उन्हीं का ध्यान किए जाओ। यदि वे मुरली जैसी से बीच में ही कहीं अँटक गए, फँस गए, तो उसमें तुम्हारा क्या? कन्हैया की उस मुसकान को, उस साँवली सलोनी सूरति को, आँखों से कभी भी ओझल मत होने दो। प्रभु ब्रजनाथ कहलाते हैं। न तो इस बात को कभी भूलो, न उन्हें। वे मुरलीधर कहे जाते हैं, मुरलीपति नहीं—इसे सदैव याद रखो।

१०५६/१९७१ राग रामकली

मुरली बाजति है बहु बान।
तीनि ग्राम[1], इकईस मूर्छना[2], कोटि उनंचास तान[3]।
सर्व कला ब्युत्पन्न सुघर अति, या समसरि को आन।
अति सुकंठ गावति, मन भावति, रीझे स्याम सुजान।
ऐसी सौं नहिं बैर कीजियै, दूरि करौ रिस-ज्ञान।
'सूरस्याम' कैं अधर बिराजति, सबहीं अंग-निधान॥

यह मुरली नाना प्रकार से बजी जा रही है। इसमें तीन ग्राम[1] इक्कीस मूर्च्छनाएँ[2] और उंचास[3] तानें भरी हैं। यह सभी कलाओं में प्रवीण है, दक्ष है, अत्यंत सुंदर ढंग से गढ़ी गई है। इससे बराबरी करनेवाला दूसरा है कौन? यह अत्यंत सुंदर सुरीले गले से गाती है और लोगों का मन मोह लेती है। इसीलिए संगीत के पूर्ण ज्ञाता श्याम इस पर रीझ गए हैं। ऐसी रसीली मुरली से बैर मत करो। अपना क्रोध इस पर से हटा लो। यह सब कलाओं का भंडार है। इसीलिए यह श्याम के अधरों पर शोभा दे रही है।

१०५७/१९७२ राग रामकली

मुरलिया स्याम अधर पर बैसी।
सुनहु सखी यह है तिहिं लायक, अतिहिं भली, नहिं नैसी।
कैसैं नंद-नँदन कर धरते, जो पै होती गैंसी।
तुमही बृथा कहति जोइ सोई, यह जैसी की तैसी।
सुनहु कहा कहि-कहि मुख गावति, हृदय स्याम कैं पैसी।
'सूरदास' प्रभु क्यौं न मिलैं ढरि, तिहूँ भुवन जै जै सी॥

---

१. तीन ग्राम-षडज ग्राम, मध्यम ग्राम, गांधार ग्राम।

२. मूर्च्छना स्वरों के उतार-चढ़ाव को कहते हैं। प्रत्येक ग्राम में सात-सात मूर्च्छनाएँ होती हैं—
षडज ग्राम-१. ललिता, २. मध्यमा, ३. चित्रा, ४. रोहिणी, ५. मतगंजा, ६. सौरबीरी, ७. षंडमध्या।
मध्यम ग्राम-१. पंचमा, २. मत्सरी, ३. मृदु मध्या, ४. शुद्धा, ५. अंता, ६. कलावती, ७. तीव्रा।
गांधार ग्राम-१. रौद्री, २. ब्राह्मी, ३. वैष्णवी, ४. खेचरी, ५. सुरा, ६. नादवती, ७. विशाला।

३. तान—आरोह और अवरोह की गति से गमक और मूर्च्छना के द्वारा किसी राग को खींचना तान कहलाता है। संगीत दामोदर के अनुसार ४९ तानें ही होती हैं।

मुरलिया श्याम के अधर पर बैठी है। हे सखी, सुनो, यह श्याम के अधरों पर बैठने के योग्य है भी, यह अत्यंत भली है, यह बुरी नहीं है। यदि यह गांस वाली होती, व्यंग बोलनेवाली होती, तो नंदनंदन इसे अपने हाथ में लेते ही नहीं। तुम्हीं व्यर्थ के लिए इसके संबंध में जैसा-तैसा, उल्टा-सीधा, कहे जा रही हो। पर यह जैसी थी, वैसी ही है। तुम्हारे कहने का इसने कोई बुरा नहीं माना। ध्यान देकर सुनो तो, यह श्याम के हृदय में प्रविष्ट हो-होकर अपने मुँह से क्या-क्या गाती चली जा रही है। तीनों लोकों में मुरली की जय-जयकार हो रही है। फिर प्रभु इस पर ढुलक कर क्यों न इससे मिलें।

१०५८/१९७४ राग केदारौ

जौ पै मुरली कौ हित मानौ।
तौ तुम बार-बार ऐसैं कहिं, मन मैं दोष न आनौ।
बासर-याम बिरह-अहि-ग्रासित, हूजत मृतक समान।
लेति जिवाइ सु-मंत्र सुरस कहि, करति न डर अपमान।
निज संकेत लखावति अजहूँ, मिलवति सारँगपानि।
सरद-निसा रस-रास करायौ, बोलि-बोलि मृदु बानि।
परकृत-सील सुकृत-उपमा-सी, तासौं यौं कत कहियै।
पर कौ 'सूरजदास' मेटि कृत, न्याइ इतौ दुख सहियै॥

यदि तुम मुरली द्वारा किए गए हित कारक कर्मों को स्वीकार करो, तो तुम बार-बार उसे उलटा-सीधा कहकर उसके झूठे दोष अपने मन में मत लाओ। तुम दिन-रात श्याम के विरह में ग्रस्त होकर जब मृतक-सी हो जाती हो, तब यही मुरली तो है, जो अपने सुर के मंत्र से तुम्हें जिला लेती है। वह न तो तुम्हें डरवाती है और न अपमानित ही करती है। यह मुरली ही तो है, जो अपने सुर के संकेत से मिलने के संकेत-स्थल को, सहेट, को बतला देती है और कमल के समान कर वाले कृष्ण से मिला देती है। शरद की शीतल रात में मृदु स्वर में बोल-बोलकर यही तो रास कराती है। यह सदा परोपकार करनेवाली है, यह सभी पुण्यों की उपमाओं से भरी पूरी है। इसे इस प्रकार बुरा-भला न कहना चाहिए। जो किसी के परोपकार को नहीं मानता, अकृतज्ञ होता है। यह इतना दुख जो सहता है, वह उचित ही है। तुम भी कृतज्ञ बनो, कृतघ्न नहीं।

१०५९/१९७५ राग रामकली

मुरली स्याम बजावन दै री।
स्त्रवननि सुधा पियति काहैं नहिं, इहिं तू जनि बरजै री।
सुनति नहीं वह कहति कहा है, राधा राधा नाम।
तू जानति हरि भूलि गए मोहिं, तुम एकै पति बाम।
वाही कैं मुख नाम धरावत, हमहिं मिलावत ताहि।
'सूरस्याम' हमकौं नहिं बिसरे, तुम डरपति हौ काहि॥

श्याम को मुरली बजाने दे! तू इस स्वर-सुधा को क्यों नहीं पीती। इसे तू रोक मत। सुनती नहीं, यह क्या कह रही है। यह तुझे ही तो 'राधा-राधा' कहकर बुलाए जा रही

है। तू समझती है कि श्याम तुझे भूल गए हैं। तुम दोनों एक ही हो, पति-पत्नी हो। इस मुरली के द्वारा वे हमारा नाम ले लेकर बुलाते हैं। यह मुरली ही तो हमें श्याम से ला मिलाती है। कन्हैया हमें भूले नहीं हैं, तू व्यर्थ के लिए डर मत।

१०६०/१९७६ राग जैतश्री

जब जब मुरली कान्ह बजावत।
तब-तब राधा नाम उचारत, बारंबार रिझावत।
तुम रमनी, वह रमन तुम्हारे, वैसेहिं मोहिं जनावत।
मुरली भई सौति जो माई, तेरी टहल करावत।
वह दासी तुम हरि-अर्धांगिनि, यह मैरैं मन आवत।
'सूर' प्रगट ताही सौं कहि-कहि, तुमकौं स्याम बुलावत॥

जब-जब कन्हैया मुरली बजाते हैं, तब-तब वे मुरली में तेरा राधा नाम उच्चारित करते जाते हैं और तुझे रिझाते जाते हैं। तू श्याम की रमणीया, रम्या रमणी है और वे तेरे रमण हैं, पति हैं। यदि यह मान भी लिया जाय कि मुरली तेरी सौत ही है, तब भी वे तेरी ही सेवा उसी सौत से करवाए जा रहे हैं। उसी के माध्यम से तुझे बुलाते हैं। वह तो सेविका मात्र है। तुम हरि की अर्द्धांगिनी हो। मेरी समझ में तो यही बात आती है, यह तो इसी से साफ है कि वे मुरली से ही कहलवाकर तुझे अपने पास बुलाते हैं।

१०६१/१९८० राग सारंग

मुरली दिन-दिन भली भई।
बन की रहनि नहीं अब यामैं, मधु हीं पागि गई।
अमिय समान कहति है बानी, नीकैं जानि लई।
जैसी संगति, बुधि तैसीयै, ह्वै गई सुधामई।
जब आई तब औरै लागी, सो निठुरई हई।
'सूरस्याम' अधरनि के परसैं, सोभा भई नई॥

यह मुरली तो दिन प्रति दिन भली मानस होती जा रही है। अब इसमें वह पुराना जंगलीपन नहीं रह गया है। अब तो यह मधु में पग गई है और अत्यंत मीठी हो गई है। अब यह अमृत के समान मधुर बोल-बोलने लगी है। यह मैंने अब भली-भाँति जान लिया है। जैसी संगति होती है, वैसी ही बुद्धि हो जाती है। श्याम के अधरों की संगति में अब यह अमृतमयी हो गई है। जब यह पहले पहल आई थी, तब यह कुछ और ही थी। इसकी पहले की निष्ठुरता अब हत हो उठी है, समाप्त हो गई है। श्याम के अधरों का स्पर्श पाकर इसकी शोभा एकदम नई हो गई है।

१०६२/१९८५ राग सारंग

मोहन की मुरली मैं मोहिनी बसत है।
जब तैं सुनी स्त्रवन, रह्यौ न परै भवन, देह तैं मनहुँ प्रान अब निकसत है।
कहा करौं मेरी आली, बाँसुरी की धुनि साली, माता-पिता-पति-बंधु, अतिहीं त्रसत है।

मदन अगिनि अरु बिरह की ज्वाल जरी, जैसें जल-हीन मीन तट दरसत है ।
अतिहि तपति छाती, लागति है प्रेम कांती, फूलनि की माला मनौ ब्याल ह्वै डसत है ।
'सूरस्याम' मिलन, कौं आतुर ब्रज की बाल, एक-एक पल जुग-जुग ज्यौं खसत है ॥

श्याम की मुरली में मोहिनी भरी हुई है। जब से मैंने इसके मधुर बोल सुने हैं, मुझसे घर में रहा नहीं जा रहा है। लगता है शरीर से अब प्राण निकल ही जायेंगे। हे सखी अब मैं करूँ, तो क्या करूँ? बाँसुरी की धुन ने तो मुझे विद्ध कर दिया है। माता, पिता, भाई सभी मुझे अत्यंत त्रास देने लगे हैं। मदन की अग्नि मेरे लिए अरि (शत्रु) हो गई है। मैं विरह की ज्वाला में जली जा रही हूँ। मेरी दशा तो उस मछली जैसी हो गई है जो जल से बाहर निकाल कर किनारे रख दी गई हो और जल के लिए तरसती हुई तड़प कर मरी जा रही हो। मेरी छाती दहक रही है। मुझे प्रेम की कतरनी काटे जा रही है। फूलों की माला तो मुझे साँप के समान डसे जा रही है।

ब्रज-बालाएँ श्याम से मिलने के लिए आतुर हैं। उनका एक-एक पल युग-युग के समान खिसक रहा है, बीत रहा है।

श्रीकृष्ण ब्रजागमन रूप माधुरी

१०६३/१२४३ राग बिलावल

स्याम-हृदय बर मोतिनि-माला । बिथकित भईं निरखि ब्रज-बाला ॥
स्त्रवन थके सुनि बचन रसाला । नैन थके दरसन नँद-लाला ॥
कंबु-कंठ, भुज नैन बिसाला । कर केयुर कंचन नग-जाला ॥
पल्लव हस्त मुद्रिका भ्राजै । कौस्तुभ मनि हृदयस्थल छाजै ॥
रोमावली बरनि नहिं जाई । नाभिस्थल की सुंदरताई ॥
कटि किंकिनी चंद्रमनि-संजुत । पीतांबर, कटि-तट छबि अद्भुत ॥
जुगल जंघ की पटतर को है । तरुनी-मन धीरज कौं जोहै ॥
जानि जानु की छबि न सम्हारै । नारि-निकर मन बुद्धि बिचारै ॥
रतन जटित कंचन कल नूपुर । मंद-मंद गति चलत मधुर सुर ॥
जुगल कमल-पद नख मनि-आभा । संतनि-मन संतत लह लाभा ॥
जो जिहिं अंग सु तहाँ भुलानी । 'सूरस्याम'-गति काहु न जानी ॥

श्याम के वक्षस्थल पर मोतियों की माला देखकर ब्रज-बालाएँ जहाँ खड़ी थीं, वहीं खड़ी रह गईं। कन्हैया की मधुर बोली सुनकर उनके कान और भी सुनने के लिए खड़े हो गए। उनके नेत्र कन्हैया की छवि देखने के लिए अचंचल हो उठे। उनकी ग्रीवा शंख-सी थी और उनकी बाहें तथा आँखें बड़ी-बड़ी थीं। हाथ में रत्नजटित स्वर्ण विजायठ पहने हुए थे। हस्त-पल्लवों (उँगलियों) में अँगूठियाँ सुशोभित हो रही थीं। उनके वक्ष पर कौस्तुभमणि सुशोभित हो रही थी। उनकी रोमावली का तो वर्णन ही नहीं किया जा सकता। उनकी नाभि सुंदर थी। उनकी कमर में करधनी थी, जो चंद्रमणि से युक्त थी। कमर में लिपटे पीतांबर की छवि तो निराली ही थी। उनकी दोनों जाँघों की तो भला उपमा

ही किससे दी जा सकती है। वे तो तरुणियां के मन के धैर्य को देखती परखती रहती हैं कि इनमें कितना धीरज है। उनका ज्ञान कन्हैया की पिंडलियों की शोभा का भार नहीं सँभाल पाता और उन तरुणियों का समूह मन ही मन उसकी छवि का विचार किए जाता है कि उसमें कितनी सुघड़ता है। पैरों में रत्न से जड़े सोने की सुंदर पायल है, जो जब वह मंद गति से चलते हैं, तब झन-झन करके मधुर ध्वनि में बजती चलती है। उनके दोनों पैर कमल के सदृश हैं। उन पैरों के नाखून मणि की आभा से युक्त है। ये नख संतों के मन को सदैव लाभ पहुँचाने वाले हैं। जिस गोपी ने कन्हैया के जिस अंग को देखा, वह उसे ही देखती रह गई। श्याम के सौंदर्य का अनुमान कोई भी नहीं कर सकी।

१०६४/१२५५ राग आसावरी

चतुर नारि सब कहतिं बिचारि।
रोमावली अनूप बिराजति, जमुना की अनुहारि।
उर कलिंद तैं धँसि जल-धारा, उदर-धरनि, परवाह।
जाति चली धारा ह्वै अध कौं, नाभी-ह्रद अवगाह।
भुजा दंड तट, सुभग घाट घट, बनमाला तरु कूल।
मोतिनि-माल दुहूँघा मानौ, फेन लहरि रस-फूल।
'सूरस्याम' रोमावलि की छबि, देखत करतिं बिचार।
बुद्धि रचतिं तरि सकतिं न सोभा, प्रेम बिबस ब्रजनार॥

चतुरा नारियाँ कृष्ण की रोमावली को देखकर विचार करके कहने लगीं—यह रोमावली तो यमुना के सदृश अनुपम शोभा को प्राप्त हो रही है। यह कन्हैया जी के वक्षस्थल रूपी कलिंद गिरि से उद्भूत होकर, पेट रूपी धरती पर प्रवाहित होती हुई, नाभि रूपी गहरे दह में गिर गई है। उनकी भुजाएँ इस रोमावली रूपी यमुना के दोनों किनारे है। इनका घट (ह्रदय) ही इसका सुंदर घाट है। उनकी वनमाला ही इसके किनारे के वृक्ष हैं। दोनों ओर लटकती मोतियों की माला ही फेन है। रसीले फूल ही इसकी लहरें हैं। श्याम की रोमावली की छवि देखते हुए ब्रज-नारियाँ प्रेम के बस होकर विचार करने लगीं। उन्होंने बहुत बुद्धि लड़ाई पर उसकी अपार शोभा को तैर कर पार न कर सकीं।

१०६५/१२६० राग धनाश्री

गोपी तजि लाज, संग स्याम-रंग भूलीं।
पूरन मुख-चंद देखि, नैन-कोइ फूलीं।
कैधौं नव जलद स्वाति, चातक मन लाए।
किधौं बारि-बूँद सीप-ह्रदय हरष पाए।
रवि-छबि कैधौं निहारि, पंकज बिकसाने।
किधौं चक्रवाकि निरखि, पतिहीं रति माने।
कैंधौं मृग-जूथ जुरे, मुरली-धुनि रीझे।
'सूरस्याम'-मुख-मंडल-छबि के रस भीजे॥

गोपियों ने श्याम के पूर्णचंद्र के समान मुखमंडल को देखा और सारी लाज हया को छोड़कर वे उनके साथ प्रेम के रंग में रँग उठीं। उस मुख-चंद्र को देखकर उनकी आँखों की कुमुदिनियाँ विकसित हो उठीं, अथवा स्वाति नक्षत्र के बादल को देखकर पपीहा प्रमुदित हो उठा, अथवा स्वाति नक्षत्र के जल की बूँद पाकर सीपी का हृदय हर्ष से परिपूर्ण हो गया, अथवा सूर्य की प्रभा पाकर कमल खिल उठा हो, अथवा अपने पति चकवे को देखकर चकवी ही रति के आनंद से भर उठी हो, अथवा मुरली के नाद को सुनकर हिरनों का समूह रीझकर आ जुटा हो।

सूरदास भी श्याम के मुख-मंडल की छवि के रस से भीगे जा रहे हैं।

१०६६/१९८९ राग गौरी

नटवर-बेष धरे ब्रज आवत।
मोर मुकुट, मकराकृत कुंडल, कुटिल अलक मुख पर छबि पावत।
भ्रकुटी बिकट, नैन अति चंचल, इहिं छबि पर उपमा इक धावत।
धनुष देखि खंजन बिबि डरपत, उड़ि न सकत, उड़िबै अकुलावत।
अधर अनूप मुरलि-सुर पूरत, गौरी राग अलापि बजावत।
सुरभी-बृंद गोप-बालक-सँग, गावत अति आनंद बढ़ावत।
कनक-मेखला कटि पीतांबर, निर्तत मंद-मंद सुर गावत।
'सूरस्याम' प्रति-अंग-माधुरी, निरखत ब्रज-जन कैं मान भावत॥

कन्हैया नर्तक रूप धारण किए हुए वृंदावन से गायें चराकर ब्रज में लौटे आ रहे हैं। उनके सिर पर मोरपंख का मुकुट है, गले में मछली के आकार के कुंडल लटक रहे है, उनके मुख मंडल पर उनकी टेढ़ी अलकें छवि पा रही हैं। उनकी भौंहे टेढ़ी है, नयन अत्यंत चंचल है। इस छवि पर कवि के मन में एक उपमा दौड़ती चली आ रही है, मानो (भौंह रूपी) धनुष को देखकर (नयन रूपी) दो खंजन उड़े जा रहे हों, जो उड़ जाने के लिए विकल हो रहे हैं, पर उड़ नही पा रहे हैं। उनके पानीदार, रसमय, अनूप अधर मुरली में सुर भरे जा रहे हैं और वे मुरली में अलाप लेते हुए गौरी राग बजाए जा रहे हैं। उनके साथ गायें हैं और ग्वाल-बाल हैं। वे गाते हुए, आनंद बढ़ाते हुए चले आ रहे हैं। उनकी कमर में पीतांबर की कछनी है। कछनी पर सोने की करधनी है। वे नाचते जा रहे हैं और मंद-मंद सुर में गाते जा रहे हैं। श्याम के अंग-अंग की माधुरी देख-देखकर ब्रजवासी लोग अत्यंत आनंद पाए जा रहे हैं।

१०६७/१९९० राग जैतश्री

एरे सुंदर साँवरे, तैं चित लियौ चुराइ।
संग सखा संध्या समय, द्वारैं निकस्यौ आइ॥१॥
देखि रूप अदभुत तेरौ, रहे नैन उरझाइ।
पाग ऊपर गोसमायल, रँग-रँग रची बनाइ॥२॥
अति सुंदर सुक-नासिका, राजत लोल कपोल।
रत्न जटित कुंडल मनौ, झख सर करत कलोल॥३॥

कटि-तट काछनि राजई, पीतांबर छबि देत।
अमृत बचन मुख भाषई, तन-मन बस करि लेत ॥ ४॥
भौंह धनुष बर नैन द्वै, मनौ मदन सर साँधि।
जाहि लगै सो जानई, संग लेत बल बाँधि ॥ ५॥
अंग-अंग पर बलि गई, मुरली नैकु बजाइ।
सुनि पावैं सचु गोपिका, 'सूरदास' बलि जाइ ॥ ६॥

हे श्याम सुंदर, तुम ग्वाल-बालों के साथ, संध्या समय वृंदावन से ब्रज आते समय मेरे दरवाजे से गुजरे और तुमने मेरा चित्त चुरा लिया॥ १॥ तुम्हारे अद्भुत रूप को देखकर मेरे नैन उसमें उलझ गए। तुमने अपनी पगड़ी के ऊपर, कान पर झूलती हुई रंग-रंग मोतियों की लड़ी पहन रखी है॥ २॥ तुम्हारी नाक तो सुग्गे की चोंच के समान अत्यंत सुंदर है। तुम्हारे कपोल अत्यंत ललित ढंग से सुशोभित हो रहे हैं। कानों में रत्न जड़े कुंडल हैं, लगता है मछली सरोवर में क्रीड़ा कर रही हो॥ ३॥ कमर में कछनी विराजमान हैं। पीतांबर की छवि का क्या कहना? मुख से अमृत के समान मीठी वाणी निकल रही है, जो मेरे तन-मन को अपने बस में किए ले रही है॥ ४॥ भौहें धनुष-सी हैं, दोनों नयन अत्यंत सुंदर हैं। लगता है मदन ने भौंह रूपी धनुष पर नयनों के वाण साध रखे हों। चितवन के वाण जिसको लगते हैं, वही जानता है। वे बलपूर्वक मन को बाँधकर अपने साथ घसीटे लिए जाते हैं॥ ५॥ कन्हैया, मैं तुम्हारे अंग-अंग पर निछावर हूँ। जरा मुरली तो बजा दो, जिसे सुनकर हम गोपियों को सुख मिले। सूरदास श्याम की छवि पर बलि-बलि जा रहे हैं॥ ६८॥

१०६८/११९८ राग नट

माधौ जू के बदन की सोभा।
कुटिल कुंतल कमल प्रति, मनु मधुप रस-लोभा।
भ्रकुटि इमि नव कुंज पर जनु, सरत् चंचल मीन।
मकर-कुंडल-छबि किरनि-रबि, परसि बिगसित कीन।
सुरभि-रेनु पराग-रंजित, मुरलि-धुनि अलि-गुंज।
निरखि सुभग सरोज मुदित, मराल-सम सिसु-पुंज।
दसन दामिनि बीच मिलि, मनु जलद मध्य प्रकास।
निगम बानी नेति, क्यौं कहि सकै 'सूरजदास'॥

माधव के मुख की शोभा का क्या कहना? उस मुख पर टेढ़ी अलकें ऐसी लग रही हैं, जैसे कमल पर रस-लोभी भौंरा आ बैठा हो। उनकी भौंहें ऐसी लगती है, मानो नव-विकसित कमल पर शरद-ऋतु की कोई चंचल मछली आ बैठी हो। उनके मकराकृत कुंडलों से सूर्य की किरनें फूटी-सी निकली पड़ रही हैं, जो कलित-कपोल रूपी कमलों को छूकर उन्हें विकसित किए दे रही हैं। गायों के खुरों से ऊपर उठी हुई और उनके कपोलों पर पड़ी हुई धूल ही उक्त कपोल रूपी कमल का पराग है। मुरली की धुनि ही उस कपोल रूपी कमल पर बैठे भँवरों का गुंजन है। उन कपोल रूपी सरोजों को देखकर

ग्वाल-बाल रूपी मराल (हंस) प्रमुदित हुए जा रहे है। उनके दाँत बिजली के समान हैं, जो उनके बादल के समान साँवले शरीर में कौंधते जा रहे हैं। इस रूप का वर्णन करने में जब वेद भी 'नेति नेति' कह उठता है, फिर बेचारा सूरजदास इसका वर्णन कैसे कर ही सकता है।

१०६९/१९९९ राग नट

देखि री देखि मोहन-ओर ।
स्याम-सुभग-सरोज-आनन, चारु, चित के चोर ।
नील तनु मनु जलद की छबि, मुरलि-सुर घन-घोर ।
दसन दामिनि लसति बसननि, चितवनी झकझोर ।
स्त्रवन कुंडल गंड-मंडल, उदित ज्यौं रबि भोर ।
बरहि-मुकुट, बिसाल माला, इंद्र-धनु-छबि-थोर ।
धातु-चित्रित बेष-नटवर, मुदित नवल किसोर ।
'सूरस्याम' सुभाइ आतुर, चितै लोचन-कोर ॥

अरी सखी आ और मोहन की ओर जरा देख तो ले। उनका मुँह नीले कमल के समान सुंदर है, जो हमारे चित को चुराए ले रहा है। उनका साँवला शरीर तो बादल की-सी छवि वाला है। उनकी मुरली का स्वर ही उस बादल की गर्जना-सा है। उनके दाँत ही बिजली हैं, जो अपनी झलक उनके वसन पर डालकर उसे चमकाए जा रहे हैं। उनकी चितवन ही हवा का प्रबल झोंका है। उनके कानों के कुंडल कपोलों पर लटक रहे हैं, मानो प्रभातकाल में सूर्योदय हो रहा है। उनके सिर पर मोरपंख का मुकुट है। गले में पड़ी रंग-बिरंगे फूलों की वनमाला है। उनकी माला के सामने इंद्र-धनुष की छवि भी थोड़ी है, कम है। उन्होंने अपना शरीर गेरू से रँग लिया है। वे नटवर वेश में हैं। नवल किशोर इस समय परम प्रमुदित हैं। वे स्वभाव से ही चंचल है। आ, अपनी आँखों की कोर से इस छवि को देख तो ले।

१०७०/२००१ राग हमीर

चितवनि मैं कि चंद्रिका मैं, किधौं मुरली माँझ ठगौरी ।
देखत सुनत मोहैं जिहिं, सुर, नर, मुनि, मृग और खगौ री ।
जब तैं दृष्टि परे मन मोहन, गृह मेरौ मन न लगौ री ।
'सूरस्याम' बिनु छिनु न रहौं मैं, मन उन हाथ पगौ री ॥

सखी, कुछ कहा नहीं जा पा रहा है कि मोहन में जो यह ठगौरी है, मोहिनी है, वह उनकी चितवन में है या मोर पंख के मुकुट की चंद्रिका में है या उनकी मुरली की धुन में है। उनकी चितवन और मोर-चंद्रिका को देखकर और मुरली का स्वर सुनकर देवता, नर-नारी, मुनि, पशु-पक्षी सभी मोहित हो जाते हैं। जब से मैंने मनमोहन को देखा है, घर के काम-काज में मेरा मन नहीं लग रहा है, उचट गया है। मेरा मन उनके हाथ में पग गया है, चला गया है। अब श्याम के बिना मुझसे एक पल भी नहीं रहा जा पा रहा है।

लाल की रूप माधुरी, निरखि नैंकु सखी री।
मनसिज-मनहरनि हाँसि, साँवरौ सुकुमार रासि,
नख सिख अँग निरखि, सोभा-सीव नखी री।
रँगमँगि सिर सुरँग पाग, लटकि रही बाम भाग,
चंपकली कुटिल अलक, बीच-बीच रखी री।
आयत दृग अरुन लोल, कुंडल मंडित कपोल,
अधर दसन दीपति-छबि, क्यौंहुँ न जाति लखी री।
अभयद भुजदंड मूल, पीन अंस सानुकूल,
कनक-मेखला दुकूल, दामिनी धरषी री।
उर पर मंदार-हार, मुक्ता-लर बर सुढार,
मत्त-द्विरद-गति, तियनि की देह दसा करषी री।
मुकुलित बय नव किसोर, बचन-रचन चितहिं चोर,
माधुरी प्रकास मंजरी अनूप चखी री।
'सूरस्याम' अति सुजान, गावत कल्यान तान,
सप्त सुरनि कल, तिहि पर मुरलिका बरषी री॥

सखी, लाल की रूप की माधुरी को तो जरा देख। इनकी मुस्कान मनोज का भी मन हर लेनेवाली है। यह साँवला सलोना तो जैसे सुकुमारता की राशि ही हो। इनका नख से लेकर शिखा तक हर अंग-प्रत्यंग निरख ले। इन्होंने तो शोभा की सीमा लाँघ ली है। इनमें असीम सौंदर्य है। इनके सिर पर रंगमयी लाल पगड़ी है, जो बाईं ओर लटकी हुई है। इनकी टेढ़ी लटों के बीच-बीच में चम्पा की कलियाँ लगा दी गई हैं। इनकी आँखें बड़ी-बड़ी हैं, लाल-लाल हैं और अत्यंत चंचल हैं। कानों के कुंडल अपनी आभा से कपोलों की छवि का बर्धन किए दे रहे हैं। होठों पर इनके चमकते दाँतों की झलकती छवि तो किसी भी प्रकार देखते नहीं बनती। उस छवि पर दृष्टि चौंधिया जाती है और उसे देख नहीं पाती। उनकी भुजाओं के मूल, कंधे, सबको अभयता प्रदान करते हैं। उनके अंग पुष्ट हैं और अभयता प्रदान करने के लिए पूर्ण अनुकूल हैं। उन्होंने कटि में सोने की तगड़ी पहन रखी है। उनके दुकूल, पीतांबर ने तो बिजली की भी प्रभा को धता बता दिया है, घसीट लिया है। उनके वक्ष पर मंदार-कुसुम की माला हैं और मोतियों की लड़ी भी उस पर लुढ़क रही है। उनकी चाल मस्त हाथी की चाल जैसी है, जो कामिनियों की देह की दशा को ही खींचे ले रही है, उन्हें अस्वस्थ और बेचैन बनाए दे रही है। वह अभी नवलकिशोर हैं और उनकी वय अभी खिल ही रही है। वे बातचीत से चित्त को ही चुराए लेते हैं। उनकी रूप-माधुरी तो प्रकाश की मंजरी ही है, जिसका रसास्वादन अनुपम है। श्याम अत्यंत चतुर हैं, प्रवीण हैं। वे जब कल्याण रागिनी में तान लेते हैं, तब मुरली भी उस पर सातों सुरों की वर्षा करने लगती है।

आवत बन तैं साँझ, देख्यौ मैं गाइनि माँझ,
काहू कौ ढोटा री, जाकैं सीस मोर-पखियाँ।
अतिसि कुसुम तन, दीरघ चंचल नैन,
मानौ रिस भरि कै, लरतिं जुग झखियाँ।
केसरि की खौरि किये, गुंजा बनमाल हियैं,
उपमा न कहि आवै, जेती तेती रखियाँ।
राजति पीत पिछौरी, मुरली बजावै गौरी,
धुनि सुनि भई बौरी, रहीं तकि अँखियाँ।
चल्यौ न परत पग, गिरि परी सूधैं मग,
भामिनि भवन ल्याई, कर गहे कँखियाँ।
'सूरदास' प्रभु चित, चोरि लियौ मेरैं जान,
और न उपाउ दाँउ, सुनौ मेरी सखियाँ॥

अरी सखी सुनो आज संध्या के समय, गायों के बीच में, मैंने किसी के छोरे को देखा। वह अपने सिर पर मोर का पंख लगाए था। उसका शरीर तीसी के फूल के समान नीला था। उसके विलोचन बड़े-बड़े थे और चंचल थे। ऐसा लगता था मानों क्रुद्ध होकर दो मछलियाँ परस्पर लड़ी जा रही हों। वह केसर का आड़ा-टीका माथे पर लगाए हुए था। उसके वक्षस्थल पर रत्ती (धुँधली) की लाल-लाल वनमाला थी। उसकी कोई उपमा नहीं कहते बनती। जितनी भी उपमाएँ हो सकती हैं, उसने उन सबको लाँघ लिया था। वह पीतांबर ओढ़े हुए था। मुरली में गौरी राग बजाए जा रहा था। उस धुन को सुनकर कोई गोपी पगला गई और उसकी आँखें टकटकी लगा कर उसे देखने लगीं। उससे चला नहीं जा रहा था, पैर डगमगा रहे थे, वह सीधे मार्ग पर भी लड़खड़ा कर गिर गई। तब उसे उसकी अन्य संगिनियाँ उसका हाथ पकड़ कर अपने काँख में दबाए हुए घर लाईं।

मेरी समझ में तो उसका चित्त ही उस छोरे ने ऐसा चुरा लिया है कि उसे वापस ला पाने का कोई दाँव, कोई उपाय, ही नहीं रह गया है।

बृषभासुर-बध

१०७३/२००४ राग देवगंधार

इक दिन हरि हलधर सँग ग्वारन। प्रात चले गोधन बन चारन॥
कोउ गावत, कोउ बेनु बजावत। कोउ सिंगी कौ नाद सुनावत॥
खेलत हँसत गए बन महियाँ। चरन लगीं जित तित सब गइयाँ॥
हरि ग्वालनि मिलि खेलन लागे। 'सूर' अमंगल जग के भागे॥

एक दिन हरि (कृष्ण) और हलधर (बलराम) ग्वालों के साथ सबेरे ही सबेरे गायें चराने के लिए वृंदावन को चल पड़े। कोई गाए जा रहा था, कोई बाँसुरी बजाए जा रहा था, कोई सींग का ही बाजा-बजाए जा रहा था। वे खेलते-कूदते हँसते-खिलखिलाते

वृंदावन में पहुँच गए और गायें भी जहाँ-तहाँ, इधर-उधर, चरने लगी। कृष्ण ग्वालों के साथ खेलने लगे और संसार के सारे अनिष्ट भाग गए।

१०७४/२००५ राग सोरठ

इहिं अंतर बृषभासुर आयौ।
देखे नंद-सुवन बालक सँग, यहै घात उहिं पायौ।
गयौ समाइ धेनु-पति ह्वै कै, मन मैं दाउँ बिचारे।
हरि तबहीं लखि लियौ दुष्ट कौं, डोलत धेनु बिडारै।
गइयाँ बिझुकि चलीं जित तित कौं, सखा जहाँ तहँ घेरैं।
बृषभ शृंग सौं धरनि उकासत, बल-मोहन-तन हेरै।
आवत चल्यौ स्याम कैं सन्मुख, निदरि आपु अगुसारी।
कूदि पर्‌यौ हरि ऊपर आयौ, कियौ जुद्ध अति भारी।
धाइ परे सब सखा हाँक दै, बृषभ स्याम कौं मार्‌यौ।
पाउँ पकरि भुज सौं गहि फेर्‌यौ, भूतल माहिं पछार्‌यौ।
पर्‌यौ असुर पर्बत समान ह्वै, चकित भए सब ग्वाल।
बृषभ जानि कै हम सब धाए, यह तौ कोउ बिकराल।
देखि चरित्र जसोमति सुत के, मन मैं करत बिचार।
'सूरदास' प्रभु असुर-निकंदन, संतनि-प्रान-अधार॥

इसी बीच यहाँ वृषभासुर आ गया। उसने नंदकुमार कृष्ण को ग्वाल-बालों के साथ देखा। उसने उन्हें वहीं मार डालने का अच्छा अवसर समझा। तब वह धेनु-पति (साँड़ बनकर गायों में जा मिला और मन में कृष्ण को मार डालने का दाँव उपाय सोचने लगा। कन्हैया ने उसी समय दुष्ट को देखते ही पहचान लिया। वह गायों के बीच चलता हुआ उन्हें बिड़ारता जा रहा था। गायें इधर-उधर को डरकर भाग चलीं। सखा लोग यहाँ वहाँ उनको घेर कर लाने लगे। वह साँड़ अपनी सींग से धरनी ओंड़ता हुआ कृष्ण और बलराम को ओर घूर-घूर कर देखने लगा। वह अपने आगे खड़े कन्हैया का निरादर सा करता हुआ आगे बढ़ता आया। वह आकर हरि के ऊपर कूद पड़ा और उनसे उसने भारी युद्ध किया। यह देखकर श्याम के सारे सखा भी ललकारते हुए दौड़ पड़े कि अरे साँड़ ने तो श्याम को मारा! तब तक श्याम ने अपनी बाहों में उसका पाँव पकड़ कर, घुमाकर, उसे धरती पर ला पटका। वह असुर साँड़ तो था नहीं, वह पटकनी खाते ही पर्वत के समान विशालकाय होकर धरा पर फैल गया। उसका यह विकराल राक्षसी रूप देखकर सभी ग्वाल-बाल अचम्भे में आ गए। वे कहने लगे, हम तो इसे साँड़ समझकर मारने दौड़े थे, पर यह तो कोई अत्यंत विकराल और विकट जीव है। वे यशोदानंदन के इस विचित्र चरित्र को देखकर मन ही मन विचार करने लगे—यह तो असुरों के मारनेवाले हैं और संतों के प्राणाधार हैं।

१०७५/२००६ राग गौरी

धन्य कान्ह, धनि धनि ब्रज आए ।
आजु सबनि धरि कै यह खातौ, धनि तुम हमहिं बचाए ।
यह ऐसौ, तुम अतिहिं तनक से, कैसैं भुजनि फिरायौ ।
पलकहिं माँझ सबनि कैं देखत, मारयौ, धरनि गिरायौ ।
अब लौं हम तुमकौं नहिं जान्यौ, तुमहिं जगत-प्रतिपालक ।
'सूरदास' प्रभु असुर-निकंदन, ब्रज-जन के दुख-घालक ॥

ग्वाल-बाल कहने लगे—कन्हैया तुम धन्य हो, यह ब्रज भी धन्य है, जहाँ तुम आए हो। आज यह वृषभासुर हम सबको पकड़कर खा जाता। तुम धन्य हो, जिसने हम सबको जीवित बचा लिया। यह तो इतना भारी-भरकम है और तुम इतने छोटे हो। तुमने इसे कैसे अपनी बाँहों में लेकर घुमा दिया। सबके देखते-देखते तुमने क्षणमात्र में इसे कैसे मार कर धरती पर गिरा दिया। आज तक हमने तुम्हें नहीं जाना था। तुम्हीं संसार के पालनेवाले हो, तुम्हीं असुरों के संहारक हो और तुम्हीं हम ब्रजवासियों के दुख को नष्ट करनेवाले हो।

१०७६/२००७ राग कल्यान

आवत मोहन धेनु चराए ।
मोर-मुकुट सिर, उर बनमाला, हाथ लकुट, गो-रज लपटाए ।
कटि कछनी, किंकिनि-धुनि बाजति, चरन चलत नूपुर रव लाए ।
ग्वाल-मंडली-मध्य स्यामघन, पीत बसन दामिनिहिं लजाए ।
गोप सखा आवत गुन गावत, मध्य स्याम हलधर छबि छाए ।
'सूरदास' प्रभु असुर सँहारे, ब्रज आवत मन हरष बढ़ाए ॥

गायें चराकर मोहन ब्रज में वापस आ रहे हैं। उनके सिर पर मोरपंख का मुकुट है, छाती पर वनमाला है, हाथ में लठिया है, मुँह पर गो-खुर से उड़ी धूल लिपटी है, कमर में कछनी कसे हुए हैं और उस पर किंकिणी भी पहने हैं, जो चलने के साथ बज-बज उठती है। चलते समय पैरों के नुपूर भी बज उठते हैं। घनश्याम ग्वालों की मंडली के मध्य में हैं। उनका पीतांबर बिजली को भी लज्जित कर देनेवाला है। उनके साथी ग्वाल-बाल उनका गुणानुवाद करते चले आ रहे हैं। इनके बीच कन्हैया और बलदाऊ दोनों भैया छविमान हो रहे हैं। प्रभु ने वृषभासुर का संहार कर दिया है और अब प्रसन्न मुद्रा में ब्रज चले आ रहे हैं।

१०७७/२००८ राग कल्यान

ये लखि आवत मोहनलाल ।
स्याम सुभग घन, तड़ित बसन, बग-पंगति, मुक्ता-माल ।
गो-पद-रज मुख पर छबि लागति, कुंडल, नैन बिसाल ।
बल मोहन बन तैं बने आवत, लीन्हे गैया जाल ।
ग्वाल-मंडली मध्य बिराजत, बाजत बेनु रसाल ।
'सूरस्याम' बन तैं ब्रज आए, जननि लिये अँकमाल ॥

देखो, ये मोहन लाल चले जा रहे हैं। वे सुंदर घन के समान साँवले शरीरवाले हैं, विद्युत-द्युति-सा पीतांबर ओढ़े हुए हैं, बगुलों की पंक्ति के समान इनकी मोती की माला है, इनके मुख पर गो के खुरों से उड़ी हुई धूल की मोहक पर्त पड़ी हुई है, इनकी आँखें बड़ी-बड़ी हैं, इनके कुंडल भी बड़े-बड़े हैं। बलराम और मोहन वृंदावन से बने-ठने घर चले आ रहे हैं। उनके साथ गायों का समूह भी चला आ रहा है। वे ग्वाल-बालों के बीच में हैं। उनकी रसमय मुरली बजी जा रही है। श्याम वन से ब्रज में आ गए और जननी यशोदा ने उन्हें अंक में भर लिया।

१०७८/२००९ राग कान्हरौ

तेरौ माई गोपाल रन-सूरौ।
जहँ-जहँ भिरत प्रचारि, पैज करि, तहीं परत है पूरौ।
बृषभ-रूप दानव इक आयौ, सो छन माहिं सँहारयौ।
पाउँ पकरि भुज सौं गहि वाकौं, भूतल माहिं पछारयौ।
कहत ग्वाल जसुमति धनि मैया, बड़ौ पूत तैं जायौ।
यह कोउ आहि पुरुष अवतारी, भाग हमारैं आयौ।
चरन-कमल रज बंदत रहियै, अनुदिन सेवा कीजै।
बारंबार 'सूर' के प्रभु की, हरषि बलैया लीजै॥

ग्वाल-बाल यशोदा जी से कह रहे हैं—मैया तेरा गोपाल तो भारी रण-शूर है, जहाँ-जहाँ भी यह ललकार कर, प्रतिज्ञा करके, जा भिड़ता है, यह वहाँ-वहाँ सदा पूरा उतरता है, विजयी होता है। आज एक दानव साँड़ बनकर आया था, कन्हैया ने उसे पलक मारते मार गिराया। अपने हाथों से उसके पैर पकड़कर इन्होंने उसे घुमाया और धरती पर दे मारा। उसे पछाड़ दिया जैसे धोबी कपड़े पछारता है। मैया, तू धन्य है जिसने कन्हैया जैसा बड़ा रण-शूर पुत्र पैदा किया। यह कोई अवतारी पुरुष हैं। यह हमारे भाग्य से ब्रज में आया है। इसके चरण-कमलों की धूल की सदैव वंदना करती रहो, इसकी बराबर सेवा करती रहो और बराबर इसकी बलैया लेती रहो।

१०७९/२०१० राग सोरठ

जसुमति बार-बार पछितानी।
सुनि करतूति बृषासुर की, जब ग्वाल कही मुख बानी।
गैयनि भीतर आइ समान्यौ, कान्हहिं मारन ताक्यौ।
मैं नहिं काहू कौ कछु घाल्यौ, पुन्यनि करबर नाक्यौ।
सुनि जसुमति मैया, कत खीझति, हरि के भाएँ ख्याल।
परबत तुल्य देह धारी कौं, पल मैं कियौ बिहाल।
तुम्हरी रच्छा कौं यह नाहीं, यह ब्रज कौ रखवार।
'सूरदास' मन मोह्यौ सब कौ, मोहन नंद-कुमार॥

जब ग्वाल-सखा ने वृषभासुर की सारी काली करतूत कह दी, तब जसुमति मैया

बार-बार पछताने लगी—'अच्छा, वह वृषभासुर आकर गायों में घुस समाया और वह कान्हा को मार डालने की ताक में था। मैंने किसी का कुछ नहीं बिगाड़ा था, इससे हमारे पूर्व पुण्य से कन्हैया इस बला को डाँक गया।'

तब ग्वाल-सखा ने कहा—'तू व्यर्थ क्यों खीझ रही है। यह सब तो कन्हैया के बाएँ हाथ का खेल है। पर्वत के समान शरीर वाले को इसने पल भर में मार डाला। तुम्हारी रक्षा की इसे जरूरत नहीं, यह तो स्वयं सारे ब्रज का रक्षक है। इस मोहन ने, नंदनंदन ने ही हम सबका मन मोह लिया है।'

१०८०/२०११ राग सारंग

हमहिं डर कौन को रे भैया।
डोलत फिरत सकल बृंदाबन, जाके मीत कन्हैया।
जब-जब गाढ़ परति है हमकौं, तब करि लेत सहैया।
चिरजीवहु जसुमति सुत तेरे, हरि-हलधर दोउ भैया।
इनतैं बड़ौ और नहिं कोऊ, येइ सब देत बड़ैया।
'सूरस्याम' सन्मुख जे आए, ते सब स्वर्ग चलैया॥

ग्वाल सखा कहने लगे—रे भैया, हमको किसका डर है। हमारे मीत तो कन्हैया हैं। हम उन्हीं के बल पर सारे वृंदावन में निर्भय घूमा करते हैं। हमारे ऊपर जब-जब भी संकट आ पड़ता है, तब-तब वे हमारी सहायता कर लेते हैं। हे यशोदा मैया, तेरे बेटे हरि और हलधर दोनों भाई जीते रहें। इनसे बड़ा और कोई नहीं है। उन्हीं की सब बड़ाई करते रहते हैं। यही सबको बड़ाई देते रहते हैं। जो भी इनसे आ भिड़े। ये सभी सीधे स्वर्ग चले गए।

१०८१/२०१२ राग कान्हरौ

हँसि जननी सौं बात कहत हरि, देख्यौ मैं बृंदावन नीके।
अति रमनीक भूमि द्रुम बेली, कुंज सघन निरखत सुख जी के।
जमुना कैं तट धेनु चराई, कहत बात माता-मन नीके।
भूख मिटी बन-फल के खाऐं, मिटी प्यास जमुना-जल पीके।
सुनति जसोदा सुत की बातैं, अति आनंद मगन तब ही के।
'सूरदास' प्रभु बिस्व भरन ये, चोर भए ब्रज तनक दही के॥

कन्हैया ने हँसकर मैया यशोदा से कहा—'मैया, मैंने वृंदावन को खूब देखा। वहाँ की भूमि, वृक्ष, लताएँ, सघन कुंजें अत्यन्त रमणीय हैं। उनको देखकर मेरे मन को बड़ा सुख मिला। मैंने यमुना के किनारे-किनारे गायें चराईं। जंगल के फल खाकर हमने क्षुधा मिटाई और यमुना का जल पीकर प्यास बुझाई।'

कन्हैया ने मैया को मनभाने वाली ये बातें कह सुनाई। यशोदा ने बेटे की ये बातें सुनी और वह मन ही मन में खूब मगन हो गईं। प्रभु विश्वंभर हैं; पर ब्रज-मंडल में आकर इन्होंने दही की चोरी भी की। यह अद्भुत है।

गोबिंद गोकुल जीवन मेरे।
जाहि लगाइ रही तन-मन-धन, दुख भूलत मुख हेरैं।
जाके गर्ब बद्यौ नहिं सुरपति, रह्यौ सात दिन घेरे।
ब्रज-हित नाथ गोबर्धन धारयौ, सुभग भुजनि नख नैरैं।
जाकौ जस रिषि गर्ग बखान्यौ, कहत निगम नित टेरे।
सोइ अब 'सूर' सहित संकर्षन, पाए जतन घनेरे॥

यशोदा मैया कह रही हैं—यह गोविंद तो मेरा और सारे गोकुल का प्राण ही है। इसीमें मैंने अपना सारा तन, मन और धन लगा रखा है। इसका तो मुँह देखने मात्र से सारे दुख दूर हो जाते हैं। सुरपति इंद्र ने मारे गर्व के मेरे जिस कन्हैया को कुछ नहीं समझा था और ब्रज पर सात दिनों तक घनघोर घेर-घार कर रखा था; उसी कन्हैया ने तो ब्रज के कल्याण के लिए अपनी सुंदर भुजाओं के नख पर गोबर्धन को धारण कर रखा था और इंद्र का अभिमान भंग किया था। इस कन्हैया की महिमा तो गर्ग ऋषि पहले ही बता गए थे। वेद भी इसको नित्य चिल्ला-चिल्लाकर 'नेति नेति' कहते रहते हैं। मैंने उसी कन्हैया को संकर्षण (बलदाऊ) सहित घने यत्न करके पाया है।

केशी बध

१०८३/२०१४ राग मारू

असुर-पति अतिहीं गर्व धरयौ।
सभा-माँझ बैठ्यौ गर्जत है, बोलत रोष भरयौ॥
'महा-महा जे सुभट दैत्य-कुल, बैठे सब उमराउ।
तिहूँ भुवन भरि गम है मेरौ, मो सन्मुख को आउ॥१॥
मो समान सेवक नहिं मेरैं, जाहि कहौं कछु दाउ।
काहि कहौं, को ऐसौ लायक, तातैं मोहिं पछिताउ'॥
'नृपतिराइ आयसु दै मोकौं, ऐसौ कौन बिचार।
तुम अपनैं चित सोचत जाकौं, असुरनि के सरदार॥२॥
ज्यौ करि क्रोध जाहि तन ताकौ, ताकौ है संहार'।
मथुरा-पति यह सुनि हरषित भयौ, मनहिं धरयौ आभार॥
'स्वेत छत्र फहरात सीस पर, धुज पताक, बहु बान।
ऐसौ कौ जो मोहिं न जानत, तिहूँ भुवन मो आन॥३॥
असुर बंस जे महाबली सब, कहौं काहि ह्वाँ जान।
तनक-तनक से महर ढुटौना, करि आवै बिनु प्रान'॥
'यह कहि कंस चितै केसी-तन, कह्यौ जाइ करि काज।
तृनावर्त, सकटारु पूतना, उनके कृत सुनि लाज॥४॥
तोतैं कछु ह्वै है मैं जानत, धरि आनै ज्यौं बाज।
कल बल छल करि मारि तुरत हीं, लै आवहु अब आज'॥

अति गर्बित ह्वै कह्यौ असुर भट, 'कितिक बात यह आहि ।
कै मारौं, जीवत धरि ल्यावौं, एक पलक मैं ताहि' ॥ ५ ॥
आज्ञा पाइ असुर तब धायौ, मन मैं यह अवगाहि ।
देखौं जाइ कौन यह ऐसौ, कंस डरत है जाहि ॥
यह कहि कै आयौ ब्रज भीतर, करत बड़ौ उतपात ।
नर-नारी सब देखत डरपे, भयौ बड़ौ संताप ॥ ६ ॥
हरि ताकौ दै सैन बुलायौ, मो पै काहे न आवत ।
तब वह दोऊ हाथ उठाऐं, आयौ हरि दिसि धावत ॥
हरि दोउ हाथ पकरि कै ताकौं, दियौ दूरि फटकारि ।
गिरयौ धरनि पर अति बिह्वल ह्वै, रही न देह सँभारि ॥ ७ ॥
बहुरौ उठ्यौ सँभारि असुर वह, धायौ निज मुख बाइ ।
देखि भयानक रूप असुर को, सुर नर गए डराइ ॥
दाउँ-घात सब भाँति करत है, तब हरि बुद्धि उपाइ ।
एक हाथ मुख-भीतर नायौ, पकरि केस घिसियाइ ॥ ८ ॥
चहुँधा फेरि, असुर गहि पटक्यौ, सब्द उठ्यौ आघात ।
चौंकि परयौ कंसासुर सुनिकै, भीतर चल्यौ परात ॥
यह कोउ भलौ नहीं ब्रज जनम्यौ, यातैं बहुत डरात ।
जान्यौ कंस असुर गहि पटक्यौ, नंद महर कैं तात ॥ ९ ॥
पुहुप बृष्टि देवनि मिलि कीन्ही, आनँद मोद बढ़ाए ।
ब्रज-जन, नंद जसोदा हरषे, 'सूर' सुमंगल गाए ॥

असुरपति कंस को बड़ा अभिमान था। राज-दरबार में बैठा हुआ, वह जोर-जोर से चिल्लाने लगा और क्रोध में आकर कहने लगा—'यहाँ पर दैत्य-वंश के बड़े-बड़े योद्धा और अमीर (सामांत) बैठे हुए हैं। मेरा प्रवेश तो तीनों लोकों में है। मेरे सामने युद्ध में कौन खड़ा हो सकता है ॥ १ ॥ पर मेरे समान मेरा कोई सेवक शक्तिशाली नहीं है, जिससे मैं कुछ दाँव-पेंच की बातें करूँ, कुछ काम करने को कहूँ, मैं निस्सेवक हूँ, ऐसा समर्थ कौन है। मुझे कोई नहीं दीख पड़ता। इसी का मुझे पछतावा है।'

तब केसी ने उठकर कहा—'हे भूपति शिरोमणि, मुझे आज्ञा दें। ऐसी कौन बात है, जिसके संबंध से आप अपने मन में सोच-विचार कर रहे हैं हे असुरों के सरदार, मैं क्रोध करके जिसकी ओर ताक भर दूँ, उसकी मृत्यु निश्चित समझिए ॥ २ ॥

केसी की यह बात सुनकर मथुरापति कंस प्रसन्न हो गया और उसने केसी का भारी आभार माना। वह बोला—मेरे सिर पर श्वेत छत्र तना हुआ है और अनेक वर्ण (रंग) की बहुत सी ध्वजा-पताकाएँ फहरा रही हैं। ऐसा कौन है जो मुझे न जानता है। तीनों लोकों में मेरी दुहाई फिर रही है ॥ ३ ॥

'असुर वंश के बड़े-बड़े शक्तिशाली सभी यहाँ बैठे हैं। मैं किससे जाने के लिए कहूँ, जो नंद महर के छोटे से बच्चों को निष्प्राण कर आवे, मार आवे।' यह कहकर कंस ने

केसी की ओर देखा और कहा—जाओ और यह कार्य कर आओ। तृणावर्त, शकटासुर और पूतना की करतूतें सुनकर तो मुझे बड़ी लाज लगती है। वे मारने गए थे, पर खुद मारे गए॥ ४॥ मैं जानता हूँ, तुमसे कुछ काम हो सकता है। जाओ उसे पकड़ लाओ, जैसे बाज़ किसी चिड़िया को पकड़ लाता है या फिर उसे कल से, बल से, छल से जैसे भी हो सके, तुरत मारकर, आज, अभी ले आओ।

तब असुर योद्धा केसी ने बड़े गर्व से कहा—यह कितनी बड़ी बात है। मैं या तो उसे मार ही डालूँगा या उसे जीवित ही पकड़ लाऊँगा। यह तो मेरा एक पलक गिरने तक का, एक क्षण का, काम है॥ ५॥

कंस की आज्ञा पाकर वह असुर केसी, मन में यह सोचता हुआ, दौड़ पड़ा कि जाकर देखूँ तो ऐसा कौन है, जिससे महाराज कंस भी डरते हैं। यह कहकर वह ब्रज के भीतर भारी उत्पात मचाता हुआ प्रविष्ट हुआ। ब्रज के सारे नर-नारी उसे देखकर डर गए और उन्हें भारी दुःख हुआ॥ ६॥

कृष्ण ने उसे इशारे से अपने पास बुलाया—'मेरे पास क्यों नहीं आता?' तब केसी अपने दोनों हाथ ऊपर उठाए हुए कन्हैया की ओर दौड़ पड़ा। हरि से उसके ऊपर उठे दोनों हाथों को पकड़कर उसे दूर फेंक दिया। वह अत्यंत विकल होकर धरती पर दूर जा गिरा और उसे अपने तन-वदन की सुधि नहीं रही। वह बेहोश हो गया॥ ७॥

फिर वह असुर कुछ देर में होश सँभाल कर उठा और मुँह बा कर, फैलाकर दौड़ा। असुर का यह भयानक रूप देखकर सुर, नर सभी डर गए। केसी ने कन्हैया को मारने के लिए सभी दाँव-घात लगाए। तब हरि ने एक बुद्धि लगाई। उन्होंने अपना एक हाथ उस असुर के फैले मुँह में डाल दिया और दूसरे हाथ से उसका केश पकड़कर उसे घेरा लिया, घसांटने लगे॥ ८॥ फिर उसे उठाकर उन्होंने चारों ओर घुमाया और पटक कर मार डाला। केसी के धरती पर गिरने का धमाका बड़े जोर का हुआ। धमाके की इस ध्वनि को सुनकर कंस डर कर, दौड़कर अपने घर के भीतर घुस गया और कहने लगा—'ब्रज में जो आ जन्मा है, यह कोई भला पुरुष नहीं है, यह मेरा घोर शत्रु है। इससे मुझे बहुत डर है।' कंस ने जान लिया कि नंद महर के इस ढोटे ने केसी को पकड़कर पटक दिया है और मार डाला है॥ ९॥

देवताओं ने मन में अत्यंत हर्ष का अनुभव किया और वे आकाश से पुष्प वर्षा करने लगे। नंद, यशोदा और सभी अन्य ब्रजवासी भी प्रसन्न हो उठे। रही 'सूर' की बात, सो उन्होंने भी यह मंगल गीत गा सुनाया।

ब्योमासुर-वध

१०८४/२०१५ राग बिलावल

हरि ग्वालनि मिलि खेलन लागे, बन मैं आँखि मिचाई।
सिसु ह्वै ब्योमासुर तहँ आयौ, काहूँ जानि न पाई॥
ग्वाल-रूप धरि खेलन लाग्यौ, ग्वालनि कौं लै जाई।
धरै दुराइ कंदरा-भीतर, जानी बात कन्हाई॥

गुदी चाँपिकै ताहि निपात्यौ, धरनि पर्यौ मुरछाई ।
'सूर' ग्वाल मिल हरि गृह आए, दिव दुंदुभी बजाई ॥

कन्हैया ग्वालों के साथ वृंदावन में आँख-मिचौली का खेल खेलने लगे। व्योमासुर वहाँ बालक बनकर आ गया। इसे कोई न जान पाया। वह भी ग्वाले का रूप धारण करके सभी बालकों के साथ खेलने लगा। वह ग्वाल-बालों को एक-एक करके पकड़-पकड़ कर ले जाकर एक कंदरा में चुराकर, छिपा कर रखने लगा। इस रहस्य को कन्हैया जान गए। उन्होंने उसकी ल्योंड़ी (सिर के पीछे का भाग) दबाकर उसे मार डाला और वह मूर्च्छित होकर धरती पर जा गिरा। कन्हैया ग्वाल-बालों के साथ घर आ गए और देवताओं ने भी प्रसन्न होकर आकाश में दुंदुभी बजा दी।

१०८५/२०१६ राग कान्हरौ

कहति जसोदा बात सयानी ।
भावी नहीं मिटै काहू की, करता की गति जाति न जानी ॥
जन्म भयौ जब तैं ब्रज हरि कौ, कहा कियौ करि करि रखवानी ।
कहाँ कहाँ तैं स्याम न उबर्यौ, किहिं राख्यौ तिहि औसर आनी ॥
केसी सकट रु बृषभ पूतना, तृनावर्त की चलति कहानी ।
को मैरैं पछिताइ मरै अब, अनजानत सब करी अयानी ॥
लै बलाइ छाती सौं लाए, स्याम राम हरषित नँद-रानी ।
भूखे गए प्रात अधखातहिं, तातैं आजु बहुत पछितानी ॥
रोहिनि लियौ न्हवाइ दुहुँनि कौं, भोजन कौं माता अतुरानी ।
ल्याई परसि दुहुँनि की थारी, जेंवत बल मोहन रुचि मानी ॥
माँगि लियौ सीतल जल अँचयौ, मुख धोयौ चुरुवनि लै पानी ।
बीरा खात दोउ बीरा जब, दोउ जननी मुख देखि सिहानी ॥
रत्न-जटित पलिका पर पौढ़े, बरनि न जाइ कृष्न-रजधानी ।
'सूरदास' कछु जूठनि माँगत, तब पाऊँ कहि दीजै बानी ॥

यशोदा मैया समझदारी की बात करने लगीं। विधाता की गति को कोई नहीं जानता। जिसके भाग्य में जो लिख देता है, वह होता ही है। भावी किसी के मिटाने से नहीं मिटती, जब से कन्हैया का जन्म इस ब्रज में हुआ है, तब से इस पर विपत्ति पर विपत्ति आती ही गई है। हमने इसकी सब प्रकार से चौकसी करके रखवाली करके, क्या कर लिया। विपत्ति तो आई ही। पर श्याम हर विपत्ति से बचता आया। न जाने किस अदृश्य शक्ति ने आकर इसे हर बार बचाया। केशी, शकट, वृषभ, पूतना, तृणावर्त की कहानी तो ब्रज में घर-घर कही जाती है। सभी इन्हें जानते हैं। कन्हैया तो अनजान में सबसे भिड़ जाने की मूर्खता करता ही रहता है। अब इसपर कौन पछता-पछता कर मरे।

यशोदा मैया ने स्याम और राम दोनों की बलैया ली और उन्हें हर्षपूर्वक पकड़कर अपनी छाती से लगा लिया और कहने लगीं—आज सबेरे हमारे बच्चे अधपेट ही खाकर भूखे चले गए थे। इसका मुझे बहुत पछतावा हो रहा था।

तब तक रोहिणी ने राम और श्याम दोनों को नहला दिया और यशोदा मैया उनके भोजन के लिए उतावली करने लगीं। वे दोनों के लिए थालियाँ परस कर लाईं और बलराम और मोहन दोनों रुचिपूर्वक भोजन करने लगे। भोजनोपरांत ठंडा पानी मँगाकर पिया और चुल्लू में पानी लेकर हाथ-मुँह धोया। फिर दोनों वीर (भाई) पान का वीरा खाने लगे, तब दोनों माताएँ उनका मुँह लाल देखकर बहुत-बहुत प्रसन्न हो उठीं।

इसके पश्चात कृष्ण बलराम दोनों रतन जड़े पलँग पर जा लेटे। कृष्ण के इस राजसी ठाट-बाट का वर्णन नहीं किया जा सकता।

सूरदास कन्हैया का जूठन प्रसाद रूप में माँग रहे हैं। हे प्रभु अपने श्रीमुख से अनुमति दे दो, तभी यह सीथ प्रसाद मुझे प्राप्त हो सकेगा।

●

पदानुक्रमणिका

सम्पूर्ण सूरसागर

खण्ड : 2

सूरसागर

(श्रीकृष्ण लीलात्मक)

दूसरा भाग